JN225650

増補版

監修
松岡正剛

構成
編集工学研究所
イシス編集学校

人新世に突入した「情報の歴史」に光景

松岡正剛

1.

いま、人類は新型コロナウイルスという特異な情報体に大いに惑わされている。このウイルスの正体はRNAウイルスというものだが、ウイルスそのものは生物体(生命)とはみなされていない。とはいえ物体(物質)とも言いきれない。情報コードしか持っていないのに、宿主の動物や人間の細胞に首尾よく入りこむと、好き勝手な増殖を続けて、宿主を感染させる。変異もする。感染させられたほうからすると迷惑千万だが、ウイルスの生々流転からすると、これがウイルスとしての情報動向の本来なのである。

自然にひそむ情報をもっているシステムや情報モジュールは、遺伝子ばかりが顕在化させているのではない。情報は気象や土壌や植物や動物のさまざまな化学分子となって、生物圏のいたるところを出入りする。自然界ではあたりまえの話だ。自然は大エントロピーの増大に抗って、地球という惑星に「負のエントロピー」を食べる生命情報という系を誕生させたのだから、気象にも土壌にも情報システムと情報モジュールが躍動しているのは当然なのである。「生命情報の歴史」は38億年前から休まず動きつづけていたのだ。ウイルスはその当初からずっといた仲間だった。

その地球に、ある時期から「文明情報の歴史」が加わった。これはホモ・サピエンスの出現とともにスタートしたもので、最初はとてもゆっくりと、ナイル川やインダス川や黄河の周辺に古代文明ができてからはだんだん速度を上げて、地球上の多くの地域に多様な文明情報分子を撒いていくことになった。

文明情報はすぐさま記号や文字や楽譜や服飾や建物にかたちを変じ、人類はそれらをつかえば物語や音楽や絵画をいくらでも表象できるようになった。そこへ古代宗教が登場して、天国や浄土や楽園や地獄といった「想像上のもうひとつの世界」を用意した。ヴァーチャル・ランドだ。情報は想像力の中から、神殿や教会やマンダラや仏像の中にも移転していったのである。中世になって道路や市場や学校がふえていくと、今度は人々が「精神の価値」や「物品の価格」によって文明の成果を享受するほうに進んでいった。

それでも農耕や牧畜や漁労を通した自然界との交流は続いていたのだが、それが産業革命あたりをさかいに、動力が機械や電気や電子に次々に代行され、しだいに人工的な道具立ての中で「便利」で「経済的」な日々をおくることや、技術にもとづいた仕事をしたり、技術の恩恵に浴した生活をしたりすることを「進歩的である」と思うようになった。その直後、資本主義は欲望と競争を連続的に起爆させていった。

こうして地球は、あたかも新たな地質年代を迎えたかのような様相を呈しはじめたのである。最近はこの状況を「人新世」(アントロポセン)とよぶようになっている。ノーベル化学賞のパウル・クルッツェンと藻類生態学者ユージーン・ストーマーの命名だ。人新世の地球は各地に近代国家(徴税制と徴兵制によるネーションステート)が軒並み出現するにつれ、環境の変異を見せるようになった。アスファルトが敷かれ、電線が張りめぐらされ、DDTが撒かれ、自動車が走りまわった。文明が自然環境を大きく変質させるようになったのだ。あげくが地球温暖化、オゾンホール、海洋プラスチックごみ問題などである。

変貌はすさまじかった。21世紀の初頭には未曾有の加速力をもってコンピュータ・ネットワークが地球を席巻していた。もはや個人の手元にある「スマホでつながったセカイ」とはいったい何なのか、何がリアルで何がヴァーチャルなのか、何がデータで何が現象なのか、これまでの哲学や社会学では説明ができなくなっている。

2.

いよいよ『情報の歴史』最新版を刊行することになった。旧『情報の歴史』は1995年(平成7年)までの出来事しか扱っていない。阪神大震災やオウムのサリン事件がおきた年だから、だいぶん前だ。まだデジタルカメラやPHSが発売されたばかり、タランティーノの『パルプ・フィクション』が公開されたあたりだった。

「現在までのばしましょうよ」と言い出したのは、吉村堅樹君をリーダーとする編集工学研究所の中核スタッフとイシス編集学校の師範や師範代たちである。かれらは何度も集まり、調査を手分けし、1996年以降の25年分の複合クロニクルを組み上げていった。この25年間はEUが変貌し、中東や中国が成長めざましく躍り、複雑な電子社会がめまぐるしく変化した時期なので、それらを情報アイテムによるクロニクルとして組み立てるのは、けっこうむずかしかったと思う。私はときどき全容を監修したにすぎない。

かくてご覧の通りに、2020年ぎりぎりまで入れることになったので、21世紀の流れを追い、2021年春に刊行するということを記念して『情報の歴史21』と銘打つことにした。サブタイトルは「象形文字から仮想現実まで」に変更した。これまでエディトリアル・デザインを一手に引き受けてくれた戸田ツトム君が病没したので、若い穂積晴明君が表まわりから細部までを手掛けた。

つくりあげてみると、1996年からの4半世紀は、たいそう重要な変貌を象徴していた。たとえばマクロなところでいえば、スーパーカミオカンデがニュートリノ振動を発見し、ビッグバン以前のヒッグス粒子のアリバイがわかってきた。環境問題ではほぼあらゆる領域でレッドカードが出続けていた。ミクロなところではゲノム編集の技術が進歩して、iPS細胞(万能細胞)の活用などが見えてきたし、そのぶんSARSから新型コロナウイルスまで、クローン羊から狂牛病・鳥インフルエンザまで、いずれも「見えない情報現象」が“見える化”をおこしていた。ミドルウェアの動向でも「うつ」や「いじめ」、あるいはPTSDやLGBTQといった、それまで内面にどっぷり沈んでいた微妙な経緯が次々に“見える化”に向かって浮上してきた。そういう4半世紀だった。

いったい何がおこったのか。技術が究極の領域での「場」と「席」と「禍」の動向を見えるようにさせ(ヒッグス粒子や環境汚染や遺伝子操作)、長らく鬱屈させられてきた「心」と「負」と「性」が語れるようになったのである(精神疾患の進行やジェンダーの多様性)。

しかし他方では、あまりにマネーゲーム寄りのグローバリズムが社会と市場に駆動して、ほとんどの組織が(企業から大学まで)成長神話とコンプライアンスにがんじがらめになっていった4半世紀でもあった。金融工学がもたらしたリーマンショックに代表される出来事は、アントロポセンのもうひとつの過剰を物語っていたと言わざるをえない。大量の「難民」が大移動することになったのも、過剰と欠乏が極端に非対称になっていたからだった。

歴史の展開にはそこそこ想定できていたことがおこることもあれば、とうてい思いもつかないこともおこる。私のばあいは、たとえばＡＩがディープラーニングを得意にし、3Dプリンターやドローンや美容整形が台頭するだろうことはなんとなく予想していたけれど、日々のツイッターを大統領が政策のリークに使ったり、二次元少女に「萌え」る日本男児が出てくるとはまったく思ってもみなかった。けれども、そうした出来事を含め、歴史的現在にいながら大小の事件や現象を世界同時のリズムを刻みつつ克明に並べていく作業は、なんとも得がたい「世界情報の観相学」ともいうべきパースペクティブをもたらしてくれるはずなのである。

本書の初版本は、1985年に電電公社がNTTに生まれかわり、電話100年がやってきたのを記念して、設立間もないNTT出版から刊行されたプレミアム本だった。私がこの企画を組み上げたときは、まだ「情報」という概念が統合力をもっていなかった頃で、それゆえ何をどうするか、取捨選択しながら数千年にわたる歴史を「情報アイテムだけで編集してみる」という作業が、とても新鮮だった。それがいまでは、情報が関与しないものなど、どこにもないほどだ。脳もウイルスも、資本も政治も、ポップカルチャーもアートも、情報まみれになった。

情報まみれどころではない。ビッグデータはゴミのようにたまり、工業製品の大半にＩCTが押し寄せ、ほぼすべての消費生活と医療生活がＩDをともなう情報システムの一部になっていったのだ。以上のこと、本書の25年分のクロニクルから大胆な察知を試みてもらいたい。

3.

さてあらためて、原始古代から産業革命をへて電子ネットワークに及んだ「情報の歴史」全般を通して眺めてみると、いったい情報文化というものが何によってどのように編集されてきたのか、そこにいくつかの画期があったことに気がつく。5点に絞って説明しておきたい。

第1には、文字と記号が出現したことが大きかった。声と視覚と接触によるコミュニケーションに満足できていた社会が、文字をともなう言語によって情報を記録し、交換し、読み書きできるようになったことは、その後の長きにわたる情報文化の変遷の土台を築いたものとして特筆できる。もしも文字と記号がなかったら、その後のタイプライターもワープロもパソコンもできなかったのである。おそらくプログラミング言語もヒトゲノムの解析もセキュリティ技術もできなかったであろう。

第2に、物語という様式をつくりあげたことが大きい。ストーリーやプロットがあって、そこにキャラクター(登場人物)やナレーター(語り部)が加わるという物語構造のフォーマットには、どんな情報が組み合わされた事件や現象であっても、それを人々が斉しく共有するためのまことに有効な情報保存様式が発現していたのである。物語がなかったら、小説や演劇やオペラや映画はむろん、マンガやテレビドラマもゲームも、スポーツの実況放送も30秒のCMも生まれなかったはずである。

第3に、活版印刷と写真技術と録音技術が登場したことが大きい。ここにコピーマシンを加えればすぐわかるように、これらの技術は情報を大量に自動複製するという革命をもたらした。しかもこのことは、生命系がDNAなどによって自己複製を“発明”したことを人工的に継承したものでもあって、情報本来の「複製と再生」という潜在性を引き出すものともなったのだった。それとともにこれらの技術は、のちにマルチメディアとかニューメディアとかＩ

CTとかとよばれるような「言語と音声と映像とを同期させる可能性」をも孕んでいた。

最近では、これらは「コピペ」という出店を広げに広げるようになった。ベンヤミンが「複製」を問題視していたことなど、いまやすっかり昔日の懸念になってしまった。

第4には、情報の記録媒体として「四角形」という形状を活躍させたことが、かなり大きい。たいへん不思議なことだろうが、われわれはノートも本も、絵画も写真も、フィルムもプリントも映像スクリーンも、テレビもコンピュータ画面も、すべて四角形に収めて作成し、流通させ、鑑賞しあってきたのである。これは建築物がウィトルウィウスこのかた矩形をユニットにしたこと、窓とタブローを同一視できたこと、われわれが暮らしたり仕事をしたりするスペース(部屋)が四角形で、家具の大半を矩形にしたことにもつながることで、情報のすべては四角形をめざしてフォーマット化されることを望むようになったのだ。いまはそのすべてが四角(スクウェア)なスマホで容易に覗けるようになっている。ところが、社会のほうはスクウェアではなく、ひたすら流動化(リキッド化)をおこすようになってきた。なんということだろう。

第5には、ほとんどの計算においては十進法が、電子処理のもとでは二進法がそれぞれ君臨したことが、そうとう大きかった。ふつうはこれを、アナログにおける十進法、デジタルにおける二進法というふうに理解しているが、私はここにはリアルな脱進装置とヴァーチャルな脱進システムとをそれぞれに併用できる情報社会が確立していったのだと見ている。その確立にあたっては、ニュートンとライプニッツの微積分法と、ブール代数の応用とチューリング・マシンの構想が最大の寄与をもたらした。けれども現状のデジタル社会では、こうした恩恵の意味など一顧だにしないですむように、すべてがICT化され、クラウド化されている。

このように「情報の歴史」の未曾有の展開にあたっては、これを支える技法と様式がさまざまに与り、相互に鍵と鍵穴を求めあうかのように結びついてきたのだった。

とはいえ、以上のような見方だけで「情報の歴史」が成立するわけではない。一方で、ここには人類の「観念と表象の歴史」というものがずっと併走してきたのである。そこにゲーテから大友克洋までの、ターナーから椎名林檎までの、世阿弥からウォシャウスキー兄弟(姉妹)までの、つまりはアルタミラの洞窟から仮想現実空間までの、メディエートされたコンテンツというものがずらっと積層してきたのだった。

これらにはまた、プラトンから宮崎駿におよぶ「思いの丈」(表現への恋)というものが重なっているとも言わなければならない。私は『情報の歴史』初版本を厖大な情報事項の各国同時表示とジャンル同時表示というフォーマットによって構成することで成立させてはみたが、それを通して訴えたかったのは、この人類のやむにやまれぬ「思いの丈」がどういうものかということだった。それらはめくるめく著作と作品の変遷をへて、どんな錯綜をも辞さない相互重畳の光景として、古来このかたまったく色褪せずにわれわれの前に表示されたままなのだ。ウンベルト・エーコはこう言った、「世界中のどんな現象にも共通しているのは、ただひとつ、情報である」と。本書はそこをもう一度問いなおすものである。

ぜひともこの問いなおされた情報クロニクルな光景を、本書のダイナミックなページネーションの中で、あれこれ観照していただきたい。「検索御無用、解説御免」の一冊だ。

THE LONGEST CHRONICLE: History Informs

増補版 情報の歴史 21

目次

本書の以下のページにつきましては、一九九六年三月にNTT出版株式会社より刊行された『増補 情報の歴史』からの再録となります。

・象形文字から人工知能へ（pp.17～24）
・Ⅰ 情報の記録 ～ Ⅶ 情報の文化（pp.26～447）
・あとがき（pp.504～505）
・増補版に寄せて（pp.506～507）
・『増補 情報の歴史』制作者一覧（p.514）

今回『情報の歴史21』の刊行にあたり、『増補 情報の歴史』において格別の造本設計を遺してくださった戸田ツトムさんに心からの感謝を捧げます。
また、『増補 情報の歴史』からの再録をご承諾賜りました戸田事務所、NTT出版株式会社に厚く御礼申し上げます。

I 情報の記録

われわれはどのように情報を記録し、伝達しはじめたのか。
[BC6000以前〜BC600]

II 情報の分岐

経典と写本と図書館が、古代世界のデータベースを準備する。
[BC600〜999]

V　情報の拡大

資本と労働が対立し、世界は激しい情報の多様化をおこす。
[1840〜1899]

VI　戦争と情報

宗教は後退し、資本の矛盾が情報文化に辛い試練を迫る。
[1900〜1939]

Ⅶ 情報の文化

環境危機をかかえたグローバル・コミュニケーションの時代へ。
[1940〜1989]

Ⅷ 情報の文明

情報の多様化、大量化、高速化が築く新たな文明の姿。
[1990〜2029]

1990
1991
1992
1993
1994
1995
1996
1997
1998
1999
2000
2001
2002
2003
2004
2005
2006
2007
2008
2009
2010
2011
2012
2013
2014
2015
2016
2017
2018
2019
2020
2021
2022

関係の発見のために

本書は、人類が地上にあらわれ洞窟に動物の輪郭を描きはじめてから、コンピュータを駆使して通信ネットワークを形成するにおよんだ今日にいたるまでの壮大な歴史を、主として「人間はどのように情報を記録してきたか」という視点から、世界同時年表形式で編集構成した試みである。本書で「情報」とよんでいるのは、人間が獲得し改良しつづけてきたコミュニケーションのためのすべての手段および内容をさしている。

✣もともと本書の意図は、正確な史料的データベースを提供するという点にあるのではない。むしろ「関係の発見」が次々に連鎖的に喚起されるような、柔らかい"編集年表"をつくりたいというのが狙いである。したがって構成にあたっては、これまでこのような企画がまったくなかったため、さまざまな苦心と決断を強いられた。最終的に採用した方法にはなおいくつもの不備な点があるとおもわれるが、以下のような工夫を凝らすことで、できるかぎりの便宜をはかった。

✣第1に、世界史的視野から歴史の流れを把握できるようにするため、世界の出来事と日本の出来事を同列で扱った。日本関係の事項は、本書が日本人を読者としていることを考慮して全体の3割をめざしている。ただし古代史のみは地域によってあまりにも記録の差異が目立つため、東西による地域別分類史を挿入した。11世紀以降は本書の意図に沿い、地域分類にまったくこだわらず、おおまかなテーマ分類によって年表が進行する。

✣第2に、これは多くの年表が採用していることであるが、時代が現代に近づくにつれてタイム・スケールのための紙幅をのばすことにした。たとえば16世紀は25年で1見開きであるが、17世紀は10年1見開きとなり、19世紀前半は5年1見開き、後半になるにしたがい2.5年に、さらに2年1見開きとなり、ついに20世紀にいたってすべて1年1見開きになるようになっている。なお20世紀では政治関連動向のみを月日順とし、他のジャンルについての記載は適宜コラム化することによって検索しやすいようにした。

✣第3に、記載事項の分類はタテ5ブロックに分割し、その分類テーマが見開きごとに少しずつ変化するようにした。これは時代によって特徴化されるテーマが変移していることを示唆するもので、そのため14世紀では宗教のブロックが自立していたのに、18世紀では宗教関係は思想のブロックに組みこまれるというようなことがおこっている。

✣第4に、これが本書を特徴づけている最も目立つ性格であろうが、年表中の随所にタテ見出しとヨコ見出しを入れ、いちいち細部に注目しなくてもその時代の主要事態が一括できるようにした。もっとも、何を見出しにするかという判断はかなり複雑な基準になっていて、必ずしも「情報の歴史」にとっての重要項目が大きくなっているわけではない。むしろ常識的な項目を配置することで、各時代の俯瞰が容易になるように配慮していることが少なくない。また、見出しの位置はスペースの関係でその事項のピーク時にポジショニングされているとはかぎらない。見出しはあくまで理解の目安である。

✣第5にヨコ見出しにはごくかんたんな2行解説をつけて背景などの説明にあて、さらに各項目を色分けしておおざっぱな系譜化が追えるようにした。とくに赤い事項を追えば「情報文化史」が、青い事項を追えば「情報技術史」が見えるようになっている。一方、各見開きページの左欄では時代特質に関する1、2行の解説コピーがタテに流れ、右欄では各時代の観察にあたる人物の発言がノートされている。これらは"編集年表"としての本書の特異な役割を補足する。

✣このほか、全体を「情報の記録」「情報の分岐」「情報と物語」「技術と情報」「情報の拡大」「戦争と情報」「情報の文化」「情報の文明」の8章に分け、それぞれに簡潔ではあるがいささか大胆な解説をつけるとともに、年表や解説ではフォローしにくい大きな流れについては、独自の8つのダイアグラムによって理解を助けることにした。

✣最後に断っておかなければならないのは、(1)本書の事項はすべて該当史料にもとづいたものであるが、同一事項であっても、たとえば雑誌発表時、特許取得時、単行本収録時などによって年代が異なるため、年代特定に誤差が生じている場合があること、(2)事項選択にあたっては多くの専門家による協力を得たものの、それでも記載できたのはあくまでほんの一部であって、スペースの関係で割愛した重要事項が少なくないということである。

✣あえて読者自身による適切な書きこみをもって、本書がそれぞれ独自に成長していくことを心から希いたい。

5つのテーマ・ブロック
方向見出し
一般見出し
事項 国名
黄色事項→注目事項 特別事項
朱色事項→主要事項
青色事項→情報技術事項
時代タイトル
インデックス
年号
情報文化動向
同時代証言
◉は「このころ」の表記

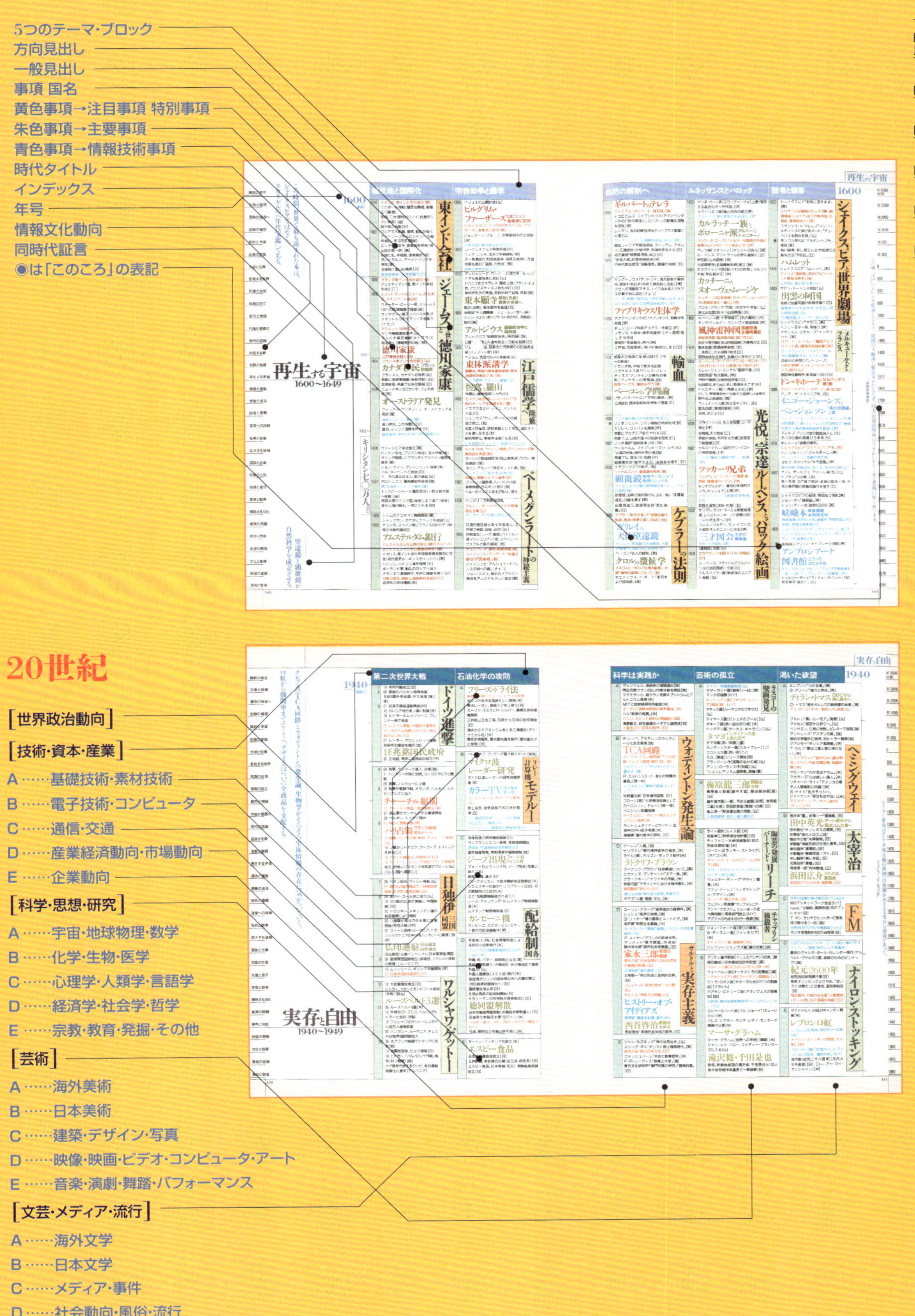

20世紀

[世界政治動向]

[技術・資本・産業]

A……基礎技術・素材技術
B……電子技術・コンピュータ
C……通信・交通
D……産業経済動向・市場動向
E……企業動向

[科学・思想・研究]

A……宇宙・地球物理・数学
B……化学・生物・医学
C……心理学・人類学・言語学
D……経済学・社会学・哲学
E……宗教・教育・発掘・その他

[芸術]

A……海外美術
B……日本美術
C……建築・デザイン・写真
D……映像・映画・ビデオ・コンピュータ・アート
E……音楽・演劇・舞踏・パフォーマンス

[文芸・メディア・流行]

A……海外文学
B……日本文学
C……メディア・事件
D……社会動向・風俗・流行
E……ヒット商品・娯楽映画・流行歌・スポーツ

BC 6000 以前
BC 6000
BC 2200
BC 1200
BC 600
BC 300
0
300
600
800
1000
1200
1300
1400
1500
1600
1650
1700
1760
1810
1840
1860
1880
1890
1900
1910
1920
1930
1940
1950
1960
1970
1980

関係の発見のために21

❖1980年代末から90年代の初頭にかけて商用インターネットが始まって以来、人類の情報ネットワークはこれまでにない大きな変革を遂げてきた。経済ではグローバル化とサプライチェーン・マネジメントが進行し、パソコンとウェブ検索が自宅と世界をダイレクトに結びつけた。いまや一人一台のスマートフォンで、いつでもどこでもだれとでも、つながりを共有することが可能である。世界の片隅で起きた事件も個人の些細な関心もネットワーク化される、そのような状況を反映させるべく、1996年以降の年表作成にあたり、若干の変更を施した。

❖ 第1に、5つのテーマ・ブロックを【世界政治動向】【経済・産業・金融】【科学・技術】【思想・社会・流行】【芸術・文芸・文化】に変更した。【科学・技術】においてデジタル関連のカテゴリーを増やすとともに、【経済・産業・金融】ではそれらと密接な関係にある金融・経済理論、さらにグローバル経済と表裏一体にあるエネルギーと環境・気候・食糧に注目し、新たなカテゴリーを設けた。【思想・社会・流行】に世相への影響著しいITサービスを加え、【芸術・文芸・文化】では、多様な好みが百花繚乱の様相を呈するマンガ・アニメ・ラノベ・ゲームを新たなカテゴリーとして設定した。

❖第2に、歴史的現在をとらえる情報として数値に着目し、「定点観測」として表示した。全世界のネット普及率や難民の数などは、固有の事象ではないが重要な指標といえる。それらを年表の外にタブで表示した。出来事という「主語」ではなく、状況をあらわす「述語」にフォーカスしたアプローチともいえる。なお、数値の表記は、それぞれの項目に即した度合いで明示するよう心掛けた。

❖第3に、各年に登場した世界各国地域の政治指導者を見開き左端に示した。全ての元首首長を網羅しているわけではないが、「関係の発見」が次々に連鎖的に喚起されるという本書の趣旨に沿った選択を試みている。

❖主だった変更は以上である。これらが読者の裡に眠っている「情報の歴史」を喚起することを願ってやまない。

1996年以降

各国首脳就任(★は女性)
定点観測(淡桃は世界、淡青は日本)

[世界政治動向]

[経済・産業・金融]

A……基礎技術・素材技術
B……産業経済動向・市場動向
C……企業動向
D……金融・経済理論
E……エネルギー

[科学・技術]

A……宇宙・物理・数学
B……生命・医療・バイオ
C……デバイス・コンピュータ・AI
D……通信技術・ネットワーク
E……環境・気候・食糧

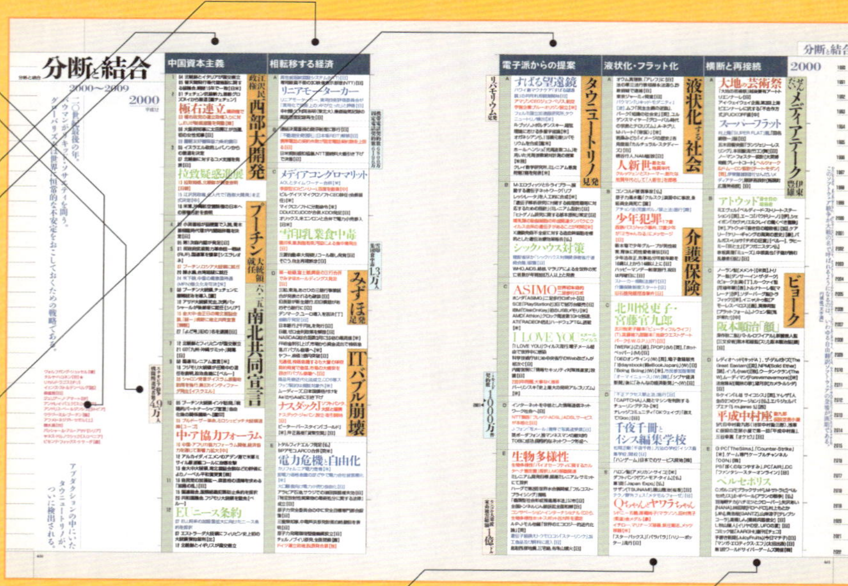

[思想・社会・流行]

A……宗教・思想・社会科学
B……社会・事件
C……メディア
D……ITサービス
E……ヒット商品・娯楽映画・流行歌・スポーツ

[芸術・文芸・文化]

A……美術・写真・デザイン・建築
B……文学
C……映画
D……音楽・演劇・舞踊・パフォーマンス
E……マンガ・アニメ・ラノベ・ゲーム

凡例

❖五十音順

国名統一表記

【氷】 アイスランド
【愛】 アイルランド
【ア】 アッシリア
【阿】 アフリカ
【米】 アメリカ
【亜】 アラビア
【UAE】 アラブ首長国連邦
【英】 イギリス
【伊】 イタリア
【印】 インド
【尼】 インドネシア
【埃】 エジプト
【豪】 オーストラリア
【墺】 オーストリア
【蘭】 オランダ
【加】 カナダ
【韓】 韓国
【朝】 北朝鮮
【希】 ギリシア
【エ】 古代エジプト
【ギ】 古代ギリシア
【ロ】 古代ローマ
【コンゴ】 コンゴ共和国
【サウジ】 サウジアラビア
【シ】 シュメール
【星】 シンガポール
【神ロ】 神聖ローマ帝国
【瑞】 スイス
【典】 スウェーデン
【西】 スペイン
【セ】 セルジュークトルコ
【ソ】 ソ連
【台】 台湾
【チェコ】 チェコスロバキア
【中】 中国（各時代の国名表記）
【鮮】 朝鮮
【ト】 テュルク
【丁】 デンマーク
【独】 ドイツ
【土】 トルコ
【西ゴ】 西ゴート
【西独】 西ドイツ
【日】 日本
【NZ】 ニュージーランド
【諾】 ノルウェー
【ノ】 ノルマン
【バ】 バクトリア
【ハ】 ハザール
【バビ】 バビロニア
【洪】 ハンガリア、ハンガリー
【東ゴ】 東ゴート
【東独】 東ドイツ
【ビ】 ビザンツ
【ヒ】 ヒッタイト
【比】 フィリピン
【芬】 フィンランド
【フ】 フランク
【仏】 フランス
【普】 プロイセン
【越】 ベトナム
【伯】 ヘブライ
【白】 ベルギー
【ペ】 ペルシア
【波斯】 ペルシア
【波】 ポーランド
【葡】 ポルトガル
【マ】 マケドニア
【馬】 マレーシア
【満】 満州
【ミ】 ミタンニ
【南ア】 南アフリカ
【南米】 南アメリカ
【緬】 ミャンマー
【墨】 メキシコ
【メ】 メソポタミア
【蒙】 蒙古
【モ】 モンゴル
【ユーゴ】 ユーゴスラヴィア
【ユ】 ユダヤ
【ラン】 ランゴバルド
【露】 ロシア

共同体名統一表記

【欧】 ヨーロッパ一般
【EU】 欧州連合
【ASEAN】 東南アジア諸国連合

都市名統一表記

【アレク】 アレクサンドリア
【W】 ウィーン
【SF】 サンフランシスコ
【NY】 ニューヨーク
【P】 パリ
【B】 ベルリン
【香】 香港
【LA】 ロサンゼルス
【L】 ロンドン

1996年以降

【思想・社会・流行】

C ―――― メディア
(M) ：雑誌
(Z) ：個人出版
(W) ：Webサイト
(T) ：テレビ番組

【芸術・文芸・文化】

A ―――― 美術・写真・デザイン・建築
画 ：絵画
p ：写真
作 ：彫刻,造形,映像等
設計：建築

E ―――― マンガ・アニメ・ラノベ・ゲーム
A ：アニメ
G ：ゲーム
C ：コミック・漫画
L ：ライトノベル

象形文字から人工知能へ

松岡正剛

1.前史

❖私はいま,ほとんど悠久ともおもわれる情報の物語の“起源”におもいをめぐらして溜息をついている。そして本書をビッグバンから記述しようなどというとんでもない発想をしなかったことにホッとしている。情報の歴史をどんどんさかのぼれば,おそらく宇宙の発生にまで“起源”をたどることになるからだ。

❖しかし,ほんとうのところをうちあければ,情報を主人公とした全歴史は,もともと宇宙史・生物史・人間史・社会史のいずれをも貫通してきたものなのだ。おそらく宇宙史のどこかから「時間の矢」や「エントロピーの矢」とともに「情報の矢」があらわれ,この三つの矢があやしげな攻防をくりかえしているうちに,エントロピーの猛威を脱した情報が(いわば原情報流ともいうべきが),宇宙空間を飛行しながら適当な遊星のひとつにたどりついたという顚末なのである。

❖もうすこし穏やかにいうのなら,生命の発生が情報史の発端である。宇宙から飛来してきたであろう“情報の種子”を,たまさか選んだ地球条件の中でながい時間をかけて保存し維持することが,生命系の役割であったからだった。宇宙的な時空ではエントロピーはだんだん増大し熱死状態に向かっていく。それが宇宙の熱源から遠く離れた地球では,生命はエントロピーにさからって成長することができた。情報をなんとか高分子状態にして運ぶこと,生命系の役割とはそのことにあるからだ。こうして生物は,まずは負のエントロピーを食べつづける“情報列車”になったのである。しかし,それだけではなかった。われわれは世代交代だけを目標とする利己的な遺伝子のための“借家”だけにはおわらなかったのである。

❖生物史がヒトサルからヒトをめざすまでに,生命系は二つの重要な仕事をおえていた。ひとつは,自分自身を複製するためにDNAなどをつかって遺伝情報を操作することである。これは利己的な遺伝子のためのすこぶる有効な子守歌になった。しかしもうひとつ仕事があった。外界からの情報を選択し,生体に有利な情報処理システムを開発することだった。この後者のシステムが,まず原始的な神経系になり,しだいに中枢部門と端末ネットワークを形成して,やがては巨大な脳をつくるようになっていった。私は,この後者のシステムを「自己編集化のシステム」とよんでいる。

❖ところが“裸のサル”としてのヒトは,苛烈な自然界で生きのこるにはあまりにも虚弱になっていた。牙も爪もだらしなく,毛皮は薄れ,走力も跳躍力もいちじるしく退化した。そこで肥大した脳がその負い目をさまざまにカバーする。なかで最も大胆な“発明”となったのはコトバをつくりだしたことだった。ヒトザルとヒトを分けたもの,それは『2001年宇宙の旅』の冒頭シーンには申し訳ないが,オラル・コミュニケーションの成立なのである。

❖コトバは,外界から入力された情報に応じて内部のシステムが新しい分節を形成することによってつくられた。とくに発声は咽喉部や舌部の急速な分節力による。もっともそれだけならイルカやオオカミにもできないことではなかった。ヒトはその発声のしくみに,みずからの手指の分節をたくみに対応させたのだ。この分節性がふたたび脳のネットワークを刺激した。かくてわれわれは思考をほとんど同時に追認する方法を,そしてその追認をしばらく記録しておくことをおぼえたのである。

❖コトバをつかいはじめた人間がそれからやったことは,発掘された頭骨と石器などからおよそのことが推測できる。が,そのうちもっと決定的なアイデアの飛躍がやってきた。われわれは手指をつかって線条を,さらには輪郭を描くことをおもいつく。まずムスティエ期にはかんたんなリズムを線刻することができ,つづいて有名なアルタミラやラスコーの洞窟画にみられるような特異な線画を描く才能を発揮した。ついに生命系の外側に情報を保存することが可能になったのである。

❖ここから先のことは,もうよく知られている。氷河が後退し世界気温が一気に温暖になってくると,われわれはまず文様をつくり,それを分類しながら図標や絵文字をつくり,そして結局は文字のセットをつくって,ウルクやミノアや青蓮崗に文化をきずくことになったのだった。中国語の「文化」とは,まさしく「文様や文字をつかってみる」という意義である。

❖以上の展開は,われわれに次のことを示唆してくれる。どうやら情報の歴史はだんだんに分岐してきたということだ。最初はアミノ酸をくみあわせたような高分子状態で情報を保存し運んでいるだけでよかった。やがて生命系が海中から環境変化の激しい陸上に移っていくと,環境からの刺激をいちいち取捨選択する必要がでてきた。刺激処理のための信号も情報になったのである。

❖しかしその処理のためのしくみを工夫しているうちに,神経系が少しずつ発達しはじめた。中枢制御センターまでつくられて,そのネットワークの中を信号があれこれ動いているうちに,そこに「分節可能性」のようなもの,いわば「意味」のようなものが生じてきた。ヒトザルからヒトへの奇妙な進化がここに重なってくる。われわれはこの神経ネットワークをさらに多重に分化することをおもいついたのだ。比喩的にいうのなら,神経ネットワーク上に記憶部門や表現部門をつくったのだった。

❖が,それでもまだ情報の記録は内部だけにとどまっていた。それが声の多様化にともなう手指の分節化がすすむと,いよいよ文様や文字があらわれ,ついにわれわれは「情報の外部化」ともいうべき記念すべき作業を成就してしまったのである。それが幸運な事件であったかどうかはわからない。なぜなら,この声と文字の多様化は,地球上でまったくバラバラにおこったことだったからである。われわれはここに,多様な民族と多様な言語をもって,すなわち多様なコミュニケーションの手段と文化をもって,以降のながいながい情報の歴史を生きることになったのである。

2.冒険

❖情報の社会史を展望してみると,そこにはいくつかの説明しがたい“冒険”がおきていることが見えてくる。そのうちの最大の“冒険”は,コトバの発明であったけれど,第2のおもいきった冒険は,なぜ上代人あるいは古代人が「神」を仮想できたかということだろう。

❖このことについては,まだ誰もが適切な回答をもちえないでいる。たとえば,上代人の左右の両脇はいまだ相補的な自律性をもちえなかったため,かれらはそのバランスを保つための“超越者”を想定する必要があったのだという脳生理学的な仮説が出たことがあったが,この意表をつく論法はいまではほとんど顧みられてはいない。

❖情報の歴史がどのように社会化していったかということを考えるには,この「神の出現」の問題を避けて通るわけにはいかない。神の出現がわからなくては,イエスを擁したキリスト教の出現の意味も,神と人間の間にメディアとしての聖霊を想定した意味も,さらにいうなら「国家の出現」の意味も,自我の現象学が確立してきた意味もわからない。情報の歴史の半分は「神の流出」をどのように表現するかという歴史だったからである。なお当然のことながら,冒険は東洋においても神仏の想定としておこったが,東洋ではそれ以外に「空」や「無」の方へも,すなわち知識の放棄(残念の放棄)の方へもむかったことが注目される。

❖しかし結局のところ,われわれは神との関係をそのまま維持しつづけることはできなかった。ではそのかわりに何をしたかというと,さまざまなコミュニケーションの方法を文法化あるいは物語化することをあみだし,それを次々にメディアにおきかえていくことにした。むろん最初のうちは,そのコミュニケーションの方法もメディアの開発も,かつての神仏との交渉過程で獲得した体験を生かしていた。マンダラや讃美歌だけがそのような例だったのではない。ギリシア悲劇や教会建築,条理式宮都や巡礼回路などのいずれもが,神や仏との交渉過程から学んだ記憶装置型メディアだったのだ。この方法はかなりはやくから記憶術あるいは劇場術として(トピカ),世界中をかけめぐっている。

❖が,やがて時計やレンズをつかいこなすようになると,「神を追う歴史」と「技術を追う歴史」とはしだいに分離してしまう。情報の社会史は機械の登場とともに分断されたのである。とりわけマクロコスモスとミクロコスモスが分断されたことが特筆される。そしてこの二つの宇宙をもう一度統合してみる試みが,その後の思想史の課題となったのだった。ただここで注意すべきは,活版印刷機が記憶術をすたれさせたとか,蒸気機関が神のエネルギーを忘却させたとかという議論で歴史をかたづけないほうがいいということだ。機械の出現は過去の神秘的なメディアを衰退させたのではなく,むしろそうした神秘化をふくめ,さまざまなメディアの複合化(マルチメディア化)を加速させる役割を担ったのである。“第三の波”はなにも電子時代にはじまるのではなく,おそくとも17世紀にはじまっていたのである。

❖メディアの複合化がすすんだからといって,普遍的で単一なコミュニケーションを確立するための努力が放棄されたわけではなかった。まず,神の全知全能に模して幾何学や博物誌をつくることが,ついで記号のくみあわせによって全知識のダイヤルがまわせることを,つづいて“世界言語”を考案して,それによって民族や文化の多様性を克服することなどが試みられた。今日の電子化されたデータベースづくりやさまざまなプログラミング言語の開発は,ひとしくこの試みの延長線上にある。コミュニケーションの統合とは,もともと“人工知能”の確立をめざすことなのだ。

❖当初はゆっくりとした発達ではあったが,コミュニケーションとメディアに変化をあたえつづけた最大の装置は,実のところ郵便や通信や鉄道に代表されるネットワークであった。これらはさまざまな時代の産物としてしだいに巨大化し高速化したものであるが,ついに電信電話と自動車と飛行機の出現によってかなりの自由度を獲得

輪郭の発生
文様と図標
意味の保存へ
記録の構想
契約と学習
記憶の変換
分岐と伝播
変転する世界
知識の交流
情報の自立
都市と物語
内省か観察か
時代の認識
回遊する夢
主観と客観
再生する宇宙
構造と運動
啓蒙の波及
技術と直観
速度への挑戦
私有と競争
拡大する情報
国家と企業
印象の主張
光速と量子
思索と戦争
爛熟する文化
経済の問題
実存と自由
欲望の開発
対立と制御
環境の変貌
混沌と創造

すると,もはやインフラ・ネットワークこそが情報交流を支配しているような印象をあたえはじめた。いまでは電気通信技術とコンピュータ技術がぴったり結合することによって,情報社会という概念はコンピュータ・ネットワークをぬきにしては語れなくなっている。

❖さて,このようなコミュニケーションとメディアそしてネットワークの変遷はどのようにつながってきたのであろうか。われわれはついつい“最近の変化”だけを強調しすぎるきらいがあるようだ。そのため,多くの経済的な,また技術的なムダをしてきたようにおもわれる。しかし,情報技術はどこかでつながりあい,影響しあってきたはずである。われわれは,自身をもう一度歴史の渦中に投げ入れて,あらためて「関係の発見」のための旅に出遊すべきなのである。

3.変遷

❖情報の技術文化史はオラル・コミュニケーションとコズミック・ダンスにはじまっている。ついで各地に文字が出現してくると,文字戦争ともいうべきがくりかえされた。どの文字がどの民族を支配するかということは,どの言語によって情報が流通するかという大きな分岐点になっている。

❖しかし,いったん言語と文字が定着してしまうと,歴史はもっともっと複雑な交換ゲームをはじめることになる。以下,数万年におよぶ情報技術文化史を「コミュニケーションとメディアが依拠した考え方の変遷」として,ごくおおざっぱにかいつまんでみた。詳細は本文年表にあたられたいが,情報がどのように連鎖してきたかを俯瞰するには食べやすくなっていようか。ただし便宜上,主としてヨーロッパの現象だけを対象とした。また,とくに理由はないのだが,101項目に段階化しておいた。

A.オラル・コミュニケーション時代

00.ヒトの直立二足歩行の開始と分節の発達。

01.男と女の分業化。受胎育児情報の肥大。

02.体と声だけによるコミュニケーションの時代。宇宙舞踏時代。

03.リズムを線におきかえ,模様と輪郭描写が発達する。

B.図形と文字の出現

04.体への関心がやや薄れ,声と絵の世界に道具と図標記号が介入してくる。

05.文字と布の発達。体と声と絵と図と文字の最初で最後の蜜月期間。

06.紙の出現。声と図と文字,およびその象徴装置化が促進する。

07.文字の分化と統合。各地で文字戦争がおこる。

C.写本文化と物語の時代

08.文字の優位化が目立つ。手紙や本の単独流通化がおこる。写本文化。

09.写本センター(修道院・寺院)が各地の情報センターになる。

10.他方,文字に表せないシンボルが発達し,オカルティズムの系譜をつくる。

11.センターを回遊する情報ネットワーカーが活躍する。

12.物語の様式が生まれ,情報の記憶形態に工夫があらわれる。

13.宗教・哲学・文学・演劇・音楽・美術などが多少分化し,情報を分担する。

D.時間の円環化と活版印刷革命

14.時計・眼鏡・複式簿記・羅針盤・三角法の確立により,情報世界が拡大する。

15.活版印刷の発明(1450)と製紙術の急速な普及リテラシーの革命。

16.各国に母国語が定着し,民族や地域の情報史が編集される。

17.古典回帰と宗教改革(1515)とともに,異国の情報への関心が広がる。

18.自然科学と家学が体系を提供しはじめ,情報の合理化がはじまる。

19.ミクロコスモスとマクロコスモスが分断されはじめる。

20.ニュートン力学の登場(1687)。科学情報の実証へ。

E.クラブと新聞と産業革命

21.郵便制度の定着により情報ネットワークが少しずつ整備される。

22.鉄鉱石熔融(1713),農業革命,毛織物産業による資本蓄積。経済の情報化

23.奴隷貿易と機械による労働の代行。知識の分業化がすすむ。

24.クラブとサロンが出現し,新聞と雑誌が発生する。

25.情報の啓蒙化がすすみ,市民にコモンセンスが醸成される。

26.博物誌と百科全書(1750)による情報のデータベース化が流行する。

27.絶対主義と蒸気機関。産業革命が進行する。

F.鉄道と通信のネットワーク

28.腕木式光通信と蒸気汽船と蒸気機関車の登場。情報の速度化。

29.進化論と人類学が人間の情報的進歩を問題にしはじめる。

30.鉄道が開通し,最初の資本主義恐慌がおこる。情報格差の出現。

31.モールス電信機(1835)とダゲレオタイプが情報のコピー化の可能性をひらく。

32.国民経済学と社会主義思想が同時に生まれ,メディアが横行する。

33.鉄道と電信のネットワークが世界を拡大しはじめる。

G.万国博と熱力学の法則

34.新聞社と通信社が情報のニュース化を競う。情報の一般化が進行。

35.万国博(1851)で情報の国際同時主義はじまる。人種差別主義もはじまる。

36.ダーウィニズムが社会進化思想へ波及し,生物史と文化史がつながる。

37.鉄道と通信と輪転印刷が力もつ。情報量のコミュニケーションの登場。

38.海底電線が開通して,新しいインフラ・ネットワーク時代が到来する。

39.産業資本の独占と都市改造の進行。情報集中のはじまり。

40.熱力学がエントロピーと情報の関係を暗示する。

H.電話ネットワークと電気革命

41.ベルの電話(1876)とエジソンの電球。情報が距離と時間を超えはじめる。

42.カメラと製版の出現。社会に正確性の観念を形成していく。

BC 6000以前
BC 6000
BC 2200
BC 1200
BC 600
BC 300
0
300
600
800
1000
1200
1300
1400
1500
1600
1650
1700
1760
1810
1840
1860
1880
1890
1900
1910
1920
1930
1940
1950
1960
1970
1980

43.文学と美術が情報社会の発言リーダーになり,学芸メディアが力をもつ。

44.通信と写真の結合。報道のリアリティが強化され,ニュース文化時代へ。

45.マルコーニ無線通信により,電波と通信が結びつく。

46.電気の普及と映画の出現。暗闇からも情報が生まれる。犯罪文化へ。

47.世紀末デカダンとフロイト主義の登場。内面の情報へ。

I.自動車と広告の時代

48.量子力学と相対性理論(1905)と創造的進化論(1907)。統一的世界像へ。

49.近代建築と飛行機とT型フォードの凱歌。情報の生産主義。

50.電話ネットワークの拡大。情報の個人性の基盤ができる。

51.タイプライター普及によって,筆記的世界像が決定的に後退する。

52.映画流行。映像の連続化と自動化で,情報は時間を占める性格をもつ。

53.レコードによる音の記録と再生。反復文化の可能性が拡大する。

54.ラジオとマイクロフォン出現。娯楽にも情報技術が集中しはじめる。

55.広告の急成長。情報の切売りと誇大化。

J.大衆による情報ゲーム時代

56.自動車普及による道路ネットワークの改善。出版印刷の増大(円本円タク)。

57.飛行機無線とコンデンサ・マイク。情報交信の自由度の拡大。

58.戦争と失業の拡大(第1次世界大戦)。大衆の出現から大衆情報化社会へ。

59.メンデル遺伝学で情報の遺伝子が確認される。

60.ハートリーの情報論とノイマンのゲーム論(1928)。

61.大恐慌とケインズ経済学。情報の予測の時代へ(1930年代)。

62.スーパーマーケットと缶詰の普及。情報のパッケージ化へ。

63.社会主義の拡大。イデオロギー情報と知識人の融合。

K.トランジスタとコンピュータと抗生物質の時代へ

64.ラジオ宣伝の発達とイエロージャーナリズムの拡大。情報の日常化。

65.チューリングマシンから計算機へ。情報処理技術の発展。

66.自動電話交換と電子複写法(1938)。情報の自動コピー化はじまる。

67.サイバネティクスによる生体=機械共生系の出現。情報のフィードバック。

68.戦後文化と赤狩りとグッドデザイン運動。情報統制文化。

69.抗生物質による医療革命で,健康情報が溢れはじめる。

70.シャノン情報通信理論による情報通信時代の開幕。

71.トランジスタ革命。第1次軽薄短小化はじまる。情報圧縮の発想が広まる。

L.家電革命と情報コピー時代

72.テレビの登場により,マスメディアと大衆の関係に変化がおこる。

73.コンピュータ類が発展し,情報の省力性についての観念が定着する。

74.クレジットカード出現(1950),情報経済が本格的にスタートする。

75.石油製品の汎用化による複製力の増大。大量生産力と消費力の接近を促す。

76.免疫学による情報代謝における自己と非自己の発見。

77.家庭電気製品の一般化すすむ。家庭における情報文化の安定化。

78.IC開発(1958)と人工衛星の登場。ミクロとマクロからの情報交信時代へ。

79.ロボット開発がすすみ,労働の意味が変容する。

80.テレビ文化の定着。スポーツ情報と芸能情報の極端な飛躍。

M.パーソナリゼーションとグローバリゼーション

81.プログラム言語の急速な開発。人工情報言語の時代へ。

82.産業の全面的OA化,FA化はじまる。企業に負う情報社会の改革が進行する。

83.分子生物学の発展と分子言語による遺伝情報解読がすすむ。

84.ステューデントパワー,環境汚染,ヒッピー文化。対抗文化情報の拡大。

85.第3世代コンピュータと人工知能の開発。シミュレーション文化の進行。

86.ロック・カルチャーの爆発。エコロジー情報の流出。

87.パソコン出現(1968)と脱工業化社会論。情報のパーソナリゼーション。

88.SFとパフォーマンスの流行。幻想領域における情報の冒険へ。

89.カタログ文化により情報編集時代の波が押し寄せる。

90.LSIと8ビットマイクロプロセッサが情報記憶容量の変化をもたらす。

N.ニューメディアと高度通信ネットワーク

91.メディアの多様化と分解化が飛躍的に進行。マルチメディア情報時代へ。

92.環境危機と高度情報社会の同時化で,情報洪水の危険視がはじまる。

93.電卓の普及で数値情報の一般化が進行,意味情報へ関心が集まる。

94.ソフト化とサービス化が接近する。情報と金融の接近。

95.バイオテクノロジー拡大と利己的遺伝子説。情報操作に関心が集中する。

96.散逸構造理論とシナジェティクス。情報の自己組織化理論の形成。

97.パソコン感覚とゲーム感覚の一般化。おたくの情報論。

98.ISDNによるテレコム社会像の提起。情報ネットワーク時代の到来。

99.ディープ・エコロジー波及。ハイテクから脱出するもうひとつの情報文化。

100.ハイパーネットワークとテラビット・コミュニケーション時代へ。

輪郭の発生
文様と図標
意味の保存へ
記録の構想
契約と学習
記憶の変換
分岐と伝播
変転する世界
知識の交流
情報の自立
都市と物語
内省か観察か
時代の認識
回遊する夢
主観と客観
再生する宇宙
構造と運動
啓蒙の波及
技術と直観
速度への挑戦
私有と競争
拡大する情報
国家と企業
印象の主張
光速と量子
思索と戦争
爛熟する文化
経済の問題
実存と自由
欲望の開発
対立と制御
環境の変貌
混沌と創造

4.展望

❖情報の歴史を展望するという試みは,いまはじまったばかりである。もともと歴史を「情報」という視点でとらえるという試みなど,情報概念が確立していない1940年以前にはありえなかった。

❖情報概念がシャノンの情報通信理論によって正式に登場してからも,情報の定義はもっぱらエントロピーの逆数としてかなり狭い分野でのみ扱われていた。エントロピーは秩序に対する“でたらめさかげん”の指標であるから,情報は諸現象の区別力をあらわす単位として(ビット),数理科学やシステム工学の分野だけで重宝がられただった。しかし,分子生物学が遺伝情報のしくみを次々にあかし,生命系が情報を自己組織化することによって個体に的確な活動をもたらしていたのだということがわかってくると,にわかに「情報」に幅広い意味がつけ加わるようになった。情報は生きたシステムにオーダーをあたえる主人公になったのだ。

❖他方,パブロフの実験などで知られる外界からの刺激の入力についても,ただ「信号」という概念による説明がまかりとおっていた。信号が何度も学習されれば,それがなんらかのしくみで生物の活動に寄与するというものである。言語が情報であることも以前から少しずつ議論されていたことではあったが(モリヌークスの問題),最近になってやっと情報理論との結合をおこしはじめ,人工知能の研究で欠かせないテーマにのしあがってきた。これらの事情のなかでサイバネティクスがはたした役割には,たいへん大きいものがあった。

❖このように情報問題をめぐる整備はようやく軌道にのってきたというのが実情である。しかし人々は総じて,いまだに情報とはわけのわからないものであるという印象をもっている。科学が「物質」や「エネルギー」と「情報」とはまったくちがうものだという扱いをはじめても,なお情報はあやしげな性格をもっているようにおもわれている。おそらくは“高度情報社会”とか“情報化”という笛や太鼓の鳴らしかたに悪い原因があったにちがいない。

❖本書の年表の記載事項があきらかにしているように,“情報化”というならそんなことはずっと以前からおこっていたというべきなのである。ユダヤ教や仏教の歴史が“情報化”でなかったとしたら,何が情報化なのであろう。高度情報社会といういいかたも誤解されやすい。情報そのものにはもともと高度も低度もあるはずがないからだ。せいぜいのところ,情報を送受信するネットワーク・システムの技術が以前にまして大幅に改良されたという意味だろう。

❖かくて,さまざまな問題をかかえたままではあるのだが,われわれはやっと「情報の歴史」を展望してみる最初の機会をもつことになったのである。それには,当初はできるかぎり“断片と総体”がそこにぶちまけられているように眺めたほうがいいのではないかとおもわれる。本書がトータル・クロニクルの形式を採用したのはそのためである。とはいえ,そこにどんな海図もないというわけにはいかない。多くの協力を得つつ,私は「年表を編集する」という方法をおもいついた。それは,かつての前漢の司馬遷が『史記』において試みた方法の復活でもある。司馬遷の方法は,紀伝体による叙述を中心としているのであるが,叙述では不可能な現象については必要に応じて年表表記を導入したのであった。

❖さあ,これで私のまえがきはおしまいだ。あとは読者自身が自由な“組み替え”をおこす番である。本書の作成の最終期は,昭和の終焉にはじまり天安門事件をへて,東欧諸国が次々に自由化を求めた激動をおこす時代にあたった。それは,本書がすぐに改変を迫られるのであろうという動揺と興奮を直截に私にもたらした。そして,その“書き替え可能性”にこそ,本書の意義を見出したいとおもう。

THE LONGEST CHRONICLE: History Informs

象形文字から仮想現実まで

diagram 1.

古代文字の出現と分岐

◉文字はイデオグラム(思考文字)とフォノグラム(音声文字)に分かれる。ただし,どちらか一方だけを使用する民族は少ない。エジプト文字には700あまりの象形文字(聖刻文字)と24の単子音文字と意味識別記号があり,シュメールの楔形文字にもピクトグラムとフォノグラムと意味識別記号とがあった。たいていはこれらに音価が加わった。しかも,シュメール文字をつかいはじめたアッカド人がそうだったように,いったんできあがった文字システムがいつもそのまま継承されるということもなかった。

◉文字は情報活動の突起であり痕跡である。イデオグラムの起源は品物そのものをどこかに置いておくことだった。それによって財貨の管理などをした。それがだんだん品物の図示になり,絵文字となり,象形文字が派生した。フォノグラムを徹底して,あっというまに文字世界の王者に躍り出たのはセム語族である。セム文字は子音(22〜24文字)でできている。母音は文法的様相をととのえるためだけにつかわれた。セム文字がフォノグラムの統一をなしとげたのは,速く筆記でき,記録に必要なスペースが極端に少なくてすむからだった。

◉アジアの文字はインド系と中国系に分断されているようにみえる。しかし,インド系が確立したアショーカ王期よりずっと前,紅海やインド洋を渡ったセム商人によって古アラム文字がインドに入っていただろうこと,また甲骨文字が出現するだいぶん前に,バビロニア系のイデオグラムが中国に入っていただろうことなどが予想される。文字はまったく孤立して出現することがない。古代文字はいつも「文字戦争」をおこしていたのである。

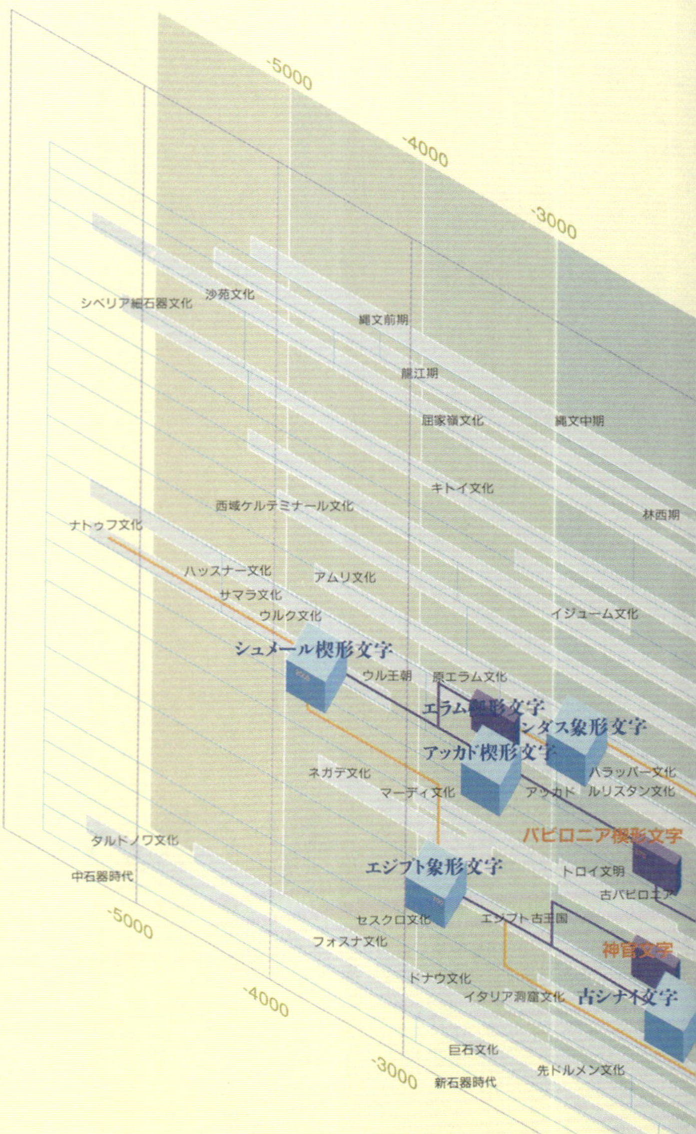

I. 情報の記録

BC6000以前〜BC600
われわれはどのように情報を記録し，伝達しはじめたのか。

-2000
-1000
0
仰韶彩陶文化
龍山黒陶文化
縄文後期
アンドロノヴォ文化
赤錐紅陶文化
甲骨文字
殷帝国
アンドロノヴォ文化
金文
西周
縄文晩期
東周
大篆
支石墓文化
弥生文化
春秋戦国
小篆
秦漢帝国
アーリア人侵入
エラム
サンスクリット文字
ヒッタイト象形文字
ヴェーダ文化
ヒッタイト王国
カッシート
古アッシリア
古ホラズム文化
中王国
古アラム文字
メソーフミー文字
シベリア鉄器文化
スキタイ鉄器動物文様文化
漢字
【仮名】
クレタ文字
セム子音文字
【北方セム文字】
新王国
ヘブライ王国
アッシリア帝国
クレタ文明
ユダヤ王国
サカ
サマルチア
十六王国時代
【周辺民族文字】
民衆文字
フェニキア文字
カロシュティー文字
線文字A
ヘブライ角形文字
ペルシア文字
古シルクロード文化
アンドーラ朝
マウリア朝
【チベット文字】
線文字B
フリギア王国
古代ペルシア帝国
キプロス文字
フェニキア
フリギア文字
-2000
ミケーネ文明
リディア王国
シリア王国
フン文化
ナバテア文字
古代ギリシア文字
ヨーロッパ青銅器文化
カルタゴ
【デーバナガーリ文字】
青銅器時代
ギリシア古拙文化
ケルト
エトルリア文字
ルーン文字
【アラビア文字】
ハルシュタット文化
ギリシア古典文化
-1000
古ゲルマン
【コプト文字】
古代ローマ文字
c MATSUOKA＋TODA
ラテーヌ文化
古代ローマ帝国
【スラブ系文字】
鉄器時代
【ゴート文字】
【イギリス古文字】
【現代ヨーロッパ】
0

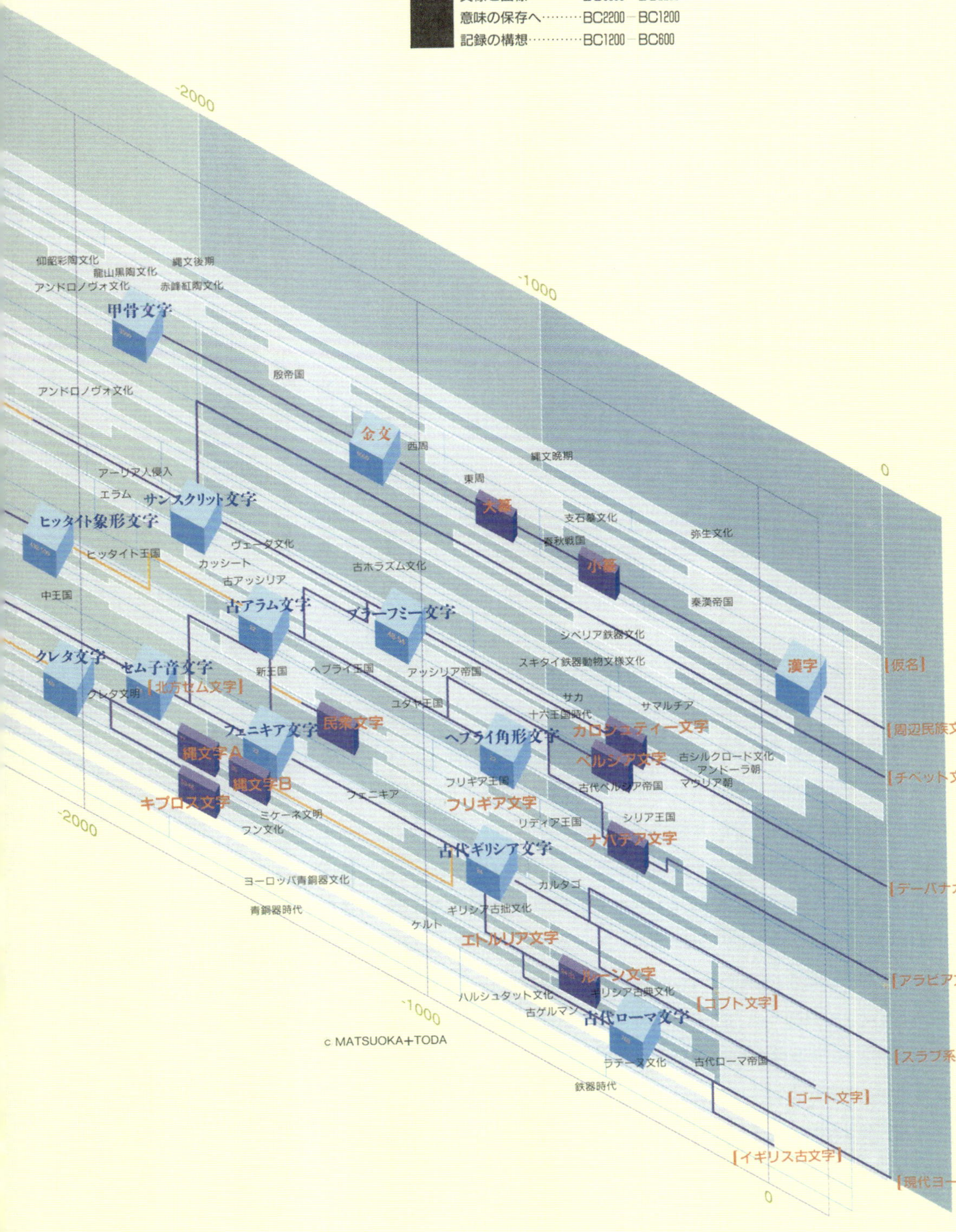

I 情報の記録 BC6000以前―BC600
言語獲得から文字図書館へ

分断・統合・再分断

1500万年前のこと,人類が誕生するにあたってまずなしとげなければならなかったのは,ラマピテクスによる直立二足歩行の完成であった。つづくアウストラロピテクスあたりまでは草食であったが,200万年前くらいには雑食がほぼ定着した。"悪食のサル"の出現である。

情報の歴史の観点からいうと,人類が食い意地のはった雑食型二足歩行者になるあいだにおきた最大の事件は,脳の容積が1500立方センチまで一気に肥大し,左脳と右脳が完全に分化したことである。そしてこれとほぼ時期をおなじくして,五指分節化と萌芽言語の組織化が進行した。すでにジャワ原人と北京原人が歩きまわっていた。だいたい100万年から40万年前のことである。

しかし,この直立二足歩行の断行は,その後のわれわれの歴史を決定づける多くの問題をはらんでいた。まず,直立したことは子宮の入口を極端に狭くし,出産を困難にした(妊娠の長期化)。そのため嬰児はいちじるしく虚弱となり,母親が当分は面倒をみないかぎりは育たなくなった(育児の保証)。また立ち上がったため,それまでは互いに"見え見え"だったセックスシンボルが隠れてしまい,のべつまくなく興奮していながらもあれこれの手段をこうじなければ男女の感情的結合ができなくなった(発情期の喪失)。加えて,雑食へのあくなき欲望はカニバリズム(食人)をさえもたらし,相手を殺すことさえ平気になってしまったのである(同種の殺害)。

言語の発生

これらのことは,いずれもわれわれの文化になぜ宗教や哲学や芸術が必要となったかを物語る根本原因にあたっている。おそらく,われわれは早く立ち上がりすぎたのだ。せめて四つんばいのままで成熟児が出産できるようにしておけば,まだしもこんな矛盾をかかえなくてもよかったかもしれない。

が,それが人類だったのである。そして,われわれはこのような矛盾を克服するために,言語と道具をもつことにした。ただし言語の発生から文字の発明までにはながい時間が流れた。まずリズムを線刻し,それがさまざまな文様を生み,その文様から図標が派生して,そこからしだいに祖型的な文字群がまとまってきた。留意すべきは,これらの文字の大半が当初の表記法を失い,順々に簡潔化をめざしたということと,こうした文様から文字への発展がすすむあいだ,各民族が身体の動きが文字でありうるようなさまざまな身振りを工夫し,コズミック・ダンスの数々を創始したということである。そこには必ずといってよいほど,男女結合の方法が暗示されていた。

言語と道具をもった者たちを元気づける根本的な変化は,地球の気象環境がつくってくれた。およそ2万年ほど前からはじまった氷河後退と海面上昇である。これで自生小麦が定着し,ついで1万年前からはじまったヒプシサーマルとよばれる世界気候の温暖化が,ヨーロッパやインドを森林化させ,西アジアや中国の大河流域を草原化させて,レヴァント地方に農耕を発生させた。最初の大規模の集落がレヴァント地方のイエリコやアナトリア地方のサマラに誕生したのは(初期都市国家),それからまもなくのことだった。

遊牧する神々

四大文明の発祥はだいたい時を同じくしていたが,それよりも大きな影響力をもったのは,紀元前2200年くらいからはじまったセム人の移動とそれにつづくアーリア人の移動であった。

かれらは移動するうちに母集団と子集団,あるいは祭祀集団と牧畜集団に分岐し,その集団を維持するためのさまざまな契約神をつくりあげていった。マルドゥーク信仰,ミトラ=ヴァルナ信仰,ナブ信仰が生まれ,それらが先住土着民の信仰を襲って多くの情報宗教を発生させた。モーセがエジプトを脱出する紀元前1250年ころには,そうした習合的な神々が各地に誕生し,イランにアスラ信仰が,インドにヴェーダ信仰が,中国に饕餮信仰が広まっていた。むろん遊牧神と土着神が習合をおこさないことも多かった。なかで,ユダヤ教におけるバール神とヤハウェ神の対立は,その後のユダヤ教があたえたヨーロッパにおける影響を考えると,最も特筆すべき現象であったろう。

なお,これらの契約神の確立にあたっては,とくに「水」と「火」に対する「契約言語」が重視された。水を支配し,火を管理しなければならない各部族のリーダーは,さまざまな契約と罰則をもうけたのである。これこそが,のちにトーラーやミシュナ,あるいはガーサーやマントラ(そしてタントラやスートラ)などとして,異様な宗教言語体系をつくっていった原型に,また,文化人類学的な意味における「情報」の起源にあたるものだった。

バビロニアと抗争していたアッシリアが勢力を増しているころ,ユーラシアの内外では海の民や草の民が跋扈した。かれらの関心はもっぱら交易と略奪にあったが,その"交換価値力"は各地に経済の拠点をつくらせ,「琥珀の道」や「塩の道」などとしていまなおのこる交通ネットワークの原型をつくっていった。各地に貨幣が出現したのもこの時期だった。ことにスキタイのノーマッドな活動は,ユーラシアの前後左右にさまざまな"情報形態"のつくかたを散布した。

大いなる思索 サルゴン2世によって統一されたアッシリアが滅亡すると(前609),ギリシアでは民主政治と叙事詩と自然哲学が勃興し,ペルシアではダレイオスの帝国が出現する。中国は文字の拡散的多様化がすすむ春秋戦国期にあたっていた。この時期,一般にはギリシア政治文化の充実がやたらに強調されるが,最も注目すべきことは"大いなる思索者"が各地にほぼ同時に輩出したことにある。正確な生没年が特定できない者もいるが,それにしてもゾロアスター,第二イザヤ,ピタゴラス,マハーヴィラ,ブッダ,ヘラクレイトス,パルメニデス,老子,孔子,エズラ・ネヘミア,墨子ソクラテス,荘子とつづいた紀元前7~6世紀の不思議な高揚は,情報の歴史にとって最も高潔な"聖一共振期"を形成した。

かれらに共通する特徴が「語り」の尊重であったのに対し,つづくプラトン,アリストテレスやヒンドゥ学派や諸子百家が徹底した「記述」を開始したことは,ここからこそ情報蓄積の本格的な開示がはじまったことを示した。それはまた,世界記憶術ともいうべき「方法の魂」の提出であり,歴史における最初の"知識"の創出となったのである。しかも,そのような知識の全体がアリストテレスのような"一人"に集中できたということは,その後の人間と知識のありかた(学問)を示す大きな典拠となった。

文字と図書館 情報の伝播と蓄積という面では,紀元前4世紀にギリシアで24文字のアルファベットが定着したこと,パピルス巻子本,木簡と竹簡の普及などがはたした役割,およびニップール,テーベ,ニネヴェの帝王によって図書収集が開始されたことなどが特筆される。アリストテレスは自分の文庫の組織化にさえ着手した。

これらの動向は,情報史における語り部および書記官の自立をもたらすとともに,「われわれはなぜ世界を叙述できるか」という根本問題に多くの関心を寄せさせることになった。そして,ある意味では"治の確立"は"知の収集"につながっているという幻想をつくりあげた。まさにそこに登場してきたのがアレクサンドロス大王のヘレニックな世界収集癖であった。アリストテレスに教授を受けた大王の業績を一言でまとめるのは困難であるけれど,ここではとくにアレクサンドリアのムセイオン創立を重視しておきたい。図書司カリマコスが担当した目録「ピナケス」は,情報の歴史における最初のデータベースとなり,ハイパーカードとなったのである。

なお,史料にはのこっていないものの,たとえばピタゴラスがゾロアスターと交流し,プラトンがアトランティス記録を知り,あるいは孔子が東海の日本列島に関心を寄せたりというような,また,バビロニア占星術と中国占星術に星座に関するいちじるしい同一性があるといった,すなわち東西にまたぐ「情報の同時性」というべきがこの時代にすでにおこっていたであろうことを補足しておきたい。

輪郭の発生

BC6000年以前

7000万年前

立ち上がった人類は、難産と育児をひきかえに、巨大な脳の持主になっていた。すべての歴史は、この大きくなりすぎた情報処理力に富んだ脳にはじまった。

気象と地史

地質年代 第三紀

- 7000 白亜紀末期,恐竜絶滅,哺乳類抬頭
- 6300 第三紀暁新世開始
- ◉ 大陸移動開始,被子植物全盛
- 5500 第三紀始新世開始,世界的温暖期
- 4500 ギルバート逆磁極期開始
- 3800 古第三紀漸新世開始,石炭層形成
- 3320 ガウス正磁極期開始

ヒマラヤ造山運動

- ◉ ゴンドワナ,ユーラシア両大陸衝突,ヒマラヤ造山運動開始
- 2600 第三紀中新世開始
- ◉ 石油包含層形成
- ◉ グリーンタフ運動と日本列島形成
- 2430 マツヤマ逆磁極期開始(〜690万年前)

1500万年前

- 1500 アフリカのサバンナ化すすむ(キク,イネ科植物の草原ひろがる)
- ◉ 寒冷化すすみ,中緯度の高山に氷河

現在の生態系

- ◉ 現在の生態系の形成(草食動物とそれを捕食するネコ,イヌ科の肉食動物の発生と進化)
- ◉ アルプス・ヒマラヤ,コルディレラ・アンデス山系,大山脈となる
- 1000 新第三紀後期中新世開始
- ◉ 環太平洋の火山帯の活動活発化
- ◉ このころ御前岳(最初の富士山)噴出【日】
- ◉ メッシニア期に地中海干上がり岩塩堆積地帯となる

500万年前

- 500 新第三紀鮮新世開始
- ◉ 現在の気候に近い温暖期に移行

ヴィラフラキアン期

- 332 ヴィラフラキアン期開始(これを第四紀の開始とする説有力)
- ◉ プレテグリアン暖期(温暖,湿潤化)
- ◉ ほぼ現在の大陸,海域の成立
- ◉ ヒッパリオン,ステゴドン象の活動
- 250 古水温急激に下降(243万年最低温度記録,海面10度,海底6度)
- ◉ テグリアン寒期
- 220 気候温暖化(海面古水温12度)
- ◉ カラブリア層堆積期開始(第四紀開始の指標)大西洋,南極海,インド洋拡大

第四紀へ

200万年前

- 200 第四紀古最新世(ホロシーン)
- ◉ 洪積世開始(〜1万年前)

日本列島の弧状化

- ◉ 日本弧状列島化,箱根,富士火山噴火【日】
- 180 オルドワイ正磁極事件
- ◉ ドナウ寒冷期開始(海面古水温最低8度)
- 175 ドナウ・ギュンツ間氷期(〜120万年前)
- 160 メタセコイア植物群減少,マツ,モミ繁殖【日】
- 150 メリディオナリス象,アフリカからヨーロッパに移動(マンモスの祖先)
- ◉ 明石象の活動(ステゴドン象)【日】

ギュンツ氷期

70万年前

- 120 ギュンツ氷期開始
- ◉ 泥河県系動物南下,マレー系動物群北上
- 80 列島隆起,中央構造線形成,火山活発化【日】
- 72 第一間氷期開始(ギュンツ・ミンデル間氷期)

洪積世へ

- 70 ブリュンヌ正磁極期開始
- ◉ 動物,植物層,現在に近づく
- ◉ 周口店動物群の南下,万県動物群の北上【中】

ミンデル氷期

- 65 ミンデル氷期開始(〜40万年前)
- ◉ ヨーロッパの北緯50度まで氷河(平均気温12度低い)
- 50 古東京湾形成【日】
- ◉ 日本のステゴドン象全盛期【日】

40万年前

人類と脳の進化

- 7000 正獣類分化,適応放散(霊長類への進化開始)
- 6000 プレシアダピス(ツパイ科)出現
- 5300 原猿類(キツネザル,メガネザル)出現,脳と体躯の体積比率,哺乳類中で最大となる
- 5000 スミロデクテス,両眼が前方を向き,立体視と遠近感覚おこる
- 3700 真猿類(パラピテクス)出現
- プロプリオピテクス(手長猿,オランウータン,ヒトの祖先)出現

霊長類の分化

- ◉ 人類と類人猿の分化
- 3000 アピディウム(ヒトの祖先)出現
- 2200 プロコンスル(チンパンジーの祖先か)出現

直立二足歩行

- 1500 東アフリカに前猿人出現,二足歩行開始

ラマピテクス

- ◉ ラマピテクス活動(猿人に進化か)
- ◉ オレオピテクス活動(樹上生活に依存か,500万年前絶滅)
- 1000 ラマピテクス,東アフリカのサバンナ化に,樹上からおりて歩行
- ◉ ラマピテクス,歩行によってインド方面にまでひろがる
- 600 メッシニア期の極度な乾燥と種の交替期にホミニゼーション加速

草食 アウストラロピテクス・アファレンシス

- 500 東アフリカに猿人出現(アウストラロピテクス・アファレンシス),直立二足歩行開始
- タバリン猿人(最古の猿人化石)【ケニア】
- 450 ロカダム猿人【ケニア】
- 375 オモ谷の猿人【エチオピア】
- 350 レトリ火山灰に猿人の足跡(土ふまず,大きな親指,丸い踵発達)【タンザニア】
- 300 猿人の発展(脳容量470〜700㎤)
- ◉ 東アフリカにジンジアントロプスとアウストラロピテクスの共存
- ◉ アウストラロピテクス・アファレンシス(ルーシー)【エチオピア】

肉食ホモ・ハビリス

- 260 ホモ・エレクトゥス・ハビリス出現(コービュフォラ,狩猟肉食,脳容量700㎤)【ケニア】
- ◉ オルドワイ第1層のアウストラロピテクス・アフリカヌス完全頭骨(シンジ)【タンザニア】

右脳と左脳

- 190 最古の原人(ホモ・エレクトゥス,ジュティス層)【ジャワ】
- 170 雲南省の元謀原人(猿人か)【中】
- 160 猿人(ER-406)と原人(ER-3733)の共存【ケニア】
- 150 原人,世界に拡大する(脳容量850〜1200㎤,右脳・左脳分化か)

ジャワ原人

- 120 最古のジャワ原人(カブー最下層)【ジャワ】
- オルドワイ第2層に原人(脳容量700〜800㎤)【タンザニア】
- 100 トリニール,サンギラン層のジャワ原人【ジャワ】
- ◉ 東アフリカに原人,南アフリカに猿人分布
- 70 陝西省藍田県公王嶺人骨(猿人か,脳容量780㎤)【中】
- ◉ ハイデルベルク人(原人,西欧最古の化石人)【独】
- 65 アラゴ洞窟人骨(原人)【仏】
- 60 陝西省藍田県陳家窩人骨(原人)【中】
- 50 アトラントロプス・マウリタニクス(原人)【アルジェリア】
- ◉ ピテカントロプス・エレクトゥス(ジャワ原人,トリニール層)【ジャワ】

北京原人 脳容積900〜1200㎤

- ◉ シナントロプス・ペキネンシス(北京原人,脳容量900〜1200㎤)【中】

石器の記憶

500 猿人,自然石,自然棒などを道具として利用開始【エチオピア】

礫石器 猿人による加工か

400 猿人の礫石器製作開始か

270 バダール,オモ河流域のシュングラに礫石器【エチオピア】

260 オルドワイ1層の猿人,礫石器を用いる【タンザニア】

250 ルドルフ湖畔の猿人,骨器の使用（ジンジアントロプス・ボイセイ）【タンザニア】

210 猿人,打ち割った礫石器の使用一般化

旧石器時代へ

200 原人のチョッパー・チョッピングツール製作（コービュフォラのオルドワイ技法,1～8回の打撃による石器製作）【タンザニア】

180 山西省侯度砂礫層にチョッパー・チョッピングツール（大型3稜尖頭器）【中】

170 元謀人,礫石器使用（29種の哺乳類捕獲）【中】

160 オルドワイ文化のチョッパー・チョッピングツール,ヨーロッパに伝播（ル・バロネ洞窟,ヒュグ・デン・ロカ洞窟）【仏西】

ハンドアックス出現

140 ハンドアックスとクリーパーの製作（ナトロン湖畔のペニジ）【タンザニア】

100 アルメニアに礫石器（メガントロプスか）【露】

◉ オルドワイにハンドアックス定着（アシュール前期石器）【タンザニア】

70 ハイデルベルク人のアシュール前期石器使用（原人）【独】

◉ 泥河湾,西侯度村の打割石器（東南アジア石器文化圏の形成）【中】

60 藍田人の打割石器【中】

◉ アラゴ洞窟に10万点のアシュール前期石器と50体の化石人骨【仏】

50 周口店文化の石器製作に両極打法（ハイボーラ・テクニック）【中】

◉ 前ソーハン文化開始（インド旧石器を特徴づける包丁様石器の原型）【印】

◉ 石製ハンマーで石器製作するシェル文化と鹿角,木棒のハンマーで石器製作するアシュール文化の分化【タンザニア】

◉ アトラントロプス,アシュール石器使用【アルジェリア】

先史文化

500 猿人,歩行による採取生活開始【ケニア】

450 猿人の母指対向,モノをつかんでつかう（アワッシュ渓谷の猿人遺跡）【エチオピア】

400 東アフリカの猿人のカフ文化（石,棒を道具としてさかんに使用）

300 猿人の狩猟活発化（マカパンスガットの猿人と獣骨）【南ア】

最古のオルドワイ文化

260 現存最古のオルドワイ文化遺物（人工的に打ち割った礫石器）【タンザニア】

◉ アウストラロピテクスの平均寿命23歳,ジンジアントロプスの平均寿命18歳

200 オルドワイ文化確立（物質・精神文化の伝承）

◉ 猿人の家族形成（ハダール地区に13体の老若男女,幼児の一括遺体）【エチオピア】

180 円形積石遺構（一時的住居）【タンザニア】

◉ 中国に猿人文化ひろがる【中】

160 ホモ・ハビリスのオルドワイ文化開始【タンザニア】

五指分節・言語萌芽

◉ 原人,狩猟・石器製作による情報処理能力拡大,皮紐,皮布の使用

100 オルドワイ文化,アシュール前期文化（ハンドアックス中心）とシェル文化（チョッパー中心）に分化

◉ 原人,5指を制御する脳の発達（記憶,計画,思索,言語の萌芽）

◉ ヨーロッパ最古の住居（ル・ヴァロネ洞窟）【仏】

70 アブビル文化（アシュール前期系）が西ヨーロッパ,中近東,インドに波及,シェル文化がヨーロッパ東北部,パキスタン,東アジアに波及

火の使用 調理発達 食料拡大

65 原人,火の定常的使用（洞窟利用,寒冷地進出;調理と食料源拡大）

◉ 狩猟採取社会組織（集団生活）,定住住居,テント,衣類の初期

50 北京原人の周口店文化に火の定常的使用【中】

◉ ベルセデス人（原人）のブダ文化に炉跡【洪】

◉ サン・タシュール遺跡のアシュール文化堆積開始（ソンム渓谷～20万年前）【仏】

BC 6000
BC 2200
BC 1200
BC 600
BC 300
0
300
600
800
1000
1200
1300
1400
1500
1600
1650
1700
1760
1810
1840
1860
1880
1890
1900
1910
1920
1930
1940
1950
1960
1970
1980

人類が最初にかかえた問題は、
死の恐怖と同種殺害衝動を
どのように制御するかということだった。

40万年前

気象と地史

年代	事項
40	箱根古期カルデラ,新ハケ岳の形成【日】
◉	平均気温,現在より11度低い
35	琵琶湖3逆亜磁極期開始(～34万年前)
30	ミンデル・リス間氷期(第二間氷期)開始
28	平均気温,現在より6度高い
	リス氷期 現在気温より7度低温
26	リス氷期開始(平均気温,現在より7度低い)
◉	アルプス氷原1万1000平方マイル,海水面100m低下
◉	ベーリング海峡連絡,馬,駱駝の祖先,アメリカからユーラシアに渡る(新旧大陸動物移動)
◉	日本列島,大陸とつながり,周口店動物群渡来 浅間山噴出【日】
23	リス亜氷期開始
20万年前	
20	平均気温,現在より6度低い
	第3間氷期 現在気温より5度高温
18	リス・ヴュルム間氷期開始(第三間氷期)
◉	平均気温,現在より5度高い
◉	ヨーロッパにカバ,直牙象,メルクサイなどの大型獣生息
	古ヴュルム氷期
16	古ヴュルム氷期開始
◉	日本列島,大陸とつながる
◉	マンモス動物群南下,黄土動物群北上【中】
13	平均気温,現在より5度低い
11.5	ブレーク逆亜磁極期(～9万年前)
10万年前	
10.0	このころナウマン象,オオツノ鹿繁殖【日】
8.0	古ヴュルム亜氷期開始 平均気温,現在より4度高い
7.9	ヴュルム氷期に入る(ヴュルム氷期第一期開始)
6.5	平均気温,現在より6度～10度低い
5.5	ベーリング海峡第一次陸化
5万年前	
4.5	ゲトワイゲル間氷期開始
◉	シベリア(ベレソフカ)のマンモス冷凍遺体
	ヴュルム氷期
4.2	ヴュルム氷期第一氷期開始
◉	ベーリング海峡第二次陸化
◉	地中海北岸,温帯林となり,地中海植物,北アフリカに繁茂
3.9	ヴュルム氷期第一亜氷期開始
3.5	アルー温暖期に急激な温度上昇
◉	新人に対抗する野生動物なくなる
3.3	ベーリング海峡第三次陸化
3.2	ヴュルム氷期第二氷期前期開始
3万年前	
3.0	ラシャン逆亜磁極期(～2万年前)
◉	ヨーロッパ大陸,ステップ化,大型哺乳類の大繁殖地帯となる
2.9	ヴュルム氷期第二氷期中期開始
◉	ツンドラライン鹿,トナカイ,じゃこう牛などの北極地帯動物全盛
2.7	ヴュルム氷期第三亜氷期開始
2.5	ヴュルム氷期第二氷期後期開始
2.1	ヴュルム氷期第四亜氷期開始(～1.8万年前)
◉	ベーリング海峡第四次陸化
	日本のタイガ
◉	日本,南朝鮮,タイガ(針葉樹林)となる【日】
◉	ラスコー休氷期に温暖湿潤化
2万年前	

ナウマン象 日本列島大陸とつながる

ヨーロッパ草原化 大型哺乳類繁殖地帯化

人類と脳の進化

年代	事項
40	原人の最盛期(人口400万人)
◉	ナイル流域に原人(アッバージア,ハーリジャ・オアシス出土人骨)【エ】
◉	ヨーロッパにプレネアンデルタール人の出現(アジアの原人より頭蓋が大きく,歯が小さい,脳容量1300～1600㎤)
30	鄱陽湖氷期に北京原人の特殊化(脳容量1200㎤に増大)【中】
◉	フエヤトラコ,エル・ホモ人骨(新人形質をもつ,新人アメリカ発生説あり)【墨】
◉	シュタンハイム人【独】,スワンズガム人【英】,ペトラナ洞窟人【ギ】(原人から旧人への移行型か,旧人の独自発生説あり)
20万年前	
20	桐辛人(資州省),丁村人(山西省),馬覇人(広西省)活動【中】
◉	カリュ・ヒルズ人骨(新人形質)【米】
	ネアンデルタール人
15	ヨーロッパにネアンデルタール人出現(脳容量1300㎤)
◉	東洋型の旧人出現(湖北省・貫蘭坡,広西省・呉汝康,原始モンゴロイドか)【中】
◉	牛川人(旧人か)【日】
◉	オールド・クロウ・リバー人骨(新人形質)【アラスカ】
13	このころ原人衰退(オーストラリア大陸では1万年前まで残存)
10万年前	
10	エーリングスドルフ人(旧人)【独】
◉	サッコパストーレ人(旧人)【伊】
◉	勝利山洞窟の徳州人(旧人)【鮮】
◉	フラッグ・スタッフ人骨(新人形質)【米】
8.0	ヨーロッパのネアンデルタール人最盛期(脳容量1600㎤)
7.9	ソロ人(原人の残存型か)【ジャワ】
7.5	柳江人(広西省通天洞)【中】
◉	ネアンデルタール人,31歳から60歳までの人口比35.8%
◉	ヨーロッパの末期ネアンデルタール人に横後頭隆起おこる
6	フォンテンシュバード人(新人に移行か)【仏】
◉	ラ・シャペル・オー・サン人,末期ネアンデルタール人の様相(脳容量1610㎤)【仏】
5万年前	
	クロマニオン人 新人の出現
5.0	ヨーロッパにクロマニオン人(新人)出現
◉	アムッド人(新人形質,脳容量1740㎤)【イスラエル】
◉	新人,支配的となる(頤があり,眉上弓低く,頭蓋骨薄い)
◉	新人,口と喉で複合的発音(子音の発生)
4.8	デル・マール人骨(新人形質)【米】
4.5	新人の新大陸,オーストラリア移動
◉	タブーン人(新人形質)【イスラエル】
3.9	サンタ・ローザ人(新人)【米】
3.7	クロマニオン人,ネアンデルタール人を駆逐
◉	クロマニオン人確立(脳容量1350㎤)
3.2	北アメリカ大陸をモンゴロイド南下
3万年前	
	葛生人・三日日人・浜北人 日本列島の新人たち
3.0	葛生人,三日日人,浜北人(新人)【日】
◉	カルメル山洞窟のスフール人(頤が発達,旧人)【イスラエル】
2.6	グリマルディ人(新人)【伊】
◉	ロサンゼルス人(新人)【米】
2.5	クロマニオン人の脳容量,現代人と同じになる(脳容量1500㎤)
◉	新人の人口334万人(31歳から61歳までの人口比26.7%)
◉	北米から,ペルーにモンゴロイド南下か【南米】
2万年前	

脳容量頂点 一六〇〇立方センチ

子音の発生

情報の歴史の原動力は、言葉と道具の発生、
そして距離観念の発生である。

40万年前 BC 6000以前

石器の記憶

40 チョッパー・チョッピングツール,北東欧,パキスタン,インドに普及
◉ ハンドアックス,地中海,中近東,インド南部に普及
35 石台に打ちつけて剥片をつくるクラントン技法【英】
◉ 切る道具の出現(包丁の発明)
◉ ナイル流域にアブビル型,アシュール型ハンドアックス使用【エ】
◉ 馬場壇遺跡最古層(前期旧石器文化か)【日】
20 旧人の中期旧石器時代開始(石核石器から剥片石器へ)
◉ 桐辛人,アジア初の二次調整加工石器使用【中】
◉ 丁村人,尖頭器,多辺形石器使用【中】
◉ タヤク文化にクラントン系技法の剥片石器発達【西・仏・西アジア】
◉ パチタン文化のチョッパー・チョッピングツール【ジャワ】
◉ コミック文化(アシュール文化の発展型)に心葉形ハンドアックス,削器,背付石器発達【仏・アルジェリア・イラク】

ルバロワ技法 イメージの先行

12 ルバロワ技法発明(石器の仕上がり形態をイメージして製作,剥片石器の多様な使用)
10 オルドスのシャラ・オソ・ゴル遺跡人,文様彫刻用ノミ状石器の使用【中】
◉ 早水台遺跡の石英脈岩製チョッパー・チョッピングツール【日】
◉ 中峯遺跡の石英製石器【日】
8.0 ムスティエ文化にルバロワ技法完成(500gのフリント塊から3工程で剥片をつくり,110回の打撃で延べ100cmの刃を製作)
◉ ヨーロッパでルバロワ技法による尖頭器,スクレイパー,ナイフ(ルバロワ・ムスティエ文化盛行)

フリント製石器

5.2 フリント製石器を使用する人種の到来【英】

後期旧石器時代

5.0 新人の後期旧石器時代開始(剥片石器から石刃石器へ)
3.7 オーリニャック文化に石刃技法完成(ブレード・テクニック,500gのフリント塊から9工程250回の打撃で,延べ1200cmの刃を製作)
◉ オーリニャック文化に骨製尖頭器,船形搔器出現
◉ 削る(搔器,彫器),切る(ナイフ形石器,鋸状石器),抉る(抉入石器),調整する(裁断石器)道具発明
3.5 曲線形に刃つぶしした シャテルペロン型ナイフ流行(フェ洞窟)【仏】
◉ 骨角,皮革,木への加工精緻化,骨針,箆,短剣,石ランプなどの普及

石刃技法の普及

3.0 中国に石刃,ナイフ出現(峙峪,水洞溝)【中】
2.9 権現山文化層に洋梨型ハンドアックス【日】
◉ ザ・バイカルに楔形細石刃核の石器文化【露】
2.7 中期オーリニャック文化に龍骨状スクレイパー,割り尾銛,錐など多様な石器,骨角器
2.6 ドルドーニュのグラベット尖頭器【仏】
2.5 日本に石刃技法【日】
◉ 東日本に局部磨製石斧出現【日】
2.4 グラベット文化に背つき切りとり石器
2.3 ローズ・コテージ洞窟に弓矢と細石器【南ア】
2.2 グラベット文化にノアイユ型彫器
◉ 刃つぶし技法を全面に施すソリュートレ石器出現【西】

先史文化

アシュール文化拡大

40 アシュール文化の拡大
◉ 礫を敷きつめた住居(アルデーヌ遺跡)【仏】
◉ 石囲い楕円形住居と風避石を配した炉(テラ・アマタ遺跡)【仏】
◉ テラ・アマタ遺跡人,海から食糧をえる(獣骨と魚骨の堆積)【仏】
35 ベルテスセレス人のブタ文化(シェル系ハンドアックスと炉跡)【洪】
30 ソーハン文化(剥石の包丁型石器)【印】
◉ 東アジアのアシュール文化(全谷里遺跡)【鮮】
25 スワングスーム人のアシュール文化【英】
20 リス氷期末期に最古のムスティエ文化
◉ リス・ウルム間氷期にフォンテンシュバード人のタヤク文化(進化型クラントン文化か)【仏】
◉ 南西フランス岩陰遺跡人のコミック文化(アシュール文化進化形),おこる【仏】
◉ チュニジアにコミック文化(シンディ・ジン遺跡)
11 ネアンデルタール人の住居と炉が確立
◉ アルタイのムスティカン洞窟にムスティエ・ルバロア文化【露】

不二山文化

◉ 不二山文化(中期旧石器文化)【日】
10 ネアンデルタール人,投槍発明
8.0 ムスティエ文化発達,ネアンデルタール人の狩猟チーム活動【仏】
◉ アフリカ森林地帯にサンゴ文化,草原地帯にファウスミス文化
6.0 ラ・シャペル・オー・サン人,毛サイ,トナカイ,アナハイエナ狩猟(ムスティエ型尖頭器使用)【仏】
◉ スピー人,マンモス,クマ,野牛狩猟(ムスティエ石器と骨角器)【伯】
◉ ムスティエ系諸文化拡大
◉ キナ遺跡にシャトラン文化発達(キナ型ムスティエ文化)【仏】

貝塚 末期ムスティエ文化

5.0 末期ムスティエ文化に最古の貝塚【仏】
3.9 バルカン半島に原オーリニャック文化開始
3.7 バック・ポイント文化発展(シャテルペロン)【仏西瑞】
◉ ピレネー地方にオーリニャック文化開始【仏西】
◉ 中近東にエミレー文化
3.6 東ヨーロッパにオーリニャック系諸文化展開
◉ マンモスの牙を支柱とした円形住居(レンヌ洞窟)【仏】
3.4 ヨーロッパ中部に原オーリニャック文化波及
3.3 中近東にオーリニャック文化波及

ムスティエ文化からオーリニャック文化へ

グラベット文化

2.9 西方グラベット文化形成【西仏伊】
◉ 野尻湖人の骨器文化(ナウマン象の狩猟)【日】
2.5 グラベット文化,中欧,ロシアに波及
◉ グラベット文化に高度な集団狩猟発達
◉ 糸と針の使用(コスチョンキ遺跡の針,紡石,糸巻筬)【露】
◉ クズネッツ・アタラウ山遺跡の半地下式大型住居【露】
2.2 マンモス骨製の肩かけ太鼓,シロホン,カスタネット,ガラガラなど多様な楽器(メンジン遺跡)【露】
◉ 丹色骨製うなり板笛(ラリンダ洞窟)【仏】
◉ ピレネーにソリュートレ文化開始【西】

儀礼と刻線

食人儀礼

40 周口店文化に食人儀礼か【中】
20 北アフリカに球体の造形(シェル・アシュール文化後期)
18 狼頭骨,洞窟入口に配列(ラセール洞窟)【仏】
12 最古の食人儀礼趾(クラピナ岩陰遺跡)【ユーゴスラビア】

死の観念 ネアンデルタール人に埋葬の習慣化

◉ ネアンデルタール人に死の観念と丹色の神聖視(死体埋葬と死者への丹土散布)
◉ お守り,儀式用祭具の萌芽
11 頭蓋骨のまわりに環状配石(ピレネーのグアダリ洞窟)【西】

丹色信仰

10 幼児の特別な埋葬
◉ 死体への赤鉄鉱散布,世界に拡大
◉ 赤鉄鉱を塗る小児遺体(ボーダー・ケイブ)【南ア】
7.0 赤,黒に着色された石製遺物,黒鉛ペンシル,石製パレット(ベルジュ・ド・ガゼ)【仏】
◉ アリゾナの網目彫刻石(フラッグ・スタッフ遺跡)【米】

クマ祭 ヨーロッパに動物崇拝

◉ 熊祭の痕跡出現【独瑞】
◉ 現存最古のダンス(ティク・ドゥーベール遺跡にネアンデルタール人の集団舞踏足跡)【仏】
5.0 現存最古の墓碑(埋葬場上に円石,コンブ・グルナル洞窟)【仏】
4.7 シャニダール洞窟文化に石囲墓地と献花,負傷者,老人介護【イラク】
4.1 石灰岩円球(シャラント・ラ・キナ遺跡)【仏】
4.0 モンテ・チェルチオ人の食人儀礼【仏】
◉ 頭蓋側面に孔をあける手術【ローデシア】
3.5 アブリ・ブランシャールの骨器模様(太陰暦説あり)【仏】
◉ ヨーロッパに妊婦,両性具有石偶盛んに製作

ヴィルレンドルフのヴィーナス

◉ [ヴィルレンドルフのヴィーナス]【墺】
◉ 写実的女性頭部彫刻(ブラッサムプイ)【西】
3.2 オーリニャック文化に輪郭線を強調する線描画,刻線画出現【仏】
◉ クーニャック奥洞,ラス・チメネアスの動物線描画【仏西】
◉ ローセルの[角をもつヴィーナス](レリーフ)【仏】

最古の刻線画

3.0 人面石彫(マルコフ遺跡)【米】
2.7 グリマルディ洞窟に巻貝垂飾品【伊】
◉ ラ・コロンビエール動物線刻石【仏】
2.5 熊祭り祭祀場(モンテスパン)【西】
◉ ドリニ・ベストニッツェに横臥屈葬,赤色顔料散布女性埋葬【露】
◉ 最古の塑像[ベストニッツェの女性小像](マンモス骨粉を混ぜた粘土使用)【露】
◉ 山上洞窟の熊祭り祭祀場跡(ドラッヘン遺跡)【瑞】
◉ グリマルディ文化に馬の刻線画(カビヨン洞窟)【伊】
2.2 プエブラのマストドン骨片彫刻(象,猫,マスクをつけたシャーマン)【墨】

洞窟に隠れていたころ、われわれは輪郭線による表現法を習得した。
世界気温が上昇してくると、われわれは定住をおぼえ、農耕をはじめた。

2万年前

気象と地史

氷河後退と海面上昇

- 2.00 ベーリング海峡,第四次陸化
- 1.70 ヴュルム氷期第三氷期開始(現在より3〜5度低い)
- 1.60 晩期ヴュルム氷期開始(晩氷期,〜1.1万年前)
- ドリアス1期開始
- 1.56 氷河が溶けて,海面4m上昇

15000年前

- 1.50 南シナ海,東シナ海の大陸棚水没
- 1.40 バルト海沿岸の気温,現在より2〜3度上昇

小麦自生

- ◉ 氷河の後退にしたがって,ナイル流域,近東各地に小麦自生地の出現
- 1.30 ベーリング期開始

13000年前

サハラ・シリア・シナイの乾燥化

- ◉ サハラ・シリア・シナイの乾燥化,麦自生地パレスティナに集中
- ◉ 中部デンマークに森林,湿地ひろがる

ヴュルム氷期終了

- 1.20 アデレード期開始
- ◉ バルト海が北海と連絡,ヨルディア海形成
- ◉ 氷河の後退した北東ヨーロッパ,ツンドラ地帯となる(トナカイ南下)
- 1.10 ヴュルム氷期終了(後氷期開始)
- この後6000年間,ヒプシサーマル(後氷期高温期)
- ドリアス2期開始
- ◉ スカンジナビア氷床消えはじめる

11000年前

- ◉ マドレーヌ人によるマンモス絶滅
- ◉ バルト海,アンキルス湖となる
- ◉ 中欧,チョウノスケソウ属ツンドラ植生(トナカイ大繁殖)
- ◉ 北アフリカ,温暖,湿潤化
- 1.03 プレボレアル期開始
- ◉ 再び,ヨルディア海形成
- ◉ 中欧,ツンドラからステップに変化(トナカイから鹿へ)

ヒプシサーマル 世界気候の温暖化

沖積世へ

- 0.90 ボレアル期開始(〜0.75万年前)
- ◉ ヨーロッパの洞窟熊,人間によって絶滅
- ◉ グルディスタンにエンマ小麦の自生【イラン】
- 0.88 北アフリカ,洪積世最終期に多雨地帯となる
- ◉ 洪積世終了,第四期沖積世開始
- ◉ スカンジナビアのゼロ層氷河の二分
- 0.85 クライマックス・オプティマム(気温最適期,平均気温2〜5度高い)

ヨーロッパ森林化 西アジア草原化

- ◉ ヨーロッパの森林化,西アジアの草原化
- ◉ 日本の気温,現在に近い【日】

縄文海進

- 縄文海進開始(新石器時代の世界的海進,海面6〜7m上昇)

8000年前

人類と集落

- 2.00 中期ソリュートレ文化【西】

周口店上洞人

- 周口店上洞人(原始モンゴロイドか)【中】
- ◉ 後期ソーハン文化【印】
- 1.83 ナイル河谷に最古の穀物依存文化【エ】
- 1.80 イタリア,バルカンに続グラベット文化
- ◉ マグレモーゼ文化【仏】
- 1.70 後期ソリュートレ文化【西】
- ◉ マドレーヌ文化開始【仏西】
- ◉ レヴァント地方に穀物採集文化開始(ジオメトリック・ゲバラー文化)
- ◉ 馬を飼育か(囲いこみ繁殖)【仏】
- 1.60 アルダン河支流域にジュクタイ文化(ベーリング諸島からアラスカに伝播か)【露】
- ◉ 東部森林に先プロジェクタイル文化【米】
- ◉ ワジャック人【インドネシア】
- 1.50 レヴァント地方の穀物利用度高まる
- ◉ クロービス文化,フォルサム文化【米加】

家畜の利用

- ◉ ケニアで家畜飼育開始(マサイ族の前身か)
- ◉ チューダー人【英】
- ◉ ホモ・ジャワケンシス【インドネシア】
- 1.40 トナカイ狩猟民(ハンブルク・グループ),ドイツに南下【独】
- ◉ 日本最古の炉跡(静岡県,休場遺跡)【日】
- ◉ イヌを狩猟に使用【イラク】
- ◉ バイカルの狩猟・漁労文化(沿海州,朝鮮,北日本に伝播)【露】

ナトゥフ文化 レヴァント地方の開明へ

- 1.30 レヴァントにナトゥフ文化成立
- ◉ 北中欧にトナカイに依存したハンブルク文化
- 1.25 コフナ人,ケイラー人,タルガイ人【墺】
- 1.20 レヴァントに農耕文化(先土器新石器文化A.P.P.N.A.シリア方面から伝播か)
- ◉ ヤギの家畜化(アシアブ遺跡)【イラン】
- ◉ ブエノスアイレス化石人(南米南端まで新人波及)【アルゼンチン】
- 1.15 イベロ・マウル文化(北アフリカ中石器移行)
- ◉ 貯蔵穴,開放炉,石器製作場のある縦坑式住居群(ティモノフカ遺跡)【露】
- ◉ スピリットケーブにヒョータン,イネの原始農耕か【タイ】
- ◉ レヴァントに住居屋内の貯蔵穴

レヴァント地方に農耕発生

大集落イエリコ

- 1.10 レヴァントのP.P.N.A期にイエリコ成立(城壁で囲まれた大集落)
- ◉ アジール文化(中石器),北スペインから中東欧に波及【西】
- 1.08 レヴァントに麦栽培定着,先土器新石器文化B(P.P.N.B)開始
- イエリコ集落に漆喰塗床方形住居
- 古コルディレラ文化(ワシントン州,アームス岩陰人骨)【米】
- 1.00 西アジアに肥沃な三日月地帯形成(新石器農耕文化拡大)
- ◉ フェーデル・ゼー湖畔に長円形家屋集落【独】
- ◉ ナイル上流にバントゥー諸族定住
- ◉ ティワカン谷の採取狩猟民キャンプ(〜0.6万年前)【ペルー】
- ◉ 羊の家畜化【イラン】
- 0.90 ベイダ(2000人),イエリコ(2500人)
- ◉ このころラス・シャムラに農耕漁労初期集落
- 0.86 前期カプサ文化開始(エル・メクタ遺跡,カタツムリ,淡水貝,小動物の貝塚)【リビア】
- 0.85 初期農耕集落に自給自足の共同体形成
- ◉ オロークスの家畜化(畜牛の祖先)【シリア】

ジャルモ期 小麦・大麦・豆 泥壁の住宅

- ◉ ジャルモ期開始(エンマ小麦,大麦,豆栽培,泥壁方形住居集落)【イラン】
- ◉ ラジャスタンで森林伐採,農耕開始【印】
- ◉ 前期カプサ文化,カプサ文化(リビア),モーリタニア文化,ゲトゥール文化(東アルジェリア),セビル文化(上エジプト)に分化

2万年前

石器と土器

2.00 屈浦遺跡のポイント・フレーク【鮮】
- 日本の旧石器,ナイフをはじめ多様化【日】
- ソリュートレ文化に小型翼付有茎尖頭器(鏃に進化か),骨製針出現【西】

1.70 沿海州にゴビ石核とルバロワ石核【露】
- マドレーヌ型骨製尖頭器とバドゥグール石器出現(マドレーヌ1期)【仏】

中石器時代へ

- 北東アフリカ,レヴァント地方に中石器時代開始(石皿,石杵,鎌の石器セット出現)

1.60 マドレーヌ2期に背付細石器出現【仏】
- 中近東にバック・ブレイド文化
- クロービス文化に押圧剥離法による両面加工尖頭器の発達【米】

1.50 組み合わせ石器(細石刃)出現【日】
- マドレーヌ4期に投槍器発明【仏】

1.40 ハンブルク文化に有肩尖頭器【独】
- ハンブルク文化に大石で囲む住居【独】
- 西シベリア,モンゴル,チベット,東アジアに楔型細石刃核の投槍,骨角器製作用彫器
- 東の細石刃文化(北方系),西の菱柱形石刃文化(南方系)【日】
- シベリアの沿バイカル,ザ・バイカルに細石刃普及(中石器開始)【露】
- 東南アジアのホアビン文化1期に礫器,礫斧使用(大規模な貝塚形成)

原始交易　死海の塩・シナイのトルコ石・紅海の宝貝・アナトリアの黒曜石

1.30 ナトゥフ文化の鎌刃の減少
- ナイフ型石器の衰退【日】

隆線文土器

1.20 現存最古の土器(縄文草創期,隆線文土器,福井洞窟)【日】
- 中石器文化普及(モンゴル系の原日本人成立か)【日】
- キュクラデス諸島の黒曜石,バルカンに流通
- ナトゥフ文化の採集用石器,北方伝来の先土器新石器Aにかわる
- インド全域に細石器文化(採取,狩猟,漁労文化)【印】

1.10 パレスティナの貿易センター化(死海の塩・硫黄,シナイのトルコ石,紅海の宝貝,アナトリアの黒曜石)
- 南セレベスのトアレ細石器文化
- ギリシア半島とメロス島に黒曜石採集航路
- 交易用フリント石器加工集落(ファーナム遺跡)【英】

1.00 レヴァント,新石器時代に移行
- コーカサス,パレスティナ,イラクを結ぶ黒曜石ルート成立
- 細石刃文化,アラスカに拡散(デナリ文化)【露】
- シャニダールに新石器【イラク】
- 弓矢,細石器の普及

0.90 西アジア最古の土器(スーダンのハルツーム遺跡,アナトリアのベルデビー遺跡)
- レナ河支流域にジクザグ連弧文土器(先イサコボ文化)【露】
- タルドノア文化,ソーヴェテル文化など後期旧石器多様化(～5000年前,狩猟文化)【仏】

縄文尖底土器

0.88 縄文早期に尖底土器(東日本),福井洞窟2層に爪形文土器【日】
- エジプト西部に磨製石斧(テレネ文化)【エ】
- カプサ文化の幾何学形細石器【リビア】
- スーダン文化に象牙製銛,装身具発達
- 亜麻製綱,網使用(建設,漁労,運搬革新)
- 自然銅の利用開始(アナトリアのチャヌスに銅製針,銅製ビーズ製作)
- ヨーロッパに森林を切り開く石斧普及
- 水中資源を獲得する船・櫂,網,銛・ヤス普及

原始信仰の発生

原始シャーマニズム

2.00 狩猟文化にシャーマニズムの大成(死後の世界,精霊信仰と呪術,祭祀の統合)
- シャーマンの埋葬(赤鉄鉱と黄土で包み,貝殻ビーズと鹿歯ペンダントのついた帽子,アレネ・カンディーデ初期遺跡)【伊】

1.80 石製有孔円盤製作(モラヴィアのクラベット期集落)【ユーゴ】
- 周口店上洞人,赤鉄鉱散布の埋葬【中】

1.60 野牛の姿をしたシャーマンの線刻画(レ・トロワ・フレール洞窟)【仏】

1.50 マリタ遺跡の小児埋葬(石板で囲う墓と120個の骨製ビーズで飾る遺体)【露】
- 美利河遺跡の暗緑色ビーズ【日】
- クロマニオン人の指揮棒使用(馬の轡説あり,ラ・マルシェ洞窟の馬に端綱をつけた絵画)【西】

岩戸の石偶コケシ型人形

- 緑色泥板岩製コケシ型人形(岩戸遺跡)【日】
- 河原石を並べる配石墓【日】

1.40 半人半獣石頭,槍,獣骨を配して,赤鉄粉で浄化した塚(エル・フヨ洞窟)【西】
- トナカイの蹄の笛,角のフルート【仏】
- テント様式の夏小屋(マドレーヌ文化の狩猟民)【仏】
- 洞窟内で使用するランプ【仏】

マドレーヌ狩猟信仰

1.30 ハンブルク文化のトナカイ角器に呪術的幾何学文【独】
- イエリコ集落周辺の集団墓(日常品,装飾品の副葬)
- 西ヨーロッパに半人半獣の仮装をしたシャーマン活躍
- 洞窟画に野牛,馬がパワー・アニマルとして描かれる【仏】

1.20 丹色を体に塗ったシャーマン(狩猟の成功と除災を祈るか,マドレーヌ文化岩壁画)【仏】
- レ・トロワ・フレール洞窟にシャーマン像(雄鹿の角,梟の顔,狼の耳,熊の足,馬の尾をつけて仮装)【仏】
- 女性像を線刻した礫偶(上黒岩遺跡)【日】

1.10 マドレーヌ文化の狩人,赤い平行線,十字模様を線刻した石を携帯(護符か)【仏】
- アジール文化に頭蓋骨の集団埋葬と貝製装飾品を副葬する墓域(ババリアのオフネット洞窟)【独】
- モンタナ州に赤鉄鉱で包み,クローヴィス石器を副葬する埋葬(ウィルサル遺跡)【米】
- ゴードンクリークの赤鉄鉱散布婦人埋葬【米】
- アシュール文化に赤色オークで抽象文様を描いた薄石(護符として身につける)【西】
- 最古の犠牲祭祀(アーレンスブルク文化の鹿の犠牲)【独】
- 女性像をかたどる石偶製作さかん【日】

0.90 ニコメディアに土偶,緑色石斧,土器の祭祀場【ギ】
- 農耕,牧畜の進展に,聖婚儀礼おこる
- アナトリアのチャヌスに女神像,動物の土偶出現

豊饒多産土偶

- ジャルモ遺跡に豊饒多産の女神土偶,動物土偶【イラン】

0.85 ジャルモに管玉,腕輪【イラク】
- イエリコ市に円塔,神殿の施設(後のメソポタミア諸都市の原型か)
- シャーマンの仮面(頭に装着するよう加工した雄鹿前頭身,スタッカー遺跡)【英】

輪郭と絵画

アルタミラ洞窟画

2.00 ロック・ド・セールの半円に配した動物浮彫群(ソリュートレ文化)【仏】

1.90 アルタミラ洞窟のマカロニ(3本の指で描いた屈曲線)【仏】

1.80 指先で輪郭線を描く(ラ・ピレタ洞窟,洞窟絵画開始)【仏】
- ペック・メルル地下洞天井の指先絵画(人間,動物)【仏】
- テュク・ドードゥ・ベール洞窟粘土床の指先絵画【仏】

1.70 マドレーヌ文化に輪郭線を強調する素描(ラスコー壁画初期)【仏】
- 鮭の生命線(内臓)を線刻(後期ソリュートレ期のポアソン岩陰壁画,X線画法)【西】

フランコ・カンタブリア線描

1.50 フランコ・カンタブリア美術最盛期(マドレーヌ3,4期)【仏西】
- ピレネー山中に刻線画さかん【西】
- 指を切断した手形(ガルガ洞窟,赤・黒の染料を吹きつける)【仏】
- 彩画出現(赤色オーカーのチョーク,草・毛髪・羽・かみくだいた細枝の筆使用)【仏】
- バイソン画さかん(線陰の手法,平塗り,陰影ぼかし技法発達)【仏】

ラスコーの壁画

1.40 ラスコー円天井室の神秘的動物画【仏】
- アルタミラ天井多彩画に浮遊する動物群【西】
- 人物の足を180度に開く描写でスピード感をあらわす(レヒミア洞窟の狩人像)【仏】
- 顔料をすりつぶす白亜の乳鉢,マンモス骨製の乳棒【仏墺】

1.30 アルタミラのフォン・ド・ゴーム壁画に2色以上の絵具の混合によるぼかし技法【西】
- マドレーヌ4期に動物のあらゆる動作の描写(馬のギャロップ描写)【仏】
- 肉厚のレリーフと線刻を併用した立体画法(ブルノールド・ディアブル遺跡)【西】

1.20 マドレーヌ5期に,洞窟絵画の写実性衰退【仏】

男根と女陰フランコ・カンタブリア

- フランコ・カンタブリア美術に男根,女陰の彫刻,浮き彫りさかん【仏西】
- 魚の体内の消化器・骨格の見えるX線画法(オート・ピレネーのロルテ遺跡)【西】
- ジョルジュ・ダンフェールの漁労図【仏】
- アブリゴ・ド・ゾルの岩壁彫刻(動物,シャーマンのマスク)【ブラジル】

1.10 大サハラ美術古拙期開始【アルジェリア】
- クエバ・デ・ラ・ニアの蜂蜜採集図,鹿と山羊などの岩壁刻線画【アルジェリア】
- 東スペインに岩壁画(レヴァント美術,行為に着目してデフォルメした画法開発)【西】

1.00 カプサ文化に平行線,菱形十字形文様と動物の写実画【リビア】
- 駝鳥の卵殻をパレットに使用【リビア】
- トケパラ洞窟の狩猟民絵画(赤,褐色,青の絵具で狩猟図を描く)【ペルー】

0.90 大サハラ美術の狩猟民時代開始(ニグロ狩猟民)

タッシリ・ナジェール岩壁画

- タッシリ・ナジェール岩壁画開始(円頭人物様式期,～BC3500)【アルジェリア】
- 縄文出現【日】
- モレリャ・ラ・ベリアの線人間,戦闘図【アルジェリア】
- レヴァント美術に黒,赤の彩画(狩猟,輪舞,戦闘,仮面をつけたシャーマンの活写)【西】

縄文現出

輪郭の発生
文様と図標
意味の保存へ
記録の構想
契約と学習
記憶の変換
分岐と伝播
変転する世界
知識の交流
情報の自立
都市と物語
内省か観察か
時代の認識
回遊する夢
主観と客観
再生する宇宙
構造と運動
啓蒙の波及
技術と直観
速度への挑戦
私有と競争
拡大する情報
国家と企業
印象の主張
光速と量子
思索と戦争
爛熟する文化
経済の問題
実存と自由
欲望の開発
対立と制御
環境の変貌
混沌と創造

文様と図表

BC6000〜BC2200

文様は重要な情報メッセージである。
このころは、言葉はまだ貧弱な機能だった。
けれども、絵文字がしだいに音価をもったとき、古代情報文化は一挙に開花する。

紀元前四二四一年七月一九日、
世界時間の測定がはじまる。

BC6000

古代文明発生A

6000 このころ気温上昇による海面上昇

華北沙苑文化

- 沙苑文化の進行(植物食依存の打製磨製石器と細石器)【中】
- 下サハラに中石器のメラル文化盛ん
- 南部サハラにエル・バヤド新石器文化おこる

江南大汶口文化

5700 このころ大汶口文化,江南に開始【中】
- ヌミディアの後期カプサ文化【アルジェリア】
- マグレモーゼ文化【丁】,クニダ文化【エストニア】,オムスカルヴィ文化【芬】などの北欧中石器文化盛ん

BC5600

5600 このころ地中海海岸洞窟文化に農耕開始
- 海面上昇によって,イギリス孤島となる
- モロッコ方面にカーディアル土器をともなう地中海新石器文化

仰韶母系文化

5500 チュニジアに押型文土器文化おこる
- ナイル河谷に定住開始【エ】
- 南部サハラにエル・シャハル新石器文化おこる
- 朝鮮半島に隆起文土器文化(東三洞)

5200 このころドナウ刻線文土器文化圏に小麦農耕と牛の牧畜(長屋式の建築をもつ集落)

BC5200

- 江南の線刻画のある黒色磨研土器文化【中】

5000 仰韶文化開始,母系的社会による集落形成【中】
- 下エジプトのオマリ文化,上エジプトのバダーリ文化開始【エ】

ナイル・デルタ開拓

- ナイル・デルタ西岸にメリムデ,ベニ・サラメなどの集落形成【エ】
- ヨーロッパ中世部,タルドアノア,ソーヴェテル文化から新石器文化に移行

カンピニー文化,オアズ渓谷からフランスにはいる(穀物栽培,刻線文土器)【仏】

BC4800

4800 このころブルガリアのカラノーヴォ文化1期に彩文土器と初期農耕
- ルーマニアのククテニ文化に柵と堀のある集落(小麦栽培と河川漁労,狩猟)

4500 このころ海面上昇によりリトリナ海形成(スカンジナビア,ユトランド半島の島嶼化)
- 大汶口文化中期に男性原理による社会へ移行【中】
- ブルターニュに鋤,斧を使う小麦農耕の集落形成【英】
- ヨーロッパ東北部のエルテベーレ文化,コンゲモーゼ文化,フォッスナ文化など中石器文化の多様化
- 上エジプト,ナカーダ集落最古層【エ】

BC4400

ナイルのノモス

ドナウ人の西方移動

4400 このころドナウ人の西方移動(中央ヨーロッパ混消農耕開始)

バダーリ文化

- 上エジプトのバダーリ文化,ナイル下流へ勢力拡大【エ】
- ドナウ刻線文土器文化,ベルギー,パリ盆地に流入
- ナイル中下流に周壁をもつ集落発達,地方ごとの勢力,ノモス(州)を形成【エ】
- イギリスに新石器農耕文化【英】

BC4000

古代文明発生B

西アジア彩陶文化

6000 このころパレスティナのヤムルク河流域にイエリコ,ラス・シャムラ集落群形成
- 彩陶文化の出現(西アジアに彩文土器を伴う農耕,牧畜文化セット)
- アナトリアにチャタル・フユックの初期農耕村落遺跡
- 西アジア,東アジアに農耕,家畜,土器をもつ定住村落広がる

5800 このころイラン北部ザクロスの定住農耕村落(長方形の部屋と竈・大壺のある中庭をもつ土家屋)
- アナトリア,金石併用時代にはいる

先アナトリア文化

サマラ文化

5600 このころ現在のバグダード付近まで農耕文化の下降(メソポタミアのサマラ期開始,〜BC5200)
- アナトリア南部にチャタル・フユック,アラン・フユック,ハジュラル,メルシンなどの大集落発達(先アナトリア文化)
- 北メソポタミアに堀,城壁で防御した集落広がる【メ】
- 北メソポタミアに蓄積による階級差生まれる【メ】
- ビュブロスに初期集落形成

チャタル・フユック大集落 アナトリア13ヘクタール

5200 このころアナトリアのチャタル・フユック,大集落となる(天井入口の建物が密集した集落,面積13ha)

ハラフ文化

- メソポタミアのハラフ期(〜BC4400)開始,灌漑農耕集落,両河下流域に南下

5000 このころ縄文早期(〜BC4000),広葉樹林の堅果に依存する植物食文化セット【日】
- エリドゥ,ハッジ・モハッマド期開始【メ】
- アシュハバード農耕文化に人工灌漑と日干煉瓦の集落(中央アジアに彩陶文化伝播,アナウ文化最古層)【イラン】
- アンデス谷間に石造家屋集落

4800 このころチャタル・フユックなど先アナトリア文化,最盛期のなかで突然滅亡
- パレスティナのラス・シャムラに最初の防護壁(ウガリトに発展)

メソポタミア神殿都市 ウル,ウバイド テル・ワイカル

ウバイド文化

4600 このころから南メソポタミアの湿地に農耕民進出,ウバイド文化(〜BC3200)形成

4500 このころ南メソポタミアに神殿を社会中心とする都市形成開始

4400 このころエリドゥ,ウル,ウバイド,テル・ワイカル諸都市勃興

エラム人おこる

4200 このころエラム人勃興【イラン】

4100 このころ大洪水によって,南メソポタミアの諸都市滅亡か

シリア,パレスティナに金石併用時代開始

BC6000

BC 6000 以前 / BC 6000 / BC 2200 / BC 1200 / BC 600 / BC 300 / 0 / 300 / 600 / 800 / 1000 / 1200 / 1300 / 1400 / 1500 / 1600 / 1650 / 1700 / 1760 / 1810 / 1840 / 1860 / 1880 / 1890 / 1900 / 1910 / 1920 / 1930 / 1940 / 1950 / 1960 / 1970 / 1980

道具と交易

6000 このころ西アジアの肥沃な三日月地帯に大麦,小麦農耕と羊の牧畜を基盤にした文化体系成立

麦と羊

◉ アナトリアに小麦・エンドウ・大麦の農耕,羊と山羊を飼育

華北の粟・江南の米

5800 楊子江流域の越人による水稲耕作はじまる
河北省の裴李崗遺跡に粟農耕開始
◉ アンデスに植物食のための磨石,石皿製作,豆類の栽培開始
5700 このころ大汶口文化土器に釜形鼎,鉢,壺のセット

サマラ灌漑技術

5600 メソポタミアのサマラ期に灌漑技術発達
◉ アナトリアの原始交易による文化複合(地中海,紅海,シリア,キリキアの交易網の要所)
◉ バルカン北部に交易ステーション形成(スタルティエボ,ドルドの集落に地中海の貝装身具,トルドスの銅,ボスニアの辰砂などの交易品)
◉ スイスの湖上集落生活者,穀粒を砕いてパンをつくる
◉ 東地中海の海上ルートの萌芽(テッサリア,クレタに泥煉瓦の居住遺跡)
◉ サマラ土器,メソポタミアと周辺文化圏に流通
◉ メソポタミアに窯焼煉瓦の技術
5200 このころチャタル・フュックで鉛と銅を使用
◉ ハラフ彩陶土器の産業化(ヴァン湖方面の黒曜石,ペルシャ湾の貝と交易)【メ】
ドナウ中流域のティサポルガー文化,グメルニツァ文化に銅精錬技術

鉛と銅

◉ パレスチナに銅精錬開始(ティムナのマラカイト鉱山)
縄文文化に竪穴住居【日】
5000 仰韶文化でキビ,粟,米の畑作,豚の飼育【中】
◉ 最古の人造鉄(サマラ出土)【メ】
◉ 浙江省河姆渡遺跡に水稲作文化セット(インディカ,ジャポニカの両品種栽培)【中】
◉ サハラ以北に羊,山羊の家畜化
4800 このころメキシコでアボカド,カボチャ,トウガラシの栽培,アンデスの谷に豆栽培
◉ アナトリアのチャタル・フュック,黒曜石,マラカイト遠距離交易で最盛期

パピルスの船 エジプトの壺絵

◉ エジプトの壺絵にパピルスの船【エ】
4713 バビロニア暦の初日とされる【メ】
◉ ジャルモ遺跡に初めて火で焼く土器【イラン】
仰韶文化,粟を主作物に豚,犬を飼う【中】
4600 このころテペ・シアルクに鉄球研磨器【メ】
◉ 縄文人,津軽海峡,沖縄諸島をわたる【日】
4500 このころ大汶口文化に黒陶出現【中】
◉ コストラカン期にトウモロコシ,インゲン豆の栽培【墨】
◉ デンマークのエルテベーレ文化に大貝塚とヨーロッパ最古の土器使用【丁】
4400 バダーリ文化に最古の銅器本格利用【エ】
◉ 黒頂土器,赤色研磨土器【エ】
◉ 密陀僧(黄色の一酸化鉛)を絵画に使用【エ】
4241 恒星年の発見,太陽暦のはじまり(1年=365日)とされる【エ】

太陽暦 恒星年発見

◉ 東欧に銅製ハンマー・アックスの使用広がる
4200 大汶口文化に[象牙歯櫛][白玉四連環]などの工芸発達【中】
◉ 家畜化された馬(ウクライナのデフリカ遺跡)【露】
◉ 現存最古の織物(エル・ファユムの亜麻布)【エ】

原始信仰観念

6000 このころテル・ハッスナー遺跡の[女性小彫像]【メ】
南メソポタミアの[テル・エッソーワーンの女性小像]【メ】

女性信仰拡大

テペ・シアルク第1層の[地母神像](イランの女神原像か)【イラン】
チャタル・フュックに[雄牛のフレスコ画]
5700 大汶口文化初期に長方形土壙の単人直葬【中】
◉ チャタル・フュック第2層の[豊饒女神像]
◉ ドナウ中流域の先スタルティエボ文化に人面彫刻石祭祀跡【ユーゴ】
5600 このころ北メソポタミアのサマラ期に家屋の地下墓地と富に応じた副葬品【メ】

礼拝の共有 バルカン ドナウ地方

5500 このころバルカン,ドナウ下流域に共有の礼拝施設をもつ集落出現
5300 このころテル・ハッスナー遺跡の[人面土器]【メ】

アナトリア 地母神と牛角信仰

5200 チャタル・フュックの地下聖堂(牛角と母神像を一面に飾る地下聖堂設備)
5000 このころ仰韶文化圏に死者を西方に向ける仰臥伸展埋葬【中】

土偶信仰各地に拡大

◉ ハラフ期に地母神土偶が盛んにつくられる【メ】
◉ 下エジプトに土偶(家の地下に死者を埋葬する)【エ】
◉ 上エジプトのターサ文化に象牙偶盛ん【エ】
西地中海に巨石岩窟墓出現(～BC4000,金製品,土器,石器などの副葬)
4800 このころエリドゥ神殿の最古層【メ】
◉ 東欧のティサポルガー,ボドログケレスツーア文化に黄金薄板の護符(バルナ遺宝)
◉ 仰韶文化圏に成人の公共墓地埋葬と子供の甕棺埋葬【中】
◉ 縄文文化に土偶発生(屈葬,死者に丹鉄の散布などの儀礼)【日】
4500 大汶口文化中期に木槨出現,男女の埋葬の差異あらわれる【中】
◉ ルーマニアのククテニ文化に大量の土偶
◉ 動物神の護符と山犬,犬,雌牛の埋葬(山犬神アヌビス,雌牛神ミンの原像か)【エ】
4400 バダーリ文化に西方に頭を向けて埋葬する信仰【エ】

ブルターニュ 巨石信仰

◉ ブルターニュに巨石文化開始(BC4000年紀,森林ヨーロッパに伝播)
◉ スタルティエボ文化に眼・鼻を強調した土偶信仰【ユーゴ】

洪水神エンキ 西アジア エリドゥ市

4200 このころエリドゥ市に洪水神エンキの神殿【メ】
◉ アイルランドのニューグレンジ羨道墓建造
◉ ナハル・ミシュマルの宝物の洞窟[銅製王冠]

文様の展開

続マドレーヌ抽象文

6000 続マドレーヌ期に視覚世界に対応物のない抽象図形出現【仏】
◉ 押型文土器,日本列島に普及【日】
◉ 西アジアの彩陶土器に幾何学文様出現
5700 このころドナウ中流のスタルティエボ土器にジグザク,山形,波形,渦巻文
◉ アナトリアに赤色地の黒白雷文,蝸線文の彩文土器

雷文と螺旋

5600 このころサマラ土器に赤褐色の幾何学文,動物文(壺の頸部に人面を描く)【メ】
◉ バルカン式彩陶の押型文,ドナウ下流,バルカンに伝播
5500 このころ南フランスのカルディアル土器に貝殻圧痕文【仏】

ドナウ刻線文の北上

◉ ドナウ刻線文土器文化,ドナウ河からライン河を北上(～BC4000)
5400 このころメソポタミアに対称幾何学文のハラフ土器発展(牛頭や豹,蛇,蠍,人物,植物,花樹の幾何学文様化)【メ】
5200 このころチャタル・フュックの火山爆発,狩猟人の死体をついばむ鳥の絵画,土製印章
◉ 中央サハラのタッシリ岩壁画の発展,円頭様式絵画開始
5000 ハッスナー土器,クリーム地に黒色幾何学文発達【メ】

ハッスナー黒色幾何学文

◉ ドナウ刻線文土器に螺旋,帯状の刻文はいる
◉ 地中海海岸洞窟遺跡に刻印文土器文化【仏】
◉ イベリア半島の中石器岩壁画(レヴァント美術最盛期)【西】
4800 このころサハラのタッシリに牛を飼うグループの絵画
◉ ジャルモの土器に刻線文【イラン】
4500 南メソポタミアにウバイド土器,明褐色の地に紫黒色の直線幾何学文発達【メ】
◉ ルーマニアのククテニ文化,ウクライナのトリポリエ文化の土器に箆がき曲線文
4400 このころバダーリ文化に口縁部を黒,胴部を赤に塗る黒頂土器流行【エ】
◉ 縄文文化に撚糸文尖底土器,押型文尖底土器流行(～BC4000)【日】

上エジプト動物文

◉ 上エジプトに動物文様粧板【エ】
◉ 中央ヨーロッパに縄文土器【独】
◉ 沿バイカル地方イサポ文化に網目文円形土器
◉ 南ゴビ地方に灰色円形土器
◉ オランダのリンブグル地方に帯文土器

王権が天より下ったとき、それはエリドゥに定まった。
シュメール王朝表

BC4000

古代文明発生A	古代文明発生B
4000 温度上昇頂点(以降温度下降),世界の人口およそ8500万人 ● 西安,半坡村遺跡に複数氏族の村落共同体が発達,公共施設の大屋で集団教育【中】 **青蓮崗文化** 揚子江に稲作 ● 揚子江下流域に稲作を中心にする青蓮崗文化開始【中】 ● 彩陶文化,中央アジア,インダス流域に伝播 ● 半円形の縄文集落(部落社会の原型形成)【日】 ● リンブルクの帯文土器と焼畑文化【蘭】	4000 このころ北メソポタミアのテル・サラートに大集落 ● 南メソポタミアのウルク市最下層 ● アンデス河谷に石造集落,海岸地方に芦作りの円形家屋集落 **原エラム文化** スーサの最古層 ● スーサ最古層(エラム文化形成)【イラン】 ● 小アジアに早期青銅器文化おこる **ウルク古拙期** シュメール人の南部都市 3800 ウルクの古拙期開始,シュメール南部に都市形成開始【シ】
3700 アムラー文化期(ナガーダ1期)開始【エ】 ● ナイル川の沖積地での灌漑農耕発達【エ】 ● 安陽・後崗に彩文土器文化発達【中】 ● ナイル流域に周壁に囲んだ要塞都市ヌベト発生(金細工,交易の中心)【エ】 ● ドラビダ族,イラン高原からインドに侵入【印】 **タイにバンチェン文化** ● このころタイのバンチェン文化最古層(青銅製矛とビーカー型土器) **先インダス文化** ● インダス下流に彩陶をもつ先インダス文明おこる【印】	**シュメール人のメソポタミア移住** 3700 このころシュメール人(黒髪短頭のアルメノイド人種),メソポタミアに移住か【シ】 ● ドニエプル右岸に粘土間の家屋集落(銅製の指輪,ピン,釣針,彩文土器,女性・家畜土偶)【露】 ● 彩文土器文化セット,中央アジアに拡大 ● ワルカ市の興隆(人口1万人の都市国家) 3500 このころからシュメール人のウルク神殿期開始【シ】 ● シュメールに神官が支配する行政制度確立
3400 このころゲルゼー文化開始(ナガーダ2期),大規模灌漑による周壁集落発達とノモスの首長発生(神聖民族,エジプト移住か)【エ】 ● アムリ文化に原始村落形成【印】 ● 陝県・廟底溝文化盛ん【中】 ● ノモスが相互に抗争しながら,上下エジプト王国に統合されていく【エ】 ● バルチスタンの前土器農耕文化【印】 ● 上エジプト(白い国),ネケンに,下エジプト(赤い国),ペルシアに王宮を築く(両王国の抗争)【エ】 ● バクトリア,前期青銅器時代にはいる	**ウル市とエリドゥ市** 3400 このころシュメール人によるウルク4,5層,ウル市,エリドゥ市の繁栄期【シ】 ● 支配者エン,集会ウキン,役職,手工業者などの社会組織化すすむ【シ】 ● 農業集落,加速的に都市に発展し,自立した都市国家形成【シ】 **シュメール人の定住 ウルク都市国家群**
3200 このころヒエラコンポリスのサソリ王,下エジプト王と交戦【エ】 ● インダス下流のアムリ,コト・ディジに煉瓦壁のある古集落【印】 3100 上エジプト王メネス(ナルメル),エジプトの統一(第1王朝開始)【エ】 ● 上エジプトに22,下エジプトに20のノモス(州)制定【エ】 **トロイ勃興** ● トロイ1市興隆(トロイ文明開始,ヒッサリック丘の城門建造) **初期ミノア文化** ● クレタ島の初期ミノア文化(ミノア1期,〜BC2800) **エジプト第一王朝** メネス王 ナルメル	3200 ジェムデ・ド・ナスル期開始(シュメール人の都市国家興隆)【シ】 ● カファジェ市,ジャムデ・ド・ナスル市などの新興都市国家おこる【シ】 ● 小アジアのカトナにテル・マディラ土塁建造 ● パレスティナの初期青銅器時代開始 **カナン人定住** ● カナン人,シリア,パレスティナに広がり,定住生活にはいる ● メソポタミア北方アッカド地方のシュルパック,ニップール,キシュ,エシュヌンナ,都市に発展【シ】
3000 このころ世界人口1億人に達する ● 第1王朝第5代ウディム王,上下エジプト王の称号用いる【エ】 ● ラジャスタンのソティ文化に彩文土器と煉瓦の周壁をもつ集落【印】 2950 このころカセムケイ王,下エジプト平定,シナイ半島出兵【エ】 2890 エジプト第2王朝開始【エ】 2870 このころラーネブ王即位,第2王朝の隆盛【エ】 **初期キュクラデス文化** 初期キュクラデス文化開始 2840 スネフェル王,初めてヌビア征服【エ】	3000 セム系アムリ人のシリア侵入(〜BC2000) **イエリコ興隆** このころ以降,イエリコの興隆 ● アナトリアにアリシャル・フュック交易都市興隆 2900 このころキュプロス島にアナトリア人,シリア人移住 **ニネヴェの発展** ● ニネヴェ5期開始(ニネヴェ市発展)【シ】 ● バルチスタンに農業共同体【印】

BC3700 / BC3400 / BC3200 / BC3000 / BC2800

気温頂点

世界人口1億人

文様は絵文字とエジプト神聖文字を生んだ。
文様は絵文字を、絵文字はシュメール楔形文字とエジプト神聖文字を生んだ。
しかし、多くの地域では情報の保存には、
まだまだ文様や輪郭絵画の方がずっと便利だった。

BC4000

道具と交易

土器の威信財化

4000 メソポタミアにウバイト土器流行
堅穴住居の炉,石鏃,漆使用開始【日】

エジプト十進法

エジプトで10進法【エ】
カスピ海東方,アナウ最古層に彩陶
バクトリア西部に刻文土器新石器文化開始(アク・キョブルク)
エル・ゲルゼー墳墓の隕鉄製玉【エ】
3900 テペ・ガウラ遺跡に最古の蒸留器,抽出器【シ】
森林ヨーロッパに縄文,櫛目文,刻文のビーカー土器(威信財となる)
3800 シュメール太陰暦成立(1年=364日9時間)【シ】

3700 シャセイ土器,南フランスに発展(パンパイプ型把手)【仏】
3500 このころ西アジアで青銅発明
メキシコのアベ・ハス期,トウモロコシの改良と綿の栽培開始(植物食50%)【墨】
青蓮崗文化に瓢箪伝来(江南文化との交流)
縄文文化に抉状耳飾り流行【日】

北海海上交通

北海と地中海の海上交易開始(巨大墳墓に象牙,アラバスターなどの東地中海産物)
最古の車輪の記録(エレク出土の絵文字)【シ】

シュメール人交易興隆

3400 このころエラム人,インダスとメソポタミアをむすぶ陸の通商路に勃興【イラン】
下エジプトに波状把手土器など異邦的要素多い【エ】
隕石から鉄をつくる【シ】
赤地に白のスリップをかけた土器流行,細密な鉄絵を描く【エ】
3300 メソポタミアに動物の引く車と櫂でこぐ船が一般化

メソポタミアのろくろ

ウルクでろくろの使用【シ】
南メソポタミアとペルシア湾,インダス下流をむすぶ海上交通【シ】

シナイ鉱山とファロス港

3200 エジプトの製品,シリアに輸出【エ】
ドニエプル河右岸のトリポリエ文化に麦栽培と鎌,鍬使用【露】
3100 レイクホルト,シントのフリント鉱山最盛期(北海貿易路で流通)【蘭】
3000 アンデス山中でジャガイモの栽培
ミヌシンスク地方アファナシエヴォ文化(〜BC2000)に馬,羊の牧畜文化【露】
東欧に荷車の伝播(ブタカラス遺跡に荷車の粘土玩具)【洪】
黒海,カスピ海とシュメールの交易興隆(マイコープ・クルガン)【露】
インダス河谷に綿布発明【印】
フェニキア人のティロス建設
チャガール・バザールの錬鉄鉄剣
2920 スネフェル王のシナイ鉱山開発開始【エ】
エジプト王,クレタ人にファロス港を開港させる【エ】
メファーラの赤鉄鉱製分銅【シ】

水銀化粧品

タール,水銀による化粧品発達【エ】
ウルクで水晶凸レンズ使用記録【シ】
ウネティチェ文化に冶金術発達【洪】

原始信仰観念

中国 魚神信仰

4000 ロスミリャーレス古墳(穹窿状の天井,青銅製の斧剣鏃,女神像などの副葬品)【西】
マルタ島に30の石造墳墓
半坡文化に魚神鯤の洪水神話成立か(人面魚文,渦巻の中の十字図形)【中】
ブリテン諸島,ドナウ以北,ローヌ以東に共同埋葬用の巨石墳墓
アム・マハースナ出土の櫛にセト信仰をあらわす図像【エ】
青蓮崗文化の墓に男女区別(男=石斧・手斧・亀甲の副葬,女=糸つむぎの紡輪・腕輪)【中】

3700 このころエリドゥの[細身男性土偶],ウルク[細身女性土偶]【シ】
族長(シャーマン)の墳墓(陝西省柳氏元君廟遺跡)【中】
バイカル地方のセーロボ文化に大鹿信仰

エンリル神 ニップールの神々

3600 自然発生した神々が都市神に移行(ウルク市のイナンナ神,エリドゥ市のエンキ神,ニップール市のエンリル神など)【シ】
西ヨーロッパの巨石文化拡大(〜BC1000)

ジグラッド流行

3500 メソポタミア南部のシュメール諸都市にジグラッド,都市神殿【シ】
エルベ河地方に死者崇拝用琥珀小像【独】

エジプトの動物トーテミズム

3400 このころ下エジプト王国のコブラ女神ヴァジェト信仰と上エジプト王国のハゲワシ女神信仰【エ】

イナンナ神

ウルク市に石炭岩のイナンナ神殿(白神殿)建造【シ】
アイルランドのノウス羨道墓建造
沿海州のキトイ文化に緑色軟玉の垂飾石器【露】
3300 このころ鷹神ホルス,蛇神アトゥム,河馬神タ・ウェレット,ジャッカル神アヌビス,地母神ハトホルなどの信仰興隆【エ】
3200 このころからシュメールの祭祀芸術,顕著に発達【シ】
王族,貴族のマスタバ墳造営【エ】
ヤクービーの列石墓【波】
南ロシアの地下横穴墓(カタコンベ)文化
3100 エジプト王権,天空神ホルスに与えられたものとされる(王権神授説)【エ】
ソティ文化に牛車形玩具,動物土偶,土製装身具【印】
エジプトにバー(肉体)とカー(霊魂)の神秘的合体思想【エ】
3000 このころ大洪水とノアの方舟説の原形【シ】

階段ピラミッド エジプト 高さ60m

2980 階段ピラミッド出現(高さ約60m)【エ】

ラー信仰の発生

2890 このころラーネブ王時代,ヘリオポリスの太陽神ラー信仰おこる【エ】
新年祭とイナンナ神の婚礼神話成立【シ】
2850 ギザの崖に刻まれた大スフィンクス【エ】
ウルク市にアヌ・ジグラッド,イナンナ神殿【シ】
ベルイブセン王,ホルス信仰に対抗して,セト信仰の確立【エ】
ヴァベリー地区の環状列石【英】

文字の発生

ゼンド石文 前エジプト象形文字

4000 ゼンドの石文(エジプト象形文字に発展)【エ】
多様な縄の結び目による縄文文様【日】

エリドゥ絵文字

メソポタミアのエリドゥ市に絵文字(湿った粘土に書く)【シ】
ユーフラテス河東岸に原エラム絵文字粘土板(〜BC2900,原文字時代)【イラン】
青蓮崗文化の彩陶に曲線文様発達【中】
バイカル地方のイサコボ文化に網目文円形土器【露】
北極海沿岸に極北美術北部グループの岩壁画開始(動物,人物,抽象図形,〜BC1500ころ)
3700 シュメール語文法に有生クラス(神,人間)と無生クラス(動植物,無生物,概念)対立【シ】
ナカーダ1期に護符用パレット(初期象形文字へ移行か)【印】

シュメール絵文字

ウルク白神殿の司祭,シュメール文字の発明(3000の絵文字)【シ】
3600 このころ数字と数学の発生(足し算・引き算・掛け算・割り算・分数)【エ】
インダスのコトシュ赤地黒彩文土器に孔雀,動植物の図案【印】

絵文字から楔形文字へ

3400 このころウルクにシュメール文字による経済文書【シ】
上エジプト王国はスゲを,下エジプトは蜜蜂とパピルスをシンボルとする【エ】
シュメール円筒印章出現【シ】
初期の書記官,エドウッパの発達【エ】
3300 このころサソリ王の棍棒頭に前絵文字【エ】
エジプトの土器に幾何学文,人物動物文出現【エ】
ジャバル・エル・アラクの小刀柄の戦闘浮き彫り【エ】
3200 このころシュメール絵文字,楔形文字に移行開始(タテ書きからヨコ書きへ)【シ】
オックスフォード・パレットの前絵文字【エ】
動物文浮き彫りパレット【エ】
3100 ウルクのプロト・リテレイト時代開始(〜BC2800,絵文字抽象化)【シ】
ナルメル王のパレット板に数字の絵文字【エ】
古マリの[エイビ・イル像](最古の肖像)

エジプト神聖文字現出

3000 このころエジプト神聖文字(ヒエログリフ)の出現【エ】

パピルス発明

パピルス紙の発明【エ】
「シュメール・エラム辞典」作られる(粘土版文書)【シリア】
蛇王の墓碑【エ】
[アハーの黒檀のタブレット]【エ】
ウディム王時代から紀年の開始【エ】
文字の女神シェシャト,書記と学問の月神トトの信仰おこる【エ】
所有権を示す押印出現【シ】
2900 このころジェムデド・ナスル期の経済テキストに60進法出現【シ】

シュメール語の拡大

シュメール語メソポタミアの共通語となる【シ】

船引き人二人、網取り人二人、水深看視人一人、デッキ監視人二人、作業員二人、記録人一人。
ラガジュ市バウ神殿の河川船乗員記録

文字の使用は言語の公用化をうながす一方、一定の文字の組み合わせが特別の呪力(神)をもちはじめていく。

各民族の神々に強弱があらわれ、都市ごとに守護神が定着する。

BC2800

古代文明発生A

エジプト古王朝

2800 トロイ第2市全盛期(ヒサリック丘の城門拡大,大メガロン形成)
◉ エジプト勢力,地中海沿岸各地におよぶ【エ】

テュロスのフェニキア化

2750 海洋民族,テュロス市建設(フェニキアの母港へ)
◉ コト・ディジ文化に原都市集落発達【印】
2686 ジョゼル王即位,第3王朝開く(エジプト古王国時代開始)【エ】
◉ エジプト王都メンフィス建造【エ】

BC2600

2650 エジプト軍,ナイル第1急湍,シナイ半島侵攻【エ】
2613 スネフル王,第4王朝創始,中央集権化【エ】
2600 このころクフ王即位,シナイ半島出兵(古王国最盛期)【エ】
◉ 中部メソポタミアのマリ市に高度な都市文明
◉ 初期ミノア1期開始(西アナトリア,シリア・パレスティナから民族移動)
◉ 北シリアに都市国家カルケミッシュ,アレッポ,カトナ興隆

中国に黒陶集落

◉ 黒陶文化圏に大集落形成,初期方形城壁【中】

BC2500

2500 シンド地方のモヘンジョ・ダロ最下層(シュメール人,初期エラム人,海路入植か)【印】
◉ 初期ミノア2期開始(クレタ文明興隆)

アルゴスの城塞

◉ アルゴスに高楼二重城壁のフレルナ形成(初期青銅器時代にはいる)【ギ】
◉ ブリテン島の巨石文明に部族制度にもとづく氏族社会形成【英】
2494 ウセルカフ王,第5王朝創始【エ】
◉ インダス河谷都市文明興隆【印】
◉ トロイ2市,火災のため滅亡
2450 このころチャンフー・ダロ市建設【印】
◉ 初期ヘラディック期開始(キュクラデス,クレタ系の人種の定住)【ギ】

BC2400

2400 このころジェドカラー王,シナイ半島遠征【エ】
◉ パレスティナのウガリト,ビュブロス,メギド,エジプトとの海港都市として興隆
◉ メギド,城郭都市となる
ラジャスタンのカリーバンガン市【印】
2360 このころからエジプト州公の自立すすみ,中央権力衰退【エ】
2345 テティ王即位,第6王朝創始【エ】

ハラッパーとモヘンジョダロ

インダス文明隆興

◉ パンジャブのハラッパー市隆盛(窯焼煉瓦による築城,都市計画)【印】
2310 このころペピ1世,将軍ウニを用いて,パレスティナのベドウィン族平定【エ】

BC2300

2300 モヘンジョ・ダロ市隆盛(城郭,穀倉建設)【印】
◉ メルエンラー王,将軍ウニに「上エジプト長官」の称号を与える【エ】
2290 ハルフク,「上エジプト長官」となり,ナイル上流域遠征【エ】
2285 ペピ2世6歳で即位,94年の長期統治開始【エ】
2210 ペピ2世末期,王権衰微,国家分裂【エ】

BC2200

古代文明発生B

メソポタミア初期王朝

2800 このころカファジェ,エシュヌンナ,ニップール,キシュ,ウバイド,ラガシュ,テル・アグラブなどの諸都市国家興隆【シ】
◉ このころからシリアの公易都市マリに高度な都市文明発達

キシュ第1王朝

2700 このころキシュ王エタナ即位(キシュ第1王朝最盛期)【シ】
◉ このころからイラン西北部にエラム人の都市国家おこる【エラム】
◉ ウルク王エンメルカル・ルーガルバンダ即位,ウルク市興隆【シ】
◉ アナトリアのアリシャル・フュック最盛期にはいる

ギルガメッシュ

2600 このころウルク王ギルガメッシュ即位【シ】

ウル第1王朝

◉ ウル王メスカランドゥク王即位,ウル第1王朝興隆【シ】
◉ シュメール都市王名称ルーガル,神の地上の所領代表,軍事,灌漑組織の指導者を意味する【シ】
2580 このころラガシュ王エヘンガル即位,ラガシュ市興隆【シ】
◉ エラム王ペリ即位(アワン王朝)【イラン】
◉ バクトリア西部に原都市集落(中期青銅器時代～BC2000)
2550 このころウルナンシュ王,ラガシュ王朝創建【シ】
2500 「ナム・ルーガル」(王権),都市連合を率いる覇権を意味する【シ】
◉ キシュ,ウル,ラガシュの諸都市,メソポタミアの覇権を争う【シ】

アッカド人のメソポタミア侵入

◉ アッカド人のメソポタミア侵入はじまる【シ】
2470 このころラガシュ王エアンナドゥ,メソポタミアの大部分統合(ウル第1王朝滅亡)【シ】
◉ アナトリアのアラジャ・フュック王墓時代(アーリア戦士文化～BC2200)
2430 ラガシュ王エアンナドゥ2世,ウルク王ルーガル・キサルシと覇権闘争【シ】

史上初の帝国 アッカド帝国

2400 ビシェプ・ラテプ1世治下にエラムのアワン王朝全盛【イラン】
◉ カフカスから北メソポタミアにフリ人南下
2390 このころセム系アッカド人の王サルゴン1世即位【アッカド】
2380 ラガシュ王ウルカギナの「改革文書」【シ】

サルゴン1世

2371 ラガシュ王ウルカギナ,サルゴン1世に敗北(ラガシュ王朝滅亡)【シ】
2370 サルゴン1世,メソポタミア統一,アッカド帝国成立【アッカド】
◉ 小アジアの前ヒッタイト諸王連合軍,サルゴン1世と戦闘
2300 このころから北方のグディ人,メソポタミア侵入【アッカド】
2280 このころナラムシン王,グディ人討伐【アッカド】
2260 このころラガシュ,キ・ク・イド王自立【シ】
2250 このころエラム王インシュナク,グディ人に敗滅(アワン王朝滅亡)
◉ ウルク,ウルニギン王のもとに自立【シ】
2230 ドゥドゥ王,グディ人に破れ,アッカド帝国滅亡【アッカド】
◉ エラム王ギルメンナ即位(シマシュ王朝おこる)

BC2800

道具と交易

縄文土器中期

2800 縄文中期開始,集落に広場と公的集会所【日】

◉ 南中国に良渚文化発生,最盛期稲作本格化(〜BC800)【中】

◉ 廟底溝文化第2期に黒陶出現,鼎,鬲,甗,など三足土器を特色とする【中】

◉ インドに牛車型の玩具【印】

屈家嶺黒陶器

2700 江漢平野に屈家嶺文化盛期,高足杯,高足壺の黒陶【中】

初期キュクラデス期の渦巻文様土器

2670 このころ宰相インホテプ,医学,天文学,建築学の大成【エ】

◉ 翡翠大珠流行,姫川翡翠ルート活発化【日】

2600 このころウル王メスカランドゥク墓の黄金と宝石【シ】

◉ ディミニ文化の彩文土器【ギ】

◉ シャフリ・ソフタからメソポタミアへラピスラズリと紅玉髄の輸出【イラン】

◉ 河南龍山文化に盉,簋の黒陶【中】

◉ 馬家窯文化(彩陶,雑穀農耕)の西北拡大【中】

◉ モヘンジョ・ダロ最下層に,シュメールの葦家屋模様壺【印】

◉ ペルシア湾岸文化興隆(インドから綿,メソポタミアから銅,錫,鉛)【シ】

◉ エジプトでネコの家畜化【エ】

2500 江南に文郎文化(稲作の越文化)【中】

◉ ミノアのヴァシリキ様式陶器,全地中海に流通

◉ 初期ヘラディック期に幾何学文様の多彩な陶器出現(ギリシア青銅器時代にはいる)【ギ】

◉ トロイ第2市の[プリアモスの宝]

ギリシア青銅器初期ヘラディック

◉ コーンウォールの錫,アイルランドの銅,金採掘【英】

2485 このころサフラー王,ソマリア方面のプント商船団派遣【エ】

朝鮮に櫛目文土器

◉ 朝鮮半島に櫛目文土器文化

2400 ラガシュの銅貿易盛ん【シ】

◉ グリムズ・グレイブスのフリント採掘開始(北欧全域に流通)【英】

◉ クレタ島のオリーブ栽培開始

◉ 山東龍山文化に高柄足杯,単耳杯,三環足盤,鳥頭足鼎の黒陶【中】

◉ 北欧の琥珀ルートと地中海の銅・錫貿易ルート連絡

◉ メキシコに球形,卵形,無頸の南米型土器の原形【中米】

◉ ぶどう栽培とぶどう酒製造【シ】

2350 第6王朝壁画に最古の外科医術(割礼図)【エ】

◉ サルゴン1世,度量衡統一【アッカド】

◉ ペルシア湾貿易にクッリ人の活躍

インダス冶金術

2300 インダス河谷に銅,青銅の精巧な冶金術(蝋型法と鋳型法)【印】

◉ シャセイ土器文化,パリ盆地に北上【仏】

2280 このころ[ペピ2世を抱く王母の像]【エ】

◉ 漢水中下流域の屈家嶺文化に豆の黒陶【中】

◉ インダス都市建築にアスファルト使用【印】

◉ 将軍ハルフクのナイル上流探検,ピグミー人を連れて帰還【エ】

2250 マット土器出現(アーリア系初期渡来者か)【ギ】

◉ 地価の初出(ラガシュのギルス市に銀と大麦で耕地購入記録)【シ】

原始信仰観念

2800 このころシュメール諸都市に神殿建設【シ】

◉ エラム人,天空神ピニキル,地母神キキリシア大蛇神の信仰【イラン】

◉ マルタ島の石像神殿形成(〜BC2400)

ホルス神とセト神の融合 エジプトカセケムイ王

2790 このころカセケムイ王,ホルス信仰とセト信仰の総合を試みる【エ】

◉ カファジュの[礼拝者の銅製供物台]【シ】

羌の洪水神話

◉ 屈家嶺文化,彩陶文化に羌系諸族の洪水神話成立【中】

2700 このころマリ市の[イシュタール神殿]建造

2686 このころホルス信仰確立(ジョゼル王名に「黄金のホルス」名称加わる)【エ】

2660 このころ宰相インホテプ,ジョセル王の石造階段ピラミッド建造(サッカラー)【エ】

◉ メイドゥームに最初の方錐ピラミッド【エ】

◉ このころプタハ神の聖牛ピアス信仰流行【エ】

◉ オシリス・イシス信仰本格化(ミイラつくり盛んになる)【エ】

クフ王のピラミッド

◉ クフ王の大ピラミッド建造【エ】

2580 このころカ・フ・ラー王,ギザ第2ピラミッド,大スフィンクス建造【エ】

◉ メンカウラー王,ギザ第3ピラミッド建造【エ】

◉ このころシュメール語のニンギルス神話『王,嵐,その光輝は威圧する』成立【シ】

◉ テル・アスマル方形神殿の礼拝者群像【シ】

2520 このころ[メンカウラー王夫妻立像]【エ】

[イム・ドウ・グッド神のパネル]【シ】

◉ ミノア文化に双頭斧信仰(武器信仰)

◉ ウェビックスの大ストーンサークル【英】

◉ デカン高原に巨石文化【印】

ラーとオシリス ヘリオポリス神学

2490 ヘリオポリスのラー神官団権力をえる【エ】

◉ ピラミッド小型化,祭儀用神殿大型化【エ】

◉ ヘリオポリス神学完成,太陽神ラーと冥界神オシリス信仰【エ】

2450 ネウセルラー王の太陽神殿にオベリスクの祖形【エ】

龍山に卜占

2400 龍山文化に哺乳類の肩甲骨を使う卜占【中】

◉ マリ市の[ニンフルサグ神殿]建造

◉ スーサの[怪獣浮彫石製容器]

◉ テル・アグラブの[シャラ神殿]【シ】

◉ ベント・アクシス様式の神殿構造【アッカド】

◉ 初期キプロスB期に荘厳した墳墓

2350 ニネヴェの[青銅製男性頭部](アッカド王サルゴン1世像とされる)【アッカド】

禹の洪水神話

2300 このころナラムシン王,最初の神格化【アッカド】

ハダト信仰 雷神信仰

◉ 北メソポタミアに雷神ハダトの信仰広がり,フリ人の主神となる

2250 このころ夏系の鯀・禹の洪水神話,国造り神話となる【中】

◉ カローキールの羨道墓造営【愛】

文字の発生

シュメール文字の公用化(900字)

2800 シュメール文字公用(文字数900)【シ】

◉ メソポタミアに最初の楔形文字商業文書資料

◉ 先エラム象形文字(スーサ,シスターン)

◉ シュメールにゲーム板,サイコロ(反対面1〜2,3〜4,5〜6)【シ】

◉ 縄文中期土器に蛇文様,女神像のレリーフ(文様による物語記述)【日】

楔形文字のセム語化

2781 エジプト国内で太陽暦の公布,エジプト神聖文字の公用【エ】

2700 ラガシュのルーガル・エンケガルの土地文書【シ】

◉ 『シュメール王名表』【シ】

ヴィンチャ文化の土器に雷文,綾杉文【ユーゴ】

2613 スネフル王時代から王名を囲むカルトゥーシュの採用【エ】

エラム語に楔形文字,線形文字両用【イラン】

2600 このころセム系アッカド人の楔形文字使用開始【アッカド】

◉ シスタン方面からインダス河谷に牛文様をもつ定住民侵入【印】

◉ [ヘジラーの板碑]【エ】

2550 このころシュメール線状文字の楔形文字化すすむ(葦のペンで粘土に書く)【シ】

2500 このころ[ラガシュ王エアンナトゥム戦勝碑]【シ】

◉ 藍の栽培とインジゴ青による染色【エ】

2494 現存最古の文字を書いたパピルス【エ】

◉ 『シュルパック文書』(ノア伝説),『アブー・サラビス文書』【シ】

◉ シュメール楔形文字,600字になる【シ】

[カフラー王座像][王族ラーヘテプ夫妻像](エジプト肖像美術おこる)【エ】

エジプト表意文字

◉ エジプトの表意文字(イデオグラフ)確立

◉ ウセルカフ王,シナイ半島に平定記念碑【エ】

2480 このころ盛んに書記坐像造営【エ】

◉ エジプトの『王名板』(パレルモ板)【エ】

◉ キュプロスに動物装飾彩文土器

2400 ジェドカラー王時代,『プタハヘテプの教訓』成立【エ】

◉ ペルシア湾貿易にアッカド語とメルッハ語の公式通訳官活躍【アッカド】

2370 このころから粘土板に地方図【アッカド】

◉ 最古のピラミッド・テキスト(第5王朝9代ウニ王のピラミッド)【エ】

2350 アッカド語とエラム語,シュメール語の辞書【アッカド】

◉ [カゲムニの墓]の壁画美術(エジプト墳墓壁画盛んになる)【エ】

インダスに文字と印章

2300 このころからインダス文字とインダス印章出現【印】

◉ アッカド語の叙事詩『ギルガメッシュ』書かれる【アッカド】

ギルガメッシュ

◉ アッカド王ナラムシンの戦勝碑(山の竜グディ人の制圧と勝利の石柱)【アッカド】

◉ 最古の僧用文字文書『パピルス・プリス』【エ】

文様と図標

運河はイジクラ河からヌン・シュ河まで開かれた。愛する土地の王ニンギルス神のためにこれを改修した。

ラガシュ王エアナンドゥ

BC 6000以前
BC 6000
BC 2200
BC 1200
BC 600
BC 300
0
300
600
800
1000
1200
1300
1400
1500
1600
1650
1700
1760
1810
1840
1860
1880
1890
1900
1910
1920
1930
1940
1950
1960
1970
1980

BC2200

意味の保存へ

BC2200～BC1200

情報の保存は、書記や語り部などのスペシャリストにゆだねられる。情報がほしければ、そのスペシャリストを養うか、拉致してくるしかなく、逆に、情報を抹殺するには、その情報の持主を殺害するしかなかった。

古代文明の動向

モヘンジョ・ダロ最盛

2200 モヘンジョ・ダロに大浴場建設(インダス文明最盛期)【印】
◉ キュプロス初期1期最盛期(クレタ,シリア,エジプトの交流点)
2181 メンフィスの70人の王,70日統治するという(第7王朝)【エ】
2173 メンフィスの27人の王の抗争開始(第8王朝)【エ】
2160 ヘラクリオポリス侯,王を称す(第9王朝成立)【エ】
2133 テーベのアンテフ1世独立(第10王朝),ヘラクリオポリス王と覇権を争う【エ】

BC2120

2117 アンテフ2世即位(第11王朝),宰相チュチを用い,北進して第10王朝と戦う【エ】
2100 グラジャラットの城塞都市ロータル興隆(ペルシア湾交易の根拠地か)【印】
2080 このころメギド,カナン人の都市となる

夏王朝?

2050 このころ夏王朝成立か(～1550ころ)【中】
◉ ビーカー文化人,ブリテン島に渡る【英】
◉ サルディニア島にオジエーリ文化(銅山開発開始～BC1500)

BC2040

エジプト中王国

2040 テーベ王メンチュヘテプ2世即位,エジプト統一,アスワンに南征,ヌビア支配(第11王朝,中王国時代開始)【エ】
2009 メンチュヘテプ3世即位,平和的治世【エ】

クノッソス宮殿

クレタ文明

2000 このころクレタ島のクノッソス,ファイストス,マリアに古宮殿建設(中期ミノア1期開始)
◉ 東欧にアーリア人侵入(ゲルマン,バルト,スラブに分化)
◉ イオニア人のギリシア南下【ギ】
1991 アメンエムヘト1世即位(第12王朝)【エ】

BC1960

1971 センウセルト1世即位,ワディ・ハルファ要塞建設【エ】
1950 このころトロイア6市A,ミケーネ文化圏に属し強大化(城壁の拡大)
◉ ビュブロスに土着の王朝おこる
1929 アメンエムヘト2世即位,南方のプント香料貿易盛ん【エ】
◉ イオニア人のギリシア南下(中期ヘラディック期開始)【ギ】
1895 センウセルト2世即位,アジアとの貿易盛んとなる【エ】
◉ センウセルト2世,ピラミッド都市(職人町)の造営【エ】

BC1880

センウセルト3世

1878 センウセルト3世即位,第二急湍にセムナ,クンマ要塞構築,パレスチナ出兵【エ】
1850 インダス河谷に初期のアーリア人遺跡(ペルシアン・マクランのクラフグ墓跡にラクダのある青銅斧)【印】
1842 アメンエムヘト3世即位,大規模な灌漑工事によるファイユーム地方の開墾(エジプトの急速な経済拡大)【エ】
1820 このころクレタ島の古宮殿,地震によって崩壊(中期ミノア2期の終焉)
◉ シチリア島にカステルルッチオ文化(地中海の要衝となる～BC1400)【伊】

BC1800

民族の推移

セム人の移動

2200 このころラガシュ,グデア王,その子ニンギルス王のもとで繁栄【シ】
◉ シリアのビシュリ山にセム系アモリ人おこる
◉ レヴァント中期青銅器時代,ビュブロス,ウガリット,イエリコ興隆
2150 グディ人,メソポタミア支配
◉ セム系遊牧民アピル,シリア砂漠に活動(ヘブライ人の祖か)
◉ フリ人の一派ヤベテ族,古アッシリア形成(最古の王名,ウシュピア・キキア)【ア】
◉ ヘブライ人,パレスティナにはいる(カナン人,フリル人,アモリ人,アーリア人の多民族都市国家繁栄)
2120 ウルク王ウトゥ・ヘンガル,クディ人追討,メソポタミアから放逐に成功【シ】

ウル第3王朝 バビロニア統一

2111 ウル王ウルナンム即位,バビロニア統一(ウル第3王朝成立)【シ】
2095 ウル王シュルギ即位,中央集権的官僚組織形成【シ】
2070 このころウル第3王朝,エラムを征服【シ】
◉ キンメリア人,メソポタミア北部に侵入
◉ アーリア・ゲルマン系ヒッタイト人,アナトリアに移住
2027 アモリ人,バビロニアに侵入(ウル第3王朝衰退)【シ】
2020 エラム王ギルメンナ,シマシュ王朝建設【イラン】

イシン第1王朝 ウルから独立

2017 セム系イシン王イシュビ・エラ,ウル王朝より独立(イシン第1王朝成立)【イシン】
2012 アッシュール市独立(古アッシリア創建)【ア】
2003 ウル王イビ・シン,エラムに敗北,捕虜となる(ウル第3王朝崩壊)【シ】
◉ バクトリア西部に東方的チマーズカ文化
1994 イシュビ・エラ王,エラム勢力を駆逐【イシン】
1976 シュメダカン王,南北バビロニア統一(イシン第1王朝最盛)【イシン】
◉ イシン,ラルサ,バビロニアの覇権闘争【シ】

アーリア人の移動開始

1950 このころからアーリア人,メソポタミアに移動開始
1929 ラルサ王グングヌム,イシン第1王朝制圧【ラルサ】
1924 グングヌム王,ウル王リピト・イシュタル破る(ウル王朝断絶)【ラルサ】
1900 アッシリア王イリシュマ,ウル,ニップールをアモリ人から解放【ア】

バビロン第1王朝 アモリ人スムアブム王

1894 アモリ人の王スムアブム,バビロンに拠る(バビロン第1王朝)【バビ】
古エラム王国おこる
1868 スムエラム王,ニップール攻略【バビ】
1860 マリ市,王宮,官庁備える
1850 チグリス・ユーフラテス河大氾濫
このころアラム人,アモリ人などの西セム語族,シュメール諸都市国家征服,文化継承【アッカド】
1845 シンディンオム王,両河修復,ウル,エリドゥ復興【バビ】
1835 サルゴン1世即位,アッシリア王国建設【ア】
1820 アピルシン王,バビロン城郭を築く【バビ】
1814 アラム人酋長シャムアグド1世,アッシュール市を攻略,王に即位【ア】
◉ アリゾナのコチーズ文化繁栄【北米】

BC2200

技法と交易

インダス都市道路

2200 このころインダス諸都市,碁盤目状の都市計画と道路の規格化【印】
● ゾーフ地方に交易場建設(インドとメソポタミアの交易センター)【印】

インダス十進法 インチとキュービット

● インダスの都市に分銅の出現(インチとキュービットによる10進法)【印】
● 赤道西風のためエジプトで森林激減(カナンに材木もとめる)【エ】
● 馬廠文化(竪長の罐・壺の彩陶)【中】

2111 ウルナンム王,バビロニア諸都市にエンシ(代官)派遣,伝令制度(王室走者隊員)整備【シ】
2100 このころメソポタミア諸国,マガンの銅輸入
● ティルムン島,中継貿易地として繁栄(ペルシア湾岸印章の使用)
2084 大麦の神殿労働者への貸与,支払い文書【シ】
● 西ヨーロッパにビーカー土器文化盛行
● 木槨墳文化,(馬の家畜化,青銅器使用)【露】

エジプトの地中海貿易拡大

● イベリアの銅・青銅器と東欧の琥珀,塩,毛皮,奴隷の交易盛ん
● トビリシ,北方交易路の要衝化(四輪車火葬貴人,ミケーネ風彩文壺,トナカイ文銀製壺副葬)【露】
2030 ウル第3王朝の毛織物業文書(ウルに年420トンの羊毛納入記録)【シ】
● エジプトに緑,青の絵具【エ】
2001 メンチュヘテプ3世,ヘヌ指揮官のプント商業遠征隊派遣【エ】

バビロニア十進法

● バビロニアに10進法普及【ア】
● フェニキア,クレタの貿易船に帆がつく(地中海貿易量激増)
● クレタ文明のバーボダイン陶器,地中海一円に普及
● スピエンヌのフリント鉱山盛ん(北欧一帯に流通)【伯】
1991 エジプト,地中海域に勢力拡張,シリア地方との貿易拡大【エ】

1950 このころシナイ銅山開発再開【エ】

エジプトにガラス

● エジプトでガラスの発明【エ】
1901 アメンヘムト2世,プントに大商業船団派遣【エ】

1900 キュプロス,銅採掘・銅工業に繁栄(ゲントリア岬の難破船に大量の輸出用銅板)

キュルテペに商業植民地

● 小アジアに古アッシリアの商館(キュルテペに銅貿易基地)【ア】
● モンゴル青銅器文化(アファナシェボ文化)【露】
● 鉄が金の8倍の価格で取引される【ア】

1870 国家管理の工人同業組合確立【エ】
センウセルト3世,ナイル三角洲と紅海を結ぶ運河建設【エ】
● エル・シンベル神殿壁画に巨像運搬図【エ】

1840 バビロン第1王朝リムシン王,ペルシア湾頭確保して,インド航路独占【バビ】

商業資本タルカールム バビロニア商業拡大

● バビロニア商業資本タルカールムの活発化【バビ】
● 縄文土器の目的別多様化,籃胎漆器の製作【日】

神格と信仰

男根崇拝 インダスのリンガ

2200 このころインダス文明に男根崇拝【印】
このころ貴族の列柱付岩窟墓盛んになる【エ】
2195 このころシャルカシャリ王,バビロン神殿の基礎を築く【シ】

ヨーガの源流

● モヘンジョ・ダロの印章に菩提樹下の瞑想図像(ヨーガの源流)【印】
2150 このころアズベリーのストーン・ヘンジ(直径107m)【英】
● 大気神アメンと豊饒神ミン(男根神)の招来【エ】
● ダーリントン・ウォールズ,円形祭祀遺跡【英】

ウル王の神格化

2090 ウル王の神格化徹底(王名に神聖詞)【シ】
2080 このころシュルギ王,現存最大のジグラッドの建設(バベルの塔伝説を生む)【シュルギ】
2050 このころからテーベ様式の葬祭芸術【エ】

2020 アッシリア人,天神アッシュールの信仰【ア】

2010 このころフリ人,地母神ヘバットと雷神テシュブの信仰
● [デル・エル・バハリの葬祭殿]建立【エ】
● イシン王イシュビ・エラ,ダゴン神信仰【イシン】
● ブルターニュのカルナック巨石祭祀【仏】
2000 メンチュヘテプ4世時代にエレファンティネからアビュドスまで多数の神殿建設【エ】
● 中北部海岸に宗教センター(エル・パライソ石造建設,ラス・アルタス神殿,コトシュ・ミトの交差した手の神殿)【ペルー】
● イラン東部に巨大墓壇神殿文化(トゥラン・テーペ,~BC1600)【イラン】
1991 このころアメン神,テーベの国神となる【エ】

先古オルメカ土偶

● 先古オルメカ文化に粘土焼土偶【中米】
祭祀拡大(女性土偶を儀礼的に破壊)【エ】
1971 王の谷の横穴墳墓の造営開始【エ】
● ビーカー文化人の火葬単独葬【英】
● 墓域の確立(大湯,三沢)【日】

1950 このころアメン・ラー信仰おこる(アメン神とラー神の習合)【エ】
● センウセルト1世時代に最初のオベリスク【エ】

1920 ラルサ王グングヌム,ウル王女エンニンスンジをイナンナ女神の司祭とする(新興諸都市,シュメール人を神官,司祭に登用)【ラルサ】
1911 アッシリア王,王権神授の祭祀開始【ア】

エラム人の三位一体信仰

1900 このころエラム人,スーサ市神シンシュシナクとフンバン神(男神),キキリシア神(女神)の三位一体信仰

ストーン・ヘンジ

バール信仰

1850 アモリ人のバール神の信仰,シリア,バビロニアに波及
● 勾玉の出現,呪術儀器の発達,抜歯盛ん(土偶信仰流行,環状列石,環状土籬)【日】

● ソールズベリーのストーン・ヘンジ(巨石文明最盛期)【英】
1840 ラルサ王サビウム,バビロンのマルドゥーク神殿エサギラ建設【ラルサ】
● アメン神の信仰拡大,一般大衆の参拝用神殿建設(王者の宗教から大衆の宗教へ)【エ】

文字と記録

エジプト世俗文学

2160 ヘラクレオポリス時代(~BC2052)に世俗文学流行(思想革命おこる)【エ】
● 『イプウェルの訓戒』『雄弁な農夫の物語』『ネフェルティの予言』成立【エ】
2130 ヘラクリオポリス王ケティ3世『メリカラー王の教訓』【エ】

● 東ヨーロッパに縄線文文化盛行
● エジプトにリンド(数学)の原形【エ】
2111 ウル王ウルナンム,『ウルナンム法典』制定(現存最古の法典)【シ】
2100 このころ象形楔形文字にシュメール語の訓読とアッカド語の音読,併用される【シ】
● アムール河,アリューシャン列島,アラスカに太平洋マスク岩壁画
2080 このころシュルギ王『シュルギ法典』【シ】
● 『コフィン・テキスト』(ヒエログリフ草書体の葬送文学)【エ】
● ウル王シェルギの后のための子守歌(ユア)【シュルギ】
2050 このころメンチュヘテプ2世,庶民の教育,文字習得を奨励【エ】

インド=ヨーロッパ語族の活動と移動

2000 このころエラム人,シュメール文字受けいれる
● ブリテン島に凹線文土器【英】
● ギリシアにミニアス土器出現(アーリア人使用か)【ギ】
● インド・ヨーロッパ語族(アーリア民族)の移動開始

1980 このころナシュヌンナ王ビララマ『ビララマ法典』公布【イシン】
● ミノア聖刻文字出現(音節文字~BC17世紀)
● 先古オルメカ文化にジャガー文様土器,人頭巨石【中米】

1950 このころ紀行文学『シヌへの流謫物語』,教訓の書『ケティの教訓』【エ】
● ジュカール人の十字文様印璽出現【印】

1930 このころウル王リピト・イシュタル『リピト・イシュタル法典』編纂【シ】

メンフィスの劇 エジプトの政治劇

● 政治劇『戴冠の劇』『メンフィスの劇』,盛んに上演【エ】
1911 アッシリア王の治績記録開始(~BC605)【ア】
● 悲歌『ウル王朝の破滅』【シュルギ】
1900 このころシュメール語,祭祀用の文語となる(口語機能退化)【バビ】
● [王妃ネフェルト坐像]【エ】
● カッパドキア文書第2層に古アッシリア語商業活動文書(BC1920~BC1840)【ア】
● 製作中の画家,彫刻家の図(ベン・ハサン墳墓壁画)【エ】

1850 古アッシリア,太陰暦の採用(1週間5日,年数計算職リンムゥの制度,10進法採用)【ア】

マリに書記学校

● マリ市に書記学校
● エジプト文字から古シナイ文字生まれる
● 王女サトハトホルの宝石コレクション【エ】
1830 このころ土地測量法の数学書『アーメスのパピルス』【エ】
● 東ヨーロッパに縄蓆文土器波及(アーリア系民族か)
● インダス河谷にアーリア族共通の環文様,鳥文様土器【印】

話すことは、どんな業よりも困難なことである。
『プタハヘテプの教訓』

意味の保存へ

ピラミッドからパピルスへ。
空間支配の崩壊が、
エジプトにヒクソスを侵入させる。

セム語族の成功が西洋型古代社会をつくる。
まず、バビロニアがセム語を公用語とした。
そこでは、「石」こそが筆記と法律のための情報メディアであった。

BC1800

古代文明の動向

ヒクソスのエジプト侵入

- 1800 アカイア人のギリシア南下【ギ】
- 1790 混合民族ヒクソス侵入、アメンエムヘト4世追放【エ】
- 1789 セベクネフェル女王時代（第12王朝衰退）【エ】
- 1786 ファイユームにセベクテブ1世の第13王朝、コイスに第14王朝【エ】
- 1778 遊牧民ヒクソスの侵入本格化（エジプトに初めて馬と戦車）【エ】
- ◉ ロフムジョ・ダロ、ジュカール繁栄【印】
- 1750 ヴェーダ時代開始（アーリア人、インダス文明侵略〜BC1300）【印】

BC1740

- 1720 ヒクソス、ナイル・デルタ占領（首都アヴァリス）【エ】
- ◉ モヘンジョ・ダロの傭兵時代【印】

ジュカールのパンジャブ統一

- ◉ ジュカール、チャンフー・ダロを占領、パンジャブ流域統一【印】
- 1684 ヒクソス、下エジプトに建国（第16王朝、上エジプトに宗主権主張、小ヒクソス）【エ】
- ◉ ヘブライ人、カナンからエジプトに移住か【ユ】
- ◉ 中部イタリアにアペニーニ文化【伊】

BC1680

ミケーネ文明隆興

- 1674 ヒクソス、メンフィス占領、エジプト統一（第17王朝、大ヒクソス）【エ】
- 1660 クノッソス、ファイストス、マリアに新宮殿再建（クレタ新宮殿時代〜BC1450）
- ◉ ミケーネ文明興隆【ギ】
- 1650 テーベの豪族アンテフ7世即位、ヒクソスに対抗（第18王朝）【エ】
- ◉ ヒクソス政権下、職業軍人、軍事国家形成【エ】
- ヘブライ人の長ヤコブの息子12人、12支族を率いるという【ユ】
- ◉ このころ中国に青銅文化開始【中】

成湯太乙 殷の王権確立

- ◉ 成湯太乙、亳に即位、殷の王権確立（二里頭第3期の宮殿か）【殷】

BC1620

インダス乾燥化・ガンジス森林化

- 1600 このころギリシア人、クレタ文明受容【ギ】
- 1595 アハモーセ、ヒクソスへの解放戦争開始【エ】
- 1580 セケンネラー・タオ2世、ヒクソス打倒の兵を挙げ戦死【エ】
- ◉ 王子カーメス、北進してヒクソス領侵入（エジプト軍、初めての軍馬の使用）【エ】
- ◉ コパイス湖島城塞繁栄（オルコノメス王伝説）【ギ】
- クノッソス王の東地中海統一（後期ミノア文化開始）

アハモーセのエジプト第18王朝

- 1567 アハモーセ、ヒクソスの都アヴァリスを陥し、エジプト再統一（第18王朝確立）【エ】
- 1565 アハモーセ、ヒクソス最後の根拠地、パレスティナのシャルーヘン占領（大帝国形成）【エ】
- 1546 アメンヘテプ1世即位、ヌビア遠征【エ】
- 1525 トゥートモーセ1世即位、ミタンニ王国に対抗して北方ユーフラテス河畔に進出【エ】
- 1512 トゥートモーセ3世即位、王母ハトシェプスト摂政時代（〜BC1482）【エ】
- ◉ ユダヤ人族長時代（〜BC1035）【ユ】
- ◉ ケルト人、ドナウ・ライン川沿岸の森林地帯に定着

BC1500

民族の推移

バビロン第1王朝ハンムラビ王

- 1800 マリ王ヤリリムの繁栄
- ◉ 古アッシリア、シャムアダト王のもとで繁栄【ア】
- 1791 バビロン第1王朝ハンムラビ王即位【バビ】
- 1779 ラルサ王、イシン第1王朝滅ぼす【イシン】
- 1775 バビロン連合とアッシリア連合抗争【バビ】
- 1764 ハンムラビ王、シュメール・アッカド帝国建国宣言【バビ】
- 1763 ハンムラビ王、バビロニア統一
- 1755 ハンムラビ王、アッシリアのニネヴェ、アッシュールを征服【バビ】
- 1750 ハンムラビ王没、帝国分裂【バビ】
- 1740 カッシート人、西イランからバビロニアに進出（バビロン王サムスイルナ時代）【バビ】
- 1735 イルムアイル・イッティ・イリニヒ王、海の王朝建てる（バビロン第2王朝）【バビ】

ヒッタイト古王国

- 1730 このころヒッタイト、キュルテペを攻撃（ヒッタイト古王国建国者、ピトカナシュ、アニタシュ活躍）【ヒ】
- ◉ ラバルナッシュ1世、アッシリア勢力駆逐【ヒ】
- 1683 バビロン第1王朝アンミ・ディタナ王、海の国の城を破壊し、バビロン付近に宮殿を建造【バビ】
- 1680 このころカッシート人、バビロニア侵入激しくなる
- ◉ ティムルン人、メルッハ人連合海軍、ペルシア湾、インド洋に海賊活動
- ◉ ビュブロス、イエリコ、ウガリット独立
- 1650 このころハットゥリッシュ1世、アナトリア南部、北シリアに遠征（旧約聖書のヘテ人）【ヒ】

カッシート朝 バビロン第3王朝

- 1645 カッシート朝成立（バビロン第3王朝）【バビ】
- ◉ フリ人、都市連合を形成【ミ】
- 1600 このころ海の国の王グリキシャル、インド貿易を掌握【バビ】
- ◉ ヒッタイト王都ハットゥリシャス造営【ヒ】
- ◉ キュプロス島、地中海、オリエントの商業中心として繁栄（〜BC1050）

フリ人の活動

- ◉ レヴァント後期青銅器時代開始
- ◉ ブズルアッシュール3世、アッシュール市の城壁建造【ア】
- 1595 ムルシリッシュ1世、バビロンを陥す（バビロン第1王朝滅亡）【ヒ】
- ◉ カッシート族、バビロン復興
- ◉ ムルシリッシュ1世暗殺され、アナトリア東部、南部に反乱【ヒ】
- ◉ フリ人、アナトリアに侵入
- 1590 グリキシャル王、バビロン占領（バビロン第2王朝、海の国第1王朝）【バビ】

ミタンニ王国

- 1580 フリ人の諸都市、アーリア人の王を迎え、ミタンニ王国建国【ミ】
- 1550 アッシリア、バビロニアから独立【ア】
- 1530 カッシート朝グアム2世、海の国を破り、バビロン入城（バビロン第3王朝）【バビ】
- 1520 ミタンニ王シャウシャタル、領土拡大（アッシリアを併合、シリアに進出）【バビ】
- このころトゥートモーセ1世、北方のユーフラテス河岸に進軍【エ】
- 1513 アッシリア王ブズルアッシュール3世即位、失地回復し、外征してバビロニアと衝突【ア】
- ◉ 海の国、エラムに敗れ滅亡【バビ】

技法と交易

1800 このころマリ市の［ヤリムリム王宮殿］（交易に繁栄）
1788 馬で引くヒクソスの戦車軍【エ】
1761 ハンムラビ王，「富をもたらす運河」開鑿
1760 度量衡の統一（北シリア・ハラフの重量尺度採用）【バビ】

ハンムラビ法典

「ハンムラビ法典」（バビロニアの国際法）公布【バビ】
1750 商業国営化，ワキル・タルカーリー（税関吏兼商人長）設置，タルカールム，貸付業，高利貸し，遠隔地貿易商として活躍【バビ】
◉ バビロニアで馬の使用

馬と戦車

1700 このころ彩釉陶器開始【バビ】
◉ ライムギ，東ヨーロッパの主要な穀物となる
◉ バビロニア数学興隆（60進法・10進法併用，楔形数字でダム，城壁，建築の応用問題編集）【バビ】
◉ タール・ウマール粘土板に緑・黄色の鉛釉陶器製造法【バビ】
◉ 洛河と黄河の合流点に殷青銅器の先行土器セット（殷早期開始，二里頭早期）【中】
◉ バビロニア人，風車で水を揚げる
◉ 西ヨーロッパの青銅器文化本格化（セーヌ・オワーズ・マルヌ文化）【仏】

パンと風車

◉ オルメカに部族長制度発達【中米】
◉ カッシート族，家長制（姓を家名でよぶ）【バビ】
◉ このころイーストで醗酵したパン発明【エ】

エジプトに数学と医学の発達

1650 このころ現存最古のエジプト数学文献「モスクワ・リンド・パピルス」（円周率，ピラミッド問題）【エ】
ブレトン・ダカー文化，ブリテン島から大陸に流入【仏】
医学書「エドウィン・スミス・パピルス」書写，外科医学48例の臨床記述【エ】
シチリアのカステッロ・デ・パリ，サルディニアの銅交易に繁栄【伊】

1600 江南に印陶文化，初期の彩釉陶器を発明【殷】

◉ ペルーの織物技術高度化【ペルー】
◉ アンデス高地のラクダ科動物の毛と海辺産物の交易盛ん【ペルー】
◉ 赤道西風のためインダス流域乾燥化（ガンジス河流域は森林化）【印】

ミケーネの壷

◉ ミケーネ海上貿易盛ん（ミケーネ絵画壺，地中海一円に普及）【ギ】
◉ ヌジ遺跡に銅製の坩堝【ミ】
◉ アンドロノボ文化の銅・錫・金製品（原アーリア人か）【露】
1560 このころテーベ第1墳墓に天秤と錘で秤量の図（国王と貴族のキュービット尺併用）【エ】

外洋船 エジプト 21m

◉ 墳墓壁画に外洋船（二本の帆柱，全長21m）【エ】
◉ カザフスタンに養馬の普及【露】

中米にトウモロコシ文化

◉ トウモロコシ，主要食物となり定住生活【中米】
◉ ハトチェプスト女王，乳香貿易商業遠征艦隊（ネーシ船長のプント派遣）【エ】

エジプト秤量術

神格と信仰

1790 このころアメンエムヘト3世，［セベク神殿］（ラビュリントス）建造【エ】
◉ 羊の肝臓模型（粘土製，肝臓占い用）【バビ】
◉ 黄道十二宮の星座図つくられ，占星術盛ん【バビ】
◉ ハンムラビ王，太陽神シャマシュを正義の守護神とする【バビ】
1786 ［ゲブ神像］【エ】
マリの［噴水壺をもつ女神像］
1780 ベル・マルドゥーク神，バビロン王家の中心的信仰となる（新年祭イースターの源流）【バビ】

バビロニアの占星術とマルドゥーク信仰

アブラハムのカナン移住

1750 このころウル王子アブラハム，カナンに移住し，ユダヤ教をイスラエル人に伝えるという（ユダヤ教創始）【ユ】

1732 バビロニア王イルム・アイル，シュッパル市のシャマシュ神殿（太陽と契約の神）修復【バビ】
◉ 南アラビアに巨石記念物文化おこる【イエメン】

1670 このころメソポタミアのバール神，イシュタール，アトナ，レセフ神などの信仰，エジプトに流入【エ】

1650 このころミケーネ文化に青銅器副葬する円形墓地，竪穴式墓地【ギ】
呪術師と身分階層出現（山鹿貝塚），仮面の祭り（仏並遺跡）【日】
◉ アッシリアにバビロンのナブ信仰拡大【ア】
◉ マルタ島に巨石墓造営（～BC1400）

ヒクソス人のセト信仰

1610 このころからヒクソス人，セト神を信仰（アヴァリス，セト信仰の中心都市となる）【エ】
1595 ヒッタイト王ムルリッシュ1世，バビロンのマルドゥク神像奪う
1585 このころアメン・ラー神話の確立（テーベが宇宙創造の地として信仰の中心となり，テーベ神官の勢力強大化）【エ】
1575 バビロン第3王朝グアム2世，マルドゥーク神像とザニパト神像をバビロンに奪還【バビ】

ミタンニにミトラ・ヴァルナ信仰

1550 このころミタンニ王国にミトラ・ヴァルナ信仰浸透【ミ】
1546 王墓と葬祭殿の分離【エ】
◉ カルナクの［アメン聖舟の祠］建造（カルナクからクソールへアメン神像を渡す聖婚儀礼）【エ】

1525 建築家イネニ［カルナクの2基のオベリスク］建造，アメン神殿の拡大【エ】
◉ 初めて王陵の谷に王墓建設【エ】
◉ このころまでに殷王名に太陽神をあらわす十干をつける風習の確立【殷】

文字と記録

1800 このころ古シナイ文字からビュブロス文字，古パレスティナ文字生まれる
◉ テル・アスマルの［エシュヌンナのパテシ像］【バビ】
◉ 縄文後期に磨消縄文流行【日】
1780 このころ叙事詩「エヌマ・エリシュ」（マルドゥーク神の宇宙創造神話編纂）【バビ】

バビロニアの世界地図 現存世界最古

◉ 最古の世界地図（バビロン中心の世界図）【バビ】
◉ ［伝ハンムラビ王頭部青銅像］（バビロニアのリアリズム）【バビ】

叙事詩エヌマ・エリシュ

線文字Aとファイストスの円盤

1700 このころクレタ線文字A，ファイストス円盤文字，地中海域に出現（中期ミノア3期）
◉ 商業植民地キュルテペの［彩色土器壺］［ライオン型リュトン］【ア】
◉ ラス・シャムラ［男子像］【シリア】
◉ シュメール語文献のアッカド語翻訳推進（楔形文字の中心，古バビロニア語となる）【バビ】
◉ ミケーネ文化おこる（後期ヘラディック期開始，ミケーネ1期）【ギ】
◉ クレタのフレスコ壁画［プリースト・キング］

1680 テトゥの石碑（ヒクソス時代の文書）【エ】

ヒッタイト文字

◉ ヒッタイト人，楔形文字と象形文字使用（楔形文字～BC1200，象形文字～BC1700）【ヒ】

1660 ハギアトリダ文書（75の音節文字，31字がクレタ神聖文字と類似）

リンド・パピルス

1650 このころヒクソス王アポピ，「リンド・パピルス」を贈られる【エ】
◉ テラ島の［フレスコ壁画］（後期キュクラデス期開始）
◉ クレタ島の海生生物・植物文様陶器最盛期（後期ミノア1期）

1600 このころヒッタイトのボガスギョイ文書記載開始（～BC1289，印欧語族のネシュリ人の宗教文書）【ヒ】

◉ フリ語に楔形文字が当てられる
◉ 前カナーン語のアルファベット化

線文字A ハギア・トリダにクレタ文字

◉ ハギア・トリダにクレタ線文字Aの150枚の粘土板文書
1552 テーベ遷都とともにテーベ派芸術おこる【エ】
◉ アハモーセ王の官吏による自叙伝（ヒクソス解放戦史）【エ】
1546 エジプト宗教文学おこる（『死者の書』『太陽神への祈祷文』『アム・ドゥアトの書』成立）【エ】
1525 テリピニス王の王位継承に関する『ヒッタイト法』『王名表』成立【ヒ】

線文字C

◉ キュプロス・ミノア文字（線文字C）使用
◉ ミケーネ文明，クレタ文明の影響を受け，ミケーネ2期にはいる【ギ】
◉ 江西省呉城県出土の有刻字彩陶豆にプレ漢字【中】

エジプトの死者の書

河川を往来する船舶を調査し，王の文書を携帯する商人には通行を許可する。
バビロン王朝の税関吏シャマシュラビ

甲骨文字と饕餮文の出現は、あらゆる文字文様文化のなかでの奇蹟である。

BC1500

古代文明の動向

1500 ミケーネ文化に王国割拠(ミケーネのアルゴス,メリセニアのピュロスなど)【ギ】
1482 トゥートモーセ3世,単独支配者となる【エ】

トゥートモーセ3世のアジア遠征

1481 トゥートモーセ3世,第1回アジア遠征(メギドにシリア・パレスチナ連合軍破る)【エ】
1471 トゥートモーセ3世,ユーフラテス河を渡り,ミタンニ王国に侵入【エ】
1470 このころエーゲ海のテラ島火山大爆発
◉ トゥートモーセ3世,計17回のアジア遠征(シリア,パレスチナ支配の最大版図)【エ】

BC1440

1450 このころミケーネ,ミノアと海上覇権奪う【ギ】
トゥートモーセ3世,キュプロス島支配【エ】
1447 アメンヘテプ2世即位,北シリアの反乱鎮定【エ】
◉ ロータル市衰え,ランプール市興隆【印】

殷王朝の成立

1425 トゥートモーセ4世即位,ミタンニ王国と協調【エ】
1417 アメンヘテプ3世即位,新王国絶頂期出現【エ】
1411 アマルナ時代開始(～BC1358,ヒッタイト,ミタンニ,バビロニア,エジプト3国協調)【エ】
1400 このころ帝丁即位,首都・囂を造営して遷都(殷前期開始)【殷】

BC1380

クレタ崩壊

◉ ミケーネ南下して,クレタのクノッソス宮殿破壊【ギ】
◉ 殷軍,族長連合と卜師集団による構成【殷】
1373 アメンヘテプ4世即位,新都アケトアテン建設(王名をイクナアトンと改称)【エ】
◉ 殷の勢力,江南におよぶ(黄陂県盤龍城の巨城遺跡)【殷】
1365 トロヤ4市,地震に壊滅
1361 トゥートアンクアメン王(ツタンカーメン)即位,メンフィスに遷都【エ】
1352 神官アイ即位(第18王朝簒奪,神官の政治権力増大)【エ】
1348 将軍ハルエムヘブ即位,国威回復【エ】

BC1320

1320 ラムセス1世即位(第19王朝開く)【エ】
1318 セティ1世即位,フェニキア諸都市征服【エ】
◉ ミケーネ,ティリンスの城壁築く【ギ】

ラムセス2世 ヒッタイトとの交戦と連携

1304 ラムセス2世即位【エ】
1300 このころ殷王盤庚,王都殷の造営(安陽市小屯村)【殷】
1299 ラムセス2世,アジア遠征,ヒッタイト王ムワタリシュとカディッシュ会戦【エ】
1284 ラムセス2世,王都「ラーメスの家」建造【エ】
1283 ラムセス2世,ヒッタイト王ハトゥリッシュ3世と不可侵条約【エ】
1270 ラムセス3世,ヒッタイト王女と結婚【エ】

BC1260

海の民の活躍

1250 このころシチリア島のパンタリカ文化(～BC650)【伊】
1237 海の民,西デルタに侵入開始【エ】
1231 メルエンプタハ王,リビア人と海の民の連合軍を破る【エ】
1230 エジプトとヒッタイト,海の民に対抗する軍事協力体制【エ】
1223 海の民とリビア人の大連合軍来襲して,国内混乱のうちに第19王朝滅亡【エ】
◉ このころメネラウス王のスパルタ滅亡【ギ】

BC1200

民族の推移

1480 レヴァント後期青銅器時代開始
1475 カッシート朝,南メソポタミア制圧(全バビロニア統一)【バビ】
1471 カディッシュの戦い(ミタンニ王国,エジプト王トゥートモーセ3世の侵入防ぐが敗退)【ミ】
このころイエリコ荒廃(地震か)

ヒッタイト新王国

1460 トゥハリア2世,ヒッタイト新王国おこす【ヒ】
1450 ウランブリアシュ王による海の国の王朝平定【バビ】

アッシリア、エジプト ヒッタイト、ミタンニ 抗争と調停

1419 アッシュール・ベルニシェシュ王,ミタンニ王国から自立(中アッシリア時代開始)【ア】
◉ アッシリア,エジプト間に国交成立
1400 バビロンとアッシリア,国境を定める【ア】
1394 ガダシュマンエンリル1世即位,ヒッタイト,ミタンニ,アッシリアと抗争【バビ】
◉ ガスガ,アルザワ地方の反乱にヒッタイト一時衰退【ヒ】
1385 スピルリウマシュ王即位,王国再建着手,北シリア,レバノン山脈南部制圧【ヒ】
1370 スピリシウマシュ王,ミタンニ王国の王都ワシュカニ占領【ヒ】
1365 アッシュール・ウバリット1世即位,北方,西方に拡大【ア】
1350 バビロン王ブルナブリアッシュ2世,アッシリア王女と結婚【バビ】
はじめてアッシリアの国名使用(それまでスヴァルトゥ)【ア】
◉ アッシリア,イラン高原,ザクロス山中に勢力のばす【ア】
1384 エラム王シュトルクナフンテ,バビロン占領【イラン】
1345 クリガル2世,エラム王国攻略【バビ】
1340 スピルシウマシュ王,ミタンニ王国再建【ヒ】
1330 エラム王都ドゥル・アンタッシュ建造(中期エラム時代開始)
1320 ムワタリッシュ王即位,シリア都市同盟を援助,エジプトと対決【ヒ】
◉ アーリア人系メディア人,イランに勢力拡大
1280 エラム王ウンタッシュガル,カッシート朝を破り,ペルシア湾ルート確保【イラン】
1274 シャルマナセル1世即位,小アジア進出【ア】
◉ アッシリア北方にウラルトゥ部族連合

ミタンニとフリの分裂

1271 ミタンニ王国,ミタンニとフリに分裂(アッシリアがミタンニを,ヒッタイトがフリを臣属させる)【ミ】
1260 このころキンメリア人,ポントス草原に騎馬遊牧文化発達させる【露】
1244 トゥクルティニヌルタ1世即位,アッシリア帝国の形成【ア】
1235 トゥクルティニヌルタ1世,バビロニア占領(カッシート朝カスティリアシス王を捕虜)【ア】
◉ カッシート朝エンディンシュミ王即位,ニップール回復【バビ】
1232 アッシリア,鉄器使用開始【ア】
1218 カッシート人,バビロニア人,協力してカッシート王朝の再建【バビ】
1205 アッシュールナディンアプリ即位,アッシリアの勢力強大化【ア】
◉ イスラエル,エドム,モアブ,アンモン諸族のカナーン定着
◉ 海の民の攻撃にヒッタイト滅亡【ヒ】

エジプト奴隷モーセの冒険がユダヤ情報史を世界に散らせる。

BC1500

技法と交易

1500 このころナイル河の氾濫で消えた耕地の境界線を幾何学で測定【エ】
1475 テーベ墳墓壁画に車大工の作業図【エ】

ミタンニ戦車隊 シリアに進出

1456 戦車隊マリアスによって,シリアに進出【ミ】
◉ 医学書『エーベルス・パピルス』(視診・触診・体温・心臓と血脈・顔色などの重視,外用薬・浣腸薬の使用)【エ】
1450 このころ青銅器の基本形完成【殷】
◉ 青銅器,骨器,製陶などの工場【殷】
◉ 海港都市ウガリット全盛時代

海港都市ウガリット

1430 このころヒッタイトに馬術(ミタンニの馬術師キックリ伝授)【ヒ】
1400 鄭州二里岡第4期大宮殿建設【殷】
◉ ハットウシャシュ王城の[獅子門]建造【ヒ】
◉ ヒッタイト製鉄技術革新(カリュベス人冶金師の技術開発,以降200年間技術独占)【ヒ】

東地中海貿易

◉ 東地中海の銅貿易最盛期,海の民の時代
◉ ミケーネ王の専制支配と王宮の職人集団活躍【ギ】
◉ ミノスのビーズ印章に戦車(ヴァフィオ墳墓)
1377 アメンホテプ4世のキュビット尺施行(度量衡の統一)【エ】
◉ ミケーネ陶器,キュプロスに大量流入【ギ】
1370 エジプトの御用商人ケンアメンの墓にシリアの大商船団の絵画【エ】
◉ ワディ・ティムナの銅山開発【エ】
◉ 海港都市ウガリット,絶頂期に地震のため炎上没落(ラス・シャムラ都市遺跡)

日時計と水時計

1350 このころエジプトの日時計(カドランの原形)【エ】
◉ 現存最古の水時計【エ】
1330 このころ王都[ドゥル・クリガルス]建造,これを中心に商業活発化【バビ】
◉ 馬に引かせる戦車を編成した三軍の整備【殷】
1300 このころまでフェニキア地方で象牙細工盛ん
◉ 絹織物の製造開始【殷】
◉ エーゲ文明と黒海の交易(アルゴナウテス伝説へ)
1274 シャルマナセル1世,ミタンニの住民14万人を強制移住【ア】
1273 フェニキアがエジプトの御用商人となり活躍
◉ 殷に10進法の物差し【殷】
◉ ウラルトゥ部族連合,イラン北方貿易ルート占領【ウ】

アッシリア商業帝国主義

1244 アッシリア,商業伝統と軍国主義を結びつけ交易路開発と領土拡大戦略にでる【ア】
◉ アッシリア,ミタンニの首都ワシュシュカニ包囲(ミタンニ衰亡)【ア】
1225 ラムセス2世,ヘブライ人に府庫の邑つくらせる【エ】
◉ 騎馬文化発生(カザフスタンのアンドロノヴォ文化第3期)【露】
◉ このころヒッタイトの製鉄法,西アジア全域,コーカサス,中央ヨーロッパに波及

ヒッタイト製鉄法の波及

神格と信仰

1500 このころ宰相センムト設計[ハトシェプスト女王の葬祭殿]【エ】
1480 このころアッシリアにバビロンのナブ信仰伝広がる(ニネベ,カルフに神殿)【ア】
◉ [ハツォルの石柱神殿](ミタンニ王国治下の北シリア文化)【ミ】

ナブ信仰の拡大

1450 奴隷の殉死による葬送はじまる【殷】

アテン信仰

アメンホテプ3世治下,エジプト王家の太陽神アテン信仰育成(王権と神権の争い深まる)【エ】
◉ 下ヌビアの[アマダ神殿]建立【エ】
◉ [ルクソール神殿大列柱廊]【エ】
1400 このころミケーネの蜂巣状墳墓(アトレウスの宝庫)【ギ】
◉ ハットゥシャシュの[神像浮彫り][スフィンクス像]【ヒ】
◉ ウガリットにバール,アメット,エルの信仰盛ん(神殿造営)
◉ ハトホル女神,新生児の運命を決める神として民間信仰化【エ】
ウルクの[インニン神殿壁画]【バビ】
1385 ニネヴェの守護神イシュタール像,エジプトにもちこまれる【エ】
◉ 殷の主神,帝(天神)となり,祖先神,土地神の統合【殷】
1375 アメンホテプ4世,宗教革命(太陽神アテン信仰の一神教化)【エ】
1370 このころ[アテン神を礼拝するイクエンアテンと王一家の浮彫]【エ】
1361 トゥートアンクアメン王(ツタンカーメン),旧宗教の復興【エ】
1350 このころヒッタイト人,フリ人の主神ヘバット,雷神テシュブの信仰受容【ヒ】

ツタンカーメンの墓

◉ トゥートアンクアメン王の柩装飾画【エ】
1330 このころドゥルクリガルスの大ジッグラド建造開始【バビ】
◉ ウルクの[カラインダッシュ神殿]完成【バビ】
1318 ラムセス1世,カルナークの[アメン神殿大列柱室]建造開始【エ】
◉ エラム王ウンタッシュガル,王都ドゥルウンタッシュに大ジッグラド建設,フンバン,インシュシナ神像祀る【エラム】
◉ [ハットゥリシャシュ大神殿]造営【ヒ】
1300 セティ1世治下にセト信仰有力となる【エ】
◉ 殷王,民を率いて祖先神,天帝,山川草木の神を祀り,鬼神を崇敬(人身犠牲に彝器を使用)【中】

十干十二支の暦

◉ 十干十二支による暦の使用【中】
1280 このころラムセス2世,[ラムセイオン](万神殿)建造開始【エ】
1275 モーセのエジプト脱出(ヘブライ人,カナンの地へ,途中シナイ山中で「十戒」を授かるという)【エ】

ラムセス2世の神殿づくり

1272 このころラムセス2世の大神殿工事([アブシンベル神殿][アビュドス神殿])【エ】
1260 このころシャルマナセル1世,ニネヴェに[イシュタール神殿]造営【ア】
1226 このころオリンピア祭典開始【ギ】

オルメカ最盛期

オルメカ文化最盛期[サン・ロレンソ石造建造物](20tの玄武岩製人頭彫刻多数製作～BC900)【墨】

モーセの出エジプト

文字と記録

1500 このころ彫刻家アンタの工房図(エル・アマルナ墳墓壁画)【エ】
◉ 極北美術の南部グループの様式化した岩壁画(～AD0前後)
◉ ティロス紫(皇帝の紫,貝紫)の記録【シリア】
◉ 画家の8色用パレット【エ】
1480 このころエジプトの宰相センムトの墓に星図【エ】
測量綱をもつ測量師の像(ハトチェプスト女王王墓壁画)【エ】
1450 甲骨文字の確立,文書記録官「伊」活躍(文字数3500)【殷】
◉ シナイ銅山にあつまるエーゲ海周辺諸民族,エジプト文字を表音文字として利用する工夫【エ】
インドに太陰太陽暦【印】

甲骨文字 三五〇〇文字の出現 文書記録官の活動

アマルナ文書

1413 アマルナ文書開始(エジプトのミタンニ,ヒッタイトとの外交文書～BC1358,アマルナ時代)【エ】
1400 このころウガリット,楔形文字を表音文字として使用(ウガリット文書～BC1200)

線文字B ピュロス ミケーネ

◉ 線文字Bの時代開始(ピュロス,ミケーネ,クレタに使用)
◉ 殷青銅器に饕餮文の確立【殷】
1380 クレタ王宮の財政記録(線文字Bによる4300枚の粘土板文書)

饕餮文

◉ アマルナ芸術最盛期(アメンホテプ4世治下)【エ】
◉ フリ語,アッカド語,オリエントの共通語となる(諸民族の乱立,通訳活躍)
◉ 線文字Bのピュロス文書開始
◉ ヒエログリフ最盛期【エ】

ウガリット文字 表音文字30字

1350 ウガリット語の表音文字表(文字数30字)
◉ シナイ銅山ラビト・エル・ハディーム碑文にウガリット・アルファベット【エ】
◉ ミケーネ黄金文化最盛期(アトレウスの宝物群)【ギ】
1304 セティ1世葬祭殿の壁に「王名表」【エ】
◉ 金文さかんになる(殷の族長,功績を青銅器に記録)【殷】
1300 このころ『スネフェルの死者の書』【エ】
◉ カナーン語,アッカド語,フリ語のアルファベット化
◉ ヒッタイト新王国末期,フリ人のヘバット神,テシュブ神などへの祈祷文学【ヒ】
◉ カラスク型短剣の動物彫刻【露】

フリ語・アッカド語によるオリエントの交流

1250 『アニの死者の書』【エ】
◉ フェニキアのアルファベットの成立期(ヨーロッパのアルファベットの祖形となる)
1236 エジプト王メルエンプタハの海の民撃退戦勝碑に初めてイスラエルの名が記される【エ】

エラム語の商用化

◉ エラム語,メソポタミアの商用語となる

主はモーセに語り終えられたとき、証しの板二枚、神が指をもって書かれた石板を授けられた。『旧約聖書』

BC1200

記録の構想

BC1200〜BC600

鉄とアルファベットの出現が記録の永久性を保証する。

アッシリアと殷周帝国

1200 このころ帝武丁,河南,山西の異民族を西方に強制移住(殷後期開始,帝国最盛期)【殷】
◉ セトナクト王,エジプト統一(第20王朝)【エ】

ラムセス3世 エジプト第20王朝

1198 ラムセス3世即位(第20王朝確立)【エ】
1197 エンリルクドルスル王即位(アッシリアを支配するバビロニアの傀儡政権打倒)【ア】
1193 アダトシュムスル王,アッシリア攻撃(降将ヌルタ・アピクル,アッシリア王に即位)【バビ】
1190 ラムセス3世,海の民を撃退【エ】
1166 王位継承をめぐり,王妃ティイ,ラムセス3世を暗殺【エ】

BC1160

エラム繁栄 エラム王のバビロニア攻撃

1160 エラム王クティルナフンテ,バビロニア攻略(ハンムラビ法典石柱,ナラム・シン王戦勝碑をスーサに運ぶ)【イラン】
1158 エンリルナディンアッヘ王,エラム侵入軍の捕虜となる【バビ】
1155 カッシート王朝滅亡(バビロン奪回失敗)
バビロニアのイシン地方,エラムに抗戦
◉ 古公亶父,周原(岐山)遷都,城郭宮殿造営【周】
1130 このころイッティマルドゥクバラト王,エラム勢力駆逐(イシン第2王朝確立,バビロン第4王朝)【バビ】
◉ 帝文丁,殷文化圏を淮河流域,揚子江中流域,甘粛に拡大(中国民族国家の領域形成)【殷】

ネブカドネザル1世

BC1120

1124 ネブカドネザル1世即位,エラム,アッシリアへの復讐戦開始【バビ】

アッシリア抬頭 バビロニアとの抗争

1120 ネブカドネザル1世,エラム王国征服【バビ】
◉ 周公王季,殷帝文丁に西伯と認められる【周】
◉ バビロニア,重攻城機をザンク一要塞に配備(アッシリア,機動戦車で対抗)【バビ】
1115 ティグラトピレセル1世即位(シリア攻略,地中海に達す)【ア】
1099 アメン神殿大司祭ヘリホル,上エジプトの実権を掌握【エ】
1085 タニスのスメンデス即位(下エジプトの第21王朝),上エジプト,神権国家として独立(第22王朝)【エ】

BC1080

1080 このころティグラドピレセル1世,バビロン占領【ア】
1060 アラム人,山岳民族ルルビの侵入【ア】
◉ 帝乙時代,神権的帝国の完成【殷】
◉ 氏族制の崩壊,家父長大家族制へ【殷】
◉ 文王,山西,甘粛,河南制圧(豊邑建設)【周】
1050 このころ武王即位【周】

周の武王

1040 このころ帝辛(紂王),安陽方面の再征服戦争開始【殷】
1038 海の国の王シンマシュシフ,イシン第2王朝滅ぼす(海の国第2王朝,バビロン第5王朝)【バビ】
1027 武王,殷の帝辛(紂王)を破る(牧野の戦い,殷滅亡)【周】
◉ 武王,周王朝創建(豊邑から鎬京に遷都)【周】

BC1040

ミケーネ崩壊

1020 このころミケーネ,ティリンス破壊(暗黒時代開始〜BC800)【ギ】
◉ アテネ王国,ミケーネ文化崩壊をこえて存続(メラントス家からメドン家の王へ)【ギ】
1015 海の国第2王朝滅び,ハジ王朝(バビロン第6王朝)おこる【バビ】
1010 このころ摂政周公旦,管叔の乱を鎮圧,成周城(洛陽)建設【周】
◉ 王族,功臣を全国に封建(周封建制確立)【周】

BC1000

諸民族の抗争

ドリス人南下

1200 アカイア人,キュプロスのサラミス市建設するという【ギ】
◉ ヘブライ諸部族,カナンの地に定住,ペリシテ人,パレスチナ海岸地方に鉄器文化導入
◉ ドリス人のバルカン半島南下【ギ】
1194 ペリシテ人,パレスティナに侵入

トロイア戦争

トロイア戦争開始【ギ】
◉ 女預言者デボラ,軍官バラクのヘブライ軍,カナン王連合軍破る【ユ】
1184 トロイ王プリアモス,アガメムノンのギリシア軍に敗退(トロイア第7都市炎上)【ギ】
1180 このころアラム人,シリア砂漠からメソポタミアに侵入
1170 ティロス,シドンなどの新興海港都市繁栄(フェニキア貿易港)

アラム人シリア侵入

1150 ヒッタイト人,アナトリア各地に小国家群建設(ネオ・ヒッタイト時代)
◉ エラム王クティルナクハンテ,一時バビロン占拠【イラン】
1146 このころ綏遠青銅器文化の遊牧民活動(周の古公,遊牧民・鬼方と戦うという)【中】
1145 このころアラム人,メソポタミア侵入のピーク(〜BC946)
◉ メキシコのサン・ロレンソにオルメカ族部族国家発展【墨】
1130 このころアラム人,ベン・ハダト王朝を中心に結束
1120 このころフリュギアのムシュキ族,カッパドキアに反乱
◉ ヴァルナ制の成立(カーストへ)【印】
◉ アラム人,バビロニアに侵入
◉ バビロニア南部の沼沢地にカルディア人の5部族形成
◉ ティロス,スペインにカディス建設【フェニキア】
1100 このころ中国青銅器文化,イエニセイ流域に伝播(カラスク文化)【露】

オリエントの災害

1081 オリエントを大暴風雨と飢饉,疫病が襲い,アッシリア,バビロニア,アラム人が大量に死亡
1080 このころペリシテ人,パレスティナ征服
1074 コリントス,王制開始(〜BC747)【ギ】
1067 アラム人族長アダドアパルディナ,バビロンを攻略して一時王位につく【バビ】
1054 アラム人連合軍,バビロニア,アッシリアに蜂起(イシン第2王朝,アッシリアと同盟して対抗するが敗退,バビロンを守るのみ)【バビ】
◉ メディア人(アーリア系ペルシア人),イランに侵入【イラン】
1050 このころイオニア人,エフェソス市建設【ギ】
1040 このころからアーリア人,ガンジス上流域の開拓開始【印】
1025 預言者サムエル,サウルをユダヤ人の王に指名(神権から王権へ)【ユ】
1013 サウル王戦死,イスラエル系諸部族,イシュヴァール王を立て,マハナイム支配【ユ】

ヘブライ統一王国

ダヴィデ王 ペリシテ傭兵隊長

1012 ペリシテ人傭兵隊長ダヴィデ,ヘブライ王に指名される【ユ】
◉ アカイア人,イオニアに移住【ギ】
1004 ダヴィデ王,エルサレムを攻略,フェニキア(海人エブス族)と結びヘブライ王国建設【ユ】
◉ このころフリュギア王国建国(〜BC700)

アッシリア帝国と周帝国、情報は初めて中央集権を知る。

BC1200

交易と古代技術	神々の物語	記録と表現

交易と古代技術

ルリスタン青銅器

1200 このころルリスタン青銅器文化【イラン】
● パレスティナ,鉄器時代にはいる
● 海港都市シドンの繁栄期【フェニキア】
● エラム人,ペルシア湾,インド航路を掌握
● 馬で引く戦車軍の充実【殷】
● 西域から玉の輸入盛ん【殷】
● 西ミクロネシアに刻文土器
1180 このころからラムセス3世,プントに1万人の商業艦隊派遣(「蛇島パピルス」にエジプトからプントまで外洋船で2カ月の航海と記載)【エ】
● このころ武丁妃・婦好母墓(唯一の被葬者の判明する殷墟,司母辛大鼎出土)【殷】

フェニキア人の地中海制覇

1160 このころフェニキア諸都市,エジプトの影響下から独立,武装船団で地中海制覇(独立時代～BC853)
● このころオルドスの綏遠青銅器文化盛ん
● バンチェン文化に鉄の刃をもつ青銅利器【タイ】
● メラネシアのラピュタ式土器,フィジー,西ポリネシアに伝播(～AD0前後まで盛ん)
● エジプト上流階級の食事にパンとビール【エ】

殷周青銅器の充実

1120 このころ祭祀用青銅器の製作技術高度化,様式完成【殷】
● アラム人のビト・ヒラニ式王宮(人工庭園としての中庭付構造,アッシリア建築へ)
● 白陶出現【殷】
1100 このころフェニキア人,イベリアのカシテリデス群島の錫を運ぶ
● このころからティロス市,フェニキア船団の母港となる
1085 司母戊鼎(870kg,殷周最大の青銅器,武官村大墓出土)【殷】

1060 このころフリュギア王国,エーゲ海,黒海,メソポタミアの通商路を占めて勢力拡大(王都ゴルディオンの繁栄)
1050 このころ殷の帝辛(紂王),鹿台,大園林(人工庭園)を築く【殷】

ラクダの公用化 アラム人の商業交通

● アラム人,輸送にロバにかわってラクダを使用(レヴァントと中央アジアの定期通商路)
● 河北の乾燥化(中国文化,東南方拡大)【周】
● 朝鮮半島に青銅器文化開始(櫛目文土器から無文土器へ,籾殻痕みられる)

ハルシュタット鉄器

1040 このころエジプトの穀物生産高,歴史を通じて最高に達する【エ】
● ハルシュタット文化(ヨーロッパ初の鉄器文化,たちまち各地に鉄器広まる)【墺】
● インドに鉄器伝播(ガンジス川上流域の原野開拓はじまる)【印】
1010 このころ成王時代,城壁を備えた軍事都市建設(諸侯71国の都城,1000をこえる第2次都市の建設)【周】
● 官学,辟雍の設立【周】
● 成王百乳文方鼎製作【周】
1004 フェニキア人,ブリタニア発見
北イタリアのゴーラセッカ文化(～BC200,鉄器文化開始)【伊】

神々の物語

ユダヤ士師時代

1200 このころユダヤの士師時代【ユ】
インド・アーリア人,インドラ,ヴァルナ,スーリア神の信仰【印】
● トラティルコに大規模な豊饒と死者の祭祀【墨】
● ラムセス3世,カルナークの[コンス神殿]建造【エ】
● ナブ女神,書記,学芸の神として信仰大衆化(ボルシッパ神殿)【バビ】
1170 このころテーベの[ラムセス3世大葬祭殿]建設【エ】
● エンゴミの[牛角をいただく神像](キュプロスにアナトリアの宗教)

インドラ信仰の確立

1160 このころアラム人,バール神,その妻アタルガティスと子神シミオスの三位一体を信仰(聖地メンビシュ)
1157 バビロンのマルドゥーク礼拝神像がスーサにもち去られる(このころ戦勝記念に敗者の礼拝像奪う)【バビ】

周に天神信仰 遊牧民守護神か

● 周の遊牧民的天神信仰【周】
1141 契約の箱がペリシテ人に奪われ,神罰によって疫病が大流行するという【ユ】
1140 [女神セクメト坐像][神官ラースナクト坐像]【エ】
1130 このころ墓泥棒の摘発多い【エ】
1120 このころから上エジプトにアメン神殿を中心とした宗教改革すすむ【エ】
● [ネブカドネザル1世のクドゥル](神と王の権威をしめす神話図を彫刻した土地境界石クドゥル盛んに下賜)【バビ】

マルドゥーク神の絶対化 バビロニア最高神

● 王の碑文にマルドゥーク神を神々の主と記し,国家祭祀の最高神とする【バビ】
1110 このころから十干を王名とする祖先信仰を国家祭祀の中心とする【殷】
1090 このころマルドゥーク・ナデンアッヘ王,アラム諸都市を攻めて,アダトとシャラの礼拝像を奪う【バビ】
1080 このころメギドの象牙彫刻断片にキノール演奏者の浮彫【ユ】
● 殷の祭祀参会者の酒席の席次,爵位が定まる(爵は飲酒器)【殷】
● 社(土地神)と稷(穀物神)の祭祀共同体の組織化と活用【殷】
1050 このころサッキル・カーナムビブ『バビロニアの弁神論』(バビロニアの神々のパンテオン再編)【バビ】
● 周の天神,農耕神化(后稷伝説)【周】

中国に社稷共同体

1020 このころシリアのベン・ハダトに雷神・戦闘神バール(ハダトと習合)の神殿

チャビン・デ・ワンタルの古神殿 ペルー海岸に円形半地下神殿

● ペルー海岸地方にチャビン・デ・ワンタルの古神殿(円形の半地下神殿)【ペルー】
● 海の国第2王朝シェマシェンク王,シャマシュ神殿(太陽と契約の神)を修復【バビ】
● フェニキア人がバール神に奉じたキュプロス銅碑の刻文【フェニキア】
1010 このころ社稷の祭礼,祖先祭礼とともに国家祭祀となる【周】

記録と表現

リグ・ヴェーダ

1200 このころ『リグ・ヴェーダ』の讃歌【印】
● キュプロス・ミノア文字(線文字C)使用されなくなる
● ビュブロスのアヒラム王石棺碑文(現存最古のアルファベット遺物,ヘブライ文字ギリシア文字,南アラビア文字へ)【フェニキア】

インド彩画灰陶

● 彩画灰陶の製作開始(～BC700)【印】
1190 このころエンディル・ナディアプリ王,海の知事へ土地授与状【バビ】

フェニキア・アルファベット

1150 このころネオ・ヒッタイトの絵文字碑文
● 『ハリス・パピルス』完成【エ】
● フェニキア人,非楔文字系(シナイ文字か)からアルファベットを改良
1130 このころ『ルドゥルル・ネーメキ』成立【バビ】
1120 このころ饕餮文の高浮彫,夔鳳文,雷文,最高潮に達する【殷】
● 『フェン・アメンの旅行記』(パレスティナの海港都市を歴訪)【エ】

金文出現 安陽出土青銅器

● 帝乙の時代から功績を青銅器に刻む金文あらわれる(安陽出土青銅鼎金文)【殷】
● 殷都に亀卜用の亀甲が南海から大量にもたらされる【殷】

殷暦にうるう月

1110 このころ殷暦の精密化(太陽太陰暦に閏月導入)【殷】
1070 このころティロス王子カドモス,テーバイにフェニキア文字を伝えるという【ギ】
1050 このころアテネに多筆式コンパスを用いた同心円文盛ん【ギ】

亀甲と卦爻 易象と王の文字

● 殷の帝辛時代の周原甲に易の卦爻と王の文字あらわれる【周】
● アラム人の一派カルディア人,旧シュメール領内で楔形文字を学ぶ(アラム語,メソポタミアの公用語となる)【バビ】
● ヴェーダ・サンスクリット成立(4ヴェーダ編纂開始)【印】
● キュプロス音節文字(エテオ・キュプロス語)おこる

アラム語の急速な普及

1020 竹木に筆を使い墨で書く方法の普及(刀筆の吏の活躍)【周】
1019 このころ青銅器牙可尊製作(成王の即位5年に遷都の金文記録)【周】
● 宜候矢殷(金文に所持するものの政治,行政,歴史の記述～BC1005周成王時代)【周】
● 『五誥』の成立【周】
● ギリシアの原幾何学様式(～BC900ころ)【ギ】
● 『詩経』の詩篇がつくられはじめる(～BC600ころ302篇成立)【周】

ルウィン語絵文字

● 小アジアにルウィン語絵文字

書記になれ。それはお前を苦労から救い、あらゆる労働から救ってくれる。
『ドゥアケティの教訓』

ユダヤ教の起源にはヤハウェ神とバール神の対立が隠される。
神の情報史は、つねに葛藤と対比を原理としている。

記録の構想

BC1000

アッシリアと殷周帝国

996 エラム王マルビティ・アバル・ウルス,バビロンに入城(バビロン第7王朝)【バビ】
990 バビロン第8王朝おこる(「H王朝」アラム人のバビロン支配)【バビ】

ヴィラノヴァ文化からエトルリア文化へ

980 中部イタリアにヴィラノヴァ文化拡大(エトルリア文化へ)【伊】
967 アッシュール・ダン2世即位し,アラム人を討つ(アッシリア再興)【ア】

BC960

イオニア12都市成立

950 このころ以降,イオニアの12都市(ドデカポリス)成立,(アテネ王族ネーレウスの植民)【ギ】
◉ バビロニア王,アッシリアに臣下の礼をつくす【バビ】
948 昭王,南征して帰らず【周】
945 リビア人傭兵隊長シェションク,エジプト王に即位,リビア人支配開始(第22王朝)【エ】
934 アッシリア王アッシュール・ダン2世,北方,東北山岳地帯制圧し,アッシリア強勢【ア】
928 共王即位,貴族再編成,王朝の儀礼整備【周】
926 シェションク王,エルサレムを攻略し財宝を奪い,ヘブライの地を荒らす【エ】

BC920

911 アッシリア王アダドニラーリ2世即位し,農業改革推進(新アッシリア時代開始)【ア】
905 アダドニラーリ2世,東部山地攻略,バビロニア王ナブシュムイシュクン,国土割譲【ア】
◉ 共王,貴族再編成し,宮廷儀礼整備【周】
900 リュディア王子テュリサナス,イタリアに都市を建設という(エトルリア発祥伝説)【伊】
890 トゥクルニスタ2世,アッシュールからニネヴェに遷都【ア】
◉ アッシリア,チグリス川以東を占領(バビロニア王捕虜)【ア】
883 アッシュールナシルパル2世即位,北シリア制圧,地中海通商路確保,王都ニムルード建設【ア】

BC880

878 アッシュールナシルパル2世,フェニキア併合(征服民強制移住)【ア】
◉ ケルト人,ヨーロッパ各地に拡大
◉ ヴィラノヴァ文化に動物と騎馬像のある土器【伊】
870 オルコンソ2世,アッシリアに対抗して,イスラエル王アハブを援助するが敗北【エ】
850 シャルマナセル3世,バビロン王に反抗したマルドゥクベルウサテを討つ(一時的にオリエント統一)【ア】
842 厲王,王室経済回復策に失敗,追放される(共和～BC828)【周】

BC840

840 このころアッシリア,ウラルトゥの王都アルザシュクン攻略【ア】
828 宣王即位,南征また北伐して,周王室を中興【周】
817 テーベのアメン大司祭の後継者ペドゥバステス,第23王朝開く(22王朝と南北対立)【エ】
815 シャムアダット5世,ペルシア湾の交易路を狙いバビロニア諸市の征服開始【ア】
◉ 南イタリア植民開始(マグナ・グレギア)【ギ】
811 女王サンムルアマト(セミラミス)時代(～BC806)【ア】
802 エリバマルドゥク,バビロン回復(バビロン第9王朝)【バビ】

アッシュールナシルパル二世

周の宣王

BC800

諸民族の抗争

1000 このころアーリア人,イラン高原に侵入
◉ フリュギア人,アッシリアと抗争して,小アジアに定着
◉ インド・アーリアン,ガンジス上流域の開拓開始【印】
973 ソロモン王即位(ヘブライ王国最盛期)【ユ】
968 ソロモン王,フェニキア人のテュロスと同盟(経済的繁栄)【ユ】

サバ女王伝説

◉ ヘブライ王国,アラビア南方のサバ王国を中継に南海貿易(サバの女王伝説)【ユ】

ソロモン王

950 インド,ガンジス上流域にクル・パンチェーラの10王国(バーラタ戦争時代)【印】
◉ ヴァルナの社会秩序(ラージャン・王とサミティ・貴族集会)【印】
◉ トルテカ族,マヤを征服(トゥーラの建設)【墨】
936 周の穆王の中央アジア遠征【周】

イスラエル王国とユダ王国の分裂

932 ソロモン王没し,ヘブライ王国の北方10支族分立(ヘブライ王国の分裂)【ユ】
927 ヤラベアム1世,北ヘブライを糾合,イスラエル王となる【ユ】
915 アシア,エルサレムを首都とする南ヘブライを糾合【ユ】
900 このころペルシア人,パールサ地方へ,メディア人,ウルミア湖地方に移動【イラン】
◉ メキシコ市西部に大規模なトラティルコ文化【墨】
887 オムリ,フェニキアと同盟して,イスラエル王となり,サマリアを首都とする【ユ】
◉ メキシコ中央高原のサカテンコ,マヤのエル・アルボリリョに大集落発達【墨】
880 このころフェニキア諸都市,アッシリアに朝貢
876 アハブ王,イスラエル王即位(フェニキア王女と結婚,絶対主義体制導入)【ユ】
874 ヨシャパテ王,ユダ王に即位【ユ】

カミナルフユ文化

◉ マヤのカミナルフユ文化(ミラフローレンス期)【中米】
853 カルカルの戦い(北イスラエルとベン・ハダトの12王国連合軍,アッシリアに敗北)【ユ】
843 イスラエル王国の将軍エヒウ,王に即位【ユ】
◉ オルメカ族,ラ・ヴェンタに移り神殿文化築く【中米】
836 このころメディア人,アマダイとよばれる【イラン】
835 王母アタリア,ユダ王国簒奪【ユ】
◉ シリア,フェニキア,アッシリアの支配下にはいる【ア】
◉ このころスキタイの南ロシア征服開始(～BC600)

マヤとオルメカの興隆

814 アッシリアの支配を逃れたフェニキア人,カルタゴ建設【フェニキア】

ユダ王ヨアシ のちに暗殺 サマリアに従属

813 ユダ王ヨアシ即位,ユダ王統復活【ユ】

ギリシアでは、語りと幾何学こそが、
最も効果的な情報保存法だった。

BC1000

交易と古代技術

スキタイ騎馬文化

1000 このころスキタイ文化おこる(馬具の発明改良により騎馬文化形成)
◉ 自由医師組合,アスクピアーデン成立(呪術医からの解放)【ギ】
◉ レヴァント地方に鉄産業興隆【フェニキア】
◉ 潅漑農耕はじまり,鐙形壺,細口長頸壺など出現【ペルー】
◉ 縄文晩期開始,東北地方に亀ヶ岡式土器【日】

タルシシ船団

970 このころソロモン王のタルシシ船団,紅海,東アフリカ,インド洋一帯から南海の物産をもちかえる【ユ】

琥珀の道 黒海からバルト海へ

960 このころスキタイ人,黒海とバルト海を結ぶ琥珀ルートの独占
◉ 消石灰のモルタル発明,深井戸建設(ステップ,地中海の島嶼の開拓すすむ)【フェニキア】
◉ 九州,中国地方に無文土器【日】
950 このころ緑釉薬と磁器の原形出現【周】
◉ 板付水田の最古層(日本最古の水田)【日】
940 このころウラルトゥ連合部族の北方貿易
◉ 灰釉陶器から印陶文硬陶に移行【周】

アラム系商業圏の拡大とペルシア湾交易の拡大

920 このころシリアのアラム系都市国家,イスラエルから独立,東西貿易に乗りだす

ガラス吹き メソポタミア地方

900 このころメソポタミアに吹きガラスの技術発明
◉ コーサラ,アンガなどの都市国家,ペルシア湾航路の活性化に勢力拡大【印】
◉ フェニキアの植民市ウティカ,ペルシア湾からインド洋に航路拡大か
880 アッシリアの騎兵重破城槌【ア】
870 このころテュロス王イトバアル1世,キプロスに植民【フェニキア】
860 アラム系都市国家,東西貿易独占

インド医術

◉ アッタルヴァ・ヴェーダの呪術的医術の編集【印】
850 このころフェニキア人,サルディニア,バレアレス諸島に植民
◉ フリュギアのシンシルリ市に持ち運びできる銀粒(貨幣の原型)
832 サルドゥリ1世,ヴァン湖地方を根拠地に,ウラルトゥ王国建国
830 このころから中国人の主食が米になる【周】
◉ エルサレムのロシアム・トンネル完成【ユ】
◉ 遼寧式青銅文化開始(〜BC700)
820 このころから周青銅器に分鋳法導入【周】

ウラルトゥ王国最盛期 アルギシュティ1世イラン交易独占

810 アルギシュティ1世即位,ウラルトゥ王国最盛期(ハーサルー市攻略,イラン交易路独占)
801 エジプトとギリシア,この後100年間定期的な通商関係をたもつ

神々の物語

1000 このころイランにアーリア人の[動物に乗る女神像]
◉ エフェソス市に百乳のアルテミス信仰【ギ】
◉ メソアメリカにピラミッド神殿造営開始【中米】
977 アラム人の襲来により,バビロンのナブ神の春祭り断絶【バビ】

アッシリア語のギルガメッシュ

970 このころアッシリア語で書かれたギルガメッシュ英雄叙事詩【ア】
◉ テュロス王アヒラム,メルカルト神,アスタルテ神の神殿建立【フェニキア】
◉ チャビン・デ・ワンタル宗教都市栄え,フェリーノ(猫神)の擬人化【ペルー】
◉ 巨大円形柱列(ウッドサークル,チカモリ遺跡)【日】

エルサレム神殿

958 シオンの丘にヤハウェを祀るエルサレム大神殿建設(契約の箱を安置)【ユ】

仮庵の祭 ソロモン王のユダヤ祭儀

953 ソロモン王,仮庵の祭をおこなう【ユ】
フェニキアとの同盟により,イスラエルにバール信仰流入【ユ】
950 [豊饒の女神浮き彫りピュクシス](円筒坏)【フェニキア】
◉ 天神が天道(法則)へと変化【周】
945 [ナイルの神ベピ像]【エ】
925 ヤラベアム1世,ベテル・ダンに王国の神殿建造し,黄金の牛を祀るという【ユ】
◉ 巨大配石遺構(金生遺跡),石棒,石冠など祭祀用石器発達【日】
900 このころ旧約聖書中の「デボラの歌」成立【ユ】
◉ ニムルード王宮に[宮殿守護神・有翼人面の牡牛ラマッス像]【ア】

ヤハウェ信仰とバール信仰の対立

876 北イスラエル王国,フェニキアから人身御供をともなう過激なバール信仰導入【ユ】
◉ フリュギアのサクチャギョスに太陽円盤を支える有翼の2神像
855 ニムルードのレリーフに[パルメット風の神樹から鷲頭の精霊が生命の水を採取する図]【ア】

黒いオベリスク

850 このころニムルードに[黒いオベリスク]建造【ア】
843 北イスラエル王エヒウ即位して,ヤハウェ信仰の復活とバール信仰の粛清【ユ】
840 このころフリュギアにキュベレ信仰盛ん

十戒信仰 エリアの改革

820 このころ預言者エリア,バール信仰とヤハウェ信仰の混淆に反対し十戒の唯一神信仰の主張【ユ】
813 ユダ王ヨアシと司祭エホダヤ,バール信仰の根絶とヤハウェ神殿復活【ユ】
◉ 遼寧地方に巨大なドルメンと多紐細文鏡,クルス型銅剣を神聖視する祭祀(朝鮮へ)【中】
◉ オルメカ文化にラ・ヴェンタ大宗教センター(31m,128m,73mの大ピラミッド)【中米】

記録と表現

竹簡木册の普及

1000 竹簡木册,一般文書用に普及【周】
◉ 小アジアで太鼓の皮から羊皮紙生まれる
◉ 『国語』の記述開始【周】
◉ 『ネシホンスの死者の書』【エ】
◉ 『ヴェーダ』の編集すすむ(ヴェーダ語にドラヴィダ語,ムンダー語混入)【印】
◉ モンゴル北部のデル・ゲル・ムレン岩壁画
◉ エジプト絵画にアカシア・ゴムのワニス使用開始【エ】
970 このころ『グリーンフィールド・パピルス』【エ】
◉ 原幾何学様式陶器出現【ギ】
960 このころ北インドに彩文灰色土器(〜BC400ころまで)【印】
◉ ヒンディー語,マラティー語,ベンガリー語,文章語に出現【印】
◉ 初期周青銅器,饕餮文中心から夔鳳文中心へ移行【周】

フェニキア文字からヘブライ文字

950 このころヘブライにヤハウェスト(旧約聖書歴史家)の活躍【ユ】
◉ フェニキア文字からヘブライ文字つくる【ユ】

穆王の戦記

◉ 穆王の戦記『起居注』【周】
925 このころゲゼル暦石刻文【ユ】
900 このころヘブライ語の農業暦【ユ】

メアンデル文様

◉ メアンデル文様出現【ギ】
◉ アラム人,フェニキア文字を導入(アラム文字,商用文字として発達)

ギリシアにフェニキア文字

◉ フェニキア文字,ギリシア語に適用【ギ】
◉ 鼎の金文に土地所有権裁判,奴隷売買などの経済記録【周】
885 スパルタ教育法集成(830説,820説あり)【ギ】
◉ サルディニアのラヌギ文化おこる(〜BC500)
◉ 中部イタリアのイタリキ文化最盛期([カペストラーノの戦士像])【伊】
850 『サーマ・ヴェーダ』『ヤジュル・ヴェーダ』『アッタルヴァ・ヴェーダ』の編集すすむ(BC1000〜BC400ころ)【印】
◉ 新都ニムルードにアッシリアの浮き彫り絵画完成【ア】
◉ モアブ王のメシャのアルファベット刻文(ギリシア・アルファベット22字の記念碑,点と画で語詞と節を区分した最初の文書)【ギ】
841 『史記』の最初の記年【周】
◉ 都の内乱によって青銅器技術者,東方に流出(中国各地で製作される)【周】
840 このころウラルトゥ文字記録(パトノス神殿メヌア王年代記)

ギリシア幾何学文様

800 このころからギリシアの盛期幾何学文様時代(デュピュロンのアンフォラ〜BC700)【ギ】

ホメロスの語り

◉ 叙事詩人ホメロス『イリアス』『オデュッセイア』を語る【ギ】
◉ このころよりエトルリアの美術勃興【伊】
◉ トラティルコ動物文様盛ん【中米】
◉ 八卦の卦に名称がつけられる【周】
◉ このころから周青銅器,鼎中心となる(夔鳳文なくなり,蟠螭文出現)【周】

フェニキアの男たち、航海の英雄たち、黒船にたくさんの小間物を積んだペテン師たちがやってきた。
ホメロス『オデュッセイア』

BC 6000以前
BC 6000
BC 2200
BC 1200
BC 600
BC 300
0
300
600
800
1000
1200
1300
1400
1500
1600
1650
1700
1760
1810
1840
1860
1880
1890
1900
1910
1920
1930
1940
1950
1960
1970
1980

バビロニア年代学が、神話に時間を生成させる。

BC800

アッシリアと春秋時代

796 アッシリア王,バビロニア王,相互に平和遠征【ア】

スパルタ成立

780 このころスパルタ市成立(2王制)【ギ】
◉ ギリシア人,トラキア,黒海沿岸,アフリカ沿岸に植民【ギ】
771 幽王,犬戎に殺害される【周】
770 平王,洛邑に東遷(東周開始)【周】
秦の襄公,岐山の西方に封建【秦】
753 伝説によるローマ建国の年【ロ】
◉ このころからケルト人の鉄器化
751 エティオピア王ピアンキ,エジプト征服(第25王朝〜BC663)【エ】

BC760

750 このころスパルタ,メッセーニア征服(市民とホモイオイの形成)【ギ】

アテネのアッティカ統一

◉ アテネ,アッティカ統一(シュノイキスモス,貴族制の成立)【ギ】
746 平民出身のティグリピルセル3世即位【ア】
733 シチリアのシラクサ市建設【ギ】
728 ティグラトピレセル3世,ティグリス川以東のアラム人を討つ【ア】
722 シャルマネサル5世,イスラエル王国征服【ア】
『春秋』の記年開始(春秋時代開始)【春秋】

アッシリアのオリエント統一

サルゴン2世

BC720

717 サルゴン2世,小アジアのヒッタイト小国家をつぎつぎ征服【ア】
714 サルゴン2世,バビロニア占領【ア】
712 メロダクバラダンのバビロン支配(〜BC702)【バビ】
709 シチリアのクロトン市建設【ギ】
707 桓王,鄭に出兵,敗北し王権失墜【東周】
◉ エトルリア,都市国家形成【伊】
701 ジャバカ王(第25王朝),全エジプト統一【エ】
694 センナケリブ王,ニネヴェ城壁完成(市の人口120万人)【ア】
683 アテナイ,アルコン制導入【ギ】

BC680

671 アッシリア,エジプト征服【ア】
670 エサルハドン王,オリエント統一(サルゴン王朝)【ア】
668 アッシュールバニパル帝,エジプト属州化(アッシリア帝国の最大版図)【ア】
◉ エトルリア,イタリア北部に勢力拡大【伊】
663 プサメティクス1世,アッシリアを駆逐(第26王朝確立)【エ】

桓公

658 楚が鄭を侵略(春秋時代の南北対立開始)
657 最初の僭主(コリントスのキュプセロス)【ギ】
651 桓公,最初の覇者(葵丘に諸侯を会す)【斉】
650 メッセニア戦争終結(スパルタのペロポネソス制覇)【ギ】

BC640

◉ フィドン,アルゴスの僭主となる【ギ】
632 文公,覇者となる【晋】

カルディア王と新バビロニア王国

626 カルディア王ナボポラッサル,新バビロニア建国【バビ】
620 アテネの「ドラコン法」成立【ギ】
614 エトルリア王朝タルキニウス・プリスクス王のローマ支配【伊】

アッシリア滅亡

609 アッシリア帝国滅亡【ア】

BC600

諸民族の抗争

800 このころ西南アラビアにサバ王国,マイン王国栄える
780 このころウラルトゥ王アルギシュティ1世,北方,南方に国土拡大
◉ テュロス,フェニキアの中心都市となる

カースト定着 インド4姓制

◉ インドで4姓(カースト)の定着か【印】
◉ 遊牧民キンメリア,スキタイの活動活発化
770 このころウラルトゥ王国,北シリア進出
◉ リュディア人,西部小アジア支配
◉ 新エラム王国おこる
◉ フリュギア王ミダス,王都ゴルディオン建設か

ユダ王国の孤立

750 イスラエル王ヤラベアム2世,ユダ王ウジャと連盟,ソロモン王時代の版図回復【ユ】
735 ユダ王アハズ,イスラエルとベン・ハダト連合軍を恐れ,アッシリアに援軍求める【ユ】
732 アラムのベン・ハダト諸国滅亡【シリア】

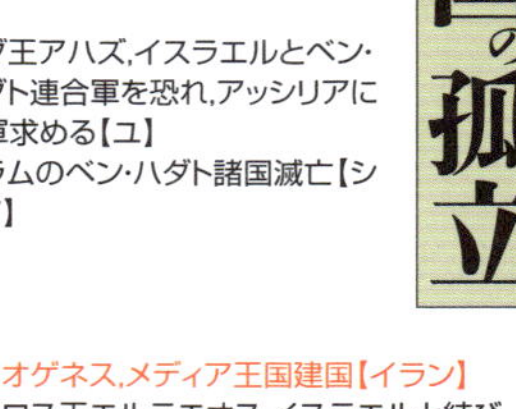

725 ディオゲネス,メディア王国建国【イラン】
テュロス王エルラエオス,イスラエルと結び,アッシリアに対抗【フェニキア】
722 イスラエル王国滅亡(アッシリアの征服)【ユ】
721 サマリアの反乱(アッシリア,ヘブライ10支族を中央アジアに強制移住)【ユ】

フリュギア王国 東地中海と黒海に発展

707 フリュギア王国,アッシリアと講和(東地中海,黒海の要衝を占めて発展)
705 サルゴン2世,キンメリア人と戦い戦死か【ア】
◉ アカイアメネス,ペルシア人の王となる

メディア王国 ペルシア王カンビセス服属

700 メディア王国,ペルシア王カンビセスを服属
◉ フェニキア人,スペインのタルテッソス占領
692 キンメリアの攻撃によりフリュギア王国滅亡
◉ ユダ王メナセ1世即位,アッシリアに従属【ユ】
◉ 朝鮮に阿斯達共同体成立か
680 リュディア王ギゲス即位,王都サルディス興隆
670 スキタイ王イシュパカ,アッシリアと互角に戦闘(スキタイ強勢になる)
663 スキタイ軍,パレスチナ侵入
655 スキタイ,メディアに侵入

インド十六国

◉ インドの十六王国時代(マガダ,コーサラ,ヴィデーハ,クル,ヴァッツアなど強勢)【印】
◉ 東欧のクラウジッツ文化に防御施設の高城(ビスクーピン〜BC600)
◉ ミレトス市,黒海海岸に進出(イオニア諸都市富裕化)【ギ】

遊牧と略奪

640 キュロス1世,ヴァルスマシュ王となる(ペルシア王国へ)【イラン】
639 アッシリア王アッシュールバニパル,新エラム王国滅ぼす【ア】
ヨシア王即位,民族復興はかる【ユ】
625 キュロス1世,メディア王国建国【イラン】
616 メディア王キュロス1世,スキタイ騎馬軍団破り強勢【イラン】
612 オリエントにエジプト,リュディア,新バビロニア,メディア4国時代出現

ネコ2世 ユダ王ヨシアを攻撃

609 ユダ王ヨシア,エジプト王ネコ2世と戦い,メギドに敗死【ユ】
604 カルケミッシュの戦い(エジプト王ネコ2世,新バビロニアに敗北,シリア撤退)【エ】

貨幣は、価値のポータブル化の第一歩である。

BC800

交易と古代技術

マーリブ・ダム
800 このころ西南アラビアのサバ国,マーリブ・ダムの完成
このころ中央メラネシアにマンガシー土器あらわれ,全メラネシアに伝播
785 北イスラエル王ヤラベアム2世,紅海へのキャラバン・ルート復活し,商業盛ん【ユ】
◉ 籃胎漆器,漆塗梘,櫛など漆器使用盛ん【日】
◉ 朝鮮半島に青銅器時代開始

バビロニア年代学
747 バビロニア神官階級に年代学システム導入される(ナボナサール王時代)【バビ】
746 伝令制度,宿駅制度の完備【ア】
727 軍制改革,大都市の免税特権廃止【ア】

ギリシアに船と馬
◉ 撓船の発明,乗馬の導入【ギ】
◉ サルゴン2世,王都[ドゥル・シャルルギン](コルサバード)建造【ア】
◉ 中国,鉄器時代へ(鍛鉄,鋳鉄の技術)【春秋】
◉ 西アジアに金の精錬技術完成,試金石の使用開始(金貨の発展へ)
◉ バンチェン文化で鉄を一般農耕具に使用

720 このころギリシア,鉄の精錬はじめる【ギ】
[アルギシュティ2世の甲冑](ウラルトゥ金属工芸の粋)
◉ 二段ガレー船の使用【フェニキア】
710 このころ西アジアで真鍮の最初の記録
エルサレム市の地下水道【ユ】

ステップ・ロード開通
◉ スキタイ文化,蒙古高原に達する(ステップ・ロード開通)
◉ インドに銀貨【印】
704 三段櫂船使用開始【ギ】

エトルリア冶金術
◉ 九州に平織布【日】
◉ ロードス島の金細工,地中海,オリエント諸国に流通【ギ】
◉ 鋳型に銅を流し,貨幣をつくる(センナケリブ王碑文)【ア】
680 港市シドン,エサルハドン王の支配下にはいる【フェニキア】
◉ フリュギアのエフェソスに現存最古の貨幣
675 このころからエトルリアの冶金工芸,宝石工芸極盛期へ【伊】
◉ 中国に貨幣(晋の布銭,斉燕の刀銭,楚の蟻鼻銭)【春秋】

ニネヴェ空中庭園
668 ニネヴェ宮殿の空中庭園造営【ア】
650 このころからエトルリアの地中海貿易網とケルト人の琥珀ルート結ばれる【伊】
◉ 遼寧式銅器文化の朝鮮伝播
◉ ローマ市,塩の道の要衝として抬頭【ロ】
640 このころガンジス諸都市に手工業者と商人組合(シュレーニー)の形成【印】
630 ギリシア人船長ユラエウス,大西洋航海【ギ】
北アフリカのキュレネ植民(エジプト交易増大)【ギ】

各地に貨幣
◉ ギリシアに硬貨(麦穂図案)【ギ】
◉ 銅緑山の鉱山開発開始【楚】
620 このころエトルリアのブッケロ陶器(カンタロス杯)貿易開始【伊】
609 ネコ2世,ナイルと紅海間の大運河建設【エ】
◉ ネコ2世派遣のフェニキア船団,アフリカ大陸の西回り周航【エ】
604 グラウコス,鉄の溶接法発明【ギ】
◉ アテネ,ラウレイオン銀山開発【ギ】

信仰から宗教へ

ギリシア神殿の形成
772 エフェソスのアルテミス神殿の建設開始(このころ最初の神殿建設)【ギ】
765 預言者アモス,ベテルの聖所で選民の誇りと自覚を説く【ユ】
◉ ヘブライの預言者ホセ,ミカら,富豪の搾取と道徳頽廃に対する神罰を説く【ユ】
◉ ウラルトゥの山城トプラルカルに雷神ハダトの神殿
750 初期ドリス式出現(オリンピアのヘラ神殿建設)【ギ】
◉ このころからデルフォイのアポロの神託,地中海,小アジア諸国の崇敬をあつめる【ギ】
◉ サモス島のヘラ信仰高まる(第1神殿建立)【ギ】
740 このころアルゴスのヘラ神殿模型【ギ】
◉ シャルルドゥルキン王宮のレリーフ[獅子を抱くギルガメッシュ]【ア】
◉ アッシリアの象牙板の占星術文書「エヌマ・アヌ・エンリル」【ア】

イザヤの預言 メシア思想成立
734 イザヤ,アハズ王に神に信頼をおく外交政策を進言(ダビデ王家に変わるメシア的王の出現を預言)【ユ】

バラモン教成立
720 このころバラモン教の形成【印】
ヤージャニヴァルキヤ,アートマン・カーマを説く【印】
715 ローマ王マヌ・ポンピリウス,ヤヌス神殿を建設し,祭祀を定めるという【ロ】
714 ウラルトゥに風神ティシュバ像
692 アッシリア支配下のユダ王国に人身御供を伴う異教の導入【ユ】
◉ オリンピアの[ヘライオン神殿]建設【ギ】
670 サモス島の第2ヘラ神殿の建設【ギ】
◉ イオニア12都市,共同でミュカレ山のポセイドン壁域を祀る(パンイオニア祭)【ギ】
668 アッシリア王の占星術師が毎夜の天文観察を王に報告(「ニネヴェ・テキスト」)【ア】

朝鮮 檀君神話
◉ 朝鮮に檀君神話成立か
◉ 八卦を用いた占い普及【春秋】
◉ サバ王国のマーリブに月神イルムクの神殿
650 このころエピダウロスの医神アスクレピオスの聖域信仰盛ん【ギ】
◉ 朝鮮にドルメン,箱型石棺と多紐細文鏡,銅剣,小型銅鐸祭祀(日本へ)

ヨシアの宗教革命
637 ユダ王ヨシア,ヤハウェ信仰復活と神殿修復(宗教革命)【ユ】
◉ ユダ王国で『トーラー』(律法書)発見【ユ】
630 このころゾロアスター生まれる【イラン】
626 預言者エレミア,大イスラエルの理想(宗教連合)とヤハウェ信仰の鈍化を説く【ユ】

申命記 律法家による編集すすむ
621 旧約聖書『申命記』(律法家により編集)【ユ】
620 テルモスのアポロン神殿建設【ギ】
610 新バビロニア王ナボポナッサル,ハランの月神の大法悦神殿(エフルフル)再建【バビ】
609 宗教革命挫折(ヨシアの敗死)【ユ】
◉ ゾロアスター,シスターンで天啓を受ける
◉ ギリシア植民市マッシリア建設(ドルイド教)【仏】

記録と表現

エジプト民衆文字
780 このころエジプトに走り書き文字(デモクラティック)【エ】
◉ 毛公鼎(宣王朝)に『尚書』に共通する金文【周】
◉ 預言者の言葉の文字記録開始【ユ】
◉ タガール文化の動物意匠,精緻化【露】
776 第1回オリンピア競技会(200ヤードの短距離競走のみ)【ギ】
◉ 古アラム語のセフィレ碑文

ヘシオドス 仕事と日々
◉ ヘシオドス『仕事と日々』【ギ】
770 このころテル・アハマルの[ディル・バルシップの壁画]【ア】
760 このころアッシリア美術隆盛(王城に征服戦争,建設事業,狩猟,神話などのレリーフ,絵画,彫刻)【ア】
750 このころ石鼓に狩猟詩【周】
◉ ピテクサの幾何学文土器にエウボイア・アルファベット陶工記号【伊】
730 このころニムルードの[中央・西宮殿壁画]完成【ア】

ウパニシャド編集
◉ ヴェーダ哲学の形成,ウパニシャド(奥義書)の編集開始【印】
721 コルサバードの[サルゴン2世宮殿壁画]【ア】
720 このころ最古のフリュギア文字記録
710 初期アッティカ式土器(~BC600)【ギ】
ギリシア彫刻,初期アルカイック時代(~BC580ころ),建築にイオニア式柱頭(ラマット・ヘラルの神殿)【ギ】
◉ ナクソス島,神殿建築,彫刻の大理石産出,石工の活動で繁栄【ギ】
◉ 風刺詩人アルキロコス活躍【ギ】
700 このころロードス島のフィケルラ陶器(白陶)に動物文,波形抽象文【ギ】
682 オリンピア競技会の軍事的色彩濃くなり,戦車競技加わる【ギ】

マルシニア・ダルベニア象牙板
680 象牙板の『マルシニア・ダルベニア』(26文字のエトルリア語アルファベット)【伊】
◉ ダイダロス式彫刻(巨大彫刻~BC620)【ギ】
◉ 『ラーマーヤナ』『マハーバーラタ』の原形【印】
670 このころ[エサルハドンの戦勝記念碑]【ア】
◉ 管仲,法を青銅器に鋳込む(成文法)【斉】

アッシュールバニパルのニネヴェ図書館
668 このころアッシュールバニパル,ニネヴェの大図書館完成【ア】
660 このころスキタイ黄金文化,動物文様おこる
640 このころアッティカ黒絵式陶器製作開始(文様に人間が大きくなる~BC500ころ)【ギ】
◉ リュディア語,リュキア語のアルファベット

管子 地員篇から心術篇まで
◉ 管仲の『管子』編集開始(漢代に成立)【斉】
◉ スキト・シベリア文化(~BC300ころまで)
◉ 中国東北地方,北朝鮮に巨大支石墓
◉ エジプトに復古調芸術おこる(サイス朝ルネッサンス)【エ】

ブラフミー文字 インド文字の源流
◉ ブラフミー文字(インド諸文字の源流)【印】
◉ 『シュルバ・スートラ』に幾何学【印】
◉ 伝説的名医伝『シーヴァカ』の編集【印】

汝の文書館にあって、アッシリアにない貴重な粘土板をあさって送付せよ。
アッシュール・バニパル帝

BC 6000以前 / BC 6000 / BC 2200 / BC 1200 / BC 600 / BC 300 / 0 / 300 / 600 / 800 / 1000 / 1200 / 1300 / 1400 / 1500 / 1600 / 1650 / 1700 / 1760 / 1810 / 1840 / 1860 / 1880 / 1890 / 1900 / 1910 / 1920 / 1930 / 1940 / 1950 / 1960 / 1970 / 1980

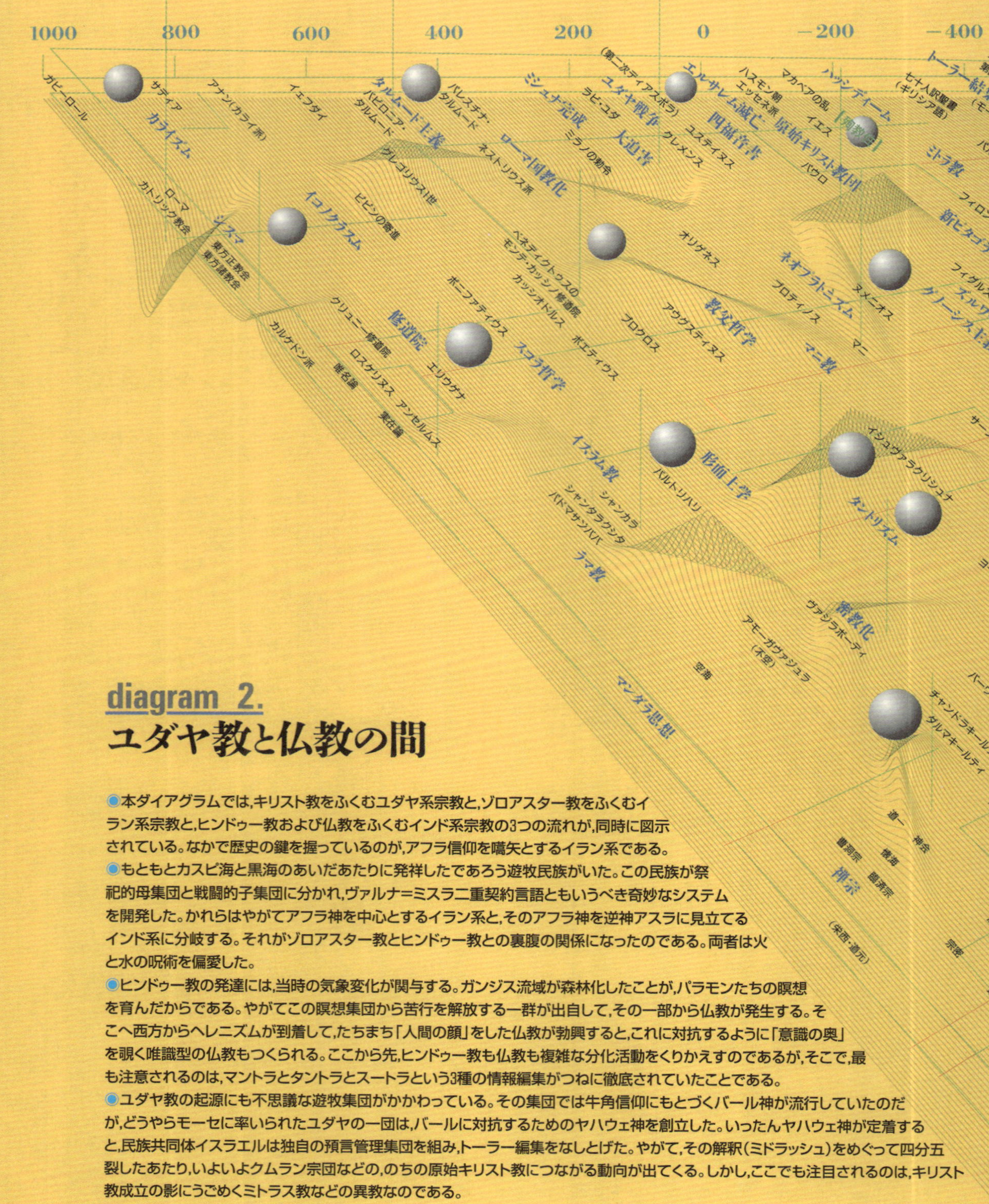

diagram 2.

ユダヤ教と仏教の間

●本ダイアグラムでは,キリスト教をふくむユダヤ系宗教と,ゾロアスター教をふくむイラン系宗教と,ヒンドゥー教および仏教をふくむインド系宗教の3つの流れが,同時に図示されている。なかで歴史の鍵を握っているのが,アフラ信仰を嚆矢とするイラン系である。

●もともとカスピ海と黒海のあいだあたりに発祥したであろう遊牧民族がいた。この民族が祭祀的母集団と戦闘的子集団に分かれ,ヴァルナ=ミスラ二重契約言語ともいうべき奇妙なシステムを開発した。かれらはやがてアフラ神を中心とするイラン系と,そのアフラ神を逆神アスラに見立てるインド系に分岐する。それがゾロアスター教とヒンドゥー教との裏腹の関係になったのである。両者は火と水の呪術を偏愛した。

●ヒンドゥー教の発達には,当時の気象変化が関与する。ガンジス流域が森林化したことが,バラモンたちの瞑想を育んだからである。やがてこの瞑想集団から苦行を解放する一群が出自して,その一部から仏教が発生する。そこへ西方からヘレニズムが到着して,たちまち「人間の顔」をした仏教が勃興すると,これに対抗するように「意識の奥」を覗く唯識型の仏教もつくられる。ここから先,ヒンドゥー教も仏教も複雑な分化活動をくりかえすのであるが,そこで,最も注意されるのは,マントラとタントラとスートラという3種の情報編集がつねに徹底されていたことである。

●ユダヤ教の起源にも不思議な遊牧集団がかかわっている。その集団では牛角信仰にもとづくバール神が流行していたのだが,どうやらモーセに率いられたユダヤの一団は,バールに対抗するためのヤハウェ神を創立した。いったんヤハウェ神が定着すると,民族共同体イスラエルは独自の預言管理集団を組み,トーラー編集をなしとげた。やがて,その解釈(ミドラッシュ)をめぐって四分五裂したあたり,いよいよクムラン宗団などの,のちの原始キリスト教につながる動向が出てくる。しかし,ここでも注目されるのは,キリスト教成立の影にうごめくミトラス教などの異教なのである。

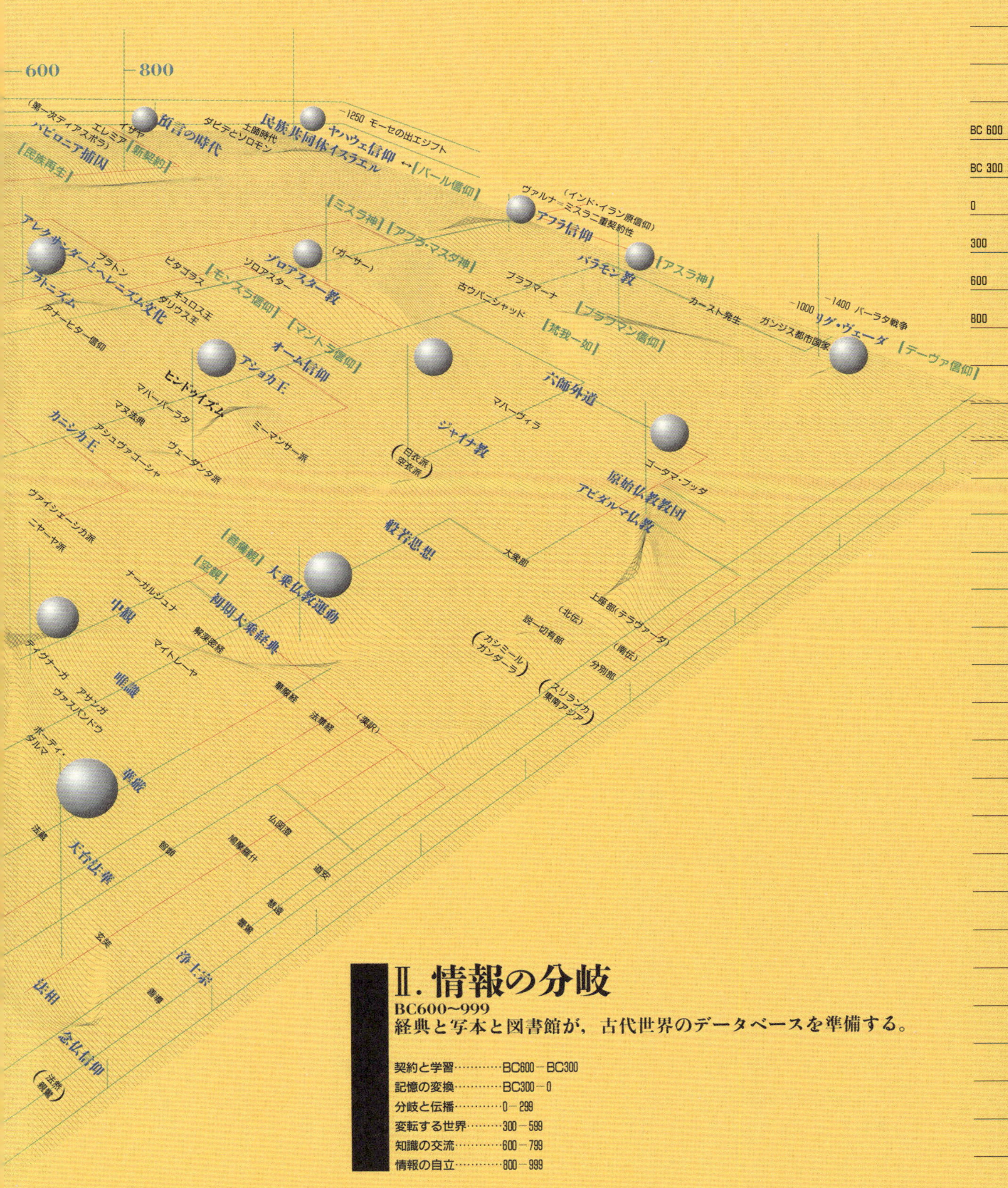

Ⅱ.情報の分岐

BC600〜999

経典と写本と図書館が，古代世界のデータベースを準備する。

Ⅱ情報の分岐 BC600―999

古代記憶術から世界宗教へ

ヘレニズムと仏教　アレクサンドロス大王の死後,すぐにアショーカ王と始皇帝が,つづいてカエサル(シーザー)と漢の武帝が時代の主人公になった。ユーラシアに広がったヘレニズムが東方をめざめさせ,古代ローマ帝国はつねに東方への憧憬と脅威を感じつづける国になる。

これを見方を変えれば,シュメールこのかた西アジアがいつも世界舞台の中心にいてフェイントをかけつづけていたということである。実際にもパルティアやペルガモンやシリアの繁栄は,文書的史料こそ少ないために看過されがちであるが,当時の世界文化をほしいままにした。4000キロにおよぶシルクロードと紀元前後に発見されたインド洋の季節風による国際交易を担ったのは,クシャナ朝とパルティアだった。

この時期はまた「救世主を表現する時代」でもあった。アレクサンドロスによってギリシア彫刻様式が東方に運ばれ,ブッダが“人間の顔”をして人々の前にあらわれたこと,ローマの狂気によってユダヤ教徒が離散させられたこと(ディアスポラ)が見逃せない。そうした動向のなか,とくにイエス出現の背景を暗示するクムラン宗団の死海文書編集作業,「空観」を確立した般若経の編集作業,およびいまだに実態があきらかでないミトラス教のオルグ活動が重視される。

トピカとカタログ　ローマと漢という二大帝国がユーラシアの両端を結んでいたあいだ,最初の大がかりな情報編集時代が出現する。ストラボンの史書や地誌,聖人伝をともなう新約聖書や黙示録,『エリュトゥラー航海記』やプリニウスの博物誌,『マハーバーラタ』『ラーマーヤナ』および各種の大乗仏典,司馬遷の『史記』や劉向の『七略』や班固の『白虎通』,あるいは世界最初の字引ともいうべき許慎の『説文解字』などがそれである。

これらは単なるカタログづくりではなく,おおむねなんらかのトピカをひそませていた。そこにはキケロの雄弁術,ヴィトルヴィウスの建築術,魏伯陽の易術のように,かなりの実用性を明記した著述もあれば,『神農本草経』や『山海経』や葛洪の錬丹術のように,すぐれてトポグラフィックな博物学をよそおいながら人々をアナザーワールドに誘う試みもふくまれていた。

このような試みは各地に「世界記述の仕方」を定着させた。司馬遷の紀伝体,ティロの速記術,ラビ・エフダーのミシュナなどは,この時期の最もすぐれた“プログラミング言語”ともいうべきもので,とりわけユダヤ教をのちにカバラ化させることになったミシュナの編集法には,さまざまな言語照応の“文法”が秘められた。この西のユダヤ神秘主義に対して,東に勃興してきたのがタオイズムであった。ミシュナが言葉や数字を重視したのに対して,タオイズムはカリグラフィックな図像性を重視して,民間信仰を扶けた。なお,やっと世界史の一端に登場してきた日本に「言霊」の思想が芽生えたのも,上記の動向の一種とみなせよう。

キリスト教とイスラム教　聖書を別とすれば,ヨーロッパ一千年の思想を支配しつづけたのはオリゲネスとアウグスティヌスであり,対抗思想を支配しつづけたのは新プラトン主義とグノーシス主義である。これらは古代ローマが解体し,ゲルマン民族をはじめとする“外側の民族”がヨーロッパに侵入するあいだ,ビザンツ帝国がなんとか異端を排撃してキリスト教を保護しているあいだの思索の成果であったが,やがてその真髄はカッシオドルス,ボエティウス,ベネディクトゥスらの修道院の中にもちこまれる。修道院写本時代の開幕だった。が,それは同時にヨーロッパ沈黙の開始に重なっていた。

このとき,またしても西アジアが世界史の中心になる。マホメットとイスラム教の登場だった。教団国家イスラムは“最初から文字をもった世界宗教”としていまなお現代政治をゆるがすにいたっているのだが,このイスラム文化の功績は中国の製紙技術を西方にもちこんだことだけではなかった。かれらのはたした科学文化史上の役割は,ヨーロッパが忘れたアリストテレス自然学・ユークリッド幾何学・ガレノス医学のすべてを情報蓄積し独自に編集しなおして,はるかかなたのルネッサンスの準備をしていたことである。アルケミーとして知られる錬金術がヨーロッパ化学の基礎となり,スーフィズムや照明学派の哲学がずっとのちの存在学の準備さえおえていたことも忘れるわけにはいかない。

漢字文化圏 イスラム文化がインドのヒンドゥー教や仏教を破壊したことは,中国・朝鮮・日本の文化をおもいのほか成熟させた。とくに鳩摩羅什とボーディ・ダルマの中国化,法顕・玄奘・義浄の旅行,道安・慧遠・智顗・法蔵の教団形成が漢字文化圏におよぼした影響が大きかった。

この仏教の東漸は,チベットをふくむ漢字文化圏にインド思想のいちじるしいヴァージョンをもたらした。華厳と密教と禅である。華厳は法蔵のあと澄観が出て“意味の鏡像宇宙論”ともいうべき「融通無碍」の構想を大成,その鎮護力は国家仏教にふさわしいというわけで,日本に東大寺をヘッドクォーターとする国分寺ネットワークをつくらせた。密教は第一のコースでは,不空・一行の中国趣味が最澄・空海によって日本化され,土着の山岳信仰をまきこみながら全国化していき,第二のコースではパンチェン・ラマのチベットに入って激しい編集を受けて花開く。禅はしばらく中国にとどまり「公案」にみられるような独得の"機会のプログラム”を完成させていった。いずれも宗教というよりは,自在な意味変換をしくむ情報システムといったほうがよいような成熟であった。

漢字文化圏ではもうひとつ注目すべき情報技術が開発された。各民族が母国語と風土にふさわしいタイプフェイス革命をおこしたことである。突厥文字,チベット文字(632),ウイグル文字(840),仮名文字,契丹文字,西夏文字(1036)などで,なかでも仮名の発明は“漢字のアルファベット化”ともいうべき絶大な効果を発揮した。日本的情報文化の多くは仮名に依存していたといえよう。

ところで仮名は,一般には宮廷の女房たちが考案した“女文字”に端を発したと考えられているが,実は「いろは」や「アイウエオ」の表音表字システムはほとんど学僧たちの開発によるものだったのである。ヨーロッパの修道院に併置された写本工房や図書館でも,やはり音読研究と文字研究が進行していたことをおもいあわせると,こうした「古代中世音読文化」がもたらしたはなはだ興味深い東西の一致に気がつかされる。

文字と図書館 文明の初期において画期的技術といえば,まず農耕技術であり,ついで製鉄技術,および車輪と水車の発明ということになる。が,その後,技術史的には中国における製紙術と火薬術と印刷術をのぞいてはめぼしい発展がない。10世紀までの西方世界の技術は古代文明の遺産の消費でまかなわれたのである。

商業もフェニキアやカルタゴの往時にくらべると,封建社会がまだ未成熟な10世紀まではあまりふるわない。それでもフランダースの毛織物商人,黒海沿岸のハザール族による商業国家の建設,イスラム商人によるアラビア貨幣の流通,ムカラーダ(投資)とキーラード(合資)などが気炎を吐いたのだが,イスラムに接して刺激をうけた“ヴェニスの商人”が大活躍するにはまだちょっと時期がはやかった。

一方,芸術的な成果はローマ帝国期のオウィディウス,ペトロニウス,セネカらの爛熟のあとは,ビザンツ文化におけるバシリカ建築やモザイク,5世紀エジプトに芽生えたコプト美術などが目を奪うものの,総じてヨーロッパは森の中にうずもれていた。それにくらべ,7世紀からのモスク建築やカリグラフィにみる華麗なイスラミック・アートで,すでに4世紀には王羲之が出て7世紀の欧陽詢・成世南・諸遂良および8世紀の王維・顔真卿・張旭で頂点をきわめた書芸術,朝鮮や日本で極度に審美化した寺院建築と仏教彫刻,禅林文化の進行とともに発達していった山水画などは,この時期の東方芸術の先行を示したのである。

BC 600
BC 300
0
300
600
800

契約と学習

BC600〜BC300

ゾロアスター、第二イザヤ、ピタゴラス、ヘラクレイトス、
ブッダ、マハーヴィラ、老子、孔子、荘子。
なぜこの時期に、こんなにも大胆な世界観の変革者が同時出現したのだろうか。

BC600

ギリシアとローマ

● ローマ,エトルリア系王の支配(エトルリア文化の摂取)【ロ】
● 地中海沿岸の海運業界,高度な組織をもつ

ソロンの改革 市民を4級区分

594 ソロンの改革(ティモクラティー=財力政治,法治国家制度への道を開く)(通貨改革)【ギ】
ソロン,オリーブ以外の農産物輸出禁止【ギ】

BC590

● アテネのすべての市民の子供,読み書きと音楽の教育をうける【ギ】

アンフィクチオニクの市

590 アンフィクチオニク同盟(隣保同盟),春秋に開催【ギ】

BC580

580 このころエリスで,オリンピア競技開催のための「神の平和」(エケケイリア)布告【ギ】

アクロポリス政治

● このころからアクロポリス建造,宗教政治の中心になる【ギ】

BC570

561 山地党ひきいるペイシストラトス,アテネの僭主となるが翌年追放【ギ】
● ギリシアの海賊,コルシカの植民市を根拠地にサルディニアや商船を襲う

ペロポネソス同盟

● ペロポネソス同盟成立(〜BC336)【ギ】

BC560

アテネ僭主政治とペイシストラトス

556 ペイシストラトス,パンアテナイアの祭典(4年に1回)整備【ギ】
● アテネのアゴラ整備すすむ【ギ】
550 このころアナクシマンドロス,植民地アポロニアの建設指導に参画【ギ】

BC550

546 ペイシストラトス,僭主としての権力を最終的に確立(勧農,小農業保護策)(〜BC527)【ギ】
● エトルリア=カルタゴ同盟軍,ギリシア軍を破る
● ゲロン,シュラクサイの僭主(残虐)となる【ギ】
● ペイシストラトス,ディオニュソス祭創始【ギ】

BC540

534 フォーキア海賊軍,エトルリア=カルタゴ連合艦隊対戦(西地中海域におけるイオニア人の活動停止)

BC530

ヒッパルコス

527 ペイシストラトスの子ヒッピアスとヒッパルコス,僭主政治の局に当たる(〜BC514)【ギ】
514 ヒッパルコス殺害,ヒッピアス暴政【ギ】
510 スパルタ王クレオメネス1世,アテネ介入【ギ】
ヒッピアス追放され,僭主政治の終末【ギ】

BC520

● ぶどう栽培が産業化【ギ】

クレイステネス

509 ローマ,カルタゴ第1次同盟【ロ】

ローマ共和制に

508 タルキニウス,ローマから追放,王政くつがえり共和制確立(伝承)【ロ】
クレイステネス,アテネに民主制(陶片追放=オストラキスモスの制度)【ギ】

BC510

スパルタ敗退

506 スパルタ,アテネ遠征(敗退)【ギ】
● このころプレブス(平民)とパトリキ(貴族)の対立激化【ロ】

BC500

諸民族の社会

● スキタイ騎馬民族国家全盛(黒海沿岸のギリシア植民市と通商)(〜BC3C)
● トラキアにギリシア人が植民市建設

マラカンダ ソグド人の要塞都市 内陸貿易センター

● ソグド人の要塞都市マラカンダ,アジア内陸貿易のセンター化
● ハルシュタット文化D期
● ペルーのチャビンデワンタル,方形神殿
● エトルリア人,ポー川流域に定着

バビロンの捕囚

597 新バビロニア王ネブカドネザル2世,エルサレムを占領,ユダヤ王以下1万のイスラエル人を強制移住(バビロン幽囚,〜BC539)
590 アルメニアのウラルトゥ王国,メディアに滅ぼされる
プサメチコス2世,フェニキアに進出【エ】

ネブカドネザル2世

586 ネブカドネザル2世,エルサレムの徹底破壊(ユダヤ王国滅亡)【ユ】
585 5月28日日蝕,リヤッテスとキヤクサレスの休戦(メディア対リュディア)

559 キュロス2世即位,アケメネス朝ペルシア帝国建設【ペ】
● エトルリア=カルタゴ同盟
550 キュロス,エクバタナ占領,メディア王国滅亡【ペ】

キュロスからダレイオスへ

アメリカ植民

● このころタルテシア人の先導でアメリカに植民が行なわれる(最盛期)
● リュディア王クロイソス,純金と純銀で貨幣鋳造
● タレス,軍事技術者としてクロイソスに仕える
547 キュロス,クロイソスを破り,リュディア王国滅亡【ペ】
538 キュロス,バビロン占領,新バビロニア王国滅亡【ペ】
537 ユダヤ,ゼルバベルの指導で第1次帰還(約4万人)(〜BC522)
ペルシアが東イラン占領(〜BC530)【ペ】
534 コルシカ島のアラリアにエトルリア植民地
● カルタゴのタルシン貿易独占復活
● カルタゴのサハラ探検隊出発(内陸との交易発達)

ペルシアのオリエント統一

525 ペルシア王カンビュセス2世,エジプト王国征服【ペ】
● クシュ人,メロエ(アフリカ)で鉄器製造
522 ダレイオス1世即位,アケメネス朝確立【ペ】
ダレイオス,ペルセポリスの建設開始【ペ】

サカ動く

● サカ(遊牧騎馬民族)の一部,ペルシアの支配下にはいる
513 ダレイオス,スキタイとトラキア遠征【ペ】

王の目・王の耳ネットワーク

● ダレイオス,各州に「王の目と耳」(20の行政区,伝令制度,運河)設置,監察【ペ】
● ダレイオス,アラム語を公用語に採用【ペ】
509 小アジアのカリア人,ダレイオスの命でインダス河を下りアラビア周航,スエズに至る
● メキシコのモンテアルバン1期(オルメカ的祭祀センター,原始マヤ文字と数字)

BC600

技術と芸術

● プラエネステフィヴゥラ(金のブローチ)に最古のラテンアルファベット文字の記録
● スキタイ動物文様波及(～BC5C)
● サモスの水路橋(ギリシアの3大工事)【ギ】
● アリオン,音楽を体系づけ,ディテュランボス(酒神ディオニュソスを称える祭祀歌)完成【ギ】

サッフォー レスボス島でムーサの侍女の家

● サッフォー,レスボス島で「ムーサの侍女の家」を主宰,詩作【ギ】
● このころからエジプト彫刻の影響で立像彫刻制作【ギ】

タレス日蝕予測

585 タレス,日蝕を予言【ギ】

イシュタルの門

580 [イシュタルの門](代表的メソポタミア建築)(～BC562)
コルフ島のアルテミス神殿(最古のドリス式ペリプテロス)【ギ】

570 クレイティアス画,エルゴティモス作[フランソワの壷](コリント様式)【ギ】

560 サモスの彫刻師ゲネロス,彫像群【ギ】

550 アッティカ黒絵式陶器の全盛期
● イソップ(アイソポス)の寓話【ギ】
● エトルリア語に,母音導入【ロ】
● 大型のエトルスキ式打出青銅製品

アナクシマンドロスの世界地図

540 アナクシマンドロス,世界図,日時計制作【ギ】
ペイシストラトス,アテネに大図書館設置【ギ】
● クセノファネス『自然について』(山における貝類,魚の化石の発見)【ギ】
● コリントスのアポロン神殿(ドリス式)【ギ】

ディオニュソス祭

534 このころからディオニュソス祭の悲劇競演開始(ギリシア悲劇の誕生)【ギ】
テーピス(悲劇の創始者),合唱に語り手としての俳優を対置,舞台扮装の発明【ギ】
530 盛期アルカイック様式(クーロスとコレー)(～BC500)【ギ】
● ピタゴラス,音律のもつ数学的関係発見(万物の根本=数)【ギ】
● 陶画家エクセキアスの活躍[アイアスの自殺](黒絵)【ギ】

赤絵式陶器

● アッティカのアンドキデースの工房で赤絵式陶器の技法発案(画題が神話的モチーフから日常生活の場面に変化)【ギ】
● 詩人アナクレイオン活躍【ギ】

521 ベヒストゥン断崖碑(ダレイオスの功績が,ペルシアの楔形文字,バビロニア文字,スーサ文字の三様で記される)

カロシュティー文字

518 ダレイオスのインダス流域進入,アラム文字で北インド語表記(カロシュティー文字誕生)
510 [アポロン](エトルリア彫刻の頂点)
509 カピトル神殿(ローマ最古の大型建造物)【ロ】
● シモニデス「ギリシア叙情詩選」(記憶術の祖)【ギ】
● 『ディオニュソスへ』(『ホメロス讃歌』第7巻),文字の形で固定する【ギ】
● ヘカタイオス『大地の周囲』(平らな円周)【ギ】
● フィロラオス(ピタゴラス学派),宇宙の「中心火説」と「対地球説」(一種の地動説)【ギ】
● 暦法書「ジョティシャヴェーダーガ」原形成立【印】
● ペルシア人が「ガナート」(地下水道)の技術をエジプト(カルガオアシス)に伝達
● ギリシア,ローマで文字左書き定着
● ギリシア,エジプト輸入のパピルス使用【ギ】

大いなる思索

輪廻説

● ウッダーラカ・アールニイ,一切智(プルシャ)を提唱【印】
● パンチャーラ王プラバーハナ,輪廻を説く
● シャーンディルヤ,梵我一如を説く【印】
● メディアのヌシュイジャンの神殿にゾロアスター教の火壇【ペ】

オルフェウス教

● オルフェウス教,民衆にひろまる
597 エゼキエル,第2イザヤらの預言文学隆盛(～BC539)【ユ】
592 エゼキエル,予言者の召命をうけ首都エルサレムの滅亡とイスラエルの破滅を予告【ユ】
● タレス(ミレトス学派),万物の起源=水,星を自然の物体とみなす【ギ】

ゾロアスター

583 ゾロアスター預言活動開始【ペ】
● 聖地デルフォイの神殿,"地球のへそ"と呼ばれる(ピュティア大祭の競技開催)【ギ】
● クセノファネス,擬人的神観批判【ギ】
● アナクシマンドロス(ミレトス学派),万物の始祖=無限(アペイロン)【ギ】
581 申命記派の歴史編集【ユ】

567 ゴータマシッダルタ,シャーカ族の王子として生まれる(～BC486南伝説)【印】
タレスがエジプト,アジア内陸,カルデアを遍歴【ギ】

カルデアの月神シン

● 新バビロニア王ナボニドゥス,月神シンを帝国の守護神にまつる【バ】
552 孔子生まれる(～BC479)【魯】

ジャイナ教

● マハーヴィラ,ジャイナ教をおこす【印】
● クセノファネス,全知全能の唯一神を説く【ギ】
550 ジャンナヴァッカ,王道を棄て牛の道を説く【印】
● ゾロアスター教,ペルシアの国教に

第二イザヤ

538 キュロス,ユダヤ捕囚民の解放布告【ペ】
キュロス,第2イザヤによってメシアと讃えられる【ペ】
537 ブッダ出家して沙門となる【印】
第2イザヤ,バビロン陥落とユダヤ人の捕囚からの解放を預言【ユ】
530 このころピタゴラス,クロトンで神秘主義的宗教団体を設立【ギ】

ピタゴラス

525 アナクシメネス,ミレトス派完成(空気=万物の始源)【ギ】
521 ゾロアスター教僧ゴーマタの反乱
515 ゼルバベルの指導で,エルサレム神殿再建【ユ】
● パルメニデス(エレア学派の開祖),生成消滅の否定【ギ】

ヘラクレイトス哲学

● ヘラクレイトス(イオニア学派),万物流転説,火=第1元素(対立物の観念導入)【ギ】
510 『老子道徳経』成立か【春秋】

ブッダ 老子

● 六師外道(プーラナ,アジタ,ゴーサーラ,パクダ,サンジャナ,マハーヴィラ)など新文化運動隆盛【印】
● 舎衛城の富裕商人スダッタ,祇園精舎を建立,仏教教団に寄進【印】
● 孔子,魯の大司寇となる【春秋】
● これ以降,バールハモン男神に変わり,処女神タニト神,アフリカに浸透【カルタゴ】
● メリッソス,時間的空間的に無限の有【ギ】

インドと中国

春秋時代

● マガダ,コーサラ,アヴァンティ,ヴァッツァの4王国が栄え,都市(ナガラ)で商工業発達【印】
● ガンジス河流域,アーリア人とドラヴィダ人の混血化すすむ【印】

漢字の地方化

● 青銅器銘文の字体,地域的傾向強くなり,文字が分裂していく【春秋】
● 「19年7閏の法」(≒メトン法)の発見【春秋】
● 周の定王,単一最高神の「天」を説く「徳に在りて鼎に在らず」【周】
597 楚の荘王,晋の景公を邲に敗る【楚】
594 魯で現物地租制度化【魯】

アーリア人とドラヴィダ人の混血すすむ

589 魯晋衛曹の軍,斉を破り晋と斉,楚とが諸侯と同盟【春秋】
585 呉の寿夢,周王室に来朝(このころから呉,強大になる)【呉】

ミヌンスク=クルガン文化

● 北アジアで,ミヌンスク=クルガン文化はじまる

579 宋の華元が晋・楚の講和に成功【春秋】

秦篆の原型

● このころ秦公殷(秦篆の祖型,ヒエログリフからヒエラチックへの移行)【春秋】

554 鄭の宰相,子産が卿になる,これより什伍制,土地区画など改革が相つぐ【鄭】

546 晋・楚を中心に諸侯が宋の商丘で会盟して和平を誓う【春秋】
● 呉の公子の季札,詩について評する【春秋】

マガダ国 ビンビサーラ即位

543 このころマガダ国王ビンビサーラ即位,北インド随一の強国に(～BC491)【印】
● ビンビサーラ,ラージャグリハに新舎衛城建立,遷都(仏教の大中心地となる)【印】
539 晏嬰,晋に使す(節倹力行を説く,『晏子春秋』戦国末に成立)【斉】
538 楚の霊王,はじめて諸侯と申で会盟【楚】

子産の成文法

536 子産が中国初の成文法一般公布(銅器に鋳る)【鄭】
535 アヴァンティ王,プラディータ即位【印】
● 子夏,「礼」を説く(儒家)【魯】
522 大彗星出現(翌年,鄭で大災)
521 子産,占いによる遷都を拒否【鄭】
● ビンビサーラ,アンガ国征服【印】

占いから礼へ

517 魯の三桓氏が昭公を改め,昭公は斉へ亡命【春秋】
● ガンダーラ国のタクシャシラー市繁栄【印】
513 鉄を溶かして刑鼎をつくる【春秋】
506 呉と蔡が楚を伐ち,都の郢に入る【春秋】
シンハリ人がセイロンに移住
インドで金属貨幣はじめて使用【印】

カースト確立

● カースト制度が確立される【印】
● 古朝鮮成立か(～BC300ころ)【鮮】
● 九州で支石墓や甕棺墓が営まれる【日】

古朝鮮

九州に水稲

● 九州で水稲耕作がおこなわれる【日】
● 呉越の兵器銘,金の錯嵌を加えた鳥篆文字使用(呉越とともに滅びる)【春秋】

ユダとイスラエルの地もテュロスと交易し,ミニテの小麦,バルサム,蜂蜜,油,乳香をその市場に運んだ。
エゼキエル書

契約と学習

文字による視覚文化を重視した中国、口誦による議論を重視したギリシア。

BC500

ギリシアとローマ

499 イオニア植民市がペルシア帝国に反乱,アテネとエレトリアが干渉(ペルシア戦争発端)
494 クレオメネス1世,アルゴス軍を撃破,スパルタの地位強化【ギ】

聖山事件 パトリキとプレブスの対立

聖山事件(パトリキに対するプレブスの不満爆発,護民官設置,共和制第1歩)【ロ】

BC490

493 ローマ=ラテン同盟
492 第1回ペルシア戦争(ダレイオス1世,ギリシアに遠征軍派遣)

マラトンの戦い(第2回ペルシア戦争)

ペルシア戦争

487 陶片追放実施【ギ】
483 アッティカでラウレイオン銀山新鉱発見(国庫に余剰,軍船を新造)【ギ】

BC480

480 テルモピュライの戦い,サラミス海戦
479 プラテーエの戦い,ミュカレ海戦(ギリシア軍大勝,ペルシア戦争終結)

デロス同盟 200都市

BC470

478 デロス同盟結成【ギ】

アテネを城壁で固める(海軍主義の定着)【ギ】

475 アクロポリス,ペルシア軍の侵入で破壊【ギ】
466 ペロポネソス同盟(スパルタ盟主)解体【ギ】

イオニアのギリシア植民地独立(ペルシアのイオニア喪失)

アテネ覇権

464 スパルタに大地震,ヘロットの乱【ギ】

BC460

460 ペリクレス,アテネ市民社会全体から,将軍に推薦される(〜BC429)【ギ】
458 度量衡貨幣統一令,アテネ委員会で決議【ギ】
457 ペリクレスが哲学者アナクサゴラスの教えを受ける【ギ】
454 デロス同盟金庫,アテネ移転【ギ】
451 ペリクレスの市民権法成立【ギ】

BC450

ローマ十二表法

450 十二表法(ローマ初の成文法)【ロ】
445 貴族と平民の通婚を認める法成立(子は父方を継ぐ)【ロ】

ペリクレス 市民政治確立 海上支配の安定

BC440

443 ペリクレスの執政(アテネの全盛)(〜BC429)【ギ】
435 ローマで自営武装市民名簿作成のため,ケンソル団創立【ロ】
431 ペロポネソス戦争開始(ポリス間の全面戦争)(〜BC404)【ギ】

◉ このころアテネの人口約15万人【ギ】

ヘロドトスの歴史

BC430

430 ヘロドトス『歴史』完成【ギ】

ペロポネソス戦争

429 アテネにペストが大流行(ペリクレス没)【ギ】
425 アリストファネス,戦争に対する攻撃として『アカルナイの人々』を書く【ギ】
424 ゲラの民会で,政治家ヘルモクラテスが外国勢力の排除を訴える演説【ギ】

BC420

421 アテネ,スパルタ50年の和約【ギ】
415 アテネ,シチリア遠征(〜BC413失敗)【ギ】
411 寡頭派のクーデター(失敗)【ギ】

トゥキュディデス

BC410

410 トゥキュディデス『戦史』(ペロポネソス戦記)

スパルタ覇権

404 アテネがスパルタに降伏,ペロポネソス戦争終結【ギ】

デロス同盟解体,スパルタ指示の「三十人僭制」がアテネを支配【ギ】

403 アテネで民主制が復活【ギ】
401 クセノフォンの「一万人の退去」【ギ】

BC400

諸民族の社会

カルタゴ商業圏とタルシシン貿易

493 ダレイオス,イオニア反乱鎮圧【ペ】

◉ ペルシアで,メディア人の妖術士率いる反乱勃発【ペ】

◉ スパルタの人口約8000人【ギ】

482 バビロニア人の名称使用禁止【ペ】
480 アミンタス1世,ペルシアに服属【マ】

ヒメラの戦 カルタゴ アフリカへ

ヒメラの戦い(カルタゴ,ギリシアから撤退,アフリカ征服に方針変更)

◉ クセルクセス1世,ペルセポリス宮殿造営続行(ロータスの円花文,宮殿を飾る)【ペ】

モチェ文化

◉ チャビン文化衰退,モチェ文化おこる(太陽のワカ,月のワカの大ピラミッド)【中南米】

◉ メキシコ,カミナルフユ文化再興

474 エトルリア,キュメ沖の海戦で敗れ,経済的に停滞に向う

ソグド人のオアシス経営

◉ ソグド人,ゼラフィン川流域でオアシス灌漑農耕と牧畜を営む

464 このころスーサの宮殿炎上【ペ】
458 エズラ(第2のモーゼ),エルサレムへの2度目の集団帰還【ユ】

エズラとネヘミアがユダヤ人と異邦人の結婚を禁じる(世界初の族外婚禁止令)【ユ】

455 アテネ人の支援をうけたリビア人イナロスの叛乱【エ】

ラ・テーヌ鉄馬文化

450 ヘロドトス,バビロンを訪問,重税とインフレを記述【ペ】

ヒミルコ,北方の海を探検【カルタゴ】

◉ ラ・テーヌ文化,戦士と神官,鉄と馬を駆使,西進つづける

448 カリアスの和約(ペルシア,アナトリアのギリシア植民市の独立を認める)
445 ネヘミア帰国,52日でエルサレム城壁の修理【ユ】

ハンノのアフリカ冒険

425 ハンノのアフリカ大冒険(ジブラルタル海峡を越え,大西洋海岸を南下)【カルタゴ】
423 ダレイオス2世即位,スーサに遷都【ペ】
415 このころヒッポダモス,都市をアテネの城壁の外に拡張,整備(ピレウスの港と市を結ぶ長い城壁建設)【ギ】
413 マケドニアのアルケラオス,軍事体系の整備(ギリシア文化保護)【マ】

◉ 「フィレーニの祭壇」(アフリカにおけるギリシア領とフェニキア領の境界線)決定

ケルト人のエトルリア侵入

◉ ケルト人,北イタリアからエトルリアに侵入し,ローマを揺り動かす

404 スーサの宮殿再建【ペ】

◉ 小アジアの諸都市,ペルシアの支配下に入る

◉ クテシアス(ペルシア王の侍医),中国人=セレス人(絹を産する人)の呼び名用いる【ペ】

ギリシア悲劇

アイスキュロス、ソフォクレス、エウリピデス

472 アイスキュロス『ペルシア人』上演(俳優,合唱隊長兼任,このころ俳優2人)【ギ】
470 オリンピア競技5日間に【ギ】
460 アイスキュロス『縛られたプロメテウス』【ギ】
458 アイスキュロス『オレステイア』三部作,『アガメムノン』『供養する女たち』『慈みの女神たち』ディオニュソス祭で上演【ギ】
458 ソフォクレス,役者を3人にする(3部作,3作家,3人の俳優の三位一体成立)【ギ】
442 ソフォクレス『アンティゴネ』【ギ】
431 エウリピデス『メディア』【ギ】
423 アリストファネス『雲』(ソクラテス登場)【ギ】
420 ソフォクレス『オイディプス王』【ギ】
415 エウリピデス『トロイアの女』【ギ】
414 アリストファネス『鳥』【ギ】
413 エウリピデス『エレクトラ』【ギ】
411 アリストファネス『女の平和』【ギ】
405 エウリピデス『バッコスの信女』上演【ギ】

◉ エウリピデスの戯曲,神が天から降りてくる舞台に機械類使用【ギ】

◉ ディオニュソス劇場の舞台,初の石造化,半円形の観客席築造【ギ】

◉ このころ悲劇衰微【ギ】

BC500

技術と芸術

498 ピンダロス「ピュティア第10歌」(オリンピアなど運動競技祝勝の叙事詩合唱歌)【ギ】
493 フリュニコス『ミレトスの陥落』上演【ギ】
◉ ドウリス画[エオスとメムノン](赤絵)【ギ】

486 ダレイオスの磨崖王墓造営【ペ】
458 [ケレスの青銅像]【ロ】
480 [クリティオスの少年像](厳格様式)【ギ】
これ以降100年間に,アテネで上演された劇数は約20000【ギ】

475 画家ポリュグノトス(クラシック美術の開始者),大壁画装飾(～BC450)【ギ】

アポロドロスの画法

◉ アポロドロス,テンペラ画導入(光と影をつけ,平面上の対象物を三次元的に表現)【ギ】
◉ エーゲ海の島々にレリーフ隆盛【ギ】
◉ 「ミメシス」「パロディア」「アナロギア」の3つの方法が確立【ギ】
◉ ミュロン派(アテナのレリーフ)(～BC460)【ギ】
◉ [デルフォイの馭者像]【ギ】
◉ ミレトスのヒッポダモス,格子状都市計画【ギ】
◉ 「詩経」【春秋】

アナクサゴラス

◉ アナクサゴラス,太陽の大きさをペロポネソス半島ぐらいにみる【ギ】
◉ アナクサゴラス,黒海上の幻日(発光現象)の説明,ナイル氾濫の原因研究【ギ】
◉ 白地レキュトス製作(死者供養の香油入れ)(～BC420ころ)【ギ】

編集術 ミメシス・パロディア・アナロギア

456 オリンピアのゼウス神殿完成【ギ】
450 ヒポクラテス全書執筆(医学論文の集大成)(～BC359)【ギ】
◉ ミュロン作[円盤を投げる人]【ギ】

パルテノン建造

447 パルテノン神殿(イクラティスとカリクラテス設計,フェイディアス総監督)着工(～436)【ギ】
440 ポリュクレイトス作[槍を担ぐ男](人体構造のカノン)【ギ】

438 フェイディアス作[アテナパルテノス像]献納【ギ】
435 フェイディアス作[ゼウス像](金と象牙)【ギ】
433 メトン,太陰暦と太陽暦を調整(メトン周期表)【ギ】
432 フェイディアス,パルテノン神殿の装飾彫刻を指導(クラシック様式の完成)【ギ】
430 ヒポクラテス「円の求積」(幾何学図形に文字をはじめて使用)【ギ】
◉ マゴ(官士),農業に関する論文【カルタゴ】
◉ 画家パラシオス,アテネで活躍(～BC390)【ギ】

427 ペロポネソス戦争で烽火通信使用【ギ】
421 エレクテイオン神殿(イオニア様式)着工(～BC401)【ギ】
420 アテナニケの神殿(ペルシア戦争の勝利記念)[ニケ神の巨像]【ギ】
◉ 帝国主要都市に[アフロディテアナイテイス像]の建立,礼拝強制【ペ】

フェイディアスの彫刻

403 リュシアス『エラトステネスを訴う』(法廷弁論)【ギ】
402 アッティカでミレートスアルファベット公式採用(24文字の標準アルファベット)【ギ】

ヒポクラテス医術

◉ ヒポクラテス『空気・水・場所について』(環境と人間の健康の関係)【ギ】
◉ ピリッポス,光の屈折を研究し虹の説明【ギ】
◉ アルキタス,「ねじ」の発明(といわれる)【ギ】
◉ ギリシア,ローマでカメオ(彫玉)の製作隆盛

大いなる思索

◉ 『ヨナ記』『ルツ記』『マラキ記』【ユ】
◉ アジタ・ケーサカンバリン,唯物論(ローカーヤタ)【印】

484 このころゴルギアス,絶対的懐疑論(ソフィスト)【ギ】

パルメニデス エレア派の合理哲学

480 パルメニデス『自然論』(合理的論理の誕生,エレア派)【ギ】
◉ 孔子,『書経』『詩経』などの古典の整理編集【魯】
◉ 墨子の博愛非戦思想と幾何学(墨家)【春秋】

479 孔子没【魯】
◉ レウキッポス,感覚的唯物論(原子と空虚)【ギ】
477 マハーヴィラ没(異説BC372)【印】

462 アナクサゴラス,このころよりアテネに住む(アテネに哲学を導入)【ギ】

458 エルサレムのエズラ(書記官),「トーラー」の再編集(書かれた形でのユダヤ教設立)【ユ】
450 このころ『論語』成立(といわれる)【春秋】
◉ サンジャラ・ベーラッティプッタの懐疑論(四句論法)【印】

論語

エレアのゼノンの4つのパラドックス

◉ エレアのゼノン,4つのパラドックス【ギ】
◉ エンペドクレス,4体液,4元素【ギ】
◉ アナクサゴラス,スペルマタ原子説【ギ】
◉ プロタゴラス,はじめてソフィストと自称,『人間尺度論』【ギ】
◉ アポロニアのディオゲネス,アナクサゴラスに反対して一元論を主張【ギ】

444 ユダヤ暦の1月1日に,『モーセ五書』の朗読(ヘブライ語をアラム語に通訳,ミドラッシュの方法の開発,朗読に通訳を用いる)【ユ】
◉ 『ブラフマニスートラ』(ヴェーダンタの経典)整理編集【印】

墨子 談弁・説書・従事 儒教礼楽思想批判

◉ 墨子,儒教を排撃【春秋】
◉ エズラとネヘミア,モーセ資料(創世記,出エジプト記,レビ記,民数記,申命記)を統合し,『モーセ五書』に編纂【ユ】
◉ 『中庸』『大学』『孝経』【春秋】

エズラとネヘミア モーセ五書

430 ソクラテス,対話つづく(30年間)【ギ】
エズラ,エルサレム神政共同体確立(サマリア教団創立)【ユ】
◉ クリティアス「シシュフォス」(無神論)【ギ】

デモクリトス原子論 アトムの自然学

420 デモクリトスの原子論と光の四原色説(エジプト,エチオピアなど大旅行放浪から,博物学,数学,カルデア天文学を学ぶ)【ギ】

ソクラテス

408 ゴルギアス,オリンピアで演説,ギリシアの和平を説く【ギ】
407 プラトン,アカデメイアでソクラテスの弟子になる【ギ】
404 アルタクセルクセス2世,偶像の祭儀を初導入,フラタダーラ寺院建立(このころ王族,アフラマズダ,アナーヒター,ミスラに祈願～BC359)【ペ】

列子 荘子的発想の準備か

400 『列子』【戦国】
◉ アンティステネス キニク派の創始【ギ】
◉ フィロラオス,はじめてピタゴラス派の哲学を書き表す【ギ】
◉ 旧約聖書中の『ヨブ記』『エズラ記』『ネヘミア記』など編纂【ユ】
◉ サーンキヤヨーガ哲学の原型設立【印】

インドと中国

497 孔子,魯を去り諸国を遊学(～BC484)【春秋】
496 呉越の争い(呉王夫差が越王勾践を破る)【春秋】
◉ マガダ国アジャータシャトル王即位,コーサラ国を破りガンジス川流域を制覇【印】
アジャータシャトル,仏教,ジャイナ教を保護(商工階級,ジャイナ教の信者に)【印】
490 臨淄故城5号墓に600余頭の殉馬(景公墓か)【斉】

孔子の遊学

482 呉王夫差,揚子江～淮水間に水路を開き北上,黄池で晋と会盟して覇者となる【春秋】
481 獲麟の年(孔子の『春秋』の記述終わる)【春秋】

孫子 中国兵法と地理学

このころ『孫子』(兵法)【春秋】
480 アジャータシャトル,ヴァイシャリー国征服(利器付戦車と弩機使用)【印】

473 越王勾践が呉王夫差を滅ぼし覇者となる(春秋末年)【春秋】
◉ 西日本で打製の石鍬とみられる石器が多量に使用(初期農耕開始か)【日】

パータリプトラ マガダ王の抬頭

468 マガダ王ウダーイバッタ,父を殺して即位,パータリプトラ建設【印】
◉ 『春秋左氏伝』終わる【春秋】
◉ 子游,礼を説く(『礼記』へ)【斉】
◉ 曽子,孝を説く(『孝経』へ)【魯】

453 晋,三分裂(韓魏趙)(都市国家から僭主国家へ=戦国時代へ)【春秋】
◉ オルドス青銅器文化【北アジア】
◉ 儒家思想の成立【春秋】

帛書の登場

◉ このころ帛書が出現しはじめる【春秋】
450 このころコーサラ王ヴィドーダバ,シャカ族を滅ぼす【印】

447 楚が蔡を滅ぼす
◉ 子思,中庸を説く【魯】
◉ 季悝,文侯に仕え経済政策をとり入れる【魏】
◉ 李悝『法経』【魏】

◉ 子夏の礼教主義と政治的音楽論【魏】
◉ このころ二十八宿の成立【春秋】

呉子と法家

◉ 呉子,法家をおこす【春秋】

424 魏の文侯即位,儒教思想による法治主義的改革(成文法典制定,治水工事)【魏】
420 このころ代々父を殺して即位する王家に怒った民衆,マガダ王ナーガダーサを追放【印】

413 魏,中山を滅ぼす
マガダ国ナンダ朝おこる(～326)【印】

403 周が,韓国,魏,趙の諸侯公認(戦国時代はじまる)(～BC221)【戦国】
マガダ国シシュナーガ朝おこる【印】
◉ 鉄製農具と牛耕はじまる【戦国】
◉ ピプラーヴァー仏塔遺跡および舎利容器【印】
◉ ヴァイシャーリー仏塔と舎利容器【印】
◉ インド暦に十二宮七曜など,ギリシア暦の影響が加わる【印】
◉ 北九州で畦畔のある水田に水稲耕作(板付遺跡)【日】

二十八宿 十二宮七曜 インド暦にギリシア性

志を述べるには,「言」によらねばならない。「言」には条理が備っていなければならない。
孔子

契約と学習

アリストテレスのトピカは、情報処理術の最初の解明である。同じころ、ウパニシャッド学派と諸子百家がその方法を検討する。

ヘレニズム時代の古代情報の大半のデータベースはアレクサンドリアのムセイオンに集約される。

BC400

ギリシアとローマ

ローマのエトルリア征服

399 ソクラテス,ペリクレス批判【ギ】
ソクラテス処刑,アテネに衆愚政治の傾向がでてくる【ギ】
396 ローマがエトルリアを征服,ウェイイを占領,エトルリア人衰亡へ【ロ】
クセノフォン【ギ】,スパルタ王アゲシラオスに仕える

BC390

コリント戦争

395 コリント戦争(ペルシア対スパルタ)(〜BC387)
386 アンタルキダス条約成立(この後4世紀間,ペルシアのギリシアに対する干渉を許す)

BC380

380 イソクラテスの演説『パネギュリコス』(ギリシア諸都市の統合と対ペルシア戦を主張)【ギ】
377 第2次アテネ海上同盟(〜BC338)成立(スパルタに対抗)【ギ】

エパメイノンダスのメガロポリス計画

371 レウクトラの戦い(テバイのエパメイノンダスの新戦術=斜線陣で,スパルタ敗北)【ギ】

BC370

◉ エパメイノンダス,メガロポリス建設(もっとも新しく人為的に生まれた町)【ギ】

リキニウス法

BC360

367 「リキニウス法」制定(平民の権利拡大)【ロ】
361 マンティネイアの戦い(テバイ,覇権を失う)【ギ】
357 アテネの同盟市戦争(〜BC335)【ギ】
356 神聖戦争(デルフォイ神殿財をめぐる)でマケドニア介入,神域を奪回【ギ・マ】

BC350

351 平民のケンソル(戸口調査官)就任許可【ロ】
346 イソクラテス,マケドニア王フィリッポス2世にギリシア統一をすすめる政治演説【ギ】
343 第1次サムニウム戦争(〜BC341)【ロ】
341 デモステネス,フィリッポスを攻撃する演説(アテネの危機を説く)【ギ】

ラテン戦争 ローマの覇権成立

BC340

340 ラテン戦争(ラテン同盟解消,ローマの覇権成立)(〜BC338)【ロ】

アテネ対マケドニア

339 アテネ,マケドニアに宣戦(〜BC338,マケドニアのギリシア制覇)【マ】

BC330

337 フィリッポス2世,ギリシアにコリント同盟結成【マ】
336 ローマ,カンパニア征服
326 第2次サムニウム戦争(〜BC275)【ロ】
身体抵当の賃金禁止【ロ】
317 アテネ,カッサンドロスの手に帰す【ギ】
アテネで人口調査(〜BC307)【ギ】

BC320

312 ローマ,エトルリア市と交戦

戸口調査官 ローマの情報管理

戸口調査官アッピアクラウディウス,非土地所有者の全トリブス分散登録制定【ロ】
アッピア街道(長さ約260km)着工【ロ】
◉ このころ農業奴隷の大量使用による大土地所有制発展【ロ】

BC310

◉ ローマ最古の水路橋(飲料水の供給)【ロ】
307 デメトリオス1世,アテネ入城,解放【ギ】

ローマとカルタゴ

306 ローマ=カルタゴ第3回条約(地中海におけるカルタゴの貿易独占体制確立)
300 ヴァレリウス法(兵員会訴訟請求の権利)【ロ】
市民の控訴権確立(共和制成立)【ロ】

BC300

諸民族の社会

395 アルタクセルクセス2世,アテネの将軍コノンに出資してギリシア征圧をはかる【ペ】

ガリア人(ケルト)のローマ侵入

388 ガリア人のローマ市襲撃(全市占領)
378 ネクトヘルヘブメリアメン,ペルシアから独立しエジプト第30王朝初代王に(〜BC61)【エ】
370 このころエトルリアに,最初のラテン=コロニアを設置

農民歩兵の組織論

359 フィリッポス2世即位(BC356〜ギリシアへの干渉強める),自由農民歩兵兵団ヘタイロイの組織化【マ】

フェニキア没落

358 フェニキア征服される

アレクサンドロス大王とヘレニズムの拡大

336 フィリッポス2世,ペルシア討征(ギリシア,マケドニア軍総司令官として出征)【マ】
フィリッポス暗殺,アレクサンドロスがマケドニア王に即位【マ】
334 アレクサンドロス東征開始【マ】
333 イッソスの戦い(ダレイオス3世敗走)【マ】
332 アレクサンドロス,エルサレム占領(ヘレニズム時代始まる)【マ】

アレクサンドリア建設 のちにプトレマイオス朝首都

331 エジプトにアレクサンドリア市建設
330 ペルセポリス炎上【ペ】
ペルシア帝国(アケメネス王朝)滅亡
329 アレクサンドロス,中央アジア征服(〜BC327),西北インド侵入(〜BC326),インダス河畔遠征(〜BC325)【マ】
アレクサンドロスの侵入で,マラカンダ灰と化す
323 アレクサンドロス,32歳でマラリアで死ぬ(後継者戦争へ)(〜BC281)

帝国4分

321 アレクサンドロス帝国の4分,後継者(ディアドコイ)間で,マケドニア,小アジア,シリアとメソポタミア,エジプトを分担
320 プトレマイオス家,エルサレムを征しユダヤ人をエジプトに移住させ厚遇【エ】
317 シラクサの僭主アガトクレス,全シチリア征服企てカルタゴと戦う(〜BC306)
316 カッサンドロス,ポリュペリコンと争いマケドニアの支配権を奪う
306 アンティゴノス1世,ディアドコイのなかで初めて王を称す【マ】

セレウコス朝 シリアのギリシア化

305 シリアにセレウコス朝成立(ギリシア文化による国内の統一)(〜BC64)【シリア】
エジプトにプトレマイオス朝成立(〜BC30)

イプソスの戦

301 イプソスの戦い(アンティゴノス1世敗死)
◉ このころからスキタイ,サルマタイ人によってドニエプル川下流に追われる

BC400

技術と芸術

393 テオドシウス1世,オリンピアの祭典禁止【ギ】

アリストファネス 現存喜劇11篇

392 アリストファネス『女の議会』【ギ】
● クセノフォン『アナバシス』(内陸旅行体験記)【ギ】

377 このころコス派『ヒポクテラス集典』(約70の論文の集成)【ギ】
クニドス学派『内科疾患について』【ギ】
370 ヘラクレイデス,地球中心説(諸惑星は太陽周回)【ギ】
● エウドクソス,惑星運動の創始,比例の理論,逐次近似法発見【ギ】
● ゼロの発見【印】
354 マウソロス王のためのイオニア式円柱廟(のちに「マウソレウス(霊廟)」の由来へ)【ギ】
350 プラクシテレス作[クニドスのアフロディテ](初の全裸女神像)【ギ】
● リシッポス作[カプアのヴィーナス]【ギ】

全ギリシアでアルファベット24字

● 全ギリシアでアルファベット24文字使用
● メナイキモス,円錐の断面発見【ギ】
● プリエネ市の都市計画(ヒッポダモス式格子状都市の実現)【ロ】
● パン用の小麦,エジプトから伝播【ギ】
● パーニニ,古典サンスクリット語の文典の基礎
● 『マハーバーラタ』と『ラーマーヤナ』原型成立【印】

アリストテレスの自然研究とプラクシテレス芸術

344 アリストテレス,レスボス島へ渡り海洋生物学の研究【ギ】
340 エピダウロスの円形劇場(音響効果)【ギ】
● シキュオン画派,テバイアッティカ画派隆盛【ギ】

発火信号術

339 アテネがエラテイア攻撃で市場の柳細工店を燃やして信号火に【ギ】
アリストクセノス「最小クロマティック・ディエシス」(3分音)「最小エンハーモニック・ディエンス」(4分音)提唱『リズム論』【ギ】
● アリストテレス,光学研究【ギ】
330 アリストテレス『詩学』【ギ】
● プラクシテレス作[ヘルメス]【ギ】
● ベーロソス,カルデアの占星術をギリシア語に翻訳(占星術のヘレニズム化)【ギ】
● マッシリアの航海者,北ヨーロッパの発見旅行報告(初のガリア周航,フィヨルドを描写)
● 走者ヘメロドロメスによる情報伝達(郵便制度)【ギ】
● 「アイネイヤス」,信号と暗号のための文字論(母音を点で表す打点法)

アイネイヤスの暗号文字盤

テオフラストス情報論 植物相と人間相

● テオフラストス『植物誌について』(植物学の祖),『人間さまざま』(性格の類型化)【ギ】
313 メナンドロス『髪を切られた女』(新喜劇)【ギ】

アレクサンドリアにムセイオン 大図書館70万冊 天文台・植物園・動物園

307 アレクサンドリアのムセイオンに,大図書館(蔵書70万冊),天文台,解剖学研究所,植物園,動物園の設置
305 メガステネス,見聞録『インド誌』【シリア】
● アペッレース作[海から上ったアフロディテ]【ギ】
● 古代ギリシア速記体『デルフォイ型』【ギ】

イソップ物語収集

● デメトリオス,『イソップ物語』蒐集【ギ】
● 「ガナート」(地下水道),北インド各地に【印】

大いなる思索

プラトンとアカデメイア

397 エズラがユダヤ州の教会経営を認可する特別の国王的権威をもつ【ユ】
395 プラトンの対話編『ソクラテスの弁明』【ギ】
● 『墨子』編集成る(『非儒編』にはじめて「道教」の語が用いられる)【春秋】
388 プラトン,南イタリアでピタゴラス学派とオルフェウス信仰に接触【ギ】
387 このころプラトンがアテネに学園アカデメイアを創立,40年間教授(以降876年間続く)【ギ】
360 プラトン『国家』【ギ】

仏典結集❶

377 第1回仏典結集【印】
372 このころ『孟子』,儒家,性善説【戦国】
● スペウシッポス,哲学を自然学,倫理学,論理学に3分【ギ】

アリストテレスのトピカ

367 アリストテレス,アカデメイアに入門【ギ】
361 プラトン,『ティマイオス』(総合的宇宙論を展開)【ギ】
350 クセノフォン『ソクラテスの思い出』【ギ】
● 中期ウパニシャッド設立(~BC200)【印】
● イシュヴァラクリシュナ(自在黒)『サーンキヤ・カーリカ』【印】
● アケメネス朝ペルシアで異端のズワーン教発達【ペ】
● このころから道家言の集積(~200)【戦国】
342 アリストテレス,14歳のアレクサンドロスの家庭教師になる
● ディオゲネス,キニク(犬儒)派創始【ギ】
● 懐疑派の祖ピュロン,エポケー(判断中止)を提唱【ギ】
335 アリストテレス,アテネにリュケイオンを開設(逍遥学派=ペリパトス派)【ギ】
● アリストテレス『論理学』(オルガノン),『形而上学』(メタフィシカ)【ギ】
331 アレクサンドロス,ゾロアスター教の祭司を大殺戮,教徒から「グザスタグ」(呪われた)と称される【マ】

サーンキヤ学派

● カピラが出て,サーンキヤ学派はじまる【印】
● エリスのピュロン,アナクサルコスに従ってアレクサンドロス遠征に参加,インドへ(バラモン行者との会話)【ギ】
● 2代目クセノクラテス,善悪両性のダイモン説(のちに天使と悪魔)【ギ】

孟子の遊説

荘子 無為自然

319 孟子,諸国遊説,稷下に遊ぶ【戦国】
310 このころ荘子の言葉のこされるか(~BC290)【春秋】

ストア学派

306 エピクロス,アタラクシア説【ギ】
301 ゼノン(フェニキア人),ソクラテスを師と仰ぎ,ロゴスを説く(ストア学派創設)【ギ】
ゼノン『自然について』『ポリティア』【ギ】
● ヴィシュマグプタ『カウテリア実利論』【印】
● アンティゴノス2世,ストア派のゼノンの弟子になる【マ】
● ジャイナ教が白衣派と空衣派の2派に分裂する萌芽が生じる【印】
● このころまでに『管子』ほぼ完成【戦国】

インドと中国

戦国時代

● 「黄白の術」(不老長寿)創始【戦国】
● 神仙思想広がる【戦国】
● 帛の生産量増加,帛書の普及【戦国】
396 中山王国,長城を築く【戦国】
386 呂氏の斉滅亡,田氏が斉侯となる(これ以降戦国の七雄)【斉】
385 クシャトリア諸王朝分立【印】
384 人の殉死禁止【秦】

墨家集団自殺

381 巨子の率いる墨家180人,楚で集団自殺【戦国】
380 『呉子』(兵法書)【戦国】
370 朱の自我中心説(道家)【斉】
364 ナンダ朝,マガダ国を支配(~BC317)【印】
360 ナンダ朝,度量衡の統一,貨幣経済発展【印】

商鞅の変法

中国占星術

359 商鞅,第1次政治経済改革開始【秦】
357 斉の威王即位,天下の学士を集め,学術が発達(「稷下の学」誕生)【斉】
● 『甘石星経』(占星術システム化,木星の位置で国々の運命を占う)【戦国】
● このころ黄帝伝説盛ん【戦国】
● 跳ねハンマー製粉機発明【戦国】
● 六国の文字,筆記体様式の簡略体に移行(行政目的の実用の量器に使用)(ヒエラチックからデモチックへ)【戦国】
350 商鞅,第2次改革【秦】

春秋左子伝 春秋三伝中の詳細編集

● 『春秋左子伝』【戦国】
341 孫臏,馬陵に魏軍を撃破(『孫臏兵法』)【斉】
● 黄老学派申不害の術治主義(『申子』)【鮮】
333 蘇秦の合従策成功,六国の宰相となる【戦国】

諸子百家へ

328 張儀,秦の宰相となり連衡策を企画【戦国】
326 ナンダ朝滅ぶ【印】

中山王国

323 中山王君,王を称す【戦国】
● 燕,箕子の後孫朝鮮侯と名のる(『魏略』)【鮮】
320 田駢,慎倒の万物斉同説(道家)【斉】
318 田斉の宣王即位,斉都臨淄栄え,稷下の学士数百千に達する(臨淄,中国最大都市に,総人口50万人)【戦国】

マウリア王朝

317 チャンドラグプタ即位,マウリア王朝開始(パータリプトラ繁栄)(~BC293)【印】
315 このころ孟子,斉の宣王の客卿となる(国政の最高顧問)【戦国】
314 秦,義渠戎平定【戦国】
313 武霊王,胡服騎馬戦術を採用【趙】
● 七国の兵各国30万人以上【戦国】
312 公孫龍,燕で反戦を説く(~BC284)【燕】
● 曽候乙墓の編鐘【戦国】
● チャンドラグプタ,セレウコス朝シリアの侵入撃破【印】
306 武霊王,北方経略開始【趙】
● 『ガウタマ・ダルマ・スートラ』成立【印】
● 『山海経』編集すすむ【戦国】
● 鉄器文化の導入と発展(~BC200頃)【鮮】
● 各地で,明刀銭(燕の銅貨)製造【鮮】

BC 6000以前 / BC 6000 / BC 2200 / BC 1200 / BC 600 / BC 300 / 0 / 300 / 600 / 800 / 1000 / 1200 / 1300 / 1400 / 1500 / 1600 / 1650 / 1700 / 1760 / 1810 / 1840 / 1860 / 1880 / 1890 / 1900 / 1910 / 1920 / 1930 / 1940 / 1950 / 1960 / 1970 / 1990

アッティカ住民の人口調査がおこなわれて、アテネ市民二万一千人、メトイコイ一万、奴隷四〇万いることがわかった。
アテナイオス『宴会の学者たち』

記憶の変換

BC300〜0

ローマの情報はエトルリア文化の吸収にもとづく。

ローマ帝国と秦帝国、二つの帝国の最大の関心は、文字システムと通信システムを改革することだった。

BC300

ヘレニズムとローマ

ローマ土地所有制へ

アッピア街道

◉ アッピア街道,舗装(道程標を建てる)【ロ】
290 サムニウムを制圧,中部イタリア征服【ロ】

BC290

287 アテネの自由復活【ギ】
ホルテンシウス法公布(平民会正式認可,平民会決議が国法となり身分闘争終了)【ロ】
282 タレントゥム(南イタリアのギリシア人植民市)との戦い(〜BC72)【ロ】
280 アカイア同盟(盟主のない同盟組織)再建(〜BC146)【ギ】

BC280

273 ローマがプトレマイオス王国【エ】と友好条約
272 ローマ,イタリア半島統一
269 ローマ,本位貨銀貨はじめて鋳造(この銀貨は,のちに西欧世界にくまなく流通)【ロ】

BC270

◉ ヘレニズム社会,貨幣経済の急速な普及

ローマ貨幣経済の拡大

ポエニ戦争はじまる

264 第1次ポエニ戦争(ローマ・カルタゴ開戦,カルタゴ領シチリア攻防,海上支配権の争奪)(〜BC241)
261 ミエラの海戦(カルタゴの五段船対ローマの新兵器「カラス」付船,ローマ初の海軍勝利)

BC260

カルタゴ海上支配の終焉

アレクサンドリア一〇〇万人

アレクサンドリア全盛

250 アレクサンドリア市全盛,ヘレニズム文化の中心となる(人口100万人)
244 スパルタのアギス王とクレオメネス王,「リクルゴルス的生活」への復帰事業(〜BC222)(改革失敗)【ギ】
241 ローマとカルタゴ和約成立,ローマはシチリア島獲得
ローマ市を中心とする完全市民の領域拡大,ツリブス(行政区域)の数35【ロ】
傭兵の反乱(〜BC239)【カルタゴ】
◉ デロスのアポロン神殿,10%の利息で貸付
236 ハミルカル,スペイン征服計画【カルタゴ】
232 フラミニウス,ポー川を越えアルプス麓までのケルト諸族をローマの「同盟者」とする【ロ】
フラミニウス,獲得地をローマ市民に配分【ロ】

BC230

将軍ハンニバル 第2次ポエニ

221 ハンニバル,将軍になる【カルタゴ】
220 ギリシア同盟戦争(〜BC217)【ギ】
フラミニア街道建設(アッピア街道と連続し,一貫した街道に)【ロ】

BC220

218 第2次ポエニ戦争(ハンニバル戦争)(〜BC203)
215 第1次マケドニア戦争(ローマ・カルタゴ交戦,ハンニバルとシュラクサイ王同盟)
212 アルキメデス,シュラクサイでローマ軍に殺害される
210 シュラクサイ王国滅亡
◉ ローマに公共製パン所【ロ】

BC210

ローマ写字生の同業組合

207 ローマに初の写字生の同業組合

スキピオ カルタゴ攻略

206 スキピオ,イベリア半島をローマに奪還【ロ】
202 ザマの会戦(スキピオ大勝,カルタゴ降伏)【ロ】
200 第2次マケドニア戦争(〜BC197)

BC200

諸民族の社会

アレクサンドロス帝国の分裂

セレウコス1世のアンティオキア繁栄

299 セレウコス1世,首都アンティオキア建設(アジアと地中海を結ぶ通商路上の要地として繁栄)【シリア】
294 デメトリオス1世,アテネ占領,マケドニア王国アンティゴノス朝成立(〜BC168)
288 プトレマイオス1世,リシュマコス(トラキア王),セレウコス1世と,対デメトリア同盟締結
283 プトレマイオス2世即位【マ】
280 ケルト人,バルカン半島南部に侵入開始
277 ゴナタス(アンティゴノス2世),ケルト人を撃破,マケドニアの王位を獲得【マ】

アンティオコス1世 救世主とよばれる

275 アンティオコス1世,「救世主」と称され,多数の都市を建設【シリア】
274 第1次シリア戦争(〜BC271)

ペルガモン王国

263 ペルガモン,エジプトの援助でシリア王国から独立
◉ ザバイカル地方の遊牧民(トルコ種族)の立石墓社会文化滅亡(バイカル湖北へ逃げる)

バクトリア王国とパルティア王国

250 シリアのギリシア人自立,バクトリア王国建立(〜BC139)
◉ サルマタイ,ドン川を越え、王族スキタイなどをクリミア半島に追いやる(スキタイ部族の南ロシア草原支配の終了)

サルマタイと匈奴の進出

共通語コイネー普及

◉ アテネの方言様のイオニア要素を混ぜた共通語(コイネー),ギリシア東方に波及
◉ これ以降,スキト=サルマート様式発達
241 ペルガモン王国,ガリア人の侵入を撃破
240 パルティア王国(安息国,アルケサス2世)(イラン高原の遊牧民族)おこる(〜AD226)
221 匈奴,オルドス方面占領
◉ 匈奴,月氏攻撃(月氏,甘粛省の西部に退く)
217 ラフィアの戦(プトレマイオス4世【マ】がアンティオコス3世【シ】を破る)
208 エウティデーモス,バクトリア王国強化【バ】
205 アンティオコス3世,インド遠征からの退却【シリア】

冒頓単于 モンゴル高原のノーマッド統一

202 冒頓単于,東胡を撃破し蒙古高原の全遊牧民族を統一
201 ペルガモンのアッタロス1世,ローマに遣使
◉ このころよりシルクロード栄える

スラブ人の墓地文化

◉ スラブ人,墓地文化成立
200 ゲルマン人の一部,黒海沿岸に達する
◉ ミヌンスク盆地で鉄器生産開始(タガール文化)

BC300

技術と芸術

● このころから肖像芸術発達【ギ】
● 陶画芸術消滅【ギ】
● ユークリッド『幾何学原論』(全13巻)【ギ】
● ストラトン,真空と微粒子説【ギ】
● ヘーローンダース,諸戯曲成立(～BC201)【ギ】
● 『黄帝内経』(『素門』『霊枢』)編集(異説AD0)【戦国】

屈原の楚辞

296 屈原『離騒』【楚】
● カムを使用した脱穀槌使用【戦国】
285 デュオニシオス,太陽暦制定(1年=365日5時49分)
283 アレクサンドリアのファロスに大灯台
280 マネトン,古代エジプト史(神代～BC323まで)をギリシア語で書く【エ】
カレス作[太陽神ヘリオス像]【ギ】
エラシストラトス「プネウマ説」【ギ】
● エジプトで羊皮紙を輸出【エ】
サルスータ,医学書を著す【印】

ユークリッド幾何学の成立

275 ヘロフィロス,アレクサンドリアに解剖学校開設(脳研究)
● カリマコス,アレクサンドリア図書館の分類目録『ピナケス』(文学作品カタログ)作成

カリマコスの図書分類目録ピナケス

大洪水物語

● バビロンの祭司ベロソス『大洪水物語』
● アラトス,教訓詩「天界現象」【ギ】
268 アショーカ王,最初の病院と薬草園【印】
250 アポロニオス,アルゴ船の伝説にもとづく大叙事詩「アルゴ遠征記」【ギ】
● テオクリトス「エイデュリオン」(31篇)(田園詩,牧歌詩の祖)【ギ】

アルキメデスの原理

● アルキメデス,比重の原理発見,梃子,滑車,無限螺旋,巻揚機の工具の原理【ギ】
● クテシビオス,水圧パイプオルガン,歯車式積算回転計発明【エ】
● カルウィリウス,ラテン・アルファベットを改新(21文字システムに)

ブラフミー文字

● ブラフミー文字の発達,西北インドでカロシュティー文字(プラクリット語)の使用【印】
● 宋玉『九弁』『高唐賦』『神女賦』【戦国】
240 アリスタルコス,太陽中心地動説【ギ】
234 インド医学,西に伝わる
230 ペルガモンに大ガリア記念碑群像完成
エラトステネス,地球の測定(今日の3万9690kmに相当,平行線を引いた世界地図考案)【ギ】

毛筆発達 豪恬の毛筆改良

● 豪恬,毛筆を改良【秦】
221 フラミニウス競技場【ロ】
各地の文字統一,李斯「篆書」採用【秦】

秦の通信

駅伝制度,郵(文字輸送システム,五里一便,速達可能)の開発【秦】
219 銘文の石彫はじまる(泰山の碑)【秦】
205 プラウトゥス『ホラ吹き兵士』【ロ】
● エジプト,テーベに図書館
● カリマコス『ヘレカー』(小叙事詩)【ギ】
● アンドロニクス,ホメロスの『オデッセイ』のラテン語訳【ロ】
● 『テーラ・ガータ,テーリー・ガータ』このころまでに成立【印】

秦の文字革命

宗教と思索

295 エピクロス『ヘロドトス宛の手紙』【ギ】
● このころから陰陽二元の気の消息理論めばえる(周易と結びつく)【戦国】
● 『祭壇経』成る【印】
● プトレマイオス1世,神官マネトンをブレインに新国教案出(サラピスとイシス信仰)【エ】
● 『孟子』(8篇)【戦国】

70人訳聖書 コイネー使用大翻訳

アレクサンドリア在住のユダヤ人の大がかりな共同研究により,旧約聖書がコイネーに翻訳,『七十人訳聖書』(セプチュアギンタ)(プトレマイオス2世援助)(～BC46)【ユ】
● アルケシラオス,懐疑主義をアカデメイアに感化,懐疑論とストアの論争開始(～BC1C)【ギ】

上座部と大衆部の分裂 上座部→説一切有部など 大衆部→南伝化へ

● 上座部と大衆部の分裂【印】
● 四部四阿含の原形次第に形成,『ダンマ・パダ』(法句経)などの原形,あるいは一部成立【印】
280 第2仏典結集【印】
271 エピクロス『自然学』【ギ】
● 『老子』編集すすむ【戦国】
261 このころからアショーカ王,5人のギリシア王を辺境地域へ使節,伝道師を派遣【印】

エピクロス自然哲学

255 このころ公孫龍,鄒衍との白馬非馬論争で敗れる「公孫龍子」【戦国】
250 仏典第3結集(原始仏教聖典成立)【印】
● ジャイナ教,白衣派と空衣派の分裂【印】
● 『祭事経』成立【印】
● クリュシッポス,ストア学説の体系化(アテナ最勢力の学派に)【ギ】

鄒衍の陰陽五行説

● 鄒衍,陰陽思想に五行説を結びつける【戦国】
247 マヒンダらが,仏舎利・仏鉢を携えてセイロンに入る(後れてサンガミッター,菩提樹をセイロンにもたらす)【印】
246 セイロン王デーヴァーナンピヤ・ティッサ,仏教に帰依,マハー・ヴィハーラ(大寺)建立【印】
244 アショーカ王の経典結集【印】
242 アショーカ王,多数のストゥーパを建立【印】
● ヤクシャ,ヤクシー信仰(民間信仰)勃興【印】
● ストア学派,「選言的関係」(仮言的,選言的三段論法)を草案,文法の研究,語形変化の「格」【ギ】

アショーカの仏教擁護

韓非子 商鞅の法 申不害の術

233 韓非子没(『韓非子』20巻55篇を著す)【秦】
230 『荀子』(32篇,諸子百家思想を集大成)【秦】
● 仏教が全インドに普及する【印】
219 始皇帝,泰山で封禅【秦】
212 始皇帝,真人と称する【秦】
● このころ『阿含経』成立か【印】

マヌの法典 原形成立 宗教・道徳・習慣

● 『マヌの法典』原形このころか(～AD200)【印】
● 『カルパ・スートラ』成立【印】
● このころヒンドゥー教おこる【印】
● ミシュナ,大衆に浸透しはじめる(パリサイ派が擁護)【ユ】

インドと中国

弥生文化へ

● 北九州に水稲をともなう弥生文化おこる(弥生土器開始)【日】
● 道家は不老長寿,神僊家は不老不死を説く【戦国】
● 匈奴,中国北部諸国をしばしば侵略
296 趙,中山王国を滅ぼす【戦国】
● このころコータン開国【チベット】
● 最古のガラス製品【戦国】
293 ビンドゥサーラ王即位(～BC268)【印】
280 公孫龍,趙の恵文王に優兵・兼愛を説く(名家)【春秋】

鍼灸医学はじまる

荀子 天人の分 性為の分

278 荀子が斉の襄王の老師となる【戦国】
277 屈原,汨羅に投身自殺【戦国】
273 アショーカ王即位(～BC232)【印】
261 アショーカ王,カリンガ征服【印】
260 アショーカ王,ダルマ(法)の政治実施【印】
将軍白起,長平の戦に趙軍を破り,40万の兵を坑埋(秦の恐怖広まる)【秦】
● 儒家子思学派に易の導入【戦国】
255 荀子,蘭陵県の長官となる(天人分離の王道政治論を説く)【秦】
● 『春秋左氏伝』このころまでに成立【戦国】
251 アショーカ王,各地に政治理想を石碑として公示【印】
249 秦が東周をほろぼす
呂不韋,荘襄王の宰相となる【秦】
246 始皇帝,13歳で即位(～BC210)
● 『易経』儒家の経典とされる【秦】

呂氏春秋 雑家の学はじまる

241 このころ『呂氏春秋』編集(雑家の学成立)【秦】
● 北九州や近畿地方で環濠集落【日】
239 始皇帝,呂不韋を免職流罪【秦】
233 韓非子が秦の獄中で毒をあおる

秦の統一

221 秦が天下統一(華北と華中の統合,漢民族文化圏の樹立)【秦】
始皇帝,李斯の郡県制採用(中央集権的専制君主はじまる)(官僚制度実施,統一度量衡,貨幣制,計画的都市造営,道路網建設)【秦】

始皇帝と李斯

218 匈奴遠征【秦】
214 北辺一帯に長城建設【秦】
華南征服,3郡設置【秦】
213 焚書坑儒(易関係書,焚書を免れる)【秦】
● 弥生文化,中国・四国・近畿地方に波及【日】
212 300人の方士が宮中で日夜,日月星辰の運行観測(～BC177)『五星占』に編集(国立天文台の制度確立)【秦】
西域諸国使来朝【秦】
● 阿房宮,上林苑(大遊園地),驪山陵の建設【秦】
● このころの総人口2000万人【秦】
● 盧生,未来予言の図録『籙図書』を皇帝に献上【秦】
209 項羽【楚】,劉邦【漢】,挙兵

陳勝・呉広の農民決起 初の農民戦争

陳勝・呉広の乱(初の農民戦争)【楚】
206 楚漢の戦い(秦滅ぶ)
203 趙佗独立して,南越王国(～BC111)
202 劉邦(高祖)即位,国号を漢とする【前漢】
201 叔孫通,朝廷の儀礼を制定【前漢】
● 鹿骨の卜占さかん【日】

神農本草経

● 『神農本草経』江南文化圏で完成【前漢】
● 易学さかん(楊何,蔡公,田王孫)【秦】

項羽と劉邦

史官の記録で秦に関するもの以外はすべて焼きすてよ。詩書、百家の著書も郡守のもとに提出させて焼きすてよ。
李斯

BC6000以前
BC6000
BC2200
BC1200
BC600
BC300
0
300
600
800
1000
1200
1300
1400
1500
1600
1650
1700
1760
1810
1840
1860
1880
1890
1900
1910
1920
1930
1940
1950
1960
1970
1980

最初の情報百科事典「淮南子」は、天人相関思想によって編集される。

このころメディアは、巻子（ロール）から冊子（コデックス）へと変化していく。

BC200

ヘレニズムとローマ

196 ローマ,ギリシア都市の自由独立を宣言【ロ】
ハンニバル改革【カルタゴ】
195 フラミウス,スパルタのニビス（暴君）の独裁政治をたおす【ロ】
190 ルキウスが戸口監察官（コンスル）になる（スキピオ一族の勢力絶頂に）【ロ】

マグネシアの戦

BC190
マグネシアの戦（これ以降,四帝国説流行し,テュケーとしてのローマ幻想たかまる）

マケドニア戦争

188 ローマ,ペルガモン王国とロードスにシリア王国の故領を与え,東地中海から撤退【ロ】
185 東方の食道楽がローマに伝わる
大カトー,華美な風習の厳重な取締り,ギリシア文化排撃の先頭に立つ【ロ】
BC180
180 マルクス・アウレリウスの騎馬隊【ロ】
174 このころまでにローマで舗装道路が一般化（玄武岩使用）【ロ】
171 第3次マケドニア戦争（～BC168）
170 ローマに最初のパン屋（料理の職業化）出現【ロ】
BC170
168 ピュドナの戦（エミリウス,マケドニアを破り,ローマの勢力が東地中海に広がる）
167 ローマ将軍ら,ギリシアの図書施設を持ちかえる（ローマに最初の図書館開設）【ロ】
デロス島を自由港にする【ロ】
BC160
153 カトー,アフリカ視察（以降,「カルタゴ滅ぼすべし」を唱える）【ロ】

ローマの地中海統一

149 第3次ポエニ戦争（～BC146）
第4次マケドニア戦争（～BC148）
146 ローマがコリントを攻略,ギリシアがローマの支配下にはいる

カルタゴ滅亡

BC150
カルタゴ滅亡（ローマ,地中海を制覇）
マケドニアがローマの属州となる
◉ 奴隷制大農地経営繁栄（カルタゴのマゴの書の翻訳,導入）【ロ】
135 シシリーで奴隷反乱続発（～BC132）【ロ】

グラックスの改革

BC140
133 ティベリウス=グラックス,土地改革【ロ】
ヌアンティアの戦に勝利,イスパニア全土の領有【ロ】
132 ティベリウス=グラックス,元老院派に殺される【ロ】
130 幹線道路,小アジアへ【ロ】
BC130
南ガリアへ進出【ロ】
127 このころまでにギリシアがローマの属領に
125 給水設備,都市の急速な膨張に対応するために倍加【ロ】
123 ガイウス=グラックス,護民官に当選（改革失敗）【ロ】
120 幹線道路,南ガリア地方へ【ロ】
BC120
114 ゲルマン人のテウトニ族,キンブリ族の侵入（敗戦）【ロ】
112 北アフリカのヌミディア王との戦争に苦戦（～BC105）【ロ】
105 ローマ軍,アラウシオの戦いでキンブリ族のために全滅【ロ】
BC110
103 シシリーで再度奴隷の大反乱（～BC99）【ロ】

マリウスの兵制

100 マリウス,職業的兵士の養成【ロ】
◉ ローマの人口,パトリキとプレブス250万人,奴隷150万人【ロ】
◉ カッテラ鉱山開く（これまでローマで大理石は建築に未使用）【ロ】
BC100

諸民族の社会

パルティアの強大化

198 アンティオコス,エジプト征服【シリア】
197 ペルガモン,美術最盛期（城山造営）（～BC138）
192 シリア,ローマとの戦い（～BC188）
190 デメトリオス,北西インド進出【バ】
189 デメトリオス即位,パンジャブ,西部インドに進出【バ】
]
182 匈奴の漢攻撃開始
◉ 匈奴,人口30万,兵力6万騎（非匈奴族を含む部族連合で人口150万,兵力30万騎）
176 月氏,天山北方に移動
バクトリア,月氏と匈奴に追われ西方に移動
◉ ケルト人,北イタリアから駆逐される
174 冒頓,月氏を伐つ
168 マケドニア王国滅亡
167 アポロドトス王,西部インド支配【バ】
アンティオコス4世,ユダヤ教を禁止【シリア】
マッカバイオス兄弟の反抗運動（シリア王国,パレスティナを失う～BC37）
◉ パルティア諸王,ギリシア工人を使って貨幣鋳造（裏面にゼウス,アポロなどの神像を刻む）

シリア王国とハスモン朝

165 ハスモン朝おこる（ユダヤ人解放,ユダヤの一時独立BC142～BC63）【ユ】
164 パルティア,シリアを侵す

メナンドロス王

163 メナンドロス王の即位【バ】
◉ ターリム盆地に,無数のオアシス
◉ サカ族,月氏の進出に押され南下
◉ セレウコス朝シリア滅亡に向かう
◉ 王立銀行を中心に中央銀行制度確立【エ】
150 サカ族,インドに入る
146 マケドニア,ローマの属領に
143 ユダヤ王国再建（シモンによる）
142 パルティア王国,バビロニア占領
◉ ナイジェリアのノク文化（鉄器使用）栄える
140 烏孫,月氏を追い伊列占領
大月氏国おこる（西トルキスタン,アフガニスタン北部に移動,5つの総督設置）

匈奴と大月氏

139 大月氏（トカラ人）,バクトリア（大夏）を滅す
◉ 烏孫国,大宛国より「汗血馬」を中国にもたらす
133 ハスモン家,エルサレム,ガリラヤを中心にユダヤ圏を拡大【ユ】
132 ペルガモンでアリストニコス,奴隷や貧農を率いてローマに反抗（「太陽国市民」の支配樹立をもくろむが失敗）
129 バビロニアをパルティアに奪われる【シリア】
123 アルケサス朝,インド辺境からメソポタミアの西支配（～AD87ころ）
121 ガリア南東部,ローマの属州に
117 エジプトからインドへの直接航路開始
114 匈奴の烏維単于
◉ サカ族,インダス川流域に定住

ハスモン家の分裂

100 このころハスモン家が,エッセネ派,サドカイ派,パリサイ派に分党【ユ】
◉ ナバテア人（北アラビア系の遊牧民）,ダマスカス占領（南アラビア,メソポタミアからの交易ルート）

テオティワカン再建

◉ メキシコ盆地のシトレ火山が噴火しクイクイルコの町破滅,テオティワカンに大都市の再建（太陽と月のピラミッド,死者の大通り）
◉ ラクダがアフリカ・サハラ地方に導入される

BC200

技術と芸術

198 ルキウス・スキピオ,アジアより銀器を持ち帰る(以降,ローマで銀工芸盛んに)【ロ】
196 エジプトでロゼッタストーン作成【エ】
190 このころペルガモンで,羊皮紙(パーチメント),子牛皮(ベラム)を書写材として使用
◉ 徐学『数術記遺』【漢】
189 ギリシア彫刻のローマへの搬出

バシリカ出現 ボルキウスの公会堂様式

184 ボルキウスのバシリカ(公会堂,法廷として使用)【ロ】

サモトラケのニケ

180 [サモトラケのニケ像]【ギ】
ペルガモンの水路橋(サイフォン使用)建設
170 『音楽舞踏原理』【印】
166 テレンティウス『アンドロスの女』【ロ】
164 マルキウス・フィリップス,ローマの緯度で算出した日時計を設置
160 大カトー『農業論』(大農地経営を説く)【ロ】

ペルガモン文化

150 このころペルガモンの遊歩列柱廊
◉ メナンドロス王肖像の円形貨幣鋳造【印】

文献科学 ヘレニズム編集術

◉ サモトラケのアリスタルコス,アレクサンドリア図書館長(文献科学の確立)【ギ】
◉ エウメネス2世,ペルガモン大祭壇建造,図書館建設
◉ ゾロアスター教の図像法がヘレニズム型の擬人的表現に変化

ヒッパルコス天文学

◉ ヒッパルコス,天体観測の装置発明,最初の星表編纂【ギ】
◉ 彫刻の正確な模作がすすむ【ギ】
◉ アポロニウス作[拳闘者]【ギ】
◉ バールフットのストゥーパ建立【印】

ポンペイのモザイク

145 ポンペイのモザイク画[アレクサンドロスとダレイオスの戦闘]
◉ 周礼『考工記』【前漢】
134 ヒッパルコス,さそり座に新星発見【ギ】
◉ 司馬相如『子虚の賦』【前漢】
◉ このころから「賦」盛ん(漢賦=宮廷文学)【前漢】
130 アルテミス神殿(イオニア式)【ロ】
124 アスクリピアデス,科学的医学教育の学校開設(〜BC40)【ロ】
◉ ディオニソス・トラクス,最初のギリシア語写校用文書法を著す【ギ】
115 アガタルキデス『ペリプロス』(紅海航海術)

七言詩 武帝と群臣の詩宴

柏梁台(高楼)構築,銅製の仙人の巨像制作,群臣と詩の会を催す(七言詩の創始)【前漢】
◉ 羅針盤を使って,中国の船団が初めてインドの東海岸に到着
◉ アポロドロス『年代記』(トロイア戦争〜BC119の歴史記述)【ギ】

ポリュビオス

100 ローマ字のアルファベットが23文字となる
◉ [ミロのヴィーナス]【ロ】
◉ ポリュビオス『歴史』(40巻,BC221〜BC144までを記述)【ギ】

ロール(巻子)からコデックス(冊子)へ

◉ 本の形が巻子本(ロール)から冊子(コデックス)に変化【ロ】
◉ クレオメデス,光の屈折を発見【ギ】
◉ メロエの文字テキスト(アフリカ,エジプト聖刻文字の直系の子孫)(〜AD4C)

宗教と思索

186 民衆のあいだにバッカスの秘儀流行,元老院,厳罰で取締まる【ロ】
180 プシャミトラ王,仏教を抑えてバラモン教の復興に努力【印】

ヒンドゥー教おこる

サンチー大塔

175 サンチーの第1塔建造【印】
アンティオコス4世,エルサレムのヘレニズム化を推進
169 このころ董仲舒『公羊春秋』博士となる【前漢】
165 マッカベアの反乱,シリアからエルサレムを奪回,アンティオコス4世の建てた偶像を破壊【ユ】
旧約聖書中の『ダニエル書』(アラム語)【ユ】
161 哲学者のローマからの追放を決定【ロ】
160 このころ占星術書『ネケプソとペトシリスの啓示』の流行【ギ】

ハスィディーム 反ヘレニズムユダヤ主義

◉ ユダヤ長老による反ヘレニズムのハスィディーム(敬虔派)強化【ユ】
◉ ギリシア人王メナンドロス,ナーガセーナ長老と対論『ミリンダ王の問』の原型成立【印】
156 アテネの哲学者使節団,ローマに派遣(アカデメイアの学,ディオゲネスのストア哲学など伝わる)
◉ 景帝の皇后,黄老の学を好む(黄老の学の隆盛)【前漢】
152 ヨナタン(ハスモン家),大司祭としてユダヤの首長に(「仮庵の祭」に当たる)【ユ】
150 カーティヤニープトラ『阿毘達磨発智論』【印】
◉ 部派の分裂が進む【印】
◉ パタンジャリ『マハーバーシュヤ』【印】

ミーマンサー学派

◉ ミーマンサー学派おこる【印】
◉ 西インドのバージャーに最古の石窟寺院建造(石窟寺院ブームの先駆)【印】
141 ゾロアスター教,再びペルシア宗教に

儒教の国教化

136 『易経』編集(『易周』とそのテキスト『十翼』結合)【前漢】
儒教を国教と制定(政治実践への活用)【前漢】
134 サンチーの第1塔増広(第2・3塔建造)【印】
◉ ポセイドニオス,オルフィック教的諸概念を復活,新ピタゴラス教団的信仰を織りこむ(グノーシス派へ)【パルティア】

説一切有部拡大

◉ 説一切有部,盛行する【印】
129 ヨハナン・ヒルカノス,征服戦争開始(反対派=パリサイ派結成)【ユ】
125 このころから死海北西海岸に宗教団体クムラン宗団,『死海文書』編集か【ユ】
◉ 『マカベア第一書』【ユ】

クムラン宗団の死海文書編集

ヘルメス・トリスメギストス

◉ ヘルメス・トリスメギストス,占星術の体系化(と言われる)

董仲舒の三綱五常説 五行的儒学の世界論

104 董仲舒『春秋繁露』(五行思想による世界観創出)【前漢】
100 このころまでに小乗仏教の分裂ほぼ終了【印】
◉ 『アーパスタンバ・ダルマ・スートラ』成立【印】
◉ 『ヘノックの警え』(『旧約聖書』の外典,多くの占星術に関する記述)
◉ 『ユビラエウスの書』(『創世記』の外典)発見

インドと中国

198 高祖,単于と和議【前漢】
未央宮成る【前漢】
195 高祖没し,呂太后の専制(〜BC180)【前漢】

衛氏朝鮮 衛満の建国活動

衛満,朝鮮を建国(衛氏朝鮮)(〜BC108)【鮮】
191 恵帝,民間の書籍蔵書の禁を解く【前漢】
◉ 南インドにアーンドラ朝【印】

申培の魯学派 魯詩学と穀梁春秋

◉ 申培,魯学派をおこす(魯詩学と穀梁春秋)【前漢】
◉ 儒者陸賈,高祖に文治を説く(『新語』12篇)【前漢】
187 マウリア王朝滅亡,シュンガ王朝成立(〜BC72)(プシャミトラ王,仏教寺院破壊)【印】
180 このころ陸賈『新語』【前漢】
賈誼,太中大夫となる(『新書』)【前漢】

文帝と馬王堆

168 文帝死去,馬王堆墓造営【前漢】
◉ メナンドロス,西北インドを支配,タクシラに都市建設(ヘレニズム文化をもたらす)

漢の武帝

呉楚七国の乱

154 呉楚七国の乱【前漢】
◉ 九州で支石墓,近畿地方で方形周溝墓出現【日】
140 武帝即位(〜BC87)【前漢】
元号の初め(実際の制定はBC114)

淮南子

張騫の西域探検

139 張騫,西域に出発(〜BC126)【前漢】
136 武帝,董仲舒の言を納れ,五経博士設置(科挙試験の制度萌芽,学者官僚の誕生)【前漢】
◉ 季節風利用通商ルート(長安からマラッカ海峡,マレー半島,ホワーング・チー上陸)【前漢】
130 司馬相如『凡将篇』【前漢】
河間献王劉徳(『周官』『尚書』『礼記』『孟子』など先秦旧書の収集)【前漢】
129 衛青,車騎将軍となり,匈奴討伐【前漢】
128 張騫,バクトリアに到着【前漢】
衛子夫,皇后となる【前漢】
122 淮南王劉安,『淮南子』(天人相関的百科全書)編集完了【前漢】
121 霍去病,甘粛地方から匈奴を追い出す【前漢】
◉ 古典籍集,図書館(天禄閣)造営【前漢】
119 衛青,霍去病,匈奴の本拠攻撃【前漢】
塩鉄の専売開始【前漢】
◉ 西南夷に100以上の君主「ムアン」国家支配
113 貨幣発行(五銖銭),鋳造を独占(大商人に対抗)【前漢】
112 漢,南越国を平定,九郡設置【前漢】
111 河西四郡成立(オアシス路,都長安に直結)(〜BC97)【前漢】
110 武帝,泰山で封禅の儀(神仙信仰)【前漢】

塩鉄専売

109 武帝,雲南昆明盆地の滇王国(ムアン国家)に益州設置,属国に

楽浪四郡 衛氏朝鮮滅亡

108 衛氏朝鮮をほろぼし楽浪など四郡設置【前漢】
104 司馬遷,初の制定暦「太初暦」完成(正月を歳首とする)【前漢】
武帝,建章宮を建立【前漢】
敦煌に,玉門関,陽関の門を開く【前漢】
◉ 木簡による公文書行政組織が確立,官職名の印章を使用【前漢】
◉ ギリシアの天文学が伝播(渾天儀の原型)【前漢】

ビザンチンは完全に黒海の入口をおさえているので、商船はその意志に反して航行できない。
ポリビュオス

BC6000以前
BC6000
BC2200
BC1200
BC600
BC300
0
300
600
800
1000
1200
1300
1400
1500
1600
1650
1700
1760
1810
1840
1860
1880
1890
1900
1910
1920
1930
1940
1950
1960
1970
1980

司馬遷とキケロの画期的な情報記述法が、その後の世界記憶のしかたを支配する。

ヴィトルヴィウスの建築記憶術と山海経の地理記憶術。人類は、まだこの方法を越えられない。

記憶の変換

BC100

ローマの変質

91 エトルリア,同盟市戦争でローマの自治都市となる
◉ アリスティオン(エピクロス派),アテニオン(ペリパトス派),アテネに反ローマの革命政権(〜BC86,スルラにより処刑)【ギ】

BC90

ユリウス法 市民権と婚姻秩序

89 ユリウス法(カエサル,ローマに忠実なイタリア人に,ローマ市民権を与える)【ロ】
88 マリウス,スルラの両軍閥巨頭政争(スルラ,名簿公示によって政敵の大量抹殺)【ロ】
スルラ,アテネ市掠奪(アリストテレスの蔵書をローマに持ちかえる)【ロ】

BC80

スパルタクスの反乱

73 スパルタクスの乱(一時は貧農まで合流し12万の大反乱)(〜BC71)
72 将軍ルクルス【ロ】,トラキア全土を支配
70 ポンペイウスとクラッススのコンスル【ロ】
67 ポンペイウス,地中海全域の海賊退治【ロ】
64 ポンペイウス,シリアを属州とする【ロ】
63 キケロ「カティリナ弾劾演説」,陰謀を暴露,国家の危機を救い「祖国の父」と呼ばれる【ロ】
ポンペイウス,西アジア諸国をローマの属州と保護国にする【ロ】

BC70

三頭政治 カエサル,ポンペイウス,クラッスス

60 第1回三頭政治(カエサル,ポンペイウス,クラッスス)【ロ】

カエサルの時代

BC60

58 カエサルのガリア征服開始(〜BC51)ローマの貧農への穀物の無料分配決定(恩恵に浴した総数32万人)【ロ】
◉ カエサル,古い区域をとりこわし新しい商業地区(フォロ・ロマーノ)を拡張【ロ】
51 キケロ,属州の長官として伝令使(1日24マイルの速度)【ロ】

BC50

◉ カエサル,全ガリア制圧,ヒスパニア,ブリタニア,ゲルマニア進出(〜BC49)【ロ】
◉ ローマの駅逓制度,「クルスス・プーブリスク」(政府の公文書の送達)【ロ】
45 カエサルの独裁政治成立【ロ】

カエサル暗殺

BC40

44 カエサル暗殺【ロ】

オクタヴィアヌス 初代ローマ皇帝へ

43 第2回三頭政治(オクタヴィアヌス,アントニウス,レピズス)【ロ】

キケロ暗殺

キケロ暗殺【ロ】

BC30

ローマ帝国の成立

38 シチリア戦争(〜BC36)
34 クレオパトラとアントニウス結婚
32 ローマ元老院,クレオパトラに宣戦【ロ】
31 アクティウムの海戦(オクタヴィアヌスがローマの支配権確立)【ロ】
30 アントニウス,クレオパトラ自殺
◉ このころローマ〜シシリー間,馬車で7日間【ロ】
27 アウグストゥス(オクタヴィアヌス)即位,ローマの内乱の時代終結(ローマ帝国スタート)【ロ】
アウグストゥス,ガリア,イスパニア征行【ロ】

アグリッパのローマ建造 パンテオン ユリウス水道

25 アグリッパ,ローマ帝国を測量【ロ】
20 アグリッパのガリア,ライン渡河征行【ロ】
19 アウグストゥス,婚姻法制定【ロ】
アウグストゥス,「世紀の大祭」を祝う(ホラティウス[世紀の歌])【ロ】
3 ティベリウス,ロードスに引退(〜AD4)【ロ】

世界人口一億五〇〇〇万人

諸民族の社会

シルクロードの活発化

99 このころ匈奴のノイン・ウラ文化栄える
◉ シリア王国,無政府状態

ポントス王国

88 ポントス王国ミトラダテス6世,ローマの属州アジアに侵入,ローマ人の殺戮(約8万人)(ローマ鎮圧,賠償金を課す)
83 アルメニア王ティグラネス1世,シリアに侵入
78 アレクサンドラ,ユダヤ王国を統治(〜BC69)(パリサイ派増長)【ユ】
71 スエビ族(ゲルマン人)の長アリオビスト,ガリアに侵入(カエサル軍撃退)
70 大月氏,アム川南方に領域を拡大
◉ アジアのローマへの賠償金864億に達する
65 月氏五王国の成立
64 セレウコス王国滅亡(アンティオキア市,ローマに併合され属州シリアの首都になる)
63 ユダヤ,ローマの属領となる(ポンペイウス,エルサレム占領)
60 匈奴の東トルキスタン総督の日逐王,単于と衝突,漢に投降
57 匈奴乱れ五単于分立
カシミール国王,漢に遣使
55 エジプト内乱(プトレマイオス11世追放)【エ】

匈奴の東西分裂

54 匈奴が東西に分裂
53 カルラエの戦い(パルティアの騎馬戦術勝利,ローマとパルティアの勢力均衡樹立)
50 ラ・テーヌ文化,ローマとゲルマンの勢力に押されて消滅
47 アンティオキア市,カエサルにより自由市と認可【シリア】

クレオパトラ エジプト女王とアントニウス

クレオパトラ,エジプト女王となる(〜BC30)
46 ウェルキンゲトリスク(ガリアのケルト人族長の子),ローマに護送され処刑
40 アンティゴヌス,ハスモン王国復興
◉ 匈奴領域内,大降雪,旱害による飢饉,国内に動乱

ユダヤ王国

ヘロデ王 ローマ下のエルサレム

37 ヘロデ王,ローマの保護をうけエルサレムの統治(ユダヤ王国)(〜BC4)【ユ】
30 エジプト王国(プトレマイオス朝)滅ぶ(ローマの属領に)
◉ エジプトからインド洋横断の古代通商ルート(季節風利用し3カ月で横断,これまで3年)
◉ 1年間に100隻以上の船がインドに出航,交易(ローマの金流出,絹,香料,宝石と交換)
20 クシャナ侯ヘラウスの統一事業開始【大月氏国】
◉ 南インドにローマ人の居留地【印】
◉ 北モンゴリア,ノイン・ウラ古墳群
◉ パルティア人が西北インドを支配【印】
12 ドルスス【ロ】,リヨン近郊に「女神ローマとアウグストゥスの祭壇」奉献,皇帝礼拝を導入(ガリアのローマ化すすむ)
7 世界の人口およそ2億5000万人
4 ヘロデ王没,王国三分【ユ】

BC100

技術と芸術

◉ 模刻に星取技法(ポインティング)発明【ロ】
◉ アスクレピアデス,ギリシア医学を移植【ロ】
◉ クテシオビス,空気の弾性発見【ギ】
◉ ナイル川の三角州,アルキメデスが発見した「コクレアエ」(ヘビ)とよばれる機械で灌漑
◉ 『史記』の「始皇本紀」に「文字」という言葉初登場【前漢】

ガラスの普及

88 小アジアで,製粉用水車の発明
◉ ローマ,煉瓦焼成窯をギリシアから輸入
◉ 本草学者のクテウアス,薬草の写生
◉ 「風の塔」(アンドロニコスの科学館)【ギ】
◉ 許商『許商算術』,杜忠『杜忠算術』【前漢】

73 『塩鉄論』【前漢】
◉ キケロの書記のティロ,「ティロ記号」(速記術,約定的符号の数5000台)【ロ】
◉ ポセイドニオス『歴史』(BC144以降の記述,ケルト人やゲルマン人にはじめて言及)【ロ】

速記術 キケロ ティロ

63 反逆政治家カティリナに対する弾劾演説が「ティロ記号」で書かれる【ロ】
◉ ポンペイ[秘儀荘]の壁画

59 カエサル,『アクタ・デウルナ』の刊行を命じ,帝国の地図を作らせる【ロ】
55 ポンペイウス劇場(ローマ初最大の石造の半円劇場)【ロ】
52 カエサル『ガリア戦記』【ロ】
キケロ『国家論』刊【ロ】

ユリウス暦 ソシゲネスの太陽暦改革

45 カエサル,アレクサンドリアのソシゲネスに命じて暦の改革(1年=365.25日「ユリウス暦」を採用)(1年の最初の日が1月1日となる)
43 ネポース『名士伝』【ロ】

ウェルギリウス

38 ハゲサンドロス,アタノドロス,ポリュドロス合作[ラオコーン群像]【ギ】

田園詩・農耕歌

37 ウェルギリウス『田園詩選』【ロ】
◉ ウァロ『農業論』(3巻)【ロ】
32 シリアから,新しいガラス技術と職人を導入,ローマに広がる【ロ】
30 ウェルギリウス『農耕歌』完成【ロ】
◉ テオクリトス『シュラクサイの女たち』【ギ】
◉ ローマに初の闘技場建設【ロ】
◉ 日時計発明【前漢】

29 ホラティウス『エポディ』【ロ】
28 プロペルティウス『エレゲイア詩集』【ロ】
27 アグリッパ,パンテオン着工【ロ】
◉ ヴィトルヴィウス『建築書』(全10巻)【ロ】
22 ローマで初の無言劇

ヴィトルヴィウス建築術

アエネイス

◉ ウェルギリウス『アエネイス』【ロ】

ガールの水道橋

◉ [ポン・デュ・ガール](水道橋,全長269m)【ニーム】

19 神殿[メゾン・カレ]【ニーム】
16 劉向『列女伝』【前漢】
◉ リヴィウス『ローマ建国以来』(全142巻)【ロ】
13 オウィディウス『婦人の化粧品』【ロ】

◉ ディオニシオス『ローマ史』【ロ】
◉ アレクサンドリアでガラス工業発達(象嵌模様やモザイク模様)

宗教と思索

般若経 般若波羅密 無執着(空観)

◉ このころから仏教経典の梵語化はじまる【印】
◉ セイロンで仏典の文字化【印】
◉ 『般若経』の原型成立【印】
◉ 各地に石造のストゥーパ,盛んに造築【印】
◉ 定型的なヴィハーラ窟が一般化する【印】
97 ポセイドニオス(ストア学派),ロドス島に学校開設【ギ】

セイロン仏教分裂 大寺派と無畏山寺派

89 セイロンに無畏山寺建立(進歩派と保守派に分裂)【印】
87 このころアリストテレスの著書,ローマではじめて読まれる【ロ】
83 コータン王,仏教に帰依【印】
◉ カナーダ出てヴァイシェーシカ学派おこる【印】

ジャータカ ブッダの本生譚

◉ このころまでに『ジャータカ』(本生譚,『三蔵』の一部)成立【印】
◉ パリサイ派反乱続く(王と対立)(～BC73)【ユ】
◉ このころまでにエジプトの秘教「イスイス」「セラピス」,ローマに定着【ロ】

67 小アジアでミトラス教発達,ローマ軍団にとり入れられ,ローマに広まる
62 セイロン王チョーラナーガの仏教弾圧【印】

ルクレティウス

55 ルクレティウス,エピクロスの自然論に依拠し『自然の本性について』(発狂のため未完)【ロ】
54 キケロ『スキピオの夢』(『共和国について』ユートピア物語)(～51)【ロ】
50 アイネシデモス,ピュロン主義の復興【ギ】

新ピタゴラス主義

◉ ローマとアレクサンドリアでピタゴラス主義の復活(新ピタゴラス主義,アポロニウス,フィグルスなど)
◉ バーダラーヤナ,ヴェーダンタ学派確立へ【印】

キケロ ギリシア哲学の紹介とトピカ(雄弁術)の発展

45 キケロ,ギリシア哲学をラテン語に翻訳【ロ】
44 キケロ『トゥーラクヌム談義』『友情論』【ロ】

アンドロニコス

40 アンドロニコス,アリストテレス註釈開始,論理学をオルガノン(哲学の道具)と提唱【ロードス】

35 このころミシュナに2学派(ヒレル,シャマイ)【ユ】

20 このころヘロデ王,エルサレムの大神殿の再建に着手(AD63完成)【ユ】

揚雄と太玄経

10 揚雄『太玄経』(陰陽思想と占筮の書)【前漢】

山海経

6 劉歆,『山海経』の叙録【前漢】

イエス生誕

4 イエス・キリスト誕生
2 このころ大月氏の使者から,はじめて中国に仏教が伝わる(『浮屠経』口授される)(異説AD67)

アビダルマ飛躍

◉ 西北インドで,アビダルマ仏教が一大飛躍(仏教の梵語化もっとも活発化)【印】
◉ 『法華経』編集すすむ【印】

インドと中国

司馬遷の紀伝体

99 李広利,匈奴攻撃(李陵,匈奴に投降)【前漢】
司馬遷が宮刑にあう【前漢】
◉ 九州,四国,中国,近畿の弥生土器,地方色を強める【日】
92 初めて巫蠱の獄(皇后,太子の自殺)【前漢】

史記 12本紀・10表・8書 30世家・70列伝

91 司馬遷『史記』(紀伝体,130巻)編集完成【前漢】

81 塩鉄の議論おこる【前漢】
◉ 交趾,中国の南海交易に隆盛(人口73万人,ヌガラ国家)【越】
80 サカ族,インダス川を北上,ガンダーラ地方に侵入

楼蘭滅亡

77 ロプ・ノールのほとりの楼蘭王国滅亡
土地共同購入の石碑(伝統的里共同体の崩壊)【前漢】
75 シュンガ朝衰え,カーンヴァ朝おこる【印】
71 漢,烏孫とともに匈奴を攻撃

65 桓寛撰『塩鉄論』【前漢】
61 羌族を討って西域交通路確保【前漢】
60 西域都護を設置(タ一リム盆地支配)【前漢】
◉ このころタ一リム盆地のオアシス国家55国

58 サカ族アゼス王,西北インド支配(ヴィクラマ紀元)【印】
57 居世,新羅王に即位(～AD4)【鮮】
51 石渠閣に五経異本の校訂【前漢】
匈奴の呼韓邪単于,入朝【前漢】
◉ このころから陰陽災異説普及【前漢】
45 西域18国が漢に入朝
44 タミール王によるセイロン支配【南印】

37 東明王,高句麗の始祖(卵生説)(～BC19)【鮮】
33 王昭君,匈奴の呼韓邪単于に嫁す【前漢】
30 劉歆『春秋左氏伝』(改編,古文顕彰運動で今文派と対立)【前漢】

アーンドラ朝の北インド統一 デカン高原 交易と仏教

28 アーンドラ朝,北インド併合,デカン高原以北を統一【印】
26 ローマのアウグストゥスへの遣使【印】
劉向,任宏,尹咸,李柱ら宮廷図書『中秘書』の古籍校定開始【前漢】

漢の編集時代

劉向の目録学

劉向『洪範五行伝論』【前漢】
成帝,全国に書籍を探し求める政令発布【前漢】
◉ 揚雄『方言』(辞書),成帝のサロンで活躍【前漢】
25 マガダ王国,カーンヴァ朝滅ぶ【印】
18 温祚王,百済の始祖(～AD28)【鮮】
◉ 『説苑』『新序』編集【前漢】
12 このころ張禹,『論語』の校定【前漢】
◉ 戦国時代から口伝されてきた儒家の経典,すべての定本が書き写される【前漢】
◉ このころ簡策と帛併用【前漢】

カタログ七略

7 劉向,劉歆父子,『七略』(最初の図書目録)編集【前漢】

日本に農耕

◉ 朝鮮より青銅器を,中国より宝器類を移入する【日】
◉ ガラス器が移入され,製作もおこなわれる【日】
◉ 階級社会が成立【日】
◉ このころ弥生文化が東北地方に波及【日】

私が記録の官を司どりながら、明聖の天子の盛徳を記載せず、功臣、世家、賢大夫の業を滅却すれば、これより大きな罪はありません。

司馬遷『史記』大史公自序

BC 6000以前 / BC 6000 / BC 2200 / BC 1200 / BC 600 / BC 300 / 0 / 300 / 600 / 800 / 1000 / 1200 / 1300 / 1400 / 1500 / 1600 / 1650 / 1700 / 1760 / 1810 / 1840 / 1860 / 1880 / 1890 / 1900 / 1910 / 1920 / 1930 / 1940 / 1950 / 1960 / 1970 / 1980

ADO

分岐と伝播
0〜299

唯識思想から分かれた大乗仏教、
ユダヤ教から分かれたキリスト教、
どちらも世界知の独占を狙っていた。

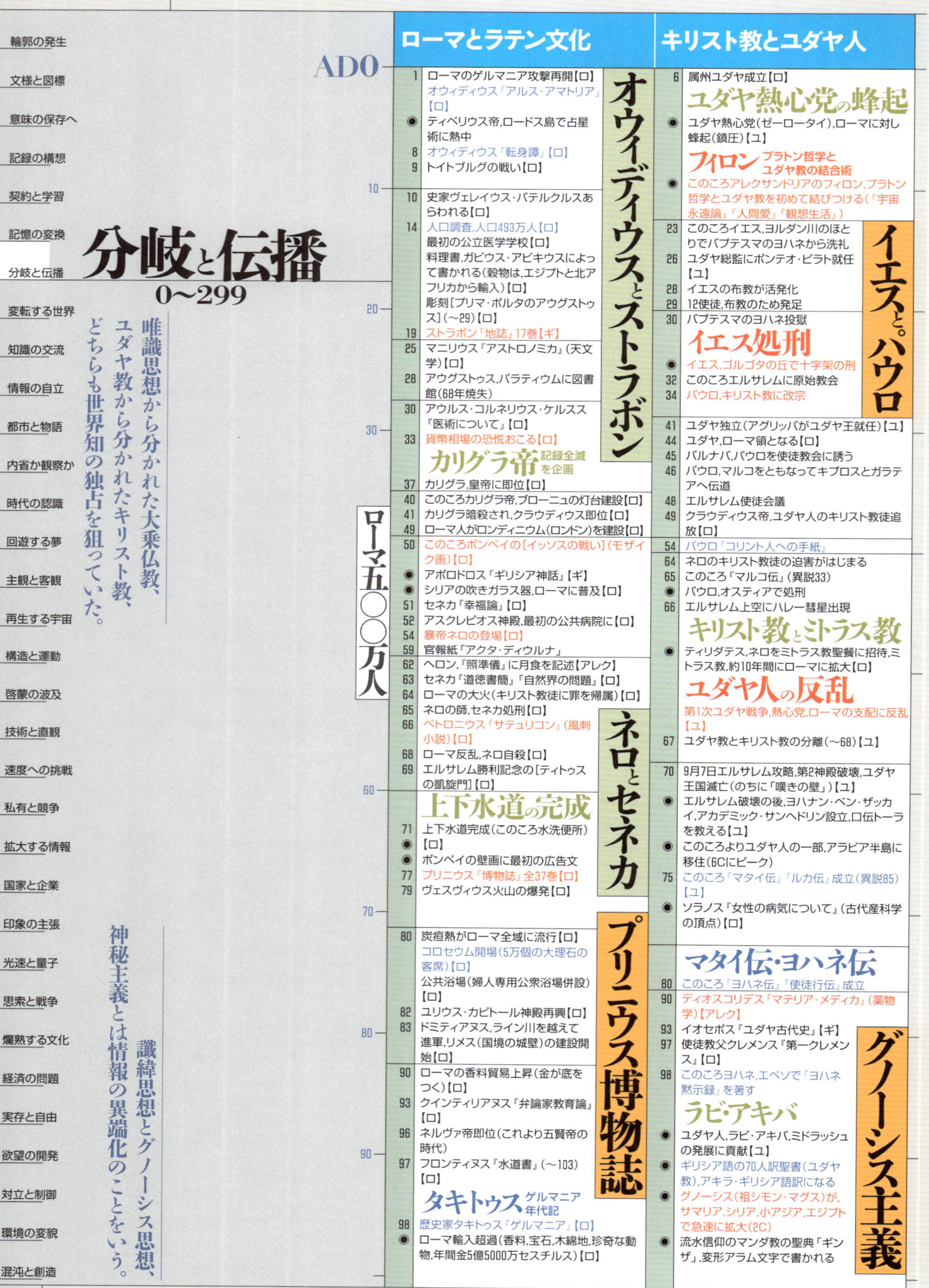

ローマとラテン文化

オウィディウスとストラボン／ネロとセネカ／プリニウス博物誌／ローマ五〇〇〇万人

年	事項
1	ローマのゲルマニア攻撃再開【ロ】
	オウィディウス『アルス・アマトリア』【ロ】
◉	ティベリウス帝,ロードス島で占星術に熱中
8	オウィディウス『転身譜』【ロ】
9	トイトブルグの戦い【ロ】
10	史家ヴェレイウス・パテルクルスあらわれる【ロ】
14	人口調査,人口493万人【ロ】
	最初の公立医学学校【ロ】
	料理書,ガビウス・アピキウスによって書かれる(穀物は,エジプトと北アフリカから輸入)【ロ】
	彫刻「プリマ・ポルタのアウグストゥス」(〜29)【ロ】
19	ストラボン『地誌』17巻【ギ】
25	マニリウス『アストロノミカ』(天文学)【ロ】
28	アウグストゥス,パラティウムに図書館(68年焼失)
30	アウルス・コルネリウス・ケルスス『医術について』【ロ】
33	貨幣相場の恐慌おこる【ロ】
	カリグラ帝 記録全滅を企画
37	カリグラ,皇帝に即位【ロ】
40	このころカリグラ帝,ブローニュの灯台建設【ロ】
41	カリグラ暗殺され,クラウディウス即位【ロ】
49	ローマ人がロンディニウム(ロンドン)を建設【ロ】
50	このころポンペイの「イッソスの戦い」(モザイク画)【ロ】
◉	アポロドロス『ギリシア神話』【ギ】
◉	シリアの吹きガラス器,ローマに普及【ロ】
51	セネカ『幸福論』【ロ】
52	アスクレピオス神殿,最初の公共病院に【ロ】
54	暴帝ネロの登場【ロ】
59	官報紙「アクタ・ディウルナ」
62	ヘロン,『照準儀』に月食を記述【アレク】
63	セネカ『道徳書簡』『自然界の問題』【ロ】
64	ローマの大火(キリスト教徒に罪を帰属)【ロ】
65	ネロの師,セネカ処刑【ロ】
66	ペトロニウス『サテュリコン』(風刺小説)【ロ】
68	ローマ反乱,ネロ自殺【ロ】
69	エルサレム勝利記念の「ティトゥスの凱旋門」【ロ】
	上下水道の完成
71	上下水道完成(このころ水洗便所)【ロ】
◉	ポンペイの壁画に最初の広告文
77	プリニウス『博物誌』全37巻【ロ】
79	ヴェスヴィウス火山の爆発【ロ】
80	炭疽熱がローマ全域に流行【ロ】
	コロセウム開場(5万個の大理石の客席)【ロ】
	公共浴場(婦人専用公衆浴場併設)【ロ】
82	ユリウス・カピトール神殿再興【ロ】
83	ドミティアヌス,ライン川を越えて進軍,リメス(国境の城壁)の建設開始【ロ】
90	ローマの香料貿易上昇(金が底をつく)【ロ】
93	クインティリアヌス『弁論家教育論』【ロ】
96	ネルヴァ帝即位(これより五賢帝の時代)
97	フロンティヌス『水道書』(〜103)【ロ】
	タキトゥス ゲルマニア年代記
98	歴史家タキトゥス『ゲルマニア』【ロ】
◉	ローマ輸入超過(香料,宝石,木綿地,珍奇な動物,年間金5億5000万セスチルス)【ロ】

キリスト教とユダヤ人

イエスとパウロ／グノーシス主義

年	事項
6	属州ユダヤ成立【ロ】
	ユダヤ熱心党の蜂起
◉	ユダヤ熱心党(ゼーロータイ),ローマに対し蜂起(鎮圧)【ユ】
	フィロン プラトン哲学とユダヤ教の結合術
◉	このころアレクサンドリアのフィロン,プラトン哲学とユダヤ教を初めて結びつける(『宇宙永遠論』『人間愛』『観想生活』)
23	このころイエス,ヨルダン川のほとりでバプテスマのヨハネから洗礼
26	ユダヤ総監にポンテオ・ピラト就任【ユ】
28	イエスの布教が活発化
29	12使徒,布教のため発足
30	バプテスマのヨハネ投獄
	イエス処刑
◉	イエス,ゴルゴタの丘で十字架の刑
32	このころエルサレムに原始教会
34	パウロ,キリスト教に改宗
41	ユダヤ独立(アグリッパがユダヤ王就任)【ユ】
44	ユダヤ,ローマ領となる【ロ】
45	バルナバ,パウロを使徒教会に誘う
46	パウロ,マルコをともなってキプロスとガラテアへ伝道
48	エルサレム使徒会議
49	クラウディウス帝,ユダヤ人のキリスト教徒追放【ロ】
54	パウロ『コリント人への手紙』
64	ネロのキリスト教徒の迫害がはじまる
65	このころ『マルコ伝』(異説33)
◉	パウロ,オスティアで処刑
66	エルサレム上空にハレー彗星出現
	キリスト教とミトラス教
◉	ティリダテス,ネロをミトラス教聖餐に招待,ミトラス教,約10年間にローマに拡大【ロ】
	ユダヤ人の反乱
	第1次ユダヤ戦争,熱心党,ローマの支配に反乱【ユ】
67	ユダヤ教とキリスト教の分離(〜68)【ユ】
70	9月7日エルサレム攻略,第2神殿破壊,ユダヤ王国滅亡(のちに「嘆きの壁」)【ユ】
◉	エルサレム破壊の後,ヨハナン・ベン・ザッカイ,アカデミック・サンヘドリン設立,口伝トーラを教える【ユ】
◉	このころよりユダヤ人の一部,アラビア半島に移住(6Cにピーク)
75	このころ『マタイ伝』『ルカ伝』成立(異説85)【ユ】
◉	ソラノス『女性の病気について』(古代産科学の頂点)【ロ】
	マタイ伝・ヨハネ伝
80	このころ『ヨハネ伝』『使徒行伝』成立
90	ディオスコリデス『マテリア・メディカ』(薬物学)【アレク】
93	イオセポス『ユダヤ古代史』【ギ】
97	使徒教父クレメンス『第一クレメンス』【ロ】
98	このころヨハネ,エペソで『ヨハネ黙示録』を著す
	ラビ・アキバ
◉	ユダヤ人,ラビ・アキバ,ミドラッシュの発展に貢献【ユ】
◉	ギリシア語の70人訳聖書(ユダヤ教),アキラ・ギリシア語訳になる
◉	グノーシス(祖シモン・マグス)が,サマリア,シリア,小アジア,エジプトで急速に拡大(2C)
◉	流水信仰のマンダ教の聖典「ギンザ」,変形アラム文字で書かれる

讖緯思想とグノーシス思想、
神秘主義とは情報の異端化のことをいう。

東西路と海の道

タミル文学 ドラヴィダ人のシャンガム

◉ 月氏諸侯の分裂時代
◉ サカ族の王,ゴンドファルネス在位(～50)
◉ コータンの貨幣,古代インドのカロシュティー文字と漢字によって刻まれる

パルティア戦争③

2 第3次パルティア戦争(ローマと)
◉ このころよりタミル文学のシャンガム時代,『エットゥトハイ』『パットゥパートゥ』など成立【印】
10 このころ,南インドにパンドヤ国王隆盛

シリア語(東アラム語)発達

20 このころシリア語(東アラム語)発達(キリスト教徒による使用)
21 パルティア王ゴンドファース,ガンダーラ地方を支配

クジュラ・カドフィセス

30 このころクジュラ・カドフィセス即位し,クシャナ族の勢力確立【印】
37 パルティア王アルタバヌス3世,ローマと和平し,アルメニア放棄

季節風の発見

40 ギリシア商人ヒッパルコスが季節風発見【ギ】

クシャナ朝へ

エリュトゥラー航海記

45 中央アジアでクシャナ朝成立【印】
46 ヤルカンド抬頭し,クチャ,コータン,鄯善,トルファンなど,タリム盆地を治める
48 匈奴,南北に分裂
51 パルティア王国ヴォロガセス1世即位
◉ パルティアの貨幣にはじめてパフラヴィー・アルサケス文字があらわれる
◉ パルティア王国にグノーシス教
53 このころローマとインドの間で貿易がさかんになる
61 コータン王,ヤルカンド併合【西域】
70 『エリュトゥラー海案内記』成立(このころギリシア・ローマ人のインド洋貿易発展)
73 明帝代,河西回廊からハミへ直行する伊吾路を開く(漢,西域を攻める)
固北,匈奴を攻める【漢】
74 漢の班超,西域に遠征【漢】
76 亀茲,後漢に反撃

班超と西域征服

78 班超,西域で活動しはじめる
パルティア衰え,西北インドにクシャナ帝国拡大【印】
80 このころ約3万人のアジア原住民が西方へ移動(のちにヨーロッパでフン族とよばれる集団を形成)
86 班超,カシュガル,ヤルカンドを降す【漢】
87 鮮卑,北匈奴を破る
91 モンゴリア,ゴビ,タクラマカンに勢威をふるった匈奴王国滅亡【西域】
◉ クシャナ王朝にヴェーマ・カドフィセス即位(王朝の領域さらに拡大)【印】
94 西域オアシス諸国(50数カ国)漢に服属

シルクロードの甘英

97 甘英,東西路を越えてローマへ【漢】
◉ ハミに遊牧騎馬民族匈奴の呼延単于の王庭
◉ ナバテア王国の刻文ナバテア文字
◉ アクスーム王国がはじまる(アビシニア王国へ)
◉ エジプトを中心にサラマンダー説話

クシャナ朝の仏教

インド仏教の確立

1 インド西部アジャンターで石窟寺院造営

マハーバーラタ ラーマーヤナ

◉ 『マハーバーラタ』『ラーマーヤナ』の二大叙事詩成立へ【印】
◉ 『マヌ法典』編集すすむ(ヒンドゥー法の確立)【印】
2 神仙思想が発展【漢】
10 王莽,自ら神選王を称し,八風台をたてる【新】
◉ 楊雄『大去』(占筮書)【漢】

讖緯思想流行

◉ 公孫述(蜀王),緯記を編集
28 張豊,道士の言によって乱起こす【漢】
29 光武帝,孔子を祀る【漢】
◉ このころ『マンドゥーキヤ,ウパニシャッド』成立か【印】
30 このころ儒者の宗・桓譚,反図讖を唱え左遷【漢】
41 李広,南岳太師として乱を起こす【漢】

ダラニ・マントラの大乗仏教流入

◉ 大乗仏教にダラニ・マントラ使用【印】
◉ 五道,六道輪廻,他世界訪問譚の出現【印】
44 新ピタゴラス派哲学者ティアナのアポロニオス,タクシャシラー訪問【印】
◉ 大月氏クシャナ族の王クジュラ・カドフィセス,ガンダーラ征服【印】
50 パルティア王国のゴダルゼスのもとでゾロアスター教典結集【パルティア】
鍍金の石仏像【タイ】
ガウタマ(ニヤーヤ学派開祖～150)【印】
『ヴァイシェーシカ・スートラ』成立(～150)【印】
◉ クシャーナ文化圏に阿弥陀信仰【印】

西北インドに仏教美術

法華経・華厳経・無量寿経成立

◉ 西北インドのガンダーラ美術,北インドのマトゥラー美術出現
◉ マドゥラの文芸院サンガムの設立とその繁栄【印】
60 このころを中心に『般若経』『法華経』『華厳経』『無量寿経』初期大乗仏教成立
◉ クジュラ・カドフィセス,ギリシア文字の採用,ローマと通商【印】
62 劉晨,阮肇,天台山に登り神仙にあう【漢】

中国に仏教

64 明帝,西域に仏教を求める【漢】
65 楚王英,仏教を信奉【漢】
迦葉摩騰,竺法蘭共訳『四十二章経』(洛陽の白馬寺で翻訳される～75)中国仏教最初の訳経【漢】
72 明帝が魯の旧孔子宅を訪れ,孔子とその弟子を祀る
77 カラワーン仏寺に説一切有部【印】
78 シャカ暦元年
80 張陵,章帝に召されるが,応ぜず【漢】
◉ 「五趣輪図」(地獄・極楽)描かれる【印】
92 道教を「道家」とよぶ【漢】
◉ 梵劇(インドの宮廷劇)完成

アジアの帝国

◉ 学者劉歆が円形の枡の円周率を3.15とする【漢】
◉ 北九州に甕棺墓(前漢鏡,ガラスの副葬品出現)
◉ 小国家分立【日】

漢6000万人

2 中国の人口統計が5959万4978人(漢書・地理誌に記載)

王莽の革命

5 王莽,平帝毒殺後,符命箴讖を利用し,仮皇帝となる
6 中国で官吏採用のための選挙制実施
7 王莽,銭貨鋳造(劉歆の『七略』の影響)
8 新の皇帝に王莽即位(奴隷解放)
劉歆,国師となり『周礼』にもとづく官制改革【新】
9 高句麗しばしば中国に入寇,遼東郡大守を殺す(～12)【高】
18 赤眉の乱(中国東方地方で飢饉)【新】
20 水車が使用される【新】
緑林の兵おこる【新】
25 このころ桓譚『新論』を著し,唯物論を説く

光武帝の後漢

光武帝即位,洛陽に都す(赤伏符の預言)【漢】
27 北方辺境に戦略的道路(杜茂による)【漢】
30 太学創設【漢】
田租を軽減し,税率を30分の1とする【漢】
◉ 樊英,『七緯』を編纂【漢】
◉ 『九章算術』成立(円周率を3)【漢】

漢字成立と書店出現

31 炉と鍛造場用の水力送風機関発明【漢】
34 このころ絹の市場価格840銭【漢】
37 光武帝,中国を統一【漢】
40 五銖銭を復活(経済システムの改革)【漢】
交趾に徴姉妹の大反乱(ムアン,～43)【越】
◉ 近畿地方で銅鐸,西日本で銅矛・銅剣・銅戈などの製作【日】
◉ 高句麗,初めて後漢に朝貢,王号を復す【高】
49 匈奴の南北分裂
50 光武帝,匈奴の南単于を服属させる(後漢の冊封体制)【漢】
◉ 書店出現の最古例【漢】
56 光武帝,泰山に封禅する【漢】
57 倭の奴国王,後漢に朝貢(光武帝より金印)【日】
58 班固,驃騎将軍となる【漢】
明帝即位,儒教さかんになる【漢】
許慎,漢字9353字を分類(～149)【漢】
60 このころより王充『論衡』に30年かける【漢】
64 明帝,夢に金人を見,奏景らを西域に遣わし仏教を求める【漢】

白虎通 班固の五経講論

班固・班超・馬融・王充

班固,『白虎通』6巻(白虎観において五経を議論)【漢】
80 王充が潮の干満と月の関係を記述【漢】
82 班固の『漢書』ほぼ完成【漢】
『黄帝内経』成る【漢】
83 青銅盤上に回転する天然磁石のスプーンがつくられる【漢】
85 四分暦を行う(このころより渾天儀使用されはじめる)【漢】
馬融,訓詁学の研究に従事【漢】
91 班超,西域都護となる【漢】
92 宦官鄭衆,大長秋となる(宦官専横開始)【漢】
97 王充『論衡』85篇(命定論,唯物思想)【漢】
班超,甘英をローマに派遣【漢】(パルティア経由の東西絹貿易盛ん)
◉ 後期弥生文化開始,櫛目文土器盛ん,金属器使用,東北地方に稲作【日】

列柱廊のまわりには両替商の屋台が、その上にはバルコニーがつくられねばならない。
ヴィトルヴィウス

ローマ人によるエルサレム神殿の破壊が、ユダヤ人に世界離散民の宿命を背負わせる。

魏伯陽の易解釈と鄭玄の注釈学は、後漢編集術の結晶だった。

100

ローマとラテン文化

五賢帝時代

英雄伝と年代記

100 プルタルコス『英雄伝』【ロ】
メネラウス『球面三角法』【ギ】
トラヤヌス帝,図書館ウルピアをつくる(10の図書館)【ロ】

110 ダマスクスのアポロドロス設計[トラヤヌス帝の記念柱]【ロ】
パン製造者ギルド設立【ロ】
112 マーケット建築【ロ】
114 アルメニアをローマ帝国に併合,[トラヤヌス帝凱旋門]とレリーフ(〜117)【ロ】
115 ルキアノス『遊女の対話』【ギ】
116 タキトゥス『年代記』【ロ】
117 ローマ帝国版図が最大に達する【ロ】
ハドリアヌス帝即位(水路橋を建設)【ロ】
ローマ,メソポタミアを放棄
118 [パンテオン]建立(コリント式円柱,筒ヴォールト型建築)【ロ】
119 プトレマイオス『アルマゲスト』(天動説)『ディアトニコン・シュントノン』(純正律)【アレク】

122 ブリタニアでハドリアヌス長城建設(〜126)
125 [ゼウス神殿]建立(イオニア式の疑似二重周柱式)【土】
北アフリカとイタリアでペスト大流行
127 プトレマイオス,カノプス神殿で天体観測(〜151)
128 エジプトと北アフリカからの小麦輸入のために,ローマの農業衰退

プトレマイオス宇宙観とガレノス医学

130 ハドリアヌス,エルサレム再建
135 料理学校設立【ロ】
アテネウム建立【ロ】
139 アントニヌス・ピウス,パンテオンとハドリアヌス神殿建立【ロ】

148 アントニヌス・ピウスがギリシアの学芸を保護,奨励,第2ソフィスト派おこる

150 このころバッカス神殿完成【レバノン】
◉ [マルスとヴィーナス]【ロ】
ゴート族南下し,黒海岸に移住しはじめる
152 エジプト暴動(〜153)

160 [マルクス・アウレリウス帝青銅騎馬像]彫刻
◉ ルキアノス『神々の対話』『真実の話』(月世界譚)【ギ】
◉ アフリカ反乱

マルクス・アウレリウス

161 ストア学派マルクス・アウレリウス・アントニヌス皇帝即位
エフェソスの図書館のレリーフ【土】

ペスト流行 パルティアから

166 ローマ軍のパルティアから持ちかえったペストが帝国内に流行,人口激減【ロ】
テレンティウス,ゴルディアーノス帝の東方遠征に加わる【ロ】
167 このころローマ帝国,中国に使者派遣

パウサニアス ギリシア案内記

パウサニアス『ギリシア案内記』【ギ】

176 [アウレリウス大円柱]の建設
177 [アウレリウスの凱旋]レリーフ

180 コンモドゥス帝即位(五賢帝時代終わる)
ガレノス『治療の方法』(解剖学の形成)【ギ】
189 [マルクス・アウレリウス大円柱]が完成

190 このころコンモドゥス帝の胸像【ロ】
196 ガリアでアルビヌスの反乱(〜197)

ゲルマン人のローマ定住化

◉ ゲルマン人のローマ帝国内在住はじまる
◉ ガレノス『自然の能力について』【ギ】

キリスト教とユダヤ人

100 このころディデュモス,「ディデュモスのコンマ」
108 キリスト教徒迫害,聖イグナティウスがローマで殺害

117 ユダヤ反乱(鎮圧後,ハドリアヌスによってエルサレムにジュピター神殿建設)

125 弁証家コドラトス『キリスト教の弁護』
アリスティデス,ハドリアヌス帝にキリスト教を弁証【ロ】

130 エピクトテトス「閑談論」【ギ】

ユダヤ戦争 バル・コクバ指導 ユダヤ敗北

132 バル・コクバの乱(第2次ユダヤ戦争),ユダヤでユダヤ人による反乱(ラビ・アキバの指導)

エルサレム陥落

135 エルサレム陥落,ユダヤ人ディアスポラ(流浪の民)となる

ユダヤ人のディアスポラはじまる

ヴァレンティノス,ローマでグノーシスを教える(〜160)【アレク】
138 アカデミック・サンヘドリン,ユダヤの長老シメオンの主宰によりウーシャに移転【ユ】
◉ シメオンの子,ユダ・ナスィー1世,ミシュナの律法を正典化することに貢献【ユ】

141 ハレー彗星現れる

マルキオン 反旧約的パウロ主義

144 マルキオン,ローマ教会から分離し,教団創設

150 ヤヴァネーシュヴァラによるギリシア占星術書『ヤーヴァナ・ジャータカ』

モンタニズム

◉ 小アジアのフルギアのモンタヌス,モンタニズム(黙示運動)を創始
155 ヘブル語旧約聖書のギリシア語訳【ユ】
158 アントニヌス・ピウス帝がキリスト教徒保護令を出す【ロ】

160 これ以降に小アジアで,モンタニズムを異端ときめる(東方に発展)
◉ タティアノス四つの福音書を『ディアテッサロン』にまとめる
◉ コンモドゥス,ミトラス神密儀【ロ】
165 ユスティノス殉教【ロ】

170 新約聖書の編集すすむ(ムラトリ聖典)
◉ フラウィオス『ソフィスト伝』【ギ】
176 音楽の守護聖者ツェチリア殉教
177 アウレリウス帝,キリスト教徒迫害(カタコンベを避難所に,魚がキリスト教のシンボル)【ロ】
リヨンの司教イレネウス,南ガリアに布教
179 パンタエノス,洗礼志願者学校長となる(のちにクレメンスとオリゲネスのもとで教理問答学校開く)【アレク】

ミシュナ編集 エフダーのユダヤ教典編集

180 このころ聖ラビ・エフダー『ミシュナ』編纂【ユ】
◉ マルクス・アウレリウス『自省録』【ロ】
183 ローマ軍のマクシミアヌス,北アフリカのランバエシスでミトラス神殿に祭壇を奉納

イレネウスの教父哲学 テルトゥリアヌスの反グノーシス

190 ギリシア人イレネウス,グノーシス派の教義を批判
195 旧約聖書のラテン語(イタラ)訳完成(ヴルガータ版)
197 テルトゥリアヌス『護教論』(不合理ゆえに我信ず)【カルタゴ→ロ】
◉ ラビ・イシマエル,論文『シウル・コーマ』(神の身のたけの大きさ)を発表【ユ】
◉ 2世紀ころ,弁証家アテナゴラス『ディオグネトゥスへの書簡』
◉ 皮屋のテオドトス,動態的単一神論を説く
◉ ユダヤ教正典の解釈集『ミドラッシュ』(注釈)の編集すすむ【ユ】

100

東西路の経済文化

100 このころ[ハトラの神殿][アラート女神像]【イラン】

扶南おこる クメール族のメコン下流国家

◉ メコン川下流に扶南おこる(海上貿易で繁栄)
105 パルミラ王国建国【シリア】
◉ ナバタイ王国,トラヤヌス帝に滅ぼされ,ローマの属州化(プロヴィンキア・アラビア)
110 隊商が洛陽から出発し,中央アジアでローマの金銀,ガラス器,ブドウ酒などと交換
114 アルメニア,メソポタミアをめぐり,パルティアがローマと争う
115 鮮卑,遼西に侵攻【西域】
116 セム族,イラン民族,ローマに反抗撃退
◉ グレコ・イラン式彫刻[ミトラダテス2世の謁見図](パルティア時代)【イラン】
120 ビルマ王が後漢に楽と幻人を献じる(サーカスの伝播)【ビルマ】
122 パルティア,ローマと和平
125 このころサータヴァーハナ王朝のガウタミープトラ王,ローマと海上貿易を結ぶ
128 カニシュカ王在位(異説144年など)【印】
129 後漢,西域経営を放棄【西域】

サーカス 幻人たちアジアを動く

パルミラ王国

130 パルミラ王国繁栄(中国と通商,東西交通路上の重鎮)【西域】
◉ 西クシャトラパ王朝,マールワー地方を中心に成立(~388)

コータン 養蚕と仏教

131 このころコータン国威をふるう(養蚕のための伽藍を建立)【西域】
132 後漢の耿曄,鮮卑破る【漢】
136 このころアラニ族,パルティアに侵入【西域】
137 パルミラ語の刻文,関税法碑文作成【西域】
144 チャム族の反乱【日南】

サカ王朝 スキタイ系インダス下流に

145 インダス川下流にサカ王朝成立
150 ギルナール碑文(アーンドラ王偉業碑)
◉ 南インドにチョーラ朝出現
156 鮮卑の檀石槐,北匈奴を破り,蒙古高原を統一【蒙】
フヴィシカ王の統治(~192)【印】

匈奴から鮮卑へ

161 パルティア王ヴォロゲセス3世,アルメニア,カッパドキア,シリアを征服【イラン】
162 アルメニアをめぐり,再びパルティア,ローマと戦う,敗北

都市国家ハトラ

164 都市国家ハトラの繁栄【イラン】
165 ドゥラ・エウロポス,ローマ軍に占領される
169 カリンガ王カーラベーラ王即位(北西インド制圧)【印】
174 ヤジュニヤ・シュリー・シャータカルニ王即位,アーンドラ朝全盛【印】
178 交趾が対漢反乱
181 このころアービーラ族の一部がクシャトラパ王朝につかえる
檀石槐死して,鮮卑の統一乱れる
カーラベーラ王,ギリシア勢力撃退(転輪聖王と称す)【印】

林邑(チャムパ)

192 ベトナム南部にチャム人が林邑(チャムパ),占城を建国
197 パルティア王国のクテシフォン再びローマ人の手におちる
199 袁紹,烏桓の蹋頓に単于の印綬を与える
◉ 2世紀ころ,エジプトではパピルスの冊子本化
◉ エジプトでコプト語のアルファベットを使用【埃】

大乗とタオイズム

100 このころダルマ・バーナカによって新仏教運動おこる(大乗教団へ)
◉ ジャイナ教,空衣派と白衣派対立
◉ 『ミーマーンサー・スートラ』成立【印】

バガヴァッド・ギーター

◉ 『バガヴァッド・ギーター』原型確定【印】
120 このころ『小品般若経』北インドで成立(「大乗」の文字つかわれる)
128 カニシュカ王即位,仏典結集【印】
◉ 『阿毘達磨大毘婆娑論』成立(130~154)【印】
◉ 大乗仏教成立【印】

カニシュカ王 仏典結集

老子神格化

132 老子の神格化,おこなわれる【漢】
134 張衡,図讖の禁を奏請【漢】
136 『易緯』五経の一部として確立
140 宮崇『太平清領書』170巻を献上

アシュヴァゴーシャ

◉ 馬鳴(アシュヴァゴーシャ)『仏所行讃』『端正なるナンダ』
◉ ガンダーラの菩薩苦行像,仏陀坐像,菩薩立像【印】
141 張陵,鵠鳴山で道書24巻著す【漢】
142 張陵,諸神より『新出正一盟威之道』を授かる【漢】
145 張衡,保師となる【漢】
147 大月氏(バクトリア)の僧,支讖,洛陽に至る【漢】

安世高と支婁迦讖

148 安世高(パルティアの僧)洛陽に来て,仏典を訳す【漢】
◉ ガンダーラ,マトゥラー,アーンドラ美術の最盛期【印】

ガンダーラ,マトゥラー,アーンドラ美術の最盛期

150 このころ魏伯陽,易と錬丹術を結びつける(『周易参同契』)【漢】
◉ ヴァスミトラ『大毘婆娑論』編集【印】
151 安世高『五十校計経』『七処三観経』
153 このころ西北インドで大乗仏教が栄える【印】
154 このころ西北インドで医師チャラカが活躍【印】
◉ マートリチェータ『四百讃』『百五十讃』【印】
155 『老子変化経』成立【漢】
156 このころフヴィシカ寺建立
◉ 亀茲に小乗仏教,于闐に大乗仏教

易と魏伯陽

165 桓帝,老子を苦県に祀る
桓帝代,安世高『安般守意経』『陰持入経』『阿毘曇五法経』訳す【漢】
166 桓帝,濯竜宮に黄・老を祀る
167 安世高『大道地経』訳【漢】
◉ 西域僧,長安などに入京さかん
169 葛玄,天台山で太上老君より『大洞霊宝経』36巻を授かる【漢】

張角の太平道 民間道教 符水流行

174 このころ張角,黄老道を推して太平道を組織化(符水流行)【漢】
179 支婁迦讖『般若道行品経』『般舟三昧経』訳【漢】
180 このころナーガルジュナ大乗仏教運動の大成【印】

張陵の五斗米道

◉ 張陵が五斗米道を開く【漢】
181 安息国(パルティア)の安玄,厳仏調とともに『法鏡経』を訳す【漢】
184 黄巾の乱起こる(道教徒)【漢】
太平道,五斗米道の天師道,乱をおこす,霊帝が妖巫や医卜の徒を廃す【漢】
185 支婁迦讖『首楞厳経』【漢】

タオイズムの組織化

後漢と三国

100 青銅器の鋳造,鉄器の鍛造,木器の製作技術発達,石器消滅【日】
101 パルティアから生きた獅子が後漢へ献上(石獅子彫刻盛んに)
105 後漢の蔡倫が紙を発明する【漢】
高句麗の復興,遼東侵攻【朝】
107 西域都護府を廃止,玉門を閉ざす【漢】
倭国王師升ら,後漢安帝に生口160人を献ずる【日】
109 鮮卑丘倫,河北に侵入,海賊張伯路,沿岸9郡を攻撃【漢】
111 扶余,楽浪郡を侵す,高句麗の後漢,朝貢【鮮】
114 嵩嶽廟太室小室石闕が完成する(中国最古の現存建築)
119 船に羅針盤を使用【漢】
◉ 江南で青磁の生産はじまる【漢】
◉ 中国・北陸地方に台状墓(丘陵を整形)【日】

紙の発明と説文解字

121 許慎『説文解字』奏上【漢】
幽州刺史ら,高句麗,馬韓,濊貊を討つ【漢】
126 王逸『楚辞章句』成る【漢】
130 張衡,地震計をつくる【漢】
132 高句麗の王に伯固なる【鮮】
張衡,渾儀,地動儀発明【漢】
137 [画像石](歌舞宴楽図)【漢】
◉ 急速に石器消滅(鉄器使用拡大か)【日】
140 王符『潜夫論』【漢】
146 桓帝擁立【漢】
太学制を改める(学生数3万人となる)【漢】
尊卑の差あり,租税を収める【日】
148 [楊孟文石門頌]【漢】
◉ 九州に土壙墓,石棺墓多くなる【日】
◉ 倭人,韓・濊とともに弁韓,辰韓の鉄をとる【日】
◉ 岡山県の特定墳墓に壺形土器,器台形土器【日】
◉ 中国に火浣布(石綿)伝来
150 洛陽地方に胡風流行【漢】
このころから訓詁学隆盛【漢】
151 鄭玄,各地を遊学【漢】
崔寔『政論』【漢】
156 [孔廟礼器碑]【漢】
鮮卑族の檀石槐,強勢となる【漢】
166 マルクス・アウレリウスの使者,漢にくる【漢】
党錮の獄【漢】
鄭玄,馬融の門を去る【漢】
167 [神竜鏡]銅工芸【漢】
169 宦官の専横【漢】
170 輪転粉砕機発明【漢】
175 太学門前に石碑[熹平石経]立つ,学者,学生が群をなして搨本をとりにくる【漢】
儒学の古典九経を石刻【漢】
177 蔡邕,封事を奏上する
178 鴻都門学を置く【漢】
◉ 倭国の大乱(~183,高地性集落盛んに築く)【日】

何休 春秋公羊伝の解詁研究

179 何休『春秋公羊解詁』【漢】

倭国の大乱

楷書体の誕生

180 楷書体生まれる【漢】
換気用回転送風機発明【漢】
回転のぞき絵発明【漢】
184 鄭玄『三礼注』(周礼,儀礼,礼記に関する厖大な注解と編集)【漢】

卑弥呼 邪馬台国強大に

邪馬台国,女王卑弥呼が立つ【日】
185 華佗,麻酔手術【漢】
187 このころ東大寺山古墳金象嵌大刀(中平年号)【日】
189 角型パレット鎖ポンプ発明【漢】
190 このころより群雄割拠して漢の勢力衰微
196 曹操,大将軍となり政治実権掌握【漢】
このころより曹操父子を中心に建安七子活躍【漢】
198 高句麗,丸都城を築く【鮮】

鄭玄の三礼注

蔡倫は樹皮や麻、敝布、古い漁網を使って紙をつくることを着想し、和帝の元興元年にこれを奏上した。
『後漢書』蔡倫伝

九世紀のエリウゲナ主義から十九世紀の観念論まで、西欧哲学の大半はオリゲネスの遺産の修正史にすぎなかった。

200

ローマの変質

200 このころデモクリトスの名をかたり偽書『自然のことと神秘のこと』
202 セヴェルス帝,パルティアのハトラ包囲【ロ】
203 ［セヴェルス帝凱旋門とレリーフ］【ロ】
206 セヴェルス帝,貨幣を改鋳（デナリウス貨幣,銀含有率60%と定める）【ロ】

カラカラ 全ローマ市民権 犯罪と狂気の時代

211 カラカラ帝即位（ミトラス教の支持）【ロ】
212 帝国版図内の自由民に市民権【ロ】
215 占星術,手相が流行【ロ】
216 カラカラ浴場完成（浴場の一部はミトラス神殿,水車併設）【ロ】
217 カラカラ帝暗殺【ロ】

ヘリオガバルス 太陽神教 ミトラス皇帝

218 ヘリオガバルス即位【ロ】
220 このころゴート族東西に分裂
222 ヘリオガバルス暗殺【ロ】
225 ライン辺境地方でゲルマン人の移動はじまる

ミトラス教化する皇帝

軍人皇帝時代

235 軍人皇帝時代はじまる【ロ】
軍隊の無政府状態,キリスト教はげしく迫害され,軍隊でミトラス教流行【ロ】
238 ゴルディアヌスを皇帝に選ぶ【ロ】

ローマ・ペルシア戦争

241 ローマ・ペルシアと戦う
244 ゴルディアヌス3世,レサエナの戦いの勝利を収めたのち暗殺（フィリップス即位）【ロ】
248 フィリップス帝,ローマ建国1000年祝典【ロ】

デキウスの迫害

250 デキウス帝,古代ローマの宗教や慣習の復活につとめる（キリスト教弾圧）【ロ】
デキウス帝,ゴート族を迎撃【ロ】
ディオファントス『数学論』（世界初の代数学）3巻【アレク】
253 このころローマで疫病流行【ロ】
ゴート族,小アジアに侵攻
259 帝国三分の時代へ（〜274）【ロ】
260 ポストゥムスの率いるガリア駐屯軍「ガリア帝国」を称する
ガリエヌス帝即位【ロ】
◉ ローマに巨大なミトラス神殿建立
263 フランク族,イスパニアのテコネンシスで建国
271 アウレリアヌス帝,ローマの城壁を起工する
272 アウレリアヌス帝,パルミラ征服後,ゼノビアを拉致【ロ】
274 アウレリアヌス帝,太陽宗教を国教化（12月25日を国祭日,クリスマスの起源）
276 ガリア要塞化（異説—320）
280 ローマ軍がペルシア軍を破る
283 ガリアで下層民衆,奴隷,農民によるバガウエダ運動高揚（〜286）

ドミナトゥス時代

ディオクレティアヌス 東洋風専制君主

284 ディオクレティアヌス帝即位,専制君主制はじまる【ロ】
293 ディオクレティアヌス帝の四分統治策【ロ】
296 エジプトで反乱
「ガリア帝国」最終的に崩壊
297 ガレリウス帝メソポタミア遠征【ロ】
ペルシア破り,アルメニア奪回【ロ】
［ガレリウス帝凱旋門とレリーフ］
298 浴場建築はじまる（〜305）【ロ】
◉ ローマで医師の免許制確立【ロ】

マヤ古典期

キリスト教とユダヤ人

新約聖書の成立

200 『新約聖書』がほぼ今日の形をとる
◉ ツィッポリにサンヘドリン移動【ユ】
◉ 小アジアのノエストスとプラクセアス,様態的単一神論の基礎

哲人情報誌

◉ ディオゲネス,ラーエルティオス『著名な哲学者たちの生活と見解』【キルキア】
203 オリゲネスがキリスト教教理校長となる【アレク】
207 テルトゥリアヌス,モンタニズムに加わる,『弁証論』『アニマ』【ロ】

オリゲネス ヨーロッパ思想の原点

カタコンベ美術

220 このころよりカタコンベの装飾はじまる,アヴェンティヌス丘のミトラス教聖所改築（フレスコ画描かれる）
壁画［太陽神とミトラス神の聖餐式］【ロ】
225 このころオリゲネス『聖書注解』【ギ】
228 このころアテナイオス『ディプノソピスタイ』【埃】

スクリプトリウムと写本文化

231 オリゲネス,パレスティナに大キリスト図書館（写本室スクリプトリウムを併設）
233 プロティノス,アンモニオスのもとで11年間学ぶ【ギ】
235 ティベリアにサンヘドリン移動【ユ】
242 マーニー,マニ教を説く【ペ】
ディオゲネス・ラエルティオス『哲人伝』【ギ】
246 アメリオス,プロティノスの弟子となる【ロ】
◉ このころノヴァティアヌス『三位一体論』（のちにカタリ派へ）【ロ】

プロティノスとネオ・プラトニズム

250 キリスト教徒全般に対する大迫害はじまる【ロ】
251 カルタゴの宗教会議
252 リヴァティアヌス『三位一体論』【ギ】
ローマ教会,聖職者叙任権を掌握
オリゲネス『原理論』【アレク】
256 流行病がアレクサンドリアで猛威,多くがキリスト教に帰依
260 キリスト教寛容策とられ,教会発展【ロ】

バシリカ会堂

269 バシリカ会堂できる
◉ プロティノス『エネアデス』【ギ】

ポルピュリオス

ポルピュリオス『キリスト者を駁する』『イサゴーゲー』【ギ】
276 ヴァフラーム1世,マーニーを処刑【ペ】

アリウス派

280 このころよりアリウス派の活動はじまる（父神子神論争）

マニ教ローマに浸透

◉ マニ教がローマ帝国内にひろまる【ロ】
◉ ヌメニオス,三神論を通じて新プラトン学派を形成【ギ】
◉ ケリントス,グノーシス派の一派を形成
297 マニ教禁令【ロ】
◉ キリスト教の祭壇が犠牲の概念とともに出現
◉ 『古代ヘルメス文書』うまれる（BC3C〜AD3C）
◉ ケンソリヌス『誕生日論』（占星術を科学的に体系化）
◉ パレスチナ版とバビロン版の『タルムード』（注釈をつけラビ・ユダのミシュナ）発展
◉ ヘブライ語によるホロスコープ『レビの表』完成か【ユ】

新プラトン主義とグノーシス主義、あらゆる神秘思想がここに出所する。

200

東西路の経済文化

200 このころマヤ都市カミナルフユ衰退
アフガンにフン族侵略
● 幻想的な蛇状糸模様瓶【シリア】
208 イラン西南部でババク,王を称する(ササン朝の起源)
213 アルタバヌス5世即位【パルティア】
217 アルタバヌス5世,ローマと戦い勝利【パルティア】
224 鮮卑の軻比能,河北に侵入
225 このころイクシュヴァーク王朝成立(バラモン教祭儀を行う)【印】

パルティア滅亡

226 パルティアを破り,ササン朝ペルシア帝国創建(アンダシール1世)

ササン朝ペルシア成立

230 このころアンダシール1世,ファールス地方に円形都市フィールーザバードを建築【ペ】
ゾロアスター教がササン朝ペルシアの国教となる【ペ】

インド・チェスの各国様式

● インドのチャトルアンガ(チェス)がササン朝経由で中国(象棋),日本(将棋),トルコ,ヨーロッパに広がる
232 アンダシール,アルメニア併合【ペ】
236 このころアンドーラ朝滅亡か【印】

シャープール1世 方形都市ビーシャープール

241 ササン朝のシャープール1世即位(ファールス地方に方形都市ビーシャープール建設)【ペ】
● シャープール1世,マニ教を信仰【ペ】
● クシャナ王国,ササン朝に敗れる(これ以降,鄯善国独立)【印】
ローマ帝国とササン朝ペルシアが交戦
245 呉の朱応,康泰が扶南(カンボジア)に使徒
251 フン族,カスピ海に姿をあらわす
257 ゴート族によるアナトリア侵入
260 シャープール1世の戦勝記念碑【ペ】

女王ゼノビア パルミラ興隆

262 このころからオデナトゥスとゼノビアの下にパルミラの興隆(女王ゼノビア,東シリア,アナトリア,パレスチナ,エジプトを手中に)
264 交趾部を広州と交州に二分する【越】
270 ゼノビア女王の刻文(パルミラ語とギリシア語併記)

パフラヴィー文字

● ペルシアで口承文芸の文字記録化すすむ(アラム象形文字をベースとしたパフラヴィー文字を開発)

ペルシア口承文芸の記述化

274 アウレリアヌス帝によるパルミラ討伐(パルミラは砂漠物資集散地として繁栄)
288 ササン朝のバフラーム2世,ローマと和平
289 鮮卑,晋に降伏
292 このころより文字使用のマヤ古典期勃興
294 鮮卑,高句麗の大棘城を占拠
● 3世紀ころ,ゾロアスター教のカルティル,マニ教,仏教,キリスト教などを迫害【ペ】

ナバタイ王国の書記文字

● ナバタイ王国の書記文字,アラム語をくずして,北アラビアにひろまる(アラビア語になり,ナスヒー体とクーフィック体にわかれる)
● アムル・イブン・アディがラフム王国を建国
● サバー国人,西南アラビア統一

大乗とタオイズム

200 東南アジアにヒンドゥー教が拡大
● 『摩登伽経』訳される(インド占星術や人相術,各種の占い)【三国】

アビダルマ研究とナーガルジュナの中観思想

中期大乗経典

● 『如来蔵経』『解深密経』『大乗涅槃経』『勝鬘経』(中期大乗経典成立へ〜400)【印】
ラーフラバドラ活躍(〜300)【印】
● 『マヌ法典』確立【印】
● 『ニヤーヤ・スートラ』原形成立【印】
203 仏教学者ナーガルジュナ(竜樹)が活躍(中観思想の確立)【印】
208 五斗米道教団の『老子想爾注』成立【漢】
210 葛玄の師左慈,金丹の術【漢】
● ダルマシュレーシュティン『阿毘曇心論』4巻【印】
218 曹植『弁道論』【漢】
阿毘達磨の研究盛ん【印】
219 五斗米道教団,潼関以東へ移動【漢】
228 中部ビルマで仏教とバラモンが並行
支謙,黄武中『瑞応本起経』を訳す
230 孫権,仙薬を求める【三国】

タオ易学流行

234 老荘,易学の流行【三国】
239 孫権,城隍祠をたてる【三国】
葛玄,方山洞玄観で錬丹し,太極真人徐来勒より『霊宝経(五符経)』を授かる【三国】
240 このころ最古の仏像出現(銅鏡装飾)【三国】
● 何晏,王弼の清談(正始の音)流行【三国】
241 このころ大乗系比丘ヴェートゥッラヴーダ南インドから来て大乗を説く【セイロン】
247 康僧会,海路より建業に来る(建業寺創建)
248 何晏『論語集解』『老子道徳論』,王弼『易注』『老子注』(貴無論)
249 イクシュヴァーク朝の治世にナーガルジュナコンダで仏塔などの造営盛ん【印】
250 曇柯迦羅『僧祇戒心』訳
訶梨跋摩『成実論』(〜350)
● このころよりガンダーラ美術後半期へ【印】
『華厳経』完成へ【印】
● 仏教,チベットに伝来(トリニヤンツェン王時代)【チベット】

老荘思想流行

252 康僧鎧『郁伽長者経』『無量寿経』訳【三国】

竹林の七賢

255 このころ竹林の七賢人(五石散流行)【三国】
256 マイトレーア『瑜伽師地論』(〜350)【印】
261 嵆康『山巨源に与えて交わりを断つ書』【三国】
265 老荘思想をかりた格義仏教おこる【三国】
敦煌の竺法護『薩芸芬陀利経』訳【三国】
267 武帝,星気讖緯の学を禁止
270 竺法護『宝蔵経』訳【三国】
提婆『百論』『四百論』,中観学派を興す【印】
275 最古のプラーナ『ヴァーユ・プラーナ』の一部成立【印】
276 天師道徒陳瑞の乱【三国】
セイロン王マハーセーナ,マハー・ヴィハーラ派を弾圧(サンガリア派のためのジェータバナ寺建立)

郭象 荘子思想の発展 崇有独化論

280 このころ郭象『荘子注』(崇有独化論)【三国】
288 魏華存,景林真人から『黄庭内景経』授かる【三国】
295 仙人尹思,大乱を予言【三国】
● 『カーマ・スートラ』成立【印】
● 孫権,土地を信仰【三国】
● 地相術の予言者,斯道活躍【三国】
● 「タントラーキヤーイカ」(説話集)(クシャナ朝)【印】

揺動する東アジア

200 官渡の戦(曹操,袁紹を破り,河北平定,呉の孫権立つ)【漢】
● 岡山県に双方中円形の巨大首長墓(楯築遺跡)【日】
● 『魏略』にローマの名産として石綿のことが記載
● 【三角縁仏獣鏡】【漢】
204 魏で水路工事行われる,大貯水所3カ所,幹線水路2つ,運河6つを構築(〜233)
● 公孫康が帯方郡設置【鮮】
207 曹操,烏桓を白狼山で破る【漢】
劉備,三顧の礼をもって諸葛孔明を迎える【漢】
208 赤壁の戦い,天下が三分される【漢】
209 高句麗,都を丸都に移す【鮮】
● 三韓時代【鮮】

漢方医学の確立

210 『神農本草経』完成へ【漢】
214 劉備が蜀を占拠【漢】
216 曹操,魏王となる【漢】
217 張仲景『傷寒論』【漢】

三国志の時代

後漢の滅亡

220 後漢滅び,魏を建国,三国時代のはじまり(〜265)首都洛陽
九品中正制度敷く【三国】
221 劉備,蜀帝となる(首都成都)
222 孫権が呉の皇帝に即位
錬金術師が火薬作り研究をはじめる【三国】
初のお茶の記述【三国】
224 魏,太学を設立【三国】
225 魏の曹植,漁山で梵唄をつくる
227 諸葛孔明『出師表』を上げ,魏を攻める【三国】
229 大月氏王ヴァースデーヴァ(波調)を親魏大月氏王とする【三国】
235 馬鈞,指南車発明【三国】
文帝,タイマイ製三点釵を求める(孫権,馬と交換)【三国】
238 魏,公孫淵を滅ぼして,遼東を支配【鮮】
赤烏元年銘半円方形帯神獣鏡【日】
239 女王卑弥呼が魏に使いを送る(親魏倭王とする)【日】
240 帯方太守弓遵,魏の詔書綬賜物を倭国へ【日】
● 出雲地方に4隅突出型墳丘墓出現【日】
● 奈良盆地の弥生前期以来の大集落消滅,銅鐸,銅矛などの一括埋納【日】

邪馬台国から大和政権へ

241 呉が魏に破れる
245 魏少帝,倭使難升米に黄幢を与える【魏】
247 高句麗が平壌城を築き,民と廟を移す【鮮】
邪馬台国と狗奴国交戦【日】
248 卑弥呼没し,壱与立つ,倭使掖邪狗ら洛陽に貢す【日】
● 近畿地方に径70mの巨大墳丘の主長墓出現(石塚遺跡)【日】
260 百済が官位十六品と公服の制を定める【鮮】
261 韓人,魏に入貢
263 劉徽『九章算術注』(円周率を3.14と求める)『海島算経』【三国】
蜀滅ぶ

晋の統一 三国時代の終焉

265 魏の滅亡,晋の建国
266 倭の女王壱与が晋に朝貢【日】
270 このころから大和政権確立しはじめるか【日】
280 司馬炎,呉滅ぼし,西晋の統一(〜316)
● 王叔和『脈経』,皇甫謐『甲乙経』(鍼灸術の祖)
● 辰韓,西晋に朝貢【鮮】
285 百済の王仁来朝(『論語』『千字文』献上)【日】
陳寿『三国志』
鮮卑族慕容氏,遼西侵攻【晋】
286 高句麗,帯方郡を侵攻,百済が救援【鮮】
290 張華『博物志』
● 縦帆装置発明【三国】
● 劉淵,匈奴五部大都督となる【晋】
● 前方後円墳出現(古墳時代前期開始)【日】

遊びたわむれる者はみな観照しているのであり、観照を求めながら遊びたわむれているのである。
プロティノス『エネアデス』

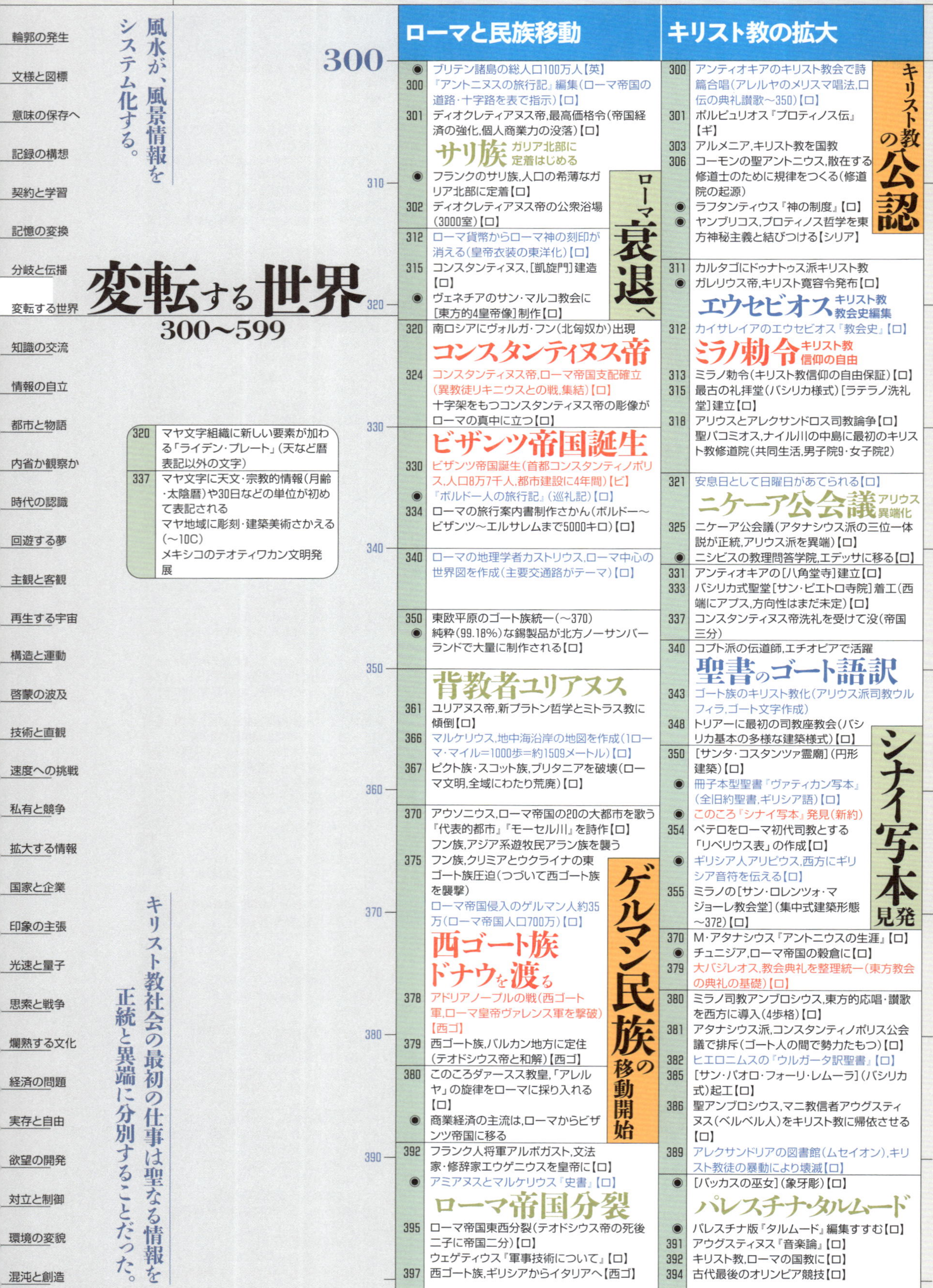

風水が、風景情報をシステム化する。

変転する世界 300～599

キリスト教社会の最初の仕事は聖なる情報を正統と異端に分別することだった。

320	マヤ文字組織に新しい要素が加わる「ライデン・プレート」(天など暦表記以外の文字)
337	マヤ文字に天文・宗教的情報(月齢・太陰暦)や30日などの単位が初めて表記される マヤ地域に彫刻・建築美術さかえる(～10C) メキシコのテオティワカン文明発展

300

ローマと民族移動

ローマ衰退へ

◉	ブリテン諸島の総人口100万人【英】
300	『アントニヌスの旅行記』編集(ローマ帝国の道路・十字路を表で指示)【ロ】
301	ディオクレティアヌス帝,最高価格令(帝国経済の強化,個人商業力の没落)【ロ】
	サリ族 ガリア北部に定着はじめる
◉	フランクのサリ族,人口の希薄なガリア北部に定着【ロ】
302	ディオクレティアヌス帝の公衆浴場(3000室)【ロ】
312	ローマ貨幣からローマ神の刻印が消える(皇帝衣装の東洋化)【ロ】
315	コンスタンティヌス,[凱旋門]建造【ロ】
◉	ヴェネチアのサン・マルコ教会に[東方的4皇帝像]制作【ロ】
320	南ロシアにヴォルガ・フン(北匈奴か)出現
	コンスタンティヌス帝
324	コンスタンティヌス帝,ローマ帝国支配確立(異教徒リキニウスとの戦,集結)【ロ】
	十字架をもつコンスタンティヌス帝の彫像がローマの真中に立つ【ロ】
	ビザンツ帝国誕生
330	ビザンツ帝国誕生(首都コンスタンティノポリス,人口8万7千人,都市建設に4年間)【ビ】
◉	『ボルドー人の旅行記』(巡礼記)【ロ】
334	ローマの旅行案内書制作さかん(ボルドー～ビザンツ～エルサレムまで5000キロ)【ロ】
340	ローマの地理学者カストリウス,ローマ中心の世界図を作成(主要交通路がテーマ)【ロ】
350	東欧平原のゴート族統一(～370)
◉	純粋(99.18%)な錫製品が北方ノーサンバーランドで大量に制作される【ロ】
	背教者ユリアヌス
361	ユリアヌス帝,新プラトン哲学とミトラス教に傾倒【ロ】
366	マルケリウス,地中海沿岸の地図を作成(1ローマ・マイル=1000歩=約1509メートル)【ロ】
367	ピクト族・スコット族,ブリタニアを破壊(ローマ文明,全域にわたり荒廃)【ロ】
370	アウソニウス,ローマ帝国の20の大都市を歌う『代表的都市』『モーセル川』を詩作【ロ】
	フン族,アジア系遊牧民アラン族を襲う
375	フン族,クリミアとウクライナの東ゴート族圧迫(つづいて西ゴート族を襲撃)
	ローマ帝国侵入のゲルマン人約35万(ローマ帝国人口700万)【ロ】
	西ゴート族ドナウを渡る
378	アドリアノープルの戦(西ゴート軍,ローマ皇帝ヴァレンス軍を撃破)【西ゴ】
379	西ゴート族,バルカン地方に定住(テオドシウス帝と和解)【西ゴ】
380	このころダァーススス教皇,「アレルヤ」の旋律をローマに採り入れる【ロ】
◉	商業経済の主流は,ローマからビザンツ帝国に移る
392	フランク人将軍アルボガスト,文法家・修辞家エウゲニウスを皇帝に【ロ】
◉	アミアヌスとマルケリウス『史書』【ロ】
	ローマ帝国分裂
395	ローマ帝国東西分裂(テオドシウス帝の死後二子に帝国二分)【ロ】
	ウェゲティウス『軍事技術について』【ロ】
397	西ゴート族,ギリシアからイタリアへ【西ゴ】

ゲルマン民族の移動開始

キリスト教の拡大

キリスト教の公認

300	アンティオキアのキリスト教会で詩篇合唱(アレルヤのメリスマ唱法,口伝の典礼讃歌～350)【ロ】
301	ポルピュリオス『プロティノス伝』【ギ】
303	アルメニア,キリスト教を国教
306	コーモンの聖アントニウス,散在する修道士のために規律をつくる(修道院の起源)
◉	ラフタンティウス『神の制度』【ロ】
◉	ヤンブリコス,プロティノス哲学を東方神秘主義と結びつける【シリア】
311	カルタゴにドゥナトゥス派キリスト教
◉	ガレリウス帝,キリスト寛容令発布【ロ】
	エウセビオス キリスト教教会史編集
312	カイサレイアのエウセビオス『教会史』【ロ】
	ミラノ勅令 キリスト教信仰の自由
313	ミラノ勅令(キリスト教信仰の自由保証)【ロ】
315	最古の礼拝堂(バシリカ様式)[ラテラノ洗礼堂]建立【ロ】
318	アリウスとアレクサンドロス司教論争【ロ】
	聖パコミオス,ナイル川の中島に最初のキリスト教修道院(共同生活,男子院9・女子院2)
321	安息日として日曜日があてられる【ロ】
	ニケーア公会議 アリウス異端化
325	ニケーア公会議(アタナシウス派の三位一体説が正統,アリウス派を異端)【ロ】
◉	ニシビスの教理問答学院,エデッサに移る【ロ】
331	アンティオキアの[八角堂寺]建立【ロ】
333	バシリカ式聖堂[サン・ピエトロ寺院]着工(西端にアプス,方向性はまだ未定)【ロ】
337	コンスタンティヌス帝洗礼を受けて没(帝国三分)
340	コプト派の伝道師,エチオピアで活躍
	聖書のゴート語訳
343	ゴート族のキリスト教化(アリウス派司教ウルフィラ,ゴート文字作成)
348	トリアーに最初の司教座教会(バシリカ基本の多様な建築様式)【ロ】
350	[サンタ・コスタンツァ霊廟](円形建築)【ロ】
◉	冊子本型聖書『ヴァティカン写本』(全旧約聖書,ギリシア語)【ロ】
◉	このころ『シナイ写本』発見(新約)
354	ペテロをローマ初代司教とする「リベリウス表」の作成【ロ】
◉	ギリシア人アリピウス,西方にギリシア音符を伝える【ロ】
355	ミラノの[サン・ロレンツォ・マジョーレ教会堂](集中式建築形態～372)【ロ】
370	M・アタナシウス『アントニウスの生涯』【ロ】
◉	チュニジア,ローマ帝国の穀倉に【ロ】
379	大バジレオス,教会典礼を整理統一(東方教会の典礼の基礎)【ロ】
380	ミラノ司教アンブロシウス,東方的応唱・讃歌を西方に導入(4歩格)【ロ】
381	アタナシウス派,コンスタンティノポリス公会議で排斥(ゴート人の間で勢力たもつ)【ロ】
382	ヒエロニムスの『ウルガータ訳聖書』【ロ】
385	[サン・パオロ・フォーリ・レムーラ](バシリカ式)起工【ロ】
386	聖アンブロシウス,マニ教信者アウグスティヌス(ベルベル人)をキリスト教に帰依させる【ロ】
389	アレクサンドリアの図書館(ムセイオン),キリスト教徒の暴動により壊滅【ロ】
◉	[バッカスの巫女](象牙彫)【ロ】
	パレスチナ・タルムード
◉	パレスチナ版『タルムード』編集すすむ【ロ】
391	アウグスティヌス『音楽論』【ロ】
392	キリスト教,ローマの国教に【ロ】
394	古代最後のオリンピア競技【ロ】

シナイ写本発見

300

西と東の間

300 このころコンスタンティノポリスの画家がインド王の肖像画を描きに来る【印】
◉ 医書「スシュルタ本集」原型成立【印】
◉ アールヤシャーラ『ジャータカマーラ』【印】

シャープール2世

310 シャープール2世即位(首都ジャンディ・シャープル,国際的学都に)【ペ】
◉ シャープール2世の侍医にギリシア人テオドシウス(著書「医学体系」はペルシア語からアラビア語訳の最初の文献)【ペ】
312 拓跋部鮮卑,中国領内に侵入し城郭を造営
◉ ボンベイ地方で使われたカタンバ文字によるピュー語碑文【ビルマ】
◉ アゼルバードゥ,聖典『アヴェスタ』を再編【ペ】

グプタ朝へ

320 マガダ地方にグプタ朝おこる(公用語はサンスクリット)【印】
◉ イラン高原で制作されたガラス工芸[円形切子装飾瑠璃碗](アムラシュ遺宝)流行
◉ ゾロアスター教による支配強化【ペ】
328 最古のアラビア語の記録(ネマーラ刻文)

占星術書マテシス

334 マテルヌス・フィルミクス,占星術書「マテシス」8巻を著す【ペ】
337 タシャクトゥン10号石碑(天文・宗教情報)【印】
◉ このころエチオピア文字の音節文字体系の完成(南アラビア文字に母音を加える)

350 シリアのエフラエム,讃歌作詩さかん(音綴とアクセントが特徴)
357 レェーヴァッタ比丘,護呪的経文を聖典『バーナーワラ』(読誦品)に編纂【セイロン】
360 このころペルガモンのオレイバス「医学百科辞典」70巻(ガレノスを引用)【ペ】
364 シャープール2世,アルメニア王国のローマ領土を得る【ペ】
◉ トルコ系高車人おこる
◉ シリアの金属専門家,西ヨーロッパで,銀のレリーフ・かぶとの装飾・象嵌細工を制作
369 シャープール2世,数万人のアルメニア商工人をイランに移す【ペ】
◉ 空気オルガンが中近東に普及

チャンドラグプタ2世

375 チャンドラグプタ2世即位(美術・数学・天文学・医学が進歩,書記・石工の往来)【印】
◉ ハッダの塑像美術おこる【印】
379 アンダシール2世即位(叙任式図摩崖浮彫,ミスラ神が照覧)【ペ】

ペルシア絨毯

◉ ペルシア絨毯このころ発達(宮廷「楽園」の絨毯,後宮の妃や女官の数1万2千人)【ペ】

383 シャープール3世,ローマ皇帝レオドシウス1世と和し,アルメニアを分割【ペ】

詩聖 カーリダーサ メーガドゥータ シャクンタラー

385 詩聖カーリダーサ活躍『メーガドゥータ』『シャクンタラー』【印】
386 鮮卑の拓跋氏,北魏おこす(〜534,遊牧生活をすてて鮮卑語を禁止)
◉ 絹地,象牙,瑠璃,香料,ぶどう酒,パピルス,油,ビザンツ帝国を通して来る【ロ】

鮮卑・拓跋・柔然

39 ヤズデガルド即位(キリスト教徒迫害)【ペ】
◉ ヘレニズム美術,動きをすて正面性強化

ヒンドゥー・仏教・道教

300 会稽霊宝寺,金陵鶏籠山寺建立【西晋】
302 郷璞(葛洪の師),世を避けて山に入る【西晋】
◉ 郭璞,風水に関する『葬書』を著すという(建康の治水を占う)【西晋】
◉ 仏寺180,僧尼3700人【西晋】

風水

仏図澄の河北仏教

310 仏図澄(西域僧グタチンガ)洛陽に【西晋】
◉ 灌仏会,仏教教団編成【西晋】
312 葛洪,羅浮山に入って丹薬を研究する【西晋】
317 葛洪,仙道書『抱朴子・内外篇』完成(神仙タオイズムの確立)【西晋】
◉ 唯識系・如来蔵系の経典編集すすむ【印】
321 竺僧顕,江南の名山を猟渉し西方往生の業を修する【東晋】
323 皇興寺・道場寺を建立し,百義学僧を集める【東晋】

葛洪と錬丹術

333 成帝,天部6神・地部44神の祭祀を制定【東晋】
337 士大夫,儒学から老荘へ【東晋】
◉ サンガミッタ比丘の活躍(マハーセーナ王の治世)【セイロン】

マイトレーア

◉ マイトレーア『瑜伽師地論』『大乗荘厳経論』『中辺分別論』【印】

石窟寺院ブーム

350 アジャンタ,エローラなど石窟寺院盛行【印】
◉ ボードガヤー大塔建立,マトゥラー製石仏座像【印】
351 僧朗,泰山に入る【東晋】

道安の求道教団

354 慧遠・慧持,出家し道安に師事【東晋】
357 貴族の古墳壁画の荘厳化(墨書銘,仏陀,鶴に乗った天神,菩薩が主題に)【高句麗】
◉ 建康に瓦官寺建立される【東晋】
366 楽僔,敦煌鳴沙山に石窟を開く(敦煌千仏洞の建設はじまる〜14C)【前涼】
◉ ブッダガヤに大菩提寺建立【印】
370 このころ仏寺1768,僧尼24000人【東晋】

朝鮮半島に仏教

372 仏教伝来(前秦の符堅王,僧,仏像・経典を小獣林王のもとに送る)【高句麗】
小獣林王,大学設立(儒教教育)【高句麗】
375 肖門寺,伊佛蘭寺が建つ(初めて仏法をおこす)【高句麗】
◉ 張湛『列子伝注』【東晋】
379 道安,符堅に捕らえられ長安に入る(仏図澄の禅と神異をうけて般若研究)【前秦】
◉ 都城景観型・山林禅行型・臨江眺望型の寺院ができる【新羅】
◉ アサンガ『摂大乗論』『順中論』『顕揚聖教論』【印】
384 孝武帝,インド僧摩洛羅難陀を百済宮廷に派遣【東晋】
慧遠,廬山に入る【東晋】
385 鳩摩羅什,呂光につれられ涼州に入る【後秦】
◉ インドから仏舎利【セイロン】
390 慧遠,廬山の東林寺に白蓮社を結成(浄土宗の祖となる)【東晋】
392 広開土王即位,平壌に9寺を建立【高句麗】
395 晋僧曇始,経律数10部を平壌に将来【高句麗】
399 法顕,24人の仲間と長安から敦煌・天山南路を横断しインドに出発【北魏】
◉ 『紫陽真人内伝』出まわる【東晋】

アサンガ 慧遠

揺動する東アジア

八王族の反乱

300 異民族の中原進入をまねく(八王族の反乱〜306)【西晋】
◉ 鮑敬言『無君論』【西晋】
◉ 青磁に鉄斑文の装飾【日】
◉ 朝廷に史(書記)が登用【日】
304 匈奴の劉淵が自立(五胡十六国時代の先鞭)【漢】
305 左思『三都賦』『詠史詩』【西晋】
◉ 畿内に前方後円墳(箸墓)【日】
◉ 郭象『荘子注』【西晋】
310 曽候で墓の編鐘【戦国】
311 匈奴の劉聡,西晋の都洛陽を攻略(永嘉の乱)【漢】
313 美川王,楽浪郡を攻略(400年にわたる中国王朝の西北朝鮮支配の終焉)【高句麗】
316 西晋滅亡,五胡十六国時代開始
319 劉曜,前趙創建,石勒,後趙創建

五胡十六国時代へ

志怪小説流行

◉ 志怪小説の流行【南朝】
329 石勒,劉曜を殺し,河北統一【後趙】
339 元帝・明帝・成帝につかえた王導没【東晋】
◉ 稽含『南方草木状』【東晋】
342 前燕,高句麗を討ち,丸都城を荒らす
343 高句麗,前燕に入貢,遼東帯方国王となる【鮮】

百済勃興 近肖古王即位

346 百済が勃興(近肖古王が即位)【百済】
350 干宝『捜神記』20巻【東晋】
虞喜『安天論』(歳差を発見した中国古来の三天説)【東晋】
353 王羲之(楷・行・草の三体の書体を完成)ら文雅42人の蘭亭の会【東晋】
◉ 蘇蕙の回詩文(織錦回文)【前秦】
354 桓温の第1回北伐(71年まで計4回)【東晋】
◉ 古墳時代中期開始【日】
356 新羅が勃興(奈勿王,即位)【新羅】

土断法 東晋の戸籍整理

364 土断法の発布(戸籍整理法)【東晋】
顧愷之,瓦棺寺に維摩詰像を画く【東晋】
369 荒田別,木羅斤資ら,新羅を攻め,七国平定(このころ任那日本府成立するという)【日】
◉ 石上神宮の七支刀【日】

王羲之と書の確立

370 孫綽『論語集解』の編纂すすめる【東晋】
372 漢字教育の大学開設【高句麗】
373 律令制開始【高句麗】
375 安岳三号墳(古墳壁画)【鮮】
高興『書記』(百済史)【百済】
376 前秦,華北を統一(前涼を滅ぼす)【前秦】
このころまでに袁宏の『後漢紀』成立【東晋】
◉ 書家・王献之[中秋帖]【東晋】
382 襲津彦,新羅を討つ【日】
383 淝水の戦い(前秦,東晋に敗れ華北は混乱)
391 [銘神獣鏡]【高句麗】
高句麗の広開土王(好太王)即位
日本軍,百済・新羅をやぶる【日】
◉ 奈良県西山古墳(日本最大の前方後円墳180m)【日】
395 好太王,7千の兵を百済に派遣(広開土王碑)【高句麗】
◉ このころ国見の儀礼【日】
◉ 王仁,『千字文』『論語』を伝えるという【日】
399 孫恩の乱(陶淵明,出征)【東晋】

弓月君 渡来氏族 養蚕・織物製作

◉ 弓月君系の渡来氏族,127県の民を率いて移住,養蚕,織物の製作

国見と古墳

BC 6000以前 / BC 6000 / BC 2200 / BC 1200 / BC 600 / BC 300 / 0 / 300 / 600 / 800 / 1000 / 1200 / 1300 / 1400 / 1500 / 1600 / 1650 / 1700 / 1760 / 1810 / 1840 / 1860 / 1880 / 1890 / 1900 / 1910 / 1920 / 1930 / 1940 / 1950 / 1960 / 1970 / 1980

かつてこれほど立派な刀はなかった。百済王と世子の奇生聖音は倭王のためにこの刀を造り献ずるので後世に伝え示されたい。

七支刀裏面銘文

アウグスティヌスの神の国に閉じこめられた情報を解放することが
西欧二千年の課題となった。

バラモンによる知識独占がインド仏教の普及を閉ざし、
筆記を重視した中国に仏教拡大をもたらしていく。

400

ヨーロッパの準備

西ゴート・ブルグンド・ヴァンダル

400 マルキアヌス『外洋航海記』【ロ】
◉ クラウディウス『ゴート戦史』『ギルド戦史』【ロ】

アラリック 西ゴート王イタリアへ

西ゴート王アラリック,イタリアに侵入【西ゴ】
404 ラヴェンナ,西ローマ帝国の首府に(〜476)【ロ】
405 ローマの神殿に色ガラス【ロ】
406 フン族に追われたアラン族,ヴァンダル族,スエブ族,ライン川を越えガリアを突破
◉ ライ麦,ホップの耕作はじまる【ロ】
408 サクソン族,ローマの属州ブリタニアに来襲【ロ】

410 アラリック,ローマ侵入【西ゴ】
412 ビザンツの使節団がフンと交渉開始【ビ】
413 ブルグンド族,ライン上流に移る
414 アラリックの義弟アタウルフ,テオドシウス大帝皇女と結婚(西ゴート王に)【西ゴ】
417 トゥールーズのナマティアヌス『帰国記』【ロ】
418 南ガリアに西ゴート建国【西ゴ】

420 フランク族,ライン川を渡る
425 エフタルがアム川を越える
429 8万人のヴァンダル族,ジブラルタル海峡を越える(カルタゴにヴァンダル王国建国〜533)

アッティラ フン族統一か

434 アッティラ,フン族の王となる

440 ヴァンダル族の艦隊,シチリア・下イタリアを荒らす
443 ブルグンド族,アルプス山脈とジェラ山脈との間,ローヌ川上流地域に定住
◉ 西ゴート,スエヴィ族ともにアリウス派に

カタラウヌムの戦

451 カタラウヌムの戦(ローマ=西ゴート連合軍,フンを破る)【ロ】
452 教皇レオ1世,フン族のアッティラと会見(ローマ侵入断念)【ビ】
453 フン帝国,崩壊(アーリア語系住民に混入)
455 ヴァンダル族,ローマを攻略し古典文化を破壊(ビザンチンが美容の伝統を保つ)

466 フン族,ダキアに侵入(レオ1世撃退)【ビ】

470 シドニウス・アポリナリス『第20書簡』(フランク族の多彩な衣服に言及,死者も盛装)【ロ】

西ローマ帝国滅亡

476 ローマ帝国滅亡(ゲルマン人スキリ族オドアケル,ローマ制圧)【ロ】
477 ブリタニアに南サクソン人侵入【英】
◉ ラテン語,ゲルマン諸王国で公用語に【ロ】

フランク国王

西スーダン古王国 ダルクール、マリ ガーナ、ソンガイ

480 西ゴート王国版図拡大(トゥールーズ中心)【西ゴ】

クローヴィス改宗

485 サリ族出身のクローヴィス,パリ地方の征服すすめる【ロ】
486 クローヴィス,ローマ軍破りフランク王国(メロヴィング朝)建国(ソワソンの戦い)【フ】

東ゴート国王

テオドリック大王

490 テオドリック,ラヴェンナ包囲(ローマ人の衣服を採用)【東ゴ】
東ゴート宰相カッシオドルス,官吏実務報告書『雑録』12巻を著す【東ゴ】
493 ゼノン帝,東ゴート族のイタリア移住許可(東ゴート王国建国,黒海沿岸の色彩的様式をもたらす)【ビ】

教会とビザンツ帝国

アウグスティヌス

400 アイルランドのペラギウス,アウグスティヌスの『恩寵論』に対立【愛】
ギリシアのプロクロス『神学綱要』【ビ】
◉ ビザンツ最大の説教者総主教ヨハネス活躍【ビ】
アウグスティヌス,西方教会神学を確立(『告白』)【ロ】
◉ 『アレクサンドリア地誌写本』(キリスト教挿絵入り写本)【ビ】
406 聖メスロープ,アルメニア文字・グルジア文字をつくる(36字)

410 このころロアール河のレラン島で多くの修道院が建立【ロ】
聖メスロープ,聖書のアルメニア語訳開始
◉ プルデンティウスとセドゥリウス[クリスマス讃歌(東のはてより)]【ロ】
411 カルタゴ宗教会議(ペラギウス派を弾劾)
412 アフリカのドナトゥス派に異端宣告
413 コンスタンティノポリスの大城壁(〜40)【ビ】
416 アウグスティヌス『三位一体論』完成【ロ】
◉ ペラギウス『三位一体論』【ロ】
418 シリアに[ダル・キータ教会堂]が建つ

424 東方教会,西方ローマ教会から分離【ビ】
◉ シメオン,柱頭で苦行生活【ロ】
425 コンスタンティノポリスに官吏養成大学が設置(文化面でアレクサンドリアに並ぶ)【ビ】
◉ ヨーロッパの教会で鐘(ローマ人のテーブル・ベルを祖型)【ロ】
427 アウグスティヌス『神の国』22巻【ロ】

マリア信仰 エフェソス公会議 ネストリウス批判

431 エフェソス公会議(ネストリウス派否認,マリアを神の母とする信仰公認)【ビ】
432 聖パトリキウス,アイルランドの改宗を開始【愛】
◉ キリストの奇蹟続出(ローマ,サンタ・サビーナ教会)【ロ】
マルティアヌス・カペラ『自由七科』について【ロ】
438 『テオドシウス法典』発布【ビ】
◉ 芸人ヨクラトレスとミミ,音楽を広める【ロ】
◉ 英雄讃歌,宴会の歌,結婚祝歌が,ゲルマン民族の間で演奏される(ハープ使用)【ロ】
◉ アーチ装飾(ラヴェンナ教会)【ロ】

コプト美術

450 このころプロクロス『新プラトン哲学』【ギ】
◉ このころエジプトにコプト美術
451 カルケドン公会議(単性説排除)【ビ】

レオ大教皇

457 教皇レオ1世即位【ビ】
460 プロクロス,エウクレイデスの『原論』注釈【ビ】
465 コンスタンティノポリス大火【ビ】
◉ ガリアの貴族,手写本を写したり高い声で書物を読みあげる奴隷を所有【フ】

477 コンスタンティノポリスの帝国図書館が蔵書12万巻とともに焼失(のち再建)【ビ】

480 シリアに[聖シメオン・スティリス修道院]
482 ローマ教会分裂すすむ(ラテン世界とギリシア世界の亀裂の兆候〜518)【ロ】
ゼノン帝の勅令ヘノティコン(統一令)【ビ】
489 ゼノン帝,エデッサの大学を閉鎖(ネストリウス派,ペルシアに亡命)【ビ】
◉ 古典的挿絵からビザンツ細密画へ【ビ】
偽ディオニシウス・アレオパギタ,プロティノスとプロクロスの新プラトン主義の体系化

492 アフリカ出身の教皇ゲラシウス即位(教会が最高の発言力をもつと宣言)
◉ ローマ教会組織,ローマ系大土地所有者を幹部にし旧ローマ帝国支配をうけつぐ【ロ】
◉ 香が,教会典礼に取り入れられる
◉ 葡萄樹と鳩の装飾画(モザイク)[サン・プリスコ教会],天井の風景(モザイク)[アルベンガ洗礼堂]【東ゴ】
◉ 細密画が書物の中に貼られる(『真紅の聖福音書』)【フ】

400

西と東の間

敦煌西涼の首都に

400 敦煌を首都とする【西涼】
◉ エフタル,中央アジア支配はじまる
402 柔然の社崙,カガンと称しモンゴリアで勢力さかん(〜6C中)
◉ ギリシア系天文学成立『ローマカ・シッダーンタ』『バオリシャ・シッダーンタ』
◉ 柔然で,十進法による軍隊制度確立(匈奴以来の伝統)

411 バクトリアおこる
◉ インドのバラモン,カウンディンヤ即位【カンボジア】
◉ キダーラ朝成立(クシャナ族を再統一)【印】

425 エフタル,ペルシアに侵入しはじめる

ペルシアに錬金術

オリンピオドロス(ギリシア系エジプト人)錬金術書を注釈【ペ】
◉ ゾシモス『新史』【埃】

435 ササン朝,ネストリウス派を採用【ペ】
437 中国の董琬,高明,オアシス諸国についての情報をまとめる(見聞は16カ国)
439 北涼滅ぼす(ソグド人捕虜多数)【北魏】
智猛『西域伝』【北魏】

441 フン族,シリアに侵入
444 西域経営本格化【北魏】
445 太武帝,大月氏(都・楼蘭)を撃つ(西域南道,以後砂漠化)【北魏】
◉ 『ヴィシュヌダルモッタラプラーナ』『バイター・シッダーンタ』の原型成立,一部はササン朝ペルシアに伝わる

450 エフタル,ペルシア攻撃かさねる
◉ ソグド文字・ボハラ字体(ボハラ王の貨幣の銘文・銀の酒杯の文字)の使用

クシャナ崩壊

◉ エフタル,クシャナ王朝を滅ぼす
455 エフタル(フン族),ガンダーラ,カシュミール併合
◉ ササン朝のペーローズ貨幣(金・銀)国際通貨となる【ペ】

エフタル動く

西域にオアシス型ネットワーク都市国家

460 エフタルのミヒラグラ(シヴァ信仰),ガンダーラ・カシュミールの仏教美術破壊
◉ イラン,シリア,ギリシア,インドの諸文化・人種の融合が急速化
◉ オアシスの政治的独立国家,経済的・文化的にネットワークする都市国家群にむかう
◉ ヴェネチアのリアルト島,遠隔地商業の中心地に【ヴェネチア】
◉ シギリアの壁画描かれる【セイロン】
◉ カウンディンヤ家のチャオ・パ・モ王,ナーガセーナ比丘を南斉に派遣【カンボジア】

481 河北省,綾絹生産の中心となる(〜唐代)
483 ペーローズ王,エフタル本拠バクトリア攻撃(インドから徴発した500頭の戦象)【ペ】
487 ササン朝ペルシア,ハザールを討つ【ペ】

マズダク教 マニ教の過激化 女子と財産の共有

◉ カワード1世,ゾロアスター教を退け,マズダク教を擁護【ペ】
489 ネストリウス派,北メソポタミアのニシブに定住
◉ 吐谷渾時代(青海路,河西路に加え東西交通の要に)

高昌国(トルファン)

498 麴氏,トルファン盆地に高昌国建立
◉ 葡萄樹がシリア地方の建築装飾や銀器のテーマになる

ヒンドゥー・仏教・道教

鳩摩羅什と仏陀跋陀羅

400 道武帝,仙人博士・仙坊を設ける【五胡】
◉ ヴィシュヌ信仰普及【印】
401 鳩摩羅什,長安に来て『仁王般若経』2巻『金剛般若経』を訳す【五胡】
402 慧遠,念仏の実践(盧山・阿弥陀像の前で123人の僧俗と)【東晋】
陶淵明,白蓮社入社を辞退【東晋】
◉ 鳩摩羅什訳『禅経』3巻・『無量寿経』【五胡】
◉ パタンジャリ『ヨーガ・スートラ』を編集【印】
403 慧遠,長安の鳩摩羅什に教えを乞う【東晋】
◉ ブッダゴーサ(仏音),シンハラ語注釈を収集,パーリ語に翻訳【セイロン】
408 支法領,『華厳経』60巻をもって長安に入る
仏陀跋陀羅訳『華厳経』【東晋】
◉ ウダヤギリのヒンドゥー教石窟寺院の建立【印】
◉ 牟子「理惑論」(最初の三教融合思想)【晋】

413 鳩摩羅什,後秦の国史となる,『大品・小品般若経』『法華経』『維摩経』『中論』を翻訳【五胡】

法顕のインド旅行

414 法顕,セイロンで『仏国記』著し南海諸国の事情を伝える

寇謙之と陸修静

421 駄跋陀羅,『大方広仏華厳経』50巻を訳す【宋】
423 寇謙之,仙人李譜文より道法を受け新天師道をひらく【北魏】
424 カシュミール僧,ジャワ島王に仏教伝える
◉ 杯渡禅師,香港島で布教
425 バーミヤンの大仏【印】
寇謙之,太武帝に「道書」を献上【北魏】
◉ クマーラグプタ,ナーランダ僧院を建立【印】
427 太武帝,都の東南に天師道場を建立【北魏】

433 儒仏論争さかん(慧林・何承天と顔延之の間)【宋】
435 グナバータラ,『勝鬘経』『瑜伽経』を建康で訳出【印】

440 陸修静,『三洞経書目録』(道教目録)【北魏】
◉ ヴアスバンドゥ,カシュミール有部を学ぶ【印】

北魏排仏 太武帝の仏教弾圧 300万の僧が還俗

446 太武帝,仏教弾圧(300万の僧が還俗,4万カ寺が他の用途に転用)【北魏】

ヴァスバンドゥ

460 このころヴァスバンドゥ(世親)『阿毘達磨俱舎論』『唯識二十論』『大乗成業論』【印】
文成帝,龍門石窟寺院着工(仏教復興宣言)【北魏】
◉ 仏像の様式,インド風から中国風に(雲岡石窟第六洞の仏像,面長の顔,なで肩)【北魏】
467 永寧寺五重塔建立【北魏】

478 豊受大神を伊勢に祀る【日】
479 仏教伝来(高句麗より)【新羅】

480 このころボーディ・ダルマが西域をへて,大同に来る(一説には南海路)【北魏】

バルトリハリ言語学

◉ 文法学者バルトリハリ『ヴァークヤ・パディーヤ』【印】
◉ サールナート初転法輪像,マトゥラー出土仏立像つくられる【印】
487 扶南,僧ナーガセーナを南斉に派遣
◉ ヴェーダンタ哲学の綱要書『ブラフマ・スートラ』成立【印】

陶弘景のタオイズム

492 陶弘景,茅山にこもり上清派道教を大成【斉】
497 孝文帝,仏陀禅師のために嵩山に少林寺建立(道教と仏教が出会う)【北魏】

揺動する東アジア

魏晋南北朝へ

400 高句麗,新羅を救援(5万人の大軍)して倭軍を討つ【高句麗】
◉ 古墳に騎馬民族的埋納品(応神騎馬民族の大和征服説あり)【日】
403 桓玄,建康にはいり帝位簒奪【東晋】

顧愷之と陶淵明

◉ 顧愷之活躍([女史箴図巻][洛神賦図巻]),著書に『論画』【東晋】
◉ 大月氏国人,中国でガラス器製造
404 桓玄,竹簡を廃止し紙の使用を推進する【東晋】
406 陶淵明『帰去来辞』【東晋】

413 倭国,東晋に方物を献ずる【日】
414 好太王の碑,鴨緑江畔に建立【高句麗】

420 劉裕,東晋を倒して宋を建国【宋】

謝霊運 山水趣向の誕生

423 謝霊運,南方に左遷,山水に遊ぶ【宋】
◉ 大臣・大連の制の成立【日】
424 謝霊運『山居詩』【宋】
425 倭王讃,司馬遭達を宋に派遣【日】
429 裴松之,『三国志』の注釈【宋】
◉ 陶淵明没(『桃花源記』『自祭文』)【宋】

431 太武帝,諸国から名士数百人招聘【北魏】
432 范曄『後漢書』90巻の編纂【宋】
438 牛車法の普及【新羅】
倭王珍(反正天皇か)に安東将軍倭国王の称号【日】
建康に儒学館建つ【宋】
◉ 船田山古墳鉄剣に「ミズハ大王」銘(漢字による日本語表記)【日】
◉ このころ三種の神器,象徴となるか【日】
439 北魏,華北統一(騎馬民族が中国内部に建てた最初の王朝)【北魏】
当時最大の瓦市場の涼州を占領(ソグド人が多数居留)【北魏】
◉ 仁徳陵,応神陵,作山古墳【日】

443 『画山水序』の宗柄没【宋】
倭王斉(允恭天皇か),宋に朝貢【日】
◉ 劉義慶『世説新語』【宋】
◉ 『叙画』(八卦と山水画)の王微没【宋】
446 文帝,玄武湖の園地築造,三神仙島を造営【北魏】

450 このころ劉敬叔『異苑』(志怪小説集)【宋】
◉ 阿知使主,南中国から織物女工を招来するという【日】

460 倭王興(安康天皇か)即位,宋に朝貢し安東将軍倭国王となる【日】
◉ 顧歓「夷夏論」【宋】
◉ このころ今来の才伎が大量に請来【日】

471 稲荷山古墳出土[鉄剣]がつくられる【日】
475 長寿王,百済をうち首都漢城を占領(百済,熊津へ遷都)【高句麗】
477 倭王武(雄略天皇か)即位,宋に朝貢【日】
479 宋滅亡,南斉おこる
倭王武没,星川皇子の乱(吉備勢力の反乱)【日】
◉ 修辞主義文学さかん(沈約,周愚,陸厥らインド音韻学の影響から声韻説をとなえる,散文は四六騈儷体が流行)【斉】

◉ [青磁蓮弁文大壺](青磁器さかん)【宋】
◉ このころ前方後円墳,東国波及【日】

均田法 北魏の農地改革

486 均田法・三長制を施行【北魏】
◉ 初めて中国式の冠服着用【北魏】
487 全国に郵駅を設立,官道整備【新羅】

画の六法

謝赫 美術批評の誕生

490 謝赫『古画品録』【斉】
国都に市場を設ける【新羅】
492 沈約『宋書』100巻【斉】
諸国の佐伯部を求め,佐伯造を定める(部民初出)【日】
493 安難,北魏王朝のため道路を建設(交通地理専門の方驛博士,王立大学の筆頭へ)【北魏】
497 華北で灰陶俑の生産さかん【北魏】
◉ 平群真鳥専権,大伴金村の平群氏誅滅【日】

西域人が平城に来てガラスで宮殿をつくった。その広さは百人以上を収容でき、光が透き通って観る者はみな神技だと驚嘆した。
『北魏書』西域伝

ボエティウス、カッシオドルス、ベネディクトゥス、大グレゴリウス、この一家系の出身者たちが、西欧的日常生活の規範の大半を準備する。

500

古典マヤ文化後期へ

ヨーロッパの準備

カッシオドルスとボエティウス

- 507 西スペインに西ゴート王国立つ(首都トレド)【西ゴ】
- ブイエの戦い(クローヴィス,アリウス派西ゴート王国破る)【フ】
- 東ゴート王テオドリックの秘書官カッシオドルス,ヴェネチア商人の活躍に言及【東ゴ】
- ◉ ボエティウス,アリストテレスの著作を注釈【東ゴ】
- 508 パリ,フランク王国の首都【フ】
- 510 ボエティウス,東ゴート王国の執政官に【東ゴ】
- 511 クローヴィス没,メロヴィング朝は4分割【フ】

サリカ法典 慣習法の成文化

- サリ部族の『サリカ法典』(慣習法を成文化)
- 513 ボエティウス『音楽要諦』5巻(中世音楽観の源泉,宇宙・人体・器官の音楽)【東ゴ】
- 518 ラテン文法家プリスキアヌス『ラテン語文法』(18巻のラテン語文法集大成)著す
- 530
- ◉ ゴート語アルファベットの豪華な書物『銀本』
- 528 ダラスの戦(ペルシア軍,23歳の司令官ベリサリウスに敗北)【ビ】
- 532 フランク王国,ブルゴーニュ王国征服【フ】

厳冬と。ペストと絹

- 533 ベリサリウス,北アフリカに侵攻しヴァンダル族を屈伏【ビ】
- 540
- 536 東インドの火山噴火(地中海は有史以来の厳しい冬に)
- 537 アーサー王,カムラン戦で戦死するという【英】
- 541 ペスト大流行(コンスタンティノポリスで1日約1万人の死者,ローマ帝国〜アジア)
- 550
- 542 修道士ギルタスの『ブリタニアの滅亡と征服』【英】
- 550 カッシオドルス『聖書と古代学芸の注釈』【東ゴ】
- ◉ ウェールズ,キリスト教に改宗【英】
- 551 東ゴート族海軍,ビザンツ艦隊に敗北【東ゴ】
- ◉ ヨーロッパに絹織物産業(ユスティニアヌス帝,中国・セイロンに伝道師派遣,カイコ取得)【ビ】
- 560
- 560 アイルランドとウェールズで,ハープとクロッタを用いた音楽さかん
- ◉ トルコ系アヴァール人西進(アント人を撃つ)

ランゴバルド王国

- 568 ランゴバルド族によるアクレイア市の劫掠【ラン】
- 570
- 580 このころヴェネチア市形成
- ◉ ランゴバルド族,イタリアの東ゴート族駆逐【ラン】
- 581 アヴァール族,シルミウム占領(ビザンチン帝国への侵入激化)

スラブ人動く

- 580
- 582 カッシオドルス『東ゴート史』【東ゴ】
- 585 スラブ族の移動はじまる
- 589 ランゴバルド族,ローマ・カトリックへ改宗【ラン】
- ◉ 西ゴート王国,キリスト教に改宗(第3回トレド公会議)【西ゴ】
- 590 エウアグリオス『教会史』(アヴァール族の移動の全行程を記す)
- 590
- 594 『フランク史』の著者トゥール司教グレゴリウス没(当時の破格なラテン語方言文体)【フ】
- 598 カンタベリーにイギリス最古の学校【英】
- ◉ ヨーロッパ北西部で食料生産量が増大(スラブ人,固い土壌を耕す技術を開発)
- ◉ ラテン語の方言,民衆の間に定着化(将来のフランス語・スペイン語の基礎形成)

教会とビザンツ帝国

ベネディクトゥス修道院

- ◉ 聖カイサリウスがアルルに,カシアニヌスがマルセーユに写本僧院を建てる【フ】
- ◉ 聖女セザリらアルルの修道院の尼僧,能書家として活躍【フ】
- 510 このころビザンツの富豪,宝石と彫金をほどこした本を注文しはじめる【ビ】
- 511 オルレアン教令で呪術を有罪【ロ】
- 519 東西のカトリック教会が和解
- 520 アルルの聖セゼールの戒律【フ】

コスマス 宗教的地誌学

- ◉ アレクサンドリアのコスマス,ナイル川旅行(『キリスト教地誌』で聖書の記述を正当化)
- 526 [サン・ヴィターレ聖堂]のモザイク(〜40)【ロ】

ユスティニアヌス

- 527 ユスティニアヌス1世即位(ビザンツ最盛期)【ビ】
- 529 聖ベネディクトゥス,モンテカッシノ修道院を創立(図書館併存)【フ】

ローマ法大全

- ◉ ユスティニアヌス帝,大学を創立し『ローマ法大全』50巻の編纂をはじめる(アカデメイアを閉鎖)【ビ】
- 532 ニカの反乱【ビ】
- 533 ユスティニアヌス帝,オリゲネスを異端として断罪【ビ】
- 534 アンテミオス『奇異な機械について』(凹面鏡や蒸気機関についての最初の記録)【ビ】
- 535 ユスティニアヌス帝,イタリア征服【ビ】
- 536 クリスマスケーキの起源(ローマ法王クリスマスを決定)【ロ】
- 537 アンテミオスとイシオドス設計[ハギア・ソフィア大聖堂](円蓋式バシリカ)【ビ】

修道院図書館

- 540 このころベネブントにカッシオドルスによるヴィヴァリウム(修道院図書館の原型)誕生
- 542 カルケドン派と単性論派,ヌビアに布教
- コンスタンティノポリス暦を採用(聖書の記録が紀元前5509年からはじまる)【ビ】
- 544 ユスティニアヌス帝『三章勅令』発布【ビ】
- 545 ラヴェンナの聖ミレ聖堂で金地装飾のガラスモザイクつくられる【ロ】
- ◉ [聖使徒教会堂]建立(十字形プラン)【ビ】
- 547 サン・タポリナーレ教会身廊の装飾画[ユスティニアヌス帝と随帝]【ビ】
- ◉ アフリカの聖ファクンドゥス『三章擁護の書』を完成
- 553 ローマとナポリがビザンツ帝国に併合【ビ】
- ◉ ビザンツ帝国,絹織物産業を国営化【ビ】
- ◉ プロコピオス『戦史』『建築について』『秘史』【ビ】
- ◉ エフェソス[聖ヨハネ聖堂](円蓋空間の縦軸の方向性の強化)【ビ】
- 563 聖コルンバヌス,アイルランド修道士の大拠点を建てる

細密画とモザイク工芸

- 570 スラヴ族,マケドニア地方に定住(ビザンツ文化の担い手に)
- 576 サン・ロレンツォ教会のモザイク完成【ロ】
- 580 最初の[ラザレット]がシャロンに建設【ロ】
- 584 ビザンツ軍,西ゴートのコルドバ陥落【ビ】
- ◉ 『シノッペ福音書』『ロッサノ福音書』の写本装飾

大グレゴリウス

- 590 グレゴリウス1世,教皇となる(修道士から選ばれた最初)【ロ】
- 聖コルンバヌス,ガリアでヌヌブレイ,フォントネイらの修道院を建立(写本工房)【フ】
- 598 教皇グレゴリウス,典礼統一【ロ】

天台教学は、古代仏教の最も高次な集大成である。

500

西と東の間

タルムードへ完成

500 ミシュナとゲマラの合成によるユダヤ聖典『タルムード』完成へ(ハラハー,アガター,ミドラッシュ)
◉ ストバイオス『エクロガイ』『アントロギオン』(哲学·詩·政治·家政のアンソロジー)【ビ】
◉ ヘーシュキオス『ギリシア語辞典』【ビ】
◉ インド医学の古典『スシュルタ·サンヒター』の編纂【印】
505 ネストリウス派本山がサマルカンドにできる
ヴァラハミヒラ,天文学と占星術の書『パンカシッダンティカ』【印】
508 高車,柔然を破り,タリム盆地のオアシス諸国を支配

510 エウトキオス,アルキメデスとアポロニウスの著作を注釈【ビ】
512 ギリシア語·シリア語·アラビア語の三カ国刻文(ザバト刻文)

520 グプタ朝分裂【印】
◉ ギリシア語の科学,文学,哲学のテキストをペルシア語に翻訳(シリア人の翻訳家集団)

ホスロー1世 クテシフォン宮殿造営

531 ホスロー1世即位,クテシフォン宮殿造営【ペ】
532 ユスティニアヌス帝,ペルシアと永久平和条約に調印【ビ】
536 シリア人セルギオス,ギリシア語医書をシリア語に訳す
◉ セイロンの香料貿易(グローブと沈香)とインドの高原地帯の胡椒の取引がさかん

545 柔然の鍛工技術集団·鉄勒アシナー族,西魏と通商をひらく【柔然】
◉ 甘蔗,インドからアラビアへ

テュルク突厥帝国

550 南インドにチャールキア朝おこる(～642)【印】
西インドにマンドール朝おこる(～860)【印】
◉ 南海貿易活況(西インドのマンドール朝,南インドのチャールキア朝)
◉ ビルマにドヴァーラヴァティー,国家建設(～8C)
552 テュルク人トゥマン,モンゴリアの柔然を撃滅(ソグド商人に北魏との通商を依託)【ト】
テュルク(突厥)帝国の成立(北モンゴリアのウトゥケン)【ト】
ソグド人の使節団が,コンスタンティノポリスへ(絹の通商)

クテシフォンのアカデミー

555 ホスロー1世,学校を設立しギリシア·インド学術書収集【ペ】

563 テュルク帝国,ササン朝と組み,エフタルを討つ【ト】

ササン朝交易圏

570 アビシニア,南アラビアからメッカを攻略
◉ このころマホメット,メッカで生まれる
575 ササン朝ペルシア,紅海北部·ペルシア湾貿易を制圧する【ペ】
南インドにパッラバ朝おこる(南海貿易を制す～883)【印】
◉ 凹凸法(彩色による陰影)が西域·南海経路で中国に伝わる

595 マホメット,クライシュ族キャラバン隊長に
598 天文学『シッダーンタ』のブラフマグプタ没(9個の数字と0を用いる)【印】

フィロポノス ギリシア物理学の研究

◉ アリストテレスの注釈を書いたフィロポノス,アレクサンドリアで活躍(物体落下の速度論,惰性の概念など)

ヒンドゥー·仏教·道教

500 『サーンキヤ·カーリカー』成立【印】
◉ 上座部仏教,ピュー(ビルマ)でさかん
502 「比丘恵感造弥勒像」など雲崗·竜門で交脚の弥勒像の彫刻【北魏】
張僧繇,多くの仏寺に仏画を画く【梁】
504 武帝,道教を捨て仏教に帰依(国教に)【梁】
506 扶南の僧伽婆羅,梵本38巻を中国に将来
508 菩提流支『入楞伽経』【北魏】

510 アジャンター第1石窟寺院【印】
515 范縝『神滅論』(唯物論思想)【梁】
517 全国の道観·道士を廃止【梁】
519 慧皎『高僧伝』【梁】
◉ 同興嗣,『千字文』を編む【梁】

520 宋雲·慶生,北西インドに向かう【北魏】
◉ このころ仏寺2846,僧尼82700人(南朝仏教最高潮に)【梁】

仏像,日本へ 司馬達止と草堂仏教

ボーディ·ダルマ

522 草堂仏教(司馬達止,飛鳥に仏像を安置)【日】
阮孝緒,『仙道録』を編集【梁】
526 曇鸞,仙経をすて浄土教に【北魏】
五部律,百済に将来(沙門謙益,中インドから帰国)【百済】
◉ 陶弘景『神農本草経集注』【梁】
527 ダルマ,梁の武帝を訪問【梁】
528 新羅仏教,隆盛(新羅法興王,殺生を禁ずる)

崇仏と排仏 蘇我氏と物部氏

◉ 崇仏派·蘇我と排仏派·物部の争いはじまる【日】
◉ 道教七部学説の完成

534 陶弘景『真霊位業図』【梁】
陶弘景『真誥』『登真隠訣』【梁】
537 インド商人プールナ,セイロンに大乗系の『ダルマ·ダートゥ』をもたらす
538 仏教,日本に公伝【日】
539 ルドラヴァルマン王,仏教に帰依し,中国に使節派遣【カンボジア】

545 百済王,欽明天皇のために丈6仏をつくる【百済】
546 華北全域で廃仏【北魏】
扶南,梁の武帝にインド僧真諦を送る【梁】
549 南朝建康の480寺が滅ぶ【梁】

550 甄鸞『五経算術』『算術記遺』【北周】
『菩薩処胎経』(最古の伝世の経巻)【日】
551 百座講会を設ける【新羅】
552 仏滅後1500年たち,末法第1年に入る
◉ ヒンドゥー教,仏陀を権化に入れる

563 真諦,『倶舎論本頌』『倶舎釈論』22巻『広義法門経』『摂大乗論』3巻『摂大乗論釈』15巻を訳す
567 衛元嵩,武帝に仏教改革を献策【梁】
◉ 天台智顗,『大智度論』『次第禅門』を説く【陳】
◉ サールナートのダメーク塔【印】

570 テュルク,中国から『華厳経』『涅槃経』を取り寄せ突厥語に翻訳【ト】
571 『無上秘要』100巻成立【北周】

北周で仏教弾圧

574 武帝,儒先·道次·仏後の方針【北周】
575 陽眩之『洛陽伽藍記』【北斉】
◉ 善信尼ら日本初の出家【日】

天台智顗

580 毘尼多流支,安南法雲寺に入りダルマの禅を伝える【越】
◉ 大乗仏教伝来(バヴァヴァルマン1世期)【カンボジア】
蘇我馬子,飛鳥の自邸に仏殿【日】
587 天台智顗『法華文句』『法華玄義』『摩訶止観』【隋】
用明天皇,仏教帰依を群臣に問う,蘇我·物部氏争い,物部滅亡【日】
588 法興寺(飛鳥寺,日本初の伽藍)【日】
彦山に修験者·豊国法師【日】

593 四天王寺を難波に建立【日】
慧可没(禅宗へ)【隋】
594 智顗,玉泉寺で『摩訶止観』を講じる【隋】
三宝興隆の詔(臣連ら競って寺院建立)【日】
595 高句麗僧慧持ら,聖徳太子の師となる【日】
吉蔵,『大品経義疏』を撰述【隋】

揺動する東アジア

500 毛詩学者の劉献之活躍【北魏】
◉ 畿内に横穴式石室墓,九州に装飾古墳【日】
503 ジャワバルマン,正式に扶南王と認められる【越】
[隅田八幡宮人物画像鏡]【日】
505 武帝,五経博士をおき(五舘),学校建立【梁】
武帝,700余人の学者を集め『華林遍路』の編集をはじめる
507 越前の男大迹王,継体天皇となる【日】
臣連制,氏姓制度,部民制成立【日】

512 大伴金村が任那の4県を百済に与える【日】
513 崔霊恩の活動(三礼·春秋三伝に精通)【梁】
◉ 劉勰『文心雕龍』(言語表現論)【梁】
518 勰孝緒『七録』完成へ【梁】
◉ 北朝で神仙思想の苑囿,南朝で園林さかん

520 華北で青磁(後に白磁)の生産本格化【北魏】

文選 昭明太子編集 万葉集に影響

525 蕭統(昭明太子)『文選』の編集終わる【梁】
◉ 古墳の馬具副葬最盛【日】

水経注と斉民要術

継体·欽明·安閑期

527 このころまでに酈道元の地理書『水経注』40巻【北魏】
筑紫の国造磐井反乱【日】
◉ 鉄器,農民層に普及しはじめる【日】
531 欽明·安閑両朝の併立【日】
532 賈思勰,『斉民要術』(古代中国の農業書の集大成)を著す【北魏】
チャンガル碑文(ジャワ最古),南インドのグタンタ文字でつくられる
◉ 行·草の早書き出現(王志『一日無申帖』)【梁】
◉ 江南ロココ文化隆盛(詩,園林,音楽,酒,宴遊の世界)

花郎

540 真興王が即位(花郎集団を組織)【新羅】
欽明朝と宣化朝の統一【日】
541 梁から絵師·工匠が入る【百済】
543 異柒夫,『国史』編纂【新羅】
◉ 経学者の盧景裕,李同軌,沈文阿の活動【梁】
545 皇侃『論語義疏』『礼記録義疏』【梁】
◉ このころ屏風,南朝に流行
◉ 新羅で施陶がさかん【新羅】

550 真蝋時代はじまる【カンボジア】
◉ 宗懍『荊楚歳時記』(民間行事)【梁】
胡漢の混成部隊を編成(国制の骨組)【西魏】
◉ 王辰爾,漢字による貢品の記録【日】
552 王山兵,七絃琴を改造した玄琴で100余曲作曲【高句麗】
554 百済より五経博士·易博士·暦博士·医博士·楽人が来る(各々一年契約)【日】
百済·日本連合軍,新羅と戦い,聖明王敗死
557 梁滅び陳おこる(江南に享楽文化爛熟)

562 任那日本府滅亡【日】
568 真興王,巡狩管境碑建てる【新羅】

572 王辰爾,高句麗使の表疏を解読【日】
573 文林館を設置【北周】
575 除陵,『玉台新詠集』編集【陳】
◉ 智永書[真草千字文]【陳】
577 北周,北斉を併合し,華北統一
そろばん使用(後漢,徐岳『数術記遺』の実用化)【北周】

江南ロココ文化と隋建国

581 隋おこる(五銖銭を鋳造)【隋】
◉ 経学者の沈重活躍【隋】
582 宇文覺都城大興城を設計【隋】
583 景徳鎮で陶磁を生産,建康に献上【隋】
584 宇文覺,長安と黄河を結ぶ運河(広通渠)の総指揮をとる【隋】
589 隋の中国再統一(文帝,陳の軍隊を建康で破る)【隋】

590 顔之推『顔氏家訓』【隋】

蘇我馬子 崇峻天皇暗殺

592 蘇我馬子,崇峻天皇を暗殺【日】
593 このころ紙,朝鮮に入る
推古天皇即位【日】

神の言葉を写して本にするのは、広く遠く人を救う伝道であり、ペンとインクで悪魔に傷を負わせる。
カシオドルス

知識の交流
600〜799

ユダヤ教の中の天使ガブリエルにまつわる情報をマホメットが『コーラン』(読誦されるべきもの)にする。

中国とイスラムの筆記家だけが、文字を書道空間の主役にした。

600 推古8

600	ペテン地方のマヤ文明さらにすすむ コパンの石彫(球技場,アクロポリス～900)
642	マヤにパレンケの神殿

ヨーロッパとビザンツ

600 イギリスで七王国時代はじまる【英】
◉ アルファベット頭文字の装飾化すすむ(鳥・魚で構成)【フ】
◉ スラブ族,バルカン半島を南下

イシドルスの分類法

◉ セビリアの大司教イシドルス,図書館の分類法に関する詩をつくる(『語源誌20巻』は最初のキリスト教百科事典)【西ゴ】

グレゴリウス聖歌

◉ グレゴリウス大教皇「グレゴリウス聖歌」完成【ロ】
601 カンタベリーにベネディクト派修道院(アウグスティヌス初代大司教)【英】
603 ロンドンにセント・ポール寺院【英】
ランゴバルド族,キリスト教へ回心【ラン】
◉ キリスト教会,鐘の使用はじめる【ビ】

修道院写本時代へ

610 ガリア女王ブリュヌオー,聖コルンバヌスを追放【フ】
◉ ビザンツ帝国で,ギリシア語公用化【ビ】
ヘラクレイオス帝即位(ユダヤ教礼拝を禁止)【ビ】
613 反ユダヤ立法制定【西ゴ】

コルンバヌスのボッビオと図書館

614 聖コルンバヌスのボッビオ修道院(図書館,パリムプセスト併設)設立(ここから手写本が,ヨーロッパに広まる)【フ】
クロタール2世,王・貴族・教会の権利規定【フ】
◉ イシドルスがイスパニアで文学活動(手写本が大量に出回る)【西ゴ】
623 このころサモ王国成立(～658)
625 ノーザンブリア王国がケント王国を併合【英】

サン・ドニ修道院

626 ダゴベルト,サン・ドニ修道院創建【フ】
ビザンツ軍,アヴァールを破る【ビ】
フランク商人サモが,スラブ勢力を集中させアヴァールに反抗(最初のスラブの王国=ボヘミア王国を建立)【フ】
バルカン半島のスラブ化決定的
◉ アイルランド伝道会,ガリア,スイスの各地に修道院と写本工房を設立【愛】
627 遊牧民族戦法を学んだヘラクレイオス騎馬隊,ペルシアから聖十字架とシリア・エジプト奪回(ニネヴェの戦い)【ビ】
628 ヘラクレイオス帝,ササン朝の神聖な祭儀場建築,タフテ・タクディス破壊【ビ】
630 スウェーデン亡命者トラテリア,植民地を築く(ノルウェーのはじまり)
632 ヴェンド族を撃破【フ】
◉ このころヨハンネス・クリマコス『霊的階梯』(僧院心霊修行さかんになる)
633 ヘラクレイオス帝のエクテシス(単性説信仰)【ビ】
オスワルドのアイルランド解放【愛】
トレド公会議【西ゴ】
◉ アラビア奥地に多数のネストリウス派教徒
635 ノーザンブリアにリンディスファーン修道院創立【英】
◉ フランク王国内で,フランス語とドイツ語が分化しはじめる【フ】
638 セルビア人,バルカン半島中部に定住
640 ウェールズ軍,サラセン軍を破る

ラテラノ公会議❶

649 ラテラノ公会議(キリスト単性説を排斥)【ロ】
サンタ・マリア・アンティーク教会堂の壁画装飾[受胎告知の天使]【ロ】

イスラム世界の誕生

装飾文字 クーフィック体全盛へ

◉ アラビアでクーフィック書体さかん(～9C)
600 パレスティナに銀製聖油瓶
604 ヒーラのラフム王国滅亡
ヒーラで詩人アディー・イブン・サウド拷問死

マホメット登場

610 マホメット,天使ガブリエルから神の啓示

アラビアン・アルファベット アラム語から改造

◉ アラム語アルファベットの変字体がアラビア語に改造(イスラム教アルファベットとなる)
614 クライシュ部族,マホメットの伝道を迫害
エルサレムの聖十字架,クテシフォンにもちさらされる(ホスロー2世軍,アンティオキアとエルサレム略奪)
615 イスラム教徒,アビシニア移住

全アラビア統一

622 ヘラクレイオス帝,ペルシアに遠征【ビ】

ヘジラ元年

7月16日,イスラム紀元ヘジラ(マホメットのメジナ移住,モスク原型の共同体ウンマ誕生,最初から文字を使う世界宗教の出現)
アラビア数字の記数法,西方世界に伝わる(シリアのモノィサイト派司教セボクトによる)
624 メッカのクライシュ族,マホメットにシリア通商路を奪われる(バドルの戦)

マホメットのユダヤ人絶滅

マホメット,アラビアのユダヤ人諸部族を絶滅させる
628 マホメット,ヘラクレイオス帝・太宗らに使節を送る
629 クライシュ族とバルク族,マホメット側のフザーア族と対立激化
630 マホメット,メッカを無血解放
631 アラビア半島全域がイスラム教を受け入れる
◉ ササン朝の文化地帯ヤマンのイスラム化

正統カリフ時代

632 マホメット没(アブー・バクル初代カリフ,正統カリフ時代へ～661)
各地に予言者出現(各部族離反はじまる)
コプト派・ヤコブ派,征服者アラブを歓迎
633 イスラム軍,イラクとシリアへ侵攻
◉ 乳香の道がイスラム巡礼の道に
634 アブー・バクル没(ウマル,第2代カリフ)
ハーリド,テオドルスのビザンツ軍撃破
637 サード率いるイスラム軍,クテシフォン入城(クーファに大宮殿)
638 イスラム,エルサレムを奪う,バスラ市建設
◉ クーファ,アラビア語文法学研究の中心に
641 イスラム軍,ナイル川東岸に軍営都市アル・フスタート建設
◉ モスクが都市の中枢・幹線道路の交差部に建てられる(製本屋,香・油の商人の往来)

ササン朝倒壊

イスラム軍,ネハーヴェントでササン朝打倒
643 イスラム軍,イラン全土征服
644 オマル暗殺され,ウスマーン第3代カリフに
◉ コーランに種々の本と読誦法
649 シリア総督ムアーウィア,ビザンツ帝国海軍基地キプロス島を占領
◉ ウスマーン,各地から異本集め経典を校訂

600

西と東の間

600 羊皮紙に象牙彫り装丁写本,アルメニアに請来(ギリシア人もたらす)【アルメニア】
◉ アディー・イブン・サウド,ペルシア宮廷で初めてアラビア語を用いる【ペ】
◉ ハザール人,カスピ海・アゾフ海沿岸に遊牧国家つくる【ハ】
◉ クメール文字の使用さかん[アンコール碑文](パーリ語書写用の草書体を借用)
601 突厥の部衆9万人,隋に降伏【ト】

ホスロー2世

603 ホスロー2世,ビザンツ帝国に宣戦【ペ】

ヴァルダナ朝

606 ハルシャ・ヴァルダナ,北インドで即位【印】
607 煬帝,西域を経略し東西交通路を確保【隋】
ホスロー2世,メソポタミア,アルメニア攻略【ペ】
609 チャールキア朝(プラケーシン2世即位),カタンバ朝・パッラバ朝を屈伏させ,ハルシャ・ヴァルダナと抗争【印】

南海文化の発酵

612 ハルシャ・ヴァルダナ,北インド統一(首都カナウジ)【印】
613 ホスロー2世,エルサレム占領(音楽家・技術者をイランに移住させる)【ペ】
616 ササン朝ペルシア,エジプトを奪う【ペ】
◉ カルキア朝でタミール文学隆盛【印】

織物技術の伝播

◉ 織物の製作地シリア・エジプトのイスラム化(ペルシアの伝統技術,イスラムの織物へ)
618 ホスロー2世,ゾロアスター誕生地にタフテ・タクディス[ソロモンの玉座]建造【ペ】
628 ブラフマグプタ『数学書』【印】
◉ インドの砂糖がコンスタンティノポリスに
629 吐蕃,チベット高原におこる(ソンツェン・ガンポ即位〜50)【チベット】
◉ 高昌国で,中国式年号・官制・儒学さかん
◉ ロブ・ノール付近の砂漠にソグド移民の集落
◉ 亀国の産鉄,全オアシス36国に供給

吐蕃 ソンツェン・ガンポ

チベット文字創案 トンミ・サングホータ

632 インド留学を終えたトンミ・サングホータがチベット文字つくる
634 ソンツェン・ガンポ,初めて唐に朝貢(吐谷渾,スムパ族から医術・占星術を学ぶ)【チベット】
635 阿羅本(アベロン),長安にネストリウス派キリスト教を伝える【ペ】
636 シリア・ビザンツの羊産織物技術が,アラブ・シチリアにもたらされる
638 ビルマ紀元(アーチ・ヴォールト構造の遺構)【ビルマ】
640 ペルシアの首都ジュンディ・シャープルに医学校・病院の設立【ペ】

唐の西域支配 高昌国の滅亡

高昌国滅亡(唐の西域経営はじまる)
◉ 中国人使節,ガンジス渓谷のビハールで砂糖の製造技術研究(唐の太宗派遣)【印】
642 ヤズデガルド3世,イスラム軍に大敗【ペ】
646 ラモチェ寺院建立(唐から仏像将来)【チベット】
ヴァルダナ王朝瓦解【印】
647 バーナの歴史叙事詩『ハルシアチャリタ』成立【印】
648 ジャワのカリンガ国,中国に使節派遣

ヒンドゥー・仏教・道教

600 エローラのチャイトヤ窟,アジャンター第26窟(円筒状の天井)【印】
◉ タミル地方でシヴァ聖典派さかん【印】
◉ 龍猛,多数の密教書を著すという【印】
◉ ヒンドゥー教各宗派成立
◉ 詩人バルトリハリ『シュリンガーラ・シャタカ』を書くか(編集は10Cか)【印】

仁寿塔ネットワーク

601 文帝,30州に舎利塔(仁寿塔=日本の国分寺に相当)を建立,高僧を中央から派遣【隋】
◉ 巻子,織物絹に仏像の印刷【隋】
602 百済の僧観勒,来朝(経典・天文地理・遁甲方術書を献上)【日】
603 秦河勝,蜂岡寺(広隆寺)をつくる【日】
◉ アジャンター第1,2窟壁画,カスル・イ・シーリン遺跡成立【印】
605 煬帝が西苑に三神仙島を築く【隋】
606 飛鳥寺に丈六の仏像(鞍作鳥が制作)【日】
607 法隆寺建立【日】
608 洛陽の四方館に仏教講義用の講堂,研究所の設置(留学僧の教育指導にあたる)【隋】

聖徳太子と法隆寺

611 聖徳太子,『勝鬘』『維摩』『法華』三経を注釈(日本人による最初の著述)【日】
612 百済人帰化し,御所南庭に須弥山・呉橋をつくる(呉の伎楽の舞伝わる)【日】
◉ インドネシアでヴィシュヌ神信仰

スマトラ仏教

◉ スマトラで仏教彫刻・建築がさかん(インドネシア的作風成立へ)
620 高祖,老子廟を建てる【唐】
622 聖徳太子妃ら[天寿国繍帳]つくる【日】
623 新羅から仏像仏具が献じられる【日】
法隆寺[釈迦三尊像]成る【日】
624 朝鮮半島に五斗米道伝わる
諸寺の縁起,僧尼の名簿をつくる(寺46,僧816人,尼569人)【日】
626 高祖,寺観僧堂の整理を命じる【唐】
627 玄奘,長安を発ち西域へ向かう(異説629)【唐】
◉ このころガウダパーダ『マーンドゥーキヤ・カーリカ』【印】
ペルシアの穆護何禄,火祆教(ゾロアスター教)を伝える【唐】
635 景教(ネストリウス派)長安に入る【唐】
637 長安にペルシア胡寺建つ【唐】
太宗,道先僧後と定める(老君廟の建立)【唐】
◉ 善導,玄中寺で道綽に出会い『観無量寿経』の講義を受ける【唐】

太宗の景教認可

638 太宗,景教に中国全土への布教認める【唐】
639 百済大寺(後の大安寺)建立(九重塔)【日】
◉ [銘石仏坐像]【唐】
640 唐の留学僧恵隠に『無量寿経』説かせる【日】
643 老子の『道徳経』高句麗に伝来

牛頭山の法融 牛頭禅の法燈へ

法融,牛頭山に禅室【唐】
645 王玄策,ヴァルダナ朝のインドへ【唐】
道宣,『続高僧伝』30巻を撰述【唐】
玄奘の『大唐西域記』献上され,西域経営の情報源に【唐】
大寺に僧尼を集めて,十師を定める【日】
646 王玄策,梵本経論600余部を持って帰朝【唐】
647 玄奘,『老子道徳経』を梵訳,東インドに送る
648 四天王寺塔内に仏像4体を安置し,霊鷲山の像をつくる【日】
◉ 慈恩寺建立(大雁塔)【唐】
◉ 学問仏教の隆盛,密教の実践仏教すすむ【唐】

玄奘の旅行と翻訳

隋・唐文化圏

◉ 楷書の統一(科挙試験用『四書五経』を明確に写すため)【隋】
李文真,『新集』を編集(漢字使用以来の歴史)【高句麗】

憲法十七条

604 聖徳太子,憲法十七条を作成【日】
605 煬帝,大運河工事を開始【隋】
科挙開始(進士科を置く)【隋】
煬帝,洛陽に学者を召集し,8万9千巻を書写(写本による巻子本全盛へ)【隋】
606 隋の都,洛陽完成【隋】
607 小野妹子を隋に派遣(第1回遣隋使)【日】
608 小野妹子,隋使裴世清らと帰国,高向玄理,僧旻,南渕請安ら入隋【日】

煬帝と運河

610 日本に紙が移入(高句麗僧曇徴,製紙法,絵具・紙・墨伝える)【日】
李春,河北省に安済橋建造(アーチ型橋梁)【隋】
絵画[山水文塼]【百済】
611 1500キロの大運河ネットワークの成立(東南の杭州まで通じる=江南河)【隋】
612 文徳,30万の隋軍を滅ぼす【高句麗】
615 王通の言行録『文中子』【隋】
616 真臘国王イシャヴァルマン,遣唐使を派遣
618 李淵(高祖),唐を建国(道路網を組織化,30里おきに1297カ所の軍輸送用宿駅)【唐】
◉ 陶玉,霍仲初が出て景徳鎮さかえる【唐】
◉ 金銀玉器に変え唐三彩を副葬【唐】
619 傅仁均の戊寅暦【唐】
620 聖徳太子と蘇我馬子『天皇記』『国記』【日】

大唐おこる

芸文類聚 欧陽詢の個人編集

624 欧陽詢『芸文類聚』100巻(個人で類書を編集する傾向)【唐】
僧綱を定める(観勒を僧正)【日】
均田法・租庸調法を定める(生産力回復)【唐】
李世民,諸族首長から天可汗の称号を受ける【唐】
626 中国の登録戸数300万戸(隋代の1/3)【唐】

貞観の治 太宗の改革

627 太宗の貞観の治(義倉と儒教的理想政治『貞観政要』)【唐】
顔師古,秘書監として王朝の図書をあずかる【唐】
◉ 文徳皇后『女則』10巻編纂【唐】
◉ 虞世南,太宗の書の顧問に【唐】
630 創立した修史館で『周書』『梁』『隋』の編集すすむ【唐】
犬上御田鍬,慧日ら唐に派遣(第1回遣唐使)【日】
632 欧陽詢書[九成宮醴泉銘]【唐】
636 虞世南書[汝南公主墓誌銘]【唐】
637 貞観律令格式の編纂【唐】
武王,郷歌[薯童謡]をつくる【新羅】
638 『氏族志』編纂成る【唐】
639 裴孝源の『貞観公私画史』【唐】
◉ 屏風が一般家庭の調度品に【唐】

欧陽詢・虞世南・褚遂良

五経正義 孔穎達 顔師古

640 太宗,孔穎達,顔師古に『五経正義』180巻を編集させる(儒教経典の解説統一)【唐】
641 顔師古,『漢書』の注釈完成【唐】
褚遂良書[伊闕仏龕碑]【唐】
644 東国に「常世の虫」踊りおこる【日】

大化の改新 初の年号 天智天皇へ

645 大化の改新(初めて年号をたてる)【日】
唐太宗,第一回高句麗遠征(649までに3度の遠征)【唐】
647 慶州に花崗岩の瞻星台(天文台)を築造(現存する世界最古の天文台)【新羅】
648 太宗『温泉銘』(書の黄金時代を支持)【唐】
◉ 五言律詩の成立(王勃・楊炯ら活躍)【唐】

初めて京師を修め、畿内国司、郡司、関塞、斥候、防人、駅馬、伝馬を置き、鈴契を造り、山河を定めよ。
『日本書紀』大化二年条

コーランと慧能禅と柿本人麻呂、いずれも言霊による編集を試みた。

知識の交流

650 白雉1

ヨーロッパとビザンツ

650 イギリス修道士,イタリアの写字生求める(写本工房の平均写字生12人)【英】
● ガリアの修道院のコルビー,装飾頭文字作成(全ヨーロッパに波及)【フ】
● フランクとアルマニアにブリテン諸島の音楽が影響(聖歌を器楽伴奏で歌う)【英】
653 ランゴバルド族,キリスト教に改宗【ラン】
654 リベル=ユディコム(裁判法典,国王と西ゴート貴族の慣習法の調停)【西ゴ】
655 マルティヌス1世(反キリスト単性説教皇),皇位を剥奪【ビ】
656 アングロ族王エセルヘレの舟形墓【英】

マーシア王国

● イングランドでマーシア王国優勢(メロヴィング時代の金象嵌のバックルとブローチ)【英】

660

662 ギリシア人注釈者マクシム没(ディオニシスの体系をキリスト教様式化)【ビ】
664 イングランドでローマ・カトリック教会勝利(ウィットビー教会会議,ノーサンブリア王の支援,アイルランド系修道士を追放)【英】
パブリック・スクール,セント・ピーターズ校がヨークに設立【英】
667 フランク貴族アギルベルト,パリの司教に(彼の石棺に「最後の審判」の場面)【フ】

古代世界の残照

カリニクスの火薬

● カリニクス,西欧で最初に火薬製造【ビ】
● アングロサクソン語の最古の詩人カドモン,天地創造を歌う【英】

670

669 カンタベリー司教テオドロス,ローマ教会の典礼を施行(小教区制と集権的監督制度)【英】
● フランスのガラス工人に,修道院や教会のガラス窓をつくらせる【英】
678 イスラム軍によるコンスタンティノポリス封鎖解かれる【ビ】
679 ハザールのカガン,ブルガールの地を制圧(ブルガリア建国)
680 ブルガリア人,ドナウ河を渡りプリスカを首都に(ビザンツ帝国領土内に最初の南スラブ人の独立国家誕生)

680

コンスタンティノポリス公会議 教会の教義統一 両意説の正統化

コンスタンティノポリス公会議(教会の教義統一,両意説が正統)【フ】
681 南サクソン族,キリスト教改宗【英】
682 ブリタニアにジャロウ修道院建設(ローマからカッシオドルスの著書・写本類入る)【英】

ヴェネチア伸長

687 ヴェネチア市,初代総督をたて地中海地方の主要な勢力に
● 『リンディスファーンの福音書』挿絵【英】
690 ブリタニアで『エヒテルナッハの福音書』【英】

690

ダロウ福音書

● 挿絵入り『ダロウの福音書』(東方的,ケルト的,ゲルマン的装飾の総合)【愛】
● アイルランド最古の手写本『バンガーの交唱歌集』(写字生活躍)【愛】
692 セバストポリの戦(ビザンツ,アラブに敗退)
● メロヴィング朝,パピルスの高騰で書字材料を変える【フ】
694 ユダヤ人を迫害【西ゴ】
695 ユスティニアヌス2世,ハザールに亡命【ビ】
697 アイルランド教会,ローマ教会暦による復活祭算定法を受容【愛】
大地平板説によるヘレフォード図さかん(聖書世界中心)【欧】

イスラム世界

● このころイスラム教,コーランの翻訳を禁じる(各地のモスク付属のコーラン学校で学習)
651 第2回コーラン結集(〜653)
● イスラム教,ビザンツ帝国に伝わる
653 ウスマーンの使徒が長安に到着
イスラム軍,アルメニア占領
656 首都,クーファに移る(ウスマーン暗殺,アリー第4代カリフに)
657 シッフィーンの戦(教団分裂の萌芽,イスラム・ハワーリジュ派の発生)

コーランの言語 母音符号 読み分け点

● アラビア語に母音符号(シャクル)と読み分け点(ヌクタ)確立へ(アブー・アルアスワドによる)
● イスラム詩人ハサン・イブン・サービド活躍

ウマイア朝へ

661 ウマイア朝(首都ダマスクス)成立(アリー暗殺後,ムアーウィア,カリフ宣言)
● 『薬物論』『診余録』のテオドコス,イスラムの東方総督ユースフの主侍医となる

パティオ式住宅

● 東洋の中庭式(パティオ)住宅の様式が,イスラムの拡大とともに伝わる

軍営都市カイラワーン チュニジアのウクバル

670 ウクバル率いるイスラム軍、チュニジアに軍事都市カイラワーン建設(西方進出の基地)
● チュニジアのカイラワーンでマグレブ書体(西方イスラム書体の文字となる)
674 イスラム軍,ボハラ占領
● イスラム都市で東洋的街路ネットワークの形成(格子状道路の消滅)
イスラム海軍,コンスタンティノポリスの城壁にせまる(〜678)
675 カイラワーンに大モスク建設
676 イスラム軍,サマルカンド占領
678 イスラム海軍,ビザンツ帝国に敗北(改良「ギリシア火」の威力)
680 カルバラーの戦(アリーの子フサインとウマイア朝の戦,シーア派の発生)
シーア教徒の祭典の日が設けられる(カルバラー,シーア派の聖地に)
682 アブド・ルラー・イブン・ズバイルのカリフ宣言(エジプト,シリアを平定)
メディナ市,ウマイア朝に反旗
イスラム軍,アフリカ最後のビザンツ基地タンジールを占領
683 ハリダッタ『惑星運動論』
ダマスクスに王立図書館

シーア派の反乱

685 過激シーア派首領ムクタール,南イラクのクーファで反乱
● バーグバタの医学書『アシュターンガ・フリダヤサンヒター』

岩のモスク

691 エルサレムの[岩のモスク](イスラム様式,内部モザイク=幾何学,植物文様)
692 セバストポリスの戦(ビザンツ軍がイスラム軍に大敗)
ウマイア朝将軍ハッジャージ,メッカ占領
カリフのアブド・アルマリク,パピルスの輸出を禁じる
694 ハッジャージ,イランとイラクを平定
695 アルマリク,ダマスクスで純アラブ式貨幣ディナール金貨を鋳造(ウマイア朝極盛期)
イスラムの第1回カルタゴ占領
697 行政府,アラビア語を公用語に指定する
● メディナのウルワ,マホメットの言行の伝記をまとめる
● スーフィー教徒,バスラの師ハサンに集まる

この時期、世界で最も包括的な思想は法蔵による華厳世界観である。

650

西と東の間

650 焉耆と高昌,シルクロードのコースをめぐり対立(交易による利潤・商業税の重視)
◉ アルメニア建築最盛【アルメニア】

ハルシャ王行伝

◉ ヴァルダナ朝詩人バーナ『ハルシャ王行伝』【印】
◉ タミール地方にヴィシュヌ詩人活躍【印】
◉ 蒙氏,メコン川中流域に蒙舎詔国をおこす(四川省から雲南省西部にかけ6詔国)
651 ササン朝最後の王,唐に援助求める【ペ】
西突厥,唐の西域経営戦略に挑む【ト】

ササン朝滅亡

ササン朝ペルシア滅亡【ペ】
655 南インドのカルキヤ朝復興【印】
アム川の仏教徒バルマク,インドに数学・医学を学ぶ(「バルマク家の丸薬」開発)
657 唐,西突厥の自立断つ(西域経営最盛期)【唐】
◉ 唐とイスラム,中央アジアで接触しはじめる

唐とイスラムの接触

661 アフガニスタンに16都護府(ペルシア都護府)をおく【唐】
662 シリアの学者セヴェルス・サボークト,インド外で初めてインド式計算(9個の記号に言及)
663 唐,内モンゴルに雲中都護府【唐】

魔術師カンバラ

◉ 魔術師ルイーパ・パドマヴァジラ・カンバラ活躍(金剛乗にヘーヴァジラ・タントラ導入)【印】
669 モンゴリアのテュルクを支配するため,都護府を北方に移す【唐】

シュリーヴィジャヤ国

◉ スマトラにシュリーヴィジャヤ国(唐に入貢)
670 吐蕃,安西都護府を攻略
677 西突厥,吐蕃と結び安西4鎮を陥れる(パミール高原から中央アジア一帯の制圧にのりだす)【チベット】
678 吐蕃,青海で唐と交戦【チベット】
679 ナルシス,ペルシア遺民を集めペルシア再建計る【ペ】
唐,チュー川のほとりに砕葉城を築城(西突厥をにらむ)【唐】
680 吐蕃,河源に侵攻【チベット】

アシナ・クトゥルク

682 テュルク人アシナ・クトゥルク,モンゴル高原の鉄勒部族を討ち勢力拡大(東突厥遊牧国家を再建)【土】
◉ シリア人のセウェルス・セボクト,ギリシアのアストロラビウムとインド数学をアラビアに伝える
686 東突厥,モンゴル全域を統治(ウィトケン山地方を回復)【ト】
689 東突厥,西突厥を破りソグド地方に侵入【ト】

東突厥の拡大

マニ教東伝

◉ マニ教東伝(ロブ・ノールのソグド人首領,マニ教僧侶となる)
691 テュルクのカパガン・カガン,唐と和約を結び経済的援助を受ける(西方も計略)【ト】
◉ インドの抒情詩人アマル『アマル・シャタカ』(恋愛詩)【印】
694 僧懐義,突厥を討つ【周】

迷信的天文学

マニ教の経文伝わり,イラン系の迷信的天文学が入る【唐・西域】
695 南イタリアで「黄金製造法の鍵」の編集すすむ【ラン】
699 カブール,イスラムに占領される

黄金製造法の噂ひろまる

ヒンドゥー・仏教・道教

650 このころ西南インドで『大日経』『不空羂索神変真言経』編纂される(密教おこる)【印】
◉ カッサパ2世治下,アビダルマ研究隆盛【印】

法称と月称

◉ ダルマキールティ(法称),経論ヨーガ発展させる【印】
◉ インドのチャーンドラキールティ(月称),中論注『明句論』『入中論』をあらわす【印】
652 大慈恩寺の大雁塔建つ【唐】

道昭 元興寺に法相宗

653 道昭,入唐し長安で玄奘の弟子となる【日】
659 玄奘,『大毘婆沙論』200巻訳【唐】

ヒンドゥイズム盛全

660 仁王般若会を設ける【日】
661 玄奘,『唯識二十論』1巻を訳す【唐】
新羅の義湘,入唐【新羅】
662 道昭,唐より帰国後,飛鳥に禅院を建てる(『一切経』をおく,法興寺に摂論宗を創設)【日】
663 玄奘,『大般若経』600巻を訳す
百済から陰陽道の亡命者【日】
666 道教の尊崇,老子を泰山にまつり太上玄皇帝と諡号【唐】
高祖,1寺1観を天下諸州に【唐】
668 智儼没【唐】
◉ ガラスの舎利瓶が奉納される(法隆寺塔心,唐招提寺舎利瓶)【日】
高祖,『化胡経』の焼却を命じる【唐】

中国仏教盛全

義浄のインド旅行

671 義浄,ペルシア船に便乗し広州を出発【唐】
672 龍門山に85尺の石龕盧舎那仏像を彫る【唐】
673 『一切経』を奈良の川原寺で書写【日】
義浄,大乗灯禅師と共にナーランダ寺にいたる(以後12年間,仏教を学ぶ)【印】

慧能の禅 ダルマの法燈中国に定着

慧能,曹渓宝林寺に入る【唐】
◉ 龍門最大の奉先寺仏洞石彫なる【唐】
675 僧尼2400人,斎を設ける(殺生肉食禁止)【日】
678 入唐僧道光,帰朝して律宗を伝える【日】
680 宮中・諸寺で『金光明経』を講じる【日】
681 善導没(『観無量寿経疏』4巻,浄土画300枚)【唐】
◉ ゴウダパーダの『マーンズーキャ(聖伝書)』(このころヴェーダンタ哲学発展)【印】
682 窺基(玄奘の弟子)没(唯識説を組織化し法相宗成立)【唐】
683 スマトラ最古のクドゥカンニブキット碑文(古代マライ語),大乗仏教と密教さかん
全国の諸州に道観を建てる【唐】
685 『金剛般若経』を天武天皇の宮中に説く【日】
◉ 陰陽寮の設置【日】
義浄,シュリーヴィジャヤで『南海寄帰内法伝』『求法高僧伝』を著す
686 『金剛場陀羅尼経』の写経(河内国の知識衆,現存最古の写経)【日】
『銅板法華説相図』(奈良・長谷寺)【日】
689 法朗ら『大雲経』をつくり献上【唐】
◉ このころ密教儀軌が完成【唐】
690 則天武后,仏先道後に改め,大雲寺建立【周】
◉ ダルマ系禅,長安の華厳哲学と結びつき盛大になる【唐】
◉ 天下の諸寺の数545寺【日】
694 ペルシアの払多誕,中国にマニ教伝える【周】
695 義浄,洛陽にもどり『華厳経』の新訳,『金光明最勝王経』,他多くの戒律書をもたらす【唐】
697 懐譲,具足戒を受ける【唐】
699 実叉難陀,『華厳経』80巻を訳す【唐】
法蔵,洛陽・仏授記寺で『華厳経』を講義【唐】
◉ 中国の菩薩が唐草風の瓔珞をもち表現も多様になる【周】

法蔵

大唐文化圏

650 このころより新羅彫刻が隆盛(〜10C)
653 『五経正義』ほぼ完成【唐】
褚遂良『雁塔聖教序』【唐】
656 岡本宮造営(両槻宮,吉野宮,狂心渠造営)【日】
657 飛鳥寺西方に須弥山造営(トカラ人饗演する)【日】
中臣鎌足,維摩会を設ける【日】
玄宗,李白を翰林供奉とし新楽章を要請【唐】
658 有馬皇子の変【日】
智踰,指南車をつくる(磁石利用)【日】
659 阿部比羅夫,蝦夷を打つ【日】
660 中大兄皇子,漏刻(水時計)で時制を制定【唐】
◉ 和風漢文体登場(六朝風流行)【日】

白村江の戦い

663 白村江の戦い(百済滅ぶ)【唐】
664 天智天皇,中臣鎌足に近江令をつくらせる【日】
666 王玄策ら『西域志』60巻『画図』40巻を著す【唐】
668 越から燃土(アスファルト)・燃水(石油)が献上される【日】
唐,内訌に乗じて高句麗を滅ぼす,統一新羅時代開始
平壌に安東都護府を設ける【唐】

西域文化の流入

670 庚午年籍の実施【日】

壬申の乱 天智から天武へ

672 壬申の乱おこる【日】
674 『道徳経』,官吏採用試験の1課目となる【唐】
日本で初めて銀を産出(対馬)【日】
伊勢神宮の造営【日】
675 占星台を設置【日】
676 安東都護府,遼東に移転(東モンゴリアの契丹が勢力化)

新羅の朝鮮統一

鴨緑江以南から唐を駆逐【新羅】
679 唐,安西4鎮を回復(西域の威信もどる)
◉ 署名に特別の字体(五雲体)を用いる(花押の発生)【唐】
681 天武天皇,国史編纂を命じる【日】
682 国学,工匠府を設ける【新羅】
◉ このころ,武后が皇帝・皇后の称号を天皇・天后と改称(天皇称号のはじまり)【唐】
683 小墾田の舞(高麗,百済,新羅の楽人が大極殿前で舞う)【日】

武則天 女帝のクーデター

684 則天武后,政権をとる【唐】
685 朝服の色(7色)を定める(染色工芸の発達を促す)【日】
686 新羅から天武天皇に屏風献上【日】
687 孫過庭『書譜』【唐】
689 双六を禁じる,漁禁区を設置【日】
則天武后,暦法を改正【周】
690 則天武后,則天文字(17文字)をつくる【周】
持統天皇即位(浄御原令の官制を実施)【日】
◉ 柿本人麻呂,宮廷歌人として活躍【日】
◉ 『二十八宿鏡』編まれる【周】

薛聡の吏読

692 薛聡,吏読を整理(寓話『花王戒』)【新羅】
693 漢人が初めて踏歌を演じる【日】
694 藤原京に遷都【日】
695 慶州に南市・西市の市場を開く【新羅】
697 元嘉暦を廃し,儀鳳暦をもちいる【日】
698 高句麗遺民の大祚栄,靺鞨人を統合,震国(渤海と改名)を建国
◉ 王孝通『緝古算経』(3次方程式を扱う)【周】
699 役小角,伊豆に流される【日】
◉ 皇帝用図書館として秘書省成立(政治案件の伝達用に邸報を発行)【周】
◉ 殷仲容,水墨花鳥を描く【周】

柿本人麻呂

書信を頼みに商船に乗ったら、風のために出帆。やむなく広州に還り、ただちにシュリーヴィジャヤに引返して、執筆をつづけた。
義浄『南海寄帰内法伝』

BC 6000以前 / BC 6000 / BC 2200 / BC 1200 / BC 600 / BC 300 / 0 / 300 / 600 / 800 / 1000 / 1200 / 1300 / 1400 / 1500 / 1600 / 1650 / 1700 / 1760 / 1810 / 1840 / 1860 / 1880 / 1890 / 1900 / 1910 / 1920 / 1930 / 1940 / 1950 / 1960 / 1970 / 1980

700
文武4

700 ティカル神殿(ピラミッド,古代マヤ最大の遺跡)
ペテン地方のマヤ文明,最盛期へ

このころ、世界知はダマスクスと長安に二分されていた。

知識の交流

日本六六五〇万人

テオティワカン 都市20万 崩壊

西欧気候温暖化

密教は華厳思想の核心部を、視覚情報化(マンダラ)してしまう。

ヨーロッパとビザンツ

700 ノルマン人,西ドナウ河口にあらわれる

カッパドキア美術

◉ カッパドキアの[ヴァシリオス聖堂天井画]【ビ】
◉ 円環付き十字架石碑さかん【愛】
◉ 『ベーオウルフ』(3200行余の叙事詩)【英】
◉ フランク族,金本位から銀本位に転換【フ】
705 公爵ヘタン2世のマリエンベルク円形教会【フ】
カエサルの位が初めてローマ帝国領土外の王に使われる(ハザール王)【ハ】

中世金貨 キリスト像金貨流通する

ユスティニアヌス2世,ビザンチン金貨にキリストの像を鋳造(中世のドルといわれる)【ビ】
709 [モン・サン・ミシェル修道院礼拝堂]建つ【フ】

710
710 サンタ・マリア・アンティークァ教会堂[プレスビテリウム]【ラン】
◉ [ボエティウス象牙二連板]のキリスト教典礼【英】
712 イスパニアのトレド陥落【西ゴ】
713 セビリア陥落,西ゴート王国滅亡【西ゴ】
715 グレゴリウス2世,教皇となりローマ教会会議に尽力【フ】
716 フランク王,コルビー修道院への定期的献品を承認【フ】
717 テオドシウス退帝し,レオ3世イサウリア朝創始【ビ】
718 ペラギウス,スペインにアストゥリアス王国建国(レコンキスタ運動をリード)

レコンキスタとイコノクラスム

ボニファティウス

720
719 聖ボニファティウス,グレゴリウス2世の命を受け,ゲルマニア布教本格化【フ】
720 イスラム軍のピレネー山脈越え
726 東方の慣習を取り入れた「エクロゲ」(私法・刑法)発布【ビ】
聖像破壊論争(イコノクラスム)はじまる(ビザンツ皇帝レオ3世,キリスト・マリア像の礼拝禁止〜843)【ビ】
ローマ教皇グレゴリウス2世,聖像崇拝支持【ロ】
727 ヴァバリア公国建国
◉ 乗馬の「あぶみ」が西洋に流入

730 このころダマスクスのヨアンネス『知識の泉』(神学の体系化)

カール・マルテル

トゥール・ポアティエの戦

732 トゥール・ポアティエの戦(カール・マルテルのフランク重装騎兵軍,イスラム軍9万人のヨーロッパ侵入阻止)【フ】
735 『英国教会史』『年代記』の作者ベーダ没(ジャロー修道院,イギリス教会学術の中心)【英】
ヨークのイギリス大司教管轄区の設立【英】
738 モンペリエの学校創立【フ】
739 ランゴバルド族,ローマを支配【ラン】
教皇グレゴリウス3世,ランゴバルド,アラブとの戦闘にカール・マルテルの援助求める【ロ】

740
744 レプティネ会議で「迷信一覧表」を作成(聖人への供儀を禁ずる)【ビ】
745 ケルン大司教座設立【フ】
ハンガリーのケムニッツ鉱山開鉱
マインツ司教ボニファティウスにローマから胡椒が贈られる【フ】
746 コンスタンティヌス5世,キプロス島をイスラム艦隊から奪還【ビ】
◉ ゲルマン民族の広間型建築[王の間]
749 ダマスクスのヨアンネス(東方最後の教父)没【ビ】
◉ パルメット文・連珠文・コプト刺繍,聖アウグスティヌスの『旧約七書注解』を飾る【ラン】
◉ このころ西欧の気候が温暖化

イスラム世界

700 イスラム,北アフリカのキリスト教を廃絶
◉ クーフィック文字の書体の規制成る
過激シーア派のカイサーン派,3分裂
◉ シリアとイラクの華美な風俗がメディナ,メッカに伝わる

ダマスクスの繁栄

705 ダマスクスの大モスク(風景画・幾何学文様モザイク)建築着工(聖ヨハネ教会堂を改造)
ホラサーン総督クタイバ・イブン・ムスリム,中央アジア征服開始(ブハラのゾロアスター教殿堂のあとにイスラム礼拝堂を建立)
◉ クライシュ部族のズフリー,ハーディス(マホメットの伝承)の収集と記録
706 ワリード1世,アラビア語で国庫会計簿をつけさせる(ギリシア語を禁止)
708 イスラム軍の北アフリカ征服進む
◉ メッカの黒人系名歌手サイード・イブン・ミスジャフ活躍(シリア・イランの歌謡をアラビア語に訳す)
◉ エジプトでサトウキビの栽培

イスラム歌唱術

710 北アフリカ征服完了
711 イスラム教徒,イベリア半島に米・砂糖広める
712 アラブ,最初のインド征服(イスラム化はじまる)

イベリア半島征服 ヨーロッパに米と砂糖

714 イスラム軍,イベリア半島征服終了
715 クタイバ没後,ホラサーン総督,メルブを基地にアフガニスタン占領
716 カイサーン派のハーシム派,4分裂

アッバース運動

◉ 過激シーア派のカイサーン派とアッバース家が同調する(ウマイア朝に敵対=アッバース運動)
717 カリフのオマール2世とビザンツのレオ3世,海上貿易の安全保障の申し合わせ
718 カイサーン派とアッバース家,本部をクーファに設置(ウマイア朝版図各地に情報員派遣)
◉ アッバース運動,ホラサーンのホッラム教(マズダク教徒)勢力をとりこむ
720 イスラム軍,ガリア攻撃開始

ハサンの伝承学

728 イスラムの伝承学者ハサン没(伝承を編纂)
730 イスラム軍,アヴィニヨンを陥落
◉ フレスコ画[楽土を狩猟する騎士]【シリア】
733 スペイン太守ラフマーン,ベルベル人ムヌザを倒す
736 ホラサーンでアッバース運動の指導者ヒダーシュ処刑される
737 過激シーア派のバヤーンを処刑
740 東アフリカにイスラム教徒が上陸
743 イブラーヒーム,アッバース家代表に(アッバース運動の転機)
744 ジャーファル家のアブド・アッラーフ,クーファで反乱
アッバース運動の指導者アブー・ムスリム,ホラサーンへ(南アラブ系遊牧民勢力を獲得)
747 アブー・ムスリム,黒旗を挙げて蜂起(黒色=アッバース家,白色=ウマイア家)ウマイア朝打倒を宣言
748 アブー・ムスリム,ホラサーンの首都メルブを占領
749 アッバース運動の革命家ホラーサニー,クーファに入城

対立 アッバース家(黒色) ウマイア家(白色)

大常の楽は胡曲を尊び、貴人の食事はことごとく胡食を供し、士女もまた競い合って胡服を着る。
『旧唐書』輿服誌

西と東の間

700 サンスクリット作家ダンディン『十王子物語』【印】
イラン・パキスタン・東部アフリカでアラビア文字使用
イスラム教を取り入れたハザール国,定住生活化【ハ】
ヴィシュヌ派の「パンチャラートラ・サンヒター」の原型成立【印】

シャーラダン信仰

◉ カシミールに女神シャーラダン信仰(シャーラダン文字普及)【印】
701 ペルシアとアラブの水夫,モルッカ諸島(香料貿易)を訪れる

ハザール活況 商業活動興隆へ

702 ユスティニアヌス2世,ハザールに亡命,カガンの娘と結婚(子供は後のレオ4世)【ビ】
706 ゾロアスター教徒,インドに住みはじめる(イスラムのペルシア侵攻による)【印】
◉ ラッラ『シシュヤディー・ヴリッディダ・タントラ』【印】

711 東突厥クトゥルク,帝国再建【ト】
◉ 中国から入った「金光明経」,チベット語訳
716 突厥(テュルク)のビルゲ・カガン即位(これより突厥は最盛期に)【ト】
717 ソグド領ピャンジケント領主,アラブ代官にアラブ語の文書送る「ムグ山文書」
◉ チュー川流域セミレチエ地方にソグド人の国際商業都市多数つくられる

インド天文学,中国へ

718 インド天文計算法が中国に紹介される(曇悉達『開元占経』の九執暦で)【唐】

725 ゾロアスターを奉じるパールシー教徒,インドに移住(ヒンドゥー教徒歓待する)【印】
◉ チデツクツェン王,寺院制度を確立【チベット】
729 吐蕃,唐と交戦(チベット勢力,河西に広がる)【チベット】
◉ ハザール人貴族,ユダヤ教に帰依(商品に対する1/10税,通関税を収入源に)【ハ】

730 パーラ王朝がベンガル一帯を支配(密教,ヴィクラマシー寺院などでさかん)
732 ハザールの衣装,ビザンツ儀式服に採用【ビ】
ジャワにサンジャーヤ王国おこる(ヒンドゥー教さかん)
「チャンガル碑文」(東南アジアで広く用いられた南インドのグランタ文字で書かれる)

オルホン碑文

735 「オルホン碑文」(ビルゲ・カガン没,トルコ文字の頌徳碑)
737 ハザール,イスラム教に改宗(主権のテュルク族,突厥文字使用)【ハ】
738 西テュルク族,イスラム軍に敗北(サマルカンド占領)【ト】

740 ハザール人,ユダヤ教に改宗【ハ】
チャールキア朝(ヴィクラマーディトヤ2世)パッラバ朝を倒す【印】
742 トクズ・オルグのウイグル部,バシミルの族長を新カガンに擁立
744 ウイグル,東突厥に代わって,モンゴリアを制覇
745 アシナー族の白眉カガン,ウイグル・唐連合軍に敗れる

高仙芝 大唐文化パミールへ

747 唐の高仙芝,パミールを征服【唐】
◉ バグダード,東西世界のキャラバンルートに

ウイグル トクズ・オルグ

仏教圏の拡大

700 北インド僧・李無諂,洛陽仏授記寺で『不空羂索陀羅尼経』1巻を訳す【周】

善無畏 南インドに密教

701 金剛智,南インドの龍智の下で『金剛頂伽経』を学び五部灌頂を受ける【印】
702 善無畏に学んだ道慈,雑密を伝える【日】

最古の印刷物 新羅の陀羅尼経

704 『無垢浄光大陀羅尼経』印刷(現存,世界最古の印刷物～751)【新羅】
法蔵,長生殿で華厳を説く(『華厳五教章』著す)【周】
実叉難陀,『大乗入楞伽経』7巻を訳す【周】
706 慧雲,丈八弥勒像を模写【唐】
疫病流行に初めて疫神を祓う【日】

渤海仏教

713 渤海国で仏教信仰はじまる
714 玄宗,偽濫僧尼2万人を還俗させる【唐】
715 仏国寺の多宝塔,釈迦塔建立【新羅】
717 善無畏,『虚空蔵求聞持法』1巻の訳【唐】

金剛智 中国に金剛マンダラ

718 不空,ジャワで金剛智に師事
薬師寺,法興寺を奈良に移す[薬師三尊像]【日】

不空と一行

720 敦煌で北宗禅がさかんに(『楞伽師資記』『観心論』が写されチベット語訳される)
最古の声明の記録(盲僧が琵琶とともに宗教音楽として伝える)【日】
ナーランダ寺院の金剛智と不空,長安に来て真言密教を伝える【唐】
◉ 新羅の僧慧超,インドへ出発【新羅】

大日経漢訳

725 善無畏,数学・天文の達人一行と『大日経』訳出【唐】
除災招福のため3千人を出家させ,諸寺に読経させる【日】
このころ写経所の設置【日】
728 国家平安を祈り『金光明経』諸国に頒布【日】
慧超,中国で『三蔵』の訳『往五天竺国伝』を漢文で書く【唐】
◉ 玄宗の命令で『三洞瓊綱』3744巻編集される(道蔵の成立へ)【唐】

733 士庶の家ごとに『道徳経』を所蔵させる【唐】
東大寺三月堂[月光・日光菩薩立像][四天王立像]【日】
734 [興福寺八部衆阿修羅王像]【日】
735 玄昉,法相宗と玄奘新訳経典をもたらす(『一切経』写経に活気)【日】
『絵因果経』書かれる(写経生の筆により綴られた)【日】
普寂,長安興唐寺で禅を広める【唐】
736 唐僧の道璿,華厳宗を日本に伝える(新羅僧・審祥,『華厳経』を東大寺で講義)【日】
737 玄昉,僧正となり内道場で仏事法会を営む【日】
水部式の「敦煌文書」【唐】
738 全国の諸郡に開元寺観を建てる【唐】
739 経典写経のため朝廷に写経司600人をおく【日】
◉ ベンガルの密教,アッサムをへてビルマに

中国密教の形成

740 諸国に法華経を写させ,七重塔を建立【日】
741 セイロンに不空渡り,密教さかえる
国ごとに国分寺・国分尼寺を建立【日】
◉ 不空,シンハラに帰り密教研究をすすめる

行基 地図制作と僧ネットワーキング

745 行基,大僧正になる【日】
荷沢神会,『顕宗記』1巻を編纂【唐】
747 敦煌で僧より尼が大勢住む(4尼寺と大乗尼寺に700人の尼)
◉ ジャワにシャイレーンドラ王国興り大乗仏教がひろまる

長安と平城京

700 このころ日本の人口650万3千人【日】
701 遣唐使復活(粟田真人ら派遣)【日】

天皇の花押

天皇の花押使用【日】
大宝律令完成【日】
量衡,駅制,雅楽寮を設ける【日】

藤原京 平城京

703 藤原京に官営の東西市たつ【日】
704 金大問『花郎世紀』『高僧伝』【新羅】
◉ このころ中国で飲茶の習慣一般化【唐】
708 「和銅開珎」(武蔵国,和銅を献上)【唐】

710 平城京遷都(人口約20万人)【日】
712 太安万侶,『旧辞』を撰録(『古事記』撰上)【日】
713 『風土記』編纂を諸国に命じる【日】

開元の治 玄宗皇帝と楊貴妃

玄宗の「開元の治」はじまる【唐】
714 宮廷音楽の制を定める(雅楽,俗楽の分離)【唐】
◉ 中国初の公報「開元雑報」【唐】
716 北宗画の祖・李思訓没[明皇帝蜀図]【唐】
717 行基の民衆運動おこる【日】
718 藤原不比等,養老律令を撰定【日】
719 漏刻をつくり漏刻典を設置【新羅】
◉ 劉知幾『史通』【唐】

万葉仮名

720 唐僧道栄の音典にもとづき「転経唱礼」を統一【日】
◉ 唐で木版印刷術はじまる【唐】

記紀編集 古事記 日本書紀

舎人親王ら『日本書紀』撰集【日】
尺様(ものさしの見本)を諸国に頒布【日】

大衍暦 一行の天文暦

721 一行『大衍暦』52巻の編纂【唐】
722 租・庸・調,丁田制度の実施【新羅】
723 一行,渾天黄道儀をつくる【唐】
玄宗,宮中に麗正書員(図書の編纂と講義)【唐】
彍騎,創設(傭兵制度のはじまり)【唐】
三世一身法を制定【日】
726 長屋王の左保楼の宴【日】
渤海,靺鞨と唐の侵略を撃退,強国に
727 渤海,日本と通交をはじめる

730 皇后宮職に施薬院をおく(防人を停止)【日】
旅人と憶良の梅花の宴歌【日】
[薬師寺東塔][興福寺五重塔]建立【日】
731 田辺史,『新修本草』を筆写する【日】
雅楽寮の改良(唐楽・林邑楽・天竺楽・渤海楽,和楽の人員削減)【日】
732 『游仙窟』の張鷟没【唐】

吉備真備と玄昉

735 吉備真備,唐から『楽書要録』・紀伝道・陰陽・天文・書道・『大衍暦』をもたらす【日】
737 『唐律』で律と礼がほぼ完成【唐】
738 『大唐六典』成立(官制発達うながす)
渤海の使者,『唐礼』『三国志』を書写(漢字使用)
諸国郡に地図の作成を要請(行基の参加)【日】

740 藤原広嗣反乱(天皇,東国に避難)【日】

長安200万都市

742 長安の総戸数36万戸(196万人,突厥9万人が移住)【唐】
743 墾田永世私財法を定める【日】
744 李白,杜甫と親交を結ぶ【唐】
光明皇后書[楽毅論](写経体の楷書体化すすむ)【日】
◉ 書家の金生活躍(朝鮮の書の全盛)【新羅】
745 平城京に東大寺を起工,大官大寺を大安寺に【日】
747 [不空羂索観音菩薩像](東大寺)【日】
国学に諸業博士,助教をおく【新羅】
749 光明皇后のため紫微中台設置【日】

李白と杜甫

知識の交流

イスラム教の拡大と、アラブ人によるトルキスタンの奪取が、西洋に紙をもたらす。

カール大帝がカロリング小文字を確定し、アルクインが知識の復興をもたらす。

750 天平勝宝2

761 [人物群像石彫](ピエドラス・ネグラス=マヤの祭祀センター)
766 このころ[人物像石柱](神聖文字で暦表記,マヤ古典期後期)

ペルー ワリ崩壊

ヨーロッパとビザンツ

カロリング朝へ

751 カロリング朝成立(マインツ司教ボニファティウスの司式で小ピピン,フランク王に)【フ】
ランゴバルド王国,東ローマからラヴェンナを奪う【ラン】
753 説教壇あらわれる(ロマンモティエ教会)【フ】

ピピンの教会領寄贈

754 小ピピン,教皇ステファヌス2世より王権の承認を受ける【フ】
サン・ドニ修道院[聖堂]建立【フ】
756 小ピピン,ランゴバルド領土を教皇に寄進【フ】
◉ 『ケルズ本福音書』成立(羊皮紙仕様の装飾本)【愛】
◉ 世俗の手で写本をおこなう僧院の出現【英】
760 メッツの司教クローデガング,聖職者に戒律を導入【フ】
◉ 僧正エグバート,ヨーク寺院図書館を創設【英】
写本『カンタベリーの黄金の書』(ローマ文化がカンタベリー地区で維持)【英】

フランク王カール帝国

768 カール大帝即位【フ】
◉ 聖ガル修道院書写室の開設,ライヘナウ修道院図書館の写本収集が活発化【フ】
769 ラテラノ公会議(聖像破壊を断罪)
◉ ぶどう酒がサン・ドニ,シャンパーニュの定期市で,武器・鉄製品がライン河流域で売買【フ】
772 コルビー修道院写字生,新書体カロリーヌを創出(北イタリアのセミ・オンシアル書体に着想)【フ】
774 カール大帝,ランゴバルド王国を滅ぼす【フ】
教皇ハドリアヌス,カール大帝にパトリキウスの称号
◉ アイスランドで『セームンドのエッダ』編集
779 マーシア王オッファ,全イングランドの王に【英】

写本力の増大 聖書写本に2人で7日間

◉ このころから写本速度がはやまる(2人の書記が聖書を7日間で書きあげる)
780 フランク領土内で三圃制輪作方式の実施【フ】
女帝イレーネ,レオ1世に接近【ビ】
◉ パウルス・ディアコノス,モンテ・カッシノ修道院で『ローマ史』『ロンバルディア史』の編集に入る【フ】
◉ 写本『ゴデスカルクの福音書』(一組紐文鈎形文,装飾が文字を聖化)【フ】
785 カール大帝,ザクセン族征服【フ】
787 ニケーア公会議(ビザンツ女帝イレーネ,聖像崇拝を公認)【ビ】

史家ディアコノス

史家ディアコノス,グレゴリウス大司教の『書簡集』をコルビー修道院に送る【フ】
◉ 造船・航海技術をもつノルマン人(ヴァイキング),フランク王国の海岸荒らす
790 メッツ歌唱学校の設立(音楽,自由技術4学科のひとつとなる)【フ】

アルクインの宮廷哲学

793 アルクイン,論理学・神学を教える(アーヘンに宮廷学校)【フ】
794 フランクフルト公会議(西欧の神学論争)【フ】
795 写本『ジェローヌのサクラメンタリウム』(頭文字の装飾化)【フ】
パブのファイティング・コック開店【英】
◉ 『クートブレヒトの福音書』(ケルズの書)【愛】
796 [アーヘン宮廷礼拝堂](カロリング様式)【フ】
アルクイン,トゥールのサン・マルタン修道院に図書館と学校を備えたセンター設立【フ】
799 カール大帝,ドナウ河中流の北アジア系アヴァール王国を破る【フ】

イスラム世界

アッバース朝と後ウマイア朝の分裂

750 アッバース朝創建(第1代カリフ,サッファーフ即位,シーア派と絶縁しスンニー派体制へ)
753 イベリア半島にサン・サルヴァットーレ教会堂のフレスコ群
754 マンスール,第2代カリフとなる(シーア派アブー・ムスリムを暗殺,官僚機構の確立)
◉ マンスール,中央アジアのバルマク家ハリード(ペルシア系イスラム教徒)を宰相に任命
756 ウマイア家のアブド・アッラフマーン,イベリア半島で自立(後ウマイア朝成立,首都コルドバの繁栄)
757 イラン系歴史家イブン・ル・ムカッファ没(イスラム,イランを範に歴史書を書く)
◉ ペルシア系イスラム教徒の知識階級でザンダカ主義(復古マニ教)流行(イスラムに反抗)

新都バグダード

762 バグダードの地に新首都マディーナ・アッサラーム建設着工(モスク,宮殿を中心とした円形都市)
767 法学ハナフィー学派のアブー・ハニーファ没
最初の預言者伝を著わしたメディナのイブン・イスハーク没(預言者の史的事実確証へ)
◉ バグダードの金門宮殿,アル・マンスールのモスク建設
◉ バスラのイブン・ザイド,スーフィーを統一

バリード郵便制

775 第3代カリフのマフディ,郵便制度(バリード)開始(バグダードと各州間でネットワーク化)
マフディ,政府にイラン系貴族を登用
ホラサーン地方ハーシム・ビン・ハキームのムハンナーの反乱広がる(過激シーア派・マズダク教・インド輪廻思想を混合)
ネストリウス派の総主教座がクテシフォンからバグダードに移される

錬金術の父 ジャービル・イブン・ハイヤーン

◉ ジャービル・イブン・ハイヤーン,クーファで活躍(錬金術の父)
776 リエバナ修道院のベアトゥス『黙示録注釈』(〜786)【西】
◉ カリフ・マフディ,ザンダカ主義者弾圧(アラビア語詩人バッシャール・ビン・ブルド処刑)
777 アル・ファザーリー,初めてアストロラーベをつくる
778 ラフマーン,アッバース朝と提携したカール大帝のフランク軍をスペインで破る

ハルーン・アル・ラシード

785 コルドバに西欧随一の大モスク
786 ハルーン・アル・ラシード(23歳),第5代カリフにつく(バグダード,アラビア文化の中心)
788 『千夜一夜物語』中世ペルシア語からアラビア語に翻訳される

知恵の宝庫

ハルーン・アル・ラシード,バグダードに図書館ヒザーナ・アルヒクマ(知恵の宝庫)を設立(ギリシア語文献の宝庫)
793 イラン系文法学者スィーバワイ没(最初のアラビア語文法教本を著す)
◉ バスラの神秘家聖女ラービアの活躍
795 イブラーヒム・アル・マウシリー,100首の詩を選び1巻にまとめる

西と東の間

製紙法、西へ

750 南詔,唐から自立(32州を奪う,吐蕃の援助)
751 石国王,安西都護府の高仙芝の横暴を諸胡国に通報
◉ ジャワに仏教国家シャイレンドラ朝おこる(異説あり)

タラスの戦 東と西の接触

高仙芝,タラス河畔でイスラム軍に大敗(製紙技術イスラム文化圏へ伝わる,単音節中国文字特有の木版技術・活字は未伝播)
753 ラーシートクータ朝,南インドのチャールキア朝倒す【印】
757 ウイグル,長安の回復を援助(粛宗,毎年絹2万匹を贈る)
イブン・アル・ムカッファ,インド寓話集『パンチャ・タントラ』(ペルシア語)を訳す
758 林邑国から環王国へ(都,南方へ)

762 ウイグルのビルゲ・カガン,洛陽占領(マニ教に入信,マニ教僧を通じてソグド文字採用)
タラスの戦の中国側捕虜の杜環,クーファより帰国(見聞録『経国記』を著す)
◉ ウイグル・ロードひんぱんに利用される(ホラサーン街道,長安〜バグダードを結ぶ主要幹線道路)

吐蕃あばれる タングート兵20万が長安に

763 吐蕃,吐谷渾,タングートの兵20万人が長安を占領【唐】
パーラ王朝,ベンガル地方に抬頭【印】
768 ウイグル,大雲光明寺(マニ教寺院)を建立

アラブ銀貨流通

770 バルト海から中央アジアの通商にアラブ銀貨さかんに流通(西スラブ人居住地を中心)
774 ジャワ軍の海洋民族軍,チャムパに侵入(チャムパのサンスクリット碑文)
776 カルルク人,タラス盆地を支配
◉ ササン朝ペルシアの異端派,マズダグ教・マニ教とホラサーン地方の過激シーア派の教えが結びつく
◉ 黒海沿岸のハザール族,ユダヤ教・イスラム教を取り入れる(独自の商業国家建設)
778 カラサン寺院建立【ジャワ】

ハザール商業圏

ティソン・デツィン

779 吐蕃のティソン・デツィン大王,仏教を国教的地位におく(一説,791)【チベット】

781 吐蕃の敦煌占領(〜872),その間の敦煌文書にペンの使用
783 吐蕃,唐と和解(国境を確定,建中会盟)
◉ カシュミールにシヴァ教おこる『シヴァ・スートラ』

アブー・マーシャルのホロスコープ

786 イランの占星術師アブー・マーシャル生まれる(今日の占星術誕生,ホロスコープの原型みられる)

790 吐蕃,唐の安西,北庭都護府を滅ぼす
794 南詔,吐蕃との関係を断つ(唐から南詔王に封じられる)
◉ 南インドにラシートラクータ朝さかえる【印】
◉ ビルマのピュー国勢力拡大【ビルマ】

バグダード製紙工場

バグダードに製紙工場設立(中央アジアのバルマク家の支援)

仏教圏の拡大

750 パーラ王朝成立(仏教を保護)【印】

東大寺大仏開眼

752 東大寺大仏開眼供養(インド僧・菩提僊那が導師,雅楽・声明がおこなわれる)【日】
753 不空,『金剛頂経』3巻などを訳す【唐】
仏国寺の多宝塔・釈迦塔完成【新羅】
東大寺二月堂の御水取りはじまる【日】
756 聖武天皇77忌に遺品を17寺に納める(正倉院のはじまり)【日】
759 鑑真が唐招提寺を建立【日】

不空の宿曜経翻訳

◉ 不空,西欧占星術書『宿曜経』2巻訳す(仏教占星術として伝わる)【唐】

シャンカラの哲学

◉ ヴェーダンタ派哲学者シャンカラ『ブラフマスートラ・バージャ』【印】

ボロブドゥール

760 ジャワにボロブドゥール寺院建造はじまる(シャイレンドラ王朝の援助〜850)
761 勉昌,李通玄の『新華厳経論』献上,入蔵を願う【唐】
762 悟空,カシュミールからガンダーラに入り遺跡・寺院を巡る【唐】
764 山林の寺院での読経禁止【日】
765 『宿曜経』が道教の北斗七星占星術と混交して日本に入る【日】
766 伊勢神宮で丈六仏像をつくる【日】
吉祥天画を諸国国分寺に安置【日】
西大寺開創[十二天画像]【日】
◉ このころヒンドゥー教,セイロン仏教に影響【セイロン】

ラマ教

771 慶州奉徳寺の銅鐘(エミレの鐘)【新羅】

パドマ・サンバヴァ

◉ インド僧パドマ・サンバヴァ(蓮華生),吐蕃に入る(ラマ教創始)
774 般若,南インドでダルマヤシャスに密教学ぶ【印】
775 シャイレンドラ,スマトラのシュリービジャヤで大乗仏教さかん
776 澄観,五台山に遊学,大華厳寺に住む【唐】
778 ダルマパーラ王のヴィクラマシーラ寺院【印】

780 智蔵,長安に入り大華厳寺に住む【唐】
◉ タイのドヴァーラヴァティー様式の石彫仏像
781 大秦景教流行,中国碑の建立【唐】
胡幽貞,『華厳感応伝』1巻著す【唐】
784 私寺の禁止【日】
785 山林寺院での陀羅尼による呪詛を禁じる【日】
◉ ヴィクラマシーラ寺院で密教排撃【印】
787 中国の禅僧摩訶衍,チベットに入る【チベット】

比叡山寺 最澄の山林仏教

◉ 最澄,比叡山寺建立【日】
般若三蔵の訳『大乗理趣六波羅密経』10巻【唐】

澄観と般若三蔵 華厳観の大編集

791 澄観,長安崇福寺に『華厳経疏』を講じる【唐】
792 チベットで禅宗禁止令発布(中国系禅宗,インド系仏教制圧の反動)【チベット】
794 禅宗禁止令解かれる【チベット】
795 インド僧カマラシーバ,チベットで摩訶衍と論争して勝つ
796 荷沢神会を禅宗七祖とする【唐】

三教指帰 空海の宗教戯曲

797 空海『三教指帰』【日】
798 般若三蔵,『華厳経』40巻を訳出【唐】
最澄,7大寺の学僧を招き『法華経』を講じる【日】

長安と平城京

750

王維・顔真卿・張旭

750 田図の作成【日】
◉ 中国の登録総戸数906万戸(5288万人)に回復【唐】
751 東大寺の荘園,越前に開く(初の荘園)【日】
張旭,狂草体で活躍(剣器の舞から書法を学ぶ)【唐】
『懐風藻』(日本初の漢詩集)【日】
慶州仏国寺の木版刷『無垢浄光大陀羅尼経』1巻(世界最古の現存印刷物)【新羅】

呉道子 宮廷画家山水の変

752 呉道子,洛陽の老君廟に描く【唐】
755 渤海,上京龍泉府(東京城)に遷都
◉ 唐三彩(磁陶器)が円熟【唐】

安史の乱へ

安史の乱(節度使安禄山のクーデター),20キロ間隔の燎煙(平安火)が乱を告げる,1日の平和を長安に知らせる通信技術【唐】
756 東大寺正倉院開設【日】
757 杜甫『春望』【唐】
758 顔真卿書[祭姪文稿]【唐】
藤原仲麻呂(恵美押勝)に銭貨鋳造の権利【日】
杜甫没『杜工部集』20巻【唐】

藤原仲麻呂

760 日本初の金貨「開基勝宝金銭」の発行(大量生産用に鋳型採用)
761 王維没[雪景図][輞川図]『王右丞集』6巻【唐】
763 儀鳳暦を廃し,大衍暦【日】
◉ 財務官僚劉晏,塩の専売法完成【唐】
764 淡海三船,歴代天皇の漢風諡号を撰進【日】
765 新たな墾田開発を禁じる(寺院以外)【日】
◉ 忠郷の郷歌「安民歌」「讃耆婆郎歌」【新羅】
◉ 劉高の詩に「山水」の語がみえる【唐】
768 春日神社建つ【日】
769 和気清麻呂,宇佐八幡の神託を受ける【日】

芸亭 石上宅嗣の蔵書開放

◉ 石上宅嗣,境内の図書館「芸亭」で蔵書開放【日】

770 称徳天皇,『百万塔陀羅尼』百万部を印刷,南都の寺院に十万基ずつ分納【日】
◉ 王羲之らの書筆が転写される【日】
◉ 張璪,王墨ら逸脱的水墨画家あらわれる【唐】
774 乾元観の建立【唐】

淡海三船 漢風諡号と和上東征伝

779 淡海三船,『唐大和上東征伝』を編集【日】
◉ 沈既済『枕中記』【唐】

万葉集編集

両税法施行【唐】
◉ 寺院などの初期荘園,次々と発生【日】
781 茶にはじめて課税される【唐】
783 張璪,長安で破墨山水障子を描く【唐】
784 長岡京へ遷都【日】
788 蝦夷征討開始【日】
読書出身科制度を設定【新羅】
長安在住のペルシア・ウイグル商人・金融業者4000人【唐】

790 大宰府に鉄冑2900余をつくらせる【日】
全羅道の碧骨堤を大補修【新羅】

大伴家持 大伴旅人長男国守を歴任

◉ 大伴家持編『万葉集』(全20巻)の完成【日】
◉ 店家・見世棚の発生(市の商人富裕化)【日】
792 宦官の富豪化すすみ,これより軍政専権【唐】
794 平安京遷都【日】
797 菅野真道ら編『続日本紀』成立【日】
799 典薬頭和気広世,「薬経太素」を講じる【日】
天竺人漂着,綿種渡来(翌年諸国で栽培)【日】
◉ アラビア商人から商品の30%を徴収(牙人=仲買商と倉庫業の創設)【唐】
◉ 万葉仮名の字973【日】
◉ 韓愈と柳宗元,駢儷体を廃し,『史記』『孟子』の文体を復興【唐】

東にチグリス河、西にユーフラテス河をのぞむこの中洲こそ、世界の十字路である。
バグダード建設を決意したアブ・マンスールの言葉

BC 6000以前 / BC 6000 / BC 2200 / BC 1200 / BC 600 / BC 300 / 0 / 300 / 600 / 800 / 1000 / 1200 / 1300 / 1400 / 1500 / 1600 / 1650 / 1700 / 1760 / 1810 / 1840 / 1860 / 1880 / 1890 / 1900 / 1910 / 1920 / 1930 / 1940 / 1950 / 1960 / 1970 / 1980

情報の自立
800～999

オマル・ハイヤーンの時代、
錬金術が東西情報を融合する。

バグダードとアーヘンと
長安が、国際情報の編集センターになっていた。

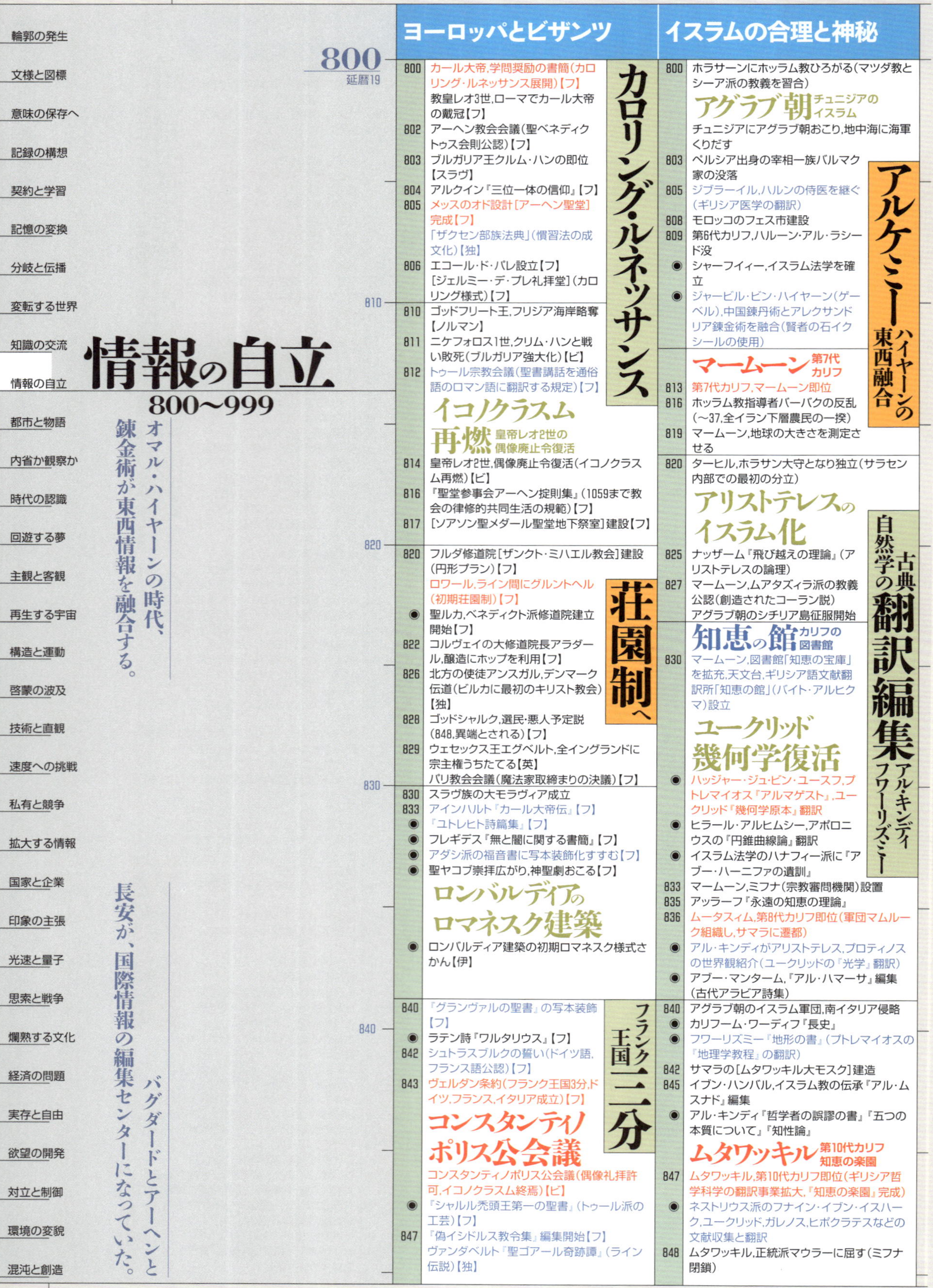

800 延暦19

ヨーロッパとビザンツ

カロリング・ルネッサンス

800 カール大帝,学問奨励の書簡(カロリング・ルネッサンス展開)【フ】
教皇レオ3世,ローマでカール大帝の戴冠【フ】
802 アーヘン教会会議(聖ベネディクトゥス会則公認)【フ】
803 ブルガリア王クルム・ハンの即位【スラヴ】
804 アルクイン『三位一体の信仰』【フ】
805 メッスのオド設計[アーヘン聖堂]完成【フ】
「ザクセン部族法典」(慣習法の成文化)【独】
806 エコール・ド・パレ設立【フ】
[ジェルミー・デ・プレ礼拝堂](カロリング様式)【フ】

810
810 ゴッドフリート王,フリジア海岸略奪【ノルマン】
811 ニケフォロス1世,クリム・ハンと戦い敗死(ブルガリア強大化)【ビ】
812 トゥール宗教会議(聖書講話を通俗語のロマン語に翻訳する規定)【フ】

イコノクラスム再燃 皇帝レオ2世の偶像廃止令復活

814 皇帝レオ2世,偶像廃止令復活(イコノクラスム再燃)【ビ】
816 『聖堂参事会アーヘン掟則集』(1059まで教会の律修的共同生活の規範)【フ】
817 [ソアソン聖メダール聖堂地下祭室]建設【フ】

820
荘園制へ

820 フルダ修道院[ザンクト・ミハエル教会]建設(円形プラン)【フ】
ロワール,ライン間にグルントヘル(初期荘園制)【フ】
◉ 聖ルカ,ベネディクト派修道院建立開始【フ】
822 コルヴェイの大修道院長アラダール,醸造にホップを利用【フ】
826 北方の使徒アンスガル,デンマーク伝道(ビルカに最初のキリスト教会)【独】
828 ゴッドシャルク,選民・悪人予定説(848,異端とされる)【フ】
829 ウェセックス王エグベルト,全イングランドに宗主権うちたてる【英】
パリ教会会議(魔法家取締まりの決議)【フ】

830
830 スラヴ族の大モラヴィア成立
833 アインハルト『カール大帝伝』【フ】
◉ 『ユトレヒト詩篇集』【フ】
◉ フレギデス『無と闇に関する書簡』【フ】
◉ アダシ派の福音書に写本装飾化すすむ【フ】
◉ 聖ヤコブ崇拝広がり,神聖劇おこる【フ】

ロンバルディアのロマネスク建築

◉ ロンバルディア建築の初期ロマネスク様式さかん【伊】

840
フランク王国三分

840 『グランヴァルの聖書』の写本装飾【フ】
◉ ラテン詩『ワルタリウス』【フ】
842 シュトラスブルクの誓い(ドイツ語,フランス語公認)【フ】
843 ヴェルダン条約(フランク王国3分,ドイツ,フランス,イタリア成立)【フ】

コンスタンティノポリス公会議

コンスタンティノポリス公会議(偶像礼拝許可,イコノクラスム終焉)【ビ】
◉ 『シャルル禿頭王第一の聖書』(トゥール派の工芸)【フ】
847 『偽イシドルス教令集』編集開始【フ】
ヴァンダベルト『聖ゴアール奇跡譚』(ライン伝説)【独】

イスラムの合理と神秘

800 ホラサーンにホッラム教ひろがる(マツダ教とシーア派の教義を習合)

アグラブ朝 チュニジアのイスラム

チュニジアにアグラブ朝おこり,地中海に海軍くりだす
803 ペルシア出身の宰相一族バルマク家の没落

アルケミー ハイヤーンの東西融合

805 ジブラーイル,ハルンの侍医を継ぐ(ギリシア医学の翻訳)
808 モロッコのフェス市建設
809 第6代カリフ,ハルーン・アル・ラシード没
◉ シャーフイィー,イスラム法学を確立
◉ ジャービル・ビン・ハイヤーン(ゲーベル),中国錬丹術とアレクサンドリア錬金術を融合(賢者の石イクシールの使用)

マームーン 第7代カリフ

813 第7代カリフ,マームーン即位
816 ホッラム教指導者バーバクの反乱(～37,全イラン下層農民の一揆)
819 マームーン,地球の大きさを測定させる
820 ターヒル,ホラサン大守となり独立(サラセン内部での最初の分立)

アリストテレスのイスラム化

古典自然学の翻訳編集 アル・キンディ フワーリズミー

825 ナッザーム『飛び越えの理論』(アリストテレスの論理)
827 マームーン,ムアタズィラ派の教義公認(創造されたコーラン説)
アグラブ朝のシチリア島征服開始

知恵の館 カリフの図書館

830 マームーン,図書館「知恵の宝庫」を拡充,天文台,ギリシア語文献翻訳所「知恵の館」(バイト・アルヒクマ)設立

ユークリッド幾何学復活

◉ ハッジャー・ジュ・ビン・ユースフ,プトレマイオス『アルマゲスト』,ユークリッド『幾何学原本』翻訳
◉ ヒラール・アルヒムシー,アポロニウスの『円錐曲線論』翻訳
◉ イスラム法学のハナフィー派に『アブー・ハーニファの遺訓』
833 マームーン,ミフナ(宗教審問機関)設置
835 アッラーフ『永遠の知恵の理論』
836 ムータスィム,第8代カリフ即位(軍団マムルーク組織し,サマラに遷都)
◉ アル・キンディがアリストテレス,プロティノスの世界観紹介(ユークリッドの『光学』翻訳)
◉ アブー・マンターム,『アル・ハマーサ』編集(古代アラビア詩集)
840 アグラブ朝のイスラム軍団,南イタリア侵略
◉ カリフーム・ワーディフ『長史』
◉ フワーリズミー『地形の書』(プトレマイオスの『地理学教程』の翻訳)
842 サマラの[ムタワッキル大モスク]建造
845 イブン・ハンバル,イスラム教の伝承『アル・ムスナド』編集
◉ アル・キンディ『哲学者の誤謬の書』『五つの本質について』『知性論』

ムタワッキル 第10代カリフ 知恵の楽園

847 ムタワッキル,第10代カリフ即位(ギリシア哲学科学の翻訳事業拡大,「知恵の楽園」完成)
◉ ネストリウス派のフナイン・イブン・イスハーク,ユークリッド,ガレノス,ヒポクラテスなどの文献収集と翻訳
848 ムタワッキル,正統派マウラーに屈す(ミフナ閉鎖)

交易と技術文化

800 南イタリアで『黄金製造法の鍵』編集

インドにネウマ

◉ インドでネウマ(記号楽譜)の使用【印】
◉ ミサのイントロイゥスにトロープス【フ】
801 賈耽『海内華夷図』『郡国県道記』(方眼をつかって地図を描く)【唐】
804 ハリンジンA碑文(最古のジャワ語碑文)
ムハンマド・アッシャイバーニー『所得の書』
805 ヤフヤー・ビン・ハリッド,インドの薬草栽培

紙屋院 京都の製紙工場

806 京都に官営製紙工場・紙屋院(『三十帖子』写本成る)【日】
807 ハルーン・アル・ラシード,カール大帝に水時計を贈る
生野銀山の開発【日】
慧林『大蔵音義』(100巻,仏教辞典)【唐】
808 趙耐庵『伏火礬法』【唐】

バグダードに書店

812 カール大帝,帝国農場に薬草栽培【フ】
813 李吉甫『元和郡県図誌』【唐】
◉ イスラム商人,中国と交易(広州,楊州繁栄)【唐】
◉ バグダードに100軒以上の書店と写本工房をもつ出版社さかん
◉ インダス流域のスィッダマリー文字(悉曇文字),ナーガリー文字へ移行【印】
◉ 四川・雲南の交易ルート開く(ビルマのピュー国興隆)
819 阿倍真直・出雲広貞『大同類聚方』(日本の古代医方の集成100巻)成る【日】
◉ アラビア地理書にバグダード,シナ,ビザンツ,ラーシュトラクータ朝を4大君主とする
◉ パーラ朝,ベンガル文字を公用【印】
821 大司教アーノルド,ザルツブルクに写本工房【フ】
822 除昂『宣明暦』完成【唐】
◉ アーヘン,トロワなどに大規模な交易市【フ】
827 物部広泉『摂養要訣』【日】
◉ アラビア人,ビルマのモン族の国を綿布と沈香の国と記録
828 最古のカタカナの記録(『成実論』の注)【日】
◉ アル・キンディ『旋律の作曲について』

830 このころアル・アンサーリ『言葉の奇異』『雨の書』(言語学)
831 アグラブ朝のパレルモ占領(アドリア海の制海権,ビザンツからイスラムへ)
835 藤原貞敏,渡唐して琵琶の奥義を廉承武に学ぶ【日】
紀宿称福吉『治瘡記』(日本初の外科医書)【日】
837 [国子鑑石経]成る【唐】
839 ウイグル,キルギスの攻撃をうけて西走
建礼門院前で唐物の交易(宮市の初め)【日】
◉ 総合福音書の頭音訳ヘリアント成る(ルードウィッヒ敬虔王作成させる)【フ】

ウイグル文字 ソグド文字の改良と造字

840 このころウイグル人,突厥文字の使用をやめ,ソグド文字を用いてウイグル文字をつくる

人工言語イディッシュ

◉ ドイツのユダヤ人,ドイツ語,ヘブライ語などを混淆したイディッシュ語をつくる【独】
843 劉眄に敗北したウイグル,天山南麓に拠点を移す(カラ・ハン朝へ)
848 このころイブン・ホルダーズベ『諸道路と諸国の書』【イラク】
◉ ヴェロナで歯車時計をつくる【伊】
◉ アラビアでコーヒーの発見
◉ イスラムでアストロラーブが航海用に改良される
◉ ジュンディ・シャープル病院のヤフヤーの眼科書『目の病』

仏教の分節化

タントリズム

◉ 『クールナヴァ・タントラ』【印】
◉ 倶生乗(サンジャハ・ヤーナ)おこる(タントラ教興隆)【印】
801 『多度神宮寺伽藍縁起並資材帳』に神仏習合の論理【日】
伽耶山王輪寺の創開【新羅】
802 ジャヤヴァルマン2世,アンコール王朝を建てる(ストックカクトム碑文)
804 空海,最澄,入唐【日】
道邃,湛然に天台を学び,最澄に伝える【日】
806 恵果,空海に密教を伝える【日】
[大雲光明寺]建立(マニ教寺院)【唐】
◉ シーレーンドラボーディとペーチェク,『大日経』のチベット語訳
◉ パーラ朝デーバパーラ王即位(インド仏教,最後の興隆期)【印】

宗密 儒仏道三教の統合と自己の存在学の追求

812 宗密,澄観より華厳学を受ける(『円覚経』『原人論』『禅門師資承襲図』)【唐】
813 藤原冬嗣,[興福寺南円堂]建立【日】

最澄 天台 空海 真言

百丈清規

814 百丈懐海,『百丈清規』【唐】
趙州,妙喜寺を重興【唐】
◉ 徳一,空海の密教を批判【日】
817 徳一,『仏性論』で天台教学論難(最澄,『照権実鏡』で応答)【日】
819 韓愈,『論仏骨表』を著し,潮州に流罪【唐】
820 無言通,ベトナムの遊仙建初寺に入り,馬祖・百丈の禅を伝える
◉ ラーシュトラクター朝,[エローラ石窟寺院群][カイラーサ寺院]完成【印】
チベット僧法成,仏典翻訳に活躍
821 最澄『法華秀句』【日】
僧道義,朝鮮に南宗禅を伝える【新羅】
823 護命『法相研神章』【日】
◉ 黄檗,臨済を大禺に参禅させる【唐】
◉ ヴァスグプタ『シヴァ・スートラ』(最初のシヴァ教典)【印】
826 杭州竜興寺に華厳経結社の結成(白居易の入社)【唐】

十住心論 空海による10段階の存在学マニュアル

830
◉ 空海『秘密曼荼羅十住心論』【日】
◉ パーラ朝に『チャクラサンバラ・タントラ』【印】
ヴィシュヌ聖典『ヴィシュヌ・ダルモータラ・プ
831 ラーナ』成立【印】
セイロン王マトヴァラ・セーナ1世,ポロンナル
833 ワに遷都し仏教さかん
◉ [両界曼荼羅](神護寺)【日】
836 長安の諸寺で俗講(唱導)さかん【唐】
◉ [如意輪観音座像](観心寺)【日】
チベット王テ・レルパチェン,西蔵大蔵経翻訳
838 の基礎をつくる
円仁入唐(『入唐求法巡礼記』)【日】
澄観『華厳経流疏』【唐】
密教図像書『五部心観』(円仁招来)【唐】
[黄不動明王](三井寺)【日】
842 趙州,諸国行脚開始【唐】

ボン教

チベット王ランダルマの廃仏(ボン
845 教さかん)
会昌の法難(「毀仏廃寺僧尼還俗
846 制」)【唐】
◉ 武宗,金丹を服用して没す【唐】
ジャワのシャレインドラ朝バーラプトラデーバ王,ナーランダ僧院建設
◉ (ナーランダ碑文)【印】
パーラ朝仏教美術最盛期(美術家ビドパーラ
◉ 活躍)【印】
848 道詵の地理風水説(祈祷仏教)さかん【新羅】
849 黄檗希運,開元寺に入る(『宛陵録』)【唐】
ビルマのパガンに仏教興隆

唐と平安京

800 宮中に催馬楽を演じる【日】
801 征夷大将軍坂上田村麿,蝦夷遠征【日】
杜佑『通典』【唐】
802 富士山噴火で箱根路が開かれる【日】

陸羽の茶経

韓愈 儒教復権 仏教批判

804 陸羽『茶経』【唐】
『皇太神宮儀式帳』などに真名使用【日】
805 陸淳『春秋微旨』【唐】
陸贄『陸宣公奏議』【唐】
◉ 孟郊『遊子吟』【唐】
806 白楽天『長恨歌』【唐】
807 斎部広成『古語拾遺』【日】
809 柳公綽筆[諸葛武侯祠堂碑]【唐】
◉ 韓愈,四門博士の官にあり,儒学・古文の復興(『原道』『原性』)【唐】

李賀と白楽天

810 憲宗,成徳節度使を討ち失敗(節度使の自立強まる)【唐】
「飛銭」の使用(中国における為替手形の起源)【唐】
蔵人所設立【日】
814 小野岑守編『凌雲集』【日】
815 万多親王『新撰姓氏録』【日】
親王,諸臣,婦女の服色,乗物の制【日】
816 白楽天『琵琶行』【唐】
李賀『李長吉集』【唐】
818 藤原冬嗣編『文華秀麗集』【日】
819 柳宗元『河東先生集』【唐】
勃海王大仁秀即位(勃海中興)
820 憲宗,宦官に暗殺され,穆宗即位【唐】
空海『文鏡秘府論』【日】
藤原冬嗣ら編纂『弘仁格』『弘仁式』【日】
821 盧竜節度使,唐に降り一時国家安定【唐】

勧学院 藤原冬嗣の学生教育施設

藤原冬嗣,勧学院の創設【日】
金憲昌背き内乱勃発【新羅】
823 ラサ,ジョンガ寺の『唐蕃会盟碑』【唐】

平安三筆 嵯峨天皇・空海・橘逸成

◉ 三筆(嵯峨天皇,空海,橘逸成)の活躍【日】
◉ 白行簡『李娃伝』【唐】
◉ このころ景戒『日本霊異記』【日】
825 最初の紙幣,実暦大唐宝鈔の発行【唐】
827 良岑安世『経国集』【日】

綜芸種智院 日本最初の私学校

828 空海「綜芸種智院」開校(日本最初の私学)【日】
829 雲南の南詔,成都に入寇
830 牛党の宰相李宗閔,李党を排斥(牛李の党争激化)【唐】
空海『篆隷万象名義』【日】
◉ 元稹『鶯鶯伝』【唐】
831 滋野貞主編,百科全書『秘府略』【日】
◉ 空海『吽字義』【日】
835 甘露の変(宦官誅滅計画失敗)【唐】
837 儒教教典解釈を石刻した国子監石経成る【唐】
839 庚午年籍の写進【日】
840 宦官仇士良,武宗擁立(李党全盛)【唐】
藤原冬嗣・藤原緒嗣編『日本後紀』【日】

浦島子伝 浦島伝説原型成立

歴代名画記

◉ 『浦島子伝』成立【日】
官門の額,百官の拝舞を唐法とする令【日】
842 承和の変【日】
845 段成式『京洛寺塔記』【唐】
◉ このころ焼畑農業一般化【日】
◉ このころ唐人孫賓,箏をもたらす【日】
847 張彦遠『歴代名画記』【唐】
◉ 段成式『酉陽雑俎』【唐】
◉ 朱景玄『唐朝名画録』(逸品の紹介)【唐】
848 大嘗会に大歌五節譜を奏する【日】

アル・ファドル、イブン・ヤファーは紙の製造法を指示し、これでスルタンの書簡を書いた。
イブン・ハルドゥーン『歴史』

中国禅の発展は、初めて“態度による宗教”を用意する。

この時代、人間は石炭利用をおもいつき地質年代への回帰サイクルに入っていく。

情報の自立

850
嘉祥3

ヨーロッパとビザンツ

851 デーン人,カンタベリー大聖堂を占領【英】
◉ ラバヌス・マウルス,百科全書『物の本性と語の固有性,合わせて事物の神秘的意味について』完成【独】

ヒルデブラントの歌

◉ 『ヒルデブラントの歌』成立【独】
◉ ラテン語『クルタリウス』成立【伊】
855 『ロタールの福音書』(トゥール派の工芸)【フ】
856 ギリシアのコリント大地震で4500人死亡【ビ】

861 ノルマン人,パリ,トゥールーズなどセーヌ河流域を侵略【ノ】
862 ルス族のルーリック,ノヴゴロド王国を建国(伝承の年)【露】

860

エリウゲナのスコラ学

スコトゥス・エリウゲナ,『自然の区分』執筆開始(新プラトン主義的スコラ学へ)【フ】
863 伝道師メトディオス兄弟のモラヴィア派遣【ビ】
865 ブルガリア王ボリス1世,東方教会に帰依(ビザンツ文化圏に入る)
アイスランドに植民【ノ】

バシレイオス1世

867 庶民出身のバシレイオス1世,帝位簒奪【ビ】
ビザンツ教会総教主とローマ教皇,お互いを破門
◉ ヨーロッパに封建的土地所有(荘園制)の進行【フ】

870

870 ノルマン人の定住地デーン・ロー成立【英】
メルセン条約(東西フランク,中フランクを分割領有)【フ】
教皇ハドリアヌス2世,メトディオスのためにパンノニア司教区復活
871 アルフレッド大王,ウェセックス王即位【英】
872 ハーラル美髯王,ノルウェー建国【諾】
◉ 英雄ディゲニス・アクリタスの叙事詩【ビ】
◉ 聖エンメラム[コディクス・アウレウス装丁の聖書]【フ】
879 バシレイオス1世,法典『プロケイロン』『エパノゴゲ』編集【ビ】
880 ビザンツ帝国,南イタリアをイスラム軍から奪回【ビ】

880

キエフ公国 リューリック家オレグの遷都

リューリック家のオレグ,キエフに遷都(キエフ公国建国)【露】
◉ スーヴェニア人,カスピ海方面を掠奪【露】
◉ 叙事詩『ルードウィッヒの歌』【フ】
885 ノルマンの首長ロロ,パリを包囲【フ】

マジャール人動く

◉ マジャール人,ハンガリーに侵入
◉ [ナルテックスのモザイク](ハギア・ソフィア大聖堂)【ビ】
◉ クスター・イブン・ルーカー『霊魂と聖霊の相違』【ビ】
890 アルフレッド大王,騎士団と海軍を設立【英】

890

バシリカ法典 レオ6世のローマ法編集

◉ レオ6世,『バシリカ法典』完成【ビ】
893 シャーボン『アルフレッド大王伝』【英】
マジャール王アールパート,モラヴィアに侵入(ブルガリア,ドイツ,イタリアを脅かす)【洪】
シメオン帝即位(第一次ブルガリア帝国)
896 ブルガフィゴンの戦(シメオン帝,マジャール人と結びビザンツ軍撃破)【ブルガリア】
ノルマン人,セーヌ河口地域に定着
◉ スラヴ語で書かれた現存最古の文献『聖コンスタンティン伝』成る【ブルガリア】

聖地サンチャゴ・デ・コンポステーラ

899 イベリア半島西端に聖地サンチャゴ・デ・コンポステーラの建設【西】

イスラムの合理と神秘

アブー・マーシャル占星術

851 イスラム商人と水夫の見聞録『中国とインドの物語』
852 後ウマイア朝モハメッド1世,イベリアのほとんどを征服
◉ アブー・マーシャル,占星術を哲学的に弁護(『天文学序説』)

ズン・ヌーン イスラム神秘主義

◉ ズン・ヌーン,イスラム神秘主義の原型つくる(アフワールとマカーマートの体系化)
◉ イブン・ハンバル,イスラム法学のハンバリー派創始
◉ フワーリズミー『天文表』(インド天文書『シッダーンタ』より)
857 自己審問者ムハースヴィ『愛について』
859 サマラの[バルクワラ宮殿]完成
861 ムタワッキル暗殺(アッバース朝衰退)

ビスターミー 梵我一如のイスラム文化

◉ ペルシア人バーヤジッド・ビスターミー,ファナーを説く(インド人から梵我一如を学ぶ)
◉ フワーリズミー『集合と分割の書』(代数学確立)
866 アブー・ウバイドル・カシム『著述家異聞』『珍しき伝承』
867 真鍮職人ヤークーブ,サッファール朝おこす
◉ 神秘哲学者サリー・サカティ,タウヒード「愛」を説く
868 エジプトにツルーン朝自立(イスラム圏内での戦国時代はじまる)
◉ アル・ジャーヒズ『動物の書』
869 南イラクに黒人奴隷のザンジの乱
870 アル・ブハーリー,伝承集成『アッ・サヒーフ』編集
872 ツルーン朝アーマッド・イブン・ツルーン,カイロに総合病院建設
◉ ザービト・ビン・クッラ,アポロニウス『円錐幾何学』(全8巻)完訳(幾何学原本の校注,アルキメデス,テオドシウスなどギリシア数学をぞくぞく翻訳)
◉ イブン・ワーディフ『ヤークービーの歴史』

イラン文化復興

874 サーマン朝勃興(イラン文化の復興はじまる)
875 シラズの[マスジット・イ・ジャーミ]完成
877 ツルーン朝のイラク支配開始(カリフの有名無実化)

原型アラビアン・ナイト

879 このころまでに『アラビアン・ナイト』の原型成立
883 サンジ反乱軍の要塞ムフターラ陥落(奴隷反乱終結)
◉ アブー・ダーウード,『アッ・スナン』編集
885 アシュアリー『宗教の根本原理解明』『秘密の顕現と面帽の破棄』
◉ アッ・ティルミズィー,『アル・ジャーミウ』編集
◉ ジュナイド『神の唯一性に関する書』『神秘的脱自の書』
890 イスマイリー派,クーファに「隠れ館」建設
891 アル・ヤクービ『諸国の書』
892 第12代カリフ,ムータディト即位し,バグダードに都を戻す
893 イブヌル・クーティーヤ『アンダルシア史』
895 ディーナワリー『長史』成る

アル・ファイユミのユダヤ神学

◉ エジプトのユダヤ教哲学者サーディア・アル・ファイユミ,秘教的なユダヤ神学を大成
◉ アル・バラズリー『諸国征服史』

850

交易と技術文化

850 ジャワのシャレインドラ朝とスマトラのシュリーヴィジャヤの結合(海洋貿易国家として発展)
地理学者イブン・ハウカル,産金国ガーナ王国への隊商路のジェルマーサを訪問
◉ イブン・マーサワイヒ,猿の解剖(著書に『医学奇譚』『目の不和』)
859 神楽歌選定【日】

南詔の南海貿易

南詔,南海貿易の独占をねらって,北ベトナム,ビルマに進出

ビール製造 ドイツでホップの味

ドイツでホップで味つけしたビール製造開始【独】

初の石炭利用(英)

860 山崎八幡宮の社司,搾油器を発明(中世の油座の起源)【日】

グラゴール文字

キュリル,スラヴ語アルファベット,グラゴール文字発明【スラヴ】
861 唐の宣命暦を使用開始(以降1638年まで改暦しない)【日】
863 南詔,交趾(北ベトナム)占領
864 イングランドで石炭使用開始【英】
868 現存最古の装飾印刷物「金剛般若波羅密経」【唐】
菅原岑嗣ら撰,医学書『金蘭方』【日】
869 ジャーヒズ『商業に関する観察』

870 貞観永宝を鋳る【日】
◉ イブン・クタイバ『アンワールの書』(気象学)『知識の書』
876 インドに0の記号を使用した最古の碑文【印】
877 アンコール王朝インドラヴァルマン1世,都ハリハラヤにインドラターカ(大貯水池)とアンコール・トム建設開始
木版刷りの暦発売【唐】

ルーン文字 24字から16字体系へ

◉ 新ルーン文字の使用開始【北欧】
◉ イスラム世界で投機商人が活躍し,飛脚,伝書鳩による情報伝達機関の発達
◉ ジャイナ教徒の数学者マハーヴィラ『カニタサーラ・サングラハ』【印】

イスラム商人の活躍

880 吃りのノーケルの反復歌(頌歌風宗教歌)定着【フ】
バッターニ『天文表』(地球軌道の不安定な動き発見)
881 『聖女ユーラリのセクレンチア』(ラテン語からロマン語に翻訳)【仏】
882 粘土板で印刷した中和二年の暦(活字の発想へ)【唐】
883 林邑楽人100人を大安寺に講習【日】

カンボジア隆盛

889 カンボジア,海洋貿易国家として最盛期
◉ このころイスラム商人,インド洋,東シナ海の航路を往来

890 アルフレッド大王,定期市場と市の日をきめる【英】

ヲコト点とカタカナ

◉ 漢文,仏教教典の日本語読みのヲコト点やカタカナ用いる【日】
◉ 晩唐青磁さかん【日】

キュリル文字

◉ キュリルの弟子たちがキュリル文字つくる(教会スラヴ語の成立,ロシア文字,東欧諸文字へ)【スラヴ】
898 昌住『新撰字経』(初の漢和辞典)【日】

仏教の分節化

中国 禅林文化の進行

851 円仁『金剛頂経疏』【日】
853 円珍,唐の商船に便乗して入唐【日】
[五大虚空蔵菩薩像](神護寺)成る【日】

潙仰宗・黄檗宗

潙山霊祐没(791〜,潙仰宗祖)【唐】
854 円仁天台座主となる(『法華迹門観心絶対妙釈』『顕揚大戒論』)【日】
趙州,観音院に住し,布教【唐】
855 黄檗宗祖,黄檗希運没【唐】
857 裴休,『黄檗伝心法要』編集【唐】
858 李商隠『本義山集』
859 円珍,園城寺に入り,『行暦略記』を記す【日】
[五智如来像](安祥寺)【日】

円仁と円珍

860 大安寺の行教,宇佐八幡を観請し,石清水八幡宮建立【日】
このころ普化没(臨済との別れ)【唐】
◉ 相応,比叡山の回峯行を始める【日】
861 東大寺大仏供養に呪師が参勤【日】
862 高岳親王,宗叡らの入唐【日】
864 『蘇悉地儀軌印契図』(東寺)【唐】
865 比叡山常行堂で三昧(不断念仏のはじめ)【日】
◉ [八幡三神像](東寺,現存最古の神像)【日】
867 円珍『講演法華義』【日】
[不動明王像](東寺御影堂)【日】
宗叡,五台山巡礼後,密教を学び帰国【日】

臨済宗・曹洞宗

臨済宗祖,臨済義玄没(死後『臨済録』編集)【唐】
869 洞山良价没(07〜,曹洞宗祖)【唐】

870 天台山洞天宮道士葉蔵質書写の道教全書『玉霄蔵』完成【唐】
874 聖宝,[醍醐寺]創建(修験道復興)【日】
875 ドンドゥオン寺建立(南ベトナム初の仏教寺院)

高岳親王の客死

876 高岳親王,インド渡航中,羅越国(マラヤ)で没【日】
賢護,13000の仏像を西国南海諸国に安置【日】
法華寺[十一面観音菩薩立像]【日】
879 仰山慧寂,袁州大仰山に入る(潙仰宗さかん)【唐】
アンコール王都ハリハラヤ[プラ・コー寺院]建造

加持祈禱流行

880 シュリー・プラムビヤムの戦い(パーンディア朝敗北,ドラヴィダ勢力拡大)【印】
安然『悉曇蔵』【日】
881 アンコール王都にメール山を象徴する[バコン寺院]建設
◉ 政敵調伏,御霊鎮魂の加持祈祷さかん(台密,東密密教僧活躍)【日】
888 雪峰義存,真覚大師号と紫衣を賜う【唐】

890 プラティハーラ朝マヘンドラパーラ王即位,ガンジス中流に版図拡大(パーラ朝衰退)【印】

寒山・拾得 脱俗的隠士 風狂の禅

◉ 寒山『寒山詩』成立【唐】

アンコール・トム

◉ アンコール朝ヤショーヴァルマン王,アンコール・トムに遷都,大乗仏教公認
892 銭鏐,瑞相寺建立(弥勒三生石像安置)【唐】
893 閭丘方遠『太平経鈔』【唐】
◉ ヒンドゥーの聖句集『サーダナ・マーラ』成立【印】
896 禅月貫休『詩集』を呉越王に献じる【唐】
897 趙州没(『趙州録』)【唐】
◉ ジャワのロロ・ジョングラン寺院建立開始
◉ インドに本初仏思想おこる【印】

唐と平安京

850 李公佐『謝小娥伝』【唐】
このころ藤原良房,明子の宴席に和歌詠草の趣向【日】
852 杜牧『樊川集』【唐】
853 段成式『寺塔記』
画家・百済河成没【日】
857 『五紀暦経』の採用【日】

藤原北家の抬頭

858 藤原良房に摂政の勅(藤原北家,政権をにぎる)【日】
859 南詔に酋龍が自立(皇帝を称し,国号を大礼とする)

催馬楽 風俗歌などの雅楽化

◉ 『三代実録』中に催馬楽の記事が初見【日】
◉ このころ相撲節会に雑伎・散楽【日】

御霊信仰と祇園会の開始

860 温庭筠『菩薩蛮』【唐】
◉ 唐文学に白話文(口語体)発達【唐】
863 神泉苑に御霊会(御霊信仰さかん)【日】
866 応天門の変(古代の名族・大伴氏の没落)【日】
867 藤原有年の申文(草仮名移行の最古のテキスト)【日】
869 藤原良房・春澄善縄編『続日本後紀』【日】
京都八坂神社の祇園会はじまる【日】

871 藤原氏宗ら編纂『貞観式』(20巻)【日】
874 唐商36人,松浦郡に来航(この年,新羅人,渤海人の漂着多い)【日】

黄巣の乱 塩の闇商人 王仙芝・黄巣

875 黄巣の乱勃発(塩の闇商人・王仙芝,黄巣の挙兵)【唐】
876 嵯峨院を大覚寺とする【日】
877 このころまでに『シナ・インド物語』成立
878 黄巣,広州で,12万人のイスラム教徒,キリスト教徒,ゾロアスター教徒の殺害
879 藤原基経・菅原是善編集『日本文徳天皇実録』【日】
◉ 沈既済『沈中記』【唐】

880 巨勢金岡画[先哲絵像]【日】
長安,黄巣軍,長安を掠奪【唐】
881 拓跋思恭,定南郡節度使となる(西夏へ)【唐】
皮休日『皮子文藪』,陸亀蒙『唐甫里先生文集』【唐】
在原行平,奨学院の創設【日】
883 沙陀族の傭兵隊長,李克用,長安を回復【唐】
韋荘『秦婦吟』【唐】
884 朱温,黄巣を殺害【唐】
宗叡没(『後入唐伝』『胎蔵界念誦次第』)【日】
885 在原行平「在民部卿家歌合」(最初の歌合)【日】
887 藤原基経,関白となる(藤原関白のはじめ)【日】
889 高望王に平姓を賜る(桓武平氏のはじめ)【日】
古歌集『三代目』成立【新羅】

890 寛平御時后宮歌合(歌合さかん)【日】

日本国見在書目録

◉ 藤原佐世『日本国見在書目録』【日】
891 王建,成都を陥し,西川節度使となる(前蜀へ)【唐】
後三国時代(〜936)はじまる【新羅】
892 楊行密,淮南節度使となる(呉へ)【唐】
菅原道真『類聚国史』【日】
893 歌人僧正遍昭没(『華山私記』)【日】
菅原道真『新撰万葉集』【日】

遣唐使廃止

894 遣唐使廃止(菅原道真の建議)【日】
◉ 荘園さかんになる【日】
896 銭鏐,鎮海,鎮東節度使となる(呉越へ)【唐】
897 昭宗,己を罪する詔を出す【唐】
楊行密,李克用を破る(南中国の諸国と北中国の形勢決定)【唐】
898 紀長谷雄『群書治要』を天皇に講義(御講書のはじめ)【日】

荘園の隆盛(日)

初夏に王は部隊を東方のブレンノに動員し、平和条約を更新した。そこにはあらゆる異境の地から人々が集まり情報がもたらされる。
ノルマン人H・ジャクソン

900
昌泰3

900	このころマヤの大宗教センター衰える(ユカタン地方にプウク・スタイルのマヤ文化)
908	マヤ最後の記年(キンターローの翡翠マヤ暦)

アラビア貨幣経済が、今日の経済感覚の源流である。

情報の自立

ヨーロッパの成立

900 このころ初めてインドの香料輸入【英】
◉ 「グレゴリウス聖歌」のトロープスからリタージカル・ドラマ(典礼劇)発生【フ】
905 レオン,ナヴァラ王アルフォンソ3世,レコンキスタを開始【西】
オレーグ大公、コンスタンティノポリスとの貿易権利を獲得【露】
907 マジャール王アールパード,ビザンツ帝国と結び,大モラヴィア国を征服【洪】
◉ ザクセン,シュヴァーベン,バイエルン,フランケン,ロートリンゲンなど大公国成立【独】

音楽集団ジョングルール

◉ 遊行音楽集団ジョングルールあらわれる【フ】

910

クリュニー修道院

910 クリュニー修道院建立(アキテーヌ公ギヨームの発願)【仏】
アーサー『アルフレッド大王事蹟』【英】
911 ロロ,ノルマンディー公となる【仏】
ザクセン公ハインリヒ,東フランク王即位(カロリング朝断絶)【独】
◉ グレゴリウス聖歌の作曲家トノケル・バルブルス活躍【独】

コンスタンティヌス7世とマケドニア・ルネッサンス

914 ジェラール,ブローニュに修道生活(ロートリンゲンの修道院の発祥)【フ】
917 コンスタンティヌス7世のもとで,マケドニア・ルネッサンス【ビ】
ケパラーズ『アントロギア・パラティーア』【ビ】

920

921 ハインリヒ王,西フランク王シャルルとライン川上で会見(ザクセン朝承認)【独】
922 中フランク王ルドルフ2世,ブルグンド統一(イタリア王となる)【フ】
ロマヌス1世,農地転売禁止令(小地主の農奴化と封建化)【ビ】

ブルガリア教会

924 ブルガリア教会成立(東方教会の公認)
926 ルドルフ2世,イタリアで敗退(イタリア統治の象徴の聖槍,ドイツ王のもとへ)【独】
マギウス画[ベアト黙示録注釈書挿絵]【フ】
927 オド,クリュニー修道院長となる【フ】
929 ボレツラフ1世,モラヴィア,シレジエンなどスラヴ諸国を併合(ポーランド王国へ)【波】

930

930 エッケハルト『ヴァルタリの歌』【独】
933 ゴルス修道院の改革(修道院改革さかんになる)【フ】

封建制と農奴制

◉ ヨーロッパで,自由農民,大土地所有者に土地を売り,農奴化すすむ(封建制へ)
936 オットー1世(後の大帝),ドイツ王となる【独】

動物文学出現

『エグバシス・カグティヴィ』(最古の動物文学)【独】
ジェラール・ド・ブルゴーニュ,サン・ギスラン,シント・バーフス両修道院の改革【フ】
939 ジェラール,聖ヴァオンの遺骸をサン・ヴァオン修道院に奉遷(聖遺物信仰さかんになる)【フ】

940

940 コンスタンティヌス7世『儀典書』【ビ】

ボゴミール運動へ

942 ブルガリア帝国でキュリルの弟子,『祈祷書』『使徒伝』などスラヴ語翻訳(ボゴミール運動「神の友団」へ)
943 名将ヨハネス・クルクアス,一時メソポタミアの奪還【ビ】
944 キエフ王イゴール,ビザンツ帝国と貿易協定【露】
948 マヨルス,クリュニー修道院長となる【フ】

イスラムの合理と神秘

901 イスラム海賊トリポリのレオ,テッサリアから2万人を奴隷として連れ去る
◉ アン・ナイズィー,ユークリッドの『原論』の注釈
◉ サービト・イブン・クッラ『ヘルメスの教え』
902 イブヌル・ファキーフ『諸国誌』
903 サーマン朝イスマイール,中央アジア制圧(サッファール朝滅ぶ)
905 アッバース朝,トゥルーン朝を滅す(一時エジプト,シリア支配)
907 ウバイト・アッラーフ,ファーティマ朝おこす(イスマイリーの後裔として,カリフを称す)
ボハラの[イスマーイール廟]建立

ジュナイドのスーフィズム

910 スーフィズムの理論を完成したバグダードのジュナイド没
912 後ウマイヤ朝アブドゥル・ラハマーン3世即位(イベリアのイスラム文化興隆)

諸国諸道の書

このころまでにイブン・フルダードビフ『諸国諸道の書』
913 アシュアリー,バスラの大モスクでムアタジラ派と訣別
イブン・ロステー『宝石の書』
◉ タバリー『預言者と諸王の歴史』(宇宙創造から915年まで)
916 アブー・サイド『中国とインドの物語・補遺』
◉ アル・カスタッラーニー『イルシャード・サーリー』
920 アシュアリー『イスラム人の教説』
アル・ファラビー,アリストテレス注釈書(『形而上学』『自然学』『オルガノン』)
ファーティマ朝,新都マフディーヤを建設し強力になる
◉ このころから,セルジューク・トルコのイスラム改宗はじまる
◉ シンドバッドの先駆『インド奇譚集』

ハッラージュ 陶酔的神秘主義哲学

922 陶酔的神秘主義者ハッラージュ,「我は究極の真理」と唱えて処刑

ズイヤール朝 マルダーウィージュ

928 マルダーウィージュ,ズイヤール朝を創始
929 後ウマイア朝アブドゥル・ラハマーン3世,カリフを称す(3カリフ並立時代はじまる)
930 カルマト派指導者ターヒル・スライマーン,カーバの黒石略奪
◉ イブン・アブド・ラッビヒ『アル・イクド』
931 アル・ムクタディ,医師に国家免許制度導入

東方神智学とアル・ファラビー

◉ イブン・マッサラ,新プラトン主義をスペインにもたらす(東方神智学の西方伝播)
◉ アブー・ビジュル・マッター,アリストテレスの論理学基本4書,ポリフュリオスの概念論の注釈
932 イランのブワイフ3兄弟,ブワイフ朝開く
936 アミール・アルウマラー(軍事,行政,財務,治安維持の全権掌握者)職設置(初代イブン・ラーイク就任)
941 アル・ファラビー,アレッポにおもむき預言者哲学確立(音楽書『アル・キターブ』,政治哲学『聖賢プラトンとアリストテレスの見解の総合の書』『理想的市民の意見』『国家治世の書』,東方神智学の基盤『叡知の台座』)

アルジャフリー

942 サージャ・アルジャフリー『千夜一夜物語』集大成
945 イブン・アブド・ラッビヒ『たぐいまれなる首飾り』(コルドバ文学おこる)
946 ブワイフ朝アフマド,バグダードに入城(アミール・アルウマラーに任命され,武家政治軍事イクター制開始)
スーリー『紙の書』(年代記)

衰微するビザンツ情報は、ロシアによって継承される。

交易と技術文化

パイプオルガン

900 フクバルト,パイプオルガンを発明【フ】
◉ ランスにネゴテアトール(遍歴商人)【フ】
◉ アブー・アルファドル・アッディマシュキー『商業の神髄への指針』(財貨の本質,貨幣論,価格論,労働と所得などを考察)
◉ イスラム世界でルクア(小切手)とスタフジャ(為替手形,約束手形,旅行小切手)使用,都市にサーリフ(銀行)発達
◉ ヨーロッパ最古のネウマ譜(グレゴリウス聖歌)
◉ 後期チョーラ朝おこり,南海貿易の拠点として発展【印】
907 マラタム王朝のパリトゥン碑文に初の古代マラヤ語文字【ジャワ】

アラビア貨幣論

910 イブン・ルスタ『貴重なる物』(北ロシアとの交易記載)

ムカーラダ(投資)とキーラード(合資)

◉ イスラム経済発達し,ムカーラダ(株式投資),キーラード(合資)さかん(イタリア諸都市のコンメンダに受け継がれる)
912 オレンジとシトロン,インドからイエメンに移植される
916 イブン・ワハブ『インドおよび中国事情』『僖宗皇帝謁見記』
917 レーゲンスブルク商人定住区に城壁【独】
918 深根輔仁『本草和名』(唐の『新修本草』による日本最古の本草辞典)【日】

契丹文字 阿律阿保機の大字制作

920 このころ,契丹文字(大字)つくられる
921 アル・バルビー『諸国の形状』
◉ シスハーク・アル・イスラーイリー『熱論』『尿論』『薬草と滋養』

秘色青磁の出現

◉ 秘色青磁の出現(呉越で磁器工業おこり,青磁の製造開始)【十国】
923 ハイ・アバス『医学百科全書』
924 医療化学の祖ラージー活躍(『医学集成』『天然痘とはしかの書』『明礬と塩について』,錬金術書『秘密の秘密』)
931 源順『倭名類聚抄』(最古の国語辞典)【日】
932 後唐で九経版の印刷(中国の印刷事業の確立)【十国】
帝室翰林院の李鶚,書写生を組織して全経典の木版出版(現在の冊子の形整う)【五代】
◉ アブー・カーミル,根号計算,二次方程式実二根の作図(ニコラ・ピサーノへ)
◉ 錬金術書『ラサイール』の著者,イフワーン・アッサファー(純粋兄弟たち)結成

中国印刷術の完成

943 南唐の初代烈祖李昪,金丹を服用して死す【十国】
オド『音楽問答』【フ】

マスーディの時代情報

マスーディ『時代の情報』(世界の情報集成)執筆開始(ペルシア・中国までの東方世界を紹介した『黄金の牧場と宝石の鉱山』を著す)
◉ イブラーヒム・ビン・シナーン,積分学以前の最善の方法で放物線の求積法発見
◉ ファーティマ朝のゲニザ文書群にフスバ(遠距離貿易商の業務提携組織)の記録
948 ケルンのライン外市築城(商人定住区とキヴィタスの一体化)【独】

アジア宗教の定着

901 『歴代学道記』成る【日】

耶律阿保機の崇仏

902 契丹の耶律阿保機(太祖),竜化州に開教寺建立(遼仏教のはじめ)【契】
道士,閭丘方遠没(『真霊位業図』校訂)【五代】
904 ヴァテーシュマラ『ヴァテーシュマラ・シッダーンタ』【印】
呂洞賓,華山に鐘離権より金丹術と剣法を学ぶという【十国】

宇多法皇の御室

宇多法皇,御室を造営しここに移る【日】
905 閩太祖王審智,『大蔵教』を青山に奉納【十国】
906 幼璋,天台山に金光明道場を開く(光明大会開設)【十国】
913 セイロン王シラーメーガヴァンサ・カッサパ2世,護呪教典(ピリット)の採用

ジャワ密教 シヴァ信仰とブッダ信仰

◉ マタラム王朝(ジャワ中部)シヴァ・ブッダ習合のジャワ密教を国教化
915 居遁,龍牙山妙済禅院に住し,証空大師号賜う【十国】
916 蘇州の補陀落山寺建立【十国】
918 耶律阿保機,臨珙に遷都(孔子廟,仏寺,道観建造,中国文化導入)【契丹】
919 太祖,松京城に王輪寺など[十大伽藍]建立【高麗】
チャムパ王インドラヴァルマン2世,ポーナガルにバガヴァティー女神の黄金像祀る

南唐に道教大拡

920 このころアンコール朝ヤショーヴァルマン王,首都アンコール・トム完成
◉ 命蓮,信貴山歓喜院朝護孫寺建立【日】
◉ 南唐の茅山(上清教本山),竜虎山(天師道本山),西山(浄明道本山)など道教さかん【十国】

新羅明神 比叡赤山社

924 新羅明神,比叡山西坂本の赤山社に祀る【日】
後唐の荘宗,興化存奨を内殿に召して禅法を問う【五代】
927 太宗,天雄寺建立(遼仏教の興隆)【契丹】
930 雲門文偃,霊寿寺に宗風振う(雲門宗)【十国】
933 杜光庭没(『混元図』『紀聖賦』など道教教典百余巻を編集)【十国】
息塵,大原大安国寺にて,一字一礼の『華厳経』(120巻)の書写【五代】
935 普曜,呉越から大蔵経をもって帰国【新羅】
◉ ジャワのマタラム王シンドク治下にタントラ仏教書『サンバラスールヤーブラナ』『ジャワ版ラーマーヤナ』成立
937 後晋の高祖,私度僧の禁と聖節日を僧の国家試験日とする【五代】

市の聖・空也

938 空也,念仏宗を開創【日】

念仏浄土信仰(日)

945 摂津国の道俗多数,志多羅神を奉じて東方に向う【日】

北野天神社

947 北野天神社創建【日】
彭暁,『周易同契』の注釈を完成【五代】
949 中国に仏教用一枚刷りの護符あらわれる【十国】
後漢の隠帝,僧侶の免税,伽藍の豪華を禁じる【五代】
雲門文偃没【十国】
ビルマ族,パガンに築城(1057年の仏教改革まで,大乗密教とヒンドゥー教の混淆したアリー僧の呪術仏教さかん)

唐風と和風

900 菅原道真『菅家文草』【日】
901 藤原時平・菅原道真編『日本三代実録』,藤原時平ら『延喜格』撰述【日】
菅原道真,太宰府に左遷【日】
902 最初の荘園整理令【日】
905 紀貫之,友則撰『古今和歌集』【日】
鄭還古『杜子春伝』【十国】

古今集 真名序 仮名序

ベトナム抬頭

安南人曲承裕,節度使となる(初のベトナム人政権)
907 耶律阿保機,君長となる【契丹】
唐滅び,後梁おこる(朱全忠,梁の太祖を称す)【五代】
銭鏐,呉越王となる【十国】
五代十国時代開始(～979)
908 司空圖自殺(『二十四詩品』)【五代】

荊浩 山水画の理論化

910 荊浩画[雪景山水図](『画山水訣』著す)【五代】
914 三善清行『意見封事十二箇条』を奏上(律令が遵守されない世情を報告)【日】

契丹と高麗 耶律阿保機と王建(太祖)

916 耶律阿保機,契丹建国【契】
918 王建(太祖),高麗建国【高麗】
深紅の衣服を禁止する(禁色)【日】
[迦陵頻伽蒔絵冊子箱](仁和寺)【日】
919 ベトナム丁部領,丁朝大瞿越国建国(～980)
923 徐熙画[蓮花図]【十国】
李存勗,後梁を滅ぼし,後唐建国【五代】
925 諸国に『風土記』の勘進をもとめる【日】

小野道風 藤原佐理 藤原行成

◉ このころ三跡(小野道風,藤原佐理,藤原行成)の活躍【日】
926 後唐の明宗,出家者の試験任命制(邪宗門を禁じる)【五代】
契丹,渤海を滅ぼし東丹国とする(930年に併合)【契丹】
927 藤原時平撰『延喜式』【日】
928 閩太宗王延鈞,僧2万人を度す【十国】
◉ 小野道風,紫宸殿の[聖賢障子]書きはじめる【日】
930 黄筌画[柳塘聚禽図]【十国】
紀貫之撰『新撰和歌集』【日】
宮中に落雷(菅原道真の祟り伝説)【日】

かな文学発生 紀貫之 土佐日記

935 紀貫之『土佐日記』(最初のかな文学)【日】
後唐の廃帝,紫衣,師号の下賜制度(仏教教科の国家試験制度強化)【五代】

将門の乱 平将門 挙兵

平将門の乱(～40)【日】
936 後晋の高祖,燕雲十六州を契丹に割譲【十国】
後三国の騒乱を鎮め,朝鮮半島統一【高麗】
石敬塘,後晋建国【五代】
◉ 藤原純友の乱(～42)【日】
937 雲南に大理国おこる
呉権,南漢軍破り,ベトナム自立
940 趙崇祚『花間集』【五代】
『将門記』できる【日】
◉ 徐熙,花鳥画に没骨体を確立【十国】
◉ 山水画の董源,巨然,南唐の地に活躍(南画に受け継がれる)【十国】
祇園社で東遊が行われる【日】
942 劉昫『旧唐書』成る【五代】
945 契丹が後晋を滅ぼし,国号を遼とする【契丹】
◉ 富貴とよばれた黄筌[写生禽獣図]などを描き,鉤勒法を開発(宗の院体画へ)【十国】
948 揚凝式書[神仙起居法]【五代】

山水画の確立 董源 巨然

伴宿禰一人、佐伯宿禰一人は各々、語部十五人を引いて、東、西の掖門(大嘗祭の門)より入りて、位につけ。『延喜式』

900
BC 6000以前 BC 6000 BC 2200 BC 1200 BC 600 BC 300 0 300 600 800 1000 1200 1300 1400 1500 1600 1650 1700 1760 1810 1840 1860 1880 1890 1900 1910 1920 1930 1940 1950 1960 1970 1980

中国の百科全書は西欧に六〇〇年先立っていたが、市民が閲覧できるわけではなかった。

情報の自立

980	このころミシュコアトルに率いられたトリテカ人,中央メキシコに出現(トゥーラに都す)
987	トルテカのククルカン(トピルツィン・ケツァルコアトル),ユカタンに出現(チチンイツァを占領)

エッダ、サガ、竹取、伊勢、宇津保、物語が歴史情報を隈取る。

950
天暦4

ヨーロッパの成立

オットー1大帝

950 中フランク王ロタール急死(イタリア貴族ベレンガール自立)【フ】
◉ コンスタンティヌス7世『歴史百科』『医術百科』執筆編集,『聖誌百科』編集【ビ】
951 オットー1世,ロタール未亡人と結婚(イタリア進出)【独】
953 オットー1世,ドイツ諸侯の乱を平定(国家への封建的臣従を部族大公に要求)【独】
955 レッヒフェルトの戦い(オットー1世,マジャール人を阻止,西ヨーロッパを守る)【独】

マジャール人定住

960

◉ マジャール人,農耕定住生活に移る【洪】
◉ このころ『エッダ』形成【北欧】

エッダ

960 [サン・フィリベール聖堂]起工(初期ロマネスク)【フ】

神聖ローマ帝国

962 神聖ローマ帝国の成立(オットー1世,ローマ教皇から戴冠)【神ロ】
963 ハルツ・ゴスラール鉱山開発【独】
オットー大帝,エルベ流域に要塞(異教のスラヴ族の地に入植)【神ロ】
ジャンブルー修道院に信徒の兄弟団(西欧で最も古い信徒団体)【フ】
◉ 聖エストウァルド,ラテン語典礼劇記載【独】
966 ノルマンディー公リシャール,サン・トゥー,モン・サン・ミシェルなどの修道院改革【フ】

970

968 ランメルスベルクの銅鉱山から銀の産出【独】
マグデブルグ司教座設立(スラヴ支配の拠点)【独】
970 ウィンチェスター宗教会議で「イングランド人修道士と修道女の統一修道規定」【英】
972 マジャールのゲーサ王,ローマ教会の洗礼をうける
974 [サン・ミシェール・ド・クシャ修道院聖堂]献堂(ロマネスク様式の源流形成)【フ】
976 大司教ヴィリギス,[マインツ大聖堂]建設開始【独】

アトスの修道院

978 アトス山[イヴィロン修道院]建設【ビ】

980

983 この後100年間,エルベ北方のスラヴ諸族の独立時代【神ロ】

サガ

◉ エイイットル・スカットラグリームソン『エイイットルのサガ』(スカルドの詩)【氷】
◉ サンチャゴ・デ・コンポステーラ,巡礼の大衆化【西】
◉ 『グレゴリウス教書』写本成る【神ロ】
985 シャルボン修道院の聖ヴァレリアの聖遺物の展示に巡礼が殺到【フ】

カペー朝 ユーグ・カペー パリに首都

987 ユーグ・カペー,カペー朝開く(首都パリとなり,これよりパリ発展)【仏】
988 ロシア,東方教会に帰依(キエフ大公ウラジミール,ビザンツ皇女アンナと結婚【露】

990

◉ [聖母子のコンスタンティノス,ユスティニアヌス帝のモザイク画](ハギア・ソフィア大聖堂)【ビ】
◉ オーリニャックのジルベール『理性的なものならびに理性の使用』【仏】
996 西スラヴ族,ボレツラフ2世のもとに糾合され,ボヘミア王国形成

ハンガリー王国

997 マジャール王イストヴァーン,ハンガリー王国確立【洪】
◉ レイク・エリクソン,アメリカ大陸を発見(ニューファウンドランドから帰還)【ノ】
◉ [ロタンギアのロタール2世の十字架]【仏】
999 シルベスチル2世,ローマ教皇となる(コルドバでイスラム論理学と数学を学ぶ)【伊】
◉ キリスト生誕後1000年をひかえて,最後の審判の恐怖が全ヨーロッパにひろがる

イスラムの合理と神秘

950 このころアブー・イシュクール,初めてルバーイー(4行詩)を書く
◉ アッバース朝の行政官,地理学者クダーマ『地租の書』

コルドバ文化 人口50万人 図書館の充実

◉ コルドバ,ヨーロッパの学問の中心となる(人口50万人,図書館,医学校の設備,紙の取り引きさかん)
954 このころブズルク・イブン・シャフリヤール『インドの不思議の書』
956 マスーディ『警告と改訂の書』
◉ イスファハンの[ジョトジールのモスク]建設
◉ ナインの[マスジド・イ・ジョメー]建設
960 中央アジアのカラハン朝,イスラム教に帰依(西域のイスラム化すすむ)
961 コルドバの[ウマイア家のモスク]の第3期工事開始
ハムザ・アル・イスファーニー『世界の諸王と預言者の歴史』

ガズニ朝おこる 北インドにイスラム教

962 アフガニスタンにトルコ人アルプ・テギーン,ガズニ朝おこす(たびたびインドに侵入,北インドにイスラム教ひろまる)
◉ アル・イスハーニー『歌の書』(作詞,作曲の評論)
969 ファーティマ朝,エジプト征圧(イフシード朝滅ぶ)
970 ブワイフ朝のアドゥド・アッディン,バグダードにアドゥディー病院建設

カイロ建設 ファーティマ朝躍進 アズハル・モスク

972 ファーティマ朝,新カイロ市を建設し,アズハル・モスク(アズハル大学の前身)建設

イブン・アディー 論理学の本質

973 イブン・アディー,カイロで活躍(『論理学の本質』『無限の存在不可能性について』)
974 アブ・ル・ハサン,ホラサーンからバグダードにおもむく(イブン・シーナとの哲学書簡集『十四の質問の書』)
976 トルコ人奴隷サブクテギン,ガズニ朝を継承(ペシャワール,ホラサーン支配)

イスラムの地方分立化

980 サハラのガーナ王国イスラム教に改宗
982 このころイブン・ミスカーワキー『諸民族の経験と野心の結果』(ヒジュラから現在までの歴史)
◉ アブー・バクル・フワーリズミー『書簡集』(最初のサジュウ)
◉ イラクのブワイフ朝,エジプトのファーティマ朝,コルドバの後ウマイア朝,イランのサーマン朝,アフガンのガズニ朝がイスラム圏を4分する
988 『スーフィズム諸家諸説集』を著したサッラージ没
アン・ナディーム『図書目録』(図書紹介と評論)

ウトビーの歴史学

990 サーマン朝の宰相アル・ウトビー,百科全書『学問の鍵』編集

バグダード図書館

991 バグダードに国立図書館
◉ アブー・バクル・アッ・ズバイディー『文法解明』『文法学・言語学者列伝』【西イ】
◉ ファーティマ朝カリフ,アジーズ・ビッラー銘入り[水晶製把手付き水差し]
993 バグダードに最初のマドラサ(学林)設置
998 ガズニ朝マフムード即位(17回のインド侵略,ヒンドゥー文化破壊,イラン・イスラム文化保護)

交易と技術文化

アールヤバタ2世
950 このころインド数学にアールヤバタ2世『マハー・シッダーンタ』【印】

アラビア数学 高度化
◉ アル・ハージン『アストロラーベ天文表』（円錐曲線を用いて3次方程式を解く）
◉ このころアブー・アルワファー,タンジェント表完成（セカント,コセカントを導入,4次方程式を解く）
957 イブン・ハウカル（イスタフリー）『道路および諸国誌』（風土と人間活動の関係を仮説）

フランダースの毛織物
960 フランダース地方に毛織物業発達【蘭】
961 イブン・ハウカル,バスラでインド・中国・東アフリカ航路の船主ウマルから東方市場を聞く
965 ブレーメン商人,オットー大帝から神聖ローマ帝国内の交易の自由と関税免除特権を与えられる【神ロ】
968 敦煌版『金剛経』（最古の日付入り印刷物か）【宋】

イブン・ハウカルの経済地理学

日本に九九
970 『口遊』に九九を掲載【日】
973 イブラーヒム・ヤクブー,マインツの胡椒,グローブなどの香料の売買を記録
974 劉翰,馬志,李昉『開宝重定本草』の編集【宋】
975 マグデブルグ商人,ブレーメン商人と同じ特権を与えられる【神ロ】
◉ マグデブルグに羅紗商ギルド【神ロ】
976 フワーリズミー・イブン・ユースフ『科学の鍵』【アフガニスタン】
◉ アリー・ビン・アッバース『シャーナーメ』（医学全書）

高麗青磁 趙州窯の影響 翡色青磁へ
◉ 高麗青磁さかんになる【高麗】
◉ ディアテスマティク,音高を明示したネウマを用いはじめる【独】

980 太宗,医宮院に『太平性恵方』の編集を命じる【宋】
アブド・アッラーフマン・フィー『図説恒星表』
張思訓［水運渾儀］完成【宋】
◉ 「フライシング文献」にラテン文字によるスラヴ語表現あらわれる
983 オーリニャックのジルベール（後のローマ教皇シルベスチル2世）の『幾何学』（ヨーロッパ初の本格的数学書）【西】

医心方 丹波康頼 唐医学の編集
984 丹波康頼『医心方』（唐代医学の集大成）【日】
985 チョーラ朝ラージャラージャ1世即位（南海の制覇にのりだす）【印】
986 コルドバで外科医学書『スタリク』の編集（中世外科医術手引書の権威）

ヴェネチア商人登場

990 河北の窯業さかん（定窯の白磁,磁州窯の掻き落とし技法,皇室専用の汝窯など）【宋】
◉ ムカッダッシー『気候の知識についての最高の分類の書』（気候帯を初めて説明）
992 ヴェネチア商人,ビザンツから貿易特権【伊】
◉ フジャンディー,フェルマーの問題の4次方程式のn=3の場合を解く
◉ ビールーニー,ライプニッツに先立つこと600年に函数の概念をだす
◉ ウマル・ハイヤーム,3次方程式の形式を13種に分類

アジア宗教の定着

950 光宗［大報恩寺］［仏日寺］創建【高麗】
均如『捜玄方軌』『法界図記』（高麗華厳学を大成）【高麗】
◉ 『バーガヴァタ・プラーナ』成立【印】
951 醍醐寺の五重塔建設開始（〜1001完成）【日】
954 良源,横川法華三昧堂創建（天台本覚思想へ）【日】
955 後周の世宗の廃仏（寺院3336を廃し,存続した寺院2694,登録した僧侶61200人）【五代】
銭弘俶,宝篋印塔（八万四千塔）に「宝篋印陀羅尼経」を封入し,各国に頒布【十国】
後周の世宗,『太極図』の作者とされる陳搏を招き,黄白術（錬金術,錬丹術）を問う【五代】
958 法眼文益没（法眼宗祖）【十国】
僧日延,八万四千塔をもたらす（中世を通じて日本国中に建てられる）【日】

960 呉越の螺渓義寂,天台山復興のため,日本,高麗に論疏を求める【十国】
961 智覚禅師永明延寿,『宗鏡録』（100巻）撰す（『唯心訣』『万燈回帰集』）【十国】
『天台四経義』の著者・諦観を呉越におくる【高麗】

二十五三昧会 詩文と念仏
962 慶滋保胤,二十五三昧会を組織化【日】
963 空也,金字般若経を供養して万灯会【日】
鎮国寺万仏殿の完成【宋】
964 継業,沙門300人とインドに入り,仏舎利,教典をもたらす【宋】
965 滄州の道円,18年間のインド旅行から帰還して,仏舎利,貝葉梵経をもたらす【宋】
966 行勤ら157人の僧が勅命により西域求法に旅立つ【宋】
967 アンコール王朝,［バンティアイ・スレイ］建立
971 ベトナムの丁朝,文武僧三道の品階定める
宋の太祖,『蜀版大蔵経』を印刷開始（1076部,5048巻,983年完成）【宋】

プラコー寺 南ベトナム最古の寺院
975 チャンパのインドラヴァルマン2世,ドンウォンにプラコー寺（南ベトナム最古の大乗仏教寺院）
976 チベットの豪族コルレ,仏教を擁護（リンツェンサンポらをインドに留学させる）

源信と慶滋保胤
979 源信『因明論疏四相違略註釈書』【日】

980 黎王朝の黎垣,無言通派禅僧匡越を用いる
カシュミールの天息災来宋（『最上根本大楽金剛不空三昧大王経』などの翻訳）【宋】
981 良源,常行三昧堂建立（『極楽浄土九品往生記』）【日】
983 蜀王王建発願『蜀版大蔵経』【宋】
宋の太祖,奝然に『蜀版大蔵経』を授ける【宋】
984 王延徳,ウイグルの仏寺54区の報告【宋】
985 源信『往生要集』【日】
◉ 慶滋保胤『日本往生極楽記』（日本初の往生伝）【日】
987 奝然,帰国（清涼寺釈迦如来,禅月筆羅漢図,『蜀版大蔵経』招来）【日】
988 『宋高僧伝』【宋】

往生要集

990 徐玄,王禹稱『道藏』（3737巻）編集【宋】

安倍清明の呪術
◉ 安倍清明,天文密奏,陰陽道諸祭に活躍（『占事略決』,撰『簠簋内伝』）【日】
991 成宗,『高麗版大蔵経』を印刷【高麗】
円仁,円珍の両門徒が争う（円珍門徒,比叡山を去り,園城寺に入る）【日】
994 韓彦恭,『蜀版大蔵経』もたらす【高麗】
空也,阿弥陀浄土変を供養【日】
997 行均『竜龕手鏡』【契丹】
999 知礼『十不二門指要鈔』【宋】
◉ ヒンドゥー教の聖地巡礼記事をまとめた『アグニ・プラーナ』の成立【印】
◉ このころラージャシェーカラのプラクリット文学『カルプーラマンジャリー』【印】

唐風と和風

951 藤原伊尹,撰和歌所別当（『後撰和歌集』編集『万葉集』に訓点）【日】

竹取と伊勢
◉ 『竹取物語』『伊勢物語』の成立【日】

唐物茶器
◉ 『仁和寺御室御物実録』に多彩な唐物茶器の記録【日】
◉ 『大和物語』の成立【日】
958 乾元大宝鋳造（最後の皇朝十二銭）
959 清涼殿に歌合を催す【日】
◉ 『平中物語』なる【日】

日本に物語文学

宋朝おこる
960 趙匡胤,宋を建国【宋】
科挙制度開始【宋】
天徳内裏歌合（藤原実頼判）【日】

李成と北宋画 平遠山水の確立
◉ 李成画［晴巒寺図］（北宋画の始祖・平遠山水の確立）【宋】
◉ 『多武峰少将物語』成る【日】
963 石恪画［二祖調心図］（水墨画的人物画の描法確立）【宋】
965 後蜀の黄筌をはじめとする画工,宋の翰図画院に属す【宋】
966 崔行帰,『事務二十八箇条』に王の中正であることを陳情【高麗】
◉ 郭忠恕画［雪霽江行図］（界画の規律）【宋】

972 『于闐国史』完成
974 葭居正『旧五代史』【宋】
◉ 藤原道綱の母『蜻蛉日記』【日】
◉ 『落窪物語』成立【日】
978 李煜『南唐二主詩詞』【十国】
李昉,説話集『太平広記』（500巻）編集【宋】

崇文院 蔵書6万冊
大図書館『崇文院』を建造（蔵書6万冊）【宋】

燕文貴 山水画に燕家の景致
◉ 燕文貴画［江山楼観図］（「燕家の景致」といわれた風景画）【宋】
979 宋の中国統一【宋】

李昉の大編集 太平御覧（百科事典） 太平広記（大説話集）

982 太宗,太平興国寺に訳経院創設（印経院と法院とする）【宋】
李昉ら編『文苑英華』（1000巻）成る【宋】
983 李昉,百科全書『太平御覧』（1000巻）編集【宋】
慶滋保胤『池亭記』【日】
◉ 源高明『西宮記』【日】
984 源為憲画［三宝絵詞］【日】
延喜格後の荘園を停止（寄進系荘園さかん）【日】

宇津保物語
◉ 『宇津保物語』成立か【日】
986 黎垣の武将・劉遅,チャムパ王として独立【林邑】

991 『大徐本説文解字』の徐鉉没【宋】
皇太后詮子,出家して東三条院となる（女院の初め）【日】

藤原佐理の離洛帖
992 藤原佐理筆［離洛帖］【日】
『淳化閣帖』完成【宋】
994 京都に疫病流行（疫神を祀って道饗の祭を行う）【日】
998 藤原道長『御堂関白記』（現存の記録開始）【日】
藤原公任撰『拾遺和歌集』【日】
松尾神社の祭礼に山崎津人が田楽を行う【日】
999 藤原道長の娘彰子が入内（道長政権安定）【日】
祇園御霊会に猿楽法師,大嘗祭の標山に似た車を引き出す【日】

ハンブルク教会大司教アダルダークの願いをいれ,ブレーメンに市場取引を開催する権利を与える。
『オットー1世の市場特許状』

diagram 3. 美術様式の伝播

都市と物語
内省か観察か
時代の認識
回遊する夢
主観と客観

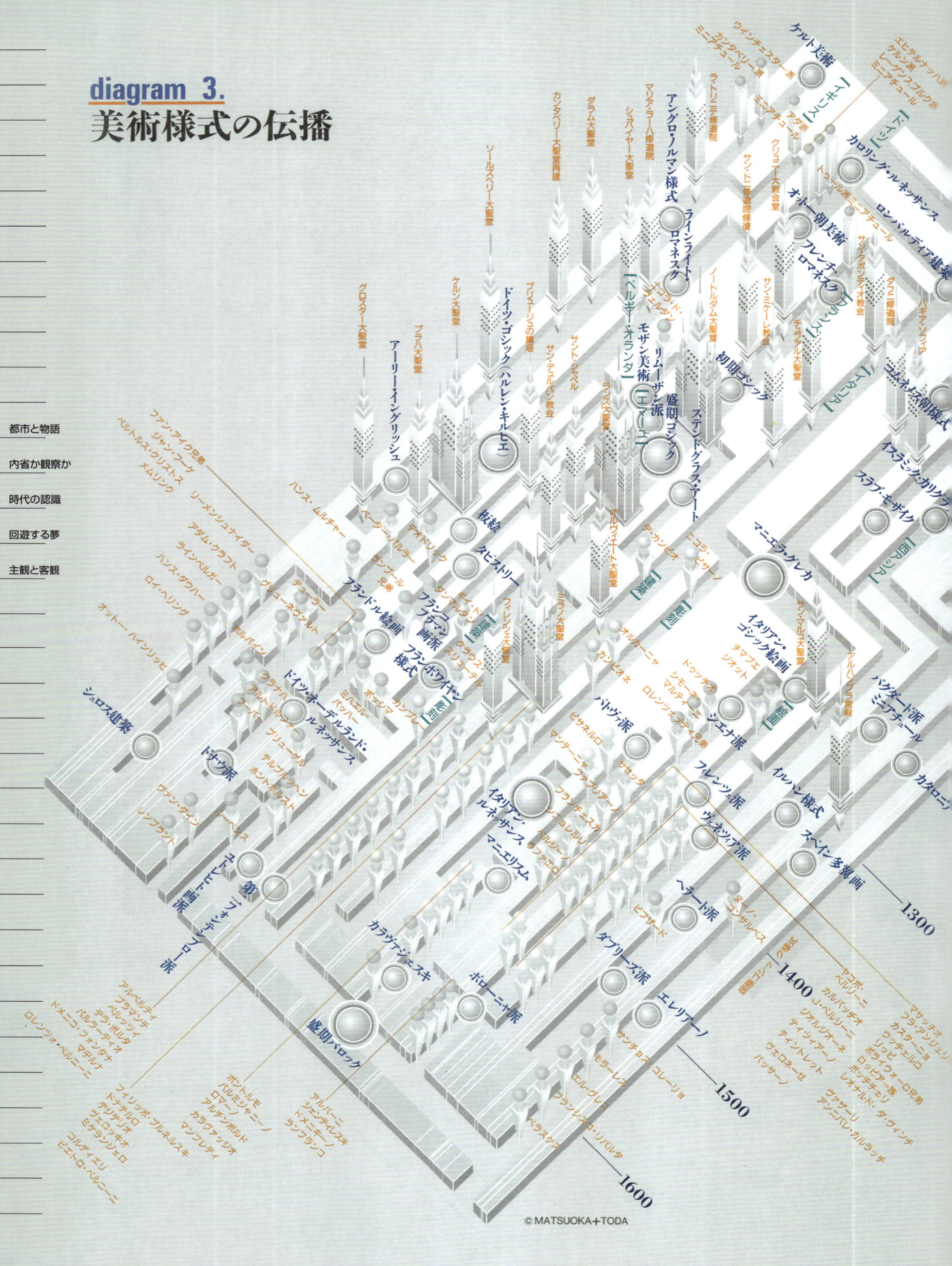

Ⅲ．情報と物語

1000－1599

航海術と印刷術は，情報文化の表現を多様に変えていく。

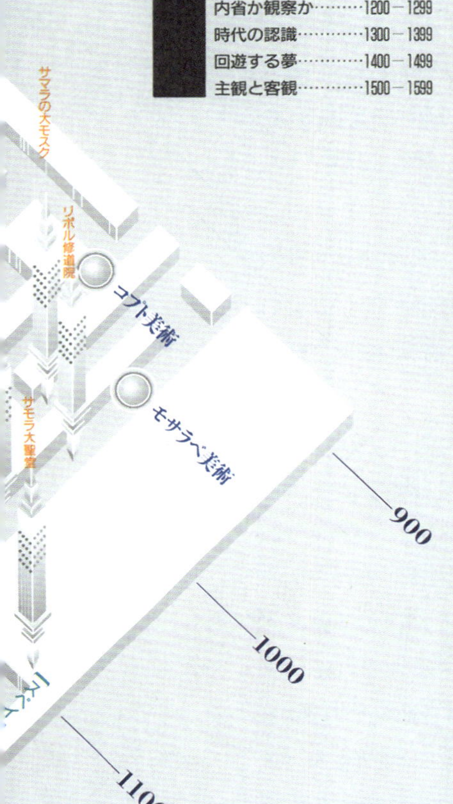

◉美術様式は言葉をつかわない物語である。むろん一人のアーティストによる個性的な突然変異も見逃せないが，そんな作品であれ，たいていはそのさまざまな部分に時代情報が編集されていることを発見できる。とくに建築は情報文化史の雄弁なテキストであることが多い。ヨーロッパ美術の基礎をつくったのも，このような様式習合に長けた移動好きイタリア系建築家集団だった。

◉9世紀までは，ビザンツ様式とイスラム様式がヨーロッパを圧倒的に支配していた。わずかにエジプトのコプト美術，イベリア半島のモサラベ美術，北欧のケルト美術などが次の時代を予告しているにすぎなかった。しかし，カール大帝がアーヘンの森の片隅にカロリング文化を花咲かせたころ，ロンバルディアの建築家集団がヨーロッパを西に東に動きはじめたのを契機に，事態はすっかり変わっていく。やがてフレンチ・ロマネスクとラインラント・ロマネスクが生まれると，ヨーロッパは安定したゴシックの時代を迎えることになる。

◉ゴシックはドイツのケルン大聖堂に代表されるハルレン・キルヒェやフランスのノートルダム大聖堂にみられるように，建築を中心に発達した。それがイタリアでは，マニラ・グレカ期をへて一挙に絵画様式にも転位していった。かくて絵画の中に建築物が建てられることになり，それがアルベルティらによる遠近法の確立につながっていった。なぜ，建築様式が絵画に転位できたのか，その秘密はニコラ・ピサーノに象徴される万能主義，すなわち万物照応主義の開花にあった。

◉本ダイアグラムでは，イタリア・ルネッサンスの背後に，モザン美術とよばれるベルギー＝オランダ様式が，また，イスラム文化の影響を色濃くうけたカタロニア様式や西アジアのバグダード様式があったこと，それらを包含して1400年前後に国際ゴシック様式が席巻していたことなどが，それぞれ強調されている。美術様式への共鳴が世界をつないでいた時代だった。

1000
1200
1300
1400
1500

Ⅲ情報と物語 1000―1599

遊行物語から機械時計へ

終末からの脱出

11世紀,東西の時をおなじくして似たようなウワサ情報が世の中を駆けめぐった。終末論と末法思想である。これを鎮めたのは,西のスコラ哲学,東の本地垂迹説だった。もうひとつ加えれば,欧陽脩が先導した儒学ルネッサンスであろう。が,民衆はダンス・マカブルや田楽などの舞踏病に狂い,口々に「メメント・モリ」を叫び,サンチャゴ・デ・コンポステーラや熊野那智に列をなして巡礼するほうを選んだ。ロマネスク美術と浄土美術だけが光輝を放った時代であったが,実は『ローランの歌』『狐物語』『源氏物語』に象徴されるような"作話時代"の抬頭期でもあった。

12世紀になると,歌物語を地でいくような"遊行と結団の時代"がはじまる。トゥルバドゥールミンネジンゲル,白拍子,傀儡師らはどこにも出没して歌と踊りをつくり,実際にも『梁塵秘抄』のような歌集が東西でもてはやされた。救済と攻撃を兼ねたヨハネ騎士団やテンプル騎士団,王重陽の全真教(1153),法然の念仏集団などが次々に結成されたのもこの時期である。日本の禅宗教団の起源ともいうべき大日能忍の日本達磨宗(1189)の活動などは,最も典型な"中世の焦燥"をあらわしている。

しかし,あいかわらずイスラム世界だけは終末からも焦燥からも遠かった。マイモニデス,クレモナのジェラルド,スペインにいたアヴェロエスらは,せっせとギリシア哲学やイスラム哲学のラテン語化とその解釈にとりくんだ。マイモニデスはユダヤ教のアリストテレス化に成功した最初の思想家であって,イブン・エスラとともにイスラムとヨーロッパをつないだ地中海ユダヤ人の代表でもあった。そして,いまひとつの元気者がヴェネチア,リューベック,ロンバルディアなどの都市商人たちだった。中世は都市と物語と結団とイスラム化したユダヤ人ではじまった。

ヴィジョンの編集

ビンゲンのヒルデガルドが見たヴィジョンはまさに幻想画のルーツをおもわせるが,フィオーレのヨアキムが見たのは千年王国と系統樹のヴィジョンであった。そして実際にも1260年が千年王国がはじまる年だとされた。華厳禅と密教を修めた明恵上人のヴィジョンはファンタジックな"天竺の夢"であったが,アッシジのフランチェスコのヴィジョンは貧しい神の民が現実に集っている光景だった。内実の差異はともあれ,13世紀は"ヴィジョンが情報になる時代"である。それは1248年に着工されたケルン大聖堂に代表されるゴシック建築の"天に届く高さ"にも引きとられていった方法だった。

だが,ヴィジョンが許されるには異端を審問しておく必要があった。トゥールーズ大学やオックスフォード大学は審問のための議場として発展したようなものだったが,皮肉なことに,そうした地場からこそトマス・アクィナスに抵抗したロジャー・ベーコンやドゥンス・スコトゥス,あるいはトマスに影響をうけたライモンドゥス・ルルスのような"知の結合術"に長けた異才が輩出してきた。正統と異端に決着をつけるより,知的情報を集中させ,それぞれの要素をぴったり関係づけることはスコラ議論の真骨頂だった。

新しい時間と空間

14世紀の特徴は,機械時計の出現に象徴される。また,スコトゥスとルルスが汎知的なアルス・マグナに没頭していたおなじころ,ダンテとジオットが新しい空間と時間の表現に挑んでいたことにも象徴される。しかし,時計と詩劇と絵画という様式だけが新しい時空間をつくったのではなかった。ヴェネチアの商人とフィレンツェの公証人とジェノヴァの複式簿記によって用意された「市場経済」も,やはり新しい時空間を人々にもたらした。

もっと大がかりな仕掛けは,チンギス・ハンの出現からわずか半世紀のあいだにイスラム教団国家が遊牧王朝化し,モンゴル帝国がイスラム化し,そして中国がモンゴル化してしまったことにあった。その事実に新しさがあったのではない。モンゴル軍がバグダードを占領したとき500年にわたったイスラム文化は完全に破壊されたのだし,フビライによって開かれた元王朝は中国文化史上最も低迷した時期をつくったにすぎなかった。新しい動向とは,モンゴルがユーラシアを1世紀にわたって疑似平和期にしたため,被害をうけなかった全地域が栄えたことだった。

ことにイベリア半島がいよいよ世界に打って出る機会をもち,ヨーロッパがイスラムの遺産をやっと入手することができたことは,人々に新しい時空間への可能性を感じさせた。日本がモンゴルの侵略をのがれたことも,世界史的には南北朝文化と室町文化の基礎が守られたというふうに記述することができる。が,仮にモンゴルの一部侵略があったとしても,おそらくは変わらぬ文化性を発揮しただろうとおもわれるのは,禅僧の作庭活動と時宗の阿弥たちの芸能活動だったろう。14世紀の日本人,たとえば吉田兼好,夢窓疎石,関山慧玄,佐々木道誉,二条良基らには,どこか世界を限定しきって見るようなところがあった。

ルネッサンスの背景 ルネッサンスの前兆は,ブルゴーニュ公とベリー公によって引金がひかれた国際ゴ
シック様式やフランコ=フラマン様式の開花にある。少し厳密にいえば,シャルモル修道院に「モーセの井戸」が制 1000
作され(1401),ブルネレスキがローマを訪問し,失われていたヴィトルヴィウスの建築書が発見されたとき(1413), 1200
イタリア・ルネッサンスがはじまっていた。 1300

情報技術文化史の視点からいえば,このときジプシーが初めて中欧にあらわれ,ギリシア語の写本がどっとフィ 1400
レンツェに流入し,エンリケ王子がサグレシュ城に航海地図学の研究所を設立していたこと(1418),ならびに15世紀 1500
半ばのことになるが,クランク式連結器が完成し,初めてアフリカ奴隷がヨーロッパに連れてこられたことも見落とせない。しかし情報技術にとっての最大の革命は,やはり活版印刷がはじまったことだった(1450)。ここに,音読しながら写本をする伝統はすたれ,人々はいよいよ"目で追う読書の時代"に突入していったのである。

グーテンベルク革命は,各国に母国語の確立を促した。すでに英語やフランス語などが少しずつ意識されてはいたが,聖書を各地の言葉で綴るという決定的な作業だけはのこされていた。その最後の門を活版印刷が開け放したのである。

宗教改革とマニエリスム ルネッサンスは魔術の時代でもあった。だいたい魔女狩りが公認されたのがイノケンティウス8世の『魔女教書』が刊行された1484年のこと,まさにレオナルド・ダ・ヴィンチの絶頂期であった。クザヌス,フィチーノ,ピコ・デラ・ミランドラも同時代人である。この傾向は16世紀に入ってもますます深まり,ロイヒリン,アグリッパ,ジョン・ディーらの神秘主義につながった。

ルネッサンスはまた宗教改革の時代でもあった。しかも大思想家が激突しての改革期であった。たとえばエラスムスの自由意志論はルター批判であり,ルターの奴隷意志論がエラスムス批判だった。エラスムスはルターと東方世界の心霊主義的ニヒリズムを糾弾して西方ヨーロッパ精神の解放を宣言し,ルターは父なる神への服従がもたらすデモーニッシュな対話を通して天才的人間像の典型を描いた。ルネッサンスは二人の対立をそのままに,さらにイエズス会を,カルヴァンの改革を,カトリック側の反宗教改革を生んだ。この激しい相互対立の傷は,ジョルダーノ・ブルーノの火刑の傷とともに,今日なお克服されていない。ただ,こうした精神の魔術的苦闘が一方でマニエリスムとして技法的な豊饒を発酵させたのだった。

一人の人間の内側における神の位置が定まらなかったのとは逆に,16世紀は"天下人の時代"ともなった。フェリペ2世,エリザベス女王,イワン雷帝アクバル大帝,織田信長らであった。いずれも天下をとってまもなく宗教情報を掌握したことが注目されるが,なかで最も徹底した情報支配をやってのけたのは信長一人だった。

都市と物語
1000〜1199

世界中を末法幻想がかけめぐる。来世の情報にすがった時代だった。

歌や音楽も、しだいに表記文化の対象となる。士大夫と隠遁者が文化にかかわっていく。

1000 長保2

1000 南海岸のイカ・チンチャ,北海岸のタリャン・チムー,中部海岸のチャンカイ,北高地のカハマルカ,南高地のルパカなど独立した文化政治統合体形成【南米】

北米 カホキアに四万人都市

支配と交易

1000 ノールトレイク,北アメリカに達す【ノ】

1001 デーン人,イングランド侵入(〜04)【ノ】

ガズニ朝のマフムード,インド遠征開始(北インドのイスラム化すすむ)【印】

1002 後ウマイア朝分裂(5国分立時代)【西】

新大陸移住計画

1003 カルルセフニ,新大陸移住計画【ノ】

1004 ハインリヒ2世のイタリア遠征,ポーランド公ボレスラウとの闘争(〜18)【神ロ】

聖宗南侵(宋の真宗と澶淵の盟)【契丹】

1005 チョーラ王国,セイロン征服【印】

◉ パンジャブにイスラム教徒の定住開始【印】

1007 180万貫の銭を鋳造(宋銭,東アフリカから日本まで流通)【宋】

1010 貿易航海法「アマルフィ法典」【伊】

契丹の高麗侵入(開京陥落)【高麗】

1015 チョーラ朝ラージェンドラ1世の使者,中国に達す【印】

1016 ピサ,ジェノヴァ連合艦隊,サルディニアのイスラム勢力一掃【伊】

カヌートのイングランド支配

カヌート大王,イングランド征服【ノ】

1017 ガズニ朝,ガンジスの要衝カナウジ攻略【印】

1018 ビザンツ皇帝バシレイオス2世,ブルガリア全土を属州とする【ビ】

1019 刀伊(女真族)の侵寇【日】

ヤロスラフ賢公即位(初の法典編纂)【露】

1020 ガズニ朝,海市カーティヤワール遠征【印】

藤原道長 摂関政治絶頂へ

◉ 藤原道長全盛(〜27)【日】

1023 益州に交子務の設置(世界初の紙幣発行)【宋】

1024 コンラート2世ドイツ王に即位,ザリエル朝成立【独】

◉ イスファハンに金融街【イラン】

1027 トルコ族西漸開始【印】

コンラート2世,ローマで戴冠【神ロ】

◉ ナースィル・イ・フスラウ『旅行記』(バスラの金融業と小切手による売買の記述)【イラン】

1030 このころロンバルディアに最初の自治都市運動【伊】

自治都市運動

1035 マグヌス1世,ノルウェー王国建国【諾】

ナヴァル,カスティラ,アラゴン独立【西】

1037 トゥグリル・ベグ,ニーシャプールを占領(スルタンを自称)【土】

コンラート2世「封建領主規約」公布(イタリアの地主,世襲化)【神ロ】

西夏おこる

1038 タングート族の李元昊,西夏建国【西夏】

トゥグリル・ベグ

トゥグリル・ベグ,セルジューク帝国建国【土】

1039 ハインリヒ3世即位(ザクセン王領地拡大)【神ロ】

セルジュークトルコ興勃

1040 ダンダ・ナカンの勝利(セルジューク軍,ガズニ朝を破る)【土】

1041 仁宗,親政(慶暦の治はじまる)【宋】

1042 パンジャブのイスラム政権,ゴール朝成立(北インドの征服王朝へ)【印】

1044 パガン朝おこる【ビルマ】

1046 ハインリヒ3世,イタリアに遠征(神聖ローマ皇帝戴冠,帝国の勢力最強時代)【神ロ】

1047 清原守武,日宋私貿易により処罰【日】

◉ 宋の商船,インドネシア,日本の海域を往来【宋】

キリスト教と仏教

1000 このころ『ルドラヤーマラ』(ヒンドゥー教タントラ)【印】

◉ チュルク語翻訳仏典『大雲晴雨経』『聖王悟訣』など成立【ウイグル】

シメオン 新しい神学者 神の内在説

◉ シメオン,新しい神学者とよばれる(神の内在を説く)【ビ】

1002 ハンガリー王イストヴァーン,教皇より加冠(キリスト教に帰依)

1004 道原『景徳伝燈録』(達磨伝説)【宋】

革聖行円,革堂の供養【日】

1006 知礼『十義書』【宋】

1007 クリュニー修道院提唱の修道院改革強化【仏】

1009 エルサレム聖墳墓教会破壊

◉ ハインリヒ2世,隠者ヴォンレフを訪問【独】

ヨハネの首の噂

1010 サン・ダン・ジェリ修道院にバプテスマのヨハネの首発見の情報に信者殺到【仏】

1012 異端者迫害の最初の記録【独】

西の舞踏病 東の熊野詣

◉ ローマ法皇ベネディクトゥス8世,たびたび「神の平和」布告【伊】

1016 クリュニーの自由(クリュニー修道院の傘下34の荘園をローマ法皇直轄とする)【仏】

道士,王欽若編集『宝文統録』(4356巻)成る【宋】

1018 アキテーヌでマニ教さかん【仏】

1021 ヨーロッパに小舞踏病流行(幼い殉教者聖ビトゥス信仰)

契丹の第一次大蔵経刊刻開始

本地垂迹流行

◉ 吉野,熊野の本地垂迹説さかん(蟻の熊野詣といわれるほど巡礼多い)【日】

1022 オルレアンのロベール王,中世最初の異端処刑(新マニ教弾圧)【仏】

藤原道長,法成寺の金堂,五大堂の供養【日】

1025 アラス司教会議,異端を明示【仏】

1026 サン・ヴァンヌ修道院長リシャール,700名を率いてエルサレム巡礼【仏】

カヌート大王のローマ巡礼【ノ】

1027 ロムアルドゥス,カマルドル修道院建立(東方教会の禁欲主義的宗教運動)【伊】

時輪タントラ カーラチャクラ・ヤーナ

時輪乗(カーラチャクラ・ヤーナ)成立【印】

西東 末法終末観

1030 ローマ法皇,『偽イシドルス文書』を典拠と認める【伊】

張君房『雲笈七籤』(122巻)成る【宋】

◉ 楊岐方会,袁州楊岐山普通禅院に宗風振るう(臨済宗楊岐派)【宋】

別所の不断念仏,迎講,法華八講など盛行(聖,上人活躍)【日】

1033 キリスト刑死後1000年(ウラル・ブラベール,大飢饉と地獄の様相を記録)

◉ ヨーロッパに大規模な聖地巡礼,ビザンツ的なマリア崇拝がひろがる

1037 黄龍慧南,石霜楚円のもとで大悟(同安崇勝禅院に宗風振るう)【宋】

◉ 隠者の社会的影響大きくなる(バイエルン山中の隠修士エグンダー活躍)【独】

1041 鎮源『法華験記』(別所の聖記録)【日】

1042 アティーシャ,チベットに入り密教革命(『菩薩道灯論』)【印】

欧陽脩,盧山東林寺に居訥と対談【宋】

1046 ハインリヒ3世,3人の教皇を罷免,クレメンス2世を教皇とする(スートリ会議)【神ロ】

1048 レオ9世,教皇庁枢機卿団の母体をつくる【伊】

1049 クリュニー修道院最盛期(仏に815,独に105,伊に52,英に43,西に23の修道院組織)

◉ 雪竇重顕,雪竇山資聖寺に雲門宗の宗風振るう(『語録』)【宋】

1000

知の大翻訳・大編集

1000 辞典『スーイダス』編集【ビ】
敦煌文書中(1900発見),最も遅い写本がこの年に書かれる
1005 中国で現存最古の星図(蘇州の寺院発行の木版画)【宋】

カイロ智恵の館

カイロに「智恵の館」建設【埃】
国子監に書板10万枚(印刷によって経史正義の書,一般家庭にまで普及)【宋】
◉ 藤原道長,東三条新第に書棚(2千余巻の蔵書)【日】
1009 イブン・ユーヌス『大ハーキム天文表』(精密な経度測定)【埃】
『法華経』の印刷【日】

イスラム科学による学問復興

1010 このころ名医マサマイワ・アル・アマディニ活躍
◉ 外科医アブー・アル・カーシム,医学全書『スターリフ』(血友病の記録)【西】
◉ イブン・マスクーイェ(ミスカワイヒ)『永遠の叡知』編集,『風紀の矯正について』【イラン】

地球測定 41550キロ

◉ アル・ビールーニー,インドの高山で地球の周長を測定(41550km,現在の測定では40120km.『理解の書』『インド誌』)【アフガニスタン】
1019 張君房編集『雲笈七籤』(120巻)【北宋】

アルハンゼン,アル・ビールーニー,イブン・シーナ,イブン・ガビロール

1023 イブン・ハズム,ウマイア朝復興に挫折(哲学に専念,『廃絶の書』『飾りの書』,最初の宗教比較書『諸分派の書』)【西】
1027 姜廷柖『新錐銅人鍼灸図経』(鍼術書)【宋】

フルベルトゥス

1028 シャルトル大聖堂付属学校を開設したフルベルトゥス活躍(シャルトル学派おこす,アリストテレス論理学とプラトン主義導入)【仏】
◉ イブン・アルハイサム(アルハンゼン)隠遁して科学研究(『光学書』,目の構造から光の屈折,投影の解明)【埃】

マスウーディ範典

1030 アル・ビールーニー『マスウーディ範典』(地球の回転を解説)【アフガニスタン】
◉ イブン・シーナ(アヴィセンナ)『医学範典』完成【西】
◉ サアーリビー『ヤティーマ・アッダフル』【西】
1035 夏竦,訳経事業の功労者顕彰のため「伝法院碑銘」建てる【宋】

天竺字源 法護 惟浄

法護,惟浄編『天竺字源』【宋】
1037 イブン・シーナ『宇宙論』『形而上学』【イラン】
1039 ランメルスベルク銀山の開発【独】
1040 ミュンヘンのワイエンシュテファン醸造所設立【独】

畢昇の膠泥活字

1041 畢昇,世界初の活字(膠泥活字)試作開始(完成1049)【宋】
1044 曽公亮『武経総要』(残留磁気利用の羅針儀「浮動魚」の解説)【宋】
1047 コンスタンティノポリス大学に書写本の図書館整備【ビ】
イブン・ガビロールの新プラトン主義的対話篇【西】
学者官僚,士大夫階級の形成(科挙の古文採用,印刷の普及)【宋】
李覯の富国強兵論(道・仏教の禁止を説く)【宋】

士大夫頭抬

様式と趣向

1001 ヴェネチアの[聖マルコ寺院]完成【伊】
◉ カジュラホの[カンダーリヤ・マハデーバ寺]本殿建立【印】

リンガラーシャ寺

◉ ブバネーシュヴァルの[リンガラーシャ寺]建立【印】
1006 黄休復『益州名画録』【宋】
康尚作[不動明王像](同聚院)【日】
グルガーンの[グンバッド・イ・カーブース]建造【イラン】
1008 燕文貴,画院祇候となる([烟嵐水殿図巻])【宋】
1009 [サンマルタン・デュ・カニグ]建造(ロマネスク様式)【仏】
1010 天興寺梵鐘(高麗梵鐘の代表)【高麗】
ネウマ記譜されたウェルギリウスおよびホラティウスのオーデの断片【独】
ノートカー・ラベオ,音楽に関する理論(弟子エックハルト4世,聖ガレン写本第339番)【独】
1012 [奉国寺大雄殿]建立【契丹】
1013 [グリーンステッド教会](中世木造建築)【英】
1014 天書を奉じた玉清照応宮完成(1029焼失)【宋】

范寛の高遠山水

◉ 范寛画[渓山行旅図](高遠式の大成)【宋】
◉ 定窯の白磁興隆【宋】
1018 藤原行成書[白氏詩巻]【日】
1019 [良弁僧正像](東大寺)【日】
1020 サン・ジェニ・デ・フォンテーヌ教会の横石彫刻(初期ロマネスク)【仏】
1023 アラスの宗教会議,文盲のために教会堂内の壁画を勧める(壁画,浮彫さかんになる)【仏】
1025 高元明画[鹵簿図]【宋】
1026 ベネディクト会修道士グイード・ダレッツォ,階名唱法(ドレミ)の提唱【伊】
◉ ヨーロッパでネウマ,音譜記号のついた色の異なる4本の線上に書かれる
◉ ライヒナウの[ザンクト・ゲオルク聖堂壁画]【独】
◉ 無動寺義清,「嗚呼絵」(風刺画)の達人として活躍【日】

ドレミ誕生とグイードの階名唱法

1030 米友人[山水図]【宋】
1032 リポールの[サンタ・マリア会](初期のバシリカ式教会堂)【仏】
1033 ヒルデスハイムの[聖ミハエル寺院](ロマネスク様式)【独】
1035 高陽院歌合で扇十枚に詩題を図画する(扇絵さかん)【日】
1036 グイード・ダレッツォ,長音階の階名唱法発案(『ミクロローグス』に指で音名をおぼえる法)【伊】
1039 李元昊,宋朝に西夏文字を伝える【西夏】
◉ ヘルマヌス・コントラクトゥス『オプスキュラ・ムジカ』(音階理論)【瑞】
1040 このころまでブダガヤのパーラ式仏教彫刻(992〜)【印】

舞楽面 日本現存最古

1042 現存最古の舞楽面[地久](手向山神社)【日】
◉ ヴィポ曲[ヴィクテメ・パスカーリ]【独】
◉ 『サンスベール黙示録』装丁【独】
[弥勒菩薩像](灌燭寺)【契丹】
[僧形像](黒石寺)【日】
1047 [薬師如来像](浄瑠璃寺)【日】
1048 定朝,法眼となる【日】
劉道醇『聖朝名画評』【宋】
1049 レーゲンスブルクの[ザンクト・エンメラム教会浮彫り]【独】

パーラ様式と定朝様式

物語の時代

1000 黙示録のサタンの龍伝説がヨーロッパに流布し終末の恐怖がひろがる

いろはと五十音

◉ 書写本『孔雀経音義』に五十音図【日】
◉ 日本文字「いろは47字」(陶宗儀撰『書史会要』に記録)【日】
◉ 『ヨナについての聖書講話』(最初のフランス語テキスト)【仏】
1001 疫病に紫野今宮を建造し御霊会【日】
1002 藤原公任『新撰髄脳』【日】
◉ グロッタフェッラータ僧院で速記術【仏】

枕草子 清少納言と女房の文化

清少納言『枕草子』【日】
1004 『和泉式部日記』これ以後に成立【日】
1005 『拾遺和歌集』【日】
1008 『紫式部日記』これ以後成立【日】
◉ ナンビ,タミル語大讃歌集『ティルムライ』編集【印】

フィルドゥーシの王書

1010 フィルドゥーシ『王の書』(ペルシア最大の叙事詩)【イラン】
◉ 楊億『西崑酬唱集』【宋】
1012 選子内親王『発心和歌集』【日】

冊府元亀 1000巻 1104分類

1013 王欽若編『冊府元亀』成立(歴史記録事典)【宋】
1015 紫式部『源氏物語』成立か【日】
東光寺で咒師(ずし)が活動【日】
1018 藤原公任編集『和漢朗詠集』【日】

源氏物語

1020 王你『東都事略』【宋】
藤原公任『北山抄』【日】
◉ このころ『日本紀略』【日】

更級日記

◉ 『更級日記』の記述はじまる【日】
1021 アッ・ラーズィ『言葉の大道』【イラク】
1023 林逋筆『雑詩巻』【宋】
1025 シャルルマーニュの攻城戦『ハーグ断片』(フランス語初の非宗教的叙事詩)【仏】

イブン・ハズム

1027 イブン・ハズム『鳩の首輪』【コルドバ】
1028 ガズニ朝のマフムード,貨幣の銘文にナーガリー文字使用【印・アフガニスタン】
1034 このころ『栄華物語』正編【日】
◉ 『ゴルモンとイザンバール』【仏】
◉ 藤原行成『権記』【日】
◉ ドゥドー『ノルマンディー諸公の習俗と業績』【仏】

西夏文字 6133字 部首44

1036 遇乞,西夏文字をつくり李元昊に献上(西夏文字の公用)【西夏】
1037 クシェーメンドラ『ブリハット・カター・マンジャリー』(説話集)【印】
1038 藤原明衡編集『本朝文粋』【日】
◉ 『聖ボエース伝』(ボエティウス断片)【仏】
◉ コンクの聖女資料集『聖フォワ伝』(ロマン語最古のテクスト)【仏】

アレクシス聖者伝

1040 このころ『アレクシス聖者伝』(フランス最初の文学)【仏】
藤原明衡『明衡往来』(手紙の模範文例集)【日】
1043 源頼長,四天王寺に聖徳太子絵伝の説絵を見聞(説絵僧活躍)【日】
1044 葉隆礼『契丹国志』【契丹】

能因法師

1045 能因『能因法師集』(数奇の遁世形成)【日】
1046 欧陽脩『酔翁亭記』【宋】
◉ 『ニームの輪重』(イベリアのニーム解放の武勲詩)【仏】
◉ ウラール・グラベール『年代記』【仏】

数奇と遁世

私が記譜法を教えて以来、ある者はなんと三日のうちに、それまで知らなかった旋律を見事に歌ってみせたのです。
アルゾのグイード

各地の物語の収集は、おおむね家系譜の様式をとる。

スコラ哲学と儒学は、中世社会の理屈を代表する。

都市と物語

1050 永承5

このころより 世界気温上昇

中国一億一千万人

支配と交易

荘園とギルドの形成

1051 前九年の役【日】
1055 トゥグリル・ベグ,バグダード入城(西アジアの支配者となる)【土】
1056 アブー・バクル,ムラービト朝創始(ベルベル人修道戦士集団)
ロベール・ギスカール,シチリア,南イタリア征服開始【ノ】
1057 パガン朝アノーラタ王,タトゥン攻略,カンボジア制圧【ビルマ】
1058 ファーティマ朝,西メソポタミアに勢力拡大【埃】
王安石,仁宗に「万言の書」を上申【宋】

1061 ヴラティスラフ2世,ボヘミア王号を獲得【独】
1063 セルジューク朝2代アルプ・アルスラーン即位(セルジューク文化黄金時代)【土】
1064 ハインリヒ4世による王領地検地(南ドイツ高級貴族,修道院のローマ教皇寄進,初期ドイツ荘園)【独】
1066 ヘイスティングスの戦い(ノルマンディー公ウィリアム,ノルマン・コンクェスト)【英】

王安石の経済政策

1069 王安石の改革開始,青苗法,均輸法の実施【宋】
◉ このころまでに,ケルン市にギルドの組合長【独】
◉ 開封に170余の「行」(商人組合)【宋】

1070 王安石,宰相となる【宋】
1071 マンジケルトの戦い(小アジア支配)【土】
1072 サン・メトールの商人,裁判権を城代に折衝(フランス都市商人勃興)【仏】
ロベール・ギスカール,シチリア征服(イスラム支配終了)【ノ】
1074 ケルン市のコミューン運動高まる【独】
1075 ヴェネチア提督ドージェ,ノルマンからビザンツ帝国を守る(対ビザンツ貿易独占)【伊】
1076 ウォルムス公会議(皇帝,法皇を廃位)【神ロ】
ガーナ王国成立(アルモラビッドのサハラ貿易独占)
王安石の下野,神宗の親政はじまる【宋】

カノッサの屈辱

1077 カノッサの屈辱(皇帝,法皇に屈伏)【神ロ】

ヴェネチアが東地中海商業を独占

1081 ヴェネチアと通商条約更新(多額の金額でヴェネチア海軍を買う)【ビ】
1083 富士山噴火【日】
1084 ハインリヒ4世,ローマ占領(法皇グレゴリウス7世,ノルマン勢力圏サレルノに逃亡)【神ロ】
1085 カスティラ,学芸都市トレド占領(英雄エル・シドの活躍)【西】
1086 ムラービト朝ユースフ,アンダルシアに出兵(レコンキスタ軍を破る)【西】
ウィリアム1世『ドムズディ・ブック』(土地台帳)施行【英】

司馬光 新法批判 天人相関説

司馬光,宰相となり新法を廃す【宋】
1087 泉州に司船市(東南アジア,インド,イスラム商人の往来)【宋】
ピサ,ジェノヴァ艦隊,メーディア占領【伊】
1090 ニザーリー派カリフ,サッバーフ,アムラート城塞にセルジュークトルコと対決【セ】
1095 教皇ウルバン2世,クレルモン宗教会議に十字軍結成宣言【伊】

十字軍❶

1096 ノルマン騎士タンクレッドを指導者に第1回十字軍おこる
記録荘園券契所設置(新設荘園の整理)【日】
1099 第1回十字軍,エルサレム攻略(ノルマン人ゴドフロア・ド・ブイヨン,エルサレム王国建設)
◉ フランスの諸都市,自治権を求めて反乱【仏】

1070

1080

1090

キリスト教と仏教

1050 後冷泉天皇『泰山府君都状』【日】
ペレンガリウスの聖餐説,異端とされる【伊】
1051 この年,末法に入る【日】
藤原頼通,宇治別荘を平等院とする【日】
1052 後冷泉天皇,遷幸に禹歩の呪法【日】

東西教会の大分裂

1054 フンベルトゥスによるローマ・カトリックとギリシア正教の分離
道宗『華厳経讃』(契丹仏教最盛期)【契丹】
1057 パタリア運動開始(堕落した聖職者に対するミラノ市民の騒乱~1075)【伊】
パガン朝アノーラタ王,セイロンより上座部仏教の導入と布教(仏教革命)【ビルマ】
1058 フンベルトゥス『聖職売買者反駁論』【伊】
1059 ラテラノ公会議【伊】

1060 苦行者エヴェレムス,孤島で12年間隠遁生活
1061 契嵩『輔教篇』(儒仏道三教の一致をはじめて説く)【宋】
◉ カンタベリー大司教ランフランシス,弁証法的神学開始【英】
1062 ニンバールカ『ヴェーダンタの宝』【印】

契丹大蔵経

1064 『契丹大蔵経』(1031~)完成【契】
戒珠『浄土往生伝』【宋】
文宗,太一醮(宮廷に道教儀礼)【高麗】
成都の道士姚若谷,『道蔵』(4500巻)を成都天慶観など5観に頒布【宋】
1066 チェナグポ,ニンマ派の口伝『ニンチェク』発見(ニンマ派再興)【チベット】
1069 黄龍慧南没し,弟子晦堂祖心,隆興府黄龍寺に住す(臨済宗黄龍派おこる)【宋】

1071 エルサレム,セルジュークトルコに占領されキリスト教徒の迫害はじまる【土】
ミカエル・プロセス『悪魔の作用についての対話』(ビザンツ哲学の構成)【ビ】

アンセルムスとスコラ哲学

1072 成尋入宋し,摂津亭に祈雨し霊験を顕す(『参天台五山記』)【日】
1073 教皇グレゴリウス7世,教会法厳守要求(教皇,皇帝の対立激化)【ロ教】
1075 アンセルムス『モノロギオン』『プロスギオン』(スコラ哲学最盛)【仏】
1079 永観『往生講式』【日】

1080 『大蔵経北宋東漸寺版』【宋】
王古『新修往生伝』【宋】
1084 ブルノー・カノニクス,シャトルーズ教団創立【仏】
1085 このころヨーロッパに普遍論争さかん(唯名論と実念論)
◉ コンスタンツのベルノルドゥス「イエス・ノー」の論理展開【伊】

高麗大蔵経

1087 高麗版『大蔵経』完成【高麗】
1088 経範『弘法大師行状記』(大師信仰おこる)【日】
1089 『金刻大蔵経』完成【金】

1090 義天『新篇諸宗教目録』【宋】

趙州無字の公案

「趙州無字」公案の最古の記述(『五祖法演禅師語録』)【宋】
1092 ロスケリヌスの唯名論的三神観,異端判決【伊】
1094 アンセルムス『真理論』【仏】
ニザーリー派,西イスマリー派ファーティマ朝と分裂【イラン】
1095 延暦寺僧徒,日吉神輿を奉じ入京企てる(神輿動座のはじめ)【日】
1096 アンセルムス『なぜ神は人となったか』【仏】
ミラレパ,密呪秘儀習得(『十万詩頌』)【チベット】

1097 大江匡房『本朝神仙伝』【日】

シトー派修道会

1098 ロベールド・モレーム,スティーブン・ハーディング,シトー会の設立【仏】

1050

知の大翻訳・大編集

欧陽脩と儒学ルネッサンス

1052 『暦書』編集【高麗】
アル・バタルンシ『果樹園の春』(新プラトン説の解説)【イラク】
1054 7月5日,牡牛座に超新星(日中で23日,夜間で633日間,肉眼で見える)
1057 欧陽脩,科挙に古文復興【宋】
1058 『黄帝内経』『傷寒論』など医学書の木版印刷【宋】
トレド,アラビア文化吸収の前進基地となる【西】
1059 胡瑗『周易口義』『論語説』【宋】
◉ ボージャ王『サマラーンガナ・スートラダーサ』(機械装置記載)【印】

1060 掌禹錫『嘉祐補注本草』【宋】
1061 蘇頌『図経本草』【宋】

集古録 1000巻の金石学

1064 欧陽脩『集古録』(1000巻,金石学開く)【宋】
1066 アサディ『ペルシア語辞典』【イラン】

バグダード大学

1067 バグダード大学創立【イラク】
アリ・ザルカーリ,進歩型アストロラーブ(サフィーハ)発明【イラク】
ノルマン・フレンチ語,イギリスの全学校で教えられ,法律の議事に用いられる
イブン・ヤイヤーミー,3次方程式の分類と解法の研究【イラク】

沈括

1070 このころコンスタンティヌス・アフリカヌス,モンテ・カッシーノ修道院にアラビア医学哲学書の翻訳開始【伊】
1072 欧陽脩『周易童子問』【宋】
沈括『奉天暦』作成着手【宋】

太極図説 易と中庸とタオイズム

周敦頤『太極図説』【宋】
1074 沈括,渾儀の発明【宋】
1077 張載『正蒙』【宋】
邵雍『皇極経世書』【宋】

ウマール・ハイヤーム

1079 ウマール・ハイヤーム,レイ天文台でジャラリー暦完成(5000年に1日の誤差)【アフガニスタン】
ロジェン・シェプラ,カシュミールで仏教論理学書翻訳【チベット】

サレルノ医学校とボローニャ大学

1080 アル・ザルカーリ『トレド表』(太陽の遠地点運動を12.04秒と測定,現在11.8秒)【西】
サレルノ医学校設立(初の薬局の併設)【西】
カズニ朝のニザーム・アル・ムルク『統治論』【アフガニスタン】
1081 丹波雅忠『医略抄』【日】
1082 カズー・カーブス『カーブスの書』【イラク】
1083 錦院の拡大(織物工芸極盛)【宋】
1084 算学復活(『綴術』を除く算経十書刊行)【宋】
1085 程顥『明道文集』【宋】
1086 司馬光『潜虚』【宋】
1087 沈括『天下州県図』【宋】
1088 蘇頌,開封に大時計塔建設【宋】
◉ ボローニャ大学創立【伊】

1090 秦観『蠶書』【宋】
バクリー『地名辞典』編集【西】
1093 ブラフマデーヴァ『カラナプラカーシャ』(天文学書)【印】
このころまでにマルホド『宝石論』
1096 高野山で不動尊1万体の印刷(高野版の初め)【日】
1097 アル・ガザーリー,ニザーミーヤ学院教授の地位を捨て,哲学に専念(アリストテレス批判によるイスラム神智学を展開)【イラク】
1098 呂大防『考古図』【宋】

程頤の易伝 事理一致・微顕無間

1099 程頤『易伝』【宋】

様式と趣向

ロマネスクへ絶頂

1050 [ル・プュイ大伽藍]建設(〜1150ロマネスク様式)【仏】
◉ コントラクトゥス曲[ムジカ]【独】
◉ ノルマンディー公ウィリアム,ガンに[サンティエンヌ][ラ・トリニテ]建立(ノルマン・ロマネスク)【仏】

平等院 定朝作阿弥陀像

1053 定朝作[平等院鳳凰堂阿弥陀如来像]【日】
1055 北宋の陶磁工芸おこる【宋】
1056 道宗,八角五層[仏宮寺釈迦塔]建立【契丹】
◉ オルガーヌム風の独立楽曲,ボエティウス文字譜,ネウマ譜で記す【仏】
1058 郭熙,痒宣聖殿に山水窠石四壁を描く([山荘高逸図])【宋】

1060 ダフニ寺院のモザイク[この世の支配者キリスト像]完成【ビ】
◉ パーラ朝の仏教建築家ボーシャ設計[サマラーンガナスートラダーラ]【印】
1062 サン・ミニアートの[アル・モンテ教会]建立(ロンバルディア様式)【仏】
1065 [ウエストミンスター寺院]起工【英】
1066 [クルドフ詩画集]【独】
1067 『歙州硯譜』(文房四宝論さかん)【宋】
円快作[聖徳太子像](法隆寺絵殿)【日】
1069 秦致真[法隆寺聖徳太子絵伝]【日】

文人趣味深まる(郭熙・蘇東坡・黄庭堅・米芾)

1071 燕京の[十三層八稜塔]建立【契丹】

4分音符 モンペリエのミサ聖歌体

◉ モンペリエのミサ聖歌本(4分音の発見とその表示)【仏】
1072 郭熙画[早春図]【宋】
1074 郭若虚『図画見聞誌』【宋】
1076 [法勝寺阿弥陀堂]完成【日】
1077 バイユーの[タピストリー]完成(1066〜)【仏】
◉ プロセス,アリストクセノスに基づく音楽とリズム論【ビ】
◉ [片輪車蒔絵螺鈿手箱]【日】

1082 蘇軾(東坡)書[寒食詩巻]【宋】
1083 ヌヴェールの[サン・ティエンヌ教会](ロマネスク様式)建立【仏】
1085 カイロの[アルジュユーシー・モスク]【埃】
李公麟画[孝経図巻]【宋】
1086 金剛峯寺[仏涅槃図]成る【日】
1088 米芾筆[蜀素帖]【宋】
王詵画[烟江畳嶂図]【宋】
クリュニー修道院(四層構成)建造開始【仏】
[五大尊像降三世明王像](岐阜来振寺)【日】

1090 李公麟画[五馬図巻]【宋】
[源氏物語絵詞]【日】
[阿弥陀二十五菩薩来迎図](高野山)【日】
1093 [マリヤ・ラーハ修道院](ロマネスク様式)【独】
明覚『反音作法』【日】

ダラム大聖堂

[ダラム大聖堂](イングランド・ロマネスク極盛に)【英】
1094 李誡『営造方式』【宋】
1095 [サンサヴァン教会堂](ロマネスク極盛に)【仏】
1096 モントロー・フォーヨンヌ城建造(木造,ドン・ジョンと貝殻囲壁のロマネスク様式)【仏】
1098 黄庭堅書[李太白憶旧遊詩巻]【宋】
1099 ヴェルジェリモ[モデナ大聖堂彫刻](イタリア・ロマネスク彫刻創始)【伊】

歴史と物語

ローランの歌 武勲詩約4000行

1050 このころ『ローランの歌』成立【仏】
◉ テルグー文学確立【印】
◉ 伝菅原孝標女『浜松中納言物語』成る【日】
◉ 晏殊『珠玉詞』【宋】
◉ アブール・アラー詩『ゆるしの説』(ダンテに影響)【シリア】

新猿楽記 藤原明衡の都市情報

1052 藤原明衡『新猿楽記』【日】
1055 欧陽脩,『新唐書』編集【宋】
『堤中納言物語』(物語合せ秀作集)成る【日】
1056 『オストロミールの福音書』(現存最古のロシアの書物)【露】
1057 『サン・ネニーニュ修道院年代記』【仏】
1059 『夜半の寝覚』成る【日】
『ルオトリープ』(最初の伝奇小説)【独】

1062 このころ『陸奥話記』成る【日】
1065 ウィリアム訳『ソロモンの雅歌』【英】
1066 アサディ『ガルシャースプの書』(叙事詩)【イラン】

クタドク・ビリク

1069 カラ・ハン朝に『クタドク・ビリク』成立(最古のイスラム化したトルコ人の文学)
◉ ラテン語断片『エミリアネンセ注記』(ローランの歌の原型記載)【仏】
◉ このころ『狭衣物語』成立か【日】

メメント・モリ

1070 このころ『メメント・モリ』(ヨーロッパ最古の宗教詩)【独】
1071 現存最古の西夏文字帛書片【西夏】
1072 クレチアン・ド・トロワ『イヴァンまたは獅子の騎士』【仏】
1073 『ウィンチェスター・ドローズ集』【英】
これ以前に『成尋阿闍梨母集』成立【日】
1076 宋敏求『長安志』【宋】
アサーキル『ダマスクス史』(80巻)【シリア】
ブレーメンのアダム『ハンブルグ教会史』【独】
1077 源隆国『宇治大納言物語』【日】
1078 ビルハナ『ヴィクラマーンカデーヴァチ』【印】
◉ アキテーヌのギヨーム1世の宮廷に最初のトルバドゥールの記録【仏】
1079 『金光最勝王経音義』に「伊呂波」(万葉仮名)と「アイウエオ」(カタカナ)【日】

1080 バーヤ・イブン・バクダ『心情の宇宙』【イラク】
王存等『元豊九域志』【宋】

資治通鑑 編集体の政治史

1081 司馬光『資治通鑑』294巻【宋】
1082 蘇軾『赤壁賦』【宋】
◉ 曽鞏『元豊類藁』【宋】
1086 ナースイト・ボスラウ『旅行記』【イラン】
黄庭堅,『神宗実録』の編集に加わる(書に[黄州寒食詩巻][王史二墓誌原稿])【宋】
藤原通俊『後拾遺和歌集』(私歌集)【日】
1087 ザッリン・ダスト『眼の光』
1088 ヘーマチャンドラ『六十三大人物語』【印】
アリュルフ『サン・リキエ年代記』(フランス最古の武勲詩)【仏】

永長の大田楽

1090 このころトルバドゥールのランボー・デ・ヴァケイラス『カレンダー・マーヤー』【仏】
◉ 『栄華物語』続編【日】
1094 バクリー『諸道諸国記』【西】

夢渓筆談 沈括のエッセイ集

沈括『夢渓筆談』【宋】
◉ 十字軍撃退の情熱を歌ったイブン・バル・ハイヤットの『詩集』【シリア】
1096 永長の大田楽(京中が踊り狂う)
1099 武勲詩『ギヨームの歌』【仏】
◉ ビルハナ『チャウラ・パンチャーシカ』(叙事詩)【印】
◉ このころ『ニャウルのサガ』成立【氷】

カイロは大都市で、これと比較できる都市は少ない。二万軒を下らぬ店舗があり、これがすべてカリフに属している。
ペルシア人旅行家ナーシリ・ホスロー

十二世紀のイスラムと
ヨーロッパをつないだ情報の仲介者は、
イブン・エズラやマイモニデスらの地中海ユダヤ人だった。

都市と物語

1100 康和2

支配と交易

シャンパーニュの大市

1100 ヘンリー1世,ヴェネチア,エルサレム王国間に通商条約【英】
◉ ドイツ人のライン河東方植民開始【独】
フランドルの干拓はじまる【蘭】
1102 ボレツラフ3世,神聖ローマ皇帝と和解して王国強大化【波】
◉ シャンパーニュ地方の定期市場の発展【仏】
◉ ドイツ各地にギルド成立【独】

都市コミューン

1108 ノワイヨン,ボーヴェに自治都市(このころ都市コミューン運動さかん)【仏】
1109 海商越海法【宋】

1110

1111 ビザンツ帝国,ピサ市にヴェネチア同様の商業特権与える【ビ】
1113 スールヤヴァルマン2世即位し,南海路に発展【カンボジア】
1114 シャンパーニュ市場の設立【仏】
◉ 佃作の制(開拓計画と民間投資による新田を投資者に佃作させる制,耕地増大)【宋】
宋の人口1億3000万人,鉄の生産量は7万tといわれる(全ヨーロッパの約4倍という)

女真(金)おこる 完顔阿骨打の統一運動

1115 完顔阿骨打,女真統一【金】
フィレンツェ,都市国家(コムーネ)宣言【伊】
1117 マルムティエ修道院,賦役を物納から金納とする【仏】

1120

宋の鉄生産七万トン

1121 パリの商人ギルド,ルイ6世から特権【仏】

ウォルムスの協約

1122 ウォルムスの協約(司教の任免制の確立)【神ロ】
◉ 貴族の没落とミニステレーアスの騎士化,聖俗封建諸侯の抬頭【独】
1124 カペー朝ルイ肥満王,ドイツの脅威に諸侯を結束(聖ドニ修道院長シュジュール活躍)【仏】
1125 金,契丹を滅ぼす【金】
1126 靖康の変(徽宗,欽宗,金軍の捕虜となる)【宋】
1127 フランドルの諸都市,免税特許獲得【仏】
高宗即位し,南宋建国【南宋】
ノルマン人ロジェール1世,シチリア王戴冠(両シチリア王国へ)【伊】
1128 マルセイユに都市コミューン【仏】

1130

ギルドの発達

1130 ケルンにギルド目録【独】
イブン・トゥーマル,ムワッヒド朝創始【モロッコ】
秦檜,宰相となる(南宋の経済的繁栄の基礎を築く)【南宋】

西遼おこる 耶律大石建国へ

1131 耶律大石,カラ・ハン朝を倒して西遼建国
ベーラ2世,バルカン,ボスニアに進出(大ハンガリー形成)【洪】
1137 パリの中央食品卸売市場レ・アルの設立【仏】
1138 南宋,臨安を都とす【南宋】
シュタウフェン家のコンラート3世,皇帝に選出【神ロ】
1139 ポルトガル伯,王位承認

1140

1142 『魚鱗図冊』(土地台帖)施行【南宋】
1143 両シチリア王ロジェール2世,ファーティマ朝と通商条約【伊】
◉ 主戦派・岳飛,和平派・秦檜の党争激化【南宋】

リューベック市建設

1145 リューベック市建設【独】
ムワッヒド朝アブド・アルムーミン王,イベリア南半統一【西】
教皇エウゲニウス3世,第2回十字軍を提唱(シトー会支持)【伊】
1147 ザクセンのハインリヒ獅子公アルブレヒト伯,バルト・スラヴへの十字軍開始【独】
1148 ポルトガル,リスボン占領
ドイツ王コンラッドとビザンツ王マニエル,対ノルマン軍事同盟(テサロニケ同盟)【独】

キリスト教と仏教

1103 長蘆宗賾『禅苑清規』【宋】
大江匡房『続本朝往生伝』【日】
1104 フルーリィのユーグ『王の権力と司祭の権威についての論考』【独】
ギルベール・ド・ノルシャン『聖遺物について』【仏】
1106 アル・ガザーリー『宗教哲学のよみがえり』(イスラム神学の構築)【イラク】
1108 ギョーム・ド・シャンポー,聖ヴィクトール教会設立(スコラ哲学の中心となる)【仏】
芙蓉道楷,紫衣下賜を断り流罪(芙蓉湖開拓,華厳禅寺おこし,宗風振るう)【宋】
1110 沙門孔清覚,杭州白雲山建立(菜食主義の在家集団を結集)【宋】
1112 辺知白『観音感応集』【宋】
1113 李夷行『存真環中図』【宋】

ヨハネ騎士団とテンプル騎士団

修道僧ジェラルド,ヨハネ騎士団結成
1114 ソワッソンのクレメンス火刑(性交と肉食を禁ずる異教)【仏】
1115 ベルナール,シャルトル学院長就任(シャルトル学派さかん)【仏】
『万寿道蔵』(5481巻)完成【宋】
1116 元照『行事鈔資持記』(南山律)【宋】
1119 ユーグ・ド・パイアン,テンプル騎士団結成
◉ ロスケリウス,唯名論となえる【仏】

アベラール

1121 アベラールの三位一体論に異端判決【仏】
1122 ウォルムス協約【神ロ】
バースのアデラード『同一と差異』【西】
1123 アベラール『キリスト教神学』【仏】
1124 良忍,融通念仏宗おこす【日】
◉ アルモラヴィッド朝,アル・ガザーリーのイスラム神学公認【西】
1127 クレヴォーのベルナール『恩寵と自由意志について』【仏】
ノルマンディー侯リシャール2世の巡礼団,エルサレム到着(エルサレム巡礼の最高潮期)
1128 忠尋『漢光類聚鈔』(天台本覚思想)【日】

碧巌録 圜悟克勤の禅語録

圜悟克勤『碧巌録』【宋】
1129 天童正覚,天童山に入る(曹洞宗宣揚,黙照禅,至遊禅を主張)【宋】
1130 バグダードにカディル派成立(最古の回教托鉢僧団)【イラク】
◉ ユダ・ハレビ『セフォール・ハクサリ』【西】
1131 シトー会,ウェールズのティンターン修道院設立【仏】
覚鑁,高野山に大伝法堂建立【日】
1133 白蓮社開祖子元,高宗に浄土法門を説く【南宋】

覚鑁の密教

◉ フランティクス・グラティアヌス『教会集』【独】
1134 大慧宗杲『弁正邪説』(黙照禅を否定し,公案禅を高揚)【宋】
1136 フーゴー『キリスト教信仰の秘跡について』【仏】
1139 第2回ラテラノ会議(アルノルドゥス破門)【伊】
1140 覚鑁,大伝法院を根来に移す【日】
1141 フーゴー『宇宙の空虚』【仏】
1143 法雲『翻訳名義集』【南宋】
覚鑁『五輪九字秘明秘密釈』【日】
1145 ツールのベルナール『大宇宙と小宇宙』【仏】
コンシュのギョーム『哲学対話』【仏】
レバノン司教ユーグ,極東情報を教皇エウゲニウス3世に伝える
1146 アルビ地方,カタリ派の拠点となる【仏】
1147 エトワールのイサーク,グンディサルブス『霊魂論』『霊魂不滅論』をキリスト教に導入【仏】
1148 ティエリのギョーム『神の省察について』【仏】
◉ 恵汁(一説に永厳)『図像抄』【日】
1149 クレヴォーのベルナール『熟察について』【仏】

知の大翻訳・大編集

1100 モロッコに製法伝わる
◉ テオフィルス『諸技術について』【独】
◉ アッジャルジャーニー『ホラズム王の宝庫』（ペルシア語の医学全書）【イラン】
◉ 蒸留によるアルコールの発見【イラク】
◉ サイド・イブン・ヒバト・アッラフ『病気の手当と疾因・徴候の認知に関する書』【イラク】
◉ イルネリウス,ボローニャ法学の基礎を築く
1106 陳師文『和剤局方』【宋】
命選『陰陽地理書』『海東秘録』【高麗】

アル・ガザーリー

1108 アル・ガザーリー『誤りからの救い』【イラク】
唐慎微編集・艾晟増訂『経史證類大観本草』【宋】

1111 王孚『博古図録』【宋】
1112 史学の禁（新法党台頭）【宋】
1113 リヒテンブルクの修道院,石炭鉱山経営【独】
1114 ギルディアン,聖ビクトール運動推進（44修道院に教育システム）【仏】
◉ ペドロ・アルフォンソ,フワーリズミーの天文表をラテン語訳【西】
1116 ティボリのプラトン,アブラハム・バル・ビーヤの『面積の書』をラテン語訳【伊】
アル・ハージー『智恵の秤』【イラク】

グイード地理学

1119 グイード『地理学』【伊】

1120 マルバーンのウォルチャー,緯度,経度の測定法考案【英】
陳規『守城録』（火薬使用の記録）【宋】
朱翼中『北山酒経』（アルコールの蒸留法記載）【宋】
1124 徐競『高麗図経』【高麗】
◉ パリの大聖堂付属学校,大学,托鉢修道会学問所,国際的学問空間となる【仏】
1125 ライムンドゥス,トレド大司教となる（イスラム哲学書の組織的なラテン語訳計画）【西】

イスラム科学のラテン訳はじまる

1130 サン・ビクトールのフーゴー『学習論』【仏】
◉ スピパレンシスとグンディサルヴス,イスラム哲学のラテン語訳開始【西】
1132 ウマル・アル・ナサフィ『知識の贈与者と心配の除去者』【イラク】
1133 杜綰『雲林石譜』（鉱物学）【南宋】
1135 フィリップ・ド・オタン『暦法』【仏】
1136 石刻の『禹跡図』を作成（現存最古の中国全図）【宋】
1138 哲学宰相イブン・バーッジア『孤独者の嚮導』【西】
カリンティアのヘルマン,イベリア北部で翻訳活動開始【西】
モーゼス・イブン・エスラ『真の隠喩的意味の花園の書』【西】
1139 三善為康『掌中歴』（姓字,事物名をいろは順に整理）【日】

イブン・エスラ知の旅

1140 トレド生まれのイブン・エスラ,ローマ着（その後,サレルノ,ヴェロナ,ロンドン）【西】
1142 バースのアデレード,フワーリズミー『ユークリッド幾何学原論』翻訳【西】
◉ ザマフシャリー『アラビア語事典』【メッカ】
1143 ペトルス,『コーラン』ラテン語訳【西】
1144 クサティバルで紙の製造【西】
チェスターのロバート『錬金術合成の書』ラテン語訳【英】
◉ ザマフシャリー『大地と山と河川の書』【メッカ】
1145 ロバート,フワーリズミーの『アンジェブラとアル・ム・カーバラ』ラテン語訳【英】
1146 『宝要抄』『香要抄』『薬種抄』『穀類抄』成立【日】
1148 十字軍帰還兵,砂糖をもち帰りたちまち流行
ロジェール2世,ビザンツの絹職人を連れ帰り,絹糸工場設立【シ】
1149 陳旉『農書』（1154刊行）【南宋】
イブン・ズフル『治療と食餌の簡易書』【西】

様式と趣向

オルガヌム田楽

1101 徽宗,画院,書院設立【宋】
1103 李唐画［那和悟房次律図］【宋】
サン・マルシャル,「オルガヌム」はじめる【仏】
バムベルグのフルトルフ『音楽に関する抄録』『音色』【独】
イル・ド・フランスの方言,フランス標準語になる【仏】
シュール・ガルタンプ教会［サン・サヴァン壁画群］（ロマネスク多様化）【仏】
テオフィルス『諸伎芸大要』
1106 このころ京都に田楽流行【日】
1107 徽宗画［桃鳩図］【宋】
米芾画［山水巻］【宋】
［浄瑠璃寺本堂］完成【日】

1112 賢禅画［両界曼荼羅］（東寺）【日】
1113 キエフの［大天使ミカエル聖堂モザイク］【露】
1117 郭思,郭煕『林泉高致』を編集【宋】

浄土庭園出現

平泉［毛越寺浄土庭園］【日】
1118 ［ピサ大聖堂］完成【伊】
ハギア・ソフィア大聖堂［ヨハネス2世奉納モザイク］【ビ】
ヨハネス・ボゴスロフ教会（ゼーメン修道院）【ブルガリア】
1119 源師時,源氏絵を描く【日】

李唐

1120 『宣和画譜』『宣和書譜』【宋】
チェスター大聖堂の浮彫り［ラザロの復活］【英】
1122 胡舜臣画［送郝玄明使秦図巻］【宋】
1123 タウルのクレメンテ教会［パンクラトール壁画］（ビザンツ美術晩期の高潮）【ビ】
［セント・バーソロミュー寺院］建立【仏】
1124 李唐画［万壑松風図］【宋】

中尊寺金色堂

1126 藤原清衡,平泉［金色堂］建立【日】
1127 ［十二天図］［五大明王像］（東寺）【日】
パイプオルガン,ヨーロッパの教会に普及

1130 コンクの聖フォア教会堂西正面浮彫り［最後の審判］【仏】
アウグスブルク大聖堂ステンドグラス（現存最古のステンドグラス）【独】
1133 ロジェール2世［チェファルー大聖堂］建立（ノルマン様式確立）【伊】
1134 ［アンコール・ワット］完成【カンボジア】
1136 藤原宗弘画［両部大経感得経図］【日】
1137 ルイ7世とエレオノール・ダキテーヌの結婚（北フランスにプロヴァンス趣味もたらす）【仏】
［マインツ大聖堂］完成（1036）【独】
1138 ポアティエ派の怪獣彫刻さかん【仏】
鳥羽僧正覚猷画『鳥獣戯画』【日】

鳥獣戯画

1140 『法皇カリストゥスの写本』（自由オルガヌムの記載）【西】
レニエ・ド・ユイ作［洗礼盤］（セント・バーソロミュー寺院,モザン美術）【仏】

ヒルデガルドの幻視画

1141 ビンゲンのヒルデガルドの幻視画集『スキヴァイス』【独】
鳥羽法皇書写［久能寺経］【日】

サン・ドニ改築

1144 シュジェール修道院長設計［サン・ドニ修道院］（ゴシック様式出現）【仏】
1145 シャルトル大聖堂［王の扉口］にゴシック様式採用（1220完成）【仏】
ユイのゴデフリドゥス作［教皇アレクサンダーの頭形遺物箱］【白】
定智画［善女竜王像］（金剛峯寺）【日】
1148 ［阿弥陀三尊像］（往生極楽院）【日】

歴史と物語

大江匡房

1100 ギョーム・ド・マームズベリー『歴代イギリス武勲録』【英】
1101 カルハナ『ラージャタランギー』（歴史書）【印】
◉ ハリーリー『マカーマート』【印】
1103 『堀河院百首』（藤原公実ら14人詠草）【日】
1104 大江匡房『江談抄』【日】
1108 藤原忠宗『作文大体』【日】
1109 三善為康『童蒙頌韻』【日】

和讃・今様・白拍子

◉ このころ和讃・今様さかん,白拍子出現【日】

1110 最初の英語による奇跡劇の記録【英】
オットー・フォン・フライジング『年代記』【独】
◉ イブン・アルアスィール『モスル侯アターベルグ領邦年代記』【イラク】
◉ 西夏語詩集『新集金砕掌直文』【西夏】
◉ ウラル・ド・カーン『タンクレードの武勲』【仏】
1111 大江匡房『江家次第』【日】
1114 ギルベール・ド・ノルジャン『第1回十字軍史』『自叙伝』【仏】
源俊頼『俊頼髄脳』【日】
『三十六人撰』（三十六人歌集へ）【日】
1115 鳥千歳若の前,女舞する（白拍子）【日】

グゥイゴの文章

1116 グゥイゴ『黙想録』（後世,『パンセ』と比較される）【仏】
三善為康『朝野群載』【日】

大鏡 文徳天皇から後一条天皇まで

◉ 『大鏡』成立【日】
1119 女真大字の制定【金】

今昔物語とルバイヤート

1120 『イングランド諸王事蹟』【英】
このころ以降,『今昔物語』成立【日】
ランのアンセルムス『グロッサ・オルディナリア』【仏】
厳羽『滄浪詩集』【宋】
ギルベール・ド・ノジャノン『聖書の遺物』【仏】
◉ マルボード,聖書や神話の動植物誌『金石誌』『動物誌』翻訳【仏】
1121 ブノワ『聖ブレンダンの遍歴譚』（アングロ・ノルマン方言最古のテクスト）【英】
1122 『上宮聖徳太子伝補闕記』【日】
1123 オマール・ハイヤーム『ルバイヤート』【イラン】
1124 源俊頼『金葉和歌集』（初の連歌収録）【日】

1130 このころアルベリック・ブリアソン『アレクサンダー大王物語』（ラテン文学復活）【仏】
1134 説話集『打聞集』【日】

恋愛書簡 アベラールとエロイーズ

1135 アベラールとエロイーズ『愛と修道の手紙』【仏】
ド・モンムート『ブリタニア王列伝』【仏】
1136 アリ・フロジ・ソルギルスン『アイスランド人の書』【氷】
1138 女真小字の頒行【金】

ネストル年代記

『ネストル年代記』【露】

1140 ジョングルールの武勲詩『わがシードの歌』【西】
オルドリック・ヴィタル『教会史』【独】
1142 マームズベリーのウィリアム『十代イングランド国王事跡録』
◉ プレスター・ジョン伝説流行
1145 金富軾『三国史記』【高麗】

狐物語の原型

韻文物語『狐物語』の形式はじまる【仏】
プラーグのコズマス『ボヘミア年代記』【独】
1146 曾慥『楽府雅司』【金】
1147 オットー『二つの国』（中世の代表的史書）【独】
孟元老『東京夢華録』【宋】
◉ トルバドゥールのマルカブリュ,トロバール・クリュス（密閉体）創始【仏】

ウィグル人（回紇）で燕地方に商業をしに来る者が多く、ラクダに物貨を乗せて夏（タングート）の地を通って来る。
浩皓『松漠紀文』

1150
久安6

イスラム翻訳文化

1150 パレルモのエウゲリウス,プトレマイオスの『光学』翻訳【伊】
◉ このころからクレモナのジェラルド,アラビア語文献の翻訳集団の中心として活躍【西】
◉ エイジェニウス,プトレマイオスの「光学」をアラビア語からラテン語訳【西】
1156 アリスティップス,プラトンの『メノン』『パイドン』翻訳【西】
1159 クレモナのジェラルド,アリストテレス『分析論後書』翻訳【西】

1165 マイモニデス(イブン・マイムーン),サラディン王の侍医となる【埃】
1169 アヴェロエス(イブン・ルシュド)『事物の部分と発生』【西】

1175 クレモナのジェラルド,プトレマイオスの『アルマゲスト』をアラビア語からラテン語訳(ギリシア語からの翻訳を駆逐)【西】
◉ 大翻訳者クレモナのジェラルド活躍(キンディ,アル・ファーラビー,ヤフヤー・ビン・ユーヌスのアラビア語訳アリストテレスのほとんどをラテン語訳)【西】
1177 マイモニデス,カイロにユダヤ教団を主宰【埃】
◉ シャルトル学院長ティエリ(アリストテレス論理学,自然学の翻訳から,自然概念や聖書解釈に応用)【伊】

マイモニデス
クレモナのジェラルド

1182 ロベルトゥス・レティネンシス,イスラムのモリエヌスの著とされる『錬金術の構成の書』のラテン語訳【伊】

1190 ユダ,南フランスでアラビア語文献のヘブライ語訳【仏】
マイモニデス『漂泊者たちの案内者』【西】
1198 このころマイモニデス『保険書』【埃】

アヴェロエス

アヴェロエス,活躍(アリストテレスの三つの注釈書『略解』『中間』『詳解』,医学書『医学汎論』などを著す)【西】
◉ セアシェルのアルフレッド,イブン・シーナの『治癒の書』の錬金術部分をラテン語訳【英】

1190 このころトルテカのウェマック時代,トゥーラ放棄され,トルテカ人,テスココ湖畔に移住【中米】

遊行者のネットワークが各地に広がっていく。

都市と物語

支配と交易

1150 ウェールズの「カーマーゼンのブラックリスト」(土地調査の強化)【英】
◉ 沖縄のグスク(城)文化盛行(9〜15C)【日】
1151 アイスランドで災害保険制度の成立
1152 フリードリヒ1世(バルバロッサ)のラント平和会議(農民の武器携帯禁止)【独】
1154 ヘンリ2世,プランタジネット朝開始【英】
1155 ヴァルデマール大王,コペンハーゲン(取引の港)建設【典】
エーリック9世の東方十字軍【典】
フリードリヒ1世,神聖ローマ皇帝戴冠【神】

保元の乱 武士団の抬頭へ

1156 保元の乱(武士の抬頭)【日】
1157 アルブレヒト伯,ブランデンブルク辺境伯の基礎【独】

1160

銀行出現

1158 ヴェネチアに銀行【伊】
1159 穀物,木材,魚の商人組合,リューベック市商業街発達【独】

1160 スフォルツァ家のミラノ平野運河工事開始【印】
1164 パラークラマ・バーフ1世,独立(大宮殿,仏教寺院復興)【セイロン】
ニザーリー派ハサン2世,キャーマ宣言(カリフを名のる)【イラン】
ヴェネチアを中心にヴェローナ都市同盟【伊】
1166 サラディン,カイロに要塞を築き,十字軍に反撃開始【埃】
1167 浩晧『松漠記聞』(ウイグル人の商業記録)【南宋】
24都市のロンバルディア同盟【伊】
1168 ゴール朝おこる(ガズニ朝滅ぶ)【印】

リューベックとロンバルディア都市同盟

1170

1170 パリに水上商人ギルド【仏】
ムワッヒド朝,セビリアに遷都(南部イベリア支配)【西】

アイユーブ朝 サラディンのエジプト革命

1171 サラディン,ファーティマ朝滅ぼし,アイユーブ朝おこす【埃】
1172 ヘンリー2世,カスケル岩の上でアイルランド諸公から臣従をうける【英】
1176 ロンバルディア都市同盟軍,フリードリヒ1世を破る【伊】

1180

日宋貿易 平清盛の大輪田泊

1180 平清盛,大輪田泊の修築(日宋貿易さかん)【日】
フリードリヒ1世「帝国諸侯身分」【神】
1181 ベーラ3世,ダルマティア征服(ビザンツの帝位をうかがう)【洪】
◉ ケルンに時計職人のギルド【独】
1183 マグデブルクにギルド特許状【独】
1184 源頼朝,鎌倉に公文所,問注所を設置【日】
1185 壇の浦の合戦に平家滅ぶ【日】
1187 サラディン,テンプル騎士団を破り,エルサレム占領【埃】
ルノー・ド・シャティヨン,ダマスクスを襲う(紅海遠征)
1188 フィリップ2世,第3次十字軍の資金集めに「サラディン110税」(フランス初の税金)【仏】

反十字軍 サラディン

1190

1191 リチャード獅子心王,サラディンと戦う(翌年休戦協定)【英】
1192 源頼朝,征夷大将軍となり鎌倉幕府ひらく【日】
1193 フィレンツェに貴族と商工組合の二評議制(デポスタ制)【伊】
1194 ノルマン人,スピッツベルゲン発見
黄河の流れ,山東半島の南に移る(1853まで)
1197 プシェミスル・オカタル1世,世襲的なボヘミア王となる(ボヘミア独立,王権獲得)【独】
1198 交鈔(紙幣)発行【金】

鎌倉幕府

キリスト教と仏教

1151 藤原宗友『新修往生伝』【日】
1153 哲学宰相イブン・トファイル『ヤクザーンの子ハイ』【西】
王重陽,全真教唱える【金】
1155 十字軍騎士ヘルベルト,カルメル山に純金修道会設立
1157 ランス教会会議(ピフレス,マニ教,テクストレス,プリオーレスなど異端に非難決議)【仏】

カバラ数秘術

◉ カバラ数秘術書『セフェル・イエツィラー』成立【西】
1158 イブン・エスラ『畏敬の根本』(聖書注釈,スピノザに影響)【西】

全真教 王重陽の内観道教

1161 このころ西国三十三観音巡礼おこる【日】
1163 エグベルト『カタリ派の誤謬を駁する説話集』【仏】
1164 李石,『太上感応篇』を世に出す【南宋】
祖王秀『隆興仏教編年通論』【南宋】
1165 勝賢『香薬抄』(香部,薬部の書写)【日】
1167 カタリ派,宗教会議(異端教皇ニケタス,カタリ派確立)【仏】
スフラワールディ・アブドラ--『スーフィを志す人々の心得』【イラン】
1168 栄西,第1回の入宋(重源とともに天台山へ行き帰国)【日】
◉ 王重陽『立教十五論』【金】

カタリ派

1171 荘厳禅寺牒(現存最古の度牒)【金】
覚阿,杭州霊隠寺の圜悟克勤の弟子瞎堂慧遠に参ずる(楊岐派禅,日本人初の印可)【日】
浄明教徒の『太微仙君功過格』成る【南宋】
蘊聞,『大慧禅師語録』編集【南宋】
1173 聖ヴィクトール『人間の内的状態について』【英】
ピエール・ド・ワルド,ワルド派おこす【伊】
1175 法然,専修念仏を唱える【日】
1176 このころミラノにカタリ派ひろまる【伊】
1177 ヨアキム・デ・フィオレ,コラッツォのシトー会修道院院長となる
1179 トレドのヨハネ,1186年にすべての惑星が天秤座に集まり地球が破滅すると予言【西】

1180 ワルド『信仰告白書』【伊】

重源 華厳研究と天竺様の導入

1181 重源,東大寺復興の勧進開始【日】
1184 ワルド派,異端として破門【伊】
1185 テンプル騎士団,ロンドンに【英】
1186 法然,大原論争【日】

スフラワールディ

スフラワールディ・アルマクトゥール『東方神智学』(『光の寺院』『照明論』)【イラン】
西行,東大寺大仏殿再興勧進に旅立つ【日】
1187 栄西,虚庵懐敞に参じる(黄龍派)【日】
1188 晦岩智昭,『人天眼目』編集【南宋】

法然

日本達磨宗 大日能忍の初の禅宗教団

1189 大日能忍,自己の悟りを南宋の拙庵徳光に送り印可を受ける(日本達磨宗開宗)【日】
◉『山家要略記』(山王神道書)【日】

1190 ボナクルスス『カタリ派の声明書』【仏】
シモン・ド・トールネ『教義大全』【仏】
1191 栄西,臨済宗を伝える【日】
スフラワールディ・アルマクトゥールの虐殺【バグダード】
ヨアキム,サン・ジョヴァンニ修道院設立(神学的三期説提唱,千年王国論に影響)【仏】
ピエール・コスメール『聖書物語』【伊】
1195 明遍,高野山に隠棲(蓮華三昧院建立,『往生五念門略作法』)【日】
1198 法然『撰択本願念仏集』【日】
栄西『興禅護国論』【日】
1199 智広『密呪円因往生集』【西夏】
俊芿入宋し,径山の蒙庵元聡に参じる【日】

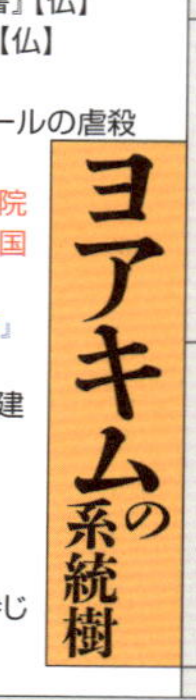

ヨアキムの系統樹

1150

スコラ哲学と朱子学

バスカラの数学

1150 バスカラ『シッダーンタシロマニ』(ゼロによる除法,四次までの方程式解法,正弦法,ケプラーの曲線法に先がける)【印】
シルベルトゥス『全世界について』【仏】
1154 アッガバムサ『サッダニティ』(パーリ語文法)【ビルマ】
モッガッナラ『サッタラッカナ』『アビダナウパディピカ』(最古のパーリ語事典)【セイロン】
1158 ボローニャ大学に学生共同体におこる【伊】
1159 ソールズベリのヨハネス『ポリクラティクス』【英】
トレドのアルユアティム『眼についての会合』編集【西】

アル・イドリーシー 世界横断熱望者

1160 パレルモの地理学者アル・イドリーシー,ロジェール2世に仕える(『世界横断熱望者の喜び』著す)【伊】
1161 マワタエウス・プラテアリウス『キルカ・インスタンス』(薬用植物書)【伊】
◉ カイロの名医アリ・イブン・リドワーン没【埃】
1167 薛季宣『浪語集』(永嘉学派おこる)【南宋】
1168 カンタベリーに給水施設(水道の初め)【英】
朱熹,張栻に心酔(已発未発論)【南宋】
バグダードのニザーミヤ学院創立【イラク】
1169 イブン・エスラ没(モーセ5書の注釈)【西】
◉ ランデスベルグのヘラデ『快楽の園』【独】

1170 ザクセンのフライベルク鉱山開鉱【独】
羅泌『路史』【南宋】

パリ大学 私塾教師のギルドが発展

◉ このころパリ大学設立【仏】
◉ サレルノのジェラルド『世界の組織以後』(外科医書)【伊】
1172 アッ・サマワル『計算法の教え』【イラク】
1173 朱熹『太極図説』【南宋】
1174 洪遵『泉志』(古銭学)【南宋】
エンゲルベルク修道院に写本用の大文字木版完成【独】
1175 陸九淵(象山),朱熹,鵝湖寺に『太極図』論争【南宋】

四書集註

1177 朱熹『四書集註』【南宋】
バザクルにダム建設【仏】
1178 カンタベリーの僧,月面に隕石が当たり火炎がふきあがるのを観測【英】

朱熹 理と気 格物致知

1180 ヨーロッパの初期の風車(水平軸),ノルマンディーに建てられる【仏】
サンチョ・エル・サビオ『狩猟法典』【西】
アル・ジャザリ『力学的仕掛けの知識の書』(1254ころまでに完成)【イラク】
1181 バスカラ『カラナクトゥーハラ』(天文学書)【印】
1184 パリで歩道の舗装はじまる【仏】

オックスフォード大学

1185 このころオックスフォード大学設立【英】
1187 ヨーロッパで初の羅針儀使用記録
1189 ボローニャ教授団形成(教授採用試験)【伊】
トレドにヨーロッパ初の製紙工場【西】
絹工芸,パピルス栽培法,シチリアに伝播

西洋初の製紙工場

1192 パリに貸本屋と製本所,写本彩色師の記録【仏】
1193 インドのインジゴ(藍)輸入【英】
1195 ネッカム,羅針盤についてのヨーロッパ初の紹介【英】
ボーヴェ,研磨用水車の発明【仏】
『成唯識論述記』(春日版)の印刷【日】
1196 イブン・アルファ・ラサフ,賢者の石についての『語集』【イラク】
1197 朱熹『参同契考異』【南宋】
1198 石炭を鉱石溶融に使用【独】

様式と趣向

1150 オーヴェルニュ[サン・ネクテール教会堂](ロマネスク様式)【仏】
このころまでにヴィポ曲[ヴィクティメ・パスカーリ]【仏】
◉ ノートルダム楽派を形成【仏】
1153 [普賢延命像](広島持光寺)【日】
1156 高野山根本中堂の完成【日】
1157 浄瑠璃寺[本堂]完成【日】

清明上河図巻

◉ この数十年前後,張択端画[清明上河図巻]【南宋】

ノートルダム楽派

1160 このころ[陸奥白水阿弥陀堂]【日】
レナニヌス『オルガヌム大全』【仏】
◉ 現存最古のミラノ教会聖歌集『アンブロシウス聖歌集』【伊】
1163 工匠ジャン・ド・シェル,ピエール・ド・モントロー設計[ノートルダム寺院]建設着工【仏】

平家納経 装飾経の傑作 厳島神社へ

1164 平清盛,[平家納経]を厳島神社に納める【日】
世宗,女真大字・小字によって漢籍翻訳【金】
1165 ポアチエ大聖堂のステンド・グラス【仏】
1167 鄧椿『画継』【南宋】
1168 このころ三仏寺投入堂できる【日】

1170 [モンアーレ大聖堂](ノルマン様式,ビザンツとイスラムの影響)起工【伊】
[パレルモ大聖堂]起工【伊】
1172 常盤長光,藤原隆信,日吉御幸の障子絵に似絵を描く【日】
1174 ピエール・ド・ピサーノ,ピサの斜塔を鐘楼として建設【伊】
1175 [一切経箱](最古の平蒔絵)【日】
ロンドン橋着工【英】
1176 運慶作[大日如来像](円成寺)【日】
明円作[五大明王降三世像](大覚寺)【日】

初期ゴシック様式

信貴山縁起絵巻

◉ [信貴山縁起絵巻][粉河寺縁起絵巻]【日】
1179 ウィリアム・ザ・イングリッシュマン,カンタベリー大聖堂主任石工となる(トリニティー礼拝堂設計)【英】

1180 光長筆[伴大納言絵詞]【日】
◉ [餓鬼草紙][地獄草紙]成る【日】
1183 ノートルダム聖歌隊長ペロティヌスら,オルガヌムを2声から3・4声に拡大(コンドゥクトゥス導入,モテトゥス成立)
覚禅画[仁王経法図像]【日】
1184 ギョーム・ド・サンス[カンタベリー大聖堂]をゴシック様式に改築【仏】
1185 運慶作[毘沙門天像,阿弥陀如来像,不動明王像](願成就院)【日】
1186 シチリアの[モンレアーレ大聖堂]完成(ノルマン様式)【伊】
1188 サン・ベネゼ橋完成(『アヴィニヨンの橋』)【仏】
藤原隆信画[平重盛・源頼朝像](神護寺)【日】
1189 ロンドンで石造建築奨励【英】
◉ ギラルドゥス・カンブレンシス,ウェールズの多声部音楽の記述【英】

1190 ロジェール1世の妃の命令書(ヨーロッパ現存最古の紙の文書)【印】
重源,東大寺再建(天竺様式)【日】
王庭筠,翰林学士となる(書画『幽竹枯槎図巻』)【南宋】
◉ 音楽家ペタロン(オプティムス・ディスカントール)活躍【仏】
1191 宅磨勝賀画[十二天図](宅磨派形成)【日】

似絵と宅磨派

1194 快慶作[阿弥陀三尊像](浄土寺)【日】
◉ 夏珪画[雲上桜閣図]【南宋】
1195 後鳥羽上皇,栗田口,備前,備中の刀工を御番鍛冶とする(刀剣工芸洗練)【日】
劉松年画[耕織図]【金】
1197 李迪画[紅白芙蓉図]【南宋】
1199 宗暁『楽邦分類』【日】
偽ガレノス挿絵[アッディルヤークの書]【イラク】

歴史と物語

1151 ジェフレー・マゲール『イギリス人類誌』【英】
晁公武『郡斎読書志』【南宋】
1154 ヘクラ火山火口が地獄の入口という説流布

ロマンの発生

◉ 『テーベ物語』(ロマンおこる)【仏】
1155 『ブルート物語』【仏】
1156 ニザーミー・アルズィー『四つの説話』【アフガニスタン】

パブ誕生 ロンドンにオールド・ベル

1157 ロンドン郊外のハーリーにオールド・ベル開店(パブの初め)【英】
1159 藤原通憲(信西)『通憲入道蔵書目録』【日】

1160 クレチアン・ド・トロワ,オウィディウス『正しき恋愛技巧論』翻訳【仏】
◉ 『エアネス物語』【仏】
◉ ジャン・ボデル,アラスで聖ニコラ劇【仏】
◉ イブン・アル・カーラニシー『ダマスクス史』『続ダマスクス史』【シリア】
1162 ド・トロワ『エレックとエニード』【仏】
1165 ブノワ・ド・サントモール『トロイ物語』【仏】
1166 『カヌート王の歌』【英】
1167 マリ・ド・フランス『短歌』【仏】
1169 後白河法皇編集『梁塵秘抄』【日】

梁塵秘抄

1170 陸游『入蜀記』【南宋】

トリスタンとイゾルデ

アルンハイト『トリスタンとイゾルデ』【独】
◉ サクソ『ゲスタ・ダノルム』(ハムレット)【英】
◉ パリに本屋の記録【仏】
1171 ボザカのヘルモント『スラヴ戦争史』【独】
1172 ウェース『ルー物語』【仏】
1174 ウサーマ・ビン・ムンクィーフ『実例によって示す書』(自伝体文学)【シリア】

アーサー王物語

1176 ウォルター・マップ『アーサー王と円卓の騎士』【英】
バード競演はじまる(カーディガン城の芸能競演会)【英】
1177 ニザーミー『五宝』【イラン】
イマード・アル・ディン,アル・イスファーミー,『宮殿の真珠と時代の椰子の枝』編集【イラン】
范成大『呉船録』【南宋】
1178 西行『山家集』【日】
アッタール『鳥の言葉』【イラン】
サレルノのロモアルドス『万国年代記』【西】

西行

1181 藤原定家,『明月記』書き始め【日】
◉ 宋詞作家辛棄疾『念奴嬌』【南宋】
◉ アラン・ド・リール『アンチクラディアヌス』【仏】
1182 ド・トロワ『ペルスヴァルまたは聖杯物語』【仏】
1183 唱導の祖澄賢,法師となる(『源氏表白文』『言楽集』)【日】

定家

1184 皇女アンナ・コムネナ『アレクシアード』【ビ】
1185 オーゲセン『デーン史』【典】
1187 『イーゴリ遠征記』【露】
1188 藤原俊成撰『千載和歌集』【日】
1189 トリップ・トゥ・エルサレム,ノッティンガムに開店【英】

1192 藤原定家『松浦宮物語』【日】

六百番歌合 定家・家隆 慈円・寂蓮

1193 藤原良経邸の『六百番歌合』(定家,家隆,慈円,寂蓮らの和歌新風おこる)【日】
◉ トマ『トリスタンとイズー』【英】
1195 『水鏡』成る【日】
1196 グルジアの詩人ルスタヴェリ『虎の皮を着た勇士』(1207ころまでに成立)
1198 ミンネジンゲル,ヴォルター・フォン・フォーゲルヴァイデ,遊歴の旅に出る【独】

最近の都の状態では武士以外の者は一日も生きていかれない。多くの人々は食を求めて田舎に逃れてしまった。
九条兼実の日記

内省か観察か
1200〜1299

フランチェスコと親鸞、東西の大胆な宗教思想。

大学の発達は、情報の園としての修道院が世俗青年に閉ざされていたせいである。

1200 チムー王国の祖タイカナムー活躍【南米】
マヤの都,チチン・イツァの放棄【中米】
1224 イツァ族のククルカン,チチェンイツァ廃墟に居を定める【中米】

1200 正治2

遊牧と都市経済

1200 崔忠献,都房,書房組織(家兵組織)【高麗】
1201 リガ市拠点にバルト,フィン諸族のキリスト教化【神ロ】
アルプス,ザンクト・ゴットハルト峠開通【独】

剣士兄弟団

1202 アルベルト,リヴォニアに剣士兄弟団【独】
フィリップ2世(尊厳王),ジョン王(欠地王)の大陸英国領没収宣言【仏】
ゴール朝ムハンマド・ゴーリー,ベンガル遠征(バーラ朝滅亡)【印】
◉ スコットランド,ハンブルクに醸造業おこる
1204 十字軍の騎士,砂糖,米,レモン,綿花などヨーロッパにもたらす
十字軍,コンスタンティノポリス占領(ビザンツ帝国,ラテン,ニカエア両帝国に分裂)【ビ】

1205

1205 ヴェネチア,アドリア海制覇【伊】
1206 テムジン,ウイグルを征服(カラコルムでチンギス・ハンの称号受ける)【モ】
ウォルムスに最初の漁師組合【独】
ゴール朝ゴーリー暗殺(奴隷クトゥブウッディーン・アイバク即位,奴隷王朝成立)【印】
◉ アレイ・ハーン(アクサライ・グルグップ街道)建設【西】
このころチャガタイ・ハン国封建【モ】
1208 チンギス・ハン,タリム盆地征服開始【モ】
◉ テオドロス・ラスカリス,ニカエア帝国建設【ビ】
1209 ジョン王,スコットランド侵攻【英】

チンギス・ハンの大遠征

1210

1210 アイバクの奴隷イールトゥトミッシュ即位(ベンガルから中央アジアに版図拡大)【印】
1211 シチリア王フリードリッヒ2世,ドイツ王に即位(イスラム文化に心酔)【独】
鎌倉幕府,東海道の新駅設営【日】
1212 カスティラ王アルフォンソ8世,イベリアからイスラム勢力を駆逐(レコンキスタ再燃)【西】
1213 トゥールーズ伯レーモン6世,北フランス軍に敗北(シモン・ド・モンフォール,トゥールーズ伯となる)【仏】

マグナ・カルタ ジョン欠地王

ジョン王,「マグナ・カルタ」の承認【英】

1215

1215 チンギス・ハン,金の燕京を陥とす【モ】
チンギス・ハン,耶律楚材を宰相に登用【モ】
1216 ヘンリー3世即位【英】
フィレンツェのゲルフィン党とギベリン党の抗争開始【伊】
1217 ブルヴォヴィェンチャンニ,ビザンツから独立(セルビア王国建国)【ビ】
1218 十字軍,エジプトのディムヤート占領
ロンドンのニューゲート刑務所(債務者用の刑務所)【英】
オトラル事件(ホラズム王国に派遣されたチンギス・ハンの使者の虐殺)【モ】
イヴァン・アッセン2世即位(ブルガリア,東欧最強国となる)
1219 将軍源実朝暗殺(北条執権政治開始)【日】

1220

1220 チンギス・ハン,西遼滅ぼす(西征してオトラル城殲滅,ブハラ市,サマルカンドを攻略して工芸職人約3万人を連れさる)【モ】
チンギス・ハン,ホラズム王子ジャラール・アッディーンを追い,インダス河畔へ【モ】

承久の変 後鳥羽院隠岐配流

1221 承久の変,後鳥羽院隠岐配流【日】
1222 占領地にダルガチの制を敷く【モ】
シュベとスブタイ,ロシア侵略開始【モ】
ハンガリー王エンドレ,貴族(自由戦士)の出席する国会開催を定めた「金印勅書」公布
1223 カルカ河の戦い(ロシア軍とクマン人の連合軍,モンゴル軍に敗退)【露】
1224 剣士兄弟団,ロシア勢力をエストニアから駆逐【独】

宗教の変質

1201 親鸞,法然に師事(他力の念仏者となる)【日】
永乙慧謀,智訥の修禅社に入る(高麗禅興隆)【高麗】
1202 栄西,建仁寺を建立【日】
ロベール・ド・グルゾン,最初の『神学大全』(スンマ・テオロギア)【仏】

栄西

十字軍4とラテン帝国 イノケント3世提唱

教皇イノケント3世,東西教会の再統一をめざす(第4回十字軍の提唱)【伊】
解脱房貞慶,唐招提寺に念仏道場【日】
1203 ゴール朝,ヴィクマラシラ寺院の破壊(イスラムの北インド征服,インド仏教の衰退)【印】
リールのアラン『神学規範』【仏】

新仏教への弾圧

1204 法然『七箇条起請文』【日】
ヴェネチア人トマス・モロティブールがコンスタンティノポリス総教主となる【ビ】
1205 智訥『真心直説』【高麗】
1206 アッシジのフランチェスコ,使徒的生活開始【伊】
明恵,栂尾高山寺創建【日】
1207 専修念仏禁止(法然を土佐に,親鸞を越後に流罪)【日】
金の章宗の妃李氏,道士丘長春に『大金玄都宝蔵』を下賜【金】
1208 アルヴィジョワ十字軍結成【仏】
サキャパンディタ・クンガーゲェムツァン,新サキャ派展開【チベット】
1209 アッシジのフランチェスコ,フランシスコ修道会(1215承認)【伊】
無量寿『日用清規』【南宋】
善月『楞伽経通義』【南宋】

アッシジのフランチェスコ

1210 パリの教会,アリストテレス学説の授業禁止【仏】
少年十字軍結成(奴隷に売られる)【仏】
◉ アズリエル・ベン・メナヘム,カバラを創始【西】

神道五部書

◉ 『神道五部書』成立【日】
1212 謝守灝,『混元聖紀』編集【南宋】
明恵『摧邪輪』『荘厳記』【日】
1214 道元,栄西に会い,禅を聞く【日】

ドミニコ修道会

明恵

1215 ドミニコ,プルーユにドミニコ修道会設立(16承認)【仏】
第4回ラテラノ公会議で,ユダヤ人に特定印をつける決議
1216 ドミニコ修道会,トゥールーズのセント・ロマヌス教会を与えられる【仏】
1217 トゥールーズに反十字軍【仏】
1218 シモン・ド・モンフォール戦死(アルヴィジョワ十字軍,一時崩壊)【仏】
1219 アッシジのフランチェスコ,エジプトのダミエッダで説教(スルタン,メレク・エル・カミール,領内での説教を許可)【伊】
1220 『スチョルン』(『聖書』のノルウェー語訳)【諾】
1221 教皇特使ペラギウス,プレスター・ジョンの東方での活動を伝える(チンギス・ハンか)【伊】
道士丘長春,西遊(チンギス・ハンに会見,弟子李志常『長春老人西遊記』)【モ】
1222 殉教者聖ゲオルギウスの祝日を定める【英】
明恵『光明真言土砂勧進記』【日】
1223 万松行秀『従容録』(北宗禅)【金】
アルベルトゥス・マグヌス,パドヴァのドミニコ修道院に入る【西】
『耀天記』(最古の山王神道書)【日】
1224 丘長春,北京に帰還,長春宮(白雲観)に住す【モ】

教行信証

親鸞

◉ このころ親鸞『教行信証』【日】

1200

スコラ哲学と朱子学

アリストテレスのヨーロッパ復活

1200 アラビア語版アリストテレスのラテン語訳,ヨーロッパにひろがる
◉ コルベイのジール『尿の判別について』『脈拍について』【独】
◉ セシュアルのアルフレッド,イブン・シーナの錬金術の部分を翻訳【英】
1202 フィボナッチ『計算板の書』【独】
レオナルド・ピサーノ『図形の書』【伊】
私史編纂の禁止【南宋】
1203 リドワン,時計の組立と使用法の解説【仏】
シエナ大学成立【伊】
1204 マイモニデス,カイロに没【西】

フィボナッチの計算板

西欧に羅針盤

1205 プロヴァンスのギョーム,羅針盤の夜間航海の有効性を証明【仏】

ボローニャ大学に学生1万人

◉ ボローニャ大学繁栄(学生約1万人)【伊】
1208 モンペリエ医学校創立【伊】
◉ スフラワールディ・アル・バルキー『知識の贈物』【イラン】
1209 蔡沈『書集伝』【南宋】

ケンブリッジ大学

ケンブリッジ大学の前身成立(31公認)【英】

1210 ペドロの世界地図

ド・クレールの動物誌

ギョーム・ド・クレール『動物誌』【仏】
◉ ティルベリのジャービスの百科全書『王の閑暇』【英】
◉ ジョン・ベイシングストーク,ギリシア語写本招来『ギリシア語文典』編集【英】
◉ セアシェルのギョーム『心臓の動きについて』【伊】
◉ 蔡沈『洪範皇極内篇』【南宋】
1216 源実朝,陳和慶を召して大船を造らせる【日】

トゥールーズ大学

1217 トゥールーズ大学設立(アリストテレス哲学を講義)【仏】
マイケル・スコット,ビトルージーの天文学書翻訳(反プトレマイオス説)【英】
アルフォンソ3世,サラマンカ大学の前身創立【西】
陳淳『字義詳講』【南宋】
1218 ジャック・ドゥ・ヴィトリ,磁針の北極星をさす性質の報告【独】
1220 オルレアン大学創設(1305法皇教書の公認)【伊】
◉ ヴェントヴァーのリチャード『細事拘泥家』【英】
◉ 張従正『儒門事親』(攻下派の医術創始)【金】
1221 王禎,木造活字の製作【南宋】
グロステスト,オックスフォード大学長になる(経験科学と数学を一体化した学風をおこす)【英】
アルナッダ・アシータンガ『サルヴァーンガ・スンダリー』(医学書)【印】

王禎の木活字

パドヴァ大学

1222 パドヴァ大学設立【伊】
1224 ナポリ大学設立【伊】
◉ サクロボスコ『天球論』【独】
◉ イオルダニス・ネモラリウス『軌道に沿う重力』『既知数についての論術』【伊】

様式と趣向

運慶と快慶

1200 ポロンナルワの[ワタ・ダー・ゲ円堂]建立【セイロン】
1201 李嵩画[行商人図]【南宋】
快慶作[僧形八幡像](東大寺)【日】

平家琵琶おこる

生仏,平家琵琶をはじめる【日】
◉ 藤原信実画[紫式部日記絵巻]【日】
1202 このころヨーロッパ宮廷に初めて宮廷道化師あらわれる
◉ アジミールの[アル・バーイー・ディン・カー・ジョンプラー・モスク]建造【印】
1203 運慶,快慶作[東大寺南大門仁王]完成【日】

梁楷

1205 梁楷画[雪景山水図]【南宋】
デリーの[クトゥブ・ミナール]建設【印】
1206 [俊乗房重源像](東大寺)【日】
[仏眼仏母像](高山寺)【日】
ウイグル人タタトン,チンギス・ハンに仕え,ウイグル文字をモンゴル語に使用【モ】

ロンドン橋

1209 ロンドン橋の完成【英】
運慶作[無著,世親像](興福寺)【日】
1210 イブン・アルアフナフの[獣医術書挿絵]【西】
快慶作[地蔵菩薩像](東大寺公慶堂)【日】
マテオ作[栄光の門](サンティアゴ・デ・コンポステラ聖堂)完成【西】

喫茶養生記

1211 栄西『喫茶養生記』【日】
ピエール・ド・モントルイユ設計[ランス大聖堂]着工(ゴシック様式)【仏】
1212 [吉祥天像](浄瑠璃寺)【日】
1213 康弁作[天灯鬼,龍灯鬼像]【日】
◉ チェンセン派の銅仏像製作はじまる【タイ】
1218 このころ馬遠画[風雨山水図]
[アミアン聖堂]着工(レーヨナン・ゴシック様式)【仏】
◉ このころ中国に芸人組織「社」(傀儡社,絵華社,清楽社など)さかん【南宋】
1219 このころ藤原信実画[北野天神縁起絵巻](承久本)【日】
[神谷神社本殿](年次判明する最古の神社建築)【日】
◉ 夏珪,画院に活躍(『風雨舟行図』)【南宋】

馬遠・夏珪

1220 快慶作[十大弟子像](大報恩寺)【日】
ドレスデン少年唱歌隊(クロイツ・キルシェ)の結成【独】
[ソールズベリ大聖堂]着工(初期イギリス様式)【英】
コニアの[アラー・ウッディーン・カイクバートのモスク]建造【土】
1221 エンリケ設計[サンタ・マリア大聖堂](ブルゴス)起工【西】
藤原信実画[後鳥羽上皇像]【日】
ムハマンド・アル・シャラヒ『音楽論』【イラン】
1222 ハーリーリーの『マカーマート』挿絵(ペルシア・ミニアチュール最盛)【イラク】
イングランドの彩色家による[ロバート・オブ・リンゼー聖詩集]【英】
1223 アレッポの[ザーヒリヤ・マドラサ]建造【シリア】
1224 スーフィーの『恒星論』挿絵【イラク】
◉ 遊歴歌手(コリアード)の歌集写本『カルミナ・ブラーナ』成立【仏】
◉ ゴシック写本[ロベール・ド・ベロの聖書]【英】

ペルシア・ミニアチュール最盛

省察の文芸

1201 藤原俊成『古来風体集』【日】
◉ タイ最古の文献「ラーマ・カムヘーン王碑文」

ニーベルンゲンの歌

◉ ドイツ騎士文学『ニーベルンゲンの歌』【独】
1202 フォン・アウエの叙事録「イーヴァイン」【独】
◉ 藤原兼実の日記『玉葉』【日】
◉ 厳羽在世『滄浪詩話』【南宋】
◉ 藤原俊成女『無名草子』【日】
◉ 説話集『ウェーターラ・パンチャヴィンシャティカー』【印】
◉ アングロ・ノルマン方言『復活』『アダム劇』,ワロン方言『キリスト降誕劇』上演さかん【仏】

トゥルバドゥール、トゥルヴェール、ミンネジンゲルの物語形成

新古今和歌集

1205 藤原定家編集『新古今和歌集』【日】
ラヤモン『ブルート』【英】
ハーゲナウ『恋愛詩』【独】
1206 辛棄疾『千家軒集』【南宋】
1207 ジョフロウ・ド・ヴィルアルドゥアン,『年代記』に着手【仏】
イブン・シュバイル『キニナの書』【西】
『古今珠玉集』【日】
◉ トゥルヴェール,グランドール・ドーウェ『アンティオキアの歌』『エルサレム征服』【仏】
1209 陸游『剣南詩稿』【南宋】
◉ 『長谷寺縁起』成る【日】
1210 これより以前に『テオフィスの物語』(インゲボルグ詩篇)成立【独】
『オーガサンとニコレット』【仏】
『アダムとイドワヌ』成立【仏】
◉ ジョングルール,ギオ・ド・プロヴァン『ギオの聖書』【仏】
◉ ゴットフリート・フォン・シュトラスブルグ,叙事詩『トリスタンとイゾルデ』【独】
◉ ヴォルフォラム・フォン・エッシェンバッハ『パルツィファル』(25000行の叙事詩)
◉ ボテル『聖ニコラ劇』【仏】

平家物語 語り本 読み本

方丈記 鴨長明の無常観

1212 鴨長明『方丈記』成る【日】
高陽院有心無心連歌【日】
1213 源実朝『金槐和歌集』【日】
ヴィラルドゥヴァ『コンスタンティノポリス征服記』【伊】
ジャン・ルナール『ギョーム・ド・ドール』【仏】
中国から日本に豆腐伝来【日】
1215 フォン・ツィクレーレ『イタリアの客人』【独】
源顕兼『古事談』【日】
◉ 『宇治拾遺物語』成立【日】
1216 鴨長明『発心集』【日】
◉ 『平家物語』原本【日】
1219 藤原定家『毎月抄』【日】
建春門院中納言『たまきわる』【日】
耶律楚材,モンゴル軍従軍録『西遊記』記述開始【モ】

愚管抄 慈円 歴史の道理

1220 慈円『愚管抄』【日】
ロイエンタール『歌謡』【独】
ゴーチェ・ド・コアシン『聖処女の奇跡』【仏】
『ギョーム・ル・マルシャル伝』【仏】
烏古孫『北使記』(チンギス・ハンに和平使節)【金】

無常観の進行

夢之記 明恵上人の夢日記

明恵『夢之記』【日】
◉ 『ブルターニュ伯俚諺集』【仏】
◉ 『保元物語』『平治物語』成る【日】
◉ ジャン・ルナール『影の短詩』【仏】
1222 スノッリ・スツットルソン『散文のエッダ』【氷】
アブラハム・ヒルレ『蔵書目録』【イラク】
1223 『海道記』成る【日】

シャーティバでは最良の紙がつくられ、アル・アンダルスの他の地方に送られる。
ヤークート『諸国誌集成』

BC 6000以前
BC 6000
BC 2200
BC 1200
BC 600
BC 300
0
300
600
800
1000
1200
1300
1400
1500
1600
1650
1700
1760
1810
1840
1860
1880
1890
1900
1910
1920
1930
1940
1950
1960
1970
1980

各風土にふさわしい自国語への専念が、情報を文芸化することをおもいつかせる。

内省か観察か

ゴシックの彫刻とステンドグラスには情報がくまなく刻印されていた。

1225 嘉禄1

遊牧国家と都市経済

イベリア半島のイスラム勢力衰退

イスラムの遊牧王朝化

1225 ムワヒッド朝,イベリア半島撤退【西】
1227 西夏征服中にチンギス・ハン陣没,オゴタイ・ハン即位【モ】
戸籍調査,ジャムチの制,カラコルム築城により,モンゴル帝国形成【モ】
ルイ9世(聖王)即位【仏】
1229 ハンガリー王ベーラ4世,クマン族4万を収容,バトゥの侵攻に備える
奴隷王朝イールトゥトミッシュ,スルタンとなる(インド・ムスリム王朝確立)【印】
アラゴン王ハイメ1世,マジョルカ島占領(地中海進出開始)【西】

1230
1230 ジェラール・アッディーン,セルジューク,アイユーブ朝連合軍に敗北(ホラズム・シャー朝滅亡)
スラヴの開拓地にベルリンを建設【独】
◉ イングランドに木材輸出開始【諾】
1231 朝鮮半島にモンゴル軍侵入【高麗】
『御成敗式目』定める【日】

エンクロージャー開始

◉ エンクロージャーはじまる【英】
1232 江華島に遷都し,モンゴルに抗戦(三別抄の組織)【高麗】
グラナダにナスル朝成立(キリスト教国に対抗)【西】

1235
1233 スブタイ,開封を占領【モ】
1234 モンゴルの金征服【モ】
1235 ヘンリー3世,ケルンの商人の出入り許可【英】
フリードリヒ2世,マインツのラント平和令【独】
ドイツ騎士団,古プロイセン人征服【独】
1237 バトゥ,モスクワなど14都市を攻略し,キプチャックに侵入【モ】
剣士兄弟団,ドイツ騎士団に合併【独】
1239 バトゥのモンゴル軍,キエフを破壊(さらにポーランド,ハンガリーを攻略)【モ】

アンチ・キリストのフリードリヒ2世

教皇グレゴリウス9世,ロンバルディア都市同盟と組んでフリードリヒ2世破門【伊】

1240

ハンザ同盟

1240 スウェーデン王エーリック9世,ロシアに敗北(フィンランド東部の放棄)【典】
1241 フリードリヒ2世,ローマ侵攻(教皇,リヨンに逃亡)【神ロ】
スブタイ,シレジアに侵入,ワールシュタットに東欧諸国の連合軍を破る【モ】
モンゴル軍,四川に侵入【モ】
ハンザ同盟成立(ハンブルクとリューベック)【独】
エドワード9世,イル・ハンのアバカにマムルーク朝攻撃の共同作戦の使者派遣【英】

1245

キプチャック・ハン国

1243 バトゥ,キプチャック・ハン国を建国(首都サライ)【モ】
奴隷王朝の宰相バルバン,インダス河畔にモンゴル軍撃退【印】
1245 ドウエの織工,ストライキをおこす【伊】
教皇の使者プラノ・カルピニ,モンゴル帝国の首都に旅立つ【伊】
1246 タブリーズに最初のヨーロッパ商人現れる

カスティリア王国

1248 カスティリア王国,セビリア占領【西】

宗教の変質

1225 アッシジのフランチェスコ『被創造物の歌』【伊】
道元,天童寺で如浄に参じる【南宋】
1226 慧諶,真訓『禅門拈頌』【高麗】
カソリック改宗のためにドイツ騎士団(ヘルマン・フォン・ザルツア団長)派遣される【独】
カルメル山聖母教団認可

無門関 無門慧開の禅語録

◉ 無門慧開『無門関』成立【南宋】
1227 道元,帰国(曹洞宗を伝え『普勧坐禅儀』著す)【日】

グレゴリウス9世

道元

1228 教皇グレゴリウス9世,アリストテレス哲学をキリスト教に導入することを禁止【伊】
第5次十字軍,エルサレムに出発
1229 十字軍のフリードリヒ2世,エルサレムに入城(エルサレム王となり帰国)【独】

1230 理宗『太上感応篇』を普及【南宋】
◉ 『ビブル・モラリゼ』(道徳訓絵入り聖書)【仏】
◉ フィリップ・ド・クレーヴ『神学大全』【仏】
1231 グレゴリウス9世,異端審問制度つくる【伊】
グレゴリウス9世,アリストテレスの理論の中で教会の教義に合うものを審議
道元『正法眼蔵弁道話』【日】
1232 ドミニコ修道会,異端審問権あたえられる
1233 源智,知恩院建立【日】
大ハレルヤ悔悟運動おこる【伊】
1234 これ以前に坂東三十三カ所巡礼おこる【日】
1235 グロステスト,リンカンの司教に就任,古代キリスト教研究(キリスト教ルネッサンスをおこす)【英】

円爾弁円 臨済宗東福寺派

円爾弁円,明州にわたる(径山の無準師範に参じ,楊岐派禅受け継ぐ)【日】
聖覚の唱導人気(『源氏物語表白文』)【日】
ブルガリア教会の独立
1236 海印『浄土往生伝』【南宋】
1237 ドミニコ修道士ユリアン,モンゴルの情報収集にロシア旅行,その恐怖を伝える【伊】
1238 栄尊無準師範より嗣法し帰国(万寿寺建立)【日】
1239 徳如『無準師範行状記』【南宋】
癡絶道冲,福州雲峰に住し,また天童山に住す【南宋】
1240 このころパリ司教ギョーム・ド・ドーヴェルニュの倫理学【仏】
アレクサンドル・ド・アレス『神学大全』【仏】
1241 円爾弁円帰国,筑前崇福寺創建【日】
クレモナのモネタ『カタリ派反駁大全』【仏】
1243 一翁院豪入宋し,無準師範に参じる【日】
円爾弁円,東福寺に入る(『聖一国師語録』)【日】

永平寺 波多野義重,道元を招く

1244 波多野義重,永平寺を建て,道元を招く【日】
良遍『観心覚夢抄』【日】
宋披雲『全真教玄都宝蔵』成る【南宋】
1245 リヨン公会議(モンゴル対策とアンチ・キリストのフリードリヒ2世破門の公認)【伊】
ドミニコ修道士アンセルムとシモン,アルメニアに転戦するバトゥに和平の使い
雪庭福祐,嵩山少林寺復興【モ】
1246 蘭渓道隆【南宋】来日
1247 ローマ法皇,ドミニコ修道士アンセルムをイランのモンゴル将軍バイジュウのもとに派遣【伊】
1248 親鸞『浄土和讃』
一遍,出家する【日】
ドミニコ修道会のモンゴル伝道団,カスピ海の西でグユク・ハンの使節に会う【モ】

叡尊の西大寺復興

1249 叡尊,西大寺復興(戒律興隆の道場とする)【日】
無本覚心,入宋して無門慧開に参じる【日】
◉ 普化宗創開(虚無僧尺八へ)【日】

スコラ哲学と朱子学 / 様式と趣向 / 省察の文芸

1225

スコラ哲学と朱子学

1225 スポンヘイムのオムクンド,白海探検(ロシア横断,エルサレム巡礼して帰還)【諾】
1226 アル・トゥグライ『錬金術の真相』【イラン】
加藤影正,宋より製陶法を伝える(瀬戸焼はじめる)【日】
1228 地理学者ヤークート『大地名辞典』(アルファベット順のインデックス)【埃】
◉ レオポルドの占星術書『天文学集書』【西】
1229 アル・ハサン・アル・マックラシ『時間の知識に関する原理と結果と合一者』【イラク】
◉ ボーヴェのヴァンサン『スペクルム・マユース』(百科辞典)【仏】
◉ バーソロミュー『事物の特性について』【英】
◉ ヨルダネス・ネモラリウス,静力学,数学に活躍【伊】
1230 フリードリヒ2世『鳥を用いた狩猟法について』(鷹狩論)【独】
◉ このころザクセンシュピーゲル成立(俗人による法書)【独】
鋳造活字の発明【高麗】

中国火箭 中世のロケット

◉ ロケット(火箭)の使用記録【南宋】
1231 サレルノ医学校薬局方『解毒剤論』刊行【伊】
ムハンマド・アルアフィーのペルシア語の『逸話集』に磁気の説明【イラン】
蔡沈『洪範皇極内篇』【南宋】
ヤコブ・アナトリア,プトレマイオスの『アルマゲスト』のヘブライ語訳

スコラ哲学の完成

1232 グロステスト『暦算』(グレゴリウス改暦の基礎となる)【英】
金属活字で印刷した『詳定今礼文』【高麗】
1234 真徳秀『大学衍義』【南宋】
1235 マイケル・スコット『天球の創造者』(占星術書)【英】
1236 ルッカのテオドリウス,麻酔法を開発【伊】
1237 モンゴル人,眼鏡と蒸留酒を中国に伝える
1239 アルフォンソ10世『宝石論』【西】
モンゴル軍の火薬と火器,ヨーロッパ人を驚かせる
◉ 李杲『内外傷弁惑論』(温補派医術の確立)【金】
1240 マルセイユのレイモン『マルセイユ表』【仏】
1241 ハンザの商船,舵,バウスプリットなどの新技術を用いる【独】

ジャムチ通信網

ハンガリーのバトゥの軍にカラコルムから3カ月で通信が届く(ジャムチの制の整備)【モ】
1242 イブン・アビー・ウサイビア『医師列伝』【イラク】
ロジャー・ベーコン,火薬とその破壊力を記述【英】

アルベルトゥス・マグヌスの神秘哲学

1245 アルベルトゥス・マグヌス,パリ大学で教鞭をとる【独】
1246 フランシスコ会修道士バルトロメオ・アングリクス,癩病の接触感染を認める
ゴーチェ・ド・メッス『世界の姿』
秦九韶『数書九章』【南宋】
1247 セント・メアリー・オブ・ベツレヘム病院設立(最初の精神病院)【英】
ゴ・シュアン『世界の姿』【仏】
王致遠『天祐天文図』【南宋】
1248 李治『測円海鏡』(天元術の紹介)【南宋】
1249 オックスフォード大学に学寮【英】
オーベルニュのギヨーム『精神論』『宇宙論』【仏】
大蔵都監編『郷薬救急方』【南宋】
◉ ロジェ・ド・パルムの外科医術書写本『外科科学綱要』【伊】
◉ 崔宗峻『新集御医概要法』【高麗】
◉ ニコラウス・ミュレプソス『デュナメロン』(薬用植物書)【伊】

様式と趣向

マニエラ・グレカ

1226 [ブルゴス大寺]の起工(ゴシック)【西】
◉ 宗教的民衆歌,ラウダの流行【伊】
ギリシア人,イタリアに多数移住(ビザンツ様式のマニエラ・グレカおこる)【伊】
1228 [住吉蒔絵手筥](輪王寺)【日】
正忍画[明恵上人樹上坐禅図]【日】
ディグリグの[ウル・ジャーミー・モスク]建設【イラン】
1229 アク・セライの[スルタン・ハン]建造【イラン】
◉ モントロー・フォン・ヨンヌ城の石造化(このころ城郭の石造改築すすむ)【仏】
1230 アーブー山の[テージャフパーラ]建立(ジャイナ教寺院)【印】
◉ ヨハネス・デ・ガルランディア『定量音楽論』【仏】
1231 建築工匠モントルイユ[サン・ドニ修道院身廊部,内陣]着工【伊】
1232 康勝作[阿弥陀三尊像](法隆寺金堂)【日】
1233 院範,院雲作[十一面観音像]【日】
藤原信実画[三十六歌仙絵巻]【日】
スルタン,バドル・アッディーン・ルールーの[黄銅製銀象眼装飾盤]【印】
1234 藤原定家筆[後撰和歌集]【日】
1235 建築工匠ヴィラール・ド・オヌクールとピエール・ド・コルビー[シュヴェの理想平面]【仏】

カラコルム城万安宮

カラコルム城,万安宮建設(パリの金工ウィリアム・ブーシェ製作の酒の吹きだす樹をおく)【モ】
ベルリンギエール作[アッシジの聖フランチェスコ像](フランチェスコ聖堂)【伊】
[シュトラスブルク大聖堂]と南扉口[シナゴーグ]【独】
1237 バンブルク大聖堂北壁[訪問のエリザベツ]【独】
康清作[地蔵菩薩像]【日】

アルハンブラ宮殿着工

グラナダ王ムハンマド1世,[アルハンブラ宮殿]着工【西】
泉州開元寺に西塔完成(西遊記モチーフの浮彫)【唐】
1238 [無準師範画像](東福寺)【日】

レーヨナンゴシック(仏)

1241 良賢作[馬頭観音]【日】
[厳島神社]本堂再建【日】
◉ ルイ9世の宮廷礼拝堂楽長ジュリアン『押韻祈禱』【仏】
◉ フォーセットのジョン作曲という歌曲[夏はきたりぬ](カノン)【英】
1242 定慶作[仁王像阿形]【日】

サント・シャペル

1243 聖ルイ王,[サント・シャペル]建立(レーヨナン・ゴシック)【仏】
1244 陳容画[九竜図巻]【南宋】
湛空画[本朝祖師伝絵詞]【日】
◉ 芬玉澗画[瀟湘八景図]【南宋】
◉ オルガン,教会音楽のために普及

ケルン大聖堂六三〇年後完成

1245 アルノルフォ・ディ・カンビオ設計[フィレンツェ大聖堂]着工【伊】
1247 善円作[愛染明王像](西大寺)【日】
藤原信実画か『随身庭騎絵巻』(似絵)【日】
1248 ゲンハルト設計[ケルン大聖堂]建設開始(1880完成)【独】
リュトブフ曲[聖セオフィールの奇跡]【独】
トマス・デ・チェラーノ曲[怒りの日々](セクレンツィア)【独】

ニコラ・ピサーノ

◉ 画家ニコラ・ピサーノ,フィレンツェ,ピサに活躍【伊】

省察の文芸

1225 趙如适『諸藩誌』【南宋】
これ以降フライダンク『中庸について』【独】
◉ ラウール・ド・ウータレ『地獄の夢』【仏】

死屍二十五話 インド説話集

◉ 『死屍二十五話』【印】
1226 ギョーム・ド・クレール『慈愛の物語』【仏】
1227 トゥルヴェールのバラッド『パレスチナの歌』【仏】
フォーゲルワイゲの『十字架の歌』【独】
隆寛『閑享後世物語』【日】
1228 このころまでにラウール・ド・ウーダン『メロージ・ド・ポールレゲ』【仏】
フォーゲルワイゲ『パレスティナ・リード』【独】
1229 トマーソ・ダ・チェラノ『第一の聖人伝』【伊】
アーシュク・パシャ『ガリーブ・ナーメ』(オスマン・トルコ最古の文集)【土】
1230 このころゴーチェ・ド・コワンシ『聖母の奇跡』(80篇)【仏】
『建礼門院右京大夫集』【日】

薔薇物語前篇

◉ ギョーム・ド・ロリス『薔薇物語』前篇【仏】
◉ 叙事詩『グードルーン』【独】
1232 藤原定家撰『新勅選和歌集』【日】

申楽行流

1233 京都に申楽流行【日】
◉ 狛近真『教訓抄』(舞楽解説書)【日】
1234 アダン・ド・ラ・アール『葉陰劇』【仏】
アル・ファーリズ『ディワーン』
1235 ユアン・ド・メリ『悪魔の戦』【仏】

小倉百人一首

藤原定家,嵯峨小倉山荘の障子色紙に和歌百首を書写(小倉百人一首)【日】
『都城紀勝』【南宋】
◉ ヘマチャンドラ『シッダーンタ・ヘマチャンドラ』(サンスクリット最古の文法書)【印】
1236 モンゴル退散祈願に海印寺版『八万大蔵経』の印刷(朝鮮最古の大規模な木版印刷物)【高麗】
北京で書籍印刷業さかん【金】
後鳥羽上皇『遠島御歌合』【日】
1237 『道蔵』の印刷【日】
彭大雅『黒韃事略』(モンゴル旅行記)【金】
◉ ジェム・アン・ナサフィー『イルシャード』【イラン】
1239 藤原信実『今物語』【日】

元朝秘史 チンギスハンからオゴタイまで

1240 このころ『元朝秘史』成る【モ】
◉ 『エッダ』写本成立【氷】
1241 アンサナウィー『スルタン・ジャラール・アッデーン伝』【イラン】
1242 『東関紀行』【日】

イブン・サイード 西国の民 東国の民

◉ このころ以降『平家物語』流布本成る【日】
◉ イブン・サイード『西国と東国の民と歴史』【シリア】
1245 ジョアンビル『聖王ルイ伝』【仏】
このころ『字鏡集』【日】
1246 プラノ・カルピニ『われわれがタルタル人とよぶモンゴル人の歴史』【伊】
現存最古の連歌懐紙『於東大寺何屋何水連歌』【日】
水海の田楽能舞(福井県池田)はじまる(~56)【日】
1247 金言詩人ウェルンヘル・デル・カルテレーネ『マイヤー・ヘルム・ブレヒト』(最初の農民詩)【独】
張徳輝,『嶺北紀行』編集【南宋】
トマーソ・ダ・チェラノ『第二の聖人伝』【伊】

源平盛衰記

1248 このころ『源平盛衰記』成る【日】
◉ ヤコポ・ダ・レンティーニ『マドンナと天国』【伊】
1249 ピエーロ,デルラ・ヴィーニャ反逆罪に自殺(『愛と希望の祈り』)【伊】

韃主(モンゴル君主)はみな回回(イスラム教徒)に銀を付託し、民に貸して利息を衍し、百貨を売って商売にはげむ。
彭大雅『黒韃事略』

BC 6000以前 / BC 6000 / BC 2200 / BC 1200 / BC 600 / BC 300 / 0 / 300 / 600 / 800 / 1000 / 1200 / 1300 / 1400 / 1500 / 1600 / 1650 / 1700 / 1760 / 1810 / 1840 / 1860 / 1880 / 1890 / 1900 / 1910 / 1920 / 1930 / 1940 / 1950 / 1960 / 1970 / 1980

アラビア数字とイスラム計算法と製紙術の導入が、ヨーロッパに「ビジネス」を定着させた。

内省か観察か

このころ西洋と東洋をつないでいたのは、モンゴルの戦士とフランシスコ会の宣教師である。

1250 建長2

1255

1260

1265

1270

遊牧国家と都市経済

1250 ルイ9世,エジプト軍に捕らわれる(金貨180万枚の身代金で釈放)【仏】

マムルーク朝

マムルーク(キプチャック人奴隷),アイユーブ朝を倒す(マムルーク朝おこる)【埃】
フィレンツェ,プリーモ・ポポロ(市民支配)成立(～60)【伊】
マリ王国成立(交易都市トンブクトゥ発展)
1251 モンケ・ハン,占領地に人頭税を課す【モ】
カスティリア王フェルディナンド3世,グラナダ以外のイスラム勢力駆逐【西】
1253 フビライ,大理国,チベットを征服【モ】

ライン同盟 ヴォルムス,マインツ70加盟都市

1254 ライン同盟結成(～56)【独】
大空位時代開始(～73)【神ロ】
フィレンツェ,教皇庁の財政を握り,ヨーロッパの金融界の中心に発展【伊】
1255 ヴェネチア商人ニコロ・ポーロ,サライ,ブハラを経て元朝を訪れる【伊】
◉ 農奴解放すすみ,ヨーマン(自営農民)形成【英】
1257 キプチャック・ハン,ベルゲ,イスラム教に改宗【モ】
メンゲ・ハン,南宋に侵入開始【モ】
スコータイ朝おこる【タイ】

カリフ体制終焉

1258 フラグ,バグダード略奪(アッバース朝カリフ断絶)【モ】
イル・ハン国自立(モンゴルの分立開始)【モ】
◉ エチエンヌ・ボアロー「ギルド法典」【仏】

ジェノヴァの東洋貿易独占

1260 フビライ,開封でハンに即位【モ】
マムルーク朝,シリアに侵入したフラグを撃退【埃】
教皇アレキサンドル4世「クラバト・ハン・スリブス」(対モンゴルの団結訴える)【伊】
マムルーク朝に南海貿易を独占するカーミリー商人活躍【埃】
1261 ジェノヴァとニケーア帝国,ヴェネチアとラテン帝国の勢力を破り,ビザンツ帝国復興【ビ】
ビザンツ王女マリア,イル・ハンのアバカと結婚(キリスト教保護)【ビ】
1263 キプチャック・ハン国,マムルーク朝と結ぶ(イル・ハン国,ヨーロッパ勢力と結び抗争)【モ】

イギリス議会

1265 シモン・ド・モンフォール,議会招集(下院成立)【英】
1266 ジェノヴァ,キプチャック・ハン国からクリミアに租借地をえて,カッファ市建設【伊】
ベネヴェントの戦い(シチリア,フランス領となる)【伊】
1267 貴族の特許貿易合資組織オルターク成立【元】
1269 ニコロ・ポーロ,ローマ教皇宛のフビライの書簡をもってパレスティナに帰還【伊】
1270 ルイ9世,第7次十字軍おこし,チュニジアに客死【仏】
反モンゴルの三別抄の乱【高麗】
ニコロ・ポーロ,マルコ・ポーロと第2回の東方旅行に出発【伊】
イエクノ・アムラーク,エチオピアのソロモン王朝創始

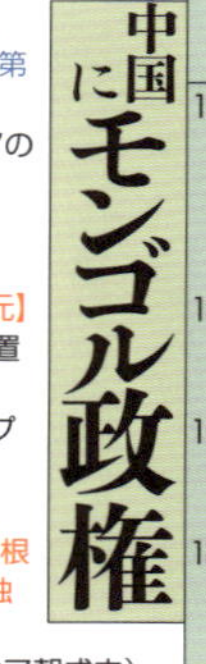

元朝おこる

1271 フビライ・ハン,国号を元とする【元】
1272 ハンザ同盟,ノヴゴロドに商館設置【独】
1273 ルドルフ1世,ドイツ王に選出(ハプスブルグ朝成立)【独】
1274 文永の役(元軍の日本襲来)【日】
ジェノヴァ,クリミアのヴェニスの根拠地ソルダヤ市占領(黒海貿易独占)【伊】
パスパ,チベットの主権握る(サキア朝成立)

宗教の変質

日蓮

1250 道冲の法語集『痴絶語録』の編集【南宋】
◉ マルクス・グエクス『火の書』【独】
◉ ナルタン寺版大蔵経出版【チベット】
トマス・アクィナス『存在と本質』【独】
無学祖元,虚堂智愚に参じる【南宋】
1253 ルイ9世,ルブルクのウィリアム修道士をキプチャックに派遣【仏】
建長寺創建(住持,蘭渓道隆)【日】
日蓮,清澄寺で法華信仰の勧奨開始【日】
道元『永平清規』【日】
1254 ルブルクのウィリアム修道士と仏教僧論争,仏教僧敗れる【モ】
円爾弁円,鎌倉寿福寺に住し,北条時頼に授戒【日】
1255 アリストテレス学説,パリ大学人文科の教授対象となる【仏】

正法眼蔵の編集

道元著,懐奘編集『正法眼蔵』【日】
1256 アブー・バクル『神の下僕の大道』【イラク】
トマス・アクィナス『真理論の問題』【仏】

鞭打苦行派 ペスト流行 神罰主義

ヨーロッパにペスト流行(神罰に服する鞭打苦行派おこる)
1258 無本覚心,紀州西方寺開山(一遍,無本より印可をうける)【日】
1259 ボナヴェントラ『魂の神への歩み』【仏】
南浦紹明,入宋して智愚の心印をうける【日】

千年王国へ

1260 アルベルトゥス・マグヌス,レーゲンスブルク司教となる(『知性について』『世界発生論』)【独】
「ヨアキムの千年王国」開始の年とされる
トマス・アクィナス『説教大全』【仏】
教皇アレキサンドル4世,フラグにカトリック改宗の勧誘【伊】
兀庵普寧来日【日】
宗性,東大寺別当となる(『弥勒如来感応抄』,弥勒下生信仰)【日】
1261 高峰顕日,那須郡岩本に隠棲(雲水参学多く大道場となる)【日】
1262 証恵『当麻曼陀羅縁起』【日】
◉ 唯円撰か『歎異抄』【日】
1264 トマス・アクィナス『対異教徒大全』【仏】
禅忍ら,蘭渓道隆の草稿を宋で開版【南宋】

トマス・アクィナス

1265 無象静照入宋し,虚堂智愚に参じる【日】

神学大全

1266 トマス・アクィナス『神学大全』執筆開始(73完成)【仏】
1267 忍性,極楽寺に入る(関東に律をひろめる)【日】

凝然 華厳教学と八宗の編集

1268 凝然『八宗綱要』【日】
ジャワのシンガサリー王朝にシヴァ・ブッダ祭祀確立
1270 エチエンヌ・タンピエ,アヴェロス派に異端有罪宣告【仏】
大休正念来日(以降,鎌倉禅を育てる)【日】
イル・ハンのアバカ,仏教を信じ仏殿建立【モ】
◉ 日蓮,佐渡に流罪【日】
1271 南浦紹明,崇福寺に入る【日】
西礀子曇,北条時宗の求める「石帆の法語」携え来日【日】
1272 無象静照『興禅記』【日】

時宗ひらく 一遍熊野参拝 念仏賦算の神示

1274 一遍,熊野に参拝,念仏賦算の神示うける(時宗成立)【日】
ジャン・ド・ペッカム,聖アウグスティヌスに回帰を主張【英】

1250

学問と技術

1252 ロンゴブルゴのブルーノ『大外科医術』【伊】

アルフォンソ10世

アルフォンソ10世『アルフォンソ星表』【西】

ソルボンヌ大学

ロベール・ド・ソルボン,ソルボンヌ開校(貧乏学者の共同体)【仏】

郝経,フビライの軍師となる(『易春秋外伝』『太極演』)【元】

1253 グロステスト没,『万物唯物一の形式』『可能と現実』『科学書の注釈と翻訳』【英】

グロステスト アリストテレス研究 数学的演繹論

1256 陳景沂『全芳備祖』(植物博物学)【南宋】

サクロボスコ『通俗アルゴリスム』【伊】

ミラノ市に水道建設【伊】

李治『益古演段』(天元術書)【南宋】

◉ 建築家アル・ウルディ,水力利用施設工事【シリア】

◉ マラガに数学興隆(アルト・トゥシ『扇形図の書』『三角について』),弟子アル・マグルビ『扇形の書』【西】

1259 弾丸を発射する火器を用いてモンゴル撃退(モンケ・ハン四川に陣没)【南宋】

ブロワの婦女教育

◉ これ以前にローベル・ド・ブロワ『婦女の教育』『王公教育』【仏】

1260 ムルベケのギョーム,アリストテレスの『動物誌』『動物の発生』をギリシア語から翻訳

リュトブフ『薬草講義』(パリの薬草行商人の寄せ口上収集)【仏】

◉ ヘーマードリー『アユールヴェーダ・ラサーヤナ』(医学書)【印】

1261 楊輝『詳解九章算法』【南宋】

グイド・ボナッティ『天文学の書』(占星術書)【伊】

1263 陳自明『外科精要』【南宋】

マヒルとブレシアのジョヴァンニ,アル・ガザリーの実験技術書の翻訳【西】

1264 ロジャー・ベーコン『自然の計算について』【英】

ロジャー・ベーコン

1265 馬端臨『文献通考』【元】

ブリュネット・ラティーニ『百科宝典』【伊】

1267 西阿『馬医絵巻』【日】

ロジャー・ベーコン『大著作』(つづけて『小著』『第三著』)【英】

ゾエン・テンカラリウス,アヴィニヨン学寮設立【仏】

1268 ペトルス・ペリグリヌス,羅針盤の記録【仏】

ペトルス磁石論

1269 軍事技師ピエール・ド・マリクール(ペトルス)『磁石に関する書簡』【英】

◉ ジョン・ペッカム『光学通論』【英】

1270 ゴジュアン『シドラックの書』【伊】

広恵司(イスラム医学の療養所)を北京に設置【元】

ナジル・エディン,メガラに大天文台(『イル・ハン表』をつくる)【モ】

◉ ボナヴェントゥーラ『理性論』(光の形而上学)【仏】

1271 許衡,集賢大学士となる(『読書録』『大学或問』)【南宋】

北京に天文台

回回司天台,北京に設置(ユークリッド幾何学書,プトレマイオスの天文書備える)【元】

天体観測の本格化

1272 ボルゲサノ,生糸紡車と撚糸機械の製作【独】

1274 『本草書籍目録』(仁和寺)【日】

◉ リモージュのピエール『正しい眼の処理』【仏】

様式と趣向

1250 ケルンのフランコ『定量音楽法』(モテトゥス[死は冬の闇]作曲)【独】

メッツの[サン・エティエンヌ大聖堂]建造開始【仏】

ナウムブルク大聖堂の彫刻群([キリスト磔刑][エッケハルトとウタの像]など)【独】

[シエナ大聖堂]起工(～1326)【伊】

1251 [玉依姫神像](吉野水分神社)【日】

1252 院智作[聖徳太子像](仁応寺)【日】

小野五朗左衛門,鎌倉大仏建造【日】

日本の刀

張即之の書 運筆結字に独創を導入

1253 張即之筆[杜詩断簡]【南宋】

1254 馬麟画[夕陽山水図]【南宋】

直扇画[六祖挟担図]【南宋】

1255 ジウンタ・ピサーノ作[悲しみの十字架]【伊】

スペイン・ゴシック

[レオン大聖堂]起工(スペインのゴシック)【西】

長円画[親鸞聖人像](西本願寺)【日】

1259 康円作[泰山王像](白毫寺)【日】

ピサ洗礼堂説教壇

ニコラ・ピサーノ作[ピサ洗礼堂説教壇]【伊】

◉ モラヴィアのヒエロニムス『ヴィオラの調弦と演奏の指針』【チェコ】

◉ 刀工来派の祖,来国行(山城物)京四条に住す【日】

シャルトル大聖堂

1260 [シャルトル大聖堂]完成(レーヨナン・ゴシック様式の傑作)【仏】

モザイク作家のジョヴァンニ・チマブエ,フィレンツェで聖母像をつくる【伊】

カイロの[スルタン・バイバルスのモスク]完成【埃】

趙孟堅,翰林学士となる(書画[水仙図巻],著『書論』)【南宋】

1261 コッポ・ディ・マルコヴァルト画[聖母子板絵](サンタ・マリア・ディ・セルヴィ聖堂)【伊】

ジャン・ラングロア設計[サン・テュルバン聖堂]着工【仏】

◉ アッシジの[サン・フランチェスコ聖堂ステンドグラス]【伊】

曜変天目

1265 ニコラ・ピサーノ,ジョヴァンニ・ピサーノ作[シエナ洗礼堂説教壇]【伊】

牧谿の水墨画

牧谿画[花卉雑画巻]【南宋】

◉ 曜変天目茶碗さかんにつくられる【南宋】

1266 京都三十三間堂完成(湛慶ら[千手観音]再興)【日】

◉ [西行物語絵巻]成る【日】

1268 アミアンの[ノートルダム大聖堂]完成【仏】

ジャワにワーヤン様式の彫刻(ジャゴ寺院のレリーフ)

1269 パスパ文字の公用【モ】

このころまでコンドクトゥス,モテトゥス,並立してさかん(3拍子の絶対支配)【仏】

1270 ウィテロ『遠近法』【伊】

[聖ルイ王の聖詩集]装丁【仏】

[セントフィレス礼拝堂壁画](ウエストミンスター・アベイ)【英】

◉ 賢王アルフォンソ10世作曲という[聖母マリアのカティンガ集]【西】

◉ 牧谿画[観音・猿鶴図]【南宋】

◉ 胡直夫画[夏景山水図]【南宋】

1272 守家作[太刀](畠田派)【日】

1273 ピエトロ・カヴァリーニ[サンタ・マリア・マジョーレのモザイク画]

E・サロニモス『音楽技法論』【仏】

[マリエンブルグ城]完成【独】

◉ モテトゥス流行(ノートルダム楽派より自立)【仏】

三拍子 モテトゥス コンドクトゥス

省察の文芸

1250 マトフル・エルマンゴーの哲学詩集『自然万物の特性の解明』【西】

東洋語学校 トレドのドミニコ会

トレドのドミニコ会の東洋語学校開設【西】

周弼『三詩体』成る【南宋】

◉ このころから諸寺に「花の下連歌」流行【日】

◉ ゴッド・ブロウ・ド・ブイヨン活躍(トゥルヴェールの第1回十字軍の英雄物語さかん)

1251 アルフォンソ10世『年代史』【西】

1253 このころ『十訓抄』『西行物語』【日】

1254 橘成季『古今著聞集』成る【日】

花の下連歌

1255 ルブルクのウィリアム修道士『ルブルク旅行記』(ルイ9世への報告書)【仏】

叙情詩人ウルリフ・フォン・リヒテンシュタイン『フランエンディーンスト』【独】

◉ アルメニア大使キュラス『中央アジア旅行記』(モンゴル朝貢の旅)【モ】

1257 サアーディ『薔薇園』(教訓書)【イラン】

住信『私聚百因縁集』【日】

1258 道範『南海流浪記』【日】

1259 パリス『大年代記』【仏】

モンケ・ハンの使者常徳,タブリーズのフラグに使いする(帰国後『西史記』)【モ】

1260 アラ・アル・ディン・アタマリク・ジョワイニー『世界征服者の歴史』【東イ】

『アポローニオの書』(2624節の詩)【西】

ルドルフ・フォン・エムス『世界年代記』【独】

皇円『扶桑略記』【日】

◉ このころから元曲さかん【元】

◉ ヴィラール・オヌクール『アルバム』【仏】

◉ ヨーロッパでの胡椒消費量激増

1261 耶律鋳編集『双渓酔隠集』(中央アジアの歴史地理)【元】

1262 アル・カズウィニー『諸国の驚異』【イラク】

性海『関東往還記』【日】

1263 宗尊親王撰『初心愚草』【日】

◉ グイード・グィニツェリ,ソネット形式の清新体詩確立(ダンテへ)【伊】

元曲 関漢卿・馬致遠 鄭徳輝・白樸

1265 コベント・ガーデンの前身(ウエストミンスターの街道に修道士が屋台をだす)【英】

鎌倉幕府編『吾妻鏡』前半成る【日】

◉ 『ランスの一吟遊詩人の口碑』【仏】

1266 ローベル・ド・ロム『生と死の主意』『トレボールの教訓』【仏】

ルーミーの詩 イスラムの瞑想詩

◉ 瞑想詩人ルーミー活躍(物語詩『精神的マスナウィー』叙情詩『シャムス・エ・タブリーズ』)【イラン】

1268 北条実時,金沢文庫創建【日】

1269 アドネ・ル・ロワ『大御脚のベルト』【仏】

仙覚の万葉研究

仙覚『万葉集注釈』【日】

1270 フィリップ・ド・ボーマノワール,長編物語『マヌキス』『ジャンとブロンド』【仏】

王実甫『琵琶記』【元】

アラン・ド・ラール『ロバンとマリオンの戯れ』(西洋最古の喜歌劇)【仏】

◉ 『アレクサンドル・ネフスキー伝』【露】

1271 藤原定家撰か『風葉和歌集』(物語歌集成)【日】

1272 このころベトナムの『大越史記』

1274 修道士プリマ編『大フランス年代記』【仏】

イブン・ハリカーン『人名辞典』【イラク】

ギンナーズ・エゴーズ『胡桃園』【西】

サン・ドニ修道院のラテン語『年代記』のフランス語訳【仏】

◉ 呉自牧『夢粱録』【元】

ティグリス河では商品をもって前へ後へと航行し、バグダードからインドへは十八日間の日程であった。
マルコ・ポーロ『東方見聞録』

一二七五年から一三二五年まで、ヨーロッパは情報商業革命の波で洗われる。写字生と細密画家がその波に抗して、情報の高価格化にとりくんでいく。

内省か観察か

1275 建治1

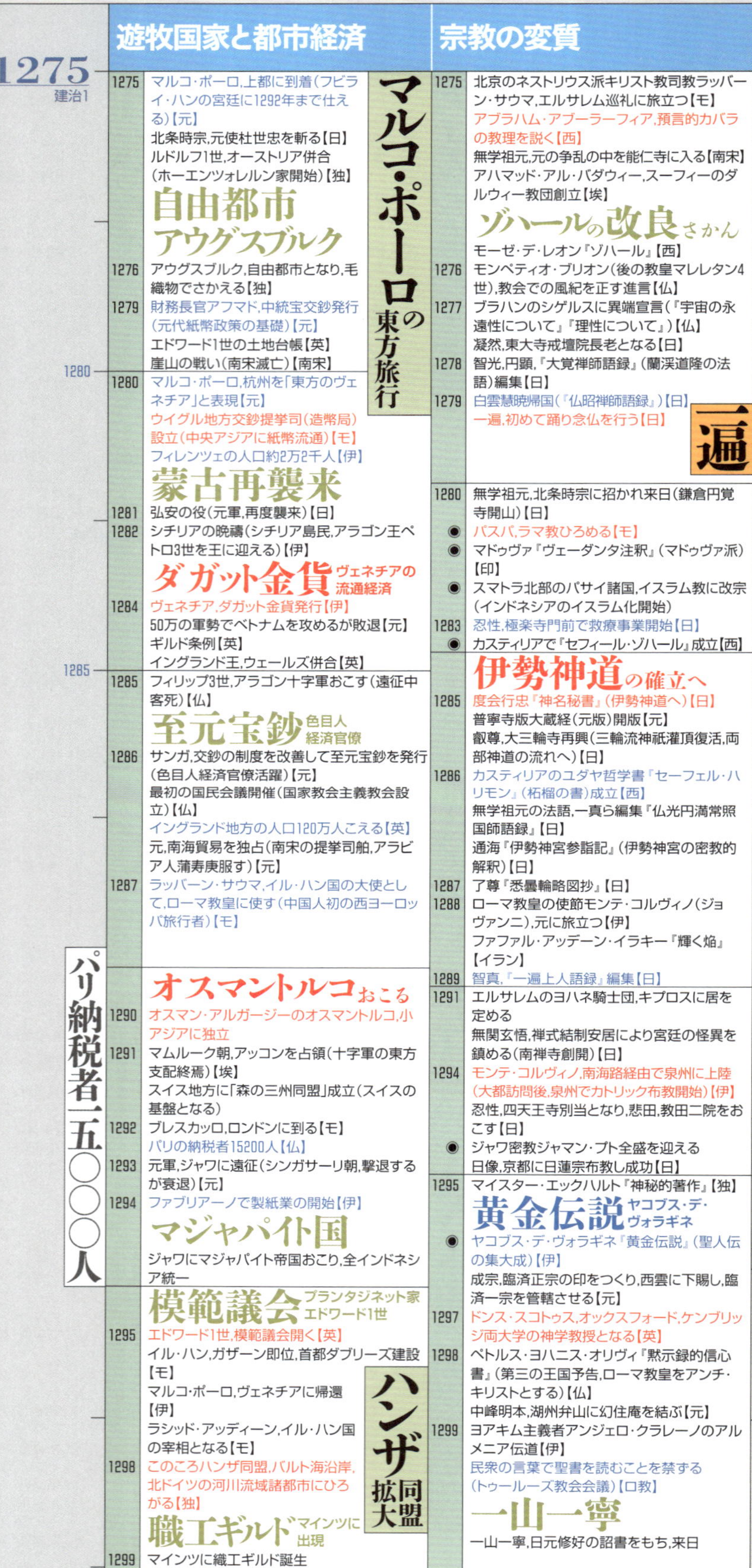

遊牧国家と都市経済

マルコ・ポーロの東方旅行

1275 マルコ・ポーロ,上都に到着(フビライ・ハンの宮廷に1292年まで仕える)【元】
北条時宗,元使杜世忠を斬る【日】
ルドルフ1世,オーストリア併合(ホーエンツォレルン家開始)【独】

自由都市アウグスブルク

1276 アウグスブルク,自由都市となり,毛織物でさかえる【独】
1279 財務長官アフマド,中統宝交鈔発行(元代紙幣政策の基礎)【元】
エドワード1世の土地台帳【英】
崖山の戦い(南宋滅亡)【南宋】

1280
1280 マルコ・ポーロ,杭州を「東方のヴェネチア」と表現【元】
ウイグル地方交鈔提挙司(造幣局)設立(中央アジアに紙幣流通)【モ】
フィレンツェの人口約2万2千人【伊】

蒙古再襲来

1281 弘安の役(元軍,再度襲来)【日】
1282 シチリアの晩禱(シチリア島民,アラゴン王ペトロ3世を王に迎える)【伊】

ダガット金貨 ヴェネチアの流通経済

1284 ヴェネチア,ダガット金貨発行【伊】
50万の軍勢でベトナムを攻めるが敗退【元】
ギルド条例【英】
イングランド王,ウェールズ併合【英】

1285
1285 フィリップ3世,アラゴン十字軍おこす(遠征中客死)【仏】

至元宝鈔 色目人経済官僚

1286 サンガ,交鈔の制度を改善して至元宝鈔を発行(色目人経済官僚活躍)【元】
最初の国民会議開催(国家教会主義教会設立)【仏】
イングランド地方の人口120万人こえる【英】
元,南海貿易を独占(南宋の提挙司舶,アラビア人蒲寿庚服す)【元】
1287 ラッバーン・サウマ,イル・ハン国の大使として,ローマ教皇に使す(中国人初の西ヨーロッパ旅行者)【モ】

パリ納税者一五〇〇〇人

オスマントルコおこる

1290 オスマン・アルガージーのオスマントルコ,小アジアに独立
1291 マムルーク朝,アッコンを占領(十字軍の東方支配終焉)【埃】
スイス地方に「森の三州同盟」成立(スイスの基盤となる)
1292 ブレスカッロ,ロンドンに到る【モ】
パリの納税者15200人【仏】
1293 元軍,ジャワに遠征(シンガサーリ朝,撃退するが衰退)【元】
1294 ファブリアーノで製紙業の開始【伊】

マジャパイト国

ジャワにマジャパイト帝国おこり,全インドネシア統一

模範議会 プランタジネット家エドワード1世

1295 エドワード1世,模範議会開く【英】
イル・ハン,ガザーン即位,首都タブリーズ建設【モ】
マルコ・ポーロ,ヴェネチアに帰還【伊】
ラシッド・アッディーン,イル・ハン国の宰相となる【モ】

ハンザ同盟拡大

1298 このころハンザ同盟,バルト海沿岸,北ドイツの河川流域諸都市にひろがる【独】

職工ギルド マインツに出現

1299 マインツに織工ギルド誕生

宗教の変質

1275 北京のネストリウス派キリスト教司教ラッバーン・サウマ,エルサレム巡礼に旅立つ【モ】
アブラハム・アブーラーフィア,預言的カバラの教理を説く【西】
無学祖元,元の争乱の中を能仁寺に入る【南宋】
アハマッド・アル・バダウィー,スーフィーのダルウィー教団創立【埃】

ゾハールの改良さかん

モーゼ・デ・レオン『ゾハール』【西】
1276 モンペティオ・ブリオン(後の教皇マレレタン4世),教会での風紀を正す進言【仏】
1277 ブラハンのシゲルスに異端宣言(『宇宙の永遠性について』『理性について』)【仏】
凝然,東大寺戒壇院長老となる【日】
1278 智光,円顕,『大覚禅師語録』(蘭渓道隆の法語)編集【日】
1279 白雲慧暁帰国(『仏昭禅師語録』)【日】
一遍,初めて踊り念仏を行う【日】

一遍

1280 無学祖元,北条時宗に招かれ来日(鎌倉円覚寺開山)【日】
◉ パスパ,ラマ教ひろめる【モ】
◉ マドゥヴァ『ヴェーダンタ注釈』(マドゥヴァ派)【印】
◉ スマトラ北部のパサイ諸国,イスラム教に改宗(インドネシアのイスラム化開始)
1283 忍性,極楽寺門前で救療事業開始【日】
◉ カスティリアで『セフィール・ゾハール』成立【西】

伊勢神道の確立へ

1285 度会行忠『神名秘書』(伊勢神道へ)【日】
普寧寺版大蔵経(元版)開版【元】
叡尊,大三輪寺再興(三輪流神祇灌頂復活,両部神道の流れへ)【日】
1286 カスティリアのユダヤ哲学書「セーフェル・ハリモン」(柘榴の書)成立【西】
無学祖元の法語,一真ら編集『仏光円満常照国師語録』【日】
通海『伊勢神宮参詣記』(伊勢神宮の密教的解釈)【日】
1287 了尊『悉曇輪略図抄』【日】
1288 ローマ教皇の使節モンテ・コルヴィノ(ジョヴァンニ),元に旅立つ【伊】
ファファル・アッデーン・イラキー『輝く焔』【イラン】
1289 智真,『一遍上人語録』編集【日】
1291 エルサレムのヨハネ騎士団,キプロスに居を定める
無関玄悟,禅式結制安居により宮廷の怪異を鎮める(南禅寺創開)【日】
1294 モンテ・コルヴィノ,南海路経由で泉州に上陸(大都訪問後,泉州でカトリック布教開始)【伊】
忍性,四天王寺別当となり,悲田,教田二院をおこす【日】
◉ ジャワ密教ジャマン・プト全盛を迎える
日像,京都に日蓮宗布教し成功【日】
1295 マイスター・エックハルト『神秘的著作』【独】

黄金伝説 ヤコブス・デ・ヴォラギネ

◉ ヤコブス・デ・ヴォラギネ『黄金伝説』(聖人伝の集大成)【伊】
成宗,臨済正宗の印をつくり,西雲に下賜し,臨済一宗を管轄させる【元】
1297 ドンス・スコトゥス,オックスフォード,ケンブリッジ両大学の神学教授となる【英】
1298 ペトルス・ヨハニス・オリヴィ『黙示録的信心書』(第三の王国予告,ローマ教皇をアンチ・キリストとする)【仏】
中峰明本,湖州弁山に幻住庵を結ぶ【元】
1299 ヨアキム主義者アンジェロ・クラレーノのアルメニア伝道【伊】
民衆の言葉で聖書を読むことを禁ずる(トゥールーズ教会会議)【ロ教】

一山一寧

一山一寧,日元修好の詔書をもち,来日

1275

学問と技術

1275 サリチェトのグリエルモ『保護と看護の全書』【伊】
◉ マロチェッロ,カナリア諸島発見【西】
1276 ロバート,四分儀の記述【英】
ゲントのハインリヒ『自由論題集』【独】
1277 ロジャー・ベーコン投獄,『星学要綱』【英】
ヒルパヌス『論理汎論』【独】
◉ 『天文学の知識の書』【仏】
ブルネット・ラティーニ『ソム・ル・ロワ』
1279 ベン・サリーム,ラージーの『包含の書』をラテン語訳【西】
ムハンマド,天球儀製作【イラク】
メアティ,イブン・シーナの『医学正典』をラテン語完訳【西】

ヨーロッパにも錬金術

1280 フビライ,エジプトから精糖技術者を招く【元】
ヴェネチアのブリアニ,砂金石つくる(贋錬金術流行)【伊】

授時暦 郭守敬作成 1644年まで使用

1281 郭守敬,『授時暦』完成(1644まで使用,中国暦学の最高峰)【元】
◉ ファルン鉱山開発開始【典】
◉ ベン・ソロモン『天の門』(百科辞典)【西】
◉ アル・アッタル『処方便覧および偉人規範』(調剤書)【西】
◉ アルベルトゥス・マグヌス,錬金術にいどむ(砒素の発見)【独】
1283 マジョルカ焼の陶板の錫釉薬発明【伊】
1284 惟宗具俊『本草色葉抄』【日】
1285 このころアルベルトゥス・マグヌス『宇宙の原因と発生』『知と知の対象』【独】

最初のスモッグ問題

◉ ロンドンで瀝青炭を暖房や炊事に使い,スモッグ問題おこる【英】
1286 セント・ポール聖堂に機械時計の設置【英】
◉ このころ眼鏡の生産開始【伊】
1288 小血液循環の発見者イブン・アン・ナフィース没【シリア】
丹波行長『衛生秘要』【日】
1289 会通河を完成【元】
ラヴェンナでヨーロッパ初の木版印刷【伊】

時計と眼鏡

1290 マチュル・ル・ヴィラン,アリストテレスの『気象論』翻訳【伊】
◉ モーセ,ユークリッド,ガッザーリ,アルハンゼンらのヘブライ訳【西】

学問の樹 ルルスのアルス・マグナ

◉ ライムンドゥス・ルルス『アルス・マグナ』【西】
◉ コインブラ大学の成立【西】
1291 ヴェネチアのガラス職人,ムラノ島に移住(技術情報流出防ぐ)【伊】
1292 ヴェネチア,大ガレー船開発(吃水線浅く,一枚甲板,長さ120〜160フィート)【伊】
サン・クローのギョーム『パリ表』【仏】
◉ ソルボンヌ大学の蔵書数1000冊【仏】
1295 フジュウイニー『覆われたるもの』【イラン】
◉ ジェノヴァのシモネ『医学の同義語』【伊】
◉ ヴァンサン『自然の鏡』【仏】
◉ アンリ・モントヴァル『外科医術』【伊】
1296 ラフランシー『大外科医術』【仏】
王応麟『困学紀聞』【元】
呉澄『皇極経世続書』【南宋】
1298 ライムンドゥス・ルルス『天文学の論文』【西】
紡車の発明により,綿織物産業が大きく発達

朱世傑 算学啓蒙 和算に影響

1299 朱世傑『算学啓蒙』(高麗から日本に伝わり和算影響)【元】
◉ 鰊の塩漬法発明(ヨーロッパ諸都市に普及)

様式と趣向

1275 [グリザーユのステンドグラス](トロワのサン・テュルバン大聖堂)【仏】
1276 リューベック市に耐火壁強制法制定【独】

チマブエの絵画

◉ チマブエ画[聖母子と聖フランチェスコ]【伊】
1278 ニコラ・ピサーノ,ジョヴァンニ・ピサーノ作[大噴水](ペルージア・マッジョーレ広場)【伊】

北野天神絵巻

[北野天神絵巻](北野天満宮)【日】
1279 写本挿画集『国王大全』【仏】
1280 メートル・オノレの工房作[フィリップ美貌王の聖務日課書]【仏】
明兆画[聖一国師像]【日】
善春作[叡尊像]【日】
◉ [ドーヴァー城のキープ]完成【伊】
1283 [ザンクト・エリザベート教会]完成【独】

スコータイ文字

タイ王ラムガムヘング,スコータイ文字の公用【タイ】
1284 エルウィン・フォン・シュタインバッハ設計[シュトラスブルク大聖堂西正面,塔]【独】
[コンウェイ城]完成【英】
1285 ジウッチオ,[ルチェライの聖母]制作の注文を受ける【伊】
[円覚寺舎利殿]成る【日】
◉ 鮮于枢筆『十詩五礼』【元】
1288 メートル・オノレ作[グラティアヌス教会法令集扉絵]【仏】
[シエナ市庁舎]完成【伊】
ウィーンにニコライ兄弟団(音楽家の結社)【独】
1289 長光作[太刀](長船派)【日】
◉ ジオット画[聖フランチェスコ伝](サン・フランチェスコ修道院)【伊】
ククツェレス,ビザンツ式ネウマ法(音楽入門書『パパディーケ』)【ビ】

オノレの写本装飾

1290 ステンドグラス[聖ラドゴンドの生涯](サン・ラドゴンド大聖堂)【仏】

絵解き聖書

◉ 絵解き聖書[リブリア・パウペルム]成る【独】
トマ・ド・カンタンプレ『万象論』(仏語版「東洋のなかんずくインドにいる人間と怪物の風采と振舞」)【仏】
1292 パリの人頭税表に17人の書籍彩色工(ミニアチュールさかん)【仏】
◉ 日観画[葡萄図]【元】
1293 [ヴィヌーヴ・レ・ザヴィニオン城]築城開始【仏】
[蒙古襲来絵詞]【日】
新藤五国光作[短刀](相州流)【日】
1294 [ハイデルベルク城]着工【独】
アルノルフォ・ディ・カンビオ設計[サンタ・クローチェ大聖堂]起工[フィレンツェ]
頼円画[華厳海会総善知識曼荼羅図]【日】
◉ このころまでに相州正宗,刀,短刀制作【日】
1295 覚如選述[親鸞聖人絵伝]【日】
無住子画[朝陽対月図]【元】
アルノルフォ・ディ・カンビオ設計[ベッキ邸](フィレンツェ)【伊】
[トゥルネの鐘楼]完成【蘭】
1296 ウィリアム・トラル作[王妃カスティリアのエレナの墓像](ウエストミンスター大聖堂)【英】
[天狗草紙絵巻]成る【日】
1298 ジョヴァンニ・ピサーノ作[サンタンドレア大聖堂説教壇]【伊】
1299 ピエル・ピブラール,パリ宮殿の塔時計制作【仏】

一遍聖絵

聖戒,円伊選述[一遍上人絵伝]【日】

エダン城の遊戯機械

この年よりアルトワ伯爵のエダン城に遊戯機械室【仏】

省察の文芸

1275 アドネ・ル・ロワ『クレオマデス』(〜85)【仏】
◉ 元曲作家,漢関卿活躍(『救風塵』『拝月亭』『胡蝶夢』)【元】
◉ 黄堅『古文真宝』【元】
◉ ジェノヴァのヴィヴァルディ兄弟,ヨーロッパ人初のスーダン旅行【伊】
1276 藤原為氏編集『続拾遺和歌集』【日】
1278 ライムンドゥス・ルルス『愛するものと愛されるものの書』【伊】

沙石集 無住の法語・説話

無住一円『沙石集』成る【日】
1279 『とりかえばや物語』成る【日】
◉ 王実甫『西廂記』【元】
◉ 『大唐三蔵取経詩話』(『西遊記』へ)【元】

西廂記

1280 馬端臨『文献通考』【元】
周密,南宋詞集『絶妙好詞』編集【元】
阿仏尼『十六夜日記』【日】
1281 天文祥『正気の歌』【南宋】
◉ 『大宋宣和遺事』成る(『水滸伝』へ)【元】
◉ 『ジュレメイとベルデンギ』【仏】

カルミナ・ブラーナ

◉ ラテン詩の大集成『カルミナ・ブラーナ』【伊】
1282 智真撰『源空上人伝』【日】
◉ ジャン・ド・マン『薔薇物語』後篇【仏】
1284 ヨーロッパに鼠が大繁殖(ハメルンの笛吹き伝説へ)
◉ このころまでに『聖武親征録』【元】
1285 アダン・ド・ラ・アール『ロバンとマリオン』(世俗音楽,オペラ・コミックのはじまり)【仏】
僧一然『三国遺事』【高麗】
リュートブフ『テオフィルの奇跡』

十八史略 曽先之の原本

1287 曽先之『十八史略』【元】
京極為兼『為兼卿和歌抄』【日】
1288 ジャックマール・ジュレ『新版・狐物語』(1万行)【仏】
『巡礼劇』(ナポリで巡礼中に死んだアダン・ド・ラ・アールを讃える劇)【仏】
『山王霊験記』成る【日】
1289 謝枋得『文章規範』【元】
このころナポリにマカロニ【伊】
◉ このころ禅宗式精進料理(高野山・熊野)【日】
◉ このころ納豆伝わる【日】

納豆とマカロニ

1290 叙事詩『ローエングリン』の成立
◉ 周密,『絶妙好詞』編集【元】
1291 馬致遠『漢宮秋』【元】

新生 ダンテとベアトリーチェ

1293 ダンテ『新生』【伊】
◉ アウハド・ウッディーン『霊の灯火』【イラン】
1294 『ベール大王の年代記』【西】
1295 奇跡劇『古聖所への下り』【英】
『狐の戴冠』(偽善と金銭万能攻撃)【仏】
ジラール・ダミアン『シャルルマーニュ物語』【仏】
1296 周達観『真臘風土記』【元】
『宴曲集』成る【日】
◉ 明空『真曲抄』【日】
『ジェノヴァ年代記』【伊】

民衆バラッド

◉ ノルマン風トゥルバドゥールの歌一般化(民衆バラッド,ルンデル,ヴィルレイなど)【英】
1299 マルコ・ポーロ『東方見聞録』【伊】

東方見聞録

王の鏡 古代ノルウェー語百科辞典的詩篇

◉ 古代ノルウェー語の百科辞典的詩篇『王の鏡』成立【諾】

大都の住民が食べている穀物の大部分は、南方の運河を利用して、商人たちが運びこみ、売りさばいている。
元の公文書

BC 6000以前 / BC 6000 / BC 2200 / BC 1200 / BC 600 / BC 300 / 0 / 300 / 600 / 800 / 1000 / 1200 / 1300 / 1400 / 1500 / 1600 / 1650 / 1700 / 1760 / 1810 / 1840 / 1860 / 1880 / 1890 / 1900 / 1910 / 1920 / 1930 / 1940 / 1950 / 1960 / 1970 / 1980

スコトゥスとルルス、ダンテとジョット、情報の普遍化をめぐって、新時代がはじまる。

時代の認識

1300〜1399

1300 正安2

中世から近世へ

- 1300 ペルー北海岸でチムー王国隆盛【ペルー】
- 1302 フィリップ4世,三部会を召集【仏】

ブリュージュの反乱

- ブリュージュの反乱【仏】
- シチリアをめぐるアラゴンとアンジュー両家の抗争終結【伊】
- 1303 フィリップ4世,教皇ボニファチウス8世を屈服させる(廃位決議)【伊】
- エドワード1世,商人憲章を発布【英】
- 1304 イル・ハン国のガーザーンハーン没,オルジェイド即位(首都スルターニヤ建設)
- フィリップ4世,破門解除【仏】
- アフリカ・マリ帝国のマンサ・ムーサ王,メッカ巡礼

マリ帝国(アフリカ)

- 1305 フランドルの独立を承認【仏】
- スコットランドの指導者ウィリアム・ウォーレスを処刑【英】
- 1306 日本商船が元に行き貿易【日】
- ロバート・ブルースの指導のもとスコットランド人が反乱【英】
- 1307 安西王アーナンダが大都にいたる【元】
- エドワード2世,王位継承【英】
- 1308 アルブレヒト1世暗殺,ルクセンブルク家ハインリヒ7世選出【独】
- ナポリのアンジュー家が王位を継ぐ【洪】
- 1309 至大銀鈔をおこなう【元】
- 1310 ヒルジー朝のマリク・カーフール,南インドを征服【印】
- ヴェネチアが十人会議を設置【伊】
- ハインリヒ7世,イタリアに遠征【独】
- 東欧への西欧産品輸出の半数をハンザ商人が扱う(中世遠隔地貿易)【独】
- 1311 ロード・オーディナー会議制(王権制約)【英】
- 至大銀鈔・銅銭を廃止【元】
- 1312 シャン族,上ビルマにピンヤ朝おこす【ビルマ】
- テンプル騎士団解散【仏】
- 1313 ロシアでウズベクの黄金時代(〜40)【露】
- エドワード2世,ステープル条令発令【英】

ステープル 商人保護

スコットランド独立

- 1314 スコットランド独立
- 1315 スイス連邦,ハプスブルク家の大軍を破る(チューリヒなどの諸都市,連邦に参加)【独】
- 幕府が京極為兼を土佐に流す【日】
- 賦役の金納化がはじまる【英】
- ルードウィヒ・デル・バイエルがスイス森林諸州の帝国直属資格を確認【独】
- フランス王領の農奴解放【仏】
- 1316 イル・ハン国のアブー・サイードの即位
- 教皇ヨハネス22世が即位してルードウィッヒ・デル・バイエルと争う【欧】
- 1317 幕府,両統迭立を朝廷に提案(文保の和談)【日】
- 1319 マグヌス2世,ノルウェー王を兼ねる【典】

ポーランド王国

- 1320 ポーランド王国統一(首都クラカウ)
- ハルジー朝滅亡,トゥグルク朝が成立する【印】
- リトアニア大侯がウクライナを征服
- 出羽の蝦夷が反乱【日】
- 無尽銭・質屋が出現,鎌倉には7商座・20工座があり,商工業発達【日】
- 1321 不動産復帰局に関する条項【英】
- 1322 ミュールドルフの戦い【独】
- 1323 大元通制をおこなう【元】
- エドワード2世,スコットランド侵略失敗【英】

正中の変 後醍醐天皇の幕府討滅計画

- 1324 正中の変(六波羅,天皇の討幕計画を察知)【日】
- ルードウィッヒ・デル・バイエルが教皇に破門,内政に干渉される【独】
- フィレンツェ,公債台帳(モンテ)設ける【伊】

宗教の変質

- 1300 マイスター・エックハルト,芸術的散文を育成【独】
- 瑩山紹瑾『伝光録』(曹洞宗)【日】
- ボニファチウス8世,ヨベルの年の免償を十字軍従事者の免償に
- カバラ聖典『ゾハール』完成
- 1302 ボニファチウス8世,勅書『ウナム・サンクタム(唯一の聖なる)』(教皇首位権を宣言)
- 幕府,一向宗徒の活動を禁止【日】
- 日高が上書して法華経の流布を請う【日】
- アルブレヒト1世,教皇と和議を結ぶ【独】
- 三部会,教皇を弾劾【仏】
- 政治顧問官,教皇を襲う(アナーニ事件)【仏】

ゾハール完成

ドンス・スコトゥス

- 1305 張清志,真大道教第12祖になる【元】
- 無住一円『雑談集』【日】
- 1306 ユダヤ人を国内から追放【仏】
- エックハルト,教団修道院改革のためボヘミア派遣【独】
- 南浦紹明(大応国師),建長寺に入る【日】
- 1308 ドンス・スコトゥス『神の認識』『第一原理』(新フランシスコ派)【英】
- 武宗,白蓮教の禁圧を強化【元】

アヴィニヨン幽囚

- 1309 フィリップ4世,教皇をアヴィニヨン幽囚【仏】
- 凝然『華厳経探玄記洞幽抄』39巻を完成【日】
- 来朝チベット僧優遇措置撤回【元】
- ◉ カンボジアでセイロン上座系の仏教興隆(ヒンドゥー・大乗衰微)
- 1310 覚如,大谷本願寺に住む【日】
- 1311 ウィーンで宗教会議【墺】
- 凝然『三国仏法伝通縁起』【日】
- 興福寺衆徒,多武峯の僧兵と戦う【日】
- 光宗『渓嵐拾葉集』【日】

免罪符公売

- 1313 教皇クレメンス5世,免罪符を公売
- 科挙に朱子学の解釈採用【元】
- 1314 チーノ・ダ・ピストイア『法典解釈』【伊】
- ◉ エックハルト,ストラスブルクとケルンを中心にドイツ語による活発な説教活動を開始【独】

エックハルトとドイツ神秘主義

- 1317 了真編,一山一寧の『一山国師語録』【日】

度会神道 度会家行の天皇観

両部神道 密教システムの神道への導入

- 度会家行『神道簡要』【日】
- 1318 最古の両部神道書『三輪大明神縁起』【日】
- 古先印元らが元に入る【日】
- 1319 延暦寺衆徒,園城寺を焼く【日】
- 1320 『大蔵経・ナルタン古版』完成【チベット】
- 寂室元光,司翁宗然ら入元【日】
- 伝弘法大師『天地麗気記』【日】
- 度会家行『類聚神祇本源』【日】
- 1321 法明,融通念仏宗を中興【日】

プトンの仏教史

- 1322 プトン『仏教史』(プトン・リンポチェイ・チェオジュン・チェンモ)を完成【チベット】
- 鳳翔の王道明(道士),妖言で誅殺【元】
- ◉ 高野山金剛三昧院が密教や悉曇に関する書物を印行(高野版)【日】
- 花園天皇,守庚申をおこなう【日】

マルシリウス パリ大学学長 国家と教会の制限

- 1324 マルシリウス『平和擁護者論』【伊】
- ウィリアム・オッカム,異端の嫌疑でアヴィニヨンの教皇庁に召喚【英】

1300

学問と技術

1300 マインツに職匠歌人の学校を創設【独】
ヴェネチアにクリスタレリ(ガラス工)の法定ギルド【印】
◉ このころまでにビリアヌエバのアルナルドが無水アルコールを製造
1301 アンリ・ド・モンドヴィル,南フランスに医学校を開設【仏】
1302 フラヴィオ・ジョーヤの航海用羅針盤【伊】
ヤコブ・ベン・マヒル,アリストテレスの動物学記述をヘブライ語訳(ペリパトス学派の動・植物学,ヘブライ語による利用)
検屍の最古の記録(ヴァリニャナのバルトロメオによる)

大型ガレー船

◉ 地中海に大型ガレー船出現
1303 アヴィニヨン大学を法王が公認【仏】
梶原性全『頓医抄』【日】
朱世傑『四元玉鑑』(数学書)【元】
1304 クトブ・アル・ディン『諸天体の知識に関する最高の理解』
ライムンドゥス・ルルス『知性の上昇と下降の書』【西】

1305 オルレアン大学を法王が公認【仏】
◉ クレシェンキのピエトロ『地の利の書』(農耕書)
1307 ルードルフ,針金製造機械製作【独】
ビリアヌエバのアルナルド編『アラゴン王への保健指導書』
1308 ペルシア文学を法王が公認【伊】

蒙古字韻 中国音の初の外国表記

朱宗文『蒙古字韻』(中国音を漢字以外の表音文字で表記した最初の韻書)【元】
王興の医書『無冤録』【元】
武宗即位式に紙風船を飛ばす【元】
1309 ビリアヌエバのアルナルド『自然的でない六つのことがらによる視力増大の指導小書』

1310 ディートリヒ『虹と光の感応について』【独】
リューベックに舗装歩道出現【独】
1311 モンペリエ学派,ビリアヌエバのアルナルド没(ヒポクラテス流の病症例観察,記録を説く)

黒色火薬発明

1313 僧侶ベルトルト・シュバルツが黒色火薬を製造【独】
『中国の科学についてのイル・ハン宝典』【ペ】
王禎『農書』(200余年の農具を図示)【元】
1314 梶原性全,処方集『梗医抄』(灸治を説く)【日】
ヘルフォルトの地図(いまだ空想的)【独】
フリアリ・オドリコのアジア旅行(~18)

ルルスの結合術

1315 閘門がオランダで使用される【蘭】
梶原性全の医書『万安方』【日】
ライムンドゥス・ルルス『一般術』,硝酸を製造【西】
灌がい池を技術者集団坂之物が築く(『九条家文書』)【日】

モンディーノ解剖学

1316 モンディーノ『解剖学』(中世最初の人体解剖学教科書,以降200年使用)【伊】
1317 水銀アマルガム法の発明で,優秀な鏡がヴェネチアで完成【伊】

1320 アルコール,モデナで大規模に製造【伊】
麻のぼろ布を原料とする製紙工場の建設【独】
レヴィ・ベン・ゲルソン『主の戦い』(天文学書)
僧玄恵,後醍醐天皇に朱子学を講義【日】
1323 法律手引書『沙汰未練書』(政所執事二階堂氏編か)【日】
ジョバンニ・ゴリーニ『用例類例大全』(記憶術)【伊】
1324 現存最古の中国星図『格子月進図』を安倍泰世が持参(『花園天皇宸記』に記録)【日】
1325 トマス・ミゲリウス編集『ライムンドゥス選集』【西】

美の観照

1300 チマブエ画[聖母子と天使]【伊】
王蒙[岱宗密雪図]【元】
アルノルフォ・ディ・カンビオ作[聖母子彫像]【伊】
[青銅シヴァ神像]【セイロン】
◉ ヨハネス・デ・グロオケ,パリで活躍(音楽理論書『デ・ムシカ』の写本が残る)
◉ プエブロ・インディアンの[キヴァの壁画]が現れる【北米】
1301 ジョヴァンニ・ピサーノ,ピストイアの説教壇を彫刻【伊】
院命作[妙見菩薩像]【日】
1302 [当麻曼荼羅図](禅林寺)【日】
定喜作[板彫弘法大師像](禅護寺)【日】
1303 院憲作[聖徳太子像](浄土寺)【日】

ジオット

1305 ジオット画[キリストの死]聖母堂壁画,[聖アンナと聖ヨアキムとの出会]【伊】
1306 鄭思肖画[墨蘭図巻]【元】
1307 [法然上人絵伝](知恩院)【日】
魯英画[金漆釈迦図]【鮮】
1308 ドゥッチオ画[マエスタ]【伊】
エクセター大聖堂(イギリス盛期ゴシックの聖堂建築,装飾様式)【英】
室生寺[本堂]【日】
◉ 平曲の名手,城一活躍【日】

春日権現絵巻

1309 高階隆兼[春日権現霊験記絵巻]【日】
ロレンツォ・マイタニ[創世記][最後の審判](オルヴィエート大聖堂レリーフ)【伊】

1310 河東牧童らの[十牛図説]【日】
コラの修道院聖堂のモザイク壁画【伊】
印玄画『十巻抄』(最初の密教図集)【日】
高克恭画[雲横秀嶺図]【元】
1311 [松崎天人縁起絵巻]【日】
浄瑠璃寺[不動三尊像]【日】
1312 高階隆兼[春日明神影向図]【日】
サロニカ設計[聖使徒教会](ギリシア十字架型ビザンツ様式)[十二祭礼図](モザイク)【伊】

古瀬戸 中世唯一の本格施釉陶器

1314 紀年銘最古の古瀬戸[瀬戸焼灰釉瓶子]【日】

1315 シモーネ・マルティーニ画[戴冠式の聖母]【伊】
ジョヴァンニ・ピサーノ画[聖母子]【伊】
禅正作[孔沈金経箱]【元】
院恵作[高峰顕日像]【日】
◉ 思堪の[平沙落雁図](江南の山水画風を一山一寧に指導される)【日】
1316 法金剛院の[十一面観音像]【日】
1317 ジオット画[サンタ・クローチェ聖堂の聖フランチェスコ伝]【伊】
ビショップ教会,絵ガラス窓[魂を秤る大天使ミカエル]【英】
ティーノ・ディ・カマイーノ作[ペトローニ枢機卿の墓](シエナ聖堂)【伊】
◉ 可翁,入元【日】
1319 ジャン・ド・ミュリ『新音楽技法』
[鉄釣燈籠](現存最古の釣燈籠)【日】

アルス・ノーヴァ

1320 ジオット画[聖マグダレナ堂の壁画]【伊】
アルス・ノーヴァの音楽運動おこる(ギョーム・ド・マショーのイソリズムによる天才的作曲つづく)【伊】
マルティーニ画[聖マルタン伝]【伊】
1321 パリに聖ジュリアン楽士組合結成【仏】

趙子昂 書画元代隋一 山水ルネッサンス

1322 趙子昂画[陶淵明図]【元】
1323 教皇ヨハネス22世,教会音楽世俗化に反対
[称名寺絵図]【日】
[遊行上人縁起絵巻](真光寺)【日】
1324 歌曲『酸甜楽府』の貫雲石没(除再思の作を含む)【元】

史述と風刺

1300 カヴァルカンティの詩『ある女性われに乞うて』【伊】
[元碑亭](曲阜文廟)建設【元】
◉ このころ元曲は王實甫『西廂記』喬吉甫『金銭記』など南方出身の作家が抬頭【元】
◉ マラヤーラム文字成立【印】

壬生狂言 鎮花式と融通念仏

円覚上人,鎮花式と融通念仏をあわせて壬生狂言をはじめる【日】

釈日本紀

1301 卜部懐賢『釈日本紀』を撰述【日】
1303 『大元一統志』の完成【元】
藤原為世『新後撰和歌集』【日】
ダンテ『俗語論』【伊】

ダンテ 俗語論 帝政論

1305 興福寺で延年風流をおこなう【日】
◉ ストーケ『ホーラント年代記』【蘭】
◉ 『騎士シファール』(スペイン最初の小説)【西】
詩人ユーヌス・エムレ活躍【土】
無住『雑談集』【日】
春日若宮で五座の猿楽(曲舞の初見)【日】
1306 金沢貞顕,『群書治要』『侍中群要』を書写校合
ハイトン(キリキア王の甥)『東方史の精華』【ポワティエ】
吉田兼好,関東に下向【日】
1308 東明慧日,禅興寺に迎えられる【日】
周密『武林旧事』【元】
『延慶両卿訴陳状』(歌学)【日】
1309 尚書省を設置【元】
ジョワンヴィル『聖王ルイ伝』【仏】

1310 イル・ハン国宰相ラシード・アッディーン『集史』(ジュバイニー『世界征服者の歴史』ヴァッサーフ『地域の分割と歳月の推移』とともにイスラム史学の頂点)
藤原長清『夫木和歌抄』【日】
1311 この年,田楽大流行する【日】
1312 コンパーニの小説集『白黒年代記』【伊】
京極為兼編『玉葉和歌集』20巻【日】

神曲 地獄篇・煉獄篇・天国篇 14033行・100曲

◉ ダンテ『神曲』が完成(異説あり)【伊】
◉ 後深草院二条の『とはずがたり』【日】
1313 ダンテ『帝政論』(ラテン語の政治論文集)【伊】
フランチェスコ・ダ・バルベリーノの詩『愛の教え』【伊】

1315 黎前『安南史略』を著す【安南】

いろは字類抄

『伊呂波字類抄』【日】
1316 風刺詩集『フォヴェール物語』(130曲中33曲のモテト,アイソリズムの原理の適用)【仏】
北条顕時,金沢文庫を設立【日】
1317 法隆寺で勧進猿楽をおこなう【日】
1318 『栽桑図説』【元】
1319 詞集『山中白雲詞』を書いた張炎没【元】

漢宮秋 中国オペラ代表作

◉ 元曲,馬致遠『漢宮秋』など【元】

元に平話

1320 二条為世撰『続千載和歌集』【日】
『仏日庵公物目録』(63年改訂)【日】
1321 ダンテ『君主国論』【伊】
ローマン詩が栄える【欧】
洪淪,高麗に経の紙を求める【元】
『全相平話三国志』など平話の刊行【元】
京都願主僧円智,平仮名交本『黒谷上人和語燈録』刊行(五山版)【日】

元亨釈書 虎関師錬 30巻

1322 虎関師錬が『元亨釈書』30巻を撰進【日】
パリ大学周辺に28人の図書商人【仏】
ジョン・マンデヴィル『旅行記』執筆開始か【仏】
1324 周徳清『中原音韻』【元】

ローマン詩行流

いまや旭日の昇るナンチャス(中国)の地より占め、ダルー海にいたるまで国を統べて、ジャムチ(駅路)を結ばしめたり。
イルハン・オルジェイトゥのフィリップ4世への手紙

ヴェネチアの商人、フィレンツェの公証人、ジェノヴァの複式簿記、これらが情報経済学の起源をつくっていく。

時代の認識

1325
正中2

中世から近世へ

アステカの変転

1325 アステカ帝国,テノティテトランを都に【南米】
1326 交易都市ジェノヴァがフランスに従属【伊】
オスマン帝国,オルハン・ベイ即位(ビザンツ帝国領への侵犯を開始)【土】
1327 エドワード3世即位(フィリップ4世の孫)【英】
王立両替所設立【英】
1328 カペー朝断絶,フィリップ6世即位【仏】
イワン1世,キプチャック・ハン国の支配から自立(モスクワ大公国自立)【露】
フィレンツェ,民主政治復帰(外国人君主の解雇)【伊】
◉ このころマインツとシュトラスブルクで職人ギルド成立【独】

1330

後醍醐と悪党

1330 オスマントルコ,ヨーロッパ侵入【土】
1331 カジミエシ3世即位(王権強化で文化繁栄)【波】
元弘の乱(楠木正成,挙兵)【日】
ガジャ・マダがマジャパヒト王国の執政,勢力伸張【ジャワ】

中国にペスト

中国にはじめての黒死病【元】
1332 後醍醐天皇,隠岐配流(護良親王が吉野で挙兵,楠木正成ら悪党,これに呼応)【日】
1333 足利高氏(後の尊氏)挙兵【日】
1334 建武の中興【日】

1335

フィレンツェ九万人

1336 建武式目17条【日】
多々羅浜の戦い,湊川の戦い(楠木正成敗死)【日】
南インドにヴィジャヤナガル王国成立【印】
◉ 守護の領国支配すすむ【日】
1337 元に各諸侯の反乱あいつぐ【元】
フランドルへの羊毛輸出の禁止【英】

足利尊氏 室町幕府開幕

1338 足利尊氏が室町幕府を開く【日】
フィレンツェ毛織物業組合,200の工房に3万人以上を雇用【伊】

百年戦争へ

1339 百年戦争の開始(〜1453)【英仏】
フランドルのコミューンの反乱(エドワード3世の援助で蜂起)【仏】
ジェノヴァ,終身のドージェを選出し名実共に共和国に
フィレンツェ,人口9万人に【伊】

1340

フィレンツェ経済発展

1340 イングランド,人口235万人を越える【英】
カスティリアがサラドの戦いでイスラムに勝利【西】
フィレンツェのコンパニーア80社(組合の利潤をコンパニーア名義で銀行に再投資)【伊】
◉ ドイツのハンザ商人がイギリスのイタリア商人駆逐【英】
1341 議会が上下両院に分かれる【英】
1342 ラヨシュ1世(ルイ大王)即位(ハンガリー,列強に加わる)【洪】
1344 ベルンの最後の都市拡張計画【独】

ヨーロッパ四分の一が病疫

ペスト大流行

1346 クレシーの戦い(火薬を使用した英軍が仏軍に大勝)【英】
ランゴバルト人をノヴゴロドから追放【露】
1347 イギリス軍がカレーを占領【仏】
クリミア半島で発生した黒死病流行,ヨーロッパの人口のうち4分の1が死亡(〜50)【欧】
バフマニー王国,デカン高原におこる【印】
ローラ・ディ・リエンツォ,ローマの権勢者に【伊】
1348 台州の方国珍の反乱【元】
カスティラ国王,農奴廃止令発布【西】
1349 労働者条令発布【英】

宗教の変質

1325 道経を天下の名山宮観に頒布【元】
『ジャータカ』のシンハラ語訳【セイロン】
1326 マレー半島の一部,イスラム教に改宗

ゾイゼの神秘学

ハインリッヒ・ゾイゼ(ハインリッヒ・スーソー)『真理の書』(エックハルトの継承)【独】
エックハルト,コローニュの大司教法廷で審問(エックハルト上訴)【独】
宗峰妙超,紫野雲門庵に入り,大徳寺と称する【日】
1327 夢窓疎石,鎌倉瑞泉寺を創建【日】
オッカム,フランシスコ会を2分した清貧論争にまきこまれる【英】
ゾイゼ『永遠の知恵の書』【独】
エックハルト『三部書』【独】
ヨハネス22世「アベ・マリア」の祈禱(1日3回)を奨励(マリア信仰昂揚)
1328 ジャヤナガラ王,不空成就如来にまつられる【インドネシア】
1329 雪村友梅,元から帰る【日】

七朝帝師 夢窓疎石

1330 延暦寺僧徒が一向宗禁止を請う【日】
卜部慈遍『神懐論』【日】
◉ コーラン説教者,イブン・タイミーヤ没(正統スンニー派)
1331 覚如『口伝抄』【日】
チャンディ・ジャヴィの祠堂,雷火で焼失【インドネシア】

南禅寺 京都鎌倉五山支配

1334 建仁・東福・萬寿・建長・円覚を五山,南禅寺を五山第一にする【日】
◉ 東チャガタイのネストル教会堂建立
ブラッドワーディン『連続論』【英】

禅宗文化へ

1336 夢窓疎石,国師号を授与【日】
1337 『北斗七星経』チベット語訳完成【英】
京都・妙心寺,花園天皇により創建【日】
宗峰妙超(大燈国師)没【日】
存覚,備後国で日蓮宗の僧侶と対論【日】
尊氏,直義が各国一寺一塔を建てる【日】
1338 ジャンチェブギェムツァンがサキャ派に対して反乱【チベット】
1339 来朝僧,清拙正澄『大鑑清規』【日】
高師直『首楞厳義疏注』10帖【日】
1340 元の普賢が仏像を求める【鮮】
ロンチェンパが『ニンティク』などに注釈(ゾクチェン派の教理を体系化)【チベット】
スコータイ王,多数の仏足跡建設【ジャワ】
◉ ヤコブ・ベン・アシェル『アルバア・トゥーリーム』(四列)
1341 性澄撰『阿弥陀経句解』【元】
宗濂『般若心経文句』を撰述【元】
マーダヴァ『全哲学綱要』(ジャイナ教)【印】
尊氏,五山十刹の位次を決定【日】
霊亀山暦応資聖禅寺,天龍寺と改称【日】
1343 ラージャパトニー王国,ジナーラヤ・プラの寺院建立【インドネシア】
ブラッドワーディン『神の原因について』【英】
1345 スコータイの王子リュ・タイ『トライブーミ・カター』を著す【ジャワ】

ジャワの混交仏教

セイロンの技術を大幅に導入してスコータイのワット・マハタト創建【ジャワ】
足利尊氏,直義,京都五山天龍寺で後醍醐天皇仏事ならびに天龍寺供養【日】
1346 太古,入元(臨済宗に参禅)【鮮】
虎関師錬編『聖一国師語録』【日】
1348 黒死病流行で中部ヨーロッパのユダヤ教徒迫害・虐殺がおこる
1349 懶翁,入元(指空和尚に参じる)【鮮】
ヨハン・ロイスブルーク(恍惚博士),アウグスティノ参事系修道院を建立【白】

オッカムとペトラルカとボッカチオが、言葉の個人主義の基礎をきづく。

1325

学問と技術

1325 フィレンツェに銑鉄製大砲が初めて出現【伊】
ヴェネチア政府,粗悪ガラス防止のためアレクサンドリアの明礬輸入を禁止【伊】
トマス・ブラッドワーディン『三角法』【英】
◉ このころの船は刳船を基本にする【日】
◉ 海陸の交易路の発達で,中国製の上質陶磁器が大量にイスラム諸国に輸出される
1328 ジャン・ビュリダン,パリ大学学長に就任【仏】

1330 丈の長いシュールコー(シクラス)の着用【仏】
1331 フランダースの織工を招聘【英】
商人コンラート・グロス,貧民のための聖霊病院を建てる(～34)【ニュルンベルク】
ドイツ軍,チヴィダレの包囲に火器を使用【伊】
◉ 金元医学4大家(劉河間,張子和,李東垣,朱丹渓)の活躍【元】
1334 陳椿『熬波図詠』(塩の製造について)【元】
聖バーソロミューの救貧院の市,権利保証の特許状を得る【英】
エルベの治水事業開始【独】
サン・ゴッタルト教会に24点鐘設置(このころより円環的時間から直線的時間へ)【ミラノ】

字喃(チュノム)

◉ ベトナムで字喃(チュノム)つくられる【越】

複式簿記

1336 ペトラルカ,古代地図を携え標高6千フィートのヴァントー山登山【伊】
1337 危亦林『世医得効方』刊(朝鮮版は1425年)【元】
1338 軍艦に初めて火砲を搭載【英】
1339 現存最古の複式簿記(ジェノヴァ市作成)【伊】
ベルギー,ナミュールに熔鉱炉【白】

1340 ハムド=アッラー・クワイニー『心臓の歓喜』(モンゴル帝国の地理誌)
パリ大学で年1回の解剖開始【仏】
シャンパーニュのメッセ(大市),収入激減(フランスへの併合と百年戦争の影響)【仏】
ペゴロッティ『商人の手引』(黒海から中国への街道について記述)
◉ 青銅製砲,臼砲が威力を発揮【欧】
◉ ボヘミヤ・グラスがはじまる
1341 滑寿『難経』を注解,はしかを記載【元】

天竜寺船 足利直義 夢窓疎石

直義,疎石らと天竜寺船の元派遣を計画【日】
1342 鋳物師集団に蔵人所牒発給(関津料免除など座権の保証)【日】
1343 ジャン・ド・ミュール『数の4部作』
姜保編『授時暦捷法立成』刊行(授時暦算法の早見数表)【鮮】
ピサ大学の創立【伊】

ジョヴァンニ・デ・ドンディ 機械時計

1346 ドミニクス・デ・クラワシオ『幾何学の実際』
バトゥータ,大都に到達【元】
1347 哲学者ウィリアム=オッカム『古代の術についての黄金的説明』【英】
1348 ドイツ最初の大学,プラーグ大学創立【独】
ドーヴァ城鐘つき大機械時計(13世紀,アラビアから入ったガンギ車仕掛けの改良)【英】
ジョヴァンニ・デ・ドンディ,アストロラーベ型機械時計の製作着手(64完成)【伊】
ブラッドワーディン『思弁的算術』【英】
ヴェネチア最古の地図(中世の慣習になっていた景観図ではない正確な平面図)【伊】
グラナダの大臣,医師イブヌ・ル=ハティーブ,ペストの伝染性を指摘【西】

小数記号の導入

1349 イマヌエル・ボンフィルスが小数記号を導入

オッカム唯名論

オッカム『論理学体系』【英】

美の観照

マルティーニとシエナ派

1325 ヴィトリの音楽書『新芸術論』【仏】
エヴルース聖堂焼絵ガラス窓[ラウル・ド・フリエールの聖母子]【英】
他阿呑海[清浄光寺](遊行寺)創建【日】
ピエトロ・ロレンツェッティ画[十字架降架](サン・フランチェスコ聖堂壁画)【伊】
[永楽宮三清門]【元】
1326 [石山寺縁起]7巻【日】
マルティーニ,シエナ公会堂に[聖マルティヌス伝]連作を描きはじめる(～28)【伊】
1327 [青磁牡丹唐草文花瓶]【元】
1328 良全画[仏涅槃図](本覚寺)【日】
[奈與竹物語絵巻]【日】

1330 アンドレア・ピサーノ[フィレンツェ洗礼堂の青銅扉レリーフ]【伊】
ヤコブス・ド・リエージュ『音楽の鏡』
◉ ケルン,聖ジョルジョの二翼祭壇画[聖母子][磔刑]【独】

グロスター大聖堂

1332 [グロスター大聖堂](～57)起工【英】
1333 マルティーニ画(祭壇画)[受胎告知]【伊】
◉ アルハンブラ宮殿完成【西】
1334 黙庵画[布袋図]【日】
ジォット,フィレンツェ大寺院の建築頭【伊】
コーリンの[シトー修道会聖堂](画面的壁面構成)【独】

枯山水の出現 西芳寺石組

1335 夢窓疎石,西芳寺庭園をつくる(～40)【日】
[法華経曼荼羅図](本興寺)【日】
聖セルギウス,モスクワ近辺に三位一体修道院建設【露】
◉ タッデオ・ガッディ画[天使のお告げ](バロンチェルリ礼拝堂)【伊】
1338 ウエルズ大聖堂(後期ゴシック様式)【英】
アンブロジオ・ロレンツェッティ画[善政・悪政]【ヴェネチア】
豪信画[花園天皇像](似絵の悼尾)【日】
1339 ヴェネチア[サンタ・マリア・グロリオーザ・デイ・フラーリ聖堂](ゴシック最後の重要建築)【伊】
◉ マルティーニ画[十字架をはこぶキリスト]【伊】
◉ ジャコヴァン修道院礼拝堂壁画[黙示録・第二の啓示]【仏】

ロレンツェッティ兄弟

呉鎮 光と墨と点描と

1341 呉鎮画[漁父図]【元】
[釉裏紅鳳凰文白磁皿]【元】
1342 ピエトロ・ロレンツェッティ画[聖母の誕生]【伊】
1343 雪窓画[蘭竹図]【元】
アヴィニヨン法王庁[ガルド・ローブ塔壁画]【仏】
◉ [居庸関過街塔墓内壁レリーフ]【元】
1344 カール4世,マチューに[プラハ大聖堂内陣]のゴシック化を注文(死後ペーター・パルラーが継承)【独】

1345 フェレール・バッサ画[クララ修道会サン・ミゲル礼拝堂壁画]【西】
アンドレア・ピサノ,ニーノ・ピサノ作[授乳のマドンナ]【伊】
1346 [親鸞絵伝](弘願本)【日】
マテオ・ディ・ジョヴァネッティ,サンジャン礼拝堂壁画[パトモス島における聖ヨハネの幻想]に着手【伊】
1347 サルンガデーヴァのインド最古の音楽理論書『サンギータラトナーカラ』【印】
呉鎮画[竹石図][小亭詩意図小巻]【元】
ジョヴァネッティ,クレメンス6世の私室に[遊楽図]を描く【伊】
◉ 声楽家ジョヴァンニ・ダ・カーシャ没(ベルカント唱法の兆)【伊】
1348 シエナの[パラッツォ・プブリコ](市庁舎)

史述と風刺

1326 覚如『執持抄』【日】
『皇国大訓』完成【元】
為藤,為定『続後拾遺和歌集』【日】
二条為世『和歌庭訓抄』【日】
1327 ペトラルカがラウラ・ド・サド侯爵夫人に会う【伊】
1328 『雑事記』に鳥の子紙の最も古い記録【日】
1329 『経世大典』の編纂【元】
◉ スペインで散文が発達【西】
◉ 『エーリック年代記』【北欧】

バトゥータの旅行

イブン・バトゥータ,旅行に出発

徒然草

1330 アンコール・ワット碑文(最後のサンスクリット碑文)【カンボジア】
鐘継先『録鬼簿』(目録)【元】
ナフシャビー,インド説話集『シュカ・サプタティ』をペルシア語訳【波斯】
◉ 吉田兼好『徒然草』【日】
了恵編(源空述)『和語燈録』【日】
オドリックの史書『オドリック紀行』【元】
◉ 元雑劇(元曲)の凋落【元】
1332 卜部慈遍『旧事紀玄義』【日】
『貞観政要』を訳す【元】
1333 呉澄『五経纂言』【元】
マムルーク朝のヌワイリー没(百科事典『必要の極限』を著す)

1335 レオンティウス,フィレンツェで『ホメロス』講義(ギリシア文学復興)【伊】
フワン・マヌエル『ルカノール伯爵』【西】

二条河原落書

1336 京都二条河原の落書(『建武年間記』)【日】
1338 元盛『勅撰作者部類』【日】
『曾我物語』【日】

神皇正統記

二色刷

1339 北畠親房『神皇正統記』【日】
タウラー『説教集』【独】
建仁寺の竜山禅師に同行して帰化した林浄因,饅頭をつくる【日】
1340 フワン・ルイス『よき恋の書』【西】
吉田兼好『兼好法師集』【日】
現存最古の套印印刷物『金剛経注』(墨と朱の二色刷)【元】
1341 ペトラルカ,ラテン語叙事詩『アフリカ』(桂冠詩人の称号カンピドリオの丘で授受)【伊】
中巌円月『日本紀』【日】
1343 ペトラルカ『世俗の蔑視』【伊】
五山版がさかんに刊行される(出版活動)【日】

ペトラルカとボッカチオ

デカメロン

1344 ボッカチオ『デカメロン』執筆開始(～50)【伊】

夢中問答 夢窓疎石 大高重成

大高重成『夢中問答集』(夢窓疎石)を開版【日】
脱脱等編纂『金史』完成【元】

フィロビブロン

リチャード・ド・ベリー『フィロビブロン』(書物礼賛)【英】
ペトラルカ『孤独な生活について』【伊】
脱脱等『宋史』『遼史』を完成【元】
愛書家ド・ベリー没【英】

1346 クンガードルジェ,チベット年代記『フゥランデプテル(赤書)』を著す【チベット】
勅撰和歌集『風雅和歌集』春部の撰進【日】
ボッカチオ『フィエゾレの妖精』(詩)【伊】
デリ・ウベルティ『世界記』(詩)【伊】
1347 『六条政類』の編纂がはじまる【元】
1348 イブン・アル=マウリー『諸王国視察旅行記』
ジョヴァンニ・ヴィラニ『年代記』【西】
1349 尊氏が四条河原に橋勧進田楽を見る(猿楽・田楽の保護者が寺社から武士に移行)【日】

聖マルティノ祭の祝日の前後それぞれ十四日間、年一度の年市とメッセを開催する権利を認める。
シュトラスブルクのメッセに与えられた皇帝ルードウィヒの特許状

製紙術の大陸への拡大は、土地にはりついたナショナリズムが空間を容易に越えられることを示した。

時代の認識

1350
観応1
正平5

中世から近世へ

タイのアユタヤ朝
1350 ラーマディパティ1世,アユタヤ朝創設【タイ】

紅巾の乱 白蓮・弥勒教徒 宗教的農民暴動
1351 農民中心の紅巾の乱おこる【元】
ウィンリヒ・フォン・クニプローデのもとドイツ騎士団全盛【独】
ヨーロッパの全人口約5500万人
朱元璋,紅巾の乱に加わって挙兵【元】
◉ ロシアで黒死病が流行【露】
1353 ステープル大条例発布(関税徴収増大のための特定市場拡大)【英】

西欧五五〇〇万人

カール4世 ルクセンブルク家の彗星
1354 カール4世,第1回イタリア遠征開始【独】
1355 ヴェネチアでフェリエリが貴族打倒を計画(失敗して処刑)【伊】

金印勅書
1356 カール4世,金印勅書発布【独】

ブルジョワジーの反乱
1357 パリ,ブルジョワジーの反乱(商人ギルドの長エティエンヌ・マルセル煽動)
1358 ジャックリーの乱(ギョーム=カイユ指導)【仏】
パリ三部会の分裂【仏】
ハンザ同盟の組織化完了【独】
紅巾の賊が上都を占領【元】
オスマントルコのムラート1世即位【土】
1359 モスクワ大公国,ドミトリー=イワノウィチ(在位中,領土をヴォルガ川まで拡大)即位【露】

1360
1360 ブレチニの和約で百年戦争が一時休戦【英仏】
◉ ハンザ商人,外国物産略奪,船舶襲撃【欧】
◉ 惣村の発達(畿内中心に,全国波及)【日】
1361 ヘルシングボルク沖の海戦でハンザ同盟の海軍を破る【丁】
ブダ市,ハンガリーの首都に【洪】
1362 オスマン帝国,アドリアノープル占領【土】
1363 第1回ハンザ会議【独】
1364 朱元璋,呉王と称して官制を定める【元】
東南アジアでアヴァ朝おこる【ビルマ】

賢明王シャルル5世
賢明王シャルル5世即位,学芸保護に乗り出す【仏】

1365
1366 南インドにヴィジャヤナガル王朝建つ【印】
オスマン帝国ムラト1世,首都をブルサからヨーロッパ側のエディルネに移す(バルカン半島進出政策)【土】

朱元璋と明建国 足利義満
1367 足利義満,幕府を掌握【日】
1368 朱元璋即位(太祖洪武帝),南京に遷都【明】
カール4世の第2回イタリア遠征(~69)【独】
アウグスブルクのギルド労働争議【独】

明おこる

1369 ティムールが西チャガタイハン国の衰退に乗じて挙兵,ティムール帝国の成立(~1507)
シャルル5世,イギリス軍と戦う(百年戦争の再開)【仏】
洪武帝,懐良親王に倭寇の禁圧を要求【明】

1370
1370 ケルンで職工が貴族に反抗【独】
ティムール,ソグディアナを統一(サマルカンドを都にする)
1371 セルビア,マリッツァツの戦いでトルコ軍に破れる【西】
ロバート2世,スコットランド王になる(スチュアート王朝の祖)【英】
1372 ラ=ロシェルの海戦でフランス(カスティラと同盟)がイギリス海軍を破り,制海権奪取【仏】
1373 「大明律」制定【明】

ティムール帝国

宗教の変質

1350 アヨーダヤ,上座部仏教の中心地に(アユタヤ朝の拠点)【タイ】
ヴァーダンタ・デーシカ,シュリーヴァイシュナヴァ派北方派を開く【印】
スコータイの僧,セイロン仏教もたらす【タイ】

近江の寂室元光
寂室元光『行往坐臥』の頌【日】
1351 ジャンチェブギェムツァン(サキャ派,ディグン派)ツェタン寺院を造営【チベット】
ワット・パネンチュン建立【タイ】
聖職者給養禁止法令の発布【英】
黄河氾濫で白蓮教流行(巫覡を尚ぶ)【元】
慈俊『纂帰絵詞』10巻【日】

タウラーの説教
1352 ヨハネス・タウラー,シュトラスブルクで救済説教(エックハルト神秘主義を継承)【独】
オルゲンリンパ『ペーマ・タンイク(パドマサンバヴァ小伝)』などを発見【チベット】
延暦寺公人および祇園社,仏光寺を破却【日】
1354 惟則没,雲棲寺で『天如惟則禅師語録』刊行【元】
◉ 東北シャムにまでクメール文化とセイロン系仏教が及ぶ【タイ】
1356 バガルジュンの碑文(僧院建立の旨記録)【インドネシア】
ラオスに仏教使節派遣【カンボジア】
1357 抜隊得勝,孤峯を訪ねる【日】
『神道集』【日】
1359 宗密の『都序』4巻を重刊【元】
存覚『歎徳文』【日】

応燈関時代おわる

関山慧玄 妙心寺開山
1360 関山慧玄没【日】
◉ キリスト教受容国数,70にのぼる
1361 タウラー『キリストの貧しき生活へのまねび』【独】
寂室元光,近江永徳寺に入る【日】
シリー・スーリヤヴァンサ・ラーマ王,セイロンへ仏教使節派遣
マハーヴィハーラ(大寺)派仏教国教化【タイ】
杲宝『悉曇創学鈔』【日】
1363 春屋妙葩,天龍寺住持になる【日】
1364 プトン没【チベット】
春日神人と興福寺衆徒,神木を奉じて入京【日】

1365 7人の大司教,49人の司教,123人の大修道院長,教皇庁への支払い不履行で破門
1368 経善悦,太祖に真人号を授けられ天下の道教を支配,慧曇,善世院建立,大禅師号を受け仏教管領【明】
幕府,五山諸寺入院の制を定める【日】
絶海中津ら渡明【日】

完全生活マニュアル
◉ このころ"フランクフルトの男"による『完全な生活についての小冊子』(のちにルター編集,ショーペンハウアーはブッダとプラトンに並ばせる)【独】

1370 白蓮教・明尊教・白雲教を邪教として禁圧【明】
1371 五山十刹以下の住持を僧俗の請托で補うことを廃止【日】
ツォンカパ,ディクン寺院チェンカパにナーローの六法などを学ぶ【チベット】
1373 40歳以下の女子が尼になることを禁止【明】
幕府,関東五山の住持職,入院年紀などを定める【日】
存覚上人『諸神本懐集』【日】
日吉,祇園,北野社神人,神輿を奉じて入京【日】

共同生活兄弟団
1374 ゲルハルト・フローテ,共同生活兄弟団結成(ドイツ神秘主義,写本生産)【独】

明の「三国志」や「水滸伝」が古代情報を劇的に再構成する。

1350

学問と技術

ヨーロッパに火薬

1350 バルトルス(ローマ法学者),ピサおよびペルシアで法学を講義【伊】
スペインでガラス工芸さかん【西】
オーレム『質の図形化』【仏】
スイスに製紙工場建設【瑞】
マーダヴァ『サルヴァ・ダルシャナ・サングラハ(全哲学集成)』【印】
アルベルト・フォン・ザクセン,火の管を飛ばすロケットの構想【独】

アフリカ地図

1351 ポルトラノ地図(正確なアフリカ地図)【西】
水力利用の鉄線加工機械【独】
ヘシカトス派の論争おこる【東ローマ帝国】

シュトラスブルクの時鳴式塔時計

1354 シュトラスブルク寺院の時鳴装置付塔時計

1355 丁巨『丁巨算方』【元】
◉ このころから日本式の大型構造船が出現【日】
◉ このころの衣服,コット,コタルディ,シュールコー,シュールコー・トラヴェールなど【欧】

ビュリダンのロバ

1358 ビュリダン『弁証論大全』【仏】

製紙水車の登場

◉ このころ,フィレンツェに製紙水車が出現か【伊】

英語公用化

1360 ドイツのウルマン・ストロマー,製紙に関する初の本を著述【独】
◉ ブランデーが飲用されはじめる【欧】
1361 パヴィア大学創立【ローマ】
1362 僧有隣『福田方』(病気を12に分類)【日】
四辻善成『河海抄』を著し足利義詮に献上【日】
◉ 台所を食堂から分離する【英】
◉ 英語が法廷や議会の公用語に【英】
1363 文益漸,中国から木綿の種子をもちかえる【鮮】

老眼対策 凸レンズ身体化

ギー・ド・ショーリアク,老眼に凸レンズをもちいることを提案【仏】
二条良基『愚問賢注』【日】
ロンドンにスキャバジャー(街路掃除人)出現【英】
クラカウのヤギウエォ大学創設【波】
1364 シャルル5世,パリの宮殿に機械時計設置【仏】
1365 プラーグ大学創立【洪】
ブルゴーニュの医師ジャン『疫病論』【仏】
1367 ギー・ド・ショーリアク『大外科学』【仏】
元から木版彫工8人来日【日】

ウィーン大学

ウィーン大学創設【墺】
1368 ヴェネチアの内外科医,年1回の解剖研修を定める【伊】
1369 パリ大学医学部,ブシェル街に移転【仏】
『針術書』刊行【明】

1370 マーヘンドラスーリ(天文学書)『ヤントラージャ』【印】
ペスト再来襲,ミラノ,ヴェネチアで検疫制度採用(～74)【伊】
◉ アルタールでガラス工芸組合結成
オーストリアに製紙工場建設

ダミーリー動物誌

1371 ムーサー・アッ・ダミーリー『動物誌』【アラビア】
1374 李穡と鄭地の建議で,騎船軍再建に着手【鮮】
大明日暦の完成【明】

美の観照

黄公望・呉鎮・倪瓚・王蒙

1350 王蒙画[雅宜山斎図]【元】
黄公望画[富春山居図]完成【元】
朱徳潤画[林下鳴琴図]【元】
職屋敷制定(明石覚一,総検校に)【日】
[ジャン善良王の肖像](フランス現存最古の肖像画)【仏】
1351 グロスター大聖堂[回廊]【英】
1352 永保寺開山堂(禅宗様)【日】

オルカーニャ

アンドレア・オルカーニャ作[オルサンミケーレ聖堂のタベルナクール]【伊】
1353 黄公望画[江山勝覧図巻]【元】
1354 呉鎮画[枯木竹石図軸]【元】
[月の井戸端における兎と象の王](『カリーラとディムナ』挿絵)【アラビア】
1355 曹知白画[石岸古松図]【元】
バルナ・ダ・シエナ画[福音書物語]【伊】
王冕画[墨梅図]【元】
[スルタン・ハスクのモスク]【埃】
◉ 建築・彫刻・絵画・金工にオルカーニャ活躍【伊】
◉ [牡牛と獅子の闘争図][池に姿を映す犬の図]【土】
1356 霊山寺[三重塔](純和様)【日】
1360 [アルカサール宮殿]【西】
姚延美画[有余閒図巻]【元】
◉ 良全画[白衣観音図]【日】
◉ ギョーム・ド・マショー曲[ノートルダム・ミサ曲]【伊】
1361 ハウメ・セルラ画[サラゴッサの祭壇画]【西】
1362 オルカーニャ画[死の勝利](サンタ・クローチェ聖堂壁画)【伊】
1364 『マルグリット・ド・ボージューの時禱書』(異形・怪物収集に配慮)【仏】
柯九思画[竹石図]【元】
朱徳潤画[春江柳鳥図]【元】
◉ 王蒙画[具区林屋図]【元】

ノヴゴロドに教会

◉ 商業都市ノヴゴロドに聖テオドス・ストラティラトゥス教会(切妻屋根,正面装飾)【露】
1365 ジョヴァンニ・ダ・ミラーノ[ピエタ](板絵)
ボヌヴー作[フィリップ6世,ジャン王,シャルル5世墓石](サン・ドニ修道院)【仏】
◉ 盲目のフランチェスコ・ランディーニ,瞑想的作曲【伊】
1366 アンドレア・ボナイウーティ画[スペイン礼拝堂壁画](～68)【伊】
王蒙画[青下隠居図]【明】
◉ 鉄舟徳済画[蘭竹図]【日】
1368 倪瓚画[雨後空林図]【明】
方従義画[雪山秋興図巻]【明】
義堂周信『空華日工集』で義堂禅寺結構を批判【日】
◉ 因陀羅画[禅機図断簡](寒山拾得図)【明】
1369 マイスター・テオドリック画[聖ヒエロニムス]完成【チェコ】

ランディーニの音楽

1370 ジャワ,パナタラムの[シヴァ寺院](装飾的塑像群)
朝宗画[物外和尚像](普済寺)【明】
『カンタクゼヌス著作集』の写本装飾
エヌキャンドリエージュ作[ジャンヌ・デヴルーとその夫の横臥像](彫刻墓石)
[イスラファルの天使](ガズヴィーニー『不思議の倉』挿絵)【イラク】
1371 平曲覚一検校没【日】
1372 倪瓚画[容膝斎図]【明】

タピスリー美術 ニコラ・バタイユ

1373 ニコラ・バタイユ[ヨハネ黙示録タピスリー](ジャン・ボントル下絵,アンジェ城礼拝堂)【仏】
清玄,東大寺法華堂[不動三尊像]【日】
1374 羽黒山[五重塔]【日】
◉ イタリア・マジョリカはじまる

史述と風刺

1350 ペトラルカ『カンツォニエーレ』(360篇のソネット)【伊】
セム・トブ詩集『格言集』【西】
ボーナー『宝玉』(寓話集)【独】
◉ 『聖母奇蹟劇』40篇収録【仏】
1351 楊朝英『太平楽府』【元】
1352 イブン・ハルドゥーン,マリーン朝の首都フェズで書記職に就く【埃】
足利尊氏『大般若波羅密多経』600巻を開版印刷【日】
1353 このころウィリアム・ラングランド(仮名)『農夫ピアースについてのウィリアムスの夢』【英】

バトゥータ三大陸旅行記

1355 イブン・バトゥータ『三大陸旅行記』

菟玖波集 二条良基

1356 二条良基撰『菟玖波集』【日】
ペトラルカ『宗教家の無為について』【伊】
1357 国史編纂官,宋濂『護法録』を著す【元】
ジャン・ル・ベル『年代記』【仏】
1358 二条為定撰『新千載和歌集』【日】
◉ 関東で板碑造立がさかん【日】

スプーンと姫飯

◉ このころ初めて金属スプーン使用【仏】
◉ このころ米を煮た姫飯(現在のごはん)が普及【日】
1360 チョーサー『薔薇物語』【英】
『残唐五代史演義』(小説)【元】

ボッカチオの異教譜

◉ ボッカチオ『異教の神々の系譜』【伊】
◉ ベンガル文学興隆【印】
1362 悟明編『聯燈会要』30巻を重刊【元】
ゾイゼ『ゾイゼ伝』(ドイツ最初の自叙伝)【独】
ペトラルカ,ヴェネチアの聖マルコ大聖堂に全蔵書寄贈【伊】
1363 斯波義将『竹馬抄』【日】
1364 二条為明撰『新拾遺和歌集』【日】
頓阿『井蛙抄』【日】
堺の道祐『論語集解』10巻を木版印刷【日】
薬王寺で大和猿楽の勧進興行【日】
1365 フロワサール『メリアドール』【仏】
宮廷詩人プラパンチャ『ナーガラクリターアマ』【ジャワ】

二条良基

1366 由阿の辞書『詞林采葉抄』【日】
ボッカチオ『牧歌』(ラテン語詩)【伊】
1367 忌部正通『日本書紀神代口訣』【日】
高明『琵琶記』【明】
1368 シャルル5世,王宮図書館をラ・フォーコヌリー塔に移転(蔵書を分類整理,注を付す)【仏】

バサラ大名

佐々木道誉『立花口伝大事』【日】
1369 二条良基『菟玖波問答』【日】
チョーサー『公爵夫人の書』【英】

三国志・水滸伝

1370 宋濂,王褘等『元史』【明】
羅貫中『三国志通俗演義』【明】
施耐庵『水滸伝』(後人の加筆がある)【明】
1371 マンデヴィル『旅行記』【英】
1372 ラ・トゥール・ランドリー『息女教育の書』(随想録)【仏】
二条良基『応安新式』(連歌マニュアルできる)【日】

太平記 軍記物語40巻

◉ 軍記物語『太平記』40巻【日】
ヨークのオースチン修道院の図書目録がプレスマークなどの整理技法を採用【英】
1373 義満,猿楽の観阿弥を保護【日】
1374 観阿弥,世阿弥の今熊野神事猿楽【日】

貨幣でもうける方法に両替、貨幣の保管または取引、高利貸の三種類がある。
ニコル・オレムス

BC 6000以前
BC 6000
BC 2200
BC 1200
BC 600
BC 300
0
300
600
800
1000
1200
1300
1400
1500
1600
1650
1700
1760
1810
1840
1860
1880
1890
1900
1910
1920
1930
1940
1950
1960
1970
1980

ウィクリフの聖書英訳が、教会情報の外縁部での破壊をもたらしていく。そして、ヨーロッパが初めて「民衆」を自覚しはじめる。

時代の認識

1375

永和1
天授1

中世から近世へ

ギルドの変質 商業資本の擡頭

倭寇

1376 高麗,倭寇のため貢祖の輸送不可能【鮮】
64人の住京商人が大山崎神座の神人に加わり営業権承認を迫る【日】
1377 ウィクリフが裁判を受けるが,エドワード3世の保護で釈放【英】
「善良議会」が開かれ議会の政治的特権を国王から獲得【英】
南ドイツ都市戦争【独】
フッガー家の貿易伸長【独】
1378 フィレンツェでチオンピ(織布工)の暴動(ギルド職人の反抗,ギルドの変質と商業資本の擡頭はじまる)【伊】
ヴェネチアとジェノヴァが開戦【伊】
1379 エルザス都市同盟の成立【独】

1380
1380 太祖,中書省を廃止(君主独裁制を完成)【明】
ロシア連合軍,タタール軍を撃破【露】
李成桂,雲峰で倭寇を破る【鮮】
◉ 淀・大津・兵庫など商品流通発展,輸送業者活発化【日】

ワット・タイラー

1381 ワット・タイラーの乱(指導者ジョン=ボール処刑,農奴制廃止へ)【英】

ヴェネチアに覇権

ヴェネチアがジェノヴァを破り,地中海・東方貿易の覇権をにぎる【伊】
1385
エルザス都市同盟,ライン都市同盟に発展【独】
ブリュージュ・リエージュ・ガンなどの織物工の暴動【白】
太祖が里甲制を施行(賦役黄冊作成)【明】
1382 明,雲南を平定【明】

1385 アヴィス王朝の支配(中央集権化推進)【葡】

ツンフト闘争 手工業者農村へ

◉ 封建的土地所有の解体(ツンフト闘争,人口減少で手工業者が農村へ移住,貨幣地代へ)【欧】
1386 ヤゲロ朝成立(東欧最強の国家へ)【波】
1389 高麗の賊軍,対馬に来寇【鮮】
ティムール,東チャガタイハン国征服
1391 明徳の乱(山名氏清,挙兵して敗死)【日】

後小松天皇 南北両朝統一

1390
1392 後小松天皇に神器授与(南北両朝の統一)【日】
絶海中津,義満の命令で高麗への答書【日】
李成桂が高麗を倒し,李氏朝鮮を建国【鮮】
1393 ティムール,バグダード攻略(イル・ハン国併合)
全国人口,約6055万人に達する【明】

中国六〇〇〇万人

李成桂の朝鮮統一

1396 漢陽に遷都【鮮】
ケルンのツンフト(手工業者組合)が都市貴族より市政の実権を奪取【独】
ニコポリの戦い(ハンガリー軍敗退)【土】

1395

カルマル連合

1397 デンマーク・ノルウェー・スウェーデンの3国連合(カルマル連合)を結成
太祖が民衆教化を目的に六諭を発布【明】

ティムール 西アジアを統一

1398 ティムール,トゥグルク朝デリーを占領【印】
貿易商人リチャード・ホイッティントン,ロンドン市長に選出
1399 ヘンリー4世即位(ランカスター朝成立)【英】
靖難の変(諸王抑圧策に燕王棣が挙兵)【明】
応永の乱(大内義弘,堺で敗死)【日】

宗教の変質

カトリックのシスマ

ウィクリフの改革案

1376 聖書至上主義を唱えたオックスフォード大学教授ウィクリフが教会改革を提唱【英】
絶海中津らが明から帰還【日】
教皇庁ローマ復帰(「アヴィニヨン幽囚」終了)
1377 幕府,臨川寺を五山に列する【日】
幕府,興福寺衆徒を討伐【日】
1378 教皇二重選挙(ローマとアヴィニヨンに教皇併立)ローマ・カトリック教会大分裂(シスマ)
フランコ・サッケッティ『福音書注解』【伊】
1379 錬金術師ニコラ・フラメル,スペイン・コンポステラ巡礼の旅に【仏】
足利義満,妙葩を雲居庵に訪れ,妙葩が南禅寺住持になる【日】
1380 マーダヴァ『ジャイミニの正理の頸飾集』【印】
妙葩,宝幢寺の開山となる【日】
1381 足利義満,五山僧徒に康永・貞治の例に準じる法規遵守を指示【日】
1382 南京に僧録司,州・府・県に僧綱司など設置(僧官制度整備)【明】
義堂周信,義満に「論語」講義(儒仏二教を説く)【日】

春屋妙葩

聖書の英訳

1383 ウィクリフ,聖書を英訳【英】
足利義満,故疎石を相国寺第一祖にして,妙葩を第二代に【日】
義満,中津を鹿苑院住持に【日】
1384 東ローマ使節クリソロラス,フィレンツェにギリシア学輸入【伊】
良鎮『融通念仏縁起』【日】
1385 聖冏『釈浄土二蔵頌義』【日】
1386 幕府,五山ならびに京都十刹,関東十刹の位次を定める(南禅寺を五山の上に)【日】
天下の仏寺に砧基道人をおく【明】
1387 ツォンカパ『セルペン』(現観荘厳論釈)【チベット】
抜隊得勝没(『塩山仮名法語』)【日】
延暦寺僧徒,妙顕寺を破却【日】
聖冏『顕浄土伝戒論』【日】
遊行自空,尊観法親王に遊行権を譲る【日】
ジョン・パーシー,聖書を完全英訳(ウィクリフの継承)【英】

義堂周信 禅林宋学 五山制の確立

義堂周信『空華集』【日】
1389 鹿苑院仏殿立柱【日】
1390 本願寺時芸,越中に瑞泉寺建立【日】

ダライ・ラマの転生

1391 ダライ・ラマ転生継承が定まる【チベット】
道教を正一・全真の二等に定める【明】
円福寺堯恵『論注私集抄』【日】
セビリヤの反ユダヤ人暴動(コルドバでユダヤ人虐殺)【西】
1393 ツォンカパ,チォエルン寺院に8比丘と篭って三昧,ゲルク派(黄帽派)立教【チベット】
1394 今川貞世,朝鮮に捕虜を返し,仏教典籍「大蔵経」を求める【日】
ボヘミアの宗教改革者フス,神学博士となる

ユダヤ人追放(仏)

フランス王室,最終的なユダヤ人追放決定【仏】
1395 白旗流義相承制誡6カ条【日】
1396 相国寺仏殿供養【日】
1397 渋川満頼,朝鮮に『大蔵経』を求める【日】

絶海中津と相国寺

1398 絶海中津,相国寺住持となる【日】
フス,ヴェンツェル4世に伴いフランス訪問【独】
1399 興福寺金堂,再建供養【日】

学問と技術	美の観照	史述と風刺	1375

学問と技術

ガラス工芸の発達

カタロン地図

1375 カタロンの海図(当時もっとも進んだコンパス海図でインドを半島として描く)【西】
崔茂宣が火薬製造に成功【鮮】
社学(50戸を単位にする地方自治組織「社」の学校)を建てる【明】
1376 ヴェネチア,ガラス工人の貴族昇格を承認【伊】
1377 ヴェネチア,制度化された海港検疫開始【伊】
ニコル・オレーム,アリストテレス『天体論』を翻訳
1378 現存最古の活字本『直指心経』【鮮】
楊輝『楊輝算法』再刊【明】
竹田昌慶,明で医学を修めて帰国【日】
炸薬発火のための信管の発明【欧】
グィリエム・セダケル『セダキナ』(錬金術書)
1379 ド・ウィックが柱時計をつくる

ニコラ・フラメルの錬金術

1380 シャルル5世,錬金術禁止令公布【仏】
1381 アウグスブルクで小銃の発明【独】
リモージュの印刷業者ら可動活字の使用
1382 ニコラウス・オレスミウス没『天球論』『質の変形について』【伊】
錬金術師ニコラ・フラメル,水銀から銀をつくったと発表【仏】
フィレンツェで最初の複式簿記記入例(バリアノ・ディ・ファルコ記帳)【伊】
1383 マルセイユ,検疫開始(検疫期間40日)【伊】
バイエルンに醸造所創設(後にミュンヘンに移転,レーベンブロイ醸造所に)【独】
1384 科挙条式を発布,翌年第1回の科挙【明】

南京観象台

1385 南京に観象台が建立される【明】
1386 ハイデルベルク大学創立【独】
イギリスの現存最古の機械時計設置(ソールズベリ大聖堂)【英】
1387 フランクフルトの浴場管理者は29人【独】

ケルン大学

1388 ケルン大学創立【独】

都市衛生条例

1389 イギリス最初の都市衛生条例【英】
最初のドイツの製紙用水車,ニュルンベルクに建設される

1390 ロンドンに街路監視官の登場(情報の公共化)
◉ バルセロナでエナメル彩文ガラスが製造される【西】
◉ ヨーロッパでイチゴ栽培開始
1391 フェラーラ大学創立【伊】
農奴の就学禁止請願【英】
1393 『経史證類大全本草』(1302年版『大全本草』の系統本)重刻【鮮】
1394 エンリケ航海王子が航海・探検事業推進【葡】

福田方 有隣による疾病分類

このころ僧有隣『福田方』を著す(疾病別記述)【日】

1395 ミラノのナヴィリオ大運河に閘門建設【伊】
1396 石刻天文図『天象列次分野之図』【鮮】
◉ 鉛市兵衛,明より帰国【日】
1397 ニコラ・フラメル『象形寓意の図書』【仏】
1398 マイセンの辺境伯ヴィルヘルム1世,ベネディクト修道院に製紙業の特許を授与【独】
インド,ペルシアから紙を輸入(写本挿図さかん)【印】
『郷薬済生集成方』【鮮】
1399 ジョヴァンニ・ヴィスコンティ,検疫規定を定める【伊】

美の観照

1375 フランチェスコ・トゥライニ画[死の勝利]【伊】
◉ [石山寺縁起絵巻]【日】

トレチェント イタリア世俗音楽

1377 イタリア世俗音楽(トレチェント)の繁栄【伊】
◉ ナルボンヌの祭壇前飾布[磔刑](グリザイユ)
1378 アンジューのつづれ織り
鎌倉円覚寺仏殿落慶【日】
祇園会見物に世阿弥が足利将軍義満と同席【日】
妙沢画[不動像]【日】

花の御所 足利義満の室町新邸

足利義満が室町新邸(花の御所)に移る【日】
1379 [アルテンブルクの修道会教会堂]【独】
東寺[弘法大師行状絵詞]【日】

ブルゴーニュ公とベリー公 フランコ=フラマン画派 国際ゴシック様式へ

1380 [王護国寺大師堂]建立【日】
ギイ・ド・ダンマルタン設計[サント・シャペル](リヨンのゴシック)【仏】
◉ ジョヴァンニーノ・デ・グラッシ画[エジプトへの避難]【伊】
1382 臥竜寺碑のレリーフ【明】
南禅寺興庵「仏祖正伝宗派図」1帖印刷(五山版)【日】
マイスター・ベルトラム[クラボウェル祭壇画]【独】
パドヴァ画[サン・ジョルジュ礼拝堂]【伊】

シャンモル修道院 アート・センターに

1383 ブルゴーニュ公フィリップ豪胆公シャンモル修道院を設立(内外のアーティスト参加)【仏】
1384 ベリー公ジャン,ジャックマール・エダンを召しかかえる【仏】
祐円画[地蔵菩薩像](和歌山宝寿院)【日】
1385 バタイユ作[9人の騎士のタピスリー]【仏】
[天衣観音木像]【明】
1386 豪華細密書『ベリー公の詩篇』完成【仏】
メルキオール・ブローデルラム,エダン城の遊戯機械の修復を命じられる【仏】
[ミラノ大聖堂]着工【伊】

日本にも禅画

明兆画[五百羅漢図](東福寺)【日】
[西国寺金堂]創建【日】
1388 ルイス・ボラッサ,カタルーニャで活躍【西】
1390 『黄金文書』の写本装飾【独】
[アルビ大聖堂](広間型教会堂形式)【仏】
手描彩色の『料理の手引』(文盲の料理人を指揮する視覚教材)【英】
アンドレ・ボヌーヴー,ベリー公のお抱えミニアチュール絵師となる【仏】
1391 [融通念仏縁起絵巻](大念仏寺)刊行【日】
足利義満,田楽・猿楽を見る【日】
[白磁香炉白磁器]【鮮】
1392 景徳鎮に官窯を置く【明】
1394 明兆画[大邇和尚像]【日】
ブレーデルラム画[シャンモル祭壇画]【仏】
1395 徐貴画[春雲疊嶂図]【明】
◉ ジャン・マルエル画[円形大ピエタ](フランコ=フラマン画派)【蘭】
◉ エブルー大聖堂ガラス絵[モルテン伯と聖パウロ]【仏】
◉ メルキオル・ブロエデルラム画[寺院における謁見とエジプトへの逃避]

義満の金閣 西園寺山荘の改築と楼閣化

1397 足利義満,北山に金閣を建立【日】
1398 [伯耆大山寺縁起絵巻]【日】
[光明真言功徳絵巻](明王院)【日】

史述と風刺

イブン・ハルドゥーンの世界史 アラブ・ペルシア・ベルベルの歴史

1375 ハルドゥーン「示唆に富む例証ならびにアラブ,ペルシア,ベルベル諸族の歴史の主語と述語」(一名「イバルの書」)第1部「歴史序説」【埃】
◉ 『秋夜長物語』【日】
◉ 『増鏡』成立(作者二条良基説有力)【日】
1376 ガワー『瞑想者の鏡』(詩)【英】
1377 ニコル・オーレム,アリストテレス『天体論』仏語訳【仏】
オックスフォード大学メルトン・カレッジに図書館【英】
ハルドゥーン『イバルの書』第2部【埃】

奇蹟劇の流行

1380 奇蹟劇さかんに演じられる【仏】
1381 チョーサー『百鳥のつどい』【英】
フィリッポ・ヴィラーニ『フィレンツェ市の起源とその著名なる市民』【伊】
宗良親王編『新葉和歌集』20巻【日】
1382 ガワーのラテン語詩『呼ばわる者の声』【英】
虎関師錬の東福寺文庫焼失【日】

観阿弥 清次三郎 大和結崎座

◉ 観阿弥[通小町][自然居士]【日】
1383 ソフォーニィの軍記『ザドンシチナ』【露】

チョーサー

1384 『元亨釈書』重刻【日】
チョーサー『誉れの宮』【英】
駿河浅間権現で猿楽能【日】
1385 チョーサー『善女列伝』【英】
◉ 『ヴェンツラフ聖書』(ボヘミアの書籍芸術推進者ヴェンツラフ王による)【独】
1386 五山文学僧,惟肖得巌が摂津有馬の長楽寺に住持(のちに五山の万寿寺・天龍寺・南禅寺に昇る)【日】
1387 インドの『ヴェーダ』注釈者サーヤナ没【印】
◉ チョーサー『カンタベリー物語』【英】
1388 二条良基『近来風体抄』【日】
ジョン・ウィッテフェルド修道院参事,聖マーチン修道院の図書目録を編纂【英】
1389 『ハーフィズ詩集』のペルシアの詩人ハーフィズ没【波斯】
1390 ガワーの詩『恋人の告白』【英】
フェルナンデス・デ・エレディア『スペイン大年代記』【西】
ジャン・ド・サン=ピエールほか3詩人による『バラード百篇』【仏】

ダラム目録 図書分類の改革へ

1391 ダラム修道院の2番目の図書目録編纂(貴重書81冊,読書・学習用図書428冊を収録,プレスマーク,第二葉インシピットを活用)【英】

御伽草子

◉ 『御伽草子』完成【日】

トランプ案考

1392 高麗に書籍院設置,活字鋳造事業印書館創設
デシャン『散文の道』【仏】
宮廷画家ジャック・グランゴヌール,トランプカードを考案【仏】
1395 『皇明祖訓』を刊行【明】
ジョン・パーヴェー,ウィクリフおよびヘリフォードの英訳聖書を改訂【英】
フランコ・サッケッティ『フィレンツェの人々』(400の短編集)【伊】
パーヴェイ『ウィクリフ訳聖書』を改訂【英】
1397 瞿佑,小説『剪燈新話』【明】
1398 羅貫中没【明】

海印寺の印刻 朝鮮の大蔵経

1399 海印寺の『大蔵経』を印刻【鮮】
『尊卑分脈』(系譜書)【日】
観世勧進猿楽を義満が見物【日】

弾き語りの歌い手、作者、吟遊詩人すべてに対して、広場で歌うことを、法王、王、領主について歌うことを禁ずる。
フランスで発効された告示

回遊する夢

1400～1499

建築のブルネレスキ、猿楽の世阿弥、古典の観照(ルネッサンス)がはじまっている。

未知の情報を世界中に求め(鄭和、エンリケ)、集めつくす時代がやってくる(永楽大典、大学図書館)。

1400
応永7

近世の開幕

1400 大越の陳朝が滅亡,将軍の胡氏が実権を奪う
オーエン・クレンドゥアー指導のウェールズ反乱【英】
◉ グーツヘルシャフト発生【独】
マラッカ王国建国
1401 第1回遣明船(義満が明と国交)【日】
1402 ドイツ騎士団,ノイマルク獲得【洪】
アンゴラの戦い,ティムールがバヤジッド1世を捕えオスマントルコ中絶(東西イスラム国家の対決～05)
燕王の鄭即位,成祖(永楽帝)となる(～24)【明】
陸奥伊達政宗叛く(上杉氏憲討伐へ)【日】
1403 年代記に"シベリア"の名称初出【露】
北平を北京と改称【明】
万里長城,山海関から大同を補強(～24)【明】
吉林建州衛設置(太祖の満州経営の開始)【明】

永楽帝

勘合貿易 日明勘合船17回84隻

1404 勘合貿易開始【日明】

1405 ティムール帝,明への遠征の途中で死没
ジャン・ド・ベタンクール,カナリア諸島の植民を試みる【仏】
1406 フィレンツェ,ピサ征服【伊】
安南国内乱(明が征服)【明】
1407 冒険商人組合,ヘンリー4世から創設特許状(ステープル商人を押さえる)【英】
オルレアン公暗殺を機にブルゴーニュ党とアルマニャック党対立(内戦へ)【仏】
1408 南蛮船,若狭小浜付近に漂着(象1匹,オウム4羽,クジャク4羽などを贈られる)【日】

ポルトガルの躍進

1410 ドイツ騎士団,ポーランド軍に敗退(ドイツ騎士団の衰退)【独】
永楽帝,タタールを破る【明】
1411 ポルトガル,カスティリア条約締結(26年間の戦闘完了)
赤松義則,大山崎神人の荏胡麻売りを保護【日】
1412 ハンザ都市よりランゴバルト人追放【独】
1413 カボシアンの乱【仏】

メフメト1世 オスマン統一

メフメト1世,オスマン帝国再統一
明の陳誠ら,アフガニスタンのヘラトまで旅行【明】
号牌法発布(戸籍登録)【鮮】
段銭,棟別銭を課す【日】
1414 トゥブルク朝滅亡(ティムールの武将,デリーを都としてサイイッド朝成立～51)【印】

1415 アジャンクールの戦い(イギリスのヘンリー5世,フランス軍を破る)【英】
ポルトガル,アフリカ西岸セウタを占領(モロッコ地方への進出をはかる)【葡】
1418 ポルトガルの船隊,マデイラ諸島に漂着(のちにブドウ,サトウキビを移植して開発)【葡】
ノヴゴロド民衆,貴族に対する大反乱【露】

近江馬借一揆

近江大津の馬借ら米売買を強訴(侍所がこれを鎮撫)【日】
1419 日本人居留地,三浦を開港【鮮】

1420 トロアの和約(英王ヘンリー5世,仏王女と結婚,仏王位継承権を獲得)【英】
教皇マルティヌス5世の異端討伐十字軍,プラーグで敗退
アユタヤのアンコール・トム攻略【カンボジア】

北京に都

1421 南京より北京へ都を移す【明】
1422 イギリス・フランスの交戦再開(～53)【英仏】
1423 ヴェネチアにテサロニカを売却【東ローマ帝国】
1424 ヴェルヌイの戦い【英仏】
黎利,明軍に大勝【越】

信仰と探求

1400 異端者焚殺令【英】
シュリーカンタ・シヴァ阿闍梨(シヴァシッダーンタ派の学者)『檀多経註釈』【印】
シャンカラミシュラ『補註』(勝論経註釈)【印】
◉ イスラム教徒,ジャワ海岸地帯に来住(ジャワ仏教衰退)【ジャワ】
◉ ベタクーシュ(シーア派神秘主義教団)の活動がさかん【埃】
1401 相国寺を五山の第一刹にする【日】

フスの宗教改革

1402 フス(プラーグ大学教授),宗教改革を提唱【独】
ツォンカパ『菩提道次第論』【チベット】
1404 ティムール帝[ビービー・ハーヌム・モスク]を首都サマルカンドに建造

ツォンカパ

1406 ツォンカパ『秘密道次第論』【チベット】
コルドバでユダヤ人大虐殺【西】
1407 トマス・ア・ケンピス,オランダに新設のアウグスティヌス参事修道会に入る【独】
1409 ツォンカパ,ラサ東方にガンデン大僧院を建立【チベット】
ソルボンヌの神学者ジャン・ジェルソン,アヴィニヨン教皇庁の廃止を提案【仏】
オックスフォード,ケンブリッジ両大学がウィクリフ一派の出版物を禁書に【英】

三教皇鼎立

ピサの教会会議(三教皇鼎立)【伊】
仏教批判おこる【鮮】

1410 北京でチベット大蔵経・永楽版開版【明】
アイイ『世界像』【仏】
1411 義持,一休宗純と会う【日】
◉ ユダヤ教徒の形式的キリスト教改宗「マラノ」がおこなわれる【欧】
1413 フス『教会について』【独】

コンスタンツ宗教会議 フス処刑とキリスト教の危機

1414 コンスタンツ宗教会議が開かれ,教会の刷新と再建をはかる(～18)【独】
ジェルソン,公会議の教皇への優越性の理論を展開【仏】
アイイ『天文学的真理と神学との一致について』【仏】

1415 フス焚刑【独】
神学者プチ処刑【仏】
教皇ヨハネス23世の廃位
『性理大全』などの編纂により,朱子学が官学化【明】
1416 プラーグのヒエロニムス焚刑【独】
宥快『宗議決抉集』【日】
大嘗会で禹歩法をおこなう【日】
1417 オールドキャスルの焚刑【英】
1418 太宗の軍師として重用された高僧道衍没【明】
1419 ボヘミアのフス派蜂起,フス戦争勃発(～36)
寺田・寺奴婢を没収【鮮】
将軍義持,山門規式を定める【日】
日陳述『本迹同異決』【日】

フス党の反乱

ジャワ・スマトラのイスラム化

1420 マラッカの王,イスラム教に改宗【マレーシア】
◉ 金漸,仏教の利を上奏【鮮】
1421 仏宇の祈祷を禁止【鮮】
1422 将軍義持,大蔵経を朝鮮に求める【日】
1424 『百丈清規』を全国の叢林に頒布【明】

李朝仏教の統一

仏教改革(諸派を禅・教両派に統一)【鮮】

1405
1410
1415
1420

1400

印刷術と航海術

1400 このころまで北米砂漠地帯ホホカム文化の巨大建築[グレート・ハウジズ]造営

錠前にバネ使用

◉ このころ錠前にバネが使用される【欧】
◉ 陶磁器精陶さかん(三島手中心)【鮮】
1401 リューベックの航海業者,大商船組合結成【独】
『流行病とペスト』(モンペリエで刊行)【仏】
1402 金士衡・李茂・李薈ら世界地図[混一彊理歴代国都之図]【鮮】

李朝活字の鋳造

1403 王立活字鋳造所を設置して癸未字を造る(活字約数十万個,多くの書籍印刷をした)【鮮】
東寺南大門前に一服一銭の茶店出現【日】
『四書大全』編纂【明】
ヴェネチア,海港検疫の隔離病舎設置【伊】
1404 大型遣明船を多数建造【日】

鄭和の南海遠征

1405 ベルギーに製紙工場建設
カイザー『要塞術』(ゼンマイ型フュージーの記述)
鄭和,南海遠征開始(1433までに7回)【明】
南京府北西郊外の宝船で造船(ここで新造・修理された船の数は年間約200隻)【明】
「無学秘訣」の著者無学没【鮮】
1406 朱橚「救荒本草」2巻(1586刊)【明】
済生院に女医をおく【鮮】
ジェノヴァにサン・ジョルジョ銀行創設(後に経済界の一大勢力に)【伊】
1408 パリ,街路照明に関する条例(13年にも)【仏】
ライプツィヒ大学創立【独】
1409 鄭和の第3回遠征(~11)【明】
李韜・崔海山ら火車製作【鮮】
マルセイユ大学創立【仏】

1410 ボローニャ大学のピエトロ,教皇アレクサンドル5世の屍体に防腐処理【伊】
クランク利用のフイゴ出現【欧】
プトレマイオス『地理学』のラテン語訳(地球球体説の復活)
1411 スコットランドのセント・アンドリュース大学創立【英】
1413 アルンデン,オックスフォード大学の臨検強行【英】
亀船進水(倭寇防衛を目的に建造,秀吉の朝鮮侵略の際に活躍)【鮮】

五経大全・性理大全

勅命で胡広ら『五経大全』『性理大全』編集【明】
バジリウス・ヴァレンチヌス,アンチモン発見

エンリケ航海王

1415 道路舗装用に均一寸法のブロックを製造【仏】
ポジョ,クインチリアヌス『弁論家育成論』を発見(多数の教育論の論拠に)【伊】
1416 小切手の使用【伊】

航海地図学

アントワープの印刷業者ら,可動活字の使用【仏】
1418 エンリケ航海王,サグレシュ城に航海学・地図学の研究施設設置【葡】
マヨリカ島に検疫所設置【伊】
木刻版の書籍印刷,各地にひろまる【日】

1420 木製の東西氷庫,石造に改良(石氷庫)【鮮】
庚子字(活字)をつくる【鮮】
フォンターナ,水雷を製造【伊】
ジャンク船,アフリカ南端に到達の説【明】
◉ ヨーロッパでニトロ爆薬・地雷を使用
1422 尹淮ら『世宗実録地理志』編纂(1454改定)【鮮】
1423 オランダ人のJ・コステルが活字印刷術を発明したという説【蘭】
1424 永楽年間,全国各州に雨量計をおく【明】
◉ 中央アンデスのインカ族ら,高度な染織・工芸技術を展開【南米】

ルネッサンス勃興

1401 フィレンツェ大聖堂付属サン・ジョヴァンニ洗礼堂の門扉デザイン・コンクール(課題「イサクの犠牲」,ロレンツォ・ギベルティ当選)

ブルネレスキ

モーセの井戸

スリューテル作[泣き男][モーセの井戸](シャンモル修道院)【蘭】
1402 建築家ブルネレスキ,ローマ訪問【伊】
受難劇上映の組合公認(パリに常設劇場)【仏】
[枢機卿ラグランジュの屍](裸身の仰臥像墓碑)【仏】
◉ アンドレ・ボヌーヴー,サン・ドニ修道院に[シャルル5世像]を彫刻【仏】
1404 王紱画[為密斎写山水巻]【明】
明兆画[春屋妙葩像]【日】
ロレンツォ・モナコ画[聖母と聖徒たち]【伊】

明兆・如拙・周文

ギベルティ 絵画的浮彫の創造

1405 ギベルティ作[サン・ジョヴァンニ大聖堂門扉レリーフ]【伊】
[青花竜文天球瓶]【明】
◉ 東福寺[三門]【日】
1407 王冕画[照水古梅図]【明】
成祖筆蹟[明主勅書]【明】
円覚寺[舎利殿](禅宗仏殿)【日】
1408 モナコ画[受胎告知]【伊】

1410 周文画[芭蕉夜雨図]【日】
1411 将軍,義持作[白衣観音像]【日】
ドナテルロ作[福音書記官ヨハネ]【伊】

ヴィトルヴィウス復活

1413 紛失していたヴィトルヴィウス『建築書』写本修道院で発見(1486年に刊行)【瑞】
ランブール兄弟描出『ベリー公のいとも豪華な時禱書』(ジャックマール挿画か)【白】
1414 ギベルティ作[洗礼者ヨハネ]【伊】

いとも豪華な時禱書

1415 如拙画[瓢鮎図]【日】
グジャラーティー派絵画おこる【印】
ドナテルロ作[聖ジョルジォ像]【伊】
[稜恩殿](成祖長稜)建立【明】

ダンスタブル

◉ 天文学者ダンスタブル,[ミサ]など多くの作曲活動展開【英】
1416 ベルショーズ画[聖ディオニシウスの殉教]【白】
1417 寂済画[融通念仏縁起絵巻](清涼寺)【日】
1418 紀年入最古の木版1枚刷[聖母像]【白】
1419 ブルネレスキ,捨子保育院のコリント式円柱ロッジア(ルネッサンス建築の嚆矢)【伊】
周文画[江天暮意図](仁和寺)【日】

1420 ブルネレスキ設計[フィレンツェ大聖堂サンタ・マリア・デル・フィオーレ大円蓋](ルネッサンス建築の勃興)【伊】
ブルネレスキ,三廊バシリカ形式の[サン・ロレンツォ教会堂](遠近透視法の創出)【伊】
ヴァン・アイク兄弟画[磔刑と最後の審判]【蘭】
マサッチオ画[サン・ジョヴィナーレの三連祭壇画]【伊】
ヤン・ヴァン・アイク,ホラント伯(ハーグ)宮廷画家となる【蘭】

ヴァン・アイク兄弟

ドナテルロ 人文主義彫刻開始

1423 ドナテルロ作[預言者像](ルネッサンス彫刻の勃興)【伊】
ジェンティーレ・ダ・ファブリアーノ画[マギの結婚]【伊】
1424 ファブリアーノ画[キリストの誕生]【伊】
ギベルティ作[天国の門]完成【伊】

遊芸と文芸

フロワサールの情報年代記

1400 フロワサール『イングランド年代記』(百年戦争記,カレーの市民)【仏】
イブン・ハルドゥーン,シリアのダマスクス郊外でティムールに会見【埃】
世阿弥『花伝書』(1406説も)【日】
ヨハンネス・フォン・ザーツ『ボヘミアの農夫』【独】
ヴィッテンヴァイラー『指環』(教訓詩)【独】
『大塔物語』に歌舞芸人,頓阿弥の記録(狂言歌謡の起源か)【日】

世阿弥

1403 騎士クラビホ,ティムールに会見(のちに『ティムール帝国紀行』を著す)【西】
宝生一座,南大門で演能【日】

聖史劇 フランスで流行へ

◉ フランスで聖史劇流行(~1500)

永楽大典 二万巻 一万冊

1407 安国寺経蔵(禅宗様の現像最古の輪蔵付経蔵)【日】
解縉ら,大百科事典『永楽大典』編纂(2万2877巻,1万1095冊)【明】
ローペス・デ・アヤーラ『宮廷詩集』【西】
1408 今川了俊『源氏六帖抄』【日】
◉ 花山院長親『耕雲口伝』【日】

1412 リッドゲイト『トロイ物語』(~20)【英】
1413 近江猿楽日吉座の犬王没【日】
今川了俊『落書露顕』(歌学・連歌書)【日】
1414 賀茂在方『暦林問答』【日】
花山院長親『七百番歌合』【日】
玄棟撰『三国伝記』【日】

同朋衆と挿花

◉ 同朋衆,池坊の寺僧に巧みに花を立てる者が現れる【日】
北野神社に鵺(ぬえ)が出現して宮司が射落すという【日】

1415 『梵灯庵連歌十五番歌合』(現存最古の歌合)
アラン・シャルチエの詩『四貴女物語』【仏】
シャルル・ドルレアン『牢獄の歌』(アジャンクールの戦で英国捕虜~40)
李禎『剪燈余話』刊行【明】
1416 黄准,楊士奇ら『歴代名臣奏議』【明】
ロンドンで個人の浴室が公認される【英】
1418 ジ-ェルソン『思想論』『目的因論』【仏】
正徹『なぐさめ草』【日】
ケンブリッジ大学図書館,蔵書まだ380冊【英】
このころバルカン,ギリシアからジプシー集団がハンガリー(1416),ボヘミア(17),ドイツに入る,パリ出現(27)

ジプシー 初めて中欧に

1420 今川了俊(貞世)没(今川状は後世教科書としてひろく使用)【日】

仮名文年中行事

一条兼良『仮名文年中行事』【日】
世阿弥『至花道』(能楽書)【日】
1421 下院で英語を使用【英】
『茶器名物集』に毎阿弥の名がみられる【日】
1422 一条兼良『公事根源』【日】
1423 ジェルソン『心の完成について』【仏】
ジェイムズ1世『王の書』(詩集)【英】
世阿弥『能作書』【日】
1424 世阿弥『花鏡』【日】
観世元雅,楽頭職となる【日】
シャルチエ詩『つれなき美女』【仏】
◉ 『義経記』『曽我物語』成立【日】
◉ 多くのギリシア語写本がコンスタンティノポリスからフィレンツェに流入【伊】

ギリシア語写本フィレンツェに流入

天下に認められる演者は風体、型はちがっていても、芸の魅力はどこにでもあらわれる。この見物人が面白くおもうのが花である。
世阿弥『風姿花伝』

BC 6000以前 / BC 6000 / BC 2200 / BC 1200 / BC 600 / BC 300 / 0 / 300 / 600 / 800 / 1000 / 1200 / 1300 / 1400 / 1500 / 1600 / 1650 / 1700 / 1760 / 1810 / 1840 / 1860 / 1880 / 1890 / 1900 / 1910 / 1920 / 1930 / 1940 / 1950 / 1960 / 1970 / 1980

足利家からメディチ家へ、時代のパトロンが情報を握る。

1425
応永32

近世の開幕

1425 フェルナンド・デ・カストロ,カナリア諸島の植民を試みる【葡】
弘文館設立【明】
1427 セビリアのディエゴ,アゾレス諸島再発見【葡】
1428 大越国の黎氏が明の支配から独立,黎朝の成立,都はハノイ(～1791)【越】

ジャンヌ・ダルク オルレアンの少女の快挙

1429 ジャンヌ・ダルクのオルレアン征服(百年戦争でフランスが優勢)【仏】

正長の土一揆

播磨・丹波で土一揆がおこる【日】
明に使者を送り,金・銀歳貢の免除を請う(鉱業開発を意図的に不活発化)【鮮】
◉ イギリスの地中海貿易発展伸長【英】

1430

1431 ジャンヌ・ダルク焚刑【仏】
ゴンザロ・ヴェリヨ・カブラル,アゾレス諸島探検【葡】
ボロマラーチャー2世王のアンコール攻撃(カンボジア王,都をプノンペンに遷都)【タイ】
◉ アステカ族,南米中央平原の覇者に【南米】
◉ 関東で明の永楽銭の流通【日】
1433 ジョアン1世没(ポルトガルの海外進出活発化),リスボン遷都【葡】
鄭和の第7回目の最後の南海遠征【明】
勘合貿易再開(47年まで11回51艘)【日】
日本に銅銭30万貫を寄贈【明】
1434 ゴメス・エアンネス,アフリカ西海岸のボハドル岬を回る
メディチ家のフィレンツェ支配(フィレンツェの繁栄～94)【伊】
シャー・ルクのアゼルバイジャン遠征【イラン】

メディチ家の繁栄

1435

1435 対馬の宗氏,朝鮮との貿易特権獲得【日】
1436 フランス軍,パリ奪回(再び休戦に)【英仏】
チャールズ7世の内政改革【仏】
万里長城,北京正面を二重に築く(～49)【明】
金花銀はじまる(田賦の銀納化)【明】
1438 ハプスブルク家のドイツ支配,オーストリアのアルバート2世が皇帝に選ばれ,ハプスブルク家の連続支配開始(～1740)【独】
フィレンツェの公会議開始【伊】
1439 チャールズ7世が常備軍を置く【仏】
ディエゴ・デ・シルベス,アゾレス諸島の本格的植民活動開始【葡】

1440

1440 ポーランド王,ハンガリー王を兼ねる【波】
1441 ヌーノ・トリスタン,アフリカ西海岸のブランク岬に到達
アフリカの黒人奴隷貿易開始【葡】

嘉吉の変 赤松満祐の将軍義教誘殺

嘉吉の変(徳政条目を定める)【日】
1443 首都をコペンハーゲンに【丁】
1444 バルナの戦い(オスマントルコがハンガリー,ポーランド軍を破る)【土】
国民常備軍射手部隊設置【仏】

1445

1445 ディニス・ディアス,ベルデ岬発見,セネガルに到着【葡】
アルガルウのラゴスの奴隷大競売(初めてヨーロッパに西アフリカ人流入する)
1446 フィリップ善良公,大議会を組織【蘭】
1447 ミラノにアンブロジアーナ共和国成立(～49)【伊】

オイラートのエセン・ハン活躍

1449 土木堡の変(英宗がモンゴルのオイラート部エセン・ハンと戦って大敗)【明】

アフリカ奴隷西欧に流入

信仰と探求

蓮如と本願寺教団

1426 興福寺・東大寺,両寺武装対立【日】
1427 日親,上京して伝道開始【日】
1429 円瀞『教乗法数』40巻【明】
婦女の出家を禁止【明】
クンガザンポ,ゴル寺院建立(サキャ派)【チベット】
蓮如,本願寺の再興を決意【日】

神の民衆というイデオロギー熱

◉ フス党の反乱つづき,ジャンヌ・ダルクの動向とともに「神の民衆」のイデオロギーたかまる【独仏】

1430 白蓮社を重修【鮮】
明の冊封使柴山,琉球に大安禅寺建立【日】
1431 イスラム神秘主義ニイマト・アッラー教団開祖のシャー・ニイマト・アッラー・ワーリー没
バーゼルの教会会議(～49)【瑞】

ヴァラの言語文法 キケロ批判

ラウレンティウス・ヴァラ『ラテン語の優雅さについて』(キケロ批判)【伊】
1433 両種陪餐論派,カトリック教会提示の「プラハ条約」に同意
1434 リンパの戦(フス急進派,両種陪餐論派に敗れる)
ヤーコポ・ダ・ヴィチェンツァ『人工記憶法則』【伊】
アルベルティ『家族について』【伊】

1435 一休,堺で奇行をおこない僧侶を風刺【日】
1436 ボヘミアの急進派と両種陪餐論派の争い終結
ワット=プラケオの守り本尊,エメラルドの仏像発見【タイ】
1437 ニコラウス・クザヌス,枢機卿になる【独】
1438 東西キリスト教会宗教会議フィレンツェで開催【伊】
ブリュージュ宗教令【仏】
『明北蔵』の彫印完了【明】
1439 クザヌス『聖なる日』【独】

足利学校 上杉憲実修造

上杉憲実,足利学校を修造【日】

クザヌスの無限宇宙

1440 クザヌス『知ある無知』【独】
ナームデーヴ(ヒンドゥー教)の改革的宗教おこなわれる【印】

日親 拷問に堪えた鍋かむり上人

日親『立正治国論』1巻撰述【日】
イートン・カレッジ設立【英】
1441 私創の寺院庵観の禁止【明】
1442 ジロラモ兄弟会設立(以降,各地に信心会ふえる)【伊】
1444 南極遐齢老人(寧献王朱権)の『天皇至道太清玉冊』【明】

プラトン学院 メディチ家の学問所

メディチ家がフィレンツェにプラトン学院を創立【伊】

1445 邵以正,喩道純ら編纂の『正統道蔵』【明】
北京,智化寺創建【明】
◉ イスラム神秘主義教団アフマディー教団,オスマン帝国支配下のエジプトで有力となる【埃】
1446 南京大報恩寺の修復【明】
1447 教皇ニコラウス5世の即位(ルネッサンス美術を教会建築に採用)
ケンピス,修道院副院長に【独】
パレルモ大学創立【伊】
ゲンドゥン・ドゥパ,タシルンポ寺院造営開始【チベット】
天下名山に『道蔵』を下賜【明】
◉ メクレウィー教団(旋舞教団)オスマン朝のムラト2世以降,歴代スルタンの庇護をうける
1448 ロシア主教会議,モスクワ教会独立へ動く【露】

クランク力学とアフリカ奴隷がヨーロッパを変質させていく。

1425

印刷術と航海術

アル・カーシーの数学

1425 河演編『慶尚道地理志』【朝】
唐酒(南蛮酒)渡来【日】
◉ アラビア数学の最高峰アル・カーシーによる『計算の鍵』完成
◉ このころ「曲がり柄錐」のメカニズム完成【欧】
1429 鄭招,下孝文編『農事直説』(農業技術書)【鮮】

サマルカンドに天文台 ウルグ・ベク恒星目録

◉ ウルグ・ベク,サマルカンドに天文台建設(恒星目録完成)

1430 くぼ地用箱型風車がオランダで発明【蘭】

ゼンマイ時計

◉ このころフィリップ善公のゼンマイ時計(現存最古)【仏】
◉ 『フス戦争写本』に潜水服,潜水帽の記述【独】
ファスティアン織製造開始【英】
1431 孟思誠ら『新撰八道地理志』編纂【鮮】
尹淮『郷薬採取月令』刊【鮮】
1433 朴允徳ら編『郷薬集成方』刊(中国医学依存からの脱皮)【鮮】
馬歓『瀛涯勝覧』(鄭和航海の記録)【明】
鄭招ら新造渾天儀【鮮】

カラベル船 3本マスト操縦性改良

◉ カラベル船の開発(3本マスト,操縦性を改良)【欧】
1434 景福宮に天文台,大簡儀台を竣工(38年から観測開始)【鮮】
新活字,甲寅字を鋳造【鮮】

クランクの波及 連結力学

1436 アンドレア・バンコの地図(緯度と経度が入る)
1437 アルベルティ,秤の腕に海綿を吊し空気の湿度を測定【伊】
郭守敬の日時計,仰釜日晷製作(32年から開拓した一連の天文儀器製作事業の産物)【鮮】
シャー・ルクの天文表完成(ウルグ・ベクの天文台)
1438 マリアーノ・ディ・ジャコポ・タッコラ『考案について』【伊】
1439 夏源沢『指明算法』(ソロバン図を掲載)【明】
◉ エメンタールチーズ製造【瑞】
◉ このころ複合型クランクによる連結力学がほぼ完成,動力機械の発展に大きな寄与【伊仏】

ハングル文字

1441 円筒型鉄製雨量計と量水標発明(翌年,降雨量測定制度確立)【鮮】
1443 李朝4代王,世宗ハングル(諺文,訓民正音)創作(まず宮中で試用,当初28文字)【鮮】
1444 福建・浙江の銀場を開発【明】
◉ ヨーロッパ各地で製鉄高炉が出現(水車動力ふいごで炉内温度を1000℃に上昇)

連結棒普及

◉ このころクランクのための連結棒の改良,普及へ【欧】
1445 大学林建設(ハーフの遺跡)【印】
中国医方の百科事典『医方類聚』365巻編纂完了,校正開始【鮮】
李純之『諸家暦象集』【鮮】

中国活版術のヨーロッパ到着

◉ 中国の活字印刷術がヨーロッパに伝わる(銅活字の出版が活発化)【欧】
◉ アル・カーシー,ウルグ・ベク天文台所長に就任
1447 アルメージ『算術』【埃】
1449 タッコラ『機械について』【伊】

ルネッサンス勃興

1425 クエルチャ作[聖ペテロニオ寺院の扉のレリーフ]【伊】
ロベール・カンパン画[メロードの祭壇画]【白】
◉ 吉備津神社[本殿](比翼入母屋造)【日】
イスパノ・モレスク陶器さかん【西】

マサッチオ 初期ルネッサンス 28歳で夭折

マサッチオ画[貢の銭][共有財産の分配とアナニアの死](ルネッサンス絵画の勃興)【伊】
1428 サッセッタ画[三賢王の旅]【伊】
◉ 銅版画出現【独】
◉ ギョーム・デュファイ,フィレンツェとボローニャの礼拝堂楽団に加わる(ブルゴーニュ楽派へ)【伊】

フラ・アンジェリコ

1430 ブルネレスキ設計[パッツイ礼拝堂]【伊】
アンドレイ・ルブラク没(ロシア史上最大の宗教画家)【露】
◉ フラ・アンジェリコ[受胎告知]【伊】

景徳鎮の秘術

◉ 景徳鎮官窯の盛行(宣徳青花)【明】
1431 足利義教の室町殿(室町上級住宅の様式)【日】
1432 マソリーニ画[聖母子]【伊】
十郎元雅曲[謡曲石橋]【日】
ドナテルロ作[ガッタメラータ騎馬像]【伊】
1433 ヴァン・アイク画[赤いターバンの男]【蘭】
ドナテルロ作[ダビデ]【伊】
フラ・アンジェリコ画[リナイヴォーリの聖母]【伊】
1434 ヴァン・アイク画[アルノルフィニ夫妻]【蘭】

アルベルティ絵画論 遠近法の確立と部分と全体の調和

1435 アルベルティ『絵画について』【伊】
◉ 宣徳銅器,景泰藍の盛行(七宝)【明】
1436 ヴァン・デル・ウェイデン画[キリスト降架の図]【白】
パウロ・ウッチェルロ画[ジョン・ホークウッド騎馬像]【伊】

デュファイ モテト様式からポリフォニー様式へ

デュファイ曲[少し前バラの花が]【仏】
1437 ヴァン・アイク画[ドレスデン祭壇画]【蘭】
チェンニノ・チェンニニ『技術の書』(絵画技法書)【伊】
陳憲章画[万玉図]【明】
1441 リッピ画[マリアの戴冠式]【伊】
◉ デュファイ,カンブレー大聖堂の音楽監督となる【仏】
◉ アラゴン地方,色絵付陶器さかん【西】
ミケロッツォ設計[パラッツォ・メディチ=リカルディ]着工【伊】
コンラート・ヴィッツ画[奇蹟の漁獲](聖ペテロ祭壇画)【独】

戴進と浙派

1445 伝周文画[水色巒光図]【日】
◉ 戴進,[春冬山水図][漁楽図巻]などを描く(浙派をひらく)【明】
◉ ウェイデン,ボーヌ救貧院の[最後の審判]【白】
1446 安堅画[夢遊桃源図巻]【鮮】
陳憲章画[墨梅図]【明】
1448 ルーヴァン[市庁舎](火炎様式)着工(~63)【仏】
◉ デュファイ曲[ス・ラ・ファースのミサ]【仏】
1449 [放屁合戦絵巻](戯文,平安末定智に元画)【日】

オケゲムの楽派

◉ 作曲家オケゲム,王室第1歌手兼宮廷楽長に(ネーデルランド楽派へ)【仏】

遊芸と文芸

イタリア フランス 文芸復興

1426 五山版衰える【日】
ジェルソン『形而上学と論理学との一致について』【仏】
1427 ベルナルディーノ・ダ・シエナ『説教集』【伊】
フィレンツェの大学でギリシア・ローマ文学の講義開始【伊】
詩論『帰田詩話』3巻などの瞿佑没【明】
将軍義教,音阿弥(世阿弥の甥)を寵愛【日】
1429 将軍義教,南都に下降して延年風流を見物【日】
世阿弥・元雅父子の仙洞御所出入禁止(義教の音阿弥寵愛のため)【日】
◉ このころよりブルゴーニュ公宮廷で文芸熱さかんに【仏】
1430 ティムール帝国バイソンゴル(ティムール帝の孫)『王書』【イラン】
世阿弥『申楽談儀』【日】
『正徹物語』のなかに「数寄」の記述初見【日】
元雅,楽頭職罷免【日】

神撰御記 日本の食物誌

『神撰御記』(食物誌)【日】
1432 [隅田川][盛久]などの作曲家,観世十郎元雅が伊勢で客死【日】
1433 音阿弥,楽頭職になる【日】
音阿弥,糺河原で勧進猿楽興行(将軍義教が見物)【日】
後崇光院『椿葉記』【日】
堺の阿佐井野宗瑞『論語』印刷(南宗寺版)【日】
1434 世阿弥,佐渡に流される【日】
1435 越前猿楽上洛【日】
1436 桂河原で勧進女猿楽おこなわれる【日】
貴信『星差勝覧』(史書)【明】
1438 僧正マルティネス・デ・トレード『鞭』【西】
1439 ヴァラが『イシドールス法令集』所収「コンスタンティヌス大帝寄進状」の偽文を指摘,発表【伊】
飛鳥井雅世撰『新続古今和歌集』【日】
『雑劇十段錦』【明】
◉ このころギベルティ『コンメンタリー』(~50か)【伊】

スコッチウイスキー

◉ このころよりスコッチウイスキーの量産開始【英】

図書館マルチアーナ

1440 シャルル・ドルレアン『獄中の書』【英】
ウィーン図書館創立【墺】
1441 コジモ・デ・メディチ,イタリア最初の公共図書館「マルチアーナ」建設,顧問にニコロ・デ・ニッコリ【伊】
フィレンツェで詩作合戦【伊】

幸若舞 曲舞から発展

1442 幸若舞のことが初めて記録される【日】
1443 世阿弥没【日】
1444 ヴァラ『ラテン語の優美』【伊】
漢和辞書『下学集』人倫門に職人の項【日】

十二段浄瑠璃

『十二段草子』(別名浄瑠璃姫物語)成立,浄瑠璃の名称の起源【日】
『龍飛御天歌』(宮中で試用の諺文による長編詩)【鮮】
1445 バエーナ『バエーナ詩歌集』【西】
◉ 放下・曲鞠,蜘蛛舞などの民間演劇流行【日】
1446 行誉の百科事典『壒嚢鈔』【日】
大僧正実意『安田楽能記』【日】
周鳳『臥雲日件録』【日】
◉ 能狂言の完成【日】
1449 一条兼良『源氏和秘抄』【日】
『パリー市民の日記』(1405以降の記述)【仏】
ベルカリ『アブラハムとイサク』(戯曲)【伊】
◉ 民話『ティル・オイレンシュピーゲル』成立(刊行は1515年)【独】

政治的な問題はコジモ(デ・メディチ)の屋敷で解決がはかられた。戦争と平和を決定し、法を支配するのはコジモである。
シルビウス・デ・ピッコロミーニ/後の教皇ピウス2世

オスマントルコの大砲使用の戦術が、千年の歩兵ビザンツを崩壊させる。

ドイツの文化の多様性と大型書籍制作の高いコストが、グーテンベルクの印刷廉価革命の引金をひく。

回遊する夢

1450
宝徳2

近世の開幕

1450 フランチェスコ・スフォルツァ,ミラノ公国を再建【伊】
フランダース貿易隆盛期(ブリュージュ,ガンなどの都市にヨーロッパ各国の商館,倉庫設置)【仏】
バハロール・ロディー即位,ロディー朝開始【印】
1453 百年戦争の終結(フランスがカレーの地以外のイギリス勢力を駆逐)【英仏】

ビザンツ帝国滅亡

ビザンツ(東ローマ帝国)の滅亡(オスマントルコがコンスタンティノポリスを陥し都にする,ギリシア人学者がイタリアに逃亡,イタリア・ルネッサンスの外因)【土】
◉ ヴェネチア,香料貿易独占権維持を確立【伊】
1454 ローディの和(ヴェネチア,ミラノ両公国平和条約,国内安定)【伊】

薔薇戦争へ ランカスターとヨーク両家対立

1455 薔薇戦争の勃発(~85)【英】
◉ ヨーロッパの印刷術発明直後に印刷された書物(インキュナブラ)にマルコ・ポーロの『東方見聞録』ふくまれる【欧】
◉ サクサワマン防塞建築開始(毎日3万人動員)【インカ】
シャム軍,マラッカ遠征【タイ】
発酉靖難(世宗クーデター)【鮮】
1456 ディエゴ・ゴメス,ヴェネチア人カドモストらがガンビア川を探検【ガンビア】
ベオグラードの戦(オスマントルコ軍を破る)【洪】
徳政一揆【日】
1457 マーチャース王即位(ハンガリー・ルネッサンス)【洪】
太田道灌,江戸城築城【日】
1460 オスマントルコ,ギリシア全土占領【土】
1461 絶対王政の基礎を築くルイ11世即位【仏】
タウトンの戦(ヨーク家の制覇)【英】

イワン3世 モスクワ大公 ビザンツの後継自認

1462 専制君主制を導入,東ビザンツ皇帝の後継者を自任するモスクワ大公イワン3世即位【露】
1463 ヴェネチアと戦い,ボスニアを征服【土】
カサブランカ占領【葡】
1464 ルイ11世の布告で王室用駅逓制度を敷設【仏】
憲宗即位【明】
1466 ポーランドがドイツ騎士団領の西プロシアなどを獲得【波】
科田制廃止,職田制に【鮮】

応仁の乱おこる

1467 応仁の乱(~77)がおこり,戦国時代に【日】
畠山氏一門の争いで幟が使われる【日】
建州討伐(成化三年の役)【明】
1469 アラゴン王子フェルディナンドがカスティラ王女イザベラと結婚【西】
ロレンツォ・デ・メディチ,フィレンツェ支配開始【伊】
イラン地方政権,黒羊朝滅ぶ【イラン】

女王イザベラ

1470 チャンパ(占城)が黎朝大越に滅ぼされる【越】
1471 フェルナン・ゴメス,黄金海岸発見【ガーナ】
ヴェネチアの使者ジョサファ・バルバロ,ペルシアに赴く【波斯】
ヤゲロ家のボヘミア統治【東欧】
イワン3世,ノヴゴロド遠征【露】
トパ・インカ即位(大帝国確立,領土100万平方キロメートル)【インカ】
◉ エンクロージャー(全耕地面積の2%程度,中部地域でさかん)【英】
1474 義政,朝鮮に書を送り明の勘合符を求め,朝鮮王は幕府に復書,勘合符を送る【日】
ブルゴーニュ戦争【瑞】

加賀一向一揆

加賀に一向一揆おこる【日】

信仰と探求

1450 サンタソフィアの宗教一揆【東ローマ帝国】
ラーマナンダ,ラーマ派をインド北方に布教【印】

バリ島濫熟 ジャワのイスラム化 バリのインド化

ジャワのイスラム化でバリがインド文化の拠点に
1452 東福寺正徹,足利義成に『源氏物語』講義【日】
1453 クザヌス『平和即ち信仰の一致について』【独】
コジモ,コンスタンティノポリス脱出の学者多数をフィレンツェ宮殿に保護【伊】
1454 マルシリオ・フィチーノ,ギリシア語を学びはじめる【伊】
グーテンベルク,免罪符印刷【独】
空位になっていたツェタンにナンギワンポが就く【チベット】
『世宗実録』編纂(第148巻~第155巻が地理誌)【鮮】

一休

1455 ニコラウス5世,ヴァチカン図書館設立【伊】
仏国寺釈迦三尊・壁画などを修理【鮮】
1457 農民,職人を組織したフス主義,チェコ同胞団結成【チェコ】
フィチーノ『快楽論』【伊】
一休『骸骨』を刊行【日】
1458 キーエフ府主教,モスクワ教会の独立承認【露】
教皇ピウス2世即位(考古学へ関心,イタリア各地を歴訪)【伊】
クリストフォロ・ランディーノ,フィレンツェ大学に招かれる【伊】
幕府,朝鮮から贈られた大蔵経および銭1万貫を建仁寺に寄付【日】
1459 コジモ,フィチーノを別荘に招く【伊】
1460 吉田兼倶,亡父を継いで吉田社預となる【日】
幕府,天龍寺に勘合符を与え,僧堂造営費を朝鮮に募る【日】
1461 一休,蓮如の親鸞200回忌に参拝【日】
1463 フィチーノ,プラトン全著作の翻訳を開始【伊】
1464 フィチーノ,ヘルメス文書『ポイマンドレス』ラテン語翻訳完成【伊】
日隆『私新抄』【日】
朱子学者,薛瑄没【明】

フィチーノ翻訳 プラトン全集 ヘルメス全集

1465 ラマ僧入貢の制【明】

善隣国宝記

1466 瑞渓周鳳『善隣国宝記』【日】
日蓮宗諸本山,寛正の盟約【日】
1467 ヒッポの司教アウグスティヌスの『神の国』イタリアで印刷【伊】
琉球に朝鮮より大蔵経,漢籍,鐘を贈られる【日】
1469 禅宗に江湖会や授戒会が流行【日】
朱子学者,呉与弼没(門下から陳献章ほか道学者を輩出)【明】

琉球に安国寺

琉球,安国寺建立【日】
1470 喪事供仏の禁止【鮮】
僧謙忠『日吉本記』【日】
1471 ギュンター・ツァイナー編纂『聖使伝』(木版画230枚)【独】
国王大妃,仏典を明に求める(国王が阻止)【鮮】
1472 蓮如,吉崎に移る(門徒群集)【日】
興福寺衆徒,奈良日蓮宗徒を追討【日】
1473 ロレンツォ・デ・メディチ『アルテルカツィオーネ』【伊】
コルドバでマラノ(ユダヤ人キリスト教改宗者)の虐殺【西】
蓮如,吉崎群集を禁止【日】
1474 一休宗純,大徳寺住持となる【日】

大徳寺文化

印刷術と航海術

グーテンベルクの活版印刷

1450 グーテンベルク,マインツで活版印刷術発明【独】
呉敬『九章算法比類大全』【明】

実用幾何学

1451 アルベルティ『実用幾何学』【伊】
中川子公の医書『棒心方』【日】
1452 将軍義成,学問所を北小路の邸に造る【日】
中国福州の出身者の指導で沖縄にアーチ橋,石橋七座架橋【日】
フォアテスキュー『英国の商品』(経済書)【英】
パリのサン・コーム学院,外科医ギルトとして発足【仏】

42行聖書 最初の活版

1455 グーテンベルク,最初の印刷本を製作(42行聖書は150種ほどの活字を使用)【独】
1456 マディラから砂糖が伝来【英】
竹田昌慶の衛生書『延寿類要』【日】
1457 パリに給水用水道を建設【仏】
1459 フラ・マウロの[世界図]【伊】
ストラスブールに活版印刷技術伝わる【仏】

1460 バンベルクのアルブレヒト・プフィスター,印刷本の木版挿絵化に努め4年間に9冊刊行【独】
外科文献『包帯学』【独】
オックスフォード大学,初の音楽博士学位授与【英】
1461 理髪医師組合を政府が承認【英】

活版イタリアへ ローマン体活字の制作

1463 シュバンハイムとパンナルツ,活字印刷所を設け,初めてローマン体活字を使用【伊】
鄭陟,梁誠之『東国地図』撰進【鮮】

1465 ケルンに活版印刷技術伝わる【独】
イタリア最初の印行本『キリストの受難』【伊】
1466 3本マストのカラク船の最古の記録(ブルボン家のルイ王)【仏】
グーテンベルクの印刷所の共同経営者フスト,初の出版広告を印刷【独】
パリ大学にギリシア語講座【仏】
1467 世宗,三角測量法の測量器(窺衡・印地儀)製作【鮮】

レギオモンタヌス

1468 東ローマ皇帝ユスティニアヌス1世の残した法典『法学提要』をマインツで印刷【独】
1469 大プリニウス『博物誌』(ヴェネチア印刷最初の本,1601英訳)【伊】
【鮮】

1470 独印刷技師,パリ大学に招かれフランス最初の活字印刷所【仏】
ニコラス・イェンセン,グーテンベルクのもとで印刷術修得,ヴェネチアで開業【伊】
ヴェネチアでタキトゥスの『年代記』印刷【伊】
400年ごろに書かれたアウグスティヌスの『告白』ストラスブールで印刷【仏】

ヨーロッパにも天文台 ニュルンベルク観測台

1471 レギオモンタヌス,ニュルンベルクに欧初の天文台創立,天文・数学書を出版(『位置推算暦1475～1506』はコロンブス使用)【独】
申叔舟『海東諸国紀』(日本を含む地理書)【鮮】
1472 ヴァルトゥリオ『軍事技術について』(初めての工学的挿絵入りでドイツで刊行)【独】
1473 アラビアのイブン・スィーナー『医学典範』ラテン語翻訳で刊行(1500年までに16版)

トスカネリ世界地図

1474 トスカネリ(地球球体説)の[世界地図]【伊】
ポイルバッハ『惑星の新理論』【墺】

ルネッサンス展開

ブルゴーニュ楽派からフランドル楽派へ

1450 ジャン・フーケ画[聖エティエンヌとエティエンヌ・シュヴァリエ][聖母子]【仏】
五十嵐信斎作[鳶之細道蒔絵文硯]【日】
1451 ウェイデン画[東方三博士の跪拝](滞在先のケルンにて)【白】
アルベルティ設計[パラッツォ・ルチェルライ]完成【伊】
ヴァサンタヴィラーザの写本挿絵【印】
1452 アルベルティ『建築について』【伊】
墨渓画[一休宗純像](少林寺)【日】
フランチェスカ画[聖十字架伝説]【伊】
1454 アルゲラン・カルトン画[聖母の戴冠]【仏】

1456 蛇足画[苦行釈迦図](真珠庵)【日】

リッピの円形画

◉ フィリッポ・リッピ,円形画【聖母子】を描く【伊】
◉ このころより白色定量記譜法はじまる【伊】
1457 文清画[維摩居士像]【日】
◉ 細密画家マルシオン[聖ベルタンの生涯](12枚から構成)【仏】
紋章官シュル『色彩の紋章』【仏】
1459 ベノッツォ・ゴッツォリ画[マギの旅]【伊】
マンテーニャ画[聖母子と聖徒たち]完成【伊】

1460 アルベルティ,マントヴァに滞在([サン・セバスティアーノ聖堂]などの設計～70)【伊】
デュファイ,ミサ曲を多数作曲【仏】
アレッソ・バルドヴィネッティ画[キリストの降誕]【伊】
1463 小栗宗湛,幕府御用画師になる【日】
周文画[周茂叔愛蓮図]【明】
1464 セッティニャーノ作[婦人胸像]【伊】
サマルカンドに[イシュラット・カネー墓廟]
フィラレーテ『建築論』【伊】

雪舟の山水画

1465 ルチアーノ・ダ・ラウラーナ設計[パラッツォ・ドゥカーレ]【伊】
ウッチェルロ画[聖餅の奇蹟]【伊】
墨渓画[達磨像](真珠庵)【日】
1466 レオナルド・ダ・ヴィンチ,ヴェロッキオの工房に【伊】
1467 ディーリック・バウツ画[最後の晩餐]【蘭】
雪舟,遣明船に乗って渡明【日】
◉ ゲルハルト作[胸像]【独】
1468 ゴッツォリ画[ノアの酔態](旧約聖書伝)【伊】
能阿弥画[白衣観音図]【日】
1469 雪舟,明から帰朝(画房・天開図画楼を営む),[四季山水図]【日】

土佐光信 土佐派確立

土佐光信,絵所預となる【日】
マウロ・コドゥッチ設計[サン・ミケーレ聖堂]【伊】
[仏涅槃像](臥仏寺)【明】

ボッティチェリ

1470 マンテーニャ画[聖セバスティアヌス]【伊】
◉ フーゴー・ファン・デル・グース画[羊飼の礼拝](ポルティナリ祭壇画)【蘭】
◉ ペトルス・クリストゥス画[少女像]【白】

ヴェロッキオ 工房と技法研究

1472 ヴェロッキオ画[キリストの洗礼]【伊】
フランチェスカ画[ウルビーノ公夫妻の肖像]【伊】
1473 文清画[山水図]【日】
1474 雪舟[山水画巻]【日】
ボッティチェリ画[聖セバスティアヌスの殉教]【伊】

遊芸と文芸

茶の湯

1450 アルヌール・グレバン『受難聖史劇』(戯曲)【仏】
細川勝元,義天玄承を招き方丈庭園をもつ[龍安寺]建設【日】
観世小次郎[舟弁慶][安宅]【日】
ヴァースデーヴァ『諦如意珠註解』【印】

フォーク登場

◉ フォークとナプキン出現【欧】
◉ 茶道の最盛期,点心の完成【日】
◉ 一節切尺八伝来【日】
◉ 「アンファン・サン・スーシイ」(阿呆劇ソチの劇団)16世紀末まで活躍【仏】
1451 鄭麟趾編纂『高麗史』【鮮】
1452 一条兼良『連歌初学抄』【日】
1453 アズララ『ギニアの発見と征服年代記』【葡】
ヘルマン・フォン・ザクセンハイム『メーリン』(比喩詩)【独】
梁誠之『朝鮮都図』『八道各図』を編纂【鮮】
コンスタンティノポリスにコーヒー伝来【土】

金春禅竹 世阿弥の女婿 雨月・忠信・玉葛

1455 金春禅竹『五音之次第』および能楽論『六輪一露之記』【日】
1456 ラ・サル『若きジャン・ド・サントレ物語』(フランス近代小説の祖となる)【仏】
禅竹『歌舞髄脳論』成立【日】

フランソワ・ヴィヨン

フランソワ・ヴィヨン『短詩(小遺言集)』【仏】
ヨハン・フストとペーター・シェッファー『マインツ詩編』(3色印刷)を刊行【独】
東常縁『東野州聞書』(歌学書)【日】
1458 『大明一統志』編纂(5年後に完成)【明】
1459 正徹『草根集』(門人正広編)【日】

池坊専慶の立花

1460 池坊専慶,金瓶に草花数十枝を立てる(『碧山日録』)【日】
◉ ライン地方で『復活祭劇』【独】
1461 心敬の連歌書『ささめごと』2巻【日】
1462 ヴィヨン『大遺言書』【仏】
ラ・サル『新百物語』【仏】
1463 ビオンド『中世史』(ローマ帝国衰勢史【伊】
ベッサリオン,ヴェネチアに初の公共図書館建設【伊】
◉ 南曲(南詞),朱権『荊釵記』,施君美『拝月帝』,徐仲田『殺狗記』など【明】
1464 一条兼良『日本書紀纂疏』【日】

一条兼良

1465 将軍義政,糺河原で音阿弥勧進猿楽を観る【日】
1466 宗祇の連歌論『長六文』【日】
ルイージ・プルチ,『モルガンテ』を起筆【伊】
アファナーシイ・ニキーチン『三つの海のかなたへの旅』【露】
1468 香道家志野宗信,志野焼を創始【日】
ジャーミー7部作『七つの王座』【波斯】
聖マルク修道院図書館設立(ベッサリオン枢機卿寄贈図書による)【伊】
1469 トマス・マロリー『アーサー王の死』【英】
アンブロジーニ,15歳で『イーリアス』をラテン語訳【伊】

1470 『経国大典』完成【鮮】
宗祇『吾妻問答』【日】
1471 ビオンド『古ローマ風土記』【伊】
アンブロジーニ,劇[オルフェオ物語]【伊】
1472 一条兼良,源氏物語注釈『花鳥余情』30巻【日】
セヴィリアのイシドール『語源研究』(百科事典)【西】
◉ 月6回開かれる六斎市はじまる【日】
1473 東常縁,宗祇に和歌の奥義伝授【日】
一条兼良『藤河の記』【日】
1474 リッコバルドゥス・フェラリエンシス『年代記』(ローマ刊)【伊】
◉ プラティナ,マルティーノの料理書『正しい欲望と体力』
ホルヘ・マンリーケ『父ドン・ロドリーゴの死を悼む歌』【西】

すぐれた書カトリコンは一四六〇年、マインツにて、活字母型と組版との驚くべき調和、均衡そして均斉によって印刷された。
グーテンベルク『カトリコン』の結びの言葉

BC 6000 以前
BC 6000
BC 2200
BC 1200
BC 600
BC 300
0
300
600
800
1000
1200
1300
1400
1500
1600
1650
1700
1760
1810
1840
1860
1880
1890
1900
1910
1920
1930
1940
1950
1960
1970
1980

1475 文明7

ルネッサンス絵画

1477 ボッティチェリ画［プリマヴェーラ（春）］【伊】
メロッツォ・ダ・フォルリ画［シクストゥス4世の謁見をうけるプラティナ］【伊】
1478 フランチェスカ画［モンテフェルトロ祭壇画］
ペルジーノ画（チェルクエートの）［聖セバスティアヌスの殉教］【伊】
1479 ジェンティーレ・ベルリーニ画［マホメット2世］（コンスタンティノポリス滞在）【伊】

1480 ギルランダイオ画［最後の晩餐］【伊】
リッピ画［聖ベルナルドの幻想］【伊】
ルカ・シニョレルリ画［八天使，四福音書記官，四教父］（聖ヨハネ聖器室天井画）【伊】
ボッティチェリ画（書斎の聖アウグスティヌス）【伊】
レオナルド画［ベノワの聖母子］【伊】
1481 レオナルド画［三賢王の礼拝］（未完成）【伊】
ボッティチェリ，『神曲』挿絵版画の下絵【伊】
1483 ミハエル・パッハー画［聖アウグスティヌスとグレゴリウス］（祭壇画主義）【独】
◉ レオナルド画［聖ヒエロニムス］【伊】

1485 ギルランダイオ画［牧者の礼拝］【伊】
レオナルド画［白テンを抱く婦人像］【伊】

ベルリーニ

ジョヴァンニ・ベルリーニ画［キリストの変容］【伊】
ロレンツォ・デ・クレーディ画［受胎告知］【伊】
1486 レオナルド画［岩窟の聖母］【伊】
1487 ベルリーニ画［双樹のマドンナ］【伊】
バルトロメオ・ヴィヴァリーニ画［聖母子］【伊】
ボッティチェリ画［ヴィーナスの誕生］【伊】
1488 ベルリーニ画［聖ニコラウスと聖ペトルス］【伊】

レオナルド・ダ・ヴィンチ

1490 マルティン・ショーンガウワー銅版画［聖アントニウスの誘惑］完成（デューラーの先駆）【独】

カルパッチオ

ヴィットーレ・カルパッチオ，［聖ウルスラ伝］連作に着手【伊】
ヒエロニムス・ボッシュ画［乾草車三幅対祭壇画］【蘭】
1493 リッピ画［聖トマスの勝利］【伊】
1494 アルブレヒト・デューラー画［アルコ風景］【独】
ピントリッキオ画［マリアの訪問］【伊】

1495 カルパッチオ画［聖ウルスラの夢］【伊】
1496 ペルジーノ画［キリストの勝利］【伊】
カルパッチオ画［ブルターニュ王のもとに着いたイギリスの使節たち］【伊】
リッピ，レオナルドの代わりに［三賢王の礼拝］（サン・ドナート修道院）制作【伊】
1498 ペルジーノ画［力，節制と六人の古代の英雄］，
レオナルド画［最後の晩餐］【伊】
デューラー画［悪竜と闘う大天使ミカエル］（「黙示録」木版画連作）【独】
1499 シニョレルリ，サン・ブリツィオ礼拝堂壁画の依頼を受ける【伊】

大航海時代

下剋上へ

1476 サンタ・エルマンダート（警備隊）結成【西】
トルコ，クリミア・ハン国服属【土】
1477 ルイ11世，ブルゴーニュ公国併合（フランス近代の出発）【仏】
ノヴゴロド，イワン3世との2度目の戦いに敗れ，被支配下に【露】
統一ネーデルラント解体【白】
応仁の乱おわる【日】
1479 アラゴン，カスティラ併合（スペイン近代の出発）【西】
ポルトガル・スペイン，アルカソヴァス条約締結（スペイン，ポルトガル支配外の大西洋西部に進出）【西】
トルコ，アルバニアを征服【土】

モスクワ公国 イワン3世ツァーリ

1480 モスクワ公国自立，イワン3世，ツァーリを使用【露】
モンゴル部族タタールのダヤン・ハンが即位
1481 コロンブスの西回り航路，ポルトガル王に拒否【葡】
バヤジト2世即位【土】
1482 太子マクシミリアン，3公領の領有（ハプスブルク家発展の基礎）【墺】
ハーメルンの笛吹き（130人の子供を連れ去る事件，ロバート・バートンが17Cに記録）【独】

チューダー朝

1485 チューダー朝おこる（イギリス近代の出発）
粟粒熱蔓延（1週間で数千人死亡）【L】
ディエゴ・カン，コンゴ河サンタ・マリア岬までを探検（コンゴと国交締結）【葡】

山城国一揆

1486 徳政一揆（京都）【日】
1487 ボヘミア国会の農奴制確認【洪】
ディエゴ・カン，クロス岬（南緯22度）に到達【葡】
ポルトガル王，コヴィリャンとパイヴァを陸路インドへ派遣【葡】
1488 バーソロミュー・ディアスがアフリカ大陸西海岸を南下（希望峰に達してインド航路発見の前提をつくる）【葡】
加賀一向宗徒の一揆（守護富樫政親，自殺）【日】

ディアス、コロンブス、ガマの大航海

1492 コロンブスの第1回航海，バハマ諸島に到達（アメリカの発見）【西】

イスパニア統一

グラナダ陥落（イスパニア統一）【西】
1493 コロンブス一行がイスパニオラ島からもち帰った梅毒，欧州中に流行【欧】
1494 トルデシリャス条約（スペイン・ポルトガルの争いを停止する教皇境界線の決定）
イタリア侵入（フランスがルネッサンスに接触する契機となる）【仏】
フィレンツェからメディチ家追放（サヴォナローラ共和政治を開始）【伊】

1495 教皇境界線，西に移動（ポルトガルが東洋，スペインが新大陸で活動する基礎になる）
1497 ジョン・カボットの北アメリカ探検（途上アイスランド，ラブラドル半島を発見）【英】
アメリゴ・ベスプッチの新大陸探検（1501年までに3回）【伊】
インドを目的地にバスコ・ダ・ガマの4隻の船隊リスボン出発【葡】
モスクワ公国，イワン3世の『法令集』【露】
1498 ダ・ガマ，アフリカ南端からインドのカリカットに到達（インド航路発見）【葡】
カボット再び北米沿岸を探検【英】
1499 スイスの独立【瑞】
アロンソ・デ・オヘーダ，南米北部を探検

信仰と探求

1475 仏教王ダンマチェディー，スリランカに比丘派遣（上座部戒法を移入）【ビルマ】

新ニヤーヤ学派

ヴァースデーヴァ，論理学書を著す（新ニヤーヤ学派）【印】
◉ ヴィディヤーパティ，ミーラー・バーイーらクリシュナ信仰を昂揚する詩作【印】
1478 ションヌペー，年代記『デブテル・ゴンポ』【チベット】
1479 蓮如，山城山科に本願寺建立【日】

ビルマの仏教王

仏教王ダンマチェディー，カリヤーニー結界建設【ビルマ】

1482 ダ・カッラーラ『記憶力増強のからくりについて』【伊】
フィチーノ『プラトン神学』（プラトン哲学とキリスト教の統一）【伊】
フランシスコ会士バティスタ・ダ・イモラ，アビシニア皇帝と会見

魔女狩り開始

1483 セビリアで異端審問開始（以後スペイン各地で開始）【西】
1484 インノケンティウス8世の『魔女教書』（18世紀までに魔女狩りの犠牲者は100万人以上）
吉田兼倶，足利義政夫人富子から10万疋の寄進を受ける【日】

1485 グアデルペ住民3000人のうち53人，異端審問で火刑，16人無期刑，残りの住人も処罰【西】
マインツの大司教，検閲令発布【独】
1486 東寺，土民の一揆によって伽藍を焼失【日】

ピコ・デラ・ミランドラのカバラ結合術

ピコ・デラ・ミランドラ『人間の尊厳について』（アリストテレス，ネオプラトニズム，東方神学，カバラなどの統合）【伊】
1487 シュプレンガーとクラメール共著『魔女の槌』公刊（魔女裁判に影響）
ピコ『占星術反駁論』【伊】
◉ 八股文，科挙に用いられる【明】
1488 ミュンヘン聖母聖教会（フラウエンキルヘ）完成【独】
1489 儒教の典籍を諸道に頒布【鮮】
ピコ『ヘプタプルス』【伊】
ウルリッヒ・モリトール『冷酷な女預言者について』【コンスタンツ】
仏教マハーニカイ派，中央寺院創建【ラオス】

1491 サヴォナローラ，フィレンツェのサン・マルコ修道院院長に【伊】
ピエトロ・ダ・ラヴェンナ『人工記憶小論』【伊】
イベリア半島でキリスト教徒のレコンキスタ（国土再回復運動）完了

ユダヤ人大追放（西）

スペイン，ユダヤ人追放（離散の旅，ディアスポラへ），ヨーロッパに神秘主義なだれこむ【西】
1494 ヨハネス・ロイヒリン『驚くべき言葉について』【独】

サヴォナローラ 宗教改革

1495 エラスムス，パリに留学【蘭】
教皇アレキサンドル6世，サヴォナローラの説教を禁止

石山本願寺

1497 蓮如が石山（大坂）に本願寺
サヴォナローラ「虚飾の焼却」をおこなう【伊】
ユダヤ人，ポルトガルから追放（スファラド系ユダヤ人の離散）【葡】
1498 サヴォナローラ処刑【伊】
マドゥスダーナ・サラスヴァーティー『ヴェーダーンタ』（ヒンドゥー教諸学問の研究書）【印】
1499 『旧新約聖書』最初の完訳【露】

1475

印刷文化の拡大

1475 プトレマイオスの地図,印刷【伊】
初の案内書『ローマの不思議』【伊】
メーゲンベルグ『自然の書』【アウグスブルク】
◉ 初めての印刷数学書トレントで発刊【伊】
1476 ウルリヒ・ハーマン『ローマミサ典書』(最初の音符印刷)【伊】
ウィリアム・カクストン,ウエストミンスターに英国初の印刷所を設立【英】
1477 応仁・文明の乱で四散した織工が西陣白雲村に集まり開業(西陣機業の起源)【日】

漢方集大成

中国医方の百科事典『医方類聚』365巻刊行【鮮】
1478 ディオスコリデス『薬物学』ラテン語版の刊行(1623年バウヒヌスの『絵入植物の世界』出版まで,植物薬効の研究の基礎)

カクストン活字印刷

1482 フランチェスキ『透視法教科書』(数学書)【伊】

歯車時計改良

1484 ニュルンベルクのヴァルター,歯車時計【独】
書籍印刷人コーベルガー工房,100人の植字工,印刷工が24台の印刷機を扱うと記録【独】
商業算術『高等算術書』印刷業者ラトドルトにより出版【伊】
1487 田代三喜,明に渡る(在明の日本人僧医月湖や明人虞天民に医学を学ぶ)【日】
1488 普及していたプトレマイオス地図,ディアスのアフリカ南端回航で修正(インド洋を外海として,アジアの大半島は想定のまま)
1489 ウィッドマン『商業算術書』【独】

マヌティウスの印刷出版 ヴェネチアの豪華出版

1490 アルドゥス・マヌティウス(アルド・マヌツィーオ),ヴェネチアに印刷出版業をひらく【伊】
ヴェネチアでラテン語版『ガレノス全集』出版

地球儀の出現

1492 地理学者マルティン・ベハイムがポルトガルで地球儀作成【独】
マイエンス『健康の書』
コロンブス,磁石の偏角を発見【西】
とうもろこし,新大陸からヨーロッパに移植【欧】
1493 ケタム『医学論集』(伊語版は4色刷解剖図)【伊】
黄河決壊,劉大夏ら修復工事【明】

イギリスに製紙工場

1494 製紙工場建設【英】
トリテミウス,7000冊の書物をリスト化(システマティック・ビブリオグラフィの創始)【独】
パチョーリ『算術大全』【伊】
1495 レオナルド,圧縮蒸気銃を発明,アルノ河の改造工事提案【伊】
富小路範実,外科書『鬼法』【日】
◉ ヴェネチアン・グラス最盛期【伊】
◉ ルイ11世の軍が最初の鉄製の弾丸を使用【仏】
1498 田代三喜,明から帰国(李朱医学)【日】
アラビアの名医アッ・ラーズィーの学術論文『吹出物と麻疹について』ヨーロッパで出版
◉ パリ,オックスフォード,ケンブリッジなどの学寮制度整備【英仏】
1499 ネーデルランド,浸水地帯の干拓開始
リヨン刊行『死の踊り』に最古の印刷工房図
◉ メキシコからさつまいもがヨーロッパに入る

ヴェネチアン・グラス

ルネッサンス展開

1475 アントニオ・ポライウォーロ画[アポロンとダフネ](このころより芸術と科学の接近)【伊】
[サンス・オテル]着工(ゴシック世俗建築)【仏】

後藤祐乗 金工の名人

◉ 後藤祐乗,装剣金具(三所物)【日】
1476 ジョスカン・デ・プレ,ローマに赴く(音楽の君主の名声を受ける)【白】
1477 ティンクトリス『プロポルツィオ論』(固定した作品に初めて作曲の言葉を使用)【白】
1479 ドナト・ブラマンテ[サンタ・マリア・プレッソ・サン・サーティロ聖堂]の改造(ミラノ)【伊】
モスクワの[聖母昇天聖堂]建立【露】
フォルツ,ニュルンベルクで「工匠歌」をつくりはじめる【独】

ジョスカン・デ・プレ

1480 芸阿弥画[観瀑図]【日】
足利義政[銀閣寺]の造営を開始【日】
◉ ヤーコプ・オブレヒト,ミサの作曲で活躍【白】
◉ ジュリアーノ・ダ・サンガッロ設計[ヴィラ・メディチ](ヴィラ建築,住宅形式の開発)【伊】
1483 ヴェロッキオ作[聖トマスの不信]【伊】
レオナルド,ミラノ宮廷に滞在【伊】
1484 朝廷奏楽(応仁の乱後初めて復興)【日】
デ・プレ,ローマ教皇庁礼拝堂に務める(〜99)【白】

書院造り

1485 アルベルティ『建築について』が著者の死後出版(仏語,伊語,西語に翻訳)【伊】
ラメスラワスワミ寺院の装飾彫刻【印】
1486 ローマの[パラッツォ・デラ・カンチェルレリーア]起工【伊】

山水長巻 雪舟の四季山水図

1488 雪舟画[四季山水図巻]【日】
1489 ヴェロッキオ作[コレオーニ騎馬像]完成【伊】
ピエトロ・ロンバルド設計[サンタ・マリア・ディ・ミラーコリ教会]【伊】

義政の銀閣 東求堂に書院の出現

[東山山荘観音閣](銀閣)完成【日】
土佐光信画[十王図](浄福寺)【日】
狩野正信画[足利義尚像]【日】
1490 フランチェスコ・ディ・ジョルジュ,古代劇場復元のためのスケッチ【伊】
小栗宗湛画[山水芦雁図]【日】
1491 蛇足画[山水図襖絵]【日】
モスクワ公国,クレムリンの稜石殿完成(87〜)
1492 ブラマンテ設計[サンタ・マリア・デレ・グラツィエ教会]着工(ローマ)【伊】
ロレンツォ・デ・メディチ没(フィレンツェの黄金時代終わる)【伊】
ミケランジェロ作[階段の聖母]【伊】
◉ オッタヴィアノ・デ・ペトルッチ,楽譜印刷を発明【伊】
1493 [東岳廟大殿]建立【明】
1495 ミケランジェロ,ボローニャのサン・ドメニコ教会[聖ドミニクスの墓]【伊】
ティンクトリス『楽語辞典』(音楽理論書)刊行【白】
1496 雪舟画[慧可断臂図]【日】
フランキーノ・ガフォーリ『音楽の実際』【伊】
林孟祥画[秋景山水図]【明】
1497 サンスのサン・テティエンヌ大聖堂南袖廊のバラ窓(フランボワイヤン様式)【仏】
1499 ミケランジェロ作[ピエタ]【伊】
ボッティチェリ,サヴォナローラに心酔【伊】
◉ このころ天津で年画の大量生産はじまる【明】
祥啓画[巣雪斎図]【日】

遊芸と文芸

1475 カクストン訳『トロイ物語拾遺』(カクストン自身の印刷)【英】
1476 ボイアルド『恋するオルランド』【伊】
マズッチョ・ディ・サレルニターノ『ノヴェッリーノ』【伊】

君台観左右帳記

能阿弥奥書の『君台観左右帳記』【日】
宗祇『竹林抄』【日】
一条兼良『古今集童蒙抄』【日】
1477 オランダ語,ホーランド伯爵領の公用語に【蘭】
一条兼良『源語秘訣』『梁塵愚案抄』【日】
1479 カクストン,金属活字による印刷本『チェスのゲームと勝負』出版【英】
呉士連『大越史記全書』(安南史)【明】
1480 カクストン印行の『英国年代記』【英】
ポリツィアーノ『オルフェオ物語』【伊】
◉ 「家庭読本」流布(多くのペン画絵入り本)【欧】
兼良,足利義尚のために『樵談治要』
1481 ダンテ『神曲』がロレンツォ・デ・メディチの委託によりボッティチェリの挿絵で刊行【伊】
島津氏が桂庵玄樹を招いて『聚分韻略』全5巻を開版(薩摩版)【日】
1483 プルチ『モルガンテ』(長編詩)【伊】
将軍義尚,新百人一首の撰【日】
1484 除居生『東国通鑑』(史書)【鮮】
図鑑『ヘルバーリウス』(木版植物絵図)【独】

家庭読本流行

1485 五十音引辞書『温故知新』【日】
ブルミエフェ訳『デカメロン』刊行【仏】
1486 プルガール『カスティーリャ偉人伝』【西】
東国巡歴した堯恵『北国紀行』【日】
1487 ダウラトシャーの伝記『詩人伝』【波斯】
1488 『水無瀬三吟百韻』(宗祇,肖柏,宗長)【日】
兼良『尺素往来』(庭に植える花木花草約80種を列記)【日】
宗祇,花の下宗匠を許される【日】
1489 ポリツィアーノ(ロレンツォ・デ・メディチの2人の息子の家庭教師)の『論文100選』フィレンツェで刊行【伊】
アンブロジーニ『雑感百題』(古典言語論)【伊】

風流踊 小舞謡・小歌踊の民衆化

1491 風流踊がさかんになる【日】
タバコ,新大陸からヨーロッパに上陸【欧】
◉ このころタイユバン『食物語』(フランス最初の料理書)【仏】
1493 テレンティウスの『戯曲集』リヨンで出版【仏】
ハルトマン・シェーデル『歴史の書』(2000カット以上の木版画)【伊】
奈良押上弁財天堂造営のための勧進風流踊
短編集『金鰲新話』の金時習没【鮮】

ブラントの阿呆船

1494 ブラント『阿呆船』(風刺詩)【独】
シェーデル『ニュルンベルク年代記』【独】

タバコ西洋に

1495 『ジャン・ド・パリ物語』(散文物語)【仏】
宗祇『新撰菟玖波集』20巻【日】
盆踊大流行【日】
1498 エンシーナ『詩歌集』【西】
宗祇,近衛尚通に古今伝授【日】
1499 マヌティウス『ポリフィロの夢』印刷(インキュナブラ時代,最高の印刷本)【伊】
戯曲小説『セレスティーナ』(カリストとメリベアの悲喜劇)【西】
◉ ポンターノ学会設立【伊】
◉ 「大押韻詩派」活躍(〜1550頃)【仏】

宗祇の連歌

魔術師は神の慈愛によって世界中にばらまかれた力をその隠れ家から明るみにおよび出す。
ピコ・デ・ラ・ミランドラ『人間の尊厳について』

BC 6000以前
BC 6000
BC 2200
BC 1200
BC 600
BC 300
0
300
600
800
1000
1200
1300
1400
1500
1600
1650
1700
1760
1810
1840
1860
1880
1890
1900
1910
1920
1930
1940
1950
1960
1970
1980

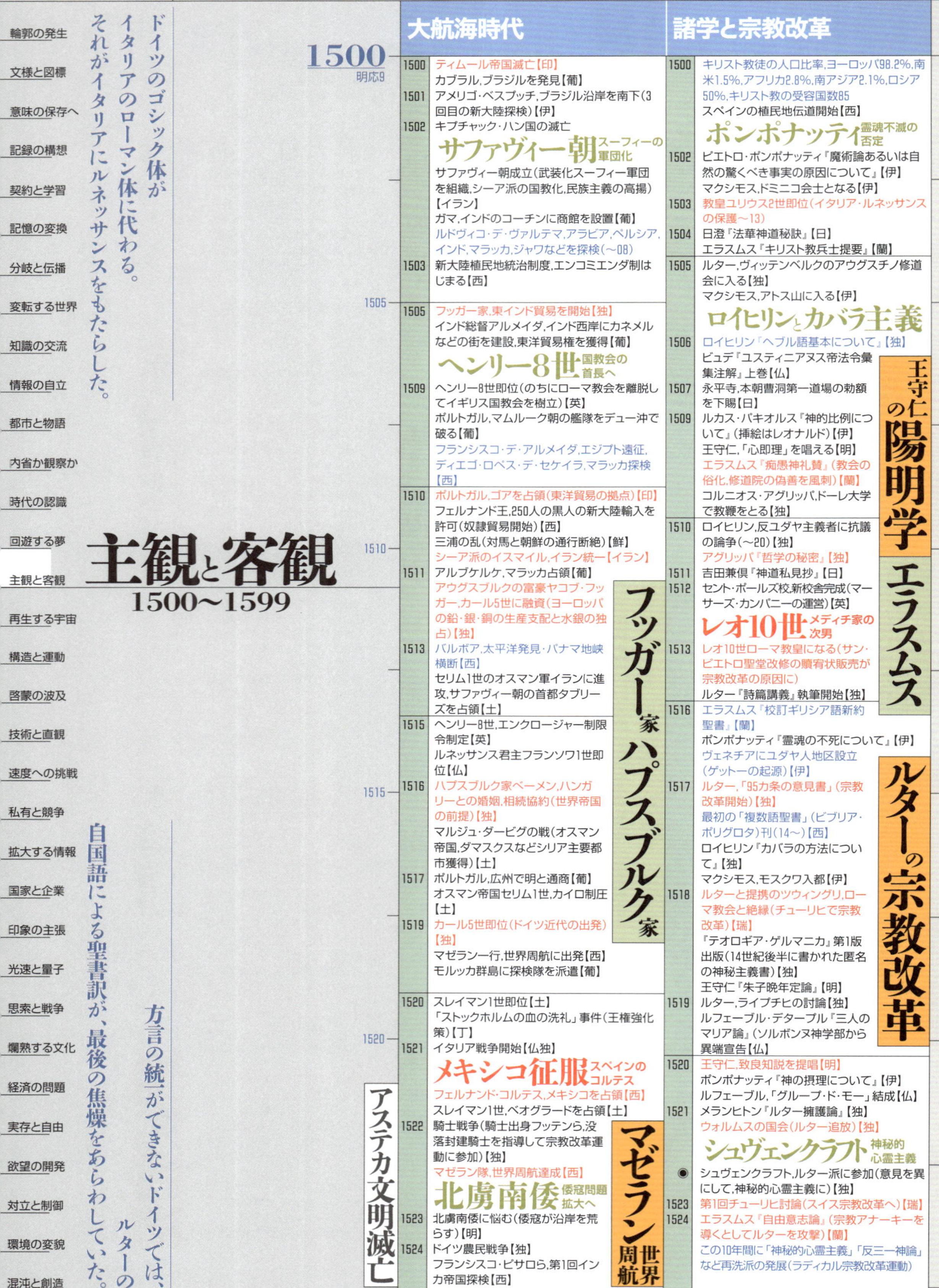

ドイツのゴシック体が
イタリアのローマン体に代わる。
それがイタリアにルネッサンスをもたらした。

主観と客観

1500〜1599

方言の統一ができないドイツでは、ルターの
自国語による聖書訳が、最後の焦燥をあらわしていた。

1500
明応9

大航海時代

1500 ティムール帝国滅亡【印】
カブラル,ブラジルを発見【葡】
1501 アメリゴ・ベスプッチ,ブラジル沿岸を南下(3回目の新大陸探検)【伊】
1502 キプチャック・ハン国の滅亡

サファヴィー朝 スーフィーの軍団化

サファヴィー朝成立(武装化スーフィー軍団を組織,シーア派の国教化,民族主義の高揚)【イラン】
ガマ,インドのコーチンに商館を設置【葡】
ルドヴィコ・デ・ヴァルテマ,アラビア,ペルシア,インド,マラッカ,ジャワなどを探検(〜08)
1503 新大陸植民地統治制度,エンコミエンダ制はじまる【西】

1505

1505 フッガー家,東インド貿易を開始【独】
インド総督アルメイダ,インド西岸にカネメルなどの街を建設,東洋貿易権を獲得【葡】

ヘンリー8世 国教会の首長へ

1509 ヘンリー8世即位(のちにローマ教会を離脱してイギリス国教会を樹立)【英】
ポルトガル,マムルーク朝の艦隊をデュー沖で破る【葡】
フランシスコ・デ・アルメイダ,エジプト遠征,ディエゴ・ロペス・デ・セケイラ,マラッカ探検【西】

1510

1510 ポルトガル,ゴアを占領(東洋貿易の拠点)【印】
フェルナンド王,250人の黒人の新大陸輸入を許可(奴隷貿易開始)【西】
三浦の乱(対馬と朝鮮の通行断絶)【鮮】
シーア派のイスマイル,イラン統一【イラン】
1511 アルブケルケ,マラッカ占領【葡】
アウグスブルクの富豪ヤコブ・フッガー,カール5世に融資(ヨーロッパの鉛・銀・銅の生産支配と水銀の独占)【独】
1513 バルボア,太平洋発見・パナマ地峡横断【西】
セリム1世のオスマン軍イランに進攻,サファヴィー朝の首都タブリーズを占領【土】

1515

1515 ヘンリー8世,エンクロージャー制限令制定【英】
ルネッサンス君主フランソワ1世即位【仏】
1516 ハプスブルク家ベーメン,ハンガリーとの婚姻,相続協約(世界帝国の前提)【独】
マルジュ・ダービグの戦(オスマン帝国,ダマスクスなどシリア主要都市獲得)【土】
1517 ポルトガル,広州で明と通商【葡】
オスマン帝国セリム1世,カイロ制圧【土】
1519 カール5世即位(ドイツ近代の出発)【独】
マゼラン一行,世界周航に出発【西】
モルッカ群島に探検隊を派遣【葡】

フッガー家 ハプスブルク家

1520

1520 スレイマン1世即位【土】
「ストックホルムの血の洗礼」事件(王権強化策)【丁】
1521 イタリア戦争開始【仏独】

メキシコ征服 スペインのコルテス

フェルナンド・コルテス,メキシコを占領【西】
スレイマン1世,ベオグラードを占領【土】
1522 騎士戦争(騎士出身フッテンら,没落封建騎士を指導して宗教改革運動に参加)【独】
マゼラン隊,世界周航達成【西】

北虜南倭 倭寇問題拡大へ

1523 北虜南倭に悩む(倭寇が沿岸を荒らす)【明】
1524 ドイツ農民戦争【独】
フランシスコ・ピサロら,第1回インカ帝国探検【西】

アステカ文明滅亡

マゼラン世界周航

諸学と宗教改革

1500 キリスト教徒の人口比率,ヨーロッパ98.2%,南米1.5%,アフリカ2.8%,南アジア2.1%,ロシア50%,キリスト教の受容国数85
スペインの植民地伝道開始【西】

ポンポナッティ 霊魂不滅の否定

1502 ピエトロ・ポンポナッティ『魔術論あるいは自然の驚くべき事実の原因について』【伊】
マクシモス,ドミニコ会士となる【伊】
1503 教皇ユリウス2世即位(イタリア・ルネッサンスの保護〜13)
1504 日澄『法華神道秘訣』【日】
エラスムス『キリスト教兵士提要』【蘭】
1505 ルター,ヴィッテンベルクのアウグスチノ修道会に入る【独】
マクシモス,アトス山に入る【伊】

ロイヒリンとカバラ主義

1506 ロイヒリン『ヘブル語基本について』【独】
ビュデ『ユスティニアヌス帝法令彙集注解』上巻【仏】
1507 永平寺,本朝曹洞第一道場の勅額を下賜【日】
1509 ルカス・パキオルス『神的比例について』(挿絵はレオナルド)【伊】
王守仁,「心即理」を唱える【明】
エラスムス『痴愚神礼賛』(教会の俗化,修道院の偽善を風刺)【蘭】
コルニオス・アグリッパ,ドーレ大学で教鞭をとる【独】

王守仁の陽明学

1510 ロイヒリン,反ユダヤ主義者に抗議の論争(〜20)【独】
アグリッパ『哲学の秘密』【独】
1511 吉田兼倶『神道私見抄』【日】
1512 セント・ポールズ校,新校舎完成(マーサーズ・カンパニーの運営)【英】

レオ10世 メディチ家の次男

1513 レオ10世ローマ教皇になる(サン・ピエトロ聖堂改修の贖宥状販売が宗教改革の原因に)
ルター『詩篇講義』執筆開始【独】

エラスムス

1516 エラスムス『校訂ギリシア語新約聖書』【蘭】
ポンポナッティ『霊魂の不死について』【伊】
ヴェネチアにユダヤ人地区設立(ゲットーの起源)【伊】
1517 ルター,「95カ条の意見書」(宗教改革開始)【独】
最初の「複数語聖書」(ビブリア・ポリグロタ)刊(14〜)【西】
ロイヒリン『カバラの方法について』【独】
マクシモス,モスクワ入都【伊】
1518 ルターと提携のツウィングリ,ローマ教会と絶縁(チューリヒで宗教改革)【瑞】
『テオロギア・ゲルマニカ』第1版出版(14世紀後半に書かれた匿名の神秘主義書)【独】
王守仁『朱子晩年定論』【明】
1519 ルター,ライプチヒの討論【独】
ルフェーブル・デタープル『三人のマリア論』(ソルボンヌ神学部から異端宣告)【仏】

ルターの宗教改革

1520 王守仁,致良知説を提唱【明】
ポンポナッティ『神の摂理について』【伊】
ルフェーブル,「グループ・ド・モー」結成【仏】
1521 メランヒトン『ルター擁護論』【独】
ウォルムスの国会(ルター追放)【独】

シュヴェンクフラフト 神秘的心霊主義

◉ シュヴェンクフラフト,ルター派に参加(意見を異にして,神秘的心霊主義に)【独】
1523 第1回チューリヒ討論(スイス宗教改革へ)【瑞】
1524 エラスムス『自由意志論』(宗教アナーキーを導くとしてルターを攻撃)【蘭】
この10年間に「神秘的心霊主義」「反三一神論」など再洗派の発展(ラディカル宗教改革運動)

印刷文化の拡大

1500 このころ欧州各国の印刷工場都市は250カ所,1000軒,印刷本は約3万種,600万冊【欧】
グリフォ,イタリック体創始【伊】
◉ 鉄はドイツ(3万トン),フランス(1万トン)が最大の生産【欧】
1501 ストラスブールの病院に任命臨床医(ライプツィヒ病院17年,パリ・オテル・デュー36年)【仏】

レオナルドの科学軍事研究

◉ レオナルド,落下傘・足踏伝動旋盤・湿度計・紡績機などスケッチ(翌年,フィレンツェ主任軍事技師に)【伊】
1502 ペトルッチ,可測音符印刷発明【伊】
1503 田代三喜『当流和極集』(明より李朱医学)【日】
1504 フランツ・フォン・タクシス,ドイツ最初の郵便制度を開始【独】

懐中時計 時間の個人化へ

1505 ニュルンベルクのペーター・ヘンレ,懐中時計を製作【独】
◉ 新大陸からジャガイモ,ピーナッツがヨーロッパへ【欧】
劉文泰ら『本草品彙精要』【明】
1506 ヴェネチアに砲術学校創設【伊】
1507 プトレマイオス『世界史入門』にアメリゴ・ベスプッチの世界地図所収(新世界,アメリカと命名)【独】
ヴァルトゼーミュラーの世界地図(初の360度地図)

鍍金法 明るい平面鏡普及へ

ドメニコとアンジェロ・ダル・ガロによって鍍金法開発,ムラノの大形平面鏡を製造【伊】
1509 現存最古の印刷航海暦の刊行【伊】

色刷木版画の明暗化(カマイユ)

1510 三河産木綿,奈良市場に登場(木綿増産)【日】
ルイ11世,家屋所有者に家屋前の道路の舗装を命令【仏】
◉ クラーナハ,ブルクマイヤが色刷木版画の明暗版(カマイユ)技法をつくる【独】
1513 ローマ大学で初の植物学の講座設置【伊】
◉ このころまでにフロンボルク聖堂参事会員コペルニクス『要項』執筆完了(地動説にもとづく天文体系を構想)【波】
1515 ニュルンベルクのヨハン・オットー出版事業開始(ドイツで活字印刷さかん)【独】
1516 マクシミリアン1世,タクシス兄弟を郵政長官に任命(広大な領地の郵便路線の管理)【独】

郵便制度 イギリスに駅逓制

ヘンリー8世,秘書官のブライアン・デュークを駅逓頭に任命(郵便制度のはじまり)【英】
レオナルド,フランソワ1世に招かれてフランスの運河建設計画を指導【仏】
ウーゴ・ダ・カルピ,ヴェネチアでドイツ系と異なる木版明暗版の特許申請【伊】
ヨハネス・フローベンの印刷所隆盛【蘭】
1517 パラケルスス,ナポリで梅毒流行を目撃【瑞】
1520 パラケルスス,デンマーク軍医としてスウェーデン戦争に参加【瑞】
メキシコのチョコレート,新大陸の七面鳥を軍隊が本国にもたらす【西】
1523 アンデス地方からトマトがヨーロッパに【欧】
フィッツハーバート『農業書』(農耕書が多数出版されて16世紀の英国で農耕法発達)【英】

アピアヌス宇宙誌

1524 アピアヌス『宇宙誌』(1609年までに60版)【独】
匿名の著書『試金のしおり』(試金法に関する最初の書物)
パラケルスス『物性論』【瑞】
◉ このころ,ヨーロッパ人がもちこんだ天然痘が新大陸に広まる

天然痘新大陸へ

ルネッサンス極盛

ボッシュ

1500 可翁画[寒山図]【日】
[福富草紙](春浦院)【日】
◉ ヒエロニムス・ボッシュ画[快楽の園]【蘭】
◉ ジョルジョーネ画[嵐][眠れるヴィーナス][コンサート]【伊】
1501 雪舟画[四季山水屏風]【日】
ラファエロ画[聖母戴冠](〜03)【伊】
1502 シニョレルリ画[世界の終末](壁画連作)【伊】
ブラマンテ設計[小円堂テンピエット]【伊】
1503 土佐光信画,三条西実隆詞[北野天神縁起絵巻]【日】
1504 バルトロメオ画[聖ベルナルドの幻想]【伊】
ミケランジェロ作[ダヴィデ像]【伊】
マンテーニャ画[死せるキリスト]【伊】
1505 ラファエロ画[聖ゲオルギウスと竜]【伊】

モナ・リザ ジョコンダ夫人

1506 レオナルド画[モナ・リザ]【伊】
ブラマンテ設計[サン・ピエトロ寺院]の改造開始【伊】
ヘレニズム彫刻の傑作[ラオコーン群像]ローマで発見(ミケランジェロらに影響)【伊】
◉ 雪舟画[天橋立図]【日】
1507 ペトルッチ,最初の印刷リュート・タブラチュアを刊行【伊】

システィナ礼拝堂

1508 ミケランジェロ,システィナ礼拝堂に旧約聖書「創世記」の9場面を描く(〜12)【伊】

ラファエロとミケランジェロ

1511 ラファエロ画[アテナイの学堂]【伊】
ティツィアーノ画[聖アントニウスの奇跡]【伊】
セバスティアン・ヴィルドゥング『ドイツ語による音楽論』(楽器の体系的分類)【独】
1512 ロレンツォ・ロット画[キリストの降下]【伊】
豊原統秋『體源抄』(音楽書)【日】
◉ 等春画[花鳥人物図屏風]【日】
レオナルド画[聖アンナと聖母子](空気遠近法スフマート手法)【伊】

大仙院方丈 相阿弥 狩野元信

1513 大仙院方丈庭園(相阿弥か古岳禅師作,狩野元信,相阿弥[四季花鳥画][禅宗祖師画])【日】
1514 コレッジオ画[聖フランチェスコのいる聖母子](バロック絵画の先駆)【伊】
デューラーの銅版画[僧房の聖ヒエロニムス][メランコリア]【独】
ラファエロ,サン・ピエトロ大聖堂造営主任に
1515 グリューネワルト画[聖告]【独】
1516 ラファエロ画[システィナの聖母]【伊】
ティツィアーノ画[聖母被昇天](〜18)【伊】
1517 アンドレア・サルト画[アルピエの聖母]【伊】
土佐光信画[清水寺縁起絵巻]【日】
大江宣秀作[蘆屋松梅図真形釜]【日】
1518 ドッシ画[蝶を描くゼウス]【伊】
1520 ミケランジェロ[メディチ家廟堂](〜34)【伊】
1521 ロッソ・フィオレンティーノ画[十字架よりの降架]【伊】
チェザリアーノ,ヴィトルヴィウスの記述により[ローマ劇場]再構【伊】
筑紫流箏曲おこる【日】
1522 魏良輔,崑曲を創始(笛,鼓,管弦の伴奏)【明】
1523 ティツィアーノ画[手袋の男]【伊】

パルミジャニーノ

パルミジャニーノ,凸面鏡に映る[自画像]【伊】
1524 ヨハン・ヴァルター『宗教小歌集』(ルター序文)【独】

マニエリスムの追求

文人と遊芸

1500 スケルトンの詩『フィリップ・スパロウ』【英】
『ドモスロイ』(家政訓)【露】

ファルスとモラリテ流行

◉ このころからファルス(笑劇),モラリテ(寓意劇)がさかん【仏】
◉ 李夢陽・何景明ら「前七子」による古文辞派運動【明】

古文辞派

中世民話書流布がはじまる【独】
1502 泉州堺港に明から金魚渡来【日】
1503 ダンバーの詩『あざみとばら』【英】
エラスムス『エンキリディオン』【蘭】
1504 サンナッザーロ『アルカディア』【伊】
ヴィンプヘリングの最初のドイツ史書【独】
1505 百科全書家ジャラール・アッディーン・アッ・スユーティー没【アラビア】

トルコに珈琲屋

世界最初の喫茶店でコーヒーを出す【土】

マキャベルリ

1506 ベーベル『笑話集』【独】
1508 フェラーラ宮劇場でアリオスト「カッサリア」上演(初の遠近法背景幕の使用)【伊】
◉ このころマキャベルリ『ローマ史論』を執筆【伊】
チューリヒのオーレル・フュスリ出版社設立【瑞】
1509 グィッチャルディーニ『フィレンツェ史』【伊】
バークレイ訳ブラント『阿呆船』【英】
1510 ガルシ・ロドリーゲス『エスプラディヤンの武勲』【西】
アルザスの革命家『百章からなる本』【独】
トマス・モア『ピコ・デラ・ミランドラ伝』【英】
1511 ベルジュ『緑衣の恋人の書簡』【仏】
1512 ムルナー『愚人の悪魔払い』【独】
エンシーナ(スペイン演劇の父)戯曲『プラシダとビトリヤーノの牧歌』【西】

カスティリオーネ マニエリスム進行へ

1513 カスティリオーネ『廷臣論』(マニエリスムの端緒)【伊】
グランゴール『聖ルイの聖史劇』【仏】
ヴィセンテ『シビリア・カサンドラ』【葡】
柳崇祖撰(『論語』『孟子』を初めて諺文で解読)【鮮】
1514 ヘッスス『史詩書簡』(物語)【独】

トマス・モア

1515 バークレイ『牧歌』【英】
マンチェスター文法学校設立【英】
◉ 金春禅鳳の歌謡書『禅鳳雑談』【日】
1516 モア『ユートピア』【英】
アリオスト『狂乱のオルランド』【伊】
観世信光没(能作品[紅葉狩][安宅]など)【日】
◉ メッドウォールの道徳劇[フルゲンスとリュークレーズ]イギリスで上演【英】
1517 マクシミリアン1世『トイアーダンク』【独】
ヴィセンテ『地獄の船』など3部作(〜19)【葡】

閑吟集 民謡系小歌の集大成

1518 小歌歌詞の収集本『閑吟集』【日】
1519 スケルトン『コリン・クラウト』【英】
宗長『雨夜記』(連歌書)【日】
1520 マキャベルリの劇『マンドラゴラ』【伊】
アリオスト『妖術記』(戯曲)【伊】
1521 何景明『大復集』【明】
マイヤー『大英帝国史』【英】
ケンブリッジ大学出版局設立【英】
1522 羅貫中『三国志通俗演義』刊行【明】
ギヨーム・ポステル『サリカ法典』(ヘブライ語研究)【仏】
1523 相阿弥『茶伝書』【日】
ヴィセンテ,戯曲『イネース・ペレイラ』【葡】
1524 吉田兼将『能本作者注文』【日】
フラクトゥーア書体の完成【プラハ】

文法のとりつきにくさを最上の文章家の読物によって柔げたい。右手に法則、左手に実例です。
エラスムス『ヴィッテンベルク就任講義』

一五二七年ローマ劫掠、ルネッサンスの転機。

イエズス会と法華宗、この強靭な情報伝達組織。

アントワープが金融情報センターとなったのは、印刷業者と郵便業者の移住によっている。

主観と客観

1525
大永5

大航海時代

1525 アントン・フッガー,チリ,ペルー,モスクワでの通商特権獲得【独】
ニューギニア発見【葡】
1526 モハッチの戦闘(スレイマン1世,ハンガリー軍を撃破)【土】
パーニーパットの戦,バブルがロディ朝を倒してムガール帝国樹立(～1858)【印】
カボットの北米探検(イギリスの新大陸進出の先駆)【英】
ピサロら,第2回インカ帝国探検【西】
第1回シュパイエルの国会【独】

ムガール帝国おこる

今川仮名目録

今川仮名目録【日】
博多商人神谷寿禎,石見大森銀山採掘開始【日】

ローマ却掠

1527 神聖ローマ皇帝カルル5世,ローマを却掠(ルネッサンス芸術に大打撃)【伊】
マジャパヒト王国滅亡【ジャワ】
1528 王陽明,両広の諸蕃を討つ【明】
ジェノヴァ商人,新大陸貿易の特権獲得【伊】
1529 オスマン帝国軍,ウィーン攻囲【土】
1530 インド政庁をコーチンからゴアに移転,さらにボンベイ獲得【葡】
幕府,遣明船の復活認可【日】
1531 ダウンシュウェーティー,タウングー朝を創建【ビルマ】
一条鞭法実施【明】
1532 ポルトガル,最初の植民地をサン・ヴィセンテに築く【ブラジル】
コルテス,カリフォルニア探検(～38)【西】

マヤ文明壊滅

イワン雷帝 ロシア絶対主義

1533 イワン4世(雷帝)即位(ツァーの称号採用)【露】
ピサロ,インカ帝国征服【西】
1534 ヘンリー8世,首長令(国王至上権法)発布【英】
1535 ペドロ・デ・メンドーサら1500人,ラプラタ河流域に入植(ブエノスアイレス建設)【西】
1536 ウェールズ,イギリスと合併【英】

ポルトガル、マカオに植民

1537 ポルトガル人,マカオに植民【明】
エトナ火山の噴火【伊】
1538 プレベザの海戦(オスマントルコ,地中海の海上権掌握)【土】
ヒメネス・ケサーダ,チブチャ族酋長国(現コロンビア)を征服【西】
アッバース朝の血統断絶,スレイマン1世,スルタン=カリフ制採用【土】
1539 オレリャーナ,アマゾン河探検(大陸横断)【西】
下ビルマのペグー王国分裂【ビルマ】
1540 コロナド,コロラド高原からグランド・キャニオンを探検【北米】
1541 フランスのカナダ植民計画失敗【仏】
スレイマン1世,ブダペストを占領【土】
1542 タタールのアルタン・ハン,山西を荒らす
1544 アントニオ・モタら,日本に漂着【葡】
北京城の外城を建設【明】

ポトシ銀山発見

1545 ボリビアのポトシ銀山発見【西】
1546 シュマルカルデン戦争(新教徒と旧教徒との争い)【独】
1547 壁書の獄【鮮】
イワン4世,ロシア帝国を確立【露】
1548 サファヴィー朝タフマースプ1世,首都をタブリーズからカズヴィーンに移す

ロシア帝国おこる

佐渡銀山発見

◉ 佐渡銀山の発見【日】

諸学と宗教改革

1525 フランシスコ・ザビエル,サント・バルブ学院(イエズス会誕生の地)に入る【仏】
フランチェスコ・ジョルジ『世界の調和について』(カバラ主義)【伊】
ルター『奴隷意志論』【独】
1527 最初の福音主義大学,マールブルクに設立

アグリッパ神秘主義

アグリッパ『学問のむなしさと無価値について』(秘術的懐疑主義)【独】
1528 イグナチウス・デ・ロヨラ,ザビエルに会う【仏】
1529 シュパイエルの国会に,ルター派諸侯が抗議(以後,新教徒をプロテスタントとよぶ)【独】
ツウィングリ,ルターのマールブルク会談(聖餐論争のために失敗)
アグリッパ『神秘哲学』【独】
第1カッペル会戦(福音主義側とカトリック側の争い)【瑞】
1530 メランヒトン,アウグスブルク信条提出【独】
コレージュ・ド・フランス創設【仏】
ツファットのカバラ神秘思想研究はじまる
1531 第2カッペル会戦(福音主義側の敗北)【瑞】
セルベトゥス『三一神論の誤謬について』【西】
ルドヴィコ・ビベス『学問論』【西】
1532 マキャベルリ『君主論』(死後刊行)【伊】

法華衆VS一向衆

日蓮宗徒蜂起して,山科本願寺を落とす【日】
1533 マナスウィー,ヒラーリ刑死(『王とイスラム教の僧』)【イラン】
1534 ルター『ドイツ語訳聖書』完成【独】
ロヨラら,イエズス会を創立【仏】
英国国教会(アングリカン・チャーチ)の独立【英】
メルヒオル・ホフマンら,ミュンスターに再洗派政権樹立(シオン王国の狂信～35)【蘭】
1535 ジュネーヴで宗教改革【瑞】
ミュンスター事件(再洗派の虐殺)【蘭】
トマス・モアがローマ教会との分離に反対,ロンドン塔で斬首【英】

イエズス会創立

1536 カルヴァン『キリスト教綱要』【瑞】
福音主義側『第1スイス信条』を作成【瑞】
ヘンリー8世,修道院解散【英】

天文法華の乱

天文法華の乱,日蓮宗寺院21カ寺焼失【日】
カルヴァン,ジュネーヴに赴く(宗教改革者ファレルの懇請)【瑞】
1537 イエズス会,イタリアに移る【伊】
クランマー『キリスト者の原理』【英】
1538 シーク教創始者ナナーク没【印】
◉ グムルーキー文字完成(2代目シーク・グル,アンガド,ランダ文字を改良)
◉ ボティサラト王,仏教興隆をはかる【ラオス】
1541 カルヴァン,ジュネーヴで宗教改革開始【瑞】
1542 ギヨーム・ポステル『世界諧話論』【仏】
ザビエル,ゴアに到達【印】
カラファ,教皇に新しい異端審問所設置を働きかける【西】
1543 聖書注釈者ペーダー・パラディウス,390の教会を視察後『聖母訪問の書』執筆【丁】
1544 国王を頂点とするデンマーク国教会成立(ルター主義に立つ)【丁】

カルヴァン純粋精神と宗教闘争

トリエント宗教会議

1545 トリエントの宗教会議(宗教裁判の強化など旧教の勢力回復策を決議)【伊】
1547 祈唱堂閉鎖令【英】
1548 トラヴァース『聖なる規範』【英】
1549 イギリス国教会式典礼「普通祈禱書」制定【英】
ザビエル,鹿児島でキリスト教を伝道【日】

自然の解剖へ

1525 ルドルフのコス式代数の紹介『コス』出版【独】
デューラー『測量入門』【独】
1527 パラケルスス,印刷業者フロベニウスの足の傷を治す【瑞】
1528 パラケルスス『外科学』を執筆【瑞】
フェルネル,地球の大きさを測定【仏】
ブラウンシュバイツ市など学校規定制定【独】
阿佐井野宗瑞,『医書大全』【日】
1529 パラケルスス『オプス・パラミルム』【瑞】

ガレノス復活 ローマ医学の再検討へ

◉ ガレノスの解剖学書パリで刊行【仏】

アグリコラの鉱山論

1530 アグリコラ『デ・レ・メタリカ』執筆開始【独】
パラケルスス『パラグラヌム』【瑞】
フラカストロ,梅毒(シフィリス)を命名【伊】
ジャン・ティーボー『人々の夢と幻想の特色』【リヨン】
◉ このころパラケルスス,数々の予言書を執筆【瑞】
1532 オットー・ブルンフェルス『植物生態図』【独】

三角法 数学的天文学へ

1533 レギオモンタヌス『三角法』(数学的天文学の基礎)【独】
パラケルスス,シュワッツ鉱山調査【瑞】
石見銀山で銀製錬法(灰吹法)導入,成功【日】
1535 宇宙誌家アピアヌス,天球儀作製【独】
1536 パラケルスス『大外科学』刊【アウグスブルク】
1538 ヴェサリウス『6枚の解剖図』【仏】

ボックの植物誌

1539 ヒエロニムス・ボック『植物誌』(植物器官の生理学的意義に注目)【独】
吉田宗桂,渡明して医学を修める【日】
リヨンで印刷職工のストライキ【仏】
◉ これ以降,フランス語の公用語化の確立【仏】
1540 バンノッチオ・ビリングッチオ『ピノテクニア(火工術)』(ヴェネチア刊)【伊】
デンマークとスウェーデンに製紙工場建設
レコード『技術の基礎』(数学書)【英】
1542 レオンハルト・フックス『植物誌』(バーゼルで刊行)【独】
1543 コペルニクス『天体の回転について』(地動説を発表,中世的宇宙観に大転換)【波】
ポルトガル人,種子島に漂着(鉄砲伝来)【日】

人体の構造

ヴェサリウス『人体の構造』(近代解剖学の確立,バーゼルで刊行)【白】
1544 スティフェル『完全算術』【独】

カルダーノの方程式論

1545 ジェラルモ・カルダーノ『アルス・マグナ』(代数方程式理論)【伊】
田代三喜に学んだ曲直瀬道三,還俗して医業に専念(李朱医学を普及)【日】
◉ ヴェネチア鏡さかん【伊】

フラカストロの感染論 伝染病への初の取りくみ

1546 ジロラモ・フラカストロ『接触感染と伝染病について』(感染についての初の理論書)【伊】
アグリコラ,ケムニッツの市長に就任,『石の性質について』を執筆【独】
アルドロヴァンディ『怪物誌』【伊】

パラケルススとヴェサリウス

コペルニクスの天体回転論

ルネッサンスとマニエリスム

1525 デューラー画[四人の福音書記官]【独】
1527 楽譜印刷者ピエール・アテニャン『新食卓音楽』刊行【仏】
アドリアン・ヴィラールト,サン・マルコ大聖堂楽長に就任(ヴェネチア楽派の創始)【蘭】
1528 デューラー『人体の均整に関する論考』【独】
ヤコポ・ダ・ポントルモ画[十字架降下]【伊】
ハンス・ホルバイン画[妻と二人の子の像]【独】

アルトドルファー

1529 アルトドルファー画『ダリウスを破るアレクサンドロス大王』【独】
ヤコポ・サンソヴィーノ,ヴェネチアの公共建築主任に【伊】
1530 コレッジオ,故郷に帰り[神々の愛]シリーズを制作【伊】
狩野正信画[山水図]【日】
フィオレンティーノ,フランスへ(フォンテーヌブロー宮ギャラリーを装飾~37)【伊】
1532 談山神社[十三重塔]【日】
アルトドルファー画[ドーナウ風景](近代絵画史上初の風景画)【独】
クラーナハ画[ヴィーナス](ゴシック的プロポーション)【独】
1533 ティツィアーノ,カルル5世の宮廷画家に【伊】

ホルバイン モア,エラスムス交流 ドイツ肖像画の確立

1534 ホルバイン画[大使たち]【独】
ミケランジェロ,ローマに定住【伊】
1536 ウィラールト曲[ミサ曲]【蘭】
ガルダーノ(ヴェネチア),ペトレイウス(ニュルンベルク),楽譜出版業開始
◉ パルミジャニーノ画[長い首の聖母]【伊】
1537 サンソヴィーノ設計[サン・マルコ図書館](完成は死後,スカモッツィによる)【伊】
1538 ティツィアーノ画[ウルビーノのヴィーナス]【伊】
ゲオルク・ラウ『シンフォニエ・イウクンデ』出版(プロテスタント教会音楽楽譜印刷)【独】

カンピドリオ ミケランジェロ

1539 ミケランジェロ起案[カンピドリオ広場]【伊】
セルリオ設計[ポルト宮殿中庭の劇場]【伊】
1541 ミケランジェロ画[最後の審判]【伊】
ヴァザーリ画[聖母受胎]【伊】
ピエール・レスコー,ルーブル宮殿増改築開始(~78)【仏】
◉ サン・ポルシェール窯,象嵌文陶器さかん【仏】
1542 ロレンツォ・ロット画[施しをするフィレンツェの聖アントニウス]【伊】
チプリアーノ・デ・ローレ(ウィラールトに師事)曲『マドリガル集』【白】
1543 チェルリーニ作[フォンテーヌブローのニンフ](フランス滞在,40~45)【伊】
ポントルモ画[女の肖像]【伊】
狩野元信画[山水花鳥図](霊雲院)【日】
1544 サルヴィアーティ画[慈愛]【伊】
1545 セバスチアーノ・セルリオ『透視図法論』【伊】

パレストリーナ 教会音楽

1547 パレストリーナ(イタリア教会音楽の創始者)の盛時【伊】
グラレアーヌス『12旋法』(イオニア旋法の音楽理論書)【瑞】
1548 ティントレット画[聖マルコの奇蹟]【伊】

狩野元信 桃山狩野派のリーダー

1549 狩野元信画[四季花鳥図屏風]【日】
ウィラールト曲[リチェルカーレ集]【蘭】

デューラーの絵画と数学

ティツィアーノ

文人と遊芸

1525 マキャベルリ『フィレンツェ史』8巻【伊】
ルメール・ド・ベルジュ『キュピドとアトロポス』【仏】
ベンボ『俗語の散文』【伊】
このころからコメディア・デルラルテ(職業喜劇)流行【伊】
1526 サンナッザーロ『マリアの分娩について』【伊】
フェルナンデス・デ・オビエド『インディアスの全史』【西】
ファレンゴ『オルランドの青年時代』【伊】
1527 ザックスの戯曲『ルクレチア』【独】
1528 コミーヌ『回想録』【仏】
バルデス『メルクリオとカロンの対話』【西】
1529 モア『対談録』【英】
李夢陽『空同子集』【明】

宗鑑と守武 俳諧,連歌師の独創的活動へ

1530 荒木田守武『俳諧独吟百韻』【日】
1531 ティンダル,モアの論争(~32)【英】
フランク『世界年代記』【独】
1532 クレマン・マロ『青春の歌』【仏】
マルグリット・ド・ナヴァール女王のもとに文学者,しばしば集まる【仏】
1534 ラブレー『第一の書ガルガンチュア』【仏】

インカ皇統記

ガルシラーソ・デ・ラ・ベーガ『インカ皇統記』(年代記)【西】
1535 『ハイモンのこどもたち』(通俗本)【独】
◉ マラッカの歴史書『スジャラ・ムラユ』が完成【マレーシア】

手書きガゼット

1536 手書き新聞『ガゼット』ローマで発行【伊】
伊達植宗『塵芥集』【日】
エティエンヌ・ドレ『ラテン語注解』【仏】
1537 ボナヴァンチュール・デ・ペリエ『キュンバルム・ムンディ』(世界の鐘)【仏】
1538 フランソワ1世,王室図書館への新刊納本義務づけ(納本制度のはじまり)【仏】
千与四郎(利休),北向道陳に茶を学ぶ(つづいて武野紹鴎の弟子に)【日】
ディーヴァーン文学の代表者フズーリーの『詩集』【土】
1539 山崎宗鑑撰『新撰犬筑波集』【日】
1540 王艮『王心斎全集』【明】
ヴィクラム『放蕩息子』(戯曲)【独】
1541 荒木田守武『俳諧之連歌独吟千句』【日】
洪楩編『清平山堂話本』『雨窓欹枕集』【明】
1542 ジョージ・ビュカナン『エフタ』(宗教劇)【英】
1543 周世鵬(士林派)白雲堂書院を設置【鮮】
ライプツィヒ大学図書館創設【独】

セーヴとリヨン派

1544 モーリス・セーヴ『デリー』(リヨン派)【仏】
セバスチャン・ミュンスター『宇宙構造論』(旅行情報)
陸楫編『古今説海』(小説)【明】
1545 コンラッド・ゲスナー,ギリシア語・ヘブル語の書物1000点を含む収録点数最大の書誌リスト『ミトリダテス』を完成(世界書誌の成立)【独】
『水滸伝』100回本【明】
フラカストロ『同情と反感』【伊】
◉ 最初の商業劇団出現,女優もこのころ登場【伊】
1547 羅欽順『困知記』『整庵存稿』【明】
『ピョートルとフェヴローニヤの物語』(伝記)【露】
1548 トリッシーノ『ゴート族より解放されたイタリア』27巻【伊】
ジョン・ベール『英国史研究書誌』を編纂【英】
1549 デュ・ベレー『仏語の擁護と顕揚』【仏】

プレイアード詩派

ラ・プレイアード詩派結成【仏】

コメディア・デルラルテ

ラブレー

ゲスナーの世界書誌

1525

日本人の大多数は読み書きができるのであるから、印刷によって、私達の信仰を、諸方へ弘布せしめることができると思う。
フランシスコ・ザビエル、イエズス会宛て報告書

主観と客観

フェリペ二世、エリザベス、イワン雷帝、アクバル大帝、織田信長、いずれも絶対君主として宗教情報を支配した。

1550
天文19

絶対主義誕生

1550 ポルトガル船平戸に来航,対日貿易開始【葡】
帝国会議の招集【露】
1551 トルコ,ハンガリーに侵入【土】
1552 カザン・ハン国を併合【露】
1553 海賊の王直が倭寇と結ぶ【明】
貿易会社の設立がはじまる【英】
1554 イエズス会士,原住民教化部落ピラチニン(現サンパウロ市)建設【ブラジル】
女王メアリーがイスパニア王子フェリペと結婚【英】

1555 モスクワ会社設立(冒険商人の団結)【露】
川中島の戦【日】

フェリペ2世のスペイン全盛 新大陸の植民地化

1556 フェリペ2世即位,ネーデルランド・イタリア・新大陸植民地を領有(スペイン全盛期)【西】

アクバル大帝のムガール文化

ムガール皇帝アクバル大帝即位(イスラム教・ヒンドゥー教融合),インド・イスラム文化開花(首都アグラ)【印】
1557 セバスチャン,対モロッコ十字軍【葡】
エリザベス1世即位,イギリス絶対主義を確立(貨幣制度,商工業育成,海上権奪取など)【英】
◉ 中国人,ポルトガル人によるマカオ貿易本格化【明】
1558 イワン4世,ポーランド保護領リヴォニアをめぐる戦【露】
1559 エリザベス1世,首長令を復活【英】
ハンザ同盟諸市勢力が減退【独】

エリザベス女王と絶対主義

1560 マドリード,スペインの首都に【西】
桶狭間の戦【日】
イギリス,貨幣統一【英】
1561 アクバル大帝が北インド統一【印】
ポーランド,ドイツ騎士団領領有【波】
トルコ,ハンガリーを併合【土】

ユグノー戦争

1562 ユグノー戦争【仏】
1563 戚継光ら福建で倭寇を撃退,倭寇が衰退【明】
1564 アクバル大帝,ジズヤ(イスラム教徒以外の者への税)廃止,ゴンドワナ王国を服属【印】
信長,稲葉城をおとして岐阜と改称【日】

1565 スペイン,フィリピン征服開始【西】

ロンドン取引所 トーマス・グレシャム

トーマス・グレシャム,ロンドン取引所を設立【英】
1567 ロシア使節ペトロフ来朝,海外渡航の禁(海禁)緩和【明】
ポルトガル船,長崎に来航【日】
メンダナ,ソロモン群島発見【西】
1568 ネーデルランド北部諸州の新教徒,蜂起(独立戦争開始)【蘭】
信長,入洛【日】
1569 ルブリンの合同,ポーランド共和国成立【波】

ネーデルランド独立戦争

レパントの海戦

1571 レパントの海戦(スペイン・ヴェネチア連合艦隊,オスマントルコ海軍を撃破)【土】
スペイン人,マニラ市を建設【比】
李成梁,鴨緑江畔に築塁【明】
1572 万暦帝の即位(明の中興期)【明】
聖バーソロミュー祭日のユグノー虐殺【仏】

信長の天下統一

1573 織田信長が将軍足利義昭を追放,室町幕府の滅亡【日】
アクバル大帝,グジャラートの乱鎮圧【印】
1574 ポルトガルの黒人奴隷輸入,ブラジルで開始
トルコ,チュニジア併合【土】

布教と神秘主義

ザビエルの日本布教

1550 ザビエル,山口の大内義隆に布教【日】
カルダーノ『珍しい事実について』【伊】
1551 ザビエル,京都の布教に失敗【日】
42カ条信仰告白公布【英】,100カ条の宗教令【露】
シャトーブリアン勅命(新教の禁止)【仏】
1552 ラス・カサス『インディアスの破壊についての簡潔な報告』【西】
1553 セルベトゥス『キリスト教の回復』【西】
徐階,欧陽徳ら霊斎宮で講会開催,参会者1000人(陽明学さかん)【明】

1555 メアリー女王,カトリック復帰【英】
新教徒の反抗にチャールズ5世が譲歩,諸侯と都市に新教・旧教の選択許容(アウグスブルクの宗教和議)【独】

ノストラダムスの予言

ノストラダムス『予言集』上梓【仏】
ピエトロ・ヴァレリアーノ『象形文字学あるいはエジプト人をはじめとする異教徒の神聖なるものについて』【伊】
1556 李退渓『朱子書節要』【鮮】
パウル・スカヒーリ『隠秘の隠秘』【墺】
1557 医師カルダーノ,自然哲学の大著『微細なる事物について』【伊】
1558 英国国教会再び独立【英】

ジョン・ディー 魔術とエノク語とヘルメス主義

ジョン・ディー『アフォリズム』【英】
1559 カルヴィニズムの普及を目的にジュネーブ・アカデミー設立【瑞】
ジョン・ノックス,偶像破壊を説く【英】

カトリックの反宗教改革

1560 室町幕府,ガスパル・ビレラに布教を許可【日】
スコットランド「第1教会条令」
1561 ポアシィの神学者会談(カトリックとユグノーの共存失敗)【仏】
オッキーノ『教義問題』【伊】
1562 聖テレジアの改革修道院,設立許可【西】
サン・ジェルマンの勅命(ユグノーに一部の自由を認める)【仏】
デラ・ポルタ『秘密暗号記法』【伊】
1563 旧教大国バイエルン,反宗教改革開始【独】
カルヴァン『ハイデルベルク教義問答』【瑞】
ヨハン・ヴァイアー『悪魔の権威について』【独】

フロイス来日

ルイス・フロイス来日【葡】
1564 ジョン・ディー『聖刻文字の単子(モナス・ヒエログリフィカ)』【英】

1565 ネーデルランドで激しい異端弾圧【蘭】
1566 ブリンガー『第2スイス信条』【瑞】
1567 『三九箇条』(アングリカン・チャーチの基本的教理)【英】
1569 モンテーニュ訳『レーモン・スボン自然神学』
イエズス会士フロイス,信長に引見(布教許可をえる)【日】
コルネリウス・ヘインマ『円環格言法』【伊】

1570 カートライト『議会への警告』【英】
1571 エムデンで第1回改革派教会全国総会(長老制度の採用)【蘭】

比叡山焼打ち 信長の宗教政策

信長,延暦寺堂塔を焼く【日】
1572 スペインのイエズス会,アメリカ大陸で最初の布教【米】
1574 ランベール・ダノー『かつて預言者たちが毒液と呼び,現在ソルティアリオスと呼ぶものについて』【P】

メルカトル図法が世界を相対化する。

1550

自然の解剖へ

1550 ジョン・ディー,パリでユークリッドについての講演【英】
1551 ノストラダムス『アルマナク』(農業暦)【仏】
リマに大学設立【ペルー】

ゲスナー動物誌

ゲスナー『動物誌』(~58)【瑞】
1552 ウォットン『動物の分類』10巻【英】
1553 エティエンヌ『歴史,地理,詩学辞典』【仏】
ミカエル・セルヴェトゥス『小血液循環』など血液循環説を唱える【西】
1554 ドドネウス『薬用植物図譜』(フランダース語版刊)【蘭】
ザクセン鉱業法の制定【独】

ブロン鳥類誌 中近東旅行と博物誌

1555 ブロン『鳥類の性質の話』【仏】
最初のシリア語活字作製
1556 タルターリア『一般数量論』【伊】
アグリコラ『デ・レ・メタリカ』刊【独】
ナバーロ『ウスーラ明解論』(サラマンカ学派,後期スコラ学の経済理論書)【西】
1557 ド・ブリーズ『建築学』ベストセラーに【欧】
ロベール・グラニヨン「シヴィリテ書体」に特許

ポルタ自然魔術

1558 デラ・ポルタ『自然魔術』【伊】
1559 豊橋の祇園祭で花火を揚げる【日】

ヨーロッパに医術・商業算術・植物栽培ひろまる

1560 フィンランドに製紙工場建設

ナポリ・アカデミー

1561 ナポリに自然科学アカデミー創立(初の近代的学会)【伊】
フィリベール・ド・ロベル『安価に良い家を建てる新発明』(湾曲屋根の革新)
曲直瀬道三『本草異名記製剤記』合1巻刊【日】
ウィルヘルム4世,カッセルに天文台建設【独】
レース編用糸巻きの発明【独】
1564 パレ『外科学十篇』【仏】
テレジオ『固有原理から見た自然について』【伊】
マレストロワ『貨幣現象に関する逆説』
ヴェサリウス&ヴァリヴェルダ『図説人体解剖学』【仏】

メルカトル図法

1567 ロシアに製紙工場建設【露】
ヌネシュ『算術と幾何におけるアルヘブラの書』(アラビア式方程式の変形法)【葡】
アンドロ・ヴァンディ,ボローニャ大学内にヨーロッパ最初の植物園を創設【伊】
1568 ジャン・ボーダン,貨幣数量説の提唱【仏】
1569 メルカトル,世界地図の製作(投影図法の発明)【蘭】
1570 イエズス会士オルガンチノ,近目鏡(拡大鏡)をもたらす【日】
ヘンリー・ビリングズビリーによるユークリッド『原論』英訳(ジョン・ディーの序文)【英】
オルテリウス『世界の舞台』(世界地図帖)【独】
◉ アゴスティーノ・レメルリ『変化する悪賢い機械』(読書機械の提案)
1572 ティコ・ブラーエ,新星発見【丁】
ボンベリ『代数学』【伊】
ギルバート,エリザベス女王アカデミー設立を提案【英】

曲直瀬道三 医学校と啓迪集

1574 曲直瀬道三の医学校啓迪院から医書『啓迪集』8巻刊行【日】
ドドネウス,マクシミリアン2世の侍医になる【蘭】
ラザルス・エルッカー『金属鉱石ならびに諸鉱物の主要な種類の記録』

ルネッサンスとマニエリスム

ヴァザーリ 美術家列伝

1550 ヴァザーリ『イタリア著名美術家列伝』【伊】
ミケランジェロ,フィレンツェ大聖堂[ピエタ]に着手【伊】
石川龍右衛門作[能面]【日】
雪村周継画[以天宗清像]【日】
◉ ティントレット画[聖処女の謁見]
◉ ポントルモのマニエリスム絵画完成【伊】
1551 ブリューゲル,アントウェルペン画家組合に登録【蘭】
1554 チェルリーニ作[ペルセウス]【伊】
カルターリ『古代神像』(最初のイコノグラフィ手引書)【伊】
1556 フィンク『音楽の実習』(オルガン教科書)【独】
ピッコルパッソ『陶芸三書』【伊】
1557 安東仙之介作[備前焼筒花生]【日】

雪村周継 諸国遍歴型武門の画僧

雪村周継画[蕪図]【日】
1558 ジョゼッフォ・ツァルリアーノ『音楽提要』『和声論』,ウィラールト『新音楽』【伊蘭】
マティアス・ゲールング画[メランコリア]【独】
1559 サルヴィアーティ,ヴァチカン宮サーラ・レーシアのフレスコ装飾(~63)【伊】
バルトロメオ・アンマナーティ,フィレンツェの広場噴水のデザイン競作に優勝【伊】
文徴明画[赤壁賦][春深高樹図](蘇州画壇を指導,呉派を確立)【明】

ティントレットとポントルモ

1560 源次・源三郎作[十一面観音][難陀竜王]【日】
1561 ミケランジェロ,サンタ・マリア・デリ・アンジェリ聖堂改築計画【伊】
1562 マルク・ヘラルスのブリュージュの大景観図
◉ 琉球から蛇皮線(三味線)伝来【日】

アルチンボルド 錯視のマニエラ

1563 アルチンボルド画[四季]【伊】
ブリューゲル画[バベルの塔]【蘭】
パリッシー,王室のための製陶を開始【仏】
◉ このころラージプト絵画・ムガール絵画【印】
1564 ジャコモ・デラ・ポルタ,ミケランジェロの[カンピドリオ広場]整備計画を引き継ぐ(~90)【伊】
ヨースト・アムマン挿絵による『地上の全職業の図録』【独】

サンブクスの寓意画

編集者ヨアネス・サンブクス『寓意画集』【洪】
1565 ティントレット画[キリストの磔刑]【伊】
1566 狩野永徳画[琴棋書画図襖](京都聚光院)【日】
李開先編曲[張小山小令]【明】
1567 ブリューゲル画[悦楽の園]【蘭】
パレストリーナ曲[法王マルチェリウスのミサ]【伊】
1569 ブロンズィーノ画[聖ラウレンティウスの殉教]【伊】
スルタン・セリム2世[アドリアノープル大モスク](~74)【土】
パレストリーナ曲[モテト集](ローマ楽派)【伊】
ヴィンチェンツォ・スカモッツィ設計[パラッツォ・ゴーディ]【伊】

ブリューゲル

1570 ティツィアーノ画[荊の冠]【伊】

パラディオ着任

建築設計家パラディオ,ヴェネチア公共事業の総監督『教会技師長』に着任【伊】
1571 ヴァザーリ,ヴァチカン宮フレスコ装飾に従事(~73)【伊】
1573 フランドル楽派ラッソーの活躍【白】

洛中洛外図 狩野永徳 金雲の手法

狩野永徳画[洛中洛外図屏風]【日】
雪村周継画[竹林七賢図屏風]【日】

文人と遊芸

◉ オルテンシオ・ランディ『イタリアの言語道断なる事物についての論評』【伊】
1551 梁辰魚『浣紗記』(戯曲)【明】
一条兼良邸で伊呂波連歌会興行【日】
1552 ロンサール『オード四部集』【仏】
印刷出版者エティエンヌ・ロベール1世の風刺文『パリ大学神学者の図書検閲を笑う』【仏】
バールシ『アジア』(史書)【葡】
ギョーム・ポステル『世界の驚異,とりわけインドならびに新世界について』【仏】
1553 ザックス『トリスタンとイゾルデ』【独】

ギョーム・ポステル 世界の驚異

武野紹鷗の茶会

武野紹鷗,大黒庵口切の茶会【日】
ジュリオ・カミッロ『劇場の理念』【伊】
1557 教皇パウロ4世,カトリック禁書目録を作成
ザックス『不死身のジークフリート』【独】
ディエゴ・レイソーノ『ポポル・ブフ』(マヤ族の起源神話など記録)【グァテマラ】
カルダーノ『さまざまな事物について』【伊】
1558 デュ・ベレー『哀惜』『ローマ古蹟』【仏】
1559 マルグリット・ド・ナヴァール『七日物語』【仏】
プランタン『ブリュセル市におけるシャルル5世の豪華な葬儀』刊行(ヒエロニムス・コックの銅版画32枚入り)【仏】

翻訳家アミヨ ギリシア・ラテン古典編集

◉ 古代ギリシア語の権威ジャック・アミヨの翻訳『ダフニスとクローエ物語』『対比列伝』など)【仏】

狂言成完

1560 トルクアート・タッソー『リナルド』(長詩)【伊】
パキエ『フランス考』【仏】
◉ フィアラウサ・オウグニヴ(アイルランド吟踊詩人)活躍【愛】
1561 汪道昆『遠山戯』(戯曲)【明】
1562 カスティリヨン『荒れたるフランスへの忠告』【仏】
1563 ロンサール『新詩集』【仏】
フォックス『殉教者の書』(伝記)【英】
1564 ラブレー『ガルガンチュア・パンタグリュエル物語』完成【仏】
◉ 狂言の流動終わり内容定着,完成へ【日】
1565 シュミット『アダムとイヴ』【独】

ツヴィンガー書誌

ツヴィンガー『人類の生の劇場』(書誌)【独】
◉ 呉承恩『西遊記』【明】
1566 印刷出版者エティエンヌ・アンリ2世,風刺と逸話からなる奇書『ヘロドトス弁護』執筆,出版【仏】
ディエゴ・ダ・ランダ『ユカタン事物記』【西】
黒鉛を木片にはさんで用いる(黒鉛鉛筆の起源)【英】

西遊記

1568 マルニックス・ファン・シント・アルデホンデ『ローマ教の巣窟』(小説)【蘭】
1569 エルーシリヤ『ラ・アラウカーナ』【西】
信長,京都で名物狩り【日】
フランクフルト帝室図書審議会,検閲開始【独】

隆達節流行

◉ 隆達節流行(始祖,高三隆達)【日】
1570 李攀竜(『唐詩選』編者か)『李滄冥集』31巻【明】
バルテロメオ・スカッピオ『オペラ』(料理書)
◉ 戯曲小説,南宗画など庶民文化隆盛【明】
◉ 「後七子」による古文辞派運動【明】

メディチ家蔵書開放

1571 フィレンツェの『ラウレンチアーナ』図書館開設(メディチ家の蔵書)【伊】
1572 エティエンヌ・アンリ『ギリシア語真宝』【仏】
1573 モンペリエの勅会(印刷本納入会),ビブリオテーク・ナショナルの基盤へ【仏】
信長,妙覚寺に千利休ら堺衆を集めて茶会【日】
アンブロアス・パレ『怪物と奇異』【仏】
1574 銭徳洪『緒山会話』【明】

魔術とは人々が眼で見て大いに驚きの念を抱く不思議な作用が生じるように指示を与える数学的技術である。
ジョン・ディー『ヴィトルヴィウス建築書』の序文

この時代、実は社会を支配していたのは魔術的な組み合わせ術だった。

1575
天正3

絶対主義誕生

1575 長篠の戦【日】
◉ アクバル帝,帝国官僚制度を改革(マンサブダーリー制の成立)【印】
1576 ネーデルランド諸州,ガン条約締結で同盟【蘭】

ルドルフ2世 ボヘミア=ハンガリーの魔術王

ハプスブルク家のルドルフ2世,神聖ローマ皇帝とボヘミア=ハンガリー王を兼ねて即位
1577 信長,安土城下に楽市【日】
1578 ネーデルランド,イギリスと同盟(オランダ,イギリスの商業資本の活躍,ポルトガルの世界商権の衰微)【欧】
張居正,全国土地測量開始【明】
北条氏政,武蔵世田谷新宿に楽市【日】
1579 ネーデルランド北部7州,ユトレヒト同盟結成【蘭】

1580

ドレーク世界周航

1580 ドレーク,世界周航達成(77～)【英】
フィリップ2世,ポルトガル併合(主要な植民地・海洋を支配する大帝国現出)【西】
1581 ユトレヒト同盟7州,ネーデルランド共和国として独立(1648年,承認)【蘭】
イェルマーク,シベリア征服【露】
トルコにレヴァント通商会社設立【英】
1582 ヤン・ザボルスキの休戦(ポーランドにリヴォニアとポロックを放棄)【露】

オランダ独立

マテオ・リッチ

マテオ・リッチ,広東に上陸【伊】
本能寺の変【日】
1583 ギルバード,北西航路探検【英】
秀吉,大坂城に【日】
1584 ウォーター・ローリー,ヴァージニアに植民を計画【英】
スペイン船平戸に来航,対日貿易開始【西】

1585

1585 ヴァージニア上陸,植民地建設開始【英】
秀吉の楽座令【日】
1588 スペイン無敵艦隊をドレークらが撃滅(スペインの衰退)【英】

イスパニアの後退

ヌルハチ 満州族の勢力拡大

満州国ヌルハチ,建州部を統一【満】
1589 アンリ4世即位,絶対主義王朝ブルボン朝成立【仏】
ブリュージュの固定資産簿に8129の建物を記録,人口は約3万人【仏】
◉ ルール地方で石炭採掘開始【独】

1590

パリ十八万人

1590 豊臣秀吉が小田原を征して全国平定【日】
徳川家康,江戸城に入る【日】
1591 豊臣秀吉,ルソン島に使節原田弥七郎派遣【日】
1592 朱印状の交付,朱印船貿易の開始【日】

秀吉の朝鮮出兵

文禄の役(秀吉の朝鮮出兵～96)【日】

朱印船貿易 ルソン助左衛門

1593 納屋助左衛門ルソンに渡る(朱印船貿易盛行)
オランダ船,ギニアの黄金海岸に達する【蘭】
パリ,人口18万人を突破【仏】

1595

1595 アクバル帝,カンダハルを併合【印】
1596 明の財政窮迫,開鉱をすすめる【明】
アムステルダムの貿易船団,ジャワ島バンタム港に到達(後の東インド会社)【蘭】
1597 ホロープ(奴隷)法令【露】
慶長の役(秀吉,朝鮮に再出兵～98)【日】

ナントの勅令 信仰の自由の確立 ユグノー戦争終結

1598 ナントの勅令発布(信仰の自由・新教徒の市民権が承認されユグノー戦争終結)【仏】
シャーレー兄弟,ペルシアのカズビンに到達(アッバース帝の要請で軍指導)【英】
ロシア帝フェードル1世没(ルーリック王統断絶),ボリス・ゴドノフ王位に【露】

布教と神秘主義

1575 ブラックウッド『教権と俗権との合一』【仏】
アクバル帝,イバーダト=ハナ(信仰の館)建設(宗教指導者を集める)【印】
1576 カルダーノ『永遠の謎』(1663全集収録)【伊】
1577 ジョン・ディー『完全なる航海術に関する一般的および稀なる覚え書』【英】
1578 ボーダン『貨幣の増減について』【仏】
『世界の調和』(ジョルジ)の仏語訳(カバラ主義,フランスへ)【仏】
1579 オルガンチノ,安土城下に南蛮寺建立【日】
安土の宗論(浄土宗,法華宗)【日】
視察官ヴァリニャーノ神父来日【伊】
ロッセリ『人工記憶宝鑑』【伊】

ボーダンの魔術批判

1580 ボーダン『妖術師の悪魔信仰について』【仏】
1581 エドワード・ケリー,「ティンクトゥラ」(賢者の石)を入手するという【英】
サンチェス『不可知なるが故に最高貴にして第一普遍なる学についての論究』【葡】
有馬と府内にセミナリヨ(神学校),コレジオ(学林)設置【日】
1582 ヴァリニャーノ,伊東マンショらをつれヨーロッパに向かう(天正少年遣欧使節)【日】
ジョルダーノ・ブルーノ『イデアの影』(魔術的自然観)【伊】
アクバル帝,ディーネ・イラーヒー(神の宗教)創始【印】
1583 ケルン大司教領の争奪戦,反宗教改革側勝利
ピッコロミニ『慣習についての一般哲学』【伊】
ルイス・フロイス『日本史』の編集開始【日】

ヴァリニャーノと少年使節団

1585 ブルーノ,ロンドン滞在『英雄的狂気について』など執筆【伊】
このころ,ジョン・ディー,ルドルフ2世の宮廷に滞在か【英】
ヴィジニャーナビクシュ『サーンキヤ・スートラ』に注解【印】
吉田社に神祇官八神殿設置【日】

バテレン追放令 秀吉の禁令

1587 秀吉,ヤソ教布教を禁止【日】
1589 このころヴァレンティヌスの錬金術文献なるか(印刷発表1671)

ロシア正教独立

モスクワにロシア総主教座設置【露】
1591 カバラ思想家コルドベロ『パルデス・リモニム』(のちにスピノザが引用)【波】
ブルーノ,ドイツ放浪中の3大哲学詩『モナド論』『最小者論』『巨大者論』を著述【伊】
パトリーツィ『新世界哲学』(フィチーノを継承,汎心論的世界観)【伊】
カンパネラ『感覚哲学』(テレシオを継承)【伊】
◉ ポルトガルのマラノ,アムステルダムに移住【葡】
1592 フッカー『教会政治の法律』【英】
ボーダン『七宗討論』【仏】
1593 ユグノー戦争終結を目的にヘンリー4世,カトリックに改宗【仏】
洗足カルメル会,独立【西】
イェセニウス『ゾロアスター』【墺】
1594 弘陽教はじまる【明】

ブルーノの空想論理学

1595 宣教師ニェツキ,ノルティ,オルガンチノら,京都・肥前大村・有馬を布教【日】
パリ高等法院,イエズス会を追放【仏】
1597 長崎26聖人殉教【日】
1598 キエーフ結社学校(のちアカデミア)設立【露】
菅志道,顧憲成「無善無悪」について論争(陽明学)【明】

カンパネラの場所記憶術 テレシオの継承

1599 カンパネラ,理想的キリスト教社会建設のための独立戦争計画が発覚,逮捕【伊】

オランダとロシアの抬頭が、やがて日本を変えていく。

自然の解剖へ

1575 医師パレ『パレ全集』【仏】
1576 ボーダン『国家論』(国家主権・封建勢力の一掃を主張)【仏】

ティコ・ブラーエ デンマークの天文島

国王フレデリック2世,ティコ・ブラーエにヴェーン島の天文台を与える(規則的天体観測開始)【丁】
1577 ヌネシュ『航海の技術と理論について』(航海天文学の基礎)【葡】
1578 『ドドネウス草木誌』英訳本(779ページ,木版画870個入り)【英】

グレシャム・カレッジ

1579 グレシャム・カレッジ設立(のちのロイヤル・ソサエティー)【英】
スカリゲル,マニリウス『天文五書』を校注
1580 曲直瀬道三,『能毒』増訂【日】
信長,砂糖3000斤を馬廻衆へ頒ち与える【日】

グレゴリウス暦

1582 グレゴリウス13世,ユリウス暦にかわるグレゴリウス暦を制定
カンピアーソ,宮廷画家に(形体学的デッサン多数)【伊】
ピーター・モリスの水車駆動ピストンポンプによるロンドン市内への水道給水成功【英】
ドドネウス,オランダ・ライデン大学の医学教授就任【蘭】
1583 ガリレオ・ガリレイが「振り子の等時性」を発見【伊】
チェザルピーノ『植物誌』(植物を分類)【伊】
1585 シモン・ステヴィン『10分割法について』【蘭】
1586 オランダに製紙工場が建設【蘭】
デラ・ポルタ『人間の容貌』【伊】
1587 アルベルト・マイヤー『紳士・商人・学生・兵士・船員等々のための簡潔にして特別な教本』【独】

機械解説書

1588 ラメリ『機械書』(携帯用鉄製ローラ式製粉器などを紹介)【F】
ベルナルド・ダヴァンツァーティ『貨幣論講義』(価格変動論)【伊】
1589 ガリレイ,ピサ大学数学教授に就任(アリストテレス自然哲学の運動論を批判,落下体の法則を探究)【伊】
ステヴィン『力の平行四辺形』【蘭】

ガリレイ 落体法則

1590 望遠鏡の製作がはじまる【伊】
オランダの眼鏡師ヤンセン父子による複式顕微鏡の発明(～1609)【蘭】
ムヘット『昆虫界』【英】
李時珍『奇経八脈考』【明】
1591 ヴィエート『解析法序説』【仏】
ダブリン大学創立【英】
1592 甯源撰『食鑑本草』2巻刊行【明】

李時珍の本草綱目

1596 李時珍『本草綱目』を刊行【明】
ヨハネス・ケプラー『宇宙図学の秘儀』(惑星の数と正多面体の数との幾何学的調和解読)【独】

ミラ変光星 ファブリキウスの発見

デヴィッド・ファブリキウス,ミラ星の変光を発見【独】
栗崎道喜,ルソンより帰朝(南蛮外科の祖)【日】
ジョン・ハリントン卿,水洗便所発明(仏に18Cに伝わる)【英】
1597 ガリレイ,空気寒暖計を発明【伊】
リバヴィウス『錬金術』【独】
1598 炭鉱用木製軌道敷設(ウォラトン炭鉱―トレントル川間,ブロズリ炭鉱―セヴァーン川間～1606)【英】
1599 満州文字(清の太祖がモンゴル文字を満州語に応用)【満】
ティコ・ブラーエ,ケプラーを助手に迎え,火星の観測【丁】
快速商船フレーテ開発(運賃コストを半減)【蘭】

満州文字

ルネッサンスとマニエリスム

1575 ウィリアム・バードとトマス・タリス曲[カンツィオ・サクラ集]【英】
タリス(英国国教会音楽の父)に楽譜印刷出版権,授与【英】
ティツィアーノ画[ピエタ]【伊】
メディチ磁器窯開かれる(～83)【伊】

安土城と待庵

1576 近江[安土城]ほぼ落成,献堂式挙行【日】
ルドルフ2世在位,ボヘミア文化最盛期
パルラディオ[レデントーレ聖堂]【伊】
1577 趙浙画[清明上河図巻]【明】
エル・グレコ画[悔悟するマグダラのマリア](スペイン到着直後の作品)【西】
1579 フェデリコ・ツッカーリ,自邸をマニエリスム化【伊】
1580 ルドルフ2世,アルチンボルドを帝国伯に【独】

ボマルツォの庭園

◉ [ボマルツォの妖怪庭園](オルシーニ邸)【伊】
1581 ガリレイ『古代音楽と現代音楽との対話』(ギリシア音楽をはじめて公開)【伊】
西本願寺[北能舞台]【日】
1582 千利休,茶室[待庵]を造営【日】
1583 カンピアーソ,フェリペ2世の宮廷画家に
ガブリエリ曲[ダヴィッド賛歌]【伊】
1584 パルラディオ,スカモッティ[オリンピア劇場](現存最古の古代劇場)【伊】
ロマッツォ『絵画,彫刻,建築の技術について』【伊】
狩野永徳,大坂城障壁画制作【日】

永徳と等伯

1585 リザー・アッバスィー,イスタンブールの宮廷画家になる【土】
1587 クラウディオ・モンテヴェルディ曲[マドリガーレ第1集]【伊】
1588 雲谷等顔画[蘆雁図](黄梅院襖絵)【日】

長次郎の楽焼

◉ このころ長次郎父子の楽焼,出まわる【日】
1589 マレンツィオ曲[シンフォニア]【伊】
カラヴァッジオ画[いかさまトランプ師]【伊】
長谷川等伯画[三玄院襖絵山水図]【日】
フォンタナ,ヴァチカン図書館大改装(壁面書棚式)【伊】
1590 ヴァージナルとガンバの演奏隆盛【英】
狩野永徳画[唐獅子屏風]【日】

オペラの誕生 ヤコポ・コルシとカメラータ

1592 フィレンツェのヤコポ・コルシ,バルディ,ガリレイ,カッチーニたち「カメラータ(仲間たち)」結成(ギリシア音楽劇の再興)【伊】
スプランヘル画[ルドルフ2世の徳の寓意]【墺】
1593 チェザーレ・リーパ『イコノロギア』(バロックに影響)【伊】
長谷川等伯,智積院[楓図]【日】
1594 ティントレット画[最後の晩餐]【伊】
長谷川等伯画[枯木猿猴図][松林図屏風]【日】
ヤコポ・ペーリ曲[ダフネ](最初の歌劇)【伊】
トマス・モーリ曲[5声のパレット集]【英】
1595 グレコ画[枢機卿ニニョ・デ・ゲバラ]【西】
秀吉が木食応其に工事監督を命じた[方広寺]完成【日】
1596 金細工士フランシス・ラングレイ設立[スワン座]【英】
1597 ジョヴァンニ・ガブリエリ曲[聖シンフォニア]【伊】
オライオ・ヴェッキ曲[アンフィ・パルナッソ]【伊】
1598 カラヴァッジオ画[聖マタイのお召し]【伊】

海北友松 狩野派から脱出

海北友松画[竹林七賢図](建仁寺)【日】

グレコとカラヴァッジオ

文人と遊芸

1575 タッソーの大叙事詩『エルサレム解放』【伊】
◉ ミュンヘン図書館充実【独】
1576 美濃乙津寺僧蘭叔『酒茶論』【日】

バーベッジの劇場

ジェイムズ・バーベッジ,最初の公衆劇場[劇場座](イギリス公衆劇場建設運動)【英】
1577 ジョン・フランプトン『新発見された世界からの楽しいニュース』(英語版)【英】
1578 バルタス『聖週』【仏】
1579 スペイン最初の常設劇場[コラール・デ・ラ・クルース](マドリッド)【西】
ヨセフ・スカリゲル『年代記校訂』【伊】
◉ 仮名草子さかん(『信長記』ほか)【日】
1580 モンテーニュ『随想録』3巻【仏】
コハノフスキー『トレニイ』【波】

秀吉の茶会 今井宗久 津田宗及

1582 秀吉,山崎の茶会に今井宗久,津田宗及,千利休を集める【日】
パトリーツィ『詩学論』(アリストテレス詩学に反駁)【伊】
劇場経営者ヘンズローの覚書,会計簿『ヘンズローの日記』【英】
1583 ラ・クロワ・デュ・メーヌ『完全な図書館のための百の書架』【仏】
ローマ字による天草本『イソップ物語』【日】

モンテーニュ

トゥルシー・ダース

1584 トゥルシー・ダース『ラーム・チャリット・マナース』(叙事詩)【印】
千利休・津田宗及ら,京都総見寺で茶会【日】
1585 セルバンテス『ラ・ガラテーア』【西】
1586 星室庁から言論統制の印刷条例(～1641)【英】
1587 シュピース編集『ファウスト博士』(中世民話書)【独】
ヴィジネール『暗号文学論』【仏】
北野大茶会【日】
1589 ハクルート『英国民の主要なる航海旅行並びに発見』【英】

千利休

マーロー イギリス悲劇のルネッサンス

クリストファー・マーロー『タンバーレイン大王』【英】
1590 フィリップ・シドニー『アーケイディア』【英】
池坊専好,毛利邸に花を立てる【日】
1591 千利休,秀吉の命で自刃【日】
ヴァリニャーノ『サントスの御作業のうちの板書』(ローマ字印刷,切支丹版)【日】
1592 マーロー『フォースタス博士』(ファウスト伝説の劇化)【英】
世徳堂本『西遊記』(現存最古の刊本)
姜沆『看羊録』【鮮】
1593 ジョージ・ピール,歴史劇『エドワード1世』【英】
文禄の役帰還将士らが大量の書籍を持ち帰る(『医方類聚』『大観本草』など,朝鮮活版印刷術も伝わる)【日】
1594 最初の雑誌がドイツで誕生したという説【独】
1595 エドモント・スペンサー『アモレッティ』【英】
サー・シドニー『詩の弁護』【英】
1596 スペンサー『神仙女王』【英】
1597 アブール・ファズル編著『アクバル会典』【印】
ジェイムズ1世,自ら『悪魔研究』を著す【英】
フランシス・ベーコン『随筆集』【英】
シェイクスピア『ロメオとジュリエット』【英】

ボードレー図書館

1598 オックスフォード大学出身の外交官トーマス・ボードレー,母校の図書館再建を申請【英】
ベン・ジョンソン『十人十色』(喜劇)【英】
『鷹と狩猟用猛禽と隼とについて』【独】
湯顕祖『牡丹亭還魂記』【明】
1599 バーベッジの長男カスバート設立[地球座](多角形,2000人収容)【英】
徳川家康,足利学校に木活字10万本を贈り伏見版開版【日】

織田信長は神仏そのほか偶像を軽視し、名義は法華宗だが、宇宙に造主なく霊魂不滅なこともなく死後何者も存在せぬことを説いた。
ルイス・フロイスの書簡より

BC 6000以前 / BC 6000 / BC 2200 / BC 1200 / BC 600 / BC 300 / 0 / 300 / 600 / 800 / 1000 / 1200 / 1300 / 1400 / 1500 / 1600 / 1650 / 1700 / 1760 / 1810 / 1840 / 1860 / 1880 / 1890 / 1900 / 1910 / 1920 / 1930 / 1940 / 1950 / 1960 / 1970 / 1980

Ⅳ. 技術と情報

1600－1839

産業革命が社会と技術を近づけ，人々の世界観を変質させる。

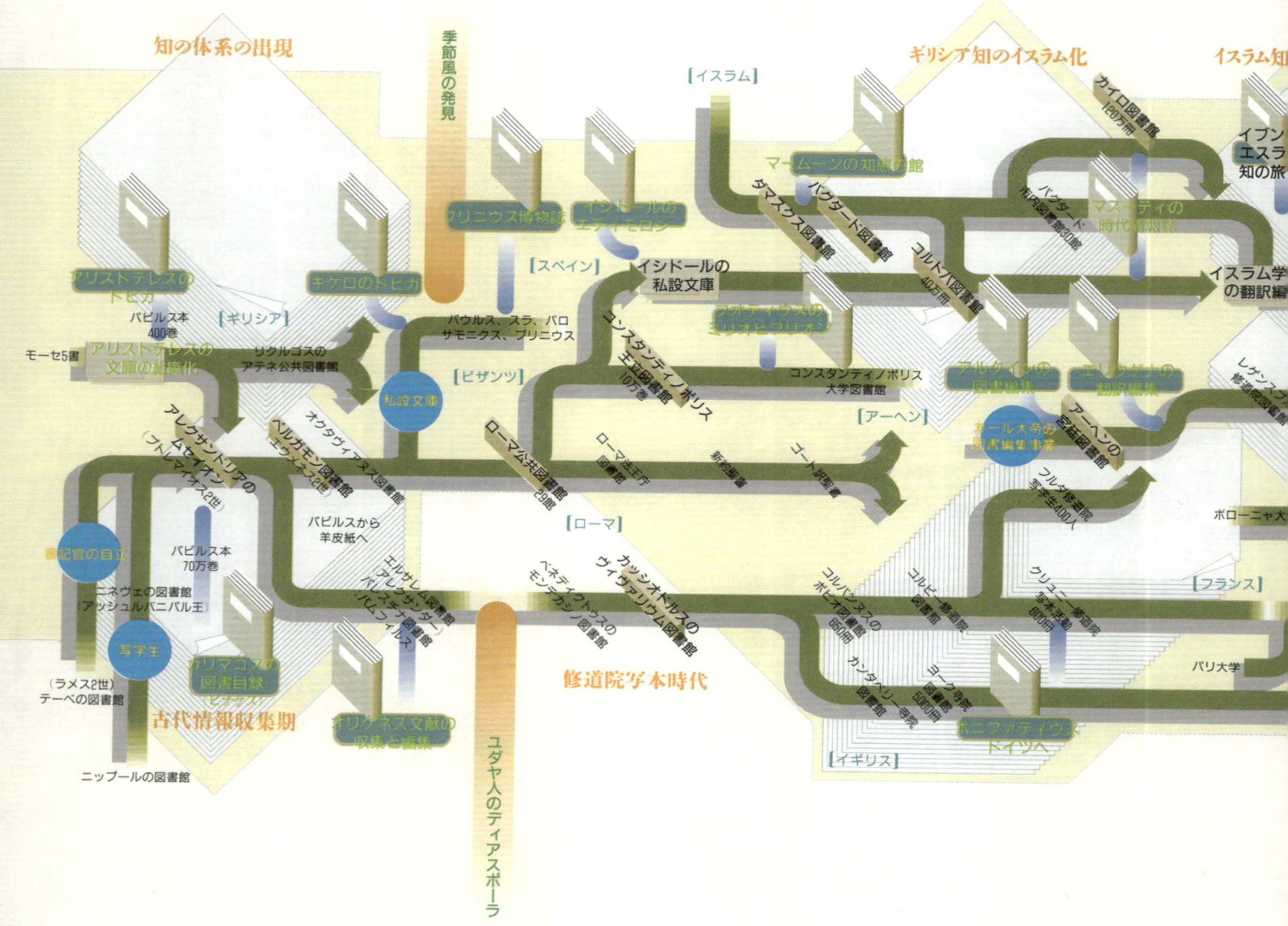

●当初，情報は語り部の頭の中だけに蓄積されていた。したがって，その情報を移動させるには語り部ごと運ばなければならず，その情報の抹殺には語り部自身を殺害するしかなかった。やがて文字ができると，情報メッセージの蓄積は生身の人間まるごとである必要がなくなっていく。文字を刻んだ粘土板や文字を記したパピルスや木簡を保存しておけばよかった。そのかわり書記官や写字生が必要になる。

●図書館の歴史は，そのまま知の編集の歴史である。すでにアリストテレスが個人文庫を一定の配列に組織化していたことが知られている。ついでアレキサンドリアのムセイオンがパピルス本70万巻を収集した。司書カリマコスが作成した図書目録「ピナケス」はながいあいだヨーロッパの"知の森"の原型となったものである。これをアルファベット順につくりかえるには，ライプニッツのアイディアまで待たなければならなかった。

●情報データベースの歴史で注目されるのは，ヨーロッパ修道院の写本工房，イスラムの「知恵の館」，中国の書誌目録学である。なかでヨーロッパの歴史を握ったのが修道院だった。これを発想したのはカッシオドルスであるが，以降，各地の修道

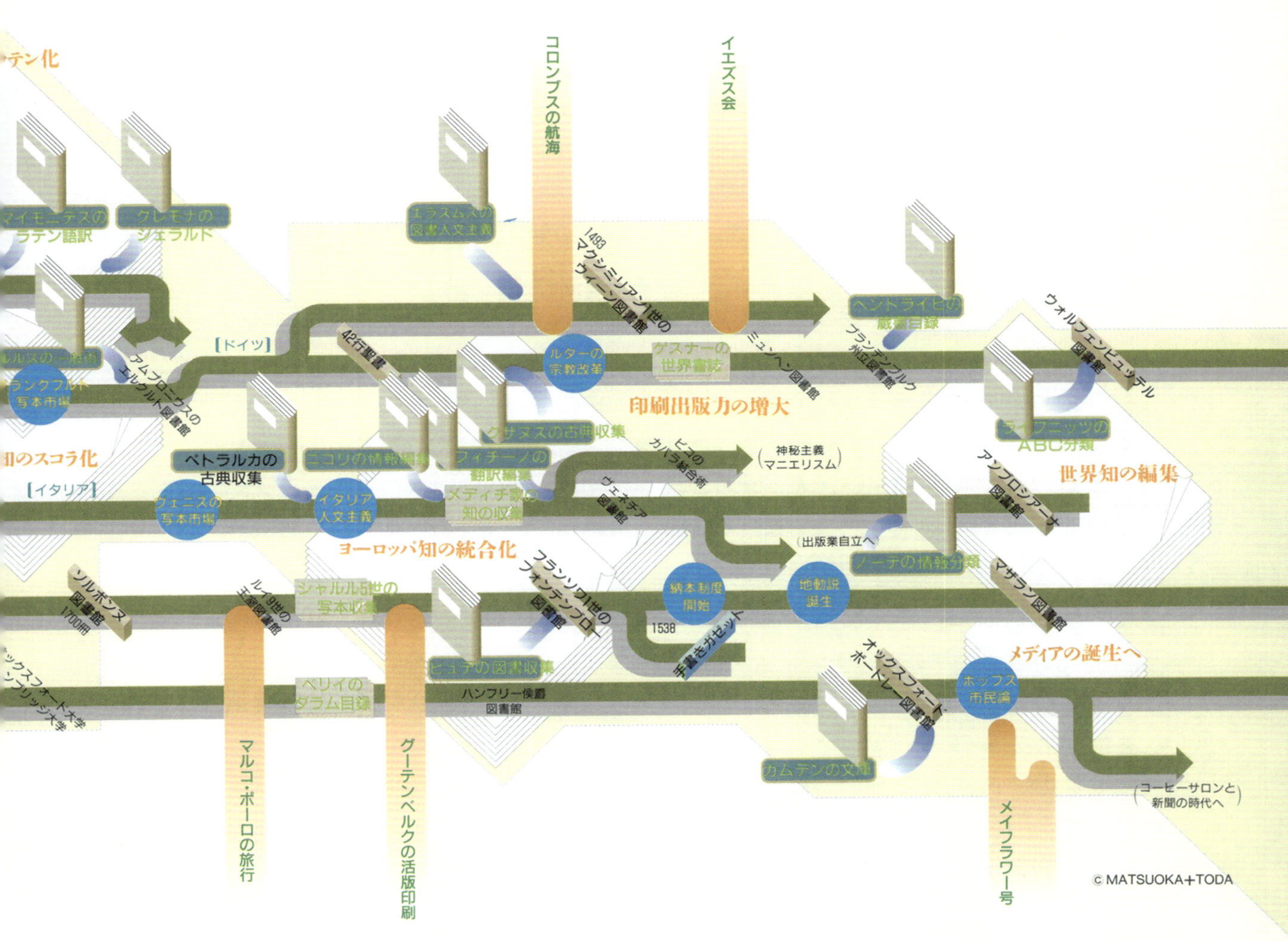

院が情報文化センターの役割を担っていった。よく知られているように，そこでは音読が重視された。つまり，中世まではあらゆる本は声を出して読むことが一般的な原則だったのである。このことは，本ダイアグラムでは省いた日本においても同じことだった。それがしだいに黙読に変わるときは，データベースの歴史が活版革命の洗礼をうけるときだった。

diagram 4.
情報の蓄積と交流（ヨーロッパ）

Ⅳ技術と情報 1600—1839

古典力学から共同体幻想へ

科学と学会の発見

1600年ちょうどのこと,シェイクスピアが『お気に召すまま』を書き,東インド会社を設立したイギリスで,エリザベス女王の侍医だったギルバートの『磁石論』が刊行された。地球をテレラという磁気体に見立てたこの本は,17世紀が"科学の発見の時代"であることを暗示した。実際にもこの本は29歳のケプラーを興奮させ,ガリレイの『天文対話』で絶賛された。

すでにコペルニクスの天体回転論とガリレイの落体法則,およびパラケルススの医学とヴェサリウスの解剖学はあったが,望遠鏡と顕微鏡はこれからだった。が,いったん遠方と近傍のリアリティが肉眼の中に入ってしまうと,極大におけるケプラーの法則からニュートン力学まで,極小におけるフックのミクログラフィアからハーヴェイの血液循環論まではあっというまであった。まだ見ぬ合理に近づくための思想と手法も次々に開発された。まずネーピアの計算技術の改良があり,ボイルとフックが実験の土台をつくり,デカルトとパスカルの幾何学精神がこれをあおって,さらにニュートンとライプニッツが微積分法をもってこれにつづいた。

自然科学が勃興するにあたっては,グレシャム・カレッジ(1579),メルセンヌ・アカデミー(1636),見えない大学から発展したロンドンの王立協会(1662),フランス王立学会(1666)などが果たした役割も大きかった。近代原子論の立案者ガッサンディの発想もトリチェルリの気圧計もゲーリッケの真空ポンプも,月夜にフロックコートを着る紳士たちの科学好きに見守られて育まれたのである。

古代力学の形成は,時間と空間が絶対不変であるという新しい枠組をもたらした。もはや神が手をくださずとも,世界は「質点の運動」という方法で記述されはじめたのである。このことは一方で,ではそのような世界秩序の中で人間が知覚できる内容とはどういうものなのかという,いわゆる「人知」への探求をいそがせた。イギリス経験論の勃興がつづいたのち,シャフツベリははやくも生活様式と情報との関係に言及してみせた。

ジャーナリズム誕生

われわれがどのように社会の中でコミュニケーションを成立させているかということを正確につきとめることはむずかしいものだが,17世紀から18世紀にかけておこったヨーロッパの変化,すなわち名誉革命が出版許可制をゆるめさせたことがロンドンのコーヒーハウスにジャーナリズムをつくらせ,ナント勅令の廃止で知識に飢えたユグノーたちをオランダやドイツに亡命させたことが啓蒙思想を準備させたということは,かなりはっきりしていた。往時をしのぶ表現をつかうなら,やっと魔女狩りの季節がおわったのである。

そこで着手されたのは,できるだけ自由に「情報を比較する」ということだった。最初はウィルキンズやゴドウィンやキルヒャーによって新世界や別世界がとりあげられ(1630年代),ついでデフォー,ポープ,スウィフトのような気の利いた文人によって比較批評がすすんだ。やがてこの傾向はラフィトー,ヴィーコ,ヴォルテールらによる異文化の比較研究にまでたどりつき(1720年代),前世紀までは異端や異文化は排撃の標的であったのが,18世紀では「他者と異常と変化にかかわる自由」こそが謳歌されることになったのである。料理書・園芸書・住宅案内書などがしきりに出版されたのも,いわば他人と比較して生活をおくる習慣が生まれてきたせいだった。この傾向の底流には, 新大陸アメリカに新しい開拓文化がつくられつつあったことに対するヨーロッパの目がはたらいていた。

こうしてクラブとサロンと新聞雑誌が流行し,リンネの分類誌学とビュフォンの博物誌(1749)とディドロらの百科全書が刊行され(1750),ルソーの社会契約論が世に出まわって(1762),初めて「コミュニケーションの文化」とよべる基礎ができあがってきたのであった。それは産業やビジネスに対する人々の警戒心を解き,産業革命の導入にもつながっていった(1768)。もっとも,コミュニケーションとビジネスの文化の抬頭という面では日本もまんざらではなかった。田沼時代に平賀源内が動きまわり,石田梅岩の心学塾が町人にビジネスの心得を説いていたのは,イギリスが産業革命をおこしている真最中だったのである。

電気と通信と速度　アメリカ独立(1776)の立役者は新聞社と郵便局だった。フランス革命(1779)を見た各国の首脳は,情報が自由に交通しすぎるのではないかという危惧をもった。まさにこの時期,人々は初めて通信にめざめていた。腕木式光通信が人々を驚かせたのは1790年代のことであり,その技術はつづくナポレオンの進軍のためにさまざまな改良をよんだ。

もっと人々を驚かせたのは電気の出現であった。ライデン瓶につまった電気がめずらしく,ヨーロッパ中が電気ショックパーティで騒いだのは1740年代だったが,それからすぐにフランクリンが電気をつかまえたというニュースが広まると,この神経を直接に興奮させる神秘的な媒体に対する関心は技術者たちを陶酔させていった(ロモンからゼメリンクへ)。19世紀の第1日目はヴォルタの電池ではじまったのである。さらに人々の驚嘆を誘ったのはスティーヴンソンの蒸気機関車の登場だった(1814)。最初は馬と競争させられた機関車が,やがてやすやすと人知のおよばない速度を出したとき,いずれ地球が鉄道ネットワークで張りめぐらされることを誰しもが予想できた。この予想は半分あたったが,半分はずれた。地球に網を最初に張ったのは,あとから発明された電信網(1835)のほうが早かったからである。

電気に憧れをもったのは技術者たちだけではなかった。ロマン主義者たちも放電がつくるリヒテンベルク・パターンの奥にイデアを覗こうとした。かれらは先行したゲーテが光学や色彩論に没頭したように,光の科学と光の芸術をほしがった。しかし,実のところ,ロマン主義者のほんとうの憧れは,みずからの民族のなかにひそむ新しい
“魂の電気”にこそ向けられていた。この考え方はギリシア・ローマの古典を愛するものたちの反撃を買った。有名 1600
なアングルとドラクロワの対立は,このあとの時代が古典主義とロマン主義に分裂していく只中におかれたこと 1650
を象徴する。 1700

コミュニティの構想　19世紀の初頭,先に紹介したウィルキンズやゴドウィンが描いた新世界や別世界をたん 1760
なる思想におわらせるのではなく,現実の共同体におきかえようとする動きがはじまった。いわゆる空想社会主義 1810
の誕生である。

すでにヘーゲルは精神が経験する学のすべてを記述する重要性を説き,それが現実の世界史と一致するはずだという観念を育てていたのだが,オーウェンやサン・シモンやフーリエは,その観念を“一人”にとじこめるのではなく,むしろ“共同体験”におきかえるべきだという発想にすすんだ。そして実際にも適切な人数による共同体の建設を構想し(ファランジュやニューハーモニー),一部で実行に移したりした。この試みはたいてい失敗したが,かれらの理想が「産業的共同体」にあったことは,ヨーロッパとアメリカに産業組合の思想を萌芽させ,初の社会主義団体の結成(1824)をよびおこした。日本では二宮尊徳が荒廃した農村の復興に着手していた時期にあたっている。しかし,こうした理想の大半は1830年代に抬頭する産業資本家の構想の前ではあまりにも力を発揮しなかったため,ここに青年マルクスが働く者と働かそうとする者の間によこたわる矛盾の解決に乗り出すことになった。

理想的な手段をこうじさえすれば産業によって社会が改革できるという発想は,マルサスの人口論,コンドルセの社会数学,ペスタロッチの教育論,ラマルクの進化論などからも演繹することができた。これは,18世紀が他人にかまう世紀であったのに対し,19世紀がもはや啓蒙の季節ではなく,できれば競争にまきこまれて敗者にならないですむ社会プログラムの立案期にあたっていたことを示している。アメリカ大統領モンローの1823年の宣言は,まさにそのような自立主義の政治化を先取りしたものだった。

この時期、世界で最も読まれた本は、シェイクスピアではなく、スカリゲルの『年代宝鑑』である。

再生する宇宙
1600〜1649

望遠鏡と顕微鏡が自然科学を成立させる。

1600 慶長5

植民地と国際化

東インド会社

1600 イギリス,東インド会社設立【英】
ニウポール海戦(植民地覇権,蘭確立)【蘭西】
安南,二分(鄭松がハノイ,阮潢がユエに挙兵)【越】
関ケ原の合戦【日】

1601 ロシアで大飢饉,疫病,動乱が続く
アントワープからロンドンへ毛織物輸出,年10万反【蘭英】
エリザベス女王,救貧法を発布(福祉法の第一歩)【英】
各地に乱,李成梁,遼東鎮定【明】
ポルトガル人,オーストラリアを発見【豪】
佐渡相川金山の発見【日】
東海道諸宿へ伝馬常置令【日】

1602

ジェームス1世と徳川家康

1602 オランダ東インド会社設立【蘭】
クリスティアン4世,東インド会社を設立【丁】

1603 スコットランドのジェームス1世即位,スチュアート朝【英】
ウォーター・ローリー卿,ジェームス1世への陰謀疑惑で投獄【英】
サファヴィー朝アッバース大帝,オスマントルコのタブリーズを奪う【イラン】
アフメット1世即位【土】
マニラ華僑虐殺事件【比】
ヌルハチ興京老城(ホトアラ)に城を築く(清朝発祥の地)【明】

徳川家康
江戸幕府を開く【日】

1604

1604 フランス東インド会社設立【仏】

カナダ移民 フランス初植民

フランス人,カナダへ初植民【加】
長崎に唐通事設置(糸割符制)【日】
島津忠垣・角倉了以朱印貿易【日】

1605 ニューメキシコにサンタ・フェ市建設【英】

オーストラリア発見

ウィリアム・ヤンスゾーン オーストラリアを探訪【蘭】
偽帝ドミトリー事件【露】
徳川秀忠,二代将軍に【日】
幕府,ルソンに通商を許す【日】
藤堂高虎,伊予大州城下町の整備【日】

1606

キリシタン七〇万人(日)

1606 ヴァージニア会社創立【英】
ロンドン会社,プリマス会社に北米特権【英】
オランダ艦隊,ジブラルタルでスペイン艦隊を破る【蘭】
ジョン・ナイト,グリーンランド探検【英】
ハル・ゴービンドの統治【印】
マニラの退去日本人,武力蜂起【比】

1607 ボロトニコフ,農民暴動を指揮【露】
第2回偽帝ドミトリー事件【露】
エンクロージャーに農民反抗(一部は新大陸へ移民)【英】
海西女直ホイファ国,後金により滅亡【後金】
金沙江蠻の騒乱,一年にわたる【明】

1608 シャムのアユタヤに商館開設【蘭】
シャンプラン,カナダにケベックを建設【仏】

1609 オランダ,スペイン間にフランスの仲介で12年間の休戦和解成立

アムステルダム銀行

アムステルダム市立銀行設立(銀行グルデンによってアムステルダム通貨は安定)【蘭】
イギリス,東インド会社を特権無期限有効に改定(初代使節ホーキンスがインドへ)【英】
ハドソン,ハドソン湾を探検【米】
ポーランド軍,動乱のロシアへ侵入
オランダに通商許可,平戸に商館を置く【日】
対馬の宗氏,朝鮮と通商条約を結ぶ【日】
島津氏の琉球侵略【日】

宗教紛争と儒学

1600 ペリュルの公開討論【仏】

ピルグリム・ファーザーズ ロビンソン会衆派に改宗

ジョン・ロビンソン(のちのピルグリム・ファーザーズ),会衆派に改宗【英】
ジョルダーノ・ブルーノ,宗教裁判ののち焚刑【伊】
日本全国の教会数は約300【日】

1601 レーゲンスブルク宗教会議【伊】
マテオ・リッチ,北京で布教開始【明】
正一教第50代天師張国祥,道経正統版に万暦続蔵を追加(「道蔵」の完成)【明】
長崎大神学校設立【日】

1602 アンジェリーク・アルノー,10歳でポール・ロワイヤル修道院長に就任【仏】
ドミニコ会士モラレス,薩摩上陸(フランシスコ会,アウグスティヌス会も来日)【日】
陽明学左派の李贄,道教批判で迫害,自殺【明】

東本願寺 教如(光寿)真宗大谷派へ

教如(光寿),東本願寺を創建【日】

1603 清教徒「千人請願書」,ジェームス1世へ【英】
ジョン・スミス(英バプテスト派の祖),清教徒に転向【英】

アルトジウス 組織政治学と契約論

アルトジウス『組織政治学』(契約論)【独】
日蓮宗,身延山久遠寺貫主に日乾を招請【日】

江戸儒学へ隆盛

1604 ジェームス1世,国教会と清教徒との討論会主宰(ハンプトン宮)【英】
ペリュル,洗足カルメル会創設【仏】

東林派講学

顧憲成,無錫の東林書院復興(東林派講学活動おこる)【明】
シーク経典「グラント」編集【印】

惺窩と羅山

林羅山,藤原惺窩に入門【日】

1605 モスクワ総主教にニコン(ロシア正教のギリシア正教様式化)【露】
イエズス会士ド・ノイリ,インドに入る【印】
ツェリウス『ヴェルテンベルクの黄金の騎士』【独】
松雲大師惟政,講和使節として来日,虜囚3千人を連れかえる【鮮】
金地院崇伝,南禅寺住職になる【日】
日本全国のキリシタン,総数70万人【日】

ベーメとクンラートの神秘主義

1606 ルドルフ2世,「ウィーン和約」でハンガリーの新教自由を承認【独】
カトリック教徒抑圧令(独立会衆派ブラウン,教会建設)【英】
ヨハン・アルント『真正キリスト教』【独】
トリテミウス『秘文字』出版【独】
林羅山,耶蘇ハビアン論争【日】

1607 プファルツ選帝侯フリードリヒ4世,新教同盟(ウニオン)成立【独】
ペルーのイエズス会士376人に増大

1608 ハンガリーで新教徒反乱
アルノー,ポール・ロワイヤル修道院を改革【仏】
ターラナータ『印度仏教史』【チベット】
日蓮宗僧日経と浄土宗僧廓山,江戸城で宗論(日経,処刑)【日】

1609 旧教連合(リーグ)創設(バイエルン侯マクシミリアン1世,スペイン・ハプスブルク家の援助)【独】
ヤコブ・ベーメ『黎明』執筆開始【独】
ハインリッヒ・クンラート『永遠の叡知の円形劇場』【独】
ハインリッヒ・アルシュテート『ルルスの術への鍵』【チェコ】
ジョン・スミス,最初のバプテスト教会をアムステルダムに建設【蘭】

1600

自然の解剖へ

ギルバートのテレラ

1600 ウィリアム・ギルバート『磁石論』【英】
ヒエロニムス・ファブリキウス(アクアペンダンテの)『胚の発生に』でニワトリの胚発生段階を研究【伊】
レーマン,宝石切断技術をカットグラス製造に応用【仏】
マテオ・リッチ,『山海輿地全図』を刊行【明】
蘭船リーフデ号豊後漂着,ウィリアム・アダムス(三浦按針)が幾何学,航海術を伝える【日】
◉ 初の農書『親民鑑月集』成立【日】
1601 『針灸大成』紅蘇省揚継洲【明】
中宗代医任彦国『治腫指南』(膿腫の治療)【日】

1602 サンクトリウス(サントリオ),鑑別診断の著作中,脈拍計を記述(初めて脈拍数に注目)【伊】
プラハの理髪医マチス,ナイフ呑み芸人マテアスの胃手術に成功【チェコ】
リッチ『坤輿万国全図』(翌年李朝に伝来,まもなく日本に伝わり世界図屏風流行)【明】

ファブリキウス生体学

1603 アクアペンダンテのファブリキウス,静脈弁を発見【伊】
チェシ,ローマ科学アカデミーを設立【伊】
フランス,大西洋・地中海運河(ミディ運河)着工,81年完成
李時珍『本草綱目』再刊【明】
江戸城,石垣築城と城下町建設はじまる【日】

輸血

1604 蛇座と白鳥座に新星出現(ケプラーの新星)
オランダ医,中国で脚気を記録
パラケルスス派バシルス・バレンティヌス『アンチモンの勝利の戦車』『アンチモンの受難録』【独】
医師ベーゲル,輸血を行う【独】

ベーコンの学問論

1605 フランシス・ベーコン『学問の進歩』【英】
三浦按針,西洋型帆船を伊東で建造【日】

1606 パリ水道の最初の主幹線が完成【仏】
◉ ゾンネフェルト,リボン織機の特許認可【独】
ガリレイ,コンパスを発明【伊】
京都にアカデミア設立される【日】
角倉了以,山城大堰川の船路を完成【日】
1607 リッチ漢訳『幾何原本』刊行【明】
ウィルヘルム・ファブリキウス(ヒルデンの)『火傷の分類』独外科学の祖【独】
角倉了以,富士川に船路【日】
曲直瀬玄朔『医学天正記』(治験集を著す)【日】

1608 クラヴィウス『代数学』【独】
リッペルスハイ,望遠鏡を発明【蘭】

顕微鏡 発明ヤンセン父子 発売ドレッベル

ヤンセン父子の複式顕微鏡を友人ドレッベルが発売【蘭】
徐宏祖,30年の国内旅行に出る,後に『徐霞客遊記』10巻を著す【明】
曲直瀬道三,曲直瀬玄朔『薬性能毒』【日】
1609 ケプラー『新天文学』で「惑星の楕円軌道」発表(惑星の第1,2法則)【独】

ケプラーの法則

ガリレイの天体望遠鏡

ガリレイ,望遠鏡で天体観測,木星の衛星や月面の凹凸を発見【伊】
ベーコン『古人の叡知』【英】

クロルの徴候学

オスワルド・クロル『化学の聖堂』,付録『事物の徴候について』【独】
ボエティウス・デ・ボート『宝石および鉱物誌』【墺】

ルネッサンスとバロック

1600 ヤコポ・ペーリ曲[エウリディーチェ]上演(現存する最古のオペラ作品)【伊】
カヴァリエリ曲[魂と肉体の劇]【伊】
アルトージ『現代音楽の不完全さ』【伊】

カルラッチ一族とボローニャ派 アルバーニ ドメニキーノ

カルラッチ,ローマ[ファルネーゼ宮殿天井画と装飾]など(ボローニャ派おこす)【伊】
グレコ画[ラオコーン][キリストの洗礼]【西】
ルーベンス,マントヴァ公の宮廷画家に【白】
宗旭画[山水図巻]【明】
大邱桐華寺[金堂庵極楽殿]建立【鮮】
1601 カラヴァッジオ画[聖パオロの改宗],カルラッチ画[聖母被昇天]【伊】

カッチーニとヌオーヴェ・ムージケ

カッチーニ曲[新音楽(ヌオーヴェ・ムージケ)]刊(通奏低音が一般化)【伊】
パウル・フランク『宝庫』(花文字千本集)【仏】
海北友松画[飲中八仙図屏風]【日】
1602 ルーベンス画[十字架建て][荊の戴冠]【白】
モンテヴェルディ,マントヴァ宮廷楽長【伊】

風神雷神図 俵屋宗達 王朝再意匠

俵屋宗達画[風神雷神図]建仁寺【日】
長谷川等伯画[商山四皓図襖]天授庵方丈【日】
1603 董其昌画[羅漢贊等書巻]【明】
二条城[二の丸御殿]完成【日】
面師出目助佐衛門,金春の小面を打つ【日】
1604 ルーベンス,マントヴァで[三位一体][キリストの礼拝][キリストの変容]など制作【伊】
カレル・フォン・マンデル『画家の書』【白】
程君房書『程氏墨苑』【明】
狩野内膳画[豊国祭図屏風]【日】
毛利輝元,李勺光に命じ萩焼をおこす【日】
1605 ドメニキーノ画[一角獣と少女]【伊】
グレコ,祭壇画をめぐる裁判で勝訴(以後教会用作品は非課税)【西】
フェルナンデス画[死せるキリスト]【西】
董其昌画[瀟湘図巻跋]【明】
京焼,おこる【日】

光悦と宗達

1606 カラヴァッジオ,友人を殺害,ローマ脱出【伊】
彦根城,天守完成【日】
俵屋宗達画,本阿弥光悦書[金銀泥下絵色紙]【日】
1607 カルロ・マデルノ設計[サン・ピエトロ寺院身廊]【伊】
ゾンカ『機械と建築の新しい劇場』【伊】

ツッカーリ兄弟

フェデリコ・ツッカーリ『画家,彫刻家,建築家のイデア』【伊】
モンテヴェルディ,最初の本格的オペラ[オルフェオ]上演【伊】
アガッツァーリ『通奏低音奏法』【伊】
北野天満宮[本殿・社殿]【日】
1608 サングレゴリオ・マーニョ聖堂祭壇画,レニとドメニキーノに依嘱(ボローニャ派主流へ)【伊】
フレスコバルディ,サン・ピエトロ大聖堂オルガニストになる【伊】

三才図会 王圻の情報画

王圻『三才図会』【明】
[姫路城]完成【日】
1609 カラヴァッジオ画[キリストの降誕]【伊】
ルーベンス,フランドルでアルバート公の宮廷画家に任命【白】
エルスハイマー画[聖家族のエジプト避難]【独】

ルーベンスとバロック絵画

読者と観客

シェイクスピアと世界劇場

1600 シェイクスピア『お気に召すまま』【英】
エリザベス王朝期のテムズ河畔,劇場隆盛(シェイクスピアの地球座,白鳥座,薔薇座ほか)【英】
フランシス・ド・マレルブ『マリ・ド・メディシスに捧げるオード』『デュ・ペリエを慰める詩』【仏】
◉ モンゴル年代記『アルタン・トプチ』完成【蒙】
細川幽斎,智仁親王に古今伝授【日】
烏丸光広『耳底記』【日】

ハムレット

1602 シェイクスピア『ハムレット』【英】
ウィリス『速記術』(初のアルファベット略記法教本)【英】
江戸城に富士見文庫【日】
1603 サロン・ドートンヌ創設【仏】

出雲の阿国

京都で出雲阿国の歌舞伎踊り【日】
富春堂から木活字本『太平記』(初の民間出版)【日】
『日葡辞書』キリシタン版刊【日】
1604 シェイクスピア『オセロ』【英】
ヘンリー王子一座,旗揚げ【伊】
ナサニエル・リチャーズ『メッサリーナ』【英】
ロバート・コードレー『難語アルファベット表』(最初の英語辞書)【英】
ローデヴェイク・エルゼヴィール,初の書籍競売会,ライデン【蘭】
西欧初の新聞【アントワープ】
仏初の新聞『メルキュール・ド・フランス』創刊【仏】

メルキュール・ド・フランス

豊国神社臨時祭,風流踊り流行【日】

ドン・キホーテ セルバンテス第1部

1605 セルバンテス『ドン・キホーテ』第1部【西】
アリアーナ『イスパニア史』【西】

イニゴー・ジョーンズとベン・ジョンソン 「黒の仮面劇」上演

イニゴー・ジョーンズとベン・ジョンソン作[黒の仮面劇]上演(ジェームス1世の宮廷で,機械仕掛けと遠近画法絵画術を駆使)【英】
マレルブ,アンリ4世の宮廷詩人に【仏】
タバコの渡来,喫煙ひろまる【日】
1606 ギシャール『諸原の調和』
シェイクスピア『マクベス』『リア王』【英】
ベン・ジョンソン『ヴォルポーニ』【英】
デツィマトール『語彙の森の精』
ヨセフ・スカリゲル『年代宝鑑』【伊】
豊臣秀頼『帝鑑図説』絵入本,木活字印刷【日】
1607 オノレ・デュルフェ『アストレ第1部』【仏】
トプセル『四足獣』【英】
徳川秀忠,江戸城で観世・金春の能を上覧,同年出雲阿国の歌舞伎踊りを催す【日】

1608 シェイクスピアの劇団,黒僧座で活動【英】
ジョン・ダン『自殺論』【英】
ジョン・ディー没(蔵書4000冊)【英】

嵯峨本 角倉素庵 本阿弥光悦

角倉素庵・本阿弥光悦,嵯峨本『伊勢物語』【日】
京都に民間出版業者【日】
1609 シュトラスブルクで『レラツィオーン』紙(ヨハン・カルロス),ヴォルヘンビュッテルで『アヴィーサ』紙発刊【独】
◉ 叙情詩人マリーノ・キャブレーラ活躍【伊】

アンブロシアーナ図書館 ミラノのボロメオ伯

ミラノのボロメオ伯,アンブロシア学寮蔵書を一般へ公開(アンブロシアーナ図書館)【伊】
トゥルシー・ダース『ヴィナエ・パトリカー』【印】
仮名草子『恨之介』【日】

この頃、江戸いよいよ大都会となりて、諸国の人輻湊し繁昌大かたならず、四方の遊民等身のすぎわいをもとめて雲霞の如くあつまる。
『東照宮御実記』

世界戦略を失敗したスペインに最高の文化が爛熟してくる。

1610
慶長15

1612
1614
1616
1618

植民地と国際化

1610 ポーランド軍,モスクワを占領(ポーランド王ジグムント,ロシア皇帝を名乗る)【露】
大契約公布(王は封建的特権を保証)【英】

ヨーロッパに茶

オランダに茶がはじめて輸入される【蘭】

株登場

東インド会社で初めて「株」が登場【蘭】
フーゴー・グロティウス『自由なる海岸』【蘭】
スペインに通商を許可【日】
三浦按針,「浦賀開港計画」立案【日】

1611 第3回偽帝ドミトリー事件【露】
スウェーデン王グスタフ・アドルフ2世(獅子王)即位(バルト海制覇へ,デンマークと開戦)【典】

1612 ポーランド占領下のモスクワ,市民が開放【露】
デンマーク東インド会社設立【印】
ボヘミア王にハプスブルク家のフェルディナント大公が即位【独】
トルコ,オランダに恩恵貿易を許可【土】

ロマノフ王朝 亡国の危機から皇帝士族体制へ

1613 ロシア皇帝ミハイル・ロマノフ即位(ロマノフ王朝おこる)【露】
スウェーデン王グスタフ2世,ロシア戦に勝利
北米マウント・デザートにフランスが植民地
平戸に英国商館が建つ【日】
支倉常長,伊達政宗の命で奥州月の浦からローマへ渡欧【日】

1614 スミス,北米ニューイングランド海岸探検【英】
永昌大君,戕殺される【鮮】
大坂冬の陣おこる【日】

1615 ルイ13世,ハプスブルク家の王女と結婚【仏】
オランダ,ポルトガルからモルッカ諸島(インドネシア)を奪う【蘭】

大坂落城 一国一城制度へ

大坂夏の陣(豊臣氏滅亡,一国一城令)【日】
武家諸法度,禁中並公家諸法度【日】
前田氏の加賀金沢,職人町,商人町を整備【日】

武家公家諸法度

1616 リシュリュー,ルイ13世顧問官に就任【仏】

ヌルハチと八旗軍

満州族のヌルハチ,後金の汗位につく【後金】
幕府は中国船以外の外国船寄港地を長崎と平戸に限定【日】

1617 ロシア・スウェーデン戦争,ストルボヴァ条約で終結(バルト海沿岸スウェーデン領に)【露】

プラハ条約 ボヘミア譲渡 アルザス獲得

プラハ条約(スペイン王フェリペ3世,フェルディナント大公にボヘミア譲渡,アルザス獲得)
ルイ13世の親政はじまる【仏】

1618 三十年戦争勃発【欧】
黄金海岸にアフリカ会社開設【英】
スペインの要請のもとローリー卿処刑【英】
ブランデンブルクのホーエンツォレルン家,プロイセン公国を併合(後のプロイセン王国)【独】
ロシア・ポーランド和議(デヴリノ条約)

三十年戦争へ

1619 オランダ船,サウス・ヴァージニアに黒人奴隷を送る(黒人奴隷貿易のはじまり)【米】

バタヴィア建設

オランダ,ジャワに総督(バタヴィア市)設置【蘭】
神聖ローマ帝国皇帝にフェルディナント2世(ボヘミア王に新教同盟フリードリッヒ4世)
明,サルホで後金と戦い敗北【明】

菱垣廻船

菱垣廻船の運航はじまる【日】

宗教紛争と儒学

1610 新旧教融和を計ったアンリ4世,狂信的旧教徒にパリで暗殺(ルイ13世9歳で即位)【仏】
イエズス会士ベラルミノ「俗事における教皇権について」【仏】
ロビンソン『教会分離の正当性』【英】
アンリ・ボゲ『妖術師論』【リヨン】
イエズス会,アルゼンチンでの布教発展
惟政没(国家百年の計を上表,休静門下)【鮮】
ヴォルフガング・ヒルデブラント『自然魔術』【独】

1611 聖書の欽定訳完成【英】
カンパネラの弟子トビアス・アダミ,東方旅行
◉ 東林と非東林の対立激化【明】

アルシュテートの記憶術

1612 アルシュテート『複雑な記憶術体系』【チェコ】
ベーメ『黎明(アウロラ)』刊【独】
ジャック・フェラン『愛の病と色情メランコリー』【仏】
フェルディナント大公,新教徒弾圧【独】
ヘルウィズとマート,バプテスト教会をロンドンに創設【英】
ボッカリーニ『パルナッソス情報』(ヴェネチアで出版,宗教界の風刺と寓話)【伊】

崇伝と天海 江戸幕府の戦略立案

金地院崇伝,オランダ密書を翻訳,植民地戦略を怖れてキリスト教排斥を家康に進言【日】
林羅山『格物端緒』(陽明と朱子の合一)【日】

1613 天海,日光山の別当になる【日】

1614 フランス三部会「国家は神にのみ従属」宣言【仏】
『名声(ファーマ)』薔薇十字宣言,『広大な全世界の全般的改革』を併録,カッセル【独】
ミハエル・マイヤー『秘法の中の秘法』【独】
カソーボン『聖俗両界に関する16の冊子』(ヘルメス文書について)【独】
コメニウス『万有の劇場』【チェコ】
チベット,ウー地方をツァンのシンシャク氏,征圧(ゲルク派ダライ・ラマとの対立深まる)【チベット】

高山右近事件

高山右近・小西如安らキリシタン148人をマカオ,マニラへ追放【日】

薔薇十字宣言

1615 『告白(コンフェシオ)』薔薇十字宣言【独】
◉ 禅浄融合の四大師,雲棲袾宏,紫柏真可,憨山徳清,藕益智旭でる【明】
雲棲袾宏『竹窓随筆』【明】

アンドレーエとマイヤー

1616 ヨハン・ヴァレンチン・アンドレーエ『化学の結婚』,薔薇十字運動の演劇的表現【独】
リバヴィウス『薔薇十字団の名声と告白に関する善意あふれる観察』,薔薇十字批判【独】
フラッド『薔薇十字団に対する弁論』【独】
フランソワ・ド・サル『神の愛を論ず』【仏】
日奥『宗義制法論』【日】

1617 ヤンセニウス,聖プルケリア神学校長就任【仏】
マイヤー『黄金の祭壇の12の象徴』【独】
ダニエル・シュヴェンター『ステガノロギア』(暗号術)【独】
石川丈山,藤原惺窩に入門【日】

1618 神聖ローマ皇帝マティアスの宗教圧迫に,ボヘミア新教徒が反抗,三十年戦争の継起【独】
テュポティウス『象形文字』【墺】
アンドレーエ,キリスト教協会結成(〜20)【独】
マイヤー『アトランタ図章』『黄金のテミス』(フラッドに薔薇十字団を紹介)【独】
テオフィルス・シュヴァイクハルト『薔薇十字の賢明な鏡』【独】
全国へキリスト教禁令の布告【日】

クリスティアナポリス

1619 アンドレーエ『クリスティアナポリス』(ユートピア都市の記述)『バベルの塔』【独】
京都,四条河原でキリシタン60余人,火刑【日】

ケプラーの宇宙とフラッドの宇宙、いずれも情報システム化の成果であった。

1610

自然の解剖へ

石炭の活用へ

1610 ガリレイ『星界の報告』【伊】
ベガン『化学の初心者』【仏】
カミーユ・レオナール『石の鏡』【P】
国王侍医アンドレス,結核の伝染性を発見【仏】
パーシバル,ガラス製造石炭炉の特許認可【英】

東医宝鑑 朝鮮医学大事典

許浚『東医宝鑑』完成(朝鮮医学大事典)【鮮】
葡人フェレイラ(沢野中庵)来日(南蛮流外科,西吉兵衛の師)【日】
足尾銅山の発見【日】

1611 ケプラー『屈折光学』(雪の結晶),天体望遠鏡を開発【独】
リバウィウス『全書』王水,硫酸,塩酸製法【独】
スタートヴァント,鉄熔煉の石炭特許認可【英】
カスパル・バルトリヌス『解剖の手引』【丁】
ローマ大学創立【伊】
◉ ガリレイ,温度計を考案【伊】

1612 サンクトリウス注釈,ガレノス『医術』(体温計について記述)【伊】
シャイナー『太陽黒点論』【独】
フィレンツェのネリ『ガラス製造術』【伊】
林羅山『多識編』(『本草綱目』に対応した和漢対訳辞典)【日】

太陽黒点論

ネーピア 対数表・小数点 計算機械・戦車

1613 ガリレイ『太陽黒点についての手紙』【伊】
ネーピア『対数の驚くべき規則の叙述』で対数表を発表(マーキストンの領主)【英】
サンクトリウス『生理学的な医学について』で代謝の生理学的研究を発表【伊】
◉ パドゥヴァの病院に各国の医学者,生理学者が集まり,医学の中心地になる【伊】

1615 ケプラー『葡萄樽の形状と体積計算』【独】
サロモン・ド・コー『動力の原因について』【独】
南米産のゴム,初輸入される【西】
三度飛脚,江戸・大坂通信(町飛脚)開設【独】

1616 ストラーダ『水・風・動物・手で動かすあらゆる種類の機械および巧妙で有用なポンプ』【伊】
ニッコロ・ツキの反射望遠鏡【伊】
ロバート・フラッド『ファルマ・フラテルニタティス』【独】
ルドルフ没,円周率を35桁まで計算【独】

1617 ヴェランツィオ『新しい機械』【伊】
ネーピア『ラブドロギア(計算術)』ネーピアの計算棒,小数点の役割などを記述【英】
ベンジャミン・ブレーマー トリゴノメトリア(三角測量器)完成【英】

フラッドの両界宇宙

フラッド『両界の宇宙誌』第1巻(ド・ブリー出版社,オッペンハイム)【独】
池田好運『元和航海記』(西洋天文術)【日】

1618 ケプラー『コペルニクス天文学綱要』
フラッド『大宇宙技術誌』『綱要』【独】
ロンドン薬局方第1版の発行(約1960種の薬剤を収録)【英】

ケプラーの第3法則

1619 ケプラー『惑星運動の第3法則』を『宇宙の調和』で発表【独】
ガリレイ『彗星に関する論議』【伊】
シュトラスブルクに医薬用植物園開設【独】
デカルト,兵士としてボヘミア出征中に陣中で代数幾何学上の発見【仏】
リオラン,パリに解剖学講堂【仏】
ダニエル・ゼンネルト,猩紅熱流行の観察【波】

ダッドリー製鉄法

ダッドリー,製鉄にコークス利用(のちに特許)【英】

ルネッサンスとバロック

1610 グレコ画[ラオコーン][第5の封印の開封]【西】
モンテヴェルディ曲[聖母マリアのための無伴奏6声のミサと晩禱]【伊】
レニ,サンタ・マリア・マッジョーレ聖堂礼拝堂装飾をダルピーノと共同制作【伊】
エルスハイマー32歳,ローマで没【伊】
古田織部,秀忠の茶の指南役として関東下向【日】

1611 ルーベンス画[キリストの昇架]【白】
バーチェコ,グレコを訪問(セビリアではバーチェコにベラスケスが師事)【西】

小堀遠州

1612 パリ,ボージュ広場にバロック様式出現【仏】
ルーベンス,スニーデルス画[捉われのプロメーテウス]【白】
ミハエル・プレトリウス曲[テレプシコーレ・ムサールム]【独】

孤篷庵 小堀遠州の茶室と庭園

モンテヴェルディ点頂

1613 小堀遠州,大徳寺[孤篷庵]【日】
モンテヴェルディ,サン・マルコ大聖堂楽長【伊】
ドメーニコ・チェローネ『音楽芸術と教師』【伊】
レニ画[アウローラ]制作【伊】
ドメニキーノ画[聖女チェチリーアの生涯]【伊】
ホート(エルスハイマーの)銅版画販売[聖家族のエジプト避難]【独】
土佐光吉画[源氏物語画帖]【日】

1614 ジャン・ロレンツォ・ベルニーニ[洗礼者ヨハネ](デラ・ヴァレ聖堂)を彫刻(16歳)【伊】
グレコ画[トレドの景観と地図][聖母の訪れ][黙示録の夢]制作,トレドで没【西】
ルーベンス画[キリストの降架]【白】
ヴァン・ダイク画[自画像]【白】
モンテヴェルディ曲[マドリガーレ第6]【伊】

1615 ドメニキーノ,ランフランコ,アルバーニらがローマ,マティ宮殿,コスタグーティ宮殿のフレスコ画を制作【伊】
ヴァン・ダイク,ルーベンスに入門【白】
フレスコバルディ曲[トッカータ集第1巻]【伊】

織部自刃と光悦村

古田織部,自害【日】
本阿弥光悦,京都鷹峰に村をつくる【日】
[桂離宮]造営着手(智仁親王)【日】

1616 グェルチーノ画[聖母と聖人たち]制作【伊】
ベルニーニ作[アポロとダフネ]【伊】
ペドロ・ディアス・モランテ『書法新式』(唐草迷宮模様の集大成)【西】

李参平の磁器

有田で朝鮮の李参平が最初の磁器を焼く【日】
杉山丹後様,江戸で古浄瑠璃興行【日】

董其昌

1617 ドメニキーノ[狩りをする女神ディアナ]【伊】
シュッツ,ドレスデンの宮廷楽長になる【独】
ピアージョ・マリーニ曲[音楽の情感]刊【伊】
シャイン曲[音楽の饗宴]【独】
董其昌画[青弁山図]【明】

狩野探幽

狩野探幽が幕府の絵師になる【日】

1618 ルーベンス画[デキウス物語]【白】
ヴァン・ダイク[十字架を負うキリスト]【白】
シャイン曲[オペラ・ノヴァ集]【独】
パリターナのジャイナ教[キャウムク寺院]【印】
[如庵](織田有楽の建仁寺茶室)【日】
ベラスケス画[三賢王の礼拝][水運び]【西】

1619 ヨルダーンス画[サテュロスと百姓]【白】
プレトリウス『音楽大全』全3巻完成(最古の音楽百科事典)【独】
シュッツ曲[ダヴィデ詩篇曲集]【独】

読者と観客

金瓶梅

1610 ジョーンズとジョンソン[ヘンリー王子の馬上槍試合]上演【L】
ジョーンズ,ダヴェナント作[妖精の王オベロン]上演【L】
ジョンソン『錬金術師』【英】

グレゴワール

グレゴワール『驚嘆すべき技芸の統辞法』【仏】
ジョン・ウェブスター『悪魔の訴訟』【英】
『金瓶梅』初刻本刊行【明】
名古屋城再建祝い,女歌舞伎上演【日】

セルバンテスとゴンゴラ

1611 ウェブスター[白魔]初演【英】
ジョン・ダン『記念の年』【英】
光悦本『謡曲百番』刊行開始【日】

1612 トマス・ヘイウッド『役者擁護論』(古代ローマの劇場について)【英】
ヴォルフガング・エンター印刷出版業開始,ニュルンベルク【独】
トゥルシー・ダース『カヴィターワリー』【印】

後水尾文化 京都の抵抗

後水尾天皇,御所で歌舞伎踊りを上覧【日】

1613 ルイス・デ・ゴンゴラ『ポリフェーモとガラテーヤの寓話』『孤愁』【西】
セルバンテス『模範小説集』【西】
クロード・デュレ『言語の歴史の宝庫』【ケルン】

1614 ローリー卿『世界の歴史』獄中で執筆【英】
メンデス・ピント『東洋遍歴記』(1544年に初来日の修道士)【葡】
英国のタバコ消費量21年にかけて14万ポンド
ウェブスター『モルフィ侯爵夫人』【英】
駿府で伊勢踊り,神踊り大流行【日】
家康,朝鮮活字で大蔵経を印刷【日】
浄瑠璃『阿弥陀胸割』【日】

1615 仏初の常設劇場,オテル・ド・ブルゴーニュ【仏】
ジョーンズ,王立建設省で劇場建築を監督【英】
ウィリアム・ベイス『言葉の扉』を編集【英】
現存最古の瓦版,京都で発行(大坂夏の陣を報じる)【日】

ランブイエのサロン

◉ ランブイエ館サロン(サロン文学の全盛)【仏】
セルバンテス『ドン・キホーテ』第2部【西】
◉ 京都で人形浄瑠璃,江戸で操り芝居【日】

1616 シェイクスピア没【英】,同日セルバンテス没【西】
オランダの彫版家フィッシー『ロンドン風景』(劇場を描写)【英】
臧懋循『元曲撰』編纂【明】
家康,『群書治要』の銅活字印刷(駿河版)【日】

1617 現存最古の『ベルリン新聞』発行【独】
『結実結社』設立(ドイツ語浄化育成運動言語協会,文筆家多数が参加)【独】
◉ ジェームス1世,仮面劇1上演に4千ポンド【英】
『金瓶梅詞話』刊【明】

吉原遊廓 悪場所の時代へ

江戸に吉原遊廓ができる【日】

1618 ギリエン・カストロ『エル・シドの青年時代』(初めてエル・シド伝説を戯曲化)【西】
ビセンテ・エスピネル『従士マルコス・デ・オブレゴン』【西】
カスパール・ファン・ヒルテン,初の仏語新聞『カーラント・ド・イテール・ド・アルマーグ』【蘭】

書籍見本市 フランクフルトのカタログ

フランクフルト書籍見本市カタログ刊行(以後,帝室見本市目録となる)【独】
マクシミリアン公,ミュンヘン宮廷図書館を拡張(蔵書2万冊すべてに印刷蔵書印)【独】

1619 パルマにアレオッティ設計[テアトロ・ファルネーゼ]完成(屋内劇場2500～3000人収容)【仏】

李瑪竇(マテオ・リッチ)が中国に入ってから其徒の集まること益々多し。王豊粛(ヴァニョーニ)なる者、南京に居り、もっぱら天主教をもって人を惑わす。
『明史』伊大里亜伝

BC 6000以前 BC 6000 BC 2200 BC 1200 BC 600 BC 300 0 300 600 800 1000 1200 1300 1400 1500 1600 1650 1700 1760 1810 1840 1860 1880 1890 1900 1910 1920 1930 1940 1950 1960 1970 1980

ネーピアからシッカルトへ。計算の思想が実りはじめる。

1620
元和6

再生する宇宙

イエズス会士一六〇〇人

三十年戦争期

1620 神宗没,光宗即位,同年毒殺され,熹宗即位【明】
ルイ13世,新教弾圧(ユグノー反乱おこる)【仏】
後金の兵が朝鮮に侵入【鮮】
支倉常長,ローマより帰国【日】
1621 オランダ艦隊,マカオ攻撃【蘭】

西インド会社 ニューアムステルダム

オランダ,西インド会社設立(北米大陸にニューアムステルダムを建設,イギリスと対抗)【蘭】
ジェームス1世,議会軽視(親スペインに)【英】
英国商館,インディアンと交易開始【米】
後金,遼陽へ遷都,東京城建設【後金】
苗族・奢崇明の乱【明】
秀忠,シャム,マカオとの通商を許可【日】

苗族

1622 ジェームス1世,議会を解散【英】
皇帝軍将軍ティリー,ウィンペンで勝利【独】
アントワープ,ロンドン間の毛織物輸出減少(代ってアムステルダムが急成長)【白】
ヴァージニアでインディアンの襲撃【米】

台湾ゼーランジャ城

オランダ,台湾にゼーランジャ城を建設【蘭】
王子シャー・ジャハーン,反乱をおこす【印】
後金,遼西へ進出,広寧を占領【後金】
1623 オランダ,澎湖島を占領【明】
宦官魏忠賢,熹宗の信頼をもとに政権掌握【明】
東林派,明に弾圧され,東林書院閉鎖【明】
光海君廃位し仁祖即位,大同法実施【鮮】
英国が平戸の商館を閉鎖【日】

1624 ジャワ・アンボイナ島事件(英国商館員全員をオランダ側が処刑,英国はインド政策重視)【蘭】
オランダ,台湾を占領

宰相リシュリュー ルイ13世補佐

リシュリュー,ルイ13世の宰相になる【仏】
幕府,スペイン通商を拒否【日】
菱垣廻船問屋あらわれる【日】

チャールズ1世

1625 ジェームス1世没,チャールズ1世即位【英】
チャールズ1世,ルイ13世の妹と結婚【英】
オーストラリアをニューオランダと命名【蘭】
後金,都を瀋陽に置く【後金】
松平正綱,日光杉並木の植樹をはじめる【日】

1626 ルッテルの戦い(デンマーク王,皇帝軍に敗北)
モリソン条約締結【仏西】
フランス,西アフリカ会社設立【仏】
後金軍,寧遠を包囲,袁崇煥が守る【明】
ヌルハチ没,ホンタイジ(太宗)即位【後金】
マハーバッド・ハーンの反乱【印】
1627 英軍,ラ・ロシェルのユグノー支援,敗北【仏】

将軍ワレンシュタイン

ワレンシュタイン,ユトランド地方征圧【独】
阮氏,鄭氏の抗争激化【越】
後金,朝鮮に侵入,錦州,寧遠を攻略【明】
オランダ使節ヌイツを追い返す【日】
忠郷三春,陸奥遠野で百姓一揆【日】

1628 『権利の請願』議会,国王専制に抗議【英】
ロンドン,ペスト大流行(人口半分に)【英】
フランス・カナダ会社,セネガル会社創立【仏】
マサチューセッツ湾会社設立【英】
リンダン・ハン,内外モンゴルを征圧【蒙古】
朱印船浜田弥兵衛,台湾で取引妨害の蘭長官ヌイツを拘束(日蘭関係は5年間停止)【日】

ロンドンにペスト流行

イギリス専制時代へ

1629 チャールズ1世が徴税・専売権独占,英国議会解散(11年間閉会,王権専制時代)【英】
デンマーク王,ローマ皇帝とリューベック条約で和議(ドイツへの不干渉,旧教信仰を誓約)

宗教紛争と儒学

1620 メイフラワー号出航(ニュー・イングランド,コッド岬にピルグリム・ファーザーズ上陸)【米】
新教同盟と旧教連合がプラハのヴァイセルベルクで戦う(新教同盟破れ解体)【独】
デュヴェルジェ・ド・オーランヌ,サン・シラン修道院長就任【仏】
アンドレーエ『さしだされたキリスト教的愛の右手』【独】
マイヤー『哲学の七』【独】
ミューリウス『改革された哲学』
ゲルク派トゥメト軍とツァン軍,対立【チベット】
林羅山『惺窩先生行状』『巵言抄』【日】
山東に白蓮教徒の乱【明】

メイフラワー号

1622 ユグノー派,ラ・ロシェルの反乱(〜29)【仏】
教皇グレゴリウス15世,布教聖省を設置【伊】
マイヤー『蘇った不死鳥の知的歌声』【独】

イエズス会拡大

ブラジル・イエズス会士180人を越える
アルフォンソ『メランコリー疾患の診断と治療』【西】
デープ寺活仏,ダライ・ラマ5世に【チベット】
長崎でキリシタン合計120人処刑【日】
1623 パリで薔薇十字恐慌おきる【仏】
ノーデ『薔薇十字友愛団の真実』,フランソワ・ガラス『当代才人達の奇妙な教理』【仏】

ヤンセニウス フランス諸王揶揄 イエズス会批判

ヤンセニウス,ルーヴァン大学で『アウグスティヌス』を講義【蘭】
コメニウス『世界の迷宮と心の天国』【チェコ】
ベーメ『大いなる神秘の書』【独】
「妙覚寺法度条々」日奥ら,不受不施派強化【日】
◉ イエズス会の最盛期(世界中の会士は16000人以上)

日奥と不受不施派

ハーバートの理神論 初めての宗教社会論

1624 エドワード・ハーバート『真理について』【英】
ノーデ『魔術の疑いをかけられた偉大な人々のための弁明』【仏】
1625 パリにポール・ロワイヤル修道院新設【仏】
ラルマンらイエズス会士,カナダへ上陸【仏】

グロティウス法学

フーゴ・グロティウス『戦争と平和の法』【蘭】
身延山久遠寺,不受不施派を訴える【日】
天海,上野忍ケ岡に東叡山寛永寺を建立【日】

1626 グアッツォー『悪行要論』【ミラノ】
高攀龍自殺『高子遺書』【明】
1627 ティリ,ワレンシュタインらの旧教派皇帝軍,新教軍を破る【独】
グロティウス『キリスト教の真理について』【蘭】
松倉重政,キリシタン340人処刑【日】
林羅山『惺窩文集』刊【日】

1628 新教派貴族追放(反宗教改革強まる)【独】
長崎で踏絵はじまる【日】
大徳寺,妙心寺の紫衣勅許,幕府は認めず(沢庵宗彭,訴え)【日】
1629 リシュリュー,ユグノーと和議【仏】
フラッド,フリツィウス『至高善』『真の薔薇十字友愛団の真正な魔術とカバラと錬金術』【独】
僧パウル・ライマン『男女の魔法使に対する批難』不確実な罪人への拷問を批判【英】

踏絵

ヤンセニウスと不受不施派、時代に抵抗する原理主義。

1620

科学の萌芽

フランシス・ベーコン

1620 ネーデルランドのコルネリウス・ドレッベル,国王の前で自作潜水艦でテムズ河に潜る(アルコール寒暖計を製作)【英】
オックスフォード薬草園の創設【英】

計算尺の原理

エドマンド・ガンター,常用対数表を初めて発表(計算尺考案)【英】
ベーコン『博物誌』『ノーヴム・オルガヌム』刊行【英】
フラッド『哲学の鍵』【独】
サロモン・ド・コー「ファルツの庭園」【独】

1621 スネル,光の屈折法則を記述【白】
ダッドリー,石炭熔鉄法の特許【英】
ザキアス,法医学を大成【仏】

1622 ヨアヒム・ユング「観察と実験の研究会」【独】
毛利重能『割算書』(和算のさきがけ)【日】
百川治兵衛『諸勘分物』(求積方法)【日】

1623 ガリレイ『黄金計量者』【伊】
ボーアン,植物分類の二命名法発表【瑞】
世界初の発明特許法制定【英】

シカルトの計算機械

ウィルヘルム・シカルト,計算機を製作(ケプラーへの手紙で加減乗除の自動機を記述)【独】
ベーコン『学問の尊厳と進歩』『知識明細総目録』(普遍言語のカタログ化)【英】
フラッド『解剖学円形階段講堂』【独】

ガッサンディ原子論

1624 ピエール・ガッサンディ「近代原子論」(エピクロスの復活とアリストテレス批判)【仏】
ヘンリー・ブリッグス「対数算法」(常用対数表を進める)【英】
ヒルデンのファブリキウス,眼の鉄粉を磁石で除去【独】

1625 サンクトリウス注釈,アヴィケンナ『医学典範』体温計の利用法などを論究【伊】
ファブリキウス・アクアペンダンテの『ファブリキウス全集』【伊】

科学の真理 メルセンヌ

メルセンヌ『科学の真理』【仏】
ミカエル・デーリング,ワルシャワの猩紅熱流行を観察記録【波】

1626 サンクトリウス,初めて臨床体温計を使う(脈拍測定はじまる)【伊】

森の森 ベーコンの知の大系

ベーコン『森また森』,ロンドンで没【英】
キルヒャー「スフィンクス案内」【独】

ルドルフ天文表

1627 ケプラー『ルドルフ天文表』発行【独】
ガスパーレ・アセリ,遺稿中『乳糜』で乳糜管の発見(1623)を記述【伊】
ベーコン遺作『ニューアトランティス』【英】

吉田光由 和算の塵劫記

吉田光由『塵劫記』(和算実用書の普及)【日】
和訳『本草綱目』刊行【日】

ハーヴェイの血液循環論

1628 ハーヴェイ『動物の心臓及び血液の運動に関する解剖学的研究』で血液循環論を確立【英】
カステッリ『流水の計量』【伊】
デカルト『精神指導の規則』【仏】

1629 北部イタリアでペスト流行【伊】
ブランカ『機械』を執筆【伊】

普遍医学 ロバート・フラッド

フラッド『メディチナ・カソリカ(普遍的医学)』執筆【独】

バロック時代

ユトレヒト派 テルブルッヘン ホントホルスト

1620 ミラノのアカデミア創立,モラツォーネら記念作[聖ルフィーナとセコンダの殉教]【伊】
クェルチーノ画[聖ウィリアムスの奇跡]【伊】
ルーベンス画,リュクサンブール宮殿画廊[マリー・ド・メディシスの生涯],ブリューゲルと[楽園のアダムとイヴ]【蘭】
レンブラント,ライデン大学学生に【蘭】
俵屋宗達,養源院に襖絵[松図],杉戸絵[白象唐獅子図]【日】

ベルニーニとバロック彫刻

1621 ベルニーニ作[プルートとプロセルピーナ]ボルゲーゼ家の一連の古代彫刻群を制作【伊】
シャイン曲[森の音楽]【独】
張瑞図画,感遼事作[染付葡萄秋草文盆台]【明】

1622 ベルニーニ作[アポロとダフネ]【伊】
ベラスケス画[フェリペ3世]【西】

扇絵 俵屋宗達一門のファッション波及

◉ 京都で俵屋の扇が一世を風靡【日】

1623 グエルチーノ画[あけぼのの女神][夜]【伊】
ハインリッヒ・シュッツ曲[復活祭オラトリオ](独オラトリオの初作)【独】

狩野山楽

狩野山楽画[聖徳太子絵伝板絵](四天王寺)【日】

1624 ルーベンス画[マギの礼拝]【白】
ヴァン・ダイク画[カリグナ公騎馬像]【白】

ブラチェルリ 幻想的人体幾何学

ブラチェルリ銅版画集[怪異]【トスカナ】
モンテヴェルディ曲[タンクレディとクロリンダの戦い]【伊】
シャイト曲[タブラトゥラ・ノヴァ]【独】
[桂離宮]完成(智仁親王)【日】
日光東照宮[陽明門]完成【日】

桂離宮と陽明門

松花堂昭乗画[三十六歌仙図]【日】

1625 ヘラルト・ファン・ホントホルスト画[女衒,あるいは愛情の沙汰も金次第]【蘭】
フランス・スネイデルス画[ノアの箱舟に入る動物たち]【仏】
スルバラン画[聖ペテロ伝]【西】
黄道周画[墨菜図巻]【明】

1626 ベルニーニ[サンタ・ビビアーナ聖堂ファサード]完成【ローマ】
李日華画[山水図巻]【明】
狩野探幽一派[二条城二の丸御殿障壁画]【日】
ベラスケス[フェリペ3世のムーア人撃退]【西】

1627 プーサン画[ゲルマニクスの死]【仏】
シュッツ曲[歌劇ダフネ](独で最初)【独】
王建章画[米法山水図]【明】
胡正言[十竹斎書画譜]【明】
本阿弥光悦画[草木摺絵詠歌大概]【日】

1628 ベルニーニ[ウルバヌス8世の墓]に着手【伊】
ルーベンス,スペインでベラスケスと親交【西】
ヴァン・ダイク画[聖アウグスティヌスの入信]
レンブラント画[サムソンとデリラ]【蘭】
ベネーヴォリ曲『ザルツブルク祭典ミサ曲』【伊】

カリッシミ 教会音楽の叙唱様式へ

カリッシミ,アッシジ大聖堂楽長になる【伊】
小堀遠州指図[八窓席]金地院茶室【日】

1629 ベルニーニ,サン・ピエトロ大聖堂主任建築家になる(31歳)【伊】
シュッツ曲[シンフォニア・サクラ第1巻]【独】
王思任画[山水図]【明】

読者と観客

1620 ジョーンズ「ストーンヘンジの仮説」【英】
『ヒック・ミュリアー,すなわちおとこ女』(女性の服装論争をおこす)【英】
ヨハネス・マグヌス訳「ゴート人およびスウェーデン人の全国王の歴史」【典】
ライデンのヤンスゾーン・ヴラウ,書籍印刷機を改良(地図書を出版)【蘭】
『沢庵和尚百首和歌』【日】
観世暮閑『元和卯月本』刊(最古の謡本)【日】

憂鬱の解剖 ロバート・バートン

1621 ロバート・バートン『憂鬱の解剖』【英】
ジョン・ダン,セントポール大聖堂司祭長【英】
ベン・ジョンソン『新世界からの知識』【英】

カンパネルラ

1622 バイエルン国王,ハイデルベルク図書館のパラティナ図書を教皇に献呈【独】
カンパネルラ『ガリレオ弁護』【伊】
パリ王室図書館,初の印刷蔵書目録(6千冊)【仏】

1623 週刊紙「ウィークリー・ニューズ」創刊【英】
『シェイクスピア全集』初版発刊【英】
カンパネルラ『太陽の都』【伊】
ジョヴァンニ・バッティスタ・マリーノ,長編詩『アドーネ』(マリニズムの流行を生む)【伊】
ケンブリッジ大学ジョーンズ図書館復活【英】

醒睡笑 安楽庵策伝の咄本

安楽庵策伝『醒睡笑』(咄本の代表作)【日】

1624 ベン・ジョンソン『海神の勝利』【英】
聖ジュヌヴィエーブ修道院図書館設立【仏】
オーピッツ『ドイツ詩学の書』【独】
世界初の印紙税【蘭】
◉ マテーウス・メーリアン『世界図絵』(各国の都市図銅版を印刷,出版),フランクフルト【独】

馮夢竜と淩濛初

◉ 馮夢竜『三言』完成【明】
初代中村勘三郎,江戸で猿若座をおこす【日】
諸国に伊勢踊り大流行,幕府の禁令発布【日】
◉ 『竹斎物語』完成【日】

1625 ポール・ロワイヤル『フランス語注意書き』【仏】
◉ 説教浄瑠璃,盛んになる【日】
小瀬甫庵『太閤記』(仮名草子)【日】

ケベード スペインのピカレスク頂点

1626 フランシスコ・デ・ケベード『大悪党』【西】
デ・プロパガンダ・フィデ印刷所創業(布教印刷物が中心,プロパガンダの語源)【ローマ】
エルゼヴィール家,国内印刷特許取得,各国誌『レプブリンケン』編纂【蘭】
金尼閣(ニコラス・トリガルト)『西儒耳目資』(中国音をローマ字で表記した最初の韻書)【明】
◉ このころから活字によって整版はじまる【日】

仮名草子へ流行

ノーデの図書館論

1627 ガブリエル・ノーデ『図書館建設への意見』【仏】
浅井了意『連歌初心抄』【日】
仮名草子『長者教』【日】

1628 ケベード『神の政治』【西】
イワン・グンドリッチ『詩劇オスマン』,[ドブロフカ]初演【ユーゴ】
馮夢竜『古今談』【明】

1629 ジョーンズ設計[新宮廷内闘鶏劇場]【英】
6カ国語聖書,10巻で出版開始【P】
ライデンでエルゼヴィール家,出版業を開始(目録に2千点の書物を掲載)【蘭】
幕府,女歌舞伎・女浄瑠璃の禁止令【日】

池坊専好 宮中立花話題になる

池坊専好,宮中大立花会をたびたび指導【日】

重大なことは、知識をアフォリズムで伝えるか、メソッド形式で伝えるかという選択である。
フランシス・ベーコン『学問の育成』

デカルト、コメニウス、ウィルキンズ。「当世界」と「別世界」の議論が沸騰してくる。

1630
寛永7

三十年戦争と鎖国

スウェーデン=フランス戦争

1630 ペストの死者,ミラノ8万,ヴェネチア50万人【伊】
スウェーデン戦争(グスタフ,新教徒擁護を理由にドイツ上陸)【独】
リシュリュー,新教徒を抑え,新旧貴族勢力を抑制,王権の強化【仏】
東インド会社重役トマス・マンの重商主義学説『外国貿易による英国の富』発刊【英】

ボストン建設

ボストン市建設【米】
アユタヤ朝の山田長政,シャムで暗殺【タイ】
1631 ベールヴァルデ条約(リシュリュー,グスタフ・アドルフ,マクシミリアン1世と同盟締結)【仏典神ロ】
李自成の反乱はじまる【明】

1632 ブライテンフェルドの戦(皇帝軍ティリ,スウェーデン軍に敗れる)【独】

獅子王グスタフ

グスタフ,ミュンヘンを陥落(皇帝側はワレンシュタインを召喚)【独】
リュッツェンの戦い(獅子王グスタフ戦死)【独】
クリスティーナ女王,6歳で即位,宰相ウクセンシェルナ伯が補佐【典】
ロシア,ポーランド戦(イルクーツク砦建設)【露】
英,ゴルコンダ王から「黄金勅書」【英】
黒田騒動おこる,旗本法度を定める【日】
「武州豊嶋郡江戸庄図」(初の江戸地図)【日】
1633 シャー・ジャハーン,アフマドナガル王国を滅ぼす【印】
在外5年以上の日本人,帰国停止【日】
継飛脚制度確立(江戸-京都間90時間)【日】
1634 スウェーデン軍,ハプスブルク軍に敗退【独】
ロシア・ポーランド戦終了,ヴィヤズマ和約
英国,メリーランド植民地建設【米】
スペイン支配下,ポルトガルの反乱【葡】
「1634年憲法」公布,宰相ウクセンシェルナ起草の身分制議会憲法【典】
チョクト・ハンがチベットを占領【蒙】
チョロス部バートル・フンタイジ即位【外蒙古】
1635 リシュリュー,三十年戦争に参戦,ドイツ・スペインのハプスブルク家に宣戦【仏】
レバノン,ドルーズ派君主ファフル・ウッディーンをトルコ政府が処刑【土】
三十年戦争,スウェーデン・仏戦争へ
武家旗本諸法度,参勤交代はじまる【日】

1636 教皇ウルバヌス8世,仏・独仲介工作に失敗【独】
トマス・フッカー,コネティカットに植民【米】
後金,国号を大清国とする【清】

鎖国令 長崎に出島

幕府,長崎の出島をつくる(鎖国令強化)【日】
1637 フェルディナンド3世,即位【独】
オランダ統領ヘンドリク,ブレダ奪回【蘭】
ホシュート部グシ・ハン,青海占領【外蒙古】
李自成,四川に侵入【明】
朝鮮国王仁祖,清軍に降伏【鮮】
東海道の助馬制施行【日】

1638 ムラト4世,バグダード攻略,イラクを併合【土】
ロシア,モスクヴィティンのシベリア遠征軍,太平洋岸に到達【露】
シャー・ジャハーン,カンダハールを奪回【印】
清,官制を定める【清】
1639 イギリス,ロードアイランド植民地開拓(スコットランド人の蜂起)【米】
フッカーら,コネティカット基本法制定【米】
オランダ,スペイン海軍を破る【蘭】
サファヴィー朝とオスマン朝の和議【土】
ホシュート軍,シンシャク氏同盟軍を破る【チベット】
マニラで華僑虐殺事件【比】
徳川家光,鎖国の完成【日】

宗教戦争と儒学

1630 ボストン第一回植民地総会,ウィンスロップはカルヴァン主義神政国家を宣言【米】
アルステディウス『百科事典』【独】
林羅山,忍ケ岡に塾舎文庫を築造(昌平坂学問所)『大学諺解』(朱子学を解説)【日】
「身池対論」,受派の身延山日暹と不受不施派の池上日樹の論争(日樹,飯田郷に流刑)【日】
新建寺院を禁止【日】
中江藤樹『林氏剃髪受位之』【日】
1631 コメニウス『開かれた言葉の扉』【チェコ】
清教徒の各植民地で会衆派が国教になる【米】
幕府,本末帳の作成布告(末寺の寺領と領地高の記入を命じる)【日】

1633 チャールズ1世『スポーツの書』(日曜礼拝後の娯楽の戒律緩和論)奨励再発布【英】
ヘンリー・ジェイコブらロンドン会衆派,特殊バプテスト派を生む【英】

ハーバートの宗教詩

国教牧師ジョージ・ハーバート没,遺作『聖堂』(160篇の形而上宗教詩の先駆)【英】
シュペー『犯罪予防』魔女狩り停止へ導く【独】
各宗本山,諸宗末寺帳を幕府へ提出(1万2千カ寺を記載)【日】
木下順庵,烏丸大納言意向『太平頌』完成【日】

1634 日蓮宗不受派の日浄,本覚寺を建立(内証題目講をおこすが後に焼かれる)【日】
1635 プラハの和議成立(反宗教改革の挫折)【独】
ヤンセニウス『ガリアの軍神マルス』(リシュリューを弾劾,同年ルーヴァン大学長)【仏】

ポール・ロワイヤル修道院運動 サン・シラン指導

◉ サン・シラン,ポール・ロワイヤル修道院運動を指導【仏】
ホシュートのグシー・ハン,ラサに入りゲルク派と対話【チベット】
◉ 寺請制度,寺社奉行を設置【日】
沢庵宗彭,南寺の明堂石鏡に師事【日】

島原の乱

1636 ロジャー・ウィリアムズ,ロードアイランドにバプテスト派のプロヴィデンス市建設【米】
カロン『日本大王国志』【日】
島津家久,琉球のキリシタン禁令【日】
盛岡藩主南部重直,文武場「御稽古所」創設【日】
1637 チャールズ1世,スコットランド教会の国教会化を行う(反対の暴動発生)【英】
『フランスの教皇特使』刊行(リシュリュー創案のガリカニズム書)【仏】
島原の乱(島原,天草のキリシタン蜂起)【日】

コメニウス汎知学

1638 サン・シランの逮捕【仏】
黄宗羲,宦官派の阮大鋮に対する反対運動をおこす【明】
幕府,島原の乱を平定(3万7千人を虐殺)【日】
松平直政,出雲大社の神仏習合を廃止【日】

伊勢参り

夏から伊勢参りの群衆増加【日】

沢庵 品川東海寺 柳生但馬守

沢庵,江戸品川に東海寺を創建【日】
1639 デュピュ兄弟「ガリア教会の権利と自由に関する論考」(リシュリューの依頼による)【仏】
コメニウス,汎知学の研究に着手【チェコ】
スウェーデン植民地でルター派が布教【米】
ウルスラ会修道女,ケベックへ伝道【加】
林羅山『理気弁』(朱子学入門書)【日】
中江藤樹『論語郷党啓蒙翼伝』(儒教合理化)
熊沢蕃山,中江藤樹に入門,儒学を学ぶ【日】

コルネイユのイリュージョン・コミックから世界情報は機械仕掛けをほしがっていく。

科学の萌芽

1630 ゲタルディ『数学的解析と総合』【伊】
小窓をつけた馬車が設計される【仏】
ジャガイモの有毒性について,地方議会が栽培禁止の決議【仏】
デラメイン,計算尺の構造書を発刊【英】
林羅山『多識編』【日】

亀甲万の醤油

亀甲万(キッコーマン)醤油,野田で創業(茂木・高梨家)【日】

オートレッドの数学記号

1631 ウィリアム・オートレッド『数学の鍵』(数学記号の創案)【英】
ハリオット『解析法演習』【英】
ピエール・ベルニエ,航海用副尺を考案【仏】
徳川義直,地球儀を家光に献上する【日】

ガリレイ地動説

1632 ガリレイ『二大世界体系についての対話』で地動説を独自の潮汐論により主張【伊】
カヴァリエリ,放物体の軌跡はパラボラ曲線であると発表【伊】
外科医セベリ『膿瘍論』【伊】
オートレッド,計算尺を完成【英】

1633 ガリレイ,宗教裁判の判決で地動説の異端誓絶をおこなう【伊】
キエフにアカデミー創設【露】
フラッド『クラヴィス・フィロソフィー』【独】
幕府,安宅丸の建造着手(大型装甲軍船)【日】

1634 ケプラー『ソムニウム』【伊】
ムーフェット『昆虫の世界・博物誌』【英】
アダム・シャール『崇禎暦書』135巻完【明】
ステヴィン,排水風車の能率を計算【白】
長崎の眼鏡橋できる(明僧如定による)【日】

1635 カヴァリエリ『不可分者による連続体の幾何学』
ギュルダン『重心について』でギュルダンの定理を提示【瑞】

メルセンヌ 知識交流のネットワーカー

メルセンヌ,メルセンヌ・アカデミーをパリに開設(数学や自然研究のための交流組織)【仏】
家光「安宅丸」を完成(1800tの巨大軍船)【日】

フェルマーの定理

1636 フェルマー『平面及び立体の軌跡論入門』執筆(代数幾何学の先駆)【仏】
ガスコーニュ,マイクロメータを考案【仏】
メルセンヌ『宇宙の調和』(普遍和声学)【仏】
イエズス会士が南米から熱病用キナの木の皮を,ヨーロッパに輸入

ハーバード大学

ハーバード大学創立(牧師ハーバード,蔵書720冊と基金を寄付)【米】

1637 デカルト『方法叙説』(『屈折光学』『幾何学』『気象学』)【仏】
アカデミー・フランセーズ創設【仏】

デカルト方法叙説

天工開物

宋応星『天工開物』【明】
『本草綱目』初の和刻本完成【日】

1638 ガリレイ『二つの新しい学問についての論議と数学的証明』(新科学対話)で落体法則を発表【伊】

1639 デザルグ『円錐と平面との交わりについての研究草案』,射影幾何学の先駆【仏】
メルセンヌ『ガリレイの新思想』(ガリレイの機械学および運動論をフランスに紹介)また,反射望遠鏡を提案する【仏】
ロアール〜セーヌ川のブリアール運河完成【仏】
今村知商『竪亥録』(漢文の数学公式集)【日】

バロック時代

1630 プーサン画[七秘蹟][フローラの凱旋]【仏】
カリッシミ,アポリナーレ教会楽長になる【伊】

金唐革 ル・メールの大量生産

ハンス・ル・メール,プレス機械を使って金唐革の大量生産,世界販売へ【蘭】
盛茂燁画[山静日長図]【明】
関思画[月夜行旅図]【明】
聚楽第遺構を西本願寺に移す(飛雲閣)【日】

烏丸光広 細川幽斎の歌 沢庵の禅

俵屋宗達・烏丸光広『西行法師行状絵巻』【日】

1631 ロンゲーナ設計[デルラ・サルーテ聖堂]【伊】
ブラウエル画[喫煙する百姓たち]【白】
ランディ曲[聖アレッシオ]【伊】

ヴァン・ダイクとベラスケス

1632 ベルニーニ作[ボルゲーゼ枢機卿]【伊】
レンブラント画[トルプ教授の解剖講義]【蘭】
ヴァン・ダイク,首席宮廷画家【白】
[タージ・マハール]の着工(22年後完成)【印】
呉振画[渓山無尽図巻]【明】
小堀遠州[方丈庭園]造園【日】

1633 ベルニーニ設計,[サン・ピエトロ大聖堂大天蓋]完成(バロック建造物代表作)【ローマ】
コルトーナ画[神の知]バルベリーニ宮殿【伊】

カロ版画集

ジャック・カロ画[戦争の悲惨]版画集【仏】
盛茂燁画[秋山観瀑図]【明】

1634 レンブラント画[キリストの降架][埋葬]【蘭】
ルーベンス画[エレーネ像]【白】
葛徴奇画[渓山清趣図]【明】
小堀遠州,二条城[茶室]【日】
薩摩浄雲曲[はなや](浄瑠璃)【日】

レンブラント

1635 スルバラン画[ラス・クエーバスの聖母],フェルナンデス画[聖ブルーノ]【西】
ルーベンス画[聖女チェチーリア],ヴァン・ダイク画[チャールズ1世の肖像]【白】
レンブラント画[蕩児の帰宅]【蘭】

フレスコバルディ

フレスコバルディ曲[音楽の花束]【伊】
董其昌画[項墨林墓誌銘]【明】

1636 ボロミーニ設計[スパーダ宮柱廊]【ローマ】
レンブラント画[ダナエ][サムソン]【蘭】
倪元路画[文石図]【明】
[求礼華厳寺大雄殿]建立【鮮】
◉ 八橋検校,筑紫流法水に師事,箏曲を習得【日】

1637 ベラスケス[ブレダの開城]【西】
スルバラン,修道院シリーズを制作【西】
アドリアン・ヴァン・オスターデ画[喧嘩]【蘭】
本阿弥光悦作[舟橋蒔絵硯箱],同年没【日】

1638 バーチェコ『絵画論』執筆【西】
マッツォッキ[5声のマドリガーレ集]【伊】
王建章画[蓬瀛春暁図巻]【明】

藍瑛 山水画家 浙派の殿将

藍瑛画[秋景山水図],倪元路画[詩冊]【明】
俵屋宗達画[蔦の細道図屏風]【日】
◉ 今里焼,豊前焼,萩焼など名物に【日】

1639 プーサン画[アルカディアの牧人],クロード・ロラン画[日没の港][村祭り]【仏】
マッツォッキ曲,マルコ・マラッツォーリ[悩む者は希望を持て](最初の喜劇オペラ)【伊】
張宏画[越中名勝冊]【明】

幸阿弥長重 幸阿弥派10代蒔絵師

幸阿弥長重作[初音蒔絵婚礼調度]【日】
狩野探幽画[東照宮縁起]に対し黄金十枚【日】

読者と観客

ドン・ファン像 セビリアの色事師

1630 デ・モリーナ『セビリアの色事師と石の招客』(ドン・ファン像を創造)【西】
ルイ・ド・ヌフジェルマン『詩と出会い』(変則詩論)【仏】

1631 マルタンとバンドーム,仏初の定期刊行物(週刊紙)創刊【仏】

ラ・ガゼット創刊

セオフォスタ・ルノードが定期新聞「ラ・ガゼット」を創刊(リシュリューが後援)【仏】
ミルトン『快活なる人』【英】
ケベード『マルコ・ブルート』【西】

1632 ローマでバルベリーニ家の劇場開設(ベルニーニ設計・3千人収容)【ローマ】
スペイン初の本格劇場フェリペ4世劇場落成
ローペ・デ・ベーガ『ドロテーヤ』(劇作)【西】
ミルトン『瞑想の人』【英】
凌濛初『二拍』編纂【明】
仮名草子『薄雪物語』【日】

ダンと形而上派詩

1633 ジョン・ダン『唄とソネット』【英】
マーロー『マルタ島のユダヤ人』【英】
カルデロン・デ・ラ・バルカ『十字架への帰依』【西】
クラウセン・フリース訳『ヘイムスクリングラ』(オーレ・ヴォルムが刊行)【諾】
御書物奉行を設置,関正成ら4人を任命【日】
抱甕老人『古今奇観』編纂【明】
松江重頼『犬子集』【日】

1634 ベン・ジョンソン『愛の歓迎』【英】
モリエール『ジュリーの花飾り』【仏】
ロドヴィーコ・レポレオ『三音の格十行詩』【伊】
ワルシャワの宮廷劇興隆【波】

カルデロン スペイン演劇大成 面目主義の確立

1635 カルデロン『人生は夢』劇作【西】
コルネイユ『イリュージョン・コミック』(戯曲)【仏】
ヨハン・ブラウ『新地図』を出版【蘭】
フランクフルトで『西欧展覧』刊行開始【独】
グスタフ・アドルフ,マインツ図書館蔵書を掠奪,ついでザルツブルク宮廷図書館,教会図書館の蔵書を奪う【独】
伊藤出羽掾,大坂道頓堀に最古の浄瑠璃操り劇場を開く【日】

コルネイユのグロテスクイリュージョン・コミック

1636 ケベード『万人の時』【西】
ヘンリー・ブラント『レヴァントへの航海』【英】
ヴォルム訳『エッダ原本』【典】

可笑記 警世的仮名草子

如儡子『可笑記』(仮名草子)【日】
立圃『はなひ草』【日】

1637 コルネイユの[ル・シード]初演【仏】
ロトル『ソジー』(戯曲)【仏】
ソルラン『幻視者たち』
ヴェネチアに初の公衆オペラ劇場開設【伊】
カルデロン『不思議な魔法師』【西】
バルタザール・グラシャン『英雄』【西】
彫版師ホラー,ロンドン市鳥瞰図製作(ホラー・マップ)【英】

別世界 ウィルキンズ新世界発見 ゴドウィン月の男

1638 ジョン・ウィルキンズ『新世界発見』
フランシスコ・ゴドウィン『月の男あるいはドミンゴ・ゴンザレスによる彼方への旅の物語』【英】
アムステルダム初の劇場ショウブルク開場(カンペン設計)【蘭】
北米初の書籍印刷(2年後に「全詩篇」を刊行),マサチューセッツ州ケンブリッジ【米】
朝山意林庵『清水物語』【日】

1639 マッテオ・ペレグリーニ『明察論』(マニエリスム論)【伊】
江戸城,紅葉山文庫設立(旧富士見文庫)【日】

日本臣民は海外渡航禁止となった。近年の台湾、暹羅での侮辱、武器輸出の禁制、キリスト教に染まないことが理由だろう。
フランソワ・カロン『日本大王国志』

ピューリタニズムとヤンセニズム。
いずれ資本主義を支える二つの闘争。

1640
寛永17

清教徒革命と清

ピューリタン革命とクロムウェル

1640 ストラスフォード伯,アイルランド総督になり,内政を整備,軍を強化【英】
第2次僧正戦争,スコットランドに破れリポン条約を結ぶ【英】
チャールズ1世,長期議会を召集(ストラスフォード伯,弾劾され投獄)【英】
カタロニアで圧政に大乱勃発(仏が支援)【西】
ポルトガルのジョアン4世,スペイン内乱に乗じて独立を回復,王政を復活【葡】
コペンハーゲンに株式取引所,設立【丁】

1641 ポルトガル,蘭と同盟(スペインと戦う)【葡】
オランダ,ポルトガルよりマラッカを奪う【蘭】
長期議会,ストラスフォード伯を処刑,カンタベリー大主教ロードを投獄【英】
李自成,河南府福王,南陽唐王を滅ぼす【明】
張献忠,襄陽を攻め襄王を殺す【明】
幕府,オランダ人を長崎出島に移す【日】

1642 オランダ人タスマン,タスマニアとニュージーランドを発見(東インド会社が派遣)【蘭】
リシュリュー没,マザラン枢機卿引き継ぐ【仏】

ルイ14世即位

1643 ルイ13世没(ルイ14世即位)【仏】
仏軍,スペイン軍をロクロワで破る(ブルボン家,ハプスブルク家に三十年戦争勝利)【仏】
議会派,スコットランドと誓約【英】
ヒヴァ・ハン国,アブール・ガーズィ・バハードル・ハンの即位【外蒙古】

1644 ウェストファリア国際和平会議にヨーロッパのキリスト教国の大部分が参加【独】
明の滅亡(李自成,北京を占領し崇禎帝は自殺)

清統一 李自成破れる

清軍,北京に李自成を破る,都を移す【清】
白糸割符の制定,発布【日】

1645 ネーズビーの戦に王党派破れる(議会派は新型軍を編成,スコットランド軍と連合)【英】
ヴェネチア・トルコ戦争【土】
アレクセイ3世即位【露】
清軍,南京を攻略,李自成自殺【清】
清,弁髪令を布告【清】

1646 チャールズ1世,スコットランドに屈服,第1次内乱終結【英】
フランス,スウェーデン軍と協力しバイエルンに侵入【独】
丁魁楚らが広東で永明王を立てる【清】
鄭成功,清軍に対し反乱を起こす【清】

1647 スコットランド,英国王を議会に引き渡す【英】
英国議会,軍隊の解散を策謀【英】
米植民地総督ペーター・ストイフェサント,ニューアムステルダムで圧政(NY)【蘭】
三十年戦争ウルムの休戦条約,バイエルン侯マクシミリアンは了解後,破棄する【独】
ポルトガル船,長崎に来航,通商を求める【日】

ウェストファリア条約

1648 ウェストファリア条約締結(三十年戦争が終結,新教徒の権利公認,ドイツ諸侯独立,神聖ローマ帝国は事実上解体)【欧】
オランダとスイスの独立承認【欧】
クロムウェル,議会支配のため第2次内乱【英】
シャージャハーナーバード(オールド・デリー)建設【印】

チャールズ1世処刑

1649 チャールズ1世処刑,クロムウェル共和制【英】
ポルトガル総領事会社の設立,ブラジル貿易に特権を発揮【葡】
ロシア・ポーランドのスポロフ和約成立【露】
◉ ハバーロフ,黒龍江地方を探検【露】
慶安御触書【日】

宗教から人間論へ

ヤンセニスム争論

1640 トマス・ホッブス『法学原論』【英】
ヤンセニウス『アウグスティヌス』(死後刊行,ヤンセニスム登場)【仏】
ニューイングランドに清教徒2万人移住【米】

1641 井上筑後守,宗門改役(寺請・宗門人別帳)【日】
アルスターの反乱(アイルランド旧教徒)【英】
ガブリエル・プラテス『マカリア王国』(ユートピア論)【英】
デカルト『省察』【仏】
コメニウス,ロンドン訪問【L】
イエズス会,ヤンセニウス批判をはじめる【仏】
ピエール・ド・マルカ『聖権と帝権との協調について』【仏】
ロバート・マリ,フリーメーソンに入会【英】

パラグァイのイエズス会

1642 パラグァイでスペイン人混血者とイエズス会保護地インディオの争い(インディオ勝利)
池田光政,花畠学舎設立(藩学創設)【日】
清教徒革命(クロムウェル蜂起)【英】
英国議会,上院から国教主教の除籍決定【英】
ホッブス『市民論』【英】

ホッブス

教皇,ヤンセニウス『アウグスティヌス』を廃止【伊】
ダライ・ラマ5世元首の統一チベット樹立【チベット】
伊藤仁斎,朱子学に傾倒(理気二元論)【日】

1643 ウエストミンスター会議(長老派らが「ウエストミンスター信仰告白」を作成)【英】
アントワーヌ・アルノー『頻繁な聖体拝領について』(ヤンセニスム)【仏】

宮本武蔵の五輪書

宮本武蔵『五輪書』【日】

1644 アルノー『イエズス会士の道徳神学』(イエズス会批判)【仏】
デカルト『哲学原理』【仏】
林羅山『本朝編年録』『神道伝授』【日】
中江藤樹,陽明学に転向【日】
山鹿素行『兵法神武雄備集』【日】

1645 議会派により大主教ロード処刑(チャールズ1世の助言者)【英】
熊沢蕃山,池田光政の岡山藩政に参与

クェーカー派成立 ジョージ・フォックス

1646 ジョージ・フォックス,クェーカー派結成【英】
マサチューセッツのジョン・エリオット,インディアン語で説教をはじめる【米】
アシュモール,フリーメーソンロッジ入会【英】
ニューイングランドで会衆派のケンブリッジ憲章【米】
山崎闇斎,土佐南学から儒学者へ,処女作『闢異』『文会筆録』【日】
江戸にキリシタン屋敷できる【日】

1647 宰相マザラン,アントワーヌ著作を有罪【仏】
中江藤樹『大学考』『大学解』『中庸解』『中庸続解』『鑑草』【日】

尺五堂・藤樹書院・古義堂 松永尺五・中江藤樹 伊藤仁斎の私塾

1648 松永尺五,尺五堂を開く(藤原惺窩の弟子,貝原益軒の師),中江藤樹,藤樹書院を創設,伊藤仁斎,古義堂を創設(堀川学校),京都【日】

1649 クロムウェル,アイルランド旧教徒征圧【英】
パリ大学神学部ニコラ・コルネ,ヤンセニウスの7命題を異端とする要求【仏】
イギリスに最初の伝道教会創立【英】
クェーカー派の巡回説教はじまる(ジョージ・フォックス投獄)【英】
王夫之,衡山に兵を挙げる『章霊賦』【清】
山鹿素行『修身受用抄』(老荘を講義)【日】

三〇年戦争の終結。
世俗の国家の時代がはじまる。

1640

科学の萌芽

パスカルの定理と計算機

1640 パスカル「円錐曲線試論」でパスカルの定理を発表【仏】
ガリレイ門下ベルティ,真空の実現を実験【伊】
パリの王立医用植物園開設（解剖も行う）【仏】

駅馬車のネットワーク（英）
初の駅馬車路線（道路整備と宿泊所の設置）【英】
キナ剤「伯爵夫人散薬」発売【仏】
1641 ホロックス,太陽系の測定法と惑星間相互作用を着想（ケプラーからニュートンへ橋渡しをし,22歳で同年没）【英】

ウィルキンズの伝達科学
ジョン・ウィルキンズ『マーキュリー』（文字と伝達法の新案）【英】
1642 パスカル,加算機を発明（フランスの計算機の原型となる）【仏】
ボンチウス『熱帯医学』刊【蘭】
今村知商『日月会合算法』（暦術書）【日】

トリチェリの実験
1643 トリチェリ,ヴィヴィアーニ,大気圧の実験（水銀柱で真空の実在を証明）【伊】
アタナシウス・キルヒャー,ローマで水銀寒暖計を発明【独】
ド・ビック,ディスミュイドとイープルを結ぶ運河を完成（落差20フィートの閘門）【仏】
1644 ディグビ,卵の発生の決定論的説明【英】
トリチェリ『幾何学論文集』,気圧計発明【伊】

見えない大学
ロンドンの酒場で「見えない大学」結成（ウィルキンズ,ボイルらが参加）【英】
1645 グリッソン『肝臓の解剖学的研究』【英】
スキルラエウス・デ・レイタ,望遠鏡用正立接眼レンズを発明
沢野忠庵『南蛮運気論』（漂着船の天文書を訳出）【日】
浜口儀兵衛,ヤマサ醤油創業【日】
1646 グラウバー『新蒸留技術』【伊】
セベリノ『デモクリトス的動物学』【伊】
キルヒャー『光と影の偉大な技術』,幻燈（ラテルナマギカ）発明【独】
トマス・ブラウン『俗間の誤り』（迷信や民間伝承を調査訂正）【英】

キルヒャー

真空の主張 パスカル追証明
1647 パスカル『真空に関する実験』（トリチェリの実験を追証明,真空の実在を主張）【仏】
医師シルビウス,結核結節を名付ける【蘭】
ロベルヴァル,空気弾性の実験【仏】
ジーン・ペケー,イヌの解剖で胸管を発見【伊】
ガッサンディ『エピクロスの生と死』【仏】
1648 パスカル『流体の平衡に関する大実験談』（真空と大気圧との関係を論究）【仏】

ヘルモント 気体化学ガスの命名
ヘルモント『医学原論』（植物の栄養の実験および気体化学研究,ガスの命名者,44没）【蘭】
グラウバー『新しい哲学の炉』（塩酸と硫酸の製造法を改良）【独】
ジョン・ウィルキンズ『数学的魔術と機械幾何学の行う奇跡』（ディーとフラッドを評価）【英】

デカルト情念論
1649 デカルト『情念論』【仏】
スホーテン,ラテン訳デカルト『幾何学』【蘭】
ポルトガル宣教師カスパル来日,医学を伝える（通詞猪股伝兵衛らが学ぶ）【日】

バロック時代

1640 ボロミーニ設計［ネーリ祈禱所ファサード］【伊】
ジョン・パーキンソン『植物劇場』【英】

プーサンと古典派
プーサン,リシュリューの招請でパリ帰着【仏】
ラ・トゥール画［大工の聖ヨセフ］【仏】
レンブラント画［聖家族］【蘭】
モンテヴェルディ曲［論理的・宗教的な森］【伊】
藍瑛画［飛雪千山図］【明】
住吉如慶画［虫歌合絵巻］【日】

岩佐又兵衛 浮世絵のルーツか
岩佐又兵衛［三十六歌仙図額伊勢］【日】
石川丈山,詩仙堂を建てる【日】
1641 ル・ナン兄弟画［ウルカヌスの鍛冶場］【仏】
モンテヴェルディ曲［ユリシーズの帰郷］【伊】
1642 ベルニーニ作［トリトーンの泉］ローマ【伊】
プーサン,ローマに戻り古典派の中核に【仏】
レンブラント画［夜警］ほか版画多数制作【蘭】
ルメルスィエ設計［ソルボンヌ礼拝堂］【仏】
クロード・ロラン画［クレオパトラの上陸］【仏】
モンテヴェルディ曲［ポッペアの戴冠］【伊】

三味線の発展 石村検校道を拓く
石村検校没（三味線音楽の祖）【日】
1643 ヤン・ヴァン・ホイエン画［河］［夏］［冬］【蘭】
ラ・トゥール画［嘆く聖女イレーヌ］【仏】
ニーシャプールのカダム・ガー廟【印】
王鐸画［臨王鐸之尺牘］【明】

柿右衛門 赤絵完成
酒井田柿右衛門,赤絵を完成【日】

ラ・トゥール

1644 ベラスケス画［軍服姿のフェリペ4世］【西】
カーノ作［ゴートの王たち］【西】
ロラン画［エコーとナルキッソス］【仏】
ラ・トゥール画［ヨブとその妻］【仏】
王鐸画［行書五律軸］【清】
胡正言［十竹斎箋譜］（中国多色刷版画の完成）【清】
西本願寺［白書院］完成【日】
東寺［五重塔］完成【日】
1645 ムリーリョ画［サン・ディエゴの施し］【西】
マザラン,パリでイタリアオペラを上演【仏】
ハンマーシュミット曲［神と魂の対話］【独】
1646 ベルニーニ作［聖テレサの法悦］【伊】
アルガルディ作［レオ1世とアッチラ］着手【伊】

オランダ風景画 ポッター ホイエン
ロイスダール画［森の中の小さな家］,パウルス・ポッター［田舎の情景］（他ホイエン等のオランダ風景画盛ん）【蘭】
マンサール設計［メゾン・ラフィット］完成【仏】
長崎の崇福寺［大雄宝殿］完成【日】
狩野探幽画［三十六歌仙図扁額］【日】
1647 輪王寺［本堂（三仏堂）］建立【日】
狩野山雪画［老梅図］［群仙図］【日】
野々村仁清,京仁和寺に開窯【日】
1648 レンブラント画［エマオの巡礼］【蘭】
絵画・彫刻アカデミー創設【仏】
ロラン画［シバの女王の乗船］,サラザン作［コンデ公の墓］【仏】
シュッツ曲［宗教的合唱曲集］【独】
1649 ボロミーニ設計［サン・ジョヴァンニ・イン・ラテラノ聖堂身廊］【伊】

二重立方体室
ジョーンズ設計［二重立方体室］【英】
カヴァルリ曲［ジャソーネ］初演【伊】

王鐸 書画才人 擬山園帖
王鐸画［夏景山水図］【清】
狩野素川信政『図絵宝鑑』【日】

シュッツとカヴァルリ

読者と観客

1640 アレオッティ設計,ノヴィシーモ劇場完成【伊】

コルネイユ 古典悲劇と性格喜劇
コルネイユ『オラース』【仏】
グラシャン『政治家フェルナンド』【仏】
リシュリュー,王室印刷所を設置【P】
書籍印刷術発明200年祭（書籍印刷者による）
1641 リシュリュー,自邸内に劇場を建設【伊】
トルクート・アセット『誠実なる変装』【伊】
ベレス・デ・ゲバーラ『跛の悪魔』【西】
エンター制作『選帝侯聖書』初版（当時の最高技術で13版におよぶ）【独】

婦人会話百科 エンター出版物
ハルスデルファー『婦人のための会話の遊び』（全8巻刊行開始,エンターの代表出版物）【独】
1642 清教徒による劇場閉鎖,国内の上演禁止【英】
コルネイユ『ポリュークト』【仏】
ノーデ,マザラン図書館長に就任【仏】
モッシェロッシュ『ピランデル・フォン・ジッテワルトの奇妙かつ真正の幻想』【独】

マザラン図書館

グラシアン スペインマニエラ
バルタザール・グラシアン『明察と詭弁の法』（マニエリスム）【西】
メーリアン『トポグラフィ（地形図絵）』刊【独】

メゾチント印刷
ヘッセンのフォン・シーゲル,印刷のメゾチント彫法（ぼかし法）を発明【独】
江戸木挽町,岡村小兵衛の山村座旗揚げ【日】
1643 メズレ『フランス史』著述【仏】
マザラン図書館一般に公開（グーテンベルク聖書を含む蔵書数,1万3千冊）【P】
『仁勢物語』（仮名草子）【日】

言論の自由 ミルトンの主張
1644 ミルトン『アレオパジティカ』で,言論の自由を議論【英】
ヴォルフェンビュッテル図書館設立（アウグスト2世公,蔵書数3万冊まで拡張）【独】
洪自誠『菜根譚』【明】
松永貞徳『天水抄』（句集）【日】
1645 ヨハネス・メセニウス『放蕩息子』【典】
笠尾三勝,芝明神社で宮地芝居はじめる【日】
松江重頼『毛吹草』刊（句集）【日】

魔女妄想大拡

1646 翻刻,馮夢竜『中興偉略』【日】
1647 マシュー・ホプキンス『魔女発見』（イギリスの魔女妄想頂点に）【英】
女性による「コービー反対請願」出される【英】
アルドロヴァンディの『怪物誌』没後刊【伊】
ヴォージュラ『フランス語注意書き』【仏】
江戸,中村座に桟敷席できる（村上座,都座もその後設置）【日】
1648 ソリース・リバデネイラ『メキシコ征服史』【西】

新エルサレム サミュエル・ゴット
サミュエル・ゴット『新エルサレム』【英】
グラシアン『繊細と天才の芸術』【西】
ジョン・ヘア『聖エドワードの亡霊または反ノルマン主義』（政治パンフレット）【英】
浄瑠璃『身毒丸』刊行【日】
北村季吟『山の井』【日】
1649 マドレーヌ・ド・スキュデリ『キュロス大王』【仏】
フリードリヒ・シュペー『鶯との声くらべ』（宗教的抒情詩）【独】
ヴァレニウス『日本国記』【独】
訳本『剪灯新話』（中国怪談集）【日】

すぐれた書物を殺すことは人を殺すのと同じである。人を殺す者は理性ある被造物を殺す。本を殺す者は神の似姿である理性を殺す。
ミルトン『アレオパヂティカ』

構造と運動

1650〜1699

リヴァイアサンの正気とパリ施療院の狂気。国家のためのシステムの誕生。

一六五七年の明暦の大火と一六六五年のロンドン大火。ここで文化が転換していく。

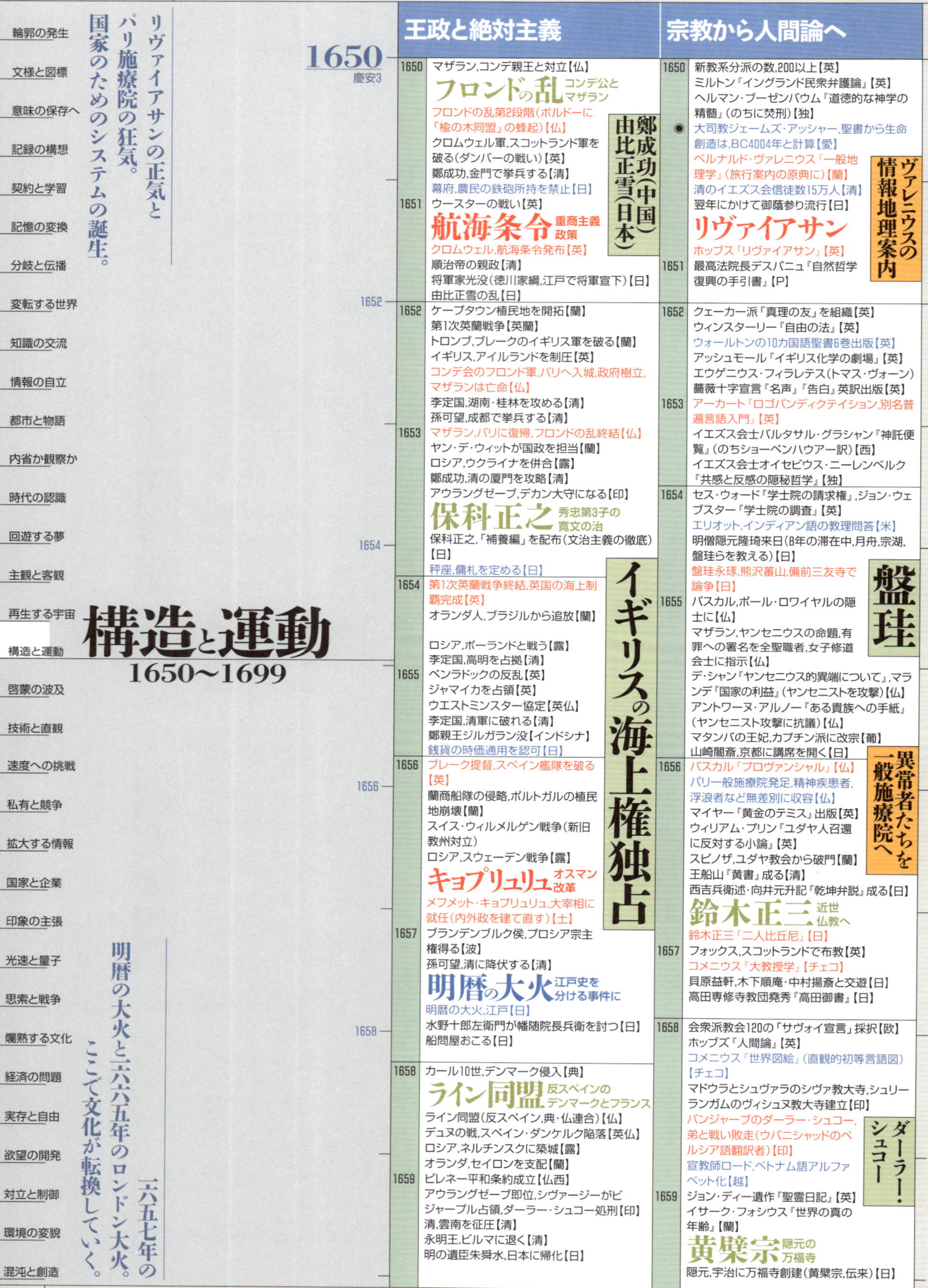

1650 慶安3

王政と絶対主義

1650 マザラン,コンデ親王と対立【仏】

フロンドの乱 コンデ公とマザラン

フロンドの乱第2段階(ボルドーに「楡の木同盟」の蜂起)【仏】
クロムウェル軍,スコットランド軍を破る(ダンバーの戦い)【英】
鄭成功,金門で挙兵する【清】
幕府,農民の鉄砲所持を禁止【日】

鄭成功(中国) 由比正雪(日本)

1651 ウースターの戦い【英】

航海条令 重商主義政策

クロムウェル,航海条令発布【英】
順治帝の親政【清】
将軍家光没(徳川家綱,江戸で将軍宣下)【日】
由比正雪の乱【日】

1652

1652 ケープタウン植民地を開拓【蘭】
第1次英蘭戦争【英蘭】
トロンプ,ブレークのイギリス軍を破る【蘭】
イギリス,アイルランドを制圧【英】
コンデ会のフロンド軍,パリへ入城,政府樹立,マザランは亡命【仏】
李定国,湖南・桂林を攻める【清】
孫可望,成都で挙兵する【清】

1653 マザラン,パリに復帰,フロンドの乱終結【仏】
ヤン・デ・ウィットが国政を担当【蘭】
ロシア,ウクライナを併合【露】
鄭成功,清の厦門を攻略【清】
アウラングゼーブ,デカン大守になる【印】

保科正之 秀忠第3子の寛文の治

保科正之,「補養編」を配布(文治主義の徹底)【日】
秤座,傭札を定める【日】

1654

1654 第1次英蘭戦争終結,英国の海上制覇完成【英】
オランダ人,ブラジルから追放【蘭】
ロシア,ポーランドと戦う【露】
李定国,高明を占拠【清】

1655 ペンラドックの反乱【英】
ジャマイカを占領【英】
ウエストミンスター協定【英仏】
李定国,清軍に破れる【清】
鄭親王ジルガラン没【インドシナ】
銭貨の時価通用を認可【日】

イギリスの海上権独占

1656

1656 ブレーク提督,スペイン艦隊を破る【英】
蘭商船隊の侵略,ポルトガルの植民地崩壊【蘭】
スイス・ウィルメルゲン戦争(新旧教州対立)
ロシア,スウェーデン戦争【露】

キョプリュリュ オスマン改革

メフメット・キョプリュリュ,大宰相に就任(内外政を建て直す)【土】

1657 ブランデンブルク侯,プロシア宗主権得る【波】
孫可望,清に降伏する【清】

明暦の大火 江戸史を分ける事件に

明暦の大火,江戸【日】
水野十郎左衛門が幡随院長兵衛を討つ【日】
船問屋おこる【日】

1658

1658 カール10世,デンマーク侵入【典】

ライン同盟 反スペインのデンマークとフランス

ライン同盟(反スペイン,典・仏連合)【仏】
デュヌの戦,スペイン・ダンケルク陥落【英仏】
ロシア,ネルチンスクに築城【露】
オランダ,セイロンを支配【蘭】

1659 ピレネー平和条約成立【仏西】
アウラングゼーブ即位,シヴァージーがビジャープル占領,ダーラー・シュコー処刑【印】
清,雲南を征圧【清】
永明王,ビルマに退く【清】
明の遺臣朱舜水,日本に帰化【日】

宗教から人間論へ

1650 新教系分派の数,200以上【英】
ミルトン『イングランド民衆弁護論』【英】
ヘルマン・ブーゼンバウム『道徳的な神学の精髄』(のちに焚刑)【独】
◉ 大司教ジェームズ・アッシャー,聖書から生命創造は,BC4004年と計算【愛】
ベルナルド・ヴァレニウス『一般地理学』(旅行案内の原典に)【蘭】
清のイエズス会信徒数15万人【清】
翌年にかけて御蔭参り流行【日】

ヴァレニウスの情報地理案内

リヴァイアサン

ホッブス『リヴァイアサン』【英】

1651 最高法院長デスパニュ『自然哲学復興の手引書』【P】

1652 クェーカー派「真理の友」を組織【英】
ウィンスターリー『自由の法』【英】
ウォールトンの10カ国語聖書6巻出版【英】
アッシュモール『イギリス化学の劇場』【英】
エウゲニウス・フィラレテス(トマス・ヴォーン)薔薇十字宣言『名声』『告白』英訳出版【英】

1653 アーカート『ロゴパンディクテイション,別名普遍言語入門』【英】
イエズス会士バルタサル・グラシャン『神託便覧』(のちショーペンハウアー訳)【西】
イエズス会士オイセビウス・ニーレンベルク『共感と反感の隠秘哲学』【独】

1654 セス・ウォード『学士院の請求権』,ジョン・ウェブスター『学士院の調査』【英】
エリオット,インディアン語の教理問答【米】
明僧隠元隆琦来日(8年の滞在中,月舟,宗湖,盤珪らを教える)【日】
盤珪永琢,熊沢蕃山,備前三友寺で論争【日】

盤珪

1655 パスカル,ポール・ロワイヤルの隠士に【仏】
マザラン,ヤンセニウスの命題,有罪への署名を全聖職者,女子修道会士に指示【仏】
デ・シャン『ヤンセニウス的異端について』,マランデ『国家の利益』(ヤンセニストを攻撃)【仏】
アントワーヌ・アルノー『ある貴族への手紙』(ヤンセニスト攻撃に抗議)【仏】
マタンバの王妃,カプチン派に改宗【葡】
山崎闇斎,京都に講席を開く【日】

1656 パスカル『プロヴァンシャル』【仏】
パリ一般施療院発足,精神疾患者,浮浪者など無差別に収容【仏】
マイヤー『黄金のテミス』出版【英】
ウィリアム・プリン『ユダヤ人召還に反対する小論』【英】
スピノザ,ユダヤ教会から破門【蘭】
王船山『黄書』成る【清】
西吉兵衛述・向井元升記『乾坤弁説』成る【日】

異常者たちを一般施療院へ

鈴木正三 近世仏教へ

鈴木正三『二人比丘尼』【日】

1657 フォックス,スコットランドで布教【英】
コメニウス『大教授学』【チェコ】
貝原益軒,木下順庵・中村揚斎と交遊【日】
高田専修寺教団堯秀『高田御書』【日】

1658 会衆派教会120の「サヴォイ宣言」採択【欧】
ホッブズ『人間論』【英】
コメニウス『世界図絵』(直観的初等言語図)【チェコ】
マドウラとシュヴァラのシヴァ教大寺,シュリーランガムのヴィシュヌ教大寺建立【印】
パンジャーブのダーラー・シュコー,弟と戦い敗走(ウパニシャッドのペルシア語翻訳者)【印】
宣教師ロード,ベトナム語アルファベット化【越】

ダーラー・シュコー

1659 ジョン・ディー遺作『聖霊日記』【英】
イサーク・フォシウス『世界の真の年齢』【蘭】

黄檗宗 隠元の万福寺

隠元,宇治に万福寺創建(黄檗宗,伝来)【日】

古典力学の準備

ゲーリッケのポンプ

1650 ゲーリッケ,真空ポンプを発明【独】
ジキタリス局方収載,ロンドンに茶【英】
キウチ『結石圧砕法』【伊】
ヨハン・ヨンストン『自然史』【蘭】
1651 ハーヴェイ『動物の発生について』(全ての生物は卵から生じることを主張)【英】
ダッドリー,製鉄所を設立【英】
清水貞徳,規矩元器を考案【日】
『万聞書秘伝』日用品の製造法を記録【日】

ハルスデルファー

1652 ハルスデルファー『数学的哲学的回生の時』【独】
ハーヴェイの師アクアペンダンテのファブリキウス,ファロピオウスを継ぎパドヴァで発生学講義【伊】
シュワインフルトに医師会成立,皇帝レオポルド1世により王立になる【独】
スウェーデンのオロフ・ルードベック,パドヴァで腸のリンパ管と胸管の関連を発見【伊】
キルヒャー『エジプトのオイディプス』【独】
1653 エンデミュレル,結核の感染性を主張【独】
トマス・バルトリン,リンパ系を研究発表【丁】
明朝の戴曼公日本に亡命,池田瑞仙に痘科(種痘法)を伝える【日】

クラウバーの薬品製造カタログ

1654 ロバート・ボイル,空気ポンプの実験で空気の物性及び呼吸との関連を証明【英】
グリッソン,肝臓間質と血液補給路を発見【英】
ヨハン・ルドルフ・クラウバー『薬品製造術』(多数の医療化学薬品の処方について記述)【独】
ゲーリッケ「マグデブルク半球」の実験【独】
玉川上水完成【日】

土星の輪 レンズ新時代へ

1655 クリスチャン・ホイヘンス,レンズの新研磨法を開発,土星の衛星及び環を発見【蘭】
ハウチ,空気室を装備して連続噴流を作る消火機関を発明
エドワード・ソマーセット『発明百品』【英】

振子時計 ガリレイからホイヘンスへ

1656 ジョン・ウォレス『無限数論』(円周率の無限級数展開を試みる)【英】
ホイヘンス,振子時計を製作【蘭】
王立協会のレンの発意で,コックス,ウィルキンス,ホークら輸血を研究【英】
マルセロ・マルピーギ,ピサ大教授となる【伊】
ミカエル・ド・ボイム『シナの植物』【仏】

パスカル幾何学

1657 フィレンツェ科学アカデミーの創立【伊】
パスカル『幾何学的精神について』【仏】
ヨンストン『四足獣の博物学』【蘭】
針灸流行,揚継州の『針灸大全』伝わる【仏】
ガリレイ学派「フローレンス研究所」開設【伊】
キャーティブ・チェレビー『世界の鏡』(地理書)【土】
大八車を使用【日】
1658 ガッサンディ没『エピクロス哲学集成』【仏】

スワンメルダム

スワンメルダム,赤血球発見【蘭】
フランシスクス・シルヴィウス,ライデン大で臨床講義を初めて行う(発酵化学を発展)【蘭】
ジロラモ・カルダノ『観額術』【P】
山田正重『改算記』【日】
1659 中国から茶【露】

イギリスに乗合馬車

乗合馬車出現【英】
オランダ商館長,ドドネウス植物図鑑を献上して返却される【日】

バロック時代

1650 ベルニーニ設計[アリチア宮],ボロミーニ設計[デラ・サビエンツァ聖堂]完成【伊】
ヨルダース画[市場のディオゲネス]【蘭】
ラ・トゥール画[キリストの降誕]【仏】
ホセ・デ・リベラ画[羊飼の礼拝]【西】
ジャコモ・カリッシミ曲[イェフテ]出版【伊】

キルヒャー音楽 普遍的音楽理論

キルヒャー『普遍的音楽研究』【独】
岩佐又兵衛[山中常盤物語絵巻]【日】
1651 ベルニーニ作[四つの川の泉]【伊】
コルトーナ画[エネアの物語],レオポルト宮殿に[コルトーナ派]【伊】
デヴィッド・テニールス画[レオポルト大公]【白】

絵画の覚書 レオナルドのノート刊行

ダ・ヴィンチの解剖学『絵画の覚書』刊【伊】
狩野山雪画[蘭亭曲水図屏風]【日】
1652 テニールス画[コンデの肖像]【白】
ベラスケス,フェリペ4世の執事長官に【西】

八橋検校 近世箏曲の祖 三味線八橋流

八橋検校曲箏組歌[八橋13組]【日】
ヨルダーンス画[最後の審判]【白】

ハルスデルファーのマニエリスム案内

1653 ハルスデルファー『諸法の早分かり』(マニエリスム)【独】
ジャン・バティスト・リュリ,宮廷作曲家に【仏】
輪王寺大猷院[霊廟]【日】
妙心寺[庫裏](京都)【日】
1654 ベラスケス画[マルガリータ王女](ウィーン蔵)【西】
ガブリエル・ル・デュク作[ヴァル・ド・グラース聖堂の祭壇]完成【P】
レンブラント画[浴み]【蘭】

タージ・マハールと修学院離宮

[タージ・マハール]完成【印】
探幽・洞雲画[妙心寺大方丈障壁画]完成【日】
藤原国路作[太刀三口]【日】
1655 ボロミーニ設計[サンタナニェーゼ聖堂のファサード]完成【伊】
フェルメール画[士官と笑っている娘],ロイスダール画[ユダヤ人墓地]【蘭】

フェルメール

1656 ヤン・ファン・ホイエン画[ハーレムの海],フェルメール画[女衒,あるいは愛情の沙汰も金次第]【蘭】
レンブラント画[デイマン教授の解剖講義](財産引渡しを申請,許可される)【蘭】
ベラスケス画[女官たち]【西】
ロラン画[牛飼い]【伊】
京都[修学院離宮]造営【日】
妙心寺[法堂],曼殊院[本堂・書院・庫裏]【日】

仁清

1657 レンブラント[マギの礼拝]【蘭】
西本願寺[黒書院]【日】
野々村仁清作[色絵輪宝羯磨文香炉]【日】
康春作[沢庵宗彭像]【日】
1658 ロイスダール画[ハーレムの眺望]【蘭】
フェルメール画[デルフト風景]【蘭】
ペーター・デ・ホーホ画[デルフトの家の中庭]【蘭】
リュリ曲[アルシディアーヌ]【仏】
王時敏画[雲望烟灘図]【清】
1659 テルボルヒ画[手紙]【蘭】
フェルメール画[フルートを持つ少女]【蘭】
八大山人[写生冊]【清】
呉歴画[岑蔚居産芝図]【清】

住吉如慶 土佐派から住吉派へ

住吉如慶画[菊花写生図巻]【日】
桂離宮[新御殿]着工【日】
日枝神社[社殿]完成【日】
[道元像]隠元賛【日】

読者と観客

コーヒーハウス誕生

1650 イギリス初のコーヒーハウスできる(ユダヤ人ジェイコブ,オックスフォードに開店)【英】
オックスフォードの酒場(エールハウス)350以上【英】
ヘンリー・ヴォーン『火花散る燧石』【英】

キャーティブ・チェレビーの諸書名と諸学の疑問探究

ペレグリーニ

マッテオ・ペレグリーニ『奇才の源泉』(マニエリスムの深化)【伊】
モンゴル年代記『蒙古源流』【蒙】
1651 ポール・スカロン『滑稽物語』【仏】
グラシアン・イ・モラーレス『エル・クリティコン』【西】
F・R・ド・ラ・バレンヌ『フランスの料理人』【仏】
キャーティブ・チェレビー『諸書名と諸学問についての疑問の探究』イスラム百科全書派の包括的書誌【土】

ベルジュラックのSF

1652 ベルジュラック『妖術使への抗論』【仏】
ゲバーラ『王は血よりも重し』『死後に君臨す』【西】
ロドヴィーコ・レポレオ『自由言語による文字芸術百選』【伊】
演劇は室内演出,照明を使用【英】
幕府,若衆歌舞伎を禁止(これより野郎歌舞伎のみ)【日】
大坂道頓堀に大西芝居,角の芝居など【日】
1653 ベルジュラック『アグリッピーヌの死』『偽学者なぶり』【仏】

釣魚大全 アイザック・ウォルトン

アイザック・ウォルトン『釣魚大全』【英】
モデナに宮廷劇場(ヴィガラーニの装置)【伊】
ハーッジー・ハリーファ『書誌総覧』【土】
1654 フリードリッヒ・フォン・ローガウ『警句詩』【独】

テサウロ美学

エマヌエーレ・テサウロ『アリストテレスの望遠鏡』(マニエリスム)【伊】
1655 ベルリンで初めて新聞が発行【独】
オックスフォードにティリヤード・コーヒーハウス(クリストファー・レンら集まる)【英】
1656 ジャン・シャプラン『聖処女』(乙女ジャンヌ・ダルク)【仏】
山岡元隣『他我見之上』(近松の師)【日】

王士禛

1657 ベルジュラック『月世界旅行記』【仏】
フランソワ・ドービニャック『演劇の実際』【仏】
コーヒー店主トーマス・ギャニウェー,紅茶を飲ませる【英】
王士禛『秋柳』(『神韻説』による思索流行)【清】
最初の役者評判記『役者の噂』刊【日】

大日本史の編集

徳川光圀『大日本史』の編纂に着手【日】
1658 パスカル『デトンヴィルへの手紙』【仏】
モリエールの一座,プチ・ブルボン宮の大広間の劇場使用を許可される【仏】
トマス・ブラウン『壺葬論』【英】
ボストン公共図書館開設【米】
マルティノ・マルティーニ『中国歴史』【伊】

東海道名所記 浅井了意情報案内

浅井了意『東海道名所記』【日】
1659 ヘンリー・マディマン『パーリャメンタリーインテリジェンサー』創刊(週刊新聞)【英】
モリエール『才女気取り』【仏】
コッタ書店,チューリンゲンに開店【独】
ケルン・アンデアシュプレー選帝侯図書館設立(のちのプロイセン国立図書館)【独】

王政とは売買という詐欺行為によって人々を統治する。このような政府は追い剥ぎ政府といった方がよい。
ウィンスタンリー『自由の法』

1650

BC 6000以前 / BC 6000 / BC 2200 / BC 1200 / BC 600 / BC 300 / 0 / 300 / 600 / 800 / 1000 / 1200 / 1300 / 1400 / 1500 / 1600 / 1650 / 1700 / 1760 / 1810 / 1840 / 1860 / 1880 / 1890 / 1900 / 1910 / 1920 / 1930 / 1940 / 1950 / 1960 / 1970 / 1980

1660
万治3

生命の追求

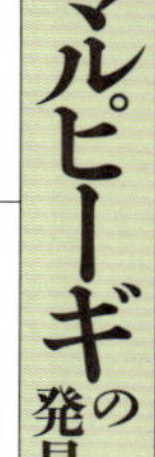

マルピーギの発見

1660 トーマス・シデナム『阿片なくして医を欲せず』(名医としてヨーロッパ中に知られる)【英】
1661 マルチェロ・マルピーギ『肺について』(カエルの肺の毛細血管を記述)【伊】
1662 パスカル結核,没【仏】
ヨハネス・ジョン・ヨンストン『動物語図説』【蘭】
1663 蘭医官ブッシュ来日,楢林鎮山,嵐山甫安に医術を伝える【日】
黒川道祐『本朝医考』(日本医学史の初め)【日】
1664 スワンメルダム,リンパ管の弁を発見【蘭】
トーマス・ウィリス『脳の解剖学』【英】

ミクログラフィア

1665 フック『ミクログラフィア』(コルクの細胞を発見,王立協会実験主任へ)【英】
マルピーギ,腸間膜に血球を発見【伊】
ルイ14世,科学アカデミーに輸血の可能性を諮問【仏】
ローアー,王立協会クリストファー・レンの指示で,輸血の可能性を検討【英】

輸血の実験

1666 ペスト流行【欧】
シデナム『熱病の治療法』【英】
グラーフ,犬の膵管カテーテルに成功【蘭】
1667 レー『一般植物誌』生物分類学の基礎構築【英】
ロンドン人口46万,死者の20%は結核死【英】
ジーン・ドニ,第一回の正式輸血(16歳の少年に成功)【仏】
キング,コクス,静脈から静脈に輸血【英】
リバ,輸血3例を行う【伊】
グラーフ「グラーフ濾胞」を発見,パリに戻り医師開業【蘭】
1668 ジョン・メーヨー,酸素の存在を予見(呼吸と燃焼の実験を行う)【英】
トスカナ大公侍医レディ,被布でウジを防げることから自然発生説否定【伊】
パオロ・マンフレディ,輸血を行う【伊】
フランソワ・モーリソー『妊産婦の疾病』【仏】
1669 ヤン・スワンメルダム『総合昆虫史』昆虫の変態を記載【蘭】
ロウアー,迷走神経による心臓の制御を明らかにする【英】
マルピーギ『カイコの研究』【伊】

王政と絶対主義

イギリス王政復古

1660 チャールズ2世即位,王政復古【英】
クロムウェル2世仏亡命,ミルトン追放【英】
ルイ14世,スペイン王女マリア・テレサと結婚【仏】
反イスパニアのパムパンガ州の大反乱おきる【比】
清の白文選,ビルマを攻略【清】
佐倉城主堀田正信,幕政批判【日】
1661 ルイ14世親政,マザラン没,コルベールが蔵相に【仏】
騎士議会開会【英】
ポルトガルにブラジルを譲渡【蘭】
ポルトガルからボンベイを獲得【英】
アフメット・キョプリュリュ,大宰相に就任(父を継ぎ外交手腕を発揮)【土】
鄭成功,台湾で挙兵【清】
福井藩が初めて,藩札を発行【日】

ルイ十四世の絶対主義

1662 凶作,飢饉,民衆暴動続発【仏】

康熙帝 清朝第4代皇帝

康熙帝即位【清】
永明王の処刑,鄭成功,李定国,魯王没【清】
1663 ライン同盟の更新(フランスはスウェーデンなど反ハプスブルク勢力と提携)
コルベール,財政,商業,植民事業を整備【仏】
茶の輸入,本格化【英】
スペイン,モルッカ諸島を退去【西】
キョプリュリュ,ハンガリーへ進撃,ザンクト・ゴットハルトで,仏墺連合に敗北【土】

コルベールの重商主義

1664 蘭領ニューアムステルダムが英軍に占領,ニューヨークと改称【米】
ノースカロライナで綿花栽培【米】
東インド会社再興,西インド会社設立【仏】
モロッコのシャリーフ,フィラール家が権勢を伸ばす
1665 第2次英蘭戦争起こる(～67)【英蘭】
5マイル法制定【英】

ロンドン大火 ロンドン史を分ける事件に

3日の大火(ロンドン大火)【英】
ポルトガルの植民地化に反抗【コンゴ】
金銀塊の売買を禁止【日】
1666 ルイ14世,イギリスに宣戦【仏】
1667 コルベール,極端な保護関税政策【仏】
サン・ジェルマンの民事王令【仏】
ルイ14世,第1次オランダ侵略戦争【仏】
ロイテル提督,テムズ川を遡航し,チャタム造船所を焼き,ロンドンに迫る【蘭】
ブレダ条約(英,蘭,仏,丁など英蘭戦争終了)
パリに警視総監,初代ラ・レニー【仏】

インド反乱つづく

ユーフスザーイー族の反乱【印】
浦野事件(金沢藩能登島で43カ村が訴え出る,63人処刑)【日】
1668 英,蘭,スウェーデン三国同盟(仏に対抗)
スペイン,ポルトガルの独立承認【西】
英国,ボンベイを東インド会社に貸与【印】
フランス,スペインとアーヘン和約(フランドルの一部の分割領有)【仏】

クリスティーナ女王ローマ滞在

クリスティーナ女王,ローマに定住【典】
1669 メフメット4世,クレタ島を併合【土】
ジャート族の反乱【印】
蝦夷でアイヌのシャクシインの乱【日】

アイヌの反乱

宗教から人間論へ

1660 ジョン・ヘイドン『薔薇十字の島への旅』【英】
曹洞の宗統復古運動,万安英種【日】
バシリウス・ヴァレンティヌス『哲学者のアゾート』
1661 ガリカニズム,再び高揚期【仏】
ルイ14世,イエズス会士コレに箝口令【仏】
ジョン・エリオット,初のインディアン語の新約聖書を出版【米】
自治体法制定(清教徒の公職からの追放)【英】

ダルガーノ 記号術 人工言語論

ジョージ・ダルガーノ『記号術』(人工言語論)【英】
グランヴィル『教養化の虚妄』【英】
スピノザ『エチカ』(75年完成)【蘭】
オランダ人宣教師,追放【台】
身延山,寺社奉行へ不受不施派の摘発要望【日】
鈴木正三『因果物語』【日】

スピノザのエチカ

1662 礼拝統一法の制定(クラレンドン法典)【英】
デカルト『人間論』出版【仏】
スピノザ『知性改善論』『デカルト哲学の諸原理』【蘭】
ヨハン・グラント『死亡表に関する自然的政治的観察』(初の死亡統計)【英】
顧炎武『天下群国利病書』120巻【清】

伊藤仁斎 孔孟尊重の古学派

伊藤仁斎『三書古義』,鈴木正三『破吉利支丹』【日】
1663 スピノザ,政治指導者ヤン・デ・ウィットと親交【蘭】
1664 ルイ14世,ヴェルサイユで聖職者を茶化した,モリエールの『タルチュフ』を上演【仏】
「秘密集会条例」(国教以外の集会禁止)【英】
このころジョン・ロック,医学を研究【英】
清のイエズス会信徒数,25万人こえる【清】
1665 ジョン・バニヤン『聖なる都』【英】

サベタイの預言

サベタイ・ツェヴィ・ガザデ,救世主を宣言(政府に逮捕され,ガリベリの要塞に幽閉)【土】
山鹿素行『聖教要録』【日】

ライプニッツ結合術

1666 ライプニッツ『結合法について』【独】
フリップ・シュペーナー,フランクフルトの首席牧師就任,敬虔会を設立【独】
ジョセフ・グランヴィル『魔女と魔術に関する若干の哲学的考察』【英】
C・ブートルー『フランス貨幣に関する興味深い研究』【仏】
モスクワ総主教ニコン,礼拝改革(失脚)【露】
池田光政,本格的に不受不施派を弾圧【日】
◉ 山崎闇斎,度会延佳に伊勢神道を学ぶ【日】
1667 ミルトン『失楽園』初版【英】
フォックス,オランダへ伝道【英】
キリスト教の布教禁止【清】

顧炎武 歴史批判と音韻論

顧炎武『音楽五書』38巻【清】
1668 ルイ14世とクレメンス9世の交渉により「クレメンスの平和」実現【仏】
グランヴィル『プラス・ウルトラ』(ベーコン主義の擁護)【英】
ウィリアム・ペン『揺れ動く砂上の楼閣』【英】
コメニウス『光の道』【蘭】
ライプニッツ,薔薇十字入会か【独】
ウィルキンズ『実在文学と哲学言語に向けての試論』(人工言語論)【英】
足利学校再建【日】
1669 パスカル『パンセ』【仏】
フォックス,アイルランドへ伝道【英】
テュレンヌ元帥,プロテスタント改宗計画【仏】
ジャック・ボシュエ,コンドンの司教となる【仏】

失楽園とパンセ

ウィルキンズ普遍言語

構造と運動

中国天元術から和算へ。シミュレーション・ゲームの先駆。

1660

古典力学の準備

ボイルの法則

1660 ロバート・ボイル『空気の弾性とその効果に関する自然学的・機械学的新実験』「ボイルの法則」発表【英】
ロバート・フック「弾性法則」を発見(発表は79年),「ひげぜんまい」を発明【英】
ホイヘンス,振子調速航海用時計を製作【蘭】

旅行馬車 西欧に普及
旅行馬車「ベルリーネ」出現(ヨーロッパに普及)【B】
1661 ボイル『懐疑的な化学者』【英】
エヴリン『煙の追放』(ロンドンの大気汚染問題を論じた)【英】

フェルマの原理 光の屈折法則
1662 フェルマ,光の屈折法則【仏】
ティルマン「クリスタル鉛ガラス」を製造【仏】
ネリの『ガラス製造術』の英訳出版【英】

イギリス王立協会
見えない大学に国王参加し,王立協会に【英】
1663 キルヒャー『新普遍記述法』【独】
ケンブリッジ大学,数学ルーカス講座開設【英】
グレゴリ『前進させられた光学』【英】
パスカル『流体の平衡及び大気の重さについての論考』「パスカルの原理」執筆53年ころ【仏】
ニュートン,蒸気圧推進の四輪車を考案【英】
ウスター侯,蒸気機関で特許を得る【英】
エヴリン『樹木誌』(森林資源の荒廃を分析)【英】
ゲーリッケ,摩擦起電器を考案【独】
村松茂清『算俎』(円周率を7桁まで計算)【日】
水戸の笠原街道(暗渠式全長10700m)【日】
1664 ボイル『光に関する実験と考察』【英】
この年,出現した大彗星を,李朝観象監の『天変謄録』が記録【鮮】
1665 グリマルディ,遺書に光の回折現象を記述【伊】
ニュートン,2項定理を発見【英】
ダッドリー『石炭による製鉄』刊行【英】
オルデンブルグ,王立協会機関誌『哲学紀要』を創刊【英】
ミシェル・ボイム『中国博物誌』【独】
コルベール,アカデミー・フランセーズ設立【仏】

フック ニュートン 力学準備

1666 ボイル『形相と質の起源』【英】

流率法 若きニュートン
ニュートン,流率法に関する最初の論文(このころ,衝突,円運動や惑星運動を研究)【英】
ボレッリ『自然学的原因から導かれたメディチ家の諸惑星の理論』【伊】

モーランド 加算機 乗算機
モーランド,加算機・乗算機【仏】
1667 アルノー『ポール・ロワイヤル幾何学』【仏】
ベッヒャー『地下の自然学』燃焼論の先駆【独】

支那図説 キルヒャーのオリエンタリズム
キルヒャー『支那図説』【独】
トマス・スプラット『王立協会史』【英】
李中梓『本草通元』【清】
中村惕斎『訓蒙図彙』21巻(図鑑)【日】
佐藤正興『算法根源記』【日】
1668 チャールズ号進水(造船にまず模型を製作)【英】
1669 ニコラス・ステノ『自然の作用によって固体中に含まれた固体についての論説の予告』【丁】
ニュートン『無限項の方程式による解析』,微積分法と光粒子説,反射望遠鏡を製作【英】
ホイヘンス,衝突理論の論文【蘭】

燐の発見 ヨハンとクンケル
ヨハン,クンケル,独自に燐を発見【独】
ベヒャー,熱素説【独】
ボイルとブラント,燐発見【英】
李敏哲の渾天儀,宋以頴の自鳴鐘【鮮】

バロック時代

ボロミーニの建築

1660 フェラータ画[炎に包まれる聖女アグネス]【伊】
レンブラント画[自画像]【蘭】
◉ ボロミーニ設計[コレジオ・ディ・プロパガンダ・フィーデ]【伊】

ムリーリョ スペイン・バロック絶頂
ムリーリョ,セビリヤ・アカデミー校長【西】
カヴァルリ曲[セルセ(クセルクセス)]【伊】
張風画[観梅図](大華)【清】
徳力善雪画[親鸞聖人伝絵]【日】
1661 ベルニーニ設計[サン・トンマーゾ・ヴィラノーヴァ聖堂]【伊】
ヴェルサイユ宮増改築着手,ルイ・ル・ヴォー設計【仏】
リュリ,王宮音楽監督に任命【仏】
漸江画[山水図巻]【清】
1662 シャンペーニュ画[奉納画]【仏】
ル・ブラン,首席宮廷画家となる【仏】

ル・ヴォー フランス・バロック建築
ル・ヴォー設計[コレージュ・カトル・ナシオン聖堂](パリ)着工【仏】

ゴブラン織 ルイ14世の支配
ゴブラン織物製作所,ルイ14世が接収【仏】
万福寺[法堂]完成【日】
狩野探幽画[雪舟等楊像]【日】
住吉如慶画[年中行事絵巻]【日】
1663 ル・ブラン,絵画彫刻院長,ゴブラン製作所監督【仏】
アンドレ・ル・ノートル設計[ヴェルサイユ大庭園]着手【仏】
石濤画[報恩寺図]【清】
桂離宮[新御殿]完成【日】
円空作[天照皇太神][阿賀田大権現像]【日】

円空

1664 プーサン画[四季][ダフネに恋するアポロン]
仮ヴェルサイユ宮で[魔法の島の楽しみ]上演【仏】
ベローリ『画家,彫刻家,建築家のイデア』【伊】
顧大申画[老松飛瀑図]【清】
范道生作[十八羅漢像](万福寺)【日】
秋田屋九兵衛『糸竹初心集』【日】
1665 ベルニーニ,ルーブル宮殿計画のためパリに招請,[ルイ14世像]【伊】
ボロミーニ設計[フラッテ聖堂]【R】
フェルメール画[読書]【蘭】
シュッツ曲[ヨハネ受難曲]【独】
クリストファー・キュヒラー,楽譜植字を改良,大判合唱集を印刷【独】
狩野探幽画[土農工商図屏風]【日】
1666 ベルニーニ設計[スカラ・レジーア][サン・ピエトロ大聖堂主祭壇]完成【伊】
ヤン・ステーン画[愉しい仲間]【蘭】
フェルメール画[手紙]【蘭】
シュッツ曲[マタイ受難曲]【独】
クリストファー・キュヒラー,コラール集『グレゴリアーヌス・モグンティーヌス賛歌』【独】

薩摩浄雲 浄瑠璃に人気集中
74歳の薩摩浄雲の浄瑠璃に人気【日】
大樋長左衛門,大樋焼を開始(加賀)【日】
1667 ボロミーニ設計[ファンターネ聖堂のファサード]完成,この年自殺【伊】
ライナルディ設計[カンピテルリ聖堂]【伊】
レオポルト帝婚礼のためのオペラ[黄金のリンゴ](機械装飾のスペクタクル)【R】

黄金のリンゴ(オペラ) 総合装置芸術誕生

1668 泉涌寺[仏殿]完成【日】
万福寺[大雄宝殿]ほか完成【日】
1669 パリ音楽アカデミー創設【仏】
東大寺[二月堂]【日】

一節切 村田宗清の考案
村田宗清『洞簫曲』(一節切)【日】

メディアと観客

女優出現 少年の女形の後退
1660 少年俳優の女形に代り初めて女優登場【英】
サミュエル・ピープスの日記(～69)【英】
ドライデン『星女再臨』【米】
ティモーテウス・リッチ,最初の日刊紙「合戦および世界事情新着消息」【独】
ローマ初の大衆劇場トル・ディ・ノーナ【伊】
モリエール一座,王宮内の劇場に移転【仏】

ポール・ロワイヤル文法
ランスロ他『ポール・ロワイヤル文法』【仏】
森田太兵衛,森田座を創設【日】
金平浄瑠璃が全盛【日】
北村季吟『続犬筑波集』【日】
浅井了意『浮世物語』【日】
林春斎,『本朝通鑑』300巻編纂はじめる【日】
1661 フランス文学の古典主義時代はじまる【仏】
ブランデンブルク州立図書館創設(印刷本2万冊,写本1600冊)【独】
下河辺長流『万葉集管見』【日】
1662 ジョン・ヘイドン『神聖なる案内人』【英】
ベルジュラック『太陽世界旅行記』【仏】
ニコル他『ポール・ロワイヤル論理学』【仏】
1663 ロジャー・レストレンジ,週刊新聞『インテリジェンサー』紙,『ニューズ』紙発刊【英】
ドルーリー・レーン劇場開場(作家トマス・キリグルー,工費2万4千ポンド)【英】
サミュエル・バトラー『ヒューディブラス』【英】
ラ・フォンテーヌ,アカデミーにはいり,ラシーヌ,モリエールと親しくなる【仏】

回り舞台 フルテンバッハ
建築家フルテンバッハ,回り舞台を設計【独】
王士禎『論詩絶句』【清】
1664 モリエール『タルチュフ』上演【仏】
続狂言が江戸,大坂ではじまる【日】
1665 マディマン「オックスフォード・ガゼット」紙発刊(一般ニュースもとりあげる)【英】
「ジュルナール・デ・サヴァン」誌創刊(最初の月刊学術誌)【仏】
モリエール『ドン・ジュアン』【仏】

ラ・ロシュフーコー
ラ・ロシュフーコー『箴言』【仏】
キルヒャー『地下の世界』【瑞】
ガスパール・ショット『暗号学講義』【独】

モリエールとラシーヌ

1666 モリエール『人間嫌い』【仏】
ニコラ・ボワロー『風刺詩集』【仏】
パウル・ゲルハルト『讃美歌集』【独】
生白堂行風『古今夷曲集』【日】
浅井了意『御伽婢子』(牡丹灯篭など)【日】
江戸,市村座はじまる【日】

アンドロマック 神聖悲劇
1667 ラシーヌ『アンドロマック』(神聖悲劇)【仏】
ジョン・ドライデン『驚異の年』【英】
ライプニッツ,マインツの司書になる【独】
ウィーンに5千人規模の木造劇場【墺】
保科正之『会津風土記』【日】

ラ・フォンテーヌ 寓話詩の発展
1668 ラ・フォンテーヌ『寓話詩』【仏】
ラシーヌ『訴訟狂』,モリエール『守銭奴』【仏】
ドライデン『戯曲詩論』【英】
イェオリ・シェルンイェルム『スウェーデンの詩神』【典】
ハーメル『朝鮮幽囚記』(朝鮮をはじめて西洋に紹介)【蘭】
銅鉄金属活字を大量鋳造(実録字)【鮮】
1669 グリンメルスハウゼン『阿呆物語』【独】
オックスフォード大学,出版局設立【英】
アラビア語,トルコ語の専門教育開始【仏】
アグスティン・モレート『軽蔑対軽蔑』【西】

感覚について近い将来おこることは、道具によって、いわば天然の器官に人工の器官が加わることで感覚の不充分さが補われるということである。
ロバート・フック『ミクログラフィア』

ライプニッツとクレマン。
二人によって情報分類が先駆されていく。

フックとニュートンの論争が
いまなお続く自然科学の陥穽をつくる。

構造と運動

1670
寛文10

王政と絶対主義

1670 ルイ14世とチャールズ2世のドーバーの密約(年金と引きかえに軍事援助を保証)【英】
サウスカロライナ,チャールストンを建設【米】

ステンカ・ラージンの反乱 ドン・コサックによる農民戦争

ドン・コサック,ステンカ・ラージンの反乱【露】
英国,ハドソン湾会社設立【米】
1671 フランス,オーストリアと中立条約締結【仏墺】
オランダ,スペインと攻守同盟締結【蘭西】
ムガール帝国オーランゼーブ帝にブンデラー族が反乱【印】
伊達騒動(原田甲斐斬死,伊達宗勝 配流)【日】
河村瑞賢,江戸・陸奥間の外洋航路開く【日】

インドの変貌

1672 第3次英蘭戦争(英,スウェーデンと同盟,対蘭攻撃を開始)【英蘭】
ロイヤル・アフリカ会社創立【英】
ルイ14世,ヴェルサイユに移る【仏】
フランス,オランダに宣戦【仏】
サトナーミー派アフリーディー族反乱【印】
樽廻船はじまる【日】
1673 ロイテル提督の蘭海軍,テクセルの海戦で英・仏軍を破る【蘭】
オーストリア・スペインのハプスブルク,オランダと軍事条約【蘭】

呉三桂の乱

三藩の乱(雲南で呉三桂挙兵)【清】
京都の大火(御所炎上)【日】
イギリス船リターン号長崎に来航し,通商再開要請,幕府拒否【日】

清の拡大

1674 ウエストミンスター条約(蘭,英と講和,ニューヨークを返還)【蘭】
インドの植民化進む,ポンディシェリー占領,西インド会社,経営不振で解散【仏】
マラータ王国成立,シヴァージー,チャトラパティと称する【印】
マドゥラ島で蜂起,オランダ人を追放【インドネシア】
鄭・阮氏の第一期戦役終了【越】
耿精忠,王輔臣,反乱をおこす【清】
1675 英領ニューイングランドでフィリップ王戦争,インディアン蜂起する【米】
スウェーデンはブランデンブルク,デンマーク,オランダと戦う(〜79年)【典】

オランダ戦争 フランスの勝利

1676 フランス軍,地中海でオランダ・スペイン海軍を破る【仏】
マドリッドで革命(ドン・ファン政権)【西】
耿精忠,王輔臣,清に降伏【清】
ガルダンが,全オイラートの指導者となる【蒙】
1677 ヨーク公の娘メアリとオランダ・オラニェ公ウィリアム3世の結婚【英】
ロシア,トルコと戦う【露】
莫氏,滅亡する【越】
トゥルノジョヨ,ジャワ島のマタラム王国を攻撃,オランダと対戦

1678 ナイメーヘンの講和,オランダ戦争終了(対オランダ,スペイン,オーストリア)【英】
ラ・サール,カナダ西部の探検に向かう【仏】

英主ガルダン ジュンガル第4代王

ガルダン,東トルキスタンを征服【蒙】
1679 人身保護律の制定【英】

トーリー党とホイッグ党

宮廷党(トーリー),地方党(ホイッグ)結党(王弟ジェームス2世王位継承で対立)【英】
仏,アルザスなどを再統合【仏】
スウェーデン,ブランデンブルクと講和【典】
オーランゼーブ,ジズヤ徴税を復活【印】
越後高田の騒擾(越後騒動)【日】
白井権八処刑【日】

宗教から人間論へ

フォックスの伝道

1670 スピノザ『神学政治論』【蘭】
朴世堂『穡経』,顧炎武『日知録』【清】
1671 ミルトン『復楽園』【英】
フォックス,クェーカー派組織を確立,西インド諸島へ伝道【英】
ウィリアム・ペン『良心の自由の大義』など【英】
プーラン・ド・ラ・バール『女性の教育』(デカルト哲学による女性論)【仏】
浄土宗檀林会議,17カ条発布【日】

山崎闇斎の垂加神道

山崎闇斎,吉川惟足より吉田神道を伝授(後に垂加神道を樹立)【日】

ド・ラ・パールのフェミニズム

1672 チャールズ2世,信仰自由宣言(反国教派のカトリックを復興)【英】
フォックス,北アメリカへ伝道【英】

至道無難 江戸の臨済禅

至道無難,江戸渋谷に至道庵【日】
徳川光圀,彰考館を開設【日】
1673 「審査令」(公職から非国教徒を追放)【英】
ポルトガル宣教師,デ・ブリットー,インドに着任(93年殉教)【葡】

顔元 認識と存在の研究 中国のコメニウス

このころ顔元『存性篇』『存学篇』完成【清】
無為・白蓮・焚香・混元・龍元・弘陽・円通・大乗などの諸教を厳禁【清】

マールブランシュ

1674 ニコラス・マールブランシュ『真理の探求』【仏】
クリスティーナ女王,ローマにアカデミー開設【典】
秘密結社「洪門」結成【清】
1675 モリノス『霊的指針』瞑想奨励【西】

シュペーナーの敬虔主義

ヤコブ・シュペーナー『敬虔な願い』(敬虔主義運動の祖)【独】
サヴァリー『完全なる商人』【仏】
スピノザ『エチカ』ほぼ完成,『国家論』執筆【蘭】
シーク教第10祖,ゴーヴィンド・シンク活躍【印】

中国のルソー 黄宗義

1676 ライプニッツ,スピノザを訪問【蘭】
黄宗羲『明儒学案』62巻成立【清】
1677 「改宗金庫」を設置,フォンタニエ(貧窮者の改宗に効果)【仏】
ジョン・ウェブスター『妖術の展示』【英】

明夷待訪録

このころ黄宗羲『明夷待訪録』を執筆(人民中心の国家論)【清】
京城内での寺廟庵院の聚衆説教を禁止【清】
山鹿素行『原源発微』など【日】

天路歴程 ジョン・バニヤンの獄中著作

1678 ジョン・バニヤン『天路歴程』第1部【英】
ライプニッツ『観念とは何か』【独】
カドワース『宇宙の真なる英知的体系』【英】
ロバート・バークレイ起草「クェーカーと呼ばれる人々によって告白されたキリスト教の主要原則」【英】
ダライラマ5世,エンサ活仏,ガルダンにテンジンボショクト汗の称号を与える【チベット】
康熙帝,博学鴻詞科を設けて学者を採用【清】
1679 フランスのユグノー弾圧強化【仏】
ポール・ロワイヤルの庇護者ロングヴィル公夫人没,神父,修道女放逐【仏】
アルノーとニコル,ブリュッセルへ亡命【仏】
熊沢蕃山『集義外書』【日】
潮音『旧事本紀大成経』【日】

1670

古典力学の形成

1670 ジャック・ロオー『物理学論説』【仏】
ライプニッツ,加減乗除計算機を製作【独】
鋼鉄のバネを馬車に初応用【英】
フランチェスコ・ラナ『プロドローモ』(飛行原理について)【伊】
渋川春海,渾天儀を製作【日】
末次平蔵 蘭船を模造,徳川頼宣に渾天儀献上【日】

ライプニッツの計算機

ニュートン光学

1672 ニュートン「光の色についての新理論」(フックと光学論争おこす)【英】
マルピーギ『卵の孵化の観察』【伊】
カッシーニ,太陽までの距離を計算【仏】
リシェ,地球重力の分布論【仏】
パリ天文台の設立【仏】
グラーフ,卵巣濾胞を卵子と誤認発表【蘭】
医学者グルー,植物研究から「細胞」を命名【英】
キルヒャー,病原体らしいものを発見【独】
ローンホイゼ没(帝王切開術の完成者)【蘭】
1673 ホイヘンス【白】とパパン【仏】火薬機関を考案
レーヴィンスクロフト,ガラス工場を建設【英】

レーウェンフックの赤血球

レーウェンフック,顕微鏡で赤血球を発見【蘭】
モーランド,乗除計算機を発明【英】

1674 メーヨー『硝気と硝気精』【英】
マリオット,樹液の圧力の実験【仏】
フック「地球の年周運動を証明する試み」【英】
エヴリン『航海と商業』【英】
関孝和『発微算法』【日】

和算

微積分記号

1675 ライプニッツ,微積分記号を使用【独】
レーマー,光の速さの有限性を結論【独】
ニュートン環に関する実験の報告【英】
レムリ『化学教程』(酸の反応を記述)【仏】
マルピーギ『植物解剖学』(導管等の記述)【伊】
グリニッジ天文台設立【英】
カッシーニ,土星の環の空隙を発見【仏】
スワンメルダム『カゲロウの生活史』【蘭】
ベーメンに「クリスタル・ガラス」出現【独】

スワンメルダム カゲロウの生活史

1676 シデナム『医学の観察』伝染病の大気汚染説を主張【英】
リチャード・ワイズマン『二,三の外科学的論文』【英】

精子の発見

1677 レーウェンフックとライデン大学生ハム,精子を発見【蘭】

春海の天文学

渋川春海『天文分野之図』【日】

ホイヘンス光の波動説

1678 ホイヘンス,光の波動説,ホイヘンスの原理を発表【蘭】
ド・ジャネスト,水車利用の力織機を考案【仏】
1679 エドム・マリオット『空気の性質についての論述』『植物の生長について』【仏】
ギョーム・マックスウェル『磁気医学』【フランクフルト】
マリーア・ジビラ『蝶類図鑑』刊行(初の女性自然研究者)【独】
モーランド,パッキングを用いたポンプを製作(特許は75年)【英】

フック=ニュートン論争

◉ フック=ニュートンの力学論争【英】

バロックと風俗画

1670 ロイスダール画[風車のある風景]【蘭】
ル・ブラン設計[モンモランシー城装飾]【仏】
リュリ曲,モリエール作[町人貴族]【仏】
シャンボニエール曲[ハープシコード集]【仏】
王翬画[渓山紅樹図]【清】
[片岡家住宅主屋居室部](奈良)【日】
1671 クリストファー・レン設計[デュークスハウス]【英】
ベルニーニ作[アレクサンデル7世の墓]【伊】

ビネダとル・ブラン

ビネダ設計[聖フェルナンドの記念祭壇]【西】
カンベール曲ペラン詞[ポモーヌ]上演(フランス・オペラ誕生)【仏】
王立建築アカデミー,設立される【仏】
惲寿平画[花鳥夕陽図巻]【清】
[慈光院茶室](奈良)できる【日】
1672 ル・ブラン設計,セギエ葬礼飾[悲しみの城]【仏】
ムリーリョ画[聖女エリザベート]【西】
リュリ曲オペラ[カドモスとヘルミオネ]【仏】
ベローリ「芸術家の生涯」【伊】
王翬[断崖雲気図],王時敏[浮嵐暖翠図]【清】
菱川師宣画[北楼及演劇図巻]『武家百人一首』『八種画譜』【日】
徳力善雪画[東寺大師堂内陣障壁画]【日】
◉ 小唄が流行(隆達,弄斎,土手節,加賀節など)【日】
1673 王立絵画アカデミー第1回展【仏】
増上寺[鐘],岩国[錦帯橋]完成【日】

菱川師宣

1674 ベロー設計[ルーブル宮東正面]【仏】
ベルニーニ設計,ア・リーパ聖堂[至福者ロドヴィーカ・アルベルトーニの墓]完成【伊】
カルロ・マラッタ画[聖フランシスコ・ザヴィエルの死]【伊】
ゲオルク・エーベリンク,ドイツ語最古の音楽史完成【独】
査士標画[小景十帳冊]【清】
法橋康祐作[釈迦三尊像](福厳寺)【日】
[早鐘眼鏡橋]できる(博多)【日】
1675 ル・ブラン,サン・ルカ・アカデミー会長に【仏】
ジラルドン作[リシュリューの墓]【仏】

ザンドラールト 初のドイツ美術史

ヨアヒム・ザンドラールト『ドイツアカデミー』(最初のドイツ美術史書),ニュルンベルク【独】

1676 コワズヴォー作[シャルル・ル・ブラン像]【仏】
法若真画[山水画]【清】
井上真改作[刀]【日】
1677 クリストファー・レン設計[セント・メアリー・レ・ボウ聖堂]完成【英】
ピーテル・デ・ホーホ画[中庭の音楽会]【蘭】
ヘンリー・パーセル,王室弦楽団常任作曲家に就任(18歳)【英】
菱川師宣画『江戸雀』12巻【日】

雁金屋の着物

東福門院和子,雁金屋(光琳の生家)に340点の衣装を注文(和装意匠高度化のきっかけ)【日】

クリストファー・レン

1678 ホーホストラーテン「絵画芸術,すなわち視覚世界の大学入門」【蘭】

大仏師康祐

大仏師康祐[石清水護国寺仏像]新造【日】
住吉具慶画[徒然草画帖]【日】
1679 パーセル,ウエストミンスター・アベーのオルガニストに就任【英】

芥子園画伝 水墨画のテキストに

笪重光画『傳琴談道図』『芥子園画伝』【清】
徳力善雪画[親鸞聖人伝絵巻]【日】
津田助広作[刀](初代国助門,大坂)【日】

メディアと観客

1670 モリエール『町人貴族』【仏】
ラシーヌ『ベニレス』【仏】
ジャック・ベーニュ・ボシュエ『追悼演説』【仏】
医・地理・史学者ダッパー『遣清使節紀』【蘭】
グリンメルスハウゼン『肝っ玉ジプシー』【独】
ペッテル・ダス『ノルウェー渓谷の歌』【諾】
林春斎『続本朝通鑑』【日】
下河辺長流編『林葉累塵集』【日】
1671 ミルトン『闘士サムソン』【英】
道頓堀に中座できる【日】
石川丈山『覆醤集』【日】
1672 ヴェルサイユ宮,中庭に仮設劇場,ヴィガラーニ設計(ルイ14世のために演劇上演)【仏】
モリエール『女学者』,ラシーヌ『ハジャゼ』【仏】
W・ウィッチャリー『田舎女房』上演【英】
エリアス・アシュモール『ガーター勲章史』【英】
ゲオルク・ホフマン,ゲオルク・ヴォルファー共著『判型ハンドブック』グラーツで出版【独】
松尾芭蕉『貝おほひ』【日】
生白堂行風編『後撰夷曲集』【日】
1673 ラシーヌ『ミトリダード』【仏】
墨浪子『西湖佳話』【清】
江戸に出版取締令布告【日】

季吟と宗因

北村季吟『源氏物語湖月抄』【日】
市川団十郎,江戸中村座で初舞台を踏む【日】
歌舞伎女形,上村吉弥の吉弥結び(帯)流行【日】
呉服店「越後屋」(のちの三越)開店【日】

団十郎登場

1674 ラシーヌ『イフィジェニー』【仏】
ルイ・モレリ『歴史大事典』(初のアルファベット順の百科事典)【仏】
ニコラ・ボワロー『詩法』【仏】
トーマス・キンゴ『心霊歌』【丁】
アンソニー・ウッド,ラテン語による『オックスフォード大学史』【英】
北村季吟『枕草子春曙抄』【日】
1675 「コーヒーハウス点描」【英】

ニコラ・クレマンの情報分類論 23部門の図書分類

ニコラ・クレマン,パリ王室図書館の蔵書を23部門に情報分類【仏】
キルヒャー『ノアの方舟』【独】
遊子六『天経或問』【清】
西山宗因他『談林十百韻』【日】
1676 ガブリエル・ド・フォアニー『南の未知の国』(SFユートピア)【仏】
エラムスルター新字体「ルター=フラクトゥーア」体【独】
ライプニッツ,ハノーヴァーの宮廷図書館長に就任【独】
『淋敷座之慰』(元禄前期の流行歌謡集)【日】

藤十郎の和事

坂田藤十郎,立役として京の都万太夫座の四天王の一人となる【日】
1677 ラシーヌ『フェードル』【仏】
井原西鶴『大句数』『たきつけ』【日】

ラ・ファイエット夫人

1678 ラ・ファイエット夫人『クレーヴの奥方』【仏】
ドライデン『すべては愛のために』上演【英】
ヨハネス・フォン・ゲーレン,ウィーンに印刷所を設立【墺】
藤本箕山『色道大鏡』【日】
井原西鶴『物種集』【日】
藤十郎,[夕霧名残の正月]伊左衛門役当たる【日】
1679 オラウス・ルドベック『アトランティカ』発刊【典】
ホーフマンスヴァルダウ『ヘルデンブリーフェ』【独】

ゲーレンの出版印刷

BC 6000以前 / BC 6000 / BC 2200 / BC 1200 / BC 600 / BC 300 / 0 / 300 / 600 / 800 / 1000 / 1200 / 1300 / 1400 / 1500 / 1600 / 1650 / 1700 / 1760 / 1810 / 1840 / 1860 / 1880 / 1890 / 1900 / 1910 / 1920 / 1930 / 1940 / 1950 / 1960 / 1970 / 1980

機械模型は機械を、遠近的平面図形は立体を、言表は思惟や真理を、記号は数を、代数方程式は幾何学図形を表出する。
ライプニッツ『観念とは何か』

ナント勅令廃止による
ユグノーたちの亡命は、やがて
オランダとドイツに啓蒙主義を準備する。

名誉革命が出版許可制をこわし、
新聞ジャーナリズムを
準備する。

1680
延宝8

構造と運動

絶対主義と経済政策

1680 議会下院で王位継承排除法案が可決,上院は否決【英】

ラージプート戦争

オーランゼーブにラージプートが反乱,王子アクバルの反乱【印】
徳川綱吉,5代将軍に【日】
内藤忠勝,永井尚長を増上寺で刺殺【日】
スウェーデン王カール11世の専制政治はじまる【典】

1681 バフチェ・サライ条約(トルコと講和)【露】

雲南収拾 三藩の乱平定へ

清軍,雲南を包囲、三藩の乱を平定【清】

1682

ピョートル大帝へ 独裁

1682 ピョートル1世即位【露】
ラ・サール,ミシシッピ河口に到達,ルイジアナと名付ける【仏】
オーストリア,トルコと開戦【墺】
バンタムでスルタン位継承戦争(バンタムのイギリス東インド会社商館閉鎖)【ジャワ】
耿精忠殺される,反乱分子を粛清【清】

1683 対仏連合の結成(オーストリア,スペイン,オランダ,スウェーデン)
トルコ軍がウィーン包囲,ポーランド軍の援助で撃退【墺】
モルッカ諸島戦争終了【インドネシア】
サブス,黒龍江将軍になる【清】

1684

三井高利 駿河町呉服屋

三井高利,呉服店を駿河町に移転,両替商を開業,躍進する【日】

1684 対トルコ神聖同盟結成(オーストリア、ヴェネチア、ポーランド)
レーゲンスブルクの休戦で,フランドル戦争終結(反フランス連合各国と講和)【仏】
バンタムの藩王,オランダに貿易独占権を認可【ジャワ】

1685 ジェームズ2世即位【英】
長老派,スコットランドで蜂起【英】

1686

アウグスブルク連合

1686 アウグスブルク連合成立(仏に対抗のオランダ王,神聖ローマ皇帝,スペイン王,ドイツ諸侯)
カルカッタ建設,ムガール朝と抗戦【英】
アウラングゼーブ,ビジャープル王国征圧【印】

1687 ハンガリー王位の世襲制確立【墺】
アウラングゼーブ,ゴルコンダ王国の征圧【印】

生類憐みの令

生類憐みの令発布【日】

名誉革命

1688 名誉革命(オレンジ公ウィリアム,イングランド上陸,ジェイムズ2世フランスへ亡命)【英】
コーヒー店主ロイド,のちにロイド保険をはじめる【英】

1688

アウグスブルク連合と戦う(ファルツ継承戦争,ルーヴォワは民兵制を採用)【仏】
ジュンガルのガルダン、外モンゴルを征圧【蒙】
大坂堂島穀物売買所設立【日】
柳沢吉保,将軍綱吉の側用人に登用【日】

1689 権利の宣言,下院議決【英】
ウィリアム3世とメアリの戴冠式【英】
ジェームス2世,アイルランドに上陸(英仏戦争へ)【英】
北米でウィリアム王戦争【英】
ピョートル大帝,反乱を征圧,独裁開始【露】

ネルチンスク条約

ネルチンスク修好条約(黒龍江が清露国境に)

宗教から人間論へ

父権論 ロバート・フィルマー

1680 ロバート・フィルマー遺作『父権論』【英】
チャールズ2世,ウィリアム・ペンに北アメリカの土地を与える【英】
ボシュエ『世界史叙説』【仏】
マールブランシュ『自然と恩寵』【仏】
トマス・バーネット『地球の聖なる理論』【英】

鉄眼の一切経

1681 鉄眼道光,『黄檗版大蔵経』を完成(6万枚,開版印刷)【日】
江戸に護国寺建立【日】

王夫之 中国初の批判的歴史論

このころ王夫之,『読通鑑論』『宋論』『永暦実録』などで批判的歴史論を展開【清】

1682 ボシュエ「フランス聖職者宣言」(聖職者会議で承認,ガリカニズムの基礎確立)【仏】

ウィリアム・ペン ペンシルベニア建設

ペン,クェーカー教徒とペンシルベニアを建設【米】
顧炎武『天下郡国利病書』【清】
吉川惟足,幕府の神道方となる【日】
木下順庵,幕府儒者となる【日】
千保,天和の飢饉に難民1万人に粥をほどこす(隠元門下)【日】

ナント勅令廃止 ユグノー亡命

1683 ヴィヴァレとドーフィネ,ユグノー暴動【仏】
マールブランシュ『キリスト教的会話』【仏】
ドイツ人、メンノー教徒,フィラデルフィアにジャーマンタウン建設【米】
ヨハネス・シルター『ドイツ教会の自由について』【独】

1684 バニヤン『天路歴程』完成【英】
マールブランシュ『道徳論』【仏】
『チベット大蔵経』の刊行開始【清】

1685 新教派,ルイ14世への服従を確約して,弾圧の中止を請願【仏】
フォンテーヌブローの勅令(ナント勅令廃止)【仏】
ナント勅令廃止によりユグノー熟練工など50万人がフランス国外へ放逐される【仏】
ヘルマン・フランケ,ライプツィヒ大学で「聖書受好集会」(シュペーナーの影響)【独】

ライプニッツ形而上学

1687 ライプニッツ『形而上学叙説』【独】
ローマ教皇「聖職者宣言」を非難,フランス大使館地区の治外法権を廃止【伊】
ウィリアム・ペティ没,『政治算術』(~90)数量経済学の祖【英】

フェヌロンの女子教育論 デカルト批判と良妻賢母論

フェヌロン『女子教育論』【仏】
フォンタネ,ブーヴェら,仏宣教師が来朝【日】
熊沢蕃山『大学或問』が禁固刑【日】

1688 マールブランシュ『形而上学と仏教についての対話』【仏】

ロック宗教論

ロック『宗教的寛容に関する書簡』【英】
信教自由令(非国教徒に信教の自由)【英】
大通融観,融通念仏宗を再興,安養庵了智『緇白 往生伝』【日】

1689 ペン,チャーター・スクールを建設【米】
リチャード・モートン『慢性衰弱症について』【英】
ロバート・フック,精神疾患にインド大麻使用を示唆【英】
コトン・メザー『魔術と憑依に関する忘れられない摂理』【米】
祇園南海,木下順庵の門に入る【日】
鉄牛,道光,下総の椿沼を開拓,8万石の新田を開く(隠元門下)【日】

1680

古典力学の形成

1680 彗星出現(ニュートン,ハリーらが着目)【英】
ロバート・ボイル,最初の王立協会会長【英】
ボレッリ『動物の運動について』(人体の働きを機械的に説明)【伊】
ドニ・パパン,圧力釜を発明【仏】
ニューキャッスル付近に木製レールを使用した軌道車が設けられる【英】
関孝和『授時発明』,渋川春海『日本長暦』【日】

グルーの比較解剖学

1681 グルー『胃腸の比較解剖学』【英】
マリーア・ジビラ『新花譜』3部【独】
ボナンニ『貝類史』【仏】
水野元勝『花壇綱目』(園芸書のはじめ)【日】
杉山和一「管針」を創案(杉山流針術)【日】

ハレー彗星 エドモンド・ハリー

1682 ハレー彗星接近,エドモンド・ハリー「彗星の周期性」の研究によりのちに命名【英】
レイ『新植物体系』単子葉,双子葉の分類【英】
グルー『植物の解剖』【英】
岩崎佐久治『田法記』【日】
クライエル来日(日本植物をヨーロッパ紹介)

バクテリア発見

1683 レーウェンフック,顕微鏡でバクテリアを発見,構造を図示する【蘭】
テン・レーネ『日本の灸術』【蘭】
ベルリニ,味蕾を発見,検尿法を創始【伊】
モクソン『実用機械』【英】
関孝和『三部抄』『七部書』(～85)【日】

フックの電信機予見

1684 ライプニッツ,微分算を発表【独】
ニュートン『物体の運動について』を執筆【英】
フック,王立協会の論文中,電信機を予見【英】
渋川春海,貞享暦完成,改暦【日】
中村宗興『紅毛秘伝外科療治集』【日】
黒川道祐『雍州府志』【日】
足尾銅山,年産1500トン【日】
河村瑞賢,畿内の治水工事,新安治川開く【日】

関孝和と建部賢弘

1685 建部賢弘『発微算法演段諺解』関孝和の演段術をひろく知らせる【日】

1686 ハリー,貿易風及び季節風の原因を論じる【英】
ライプニッツ,『深奥な数学―不可分量あるいは無限小量の解析について』【独】

フォントネルの科学啓蒙主義

フォントネル『複数世界についての対話』【仏】
奥医瀬尾昌琢,参府オランダ人に医を聞く【日】

ニュートンのプリンキピア

1687 ニュートン『プリンキピア』(自然哲学の数学的原理)万有引力の法則,力学理論大成【英】
バーリングトン『新力学の企て』【英】
パパン,一種の蒸気機関を設計【仏】
薬剤師チェストニ,疥癬の寄生虫性証明【伊】
ライプニッツ,ローゼンロートを訪問【独】

1688 バッケル,船の深ドックを設計【英】
陳扶揺『花鏡』(植物書)【清】
1689 フランス海軍造船所建設【仏】
ジャン・クランセ『日本西教史』針灸記載【仏】
ニュートン,下院議員となる【英】

江戸天文台

渋川春海,江戸に天文台を設置【日】
井口常範『天文図解』【日】

バロックと風俗画

1680 ヴァリーノ・ヴァリーニ設計[パラッツォ・カリニアーノ]【伊】
パーセル曲[テオドシウス]劇音楽【英】
狩野安信『画道要訣』【日】
1681 レン,王立協会会長(第3代)【英】
コレッリ曲[トリオ・ソナータ集第1巻]【伊】

パーセルと中期バロック音楽

リュリ コメディー・バレー トラジディ・リリック

リュリ曲[愛の勝利]【伊】
狩野外記画[鹿苑寺方丈障壁画],杉村治兵衛画『百人一首季吟抄』刊【日】
『それぞれ草』に「浮世絵」初見【日】

1682 ルカ・ジョルダーノ画[プルートとプロセルピーナ]【伊】

ムッファト オーストリア・バロック

ゲオルグ・ムッファト曲[音楽の捧げ物]【墺】
◉ パーセル,国教会音楽を多く作曲【英】
土佐光起画[武田信玄像]【日】
1683 ピュジェ作[クロトンのミロン]【仏】
パーセル曲[通奏低音つき弦楽曲]【英】
リュリ曲[ファエトン](オペラ)ヴェルサイユ宮で上演【仏】
王槩画[仿巨然聴泉図],王翬画[江山無尽図巻]【清】
石涛画[鬼子母天図巻]【清】
丹波焼[壺]【日】
菱川師宣画『美人絵づくし』『岩木絵づくし』『月次の遊』『百人一首像讃抄』【日】

1684 クリストファー・レン設計[セント・ジェイムズ聖堂]完成(80年着工)【英】
ピュジェ作[ペルセウスとアンドロメダ]【仏】
菱川師宣画『団扇絵づくし』刊【日】
杉村治兵衛画『大和風流絵鑑』刊【日】
大村加卜『剣刀秘伝』【日】
◉ 八橋検校[六段]箏曲【日】
1685 ウィリアム・テンプル編集『エピクロスの庭園』【英】
リュリ曲[太陽の殿堂]初演【仏】
スカルラッティ,ナポリに定着【伊】
プレイフォード『ヴァイオリン奏法』刊【伊】
東大寺大仏修理はじまる【日】
三味線の入門書『大幣』刊【日】

義太夫節 竹本義太夫

竹本義太夫,大坂に竹本座【日】

吉田半兵衛 訓蒙図彙

1686 グァリーニ『建築学』【伊】
康熙帝筆[楷書四大字軸]【清】
吉田半兵衛画『好色訓蒙図彙』【日】
1687 クリストファー・レン設計[セント・スティーヴン聖堂]完成(72着工)【英】
グァリーニ設計[サン・ロレンツォ聖堂]【伊】

シュリューター 大選帝侯騎馬像

アンドレアス・シュリューター作[大選帝侯騎馬像]【波】
[旧北村家住宅]【日】
山本素軒画[琴棋書画図屏風]【日】
吉田半兵衛画『女用訓蒙図彙』【日】

1688 コワズヴォー作[コンデ公像]【仏】

マンサールとヴェルサイユ宮殿

ジュール・マンサール設計ヴェルサイユ宮殿[ルイ14世の間]ほぼ現形完成(78～)【仏】
雛形本『友禅ひいながた』(宮崎友禅,友禅染技法を工夫)【日】

友禅

1689 クリストファー・レン設計[チェルシー・ホスピタル][ハンプトン・コート宮殿]完成【英】
ホッベマ画[ミッデルハルニスの並木路]【蘭】
クーナウ曲[クラヴィーア・ソナータ集]【独】
古満休伯・幸阿弥長救画[日光東照宮蒔絵]【日】

メディアと観客

1680 コメディー・フランセーズ劇場設立【仏】
ダニエル・エルゼヴィール没,ヴァイトマン書店を,ライプツィヒとベルリンに設立【独】
バニヤン『悪太郎の一生』【英】

聊斎志異 蒲松齢のゴシックロマン

蒲松齢『聊斎志異』【清】
顧祖禹『讀史方輿紀要』【清】
井原西鶴『大矢数』【日】
1681 ドライデン『アブサロムとアキトフェル』【英】
ジャン・マビヨン『古文書学について』【仏】
ジャック・ベニーニュ・ボシュエ『世界史叙説』【仏】
フォントネル,喜劇『彗星』【仏】
顧炎武『日知録』【清】
契沖編『契沖延宝集』【日】
中村善五郎,子供芝居旗揚げ【日】

1682 バニヤン『聖なる戦い』【英】
オットー・メンケ,ドイツ初の学術誌「アクタ・エルディトールム」創刊(ライプツィヒ)【独】
ピエール・ベール『彗星雑考』【仏】
張潮『虞初新志』【清】

好色一代男

井原西鶴『好色一代男』【日】
灰屋紹益『にぎはひ草』【日】
八百屋お七の江戸大火(浄瑠璃・歌舞伎のヒロインに)【日】

西鶴 芭蕉

1683 フォントネル,「メルキュール・ギャラン」誌編集,『新・死者たちの対話』刊【仏】
近松門左衛門『世継曽我』初演【日】
宝井其角編『虚栗』(芭蕉句集)【日】
山本遊学『うかれ狂言金岡長者の沙汰』【日】
河井道玄『立花大全』【日】

ピエール・ベールの書評誌 文芸界報創刊

1684 ピエール・ベール,月刊書評誌「文芸界報」創刊【仏】
トリニティ・カレッジ図書館を完成【英】
井原西鶴『諸艶大鑑』【日】
山本荷兮『冬の日』,北村季吟『八代集抄』【日】
1685 フィラデルフィアで書籍印刷が始まる【米】
納蘭性徳『通志堂経解』【清】
松尾芭蕉『野ざらし紀行』【日】
井原西鶴『西鶴諸国咄』【日】

1686 近松門左衛門『出世景清』竹本座で初演(これ以後新浄瑠璃と称する)【日】
井原西鶴『好色五人女』『好色一代女』【日】
契沖『漫吟集』【日】
下河辺長流『晩花和歌集』【日】
1687 ドライデン『牝鹿と豹』【英】
フォントネル『神託の歴史』【仏】
ペロー『ルイ大王の世紀』【仏】

新旧論争 古代崇拝と近代派

新旧論争おこる(ペロー,フォントネルの近代派とボアロー,フォンテーヌ,ブリュイエールの古代派が対立)【仏】
トマジウス,ライプツィヒ大で初のドイツ語による講義【独】
井原西鶴『男色大鑑』『武道伝来記』【日】
『奇異雑談集』刊(仮名草子)【日】

1688 コルネーリユース・ベーゲム『活字印刷のインキュナビュラ』アムステルダムで刊【蘭】
クリスティアン・トマージウス,初のドイツ語雑誌「モーナーツ・ゲシュプレーヒェ(今月の話題)」刊行【独】
クリプハウゼン『アジアのバニーゼ』【独】
ラ・ブリュイエール『人さまざま』【仏】
王士禎『唐賢之昧集』【清】
洪昇『長生殿』完成(12年間)【清】
井原西鶴『日本永代蔵』『武家義理物語』刊【日】
松尾芭蕉『芳野紀行』『更科紀行』【日】
1689 ラシーヌ『エステル』【仏】
張岱『陶庵夢憶』【清】

越後屋、御触なき前に郡内などの安物多く仕入たれば、この節格別下直に見えて、人びと越後屋へと集まるゆゑ繁昌のように見ゆる。『我衣』

BC 6000以前
BC 6000
BC 2200
BC 1200
BC 600
BC 300
0
300
600
800
1000
1200
1300
1400
1500
1600
1650
1700
1760
1810
1840
1860
1880
1890
1900
1910
1920
1930
1940
1950
1960
1970
1980

やっと魔女狩りの時代がおわる。
それほどヨーロッパは宗教に支配されてきた。

この時代、古代の姿と近代の姿の優劣が好んで比較される。
そのあげく、次の「啓蒙の世紀」の幕があく。

構造と運動

1690 元禄3

絶対主義と経済政策

英仏植民地戦争へ

1690 仏海軍,英・蘭海軍に破れる(ビーチーヘッド沖海戦)
ボインの戦い【英】
イギリス・ムガールの講和成立(カルカッタに商館)【英】
オスマン・トルコ軍,ベオグラードを奪回,オーストリア人を追い出す【土】

ガルダンあばれる

ガルダン,外モンゴルに侵入(ジュンガル帝国の夢ふくらむ)【蒙】

1691 バーデン公,トルコ軍を破る【独】
ムガール帝国の領土,最大期【印】
ツェワン・アラプタン,東トルキスタンを支配(内モンゴルのガルダンと対立)
康熙帝,ハルハ部と盟約【清】
御為替組を設ける(江戸・大坂間の公金為替はじまる)【日】

住友友芳 別子銅山開発

住友友芳,別子銅山を開発【日】

1692 グレンコーの虐殺【英】
ラ・ホーグ岬の海戦(英蘭軍,仏軍を破る)
マラーター勢力がデカンを再支配【印】

フランス大飢饉

1693 大規模な凶作,飢饉広まる【仏】
メアリー2世没,夫ウィリアム3世が代行統治【英】
イギリス海軍をラゴス湾で破る,ネールビンデンでウィリアム3世軍を破る【仏】
オランダ,ポンディシェリを占領【蘭】
江戸の町人を人別に調査(人口35万人)【日】

イングランド銀行

1694 イングランド銀行設立,ブラジルで金鉱を発見【英】
英海軍,地中海進出(仏の通商に打撃)【英】
ロシア使節の来訪【清】
康熙帝,内モンゴルの巡幸【清】

柳沢吉保 綱吉時代の側用人政治

柳沢吉保,老中に准じる【日】
江戸十組問屋の設立【日】

1695 ロシア,トルコを攻撃(アゾフ遠征開始)【露】
江戸大火(64000戸焼失)【日】
奥羽,北陸の飢饉【日】
荻原重秀,元禄の改鋳【日】

1696 ルイ14世,サボイ公と和解【仏】
ジャワで初めてコーヒーを栽培【蘭】
ムスタファのキョプリュリュ,ドナウ河畔でオーストリア軍勢と対戦,敗北【土】
康熙帝,ガルダンを攻略【清】

1697 ピョートル大帝,英,蘭など,西欧諸国巡遊【露】
フランス軍,バルセロナを占領【仏】
ライスワルク条約(アウグスブルク連合各国との講和)【仏】
ガルダン自殺【清】

ロンドン株式取引所

1698 スペイン王位継承問題でスペイン領土分割の協定【英 仏】
新東インド会社設立【英】
ロンドン株式取引所が開設【英】
ベトナムの阮福周,コーチシナ・サイゴン征圧【越】

1699 カルロビッツ条約(オーストリア・ヴェネチア・ポーランド,トルコと講和する)

北方同盟 反スウェーデン派

反スウェーデン連合(北方同盟)成立【波丁露】
ピョートル大帝の改革開始【露】
英,広東貿易を許可される【清】
伝染病流行(死者20万余人)【英】
華美な風俗の禁止,大奥,旗本に倹約令【日】

宗教から人間論へ

ロックの経験論

1690 エキゼル・フォックスロフト英訳の『化学の結婚』出版【英】
アン・コンウェイ『古代哲学と現代哲学の原理』(没後刊)【英】
ロック『人間知性論』『市民政府論』刊【英】
ゴットフリート・アルノルト『新約聖書の起源から1688年までの非党派的教会史・異端史』【独】
ルイ・ギィヨン『高貴の人々の夢に関する考察』【アムステルダム】
林鳳岡邸聖堂を湯島に移す【日】

1691 テンプル『古代の学問と近代の学問』(新旧論争,イギリスへ)【英】
ノース『貿易論』【英】
バルタザル・ベッカー『魔法をかけられた世界』【英】
大峯山,修験,山上講,蔵王堂改築のため勧進さかん【日】
林鳳岡,大学頭に任命【日】
日蓮宗不受不施悲田派,配流【日】

魔女狩り終焉

1692 ヘルマン・フランケ,ハレ大学で敬虔主義を実践教育【独】
ニューイングランド,セイラムで魔女狩り,20人が処刑【米】
東大寺大仏殿再建【日】

1693 フランス人メグロ,イエズス会を批判【仏】
「聖職者宣言」取り消す(教皇も司教区収入管轄権など譲歩)【仏】

W・メアリー大学

ジェームズ・ブレア,ウィリアム・メアリー大学を創設(国教会牧師養成)【米】
ニューヨーク周辺に国教会確立の法令【米】
コトン・メザー『不可視の世界の驚異』【米】
盤珪,江戸に赴く,同年没【日】

1694 バースオッジ『理性および精神の本性』【英】

ポタラ宮殿 チベット風観音浄土の建設

ポタラ宮殿完成【チベット】

1695 ルイ14世,聖職者に対する全権を司教に与え,絶対王政を意図(下級聖職者は司教に反抗,ヤンセニスムを支持)【仏】
黄宗羲没,『明儒学案』(明代学術史)【清】
真宗専修派如幻明春『近世往生伝』編纂【日】

ベールの歴史辞典

1696 ピエール・ベール『歴史的批判的辞典』(〜97)【英】
ペン,ペンシルベニア基本法を発布【米】
ジョン・トーランド『キリスト教は神秘的ではない』【愛】
綱吉の母,桂昌院,やすらい祭を復興(今宮神社祭礼)【日】
荻生徂徠,柳沢吉保に仕える【日】
『大梵先天斗母円明宝巻』成る【日】
『古今神学類編』100巻(真野時綱)【日】
彦山,独立し天台修験別本山となる【日】

1697 反逆罪審問法が成り,人身保護律を停止【英】

古代人と近代人

ペロー『古代人と近代人の比較』刊【仏】
ジェルブロン『ヤンセニスム略史』【仏】
ライプニッツ『中国事情』【独】
ダライ・ラマ6世即位【チベット】

1698 カトリックの内部対立(静寂主義のフェヌロンとボシュエらの対立)【仏】

1699 フランケ,敬虔主義活動団体「フランケ財団」設立【独】
フェヌロン『テレマックの冒険』【仏】
シャフツベリ『徳と名誉に関する研究』【英】
ボシュエ,ライプニッツと交渉【仏】
カプチン派,コンゴ,アンゴラの信者60万人,ジャワのキリスト教徒10万,アンボンで4万人
白隠彗鶴,受戒【日】

1690

古典力学の形成

1690 ホイヘンス『光についての論考』(執筆は78)【蘭】
ミッシェル・ロル『代数学』(ロルの定理)【仏】

パパンの大気圧機関

パパン,大気圧蒸気機関を考案【仏】
A・フュルティエール『技術科学事典』【仏】
井関知辰『算法発揮』(行列式の展開法)【日】
蘭商館医ケンペル来日【独】
別子銅山発見【日】
1691 ソケット式銃剣装置発明【仏】
強窩『治生要覧』成る【鮮】
黒沢元重『鉱山至宝要録』【日】
1692 博物学者ジョン・レイ,化石起源説【英】
ローアー,動静脈血の差と,輸血を提案【英】

稲生若水の物産リスト

稲生若水『炮炙全書』刊(巻末に物産目録)【日】
伊藤伊兵衛『錦繡枕』(初の園芸植物図説)【日】
『和歌食物本草』2巻(著者未詳)【日】
平野必大『本朝食鑑』12巻【日】
1693 ロベルヴァル『不可分量の理論』【仏】
ジョン・レイ『動物学大要』【英】

死亡率概算 情報の統計化

ハレー「人間死亡率の概算」【英】
フィレンツェ科学アカデミー「ダイアモンドの燃焼」【伊】
梅文鼎『筆算』【清】
中根元圭『天文図解発揮』【日】

エーテル振動体

1694 ホルマン,ハレ大教授に(エーテル振動を生理基準とした)【独】
カメラリウス『植物の性に関する書簡』(植物の雌雄を実験的に確立)【独】
シュレーダー,砒素を分離【独】
ライプニッツ『新自然体系』【独】
権尚夏編『義牛図』【鮮】
柳徳章『竹図』【鮮】
貝原益軒『花譜』【日】
通詞本木良意,独医レンメリンの解剖書を訳刊【日】
1695 レーウェンフック『顕微鏡によってあばかれた自然の秘密』(〜1719)【蘭】
ジャン・ベルヌ『筋肉の運動』【仏】
グリュー,瀉利塩を発見【英】
張路玉『医通』【清】
西川如見『華夷通商考』(世界地理書)【日】
伊藤伊兵衛『花壇地錦抄』刊【日】

西川如見 宮崎安貞

1696 ミシェル・ド・ロピタル『無限小の解析』【仏】
ダニエル・ルクレク『医学史』【仏】

ベルヌーイ 最速降下線

ヨハン・ベルヌーイ,最速降下線問題【瑞】
ニュートン,造幣局長官【英】
ウィリアム・コックバーン『船乗りの疫病の本態と治療』【英】
バクリービー,気胸療法を改良【伊】
1697 ド・ブラン・クール『ガラス製造術』【仏】

フロギストン説

シュタール,「フロギストン説」を提唱【独】
グラットバハ,結核飛沫感染説【独】
金錫文『易学図解』(地球自転を述べる)【鮮】
宮崎安貞『農業全書』刊,没【日】
1698 トーマス・セヴァリ,蒸気揚水機の特許,『航海の改善』【英】
渋川春海『天文瓊統』【日】
岡本為竹『広益本草大成』刊【日】
1699 アモントン,摩擦の法則を発表【仏】
ルッカ共和国で世界初の結核予防法【伊】
稲生若水『庶物類纂』を前田綱紀に献上【日】
保井昔尹『天文成象』刊【日】

バロックと風俗画

1690 ウィリアム・テンプル『エピクロスの庭』(以降,西洋庭園におけるシノワズリーの流行)【英】
ムッファト曲[音楽的ーオルガン的準備]【墺】
広浜国重作[盧舎那仏像頭部]東大寺【日】
土佐光起画[大寺縁起絵巻]『本朝画法大伝』,源三郎画『人倫訓蒙図彙』刊【日】
1691 マンサール設計[サン・ルイ・デザンヴァリッド聖堂]完成【P】
アンドレアス・ヴェルクマイスター『音楽的な調律』(平均律を考案)【独】
土佐光起画[王昭君・孔雀・鳳凰図]【日】

本朝画伝 狩野永納のアーティスト列伝

狩野永納『本朝画伝』刊【日】

伊万里

1692 ヴァリーニ設計[カリニャーノ宮殿]完成【伊】
パーセル曲[妖精王]【英】
王翬画[観瀑図]【清】
尾形乾山画[過凹凸窠記]【日】
[伊万里焼色絵獅子置物]【日】
山本素軒画[明正院七十賀月次屛風]【日】
1693 コワズヴォー作[マザラン枢機卿の墓]【仏】
ピュジェ作[アレクサンドロスとディオゲネス]【仏】
ラインハルト・カイザー,ハンブルクの歌劇場でオペラ作曲を始め,最盛期を築く【独】
呉歴画[山水図巻]【清】
[伊万里焼色絵松帆掛舟文皿]できる【日】
『本朝画史』刊(本朝画伝を改題)【日】

八大山人

1694 フランソワ・ジラルドン作,リシュリューの墓碑【仏】
シュリューター,フリードリヒ3世付建築家【独】
パーセル曲[テンペスト][インドの女王]【英】
八大山人画[山水と花鳥画冊][花卉雑画冊]【清】
1695 ジラルドン作[ピエール・ミニャール像]【仏】
ムッファト曲[音楽の花束]【墺】

カイザーとマッテゾン

ラインハルト・カイザー,ハンブルクのオペラ劇場の監督に【独】
[紫禁城太和殿]成る【清】
松雲元慶作[羅漢像]五百羅漢寺【日】
[伊万里焼色絵唐花文輪花皿]【日】
二条綱平,光琳画扇子5本を女院へ進上【日】
箏曲譜本『琴曲抄』刊【日】
1696 シュリューター作[ブランデンブルク選帝侯記念像]【独】
ヨハン・マッテゾン,オペラ歌手としてデビュー【独】
クーナウ曲[新鮮なクラヴィーアの果実]【墺】
清水隆慶作[不動明王像]元興寺【日】
光琳,乾山から借金返済,財産整理の勧告【日】
1697 ヒルデブラント,エルラッハ設計[シュヴァルツェンベルク宮殿]着工【墺】
アンドレ・カンプラ曲[優雅なヨーロッパ]【仏】
陸嶋画[江山泛舟図巻]【清】
1698 エルラッハ設計[聖三位一体聖堂]完成【独】
ジュセッペ・トレッリ曲[ヴァイオリン・コンチェルト集]【伊】
シャルル・ル・ブラン『一般的・個別的表現についての講義』【仏】
羅木画[山水図]【清】
鳥居晴信画[沢村小伝次の露の前]【日】
ベルリン美術アカデミー設立【独】
1699 [サン・ルイス聖堂](セビリヤ)着工(31完成)【西】
マッテゾン,ハンブルク・オペラ作曲家・指揮者になる【独】
石濤画[黄山図巻][山水精品冊]【清】
乾山,鳴滝泉谷に開窯【日】
鳥居晴信画『風流四方屛風』『娼妓画牒』刊【日】
[伊万里焼色絵花卉文皿]【日】
『糸竹大全』『箏曲新譜』刊【日】

石濤

メディアと観客

1690 ワイマールに大公図書館設立【独】
アシュモール,ファリツ選帝侯カールと会見,『ガーター勲章の歴史』を贈呈【独】

万葉代匠記

契沖『万葉代匠記』【日】
松尾芭蕉『幻住庵の記』【日】
浜田珍碩編『ひさご』【日】
「通俗三国志」(文山)刊【日】
1691 ライプニッツ,ヴォルフェンビュッテル図書館長を兼任(アルファベット順に情報分類)【独】
ラシーヌ『アタリー』【仏】
向井去来,野沢凡兆編『猿簑』【日】

ライプニッツのABC情報分類

1692 井原西鶴『世間胸算用』【日】
浅井了意『狗張子』【日】
『大福帳朝比奈百物語』初演【日】
元珪『役者大鑑』刊【日】
1693 ライプニッツ『国際公法典』(12〜15世紀の未刊記録文書)【独】
ニューヨークで書籍印刷開始【米】
余懐『板橋雑記』【清】
蟬丸『都富士』初演【日】
井原西鶴『西鶴置土産』【日】
小崎観梅『仮寝夢』【日】
松下見林『異称日本伝』【日】
1694 アカデミー・フランセーズ編『仏語辞典』【仏】
聖ヴァンサン修道院図書館,公開へ(ブレイゾによる)【仏】

ベントリー イギリス王立図書館長

リチャード・ベントリー,イギリス王室図書館長に就任【英】
イエスペル・スヴェドベリ『スウェーデン詩篇』【典】
志田野坡・孤屋撰,芭蕉句集『炭俵』【日】
井原西鶴『西鶴織留』『万の文反古』『名残の友』,松尾芭蕉没,『奥の細道』成る(1702刊)【日】

出版自由化(英)

1695 出版検閲法廃止,出版自由化【英】
コングリーヴ『恋には恋』【仏】
ボアギルベール『フランス詳報』【仏】

奥の細道

1696 ジャン・フランソワ・ルニャール『賭博好き』【仏】
ロイター『シェルムフスキー』【独】
宮崎伝吉『傾城名取川』初演【日】
遠山信武『異国来往記』【日】
難波一雪『古今武士鑑』浮世草子【日】
『増益書籍目録大全』【日】
1697 シャルル・ペロー『童話集』【仏】

ドライデン晩年

ドライデン『ローマのウェルギリウスの詩』【英】
戸田茂睡『僻言調』【日】
中村明石,団十郎『参会名護屋』初演【日】
菊本賀保『国花万葉記』【日】
石川俊之『日本図』【日】
1698 ライプニッツ『歴史補遺』(中世史記録文書の編纂)【独】
団十郎『源平雷伝記』【日】
『十二段』初演【日】
林道春『怪談全書』(仮名草子)【日】
絵入狂言本『関東小禄』【日】
1699 フェヌロン『テレマックの冒険』【仏】
トマス・キンゴ他『詩篇』(デンマーク教会公認の聖詩)【丁】
孔尚任『桃花扇』【清】
近松門左衛門『傾城仏の原』初演【日】
山下半左衛門『京ひながた』初演【日】
江島其蹟『役者口三味線』【日】

ペロー童話集

あなた方は市民階層がわれわれとまったくちがった話し方をすることを知っている。
カイエール『流行語論』

ダービー一世とニューコメンとドニ・パパン。世界は動力革命によって再び動き出す。

啓蒙の波及

1700~1759

デフォーやスウィフト、西鶴や近松によって、各種の「噂情報」が再構成される。

1700
元禄13

気候安定（小氷河期おわる）

天然痘で六〇〇〇万人死（欧）

1704

1706

王位継承と新大陸

スペイン継承戦争と北方戦争へ

◉ 小氷河期時代おわり気候安定（農業の黄金期）【英】
◉ 英国系アメリカ植民者26万人【米】
◉ 新田の開発さかん【日】
1700 北方戦争（～21）（ピョートル大帝，スウェーデンに宣戦）【露】
1701 スペイン継承戦争（～14）（ルイ14世のスペイン王即位工作に反対し，英・蘭・墺が対仏ハーグ同盟結成）【欧】
アン女王戦争（～13）（英・仏の米植民地における争奪抗争）【英】

プロイセン成立

プロイセン王国の成立（直営農場経営グーツヘルシャフト採用）【普】
ルイジアナ，フランス領植民地へ【米】

アン女王戦争

1702 アン女王即位【英】
新旧東インド会社合併，カルカッタに同社のウィリアム要塞完成【英】
ファン・ビンカシューク，国家の領海を3マイルとする【蘭】
イギリス植民地ニュージャージーの形成【米】
メキシコ湾岸に最初のフランス開拓地モービル建設【米】

赤穂浪士の仇討

赤穂浪士の仇討【日】
1703 メシュエン条約（英国の羊毛とポルトガルのブドウ酒の交易促進）【英】
サヴォイ，ポルトガル，対仏同盟に参加
ピョートル大帝，ペテルブルグ市を建設【露】
1704 ブレンハイムの戦（英軍マールバラ公，仏・バイエルン・プロイセン連合軍破る）【欧】
英軍，スペイン軍からジブラルタル占領【英】
仏軍，マサチューセッツ・ディアフィールド襲撃【米】

少年王カール12世

1705 北方戦争・スウェーデン王カール12世，バルセロナを占領【欧】
フランス飢饉はじまる【仏】
神聖ローマ皇帝レオポルド1世没，ヨーゼフ1世即位【神ロ】
カタルーニャ地方，フィリペ5世に反乱（～16）【西】
青海ホショト部のラサン・カーン，ラサに入りサンギエ・ギャムツォを暗殺【チベット】
1706 ラミリーの戦（英軍のマルーバラ公，ベルギー征服し仏軍敗北），トリノの戦（仏軍敗北）【欧】
北方戦争・アルトランシュテット和約（ピョートル大帝との同盟廃棄）【典】

大ブリテン王国

1707 大ブリテン王国成立（イングランドとスコットランド合同，ユニオン・ジャック国旗）【英】
ヴォーバン『王国10分の1税』著して税平等を提案（ルイ14世焚書）【仏】
ニューヨークでアメリカ最初の貨幣発行【米】
ピョートル大帝，カムチャッカ占領宣言【露】

ムガール崩壊へ

ムガール皇帝アウラングゼーブ，マラータとの戦半ばで没（ムガール帝国崩壊へ）【印】
1708 連合東インド会社成立【英】
カナダ・インディアンとフランス植民地民がマサチューセッツ住民を大虐殺【米】
カロライナで，黒人奴隷（2900人）インディアン奴隷（1100人）に対し白人（2400人）【米】
1709 マルプラケの戦（スペイン継承戦争中最大の流血）【欧】
フランス，寒波で大飢饉（各地で暴動）【仏】
北方戦争・ポルタヴァの戦（ピョートル大帝，スウェーデン軍撃破し，カール12世トルコに逃亡）【露】
徳川綱吉没，生類憐みの令廃止（新井白石を登用）【日】

人間と啓蒙思想

白隠

新井白石

1700 これ以後1世紀の間に，天然痘で推定6000万人の欧州人が死亡【欧】
◉ 宮廷ユダヤ人（ホーフユーデン）の活躍【ユ】
ヴァン・エスペン『普遍的聖権』2巻【蘭】
ゴットフリート・アルノルト『非党派的教会と異端の歴史』【独】
ボストン法学者サミュエル・シューウェル『ジョセフの売却』（奴隷売買を非難）【米】
護国寺で清涼寺釈迦如来開帳【日】
1701 王位継承法で王位継承者を新教徒に限る【英】
牧師ジェレミー・コリアー『歴史・地理・系図・政治大辞典』刊【英】
ジョン・ノリス『理想的世界の理論』【英】
ロンドンのユダヤ人，ビービス・マークス・シナゴーグ（ユダヤ教会堂）建設【英】
新井白石『藩翰譜』（大名の年譜）【日】
1702 カミザールの反乱（仏セヴェンヌ地方のプロテスタント蜂起）【仏】
ライプニッツ『人間知性新論』（ロック批判）
ボストン医師コットン・マザー『マグナリア・クリスティ・アメリカーナ』（ニューイングランド歴史書）【米】
卍元師蛮『本朝高僧伝』【日】
万同『歴代史表』没【清】
1703 ダニエル・デフォー，前年刊行の『非国教徒に対する最上の処理』で短期入獄刑【英】
室鳩巣『赤穂義人録』【日】

卍山道白 曹洞宗の宗統復古運動

卍山道白の宗統論議【日】

スウィフトの知識人批判

1704 スウィフト『桶物語』（宗教界と学界の堕落を批判）【英】
トゥランド『セレナへの書簡』【英】
サミュエル・クラーク「神の存在と属性の論証」を講演（4種類の理神論を区別）【英】
ジョージ・サルマナザール『台湾史』【英】
ローマ教皇，中国人カトリック信者に祖先の儀式（典礼）への参加を禁止（キリスト教の禁止へ）【清】
1705 ロー『貨幣および貿易論』【英】
伊勢御蔭参り大流行【日】
第1次ダライ・ラマ政権崩壊【チベット】
1706 ノリス『天地創造の讃美歌』【英】
クリスチャン・フォン・ヴォルフ，ハレ大学に就任【独】
アイルランド人マケミー，フィラデルフィアに長老派教会を組織する【米】
康熙帝，典礼否認派の宣教師を追放【清】
日蓮宗三鳥派を禁止し，僧侶を捕える【日】
1707 デフォー，イギリスの住民を7階層化【英】
ジョージ・バークリー，ダブリン大学のフェローとなる【英】
ラインライト・ファルツからカルバン派，ルター派らの移民開始【米】
長老派のマケミー，ニューヨークで説教活動を行い投獄【米】
典礼問題おこり，イエズス会士以外の布教を禁ずる【清】

仁斎の童子問

伊藤仁斎『童子問』刊【日】
1708 白隠，越後高田の英巌寺で大悟【日】
イタリア人宣教師シドッチ，屋久島に潜入【日】
1709 シャフツベリ「道徳家たち，別名哲学的狂想文」（テオクレスとフィロクレスの対話形式による自然賛歌）【英】
ヴィーコ『今日の研究法について』【伊】
新井白石，シドッチを尋問【日】
ジャムヤン・シェーペー・ドルジェ，青海にタシキル寺建設【チベット】

目と手の拡張

ベルリン科学アカデミー

ライプニッツの活躍

1700 ベルリン科学アカデミー創設(初代総裁はライプニッツ)【独】
西川如見『日本水土考』【日】

1701 バークシャー農夫ジェスロ・タル播種機を発明(作物収穫増加)【英】
ベルヌーイ変分法の創始【瑞】
ヘルマン・ブールハーヴェ,ライデン大学教授となる【蘭】
貝原益軒『筑前続風土記』【日】
野本道玄『蚕飼養法記』(初の蚕産技術書)【日】

ダービー1世の工場

1702 バーミンガムのダービー1世,クェーカー教徒らと黄銅工場設立【英】
トマス・セーバリ『鉱夫の本』(蒸気機関について)【英】
ホーマン,ニュルンベルクに地図製版所【独】
マンジュ『化学の文献』【P】

2進法構想 ライプニッツ

ライプニッツ『0と1の数字のみを用いる2進法算術の解説ならびにその効用と中国古代から伝わる伏羲の図の意味』【独】

ニュートン光学

1703 『小児必要記』6巻(小児の養育に必要な医学の治療法を網羅)【日】

1704 ニュートン『光学概論』【英】
ニュートンとハリー,フラムスティードの観測結果を使うことで激論【英】

ニュートン・ライプニッツ論争

ニュートンとライプニッツ,代数的普遍記号法をめぐる(微積法の先取権)論争【英独】

1705 ジョン・ハリス『技術百科』【英】
ロバート・フック『地震に関する講義』刊【英】
エドマンド・ハリー『彗星天文学概観』【英】
ニューコメンとコーリー,最初の実用的蒸気機関改良(12年に炭鉱排水に使用)【英】
モスクワ大学創立【露】
漂民伝兵衛,ペテルブルグ日本語学校教師となる【露】

ニューコメン機関

1707 ニュートン『一般算術』(1673～83の講義録)刊【英】
グリニッジ天文台所長フラムスティード,太陽運動表を『プラレクション・アストロノミカ』に掲載【英】
ドニ・パパンの蒸気船建造と蒸気機関についての著作【仏】

ホーマンの地図

ホーマン,最初の地図書(40枚の地図を収集)出版【独】

1708 ダービー1世,乾燥砂型鋳物製造の特許【英】
スタール,アニミズム的生気論の復活【英】
ブールハーヴェ『医学指針』【蘭】
西川如見『増補華夷通商考』刊【日】

バークリーの視覚論

1709 バークリー『視覚新論』【英】
ファーレンハイト,アルコールを用いた華氏温度計考案【独】
ブールハーヴェ『箴言』【蘭】

大和本草 貝原益軒の博物学

貝原益軒『大和本草』16巻(医薬中心の本草から博物学に発展)【日】

バロックと琳派

1700 ジルバーマン,オルガン製作はじめる【独】
クーナウ曲[聖書物語]【仏】

ストラディヴァリ

ストラディヴァリ,ヴァイオリン名器製作【伊】
香取神社[本殿]3間社流造【日】

光琳

チューリップ時代

1701 チューリップ時代(トルコ宮廷文化の繁栄)【土】
尾形光琳,法橋となる【日】
◉ コロネッリ作の天球儀と地球儀がマルリー城館に設置【仏】
◉ ピョートル1世の命で『シンボルとエンブレム』刊【蘭】

1702 ヘンデル,ハレ大学に進む(テレマンと出会い親交)【独】
光琳,狩野派と大和派を統合【日】
乾山作[色絣十二月歌絵皿]【日】

1703 ヘンデル,ハンブルクへ赴き,マッテゾンと交流【独】

バッハ登場 アルンシュタットオルガニスト

バッハ,最初の作品[カプリッチョ](アルンシュタットのオルガニストになる)【独】
ブロサール『音楽辞典』【仏】
ヴィヴァルディ,司祭になる【伊】
ドメニコ・スカルラッティ曲オペラ[オッタヴィア]初演[ジュスティーノ]【伊】
光琳画[中村内蔵助像]【日】

1704 フィッシャー・フォン・エルラハ,ウィーン宮廷建築家に任命【墺】
ヘンデル曲[ヨハネ受難曲]【独】
テレマン,ライプツィヒにコッレジウム・ムジクム創設【独】
スカルラッティ曲[イレーネ]【伊】
クリストファー・レン設計[クライスト教会](ロンドン)【英】

スカルラッティ

1705 バンブルーとホークスムア設計[マールバラ公のブレアム宮殿]【英】

バッキンガム宮殿

[バッキンガム公シェフィールド邸]建設(後の王室宮殿)【英】

1706 マンサール設計[サン・ルイ・デ・サンバリード教会]完成【仏】
ラモー曲[クラブサン曲集第1巻]出版【仏】
光琳『ひいなかた』刊【日】

1707 フィッシャー・フォン・エルラハ設計[コレジオ教会](ザルツブルク)【墺】
スカルラッティ曲[ミトリダーテ]【伊】
祇園南海画[秋景山水図]【日】
[善光寺本堂]建造【日】

1708 アントワーヌ・ヴァトー画[出陣する連隊]【仏】
バッハ,ワイマールの宮廷音楽家となる【独】
ヘンデル曲[復活][時の勝利](イタリア滞在中)
ヴァルター『作曲教程』【独】
ベトガー,マイセンで初の磁器を製造【独】
ドザリエ・ダルジャンヴィル『造園の理論と実践』【仏】
摂津住吉神社[本殿](住吉造)【日】

1709 ヘンデル,ハノーヴァー宮廷楽長【独】
テレマン,アイゼナッハ宮廷合奏長となる(バッハと交流)【独】
クリストフォリ,ピアノを製作【伊】

アルビノーニ ヴェネチア楽派

トマス・アルビノーニの室内楽とヴァイオリン協奏曲【伊】
オペラ・ブッファさかん【伊】
マンサール,コット設計[ヴェルサイユ宮付属サン・ルイ会堂]【仏】
[円明園]造営はじまる【清】
東大寺[大仏殿]再建(天竺様)【日】
英一蝶画[四季日待図巻]【日】

円明園

文芸とメディア

◉ コーヒーハウス文化,引き続きさかん(ロンドンだけで2000軒のピーク)【英】
◉ 年間100点前後の新刊書発行,巡回図書館登場(読書の習慣が下層階級にもひろがる)【英】
◉ 桐城派古文盛行に向かう【清】
◉ このころ説話小説『沈清伝』【鮮】
◉ このころより八文字屋本なる【日】
◉ 継飛脚,江戸から京都まで82時間【日】

1700 ロイズ・コーヒーハウスが海運業についての「ニューズ」誌を出す【英】
西沢一風『風流御前義経記』刊【日】

1701 ニコラス・ロー『タメルラン』【英】
スティール『葬式,もしくは当世風の悲しみ』上演【英】
江島其磧,浮世草子『傾城色三味線』刊【日】

1702 イギリス初の日刊新聞「デイリー・クーラント」「ポスト・ボーイ」創刊【英】
ホイッグ党員が集まる「キットキャットクラブ」盛況【英】
ジョン・タッチンの新聞「オブザヴェイター」発行【英】
コリー・シッバー『ぺてん王』【英】
演劇検閲制度決まる【仏】
都の錦『元禄太平記』【日】

日刊新聞登場

1703 アルバルタッツィ『流行に関する報告』【伊】
俳句集『去来抄』【日】
秀松軒編『松の葉』5巻(三味線音楽の歌詞を分類,集大成)【日】

曽根崎心中

近松門左衛門『曽根崎心中』【日】
豊竹座創立(竹本座と拮抗し,人形浄瑠璃全盛時代に)【日】

コーヒーハウス流行

1704 ジョナサン・スウィフト『書物合戦』(学説の論争を風刺)【英】
デフォー,新聞「レヴュー」を創刊(～13)【英】
ジョン・ティパー編集「レディス・ダイアリー」創刊【英】
アントワーヌ・ガラン,仏語訳『アラビアン・ナイト』(～17)【仏】
ヨハン・クリストフ・メンリンク『ヨーロッパの詩泉』【仏】

週刊誌 ボストン郵便局長

ボストン郵便局長キャンベル,週刊「ニューズレター」創刊【米】

1705 デフォー『ヴィール嬢の幽霊』【英】
ジョリオ『イドメネウス』【英】
海北若沖,辞書[和訓類林]【日】
近松門左衛門,竹本座の専属作者となる【日】

全唐詩集 900巻 48000首

1706 勅命で編集した唐,五代の詩全集(900巻,4万8900余首収録)【清】
森川許六,俳文集『風俗文選』,江島其磧,浮世草子[風流曲三味線]【日】
西沢一風『伊達髪五人男』【日】
『碁盤太平記』竹本座で初演【日】

1707 ファーカー『伊達男の策略』【英】
シッバー『愉快な恋人たち』【英】
ル・サージュ『跛の悪魔』【仏】
ジョリオ『アトレウスとティエステース』上演【仏】
近松門左衛門『堀川波鼓』『心中重井筒』【日】

1708 風刺作家クック『タバコ中毒の原因もしくはメリーランド紀行』【英】
荷田春満『万葉集和仮名名訓』【日】
紀海音『椀久末松山』【日】
◉ 寺子屋普及し庶民教育進む【日】

1709 スティール「タトラー」創刊【英】
著作権法公布【英】
シッバー『愚か者同士』上演【英】
ル・サージュ『テュルカレ』【仏】

レヴューとタトラー 編集誌の発生

せりふ大全

『せりふ大全』(江戸歌舞伎名せりふ集)【日】

江戸看板金飛脚については、いづみ屋や大阪屋が、とうふや八百屋において、備前屋は茶碗屋であったが、いつしか飛脚屋に専業化したようだ。『家声録』

BC6000以前 BC6000 BC2200 BC1200 BC600 BC300 0 300 600 800 1000 1200 1300 1400 1500 1600 1650 1700 1760 1810 1840 1860 1880 1890 1900 1910 1920 1930 1940 1950 1960 1970 1980

十八世紀思想の先駆者、シャフツベリの自然道徳観。

イギリスによる最初の本格的編集誌「レヴュー」「タトラー」「スペクテーター」。

日本は新井白石によってヨーロッパを理解しはじめる。

啓蒙の波及

1710 宝永7

王位継承と新大陸	人間と啓蒙思想
1710 トーリー党絶対多数へ(マールバラ公率いるホイッグ党政権失脚)【英】 ドイツ人のアメリカ大移住はじまる【米】 ウズベク族シャールフ・ビー,ホーカンド・ハン国を成立(～1876)【中央ア】 1711 仏軍,英・ポルトガル連合と戦いリオデジャネイロ奪還【欧】 土地財産資格法可決(商業,産業に携わる者を下院から追放)【英】 南海会社設立(スペイン継承戦争による財政難解消が目的) ヨーゼフ1世没,カール6世即位【墺】 英国軍仏領カナダを攻撃(仏軍侵略防ぐ)【米】 北方戦争・ピョートル大帝,トルコに敗れアゾフ放棄(プルート条約)【露】 ギルザーイ族ミール・ワイス,シーア派のサファビー朝に反乱し独立【アフガニスタン】	**人知原理論** **シャフツベリ** モラルセンス 1710 バークリー『人知原理論』【英】 ライプニッツ『弁神論』【独】 ボルドロン『ウフル氏の奇想天外な物語』【蘭】 ジグモント・リヒター,薔薇十字結社のルール公表『薔薇十字による,哲学者の石の完全な調整』【独】 シモン・ティソ・ド・パト『ジャック・マッセの航海と冒険』 カトレッチ『日本旅行記』を刊行【伊】 シーク教徒の反乱【印】 貝原益軒『和俗童子訓』5巻【日】 水戸家『礼儀類典』510巻(朝廷の古今の礼法儀式類典)【日】 1711 シャフツベリ『人間,生活様式,世論,時勢の諸特徴』【英】
1712 ユトレヒト和平会議【欧】 宿駅・飛脚制度を改定【日】 **ユトレヒト和約** スペイン継承戦争終結 1713 ユトレヒト和約(スペイン継承戦争終結,アン女王戦争終結)【欧】 英国,フランス間に通商条約締結【英仏】 南海会社,今後30年奴隷輸入の独占権【英】 **ウィルヘルム1世** フリードリッヒ1世没,ウィルヘルム1世即位(プロイセン絶対主義へ)【普】 オスマントルコ軍,モルダビアでスウェーデン王カール12世を攻撃,捕虜にする【土】 地丁併徴(1711年の丁数を定額とする新税法)実施【清】	1712 サン=ピエール『ヨーロッパ永久平和のための覚書』【仏】 フェヌロン『死者の対話』【仏】 第2スイス戦争(プロテスタント州の支配決まる)【瑞】 **思想の自由** アンソニー・コリンズ 1713 アンソニー・コリンズ『自由思索論』(真理探求に思想の自由強調)【英】 ウィリアム・デラム『自然神学』【英】 教皇クレメンス11世,「ウニゲトゥス教書」公布 **貝原益軒の養生訓** 貝原益軒『養生訓』8巻【日】 伊藤仁斎『論語古義』,荻生徂徠『蘐園随筆』【日】
ラスタット条約 **奴隷貿易** 盛行 1714 ラスタット条約締結(スペインとオーストリア戦争終結)【欧】 アン女王没,ジョージ1世即位(ハノーヴァー朝成立)【英】 ピョートル大帝,フィンランドを征服【露】 トルコ・ヴェネチア戦争開始【土】 1715 ホイッグ党内閣の成立【英】 ルイ14世没,ルイ15世5歳で即位(摂政オルレアン公～23)【仏】 ヴァージニア植民地で黒人奴隷が人口の24パーセントに【米】 東インド会社,広東に商館設置【清】	**マンデヴィルの蜂の寓話** 自由主義経済学の先駆 1714 マンデヴィル『蜂の寓話』【英】 ジョン・トーランド『大ブリテン島およびアイルランドにユダヤ人を帰化させる理由』【英】 教令「ウニゲトゥス」に反対して,ヤンセニスト,ガリカニストが勢いを盛り返す【仏】 ライプニッツ『単子論』『理性にもとづく自然と恩寵の原理』【独】 ウ・カラのビルマ編年史『マハー・ヤザウィンジイ』【ビルマ】 『法音』5巻(仏教語の多い謡曲22番と注釈)【日】 伊藤東涯『古学指要』,貝原益軒『慎思録』【日】 1715 イエズス会士カスティリョーネ来朝【清】
1716 スコットランドの投機業者ジョン・ロー,個人銀行を開設【仏】 オスマントルコ軍,サボイアのオイゲン公に敗退(カール6世トルコと開戦)【土】 **吉宗と享保の改革** 徳川吉宗将軍となり,実学,物産を奨励,洋書を許諾,交易制度を確立(享保の改革)【日】 1717 ハーグの三国同盟(英・蘭・仏)【欧】 ローの銀行が一般銀行になる(西洋商会設立,ルイジアナ投資熱高まる)【仏】 ポーランドの「唖の」国会【波】 **大岡越前守** **ジョン・ローのザ・システム** 大岡越前守を江戸奉行に登用【日】	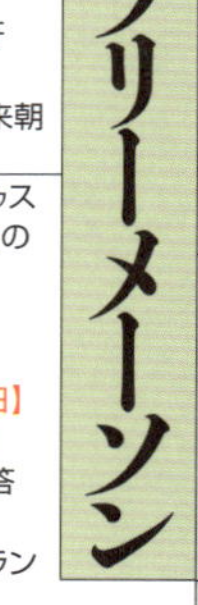 1716 ニコラ・ラ・グロ『教令ウニゲトゥス事件におけるガリア教会の自由の覆滅』【仏】 **葉隠** 山本常朝談話の武士道倫理学 『葉隠』11巻(武士の修養書)【日】 新井白石『折たく柴の記』【日】 荻生徂徠『太平策』『徂徠先生答問集』【日】 1717 ロンドンにフリーメーソンのグランドロッジが設立【英】 ヴォルテール,摂政を非難したパンフレットで投獄される【仏】 荻生徂徠『弁道』『弁名』4巻【日】
1718 初めて銀行券発行【英】 オルレアン公の援助で,ローの銀行が王立になる【仏】 カール12世没,北方戦争終結【典】 パサロビッツ条約(オスマン・トルコとヴェネチア戦争終結)【土】 ニューオーリンズ創設【米】 スコットランド人とアイルランド人大移民開始【米】 新金銀交換法を定める【日】 1719 ローの西洋商会,インドに発展【仏】 英ハノーヴァーと講和【典】 リヒテンシュタイン公国創設【欧】 ムガール皇帝ムハンマド・シャー即位,大ムガールとして29年統治【印】	 1718 教皇『パストラリス・オフィキ』発令(ウニゲトゥス反対は破門に)【伊】 **アゲソー貨幣論** アゲソー『貨幣論』【仏】 荻生徂徠『論語徴』【日】 1719 白隠,妙心寺首座となり松蔭寺を中心に活躍【日】 カルメット『聖書の歴史辞典』【伊】 西川如見『町人嚢』【日】

1712 1714 1716 1718

目と手の拡張

1710 レオミュール,温度計発明【仏】
建部賢弘『大成算経』完成【日】
1711 新井白石『万国地誌』【日】

永久運動機械

このころオルフィレウスの『自動論』(永久動運機械展示)

コークスによる鉄鉱石溶融法

1712 フラムスティードの研究結果をニュートンとハリーが印刷し紛争【英】

レオミュール 生物の再生力

レオミュール,ザリガニのハサミに再生能力を発見【仏】
ホーランダー(ボロから紙を製造する機械)導入【独】
ライプニッツ,ピョートル大帝にアカデミー建設提案【露】
西川如見『天文義論』【日】
関孝和遺稿『括要算法』【日】
1713 ダービー1世,コークスによる鉄鉱石の溶融成功(木炭時代から脱出)【英】
バークリー『ハイラスとフィロノウスの対話』(物質否定の議論)【英】
ライプニッツ,カール6世にアカデミー建設を提案【墺】
レオミュール,胃液の消化作用実験【仏】
ヤコブ・ベルヌーイ『推論術』(確率論の大数の弱法則,ベルヌーイ数発見)出版【独】
宮中の蒙養斎に算学館設立【清】

和漢三才図会 図説百科

寺島良安『和漢三才図会』(図説百科事典)【日】
新井白石『采覧異言』(世界地理書)【日】
1714 ミル,タイプライターの特許取得【英】
ホークスビー『物理的=力学的諸実験』(起電機の実験まとめる)【英】
ファーレンハイト,水銀温度計製作【独】
医師ランチシ,16世紀の解剖学者エウスタキオの解剖図譜を銅版で出版【伊】
ヴァージニアで製鉄用溶鉱炉を建設【米】
西川如見『両儀集説』【日】

時計脱進機

1715 グレアム,時計の直進式脱進機発明【英】
テーラー『増分法』(階差の微積分法確立)【英】
ゴーティエ『道路論』『架橋論』(16)【仏】
ライプニッツ『数学の形而上学的基礎』(ニュートン学派クラークと論争)【独】
洪万選『山林経済』(博物学書)【鮮】
『花壇養菊集』3巻(菊の栽培法詳解)【日】
1716 ルイ14世,道路橋梁部隊を設置(欧州最初の政府土木技術団体)【仏】
1717 ロム,生糸機械をイタリアから英国へ導入【英】
ヘールズ,植物の化学実験で王立協会員【英】
ル・ラルジュ,道路の舗装機械を発明【仏】
加賀藩主前田綱紀,稲生若水編集の『諸物類纂』を幕府に提出【日】
1718 ハリー,恒星の固有運動を発見【英】
ジョフロア(化学的親和性について)『親和力の表』【仏】
ジョブロ,微生物の自然発生否定の実験【仏】
シュタール『いわゆるイオウ論争についての偶想』(フロギストン説,元素道具説)【独】
ジャック・カッシーニ,パリの経度を決定【仏】
許遠,清から測算器械などを輸入【鮮】
測午儀の創作【日】
1719 スウェデンボルグ『われわれの活動と生命力』【典】
トゥルヌフォール『植物学序説』【仏】

病理解剖学

モルガーニ『解剖学ノート』(病理解剖学を創始)【伊】
宣教師ブーベら,全国を測量して「皇輿全覧図」を作成【清】
建部賢弘,日本総図の形勢,方位を定める【日】

バロックと琳派

1710 クリストファー・レン設計[セント・ポール大聖堂]完成【英】
レン設計[マールバラ邸]【英】
フィッシャー・フォン・エルラハ設計[オイゲン公宮殿]【墺】
バルダサーレ・ロンゲーナ設計[パラッツォ・カ・ペサロ]完成【伊】

フィッシャー・フォン・エルラハ

マイセンの陶器

マイセン王立陶磁器製造所の設立【独】
1711 ヴィヴァルディ曲[音楽的調和の幻想作品]【伊】
マラン・マレー曲[ヴィオラ・ダ・ガンバ曲集]【仏】
カイザー曲[クレーズス]【独】
乾山作[銹絵橋梅図角皿]【日】
都太夫一中,一中節はじめる【日】
1712 ヘンデル曲[リナルド]【独→英】
テレマン,フランクフルトに移り10年間多数作曲【独→英】

芥子園画伝 日本へ

1713 『芥子園画伝』輸入【日】
ヘンデル,ユトレヒト和約記念に[ユトレヒト・テ・デウム]【英】
クープラン曲[クラヴィーア曲集第1巻]【仏】
マッテゾン『新しく始められた管弦学』刊【独】
エルラハ設計[クラム・ガラス宮殿]完成【墺】
光琳作[八橋蒔絵硯箱]【日】
1714 バッハ曲[わが心に憂い多かりき]【独】
タルティーニ,ヴァイオリン重音奏法で第3の結合音発見(対位法から和声様式へ)【伊】
ヴァトー画[メズタン]【仏】
1715 スカルラッティ曲[ティグラーネ]【伊】

クープラン クラブサン曲集

クープラン曲[クラヴィーア奏法][クラブサン曲集第2巻]【仏】
フィッシャー曲[アリアードネ・ムジカ](バッハの平均律に影響)【墺】
ヘンデル曲[水上の音楽組曲1番ヘ長調]がロンドン・テムズ川で演奏される【英】
山口宗季画[牡丹小禽図]【日】

紅白梅図屏風 尾形光琳

光琳画[紅白梅図屏風]【日】
1716 ヴァトー画[恋の授業]【仏】
光琳画[燕子花図屏風]【日】
ヴィヴァルディ曲のオラトリオ[勝利のユデータ]ピエタで上演【伊】
オペラ座の第1回民衆舞踏会で,オルレアン公が市民とともにダンスをする【仏】
ルーカス・フォン・ヒルデブラント設計[ビアリステン・キルヒェ]【墺】
マレー曲[外科手術の光景]【仏】

ヴァトーの雅宴画

1717 ヴァトー,フランス・アカデミーに入会し[シテール島への船出](雅宴画)を発表【仏】
バッハ,ケーテンの宮廷楽長になる【独】
マッテゾン,演奏の実技的な教本『ゲネラルバス教本』を著す【独】
1718 ヴァトー画[宴の園]【仏】
ゴドフリー・ネラー画[ノーフォーク公爵]【仏】
フランシスコ・ウルタード設計[カルトゥ派礼拝堂]【英】

スウィッツァーのイコノグラフィア

スティーヴン・スウィッツァー『イコノグラフィア・ルスティカ』【英】
1719 アイザック・ワッツ曲の讃美歌[過ぎ去りし時のわれらが救い主]【英】
ウィリアム・ケント,ロンドンで造園に着手(新造園法の父)【英】
狩野周信,法眼となる【日】

ウィリアム・ケントと風景式庭園の誕生

文芸とメディア

1710 スウィフト主筆の『エグザミナー』誌創刊【英】
著作権法制定(後世の著作権の基礎に)【英】
サタデークラブ結成(スウィフト常連)【英】
郵便料金値下げ(新聞の影響力,地方へ)【英】
ル・サージュ『チュルカレ』コメディ・フランセーズで上演【P】

スペクテーター誌

1711 スティールとアディソン,日刊『スペクテーター』創刊【英】
アレキサンダー・ポープの詩『批評論』発表【英】
ニーブール『ローマ史』【独】
熟語成語辞書『佩文韻府』【清】
近松門左衛門『冥途の飛脚』【日】

近松門左衛門

1712 アーバースノット『ジョン・ブルの歴史』(マールバラ公を風刺)【英】
ポープ『髪の毛盗み』【英】
バトン・コーヒーハウスに投書箱(ジャーナリズムの拠点に)【英】
新聞広告に印刷税課税(法令に明記されない週刊誌の発達へ)【英】
ジョン・アディソン『想像力の愉楽』【英】

パリのカフェ流行

パリに600店のカフェ(ヴォルテール,カフェ・プロコープ常連)【仏】
トルコのナービー没『詩集』【土】
近松門左衛門『夕霧阿波鳴渡』【日】
新井白石『読史余論』12巻【日】
1713 アベ・クロード・シェリエ『こしらえた移動書き割り道具でできた一人の人間のキマイラ的描写』【仏】
津打治兵衛『助六所縁江戸桜』初演(江戸助六劇はじまる)【日】
伊波普猷編『校註琉球戯曲集』【日】
1714 ニコラス・ロー『ジェーン・ショアの悲劇』ドルリー・レーン劇場で上演【英】
パリにオペラ・コミック座創立【仏】
絵島事件で山村座断絶【日】

チョボ 義太夫節の演出自立

天神記でチョボ初めて使用【日】
伊藤東涯『名物六帖』【日】
1715 ル・サージュ『ジル・ブラス・ド・サンチヤーヌ』【仏】
江島其磧『世間子息気質』【日】
竹本座で近松門左衛門作の『国性爺合戦』初演,『生玉心中』『大経師昔暦』【日】
『御伽草子』23篇刊(~1734)【日】

康熙字典完成

1716 フェヌロン『アカデミーへの手紙』出版【仏】
ウィリアムズバーグに,アメリカ最初の劇場できる【米】
イタリアの最初の新聞『ディアリオ・ディ・ローマ』発刊【伊】

西洋紀聞 新井白石の情報編集

新井白石『西洋紀聞』3巻【日】
『康熙字典』完成する【清】
1717 プロスペル・ジョリオ『エレクトラ』パリのコメディ・フランセーズ上演【仏】
メンリンク『潤達なる雄弁家』【仏】
1718 ヴォルテールの戯曲[オイディプス],テアトル・フランセーズで初演大成功【仏】
上島鬼貫『独言』紀海音『鎌倉三代記』初演【日】

ロビンソン・クルーソー

1719 デフォー『ロビンソン・クルーソー漂流記』(スコットランド船員の実話よりヒント)【英】
7人の書籍商からなる印刷組合発足【英】
ブライトコップフ,印刷出版所を設立【独】
ドレスデンに新歌劇劇場完成(マウロ設計,観客席の床が傾斜)【独】
申維翰『海游録』(朝鮮通信使の日本紀行文)【鮮】
支考『俳諧十論』【日】
江戸町火消し「いろは」48組創設【日】

政治記者アディソンは哲学を本棚や書庫から連れ出して、ティーテーブルやコーヒーハウスに住まわせた。 マニーリ

ラフィトー、ヴィーコ、ヴォルテールの三人が異文化のための史観、すなわち「情報の比較」という視点を準備する。

石田梅岩の心学が江戸期のビジネスを援護する。

啓蒙の波及

1720 享保5

イギリス産業年成長率1%

王位継承と新大陸

1720 スペインのフィリップ5世,4国同盟(英・仏・蘭・墺)に加入【欧】

南海泡沫事件

南海会社の株価大暴落,泡沫禁止法【英】
財務総監ローの政策失敗(ミシシッピ商会崩壊し,紙幣乱発により経済恐慌)【仏】
マルセイユにペスト流行,5000人以上の死者(西欧最後の黒死病流行)【仏】
フリードリッヒ1世即位【典】
清軍,ダライ・ラマ7世とともにラサ入り,ジュンガル軍駆逐しカンチェネー政権を樹立【チベット】

1721 ホイッグ党のウォルポール内閣成立【英】

ウォルポール内閣

仏・英・西の間に攻守同盟成立【欧】

ニスタット和約

ニスタット和約で北方戦争終結【露】
徳川吉宗,目安箱を設ける【日】

1722 スペイン王女,ルイ15世の婚約者としてフランスに迎えられる【仏】
ボストンの人口12000人【米】
ミール・マフムード,ペルシャに侵攻しイスファハンを占領,ギルザーイ朝をたてる【波斯】
ピョートル大帝,オスマントルコ帝国を攻撃【露】

雍正帝 清の独裁へ

雍正帝の即位(〜35)【清】

1723 ルイ15世親政はじまる【仏】
財務総監ドダン,デフレ政策【仏】
ヨーロッパに初めて黄熱病発生【欧】

パリ商工会議所 株式取引

1724 パリ商工会議所(株式取引所)創設【仏】
オーストリア王カール6世が長女マリア・テレジアを領土相続者にする【墺】
フィラデルフィアにギルドに準ずる同業組合設立【米】
ニューオーリンズで黒人法布告(黒人を統制しユダヤ人を追放する)【米】
幕府,倹約令を発し,衣服の売価制限【日】

1725 労働者の結社を禁止する法律成立【英】
フランス飢饉(労働者が各地で暴動)【仏】
ハノーヴァー条約成立(仏・英・プ)【欧】
ピョートル大帝没,エカテリーナ1世即位【露】
マフムードの後アシュラフ王が王位を継ぎ,トルコ軍を破る【波斯】

ハノーヴァー同盟

1726 英・仏中心のハノーヴァー同盟諸国と,スペイン・オーストリア・プロイセン・ロシアに分裂【欧】
財務総監ドダン辞任,フルーリ宰相の時代に【仏】

1727 イギリス,スペインと開戦(ジブラルタルをめぐり争う)【英】
ジョージ2世即位【英】
パリ条約(仏・スペイン和解)【仏】
ピョートル2世即位【露】

キャフタ条約

キャフタ条約(ロシアと清がモンゴル・シベリアの国境を画定する)【清】

1728 ソワッソンの列国会議【欧】
セビリア条約(仏・英・西)成立(仏英同盟対スペインの戦争終結,イギリスはジブラルタルを保有)【欧】
ダライ・ラマ7世,ガルタルに流され,ポラネー政権成立【チベット】
戊申の乱(李麟佐らの反抗)【鮮】
ベーリング,ベーリング海峡発見【丁】

1729 南北カロライナにイギリス人植民地創設【米】
ボルティモアの町が正式に建設【米】
インディアンのナチェズ族がルイジアナの仏植民地を襲撃【米】
ギルザーイ朝,ナーディル・シャーが主権を奪う【波斯】
アヘンの吸飲,販売を禁止【清】
天一坊処刑【日】

人間と啓蒙思想

1720 フランシス・ハチソン『史的魔術論』【仏】
ヴィーコ『万民法の原理』3部(〜22)【伊】
禁書令緩和(キリシタン関係以外の漢訳西洋科学系実学書解禁)【日】

1721 フランスにも最初のフリーメーソン結社【仏】
モンテスキュー『ペルシャ人の手紙』(西洋を批判)【仏】

モンテスキューとヴォルテール活動

ビュア『欧州諸民族の古代史』【仏】
西川如見『百姓嚢』5巻(農民の生活心得を説く)【日】

1722 ツィンツェンドルフ伯,モラヴィア兄弟団に定住の地を与え独立教会を建てる(ヘルンフート)【独】
室鳩巣『六諭衍義大意』編【日】

1723 ヴォルフ,大学追放【独】
ジェイムズ・アンダーソン[フリーメーソン憲章]【英】

フォントネルの神話論

フォントネル『神話の起源』(神話の知的起源を探る)【仏】
宣教師ファレンティン『新旧東インド誌』(〜26)【墺】

1724 モンテスキューらパリの中二階クラブ開始(イギリス・オランダの政治経済を研究)【仏】

ラフィトー 人類学の萌芽

ラフィトー(イエズス会士)『原始時代の風習とアメリカ未開人の風習対比論』【仏】

ハチソン 道徳美学の展開

ハチソン『美と徳の観念の起源に関する研究』【英】

1725 ヴィーコ『新しい科学』(30,44)出版(あらゆる社会の進化に共通の法則を発見する試み)【伊】

ヴィーコの知識編集

ド・ヴァルモン修道院長『隠秘物理学または占術棒』【P】

バトラー イギリス啓蒙神学

ジョセフ・バトラー『人間本性についての十五講』【英】

1726 フルーリー,信仰復興運動を高め,ヤンセニストの追放4万人【仏】
フレーリングハイセンが第一次信仰復興運動【米】
ペンシルヴェニアにメンノー教徒のアーミッシュ派入国【米】

1727 デフォー『イギリス商人大鑑』【英】
諸国で新規の神事,仏事を禁止【日】
ケンプファー(ケンペル),日本史』(77年原文刊)【英】
ザ・シャントークラブ誕生【米】

1728 モンテスキュー,フランスアカデミー会員に選出される【仏】
ヴォルテール,イギリスでロック経験論,シェイクスピアなどの成果を受け帰国【仏】

ヴォルフ合理哲学

クリスチャン・ヴォルフ『合理哲学』【独】
曹静事件おこる【清】
荻生徂徠『古文辞学』【日】
レンヌの仕立屋の共同体が女性に労働することを許す【仏】

1729 スウィフト『貧民児童利用試作案』【英】

メソジスト運動へ

オックスフォード大学でジョン・ウェズリーらメソジスト主義はじめる(神聖クラブを結成,聖晩餐式,断食などの方法論を強調)【英】
ヤンセニストのフルクヴォー『歴史と教義の問答書』(ウニゲトゥス論争について)【仏】
フリーメーソンの「サン・トマ・オ・ルイ・ダルジャン」会成立【仏】

石田梅岩の心学 町人に商業哲学

石田梅岩『心学道話』で心学を唱える【日】
太宰春臺『経済録』成る【日】

1720

目と手の拡張

1720 バークリー『運動論』【英】
ハリー,フラムスティードの後を継いでグリニッジ天文台長になる【英】
ド・モアヴル『偶然論』刊【仏】
ゴーティエ,独自の道路建設方法を考案【仏】
ロイポルト,高圧蒸気機関の原形を考案【独】
ケラー,単一の鋳型で砲を鋳造【独】
フラーフェザンデ『物理の数学的階梯』【蘭】

ブリキ出現 鉄鋼鉱業に新しい局面

◉ 最初のブリキ製造【英】
1721 ロンドンで天然痘が流行,種痘が試される(ジョージ1世,孫に接種させる)【英】

小石川薬園 江戸の本草ブーム

小石川薬園設置【日】

1722 レオミュール,『錬鉄を鋼鉄に変える方法と鋳鉄を磨く方法』出版【仏】
『律呂正義』,『暦象考成』,『数理精蘊』完成【清】
イースター島発見される
1723 イギリスの産業,年1%の成長率で発展【英】
シュタール『哲学的及び実験的化学の基礎』【独】
顕微鏡学者レーウェンフック没(顕微鏡観察記録とスケッチを350篇以上まとめる)【蘭】
アメリカのコーヒー栽培はじまる(アメリカのコーヒー産業,世界の90%へ)【米】
『百工秘術』3巻(智工,器工,食工,磁工,雑工の5門に分けて秘術を紹介)【日】

1724 ブールハーフェ『化学原論』2巻(フロギストン説を否定)【蘭】
ファーレンハイト,華氏温度計の目盛りを発明し過冷却を発見【独】
ロシア科学アカデミー創立【露】

フラムスティード目録

フラムスティード,『英国天文史』出版【英】
1725 ヴェサリウス,『人体の構造について』復刻(アルビヌスとハーヴェによる)【伊】
ブーション,紋織機を製作【仏】
『新修時憲暦七政法』が使われはじめる【鮮】

1726 ハリソン,時計のすのこ型補正振子を発明【英】
グレアム,最初の精密な膨張計を考案【英】

ブラッドリの光行差

ブラッドリ,地球の動きを補正する「光行差」を発見,測定(コペルニクスの仮説を証明)【英】
建部賢弘『円理綴術』【日】
松永良弼『立円率』【日】

ヘールズ植物生理学

ヘールズ『植物計量学』(植物成長速度の研究,植物生理学へ)【英】
ブラッドリ,月と地球赤道の重力相互作用を研究(地軸章動論)【英】
1727 建部賢弘『八線表諺解』(三角法を初めて紹介)【日】

1728 ペンバートン『アイザック・ニュートン卿の哲学概説』【英】

チェンバーズの万有技芸科学事典

エフライム・チェンバーズ「万有技芸科学事典」出版(最初のクロス・リファレンス)【英】
ペインとハンベリ,鉄板を圧延【英】
ヨークシャーの大工,ハリソンぜんまいじかけの船舶用時計を設計(航海術の進歩)【英】
ピトー,ピトー管を発明【仏】
1729 ムーア・ホール,色消しレンズの発見【英】
グレー,電気の伝導性と絶縁に関する基本原理の実験(通信機の原理へ)【英】
ド・ベリドール『技術者の科学』【仏】
フラムスティード『天球図譜』出版【英】
フラーフェザンデ,材料の強度を測定する機械を製作【蘭】

バロックとロココ

ヴィヴァルディ

1720 王立音楽アカデミー創設(ヘンデルが芸術総監督)【英】
ベネデット・マルチェッロ曲[流行の劇場]【伊】
ヴィヴァルディ,ヴェネチアやフィレンツェ各地でオペラ上演【伊】
B・ノイマン,ヴュルツブルク城着手(~44)【独】
王翠画[秋景山水図]【清】
大岡春卜編『画本手鑑』,橘守国『画本写宝袋』刊【日】

南画 日本に上陸 伊孚九来朝

伊孚九来朝,南画を伝える【日】
アザム兄弟設計[聖ゲオルギウスの祭壇]【独】
Y・エルラハ『歴史建築計画』【墺】
1721 バッハ曲[ブランデンブルク協奏曲]初演【独】
テレマン,ハンブルクへ(1000曲以上の作曲,市民のための音楽会組織化,楽譜出版,音楽誌刊行などに活躍)【独】

1722 ペッペルマン設計[ツヴィンガー]【独】
モースブルッガー設計[アインジーデルン修道院]【独】
ペドロ・デ・リベラ設計[サン・フェルナンド厚生院]【西】

ラモーの和声論

ラモー『和声論』【仏】
クープラン曲[コンセール・ロワイヨー]【仏】
1723 バッハ曲[平均律クラヴィーア曲集第1巻]【独】
フックス,カール6世のボヘミア王戴冠式に[堅固と不抜]上演【独】

ヘンデルとテレマン

1724 ジョン・ヴァンブラ設計[ブレネム宮殿]【英】
ヒルデブラント設計[ベルベデーレ宮殿]【墺】
ヘンデル曲[ジュリアス・シーザー][ロデリンダ]【英】
テレマン曲[ピンピノーネ]【独】
フックス,対位法教科書『グラドゥス・アド・パルナッスム』出版(モーツァルトらに影響)【墺】
ヴィヴァルディ『音楽的調和と創意の試み』作品8【伊】
ソヴァル『パリ市の古美術の歴史と研究』【仏】
英一蝶没[雨宿り図屏風]【日】
1725 アザム兄設計[被昇天の祭壇]【独】
ジョン・ジェイムズ設計[セント・ジェイムズ教会]【英】
江戸に河東節おこる【日】

1726 ラモー『理論音楽新体系』【仏】
タルティーニ,パドヴァにヴァイオリン専門学校設立【伊】
ヴィヴァルディ曲[四季]【伊】
ティエルセル『近代建築』【仏】
1727 ヒルデブラント設計[ミラベル宮]【独】
ラグッツィーニ設計[サン・イグナチオ広場]【伊】

写真の技術

ハインリッヒ・シュルツ,硝酸銀の光化学変化で映像をつくる【独】

景徳鎮最盛期

1728 景徳鎮の窯業の最盛期【清】
シャルダン画[赤えい][食器棚]【両】,アカデミー会員に推挙【仏】

ラングリー造園

バッティ・ラングリー『造園の新しき原理』【英】
1729 ホガース画[下院委員会習作]【英】

マタイ受難曲

バッハ曲[マタイ受難曲]【独】
スペッキ・デ・サンクテス設計[スパニャ階段]【伊】
カウコール製作,全巻銅版の祈祷書『キリスト教魂の宝』出版(本文も銅版で彫られる)【独】

サロンとメディア

ランベール夫人のサロン

◉ ランベール夫人のサロン活発(ヴァトー,クープラン,ラモーの活躍,古代人と近代人の優劣論争,モンテスキューのデビュー)【仏】
1720 ジョナサン・コーヒーハウスを中心に「南海泡沫事件」がおきる【英】

心中天網島

近松門左衛門「心中天網島」大坂で初演【日】
1721 カズロン,活字鋳造業設立【英】
ボードマー,ブライティンガー,雑誌「画家評論」発行(~23)(ボードマー自宅はサロン化)【独】
ロンドン・ニューイングランド間で定期郵便はじまる【米英】
書物問屋の組合設立【日】

1722 デフォー『疫病流行記』『モル・フランダース一代記』【英】
スティール『わかっている恋人たち』上演【英】
幕府,書籍出版取締令(政治批判禁止)【日】
1723 ウォルポール,紅茶の関税を引き下げ,ティーの習慣はじまる【英】
郵便局事務員のエドワード・ケイヴ,地方からのニュースをロンドン新聞に提供【英】
ヴォルテール『アンリアード』【仏】
マリヴォー『奴隷の島』【仏】
マッフェイ『テアトロ・イタリアーノ』【伊】
幕府,心中事件の脚色出版上演を禁止【日】

1724 デフォー『大ブリテン周遊記』初刊【英】
ロンドンの日刊紙3紙,週刊誌5誌,3週おき9誌発行【英】
ロンドンの印刷所75軒(57年に200軒)【英】
シッバー『エジプトのシーザー』上演【英】
ギュンター『ドイツ及びラテンの詩』【独】
大学図書館で体系的情報分類(ライプニッツ門下エックハルト,ビュルツブルク)【独】
フィラデルフィアにカーペンターズ・ホール完成【米】
エンドゥール・ゲゲン(ソヨンボ文字考案者)没
服部南郭校訂『唐詩選』刊(普及へ)【日】
江戸三座全蓋式へ(豊竹・竹本座消失)【日】
鴨祐之『日本逸史』刊行【日】

古今図書集成 中国の伝統文化

1725 『古今図書集成』(中国伝統文化集大成)【清】
京都で中国白話小説の講義(このころから白話小説大流行)

デフォー ポープ スウィフト

ガリヴァー旅行記 小人国 大人国

1726 スウィフト『ガリヴァー旅行記』【英】
ロンドンに速記術協会が設立【英】
ボリングブルック支援の新聞「クラフツマン」発刊【英】
匿名のサミュエル・ブラント船長『カックロガリニアへの旅』【英】
ボッカージュ『現代のアマゾーヌ』【仏】
1727 ボードマー,ブライティンガー『想像力論』【独】
査慎行没『蘇詩補注』50巻,『敬業堂集』【清】
西沢一風『今昔操年代記』【日】

愚人列伝 強弱五歩格二行句

1728 ポープ『愚人列伝』【英】
ジョン・ゲイの台本(ペープッシュ編曲)『乞食オペラ』大成功【英】
アベ・プレヴォー『ある貴人の回想録』7巻の4巻刊行【仏】
彫刻家チェリーニ『ベンベヌート・チェリーニ自伝』(16世紀イタリアの市民生活描写)【伊】
撃鉦先生『両巴巵言』(洒落本のはじめ)【日】
1729 フランクリンと共同経営者「ペンシルバニア・ガゼット」(新聞)を買い取る【米】
『女大学』初版本【日】

過去の無限の量の実験が研究続行に充分な根拠を与えている。そこから化学、冶金術、火などのおびただしい性質が演繹される。
エマニエル・スウェデンボルグ

BC 6000以前 / BC 6000 / BC 2200 / BC 1200 / BC 600 / BC 300 / 0 / 300 / 600 / 800 / 1000 / 1200 / 1300 / 1400 / 1500 / 1600 / 1650 / 1700 / 1760 / 1810 / 1840 / 1860 / 1880 / 1890 / 1900 / 1910 / 1920 / 1930 / 1940 / 1950 / 1960 / 1970 / 1980

「理性」の精神の十七世紀に対して、「自然」の精神が主張される十八世紀。

料理書・園芸書・住居案内書、市民のための情報文化が進行する。

啓蒙の波及

1730
享保15

王位継承とアメリカ

アメリカ植民拡大

1730 ギルザーイ王アシュラフが臣下に殺害される【波斯】
1731 パリ高等法院と政府の対立激化【仏】
フランス人ド・バラン,カナダ西部の探検開始【仏】
カール6世,オーストリア領土が分割不可能で相続されると宣言【墺】
ルイジアナ,再びフランス領となる【米】
ウェールズ人モーガン・モーガン,ヴァージニアに最初の永住【米】
サファヴィー朝のタフマスプ2世没(0歳のアッバース3世即位)【波斯】

1732

ポーランド継承戦争

1732 イギリス議会,米国の帽子輸出を禁止【英】
雍正帝が軍機処をおく(政府最高の行政機関となる)【清】

享保の大飢饉

享保の大飢饉【日】
薩摩,結城に綿布の生産はじまる【日】
1733 ポーランド継承戦争(〜35)(アウグスト2世没後,仏,スペイン対ロシア,神聖ローマ帝国が王位継承干渉して戦う)【欧】
ロシア軍がポーランドに侵入,グダンスクで仏軍と戦う【欧】
糖蜜法可決(西インド諸島から米が輸入する蜂蜜などに関税)【英】
ジョージア植民地建設(13州植民地がそろう)【米】
平壌中城の築造【鮮】

初の打ちこわし

江戸米一揆起こる【日】

1734

1734 グダンスクをロシアに占領,ポーランド継承戦争がヨーロッパ全土にひろがる【欧】
1735 ウィーン仮条約でポーランド継承戦争が終結,ザクセン選帝侯がポーランド王に即位【欧】
ロシア,ペルシアのナディル・クリと対オスマントルコ同盟締結【露】
ジョージア植民地,奴隷制とラム酒の輸入禁止【米】

1736

乾隆帝時代へ 清朝の全盛期

1736 乾隆帝即位(〜96)(清朝の全盛期はじまる)【清】
アッバース3世没,サファヴィー朝滅亡(1502〜)

ナディル・シャー イランに新朝アフシャール

ナディル・クリがナディル・シャーに即位(アフシャール朝成立)(〜47)【波斯】
貨幣の悪鋳再開する【日】
1737 ジョヴァンニ・ガストーネ・デ・メディチ没(トスカナのメディチ家最後の1人)【伊】
オーストリア皇女マリア・テレジアの夫フランツ・シュテファン,トスカナ公位継承【墺】
マラータ同盟,デリー付近でムガール軍を撃退【印】

1738

1738 ポーランド継承戦争・ウィーン条約批准【欧】
1739 ハット党,政権をとる【典】
ナディル・シャー,アフガニスタン征服【波斯】
ベルグラード条約(神聖ローマ皇帝カール6世,ロシアとの同盟を破棄し,対トルコ戦争を終結させる)【露】

ジェンキンズの耳戦争

イギリス・スペイン戦争(ジェンキンズの耳戦争)はじまる【英】
ナディル・シャー率いるペルシア軍,ムガールの大軍を破りインドのデリーを占拠,ムガール帝国を粉砕する【波斯】
貿易制限令(清船の数を減じる)【日】
ロシアの北部太平洋探検隊,日本本島へ【日】

人間と啓蒙思想

1730 モンテスキュー,ロンドン王立協会会員となる【仏→英】
フランス,「ウニゲトゥス教書」を支持し,ヤンセニズムの著作を禁止【仏】
1731 ジョン・ゲイ『徳ないし道徳の根本原理についての予備的論文』【英】
スイスの自然科学者ショイヒツァー『神聖自然史』4巻刊行(〜33)(啓蒙主義で聖書の奇蹟を解く)【独】
ヴォルフ『一般的宇宙論』【独】
ジョナサン・エドワーズにより,ニューイングランドに信仰「大覚醒」運動起こる【米】
デルゲ版チベット大蔵経開板【チベット】

室鳩巣 朱子学擁護 赤穂義士弁護

室鳩巣『駿台雑話』なる【日】

ヴォルフとドイツ啓蒙主義

1732 ヴォルフ『道徳哲学』【独】
モンテスキュー,ボルドーで『フィレンツェ』『フランス史』を執筆【仏】
スウェデンボルグ『無限なるものについての哲学概説』出版【典】
山井鼎,『七経孟子考文』『補遺』根本遜校訂『論語義疏』が清朝に送られる(四庫文書)【日】
1733 李塨没『論語伝註』『大学弁業』【清】
『大清会典』成る【清】
1734 ポープ『人間論』(4つの書簡形式で楽観論を展開)【英】
ジャクソン『神の存在と統一性』【英】
ハラー『悪の期限について』【英】

哲学書簡 ヴォルテールの英仏比較

ヴォルテール『哲学書簡,またはイギリス便り』発禁(英仏比較文化論)【仏】
モンテスキュー『ローマ人盛衰原因論』で絶対王制没落期ヨーロッパの盛衰を示唆【仏】
ムロン『商業に関する政治的試論』【仏】
ヴォルフ『合理的心理学』【独】
ジョージアにヘルンフート兄弟団入植はじまる【米】
◉ バアル・シェムトーヴ(ベシト),ハスィディーム(敬虔主義信者)を集め,ユダヤ教の宗教覚醒運動はじまる【ユ】
1735 モーゼス・ブラウン『宇宙随想』【英】
デュ・アルド『汗帝国全志』
1736 魔女裁判の禁止【英】
ジョゼフ・バトラー『宗教の類比』【英】
ギヒテル『実践神知学』【独】
ヘルンフート兄弟団,ザクセンから追放されヨーロッパ,アメリカを回る(〜47)【欧】

自然神学 ヴォルフ 孔子と数学鑑賞

1737 ヴォルフ『自然神学』【独】
フリーメーソン,ドイツに最初の支部,フランスにグランドロッジ【独仏】
カレ・ド・モンジェロン『助祭パーリスの奇蹟の真実』【P】

ヒューム

1738 ヴォルテール『人間について』『ニュートン哲学の原理』【仏】
ウェズリとホワイトフィールド,ロンドンにメソジスト教会創設【英】
デュト『商業および財政に関する考察』【仏】
教皇クレメンテ12世,フリーメーソンを断罪
八丈島流僧の恵正,流人に不受不施を勧め,島替えとなる【日】
度会常彰『神道明弁』【日】
1739 ヒューム『人間本性論』出版(ロック,バークリーの経験論哲学を発展)【英】

反マキャベリ論 序文ヴォルテール

啓蒙主義王太子フリードリッヒ2世,『反マキャベリ論』(序文ヴォルテール)【独】
張廷玉『明史』刊【清】
石田梅岩『都鄙問答』4巻(心理学)【日】
青木昆陽を登用し古文書を集める【日】

1730

目と手の拡張

1730 ツウル,条播機を発明【英】
タウンゼント,イギリスに科学的農業導入し家畜の改良を行う【英】
西川正休『天経或問』訓点版刊【日】

農業改革

1731 ハドリ,ニュートン,ゴドフリ,独立に反射式四分儀,鏡六分儀発明(船上で経度観測,航海術進歩)【英】
ジェスロ・タル『畜力中耕農業』(1頭の馬で3列播種)【英】
ソヴァージュ『病気の新しい種類』【仏】
王立外科アカデミー創立【仏】
ヨーロッパに陶磁器工場増加【欧】

1732 バークリー『アクリフロン』【英】
メンジース,水車で動かす脱穀機発明【英】
ヴォーカンソン,カッター製作【仏】
モーペルテュイ『万有引力の法則について』(仏にニュートン主義を導入)【仏】

1733 L・ポールの紡績機械発明【英】

飛梭の発明 綿布生産の急増

イギリスの織工ケー,飛梭(とびひ)を使用した手織機発明(人手を半分にし,織物家内工業の産業化促す)【英】
サッケーリ『すべての汚点を清めたユークリッド』(非ユークリッド幾何学の端緒)【伊】
クニプホーフ『原型植物学』(天然押型印刷の発明による数百の彩色図版入り)【独】
スウェデンボルグ『鉄について』【典】

レオミュール昆虫誌 昆虫生物学の基礎つくる

リンネの自然体系

1734 レオミュール『昆虫誌』6巻刊行開始(〜43)【仏】
スウェデンボルグ『原理論』【典】
青木昆陽『甘藷記』【日】

1735 ハリソン,クロノメーター完成【英】
リンネ『自然の体系』(二分法は学名へ)(〜88の13版で12巻)【典】
青木昆陽『蕃藷考』【日】
丹羽正伯,全国諸領に「産物帳」の調査を開始【日】

1736 ハルス,ニューコメン機関を使用した蒸気船の特許をとる【英】
ウォードとホワイト,硫酸を工業的に製造【英】
モーペルテュイ,クレロー,ラップランドに遠征測定し,地球の偏平を確証(〜37)【仏】
デュアメル,初めて人工ソーダを研究【仏】

オイラー力学

オイラー『力学』(ニュートン力学をライプニッツ微分積分学で置き換える)【露】

1737 ゲッティンゲン大学創立【独】
アルガロッチ『婦人のためのニュートン学説』【仏】
リンネ『ラップランドの植物相』【典】
北島見信『紅毛天地二円贅説』【日】

1738 ワイアットとポール,紡績機のローラードラフトで特許を得る【英】
モーペルテュイのラップランド報告「地球の形について」アカデミーに提出【仏】

ベルヌーイ液体力学

ベルヌーイ『液体力学』(気体運動論の先駆,原子論への道を開く)【瑞】
リンネ『植物の種類』【典】
ハラー,被刺激性の概念確立(刺激生理学へ)【諾】
丹羽正伯,日本物産の実態調査『庶物類纂』増修編纂完成(各地の産物帳できる)【日】

丹羽正伯の産物調査

1739 ホフマン『合理的医学』【独】
リンネ,王立植物園長になる【典】
ウイスター親子,ニュージャージーでガラス工場の操業成功【米】
呉謙ら『医宗金鑑』編【清】
松永良弼『方円算経』【日】

バロックとロココ

1730 カナレット画[ヴェネチアとアドリア海の象徴的結婚]【伊】
テレマン曲[マルコ受難曲]【独】
サマルティーニ,ソナタ形式をつくる【伊】
ニコラス・ピーノの木彫細工(ジャンル・ピトレスク)【仏】

バッハ盛極

ソナタ様式つくられる

1731 フィリッポ・ジュヴァラ設計[ラ・スペルガ]【伊】
バッハ曲[クラヴィーア練習曲集第1巻]【独】

沈南蘋来日

清の沈南蘋,来日して画法を教える【日】
奥村政信画[中村勘三郎座芝居図屛風]【日】

1732 ヘンデル曲[エステル]成功【英】
ヴァルター,世界で最初の「音楽辞典」著す【独】
ウィリアム・ホガース画[売春婦の遍歴]【英】
「芸術愛好者協会」結成【英】

蘇州版画 多色摺り大量生産へ

「蘇州閶門図」版行(このころから多色摺りの蘇州版画大量生産へ)【清】

1733 バッハ曲[ロ短調ミサ曲]の[キリエ]と[グロリア]をザクセン選帝侯に献呈【独】

テレマン 後期バロックの王 ハンブルクを舞台

テレマン曲[食卓の音楽]【独】
ジャン・ウードリーの下図で[ルイ15世狩猟図]のゴブラン織制作【仏】

1734 シャルダン画[台所の静物]【仏】
ブーシェ画[ルノーとアルミッド]でアカデミーに入る【仏】
バッハ曲[クリスマス・オラトリオ]【独】
サマルティーニ,シンフォニアを独立した器楽曲とし評判【伊】
銀製品デザイナーJ・A・メッソニエ「装飾教本」(ピトレスク)【仏】
ジュヴァラ設計[カルミネ]【伊】

1735 ホガース画[放蕩息子の遍歴]【英】
ラモー曲,オペラ[粋なインド諸国]【仏】
アルヴェルティのソナタ,対位法から離陸【伊】
ペルゴレージの歌劇[オリンピアーデ]【伊】
橘守国画[扶桑画譜]【日】

1736 ホガース画[善きサマリア人]【英】
アレッサンドロ・ガリレイ設計[サン・ジョヴァンニ・イン・ラテラノ]【伊】

1737 ラモー曲[カストールとポリュックス]【仏】
グルック,ミラノでサマルティーニに師事【伊】
ナポリにサン・カルロ・オペラ劇場開設【伊】

快適な住居 インテリアデザイン

J・F・ブロンデル『快適な住居の配置について』
乾山『陶工必用』『陶磁製方』【日】

乾山

1738 ヘンデル曲[エジプトのイスラエル人][サウル][セルセ]【英】

シャルダン 日常性の絵画化

シャルダン画[洗いものをする女][ご用ききの女][総督婦人]【仏】
プランタウアー設計[メルクの修道院](バロック修道院代表)【独】
デュボア兄弟,ヴァンセンヌに磁器工場設立(セーヴル磁器へ)【仏】

ラモーのオペラ

1739 マッテゾン『完全なる楽長』(音楽全般の啓蒙的百科全書)【独】
ラモー曲オペラ[ダルダニュス][エバの祭り]オペラ座で上演【仏】
フランソワ・キュヴィエ設計[アマーリエンブルク鏡の間]【独】

カールスキルヒェ

エルラハ設計[カールスキルヒェ]【墺】
乾山画[春柳図]【日】

サロンとメディア

◉ タンサン侯爵夫人のサロン,マリヴォー,アベ・プレヴォー,モンテスキュー,ヴォルテールらで活況【仏】

タンサン夫人のサロン

1730 フィールディング『トム・サム一代記』上演【英】
「グラブ・ストリート・ジャーナル」(書籍商を攻撃)【英】
マリヴォー『愛と偶然の戯れ』【仏】
デトゥーシュ『恋する哲学者』【仏】

ゴッドシェト 近代ドイツ語の標準化と普及

ヨハン・ゴッドシェト『ドイツ人のための詩作論』『批判的詩学』【独】
ケイヴ『ジェントルマンズ・マガジン』発行(新聞の月刊概説)【英】

1731 ヴォルテール『シャルル12世年代記』【仏】

マノン・レスコー アヴェ・プレヴォー

プレヴォー『マノン・レスコー』【仏】
マリヴォー『マリアンヌの生涯』【仏】
フランクリンら,米初の巡回図書館を経営【米】

1732 ヴォルテール『ザイール』上演【仏】
印刷人ハインリッヒ・ツェードラー『全学術芸術の完全大総合事典』64巻刊行(〜50)【独】
ゴッドシェト『瀕死のカトー』【独】
ハラー『スイス詩論』【独】
ダリン,雑誌『スウェーデンの鑑』創刊【典】
フランクリン『貧しいリチャードの暦』【米】
フランクリン,郵便制度を改革【米】

1733 ロイズ・ニュース再刊(ロイズ・リスト)【英】
ヴォルテール詩『趣味の聖堂』上演【仏】

カズロンの活字

1734 カズロン活字がひろまる【英】
ゴッドシェト『全哲理』【独】
ライプツィヒ書籍市さかん【独】

吉田文三郎 三人遣い

吉田文三郎,三人遣いを創始【日】

1735 ポープ『アーバースノット博士への手紙』【英】
ラ・ショッセ『当世流行の偏見』【仏】

ジル・ブラース物語

ル・サージュ『ジル・ブラース物語』4巻【仏】
商業図書館創設【ハンブルク】
印刷人ゼンガー,選挙の不正報道の自由で勝利(以後,言論,出版,集会は完全に自由化)【米】
ヴァンサン・ラ・シャペル『現代の料理』【仏】

料理書行流

1736 街燈税を集金し,点燈夫が街燈をつけてまわるようになる【英】
ヴォルテール『アメリカ人』【仏】
荻生徂徠『南留別志』(語源書)【日】

1737 劇場規定法令によりドルリー・レイン劇場とコヴェント・ガーデン劇場以外の小劇場閉鎖される(上演前に検閲)【英】
マリヴォー『偽りの告白』【仏】

ゲッティンゲン図書館

ゲッティンゲン大学図書館開設【独】
ゴルドーニ『申し分のない男』【伊】

1738 ハーゲドルン『詩的寓話と物語論』【独】
ベーデカー出版社,エッセンに設立【独】
ゲッティンゲン学界通報【独】

1739 ロモノーソフ『ホーチン占領によせて』【露】
舞台装置家フランチェスコ・ビビエナ没【伊】

ユーモアの父 ジョー・ミラー

ミラー『ジョー・ミラー笑話集』(近代ユーモアの父247の笑話)【英】
ゴルドーニ『俗物』上演【伊】

捨て子育児院 イギリスに開設

捨て子育児院開設【英】
筑後節浄瑠璃が禁止される【日】
蕪村,江戸で早野巴人に入門【日】

イギリスの富のいちじるしい増加は、主として植民地の黒人の労働から生じたのである。
ジョシュア・ジー

フランス君主の用紙と出版への抑圧政策が、サロン文化と啓蒙主義と百科全書を生む。

この時期、人々を最も驚かせたのはライデン瓶の中の〝電気〟であった。

啓蒙の波及

1740 元文5

王位継承とアメリカ

マリア・テレジアとオーストリア継承戦争

1740 カール6世没,マリア・テレジア,ハンガリーボヘミア女王即位【墺】
オーストリア継承戦争の勃発(ザクセン王,バイエルン選帝侯,フェリペ5世が帝位継承に反対)【欧】
フリードリッヒ1世没,フリードリッヒ2世即位(マリア・テレジアの王位継承権と引きかえにシュレジエンに侵入)【普】

ベンガル自立

ベンガル,ムガール帝国から自立【印】
満州への移住禁止(封禁政策)【清】
大清律令公布【清】

1742

1741 フランスがスペイン,バイエルン,ザクセンとプラハを占領【欧】
エリザベータ即位【露】
◉ 初めてアメリカ人とよばれる【米】

1742 神聖ローマ皇帝にフランス推薦のカール7世即位(〜45)【神ロ】
マリア・テレジアとフリードリッヒ2世,ブレスラウ和約締結(オーストリア,シュレジエン割譲)【普】
デュプレスク,フランス東インド会社総督に(仏のインド支配全盛期)【印】
マリア・テレジア,英国と同盟し連合軍をボヘミアから駆逐【墺】
幕府,公事方御定書を定める【日】

1743 デッティンゲンの戦(オーストリア連合軍,フランス軍を破る)【欧】
ペルシアとオスマントルコ,戦争再開【波斯】

1744

ユダヤ人虐殺つづく

ロシアで何千人ものユダヤ人虐殺【露】
吉宗,甘藷栽培を奨励する【日】

1744 第2次シュレジエン戦争はじまる【欧】

ジョージ王戦争

英国が植民地(北アメリカとカリブ海)におけるフランス・スペインとの対立からオーストリアを支持,ジョージ王戦争開始【英】
フリードリヒ2世,フランス,バイエルンと組み,ボヘミア侵入【普】
マリア・テレジア,ユダヤ人虐殺開始【墺】
カルナータカ戦争(英仏の支配権争い)【印】
幕府,倹約令施行(1764廃止)【日】

1746

1745 フリードリヒ2世オーストリア軍を破る【普】
オーストリアとフェッセン和約締結(第2次シュレジエン戦争終結)【普】
フリードリッヒ2世,ドレスデン条約でオーストリア,ザクセンと講和,神聖ローマ皇帝フランツ1世の即位を承認【普】

1746 オーストリア・サルジニア軍がフランスに侵入【墺】
フランスがマドラスを占領【印】

ナディル・シャー暗殺

1747 ナディル・シャーが暗殺され,近衛隊長がアフマド・シャーとしてアフガニスタンを統治(〜1929)【波斯】
アンソン提督とホーク提督,西インド諸島でフランス軍に大勝利【英】
聖ペテルブルグ条約締結(英・露)【露】
金川土司の反乱【清】

1748

アーヘンの和約

1748 アーヘンの和約成立し,オーストリア継承戦争終結,ジョージ王戦争も終結(プロイセンのシュレジエン領有,マリア・テレジア王位継承,フランツ1世帝位承認)【欧】
アメリカ植民者がアレゲニー分水嶺をこえて西部へ移住【米】
フランス軍,オハイオ峡谷に進軍しインディアンとの戦いに勝ち,要塞を建設【米】
オハイオ会社,アパラチア地方に入植【米】
フランス領のルイスバーグに対抗してイギリスもハリファクスを建設【米】

人間と啓蒙思想

1740 ヴェツブルク大学におけるバルテルのドイツ国家教会主義の活動さかん【独】

ムラトリ聖書目録

ムラトリ,ミラノで『ムラトリの聖書目録』を発見公刊(新約聖書成立の資料となる)【伊】
パリ=デュヴェルネ『財政に関する政治的考察の検討』【仏】
このころ,台湾に茅山・正一両派伝わる【清】
彭紹舛誕生(居士仏教をおこす)【清】
浄土宗桂鳳の『現証往生伝』刊行【日】
285年ぶりに新嘗会を復活する【日】

1741 ヒューム『道徳的政治的試論集』【英】
ノーサンプトンのカルヴァン派牧師ジョナサン・エドワーズ『怒れる神の手にある罪人たち』(地獄の恐怖を写実的に描写)【米】

1742 ジャン・ジャック・ルソー,ドゥニ・ディドロと知り合う【仏】
ベンゲル『新約聖書注解書グノーモン』【独】

富士講 富士マンダラ信仰の拡大

富士講の禁令出る【日】

1743 スウェデンボルグ『天啓をうる』【典】
ザウアー,アメリカで独訳聖書を刊行【米】
ボストン組合教会派チャールズ・チョーンシー『ニューイングランドの宗教の現状に関する時宜をえた見解』【米】
モレリ『人間の精神に関する試論』【仏】
フランス全土でフリーメーソンが200の集会所【仏】

富永仲基

1744 富永仲基『出定後語』刊【日】
北京にガンデン=チンチャクリン(和宮)開創【清】
ジョン・ウェスリー,イギリス中を旅してメソジスト教会を組織【英】

1745 太宰春臺『斥非』【日】

1746 ディドロ『哲学断想』【仏】
コンディアック『認識起源論』【仏】
サント・パレー,古代中世騎士道の名誉回復に関する講演【仏】
バルテルの弟子ネラー『ドイツの現状に適応すべき教会法の原理』出版【独】
エドワーズ『宗教的感情について』【米】
長老派の大学,ニュージャージー大学創設される(現在のプリンストン大学)【米】
富永仲基『翁の文』刊(加上論を展開)【日】

ディドロとダランベール

1747 ディドロ,ダランベールとともに『百科全書』の編集を受託【仏】
アベ・ジラール『フランス語のまことの原理』【仏】

1748 ヒューム『人間悟性論』(『人間本性論』のダイジェスト)【英】

法の精神 モンテスキュー

モンテスキュー『法の精神』(三権分立主張,イギリス国会で引用)【仏】
救世主会の創始者リゴリ『道徳神学』【仏】
北米にミューレンベルクによるルター派教会組織生れる【米】
『三礼義疏』なる【清】
時宗に藤沢・七条の学寮できる【日】
谷川士清『日本書紀通証』【日】
ディヴィッド・ハートリー『人間の観察』【英】

スウェデンボルグ

1749 ディドロ『盲人書簡』で唯物論へ移行完了,4カ月投獄される【仏】
ディアヌール神父『女性の勝利』
ライプニッツ『地球前史』【独】
クースタン『古版本聖書』(43〜)(聖書と古ラテン語の研究資料)【伊】
スウェデンボルグ『天界の秘儀』第1巻出版【典】
方苞(桐城派の祖)没,以後同派の方東樹らが活躍する【清】

大博物学時代へ

1740 イギリス毛織物工業の発達【英】
ハンツマン,るつぼ式鋼鉄製造法を発明【英】

毛織物工業の発達

モーペルテュイの適者生存説

モーペルテュイ『宇宙論』で適者生存の説を唱える【仏】
シャトレ夫人『自然学原理』【仏】
トレンブレー,ヒドラを発見【蘭】
田雲祥,軍船を建造【鮮】
青木昆陽,野呂元丈,蘭語学習【日】
1741 野呂元丈,ヨンストン動物図説から『阿蘭陀禽獣虫魚図和解』編集【日】
神田玄泉『日東魚譜』【日】
1742 マクローリン『流率論』(級数,潮汐の理論)【英】
バーミンガムに綿紡工場開設【英】
リンネ,ウプサラ大学植物学教授に【典】
セルシウス,摂氏温度目盛を考案【典】
1743 ダービー2世,高炉送風機駆動用水車のポンプをニューコメン蒸気機関にする【英】
ダランベール『力学原理』【仏】
クレーロー『地球形状論』【仏】
レオミュール『昆虫誌』完成【仏】
フランクリン,アメリカ学術協会を設立【米】
1744 モーペルテュイ『自然の諸法則の一致』(最小作用の原理の提唱)【仏】

オイラーの方程式

オイラー『与えられた性質を有す極大・極小曲線をみいだす方法』(オイラーの方程式)【瑞】
ボイル『俗間における自然概念の自由な考究』【英】
幕府,江戸神田に天文台を建造(〜57)【日】
1745 ラ・メトリ『精神論』【仏】
シャルル・ボネ『昆虫学概論』【瑞】

ライデン瓶と電気ショック・パーティ

ライデン大学のムッシェンブルック教授とクライスト,独立にライデン瓶を発見【独】
電気現象に対する興味ヨーロッパ中広がる(電気ショック・パーティー)【独蘭】
ヴォーカンソン,最初の力織機を製作【仏】
ニーダム,微生物の自然発生を強調【英】

生身のヴィーナス

モーペルテュイ『生身のヴィーナス』【仏】
1746 ローバック,鉛室による硫酸製造法開発【英】
ハンベルガー,十二指腸潰瘍を記す【独】
フランクリン,電気の実験をはじめる【米】

人間機械論 ラ・メトリの唯物主義

1747 ラ・メトリ『人間機械論』【仏】
パリ鉱山学校の創設【仏】
オイラー,色消しレンズの原理【瑞】
マルクグラーフ,テンサイに糖が含まれていることを発見【独】
ペテルブルグ大学設立【露】
ロモノーソフ『熱と寒の原因についての考察』【露】
アルビヌス『人体筋骨図譜』【独】
ハラー『生理学要綱』(近代生理学の基)着手【瑞】
吉益東洞『医断』【日】
1748 ウロア,プラチナを発見【仏】
ノレー『実験物理学教程』6巻【独】
オイラー『無限解析序論』(代数学,微分積分学,三角法記述しラグランジュ,ラプラス,ガウスに影響)【瑞】
1749 ビュフォン『博物誌』の刊行開始(全44巻〜1804)【仏】
カントン,人工磁石を発見【英】
ケネー,ポンパドゥール侯爵夫人の侍医になる【仏】
ヴォーカンソン,紋織機を製作【仏】
方苞『方望渓文集』18巻【清】

ビュフォン博物誌開刊始行

バロックとロココ

マッテゾン ロココ音楽の普及と批判

1740 マッテゾン『音楽家列伝』【独】
シャルダン画[食前の祈り]【仏】
ブーシェ画[ヴィナスの勝利]【仏】
ティエポロ画[アンピトリーテーの勝利](ヴェネチアのスカンツィ寺天井画製作)【伊】
パニーニ画[ローマの廃墟]【伊】
ルイ・ベルトラン・カステル『色彩光学』【仏】
1741 グルック曲[アルタセルセ]ミラノで上演【英】

ブーシェとロココ絵画

1742 ヘンデル曲讃美歌[もろびとこぞりて]【英】
バッハ曲[ゴールドベルク変奏曲]【独】

マルティーニとサマルティーニ

サマルティーニ,オペラ序曲[ト長調のシンフォニア]上演(室内交響曲に移行)【英】
マルティーニ[カナリー群島の興行師]【独】
ブーシェ画[秋][浴後に憩うディアナ]【仏】
ベルナルド・ヴィットーネ設計[サンタ・キアラ・イン・ブラ]【伊】
ラニラ遊園開園し,円形劇場が賑わう【英】
1743 ヘンデル曲[サムソン]【英】
ゲオルグ・クノーベルスドルフ設計[ベルリン・オペラ座]【独】
フィリッポ・ラグッツィーニ設計[サンタ・マリア・マジオーレ]【伊】
コシァン,ラ・フォンテーヌの寓話を装画【仏】
乾山作[彩画乱筥],画[ハツ橋図]【日】
1744 バッハ曲[平均律クラヴィーア曲集第2巻]【独】
ノイマン設計[ヴェツブルクの司教館]【独】
ホガース『当世風の結婚』【英】
紅摺絵はじまる【日】
西川祐信画[釣狐図]【日】
『古今図書集成』(図版集)【清】

グルック アリア中心のオペラ改革

1745 グルック曲[イポリット]【独】
ルソー曲オペラ[優雅なミューズたち]【仏】
ヒルデブラント設計[シェーンブルン宮]【墺】
ポンパドゥール侯爵夫人,ヴェルサイユ宮殿文化の中心となる【仏】
ティエポロ装飾画[アントニウスとクレオパトラの祝宴]【伊】
ジョヴァンニ・ピラネージ『幻想牢獄』(〜60)【伊】

ポンパドゥール様式

1746 アザム兄弟設計[アザム・キルヒェ]【独】
ブーシェ画[化粧室のヴィーナス]【仏】
レイノルズ画[ジョン・ハミルトン船長]【英】
大岡春卜編『明朝生動画園』刊【日】
1747 クノーベルスドルフ設計[サン・スーシ宮殿]【独】

音楽の捧げ物

バッハ,サン・スーシ宮殿を訪れ[音楽の捧げ物]を奏す(神学的組み合せ術)【独】
彭城百川画[山水図屏風]【日】
1748 ラモー曲[ピグマリオン]【仏】
ノイマン設計[ブリュール宮殿]【独】
ポンペイ遺跡発掘(古代文化に注目)【伊】

ピラネージ ローマ景観図

ピラネージ『ローマ人たちの華麗と建築遺品について』(ローマ景観図)【伊】
1749 バッハ曲[フーガの技法]に着手【独】
ジェイムズ・ギッブズ設計[円形のラドクリフカメラ図書館]一般公開【英】
ロレンソ・ロドリーゲス設計[サグリオ・メトロポリタン]【NY】
池大雅画[赤壁両遊図屏風]【日】

サン・スーシ殿宮

サロンとメディア

ブッククラブ流行

ブッククラブ,貸本屋の普及【英】
ジョフラン夫人やデファン夫人の市民的サロン活況(ヴォルテール,ディドロ,ダランベールなど百科全書派のサロンになる)【仏】

ジョフラン夫人のサロン

1740 リチャードソン『パミラ』【英】
ゴッドシェト『古代ギリシャとローマの規範によるドイツ演劇論』【独】
ボードマー,ブライティンガー『文学における不思議なものについての批判的論文』【独】
書籍印刷者式典(ゴッドシェト講演)【独】
ブランデンブルク州立図書館75000冊【独】
1741 L・ホルベア『ニールス・クリムの地底旅行』【諾】
ヨハン・ケーラー『グーテンベルクの名誉回復』【独】
1742 ヴォルテール『予言者マホメット』上演【仏】
ハーゲドルン『オーデ歌謡集成』(〜52)【独】
荷田在満『国歌八論』刊【日】

上方に読本流行

このころ上方に読本さかん【日】
1743 フィールディング『大盗ジョナサン・ワイルド』【英】
C・F・ゲスナー『書籍印刷に精通した従弟』【独】
セリあげ道具が大坂の芝居ではじまる【日】
1744 ニューベリ『トミー・サム童謡集』,ロンドンに書店兼出版社を設立,新聞発行【英】
エバハート・キンダーマン『飛行船を駆り,迅やかに天翔ける』【独】
ウォーバートン『エジプト象形文字論』【仏】
飛脚の速達便はじまる【日】

ブレーメン寄与

1745 ゲラート『ブレーメン寄与』創刊【独】

夜想 エドワード・ヤング

エドワード・ヤング『夜想』(42〜)(イギリス前期ロマン主義)【英】
クロップシュトック『別れの辞』【独】
渋川清右衛門『絵本直指宝』刊【日】

書籍印刷文化ドイツに拡大

1746 ウィリアム・コリンズ『頌歌集』【英】
ゲラート『寓話と物語』(〜84)【独】
J・E・シュレーゲル『カヌート』【独】
ムノン『有産市民料理指南』【仏】

菅原伝授手習鑑

1747 竹田出雲,浄瑠璃『菅原伝授手習鑑』初演【日】
リチャードソン『クラリッサ・ハーロー』【英】
政治討議の公刊は中断(文学書評へ)【英】
レッシング『ダーモン』【独】
クロップシュトック『ギリシャ人の弟子』【独】
ゲラート『G伯爵夫人』【独】
竹田出雲『義経千本桜』初演【日】

常磐津節 宮古路文字太夫豊後節を改良

宮古路文字太夫,常磐津節を創始【日】
1748 クロップシュトック『メシーアス』(ドイツ古典主義の先駆)を『ブレーメン寄与』に発表【独】
ゴッドシェト『ドイツ文法』【独】
レッシング『女嫌い』【独】
竹田出雲『仮名手本忠臣蔵』初演【日】

トム・ジョーンズ

1749 フィールディング『トム・ジョーンズ』【英】
サミュエル・ジョンソン『浮き世の望みのむなしさ』(〜55)【英】
グリフィス『マンスリー・レヴュー』発刊【英】
フリードリヒ大王,施設印刷所を設立【独】
チャールストン図書館組合創設【米】
『仮名手本忠臣蔵』江戸三座で競演【日】
都賀庭鐘『英草子』刊【日】

1740

ほんの少し前のことであるが、ドイツ語を四語話せば、それにフランス語が二語入っている具合だった。
E・ド・モヴィヨン『フランス語とドイツ語』

十八世紀中葉は、活字デザインの時代である。
情報の歴史は、タイプフェイスとともに生きていた。

ゴドウィンのアナキズムとバークのナショナリズム、
革命的自然と反革命的自然が共存する時代であった。

啓蒙の波及

1750 寛延3

仏二三〇〇万人
伊一五五〇万人

専制君主と絶対主義

フリードリッヒ大王とプロイセン絶対主義

1750 米植民地で鉄製品製造の禁止法可決(英国重商主義表面化)【英】
仏人口2200万人,伊人口1550万人,以後半世紀で人口急増(小児の死亡減少)【欧】
世界の総人口7億5000万人
カティオの戦(チッペア族がスー族を破り,ミネソタ北部の米の自生地を入手)【米】
フランスがマドラスを英国に返還【印】

1751 ポトマック河畔にジョージタウン建設【米】
第2次ダライ・ラマ政権,清の監督下に発足【清】

1752 ロッグズタウン条約(イロコイ族らの土地をヴァージニアに譲渡)【米】
フランクリンと友人ら,フィラデルフィア火災保険互助会創設【米】
ジョージ・ワシントン,小麦製粉所を建設(米最大の製粉業者に)【米】

ビルマ・モン族

ビルマでモン族がアヴァを占領(トゥングー朝滅び,ビルマ族アラウンパヤー朝成立)【ビルマ】

1753 フランス軍,オハイオ渓谷を占領(調査官ワシントンがフランス軍の撤退を要求)【米】
プロイセン・フランス通商条約を締結【仏】

1754 アメリカ人口150万人【米】
フランス軍,ワシントンの遠征軍を破る【米】
オルバニーの会議開催(フランスの侵攻への防衛と植民地の連合を計画)【米】
フランスの植民地行政官デュプレックスがインドから召還され,英国の支配力高まる【印】
ジュンガル部のアムルサナ,ダワチに追われ清に来奔【清】
宝暦暦を採用【日】

1755 リスボンの大地震(3万人死亡)【西】

フレンチ・インディアン戦争

フレンチ・インディアン戦争(〜63)【米】
亥年の飢饉【日】

七年戦争へ

外交革命 英普 仏墺露

1756 外交革命(ウエストミンスター協定で英国とプロイセン同盟,ヴェルサイユ条約でフランス・オーストリア・ロシア同盟)【欧】
七年戦争勃発(〜63)(英国,仏に宣戦,プロイセン軍ザクセン侵入)【欧】
ベンガル太守,カルカッタ略奪【印】
米価騰貴により蓄米を禁じる【日】

1757 プロイセン軍,ボヘミアを侵略しプラハを包囲【欧】
大ピット,ニューカスルの連立内閣成立【英】

プラッシーの戦

プラッシーの戦(英国東インド会社軍がフランス・ベンガル太守連合軍を破り,カルカッタ奪還,イギリス主権を確立)【印】
外国貿易を広州港に限る【清】

1758 クレフィールドの戦でフランス軍敗北【欧】
ツォルンドルフの戦(プロイセンがロシア軍を破る)ホッホキルクの戦(オーストリア軍がプロイセンを破る)【欧】
ジュンガル部を併合する【清】

宝暦事件 竹内式部の尊皇思想

宝暦事件起こる(竹内式部)【日】

1759 クネルスドルフの戦(ロシア・オーストリア連合軍がプロイセン軍を破る)【欧】
回部を平定(東トルキスタンを併合し,藩部のひとつとする)【清】

世界人口 七億五〇〇〇万人

人間と啓蒙思想

百科全書の刊行開始

1750 ヴォルテール,フリードリッヒ大王に招かれベルリンへ赴く【仏】
プュイズュー夫人『女性は男性に劣る者には非ず』【仏】
ル・ブラン『言葉の新たな理論』【仏】

テュルゴー

テュルゴー『人間精神の継起的進歩の表』【仏】
イェヒァー『総合学者事典』(〜51)刊行【独】
室鳩巣『駿台雑話』5巻刊行【日】

1751 ディドロ,ダランベール『百科全書』刊行開始(17巻,図版11巻)【仏】
モレリ『大いなる王の資性論,ならびに賢明なる統治の一般的体系』【仏】

ヴォルテール

1752 イギリス,グレゴリオ暦を採用【英】
国務顧問会,百科全書発行禁止【仏】
『宗詩紀事』100巻,『絶妙好詞箋』7巻編集【清】

1753 ドン・カフィオ『女性の擁護』【仏】
ロバート・ラウス『ヘブライ人の聖詩論』【英】

自然真営道

安藤昌益『自然真営道』略版刊【日】

玄語 三浦梅園の言語論 反観合一の条理学

三浦梅園『玄語』【日】

1754 ヒューム『イングランド史』【英】
ディドロ『自然解釈の思索』【仏】
コンディヤック『感覚論』【仏】
カント,論文『形而上学的認識の第1原理の新解釈』でケーニヒスベルク大学講師就任【独】
エドワーズ『自由意志論』『真の徳の本質』【米】
ハチソン『精神哲学体系』(死後刊)【英】

1755 マレー『デンマーク史序説』(北欧英雄主義)【仏】

自然の法典 モレリの初期共産主義

モレリ『自然の法典』(初期共産主義への回帰)【仏】
ルソー『人間不平等論』【仏】

メンデルスゾーン 啓蒙サロン

ユダヤ啓蒙主義の父,モーゼス・メンデルスゾーンのサロンに啓蒙主義者集まる【独】
スウェデンボルグ『天界の秘儀』完結【典】
メンデルスゾーン『感覚論』【独】

1756 ヴォルテール,世界文明史の『諸国民の習俗と精神に関する試論』【仏】
ポコック『東方解説』【仏】

1757 ダランベール,百科全書編集から手を引く【仏】

崇高と美 エドマンド・バーク

エドマンド・バーク『崇高と美の観念の起源をめぐる哲学』【英】
ソウム・ジェニンズ『悪の自然および起源の自由な考究』【英】

1758 ケネー『経済表』(重農主義)【仏】
ルソー,百科全書派と決別【仏】
エルヴェシウス,『精神論』発禁【仏】
ゴゲ『古代人の間における法・芸術および科学の起源とその発達』【仏】
スウェデンボルグ『新エルサレム』(新エルサレム教会を設立)【典】
ベネディクト会史料集『ゲルマニア・サクラ』編纂(27〜)【独】
恵棟没『九経古義』『周易述』(清朝漢字の提唱)【清】

慈雲飲光 梵学の集大成

慈雲飲光『梵学津梁』千巻完成【日】

1759 ハーマン『ソクラテス的考察』【独】
アダム・スミス『道徳情操論』【英】
ベルネティ編集『ヘルメス神話事典』【仏】
イエズス会,ポルトガルから追放される【葡】
山県大弐『柳子新論』により政治を批判【日】

1750

大博物学時代へ

1750 ミッチェル『人工磁石論』【英】
ラ・メトリ『快楽主義』発表,フランスから迫害されベルリンに住む【仏】

コークス高炉

ダービー2世,コークス高炉による錬鉄用原料銑鉄の製造成功【英】
1751 リンネ『植物学の哲学』【典】
フランクリンと医師ボンド,フィラデルフィアに病院設立【米】
フランクリン『電気の実験と観察』【米】
モーペルテュイ『自然の体系』で自然発生説に異議【仏】
ホイット,髄反射作用論【英】
日本初の物産会開催【日】

フランクリンの実験

1752 ゲッタール,火山に関する研究【仏】
マイヤー『太陽及び月の運動の新表』【独】
フランクリン,凧あげにより雷の本性を実験的に解明,避雷針を発明する【米】
1753 王立学士院院長を務めた医学者スローン,自分のコレクション(歴史的遺品6万5千余点,手写本4千余点,印刷本1千万点)を国家に遺贈(大英博物館,国立図書館となる)【英】

電気通信への夢

電気通信方式の最初の提案(スコットランドマガジンの記事にC.M.の頭文字で発表)【英】
ド・ベリドール『水力学的建築学全』完成【仏】
オイラー『球面三角法の原理』【瑞】
リンネ『植物の種』(近代植物学の基礎)【典】
1754 ウィルキンソン,ブラドリーに最初の鉄工場をつくる【英】
技術製造奨励協会設立【英】
スミートン,膨張計を発明【英】
モーペルテュイ『組織をもつ物体についての試論』【仏】
ブライトコップフ,楽譜印刷の新しい工程発明【独】
クックウォージー,磁土鉱床発見【英】

蔵志 山脇東洋の死体解剖

山脇東洋,死体解剖を初めて行い『蔵志』を著す(59刊)【日】
平瀬徹斎『日本山海名物図会』【日】
1755 ブラック『マグネシア,生石灰その他のアルカリ物質の実験』【英】
カント『一般自然史および天体の理論』刊【独】
ボネ『心理学概論』【瑞】

カントの天体論

1756 ヒューム,漂白剤として希硫酸を導入【英】
ブラック,固定空気(炭素ガス)は普通の空気と分けられることを発見【英】
リシュリュー公爵,マヨネーズを発明【仏】
モーペルテュイ『宇宙論試論』【仏】
1757 キャンベル,ハドリーの発明した四分儀から,120度まで測定できる六分儀制作【英】
ローゼンホフの図鑑『両生類史』【独】
アンダソン『セネガル植物誌』【仏】
ホーム『農業および植生の諸原理』【仏】
『朝鮮八道地図』を作成【鮮】
田村元雄,平賀源内の提唱で薬品会を江戸湯島に開く【日】

大英博物館

1758 ドランド,色消しレンズの商業的生産実現【英】
キューガーデン植物園開園
1759 大英博物館創設【英】
スミートン,上射式水車の効率を証明【英】
最初の運河,サンキー水路が建設【英】
シャトレ夫人,ニュートンの『プリンキピア』仏訳【仏】
ヴォルフ『発生論』【独】

バロックとロココ

1750 ヘンデル,育児院で[メサイア]のチャリティコンサート【英】
バッハ没,[フーガの技法]完成【独】
シモン・ロドリーゲス設計[サンタ・クララのファサード]【西】
ホガース画[フィンテリーへの進軍]が育児院の経営を助ける【英】
池大雅画[楽志論図巻]【日】
◉ このころロージェ『建築試論』【仏】
1751 ウェッジウッド,陶器製造の錐を考案【英】
ヴァンセンヌの磁器工場,王立となる【仏】
ホガース画[ジン横町]【英】
マサイアス・ロック『飾り物・紋章の盾形,紋章の台座,仮面飾りなどのための新素描集』【英】

白隠の達磨図

白隠画[達磨図]【日】
彭城百川『元明画人考』刊【日】
1752 ブフォン論争(フランス宮廷オペラ派と,百科全書派の押すイタリアオペラ派が論争)【仏】
キリアン・イグナツ・ディンツェンホーファー[ブラーハのニコラウス教会]【独】
ガブリエル設計[ショアジー宮殿]【仏】
ブロンデル『フランス建築』【仏】
宮川長春画[遊女聞香図]【日】
1753 ルソー『フランス音楽に関する書簡』【仏】
ラモー『音楽に対する本能について』【仏】
トマス・チッペンデイール,装飾的家具製作【英】

ホガース美の分析

ホガース『美の分析』【英】
ガブリエル設計[コンコルド広場]【仏】
ラ・トゥール[ダランベールとルソーの肖像]を制作【仏】
西村重長画『絵本江戸みやげ』【日】
1754 ラストレリ設計[ペテルブルグ冬宮]着工【露】
ハイメ・ボルト・メリアー設計[大聖堂ファサード]【西】
プリマスのクックウォージー,カオリンの鉱床を発見(磁器製造の草分けに)【英】
チッペンデール,家具設計図集『紳士と家具工のための指針』出版【英】
1755 ハイドン,最初の[弦楽4重奏]を作曲【墺】
ラ・トゥール画[ポンパドゥール夫人像]【仏】

ハイドン

ゲインズボロ 肖像画800点 風景画200点

ゲインズボロ画[乳しぼり女と木こり]【英】
グルーズ画[聖書の講義][家長]【仏】
伊藤若冲画[旭日鳳凰図]【日】
ヴィンケルマン『ギリシャ美術模倣論』【独】
コルーニ設計[ナンシーの広場]【仏】
1756 ヴァンセンヌの磁器工場,セーヴルへ移転(ポンパドゥール様式)【仏】
ピガル作[サックス元帥の墓]【仏】
1757 ウィリアム・チェンバーズ,英国に中国趣味(シノワズリー)を拡大【英】
J・B・ブーアール『イコノロギア』
ゲインズボロ画[猫を抱く芸術家の娘]【英】
グルーズ画[野鳥を取る人]【仏】

英国シノワズリー若冲

1758 ティエポロ画[降架]【伊】
宋紫岩来日【日】

ウェッジウッド

1759 ウェッジウッド,バースレムの工場で鉛釉陶器を製造【英】
レイノルズ画[第7代ルーダデール伯爵]【仏】

美術批評 ディドロにはじまる

ディドロ,絵画展覧会の評論の仕事(〜1808)【英】
伊藤若冲画[鹿苑寺大書院水墨画障壁画][雪中鴛鴦図]【日】

清水焼 音羽屋九郎兵衛

音羽屋九郎兵衛により清水焼創始【日】

クラブとメディア

◉ 新聞雑誌の普及(30人に1部)【英】
◉ アフターヌーンティーの習慣はじまる(コーヒーハウスの衰退)【英】
1750 サミュエル・ジョンソン,雑誌『ランブラー』創刊(〜1752)(ジョンソン中心の「ザ・クラブ」盛況)【英】
ジョン・バスカーヴィルが書籍印刷と活字体製作に活躍(アンティカ書体と斜字体をつくる)【英】
ジュリ・ド・レスピナスのサロン(百科全書派,多く集まる)【仏】
レッシング『自由主義者』『ユダヤ人』【独】
バウムガルテン『美学』【独】
クロプシュトック『メシアス』【独】
慶紀逸撰俳書『武玉川』評判【日】

サミュエル・ジョンソンのクラブとジュリ・ド・レスピナスのサロン

1751 スモレット『ペレグリン・ピックルの冒険』【英】
フィールディング『アミーリア』【英】
グレー『野中の墓地で書かれた悲歌』【英】
ヴォルテール『ルイ14世の世紀』【仏】
デュクロ『今世紀の風俗についての考察』【仏】
スカロン『滑稽物語』【仏】
『フォス新聞』ベルリンで創刊【独】
モード指南書『青年貴族必携』流行【伊】
1752 レノックス『女ドン・キホーテ,アラベラの冒険』【英】

SFミクロメガス ヴォルテール

ヴォルテール『ミクロメガス』【仏】
ルソー戯曲[村の占い師]上演【仏】
1753 リチャードソン『サー・チャールズ・グランディソン』【英】
スモレット『ファゾム伯爵』(恐怖ミステリー小説の草分け)【英】
ビュフォン『文体論』【仏】

並木正三 セリと回り舞台

並木正三,歌舞伎に三間四方のセリを工夫【日】
京鹿子娘道成寺,長唄初演【日】
1754 有閑階級成長(植民地生産商品利益より)【英】
トーマス・ウォートン『フェアリー・クィーンに関する考察』(騎士道を擁護)【英】
フレロンの新聞『文芸年鑑』創刊(〜76)(ヴォルテールを「文学のロバ」と呼ぶ)【仏】
グリムの『文学通信』(〜90)創刊(フィロゾーフを弁護)【仏】
フランクリン「連合か死か」の風刺漫画【米】
1755 サミュエル・ジョンソン『英語辞典』【英】

バスカーヴィル 活字改良 レイアウト

バスカーヴィル,模造紙にウェルギリウスを印刷【英】
1756 ハミルトン&スモレット『クリティカル・レビュー』発刊【英】
ヴォルテール『リスボン災害に寄せる詩』『習俗論』【仏】
1757 ディドロ『私生児』【仏】
書家の沢田東江『異素六帖』出版(初期洒落本)【日】
岡島冠山『通俗忠義水滸伝』【日】

柄井川柳 前句付点者に

柄井川柳が前句付点者として活動開始(川柳のはじまり)【日】
1758 並木正三,歌舞伎で回り舞台を工夫【日】

源氏物語新釈

賀茂真淵『源氏物語新釈』【日】
口木山人『通俗西遊記』刊行開始【日】
1759 ヴォルテール『カンディド』【仏】
ピエール・リシュレ『フランス語辞典』【仏】
スマローコフ雑誌『働き者の蜜蜂』を創刊【露】
ジョンソン『ラセラス』【英】
ヤング『独創的著作に関する推論』【英】
レッシング『文学書簡』【独】

トリストラム・シャンディ

スターン『トリストラム・シャンディ』(〜67)【英】

どこのコーヒーハウスの座談からでも学べるようなことしか教えてくれないような著述家は、ほとんど尊重するに値しない。
D・ヒューム『政治論集』

BC 6000 以前 / BC 6000 / BC 2200 / BC 1200 / BC 600 / BC 300 / 0 / 300 / 600 / 800 / 1000 / 1200 / 1300 / 1400 / 1500 / 1600 / 1650 / 1700 / 1760 / 1810 / 1840 / 1860 / 1880 / 1890 / 1900 / 1910 / 1920 / 1930 / 1940 / 1950 / 1960 / 1970 / 1980

輪郭の発生
文様と図標
意味の保存へ
記録の構想
契約と学習
記憶の変換
分岐と伝播
変転する世界
知識の交流
情報の自立
都市と物語
内省か観察か
時代の認識
回遊する夢
主観と客観
再生する宇宙
構造と運動
啓蒙の波及
技術と直観
速度への挑戦
私有と競争
拡大する情報
国家と企業
印象の主張
光速と量子
思索と戦争
爛熟する文化
経済の問題
実存と自由
欲望の開発
対立と制御
環境の変貌
混沌と創造

技術と直観

1760〜1809

イギリス産業革命がもたらした
蒸気機関の噂は、
知識人の大胆な情報活動を活発にしていく。

鎖国時代の日本がいちばん元気だった
宝暦・明和・安永・天明期。
いわゆる田沼時代。

1760 宝暦10

専制君主と絶対主義

エンクロージャー❷

● このころより第2次エンクロージャー（囲い込み）さかん【英】

1760 ランツフートの戦,リーグニツの戦（七年戦争続く）【欧】
ジョージ2世没,ジョージ3世即位【英】
イギリスが仏領モントリオールとカナダ全土を制圧【米】

広東13行 中国貿易独占体制

アジア貿易とヨーロッパ貿易（公行）の区別を制度化【清】
徳川家重退位,将軍家治【日】
江戸の大火おこる【日】

1761 ピット内閣辞職,トーリー党政権へ【英】
パーニーパットの戦（アフガン隊長アフマド・シャー・アブダリ,マラータ軍を破る）【印】
イギリス人,マニラ占領【比】

女帝エカテリーナの絶対主義

1762 ロシア,七年戦争より退く【露】
啓蒙専制君主,エカテリーナ2世即位【露】
イタリア諸国でチフスが流行【伊】

パリ条約 英・仏・西講和へ

1763 パリ条約締結（英,仏,スペインが講和,フレンチ=インディアン戦争終結）【欧】
フベルツスブルク和約で七年戦争終結【独】
ベンガルでイギリス人虐殺（パトナ事件）【印】

砂糖条例 英の13植民地

1764 13植民地に砂糖条例発令【英】
イスラム教徒のハイダル・アーリー,マイソール王国の王位奪う【印】
江戸の町人に新田開発を奨励【日】
天明騒動【日】

1765 13植民地に印紙条例発令【英】
フランツ1世没,ヨーゼフ2世即位【墺】

印紙条例反対へ

パトリック・ヘンリー,印紙条例に抗議【米】
自由の子クラブが印紙条例に反対【米】

1766 印紙条例廃止【英】

1767 エカテリーナ2世,法典編纂委員会を召集【露】
タウンゼント諸条例の制定（イギリスから輸入する茶,油,紙,ガラスなどに関税）【米】
ジョン・ディキンソンの『ペンシルヴェニアの1農夫からの手紙』（輸入拒否の主張）掲載【米】
サムエル・アダムス,抗議集会を組織化（ボストン広場にダンスと英国大臣罵倒が流行）【米】
第1次マイソール戦争（〜69）（南インドのマイソール王国と英国東インド会社衝突）【印】
アウランパヤ朝軍がシャムに侵入（アユタヤ朝の滅亡）【ビ】
田沼意次,御用人となる【日】
山県大弐の明和事件起きる【日】
上杉鷹山,米沢藩主となる（改革へ）【日】

イギリス産業革命へ

1768 産業革命開始【英】

クック探検

クックの第1次探検（タヒチ,ニュージーランド,オーストラリア）【英】

ロシア南下 エトロフ進出

ロシアの南下政策本格化（エカテリーナ2世,トルコと開戦〜74）【露】
マサチューセッツ議会でタウンゼント法是正の抗議（輸入反対運動へ）【米】

1769 マイソールと英国相互援助条約へ【英】
フリードリッヒ大王とヨーゼフ2世,ポーランド分割を談合【独】
ベンガルの大飢饉（1000万人死亡）
ビルマが清の属国となる【清】

経済と社会の構図

ドルバックのサロンと社会契約論

1760 エルネスティ『聖書解釈研究』【独】

1761 ドルバック『キリスト教暴露』（ドルバックのサロンに百科全書派集合,教会批判の拠点）【仏】
イエズス会神学者の25著作が焼き払われ,111の神学校閉鎖【仏】
ヴーランジェ『東洋の専制主義の起源に関する研究』『風習によって明らかにされた古代』【仏】
ロバート・ウォレス『人類・自然・摂理についての多様な展望』【英】
『皇朝文献通考』『続文献通考』【清】

1762 ルソー『社会契約論』『エミール』刊行（人民主権を主張）【仏】
ヴォルテール,カラス事件の名誉回復に奮闘【仏】

1763 カント『自然神学と道徳学との原理の判明性の吟味』【独】
アダム・スミス,ヒュームの紹介によりドルバックのサロンでディドロ,ダランベール,テュルゴー,ルソー,ヴォルテールと知遇【仏】
ヴォルテール『寛容論』（カラス事件にみる宗教的不寛容が招く悲劇を糾弾）【仏】
ミラボー（父）『農業哲学』【仏】
ガリカニズムのホントハイム『教会の現状とローマ教皇の正当な権力について』【独】
ドイツの国家教会主義（フェブロニウス主義）強まる【独】
本居宣長,賀茂真淵に会う（宣長『石上私淑言』『紫文要領』）【日】

トマス・リード ヒューム批判と常識原理の追求

1764 トマス・リード『常識の原理に基く人間精神の研究』【英】
ヴォルテール『哲学辞典』【仏】
コピノー『言語の起源と形成に関する総合の試み』【仏】
フランスのイエズス会廃止される【仏】
フィデール『感情によるキリスト教徒』【仏】
ランベルト『記号学』【独】

犯罪と刑罰 ベッカリーアのドキュメント

ベッカリーア『犯罪と刑罰』（ミラノ青年啓蒙主義グループ,イル・カフェの議論をまとめ,死刑,拷問,財産没収に反対）【伊】
ロシアで教会の領地を没収【露】

総合ドイツ文庫 F・ニコライ

1765 フリードリッヒ・ニコライ『総合ドイツ文庫』創刊（〜1805）（ドイツの百科全書）【独】
ライプニッツ『人間知性新論』（遺稿）【独】
ディドロ,エカテリーナ2世に蔵書を売却【露】
リスボンで異端者（ユダヤ教徒など）の儀式的処刑を禁止【西】

1766 アダム・ファーガソン『市民社会論』【英】
カント『霊視者の夢』（スウェデンボルグ論）【独】
エスキラーテの乱（イエズス会策謀の噂）【西】

1767 スチュアート『経済学原理の研究』【英】
メリアン『類似に関する哲学的考察』【仏】
デュポン・ド・ヌムール『重農主義または人類にとってもっとも有益な統治に関する自然の憲法』【仏】
イエズス会会員追放と財産押収【西】

ケネー重農主義

1768 ケネー『フィジオクラシー』【仏】

政治の自由 プリーストリーの自由主義

プリーストリー『政治試論』【英】

ヘルダー諸民族の声

ヘルダー『諸民族の声』【独】
ユストゥス・メーザー『オスナブリュック史』【独】

1769 ディドロ『ダランベールの夢』3部作【仏】
ベルジェ師『キリスト教弁護』【仏】

1760

博物学と技術革命

◉ 英国北部の主要工業中心地とロンドンを水路と道路がつなぐ【英】

1760 スミートン,水車利用の送風機を改良【英】
ド・ラナ,排気した金属球の空中船を考案【仏】
ランベルト『光量測定』【独】
エピヌス『電気力と磁気力との類似性に関する学説』【独】
オイラー『固体または剛体の運動の理論』【瑞】
梶取屋治右衛門『鯨志』(最初の版本鯨書)【日】

ロビネー 生物存在の連続性

1761 ジャン・ロビネー『自然について』【仏】
レーダーミュラー『顕微鏡による心と眼の楽しみ』【独】
アウエンブルッガー,打診法の発見【独】
ケールロイター,植物の交雑実験に成功(カメラリウスによる雌雄論争い決着)【独】
モルガーニ『解剖によって明らかにされた病気の座と原因について』【伊】
『和漢船用集』(道具の分化)【日】

ボスコヴィッチ

1762 シャルル・ボネ『生物体に関する考察』【仏】
平賀源内『紀州物産志』【日】
合田剛『紅毛医言』【日】
松平頼恭『衆鱗図』【日】

1763 ブラック,比熱の定義とその測定法で熱学の基礎を築く【英】
アダンソン『植物の科』【仏】
ボスコヴィッチ『自然哲学の原理』【伊】
平賀源内『物類品隲』刊(57〜62に開かれた5回の薬品物産会の出展記録)
小島源之助(唐衣橘洲),大田南畝(四方赤良)

ボネ ライプニッツとラマルクをつなぐ

1764 ボネ『自然の観照』【仏】
平賀源内,石綿を発見し火浣布を創製する【日】

ルナー・ソサエティ

バーミンガムで月例対話会がフランクリン,ボールトン,ダーウィン,プリーストリーらにより開催(ルナー・ソサエティの発端)【英】

1765 ジェイムズ・ワット,蒸気機関改良(分離凝縮器の発見)【英】
ケイとヴォーカンソン,リボン機械自動化【英】
ショルヌ,円周・直線上の目盛り機械製作【仏】
方観承『棉花図』【清】
後藤梨春『紅毛談』(エレキテル日本導入)【日】
島田充房,小野蘭山『花彙』刊【日】

ワットとアークライト

1766 キャヴェンディッシュ,可燃性空気の発見【英】
ハラー『生理学要綱』完成【瑞】
クレネジー兄弟,反射炉製作【仏】
ドルベルン・ベリマン『地球の物理学的記述』【独】
ラグランジュ,ベルリン科学協会長官に【独】

1767 プリーストリー,炭酸ガス実験開始『電気の歴史と現在』著す【英】
アークライトとケイ,ローラーのウォーターフレーム製作【英】
ハーグリーブス,ジェニー紡績機を完成【英】
レイノルズ,鋳鉄レールを考案【英】
ブノワ『坤輿全図』刊【清】
ロイヤル・アカデミー設立【英】

1768 スパランツァーニ,微生物の自然発生を否定する実験【伊】
アークライト,水力紡績機械発明(69特許)【英】
平賀源内,タルモメイトル(寒暖計)製作『日本創製寒熱昇降記』【日】
スミートン,ビーム機関の実験【英】

1769 ワット,蒸気機関の特許獲得【英】
シェーレ,酒石酸の発見【典】
ボネ『哲学的再生論』【仏】

医事或問 吉益東洞の万病一毒説

吉益東洞『医事或問』(万病一毒)【日】

古典主義の完成

1760 チェンバロ奏者ヨハン・ショーベルト,パリで活躍【仏】

オペラ・ブッファ

ピッチーニ曲[善良な娘]ローマ初演(イタリア,オペラ・ブッファの全盛)【伊】
オノレ・フラゴナール,ティヴォリのヴィッラ・デステの庭園を造る【仏】

1761 ハイドン曲[交響曲7番ハ長調(昼)]初演,アイゼンシュタットに赴く【墺】
ファルコネ『彫刻についての省察』【仏】
バルボー『古代ローマの最も美しいモニュメント』【仏】
トマス・ジョンソン『150の新しいデザイン』【英】
池大雅画[高野山遍照光院襖絵]【日】

1762 グルック曲[オルフェオとエウリディーチェ]ウィーン初演【墺】

モーツァルトの旅行

モーツァルト,最初の音楽旅行【墺】
ティエポロ,マドリード王宮の壁画製作【伊】
ジョージ・スタッブズ画[馬の母子]【英】

1763 ジョシュア・レイノルズ画[ネリー・オブライエン]【英】
グルーズ画[こどもたちの世話をうける中風患者]【仏】
フランチェスコ・グアルディ画[ヴェネチアのドージェの選挙]【伊】
クロード=ニコラ・ルドゥ設計[モンペルチュイの城館]【仏】

ヴィンケルマン古代美術史 古典美術の初の本格紹介

1764 ヴィンケルマン『古代美術史』【独】
カント『美の感情』【独】
ケイパビリティ・ブラウン,ハンプトン・コートの王室造園家になる【英】
曽我蕭白画[群仙図屏風]【日】

1765 ハイドン曲[交響曲第30番(ハレルヤ)]【墺】
ヒラー曲[陽気な靴屋](最初のオペレッタ,ライプツィヒで上演)【独】
フラゴナール画[大僧正コレシュスの犠牲][ブランコ]【仏】

ブーシェ 宮廷画家に

ブーシェ画[ポンパドゥール夫人](ヴェルサイユ宮殿画家に)【仏】
円山応挙画[淀川両岸図巻][雪松図]【日】
鈴木春信,浮世絵に多色摺りを採用,錦絵を創始【日】
宋紫石画[宋紫石画譜]【日】

江戸の鈴木春信 京の円山応挙

1766 ヒラー『音楽週報』刊行開始【独】
スタッブズ銅版画[馬体解剖]【英】
シャルル・ド・ヴァイー[ソロモン神殿復元図]【仏】

ドラフォス図像集

ドラフォス『歴史的図像集』
伊藤若冲画[動植綵絵]【日】
鈴木春信画[座敷八景](錦絵)【日】
与謝蕪村画[蘭亭曲水図屏風]【日】

1767 グルック曲[アルチェステ]【墺】
ルソー『音楽辞典』【仏】
白隠画[自画像]【日】

大雅・蕪村

1768 J・A・ガブリエル設計[プティ・トリアノン][ルイ15世広場]【仏】
ジョセフ・ライト画[空気ポンプの実験]【英】
メジェール設計[パリ穀物取引所]【仏】

1769 モーツァルト,イタリアに赴く【独】

オペラ・コミック流行

◉ オペラ・コミック,世界的に流行【欧】
グルック曲オペラ・コミック[パリス]【墺】
アダム兄弟設計[アイヴィービクェスト]【英】
グルーズ画[恋にささげる]【仏】

ロマンとメディア

古代詩オシアン

1760 スコットランド詩人マクファーソン『古歌の断章オシアン』(ロマン主義に影響)【英】
パリッソら反哲学者,ディドロらフィロゾーフと風刺合戦,ルフラン『アカデミーでの演説』(フィロゾーフを攻撃,ヴォルテール応戦)【仏】
ルソー『新エロイーズ』【仏】
ニエル・シェフリーン『アウグスブルク印刷史』【独】
宣教師エゲト『エスキモー語文法』【丁】
『日省録』の記録開始(〜1910)【鮮】
浄瑠璃『奥州安達原』初演【日】
賀茂真淵『万葉考』【日】

1761 ディドロ『ラモーの甥』【仏】

ルソーとディドロ

1762 マクファーソン『フィンガル』(オシアン)【英】
リチャード・ハード『騎士道と伝奇物語に関する手紙』【英】
ヴォルテール『スキチア人』【仏】
ハーマン『文献学者の十字軍行』【独】

1763 マクファーソン『テモラ』(オシアン)【英】
バスカーヴィル2つ折判の聖書印刷【英】
カゾット『オリヴィエ』【仏】
ハイネ,ゲッティンゲン図書館に勤務(情報分類に従事)【独】
平賀源内(風来山人)『根南志具佐』前編『風流志道軒伝』【日】

平賀源内

オトラント城奇譚

1764 ウォルポール『オトラント城奇譚』【英】
パリッソ『ダンシアード』(哲学者風刺詩)【仏】
フルニエ,活字技術尺度を改革しその体系を『活版印刷術便覧』2巻に著す【仏】

1765 ヴィーラント『シェイクスピア全集』編集【独】
田舎老人多田爺『遊子方言』(本格洒落本)【日】
ブーランジェはじめてレストラン開店【仏】
ルーミエ『ミロード・ケトンが7惑星を旅する,または新しき師』【仏】
ライプツィヒのライヒ,書籍商設立【独】
パーシィ『古代イギリス詩の遺産』【独】
洪大容『燕行録』編纂【鮮】
呉陵軒可有編『柳多留』(川柳名声上がる)【日】

川柳狂歌流行

1766 フィリップ・マケール『技術・職業辞典』【仏】
ルソー『告白』執筆開始(〜70)【仏】

レッシング 近代への予兆

レッシング『ラオコーン』【独】
ハンブルクの印刷所支配人シュヴァルツ,同業者向けの週刊新聞『書籍印刷者』刊【独】
近松半二『本朝二十四孝』【日】

1767 レッシング,喜劇『ミンナ・フォン・バルンヘルム』『ハンブルク演劇論』(〜69)【独】

ヘルダーの比較文学

ヘルダー『近代ドイツ文学断想』【独】
ヴィーラント『アーガトン物語』【独】
大田南畝『寝惚先生文集』(狂詩)でデビュー【日】
島津重豪『南山俗語考』(中国語学書)着手【日】
富士谷成章『挿頭抄』刊【日】

1768 スターン『センチメンタル・ジャーニー』【英】
初のモード誌『クーリエ・ド・ラ・モード』発行
上田秋成『雨月物語』成立【日】

1769 レッシング『週刊演劇批評』でドイツ演劇の解放者と呼ばれる【独】
ヘルダー『旅行記』【独】
ヴィーラント『ムザーリオン』刊行直後盗版(書籍の複製はじまる)【独】
小島源之助(唐衣橘洲),大田南畝(四方赤良)狂歌会開催し流行(〜71)【日】

雨月物語

日本にないとされる薬物も深山幽谷を訪ねれば発見されるかもしれない。それぞれの国の人によって物産が紹介されるべきである。

平賀源内開催の東都薬品会広告文

プリーストリー、ドルバック、蒹葭堂、重三郎、いずれも知の情報のネットワーカーである。

1770
明和7

アメリカの独立

田沼時代へ

1770 ジョージ3世,国王の大権回復を望み,ノース卿に組閣させる【英】
ルイ16世,オーストリア皇女マリー・アントワネットと結婚【仏】
東インド会社を解散【仏】
ボストン虐殺事件(タウンゼント法撤回)【米】
1771 ロシア,クリミア半島征服【露】
植民地連絡委員会できる【米】
アダムスとハチンソン,憲法原則に対する新聞論争【米】
ベトナム,タイソン党の乱おきる【越】
オランダを介して「ベニヨフスキー情報」入り,北方への関心増大【日】

1772
1772 クックの第2次探検出発(タヒチ,フィジー,ニューカレドニア,ニュージーランド)【英】

ポーランド分割①

第1次ポーランド分割【波】
長久保赤水の日本図(初の経緯線入り日本図)刊【日】
田沼意次,老中になる(賄賂が横行)【日】
薩摩藩主島津重豪,開化政策に着手【日】
専売制,会所制を設け,専売商人から冥加金を徴収する【日】

プガチョフの乱 農民ピョートル3世軍

1773 プガチョフの反乱【露】

ボストン茶会事件

1774
ボストン茶会事件【米】
ヘースチングスが初代ベンガル総督【印】
耶蘇会,ローマ法王より解散を命ぜられる【清】
庄屋と小作人の対立激化【日】

1774 ルイ16世即位(〜92)【仏】
ロシアとトルコが講和【露】
英国がボストン港を封鎖し軍隊導入【米】
植民地各州代表がフィラデルフィアで第1回大陸会議を開き権利宣言を発布【米】
1775 アメリカ独立革命の開始(パトリック・ヘンリーの演説)【米】
フィラデルフィア第2回大陸会議【米】
植民地軍司令官にジョージ・ワシントン【米】

マラータ戦争①

1776
第1次マラータ戦争(〜82)(マラータ同盟と英国東インド会社の戦)【印】
ザポロージェの本営の解体【露】

アメリカ独立宣言

最初の労働組合

1776 イギリスに最初の労働組合【英】
クックの第3次探検(〜79)(ニュージーランド,タスマニアなど)【英】
アメリカ独立宣言(ヴァージニア権利章典)を採択(トマス・ジェファーソンら起草)【米】
1777 ネッケル財務総監となり,財政改革(〜81)【仏】

ラファイエット

1778
フランス貴族ラファイエットが義勇軍を率いて植民地軍を支援【米】
サラトガの戦【米】
連合規約が成立(植民地側はアメリカ合衆国を称する)【米】
アメリカ旗が星条旗になる【米】
百姓の江戸出稼ぎを禁じる【日】

1778 フランスが合衆国独立を承認【仏】
バイエルン継承戦争始まる(オーストリアのバイエルン獲得をプロイセンが阻止)【欧】
英国,フランスが戦争開始(〜83)【米】
ロシア船,蝦夷にきて通商を求める【日】
1779 チェシン和約でバイエルン継承戦争終わる【欧】
スペインが英国に宣戦布告,ジブラルタル包囲(合衆国の独立を要請)【西】
イランにカジャール朝成立【イラン】
ウルムチ城を築く【清】

経済と社会の構図

本居宣長

1770 アベ・レナール『両インドにおけるヨーロッパ人の基地と通商に関する哲学的・政治的歴史』【仏】
ドルバック『自然の体系』【仏】
ルイ・セバスチャン・メルシェ『2440年別名こよなき夢』(未来社会論)
アントワーヌ・ゴービル訳『書経』【仏】
カント,ケーニヒスベルク正教授就任論文『感性界および叡知界の形式と原理について』【独】
ユダヤ教のハスディズムとミトナグディームの間の闘争激化【ユ】
「エンサイクロペディア・ブリタニカ」刊行【英】
1771 乾隆帝のキリスト教禁止【清】
本居宣長『直毘霊』刊【日】

ブリタニカ初版

1772 『百科全書』21巻完成【仏】
エルヴェシウス『人間論』【仏】
ジャック・エムリ『ライプニッツの精神』(科学的弁神論で反響)【仏】
ゲッティンゲン森林同盟創立【独】
第1回ポーランド分割により大ユダヤ人コミュニティ,帝政ロシアの支配下に入る【ユ】
壬辰の乱に殉節した義僧霊および700義士の塚を祭る【鮮】
1773 フランス・フリーメーソンの新組織,グラントリアンの創立【仏】
教皇クレメンス14世,全イエズス会廃止【伊】
バーゼドー,デッサウに博愛学院を創立【独】
ディドロ,エカテリーナ2世に招かれる【露】

洪大容 李朝の実学者 宇宙無限論の主張

洪大容『毉山問答』【鮮】

三浦梅園

価原 梅園の経済学

三浦梅園『価原』(経済論・貨幣論)【日】
薩摩藩,造士館を設立【日】

1774 レッシング,理神論者ライマールスのため遺稿『ヴォルフェンビュッテルの断章』を公刊(〜78)【独】
禁書令(乾隆帝の排満思想防止の統制〜81)【清】
山東に白蓮教の首領王倫の乱【清】
東西本願寺,浄土真宗を公称したい旨上訴【日】
1775 豊後竹田藩,由学館を設立【日】
三浦梅園『玄語』完成【日】

アダム・スミス

国富論 自由主義経済学

1776 アダム・スミス『国富論』(レッセ・フェールを主張,自由主義経済学を確立)【英】
マブリ『立法論』【仏】
ジャン・ジョセフ・アミオ『支那雑纂』【仏】

コモン・センス

トマス・ペイン『コモン・センス』出版(米独立へ世論高まる)【米】

イルミナティ アダム・ヴァイス・ハウプト

アダム・ヴァイス・ハウプト,結社「イルミナティ」結成
米沢藩,興譲館を設立【日】
1777 プリーストリー『物質と精神』『哲学的必然の教義の解説』【英】
W・ロバートソン『アメリカ史』【英】
ジョセフ・ド・マイヤ『支那通史』【仏】
ジョセフ・ヒリー『ハグリー,エンヴィルおよびレザスの美に関する書簡』

1778 ルソー,ヴォルテール没【仏】
パリに手形割引の銀行ケース・デスコント設立【仏】
1779 日向高鍋藩,明倫堂を設立【日】
シュパンゲンベルク『兄弟たちの信仰の理念』(敬虔主義の発展に寄与)【独】
中沢道二,心学を広める【日】

アメリカ独立の功績の半分は新聞社と郵便局によっている。

博物学と技術革命

1770 工場制度はじまる【英】
ドルバック『自然の体系』【仏】
ディドロ『物質と運動に関する哲学原理』【仏】
ビュフォン『鳥類の博物誌』刊開始(～86)【仏】
田村元雄『琉球産物誌』【日】
1771 アークライト,水力運転の織物工場建設【英】

工学の誕生

スミートン,はじめて「工学」の名称を使う【英】
ハラー『植物誌』(～72巻)【独】
吉益東洞『薬徴』著す【日】
本木良永『阿蘭陀地球説』【日】

キャヴェンディッシュ

1772 キャヴェンディッシュ,『有毒空気』(窒素)の単離【英】
キャヴェンディッシュ,電気力の逆二乗の法則,万有引力定数の測定【英】
ラヴォアジエ,質量不変の法則【仏】
シェーレ,酸素の発見【典】
ラグランジュ三体問題一般解証明【仏】
ボーデ,太陽と諸惑星の距離に関する法則【独】
ソヴァージュ『組織的疾病分類学』【仏】
活字鋳造者ハース,鉄製の印刷機を製作【瑞】

雲根志 木内石亭の鉱物百科

1773 木内石亭『雲根志』(～1801)(石百科事典)【日】
平賀源内,秋田藩主招待で鉱山調査【日】

プリーストリー ラヴォアジエ

1774 オリバー・ゴールドスミス訳編『大地と生物の自然史』(ビュフォン博物誌より)【英】
プリーストリー「脱フロギストン空気」(酸素)発見【英】
ジュッシュー『植物諸属』【仏】
スミートン,76馬力ニューコメン機関製作【英】
ウィルキンソン,砲身の中ぐりで特許取得【英】
ギナン,光学ガラス製造の基礎【瑞】
ガーン,マンガン発見【独】
前野良沢,杉田玄白『解体新書』刊【日】
本木良永訳『天地二球円法』【日】

解体新書

1775 ボールトン・ワット商会,蒸気機関を販売【英】

ラファーター観相学

ヨハン・カスパル・ラファーター『観相学断片』(挿絵ヨハン・フュッスリ)【瑞】
ベリマン『選択的親和力論』【典】
カール・ツュンベリー,日本到着(以後日本の植物を採集)【典】
1776 シェフィールド炭鉱で鋳鉄製レール使用【英】
蒸気機関,送風機にはじめて使用【英】
最初の鉄レール建設,国道幅の規定【仏】

源内のエレキテル

平賀源内,エレキテル完成【日】
1777 ロベスピエール,民衆科学全般を擁護【仏】
ラヴォアジエ「燃焼一般に関する報告」(フロギストン説の追放,酸素と命名)【仏】
ヴェンツェル『物体の親和力論』【独】
1778 ビュフォン『自然の諸時代』【仏】
ラマルク『フランス植物誌』二分岐の検索表を作成【仏】
松村君紀『和蘭航海略説』【日】

ミュール紡績機

1779 クロンプトン・ミュール機開発(ジェニー紡績機とウォーターフレームの長所をとる)【英】
インゲンホウス『植物についての実験』(光合成の概念呈示)【英】

古典主義の完成

1770 モーツァルト,サマルティーニと演奏【伊】
ライプツィヒで各週演奏会・商人演奏会開催(音楽擁護がブルジョワの手に移る)【独】
ガブリエル設計[ヴェルサイユ・オペラ劇場]【仏】
ゲインズボロ画[青い服の少年]【英】
ルカミュ・ド・メジェール設計[カルメル会修道院]【仏】
ウィリアム・メイソン『イングリッシュ・ガーデン』【英】

木村蒹葭堂 大坂に文化サロン

木村蒹葭堂,大坂に蕪村ら招き書画会【日】
1771 ウィーン音楽家協会設立【墺】

スミートン 建築技術者協会の設立

建築企画に携わる技術者協会組織され土木技術者と自称(スミートンが指導)【英】
ベンジャミン・ウェスト画[ウィリアム・ペンとインディアンの和約]【米】

十便十宜図 大雅 蕪村

池大雅,与謝蕪村画[十便図・十宜図]【日】
円山応挙画[写生図巻]【日】
宋紫石画[古今画藪]【日】

ピクチャレスクと都市造園計画

1772 モーツァルト,マルティーニに対位法の手ほどきを受ける【伊】
ディンツェンホーファー設計[バンツ修道院]【独】
フィッシャー設計[オットーボイレン教会]【独】
ケント[ストウ庭園]の計画【英】
ブロンニャール設計[オルレアン伯の遊興館]【仏】
ゾファーニ画[ロイヤル・アカデミーのモデルクラス]【英】
フラゴナール,デュ・バリー夫人邸に[愛のなりゆき]を連作【仏】
1773 感傷的な救世主オラトリオ流行【独】

アクアチント製版法

ポール・サンドビー,アクアチント製版技法を考案【英】
1774 グルック曲[アウリスのイフィゲニア][オルフェとウリディース]パリで初演【墺】
ズルツァー『一般美術理論』【独】
ダヴィッド,ローマ大賞を得る【仏】
1775 チェルシー磁器工場,ダービー磁器工場へ吸収【英】
ゲインズボロ画[グレーアム夫人像]【英】
フラゴナール画[サン=クルーの祝宴]【仏】
喜多川歌麿画[四十八手恋所訳](処女作)【日】
1776 ゴヤ画[王室タピスリー工場の下絵]【西】
ジョン・ホーキンズ「音楽の理論と実際の一般史」【英】
チャールズ・バーニ「一般音楽史」【英】
円山応挙画[雨竹風竹図屏風][藤棚図屏風]【日】
1777 グルック曲[アルミード]【墺】
モーツァルト曲[3台のピアノのための協奏曲]【墺】
ノイマン設計[フィアツェーンハイリゲン巡礼会堂](バンツ)【独】

秋田蘭画 佐竹曙山 小田野直武

小田野直武画[不忍池図](秋田蘭画)【日】
1778 ミュラー画[ファウストの生涯]【独】
葛飾北斎,勝川春草に入門【日】
蕪村画[野ざらし紀行図屏風]【日】
佐竹曙山『画法綱領』『画図理解』(秋田蘭画マニュアル)【日】

初の鉄橋 ウィルキンソン ダービー

1779 ウィルキンソン,ダービー,プリチャードらにより,セヴァーン河に世界最初の鋳鉄橋,コールブルックデール橋完工【英】
アダム兄弟設計[エディンバラ大学]【英】
ニコラ・ルドゥー設計[ショーの町の共同墓地案]【仏】
蕪村画[奥の細道図屏風]【日】

ルドゥー 幻想建築

ロマンとメディア

1770 「モーニング・クロニクル」刊【英】
消しゴム登場(プリーストリー発見)【英】
レッシング,ヴォルフェンブュッテル図書館司書になる【独】
ゲーテとヘルダーの出会い「ゼーゼンハイム詩集」(～71)【独】
サムエル・アダムス,ボストン虐殺事件を記事化(毎年3月5日に行進を計画)【米】
江戸に絵草紙起こる【日】
蕪村,夜半亭門流の中心に【日】
平賀源内『神霊矢口渡』初演【日】
1771 ゲーテ『シェイクスピアの日に』【独】
クロップシュトック『救世主』完【独】
乾隆帝,四庫全書館に筆写蔵本,目録化を開始(～90)【清】

四庫全書 著存目録

1772 「モーニング・ポスト」発刊【英】
ディドロ『宿命論者ジャックとその主人』『ブーゲンヴィル旅行記』【仏】
ジャック・カゾット『悪魔の恋』【仏】

ヘルダー 言語起源論

ヘルダー『言語起源論』【独】
1773 ゲーテ『ゲッツフォンベルリヒンゲン』【独】
ヘルダー『ドイツ的気質および芸術について』『オシアン書簡』【独】
レッシング『歴史と文学』【独】
ヴィーラント「メルクール」誌刊(～1810)【独】

蔦屋重三郎 江戸の出版プロデューサー

このころ蔦屋重三郎,本屋を開業して「吉原細見」を売り出す【日】
草双子,世相を織り込み流行(～81日)【日】
建部綾足『本朝水滸伝』【日】
1774 ゲーテ『若きウェルテルの悩み』【独】
レンツ『家庭教師』『演劇覚書』【独】
ヘルダー『人類形成の歴史哲学』【独】
ヤコービ雑誌「イーリス」創刊【独】
シュトルム・ウント・ドランク(疾風怒濤)運動【独】
ピュッター「純法則原則にてらした書籍複製」複製禁止検討【独】
1775 シェリダン『恋敵』【英】
ロバート・ウッド『ホメロスの独創的精神』【英】

ボーマルシェ

ボーマルシェ『セビリヤの理髪師』【仏】
ボドーニ『エピタラミア』出版【伊】
ディド,活版ポイント制定【仏】
恋川春町画作『金々先生栄花夢』(黄表紙のはじまり)【日】

ゲーテ登場とシュトルム・ウント・ドランク

1776 ルソー『孤独な散歩者の夢想』【仏】
クリンガー『シュトルム・ウント・ドランク』【独】
ニコライ『ゼバルドゥス・ノートハンカー』【独】
1777 週刊紙,日刊紙にとって変わる【英】
シェリダン『悪評学校』【英】
ゲーテ『冬のハルツの旅』【独】
与謝蕪村,俳句集『春風馬堤曲』『新花摘』【日】
奈河亀輔『伽羅先代萩』【日】
『和訓栞』93巻刊行(国語辞典の先駆)【日】
1778 レッシング『公理』【独】
ヘルダー『民謡集』(～79)【独】
富士谷成章『脚結抄』【日】
1779 サミュエル・ジョンソン『詩人伝』(～81)【英】

モンボドー 比較言語学はじまる

J・B・モンボドー『古代形而上学』(比較言語学の準備)【英】
ハリソン『ノヴェリスツ・マガジン』大量出版開始【英】
レッシング思想劇『賢者ナターン』【独】

群書類従 塙保己一編集開始

塙保己一『群書類従』の編纂開始【日】

今日、紙の使用は不可欠である。紙不足を打開することが、経済、国家に課せられた急務である。
ヤーコプ・シェーファー『ボロを用いずに紙を作る試み』

BC 6000以前 BC 6000 BC 2200 BC 1200 BC 600 BC 300 0 300 600 800 1000 1200 1300 1400 1500 1600 1650 1700 1760 1810 1840 1860 1880 1890 1900 1910 1920 1930 1940 1950 1960 1970 1980

最初のコミュニケーション産業は新聞だった。
しかし、コミュニケーションの秘密維持のために、
どんな新聞社も同族経営を原則とした。

1780
安永9

フランス革命

1780 エカテリーナ2世,対英国武装中立同盟を提唱(スウェーデン,デンマーク)ヨーゼフ2世との条約に調印,バルカン西半分の統治を約束【露】
オランダが英国と開戦(～83)【蘭】
第2次マイソール戦争開始【印】
ネッケル,赤字財政で宮廷と特権階級の反感にあい辞職【仏】

ヨーゼフ2世の改革

1781 ヨーゼフ2世,信仰寛容令・農奴制廃止令など改革開始【墺】
ヨークタウンの戦いで英国軍降伏【米】
英米で和平講和条約【米】
清の甘粛省,イスラム教徒の反乱,皇帝軍によって鎮圧される【清】

1782 アミアンの和約【欧】
ジブラルタルを包囲するスペイン軍,メノルカ島をイギリス軍から奪取【西】
イギリス・マラータ戦争,サルバイ条約により終結(マイソール戦争は続行)【印】

天明の大飢饉

この年より(～87)まで天明の大飢饉【日】
1783 第一次小ピット内閣成立(～1801)【英】
アンシャン・レジュームの矛盾激化(財務改革失敗し,第3身分の不満つのる)【仏】
ヴェルサイユ条約が締結【仏】
エカテリーナ2世,クリミアを統合しセバストポール要塞を築く【露】
パリ条約・アメリカ独立承認【米】
工藤兵助『赤蝦夷風説考』を田沼意次に提出【日】

1784 ヨーゼフ2世,ハンガリー憲法を廃止【墺】
オスマントルコ,ロシアのクリミア半島併合を承認(コンスタンティノポリス条約)【露】
アナポリス会議でパリ条約を批准し独立戦争正式に終決【米】
アメリカ船がはじめて広東で貿易【清】
田沼意次の子意知暗殺【日】
1785 マリー・アントワネット首飾り事件【仏】
ドル,合衆国の公式通貨になる【米】

ドル現出

1786 フリードリヒ大王没,フリードリヒ・ウィルヘルム2世即位【独】
徳川家治没,田沼意次老中罷免(家斉が将軍職を継ぐ)【日】
天明の大蜂起集中的に起る(～87)【日】
最上徳内,幕命による蝦夷地探検に【日】
1787 財務総督カロンヌ,土地所有者への課税を発表して失脚【仏】
エカテリーナ2世,トルコと開戦(～92)【露】
フィラデルフィアで憲法制定会議【米】
天明の打ちこわし(江戸・大坂で騒乱53件)【日】

松平定信 倹約令 寛政の改革

松平定信,28歳で老中になり(～93)
倹約令を出す(寛政の改革)【日】
林子平『海国兵談』第1巻【日】

林子平 海国兵談

1788 ルイ16世が三部会の召集決定【仏】
憲法発効(連邦制,三権分立制,大統領制)【米】
松平定信,江戸豪商を勘定所御用達任命【日】
1789 フランス革命勃発(第3身分が国民議会を宣言,三部会消滅,パリ民衆バスチーユ監獄襲撃)【仏】
革命全国に波及し各地で農民一揆(ラファイエット司令官)【仏】
憲法制定国民議会,貴族僧侶の封建的特権廃止を決議【仏】
立憲民主党主導で決議制定国民議会が人権宣言採択【仏】
急進革命派,ジャコバン党結成【仏】

ワシントン就任

第1回合衆国議会開催,憲法施行(ワシントンが大統領)【米】
ベトナム黎朝滅ぶ【越】
棄損令発令(旗本御家人の負債免ず)【日】

フランス革命

経済と社会の構図

1780 イギリス,穀物輸入国になる【英】
ゴードン一揆(労働者階級反乱の前兆)【英】
レッシング『人類の教育』【独】
アレキサンドル・レオンティエフ訳『四書』【露】
ニーブール『アラビアおよび近隣諸国の旅』
『歴代職官表』の編集はじまる【清】
1781 ゴルラン『救い主キリストの恩寵に関する神学的論考』【仏】
『アンシクロペディ・メトディーク』(200巻の百科事典～1832)【仏】
カント『純粋理性批判』【独】
甘粛の回教徒の乱【清】

カント純粋理性批判

1782 ニコラ・ベルガスとギョーム・コルヌマン『普遍調和学会』設立【仏】
カント『プロレゴーメナ』【独】
プリーストリー『キリスト教堕落史』【英】
「改遼金元三史」成る【清】
ロンドンのコーヒーハウスにスウェデンボルグの共鳴者集まる【英】
アベ・ド・マブリ『歴史叙述の方法について』【仏】
1783 ニコラ・メジェール『暦の精神』【仏】
ラクロ『女子教育論』【仏】
教皇クレメンス12世,フリーメーソン禁圧勅令を発布
孔広森『公羊痛義』成る【清】
名古屋明倫堂創立【日】

1784 ニューヨーク銀行創立【米】

文化の誕生 ヘルダーの歴史哲学

ヘルダー『人類の歴史の哲学への考想』(文化概念用いられる)【独】
ド・ヴァイー設計[フリーメーソン神殿内部]【仏】
メソジスト監督教会を創立【米】
カント『世界市民的見地における一般歴史考』『啓蒙とは何かという問いに対する解答』【独】
神智学協会設立【独】
李承薫,北京よりキリスト教の書籍を持ち帰る【鮮】
この春以来,西本願寺に異安心盛行【日】
1785 トマス・リード『人間の知力について』【英】
詐術師カリオストロ,エジプト・フリーメーソン儀礼を創始【仏】

朝鮮教会 キリスト教伝道さかん

朝鮮教会創立【鮮】
柳河原,洋書の禁止を主張【鮮】
林子平『三国通覧図説』【日】
河村秀根『日本書紀集解』【日】
ドイツ4大司教「エムスの契約案」公表【独】

1786 カント『自然科学の形而上学的基礎』【独】
大槻玄沢,芝蘭堂設立(最初の蘭学塾)【日】
三浦梅園『詩轍』【日】
木下順庵『錦里文集』【日】

雲伝神道 密教と神道の新しい融合

1787 慈雲飲光,雲伝神道を提唱【日】
G・デュフール夫人『男性に対する女性弁護の書』【仏】

1788 ウィリアム・ブレイク『あらゆる宗教は一つ』『自然宗教は存在せず』【英】
ブレイク,スウェデンボルグ協会に入会【英】
ヘーゲル,チュービンゲン大学神学科にヘルダーリンとともに入学【独】
カント『実践理性批判』【独】
ヨーゼフ2世の宗教改革に抵抗(90年に撤回)【洪】
荘存与没『春秋正辞』(清代公羊学の祖)【清】
1789 ジェレミー・ベンサム『道徳・立法の原理序論』(功利主義の展開)【英】

ベンサム

第三階級宣言

パンフレット「第三階級とは何か」「第三身分の女性の国王への陳情書」【仏】
「普遍調和協会」会員430人に【仏】
フリーメーソンの同志3万人に【仏】
サン・ジュスト『オルガン』【仏】

各国が恐れたのは、
フランス革命による情報の
自由交通であった。

1780

博物学と技術革命

ガルヴァーニの動物電気 メスメルの電気催眠論

1780 ガルヴァーニ,動物電気説【伊】
シュトール『哺乳動物分類序説』【仏】
スパランツァーニ『動植物の博物学的考察』【伊】

天王星の発見

1781 ハーシェル,天王星発見【英】
キャヴェンディッシュ,水の電気分解実験【英】
メスメル「動物磁気に関連する事例の歴史的概要」【仏】
ヴォルタ,電気盆を作製【伊】
ラマルク,小ビュフォンと欧州各地を旅行【仏】

1782 ラマルク,ボナテル編「方法百科」刊行開始【仏】

1783 ワット機関,工場のハンマーを運転【英】
ラヴォアジェ,ラプラス『熱について』【仏】
ラヴォアジェ,水の化学構造を分析【仏】

モンゴルフィエ兄弟の熱気球

モンゴルフィエ兄弟,熱気球実験で初飛行(ピラートル・ド・ロジェが試乗)【仏】
シャルル,水素気球の実験【仏】
アルガン発明のアルガン燈,英国に紹介【仏】
ジャン・エルマン『動物の類縁関係総論』【仏】
鎮江の新河開通【清】
大槻玄沢『蘭学階梯』【日】
工藤平助『赤蝦夷風説考』【日】

カートライト 力織機

1784 ハーシェル『天体の構造』【英】
ゲーテ,間顎骨発見(形態学へ)【独】
カートライト,力織機を設計【英】
レニー,初の全鉄製工場設計【英】
サイミントンとマードック,機関車をはじめて設計【英】
ルボン,ガス機関の特許取得【仏】
アユイ『結晶構造に関する理論の試み』【仏】
マンクレ『可燃性ガスの覚え書』(ガス照明の発明者とされる)【仏】
ツンベルグ『日本植物志』【典】
志筑忠雄『求力法論』【日】

1785 ボールトン・ワット商会,蒸気機関を紡績機械に用いる【英】
ストラット,リーの編物機械を改良【英】
ハーシェル,大型反射望遠鏡完成【英】
ジェフリーズとブランシャール,気球でイギリス海峡の横断成功【仏】

クーロンの法則

クーロン,電気力および磁気力に関する逆2乗の法則【仏】

1786 シェーレ『化学論文集』【典】
桂川甫周,『新製地球万国全図』刊【日】
ヴィック・ダジール,『解剖学序説』(キュヴィエの先駆)【仏】
麻田剛立『実験録推歩法』【日】

1787 ギトン,ラヴォアジェ,フルクロワ,ベルトレ『化学命名法』【仏】
ジェイムズ・ティラー,パリ王立アカデミーで水素ランプを公開【仏】

ロモンの通信機

ロモン,C・Mの提案した電信機改良実演【仏】

ラグランジュ解析力学

1788 ラグランジュ『解析力学』【仏】
モンジュ『統計原理』【仏】
ラヴォアジェ,新元素観を確立し33の元素を4つに大別,『化学原論』へ【仏】
ワット,遠心調速機を発明【英】
ジョン・フィッチ,蒸気船を発明【米】

1789 エラズマズ・ダーウィン『植物学の詩的表現』【英】
ブルーメンバッハ『形成力と生殖』【独】

漂白液 ベルトレ 塩素とアルカリ

ベルトレ,塩素とアルカリで漂白液作成【仏】
ルブラン,ルブラン法発明【仏】

古典主義の完成

1780 フラゴナール画[愛の泉]【仏】
近代劇場建築の模範,ボルドー大劇場落成【仏】
ジョヴァンニ・パイジエッロ,オペラ[セビリヤの理髪師]ペテルブルグで上演【露】
ウィリアム・ブレイク画[ゴドウィン伯の死]ロイヤル・アカデミーに出品【英】
ルカミュ・ド・メジュール「建築の天才あるいは建築と感覚」【仏】

1781 ウードン作[ヴォルテールの像]完成【仏】
ベートーヴェン,ネーフェの弟子になる【独】
ハイドン曲[乙女4重奏曲]【墺】
ルイ・メルシエ『パリ情景』【仏】
ピエール・パット『劇場建築論』
角屋増築(京都島原)【日】

モーツァルト全盛

1782 モーツァルト曲[後宮からの逃走]【墺】
ヨーゼフ2世,オーストリア国内の祝典的教会音楽を制限【墺】
ファルコネ作[ピョートル大帝騎馬銅像]完成【仏】
与謝蕪村画[四季山水図]【日】
ライヒャルト曲[すみれ]【独】

1783 モーツァルト曲[ハ短調ミサ曲K427]【墺】
ジャン・ニコラ・ソーブル『不滅性の神殿』【仏】
エチエンヌ・ルイ・ブーレー計画[円形競技場]【仏】

司馬江漢 銅版画制作

司馬江漢,銅版画を制作[三囲景図](日本で最初の銅版画)【日】
蕪村没[夜色楼台図]【日】

1784 グレトリ曲[獅子心王リチャード]【仏】
マルティーン・ゲルベルト『中世の音楽についての教会の著作家たち』【独】
ブーレー設計[ニュートン記念堂]【仏】
ド・ヴァイー設計[フリーメーソン神殿内部]【仏】

ダヴィッドとネオ・クラシック

ダヴィッド画[ホラティウス兄弟の誓い]【仏】
レイノルズ画[悲劇のミューズとしてのシダン夫人肖像]【仏】

1785 モーツァルト曲ゲーテ詩[すみれ]【墺】
ブーレー設計[王立図書館案]【仏】
トマス・ジェファーソン設計[ヴァージニア州会議事堂]【米】
ウードン,ワシントン像制作のためアメリカに渡る【仏】

フィガロの結婚

1786 モーツァルト曲[フィガロの結婚](作ボーマルシェ)【墺】
ハイドン曲[パリ交響曲]【墺】

蘆雪

1787 モーツァルト曲[ドン・ジョヴァンニ]プラハで上演【墺】
モーツァルト曲[ジュピター交響楽]【墺】
ベートーヴェン,ウィーンへ【独】
ダヴィッド画[ソクラテスの死]【仏】
喜多川歌麿画[画本虫撰]【日】
司馬江漢[両国橋図](銅版画)【日】
長沢蘆雪画[寒山拾得図]【日】

歌麿の大首絵

1788 ユベール・ロベール設計[ジャン・ジャック・ルソーの墓廟]【仏】
ハイドン曲[オックスフォード交響曲]【独】
ゾファニー画[東インド諸島の虎狩り]【仏】
喜多川歌麿画[歌まくら]【日】

1789 ニコラ・ルドゥー設計[バリエール・ド・レトワール]【仏】
モーリッツ,ベルリン・アカデミーの美術理論の教授となる(生徒にティーク,ヴァッケンローダー,フンボルト)【独】
喜多川歌麿,このころから大首絵

ロマンとメディア

シラー

1780 ロンドン最初の日曜新聞「ブリティッシュ・ガゼット」と「サンデー・モニター」,「ヘラルド」発刊【英】
ウィリアム・トムソン『月の人』【英】
ヴィーラント『オーベロン』【独】
朴趾源『熱河日記』【鮮】
奈河亀輔『加賀見山廓写本』【日】
はじめてダービー開催【英】
『都名所図会』刊行【日】

パレ・ロワイヤルにレストラン出現

1781 ウォートン『イギリス詩史』【英】
レチフ・ド・ラ・ブルトンヌ『南半球の発見』【仏】
シェニエ詩『発明』(～90)【仏】
マンチェスターで「文学哲学協会」設立され全国化【英】
ペスタロッツィ『リーンハルトとゲルトルート』【独】
フォス訳『オデュッセイア』【独】

危険な関係 ラクロ話題作

1782 ラクロ『危険な関係』【仏】
ジャック・ドリール詩『庭園』【仏】
パレ・ロワイヤルにサロン的なレストラン出現【仏】
シラー『群盗』上演【独】
『四庫全書』『四庫全書総目提要』完【清】
山東京伝,黄表紙『御存知商売物』でデビュー
山東京伝,本膳亭坪平『ひろふ神』(広告コピー集)【日】

1783 ブレイク『詩的描写』【英】
ノア・ウェブスター『英語の文法』という書名で『ウェブスター綴り字教本』出版【英】
詩人ボーマルシェ,バスカーヴィルの活字と印刷機械を用い,ヴォルテール著作集印刷【仏】
近松半二『伊賀越道中双六』【日】
橘洲編『狂歌若菜集』,四方赤良『万載狂歌集』『狂文宝合記』(狂歌ブーム)【日】

1784 ブレイク,印刷業を開業【英】
郵便馬車開始(ロンドン～ブリストル)【英】
ヨーゼフ2世,公用語として所領にドイツ語を強要【墺】
シラー『たくみと恋』上演【独】

1785 モーリッツ『アントーン・ライザー』【独】
出版社ゲッシェンがライプツィヒに設立【独】
ベルテス,ゴータに出版社設立【独】
山東京伝『江戸生艶気樺焼』(黄表紙)【日】
前野良沢『蘭日辞典』【日】

京伝

1786 ベックフォード『ヴァセック』【英】
トロワ・プロヴァント開店(のちにナポレオン常連)【仏】

初の点字本

最初の点字本がパリで出版【仏】
ジョーンズ,ギリシア語・ラテン語とサンスクリット語の類似を指摘【英】
アメリカ最初のゴルフ・クラブ【米】
大百科事典『図書集成』刊【清】
本居宣長『秘本玉くしげ』【日】
四方赤良『狂歌才蔵集』【日】
烏亭焉馬の『咄の会』はじまる【日】

1787 M・デーニス『書誌学入門』【墺】
山東京伝『通言総籬』『古契三娼』(本格洒落本の代表作)【日】

タイムズ創刊

ギボン ローマ帝国衰亡史

1788 ギボン『ローマ帝国衰亡史』【英】
ロンドンの『タイムズ』創刊【英】
S・メルシエ『パリ年代記』【仏】
ルソー『告白』刊【仏】
スタール夫人『ルソーの人物・作品論』【仏】
トイベル『活版印刷ハンドブック』【独】
ジョワキム・イバラ,『スペイン文学史』印刷,出版【西】

1789 ブレイク『セルの書』『無垢の歌』【英】
A・W・シュレーゲル『真夏の夜の夢』(シェイクスピア翻訳着手～1801)【独】
ジャン・パウル『悪魔の抜書帳』【独】
恋川春町『鸚鵡返文武二道』【日】
大相撲に横綱ができる【日】

百科全書の影響と政策を無視する者は、革命の序曲について、完全なイデアをもてないであろう。
ロベスピエール

技術と直観

1790
寛政2

ドイツ・ロマン主義

1790 ゲーテ『ファウスト断片』『タッソー』【独】

ジャン・パウル

ジャン・パウル『マリア・ヴーツ』【独】
1791 ルートヴィッヒ・ティーク『リノ』【独】
ゲーテ,宮廷劇場監督になる【独】
モーリッツ『神話学あるいは古代人の神話文学』【独】
クリンガー『ファウストの生涯』『メディア』【独】

ノヴァーリス

1792 F・シュレーゲル,ノヴァーリスと出会う【独】
1793 ヘルダー『普遍的人間性促進のための書簡』(〜97)【独】
ベルリンの印刷出版人ウンガー「新ドイツ活字体試案」出版(絶え間なく活字の改良,ゲーテ,シラーなど古典派作家の著書印刷に使う)【独】
ヨーゼフ・シュルツ出版社設立【独】
シラー『優美と尊厳』【独】
1794 ゲーテ『ライネケ狐』【独】
ベルリンの出版業者ニコライ『駄鳥の羽根』出版(ティーク,編集長となる〜98)【独】
F・シュレーゲル『ギリシャ詩の諸流派について』【独】
ゲーテとシラー,友情を結ぶ【独】
シラー『美的教育に関する書簡』【独】
1795 ジャン・パウル『ヘスペルスまたは四十五の犬の郵便日』【独】
ゲーテ『ヴィルヘルム・マイスターの修業時代』(91〜96)『ドイツ亡命者の談話』【独】
A・W・シュレーゲル,『神曲』の研究【独】

ヘルダーリン ティーク

ティーク『美しきマゲローネ』【独】
ゲーテ,シラー『クセーニエン』【独】
1797 ヘルダーリン『ヒュペーリオン』(〜95)【独】
ゲーテ『ヘルマンとドロテーア』【独】
ヴァッケンローダー『芸術を愛好する一修道士の心情吐露』【独】
ティーク『長ぐつをはいた雄猫』【独】
ノヴァーリス,フライベルク鉱山アカデミーでヴェルナーとともに自然科学を研究する【独】

シュレーゲル兄弟とアテネウム

1798 シュレーゲル兄弟,雑誌「アテネウム」発行(ノヴァーリス,シュライエルマッハー参加,ドイツ・ロマン主義のマニフェスト)活発【独】
ノヴァーリス『ザーイスの学徒』『花粉』(アテネウムに発表)【独】
1799 F・シュレーゲル『ルチンデ』【独】
シラー『ヴァレンシュタイン』3部作完結【独】

ヴァッケンローダー

ヴァッケンローダー遺作『芸術についてのファンタジー』【独】
ゲレス「愛国者クラブ」のスポークスマンとして,フランス革命とドイツ哲学革命を混合した国家建設計画が挫折【独】

1792

1794

1796

1798

革命から共和制へ

1790 立憲派がジャコバンクラブを脱退,コルドリエクラブを結成【仏】
国民議会が開戦・講和の権利を審議,聖職者基本法可決【仏】
第3次マイソール戦争(〜92)【印】
物価引き下げ令(問屋,仲買に対し)【日】
1791 ミラボー没(王党派勢力衰退)【仏】
ルイ16世,国外逃亡し捕えられる【仏】
ピルニッツ宣言(プロイセンとオーストリアが革命に干渉を宣言)【独】
立法議会の成立(新憲法の制定)【仏】
江戸に町会所を建て,七分積立金制を創設【日】

ジロンドVSジャコバン

1792 ジロンド党内閣の成立【仏】
プロイセンとオーストリアに宣戦布告(義勇軍の進軍歌『ラ・マルセイエーズ』)【仏】
革命委員会の結成【仏】
チュイルリー王宮をパリ民衆が襲撃【仏】

フランス第一共和制

フランス第一共和制成立【仏】
トルコと講和(黒海沿岸を確保)【露】
ワシントン市を首都に決定【米】
ロシア使節ラクスマン,根室で通商要求【日】
1793 第1回対フランス大同盟【英】

ルイ16世処刑

ルイ16世処刑【仏】
ロベスピエール中心の公安委員会,恐怖政治樹立(マリー・アントワネット処刑)【仏】
「革命共和婦人協会」結成【仏】
第2次ポーランド分割【波】
尊号事件(松平定信老中解任)【日】

ポーランド分割の悲劇

1794 左派エベールと右派ダントン処刑(ロベスピエール派独裁)【仏】

ロベスピエール

テルミドールの反動(ロベスピエールら処刑され恐怖政治終結)【仏】
最高価格令廃止(物価急上昇)【仏】
ロシア,ポーランド独立を鎮圧【露】
1795 ポーランド王国滅亡(オーストリア,プロイセン,ロシアの第3次ポーランド分割)【波】
ベルギーに侵入,バタビア共和国成立【仏】
王党派の反乱をナポレオンが鎮圧,総裁政府成立【仏】

ナポレオン登場

1796 ナポレオン,イタリアに遠征(ナポレオン戦争〜1815)【仏】
ナポレオン,ロディの戦いで最初の圧勝
ロシアのパヴェル1世即位【露】
乾隆帝が譲位,嘉慶帝即位【清】
1797 カンポ・フォルミオ条約(ナポレオンとオーストリアとの和約)【墺】
ナポレオン,パリに凱旋【仏】

アダムス大統領

アダムスが大統領に就任【米】
イギリス船,室蘭に来航【日】
1798 ナポレオン,エジプト遠征(〜99)【仏】
ナポリにパルテノペーア共和国成立【伊】
ネルソンのイギリス艦隊がナポレオン軍を撃破【英】
ローマ共和国樹立,教皇ピウス6世退位【伊】
小ピットが第2次対フランス大同盟を形成
同盟戦争開始【仏】
1799 ナポレオンがエジプト脱出【仏】
ブレリアールとブリュメールのクーデター統領政府成立(ナポレオン第1統領)【仏】
スヴォーロフ,北イタリアとスイス遠征【露】
乾隆帝没して仁宗の親政開始【清】
第4次マイソール戦争【印】
諸藩の国産専売制度,次第に顕著になる【日】

経済と社会の構図

1790 バーク『フランス革命に関する考察』【英】
コンドルセ『女性の市民権の承認について』【仏】
カント『判断力批判』【独】
ヘルダーリン,フランス革命に熱狂して「政治クラブ」をつくる【独】
松平定信『物価論』【日】
寛政異学の禁(朱子学を勧め異学を禁ず)【日】
1791 ロバート・ウォーレス『さまざまな予想』(ユートピアの批判研究)【英】
ベンサム『パノプティコン』発表【英】
トマス・ペイン『人間の権利』【英】
メアリー・ウルストンクラーフト『人間の諸権利の擁護』【英】
サン・ジュスト『革命の精神』【仏】
第1回ローマ・カソリック教会総会【伊】
辛亥の獄(キリスト教徒処刑し,洋本禁帯)【鮮】
1792 林子平,『海国兵談』で処罰される【日】

政治的正義 ゴドウィンの理性アナキズム

1793 ゴドウィン『政治的正義』【英】
ジャコバン革命暦の発布【仏】

フィヒテ

カント『単なる理性の限界内における宗教』『理論と実践』【独】
ヘーゲル,ベルンに赴き『民族宗教とキリスト教』着手【独】
塙保己一,和学講談所設立【日】
英国使節マカートニー来朝【清】
フィヒテ『フランス革命に関する大衆の判断の是正論』【独】

コンドルセ社会数学

1794 コンドルセ『人間精神進歩の歴史的素描』【仏】
1795 アダム・スミス遺稿『哲学論集』【英】
信教の自由が認められ,教会が返還【仏】
カント『永久平和論』【独】
フィヒテ『知識学の基礎』『人間の使命』【独】
アメリカに第2次信仰復興運動おこる【米】
王念孫『広雅証』なる【清】
袁鈞『鄭氏佚書』編【清】
上田秋成『霊語通』【日】
都市・農村における問屋制家内工業発達【日】
真言宗,1万3797寺の本末帳を幕府に提出【日】
1796 プリーストリー,フィラデルフィア講演(ユニテリアン教会結成へ)【米】
オランダのユダヤ人解放【蘭】
『ブロックハウス百科事典』全6巻(〜1808)【独】
マレシャル『平等派宣言』【仏】
ファブリキス,タミル語訳聖書【印】

白蓮教徒の乱

白蓮教徒の乱おこる(〜1804)【清】
謝得『文章規範』を翻刻【清】
1797 ユダヤ教ハスディズム反対者(ミトナグディーム)の指導者,ヴィルナのガオン没【ユ】
シャトーブリヤン『革命論』(無神論展開)【仏】
カント『道徳の形而上学』『学部の争い』『実用的見地における人間学』【独】
ヘーゲル『ユダヤ教の精神』『愛』『信仰と存在』【独】
長崎奉行の中川忠英,清の風俗を聞き『清俗紀聞』6巻刊行【日】

1798 マルサス『人口の原理についての試論』【英】
コンディヤック『認識起源論』【仏】
ヘーゲル『キリスト教の精神と運命』【独】
フィヒテ『知識学の原理による道徳論の体系』【独】

本多利明 経世秘策 西域物語

本多利明『経世秘策』『西域物語』【日】
智洞,三業帰命を唱える【日】
本居宣長『古事記伝』完成【日】
1799 組合結社禁止法の制定【英】
シュライエルマッハー『宗教を軽んずる教養人への宗教講話』【独】
亀田鵬斎『大学私衡』【日】
中井竹山『逸史』【日】

博物学と技術革命

1790 サムエル,動力紡績機を設計【英】
クロード・シャップ,電信機の実験を行う(ライデン瓶の放電使用から腕木式視覚通信機に切替える)【仏】

ゲーテ形態学

ゲーテ『植物変態論』【独】
1791 ウォーカー,ガスタービンと圧縮機の特許【英】
エラズマス・ダーウィン『植物の園』【英】
ベルトレ,染色の理論を研究【仏】
ガルヴァーニ,筋肉運動が電気力によるものとする(ヴォルタの電堆へ)【伊】
趙延奎『魚介図』【鮮】
多紀家の私塾躋寿館,官営の医学館になる【日】

シャップの腕木式光通信とマリー式通信

1792 マードック,石炭ガス照明実験【英】
リヒター『化学量論の基礎』【独】
合衆国初の運河着工(~96)【米】
唐士烈『呉医彙講』【清】
1793 ベイリー『人体諸器官の病理解剖学』(器官別構成を初採用)【英】

ホイットニーの操綿機

ホイットニー,操綿機を発明【英】
クロード・シャップ,腕木式の「光テレグラフ」考案し,フランス共和軍を助ける(パリ~リール15局)【仏】
クラドニ,隕石宇宙起源説主張【独】
宇田川玄随『西洋内科撰要』刊【日】
大槻玄沢『傷医新書』【日】

祖父ダーウィン

1794 エラズマス・ダーウィン『ズーノミアまたは有機的生命の法則』【英】
ラヴォアジエ処刑【仏】
エコール・ポリテクニック創立【仏】
蘭学者たち,西暦の正月を祝う【日】

ハットン地学 地球理論と進化論の萌芽

1795 ジェームズ・ハットン『地球の理論』【英】
マリーの視覚通信方式案,ロンドン~ディール間に15局建設【英】
コンテ,黒鉛と粘土でつくった芯を高温で焼く方法を発明(鉛筆へ)【仏】
フリードリッヒ・ガウス,最小自乗法発見【独】
サルバ,電信機の多重線機構の提案【西】
『五体清文鑑』成る【清】

種痘

1796 ジェンナー,種痘法を発明【英】
トレヴィシック,高圧蒸気機関の研究を開始【英】
世界初の近代的鋳造工場新設(ボールトン・ワット商会)【英】
ランフォード,実験により熱素説を否定し熱運動説へ【英】
ラプラス『宇宙体系概説』(太陽系の生成を論じる)【仏】
細川頼直『機巧図彙』【日】

ラプラス宇宙論

1797 ラマルク『物理学および博物学論考』【仏】
カモノハシ論争おこる(~1884)
カートライト,金属パッキングを発明【英】
1798 ロベール,製紙機械を発明【仏】

志筑忠雄 暦象新書上巻

志筑忠雄『暦象新書(上)』(初のニュートン力学紹介書)【日】
1799 ルボン,石炭ガスと空気を圧縮して動かす内燃機関の特許取得【仏】
ラプラス『天体力学』【仏】
キュヴィエ『比較解剖学』【仏】
モンジュ『画法幾何学』刊【仏】

A・フンボルト

A・フンボルト,中南米中心に5年にわたる探検旅行に出発【独】

古典主義の完成

1790 スーフロー設計[サント・ジュヌヴィエーヴ]【P】

木口木版 トーマス・ビューイック

トーマス・ビューイック 木口木版を考案【英】
ウェッジウッド,光化学実験で絵の模写を試す【英】
円山応挙,御所造営の障壁画を指揮,伊藤若冲画[群鶏図襖](西福寺)【日】
山東京伝[小紋雅話]【日】
1791 モーツァルト曲[魔笛]【墺】
モーツァルト曲[レクイエム]未完成で没【墺】
ハイドン曲[交響曲第93番ニ短調]演奏【墺】

ハイドン全盛

1792 チマローザ曲歌劇[秘密結婚]初演【伊】
ハイドン曲[交響曲第94番ト長調]【墺】
ウードン作[ワシントン像]完成

勝川春章 鳥居派を越え写実的似顔へ

勝川春章画[婦女風俗十二ケ月図]【日】
1793 ビューイック『イギリス鳥類史』【英】
ダヴィッド画[マラーの死]【仏】
司馬江漢画[地球全図],桂川甫周画[万国地球全図]【日】

写楽

1794 ハイドン曲[軍隊][時計]【墺】
アザム兄弟設計[ランズタウン・クレズント]【仏】
J・J・ルクー計画[パリの門]【仏】
トランバル画[独立宣言]【米】
ユーヴデル・プライス『ピクチャレスク論』【英】
東洲斎写楽画[江戸三座役者似顔絵]【日】
歌麿画[当時全盛似顔揃]【日】

ゴヤ

1795 ゴヤ画[アルベ侯爵夫人]【西】
ベートーヴェン曲[ピアノ協奏曲第2番変ロ長調]演奏(作曲家デビュー)【独】
パリ音楽院創立【仏】
フィルマン・ディド,最初のステロ版刊本出版【仏】
『虚鐸伝記国字解』刊(普化宗,普化尺八,虚無僧の起源伝来に関する書物)【日】
ジャン・グロ画[アルコラの戦におけるボナパルト](ナポレオン参謀部付となる)【仏】
スチュアート画[ワシントン像]【米】
ゴヤ画[カプリチョス]【西】
1796 ルイージ・ケルビーニ曲[メーディア]【伊】
ハイドン曲[天地創造][皇帝ミサ曲]【墺】
ベートーヴェン曲[ピアノ・ソナタ作品13](悲愴)【独】
ソーブル計画[ヴィクトワール広場のオベリスク案]【仏】
ナッシュ,レプトン,ロンドンに開業(ピクチャレスク別荘建築で評判)【英】
亜欧堂田善,松平定信の御用絵師となる【日】
1797 ターナー画[月光]【英】
ホシュカの歌詞,ハイドン曲[皇帝讃歌]がオーストリアの国家になる【墺】
ハイドン曲[弦楽4重奏曲第77番ハ長調]【英】

リトグラフ ヨハン・ゼネフェルダー

ゼネフェルダー,リトグラフ発明【独】
ジェラール画[アモールとプシュケー]
1798 ベートーヴェン曲[ピアノ協奏曲第1番ハ長調]プラハで初演【独】
ハイドン曲オラトリオ[天地創造]ウィーンで演奏【墺】
ハイドン曲[ミサ曲ニ短調]ニコラウス2世の宮殿でオルガン独奏【墺】
1799 ダヴィッド画[サビニの女たち](有料個展のはしり)【仏】
ブレイク画[ヨブに答える神][最後の晩餐]ロイヤル・アカデミーに出品【英】

北斎の狂歌本

北斎の狂歌本『絵本東遊』刊【日】

ロマンとメディア

1790 出版書籍数1400万冊以上に【英】

ラドクリフ ホラーとゴシック・ロマンス

アン・ラドクリフ『シシリーのロマンス』【英】
国民議会,教会から図書を押収,国立図書館の所蔵となる【仏】
ルイ・セバスチャン・メルシエ『パリ絵図』(小説)【仏】
小林一茶,二六庵竹阿門を継ぐ【日】
滝沢馬琴,山東京伝の弟子に【日】
1791 ヴォルネ『廃墟』【仏】

ボドーニ 活字改革と造本革命

ボドーニ,造本印刷に活躍【伊】
レストラン「メオ」開店,ジャコバン派の拠点【仏】
フレノー『ナショナル・ガゼット』発行【米】
洒落本3部作,好色本出版違反となる『仕懸文庫』『錦之裏』『娼妓絹籭』山東京伝実刊【日】

洒落本から読本へ

1792 ウェスト,王立アカデミー会長【英】
ブレイク『天国と地獄の結婚』完成【英】
ハナ・モーア,廉価小冊子(~95)を毎月3冊発行し初年度200万部売る【英】
離婚法成立【仏】
ボーマルシェ『罪ある母』【仏】

紅楼夢 曹雪芹遺作 程乙本

曹雪芹の遺した小説『紅楼夢』(程乙本)出版【清】
上原熊治郎『もしほ草』【アイヌ】
1793 ブレイク『アメリカ』彫版【英】
ウンガー『新ドイツ活字体試案』【独】
1794 ブレイク『無心と経験の歌』刊【英】

ケイレブ・ウィリアムズ 新しい主人公

ゴドウィン『ケイレブ・ウィリアムズ』【英】
ラドクリフ『ユドルフォの謎』【英】
劇場を国家施設にする【仏】
フィラデルフィアに米最初の劇場開場【米】
1795 ブレイク『あわれみ』『ロスの歌』『アヘーニアの書』【英】
ルイス『修道僧』【英】
カゾット『聖ヨハネ祝日の夢』【仏】
マルキ・ド・サド『閨房の哲学』【仏】
ヘラースコフ詩『巡礼者たち』【露】
本居宣長『玉勝間』刊(~1812)【日】
村田春海『作文通弊』【日】

ブレイク

サド

1796 スタール夫人『情熱の影響について』【仏】

波留麻和解 稲村三伯 蘭日辞書

稲村三伯『波留麻和解』(蘭日辞書)完成【日】
1797 サミュエル・コールリジ『老水夫の唄』【英】
ラドクリフ『イタリアの惨劇』【英】
『東海道名所図会』刊【日】
1798 M・G・ルイス『マンク』【英】

ワーズワースとコールリジ 超自然的夢幻性の追求

コールリジとワーズワースの合作『抒情詩集』(イギリスロマン主義)刊【英】
コールリジ『クリスタベル』『クブラ・カーン』【英】
W・S・ランダー『ジェバー』【英】
サド『ジュリエットあるいは悪徳の栄え』【仏】
印刷出版人ウンガー,ゲーテの『ローマの謝肉祭』をディドー・アンティカで印刷【独】
シュレーゲル兄弟他『アテネーウム』誌【独】
チャールズ・ブロックデン・ブラウン『ウィーランド』(ゴシック・ロマンス)【米】

阮元 古典文字の字学訓古字書

阮元『経籍籑詁』【清】
小林一茶『さらば笠』【日】
1799 ラ・アルプ『文学談義』【仏】
ブラウン『オーモンド』『アーサー・マーヴィン』『エドガー・ハントリ』【米】
『蕪村七部集』刊【日】

銀河が星々の広大な一個の層であることは疑う余地はない。わが太陽が銀河系に属する一天体であることも明らかである。
ウィリアム・ハーシェル『天空の構成について』

腕木式信号機とガス式の照明機が、新しいコミュニケーション空間を広げる。

この時期、いちばんおいしい買い物をしていたのは新大陸を買いまくっていたアメリカだった。

1800
寛政12

小児41パーセント5歳以下で死亡

ハイチ独立

皇帝ナポレオンと第一帝政

技術と直観

ナポレオン時代

1800

ナポレオンの第2回イタリア遠征(オーストリア軍を撃破)【欧】
ナポレオン,オスマントルコと和約を結びエジプトより撤退(エル・アリシュ和約)【仏】
マレンゴの戦(仏軍,オーストリア軍のメラスを破る)【欧】
ホーエンリンデンの戦(仏軍,ヨハン大公を破る)【欧】
ジャコバン党のナポレオン暗殺未遂事件【仏】
ナポレオン,フランス銀行設立,省庁予算削減など財政回復策【仏】

大統領ジェファーソン リパブリカンスハミルトンと対立 ワシントンに首都

トマス・ジェファーソン,アメリカ大統領選挙でアダムズに勝利【米】
ワシントンDCが首都,最初の議会開催【米】
アヘン輸入を禁止【清】
豊後に専売制反対の一揆【日】

1801

イギリスとアイルランドの議会を併合する「連合法」可決し,大ブリテン・アイルランド連合王国成立【英】
リュネビル条約(ナポレオン,オーストリアと締結し神聖ローマ帝国は事実上消滅)【欧】
アレクサンダー1世即位(～25)(即位後イギリスと和解)【露】
マーシャル,合衆国最高裁判所長官として憲法解釈に基本原則確立【米】
イギリス艦隊のコペンハーゲン砲撃(ネルソン大勝利)【英】

1802

ナポレオンを大統領とするチザルピナ共和国を母胎として,イタリア共和国成立【伊】
アミアン条約(仏英および同盟諸国との間に締結,英の征服地を同盟国に引き渡す)【欧】
ナポレオンがフランスの終身第1統領となる【仏】
ナポレオン,レジオン・ドヌール勲章制定【仏】
ナポレオン,植民地の奴隷制復活させ,ハイチの反乱を鎮圧【仏】

ベトナム統一 フック・アインのグエン朝

ベトナムの統一(嘉慶帝がタイソン党を破ってグエン朝を樹立,翌年に国号を越南(ベトナム)とする)【越】

1803

アメリカ、ルイジアナ購入

フランスよりルイジアナを購入【米】
マーシャル,憲法最終解釈の最高裁判所の地位確立【米】
サンドイッチ諸島,カメハメハにより統一される
第2次マラータ戦争(～05)(イギリス軍勝利)【印】
アミアン和約の破綻(イギリスのサント・リュシー,トバゴ,ギアナ占領)【英】
アメリカ船「ナガサキ」,通商を求めて長崎に入港【日】

1804

小ピットが首相に再任(～06)【英】
シュラブネル将軍,イギリス陸軍のために改良型の炸薬を完成【英】
ナポレオンに対する王党派の陰謀発覚【仏】
フランス第1帝政の成立(ナポレオンが皇帝に即位)【仏】
ナポレオン法典発布【仏】
フランツ2世,オーストリア皇帝フランツ1世へ【墺】
スペイン,イギリスに宣戦布告,ナポレオン軍,ハイチ反乱軍に破れる【西】
ペルシアとの戦争(～13)【露】
ロシア使節レザノフ,元山にて通商を拒否される【鮮】
ハイチ独立宣言

カントからヘーゲルへ

◉ 1800

小児の41パーセントが5歳以下で死亡【英】
コンドルセ『人間精神進歩史』【仏】
シェリング『先験的観念論の体系』【独】
フィヒテ『閉鎖商業国』【独】
レッシング『人類の教育』【独】
ヘーゲル『自由と運命』『1800年断片』著す【独】
シュライエルマッハー『独白録』【独】

ペスタロッチの教育論

ハインリッヒ・ペスタロッチ『いかにゲルトルートは子供たちに教えたか』(女性教育論)【瑞】
聖堂(昌平坂学問所)落成【日】
富士山に女人登山を許す【日】

1801

ヘーゲル『フィヒテとシェリングの哲学体系の相違』公刊【独】
フィヒテ『知識学の叙述』【独】
ナポレオンと教皇庁との間で,政教協約(収穫月の協約)締結され,フランスの宗教がローマ=カトリックであることを認める【仏】
G・ルグーヴェ『女性の価値』【仏】
S・マレシャル『女性に読み方を教えるを禁ずる法案』【仏】
G・デュフール夫人ら,マレシャルへの反論を刊行【仏】
章学誠没『文史通義』【清】
キリスト教徒への大迫害(辛酉の獄)【鮮】

鎖国論 ケンペル日本誌の志筑忠雄訳

志筑忠雄,ケンペル『日本誌』の一部を訳して「鎖国論」とする(「鎖国」使用初出)【日】
西本願寺,三業惑乱の当事者を処罰【日】

1802

ウィリアム・ペイリー『自然神学』【英】
「カトリック祭儀組織条令」交付,教会再編【仏】
中等教育制度(リセー)定まる【仏】
J・B・セイの『経済学論』(～1811)【仏】
E・デュモン,ベンサムの『立法の理論』仏訳【仏】
サン・シモン『ジュネーヴ人への手紙』【仏】

シャトーブリヤン

シャトーブリヤン『キリスト教の精髄』(弁神論に転向)【仏】

シェリングとヘーゲルの哲学批判誌

シェリングとヘーゲル「哲学批判雑誌」を出す(『懐疑論と哲学の関係』『信と知』など発表)【独】
シェリング『ブルーノ,あるいは事物の神的原理ならびに自然的原理について』【独】
キャバニス『人間心身関係論』【仏】

1803

『ニューエンサイクロペディア』45巻(～20)【英】
山本北山『事類集成』【日】
クェーカー教徒のジョゼフ・ランカスター『教育の進歩』(無料の貧民学校の教育経験の本)【英】
ド・ビュラン『習慣の精神力への影響』【仏】
ド・トラシー『文法汎論』(観念学第2部)【仏】

シスモンディ 国富論紹介と過小消費説

シスモンディ『商業上の富について』【瑞】
ゲオルク・ラップ,宗教的,共産主義的独身者の共同体ペンシルヴェニア・ハーモニーを建設【米】
ザルツマン「博愛主義的教育院」設立【独】
平田篤胤『呵妄書』【日】
3人のイスラム教徒,メッカ巡礼後ワッハーブ派の教えをひろめる(パドリ派)【スマトラ】

1804

女性は無能か

ナポレオン法典にて女性を法的無能力者と規定,離婚の自由,私生児の権利縮小【仏】
フランスで修道会の復活再建確認される【仏】
シューベルト『教会と神々』【独】
カント没【独】
白蓮教徒の乱が平定される【清】
銭大昕没『二十二史考異』『十駕斎養新録』【清】
太田錦城『九経談』【日】

1800

科学理論の発見

1800 ウラストン,ハーシェル,赤外線と紫外線を発見【英】
スタンホープ,全鉄製の印刷機をつくる【英】
ロイヤル・インスティテューション設立【英】
ニコルソンとカーライル,電堆から電流を流し水の電気分解成功【英】
トレヴィシック,高圧複動機関をつくる【仏】

グラウトの腕木式信号機

ヴォルタの電池
ヴォルタ,蓄電池発明【伊】
グラウト,腕木信号機の特許取得(海軍用)【米】
伊能忠敬,蝦夷地を測量,日本全土測量開始【日】

1801 デーヴィ,電気アーク燈を製作【英】

ヤングの光学 三原色説の提唱
ヤング,三原色説を唱える【英】
貨物輸送用の鉄道開通【英】
フランソワ・ルヴァイヤンの図鑑『フウチョウの自然史』(〜06)【仏】
ラマルク『無脊椎動物の体系』【仏】
ビシャ『一般解剖学』【仏】
トレヴィシック,高圧蒸気の車試運転【仏】
ルボン,ガスによる照明「熱ランプ」公開【仏】
ガウス『整数論』(現代整数論の端緒)【独】
リッター,パイル両極に反対の電気を発見【独】
小野蘭山,幕命にて関東・東海で採薬【日】

1802 ハーシェル,連星を発見【英】

ドルトンの分圧法則
ドルトン,分圧の法則【英】
ハットン『図説ハットン理論』【英】

ゲイ・リュサックの法則
ゲイ・リュサック,気体の膨張の法則【仏】
ウラストン,フラウンホーファー線発見【英】
ビオ『解析幾何学論』【英】
トレヴィシック,高圧蒸気機関の特許獲得【英】
ウィンツラー,ルボンに着想を得て夕食会にガスストーブで料理,ガス暖房装置に応用【仏】
リヒター,酸と塩基の当量表【独】
ラマルク,トレヴィラヌス,オーケン,同時に「生理学」を提唱【独】
中井履軒『華胥暦』【日】

1803 ドルトンが化学原子論を発表【英】
E・ダーウィン『自然の宮居』【英】
ドルトン,倍数比例の法則と最初の原子量表を発表【英】
ヴィレ,ソンニーニ編集『自然史新事典』(ド・セーヴによる挿画)【仏】
ベルトレ『化学静力学』(2巻)【仏】
フランス最初の鋳鉄橋「ルーブル橋」【仏】
ブルーメンバッハ『博物学全書』【独】
ベルツェーリウス,電気化学の基礎を築く【典】
エヴァンズ,蒸気機関をつくる【米】
小野蘭山『本草綱目啓蒙』刊(〜1806)【日】
高橋至時『ラランデ暦書管見』つくる【日】

1804 ウルフ,複式機関を開発【英】
ポアンソー,偶力および物体回転の理論【仏】

トレヴィシックのトラム・エンジン
トレヴィシック,高圧「トラム・エンジン」による蒸気車の試運転に成功【英】
サルバ,電堆を使った電気化学式通信機を提案【西】
エヴァンズ,蒸気車の実験的模型を公開【米】
ナポレオン,ヨーロッパ中に国道建設を開始(〜14)【仏】

小野蘭山 本草学と物産学それに方言収集
小野蘭山『庶物類纂』手抄【日】

古典主義の完成

1800 ベートーヴェン[交響曲第1番ハ長調][ピアノ協奏曲第3番ハ短調][弦楽4重奏曲]【独】
音楽出版者ホフマイスターとキューネルがライプツィヒで開業【独】
ハーマンとヘルダーの『真の教会音楽の理念』がライヒャルト,ホフマンに影響【独】
ライヒャルト曲[愛と忠実]【独】
各国で音楽ディレッタントによる家庭音楽さかん【欧】
トマス・ガーディン画[カークストール僧院][チェルシーの白い家]【英】
ダヴィッド画[ルカミエ夫人像]【仏】
ゴヤ画[カルロス4世の家族]【西】
アントニオ・カノーヴァ作[ミネルヴァとしてのナポリ侯国のフェルディナンド4世]【伊】

ベートーヴェン盛全

谷文晁 関東画壇の雄 洋風画法導入
谷文晁画[集古十種]【日】
北斎の狂歌本[東都名所一覧]【日】

1801 ハイドン曲オラトリオ[四季]ウィーン初演,[天地創造]パリで初演【墺】
パガニーニ,ヴァイオリン演奏旅行終了【伊】
バレエ[プロメテウスの創造物]がウィーンの王立劇場で上演(曲ベートーヴェン,振付ビザーノ)【墺】

ホフマイスター バッハ中心に楽譜出版
ホフマイスター,バッハのクラビーア曲全集出版【独】
ダヴィッド画[グラン・サン・ベルナールのナポレオン]【仏】
ウィリアム・ターナー画[カレー埠頭]【英】
大坂泉屋『鼓銅図録』成る【日】

1802 ベートーヴェン曲[ハイリゲンシュタットの遺書][ピアノ・ソナタ作品31]【独】
ペテルブルグにフィルハーモニー協会設立(定期演奏会とオラトリオ活動開始)【露】
カテル『和声論』【仏】
ヨハン・フォルケル『バッハの生涯,芸術および作品』【独】
クラードニ『音響学』【独】

ウェッジウッド カメラ・オブスキュラ
ウェッジウッドとデビー,カメラオブスキュラを用いて画像を得る実験【英】
ジェラール画[ルカミエ夫人]【仏】
アントニオ・カノーヴァ作[ナポレオン像][ボクサーたち]【伊】
亜欧堂田善画[洋人曳馬図絵馬]【日】
ボロヴィコフスキー画[クラーキン像]【露】

1803 ベートーヴェン曲[交響曲第2番二長調][クロイツェル・ソナタ]ウィーン初演【独】
ライヒェルトの勧告でベルリン宮廷オペラはドイツ語のみ【独】
教会音楽が衰退し,オペラ熱高まる【独】
ロードら『ヴァイオリン教則本』【仏】
レーバーン画[マクナブ]【英】
ライシアム劇場で,はじめてガスライトの照明を使用【英】

照明用ガスの劇場空間導入

1804 ベートーヴェン曲[交響曲第3番変ホ長調英雄]完成(ナポレオンに捧げられる)【独】
ルシュウール曲オペラ[オッシアン]【仏】
ヴィヨトー,古代エジプト音楽研究開始【仏】
ルドゥー『美術,慣習,法律の各面より考察した建築』出版【仏】
グロ画[ヤッファのペスト患者を見舞うボナパルト]【仏】

シェリング芸術哲学
シェリング『芸術哲学』【独】
歌麿[太閤五妻遊]で入牢【日】

南部文盲暦 判じ絵デザイン
舞田屋理作創始,南部の文盲暦(発行部数1万8000)【日】

ロマンとメディア

1800 コールリジ,シラーの『ヴァレンシュタインの死』を翻訳【英】
メルシエ『新しいパリ』【仏】
スタール夫人『文学論』【仏】
ピュテ・ド・ラ・サルト『語彙記述・語彙論講義要綱』(レクシコグラフィ)【仏】
ジャン・パウル『巨人』(〜03)【独】
ノヴァーリス『夜への讃歌』【独】

議会図書館
議会図書館設立(02開館)【米】

ピュテ・ド・ラ・サルトのレクシコグラフィ

アメリカ新聞150
アメリカで150紙の新聞(10年までに2倍に増加)【米】

1801 『ニューヨーク・イヴニングポスト』創刊【米】
雑誌『ポートフォリオ』創刊【米】
ヘルダー『アドラステア』,出版社設立【独】
ルイス『恐怖物語』【英】
サウジー『殺戮者サラバ』【英】
シャトーブリヤン『アタラ』【仏】
バウール・ロルミアン訳『オッシアン』【仏】
シラー『メアリ・スチュアート』『オルレアンの乙女』出版【独】
F・シュレーゲル,言語とポエジー文学と劇作法について講演(〜03)【独】
クレメンス・ブレンターノ『ゴドヴィー』【独】
クォーコ『ナポリ革命史論』【伊】
『文学・科学・芸術愛好者自由協会』設立(〜12)【露】

1802 雑誌『エディンバラ評論』創刊【英】
雑誌コベット編『週刊政治雑誌』創刊【英】
ブルームフィールド『田園物語』【英】

スタール夫人のサロン
スタール夫人『デルフィーヌ』(コッペ夫人邸,ヨーロッパ文学の中心サロンとなる)【仏】
ゲレス『芸術に関するアフォリズム』(国際主義からゲルマン民族主義へ)【独】
ノヴァーリス遺作『青い花』『断章』【独】
エーレンシュレーガー『黄金の角』【独】
アルニム『ホリンの愛の生活』【独】
雑誌『ヨーロッパ報知』創刊【露】

ジュコフスキー ホメロス露訳
ジュコフスキー『村の墓地』【露】
『三国志演義』『西漢演義』がタイ語に訳される
ミール・アンマン『バーグ・オ・バハール』(4人の托鉢僧の物語)【印】
十返舎一九『東海道中膝栗毛』初編刊【日】
橘千蔭『うけらが花』【日】

一九・三馬

1803 ノディエ『ザルツブルグの画家』【仏】

グリモの食通論
グリモ『食通年鑑』発行開始(〜12)【仏】
ニコラ・シャンフォール『省察・箴言・逸話』(上流社会風俗批評)【仏】
コッツェブー『小都市のドイツ人』【独】
滝沢馬琴『俳諧歳時記』『月氷奇縁』【日】
松平定信『花月草紙』なる【日】
式亭三馬『劇場訓蒙図彙』刊【日】

1804 ブレイク『イェルサレム』『ミルトン』【英】
クリュードネール夫人『ヴァレリー』【仏】

詩神年鑑 ベルリンロマン主義
ベルリンロマン主義機関誌『詩神年鑑』刊【独】
シラー『ヴィルヘルム・テル』【独】
ギュンテローデ『詩と幻想』【独】
シュレーゲル,スタール夫人各国旅行同行【独】
ティーク『皇帝オクタヴィアーヌス』出版【独】
ブレンターノ『ポンス・ド・レーオン』【独】
ジャン・パウル『生意気盛り』『美学入門』【独】
トマス・リッチ編集『リッチモンド・インクアイアラー』創刊【米】
鶴屋南北『天竺徳兵衛韓噺』初演【日】

京伝馬琴の両作、部数一万余を売るにより、書賈蔦屋重三郎、鶴屋喜右衛門と相謀りて、くさざうしの作に潤筆(稿料)を定めた。
蟹行散人『近世物之本江戸作者部類』

BC 6000以前 BC 6000 BC 2200 BC 1200 BC 600 BC 300 0 300 600 800 1000 1200 1300 1400 1500 1600 1650 1700 1760 1810 1840 1860 1880 1890 1900 1910 1920 1930 1940 1950 1960 1970 1980

ヘーゲル精神現象学は、情報の歴史が
自己の精神で頂点をめざすことを示そうとする。

ナポレオンとフンボルトとゲーテ。
世界情報をまるごと相手にした男たち。

技術と直観

1805
文化2

ナポレオン時代

1805
ナポレオン,ミラノでイタリア国王を宣言【伊】
第3回対フランス大同盟(小ピットの提唱でイギリス・オーストリア・ロシア・スウェーデンが同盟)【欧】

トラファルガー海戦
トラファルガーの海戦(ネルソンの率いるイギリス艦隊がフランス艦隊を破る)【英仏】
アウステルリッツの三帝会議(ナポレオン,オーストリア・ロシア連合軍を破る)【欧】
プレスブルグ和約【欧】

ムハンマド・アリー エジプト太守
エジプトがオスマントルコから独立,ムハンマド・アリーがエジプト太守となる【埃】

1806
ナポレオンが兄ジョゼフをナポリ王,弟ルイをオランダ王とする【仏】

神聖ローマ帝国滅亡 プロイセンとロシアにライン同盟
プロイセン,フランスにラインより撤退要求しロシアとライン同盟締結(神聖ローマ帝国滅亡)【欧】
イエナ・アウルシュテットの戦(プロイセン軍大敗,ナポレオンがベルリンに入城)【欧】
ナポレオン,大陸封鎖令を発布(大陸から英国物資の締出し)【欧】
イギリス軍,喜望峰を占領【英】
ベネズエラのクレオールの指導者ミランダ,スペインより独立計るが失敗【西】
幕府,江戸町人に御用金を命ずる【日】

大陸封鎖

1807
ナポレオン,ケーニヒスベルク占領【欧】
ティルジット和約締結(プロイセンとロシア,ナポレオンの3人兄弟の統治権を認め,ナポレオン帝国極盛に)【仏】
ナポレオン,リスボン占領【仏】
ミラノ勅令(大陸封鎖令を強化)【欧】
プロイセンの改革開始(シュタインがプロイセン宰相となり農奴解放)【独】
イギリス,第2回コペンハーゲン砲撃【英】
フランス・スペイン・ポルトガル間のフォンテーヌブロー条約【欧】
オスマントルコ,セリム3世廃位,ムスタファ4世即位【土】

1808
ナポレオン,マドリード占領(半島戦争開始〜14)【西】
イギリス軍,ポルトガルに侵入しフランス軍を破る【西】
フランス帝国の新貴族創設(〜10)【仏】
ミュラー将軍がジョアキム・ナポレオン王としてナポリ王になる【伊】
ナポレオン,マドリード奪還【西】
奴隷貿易を禁止【米】
マディソン,大統領に就任【米】

フェートン号事件
フェートン号事件(英使節の船がオランダ船を追って長崎港に侵入)【日】

間宮林蔵 松田伝十郎らと樺太探検
松田伝十郎,間宮林蔵ら樺太探検,間宮海峡を発見『東韃紀行』著す【日】

1809
第5次対仏同盟(オーストリアがイギリスと同盟してフランスに宣戦)【欧】
ナポレオン,エスリングの戦いで最初の敗北,ワグラムの戦いでオーストリア軍を破る【欧】
シェーンブルン条約(オーストリア,フランスと和議,大陸封鎖に参加)【欧】
スペランスキーの国家改造案成立【露】
カール13世即位【典】
ロシアとスウェーデンが戦闘(ロシアがフィンランドを割取)【欧】

メッテルニヒ登場
メッテルニヒ,オーストリア外相になる【墺】

カントからヘーゲルへ

1805
マルサス,ヘイリー大学で政治経済学教授に任命【英】
メーヌ・ド・ビュラン『思想力分析についての覚え書』【仏】
ド・トラシー『論理学』(観念学第3部)【仏】
マインツ司教コルマーとリーベルマン,神学教育復興のため神学校を設立【独】
ナポレオン,イタリア王も兼ね,教皇庁との関係悪化【伊】
崔述『考信録』なる【清】
紀昀没『四庫全書総目提要』【清】
平田篤胤『鬼神新論』【日】

二宮尊徳 農村再興に精力的に着手
二宮尊徳,農村再興の活動はじまる【日】
篠崎小竹『唐詩遺』【日】
司馬江漢『和蘭通舶』【日】

1806

ブルーメンバッハ人類学 人類の5分類
ブルーメンバッハ,人類を5種類に分別し,人類学の基礎を築く【独】
パリに集まったユダヤ人有力者,国家法を律法に優先させることを決議【ユ】
ヘルバルト『一般教育学』【独】
ヘーゲル『精神現象学』完成【独】

ヘーゲル精神現象学

ミトリダデス ヨハン・アーデルング
ヨハン・アーデルング没『ミトリダデス』(〜17)【独】
J・ドロズ『幸福になる方法についての試論』【仏】
幕府,三業惑乱関係者を処罰【日】
隆円『近世念仏往生伝』3巻刊【日】

1807
ヘーゲル,シェリングと決裂【独】

ドイツ国民に告ぐ
フィヒテ『ドイツ国民に告ぐ』の連続講演(〜13)【独】
ジャン・パウル『レヴァーナあるいは教育論』【独】
段玉裁『説文解字注』なる【清】

富士谷御杖 コトダマ理論研究
富士谷御杖『古事記燈』【日】
深川八幡祭礼で永代橋落ち死者500人【日】

1808
シャルル・フーリエ『四運動および一般的運命の理論』【仏】
フーリエ「婦人の学堂」誌【仏】
ジェームズ・ミル『商業擁護論』【英】
弁護士サミエル・ロミリー,窃盗罪を死罪としたエリザベス朝の法律廃止へ運動【英】
フランスとオーストリアのシェーンブルン和約により,教皇領フランスに併合される【仏】
佐藤信淵『防海集』【日】
上田秋成『胆大小心録』【日】

フーリエ四運動の理論

山陵志 蒲生君平の天皇陵研究
蒲生君平『山陵志』(天皇陵研究,尊王思想に多大な影響)【日】

1809
証券仲買業者デビッド・リカード,経済政策の決定に影響(経済理論家として地位確立)【英】
議会,職人法(1563〜)を経済の自由を理由に廃止【英】

児童就業破棄 ロバート・オーウェン
ロバート・オーウェン,綿紡工場で児童の就業をやめ,学校,保育所の建設を提案,ベンサム,マイケル・ギッブズなど賛同【英】
ブルースター『エディンバラ百科事典』(〜31)【英】
シャトーブリヤン『殉教者たち』【仏】
シェリング『人間的自由の本質』【独】

ゲーテ親和力
ゲーテ『親和力』(01〜)【独】

科学理論の発見	古典主義の完成	ロマンとメディア	1805

科学理論の発見

1805

ヤング,表面張力の理論【英】
シルヴェスターとホブソン,鉄に亜鉛メッキを施す【英】
マードック,フィリップス・リー工場から受注しガス装置完成【英】
ビシャ『生と死に関する生理学的研究』【仏】
ラプラス,毛細管の理論【仏】
キュヴィエ『比較解剖学講義』第6巻【仏】
フンボルト『植物地理学試論』【独】
ゼルテュネル,アヘンからモルヒネ抽出【独】
イギリス人ピアソン,種痘法を伝える(清にイギリス式方法と異なる種痘法が存在)【清】

フンボルト

華岡青洲 麻酔薬による乳ガン手術

華岡青洲,麻酔薬を用い乳癌手術【日】
宇田川玄真『和蘭内景医範提綱』刊【日】

1806

ルジャンドル,最小二乗法を定式化【仏】
フンボルト,高層大気中気温逓減の法則【独】
コルヴィサール『心臓と大動脈の病気および損傷に関する論考』【仏】
ドイツ人のアルバート・ウィンザー,国立照明熱会社設立の運動をおこす【英】
ボークラン,アスパラギンを発明【仏】
オーケン,哺乳動物についてウォルフの発生論を証明【独】
トマス・ナイト,植物の屈性の研究【英】

アヴェロンの野性児

J・M・G・イタール『アヴェロンのヴィクトールの新たな成長』【仏】

1807

ヤング,エネルギー概念を導入,ヤング率を提唱【英】
デーヴィ,電気分解によりナトリウム,カリウム得る【英】
ヤング『自然哲学と機械技術に関する講義』【英】
ウィンザー,ガス照明の許可を得る【英】
リヴァズ,ガス機関を改良
フルトン,蒸気式外輪汽船「クレアモント号」を作る【米】
シャプタル『応用化学』4巻【仏】
天文台にて世界地図編纂はじまる【日】

フルトンの汽船

フローラの神殿 ソートン植物画

R・ソートン『フローラの神殿』【仏】

1808

フランス帝国大学創立(〜10)
ドルトン『化学の新体系』【英】
ゲイ・リュサック,気体反応の法則(分子概念の導入へ)【仏】

ガルの骨相学

ガル『脳の生理学講義序説』骨相学を提示【仏】
フィンリ,吊り橋建設に関する特許獲得【米】
デーヴィ,2000個の電池を使って電弧を飛ばす【英】
宇田川玄真『医範提綱銅版図』刊(はじめての銅版解剖図)【日】
小野蘭山『耋筵小牘』【日】

1809

ラマルク『動物哲学』【仏】

生物景観図集

ダニエル『生物景観図集』【英】
マリュー,反射光の偏光現象を発見【仏】
ガウス『天体運動論』【独】
オーケン『自然哲学教本』【独】

ゼメリンクの電気化学通信

ゼメリンク,ヴォルタ電堆で電気化学式通信機を開発し,ミュンヘン科学アカデミーに記載される【独】
アヴォガドロ,酸と塩基の対立を電気的に相対的とみる【伊】
水谷豊文『物品識名』刊【日】

ラマルクの進化論

古典主義の完成

1805

ベートーヴェン曲[交響曲第3番(英雄)]オーストリアで初演【独】
グルック曲[アルミーデ]ベルリン上演【独】
ツェルター『プロイセン音楽政策に関する意見書』【独】

裸のマハ フランシスコ・デ・ゴヤ

ゴヤ画[マハ]完成【西】
ジャン・アングル画[リヴィエール夫人像]【仏】
リチャード・ペイン・ナイト『趣味の原理の分析的探求』【英】
湯貽汾画[荻盧問学図]【鮮】

近世職人尽絵詞

鍬形蕙斎[近世職人尽絵詞](大田南畝,山東京伝,平沢平格詞)【日】
谷文晁画[石山寺縁起第六第七巻]【日】

1806

モミニー『和声法作曲法全教程』【仏】
ベートーヴェン曲[ヴァイオリン協奏曲ニ長調][序曲レオノーレ第3番]【独】
フンメル曲[ピアノのための幻想曲]【墺】
シューベルト『音楽美学の諸理念』【独】
シャン・ペルシェとピエール・フランソワ・フォンテーヌ設計[カールゼル凱旋門]

シャルグランの新古典主義

シャルグラン設計[エトワール凱旋門]起工(〜36)(新古典主義建築の代表,彫刻はリュード,コルトーらロマン主義)【仏】

グロ ダヴィッドの継承とナポレオン崇拝

グロ画[アブキールの戦い]【仏】
喜多川歌麿没[婦人相学十躰][青楼十二時]【日】
田能村竹田画[花月閑情事]【日】

1807

メユール曲[エジプトのヨゼフ]【仏】
ベートーヴェン曲[コリオラン序曲][熱情ソナタ][3重協奏曲]【独】
カルル・フォン・ヴェーバー曲[交響曲第1番ハ長調][交響曲第2番ハ短調](シュトゥットガルトでルードヴィヒ公の秘書となる)【独】
ベートーヴェン曲[交響曲第4番変ロ長調]ウィーンで初演【独】
ツェルター,オーケストラ学校設立【独】
ミラノ音楽院設立【伊】
カノーヴァ作[パオリーナ ボルゲーゼ](新古典主義彫刻)【伊】
ダヴィッド画[ナポレオンの戴冠式]【仏】
カスパー・ダヴィッド・フリードリヒ[テッチェン祭壇画]【独】

1808

ベートーヴェン曲[交響曲第6番ヘ長調(田園)]ウィーンで初演【独】
ヴェーバーのカンタータ[最初の音]【独】
スイス音楽協会設立【瑞】
ジャン・アングル画[ヴァルパンソンの浴女][オイディプスとスフィンクス]【仏】
プリュードン画[プシケ誘拐][正義と復讐の神々]【仏】
ゴヤ画[マドリード市民の処刑]【西】
フリードリヒ画[山上の十字架]【独】
ベルナール・ポワイエ設計[国民議会議事堂]【仏】
ブロンニャール設計[証券取引場]【仏】
張問陶筆[七言対聯]【鮮】
葛飾北斎画[鎮西八郎為朝]【日】

1809

スポンティーニ曲[フェルナンド・コステス]【仏】
ライヒャルト曲のゲーテ歌曲,バラード,ロマンスの作品集(全4巻)出版【独】
ベルリン芸術アカデミーに音楽部門設立(ツェルターが教授)【独】

ジョン・コンスタブル

コンスタブル画[モルバーン・ヒル]【英】
レーバーン画[スピアーズ夫人]【英】
フリードリヒ画[海の修道士]【独】

オットー・ルンゲ 神智学的宇宙観

フィリップ・O・ルンゲ画[光の線]【仏】

ロマンとメディア

1805

キャンベル『詩集』【英】
スコット『最後の吟遊詩人の歌』【英】
ワーズワース『序曲』稿なる【英】
ケアリ訳ダンテ『神曲地獄篇』(〜06)【英】
シャトーブリヤン『アタラ』【仏】
レーヌアール『聖堂騎士団員』【仏】
シューベルト『ロマン主義文庫』【独】
ゲーテ『ヴィンケルマンとその世紀』【独】
ヘルダー『ツィット』【独】
ブレンターノ,アルム・フォン・アルニム『少年の魔法の角笛』(〜08)【独】

ブレンターノとアルニム 少年の魔法の角笛

ブロックハウス社

ブロックハウス出版社設立【アムステルダム】
クォーコ『イタリアのプラトン』第1部【伊】
キンターナ『エル・エスコリヤールの霊廟』『ペラーヨ』【西】

エーレンシュレーガー

エーレンシュレーガー『アラディン』【丁】
チョコナイ『リラの歌』【洪】
山東京伝『桜姫全伝曙草紙』【日】
式亭三馬『船頭深話』【日】
滝沢馬琴『椿説弓張月』前編刊【日】

1806

スタール夫人『コリーヌ』【仏】

食通・美女通信

グリモ『食通・美女通信』【仏】
ドイツの書籍商パルム,反仏パンフレットを出版しナポレオンの命で処刑【仏】
フケー『北方の英雄』【独】
F・シューベルト『生命の普遍的歴史の予感』刊【独】
モスクワのボリショイ劇場,帝室劇場となる【露】
式亭三馬『雷太郎強悪物語』(合巻のはじまり)
山東京伝『昔語稲妻表紙』【日】

1807

ゲレス『ドイツ民衆本』【独】
クライスト『アンフィトリアン』【独】
ブレンターノ『時計職人ボークスの不思議な物語』【独】
フォスコロ『墳墓』【伊】
エーレンシュレーガー『北欧詩集』【丁】

シューベルトの科学的文芸論

シューベルト『自然科学の夜の側面についての見解』講演【独】

1808

ゲーテ『ファウスト第1部』刊【独】
ナポレオン,ゲーテと会見【独】
ブレンターノ『遍歴学生の手記から』【独】
クライスト『ペンテジレイア』(ミューラー,シューベルトらと「フェーブス」誌発行)【独】
F・シュレーゲル『インド人の言語と知恵』【独】
フンボルト兄弟,ヘンリエッテ・ヘルツらと「道徳会」結成【独】

隠者新聞 アルニム ティークら

アルニム,ブレンターノ「隠者新聞」発行(ゲレス,アルニム,ブレンターノ ティーク,グリム兄弟によるロマン主義第2期の中心)【独】

ファウスト第一部

1809

コールリジの週刊誌

コールリジ,週刊誌「フレンド」創刊【英】
ネポミュセーヌ・ルメルシェ劇『クリストファー・コロンブス』上演【仏】
「クォータリー・レヴュー」誌創刊
上田秋成『春雨物語』【日】

浮世風呂 式亭三馬の庶民情報誌

式亭三馬『浮世風呂』初篇【日】
菅江真澄『鄙廼一曲』(東国の民謡を採集)【日】
『徳川実紀』の編纂開始(〜49)【日】
加藤暁台『暁台句集』【日】

信頼すべき消息筋によれば、来たる一〇月のニューマーケットの競馬に、蒸気機関車が挑戦する。予想では機関車が有利とのこと。
「ロンドン・タイムズ」

BC 6000以前 / BC 6000 / BC 2200 / BC 1200 / BC 600 / BC 300 / 0 / 300 / 600 / 800 / 1000 / 1200 / 1300 / 1400 / 1500 / 1600 / 1650 / 1700 / 1760 / 1810 / 1840 / 1860 / 1880 / 1890 / 1900 / 1910 / 1920 / 1930 / 1940 / 1950 / 1960 / 1970 / 1980

速度への挑戦
1810〜1839

ナポレオン時代、各国でロマン主義と保守主義が花開く。
その一方、各国で自由独立解放の戦闘がはじまっていく。

ブレンターノ、アルニム、そしてグリム兄弟。
情報の歴史は子供のためにも用意されている。

1810
文化7

ナポレオンからウィーンへ

1810
ナポレオン極盛,オーストリア大公女マリ・ルイーズと結婚【仏】
ハイデンベルク,プロシア宰相となり,改革を推進【独】

オランダ併合 フランスふくらむ

オランダ,フランスに併合
ロシア諸港,中立貿易開始【露】
反仏ゲリラ戦開始(ゲリラ戦の名のおこり)【西】
イダルゴ神父,原住民とともに独立戦争開始(対西)【墨】
フェルナンド7世(幽閉)の名でリオ・デ・ラ・プラタの臨時政府樹立(南米のスペイン植民地)
アブドゥル・ラーマンの反乱【印】
松前奉行,ロシア艦長ゴローニンを国後で捕える【日】

自由解放戦争

1811

ラダイト運動 反機械運動

ラダイト運動おこる【英】
フランス経済恐慌(銀行,工場の破産,失業の増大)【仏】
オーストリアの国庫破産(インフレ)【墺】
スウェーデン,対英宣戦
英,ジャワ占領(ラッフルズ統治,近代的地税制度の導入)
ムハンマド・アリー,エジプト藩王国の事実上の独立【亜】
初のアフリカ大陸横断(2人のポルトガル人)(〜20)
洪景来,平北嘉山で反乱(〜12)【鮮】

1812

1812
仏普同盟,仏墺同盟【欧】

ナポレオンのロシア遠征

ナポレオン,ロシア遠征【仏】
米,英に宣戦布告(〜14)
コルテス(身分制議会)成立,自由主義的憲法制定(スペイン市民革命の宣言)【西】
独立の雄,シモン・ボリーバル「カルタヘナ宣言」【ベネズエラ】
マラータ義勇兵おこる【印】
豊後一円に大一揆(農民騒動)【日】
ロシア艦長リコルド,高田屋嘉兵衛を国後海上で捕える【日】

ラテン・アメリカ北部独立の父 ボリーバル

1813

中南米独立

1813
第6次対仏大同盟
プロイセン,ナポレオンに宣戦(ドイツ解放戦争開始)
ライプチヒの戦いでナポレオン敗れる(諸国民戦争)【仏】
東インド会社,茶以外の独占権破棄(イギリス産業資本の支配確立)【英】
ナポレオン,ライン川から後退(オランダ独立反乱)【仏】
ラダイト運動の指導層,集団裁判で処刑【英】
英・インディアン連合軍を撃破【米】
ムハンマド・アリー,アラビア遠征【亜】
ペルシア,対ロシア平和条約
リコルド,高田屋嘉兵衛を介してゴローニン釈放を要求【日】

1814

1814
連合軍パリ入城,ナポレオン退位(エルバ島に配流),第1次パリ条約【仏】
ルイ18世即位,王政復古,エミグレ(亡命貴族)の帰国【仏】
ウィーン会議開催(会議はおどる)(〜15)【欧】
英,ケープ正式領有(総督の専制支配開始)【阿】
ネーデルランド王国成立(オランダ,ベルギーを併合)【蘭】
奴隷貿易の廃止【蘭】
ガン条約で米英戦争終結【米】
フェルナンド7世復位【西】
諸国に飢饉(北越騒動)【日】

ウィーン会議

理想と現実

1810
クロイツァー『古代民族の象徴的表現と神話学』(神話学の理論的研究の発端)(〜12)【独】
ニーブール,「民族誌」の語を用いる【独】
ロンドンに缶詰工場設立(海軍納入)【英】
パシフィック毛皮会社設立【米】

火災保険の誕生

火災保険会社設立【米】
フェリー輸送の開始【米】
妊娠中絶が刑事犯罪になる【仏】
ニコチンの発見(タバコが政府の専売となる)【仏】
ウィルヘルム・フォン・フンボルトの構想でベルリン大学創立(初代学長フィヒテ,学部長シュライエルマッハーら)【独】

シェリングの同一哲学 知の生成と非合理主義

1811
フレデリック・シェリング『世代論』(神秘的創造説と歴史哲学)(〜14)【独】
フリードリヒ・ヤーン,ヘッセンハイデに体育会結成【独】
貨幣の実在価値の確立【英】
クルップ,エッセンに製鋳工場をつくる【独】
ヨーロッパ人の内地居住および布教禁止【清】
平田篤胤『古史成文』【日】
豊後臼杵藩,紙の専売制実施【日】

平田篤胤

1812
ヘーゲル『論理の科学』(大論理学)(〜16)【独】
ド・ビラン『心理学基礎論』【仏】
クラプロート,「コーカサスとグルジアの旅行」報告(民族学の初期の体系的調査)(〜14)【独】
ウインツェル【独】,特許ガス燈コークス会社創立【英】
旅客用汽船「コメット号」クライド河で定期運行開始【英】
アッペールの食品瓶詰工場【仏】
水雷,戦争中実用化【米】
平田篤胤『霊の真柱』刊行【日】
ニューヨーク・シティ銀行,ウォール街25番地に開設【米】
米子に藍玉製造所【日】

ヘーゲル大論理学

1813
オーウェン『新社会観』(〜16)【英】
サン・シモン『人間科学についての論考』(実証主義を提唱)【仏】
ショーペンハウアー『根拠律の4つの根について』【独】
ゲーテ(64歳)とショーペンハウアー(24歳)の交流はじまる【独】

プリチャード 人種心理学

プリチャード『諸人種の心性と彼らの心的傾向の研究』(民族心理学の先駆)【英】
ジャドスン夫妻【米】,ビルマに伝道
天理教徒の乱【清】

1814
サン・シモン『ヨーロッパ社会再組織論』【仏】
シャトーブリヤン『ボナパルトとブルボン家の人々』(パンフレット,王政復古に貢献)【仏】
ギリシア人,オデッサに秘密結社結成(独立運動のはじめ)【希】
商品としての初の缶詰食品の生産【英】
ローウェル,マサチューセッツ紡績工場【米】

オーウェンとサン・シモン

イエズス会復権

教皇ピウス7世,勅書『全教会の憂慮』をもってイエズス会再興を宣言

黒住教 黒住宗忠 冬至に日神合一

◉ 黒住宗忠,黒住教を開く(祖神天照大神)【日】

1810

科学技術の爆発

1810

フリードリッヒ・ブールダッハ「形態学」を提唱【独】

ゲーテ色彩論

ゲーテ『色彩論』(ニュートン批判)【独】
古生物博物館創設【独】
ウラストン,シスチン発見【英】
ザームエル・ハーネマン『治療の原則』(ホメオパシー治療法の祖)【独】
ガル【独】,スプルツハイム【墺】,『脳機能局在説=骨相学説』(～19)
ニコラ・アッペール『家政全書』刊行,食品保存(真空包装)のバイブルとなる【仏】
幕府撰『新訂万国全図』刊行【日】
スティブンソン,反射式燈台の発明【英】

1811

フーリエ級数

フーリエ,フーリエ級数の提示【仏】
チャールズ・ベル『新脳解剖学論』(知覚神経と運動神経の機能発見)【英】
J・F・メッケル,生物進化の反復説を推定(メッケル軟骨発見)【独】
クルトア,ヨウ素の発見【仏】
デュロン,塩化窒素の発見【仏】

アヴォガドロの分子説

アヴォガドロ,気体分子数の仮説【伊】
ポアソン『力学講座』【仏】
ドミニク・アラゴー,色偏光を発見【仏】
ブレキンソップ,蒸気機関車の特許を得る【英】

輪転印刷機 ケーニッヒとバウアー

ケーニッヒ,バウアー,蒸気機関と連動できる輪転印刷機発明【独】
栗本瑞見『千蟲譜』(初の虫類図鑑)【日】

1812

ラプラスの確率論

ラプラス,『確率の解析的理論』出版(計算の神,ラプラスの魔)【仏】
キュヴィエ,天変地異説,『化石の骨』で,ラマルクの進化論に対抗(反進化思想)【仏】
ジョーンズ・ベルツェーリウス,電気化学二元論【典】
エールステッド,化学力と電気力との同一性に関する研究【丁】
成田重兵衛『養蚕絹飾』(桑樹の繁殖法)【日】

1813

ガウス『無限級数に関する一般論』発表【独】
ポアソンの積分方程式【仏】
ウェルズ,プリチャード,ローレンス,自然選択説を提唱【英】
ベルツェーリウス,アルファベット文字による化学記号法【典】
デーヴィ『農業化学原論』(～15,ファラデーをともなって大陸旅行)【英】
ホロックス,初の力織機製作【英】
ハワード,真空釜を開発(缶詰産業隆盛)【英】

1814

スティーヴンソン蒸気機関車

ジュセッペ・ピアッツィ,7646個の恒星を観測(白鳥座61番星発見)【英】
ラグランジュ,彗星の惑星起源説提示【仏】
ラプラス『確率に関する哲学的試論』(自己の決定論的宇宙像)【仏】

フラウンホーファー線

ヨーゼス・フラウンホーファー,太陽スペクトル中の黒線を発見(574本)【独】
A・フォン・フンボルト,世界各地への旅行記(～29)【独】
ジョージ・スティーヴンソン,蒸気機関車ブリュッフェル号の試運転【英】
伊能忠敬「沿海実測全図」完成【日】

ロマン主義の影響

1810

歌川派 豊春,豊広 豊国,国貞

ゲラン画[エオスとケファロス](パリにアトリエ開く)【仏】

ゴヤの巨人 ロマン派に影響

ゴヤ画[巨人](ロマン派に影響),[戦争の惨禍](銅版画)制作開始【西】
鳥居清長画[矢の根五郎]【日】
ベートーヴェン曲[エグモント]初演【独】
◉ 指揮棒による指揮が一般化する
フィンチ,マリマック河の吊橋を設計【米】
ペーター・ニコルソン『大工と指物師の助手』【英】

1811

コルネリウス,シャドー,ルドルフ,ナザレ派に参加【伊】
アングル画[ユピテルとテティス](芸術至上主義)【仏】
コンスタブル画[デダムの谷間,朝](外光描写に向かう)【英】

浦上玉堂 渇筆の漂泊文人画家

浦上玉堂画[山水図](煙霞帖)【日】
司馬江漢画『春波楼筆記』【日】
谷文晁画[文晁画譜]【日】
ブルック・テイラー『線遠近法の新原理』
ベートーヴェン曲[ピアノ協奏曲皇帝]初演【独】
プラハに音楽学校設立【チェコ】
音楽出版社ノヴァロ,ロンドンで開業【英】
ジョン・ナッシュ,ロンドンのリージェント・パークとその段庭を設計【英】
ニューヨーク計画(直交する道路の均一なネットワーク),議会通過【米】
リッチ【英】,バビロン古跡の発掘

1812

テオドール・ジェリコー画[猟騎兵の士官],サロンに出品【仏】
ターナー画[アルプスを越えるハンニバル]【英】
トルヴァルセン作[アレクサンドル大王のローマ入城]【丁】
ベートーヴェン曲[第7・8交響曲]【独】
A・F・メルズリャコフ『美学に関する覚書』
ウォラストン,カメラ・ルシダ発明【英】
長唄[藤娘](長唄と浄瑠璃の掛合流行)【日】

1813

このころジェリコー,ドラクロワ,ゲランのアトリエに入る【仏】
ボーモントの反ターナー運動激化【英】
上方で大判錦絵の量増加しはじめる【日】

ロンドン・フィル 最初のオーケストラ

ロンドン・フィルハーモニー・オーケストラ創設【英】

ワルツ流行

◉ ウィーン全住民にワルツ流行【墺】
美保神社[本殿]【日】

1814

ダレッジ・ギャラリー

ダレッジ・ギャラリー,一般公開(初の公共美術館になる)【英】
アングル画[グランド・オダリスク][システィナ礼拝堂]【仏】
ゴヤ画[5月2日の変]【西】

北斎漫画

[北斎漫画]初篇刊行【日】
[近江名所図会]【日】
キイ作[スター・スパングルド・バナー](1931,国歌になる)【米】
延寿太夫,清元節創始【日】

メルツェルの自動機械人形 からくり儀右衛門の人形

メルツェル,自動演奏器,機械じかけの舞台装置,ベートーヴェンの補聴器など製作【墺】
からくり儀右衛門(田中久重),カラクリをつくりはじめる【日】
ビーダーマイヤー様式時代(ブルジョアジーの時代)【W】
ラッフルズ【英】らボロブドゥール再発見【インドネシア】

戯作とメディア

1810

スコット『湖上の美人』【英】
サウジー『ケハマの呪い』【英】
スタール夫人『ドイツ論』(第3巻)出版(フランス文学にドイツ・ロマン主義を導入)【仏】
クライスト『人形劇について』【独】
『フォフォレス』創刊(～13)【典】
本屋のブリュルネ,『本屋または愛書家のためのマニュアル』(～60)【仏】
式亭三馬作,国貞画,『客者評判記』【日】
◉ 合巻(読本化された黄表紙)流行,板行部数平均5000部【日】

家元制の定着

◉ 家元制度確立の動向,全国に波及【日】
◉ 俳諧,月次会の大流行【日】

1811

滝沢馬琴

ジェイン・オースティン『分別と多感』【英】
クライスト『こわれがめ』(妻とピストル自殺)【独】
フリードリッヒ・フケー『ウンディーネ』【独】
ゲーテ『詩と真実』(～33)【独】
ニーブール『ローマ史』(～32)【独】
ミューラー『24巻世界史』【独】
滝沢馬琴『椿説弓張月』完成【日】
『碁経衆妙経』(囲碁の奥妙解説)【日】
田能村竹田,文人サロン「竹田荘」【日】
式亭三馬,化粧水「江戸の水」考案,発売【日】
高橋景保,天文台に蘭書の翻訳官を設置【日】

1812

グリム童話集

バイロン『ハロルドの巡礼』【英】
グリム兄弟『グリム童話集』【独】
A・アルニム『エジプトのイサベラ』【独】
グレチ『祖国の息子』(のちにデカブリストの発表機関に)創刊(～52)【露】

広告代理店

レイネル・アンド・サン社創立(世界初の広告代理店)【英】

ガス灯時代へ

◉ イギリスにガス灯の時代【英】

1813

『ニューイングランド・ジャーナル・オブ・メディシン』創刊【米】
オースティン『高慢と偏見』【英】
パーシ・ヴィシー・シェリー『マブ女王』【英】
リヒター,『滑稽新聞』を全集化(12巻)【墺】
ワイス『スイスの家族ロビンソン』【瑞】

チュノム文学

◉ このころまでにチュノム文学の傑作『金雲翹』【越】
山東京伝『双蝶記』【日】
藤井普山『和蘭語法解』【日】
高橋景保,満州語辞書全30巻完成【日】

1814

ホフマン

ワーズワース『逍遥』完成【英】
シェリー自殺【英】
シャミッソー『影を売った男』(世界一周探検旅行,後ベルリンの植物園監督)【独】
アマデウス・ホフマン『カロー風の幻想曲』(～15)『黄金の壺』『悪魔の霊液』(第1部)【独】
梁同『行草書七言絶句』【清】
滝沢馬琴『南総里見八犬伝』刊行開始(～41)【日】
式亭三馬『浮世床』刊行【日】
『諳厄利亜語林大成』(初の英和字典)【日】
『タイムズ』輪転印刷開始(日刊紙生産に大変化)【英】
パーマー,アメリカ初の広告代理店創業【米】
料理人アントナン・カレーム,神聖同盟諸国の晩餐会を指揮する【欧】
A・ボービリエ『料理人の技術』【仏】
リング,スウェーデン体操提唱【典】

司馬江漢なる者、天球と地球の図を銅板を以て彫刻せり。是を見れば、地体は立円球体にて、周廻に万国あり。
本多利明『西域物語』

1815 文化12

ラテン・アメリカ諸国の独立

1810 ラテン・アメリカ諸国の対スペイン独立運動激化(各地に臨時政府樹立)
ミゲル・イダルゴ率いるメキシコの先住民決起【墨】
1811 ウルグァイ,パラグァイ独立【南米】
ベネズエラ独立【南米】
1814 第2ベネズエラ共和国の樹立(シモン・ボリーバル,解放者の称号を受ける)【南米】
1816 アルゼンチン連邦独立宣言【南米】
1817 サン・マルチン,チリの解放【南米】
1819 大コロンビア共和国独立宣言【南米】
1820 チリ独立宣言【南米】
1821 グァテマラ・エルサルバドル・ニカラグア・コスタリカ・ペルー・ホンデュラス・メキシコ独立宣言,チリ共和国誕生
エクアドルを大コロンビアに併合
(ボリーバル,大統領,軍隊の統帥者となる)(〜30)【南米】
1822 グァテマラ,メキシコに編入(〜23)【墨】
ブラジル独立(ドン・ペドロ立憲君主となる〜31)【南米】
1825 ボリビア独立【南米】
1826 スペイン領アメリカの解放(キューバとプエルトリコを除く)【米】
1828 ウルグァイ共和国成立【南米】

ボリーバルの活動を先頭に、
ラテン・アメリカが
地球でいちばん活発な場所になる。

速度への挑戦

ウィーン体制

1815 ナポレオンの百日天下【仏】

ワーテルローの戦

ワーテルローの戦い(スタンダール,ナポレオン軍に参加)【仏】

神聖同盟 アレクサンドル1世提唱

アレクサンドル1世主唱,神聖同盟成立【露墺普】
ナポレオン,セント・ヘレナへ追放【仏】
四国同盟【英露普墺】成立
第2王政復古【仏】
ユルトラ(超王党派)議会成立【仏】
穀物法制定【英】
オーストリア,イタリアを支配

ポーランド王国 ロシア皇帝兼任

ポーランド小王国成立(ロシア皇帝の兼位)
スウェーデン,ノルウェー連合王国成立
スイスの永世中立承認
乙亥教難【鮮】

スイスの永世中立

1816 メッテルニヒ,ドイツ連邦会議開催【墺】
オランダ,ジャワの支配回復【蘭】
最初の保護関税法制定【米】
太平洋横断定期船就航【米】
初の貯蓄銀行の設立(19業務開始)【米】

メッテルニヒとフランクフルト連邦会議

アルゼンチン独立

アルゼンチン連邦独立宣言【南米】
自由関税法【露】
セイロン島,英領となる【印】
イギリス,ネパール支配【印】
諸国の人口調査【日】

1817 モンロー,大統領就任(〜25)【米】
制限選挙法(3000万国民に対し選挙権9万)【仏】
◉ フランス産業革命期に入る【仏】
W・フンボルト,イギリス大使に(ボップらと知り合う)【独】
アメリカ植民協会設立(自由黒人のアフリカ送還目的)【米】
◉ このころまでにオーストラリアの名一般化【豪】
第3次マラータ戦争(〜82)【印】
新蘭館長ブロンホフ着任【日】
イギリス船,浦賀に来航【日】

アーヘン会議 五国同盟 国際警察化

1818 アーヘン列国会議,五国同盟成立(ウィーン反動体制強化,国際警察化)【英露普墺仏】
ミシシッピ河以東の英領カナダとの国境線画定【米】
ワッハーブ王国,オスマン帝国とエジプトに領土を奪われる【亜】

マラータ滅亡

マラータ国滅亡【印】
ゴルドン【英】,浦賀に来航し貿易を要求(拒否)【日】

1819 フリードリッヒ・リスト,ドイツ商工業連盟結成【独】

アメリカ、フロリダ買収 スペインから500万ドル

フロリダをスペインから500万ドルで買収【米】
バーラクザーイ朝成立(〜1973)【アフガニスタン】
ラッフルズの指導で,シンガポール建設,直轄植民地とする【インドネシア】
カールスバート条例(メッテルニヒ,ドイツ連邦の自由主義弾圧法),体育会,ブルシェンシャフト解散【独】
大コロンビア共和国成立【南米】
サバンナ号が29.5日で大西洋を横断【米】

理想と現実

1815 サヴィニー,「立法並に法律学に関する現代の任務」発表(歴史法学派の創始)【独】
オーウェン『工場制度の影響についての考察』【英】
マルサス『地代論』【独】

サヴィニーの歴史法学

ブルシェンシャフト

イェナ大学にブルシェンシャフト(学生組合運動)結成,14の大学に波及,ドイツの自由と統一を叫ぶ【独】
ソユーズ,ブラゴデンストヴィヤ(福祉協会)秘密結社結成【露】
A・フンボルト『アメリカ山脈の景観と土着民族の記念物』【独】
石門心学の鎌田柳泓,『理学秘訣』【日】
ボードマー,製粉工場建設【瑞】

ヒンドゥー宗教改革

ヒンドゥー教僧ラーム・モハン・ロイの宗教改革開始【印】

1816 サン・シモン『産業論』(〜18)【仏】
ヘルバルト『心理学教本』【独】
ショーペンハウアー『視覚と色彩について』出版【独】

秘密結社の流行

秘密結社「救済同盟」(のち「幸福会」)結成【露】
カラムジン『ロシア国家史』全8巻【露】
ヒンドゥー大学,カルカッタに創立【印】
平田篤胤『毎朝神拝詞記』(日常的神信仰)【日】

1817 ヘーゲル『哲学的諸科学要綱のエンツィクロペディー』(小論理学)刊行【独】
リカード『経済学および課税の原理』【英】
ワルトブルクの森の祭典(ルターの宗教改革三百年祭とライプツィヒ戦勝記念祭),ブルシェンシャフト規約発表【独】
秘密結社「友の会」各地に結成【波】
フェルディナント1世,ナポリ追放

リカード経済学

原型マフィア

シチリアに農村警察隊結成(のちにマフィアの前身になる)【伊】
ナポリに中央委員会(グルエルモ・ペーペ総指揮官)結成(ナポリに約3万の山賊)【伊】
ウォール街に証券ブローカーを会員として現取引所の原型成立【NY】

1818 ヘーゲル(48歳),ベルリン大学で初の開講【独】
全ドイツ学生組合誕生【独】
エルシュ,グルーバー『科学芸術百科事典』167巻【独】
レオパルディ『イタリアに与う』【伊】
ドン地方の農民反乱【露】
薬局法【仏】
国内関税廃止【独】
仰誓『妙好人伝』【日】

1819 ショーペンハウアー『意志と表象としての世界』【独】
メストル『教皇論』【仏】
チャニング,三位一体説を拒否し『ユニテリアリズム』の基礎を築く【英】
シスモンディ『政治経済学分析原理』【仏】
ボルツァーノ,異教の嫌疑でプラハ大学を免職【墺】
マンチェスターでピータールー虐殺事件勃発,労働者に対する武力弾圧【英】
超王党派による,出版言論の自由弾圧はじまる【仏】
平田篤胤『神字日文伝』(神代文字研究)【日】
ペテルブルグ大学創立【露】

ショーペンハウアー

1815

科学技術の爆発

1815 ラマルク『無脊椎動物誌』(〜22)【仏】
ビオー,有機化合物の光学的活性発見【仏】
プラウト,水素にもとづく元素の一元論的仮説を提唱【英】

フレネル光学

フレネル『光の回折について』【仏】
ブルースター,偏光に関するブルースターの法則発見【英】
スティーヴンソン,鉱夫用安全ランプ発明【英】
デーヴィ,安全ランプ発明【英】
ベルリン〜ケルン間の郵便馬車の所要時間130時間(48年,78時間)
杉田立卿,宇田川玄真『泰西眼科全書』を訂正増補し『眼科新書』出版【日】

蘭学事始 杉田玄白から大槻玄沢へ

杉田玄白『蘭学事始』(大槻玄沢に贈る)【日】
高等技術学校プラハで設立【墺】

1816 ルヴロー,キュヴィエ編集『自然学事典』刊行開始(〜41)【仏】
司馬江漢『天地理談』【日】
メッケル『人間解剖学教本』【独】
フランスで中国針治療流行【仏】
ラプラス,音速の理論を提唱【仏】
フレネル,鏡による光の干渉実験【仏】
ブルースター,万華鏡発明【英】
ガラスの需要急増,価格下落【英】

ヨーロッパに中国医学流行

キュヴィエ動物誌

1817 キュヴィエ『動物王国』全4巻【仏】

形態学 ゲーテの提唱

ゲーテ,形態学という語を採用【独】
パンダー,三胚葉説(近代発生学)【独】
W・スミス,有機体の化石地層学体系(英国地質図完成)【英】

ヤングの波動説

ヤング,光の横波説を提唱【英】
ポアソン,一般振動および波動論【英】
フラウンホーファー,光の波長を測定【独】
フンボルト,世界平均気温分布図,等温線地図【独】
カール・リッター『自然および人間の歴史とのかかわりにおける地理学』(〜18)【独】
アドルフ・シュティーラー『携帯地図帳』刊行開始(〜34)【独】
ペルチェ・カバントゥ,「クロロフィル」発見【仏】
ドライス,二輪自転車「ドライジーネ」発明【独】(パリ,ロンドンの社交界でホビー・ホースと呼ばれ流行)
ケーニッヒとバウアー,印刷機製造工場設立(高速輪転機大量生産へ)【独】

リッター地理学

国友藤兵衛 銃器の名人

国友藤兵衛『大小御鉄砲製作方法』,松平定信に献上【日】

1818 J・サンティレール『解剖哲学』【仏】
初の大陸間航海蒸気船「サヴァンナ号」【米】,ニューヨーク〜リヴァプール(26日)
シリマン『米国科学雑誌』創刊(45,サイエンティフィック・アメリカンに)【米】
橋本宗吉『西洋医事集成宝函』(24巻)訳刊(55,6巻分出版)【日】

1819 デュロン,プティ,原子量と比熱との逆比例に関する法則【仏】

聴診器 ラエネックのうさぎの耳

ラエネック,聴診器発明,『聴診法』【仏】
ミッチャエルリヒ,結晶に関する同形律【独】
宇田川玄真『和蘭薬鏡』刊行【日】
国友藤兵衛,山田大円と空気銃完成【日】
市内約51,000軒にガス・バーナー設置【L】
初の固形チョコレート,商品として製造【瑞】

ロマン主義の影響

1815 ナポレオンのヨーロッパ各国からの収集名画,ルーブルに陳列(ルーベンス,レンブラントなどオランダ絵画注目される)【仏】
トーマ・クーチュール,カリカチュア(〜78)
国貞画[正本製薬屋読絵](役者似顔絵について,歌舞伎の趣向導入し好評を博す)【日】

国貞

光琳百図 抱一の企画

酒井抱一,光琳百年忌を営み『尾形流略印譜』『光琳百図』出版【日】
渡辺崋山『寓画堂日記』【日】
サロネン設計[キルヴ教会](二重十字架状)【カレリア】
シューベルト曲[野ばら][魔王]【墺】
カウフマン,自動演奏楽器発明
カール・フリードリッヒ・シンケル,モーツァルトの[魔笛]の舞台装置【独】

ビーダーマイヤー様式 家具と装飾に小市民的安定感広まる

ビーダーマイヤー様式,ドイツに波及(〜48)
藍浦撰『景徳鎮陶録』【清】
◉ ブレイク,[ミルトン][瞑想の人][復楽園]の挿絵【英】

1816 シュポーア曲[第8ヴァイオリン・コンチェルト]初演【独】
ロッシーニ曲[セヴィリアの理髪師]【伊】
ビアンキ設計[サン・フランチェスコ・ディ・パオラ教会]【英】
シャペリ設計[カフェ・ペドロッキ]【伊】
メルツェル,メトロノームの発明【墺】
ダゲール,テアトル・アンビギュ・コミックの舞台装置主任になる【仏】

1817 ジョージ・フィールド『色彩論あるいは色彩の類比と調和に関する試論』
スタンダール『イタリア絵画史』【仏】

ウィーン音楽学院

ウィーン音楽学院設立【墺】
シュロン,古典と宗教の音楽学校をパリに設立【仏】
カルル・フォン・ウェーバー,ドレスデン宮廷歌劇場音楽監督に就任【独】
トーマス・リックマン『英国建築の様式判別の理論』【英】
シンケル設計[新守衛本部]起工【B】
豊国画[役者似顔絵早稽古]【日】

仙洞御所

仙洞御所,中宮御所建造【日】
北斎,百二十畳敷大達摩を画く【日】

1818 スポンティーニ曲[オリンピア]【仏】
教会法施行,ゴシック復興に連なる教会建築さかんになる【英】
シンケル設計[ベルリン王立劇場]起工(〜21)【独】
司馬江漢画[西洋樽造図]【日】
渡辺崋山画[一掃百態図]【日】

シンケル ロマン主義建築

ゴヤ幽閉生活

1819 ゴヤ,「聾の家」で幽閉生活に入る,[魔女の安息日]【西】

ジェリコー メデューズ号の筏 フランス・ロマン派

ジェリコー画[メデューズ号の筏]発表(フランス・ロマン派主義運動の開幕)【仏】
アングル画[アンジェリクを救うロジェ]【仏】

フリードリヒ 霧・雪・日没・月夜 ドイツ・ロマン派

フリードリヒ画[月を眺める男女]【独】
ウェーバー曲[舞踏への勧誘](ワルツの典型)【独】
崋山,日本橋百川楼で書画会開催【日】
宇田川榕庵『写真必要西洋画燈』翻訳【日】
楽了入,旦入親子,紀州徳川御家焼をすすめる(偕楽園窯)【日】
清元[鳥羽絵]初演【日】

戯作とメディア

1815 スタール夫人『フランス革命の主要事件についての考察』【仏】
バイロン『ヘブライ調』【英】
バンジャマン・コンスタン『アドルフ』(恋愛の心理学小説)【仏】
ベランジェ『シャンソン詩集』【仏】
ヨーゼフ・フォン・アイヒェンドルフ『予感と現在』【独】
ツァハーリアス・ヴェルナー『二月二十四日』(1810上演)【独】
F・シュレーゲル『古代・近代文学史』【独】
仙石政和『類聚国史』【日】

バイロン

漢字の新聞 マラッカで初の創刊

最初の漢字新聞『察世俗毎月統紀伝』創刊【マラッカ】
柳亭種彦『正本製』(〜31)【日】
落語禁止(16に条件付で興行許可)【日】

1816 ホフマン『砂男』【独】
ゲーテ『イタリア紀行』(〜17)【独】
◉ イタリア・ロマン主義おこる(〜26)【伊】
グリム兄弟『ドイツ民話集』【独】
W・フンボルト『アガメムノン』完訳【独】
フランツ・ボップ『ギリシア語,ラテン語,ペルシア語,ゲルマン語と比較したときのサンスクリットの動詞変化について』(比較言語学の方法確立)【英】
キッチナー『料理人の神託』【英】
『茶道筌蹄』(茶道に関する図説)【日】
エンゲルマン,石版印刷所設立【P】
フュナンビュール座開場(ドゥビュロー登場)【仏】
高橋景保『満州輯文』,『満州散語解』【日】

1817 バイロン『マンフレッド』【英】
ブレンターノ『ハンガリー奇譚』【独】
コールリジ『文学的自伝』【英】
A・アルニム『王冠の守護者』(〜56)【独】
鶴屋南北『桜姫東文章』【日】
ラッフルズ『ジャワ誌』刊行【英】

鶴屋南北

ペニー・マガジン

チャールズ・ナイト『ペニー・マガジン』創刊(1年で20万部)【英】
オーケン,『イシス』創刊【独】

1818 このころロマン主義文学論争(〜30)【仏】
ジョン・キーツ『エンディミオン』出版(酷評)【英】
フランクリン『自叙伝』【米】

フランケンシュタイン

M・シェリー『フランケンシュタイン』【英】
T・ヤング『エジプト学』(ロゼッタストーン解読)【英】
R・C・ラスク『古代ノルド語の起源』(グリムの法則の発見)【丁】
カラムジン『ロシア帝国史』【露】

ボドーニ活字帖

ボドーニの『活版術便覧』刊行(モダン・ローマン体紹介)【伊】
ゼネフェルダー『石版印刷術全書』刊行【チェコ】
ロリュー,パリで印刷インキ発明【仏】
L・E・オドー『田舎の料理・町の料理』,ベストセラーに【仏】
ヘーリンク,ブランデー製造【丁】

1819 キーツ『ギリシアの古瓶』【英】
バイロン『ドン・ジュアン』(〜24)【英】
スコット『アイヴァンホー』【英】

スケッチ・ブック

ワシントン・アーヴィング『スケッチ・ブック』(〜20)【米】

吸血鬼伝説

ポリドリ博士『吸血鬼』【仏】
J・グリム『ドイツ文法』(〜37)【独】
小林一茶『おらが春』【日】
塙保己一『群書類従』編集【日】

群書類従

活字のより完全な形こそ印刷芸術である。同一のテキストを大量につくり、読み易い形で後世の目に供することが問題になるからである。
ジャン・ボドーニ『印刷術便覧』

イタリアとギリシアが自由を求め、フーリエの共同体構想が理想を描く。

1820
文政3

民族独立の波

カルボナリ党

1820 カルボナリ党の革命運動(～21)【伊】
アイルランドに「リボン結社」【愛】
カルボナリの組織に学び,「真理の友」結社【仏】
「自由ポーランド人協会」「クラコヴィ学生ポーランド友の会」「草刈り愛国協会」結成【葡】
リエゴの革命(蜂起)布告【西】
アリ・パシャの民族独立運動【希】
ニューヨーク市12万3000人【米】
スペイン立憲革命(～23)【西】
明命帝即位,仏との通商条約拒否,清朝の地方統治制度導入(～40)【越】
中国,朝鮮でコレラ流行

1821

ニューヨーク十二万人

1821 メッテルニヒ,宰相に(皇帝の総顧問)【墺】
ポルトガル議会召集,憲法制定発布【葡】
カルボナリ党,ナポリ占領(スペイン憲法採用決定)【伊】
ソーミュールの蜂起計画(～30,失敗)【仏】
「救済同盟」が,「南部(キエフ),北部(ペテルスブルグ)同盟」に,統一スラブ同盟結成【露】

ギリシア独立戦争

ギリシア,対トルコ独立戦争開始(～29)
シャリアトゥーラ,ファラーエズ運動開始【印】
スマトラでパドリ戦争(～38)【インドネシア】
メキシコ独立
サント・ドミンゴ,スペインからの分離を宣言
グラン・コロンビア創設(首都ボゴタ)

1822

英外相カニング

モンロー宣言

1822 ヴェロナ列国会議,オーストリアの出兵承諾(イギリス,五国同盟脱退)【欧】
外相カニング,諸国の自由主義運動支援(～27)【英】
トルコ軍,シオ島に上陸,住民大虐殺(西欧諸国のフィル・ヘレニズム高まる)【希】
ギリシア独立宣言,憲法制定【希】
アメリカ植民協会,アフリカに自由黒人によるリベリア共和国を建設【米】

ドン・ペドロ ブラジル大統領

ブラジルのポルトガル摂政ドン・ペドロ即位しブラジルを統治(～30)

1823

1823 モンロー宣言(ヨーロッパの大陸介入を廃除)【米】
中央アメリカ連邦成立(～38)【米】

スペイン干渉戦争

スペイン干渉戦争(フェルナンド7世の絶対的権力の回復)【西】
ドン・ミゲルのクーデターと独裁【葡】
ムハンマド・アリー,スーダンを征服【亜】
第2次ワッハーブ王国おこる【亜】
ベンガル総督にアマースト(～28)【印】

ペルー独立

ペルーの独立【南米】
民間のアヘン製造を禁止【清】
シーボルト,長崎に来る【日】
伊勢桑名に百姓一揆【日】

1824

1824 ルイ18世没,シャルル10世即位【仏】
英蘭ロンドン条約調印
ニコライ1世宣誓式【露】
米・露間,太平洋国境条約調印(北緯54度40分を国境とする)
ボリーバル,アヤクチョの戦いでスペイン軍に大勝,イスパノ・アメリカの独立を決定づける
憲法制定,連邦共和制を採用【墨】
ペドロ1世,新国家憲法発布【ブラジル】
イギリス,マラッカ獲得【清】

ビルマ戦争

第1次ビルマ戦争(イギリス海峡植民地の形成)
英捕鯨船員,常陸大津浜に上陸し,薪水を求める【日】

理想と現実

1820 マルサス『経済原論』【英】
J・B・セノー『マルサス氏への書簡』【仏】
ヴェッソー「文学と科学の談話室」設立【伊】
ド・フリース『心理的人間学』【独】
W・フンボルト『歴史記述者の課題』【独】
ソシエテ・アジアティック創立【仏】
◉ ニューイングランドの宣教師団,ハワイに到着
グエン朝,カトリックの布教禁止(フランス宣教師を迫害)【越】
尾張藩,米切手の取扱いに関する規定発令【日】
このころから,教会の禁酒運動はじまる【英】

山片蟠桃 地動説提唱と宗教批判

山片蟠桃『夢の代』12巻(百科的知識編集)【日】

1821 ヘーゲル『法哲学』【独】
サン・シモン『産業制度について』(～22)【仏】
オーウェン『ラナーク州への報告』【英】
最初のハイスクール,ボストンに開校【米】
ジェイムズ・ミル『経済学綱要』【英】
カレー郵便船成功【仏】
◉ 紡績設備と機械設備が織物工場へ融合されはじめる【英】
ハドソン湾会社と北西会社合併,新ハドソン湾会社設立【米】
シュライエルマッハー『キリスト教信仰』【独】

経世秘策 本多利明の開国進取論

本多利明『経世秘策』【日】

フーリエの理想共同体

二宮尊徳の荒村復興

1822 フーリエ『家庭・農業組合概論』(ファランジュ提唱)【仏】
オーギュスト・コント『社会再組織の科学的作業プラン』【仏】
ド・ビラン『新人間論』【仏】
ベケネ『道徳物理学の基礎』【独】
ランケ『ラテンおよびゲルマン民族』【独】
マソン(フリーメーソン)組織の禁止【露】
二宮尊徳,農村の荒村復興に着手(桜町領)【日】

1823 サン・シモン『産業者の政治教理問答』(コントと共著)【仏】
ジョン・スチュワート・ミル【英】,東インド会社に勤務(～58)

プルンキエ 感覚生理学の発展

プルンキエ,感覚生理学を発展させる【墺】
ベッセル,個人差に関する研究【独】
シーボルト【独】,蘭商館医師として来日(～29)【日】
摂津・河内(1007カ村)の農民,木綿売捌の訴訟【日】
オコンネル,カトリック協会設立【英】

モルモン教 ジョセフ・スミスの新エジプト文字

ジョセフ・スミス,「黄金板」(新エジプト文字)を掘出したと宣言(贋作),翻訳されて『モルモン教書』となり,モルモン教が誕生【米】
佐藤信淵『宇内混同秘策』【日】

初の社会主義団体

1824 ウィリアム・トムソン『富の分配原理に関する一考察』【英】

ヘルバルト心理学 概念修正と自己保存

ヨハン・ヘルバルト『学問としての心理学』【独】
アミーニアム・クラブ創立(初代幹事ファラデー)【英】
ケルナー,視霊術に関する論文【独】
労働者が団結法,ロンドンに初の社会主義団体【英】
バイロン,ミソロンギ(要塞)に入り,ギリシア独立軍に4000ポンドを送る(ギリシアで病死)
平田篤胤『古道大意』【日】

ジオラマから写真術へ。この最も驚異的な視覚情報革命。

速度への挑戦

1820

科学技術の爆発

1820 ブーバル,木星,土星,天王星の星暦作成
王立天文学会創立【英】
ガル骨相学流行【仏】
インド人ファリア,パリで催眠法の実演【仏】
エールステッド,電流の磁気作用を解明【独】

アンペアの法則

アンペール「アンペアの法則」,指針電信機を考案【仏】
ド・ラ・リュ,白金線のコイルで最初の電燈をつくる(といわれる)【仏】

アリス・モータ ドゥ・コルマン計算機

ドゥ・コルマン,効果的な計算機「アリス・モータ」を製作【仏】
トーマス,4則演算可能な計算機の商品化に成功【仏】
持ち運びのできる初の耐火金庫【仏】
ド・サフネー,天然アスファルトとタール油の混合物による舗装法を考案【仏】
I・タウン,「格子トラス」で特許を得る
ベルギー,オランダでメートル法採用

1821 オーギュスタン・コーシー『解析学教程』(微分方程式の研究)【仏】
メッケル,『比較解剖学体系』(～35)【独】
イポリット・クロケ『臭気・感覚および嗅覚器官概論』【仏】
ゼーベック,熱電流を発見【独】

伊能忠敬の地図

伊能忠敬を継ぎ門弟ら「大日本沿海輿地全図」『大日本沿海実測録』完成【日】

1822 ローレンツ,オーケン,ドイツ自然科学者連盟創立【独】
コニーベア【英】「石炭紀」,ダロワ【白】「白亜紀」命名
間宮林蔵『蝦夷全図』【日】
マジャンディー『脊髄神経根の働き』【仏】
鎌田柳泓『心学奥の桟』(生物進化の観念)【日】
J・B・J・フーリエ『熱の解析的理論』【仏】

射影幾何学 デザルグからポンスレへ

ジャン・ポンスレ『図形の射影的性質論』(デザルグの射影幾何学に言及)【仏】
宇田川榕庵『西説菩多尼訶経』【日】
大蔵永常『農具便利論』刊行【日】

オルバースのパラドックス 宇宙は有限力

1823 オルバース,宇宙有限論【独】
バクランド『大洪水の遺物』【英】
ファラデー,数種の気体の液化に成功【英】
ゼーベック,熱電流を発見【独】
スタージョン,電磁石の発明【英】
バベッジ『数表の計算に対する機械の応用についての考察』(階差機関の試作開始)【英】
ビオー『物理学基礎概説』【仏】
スティーヴンソン,ニューカッスルに世界初の機関車工場設立【英】
ニューヨーク・ガス燈会社設立【米】

バベッジ階差機関

1824 ベッセル,「ベッセル関数」を提示,惑星運動の研究【独】
ニールス・アーベル,5次方程式の一般解不可能性を証明【諾】
バクランド,巨大な肉食恐竜を記載「メガロザウルス」と命名【英】
プレヴォ,デュマ,カエルの卵で細胞分裂観察【仏】

カルノー熱力学

サディ・カルノー『火の動力に関する考察』(エネルギー第2法則)【仏】
ブレスドルフ,オールセン「ヨーロッパの山岳地形の下図」(300mごとの等高線)【丁】
ポルトランド・セメント製造特許【英】
シーボルト,鳴滝塾を開設(植物園と診療室を設置)【日】

ロマン主義の影響

1820 岡田米山人画[騎牛吹笛図](南画)【日】
浦上玉堂画[凍雲篩雪図]【日】
トルヴァルセン作[獅子の記念碑]【丁】
このころから王侯貴族の私的コレクション,公共的美術館への移行
サン・ミゲル詞,ウェルタ曲[リエゴの歌](スペインの革命歌に)【西】
歌曲本,合唱本に数字譜使用【独】
ヘーゲル,ベルリンで美学の講義【独】

舞踏理論 カルロ・ブラシスのバレエ論

カルロ・ブラシス『舞踏芸術の理論と実際に関する概論』(20Cバレエの基礎)【伊】
ラインラント製椅子(ビーダーマイヤー様式)
煎茶ブームで京焼(磁器)の流行【日】

ウェーバーとシューベルト

1821 ジェリコー画[狂女]【仏】
コンスタブル画[ハムステッド・ヒース]【英】
トルヴァルセン作[キリスト像]【丁】
幼いメンデルスゾーンがワイマールのゲーテを訪れる【独】

魔弾の射手

ウェーバー曲[魔弾の射手]ベルリンで初演【独】
豊国画[浮世絵六枚屏風]【日】

1822 ウジェーヌ・ドラクロワ画[ダンテの小船]サロンに初出展【仏】
亜欧堂田善画[両国図]【日】
酒井抱一,『乾山遺墨』編集(乾山の碑を建立)【日】

未完成交響曲

シューベルト曲[未完成交響曲]【墺】
ベートーヴェン曲[荘厳ミサ曲]【独】

ラウドンの造園

ジョン・ラウドン『造園百科辞典』【英】
ロンドンに音楽学校設立【英】
コングレーブ,多色印刷法発明【英】
マリア・タリョーニ,バレエにチュチュを使用,爪先で立つ技術を導入
ニエプス,ヘリオグラフィーで肖像画の複製【仏】

ニエプス写真術

ジオラマ流行

ダゲールとブートン,ジオラマ館開設(大流行)【P】
サヴェイジ『装飾版画に関するヒント集』
イザーク・チチング『日本図会』【英】

1823 ブレイク画[愛する者の渦巻]【英】
フリードリヒ画[希望号の難破](～24)【独】
シューベルト曲[ます]【墺】
ウィンナ・ワルツの隆盛【欧】
ロンドン職工講習所設立【英】
シンケル設計[古代美術館](～38)【独】
ロバート・スマーク[大英博物館]設計(ネオ・グリーク様式)(～47)【英】
吉雄常三『遠西観象図説』【日】

アングルとドラクロワ

1824 ドラクロワ画[シオ島の虐殺]【仏】
アングル画[ルイ13世の誓い]【仏】
スタンダール,この年のサロンを「芸術の革命前夜」と批評【仏】
2代道八,石山御庭焼き【日】
青木木米作[赤絵詩文煎茶碗]【日】

第九合唱

ベートーヴェン[交響曲第九番]ウィーンで演奏【独】
プラトー,フェナキストコープと,驚き燈発明【白】
男優フレデリック・ルメートル,『アドレの宿屋』で当たる【仏】

言葉の海へ

1820 ラマルチーヌ『瞑想詩集』【仏】
ホフマン『牡猫ムルの人生観』(～22)【独】
在日オランダ館長チチング『将軍列伝』【仏】
ミツキエーヴィッチ『青年頌歌』(民族的ロマン主義の絶頂期)【葡】
ロバート・マキューリン『メルモス』(熱狂派文学)【仏】

中国語辞典 モリソン全6巻

宣教師ロバート・モリソン,マラッカにアングロ・チャイニーズ・カレッジ創設,聖書漢訳(神天聖書)(23),『中国語辞典』(全6巻)刊(21)
シュレーゲル,「コンコルディア」(カトリックロマン派)発刊【独】
W・フンボルト,『言語展開の種々なる本格的な言語研究活動の第1歩について』【独】

フンボルトの言語調査

1821 W・フンボルト『バスク語を媒介とするヒスパニア原住民の調査研究試論』出版【独】
ゲーテ『ヴィルヘルム・マイスターの遍歴時代』第2部(～29)【独】
シェリー『アドネイース』(キーツ追悼歌)『詩の擁護』【英】
ハインリッヒ・ハイネ『詩集』(処女詩集)【独】
「マンチェスター・ガーディアン」(新聞)創刊【英】
「アントロージア」誌発刊【伊】
ランディ,オハイオ州で「奴隷解放の精神」(週刊)発行【米】

1822 スタンダール『恋愛論』【仏】

ド・クィンシー 阿片吸引者

トマス・ド・クインシー『阿片吸引者の告白』【仏】
バイロン,ハント、シェリーら「自由人」発刊【英】
フリードリッヒ・リュッケルト,『詩経』模倣作を発表(中国人観を深める)【独】
『船長日記』『漂民御覧之記』『環海異聞』など漂流体験記録【日】
W・フンボルト『比較言語学研究』【独】

シャンポリオン エジプト文字解読

シャンポリオン,エジプト文字を解読【仏】
頼山陽の水西荘(山紫水明処),京都の文人サロンに【日】

1823 チャールズ・ラム『エリア随筆』(～33)【英】
エッカーマン,ゲーテの秘書になる【独】
ミューラー『冬の旅』(シューベルト作曲)【独】
アレクサンドル・プーシキン『エフゲーニ・オネーギン』(～31)【露】
ティエール『フランス革命史』(～27)【仏】
「ミューズ・フランセーズ」(右派ロマン主義の機関的雑誌)創刊【仏】
「ジュルナル・アジアティック」誌発刊(東方ルネッサンス現象おこる)【仏】
最初のシナ語聖書【清】

ラグビー発祥

ラグビーのはじまり【英】

ノディエのサロン 愛書通信発行

1824 ノディエ,アルスナル図書館の主任に,「愛書通信」刊行(文学サロン化,ユゴー,ミュッセ,デュマら集まる)【仏】
「ル・グローブ」ロマン主義左派的雑誌,サント・ブーヴ文芸批評を担当)創刊【仏】

ランケの歴史論

ランケ『ローマゲルマン諸国民の歴史』【独】
トマス・カーライル,ゲーテの『ウィルヘルム・マイスター』の翻訳(～27)【英】
ロバート・カー『航海と紀行に関する一般史と集成』18巻
ジョンソン『タイポグラフィア』【英】

人間は幸福になるためにつくられている。摂理によって人間の幸福が実現されるべきものでないなら、世界は理解不能なものになる。
チャールズ・フーリエ『家庭・農業組合概論』

BC 6000以前 / BC 6000 / BC 2200 / BC 1200 / BC 600 / BC 300 / 0 / 300 / 600 / 800 / 1000 / 1200 / 1300 / 1400 / 1500 / 1600 / 1650 / 1700 / 1760 / 1810 / 1840 / 1860 / 1880 / 1890 / 1900 / 1910 / 1920 / 1930 / 1940 / 1950 / 1960 / 1970 / 1980

一八二〇年代の驚異は、写真と鉄道である。しかし、はやくも資本主義の矛盾があらわれていた。

1825
文政8

アメリカ移民 一八二五年で一〇〇万人

民族独立の波

1825
シャルル10世,反動政治開始(～30)【仏】
亡命貴族10億フラン法成立【仏】
モンロー大統領,ミシシッピ河以西へのインディアン強制移住政策を発表【米】
この年から50年までに200万人の移民【米】
ディポヌゴロの戦い(ジャワ戦争)(～30)

ニコライ1世専制
ニコライ1世の反動専制支配(～55)【露】
この年まで540件の農民一揆(13～)【露】
イリー運河開通【米】
ジャワ戦争(対オランダ反乱,～31)
ボリーバル軍,アルト・ペルーを解放(独立しボリビア共和国成立)
幕府,諸大名に外国船打払令【日】
秋田各地に新田開発【日】

デカブリストの乱
デカブリストの乱(ペテルブルグ)【露】

ドイツ産業革命
◉ このころからドイツ産業革命期に入る【独】

1826
第2次ロシア・イラン戦争(～28)
ロシア法大全,ロシア帝国法典編纂【露】
ニコライ1世,秘密警察(オフラナ)設置(～80)【露】
英,中南米諸国の独立承認【英】
ボリーバルの提唱でラテン・アメリカ国際会議(パナマ会議)開催

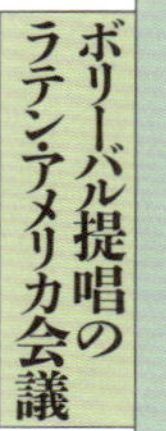
ボリーバル提唱のラテン・アメリカ会議

フランスとベトナムの公式外交関係断絶
ジハーンギール,カシュガル,コータンなど四城を占領,ホージャ政権樹立(～28)【印】
タイとバーネイ条約締結【英】
保護関税法制定【米】
水野忠邦,京都所司代となる【日】

1827

1827
フランス,アルジェリア遠征(～39)

マッツィーニ 自由主義からカルボナリ党へ
マッツィーニ,カルボナリ党に参加【伊】
ナヴァリノの海戦(英仏露連合艦隊,トルコ・エジプト軍撃破,ギリシア独立へ)
ベルギー人の自由要求運動ひろまる【白】
徳川家斉,太政大臣の位【日】
調所広郷,薩摩藩の財政改革開始【日】

1828

1828
トルコマンチャーイ条約(イラン,ロシアにコーカサスを割譲),通商協定

露土戦争 第1次バルカン戦争
ロシア・トルコ戦争(第1次バルカン戦争)(～29)
ドイツ関税同盟の準備進む(～29)【独】
審査律廃止【英】
ジャクソン,第7代大統領に当選(台所内閣)【米】
高率保護関税法の成立(平均40%)【米】
メキシコとの国境確定【米】

ジャクソン民主主義

シーボルト事件
シーボルト事件【日】
日本人口2721万人【日】

1829

日本二七〇〇万人

1829
ポリニャック内閣(極右反動)【仏】
アドリアノープル条約(トルコ敗戦,ギリシア独立)
ロシア軍,コンスタンティノポリス進軍でドナウ河を渡る
ポーランド革命(敗北,ロシアの属州に)【波】

セルビアに自治権
セルビア人オーストリア領に亡命,自治権獲得(首都ベオグラード)
江戸大火,下町全焼【日】
シーボルトの帰国を命じ,再渡来を禁ずる【日】
高橋景保,獄死【日】

資本主義の矛盾

最初の資本主義恐慌

ニュー・ハーモニー失敗
1825
オーウェン【仏】,アメリカのインディアナ州に「ニュー・ハーモニー」をつくるが失敗(～28)
バザール,アンファンタンら雑誌「生産者」発刊(空想社会主義思想ひろまる)【仏】
ホジスキン『労働弁護論』【英】
W・トムソン,男女平等を主張【英】
佐藤信淵『天柱記』(宇宙論)【日】

会沢正志斎
会沢正志斎『新論』(尊王攘夷志士のバイブルに)【日】
労働組合承認,工場法の制定【英】
商業恐慌(初の資本主義的恐慌となる)【英】
首相ヴィレール,長子相続の復活,新聞課税(反政府派45万部,御用新聞15000部)【仏】

1826
サミュエル・ヒバート『幻影の哲学概説』【英】
「学的批判年誌」創刊(のちに「ヘーゲル新聞」に)【独】
フレーベル『教育論』【独】
ニコライ1世,モスクワ大学の哲学講座廃止【露】
ペストレ夫人,パリに保育園開設【仏】
ボストン少年感化院設立【米】
商業恐慌【仏】
ライプツィヒに書籍業取引組合結成【独】

保育園と少年感化院

オルビニ【仏】,ブラジル南部,ウルグァイ,アルゼンチン探検(～33)
バルビ【伊】,『地球の民族誌的地図』刊行【仏】
ロンドン大学創立【英】
高野長英,鳴滝塾に入る(『分離術』『養生論』の翻訳開始)【日】
長脇差,無宿者を厳禁する【日】

1827
オーウェン,社会主義という語を最初に用いる【仏】

ヴィーコ発見 ミシュレによる発見と研究
ジュール・ミシュレ,ヴィーコを発見傾倒,自由訳『哲学と歴史の原理』出版【仏】
ボルツァーノ『アタナシア』【墺】
フリードリッヒ・リスト『アメリカ経済学概論』【独】
「ジョルナーレ=オグラーリオ」(農業振興のための新聞)発刊【伊】

佐藤信淵 神話論から経済論まで
佐藤信淵『経済要録』【日】
フィラデルフィア職工組合連合結成【米】
満州人の漢族化禁止【清】
アヘン密輸増加,中国の茶輸出などを凌駕し銀流出開始【清】

1828
J・B・セー『実践経済学講座』(～29)【仏】
ロスミーニ,愛徳会創設(イタリアのカトリック運動さかんに)【伊】
ラーム・モーハン・ローイ(宗教・社会改革運動の先駆者),カースト制,寡婦殉死,幼児婚などの習俗を排撃,ブラーフマン協会とヒンドゥー・カレッジ創設【印】

1829
フーリエ『産業的組合的新世界』【仏】
ラムネ『革命の発展と反教会闘争について』【仏】
『アメリカーナ百科事典』(～32)【米】
ジョン・ドアティ,イギリス紡績工全国組合結成【英】
シュレーゲル『歴史哲学講義』【独】

カトリック教徒解放令
オコンネルらアイルランド党結成,カトリック解放運動さかん(～40)【愛】
サティー(寡婦殉死)禁止令【印】
長州藩,産物会所設置【日】

情報伝達の方法にとって、ルイ・ブライユの6字式点字法の発明は、コンピュータ革命に匹敵する。

1825

生物から鉄道まで

1825 ラプラス『天体力学』【仏】
キュヴィエ『地表変革論』(激変説)【仏】
ファラデー,王立研究所で毎週一般向けに「金曜宵の講義」【英】
R・ブラウン『植物学草稿』【英】
ブルキニエ現象発見【独】
コーシー,複素関数論の基礎【仏】
リッター,ベルリン大学で世界初の地理学の講座【独】
ラウドン『農業百科辞典』【英】
青地林宗『気海観瀾』【日】
李書九『輿地考』【鮮】

鉄道開通

時速48キロ

ストックトン〜ダーリントン間に最初の公共鉄道開通(スティーヴンソンのロコモーション号,時速48kmで走る)【英】
◉ 橋本宗吉,エレキテルのデモ【日】

1826 ハインリッヒ・シュヴァーベン,太陽黒点の出現と挙動観察(〜43,11年周期発見)【独】
ヨハネス・ミュラー『視覚生理論』【独】
ブールダッハ『経験科学としての生理学』【独】
アーベル,無限階級に関する定理【諾】
フレネル,複合プリズムによる干渉実験【仏】
サミュエル・プラット,渦巻バネ使用の椅子の特許【仏】

ガラスのプレス技術

ガラスのプレス技術進歩【米】(ヨーロッパ全体に波及)
◉ 英の大富豪ジェイムズ・スミソン,ワシントンにスミソニアン研究所の設立を提案
李汝珍『鏡花縁』【清】

1827 ガウス『曲面に関する一般的研究』【独】
オームの法則【独】
ファラデー『化学操作法』出版【英】
カルル・フォン・ベーア,ほ乳類の卵を発見,『ほ乳類と人間の卵の起源について』【独】

ガウス

ブラウン運動 花粉の研究発展

ブラウン,花粉の研究から,ブラウン運動を発見【英】
ヴェーラー,アルミニウム単離【独】
ジョン・ウォーカー,燐マッチの発明【英】
フルネイロン,水力タービン製作【仏】
ガーネー,蒸気車(バス)を完成【英】

オーデュボン図鑑

オーデュボン『アメリカの鳥類』(〜38)【米】
佐藤信淵『山相秘録』(鉱物論)【日】

1828 サンティレール,有機組織同一原理【仏】
ベーア『動物の発生史』(〜37)【独】
フリードリッヒ・ヴェーラー,尿素の合成【独】
コリオリの力の発見【仏】

ロンドン動物園

ラッフルズとバンクス,ロンドン動物園を開設【英】
シーボルト,動植物の標本収集【日】
宇田川榕庵『新訂増補和蘭薬鏡』刊行(西洋薬物の百科全書)【日】
岩崎常正『本草図譜』完成(日本産植物2000余種)【日】

1829 ニコライ・ロバチェフスキー【露】,ガウスに「非ユークリッド幾何学」に関する手紙
ガウス,最小作用の原理【独】
カール・ヤコビー『楕円関数要論』【独】
ヘンリー,電気自己誘導発見【米】
長さ1マイルの針金で電信機の公開実験【英】
チモニエ,初の実用ミシン【仏】
バート,タイプライター「タイポグラファー」の特許取得【米】
ラウドン『植物百科辞典』【英】

ロバチェフスキー

ロマン主義の影響

1825 このころドラクロワ,ユゴー,デュマ,ネルヴァルなどのロマン派文学者と交流【仏】
◉ パリでリトグラフ流行【仏】
ショパン曲[ロンド(作品1)]【波】
ウィーンのケルントナー劇場でガルレンベルク伯の大舞踏会【墺】
ヨハン・シュトラウス(父)の舞曲初出版【墺】
アレグザンダー・パリス設計[クインシー・マーケット]【ボストン】
エンゲル設計[ニコライ大聖堂]【ヘルシンキ】
テイロール男爵,ダゲールとパノラマ式舞台装置の実験【仏】
セント・ジョン・カレッジなど多数の中世建物の修復,増築進む【英】
歌川国芳[通俗水滸伝豪傑百八人]
錦絵シリーズ(武者絵の国芳)【日】

国芳

1826 ジャン・コロー画[ナルニの橋]【仏】

川原慶賀 シーボルト企画の日本の習俗画

シーボルト,川原慶賀に日本の四季習俗を描かせる【日】
ブロムホフ,浮世絵収集,オランダ国王に献ずる【蘭】
ウェーバー曲[オベロン]【独】

メンデルスゾーン 真夏の夜の夢

メンデルスゾーン曲[真夏の夜の夢]【独】
ジルハー,[ドイツ民謡集](ローレライ,わかれ)など完成【独】
ラウドン,「ガードナーズ マガジン」創刊【英】
ニエプス,ヘリオグラフィーで最初の風景撮影に成功【仏】

1827 ドラクロワ画[サルダナパールの死](バイロンの暗示を受ける)【仏】
パリのサロン,ロマンティシスムの躍進を天下に宣言【仏】

良寛の書

バレリーナ人気

◉ バレリーナのタリオーニ,エルスラー活躍【仏】
◉ このころ山本良寛活動【日】

1828 ドラクロワ画[ミソロンギの廃墟に立つギリシア](ロンドンで展観)【仏】
酒井抱一画[夏秋草図屏風]【日】
パリにコンセルヴァトワール(音楽院管弦楽団)創設【仏】
オベール曲[ポルティシの啞娘](フランス・ロマン主義音楽スタート)【仏】
マルシュナー曲[吸血鬼]【独】
リントパイントナー[吸血鬼]【独】
フンメル『大ピアノ教則本』,ツェルニー『ピアノ教則本』【墺】
パガニーニ,ヴァイオリンの名手と絶賛【伊】

清元から長唄へ

10代目杵屋六左衛門「浦島」(清元節から長唄へ)【日】
ハインリッヒ・ヒュプシュ『我々はどの様式で建築すべきか』(パンフレット)
シンケル設計[国立美術館]創設(ベルリン初の公共博物館)【独】

青木木米 化物山水と作陶

1829 青木木米画[化物山水図]【日】
ダヴィッド・ダンジェ作[スタンダールのメダル](ゲーテ,パガニーニ,バルザックなどの胸像,メダル彫刻,肖像彫刻など)【仏】
ショパン曲[ピアノ協奏曲]【波】

ロッシーニ ウィリアム・テル

ロッシーニ曲[ウィリアム・テル]パリで絶賛【伊】
オメール曲[眠れる森の美女]【仏】
メンデルスゾーン,バッハの[マタイ受難曲]を復活演奏【独】
ダゲールとニエプス,写真発明の共同研究目的の会社設立(10年間有効契約)【仏】
パレ・ロワイヤルのガレリー・ドルリーンズ(ガラスのギャラリーの原型)【仏】

ショパン

言葉の海へ

1825 ラマルチーヌ『瀕死の詩人』【仏】

バルザックの破産

オレノ・ド・バルザック,出版印刷に手を出し破産【仏】
◉ 「グローブ」誌編集に,スタンダール参加【仏】
ティーク,シュレーゲルのシェイクスピア全戯曲の翻訳事業を援助(〜33)【独】
オリヴァー・ゴールドスミス『新興の村』【加】
ゴローニン『日本幽囚記』刊行【露】

東海道四谷怪談

鶴屋南北『東海道四谷怪談』中村座で初演【日】
ベルリンに「芸術愛好家協会」設立(W・フンボルト会長に就任)【独】
ボリショイ劇場開場【露】

1826 カサノヴァ『回想録』(〜38)【伊】
フェルディナント・ライムント『百万長者になった百姓』【墺】
アルフレッド・ド・ヴィニー『サン・マール』【仏】
シャトーブリヤン『イタリア紀行』【仏】
アイヒェンドルフ『のらくら者の生活から』【独】

フィガロ創刊

「フィガロ」創刊【仏】
クーパー『モヒカン族の最後の者』【米】
『ドイツ史料集成』の刊行開始【独】
ベルリンにガス燈つく【独】

サヴァラン美味論

ブリヤ・サヴァラン『味覚の生理学』【仏】

1827 ハイネ『旅の絵第2巻』(プロイセンで発禁),『歌の本』【独】
ヴィクトル・ユゴー,劇『クロンウェル』発表(序文『ロマン主義の宣言書』)【仏】
ユゴー,セナークルを開きロマン派の統率派となる【仏】
シャトーブリヤン『アメリカ紀行』【仏】

ハイネ

マンゾーニ イタリア語統一近代小説の先駆

アレッサンドロ・マンゾーニ『婚約者』【伊】
カール・ジムロック『ニーベルンゲンの歌』【独】
J・ウェッブ『ミイラよ!22世紀の物語』

頼山陽 日本外史と京都サロン

頼山陽『日本外史』(松平定信に献じる)【日】
王国維,投身自殺【清】

ギゾーの文明史

1828 フランソワ・ギゾー,『ヨーロッパ文明史』をソルボンヌで講義【仏】
フランソワ・ヴィドック『回想録』【仏】

近世美少年録

滝沢馬琴『近世説美少年録』(「近世」という言葉をつくる)【日】
キリン大流行【墺】
ノア・ウェブスター『米語辞典』編集【米】
レクラム出版社営業開始,『世界文庫』(世界的名声獲得)【仏】
ブレイン・ホジソン『金剛針論』英訳(初のサンスクリット仏典英訳)【英】

ウェブスター 米語辞典

1829 プロスペル・メリメ『シャルル9世年代記』【仏】
ユゴー『東方詩集』【仏】
バルザック『人間喜劇』刊行開始【仏】
アルフレッド・ド・ミュッセ『スペインとイタリアの物語』(詩集)【仏】
ヴィルヘルム・グリム『ドイツ英雄伝』【独】
ゾルガー『美学講義』【独】
ルイ・ベロン「ラ・レビュー・ド・パリ」紙創刊【仏】

ルイ・ブライユの点字法 6字式の発明

盲人ルイ・ブライユ,6字式点字法を発明【仏】
柳亭種彦作,国貞画『偐紫田舎源氏』【日】
◉ 江戸の寄席125軒【日】

歌手ベランジェの小唄は円熟した教養、優雅、才気に満ち、巧みな仕上げと言葉使いで、教養ある全ヨーロッパから驚嘆されている。
エッカーマン『ゲーテとの対話』

BC 6000以前 / BC 6000 / BC 2200 / BC 1200 / BC 600 / BC 300 / 0 / 300 / 600 / 800 / 1000 / 1200 / 1300 / 1400 / 1500 / 1600 / 1650 / 1700 / 1760 / 1810 / 1840 / 1860 / 1880 / 1890 / 1900 / 1910 / 1920 / 1930 / 1940 / 1950 / 1960 / 1970 / 1980

地質学が、アッシャー大司教のつくった地球形成年代記をぶちこわす。ダーウィンまであと一歩。

ドイツ国家がつくりあげたリーダーシップの思想こそ、その後の企業家精神の原点であった。

速度への挑戦

1830
天保1

民族独立の波

フランス七月革命

ニューグラナダ、ベネズエラ、エクアドル独立

1830

七月革命(栄光の3日間)【仏】
ルイ・フィリップ,フランス王と宣言【仏】
アルジェリア占領【仏】

ベルギー独立

ベルギー独立宣言【白】
ウェリントン内閣総辞職(トーリー支配終焉),ホイッグ党内閣成立【英】
ポーランドの大反乱(ワルシャワ革命)(～31)【波】
オランダ,ジャワ全土のエステート化(強制栽培)展開,固定化
サリカ法典廃止【西】
インディアン強制移住法成立【米】
ニューグラナダ独立,大コロンビア解体,ベネズエラ,エクアドル独立【南米】
徳川斉昭(水戸藩主),文武を奨励し藩政改革【日】

1831

青年イタリア党

マッツィーニ,青年イタリア党結成,機関紙「青年イタリア」発刊【伊】
エジプト軍,シリアに侵入,第1次エジプト・トルコ戦争(～33)(第1次東方問題)
アブデルニカデルの蜂起,対仏抵抗闘争(～47)【アルジェリア】
ヴァージニアで黒人N・ターナーの反乱(以後奴隷への規制強化)【米】
アヘンの輸入禁止【清】

1832

産業資本家の抬頭

第1回選挙法改正案成立【英】
ポーランド,ロシアの直轄地となる【波】
ハンバッハの集会(民主主義,ドイツ統一,ポーランド解放,女性解放)【独】
メッテルニヒ,政治集会,民衆祭典禁止【独】
ボローニャのカルボナリ革命企図(オーストリアの弾圧)
ドイツのオットー1世を王位に君主制(～62)【希】
ブラック・ホーク・インディアン戦争(ミシシッピ河上流を白人に解放)【米】
コレラ大流行【欧・亜】
◉ このころから全国飢饉つづく【日】
村田清風,長州藩に藩政改革案上申【日】

1833

第2神聖同盟【露墺普】
フランクフルトの反乱(亡命の季節へ)【独】
オーストリア・ロシア協定
トルコ,ロシアとウンキァルースケレッシ条約締結
青年イタリア党,ジェノア革命企図(マッツィーニ,スイスに亡命)【伊】
カルリスタ戦争(～39)【西】
英・イラン戦争(ペルシア帝国,アフガニスタンのヘラートに出兵)
トルコ,エジプトのシリア領有を承認
天保の飢饉(～38)【日】

1834

東インド会社カントン事務所廃止,貿易監督官を置く【英】
メッテルニヒの60カ条秘密協定【墺】

青年ヨーロッパ

青年スイス党,青年ドイツ党発足(青年ヨーロッパへ)【欧】
ベルン市の青年ドイツ党,亡命者受け入れ【瑞】

ドイツ関税同盟

ドイツ関税同盟発足【独】
ガリバルディ,南米へ亡命(革命に参加)【伊】
インディアン指定居住地域の設定,移住【米】
フィリピン,マニラ正式開港
水野忠邦,老中となる【日】

資本主義の矛盾

コント実証哲学へ

1830

コント『実証哲学講義』(～42)【仏】
オーウェンの指導で組合組織成長(～34)【英】
◉ 工業都市マンチェスターの人口14万人,100万人以上のアイルランドの移住労働者【英】
◉ オーストリア,産業革命期へ【墺】
ラムネら,自由主義的カトリック教徒の機関紙「未来」創刊(～31)【仏】

大原幽学 初の産業協同組合

◉ 大原幽学,長部村で先祖株組,永々相続講など組織(世界初の産業協同組合といわれる)【日】
高野長英,江戸麹町に塾開設【日】

御蔭参り 3カ月で486万人

伊勢御蔭参り流行(3カ月で486万人,10人に1人)【日】

1831

ヘーゲル没(ドイツ観念主義の終焉)【独】
労働者擁護国民協会(組合員8～10万),機関紙「人民の声」発行(のち統一組合新聞)【英】

リヨン暴動 絹織物工の不満拡大

リヨンで絹織物工が暴動【仏】
リソルジメント運動開始【伊】
シャンポリオン,初のエジプト学講座解説【仏】
平田篤胤『古今妖鬼末考』【日】

嬉遊笑覧 喜多村節信

喜多村節信『嬉遊笑覧』刊【日】

1832

クラウゼウィッツ戦争論

『ヘーゲル全集』刊行【独】
カール・クラウゼウィッツ『戦争論』(遺稿公刊～34,軍事理論の不滅の古典)【独】
ハンバッハで自由解放の集会【独】
バベッジ『機械と製造業の経済』【英】
児童労働特別調査委員会【英】
「ファランステール」紙創刊【仏】

動物愛護協会

動物愛護協会設立【英】
シーボルト『日本』(～52)【蘭】

1833

フィヒテ,ヘーゲル哲学と唯物論に反対,唯心論的実在論【独】
植民地における奴隷制度廃止【英】
一般工場法制定(青少年労働を規定)【英】
サイゴンの反乱(～35)【越】
江戸・大坂・広島など諸国に米騒動【日】
キーブルたちのオックスフォード運動おこる(インテリの国教会改革運動)【英】
牧師フリードナ,初の看護学校設立(のちにナイチンゲールが援助)【独】
ウィリアム・ロイド・ギャリソン,アメリカ奴隷廃止協会創立【米】
ギリシア正教会,独立を宣言【希】
明命帝,キリスト教禁止令【越】
京都にエライコッチャ踊り流行【日】

1834

男女共学

コンシデラン『社会の命運』(～44)【仏】
救貧法制定【英】
全国労働組合大連合第1回大会(50万人)(オーウェン主義)【英】
リヨンとパリで共和主義者暴動【仏】
ニューヨークで反奴隷制暴動【米】
オベリン大学,初の男女共学実施【米】
G・ビュヒナー,革命のための秘密組織「人材協会」組織【独】
ロテック,ヴェルガー『国家学事典』編纂【独】
伊東玄朴,江戸下谷に私塾象先堂開く【日】

大塩中斎

大塩平八郎『洗心洞𡑮鎗喩薇遺記』【日】

1830

生物から鉄道まで

ライエル地質学

1830 ハーシェル,恒星の光度等級強度研究【独】
チャールズ・ライエル『地質学原理』【英】

進化論 サンティレール キュヴィエ

サンティレール(進化思想)とキュヴィエ(天変地異説)の大論争,バルザック『人間喜劇』の構想へ【仏】
H・ベル,最初の乗客専用の船を設計【英】
リバプール〜マンチェスター間鉄道開通【英】
サン・テティエンヌ〜リヨン間にフランス初の蒸気鉄道開通【仏】
ボルティモア〜オハイオ間に鉄道(旅客)開通【米】

ビーグル号 ダーウィンの調査

1831 ダーウィン,ビーグル号で世界周航(〜36)【英】
ガウス,結晶学に取り組む【独】
ブラウン,植物細胞に細胞核を発見【英】
ファラデー,電磁誘導現象の発見【英】
J・ヘンリ,電磁式電信機製作【米】
ガロア,方程式論【仏】
バベッジ,大英科学振興協会(BAAS)創立【英】
蒸気四輪車「オートマン」【英】
ヴァージニア州,リッチモンド鉄道完成(13マイル)【米】

非ユークリッド幾何学確立へ

1832 エンケ,惑星の軌道計算【独】
ユストゥス・フォン・リービヒ,有機化合物の元素を分析【独】
博物館(パリ),解剖学の講座を「人間博物誌」の講座に変更【仏】
ローラン,分子構造に関する核の理論提出【仏】

ガロア群論

ガロア『群論の基礎』【仏】
ヨハン・ボーヤイ,双曲線幾何学発表(非ユークリッド幾何学)【芬】
ガウス,ヴェーバー,絶対単位系を創始【独】
イポリート・ピクシ,初の永久電磁石型発電機を公開【仏】
高野長英『医原枢要』【日】
土井利位『雪華図説』【日】

アガシ化石学

1833 ルイ・アガシ『化石魚の調査』(〜44)【瑞】
ミュラー『人体生理学教本』(〜40)【独】
ペイアン,ペルソー,ジアスターゼの発見【仏】
ウィリアム・ジャーディン『ナチュラリスツ叢書』全40巻(〜43)【英】
ブルーセ理論によるヒル吸血流行(年間4150万匹パリで消費)【仏】
軍需部糧食課でビスケットの機械生産【英】
ボードマー,走行クレーン発明【英】
ガウスとヴェーバー,ゲッティンゲンに磁気観測所設立,電磁式電信機発明【独】

原パンチカード

ジャカール,機械に穴あきカード使用(パンチカードの基礎)【仏】

ファラデーの法則

1834 J・ハーシェル,喜望峰に天文台創設(〜38,星数と光量の測定)【英】
考古学会設立【仏】
シュヴァン,ペプシンの発見【独】
ファラデー,電気化学分解に関する2法則(ファラデーの法則)公表【英】
ウェーバー,弁別閾がもとの刺激の大きさに比例する事実を発表【独】
マコーミック,刈取機発明特許(大規模生産開始)【米】
瓶詰ビール販売許可【英】
宇田川榕庵『植物啓原』(「細胞」の初訳)【日】

幻想か写実か

ネオ・ゴシック

1830 渓斎英泉,ベロリン1色の1枚刷り制作(藍摺絵の盛行)【日】
田能村竹田画[船窓小戯帖][牡丹図]【日】

ベルリオーズ 幻想交響曲

ベルリオーズ曲[幻想交響曲](標題音楽創始)【仏】
◉「ボーザール」(美術)が衰退,「アール」(芸術)へ【仏】
ドイツ人プリマ・ドンナの活躍(ゾフィー・レーヴェ,クルヴェッリら)【伊】
クレンツェ[ヴァルハラ](ドイツ統一と偉人たちの記念碑)建造(〜42)【独】
◉バルーム・フレーム構造発明【米】
◉1830年代,ネオ・ゴシック運動(建築),社会改革型都市計画のスタート

1831 ドラクロワ画[民衆を導く自由の女神]【仏】
ガブリエル・ドカン画[トルコの家]【仏】
葛飾北斎画[富嶽三十六景]【日】
渡辺崋山画[ヒポクラテス像]【日】
ジャン・デュセニュール作[恐れるオルランド](彫刻におけるロマン派の抬頭)【仏】
マイアーベーア曲[悪魔ロベール](グランド・オペラ大成功)【独】

ポルカ流行 ボヘミアから全欧へ

◉ポルカ(舞踏曲),ボヘミアにはじまり,全ヨーロッパにひろがる
クレンツェ設計[ヴァルハラ](神の殿堂)(〜42)【バイエルン】
タウンとデイヴィス設計[インディアナポリスの州会議事堂]【米】
ダゲール,ジオラマ劇場(実験研究室)【仏】
プラトー,「動く絵」を考案【白】

ルノアールの鉄建築

ルノアール,パリ百貨店を鉄で建造【仏】

1832 ショパン曲[別れの曲]【波】
ベルリーニ曲[ノルマ](自由解放のオペラ)【独】
プロイセン軍隊音楽を組織編成【独】
プラトー,「フェナキスティコープ」発明【白】
シュタンパー,「ストロボスコープ」発明【墺】
ジョーン・ソーン設計[イングランド銀行](近代建築につながる)【英】
ゼンパー設計[旧宮廷劇場](〜42)【独】
A・ロジャース設計[アスター・ハウス・ホテル]【NY】
ジャン・アポリネール・ルバ,エジプトのオベリスクをコンコルド広場に移送立案【仏】

北斎と広重

1833 ドラクロワ,ブルボン宮の壁画(以降,ルーブルのアポロンの間,パリ市庁,サン・シュルピス教会など)【仏】
ルドゥーテの花図鑑『美花選』(スティップル印刷)
北斎画[諸国滝廻り]【日】
広重[東海道五十三次]刊行(保永堂版)(〜34)【日】
ヴェルナー曲[野ばら]【独】
ルオー設計[パリ植物園](ガラスの大温室)【仏】

シューマンの音楽新時報

1834 ドラクロワ画[アルジェの女たち]【仏】
北斎[富嶽百景]初篇刊行【日】
オーギュスト・プレオー作[殺戮]【仏】
シューマン「ノイエ=ツァイトシュリヒト・フュール・ムジーク」ライプチヒで創刊【独】
リスト『未来の教会音楽』【洪】
ロンドンでヘンデル祭(353人の歌手,222人の器楽奏者)【英】

ゾーアトローブ

ホーナー「ゾーアトローブ」発明(残像効果利用の玩具)【英】

言葉の海へ

スタンダール

1830 プーシキン『ベールキン物語』【露】

赤と黒 ジュリアン・ソレルの野望

スタンダール『赤と黒』【仏】
エルナニ事件(ユゴーの『エルナニ』初演,古典派に対するロマン派の勝利)【仏】
スコット『悪魔研究と妖術についての手紙』【英】
「若きドイツ」派運動おこる【独】
ティエール,ミニエら,「ナショナル」紙創刊(7月革命の促進)【仏】

カリカチュール

フィリポン,「カリカチュール」(絵入り新聞)創刊【仏】
田能村竹田『竹田荘茶説』【日】
ジラルダン,「ラ・プレス」で初めて広告料をとる【仏】
大英博物館の蔵書24万冊【英】

バルザック

ユゴー

1831 デュマ,『アントニー』発表(ロマン派熱狂)【仏】
ユゴー『ノートルダム・ド・パリ』【仏】
ハイネ【独】,フランスに亡命(ユゴー,バルザック,ミュッセ,ゴーティエらと交友)
ミシュレ『ローマ史』『世界史序説』【仏】
ボストン知識普及学会,ペーパーバックス出版【米】
ガリソン,ボストンで奴隷制度反対の「リベレイター」(週刊新聞)創刊(〜65)【米】
◉パブ文化の全盛(〜40)【英】
幕府,江戸の女浄瑠璃を禁止【日】

1832 ゲーテ『ファウスト』第2部を完成,ワイマールで没【独】
ルードヴィヒ・ベルネ『パリ通信』(祖国への覚醒を呼びかける)【独】
スウィフト夫人『自由への地下鉄道』【米】

為永春水 人情本流行へ

為永春水『春色梅児誉美』(〜41)【日】
◉人情本の流行【日】
「ル・シャリヴァリ」(カリカチュア誌)創刊【仏】
米宣教師ブリッジマン,『中国雑算』創刊(〜51)
西インドのウルドゥ語,公用語として公認【印】

プーシキン

1833 プーシキン『青銅の騎士』【露】
ジョルジュ・サンド『レリア』(婦人解放)【仏】
カーライル『衣裳哲学』(〜34)【英】
ゴーティエ『アルベルテュス』【仏】
ミュッセとサンドの恋(〜34)【仏】
エドガー・アラン・ポオ『ビンの中から発見された手紙』【米】
「ジャーナリズム」という言葉が英語に登場(ウェストミンスター・レヴュー誌)【英】

ニューヨーク・サン

「ニューヨーク・サン」(1部1セント,街頭販売,近代的日刊新聞,1年後15000部)創刊【米】
ミシュレ『フランス史』第1,2巻公刊【仏】
ネストロイ,劇『ボロを着た浮浪者』大好評【墺】

1834 バルザック『ゴリオ爺さん』『絶対の探求』【仏】
リュッカルト『家庭と1年の歌』(〜38,ビーダーマイアー的家庭詩の家長)【独】
プーシキン『スペードの女王』【露】

ミュッセ 青春詩人からロマン派批判へ

ミュッセ『戯れに恋はすまじ』【仏】
ドワイエネの館で,ネルヴァル,ゴーティエ,ロジェら芸術家的共同生活(〜40)【仏】
メリメ,歴史記念物監督官に任命(ヨーロッパ各地を旅行報告)【仏】
大導寺友山『武道初心集』【日】
ベンガル・アジア協会のプリンセプ,ブラフミー文字(アショーカ王碑文)を解読【英】
オランダ人ドーフ監修『長崎ハルマ』(和蘭辞典)完成(3部)【日】

もし電気が何キロでも、何十キロでも、何百キロでも自由に走れるとしたら、電気を使って情報をどんな遠くにでも送れることになるでしょう。
モース

美術界が古典主義とロマン主義の抗争にあけくれているとき、
モールス電信機とダゲレオの発明した写真機があっというまに世界を駆け抜ける。

1835
天保6

1836

1837

1838

1839

岐路に立つアジア

1835

メッテルニヒ実権を握る

フェルディナンド1世即位（メッテルニヒ,全権を握る）【墺】
ポルトガル,9月党のクーデター（以後51まで内乱状態）【葡】
ドン・ミゲル,イタリアへ亡命【西】
民主党ボルティモア大会（初の全国指名大会）【米】
テキサス独立戦争（～36）【米】
キレナイカ,オスマン帝国の統治復活【土】
ブール人,南アフリカ奥地へ移動開始【阿】
イギリス船,山東の劉公島に到る【清】

アヘン中毒200万人

アヘン中毒患者200万人【清】

1836

ロンドン労働者協会生れる（チャーティスト運動の起点となる）【英】

アメリカ産業革命

アメリカ産業革命おこる【米】
ザクセンの繊維工業設立の波ピークに【独】
テキサス,メキシコから独立を宣言【米】
アラモの砦の戦い【米】

天保の飢饉 奥羽地方死者10万人

全国大飢饉（奥羽地方死者10万人）,神田に御救い小屋設置【日】
国定忠治,子分30人と上州大戸の関所を破る

1837

初の世界恐慌

ヴィクトリア女王が18歳で即位（～1901）【英】
人民憲章可決【英】
ニュージーランドにイギリス植民地【英】
経済不況（～39）【英】
マッツィーニ,スイスを追われロンドンに亡命【伊】
アメリカに初の経済恐慌おこる（～42）【米】
アッパー・カナダの反乱はじまる【加】
出生,死亡,結婚登録の法律施行【英】

大塩平八郎の乱

大塩平八郎の乱（勢力300人）【日】
モリソン号日本に接近,砲撃されて退去【米】

チャーティスト運動

1838

チャーティスト運動開始（～48）【英】

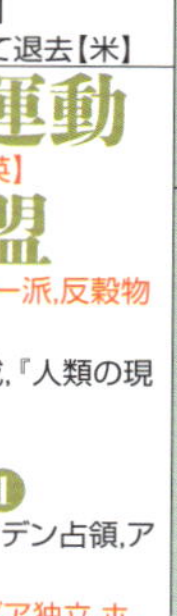

反穀物法同盟

コブデン,ブライトらマンチェスター派,反穀物法同盟を結成【英】
ワイトリング【独】ら,義人同盟結成,『人類の現状と未来像』

アフガン戦争①

第1次アフガン戦争（イギリスがアデン占領,アフガニスタン派兵）（～42）
中央アメリカ連邦解体し,ニカラグア独立,ホンジュラス独立共和国成立
林則徐,アヘンの害を奏上【清】

1839

ルクセンブルク独立

蛮社の獄 渡辺崋山 高野長英

5列強国,ベルギー永世中立保障【白】
エジプト事件に関してフランス孤立【仏】
ロンドン,チャーティスト大会【英】
ルクセンブルク大公国独立
奴隷制度撤廃論者,自由党結成（奴隷制反対協会の会員100万人をこえる）【米】
ハワイ憲法制定
ムハンマド・アリー,統治領の世襲権要求,トルコと紛争（～40）（第2次東方問題）【埃】

タンジマート

オスマン帝国,ギュルハネ勅令（内政改革）,タンジマート開始（～56）【土】
グァテマラ独立（47共和国）【南米】
蛮社の獄（渡辺崋山,高野長英ら捕縛）【日】

資本主義の矛盾

1835

ハレー彗星出現（彗星ワイン）

ヘーゲル左派

シュトラウス『イエス伝』（～36）（ヘーゲル左派の知的革命スタート）【独】
◉ヘーゲル学派分裂（中央派ローゼンクランツ,右派ゲッシェル・カーブラー,バウアーら）【独】
プリチャード,道徳的狂気の概念提唱（法医学へ）【英】

ド・トクヴィル アメリカの民主主義

アレクシス・ド・トクヴィル『アメリカにおける民主主義について』（～40）【仏】
A・アー『製造業の哲学』【英】
◉アンナ・レオノウエンス夫人,シャム王宮でラーマ4世王子の家庭教師に（王様と私）
郵便馬車の黄金時代（ロンドンから28路線,イギリス全土に普及）【英】
ヴィルヘルム・フォトケ『旧約聖書の神学』【独】
廣東にキリスト教医院開設【清】

1836

ラルフ・エマソン『自然論』【米】
グスタフ・フェヒナー『死後の生活』【独】

ドロイゼンの歴史

ボルツァーノ 知識論理学

ヨハン・ドロイゼン『ヘレニズム史』（～43）【独】
コンシデラン,「ラ・ファンジュ」誌創刊（フーリエ主義運動）【仏】
ドイツ正義者同盟,パリで創立【仏】
ゲレス『キリスト教神秘学』（～42）【独】
キリスト教大弾圧開始【越】

女子専門学校

メリー・ライアン,マサチューセッツに女子専門学校設立【米】

1837

エマソン

ボルツァーノ『知識学』（非歴史的論理学,フッサールに影響）【墺】
カーライル『フランス革命史』【英】
オコーナー,「北極星」（チャーティスト運動の機関紙）創刊【英】
エマソン,『アメリカの学者』の講演（ハーバード大学）【米】
ムハンマド・ブン・アリー・アッサヌーシー,「ザーウィヤ」（イスラム神秘教団の道場）開設,サヌーシー運動展開【埃】

1838

ブランキズム

モーゼス・ヘス『人類の歴史』【独】
ブランキ,法廷で身分を明かすよう求められ「プロレタリアだ」と答える【仏】
エスキロールとフェリュ,1838年法創始（保護院制度へ）【仏】
ダーウィン,マルサスの『人口論』を読む【英】
デュルヴィル【仏】,ウィルクス【米】,ロス【英】,南極大陸に上陸（～43）
フランチェスコ・サレジオ伝道会設立【伊】
高野長英『夢物語』,渡辺崋山『慎機論』（対外政策批判）【日】
不受不施派を大検挙【日】

天理教 中山みきのお筆先はじまる

中山みき,天理教を開く【日】

1839

フォイエルバッハ『ヘーゲル哲学批判』【独】
ルイ・ブラン『労働組織論』【仏】
エティエンヌ・カベー『フランス革命史』【仏】
ブランキ季節社事件【露】
パリでブランキ派の運動おこる【P】
少年労働の禁止【独】

アメリカ人論 ドルビンの観察

ドルビン『生理学的および道徳的関係のもとで考察されたアメリカ人』【仏】
「ハンツ・マーチャンツ・マガジン」（初の一般実業刊行物）【米】
キリスト教徒大迫害【鮮】

速度への挑戦

1835

生物から鉄道まで

モールス電信機

1835
フランツ・ノイマン,光の弾性波動論を発表【独】
サミュエル・モールス,電信機(有線)を発明【米】
国友藤兵衛,自製の望遠鏡で太陽黒点観測【日】
サミュエル・コント,連発ピストル発明【米】
プラトー,ストロボ効果の法則確立【白】
パリ〜ルーブル間鉄道開通【仏】

シーボルト 日本植物誌

シーボルト『日本植物誌』【日】

1836
キュヴィエ『動物界』第2版全20巻(〜49)【仏】
トムゼン,考古学の3時期法発表【丁】
フェーランド『医療便覧,または医療の実際への序論』【独】
エアリ,虹の回折理論を発表【英】
ステュルジャン,英初の電気の雑誌「Amnalsot Electricity」創刊【英】
エック『鉄骨造・鉄管概論』【英】
イサンバード,K・ブルネル,ブリストルのアヴォン川に214mの吊橋建設
ドッドイヤー,硬質ゴムの製造成功【米】
ロンドン大学創立【英】

宇田川榕庵

1837
リービッヒ,ポッゲンドルフ・ヴェーラー『化学・薬学年鑑』創刊【独】
ドルビニ『自然史万有事典』【仏】
宇田川榕庵『舎密開宗』(近代化学の体系的紹介)刊行開始【日】
シャウツ父子,階差機関の製作に取りかかる(〜43)【典】
アメリカ初の電動モーター【米】
デュボワール,自動洗濯機設計【仏】
モース,送信デモンストレーション(16km)に成功【米】

クックの電信機

ホイートストンとクック,指針電信機の特許取得【英】
◉ 鉄道が郵便を運ぶ(58,郵便馬車廃止)【英】
ライプチヒ〜ドレスデン間に鉄道開通(蒸気による)【独】
ペテルスブルグ〜パウロフスキー間に鉄道開通【露】

1838
ベッセル,白鳥座61番星をつかい年周視差の測定【独】

シュライデン 細胞説確立

マティアス・シュライデン『植物発生論』(細胞説発表)【独】
クリスティアン・エーレンベルク『完全生物体としての滴虫類』(バクテリアの造語)【独】
緒方洪庵,医業開く(適々斎塾の発祥)【日】
ファラデー,真空放電現象に注目,総括的電気論発表【英】
ホイートストン,鏡面式立体鏡【英】
モースとヴェイル,モールス符号を電信機に利用【米】
パディントン〜ウェスト・ドレイトン間(21km)の電信機設置【英】
コンフォルタブル(スプリング使用の肘掛椅子)出現【仏】
マクミラン,足踏み式後輪回転自転車製作【英】
ベルリン〜ポツダム間鉄道開通【独】

シュヴァン

1839
シュヴァン『動物および植物の構造と成長の一致に関する顕微鏡研究』【独】
フーゴー・フォン・モール,「原形質」造語【独】
第1回イタリア科学者会議開催【伊】
ボルチモア〜フィラデルフィア間寝台列車【米】
ナポリ〜ポルティチ間鉄道開通【伊】
「ブラッドショー時刻表」【英】

写真術の登場

1835
カミーユ・コロー画[自画像]【仏】
トラヴィスとドーミエ画[フランスの類型]【仏】
クレメンス・ブレンターノ画[生命の樹]【独】
[木曽街道六十九次](英泉24図,広重46図)(〜42)【日】
立原杏所画[葡萄図]【日】
フランソワ・リュード作[義勇軍の出発](ラ・マルセイエーズ,凱旋門の浮彫)【仏】
グロ,セーヌ支流に入水して死ぬ【仏】

ショパンとサンドの恋

サンドとショパンの恋進行(〜45)【仏】
男声合唱運動,フランスで流行,ベルギーにひろまる
ロス【独】,アテネのニケ神殿発掘復原
タルボット,カメラ・オブスキュラで撮影(フォトジェニック・ドローイング)【英】
ウィストン,ステレオスコープ発明【英】

1836
コンスタブル画[ストーンヘンジ]【英】
ピュージン『対比』(ラスキンに影響)【英】
◉ ジョージ・バクスター,木口木版と油性カラー印刷を組み合わせる【英】
マイヤーベーア曲[ユグノー]【独】
パリで大規模な歴史的歌劇が流行【仏】
グリンカ曲[イワン・スサーニン]初演(ロシア国民楽派のスタート)【露】
『江戸名所図会』刊行完了【日】

華山

1837
渡辺崋山画[鷹見泉石像]【日】

仙厓 禅と書の飄逸

仙厓画[指月布袋図][○△□]【日】
ライデンのシーボルト邸を開放「浮世絵展」のはじめ【蘭】
ジルハー曲[ローレライの歌]【独】
学校,家庭,サロンの娯楽のための新しい歌曲集,相次いで出版
フェティス『音楽家事典』刊行開始【白】
チャールズ・バリー設計[自由党クラブ]【英】
ゲルトナー設計[アテネの王宮][バイエルン]

ダゲレオタイプ

ダゲール,現像から定着までのプロセス完成(ダゲレオタイプ)【仏】
ポロンソー・トラスト(鉄骨)の発明【仏】
民族学博物館,ライデンに開設【蘭】

シューマン

1838
シューマン曲[クライスレリアーナ](ショパンに捧げる),[謝肉祭の道化][子供の情景]【独】
リスト曲[ダンテ・ソナタ]【洪】
ドイツ讃美歌集の改革開始【独】
ゼンパー設計[ドレスデン歌劇場]【独】

シュヴルールの色彩論 印象派画家に影響

1839
シュヴルール『色彩の同時対照の法則』(印象派の画家に影響)【仏】
ラウフ作[フリードリッヒ大王記念碑](〜51)【独】
ベルリオーズ曲[ロメオとジュリエット]【仏】
メンデルスゾーン,ゲヴァントハウス管弦楽団を指揮,シューベルトの第九を初演【独】
コンマー,初期教会音楽の研究,古い楽譜の復活・出版【独】

ジョン・ハーシェル

ジョン・ハーシェル,「フォトグラフィー」という言葉の創始【英】
アラゴー,パリの科学アカデミーでダゲールの写真術を公表(その反響で,パリ中で撮影用機材予約注文殺到)【仏】
米・独・瑞にダゲレオタイプひろまる
ドレイパーとモース,ポートレート・スタジオ開設【米】
ケンブリッジ・キャムデン協会設立(教会建築運動へ)【英】

言葉の海へ

アンデルセン

1835
コールリジ『テーブルトーク』【英】
アンデルセン『即興詩人』『童話集』【丁】
バルザック『セラフィータ』『谷間の百合』【仏】
ミュッセ『世紀児の告白』【仏】
ヤコプ・グリム『ドイツ神話』【独】
ゲルヴィヌス『ドイツ国民文学史』(〜42)【独】
ニコライ・ゴーゴリ『狂人日記』【露】

カレワラ収集

エリアス・レンロット,『カレワラ』(フィンランド叙事詩)を収集出版【芬】
「ニューヨーク・ヘラルド」「ニューヨーク・イブニング・ポスト」創刊【米】
悲劇『ドン・アルバロ,もしくは宿命の力』上演(スペイン・ロマン主義演劇の勝利)【西】
良寛『蓮の露』(歌集)刊【日】

北越雪譜 鈴木牧之の地方文化誌

鈴木牧之『北越雪譜』刊行【日】
アバス通信社創立【仏】
◉ このころ海水浴はじまる【仏】

ゲーテとの対話

1836
チャールズ・ディケンズ『ボズの素描集』(ロンドン見聞録)【英】
エッカーマン『ゲーテとの対話』(〜48)【独】
ハイネ『ロマン派』【独】
リュッカルト『バラモンの知恵』(〜39)【独】
アントーニオ・カスティーリョ『城の夜』(ポーランド・ロマン主義の創始)【波】
ガルシア・グティエレス『吟遊詩人』【西】
パラツキー(チェコ人の父)『ベーメン史』
ゴーゴリ『検察官』【露】
プーシキン『大尉の娘』【露】
雑誌「現代人」創刊(〜66)【露】

トランセンデンタル・クラブ エマソン,ソロー ホーソン,パーカー

◉「トランセンデンタル・クラブ」(パーカー,ソロー,ホーソンやジャーナリストがエマソンの書斎に集まる)【米】
W・フンボルト『ガヴィ語研究序説』【独】

連載小説 ロマン・フイユトン

ジラルダン「ラ・プレス」創刊(〜56)(連載小説創始)【仏】
オックスフォードとケンブリッジ大学のボート競争開始【英】

1837
ディケンズ『オリヴァ・トゥイスト』(〜39)【英】
ギュスターブ・プランシュ「レアリスム」の言葉を最初に使用【仏】
ポットヒーテルを主導者に,国民文学の振興を標榜,「指導」創刊【蘭】
シャープペンシル発売【米】

サント・ブーヴ 実業の文学

1838
ポオ『アーサー・ゴードン・ピムの物語』【米】
ブレンターノ『ゴッケル』【独】
ヴェルディ『オベルト』【伊】
シュヴァーブ『古典的古代の伝記集』【独】
タッパー『処世術』(125万部のベストセラー,「進歩」の言葉が人々の合言葉に)(〜76)【英】
ザフィール,「フモリステ」創刊【W】
サント・ブーヴ,「実業の文学」で通俗小説批評【仏】
生川春明『誹家大系図』【日】

カフェ・ディヴァン

◉ 最初のカフェ・ディヴァン開店(パリの芸術家が集まる)(〜59)【仏】

1839
スタンダール『パルムの僧院』【仏】
ラマルティーヌ『静思詩集』【仏】
カベー『イカリア航海記』【仏】
レールモントフ『現代の英雄』(〜40)【露】
◉ アンデルセン『絵のない絵本』【丁】
ランケ『宗教改革時代のドイツ史』【独】
『マイヤー百科』初版(全46巻)(〜52)【独】

本では遅すぎる。今日から唯一本といえるものは新聞である。
ラ・マルティーヌ

BC 6000以前 / BC 6000 / BC 2200 / BC 1200 / BC 600 / BC 300 / 0 / 300 / 600 / 800 / 1000 / 1200 / 1300 / 1400 / 1500 / 1600 / 1650 / 1700 / 1760 / 1810 / 1840 / 1860 / 1880 / 1890 / 1900 / 1910 / 1920 / 1930 / 1940 / 1950 / 1960 / 1970 / 1980

V. 情報の拡大

1840－1899

資本と労働が対立し，世界は激しい情報の多様化をおこす。

- 私有と競争…………1840－1859
- 拡大する情報………1860－1879
- 国家と企業…………1880－1889
- 印象の主張…………1890－1899

1600

1700

通信の冒険

1725 シュルツ 銀塩感光法

フック ミクログラフィア

ロモンの通信機

モンゴルフィエ 熱気球

ニュートン 光学

バークリー 視覚論

ウエッジウッド 写真実験

1793 シャップ 腕木式信号機

フランクリン 電気の実験

1801 グラウト 腕木式信号機

ヴォルタ電池

ウォラストン カメラ・ルシダ

1807

1814 メルツェル 自動機械

1800

スティブンソン 反射式燈台

ゼメリンク 電気化学通信

ダゲール ジオラマ

1816 ニエプス写真術

ファラデーの法則

1839 ダゲールダゲレオタイプ

1817 マリアット手旗信号

ヘンリー電磁式信号機

タルボット カロタイプ写真法

ロンドン 動物園

ガウスとウェーバーの電磁式信号機

スペクタルの系譜

プラトーの フェナキストスコープ

印刷製版の発展

1836 モース モールス信号機

ハーシエル 青写真法

1844 自然の鉛筆

ホイーストンとクック 指針電信機

マルテンス パノラマカメラ

1846 ホーの 輪転印刷

1843 ニューヨーク～ボルチモア 実用通信開通

マックスウェルの 三色写真法

1851 ロンドン博

1850

佐久間象山の電信実験

ロベール・ウーダン 劇場

1855 パリ博

キルヒホフとブンセン 分光器

本木昌造の活版術

ヒューズ 印刷電信機

1853 ニエプス 天然色写真術

ワーグナー

ウォルター 輪転機

AP通信社 ヴォルフ通信

J・P・ライス 音声伝達原理

1874 ジュール・マレイ クロノフォトグラフィ

タイプライター

1856 大西洋海底電線

クルックス 陰極線

ルードヴィヒ2世

コロタイプ

UP通信

日本初の 電信の実用化

1876 グラハム・ベル 電話の発明

1878 マイブリッジの 連続写真

レイノーの プラキシノスコープ

1878 クリーチュ グラビア印刷

ストロジャー式 自動交換機

セルロイド フィルム

コダックの ロールフィルム

アイブス 写真印刷法

クルツ 三色印刷

太平洋通信回線

ベル特許切れ 電話会社乱立

ヘルツ 電磁波発信装置

1889 エジソン キネトスコープ

日本初の 市外電話

ブラウン管

1895 マルコーニ 無線通信機

1895 リュミエール兄弟 シネマトグラフ

スミス カラー印画紙

1904 コルン 写真電送開始

1900

スティーグリッツ 291

ウージェヌ・ロースト トーキー・システム

ミュート・スコープ館

大西洋横断 無線通信

無線通信

「カメラワーク」創刊

パテェ・シネマ社

カイザー・パノラマ

1914 バーナック ライカ・カメラ

キネト・スコープ館

エミール・コール アニメーション

ルーベルヌ・シャーウッド オフセット印刷

カーボン 複写紙

- 私有と競争
- 拡大する情報
- 国家と企業
- 印象の主張

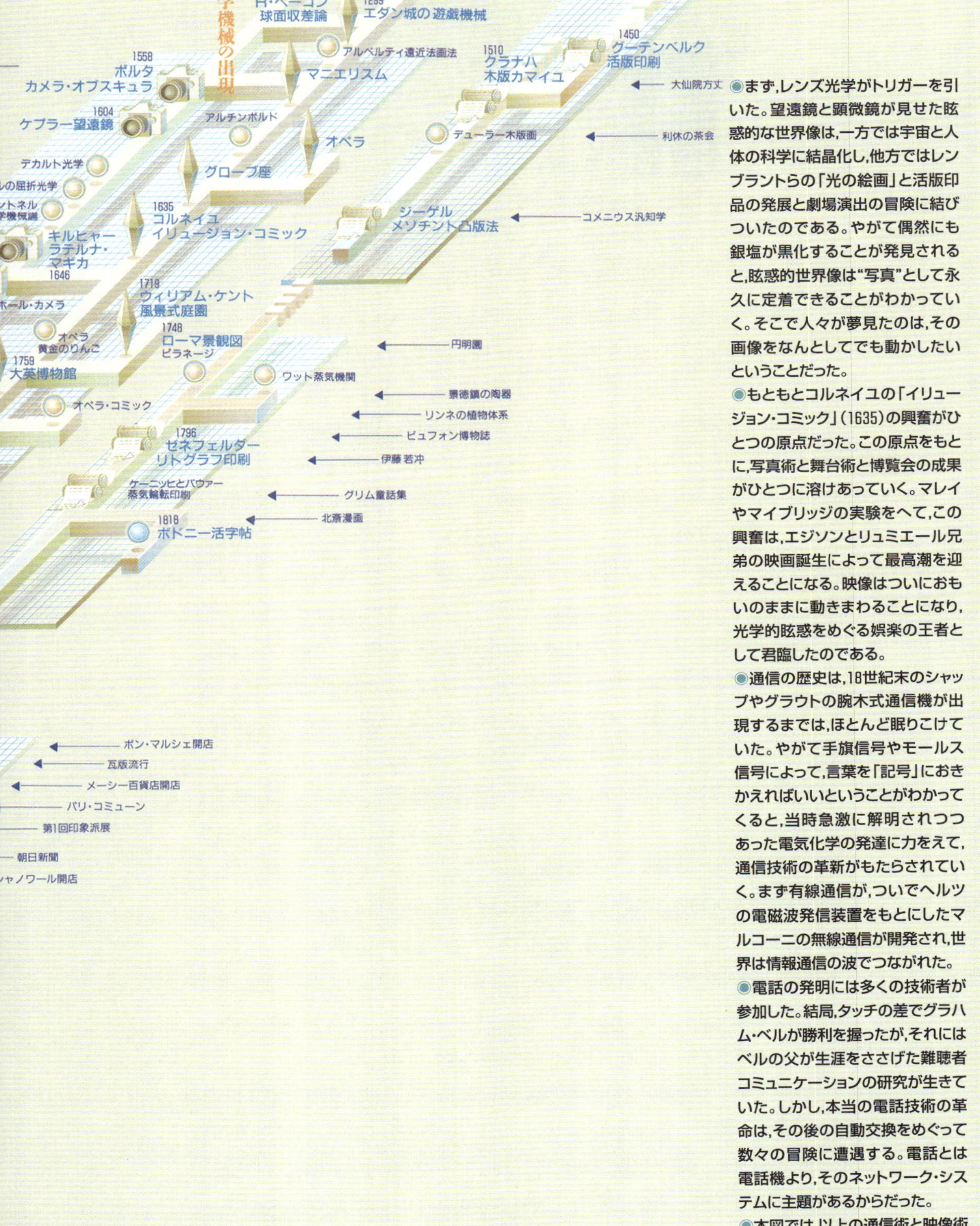

◉まず,レンズ光学がトリガーを引いた。望遠鏡と顕微鏡が見せた眩惑的な世界像は,一方では宇宙と人体の科学に結晶化し,他方ではレンブラントらの「光の絵画」と活版印刷の発展と劇場演出の冒険に結びついたのである。やがて偶然にも銀塩が黒化することが発見されると,眩惑的世界像は"写真"として永久に定着できることがわかっていく。そこで人々が夢見たのは,その画像をなんとしてでも動かしたいということだった。

◉もともとコルネイユの「イリュージョン・コミック」(1635)の興奮がひとつの原点だった。この原点をもとに,写真術と舞台術と博覧会の成果がひとつに溶けあっていく。マレイやマイブリッジの実験をへて,この興奮は,エジソンとリュミエール兄弟の映画誕生によって最高潮を迎えることになる。映像はついにおもいのままに動きまわることになり,光学的眩惑をめぐる娯楽の王者として君臨したのである。

◉通信の歴史は,18世紀末のシャップやグラウトの腕木式通信機が出現するまでは,ほとんど眠りこけていた。やがて手旗信号やモールス信号によって,言葉を「記号」におきかえればいいということがわかってくると,当時急激に解明されつつあった電気化学の発達に力をえて,通信技術の革新がもたらされていく。まず有線通信が,ついでヘルツの電磁波発信装置をもとにしたマルコーニの無線通信が開発され,世界は情報通信の波でつながれた。

◉電話の発明には多くの技術者が参加した。結局,タッチの差でグラハム・ベルが勝利を握ったが,それにはベルの父が生涯をささげた難聴者コミュニケーションの研究が生きていた。しかし,本当の電話技術の革命は,その後の自動交換をめぐって数々の冒険に遭遇する。電話とは電話機より,そのネットワーク・システムに主題があるからだった。

◉本図では,以上の通信術と映像術に,さらに印刷術の発展動向を加えて,「現代」を用意したコミュニケーション革命の,あまり知られていない舞台裏を紹介することにした。

diagram 5.
通信術・映像術・印刷術

V 情報の拡大 1840–1899

博覧会から電信電話へ

カメラと百貨店

1840年代を開く鍵は，モールス電信機(1835)，アメリカ産業革命(1836)，ダゲレオタイプの登場(1837)，リービッヒの有機化学の確立(1840)，マイアーのエネルギー恒存則(1842)にある。これらはいずれも"現代の予兆"というにふさわしかったが，この流れはいったん1848年に頂点に達した。

この年，フランス2月革命につづいてウィーン3月革命がおこり，マルクスとエンゲルスの「共産党宣言」が配られ，ポオが『ユリイカ』を講演し，ニューヨークで初の女性権利大会が催された。きわめてシンボリックな出来事ばかりではあるものの，これらのなかですぐに大衆の心をとらえたのは，幕末の日本にもすぐに届いたダゲレオタイプ(写真機)だけであって，そのほかはいずれも少数者の先駆的な自覚だけにおわった。ポオの講演を聴いたのはたった16人だけだった。

クラウジウスの熱力学とロンドン博覧会であけた1850年代は，パリに百貨店ボン・マルシェが開店(1852)，第1回パリ博(1855)をはさんでニューヨークにメーシー百貨店(1858)が開店したことに象徴されるように，ようやく産業と消費，知識と大衆が歩みよりはじめた十年であった。公共電信が少し広まり，できたばかりのAP通信社が世界にニュースを送りはじめたのは，この時代がすでに"情報を購入する準備"ができていたことをあらわしていた。ポオの作品も，比喩的にいうのならボードレールの仏訳が宣伝広報にあずかってようやく糊口をしのいだのである。

中間部の文化

産業と消費，知識と大衆という二つの波の接近は，1860年代にいたって，アレキサンドル2世の農奴解放(1861)とリンカーンの奴隷解放(1863)，カブールやガリバルディのイタリア統一(1861)とビスマルクの鉄血演説(1862)などにみられるごとく，まるで為政者の熱情と変わらないものに見えてきた。それは，幕末維新のリーダーたちの熱情に上下左右のすべての心理が託されてしまった日本の事情にも見ることができる。

しかし，李鴻章と曽国藩による洋務運動にも，イギリスがトップをきった株式会社の承認にも，あるいは1860年代にいよいよ名乗りをあげたモルガンやロックフェラーらの仕事にもあらわれていたことだが，真上や真下からの改革よりも，実は中間部からの改革の要求が確実に時代を動かしはじめていたことは否めなかった。真上でもなく真下でもなくというのはマルクスの構想を裏切るものではあったが，それがいいかえればプチ・ブルジョワジーとして非難されながらも，結局は最も濃い"情報の溜まり場"をつくってきた中間部のエネルギーだったのである。だからかれらはますます"欲望変換装置"が文化の代名詞であることを要求し，またそれにあたる装置をせっせと開発しつづけた。ランボーが参加しそこねたパリ・コミューンは期待に反して飛火をおこさなかったけれど(1871)，それに失望したのはオーギュスト・ブランキの名を知っている一握の知識人だけだった。

かくて1870年代の欲望変換装置の下準備は，まずは新聞の輪転印刷化によって，ついで都市のつくりなおしによって本格化した。パリのオスマン男爵からウィーンのルエーガー市長やバーミンガムのチェンバレン市長にバトンタッチされた近代都市計画は，まさしく健康・清潔・立派・便利といった中間的市民の欲望を代弁することだった。このような文化代弁者の心情は，江戸から東京になったばかりの銀座を，ウォートルスに頼んで煉瓦街にした明治の開化思想にも，この時代を代表する東西のベストセラーにもあらわれていた。二冊のベストセラーとは，輪転印刷機がうなる新聞社事業を扱ったジュール・ヴェルヌの『80日間世界一周』(1873)と，どんな市民も勉強すればなんとかなるという勇気をあたえた福沢諭吉の『学問のすすめ』(1872)であった。

心理学と民族学

近代文学はバルザックの『人間喜劇』とゾラの『ルーゴン=マッカル叢書』でひとつの

頂点をきわめた。そこにはまさしく市民の欲望が克明につかまえられていた。文学や美術の多くはここから自然主義や印象主義や象徴主義などに分化していったが,ドストエフスキー,ヘンリー・ジェイムズ,ルドン,ゴッホ,ユイスマンス,ヴェーデキント,ムンク,メーテルリンク,あるいは二葉亭四迷や北村透谷らは,なんとかおなじ位置にとどまって人間を成立させているものに眼球を食いこませようとしていた。同様なことはマーラーやドビュッシーも考えていたことだった。

こうした探求に遠くから応援をあたえていたのは,ヘルムホルツの生理学についたヴントによって創始されスペンサーらが通俗化した心理学,ゾラも影響をうけていた遺伝学,タイラーやモルガンによってその形をととのえはじめた民族学,そしてトマス・ハックスリーがたくみにまとめた進化論などだった。いずれも19世紀後半が「人間が人間の欲望を分析する最初の高揚期」にあたっていたことを示していたが,それはまた,人々がついに"血の中の情報"に関心をもったことを暗示した。

しかし,この学問系譜には,もうひとつの19世紀の学問系譜であった非ユークリッド幾何学やボルツマンの熱力学,あるいはパストゥールやコッホの微生物研究などにくらべると,どこか不安定な要素があった。案の定,このような民族心理と人間進化の研究を浅読みした者たちは,もし徹底的に人間の機能を知ることができるのなら優秀な人間を人為的につくりあげることも不可能ではないという結論を,そこから引きずり出した。そして事実,ゴビノーの『人種不平等論』(1853)を嚆矢に,しだいに拡大したアーリア主義は,いったんロシアでユダヤ人虐殺がはじまると(1882),ヘルツルがユダヤ国家の夢を託したシオニズムの提唱とはうらはらに,世紀末にはとんでもない反ユダヤ主義として結実してしまったのである。

電話と無線と映画　19世紀末はアール・ヌーヴォーの時代であるとともに,視聴覚機械の革命,すなわち有線電信・写真機・録音・電話・無線電信・映画のすべてがなだれこんだ時代であった。なかで電話の原理はヘルムホルツによって,交換システムの原理はデュモンの特許「大都市の情報伝達に対する電線の特殊な結節法」によって,それぞれ説明されていた(1851)。ついで,グラハム・ベルが電話の発明におよんだが(1876),そこには父メルヴィル・ベルが聾唖者のためのアルファベットともいうべき"目で見る話し言葉"を研究していたことが格別な感動をあたえていた。

1840

ベルの電話特許切れはただちに電話会社を乱立させたものの,すぐに電話ネットワークが都市を変えたわけではなかった。人々はまだ声だけによるコミュニケーションに慣れてはいなかったのだ。一方,ダゲレオタイプが圧倒的人気を博したと同様に,エジソンやリュミエール兄弟が発明した映画の方は,あっというまに世界中に知れわたった。これは聴覚的文化を優先させていた中世社会に代わって,近世以降は印刷術がながいあいだ視覚的文化をつくりあげてきたことのあらわれだったかもしれないが,やがてラジオが出現することでこの伝統にもヒビが入ることになる。なお,この時期は資本主義が急成長した時期であり,はやくも独占資本の形態があらわれて,アフリカ探検を下敷とした帝国主義的侵略の構図が列強各国で競われた。

1860

1880

1890

リュミエール兄弟がシネマトグラフを発表したおなじ年,マルコーニは無線電信を発明した(1896)。それはレントゲンがX線を発見した年でもあった。マルコーニとレントゲンが「見えない情報」にとりくんだことは,エジソンの電気革命がリラダンに『未来のイヴ』(1886)を書かせたほどの衝撃をもたらさなかったのであるが,そのような文科系の文化史では説明のつかない理科系の文化史においては,この「見えない情報」こそが20世紀の主人公となっていった。ちなみに,このときチューリヒ工科大学の学生だったアインシュタインは,マルコーニとレントゲンの快挙を音楽史におけるモーツァルトの出現になぞらえていた。

私有と競争
1840〜1859

日本の「読本」と「パンチ」と「イラストレーテッド・ロンドン・ニュース」。すでに時代は「見る情報」の優位性を強調しつつある。

いよいよ電信の時代がワシントンにはじまった。

1840 天保11

マンチェスター平均寿命27歳

ドミニカ独立

岐路に立つアジア

アヘン戦争

1840
英,ボルネオ・ニュージーランド領有【英】
ギゾー内閣成立【仏】
パリ,6万の労働者ストライキ【仏】
ロンドンで4国(英露墺普)同盟締結(トルコ帝国保全のため)【欧】
フリードリッヒ4世即位(〜61)【普】
このころから農民反乱【露】
シカゴの総人口4000人【米】
ハワイ王国(カメハメハ1世の統一〜98)

林則徐 イギリスのアヘン焼却

林則徐,イギリス商人のアヘンを焼却,アヘン戦争勃発(〜42)華僑急増【清】
流刑制度廃止【豪】
ムハンマド・アリー,エジプト太守の世襲権承認
トルコ・エジプト講和【亜】
高島秋帆『西洋砲術意見書』幕府へ提出【日】

1841
ダーダネルス海峡条約(ロシアの南進阻止)【欧】
土地付農奴の売買禁止【露】
国立銀行創立【希】
フィリピンでアポリナリオの反乱
エジプト,シリアを放棄【埃】
カナダ憲法成立【加】
エルサルバドル独立【南米】

天保の改革 水野忠邦の奢侈禁止

老中水野忠邦,天保改革(〜43)【日】
株仲間解散令発布【日】
渡辺崋山自刃【日】
水戸藩,弘道館開設【日】

リソルジメント カヴール バルボ

1842
鉄道法制定【仏】
ギゾー,議会解散【仏】
カヴール,農業組合を組織【伊】
アメリカ,カナダの国境画定
アルゼンチン,ウルグァイとブラジル両国と戦争【南米】
国民自由党結成【丁】

香港割譲 英に5港

南京条約調印(5港開港,香港をイギリスに割譲)【清】
イギリス,虎門寨追加条約【清】
老中水野忠邦,天保薪水令を公布【日】
異国船打払令緩和【日】
二宮尊徳,幕府に召される【日】

1843
オコンネル,アイルランド分離運動おこす【英】
第1回国際平和会議開催【P】
ナポリ,トスカナなどにおける全面的民衆蜂起の企図【伊】
南アフリカにナタール植民地設立【英】
マンチェスターの人口44万人【英】
自由主義憲法の成立【西】
サント・ドミンゴ,ハイチから分離独立
上海開港【清】
佐久間象山,「海防八策」を提示(アヘン戦争影響下の海外事情調査研究報告)【日】
横井小楠『時務策』【日】
町人の武芸稽古を禁止【日】

1844
このころ北米への移住始まる【独】
王立委員会,都市衛生に関する調査【英】
ルイ・ナポレオン『貧窮の絶滅』(農業コロニーの建設を説く)【仏】
ギリシア,立憲制となる【希】
このころまでにドイツ関税同盟にドイツ連邦の大部分が参加【独】
ドミニカ独立(ハイチ人追放)(61イスパニアが再占領,65再独立)
イランでバーブ運動開始
アメリカと望厦条約,フランスと黄埔条約提携(通商協定)【清】
オランダ国王,将軍に親書を送り,開国を勧告(シーボルト助言)【日】

天保水滸伝 笹川繁蔵 飯岡助五郎

笹川繁蔵と飯岡助五郎の出入り(天保水滸伝)【日】

社会主義と心理学

プルードンとルイ・ブラン

1840
プルードン『財産とは何か』【仏】
ルイ・ブラン『労働組織』【仏】
◉ ブオナロッティとブランキ,秘密結社(少数独裁を指向)【仏】
ロンドンに労働者教育協会結成【独】
◉ コンシデラン「平和的民主主義」紙創刊【仏】

ペニー切手 ローランド・ヒル提唱

ローランド・ヒル,ペニー切手(郵便制度成立,料金均一制)【英】
『マイヤー百科事典』46巻(〜52)【独】

リスト国民経済学

1841
マルクス『デモクリトスとエピクロスとの自然哲学の差異』【独】
リスト『政治経済学の国民的体系』(保護政策の主張)【独】
フォイエルバッハ『キリスト教の本質』(戦闘的無神論)【独】
カーライル『英雄論』【英】
ドロシー・ディックス,博愛運動開始【米】
アメリカ精神学会設立,「精神病雑誌」創刊【米】
ゴットフリート・ワーグナー『生理学辞典』【独】

フレーベルの幼稚園 シェリングの影響

フレーベル,最初の幼稚園をブランケルブルクに創設【独】
ジャームズ・エヴァンズ,インディアンのために聖書翻訳(クリー簡略文字=宣教師文字を発明)【米】

1842
ロンドン民族学会創設【英】
ケルンで「ライン新聞」創刊(マルクス主筆)【独】
バクーニン『ドイツにおける反動』【露】
ラ・ブドリエール『フランスの実業・産業・職業』(モニエ挿画)【仏】
ミシュレ,言論の自由をめぐってイエズス会と激論【仏】
リチャード・オーストラー「社会国家」を提案【英】
ワイトリング『調和と自由の保障』【独】
佐藤信淵『天地熔造化育論』【日】
このころから二宮尊徳の門弟ら「報徳社」組織【日】

1843
フォイエルバッハ『未来の哲学』【独】
カーライル『過去と現在』【英】

キルケゴール あれかこれか

キルケゴール『あれかこれか』『反復』【丁】
ジョン・スチュワート・ミル『論理学体系』【英】

文化展示論 グスタフ・クレム

フォイエルバッハからマルクスへ

グスタフ・クレム『一般文化史』(ヘルダーを継承して,人類学博物館を提唱)
バイヤルジェ,スリーズ,ロンジェら『医学心理学年誌』【仏】
ブレイド『神経催眠学』(催眠の造語)【英】
シュタイン『今日のフランスにおける社会主義と共産主義』【独】
スコットランド自由教会成立【英】
洪秀全「拝上帝会」結成【清】

ヘーゲル批判

1844
マルクス『ヘーゲル法哲学批判序説』,エンゲルス『国民経済批判大要』【独】
キルケゴール『不安の概念』【丁】
コント『実証的精神論』【仏】
「産業革命」という名の出現(エンゲルス命名)
ロッチデール公正先駆者組合【英】
ジャック・ポール・ミーニュ『神学百科全書』(52巻)編集(〜52)
◉ ミールザー・アリ・ムハンマド,バーブ教創始【波斯】

1840

ニューサイエンス

1840

ルドルフ・ウィルヒョウ,白赤血球の研究【独】
リービヒ『農学と病理学への応用における有機化学』【独】
ライヘルト,細胞分化説を発生学へ導入【独】
ケリカー,精子は単一細胞と指摘【独】
ライエル,漂流説を提唱【英】
アガシ『氷河についての研究』【瑞】
シェーンバイン,オゾンの発見【独】
ロバチェフスキー『平行線論の幾何学的研究』,ドイツ語で出版【露】
フェヒナー,残像の研究【独】

リービヒ 有機化学

ジュールの法則

ジュール,電流の熱作用に関する法則【英】
ヘス,総熱量不変の法則【露】
グローブ,白熱電球発明【英】
◉医療宣教師リヴィングストン【英】,アフリカ探検開始(〜56)
アームストロング,水力発電発明【英】

フェヒナーの残像研究

1841

ジョン・フィリップ,「古世代,中世代,新世代」の確立【英】
『ビーグル号航海記録動物学篇』(ジョン・グールド挿画)【英】
ガウス,幾何光学理論【独】
リービヒ,化学肥料の発明【独】
シャップ,光テレグラフに着想を得た腕木信号器,鉄道に採用【仏】
ヘンソン,蒸気機関の飛行機設計【英】
ホイートストン,初のタイプ印刷電信機の発明【英】

1842

ドネ,血小板を発見【仏】
パストゥール,分子の左巻と右巻発見【仏】

ドップラー効果

音と光に関するドップラー効果発見【独】
ロベルト・マイアー『自然界における諸力に関する考察』(エネルギー保存の法則)【独】

解析機関 バベッジ エイダ

バベッジ,エイダ(ラブレース伯爵夫人)とともにプログラム内蔵の汎用計算機を考案【英】
J・ヘンリ,電流計発明【米】
ブンゼン,炭素・亜鉛電池発明【独】

エネルギー恒存則

1843

リチャード・オーエン『比較解剖学講義』【英】
ジュール『磁電気の熱効果および熱の仕事当量について』(〜49)【英】
ホイートストン,電気抵抗の測定器,改良実用化【英】

ハミルトン4元数

ハミルトン,散歩中に「4元数」ひらめく【英】
シュワーベ,太陽黒点の周期を観測【独】
シュライデン『科学的植物学概要』【独】
ベクレル,赤外線写真の発明【仏】
ファラデー,電解によるニッケルのメッキ法考案【英】
ベーエン,ファクシミリの起源【米】

1844

ヘルマン・グラースマン『広延論』(数学)【独】
長谷川弘『算法求積通考』【日】
リービヒ『化学書簡』【独】
チェンバース『創造の自然史の痕跡』(進化の基本的概念ひろめる)【英】
フーコー,アーク燈実用化【仏】
T・プラットとC・プラット,鋼鉄橋の特許【米】
電信機完成し,ワシントン〜ボルティモア間に「神の創り給いしもの!」を送信【米】
フールドレニエ兄弟,パルプ紙発明【仏】

最初の電信

幻想か写実か

1840

フォンテーヌブローの森に,写実派集まる(バルビゾン派)【仏】
ミレーの肖像画,サロンに初入選【仏】
ジョン・ラスキンとターナー出会う【英】
◉エドワード・ヒックス画[平和の王国](民俗画へ)(〜45)【米】
柴田是真画[鬼女図]【日】
ショパン曲[葬送行進曲]【波】
シューマン,歌曲連作([流浪の民][詩人の恋])【独】
グロッシュ設計[マーケット・ホール]【オスロ】
アドルフ・サックス,サクソフォンの発明【仏】
ドレイパー,最初の月の銀板写真を撮影【英】
ハーシェル,水銀増感法の発明【英】
チャールズ・バリー,ロンドンの国会議事堂に着手(〜65)【英】
◉カトリック儀式の聖具の製造販売組織カトリック会設立(ゴシック式教会装飾の復活)
考古学ブーム(陶器の古代彫刻模作流行)【英】

1841

アングルとドラクロワの対立深まる【仏】
テオドール・シャセリオー画[エステルの化粧]【仏】
ピュージン『尖頭式すなわちキリスト教建築の真の原理』【英】
岡田半江画[春靄起鴉図]【日】
タルボット,ネガ・ポジ反転方式によるカロタイプ発明【英】
写真集『ダゲール流周遊旅行・地上最高の展望と大建築物』(第1巻)出版【仏】
◉ダゲレオタイプ日本に渡来(上野俊之丞,島津家へ献上)【日】

対立 アングル(古典派) ドラクロワ(ロマン派)

1842

アングル画[奴隷のいるオダリスク]【仏】
ラ・ブドリエール『フランスの実業,産業,職業』(アンリ・モニエ挿絵)【仏】

オーケストラ時代

ウィーン・フィル・オーケストラ創設【墺】
NYフィルハーモニック協会【米】
フィニアス・バーナム,「アメリカ博物館」を興行【米】
初のニュース写真(ハンブルク大火災)【独】
ハーシェル,青写真プロセスの完成【英】

トーネットの椅子

トーネットd[ウィン・チェア]大量生産【W】
このころからバーナム,フリークス興行開始

1843

ラスキン絵画論

ラスキン『近代絵画論』第1巻出版(〜60)(ターナー擁護)【英】
◉ターナー,暖色を中心に[光と色彩・大洪水の翌朝]【英】
国芳画[源頼光館土蜘作妖怪図](天保改革を風刺,禁版に)【日】
ワーグナー『さまよえるオランダ人』初演(宮廷歌劇場で初指揮)【独】
メンデルスゾーン,ライプツィヒに音楽学校設立【独】
アントワープ動物学会により,自然博物館と動物園創設【白】
ラブルスト設計[サント・ジュヌヴィエーヴ図書館](〜46)【仏】
ダビッド・ヒル,カロタイプによる肖像写真の撮影(〜48,1500枚)【英】

ターナー

1844

ターナー画[雨・蒸気・速度]【英】
グランヴィル戯画[もうひとつの世界]【仏】
ギュスターブ・クールベ,サロンに初登場【仏】
メンデルスゾーン曲[ヴァイオリン・コンチェルト]【独】

自然の鉛筆 タルボット写真集

タルボット『自然の鉛筆』(写真集)(〜46,全6巻)【仏】
ベルリン・ティアガルテン(独初の動物園)開園【独】

ベストセラーと報道

1840

ジェラール・ド・ネルヴァル,ゲーテの『ファウスト』翻訳【仏】
デュマ『剣術師範』(デカブリストの秘密)【仏】
チエリー『メロヴィング朝時代の物語』【仏】
サント・ブーヴ『ポール・ロワイヤル』【仏】
ドイツ愛国主義の台頭(ベッカー『自由なるドイツ・ラインの歌』,シュネッケンブルガー『ラインの守り』)【独】
グリルパルツァー『夢も人生』【独】
レールモントフ『悪魔』【露】
ポオ『グロテスクでアラベスクな物語』【米】
エマソンら,「ダイアル」を刊行【米】

1841

サッカレー『ダイヤモンド奇譚』【英】
バルザック『雇用人の生理学』【仏】
ユアール『学生の生理学』【仏】
アンリ・モニエ『ブルジョアの生理学』【仏】
ネルヴァル,最初の狂気の発作で入院【仏】
ポオ『モルグ街の殺人』【米】
ロバート・ブラウニング『ピパ過ぎゆく』【英】
ジェイムズ・クーパー,ナティ・バンポー主人公の『皮脚絆物語』執筆(西部劇元祖)【米】
ハーマン・メルヴィル,捕鯨船に乗り込み海の放浪(〜44)【米】

パンチ創刊

レモンら,雑誌「パンチ」創刊【仏】
「NYヘラルド・トリビューン」創刊【米】
滝沢馬琴『南総里見八犬伝』(全98巻)完結【日】
柳亭種彦『還魂紙料』【日】
梁川星巌『星巌集』(詩集)【日】
江戸歌舞伎座,浅草に移転命令(〜43)【日】
ドリル,『フランス図書館所蔵写本総目録』(〜84)【仏】

南総里見八犬伝

1842

アルフレッド・テニスン『詩集』【英】
シュー『パリの秘密』(ブルジョワ社会の暴露小説)【仏】
ゴーゴリ『外套』,『死せる魂』第1部(39〜),ローマへ【露】
ヘンリ・ロングフェロー『民謡』(ヨーロッパ各国の民謡を翻訳)【米】
レプシウス,エジプト金石文の研究【独】,リットン『ザノニ』【英】【英】
パントマイム『アフリカのピエロ』流行【仏】
魏源『海国図誌』出版【清】
天保改革,錦絵,人情本,合本の売買禁止【日】
西沢一鳳『伝奇作集』【日】

ゴーゴリ

歌舞伎十八番

市川団十郎,「歌舞伎十八番」【日】
世界初の絵入り新聞「イラストレーテッド・ロンドン・ニューズ」【英】
紙巻タバコ商品化【仏】

1843

ディケンズ『クリスマス・キャロル』【英】

イラストレーテッド・ロンドン・ニューズ

黄金虫・黒猫

ポオ『黄金虫』『黒猫』【米】
「ダイアル」を継いで「ザ・プレゼント」紙創刊【米】
オールコット一家を中心に菜食主義共同体(超絶主義運動)【米】
カレーム『食卓の古典』【仏】
ガーベルスベルガー『速記術教程』【独】
「劇場法」制定を契機にミュージックホールの流行【英】

1844

デュマ『モンテ・クリスト伯』『三銃士』『ダルタニアン物語』(新聞連載)【英】
ハイネ,パリでマルクスと親交を結ぶ,『ドイツ・冬物語』【独】
ホセ・ソリーリャ『ドン・フワン・テノーリオ』【西】
シャトーブリヤン『ランセ伝』【仏】

大デュマ

YMCA ジョージ・ウィリアムズ

ジョージ・ウィリアムズ,YMCAを創始【L】
サーバー,タイプライター「カログラフィー」完成【米】

ジャーナリズムとは国民の総意であり、人を王にも大臣にもする。
バルザック

BC 6000以前 / BC 6000 / BC 2200 / BC 1200 / BC 600 / BC 300 / 0 / 300 / 600 / 800 / 1000 / 1200 / 1300 / 1400 / 1500 / 1600 / 1650 / 1700 / 1760 / 1810 / 1840 / 1860 / 1880 / 1890 / 1900 / 1910 / 1920 / 1930 / 1940 / 1950 / 1960 / 1970 / 1980

鉄道と電信の時代は、また輪転印刷機の時代でもある。人々は「速度」というエロティシズムに憧れた。

著作権法をもたないアメリカでは、文筆家はジャーナリズムに依拠するしかなかった。これがアメリカに〝ニュース文学〟をもたらしていく。

私有と競争

1845
弘化2

象徴の1848年

1845
◉
テキサス併合【米】
このころからアイルランドの大飢饉と商工業恐慌(～47)【英】
青年アイルランド党,「ネイション」刊行,民族主義を訴える【愛】
パリ株式取引所恐慌【仏】

シーク戦争①
第1次シーク戦争開始【印】
英侵略に対するマオリ族の抵抗開始(～48)【ニュージーランド】
イギリス船,琉球(貿易要求),長崎(測量許可要求)に来航【日】

1846

穀物法廃止
ピール首相,穀物法廃止【英】
大不況,物価沸騰(～47)【仏】
革新,進歩両党の政争【葡】
ガルシアで農民蜂起【西】
アメリカ・メキシコ戦争開始(～48)
オレゴン協定(カナダとの境界決定)【英米】
イギリス船,フランス軍艦琉球に来航【日】

西部開拓と米墨戦争

1847
ラマルティーヌ,仮政府で外務大臣(～51クーデターで失脚)【仏】
カヴールら立憲運動【伊】
若きビスマルク政界に登場(ユンカーかたぎを発揮)【独】
アルジェリア,フランスに征服される
カシュガルを中心に7人のホージャの反乱【印】
植民地貿易商,銀行の破産,工場閉鎖【英】
過剰生産恐慌【英】,金融恐慌【仏】,全欧へ
一般労働者10時間労働制(工場法)確立【英】
ムラヴィヨフ,東シベリア総督となる【露】
ロシア軍,ハンガリーの独立運動鎮圧
民事,刑事法廷開設,文部省創設【土】

1848

ゴールド・ラッシュ
カリフォルニア領有,金鉱発見【米】
二月革命(赤旗出現,ラマルティーヌ2.27平和宣言)【仏】
フランス銀行改組(国民割引銀行が67都市に設立)【仏】
ミラノ暴動(全イタリアに革命運動おこる)【伊】
コブデン,平和推進の国際会議を主宰(軍縮を主張)(～51)【英】
ルイ・フィリップ退位,国旗制定(三色旗)【仏】

フランス二月革命

ウィーン三月革命
三月革命(ベルリン,ウィーン)
フランクフルト国民議会
プロシア欽定憲法発布【普】
政府軍,6月暴動鎮圧(1万人殺)【仏】
メッテルニヒ,ロンドンに亡命【墺】
青年アイルランド党武装蜂起決意(鎮圧)
第2共和政宣言,共和政憲法成立【仏】
ルイ・ナポレオン,大統領就任(～52)【仏】
自由土地党結成【米】
リベリア独立,コスタリカ独立【南米】
ブール人によるトランスヴァール共和国建設(～1902)【阿】
第2次シーク戦争【印】

リベリア,コスタリカ独立

1849
トクヴィル,フランス外相に就任【仏】
コシュート,臨時政府樹立(民族解放運動)【洪】
航海条例廃止【英】
ハンガリーに対するロシアの軍事干渉(ハンガリー独立運動失敗,コシュート,トルコへ亡命)【洪】

ドレスデンの革命
ドレスデンの革命(ワーグナーも参加)【独】
第2次シーク戦争終結,イギリス全パンジャブを併合【印】

社会主義と心理学

1845
シュティルナー『唯一者とその所有』【独】
フォイエルバッハ『宗教の本質』【独】

ドイツ・イデオロギー
マルクス,エンゲルス『ドイツ・イデオロギー』『聖家族』【独】
マルクス『フォイエルバッハ・テーゼ』【独】
ヘス『貨幣体論』【独】

フーリエ主義浸透
これ以降,ペトラシェフスキー団の運動,フーリエ主義の浸透を図る(ドストエフスキー,ベリンスキーら参加)【露】
医書・世界絵図,天文方の事前検閲(法学の圧迫)【日】

プルードン

1846
プルードン『貧困の哲学』(マルクス批判)【仏】
カリボイス『知識学体系草案』【独】
ヴェーバー『触覚と一般感情』【独】
フィッシャー『美の科学』【独】
クラカウ蜂起(クラカウ自治権失いオーストリアに併合)【波】

1847
マルクス『哲学の貧困』(プルードン批判)【独】
コンシデラン『社会主義の原理』【仏】
ジョージ・ブール『思考法則』【英】
マリノフスキー,狂気の脳理論展開【伊】
ロンドンで共産主義者同盟初総会(第2回大会で,マルクス『共産党宣言』発表)
青年アイルランド党の残党,小作権同盟(3F運動)結成【愛】

カベーのイカリア実験
カベー,テキサスに「イカリア」建設(共産主義的コロニーの実験)(～49)
コント,「人類教」を唱え大司教に【仏】
ブリガム・ヤング,ソルトレーク・シティを中心にモルモン教社会を形成【米】
バーブ,獄中記『バヤーン』(述懐)完成【波斯】

1848
マルクス,エンゲルス『共産党宣言』出版(2月英版,3月独版,6月仏版)

共産党宣言

ミル経済学
ミル『経済学原理』【英】
ケトレ『社会体系とその法則』(形式統計学の創出)【白】
公衆衛生条例可決【英】
ルイ・ブラン,国立作業場設立(失敗)【仏】
ハーバート・スペンサー「エコノミスト」編集に従事(～53)【英】
ヒルデブラント『現在および将来の国民経済学』【独】
パラツキーを中心に,プラハで汎スラブ民族会議(バクーニン参加)【チェコ】

女性権利大会 世界初 NY
ニューヨークのセネカ・フィールズで世界初「女の権利」大会開催【米】
バーブ教の反乱おこる(～50)【イラン】

1849

死に至る病 キルケゴール 実存の先駆
キルケゴール『死に至る病』【丁】
オーギュスト『社会的国家の理論』【仏】
マルクス,イギリスに亡命
コンシデラン,反逆罪でベルギーに亡命【仏】
J.ドゥロワン,P.ロラン(フェミニスト)「労働者アソシアシオン連合」結成(～50)【仏】
アレクサンドル・ゲルツェン,『ロシア社会主義』の理論展開(～53)【露】
バクーニン,ドレスデン一揆に参加し逮捕(ドイツ政府から死刑判決,50年ロシアに引き渡されシベリア流刑～60)【露】
ソロー『市民としての反抗』【米】
F.M.ミュラー『リグ・ヴェーダ全集』(全6巻)【独→英】
14州が公立学校制度【米】
富士講を最終的に禁止【日】

1846
1847
1848

1845

ニューサイエンス

1845 A・フンボルト『コスモス』(〜62)【独】
J・ヘンリ,太陽と黒点の熱輻射の関係観測(〜47)【米】
ゲルツェン『自然研究書簡』【露】

白血病研究 ウィルヒョウ人体を解く

ウィルヒョウ,白血病の研究【独】
マイアー『有機体の運動と物質代謝』【独】
ハーシェル,蛍光の研究【英】
ロス卿,金属反射望遠鏡製作【英】
ノイマン『誘導電流の数学的法則』【独】
E・ハウ,裁縫機械発明【米】
大蔵永常『広益国産考』(農業体系)(〜60)【日】
トムソン,空気を詰めた中空ゴム管の車輪使用提案【英】
ロンドン〜イングランド間に初の公共電信開設【英】

公共電信

1846 ネーゲリ,細胞分裂を解明【独】
フェヒナー『ナナあるいは植物の精神生活』【独】
モートン,麻酔にエーテル,クロロホルムを使用【米】
フォン・モール,原形質概念を提唱【独】
ヨーハン・ガレ【独】,カウチ・アダムズ【英】,ル・ヴェリエ【仏】,海王星発見
ファラデー,光の電磁波説の示唆【仏】

スミソニアン 自然史博物館

スミソニアン研究所・国立自然史博物館創立【米】
カール・ツァイス社設立(光学機械工場)【独】

ホーの輪転印刷機

ホー,蒸気による輪転印刷機発明(印刷能力毎時8000枚)【米】
クックとホイートストン,電信機会社結成【英】
「磁気電信会社」設立【米】

1847 ヘルマン・ヘルムホルツ『力の保存について』(エネルギー保存の法則)【独】

ブールの記号論理学

ブール『論理学の数学的解析』【英】
モーリ『風向および海流図』編集【米】
ソブレーロ,ニトログリセリンの製法発見【伊】
国営電信,民営化される【米】
バーミンガムに世界初の機械学会創立(G・スティーヴンソン初代会長に)【英】
鉄道所有,英5192km,米7500km,仏1931km

1848 オーエン『脊椎動物の骨格の原型と相同』【英】

光学異性体 パストゥール自然を解く

パストゥール,光学異性体の発見【仏】
ウィルヒョウ,ロイブッシャーと週刊誌「医事改革」発行【独】
ウォーレスとベイツ【英】,アマゾン探検(〜59)
ロイカルト『動物の形態学について』【独】
佐賀藩医楢林宗建,蘭商館医モーニケに種痘法を学び,試種に成功【日】
デュ・ボア・レーモン『動物電気研究』(〜60)【独】
ケルヴィン,絶対温度の概念発表【英】
セメント工業生産開始【仏】(50【独】,71【米】)
ベークウェル,ほぼ実用機に近いファクシミリを作る【英】
佐久間象山,洋式砲台【日】
冷房方式,フロリダの病院で実験【米】

1849 緒方洪庵『病学通論』【日】
佐久間象山,オランダ版『理学原始』をもとに指示電信機をつくる【日】
ゲルトナー『雑種交配に関する実験観察』【独】

佐久間象山、電信実験成功

光速度測定

フィゾー,回転歯車を使って光速度測定【仏】
キルヒホフ,電気回路に関する法則【独】
F・アルバン,気球でアルプス横断
コーリス,蒸気機関発明【米】
◉ 大野弁吉『東視窮録』【日】

幻想か写実か

ボードレールの美術批評 1845年のサロン

1845 ボードレール『1845年のサロン』【仏】
リュード作[不滅にめざめゆくナポレオン](〜47)【仏】
ワーグナー曲[タンホイザー]初演【独】
ダルゴムイシスキー曲[ルサッカ](国民オペラ)【露】
ローレンスd[ベイ・ステイト・ミルズ](工場,住宅,商店などの複合施設)【英】
「ドネの顕微鏡講義」(初の顕微鏡写真)編纂【仏】
タルボット『太陽によってつくられたスコットランドの写真集』出版【仏】

1846 クールベ,オランダ旅行【仏】
ガヴァルニ戯画[パリの悪魔]【仏】
ベルリオーズ曲[ファウストの地獄落ち]【仏】
ワーグナー,[第9]を4月5日(枝の主日)に上演(以降,この日の演奏習慣)【独】
シッド『美的整形の試み』(美容整形外科の効果を予測)【仏】
マルテンス,パノラマ・カメラ発明【独】

グランヴィルのイラストレーション メタモルフォーゼ集

1847 グランヴィル画[罪と罰][夢のメタモルフォーゼ]【仏】
ホルマン・ハント画[聖アグネスの前夜]【英】
柳亭種彦作,豊国画[浮世形六枚屏風]を覆刻【W】
ベラーマン,フォルトラーゲ,ギリシア音楽に関する研究【独】
ベルディ曲[エルナーニ],ローマで初演(イタリア民族主義)【伊】
マヌエル・ガルシア『声楽総論』(3声域の区別)【西】

肖像写真流行

◉ 肖像写真撮影の営業スタジオ,パリ中心に流行【仏】,アメリカの銀板写真業者1万,下ブロードウェーに100軒の銀板写真館【米】
ニューヨークで初の写真新聞「ザ・ダゲレオタイプ」発行【米】

1848 ダンテ・ガブリエル・ロセッティ,ウィリアム・ホルマン・ハント,ジョン・エヴァレット・ミレー,ラファエロ前派(P.R.B.)を結成【英】
ゴンクール兄弟,日本美術に関心をもつ【仏】
ウィリアム・バターフィールド図「教会聖具」【英】
ワーグナー『ニーベルンゲンの指輪』の台本【仏】
モニューシュコ曲[ハルカ](オペラ)(ポーランド国民学派の祖)【波】
アーチャー,コロジオン(湿板写真法)発明(〜51完成)【英】

ラファエロ前派 ロセッティ ハント、ミレー

レアリスム クールベ石割り工

1849 クールベ画[石割り工](自然主義的リアリズム,プルードン激賞)【仏】

ラスキン建築論

ラスキン『建築の七燈』(ゴシック建築様式を力説)【英】
オットー・ニコライ曲[ウィンザーの陽気な女房たち]【独】
リストの弟子409人【独】
ワーグナー,ドレスデン蜂起に参加,チューリッヒへの亡命(『芸術と革命』『未来の芸術作品』)【独】

ヘンリー・コール デザイン雑誌

ヘンリー・コール,『ジャーナル・オブ・デザイン』誌創刊【英】

ベストセラーと報道

ポオ

1845 ポオ『大がらす』(『盗まれた手紙』,初めて仏訳)【米】
メリメ『カルメン』【仏】
ゲルツェン『だれの罪か』(〜47)【露】

僧侶女性家族

ミシュレ『僧侶・女性・家族』【仏】
カールス『プシケ』(ロマン的心理学)
ベヒシュタイン『ドイツ民話集』【独】
トゥール『ハッシシと精神錯乱』
「フリーゲンデ・ブレッター」(無綴じ絵草紙)創刊
フランソワ・ガルノー『カナダの歴史』(〜48)【加】
朝廷,幕府に学習院を建てさせる【日】
9人で1チームの近代野球のはじまり(ニッカーボッカークラブ設立)【NY】

ジョルジュ・サンド 田園生活四部作

1846 サッカレー『イギリス俗物史』(〜47)【英】
ポオ『構成の哲学』【米】
ハーマン・メルヴィル『タイピー』【米】
ドストエフスキー『貧しき人々』で文壇デビュー,ベリンスキー絶賛【露】
バルザック『従妹ベット』【仏】
ジョルジュ・サンド『田園生活』4部作【仏】
E・ブリフォー『パリの食卓』【仏】
箕作省吾『坤輿図識補』【日】

嵐が丘 ジェーン・エア

1847 エミリー・ブロンテ(妹)『嵐が丘』【英】
シャーロット・ブロンテ(姉)『ジェーン・エア』【英】

サッカレー 虚栄のイギリス

サッカレー『虚栄の市』(副題,イギリス社会の素描)(〜48)【英】
メルヴィル『オムー』【米】

ミシュレの歴史 フランス革命史21巻

ミシュレ『フランス革命史』(21巻)(〜53)【仏】
ベリンスキー『ゴーゴリへの手紙』『1847年のロシア文学観』【露】
ベリンスキー,ゲルツェン,ツルゲーネフ,ゴンチャロフ,ネクラーソフらの「自然派」を育成【露】
ラマルティーヌ『ジロンド党史』(左翼共和主義を主張)【仏】
カヴール,新聞「イル・リソルジメント」創刊【伊】

1848 小デュマ(デュマ・ペール庶子)『椿姫』【仏】
ギャスケル夫人『メアリ・バートン』(マンチェスター物語)刊【英】
ゴーゴリ,『死せる魂』第2部執筆(天罰の思想にとりつかれエルサレム巡礼)【露】
トマス・マコーリ『イギリス史』(〜61)【英】
ペテーフィ『起てよマジャール人』(革命クラブを組織)【洪】

ユリイカ フンボルトからポオへ

ポオ,ニューヨークで「ユリイカ」を講演(聴衆16人)【米】

AP通信とヴォルフ通信

AP通信社設立【米】
本木昌造,オランダから鉛活字購入【日】

ディケンズ

1849 ディケンズ『デヴィッド・コパフィールド』【英】
サント・ブーヴ「月曜論叢」(同時代作品の新聞時評)開始(〜61)【仏】
サンド『愛の妖精』【仏】
ドストエフスキー,ペトラシェフスキー団とともにシベリア流刑【露】
ギュスターヴ・フローベール,デュカンとともに東方旅行に出発(〜51)【仏】
◉ シャルル・ボードレール,ポオの短編を翻訳【仏】
ベルリンにヴォルフ通信社【独】

オーストリア帝国がもうとっくになくなっているというのなら、これを急ぎ創らなくてはならないだろう。
フランチシェク・パラツキー伯爵の書簡

クラウジウスの熱力学法則とロンドン博覧会。情報の歴史の過熱の開闢である。

一八四八年のマルクス「共産党宣言」と一八五三年のゴビノー「人種不平等論」。その後のヨーロッパを躍らせ狂わせた、二冊のパンフレット。

私有と競争

1850 嘉永3

ロンドン博❶

列強のアジア進出

洪秀全と太平天国

1850
プロイセン,欽定憲法制定【独】
カヴール,入閣(イタリア復興運動)【伊】
ロンドン列国会議
クレイトン・バルワー条約(パナマ地峡をめぐり)締結【米英】
秘密結社「星条旗団」結成,排外主義運動展開【米】
エジプトに鉄道敷設権獲得【英】
奴隷貿易の廃止(ラテン・アメリカ)
ブラジル人口710万人(312万人の黒人奴隷)
タタール人のムッラー,汎トルコ,汎イスラム主義を鼓吹,カザフ族の民族的自覚促進
太平天国の乱(上帝会,金田に起義,太平天国を建国)(〜64)【清】

高野長英自刃

高野長英,幕吏に囲まれ自殺【日】

1851
イリ通商条約,露と清の間で調印ルイ・ナポレオンのクーデター(議会解散)(仏大統領に就任)【仏】
ドイツ連邦の復活【独】
連邦政府,インディアン指定保留地域の設定(〜60)【米】
フォークランド諸島会社設立(英系企業)

ジョン万次郎 1841漂流 書信通訳に

中浜万次郎,アメリカより帰国【日】

ボナパルティズムと第二帝政

1852
ナポレオン3世即位,第二帝政時代(〜70)【仏】
トランスヴァール共和国を承認【英】
5大国とスウェーデン,デンマーク,「ロンドン議定書」成立【欧】
サルディニア首相カヴール,イタリア統一(〜61)【伊】
ペレール兄弟(ポルトガル系ユダヤ人),最初の現代的銀行設立【独】
第2次ビルマ戦争(英,ビルマ征服,デルタの爆発的開拓で経済発展)(〜53)

クリミア戦争

1853
オスマン帝国,ロシアに宣戦,クリミア戦争開始(〜56)
東インド会社特許状更新【英】
48州の地域確定【米】
アルゼンチン憲法公布,連邦共和国となる

ペリー来航

ペリー,浦賀に来航【日】
ロシアのプチャーチン来航【日】
南京攻略,天京と改称(〜56太平天国の最盛期100万の大軍)【清】
太平天国,天朝田畝制度公布【清】
河北辺に捻軍の乱(〜68)【清】
西洋砲術訓練令【日】

日本開国

1854
英,オレンジ自由国の独立承認(〜1902)【阿】
カヴール,344の修道院領を解体,土地の国有化【伊】
英と仏がトルコと同盟,クリミア戦争に介入
反奴隷制勢力を結集した共和党結成【米】
カンザス・ネブラスカ法成立,ミズリー協定廃止【米】
アルバレス率いるゲリラ,メキシコ南部で決起,「アユタ計画」を発表(ファレス,軍人,協会の特権廃止のファレス法制定)【墨】
安政和親条約調印(米仏蘭露),日本開国【日】

社会主義と心理学

1850
エンゲルス『ドイツ農民戦争』【独】
バクーニン『告白』(獄中で執筆)【露】
カーライル『近代パンフレット』【英】
フィヒテ『倫理論』【独】
佐藤信淵『経済要綱』【日】
実質賃金上昇しはじめる【英】

地下鉄道運動 黒人解放

黒人解放の声高まり,「地下鉄道」運動おこる【米】
カトリック政党「中央党」結成【独】
バーブ教祖,シャー政府により処刑【印】

フェヒナー精神物理学

1851
ショーペンハウアー『パレルガ・ウント・パラリポメーナ』【独】
フェヒナー『ツェント・アヴェスター』【独】
コント『実証政治学体系』(〜54)【仏】
プルードン『19世紀における革命の一般理念』【仏】
スペンサー『社会静学』【英】
ルイス・モルガン『イロクオイ同盟』(文化人類学の端緒)【米】
英宣教師ホブソン『全体新論』【清】
ヘンリー・スクールクラフト『インディアンの歴史的および統計的情報』【米】
W・フンボルト『国家活動の限界』出版【独】

佐久間象山 東洋の道徳 西洋の芸術

佐久間象山『礟学図論』『礟卦』【日】
シャフツベリ卿,公衆衛生の最低標準確立を提唱【英】

1852
アブラハム・ドーソン『蒙古史』【典】

コンシデランのファランジュ実験

コンシデラン,テキサスで共同社会ファランジュの建設に取り組む(〜69 失敗)
ヤーコブ・モレスコット『生命の円環』【蘭】
ロッツェ『医学的心理学』(局所徴候の説を提示)【独】
ゲルツェン,ロンドンに定住,「自由ロシア通信」発行【露】
全米印刷工組合結成【米】

アーリア主義拡大

1853
ゴビノー『人種不平等論』(アーリア主義の拡大へ)【仏】
『ヘルダー百科事典』5巻(〜57)【独】
カール・グスタフ・カールス『人間形態の象徴学』【独】
チエリー『第3身分成立発展史試論』【仏】
チューリヒの「パラフィト」(湖上の小屋)の文明確認【瑞】
アンティオーク大学,その他の州立大学で男女共学実施【米】
クリミア戦争に,ナイティンゲール従軍【英】
平野元良『軍陣備要』『救急摘要』(軍陣衛生書の始)【日】

1854
カール・フォークト『盲信と科学』(唯物論争おこる)【独】
ノットとグリッドン『人類の類型』【米】

レヴィの魔術研究

エリファス・レヴィ『高踏魔術の教義と儀式』【仏】
ドイツ連邦会議,あらゆる労働者団体を禁止【独】
吉田松陰,密航(失敗)『幽囚録』【日】
ヨハン・ドロイゼン『歴史学要綱』【独】
馬場貞由『泰西七金訳説』【日】
ペンシルヴァニア・ロックオイル会社創設(世界初の石油会社)【米】

ニューサイエンス

熱力学の法則

1850 エールステッド『自然の中の精神』(このころアンデルセンを援助)【独】
W・ボンド,星(ベガ)の初の写真撮影【米】

神経伝達速度

ヘルムホルツ,神経興奮の伝導速度測定【独】
ルドルフ・クラウジウス『熱の動力について』(熱力学第1・2法則)【英】
ヴィルヘルミー,化学反応速度の研究【独】
フーコーとフィゾー,水中の光速測定により光の波動説を確認【仏】
パークス,錫で銀を分離する「パークス法」考案【英】
ファーマー,ボストンの火災警報システムの設計【米】
マロ,圧縮アスファルト舗装道路考案【仏】

フーコーの振子

1851 フーコー,振子による地球自転の証明【仏】
リーマン『複素関数について』【独】
ウェーバーの法則発表【独】
ホーフマイスター,植物の世代交替を発見【独】
ケルヴィン,熱の運動学的理論【英】
川本幸民訳『気海観瀾広義』刊【日】

シンガー・ミシン

シンガー・ミシンの発明(女性解放のきっかけとなる)【米】
仏・ドーヴァー～英・カレー間に初の海底ケーブル敷設成功
モースの電信,鉄道に採用されはじめる【米】
ペテルブルグ～モスクワ間鉄道開通【露】
薩摩藩,製錬所設立【日】

本木昌造の活版術

本木昌造,活版術を開発【日】

1852 ルードヴッヒ『人体生理学教本』(～56)【独】
ケリカー『人体組織学便覧』【瑞】
リッター『一般地理学序説』【独】
蛍光に関するストークスの法則【英】
フランクランド,原子価概念を拡張【英】
ケイリー,史上初の有人滑空機(グライダー)で飛行機の基本的形状確立【英】
ジェファール,蒸気機関を積んだ飛行船製作(27km飛行)【仏】
ケリー,鋼鉄用転炉【米】
広瀬元恭『理学提要』完成【日】

1853 ワイリー【英】『数学啓蒙』(中国で刊)
ウィリアム・ハミルトン『4元数講義』【英】
グラッドストーン,原子量の分布による元素研究【英】
ランキン,力学的・化学的・熱・光・電磁気的に包括的な「エネルギー」概念を提唱【英】
G・ボーデン,牛乳の真空蒸発法(濃縮ミルク製造,即製食品流行の発端)【米】
E・G・オーチス,安全エレベーター発明【米】
ニューヨーク～シカゴ間に鉄道開通【米】
アルプス横断鉄道(ウィーン～トリエステ間)
ボンベイ～ターナ間にアジア初の鉄道敷設【印】

リーマン幾何学

1854 ブール『思考の法則に関する研究』【英】
リーマン『幾何学の基礎をなす仮説について』講演【独】

シュウツの計算機

シュウツ父子,バベッジの階差機関にもとづいた計算機発明【典】
フィルド,クーパーなど「ニューヨーク・ニューファウンドランド・ロンドン電信会社」を組織【米】
バーセル,音声を電気で伝える事の可能性を予言
ペリー,モールス電信機を将軍に献上【日】

印象派と写真術

バルビゾン派

1850 F・ミレー画[種蒔く人]【仏】
シュティフター画[月光の風景]【墺】
ラファエロ前派「起源」発行【英】
ロセッティ画[受胎告知],E・ミレー画[両親の家のキリスト]【英】
◉ 吉岡米次郎(月岡芳年),歌川国芳に師事【日】
ベネディクト会,グレゴリオ聖歌の復興事業開始
アンリ・ラブルースト設計[サント・ジュヌヴィエーヴ図書館]公開(読書室700人)【仏】

多色木版 フォーセット クロモズィグラフ

◉ ベンジャミン・フォーセット,クロモズィグラフ(多色木口木版)を考案【英】

ロンドン万国博

1851 リスト曲[ハンガリアン・ラプソディ](～53)
ヴェルディ曲[リゴレット]初演【伊】
ロンドン第1回万国博覧会(パクストン設計[水晶宮]鉄とガラスと植物の博覧会)【英】
ラスキン『ラファエロ前派主義論』『ヴェニスの石』(～53)【英】
ブリュスターのステレオスコープ,ロンドン万博に出展【仏】
◉ カンとフローベール中東旅行,リールの印画工場で写真集『エジプト,ヌビア,パレスチナ,シリア』制作
川本幸民,ダゲレオタイプによる撮影実験【日】
からくり儀右衛門,日本一細工師の金招牌を受賞【日】
マリエット【仏】,スフィンクス発掘

リストと新ドイツ派

1852 クールベ画[村の娘たち]【仏】
ミレー画[オフェーリア]【英】
リストを中心とした「新ドイツ派」,バレンシュテット音楽祭に登場(標語「未来の音楽」)【独】
音楽家の職業の自由,プロイセンで確立(身分としての都市音楽家特権制が終わる)【普】
エドモンド・テクシエ『パリ眺望』【P】
タルボット,写真凹版技術の原理発見【英】
永楽保全作[祥瑞写山水鳥文釣瓶水指]【日】
このころ100以上のゴシック教会建設【仏】
上野彦馬,はじめて写真機使用【日】

フォスターの歌

1853 クールベ画[水浴の女達]サロン出展(悪評,ナポレオン3世激怒)【仏】
ヴェルディ曲[椿姫]【伊】
フォスター曲[マイ・オールド・ケンタッキー・ホーム]【米】
M・ハウプトマン『和声と韻律の特性』【独】
ナダール,スタジオ開設(芸術家集まる)【仏】
ロンドン写真協会,定期展覧会開催【英】
トーネット,曲木家具の会社設立【墺】
太平天国の乱で,「景徳鎮」破壊される【清】
◉ 益子焼,はじまる【日】
セーヌ県知事オスマン男爵,パリ市と周辺コミューンの近代都市計画開始(～69)【仏】

カメラ流行

1854 クールベ画[クールベさん,今日は]【仏】
フィリップ・ゴッス画[水族館]
ヴィオレ・ル・デュク『フランス中世建築事典』【仏】
ワーグナー,ショーペンハウアーの哲学を知る【独】
ポアトバン,「コロタイプ」と「カーボン印画紙」発明【仏】
ロンドンの立体写真会社創立(2年間で50万台のカメラ販売)【英】
八代目団十郎自殺,死絵流行【日】
川本幸民『遠西奇器述』(ダゲレオタイプを紹介)【日】

ベストセラーと報道

1850 テニソン『追悼の詩』(死の瞑想の詩人,ヴィクトリア女王,『聖書』についで愛読)【英】

ホーソンの緋文字

ホーソン『緋文字』発表【米】
オットー・ルートヴィッヒ『世襲森林監督官』【独】
ワーズワース『序曲』(自伝的長詩)出版【英】
エマソン『偉人論』【米】
ワーグナー『オペラとドラマ』(～51)【仏】
フランス高踏派の運動おこる(～90)【仏】
ディケンズ,週刊雑誌「常套語」創刊(～60)【英】
「萌芽」創刊【英】

白鯨

1851 ネルヴァル『東方紀行』【仏】
ユゴー,ナポレオン3世のクーデターに反対(国外追放,～70)【仏】
フローベール『ボヴァリー夫人』の執筆に着手(56完成)【仏】
ホーソン『七破風の家』【米】
メルヴィル『白鯨』【米】
初の写真画報「ラ・リュミエール」出版【仏】

ニューヨーク・タイムズ ロイター通信

「ニューヨーク・タイムズ」創刊【米】
ロンドンにロイター通信社【英】
島津斉彬,集成館事業を興す(殖産興業策)【日】

1852 ディケンズ『荒涼館』(～53)【英】

ロジェの宝典

P・M・ロジェ『ロジェの宝典』【英】
ネルヴァル『幻視者』(副題・あるいは社会主義の先駆者たち),『十月の夜』【仏】
ゴーティエ『七宝と螺鈿』(高踏派の先駆)【仏】
エドモンド・テクシエ『パリ眺望』【P】
シュトルム『みずうみ』【独】
ソリーリャ『グラナダ』【西】
ゴーゴリ,『死せる魂』の第2部の原稿を火中に投じ狂乱状態におちいり没【露】
ツルゲーネフ『猟人日記』発表【露】
イワン・トルストイ『幼年日記』【露】

アンクル・トムの小屋

ストウ夫人『アンクル・トムの小屋』刊行(1年間で30万部を売る)【米】
メルヴィル『ピエール』【米】
グリム兄弟『ドイツ語辞典』編集(～61)【独】
タシュロー,国立図書館の印刷目録【仏】
デュマ・フィス『椿姫』上演(サラ・ベルナール主演,ヴォードビル座)【P】
エルミタージュ,公共博物館として公開【露】

ボン・マルシェ開店

ボン・マルシェ店パリに開店【仏】
エリザベス・シラー,ブルマーズ発表【米】(ブルマー夫人普及)【英】

シュティフター 鉱物幻想と人間の未熟

1853 シュティフター『石さまざま』【墺】
アンリ・モニエ『ジョセフ・プリュドム』(スノッブの原型確立)【仏】
ケラー『緑のハインリッヒ』(～55)【瑞】
トルストイ,クリミア戦争に従軍
クリミア戦争で「タイムズ」紙,初の従軍記者

ネルヴァル ソロー

1854 ネルヴァル『火の娘』【仏】

森の生活 ソローの自然回帰

ソロー『森の生活』【米】
サンド『わが生涯の歴史』【仏】
ギュスターブ・ドレ『聖ロシア』【仏】
セオドル・モムゼン『ローマ史』刊行開始(～85)【独】
センクレ,楔形文字文書の発見
村上英俊『三語便覧』(仏英蘭の対照字典)【日】

おそらくロシアは滅びるだろう。そのときヨーロッパもまた滅びるだろう。そして歴史はアメリカで継続されることになるだろう。
ゲルツェン

パリ博覧会こそ、あらゆる意味で情報文化が近代の頂点に立ったことを告げる。

1855
安政2

パリ万博❶

列強のアジア進出

1855
サルデーニャ王国,クリミア戦争に参戦【伊】
メキシコ革命,ファーレス法制定【墨】
◉ ヨーロッパの近代的銀行発展【欧】
ニコライ1世急死,アレクサンドル2世(農奴解放者)即位【露】
イセット・クテバル・ウリ,カザフ族を率いてロシア軍と戦う(~57)
産業労働者,25年間で2倍以上に増加(約48万人)【露】
ノルウェー中立化【諾】
幕政改革に徳川斉昭の参与【日】

長崎海軍伝習所
長崎に海軍伝習所設立【日】
安政大地震【日】

1856
パリ条約(クリミア戦争終結,死者78万人)
メキシコ内戦開始【墨】
イギリス・イラン戦争(~57)
スウェーデン私立銀行創設【典】
オスマン帝国,タンジマート第2期開始(経済発展目標)【土】
南アフリカ共和国(トランスヴァール)組織される【阿】
太平天国の内紛,東王楊秀清と北王韋昌輝殺害【清】
アロー号事件【清】

ハリス来日 初代駐日総領事 日米修好通商条約へ
ハリス総領事着任【日】

1857

欧米に経済恐慌

西欧諸国,アメリカに経済恐慌おこる
アルジェリア征服【仏】
ドレッド・スコット事件に判決(ミズリー協定は違憲と決定)【米】
自由主義憲法公布【墨】
アレクサンドル2世,農奴解放案の準備を命じる【露】
デンマーク私立銀行創設【丁】

セポイの反乱
セポイ(インド人傭兵)の反乱(~58)【印】
ムガール帝国滅亡【印】
イラン,アフガニスタンの独立承認
翼王石達開,太平天国を離脱【清】
英仏連合軍,広州を占領【清】
ハリスと下田条約締結【日】

1858
東インド会社解散,インドの直接統治開始【英】
ナポレオン3世暗殺未遂事件【仏】
ナポレオン3世とカヴール,プロンビエール密約(オーストリアと開戦へ)【仏】
農民一揆,1年に378件【露】
自由主義的憲法をめぐる改革戦争(~61)【墨】

アロー戦争 英仏連合軍 天津攻撃
第1次アロー戦争(英仏連合軍,天津攻撃)【清】
愛琿条約(露,アムール以北を領有)【清】
天津条約(露英仏米に調印)【清】
フランスとイスパニア,ベトナム侵略開始(コーチシナを獲得,穀倉化)(~67)
コレラ,全国で流行(第2次)【日】

日米修好通商条約
幕府,勅許なしに日米修好通商条約調印(蘭露英仏)【日】

1859
ドイツ国民協会設立(自由主義的ドイツ統一運動興隆)【独】
イタリア解放戦争はじまる(~61)【伊】
議会,初の保護関税法制定【加】

スエズ運河着工
スエズ運河建設着工(~69)
1万2800人の貴族,ロシア全土の約3分の1を領有【露】
横浜開港【日】

安政の大獄 梅田雲浜・橋本左内 池内大学・吉田松陰
安政の大獄【日】

社会主義と心理学

スペンサー心理学

1855
スペンサー『心理学原理』(初版)【英】
ツォルベ『感覚論新論』【独】
アレクサンダー・ベイン『感覚と知性』(連合主義)【英】
ルナン『セム族言語の一般史』【仏】
ル・プレー『ヨーロッパの労働者』(初の労働者家計調査)【仏】
ドロイゼン『プロイセン政治史』(~86)【独】
天文方蕃書和解御用掛けの独立,洋学所開設【日】
横井小楠,開国論者に転向(「三代の学」を説く)【日】
雲南回教徒の蜂起(~73)【清】

1856

吉田松陰

フィヒテ『人間学』(霊魂学としての人間論主張)【独】
エドワード・タイラー,メキシコ・キューバ旅行で人類学を意図【英】
ド・トクヴィル『旧制度とフランス革命』【仏】

変質の研究
A・モレル,多くの白痴と発育遅滞を観察,『変質についての論考』【仏】
マックス・ミューラー『比較神話学』【独】
吉田松陰,禁固中の杉家で『武教全書』の講義開始(~58,のちの松下村塾)【日】

1857
マルクス『経済学批判要綱』(~58)【独】

ベリンスキー ロシア 精神医学
ベリンスキー,ロシア初の精神医学講座を組織【露】
ゲルツェン,雑誌「コロコル」(鐘)発行(検閲制度,地主の支配廃止を主張,25000部)【露】
ジェノア,ナポリの民衆蜂起【伊】
国民連盟結成【伊】
カルカッタ,ボンベイ,マドラスに大学設置【印】
チュニジア人,民族主義団体結成【北阿】
越南,キリスト教徒迫害【インドネシア】
長松日扇,本門仏立講を開創【日】
蕃書調所開業【日】

1858

ヴント心理学

ウィルヘルム・ヴント『感覚知覚論』(~62)【独】
アイルランド人の秘密結社フェニアン結成【NY】
ジェダにおける反キリスト教暴動(英仏軍出兵)【土】
福沢諭吉,蘭学塾開設【日】

ルルドの泉 少女の啓示 奇蹟に
少女ベルナドット,マリアの啓示をうける(ルルドの泉,以後聖地となる)【仏】

1859
ミル『自由論』【英】
ドブロリューボフ『オブローモフ主義とは何か』【露】
ベイン『情緒と意志』【英】
バックル『イギリス文明史』【英】
アザンとブローカ,ブレイド法(催眠療法)の麻酔利用の可能性追及【仏】
サミュエル・スマイルズ『自助』【英】
ルナン『諸言語の起源』【仏】
A・クスマウル『新生児の精神生活に関する検査』【独】
ラツァルス,シュタインタール「民族心理学雑誌」創刊【独】
A・バスティアン『歴史における人間』刊行開始【独】
バッハオーフェン『古代死体埋葬象徴論』【瑞】
ジョン・ブラウン,反奴隷制反乱,処刑【米】
書院私設の禁止【鮮】
吉田松陰『留魂録』,安政の大獄で刑死【日】
大蔵永常『広益国産考』【日】

金光教 川手文治郎 金光神を取次ぐ
川手文治郎,金光教開創【日】

この年まで五九元素

ボン・マルシェとメーシー百貨店。やがてはじまる消費文化のシンボル。情報文化は〝陳列の時代〟を迎える。

私有と競争

1855

進化論の登場

1855 クロード・ベルナール,肝臓のグリコーゲン生成機能発見【仏】
ルートヴィヒ・ビュヒナー『力と物質』【独】

ローソクの科学 ファラデーの講義

ファラデー,少年少女のためにクリスマス講義(『ローソクの科学』61刊)【仏】
モーリ『海の自然地理学』【米】
ヨルト,永久磁石と電磁石を併用,「自励電磁機」考案
A・パークス,キシロナイト(セルロイド)を発明【英】
ベンジャミン・シリアン,石油を分析,灯火用使用法発見【米】
ルンドストレム,安全マッチの発明【典】
プリース,音声を誘導送信(400m)【英】
シュウツ父子,「階差機関」パリ万博で金メダル,「製表機」(1時間に120桁の計算速度)【典】
オランダより幕府に電信機贈られる【日】

1856 ロッツェ『ミクロコスモス』【独】
ヘルムホルツ『生理学的視覚論』【独】
シュヴァン,酵母植物説【独】
マクスウェル,土星の環の安定性について(アダムス賞授与)【英】
フロート,ネアンデルタール人の頭骨を発見【独】
メンデル,エンドウかけあわせによる遺伝の実験開始(〜71)【墺】
ルヴェリエ「天気図」(天気予報業務開始)【仏】
パーキン,コールタールから合成染料製造【英】

ヘルムホルツ 生理学

ベッセマー法

ベッセマー法(または酸性法)開発【英】
ル・シャトリエ【仏】とシーメンス兄弟【独】,蓄熱式の加熱炉発明
ヒューズ,印刷電信機【英】
高島秋帆,講武所砲術指南役【日】
飯沼慾斎『草木図説』(草部20巻,木部10巻)【日】

1857 アガシ『分類論』【瑞】
クラウジウス,気体分子運動論にもとづき気体分子の速度を計算【独】
全ヨーロッパで気象通報に電信使用開始【欧】
ローズ,肥料の3要素の学説確立【英】

ウォーレス進化論とウィルヒョウ細胞論

1858 ウォーレス「変種が元の型から無限に遠ざかる傾向について」(進化論)【英】
ウィルヒョウ『細胞病理学』(無から有は生じない)【独】
クーパー【英】とケークレ【独】,炭素の4原子価説
プルマン,寝台車「プルマン・カー」発明【米】
トマス・リケット,初の蒸気自動車製造【英】

1859 ベッセルとアルゲランダー指導,北天調査(〜62,32万4000個の星を記録)【独】
ダーウィン『種の起源』(〜76までの発行総部数16000部)【英】
この年までに,59元素発見

分光器 キルヒホフ ブンゼン

キルヒホフとブンゼン,分光器を製作(分光学の基礎)【独】
プランテ,鉛板を希硫酸に浸した蓄電池考案【仏】

ドレークの油井

ドレーク,機械掘りによる世界初の原油掘削に成功【米】
ファーマー,白金線のコイルで電灯製作(おおむね成功)【米】
ブルーネル,19C最大の巨船「グレート・イースタン号」完成【英】
伊東玄朴ら神田に種痘所設置【日】
佐久間象山,永久磁石とダニエル電池作製【日】

ダーウィン進化論

印象派と写真術

1855 第1回パリ万国博覧会(新発見のエジプト美術陳列,初の写真展)【仏】
クールベ,パリ万博の作品拒否に抗議,仮小屋に作品をならべ「ル・レアリスム」と明記【仏】
ダッド画[お伽の樵の手練の一撃](〜64)【英】
国芳画[浅茅ヶ原一ツ家之図]【日】
大地震,鯰絵流行【日】
リスト曲[ピアノ協奏曲2番イ長調]【独】

パリ博

吉沢検校 箏・三弦 千鳥・新雪月花

吉沢検校曲[千鳥]【日】
ナダール,気球で初の空中写真撮影(のちに戦争に利用)【仏】
フェントン【英】,クリミア戦争に従軍撮影
京都御所紫宸殿再建【日】

1856 ハント画[贖罪の山羊](〜56)【英】
アングル画[泉]【仏】
クールベ画[セーヌ河畔の女たち]【仏】
◉ このころから前期印象派活躍【仏】
広重画[名所江戸百景]刊行開始【日】
フェリックス・ブラックモン,[北斎漫画]発見,ドガ,ホイスラーに紹介【仏】
パリに日本美術店開店,印象派画家出入【仏】
リスト曲[ダンテ・シンフォニー]【独】
◉ ドイツに感傷的,通俗的サロン歌曲流行【独】
オウエン・ジョーンズ『装飾の文法』出版【英】

ルイス・キャロル 少女写真3000枚

ドジソン(ルイス・キャロル),少女の写真を撮影(〜80,3000枚)【英】

1857 F・ミレー画[落穂拾い]【仏】
ワーグナー曲[トリスタンとイゾルデ](〜59)【独】
レイランダー,30枚のネガから合成した[人生の二つ途]制作(ヴィクトリア女王買上げ)【英】
島津斉彬,初の銀板写真撮影に成功【日】

ワーグナー盛極

モリスの工房

ウィリアム・モリス,ロンドンに工房創設【英】
ウィーンの城壁とりこわし,新都市建設開始(ルートヴィッヒ・フェルスターのリングシュトラーセ案採用)【墺】
川上冬崖,蕃書調所絵図調出役となる【日】

1858 ユゴー画[幻想的風景]【仏】
◉ 広重,国芳ら洋風表現に新境地【日】
ベルリオーズ曲[トロイの人々](オペラ)【仏】

オッフェンバック 天国と地獄

ジャック・オッフェンバック曲[天国と地獄](オペレッタ)【仏】
ヴェルディ曲[仮面舞踏会]【伊】
シャルネー,古代マヤ文明の廃墟撮影
ロビンソン,合成写真[臨終]発表
ゼンパー設計[チューリヒ工科大学](〜64)【独】
セントラル・パークの計画【米】
[クニドスのデメテル]発掘される
鈴木其一画[夏秋渓流図屏風]【日】
シャロン【仏】来日,北斎漫画をパリに紹介(61)

ミレーの晩鐘

1859 F・ミレー画[晩鐘]【仏】
マネ画[アブサンを飲む人],サロンに落選【仏】
ブラームス曲[ピアノ協奏曲第1番]【独】

グノーのファウスト人気

グノーの歌劇[ファウスト]全欧席巻【仏】
ナダール,肖像写真集出版【仏】
ディスデリ,ナポレオン3世を撮影【仏】
シビアール,アルプス全山系記録(パノラマ写真に構成)(〜69)

ベストセラーと報道

草の葉 ホイットマン 自費出版詩集

1855 ウォルト・ホイットマン『草の葉』第1版,自分で活字を組み自費出版(エマソン絶賛)【米】
フィニアス・バーナム『自伝』【米】
ブラウニング『男と女』【英】

オーレリア夢と人生

ネルヴァル『オーレリア−夢と人生』【仏】
コレット『知事のおばさん』(匿名で発表)【諾】
◉ 「レアリスム」という言葉が一般にひろまる
ツルゲーネフ『ルージン』【露】
ホブソン『博物新編』(日本版64)【清】
ルーヴル百貨店,ホテル・ルーヴル,グランド・ホテルなど開店【仏】
活字摺立所,長崎に設置(近代洋式印刷開始)【日】
安政の大地震直後,瓦版一挙に流行(品川屋久助,両国屋庄吉など地震方角付,各1万部)【日】

瓦版行流

1856 ロセッティ『アーサー王物語』【英】
フローベール『ボヴァリー夫人』完成(風俗問題で起訴,57出版)【仏】
ユゴー『静観詩集』【仏】
ミシュレ『鳥』『虫』(〜57)【仏】
メルヴィル『ピアッザ物語』出版【米】
ケラー『小猫シュピーゲル』【独】
オットー・ルートヴィッヒ『天と地の間』【独】
ルドルフ・ハイム『ウィルヘルム・フォン・フンボルト,人生像と性格論』(評伝)【独】
ピョートル・エルショフ『せむしの小馬』刊行【露】
村上英俊『五方通信』【日】

フローベール

悪の華 風俗壊乱裁判へ

1857 ボードレール『悪の華』刊行(風俗壊乱の疑いで裁判)【仏】
シャンフルリー『レアリスム』【仏】
シュティフター『晩夏』【墺】
アレン・カール『グァラニー』【ブラジル】

ボードレール

リヴィングストン

リヴィングストン『伝道旅行記』刊行【英】
シャルル・モンスレ『忘れられた人・無視された人』【仏】
近江屋半七,書籍仲買業をはじめる(のちの吉川弘文館)【日】

余計者オブローモフ

1858 イワン・ゴンチャロフ『オブローモフの夢』【露】
香港で「中外新報」発刊(最初の日刊新聞)【清】

メーシー百貨店

メーシー百貨店開店【NY】
長崎に英語伝習所設立【日】
蕃書調所,オランダ活字を使い「レース・ブック」など翻刻刊行(江戸)【日】
『掃寄草紙』(コレラのパロディを集めた瓦版風の本)【日】

二都物語 ディケンズ パリとロンドン

1859 ディケンズ『二都物語』【英】
フィッツジェラルド訳『ルバイヤート』(オマル・ハイヤーム)【英】
ユゴー叙事詩『諸世紀の伝説』【仏】
フレドリック・ミストラル『ミレイユ』(ラマルティーヌ賞賛)【仏】
アーヴィング『ワシントン伝』全5巻完成【米】
「ロシアの言葉」「イスクラ」創刊【露】
シナースィ『翻訳詩集』(初のヨーロッパ文学翻訳)【土】
ガンブル【米】が明朝体活字の母型作成【清】

万国共通文字 アラビア文字改良

モンセイ・パイチ(セルビア人),アラビア文字を基礎にした万国共通文字を考案
◉ 寺子屋の開設,隆盛【日】

私は光を放つ星の写真を撮るという試みを聞いたことがない。写真によって一晩ごとに研究を要する新たな情景が開けてくる。
ホイップル

BC 6000以前 / BC 6000 / BC 2200 / BC 1200 / BC 600 / BC 300 / 0 / 300 / 600 / 800 / 1000 / 1200 / 1300 / 1400 / 1500 / 1600 / 1650 / 1700 / 1760 / 1810 / 1840 / 1860 / 1880 / 1890 / 1900 / 1910 / 1920 / 1930 / 1940 / 1950 / 1960 / 1970 / 1980

拡大する情報

1860〜1879

電信は政治的中心地の独占を揺るがしていく。南北戦争の勃発を助長したのは、電信の波及だった。

1860 万延1

南北戦争と幕末

リンカーン

イタリア統一 カヴール ガリバルディ

日本の輸出四七万ドル

1860

英仏通商条約(自由貿易主義に移行)
エチオピア内乱に干渉【英】
フランスにサヴォイ・ニースを割譲【伊】
ガリバルディ,シチリアに臨時政府樹立(赤シャツ隊活躍)【伊】
ナポレオン3世,レバノン出兵【仏】
ナポリとシチリアで人民投票【伊】
自由帝政へ転換(議会権限を強化)【仏】
英仏連合軍,北京に侵入
清英北京条約締結
主要な銅輸出国となる【チリ】
リンカーン,大統領に就任【米】
清露北京条約締結(ウラジオストークの建設)
ベンガルで藍作農民反乱【印】
インド人労働者の南アフリカ輸入開始【英】
咸臨丸,サンフランシスコに入港【日】

桜田門外の変

桜田門外の変【日】
呉服・雑穀・生糸・蝋・水油を江戸問屋経由に(五品江戸廻送令)【日】
輸出が前年の9万ドルから47万ドルに急増【日】
プロイセンと修好通商条約調印【日】

1861

イタリア独立

アレキサンドル2世と農奴解放令

農奴解放令【露】
プロイセン王にウィルヘルム1世即位【普】
モントゴメリー会議(南部連合を結成)(南部大統領デーヴィス)【米】

南北戦争へ

南北戦争勃発(〜65)【米】
アレクサンドル・クザによるルーマニア自治公国成立(2公国の統一)【ルーマニア】
イタリア王国成立【伊】
ネパールを征服【英】
ギリシアに革命【希】
メキシコが外債支払停止宣言【墨】
ホセ・ペレス,大統領に就任【チリ】
ロシア軍艦,対馬に侵攻【露】

マオリ族降伏

ニュージーランドのマオリ族,英国に降伏
同治帝即位【清】
山東で黒旗農民軍(宋景詩)蜂起【清】
曾国藩,安慶で鉄砲の生産開始【清】
幕府,上海で貿易をおこなう【日】
第1次東禅寺事件【日】
幕府外交顧問のシーボルト(子),軍艦2隻をアメリカに発注(造船専門留学生派遣)【日】
長州藩,機関車模型[ナポレオン号]試運転【日】
第1回遣欧使節【日】

1862

ビスマルクの鉄血演説

ロンドン博❷

グリーンバック紙幣の発行【米】
自営農民法の成立(ジョン・タイラー没)【米】
宰相ビスマルク鉄血演説(普通手形条例)【普】
アルゼンチン,統一国家に【アルゼンチン】
ドンガン族の反乱,東トルキスタンに拡大(ウイグル族も呼応)【印】
ロシア,貿易自由化すすむ【露】
ナポレオン3世によるメキシコでのカトリック・ラテン帝国計画が発覚【仏】
メキシコ事件(英・仏・西が出兵)【墨】
第1次サイゴン条約(フランス,コーチシナの一部を領有)【仏】

経済・労働・人間

スペンサーの総合哲学へ

1860

米・英で労働時間短縮へ
◉ 諸工業労働者56万5千人(13万5千人は農奴の出稼ぎ)【露】
アクロイド建設協会設立(労働者の住宅保有促進)【英】
ウォルター・バジョット「エコノミスト」の編集はじめる【英】

ジュグラール経済学 恐慌の周期性

医者クレマン・ジュグラール『英・仏・米における商業恐慌とその周期性について』【仏】
スペンサー『総合哲学』【英】
フェルディナンド・リヒトホーフェン,プロイセンの東アジア探検に参加【普】
ヘンリー・マンスル『形而上学あるいは意識の哲学』【英】
フェヒナー『精神物理学綱要』【普】
オーガスト・モレル『精神変質・特質』【仏】
宋翔鳳『論語発微述録』【清】
崔漢綺『人政』(能力による人材開発)【鮮】
崔済愚,東学の布教をはじめる【鮮】
ジョセフ・フッカー『タスマニア博物誌』【英】
A・カニンガム,ナーランダー寺院跡を測定【英】
アンリ・ムオー,アンコール・トムを世界に紹介【仏】
エリファス・レヴィ『魔術の歴史』【英】
万国イスラエル同盟創立【P】

1861

ロシアで1100件の農民一揆勃発(〜63)【露】
「ヴェリコ・ルス(大ロシア人)」(リーフレット),ペテルブルグで秘密出版【露】

労働運動の覚醒

ロンドン国際万国博へ労働者代表団を派遣(労働運動覚醒の契機)【仏】
ラッサール『既得権の体系』【普】
H・メイヒュー『ロンドンの労働とロンドンの貧民』全4巻【英】
政治家トマス・マコーレー『英国史』全5巻【英】
ミル『代議政治論』【英】
ヘンリー・ビーチャー編集「インディペンデント」誌(〜63)【米】

家庭経営の本 ビートン夫人

イザベラ・ビートン夫人『家庭経営の本』【英】
ヨハン・バホーフェン『母権』【瑞】
エドゥアル・ラルテ,最初の年代学を提唱【英】
E・タイラー『アナヴァク:古代および現代メキシコ人』【英】
ダルヴィエラ『神の概念の発生と発展』【英】

四書五経英訳

J・レッグ英訳『四書五経』(〜72)【清】

富山の薬売り このころ2200人

◉ 富山の薬売商人このころ2200人【日】

1862

ランカシャーの繊維工場,閉鎖(南北戦争で綿花輸入途絶える)【英】
このころ協同組合に品物を供給する卸売組合設立【英】

企業出展 ロンドン博に29000社

企業2万9千社がロンドン万博に出品【英】
ジョン・ハンコック生命保険会社設立(社会改革家イライザー・ライトの助力)【米】
G・ピーバディ,信託機関を創設(労働者住宅建設)【米】
アンリ・デュナン,傷病兵救護のボランティア組織結成【瑞】
ニコライ・セルノーソロヴェヴィッチ,秘密結社「土地と自由」を結成【露】

図書館における閲覧カードの出現は、情報のデータベース化を促進する。

自然か機械か	印象派と都市	文豪とニュース

1860

自然か機械か

ベッセマー転炉動く

1860 ベッセマー転炉導入開始【仏】
エティエンヌ・ルノワール,実用的ガス機関の特許取得(内燃機関登場)【仏】
フィリップ・ヘイズ,「電話」を発明(ベルと競争になる)【独】
A・パチノッティ,発電機と電動機の可逆性を指摘【伊】
ハックスレーとウィルバーフォース,進化論でオックスフォード論争【英】
カニツァーロ,アボガドロ説から原子量を追究【伊】
ニーマン,コカイン精製【普】
ヘルムホルツ,T・ヤングの色の三原色説(01)を発展させる【独】
マクスウエル,気体分子の速度分布関数を提唱【英】
スワン,白熱電球を製作(ロトウギンの研究に着目)【英】

ベルトコンベア登場

ベルトコンベアのはじまり(シンシナティの流れ作業的屠殺用)【米】
ウィンチェスター,連発銃発明【米】
最初のポニー・エクスプレス(ミズリー州~カリフォルニア州間を10日で郵便配達)【米】
ホイートストン,自動印刷電信機の特許(受信機テープとテレックスの源)【米】

ナイチンゲール 聖トマス看護学校

ナイチンゲール,聖トマス看護学校創立【英】
佐久間象山,電気医療器を試作【日】

ブローカの脳研究

1861 外科医・人類学者ポール・ブローカ,大脳皮質に言語中枢を発見(失語症記載)【仏】
シュルツェら,原形質説を発表【普】
ブラウン・セカール『中枢神経系統の生理学および病理学』【仏】
トーマス・グレアム,コロイド概念を提示【英】
ケクレ,有機化合物=炭素化合物と発表【普】
ベルトロとド・サンジル,親和力の研究(化学平衡の概念)【仏】

テレフォン原理 J.P.ライス

J・P・ライス,音叉の音を電気的方法で伝える(音声伝達装置=電話原理を発表)【普】
マクスウェル,電磁場の理論【英】
大英協会,電気単位の標準化会議開催(ケルヴィン提案,マクスウェル,ジュールら)出席,W・トムソン,CGS単位と実用単位を提案)【英】
ニューヨーク～サンフランシスコ間にウェスタン・ユニオン電信線が敷設(ポニー・エクスプレス不要となる)【米】

エレベーター オーチス高層建築発展

蒸気駆動のオーチス・エレベーター,高層建築の発展をうながす【米】
MIT創立【米】,ヘキスト社設立【普】
クルップ社,大砲専門工場を建設【普】
種痘所を西洋医学所と改称【日】
蘭医伊東玄朴,最高位の法印となる【日】

1862 ダーウィン『蘭の受精』【英】

キルヒホフ分光学

キルヒホフ,太陽スペクトルを分析【普】
ヘルムホルツ『聴覚の理論』(音響生理学の基礎)【独】
ド・シャンクルトゥア『大地の螺旋』(元素起源と周期性)【仏】
電気冶金学者A・パークスのセルロイド状物質「パークシン」,ロンドン博覧会で授賞【伊】
バベッジの計算機械が万博で展示される【英】
ユリウス・ザッキン,光合成によるデンプンづくり発表【独】
クルップ社,ベッセマー転炉採用【普】
フライス,万能フライス盤を発明【米】
李鴻章,上海洋砲局を設立【清】
石川島で蒸気軍艦千代田形艦起工【日】

印象派と都市

展覧会の成功

1860 フォスター曲[オールド・ブラック・ジョー]【米】
A・ポンキエルリ曲[ジョコンダ]【伊】
ローベルト・フランツ・バッハとヘンデルの作品を編曲【普】
ワーグナー論文「未来の音楽」【普】
フランソワ・フェティス『音楽家辞典』【白】
マネ画[ギター弾き]【仏】
近代絵画の大規模展覧会がパリで開催(ドラクロワ,コロー,ミレー,クールベ)【仏】
◉ オスカー・レイランデルp[多難の時代][夢](多重露出)【英】
T・H・デュモンとP・H・デヴィーニュ,動く写真の再現法と映写方法改良の論文発表【仏】

ゼンパー芸術様式論

ゴットフリート・ゼンパー『芸術様式論』(～63)【独】
パリ市域,20区に拡大再編【仏】
マクシミリアン皇帝,シャンゼリゼー通りを模倣しレフォルム通りを開通【墨】
◉ ボヘミアの工業労働者が,ミュージック・ホール音楽を好みはじめる
フィリップ・ウェッブ設計[赤い家](別荘建築はじまる)【英】
鹿島岩吉設計[英一番館]【日】
高橋草坪編集『集古名公画式』【日】
貞秀・国芳,浮世絵・版画,多数刊行【日】
勝海舟・福沢諭吉,アメリカから自像写真をもちかえる【日】

モリスとロセッティの装飾芸術商会

1861 モリス,D・ロセッティらと装飾美術商会を結成【英】
セザンヌ,パリでピサロ,ギヨーマンに会う【仏】
ドラクロワ,サン・シュルピス聖堂の壁画[ヤコブと天使の闘い]【仏】
J・パドルー,「パリの音楽会」をはじめる【仏】
ガルニエ,オペラ座の競技設計に当選【仏】

ドレ

ギュスターブ・ドレ,ダンテ作「地獄篇」の木版画を制作【仏】

クールベの馬

クールベ画[疾駆する馬]【仏】
マクスウェル,王立研究所で「三原色理論について」(カラー写真をデモンストレーション)【英】
ウィリアム・イングランド,フォーカルプレーン型カメラ発明【米】
M・ブラディ,A・ガードナー,T・オサリバン,従軍写真家として南北戦争を撮影【米】

ラブルースト ヴィオレ・ル・デュクに先駆

アンリ・ラブルースト設計[サント・ジュヌヴィエーヴ図書館](鉄とガラスの構造体)【仏】
ボンチュー設計[セント・ペリーヌ養老院]【P】
ケステル設計[サンテ通りの監獄]【仏】

下岡蓮杖の写真館

下岡蓮杖,横浜に写真館開業【日】
横山松三郎,ロシア人レーマンから油絵を学ぶ(翌年,香港で写真術を学ぶ)【日】

ヴェルディ ロマン派オペラ

1862 ミレー画[馬鈴薯を植える人びと],マネ画[テュイルリー庭園の奏楽],ガヴァルニ『ガリヴァー旅行記』を装画【仏】
ヴェルディ曲[運命の力]【伊】
M・バラーキレフ曲[交響詩ロシア]【露】
ウィリアム・モーズリ,街路をガラスで覆うクリスタル・ウェイを提案【英】
グレシャー,自由気球で11200mに達する【英】

文豪とニュース

ブルクハルト

1860 ヤコブ・ブルクハルト『イタリア・ルネッサンス期の文化』【瑞】
W・ウィルキー・コリンズ『白衣の女』(先駆的探偵小説)【英】
ゴンクール『日記』【仏】
ロンドンで「コーンヒル・マガジン」創刊(主筆W・サッカレー)【英】
H・シュタインタール『言語構造の主要類型の特徴』【独】
ボードレール『人工の天国』【仏】
ミトラ『ニール・ダルパン(藍栽培の鏡)』(植民地支配暴露)【印】
ジョン・ティンダル『アルプスの氷河』【英】

10セントペーパーバック ビードル&アダムズ社

ビードル・アンド・アダムズ社の10セントペーパーバック小説,エチケットの本がベストセラー【米】
新聞記者W・ハウエルズ,リンカーンの選挙用伝記を書く【米】
トルコ最初の民間新聞「諸情勢の解説者」発行
ペダル式自転車「一文銭」が流行【仏】
福沢諭吉『増訂華英通語』(商人用英語の手引き書)【日】
蕃書調所での英語がオランダ語から独立【日】
横浜に岩亀楼など外人客用遊廓ができる【日】
仮名垣魯文『滑稽富士詣』7編【日】

1861 マネを賞賛したゴーティエ,ボードレールらと親交を結ぶ【仏】
政治家トマス・マコーレー『英国史』全5巻【英】
マシュー・アーノルド『ホーマー翻訳論』【英】
ディケンズ『大いなる遺産』【英】
ジョージ・エリオット『サイラス・マーナー』【英】
ドストエフスキー『虐げられた人々』,雑誌「時代」創刊【露】
ドミトリー・ピーサレフ編集「ロシアの言語」【露】
ボードレール,ワーグナーについてのエッセーを執筆【仏】
フランシス・ポールグレーブ『イギリス詩歌の黄金詞華集』を編集【英】

シュライヒャーの比較文法 ヘーゲル主義的言語研究

A・シュライヒャー「印欧語比較文法概要」【普】
新聞用紙の税金廃止(新聞1165紙)【英】
「ニューヨーク・トリビューン」にステロ版使用【米】

閲覧カード目録 参考図書室

イェール大学,アメリカ最初の博士号Ph.D.を授与【米】
ハーバード大学図書館に閲覧者用カード目録,ボストン図書館に参考図書室を開設【米】
ジョン・ワナメーカー,紳士服店を開く(商品を定価で売る習慣をつくる)【米】
コーヒー王アンリ・ネッスル,濃縮ミルク化学工場の所有者に【瑞】
◉ このころ,チンドン屋の始まり【日】

レ・ミゼラブル ヴィクトル・ユゴー

1862 ユゴー『レ・ミゼラブル』【仏】
ジェリア・ハウの詩『リパブリック賛歌』【米】
クリスティナ・ロセッティ『妖精の市』【英】
ルコンド・ド・リール『夷狄詩集』(ヒンズー,ユダヤ,エジプト,ポリネシアの伝説)【仏】
フローベール『サランボー』【仏】

ツルゲーネフ

ツルゲーネフ『父と子』【露】
ジョージ・メレディス『近代の恋愛』【英】
グスタフ・フライターク『ドイツの過去の諸像』【独】
フランクリン印刷機,ロンドン万国博でヨーロッパへ紹介【欧】

日本使節団のメンバーが通貨交換比率、為替レートのような難解なテーマを理解する知性と明敏さをもっていたことに驚嘆した。
日米フィラデルフィア会議の地元紙記事

リンカーン奴隷解放と第一インターが結成されるころ、いよいよ中国と日本が世界史の舞台に登場する。

パリではますますシノワズリーとジャポニズムが浸透していく。

1863
文久3

南北戦争と幕末

同治中興へ

洋務運動おこる(同治中興)【清】
甘粛でイスラム教徒の反乱(～72)【清】
義勇軍のアメリカ人フレデリック・ウォード,清の軍隊を率い太平軍に勝利【清】

寺田屋事件

坂下門外の変,伏見寺田屋騒動,生麦事件【日】
幕議,攘夷に決定【日】
「ロンドン覚書」(開港開市のとりきめ)【日】

リンカーンの奴隷解放

1863
奴隷解放宣言発布(400万人解放)【米】
リンカーンのゲティスバーグ演説【米】
フランクフルト諸国会議【普】
徴兵制施行(一月蜂起)【波】
「自由連合」(反政府派)進出【仏】
デンマーク,スレースヴィ併合宣言【丁】
アレクサンドル2世,フィンランド身分制議会招集【露】
イギリス指名のデンマーク王子ゲオールギオス即位【希】
イスマイール・パシャ即位【埃】
ドースト・モハメッド,ヘラートを奪回(セル・アリー即位)【アフガニスタン】
カンボジア,フランスの保護領となる
将校ゴードン,常勝軍の指揮をとる【英】
フランス軍,メキシコ・シティを占領【墨】

株式会社承認(英・仏)

攘夷と天誅

薩英戦争

イギリス艦隊,薩摩藩に交戦【英】
東南アジアのマドゥラ島を征服【蘭】
米・英の上海共同租界成立【清】
朝鮮で大院君の執政はじまる【鮮】
長州藩,米・仏・蘭艦船を砲撃【日】

公武合体 島津久永 山内容堂

公武合体のクーデターで朝議一変(8月18日の政変)【日】

1864
天誅組の乱【日】
関税率平均47%に引き上げ【米】
グラント将軍,北軍総指揮官となる【米】
リンカーン大統領再選【米】
ナバホ・インディアン,メキシコの強制収容所に【米】
カナダ連邦結成のための第1回会議【加】
ウィーン講和条約調印(シュレスウィッヒ・ホルシュタイン両公国,墺・プロシアの共同管理下になる)【欧】
ラテンアメリカ諸国会議【リマ】
中央アジア併合,地方自治制度改革【露】
ハプスブルク家のマクシミリアン大公,メキシコ皇帝となる【墨】
トゥクロル帝国成立【スーダン】
ローレンス,インド総督となる【印】
ゼムストボ(地方自治会)創設法公布【露】
第1次サイゴン条約(フランスに南部3省を割譲)【越】
曾国藩の率いる湘軍,天京を包囲【清】
東学教主崔済愚処刑,洪秀全自殺,
太平天国滅亡(南京回復)【清】

洋務運動 李鴻章 曽国藩

大院君 李太王即位 摂政に

高宗(李太王)即位(大院君,摂政)【鮮】
武田耕雲斎ら,水戸天狗党の挙兵【日】
佐久間象山,暗殺される【日】
天狗党の乱,蛤御門の変【日】

長州征伐

英米仏蘭4国連合艦隊,下関を砲撃(幕府,長州征伐開始)【日】

経済・労働・人間

ピョートル・バロード,秘密出版を活発化,モスクワ大学学生団体「若いロシア」を秘密出版,『同時代人』発行禁止【露】
ラサール『労働者綱領』【普】
スペンサー『第一原理』【英】
カール・アンドレー『世界貿易の地理学』3巻(～77)【普】
北京に同文館設立(西洋学術教育機関)【清】
ウィルヘルム・ヴント『感覚知覚理論研究』と「自然科学の立場からみた心理学」【普】

パース実験心理学

パース,実験心理学を採用(ヴントの影響)【米】
アドルフ・バスティアン『民族学雑誌』【普】
佐田介石『鎚地球略説』(仏教側から西洋の地動説反駁)【日】
福沢諭吉ら遣欧使節に随行(仏・英・蘭・露・プロシアを回る),幕府最初の海外留学生・榎本武揚ら11人,オランダへ向かう【日】

全ドイツ労働者協会

1863
全ドイツ労働者協会設立(ラサール)【独】
ミル『功利論』【英】
クルップ家,労働者用住宅を建設(～75)【普】
ロックウッドとモーソン,コミュニティ「ソルテア」建設完了【米】
ヒルデブラント『自然,貨幣,信用経済』【普】
T・ハクスリー『自然界における人間の位置』【英】
ヴント「人間と動物の精神についての講義」【普】
フェヒナー『信仰の三動機と根拠』【普】

トマス・ハクスリー 自然界の人間の位置

ルナンのイエス伝

ジョセフ・ルナン『イエス伝』【仏】
ミールザー・アリ,バーブ教を発展させ,バハーイ教創始
ラマの反乱つづく【チベット】
鈴木重胤『日本書紀伝』【日】
横浜居留地米領事館内で,プロテスタント合同教会設立(ユニオン・チャーチの源流)【日】
国別貿易額(英80%,米蘭各7%)【日】

第一インターナショナル

1864
ロンドンで第1インターナショナル(国際労働者協会)結成【英】
『60人の宣言』(労働者が社会的平等・政治的権利を要求)【仏】
農民解放令【波】
資本家ジョセフ・セリグマン,国債を海外で売買(北軍を支援)【米】
グナイスト『英国自治制』【英】
地方自治会(ゼムストヴォ)の設置【露】
フランス司法制度導入(階級別法廷の廃止)【露】
W・キング,ホモ・ネアンデルタールの命名【普】
フェステル・ド・クーランジェ『古代都市』【仏】

ロンブローゾ 天才と狂気

チェザーレ・ロンブローゾ『天才と狂気』【伊】
アラン・カルデック『交霊術に即したキリストのまねび』【仏】
ピウス9世,「異端誤謬表」で哲学文学を批判【伊】

国際赤十字 デュナンの提案

デュナン,国際赤十字社を創設【瑞】
ヘボン夫人,横浜に女塾【日】
西周,津田真道,榎本武揚,ライデン大学に学ぶ【日】
副島種臣訳『邦志略』(アメリカ制度)【日】

拡大する情報

自然か機械か

上野彦馬の化学

上野彦馬『舎密局必携』(漢字を用いた元素記号と化学方程式)【日】

緒方洪庵 西洋医学所頭取

緒方洪庵,西洋医学所頭取を兼任【日】
法道寺善『観新考算変』【日】
◉ このころより,12年にわたる世界的コレラの流行

ウィルヒョウ,パストゥール 自然発生説の否定

1863 セッキ,初めて恒星分類を試みる(恒星スペクトル暗線の分類)【伊】

ケルヴィン 潮汐理論提唱

ケルヴィン,潮汐理論を展開【英】
ソビエト生理学の父イヴァン・セチェーノフ『脳の反射』【露】

言語脳 ダックスの左半球論

G・ダックス,言葉の左脳半球優位説【普】
ウィルヒョウ『病的腫瘍学』【独】
パストゥール,自然発生説を否定(腐敗の研究)【仏】
ジョン・チンダル『運動の形態としての熱』(空気中の微生物の存在を指摘)【英】
ヴィスリツェヌス「有機異性体の立体構造による説明」【普】
ジーン・スーベラン『中国の医学』【仏】
ビルロート『外科学的病理学および療法総論』(内臓外科の先駆)【普】
ライエル『人間の古さの地質学的証拠』【英】
ポッケンドルフ「精密科学史大辞典」(~1904)【普】

ポッケンドルフの精密科学史辞典

ソーダ法 ソルヴェの実験

ソルヴェ,アンモニア・ソーダ法を発明【白】
バイエル社設立【普】
A・ベーア,バルビツール酸の合成成功【独】

アマゾンの博物学者

ヘンリー・ベーツ『アマゾンの博物学者』【英】
外国郵便に関する最初の会議(15カ国参加)【仏】

1864 J・ハーシェル,星団と星雲5079個の総目録【英】
ハッキンス,恒星スペクトルの研究【英】,ドナティ,初めて彗星のスペクトル観測【伊】
マクスウェル,電磁場の基礎方程式発表【英】
ドンデルス,眼の屈折および調整作用【蘭】
スペンサー『生物学原理』【英】
アウグスト・ワイスマン『双翅類の進化』(獲得形質論に反論)【普】

マクスウェル電磁場理論

オクターブの法則

ニューランズ,オクターブの法則を発見(元素周期律の先駆)【英】

マルタンの製鋼法

ピエール・マルタンの製鋼法(シーメンス・マルタン法確立)【仏】
ノーベル,スウェーデン・ニトログリセリン会社を設立【典】
シュルツェ,無煙火薬を発明【独】
ジェイムズ・スレーター,伝導チェーンの特許獲得(工業用に利用)【米】
コットン,編物機械の改良(大工業化へ)【米】
ライトニング号,北大西洋より海洋生物を採集【英】
内田恒次郎ら造船・機械を学びにハーグに【日】

印象派と都市

アウグスト・アンブロス『音楽史』(~78)【普】
『パレストリーナ全集』刊行はじまる【仏】

ケッヘル番号 モーツァルト作品番号化

音楽史家兼博物学者ルートヴィヒ・ケッヘル「作曲年代目録」(モーツァルトの作品をリストにしたケッヘル(K.)番号を発表)【墺】
アレクセイ・トルストイ詩劇「ドン・ジュアン」【露】
アントン・ルビンシュテイン,音楽院創立【ペテルブルグ】
◉ テノール歌手ジョン・リーヴス活躍(バッハの福音史家歌手)【英】
ボールドウィン,楽器屋を開店(ボールドウィン・ピアノの発端)【米】
ロンドン博に初めて日本の浮世絵展示【日】
品川御殿山に,洋風木造2階建(ベランダ付)の英公使館建築【日】

マネとロダンの落選

1863 パリで開かれた「落選展覧会」にマネ「草の上の食事」,ロダン作[鼻のつぶれた男]など陳列【仏】
ロセッティ画[ベアタ・ベアトリクス]【英】
ハンス・マレーヌ画[ディアーナの水浴]
ドレ,セルバンテス作『ドン・キホーテ』を装画化【仏】
モネとバジール,ドラクロワを訪問【仏】
ガヴァルニが,ル=サージュの『ジルブラス』を装画【伊】
ドーミエ画[洗濯女]【仏】
J・ヨンキントン画[サン・タドレス海岸]【蘭】
ベルリオーズ曲[カルタゴのトロイ人]【仏】
アントン・ブルックナー曲[第0番]【普】
フリードリヒ・クリュザンダー「音楽学年報」第1巻出版【普】
ナダールの写真[パリの地下納骨堂]【仏】
カリエール『文化発展との関係における芸術』【普】

ヴィオレ・ル・デュク

ヴィオレ・ル・デュク,『建築講話』第1巻【仏】

ロンドン地下鉄

世界最初の地下鉄開通(蒸気機関車)【L】
ナポリ,トリノなど主要都市と駅を結ぶ道路の開通すすむ【伊】

1864 ロダン作[鼻のつぶれた男]【仏】
マネ画[死んだ闘牛士]【仏】
ロセッティ画[魔性のヴィーナス]【英】
コロー画[モルトフォンテーンの追憶]【仏】
モロー画[オイディプスとスフィンクス]【仏】
ホイッスラー画[磁器の国から来た姫君]【仏】
フォスター曲[夢路より]【米】

ワーグナーと狂王ルードヴィヒ2世

ワーグナー,ルードヴィヒ2世と出会う【普】
シャルル・クースマケル『中世音楽理論大成』第1巻(~76)【仏】
ナポレオン3世,演劇興行の自由認可【仏】
マシュー・ブラディ,南北戦争の戦禍記録(荷馬車に撮影用具)【米】
ヴィオレ・ル・デュク設計[ノートルダム大聖堂]の修復完成【仏】
R=モーザー設計[レンツブルク刑務所]【仏】
ピチジャン設計[長崎天主堂]【日】
リヨン,パリを模倣した都市計画【仏】
ブリュッセル市,ラ・シャンブルの森を獲得(公園化)【白】
バターフィールド将軍曲[消灯ラッパ]【米】
池田孤邨編集『光琳新撰百図』【日】
五姓田芳柳,和洋折衷の肖像画描く【日】

五稜郭 日本初の洋式城郭

武田斐三郎,函館五稜郭完成【日】

文豪とニュース

モーゼス・ヘス『ローマとエルサレム』

支那の門 開店

東方趣味の店「支那の門」が開かれる【P】
トンプソン式クリノリン(スカートの輪骨)流行

カジノ モナコのモンテカルロ

モンテカルロに初のカジノ開設【モナコ】
横浜に製茶貿易店【日】
幕府,蕃書調所より「官板バタビヤ新聞」を発行(日本最初の新聞)【日】
佐久間象山,省諐録,堀達之助ら編『英和対訳袖珍辞書』(初版200部)【日】

日本初の活版新聞 日本初の英和辞典

大君の都 オールコックの日本文化情報

1863 オールコック『大君の都』【英】
G・エリオット『ロモラ』【英】
ボードレール『近代生活の画家』【仏】
ウージェーヌ・フロマンタン『ドミニック』【仏】
フリッツ・ロイター『牢獄時代』【普】
ツルゲーネフ『幻想』【露】
ネクラーソフ『赤鼻のマロース』【露】
トルストイ『銀の公爵』【露】
「政治文芸雑誌」創刊【仏】
「同時代人」の編集長チェルヌイシェフスキー,『何をなすべきか』刊行【露】
A・ピーセムスキー『騒然たる海』【露】
コヴェントリ・パトモア『家庭の天使』【英】
ホワイトレー百貨店【L】
横浜のファーブル・ブラント商会設立,時計の輸入をはじめる【日】

マフィア劇 監獄のマフィウージ

『監獄のマフィウージ』上演され,初めて「マフィア」が注目される【伊】
J・ヒコ『漂流記』(アメリカ情報,日本へ)【日】
H・メーン著・杉田玄端訳『健全学』【日】
星巌遺稿『絶句類選評本』(東陽編)【日】

仮名垣魯文 今三馬の人気

仮名垣魯文らの『粋興奇人伝』【日】
『英吉利文典』『同単語篇』『同会話篇』開成所教科書として刊行【日】

テーヌの文学史

1864 イポリット・テーヌ『イギリス文学史』【仏】
ウィルヘルム・ラーベ『飢えたる牧師』【仏】
ジュール・ヴェルヌ『地底旅行』【仏】
カルル・ミュレンホフとヴィルヘルム・シェーラー『ドイツ文学遺産』【普】
F・ロイター『農民時代』【普】
ドストエフスキー『地下室からの手記』【露】
テオフィロ・ブラーガ『時代の幻影』【葡】
ブラウニング『仮面劇』【英】
レ・ファニュ『サイラス叔父』【英】

ヴェルヌのSF

テニソン ヴィクトリア朝詩壇

テニソン『イーノック・アーデン』【英】
ペイター『透明的性格』【英】
「ハーパーズ」南北戦争のスケッチ掲載【米】
エコロジスト運動のジョージ・マーシュ『人と自然』【米】
ファーニヴァル,古英語テキスト協会(EETS)を創立【英】
メルテン父子印刷所で「シオンの賢者たちの記録文書」を匿名出版【白】
F・ナルジュ『パリ・その都市にたつモニュメント』【仏】
ポーランドの学校でロシア語教育義務化【波】
木村嘉平,ガルバニ式電気鍍金法で鉛活字母型を製造【日】
松本良順・山内豊城『養生法』(西洋の衛生学紹介)【日】
村上英俊『仏語明要』(初の仏和辞書)【日】

支那人はことごとく外国人に使役させられている。上海は支那に属しているといっても、英仏の属地ということも可である。
高杉晋作の上海見聞録

メンデルの遺伝情報論はこのあと半世紀も知られない。

パリを世界の中心にしたのは万国博だけではなかった。ノースクリフのケーブル回線利用方式が、パリに莫大な〃情報の富〃を運んできた。

拡大する情報

パリ博❷

1865
慶応1

普墺戦争と幕末

1865

南北戦争終結(リー将軍降伏)【米】
リンカーン暗殺【米】
最初の黒人法,ミシシッピ州議会で制定【米】
銀行券貸付で商業銀行が信用創造する【米】
コロラド川インディアン保留地を設定【米】
香港に香港上海銀行を設立【英】
ビスマルク,ナポレオン3世とビアリッツで会談【普】
ケベック決議成立【加】

ヤークブ・ベク カシュガル・ハン国の王

ヤクーブ・ベク,東トルキスタンにイスラム政権を樹立
ナムル・マク,秘密結社「新オスマン人協会」設立【土】
パラグアイとアルゼンチン・ブラジル・ウルグァイとの戦争はじめる【南米】
アンデス6ヵ国会議開催(対スペイン集団防衛条約)【リマ】
ドミニカの独立運動激化,主権放棄【西】
コーカンド・ハン国の首都タシケント占領【露】
オレンジ自由国のボーア人,バスト族と衝突
ベトナム,アヘンの禁を解く【越】
李鴻章,上海に江南製造局を開く【清】
イギリス公使オールコックが着任,イギリスから借款を得る(最初の本国借款)【清】
四川省で反キリスト教事件【清】
英・米・蘭・仏の4国公使,条約勅令を要求【日】

高杉晋作挙兵

高杉晋作ら長州藩の開明派,下関で挙派【日】

1866

1866

ボルティモアにナショナル・レイバー・ユニオン結成【米】
連邦改組・オーストリア除外を提案【普】

普墺戦争 参謀総長モルトケ

普墺戦争(参謀総長H・モルトケの戦術)【普】
普墺戦争予備講和条約(ドイツ連邦解体・マイン川以北の新連邦の形成)
プラハ講和条約(普墺戦争終結)
金融恐慌,銀行条令停止【英】
エミール・オリヴィエを中心に第3党結成【仏】
国民自由党結成(ビスマルク与党成立)【普】
ウィーン和約(伊王国のヴェニス併合)【伊】
クレタ島でトルコ支配打倒の反乱おこる
人身保護令停止【愛】
イスラム軍,イリ地方を占領
ベンガル地方に大飢饉【印】
ペルー・ボリビア・エクアドルと開戦【西】
イタリアと通商条約【清】
大同江侵入の米商船シャーマン号撃沈【鮮】
カトリック弾圧理由に朝鮮に襲来【仏】

薩長同盟 西郷隆盛 木戸孝允

薩摩・長州二藩の提携成立(坂本竜馬仲介)【日】
自由交易を許可,海外留学許可【日】

1867

1867

オーストリア-ハンガリー二重帝国

北ドイツ連邦成立(南ドイツ諸国を加えたドイツ関税同盟を結成)【普】
オーストリア・ハンガリー二重王国成立(クロアティア人を支配下)
モスクワで汎スラブ会議【露】
ガリバルディ軍制圧でローマ侵入【仏】
タイ・フランス条約調印
第2次選挙法改革(都市労働者の大部分が有権者となる)【英】
ロンドン条約調印(ルクセンブルク永世中立国に)【欧】

アラスカ買収

ロシアからアラスカ買収(720万ドル)【米】
独占反対の農民団体結成(グレンジャー運動はじまる)【米】
自治領カナダ連邦誕生【加】
西部コーチシナ3省へ侵入開始【仏】
マライ海峡,英直轄地となる【英】
天津機器局,操業開始【清】

経済・労働・人間

1865

フランス,ベルギー,スイス,イタリアがラテン通貨同盟【欧】
ヨハン・ブルンチュリ「ドイツ・プロテスタント同盟」結成【瑞】
英資本の保存食製造会社創立【ウルグァイ】

デューリング 自然弁証法 生の価値

デューリング『自然弁証法』『生の価値』【独】
オットー・リープマン『カントとその亜流』(カントに帰れ)【普】
W・レッキ『ヨーロッパ合理思想史』【英】
宗教制約のないコーネル大学創設(ルイ・アガシ,J・R・ローウェルらクラスをもつ)【米】
E・タイラー『人類初期の歴史と文明発展の探求』【英】
ショルベ『人間認識の限界と起源』【普】
クールノー『推理科学における方法』【仏】
ジョン・ラボック『先史時代』(旧石器と新石器を区別)【英】
ジョン・マクレナン『原始的婚姻』【英】
D・タゴール,「アーディ・ブラーフマ・サマージ」設立(ヒンドゥー教近代的改革運動)【印】

KKK 秘密結社クー・クラックス・クラン

幕末の勧業貨殖

クー・クラックス・クラン(KKK)設立【米】
メソジスト教会の牧師ブース,キリスト教伝道会(救世軍の前身)を創立【米】
◉ヨーロッパから毎年20万人がニューヨーク港に到着(~73)【米】
坂本竜馬ら,亀山社中設立【日】
高知藩,開成館を設立(勧業貨殖)【日】
ムニクウ編『聖教要理問答』(秘密出版)【日】
横須賀製鉄所の起工【日】

1866

ピーサレフ,ネチャーエフと「革命運動綱領」を著す【露】

ランゲ唯物論

フリードリッヒ・ランゲ『唯物論史』【普】
ヴェン『偶然の論理』【英】
デュフォー『倫理学と政治学における観察の方法』【仏】
ニコライ・ダニレフスキー『ロシアとヨーロッパ』【露】
ユダヤ人に対し自由主義政策採用【瑞】
ユダヤ教改革の先駆者アイザック・M・ワイズ,シンシナティのシナゴーグ創設【米】
バスティアン『東亜の諸民族』【普】
ジャン・ゴダンのコミュニティー実験で,幼稚園,託児所建設【米】

ラルース百科事典

ロセッティ,『自然の歴史』の著者ウィリアム・ホワイトと交霊術【仏】
「19世紀ラルース百科事典」全15巻(~76)【仏】
◉リラダン,レヴィの「高等魔術の教義と祭儀」に影響をうける【仏】
サミュエル・ベーカー『ナイル河大盆地』【英】
セブンスデー・アドベンティスト派の教祖エレン・ホワイト,菜食療法を取り入れた治療法を採用【米】
キリスト教大弾圧(丙寅の獄)【鮮】
西周『百一新論』『万国公法』【日】
新島襄,米国アンドゥバー神学校で受洗【日】
江戸時代で最大規模・件数の全国暴動【日】

1867

資本論第1巻

マルクス『資本論』第1巻(初訳は露語版)【普】
ピョートル・クロポトキン,ロシア地理学協会に参画【露】
企業5万社がパリ万博に参加【仏】
ロパーチンとヴォルホウスキー,「ループリ協会」(農民教育)設立【露】
ルドルフ・ヒルデブラント『国語教育と国民的教養』【普】
「思想哲学雑誌」発刊【英】

1865

自然か機械か

クラウジウスのエントロピー増大則

1865 クラウジウス,エントロピー増大の原理を発表【普】
G・メンデル,遺伝法則を発見（統計的法則使用,1900に再発見）【墺】
ケクレ,ベンゼンの科学構造式を発表【普】
ベルナール『実験医学序説』【仏】

メンデル遺伝学とベルナール医学

ゴルドンの優生学批判

ゴルドン,優生学を創唱する【英】
リスター,防腐手術を創始【英】
コレラ,天然痘,発疹チフスが世界的流行
シュプレンゲル,水銀真空ポンプを発明【普】
パチノッティ,電磁石を永久磁石に変える（発電機の機能）【愛】
パリで国際電信条約調印【仏】

大西洋海底電線

大西洋横断ケーブルの施設はじまる（グレート・イースタン号）【欧】
65の電信会社が結合し,ウェスタン・ユニオン社が成立【米】
シカゴでユニオン・ストック・ヤード開設（世界最大の家畜市場）【米】
長崎精得館構内に分析究理所を設立【日】
広川晴軒撰『三元素略説』（熱・光・電気の3元素の同一を説く）【日】

1866 ヘッケル『一般形態学』（進化論にもとづく反復説）【普】
カール・フォイト,人間の基礎代謝測定（現代栄養学の基礎）【普】
寄生虫学者P.マンソン,アモイで熱帯病研究【英】
ミュンヘン大学に「衛生学教室」できる【墺】
国民健康法制定【英】
ジェイムズ・シムズ,婦人病院創立【NY】
P・クインビーのメスメル療法,クリスチャン・サイエンス創設に示唆【米】
W・ハーシェル,指紋の独自性発見【英】
ハミルトン【英】とヤーコビ【普】の偏微分方程式【英】
クレナモ『三次曲線論』【伊】
H・A・ニュートンの流星雨研究【米】
ジョヴァンニ・スキャパレリ,彗星と流星の関係を研究【伊】
大西洋横断海底電信,交信に成功【欧】
電気機械製造業者ワイルド,ファラデー微小電気から莫大な電気が引きだせると発表【英】

上海同仁病院 初の洋式病院

同仁病院（洋式病院）創設【上海】
幕府の仏駐在総領事エラール,江戸～横浜間の鉄道建設を幕府に勧誘【日】
オランダ軍医K・ハラタマ,来日【日】

ダイナマイト ノーベル巨額の富

1867 ノーベル,ダイナマイトを発明【典】
クルップ社の大砲,パリ万博に出展【普】
ジーメンスとホイートストンの発電機模型をイギリス王立学会で発表【普】
オットーとランゲン,自由ピストン・ガス機関発明【普】
ペーター・テート,ケルヴィン共著『自然哲学研究』【英】
ケルヴィンの渦動原子説【英】
発電機出力が増大（自動原理の普及）【欧】
ウィリアム・トムソン（ケルヴィン）『自然哲学講義』【英】

ジーメンス発電機

印象派と都市

カフェ・ゲルボワ マネ,ピサロ,モネ,シスレー,バジール,ルノワール,セザンヌ

1865 カフェ・ゲルボワ,マネやドガらの溜まり場となる（後に,ゾラ,セザンヌ,ピサロ,モネ参加）【P】
後の高踏派機関誌『芸術』創刊【仏】
マネ画［オランピア］,罵倒される【仏】
印象派の画家フォンテーヌブローの森で制作を続ける【仏】
クールベ画［林間の流れ］（ゾラと会う）【仏】
ジョージ・イネス画［平和と豊穣］【米】

ファインアート概念 ジョン・ラスキン

ラスキン,「アート・ジャーナル」誌でファインアートの可能性を提起【英】
ジャコモ・マイヤーベーアの歌劇［アフリカの女］オペラ座で上演【仏】
マルセーユやモンペリエで直線道路建設【仏】
スエズ運河入口で,オスマン都市計画方式のポート・ゼット市が誕生【土】
サイゴンでオスマン都市計画が実施【越】
フランス公使ロッシュ設計［横浜製鉄所］【日】

テーヌ芸術論

1866 イポリット・テーヌ『文芸哲学』【仏】
マネ画［笛を吹く少年］【仏】
モニエ戯画［つまらぬことを喋る人］【仏】
ドレ,聖書の装画を制作【仏】
ロセッティ,ウィリアム・ホウレットらと交霊術の実験を重ねる【英】
リスト曲オラトリオ［キリスト］完成【仏】

モローとドガ

スメタナ チェコ近代音楽の父 独立と民族運動

スメタナ曲［売られた花嫁］【チェコ】
アンブロワズ・トマ曲［ミニヨン］【仏】
ジョヴァンニ・ズガンバーティ,イタリアにシューマン,リスト,ブラームスを紹介【伊】
ライプツィヒで［美術時報］刊行【普】
アルトゥール・フォン・エッティンゲンの「二元的和音組織」【普】
ブラックモン,ルソー（絵付制作）の「セルヴィス・ジャポネ」シリーズ販売【仏】
ギリシア国立考古博物館設立【希】
リンド・ハーゲンのストックホルム都市計画【典】
S・スローン『住宅建築』【米】
W・バターフィールド設計［オックスフォード大学キブル・カレッジ］（～86）【英】
礒本貞秀,歌川芳宗ら,パリ万博に浮世絵画帳出品【日】
高橋由一,ワーグマンに師事【日】
内田九一,横浜馬車道に写場を開業【日】

英名二十八衆句

落合芳幾・月岡芳年画［英名二十八衆句］【日】

1867 ミレー,パリ万博に［落穂拾い］［晩鐘］出品（額縁複製化で収入2万ポンド）【仏】
モロー画［オルフェの首を運ぶトラキアの娘］【仏】
クールベとマネ,別棟で個展を開く【仏】
ルノワール画［リーズ］【仏】
アンゼルム・フォイエルバハ画［ティーヴォリの思い出］【普】
クマーイ・ヨ・パウスの新芝居【西】

ヨハン・シュトラウス

ヨハン・シュトラウス曲［碧きドナウ］【普】
カスバート・ブロードリック設計［スカーバラのグランドホテル］（城館型ホテル建築）【英】

文豪とニュース

トルストイとドストエフスキー

1865 トルストイ『戦争と平和』発表開始【露】
ラスキン『胡麻と百合』【英】

不思議の国のアリス ルイス・キャロル

キャロル『不思議の国のアリス』（パンチ誌の風刺漫画家ジョン・テニエルの挿絵）【英】
M・アーノルド『批評論集』（詩学講義）第1集【仏】
ゴンクール兄弟『ジェルミニー・ラセルトゥー』【仏】
マーク・トウェイン,「サタディ・プレス」誌に『跳ね蛙』を執筆【米】
ニーチェ,ショーペンハウアーの著作に影響を受ける【普】
ロイター通信社,リンカーン大統領暗殺のニュースを他より1週間早く欧州に伝える【英】
ウィリアム・ブロック,ネルソン型輪転機を製作（1時間1万枚,最初の両面輪転機）【米】

映画演劇案内紙 サンフランシスコクロニクル

「サンフランシスコ・クロニクル」紙,映画演劇の無料案内紙として創刊【米】
週刊誌「ネイション」創刊【NY】
ウィンパーら,マッターホルンに初登頂【英】
「ジャパン・タイムス」発刊【日】
大庭雪斎訳『民間格知問答』（最初の大衆的科学思想啓蒙書,口語文体の対話編）【日】
ジョセフ・ヒコ（浜田彦蔵）,民間初の邦字新聞「海外新聞」創刊【日】

1866 ポール・ヴェルレーヌ『土星人のうた』【仏】
A・デルヴォ『パリの時間』【仏】
ハウエルズ『ヴェニスの生活』【米】
ドストエフスキー『罪と罰』【露】
ウスペンスキー『途方に暮れた街の風俗』【露】
ザール『神父イノノケンス』【墺】
フランソワ・コッペ『聖遺物匣』【仏】
メリメ,ツルゲーネフの著作訳を発表【仏】
テーヌ『イタリア紀行』【仏】

ルコン・ド・リール ホメロス翻訳

ルコン・ド・リール訳ホメロス『イリアス』『オデュッセイア』【仏】
マラルメ,リラダン,『現代高踏詩集（ルコン・ド・リール編集）』第1次に参加【仏】
シュルテン『歴史小説集』【普】
ダニエル・クレイグ,「ユナイテッド・ステイツ・アンド・ヨーロップ・テレグラフ・ニューズ・アソシエイション」を組織【米】
AP,ロイターやステファニなどヨーロッパの通信社と連携【米】
タイムズ社,ウォルター輪転機の特許取得【米】

福沢諭吉の西洋事情 日本情報社会の先駆的批評

福沢諭吉『西洋事情』（10巻～69）【日】
江戸で西洋料理店開業【日】

1867 アーノルド『ケルト文学研究』『新詩集』【英】
ブルクハルト『イタリア文芸復興史』【瑞】

レクラム文庫 第1回配本ファウスト

『レクラム世界文庫』発刊（1冊目はゲーテの『ファウスト』）【普】
ホイットニー『言語および言語の研究』【米】
ショールズ,実用タイプライターを開発【米】
ゾラ『テレーズ・ラカン』【仏】
ミストラル『カレンダル』（プロヴァンス英雄讃歌）【仏】
リラダン『クレール・ルノワール』【仏】
幕府,ファクシミリ買上げ【日】

われわれはオムニウム・ガテールム（全収集）の時代に生きる。いまや世界全体が一個の博物館であり、そこで研究にいそしむ。
ロバート・カー

メンデレーフの周期律表が化学情報をシステム化し、ワールド・アルマナックが社会情報を整理する。

拡大する情報

モルガンとロックフェラー、アメリカ資本文化の登場。

1868 明治1

普墺戦争と明治維新

竜馬暗殺

南アにダイヤモンド

オレンジ川流域でダイヤモンド発見【南ア】
坂本竜馬率いる海援隊が活躍【日】
幕府,大坂の富商20名に商社結成と開港の資金拠出【日】
薩摩,長州に討幕の密勅が下される【日】
坂本竜馬,中岡慎太郎暗殺【日】
朝廷の王政復古の大号令【日】

大政奉還

大政奉還上表を朝廷に提出【日】

1868

ディズレーリとグラッドストン

1868 第1次ディズレーリ保守党内閣成立【英】
ネーピア軍隊エチオピア軍撃破(国王テオドール自殺)【英】
第1次グラッドストン自由党内閣成立【英】
ナポレオン3世,労働者団結権を承認【仏】
バルカン統一主義者のセルビア王ミハエル暗殺される【セルビア】
ドイツ労働者組合大会,第1インターナショナル綱領支持を声明【普】
共和党グラント将軍,大統領になる【米】
公使バーリンゲーム,清朝皇帝の使節として西欧諸国へ派遣【米】
クレタ島の反乱をめぐりトルコと断交【希】

スペイン革命 普通選挙 出版の自由

スペイン革命(普通選挙・出版の自由・教会勢力の打倒宣言)【西】
イラン〜イギリス間電話協定(欧亜連絡中継)
ナムル・ケマル,「自由」誌発行【土】
10年戦争開始(スペインからの独立)【キューバ】
ボハラ汗国を保護国化【露】
西捻軍,山東で敗北(捻軍の運動終結)【清】
揚州事件(民衆,英人宣教師を襲撃)【清】
鳥羽伏見の戦い,戊辰戦争おこる【日】
五箇条の誓文,明治維新【日】
江戸を東京と改称【日】

明治維新

1869

一世一元の制

一世一元の制を定める(天皇,氷川神社と伊勢神宮へ)【日】

1869 大陸横断鉄道完成(鉄道王エドワード・ハリマン)【米】
米国初の婦人参政権法成立【米】
労働騎士団発足【米】
この年までの華僑の移入者3万5千人【米】
野党の進出はじまる【仏】
第3党,ナポレオン3世に自由主義的改革を要求【仏】
議会帝政を定めた新憲法公布【仏】
ドイツ社会民主労働党創立【普】

スエズ運河開通

スエズ運河正式開通
ルパート土地法(北西地域を政府へ譲渡)【加】
アイルランド教会解散法案,英議会通過【英】
全羅道に武装農民の一揆【鮮】
諸道の関所廃止【日】
版籍奉還の上奏【日】
通商司を設置(外国貿易事務を管理)【日】
大蔵省を設置(大隈重信中心),兵部省を設置(大村益次郎中心)【日】
維新戦争終結,版籍奉還(華族・士族制定),官制改革と大学設置【日】

顧問フルベッキ

政府最高顧問フルベッキ,近代化政策推進【日】
半民半官の為替会社設立(日本最初の銀行)【日】

経済・労働・人間

バーンゼン『性格学への寄与』(〜85)【普】
オーストリアとハンガリーでユダヤ人完全解放【欧】
ブラルタナー協会設立(ヒンドゥー教にキリスト教を折衷)【印】
アンドルー・カーネギー,ユナイテッド製鉄会社を設立【米】
シルバー『日本の風俗・習慣の概要』【英】
加藤弘之『立憲政体論』【日】
神田孝平『経済小学』(英人イリスの著書を蘭訳から重訳)【日】
幕府,浦上キリシタンを弾圧【日】

ええじゃないか拡大

「ええじゃないか」の拡大すすむ【日】
朝廷,仏事祭式を禁止【日】

1868 H・グロティウス『捕獲法論』【蘭】
オットー・ギールケ『ドイツ団体法』【普】
イギリス労働組合会議開催【英】
ネチャーエフ,ペテルブルグ大学でトカーチョーフと交わり秘密委員会に参画【露】

マフィア表面化

このころよりマフィアの活動がやや知られはじめる【伊】
スペインの貿易自由化すすむ【西】
W・ジェームズ,ドイツでヘルムホルツ,ヴントの業績にふれ帰国【米】

J・P・モルガン登場

J・P・モルガン,モルガン商会をおこす【米】
コーニングに「ニュー・イカリア」コミュニティー設立【米】
パブリック・スクール法成立【英】
スーザン・アンソニー,新聞「レボリューション」を発行(女性の権利主張)【米】
エドゥアル・ラルテの子ルイ,クロマニョン人を発掘【仏】
R・ウィルヒョウ,ドイツ人類学会創設【普】

リヒトホーフェン

リヒトホーフェン,中国・日本の地質学調査【普】
ラーマ5世『パーリ語大蔵経』(シャム文字)【印】
砂糖栽培の労働者として153人がハワイ渡航(日本人移民のはじまり)【日】
長崎の広運館に国学・漢学・洋学の3局設置【日】
ギリシア正教徒ニコライ,函館で授洗(正教会最初の信徒)【日】
神仏分離令(廃仏毀釈の運動おこる)【日】

廃仏毀釈

1869 北ドイツ連邦で営業の自由確立【独】
ウォール街に初めての「暗い金曜日」が訪れる【米】

ネチャーエフ

ネチャーエフ,バクーニンを訪れる【ジュネーブ】
エドゥアルト・ハルトマン『無意識の哲学』【独】
スペンサー『科学の分類』【英】
ジョセフ・ディーツゲン『人間頭脳労働の本質』【独】,ビアード,神経衰弱症の名称を使用【米】
ランバート・ケトレ『社会物理学』【仏】
ガブリエル・ド・モルティエ,旧石器時代の4時期を提起【仏】
アーノルド『教育と無秩序』【英】
ミル『婦人解放論』【英】

ハルトマン 無意識の哲学

法王無謬説 ヴァチカン公会議

ヴァチカン公会議(第1回キリスト教会会議)(翌年,法王無謬説の宣言)【伊】
箕作麟祥,フランス法典翻訳を開始【日】
福沢諭吉『世界国尽』,加藤弘之『交易問答』,平井元次郎「富国強兵論」,大久保利通「王政維新論」【日】

自然か機械か

メルヴィル・ベル「目で見る話し言葉」(万国アルファベットの提案)【米】
ホフマン,フォルマリンの発見【普】
神経学者フローラン,脳の構造を3大別【仏】
ウィリアム・バッド,結核伝染性を説く【英】
ナポレオン3世,パストゥール援助(生理化学研究所設置)【仏】
パストゥールの低温殺菌法【仏】
ヴィユマン,家畜に人工結核を発生【仏】
ティルマン,亜硫酸法による木材パルプ製法を発明【米】
ウォルター輪転機,作られる(現在の新聞用輪転機の原型)【英】
冷蔵庫の特許認可(特許数が激増)【米】
E・トムソン,鏡検流計に自動記録器を組み合わせ受信機を改良【米】

1868 C・ダーウィン『育成動植物の変異』【英】

ヘッケル自然創造史

ヘッケル『自然創造史』【普】
ボルツマン,マクスウェルの速度分布則を解明【墺】
ヘルツホルツ『幾何学の事実的基礎』【普】
リーベルマンとグレーベ,色素アリザリンを合成(合成化学の先駆)【普】
グレェフェ,白内障手術に成功【普】
エーテル麻酔の歯科医モートン狂死【米】

ヘッシングの整形外科病院

近代整形外科の祖ヘッシング,ゲッティンゲンに整形外科病院を開設【普】
ハギンス,シリウスの視線速度を測定【英】
フランクランドとロッキャー,太陽スペクトル中にヘリウムを発見【英】
ウェスティングハウス,空気制動機を発明【米】
ショールズ,タイプライター発明(特許)【米】
左宗棠の福州船政局,造船を開始【清】
鳥羽伏見の戦いで西洋医術採用
フランス人モンブラン,神戸～大阪の電信建設を出願【日】
R・ホワイトヘッド,魚形水雷を発明

メンデレーエフ元素周期律

1869 F・ゴルトン遺伝則確立『遺伝的天才』【英】
メンデレーエフ『化学原論』2部(～71),周期律発見【露】
A・オングストレームのスペクトルム研究【典】
ヒットルフ,陰極線の発見【独】
アンドリュース,臨界温度と圧力発見【英】
癩研究者ランゲルハンス,ランゲルハンス細胞を発見【独】
ダボスに結核療養所【瑞】
ブラウン・セカールの内分泌学【仏】
ウェスティングハウス・エアブレーキ会社設立【米】
シンシナティの食肉生産工場で高架式レールを使用(アッセンブリーライン登場)【米】

セルロイド誕生

ハイアット兄弟,セルロイドを発明【米】
実験的コンクリート道路建設【NY】

ネイチャー創刊

『ネイチャー』創刊【英】
チェンバース著『博物新編補遺』(総合的科学入門書)【日】
電信を国有化,郵電省とする【英】
電信事業を国営で創設,工務省電信局とする【日】
東京～横浜間の電信創業(公衆電報)【日】
大阪舎密局開講(ハラタマ活躍)【日】
高島炭鉱ではじめて蒸気動力採用【日】

電信国有化

印象派と都市

マンサード様式(フランス第2帝政様式)建築の流行【米】
J・ローブリング設計[ブルックリン橋](～73)【米】
マンハッタンで高架鉄道の実験的運行(交通緩和)【NY】

鉄筋コンクリート

モニエ,鉄筋コンクリートを発明【仏】
西欧初のエレベーターがパリ万博に設置【P】
ヘンリー・コール編集「パリ大博覧会公式記述図解目録」全4巻(報告書)【米】
サン・シモン主義者のミシェル・シュバリエ,パリ博覧会報告書(全13巻)を監修【仏】
ラ・ヴィレットの中央屠殺場開設(100万の人口を賄う最初のもの)【P】
コーン兄弟のモラビア会社,曲木家具製作【墺】
ダグロン著・柳河春三訳『写真鏡図説』【日】
北斎・国定らの浮世絵,磁器・水晶細工をパリ万博に出品【日】

コールのパリ博図解目録 シュバリエのパリ博報告書

1868 スメタナ交響詩[組曲わが祖国]【チェコ】
ワーグナー,[ニュルンベルクのマイスタージンガー]ミュンヘンで初演【普】
ブラームス[ドイツ・レクイエム]初演【普】
アントン・ブルックナー曲[交響曲第1番]【墺】
ウィーンのブルグ劇場でアドルフ・ゾンネンタールら活躍【普】
コロー画[真珠をつけた婦人]【仏】
J・M・ホイッスラー画[三人の女性]【英】
全ドイツ・セシリア協会設立(カトリック教会音楽の保護育成,ア・カペラ様式確立)【普】
ウェッブ設計[ケンジントンのパレス・ガーデンズ1番地住宅]【英】

ラブルーストとルノー

アンリ・ラブルースト設計[パリ国立図書館]【仏】
ピエール・ルイ・ルノー設計[パリのオーステルリッツ駅](駅舎拡張可能)【仏】
リチャード・ノーマン・ショー設計[レイズウッド邸]【英】
2代目清水喜助・ブリジンス設計[築地ホテル]【日】

1869 モロー画[プロメーテウス][エウローペー],ルノワール画[ラ・グルヌイエール]【仏】
フォイエルバッハ画[プラトンの饗宴]【独】
ジャン・カルポー作[ダンス](オペラ座正面装飾彫刻)【P】
ブラームス曲[ハンガリー舞曲]【独】
ワーグナー「音楽におけるユダヤ主義」【独】
ベルリン高等音楽学校創立(ヨーゼフ・ヨアヒムが校長)【独】
ウィーン宮廷歌劇場新築([ドン・ジョヴァンニ]),M・シュヴィント,オペラ座を装飾【墺】
ルードヴィヒ2世,リンダーホフ城を建立(～78)【墺】

田園住宅ウッドワード

G・ウッドワードの田園住宅【NY】
デパート王A・スチュアート,ロングアイランドにガーデン・シティを設計【米】
建築家シャルル・ガルニエ『芸術をめぐって』【墺】
ル・バロン・ジェンニー図版集『建築の原理と実践』【仏】
H・ロビンソン『写真における絵画的効果』【英】
マクスウェル,おどろき盤に凹レンズを使用し改良【英】
ニューイングランドガラス器製造会社,カタログに1400の製品を掲載【米】
川上冬崖,洋画塾聴香読画館を開く【日】

マンサード様式

文豪とニュース

ヘンリク・イプセン『ペール・ギュント』【典】
◉ ロッビア風帽子が流行する【仏】
クリストファ・ショールズ,番号印字機を発明(インクリボン使用)【米】
アメリカン・ニューズ・カンパニー設立【米】
ホルヘ・イサークス『マリア』【コロンビア】
A・シュティフター『ヴィティコー』【墺】
初めてフランス式体操おこなわれる【日】

ヘボン式ローマ字

マッカティー著・ヘボン訳『真理易知』(上海で印刷),ヘボン編訳『和英語林集成』(ヘボン式ローマ字の基礎)【日】
加藤弘之『西洋各国盛衰強弱一覧表』【日】
『西洋雑誌』創刊(柳河春三編)【日】

1868 ブラウニング『指輪と書物』【英】

月長石 ウィリアム・コリンズ

W・コリンズ『月長石』【英】
ミシェル・レヴィ書店,ボードレールの全集を刊行【仏】
オールコット『少女』【米】

ロートレアモン マルドロールの歌

ロートレアモン『マルドロールの歌』【仏】
『新時代』創刊【露】
ドストエフスキー『白痴』【露】
◉ ネクラーソフら『祖国の記録』を編集【露】
ウィルヘルム・シェーラー『ドイツ語史』【普】
◉ このころディケンズ,アメリカ講演旅行で年間収入33000ポンドをえる【英】
アンブローズ・ビアス,「ニュース・レター」紙の編集はじめる【米】
「ワールド・アルマナック」が初めて発行される【米】
新聞法施行(新聞発行の自由認可)【仏】
ウェルトハイム百貨店【独】
恵庵『医宗損益』【鮮】
福沢諭吉,『西洋事情』の偽版に版権の観念を主張【日】
「中外新聞」で上野彰義隊事件の戦況報道(号外のはじめ)【日】
小幡篤次郎『天変地異』(迷信の科学的解説書)【日】
万亭応賀『釈迦八相倭文庫』57編【日】
「内外新報」「明治月刊」創刊【日】

ワールド・アルマナック

福沢諭吉の版権主張

1869 ボードレール『巴里の憂鬱』『ロマン派芸術論』【仏】
ヴェルレーヌ『艶なる宴』(詩)【仏】

戦争と平和完結

トルストイ『戦争と平和』完結【露】
M・アーノルド『文化と無秩序』【英】
イワン・ゴンチャーロフ『断崖』【露】
シュリ・プリュドム『孤独詩集』,ユゴー『笑う男』,コペ『行人』【仏】
フローベール『感情教育』【仏】
◉ フローベール,このころゾラ,ツルゲーネフ,ユイスマンス,モーパッサンを招く【仏】
ストー夫人『町の人々』【米】
マーク・トウェイン『赤毛布外遊記』【米】
ルイーザ・オールコット『若草物語』【米】
サルトゥイコフ・シチェドリン『ある市の歴史』(～70)【露】
週刊「グラフィック」発刊【英】

広告料金公開

G・ローエル,初めて国内紙の広告料金リストを公開【米】
洗濯機が売り出される【米】
キャサリン・ビーチャー姉妹,台所の構造配置の変更を提案【米】
本木昌造,活版伝習所を設立【日】
早矢仕有的,横浜に丸屋商社設立(のちの丸善)【日】

台所革命と洗濯機出現(米)

西洋諸国の所謂コンペニーコンメンスの如きは、同社中利益を大にし、損失を少なくし、大融通を付くるところの良法である。
陸奥宗光『商法の愚案』

フランスの時代からドイツの時代へ。

ミューシャがDNAを見つけた年、ゾラは自然主義的遺伝小説にとりくむ。

1870 明治3

株式会社承認（独）

平均寿命41歳（英）

日本三三〇〇万人

三帝同盟の時代

普仏戦争とドイツ帝国

1870
新憲法の可否を問う国民投票実施（議会帝政派勝利）【仏】
義務教育の制度化【英】
◉ アメリカ,イギリスの機関力（定置機関）の2倍をこす（保護貿易主義改善へ）【米】
◉ ドイツの機関力,イギリスに並ぶ（1850,イギリスの10%）【普】
エムス偽電事件【普】
普仏戦争はじまる（クルップ砲,仏軍威嚇）【欧】
インド国民会議派創立者ダーダーバーイー,インド人年額所得を40シリングと公表【印】
ヴィクトリア女王,アイルランド土地法を承認【英】
治安維持法案（アイルランド独立運動への弾圧強化）【愛】
セダンの戦（ナポレオン3世捕虜に）【仏】
共和国宣言（国防政府を組織）【仏】
ボヘミア人,オーストリアに自治要求【墺】
イタリア統一完了（教皇領を併合）【伊】
革命政府,プロイセン王家レオポルドの国王即位承諾【西】
グスマン・ブランコ,カラカス入城（長期独裁政権へ～88）【ベネズエラ】
黒海中立破棄宣言【露】

日の丸制定 大教宣布 思想・宗教の統制

大教宣布（思想・宗教の統制策）,「日の丸」制定,国民教化運動を開始（皇道主義へ）【日】
徴兵の制度化（陸軍はフランス式,海軍はイギリス式訓練を採用）【日】
伊藤博文,渡米（金融制度視察）【日】

パリ・コミューン

1871
ドイツ帝国成立（ウィルヘルム1世,ベルサイユ宮殿で即位）【独】
国民議会,ティエールを行政長官に選出【仏】
パリ・コミューン成立と消滅（血の1週間）【仏】
英米間にワシントン条約調印,独仏間にフランクフルト講和条約調印,露墺間にシェーンブルン協約調印
労働組合の合法性承認【英】
西アフリカの象牙海岸の港を英に譲渡【蘭】
イリ地方を占領【露】
ムカーバラ法令発布（土地私有権承認）【埃】

キンバリー誕生

南アフリカでキンバリーの町がつくられダイヤモンド産地の中心に【英】
アメリカの人口3900万人,ドイツ4100万人,フランス3600万人,日本3300万人
大院君,斥洋碑を全土の都市に建立【鮮】
徴兵規則頒布【日】
新貨条例（日本初の金本位制,1両＝1円に,円・銭・厘の単位確立）【日】
造幣寮,ポルトガルの指導下に洋式帳簿・複式簿記採用（香港造幣局の造幣機械を導入）【日】
駅逓頭の前島密,郵政を拡張【日】

廃藩置県 3府302県

廃藩置県（3府302県）と文部省設置【日】
フルベッキ,岩倉使節団欧米派遣を建白【日】

1872
ドイツ文化闘争（法皇無謬説についてローマ教会と論争）【独】
アラバマ号事件の賠償金1550万ドルを英国に支払う（スイス・イタリアなど仲裁）【米】
独・墺・露の3皇帝,ベルリンで会談（3帝協約,近東情勢について意見を交換）【欧】
秘密投票制を採用【英】
ドン・カルロスの革命運動【西】
諸部族長,米国に併合要請【サモア】
イギリス人ロイターに鉄道敷設・鉱業利権を譲渡【埃】
エジプト,半独立国家になる【埃】
李鴻章,上海に輪船招商局を設置【清】

資本と文化

ロックフェラー登場

1870
第1インターナショナル・ロシア支部創立（ジュネーブ中心）【露】
ロックフェラー,スタンダード石油会社設立【米】
フリーミング・ジェンキン,需要供給曲線を作図【英】
ワシリー・ベルヴィ『ロシア労働者階級の状態』（労働者の総数80万人）【露】
ロシアで最初のストライキ【露】
ネチャーエフ,雑誌「共同体」発行【L】
◉ 会社設立が免許制から準則主義に移行【欧】
スペンサー『心理学原理』【英】
ニーチェ,バーゼル大学古典文献学の教授に（ブルクハルトと交流）【独】
雑誌「イタリア学派の哲学」発刊【伊】
ヘンリー・ビーチャー,「クリスチャン・ユニオン」誌を創刊（～81）【米】
A・ウォーレス,ダイヤエレクトゥリカル協会設立【英】
ヴァチカン宣言（ピウス9世の法王無謬説）

トロイ発見 ハインリヒ・シュリーマン

ハインリヒ・シュリーマン,トロイの遺跡を発掘【普】
カニンガム『インド考古調査報告』21巻（～85）辞書編集者エミール・リトレ『道徳の生物学的起源』【仏】
クルックス,超常現象を実験【英】
天津で仇教事件おこる【清】
江藤新平ら民法編纂事業を開始【日】

岩崎弥太郎 九十九商会設立

岩崎弥太郎,九十九商会（73三菱商会）をつくる,東京～大阪～高知間の航路開始【日】
キリスト教女学校隆盛（日本の女子教育を担う）【日】

1871
ロシア最初の商業油田,カスピ海近くのバラカニーで開設【露】
W・S・ジェヴォンズ『経済学の理論』【英】

メンガー経済学

メンガー『国民経済学の諸原理』【墺】

ブレンターノ組合論

ブレンターノ『現在の労働組合』【独】
グスタフ・シュモラー,『シュモラー年報』創刊【独】
◉ 年収200ポンドのミドルクラス3万7千人【英】
ニコライ・ダニーレヴスキー,スラヴ民族統一運動を発展させる【露】
ジャン・ゴタン『社会的解釈』【米】
ラスキン,ギルド結成（理想社会実現へ）【英】
ダーウィン『人間の由来』【英】

タイラー原始文化論

H・J・メーン『村落共同社会』【英】
タイラー『原始文化:神話・哲学・宗教・言語・芸術および慣習の発達に関する研究』【英】
ビーチャー『イエスの生涯』【米】
ブルジェワルスキー,中央アジア探検【露】
左宗棠,甘粛のイスラム教徒の乱を鎮圧【清】
ゴーベル訳『摩太福音書』（初の和訳聖書）【日】

津田梅子の留学

津田梅子らアメリカ留学【日】

1872
バクーニン,無政府党を創立【露】
第1インターナショナル第5回大会,ハーグで開催（本部のニューヨーク移転決定）【蘭】

チャイコフスキー団

チャイコフスキー団（クロポトキン加入）,モスクワ・キエフ・オデッサ・ミンスクなどの都市の団体と連絡【露】

拡大する情報

電信の嵐は鉄道によるロンドンの独占を崩し、各地に「地方の時代」を出現させる。

1870

自然か機械か

DNA発見

1870
フリードリヒ・ミューシャ,DNAを発見【普】
ベルリン大解剖学教授ガスターブ・フリッチュ,大脳皮質運動中枢を発見【普】
ヘルムホルツ,マックスウェルの理論から光の反射屈折法則を導く【普】
植物育種改良家ルーサー・バーバンク,「バーバンクの馬鈴薯」をつくる【英】
脳外科の先駆者のエルネスト・ベルクマン,普仏戦争に従軍【普】
精神科医ハインリッヒ・ホフマン『グリュンバルト王子』【普】
獣医A・ゲルラッハ,結核人感染を発表【普】

モルヒネ使用

戦争間に独仏の医師,モルヒネ大量使用【欧】
レオポルド・クロネッカーの群論【普】
パークス,セレニウム表を作成(月のスペクトルから発見)【伊】
ジーメンス,電気製鋼炉の製造【普】
ヘンリー・フリック,コークス炉の建設と運転開始【米】
Z・グラム,環状発電子を発明(均一電流発生)【白】
ミュアヘッドとテーラー,大西洋ケーブルで二重通信を開始【英】
ジョン・ケンプ・スターリー,近代自動車「安全」号製作【墺】
大北電信会社【丁】,日本で国際通信の権益取得【日】

万国電信会議

1871
大阪～神戸間に電信開通【日】
フェリックス・クライン『ユークリッド幾何学について』【独】
ボルツマン,時間平均に位相空間思考導入【独】
マリー・コルニュ,光速度測定(フィゾーの方法を改良)【仏】
メンデレーエフ,未発見元素(カリウム,ゲルマニウム)の存在予言【露】
ジョージ・マイバート,ダーウィン・ハックスリを批判(『進化論を論ず』)【英】
ベンジャミン・ハワード,腹式人工呼吸法を創案【米】
種痘法制定【英】
ジョン・レーリー,大空の色の理論【英】
P・ブラザーフッド,3シリンダ機関考案【英】
エジソン,印字電信機械を発明【米】
ローマで万国電信会議(日本,出席)【伊】
東京～ヨーロッパ間の国際電報取扱開始
郵便制度実施(東京～大阪間)【日】
ウラジオストク～上海～シンガポール間の(長崎経由)海底電信ケーブル敷設
趙学敏『本草綱目拾遺』【清】
本木昌造,鉛製活字完成,活字見本作成【日】

パストゥール

1872
ルイ・パストゥール,微生物と醗酵作用に関する論文発表【仏】
デュ・ボア・レーモン『自然認識の限界』(～92)【独】
マッハ『感覚認識論』【墺】

クライン エルランゲン・プログラム

クライン『エルランゲン目録』【独】

デデキント 数のイデアル

ユリウス・デデキント『連続性と無理数』(数のイデアル理論を展開)【独】
ベルナール『一般生理学』【仏】
植物学者フェルディナンド・コーン,細菌学に関する論文発表【独】
ウォルター・フレミング,細胞染色に注目【独】

印象派と都市

1870
カミーユ・ピサロ画[ルーヴシェンヌの郵便馬車]【仏】
呉譲之画「枇杷図」【清】
ライプツィヒで「音楽週報」創刊【普】
レオ・ドリーブ曲[コッペリア]【P】
チャイコフスキー曲「ロメオとジュリエット」【露】
ドイツ軍隊行進曲さかえる【普】
ワーグナー論文「ベートーヴェン」【普】
ヴィオレ・ル・デュク設計[ピエルフォンの城館]【英】

都市計画ブーム

オスマンのパリ計画など新保守主義都市計画が西欧の都市計画の方法となる
エッフェルらピン接合を橋梁に応用【仏】
サーフェス様式(内部空間の自由なプランニング)建築あらわれる【米】
[ルーブル宮殿]完成(1200年～)【仏】
バッハオーフェン『タナモルの神話―ローマ・イタリアにおける東洋趣味の研究』【瑞】
E・J・マレー,音波記録器(カイモグラフ)で馬の4本足が大地を離れると実証【仏】
ルネタグロン,マイクロ写真考案【仏】
ナダール,飛行風船から普仏戦争中のプロイセン軍の映像を送る【P】
最初の大アルプス・トンネル完成【欧】
フェニックス家具製作社の寝具用家具一式が流行(ルネッサンス様式)【米】
最初の写真画報『極東』創刊【日】
京都博覧会開催【日】

ブラームス

1871
シメオン・ソロモン画[夢におとずれた愛の神の姿]【仏】
モネとピサロ,雪景やテムズ河畔,ハイドパークの風景を描く【仏】
ブラームス曲[勝利の歌][運命の歌]【独】
ワーグナーの[ローエングリン]全イタリアで評価される【伊】
エドヴァルド・グリーク,オスロー音楽協会を設立【典】
アーサー・サイバンとウィリアム・ギルバートの第1作ミュージカル[テスピス]上演【英】

サン・サーンスと国民音楽協会

セザール・フランク,サン・サーンスらが国民音楽協会を創始【仏】
リチャード・マードックス,臭化銀の感光乳剤製作(露出時間15秒から200分の1秒に)【英】
スウォン,乾板写真法発明【英】
ジュール・ソールニエ,純骨組式の初の建物(チョコレート工場)を建てる【仏】
アルバート記念館が開館【L】
ニューヨークに地下鉄【米】

ビングの東洋趣味

サミュエル・ビング,東洋の浮世絵・陶器を輸入【仏】
「移動派」結成【露】
浅沼藤吉,写真材料店開業【日】
川上冬崖訳編『西画指南』,春木南溟画[武陵桃源図]【日】

1872
ジェームズ・ホイッスラー画[芸術の母]【米】
ドガ画[ダンスの休息]【仏】
ルノワール画[アルジェリア風のパリの女たち]【仏】
セザンヌ画[セザンヌ夫人肖像]【仏】
モネ画[印象―日の出]【仏】
石版画家P・G・ドレ,『ロンドン』発行【英】
ビゼー曲[アルルの女](ドーデ戯曲)【仏】
サン・サーンス曲[黄色の女王]【仏】
ブルックナー曲[ミサ曲ヘ短調]【墺】
ブルッフ曲[オデッセウス](合唱)【独】
サラ・ベルナール,パリのコメディ・フランセーズでデビュー,男優ムネ・シュリ,デビュー【仏】
ヘンリー・リチャードソン設計[トリニティ教会](ロマネスク様式,アメリカに導入される)【米】

自然主義と新聞

新聞の輪転印刷化

1870
モリス『地上の楽園』(E・ジョーンズ挿絵)【英】
ロセッティ詩集『生命の家』【英】
ジュール・ヴェルヌ『海底2万マイル』【仏】
ロートレアモン『詩学断想』【仏】
ウィリアム・アリンガス詩,リチャード・ドイル画[妖精の国]【英】

マゾッホ 毛皮のヴィーナス

ザッヘル・マゾッホ『毛皮のヴィーナス』【墺】
ジョゼ・デ・アレンカール『ガウチョ』【ブラジル】
『ニューヨーク・トリビューン』,ホー輪転機を採用【米】,リヴァプールでヴィクトリー輪転機開発【英】
最初のアパートが建つ【NY】
パルプを原料とした製紙がニューイングランド地方で開始【米】
民主党シンボル・マークが「ハーパーズ・ウィークリー」に掲載,風刺漫画家トマス・ナトス,共和党シンボル・マーク制作【米】
金属フォイル包装「イースト」の発売(パンの輸送力増大)【米】
51の都市が公共図書館を設置【英】

申在孝のパンソリ

このころ,申在孝のパンソリがブーム【鮮】
9世団十郎,「魁写真鏡俳優画」で写真師内田九一を演じ人気をよぶ【日】
仮名垣魯文『西洋道中膝栗毛』【日】

横浜毎日新聞

日本最初の日刊紙「横浜毎日新聞」創刊(「ヘラルド」紙の紙面模倣)【日】
手編のメリヤスのシャツとズボン下が流行【日】

ゾラのルーゴン・マッカル叢書と自然主義

1871
ブルワー・リットン『来たるべき種族』(ユートピア小説)【英】
ドストエフスキー『悪霊』【露】
テニソン『国王牧歌』【英】
ホイットマン『民主主義展望』【米】
ゾラ,『ルーゴン・マッカル叢書』刊行開始(～93)【仏】
アルチュール・ランボー,ヴェルレーヌの知遇をえてパリに出る【仏】
マラルメ『現代高踏詩集』第2次に『エロディヤード』発表【仏】
コンラート・マイアー『フッテン最後の日々』【瑞】
P・T・バーナム・サーカスがブルックリンで開業【NY】
イギリス人の平均寿命41歳【英】
官制郵便制度が東京～大阪間に開設(郵便箱の設置,郵便切手発行)【日】
イギリスからモールス印字機渡来【日】
仮名垣魯文『安愚楽鍋』【日】
中村正直『西国立志編』【日】
薬「宝丹」第1番の免許を受ける【日】
公衆便所設置される【日】

1872
キャロル『鏡の国のアリス』【英】
G・エリオット『ミドルマーチ』【英】
サミュエル・バトラー『エレホン』を匿名出版【英】

悲劇の誕生 ニーチェの芸術論

ニーチェ『音楽の精神からの悲劇の誕生』【独】
レ・ファニュ『吸血鬼カーミラ』【英】
ウィーダ『フランダースの犬』【英】
リカルド・パルマ『ペルー伝説集』(～1918)【ペルー】
ホセ・エルナンデス『マルティン・フィエロ』詩【アルゼンチン】
ニコライ・レスコーフ『僧院の人々』,『魅せられたる遍歴者』【露】
大英博物館ジョージ・スミス,楔形文字タブレットを解読【英】,シュラーダー『アッシリア・バビロニアの楔形文字』【独】

機械が一人前になり、人間の助けを必要としなくなる日がやってくる。
サミュエル・バトラー『エレホン』

BC 6000以前
BC 6000
BC 2200
BC 1200
BC 600
BC 300
0
300
600
800
1000
1200
1300
1400
1500
1600
1650
1700
1760
1810
1840
1860
1880
1890
1900
1910
1920
1930
1940
1950
1960
1970
1980

新しい企画都市が出現しはじめた。
ウィーンとバーミンガムと東京。

1873
明治6

三帝同盟の時代

御用外人
日本体制改革

横浜港でマリア=ルース号事件【ペルー】
大王ヨハネス4世,ティグレ王国の帝位につく(〜89)【エチオピア】
アメリカで最初の消費者保護法の成立【米】
イギリス人A・A・シャンド,大蔵省顧問に,フランス弁護士G・ブスケ,民法草案起草【日】
官制改革,徴兵令公布,学制発布,義務教育制度実施,兵部省,陸・海軍2省に分離【日】
職業の自由許可(農・商業の兼業認可)【日】
東京裁判所を司法省におく【日】
新紙幣計5289万7165円発行【日】

1873

ヨーロッパ経済恐慌

1873 西欧に経済恐慌,世界に波及(〜96,破産5000件),ニューヨーク株式取引所閉鎖【欧】
ウィーン危機【墺】
金本位制を制定【独】
ウィルヘルム1世とビスマルク,アレクサンドル2世と露独軍事協約成立【独】

三帝同盟 ドイツ 墺・露
独・墺・露3帝同盟成立(ウィルヘルム1世,シェーンブルン協約参加文書に調印)【独】
スルタン,英国の要求で奴隷市場を閉鎖【ザンジバル】
フランス商船の紅河航行禁止【越】
第1共和国成立(内乱つづく)【西】

マクマオン フランス第3共和政
マクマオン元帥,第3共和国大統領に(行政長官ティエール辞職)【仏】
ハノイ占領(劉永福の黒旗軍に敗れ,トンキン地方から撤退)【仏】
英政府,ザンジバル島の公認奴隷市場を閉鎖
同治帝,初めて外国使臣と謁見【清】
大院君失脚,王妃閔氏一族,政権をとる【鮮】
スマトラ征服を開始【蘭】
木戸孝允「憲法制定意見書」提出【日】
大久保利通「立憲政体に関する意見書」【日】
地租改正条例を布告【日】

西郷隆盛 征韓論の敗北
西郷隆盛らの征韓論敗れる【日】
内務省をおく【日】
渋沢栄一,第一銀行開行【日】

1874

ウィーン博❶

1874 西アフリカ黄金海岸のアシャンティ征服【英】
第2次ディズレーリ保守党内閣成立【英】
工場法・賃金法,議会を通過【英】
フィージー諸島を併合【英】
7年制軍事法案,ドイツ帝国議会通過【独】
イサベラ女王の子アルフォンソ,立憲君主制を宣言【西】
ブリュッセルで戦時法に関する国際会議【白】
万国郵便同盟の成立
ロシアとオーストリアで自由貿易が保護貿易を凌駕
キルギス地方と西トルキスタンを勢力下【露】
東トルキスタンのヤコブ・ベク政権と通商協定【印】
東インド会社,最終的に消滅【英】
仏・ベトナムの協定調印(フランスの保護国となる)【越】
日本軍,台湾に出兵(清,日本に50万両支払う)【日】

板垣退助の建白書
板垣退助ら,民選議院設立の建白書提出【日】
佐賀の乱(江藤新平ら)【日】
大久保利通・大隈重信の台湾征伐進言【日】
三菱商会,政府輸入船による軍事輸送開始(台湾征討へ)【日】
教育令により文部省大中小学制実施【日】

平均寿命35歳(伊)

資本と文化

ツェラー『ライプニッツ以来のドイツ哲学史』【独】
雑誌「哲学的批判」刊行【仏】
シュモラー,アドルフ・ワーグナーらアイゼナッハに社会政策学会創立【独】
W・ミューア『サンスクリット原典』【英】
ロバート・インガソル「神に関する演説」【米】
スタンダード石油トラスト,世界最大の精油会社となる(1日,灯油1万バレル精製)【米】
曽国藩『曽文正公全集』【清】
日本アジア協会設立【日】
横浜で第1回宣教師会議(讃美歌の編集)【日】
修験宗の廃止(天台・真言宗に所属へ)【日】
森有礼「日本における宗教の自由」【日】

富岡製糸工場
富岡製糸工場操業を開始(蒸気機関をフランスから輸入)【日】

産業資本主義独占段階へ

1873 産業資本主義が独占段階へ(カルテル結成)
◉「ヴ・ナロード」運動すすむ【露】
ドルグーシン団「自然と真理の法則に従っていかに生きなければならぬか」を秘密出版【露】
エカテリーナ・ブレシコフスカヤ,農村で革命思想の宣伝開始【露】

自然弁証法
エンゲルス『自然弁証法』(〜83)【独】
ブルンチュリ,国際法研究所創立【瑞】
W・バジョット『ロンバート街』【英】
スペンサー『社会学研究』【英】
リリエンフェルト『将来の社会科学』【独】
ヴント『生理的心理学綱要』【独】
マックス・ミュラー『宗教学概論』【英】
シェーラー『イエス・キリスト時代のユダヤ民族史』【独】

ラッツェル人文地理
フリードリッヒ・ラッツェル『人文地理学』【独】
ジョージ・スミス,ニネヴェ発掘(〜76,ノア洪水物語の証明へ)【英】
スタンリーのアフリカ探検,カメロンのアフリカ横断【英】
戴望『顔氏学記』(論語注)【清】
G・E・ボアソナード,日本の司法制度・法学教育の基礎固め【日】
A・A・シャンド『銀行簿記精法』(初の銀行簿記書),福沢諭吉訳『帳合之法』(初の簿記学書)【日】
ダイエル来日,工学教育を組織化【日】
師範学校編『小学算術書』(ペスタロッチの直観主義を採用)【日】
国産石油発売される【日】

1874 ジャコバン主義者ピョートル・トカチョフ,スイスへ亡命,「ロシアにおける革命的宣伝の諸任務」【露】

ワルラス経済学
レオン・ワルラス『純粋経済学要論』【瑞】
J・ケアンズ『経済学の主要原理』【英】

鉄鋼カルテル
ドイツで鉄鋼カルテル成立【独】
ウィリアム・カーペンター『精神生理学原理』(無意識的大脳作用の研究)【英】
W・クルックス『心霊現象研究』【英】
ヘンリー・シジウィック『倫理学の方法』(直観主義)【独】
ブレンターノ『経験的立場よりする心理学』【独】
J・フッカー『イギリス領インドの花』【英】
シュリーマン『トロイの考古学者』【独】
ドレイパー『宗教と科学の闘争史』【米】
ビュヒナー『神の概念』【独】
中江兆民の仏学塾【日】

拡大する情報

新聞流通の増大と広告掲載量が、
百貨店文化の需要を支える。

1873

自然か機械か

ジョセフ・フッカー『英国領インドの植物相』(〜97)【英】
レイ,低気圧上層気流を研究【英】
ボルツマン,H定理を証明【独】
ケルヴィンの電気秤(絶対電気計)【英】
エジソン,二重電信機を発明【米】
ヘイフェン,内燃機関搭載の船を開発【独】
チャールズ・トムソン,チャレンジャー号で初の海底大観測【英】

ウェスタン・エレクトリック社 電話の実験と開発

ウェスタン・エレクトリック社設立(電話の実験と開発)【米】
ゴム会社のピレリ社設立【ミラノ】
呉嘉善撰『白芙堂算学叢書』【清】
電信の距離制料金制を採用【日】
電信の政府掌握決定(私線架設を禁止)【日】

1873 マクスウェル『電磁気学概論』【英】
デューリング『古典力学に対する歴史的批判的研究』【独】
ライエル『人間の起源に関する地質学的研究』【英】
ファン・デル・ヴァールスの実在気体の状態式【蘭】
H・ビドゥ,体質で結核を分類【仏】
エーテルをモートンに教えたC・ジャクソン発狂【米】
アッベ,顕微鏡の改良【独】
ウィーン万博でエネルギー変換機関誕生(発電機,電動機,電力輸送)【墺】
ウィーン万博でアメリカの機械技術,イギリスを凌駕【米】

アメリカ機械技術イギリスを抜く

トリニティ商会,ダイナモ発電機と磁石発電機を比較試験【英】,フォンテーヌ,万博で電力の長距離間送電の実験【仏】

モーターの原理

Z・グラム,モーターの原理を発見(グラムの発電機,アーク灯を工場や街路にもたらす)【白】
A・ハンセン,癩病を発見(ハンセン氏病)【典】
坪井信良「和蘭医事雑誌」(月刊)【日】
西陣の織物伝習生・佐倉常七ら,ジャガード織機をフランスからもたらす【日】
電信符号取扱規則制定【日】

クルックスの陰極線

1874 クルックス,陰極線の研究(陰電子の粒子の飛動)【英】
ストーニー,電気素量を概念化【英】
衛生学者ペッテンコーフェル,コレラ・ペストに検疫提案【独】
化学者ル・ベルの分子立体構造【仏】
J・ファントホフの分子立体構造論【蘭】
ヘッケル『人間創生史』【独】
科学アカデミー,グブレル報告の『中国の薬物学』刊行【仏】
シャルコ「人間病理学講義」【仏】
ヘーガル『婦人科手術学』【独】
『ヴァイヤーシュトラース』(全7巻〜1927)【独】

ヘロイン発見 ベケット ライト

ベケットとライト,ヘロインを発見【英】
征服者ヘンリー・メッグズ,ペルー高地に蒸気機関車を走らせる【西】

ウィベリ計算機

マルティン・ウィベリ,シュウツ計算機械を改良【典】
キャベンディッシュ実験研究所開所(ケンブリッジ大学へ寄贈)【英】
ウェスタン・ユニオン社,ニューヨーク〜ボストン間に四重通信施設【米】
セメント製造おこなわれる【日】

ウェスタン・ユニオンの四重通信施設

印象派と都市

ウィーン市のリングシュトラーセが完成【墺】
ルイジ・クレナモ『図式力学』【伊】
マックス・シャスラー『批判的美学史』【独】

リングシュトラーセ

マイブリッジの馬

エドワード・マイブリッジ,馬の走る姿を一連のフィルムに収める【米】
エミール・ガレ,ナンシーにガラス工房開く【仏】
W・H・ジャクソン写真撮影でイエローストーンがアメリカで最初の国立公園に指定【米】
高橋由一画[花魁]【日】
ガス灯,横浜で点火【日】
吉沢検校曲[春の曲]【日】

1873 モネ画[カピュサンの大通り]【仏】
A・ジョーンヌ画[パリ絵図]【仏】
ソンゾーニョ画[ウィーン万国博覧会の絵]【仏】
レーピン画[ヴォルガの舟曳き](70〜移動派)
ガルボー作[花の女神](ルーブル宮の装飾)【P】

マネとマラルメ 交流深まる

マネとマラルメの交友はじまる【仏】
ブラームス曲[弦楽4重奏曲]【独】
A・オストロフスキー戯曲[雪娘]【露】
ジュール・マスネー曲[マグダラのマリア]【仏】
マクファーレン曲[洗礼者聖ヨハネ]【英】
アムステルダムに労働者用住居建設協会【蘭】
バウシンガー,建築材料の強度を研究【独】
ジュール・ソルニエ,最初の鋼鉄骨組建物(メニエ工場)【仏】

チェンバレン バーミンガム市長

ジョーゼフ・チェンバレン,バーミンガム市長となる(同市が都市モデルの先端に立つ)【英】
ゼンバー設計[国立劇場][宮廷美術館](〜81)【独】

銀座煉瓦街 設計ウォートルス

ウォートルス設計[銀座煉瓦街竣工]【日】
高橋由一,洋画塾天絵楼を設立【日】
横山松三郎,上野に洋画塾を開く【日】

印象派第1回展

1874 ナダール写真館で「匿名芸術家協会展覧会」(第1回印象派展覧会)開催【仏】
マネ,マラルメ仏訳のポーの『大鴉』挿絵を描く(展覧会に不出品)【仏】
ルノワール画[桟敷席],ピサロ画[ポントアーズ近郊エラニューの丘]【仏】
ドガ画[舞台における舞踊劇の練習]【仏】
ホイッスラー画[黒と黄金の夜曲—落下する火矢](ラスキンと論争)【米】

神々の黄昏

ワーグナー曲[神々のたそがれ]【独】
サン・サーンス曲[死の舞踏]【仏】

ムソルグスキー

モデスト・ムソルグスキー曲[展覧会の絵][ボリス・ゴドノフ]【露】
ブルックナー曲[第4交響曲,ロマンティック]【墺】
フランツ・ハーベルル,教会音楽院設立【独】

ブルックナー

マイニンゲン公ゲオルク2世の一座,巡遊興行はじめる(自由劇場運動の先駆)【独】
『デザインの研究』が,ロンドン,パリ,ニューヨークで同時発売(〜76)
ヴィルヘルム・ブッシュの挿絵入り諧謔詩「ミュンヘン絵草紙」【独】
ポール・アバディ設計[サクレ・クール教会堂]【P】
ロンドン大水道計画完成【英】
清水喜助設計[為替バンク三井組]【日】

自然主義と新聞

シカゴでモントゴメリー・ウォード社設立(カタログ販売の先駆)【米】
写真家トマス・アダムズ,スティック状ガム発売(チクル製)【NY】
ジェシー・ジェームズ一味 列車強盗【米】
上海で「申報」紙,北京で「中西聞見録」創刊【清】
横浜〜品川間鉄道開通(郵便物を搭載)【日】
福沢諭吉『学問のすすめ』【日】
官立書籍館開設【日】
外人劇場ゲーテ座,勧業場,社交クラブ設立【日】
最初の求人広告(乳母雇入れの広告)【日】

学問のすすめ

1873 マシュー・アーノルド『文学とドグマ』【英】

ウォルター・ペイター

ウォルター・ペイター『ルネッサンス』【英】
トウェイン『鍍金時代』【米】
ミル『自叙伝』【英】

80日間世界一周

J・ヴェルヌ『80日間世界一周』【仏】
アルフォンス・ドーデ『月曜物語』【仏】
ランボー『地獄の季節』【仏】
E・リトレ『フランス語辞典』4巻完成【仏】
イプセン『皇帝とガリラヤ人』【諾】
ペレス・ガルドス『民族物語』46巻(〜1912)【西】
パウル・ハイゼ『世界の子供たち』【独】
エーベルス,パピルスを発見【埃】
文部省『小学読本』編纂【日】
集書院を委託開設(初の公立図書館)【京都】
平野富二,活版印刷と活字・印刷機の製造販売を開始【日】

ランボー

順天堂病院 湯島に近代病院

佐倉順天堂,湯島に病院(近代的病院)【日】
グランドホテルの開業,西洋めがね流行【日】
「トーマス・クック・コンチネンタル時刻表」【英】
列車時刻表の発売【日】
火葬禁止,葬儀屋あらわれる【日】

1874 ランボー『イリュミナシオン』【仏】
マラルメ『類推の魔』『最新の流行』【仏】
ヴェルレーヌ『言葉なき恋歌』【仏】
ゴーティエ『ロマン主義の歴史』【仏】
ペドロ・アラルコン『三角帽子』【西】
「新聞出版法」(出版の自由保証)【独】
アスター図書館の蔵書150万冊【NY】

レミントン・タイプライター

レミントン父子,タイプライターを企業化【米】
リーバイ・ストラウス社が,ブルー・ジーンズを発売【米】
メーシー社,クリスマスのショーウインドウを装飾【米】
ギゾー,永峰秀樹訳『欧羅巴文明史』【日】

ジーンズ

明六雑誌 森有礼 福沢諭吉

読売新聞 小安峻 本野盛亨

読売新聞創刊【日】
『明六雑誌』創刊【日】
服部撫松『東京新繁昌記』【日】
三遊亭円朝ら新聞講談はじめる【日】
西周「洋字を以て国語を書するの論」【日】
森有礼『妻妾論』【日】
公式文書に実印を押すように定められる【日】
競陣遊戯会(陸上競技運動会)が,海軍兵学寮でおこなわれる【日】
紙巻煙草,マッチ製造はじまる【日】

三遊亭円朝

我邦は手足なき身体のごとし。内外航海の権は西人の一手に帰したり。米国郵船会社、実に我が帝国を蔑如するの甚しきものなり。
岩崎弥太郎、三菱社員への第一回演説

BC 6000以前
BC 6000
BC 2200
BC 1200
BC 600
BC 300
0
300
600
800
1000
1200
1300
1400
1500
1600
1650
1700
1760
1810
1840
1860
1880
1890
1900
1910
1920
1930
1940
1950
1960
1970
1980

ベル父子の難聴者の研究から電話が生まれ、職員デューイの困惑が図書十進分類法をおもいつかせる。

1875
明治8

拡大する情報

フィラデルフィア博

ビスマルクとディズレーリ

1875
ビスマルク,ペテルブルクに特使を派遣(フランスとの関係緊張),ナポレオン3世のルクセンブルク買収計画をくだく【独】
陸軍拡張法案,国民議会を通過【仏】
ボスニアとヘルツェゴビナで反トルコ蜂起
公衆保健法案・陰謀禁止法・財産保護法・雇用法・農地保有法案,議会を通過【英】

スエズ運河の株
スエズ運河の17万6千株を1億フランで購入【英】
1850年以降,10億ポンドの海外投資【英】
最初の「ジム・クロー法」成立(黒人を差別する法律)【米】
米・ハワイ間に互恵通商条約調印(ハワイ産砂糖の関税廃止)【米】
アゴスチノ・デプリティス首相,「トラスフォルミスモ」を提唱【伊】
◉ このころイタリア産業革命【伊】
ティサ内閣(自由党)成立【洪】
オスマン帝国破産(外債利子支払い不能宣言)【土】
ロシア,コーカンド・カン国間に戦争【露】
コーチシナ3省を領有【仏】

西太后摂政
西太后,再び実権掌握(光緒帝即位)【清】
ベトナム属領化言明(サイゴン条約拒否)【清】
雲南事件(英人通訳マーガリー殺される)【清】
大阪会議(木戸孝允・大久保利通ら政治改革の意見一致)【日】
ロシアと千島・樺太交換条約を調印【日】
尺貫法を統一,江華島事件【日】

1876
ドイツ帝国銀行(ライヒスバンク)開業【独】
ビスマルク,バルカン問題に対する英国の意向打診【独】
独・墺・露,バルカン問題調停案のベルリン覚書を作成【欧】
墺・露のライヒシュタット協約
グラッドストン,トルコのブルガリアでの残虐行為をパンフレットで公表【英】
清・英間での芝罘条約調印(雲南・ビルマ間の国境貿易)
トルコに宣戦布告(バルカン戦争開始)【セルビア】

宰相ミドハト・パシャ
ミドハト・パシャ,大宰相となる【土】
帝国憲法公布と責任内閣制施行【土】
コンスタンティノポリス会議(セルビアの領土保全,ブルガリア分割に合意)
外国人含むエジプト混合裁判所開始【埃】
外資利払い停止(エチオピア遠征軍崩壊)【埃】
大飢饉(〜78,250万人が餓死)【印】
ディアス大統領,産業開発・外国資本導入・鉄道敷設の政策開始【墨】
ニューカレドニアでニッケル鉱床発見【加】
バルト海沿岸地方とコーカンド・カン国を併合【露】
日韓修好条規(江華条約)【日】

1877

インド帝国 ヴィクトリア女王皇帝に
ヴィクトリア女王,インド皇帝に【英】
帝国議会選挙(社会主義労働者党拡大)【独】
墺・露間でブダペスト協約(オーストリアの中立約束)
ロンドン議提書(バルカンの政治改革要求)
露土戦争はじまる(ロシア,トルコに宣戦布告,ルーマニア独立宣言)
スエズ運河封鎖【露】
モスクワで「五十人裁判」,ペテルブルグで「百九十三人裁判」【露】
マクマオン大統領,ド・ブロイ公に王党派内閣を組織させる【仏】

銀行の抬頭

1875
モスクワに全ロシア社会革命組織が結成【露】
炭鉱労働者5万人がスト【英】

ゴータ綱領 ドイツ社会主義労働党
ゴータ綱領を採択(ラサール派とアイゼナハ派合同し,ドイツ社会主義者労働党結成)【独】
職人・労働者住宅改善法案,議会を通過【英】
中央銀行制度の確立【独】
グンプロヴィッチ『人種と国家』【独】
ジェヴォンズ『貨幣取引の機構』【英】
ブルンチュリ『近代国家学』【瑞】
雑誌「エコノミスト・フランセ」起刊【仏】
テーヌ『現代フランスの起源』【仏】
ヴント,ライプツィヒ大学に精神物理学研究所を創設【独】,ポル・ブロカ,人類学学校創始,『頭蓋学的および頭蓋測定的提要』【仏】
R・ダグデール『ジューク家一犯罪,貧困,病気および遺伝の研究』【米】
アルタミラの洞窟の発見【西】
A・クルチウス,オリンピア遺跡発掘【独】
E・ナウマン,地質学採鉱学教授として来日【日】
ロバート・チルダーズ『パーリ語辞典』【英】
ルイ・ジャコリオ『世界の精霊論』【仏】
マックス・ミュラー『リグ・ヴェーダ全集』6巻完成,『東洋古代聖典書』51巻(〜1900)【独】
メアリー・ベーカー・グラバー『科学と健康』【米】

ブラヴァツキー夫人
ブラヴァツキー夫人とオルコット,神智学協会を創始【米】
アーリア,サマージ(ヒンドゥー教団)結成【印】
福沢諭吉『文明論之概略』,加藤弘之『国体新論』【日】
森有礼,ホイットニー招き商法講習所を設置【日】

津田真道 コントの日本導入
津田真道『如是我観』【日】
新島襄ら同志社英学校を創立【日】

福沢諭吉

1876
マーク・ナタンソン,チャイコフスキー団残党で革命的秘密結社「土地と自由」結成(新しい「ヴ・ナロード」運動を組織)【露】
クロポトキンのシベリア流刑【露】
フィラデルフィア独立100年博(電話,タイプライター,ミシン展示)【米】
ジョージ・ハースト,ホームステーク鉱山会社を設立【米】
ヴァーグナー『経済学の基礎』【独】
フェヒナー『美学楷梯』【独】
雑誌「マインド」創刊【英】
生理学者W・ジェームズ,心理学に転向【米】
ニーチェ『反時代的考察』【独】
タスマニア原住民絶滅(1803植民開始)
レオポルド2世,「アフリカの探検と文明化のための国際協会」開催【白】
J・ゴビノー『アジアの宗教と哲学』【仏】
シルヴィオ・ロメロ『野蛮人の民族学』
デ・マガラーエス『ブラジル民族誌』
ルイ・メナール『神秘的異教徒の夢想』【仏】
ロンブローゾ『犯罪人論』【伊】
B・H・チェンバレン『ミカドの帝国』【英】
西周訳『利学』(ミル)【日】
株式会社の国立銀行と株式取引所の設立【日】
札幌農学校創立(教頭W・クラーク),東京大学設立【日】
三井物産会社設立【日】

1877
「自由ロシア印刷所」が檄文を秘密出版【ペテルブルグ】
バクーニン,ジュラ連合で無政府主義者を組織【露】
エンゲルス,「反デューリング」連載論文発表【英】
バジョット『経済学の諸公準』【英】
エスピナス『動物の社会』(比較社会学)【仏】
インド最初のストライキ【印】
イェーリング『法目的論』【独】

バクーニンとアナキズム

日本で最初に「情報」を訳出し、最初に版権を主張した福沢諭吉。

1875

電気の革命

1875 マクスウェル,比熱の分子論的研究【英】
オングストレームとタレン,元素スペクトル分析の研究【典】

マッハ運動知覚論

マッハ『運動知覚の基礎論』【独】
W・ヒスの発生原理(実験発生学)【瑞】
ダーウィン『食虫植物』【英】
ヴァイスマン,生殖細胞と体細胞を区別【独】
シュトラスブルガー,有糸分裂の研究【独】
ケントン,うさぎの脳波測定【英】
ポーロ,帝王切開術【伊】,ヘーザーら『医学史』【独】
光緒元,孔継良『西薬略釈』【清】
ベル,電気工ワトソンを協力者に迎える【米】
ヤブロチコフ,交流アーク灯を発明【露】
クルックス,ラジオメーターを発明【英】
E・ウェストン,ニューアークに発電機製造工場を創立【米】
世界中で機関車6万2千両,客車11万2千

ルーロー機械学

ルーロー『理論運動学』(機械学の基礎)【独】
ノーベル,爆弾ゼラチンの発明(ニトログリセリン)【典】
シドニー・トーマス製鋼法の完成【独】
ケルヴィン,潮汐理論を展開【英】
エドワード・ジュース,アルプス山系の構造を研究(成因論)【墺】,ヘルムホルツ『颶風と雷雨』【独】,ブラウジウスの暴風雨論(不連続面の提唱)【米】,ウィリアム・フェレル『気象学研究』【米】

ベルの電話

1876 アレキサンダー・グラハム・ベル,電話器の発明【米】
エジソン,メンロ・パークに研究所設立【米】
キルヒホッフ『力学講義』【独】
マクスウェル『物質と運動』【英】
E・ゴルトシュタイン,ヒットルフの推論を確かめ陰極線と命名【独】
グルベリ,H・モーン『大気の運動の研究』(数理論応用)【諾】
ウォーレス『動物の地理学的分布』【英】
フェリア,大脳機能の局在に関する研究【英】
コッホ,脾脱疽菌を発見【独】
J・チンダル,ペニシリンカビの選択的細菌発育阻害作用を報告【英】
聖マテオ病院産科医ポロ,子宮摘出に成功【パビア】
マヌエリ,コールタールの発ガン性報告【英】
ブラウン・シャープ社,万能研磨盤の製作【米】

サイクル・エンジン

オットー,圧縮4サイクルガス機関製作【独】
エルンスト・アッベ,光学的レンズ研究(顕微鏡・望遠鏡のガラスの限界示唆)【独】
科学器具の博覧会開催【L】
トムソン卿,乾式指針面羅針の特許をえる(近代的羅針儀はじまる)【英】
中国最初の鉄道,上海~呉淞間に開通【清】
ライマン『日本蝦夷地質要略之図』【日】
E・ベルツ,生理学教師として来日【日】

ボルツマンの熱力学

1877 F・ボルツマン,熱力学第2法則と重力場の分布関数【墺】
カール・ブラウン,物質の非対称性の実験【独】
コッホ,細菌の固定・染色と写真撮影【独】
J・レーリー,音の理論【英】

初の航空機

オットー・リリエンタール,航空機製作【独】
P・ベール,気圧の人体への影響を報告【仏】
D・ダウンズとT・Pブラント,紫外線の殺菌性発見(消毒法の開発へ)【英】

印象派と都市

1875 ゴッホ,モンマルトルに移り住む【仏】
カイユボット画[床けずり]【仏】
モネ画[日傘をさした婦人],『ラ・ジャポネーズ』【仏】
シスレー画[曲がりくねった道]【英】
エドワード・リア作・画[ナンセンスの本]【英】
アルマ・タデマ画[アグリッパへの謁見]【蘭】

ビゼーのカルメン

ビゼー歌劇[カルメン]【仏】

チャイコフスキー

チャイコフスキー曲[ピアノ協奏曲第1番(変ロ短調)]【露】
サン・サーンスのオラトリオ[ノアの洪水]【仏】
カルル・ゴルトマルク曲[シバの女王]【独】
アントン・ルビンシテイン曲[悪魔]【独】
シャルル・ガルニエ設計[オペラ座]開場【仏】
G・B・バジーレ設計[マッシモ劇場](パレルモ)【伊】
ミュンヘン芸術協会の会員数4500人【墺】
エッフェル設計[ドゥーロ河の橋]【仏】
アーサー・リバティ,リージェント街に東洋美術店を開く【L】
ショウ,ベッドフォードの[ガーデン・サバブ]に着手【英】

キヨソネ 凹版技術の日本導入

エドアルド・キヨソネ【伊】,大蔵省紙幣寮に着任(紙幣・証券・肖像画制作)【日】
岡部啓五郎編集『明治好音集』【日】

1876 デュラン・リュエル画廊で第2回印象派展覧会【仏】
ルノワール画[ムーラン・ド・ラ・ガレット]【仏】
ゴーギャン,サロンに入選,モロー画[出現],マネ,マラルメの肖像を描く,フロマンタン画[昔の巨匠たち]【仏】
バッハの大ミサ曲のロンドン初演奏【英】
グリーク曲[組曲ペール・ギュント]【諾】
T・キュイ曲[アンジェロ]【露】
カルル・グラーゼナプ『ワーグナー伝』【独】
生理学者W・プライアー「音響知覚の限界について」【独】
A・T・ホワイト,建設協会を組織【米】
技術者エッフェルと建築家ボワロー[ボン・マルシェ]を共同設計【仏】
ルーロー「フィラデルフィアからの書簡集」(シカゴの工具類カタログに言及)【独】

歌曲源流 朴孝寛ら1000首

『歌曲源流』(朴孝寛ら著,千余首収録)【鮮】
東世子編『明治歌集』(~87)【日】

開化式 擬似洋風建築流行

立石清重設計[旧開智学校](松本)【日】
A・フォンタネージ来日,洋画指導,V・ラグーザ,洋風彫刻を指導【日】

1877 カフェ・ヌーヴェル・アテーヌに印象派画家が集まる【仏】
リヴィエール,雑誌「印象派画家」発行【仏】

ロダン青銅時代

ロダン作[青銅時代](サロンで落選)【仏】
モネ画[サン・ラザール駅]【仏】
シャバンヌ,パンテオンの壁画[聖ジュヌヴィエーヴの生涯]【仏】
ブラームス曲[交響曲第1番,第2番]【独】
ブルックナー,交響曲第3番をワーグナーに献呈【墺】
サン・サーンス曲[サムソンとデリラ]【仏】
世俗オラトリオ・歴史的ロマン的合唱カンカータが流行【独】
ザルツブルクの祝祭劇場開場【墺】

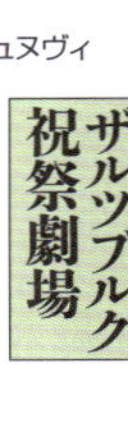

自然主義と新聞

1875 メリニコフ・ペチェールスキー『山の中で』【露】
◉ カチュル・マンデス編集「ラ・ルピュブリック・デ・レットル」誌,モーパッサン,ゾラ,ユイスマンスらを掲載【仏】
A・トロロプ『当世風の暮らし方』【英】
F・ブリュンチエール「両世界評論」で活躍【仏】
ゴーティエ『文学的肖像および追想集』【仏】
H・ジェイムズ,「ロデリック・ハドソン」を「アトランティック・マンスリ」に連載【米】

人名辞典 ドイツのリリエンクローン

F・リリエンクローン『ドイツ人名辞典』の刊行はじまる【独】
ブランコ・ミニョ『小説集』【葡】
クリッチュ,グラビヤ印刷製版機を完成【墺】
イギリスの文盲率17%,ロシア79%,イタリア52%,スウェーデン1%【欧】
第1回ケンタッキー・ダービー開催【米】
東京書籍館(のちの帝国図書館)開設【日】
宝玉堂書店,自家用活版印刷工場設置【日】
永峰秀樹訳『暴夜物語』,『アラビアンナイト』部分訳)【日】
『平仮名絵入新聞』(続き物の初め)【日】

金港堂書店 明治の代表的版元

金港堂書店の創立【日】

錦絵新聞

錦絵新聞が多数発刊される【日】
木村屋,アンパンを製造【日】

トム・ソーヤーの冒険

1876 トウェイン『トム・ソーヤーの冒険』【米】

マラルメ

マラルメ『半獣神の午後』【仏】
ゾラ『ナナ』【仏】
ポール・ブールジェ『文学生活』【仏】
P・ラルース『19世紀世界大辞典』全15巻完成【仏】
ネクラーソフ『誰にロシアは住みよいか』『現代人』【露】
J・K・ユイスマンス『マルト』でゾラの一派に参加【仏】
H・ジェイムズ『ロデリック・ハドソン』【米】
メルヴィル『クラレル』詩集【米】
トルストイ『アンナ・カレーニナ』【露】
ビョルソン『破産』【諾】
ミストラル編『フェリブリージュの珠』(南仏語辞典)【仏】
J・ゴビノー『アジア小話集』【仏】
アレクサンドリアで「アル・アハラーム」誌創刊【埃】
イタリア初の日刊紙「コリエーレ・デラ・セーラ」創刊【伊】

図書十進分類法

図書館員メルビル・デューイ,十進分類法を創始【米】
チャールズ・カッター「辞書体目録規則」【米】
ザッヒャーホテルのオープン【W】
トマス・リプトン,食品店開く(ニューヨークのデパートの販売権取得)【英】
A・スポルディング,スポーツ用品の製造事業(78,公式野球ガイドを編集)

バドワイザー ビール・コンクール

百年記念博覧会でバドワイザー,ビールコンテストで優勝(鉄道輸送に冷凍車使用)【米】
◉ H・ハインツ,トマトケチャップ発売【米】
和田文「書語口語同じを欲するの説」【日】

ゾラ

1877 雑誌「19世紀」創刊【英】
ゾラ『居酒屋』【仏】
フローベール『聖アントワーヌの誘惑』,ツルゲーネフ,ゾラ,ゴンクールらがフローベール家に集う【仏】
J・トムソンとA・スミス,『ロンドンの街頭生活』を刊行【英】
バトモア『未知のエロス』【英】
ツルゲーネフ『処女地』【露】

蒸気機関が採用されて以来、手織機織物業者の生活のなかには苦痛にみちた変化がおこった。彼らの労働は蒸気機関のもとにうちくだかれたのだ。
フィリップ・ギャスケル

1878
明治11

詩人クロスの録音科学とフレーゲの概念記法、最も早期の情報科学技術の発露であった。

ビスマルクとディズレーリ

自由民権運動

ボルチモア・オハイオ鉄道のストが、全国的鉄道ストに発展【米】
英・マダガスカル間に通商条約調印(奴隷解放)
スルタンのアブドゥル・ハミト2世、宰相ミドハト・パシャ罷免(専制政治へ)【土】
第1回トルコ会議【土】
清国の新疆進出阻止を英国に要請【土】
北ボルネオの開発はじまる【英】
海軍建設のため留学生30人を英・仏に派遣【清】

西南戦争 西郷隆盛敗北
西南戦争おこる【日】
自由民権運動・国会開設運動の抬頭【日】
万国郵便連合条約加盟【日】

1878 米最高裁判所、鉄道での人種差別禁止法に違憲判決【米】
ビスマルクの保護関税政策【独】
社会主義鎮圧法の発布【独】
10年戦争終結(独立失敗)【キューバ】
グリーンバック労働党結成(銀貨の自由鋳造、8時間労働制)【米】

ベルリン会議

アドリアノープル休戦
露・土間にアドリアノープル休戦協定、サン・ステファン条約調印(大ブルガリア国家創設)
ベルリン会議(サン・ステファン条約破棄、モンテネグロ・セルビア・ルーマニア独立、オーストリアのボスニア・ヘルツェゴビナ併合)
「プレズレン連盟」結成(モンテネグロの抵抗)【アルバニア】
◉ ヨーロッパ全土に農業不作はじまる【欧】
トルコに宣戦布告【希】

アフガン戦争②
第2次イギリス・アフガン戦争(～80)
アルメニア人ヌーバール・パシャ内閣成立(蔵相、公共事業相は英仏人)【埃】
レセップスにパナマ運河建設権を付与【コロンビア】
中央アフリカ開発国際協会のベルギー委員会、高コンゴ研究委員会に改組される
日本の第一銀行、釜山に支店開設【鮮】
東京株式取引所が開設【日】
東京と大阪に商法会議所【日】
参謀本部独立(メッケル参謀来日指導、ドイツ式へ転換)【日】

1879 自由貿易主義放棄(農・工業品保護)【独】

独墺二重同盟
ドイツ・オーストリア同盟締結
土地同盟結成(英からの独立運動へ)【愛】
ペテルブルグ、モスクワ、キエフ、ワルシャワ、オデッサに戒厳令【露】
東南アフリカのズールーランドに侵入(ズールー族と戦争開始)【英】
イギリスの保護国となる【アフガニスタン】
アル・アフガニー、カイロからイスラム改革運動を支配【埃】
エジプトの民族主義者、エジプト国民党宣言を起草(「祖国憲章」議会、責任内閣制)【埃】

レセップスのパナマ運河会社
レセップス、パナマ運河会社設立【仏】
硝石をめぐるチリ対ペルー・ボリビアの戦争はじまる(～83)
ロシアとイリ通商条約【清】
釜山開港【鮮】
沖縄藩を沖縄県に【日】
前アメリカ大統領グラント来日【日】

銀行の抬頭

モルガン民族学

ランゲ『論理的研究』【独】
F・アヴェナリウス編集「科学的哲学季刊」【独】
フェヒナー『精神物理学の諸事実について』【独】
A・アクサコフ、ロシアの初の心霊実験【露】
F・リヒテンベルガー編集『宗教学百科全書』(13巻～82)【仏】
モルガン『古代社会』(インディアンの生活史)【米】
リヒトホーフェン『中国』全7巻(～1911)【独】
ダーウィン『幼児の伝記的スケッチ』【英】
モース【米】、大森貝塚を発見【日】
尾崎行雄『社会静学』(スペンサー)を『権利提綱』として抄訳【日】

島地黙雷 浄土真宗改革
島地黙雷、大教院を廃止させる【日】
田口卯吉『日本開化小史』【日】
第1回内国勧業博覧会開催(電話機を初輸入)

1878 ロシア労働者北部同盟結成【ペテルブルグ】
クロポトキン編集「革命的新聞」【露】

クロポトキン

テロリズム出現
テロリズムはじまる(キエフ団の「ブンタリ」ペテルブルグ知事狙撃)、ヴェーラ・ザスリッチ、「ナチャロ」を秘密出版【露】
チェコ社会民主党結成【プラハ】
ビスマルク、世界初の社会保険制度導入【独】
ランカシャー紡績労働者12万人、10%賃下げにスト【英】
労働騎士団成立【米】
シュモラー編集「国家学社会科学研究」【独】
ウェスタン・ユニオン社、電話から手を引き、ベル電話会社、通信部門から手を引く【米】
W・ヴィンデルバント『近代哲学史』2巻【独】
G・E・ミュラー『精神物理学の基礎』【独】
ブラヴァツキー夫人、ボンベイに神智学協会本部を設置【印】
M・ミュラー『宗教の始源と発展』【英】
R・スティーブンソン『内陸旅行』、H・スタンリー『暗黒大陸横断記』【英】

田口卯吉 開化史と古典集成
田口卯吉『自由貿易日本経済論』【日】
西周『奚般氏心理学』(日本初の心理学書)【日】

1879 「土地と自由」派分裂、「人民の意志」派が組織される【露】
ソロヴィヨフの冬宮爆破計画発覚【露】
ニーチェ『人間的な、余りに人間的な』【独】
トライチュケ『19世紀ドイツ史』(～91)【独】

ベーベル婦人論
A・ベーベル『婦人論』【独】
アルフレッド・マーシャル『産業経済学』(Economicsを表題に使用)【英】
ジョセフ・デルブーフ、「ルヴェ・フィロゾフィック」で夢の研究の一覧表作成【仏】
「クリスチャン・サイエンス」のメリー、ボストンでマザー・チャーチをつくる【米】

ボストン中心に電話会社乱立(149社)【米】
エドワード・モース『大森介墟古物語』【日】
イギリスで小包郵便はじまる【英】
メトロポリタン生命保険、小口保険を開始(大衆保険の草分け)【米】
エトナ生命保険会社の創立【米】
福田会育児院設立(各宗派僧侶が発起、孤児院の初め)【日】
植木枝盛『民権自由論』【日】
「東京経済雑誌」創刊【日】

パリ博③

拡大する情報

ベーベルの「婦人論」、イプセンの「人形の家」、しだいに女性の権利をめぐる議論が出はじめる。

電気の革命	印象派と都市	自然主義と新聞

1878

電気の革命

P・マンソン『熱帯病』(熱帯病学の父)【英】
W・ブランカ,火山の研究【独】
スキャパレリの火星運河説【伊】,A・ホール,火星衛星発見【米】
T・エジソン,電話器を改良,蓄音機(フォノグラフ)発明【米】

シャルル・クロスの録音技術論

シャルル・クロス,録音技術の論文を科学アカデミーに送る【仏】
G・ハバード,ベル電話会社設立【米】
ヒューズ,炭素マイクロフォンの発明【独】
シーメンス,交流送電と直流送電について講演【英】
アメリカ自然博物館の開館【NY】
博愛社設立(日赤の起源)【日】

エジソンの電球

1878 エジソン,白熱電球を発明し「エジソン電燈会社」を組織【米】
ベルナール『生命現象に関する講義(内部環境)』【仏】
マクスウェル『精神物理学』【独】
ファント・ホフの空間内化学の研究【蘭】
ウィルヘルム・キューネ,酵素概念を統一【独】

トマス製鋼法

シンディー・トマス,鉄鋼協会でトマス製鋼法を発表(注目されず)【独】
ロバート・コッホ,破傷風菌を発見【独】
「エレクトリシアン」(1861創刊),電気工学者の中心的雑誌となる【英】
ブラッシュ,高圧直流発電機を開発(街路照明にアーク灯可能に)【米】
ジョージ・ヒル,月の運行表作製【米】
A・ハイム『山の生成の機構』【瑞】
ロッシ【伊】とフォーレル【瑞】,地震強度を10段階に分類
ドイツ医H・ギールケ,解剖学・組織学を講義【日】

1879 エドウィン・ホール,電流磁気横効果の発見【米】,ジョセフ・シュテファン,輻射エネルギーの法則を発見【墺】
ジーメンス,電気機関車をベルリン博で発表【独】
ケルヴィンとテイト「メカニクスとダイナミズムの原則」【英】

ガワーベル電話

ガワー【英】発明の送話器とベル電話機を組み合わせ,ガワーベル電話機を製作【米】
カリフォルニア電燈会社(アメリカ初の電気販売),ブラッシュ発電機を使用【米】
モーゼル兄弟,自動式ピストルの発明【独】
マックス・ニッツェ,膀胱鏡の創案(近代泌尿器学の基礎),ナイサー,淋菌の発見【独】
フェールベルグとレンズメン,サッカリン合成【米】
A・コッセル,核酸研究開始【独】
O・レイノルズ,流体力学を研究(レイノルズ数導入)【英】
カントール,「直線上の可一無限集合について」発表【丁】

フレーゲ概念記法

フリードリッヒ・フレーゲ『概念記法』【独】
クリーブランド・アッベ,世界を「4標準時帯」に分ける【米】
ホレリス,統計調査室に在籍【米】

ファーブル昆虫記

ファーブル『昆虫記』(～1910)【仏】
万国電信条約に加入【日】

印象派と都市

バルトルディ,「自由の女神」の雛形をパリ万博に出品【仏】
ジュゼッペ・メンゴーニ設計[ヴィットリオ・エマヌエレ2世ギャラリー]【ミラノ】
ウォーターハウス設計[マンチェスター市庁舎](ネオ・ゴシック)【英】
タディアス・ハイアットの鉄筋コンクリート理論【NY】
エジプトのオベリスク(クレオパトラの方尖塔)を移送【英】
ラスキン,古代記念物保存協会創設【英】
モリッツ・ヤッフェ兄弟,新聞に網版使用【W】

鮭 高橋由一

高橋由一画[鮭]【日】
上野彦馬,西南の役を撮影(政府依頼)【日】
キヨソネ,石版画制作と浮世絵を収集【日】

ガウディ登場 カサ・ビセンスに着手

1878 ガウディ,[カサ・ビセンス]に着手(～88)【西】
バスティアン・ルパージュ画[乾草]【仏】
バーン・ジョーンズ画[廃墟の中の愛]【英】
ハンス・マカルト画[カール5世のアントウェルペン入城]【墺】
デュレ『印象派の画家たち』【仏】
アルベルト・ベッカー曲[大ミサ曲変ロ短調]【独】
ドヴォルザーク曲[スラヴ舞曲]【チェコ】
クララ・シューマン,フランクフルト・アム・マイン高等音楽院(ラフ創立)で教える【独】
モリス『装飾美術,その近代的生活と進歩との関係』【英】
オールコック『日本の芸術とその産業』【英】
マイブリッジの連続写真,「ラ・ナチュール」誌に掲載(動物と人間の運動を2万枚の写真に記録)【P】
俳優ヘンリー・アーヴィング,国立劇場の必要性を強調【英】
ホワイト,ブルックリンに最初の庶民住宅設計(フィールド&サン社,デザイン担当)【米】
ビング,中国陶磁器展を開催【P】
クリーチェ,グラビア印刷に成功【チェコ】

起立工商会 パリ支店開店

起立工商会,パリ支店開く(万博で美術工芸品を展示即売)【日】
◉ 三代目杵屋正次郎の長唄と元禄花見踊【日】

フェノロサ来日

◉ フェノロサ,東京大学で講義はじめる【日】

ルドン

1879 マックス・クリンガーのエッチング作品【独】
ルドン画集[夢の中で](石版画)【仏】
ドガ作[14歳の踊り子]【仏】
ゴーギャン,小彫刻を出品(ピサロの紹介)【仏】
チャイコフスキー[エフゲニ・オネーギン],モスクワ音楽院で上演【露】
ギルバートとサリバン歌劇[ペンザスの海賊]【NY】
J・ブランド曲[月明りの夕べに][オー・デム・ゴールデン・スリッパーズ]【米】
ジョージ・グローヴ『音楽辞典』【英】
英国王立美術院の展覧会に40万人【英】
W・アンズワース設計[シェイクスピア記念劇場](ストラトフォード)【英】
G・ギルバート・スコット設計[エディンバラ大聖堂]【英】
建築家ブルマン・ソロン,造園家メサン・バレットにニュータウン計画依頼(アメリカ初めての全都市計画)【米】
H・マカルト,皇帝成婚25周年記念式典を演出【墺】
◉ このころ湿式コロジオンから乾式への変換急速化(瞬間写真術が大衆に解放)【英】

月岡芳年

月岡芳年画[大日本名将鑑]【日】

自然主義と新聞

ヘンリー・ジェイムズ

H・ジェイムズ『アメリカ人』【米】
ゲオルク・エーベルス『我は人なり』【独】
◉ このころより「自然主義一派」の呼称流行【仏】
カルドリゥッチ『蛮歌』【伊】
ブランデス『デンマーク作家論』『キルケゴール』【丁】
イギリス図書館協会発足【英】
クロウズ商会,カクストン祭典に電動植字機出品【英】
ボストンの「グローブ」紙に最初の電話によるニュースが送られる【米】
ジョンズ・ホプキンズ大学で最初の大学出版部を設置(「アメリカン・ジャーナル・オブ・マスマティックス」刊行)【米】
『花月新誌』創刊【日】
グラフィック誌「団々珍聞」創刊【日】
山高帽(ナベ帽)普及,メリヤス製造激増【日】

1878 スウィンバーン『詩と民謡』【英】
モーリ編『イギリス文人叢書』刊行【英】
フォンターネ『嵐の前』【独】
ケラー『チューリヒ短編集』【独】
トマス・ハーディ『帰郷』【英】
ポール・ブールジェ『エデル』【仏】
エクトル・マロ『家なき児』【仏】
エミール・ギメ『日本散策』,ギメ博物館を設立【仏】
◉ 「メダンのグループ」ゾラのもとに会合【仏】
「バイロイト新聞」刊行はじまる【独】

速記屋クレファン

法律判決録速記者ジェームズ・クレファン,チャールズ・ムーアに植字複製機械の考案依頼【米】
砂糖王ヘンリー・テート,角砂糖発売【英】

スポーツの(英)土曜観戦定着

ダービーやプロフットボール観戦が,土曜の午後の娯楽に定着【英】
メンシンガー,避妊具創案【蘭】
文康『児女英雄伝』,兪吟香『青楼夢』【清】
川島忠之助訳『新説八十日間世界一周』(ヴェルヌ)【日】
毒婦小説流行【日】
和田篤太郎,春陽堂をおこす【日】
風月堂,アイスクリームを試作【日】
銀座に広告引札屋開業【日】

1879 エドウィン・アーノルド『アジアの光』(仏教教義説いた無韻詩)【英】
ゾラ『ナナ』【仏】
ラングとブッチャー共訳『オデュッセイア』【英】
G・メレディス『利己主義者』【英】
ドーデ『亡命の王者』【仏】
H・ジェイムズ『デイジー・ミラー』【米】

ナナと人形の家とカラマーゾフの兄弟

ドストエフスキー『カラマーゾフの兄弟』(～80)【露】
ガブリエレ・ダヌンツィオ『早春』(16歳,処女詩集)【伊】
カラジャーレ『嵐の夜』【ルーマニア】
ロデンバック『哀惜詩集』【白】
イプセン『人形の家』【諾】
ストリンドベリ『赤い部屋』【典】
鉄道王バンダービルト,ギルモア・ガーデンをマディソン・スクウェア・ガーデンと改称する【NY】
◉ エド・ハリガンとトニー・ハートのボードビルショウ,コミック座を席巻【NY】

ソシュール言語研究

フェルディナン・ド・ソシュール『インド・ヨーロッパ諸国における原初の母音体系についての覚え書』【仏】

朝日新聞 村山龍平 上野理一

朝日新聞創刊【日】

新聞は群衆に対してはおべっかであり、個人に対しては暴君である。
アンブロウズ・ビアーズ

電信と電話、新聞と雑誌の発達はついに初の情報通信社UPをつくる。

国家と企業
1880〜1889

この時代を代表する二人の女性。ナイチンゲールとサラ・ベルナール、

1880 明治13

ビスマルク体制

1880

アイユーブ,アフガン戦争で英印旅団に勝利【アフガニスタン】

グラッドストン内閣❷

第2次グラッドストン内閣誕生(近代政治技術の開始)【英】

ステファン・ハルトゥリン,冬宮内ツァー専用食堂爆破事件【露】

ロリス・メリコフ伯首席の最高行政委員会設置(権力を集中,革命運動闘争に備える)【露】

アイルランドで暴動続発【愛】

タヒチ島を併合【仏】

ジュール・フェリー内閣成立【仏】

カナダ自治領誕生の主導者ジョージ・ブラウン暗殺【加】

コロラド州デンバーで反中国人暴動(70年代から90年代にかけて西部都市で頻発)【米】

ボーア戦争❶

第1次ボーア戦争,トランスヴァール共和国反英反乱【南ア】

米と移民条約,独と修交条約締結【清】

元山開港【鮮】

国会期成同盟

国会開設請願「国会期成同盟上願書」署名者数約10万人(その他を含め24万余人に)【日】

大隈重信,伊藤博文,井上馨ら各参議,立憲制採用案を個別に提出(〜81)【日】

1881

三帝協商と三国同盟

チュニジア占領(フランスの植民的冒険主義復活)【仏】

独・墺・露三帝協商成立

朝鮮閔氏政府,紳士遊覧団を派遣(日本の開化情況と世界情勢の調査)【鮮】

ビスマルクによる社会政策の施行(社会主義鎮圧,新経済政策に関連して)【独】

イリ条約を清と締結【露】

アレクサンドル2世暗殺(2カ月後に事件関係者5人絞首刑,人民の意志派崩壊)【露】

ルーマニア王国成立

セルビア,オーストリアと秘密同盟条約締結

社会民主同盟(SSDB)結成【蘭】

アラビ・パシャ

アラビ・パシャの反乱,アフマド・オラービー指導の独立運動など民族主義昂揚【埃】

レセップス,パナマ運河工事に着手【埃】

ムハンマド・アフマド,聖戦を宣言【スーダン】

ガーフィールド大統領暗殺【米】

英印軍の完全撤退【アフガニスタン】

自由党と玄洋社

頭山満ら玄洋社を創設【日】

松方正義,大蔵卿就任(大規模デフレ政策を推進)【日】

板垣退助ら自由党結成【日】

1882

壬午事変(朝鮮兵による反日的反乱)【鮮】

国民党政府の樹立【埃】

英のエジプト占領

エジプトへのイギリス単独出兵,保護国化(ビスマルクの英仏共同干渉は実現せず)【英】

ベトナムの第2サイゴン条約(紅河通商路の開放)不履行,トンキンに派兵【仏】

探検家ブラザ,コンゴ川スタンリ・プール右岸の首長から主権委譲(フランス領有宣言)【仏】

米・英・独と通商条約締結【鮮】

独・墺・伊三国同盟結成

リンツ綱領(対独関税同盟,大ドイツ主義)【墺】

セルビア,王国宣言

中国人入国禁止法を制定【米】

資本主義の成長

1880

ミルトン・ジョージ,シカゴで農民団体を結成(のちの北西部同盟)【米】

南カリフォルニア大学設立【米】

空想から科学へ

エンゲルス『空想から科学へ』【独】

黒い割替派の指導者プレハーノフら亡命【露】

ミラノに職工党結成(〜86)【伊】

ニーチェ『漂泊者とその影』【独】

パウル『言語史原理』【独】

◉ 農民・都市労働者・スラヴ系諸民族,自由派に対抗し大衆政党を結成【墺】

ジョアキン・ナブコ,ブラジル奴隷制反対協会を設立【ブラジル】

ソロヴィヨフ ロシア型世界国家主義

神秘主義者ウラジミール・ソロヴィヨフ「抽象的原理の批判」(神人論的論文)【露】

元山津に日本僧奥村円心,布教【鮮】

官営釜石製鉄所,製鉄作業の開始【日】

外山正一『民権弁惑』【日】

『新約聖書』日本語訳完成【日】

1881

スタンダード石油トラスト

労働組合同盟結成(AFLの前身)【米加】

ヘンリー・ジョージ訪英(〜82,社会主義改革への関心を促す)【米】

黒人のブッカー・ワシントン,タスキーギ実業師範学校設立【米】

クララ・バートン,米赤十字社設立【米】

社会主義政党「プロレタリアート」結成【波】

マーカス・デリー,アナコンダ・シルバー・マイン設立(銀・銅の採掘)【米】

ウェスタン・ユニオン会社,電信2社合併【米】

シカゴ・トリビューンの記者,ロックフェラーのスタンダード石油トラストを攻撃【米】

プルマン・タウン

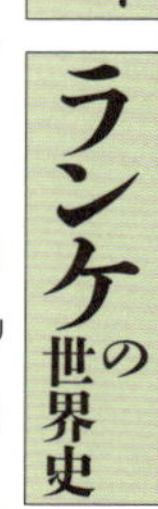

企業家プルマン,シカゴ郊外に「プルマン・タウン」建設【米】

ランケ『世界史』(〜88)【独】

チャールズ・ラッセル(ものみの塔設立者)『思考の糧』【米】

リス・デヴィッド,パーリ聖典の組織的出版開始【英】

ハインドマン『万人のためのイギリス―民主主義の教科書』【英】

タイラー『人類学:人間と文化の研究入門』【英】

ヘルマン・ロッツェ『心理学』【仏】

社会民主主義者

ベルンシュタイン編集「社会民主主義者」【独】

ゲオルグ・フォン・シェーネラー,民族主義的結社「ドイツ人民党連合」の声明公表【墺】

クロポトキン訪英【露】

松島剛訳『社会平等論』(スペンサー)【日】

1882

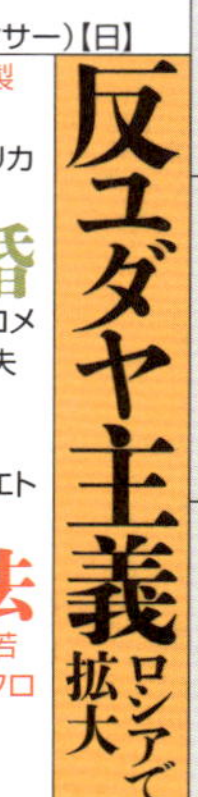

スタンダード石油トラスト,全米製油の90%(独占資本主義)【米】

スペンサー,アメリカ訪問(アメリカにスペンサー・ブーム)【英】

ニーチェの求婚

パウル・レー,ニーチェ,ルー・ザロメをローマで知る(ニーチェ,求婚失敗)【独】

チェコ国民大学設立【チェコ】

カトルファジュ,アミ『クラニア・エトニカ』(骨学集成)【仏】

ブロイアー療法

ヨーゼフ・ブロイアー,催眠術で若い女性ヒステリー患者を治療(フロイトに報告)【墺】

1880

電気の革命

ベル電話会社

1880

ピエール・キューリー,ピエゾ圧電気に関する法則【仏】
カール・エーベルト,腸チフス菌の発見【独】
パストゥール,化膿菌を発見【仏】
ラベラン,マラリア病原虫の発見【仏】
アルベルト・ラーデンブルク,ロート根からスコポラミン単離【独】
ハンゼンとヘンリック,レプラ菌確認【独】
物理学者ジョン・ミルン,地震計発明【英】
コッホ,偶然から炭疽病のワクチン発見【独】
フランシス・バルフォア『比較発生学』【英】
エルンスト・ベルクマン『脳外科書』【独】
ネットー『日本鉱物編』【独】

デュ・ボア・レーモン

デュ・ボア・レーモン『宇宙の7つの謎』【独】
エジソン,竹製フィラメント電燈製造【米】
◉ アメリカ内務省統計調査室,計算の自動化を迫られる【米】
フォール,電池極板用開放型格子を考案【仏】
ル・アーヴルなど主要港で電信機による週1回の時間同期を行う(時間の統一化)【仏】
フォールズ,個人の識別に指紋の応用を考案【英】
ベル電話会社設立【米】
ドイツ帝国逓信省設立(私企業の国営化)【独】
天津水師学堂開設(科学技術者養成機関)【清】
工部省電信局,横浜〜神戸に二重電信機設置(相互同時通信)【日】
東京馬車鉄道設立【日】

1881

湯目補隆『泰西医学書』【日】
日本地震学会設立(外国人80%)【日】
電気学者,第1回国際会議(共通回路図記号を促す)
クチェロフ,アセチレンからアセトン,アセトアルデヒド合成【露】
ハンニング,炭素粒送話機の発明【英】
ドイツ博物館設立の推進者,オスカー・フォン・ミラー,イギリスから帰国【独】
アルバート・マイケルソン,光速度測定のための精密干渉計考案【米】
ウィルヘルム・ルー,実験生物学を創始【独】
コッホ,ゼラチン培地による細胞の純粋培養法開発【独】

ナウマン フォッサマグナと中央構造線

E・ナウマン,旧象を鑑定記載【独】
アウグスト・アレニウス,電解質溶液電導率の測定【典】
パストゥール,狂犬病予防法の発見【仏】
カルロス・ジョアン・フィンレー,黄熱病原の蚊伝染を指摘【キューバ】
ジェーム・フェラン,コレラに有効な血清を発見【スコットランド】
キュナード汽船のセルビア号就航,世界初の鋼製外洋定期船【英】
安宗洙『農政新論』【鮮】
品川工作分局,板ガラス試作開始,セメント製造会社(小野田セメント前身)設立【日】
箕作佳吉,渡英(ケンブリッジ大学バルフォアの許で動物発生学研究)【日】

コッホと結核菌

1882

コッホ,結核菌を発見【独】
エジソン電灯会社,世界初の発電所ロンドンに,ニューヨークに中央発電所設立【英米】
クロッカー&カーティス電動機会社の主任技師,扇風機考案【米】
シーリー,電気アイロンに特許【米】
ミュンヘン博覧会でフランス人物理学者デプレ,57キロの直流送電の公開実験【独】

AEG社 エミール・ラテナウ

電気機械製造会社(AEG)の設立【独】

都市と芸術

1880

アルノルト・ベックリン画[死の島]【瑞】
ジョーンズ画[黄金の階段]【英】
モロー画[ガラテア]【仏】
クリンガー画[イヴと未来]【独】
◉ ドガ画[ダンスの試験]【仏】
シャルパンティエの近代生活画廊でマネ,モネ個展開催(以後個展が一般化)【仏】
第5回印象派グループ展(セザンヌ,ルノワール,モネ,シスレーは不参加)【仏】

クロノフォトグラフィ

生理学者ジュール・マレイ,クロノフォトグラフィを考案【仏】
オットマール・アンシュッツ,瞬間写真実現(フォーカルプレーン・シャッター)【独】
◉ クリストファー・ドレッサー,金属製家庭用品をデザイン【英】
ワーニック,ユニット式本棚考案【米】

ティファニーのガラス

ティファニー,ファブリル・ガラス(真珠光沢)の特許取得【米】
ケルン大聖堂の完成(建設開始後634年目)【独】
オットー・ヴァーグナー,ユートピア的博物館都市アルティヴスの見取図作成【墺】
作曲家カルロス・ゴメス活躍【ブラジル】
サラ・ベルナール,コメディ・フランセーズを去る【仏】
グラン・ブルヴァール街に26の大劇場(ヴォードヴィル多数)【P】

サラ・ベルナール

小林清親 洋風木版画

小林清親画[両国花火之図]【日】
初の美術誌「臥遊席珍」創刊,主幹高橋由一【日】
京都府画学校開校【日】
内務省博物局,第1回観古美術会開催【日】
宮内省式部寮雅楽課曲[君が代]【日】
九条道孝,前田斉泰ら能楽社設立【日】

1881

マネ画[フォリ・ベルジェールの酒場]【仏】
ユージェーヌ・ブーダン画[ノルマンディー海岸]【仏】
ルノワール画[ボート乗りの昼食]【仏】
第6回印象派グループ展(ゴーギャン画[裸婦習作]ユイスマンスから激賞)【仏】
ルドン,近代生活画廊で個展【仏】
アリスティード・マイヨール,パリの美術学校で絵画を学ぶ【仏】
マイブリッジ,ズープラキシコープ発明(1秒32コマ)【英】
モリス,敷物工場設立【英】
河鍋暁斎画[花鳥]【日】
小山正太郎画[仙台の桜]【日】
チャイコフスキー曲[交響曲第2番ハ短調,小ロシア]初演【露】

ルノワール

ボストン交響楽団

ボストン交響楽団創立【米】

ホフマン物語 オッフェンバック作曲

オッフェンバック曲オペレッタ[ホフマン物語]初演【仏】
常時給水の水道普及率53%に【L】
2世新七[島衛月白浪]初演(以後,黙阿弥を名乗り,門弟竹柴金作が3世新七に)【日】

1882

エルンスト・ヨゼフソン画[裸婦]【典】
アドルフ・フォン・ヒルデブラント作[ディオニソス]【独】
モリス『芸術への希望と怖れ』【英】
A・H・マクマード(モリスの後継者),ギルドを組織【英】
仏人画家ジョルジュ・ビゴー来日【日】
フェノロサ,講演録基礎に「美術真説」発表【日】
五姓田義松,パリでサロンに入選【日】
小山正太郎「書は美術ならず」発表,岡倉天心が反論【日】

言葉・通信・流行

モーパッサン

1880

ファン・デ・モンタルボ『弾劾文』【エクアドル】

マラルメ火曜会とメダンの夕べ

マラルメの火曜会が有名に【仏】
ゾラ『実験小説論』(ベルナール実験医学からの影響)【仏】
ゾラ中心のグループ『メダンの夕べ』刊行【仏】
ギィ・ド・モーパッサン『脂肪の塊』【仏】
ケラー『緑のハインリヒ』【独】
コンラート・マイアー『聖者』【瑞】
カルロ・コルローディ『ピノキオの冒険』【伊】
メネンデス・イ・ペラーヨ『スペイン異端学者史』(近代スペイン最大の文学史)【西】
カール・シュピッテラー叙事詩『プロメーテウスとエピメーテウス』【瑞】
ヘルマン・バング『希望なき世界』【丁】
文芸誌「ダイヤル」創刊(〜1929)【米】
リュー・ウォレス『ベン・ハー』【米】
ランボー,アデンに到着(以後エジプトなどで交易に従事)【仏】
ガルシン『夜』『アタレア・プリンケプス』【露】

教材地図 ランド・マクナリー社

地図出版のランド・マクナリー社,学校用の壁地図,地球儀の発行開始【米】
戸田欽堂『情海波瀾』(政治小説の嚆矢)【日】
ローンテニスが流行【英】
囲碁,謡曲がさかんに【日】

ヴェルレーヌ

1881

ゾラ『演劇における自然主義』【仏】

シャノワール開店

文学キャバレー「シャノワール」開店【仏】
ヴェルレーヌ『叡知』【仏】
フローベール『ブヴァールとペキシュ』【仏】
ヴェルガ『マラヴォリア家の人々』【伊】
ジュール・ラフォルグ,ドイツ皇帝アウグスタの講書係に(自ら悲劇的仏教徒を称号)【仏】
ホセ・エチェガライ『大いなるなかだち』【西】
アナトール・フランス『シルヴェストル・ボナールの罪』(出世作)【仏】
文芸誌「若きベルギー」創刊(〜97)【仏】
ヴェルレーヌ,モリス,モレアスらによるイドロパットの会成立【仏】
ガブリエーレ・ダヌンツィオ『新しき歌』【伊】
ゲオルク・マイゼンバッハ,書物図版の網目腐食版を発明(ハーフトーン可能に)【独】
アントニオ・パニッツィ,著者名アルファベット順目録の刊行(〜1905)【英】

カッター目録

UP通信

チャールス・カッター,ボストンアセニュウム図書館分類法を整備(カッター目録法)【米】
「ロンドン・イブニング・ニューズ」発刊【英】
アメリカ合同通信社(UP)設立【米】
「東洋自由新聞」創刊【日】
杉浦重剛,千頭清臣ら「東洋学芸雑誌」【日】
OK牧場の決闘【米】
バーナード・ショー,菜食主義を唱える【英】

1882

ヴィクトル・リュドベルイ『第一詩集』【典】
テオドール・フォンターネ『姦通者』【独】
グレーブ・ウスペンスキイ『土地の力』【露】
ニコライ・ミハイロフスキー『残酷な才能』(ドストエフスキー論)【露】
ウォルター・スキート『英語語源辞典』【英】
アンリ・ベック戯曲『鴉の群』(7劇場,11人の舞台監督が上演拒否)【仏】
ロバート・ルイス・スティーヴンソン『新アラビア夜話』【英】

良書を作り売り出せば、自分の利益になるばかりか国家を益することにもなり、業運の発展も無限である。
三省堂創業者亀井忠一『万喜子刀自追想録』

この時代、ヨーロッパ各国は関税政策に腐心する。仏伊間の関税戦争は保護貿易主義の落とし子であった。

フェビアン協会は、世の中が情報社会であり、それゆえ「調査」が必要であるという視点をもたらした。

国家と企業

帝国主義と列強

1883
明治16

アパッチ族の反乱へ

アパッチ族の反乱(アパッチ戦争~86)【米】
アフマド・オラービー,英軍に逮捕されセイロンに流刑【埃】
軍人勅諭を発布【日】
伊藤博文,憲法調査のために渡欧【日】
大隈重信ら,立憲改進党を結成【日】

松方財政へ 日本銀行条例

日本銀行条例制定(10月開業)【日】
集合条例改正追加(自由民権運動の弾圧)【日】
福島事件(自由党幹部ほか逮捕者2000人)【日】
外務卿井上馨,10カ国公使を集め列国共同会議(条約改正予議会)【日】

1883

クローマーのエジプト統治

インドシナ侵略の推進【仏】
保護関税制の確立【米】保護関税法の公付【露】
イルバート法案問題を契機にスレーンドラナート・バナルジーら,カルカッタで全インド国民協議会開催(反英民族運動に)【印】
クローマー,エジプト駐在総領事に(事実上のエジプト支配者)【英】
選挙における「腐敗および不法行為防止法」成立【英】

ユエ条約 グエン朝降伏

ユエ条約締結(ベトナム,グエン朝政府降伏,保護国化)【仏】
太平洋戦争の終結(ボリビア,ペルーへの侵略,硝石産地のアタカマ砂漠獲得)【チリ】
地方自治の実施(イギリス支配の藩屏として大小藩王国を残存させる)【印】
マフディー軍,英軍人率いる埃軍に勝利【スーダン】
鹿鳴館時代の開始(不平等条約改正のための欧化政策の一環)【日】

高田事件 北陸の民権運動挫折

高田事件(事件後,北陸地方の自由民権運動の挫折)【日】
言論取締り強化(新聞紙・出版条例)【日】

1884

清仏戦争

探検家スタンリー,コンゴ川左岸流域400人以上の首長から主権委譲【白】
ロシアと修好条約締結【鮮】
西南アフリカ植民地開設,トーゴーランドおよびカメルーン保護領化【独】
ヴァルデック・ルソー法成立(団結権の一部承認)【仏】
ベルリン西アフリカ会談,アフリカ分割討議(独・仏の呼びかけ,14カ国参加)【独】
社会民主党,国政参加【丁】

甲申の変 親日クーデター失敗

甲申京城事変(親日派独立党のクーデター,失敗に)【鮮】
アフリカの79.6%,ポリネシア42.1%,アジア5.1%がヨーロッパ列強の植民地に
清仏戦争開始(ベトナム支配を争う)
工場払下げ概則の規制緩和および廃止(払下げで特権的政商暗躍)【日】
宮中に制度取調局(国会開設準備推進)【日】

加波山・群馬・秩父事件

加波山事件(自由党員の非合法実力行動失敗,事件後自由党解散)【日】
群馬事件(デフレによる負債農民の困民党,借金党結成,暴徒化)【日】
秩父事件(秩父困民党の蜂起)【日】
華族令制定(国会開設後の上院構成準備)【日】

資本主義の成長

シェーネラー,急進的ドイツ民族主義者を糾合,反ユダヤ政治に導く(大ドイツ主義)【墺】
オーストリア改革連合設立集会開催(反ユダヤの演説多数)【墺】
ユダヤ居留地人への虐殺(ポグロム),これ以降拡大【露】
ブラヴァッキー夫人,アディヤールに神智学協会本部を置く【印】
広島紡績所,民間払下げ(紡績の普及)【日】
加藤弘之『人権新説』【日】

中江兆民 ルソー民約論

中江兆民訳『政理叢談』(ルソー民約論)【日】
天理教弾圧強化(甘露台の石,没収)【日】
天理教教祖中山みき「おふでさき」完成【日】
神道諸宗派の独立認可【日】

1883

メンガー経済学

メンガー『社会科学とくに経済学の方法に関する研究』【墺】
フランシス・ゴールトン『人間能力とその発達の研究』(精神検査法の探究)【英】
ジョン・シーリ『イギリス膨張史論』【英】
レスター・ウォード『ダイナミック・ソシオロジー』【米】
トマス・デイヴィッドソン,新生活友の会設立(共産共同体建設を議論)【英】
E・リースら新生活協会発足(女性自立,菜食の共同体)【英】
神秘家ウェストコットらイシス・ウラニア・テンプル設立(黄金の夜明け教団)【英】
A・P・シネット『秘伝仏教』出版【英】
ピッツバーグ板ガラス会社創立【米】
エミール・クレペリン『精神医学教科書』(精神病を躁うつ病と早発痴呆の2種に大別)【独】

ニーチェとニヒリズム

ニーチェ『ツァラトゥストラはかく語りき』執筆開始(~85)【独】
ヴィルヘルム・ディルタイ『精神科学序説』【独】
パウル・ドイセン『ヴェータンダ哲学のシステム』【独】
亡命者プレハーノフ,労働解放団設立【瑞】
中江兆民訳『維氏美学』(ヴェロン『エステティック』)【日】
ミューラー,南条文雄『無量寿経・阿弥陀経』のサンスクリット本刊行【日】

1884

エンゲルス『家族,私有財産,国家の起源』【独】
ゴールトン,万国衛生博覧会場に人間測定実験室設置(個人差の研究)【英】
ハインドマン,社会民主連盟結成【英】
社会民主主義者,無政府主義者を含むフェビアン協会第1次執行委員会の選出,フィリップ・ウィクスティード,経済綱領提出【英】

バーナード・ショーとフェビアン協会

バーナード・ショー,フェビアン協会加入【英】

バヴェルクの経済学

ボエーム・バヴェルク『資本と資本利子』【墺】
キングスフォード,ヘルメス協会設立【英】
ジョン・ラスキン『運命,この棍棒を持つ者』(社会主義的ユートピアの書)【英】
サン・ティーヴ『ユダヤ人の使命』【仏】
ポール・ブールジェ『現代心理学試論』【仏】
ウィーン大学創立【墺】
高齢労働者保険委員会設立【瑞】
人頭税廃止(工業化時代の幕開けでプロレタリアート誕生)【露】
レン・アンド・フィンク社,コカイン発売【米】
ジョン・ヘンリー・パターソン,ナショナル金銭登録機会社設立【米】
キリスト教迫害激化【越】
稲葉正邦,神道管長に就任【日】
丸山講み組の「世なおし騒動」さかん【日】

古典力学からの脱却

ダイムラー ガソリンエンジン

ヘルムホルツ,吸熱反応に着目(束縛エネルギー,自由エネルギー区別)【独】
フレミング『細胞物質,核,細胞分裂』(染色体を固定)【独】
ダイムラー,マイバハ,最初の実用的ガソリン機関に着手【独】
ハドフィールド,マンガン鋼発明【英】
クロス,ビーヴァン,ビスコース・レーヨン繊維を発明【英】

水力発電所

初の水力発電所,ウィスコンシン州アップルトンに開設【米】
高継良『西説内科全書』訳述【清】

カントール
マッハ力学

1883 エジソン,ラジオ用真空管発明【米】
コッホ,コレラ菌を発見【独】
クレープス,ジフテリア菌を発見【独】
ヴァン・ベネデン,染色体の縦裂を発見【白】
ワイスマン『遺伝について』(生殖質の連続性と獲得形質遺伝の否定)【独】
フッカー,ベンタム『植物自然科属大全』【英】
カントール『一般集合論の基礎』(超限基数の定義など)【独】
エルンスト・マッハ『力学』(ニュートン力学を批判)【墺】
ダイムラー,最初の自動車を製作【独】

サイエンス創刊

『サイエンス』誌創刊【米】
マキシム,完全自動機関銃を発明【英】
リンデ,冷凍装置付実験的屠殺場建設【独】
モース,石川千代松『動物進化論』【日】
東京気象台,天気図の発行(天気予報の開始)【日】
トーマス,ブラキストン,津軽海峡の生物境界線を提唱(ブラキストン線)【英】
伊沢修二訳『進化原論』(ハクスリー)【日】

パーソンズの蒸気タービン

1884 パーソンズ,最初の反動多段式タービンを作成【英】
ホプキンソン,開磁路構造変圧器特許取得【英】
電気電子工学協会(IEEE)設立【米】
陸軍大尉ルナール,9馬力飛行船の飛行に成功【仏】
ルドウィッヒ・ボルツマン,シュテファンの輻射法則を理論的に証明(シュテファン-ボルツマンの法則)【墺】

ケッペン世界気候型

ケッペン,世界気候を6型11区分に分類【独】
ウィルヘルム・ネーゲリ『機械的生理的進化説』(発生漸完原理)【独】
エドワード・トルドー,初めて結核外気療法を実施(トルドー・サナトリウム開設)【米】
ウィリアム・ハルステッド,コカインの麻酔性を発見【米】
ド・シャルドンネ伯爵,人造絹糸製造法の特許取得【仏】

グリニッジ時計

グリニッジ経度を標準時に採用
ミラルデ,ボルドー液を発明【仏】
左宗棠,甘粛省に羅紗製造所設立【清】
田代安定,ペテルブルグの植物学園芸学国際会議に出席【日】
松村任三編纂『日本植物名彙』(邦産植物2000種を学名のアルファベット順に配列)【日】

都市と芸術

ジュール・マレイ

マレイ,写真銃を考案(1秒間に12コマ撮影)【仏】

コンドルの設計

ジョサイア・コンドル設計[上野博物館]【日】
運輸技師マータ,幅600mの無限連続線状都市を提唱【西】

演出家サルドゥ

サルドゥ演出[フェードラ](サラ・ベルナール主演)【仏】
シカゴにケーブルカー設置【米】
ニューヨークの水洗設備のある住宅は2%【米】

1883 ルノワール画[雨傘]【仏】
ピュヴィス・ド・シャヴァンヌ画[貧しき漁夫]【仏】
ベックリン画[オデュッセウスとカリュプソー]【瑞】
ゴーギャン,株仲買人から画業に専念【仏】
モリスのデザインによる更紗木綿[エヴァンロード],芸術労働者ギルドを組織【英】

浮世絵人気(仏)

ジョルジュ・プティ画廊で浮世絵版画展【仏】
竜池会主催第1回日本美術縦覧会開催【P】
ブルックナー曲[テ・デウム,ハ長調]【墺】
グスタフ・マーラー,オルシュミッツ市立歌劇劇場指揮者およびカッセル王立歌劇場音楽・合唱監督に【墺】
スメタナ,精神錯乱【チェコ】
シュトゥンプフ『音響心理学』【独】
マックス・ブルッフ曲[コル・ニドライ](ヘブライの伝統的旋律を編曲)初演【独】
ヴァン・デ・ヴェルデ設計[ラール・ヌーヴォー]【P】
ジョセフ・ペレール設計[ブリュッセル高等法院](ネオ・バロック様式,66〜)【白】
テオフィール・ハンセン設計[ライヒスラート(国会議事堂)](74〜)【墺】
ブルックリンの吊り橋完成【NY】
コンドル設計[鹿鳴館]【日】
ユイスマンス『近代美術』を刊行【仏】
ブールジェ『美をめぐる対話』【仏】
ウィーン博覧会開催(電熱器,電気鍋,電気毛布など陳列)【墺】

1884 ドガ画[アイロンをかける女達]【仏】

スーラ 点描画と新印象主義

ジョルジュ・スーラ画[水浴](新印象主義)【仏】
ド・シャヴァンヌ画[聖なる森]【仏】
ジョン・シンガー・サージェント画[X(ゴートロウ)夫人像]【米】
デュボア・ピエ,シニャックらによって「アンデパンダン展」開始【仏】
A・T・ホワイトの建設協会,リヴァーサイド住宅建設(オープンスペースを設置)【米】
ヴァーグナー設計[オーストリア連邦銀行]【墺】
ジュール・マスネー曲[歌劇マノン]【仏】
ロダン作[ヴィクトル・ユゴーの胸像]【仏】
バルトルディ作[世界を照らす自由](自由の女神,合衆国へ寄贈)【仏】

オットー・ヴァーグナー

マクマード プリント・デザイン

マクマード,デザインの綿プリント[クローマーの鳥]【英】
ガウディ,ビラールから[サグラダ・ファミリア聖堂]の建設を引き継ぐ【西】
ニプコー,ニポー円板による走査方法【独】
ウォーカー,ロールフィルム写真術を発明【米】
呉大澂筆[古文字説],楊峴筆[易林語]【清】
狩野芳崖画[桜下勇駒図]【日】
フェノロサら,鑑画会創立【日】
黒田清輝,法律学研究を目的に渡仏【日】

言葉・通信・流行

ミュラー言語学

マックス・ミュラー『言語学講義』【英】
ホイットマン散文『自選日記』【米】
バンキム・チャンドラ『アノンドの僧院』(作中歌「バンデー・マータラム」独立運動歌に)【印】
外山正一,矢田部良吉,井上哲次郎『新體詩抄』(丸善発行)【日】
福沢諭吉「時事新報」創刊【日】
バーナム・アンド・ベーリー・サーカスの象,マディソン・スクウェア・ガーデンに登場【米】

嘉納治五郎の柔道

嘉納治五郎,柔術諸流を統合,柔道創始【日】
郵便条例制定【日】

宝島と女の一生

1883 スティーヴンソン『宝島』出版【英】
モーパッサン『女の一生』【仏】
ゾラ『御婦人方のパラダイス』(百貨店小説)【仏】
アルフォンス・ドーデ『伝道師』【仏】
ヴェルレーヌ『呪われた詩人たち』【仏】
ルナン『幼青年時代の思い出』(回想録)【仏】
エミール・ヴェラーレン『フランドル風物誌』(独創的詩篇)【白】
ペラーヨ『スペインにおける美的観念史』【西】
イプセン『民衆の敵』(社会劇)【諾】
ガルシン『赤い花』【露】
エッシェンバッハ『村と城との物語』【独】
オットー・マイアー出版社設立【独】
ヘンリック・シェンケーヴィッチ『火と剣とをもって』【波】
ヨナス・リー『ギリエの家族』【諾】
リラダン『残酷物語』【仏】
日刊紙「エコ・ド・パリ」創刊【仏】
バジル・チェンバレン『古事記』英訳【英】
博文局「漢城旬報」発刊【鮮】
矢野龍渓『経国美談』【日】
物集高見『日本小文典』【日】
福沢諭吉「商人に告げる文」(新聞広告論)【日】
世界にコレラが流行,以後11年間猛威
トウェイン,初めてタイプライターで執筆【米】

鹿鳴館時代へ

ピュリッツァー

ピュリッツァー,「ワールド」紙を買収【米】
大学ノート,ネクタイ発売【日】
鹿鳴館で婦人慈善会(バザー)開催【日】

OED第1部

1884 『オックスフォード大学英語辞典』第1部出版(完成1928年)【英】
バレス『インクのしみ』(初めてデカダンの言葉を用いる)【仏】
ユイスマンス『さかしま』【仏】
ブールジェ『神々の黄昏』【仏】

ユイスマンス

アファナシー・フェート詩集『夕べの灯』【露】
ラング『風習と神話』【英】
ジョージ・ムア『役者の妻』【英】
ジャン・モレアス詩集『レ・シルト』(象徴派の一方の理論家としてローマ派を形成)【仏】
ジュール・ルメートル「討論新聞」に劇評執筆開始(〜95)【仏】
発明家オトマル・メルゲンターラー,自作の行単位植字鋳造機を公開【米】
三遊亭円朝『怪談牡丹灯籠』【日】
坪内逍遥訳『自由太刀餘波鋭鋒』(シェイクスピア,ジュリアス・シーザー)【日】

万年筆発明 ウォーターマン

ルイス・ウォーターマン,万年筆を発明【米】
大磯に初の海水浴場開設【日】

> 自然がこれほど不完全なのは幸せなことである。芸術は高貴な抗議であり、自然をそのあるべき場所に置き直す勇気ある行為なのだ。
> オスカー・ワイルド『インテンション』

パリとロンドン、ウィーンとミュンヘン、ニューヨークと東京。
この独自の情報文化を支えたのは都市プロレタリアートの群である。

1885
明治18

帝国主義と列強

アフリカ分割とベルリン列国会議

ソールズベリ内閣

1885 ソールズベリ,首相兼外相に【英】
東アフリカ(ウィツー)を保護領化【独】
レッドリバー反乱指導者ルイ・リエル処刑【加】
カナダ自治領マクドナルド首相「ナショナル・ポリシー」推進(カナダ太平洋鉄道建設他)【加】
スヴェン・ヘディン,第1回中央アジア探検【典】
マフディー軍,ハルトゥームを陥落(イギリス人,スーダン総督ゴードン戦死)【スーダン】

インド国民会議

全インド国民会議の組織(全インド国民協議会もこれに合流)【印】
清仏,天津で講和条約(清の屈伏,フランスのベトナム支配承認)【清】
トン・タト・テュエットの蜂起失敗(咸宜帝を擁して抗仏)【越】
英軍が巨文島を占領【鮮】
清と天津条約を調印(朝鮮問題で清と対等の立場に)【日】

伊藤博文内閣

伊藤博文内閣組閣(初の西洋式内閣制度)【日】
大阪事件(朝鮮改革クーデター計画発覚)【日】
初代文部大臣に森有礼就任,学校制度の改革に着手【日】

1886 ビルマの植民地化を完了【英】
コロンビア共和国成立【コロンビア】
南アフリカ,トランスヴァール共和国で金鉱発見【南ア】
自由党分裂,チェンバレン自由統一党結成【英】
英~独間で南洋諸島の分割協定【英独】
アパッチ酋長ジェロニモを捕える(アパッチ戦争終結)【米】
ギニア領有【葡】
奴隷制廃止【キューバ】
ブカレスト条約(セルビア,ブルガリアの和睦)【東欧】

井上馨の条約改正 森有礼の学校改革

自由民権派合同

旧自由党,旧改進党の大同団結(自由民権派再結集)【日】
外相井上馨,条約改正に着手(内容は日本に不当なもの)【日】
文部大臣森有礼,帝国大学令,師範学校令,諸学校通則など「学校令」公布(帝国大学に大学院設置)【日】
臨時建設局設置(プロイセンの建築様式に範を求め都市計画推進)【日】

ノルマントン号

「ノルマントン号事件」(英国船沈没,日本人船客への救助なし)【日】
教科書検定制施行【日】

1887 軍備拡張,東アフリカ会社設立【独】
インディアンの土地所有を認めるドー法成立【米】

ルーマニア独立

仏領インドシナ連邦

トンキン,アンナン,コーチシナ,カンボジアを合わせ,仏領インドシナ連邦成立【仏】
ロシアと再保障条約(墺は更新せず)【独】
ルーマニア独立
マクドナルド首相の「ナショナル・ポリシー」失敗(州際会議でセクショナリズム主流)【加】
横浜出港の初の太平洋汽船,バンクーヴァーに到着【加】
州際通商法制定(連邦政府の私企業規制)【米】
アフガニスタン国境協定(ロシア・イギリス間)【アフガニスタン】

資本と人間の対立

社会主義・婦人運動・神秘学の拡大

1885 モリス,バックス,アヴェリング,エレナ・マルクスら社会主義同盟結成(エンゲルスが支援)【英】
シドニー・ウェッブ,フェビアン協会に参加【英】
シャーロット・ウィルソン夫人宅でハムステッド歴史クラブの会(マルクス主義読書会)【英】
W・B・イエイツ,インドの神智学者モヒニ・チャタルジとダブリンで出会う【英】

ルー・ザロメ

ルー・ザロメ『神をめぐる闘い』【独】
ニューヨーク州,精神薄弱婦人保護院設立【米】
カリフォルニアに水力採鉱の環境汚染【米】
グリンネル,野生動物の保護のために愛鳥家団体結成(後のオーデュボン協会)【米】
ジョセフ・テーラー,ブリン・モー女子大学創立【米】
クロポトキン『一革命家の手記』【露】
田口卯吉『日本開化の性質』【日】
日本郵船会社設立(世界最大の船舶会社に)【日】
高瀬真卿,私立予備感化院【日】
田中智学,立正安国会結成【日】
一致教会牧師,木村熊二夫妻ら明治女学校開校【日】

AFL

1886 アメリカ労働総同盟結成(AFL,サミュエル・ゴンパース会長)【米】
シカゴで8時間労働制を唱える大ストライキ発生【米】
シカゴで「ヘイ・マーケット事件」死傷者多数(革命的記念日としてメーデーを創始)【米】
8時間労働など条件改善要求の労働運動で過去最高のストライキ件数(61万人が参加)【米】
ポスタル・テレグラフ社,ウェスタン・ユニオンの電信独占を破る【米】

シアーズ・ローバック社

通信販売シアーズ・ローバック創立【米】
スタントン・コイト,セツルメント運動(倫理運動)を指導(翌年,隣保ギルド設立)【米】
アルフレッド・ビネ『推理の心理学―催眠の実験的研究』【仏】
フロイト,男性の催眠暗示効果を発表【墺】
マッハ『感覚の分析』(ドイツ実証主義)【独】
エドワール・ドリュモン『フランスのユダヤ人』(反ユダヤ主義の拡大へ)【仏】
金鉱発見,セシル・ローズ,コンソリディテッド・ゴールド・フィールズ社設立(ヨハネスバーグの建設)【南ア】
ティード,生命協会設立(地球空洞説)【米】
バンキム『クリシュナ神の性格』【印】
岸田吟香,荒尾精ら漢口・楽善堂開設(後の日清貿易研究所,上海同文書院大学)【清】

足尾銅山の鉱毒

足尾銅山,渡良瀬川流域で鉱毒被害【日】
三菱社(のち三菱合資)設立【日】
「日本絵入商人録」(明治の会社四季報)【日】
井上円了,不思議研究会設立【日】
南方熊楠,渡米【日】

ゲマインシャフトとゲゼルシャフト

1887 フェルディナント・テニエス『ゲマインシャフトとゲゼルシャフト』【独】
グラハム・ベルの要請でアン・サリバン,ヘレン・ケラーの教育を開始【米】
フランツ・ボアズ,ジェサップ北太平洋調査隊を編成(フィールドワーク~1902)【米】
キャボット,ランプブラック会社設立【米】

古典力学からの脱却

1885

マイケルソン・モーリの実験開始【米】
国際発明展覧会開催【英】
フランシス・ゴールトン,指紋識別法考案【英】

ベンツの自動車

カール・フリードリヒ・ベンツ,1気筒3輪の自動車走行に成功(時速9マイル)【独】
オーディナリー自転車欧米諸国で全盛
レオ・ダフト,トロリー電車製作【米】
エドワード・ウェストン,炭素フィラメントによるランプを製作【米】

ウェスティングハウス社

ジョージ・ウェスティングハウス,ウェスティングハウス社を設立【米】
ガンツ社のツィベルノフスキー,デリ,ブラティ閉磁路変圧器の特許取得【洪】
レナード,クレブ,プロペラ飛行船を試作
ガリレオ・フェラリス,回転磁界の原理【伊】
バルマー,元素スペクトル系列を発見【瑞】
ワイスマン『生殖質の連続』【独】
イリヤ・メチニコフ,食菌作用を発見【露】
培材学堂設立【鮮】
黄度淵,黄必秀『方薬合編』【清】

フォッサマグナ論争

ナウマン『日本列島生成論』(フォッサマグナ地域で原田豊吉との論争に)【独】
アメリカ電信電話会社(長距離部門)設立 ヴェイル社長就任【米】
逓信省設立(従来は工部省)【日】
大阪紡績会社で初めて電灯を実用化【日】
小宮山弘道編『啓蒙博物学』全4冊【日】
電信条例制定【日】

1886

ド・フリースの実験

ダイムラー,マイバハのガソリン自動車,試運転に成功【独】
ハンブルクにレヴァント鉄道会社設立【独】
フリードリッヒ・オストヴァルト,電離説の実験開始【独】
ゴルトシュタイン,陽極線の発見【独】
ド・フリース,オオマツヨイグサで突然変異の実験開始【蘭】

定向進化説

エドワード・コープ,定向進化説展開(新ラマルキズム)【米】
ホール,エル,独自にアルミニウム抽出に成功【米仏】
ヴィンクラー,ゲルマニウム(エカケイ素)発見【独】
アンリ・モアッソン,フッ素の単離に成功【仏】
ウェスティングハウス社,スタンリーを技術主任とするスタッフ体制で変圧器を製作【米】
トドハンター,ピアソン『弾性理論および材料力学の歴史』【英】
梨花学堂,育英公院,医学校設立【鮮】
土谷護膜工場設立,加流ゴム精製開始【日】
北里柴三郎,ドイツ留学(コッホに師事)【日】
日本薬局法公布(収載薬品数470)【日】

1887

電磁波の発見

ヘルツ,電磁波の実在を実験的に証明【日】
ワイクセルバウム,脳脊髄膜炎菌を発見【独】
パブロフ,条件反射のベースとなる実験開始【露】
ヘルムホルツ,シーメンスの寄付で国立物理工学研究所を設立【独】
アレニウス,自由イオン説に基づく電離説を唱える(イオン理論)【典】
ファント・ホフ,浸透圧の理論から気体法則が溶液に当てはまることを証明【蘭】

ボレーの計算機

レオン・ボレー,計算機製作(初の掛算機)【仏】
フレミング,減数分裂を発見【英】

都市と芸術

1885

イーストマンのフィルム

セザンヌ画[サント・ヴィクトワール山]【仏】
ユジェーヌ・カリエール画[病気の子供]【仏】
ルドン『沼の花』(石版挿画)【仏】
アンリ・ルソー,税官吏をやめルーブルで模写を開始【仏】
ルオー,ステンド・グラス職人の徒弟に【仏】
ゴッホ画[じゃがいもを食べる人々](ヌエネン時代)【蘭】
ジェイムズ・アンソール画[キリストのブリュッセル入城]【白】
ワッツ画[希望]【英】
レーピン画[イワン雷帝とその息子]【露】
ムーニエ作[沖仲士]【白】
イーストマン,セルロイド・ロールへの感光乳剤塗布成功(フィルム発明)【米】
ボストン交響楽団,ボストンポップス結成【米】
シュトラウス2世曲[ジプシー男爵][ヴェニスの一夜](オペレッタ)【墺】
ブラームス曲[交響曲第4番ホ短調]【独】

摩天楼出現

ホーム・インシュアランス・ビル(初の本格鉄骨建築)【米】
ユジェーヌ・シモン『中国都市』【仏】
◉ 書,篆刻で呉俊卿活躍【清】

第1回鑑画会

第1回鑑画会開催【日】
ボルティモアに世界初のトロリー電車【米】

1886

複合建築

スーラ画[グランド・ジャット島の日曜日の午後]【仏】
ガウディ設計[グエル邸](～89)【西】
ロダン作[接吻]【仏】
ゴッホ,ロートレック,ゴーギャンに会う【仏】
最後の印象派展(スーラ,ピサロなどの新印象派とゴーギャン,ルドンら後の象徴派)【仏】
セザンヌ,多大な遺産を相続,ゾラと絶交【仏】
アドラー,ルイス・サリバン事務所,シカゴ・オーディトリウムなどの複合建築受注【米】
エリック・サティ曲[オジーヴ]【仏】
サン・サーンス曲[交響曲第3番ハ短調]【仏】
ドヴォルザーク曲[スラヴ舞曲第2集]【チェコ】
エドゥアール・マルシャン「フォリ・ベルジェール」の新劇場主に(カフェ・コンス)【仏】

男優ムネ・シュリ

男優ムネ・シュリ[ハムレット]が評判に【仏】
サラ・ベルナール,アメリカ巡業【仏】
ピーター・ヘンリー・エマーソンp[春の牧歌],講演「絵画美術である写真」【英】
マッハ,ソルヒャー,写真光源にスパークを使用して銃弾の衝撃波撮影【墺】
原田直次郎画[靴屋の阿爺]【日】
造家学会創立【日】
フェノロサ,岡倉天心,渡欧【日】

1887

ルドン画[青い花瓶の花]【仏】
ルノワール画[浴女たち]【仏】
スーラ画[ポーズする女たち][クールブヴォワの船着き]【仏】
ゴッホ画[タンギー爺さん][日本趣味・橋](広重模写)(パリ時代)【仏】
エミール・ガレ作[花瓶](エナメル彩)【仏】
ジョルジュ・プティ画廊で国際展【仏】
マックス・リーバーマン画[靴屋の仕事]【独】
マティアス・ケーネン『モニエ式鉄筋コンクリート』【独】
アドラー,サリバン事務所に18歳のフランク・ロイド・ライトが入所【米】
ヘンリー・ロビンソンp[喜びの歌]【英】
ブラームス曲[ヴァイオリンとチェロのための協奏曲イ短調]【独】

言葉・通信・流行

1885

ラフォルグ リラダン

ウィリアム・ハウエルズ『サイラス・ラッパムの向上』(「ハーパー」誌の編集に就く)【米】
ペイター『享楽主義者マアリウス』【英】
アンリ・ド・レニエ処女詩集『翌日』【仏】
ラフォルグ詩集『悲哀』『母なる月のまねび』(自由詩の流行)【仏】

ミュンヘン・ルネサンス オットー・フップ

オットー・フップ「ミュンヒナー・カレンダー」誌創刊(ミュンヘン・ルネサンスと称えられる)【独】
アマーリエ・スクラム『コンスタンス・リング』【諾】
ロバート・ブリジェス詩『エロスとプシケ』【英】
リチャード・バートン英訳『アラビアン・ナイト』6巻(～88)【英】
『イギリス人名辞典』第1巻刊行【英】
オックスフォード大学ボードリアン図書館,目録規則作成【英】
バーラテンドゥ・ハリッシュチャンドラ没(ヒンディー散文の祖)【印】
東海散士『佳人之奇遇』(～97)【日】

硯友社 尾崎紅葉・山田美妙 川上眉山・巌谷小波

尾崎紅葉,硯友社創立,「我楽多文庫」創刊【日】
矢田部亮吉,外山正一ら羅馬字会を組織(欧化主義の風潮拡大)【日】

1886

象徴主義宣言

モレアス「象徴主義宣言」【仏】
スヴァトプルク・チェフ『ブロゥチェク氏の月世界旅行』【チェコ】
スティーヴンソン『ジキル博士とハイド氏』『誘拐』【英】
ルベン・ダリオ詩集『青』【ニカラグア】
文芸誌「ル・デカダン」創刊【仏】

未来のイヴ ヴェリエ・ド・リラダン

リラダン『未来のイヴ』【仏】
ラフォルグほか「ラ・ヴォーグ」誌創刊【仏】
デ・アミーチス『クオレ』【伊】
バーネット『小公子』【英】
「フォーラム」誌創刊【米】

小説神髄

植字機械登場

メルゲンターラーの植字鋳造機,「ニューヨーク・トリビューン」紙導入(ライノタイプ)【米】
チーメ・コピーテックス・システムのチーメ社,ライプチヒで設立【独】
坪内逍遥『当世書生気質』『小説神髄』,二葉亭四迷『小説総論』【日】
山田美妙ほか『新體詞選』【日】
末広鉄腸『雪中梅』【日】
物集高見『言文一致』【日】

コカ・コーラ、マックスウェル・コーヒー ブルーミング百貨店開店

ブルーミング兄弟のデパート開店【NY】
マコンネル,カリフォルニア香水会社設立(のちのエイボン)【米】
マクスウェル・ハウス・コーヒー,新発売【米】
薬局で頭痛シロップとして処方されたコカ・コーラ発売【米】

1887

コナン・ドイル『緋色の研究』【英】
ドイツの文芸誌,レヴューの数が41に(3年後67,13年後138)【独】
ヴェラーレン『夕暮れ』【白】
ロチ『お菊さん』【仏】
ズーダーマン『憂愁夫人』【独】
エドゥワール・デュジャルダン『月桂樹は切られた』(意識の流れの手法)【仏】
ゴンクール『ゴンクール兄弟の日記』【仏】
エミール・ファゲ『16,17,18,19世紀研究』(各世紀の作家論)【仏】

牧師さんのどんな説教も、機械にくらべればくず同然です。
リー、父ド・フォレスト博士宛ての手紙

1885

BC 6000以前 / BC 6000 / BC 2200 / BC 1200 / BC 600 / BC 300 / 0 / 300 / 600 / 800 / 1000 / 1200 / 1300 / 1400 / 1500 / 1600 / 1650 / 1700 / 1760 / 1810 / 1840 / 1860 / 1880 / 1890 / 1900 / 1910 / 1920 / 1930 / 1940 / 1950 / 1960 / 1970 / 1980

ザメンホフのエスペラントの冒険こそコミュニケーション史の頂点である。

ベラミーのクラブ、ケラーの紳士録、一葉亭四迷のノート、大槻文彦の言海。情報編集の究極の方法が求められていた。

国家と企業

1888 明治21

帝国主義の本格化

ポルトガルと修好通商条約(マカオを正式割譲)【清】
東インド最初の石油会社設立【スマトラ】
内閣法律顧問ボアソナード,不当条約改正に抗議の意見書提出【日】
条件改正交渉を中止【日】

弾劾と団結 板垣退助 後藤象二郎

板垣退助,政府失政10カ条の弾劾【日】
後藤象二郎,大同団結を提唱【日】
ロェスレル案憲法草案,井上毅案憲法甲案・乙案の起草【日】
激しい請願建白運動さかん【日】
保安条例発布(即日実施で600人検挙,数日間は戒厳状態に)【日】

1888 地主・資本家を中心とするインド友好連合協会,連合インド愛国者協会創立(イギリスの分割統治策に基づく反国民会議派勢力)【印】

ウィルヘルム2世

皇帝ウィルヘルム1世没,2世即位(ビスマルク信任の支柱揺らぐ)【独】
米とサモア島領有争奪【独】
ブーランジェ将軍を中心とした憲法修正運動おこる(ブーランジスムの政治運動)【仏】
セシル・ローズ,ダイヤモンド独占へ【英】
スエズ運河自由航行に関する条約締結(イギリスの中東独占を制約)
最初の国際婦人会議ワシントンで開催【米】
オリエンタル鉄道開通【土】
インドネシア・サラワクおよび北ボルネオを保護領化【英】
列国間でアフリカ奴隷貿易禁止を協定,諸部族首長の反帝国抵抗開始【阿】
保護関税政策をとる【典】
ブラジルへの移民が急増(契約移民が多数入国,コーヒー産業の急成長)【ブラジル】

黒田清隆内閣

黒田清隆内閣誕生【日】
改進党総裁大隈重信を外相に【日】
陸・海軍の増強再整備完了(清の列国分割に先行する議論さかん)【日】

資本と人間の対立

ロイズ保険

ロンドンのロイズ,初の陸上保険(過去海上保険だけを扱う)【英】

イエイツ 神秘主義

ロンドンに移住したイエイツ,黄金の夜明け教団に加入【英】
パピュス(本名ジェラール・アンコース)神智学協会イシス・ロッジに入会【仏】
ロシア公債のベルリン株式会社への流入禁止【露】
欧化主義によってキリスト教系女学校各地で設立【日】

井上円了の妖怪学

井上円了『妖怪玄談』【日】

1888 ナトルプ『批判的方法による心理学序説』【独】
ミュンステルベルク『意志行動』【独】
クレピュージャマン『筆跡と性格』【仏】
ショー編集『フェビアン社会主義論文集』(レントの社会化提唱)【英】
I・ドネリー『シーザーの巨柱』(エコ・システム崩壊の予言)【米】
レバー,カドベリーらリバプール郊外に理想村を建設【英】
スタニスラス・ド・ガイタ,ジョセファン・ペラダンら,カバラ薔薇十字団結成【仏】

オカルト パピュス ブラヴァツキー夫人

パピュス,自らの教団アンデパンダン・デテュード・ゼソテリーク結成(フランス・オカルト復興)【仏】
ルドルフ・シュタイナー,新進気鋭のゲーテ研究者として注目される【独】
ブラヴァツキー夫人『シークレット・ドクトリン』【英】
反ユダヤ主義者エルンスト・シュナイダー,統一キリスト者党結成【墺】
P・ローウェル『極東の魂』【米】
労働総同盟結成【西】
パルチザン,文紳(ヴァンタン)の多くがフランスに降伏(咸宜帝の逮捕)【越】
パーカーペン社設立【米】

三池炭鉱 三井財閥に払下げ

三池炭鉱,三井財閥に払下げ【日】
佐々木高行ら明治会結成(敬神,尊皇、愛国を3大綱領に)【日】
杉浦重剛『日本通鑑』【日】
『日本人』誌創刊【日】

1889

1889 第4回パリ万国博覧会開催【仏】

パリ博④

首相兼外相のソールズベリ,エジプト占領継続宣言【英】
海軍国法防発布【英】
フランスが象牙海岸,イタリアがソマリランドを保護領化【仏伊】
パナマ運河会社破産【仏】
イスパニア,普通選挙法公布【西】
光緒帝,親政を開始【清】
上海機器織布局,操業開始【清】
防穀令事件(対日穀物輸出を停止)【鮮】
ハーグ条約,毒ガス使用の禁止
フォンセーカ将軍,無血クーデター成功,連邦共和国臨時政府樹立【ブラジル】
ウチアリ条約(エチオピアを従属)【伊】
農村恐慌,諸州に拡大【米】

汎米会議

第1回米州諸国会議(パン・アメリカ会議)【米】
統一進歩委員会(青年トルコ党)結成(アジア諸民族のナショナリズムの芽生え)【土】
ズリュム体制下の統一進歩委員会,パリ,ジュネーブに活動拠点を移動【土】
イラン帝国銀行設立利権,ロイターに認可【イラン】
中国東北部(満州)に大連建設【清】

大日本帝国憲法

大日本帝国憲法発布【日】
貴族院設置【日】
霞ガ関事件(右翼テロに大隈右足切断の重傷を負う)【日】

1889 エレナ・マルクス,ロンドン港湾ストライキ指導者らの支持を得る(新組合主義に)【英】
ブレンターノ『道徳的認識の源泉』
ヴント『哲学体系』【独】
ニーチェ,広場で昏倒,発狂【独】

第二インターナショナル

シュレ 偉大な神秘通たち

エドワード・シュレ『偉大な神秘通たち』【仏】
ソロヴィヨフ『ロシアと全世界教会』(ロシア型世界国家主義)【露】
ルール炭坑地帯大ストライキ【独】
アドルフ・シュテール『名前理論概説』【墺】
第2インターナショナルの結成(〜1914)【仏】
公的救済に関する国際会議,パリで開催(児童保護法制定)【仏】

時間と自由 ベルクソンの博士論文

アンリ・ベルクソン『時間と自由』【仏】
トマス・デヴィドソン,カルチャーサイエンス研究の学習組織サマースクール結成【英】
社会民主労働党統一大会(主唱者アードラー)【墺】

東海道全線開通

東海道本線の全通【日】
石川島播磨重工業創立【日】
山葉寅楠,日本楽器製造株式会社設立【日】

1888

古典力学からの脱却

マイケルソン＝モーリの実験 エーテルの風否定される

マイケルソン＝モーリ,エーテルが存在しないことを証明【米】
オストヴァルト,ホフ『精密科学古典叢書』(オストヴァルト・クラシカー)創刊【独】
エドムント・フッサール『数の概念について』【墺】

アレニウスとオストヴァルト 物理化学雑誌

オストヴァルト,ホフ,アレニウス編集「物理化学雑誌」創刊【独】
ウェスティングハウス社,空冷,油冷変圧器の特許取得【米】
テスラ,ブラッドリー,ハーゼルヴァンダー,各々交流誘導電動機の特許を取得【米英】
エジソン社,電球,発送電に関する特許345を取得(ほぼ同数を申請)【米】
エミール・ベルリナー,円盤形録音機(グラモフォン)発明【米】
フェルト・アンド・タラント製造会社,多縦列計算機コンプト・メーターを発売【米】
スプレーグ,ヴァージニア州リッチモンドで市街電車を試運転【米】
長井長義,エフェドリン発見(漢方薬麻黄から有効成分を抽出)【日】
北尾次郎『大気の運動および台風の理論・第1部』「帝国大学紀要」に発表【日】
東京電燈会社,操業開始(火力発電による市内配電)【日】
田中壌『校正大日本植物帯調査報告』2巻(植生遷移の先観)【日】

1888 ワルダイヤー,染色体を発見【独】
ニコラ・テスラ,実用的交流発電機を開発【米】
ポーランド移民のデービッド・ゲステトナー,タイプライター謄写版を発売【英】
東京天文台設置(麻布飯倉)【日】
電気学会創立(榎本武揚逓信大臣会長)【日】
下瀬雅允,下瀬火薬を製造(93年から海軍が使用)【日】

牧野富太郎 日本植物志図篇

牧野富太郎『日本植物志図篇』第1巻第1集【日】

1889 マイヤー,定向進化説提唱【独】
ハリー・ウォード・レナード,電車の照明システムで特許取得【米】

電動ミシン I・M・シンガー社

I・M・シンガー社,初の電動ミシンを発売【米】
ウィリアム・グレー,硬貨投入式の電話機を開発【米】
ホレリス,人口統計表作成のための機械の特許取得【米】

北里柴三郎

ダンロップの空気タイヤ

ダンロップによって自転車用空気入りタイヤ発明【英】
リリエンタール,グライダー作製【独】
ウィリアム・マーチランド,搾乳機を製造【スコットランド】
電話事業を国有化,郵電省となる【仏】
北里柴三郎,破傷風菌の純粋培養に成功【日】

北尾次郎 台風の理論

北尾次郎『大気の運動および台風の理論・第2部』(欧米で高く評価)【日】
牧野富太郎,大久保三郎,和名ヤマトグサの発見(初の国内植物新種発見)【日】
東京,京都,奈良に帝国博物館設置【日】
真崎仁六,鉛筆の工業化に成功【日】

都市と芸術

団菊左 九代団十郎,五代菊五郎,左団次

ドビュッシー曲[管弦楽曲・春]【仏】
アントン・ルビンスタイン曲オラトリオ[キリスト]【露】
ノーマン・ショー設計[ニュー・スコットランド・ヤード]【英】
マッキム,ミード,ホワイト設計[ボストン市立図書館]【米】
エジソン,キネトスコープ発明を公表【米】
グリーン,ジアゾタイプ法によりポジ写真完成【英】
浅井忠画[農夫帰路]【日】
狩野芳崖画[不動明王図]【日】
文部省,図画取調掛を東京美術学校とする【日】
井上馨邸,天覧劇に団十郎,菊五郎,左団次,芝翫ら出演(勧進帳など上演)【日】

ゴッホとゴーギャン

1888 スーラ画[パレード]【仏】
トゥールーズ・ロートレック画[シルク・フェルナンド]【仏】
ゴーギャン画[天使とたたかうヤコブ][装飾的風景]【仏】
ゴッホ画[アルルの跳橋][夜のカフェ]【仏】
ゴッホとゴーギャン,アルルで共同生活【仏】
ロダン作[カレーの市民]【仏】
マクマード,アシュビーの手工芸ギルドと工芸学校創設【英】
ヒルデブラント作[弓の訓練](レリーフ)【独】

ヴォルフの歌曲

フーゴー・ヴォルフ,翌年までに50の歌曲(ゲーテ詞),作曲【墺】
マーラー曲[交響曲第1番]【墺】
サティ曲[ジムノペディ]【仏】
チャイコフスキー曲[交響曲5番ホ短調]【露】
エミール・レイノー,テアトル・オプティク製作(動画映画の創始)【仏】
J・マレイ,クロノフォトグラフィ・カメラ発明【仏】
「イブニング・サン」にジャコブ・リースの写真連作[スラム街に光を向けて]掲載【米】

コダック・カメラ

イーストマン,初のコダック・カメラ完成(写真の大衆化)【米】
ワシントン・モニュメント完成【米】
狩野芳崖画[悲母観音像]【日】

芳崖 悲母観音

1889 ゴーギャン画[黄色いキリスト]【仏】
ゴッホ画[自画像]【仏】

ボナールとシェレ

ピエール・ボナール石版画ポスター[フランス・シャンパーニュ]【仏】
ジュール・シェレ,「ムーラン・ルージュ」のポスター制作【仏】
セリュジエ,ボナール,ヴュイヤール,ドニらナビ派結成【仏】
クリンガー画[死について1]【独】
ジョン・テニエル画[おとぎの"アリス"](ルイス・キャロル作)【英】
フィリップ・ヴォルフェルス作[メデューサ](宝飾)【白】
ガレ,パリ万国博で最高賞【仏】
エマーソン『自然主義的写真』(芸術写真の源流)【英】
ドビュッシー曲[ファンタジー]【仏】
ギュスターブ・エッフェル設計[エッフェル塔]【仏】

ガレ 第4回パリ万博とエッフェル塔

デュテール,コンタマン共同設計[機械館]【仏】
[第2ライター・ビル][フェア・ビル]ル・バロン・ジェンニーの鉄骨構造原理の完全な採用【米】
[排雲殿・仏香閣](頤和園)【清】
日本写真会設立(会長,榎本武揚)【日】

言葉・通信・流行

「スクリブナー」誌創刊(〜1939)【米】
グスタフ・ケネッケ『大学図鑑』【独】
王寅『今古奇聞』【清】

二葉亭四迷

エスペラント

二葉亭四迷『浮雲』【日】
広津柳浪『女子参政権蜃中楼』【日】
徳富蘇峰「近来流行の政治小説を評す」【日】
個人消費支出17.15円(年額)に対して書籍平均価格24.5銭【日】
眼科医ラザルス・ザメンホフ,国際語エスペラントを考案【波】
ランストン,ランストン式モノタイプ発明(毎分150字鋳造)【米】
アメリカの電話帳記載者数20万人に【米】
大橋左平,博文館創業(雑誌王国を築く)【日】
鹿鳴館仮装舞踏会スキャンダル【日】

ベラミー・クラブ

バレス 自我崇拝

1888 エドワード・ベラミー『顧みれば』(社会主義ユートピア小説,各地にベラミークラブ誕生)【米】
モーリス・バレス『蛮族の眼下に』(『自我崇拝』第1部)【仏】
モーパッサン『ピエールとジャン』【仏】
ストリンドベリ『令嬢ジュリー』『痴人の告白』【典】
テオドール・シュトルム『白馬の騎手』【独】
エサ・デ・ケイロース『マイヤ家の人々』【葡】
オラーヴォ・ビラック『詩集』【ブラジル】
ラドヤード・キップリング『高原平話』(在印イギリス人の生活を描写)【英】
チャールズ・ダウティ紀行『アラビア砂漠旅行記』【英】
落合直文『孝女白菊の歌』,二葉亭四迷訳『あひびき』『めぐりあひ』(ツルゲーネフ)【日】

毎日新聞 柴四朗から渡辺治へ

「毎日新聞」(大阪)創刊(大阪日報,改題)【日】
時事通信社設立【日】
「東京朝日新聞」創刊(めざまし新聞,改題)【日】

紳士録 ルイス・ケラーのゴルフ名簿

ゴルフ・プロモーターのルイス・ケラー,最初の紳士録を発行【米】
切り裂きジャックが重大ニュースに【英】
東京資生堂薬局,初の練り歯磨き発売【日】
「ナショナル・ジオグラフィック」誌創刊【米】

1889 ロチ『秋の日本』【仏】
ヴェルレーヌ『平行に(双心詩集)』【仏】

ブールジェ 実証主義と神秘主義

ポール・ブールジェ『弟子』【仏】
バレス『自由人』【仏】
アルフレッド・ヴァレット,ラシルド夫妻「メルキュール・ド・フランス」誌創刊【仏】
「ラ・プリュム」誌創刊(象徴主義雑誌)【仏】
ジョヴァンニ・ヴェルガ『成り上がり者ジェズアルド』【伊】

幸田露伴登場

バング『ティーネ』【丁】
ホルゲル・ドラックマン詩集『歌の本』【丁】
チェフ『ブロウチェク氏の画期的な十五世紀への新旅行』【チェコ】
メーテルリンク『温室』【白】
ギッシング『下層社会』【英】
イエイツ『アシーンの放浪』【英】
バチェラー『アイヌ文法』【英】
北村透谷『楚囚之詩』【日】
幸田露伴『露団々』『風流仏』【日】
尾崎紅葉『二人比丘尼色懺悔』【日】

大槻文彦の言海

大槻文彦『言海』(〜91)【日】
サボイ・ホテル開業【L】
浅草・上野にパノラマ館登場【日】

あなたはシャッターを押すだけ——あとは私たちが行ないます。
ジョージ・イーストマン社、コダック・カメラの広告

印象の主張

1890〜1899

明治二三年、東京〜横浜間で初めて電話交換が開始された。同じく初の電話番号簿も発行される。日本電話元年である。

クローマーからセシル・ローズへ。暗黒大陸アフリカに資本の手がのびる。

1890 明治23

大学進学三%（米）

帝国主義の本格化	分裂する社会思想

帝国主義の本格化

1890

象牙海岸を保護領とする【仏】
英仏協定（ナイジェリア北部境界を定める）
普通選挙法成立【西】

ビスマルク下野

ビスマルク罷免,ウィルヘルム2世の新航路政策【独】
独とのヘリゴランド・ザンジバル協定（東アフリカで優位に立つ）【英】
セシル・ローズ,ケープ植民地の首相に（ド・ビアス金山と南ア鉄道の社長兼任）【英】
東アフリカ会社,全権を国家委譲【独】
英・ポルトガル協定調印（アンゴラと英領南アフリカとの境界定める）

アフリカのセシル・ローズ

スー族の敗退

スー族の酋長シッティング・ブル殺害（アメリカ・インディアンの組織的抵抗終焉）【米】

ビルマ反英闘争

ビルマで反英武装闘争おこる【ビルマ】
中国に進出【独】
中央インド・チベット条約締結【清】
対ロシア再保障条約打ち切り【独】
農民,地方議会議員の選挙権失う【露】
ペルシアから以後10年間鉄道建設は不許可の約束をとりつける【露】
英とのシッキム条約締結【清】
第1回総選挙（有権者は15円以上の税金支払者,43万3474人）【日】
教育勅語謄本を全国の学校に配布【日】

第1回帝国議会（日）

第1回帝国議会開会【日】

1891

全ドイツ連盟結成

全ドイツ連盟結成
英・ポルトガル協定調印（英国のニアサランド領有承認,ルブマ川を境界とする）【東ア】
英蘭条約調印（ボルネオの勢力範囲を画定）
従価30%の新高率保護関税決定【露】
ローマ法王レオ13世,労使関係に関する回状発表【伊】
フルミの虐殺（メーデー参加者の弾圧）【仏】
英・伊,エチオピアに関し協定
反独デモで英・独関係緊張【英】
ブラジル共和国憲法発布（初代大統領にフォンセカ選出）【ブラジル】
大津事件（ロシア皇太子が傷害）【日】
独墺伊3国同盟第3次更新
ウィルヘルム2世,ロンドン訪問（3国同盟への協力について英首脳と会談）【独】
仏艦隊,クロンシュタット港に寄港【露】
英資本によるモザンビーク開発会社に特許状与える【葡】

シベリア鉄道着工

シベリア鉄道建設開始【露】
ロシア・フランス協定締結
市民同盟分裂,急進党成立【アルゼンチン】
海軍反乱により大統領フォンセカ追放（副大統領ペイホート昇格）【ブラジル】

英領ローデシア

ローデシア,英保護領となる
ポルトガル領東アフリカ植民地成立
中江兆民,議会の政府に対する弱腰を批判し衆議院議員辞任【日】
林有造,植木枝盛ら土佐派など29議員,立憲自由党を脱党,板垣退助も脱党【日】
山県首相勇退,伊藤博文に組閣命令【日】
板垣退助,自由党総理となる【日】

山県有朋の勇退 板垣退助再総理

分裂する社会思想

1890

初のメーデー

欧米各地で初めてのメーデー
山師トリニダッド・メリット,アメリカの鉄鋼を支えるメサビ鉄山の発見【米】
社会主義鎮圧法廃止【独】
モリス,社会主義同盟を破棄（無政府主義者に反対）【英】
社会主義労働者連盟分裂（社会革命労働党の誕生）【仏】
ドイツ社会民主党と改称（社会主義労働党）【独】
ミカエル・コンラート,近代生活協会を設立【独】
金融会社ベアリング・ブラザーズ破産（ウォール街に恐慌）【英】

シャーマン反トラスト法

シャーマン反トラスト法,マッキンリー関税法成立【米】
英にタバコ利権付与（民衆のタバコ・ボイコット運動激化）【イラン】
石炭組合成立（カルテル時代の到来）【独】
ユナイテッド・アルカリ社（ソーダ・トラスト）成立【英】

フレーザー金枝篇

フレーザー『金枝篇』第1巻出版（以後25年間に12巻完結）【英】
ゲオルグ・ジンメル『社会的分化論』【独】
ヴェラーレン『黒い炬火』（フランス象徴主義と結びついた独特の観念的社会主義）【白】
ユリウス・ラングベーン『教育者としてのレンブラント』（国民社会宗教へ）【独】
マーシャル『経済学原理』【英】
エーレンフェルス「ゲシュタルト」論【独】
ウィリアム・ジェイムズ『心理学』【米】
タルド『模倣の法則』【仏】

教育者としてのレンブラント

日本社会事彙 田口卯吉

田口卯吉『日本社会事彙』2巻刊（欧米式近代百科事典）【日】
アメリカ人の3%,大学進学【米】
駐在所数,11400カ所に達する【日】

1891

「嵐のコーナー」の弾圧（のちに農業社会主義弾圧）【丁】
ブリュッセルで第2インターナショナル第2回大会
エルフルト綱領採択（カウツキー起草,社会民主党大会）【独】
世界初の老齢年金制度【独】
法王レオ13世,全聖職者に「レルム・ノバルム」（新秩序）を公表【伊】
ロシアに大飢饉（90年代の思想界や文壇に活気が蘇る）【露】
モーリス・ド・ヒルシュ「ユダヤ人拓殖協会」創設【W】

カウツキーとエルフルト綱領

世紀末神秘

世紀末神秘主義抬頭,スタニスラス・ド・ガイタ『創世記の蛇』【英】,イグネシアス・ドネリー『シーザーの記念柱』【西】,エリファス・レヴィ『オカルト学の方法論』【仏】
ナタンソン兄弟編集「ラ・ルヴェ・ブランシェ」創刊【仏】
バール『現代批判』【墺】
テオドール・ヘルツカ『自由の地』【独】
シラー『スフィンクスの謎』【米】
康有為『新学偽経考』【清】
足尾銅山鉱毒で田中正造演説【日】

三宅雪嶺 真善美と日本人

三宅雪嶺『真善美日本人』【日】
陸羯南『近時政論考』【日】
明治火災保険会社設立（東京海上火災保険の前身）【日】

技術と効率

1890 コッホ,ツベルクリン発見【独】
北里柴三郎,ベーリング,ジフテリアと破傷風の血清療法開発(抗体と免疫を発見)【日】
バイエリンク,根瘤バクテリアを発見【独】
ハンチ,ヴェルナー,オキシウム等の光学異性体についての理論を展開【独】
ホフマン,インジゴ合成のフェニール・グルシン法を発明【独】
ホレリスがジャガード織機と自動ピアノの技術を使ってパンチ・カードを作り,国勢調査に用いる【米】

パンチカード用汎

豊田織機 豊田佐吉

豊田佐吉,木製人力織機発明【日】
ドゥリエ,自動車用ガソリン・エンジン設計【仏】
ユーイング,磁気分子式を示す【英】
レベジェフ,輻射圧の発見(マクスウェル理論の実証)【露】
リュードベリ,スペクトル系列の公式を示しリュードベリ定数を発見【典】
E・タムスン,高周波発電機を制作【米】
アーノルド,直流機械のアーマチュア巻線に関する完全な理論を確立【独】
ルードルフ,ツァイス工場で実用的無収差レンズを完成【独】
ブランリー,コヒーラの原理【仏】

日本電話交換元年

リリエンタール

リリエンタール『飛行機の基礎としての鳥類の飛翔』(グライダー制作の理論的基礎)【独】
マッカーサー,フォレスト,シアン化法実施に成功【独】
モンド,モンド法を発明(酸化炭素によるニッケルの新製法)【英】
グリースハイム・エレクトロン社,隔膜法を開発(食塩電解で苛性ソーダと塩素を製造)【独】
ブリュックナー,気候の35周年説を提唱【独】
東京～横浜間で電話交換開始,初の電話番号簿発行【日】

1891 国立伝染病研究所開設【独】

ニューロン学説 ヴァルダイヤー

ヴァルダイヤー,ニューロン学説を提唱【独】
ル・ベル,5価の窒素化合物で光学活性を有するものを合成【仏】
ストロージャー,世界初の自動電話交換方式の発明【米】
オートマティック・エレクトリック社設立(ダイヤル式電話の開発)【米】
カリフォルニア工科大学設立【米】

ストロージャー式自動交換機

輻流タービン

パーソンズ,覆水器付反転型輻流タービン完成(造船力の飛躍へ)【英】
ナイアガラ・フォール社,ナイアガラ瀑布利用の水力発電操業開始【米】
チャンドラー【米】,キュストナー【独】緯度変化の原因を説明
ポインティング,地球平均密度および万有引力定数を測定【英】
ヒルデブラッソン【典】,アーバークロンビー【英】10種雲型(国際雲級)を提唱
フッサール『数論の哲学』【墺】
デュボワ,ジャワ島でピテカントロプスの化石発見【蘭】

石川千代松 モース進化論の日本への定着

石川千代松『進化新論』【日】

ポスターと摩天楼

ゴッホ自殺 生前の評価はほとんどなし

1890 ゴッホ,ピストル自殺【仏】
ルノワール,しばしばモリゾーを訪ねる【仏】
スーラ画[シャシュ踊り](シャルル・アンリの線の研究を応用)【仏】
パリで浮世絵展【仏】
20人組,ヴァン・ゴッホ展開催【白】

ロートレックのポスター

トゥールーズ・ロートレック,音楽会のポスターの第1作を制作【仏】
イェンス・フェルディナント・ヴィルームセン,ゴーギャンの刺激をうけ工芸を手がける【典】
天壇祈年殿完成【清】
建築家ウィリアム・ジェニー,マンハッタン・ビルの建設(最初の鉄骨構造のビル)【米】
初の鉄筋コンクリート橋建設(ブレーメン博覧会)【独】
サリバン,[シカゴ公会堂]建設,[ウェインライト・ビル]着工【米】
石鹸会社W・H・レバー,モデル工業都市ポート・サン・ライト建設【英】
チャールズ・F・アンズリ・ヴォイジィ,住宅建築スタイルを完成【英】
ワシントンの緑地開発(ロック・クリーク公園建設開始)【米】
チャイコフスキー曲[眠れる森の美女](初演)【露】
オッフェンバック曲『ミス・ヘリエット』【仏】
フリーズ・グリーン「運動の時代の写真」公演(自身が発明した映画用機械の説明)【仏】
マレイp[鳥の飛翔]【仏】

ジェニー バーナム サリバン

モリスの印刷所

モリス,ケルムスコット・プレス設立【英】
岡倉天心,東京美術学校長となる【日】

1891 ゴーギャン,マラルメの会に出席【仏】
オーリエ『絵画における象徴主義,ポール・ゴーギャン』【仏】

クノップフ ベルギー象徴派

フェルナン・クノップフ画[私は私に扉を閉ざす]【白】
黒田清輝,パリでソシエテ・デザルティスト・フランセのサロンに入選【日】
ルノワール,南仏とスペイン旅行【仏】

第1回国際印象派展

第1回印象派・象徴派絵画展開催【仏】
20人組,カタログのタイトル頁にジョルジュ・ルマンのデザイン採用【白】
トールヴァル・ビンデスボル作[アール・ヌーヴォーの皿]【典】
ヴァン・デ・ヴェルデ,書物装飾に入る([天使の見守り])【白】
タッピル設計[カーネギー・ホール]完成【米】
バーナム・アンド・ルート,鉄骨構造のモナドノック・ブロック(シカゴ)建設【米】
ヴォイジィ設計[ステューディオ]【英】
ラフマニノフ曲[ピアノ協奏曲第1番嬰ヘ短調]初演【露】
マーラー曲[第1交響曲]【墺】
リップマン,天然色写真法の完成【仏】
イヴェット・ギルベール歌[大時計]【仏】

マーラー

芸人マリ・ルイーズ

寄席芸人マリ・ルイーズ,デビュー(ロートレック,マラルメ,フランスらを夢中にさせる)【仏】
「フォリ・ベルジェール」にロイ・フラー,デビュー【P】
ピトリー,アマルナ遺跡発掘開始【英】

象徴と失望

1890 ブリュンチエール『文学史におけるジャンルの進化』(テーヌの方法に反対)【仏】
ゾラ『獣人』【仏】
リラダン『アクセル』【仏】
メーテルリンク『闖入者』【仏】
イプセン,ストリンドベリ,ハウプトマンの戯曲「自由劇場」「制作座」で上演【仏】
ポール・フォールの「芸術座」誕生【仏】
ルー・ザロメ,演劇雑誌「自由舞台」創刊号にイプセン『野鴨』の論評【B】
W・D・ハウエル『新しい幸運の危険』【米】
クライド・フィッチ[ボー・ブランメル],大ロング・ランとなる【米】
クローデル,雑誌「都会」刊行【仏】
ヘルマン・バール『近代批評』(後に「世紀末」の流行語)【W】
「サン」紙,『残り半分の人々』(スラム問題)【米】
森鷗外『舞姫』(和文脈と欧文脈を融合)【日】

蘇峰の国民新聞

徳富蘇峰主宰「国民新聞」創刊【日】
三上参次『日本文学史』,山田美妙『日本韻文論』,落合直文ら編『日本文学全書』,佐佐木信綱ほか編『日本歌学全書』【日】
ラフカディオ・ハーン来日【日】
挿絵画家チャールズ・ギブソンの[ギブソン・ガール]流行【米】
ナショナル・カーボン社,最初の電池エバー・レディ発売【米】
挿絵画家チャールズ・ギブソンの[ギブソン・ガール]流行【米】
東京朝日新聞社,初めてマリノニ式輪転機を採用【日】
フンク「リテラリー・ダイジェスト」創刊(雑誌新聞の抜粋記事を再編集)【米】
スネークダンス流行【欧米】

帝国ホテルと十二階

浅草凌雲閣(12階)開場,帝国ホテル開業【日】
石川倉次ら,日本訓盲点字を完成【日】

1891 ショー『イプセン主義精髄』【英】
トマス・ハーディ『テス』【英】
ワイルド『ドリアン・グレイの肖像』
ギッシング『新三文文士』【英】
ウィリアム・モリス『ユートピア便り』【英】
ハウエルズ『批評と虚構』【英】
コナン・ドイル「ストランド」誌に『ボヘミアの醜聞』,シャーロック・ホームズ人気【英】
デュジャルダン『アントニア』(象徴派劇)【仏】
このころからジッド,ヴァレリーらマラルメの火曜会に出席【仏】
ジュール・ユレ「文学の進化について」のアンケート【仏】
ゴンクール『青桜の画家歌麿』【仏】
ユイスマンス『彼方』【仏】
ローデンバック『沈黙の領国』【仏】
「ブックマン」【英】,「白色評論」【仏】創刊
ホフマンスタール『昨日』【墺】
バール『自然主義の克服』【独】,ダイセル『自然主義の死』【蘭】

ワイルド

探偵シャーロック・ホームズ人気

ヴェーデキント 宣伝部長から劇作家へ

ヴェーデキント『春のめざめ』【墺】
貪夢道人『彭公案』【清】
「早稲田文学」創刊,幸田露伴『五重塔』,逍遥,鷗外没理想論争【日】
川上音次郎,書生芝居旗揚げ【日】
H・ジェイムズ[アメリカ人]大ヒット【L】
ジョージ・ハットン,広告代理店創立【米】
電気オーブン市販【米】
薬剤師エーサ・キャンドラー,コカ・コーラの所有権を買収【米】

1890

政治の真理がわからない 天地の真理がわからない 心に自由の種をまけ オッペケペッポーペッポーポー
川上音次郎「オッペケペー節」

BC 6000以前 BC 6000 BC 2200 BC 1200 BC 600 BC 300 0 300 600 800 1000 1200 1300 1400 1500 1600 1650 1700 1760 1810 1840 1860 1880 1890 1900 1910 1920 1930 1940 1950 1960 1970 1980

すでに都市文化はとっくにデザインの時代に突入している。都市は展覧会とポスターとカフェで溢れかえっていた。

婦人参政権運動は、一八四八年アメリカに、一八六七年にイギリスに高揚したが、最初の参政権はニュージーランドで獲得された。

印象の主張

1892 明治25

帝国主義の本格化

環境保全団体 シエラ・クラブ

1892 自然環境保全のためシエラ・クラブ設立【米】
ハバナで全キューバ労働者大会【キューバ】
ポピュリスト党結成(銀貨の自由鋳造,運輸・通信国有化,上院議員の直接選挙を決議)【米】
アッバース2世即位【埃】
タンガニーカ湖地方でアラブ人奴隷所有者と奴隷商人の反乱(翌年,ベルギー軍に鎮圧)【白】
キューバ革命党創立宣言【中米】
インド参事会令条例改正(部分的選挙制度導入,インド人議員誕生)【印】
対露陸路通信条約調印【清】
対朝鮮修交通商条約締結【墺】
リサール,フィリッピン連盟結成
対独借款返済用として朝鮮に10万両貸与【清】
露仏軍事協定締結
第4次グラッドストン内閣成立【英】
ウィッテ蔵相就任【露】

湘南哥老会 蜂起失敗

湘南哥老会(8000人余)蜂起(失敗)【清】
トランスバール居住者(ユイトランダー),国民同盟を結成【英】
ベルギー軍,中央アフリカ(マッキンノ条約で獲得した地域)進出【白】
クリーヴラント(民主党)大統領選当選【米】
パナマ運河会社疑獄事件【仏】
張之洞,武昌織布局操業開始【清】
コンゴ自由国で原住民強制労働開始【コンゴ】
朝鮮全羅道で東学党徒大会(東学禁止緩和を請願)【鮮】

大井憲太郎 東洋自由党 アジア経営

大井憲太郎ら,東洋自由党結成【日】
第1回全国商業会議所連合会【日】

1893

ニュージーランドで世界初の婦人参政権

1893 最初の女性参政権【ニュージーランド】
アメリカ人のクーデターでハワイ王制廃止される(95年アメリカ併合)【米】

日本に株式会社

日本に株式会社 法的認可

初めて株式会社が法的根拠をもつ【日】

東学党の乱

東学党が斥洋斥倭を叫ぶ(東学党の乱)【鮮】
グラッドストン内閣再び敗北(アイルランド自治法案問題)【英】

シャム封鎖 フランス最後通牒

仏軍,シャム国境近くに進出,シャム軍と衝突仏の最後通牒拒否【シャム】,シャム封鎖【仏】
軍備拡張法案成立【独】
ガンジー,南アへ渡る【印】
上海電力公司創立【清】
モロッコ出兵【西】
ラオスを保護国とする【仏】
宰相ターフェ,男子普通選挙法案提出,否決され辞職(後任バデーニ)【墺】
英アフガニスタン協定調印(アフガニスタンとインドの境界画定),英独協定調印(ナイジェリアとカメルーンの境界を画定)
第2次クリスピ内閣成立(94年にアナキズム・社会主義運動弾圧法制定)【伊】
シシリー農民反乱【伊】
マケドニア革命組織(IMRO)結成
オクラホマ州北部の平原を開拓者に開放【米】
総選挙で社会主義者進出【仏】
ンデベレ族の反乱【ジンバブエ】

シカゴ博

陸奥宗光の条約改正

陸奥宗光,条約改正交渉開始【日】

分裂する社会思想

ジンメル

1892 ジンメル『歴史哲学の諸問題』【独】
ペイター『プラトンとプラトニズム』【英】
グールモン『神秘哲学派のラテン語』【仏】
パース『必然性の説を吟味す』【米】
ピアス『科学の文法』【米】
リッケルト『認識の対象』【独】
ティラク,ラージパト・ラーイ,チャンドラ・パールら過激派,反英運動展開【印】
イーストマン・コダック社設立【米】

GE社 ゼネラル・エレクトリック

ゼネラル・エレクトリック社設立【米】
ホームステッドストライキ(鉄鋼労組とカーネギー製鋼)【米】

パンの略取 アナキズムのバイブル

アナキズム抬頭

クロポトキン『パンの略取』【露】
アナキスト,ラヴァジョル,政府の社会改革遅延に抗議(各地で爆弾テロ)【仏】
テオドル・ヘルツル,アナキストの報道【独】
イタリア労働党結成【伊】,ポーランド社会党結成【波】
14の労働相談所の同盟化(サンディカリズム運動へ)【仏】
シカゴ大学創設【米】

ケーベル先生

ケーベル,東京大学哲学科に就任【日】
古在由直『足尾銅山鉱毒研究』【日】

大本教 出口ナオの開教

出口ナオ,大本教開教【日】

1893 T・ハックスリ『進化と理論』【英】
エミール・デュルケム『社会分業論』【仏】
ケアード『宗教進化論』【英】
ブラッドリ『現象と実在』【英】
ピエール・ジャネ『ヒステリー者の精神状態』【仏】
ビューヒャー『国民経済の成立』【独】
ジョン・ウィクセル『価値・資本および地代』【瑞】

アメリカ不況 フィラデルフィア鉄道破産

フィラデルフィア鉄道破産,ウォール街の市場崩壊(600の銀行閉鎖,15000の会社倒産,74の鉄道,管財人の傘下に入る)【米】
ヴェラン(アナキスト),国民議会に爆弾【仏】
40万鉱夫,賃金引き下げに反対し同盟罷業【英】

女性のストライキ ザイデル指導

ウィーンで史上初の婦人労働者ストライキ発生(アマリエン・ザイデル指導)【墺】
ローザ・マイレーダー「オーストリア婦人総連合」設立【墺】
ケア・ハーディら,独立労働党結成(社会民主主義連盟,フェビアン協会,同党に加入)【英】

カール・ルエーガー

犯罪学確立

カール・ルエーガー,キリスト教社会党結成【墺】
ハンス・グロース『予審判事便覧』(犯罪学の確立)【墺】
シュタイン『裁判官の私人的本質』【独】
コンラッド・ブールダハ編『中世から宗教改革へ』【独】
トルケアという予言者によるカーゴカルト【ニューギニア】

井上哲次郎

井上哲次郎『教育と宗教との衝突』【日】
北村透谷『内部生命論』【日】
三菱合資会社創立【日】
三井,田中製作所買収,芝浦製作所とする【日】

1892

技術と効率

1892 スタインメッツ,ヒステリシスの法則(電気損失を最小にする発電機,電動機の設計が相次ぐ)【独】
バロース,計算と印刷が同時に可能な加算機を完成(翌年一般に普及)【米】

バロース計算機

ディーゼル・エンジン ルドルフ・ディーゼル

ルドルフ・ディーゼル,ディーゼル機関発明【独】
エジソン照明会社の機械工ヘンリー・フォード,初の自動車テスト【米】
ドゥリエ,4気筒エンジンガソリン車完成【仏】,ルネ・パナール,E・C・ルバンソーム,空気タイヤ付自動車の製作【仏】,ジョン・フレーリック,ガソリン燃料トラクターの発明【米】
チャールズ・クロス,ジョン・ベハン,ビスコース・レーヨンを発明【米】
ウィルソン,モアヘッド,カーバイトを発明【英】
ウィリアム・ペインター,クランプオン式壜蓋と蓋締機を発明【米】
ジュス・W・リノ「リノ式エレベーター」発明(最初のエスカレーター)【伊】
ユーイング,磁気分子説提唱【英】
ドミトリー・イワノフスキー,濾過性ウィルスの発見【露】
メチニコフ,白血球の食菌現象発見【露】
ルー,発生機構学の方法論の確立に努力【独】
ロス,アノフェレス蚊によるマラリア伝染の発見【英】,フォルラニーニ,肺結核の人工気胸術を創始【伊】
オストワルト,指示薬理論を樹立【独】
リンダー,ピクトン,電気泳動現象の発見【英】
フォーレル「フォーレル色階」(近代湖沼学発足)【瑞】
アチェソン,人工ダイヤの実験中にカーボランダム発見【米】
南方熊楠渡英,ロンドン学会天文学懸賞論文第1位に【日】
F・H・ブラッドリ『現象と実在』【英】

1893 ダニエル・ヘイル・ウィリアムズ,世界初の心臓切開手術に成功【英】
アドルフ・レビュー,人間の代謝率を計測する機械を発明【米】

スタインメッツの交流計算法

スタインメッツ,記号を用いた交流計算法を編みだす【米】
ナンセン,北極探検(北緯86度50分に達する)【諾】,郡司成忠,千島探検に出発【日】

フレーゲ算術論

ゴットローブ・フレーゲ『算術の原理』【独】
ブロンデル『行為』(オッシログラフ製作)【仏】
ヴィーン,熱輻射の変位則発見(のちに「プランク量子仮説」を生む)【独】
ローレンツ【蘭】,フィッツジェラルド【英】各独立にローレンツ短縮の仮定

ローレンツ短縮

「フィジカル・レビュー」創刊【米】
フレンケル,チフスワクチンにより人工免疫を確立【独】
ワイスマンとスペンサー,獲得形質の遺伝について論争【英】
テスラ,テスラ変圧器考案【米】
カストナー,ケルナー,独立に水銀法による苛性ソーダの製造に成功【英】
李鴻章,天津医学堂開設【清】

御木本幸 吉養殖真珠に成功

御木本幸吉が世界初の養殖真珠に成功【日】

ポスターと摩天楼

1892 ロートレック画[ムーラン・ルージュにて]他,石版画のポスター製作【仏】

ミュンヘン分離派

ミュンヘン分離派結成【独】
ベックリン画[聖アントニウスの説法](2画面)【瑞】
フィドゥス画[輪環]【W】
アルフレッド・ギルバート作[エロス]台座(アールヌーヴォー彫刻)【英】
マルティン・ニューロプ設計[コペンハーゲン市庁舎]【典】
バーナム,シカゴ万博建築主任に任命【米】
サリバン『建築における装飾』【米】
ヴィクトール・オルタ設計[タッセル邸]【白】
シカゴで最初の高架鉄道開通【米】
世界最大の大聖堂セント・ジョン・ザ・ディバインの建設開始【NY】
スクリャービン曲[幻想ソナタ](〜1897)【露】
ドビュッシー曲[牧神の午後][ペレアスとメリザンド]【仏】

ドビュッシー

チャイコフスキー曲[くるみ割り人形]【露】
ショソン曲[愛と海の詩](82〜)【仏】
コルサコフ曲の歌劇[ラムダ]【露】

プラクシノスコープ

レイノーのプラクシノスコープ,グレマン博物館で世界初の色彩動画の長期上映【仏】
リードビーターのスライド写真,風靡【英】
クルツ,3色印刷発明【米】

薔薇十字展 ペラダンの魔術主義

ル・サール・ペラダン,第1回薔薇十字展覧会開催(ロシュフーコー発起人)【仏】
アレクサンドル・セオン『芸術とイデア』【仏】
伊藤為吉『職工軍団創立趣意書』【日】
田中幽峯『工芸新図』【日】

1893 ムンク画[叫び][声]【諾】

ムンク

モネ画[ルーアン大聖堂]【仏】
明治美術会第5回展(シスレー,ギョーマら印象派の風景画をはじめて紹介)【日】

ステューディオ ビアズリー挿絵

「ステューディオ」創刊(ビアズリー挿絵)【英】
ミルボー「百合よ百合よ」【仏】
黒田清輝,フランス印象派画法を移入【日】

高村光雲・竹内久一

高村光雲作[老猿],竹内久一作[伎芸天](シカゴ万博出品)【日】
石川光明作[木彫白衣観音像]【日】
ヴァーグナー,ウィーン市主催のコンペで受賞(交通を成長の鍵と見る)【墺】
アロイス・リーグル『様式の問題・文様史の基礎』【墺】

伊東忠太 日本の建築様式研究

伊東忠太『法隆寺建築論』【日】
チャイコフスキー曲[交響曲第6番ヘ短調,悲愴](9日後に没)【露】

ドヴォルザーク

ドヴォルザーク曲[交響曲第9番,新世界より]初演【米】
エジソン,活動写真を発明【米】

エジソンの活動写真

アルフレッド・スティーグリッツp[冬の五番街]【米】
ヒントン,アンナン,エバンズ,ジョブ,ケイリーら,ロンドンで第1回「サロン」展(サロン写真の源流)【英】
モッケル,ヴェラーレン,バロクシスム運動を展開【白】
ベネディット・クローチェ『芸術の概念に包摂される歴史』【伊】
工匠学会「工匠雑誌」創刊【日】
沢田兼堂編『ハイカラ図案』【日】

象徴と失望

1892 ドイル『シャーロック・ホームズの冒険』【英】
イサク・アルベニス『魔法の指輪』【英】
ハドソン『ラプラタの博物学者』【英】

サロメ流行 オスカー・ワイルド

ワイルド『サロメ』(制作座で上演)【英】
ゲラン『雪の花』【仏】
ゾラ『パスカル博士』【仏】
ブールジェ『コスモポリス』【仏】
モーパッサン発狂【仏】
ロチ『東洋の幻』【仏】
メーテルリンク『ペレアスとメリザンド』(象徴主義演劇)【仏】

メーテルリンク

シュオブ『黄金仮面の王』【仏】
ハウプトマン『職工』【独】
ホフマンスタール『ティツィアンの死』【W】

ローデンバック

ローデンバック『死都ブリュージュ』【白】
ヴェラーレン『幻覚の野』【白】
メレシュコーフスキイ『象徴』【露】
「芸術草紙」刊行(ゲオルデ・クライス)【独】
国民文芸協会創立(アイルランド・ルネッサンス)【英】
M・ハルデン,個人誌「未来」創刊【独】
韓子雲『海上花列傳』【清】

子規の俳句 発句の独立

正岡子規『獺祭書屋俳話』(発句独立)【日】
森鷗外『即興詩人』(アンデルセン)【日】

万朝報 黒岩涙香 山田藤吉郎

黒岩涙香,「万朝報」創刊【日】
ニューヨークに初の電灯【米】
シカゴのA・G・スポルディング社がテニス,ゴルフ用品の製造を開始【米】
ニューヨーク〜シカゴ間の電話開通【米】
サンフランシスコの「エグザミナー」紙にJ・スウィナトーン『小熊と虎』(連載漫画)【米】
クーベルタン,オリンピック競技復活を提唱【仏】
娘義太夫流行【日】
帝国通信社創立【日】

1893 W・B・イェイツ『ケルトの薄明』【英】
クラッカンソープ『破船』【英】
ブールジュ『鳥は飛び去り花は散る』【仏】
バレス『血,逸楽,死』【仏】

ホフマンスタール『痴人と死』【墺】
ヨルゲンセンら「塔」創刊(象徴派雑誌)【丁】
ハムスン『編集者リュンゲ』【諾】
アホ『牧師の妻』【芬】

ツォルコフスキー

ツォルコフスキー『月の上で』【露】
メレシュコーフスキイ『現代ロシア文学頽廃の原因及び新しい潮流について』【露】
ルベン・ダリーオ,近代詩運動【ニカラグア】
浅香社成立,新派和歌運動【日】
フェリス設計の世界初の観覧車,シカゴ万国博覧会に登場【米】
トマス・リプトン,紅茶を1回分包装で販売紅茶王になる【英】

リプトン、ハーシー、リグレー パリのマキシム、東京の明治座

ハーシー・チョコレート社,ペンシルヴェニアで操業開始【米】
ミュージカル[チャイナタウンへの旅]大ヒット(チェスター・ハリス,初の500万枚作曲家)【米】
ウィリアム・リグレー,果汁入りチュウインガム発売【米】
レストラン・マキシムオープン,料理で有名になる【P】
ボン・マルシェ,世界最大のデパートに【P】
シカゴに初の18番ホールのゴルフ場(マクドナルド設計)【米】
明治座オープン【日】

芸術家の偏愛はつねに無制限の自由におもむくであろうと、私は考えます。
ヴィクトル・エミール・ミシュレ

世紀末は心理学抬頭の時代でもある。ディルタイからフロイトまで、人間の内側の情報が問題になる。

一八九五年は、マルコーニの無線通信とリュミエール兄弟の映画誕生の年として。

印象の主張

1894
明治27

帝国主義の本格化

1894

独露通商条約調印
東学党,農民,白山に集まる(四大綱領発表,農民戦争に発展)【鮮】
英ベルギー,コンゴ協定(アフリカ縦断鉄道構想,仏独の反対で挫折)
農民反乱鎮圧のため,清に派兵要求【鮮】
清軍,牙山に上陸,日本軍が仁川に上陸【鮮】
アナキスト,カルノー仏大統領刺殺【ミラノ】

露仏同盟
露仏同盟
ローズベリー自由党内閣成立【英】
ベハンザン降伏(メネリク,仏に鉄道譲渡認める)【西ア】
仏独協定調印(仏領コンゴとカメルーンの境界画定)
政府,港湾労働者の8時間労働制を承認【英】
金玉均(亡命政治家)暗殺【鮮】
ペルシア貸付会社の政府買い上げを決定(政府が全株を所有するペルシア銀行設置)【露】
東学軍,全州を占領(朝鮮国王,総理交渉通商事宜の袁世凱に清軍派遣要請)【鮮】
朝鮮出兵通告【日】,東学軍,全州撤退【鮮】
ハワイ,共和国となり,王統派鎮圧【ハワイ】
李鴻章,派兵,大院君再政権(甲午更張)【鮮】
清と日本,相互に宣戦布告(日清戦争開始)

日清戦争

ドレフュス事件
ドレフュス事件発生【仏】
フィリピン人,対スペイン反乱
東学農民軍再蜂起(日本軍に抗戦)【鮮】
レーニン『人民の友とは何か』【露】
孫文がハワイで興中会を結成【清】
最後のロシア皇帝ニコライ2世即位【露】
世界初の最低賃金法制定【ニュージーランド】
マダガスカルの保護領化最後通牒拒否,全面的武力征服開始【仏】

分裂する社会思想

1894

ディルタイ 了解心理学
ディルタイ『記述的分析的心理学』【独】
シャルル・フェレ『神経病質性家族』【仏】

ヴィンデルバルト
ヴィンデルバルト『歴史と自然科学』【独】
デューイ『倫理研究』【米】
リヒャルト・ヴァーレ『哲学とその終焉』【墺】

性科学 ハヴロック・エリス
ハヴロック・エリス『男と女』(性科学の創始)【英】
鉄道王トマス・ライアン,南部鉄道網12800マイルを完成【米】
西部の鉄道全社,ゼネスト【米】
労働組合協同組合合盟ナント会議(ペルーティエ起草,ゼネスト声明採択)【仏】
コクシーの率いる失業者の群,ワシントンに行進(軍によって解散)【米】

別子銅山煙害 農民蜂起
別子銅山の煙害(農民850人が新居浜精錬所を襲い,警官と衝突)【日】
康有為『孔子改制考』【清】
ウェッブ夫妻,ロンドン・スクール・オヴ・エコノミクス設立【英】
エドゥアール・ドリュモン「リーブル・パロール」紙創刊(ユダヤ人攻撃の基地)【墺】

ヘルマン・バールの反ユダヤ主義インタヴュー
ヘルマン・バール『反ユダヤ主義国際的インタビュー』【W】
内村鑑三『代表的日本人』,與謝野鉄幹『亡国の音』,外山正一『神代の女性』【日】
加藤弘之『小学教育改良論』【日】

1895

帝国主義の本格化

1895

極東艦隊増強と朝鮮独立保証を目的に英・仏との協力を決定【露】
エチオピア侵略開始【伊】
キューバ独立戦争【キューバ】
独露仏,日本に遼東半島返還勧告(三国干渉)
キール運河の完成【独】
ジョンストン,ニヤサランドでヤオ族とアラブ人を服属させる【南ア】
フランツ・ヨーゼフ皇帝,反ユダヤカトリック市長カール・ルエーガーの選出裁可を拒否【墺】
清国に共同借款供与,露清銀行設立【仏露】

エチオピアの宣戦
イタリアに宣戦布告【エチオピア】
挙人1300人,変法による富国強兵を申請「公車上書」【清】
第3次ソールズベリ内閣成立(植民相にチェンバレン)【英】
清から日本に割譲された台湾,台湾民主国建国,日本軍台北占領(台湾に軍政)【台湾】
ジェームスン,トランスヴァール急襲【南ア】
陸奥宗光『蹇蹇録』【日】
英国を抜き世界第2位の鋼産額【独】
トルコ人によるアルメニア人虐殺事件(英仏露,アルメニア改革案をトルコに提出)
ジェームスン殺害事件(セシル・ローズのトランスヴァール侵入計画失敗)【英】
仏と雲南条約【清】
遼東半島還付(日清北京条約)
レーニン,クルプスカヤら,ペテルブルグ労働階級解放闘争同盟結成【露】
孫文,広州事件に失敗(日本亡命)【清】

公車上書による清朝改革運動

下関条約と三国干渉
下関条約(日清戦争終結)【日】
乙未の変(閔妃殺害)【鮮】

分裂する社会思想

1895

ベルクソン
ベルクソン『物質と記憶』【仏】
デュルケム『社会科学的方法の諸規則』【仏】
マッハ,ウィーン大学哲学講座に招聘【W】
アンドリアン『知の園』【W】
世界最初のユダヤ博物館,ウィーンに開館【W】
アンドリアン・ヴェルブルグ『認識の園』【独】
プレハーノフ『史的一元論』【露】
ヴァッシュ・ド・ラブジェ『社会淘汰』【仏】
ヘディン『アジア内陸紀行』【瑞】

ヒステリー研究 フロイト ブロイアー
フロイト,ブロイアー『ヒステリーの研究』【墺】
マニャン,ルグラン『変質者』(変質理論)【仏】
グスタフ・ル・ボン『群衆心理』【仏】
レーニン,スイスでプレハーノフに会う(帰国後逮捕)【露】
レーバー,カドベリー,バーミンガム近郊に理想村建設【米】

ナショナル・トラスト
ナショナル・トラスト設立【英】
ランチェスター,イギリス初のガソリン燃料自動車発売【英】
ベンツ社,乗合自動車運行開始【独】
労働組合全国連合の多数派,労働総同盟を結成(ペルーティエ書記,サンディカリズム)【仏】
ジャーナリズム科学研究所設立【独】
ナイアガラ瀑布電力会社,最初の商業的水力発電【米】
三菱合資会社銀行部設立,住友銀行設立認可,博報堂創立【日】
日本救世軍成立【日】
「東洋経済新報」創刊【日】

1894

より速く・より深く

1894

ローウェル天文台設立（私財で）【英】
ウィリアム・ラムゼイ,アルゴン発見【英】
ヨハネス・ラインケ,地衣類が菌類と海藻類の共生体であることを発見【独】

ヘルツ力学原理

ヘルツ『力学原理』（古典力学の再吟味）【独】
C・マクバーニー,虫垂切除手術開発【米】
ベイトソン『変異研究資料』（不連続変異の主張）【英】

ヘッケル系統発生論

ヘッケル『系統発生学』【独】
エルザン,ペスト菌発見【仏】
ボルデ,コレラ菌に対する血清反応研究【仏】

ペスト菌とコレラ菌

北里柴三郎,ペスト菌発見【日】
ヘルツ『力学体系』【独】
カジョリ『数学史』【米】
マイケル・プーピン,多重電信改良【英】
タービン設備のタービニア号建造（舶用蒸気タービンの端緒）【英】
ワグナー,アンダーウッド第1号製作（実用タイプライターの初め）【米】
リチャードソン,道路舗装法改良【英】
マインリッヒャー,自動拳銃の発明【独】

ベル特許切れで各国に電話競争

万国水産博

万国水産博覧会開催【ミラノ】
ベル電話特許切れで,各地に電話競争拡大【米】

1895

マルコーニ無線電信

レントゲン

ツォルコフスキー「地球と宇宙に関する幻想」【露】

ヘリウム発見

ラムゼイ,ロッキャー,ヘリウム発見【英】
ボルツマン『気体論』【墺】
オストヴァルト『科学的唯物論の克服』【独】
ウィルマン・アトウォーター,初めて「カロリー」という言葉を使う【英】
レオポルド・アンドリアン『認識の庭』【仏】
フェルヴォルン『一般生理学』【独】
エルメンゼン,ボツリヌス菌分離【独】
ワルミング『植物群落』（生態学の端緒）【丁】
オーエンス,自動ガラス形成機発明【英】
マルコーニ,ヘルツ波研究を進め,コヒーラ検波器による無線電信開発（翌年特許）【伊】
ポポフ,ペテルブルグ大学で無線通信の公開実験【露】
クルックス卿,陰極線管の実験中に見えない光線を発見【英】
レントゲン,X線発見（「放射線の新方法」として発表）【独】
H・A・ローレンツ,運動物体の電磁光学理論展開【蘭】
ペラン,陰極線が負の電気粒子線であることを証明【仏】
マイケルスン,スペクトル線の波長を長さの標準にすることを提唱【米】
カントール『超限集合論』【丁】

数理科学百科 F・クライン

F・クライン『数理的科学百科事典』開始【独】
「アネ・ビロジク」創刊【仏】
ベルトロ『科学と道徳』（ブリュンチエールに反撃）【仏】

ナンセンの北極探検

ナンセン,北極探検【諾】
野中至,富士山頂で気象観測開始【日】
三宅米吉ら,考古学会設立【日】

アール・ヌーヴォー

1894

セザンヌ

ドガ画［化粧する女］【仏】
ジャン・デルヴィル［光の天使］【白】

イエロー・ブック

ビアズリー挿絵担当「イエロー・ブック」ロンドンで刊行開始【英】
セザンヌ,モネ訪問（ロダン,クレマンソーに会う）【仏】
ラファエル前派協会設立,G・Sレヤード『テニスンとラファエル前派の画家たち』【英】
ヘルマン・オブリスト,美術詩集工房をミュンヘンに移転（ユーゲント・シュティール運動のリーダーに）,刺繍［むち］【独】
ヴェルデ,ブリュッセル工芸博覧会出品の家具様式にアール・ヌーヴォーの名を与える【白】
第1回「自由美学」展,アール・ヌーヴォー色濃厚【W】

エックマン 絵画からデザインへ

オットー・エックマン,絵画を棄てデザインの道へ【独】
ヴィクトール・ブルーヴェ作［夜］【仏】
ロダン作［カレーの市民］【仏】
テムズ河のタワー・ブリッジ完成【英】
オットー・ヴァーグナー設計［アンカー・ハウス,グラーベンからみた透視図］【W】
ホラバード・アンド・ロッシュ設計［マーケット・ビルディング］【米】

ガラスの塔 ダニエル・バーナム

ダニエル・バーナム設計［新リライアンス・ビル］（ガラスの塔の異名）【米】
片山東熊設計［帝国奈良博物館］【日】
ドヴォルザーク曲［ユモレスク］初演【チェコ】
ブルックナー曲［第9交響曲］【墺】
マレイp［運動］【仏】
ディクソンp［くしゃみの記録］【米】
オットー・ビーアバウム「自由舞台」ディレクターとなる【独】
横井時冬『工芸鏡』【日】
長谷川契華『美工図鑑』【日】

1895

セザンヌ,ヴォラールの画廊で個展【仏】
ムンク［キャバレー］（リトグラフ）【仏】
アルフレート・クービン自殺未遂【独】
ゴーギャン,2度目のタヒチ旅行【仏】,ルノワール,ロンドン・オランダ旅行【仏】,ロートレック,ロンドン旅行【仏】

ビアズリー ワイルドとの出会い

ビアズリー,ワイルドに会い,ホイッスラーの作品に感銘する【英】
黒田清輝の裸体画問題おこる【日】
第1回ヴェネチア・ビエンナーレ開催
P・ベーレンス,絵画を棄てデザインへ【独】
オットー・ヴァーグナー設計［市営鉄道ギュルテル線の西駅舎］【W】

リュミエール兄弟の映画

ヴァーグナー『現代建築』（セセッションの建築を提唱）【墺】
サリバン設計［ギャランティ・ビル］【NY】
ビング,第1回アール・ヌーヴォー展をプロヴァンスの自店で開催【P】
片山東熊設計［帝国京都博物館］【日】
マーラー曲［復活］【墺】
ポケット・コダック発売【米】
ジーンリ・ロイ,ショーのプログラムにキネマトグラフを出す【米】
バード・エーカーズ,撮影機と映写機を発明（35mmフィルム用）【英】
大阪で活動映画公開【日】
リュミエール兄弟,シネマトグラフ上映開始（［赤ん坊の食事］［エカルラ遊び］）【仏】
クリッチュ,英国で輪転グラビア印刷法を完成【墺】

益田鈍翁の大師会

益田孝（鈍翁）,大師会をはじめる【日】

世紀末デカダン

1894

ウェルズのSF

アーサー・マッケン『パンの大神』【英】
マクドナルド『リリス』【英】
スティーブンソン『引き潮』（この後サモア島酋長として山上葬）【英】
キップリング『ジャングル・ブック』【英】
ショー『武器と人』（初めて台本を出版）【英】
H・G・ウェルズ『タイム・マシン』『透明人間』【英】
グティエレス・ナーヘラ「青の雑誌」創刊（近代主義の詩を発表）【墨】
ルナール『にんじん』『葡萄畑の葡萄作り』【仏】
サラ・ベルナール『サロメ』大当たり【仏】
オージャー『インド古文書学』【仏】
A・フランス『エピキュールの園』【仏】
ホフマンスタール『第六七二夜物語』【独】
J・コンラッド『オールメイヤーの愚行』【露】
シュニッツラー『死』（鷗外訳『みれん』）【日】

北村透谷自殺 27歳の死 藤村に影響

北村透谷自殺【日】
ロバート・ブラッチフォード「クラリオン」主宰,青年サイクリングクラブを後援【英】
マークス・アンド・スペンサー百貨店チェーン創業（1915年に140店に発展）【英】
「ビルボード」誌創刊（8ページ）【米】
100万ドルのキース劇場オープン【ボストン】

全米オープン・ゴルフ

第1回全米オープン・ゴルフ開催【米】
講道館設立【日】

川上音次郎 オッペケペと新派劇

川上音次郎一座,浅草座で［壮絶快絶日清戦争］上演（大入り）【日】

1895

ローウェル『火星』【英】
ワイルド,男色家中傷事件（敗訴,投獄）【英】
マイヤー・グレーフェ雑誌「パーン」創刊【B】
ゴンクール兄弟『北斎』【仏】
ルコント・ド・リール『最後の詩集』【仏】
ポール・ヴァレリー『レオナルド・ダ・ヴィンチの方法序説』【仏】
アンドレ・ジッド『パリュード』（この年アルジェリアに旅行）【仏】
『プロコープの夜会』（デカダン派と象徴派による）【仏】
ユイスマンス,コペ,ブリュンチエール,ブールジェ,ルメートルらのカトリック改宗【仏】

ダンディズム ウォルター・ペイター復活

ガストン・ド・ラワール『ウォルター・ペイター』（ダンディズムの原型）【仏】
A・フォガッツァーロ『昔の小さな世界』【伊】
ダヌンツィオ『死の勝利』【伊】
ヴェーデキント『地霊』（ルルの悲劇第1部）【墺】
モンタルボ『セルバンテスの書きおとした章』【エクアドル】
シェンケヴィッチ『クオ・ヴァディス』【波】
チェフ『奴隷の歌』【チェコ】
ゴーリキー『チェルカーシュ』【露】

一葉 鏡花

樋口一葉『たけくらべ』『にごりえ』『十三夜』（尾崎紅葉,幸田露伴らの絶賛）【日】
井上哲次郎『日本文学の過去及び将来』【日】
島村抱月『悲劇論』【日】
泉鏡花『夜行巡査』『外科室』【日】
川上眉山『書記官』【日】
田岡嶺雲『下流の町民と文士』【日】
コルドン・ブルー料理学校設立【仏】
ラ・フォンテーヌ,オトレの提唱で国際書誌学会創始【白】
初の自動車レース開催【米】
「文藝倶楽部」「太陽」「帝国文学」創刊【日】

私はジグムント・フロイトよりも、ジャン・パウルとともに幼児へ戻りたい。
カール・クラウス

アール・ヌーヴォーとシオニズム、二十世紀を告げる二つの極端。

ジャリの超演劇『ユビュ王』に沸くパリと、遊園地コニーアイランドの開場に沸くニューヨーク。

印象の主張

1896
明治29

アテネ・オリンピック

世界分割の矛盾

1896

ボーア軍,イギリス軍を破る
セシル・ローズ,ケープ植民地首相辞任【英】
クリューゲル電報事件(英仏間の緊張)

スーダン侵略(仏)

スーダンに派兵【仏】

エチオピア独立

エチオピア完全独立(アドワの戦い)
イギリス,エジプト連合軍,スーダンに侵入
フランス,マダガスカルを植民地とする
日露議定書調印(朝鮮に両国軍隊の駐留権を認める),山県・ロバノフ協定(朝鮮における日露両国平等の権利を主張)

台湾総督府 日露議定書

マダガスカル島を併合【仏】
露・清秘密条約調印(ロシア,東清鉄道の敷設権を獲得)
アディス・アベバ条約(ウッチャリ条約破棄)
チュニジアに関する仏・伊協定

クレタの反乱 ギリシア・トルコ戦争

クレタ島で反乱拡大【希】
ナーセロッディーン暗殺(モザッファロッディーン即位)【イラン】
黄金海岸獲得【英】
シャムの領土保全公約【英仏】
マニラ・カビテの民族独立反乱(指導者アギナルド)【比】
マッキンリー(共和党)大統領当選【米】
日清通商航海条約成立

時務報 梁啓超の改革運動

梁啓超,「時務報」創刊(改革派)【清】
進歩党結成【日】
対独通商航海条約・付属議定書調印【日】
岩崎弥之助,第4代日銀総裁に任命【日】

1897

ハワイ併合条約調印【米】
キューバ反乱
クレタ島領有をめぐってギリシア・トルコ戦争勃発
露墺協定調印(バルカンにおける現状維持に同意)
海相ティルピッツ就任(英との海軍拡張競争)【独】
「バニーデの言語令」(ドイツ語とチェコ語をボヘミア公用語に)【W】
列強に対トルコ調停依頼【希】
中国通商銀行設立【清】
ブンド(露・ポーランド・リトアニアの全ユダヤ人社会民主主義同盟)結成

康有為

イスラム教徒抵抗のためスーダンのカッサラをエジプトに割譲【伊】
韓国総税務司ブラウンの解雇に抗議,軍艦7隻を仁川に派遣【英】
膠州湾を占領(翌年租借,山東省における鉄道敷設権,鉱山開発権を獲得)【独】
康有為第5次上書(独膠州湾占領に抗議)【清】
コンスタンティノープル条約【希土】

植民地会議

第3回植民地会議開催【L】
朝鮮,国号を大韓と改める
ベルギー財団,京漢鉄道敷設権獲得【白】
ビルマ鉄道雲南延長権獲得【英】
ウィッテの貨幣政策(金本位の実施)【露】

マッキンリー 第25代大統領

マッキンリー,第25代大統領に就任【米】
ハワイ移民665人中463人,上陸拒否【日】
清国と膠州日本居留地取極書調印【日】
阿片法公布【日】

木下尚江 普選運動開始

中村太八郎,木下尚江ら,普通選挙運動を開始

民族主義と産業

1896

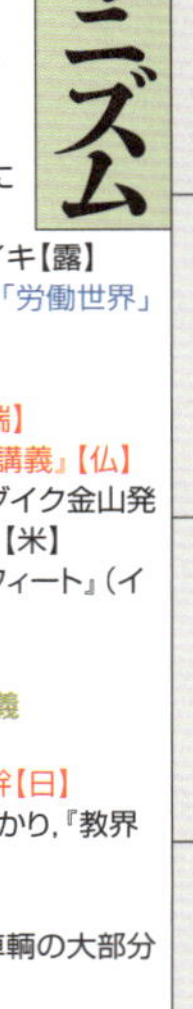

ヘルツルとシオニズム

A・D・ホワイト『科学と神学の闘争史』【米】
サンタヤーナ『美の意識』【米】
メアリー・コーキンズ,対連合法でエビングハウスの系列学習の幅を広げる【英】
ブルックス・アダムス『文明と衰退の法則』【米】
ガエタノ・モスカ『政治学の諸要素』(英訳『支配階級』)【伊】
ルートヴィッヒ・クラーゲス,ドイツ筆跡学協会設立【独】
ヘルツル『ユダヤ人国家』,シオニスト協会設立【墺】
OGT,ゼネストの原則を採用【仏】
第2インター・ロンドン大会(正式にアナキストの参加拒否)
セント・ペテルブルグ工場ストライキ【露】
片山潜ら労働新聞社設立,機関誌「労働世界」創刊【日】
飢餓ののちにペスト流行【印】
ワルラス『社会経済学の研究』【瑞】
ヴィルフレード・パレート『経済学講義』【仏】
山師ジョージ・カーマック,クロンダイク金山発見(アラスカにゴールド・ラッシュ)【米】
アブドゥフ『リサーラ・アル・タウフィート』(イスラム教真義)
揚仁山,金稜刻経処を設立【清】

高山樗牛 日本主義強調

高山樗牛「日本主義」「太陽」主幹【日】
清沢満之,真宗大谷派の改革をはかり,『教界時官』を発行【日】
日本郵船,欧州航路開設【日】
日本車輌製造会社設立(国鉄の車輌の大部分を生産)【日】
川崎重工業設立(工業機器,鋼鉄,船舶,バス,オートバイなどの生産開始)【日】
第一国立銀行営業満期(普通銀行➡第一銀行として営業開始)【日】
大阪同盟貯蓄銀行支払停止(各銀行に取付おこる)【日】

1897

デュルケム

カウツキー『新旧の植民政策』【独】
デュルケム『自殺論』【仏】
ソロヴィヨフ『善の基礎づけ』【露】
ティチェナー『心理学概論』(ガンツハイト心理学とイギリス心理学の融合)【英】
ジェームズ『信ぜんとする意志』【米】
ハヴロック・エリス『性の心理の研究』全6巻(〜1910)【英】
フロイト,ユダヤ人友愛団ブナイ・ブリースに加入【墺】

姉崎正治 インド宗教学 高山樗牛と交流

姉崎正治『印度宗教史』【日】
IMRO地下組織摘発
第1回シオニスト会議開催【バーゼル】
マハディ教徒,EIC傭兵に敗北【西ア】
ウエッブ『産業民主主義』【独】
ビクター蓄音機会社設立【米】,ジーメンス・コンツェルン設立【独】

八幡製鉄所

アームストロング社,ホイットウォース社と合併【英】
デュッセルドルフ銑鉄シンジケート成立【独】
バディッシュ社,ホイマン法によりインジゴ染料の工業的製造開始【独】
この年の自動車生産台数100台【米】
馬車鉄道全盛(98社,年間2703万人輸送)【日】
「実業之日本」創刊【日】

山一証券・勧銀

山一証券,日本勧業銀行,八幡製鉄所設立【日】

1897

1896

より速く・より深く

1896

放射能 ベクレル発見

クーテュラー『数学的無限』【仏】
マッハ『熱学史』【墺】
ベクレル,ウラニウム鉱の放射能を発見【仏】
ヴィーン,黒体輻射のヴィーンの分布式【独】
ヴィーン,陽極線が陽電気線であることを明らかにする【独】
ヴァルデン,ヴァルデン反転を発見【独】

ゼーマン効果

ゼーマン,ゼーマン効果【蘭】
ブフナー,酵母なしアルコール発酵発見【独】
フィンゼン,狼瘡の治療に光線療法を用いる(近代光線療法の祖)【丁】
リバロッチ,水銀血圧計を製作【伊】
リッケルト『自然科学的概念構成の限界』【独】
サミュエル・ラングリー,蒸気機関を動力とする模型飛行機を3000フィート飛ばす【英】
ヘンリー・フォード,自作のハンドルと原動機付四輪車でデトロイトの町を走る【米】
天文定数国際会議(ニューカム定数採択)【P】
リリエンタール,単葉グライダーで墜死【独】
アチソン,電極用人造黒鉛の特許取得【米】
カーティス,改良型タービン製作【米】
ノーベル賞設置(遺言状による)【典】
オルフセン,中央アジア探検【丁】
エンゲルス『サルが人間になるにあたり労働が果たした役割』【独】
立花銑三郎訳『生物始源(一名種源論)』(『種の起源』初めて翻訳される)【日】
平瀬作五郎(イチョウ),池野成一郎(ソテツ)の精虫発見【日】
マルコーニ無線会社設立【英】
逓信省で無線通信の研究に着手(マルコーニに1年遅れる)【日】

1897

電子の確認 J・J・トムソン

ボルツマン『力学原理』【墺】
オンネス,低温物理学研究開始【蘭】
J・J・トムソン,陰極線の粒子性,比電荷を測定(電子の存在を確認)【英】
ウイルソン,蒸気凝結の研究,霧箱の発明【英】
ハムマー,スプリングスハイム,シュテファン,ボルツマンの法則を確証【独】
バルマー,水素スペクトル系列のバルマー式を示す【瑞】
サバティエ,ベンゼンからシクロヘキサン抽出(サバティエ還元法の初め)【仏】
ヤーキス天文台,40in屈折望遠鏡を設備【米】
グルムマッハ,ローゼンフェルト,X線診断法の創始【独】
パブロフ『主消化腺の作用に関する講義』【露】
ブフナー,無細胞発酵の発見【独】
グラン・カランダ,ウナギ幼生(レプト・セファラス)発見【伊】
エイクマン,グリンス,実験的にニワトリを脚気にすることに成功(ビタミン発見の端緒)【蘭】
アムス,プレジンガー,罐詰用サニタリー罐製造機械を発明【米】

ブラウン管 カール・ブラウン発明

ブラウン,ブラウン管の発明【独】
クロード,アセトンに溶けたアセチレンが安全に運搬しうることを発見(アセチレン工業に大きな刺激となる)【仏】

レーナーのハンマードリル

レーナー,ハンマードリルを発明【米】
サイモン・レイク設計の潜水艦アーゴノート号,潜水艦として初の外洋航海【米】

志賀潔 赤痢菌発見

志賀潔,赤痢菌を発見【日】
桜井錠二『電池の理論』【日】
京都帝国大学新設【日】

アール・ヌーヴォー

1896

W・T・ホートン[首吊り人]【墺】
ウジェーヌ・カリエール[ヴェルレーヌ](リトグラフ)【白】
第1回理想芸術展開催[ブリュッセル]
クノップフ画[愛撫][芸術]【白】
ミュレ,ルーアンで印象派展開催【仏】
ムンク,マラルメの肖像画を描く【仏】
グラスゴー美術学校の「4人のマック」,ロンドンのアーツ・アンド・クラフツ展覧会に新様式の家具を出品【英】
ヴェルデ「ヴァン・ニュアン・ストラックス」誌の頭文字(ゴーギャンの影響)【白】
ガウディ[カサ・カルベットのための椅子]設計(アール・ヌーヴォー)【西】
テーセウスd[第1回分離派展ポスター]【W】
オルタ設計[民衆の家](オフィスのアール・ヌーヴォー版)【米】
テオドール・フリッチェ『未来都市』(反ユダヤ主義的田園都市計画)【墺】

エンデルとユーゲントシュテール建築

エンデル設計[アトリエ・エルビラ]【独】
マナウス歌劇場開設(総工費500万ドル)【ブラジル】
リヒャルト・シュトラウス曲[ツァラトゥストラはかく語りき]初演【独】
プッチーニ曲[ラ・ボエーム]【伊】
ポール,シアトログラフ公開【英】
ジョルジュ・メリエス,処女作[トランプの勝負]を発表【仏】
ウッドベリー『写真の楽しさ』【英】
チョーサーの作品,ケルムスコット・プレスで印刷【米】
『芸術図書』新象徴主義をめざし発刊【仏】
富岡鉄斎画[旧蝦夷風俗図]【日】

1897

クリムトとウィーン分離派

クリムトを中心としてウィーン分離派【墺】

ミュシャ 世紀末ポスター

アルフォンス・ミュシャ画[タバコの巻紙ジョブ](ポスター)【チェコ】
カルロス・シュヴァーベ画[百合の聖母]【仏】
アルマン・ポワン画[セイレン]【仏】
オットー・エックマン画[五羽の白鳥]【M】
エクトール・ギマールd[メトロの入口]【仏】
ヴォラールの画廊でナビ派展開催【仏】
ロートレック,石版画に専念【仏】
ゴーギャン,『ノア・ノア』発表(自殺を決意)【仏】
ロンドンとストックホルムで印象派展覧会

テイト・ギャラリー

テイト・ギャラリー開設【英】
ジョン・マクナリー『グッド・ミスター・ベスト』(3幕目は新発明の映画上映)【英】
ラッチェンズ設計[サリ州ティグボン裁判所]【英】
ヴェルデ設計[喫煙室]【白】
ウォルドーフ・アストリア・ホテル開業(ヘンリー・ハーディンバーク設計の17階)【NY】
古社寺保存法制定【日】

黒田清輝 白馬会結成 外光派確立

黒田清輝画[湖畔],白馬会結成【日】
ドビュッシー曲[夜想曲](~99)【仏】
マーラー,ウィーン歌劇場指揮者となる【墺】
ジョン・フィリップ・スーザ曲[星条旗よ永遠なれ]【米】
ダンディ[イスタール](交響曲変奏曲)【英】
自動写真,大阪興業(シネマトグラフ)【日】
ヴァイタスコープ,大阪で初公演【日】

世紀末デカダン

1896

ヴァレリー

ヴァレリー『テスト氏との一夜』【仏】
グールモン『仮面の書』【仏】

ユビュ王 ジャリの超演劇

アルフレッド・ジャリ『ユビュ王』ルーブル劇場で初演【P】
ユーグ・ルベル『ニキーナ』【仏】
ルベン・ダリーオ『信なき続章』(スペイン近代詩に革命)【ニカラグア】
ハウプトマン『沈鐘』【独】
シュニッツラー『輪舞』【墺】
メーテルリンク『貧者の宝』【白】
ヴィルデ『寒い国へ』【エストニア】
メレジコフスキー『神々の死-背教者ジュリアン』【露】
チェーホフ『かもめ』【露】
ルメートル「両世界評論」に劇評執筆【仏】
坪内逍遥『桐一葉』【日】
「ホトトギス」創刊【日】
『古事類苑』刊行開始【日】

創刊 デイリー・メイル(英) ユーゲント(独)

「デイリー・メイル」紙創刊【英】
「ニューヨーク・タイムズ・ブック・レビュー」創刊【米】
ゲオルグ・ヒルト編集「ユーゲント」創刊【ミュンヘン】
「カフェ・シュテファニー」開店【ミュンヘン】
アドルフ・オスク「ニューヨーク・タイムズ」経営権入手【米】
サンモリッツ・パレス・ホテル開業,人気のリゾートになる【瑞】

プレイガイド ウォルターシカゴに開店

グスタフ・ウォルター,シカゴにプレイガイドをつくる【米】
ルドルフ・ダークス「カッツェンヤンマー・キッズ」,NYジャーナル紙登場【米】
第1回近代オリンピック,アテネで開催

1897

コンラッド『ナーシサス号の黒奴』【英】
ブラム・ストーカー『吸血鬼ドラキュラ』【英】

ねじの回転 ヘンリー・ジェイムズ

H・ジェイムズ『ねじの回転』【米】
カーン『初期詩篇』(序自由詩研究)【仏】
ガニベー『マヤ王国の征服』【西】
ジッド『地の糧』【仏】
ゲオルゲ『魂の年』,ロゼガー『永遠の光』【独】
シュニッツラー『パラケルスス』【墺】
カール・クラウス『取りこわされた文学』【墺】
ルー・ザロメ,リルケと会う【墺】
「カフェ・グリーンシュタイドル」文学界の集会場となる【W】
ストリンドベリ『地獄』【典】
ゴーリキー『コノヴァーロフ』『オルローフ夫妻』【露】,トルストイ『芸術とは何か』【露】
ロスタン劇『シラノ・ド・ベルジュラック』大当り【P】

金色夜叉 尾崎紅葉

尾崎紅葉『金色夜叉』【日】
島崎藤村『若菜集』【日】
川上眉山『弦聲』,國木田独歩『源叔父』【日】
ドリル,「国立図書館蔵書目録」企画【仏】
「ジャパンタイムズ」創刊【日】
松本君平『新聞学』【日】
スペリー・アンド・ハッチントン社,グリーン・スタンプ発行【米】

コニーアイランド

コニーアイランド開場【NY】
モス・ブラザーズ・オブ・コベント・ガーデン,貸し衣装業を開始【L】
第1回ボストンマラソン開催【米】

資生堂化粧品

資生堂,化粧品販売開始【日】
京橋に初のビヤホール【日】

民衆には弾丸が足りない。活字を溶かして、全部弾丸に変えるのだ。いまや活字がもっぱら弾丸としてのみ人間を解放するような時代なのだ。
ゲオルグ・ブランデス『若きドイツ』

スタニスラフスキーと岡倉天心、芸術の本来をめぐった近代の象徴。

ヘッケルが十九世紀最後の日に問うた『宇宙の謎』が、二十世紀を暗示する。

印象の主張

1898
明治31

世界分割の矛盾

1898
長江流域不割譲表明(英の要求による)【清】
対日賠償のため英・独から再度1600万ポンド借款【清】

戊戌の変法 光緒帝の変法維新

光緒帝,変法自強宣布【清】
独清膠州湾租借条約調印
露清旅順・大連租借条約調印
戊戌の政変(西太后,実権を握る)【清】
広州湾を租借【仏】
両広・雲南不割譲声明(仏の要求による)【清】
米艦隊,キューバ閉鎖
福建不割譲表明(日本の要求による)【清】

米西戦争

米西戦争勃発(スペインに宣戦布告)
「祖父条項」により黒人市民権剥奪【米】
英清九竜租借条約,英清威海衛租借条約調印
ミラノで暴動,政府倒壊へ【伊】

ファッショダ事件

仏軍,ファッショダ到着(ファッショダ事件)
マニラ陥落(米西戦争)
アギナルド,フィリピン独立を宣言【比】
キューバ独立
パリ条約締結(米西戦争終結,アメリカ,スペインよりフィリピン島,グァム島,プエルトリコ島を獲得)
英・エジプト軍,ファッショダ到着(仏軍撤退)
西太后,光緒帝を幽閉(百日維新の終焉)【清】

ケニア高地発見

デラメア卿,ケニア高地発見【英】
合衆国産業委員会設置(トラストおよびカルテル取り締まり機関)【米】

ソマリア分割 英・伊・仏 エチオピア

英・伊・仏・エチオピア,ソマリア=ソマリランド分割

1899

1899

ドイツ3B政策とバクダード鉄道

カロリン諸島・マリアナ諸島・パラウ諸島をスペインから割譲させる【独】
ベルリン会議(独と英,アフリカ・小アジアに関する権益を相互に確認)
カーゾン,インド総督となる【英】
第1回ハーグ国際平和会議開催
合衆国国務長官ジョン・ヘイ,中国に関する門戸開放宣言【米】
ドレフュス再審軍法会議,有罪判決【仏】
ドレフュス事件で大統領による特赦【仏】

義和団事件へ

義和団蜂起(ドイツ軍,山東省占領,略奪放火)【清】
広東九竜の住民,英国の九竜租借反対運動おこす(英,武力弾圧)【清】
康有為ら,保皇会結成【清】
国務長官ヘイ,中国門戸解放覚書を通告【米】
山東義和団の朱紅燈,キリスト教徒襲撃(袁世凱の軍に撃破される)【清】
バグダード鉄道敷設権を最終的に入手【独】

ボーア戦争❷へ

第2次ボーア戦争はじまる(～1902)【南ア】
金為替本位制【印】
マルシャン,ジブチに到着【東阿】
義和団,直隷におよび「伝神助教滅洋共和義和拳」の旗を掲げる【清】
英軍,スーダン制圧(英・エジプトのスーダン共同統治)
米の門戸開放提議に基本的に同意【日】

民族主義と産業

1898

プラグマティズム ウィリアム・ジェイムズ

W・ジェイムズ『哲学的概念と実際的効果』【米】

フロベニウス

レオ・フロベニウス『アフリカ諸文化の起源』『未開民族の世界観』【独】
ロシア社会民主労働党結成【露】
エレナ・マルクス=アヴェリング自殺(英マルクス主義の凋落とフェビアン主義の独壇場)【英】
レーニン『ロシアにおける資本主義の発展』
ヘロイン,鎮咳剤として発売される【独】
「王家の谷」でヴィクトル・ロル(仏),第18王朝アメンホテプ2世とトトメス3世の墓を発見【埃】
モルガン財団,イリノイ,ミネソタ,その他の会社を合併してフェデラル製鋼会社設立【米】
クロンダイク地方にゴールド・ラッシュ【加】
ケーブル製造者カルテル成立【英】

ドレフュス事件の社会化

「私は弾劾する」(エミール・ゾラ,ドレフュス事件の公開状発表,起訴されロンドンへ亡命)【仏】
「アル・マナール」(新思想家の機関紙)カイロで発刊
ジョレス指導の独立社会主義連盟結成【仏】
マックス・ベーア『現代イギリス帝国主義』【英】
社会主義研究会誕生【日】
内田魯庵『政治小説をつくるべき好時期』,金子筑水『所謂社会小説』,後藤宙外『政治小説を論ず』【日】
横井時冬『日本工業史』【日】

1899

有閑階級の理論

ヴェブレン『有閑階級の理論』【米】
カール・レンナー『国家と民族』【墺】
ジェイムズ,初めてプラグマティズムを使用【米】
デューイ『学校と社会』【米】

リッケルト 文化科学と自然科学

リッケルト『文化科学と自然科学』【独】
ベルンシュタイン『社会主義の前提と社会民主党の任務』【独】
E・バーンスタイン『社会主義の仮説』
H・S・チェンバレン『19世紀の基礎』(ゲルマン主義の拡大)【独】
ヴォルインスキー『カント哲学の批判的,独断的要素』【露】
クロポトキン『一革命家の思い出』【露】

指紋が情報

ヘンリー,犯罪者鑑別に指紋分類法を提唱【英】
キャラコ捺染トラスト成立【英】
ロックフェラー,スタンダード石油会社を持ち株会社とする【米】
製鋼会社,アメリカ溶融精製会社設立【米】
フィアット設立【伊】
右翼紙「アクシオン・ベルナール」創刊【仏】
キリスト教労働組合総同盟結成【独】
ブルガリア農民同盟結成
アギナルドの反米暴動【比】
ティチェナー『構成心理学の根本原理』【英】
ラッド,構成主義否定,機能主義支持宣言【米】
菊池幽芳『己が罪』【日】
新渡戸稲造『武士道』(英文)【日】

横山源之助 日本の下層社会

横山源之助『日本之下層社会』【日】

1898

より速く・より深く

1898
K・ピアスン,記述統計学を展開【英】
アーネスト・トンプソン・シートン『私の知った野生動物』【加】
第4回国際動物会議(動物命名規約決定)
ゴルジ,神経細胞内にゴルジ体発見【伊】
バーンズ,光合成の名称提案【英】
キュリー夫妻,ラジウム,ポロニウム発見【波】
ルーベンス,残留線の発見【独】
ヴィット,小惑星エロス発見【独】
ピッカリング,土星第9衛星フェーベ発見【米】
G・H・ダーウィン,潮汐進化論を展開【英】
ヒルデブラント・ヒルデブラッソン【典】,ティスラン・ド・ボール【仏】
気象力学の基礎を築く
メルカディエ,ラジオフォンを改良した重電信の新方式発明【仏】

キュリー夫人

テイラーの高速度鋼

テイラー,ホワイト,高速度鋼の体系的研究【米】
クニーチ,接触法による発煙硫酸の製造【独】
オルリング,ストックホルムで水雷の無線操縦を試験【典】
マルコーニ,初の有料無線電信【伊】
初の無線伝送実験(エッフェル塔〜パンテオン間4km)【仏】

テレグラフォン パウルゼン ペターゼン

パウルゼン,ペターゼン,テレグラフォン(蓄音電話機)制作【独】
スタッサノ,電気炉で鉄・鋼の生産に成功【伊】

カイロプラクティック

パーマー,カイロプラクティック学校設立【米】
ボーニ,ローマのパラティウム丘およびフォルムなどの発掘開始【伊】
サントス・デュモン,発動機付飛行船発明【仏】
京師大学堂創立【清】

1899
K・ピアスン『科学概論』【英】
「ナショナル・フィジカル・ラボラトリー」設立

宇宙の謎 エルンスト・ヘッケル

ヘッケル『宇宙の謎』【独】
カジョリ『物理学史』【米】
ヒルベルト『幾何学の基礎』【米】

ヒルベルト幾何学

ポアンカレ問題

ポアンカレ『天体力学の新方法』【仏】
J・J・トムソン,トムソン電子論を展開【英】
ティスラン・ド・ボール,成層圏の存在を指摘【仏】
ケッペン『海洋気象学』【独】
ベルリン郊外に高層気象観測所(初代所長アスマン,のち1904年リンデンベルクの高層気象観測所)【独】
ドビエルヌ,アクチウム発見【仏】

人工単為生殖 ロイブ ウニ卵

ロイブ,ウニ卵で人工単為生殖に成功【米】
フラッシ,ルイジアナで硫黄採取の新方法を実施【米】
仏海軍,近代式潜水艇の建造【仏】
ツェリー,組み合わせタービンを制作【瑞】
英〜仏間でマルコーニ式無線通信に成功
初のダイヤル式自動電話機完成【米】

ヘディンの中央アジア探検

スヴェン・ヘディン,中央アジア探検(〜1902)【英】
水沢緯度観測所設立【日】
ニコラ・テスラ,地球定常波を発見【米】

アール・ヌーヴォー

セガンティーニ アルプスを描く

1898
セガンティーニ画[アルプス連山](〜99)【伊】
ロートレック,ロンドン旅行(ルナール「博物誌」の挿絵を描く)【仏】
ボナール,ヴェルレーヌ「パラレルマン」の挿絵を描く【仏】
ルオー,モロー美術館々長となる【仏】
ベルリンで新印象派展開催【独】
造園協会の建物で第1回ウィーン分離派展【W】
ベーレンス画[接吻]【W】
クリムト画[パラス・アテネ]【墺】
ミュシャ[秋](ポスター)【P】
ロダン作[バルザック像](サロンに出品して嘲笑を浴びる),[神の手]【仏】
横山大観画[屈原]【日】
下村観山画[修羅道絵巻][大原の露]【日】

大観・観山

岡倉天心と日本美術院 東京美術学校辞職

岡倉天心,東京美術学校辞職(大観ら連袂して辞任,日本美術院創立)【日】
エベンザー・ハワード『明日の世界:現実的改革への平和的道程』(田園都市構想)【英】
エクトール・ギマール,カステルベランジェ門扉デザイン【仏】

オルブリヒ ウィーン分離派会館

ヨゼフ・マリア・オルブリヒ設計[ウィーン・セセッション会館]【W】
アドルフ・ロース設計[カフェ・ミューゼウムのための椅子]【W】
ヨーゼフ・ホフマン設計[コロマン・モーザーのための用途棚]【W】
コロマン・モーザー[パターン・デザイン]【墺】
人工光源による写真撮影,実験的開始【米】
メリエス監[1mの目]【仏】

ベルリン分離派

1899
ベルリン分離派結成【独】
ベルナツィック画[小沼]【W】
ゴーギャン画[タヒチの2人の女]【仏】
ルノワール,カーニュを発見【仏】
セザンヌ,エクスに移住【仏】
アンソール画[仮面に囲まれた自画像]【仏】
富岡鐵斎画[武稜桃源図]【日】
シニャック『ユジェーヌ・ドラクロワから印象主義まで』【仏】
フーフ『ロマン派の極盛期』【独】
ディアギレフ「芸術の世界」創刊(〜1904)【露】
読売新聞,東洋歴史画題で懸賞募集【日】
ブールヴェ,マルタン合作の製本【仏】
ヴェルデ,ベルリンに移住【独】
ヴァーグナー設計[美術アカデミー記念堂]【W】
マッキントッシュ設計[グラスゴー美術学校]【英】
スコット・ジョプリン[オリジナル・ラグ][メープル・リーフ・ラグ](最初のラグタイムピアノ曲)【米】
J・R・ジョンソン,J・W・ジョンソン[ことごとくの声をあげて歌え](黒人の国歌)【米】
シェーンベルク曲[弦楽6重奏曲](きよめられた夜)【墺】
マーラー曲[嘆きの歌]【墺】
シベリウス曲[交響曲第1番]【芬】
リヒャルト・ホイベルガー曲[オペラ舞踏会](オペレッタ)【墺】
マレイ『クロノフォトグラフィ』【仏】
メリエス監[ある犯罪の物語](シリアス犯罪映画の原型)【仏】

富岡鐵斎

マッキントッシュ

世紀末デカダン

1898
ウェルズ『宇宙戦争』【英】
ショー『ウォレン夫人の職業』,ギッシング『ディケンズ論』,ウォッツ・ダントン『エイルウィン』【英】
トウェイン『人間とは何か』(1906年出版)【米】
クレイン『青いホテル』【米】
ブリュンチエール『芸術と道徳』【仏】
トーマス・マン『小フリーデマン氏』【独】
ハウプトマン『馭者ヘンシェル』【独】
ゲオルゲ『魂の年』【独】
ヘルマン・バール,セセッションの機関誌「ヴェル・サクルム」刊【W】
レヴェルティン『詩人と夢想家』【瑞】
アンドレーエフ『ベルガモートとガラーシカ』【露】
チェーホフ『叔父ヴァーニャ』【露】
ズナーニエ出版社創立【露】
正岡子規『歌よみに与ふる書』【日】

スタニスラフスキーとモスクワ芸術座

スタニスラフスキーら,モスクワ芸術座創設【露】
イエロージャーナリズムの煽動さかん【米】
雑誌「インゼル」創刊【M】
「帝国百科全書」全200巻刊行開始(博文館)【日】
フィンリー・ピーター・ダン,「ドゥリー氏の戦争と平和」を「ニューヨーク・イブニング・ジャーナル」紙に掲載【米】
梁啓超,横浜で「清議報」創刊【清】

中央公論 反省雑誌から改名

「反省雑誌」,「中央公論」と改名【日】
アルフレッド・カルティエ,ド・ラ・ペ街13番地に店開き【仏】,ルイ・ヴィトン,イニシャル文字を自作製品に入れて,模倣を阻止【伊】
オペル自動車発売【独】
サニタス・コーン・フレークスをJ・H・ケロッグら開発【米】
ペプシ・コーラ,製造される【米】

カルティエとルイ・ヴィトン

1899
シモンズ『文学における象徴主義運動』【英】
エドワード・マーティン『灌木の野』【英】
ラング『夢と幽霊の本』【英】
マーカム『鍬持つ男』,ノリス『マクティーグ』【米】
ジッド『鎖を解かれたプロメテ』【仏】
F・ジャム『クララ・デレブーズ』【仏】
ゾラ『豊穣』(4福音書の第1巻)【仏】
フランス『ピエール・ノジエール』【仏】
バザン『滅びゆく土地』【仏】
キュレル『新しき偶像』【仏】
トリスタン・ベルナール『英語を話せばこの通り』【仏】
グールモン『フランス語の美学』【仏】
ダヌンツィオ『ジョコンダ』【伊】
テオドル・フォンターネ『シュテッヒリーン』【独】
アルノー・ホルツ『抒情詩の革命』【独】
ルー・ザロメ,リルケら,カール・アンドレスとともにロシアへ(トルストイと会う)【墺】

クラウスの批評 ウィーン世紀末

カール・クラウス「炬火」創刊【墺】
トルストイ『復活』【露】
ヴェラーレン『人生の諸相』【白】
ハイエルマンス『ユダヤ街』『第七の戒律』【蘭】
イラーセク『兄弟』【チェコ】
徳富蘆花『不如帰』【日】

根岸短歌会 正岡子規 俳諧大要

正岡子規『俳諧大要』,根岸短歌会成立,與謝野鐵幹,東京新詩社設立(和歌改新運動)【日】
印紙税法【日】
E・I・デュポン・ド・ヌムール設立【米】
アイルランド文藝劇場創立【英】
サラ・ベルナール劇場会場(『ハムレット』)【P】
ジェイムズ・J・ジェフリーズ,ボクシング世界ヘビー級チャンピオンとなる【米】

民主々義国家は国家の退廃、苦悩の宗教は病人のモラル、ワグナーの音楽はデカダンス芸術だ。腐敗とペシミズムは近代文化の最高段階にさえ現れている。
アンリ・リシタンベルジェ

Ⅵ. 戦争と情報

1900−1939
宗教は後退し，資本の矛盾が情報文化に辛い試練を迫る。

◉現代思想を系譜にすることは,ほとんど不可能である。簡略にすれば主要な流れは見えるけれど,大半の枝葉にひそむ重要な思想を無視することになる。けれども,いくつかの方法がないわけではない。アミダクジのような本図では,左下に天文幾何学を,そこから右上に向かって,物理科学,統計熱力学,生化学,遺伝情報学,神経生理学,心理科学思想,現象学と存在学,記号論理学,言語思想,文化人類学,社会学,経済文化思想というふうにストリームのグラデーションを並べ,それらが互いにどのように相互作用をおこしているかを図示するようにした。しかし,時代が現在に近づくにつれ,これらが迷路のように交差しあうことは,ごらんの通りである。

◉詳しい説明はできないので,1920年代をとりあげて20世紀思想の特徴に代えるが,この時期,流体力学と量子力学と統計力学がそれぞれ確立をみた。いずれも古典力学の範疇をこえて自然のふるまいを記述しようとした。これらは確率やパターンによって世界を眺めようとする思想の誕生であって,同時期のゲシュタルト心理学やユンクの元型思想にも呼応する。しかし,確率的パターンによって眺めるということは,そこに決定的な主語がないということでもあり,記述はヴィトゲンシュタインのいう「言語ゲーム」のように相互性に富んだものになっていく。

◉20世紀の前半の思想が量子力学と超数学で象徴されているとすると,後半は生物思想と言語思想が主役になっていく。確率的パターンによってふるまいやしくみを説明するという方法も,生物の獲得形質をめぐる遺伝思想や,ニューロン・システムにおける神経化学伝達のしくみを研究する分野に入りこんでいった。それとともに「システムの科学」ともいうべきが誕生する。その代表が,ウィナーにはじまるサイバネティクスであり,またレヴィ=ストロースにはじまる構造主義であった。

◉本図は,クォーク理論とミンスキーのフレーム理論とフーコーの「知の考古学」の出現を示したところでおわっている。スペースの都合でそれ以降を割愛したせいでもあるが,このあとの混乱をとうてい図示しえないせいでもある。

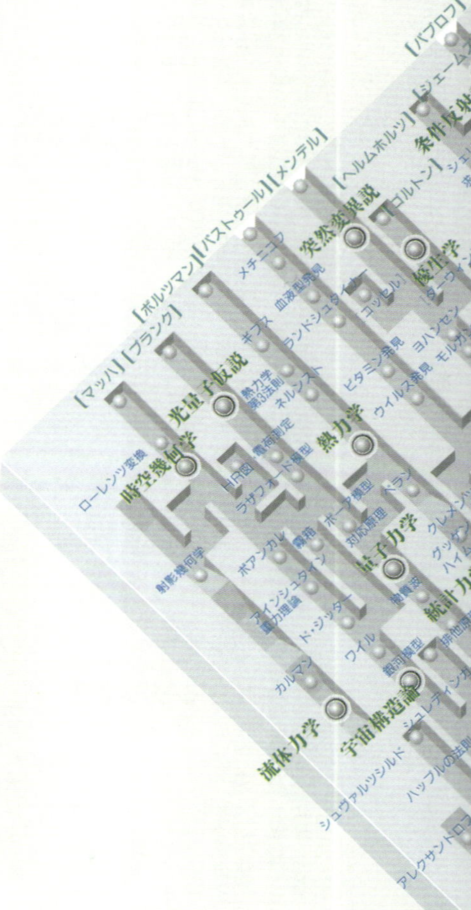

diagram 6.
20世紀思想の迷路

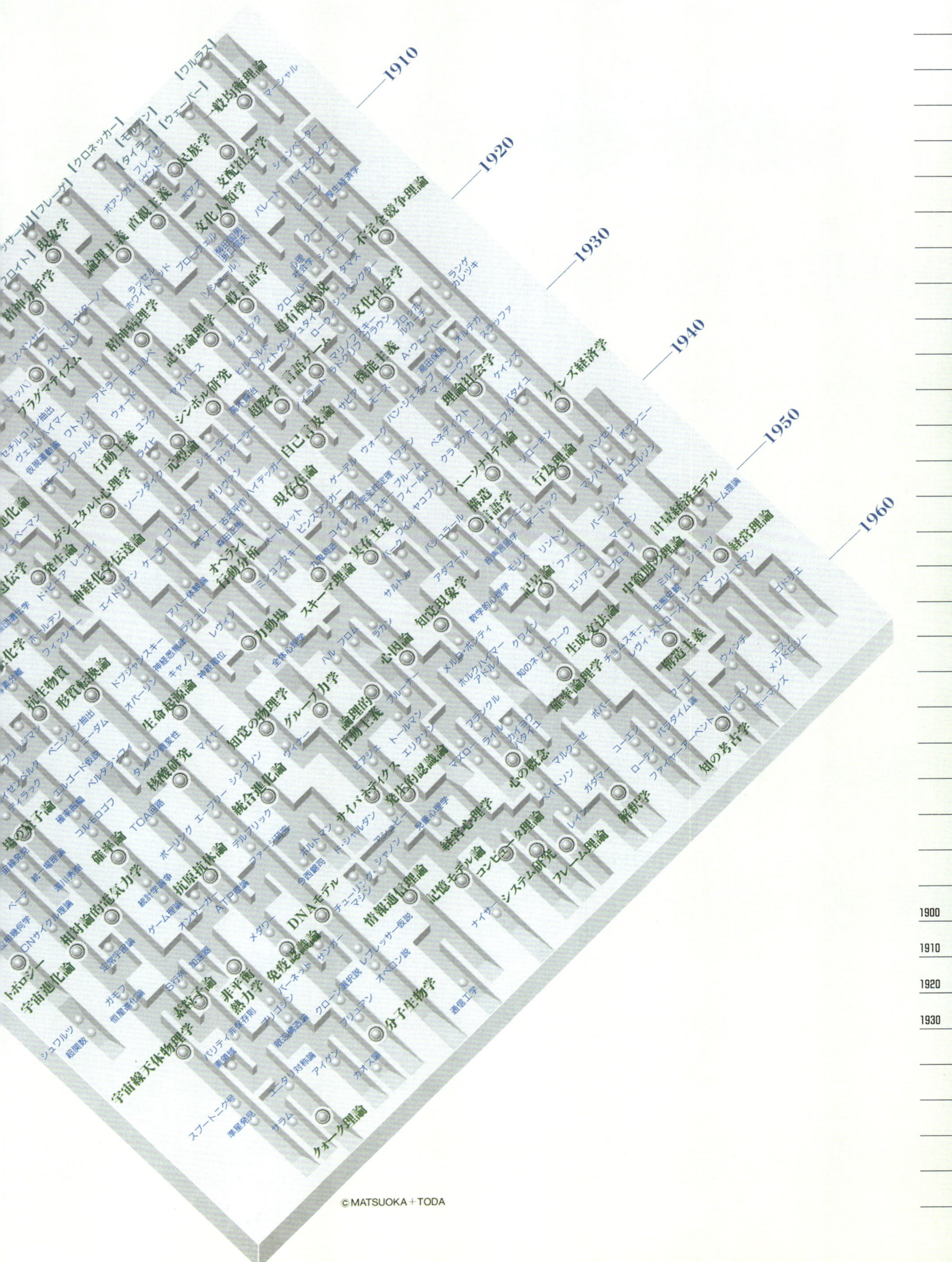

1910
1920
1930
1940
1950
1960
一般均衡理論
民族学
文配社会学
文化人類学
不完全競争理論
現象学
論理主義
直観主義
精神分析学
精神病理学
記号論理学
一般言語学
超有機体説
文化社会学
プラグマティズム
シンボル研究
言語ゲーム
機能主義
理論社会学
ケインズ経済学
行動主義
元型論
超数学
自己言及論
パーソナリティ論
行為理論
ゲシュタルト心理学
現存在論
構造言語学
計量経済モデル
経営理論
発生論
神経化学伝達論
オペラント
行動分析
実存主義
中範囲の理論
スキーマ理論
知覚現象学
記号論
抗生物質
形質転換論
力動場
心因論
生成文法論
構造主義
生命起源論
知覚の物理学
グループ力学
論理的行動主義
確率論理学
核酸研究
統合進化論
サイバネティクス
発生的認識論
心の概念
知の考古学
確率論
経営心理学
解釈学
抗原抗体論
情報通信理論
記憶モデル論
コンピュータ理論
フレーム理論
相対論的電気力学
DNAモデル
システム研究
宇宙進化論
素粒子論
非平衡熱力学
免疫認識論
分子生物学
宇宙線天体物理学
クォーク理論
1900
1910
1920
1930

Ⅵ 戦争と情報 1900―1939

社会主義から複製芸術へ

革命と戦争の体験

20世紀の初日は忙しくはじまった。義和団を平定するために列強がみんな中国に押しかけていたからだ。やがて日露戦争と辛亥革命とロシア革命がつづき,まるで東方の世紀がはじまったかのようなニュースが世界を駆けた。その後,学ぶべき体験がほとんどなかった第1次世界大戦を通過してみると,たしかに地球の東側のほうに新しい可能性があるように見えた。さっそくシュペングラーは『西洋の没落』(1918)を書いて,西洋が蝕まれていることを嘆いてみせた。

しかし,西洋はけっして没落しなかった。西洋は西洋を反省する機会をもったのだ。東側の時代もやってこなかった。たしかにソ連と中国というふたつの社会主義国は膨大な土地と人口をかかえていたが,イニシアティブがとれたわけではなかった。20世紀は,実は「アメリカの世紀」だったのである。20世紀の歴史は,どのようにアメリカがリーダーシップをとったかという問題を叙述することにあったのだ。それは,どのようにソ連が東欧圏のリーダーシップをとってきたかという叙述と重なってもよいが,おそらくはその叙述は明日の21世紀をソ連と中国がどのようにおくるかということがわからないかぎり,あまり意義あるものとはならないにちがいない。しかしこの時期,まだ人々はロシア革命の衝撃の波と,第1次世界大戦の悪夢の余波にとらわれていた。

自然像の変更

国家の動向を問題にしないで科学や文化の成果をたずねるなら,20世紀の歴史ほど多様で劇的な百年はなかった。なかでも,古典力学にあてはまらない自然像があったということ,われわれ自身が自然像を破壊しているのだということに気がつかされたことが大きかった。だが,情報文化史の面では,どこか偏ったコミュニケーションに甘んじてきた印象がある。

自然科学は華々しいスタートを切った。プランクの量子仮説を筆頭に,電子や光子をめぐる研究はすでにかなりの厚みをもっていたので,この分野はたちまち量子力学的世界像を描ききり,波動関数の考え方や「相補性」あるいは「不確定性」といった考え方を思想家にまで浸透させた。マッハが土台を用意してアインシュタインが開花させた相対論的な世界像も,かつて誰も予想できなかったものだった。とくに重力場の理論は従来の時空イメージを一変させ,人々をニューコスモロジーにかりたてた。

生物学では埋もれていたメンデルの遺伝法則が再発見されたのが大きく,ド・フリースの突然変異説からモルガンの遺伝論におよぶ研究が,次の遺伝情報理論時代を準備した。姉妹関係にあった生理学と心理学は,パブロフの条件反射論とフロイトの精神分析論を起点に別の道を歩むことになり,とくに心理学がフロイトとユングの決別,ゲシュタルト心理学の誕生,ワトソンの行動主義の普及,ピアジェの発達心理学などさまざまな話題を提供してそうとうの影響力をもったが,ふたたび生理学と心理学が接近するにはのちの認知科学のスタートを待つしかなかった。一方,自動車と飛行機,無線と真空管とラジオ,製表機と統計機といった技術分野も,20世紀は最初からやたらに飛ばしていた。自動車や飛行機の速度に命を賭けることは,この時代の男性のダンディズムですらあった。

こうした20世紀科学技術の冒頭の特色を一口に要約するのはむずかしいが,「古典力学が適用できない自然」が次々にその奇妙な姿をあらわしたというのが,ごく一般的な感想だったとおもわれる。しかし意外にも,脳の研究や動物の行動に対する研究,あるいは地球の生態系といった比較的身近な研究は,戦争と工業に疲れた20世紀の後半にまわされた。

モダン・デザイン

20世紀初頭はモダニズムが頂点をきわめた時期でもあった。ヴァーグナー,ロース,ライト,ル・コルビュジエとつづく建築家たちは,自分たちが都市や田園の将来を完全に握っているのだという充分な自覚のもとに,次々に景観を機能化していったし,ヨーゼフ·ホフマンのウィーン工房やグロピウスが学長を担当したバウハウスは,巨大構造から万年筆におよぶありとあらゆる形あるものをデザインの対象としていった。フランク·ピックがロンドンの地下鉄をまるごとデザインしたのが先例だった(1916)。まだファッション界には多くの人材はいなかったが,そのかわりポワレとシャネルの二人が世界中の女性たちの目を奪った。20世紀前半はまさにデザインの世紀だったのだ。

デザインがおおむね先行する成果を積み上げる方向へ発展したのにくらべると,美術の方ではめまぐるしい主語の交代がおこった。パリに出てロートレックの自由に驚いた青年ピカソが,次の日はアフリカの彫刻展を見て腰を抜かすというぐあいだったように,キュビズムもフォビズムも,表現主義も未来派も構成主義もダダもシュルレアリスムも,その概念の上に座っていられるほどの長期政権をもちえなかった。しかし,そのめまぐるしさが,かえって人々を熱狂させた。

また事実,多くの主語は重なりあったのだ。10年代の表現主義と構成主義を区分すること,何がアール·デコであるかを言いあてることなど,かなりの美術史家にも困難なことだろう。実はこの時代は徒党を組むことも,主義主張を標榜することも流行だったのである。そのようなヨーロッパにディアギレフがニジンスキーを連れてやってきたとき,ヨーロッパの文化は"異文化の統合"とは何かという点について強い関心を抱くことになった。

大衆の花束　20世紀思想の準備はフッサール現象学とソシュール言語学がすませていた。そこへラッセルが数理哲学を,ヴィトゲンシュタインが言語哲学を加えた。社会の分析では,ウェーバーが資本主義の原理をプロテスタンティズムに重ねてみせたこと,シュンペーターが企業家精神がはたす役割を説き,ケインズが自由競争の原則を公表したこと,およびモース贈与論やベルクソン創造的進化論やハイデッガー存在論などが初期の興奮をつくった。

日本では西田幾多郎や三木清らの人間学的な研究,エスペラント運動をまきこんだ大杉栄の思想,幸田露伴·北一輝·内藤湖南らの中国に詳しい者たちの思索などが目立ったが,しかし30年代になると,ガラッと様相が変ってきた。ゲーデルの不完全性定理,コルモロゴフの確率論,チューリング·マシンの提案,カルナップ,ノイラートらの知の統合作業(ウィーン学団),カイヨワ,レリス,バタイユ,クロソウスキーらの社会学研究会の業績,オルテガの大衆知識人論,ベンヤミンの複製芸術論などが精彩を放ってモダニズム思考の基盤をガタガタとゆるがし,日本はこれらの紹介に追われはじめた。

大衆の前にあらわれたものは,つねに派手で騒がしく,うっとりするようなものが多かった。なかでも映画制作がスターゴシップをふくむ圧倒的な話題をふりまきつづけてきたことは,19世紀までの娯楽の観念と笑いの体験を一変させ,かくて繁華街は百貨店と映画館の代名詞となったのである。ラジオと広告の力も大きかった。ルーズベルトとゲッベルスがラジオを宣伝ツールとみなしたことがとくに拍車をかけ,情報文化はしだいに「反復と複製」を重視する方向へ傾いていった。ラジオはまたジャズやポピュラーソング,あるいは落語·浪曲などの大衆芸能を普及させ,バルトークらが民族音楽の発掘に乗り出したこととあわせて,陽気な大衆ナショナリズムの形成をうながした。

一方,世界的に新聞雑誌メディアが充実したことと電信電話ネットワークが拡大していったことは,人々に「情報の確認」の必要を知らせたが,そのこととはうらはらにナチスや日本軍部のような情報独占による制圧を招くことにもなりかねなかった。そのほか,ビタミンと推理小説とキャバレーが,またスーパーマーケットと通信販売と缶詰が,それぞれ産業と生活の一部になっていったことも特筆しておかなければならない。

1900
1910
1920
1930

高速と量子
1900〜1909

プランクの量子定数とメンデル遺伝法則の再発見で幕が開いた二十世紀。
それはパブロフとフロイトが「内側の情報」にとりくんだ日でもあった。

1900
明治33

アジアの覚醒

安部磯雄・片山潜・幸徳秋水・堺利彦

1 01 ナイジェリア保護領に【英】
05 土地解放と民族の独立運動【愛】
13 普通選挙運動が全国化【日】
27 列国公使団が清国政府に義和団の暴動鎮圧を要求【清】

社会主義協会

28 社会主義協会発足【日】
2 05 パナマ運河,1次ヘイ・ポンスフォート条約調印(運河地帯中立宣言)【英米】
13 ポリネシア分割合意【米仏独】

マクドナルド のちの労働党の母体を結成

28 労働代表委員会(のちの労働党,書記長マクドナルド)結成【英】
28 露が独仏両国に英に対するボーア戦争中止要望の共同工作を提案【露】
3 10 英・ウガンダ間条約調印【英】
10 治安警察法交付【日】
13 英軍,ブルムフォンテイン占領【サウジ】
14 通貨法を公布して金本位制を確立【米】
16 ロシア艦隊,仁川へ進出【露】

4 02 義務教育制を導入【白】
24 数千の労働者が社会情勢悪化に反対し街頭デモ【墺】
5 04 フランツ・ヨゼフ,独・墺同盟誇示のためベルリン訪問【B】
31 英軍がヨハネスバーグを占領(ボーア戦争終幕)【英】
31 列国,清に出兵【清】
6 10 列国が第2次清出兵【清】

扶清滅洋

義和団進出

21 清政府が北京出兵の8カ国に宣戦布告(義和団事件はじまる)【清】

7 09 豪議会が連邦法可決(翌年から連邦国家)【豪】
16 シベリア流刑から釈放されたレーニン,スイスへ亡命【露】
24 マッキンリー,義和団事件調停へ【清】
24 ニューオーリンズで人種暴動【米】
29 ウンベルト1世,アナーキストに暗殺【伊】
30 日・英・露3カ国,天津に臨時政府樹立【清】
8 05 各地で反ユダヤ暴動が発生【露】
06 清国で略奪した馬蹄銀120万両が東京の日銀金庫に(馬蹄銀略奪事件として問題化)【日】
14 連合軍が北京で各国公使館員を救出【清】
14 露軍,アムール川を越えて清国に侵入【露】
9 01 トランスバール共和国合併を宣言【英】
15 伊藤博文創立の立憲政友会発会【日】
23 パリで第5回第2インター大会開催【仏】
26 露軍,奉天占領【清】

孫文の失敗 日本からの援助中止

10 08 孫文,広東省恵州で武装蜂起(日本の援助中止で失敗)【清】
11 チャーチル,英下院議員に初当選【英】
17 8カ国連合軍が北京に総司令部を設置(義和団の徹底討伐めざす)【清】

政友会 伊藤博文・西園寺公望 渡辺国武・原敬・伊東巳代治

19 伊藤博文を総理とする政友会内閣成立【日】
11 01 伊・仏間に秘密中立協定成立(三国同盟の一角くずれる)【伊仏】
05 露が英・独の揚子江協定に同意し、満州の対清還付を声明【露】
06 共和党現職マッキンリー大統領再選【米】
07 フィリピン諸島割譲に関し米西条約【米】
11 露が清国と旅順協定(露清密約)【露】
12 01 メキシコ大統領にポルフィオ・ディアス6期連続就任【墨】
14 伊がリビア,仏がモロッコとそれぞれ権益を分割する秘密協定成立【伊仏】
24 義和団事件で列国公使団が12カ条の苛酷な講和条件を提示(清受諾)【清】

パリ博❺

無線と資本

A パーマー,石油分留ガソリンの製造法発明(16年に特許権をスタンダード石油に売却)【米】
ヨハンソン,ゲージー・ブロックの発明【典】
W・C・セービン,建築音響楽を開拓【米】
エルー,製鋼用アーク炉開発【仏】
パーカー,石油削井ロータリー盤の発明【米】
キュリン,製鋼用の誘導炉を発明【典】
ハドフィールド,変圧器のヒステリシス損失を激減させる珪素鋼発明【英】
コロラド州クライマックスに世界最大のモリブデン鉱山を発見【米】

ホレリスの製表機

B ハーマン・ホレリス発案のパンチカード式製表機,国政調査を独占【米】
東京電気鉄道会社が東京市内の電気供給事業を許可される【日】
フェッセンデン,振幅変調(AM)開発【米】
ダデル,アーク発生器を無線に導入【英】

C 英国軍艦にはじめて無線通信機設置【英】

マルコーニの国際海上通信社

マルコーニが国際海上通信会社を設立【英】
アメリカの家庭の13軒に1台電話設置【米】
ニューヨークとボルクム島を結ぶ海底電信ケーブルが完成【米】
公衆電話登場(上野・新橋駅・5分15銭)【日】
日本で電信法・郵便法・鉄道船舶郵便法・郵便為替法が制定される【日】
シャニュート,グライダーの原型をつくる【仏】

ツェペリン飛行船

ツェペリン1号飛行船の建造【独】
ガソリンで動く最初のバス運行開始【英】
最初の国際自動車レース(パリ・リヨン間)【仏】
オバーン自動車会社,オバーン車を製造【米】
ホワイト社,ホワイト蒸気車を発表【米】
フランスのルノー兄弟社,最初のガラス窓つき2座席自動車を発表【仏】
パリの地下鉄メトロが運行開始【仏】
シベリア横断鉄道が開通【露】
ロング・アイランド鉄道,アメリカ最大の乗客輸送機関となる【米】
自動車の前輪駆動方式の特許が認可【独】
ニューヨーク州で自動車速度制限法制定【米】
山田猪三郎の凧式気球が高度150メートル【日】
東京電気鉄道設立,後の東京市電の一部【日】

D 全国消費者同盟,公正労働基準の消費者連盟として結成される【米】
日本で最初の公害闘争,足尾鉱毒事件【日】
通貨法を公布して金本位制を確立【米】
保険事業法実施,産業組合法,重要物産同業組合法公布【日】

東京株式大暴落

東京株式市場大暴落【日】
モード・ゴン,女性の政治組織「エリンの娘たち」結成【愛】

E スタンダード石油,パシフィック・コースト・オイル社を買収【米】
合併でクルーシブル・スチール社が誕生【米】
AT&T,ベルシステムの親会社となる
ニューヨークの財政分析家ムーディ「鉄道と社団法人の安全性に関するマニュアル」創刊【米】
初の信用組合ケース・ポピュレール設立【米】
カーネギー技術研究所設立【米】

カーネギー製鋼

カーネギー製鋼会社創立【米】
八幡製鉄所が鋳造・製缶の作業開始【日】
日本精糖の技術長鈴木三郎,糖蜜を原料としてラム酒を初めて製造【日】
日本楽器製造がピアノの製造を開始【日】

凸版印刷

凸版印刷設立【日】

1900

量子と心理

A

プランク,量子論の基礎(プランク定数hの導入)輻射法則を訂正【独】
ドーン,ラジウム・エマナチオンの発見【仏】
ケルビン卿(トムソン)『熱と光の力学的理論にかかる19世紀の2つの雲』【英】
ル・シャトリエ『高温測定』【仏】
ヒルベルト,23の数学の問題を例示【独】

プランク 量子仮説

B

コレンス【独】,チェルマック【洪】,ド・フリース【蘭】メンデル遺伝法則の再発見
ヘルドウィヒ,ドリーシュ,ウニの2細胞期に細胞を分離して,それぞれから完全な個体をつくる【独】
パブロフ,条件反射の研究【露】
国際植物学会議第1回開催【仏】
浅川範彦,腸チフス診断液を創製【日】

メンデルの遺伝法則 再発見

C

フロイト『夢判断』刊【墺】
H・エビングハウス『心理学綱要』【独】
W・S・スモール「ネズミの心的過程の実権的研究」迷路を使った実験【米】
アルフレッド・ビネ「児童心理学自由研究会」を組織【仏】
C・L・モーガン『動物の行動』動物心理学における実験的方法【英】
W・シュテルン『個人差の心理学』【独】

ヴント 民族心理学

ウィルヘルム・ヴント『民族心理学』(~20)【独】

パブロフ 条件反射

フロイト

D

J・A・ホブリン『分配の経済学』(ファビアン社会学者)【英】
E・ベルンシュタイン『社会主義の前提と社会民主党の任務』【独】
パレート『イタリア社会学評論』発表【仏】
ニーチェ没【独】
フッサール『論理学研究』(~21)【独】
ディルタイ『解釈学の成立』【独】
ベルジャーエフ『社会哲学における主観主義と個人主義』【露】
J・ベルコマン『存在と認識』【独】

クローチェ精神の学

F・クローチェ『精神の学としての哲学』【伊】
キンケル『認識批判への寄与』【独】
ル・ロア『実証科学と自由の哲学』【仏】
T・A・リボー『創造的構想論』【仏】
J・ロイス『不滅の概念』『世界と個人』【米】
M・シェーラー『先験的方法と心理学的方法』【独】
ジンメル『貨幣の哲学』【独】
ジェネリック『一般国家学』【英】
ベルグソン『笑い』『物質と記憶』【仏】
井上哲次郎『日本陽明学派之哲学』【日】
桑木巌翼『哲学概論』【日】

E

スターリング『哲学と神学』【英】
アラン・ケイ『児童の世紀』【典】
A・ハルナック『キリスト教の本質』【独】
エルンスト・トレンチ『歴史的方法と教義学的方法について』【独】
エバンズ【英】,クレタ島でクノッソス宮殿の発掘開始【希】
内村鑑三『聖書の研究』創刊【日】
王道士,敦煌莫高窟茂経洞を発見【中】

内村鑑三

セセッション時代

A

パリ国際万国博覧会【P】
分離派(セセッション)展覧会が完成したセセッション館で開催(設計オルブリヒ)【ダルムシュタット】
ヘルマン・バール『ウィーン分離派』刊【墺】

クリムトの講堂画

クリムトのウィーン大学講堂天井画が物議をかもす【W】
ロートレック画[帽子屋の女]【仏】
セザンヌ画[玉ねぎのある静物画]【P】
ルノアール画[陽光の中の裸婦]【P】
ボナール,ヴェルレーヌの『双心詩集』にさし絵【P】
クレー,カンディンスキー,ミュンヘンのアカデミーでフランツ・マルクと知り合う【独】
ウィーン分離派のコロ・モーザー図案によるフランツ・ヨーゼフ皇帝の切手【W】
ロダン,個展168点出展[地獄の門]発表【P】
ブールデル[アポロンの首](テアトル・ミュゼ・クレヴァンの装飾を依頼される)【P】

B

小林万吾画[門づけ]【日】
結城素明ら,自然主義の尤声会を創立【日】
パリ万国博に新古美術品を出品【日】
大観,春草の新画風,朦朧体と呼称される【日】
長沼守敬作[老夫]【日】
書道奨励会創立【日】

朦朧体 大観 春草

C

ガウディ,グエル公園に着手【バルセロナ】

ギマール アール・ヌーヴォー都市を飾る

ギマール,鋳鉄でパリ地下鉄入口製作【P】
分離派の展覧会にグラスゴーのマッキントッシュの作品【ダルムシュタット】
オットー・エルクマン活字(典型的アール・ヌーヴォー)【独】
ヴォイジー,工業分野で壁紙,寝具などのデザイン(自宅[果樹園]の玄関広間)【英】
マッキントッシュdインテリア写真,「ヴェール・サクルム」誌に掲載【W】
F・ホランド・デイによる写真展「アメリカ写真の新しい流れ」【米】
J・アンナン,ハンドカメラで瞬間を写すスナップ・ショット撮影【英】
コダック社から1ドルの「ブラウニー・ボックス・カメラ」発売,家庭に浸透【米】

D

万国博で初のトーキー映画【P】
ジョルジュ・メリエス監[ジャンヌ・ダルク][クリスマスの夢][一人オーケストラ]【P】
G・A・スミス監[おばあさんの虫眼鏡][望遠鏡でみたもの]【英】
ニューヨークのカフェ・コンセール,映画館へ移行し大当たり【米】
ロバート・ウィリアム・ポール監[軍隊生活,または兵士はいかにして作られるか]初めての宣伝映画【英】
ヘップワース監[英国陸軍][英国海軍]【英】

映画の驚異

E

シャルパンティエ曲[ルイーズ]上演【P】

トスカ プッチーニ曲 イリカ&ジャコーザ脚色

プッチーニ曲[トスカ]上演【R】
エドワード・エルガー曲[ジェロンティアスの夢]【バーミンガム】
フーバー曲[ベックリン交響曲]【チューリヒ】
ボッシ曲[雅歌]【ライプツィヒ】
スイス音楽芸術家協会設立【ジュネーブ】
新バッハ協会設立【独】
ヘルマーとフェルナー設計[国立ドイツ劇場]開場【ハンブルグ】
エンデル設計[ブント劇場]【B】
バレエ[イーゴリ公]上演,振り付けセルゲイ・ティアギレフ【P】

モダンの苦悩

A

コンラッド『ロード・ジム』【英】
コレット『学校のクローディーヌ』,ミルボー『小間使の日記』,モーラス『君主制に関する質疑』『知性の未来』【仏】
アンリ・ド・レニエ『二面の女』【仏】
ダヌンツィオ『炎』【伊】
ヘッセ『車輪の下』【独】
ジャンブール『貧農のさだめ』【露】
シュニッツラー『輪舞』【墺】
バローハ『うす暗い生活』【西】
ヒメネス『すみれの心』【西】
シュピッテラー『オリュンポスの春』【瑞】
オブストフェルダー『聖職者の日記』【諾】
シェンケヴィッチ『十字軍の騎士』【洪】
レイモンド『秋の一夜』【洪】
フィクレト『折られた百合』【土】
ブリューソフ『芸術について』【露】
ハイエルマンス『天佑丸』【蘭】
アド『秋の一夜』【ウルグアイ】
フランク・ボーム『オズの魔法使い』【米】

ヘッセ

シスター・キャリー

ドライサー『シスター・キャリー』【米】
ウォートン『試金石』【米】

B

泉鏡花『高野聖』,幸田露伴『椀久物語後編』【日】

徳富蘆花 思出の記 自然と人生

徳富蘆花『思出の記』『自然と人生』『不如帰』【日】
森鴎外『審美新説』【日】
永井荷風『新梅暦』,徳田秋声『雲のゆくえ』【日】

鏡花

C

ダウズ・プレス設立【独】
グーテンベルク博物館設立【マインツ】
シリアル・アーサー・ピアソン「デイリーエクスプレス」紙発行【英】
ペギー編集『半月手帖』ドレフュス事件を機に創刊(ロラン,バンダ,シュアレスらを擁しキリスト教社会主義の先駆)【仏】
レーニン,「イスクラ」創刊【ミュンヘン】
ビーアバウム,ランデン,イラスト入り風刺的週刊誌「ジンプリツィシムス」刊【独】
グラフ雑誌の先駆「太平洋」(博文館)創刊【日】

明星 与謝野鉄幹の短歌革新

与謝野鉄幹「明星」を創刊【日】
婦女新聞,社会新報創刊【日】

半月手帖とジンプリツィシムス

D

ヴァン・デ・ヴェルデが婦人服にSカーブのラインを取り入れ,ヨーロッパで大流行【P】
ポール・ポワレ,キモノ・スタイルの衣装をつくる【仏】,メゾン開店【仏】
アメリカに「ギブソンガール」登場(ギブソンの描く理想のアメリカ娘,雑誌「ライフ」のページを飾り大ブーム)【米】

ミシュランの星印 グルメ情報

レストランを1~3の星印で評価した「ミシュラン」の案内書がパリで刊行【仏】
初の公衆電話登場【日】
「東京日日新聞」に三井呉服店の全ページ広告【日】
女学生にえび茶のはかまが流行【日】

E

ハンバーガー発売

ハンバーガーがコネティカット州ニューヘブンで売り出される【米】
岩手県小岩井農場でバターの生産開始【日】
米オーティス社が自動昇降階段「エスカレーター」を商標登録(パリ万国博に出品後,翌年に百貨店ギンベル・ブラザースで初導入)【米】
パリオリンピック大会開催(16カ国から1505人の選手参加)

BC 6000以前 / BC 6000 / BC 2200 / BC 1200 / BC 600 / BC 300 / 0 / 300 / 600 / 800 / 1000 / 1200 / 1300 / 1400 / 1500 / 1600 / 1650 / 1700 / 1760 / 1810 / 1840 / 1860 / 1880 / 1890 / 1900 / 1910 / 1920 / 1930 / 1940 / 1950 / 1960 / 1970 / 1980

性の役割が突然皇帝陛下に認められ、夢判断が閣議で承認され、精神分析療法の必要が三分の二の多数で議会を通過したかのようです。

ジグムント・フロイトの書簡

ダルムシュタットのマティルデ丘に「近代」の意匠がズラリ勢揃いする。

ソシュール言語学とフッサール現象学。「近代」の思想の大半がここに出所する。

光速と量子

1901
明治34

アジアの覚醒

1 01 英領オーストラリア連邦発足【豪】
10 フィリピン独立を求める住民の請願,米議会に提出【比】
16 義和団事件に関する全権委員署名の議定書と皇帝承諾の勅諭を11カ国公使団に送付【清】
22 ヴィクトリア女王没(新国王にエドワード7世)【英】
2 21 キューバが共和国宣言【キューバ】
21 貨幣条例公布,金本位制採用【韓】
23 英・独,独領東アフリカと英領ニアサランドに境界画定協定【英独】
27 ボーア戦争集結の第1次平和会議失敗【英】

黒竜会 内田良平・平山周 アジア主義・天皇主義

27 内田良平,平山周らが黒竜会結成【日】
3 02 米会議,プラット修正条項を可決(キューバの実質的支配者へ)【キューバ】
04 マッキンリー米大統領,2期目就任【米】
26 清国,満州に関する露清密約に調印否認声明【清】

4 03 第1回日本労働者大懇親会開催【日】
20 片山潜,安部磯雄らと社会民主党結成へ【日】
25 仏・露両外相,対英戦準備として仏・露合同参謀本部設置計画に関する書簡交換【仏露】
29 裕仁親王誕生【日】
5 02 伊藤内閣,閣内不統一で政権放棄【日】
20 社会民主党禁止【日】
23 義和団の戦闘行動終結【清】
6 02 第1次桂内閣成立【日】
21 星亨が刺殺される【日】
21 国境問題をめぐる米・加交渉決裂【米】

北京議定書

7 01 鉄鋼労働者の賃金問題をめぐる労働争議が暴動化【米】
04 米領有のフィリピンで民政スタート(初代総督にタフト判事就任)【比】
20 仏とモロッコが国境警備強化の協定(仏のアフリカ進出政策強化)【仏】
31 北京を制圧していた列国連合軍撤退【清】
31 黒岩涙香,理想団を結成【日】
8 09 インディアン居住区が白人の手に移り入植可能となる【米】

エドワード7世 英外交転換期

11 英国王エドワード7世,独を訪問
21 第2インター系の国際労働組合会議開催
24 労働者懇談会を開く【日】
26 バルカン諸国の新聞各紙,バルカンにおける露の陰謀について不安表明【露】
9 06 パン・アメリカン博覧会でマッキンリー暗殺【米】
07 義和団事件の最終義定書(辛丑和約)調印【清】

T・ルーズベルト

14 セオドア・ルーズベルト,史上最年少の大統領に就任【米】
18 伊藤博文が日露協定交渉に出発【日】
26 西アフリカでアシャンティ王国敗れる(英領ゴールド・コースト植民地に合併)【英】

ロシア大凶作とエス・エル

10 05 露・清間で満州から露軍撤退交渉開始【露】
13 露各地で飢えた民衆が蜂起,軍隊と衝突【露】
16 日英同盟交渉開始【英日】
11 18 第2次ヘイ・ポンスフォート条約により,米パナマ運河建設と管理の独占権獲得【米】
25 農業労働者総連合成立【伊】,左派3党派が合同してフランス社会党(PSDF)結成【仏】
12 07 英・伊が東アフリカの植民地スーダンとエリトリアの境界線を定める協定調印【英伊】,チェルノフ,社会革命党(エス・エル)結成【露】

無線と資本

A

アドレナリン分離

高峰譲吉,アドレナリンを分離【米】
フーシェ,ピカール,ガス熔接を発明【仏】
ベクレル,ラジウムについて研究発表【仏】
バイエリンク,空中窒素固定菌を発見【独】
黒沢貞次郎,仮名文字タイプライターを製作【日】

B 電気技師ヒューイット,水銀灯を発明【米】

電気掃除機

ブース,電気掃除機発明(バキューム・クリーナー会社を設立)【英】
天頭良一,国産計算機第1号製作【日】
リチャードソン,白金の放出する電子数と温度の関係法則発見(真空管へ)【英】

マルコーニ 大西洋横断無線通信

C マルコーニ,ニューファンドランドで初の大西洋横断無線通信を受信(翌年ノバ・スコシアに電話局を設置し無線サービスを開始)【米】
フェッセンデン,無線電話の考案【加】
日本初の電話ボックス登場【日】
赤色円形の鉄製郵便函設置【日】
メルセデス車がドイツの自動車メーカー,ダイムラー車から発売される【独】
世界初の2気筒ディーゼルエンジン公開【英】
初の量産型ガソリン車「オールズ」完成【米】
民間第1号の蒸気機関車【日】
ライト兄弟設計,グスタフ・バイスコプフ製作のエンジンつき飛行機が初めて飛ぶ【米】

D ノーザン・パシフィック鉄道支配権をめぐる株買い占めでニューヨーク株式市場混乱【米】
ヒギンズが埋蔵量最大のボーモント油田を掘りあてる(ガルフ石油会社の前身)【米】
アングロ・ペルシアン石油会社,イランから期間60年の石油の採掘権を得る【イラン】

田中正造の直訴

足尾鉱毒事件の田中正造,天皇直訴事件【日】
英国煙草会社設立(煙草トラスト)【英】
国際アルミニウム・シンジケート成立【欧】

日本赤十字社

日本赤十字社創立【日】

USスチール

E USスチール社,モルガンにより設立(カーネギー鉄鋼を合併,10億ドルの持株会社)【米】
インランド・スチール社がミシガン湖畔に最初の製鉄工場を開設【米】
カーネギー財団設立【米】
グッゲンハイム一族,ASARCOコパー・トラストを結成【米】
デトロイト・オートモビル社破産,技師長ヘンリー・フォードが元株主に雇われる【米】
モルガンとヒル,傘下鉄道支配のため持株会社北部証券会社設立(巨大鉄道統合化)【米】
ジレットがアメリカン・セーフティ・レイザー社を設立(安全かみそりの生産)【米】
モンサント・ケミカル・ワークス設立(サッカリン製造)【米】

トンプソンの広告代理

J・ウォルター・トンプソン社が雑誌広告の代理業務を開始【米】
自動車販売のモーター商会が設立【日】
国産葉たばこの岩谷商会と米から輸入の村井兄弟商会が激しい販売合戦【日】
八幡製鉄所で第1転炉に火入れし操業開始【日】
電通広告会社,住友鋳工所設立(住友金属工業の前身)【日】

1901

量子と心理

A

ヘルメット,標準重力式を発表【独】

ケルヴィン原子模型

ケルヴィン,原子模型を発表【英】
カウフマン,β線の比電荷を測定してβ線粒子が電子であることを実証【独】
ドマルセー,元素サマリウムの不純物の中から新元素ユーロビウムを発見【仏】
サバティエ,サンドラン,接触水素添加法を創案【仏】
ビルベルト,ディリクレ原理の証明,変分法の直接解法【独】
リアプノフ,確率論の極限定理【露】

B

ド・フリース 突然変異説

E・フィッシャー,グリシンなどの多数のペプチドを合成【独】
ヴィルシュテッター,トロピン,トロピノンの合成【独】
ブフナー兄弟,チマーゼによる発酵に関する研究の集成【独】
ファント・ホッフ「化学力学の法則及び溶液の浸透圧の理論」でノーベル賞受賞【蘭】
モンゴメリー,相同染色体の各半分は,それぞれ両親の一方から受け継いだと証明【英】
フィッシャー,獲得形質の遺伝に関する最初の実験的研究【独】
ヘルトウィヒ,記載発生学を完成【独】
コールズ,群体遷移概念を生態学に導入【米】

血液型 ランドシュタイナー A・B・Oに分類

ランドシュタイナー,血液型分類の基礎【墺】
ド・フリース『突然変異説』【蘭】

C

フロイト『日常生活の精神病理』【墺】
ラッツェンホーファー『実証倫理学』【独】
フリッツ・マウトナー『言語批判論』【墺】
J・M・ボールドウィン『哲学および心理学辞典』【英】
レヴィ・ブリュール『未開社会における精神機能』【仏】

D

フッサール現象学

タルド『世論と群衆』【仏】
ベルンシュタイン『科学的社会主義はいかにして可能か』【独】
パレート『社会主義体系』(〜02)【仏】
ベンジャミン・ロウントリー『貧乏研究』【英】
遠藤隆吉『現今之社会学』【日】

廿世紀之怪物帝国主義

安部磯雄『社会民主党宣言』,幸徳秋水『廿世紀之怪物帝国主義』【日】
アレーニウス『世界観の変遷』【典】
ピアソン『科学的観点による国民生活』【英】
フッサール,超越論的現象学完成(〜03)【独】
シェストフ『ドストエフスキーとニーチェ』【独】
クーチュラー『ライプニッツの論理』【仏】
ホッブハウス『精神の発展』【英】
リープマン『先験哲学の精神』【独】

E

ハインリッヒ・クーデンホーフ=カレルギー『反ユダヤ主義の本質』【B】
オイケン『宗教の真理内容』【独】
ハルナック『キリスト教の本質』【独】
中江兆民『一年有半』『続一年有半』【日】

スタインの探検

スタイン,第1回中央アジア探検【英】
スヴェン・ヘディン,楼蘭の遺跡を発見【中】

セセッション時代

A

ピカソ【西】,パリで最初の展覧会,画[青の女][鳩をもったこども](青の時代はじまる)【P】
ムンク【諾】,石版[罪][橋の上の娘]【W】
ゴッホ回顧展に若い画家(マティス,ドラン,ヴラマンク,デュフィ)熱狂【P】
ゴーギャン【仏】画家[遺体の中の財宝]
ヴュイヤール,パリ風景を描く(〜10)【P】
ドニ画[セザンヌ礼賛]【P】
ドラン,ヴラマンクをマティスに紹介【P】
フランスに装飾美術家協会創立【P】

マイヨールの地中海

マイヨール作[地中海]【P】
マックス・クリンガー作[ベートーヴェン像ライプツィヒ]【独】
クリムト[医学のための習作]【W】
シェーンベルク画[グレの歌]【W】
マックス・ティルケ,キャバレー開設【B】

B

赤松麟作画[夜汽車],浅井忠画[グレーの秋]【日】
荻原守衛,渡米【日】

鏑木清方 挿絵の展開と烏合会の結成

鏑木清方ら,烏合会結成,第1回展開催【日】
田村宗立,伊藤快彦ら,関西美術会創立【日】
太田喜久太郎作[糸巻群蝶蒔絵手箱]【日】
赤塚自得作[牛の背量子蒔絵硯箱]【日】

C

ダルムシュタット分離派と芸術家村

マティルデ丘で芸術家村開村の祝典開催(第1回ダルムシュタット分離派展の全体計画,設計はヨゼフ・マリア・オルブリヒ)【ダルムシュタット】
ペーター・ベーレンス設計[ダルムシュタットの自宅]【独】
アウグスト・エンデル設計[寄席]【独】
R・A・シュナイダー設計[アルフレッド・ハイメルのためのアパート]【独】
ヴァン・デ・ヴェルデ「フォルクヴァング植物館」のインテリア【仏】

ガルニエ都市論

トニー・ガルニエ,「工業都市」の提案,都市理論【仏】
サリヴァン『幼稚園閑談』【米】
ロベール・マイヤール[ツオズ橋][タヴェナサ橋][ザルギナ橋]【瑞】
フランク・ロイド・ライトの講演「機械の美術工芸」【米】
ライト,アール,ヌーヴォーへの反抗で建築の「霊気化」提唱【米】
マイブリッジ『運動する人体』【米】
東京工業学校が東京高等工業学校となり,工業図案科を設置【日】

D

メリエス監[小さな赤頭巾][青ひげ][バラモン僧と蝶々]【仏】
フェルディナン・ゼッカ監[悪魔の七つの城][ある犯罪の物語][クオ・ヴァディス][放蕩息子][マッキンリー大統領の暗殺]【P】
ジェイムズ・ウィリアムソン監[中国における伝道地への攻撃]【英】

E

ダンカンのダンス

シュトラウス曲[火炎]上演【ドレスデン】
マーラー曲[交響曲第4番ト長調]初演【W】
プフィッツナー曲[愛の花園のばら]【エルベンフェルト】
フンゲルト曲[ナウシカ]【ドレスデン】
第一回バッハ祭開催【B】
ショー シーザーとクレオパトラ 初演【英】
女流舞踏家イサドラ・ダンカン国際的成功,舞踏芸術に新風【P】

モダンの苦悩

A

キップリング 帝国主義的感性 短編の技法

キップリング『キム』【英】
H・G・ウェルズ『月世界最初の人間』【英】
アンドレ・ジッド『カンドール王』【仏】
ロマン・ロラン『ダントン』【仏】
アナトール・フランス『現代史』発表,社会主義へ接近【仏】
デカーヴ『柱石』,サマンの詩『黄金の車』,ゲラン『灰をまくひと』,ジャム『桜草の喪』【仏】
フォガッツーロ『現代の小さな世界』【伊】
マン『ブッデンブローク家の人々』【独】
ヴェーデキント『キース侯爵』【独】
仏訳ニーチェ『悲劇の誕生』【独】
キンテーロ『花々』【西】
ローデンバツク『霧の紡車』刊【ブリュージュ】
ストリンドベリ劇『死の舞踏』【典】

チェーホフ

ガールドニ『エケルの星々』【洪】
ケイロース『都会と山国』【葡】
シュニッツラー『グストゥル中尉』【墺】
ホフマンスタール『ティツィアンの死』【墺】
フランク・ノリス『オクトパス』【米】
ゴーリキー『海燕の歌』【露】
ツェンスキー詩集『思索と幻想』【露】
ヴェレサーエフ『医師の手記』【露】
チェーホフ『三人姉妹』【露】
李宝嘉『官場現形記』【清】

B

独歩

デュマ・黒岩涙香訳『巌窟王』【日】
国木田独歩『武蔵野』『牛肉と馬鈴薯』【日】

高山樗牛 美的生活を論ず

高山樗牛『美的生活を論ず』【日】
長谷川天渓『美的生活とはなんぞや』【日】
土井晩翠『暁鐘』【日】
徳田秋声『みだれ心』【日】

みだれ髪 与謝野晶子 鉄幹と結婚

与謝野晶子『みだれ髪』【日】

C

国際出版社会議ライプニッツで開催【独】
ステーンベルイ,ランゲ,デッシンによる図書館運動展開(デンマークの図書館サービス,世界最高の水準に)【丁】
議会図書館,印刷カード目録サービス開始【米】
ファッション誌「フェミナ」創刊【仏】
「ハーパース・バザー」月刊化【米】
梁啓超,横浜で「新民叢報」刊行開始(青年層に新民体の影響)【清】
「滑稽新聞」創刊【日】
「北海タイムス」創刊【日】
『万朝報』他,社会民主党宣言を掲載し,発売禁止【日】

日本点字 石川倉次 50音式

石川倉次,日本点字を完成【日】
「女学世界」「演芸世界」創刊【日】
雑誌「音楽之友」【日】

D

ワンダーフォーゲル立設

シャツ・ウェスト普及し,今日的カジュアル・ドレスの基となる【米】
『セツルメント料理ブック』がボランティアの婦人の広告を資金に出版,ベストセラー【米】
新橋駅前に電球点滅式文字広告塔出現【日】
キャバレー「11人の刑史」設立【ミュンヘン】
ハーレムがはじめて黒人の町として売り出される【NY】
ワンダーフォーゲル設立【独】

E

インスタントコーヒー

インスタントコーヒー,日系米人加藤悟により発明(パン・アメリカン博覧会で売り出す)【米】
野球のアメリカン・リーグ結成【米】

タイプライターの普及が口述半筆記の習慣を促し、その結果、話者は見解を前面に押し出すようになった。
「アトランティック・マンスリー」誌

この時期、世界を驚かせたのはアフリカ美術のパリ流入とイギリスと手を組んだ日本帝国主義の急速な抬頭だった。

たとえばベルギーのコンゴ支配に二十世紀国家の残忍な方法が隠されている。

1902
明治35

日露と英米

日英同盟

1 04 仏のパナマ運河会社,権利を4000万ドルで米に譲渡の意向表明【仏】
07 西太后,光緒帝,再び実権を握る【清】
16 トルコ,バグダード鉄道の建設権を独に与える【独】
24 西インド諸島のデンマーク領3島を500万ドルで割譲の条約締結【米】
30 日英同盟調印【日】
2 01 米が露による満州の利権独占に抗議(満州門戸開放の覚書を11カ国に送付)【米】
3 05 炭鉱労働者,全国大会で8時間労働を要求してゼネスト決行を決定【仏】
16 仏露両国共同声明(日英同盟を承認するが清韓における権益維持)【仏】

4 01 ウガンダ東部を英領東アフリカに合併【英】
08 ベルギー社会党,ブリュッセルとリエージュで大集会【白】

満州還付条約

08 露・清両国が満州条約に調印
15 アイルランドで,独立,土地支配解放闘争で情勢緊迫(英政府が非常事態宣言)【愛】
29 米が中国人移民排斥法を全土に拡大適用することを決定【米】
5 12 ペンシルベニア州の無煙炭炭鉱労働者約15万人がスト【米】
15 エチオピアと英,スーダン国境協定

キューバ半独立

20 米占領軍,キューバ撤退(施政権をパルマ初代大統領政府に正式返還)【キューバ】
22 国際鉱山労働者大会ですべての鉱山を国有化せよと全会一致で決議【仏】
28 仏下院選挙で左翼勢力の共和派ブロックが大躍進(E・コンブの急進党内閣誕生)【仏】
31 プレトリア条約協定に調印,ボーア戦争終了【英】
6 14 北京の列国公使会議,義和団事件の講和条件付帯議定書に調印【清】
28 下院が海峡運河法可決【米】
30 仏・独・オーストリアの三国同盟,無修正で6年間延長【仏独】

7 01 米大統領,フィリピン民政府樹立宣言【比】
03 米,西と友好関係締結【米】

コンゴ分割

05 仏の植民地コンゴ,低コンゴ・ガボンとチャドの2つに分割【仏】
28 米,仏パナマ運河会社の権利を買収【米】
29 社会党結成(社会主義運動統一実現)【米】
8 09 エドワード7世の戴冠式【英】
15 列国が天津の各国都統衙門(臨時政府)を解消,天津を清国に還付【清】
29 列国,北京議定書にもとづき清国と輸入税率改定【清】
9 05 清国と通商条約調印【英】
19 ハンガリー自由運動家ラヨシュ・コシュート生誕100年記念をきっかけにハンガリー全土で反独デモ相次ぐ【洪】

パナマ運河独占(米)

10 08 清国から第1期満州撤兵【露】
09 鉱山ゼネスト(翌週に全労働者の約3分の2が参加)【仏】
11 ボストンとニューヨークで中国人街一斉手入れ【米】
11 01 モロッコで相互中立と権益保証の秘密協定(独伊墺三国同盟が空洞化)【仏伊】
05 日本政府,日・露・米3国共同保障による韓国中立構想案を全面拒否【日】
12 09 英独伊3国の艦隊,5つの港湾封鎖【ベネズエラ】

ライン産業博

アメリカ独占資本

レーヨン

A ハッタースレイ社,自動織機を製作,浄水処理の急速ろ過法応用される【英】
リンデ,酸素大量採取実用化【独】
英駆逐艦ヴェロックスにタービン併用,ピストン機関より性能向上【英】
リトル,セルロース繊維レーヨンで特許【米】
バルビツール酸の製法特許許可【独】
東京瓦斯がガス式かまどを製作,専売特許取得【日】
東京砲兵工廠でニトログリセリンを製造(ダイナマイトも試作)【日】
セクレチン発見【英】
カーボニット社【独】,リース社【英】,TNT火薬の量産開始

B **クーパー・ヒューイット**

クーパー・ヒューイット,アーク放電の水銀灯を発明【米】
カルーソ,ミラノで初録音【伊】
山形県で電気揚水機を使って灌漑を開始(農村電化のはじまり)【日】
ブースの電気掃除機製造開始(ウェストミンスター寺院清掃成功)

C バンクーバーとニュージーランド・ファニング島間に太平洋横断ケーブル完成,英国の電信線が世界を一周【英】
逓信省が官製色刷絵はがきの第1号【日】
郵便博物館を開設【日】
東京電信局が局内の全機械に蓄電池使用【日】
万国小包郵便交換条約に加盟【日】
9つの鉄道の合併で,シーボード・エア・ライン鉄道が設立【米】

シベリア横断鉄道

シベリア鉄道ウラジオストック〜ハバロフスク間が開通【露】
特急20C号運転(NY〜シカゴ間)【米】
エジプトで寝台車つきのカイロ・ルクソル急行が運行開始【埃】
アスワン・ハイ・ダム完成【埃】
高架鉄道と地下鉄開通【B】
国内を通過してベルリンとバグダードを結ぶ独の鉄道建設計画を承認,協定を締結【土】
1900年のイラン借款に追加,ジュルア〜テヘラン間の鉄道敷設権を獲得【露】
パリ〜ウィーン間の自動車レースでルノー優勝【仏】
パリ市庁舎〜マイヨ間の乗合馬車路線が地下鉄との競争に敗れ姿を消す【仏】
中央線の笹子トンネル貫通【日】
江ノ島電鉄,愛称「エノデン」が運転開始【日】

D 下院が海峡運河法を可決(大統領にパナマ,ニカラグアで運河敷設権を付与)【米】
ライン・ベストファーレン産業博覧会が開幕【デュッセルドルフ】
ルーズベルト,J・P・モルガンらの鉄道持株会社,北部証券会社の解体指令【米】
取引所令改正をきっかけに東京株式市場が大暴落,17日まで立ち会い停止【日】
米国,国際刈取機会社(トラスト)成立【米】
USスチール社,アメリカ製鉄の65パーセントを占める【米】
ロックフェラーが全米の石油の90パーセント支配(マクルアズ誌が暴露)【米】

ロックフェラーの独占すすむ

E テキサス会社設立,ロックフェラーと争う【米】
J・P・モルガン,インターナショナル・ニッケル社,フィリップ・モリス社設立【米】
興銀が初めて外資導入へ【日】

第一生命保険

矢野恒太が第一生命保険相互会社を設立【日】

1902

数理と社会学

A

電離層発見 ケネリー ヘヴィサイド

ケネリー【英】,ヘヴィサイド【英】各独立に電離層の存在を提唱【米】
ティスラン・ド・ボール【仏】,アスマン【独】,各独立に成層圏を発見
クロス,イディングス,ピアスン,ワシントン火成岩のノルム分類法を提唱【米】

木村栄のZ項

木村栄,緯度変化のZ項発見【日】
山崎直方『氷河は果たして本邦に存在せざりしか』【日】

ラザフォード

ラザフォード,ソディ,原子崩壊説による放射能理論の提唱【英】
アブラハム,剛体電子仮説【独】
レーナルト,光電子のエネルギーは照射光の強さに無関係で波長に関係することを確認【独】
長岡半太郎,磁気歪の研究【日】
ポアンカレ『科学と仮説』【仏】
A・バイヤー,ハロクロミズム(造塩発色)の発見【独】
ゲッティンゲン大学にHM(ヒルベルト・ミンコフスキー)時代はじまる【独】
ヒルベルト,相対アーベル体に関する予想発表【独】
フォーサイス『微分方程式論』【英】
ルベーグ『積分,長さ,面積』【仏】
ヘンゼル,ランズベルク『代数関数論,代数曲線とアーベル積分』【独】
J・W・ギブス『統計力学の基礎原理』【米】

ゲッティンゲン数学 ヒルベルト ミンコフスキー

B

ヴァイスマン『進化論講義』【独】
ベイトソン『メンデルの遺伝法則』【英】
マックラング,性を決定する染色体の存在を提唱【米】

サットン メンデリズムを細胞学へ

サットン,メンデリズムに細胞学的基礎【英】
ハリエル,葉の形態から,花の起源を説明【独】
ベルンシュタイン,生物の電気現象の説明に膜説を提唱【独】

C

ユング『神秘現象の心理学と病理学』【瑞】
コーエン『純粋認識の論理学』【独】
カッシーラ『ライプニッツの体系』【独】
パラギイ『現代論理学における心理主義者と形式主義者との論争』【洪】
クリスティアンセン『認識論と認識の心理学』【独】
クローチェ『表現の科学および一般言語学としての美学』【伊】
モース『呪術論』【仏】

ユング

D

バックス『社会主義の倫理学』【英】
V・レーニン『何をなすべきか』【露】
クーリー『人間の本性と社会秩序』【米】
ルヌーヴィエ『人格主義』【仏】
マイノング『仮定について』【ライプチヒ】
A・ホブソン『帝国主義論』【英】
西田光二郎『人道の義士・社会主義の父カール・マルクス』【日】
煙山専太郎『近世無政府主義』【日】

E

W・ジェイムズ『宗教的体験の諸相』【米】
清沢満之『精神主義』【日】
桑木厳翼訳,ヴィンデルバント『哲学史要』,内村鑑三『余が宗教的生涯』【日】
宮崎滔天『三十三年の夢』【日】

早稲田大学

早稲田大学創立【日】

清沢満之

映画の抬頭

A

新印象主義

光の新しい扱いで絵画の新印象主義【P】
アンデパンダン展とデュラン・リュエルでロートレック回顧展【P】
カンディンスキー,美術学校を開き,美術団体「F・F・ファーランクス」結成【ミュンヘン】
ムンク,拳銃暴発事件【オセロ】

ベルリン分離派展

ムンク,ベルリン分離派展に[生のフリーズ]出品【B】
クリムト,ウィーン分離派会館のため[ベートーヴェン・フリーズ]制作【W】
モネ画[ウォーター・ローの橋]【P】
ジャコモ・バッラ画[街路]【伊】
ボッチョーニ,セヴェリーニに誘われてパリ帰りのバルラの教室にはいる【ミラノ】
画商ヴォラール,ボナールの挿絵で『ダフニスとクロエ』出版【P】
エヴェレット・シン画[ロンドンハイポドローム]【米】
エドモン・クラーリス『ロダンとロッソ』【P】
ロダンの創作頂点に【P】
マイヨール,ヴォラールの店で個展【P】

菱田春草

B

菱田春草画[王昭君図]【日】
鏑木清方画[一葉女史の墓]【日】
浅井忠画[ロシアン河洗濯場]【日】
藤島武二画[天平の面影]【日】
太平洋画会発足【日】

京都工芸学校

京都高等工芸学校開校【日】

C

国際装飾産業展【トリノ】
ハンセル設計[旧ハッサム住宅]【日】
オーギュスト・ペレ設計[フランクリン街のアパート](鉄筋コンクリートによる建築と工学技術の結合)【仏】
ヴェルデ,[工芸ゼミナール]開始【ワイマール】
レイモンド・ダロンコ,ジュゼッペ・リマルガ設計[トリノ装飾芸術博覧会のための建築](スティルレ・リベルテ方式確立)【伊】
モンタール設計[サン・パウロ病棟]【西】
ライト設計[ウィリッツ邸]案[ヤハラ・ボート・クラブ]【米】
横河民輔設計[三井銀行本店]【日】
マッキントッシュd[室内芸術家の三匠]【英】

フォト・セセッション スティーグリッツ スタイケン

写真家スティーグリッツとスタイケンがフォト・セセッションを組織【NY】

D

メリエス監[ロビンソン・クルーソー][ガリヴァー旅行記][月世界旅行][ゴム頭の男]【仏】
ゼッカ監[キリスト受難劇]【仏】
レオン・ゴーモン発声映画初の公開上映【米】

松竹合資 松二郎 竹二郎

白井松二郎・大谷竹二郎兄弟が京都明治座を開き松竹合資会社設立(のちの松竹)【日】

メリエスの月世界

E

フランス国民様式

ポール・デュカス,モーリス・ラヴェル,フロラン・シュミットら,フランス国民様式を探求【仏】
シェーンベルグ曲[浄夜]【W】
ペドレル三部作オペラ[ピレネー山脈]【西】
シベリウス曲[交響曲第2番ニ長調]【芬】
プリンツレゲンテン劇場設立(バイロイトの祝祭劇場を模すリットマン設計)【ミュンヘン】

モダンの苦悩

A

ドイル『バスカヴィル家の犬』【英】
コンラッド『闇の奥』【英】
メンスフィールド『海水民謡詩集』【英】

「タイムズ文芸付録(TLS)」(評論,詩,解説の新聞)発売開始(～現在)【英】
ジャム詩『生命の勝利』【仏】

レニエとブールジェ

レニエ『水の都』,ブールジェ『宿駅』【仏】
ジャリ『超男性』【仏】
タロー兄弟『ディングリー,著名な作家』【仏】
ジイド『背徳者』【仏】
エミール・ゾラ没【仏】
ダヌンツィオ『ペスカーラ物語』【伊】
ホフマンスタール『チャンドス卿の手紙』【墺】
ヴェーデキント『地霊』【独】
リルケ『形象詩集』,短編『最後の人々』,戯曲『日常茶飯』リルケ,パリに移る【独】
ショルツ詩『鏡』【独】
マチャード詩『魂』,ルイス『意志』,イバーニェス『葦と泥』【西】
ヘンリ・ジェイムズ『鳩の翼』【米】
ヴェラーレン『騒がしき力』機械文明批判【白】
メーテルリンク『モンナ・ヴァンナ』【白】
ストリンドベリ『白鳥姫』【典】
アルテンベルグ『日々の贈物』【W】
ゴーリキー『どん底』【露】
メレジコフスキー『トルストイとドストエフスキー』【露】
チェーホフ『婚約者』【露】
ツァンカル『峡谷にて』【ユーゴ】
クーニャ『奥地』【ブラジル】
「新小説」創刊,小説雑誌のさきがけ【清】

ジャリ 超男性 ジイド 背徳者

どん底

B

徳富蘆花『黒潮』【日】
長谷川天渓『新思潮とはなんぞや』【日】
永井荷風『野心』『地獄の花』【日】
幸徳秋水『兆民先生』刊【日】

涙香・鷗外の名訳

黒岩涙香訳,ユーゴー『ああ無情』【日】
森鷗外訳,アンデルセン『即興詩人』刊【日】
正岡子規『病牀六尺』【日】

C

「マックルア」誌など多くの雑誌が暴露記事(ジャーナリストをマックレーカーと呼ぶ)【米】
「ヒッパード・ジャーナル」創刊【米】
佐野友三郎,秋田県立図書館で巡回文庫をはじめる【日】
大橋佐平,大橋図書館創設【日】
「報知」三色刷り新聞で話題【日】
新聞「愛国婦人」創刊【日】
「文芸界」「青年界」「婦人界」創刊【日】

D

映画専門の興行場が人気【LA】

満漢結婚の自由

満漢結婚の自由【清】
アウトコールト作の漫画,バスターブラウンがニューヨーク・ヘラルドに登場,人気【米】
画家,作家で動物学者のベアトリックス・ポッターの『ピーターラビットの話』出版【英】

カルティエの宝飾

カルティエ,エドワード7世の首飾りをつくる【仏】

ピーターラビットとテディ・ベア

E

リッツ・ホテル,営業開始【英】
ニューヨークの玩具屋,ぬいぐるみの熊「テディ・ベア」を売り出し爆発的人気【米】
ペプシ・コーラ会社設立【米】
ペニー百貨店チェーン第1号店開店【米】

世界はほとんど分割されつくした。しかし私はできることなら遊星をも併呑したいと思う。
セシル・ローズの友人宛ての手紙

この年、アメリカのベストセラーは『広告の心理学』だった。いずれ、ルーズベルトとヒトラーが国家にあてはめる。

ユダヤ人虐殺の怒涛はロシアの方からやってくる。

1903
明治36

日露と英米

1 12 人種・信条・性の差別なしの教育普及のため教育委員会発足【米】
18 清国政府,義和団事件の賠償金支払い不能宣言【清】

パナマ工作 アメリカの独立作戦

22 パナマ運河地帯ヘイ・エラン条約調印(米のパナマ独立工作へ)【米】
2 16 米キューバ協定成立【米】
19 エルキンズ法成立(州際通商法強化,鉄道運賃の公正化,リベートの排除)【米】
26 露墺,マケドニア虐殺事件でトルコに対し内政改革要求【土】
3 03 新移民法施行(入国税新設)【米】
14 米上院がパナマ運河条約を批准【米】

4 08 黒岩涙香,堺利彦,内村鑑三,幸徳秋水,日露開戦に抗し「万朝報」に「反戦論」執筆【日】
11 公共交通機関のスト禁止法可決【蘭】
18 清国に満州撤兵7カ条の要求提示【露】
20 小村寿太郎外相,駐清公使を通じ清国政府に露の7条件拒絶を勧告【日】
27 清国が露の満州撤兵7条件を拒絶,前年の満州条件の履行要請【清】
5 01 エドワード7世,英仏関係緊密化のためパリ訪問(英独関係悪化)【英仏】
07 英独伊3国条約調印(関税戦争終了)【欧】
15 露のペルシア湾進出に対しペルシア湾支配宣言【英】
20 英下院,ベルギー植民地コンゴでの人権迫害非難【英】
20 清国との満州還付条約破棄決定【露】
6 11 セルビア国王アレクサンドル・オブレノビチが王妃,廷臣らとともに将校グループに殺害される【ベオグラード】

7 07 ヤングハズバンド大佐遠征軍がチベットに侵入(露に対抗しチベット権益争い)【英】
13 伊藤博文政友会総裁が枢密院議長(後任総裁は西園寺公望)【日】
17 仏とスペイン,モロッコ現状維持を相互に宣言【仏】
20 社会民主労働党,レーニン率いるボルシェビキとマルトフのメンシェビキに分裂【露】
23 第6回シオニスト大会開催【瑞】
8 孫文,東京に秘密軍事学校設立【日】
09 軍備撤廃計画考慮のため新しい国際会議招集を決議【W】
9 13 社会民主党大会開催,ローザ・ルクセンブルク提案の修正主義反対案決議【ドレスデン】
16 ヨゼフ1世,墺洪軍隊の統合を布告(不満増大)【墺洪】

ボルシェビキ メンシェビキ分裂

10 02 露墺両皇帝,ミュルツシュテークで会見(バルカン利害の合意)【露】

パンクハースト夫人

03 パンクハースト夫人,女性社会政治連盟(WSPU)結成(婦人参政権の獲得へ)【英】
08 露が奉天省城を占領(満州還付条約にもとづく第3次満州撤兵を不履行)【露】
08 日・米,満州の港湾の開港を保証【清】
12 万朝報社員の内村鑑三,堺利彦,幸徳秋水ら,日露開戦論批判して退社【日】
17 米加アラスカ国境協定締結,国境画定【米】
30 ドミニカ共和国で革命【ドミニカ】
11 03 パナマ,コロンビアから独立宣言【パナマ】

平民社 堺利彦・幸徳秋水 週刊平民新聞

15 平民社結成、週刊「平民新聞」創刊【日】
17 ボリビア・ブラジル間で国境画定のペトロポリス条約調印【ブラジル】
12 04 露軍艦,韓国の仁川に集結(ウラジオストクに戒厳令)【日】
12 東郷平八郎,連合艦隊司令長官に就任【日】

パナマ独立

アメリカ独占資本

A 生理学者アイントホーフェン,心電図の先駆けとなる計器を開発【蘭】
悪性腫瘍の進行抑制にX線が効果的なことを外科医のペルテスが指摘【独】
ホルト,農業用無限ベルト式蒸気トラクター発明【米】
ルーベル,オフセット印刷法発見【米】
スプリングフィールド・ライフル銃が米兵器工場で開発【米】

オフセット刷印

B オーエンズ,自動製瓶機を開発,電球の大量生産が可能になる【米】
フース,実用的で安全なフース・トーチランプを発明【仏】
ボックス,電気ドリルを発明【米】
島津源蔵が24V蓄電池をつくり,連合艦隊全艦艇の通信機電源として使用【日】

C マルコーニ,ルーズベルト大統領の挨拶をイギリスのエドワード7世に無線で送る(ルーズベルトのメッセージ,世界を12分で1周)【米】
W・M・マイナー,無線電信の時分割多重通信方式公開実験【米】
AGEとジーメンス社,無線電報会社設立【独】

国際電信会議

ロンドンで国際電信会議,ベルリンで国際無線電報会議開催【英独】
日本海軍36式無線機を完成させ,連合艦隊32艦すべてに装備する【日】
町村の請願により電話局新設【日】
東京,大阪に中央郵便電信局開局【日】
ウェスタン・パシフィック鉄道会社設立【米】
ライト兄弟【米】,フライヤー号で飛行(ヤート【独】,4カ月早く飛行に成功と主張)
ベンゲラ鉄道の工事開始(アフリカ西海岸〜カタンガ地方)【阿】
シベリア鉄道完成【露】
パッカード車,自動車による大陸横断に成功【米】
ユングフラウ鉄道開通【瑞】
ロイヤル・デューク・ヨット・クラブで初のモーターボート・レース【愛】
京都で乗合バスはじまる【日】
ウィリアムズ・バーグ橋が完成(鉄塔を使った最初の吊橋)【NY】
東京電車鉄道(のちの都電)が初めて新橋〜品川間を走る【日】
大阪で巡航船ポンポン船開業【日】

ライト兄弟の42秒

D 商人同盟を結成(20万人加盟)【B】

国際通貨会議

国際通貨会議開催(銀本位国と金本位国間の固定通貨関係決定)【B】
ウォール・ストリートでニューヨーク株式市場が大暴落【米】
ルーズベルト,資本独占化にシャーマン反トラスト法(1890年制定)も辞さずと言明【米】
第5回内国勧業博開催【大阪】
女性社会政治同盟結成【英】

E フォード自動車会社設立,ヘンリー・フォード,デトロイトの馬車工場でA型フォードの生産開始【米】
バンカーズ信託銀行が資本金,余剰金額150万ドルで設立【NY】
アメリカン・ブラス社設立【米】

ハーシー チョコ街 ココア街

ハーシー,チョコレート工場建設開始(チョコレート街とココア街)【米】
P・デュポンが系列企業を統合して,デュポン・ド・ヌムール火薬会社を設立【米】
日本生命保険が保険金の限度額を1万円に引き上げる【日】

フォード社

1903

数理と社会学

A
ペッケ,変成岩地域の分帯の基礎【墺】
ウィルソン,霧箱の実験で電子の電荷量を示唆【英】
ラムゼイ,ソディ,放射性元素の変位を確認【英】
エルスター【英】,ガイテル【英】,クルックス【独】,粒子が蛍光板に閃光を生じることを発見
長岡半太郎,土星型原子模型の提出【日】

ラッセルのパラドックス

J・J・トムソンの原子模型 電気と物質
J・J・トムソン,「電気と物質」を講義して原子模型を提示【英】
ローレンツ,長波における黒体輻射の法則を発見【蘭】
レーナルト,原子のダイナミド模型【独】
キュリー夫妻,自然放射能の研究でノーベル賞受賞【仏】
ペアノ『数学公式大系』4巻【伊】
ラッセル『数学の原理』【英】
ヒルベルト『幾何学の基礎』2版【独】
高木貞治,整数論研究【日】
フロベニウス,有限群の表現論を完成【独】
ディクソン,ウェッダーバーン,多元数の研究に向かう【米】

B
ジグモンディ,限外顕微鏡を用いてコロイド粒子の確認【墺】
イパチェフ,高圧ボンベをつくり加圧下の有機化学反応を研究【露】
ラプワース,ベンゾイン縮合の機構に関連し炭素鎖の交替分極の概念導入【英】

パンスペルミア仮説
アレニウス,生命の起源の問題を他の天体に転化(パンスペルミア仮説)【典】
ブレイクスリー「藻類の生活史」【英】
ローゼンベルク,雑種における染色体の行動を観察倍数性研究の端緒を開く【典】
N・フィンゼン,種痘の光線療法の発見でノーベル賞受賞【丁】
ラインケ『植物学の哲学』【独】

C
ヴァイニンガー 性と性格
オットー・ヴァイニンガー『性と性格』【墺】
リップス『心理学概要』【独】

呉秀三 日本精神医学の原型をつくる
呉秀三,三浦謹之助,日本神経学会設立,「神経学雑誌」創刊【日】
レヴィ・ブリュール『道徳と習俗の科学』【仏】

D
幸徳秋水 片山潜
モリッツ・オストロゴルスキー『民主主義と政党の組織』【仏】
アントン・メンガー『新国家学』【墺】
遠藤隆吉『社会学』【日】
安部磯雄『社会主義論』【日】
幸徳秋水『社会主義神髄』【日】
片山潜『わが社会主義』『都市社会主義』【日】
G・E・ムーア『倫理学原理』【英】
ベルクソン『形而上学序説』【仏】
デューイ『論理学的理論の研究』【米】
ディールス編『ソクラテス以前のギリシア哲学者断片集』【独】

E
岡倉天心 東洋の理想
G・ランダウアー『懐疑と神秘主義』【独】
岡倉天心『東洋の理想』【日】
東京帝国大学教授の戸水寛人博士ら,桂首相あてに建議書を掲載(満州問題を真正面から解決せよと対露強硬論)【日】
ウィリス,探検隊を率いて中部北部シナ探検【米】
ノルデンショルト,ブルース,南極探検【典】

映画の抬頭

A
ムンクの石版[ヴァイオリン・リサイタル][ブローチをつけた婦人][サロメ]【W】
ゴーギャン【仏】タヒチで没
ドガ画[踊り子たち]【P】
サロン・ドートンヌ創設(ボナール,マルケ,マティス参加)【P】
ウィーン分離派で印象主義と新印象主義の展覧会,[新印象派展]開催(スーラの[グランド・ジャット]出品)【W】
ピカソ画[海辺の貧しき人々]【P】
アドルフ・ヒルデブラント『造形芸術における形式の問題』【独】
ナショナル・アート・コレクション基金創設【英】

B
青木繁画[黄泉比良坂]【日】
岡田三郎助画[花の香]【日】
下村観山が文部省留学生として渡英【日】

沼田一雅 陶芸と彫刻の合体へ
沼田一雅,セーブル陶磁器製造所に入所【日】

C
ベルラーヘとベレ
ベルラーヘ設計[アムステルダム株式取引所](近代建築の先駆)【アムステルダム】
ベレ設計[パリ,フランクリン通りのアパート](最初の鉄筋コンクリート建築)[ポンテュ街のガレージ]【P】
ライト「機械的技術工芸」宣言【シカゴ】

ヨーゼフ・ホフマンとウィーン工房

田園都市レッチワース
バリー・パーカー&レイモンド・アンウィン[最初の田園都市レッチワース]【英】
ヨーゼフ・ホフマン,コロマン・モーザー[ウィーン工房]を設立【W】
ヴァーグナー設計[ウィーン優美化貯金局]【W】
マッキントッシュ設計[ヘレンズ・バラのヒルハウス][イングラム街の店]【グラスゴー】
ベーレンス,美術学校長就任【デュッセルドルフ】
ヴェルデ【仏】[ニーチェ文庫]のインテリア【独】
パピノ神父設計[鶴岡教会天主堂]【日】
デザイナー,フレデリック・カーダーによりスチューベン・ガラス・ワークス設立,オーリン・ガラス人気【米】
F・H・エヴァンズP「階段の海」【英】
フォト・セセッション「カメラ・ワーク」創刊【米】
キリンビールの石版刷りポスターが注目【日】

D
ゼッカ パテェ兄弟と連作シリーズ
フェルディナン・ゼッカ監[ウィリアム・テル][長靴をはいた猫]【P】
パテェ映画時代はじまる【P】
チャールズ・アーバン監[デーリーの謁見所]【P】
G・Aスミス監[ドロシーの夢][郵便馬車強盗]【L】

パテェ・フィルム

大列車強盗
初の西部劇,エドウィン・S・ポーター監[大列車強盗]大ヒット【米】
メリエス監[妖精の王国]【P】

E
サティ
ダンベール曲[低い土地]【プラハ】
フリードリヒ・クローゼ曲[イルゼビル]【カールスルーエ】
エリック・サティ曲[梨の形をした3つの小品][自動筆記]【仏】
ワーグナー曲[パルジファル]上演【NY】,[ラインの黄金]上演【ミラノ】
シェーンベルク曲[グレの歌]【B】
ドイツ作曲家組合活躍(版権保護)【B】

モダンの苦悩

A
ショー
コンラッド『台風』,ショー『人と超人』,ハーディ『覇王ら』【英】
ブース『ロンドン市民の生活と労働』17巻【英】
ロラン『ベートーヴェンの生涯』【仏】
リルケ『ヴォルプスヴェーデ』,ロダンに師事【仏】
ジャム散文詩『野兎物語』【仏】
ゴンクール賞設定【仏】

トニオ・クレーゲル
トーマス・マン『トニオ・クレーゲル』【独】
ハインリッヒ・マン『女神たち』【独】
ハウプトマン『ローゼ・ベルント』【独】
ダヌンツィオ『天と地と海と英雄の賛歌』【伊】
コヴォーニ『灰と沈黙のハーモニー』【伊】
パスコリ『カステルヴェッキオの歌』【伊】
ハイエルマンス『鎖』【蘭】
マチャード詩集『寂漠』【西】
ルイス『アントニオ・アソリン』【西】
テトマイエル小説集『タトラの伝説』【波】
ジャック・ロンドン『荒野の呼び声』【米】
ノリス『小麦取引所』『小説家の責任』【米】
イヴァーノフ詩集『導きの星』【露】
チェーホフ『いいなずけ』【露】
メレジコフスキー,雑誌『新しい道』創刊【露】
ビリアーク『殺りくの町で』【イスラエル】
劉鶚『鉄雲蔵亀』(最初の甲骨文字資料)【中】

B
上田敏『仏蘭西近代の詩歌』【日】
永井荷風『夢の女』『女優ナナ』【日】

伊藤左千夫 馬酔木 万葉研究
伊藤左千夫,雑誌『馬酔木』創刊【日】
堺利彦,西川光二郎,「週刊平民新聞」創刊【日】
「白百合」創刊【日】

C
ペテルブルグの新聞「軍旗」8〜9月にプロトコルの短縮版連載【露】
クローチェ,ジェンティーレとともに哲学文芸評論誌「クリティカ」創刊【伊】
アルフレッド・ハームズワース,「ロンドン・デイリー・ミラー」発行,100万部へ【英】
マドリードに「ABC」紙創刊【西】

ピュリッツァーの寄付
ピュリッツァー,コロンビア大に寄付(ピュリッツァー賞となる)【米】
堺利彦「家庭雑誌」創刊【日】
科学啓蒙雑誌「理学会」創刊【日】
「少年」創刊【日】
三省堂「漢和大字典」刊【日】

三省堂漢和大字典

ポイント活字(日)
第5回内国勧業博覧会で邦文ポイント活字を出展(ポイント活字商品化のはじめ)【日】

D
ロシアの反ユダヤ虐殺
ウォルター・ディル・スコット『広告の心理学』ヒット【米】
ユダヤ人の大規模な虐殺【露】
ブロードウェイ・ミュージカル「オズの魔法使い」がマジェスティック劇場で上演【米】

浅草電気館
浅草に初の映画常設館・電気館が開場【日】
ハーレー・ダビッドソン・オートバイ発売【米】

E
ハーレー・ダビッドソン トゥール・ド・フランス
札幌麦酒,吾妻橋にビール園開店,恵比寿ビールも工場構内にビヤホール開店【日】
スポーツ誌「ロト」の編集者デグランジェ,トゥール・ド・フランス(仏一周自転車競走)【仏】

早慶戦 橋戸信 宮原清
早慶戦開幕【日】

映画は明日の新聞であり、学校であり、劇場である。
シャルル・パテェ

BC 6000以前 / BC 6000 / BC 2200 / BC 1200 / BC 600 / BC 300 / 0 / 300 / 600 / 800 / 1000 / 1200 / 1300 / 1400 / 1500 / 1600 / 1650 / 1700 / 1760 / 1810 / 1840 / 1860 / 1880 / 1890 / 1900 / 1910 / 1920 / 1930 / 1940 / 1950 / 1960 / 1970 / 1980

オットー・ヴァーグナーからライトとコルビュジェへ。
近代を最初に体現したのは
建築家たちである。

ベルリンにウェルトハイム百貨店、
東京に三越百貨店。
「ちょっと見るだけ」で情報が伝わってくる時代へ。

1904
明治37

日露戦争期

1 06 内田駐清公使,慶親王と会見(日露開戦には清国が中立を勧告)【日】
12 独領南西アフリカでヘレホ(ホッテントット)族大反乱
23 第1回社会主義婦人演説会【日】

2 06 対露国交断絶を通告【日】

南アのアパルトヘイト

10 南アフリカ連邦,白色人種以外の労働移民を禁止【南ア】
10 ロシアに宣戦布告,日露戦争はじまる【日】
13 パナマ,憲法採択(米の干渉権承認)【南米】
23 日韓議定書に調印(韓国支配基礎)【日】

3 05 ドレフュス事件の判決の修正決定【仏】
13 「平民新聞」,軍国主義反対の社説掲載【日】
22 二六新報社,露探の疑い濃厚として発禁【日】

日露戦争 開始

英仏協商 (英)エジプト (仏)モロッコ

4 08 植民地で争っていた英仏和解,英仏協商成立【英仏】
08 社会党ボローニャ大会開催【伊】
15 独伊間に国際労働協約が成立【独伊】
22 パナマ運河会社の資産を買収【米】
28 ウィルヘルム2世,世界政策に介入する意思を言明【独】

5 15 チベット,英ヤングハズバンド侵入軍に宣戦布告【チベット】
18 英仏伊露など12カ国,白人婦女(奴隷)取引禁止条約に調印【欧】

6 10 ベルンでロシア公使が無政府主義者に襲われて負傷【瑞】
12 仏の新聞が日本軍の捕虜虐待を報道【仏】
27 トルストイ,「ロンドン・タイムズ」に「日露戦争論」執筆【露】
29 露独通商条約締結【露】

7 04 フィンランドの露総督にオボレンスキーが就任(露とフィンランドの結合強化)【露】
06 自由党の結成大会開催(大統領選挙に初の黒人候補ジョージ・テーラーを指名)【米】
28 コロンビア大統領にラファエル・レイエス就任(独裁政治で財政再建)【南米】
28 独露通商条約に調印(露が譲歩)【露独】

8 03 ヤングハズバンド遠征軍,ラサに侵入【英】
14 第2インター第6回大会開催「日露戦争反対」決議(副議長片山潜)【アムステルダム】

日韓条約❶ 日本の内政干渉

22 第1次日韓協約調印(内政干渉条項)【日】
24 遼陽で日露開戦以来最大の会戦【日露】
24 露がバルチック艦隊の極東派遣を決定【露】

9 07 英軍,チベット軍制圧,ラサ条約調印【英】
15 全土に社会党主導の大規模ゼネスト【伊】
15 ベルギー国王派遣の国際調査団,コンゴの原住民虐待調査【白】

ルイジアナ博

モロッコ分割

10 03 仏西両国,モロッコ独立承認し分割【仏】
21 バルチック艦隊,ドッガー・バンク事件【露】

ゼムストボ ロシア地方自治議会

11 19 ロシア全土の32地方自治議会(ゼムストボ)大会開催【ペテルブルグ】
29 各都市で日露戦争反対デモ【露】

12 02 ルーズベルト大統領,新モンロー主義を発表【米】

新モンロー主義

203高地攻略

05 日本軍,203高地を占領【日】

技術と資本の融合

A デーキン【英】とシュトルツ【独】,アドレナリンの単離に成功
カサブランカ,ハイドラフト紡績機の特許を取得【西】
キャリヤー,空気温湿度調整装置を発明【米】

初の自動販売機(日)

俵谷高七,切手・葉書自動販売機を製作【日】
コッパース,蓄熱式コークス炉を完成【独】
井口在屋,渦巻きポンプの理論を提出【日】
イギリスの農家,酪農,野菜や果物の栽培に切り替える【英】

B エルステルとガイテル,最初の実用的な光電池を考案【独】

フレミング 2極真空管

マルコーニ無線会社技術顧問のフレミング,ダイオード熱イオン真空管を発明(最初の2極電子真空管となる)【英】
ウィルヘルム2世,エジソン筒(初期のレコード)に声を録音(最初の政治的レコード)【独】

光電池と真空管

C コルン,セレン光電池による写真電送方式成功(ミュンヘン — ニュルンベルク)【独】
E・F・ヒュットン社設立,無線をはじめて業務に使用【米】
無線電信による遭難信号はCQDとなる【米】

日本初の無線電信

長崎と台湾の基隆間で日本初の無線電信の交信に成功【日】
ロンドン地下鉄が電化される【L】
東京の市街電車が浅草まで全通し,市内から馬車が一掃されると新聞報道【日】

ロールス・ロイス第1号

ロールス・ロイス1号車が完成【英】
デトロイト自動車会社再建されキャデラック自動車会社として操業開始【米】
スロードアイランド州で自動車のスピード違反第1号を逮捕【米】
ライト兄弟が「フライヤー2世号」で距離1キロメートルを越える飛行に成功【米】
ピアス社,米第一の高級自動車会社を操業【米】
パリの郵便配達に自動車登場【仏】
蒸気船「カイザー・ウィルヘルム2世号」が5日と12時間の大西洋横断新記録を達成【独】

D 連邦最高裁判所,鉄道トラスト解体命令【米】
仏のパナマ運河会社資産を買収【米】
セントルイス買収100年記念の万国博覧会が開幕(日本も出品費82万円余で参加)【米】
煙草専売法公布【日】
大阪の第百三十銀行が突如臨時休業,西日本の金融界混乱【日】

大阪100万人

「100万都市」大阪誕生【日】

反トラスト指令(米)

E 三河電気(のちの中部電力)が名古屋市内に自家用電気として電灯供給を開始【日】
米パーカー・ペン会社のパーカーが万年筆のレバー装置で特許【米】
八幡製鉄所でコッパー式コークス炉操業【日】
横浜火災保険会社,初の信用保険免許取得【日】
アメリカン・タバコ会社設立
コンティネンタル製缶会社設立【米】

芝浦製作所

千代田生命保険相互会社,芝浦製作所設立【日】

数理と社会学

A

カプタイン,恒星空間運動の2星流説（恒星系の力学への道を開く）【蘭】

ウィルソン天文台

ウィルソン天文台設立【米】
ピッカリング,木星第10衛星発見【米】
ヘール,スペクトロ・ヘリオグラフ発明【米】
グラボウ,堆積岩の成因的分類【米】
グルーベマン変成岩地域の分帯につき3分法を提唱【独】

ローレンツ変換式

ローレンツ,ローレンツ変換式を導出【蘭】
ラザフォード『放射能』【英】
プラントル,境界層の理論を提出【独】
ウィルソン,交換殿金箔検電器【英】
マイケルソン,光波長と国際メートル原器との比較測定【米】

ツェルメロの定理

ツェルメロ,選択公理を提出し整列可能定理を証明【独】
ルベーグ『積分と原始関数の研究』【仏】
ボレル,加算的確率論【仏】
ヒルベルト,積分方程式の固有値問題【独】

ポリペプチド成合

B

ピクテ,ニコチンの合成【瑞】
ハリエス,オゾン分解によりベンゼンの構造を研究【独】
アイト『生ける諸力』【独】
ヘッケル『生命の不可思議』【独】
パブロフ,消化生理学でノーベル賞受賞【露】
メンクハウス,染色体の個体性の実験的証明【英】
オリヴァー,スコット,シダ状植物と種子植物との関連研究【英】
ハーデンとヤング,コマチーゼの発見【英】
バッハ,ショダ,特殊な酸化酵素を想定し生体内酸化機構を説明【露】
クルチウス,自然的・生物的条件下でポリペプチド合成に成功【独】
ゴルトンの講演「優生学,その定義,展望,目的」【英】

丘浅次郎 進化思想の普及へ

丘浅次郎『進化論講話』【日】

C

グランヒル・S・ホール『青年期の研究』【米】
ボアズ『人類学史』【米】
ルナチャルスキー『実証美学の基礎』【露】
マイノング『対象論および心理学研究』【墺】
フォスラー『言語学における実証主義と理想主義』【独】
ヴィンデルバント『意志自由』【独】
ミューラー『精神物理学方法論』【独】

ウェーバー

D

ウェーバー『社会科学方法論』【墺】

建部遯吾 普遍社会学

建部遯吾『理論普遍社会学』（〜18）【日】
アードラー『科学論争における因果性と目的論』【墺】
ボグダーノフ『経験一元論』【露】
ドリューシュ『自然概念と自然判断』【独】,コヘン『経験一元論』【仏】
朝永三十郎『哲学辞典』【日】

E

オットー『自然主義的世界観と宗教的世界観』
シュタイナー「神智学」運動【独】
パーマー『善の本性』【米】
ヴァレーザー『仏教哲学の発展』

神国日本 ラフカディオ・ハーン

ラフカディオ・ハーン『神国日本』【日】
岡倉天心『日本の覚醒』【日】
久保天随『日本儒学史』【日】

野獣と立体

A

マティス展開催（ヴォラール画廊）【P】
カンディンスキーの作品,サロン・ドートンヌ出品【P】
ヴラマンク,プリミティブ・アートに興味をもつ（マティス,ドランが影響を受けネグロ彫刻の収集はじめる）【P】
「ルノアール展」開催（サロン・ドートンヌ）【P】
セザンヌ画［ビクトワール山］（展覧会,各地で開催）【P】
モネ画［テムズ河］,［水蓮］の制作開始【P】
アンリ・ルソー画［婚礼］【P】
シャバンヌ画［愛］［希望］【P】
モーリス・ドニ『日記』【P】
エミール・ノルデ画［穫り入れの日］（ドイツ表現派）やがて宗教画へ【独】
ムンク画「リンデ・フリーズ」の［公園で愛しあう男女たち］【オスロ】
［ホードラー展］【W】
ロダン作［神の手］［考える人］【P】

考える人

B

石井柏亭画［草上の小憩］【日】

青木繁 東京美術学校卒業 海の幸・女の顔

青木繁画［海の幸］［女の顔］【日】
藤島武二画［蝶］【日】
竹内栖鳳画［ヴェニスの月］【日】
岡倉天心が横山大観,菱田春草と渡米【日】
六角紫水作［岩鶺鴒蒔絵丸額］【日】

C

アドルフ・ロース設計［カルマ荘］［ジュネーブ湖畔の住宅］【W】

ロース

ルカーチ設計,ターリア劇場【ブタペスト】
ヴェルデ設計［ドレスデン美術学校］再建【仏】
ライト設計［ラーキン会社ビル］［マーティン・ハウス］完成【米】
サリヴァン設計［カーソン・ピリ・スコット百貨店］完成【米】
トニー・ガルニエ,ローマで「工業都市」のためのデザイン提出【仏】
野口孫市・日高胖設計［大阪府立図書館］【日】
駒杵勤治設計［旧茨城県立土浦中学校本館・講堂］井上円了設計［哲学堂］完成【日】
妻木頼黄設計［旧横浜正金銀行本店］【日】
堀江佐吉設計［旧第五九銀行本店］【日】
三橋四郎『和洋改良大建築学』【日】
パリ国際写真サロン発足【仏】
国際絵画写真協会結成【仏】
「技芸の友」創刊（アール・ヌーヴォーを紹介）【日】
写真誌「ラ・フォトグラフィア・アルティスティカ」創刊【伊】

D

ジョルジュ・メリエス監［ファウスト博士の罰］［セビリアの理髪師］【P】
ガブリエル・ピエルネのオラトリオ（少年十字軍）【P】

E

蝶々夫人 プッチーニの異国趣向

プッチーニ歌劇［蝶々夫人］上演【ミラノ】
バルトーク曲［コッシュート］上演【ブタペスト】
ダンディー曲［交響曲第2番変ロ長調］【P】
ラベル曲［弦楽四重奏曲ヘ調長］上演【P】
マーラー曲［交響曲第5番嬰ハ短調］【ケルン】
ヴェルテ社のミニヨン・クラヴィーアの発明で,クラヴィーア演奏が反復可能に【独】
第1回国際音楽協会会議【ライプツィヒ】
チェーホフ［桜の園］上演【モスクワ】
アベイ座開場【ダブリン】
アーチャー,グランヴィル・バーガー,国立劇場設立計画案発表【英】
ゴードン・クレイグ『劇場芸術』刊【英】

桜の園

フォーキンの舞踏変革

ミハイル・フォーキンが舞踏学校に変革「踊り手の感情を表現する新しい音楽形式を」【仏】

モダンの苦悩

A

コンラッド『ノストローモ』【英】
サキの短編小説集『レジナルド』【英】
博物学者ハドソン『緑の館』【英】

ピーターパン ジェイムズ・バリ

ジェイムズ・バリ『ピーターパン』【英】
シング『海へ騎りゆく人々』【愛】
マルグリット兄弟『一つの時代』【仏】
ロラン『ジャン・クリストフ』執筆開始【仏】
デレッダ『灰』,ピランデッロ『故マッティア・パスカル』【伊】
ヴェーデキント『パンドラの箱』上演【独】

ロマン・ロラン

ヘッセ『ペーター・カーメンツィント』【独】
バローハの3部作『人生のための闘争』【西】
ジェロムスキー『灰』【波】
ハイエルマンス『万魂』『花咲く月』【蘭】
ヘンリ・ジェイムズ『黄金の盃』【米】
ジャック・ロンドン『海狼』【米】
オー・ヘンリー『キャベツと王様』【米】
ゴーリキー『別荘の人々』【露】
トルストイ『ハッジ・ムラート』【露】
王国維『紅楼夢評論』【中】

B

島崎藤村『水彩画家』『津軽海峡』【日】

小泉八雲 日本の怪談のアンソロジー

ラフカディオ・ハーン（小泉八雲）『怪談』【日】
木下尚江『火の柱』刊【日】
二葉亭四迷訳,ガルシン『四日間』【日】
高浜虚子編,詩集『竹の里歌』【日】
与謝野晶子の詩「君死に給ふことなかれ」をめぐり大町桂月らと論争【日】

君死に給ふことなかれ

C

「ユマニテ」創刊【仏】
「ヴェスイ」（天秤座）創刊【露】
ゴーリキー,雑誌「知識」を創刊【露】
絵葉書流行,写真版,三色版発達【日】
朝日新聞社,新聞輪転機国産化【日】
「新潮」,「時代思潮」創刊【日】
「二六新報」廃刊,「東京二六新報」創刊【日】
「平民新聞」に共産党宣言訳載,発売禁止,トルストイの「日露戦争論」を全訳連載【日】

巡回文庫 山口図書館 佐野友三郎

佐野友三郎,山口県立図書館で巡回文庫はじめる【日】

D

ニューヨーク・タイムズ社新築移転で真夜中に花火,大晦日の行事となる【NY】
ラスカーとホプキンズのリーズン・ホワイ広告作戦【米】
ラスカー,ロード&トーマス社の株券4分の1を入手,広告業界のトップ【米】
大阪朝日新聞,意匠奨励広告を出す【日】
大阪毎日新聞,雑報欄広告開始【日】

ラスカーとホプキンズのリーズン・ホワイ広告

E

ルイジアナ万国博覧会開催（アイスクリーム新発売,ハンバーガー大好評）【セントルイス】
ティーバックがコーヒー紅茶店主トマス・サリバンにより考案される【米】
キャンベルのポークビーンズ缶発売【米】

シアーズ・カタログ

シアーズ・ローバック社がカタログ発行,100万部を超える【米】
カール・ネスラー【独】,パーマネント・ウェーブの機械を使いはじめる【L】
オークション・ブリッジ考案される【米】

ウェルトハイムと三越

超豪華デパート「ウェルトハイム」登場【B】
三越呉服店設立（三井呉服店の営業を継承し,デパートとして開店）【日】
セントルイスでオリンピック開催【米】

広告とは印刷されたセールスマンである。
J・E・ケネディ

日露戦争をそこそこに、ツァールの国ロシアは世界史がまだ体験していない革命に向かっていく。

1905
明治38

日露戦争期

血の日曜日事件から第一次ロシア革命へ

1
01 旅順のステッセル将軍が降伏申し入れ【露】
22 露で血の日曜日(ペテルブルグ冬宮前の広場で軍隊発砲,死者1000人以上)【露】
27 全都市でスト(ポーランドでも独立要求の武装暴動,一部戒厳令施行)【露】
「血の日曜日」事件に抗議し,この1カ月でストライキ参加者44万人【露】

2
17 モスクワ総監のセルゲイ大公暗殺【露】

3
10 奉天会戦で日本軍勝つ【日】
24 ルーズベルト,高平駐米公使に日露講話条件の内示希望【米】

モロッコ事件❶

31 ウィルヘルム2世,タンジール訪問しモロッコの門戸開放と領土保全要求(第1次モロッコ事件)【独】

4
07 ペテルブルグで全露会議開催,民主憲法制定要求【露】
25 ロシア社会民主労働党(ボリシェビキ)ロンドンで党大会,メンシェビキはジュネーブで党協議会【露】
30 第2インターの統一社会党結成【仏】

5
01 平民社でメーデー茶話会(その名を冠した初のメーデー集会)【日】
08 労働組合連合会結成,議会政治実現と普通選挙の実施要求【露】
27 連合艦隊,日本海海戦でバルチック艦隊を撃滅【露】

6
01 高平駐米公使,ルーズベルトに日露講和の斡旋依頼(大統領,ニコライ2世に打診)【日】
07 ノルウェー議会が独立宣言【諾】

ポチョムキンの反乱

27 戦艦「ポチョムキン」で水兵反乱【露】
28 すべての港湾でゼネスト,暴動【露】

平均寿命44歳(伊)

7
24 ウィルヘルム2世とニコライ2世,フィンランドのビヨルケで会談(独露同盟条約に調印,両国政府反対し解消)【独露】
桂・タフト覚書【日】
31 樺太の露軍降伏(日本軍が軍政施行)【日】

8
12 ロンドンで第2次日英同盟協約調印(適用範囲をインドまで拡張攻守同盟に)【日】

中国革命同盟会

20 日本で孫文が中国革命同盟会を組織【日】
29 日露講和会議が決裂寸前で合意成立【日】

ポーツマス条約

9
05 ポーツマス講和条約調印(講和問題同志連合会主催の講和反対全国大会開催)【日】
28 モロッコ問題で独・仏両国が同意【仏独】

リエージュ博

10
14 日露戦争終結【露日】
立憲民主党「カデット」が創立大会開催【露】
26 ペテルブルグにソビエト評議会成立(議長トロッキー)【露】

11
13 ポーランドで露の10月ゼネストに呼応し政治的自由要求のデモ,軍隊と衝突【波】

日韓条約❷

17 第2次日韓協約に調印【日】
23 初代韓国統監に伊藤博文【日】
23 露で「オクチャブリスト」(10月党)結成(地主,大商人を基盤に革命に抵抗)【露】
28 独立をめざすシン・フェーン党成立【愛】

12
03 キエフで暴動,市街戦に【露】
05 モスクワにソビエト成立【露】
16 ペテルブルグ・ソビエト解散【露】
日清間条約に調印【日】

ソビエト議長トロッキー

技術と資本の融合

A

回転空気ポンプ

ゲーデ,回転式空気ポンプを製作【独】
ミネラルス・セパレーション社,攪はん式泡沫浮遊選鉱法を発明【米】
バルベツァートの低圧型ガスタービン実用化【英】
フランク,カロー,カーバイドの変化により石灰窒素を製造【独】

化学工業 MITに化学工業科

ウォーカー,MITに化学工業科を創設【米】
フリードレンダー,赤色インジゴイド染料チオインジゴレッド合成【独】

B
エジソン,エジソン蓄電池(アルカリ電池)を発明【米】
ド・フォレスト,3極管を考想【米】

エジソン電池

C
パリ~ベルリン間に初の電話開通【仏】
日本海海戦で信濃丸が敵艦隊を発見し電信を厳島艦が中継し旗艦三笠に伝える【日】
東京~長崎間長距離電話開通【日】
シベリア横断鉄道のパリ~ウラジオストク間に特急列車運転開始【露】

交通インフラ拡大(米)

ペンシルベニア鉄道会社がNY~シカゴ間18時間の列車運行開始(ニューヨーク・セントラル鉄道会社も「20世紀リミテッド」を運行)【米】
第1回バンダービルト杯自動車レース【米】
シカゴ~カリフォルニア間の特急列車「オーバーランド・リミテッド」に,初めて電灯【米】
伊~スイス間を結ぶシンプロン・トンネル貫通【伊】
筑波馬車鉄道が馬力に代えて石油発動車の使用を許可,日本初の内燃軌道に【日】
新橋~下関間に直通急行列車,上野~新潟間にも直通列車の運行開始【日】
「関釜連絡船」就航(東京京城間60時間)【日】
大阪商船が大阪~大連間航路の営業開始【日】

D
米カリフォルニア州議会が日本人労働者の移民阻止を求める決議案採択【米】
シンガポール,天津,南京の清国商人,米の排外的移民法に反対(米製品ボイコット)【清】
労働者の新しい組織IWW(国際産業労働者組合)シカゴで結成【米】
モスクワ・カザン鉄道でスト(ロシア全土ゼネスト)【露】
ウエストファーレン炭鉱で閉山反対スト【独】
関西鉄道が外資導入【日】
リエージュで万国博開幕【白】
鉱業法制定公布【日】
大倉喜八郎,南満州本渓湖炭鉱開発開始【日】
大日本産業組合中央会設立【日】

IWW

E
ネッスル社,アングロスイス・コンデンスミルク社と合併【米】
第一銀行京城支店,韓国中央銀行となる【鮮】

東京電気-GE提携

東京電気がアメリカのゼネラル・エレクトリック社と融資と技術提携で仮契約【日】
米コロンビア・レコード会社,邦楽を録音【日】
旅順陥落を祝い白木屋が初の福引大売り出し,伊勢丹呉服店では景品つき呉服券を売る【日】
森永西洋菓子製造所が「エンゼル・マーク」を商標に定める【日】
スイス中央銀行設立【瑞】
古河鉱業会社設立,神戸造船所設立【日】

久原房之助 日立鉱山開発 日立製作所へ

久原房之助が日立鉱山事務所設立(のち日本鉱業に)【日】

ワンダーフォーゲルにドイツ青年運動。若い肉体と歌と友情の運動。

光速と量子

1905

パラダイムの変換

アインシュタイン 特殊相対論

A
ヘルツシュプルング,恒星の巨星矮星説【丁】
チェンバレン,モールトン,太陽系の進化に関する微惑星説【米】
ランジュバン,空中電気の研究と大イオンの発見【仏】
エクマン,流速計考案(海流理論の完成)【典】
クリスタル,表面静振の理論【英】
アルバート・アインシュタイン「運動物体の電気力学について」で特殊相対性理論を提唱(光量子説を提示)【独】

カウフマン 電子質量の速度依存
カウフマン,電子質量の速度依存を測定【独】
スモルコフスキー,ブラウン運動の理論を提出【墺】
ランジュバン,磁気理論を提出【仏】
シュタルク,陽極線ドップラー効果発見【独】
ハリエス,オゾン分解法を確立【独】
「国際十進分類法」刊行【欧】
ポアンカレ『科学の価値』【仏】
ボルツマン『科学論集』【墺】
デュエム『理論物理学の始原』2巻【仏】
シュレーダー『論理代数講義』3巻【独】
ベール,不連続函数の系統的研究【仏】
シューア,群指標論の再構築(シューアの予想)【独】

B
シュテルマー,幾何異性体の反応性の相違検討【独】
コッホ,結核研究でノーベル賞【独】
ルー,実験発生学の確立【独】
ギュリック,ジョルダン,進化要因としての地理的隔絶説の提唱【米】

ドリーシュの新生気論
ドリーシュ,新生気論を提唱【独】
ウイルソン,性染色体の体系的研究開始【米】
コンクリン,モザイク卵の細胞系図を研究(発生機構の理論を展開)【米】

C
ティチェナー『実験心理学』,エンゼル『心理学』【英】

マッハ認識論 要素一元論
マッハ『認識と誤謬』【墺】
アディッケス『性格と世界観』,アッハ『意志活動と思惟』【独】,リボー『感情の論理』【仏】

プロテスタンティズムの倫理と資本主義の精神

D
ウェーバー『プロテスタンティズムの倫理と資本主義の精神』【墺】
ディルタイ『ヘーゲルの青年時代』【独】
ブルクハルト『世界史的考察』【瑞】
シュタイン『社会的楽観主義』【独】
カウツキー編マルクス『剰余価値理論』【独】
トロツキー『ロシア革命』【露】
クローチェ『純粋概念の学としての論理学』【伊】
シュヴァルツ『世界観および歴史原理としての現代唯物論』【独】

ウナムノ 実存的思索
ウナムノ『ドンキホーテとサンチョの生涯』【西】
ワールブルグ文庫開設【独】

井上哲次郎 ドイツ哲学と日本主義
井上哲次郎『日本朱子学派之哲学』【日】
紀平正美『ヘーゲル氏哲学体系』【日】

E
シオンの議定書 ユダヤ迫害へ
『シオンの議定書』が出まわる(ユダヤ人迫害の口実となる)【墺】
政教分離法成立し,ローマとの政教協約破棄される【仏】

野獣と立体

フォビズム

A
ピカソ画[道化師の家族],アポリネールと知り合う(バラ色の時代はじまる)【P】
サロン・ドートンヌにマティス,ヴラマンク,ドラン,ルオー,マンギャンら出品(批評家ヴォークセル,フォーヴと呼ぶ)【P】
クリムト,ホフマン,モーザーら,ウィーン分離派を脱退【W】
ジャン・アルプ,ワイマールの美術学校に通う(〜07)【ワイマール】
ボナール,アンデパンダン展とサロン・ドートンヌに出品,ジイド賞賛【P】
セザンヌ,7年間描いた[大水浴図]完成【P】
ジョン・スローン画[五番街]【米】
マネ回顧展【P】
フォルケルト『美学の体系』(〜12)【独】
アンドレ・ミシェル『芸術の歴史』【P】
マイヨール作[地中海]が認められる【P】
ローランス作[マルテ・ローランス]【P】

B
青木繁画[大穴牟知命]【日】
山元春挙画[ロッキー山の雪]【日】

藤島武二 ロマン派から官展へ
藤島武二,渡仏【日】
白馬会が機関紙「光風」を創刊【日】
渡辺長男,高村光太郎ら彫塑同窓会展開催【日】
「みづゑ」創刊【日】

鉄筋コンクリート完成
ペレにより鉄筋コンクリート技法が完成[ポンティユー街のガレージ]【P】

C
ミューイズ&デイヴィス設計[リッツ・ホテル]【英】
ショー設計[ピカデリー・ホテル]【英】
ガウディ,カサ・ミラ着手(〜10)【バルセロナ】
モンタネール設計[カタロニア音楽堂][カサ・レオ・モレーラ]【西】
ヨゼフ・ホフマン設計[ブリュッセルのストックレー邸][白塗りのトレー]【W】
ライト設計[ラーキン・ビル]【米】
岡田時太郎設計[旧三笠ホテル]【日】
デ・ラランデ設計[トーマス住宅]【日】

島村美術意匠部
『明治図案文明振』島村美術意匠部編【日】
森雄山『日本古代模様』【日】
スティーグリッツ主催の「ギャラリー291」が開館【米】

スティーグリッツとギャラリー291

D
ジョルジュ・メリエス監[リップ・ヴァン・ヴィンケル]【P】
ジョージ・アルバート・スミス監[小さな目撃者]【英】
バイオグラフ社のウォーリス・マッカチュオン監[海底二万マイル]【米】
アメリカに映画館が10館つくられる【米】

ウィーンオペレッタ

E
シュトラウスのオペラ[サロメ]【ドレスデン】
ドビュッシーの管弦楽曲[海]【仏】
マーラー曲[交響曲第7番]【W】
ウィーン・オペレッタの世界的成功,レハール曲[メリー・ウィドー]【W】
ドレーゼケ,オラトリオ3部作[キリスト]【独】

レーガー 師リーマン反オペラ
レーガー,ベートーヴェンの主題による2台のピアノのための[変奏曲とフーガ]と[セレナーデ]作曲【独】
オールドウィッチ劇場開場(チャールズ・フローマン)【L】
ダンカン,子供の舞踏学校開設【B】

青年と理想

リルケ

A
ワイルド『獄中記』【英】
H・G・ウェルズ『近代ユートピア』【英】
キップリング『夜間郵便で』【英】
エドガー・ウォレス『4人の正義の人』【英】

ダンセーニ ペガーナの神々
ダンセーニ『ペガーナの神々』【愛】
フィガッツァーロ『聖者』(教皇庁が禁書)【伊】
リルケ『時禱詩集』【独】

モルゲンシュタイン
モルゲンシュタイン『絞首台の歌』【独】
ショルツ戯曲『コンスタンツのユダヤ人』【独】
ハインリッヒ・マン『ウンラート教授』(映画「嘆きの天使」の原作),『ピッポ・スパーノ』【独】
ヴェーデキント『死と悪魔』【独】
マリネッティ,詩誌『ポエジーア』創刊【ミラノ】
ハイエルマンス『女中』【蘭】
リンナンコスキ『赤い花の歌』【典】
ダリーオ『生命と希望の歌』【西】
ヘンリ・ジェイムズ『使者たち』【米】
ジャック・ロンドン『試合』『階級闘争』【米】
シンクレア,社会主義雑誌「理性への訴え」の依頼で食品工場へ潜入【米】

オー・ヘンリー 賢者の贈り物
オー・ヘンリー『賢者の贈り物』【米】
クロポトキン『ロシア文学の理想と現実』【露】
ヴォロフスキー『余計者』【露】
ウクラインカ『自由の歌』【露】
クプリーン『決闘』【露】
ゴーリキー革命運動へ接近『太陽の子』【露】
呉沃堯『恨海』【清】

B
日本に象徴詩旋風【日】
夏目漱石『吾輩は猫である』執筆開始【日】
内田魯庵訳,トルストイ『復活』【日】
寺田寅彦『竜舌蘭』【日】
石川啄木『あこがれ』,三木露風『夏姫』【日】

海潮音 上田敏の象徴詩翻訳
上田敏訳詩集『海潮音』刊【日】
与謝野晶子,山川登美子ら,歌集『恋衣』【日】

C
「詩と散文」創刊【仏】,雑誌「運動」創刊【蘭】
ロバート・アボットによる黒人向けの新聞「シカゴ・ディフェンダー」創刊【米】
「ニューヨーク・トリビューン」誌に最初のタイプライターはいる【米】
ムーディ,投資家誌「ムーディース」発行【米】
「バラエティ」誌発行【米】

婦人画報 国木田独歩創刊 島田義三復刊
「女子文壇」「天鼓」「婦人画報」,「大阪時事新報」創刊【日】
大阪毎日,写真入り広告を開始【日】
京浜電鉄,駅掛広告開始【日】
東京市電に電柱広告出現【日】
平民社解散後「新紀元」と「光」創刊【日】

東京パック 北沢楽天漫画誌
北沢楽天「東京パック」創刊(漫画誌先駆)【日】

ドイツ青年運動

D
ルードウィヒ・フランク「ドイツ青年運動」を提唱【独】
ドイツ人デザイナーの店「ピア」開店,人気【P】
マタ・ハリ,ムーラン・ルージュにデビュー【P】

E
ティファニー社,真珠のネックレスを100万ドルで売り出す【米】

仁丹 森下南陽堂ヒット商品
森下南陽堂「仁丹」を発売【日】
百貨店「サマリテーヌ」開店,建物が話題【仏】

現代の産業界の偉大な真実とは、人間の技術が機械におき代えられたことと、富を生産、分配する体制によって資本家の力が増大したことだ。
世界産業労働者組合創立宣言

情報を飛ばす無線とラジオの革命。
この最も雄弁な、見えざる声。

1906
明治39

抵抗と反動

堺利彦と社会党

1 01 労働者の武装反乱が鎮圧【露】
07 第1次西園寺内閣誕生【日】
09 英仏間で軍事協力協議開始
11 エス・エル党(社会革命党)第1回大会開催【露】
14 西川光二郎,樋口伝ら,日本平民党を結成【日】
16 第1次モロッコ事件解決に関するモロッコ会議開催【アルヘシラス】
19 新聞同盟大会開催【日】

2 16 英労働代表委員会,英労働党と改称【英】
24 日本社会党第1回大会【日】

4 11 ペテルブルグ冬宮前のデモを組織したガポン司祭暗殺【露】
23 社会民主労働党第4回大会でボリシェビキとメンシェビキの統一計画失敗(レーニンの農業綱領採択)【露】
27 英,チベットの領土不併合,内政不干渉を保証【英】

5 03 英に屈し,シナイ半島の領有権主張を放棄(シナイ半島はエジプトの領土に)【土】
10 第1回国会開催(社会民主労働党,エス・エル党など急進勢力は選挙ボイコット,カデット(立憲民主党)が第1党に)【露】
19 日本の韓国支配に抵抗運動活発化【鮮】
19 カルロス1世,ジョアン・フランコを首相に任命し独裁権力を与える【葡】
20 国民議会選挙(クレマンソーの急進社会党など与党連合が勝つ)【仏】

6 08 南満州鉄道株式会社設立の勅令公布【日】
13 エジプト人が英将校殺害で裁判(デンシワーイ事件)【埃】

7 12 ドレフュス事件に無罪判決【仏】
23 第3回パン・アメリカン会議開催【米】

クロンシュタットの反乱

30 クロンシュタットの反乱おこる【露】

8 01 旅順に関東都督府を設置【日】
04 日露通商条約交渉開始【ペテルブルグ】
05 シャーが国民要求に屈し,憲法の詔勅を発し国会召集に同意【イラン】
20 キューバで反パルマ大統領の反乱【米】

9 01 英領ニューギニアが豪連邦に編入,パプアと改称【英】

大連開港 関東州の日本拠点に

01 大連が自由港として開港【清】
02 汎ゲルマン会議,第1回大会開催【ドレスデン】
弁護士ガンジー,インド人差別に抗議し非暴力闘争を提唱【ヨハネスバーグ】
25 パルマ大統領辞任【キューバ】

インド国民会議 スワラージ スワデーシ

10 07 第1回国会開設,自由主義憲法制定【イラン】
19 中国革命同盟会,満人駆逐・中国回復・共和国建設・地権平均で蜂起【清】

11 02 トロツキー,シベリアへ永久流刑【露】

ストルイピンの反動政治 農業改革廃止

22 ストルイピンの農業改革(農村共同体の廃止)【露】

12 06 トランスバールに自治政府樹立【南ア】
13 英仏伊,エチオピア条約締結(現状維持,門戸開放)【エチオピア】
28 国民会議派がカルカッタ大会で自治(スワラージ),民族教育,国産品愛用(スワデーシ)など決議【印】
30 アガ・カーンの指導下,インド・ムスリム連盟準備大会【ダッカ】

材料と電送

A ボロック・マクナブ社,電気駆動の全歯車式旋盤開発【英】
バーカー,低温乾溜で半成コークスを製造【英】
ジャクソン社,1200トンの水圧式プレス6トン蒸気ハンマーとローリング・ミル製作【英】
タービン推進戦艦ドレッドノート完成【英】
ルマールとアルマンゴー,ガス・タービンを考案【仏】
ヴィルム,ジュラルミンの発明【独】
ジロー,製鋼用ローデンハウザー三相誘導炉設計【仏】

計算尺 テーラー・バース

テーラー・バース,計算尺を発明【米】
マーシュ,ニクロム線の特許取得【英】
ゲッティンゲン流体研究所設立【独】
カード社,4段膨張式蒸気機関を製作【米】
エーンスレージャー,アニリンのゴム加硫促進効果を発見【米】

B ヴィッカース・サン・マキシム社1400キロワットの続流発電機を製作【英】
初のモーターつき,キー置数式計算機発表【米】
コンドル・シュミット・オトレ,マイクロフィッシュ発明【独】

フェッセンデンのラジオ初放送

フェッセンデンとアレクザンダーソン,ニューヨーク近郊で高周波発電機を使い,無線電話(ラジオ放送)の実験に成功【米】
アーバンとスミス,2色法キネマカラーの特許をとる【英】

第一回国際無線電信会議

C 日本と米国,海底ケーブルが小笠原を中継して結ばれる(日米両国首相が祝電を交換)【日米】
東京長崎間長距離電話開通【日】
第1回国際無線電信会議開催【B】

写真電送成功

コルン,1800km離れた場所へドイツ皇太子の写真電送【独】
東京・福島・仙台・盛岡・青森間の長距離電話が開通【日】

サントス・デュモン

サントス・デュモン【ブラジル】,仏ではじめて飛行機に乗る【仏】
パリのモンマルトル〜サンジェルマン・デ・プレ間に乗合自動車が初めて登場【仏】
ルマン第1回グランプリ・レースでルノーのフェレンツ・シスが優勝【仏】
ルノー社の大型バスをロンドン市で使用【英】
スイス大統領と伊国王が出席してシンプロン・トンネルの開通式がおこなわれる【伊】
中央東線,八王子〜塩尻間が全通【日】
東京電車鉄道,東京電気鉄道,東京市街鉄道3社が電車賃を5銭に値上げ申請【日】
政府が鉄道国有法案を衆院に提出,公布【日】
新橋〜神戸間に急行列車【日】

満鉄創立

D **反トラスト法**

反トラスト法が発動される【米】
南満州鉄道株式会社設立の勅令公布【日】
クリエール炭鉱で大爆発,犠牲者1200人【仏】
欧州初の婦人参政権獲得【芬】

E 野口遵が曽木電気を設立し,日窒コンツェルンの基礎を築く【日】
大日本麦酒設立(日本・札幌・大阪の3麦酒会社の合同による)【日】
五十嵐健治,クリーニングの個人商店白洋舍を創業【日】

堺利彦、大杉栄、岡倉天心、川上貞奴。
グローバルな日本人がひしめいていた。

1906

パラダイムの変換

A
ヴォルフ,トロヤ群小惑星アキレスの発見（3体問題の特別解の一例）【独】
ポツダム測地学研究所,重力の絶対測定【独】
ヴィーヘルト,ツェプリック,ガイガー,遠震の走時曲線で地球内部構造探求【独】
ヒルガード『土壌』【米】
ネルンスト『熱力学の第3法則』提出【独】

ボルツマン自殺

ボルツマン自殺【墺】
カウフマン,電子質量の速度変化測定【独】
ライマン,水素スペクトルのライマン系列発見【米】
ファブリー,長さの基準としてカドミウム赤線の波長測定【仏】
ラザフォード,α粒子の比電荷を測定【英】
ポアンカレ,凝集力場の電子論を提出【仏】
プランク,相対性力学の定式化を企画【独】
デュエム『物理学理論の目標と構造』【仏】
ヒルベルト,無限多変数の有界2次形式の研究【独】

フレシェ位相空間論

フレシェ,関数空間,距離空間の一般論（抽象的な位相空間へ）【仏】
ファトゥー,解析関数,調和関数の境界値,劣調和関数の提出【仏】
ハルトグス多複素変数関数の研究（ハルトグスの定理）【独】

B
ツヴェット,クロマトグラフ分離吸着法を創始【露】
シェリントン『神経系の総合的作用』【英】
ジェニングス,下等動物の行動を研究（試行錯誤にもとづく合目的的運動）【米】
ワッセルマン,梅毒の血清反応を発明【独】
レーブ,植物の光合成の最初の産物はホルムアルデヒドと唱える【独】
ヴィルシュテッター,葉緑素の組成に関する研究【独】
外山亀太郎,家蚕の遺伝研究【日】
ゴルジとカハル「銀染色法による神経の研究」によりノーベル賞受賞【伊】

ソシュール言語学

C
ソシュール『一般言語学講義』【仏】
カッシーラ『認識の問題』【独】
ボールドウィン『思惟と物,発生的論理学』【英】
ヴェント『文化の働力としての技術』【独】
E・マイヤー『技術と文化』【独】
ミロー『ギリシャおよび現代における科学思想の研究』【仏】
マルセル・モース『エスキモー社会』【仏】

D
ジンメル『社会学』【仏】
パレート『経済学提要』【伊】
エルハルト『歴史的認識』【独】
カウツキー『倫理と唯物史観』【独】
徳谷豊之助『社会心理学』【日】
樋口勘治郎・富永岩太郎『社会心理学講義』【日】
幸徳秋水,堺利彦訳マルクス,エンゲルス『共産党宣言』【日】
河上肇『社会主義評論』【日】
シャウカル『愛の神・死の神』【墺】
ウェーバー『ロシア革命論』【墺】
北一輝『国体および純正社会主義』【日】
原勝郎『日本中世史』【日】

北一輝 国体論および純正社会主義

E
アダムズ『ヘンリ・アダムズの教育-20世紀の多様性の研究』【米】
シュヴァイツァー『イエス伝研究史』【仏】

山路愛山 国家社会主義へ

山路愛山『基督教評論』【日】
東学,名称を天道教と改称【鮮】

野獣と立体

マティス

ルソー

A
ルオー画［鏡の前］［劇場にて］［悲劇俳優］【P】
ピカソ,ガートルド・スタイン家でマティスに会う［アビニヨンの娘たち］制作開始【P】
ピカソ画［ガートルド・スタインの肖像］［パレットをもつ自画像］［オルガンをみがく人］【P】
ピカソ,ヴラマンク,アポリネール,アンリ・ルソーに会う【P】
マティス画［生の歓び］【P】
ラウル・デュフォ画［旗で飾りたてたル・アーブルの通り］【P】

ヴラマンク 野獣から構成へ

モーリス・ヴラマンク画［赤い木々］【P】
アンドレ・ドラン画［ウェストミンスター橋］［議事堂］［ロンドンの港］【P】
リベラ画［コルタルテベトル］【P】
クピーン画［予感］【ミュンヘン】
ブルーデル作［ベートーヴェン胸像］【P】

B
満谷国四郎画［戦いの話］【日】
大下藤次郎,水彩画講習所を創設【日】
高村光太郎が欧米留学に出発【日】

茶の本 岡倉天心のタオイズム

岡倉天心『茶の本』【日】

フランク・ロイド・ライト

C
ランチェスター&リッカーズ設計［カーディフ市庁舎］（97〜）【英】
マッキム・ミード&ホワイト設計［ペンシルヴァニア駅］【米】
ライト設計［ユニティ教会］【米】
長野宇平治設計［旧日本銀行京都支店］【日】
桜庭駒五郎設計［弘前学院外人宣教師］【日】
銘苅朝通設計［銘苅家住宅主屋あさぎ］【日】

カール・シュミット ドイツ工房設立

カール・シュミット［ドイツ工房］設立（その後,部品の規格化問題にとりくむ）【独】
ブルーノ・パウルとカール・シュミット,機械製家具をデザインしてドレスデンの展覧会に出品【独】

D
最初の漫画映画［魔法のペン］と［自動車旅行家］制作【米英】
リュシアン・レピーヌ監［悪魔の息子］【P】
ヴィクトラン・ジュッセ監［阿片吸引者の夢］【P】

R・シュトラウス

E
マーラー,交響曲第6番イ短調［エッセン］（交響曲から連関交響曲形式へ,ポリフォニー傾向）【W】
R・シュトラウス曲［エレクトラ］（〜08）【独】
シェーンベルグ曲［弦楽4重奏曲第1番二短調］［弦楽四重奏曲第二番］［室内交響曲］【W】
ブゾーニ曲［ピアノ協奏曲（作品39）］【独】
フェルラーリ歌劇［4人のいなか者］上演【独】
第1回モーツァルト祭開催【ザルツブルグ】
ガンターノ・モレッティ曲［アッダ河トレッツォ発電所］
マンハッタン劇場開場【NY】
ジャン・シュワルツ曲［チャイナタウン,マイチャイナタウン］
L・A・ツィンマーマンとマイルス曲［錨をあげて］【独】
文芸協会創立,第1回公演［ベニスの商人］【日】

デニスのモダンダンス

ルース・セント・デニス,自作バレエ［ラダア］公演（モダン・ダンスの萌芽）【NY】

青年と理想

A
ゴールズワージ『銀の箱』『資産家』【英】
サスーン『詩集』【英】
J・D・ブラウン『主題分類法』【英】

サン・ポル・ルー

サン・ポル・ルー『聖体行列の祭壇』【仏】
ロラン『ミケランジェロの生涯』【仏】
クローデル『真昼を分かつ』【仏】
リトアニア人ミロス『孤独詩篇』【仏】
デレッダ『悪の道』【伊】
ハウプトマン戯曲『そしてピッパは躍る』【独】
ホフマンスタール『詩人と現代』
ムシル『士官候補生テルレスの惑い』【墺】,ネクセ『勝利者ペレ』4巻【丁】

シンクレア 調査的社会派

シンクレア『ジャングル』【米】
トウェイン『人間とは何か』【米】
ロンドン『生命の愛』『白い牙』,キップリング『プーク丘のパック』【米】
ビアス『冷笑家用語集』【米】
ブローク『見知らぬ女』『見世物小屋』【露】
ゴーリキー『敵』『野蛮人』『アメリカにて』『黄色い悪魔の町』,海外亡命生活へ【露】
コロレンコ『同時代人の歴史』（〜22）【露】
アンドレーエフ『人間の一生』【露】
チョカール『アメリカの魂』【ペルー】
ヴェラーレンの象徴詩『数多くの壮麗』【白】
呉沃堯,雑誌『月月小説』創刊【清】

ゴーリキー亡命

コロレンコの同時代人の歴史

B
伊藤左千夫『野菊の墓』【日】
内田魯庵訳,トルストイ『イワンの馬鹿』【日】

破戒と運命

島崎藤村『破戒』,国木田独歩『運命』【日】
堺利彦『恋愛文学と社会主義』【日】
夏目漱石『坊っちゃん』『草枕』【日】
坪内逍遥訳シェイクスピア『ベニスの商人』【日】

漱石

大杉栄 エスペラント協会設立

大杉栄ら,日本エスペラント協会設立【日】
二葉亭四迷『世界語エスペラント』（独習書）【日】
『早稲田文学』復刊【日】

エマ・ゴールドマン

C
『アメリカン・マガジン』誌創刊【米】
エマ・ゴールドマンとバークマン『マザー・アース』誌創刊【米】
アダムズ『コリアーズ』誌に売薬の危険性を暴露『アメリカの大いなる裏切り』【米】
ブロオクら『黄金の羊毛』創刊【露】
『ラ・ファランジェ』創刊【仏】
日米著作権保護条約公布【日】
帝国図書館開館【日】

D
ビアリストクでユダヤ人迫害事件【露】
マリア・デルヴァール,ウィーンに『夜の光』開店【墺】
パナマ・ハット流行（ルーズベルトがパナマ運河でかぶる）【米】

PR誌 白木屋の流行 三越の時候

白木屋が最初のPR誌『流行』,三越が『時候』を出す【日】
『世界年鑑』（博文館）『日本家庭百科事彙』（冨山房）刊行【日】

E
ホットドック,ドーガンの漫画から誕生【米】
中山太陽堂が『クラブ洗粉』を発売【日】
たばこ『ゴールデンバット』発売【日】
世界最初のスキー講座開設【米】

現代の特徴は多様性と不確実性である。時代は動き滑り、過ぎ去るものの上にしか身を置くことができない。
ホフマンスタール

ドイツ工作連盟の新機能主義は、やがてバウハウスとノイエ・ザハリヒカイトにつながっていく。

シアーズの通信販売が消費社会を用意する。
スポーツとレクリエーションと民俗音楽、これが新しい青年文化の主題になっていく。

1907
明治40

抵抗と反動

1 02 政教分離の教会法施行【仏】
08 シャーのムッザファル・ウッディーン,新憲法に署名の直後没(ムハンマド・アリが王位につき議会を軽視,抗議運動弾圧)【イラン】
15 幸徳秋水,日刊「平民新聞」創刊【日】
26 普通・平等・直接選挙法成立【墺】
28 ニコライ2世,満州からの早期撤兵宣言,清国へ通告【露】
2 08 モルダビアで農民大暴動【ルーマニア】
12 福田英子,堺為子,菅野スガら女性の政治結社・集会参加を衆院に請願【日】
13 婦人参政権要求デモが議会乱入【日】
3 04 清国の要請で孫文を国外追放に【日】
11 ニコラ・ペトコフ首相,無政府主義者に暗殺される【ブルガリア】
21 革命勃発(米海兵隊上陸)【ホンジュラス】
22 トランスバール政府,インド人移民を制限(ガンジー,不服従運動開始)【印】

4 08 英・仏間でシャムに関する協定成立【英仏】
12 国際情勢緊迫でスイス新軍事法制定【瑞】
19 ニカラグア・ホンジュラス間の戦争に米介入し一時停戦成立【米】
29 クレマンソー首相,パリのスト弾圧【P】
29 第5回ロシア社会民主労働党大会開催(ボルシェビキとメンシェビキの対立激化)【L】
5 14 スウェーデンで普通選挙法施行【典】
16 英仏西がカルタヘナ条約に調印(地中海・大西洋沿岸現状維持に同意)【英】
6 02 中国革命同盟会が七女湖で蜂起【清】
10 日仏協約とインドシナに関する日仏共同宣言調印(清国の独立,門戸解放,極東の現状維持)【日】

ハーグ密使事件

15 ルーズベルトの提唱で第2次ハーグ平和会議開催(韓国皇帝が密使を派遣し日本侵略を訴えるハーグ密使事件)英独対立【米】
25 片山潜ら,日本社会平民党結成(2日後に禁止命令)【日】

7 01 オレンジリバー植民地に自治権与える【英】
03 伊藤博文,「ハーグ密使事件」で韓国皇帝の責任を強硬に追及【日】
24 第3次日韓協約と秘密覚書に調印【日韓】
30 初選挙(ナショナリスタ党第1党に)【比】
30 第1回日露協約に調印(領土の相互保全,権利尊重,清国の領土保全など)【日露】
8 01 韓国軍解散,以後抗日反乱おこる【日韓】
08 ゼムストボ(地方自治組織)が国民全体の義務教育制を要求【露】
18 第2インター第7回大会開催,世界戦争反対宣言可決【シュツットガルト】

三国協商立成

英露協商

31 英露協商調印,対独包囲網の完成(英仏露の3国協商成立,3国同盟と対立)
31 片山潜ら社会主義同志会を結成【日】
9 01 中国革命同盟会,広東省で蜂起【清】
05 ワシントン州で人種暴動,ヒンドゥー教徒襲われる【米】
26 英自治領を宣言【ニュージーランド】

10 18 ハーグ平和会議閉幕,12カ条の万国平和条約,最終議決書に調印【欧】

コンゴ併合 ベルギー帝国主義

11 28 ベルギー・コンゴ条約調印,コンゴ併合【白】
30 中国革命同盟会,広西省で蜂起【中】
06 エチオピアとウガンダ・英領東アフリカ国境を協定【エチオピア】
12 15 シャー,国会廃止を企てる(各地で自由抵抗組織アンジュマンの暴動)【イラン】
29 インド・ムスリム連盟第1回大会【印】
◉ 青年トルコ党中心の革命組織がパリで会合(専制政治打倒と武装蜂起の決議)【土】

材料と電送

新素材 セメント、ベークライト ジェラルミン、セロファン

A ビエ,スパックマン,独立にセメント発明【仏】
エデレアヌ,石油の最初の溶剤精製法考案【蘭】
アイヘングルン,ボットラー,セルロース人絹の製造を試みる【独】
ブランデンベルガー,セロファンの発明【独】
ヴィルム,ジェラルミンの組成で特許【独】

アンモニア合成

ハーバー,ネルンストらの高圧の化学平衡の研究をもとに高圧高温下のアンモニア合成工業化を確立【独】
ヴァークナー,圧縮空気を利用したクズネック型鋳造機(ダイ・カスト用)を製作【襖】
ベークランド,合成樹脂ベークライト製造【米】
ヘインズ,コバルト・クロム合金発明【米】

B ロージン,陰極線管(ブラウン管)を構想【露】
アレグザンダーソン,無線に高周波発生器を導入【米】
ムーア,窒素または炭酸ガスを封入した放電灯(ムーア管)発明【米】
チェルベルク,被覆金属棒電極による電孤溶接を発明【典】

C マルコーニ,長距離局用の突栓円板放電器発明【伊】
フェッセンデン高周波発電機で320キロの無線電信に成功【米】
日本初の装甲巡洋艦「筑波」完成【日】
パリから輸入のメーターつきタクシー登場【NY】
フィラデルフィア州で初の24時間自動車耐久レース【米】
内山駒之助,初の国産ガソリン自動車を製作(「タクリー号」とあだ名される)【日】
日清鉄道協約締結【日】

騒音と知的所有権

奥羽線の上野〜青森間に直通列車を運転【日】
ニューヨーク株式市場が大暴落(サンフランシスコ大地震の後遺症,鉄道拡張計画,日露戦争の通貨流出などで米経済危機)【米】

D ライス夫人により不要騒音防止会設立【米】
独・仏両国が知的所有権保護で協定締結
電力ストで1日半の間「闇の都」に【P】

足尾銅山暴動

足尾銅山で坑夫と職員が衝突,大暴動に【日】
日露漁業条約成立【日】
東京勧業博開催【日】
東京株式市場が大暴落(日露戦争後の戦後恐慌で景気沈滞)【日】
河上肇ら「日本経済新誌」創刊(保護貿易論を展開)【日】

E ヴィッカース社,アームストロング社,日本政府と三井と提携,兵器製作専門会社「日本製鋼」設立【英】
ベイル,ATT社長に復活,ワンシステム(連邦制)と普遍的サービス等を"社是"化【米】
日本郵船など4社が共同出資して日清汽船を設立,揚子江航路に進出【日】

トヨタとダイハツ・日清

豊田式織機設立(豊田佐吉が取締役),東洋製糖,麒麟麦酒,日清紡績,日清製粉,日清製油,ダイハツ工業設立【日】

1907

パラダイムの変換

A

シュヴァルツシルド

シュヴァルツシルド,恒星運動の楕円体分布説【独】
エムデン「ガス球論」【独】
ヘルグロッツ,地球内部の地震速度を走時曲線より算出【独】
ガリチン,電磁式地震計を発表【露】
イールス,ベーム,音響測深量を発明【米】
アインシュタイン,固体比熱量子論提出【独】
ヴァイス,分子磁場の導入【仏】
リチャードソン,角運動量磁気効果を予見【英】
フロイントリッヒ,吸着等温式を提出【独】
ユルバンとヴェルスバッハ,ルテシウム発見【仏】
ウェッダーバーン,多元数の構造論完成【米】
シュミット,積分方程式の直交化法【独】
ポアンカレ,ケーベ解析関数,単連結,複連結領域の標準領域への写像【仏】
クライン『ドイツの数学教育』【独】

B

ヴィルシュテッター,カロチンの分子式を決定【独】
パーキン,磁場旋光と化学構造の研究【英】
オズボーン,ほ乳類の臼歯の進化から定向進化を強調【米】

ヴィンクラーのキメラ

ヴィンクラー,キメラの発見【独】
ドゥラージュ,人工処女生殖に成功【仏】
ハリスン,組織培養の成功【米】
ラウンキェー「植物の生活型と地理学の関係」【丁】
ヴィエスナー,光と植物の関係を野外で観察研究【独】
フレッチャー,ホプキンス解糖作用に関する先駆的研究【英】
谷津直秀,実験発生学を紹介【日】

C

オールス『善と悪—道徳感情の心理学』【独】
ブレンターノ『感情心理学研究』【独】
シュトゥンプフ『現象と心的機能』【独】
ワールブルク『フランチェスコ・サセッティ』【独】
ユング,フロイトと出会う【独】
W・I・トマス『性と社会』【米】
フェルスター『性倫理と性教育』

D

ウィリアム・ジェイムズ『プラグマティズム』,クーリー『社会組織』,トマス『性と社会』【米】
マイネッケ『世界市民主義と国民国家』【独】
エーレンフェルス『倫理学の基礎概念』【独】

オットー・バウアー

オットー・バウアー「闘争」刊(〜34)『多民族問題と社会民主主義』【墺】
アーダム・ミューラー『国政技術要論』,シュタウディンガー『道徳の経済的基礎』,テンニース『社会学の本質』【独】
リープクネヒト『軍国主義と反軍国主義』【独】
ベルクソン『創造的進化』【仏】
ランツェンホーファー『人間の相互作用についての実証的研究』【墺】
ランツ,雑誌「オースタラ」編発行(ヒトラーなどが読者)【墺】
荒畑寒村『谷中村滅亡史』【日】
片山潜『万国社会党』【日】
ヒルデブラント『造形芸術におけるフォルムの諸問題』【独】

創造的進化

E

スタイン,敦煌文書発掘【英】

福田英子 世界婦人

福田英子「世界婦人」刊行開始【日】
高瀬武次郎『日本之陽明学』【日】
加藤弘之『吾国体と基督教』【日】
クローリー,魔術結社「A∴A∴」を設立【米】
シェーテンザック,旧石器時代の人類ハイデルベルク人の発掘【独】

敦煌文書

立体主義・表現主義

A

アヴィニヨンの娘たち

ピカソ画[アヴィニヨンの娘たち](キュビスム誕生)【P】
カーンヴァイラー,アヴィニヨン街に画廊を開き,ピカソとブラックの全作品と契約【P】
ドラン画[ブラックフラヤース橋]【P】
シャガール画[死]【P】,マティス[若い船乗りII]【P】,モネ画[愛とプシュケ]【P】,ユトリロ画[モンマニーの屋根]【P】,ルソー画[蛇使いの女]【P】
表現主義芸術家集団「ブリュッケ」結成(エミール・ノルデ,エーリッヒ・ヘッケル,マックス・ピヒシュタイン,カール・シュミット)【ドレスデン】
クリムト,ウィーン大学天井画展示【W】

文学寄席こうもり

文学寄席「こうもり」開催(施設ヨーゼフ・ホフマン,装置ウィーン工房,プログラム図案ココシュカ,台本作家ヘルマン・バール,フランツ・ブライ,エゴン・フリーデル)【W】
「青い薔薇」グループ(クズネツォフ,ラリオーノフ,ゴンチャローワなど)結成【露】
レームブルク作[母と子]【P】

ブリュッケ キルヒナー、ノルデ シュミット=ロットルフ

B

岡倉天心,国画玉成会と日本彫刻会結成【日】
青木繁画[わだつみのいろこの宮]
和田三造画[南風]【日】

C

アンウィン画[ハムステッド田園住宅地]【英】

ドイツ工作者連盟

ミュンヘンにドイツ工作者連盟(DWD)結成(ヴェルデなど)【ミュンヘン】
ヴァーグナー設計[シュタインホーフ教会]【W】

ベーレンス建築事務所

ベーレンス,電機会社(AEG)の建築家兼デザイナーとなる(グロピウス,ベーレンス事務所にはいる)【B】
ヴェルデ,工業学校を設計,創設【ワイマール】
マッキントッシュ設計[美術学校の図書館棟],イングラム街[クランストン喫茶店]【英】

プレイリー・ハウス ライト設計

ライト設計[プレイリー・ハウス]【米】
関野貞『平城京および大内裏考』【日】
カーティス写真集[北アメリカのインディアン]第1巻出版【米】

D

リュミエール兄弟,カラー写真方式を発表【仏】
パテェ社,文学者著作家映画協会(SCAGL)の創立で上演作の映画化権確保【P】
アンダーソン,初の西部劇シリーズ[ブロンコ・ビリー]を監督,主演【米】
ベル&ハウエル社設立【米】
エミール・コール,世界初のアニメーション映画制作【仏】

E

ブゾーニ『音楽芸術の新しい美学の試み』【独】
スクリャービン曲[法悦の詩]【露】
バルトーク,ハンガリア大衆歌謡集発表【洪】
ワイマール宮廷劇場なる(マックス・リットマン設計)【ワイマール】
ラベル曲[スペイン狂詩曲]【仏】
シベリウス曲[交響曲第3番ハ長調]完成【芬】

バルトークとハンガリア歌謡

アンナ・パブロワ

バレエ[瀕死の白鳥]上演,サンサーンス曲[動物の謝肉祭](パブロワが踊る)【ペテルブルグ】
中国最初の新劇団体「春柳社」創立【東京】

青年と理想

A

ジョセフ・コンラッド『密偵』【英】
フォースター『いちばん長い旅』【英】
コラム『荒れた土地』【英】
ノイズ詩『バレル・オーガン』【英】
ジョイス詩集『室内楽』【愛】
シング『西の国の人気者』『アラン島』【愛】

快盗ルパン モーリス・ルブラン

ルブラン『強盗紳士』(快盗ルパン第1作)【仏】
レニエ『愛の怖れ』【仏】
ホフマンスタール『詩集』【墺】,ゲオルゲ『第七の環』,シェーファー『逸話集』,ハウプトマン『ほほえむアインハルト』,モンベルト『永劫』【独】
ビーアバウム『郭公王子』【M】
ラーゲルレーヴ『ニルスの不思議な旅』【典】
エンドレ・アディ詩集『血と金』【洪】
ヨルゲンセン『アッシジの聖フランシス』【丁】
モルナール戯曲『悪魔』【洪】
トウェイン『クリスチャン・サイエンス』【米】
ヘンリ・ジェイムズ『アメリカの情景』【米】
ロンドン『鉄のかかと』『アダム以前』【米】
ゴーリキー『母』【露】
ソログープ『小悪魔』,戯曲『死の勝利』【露】
アルツィバーシェフ『サーニン』【露】
アンドレーエフ『闇』【露】

ブローク 神秘派から現実と幻想の交錯へ

ブローク連作詩『雪の仮面』【露】
魯迅『摩羅詩力説』(悪魔派詩人の本格評論)

B

曽樸,雑誌「小説林」を創刊【清】

婦系図 泉鏡花お蔦主税

泉鏡花『婦系図』『平凡』【日】
田山花袋『蒲団』【日】
夏目漱石『虞美人草』【日】
二葉亭四迷『感傷』『平凡』【日】
自然主義文学盛ん【日】
観潮楼歌会創始【日】

新思潮 小山内薫の個人編集

小山内薫,雑誌「新思潮」創刊【日】

日本自然主義 藤村、花袋 秋声、白鳥

C

ユナイテッド・プレス(UP通信社)設立【米】
「ニューヨーク・イブニング・ジャーナル」創刊【米】
「平民新聞」廃刊【日】
「演芸画報」創刊【日】
日本文庫協会を改称し日本図書館協会(JLA)に【日】

UP

D

ブロードウェイ・ミュージカル大当り

コーハンのブロードウェイ・ミュージカル[ハネムーナーズ][ジークフリード・フォリーズ](〜31)上演【米】
リングリングサーカス,[地上最大のショー]で国内巡業【米】
ルシル,オペレッタ「メリー・ウィドウ」の衣装担当,帽子大流行【L】
三井家の鈴木守貞が運転手の許可第1号に【日】
大阪に初の映画常設館,電気館が誕生【日】

シアーズ・カタログ300万部

E

シアーズ・ローバック社が配布したカタログが300万部突破【米】
ロサンゼルスに乾物の店バロウズ開店【LA】
ヘンケル社の世界初の中性洗剤「パーシル」新発売【デュッセルドルフ】
電気洗濯機がハーレーマシン社により開発,発売【米】

コーラ戦争 代理店買収

コカ・コーラ社が広告代理店を買いとる【米】
ペプシ・コーラの売上がのびる【米】

博覧会は当世である。イルミネーションは尤も当世である。驚ろかんとしてここに集まる者は皆当世的の男と女である。
夏目漱石『虞美人草』

科学者たちが四次元時空を構想したとき、ブリュッケや立体派の画家たちが同時遠近法を考案する。

フォードのマスプロダクト・マスセールス方式とテイラー・システムが、おっつけ世界を工場にしてしまう。

1908
明治41

汎スラブVS汎ゲルマン

1 04 スルタンの弟,アブデル・ハフィズ反乱(スルタン即位宣言)【モロッコ】
22 労働党大会で社会主義路線支持を決議【英】

2 01 国王と皇太子,リスボン市内で暗殺,次男が即位,フランコ首相の独裁政治を改革【葡】
11 エジプト国民党の創始者,カーミルの葬儀(大規模な反英デモに発展)【埃】
24 仏軍がモロッコで大損害,仏政界が大揺れ【仏】
28 シャーの暗殺未遂事件【イラン】

3 04 アルヘシラス協定調印の各国にモロッコ派兵を通告【仏】

4 04 皇帝が「反露的決議を採決した」として,フィンランド議会に解散を命じる【露】
06 女性の政治結社を認める法案可決【独】
14 25歳以上に選挙権を与える普通選挙法可決【丁】
23 バルチック海協定,北海協定成立【欧】

5 13 ルーズベルト大統領,全国環境保護会議開催【米】
25 仏大統領訪英,英国王と会談し英仏親善強調【仏】

赤旗事件 荒畑寒村・大杉栄検挙

6 22 荒畑寒村,大杉栄ら検挙(赤旗事件)【日】
23 シャーがクーデター成功,自由憲法を破棄し国民議会解散(露のバックアップ)【イラン】
23 ベネズエラと国交断絶【米】
◉ 婦人参政権デモ【英】

青年トルコ党

07 革命指導者ニアジ・ベイ武装蜂起,エンベル・パシャも呼応(統一と進歩委員会青年トルコ党)が武装蜂起決定【土】
14 第2次桂内閣が成立【日】
22 ボンベイの労働者,インド初の政治スト【印】
24 オスマン帝国スルタンが1876年憲法の復活承認(青年トルコ党の革命勝利)【土】

9 01 政府が列強にモロッコの新国王アブデル・ハフィズを承認するよう通牒を送る【独】
25 仏外人部隊からの脱走独兵を仏軍拉致(カサブランカ事件,独仏関係緊張)【独仏】
26 露が独よりダーダネルス海峡通過承認権を得,独にバクダード鉄道敷設権を委譲【露独】
29 露,伊にトリポリとアルバニアにおける利権を認める【露伊】
◉ 世界産業労働組合(IWW)第4回大会開催,政治的条項をめぐって紛糾【米】

10 03 ジャワの民族主義団体ブディ・ウトモ,第1回大会開催【ジャワ】

ブルガリア独立

05 フェルディナント公,オスマントルコから独立を宣言,ツァーリと称する【ブルガリア】
05 オーストリア,オスマン・トルコ領のボスニア,ヘルツェゴヴィナ両州併合を宣言【墺】

ボスニア・ヘルツェゴヴィナの併合

08 セルビアで秘密結社ナロードナ・オドブラーナ(国防)結成【セルビア】
12 南アフリカ制憲会議開催,連邦制度案を起草【南ア】
18 コンゴ自由国,ベルギー領コンゴとなる
28「デーリー・テレグラフ・インタビュー事件」(皇帝の権力,政権とも弱体化)【独】

タフト大統領

11 03 共和党のウィリアム・タフト大統領に【米】
13 日本が改正ベルヌ条約に調印【日】
14 キューバで大統領選挙がおこなわれ,自由党のゴメスが大統領に【キューバ】
30 高平・ルート協定交換【日米】

12 12 革命後初の国会開催(民族主義派と少数民族派の対立表面化)【土】

大量生産方式へ

A マザー・プラット社,200HPのツリー型タービンを製作【英】

モンドラゴンの自動小銃

モンドラゴン,最初の自動小銃製作【墨】
池田菊苗がグルタミン酸による調味料の製法特許取得(鈴木三郎助,「味の素」の名で売り出す)【日】
真珠王・御木本幸吉が真円真珠で特許【日】

煙害 別子銅山に農民批判

愛媛県の農民約1000人が精錬所の煙害を住友別子鉱山と交渉【日】

B ジェームズ・パワーズ,パンチカード機械に「同時穿孔方式」の考え【米】

スウィントンの陰極線管テレビ

スウィントン,送信・受信に陰極線管をもちいるテレヴィジョン方式を発想【英】
小型電気掃除機「フーヴァー」生産開始,市場制覇【米】

C エッフェル塔から,はじめて長距離無線電信連絡【仏】
パリに切手・はがき自動販売機が登場【仏】
東京郵便局,郵便物輸送に自動車使用開始【日】
ツェッペリン飛行船,滞空12時間の記録【独】

ファルマン ヨーロッパ周回飛行

アンリ・ファルマン,欧初の周回飛行に成功【仏】
オービル・ライトが仏ルマンで152キロを1時間45分で飛行(2回目の飛行で高度108メートルに達し新記録達成)【仏】

T型フォード

ライト兄弟,「飛行機械」で特許【仏】
テレーズ・ベルティエ,女性で初めて飛行機に乗る【仏】
三菱造船所がタービン船「天洋丸」完成【日】
大阪鉄工所が初のタンカー「虎丸」(531トン)建造【日】
フォード社がT型自動車を発売,ベストセラー車となる【米】

ベンツ大勝

自動車の仏グランプリ・レースでメルセデス優勝(2,3位も独占)【仏】
はじめて冷蔵貨物車で鮮魚の貨物輸送開始【日】
中央停車場「東京駅」を起工【日】

日貨ボイコットはじまる

D 米で国法銀行に緊急銀行券の増発を認める「オルドリッチーベリーランド法」が成立【米】
ソロモンの寺院で石油を掘り当てる(中東石油生産の第1歩)【豪】
大日本紡績連合会,輸出増進のため綿糸の景品輸出実施(清国側商人ボイコット)【日】
ミシシッピ州,アラバマ州で禁酒法を実施【米】
東京株式相場が大暴落【日】
衆院が増税案を可決【日】
西垣商店がカーボン複写機を発売
山口八十八がはじめてマーガリンを製造【日】

独立採算 三菱合資

三菱合資が社制改革(鉱業部,造船部,営業・地所部も独立採算制)【日】
女の銀行設立【B】

GM設立

E ゼネラル・モーターズ設立【米】

光速と量子

1908

パラダイム変換

ミンコフスキー ポアンカレ

A
リアヴィット,ケフェウス型変光星の周期光度関係発見【米】
ヘール,太陽黒点の磁性説【米】
シャーリー,段階宇宙論発表【典】
ジョリー,海底沈澱物中より放射性元素,ラジウム発見【英】
クラーク『地球化学の諸資料』【米】
ハン『気候学』3巻【墺】
ミンコフスキー講演「空間と時間」で四次元的な時空構造を提示【独】
プランク『物理的世界像の統一』【独】
レーゲナー,ラザフォード【英】,ガイガー【独】,α粒子の荷電測定【独】
ペラン,分子の存在を実証【仏】
オンネス,ヘリウム液化成功【蘭】
リッツ,スペクトルの結合原理【瑞】
ポアンカレ『科学と方法』【仏】
レーモン『論理学と数学』【瑞】
オストヴァルト『エネルギー』【独】
サルコフスキー,ステロイド呈色反応(サルコフスキー反応)発見【露】
リューイス,熱力学における活動量概念の定立【米】
クラーク,クラーク数の提案および地球化学の創始【米】
ブローウェル,直観主義の数学基礎論【蘭】
フルトウェングラー,類体の研究【墺】
ワイル,積分方程式の固有値問題【独】
カントール『数学史講義』【独】

B
スティーブンス,性染色体による性決定説【米】

メチニコフ 食細胞説と免疫学

メチニコフ,「免疫に対する貢献」でノーベル生理学賞受賞【露】
ドンキャスター,伴性遺伝に関する研究【英】
ロイド・モーガン『動物の行動』【英】
ヴァレノフスキー「植物の比較形態学」出版し系統学的立場から形態学を樹立【露】
オッテンベルク,エプシュタイン,血液型が遺伝的形質であることを示唆【独】

C
コーン『認識の前提と目的』【独】
マイヤー『感情的思惟の心理学』【独】
ヴォリンガー『抽象と感情移入』【独】

国際精神分析学大会

第1回国際精神分析学大会開催【ザルツブルグ】
フレーザー『社会人類学概観』【英】

D
プレハーノフ『マルクス主義の根本問題』【露】
クローチェ『実践哲学-経済と倫理』『純粋概念の科学としての論理学』【伊】
メーエルソン『同一性と実在性』【仏】
ミュンステルベルク『価値の哲学』【独】
シュンペーター『理論経済学の本質と内容』【墺】
エミール・ライヒ,「地政学」という言葉をつかう【洪】
ウォーラス『政治における人間性』【英】
ジンメル『社会学』【独】

ソレル暴力論

ソレル『暴力論』【仏】,タフツ『社会倫理学』【米】
ヘイデンスタム『スウェーデン民族とその指導者』【典】,ヴント『ギリシアの倫理学史』【独】

レーニン唯物論

レーニン『唯物論と経験批判論』【露】
カウツキー「フランス革命時代における階級対立」【独】

E
ヒューゲル『宗教の神秘的要素』【墺】
メアリー・エディン「クリスチャン・サイエンス・モニター」発刊【英】
優生教育協会発足【英】
ポール・ペリオ,多量の敦煌文書持ち去る(現パリ国立図書館,ギメ博物館所蔵)
羅振玉,殷墟を同定【中】
ヒンドゥー・マハーサバー設立【印】

立体主義・表現主義

ピカソとブラック

A
ピカソ画[緑色の女](キュビスム提唱)【P】
ブラック,サロン・ドートンヌで[レスタック風景]を発表(「ジル・ブラース」誌上でヴォークセルが小さなキューブと呼ぶ)【P】

ムンク発狂

ムンク【諾】発狂【B】
カンディンスキー画[ムルノー]【P】
モネ画[ドーチェの宮殿][ダリオ宮殿][ベネチア][大運河]【P】
ピカソのアトリエ「洗濯船」で「ルソーを讃える夕べ」が催される【P】
ルソー画[ジュニエ氏の馬車][飛行船]【P】
シャガール画[赤い裸体]【P】
マティス,291ギャラリーで展覧会【NY】
マティス画[赤のハーモニー]「グランド・レビュー」誌に『絵画についての人々』発表【P】
ヴラマンク,フォビズムの純粋色放棄【P】
モディリアニ,アンデパンダン展に出品【P】
ユトリロ,白の時代【P】

ココシュカ ウィーン工房から表現主義へ

ココシュカの詩画集『夢見る少年たち』ウィーン工房【W】
キリコ画[浜辺]【伊】
ボッチョーニ画[大運河]【伊】
「カンディンスキー展」開催【ドレスデン】
「8人組」展開催(ゴミ箱派が誕生)【米】
ブランクーシ作[キス]【P】

B
山下新太郎画[窓際]【日】
梅原龍三郎渡仏【日】
山崎朝雲作[大葉子]【日】

C
ライト設計[シカゴのロビー邸]【米】
ロース『装飾と罪悪』【W】
ミース・ファン・デル・ローエ,ベーレンスの事務所にはいる【米】
コンドル設計[旧岩崎弥之助邸]【日】
辰野・葛西建築事務所設計[国技館]【日】
芸術家村で第2回展覧会【ダルムシュタット】
チャールズ・ホームズ『色彩写真術と最新カメラ技法の進歩』【英】

D
ラフィット兄弟のフィルム・ダーツ社の試写会,文学者と芸術家を集めて開く【P】
パテエ,フィルム・ダーツ社の独占公開権を取る[ギーズ公の暗殺]ヒット【P】
G・W・グリフィス[ドリーの冒険]で映画監督としてデビュー【米】
ドゥランコフ監[ステンカ・ラージン]【露】
アルベール・カペラニ監[白手袋の男]【P】

目黒行人坂撮影所

吉沢商店が東京の目黒行人坂に日本初の映画撮影所を開設【東京】

ラフマニノフ

E
プフィッツナー,シュトラスブルクオペラ指揮者となる【独】
レオ・ブレッヒ曲[封印]【ハンブルク】
ラフマニノフ曲[交響曲第二番ホ短調]初演【L】
エネスコ曲[ルーマニア狂詩曲]【仏】
ラベル曲[マ・メール・ロア]【仏】
エルガー曲[交響曲第1番イ短調]
ディーリアス曲[夏の庭で]【英】
バルトークとコダーイ,ハンガリー民謡収集【洪】
マーラー曲[交響曲第7番ホ短調]【W】
ワーグナー曲[ニーベルンゲンの指輪]が英語で初上演【L】

川上貞奴の養成所

川上貞奴,芝に帝国女優養成所を開設【東京】
数寄屋橋に初の洋風劇場「有楽座」開場(近代劇の活動の場になる)【東京】

文芸の理性

A
チェスタトン幻想小説『木曜の男』【英】
フォースター『見晴らしのある部屋』【英】
モーム『魔術師』,ベネット『老婦物語』【英】
ブラックウッド『ジョン・サイレンス』【英】
マクフィー『海の放浪者』【英】
ショー『結婚しかけて』【英】

バルビュス ゾラ的社会派のちに反戦運動

アンリ・バルビュス『地獄』【仏】
フランス『ペンギン島』『天使の反逆』【仏】
ロマン詩集『一体生活』【仏】
コレット『感傷的な帰営』【仏】
ピランデルロ『捨てられた天使』『ウモリズム論』【伊】

青い鳥

メーテルリンク『青い鳥』【白】
ストリンドベリ『幽霊ソナタ』【典】
マイリンク『ドイツ俗物の魔法の角笛』【独】
ヴァッサーマン『カスパル・ハウザー』【墺】
コルベンハイヤー『神の愛』【独】
シュミットボン『グライヒェン伯』【独】
イェンセン『長い旅』3巻【丁】
ケマル『祖国の詩』【土】
イバーニェス『血と砂』【西】
リンナンコスキ『逃亡者』【芬】
リチャードソン『モーリス・ゲスト』【豪】
モンゴメリー『赤毛のアン』【加】
アンドレーエフ『七人の死刑囚の物語』【露】
ブローク戯曲『運命の歌』,『イロニー』詩集『雪の中の大地』『叙情劇集』【露】

三四郎

B
田山花袋『生』,正宗白鳥『何処へ』【日】
高浜虚子『俳諧師』,島崎藤村『春』,永井荷風『あめりか物語』刊【日】
夏目漱石『三四郎』【日】
島村抱月『文芸上の自然主義』【日】

アララギ 伊藤左千夫短歌誌

伊藤左千夫,『アララギ』創刊【日】
若山牧水歌集『海の声』【日】
蒲原有明『有明集』【日】

パンの会 木下杢太郎・北原白秋 吉井勇・石井柏亭

パンの会誕生【日】

C
ロンドンの「タイムズ」誌,ハームズワースに買収される【英】

NRF ジッドとシュランベルジュ

「新フランス評論」(NRF),ジッドとシュランベルジュにより創刊【仏】
ドーデ「アクシオン・フランセーズ」創刊【仏】
プレッツォリーニ「ラ・ヴォーチェ」創刊【伊】
出版社ローヴェルト創立【独】
全国の新聞記者が「記者同士会」を結成【日】
『日本百科辞典』(三省堂)刊行開始
日比谷図書館開館(東京で初の市民対象の図書館)【日】
週刊誌の草分け「サンデー」創刊【日】

ベーデン・パウエル将軍とボーイ・スカウト創設

D
母の日がフィラデルフィアで祝われる【米】
ボーイ・スカウト,ベーデン・パウエル将軍の指導で創設【英】
ポワレ,ポール・イリーブにイラストを依頼し『ローブ・ド・ポワレ』発行【仏】

笠戸丸 ブラジル移民はじまる

ブラジルへの最初の移民,笠戸丸で出航【日】

E
白木屋呉服店が既製服を売り出す【日】
岩谷商会が「二〇世紀冷蔵器」を発表【日】
松屋呉服店が大安売り日をはじめる【日】
森永西洋菓子製造所がポケットキャラメル10粒入りを発売(値段は10銭)【日】
ロンドン・オリンピック開催【英】

過去の没個性的な人間たちは服の色で自分を区別していました。しかし現代人が服を着るのは自分を隠すためです。
アードルフ・ロース『装飾と犯罪』

BC 6000以前 / BC 6000 / BC 2200 / BC 1200 / BC 600 / BC 300 / 0 / 300 / 600 / 800 / 1000 / 1200 / 1300 / 1400 / 1500 / 1600 / 1650 / 1700 / 1760 / 1810 / 1840 / 1860 / 1880 / 1890 / 1900 / 1910 / 1920 / 1930 / 1940 / 1950 / 1960 / 1970 / 1980

男性の勇気は飛行機に、女性の挑戦はモデルと女優に。

1909
明治42

バルカンの緊張

1 09 米とコロンビア,パナマ独立承認協定調印【米】
09 カリフォルニア州に排日問題再燃【米】
22 フィンランドの自治権要求陳情拒否【露】
2 08 独仏協定に調印(独は仏にモロッコの経済権益を譲渡する代わりに,政治特権を確保)【独】
09 エドワード7世,ベルリンにウィルヘルム2世を訪問【英】
13 トルコのキアミル・パシャ首相失脚(後任は民族主義派のヒルミ・パシャ)【土】

排日運動拡大(米)

ボスニア危機

24 領土問題でオーストリアとセルビアの関係が緊迫化(戦争危機高まる)【欧】
3 02 ボスニア危機に調停工作(英仏伊独露各国,セルビアに領土要求断念を説得)【欧】
10 シャムと条約を締結(ケランタン・トレンガヌ,ケラー地方の宗主権獲得)【英】
15 バルカン問題解決のための国際会議提案【伊】
21 露にセルビア支持を撤回,ボスニア併合の承認を要求(露が受諾し英露関係微妙に)【独】
31 セルビアがオーストリアにボスニア・ヘルツェゴビナ両州の併合承認を伝達【欧】

4 01 労働争議頂点(ゼネスト化)【P】
25 議会,インド参事会条例を可決(モーリー・ミント改革)宗教別分離選挙制とする【英】
26 青年トルコ党決起,反革命を理由に国王アブデュル・ハミト2世を退位,メフメット5世をスルタンに選出【土】
28 三国同盟諸国がブルガリア独立を承認【欧】
6 01 黒人運動のため全米黒人委員会(NNC)結成【NY】
26 シャーが選挙法を撤回,立憲の公約も無期延長【イラン】

7 13 首相ビューロー,前年の「デーリー・テレグラフ事件」処理に失敗し辞任【独】
16 バクチアリ族のイラン革命軍がテヘランを占領(ムハンマド・アリ国王退位しアフマド新国王即位)【イラン】

バルセロナ反乱

26 バルセロナの急進派,モロッコへの軍隊動員令に反対しゼネスト宣言,暴動化【西】
8 02 ニコライ2世の訪英に反対デモ続発【露】
04 ゼネスト全土に(30万人以上参加)【典】
20 安奉鉄道改築問題に関する日本の要求に抗議,満州を中心に排日運動おこる【清】
9 04 日清協約成立(間島の清韓国境を決定,撫順・煙台炭鉱の採掘権獲得など)【清】
13 ジュネーブで青年エジプト大会開催「英はエジプトから手を引け」と決議【瑞】
20 英議会が南アフリカ法を可決,南アフリカ連邦が10年に成立,(オランダ・英語併用)【英】

10 10 モロッコ北部のベルベル族首長らがスペインに降伏【モロッコ】
13 共和主義者フェレル,反政府運動の煽動により処刑(各地で抗議運動)【西】

ラコニギ会議

24 露・伊間にラコニギ協定成立(バルカン半島の現状維持,伊のトリポリ領有と露のボスポラス・ダーダネルス海峡通過権を相互承認)【欧】
26 伊藤博文暗殺(韓国の民族主義者安重根)【日】
11 06 ノックス米国務長官が満州鉄道の中立化案を英に提案【米】
17 日韓合邦の上奏文・請願書提出【韓】
12 22 首相李完用,日韓合邦反対派に刺される【韓】

日韓殺傷 伊藤博文暗殺 李完用刺傷

大量生産方式へ

A ベーレンス,AEGタービン工場を建設【B】
グリースハイ・エレクトロン社,エレクトロン合金を発明【独】
ホフマン,イソプレン合成,これを重合してゴムにする実験【独】
回転写真版印刷機を発明【米】

タカジアスターゼ

高峰譲吉,タカジアスターゼの特許【日】
田原良純,フグ毒を抽出,テトロドトキシンと命名【日】
シャクルトンが南緯88度23分に到達し,豊富な石炭層を発見【英】
英で炭鉱法発効(鉱内労働は1日8時間)【英】
木戸忠太郎,中国の鞍山で鉄鋼床発見【日】

C ポルトガル沖で英国汽船「スラボニア号」が史上初の「SOS」発信【英】
富士山頂と御殿場間で電話交換開始【日】
東京中央電信局と兜町株式取引所・神田郵便局間に逓信省が気送管通信開始【日】
電話の普及台数が11万2977台に【日】
フェルディナント・ツェッペリンが飛行船で約38時間,1000キロの耐久飛行記録【独】
ウィドネス社が初の屋根つきバス生産【英】

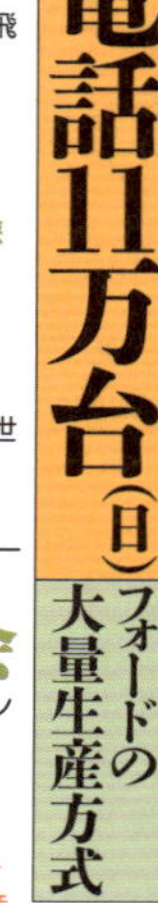

ブレリオ ドーバー海峡横断飛行

ブレリオが単葉飛行機初のドーバー海峡横断飛行【仏】
東京市内の自動車数は38台【日】
米の「ホワイト・フリート」艦隊が世界一周の航海を終え帰港【米】
初の米大陸横断自動車レースがニューヨークをスタート(T型フォード車が1着)【米】

国際飛行大会

ライト,ブレリオら,38人集合(シャンパーニュで国際飛行大会)【仏】
アラスカ・ユーコン太平洋博開幕【シアトル】
フォードが生産車種を「T型フォード」に限定する(近代的な大量生産方式本格化)【米】
奈良原三次男爵が複葉飛行機を発明,特許を出願【日】
ヘリング・カーチス社,商業用飛行機製造【米】
英人ハミルトンが上野不忍池で電気モーターつき飛行船で飛行公開【日】
気球「ラ・レピュブリク号」が高度100メートルから墜落【仏】
日本に軍用気球研究会誕生(軍の航空機・高層気象研究スタート)【日】
クイーンズボロ橋,マンハッタン橋開通【NY】

D 米テネシー州上院が禁酒法を可決【米】
産業組合中央会設立【日】
鯨漁取締規則公布【日】
日本の生糸輸出高が世界1位に【日】
米スタンダード石油が反トラスト法による連邦地方裁判所の解散判決を不服とし最高裁に控訴【米】
職業紹介所法成立(失業保険制度開始)【英】
初の日本人労働者スト【ハワイ】

E 第一生命保険の保有契約高が100万円に【日】
大日本麦酒,生ビールの生産開始,リボンシトロン発売【日】
三井合名会社設立(三井銀行,三井物産は株式会社に改組)【日】
芝浦製作所,GEと技術提携【日】
アングロ・ペルシアン石油会社【波斯】
ゼネラル・ベークライト社設立【米】
京成電鉄,福博電気軌道設立(のち西日本鉄道)【日】

三井合名 益田孝

ディアギレフとマリネッティ。芸術革命のプロデューサーはロシアとイタリアからやってきた。

1909

パラダイムの変換

A
エヴァーシッド,太陽黒点のガス液発見【英】
シンプソン,雷雨の電荷の成因を説く【英】
ゴールド,ハンフリーズ,各独立に成層圏の成立を理論的に説明【英米】
ブラウン,月の運行表作成【米】
モホロヴィチッチ,近地地震の走時研究【ユーゴ】
ヘイフォード,地殻均衡説検討【米】
ダヴィッド,地磁気の南極を発見【英】
ハーカー「火成岩の博物学」【英】

ミリカンの電子油滴

ミリカン,電子の電荷の精密測定【米】
ガイガー,マースデン,α線の白金箔による大角散乱の測定【独英】
ブーヘラー電子比電荷を測定【独】
ローレンツ『電子論』刊【典】
ラザフォードとロイズ,α粒子をヘリウムイオンと同定【英独】
アインシュタイン,輻射の揺動理論【瑞】
ヒルベルト,ワーリング問題解決【独】
ランダウ『素数分布論提要』【独】
ペラン,スヴェードベリー,アインシュタインのブラウン運動の式の実験的証明【仏】

B
フロイントリッヒ,コロイド化学体系確立【独】
セレンゼン,水素イオン濃度PHの概念定立【丁】
コレンス,植物における細胞質遺伝の発見【独】
ヤンセンス,キアスマ型説の提唱【白】
ヨハンセン『精密遺伝学原理』【丁】
ヴァルミング『植物生態学』【独】
フィッティング,植物の生長促進物質の化学的性質の解明に先鞭【英】

ヤンセンスの遺伝子組換え論

ゴルトン優生学

ゴルトン『優生学』【独】
ドリーシュ『有機体の哲学』【独】

C
マッハとプランクの論争【独】
ガリグ・ラグランジュ『共通感覚』【仏】
ファン・ヘネップ『通過儀礼』【蘭】
パブロフ『自然科学と法』【露】
ユクスキュル『動物の環境世界と内的世界』【独】
ランク『英雄誕生の神話』【英】
R・マレット『宗教と呪術』【英】
小林郁『社会心理学』【日】
谷本富『群衆心理の新研究』【日】

ユクスキュル

D
ジェイムズ『真理の意味』『多元的宇宙』【米】
ボレル『多元論-現象の非連続性および異質性』【仏】
ダルムシュテッター『科学技術史便覧』(BC3500～1908年の詳細年表)【独】

社会組織論

チャールズ・クーリー『社会組織論』【英】
ラプージュ『人種と社会環境』【仏】
外山正一『丶山存稿』【日】
加藤弘之『社会静学』【日】

ダルムシュテッター年表

E
モンテッソリ『科学的教育の方法』
朝永三十郎『人格の哲学と超人格の哲学』【日】

波多野精一

波多野精一『基督教の起源』【日】
P・D・ウスペンスキー『ターチャム・オーガナム』【露】
R・シュタイナー『いかにして超感覚的世界の認識を組織するか』【独】
ピアリー,はじめて北極に到達【米】
橘瑞超ら西域探検おえる【日】

未来派の嵐

A
カンディンスキー,ヤウレンスキー,ファイニンガー,クービン,マルク,マッケ,ミュンヘンに「新芸術家同盟」結成【ミュンヘン】
ボッチョーニ,未来主義宣言に共鳴し,カルラ,ルッソロとマリネッティを訪問【P】
ピカソ,分析的キュビスムを試みる[ヴォラールの肖像]製作開始【P】
マティス画[ダンス][カーネーションをもつ緑の服を着た婦人][赤の調和][青の調和]を製作開始【P】
サロン・ドートンヌにユトリロ初出品【P】,レジェ,ピカソとブラックに会い,「シリンダーによる単純化」を発見【P】
ドローネ画[エッフェル塔]【P】
ボナール画[立っている裸体]【P】
ムンク,オセロ大学に壁画制作【諾】
モディリアニ画[乞食][ヴァイオリン引き]【P】
ルソー画[赤道地方のジャングル]【P】

新芸術家同盟 ファイニンガー、マルク クービン、マッケ

エゴン・シーレ

エゴン・シーレ画[ひまわり]【W】
マイヨール作[夜]完成【P】
ブールデル作[弓を引くヘラクレス]ピカソ作[婦人頭部]【P】
レームブルク作[ひざまづく女]【B】

B

竹内栖鳳 四条派からの脱出

竹内栖鳳[アレタ立に]【日】
菱田春草画[落葉図屏風]【日】
陶芸家バーナード・リーチ来日【日】

C
マッキントッシュ設計[グラスゴー美術学校]【英】
ベーレンス設計[AEGタービン工場](最初の近代建築)完成【B】
オットー・ヴァーグナー設計[文化記念碑]【W】

片山東熊 帝室建築家 博物館建築

片山東熊設計[旧赤坂離宮]【日】
神門久太郎『新撰製図用文字及譜集』【日】
小室信蔵『一般図案法』【日】
スティーグリッツ,ジョン・チェリ・マリンの作品を291ギャラリー展示【NY】

E

大地の歌 最後のマーラー 民謡からの取材

マーラー曲[大地の歌]完成【W】
シュトラウス曲[エレクトラ](ホーフマンスタール詩)【ドレスデン】
音楽劇でリアリズム抬頭【欧】

スクリャビン 神秘主義と属7和声語法

スクリャビン曲[法悦の詩]【ペテルブルグ】
レハール曲[ルクセンブルグの伯爵]【墺】
ディーリアス曲『[生のミサ]』初演【英】
シェーンベルク曲[3つのピアノ小曲](作品11)[15のシュテファン・ゲオルゲの詩による小品15]により表現主義へ移行【仏】
歌曲集[ギターのハンズ]がワンダーフォーゲル運動へ【独】
セルゲイ・ディアギレフ,ロシアバレエ団(バレエ・リュス)を率いてパリ公演(パブロワ,ニジンスキーの踊りと前衛的な音楽でバレエ・ルネッサンスの口火をきる)【P】
ニューヨークにナショナル劇場開場【米】

ディアギレフ

小山内薫と市川左団次 自由劇場

小山内薫,自由劇場創設【日】

文芸の理性

A
ウェルズ『トーノ・バンゲイ』【英】
キップリング『作用と反作用』【英】
ジャコブ『聖マトレル』,ジロドゥ『田園の人々』,バレス『コレット・ボドッシュ』,ファレール『日本海海戦』【仏】

狭き門 アリサとジェローム

アンドレ・ジッド『狭き門』【仏】
クローデル,「NRF」誌に協力開始【仏】
ボルジェーゼ『ダンヌンツィオ論』【伊】
マリネッティ,「フィガロ」誌上に未来派宣言発表【伊】
パスコリ『新小詩集』【伊】
マン『大公殿下』【独】
クービン『裏面』【墺】
ストリンドベリイ韻文劇『大道』【典】
ラーゲルレーヴ,女性初のノーベル文学賞受賞【典】
バローハ3部作『バスクの土地』『冒険児サラカイン』【西】
インクラン『昔のはやぶさたち』【西】
ハシスト・ベナベンテ『作られた利害』【西】
イェンセン『失われた大陸』【丁】
レイモンド『農民』【波】
ウンセット『ヴィガヨーとヴィグディス』【諾】
フィレンツ・モルナール『リリオム』【洪】
トウェイン『シェイクスピアは死んだ』【米】
ロンドン『マーティン・イーデン』【米】

マリネッティの未来派宣言

蒼ざめた馬

ロープシン『蒼ざめた馬』,イサーキャン『アブル・アラ・マーリ』【露】
ツェンスキー『野の悲しみ』【露】
タゴール『ギーターンジャリ』【印】
呉沃尭『二十年目睹之怪現状』【中】
魯迅・周作人共訳『域外小説集』【中】

タゴール

B

白秋・露風

北原白秋『邪宗門』【日】
三木露風『廃園』【日】
森鷗外『ヰタ・セクスアリス』【日】
岩野泡鳴『耽溺』【日】
永井荷風『ふらんす物語』『すみだ川』【日】
夏目漱石『それから』,田山花袋『田舎教師』【日】
島村抱月『近代文芸之研究』【日】
北原白秋,木下杢太郎ら『屋上庭園』創刊【日】

荷風

スバル 石川啄木・江南文三 平出修・森鷗外

石川啄木ら,雑誌『スバル』創刊【日】

C
合衆国著作権法,議会
2600種類の日刊誌【米】
「アプロン」誌,「道標」刊【露】

ヴォーグ月刊化 1892年創刊

ナスト,「ヴォーグ」1892年にスタートした週刊誌を月刊化【米】
田丸卓郎ら「日本のローマ字」社創立【日】
東京書籍,日本書籍,大阪書籍設立【日】
『自由思想』発禁(菅野スガに罰金100円)【日】
「プロシア図書館アルファベット順目録規則」刊【独】

D
英最大の百貨店セルフリッジ開店【L】

キューピー人形

オニール,キューピー人形創作で特許【米】
バレエ,リュスの影響でハーレム・パンツ流行【P】
トマス・リプトン,紅茶の包装開始【NY】
漫画主人公「バスター・ブラウン」にちなんだ衿が流行【米】

E
東京市内でビール専門ビアホール流行【日】

デパート催事 三越で玩具展

三越呉服店で万国玩具展覧会を開催(デパートの催事はじまる)【日】
両国国技館の開館式が人気を呼ぶ【日】

世界の輝きにひとつの新しい美、つまり速度の美がつけ加えられたことをわれわれは宣言する。
マリネッティ『未来派宣言』

BC 6000以前 / BC 6000 / BC 2200 / BC 1200 / BC 600 / BC 300 / 0 / 300 / 600 / 800 / 1000 / 1200 / 1300 / 1400 / 1500 / 1600 / 1650 / 1700 / 1760 / 1810 / 1840 / 1860 / 1880 / 1890 / 1900 / 1910 / 1920 / 1930 / 1940 / 1950 / 1960 / 1970 / 1980

思索と戦争 1910〜1919

自動交換機の発明が電話ネットワークを、都市の情報神経網にしていく。

企業家精神を代表するAEGのラテナウ。

1910 明治43

国家と反逆

大逆事件 日韓併合

1 03 石炭労働者スト突入(8時間労働要求)【英】
29 日韓併合反対の韓国人,日本人を殺害【韓】
31 イランで暴動発生,露英介入【イラン】
2 12 広東新軍事件【清】
20 コプト派のガーリー首相暗殺【埃】

ダライ・ラマ13世亡命

25 清軍がチベット進駐,ダライ・ラマ13世インドに逃亡
山西省にアヘン禁止令反対暴動【清】
3 04 フランス,モロッコ協定調印
10 奴隷制度廃止【清】
19 第2回日露協定調印(満州における日露の利益範囲確定)

4 02 汪兆銘の摂政暗殺失敗【清】
長沙で大規模な米騒動【清】
5 01 ゼネストに軍隊出動【仏】
25 仏軍がモロッコ南部占領

南ア連邦

31 英領南アフリカ連邦成立
全米黒人向上協会【米】
6 01 大逆事件,幸徳秋水逮捕【日】
24 韓国の警察権をにぎる【日】
27 片山潜ら,社会主義政談演説会開く【日】
山東省の人民,抗税蜂起【清】

8 22 日韓併合【日】
28 バルカン半島のモンテネグロ独立

ルーズベルトのニュー・ナショナリズム

31 ルーズベルト,「ニュー・ナショナリズム」を発表(タフトと対立,共和党分裂)
9 07 カナダ・ニューファンドランド漁業問題解決,アメリカの特権確立

パレスチナ要求

11 第12回シオニスト代表会議,パレスチナをユダヤ人入植地に要求

メキシコ革命 ポルトガル革命

10 01 寺内正毅が初代朝鮮総督に就任【日】
05 メキシコで反乱
10 ゼネスト回避,鉄道ストを鎮圧【仏】
18 ギリシア首相にエルテリオ・ベニゼロス就任,政治,経済改革はじめる【希】
リスボンで革命,ポルトガルの君主政体に終止符,共和国樹立宣言
11 04 皇帝ニコライ2世と皇帝ウィルヘルム2世が会談(バルカン問題了解)
08 ワシントン州で女性が投票権を獲得【米】
10 ロンドンで英米仏独4カ国借款団,清国の鉄道投資への平等参加を協定

マデロ ディアス大統領批判 逮捕から革命へ

20 メキシコ革命はじまる(マデロ指導)【墨】
朝鮮人安明根,寺内総督の暗殺失敗,逮捕【日】
12 06 大逆事件犯人逮捕に各国で抗議デモ
09 パレスチナでアラブ人反乱
20 イギリス総選挙,自由党が勝利【英】
イタリアで国家主義者連盟結成される

ブリュッセル博

◉ この年イタリア社会党機関誌「階級闘争」ムッソリーニ発行

ビルマ・ウンターヌ運動

◉ ウンターヌ運動おこる【ビルマ】
◉ 第2次フィッシャー内閣成立,労働党の黄金時代はじまる【豪】

大量生産方式へ

クーリッジのタングステン電球

A R・ウィットワース,自動車タイヤにワイヤ車輪を導入
エドアール・ベネディクトゥス,安全ガラスの特許取得【仏】
秦佐八郎,エーリッヒとともに梅毒特効薬サルバルサンを発表【日】
がん国際会議開催【P】

オリザニン 鈴木梅太郎 ビタミンB1創製

鈴木梅太郎,オリザニン(ビタミンB1)の創製,ビタミンを世界初発見【日】
アインホルン,12指腸ゾンデの発明【米】
結核医学者ロリエ,太陽の学校設立【瑞】

B クーリッジ,タングステン電球発明(GE)【米】
パワーズ,パンチソート,自動車ファイル・パンチカード装置開発,国勢調査に使用【米】

ユンカース

C **ストロージャ式自動交換機** 1881年考案 ほぼ完成

ストロージャ式自動交換機完成(1891〜)【米】
ディーン,自己回復性MPコンデンサ発明【米】
チッカー電信機による同報電信創始【日】
逓信省,ジーメンス方式印刷電信機テスト(東京〜横浜)【日】
デンマーク電信会社所有の海底電線を買収(朝鮮海峡全線が日本の領有に)【日】
森下辰之助,飛行機凧発明【日】
戸山ケ原で日野式飛行機の実験飛行成功【日】
第1回国際航空会議開催【P】
アンデス横断鉄道開通
徳川好敏大尉,アンリ・ファルマン機で日本最初の飛行成功【日】
H・ユンカース,金属製飛行機の研究【独】
グレン・カーティス,長距離スピード記録
自動車車体が木製から鋼鉄製へ【米】
自動車保有台数23万9474台【日】
奈良原三次,奈良原式第1号飛行機製作【日】
軽便鉄道補助法公布,これ以降軽便鉄道の敷設盛ん【日】

D **マン・エルキンズ法**

マン・エルキンズ法,議会通過【米】
最初のモリス制融資銀行が開店(個人向けローンの先駆)【米】
アメリカの銅トラストASARCOがチリのチュキカマタ銅山を買収
幣制改革で銀本位制【清】
有力銀行,公債引受けシンジケート成立【日】

AEG電機工場

E スペリー・ジャイロスコープ社,ユナイテッド・フルーツ社,トロピカル・ラジオ電信会社,シティズ・サービス会社設立【米】
ブリッグス・アンド・ストラットン会社設立,世界最大のグリーティング・カード会社に(ホール・マーク社設立)【米】
ウォール街に株式代理店サロモン・ブラザーズ社設立【米】
ブリティッシュ&コロニアル飛行機設立,AEG電気機械工場設立【独】
藤倉電線,京阪電気鉄道,新潟鉄工,日本酸素アセチレーヌ会社,ライオン石鹸工場,多摩鉄道,奈良軌道,京王電気軌道,日本コロムビア,久原鉱業所(日立製作所),住友電線製造所設立【日】

1910

もうひとつの法則

A
H・ラッセル,恒星の進化説【米】
リッチー,アンドロメダ大星雲の分解撮影に成功【米】
岡田武松『梅雨論』【日】
シュタイニッツ,抽象代数学【独】
ヤング,ヴェブレン,射影幾何学の公理【米】
キュリー,ドビエルヌ,金属ラジウム分離に成功【仏】
ソディ,同位元素を導入【英】
プレーグル,有機化合物の微量分析法創始【墺】
デバイ,空洞輻射の量子化【蘭】
木下季吉,α粒子による写真乾板の乳剤粒子の感光を確認【日】
ラッセル,ホワイトヘッド『プリンキピア・マテマティカ』(〜13)【英】
ミンコフスキー『数の幾何学』【独】
寺田寅彦,大河内正敏,飛行する弾丸撮影【日】

プリンキピア・マテマティカ

B
J・ヘリック,鎌状赤血球貧血確認【米】
レーリー,活性窒素の発見【英】
スクラウプ,アルカロイドの研究【墺】
シュトラスブルガー『遺伝に関する細胞の微細構造』【独】
モルガン,ショウジョウバエによる遺伝研究【米】
ナトルプ『精密科学の論理的基礎』【独】

ダンネマン科学史
ダンネマン『大自然科学史』(〜13)【独】

C
薬剤師エミール・クーエの自己暗示療法【仏】
L・クラーゲス『性格学の諸原理』【独】
マッハ『意志行動と気質について』【独】
フロイト『精神分析について』【墺】
ウィーン国際心理分析連盟創設【W】
アンリ・ピエロン『記憶の発展』【仏】
ディルタイ『精神科学における歴史的方法の構築』【独】
レヴィ・ブリュル『未開社会の思惟』【仏】

レヴィ・ブリュル 未開社会の思惟

遠野物語 柳田國男
柳田國男『遠野物語』(泉鏡花のみ評価)【日】

D
シュンペーター「経済恐慌の本質について」【米】
ヒルファーディング『金融資本論』【独】
カッシーラー『実体概念と函数概念』【独】
マイヤー『歴史の理論及び方法』【独】
オイケン・フィンク『言語構造の主要型式』【独】
リヴィコフ『社会ダーウィニズム批判』【露】
コーカー『国家有機体学説』【米】
シュタンプファー『政治学の基本概念』【独】
ルカーチ『魂の形式』【洪】
ルー・ザロメ『エロティシズム』【独】
波多野精一『スピノザ研究』【日】
河上肇「ダーウィニズムとマルキシズム」【日】
エンリコ・コラディーニ,イタリア国民協会(プロレタリア民族主義的国家主義)を創設【伊】

金融資本論

E
シュタイナー『神秘学概論』【独】
禅道会,『禅道』創刊,このころ座禅流行【日】

木下尚江 キリストから日蓮へ
木下尚江『日蓮論』,姉崎正治『根本仏教』【日】,矢島泰次郎,西康省からラサに至る【日】
柳宗悦「心霊現象について」【日】
職業病研究所開設【ミラノ】

九州大学 古河鉱業巨額寄付
九州帝国大学設立【福岡】

シュタイナー

未来派の嵐

A
第1回《未来派の夕べ》(トリエステ・ナポリ),「未来派画家宣言」【伊】
ボッチョーニら「芸術家集団」展(未来派第1回展)【ミラノ】
「未来派絵画技法宣言」(ボッチョーニ,カッラ,ルッソロ,バッラ,セヴェリーニ)【伊】
セヴェリーニ画[大通り],カッラ画[アナキスト・ガリの葬式],バッラ画[アーク灯],ルッソロ画[香り][ニーチェ]【伊】
ルオー,ドリュエ画廊で初個展【仏】

未来派抬頭 カッラ,ルッソロ,バッラ ボッチョーニ,セヴェリーニ

シュトゥルム創刊
ヴァルデン,表現主義雑誌「シュトゥルム」創刊【B】,シュトゥルム画廊開設【ミュンヘン】
クルト・ヒラー中心の「新パトス・キャバレー」開設【独】
キルヒナーら,新分離派結成【独】
後期印象派の展覧会開催【L】
カンディンスキーら「ダイヤのジャック」展
モディリアーニ画[セロをひく男]出品(アンデパンダン展)【伊】
R・ドローネ画[エッフェル塔],ルドン画[ヴィーナスの誕生],レジェ画[森の中の裸婦],マティス画[青いヌード][音楽]【仏】
ルソー画[ジャガーに襲われる馬][異国的な風景][夢]【仏】
キリコ画[秋の午後の謎][神託の謎]【伊】

B
菱田春草画[黒き猫],萩原守衛作[女]【日】

朝倉文夫 近代彫刻の中枢へ
朝倉文夫作[墓守]【日】
日本初の画廊「琅玕洞」開設(神田)【日】

C
ロース設計[シュタイナー邸]【墺】
ガウディ設計[バルセロナのミラ邸]完成【西】
東ドイツ博覧会場シュレジア館でハンス・ペルチッヒ設計[ポーゼンの水槽塔]【独】
カラカラ浴場を模したペンシルベニア駅完成【NY】
曽禰達蔵設計[三菱銀行大阪支店]【日】
東京で初のアパート,東京倶楽部完成【日】
アッジェp[洋傘売り]【仏】
エドワード・スタイケンp[夜景−オランジュリー階段,ヴェルサイユ]【米】
フランク・ユージンp[アダムとイヴ]【米】
マン・レイ,「291」に出入りする【米】
「カメラ・ワーク誌」にベンジャミン・ド・カサレス「ソリプシズム」理論発表(前ダダ理念)
スティーグリッツらフォトセセッション「国際写真展」開催【米】

D
パテェ兄弟製作[パテェ・ガゼット]公開(ニュース映画の先駆)【仏】
漫画家ジョン・ランドルフ・ブレイ,はじめてのセル方式の漫画映画製作【米】

E
マーラー曲[交響曲第8番]初演【墺】

火の鳥 パリ・オペラ座 ディアギレフ
ストラヴィンスキー曲バレエ[火の鳥]【露→米】
ドビュッシー曲[12の前奏曲]【仏】
シェーンベルク「和音論」【墺】
東京フィルハーモニー会第1回演奏会【日】
パリの国立オペラ座でバレエ[シェラザード](ニジンスキー,奴隷役で踊る)【仏】
シュタイナー作・演出[入信の門]上演【ミュンヘン】
ヴェーデキント,マン兄弟,ヴァルザー兄弟,R・A・シュレーダーら演劇協会「パン」結成【B】

ストラヴィンスキー

文芸の理性

A
E・M・フォースター『ハワーズ・エンド』【英】
ゴールズワージー『正義』【英】
キップリング『ほうびと妖精』【英】
A・ベネット三部作『クレイハンガー』【英】
ウォルター・デ・ラ・メア『三匹の高貴な猿』【英】
アポリネール『異端教祖株式会社』【仏】

マルテの手記

ルーセルのアフリカの印象
レーモン・ルーセル『アフリカの印象』【仏】
リルケ『マルテの手記』【独】
ドイブラー『極光』,トラークル『青ひげ』【独】
モルゲンシュタイン『パルムシュトレム』【独】
青年に汎ゲルマン的禁酒小説『ヘルムート・ハリンガ』(ヘルマン・ポペルト)流行【独】
アルフレト・ケル編集「クライナー・パン」【独】
ダヌンツィオ『そうであろうとあるまいと』【伊】
バビット『新ラオコーン』,バーネット『秘密の花園』【米】
「ニュー・ポエトリー」発足【シカゴ】
トルストイ,82歳の家出途次に没【露】
タゴール『暗室の王』【印】
統一国語運動はじまる【中】

B
泉鏡花『歌行燈』,島崎藤村『家』【日】

若山牧水 旅と酒の新声歌人
若山牧水『別離』,石川啄木『一握の砂』【日】
土岐哀果『NAKIWARAI』刊行(ローマ字)【日】
柳宗悦,武者小路実篤,志賀直哉ら,『白樺』創刊【日】
『三田文学』創刊【日】
長塚節『土』,谷崎潤一郎『刺青』,小川未明『赤い船』【日】
小山内薫,第二次『新思潮』の創刊【日】
理想主義文学抬頭,官憲の言論弾圧激化【日】

白樺派 宗悦,実篤,直哉,利玄,武郎,淳

C
全国記者大会開催【日】
堺利彦ら,売文社設立(文章代理業・身の上相談)【日】
野間清治の大日本雄弁会,『雄弁』創刊【日】

D
ハレー彗星接近で世界中がわく
価格高騰で食肉ボイコット広まる【米】
アメリカのボーイ・スカウトが結成【米】
萬年社,最初の広告代理業という言葉使用【日】
奥野幾太郎,旭広告社開業(大阪)【日】
ブリュッセル万博開催(8月火災)【白】
風俗取締令公布【日】
仁丹がイルミネーション広告塔,横浜元町に不二家洋菓子舗開店【日】
逗子の開成中学生徒ボートで遭難,[真白き富士の嶺]歌われる【日】

念写 福来友吉のちに騒然
福来友吉「念写」を発見【日】

ミツワ石鹸とクラブ白粉 仁丹広告塔と萬年社

E
ブロードウェイ・ミュージカル[ティリーの悪夢]上演【米】
ギンベル・ブラザーズ百貨店開店【米】,いとう呉服店(松坂屋)創立【日】
フランス映画[ジゴマ]上映【日】
川上音二郎,大阪帝国座劇場開場(初の洋式劇場)【日】
クラブ洗粉・クラブ白粉・歯磨粉(中山太陽堂)・ミツワ石鹸発売【日】

ジャック・ジョンソン
世界ヘビー級黒人初のチャンピオンにジャック・ジョンソン【米】

一九一〇年の十二月かそこいらで人間の性格が変わってしまった。
ヴァージニア・ウルフ

ホレリスからパワーズへ。
統計と製表のための計算機前史。

1911
明治44

国家と反逆

1 06 アメリカの排日運動再発
18 大逆事件判決【日】

情意投合 桂内閣と政友会の提携

24 桂内閣と政友会の提携成立【日】
2 01 徳富蘆花が講演,政府の思想弾圧などを批判【日】
21 日米通商航海条約調印,関税自主権回復【日】
3 11 普通選挙法,初めて衆議院通過(貴族院では否決)【日】
23 日本人の土地所有禁止法案可決(カリフォルニア)【米】
29 工場法公布【日】

4 02 モロッコ動乱
17 朝鮮土地収用令【日】
27 黄花岡事件【清】
5 04 モロッコにフランス出兵,フェズを占領
09 鉄道国有令発令,各地で反対運動激化(辛亥革命へ)【清】
25 メキシコの独裁者ディアス引退(以後革命の時代)【米】

セルビアの黒い手

セルビアに秘密組織「黒い手」結成
6 06 米ニカラグア協定
06 マデロ,メキシコシティにはいる,ディアス,パリ亡命【墨】
17 ロンドンで婦人参政権のデモ行進【英】
24 日独新通商航海条約調印【B】
ポルトガル新共和国憲法判定【葡】

7 01 第2次モロッコ事件(〜1912)
17 日米新通商航海条約施行
18 英仏軍事協定【P】
8 10 議会法制定(実権,下院に)【英】
19 日仏通商航海条約調印
22 公務秘密法が議会通過【英】
露モンゴル秘密協定
第2次西園寺内閣【日】
9 02 スペイン,モロッコのイフニ占領
08 四川に暴動【清】
14 首相ストルイピン暗殺【露】

トリポリ戦争 イタリア、トルコと開戦

29 トリポリ戦争(イタリア,トルコと開戦)
朝鮮政治結社禁止令【日】

10 10 辛亥革命おこる(以降独立蜂起相次ぐ)【清】
18 革命軍,漢口を占領【清】
25 片山潜,社会党結成,27日禁止【日】

武昌蜂起 北一輝武昌へ

28 黄興・宋教仁・北一輝ら,上海から武昌に到着【清】
11 01 袁世凱を総理大臣に任命【清】
04 仏独モロッコ協定締結
05 ロシア,ペルシアに最後通告,対英関係緊張【露】
06 大統領にマデロ就任【墨】
北京居留民,保護のために出兵声明【日】
外モンゴリアが独立宣言,活仏ボクドニゲゲン帝位につく

モロッコ危機❷

ロシア,モロッコに干渉
12 02 袁世凱を臨時大総統に【清】
24 国会解散,イラン革命鎮圧へ【イラン】
25 孫文が英から帰国,中華民国の臨時大総統に【清】
ジョージ5世,インド訪問,デリー遷都【印】

特高 警視庁官房に設置 社会主義運動弾圧

特別高等警察設置【日】
30 カリフォルニアで婦人参政権確立
31 片山潜,東京市電のストライキを指導【日】

孫文と辛亥革命

日本五二〇〇万

世界工業博(伊)

大量生産方式へ

A

ケタリングのスターター

ケタリング,電動セルフ・スターターを発明,自動車の新時代開く【米】
ホイト,コンバインを発明【米】

金属超伝導 オンネスの発見

カマーリング・オンネス,金属の超電気伝導(超伝導)を発見【蘭】
ベル・アンド・ハウエル社のハウエル,連続焼付け機を発明(映画フィルムの大量配給)
アイレスワース,クロルナフタリンの発明【米】
ルドルフ・フィッシャー,今日使用されるカラーフィルムの材料,染料カプラー発見【独】
ガス事業開設【日】
鳥潟右一,鉱石検波器を発明【日】
日本セルロイド人造絹糸,ドイツ方式でセルロイドの量産化【日】

パワーズ統計機

B
パワーズ,パワーズ統計機械発明【米】
キャンベル・スウィントン,現代テレビジョン方式の基本原理を提案【英】
東京電気,引線タングステン・フィラメント電球製造開始【日】
白木屋に初のエレベーター,回転ドア設置【日】

C
NY〜デンバー間で直通電話開通

航空郵便 ロンドン〜ウィンザー

初の航空郵便(ロンドン〜ウインザー)
速達郵便取り扱いはじまる(京浜地区,料金6銭)【日】
ロジャース,初の大陸横断飛行成功【米】
ブラドフォード〜リーズ間,無軌道電車開通【英】
ロンドンの乗り合い馬車が廃止,世界の主要都市にバス,乗用車が急増
ロンドン西北部鉄道の機関車「コロネーション号」建造【英】
2B型テンダ機関車完成,国産蒸気機関車の量産はじまる【日】
所沢飛行場完成【日】

中央本線 425キロ 東京〜名古屋

中央本線開通【日】

D
フォード自動車の大量生産の開始【米】
スタンダード石油独禁法違反,アメリカン・タバコ・トラスト解散【米】
世界工業博覧会開催【伊】
シカゴに下水汚物排水協会設立【米】

ブラジルにゴム景気興隆

ゴム景気,最高潮【ブラジル】
公認職業訓練所のはじまり【日】
蚕糸業法,電気事業法公布【日】

スタンダード石油
タバコ・トラスト
解散

E
コンティネンタル・アシュアランス社設立(生命保険業務)【米】
CTR社(のちのIBM),パワーズ・アカウンティング・マシン社(ユニバックの前身),シボレー自動車会社設立【米】

オリベッティ

オリベッティ社設立【伊】
セーラー万年筆,図書印刷設立,九州水力電気,出光商会,住友電線製造所,星製薬,大倉組,三井鉱山設立【日】

「青い鳥」「青騎士」「青い四」「青鞜」。
世界は新しい「青」を希求する。

1911

もうひとつの法則

A

アダムズ,太陽の自転周期測定【米】
ツィオルコフスキー「ロケット装置による宇宙空間の探求」【露】
ヘス,宇宙線の発見
レイド,地震の弾性反撥説【米】
ウォルコット,カンブリア紀の層位及び古生物学の集大成【米】
木村鷹太郎『日本太古史』【日】
カルマン,カルマン渦の安定性についての研究【独】

カルマン渦

ウィルソン霧箱

ウィルソン,ウィルソンの霧箱の考案【英】
ラザフォード,α線散乱実験で,原子の構造を明らかにする【英】
アインシュタイン,万有引力の場における光線屈折の理論【独→米】
エーレンフェスト,断熱定理【蘭】
ヴァイス,磁区,磁子の導入【仏】
バークラ,特殊X線の発見【英】
第1回ソルヴェー会議開催【ブリュッセル】
ブロウェル,次元不変性の証明【蘭】

ラザフォード模型

デデキント 数とは何か

デデキント『数とは何か,何であるべきか』【独】

B

フンク,ビタミンと名づける【波】
モルガン,染色体構造の分析開始【米】
クッデール,胚の生体染色に成功【米】
ハインロス「ガン・カモ類の行動と心理」(ローレンツに影響)【独】
ホームズ『動物知能の進化』【米】

野口英世 北里柴三郎師事 梅毒スピロヘータ

野口英世,梅毒スピロヘータの純粋培養に成功【日】

C

ハヴァロック・エリス『夢の世界』【英】
カッツ『色の現象形態と個々の経験によるそれへの影響』【独】
ミュラー『記憶活動及び表象経過の分析』【独】
ベッヒャー『脳髄と精神』【独】
コヘン『純粋感情の美学』【独】
イエンシュ『空間の知覚』【独】
ソーンダイク,実験動物心理学の基礎【米】
ウィリアム・ジェームズ『根本的経験論』【米】
マイアー『人間行動の基本法則』【米】
福来友吉『透視と念写』,東大を辞職【日】

D

テイラー管理学

テイラー『科学的管理法』【米】
ゾンバルト『ユダヤ人と経済生活』【独】
カーヴァー『農村経済学』【米】
フィッシャー『貨幣の購買力』【米】
ムーア『賃金法則』【米】
ラスク『哲学の論理と範疇論』【独】
フリダーズ・ピートリ『文明の諸革命』
ホブハウス『社会進化と政治理論』【英】
シュタムラー『法律学理論』【独】
西田幾多郎『善の研究』大ベストセラーに【日】
ファイヒンガー『あたかもの哲学』【独】
M・ペルチェ『女性の性的解放』【仏】
平塚らいてう「元始女性は太陽であった」【日】

善の研究

E

幸徳秋水『基督抹殺論』【日】
オイケン『我等はなおキリスト教徒たりうるか』【独】

東方の星

ベサントら「東方の星」結社,クリシュナムルティ運動本格化
日本キリスト教同盟結成【日】
モンロー『教育百科辞典』【米】
アムンゼン,南極に到着【諾】
ハイラム・ビンカム,インカの町マチュ・ピチュ発見

未来派の嵐

A

マルク,カンディンスキー,マッケら「青騎士」展開催【ミュンヘン】,カンディンスキー画[コンポジションV],マルク画[馬][赤い鳥]【独】
ダアル・コンタンポランで立体派展覧会開催【P】,ドローネ,レジェ,デュシャンら最初のキュビスムのマニフェスト【仏】
ブラック画[ギターを持つ男],ピカソ画[アコーディオン弾き]【西】
フランツ・プフェンフェルト「アクツィオン」誌創刊【独】
ボッチョーニ,カッラ,ルッソロら自由美術展を組織,第1回展開く【伊】
キルヒナー画[農家の庭]【独】
フランク・クプカ画[アモルファ:2色によるフーガ]【墺】
エゴン・シーレ[背を向ける裸婦]【墺】
キリコ画[秋の夕暮の謎],広場の連作へ【伊】
シャガール画[私と村][私の許婚者へ]【仏】
全ロシア芸術会議【露】

青騎士 カンディンスキー、マッケ、クレー、ヤウレンスキー、ミュンター

B

「白樺」主催,泰西版画展【日】
画報社『日本美術年鑑』第1巻【日】

C

グロピウス設計[ファグス靴工場]【独】
カス・ギルバート設計[ウールワース・ビル],
ヴェルデ,オーギュスト・ペレー設計[シャンゼリゼ劇場]【仏】
スカーニ設計[ビットリオ・エマヌエレ2世の記念館]【R】
辰野金吾設計[岩手銀行],福岡常次郎設計[警視庁],横河工務所設計[帝国劇場]【日】
遠藤於菟設計[三井物産横浜支店1号館]【日】
三越ポスター募集,橋口五葉一等当選【日】

アッジェ このころパリを撮影

「カメラ・ワーク」誌,「芸術における無意識」を特集【米】,「写真会議」【伊】,ブラガーリア兄弟「フォトディナミズモ」の探求開始【伊】,
アッジェ,p[日食をみる人々]【仏】

ブラガーリア

D

セネット,喜劇専門のキーストン創立【米】
ルイジ・マッジ監[金婚式](フラッシュ・バック方式)【伊】
カペラニ監[アルルの女],フイヤード監[キリスト教徒をライオンに],
ゴーモン社[ファントマ・シリーズ]
主演ルネ・ナヴァール【仏】

ハリウッド ネスター社初の撮影所

ネスター社,ハリウッドに初の撮影所【米】

E

R・シュトラウス曲,歌劇[ばらの騎士]ドレスデンで上演【独】
ラヴェル曲,歌劇[スペインの時][高雅で感傷的な円舞曲]【仏】
シェーンベルク「ハーモニー論」【墺→米】
ストラヴィンスキー曲[ペトルーシュカ](踊りニジンスキー)上演【露→米】
ゴードン・クレイグ『劇場芸術について』【英】
アイルランドのアベイ劇場に刺激され小劇場運動おこる【米】,プレイハウス開場【NY】
[アフリカの印象]フエミナ座初演【仏】

ラヴェル

松井須磨子 島村抱月 人形の家

文芸協会研究所第1回公演[人形の家]上演(松井須磨子主演,島村抱月)【日】

オイリュトミー シュタイナーダンス

シュタイナー,オイリュトミーを創始【独】

文芸の理性

A

ブラックウッド ホラーとファンタジー

ブラックウッド『ケンタウロス』,ロレンス『白孔雀』【英】
ダンセーニ『山の神々』【愛】
ジャコブ『バルセロナの僧院に死せる修道僧アトレルの滑稽で神秘的な作品』【仏】
ガストン・ルルー『オペラ座の怪人』【仏】
ベッヒャー『苦悩する人』,シュテルンハイム『ズボン』【独】
ホフマンスタール『薔薇の騎士』【墺】
トーマス・マン『ベニスに死す』【独】
ルー・ザロメ,フロイトに師事【独】

マン

レ・グラジ イタリア文学に新しい風

モンダドーリ社,「レ・グラジ」発行(イタリア文学界に新風をまきおこす)【伊】
ビアス『悪魔の辞書』警句集【米】
E・R・バローズ「火星シリーズ」執筆開始【米】
ブーニン『乾いた谷』【露】
アルベルト・エーレンシュタイン『トゥブチュク』(ココシュカ挿画)【墺】
シェンケヴィッチ『砂漠と密林』(少年ケニアの原型)【波】

B

有島武郎 或る女話題

有島武郎『或る女』,武者小路実篤『お目出たき人』,柳宗悦『科学と人生』【日】
岡本綺堂『修善寺物語』【日】
徳田秋声『黴』,森鴎外『雁』【日】
平塚らいてう(雷鳥)ら青鞜社結成,新しい女性たちの活躍【日】

青鞜 平塚雷鳥,野上弥生子,田村俊子,神近市子,尾竹枝,岡本かの子

C

コンサイス・オックスフォード辞典出版【英】
ニューヨーク市立図書館開館(米最大の公共図書館)【米】
私家版印刷所オフィツィナ・セルペンティス(蛇印刷所),ブレーマー・プレッセ設立【独】

立川文庫 玉田玉秀斎

立川文庫発刊,大ヒット【日】
「講談倶楽部」創刊【日】
大阪毎日新聞,1万号記念100ページ発行【日】

D

世界人口統計,米9400万,英4080万,伊3460万,仏3960万,日5200万,露1億6700万,印3億1500万,中4億2500万
英国ジョージ5世戴冠式に各国首脳【英】
ブリタニカ社,百科辞典にメイル・オーダー・システムをはじめて採用【米英】
文部省『尋常小学唱歌』刊行【日】
女性郵便局員,有給出産休暇獲得【仏】
公娼廃止運動団体「廓清会」結成【日】
梅田駅に入場券自動販売機【日】
ポワレ,ホブル・スカート,「ランプシェード」スタイル発表【仏】
ポワレ,小冊子『レ・ショーズ・ド・ポール・ポワレ』を発行,パリ・クチュール組合独立【仏】

E

ブロードウェイ・ミュージカル[ピンク・レディ]上演(ピンク流行)【米】
アービング・バーリン「アレクサンダーズ・ラグタイム・バンド」(ラグタイム音楽普及)【米】
ターキー・トロット・ダンス広まる【米】
帝国劇場完成,このころ「今日は帝劇,明日は三越」の言葉生まれる【日】

奇術師天勝

今日は帝劇 明日は三越

女奇術師天勝の人気沸騰【日】
京橋にカフェ・プランタン,銀座にカフェ・ライオン【日】
日本初のスキー,大日本体育協会設立【日】
インディアナポリス第1回500マイル自動車レース【米】,第1回モンテカルロ・ラリー【伊】

近代広告が持つもう一つの問題は、それが世論を形成するという点だ。それがどんな問題をひき起こすかは容易に想像できよう。
ロード&トーマス社のパンフレット

辛亥革命の大陸を、北一輝と内藤湖南が別々のおもいで見つめている。

二十世紀初頭のファッションを一人で刷新してしまったポール・ポワレ。

1912
明治45・大正1

中東の嵐

中華民国立成

1 01 中華民国成立,太陽暦採用【中】
ドイツ総選挙,社会民主党が第一党【独】
05 ボルシェヴィキ党結成(～17)【露】
07 イタリア・トルコ戦争はじまる
08 オレンジ自由国内にアフリカ人会議
08 犬養毅と頭山満,南京の孫文と会見【日】
13 首相にポアンカレ就任【仏】
29 大陸浪人川島浪速,モンゴル独立をモンゴル王と契約
2 02 第1次満蒙独立運動【満】
08 英独の海軍拡張制限交渉
12 宣統帝大退位,清朝の滅亡【中】
29 北京兵変
3 08 ドイツ,第3次新艦隊建造計画発表

袁世凱 中華民国初代大統領

10 袁世凱,北京で臨時大統領に就任【中】
11 南京の臨時大統領孫文,臨時約法公布【中】
29 ロシアがイラン・マシュハドのイマーム・レザーを砲撃【露】
29 呉の海軍工廠でストライキはじまる【日】
30 フェズ条約(モロッコが仏の保護領に)

バルカン同盟 セルビア ギリシア

バルカン同盟成立,セルビア・ブルガリア・モンテネグロ・ギリシアが加盟(～5)

4 イタリア軍がダーダルネス海峡を砲撃
チベット,独立運動
5 05 ロシアに四国借款同盟に加入提案【日】
6 18 六国借款団成立【中】

7 16 仏露海軍協定調印
21 アルバニアで反乱

明治から大正へ

30 明治天皇崩御,大正天皇即位【日】
ニカラグアで動乱,アメリカ軍出兵
内蒙古分割,露と協約【日】
8 01 鈴木文治ら,友愛会結成【日】
05 トルコ新政府,戒厳令布告
25 トルコ領マケドニアで暴動勃発
進歩党結成【米】
同盟会,国民党と改称【中】
9 04 マケドニアの解放地下組織にセルビア援助

バルカン戦争❶

10 09 第1次バルカン戦争,バルカン同盟諸国がトルコに宣戦
10 チューリッヒで国際労働立法会議開く

ローザンヌ条約

18 ローザンヌ条約(トリポリ戦争終結)
28 日墺通商航海条約調印
11 露・蒙協約

ウィルソン大統領

05 ウィルソン大統領就任【米】
21 アルバニア独立宣言,臨時政府樹立
24 第2インターナショナル臨時大会(バーゼル)【独】
12 三国同盟の第6次更新(独・墺・露)
03 バルカン戦争休戦
05 西園寺内閣総辞職(第3次桂内閣成立)【日】
21 中立宣言(デンマーク・スウェーデン・ノルウェー)
第1回憲政擁護大会,大正デモクラシーの芽ばえ

ラスプーチンとボルシェヴィズム

◉ ブラジル労働者総同盟成立
◉ チリで社会主義労働者党結成
◉ この年,ムッソリーニ,「前進」の主筆となる【伊】
◉ ラスプーチン,宮廷に進出【露】

通信と交通の拡大

ステープル・ファイバー

ラングミュア

A ギラース,ステープル・ファイバー発明【独】
ブランデルベルガー,セロファン完成【瑞】
スペリー,転輪羅針儀を発明【米】
ベルギウス高圧反応,水素重合に成功【独】
クラーク,活性汚泥法の原理発見【米】
ベスト・ポケット・コダック発売,世界各国に普及
ラングミュア,白熱電球に不活性気体をつめる(発光寿命が延びる)【米】
真島利行,ウルシオール発見【日】

早川徳次 金属加工 のちシャープ

早川徳次,金属加工業設立(のちのシャープ),シャープペンシル発売【日】

B ボールドウィン計算機

モンロー・カルキュレーティング会社設立,ボールドウィンの計算機(特許取得1874)を生産開始【米】
マイスナー,無線電信受信位置の決定法の発明【墺】

SOS採用

C 電話システムを国有化【英】
TYK式無線電話機の特許(鳥潟右一,横山英太郎,北村政次郎)【日】
国際無線条約調印【日】
国際無線電信会議開催(SOS採用)
ベリー大尉,初の飛行機からのパラシュート降下成功【米】
トロリー式市営ストリート・カー運行開始【SF】

フォッカー 飛行機製作

フォッカー,飛行機を発表【蘭】
ローニング,世界初の水陸両用飛行機,設計,製造【米】
エッフェル,世界初の航空図書館,航空力学研究所設立【仏】
鉄道幹線の電化の最初(横川～軽井沢)【日】
東京タクシー自動車会社開業【日】
田熊常吉,田熊式汽関を発明【日】
滋野清武男爵,初の民間万国飛行免状所有者となる【日】
日本航空協会設立【日】

D ベルリン,パリ,ロンドン,ウィーンに取引所恐慌
インターナショナル・ハーベスター・トラスト,解体命じられる【米】

炭鉱スト(英)

炭鉱の大ストライキ【英】
ワンキー炭鉱労働者ストライキ【ジンバブエ】
「石油および石油桟関勅命委員会」設置【英】
ホイーラー油井が噴出,試掘業者スリック,一躍大富豪に【米】
メソポタミアの石油埋蔵地を開発するためトルコ石油会社設立【土】
三井物産,内田良平を代理人に中国革命政府に30万円の借款を供与【日】
天皇崩御,株大暴落【日】
水力発電の出力,火力を越える【日】

E コンティネンタル・ガス・アンド・エレクトリック会社設立【米】

日本鋼管 安田保善社 武蔵野鉄道

安田保善社,ジャパン・ツーリスト・ビューロー(日本交通公社),武蔵野鉄道(西部鉄道),日本鋼管設立,日本セメント,日本パルプ,京成電気軌道開業【日】

1912

もうひとつの法則

A

宇宙線
大陸移動説

スライファー,星雲の視線速度測定【米】
リービット,天体距離測定法発見【米】
ハンス・ヘルビガー『氷宇宙論』【独】
ヴェーゲナー「大陸移動説」【独】
ニコルソン,スペクトル解析にプランク定数hの導入
デバイ,固体比熱の量子論の改良【蘭】

ラウエ回折 X線格子
ラウエ,結晶格子によるX線の回折【独】
ル・シャトゥリエ,高温度測定【仏】
ベルギウス,高圧反応,水素重合に成功【独】
タムスン,ネオンの同位元素発見【英】
第2回ソルベー会議【白】
ヒルベルト『線型積分方程式の一般理論』【独】
ブラウエル,バーコフ,不動点定理証明【米】

B

ロイプ『生命の機械観』【独】
シュタイナハ『性機能の研究』【墺】
ハルトマン『生物学的基礎』【独】
宮川米次,12指腸虫の感染経路を発見【日】
スタンフォード大学内科「脊髄圧反射療法」発表【米】
フンク,米の中からニコチン酸発見【L】

C

ピウスーツキー『アイヌ研究資料』【リトアニア】
日本民俗学会創立【日】
フロイト『トーテムとタブー』【墺】

ヴェルトハイマー
ヴェルトハイマー『運動視の実験的研究』(ゲシュタルト心理学誕生)【独】
レーマン『心理生理学の基礎』(心理現象はエネルギーの特異形態)【丁】
ワトソン「行動主義者のみた心理学」講演【米】
ユングとアドラー,フロイトから離脱【W】

シュンペーター

D

クロポトキン『現代科学と無政府主義』【露】
スターリン『マルクス主義と民族問題』【露】
シュンペーター『経済発展の理論』【墺】
河上肇『経済研究』【日】

近代思想 荒畑寒村 大杉栄
大杉栄,荒畑寒村ら,「近代思想」創刊【日】
ラッセル『哲学の諸問題』【英】
カール・プリブラム『個別主義的な社会哲学の形成』【墺】
ペリー『新実在論』【米】
桑木厳翼『哲学綱要』,田中王堂『哲人主義』【日】
美濃部達吉「天皇機関説」唱える(上杉慎吉と論争)【日】

天皇機関説

E

デュルケム『宗教生活の原初的形態』【仏】
天童山敬安,仏教会を設立【中】
姉崎正治,渋沢栄一らが帰一協会設立【日】
仏書刊行会編『大日本仏教全書』【日】
画家ニコライ・レーリッヒ,「シャンバラ伝説」世界に伝える【露】

モンテッソリ 子供の家づくり
教育家マリア・モンテッソリ「モンテッソリ学校運動」創始【伊】
スコット,白瀬中尉,南極探検【英日】

未来派の嵐

A

オルフィスム ドローネ、レジェ ピカビア、クプカ

ボッチョーニ,カッラら未来派展「第3宣言」,[彫刻技術宣言]【伊】
バッラ画[綱につながれた犬の力動性](クロノフォトグラフィを利用)
ルッソロ画[反乱]【伊】
未来派文庫[社会趣味への平手打ち]刊【露】
サンポアン邸で「アポリネールの夕べ」【P】
ルドン画[アンドロメダの救出],レジェ画[青い服を着た婦人]
クプカ画[抽象IとII]【墺】
ボナール画[室内の裸婦]【仏】
ユトリロ画[ラ・ベル・ガブリエル]【モンマルトル】

黄金分割 セクシオン・ドール
レジェ,ドローネ,ピカビアらセクシオン・ドール(黄金分割)第1回展
カンディンスキー『芸術における精神的なものについて』【独】
バクスト画[牧神](ロシア・バレエ団公式プログラム表紙)【露】
デュラック画[アンデルセン物語]【英】
プレハーノフ『芸術と社会生活』【露】

B

劉生

フェノロサ『中国,日本の美術史』【米】
今村紫紅画[近江八景],山本鼎画[支那の女],水島桜谷画[寒月],萬鉄五郎画[赤い目の自画像]【日】
岸田劉生ら,ヒュウザン会第1回展開催【日】
竹久夢二主宰[桜さく国・紅桃の巻]【日】

C

ウラジミール・セメコフ『都市の福祉計画』【露】

サンテリア 都市改革提唱 マリネッティへ
アントニオ・サンテリア[新都市]【伊】
ペルチッヒ設計[ブレスラウ100年記念博覧柱廊]【独】
曾禰達蔵設計[慶応大学図書館],日比忠彦設計[高島屋京都都店]【日】
ホフマン,オーストリア工作連盟設立【墺】
ウィーン・グムンデン陶芸設立【W】

杉浦非水 ポスター・装幀 工芸意匠の確立
杉浦非水「書籍装丁雑誌表紙図案展覧会」を日比谷図書館で開催,中沢弘光らと光風会設立【日】
プラガーリアp[揺れ動く青年]【伊】
アントン・ジューリオ,トリーノの雑誌「芸術写真」に一連の論文発表【伊】
吉野誠p[知られぬ花]【日】

D

ヘラベルト監[アナ・カドバ]【西】
ペレ監[雲は通り過ぎる],カペラニ監[噫無情]
パテェ社[放埒者]【仏】
カゼリーニ監[ジーグフリード],グァッツォーニ監[クォ・ヴァディス]チネス社【伊】

E

スクリャービン曲[ピアノソナタ9黒ミサ]【露】
シェーンベルク曲[月に憑かれたピエロ]【墺→米】
ブゾーニ曲[第2番ソナチネ]【伊】
ドビュッシー曲[映像][遊戯][前奏曲集第2集],ラヴェル曲[ダフニスとクローエ]【仏】
エリック・サティ曲[(犬のための)ほんとうのたるんだ前奏曲]【仏】
マニュエル・ド・ファラ曲[七つのスペイン大衆歌謡]【西】
本居長世曲[洛水達磨]【日】
ニジンスキー[牧神の午後]初演(ドビュッシー曲)【露】

ニジンスキー

レーリッヒ 秘密主義と舞台装置
ニコラス・レーリッヒ(リョーリフ)[春の儀式]の舞台装置設計【露】

文芸の理性

A

マーシュ編集,詞華集『ジョージ王朝詩集』全5巻(ブルック,マンロー,デル・レら参加)【英】
デ・ラ・メア『耳を済ます人』,ホジスン『ナイトランド』,ドイル『ロスト・ワールド』【英】

ジャン・クリストフ ロマン・ロラン
ロラン『ジャン・クリストフ』【仏】
ゴットフリート・ベン詩篇『モルグ』【独】
バールラッハ『死せる日』【独】
ボンゼルス『蜜蜂マーヤー』,ハウプトマン『アトランティス』【独】
ヘルマン・ブルテ『ヴィルトフェーバー』ワンダーフォーゲル運動に影響を与える【独】
マリネッティ[未来派文学技法宣言]【伊】
雑誌「ポウエトリ」創刊【米】
エズラ・パウンド「イマジスト宣言」【米】
ウェブスター『あしながおじさん』【米】

パウンド

猿人ターザン
E・R・バローズ『猿人ターザン』【米】
アンドレーエフ『美しきザビニの女たち』【露】

ギータンジャリ
タゴール『ギータンジャリ』(詩集)【印】

B

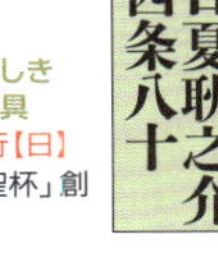

夏目漱石『彼岸過迄』【日】
小川未明『魯鈍な猫』【日】

石川啄木 悲しき玩具
石川啄木『悲しき玩具』刊行【日】
日夏耿之介,西条八十ら,「聖杯」創刊【日】
平塚雷鳥『円窓より』【日】

晶子の源氏 源氏物語ブーム
与謝野晶子『新訳源氏物語』【日】

C

新聞発行盛ん(北京100社,全国500社)【中】

プラウダ レーニン指導 スターリン,モロトフ編集
「デイリー・ヘラルド」【英】,「プラウダ」【露】創刊
クラナーハ・プレッセ設立【ワイマール】
ドイツ図書館開設(ドイツ国内で出版される全図書を蒐集)【独】
「東洋経済新報」軍拡批判の社説を連載【日】

D

J・G・ロー夫人,ガールガイド(ガールスカウト)結成【米】
ウィリアム・シュライヤー『分析広告論』(広告戦略の大衆化おこる)【米】
タイタニック号沈没,1513人犠牲【英】

乃木殉死 漱石に衝撃
乃木希典大将夫妻殉死,文壇を震撼【日】
三原山噴火【日】,カトマイ火山噴火【アラスカ】
フレデリック「新しい家具管理」をレディス・ホームジャーナル誌に書く【米】
セルフ・サービス食料品店開店【米】
ヘレナ・ルビンスタイン上流階級向け美容サロン開店【L】
ビアキャバレー「ジンプリツィシスム」開店【墺】

ポワレのファッション

E

サラ・ベルナール主演[椿姫][エリザベス女王]パリ公開【仏】
ジゴマ映画禁止【日】
日活創立,尾上松之助主演,マキノ省三監督により旧劇ブーム【日】
奈良丸,雲右衛門らの浪曲流行【日】

通天閣と吉本興業
新世界,通天閣完成,吉本興業誕生【大阪】
ストックホルム・オリンピック開催

東京に来て博覧会を見ざる人ありや、博覧会を見て三越を見ざる人ありや。
三越のポスターのコピー

バルカンが風雲急を告げはじめるなか、婦人参政権運動の女性たちが動く。

デュシャンのオブジェとルッソロのノイズ、われわれはまだこの二人の世界概念の中にいる。

1913
大正2

中東の嵐

チベット独立宣言

1 10 チベット独立宣言
13 憲政擁護連合大演説会【大阪】
17 憲政擁護全国記者連合大会開催【日】
23 イスタンブールで青年トルコ急進派クーデター
24 第3回憲政擁護大会開催【東京】
30 アイルランド自治法否決【英】
2 国会選挙,国民党圧勝【中】
05 国民・政友会内閣不信任議案提出,尾崎行雄ら政府追及【日】
09 クーデター,ウェルタ政権成立【墨】
10 議会周辺に護憲運動デモ(全国に波及)【日】
11 桂内閣総辞職,山本権兵衛内閣成立【日】
3 01 西川文子,木村駒子ら新真婦人会設立【日】
03 アメリカ婦人参政権論者5000人デモ

労働省(英)

04 労働省設立【米】
18 国王ゲオルギオス1世暗殺【希】
20 宋教仁,暗殺【中】
26 チャーチル海相,世界各国に軍艦建造1年間停止を提案【英】
婦人参政権否決【英】

各国で婦人参政権運動

4 27 袁世凱,対中5カ国借款契約に調印,国民党反感【中】
5 19 カリフォルニアで排日土地法の制定【米】
30 ロンドン条約,第1次バルカン戦争終結
6 11 大宰相シェウケット暗殺,三頭政治はじまる【土】
29 第2次バルカン戦争(ブルガリアがバルカン諸国を攻撃)
29 ノルウェーで婦人参政権可決【諾】
30 軍備大拡張予算法案可決【独】

7 12 アイルランド自治法反対15万人集会,独立運動盛ん【愛】
15 第2次革命(反袁運動)【中】
24 アイルランド自治法否決【英】
28 英独仏がバグダード鉄道をめぐり対立,合意
8 08 孫文,日本に亡命(広東独立に失敗)
10 ブカレスト条約,バルカン戦争終結
31 アイルランドのダブリンで運輸労働者の大規模スト,独立要求のストに発展【愛】
9 01 袁軍,南京を占領,第2革命失敗する【中】
07 対支問題国民大会で出兵要望【日】

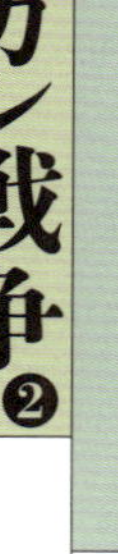

バルカン戦争❷

アルバニア独立

アルバニア独立

10 03 アンダーウッド関税法成立【米】
05 満蒙5鉄道の敷設権獲得【日】
10 袁世凱,大総統に【中】
24 ウェルタ大統領,アメリカの内政干渉拒否【墨】
28 ドイツ・トルコ軍事協定成立
11 04 国民党に解散命令【中】
05 外蒙古に関する露中宣言
17 大日本国防議会結成【日】

ツァーベルン事件

12 ツァーベルン事件,独仏関係悪化
07 東北の水害,凶作【日】
23 立憲同志会結党式【日】
◉ 反ユダヤ主義に対抗するために反名誉毀損連盟(ADL)設立【米】
◉ 婦人参政権を実施【諾】

通信と交通の拡大

A オスカー・バルナック,ライカの原型「ウルライカ」を試作【独】
ロイプ,人工処女生殖に関する研究の大成【独】
モーリッシュ植物の顕微化学の確立【墺】
ミタシ,シュナイダー,液状炭化水素の合成に成功【独】
ベルギウス,石炭の液化の成功【独】
バートン,石油の分解蒸溜法を工業化【米】
アルフィデス,真珠形成法発明【独】

ビタミンA シュテンボック肝油中に発見

シュテンボック,肝油,鶏卵中の成長因子ビタミンAの存在確認【独】
ヴィルシュテッターらシクロオクタテトラエンを初合成【独】
クライゼン,クライゼン転位の発見【独】
シック,ジフテリアの感染性のシック・テストを開発【米】
神保孝太郎,東洋毛様線虫の発見【日】

B

マイスナー 真空管から高周波

マイスナー,真空管を高周波発生用に使用【墺】
アームストロング,3極真空管の発明【米】
アーノルド,長寿命の3極管による再生式増幅法【米】
GE社のクーリッジ「タングステンとその白熱灯用フィラメントとしての使用法」,熱陰極X線管(クーリッジ管)【米】
最初のポータブル蓄音機「デッカ・ポータブル」発売【L】

クーリッジ管

C AT&T,独禁法違反の疑い(キングスベリー誓約により同社電話公社併合と電信経営から撤退)【米】
逓信省,瞬滅火花式無線通信完成【日】

郵便小包(米)

郵便小包制度発足【米】
郵便切手の図案懸賞募集,田沢切手採用【日】
ナショナル・トランスコンティネンタル鉄道開通【加】
シコルスキー,世界最初の多発動機飛行を設計,飛行する【露】
所沢で木村鈴四郎,徳田金一のブレリオ機墜落(日本初の飛行機事故)【日】

武石浩玻 カーチス墜落初の犠牲者

武石浩玻,カーチス機墜落,民間初の犠牲者となる【日】
9600型機関車を製作【日】

快進社DAT号

橋本増治郎の快進社,日本初の乗用車DAT号(脱兎号)製造【日】

D IWW指導下でコロラド州炭鉱に大同盟罷業【米】
フォード自動車会社流れ作業を導入(産業界に一大革命)【米】
AT&Tに独禁法違反の疑い【米】
アンダーウッド・シモンズ関税法発布【米】
連邦準備銀行法発令【米】
アメリカ癌協会設立【米】
景気後退,興銀破綻【日】
川崎日本蓄音機争議(友愛会初指導で)【日】
ドイツ自由労働組合257万人【独】

E スタッツ自動車会社設立【米】
ロックフェラー財団設立【米】
三共,千代田火災保険,三井松島産業,千日土地建物,日本紙器製造(日本紙業),住友総本店(住友化学工業),東京蓄音機設立【日】

流れ作業 フォード社の工場革命

宇宙・社会・原子

A

H・N・ラッセル,恒星スペクトルと絶対光度の関係図示【米】

シャーリエ 銀河系の回転運動

シャーリエ,銀河系回転運動発見【典】
リンドグレン『鉱床学』【米】
ニールス・ボーア「原子および分子の構造について」,原子模型提案(水素原子のスペクトル導出に成功)【丁】
ソッディ,ファヤンス,別々に放射崩壊の変位法則確立【英】【波】
ヘルマン・ワイル,リーマン面の概念【独】
スンドマン,3体問題の解の存在証明【典】
カルタン,準単純リー群の表現論【仏】

ボーア原子模型

藤原咲平と寺田寅彦

寺田寅彦,X線回折に成功【日】
掛谷宗一,連立積分方程式の研究【日】
三上義夫『中国と日本の数学の発展』【日】
デュアン『科学の体系』5巻(〜17)【仏】
藤原咲平『音波の異常伝播』【日】
高峰譲吉ら,国民科学研究所を提唱(理研の誕生)【日】

B

ブレーク,核荷電と電子番号の関係を提唱【蘭】
ラングミュア,空間電荷効果の理論【米】
デバイ,有極性分子の透電定数と双極子能率の理論提唱【蘭】

ゲーデの分子ポンプ

ゲーデ,分子ポンプを発明【独】
ブラック,X線分光器の作成【英】
寺田寅彦『ラウエ斑点の研究』【日】
ハーベルラント,細胞分裂のホルモン誘因説発表【独】
ノイベルヒ,アルコール発酵の機構に関するピルビン酸説【米】
ローブ,人工単為生殖に関する研究の大成【米】
ネーガー,実験生態学の提唱【独】
シュレーダー,子宮粘膜の周期的変化と排卵との関係【独】
野口英世,梅毒スピロヘータの存在証明【日】

C

クレペリン 躁鬱病の研究

クレペリン『躁鬱病とてんかん』【独】
ヤスパース『精神病理学原論』【独】
ユング『リビドーのシンボル』【瑞】
コフカ論文「ゲシュタルト心理学への寄与」

郷土研究 柳田国男 折口信夫

柳田国男編集『郷土研究』折口信夫,南方熊楠ら寄稿【日】

ヤスパース

D

フッサール『イデーン』【独】
ウォルター・リップマン『政治学序説』【米】
ローザ・ルクセンブルク『資本蓄積論』【独】
マイレーダー『性と文化』【墺】
エーリッヒ『法社会学の基礎理論』【墺】

高田保馬 社会学の確立

高田保馬『分業論』【日】
和辻哲郎『ニイチェ研究』【日】
大杉栄,荒畑寒村ら,サンジカリズム研究会結成【日】
平塚雷鳥『新しい女』【日】

ローザ・ルクセンブルク 資本蓄積論

E

マルティン・ブーバー『ダニエル:神の実現についての対話』【独】
シュタイナー「人智学協会」設立【独】
大西愛治郎,天理ほんみちを開教【日】
上智大学設立【日】
ル・コック,カシュガル〜トルファン間調査【独】
多田等観,ヒマラヤからチベットに入る【日】

ガラスと構成主義

A

未来派運動誌「ラチェルバ」創刊【伊】
スティーグリッツらの企画,アーモリー・ショー(立体派が展示)デュシャン[階段を降りる花嫁No2]出品,大反響【NY】
コスタンツィ劇場で未来派絵画展開催(ボッチョーニ,バッラ,カッラ,ソッフィチ,ルッソロ,セヴェリーニ出品)【R】
カッラ「音響・騒音・臭気絵画宣言」【伊】,セヴェリーニ画「青い踊り子」【R】
ボッチョーニ彫刻[空間の中の連続するユニークな形態]【伊】
アポリネール「未来派・反伝統宣言」【仏】
ザッキン,「前衛美術家展」に選抜される【L】
キリコ画[アリアドネ]【伊】
ソニア・ドローネ画[同時対照の色彩]【仏】
キルヒナー画[5人の街娼]【独】
N・C・ワイエス画[コヴナント号の遭難]【米】

アーモリー・ショーのデュシャン

B

森鴎外,黒田清輝,岩村透ら,国民美術協会【日】

鉄斎の蘭亭会

富岡鉄斎,岡崎図書館で蘭亭会【日】
藤田嗣治渡仏
萬鉄五郎画[日傘の裸婦],田中恭吉画[踊り子]【日】
富本憲吉,奈良安堵村で楽焼はじめる【日】

C

シュタイナー,ゲーテアヌム建てはじめる【独】
中央郵便局完成(コリント式円柱)【NY】
ウールワース・ビルディング完成(240m)【NY】
ミハエル・デ・クレルク設計[スパールンダムメル緑地の集合住宅]【蘭】
ブルーノ・タウト,フランツ・ホフマン設計[鉄のモニュメント]【独】
A・G・ペレ設計[シャンゼリゼー劇場]【仏】
スイス工作連盟,スウェーデン工作連盟,ハンガリー・アーツ・アンド・クラフツ工房設立
内田祥三設計[所沢飛行船格納庫](日本最初の鉄骨大架構建築)【日】
ロジャー・フライ,「オメガ工房」創設【英】
ダゴベルト・ペッヒェd[テキスタイル,アゲハチョウ]【W】
フレッド・テーラー,ロンドン・トランスポートのためのポスター[電車の降り方]【英】
スティーグリッツ個展【米】,ブラガーリア『未来派のフォトディナミズモ』【伊】
福原信三p[釣り]【日】

D

エジソン,トーキー映画公開【米】

セシル・B・デミル

セシル・B・デミル監[スコウマン],グリフィス監[ベッスリアの女王]【米】
レオンス・ペレ監[アルジェリア騎兵]【仏】
アウグスト・ブロム監[アトランチス]【丁】
ラスキー映画社(後のパラマウント)【米】

トーキー

E

ドビュッシー曲[12の前奏曲第2巻][マラルメの3つの歌]【仏】
バルトーク曲[二つの肖像][交響的ディプティカ]初演【洪】,フォーレ曲歌劇[ペネロペ]【仏】
ルイジ・ルッソロ曲[都市の目覚め],「音の芸術宣言」(騒音主義)【伊】
山田耕筰曲[曼陀羅の華]【日】
ディアギレフ提供,ニジンスキー振付,ストラヴィンスキー曲[春の祭典]上演【P】
マヤコフスキー[ひとつの悲劇]【露】
メイエルホリド『演劇論』【露】

ルッソロ 騒音音楽

抱月の芸術座

島村抱月,松井須磨子ら芸術座創立【日】

人格と娯楽

A

ロレンス『息子と恋人』【英】
ローマー『フー・マンチュー博士』【英】
マンスフィールド『ダウバー』【英】
プルースト『スワン家の彼方へ』(失われた時を求めて)【仏】
アポリネール『立体派の画家たち』詩集『アルコール』【仏】
レーモン・ルーセル[ロクス・ソルス]【仏】
リルケ『ドゥイノの悲歌』【独】

失われた時を求めて

シェーアバルト 小惑星物語

シェーアバルト『レサベンディオ』(小惑星物語)【独】
エルゼ・ラスカー・シュラー『ヘブライのバラッド』(表現主義)【独】
表現主義雑誌「ヴァイセ・ブレッター」創刊(シヴァーバハ,シッケル主宰)【独】

マリネッティ,戦場へ

マリネッティ,第2次バルカン戦争を取材【伊】
マヤコフスキー『ぼく』【露】

B

森鴎外『阿部一族』,小内山薫『大川端』,泉鏡花『夜叉ケ池』【日】
中勘助『銀の匙』【日】

赤光 斎藤茂吉第1歌集 万葉と近代と生命

斎藤茂吉『赤光』刊行【日】
石原修『女工と結核』【日】
千家元麿,佐藤惣之助ら,『エゴ』創刊【日】

鴎外

大菩薩峠 中里介山 連載スタート

中里介山『大菩薩峠』【日】

C

ハーパーズ・バザー

「ハーパーズ・バザー」誌,強引な引き抜きで勢力のばす【米】
マヌール印刷工程「卵白平板」考案される
インタータイプ(行鋳植機商品名)製造開始【米】
プロイセン国立図書館完成【B】
「ダイヤモンド」「生活(LAVIE)」創刊【日】
新聞経営者団体設立(のちの新聞協会)【日】
「受験世界」創刊,「朝日年鑑」刊行【日】
映画雑誌「フィルム・レコード」創刊【日】

岩波書店 岩波茂雄 古本屋から出版へ

岩波書店開業【日】

D

カリフォルニアで排日運動【米】

フェミニスト紙

「全面的フェミニスト」紙,「女性闘争」紙創刊【仏】
広告乱用規制のための「ボルティモア真実宣言」採択【米】
ホーエ・マイスナーで自由ドイツ青年団を結成(同性愛論議)【独】
俳優組合成立【米】
ココ・シャネル,婦人用スポーツウェアを売り出す【仏】
メアリー・ジャコブ,ブラジャー考案【米】

自由ドイツ青年団と同性愛

E

キャッスル姉妹,『サンシャイン・カール』でターキー・トロットを踊る(ニッカー・ボッカー劇場)【米】
ルドルフ・ヴァレンチノ,移民船でニューヨークへ【伊】
レーノルズ社,キャメル発売【米】
ドイツ・スタジアム開設【B】
将棋の坂田三吉,関根金次郎に勝つ【日】
中山太陽堂,飛行機で宣伝ビラ撒布【日】

森永ミルクキャラメル

森永ミルクキャラメル発売【日】
宝塚少女歌劇養成所設立【日】
歌謡曲[籠の鳥]流行【日】
第1回東洋オリンピック開催【比】

我々は、市電、エンジン、車体、大騒ぎする群衆の雑音の理想的組合せの方が、『エロイカ』や『田園』を聴き直すよりも好きだ。
ルイジ・ルッソロ『雑音の芸術』

アームストロングのフィードバック回路が情報の電子化への道を準備する。

第一次世界大戦勃発の日は、フェミニズム蜂起の日でもある。

1914 大正3

第一次世界大戦

1 10 国会の職務停止,袁世凱独裁体制へ【中】

ジーメンス事件

23 ジーメンス事件(独,ジーメンス社と日本海軍の贈収賄)【日】

2 15 女性参政権運動暴動化【英】

独仏秘密協定

15 独仏秘密協定成立

3 アイルランドのアルスター暴動【愛】

4 21 米軍がヴェラクルス占領,メキシコとの紛争激化,両国の国交断絶

5 25 福田狂二ら,日本労働党結成【日】

26 アイルランド自治法可決【英】

6 08 社会党,労働総同盟指導のゼネスト,ムッソリーニ蜂起あおる【伊】

サラエボ事件

28 サラエボ事件,オーストリア皇太子がセルビアの過激派民族主義者テロ団「黒い手」に暗殺される

28 婦人参政権論者デモ行進【米】

30 南ア政府,人種差別に抵抗するガンジーにアジア人移民法の適正運用約束

7 03 シムラ協定,イギリス,チベットが調印,中国拒否

08 孫文,東京で中華革命党結成【中】

15 内戦勃発【墨】

メキシコ大統領ウェルタ亡命,内戦激化【墨】

28 第1次世界大戦勃発,オーストリアがセルビアに宣戦

第一次世界大戦勃発

ジョレス暗殺

31 社会党ジョスレ暗殺【仏】

8 01 ドイツがロシアに宣戦,トルコとドイツの同盟成立,イタリアが中立宣言,独仏開戦,ドイツ軍のベルギー侵入,独英開戦

04 アメリカ,中国が中立宣言

06 ロシアとオーストリア開戦,仏英がオーストリアに宣戦(~12月)

08 レーニン,オーストリア当局に逮捕される,のち釈放スイスへ【露】

15 パナマ運河開通

23 日本,ドイツに宣戦

26 タンネンベルクの戦い

パリ空襲 ドイツ軍世界初

30 ドイツ空軍,パリ空襲(世界初の空襲)

9 05 マルヌの会談

06 ベルンにてボルシェヴィキ会議,レーニンの戦争に関するテーゼを決議(~8)

09 片山潜,日本を脱出,アメリカで社会主義運動に加わる【日】

日本軍,山東に上陸し膠州湾を占領【日】

フィンランドでボルシェヴィキ秘密会議,政府と戦争に対する非難決議

台湾高砂族蜂起

東京大正博

10 09 高砂族蜂起【台湾】

29 トルコ・ドイツ艦隊,黒海沿岸のロシア領を攻撃,ロシアがトルコに宣戦

11 05 イギリス,トルコに宣戦,キュプロス併合

13 パナマ運河中立性に関する大統領宣言【米】

ボルシェヴィキ指導者シベリア流刑【露】

12 08 フォークランド諸島沖海戦

18 ノルウェー,スウェーデン,デンマーク中立宣言

19 エジプトを正式に保護領とする【英】

大隈重信内閣

山本内閣倒れ,大隈重信内閣組閣【日】

◉ ガンジー,第1回目の断食をおこなう【印】

◉ 南アフリカ国民党成立

通信と交通の拡大

A バディッシュ社,接触酸化法でアンモニアから硝酸,硝安を製造【独】

エッシャー・ヴァイス社,大型ペルトン水車を製作【瑞】

チロキシン ケンドル甲状腺に検出

ケンドル,甲状腺からチロキシンを抽出【米】

ヴェルナー,炭素を含まない光学活性の金属錯塩をつくり発表【瑞】

フィッシャー,バウン,光学的活性体の相互変化に関する研究【独】

アナコンダ鉱山,亜鉛の電解製錬を開始【米】

カイザー・ウィルヘルム石炭研究所設置,石油合成の研究【独】

竹内工業(唐津鉄工所の前身),国産初のランジス式万能研磨盤製作【日】

三井鉱山三池工場で合成染料アリザリン【日】

日本陶器,衛生陶器工業化に成功【日】

オフセット印刷はじまる(尚山印刷所)【日】

B ラングミュア,高真空真空管製作に成功【米】

アームストロングのフィードバック回路

アームストロング,フィードバック回路を発明(12~)【米】

C ニューヨーク~ワシントン間に電話線の地下ケーブル設置【米】

商業用無線電話

マルコーニ,50マイルはなれた無線電話通信をおこなう【伊】

世界初の商業用無線電話開通(ニューヨーク~フィラデルフィア)【米】

TYK式無線電話使用開始【日】

定時通話制度・夜間至急通話制度設置【日】

飛行家ボトス,サンディエゴ湾で1万2120フィート上昇高度記録,のち墜落【米】

ゴダード,液体燃料ロケットの特許権取得【米】

クリーブランド,世界最初の赤青交通信号灯を設置【米】

グランド・トランク鉄道開通【加】

ブラウン,船舶用,飛行機用のジャイロ・コンパス製作【英】

戦争に毒ガス,ツェッペリン飛行船を使用【独】

世界大戦最初から空中戦はじまる

Uボート イギリス巡洋艦3隻を撃沈

Uボート,イギリス巡洋艦3隻を撃沈【独】

D

8時間労働 フォード争議組合と決着

フォード争議(1日8時間労働を導入)【米】

クレイトン反トラスト法成立【米】

失業者2000人デモ【米】

バクー油田の労働者スト,各地でゼネスト,軍隊と市街戦【露】

中国に四川省の石油採掘権を要求【英】

ニューヨーク、ロンドン、東京、大阪の株式混乱

イギリスがイランからの石油パイプライン保持のためバスラを占領【英】

第1次大戦勃発後,金融危機感強まり,ニューヨーク株式市場,ロンドン証券取引所閉鎖

大戦で鋼材輸入ストップ,鋼材価格高騰

中国資本主義の飛躍的発展【中】

海上火災保険,運送,火災,自動車の保険免許うける【日】

東京,大阪株式市場,生糸市場大暴落【日】

E

ワトソン1世 CTR社長

ワトソン1世,CTR社長就任【米】

第百生命保険,高砂生命保険(三井生命),日魯漁業,東洋紡績設立【日】

渋沢栄一ら,国産奨励会結成計画【日】

1914

宇宙・社会・原子

A

シャプレー,ケフェウス型変光星の脈動説【米】
アダムズ,コールシュッター,高速度星運動の非対称分布発見【米】
シュヴァイダー,重力計による地殻潮汐の研究【独】
ナルグスキー,初の飛行機による北極圏の浮氷調査【露】
ヴォルフ『火山学』【独】,デーリー『変成岩とその成因』【米】,佐藤伝蔵『大鉱物学』(〜18),日下部四郎太,岩石の力学的研究【日】
フランク,G・ヘルツ,加速電子を原子に衝突させて臨界電圧を測定【独】

ベータ崩壊 チャドウィック放出電子

チャドウィック,ベータ崩壊による放出電子が連続スペクトルをもつことを発見【英】
ラザフォード,陽極線が水素の原子核からできていることを発見【英】
ラザフォード,電子,アルファ線による原子核の人工変換を予想【英】
ラムザウアー効果発見【独】
ショトキー,ショトキー効果(鏡像力効果)理論の発表【独】
デュフール,オシログラフを製作【仏】
西川正治,X線による物質構造の研究【日】
オストヴァルト,コロイド体系の確立【独】
アレグザンダー,ベッチ群の不変性【米】
カルタン,実単純リー群の決定【仏】
ブートルー,動く分岐点をもたない2階微分方程式の解の研究【仏】

B

ヴァヴィロフ,生理的試験法を応用した遺伝の研究【露】

シュペーマン発生学

シュペーマン,イモリ卵の発生研究をして,前成説を批判【独】
ファラー,植物群落の遷移と水分との関係に関する研究【英】
バウアー,シダ類の系統的研究を大成【英】
マッツェッティ,雲南,ビルマの植物探検【墺】
清野謙次,生体染色法の考案【日】
見波定次『遺伝進化学』【日】
スフチン,クエン酸ソーダの凝固防止剤を利用,間接輸血法はじめる【白】
医学史研究所設立【W】

C

行動主義

ユング,国際精神分析学会を脱退【瑞】

J・B・ワトソン

J・B・ワトソン『行動』(刺激反応による行動主義心理学)【米】
南方熊楠『十二支考』【日】

D

熊楠と湖南

シュンペーター『経済学史』【墺→米】
ヴィーザー『社会経済の理論』【墺】
ルカーチ,マンハイムら,革命的文化主義者結成【洪独】

赤色週間

戦闘的サンジカリストによる「赤色週間」【伊】
ウォーラス『巨大社会』(政治非合理性)【英】
丘浅次郎『人類の過去現在及び未来』【日】
内藤湖南『支那論』【日】
阿部次郎『三太郎の日記』【日】
F・M・コンフォード『アテネ喜劇の起源』【英】

E

三宅雪嶺『東洋教政対西洋教政』(〜19)【日】
高楠順次郎,木村泰賢『印度哲学宗教史』【日】

田中智学 国柱会から一人一殺へ

田中智学,国柱会設立【日】
西本願寺疑獄事件で内局交替【日】
仏教大学(龍谷大学)編『仏教大典』【日】

ガラスと構成主義

A

キリコ

第1次世界大戦でブラック,ドラン,レジェ,キルヒナー,マルクら若い作家召集される
ボッチョーニ「未来派絵画彫刻宣言」,画[造形的複合体,馬+街並み]【伊】
マリネッティ「幾何学的機械的光輝」【伊】
バッラ「反中立的衣服宣言」,画[自動車+光+雑音の速度],ルッソロ画[家+光+空]【伊】
キリコ画[街の神秘と不安]【伊】
ココシュカ画[嵐の花嫁]【W】
モンドリアン,オランダに帰国「新造形主義」の最初の作品制作【蘭】
「反抗芸術センター」結成【英】
「ブラスト」創刊,ヴォーティシズム運動の推進【英】
ユッソン「モンパルナス」創刊【仏】

B

二科会 有島生馬 石井柏亭

二科会独立,第1回展開催【日】

月映と恩地孝四郎

恩地孝四郎,田中恭吉,藤森静雄ら雑誌「月映」発行,恩地孝四郎版画[ただよえるもの]【日】
戸張孤雁画[足芸]【日】

下村観山 横山大観と日本美術院再興

富岡鉄斎画[阿倍仲麻呂明州望月・円通大師呉門隠棲図屛風],下村観山画[白狐図屛風]【日】
坂本繁二郎画[海岸の牛]【日】
豊道春海書[行書千字文]【日】

C

ドイツ工作連盟展

サンテリア「未来派建築宣言」,設計[発電所プラン]【伊】

ガラス建築

パウル・シェーアバルト『ガラス建築』大反響,タウト設計[ガラスの家]【独】
ケルンで「ドイツ工作連盟展」開催【独】
グロピウス設計[モデル工場]【独】
ル・コルビュジェ,「ドミノ構法」発表【瑞】

辰野金吾 東京駅完成

辰野金吾設計,[東京駅]完成(1908〜)【日】
グロピウスd[中央ヨーロッパ寝台車のための寝台車]【独】
オットー・ブルッチャーd[アームチェア]【W】
アルフレッド・レットd[国家はあなたを必要としている]のポスター【英】
杉浦非水d[三越のポスター]【日】
藤森静雄d[「月映」のポスター]【日】
ブラガーリア兄弟(多重焼付け)p[ジーノ・ゴーリの未来派的レポート]【伊】

D

チャップリン監督主演

チャップリン第1回監・主演[チャップリンの総理大臣]【米】
パウル・ヴェゲナー監[ゴーレム]【独】
ボルガー・マッソン監[阿片の夢](先行して移動撮影)【丁】
パストローネ監[ガビリア]【伊】
ニーノ・オキシリア監[カルタゴの滅亡](イタリアン・ネオリアリズム)【伊】
天然色活動写真株式会社創立【日】

E

ルッソロ曲[都市の目ざめII][自動車と飛行機の集合]初のイントナルモーリ演奏会【伊】
ラヴェル曲[ピアノ三重奏]【仏】

イーダ・ルビンシュタイン

R・シュトラウス曲[ヨーゼフ伝説](イーダ・ルビンシュタイン踊)【独】
ハウアー,12音による作曲【墺】
アルフレード・カセルラ曲[5月の夜]【伊】
山田耕作,ベルリンから帰国,東京フィルハーモニー会管弦楽部創立【日】

人格と娯楽

A

スタイン『テンダー・バトンズ』【英】

サキとコンラッド

サキ『獣と超獣』,コンラッド『偶然』【英】
アーネスト・ブラマ『マックス・カラドス』【英】
H・G・ウェルズ『解放された世界』【英】
オールディントン,ルイス,パウンド,ハミルトンら,「渦巻き宣言」【英】
ジェームス・ジョイス『若い芸術家の肖像』『ダブリンの人々』【愛】
「自由婦人」,「エゴイスト」と改称して文芸誌となる【英】

ジッド

ジッド『法王朝の抜け穴』,アナトール・フランス『天使の反逆』【仏】
ゲオルゲ誌『同盟の星』【独】
カイザー『カレーの市民』【独】
カレン・ブリクセン,アフリカに(〜31)【丁】
パウンド編『イマジスト』【米】
「ニュー・リパブリック」,文芸誌「リトル・レビュー」創刊【米】
E・R・バローズ『地底世界ペルシダー』(ペルシダー・シリーズ第1作)【米】
ゴーリキー『幼年時代』【露】
パステルナーク『雲の中の双生児』【露】
「牝馬の乳」創刊(ロシア未来派誌)【露】
ムハンマッド・フサイン・ハイカル『ザイナブ』【埃】

B

久米正雄,芥川龍之介ら第3次『新思潮』創刊,西条八十ら「未来」創刊【日】
夏目漱石『こころ』連載開始【日】

高村光太郎 生の芸術と自己充実

高村光太郎詩集『道程』【日】
金田一京助『北夷古謡遺篇』【日】雪花山人『猿飛佐助』【日】

C

ジョージ・アレン&アンウィン社(人文科学出版)【英】,クルト・ヴォルフ出版社設立【独】
ニューヨーク・タイムズ社「ミッド・ウィーク・ピクトリアル」(写真画報)創刊【米】
「ヴァニティ・フェア」誌創刊【米】
第1回国際書籍産業およびグラフィック展(ブグラ)開催【ライプチヒ】
仏蔵相夫人,「フィガロ」編集長を射殺【仏】
中国で最初の娯楽週刊誌「礼拝六」創刊【中】
国際通信社開業,ロイターと業務提携【日】
東京シネマ,定期的なニュース映画「東京シネマ画報」発表【日】
「東京日日新聞」初の戦場カメラマン派遣【日】
「アカギ叢書」,「新潮文庫」刊行開始【日】

平凡社 下中弥三郎や,これは便利だ

平凡社創業,光村印刷所設立【日】
「少年倶楽部」(15銭)創刊【日】
洋紙が和紙の生産高を上回る【日】

D

フェミニズム動く

「ル・ジュルナル」紙,女性選挙権大キャンペーン,「南西部フェミニスト」連盟創設【仏】フェミニスト,平和運動に参加しはじめる【欧】
広告代理店,W・S・クロフォード設立【米】
大連にヤマトホテル,大連文化ひろがる【満】
東京大正博覧会(最初の飛行機展示,分離派建築,真空掃除機)【日】

E

セントルイス・ブルース カチューシャの唄

W・C・ハンディ曲[セントルイス・ブルース]【米】
島村抱月脚色[復活](帝劇),松井須磨子[カチューシャの唄]【日】
宝塚少女歌劇団,初のレビュー[ドンブラコ]上演【日】
日本楽器の蝶印ハーモニカ製造開始,長瀬商会「花王粉石鹸」発売【日】

オートマトンは人間の単なる身振りではなく、思考活動を模倣し、時々人間の代わりをするものである。
トレス・イ・ケヴェド

一九〇四年のオフセット印刷から十年、ここにグラビア印刷術を追加して、情報文化は視覚複製時代の準備をおえる。

1915
大正4

第一次世界大戦

二十一ヵ条要求

1 18 中国に21ヵ条要求【日】
19 ツェッペリン飛行船,ロンドン空襲【独】
30 南洋協会設立(内田嘉吉,郷誠之助ら)【日】
ムッソリーニの革命行動同盟結成【伊】

2 04 ドイツの潜水艦(Uボート)戦開始
14 ロンドン会議,英・仏・露・白の社会主義者による国際会議
19 連合軍(英・仏),ダーダネルス海峡攻撃
馮国璋,段芝貴,張作霖ら,21ヵ条要求に反対表明【中】
上海で,国民対日同志会結成【中】

イギリス婦人部隊

3 01 イギリス軍に婦人部隊登場【英】
国民議会組織法公布【中】
閣議,満州,華北の兵力増強を決定【日】
18 英仏露,コンスタンティノープル秘密協定
19 インド防衛法成立(インドの反英・独立運動を抑圧)【英】
20 ミャソエードフ大佐,スパイ罪で処刑【露】
22 パリ夜襲【独】
26 婦人社会主義者国際会議(ベルン)国際的団結と戦争中止を決議(～28)
イギリスがドイツに食糧封鎖を宣言

4 連合軍,ガリポリに上陸【土】

毒ガス使用 ドイツ軍ロシアに使用

22 ドイツ軍が毒ガスを使用
26 ロンドン秘密協定
30 ドイツ王室ホーエンツォレルン家,500年祭を祝う

5 06 イギリス客船ルシタニア号,ドイツ潜水艦に撃沈(米,反独感情たかめる)
10 友愛会,アメリカ排日運動緩和のため,AFLに鈴木会長を派遣決定【日】

イタリア参戦 三国同盟破棄

23 イタリア参戦(三国同盟破棄)
25 アスキス連立内閣成立(～16)【英】

6 03 パリで第1回連合国戦争経済会議
08 アメリカ国務長官にランシング就任
露・蒙・中とキャフタ条約

サンフランシスコ博 パナマ太平洋博

7 ハイチに動乱,米が海軍出兵,保護国にする
南ア連邦,ドイツ領南西アフリカ占領

8 袁世凱の帝政計画進行【中】

9 05 ツィンメルヴァルト社会主義者国際会議,大戦を帝国主義戦争と規定
反戦主義者第1回国際会議開催【瑞】

ブルガリア参戦

10 14 ブルガリア参戦,セルビアを攻撃
15 イギリス,ブルガリアに宣戦布告
24 駐エジプト弁務官マクマホン,アラブ独立に関してメッカのフサインに書簡【英】

ガンジー帰国

11 06 中国とロシアがフルンブイル条約締結
10 京都御所で天皇即位礼【日】
22 ガンジー,南アフリカからインドに帰国
30 日・仏・英・伊・露の5カ国が単独不講和宣言に調印

12 04 ジョージア州でKKK団復活【米】
15 上海で袁世凱の帝政反対暴動おきる

第三革命失敗(中)

25 蔡鍔ら,帝政反対第3革命(失敗)【中】
インドのラホールで暴動計画

電波と自動車

オフセットグラビア

A デュポン社,染料の生産開始【米】
ゲーデ,水銀拡散ポンプの発明【独】
ラングミュア,拡散・凝縮ポンプの発明【米】
リード・プレンティス社,自動旋盤を製作【米】
トムソン,トムソン式自動機関銃を考案【米】
マッカラム,デーヴィス,ビタミンを脂溶性因子Aと水溶性Bに類別【米】
グラス,平凹版法の特許,オフセット・グラビアと命名【英】

パイレックス・ガラス

コーニング・ガラス社,パイレックス・ガラス(耐熱性・耐衝撃性)開発【米】
ツァイス社,自動航空写真機開発【独】
クロード,ネオンサインに関する最初の特許【仏】
三共,サルバルサンの試薬に成功,有機合成化学工業のはじまり【日】
山極勝三郎,皮膚がんの人工発生成功【日】
武田長兵衛商店,カルモチンの合成成功【日】
浜田初二郎,国産輪転オフセット印刷機【日】

邦文タイプライター 杉本京太考案

杉本京太,邦文タイプライター発明【日】
稲田龍吉,井戸泰,ワイル氏病原体レプトスピラを発見【日】

真空管ラジオ

B **ショトキー** 4極真空管

ショトキー,4極管の発明【独】,ラウンド,4極真空管の発明【英】,ラングミュア,真空管の発振用3極管「プライオトロン」【米】
アームストロング,真空管利用のラジオを発明【米】
「吸込式掃除機」特許取得【米】

C ベルの指導下に大陸横断電話開通【米】
ユンカース,最初の全金属製飛行機を製作【独】
USITA(アメリカ独立電話協会)設立【米】
ジョン,カーソン,単側波帯変調(SSB)を発明(有線および無線送信の帯域節約)【米】

500球送信機

大西洋横断無線電話の実験成功(アーリントン500球送信機)
海底電線敷設(長崎～上海間)【日】
和文電報はじまる(長崎～上海)【日】
国際無線電信のはじまり(落石～ペトロパヴロフスク間)【日】
地下鉄開通(東京駅～東京鉄道郵便局)【日】
猪苗代水力発電所竣工,世界第3位の長距離送電【日】

日貨排斥運動

D 金輸出禁止【仏】【瑞】
ニッケルの輸出禁止【仏】
キューバの砂糖産業,アメリカを筆頭に外国企業に支配される
生糸買い上げのために帝国蚕糸設立【日】
中国各地で日貨排斥運動おこる

日本に大戦景気

東京株式市場暴騰,大戦景気到来【日】
日本,貿易1億7585万円の黒字
中央畜産会設立【日】

E ヘンリー・フォード,利益配分1日5ドル【米】
ウイリス・H・キャリアー(冷暖房装置),キャリアー・エンジニアリング,ゼネラル・タイヤ&ラバー設立【米】
東亜ペイント,帝国蚕糸,清水組設立【日】

シュタイナー、グルジェフ、ウスペンスキー。情報の奥行に神秘を発見した者たち。

1915

宇宙・社会・原子

一般相対性理論

A
ローウェル,惑星X(冥王星)を予言【米】
エディントン,恒星内部輻射平衡論【英】
エクスナー,気圧配置についてのエクスナーの模型【墺】
ボーエン,火成岩成因の晶出分化論【米】
ハンティントン『文明と気候』【米】
新城新蔵,太陽系の進化論【日】
アインシュタイン一般相対性理論発表【独】
アインシュタイン,ド・ハース,角運動量磁気効果を実験【独】【蘭】
ボーア・ゾンマーフェルトの原子模型【独】
デバイ,エーレンフェスト,気体分子によるX線回折の理論展開【蘭】
木下季吉,α線の写真作用に関する研究【日】
高木貞治,類体論の研究【日】

B
ヴィンダウス,強心性配糖体ゲニンの化学的研究開始【独】
ヴァイル,一様分割,周期運動と概周期運動(ヴァイルの玉突台)【独】
E・H・ムーア,一般積分での極限(ムーア・スミス極限のはじめ)【米】
モルガンら,ショウジョウバエの遺伝研究から「メンデルの遺伝のしくみ」発表【米】
ファーブル『昆虫記』完結【仏】
トウォート『溶菌現象の発見』(バクテリオ・ファージ)【英】

キャノンのホメオスタシス研究
ウォルター・キャノン,生体のホメオスタシス機能研究【米】
ケンドール,甲状腺ホルモン発見【米】

北里研究所
北里柴三郎,私立北里研究所を興す(志賀潔も参加)【日】

ヤコブソン

C
フロイト『精神分析学』【墺】
ワトソン,米心理学会の会長に【米】
ヤコブソンら「モスクワ言語学サークル」結成
モーレイ『マヤ象形文字研究序説』【米】,矢袋喜一「琉球古来の数学と結縄及気標文字」【日】

D
リヒャルト・ヴァーレ『知の悲喜劇』【墺】
クラッペ『近代国家の理念』【蘭】,ベッヒャー『世界体系,世界法則,世界発展』,フリードリヒ・ナウマン『中央ヨーロッパ』【独】
マイノング『可能性と蓋然性』【墺】

オポヤズ ロシア・フォルマリズム
シクロフスキー,エイヘンバウムら,「オポヤズ」結成【露】
ウェブレン『ドイツ帝国と産業革命』【米】
紀平正美『認識論』【日】
堺利彦「新社会」を創刊【日】
大杉栄「社会主義的個人主義」【日】
岩波哲学叢書刊行はじまる【日】

ウスペンスキー グルジェフ

E
ウスペンスキー,グルジェフと会う(モスクワ)【露】
真田増丸,大日本仏教救世軍を設立【日】

河口慧海 チベットから帰国
河口慧海がチベット探検から帰国【日】
木村泰賢『印度六派哲学』【日】
賀川豊彦『貧民心理の研究』【日】
仏教連合会結成【日】
サイクス兄妹,パミール,タリム盆地探検

ガラスと構成主義

マレーヴィッチ

A
未来派分裂
マリネッティ,ルッソロ,ボッチョーニら志願し従軍,カッラ,未来派から離れる【伊】
カッラ個展,デッサン[敵の動きを偵察するフランス人将校]【伊】
デペロ画[モーター式音効器の平面図],バッラ,デペロ「宇宙の未来主義再構成宣言」【伊】
マヤコフスキー,マレーヴィッチ「シュプレマティスム宣言」【露】
ヒュルゼンベック,バル「表現主義の夕べ」開催【独】
キリコ画[イタリアの広場]【伊】

アルプ 青騎士,シュトゥルムダダに参加
ジャン・アルプ,タンネル画廊で展覧会【独】
トリスタン・ツァラ,デュシャン渡米,反絵画の運動はじめる
エゴン・シーレ画[死と乙女]【墺】
ウィリアム・ロバート画[レストラン「エッフェル塔」の渦巻宣言主義者たち]【英】
ムンク,オスロ大学の壁画を契約【諾】
マン・レイ,前ダダ雑誌「ザ・リッチフィールド・カズーク」編集【米】
A・ヴェルフリン『芸術史の基礎概念』【独】

B
文学的・美術的著作物保護修正条約(ベルヌ条約)追加議定書批准【日】
木村荘八『未来派及び立体派の芸術』,岸田劉生,木村荘八ら,草土社結成【日】

安井曾太郎 裸婦公開禁止
安井曾太郎の裸婦公開禁止【日】
下村観山画[弱法師図屏風],土田麦僊画[大原女],小林古径筆[阿弥陀堂],岸田劉生画[切通しの写生],村山槐多画[カンナと少女]【日】

小林古径 土田麦僊

C
ヘンドリク・ベルラーヘ計画案[アムステルダム南部の住宅地建設]【蘭】

T・ガルニエ 鉄筋コンクリート都市計画
トニー・ガルニエ設計[グランジュ・ブランシュ病院](12のパビリオン～30)【仏】
ベルンハルト・ヘトガー設計[自邸ブルンネンホーフ]【独】
野田俊彦『建築非芸術論』【日】
産業デザイン協会(DIA)設立【英】
ストランドP[ニューヨークの盲目の行商人]【米】
スティーグリッツ派「291」創刊【米】

グリフィス

D
グリフィス監[国民の創生](ショット数1500,映写時間3時間,12巻の大作)【米】
ホルガー・マッスン監[俗人説教師の生涯]【丁】
フランク・ボウェル監[ある愚者ありき](主演セダ・バラ,最初のヴァンプ女優)【米】
デミル監[チート](主演早川雪洲)【米】
ルイ・フイヤード監[ドラルー](連続映画)【仏】

E
アルプス交響曲
R・シュトラウス曲[アルプス交響曲]【独】
ドビュッシー曲[チェロとピアノのためのソナタ],[練習曲集],[白と黒で],[もう家のない子たちのクリスマス]【仏】
プロコフィエフ曲バレエ[道化師](～20)【露】
デ・ファリャ曲[恋は魔術師]初演【西】
バルトーク曲[15のハンガリー農民歌],コダーイ曲[無伴奏チェロソナタ]【洪】
帝劇で[桜の園]初演【日】

人格と娯楽

カフカ変身

A
人間の絆 サマセット・モーム
V・ウルフ『船出』,モーム『人間の絆』【英】
ジョン・クーパー・ポウイス『木と石』【英】
D・H・ロレンス『虹』(すぐに発禁)【英】
コンラッド『勝利』,ジャック・ロンドン『星を駆ける者』『赤死病』,バカン『39階段』【英】
カフカ『変身』【チェコ】

ゴーレム マイリンク幻想小説
シュトラム『めざめ』【独】
マイリンク『ゴーレム』【墺】
マリネッティ『世界の唯一の衛生としての戦争』【伊】
ストーク『マンハッタン島図鑑』(～28)【米】
ルカーチ『小説の理論』【洪】
ホフマンスタール企画「オーストリア文庫」発行【墺】

ズボンをはいた雲
マヤコフスキー『ズボンをはいた雲』【露】
エセーニン『招魂祭』【露】,『射手座』刊【露】
ゴーリキー,総合雑誌「レートピシ」創刊【露】
陳独秀「新青年」創刊【中】

龍之介

B
高村光太郎『印象主義思想と芸術』,北原白秋『雲母集』【日】
生田長江,小川未明ら,「問題文芸論」【日】

悪魔主義 岩野泡鳴活躍
岩野泡鳴『悪魔主義の思想と文芸』【日】
上田萬年,松井簡治編『大日本国語辞典』【日】
森鷗外『山椒大夫』,芥川龍之介『羅生門』【日】
徳田秋声『あらくれ』【日】

C
ハーバード大学に世界最大の図書館【米】
ヨーゼフ・ヴァイス私家印刷所設立【独】
ゴシック体,アンティック体活字できる【日】

クノッフ社 のちに谷崎・三島の出版
アルフレッド・クノッフ,クノッフ社設立【米】

毎日・朝日の夕刊
「大阪毎日新聞」と「大阪朝日新聞」夕刊を同時発行【日】

D
アリゾナ州で禁酒法発効【米】
各派フェミニスト「神聖同盟」を提唱【仏】
パナマ・パシフィック万国博開催(未来派グループが展示)【SF】
チャールズ・フォカード漫画[テディー・テールの冒険]連載【英】
フォルクスビューネ開場(2000人収容)【独】
発疹チフスの流行15万人死亡【セルビア】
こうもり傘,ショール,パーマネント・ウェーブ,カフェの女給の白エプロン出現【日】
「婦人の友」の羽仁もと子,割烹着を考案【日】
ジェローム・カーン,ミュージカル[いいよ,エディ!!]で最初の成功【英】

花椿と亀の子たわし

E
帝劇洋劇部[ボッカチオ]上演,男装の麗人原信子,「恋はやさし」「ベアトリ姉ちゃん」歌う

ゴンドラの歌
芸術座,ツルゲーネフ作[その前夜]上演,劇中歌「ゴンドラの歌」流行

岡本一平 東京漫画会 北沢楽天・代田収一
岡本一平,北沢楽天,代田収一ら東京漫画会を結成【日】
資生堂「花椿」商標採用【日】
ベルリン・オリンピック中止
大阪朝日新聞主催第1回全国中等野球大会【日】

人間は複数の存在である。何千何百もの〈私〉がみんなの中にいるのだ。
グルジェフ

国家と企業の連帯は、この年にドイツが試みたヒンデンブルク計画にはじまっている。

ツァラのダダ、ピックのポスター、シカゴのギャング、情報文化の先端は街と店が担っていた。

1916
大正5

第一次世界大戦

スパルタクス団 リープクネヒト ルクセンブルク

1 貴州の劉顕世,「反袁独立」を宣言【中】
袁世凱,帝位に就き「中華帝国洪憲元年」と改元宣言,各地で討袁軍蜂起(第三革命)【中】
10 パンチョ・ビリャ革命軍,米鉱山技師らを射殺【墨】
カール・リープクネヒト,ローザ・ルクセンブルクら,スパルタクス団を結成【独】
2 03 親独保守派のシチュルメル,首相就任【露】
21 独軍のヴェルダン総攻撃開始(~7月)

4 護国軍政府,袁世凱総統の失格を布告【中】
段祺瑞内閣成立【中】

シン・フェイン党

23 シン・フェイン党反乱【愛】
24 キーンタール会議(第2回ツィンメルヴェルト会議)帝国主義戦争反対・革命による労働者政権獲得を決議

サイクス=ピコ協定

26 英・仏・露,アジア・トルコ分割秘密協定に調印(サイクス=ピコ協定)
5 01 ベルリンで大規模な休戦デモ,スパルタクス団の指導者逮捕【独】
陝西・湖南独立【中】
06 独立運動家タリー,ブランケット,パースがダブリンで処刑【愛】
6 07 黎元洪,大総統就任【中】
ソンムの会議(連合軍総反撃)
メッカのフサイン,子ファイサルの蜂起(T・E・ロレンス支持)

アラブの嵐 フサインとファイサル アラビアのロレンス

7 日露秘密条約締結
8 01 ドイツ軍,ロンドン大空襲
04 デンマークがデンマーク領西インド諸島を2500万ドルでアメリカに売却
27 ルーマニア参戦(連合国側)
29 ジョーンズ法を制定,フィリピン独立の第一歩【米比】
30 サロニカで反乱【希】
9 15 ソンム戦線で,イギリスが新兵器タンク(戦車)を使用
15 ドイツ軍,はじめて戦車(新兵器)を使用【独】
20 スパルタクス団が機関紙を地下出版【独】

10 09 寺内内閣成立【日】
09 ベロジネス前首相,クレタ島のサロニカに臨時政府樹立【希】

憲政会結成

10 憲政会結成(政友会と二大政党時代)【日】
21 カール・シュツルク首相暗殺【墺】
29 フサイン,ヒジャーズ王を宣言,英・仏・露承認(ロレンス活躍)
11 05 独・墺がポーランド世襲王国建設を宣言
07 ウィルソン,大統領に再選【米】
29 ドミニカの軍事占領を宣言【米】
フサイン,「アラブ諸国の王」宣言
ポーランド王国建設をドイツ・オーストラリアが宣言

ロイド・ジョージ内閣

12 04 ロイド・ジョージ挙国一致内閣成立【英】
12 ドイツ・オーストリアが連合国側に講和を提案,30連合国側拒否(このニュースで株式市場大暴落)
26 インド国民会議派とイスラム教徒が民族統一戦線を結成,反英独立
29 ラスプーチン暗殺【露】

電波と自動車

A

ナフタレン合成

ヴォール,ナフタレンの気相酸化による無水フタル酸の合成法【独】
バディッシュ社,ロイナに大アンモニア合成法工場を建設【独】
アブデルハルデン,ポリペプチド合成【独】

豊田自動織機 豊田佐吉

豊田佐吉,自動織機を完成【日】
このころ足踏脱穀機普及する【日】
ノースロップ,高周波誘導炉【米】
鉄筋コンクリート規格を制定【独】

B ワーレン,電気時計【米】
日立製作所,電気扇風機製造開始【日】

C マルコーニ,秘密通信の研究はじめる【伊】

フォレストの放送局

リー・デ・フォレスト,ラジオ放送局設立,最初のラジオ・ニュースを放送する【米】

アーク無線式 高周波発電型

パウルセン,アーク無線式・高周波発電式(マルコーニの火花式減衰波にとって代わる)【丁】
国際無線電信業務開始(船橋~ハワイ)【日】
ユンカース,片持式圧翼構造飛行機【独】
バンビューレン姉妹,女性初のオートバイによるアメリカ大陸横断

自動車100万台(米)

アメリカで自動車生産台数100万台突破
マルセル・フェルディナン・ブロック,最初の可変ピッチのプロペラ発明【仏】
ロッキード飛行艇FF型製作される【米】
マルセイユ・ローヌ運河開通

バルカン特急

ドイツ鉄道バルカン特急運行開始(ベルリン~イスタンブール)【独】
国産電気機関車第1号,大阪高野鉄道に誕生【日】
伊藤音次郎,千葉稲毛海岸に飛行場開設【日】
アート・スミス,青山で宙返りなどの冒険飛行公開【日】

D 中国と借款200万元成立【日】
英国債1億円引受け契約成約【日】
各州で禁酒法発効,以降広まる【米】
オハイオ州で鉄鋼労働者のスト暴動化【米】
友愛会婦人部設置(初の労働組合婦人部)【日】
アメリカ,児童労働法成立【米】
工場法施行(12歳未満の就業禁止)【日】

サンガー産児制限診療所 世界初 NY

ブルックリンに世界初のサンガー産児制限診療所開設【米】
横須賀海軍工廠に大ドック完成【日】

E レールズ・メタルズ社,カリフォルニア・パッキング社,オレンジ・クラッシュ社,ウェスタン・パシフィック鉄道設立【米】

人絹時代 日本人絹設立

キュプラ法人絹工場(日本人絹)設立【日】
米沢のビスコース人絹工場操業【日】
阿波製紙設立,機械和紙製造開始【日】
簡易生命保険法公布【日】
台湾銀行,信託預金開始【日】
朝鮮中央鉄道株式会社設立【鮮】
大日本石油鉱業,日本火薬製造(日本化薬),東京菓子(明治製菓)設立【日】

宇宙・社会・原子

A

アダムズ,恒星の分光的視差の測定【米】
チェンバレン,微惑星説による地球原始時代論【米】
フォン・エーレンフェルス『宇宙論』【W】
ブーディン『実在的宇宙』【米】

岡田武松 日本気象学の基礎

岡田武松『雨』【日】
アインシュタイン,光量子立場からプランク輻射法則を導く【独→米】
ミリカン,光電効果のアインシュタイン式を確証,プランク定数の正確な値を得る【米】
デバイ,シェラー,粉末結晶によるX線分析法【蘭】【瑞】
シュヴァルツシルト,帯スペクトルの理論【独】

B

コッセル,X線スペクトルおよび原子価理論を提出(価電子説)【独】
ルイス,化学結合に関する8隅子(オクテット)説【米】

界面化学 ラングミュアの新分野研究

ラングミュア,界面化学の研究【米】
佐々木隆興,タンパク質化学の研究【日】
フィンスラー,フィンスラー空間【典】
リアプノフ,回転流体の平衡形状論【露】
国枝元治,ディリクレ級数の一様収斂座標の決定【日】

ヴィンクラーのゲノム概念

ヴィンクラー,ゲノム概念を提唱【独】
ロッツイ,交雑による進化説【蘭】
クレメンツ,植物群落の遷移に関する研究の集成【米】

喘息アレルギー

クラウス,シッテンヘルム,ストロム・フォンレーウェンら,気管支喘息とアレルギーの関係に着目
井戸泰ら,七日熱スピロヘータの発見【日】
富田雅次,胎生化学の研究【日】
石原忍,色盲検査法の考案【日】
藤井健次郎,桑田義備,染色体の螺旋構造説【日】
南方熊楠,粘菌新種ミナカテルラ・ロンギフィラを発見【日】
丘浅次郎『生物学講義』,大杉栄訳『種の起源』【日】

軍用犬から盲導犬へ

軍用犬協会,盲導犬の訓練はじめる【墺独】

C

大正デモクラシー

フロイト『精神分析入門講義』(~18)【墺】
ユング『無意識の心理学』【瑞】

IQ出現 ルイス・ターマン

ルイス・ターマン『知能の測定』,IQ(知能指数)使用【米】
ソシュール『一般言語学講義』【瑞】
シクロフスキー『意味を越えた言葉と詩』【露】

D

帝国主義論 レーニン

レーニン『帝国主義論』【露】
V・パレート『社会学大綱』【伊】
カールトン・ヘイズ『現代ヨーロッパ政治社会史』【米】
ゾンバルト『近世資本主義』【独】
吉野作造『憲政の本義を説いて其有終の美を済すの途を論ず』(中央公論)大正デモクラシー思想の普及京都哲学会創立,『哲学研究』創刊【日】

E

吉野作造 京都学派

ブーバー『ユダヤの精神』【独】
ウェーバー『儒教と道教』【独】
鈴木大拙『禅の研究』【日】
大本教,皇道大本と改称【日】
花祭開催,以後一般化【日】
デューイ『民主主義と教育』【米】

ダダの誕生

A

キャバレー・ヴォルテール

フーゴー・バル,チューリッヒに「キャバレー・ヴォルテール」を開店
マリネッティ,バッラ,チッティら,署名「未来派映像宣言」【伊】
ボッチョーニの回顧展開催【ミラノ】
ピカビア画[アルフレッド・スティーグリッツの肖像]【仏】
デュシャン,アレンズバーグ,マン・レイら「独立芸術家協会」設立会員となる

レディメイド デュシャンの反芸術

デュシャン「レディメイド」概念を発表【NY】
ルノワール画[パリスの審判]【仏】
キリコ画[不安な女神たち]【伊】

B

東郷青児 パラソルをさせる女

東郷青児,第3回二科展に[パラソルをさせる女]出品【日】

華岳

村上華岳画[阿弥陀之図],前田青邨画[先斗町],川合玉堂画[行く春]【日】
長谷川潔,永瀬義郎ら,日本版画倶楽部結成【日】
村上華岳,タゴールと会う【日】

C

帝国ホテル ライト旋風日本へ

フランク・ピック

ライト設計,帝国ホテル完成(東京)【米】
フレシネー設計[オルリーの飛行船格納庫]【仏】
R・ファントホフ設計[ユトレヒト郊外フィス・テル・ハイデの住宅]【蘭】
フィンスターリン,デッサン[理想的建築]【独】
ルードヴィヒ・ダーレット,ローゼンブルク都市を計画【独】
日比忠彦設計[大阪朝日新聞社]【日】
佐野利器『家屋耐震構造論』【日】
工作連盟,文化団体デューラーブント『ドイツ商品学』【独】
このころからロンドン地下鉄,フランク・ピックを起用(切符,マーク,駅名表示,ポスター,路線案内所,建築物のデザイン統一)【L】
スティーグリッツp[オールド&ニュー]【米】
ストランドp[白い柵]【米】
写真師列伝『月の鏡』【日】

D

グリフィス監[イントレランス]【米】
インス監[シヴィリゼーション],チャップリン監[替玉][消防夫][浮浪者]【米】
ヘラベルト監[ショパン夜想曲]【西】,シェストレーム監[波高きは]【典】,クリステンスン監[復讐の夜]【丁】
F・デペロ,ディアギレフのロシアバレエ団公演用舞台装置と衣装を担当(うぐいすの歌)

E

プロコフィエフ

プロコフィエフ曲[スキタイ組曲]初演【露】

ホルスト惑星

ホルスト曲[惑星]【英】
ドビュッシー曲[フルート,ヴィオラとハープのためのソナタ]【仏】
アイヴズ曲[第4交響曲]【米】
グラナドス曲[ゴエスカス]【西】
ハーゼンクレーヴァー劇[息子](表現主義)初演【プラハ】
エルンスト・ドイチェ,ドレスデンのアルベルト劇場で表現主義的演技をする【独】
カイザー作[カレーの市民達][朝から夜まで]上演【独】
ピカソ,ロシア・バレエ[パラード]の舞台美術,衣装を依頼される

石井漠 モダンダンス草創 山田耕筰と研究所

石井漠,舞踊詩[日記の一頁]【日】

意味と無意味

A

ハックスリ詩集『燃える車輪』【英】
ジョイス『若き芸術家の肖像』【英】
ウォルポール『暗い森』【英】
ダンセーニ戯曲『宿屋の一夜』(NYで初演)【英】

バルとツァラ

アポリネール『暗殺された詩人』,コクトー『雄鶏とアルルカン』,バルビュス『砲火』【仏】
トリスタン・ツァラ『アンチピリン氏最初の天上冒険』,ツァラとマルセル・ヤンコ互いに「ダダ」を連発【仏】,機関誌「キャバレー・ヴォルテール」創刊,フーゴー・バル,音声詩を朗読[チューリッヒ]
カイザー戯曲『朝から夜中まで』【独】
ホフマンスタール「オーストリア年鑑」編集【墺】
マーク・トウェーン『不思議な人』【米】
サンドバーグ『シカゴ詩集』【米】
H・P・ラブクラフト『錬金術師』【米】
オットー・ヴィット,世界初のSF雑誌「フジン」発行【典】
タゴール『ガレル・バイレ』【印】

B

文学に現はれたる我が国民思想の研究

森鷗外『渋江抽斎』『高瀬舟』【日】
芥川龍之介『鼻』『芋粥』【日】
夏目漱石『明暗』,永井荷風『腕くらべ』【日】
赤木桁平『遊蕩文学の撲滅』,以降耽美的な文学衰退【日】
長與善郎『項羽と劉邦』【日】
宮本百合子『貧しき人々の群れ』【日】

倉田百三 出家とその弟子

倉田百三『出家とその弟子』【日】
津田左右吉『文学に現はれたる我が国民思想の研究』【日】
生田長江『自然主義前派の跳梁』【日】
この年白樺派が全盛,トルストイ・ブームとなる【日】
タゴール来日,タゴール・ブームおこる【日】

C

イギリス・ヴォーグ社創立【英】
ウェスタン社,ホイットマン社(児童図書出版)の全所有権を入手【米】

婦人公論 麻田駒之助 嶋中雄作

「婦人公論」創刊,「面白倶楽部」創刊【日】
日本著作家協会発足【日】

D

禁酒法時代へ

クラレンス・ソーンダーズ,スーパー・マーケット開店【米】
アメリカ,禁酒法時代へ
ランバン,ワース,パキャンによってシュミーズ・ドレス開発される【仏】
シャネル,ジャージで服をつくりはじめる【仏】
神近市子,大杉栄を刺す(日蔭茶屋)【日】
福助足袋,初のアドバルーン使用の宣伝【日】
ローシー夫妻のオペラコミック一座[天国と地獄]上演(赤坂ローヤル館),オペラ・ブームに【日】
日本毛織物新報,諸大家洋服技術大会を開く(洋裁技術コンクールのはじまり)【日】

E

チャップリン,映画俳優として最高額の年間67万5000ドルで出演契約【米】
ダグラス・フェアバンクス主演[新聞紙上の彼の写真]ヒット【米】
ラッキー・ストライク発売【米】
コカ・コーラの瓶がコーラ独特の形になる【米】
デンキブラン(安物混成酒)あらわれる【日】

ローズ・ボウル

第1回ローズ・ボウル・フットボール,大学対抗ボウルのはじまり【米】

アメリカ産業のなかで映画は鉄道、衣料、鉄鋼、石油について第五位を占める。自動車産業の重要性も、映画にはおよばない。
「ピクチュア＝プレイ・マガジン」

象徴の一九一七年。
ロシア革命、中国の白話革命、
コンデンサーマイク、ルイ・アームストロング。

1917
大正6

大戦から革命

ロシア二月革命 全権力をソビエトへ

1
22 ウィルソン大統領「勝利なき平和」演説
22 ペトログラードで労働者15万人のスト【露】
ナショナリスト党成立【豪】
メキシコ新憲法成立【墨】

2
27 国会招集(タウリーダ宮)8万人のデモ【露】
日英秘密協定

3
01 ツィンメルマン暗号電報の内容がワシントンで公表される
10 ペトログラード労働者約90%動員の大デモ,軍隊と衝突【露】
11 ロシア2月革命,労働者のデモ隊,各所で軍隊と市街戦,パブロフスキー連隊内に反乱(ニコライ2世,国会解散命令,国会拒否)【露】
14 モスクワ・ソビエト成立
14 ドイツと国交断絶【中】
16 ツァーリズム終焉【露】
26 カーメネフ,スターリン,ムラノフら,シベリア流刑地より帰還【露】

4
06 アメリカがドイツに宣戦,以後ラテン・アメリカ諸国の参戦つづく
11 ドイツ独立社会民主党結成【独】

4月テーゼ

16 レーニン,スイスから帰国,4月テーゼ『現在の革命におけるプロレタリアートの任務について』発表【露】
18 トロツキー,カナダより帰国【露】

5
07 ボルシェヴィキ党第7回全ロシア協議会,スローガン「全権力をソビエトへ」【露】
18 選抜徴兵制【米】
20 フランス軍隊で厭戦暴動おこる【仏】
安徽・河南・奉天など各省の軍閥の独立宣言

6
10 連合軍がギリシアに同盟諸国への宣戦を要請

7
01 安徽督軍張勲,清朝復辟宣言,14 失敗【中】
06 ロレンス,アカバ攻撃に成功
16 「7月蜂起」ペトログラードで武装デモ,政府軍鎮圧【露】
17 小アジア分割に関する英仏伊の秘密協定

フィンランド独立

20 フィンランド,ロシアからの独立宣言
ドイツ海軍内で水兵の蜂起,鎮圧(〜8月)

8
21 トリノで大ストライキ【伊】
ポーランド国民委員会結成(パリ)

9
10 孫文,大元帥に就任,広東軍政府樹立,ドイツに宣戦【中】

ロシア十月革命 レーニン トロツキー

10
10 秘密結社先復団団員ら,検挙【鮮】
23 レーニン,中央委員会で蜂起を主張【露】

11
02 石井・ランシング協定【日米】

バルフォア宣言

02 イギリス,バルフォア宣言でユダヤ人にパレスチナ提供を約束【英】

赤軍の勝利

06 赤軍が主要官庁・交通通信機関を占領,冬宮を包囲(ロシア10月革命)【露】
07 軍事革命委員会,ケレンスキー政府倒壊,冬宮に砲撃開始,冬宮陥落【露】
08 ソビエト政権成立(議長レーニン,外務トロツキー,内務ルイコフ,民族スターリン)【露】

クレマンソー

17 クレマンソー内閣成立【仏】
北洋軍閥分裂【中】

12
中央アジアのムスリムがトルキスタンの自治宣言,ホーカンド政府樹立

◉ 女子労働組織化運動【仏】
◉ 普通選挙可決【蘭】

電波と自動車

A
クロード,アンモニア合成法の研究開始【仏】
グンター,ヘッツア,合成染剤ネカールA【独】
I・コルバーン「コルバーン法」の考案
フェリー,空気電池を発明【仏】
マッカラム,ビタミンBの分離成功【米】

アルカロイド化学

R・ロビンスン,トロパン・アルカロイド,トロピノンの簡単な合成に成功,アルカロイドの生体内生成の思想を基礎づける【英】
毒ガス「イペリット」を開発【独】
ハーン,マイトナー【独】,ソッディ,クランストン,【英】それぞれ独立にプロトアクチニウムの発見

KS磁石鋼 本多光太郎 高木弘

本多光太郎,高木弘,KS磁石鋼を発明【日】
三菱長崎造船所で1万2000キロワットのタービン2基を完成【日】
光学ガラス製造(日本光学)【日】
製鉄業奨励法公布【日】
アンモニア・ソーダ法を工業化(旭硝子)【日】

B
ヴァークナー,濾波器の発明【独】

コンデンサー・マイク

ヴェンテ,コンデンサー・マイクロホンの考案【米】
東京電気,アメリカ型オーディオ・バルブ完成,初の真空管工業はじまる【日】
飯盛里安,式部俊正,ハロゲン化銀電極の活光電池の研究【日】

飛行機無線

C
バージニア州で飛行機と地上局,無線通話に成功【米】
電信用タイプライターはじめて登場(黒沢貞次郎製作)【日】
電話事業公債法公布【日】

電信電話学会

電信電話学会創立(37に電気通信学会と改称)【日】
モス,航空発動機用ターボ過給機を発明【米】
大陸横断鉄道完成(ポートオーガスタ〜カルグーリー)【豪】

中島飛行機 中島和久平 初の航空機産業

中島和久平,中島飛行機を設立(日本の航空機産業の開始)【日】

D
経済鋼材輸出禁止,金銀輸出禁止,合衆国穀物公社設立【米】
ハーバード経済研究所設立【米】

国際婦人デー ペトログラード・デモ

国際婦人デー,ペトログラードで婦人・労働者のデモ【露】
各種女子職業専門学校開設,女性労働組織化運動【仏】
紡績連合会,中国関税引き上げ反対【日】
蚕糸業,空前の好況【日】
第1回化学工業博覧会開催【日】
鹿島組,丹那トンネル工事着工【日】

鉱山王エルネスト・オッペンハイマー

E
フィリップス石油会社,ハンブル石油会社,ユニオン・カーバイト・アンド・カーボン社,チャンス・ボード社設立【米】
鉱山王エルネスト・オッペンハイマー,アングロ・アメリカン社を設立【南ア】
BMW(バイエルン自動車製作所)設立【独】

服部時計店

日本電池,住友ゴム,大日本電線,日本工学工業,日本陶器(ノリタケ),近江絹糸,島津製作所,三菱造船設立,横浜ゴム,服部時計店,東洋製鉄,古河銀行設立【日】

この時期、世界の情報論をリードしたのは
ゲシュタルト心理学と
「デ・スティル」だった。

1917

宇宙・社会・原子

A

100インチ望遠鏡

ウィルソン天文台100インチ反射望遠鏡完成【米】

アインシュタイン,ド・ジッター,各独立に相対論的宇宙論【米】【蘭】

ジーンズ 太陽進化 潮汐論

ジーンズ,太陽系進化の潮汐論【英】
ナウマン,スウェーデン諸湖の総合研究【典】
バレル,浸食および堆積に関する基準面の考えを説く【米】
志田順,地震初動方向の分布の法則発表【日】
矢部長克『日本列島の地体構造に関する問題』【日】
ワイル,相対性理論を幾何学的見地から拡張【独】
シュリック『現代物理学における空間と時間』【墺】
ミリカン『エレクトロン』【米】
ヒルベルト講演「公理的思考」【独】
ガルニエ,動く分岐点をもたない2階微分方程式の解の研究【仏】
レヴィ・チーヴィタ,リッチ解析(絶対微分学)の活用,リーマン空間の平行性【伊】
ベルンシュタイン,確率論の基礎【露】
園正造,イデアル論の公理的研究【日】

理研 菊池大麓・桜井錠二 池田菊苗・長岡半太郎

理化学研究所設立【日】

アインシュタイン ド・ジッター 宇宙模型

B

ゴルトシュミット,無脊椎動物における組織培養にはじめて成功【独】
H・フィッシャー,クロロフィルの構造決定【独】
アレン,植物における性決定特殊染色体の発見【米】

オズボーン 古生物学確立

オズボーン『生命の起源と進化』【米】
徳川生物研究所創立【日】

C

ケーラー『類人猿の知恵試験』(チンパンジーの心理行動実験研究)【独→米】
レヴィン『戦場の風景』(生活空間の理論の萌芽)【独】
ルドルフ・オットー『聖なるもの』【独】
ジェームズ『原始人の儀礼と宗教』【英】
フィルビーとトーマス,アラビアを探検
早田文蔵,ベトナム,雲南の植物探検【日】

ケーラー レヴィン ゲシュタルト心理学

D

デューイ『創造知性』【米】

クローチェの歴史編集

クローチェ『歴史叙述の理論と歴史』【伊】
ドリーシュ『実在学』【独】
ジンメル『社会学の根本問題』【独】
レーニン『国家の革命』【露】
シクロフスキー『手法としての芸術』【露】
西田幾多郎『自覚に於ける直観と反省』【日】

貧乏物語 河上肇 左翼学生に人気

河上肇『貧乏物語』【日】
三木清,西田幾多郎を訪ねる【日】
永井潜『生物学と哲学との境』【日】

E

ウェーバー『古代ユダヤ教』【独】
ロシア総主教座の復活【露】
皇道大本機関誌『神霊界』創刊【日】

ダダの拡大

A

ココシュカ画[自画像]【W】
カフェ「ロトンド」に,社会主義者や芸術家の亡命者や帰還者が集まる【P】
ツァラ主宰,『ダダ』創刊【チューリッヒ】
チューリッヒの鉄道駅街19にダダ画廊設立【瑞】
アレンズバーグら出資,デュシャン,ピカビア,マン・レイら,ダダ雑誌『ザ・ブラインド・マン』を刊行
ピカビア『391』創刊【NY】

ピカビア391

デュシャンの泉

「独立芸術家協会」でデュシャンの[泉](便器)出品拒否される
アポリネールの[チレジアスの乳房]上演,シュルレアリスム出現【P】
カッラ画[西洋の騎士]【伊】
モンドリアン画[青の構成]【蘭】
エゴン・シーレ画[抱擁]【W】

ローランサン

ローランサン画[女友達]【仏】
モディリアニ画[横たわる裸婦]【仏】
モスクワで文学カフェ盛ん【露】
ウイブドロ,ヴェルディ,雑誌『ノール・シュド』発行【P】

B

村山槐多 夭折の野獣派

村山槐多画[湖水と女]【日】
神原泰,東郷青児ら,二科展で未来派とキュビスムの絵画発表【日】
富岡鉄斎画[天元之竹楼記図]【日】
平福百穂画[予譲]【日】
戸張孤雁作[曇り]【日】
日下部鳴鶴,大同書会を創立,『書勢』創刊【日】
大倉集古館設立【日】

C

ドゥスブルフ,モンドリアンら,「デ・スティル」の運動をおこす,『デ・スティル』誌創刊【ライデン】
ドゥスブルフ,オウト設計[ノルトヴァイケルハウトの住宅][スヘフェニンゲンの住宅][海岸の集合住宅のプロジェクト]【蘭】
セントローレンス河にケベック橋完成【加】

デ・スティル モンドリアン,リートフェルト ファン・ドゥスブルフ,オウト

山名文夫 図案からデザインへ

山名文夫,同人誌『チョコレイト』に装画と詩を載せる【日】
マン・レイ『レイヨグラフ』つくる【仏】
コバーンp[ボルトグラフ]【米】

マン・レイ

D

ジェルメール・デュラック監[狂人の魂]【仏】
ブラガーリア監[不実の魅惑]【伊】
ヴィクトル・シェストレーム監[到命](連続的な回想形式)【典】

E

ストラヴィンスキー曲,バッラ装置[花火](ローマ)【露→米】【伊】
ラヴェル曲[クープランの墓]【仏】
バルトーク曲[かかしの王子]【洪】
ブゾーニ曲[トゥーランドット]【伊】
プロコフィエフ曲[ヴァイオリン協奏曲]【露】
コクトー作,サティ曲,ピカソ装置,バレエ[パラード]【仏】
ラインハルト,ホフマンスタール,R・シュトラウスら,「ザルツブルク音楽祝典」開設【独】
宮城道雄,吉田晴風(尺八)と新日本音楽提唱【日】
マリネッティ『ダンス宣言』【伊】
ユージン・オニール作[かの地にて]上演【NY】

コクトー,サティ ピカソのバレエ

沢田正二郎 新国劇はじまる

沢田正二郎,新国劇創立【日】

意味と無意味

A

イエイツ(W・B),夫人の自動筆記をみる【英】
エリオット『プルフロックその他』【英】
E・トマス『詩集』,ホジソン『詩集』【英】

アポリネール アルコール ソワレ・ド・パリ

エリュアール 義務と不安 処女作

アポリネール『チレジアスの乳房』,エリュアール『義務と不安』【仏】
ヴァレリー『若きパルク』【仏】
ゲオルゲ『戦争』,ゲーリング『海戦』,ヴァルター・フレクス『戦争体験』【独】
東洋の叡知再発見ブーム【独】
ボウイス『マンドラゴラ』,シンクレア『石炭王』,ガーランド『中西部の息子』,キャベル『夢想の秘密』【米】
ネグリ『孤独な女たち』【伊】

ザミャーチン

ブリーク『音反復』,ザミャーチン『われら』【露】
タゴール『人格について』【印】
ドゥーセ『スミルノ博士の日記』【典】
胡適,陳独秀ら,口語文を提唱,文学革命運動おこす【中】

胡適・陳独秀 文学革命

B

佐藤春夫『西班牙犬の家』【日】

父帰る・役の行者

菊池寛『父帰る』,坪内逍遥『役の行者』【日】
萩原朔太郎『月に吠える』(恩地孝四郎,田中恭吉版画挿絵)【日】
佐藤惣之助『狂へる歌』【日】
鈴木三重吉編『世界童話集』(〜25,春陽堂)【日】
志賀直哉『城の崎にて』(心境小説広まる)【日】
有島武郎『カインの末裔』【日】

朔太郎

岡本綺堂 半七捕物帳

岡本綺堂『半七捕物帳』【日】

C

ピューリッツァ賞設定【米】
「エクセルシオール」紙創刊【メキシコ・シテ】
「ワールド・ブック百科事典」刊行【米】

マグロウヒル出版社

世界最大のマグロウヒル出版社誕生【米】
ダブルデー社,教科書部門に進出【米】
マレー協会結成(ビーバー出版社の美術叢書刊行会)【独】
サブカルチャー雑誌『ノイエ・ノイエ・ユーゲント』発行【ベルリン】

主婦の友 石川武美 結婚したら主婦の友

『主婦の友』創刊【日】
岩崎家,モリソン文庫を買いとる【日】
新聞10段刷になる【日】

D

映画班,前線慰問【独】
食糧節約令【英】
マタ・ハリ銃殺【独】
日本初の公立サナトリウム,大阪府立刀根山病院設立【日】
ファティマの予言【葡】
東京少女歌劇団結成【日】
東京寄席演芸設立【日】

E

オリジナル・ディキシーランド・ジャズ・バンドがデビュー(ジャズひろまる)【NY】
機械仕掛けの家庭用冷蔵庫発売【米】
ラクトー設立,カルピス発売【日】
ルイ・アームストロング安酒場でプロとしてデビュー【米】
東京歌劇座,和製オペラ[カフェの夜]上演,「コロッケの唄」大流行【日】

ディキシーランド・ジャズ

マット氏自身その泉を作ったかどうかは重要なことではない。彼がそれを選んだのだ。物に対して新しい考えが作られたのだ。
マルセル・デュシャン

第一次世界大戦がのこしたのは、ドイツ賠償金問題と世界中に広まった労働組合運動の波である。

日本の情報文化を変えた新聞各紙の口語化。

1918
大正7

大戦から革命へ

ドイツ敗戦へ

1 08 ウィルソン教書「14カ条」の提案【米】
31 革命軍,コサック反革命を軍事的に鎮圧【露】
フィンランドに臨時的ソビエト政権樹立

張作霖進出

2 張作霖,満州を制圧し,北京に進出【中】
09 ソホーズ組織布告【露】
18 ドイツとの交戦開始【露】

ブレスト・リトフスク条約

3 03 ブレスト・リトフスク条約調印
09 ソビエト政府,ペトログラードからモスクワに移る

4 日英陸戦隊,ウラジオストークに上陸
6 16 イギリス,「7人への宣言」でアラブ民族主義運動を肯定
28 米陸軍に化学戦部隊【米】

米騒動 魚津の主婦騒動から米価大暴騰へ

7 23 米騒動,米価大暴騰【日】
8 02 シベリア出兵を宣言【日】
30 モスクワでエス・エルによるテロ,ボルシェビキ指導者ウリツキー暗殺,レーニン重傷【露】
9 29 ブルガリア,連合国と休戦

原内閣 政友会総裁から平民宰相へ

29 米騒動で寺内内閣倒れ,原敬内閣誕生【日】

ユーゴスラビア独立

10 01 イギリス・アラブ軍,ダマスクス入城
07 シヴェジニスキ政権成立【波】
21 ウィーンに臨時国民議会成立
24 イタリア軍,オーストリアに攻撃開始
27 オーストリア=ハンガリー帝国の降伏
29 ユーゴスラビア,オーストリアより独立
30 ウィーンでゼネスト,レンナー連立内閣成立,ブタペストで蜂起
30 トルコ降伏
赤軍,ドン・コザック軍を撃退【露】
11 03 ポーランド独立宣言
03 キール軍港でドイツ水兵の反乱,以後ドイツ各地に革命暴動が続発

ベルリン革命

大戦終結 ポーランド、チェコ、ハンガリー リトアニア、アイスランド独立宣言

09 ベルリン革命,ヴィルヘルム2世退位(社会民主党のエーベルト政権成立,共和政宣言)
11 ドイツ・連合国の休戦協定(第1次世界大戦終わる)
12 皇帝退位,ハプスブルク家滅亡【墺】

ワフド運動 ザグルル・パシャ

13 ザグルル・パシャ,ワフド運動開始【埃】
14 チェコスロバキア共和国宣言
16 ハンガリー共和国宣言【洪】
アイスランド,ラトヴィアの独立宣言
ドイツ系オーストリアの共産党創設【墺】
12 16 全ドイツ労兵評議会大会開催,敗北【独】
30 共産党結成,K・リープクネヒト,ドイツ・レーテ共和国設立を呼びかける【独】
◉ ベーレンブルック政権成立【蘭】
◉ カウツキーら,独立社会党結成,H・プロイス,ワイマール憲法を構想【独】
◉ スウェーデン,フィンランドの独立承認
◉ アイスランド,永世中立を宣言
◉ ドイツ,リトアニアの独立承認

特化する技術

A

大脳撮影 デンディ空気注入法

デンディ,大脳のX線撮影(空気注入法)【米】
ハーバート・カルマスとMITの学者ら,3色分解法テクニカラーを発明【米】
マーグ社,歯切盤,歯車研磨盤を製作【瑞】
ゼーダーベルヒ,連続自焼式電極発明【諾】

コンクリート強化

アブラム,コンクリート強度について,水・セメント比説を提唱【米】
ラングミュアの吸着等温式発表【米】
人工尿素とホルムアルデヒドを縮合,プラスチックの一種を製造【英】
ストライト,飛び出し式トースター発明【米】
飯田湖北,天然色写真特許取得【日】
三菱造船神戸造船所で潜水艦の建造【日】

B

スーパーヘテロダイン回路

松下幸之助の二股ソケット

アームストロング,エドウィン・ハワード,スーパーヘテロダイン回路を発明,ラジオ黄金時代の幕明け【米】
ジョセフ・ホーン会社が一般人のために鉱石ラジオ受信機発売
松下幸之助,二股ソケット製造開始【日】

C

コンラッド,アマチュア無線電話による定期的放送をはじめる【米】

搬送式電話

自動電話交換の確率論的研究

ベル研究所で「搬送式電話方式」考案【米】
航空郵便開始(ワシントン〜ニューヨーク〜フィラデルフィア)【米】
エルラング,エンゲスト,自動電話交換についての確率論的研究【米】【独】
英豪間に無線電信開通
海軍が無線電信特殊受信機を製作,無線電信機を考案,無線電信電話の共通使用に【日】
電気推進の戦艦ニューメキシコ完成【米】
民間の国際航空便営業開始【墺】
東大に航空学科,航空研究所設置【日】

D

ピットマン法を制定【米】
国内商業の国有化【露】
フィンランド,自営農民の育成,林業の振興に着手
オランダの工業,海外貿易壊滅飢餓と流行性感冒の猛威【蘭】

セメント・カルテル(英)

ロンドンにセメント・カルテル成立【英】
スイス社会民主党,ゼネスト計画休戦成立により中止【瑞】
ケニアでアフリカ人のコーヒー栽培禁止
三井物産,中国と53万6267ポンドの双橋無線電信借款を締結【日】
米買占めに戒告,軍需工業動員法【日】
中日実業株式会社,中国と1千万円の電話拡充借款締結
自動車工業育成にのりだす【日】

E

GMのシボレー吸収

GMがシボレー社を合併,ドレフュス,アメリカ・セラニーズ社設立【米】
帝国人絹会社,レーヨン工業おこる【日】

浅野財閥

松下電器製作所(個人営業),三菱商事,東海カーボン,第一製薬,野村銀行,大日本紡績,武田製薬,朝日海上火災保険,共同印刷,浅野セメント,日本鋼管設立【日】

1918

底流の解明へ

A

ツィオルコフスキーの多段ロケット理論

ゴダード,ロケット理論完成【米】,ツィオルコフスキー,多段式ロケット理論完成【露】
チャップマン,磁気ストームの概念を確立【英】
シャプリー,銀河系の構造明らかに【米】
平山清次,小惑星の族を発見【日】
ボーア,対応原理の提唱(古典力学と量子論の対応)【丁】
デンプスター,質量分析計製作【米】
ルビノウィッツ,スペクトル線の選択原理提出【波】
ニグリ,X線結晶分析の基礎確立【瑞】
リース,固有値の理論【洪】
亀田豊治朗,母函数の理論【日】

ヘルマン・ワイル

ワイル『空間・時間・物質』【独】
ヒルベルト『公理的思考』【独】

ボーア対応原理

B

モール,シクロヘキサン環の構造に関する研究【独】
ミカエリス,メンテン,酵素作用の桟作に関する仮説を提出【独】
ヴァーグナー,フォン・ヤウレック,精神病のマラリア熱療法【墺】
野口英世,エクアドルで黄熱病研究【日】

坂村徹 ゲノム分析基礎づけ

坂村徹,コムギ染色体の倍数性を明らかにし,ゲノム分析の基礎をつくる【日】
ディゲナー『動物社会の形態と分類』【独】
ブレーム『動物記』完結(11〜)【独】
川村多実二『日本淡水生物学』【日】

C

アドラー『個体心理学の実践と理論』【墺】
ビューラー,試行と錯誤の思想を助長し,形態心理学的見解を表明【独】
クルド・アリー『シリア史』【シリア】

D

クーリー『社会過程論』【米】

シュリック 哲学の科学化へ

シュリック『一般的認識論』【墺】
ルイス『記号論理学概説』【米】
ラッセル『自由への道』【英】
E・ブロッホ『ユートピアの精神』
シュペングラー『西洋の没落』【独】
P・W・ルイス『時間と西欧人』【英】
ジンメル『生の哲学』『現代文化の葛藤』【独】
T・マン『非政治的な一人間の考察』【独】
ハイデガー「フライブルク現象会」創立【独】
陳独秀,李大釗,マルクス主義研究会【中】
孫文『建国方略』【中】
川路柳虹『民衆及び民衆芸術の意義』【日】
徳富蘇峰『近世日本国民史』【日】
デモクラシー運動活発化【日】
武者小路実篤『新しき村の生活』【日】

田辺元 新カント主義から科学哲学へ

田辺元『科学概論』【日】
西田幾太郎『ライプニッツの本体論的証明』【日】

西洋の没落

E

ブーバー『ハシディズムへの道』【墺】
和辻哲郎『古寺巡礼』(思潮〜19)【日】
ミュンヘンに,トゥーレ協会設立【独】
神道宣揚会「神道」刊行【日】
大村西崖『密教発達志』【日】
北海道帝国大学創立,東京女子大創立【日】
大学公布令により,公私立の単科大学が認められ,以後大学急増【日】

ダダの拡大

A

キリコ,カッラ,モランディら「造型価値」創刊【R】
クラクフに未来主義者グループ主催のクラブ「玩具箱」できる【波】
ツァラ『マニフェスト・ダダ1918』【仏】

ベルリン・ダダ ハウスマン バーダー

ハウスマン,バーダー「街頭」発行(ベルリン・ダダ最盛期)【独】
「11月グループ」結成【独】
グロッス,ハートフィールド,ヘルツファルデ,ピスカトールら,共産党に入党【独】
アムステルダムで構成主義の機関誌「ウェンディンヘン」発刊【蘭】
レジェ画[機械室]機械シリーズ開始【仏】
マヤコフスキーら「未来主義者の新聞」発行【露】

白の上の白 マレーヴィチ 絶対無へ

マレーヴィチ画[白の上の白]【露】
ロドチェンコ画[黒の上の黒]【露】
キリコら,「レボカ」展,「メタフィジカ絵画」理論展開【伊】
キルヒナー画[猫のいる自画像](〜19)【独】
モネ,オランジュリー美術館の[睡蓮]の大壁画完成【仏】
キキ,このころよりキスリングのモデルに【仏】

レジェ

B

図画創作協会 麦僊・竹喬 華岳・晩花

土田麦僊,小野竹喬,村上華岳ら,図画創作協会を創立【日】
速水御舟画[洛北修学院村],石崎光瑤画[熱国妍春],竹内栖鳳画[河口]【日】
岸田劉生画[麗子五歳之像]【日】
関根正二画[信仰の悲しみ]【日】
高村光雲彫[手]【日】
長谷川潔,渡仏(以降,生涯をフランス)【日】

北大路魯山人 美食倶楽部

北大路魯山人,中村竹四郎,日本橋に大雅堂と美食倶楽部を開く【日】

C

ハンス・ペルツィヒ設計[大劇場]【B】
エドワーズ,セメント配合理論の表面積説提唱【米】
ベーレンス『経済的建設について』,タウト,グロピウスら,「芸術労働評議会」結成【独】
ル・コルビュジエ,オザファン『キュビスム以降』と題する,「ピュリスム宣言」発表【P】
曾禰・中条事務所設計[東京海上ビル]【日】
マン・レイ,アエログラフ絵画はじめる【仏】
フォトグラムの先駆者C・シァード「シャドグラフ」をテスト【チューリッヒ】

ル・コルビュジエ

D

アベル・ガンス 大作映画の出現

アベル・ガンス監[戦争と平和](原題[余は弾劾す])【仏】
エルンスト・ルビッチュ監[カルメン]主演ポーラ・ネグリ【独】,ギオーネ監[灰色の鼠]【伊】

キノ・ネジューリア ニュース映画

ジガ・ヴェルトフ,ニュース映画[キノ・ネジューリア]の編集者となる【露】
ハーバート・カルマス,3色分解法テクニカラーを発明【米】

E

バルトーク[青髭公の城]【洪】,ストラヴィンスキー曲[兵士の物語][ラグタイム]【露】
ミヨー曲[男とその欲望]【仏】

山田耕筰と三浦環

三浦環,メトロポリタン歌劇場で[蝶々夫人]主演【日】,山田耕筰,カーネギーホールでニューヨーク交響楽団を指揮【日】

意味と無意味

A

ウェイリ訳『シナ詩百七十篇』【英】

ユリシーズ開始

ジョイス『ユリシーズ』を「リトル・レビュー」に連載開始【英】
イエイツ『月の沈黙を友として』【英】
ショー『メトセラへ帰れ』【英】

カリグラム アポリネール

レニエ『詩集』,ジロドゥー『悲壮なる男シモン』,アポリネール『カリグラム』【仏】
シュニッツラー『カサノヴァの帰郷』【墺】
G・ハウプトマン『ゾアーナの異教徒』【独】
ハインリッヒ・マン『臣下』【独】
文芸誌「イタリア・ケ・スクリーヴェ」創刊【伊】
パルディーニ『我らの煉獄』【伊】
メルヴィル・ディヴィッスン・ポースト『アブナー伯父』【NY】
アレクサンドル・ブローク『十二』【露】
マヤコフスキー『ミステリヤ・ブッフ』【露】
ヘミングウェイ,北イタリア前線で負傷
魯迅『狂人日記』【中】
周作人「人間の文学」で日本の白樺派紹介【中】
中国にて注音字母を公布【中】
ローマ字化への動き始まる【中】

魯迅

B

田園の憂鬱 佐藤春夫 倦怠感覚の文芸

島崎藤村『新生』,佐藤春夫『田園の憂鬱』【日】
久米正雄『受験生の手記』【日】
大杉栄『民衆芸術の技巧』,生田長江『民衆芸術の問題』,加藤一夫『民衆芸術の意義』【日】
堀口大学訳詩集『昨日の花』,フランス現代詩を紹介【日】

赤い鳥 鈴木三重吉主宰 漱石門から童話の自立へ

鈴木三重吉,「赤い鳥」創刊【日】
武者小路実篤らが「新しき村」の建設【日】

C

週刊「スターズ・アンド・ストライプス」創刊【米】
内務省,シベリア出兵関係記事差止め「大阪朝日」など各紙発禁続発(白虹事件筆禍)【日】
「大阪毎日」口語体化はじめて試みる【日】

大正日日新聞

鳥井素川ら「大正日日新聞」創刊【日】
水上滝太郎「三田文学」に「新聞記者を憎むの記」を発表【日】

新聞の口語化 大阪毎日

D

アメリカでスペイン感冒流行(10月,日本流行)【米】
全英で肉・バターなど配給制となる【英】
煽動列車,煽動映画の制作はじまる【露】
赤バイ配置(オートバイ交通取締まり),派出婦人会,家計調査はじまる【日】
最初のネオン広告,銀座に出現【日】

セーラー服

セーラー服,全国に普及【日】
尋常小学国語読本(ハナ・ハト・マメ・マス)【日】

浅草オペラ 田谷力三

E

原信子歌劇団結成,田谷力三が浅草オペラのスターになる【日】
豊田紡績,パイロット萬年筆発売【日】
JTB,スキー講演,映画会を開いてスキー熱をあおる【日】

栃木山 太刀山から近代相撲へ

栃木山,横綱になる【日】

米騒動は無意識なる普通選挙、労働組合の要求だ。
堺利彦

三・一運動と五・四運動。アジアが決して忘れない日。

サーカスとキャバレーの外に出はじめたカリガリ博士。小林一三の私鉄文化。鉄道は情報をも運ぶ。

1919
大正8

大戦から革命へ

リープクネヒト ローザ虐殺

1 05 ドイツ労働者党結成(翌年ナチス)【独】
15 リープクネヒトとローザ・ルクセンブルク,逮捕虐殺【独】
18 ヴェルサイユ講和会議はじまる【P】
19 ドイツ国民議会総選挙,ワイマール連合の勝利【独】
21 シン・フェイン党,アイルランド共和国独立宣言,イギリス軍出動【愛】

2 11 エーベルト,臨時大統領【独】
20 上海で南北和平会議はじまる【中】

三・一運動 ソウルで独立宣言

コミンテルン

3 01 三・一運動,ソウルで独立宣言【鮮】
02 モスクワで第3インターナショナル(コミンテルン)結成
08 ワフド運動弾圧【埃】
21 ハンガリーにソビエト共和国成立【洪】

ファシスト党

23 ムッソリーニのファシスト党結成【伊】
東京で普通選挙要求のデモ行進【日】

五・四運動

4 06 ガンジーの不服従運動開始【印】
07 バイエルンにソビエト共和国成立【独】
朝鮮での蜂起,日本軍によって鎮圧【鮮】
司法官ミッチェルの「赤狩り」開始【米】

5 04 講和会議で山東還付声明【日】
04 北京の学生,排日デモ(五・四運動)抗争【中】
ユデニチ指揮の反革命軍,ペトログラードに進撃開始【露】
大韓民国臨時政府,上海のフランス租界地に成立
アフガニスタンでアマヌラー・ハーン即位

6 03 北京学連,反帝愛国デモ【中】

ヴェルサイユ条約

28 ヴェルサイユ条約調印(北京政府調印拒否)

ガンジーと反英運動

7 27 ルーマニア軍,ハンガリーでソビエト政権倒す

ワイマール憲法

31 ワイマール憲法採択,婦人参政権獲得【独】
ソビエトの対華カラハン宣言(不平等条約破棄)

8 09 イラン,イギリスと協定,反対運動激化
第3次アフガン戦争終結,アフガニスタン独立
大川周明,北一輝ら,「猶存社」結成【日】

9 10 サン・ジェルマン条約,オーストリアと連合国
12 民族主義詩人ダヌンツィオの義勇軍がフィウメ占領【伊】
アナトリア・ルーメリア権利擁護同盟成立
アメリカ共産党結成【米】

10 浅沼稲次郎,平野力三ら建設者同盟結成【日】

11 17 インドで反英大暴動おこる

カーゾン・ライン

12 08 ポートランド国境にカーゾン・ライン【露】
24 友愛会,啓明会など,日本労働党結党式【日】
赤軍,キーエフ奪回,ユデニチ軍粉砕【露】

◉ ラテン・アメリカ初の共産党結成【墨】

特化する技術

フリップ・フロップ回路

A ボラック,尿素樹脂を製造【墺】
合成尿素の合成工業化(バディッシュ社)【独】
ジークバーン,特性X線により元素の定性および定量をおこなうX線分析法の創始【典】
ドラモンド,ビタミンの多元性を認識【米】
山本亮,クロルピクリン合成【日】

ステンレス・スティール

E・ヘーンズ,ステンレス・スティールの特許取得【米】
島津源造,鉛蓄電池電極用の微細鉛粉の機械的製法を発明【日】
ジョン=ラムソン・マシン社,自動旋盤を製作【米】

池貝鉄工所

池貝鉄工所,ねじ切万能換歯車箱を製作【日】
金属材料研究所設立(本多光太郎)【日】

B

4極真空管

ハル,安藤博,4極真空管を発明【米日】
エクルズ,ジョーダン,フリップ・フロップ発明(初期コンピュータの基本回路へ)【英】
電動式計算機初輸入【日】

C

ダイヤル電話

バージニア州ノーフォークにダイヤル式電話導入【米】
搬送式電信電話装置を実装,試験運用【日】
オルコックとブラウン,ビミー爆撃機で初の大西洋無着陸飛行に成功【英】
国際航空運送協会(IATA)設立
ロッキードS-1型,フラップ翼を採用【米】
C51蒸気機関車完成【日】
世界最初の16in砲艦「長門」進水【日】

D ウォール街,活況を呈す,株価新高値【NY】
ヘンリー・フォード,フォード自動車会社の全支配権を掌握【米】
外交関係評議会(CFR)発足【米】

染料トラスト(英)

英国染料会社(染料トラスト)成立【英】
鉄道従業員全土でスト【英】
フランス,インフレはじまる
ケルン・ロットワイル会社,合成繊維を紡糸して織物を製造【独】
クラルテ運動運営委員会,ヴェルサイユ条約に抗議【仏】
鉄鋼大ストライキはじまる【米】
賀川豊彦ら,提唱で関西の14労働団体が普選期成関西労働連盟を結成【日】

大阪煤煙都市 煙突1974本

大阪の煙突数1974本,「世界一の煤煙都市」と報道される【日】
土地投資盛んになり,坪1000円だった日本橋が3000円,北浜1700円が4500円に【日】

E GE,RCA設立,「マルコニー無線電信会社」吸収(32独立)【米】
コンラッドン・ヒルトン,モブリー・ホテル購入(のちヒルトン・ホテル)【米】
エアクラフト&トランスポート会社設立【英】
ベスレヘム鉄鋼会社【米】
松屋,白木屋,高島屋百貨店【日】

三菱銀行

三菱銀行,大日本セルロイド,共同漁業,福助足袋,オリンパス光学工業,日本硝子,塩野義製薬,オリエンタル写真工業,東洋乾板設立【日】

思索と戦争

1919

底流の解明へ

A

王立天文学会,日食によるアインシュタイン効果の観測【英】
ジーンズ『宇宙生成論と恒星力学の諸問題』【英】
バッサルゲ『景観地理学原理』【独】
ラザフォード,α粒子による原子核破壊の実験【英】
石原純,相対性原理の研究【日】
ホワイトヘッド『自然認識の原理の研究』【英】

数理哲学序説

ラッセル『数理哲学序説』【英】
ミーゼス『確率論』【墺】,ディクスン『整数論史』【米】
ハーディ,リトルウッド,ワーリング問題の詳しい研究【英】

ラッセル

B

バルクハウゼン効果を発見【独】
俵国一,日本刀の研究【日】
フォン・フリッシュ,ミツバチの訓練【独】
ボルデ,免疫に関する諸発見にノーベル賞【白】
ベスレドカ,局所免疫説の提唱【仏】
ヒルシュフェルト夫妻,血液型の分布の人種によるちがいを発見【独】
ホイットマン『ツルの行動』(ローレンツに波及)【米】

カメラー仮説

カメラー,獲得形質の遺伝に関する研究【独】

ボルデ免疫学

C

ワトソン『行動主義の心理学』【米】
パウル・フェーデルン『革命の心理学について-父親不在の社会』【W】
東京府巣鴨病院移転,松沢病院となる【日】

グラネのシナ学

マルセル・グラネ『支那古代の祭礼と歌謡』【仏】
津田左右吉『古事記および日本書紀の新研究』【日】

D

アンリ・バルビュスら,クラルテ運動のはじまり(国際反戦運動)【仏】
カール・シュミット『政治的ロマン主義』【独】
カウツキー『プロレタリアートの独裁』【独】
ルカーチ『歴史と階級意識』(~22)【洪】,ブハーリン『有閑階級の経済理論』【露】
グラムシら,『オルディネ・ヌオーヴォ』創刊【伊】
ウェルズ『世界史大系』【英】
トインビー『国民性と戦争』【英】
トレルチ『キリスト教会および諸派の社会理論』【独】

企業家ラテナウ

ラテナウ『新しき社会』,シュンペーター『帝国主義の社会学』【独】

中世の秋 ホイジンガ

ホイジンガ『中世の秋』【蘭】
北一輝『日本改造法案大綱』【日】
高田保馬『社会学原理』【日】
高畠素之『国家社会主義』【日】
大原社会問題研究所設立(米騒動契機)【日】
山鹿泰治ら,アナキズム図書秘密印刷【日】
胡適『中国哲学史大綱』【中】

ルカーチ ブハーリン カウツキー

E

内村鑑三「神の国の建設に就いて」【日】

弁証法神学 カール・バルト

カール・バルト『ロマ書』【瑞】
シュタイナー『ドイツ国民及び文化世界への宣言』,三層化運動提唱【独】
アリスター・クローリー『魔術』【英】
日本大蔵経編纂会『日本大蔵経』48巻刊行【日】

モダン・デザイン

A

マリネッティ邸,ファシズムの本部の一つとなる【伊】,ミラノ,ジェノバ,フィレンツェで大未来派展開催【伊】
ケルン・ダダ,ベルリン・ダダ結成【独】,ツァラ,ゼルナー,ジュネーブの第1回ダダイスト国際会議でピストル発射【ジュネーブ】
ノルデ画[悪魔と学者]【独】

新生活展 アルプ ジャコメッティ

アルプ,ジャコメッティら,新生活展【チューリッヒ】
キリコ画[聖なる魚]【伊】
カンディンスキー画[幻想的即興画]【露】
リシツキイ画[赤い楔で白を打て]【露】
ケール・ミレス作[射手]【典】
ローランス作[クラリネット]【仏】

B

小川芋銭画[樹下石人談]【日】
中原悌二郎作[若きカフカス人]
竹久夢二画[黒船屋]【日】
柳瀬正夢「我等」に諷刺画【日】

戸張孤雁 日本創作版画協会

戸張孤雁,山本鼎,織田一磨,日本創作版画協会設立【日】
山本鼎,自由画教育運動を提唱,農民美術研究所開講【日】

竹久夢二

C

無名建築展 タウト グロピウス

ブルーノ・タウト,グロピウス,ベネら,「無名建築展開催」,タウト『都市の冠』【独】

ハワードの田園都市

エビニーザー・ハワード[ウエリン田園都市]田園都市運動【英】
グロピウス,イッテンら,ワイマール国立バウハウス発足【独】
オスカー・カウフマン設計[アトリウム映画館]【独】
マッキントッシュd[ダグ・アウトの暖炉]【英】
ダゴベルト・ペッヒェd[ブローチ]【W】
ジョン・ハートフィールド「フォト・モンタージュ」はじめる【独】
ドロシア・ラング,営業写真館開設【SF】
マン・レイ「TNT」創刊【仏】

バウハウス グロピウス イッテン

D

グリフィス監[散り行く花](主演リリアン・ギッシュ,ソフトフォーカス使用)【米】
ルビッチュ監[パッション](主演ポーラ・ネグリ,エミール・ヤニングス)【独】

カリガリ博士 ロベルト・ウィーネ

ウィーネ監[カリガリ博士]【独】
シェストレーム監[霊魂の不滅]【典】
レフ・クレショフ,ジガ・ヴェルトフ,エドゥアルド・ティッセがニュース映画を撮影【露】
レフ・クレショフ監[ポリクーシュカ]【露】

芸術家連合 グリフィス チャップリン

チャップリン,フェアバンクス,ピックフォード,グリフィスら,「芸術家連合」,配給会社ユナイテッド・アーティスツ社創立【米】
エーリヒ・ポマー,デッラ・ビデオ・スコープ社の総支配人になる【独】

E

サティ曲[ソクラテス][夜想曲]【仏】
ヨーゼフ・マチアス・ハウアー,最初の一貫した12音音楽作曲【墺】
メーリング,ジャズ調ダダソングつくる【独】
ゲオルク・カイザー[朝から夜中まで],ラインハルト[お気に召すまま]上演
カール=ハインツ・マルティーン[変容]上演,イエスナー演出[ヴィルヘルム・テル]上演(表現主義劇)【独】
松井須磨子,抱月の死を追い自殺【日】

意味と無意味

A

モーム『月と六ペンス』【英】
ジッド『田園交響曲』【仏】
「文学」誌にブルトン,スーポーによるはじめての自動筆記の試み【仏】
ホフマンスタール『影のない女』,ヘッセ『デーミアン』【独】
ベン『カリュアティーベ』【独】
ルクセンブルク『獄中書簡』【独】
カール・クラウス『人類最後の日々』(軍国主義批判)【墺】
パウンド『クウィア・パウパ・アマヴィ』【米】
ラックスネス『自然の子』【氷】
シランペー『聖貧』【芬】
ビラック『午後』【ブラジル】

ホフマンスタール

B

菊池寛『恩讐の彼方に』【日】
有島武郎『或る女』【日】

犀星・杢太郎

室生犀星『性に目覚める頃』【日】
木下杢太郎『食後の唄』【日】
このころ室生犀星,宇野浩二らの唯美主義【日】
折口信夫『万葉集辞典』【日】
竹久夢二,絵入り小唄集『たそやあんど』【日】

C

タブロイドの「ニューヨーク・デイリー・ニューズ」,のちに100万部【米】
教科書会社ハーコート・ブレース社【米】
バーナー・マクファデン編集「トルー・ストーリー」誌創刊【NY】
「週刊ジョン・ロンドン」創刊【英】
各新聞社共同で国際通信社設立【日】

改造 山本実彦 3万部・35銭

「改造」創刊【日】
「キネマ旬報」創刊【日】
長谷川如是閑「我等」(後に「批判」)創刊【日】
アジプロ列車【露】

宮武外骨 出版研究

宮武外骨「赤」創刊【日】
中橋文相,口語文奨励,初の口語文訓令【日】
「東京朝日」初の縮刷版発行【日】
市田幸四郎ら,HBプロセスを導入,プロセス平版がさかんになる【日】

如是閑

D

大戦後,コールガール出現【米】

コモドア・ホテル

客室2000室の当時最大のコモドア・ホテル【NY】
全米反シガレット連盟が結成【米】
ゲラン「MITSUKO」発売【仏】
戦後キャバレーのリーダー「響きと煙」開設,キャバレー文化の黄金時代【独】
暫定的禁酒法【エストニア】
風刺小唄の名人ロイター,カフェ・ツィールカに出演【独】

スペイン風邪

スペイン感冒,死者15万人【日】

E

ODJB,ロンドン公演(ヨーロッパにはじめてジャズはいる)
ベルリンでジャズ流行【独】
トリスウイスキー発売【日】

梅蘭芳 メイ・ラン・ファン 京劇の女方

梅蘭芳一行来日公演,ロシア歌劇団来日公演

小林一三の宝塚

小林一三,宝塚温泉場内に歌劇場建てる【日】
ニルス・ブック,オレロップに体操高等学校設立【丁】
デンプシー,ヘビー級チャンピオン【米】

ドイツ・キャバレー文化

すべての造形芸術の最終目標は建築にある。
ワルター・グロピウス『ワイマール国立バウハウス綱領』

爛熟する文化
1920〜1929

ヨーロッパの芸術が分裂し、ニューヨークでADCが動きはじめる。
バウハウスのデザイン教育は、色と形の情報理論に向かっていく。
働く女性たちがアメリカで拡大し、日本ではバスガールが憧れの職業になる。

1920
大正9

日本七七〇〇万人

ヴェルサイユ体制

国際連盟

1 01 赤狩り旋風(ロシア革命の恐怖)【米】
07 全シリア国民会議,シリア・イラクの独立を宣言
10 国際連盟成立
17 禁酒法施行【米】
2 13 カップ一揆(〜17)【独】
19 ルール地方で共産主義者の暴動(〜4)【独】
28 新婦人協会設立,平塚らいてう・市川房枝ら【日】

尼港事件

ニコライエフスクの惨劇(尼港事件)【日】

ナチス誕生 国家社会主義ドイツ労働者党

4 01 ドイツ労働党,国家社会主義ドイツ労働者党(NSDAP,ナチス)となる【独】
01 シベリア撤退完了【米】
04 ユダヤ人とアラブ人がエルサレムで衝突
23 トルコ国民議会が王制廃止と,ケマル・パシャを大統領とする新政府樹立宣言【土】
25 ポーランド,白軍の要請でソ連に侵入
28 朝鮮李王,梨本宮方子内親王と成婚
シベリアのチタで極東共和国樹立
5 03 アンカラ臨時政府成立
05 サッコ,バンゼッティ事件の発端【米】
21 カランサ大統領,右派連合の武装反乱で暗殺される【墨】
インドネシア共産党創立
英米仏日,新4国借款団を組織
ソ連軍,イラン進出【露】
6 04 トリアノン条約調印【洪】
22 第1次ギリシア・トルコ戦争

ケマル・パシャ

安直戦争 中国北方軍閥

7 14 安直戦争【中】
19 第2回コミンテルン世界大会
8 10 セーヴル条約調印,トルコと連合国赤軍,ワルシャワに迫り大敗【露】
陳独秀ら上海で社会主義青年団を結成【中】
28 婦人参政権発効【米】
オレゴン政権成立【墨】
9 02 バークで第1回東方民族会議開催【露】
29 ヒトラー,オーストリアで初めて演説
イタリアでゼネスト,各地で労働者の工場占拠【伊】

10 02 間島事件【日】

毛沢東うごく 社会主義青年団

毛沢東,湖南で社会主義青年団を組織【中】
大杉栄,上海の極東社会主義者会議に出席【日】
徐世昌,南北和平統一宣言,孫文ら不承認【中】
11 09 ロンドン列国大使会議,アルバニアの独立承認
16 白軍将軍ウランゲリが敗退,ロシア反革命おわる【露】
第1次宣昌事件【中】
ドイツ・ソビエト間でポツダム協約(バグダード鉄道協定)

日本社会主義同盟

12 09 大杉・堺ら日本社会主義同盟創立【日】
23 アイルランド自治法成立【愛】

フランス共産党

25 フランス共産党結成【仏】
カリフォルニアで「排日法案」成立【米】

カリフォルニアで排日法案成立

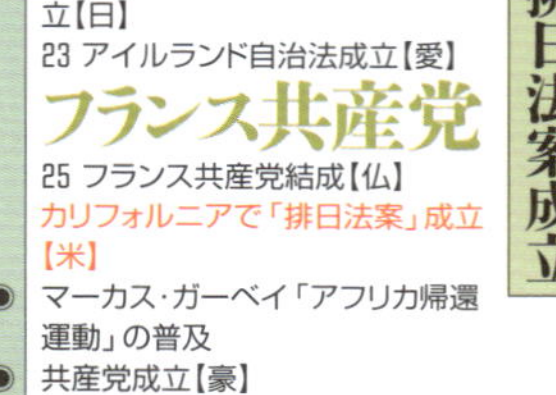

◉ マーカス・ガーベイ「アフリカ帰還運動」の普及
◉ 共産党成立【豪】
◉ 秘密結社「紅槍」結成【中】

特化する技術

イソプロピルアルコール精製

A カザレ・カザレ式アンモニア合成に成功【伊】
スタンダード石油会社,廃ガスからイソプロピルアルコール製造(近代石油化学工業の誕生)【米】
炭酸ソーダ溶液で石炭ガスを脱硫する装置完成(コッパース社)【米】
アダムス,ハラー,赤外線感光色素クリプトシアニン【米】
バンティング,ベスト,インシュリンの抽出【加】
ヘルツォーク,セルローズ繊維のX線撮影【独】

クロム・メッキ サージェントのイノベーション

サージェント,クロム・メッキに成功【米】
フォレ,電気メスを発明【米】
全歯車式ヘッドつき旋盤を製作(シンシナティ旋盤工具製造会社)【米】
自転車用鋼球(ベアリング)を製造(天辻鋼球製作所)【日】
小型塩基性転炉作業に成功(藤田組小坂鉱山)【日】

トラクタリゼーション

農業このころより,トラクタリゼーション期にはいる【米】
カレー,コーゲル,ジアゾ式乾式複写機発明(発表は1924年)【独】
三浦謹之助,サントニンの回虫駆除作用を発見【日】

B アームストロング,超再生受信法考案【米】
ジーメンス社,高誘電率酸化チタン系磁器コンデンサの発明【独】
カレー,コーゲル,ジアゾ式乾式複写機発明

ラジオ実験放送

C ウェスティングハウスのKDKA局が実験放送を開始【米】,ヨーロッパではマルコーニ社などが実験放送を実施

B-K振動

バルクハウゼン,クルツ,電子振動(B-K振動)の発見【独】
ITT,AT&Tにより設立,国際的膨張政策展開【米】
鳥潟,搬送通信方式を考案【日】
6大都市に電話度数料金制【日】
5カ国通信予備会議(日・英・米・仏・伊の波長割当て問題)【ワシントン】
ルーペール複葉機,10,093mの高度世界記録を樹立【米】
世界初の電動機推進の航空母艦「ラングレー」建造【米】
ドイツ,全鉄道を国有化
鉄道従業員,ストライキ【丁】

戦後恐慌

D アメリカで農産物価格が暴落,世界農業恐慌のはじまり【米】
シカゴ鉄道労働者スト突入,各地に波及【米】
サンレモ石油協定,英仏が小アジアとルーマニア地方の石油採掘権を得る
ニューヨーク株式暴落,戦後恐慌へ【米】,財界恐慌,各市場暴落,第1次反動恐慌はじまる【日】
豊田織機綿,紡全工程機械製造に成功【日】
生糸相場が暴落【日】
日本で初のメーデー【日】

E 大阪証券交換所開設【日】

日立製作所・大丸

東洋コルク工業,松竹キネマ合名,日立製作所,日本曹達,片倉製糸紡績株式,鈴木自動車工業,大丸,荏原製作所,日興証券,コクヨ,羊華堂(のちのイトーヨーカ堂)設立【日】

1920

底流の解明へ	モダン・デザイン	消費する文化

底流の解明へ

ホワイトヘッド

A

ビーズ,マイケルソン,干渉計により恒星の直径をはじめて実測【米】
ゴダード,液体燃料ロケットの研究に着手【米】
エディントン『空間・時間・重力』【英】
ホワイトヘッド『自然の概念』【英】
ビェルクネス,磁気前線の理論(近代的気象学の開始)【米】
ラザフォード,中性子の存在を予言【英】
ダンネマン『発展と関連から見た自然科学』【独】
ゾンマーフェルト,内部量子数の導入【独】
チャドウィック,核荷電と原子番号の一致実証【英】
ミリカン,ミリカン線の発見【米】
ランデ,イオン半径の決定【独】
ヒルベルト『数学基礎論』【独】
アストン,整数法則を提唱【英】

高木貞治 代数的整数論 類体論研究

高木貞治,アーベル体理論【日】

B

シュテルン,分子の速度を測定【独】
マイヤー,アセト酢酸エステルなどの互変異性体の研究【独】
ヴィーラント,メソメリズムの前身ファレンツ・タウトメリーの概念を提唱【独】
ボイトナー,生物の電気発生に関する界面電位説の提唱【独】

アセチルコリン 神経興奮の解明へ

レーヴィ,神経インパルスの起動時におけるアセチルコリンの役割解明【独】
ヒル,ハートリー,筋肉における熱発生の4段階説の提唱【英】
ユクスキュル『理論生物学』【独】
ハワード『トリの生活におけるテリトリー』【英】
ガナー,アラード,植物の光周性を発見【米】
スコット『化石植物の研究』【英】

心の類型

C

ケーラー『静止および定常状態における物理的ゲシュタルト』【独】
ユング『心理学的類型』【瑞】
フロイト『快感原則の彼岸』【墺】
ゲオルク・グロデク『エスについて』【独】

森田療法 森田正馬 慈恵医大

このころ森田正馬,「森田療法」を提唱しはじめる【日】

アナキズム復活と森戸事件

D

ゾンバルト『現代資本主義』【独】
ロバート・マッキーバー『コミュニティ』【英】→【米】
森戸事件(森戸辰男の論文「クロポトキンの社会思想の研究」問題化)【日】

暴力批判論 ベンヤミン

ベンヤミン『暴力批判論』【独】
デューイ『哲学の改造』【米】
リッケルト『自然科学的概念構成の限界』【独】
アレグザンダー『時間・空間・神性』【英】

E

スタンリー・ホール『心理学に照らしたキリスト』【米】
フリッツ・マウトナー『西洋の無神論とその歴史』~23【W】
L・ツィーグラー『神々の形姿の変容』【独】
第1回キリスト教会議【ジュネーブ】

賀川豊彦 死線を越えて

賀川豊彦『死線を越えて』大ベストセラー【日】
ダライラマ13世の命によりチベット大蔵経・ラサ版の開版をはじめる【チベット】
坂本健一訳『コーラン経』(初の和訳)【日】

モダン・デザイン

クレー

A

クレー大回顧展(362点)開催【ミュンヘン】

ダダ・メッセ

第1回国際ダダイスト・メッセ開催(ハウスマン)【B】,アンデパンダン展でダダイスト宣言大会【P】,オー・サン・パレイユ画廊ダダ展(エルンスト,ピカビアら)【P】,ヒュルゼンベック『前進せよダダ』【独】
オザンファン画[コンポジション]【仏】,オザンファン&ジャンヌレ(=ル・コルビュジエ)「エスプリ・ヌーヴォー」発行,ピュリスム広まる【仏】
芸術理論と芸術教育のためのインフク(自由国家芸術工房)設立,初代所長カンディンスキー【露】

ピュリスム オザンファン ル・コルビュジエ

ガボ&ペブスナー

ガボ&ペブスナー兄弟「リアリズム宣言」(構成主義批判)配布【モスクワ】
デュシャン,ニューヨークに帰り[大ガラス]の作品に取り組む【米】
シュヴィッタース画[メルツ絵画25A,星のある絵画]【ハノーヴァー】
エルンスト,初のコラージュ展【P】
ピカビア画[マッチの女]【仏】
モンドリアン画[灰色・赤・黄・青によるコンポジション]【蘭】

ザッキン 黒人彫刻からキュビズム

ザッキン作[風景]【露・仏】
マイヨール作[横たわる女]【仏】

構成主義分裂 タトリン、ガンペブスナー、ガボ

B

中村不折

村上華岳画[裸婦],中村不折画[嫌蘭亭図]【日】
中村彝画[エロシェンコ像]【日】

坂本繁二郎

坂本繁二郎画[牛](二科展)【日】
平櫛田中作[転生]【日】
「万朝報」紙上で初のダダ紹介(若月保治)【日】

C

ブルーノ・タウト

タウト『アルプス建築』【独】
タトリン作成「第三インターナショナルのモニュメント」の模型【露】
伊東忠太設計[明治神宮]【日】

堀口捨己 分離派建築会

堀口捨己ら,分離派建築会結成【日】
シュレンマー,クレー,バウハウスのマイスターとなる【独】
ダゴベルト・ペッヒェd[テキスタイル,氷河の花]【W】
オスカー・ラスケd[見返し紙,鼠]【墺】
ヘルリット・リートフェルトd[ハルトフ博士の研究室]【蘭】

D

グリフィス監[東への道],チャップリン監[キッド],ハリー・ミランド監[オーバー・ザ・ヒル]【米】
トーマス栗原監[アマチュア倶楽部]

E

オニール

ブラッテラ作曲[飛行士ドロ]上演【伊】
ストラヴィンスキー曲バレエ[プルチネラ]初演【露】→【米】
マティス,ディアギレフ[ロシニョールの歌]の舞台装置と衣装デザイン担当【仏】
第1回ザルツブルク音楽祭開催【独】
ユージン・オニール[地平線の彼方]上演【NY】,ハウプトマンの「白い救世主」初演【B】
アンネンコフら劇[冬宮の奪還]【露】
藤蔭静枝舞踊[浅茅ヶ宿]上演【日】

消費する文化

コクトー

A

クロフツ『樽』【英】
イエイツ『マイケル・ロバーツと踊子』【英】
ロレンス『恋する女たち』,H・C・ベイリー『フォーチュン氏を呼べ』【英】
ヴァレリー『海辺の墓地』【仏】
コクトー『詩集』,レニエ『罪の女』,コレット『シェリー』【仏】
マリネッティ『共産主義を超えて』,『未来派とはなにか』【伊】
カフカ『田舎医者』【チェコ】
ハウプトマン『白い救世主』,G・ハーゼンクレーファー『彼岸』,E・ユンガー『鋼鉄の嵐の中で』【独】
ヴェルフェル『銭人』【独】
S・ツヴァイク『三人の巨匠』【墺】

シュヴィッタースとヒュルゼンベック

シュヴィッタース『アンナ・ブルーメに関する真実』,ヒュルゼンベック編集『ダダ年鑑』【独】
リンゲルナッツ『体操詩集』【独】
フランツ・ブライ『文士動物大図鑑』【墺】
フィッツジェラルド『楽園のこなた』【米】
胡適『嘗試集』(最初の白話詩集)【中】

菊池寛ブーム

B

永井荷風『江戸芸術論』【日】
長田秀雄『大仏開眼』【日】
芥川龍之介『杜子春』【日】
正宗白鳥『毒婦のような女』【日】
雑誌『新青年』初代編集長に森下雨村,探偵小説ブーム【日】
菊池寛『恩讐の彼方』『父帰る』ブーム【日】

新青年ブーム

C

『朝鮮日報』,『東亜日報』創刊【韓】
各新聞の文体が口語体になる(マスコミの大衆化進む)【日】
『婦人倶楽部』創刊【日】
秀英舎(大日本印刷)がアメリカ製ミーレー2回転印刷機を導入【日】
宣伝用飛行機ビラ撒布【日】

働く女性増大 アメリカ八五〇万人

D

働く女性850万人以上に【米】
反黒人,反ユダヤ人,反カトリックのKKKデモ行進【米】
ジョン・ハーグレイヴ,「キッボ・キット」(森林活動一族)を結成【英】
ロドチェンコと夫人ステパーノヴァ,「生産主義者宣言」【露】
亡命ロシア人5~6万人に達する【B】
性教育映画氾濫【独】

国勢調査❶

第1回国勢調査実施(人口7698万8379人,内地5596万3053人)【日】

ADC年鑑(NY)

「ニューヨークADC年鑑」創刊【米】
シャネル,女性用の太いズボンを発表【仏】
ジャン・パトゥー,キュビストのデザインをヒントに水着を作る【仏】
アドルフ・コッホ,労働者子弟のための裸体体操学校「コッホ・シューレ」設立【独】
サンガー夫人来日,産児制限運動提唱【日】
富山県の練習船,船内でカニ缶詰製造【日】
東京市街自動車がバス・ガールを採用【日】

E

近江兄弟社「メンソレータム」発売【日】
永遠の名馬「マンノーウォー」競馬界で活躍【米】
初の職業野球団「日本運動協会」創立【日】

箱根駅伝

箱根駅伝はじまる【日】

あらゆる生産の中枢を統一されたソヴィエト機構の主力と結びつけ、共産主義的な生活様式を実現しようではないか。
ロドチェンコ「生産者宣言」

BC 6000以前 / BC 6000 / BC 2200 / BC 1200 / BC 600 / BC 300 / 0 / 300 / 600 / 800 / 1000 / 1200 / 1300 / 1400 / 1500 / 1600 / 1650 / 1700 / 1760 / 1810 / 1840 / 1860 / 1880 / 1890 / 1900 / 1910 / 1920 / 1930 / 1940 / 1950 / 1960 / 1970 / 1980

シュペーマンが発生分化情報を、クレッチマーが個性情報を、ヴェルトハイマーが形態情報を、それぞれ推理しはじめる。

爛熟する文化

1921
大正10

ヴェルサイユ体制

各国に共産党

1 03 幣原駐米大使,カリフォルニア州の排日土地法に抗議【日】

イタリア共産党

21 イタリア共産党結成【伊】
29 大ブリテン統一共産党結成【英】

2 20 ペルシアで無血革命
21 レザー・ハーン,テヘラン入城

クロンシュタットの水兵反乱

23 クロンシュタットで水兵の反乱(〜3.17)【露】
26 ソビエト,イランとモスクワ条約締結

3 01 ドイツ,連合国の戦争賠償案を拒否(8日連合国が報復)【独】
01 青年同志会結成(水平社の前身)
04 米大統領にハーディング就任【米】

NEP ソ連共産党10回大会 新経済計画

08 共産党第10回大会,ネップ(新経済)政策を採択(〜16)【露】
16 ソビエト,トルコとモスクワ条約締結
18 ソビエトとポーランド,リガ平和条約に調印
ドイツ共産党,ハンブルクなどで武装蜂起,敗北【独】
第2次ギリシア・トルコ戦争開始
外蒙古人民革命政府成立【蒙】

4 23 チェコ・ルーマニア条約締結
27 連合国,ドイツ賠償額1320億金マルクと決定スペイン共産党成立【西】

5 01 パレスティナでアラブ人の反ユダヤ暴動
10 フェーレンバッハ内閣総辞職,ワイマール連合によるビルト新内閣成立【独】
孫文,大総統に就任,広東政府樹立【中】

6 22 第3回コミンテルン世界大会【露】
23 シリアのファイサル1世がイラク王に即位,ハシミテ王朝創始
28 ユーゴで新憲法,中央集権的国家となる

モンゴル独立

中国共産党 書記長 陳独秀

7 01 上海で中国共産党結成【中】
10 外モンゴルが臨時人民政府を樹立して独立宣言
14 サッコ,バンゼッティに有罪判決【米】
19 カリフォルニアで日本人農業労働者150人追放される【米】
29 ヒトラーがナチス党首に就任【独】

8 02 飢饉にレーニンが諸外国の援助要請【露】

9 13 トルコ,サカリヤでギリシア軍を撃退
17 尾崎行雄・吉野作造ら軍備縮小同志会を組織【日】

ワシントン軍縮会議

10 04 国際連盟がレーニンの援助要請を拒否

原敬暗殺

11 04 原首相暗殺【日】
12 ワシントン軍縮会議開催
13 高橋是清内閣成立【日】
17 イギリス皇太子訪印反対でガンジーが全インド・ハルタル宣言,抵抗運動高揚【印】
22 国家計画委員会(ゴスプラン)設置【ソ】
25 皇太子裕仁親王,摂政となる【日】
30 ミュンヘンで国家主義者5万人大デモ,ヒトラー演説【独】
06 マッケンジー・キング自由党内閣成立【加】
日英米仏四国条約締結
ポルトガルで革命

◉ ビルマ人団体総評議会結成【ビルマ】
◉ 南アフリカ共産党結成

小作争議拡大(日)

◉ 小作争議拡大【日】
◉ 地方選挙のみ婦人選挙権承認【日】

工業・実業・失業

ブローニング高射機関銃

A ベルギウス,石炭液化に成功【独】

インシュリン抽出

バンティングとベスト,犬のすい臓からインシュリンを抽出【加】
ラーソン,嘘発見器考案【米】
アーノルド,エルメン,パーマロイ製造の特許取得【米】
ローゼンハイン,Y合金(アルミニウム基)を発明【豪】
ジーグバーン,真空X線分光器を製作【典】
角穴加工用のボール盤を製作(ランストン・モノタイプ社)【英】
パタール,メタノール合成法を工業化【仏】
フルノー,経口的サルバルサン(ストワルソール)を創製【仏】
バンド・エイド印の粘着包帯発売(ジョンソン・アンド・ジョンソン社)【米】
ブローニング,12.7ミリ高射機関銃を製作【米】
久保田勉之助,有機化学における接触反応の研究【日】
鈴木梅太郎,合成酒の特許取得【日】
国産初の世界標準型ミシンを製作(蛇の目式ミシン)【日】

JES 日本標準規格 JISの前身

日本工業品規格統一調査会,規格を制定【日】

B コーニング・ガラス製作所,電球製造の能率化に成功【米】

ハルのマグネトロン

ハル,マグネトロンを発明【米】
山本忠興,川原田政太郎,OKY誘導同期電動機【ヨ】
エレクトロラックス社,エレクトロラックス電気掃除機発売【米】

C アメリカ〜キューバ間の電話線が開通【米】
ゴットレイ,アメリカのアマチュア無線の短波をスコットランドで受信,短波を見直し【米】

搬送多重方式

コルピッツ,ブラックウェル,搬送多重方式を発表【米】
浜地常康,アマ無線電話第1号に【日】
初の漁業用無線電信開始【日】
ヒトラー,ベルリンに世界初の高速自動車道路「アブス」完成【独】
東海道本線に初の腕木式自動信号機(横浜〜大船)【日】
ニューポール・ドラージ29CI型戦闘機製作【仏】

D 株・綿糸・米の定期市場一時暴落
アメリカで約2万の企業倒産,約350万人の失業者が出る
炭坑大ストライキ【英】
デンマークでゼネスト【丁】

外務省情報部

外務省に情報部置く【日】
足尾銅山争議【日】
神戸で造船スト,戦前最大の争議(三菱造船所職工3万人)【日】

総同盟 友愛会から改称

友愛会を総同盟(日本労働総同盟)と改称【日】

E 三菱電機会社設立【日】
航空法公布,郡制廃止法公布,日本電気協会創立,職業紹介所法公布【日】

安田善次郎暗殺

安田善次郎暗殺【日】

1921

底流の解明へ

A

ヘットナー『地誌学の基礎』【独】
ファブリ,ビュイッソン,オゾン層の確認【仏】
ティーネマン【独】,ナウマン【典】,湖沼標識の研究
三沢勝衛,太陽黒点の連続観測【日】
京大理学部に宇宙物理学科,地球物理学科できる【日】,航空研究所設立(東大)【日】
清水武雄,電離線を着出する反覆膨張装置(ウィルソン霧箱の改良)【日】
ハーン,ウランZ(核異性体)を発見【独】
ボーア,原子の電子殻構造により元素周期律を説明【丁】
ハル,磁電管の発明【米】
シュテルン,ゲルラッハ,電子の磁気能率の測定【独】
カルツァ,5次元統一場理論(のちにO・クライン加わる)
フィッシャー,推測統計学創始【英】
ヴァイル『数学基礎の危機』(論文)【独】
S・ベルクマン【独】,ボッホマー,セゲー【洪】,直交函数系の函数論理への応用
東京博物館設立【日】

シュペーマンの生体形成的オルガナイザー

B

シュペーマン「オルガナイザー」の機能を提示【独】
ウィリス,植物地理学の基礎を築く【英】
レーヴィ,神経の興奮伝導に関する液体伝導説の提唱【独】

C

ロールシャッハとクレッチマー

ロールシャッハ『精神診断学』【瑞】
クレッチマー『体型と性格』(パーソナリティの研究)【独】
コフカ『精神発達の基礎』(プレグナンツの法則を発達心理学に適用)【独】
ヴェルトハイマー『ゲシュタルト理論の研究』【独】
メイエ『史的言語学と一般言語学』【仏】
朝鮮語学会設立【鮮】

サピア言語学

サピア『言語の研究序説』【米】

D

ブハーリン『史的唯物論の理論』【露】
ウォーラズ『社会的遺伝』【英】
長谷川如是閑『現代国家批判』【日】

土田杏村 国文学の哲学化

土田杏村『文化主義言論』【日】
美濃部達吉『日本憲法』【日】
河上肇『唯物史観研究』【日】

ハルトマン マルブルク派認識形而上学

ニコライ・ハルトマン『認識の形而上学的綱要』【独】
M・シェーラー『人間における永遠』
カッシーラー『アインシュタインの相対性理論』【独】
オットー・ノイラート『反シュペングラー論』(論理実証主義へ)【独】
ウェーバー『経済と社会』(~22)【独】

E

出口王仁三郎

出口王仁三郎,不敬罪で逮捕【日】
鈴木大拙,東方仏教会設立(大谷大学内)【日】
万国紅卍学会道院創設【中】
アンドルーズら内外モンゴル探検(~30)【米】
エベレスト偵察を開始【英】

鈴木大拙

上田自由大学

長野県に上田自由大学開かれる【日】

モダン・デザイン

A

ローザ・ヴァレッティ,キャバレー「グレーセンヴァーン」を開店,ヴァルター・メーリング,ダダソング[ベルリン・同時性]を歌う【独】
ツァラ主催,モンテーニュ画廊で「サロン・ダダ」展,パリ・ダダを糾合【仏】

ニューヨーク・ダダ

デュシャンとマン・レイ「ニューヨーク・ダダ」誌発刊【NY】
ハンガリーのMA誌,モホリ・ナギら西欧のダダ紹介【洪】
カンディンスキー,バウハウスに加わるため,ドイツに帰国
アメリカの最初のモダン・アート美術館フィリップス・コレクション【ワシントン】
シケイロス,オロスコ,リベラ「美術家シンジケート宣言」【墨】
モンドリアン画[赤・黄・青のコンポジション]【P】
グロッス画[灰色の日]【独】
ブラック[ギターのある静物],ピカソ画[三人の楽士]【仏】,ムンク画[接吻]【諾】
タウト「色彩宣言」【独】
セヴェリーニ『キュビスムから古典美学へ』【伊】

シケイロス、オロスコ、リベラ

B

東郷青児,「美術の都ダダ」【P】
日本南画院創立【日】
恩地孝四郎,画集『幸福より』【日】

C

メンデルゾーン ユダヤ的表現主義

メンデルゾーン設計[アインシュタイン塔]完成【独】
滝沢真弓設計[山の家](模型)【日】
「デ・スティル」編集支部がワイマールに【独】
構成主義運動のドゥースブルフ,リシツキー,ミース・ファン・デル・ローエら「G」を結成
ピカソ,ロシア・バレエ[クァドロ・フラメンコ]の装置と衣装をデザイン
レジェ,スウェーデン・バレー[スケートリンク]の装置と衣装をデザイン【仏】
アドルフ・ロース『独り言』(建築論集)【墺】
キキ,マン・レイと知り合う【仏】

G リシツキー、ローエ ドゥースブルフ

D

フリッツ・ラング

フリッツ・ラング監[死滅の谷]【独】
グリフィス監[東への道]リリアン・ギッシュ出演【米】

弁士徳川夢声

松竹キネマ研究所の第1回作品[路上の霊魂],一般公開(弁士・徳川夢声)【日】
マキノ映画製作所設立【日】

E

ヤナーチェク曲[カチャ・カバノーヴァ]【チェコ】
ミヨー曲[ブラジルの郷愁]【仏】
ルッソロ,シャンゼリゼ劇場でコンサート開催【P】
シカゴでセルゲイ・ラフマニノフの[ピアノ協奏曲]初演【露】
宮城道雄曲[せきれい]17弦箏発表【日】
プラハ国立劇場でカレル・チャペックの[人造人間]上演【チェコ】

ピランデルロ 作者を探す6人の登場人物

ピランデルロ『作者を探す6人の登場人物』【伊】
演出家兼俳優メイエルホリド「ビオニハニカ」論(劇)確立【露】
イサドラ・ダンカン,ソビエト政府の要請により,モスクワに舞踏学校を設立【米】
オニール[ディファレント]【米】
[アンナ・クリスティ]上演,ピュリッツァー賞受賞【NY】
ヘルマン・ハラーとリデアームによるオペレッタ[どこかのいとこ]上演【B】

消費する文化

A

ウォルター・デ・ラ・メア『小人の思い出』【英】
ウェイリ『日本の能劇』【英】
名探偵ポワロ登場,アガサ・クリスティ『スタイルズ荘の怪事件』【英】
アラゴン『アニセあるいはパノラマ』【仏】
ノワイユ『永遠の力』,スーポー『磁場』【仏】
ヴァレリー『固定観念』【仏】
ダヌンツィオ『ノクターン』【伊】
オイエッティ『鉄道員の息子』【伊】
クルト・ヴォルフ書店から,マックス・ブロート編集で年間詩集『アルカディア』発行【独】
フェース・ボールドウィン『グリーン・ヒルのメービス』【米】
ボルジェーゼ『ルベ』【米】
前衛芸術文学弾圧はじまる【露】
チャペック『ロボット』【チェコ】

ウルトライスモ ボルヘスのプリズマ創刊

ボルヘス,イギリスから帰国,「ウルトライスモ」を喧伝【アルゼンチン】

阿Q正伝 魯迅の文学革命

魯迅『阿Q正伝』【中】
文学研究会,創造社結成【中】
金允経ら朝鮮語研究会を結成【鮮】

B

志賀直哉『暗夜行路』完成【日】
内田百閒『冥途』【日】
日夏耿之介『黒衣聖母』【日】

童詩 小川未明 野口雨情

小川未明『赤い蝋燭と人魚』,野口雨情,詩「十五夜お月さん」,「新青年」に横溝正史,公募入選作で初登場

種蒔く人 小牧近江 金子洋文

「種蒔く人」創刊(プロレタリア文学の先駆)【日】
平戸廉吉「日本未来派運動」第1回宣言【日】
ロシア詩人エロシェンコに退去命令【日】

志賀直哉

C

イギリス放送協会(BBC)設立【英】
「サンデー・ニューズ」発刊【米】
国際ペンクラブ設立(提唱者スコット女史)【L】
初の輪転式グラビア印刷機使用の写真付録を発行(大阪朝日新聞)【日】
帝国図書館,蔵書60万冊に【日】
言語法によりフランス語地域とフラマン語地域が分離【白】

BBC立設

D

婦人および児童の売買禁止に関する国際条約作成
「反戦女性同盟」創設,「教育的母親」紙創刊【仏】
オペレッタ女優トルーデ・ヘスターベルク,キャバレー「ヴィルデ・ビューネ(騒乱舞台)」開店【独】
生活苦で自殺者激増【日】
メートル法採用される【日】
初のネオンサインともる【日】

E

ドイツ映画[カリガリ博士]日本公開【日】
フレッド・ニブロ監[三銃士]ダグラス・フェアバンクス主演,ニブロ監[黙示録の四騎士]ルドルフ・ヴァレンチノ主演映画【米】
ステージ・ミュージカル[とぼとぼと]に10代のジョセフィン・ベーカー出演【米】
第1回ミス・アメリカ・コンテスト
芸能人の非公式の社交場「サーディズ・レストラン」開店【NY】
世界チェス選手権開催【ハバナ】
第1回女子オリンピック開催【モンテカルロ】
デビスカップに熊谷・清水初参加【日】
水着美人コンテスト開催【米】

ヴァレンチノとミス・アメリカ

労働者は、一切の社会的事実に対して、労働者自身の判断、労働者自身の常識を養え。
大杉栄『日本の運命』

BC 6000以前
BC 6000
BC 2200
BC 1200
BC 600
BC 300
0
300
600
800
1000
1200
1300
1400
1500
1600
1650
1700
1760
1810
1840
1860
1880
1890
1900
1910
1920
1930
1940
1950
1960
1970
1980

宇宙の外に場所があり、量子の奥に場所がある。科学史上、最も衝撃的な十年の幕が開く。

1922
大正11

エジプト独立

ヴェルサイユ体制

1 02 クリミア共和国独立
香港で海員スト【中】
2 05 チャウリ・チャウラで暴動,ガンジー反政府運動を中止【印】
08 国家政治保安部(GPU)を創設【露】
15 ハーグ国際裁判所発足
28 イギリス,エジプトの保護権廃止,エジプトが独立宣言

北伐 1 広東に退去した孫文による提唱
孫文,北伐を宣言

水平社 部落解放へ 西光万吉の宣言
3 03 京都岡崎公会堂で全国水平社創立大会【日】
06 スウェーデンと通商条約締結【露】
15 デ・バレラ,「共和国協会」を組織,コリンズ派と英にテロを開始【愛】
17 バルト海諸国と中立条約締結【波】
24 1ドル329マルクになる【独】

スターリン抬頭
4 03 スターリン,共産党書記長に(レーニン引退)【露】
07 石油をめぐる汚職事件,ティーポット・ドーム・スキャンダル発覚【米】
09 日本農民組合が創立大会(杉山元治郎,賀川豊彦ら)【日】
16 ラッパロ条約【独露】
26 奉天軍と直隷軍の開戦,第1次奉直戦争【中】
5 03 反ユダヤ運動を扇動するパンフレットが増大【独】
12 張作霖,東三省の独立宣言【中】
24 独の国際借款供与を検討するモーガン委員会設立【P】
ボローニャでファシスト党が共産党政権を追放,極右と極左が激突【伊】
6 02 黎元洪,大総統に復活【中】
06 高橋首相総辞職,加藤友三郎内閣【日】
17 フィリピン独立要求,アメリカ拒否【比】
18 シーク・マファッド,反英武装暴動【イラク】
22 北アイルランド参謀長ウィルソン暗殺【英】
24 外相ラテナウ暗殺【独】
24 シベリアの出兵撤退声明【日】

ドイツ賠償金モラトリアム

7 12 ドイツが第2回賠償モラトリアム要請【独】

日本共産党 高瀬清 堺利彦
15 非合法のうち日本共産党結成【日】
26 国際連盟からフランスがシリア,イギリスがパレスティナの統治を委任される
8 01 労働者ゼネストはじまる,ファシストによる暴力攻撃【伊】

ファシスト躍進
03 ファシスト党,ミラノ行政権にぎる【伊】
第3次ギリシア・トルコ戦争
9 15 ビルト首相,基本方針語る「まずパン,つぎに賠償」【独】
17 オスマン帝国滅亡【土】
10 28 ファシスト党のローマ進軍(ムッソリーニ内閣成立)【伊】
11 01 ドイツ・マルク,1ドル4450マルクに【独】

ローザンヌ会議
20 ローザンヌ会議開催(アメリカがモンロー主義の第一歩踏み出す)
21 レベッカ,フェルトン,初の女性上院議員になる【米】
12 06 アイルランド自由国の自治承認
23 第4インターナショナル結成
30 ソビエト社会主義共和国連邦の樹立宣言【ソ】
スワラジ党結成【印】
◉ コパカバーナ要塞で軍人の反乱発生,共産党成立【ブラジル】

ソ連立成

上野平和博

工業・実業・失業

ビタミン・ブーム

A ミーハン,パーライト鋳鉄を製造【米】

精製アルミニウム
フープス,99.9%の精製アルミニウム製造に成功【米】
炭酸ガスとアンモニアから尿素を製造(バディッシュ社)【独】
柴田勝太郎,アンモニア合成触媒の製造法特許【日】
ヤコブセン,電熱温床栽培法を発表【諾】
ミッジリー,ボイド,アンチノッキング剤4エチル鉛を発見【米】
ベンソン,限界圧力で蒸気を発生させるボイラー製作【独】

ビタミンE エヴァンス ビショップ
エヴァンス,ビショップ,ビタミンEを発見【英】
E・W・マッカラム,ビタミンDの分離に成功【米】

BCG カルメットとゲラン 抗結核ワクチン
カルメット,ゲラン,抗結核ワクチンBCGの最初の実験【仏】
アレクシス・カレル,白血球発見(ロックフェラー研究所)【米】
効果的なフェノールの製造法を開発(ダウ・ケミカル社)【米】
ハーウッド,自動巻運動による時計【英】

末広恭二 伝播軸 振れ計
末広恭二,伝播軸の振れ計の研究【日】
島津源蔵,易反応性鉛粉の製造法【日】

B **カールソンの側帯波**
カールソン,側帯波の概念確立【米】
ベルリン物理工学研究所,水晶電気時計を製作【独】
AT&T,ラジオ放送に進出【米】

C 初の電話交換機設置【NY】
カタカナ・タイプライターを音響受信に使用【日】
モルクラム式テレタイプ(アメリカ製)で印刷電信開始(東京中央電信局~葵町分室)
逓信省構内ではじめてストロージャー式電話交換機を採用【日】
神戸海洋気象台に無線装置設置【日】
大阪~神戸間に初の重信装荷ケーブル10対開通【日】
水底ケーブルを日本ではじめて敷設【日】
ウィリアム・ブッシュネル・スタウト,最初の全金属飛行機製作【米】
ボワ上空で世界初の航空機衝突事故発生
シトロエン5馬力の自動車発売【仏】

マルク崩壊

D ジェノヴァ経済復興会議開催【伊】
ドイツ・マルクの崩壊【独】

3300万飢餓
ソビエトで3300万人が飢餓に苦しむ【露】
アメリカで炭鉱スト(~9.4)
石井商店破産,米穀,株式相場暴落【日】

E ステート・ファーム・ミューチュアル自動車保険会社設立(42年までにアメリカ最大に)【米】
グイド・ドネガニ,モンテカチーニ化学会社設立【伊】
航空機設計者フォッカー,アメリカ・フォッカー飛行機会社設立【米】
日本経済連盟会成立【日】

帝国興信所
帝国興信所,豊年製油,武田化学薬品,明治食料,目蒲電鉄(東急)設立【日】

ヴィトゲンシュタインの登場が言語哲学をゆさぶり、シェーンベルクの十二音階が音楽理論をゆさぶる。

1922

底流の解明へ

膨張宇宙論

A
フリードマン,ルメートル各独立に膨張宇宙論【独】【白】
ボーエン,反応原理を発表,火成岩の成因的研究の方針指示【米】
藤原咲平,渦動論(気象学)【日】
ド・ブロイ,黒体放射と光量子,干渉と光量子論を発表【仏】
ブリルアン,超音波による光回折を予言

ゴルトシュミットの地球化学

ゴルトシュミット,論文「地球の物質代謝」,(地球化学の基礎を確立)【諾】
ヒルベルト『数学の新しい基礎づけ』【独】
メンガー【墺】,ウリゾーン【波】ら,次元論の建設
アレグザンダー,双対定理,ヴュブレン『位置解析』,ホモロジー理論展開【米】

フィッシャー統計学

R・A・フィッシャー「理論統計学の数学的基礎」(統計学の古典)【英】,三上義夫「文化史上より見たる日本の数学」【日】

B
カウツキー,ゾッヒャー,化学発光の機構解明に寄与する重要な実験をおこなう
ヴァヴィロフ,変異における同似系列の法則提唱【露】

グルヴィッチ 形態形成場の考え方

アレキサンダー・グルヴィッチ,「形態形成場」の概念を提唱【独】
マイヤーホーフ,ヒル,筋収縮の化学およびエネルギー論によりノーベル賞【独】【英】
アーランガー,ガッサー,神経繊維における興奮伝導の機序解明に着手【米】
クロー『毛細管の解剖学および生理学』【丁】

論理哲学論考

C
トールマン論文「行動主義の新公式」発表(行動主義についての論争時代)【米】

ビンスワンガー

ビンスワンガー『医学的心理』【瑞】
フレイザー『金枝篇』全巻刊行【英】
ラドクリフ・ブラウン『アンダマン島人』【英】
マリノフスキー『西太平洋の遠洋航海者』【英】
折口信夫『神の嫁』【日】
イェスペルセン『言語』【丁】

ベルクソン 持続と瞬間

D
ケインズ『平和の経済的帰結』【英】
ヴィトゲンシュタイン『論理哲学論考』(執筆1918)【墺】

トレルチ キリスト教的相対性

トレルチ『歴史主義とその諸問題』【独】,マンフォード『ユートピアの系譜』【米】
堺利彦訳『共産党宣言』秘密出版される【日】
賀川豊彦,大阪労働学校開設【日】
ウォルター・リップマン『世論』【米】
ベルクソン『持続と瞬間』【仏】

E
ウェーバー『宗教社会学』【独】
ドラックマン『異教古代における無神論』【英】
神学雑誌『時の間』創刊【独】

ダイアン・フォーチュン

ダイアン・フォーチュン「内光協会」設立

木村泰賢 原始仏教論 アビダルマ研究

木村泰賢『阿毘達磨論の研究』【日】
トリンフラー,アフガニスタンのヒンドゥクシュ探検【英】,チャールズ・ウーリー,シュメール神殿遺跡発掘【英】

交流する芸術

A
キリコが展覧会開催,ポール・ギョーム「形而上絵画の創始者」とよぶ【P】
エルンスト画[友人たちの出会い]【仏】
パラディーニ,パンナッジ,マニフェスト「未来派の機械芸術」【伊】

ノヴェチェントの抵抗

「ノヴェチェント(1900年代派)」運動の組織化はじまる(カッラ,ロザイ,カンピーリ,マリーニ)【ミラノ】
ベルリン・ダダ解散,ハノーヴァー・ダダ活動盛ん【独】
前衛芸術家第1回国際大会開催(ドゥースブルフ,リシツキー)【デュッセルドルフ】
「ソビエト美術展」開催(構成主義)開催(ルチャナルスキー,グロピウス)【B】
ヴァザーリ『デア・フトゥリスムス』創刊【独】
「フランス植民地美術展」開催,キュビストたちは,バパンギ・マスク,ドゴン彫刻を吸収【仏】
ジュール・パスキン画[裸婦]【ブルガリア】
「近代芸術週間」ブラジル・モダニスムの誕生

柳宗悦

B
明石で「第2回未来派展」【日】
片山孤村「駄駄主義の研究」【日】
春山行夫ら「青騎士」創刊,神原泰,古賀春江ら前衛美術団体「アクション」結成【日】
村山知義画[美しき乙女に捧ぐ]【日】
竹内栖鳳,日仏交換展に[蘇州の雨]出品【日】
梅原龍三郎,春陽会結成【日】
柳宗悦『朝鮮の美術』【日】

C
ライト設計[帝国ホテル]完成(日本)【米】
グロピウス,シカゴ・トリビューン社屋の競技設計当選【独】
カンディンスキー,バウハウスのマイスターに就任【独】

シュレンマー バウハウス 抽象的様式

O・シュレンマーによるバウハウス校章デザイン【独】
アップダイク『活字』2巻【米】
リシツキーd[二つの正方形の物語](タイポグラフィによる絵本)【露】
井上木它,片岡敏郎dイメージポスターの先駆け【日】
スティーグリッツp[エキヴァレント]【米】
モホリ・ナギ「フォトグラム」の作品発表
マン・レイ写真集[甘美なる場]【仏】
福原信三,コロタイプ写真集[巴里]【日】
プレザント倶楽部,武蔵野写真倶楽部設立【日】
川口写真スタジオ,ポスターp[赤玉ポートワイン]【日】

シェーンベルク12音階

D
ラング監[ドクトル・マブゼ]【独】
ムルナウ監[吸血鬼ノスフェラトゥ]【独】
シェストレーム監[愛の坩堝]【典】
T・カルマス開発の初のテクニカラー映画[海の関所]公開【NY】
ヒルヒフェルト・マック抽象映画[反射光音楽]上映
ベラ・バラージュ『視覚的人間』(映画評論)【洪】

E
シェーンベルク,12音音階による作曲方法展開【墺】
ヒンデミット曲[マリアの生涯]【独】
バルトーク曲[木製の王子]【洪】

メイエルホリド

メイエルホリド演出[堂々たるコキュ](クロムランク作)【露】
ブレヒト作[夜うつ太鼓]上演【ミュンヘン】,ピランデルロ『ハインリヒ4世』【伊】

消費する文化

荒地 ユリシーズ

A
ヒュー・ロフティング『ドリトル先生航海記』シリーズとして刊行【英】
ホジソン『邪竜ウロボロス』【英】
T・S・エリオット『荒地』【英】
ジョイス『ユリシーズ』【愛】
ロラン『魅せられたる魂』,マルタン・デュ・ガール『チボー家の人々』(〜40)【仏】
モーラン『夜開く』【仏】
ハンス・カロッサ『幼年時代』【独】
ホフマンスタール『ザルツブルク大世界劇場』【墺】
フーゴ・ベッタウアー『ユダヤ人のいない町』【墺】

カミングズ 実験的散文物語

E・E・カミングズ『巨大な部屋』,スコット・フィッツジェラルド『美しくも呪われし者』【米】
エレンブルグ『フリオ・フレニトの奇妙な遍歴』
エロシェンコ『夜明け前の歌』【露】

B
深尾須磨子『真紅の溜息』【日】
芥川龍之介『藪の中』,佐藤春夫『都会の憂鬱』
稲垣足穂『星を造る人』,近松秋江『黒髪』【日】
平林初之輔『第四階級の文学』【日】
野上弥生子『海神丸』【日】
武林無想庵『性欲の触手』【日】
北原白秋,山田耕筰ら「詩と音楽」に発表【日】
神原泰『未来派の勝利』【日】
高橋新吉『断言はダダイスト』【日】

新聞王ハースト

C
ポケット判『リーダーズ・ダイジェスト』創刊,『NYタイムズ・ブックレビュー』創刊【米】
ハースト,『ニューヨーク・デーリー・ミラー』創刊,その他4紙を買収【米】
大統領クーリッジ,ラジオでスピーチ(ラジオ文化開花)【米】
KDKA局がラジオ本放送開始【米】,BBCが国際ニュースと天気予報はじめる【英】,初のラジオ広告放送【NY】
小学館創立【日】

サンデー毎日

『サンデー毎日』,『旬刊朝日』,『コドモノクニ』創刊【日】

ルイ・アームストロング

D
ハーレムを中心に「ニグロ・ルネッサンス」はじまる【NY】
初の大規模分散型ショッピング・センター(ジェシー・ニコラス)【米】
ポワレ,「マルチーヌ」を開店【仏】
ランバン,ブルトン・スーツ発表【仏】

アイリン・グレイ ギャラリー ジャン・デゼール

アイリン・グレイ,ギャラリー「ジャン・デゼール」開設【P】
『ジャルダン・デ・モード』創刊【仏】
文化裁縫学院設立(のちの文化服装)【日】
資生堂,結髪美容実演全国開催,「耳隠し」,アイシャドウ流行【日】
上野で平和博覧会,建物の中心は分離派,エスカレーター設置,初のラジオ放送【日】
初のネオンサインともる【日】

E
カーター&カーナボン卿,ツタンカーメン王の墓発見,エジプト・ブームに火をつける【英】
ルイ・アームストロング,キング・ジョー・オリバーのバンドに加わる(ジャズ・エイジ絶頂期へ)【米】
「ディ・レトルト」開店【ライプチヒ】
「1粒で300m」グリコ発売【日】

早慶ラグビー

第1回早慶対抗ラグビー開催(慶大勝利)【日】

ニューオリンズには、いつもたくさんのミュージシャンと、とてもうまいキャッツがズラリといた。
ダニー・バーカー『私の話を聞いてくれ』

月水金が粒子で、火木土が波動であるような物質が、実は情報でつながっているとは、誰も予想できなかった。

アメリカの「タイム」、日本の「文藝春秋」。やがて大衆を知識人にしてしまう装置の出現。

1923
大正12

独裁の復活

1 01 孫文,「中国国民党宣言」を発表【中】
11 仏・ベルギー軍,ルール地方に侵入,占領
14 ファシスト国防義勇軍(黒シャツ隊)発足【伊】
26 ソ連極東代表のヨッフェ,上海亡命中の孫文と共同宣言を発表

2 京漢鉄道大ストライキ(2.7事件)【中】
23 普選即行大示威行動【東京】

3 孫文,蔣介石をモスクワに派遣【中】
10 中国が日本に21カ条要求廃棄通告,日本拒否,各地に排日運動【中】
第5回汎米会議(サンチャゴ)

共産党弾圧(日)

4 23 第2次ローザンヌ会議(中東和平について)【日米】
石井・ランシング協定廃棄【日米】

5 19 ルール地方で共産党指導の鉱山,金属労働者40万人がデモ,各都市で市街戦発生【独】
23 社会主義労働者インターナショナル結成【ハンブルク】
26 トランスヨルダン首長国成立(国王イブン・フサイン)【ヨルダン】

徳田球一 共産党事件

6 05 第1次共産党事件,徳田球一ら逮捕【日】
09 ブルガリアでクーデター
長沙事件【中】
広州で共産党第3次全国代表大会【中】

関東大震災と大杉栄虐殺

7 10 ムッソリーニ,非ファシスト政党すべてに解散命令【伊】
24 トルコ,連合軍とローザンヌ条約締結

8 02 ハーディング急死,後任にクーリッジ【米】
12 人民党シュトレーゼマンが連立内閣形成(インフレ克服に)【独】
17 クーリッジ大統領,ドイツ賠償問題の解決にアメリカの援助を申し出る【米】
27 コルフ事件,ギリシア・アルバニア国境のコルフ島で伊のテリニ将軍ら暗殺

9 01 関東大震災【日】
02 山本権兵衛内閣成立【日】
02 朝鮮人虐殺事件発生【日】

スペイン独裁

13 プリモ・デ・リベラのクーデターと軍事独裁政権樹立【西】
16 甘粕事件(大杉栄,伊藤野枝虐殺)【日】
29 パレスチナの国際連盟信託委任統治を開始【英】
国民会議臨時大会でスワラージ党の活動が承認【印】

10 レザー・ハーン,首相に就任【イラン】
総統に曹錕選出【中】
10 第一回国際農民大会【モスクワ】
17 ベルリンで暴動発生【独】

トルコ共和国

29 トルコ共和国成立(初代大統領ムスタファ・ケマル)【土】

ミュンヘン・プッチ

11 08 ミュンヘン・プッチ(ビヤホール一揆,ヒトラー逮捕)【独】
30 連合国賠償専門委員会発足

12 06 総選挙,労働党進出【英】
18 英仏スペイン,タンジール永久中立化協定調印
18 台湾独立運動の指導者羅福星が逮捕【台湾】
21 ネパール独立
27 虎の門事件,山本内閣総辞職【日】

◉ 「汎ヨーロッパ同盟」設立【墺】

ネパール独立

工業・実業・失業

A スヴェードベリ,電気泳動法をティセリウスと共同開発【典】
ブレッセル,セレン整流器の特許取る【独】

ピアスの水晶発振

ピアス,水晶発振の「ピアス回路」発見【米】
F・フィッシャー,トロップシ,人造石油を製造【独】
窒化鋼を発明(クルップ社)【独】
ピアス,干渉計により超音波波長測定【米】

メタノール合成 ドイツ バディッシュ

一酸化炭素と水素によりメタノールの合成はじめる(バディッシュ社)【独】
ヴィルシュテッター,生理条件下でのコカインの合成成功【独】
ハリー・スティーンボック,紫外線照射食物中のビタミンDを発見【米】
ヘヴェシー,放射性トレーサー【洪】
ザイアノ,吸着指示薬フルオレッセン発見
ウィリアム・B・ニューカーク,ブドウ糖製造法の特許取得
最初の小型印刷機ロータープリント(簡易オフセット注目)【独】

汎用トラクター ハーベスター社

汎用トラクター製造(国際ハーベスター会社)【米】

プラネタリウム カール・ツァイス

バウエルスフェルト,投影式プラネタリウムを考案,設計(カール・ツァイス社,ドイツ博物館)【独】
ジェーコブ・シック,世界初の電気かみそり発案【米】
海軍技術研究所創立【日】

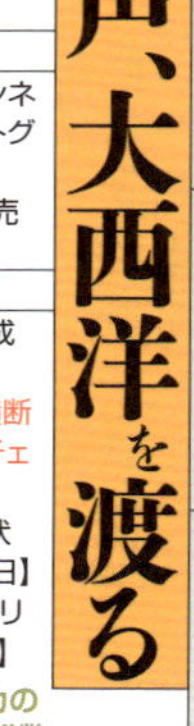

B 携帯式映画撮影機「ビクター・シネカメラ」製作(ビクター・アニマトグラフ社)【米】
大本寅次郎「虎印計算機」を発売【日】

C 電気試験所,電気式集計機を完成【日】
人間の声のはじめての大西洋横断送信成功(ピッツバーグ〜マンチェスター)
関東大震災で電信電話線潰滅,状況を「これや丸」から無線発信【日】
最初のハイウェイ,「ブロンクス・リヴァー・パークウェイ」完成【NY】

1500万台 アメリカの自動車総数

全米の自動車総数,1500万台に
X1型潜水艦を建造【英】

レンテン・マルク

D ドイツ・マルク急落,インフレ,「レンテン・マルク」発行【独】
CFR,「フォーリン・アフェアーズ」創刊【米】

エコノミスト(日)

「エコノミスト」創刊【日】
大震災のためモラトリアム施行【日】
郵便貯金現在高10億円突破【日】

E バーリントン紡績工場設立,ゼニス・ラジオ・コーポレーション,A・C・ニールセン会社【米】

ヤング&ルビカム

バーズアイ・シーフーズ社(急速冷凍法),ヤングアンド・ルビカム社設立【米】
ジーメンス,古河グループと富士電機設立【日】
築地魚河岸開場【日】
武藤山治,実業同志会結成【日】
安田銀行,日本航空設立【日】

武藤山治と実業同志会

1923

量子論と民族論

A

オーベルト『宇宙空間のなかのロケット』【独】
ゴルトシュミット,元素の地球化学的分配法則【諾】
スパー,オアー,マグマ説を提唱【米】

辻村地形学

辻村太郎『地形学』【日】
ド・ブロイ,物質波概念を導入【仏】
プランク「因果律と意志の自由」講演【独】
C・T・R・ウィルスン,ボーテ,それぞれに反跳電子を確認【英】【独】
ルイス,初期電子論の確立【米】

コンプトン効果

コンプトン,コンプトン効果の実験とその量子論的解釈,光量子の存在を確認【米】
G・D・バーコフ,ケロッグ,不動点定理を函数方程式の解の存在に応用【米】
レーモンド・パール『生物寿命測定学と統計学入門』(統計学の基礎築く)【米】

ド・ブロイ物質波

B

フロイントリッヒ,ザイフリッツ,原形質が糸状粒子からできているものと推定【独】
グルウィッチ,細胞分裂誘起線を提唱【ソ】
フォークト,原腸の形態形成運動を分析【独】
ワールブルグ,組織呼吸測定法開発【独】
ロビンソン卿,ダービシャ,チェスターフィールド,ガラント,モルヒネ構造式を決定【英】
ロイド,偶発的進化説の提唱【英】
ケルビン,補酵素の構造を解明【典】
ディック夫妻,ショウコウ熱を単離,検出法を案出【米】
破傷風の免疫法考案(パスツール研究所のガストン・ラモン)【仏】
ホイラー『昆虫の社会生活』【米】
オルトマン『藻類の形態学と生活史』【独】
荻野久作,排卵と月経との関係を解明【日】

C

ジャン・ピアジェ『言語と思考』『児童の自己中心性』【瑞】

意味の意味

オグデン&リチャーズ『意味の意味』【英】

ピアジェ発達心理学

D

カッシーラー『象徴形式の哲学I』(～29)【独】
ルカーチ『歴史と階級意識』【洪】
トロツキー『文学と革命』【ソ】
アルトウル・メラー・ファン・デン・ブルック『第三帝国』【独】
ノイラート,社会経済博物館を設立【W】
フランクフルト社会研究所設立【独】

観念の歴史クラブ

ラヴジョイ(ジョンズ・ホプキンス大学),「観念の歴史クラブ」主宰【米】
オルテガ『西洋評論』創刊【西】
マウトナー『西洋の無神論の歴史』(否定神学とタオ)【墺】
ユリウス・シュトライヒャー,反ユダヤ誌「シュテルマー」創刊【独】
田辺元『数理哲学研究』【日】
三木清,ハイデッガーに師事【日】

E

マルティン・ブーバー『我と汝』【墺】
フェルディナンド・オッセンドフスキー『動物・人・神』【露】
ソーンダイク『13世紀までの魔術及び実験科学史』2巻【米】
霊友会開教【日】
下中弥三郎,野口援太郎ら「教育の世紀社」結成【日】
浅野和三郎,心霊科学研究会設立【日】
ズダンスキー,周口店で北京原人大臼歯を発掘【墺】

ブーバー

交流する芸術

A

プランポリーニら「機械芸術宣言」【伊】
マン・レイ作[破壊さるべきオブジェ]【仏】
「ノヴェチェント」第1回展でムッソリーニの演説「国家の芸術」論争おこる【伊】
マリネッティ【伊】,モール【独】,村山知義【日】ら,アウグスト・グルッペ結成

ジョージア・オキーフ

ジョージア・オキーフ,アンダーソン・ギャラリーで個展【米】
フランツ・ブライ『ロココの精神』【W】
フーゴー・バル,ビザンチンのキリスト教精神【独→チューリッヒ】

B

生々流転 横山大観の水墨絵巻

横山大観画[生々流転]【日】
前田寛治画[二人の労働者]【日】
神原泰画[ヴェルレーヌの女と仔猫]【日】
ベルリンから村山知義帰朝,柳瀬正夢らとマヴォ展(前衛運動はじめる)【日】
吉行エイスケ編集 ダダイズム 刊行【日】
河井寛次郎作[青瓷鱔血文花瓶]【日】

C

マレーヴィッチ,建築模型[シュプレマティズムの建築]【ソ】
ペレ設計[ル・ランシーの教会堂]【仏】
ミース・ファン・デル・ローエ設計[煉瓦の田園住宅計画案]【米】
ラドフスキー,メルニコフら「新建築家協会」(ASNOWA)創設【ソ】
田園都市計画運動「地域計画協会」おこる【米】

メルツ建築 ハノーヴァーのシュヴィッタース

シュヴィッタース,ハノーヴァーの自宅にメルツ建築を構築【独】
ロドチェンコd[「おしゃぶり」の宣伝ポスター](文マヤコフスキー)【ソ】
第1回モンツァ工業・装飾美術ビエンナーレ開催(デペーロら参加)【伊】
タイポグラフィー年鑑「ザ・フリューロン」創刊【英】

アイソタイプ オットー・ノイラート

アイソタイプ(国際視覚言語)考案
モホリ・ナギ,バウハウスに写真科設置【独】
スティーグリッツ「エクィバレント」のシリーズはじめる【米】
エドワード・スタイケン「ヴォーグ」,「ヴァニティフェア」のチーフ写真家に【米】
福原信三『光と其諧調』【日】
鈴木八郎,南実ら「表現社」設立【日】

モホリ・ナギ

D

エイゼンシュタイン,「アトラクションのモンタージュ」発表【ソ】
ウーズリー監[ノートル・ダムのせむし男],クルーズ監[幌馬車]【米】

デミルの十戒

セシル・B・デミル監[十戒]【米】
マン・レイ「ヒゲのはえた心臓のための夜会」で映画[理性への回帰]発表【仏】

E

ストラヴィンスキー曲[管楽八重奏曲]【ソ→米】
バルトーク曲[舞踏組曲],コダーイ曲[ハンガリー詩篇]【洪】
ウィリアム・ウォルトン曲バレエ[ファサード]上演【L】
宮城道雄曲[さくらの変奏曲]初演【日】
ブィロニスラワ・ニジンスカ振付[結婚式](ストラヴィンスキー曲)上演【P】
ツァラ,[ガス入りの心臓]上演,エリュアール,ブルトンら妨害【P】
ブラガーリア演,マリネッティ作[白と赤]【R】
エルマー・ライス作[計算機]上演【米】
シュレンマー劇[三組のバレエ]【独】
石井漠踊[囚われたる人]【日】

エイゼンシュタイン

消費する文化

A

W・B・イエイツ物語詩『ハールーン・アルラシードの贈り物』(ノーベル賞)【英】,グリーン『輝く世界』,デ・ラ・メア『シートンの伯母さん』【英】
ノエル・カワード『枯草熱』【英】
「アデルフィー」,「ライフ・アンド・レターズ」創刊【英】
モーリヤック『炎の河』,アラゴン『テレマクの冒険』【仏】
ヴァレリー『ユーパリノス,或は建築家』,シュペルヴィエル『火山をはこぶ男』,コクトー『山師トマ』『大股開き』,コレット『青い麦』【仏】

肉体の悪魔 レーモン・ラディゲ

レーモン・ラディゲ『肉体の悪魔』,没【仏】
ポール・モラン『夜とざす』,A・ド・シャトーブリアン『ラ・ブリエール』【仏】
フェーリクス・ザルテン『バンビ』【墺】
E・E・カミングス『チューリップと煙突』【米】
ウォレス・スティーヴンス『ハーモニアム』【米】
エレンブルグ『トラスト・D・E』【ソ】
ムハマド・イクバール『東洋の選択』【印】
魯迅『吶喊』【中】

イエイツ

B

萩原恭次郎,壺井繁治ら「赤と黒」創刊【日】

青猫 萩原朔太郎 月に吠える以降

一千一秒物語 稲垣足穂

萩原朔太郎『青猫』【日】
稲垣足穂『一千一秒物語』【日】
金子光晴『こがね虫』,辻潤『ダダイスト新吉の詩』【日】
江戸川乱歩『二銭銅貨』,甲賀三郎『カナリアの秘密』【日】
知里幸恵編『アイヌ神謡集』【日】

C

週刊誌「タイム」創刊【米】
ヴォックス社,ベルリン放送局設立,20年代のマスメディアの担い手となる【独】
ロンドン・ラジオ・タイムズ紙創刊【英】
社会民主系の児童出版社「ユングブルネン」設立【墺】
「アメリカン・マーキュリー」誌創刊【米】
フェイドン・プレス社設立【英】
ラジオ放送開始【豪】
菊池寛,「文芸春秋」創刊【日】
月刊「アサヒグラフ」,「少女倶楽部」創刊【日】
アナーキスト誌「赤と黒」創刊【日】

タイムと文芸春秋

D

ヒトラー,フォードのユダヤ人排撃論を翻訳【独】
シャネル,すべてのスカートを短くする【仏】
メアリ・ルイス,シシリア・ギナンがニューヨークに【NY】
御茶の水に文化アパートできる【日】
モンパルナスに初のナイト・クラブ「ジョッキー」開店【仏】

山野千枝子

山野千枝子,丸ビルに「美容院」開設【日】

E

缶入りトマト・ジュース発売【米】
ミルキー・ウェイ・キャンディ・バー発売【米】
漫画「のんきな父さん」,漫画「正チャンノバウケン」連載はじまる【日】
黒人だけのショー[シャッフル・アロング]がブロードウェイ上演【米】
チャールストン流行【米】

ベッシー・スミス 失意のブルース

ブルース歌手ベッシー・スミスのレコード[失意のブルース]200万枚売れる【米】
井田一郎,初の日本人ジャズオーケストラ Laughing Stars結成
[船頭小唄]流行【日】

一九二〇年代の若い女性は恋を楽しみ、キスをし、人生を重苦しく見ず……一種の精神的な赤ん坊の妖婦だ。
スコット・フィッツジェラルド

かつての文化都市ウィーンでは大半の市民が失業してしまった。

1924
大正13

独裁の復活

ソ連内部抗争へ

1 10 第2次護憲運動発足【日】
13 ソビエト共産党大会,スターリン報告でトロツキー批判【ソ】
14 ドーズ委員会(ドイツの財政再建,賠償支払い方式)【P】

国共合作1

20 国民党第1次全国代表大会【中】
22 第1次マクドナルド労働党内閣成立【英】
24 ティーポットドーム油田疑獄【米】
27 ワフド党政権成立【埃】
2 01 英がソ連を承認
08 初のガス室による死刑執行【米】
21 東京で治安維持法反対労働団体大会【日】
3 03 カリフ制廃止,オスマン一族亡命【埃】
03 独・トルコ友好条約締結
25 ギリシアが共和制宣言【希】
28 新潟で小作争議(大正の三大争議)【日】

4 01 連合国,ドイツの賠償支払い猶予承認
06 総選挙,ファシスト党の勝利【伊】
12 新移民法可決【米】
5 04 総選挙,ナチスと共産党躍進【独】
11 総選挙,左派連合進出【仏】
26 新移民制限法成立(排日移民法)【米】
6 10 統一社会党の指導者マッテオッティ暗殺【伊】

ヘルツォーグ南ア反英

護憲三派内閣

11 護憲三派内閣成立(第1次加藤内閣)【日】
17 コミンテルン第5回大会に徳田球一,片山潜ら参加【モスクワ】
30 アフリカーナ国民主義者ヘルツォーグ首相【南ア】

7 18「赤い戦闘員団」設立【独】
サンパウロでイジドロ革命発生【ブラジル】
8 08 イギリス,ソ連通商条約調印

ドーズ案 ドイツ賠償問題

16 ドイツ賠償に関するドーズ案成立
24 マケドニアの指導者トドル・アレクサンドロフ暗殺
9 08 第2奉直戦争【中】
14 第1回学生連合会全国大会開催,学生社会科学連合会結成(国際反戦連盟加入)【日】

馮玉祥クーデター溥儀追放

10 02 マクドナルド,ジュネーブ議定書を発表(国際連盟事務局作成)【英】
08 張作霖,ソ連と東支鉄道の協定
22 馮玉祥が北京でクーデター,旧清朝皇帝溥儀追放【中】

蔵相チャーチル

11 07 第2次ボールドウィン保守党内閣成立,蔵相にチャーチル【英】
コミンテルン執行委員会とプロフィテルン執行委員会の共同会議開催
20 スーダン総督スタック暗殺,英,エジプト軍撤退を強要【英】,ワフド内閣崩壊
26 モンゴル人民共和国成立
エストニアで150名の共産主義者を禁錮刑

頭山満暗躍 大アジア主義孫文と会談

28 孫文が大アジア主義に対して演説,頭山満と会談【神戸】
12 09 シンガポール軍港の強化計画発表【英】
イブン・サウド,ジッダを攻略,アリ降伏
◉ ウズベク共和国,トゥルクメン共和国成立

ホー・チ・ミンの同志会

◉ ホー・チ・ミン,青年革命同志会結成【越】

工業・実業・失業

A ゲラン,カルメット,BCGの実用化【仏】
ラモン,ジフテリアナトキシンを製造【仏】
ウェスタン・エレクトリック社,電気聴診器開発【米】

多色グラビア製版

デボウ,多色グラビア製版法発明【瑞】
ゲーラー,高強度ポートランド・セメント発明【独】
化学カルテルIG・ファルベン,合成ガソリン開発計画はじめる【独】

ライカA型 バルナック小型機

バルナック,小型カメラ「ライカA型」完成【独】
イーストマン・コダック社,アセチルセルロースを使用した写真フィルム発売【米】

石井森沢写植機

石井茂吉,森沢信男,それぞれ別に写真植字機発明【日】
レコードの電気吹込み開始【日】
厚木勝基,硝化繊維素の研究【日】
尾形輝太郎,感光色素の合成【日】

B **ツヴォリキンのキネスコープ** テレビ画像管

ツヴォリキン,キネスコープ(テレビの画像管)を発明【米】
東京電気,トリエーテッドタングステンフィラメントの3極管199,201A発売【日】
ライツ・マイクロホンの使用はじまる【独】
ラジオ通信株主会社(RAVAG)設立【W】
ラジオ受信機保有250万台に達する【米】

無線写真電送RCA

C RCA,無線による写真電送実験成功(ロンドン〜ニューヨーク)【英】

アート・スミスの世界旅行

スミス,世界1周飛行【米】
フェルディナント・シュルツ,グライダー滞空最長時間記録樹立【独】
ダグラス複葉機で初の世界1周成功【米】
テッヘル,高速艦隊潜水艦設計【独】
初のディーゼル機関車,ニュージャージー・セントラル鉄道で運転開始【米】
マクスウェル自動車,最初のクライスラー車発売【米】

D NY株式取引所新記録出来高233万株【米】
WE社ホーソン工場での産業心理学実験【米】

イギリス金本位制

金本位制に復帰【英】
ドイツにアメリカの巨額外貨導入(ドーズ法案成立),インフレおわる【独】
新通貨としてシリングが導入される【墺】
東京の物価下落【日】

IBM生誕

E CTRがIBMと改称【米】
ディーン・ウィッター社,マサチューセッツ投資信託(初の投資信託会社),ミュージック・コーポレーション・オブ・アメリカ(MCA)設立【米】
サックス・フィフス・アベニュー開店【米】
インペリアル・エアウェーズ設立【英】

正力松太郎 読売新聞買収

正力松太郎,読売新聞買収【日】
三井信託,博報堂,伊奈陶器,合同酒精,石川島飛行機製作所設立,松坂屋開店【日】

ハーストと正力松太郎。新聞は買収してつくられる。

1924

量子論と民族論

A

エディントン,恒星と星実光度との関係【英】

星雲距離と星間物質 ハッブルの測定

ハッブル,アンドロメダ座の大星雲の距離(70万光年)【米】

プラスケット,星間物質の発見【加】

ベルナドスキー,地球化学の体系をととのえる【ソ】

シュティレ 造山運動研究

シュティレ,世界の造山運動を総合【独】

ケッペン,ヴェゲナー,大陸漂移説による地質時代の気候変化論【独】

ジョリー,地殻変動の熱的輪廻説を発表【英】

ド・ブロイ『波動力学の基礎』【仏】

ボース,ボース=アインシュタイン統計法を提出【印】

ボーア【丁】,クラマース【蘭】,スレーター【米】,エネルギー運動量保存法則を放棄

アルティン,係数体が有限体の代数函数体を問題化【墺】

クーラント&ヒルベルト『数理物理学の方法』【独】

藤原咲平『地形の渦巻きと相模灘大地震』【日】

理科年表 東京天文台

東京天文台編『理科年表』第1冊発刊【日】

ボース=アインシュタイン統計

B

アブデルハルデン,ジ・ケトペラジン説を提唱(タンパク質の構造)【独】

ウェスターグレン,赤血球の沈降速度測定【典】

佐々木隆興,タンパク質とアミノ酸の化学的合成【日】

フォイルゲン,ロッセンベック,フォイルゲン反応の発見【独】

シュペーマン,マンゴルト夫人,オルガナイザーを発見【独】

角膜移植 ソ連のフィラトフ

フィラトフ,角膜移植に成功【ソ】

ディック&グラディス,連鎖状球菌の分離成功【米】

J・B・S・ホールデン,進化の数学的取り扱いをはじめる【英】

C

ワトソン『行動主義』【米】

ピアジェ『幼児の判断と推理』【瑞】

イェスペルセン 音声学と言語論

イェスペルセン『文法の原理』(~28)【丁】

I・A・リチャーズ『文学批評の原理』【英】

D

シュミット『民族と文化』【独】

マイネッケ 近代史と歴史主義

マイネッケ『近代史における国家の理念』【独】

バウアー『資本主義の世界像』【墺】

スターリン『一国社会主義論』【ソ】

孫文『三民主義』【中】

高橋亀吉『日本資本主義経済研究』【日】

ドヴォルザーク『精神史としての美術史』【墺】

パノフスキー『象徴形式としての遠近法』【独】

内藤湖南『日本文化史研究』【日】

安岡正篤『日本精神の研究』【日】

スターリン 一国社会主義論

E

ルネ・ゲノン 神秘主義 東洋と西洋

ルネ・ゲノン『東洋と西洋』【仏】

レーリッヒ父子,中亜,チベット探検【米】

廬山で世界仏教大会開催【中】

交流する芸術

A

第1回未来派会議【ミラノ】

アザーリ『未来派の花,人工臭の造形的相当物宣言』【伊】

ツァラ『七つのダダ・マニフェスト』【仏】

ファイニンガー,クレー,ヤウレンスキー,カンディンスキーら「青い四」結成

キリコ画[クトールとアンドロマケ]【伊】,ミロ画[母と子][昆虫たちの会話]【西】,アルベルト・エルボー画[赤い上着]【独】

ルドルフ・ヴァッカー画[自画像のある自画像]【独】

ハンナ・ヘッヒ,コラージュ制作はじめる【独】

マレーヴィチ『シュプレマティズム宣言』【ソ】

シュルレアリスム研究センター開設【P】

アルトー,クノー,キリコらシュルレアリスム運動に参加【仏】

青い四 ファイニンガー、クレー、ヤウレンスキー、カンディンスキー

B

MAVO 村山知義 柳瀬正夢

村山知義ら「MAVO」創刊【日】

竹内栖鳳画[斑猫],伊東深水画[湯気]【日】

仲田定之助作[首]【日】

河井寛次郎,浜田庄司ら,柳宗悦の民芸運動推進【日】

浜田庄司 益子焼作陶

浜田庄司,イギリスより帰国,益子町で民芸に没頭【日】

C

ル・コルビュジェ『建築をめざして』【瑞】

V・マルキ『未来主義建築』【伊】

リシツキー,高層建築案[雲の鐙]【ソ】

中村順平設計[大東京新都市計画]入選(帝都復興創業展)【日】

ヤン・チヒョルト,左右非対称のタイポグラフィ(サンセリフ使用)の試み【独→瑞】

ブロイヤーd[木製肘掛椅子]【独】

マン・レイp[モンパルナスのキキ]【米】

ウエストンp[ティーナ・モドッティの朗唱]【米】

ブラガーリア兄弟p[マリネッティのフォト・ポートレイト],マリオ・カスターニェーリp[未来派の会合]【伊】

オットー・デュン・ケルスビューラーd[カルピス・ポスター](日本)【独】

福原信三・金丸重嶺

福原信三ら「日本写真会」設立【日】

金丸重嶺,鈴木八郎ら初の商業スタジオ「金鈴社」設立【日】

D

フェルナン・レジェ監[バレエ・メカニーク]【仏】

ルネ・クレール監[幕間](デュシャン,ピカビア,サティ,マン・レイ出演)【仏】

フリッツ・ラング監[ニーベルンゲン]【独】

ジョン・フォード監[アイアン・ホース]【米】

ノイエ・タンツ ドイツ舞踊運動

E

シェーンベルク曲[ピアノ組曲],[金管五重奏曲]【墺→米】

ヴェーベルン曲[五つのカノン],[三つの宗教的民謡]【墺】

ブゾーニ曲[ファウスト博士]【伊】

カザヴォーラ『未来派音楽宣言』【伊】

ディアギレフ自作台本バレエ[青い汽車](ローランス装置,シャネル衣裳,ニジンスカ振付)【ソ】

マリー・ヴィグマン,処女リサイタル(ドイツ舞踊運動ノイエ・タンツ広がる)【独】

築地小劇場 小山内薫 土方与志

小山内薫,土方与志ら築地小劇場開場【日】

消費する文化

A

D・ガーネット『動物園へ入った男』,ゴールズワージ『白猿』,E・M・フォースター『インドへの道』【英】

W・B・イエイツ『猫と月』【英】

ノエル・カワード『ヴォルテックス』【英】

アラゴン『放蕩』,デュアメル『サラヴァンの生涯と冒険』,ヴァレリー『ヴァリエテ』【仏】

サン・ジョン・ペルス『遠征』【仏】

ジャン・ベルナール『旅への誘い』【仏】

ラディゲ『ドルジェル伯の舞踏会』(遺作)【仏】

ポール・クローデル『繻子の靴』【仏】

マックス・ジャコブ『肉欲の人と瞑想の人』【仏】

ブルトン『シュルレアリスム宣言』【仏】

シュルレアリスム宣言

魔の山 トーマス・マン 西と東の対立

トーマス・マン『魔の山』【独】

バールラッハ『大洪水』,ハウプトマン『大いなる母の島』,デーブリン『山,海,巨人』,カロッサ『ルーマニア日記』【独】

エーゴン・エルヴィーン・キッシュ『疾駆するレポーター』(アスファルト文学)【米】

ユージン・オニール『すべて神の子は翼あり』『楡の木蔭の欲情』【米】

魯迅『中国小説史略』【中】

B

谷崎潤一郎『痴人の愛』【日】

春と修羅 宮沢賢治詩集

宮沢賢治『春と修羅』,『注文の多い料理店』【日】

千葉亀雄「新感覚派の誕生」【日】

岡本綺堂「半七捕物帳」,大仏次郎「鞍馬天狗」連作開始【日】

宮本百合子『伸子』【日】

青野季吉ら「文芸戦線」,小山内薫,川口松太郎ら新時代の読物雑誌「苦楽」,「文芸時代」,小林秀雄ら「青銅時代」創刊【日】

潤一郎

半七捕物帳 鞍馬天狗

GGPG 北園克衛 野川隆

野川隆,北園克衛ら「G・G・P・G」,吉行エイスケら,ダダ雑誌「売恥醜文」,小野三十郎ら「ダムダム」,徳田戯一「文芸耽美」創刊【日】

C

トマス『アラビアのロレンスとともに』【米】

「サタデー・レビュー」,「デイリー・ミラー」,「NY・イヴニング・グラフィック」紙創刊【米】

「ラジオ通信保護のための緊急令」発効【独】

「労働者ラジオ・クラブ結成」(ARK)【独】

社団法人東京放送局設立【日】

「子供の科学」創刊【日】

萬年社「広告年鑑」刊行【日】

東洋文庫創立【日】

D

K・K・Kによる排日運動深刻化【米】

ウェンブリー大博覧会開催【英】

「フィガロ」紙,香水製造業者コティにより買収,以降親ファシスト的見解展開【仏】

ココ・シャネル,香水会社設立,「シャネルNo.5」発売【仏】

クリネックス発売(使い捨てハンカチ)【米】

上野公園,動物園,成婚記念に下賜【日】

銀座にモガ・モボ登場【日】

日本棋院創設【日】

ココ・シャネル

E

エルヴィーン・ピスカトールのレビュー[レビュー・ローター・ルンメル]上演【独】

ガーシュイン曲[ラプソディー・イン・ブルー]【米】

[篭の鳥]封切,以後小唄映画流行【日】

かつて富者と少数の貴族階級にのみ享受されたファッションは、いまや大衆のものとなった。
ポール・ナイストローム

ルカーチ、マンハイムらの戦闘的文化主義とワールブルク研究所の情報文化史研究。知識の再編成が急ぎ足になっている。

チャップリンと阪東妻三郎、この年、等しく人気爆発。

爛熟する文化

1925
大正14

独裁の復活

ドイツ復興とヒトラー

1 12 南京で排日運動激化【中】
15 トロツキー,最高人民委員解任【ソ】
15 ハンス・ルッター政権,ナチス初の内閣【独】
23 チリでクーデター
日ソ基本条約調印(国交回復)【北京】

2 09 独,英,仏ラインラント安全保障条約提案
19 阿片会議おわる【ジュネーブ】

クルド族反乱

25 トルコ政府にクルド族反乱はじめる【土】
27 ヒトラー,ビアホールで大会開く,ナチス再建【独】

3 04 クーリッジ大統領再選【米】

普通選挙(日)

29 普通選挙法案成立,治安維持法公布【日】

ブルガリア・テロ

4 16 ブルガリアで欧州最大のテロおきる
17 朝鮮共産党創立
26 大統領選挙,右派ヒンデンブルク当選,ワイマール連合敗北【独】
27 首相加藤高明暗殺未遂事件,黒竜会首領内田良平を収監【日】
福建軍閥政府,学生デモ弾圧【中】

5 01 キプロスが英直轄植民地となる
04 ブルガリアで共産党非合法に
07 中華全国総工会(劉少奇ら指導)【中】
30 5.30事件,上海租界,反帝デモでイギリス官憲発砲【中】

6 スワラジ党指導者ダス没,以後凋落【印】
17 戦時毒ガス使用禁止に関する議定書調印
23 広州沙面事件【中】

パリ国際装飾博

シカゴ婦人博

ムッソリーニ独裁とスターリン主義

広東国民政府

7 01 広東国民政府成立【中】
ルール撤退開始【仏】

8 02 第2次加藤内閣成立(憲政会の単独政権)
トルコで一夫多妻制廃止
26 キャンベル事件(ロンドンの共産党本部手入れ)【英】

ロカルノ会議

10 05 ロカルノ会議(独,仏,英,伊,白,ポーランド,チェコ)
12 独ソ通商条約調印【モスクワ】
20 朴烈,金子文子夫妻,大逆事件で起訴【日】

11 01 独共産党全国協議会開催【独】
09 ナチス,親衛隊SSを創設【独】
20 郭松齢,張作霖に反対し挙兵,関東軍,張作霖軍に資金・武器援助【中】
トルコ帽着用禁止,ヴェール着用反対運動,神秘主義教団の集会場,閉鎖,教団活動禁止【土】

パフラヴィー朝

12 16 ペルシア国民議会がレザー・ハーンを国王に,パフラヴィー王朝開始【イラン】
18 共産党の第14回大会,スターリンの一国社会主義理論採択,党名をボルシェヴィキと改称

西山派 国民党右派反共運動へ

23 国民党右派,北京で西山派を結成【中】
24 ムッソリーニの独裁権確立【伊】
26 インド共産党成立【印】

工業・実業・失業

ベアードのテレビ実験

A

整流性 メリットのゲルマニウム研究

メリット,ゲルマニウムの整流性の発見【米】
スヴェードベリ,超遠心機で高分子化合物の分子量測定【典】
ジュリアス・アーサー,合成ゴム開発の先駆け【米】
バーズアイ,シーブルック,調理済み食品冷凍保存法開発【米】
水道局のための蒸気タービン駆動のポンプを製作(W・H・アレントン社)【英】
ラ・モント,ラ・モント・ボイラー発明【米】
ドライアイスの製造開始【米】
藤沢友吉商店,回虫駆除薬「マクニン」発売【日】
日本初の高マンガン鋼製特殊軌条製作成功(大同電気製鋼所)【日】
増井清ら,ニワトリの初生雛雌雄鑑別法【日】
マッカーシー,マイクロフィルムを発明【米】
山本鼎,クレパス考案【日】

B

GE社,円錐形ラウド・スピーカー発明【米】
ジョン・ベアード,動く物体のテレビ放送非公開実験【スコットランド】
東京電気,新マツダ電球発売(無尖頭,内面つや消し,ガス入り)【日】
早川金属研究所,国産ラジオ受信機第1号(鉱石式)生産【日】

八木アンテナ 八木秀次 宇田新太郎

八木秀次,宇田新太郎,八木アンテナ発明【日】
ブライト,チューブ,レーダーの着想【米】

C

ベル電話研究所独立【米】
クロスバー交換機をはじめて実用【典】
中央気象台,気象無線通報開始【日】
逓信省電気試験出張所,米ウェスティングハウス社の依頼でオークランドKGO局の放送受信,国際放送界へ【日】
ヘンリー・フォード,商業航空便開設(デトロイト～シカゴ)【米】
コロニアル空輸会社,航空便輸送はじめる
マルコム・キャンベル,自動車速度世界最高樹立(時速242.795キロ)【英】
ボーイングPW・9型戦闘機【米】
SCA社,超音波水中聴音機製作【仏】
山手線,環状運転はじまる【日】
世界初の8in砲巡洋艦古鷹を完成【日】
電化工事完成(東京～横浜),電気機関車公式試運転【日】

火薬カルテル

D

火薬工業カルテル成立【英・米・独】

ダッジ買収

ディロン・リード銀行,ダッジ自動車製造を買収【NY】
連合国財政会議開催【P】
米・メキシコ間で石油協定成立(他国への利権譲渡禁止)
労働団体,治安維持法・労働争議調停法・労働組合法の3法反対デモ【日】
北樺太日ソ利権協約締結

E

クライスラー社,ベル研究所,キャタピラー・トラクター会社【米】,イーゲー(IG)染料創立【独】,バークレー銀行設立【英】
メキシコ中央銀行設立

野村証券・味の素

武田薬品工業,南海電気鉄道,三菱鉛筆,住友化学工業,花王石鹸,安田信託銀行,ダット自動車商会,日本冶金工業,日本無線電信,野村証券,味の素,東京電力設立【日】

1925

量子論と民族論

A

ジョーンズ,かに座新星の連続スペクトルを観測【英】
アップルトン,バルネー,電離層確認【英】
シュヴァリエ,地球磁気の研究【仏】
ジェフリーズ,風浪発生の理論【英】
ニグリ,火成源鉱床の成因論【瑞】
ハイゼンベルク,量子力学の基礎的研究【独】
ボルン,ヨルダン,マトリックス量子力学つくる【独】
フェルミ,フェルミ=ディラックの量子統計【伊】
ハウトスミット,ウーレンベク,電子スピン概念の導入【蘭】

量子力学 ハイゼンベルク,ディラック,フェルミ,ボルン,ヨルダン

パウリ排他律

パウリ,パウリの排他原理【瑞】
ブラッケット,核変換の霧箱写真を撮影【英】
コンプトン&シモン【米】,ガイガー&ボーテ【独】ら,要素過程の保存則の個別的成立
バーナード,紫外線顕微鏡を製作【英】

ノイマン集合論

フォン・ノイマン,集合論の公理化【洪】
ブローウェル,直観主義の数学基礎論【蘭】
ヴァイル,準単純リー群の表現論【独】
ネヴァンリンナ兄弟,有理型函数の値分布論の総合【芬】
ホワイトヘッド『科学と近代世界』【英】

B

ゴルトシュミット,イオン化合物の結晶構造に関する研究【諾】

ニッケル触媒 ラネーの工夫

ラネー,ニッケル触媒完成【米】
ガランド&ロビンソン,コカインの構造解明【英】
グレイ,核分裂と物質代謝との関連推定【英】
ルンズゴール,実験生態学を提唱【洪】
ベルガー,はじめて人間の脳電図を記録【独】
シートン『狩猟動物の生活』(4巻〜28)【米】

C

パブロフ生理学研究所設立【ソ】
P.ギョーム『子供の模倣』
カッシーラー『言語と神話』【独】

シクロフスキー

シクロフスキー『散文の理論』【ソ】
マルセル・モース『贈与論』【仏】

モース贈与論

D

わが闘争 アドルフ・ヒトラー

ヒトラー『わが闘争』【独】
ケルゼン『一般国家学』【墺】
高田保馬『階級および第三史観』【日】
上杉慎吉『国体論』【日】
ラスキ『政治学大綱』【英】
平野義太郎『法律における階級闘争』【日】
デューイ『経験と自然』【米】
シュリック『自然哲学』【墺】
オルテガ『芸術の非人間化』【西】

オルテガ

マンハイム 知識社会学

マンハイム『知識社会学の問題』【独】
シュミット『政治的ロマン主義』【独】
バラージュ『視覚的人間』【洪】

ワールブルク研究所

ワールブルク研究所開設【独】

E

フリーメーソンなど秘密結社禁止【伊】
ドイツ博物館設立【ミュンヘン】

シュルレアリスム

A

最初のシュルレアリスム団展【仏】
「ノイエ・ザハリヒカイト」展,マンハイム市立美術館【独】
エルンスト,フロッタージュはじめる【仏】
ダリ画[窓辺の若い娘]【伊】
フランツ・ラジヴィル画[写真のある静物]【独】
タマラ画[ラ・サル公爵夫人のポートレート]【波→ソ】
フィローノフ「分析芸術家協会」結成【レニングラード】
「画架芸術家協会」,「四芸術協会」結成,[ラップ]結成(レフ攻撃)【ソ】

ノイエ・ザハリヒカイト

造形思考 パウル・クレー

パウル・クレー『造形思考』【瑞】
モホリ・ナギ『絵画・写真・映画』【洪】
フランツ・ロー『表現主義以降』(魔術的リアリズム論)

B

映丘・御舟

村上華岳画[松山雲烟],速水御舟画[炎舞]【日】
松岡映丘画[伊香保の沼]【日】
村山知義作[コンストルクチオン],坂田一男画[キュヴィズム的人物像],石垣栄太郎画[鞭打つ]【日】

アール・デコ展

C

「デア・リング」結成【B】
「OSA」(国際建築家集団)結成【ソ】,メルニコフ設計[ソビエト館](パリ国際展で構成主義建築をはじめて提示)【ソ】,「アスノヴァ(新建築家協会)」結成【ソ】
ワイマールのバウハウス閉鎖,デッサウに移転【独】

ユルバニスム

グロピウス『国際建築』【独】,ル・コルビュジエ『ユルバニスム』『輝ける都市』【瑞】
マックス・タウト設計[ドイツ印刷組合会館]【独】
岡田信一郎設計[歌舞伎座]【日】
「アール・デコ展」(現代装飾工業美術展覧会開催)【P】
ブロイヤーd[金属パイプ]【洪】,ピエール・ルグランd[エジプト様式の椅子]【仏】,タトリンd[タトリン・チェア]【ソ】,ロドチェンコd[労働者クラブの椅子]【ソ】
ルネ・ラリックd[カモシカのレリーフのあるガラス製取手]【仏】
ノイラート,アイソタイプ研究所設立【墺】
シャルル・ルポー,ポスター画[サーブル・ドール・レ・パン]【P】
ウェストン,即物的風景の写真展開催【米】
ライカの「エルマックス」発売(初の35ミリカメラ)【独】

椅子 ブロイヤー,ルグラン,ロドチェンコ,タトリン

D

デュシャン「アネミック・シネマ」製作【仏】
ガンス監[ナポレオン](音楽アルテュール・オネゲル〜27)【仏】,エイゼンシュテイン監[戦艦ポチョムキン]【ソ】
リヒター,エッゲリングら[絶対映画]【独】

牧野省三 マキノプロダクション

牧野省三,マキノプロダクション設立【日】

E

ベルク曲[室内協奏曲]【墺】
ショスタコーヴィチ曲[交響曲第1番]【ソ】
山田耕筰,近藤秀麿ら,日本交響楽協会【日】
ピランデルロ演出[我らが女神](ボンテンペーサ作,マルキ装置)【伊】

消費する文化

A

ウェイリ訳『源氏物語』【英】
ウルフ『ダロウェイ夫人』,D・ガーネット『水夫帰る』【英】
イエイツ『幻想』【英】
シュペルヴィエル『引力』,モーリヤック『愛の砂漠』,アラゴン『永久運動』【仏】
カフカ『審判』【チェコ】,ホフマンスタール『塔』,ツヴァイク『魔神との闘争』【墺】
スタイン『アメリカ人』【米】
ドス・パソス『マンハッタン乗換駅』【米】

ドス・パソス

ドライサー アメリカの悲劇

ドライサー『アメリカの悲劇』【米】
フィッツジェラルド『偉大なるギャツビー』【米】
ホセ・バスコンセーロス『宇宙的人種』【墨】
モーリツ『炬火』【洪】
ショーロホフ『ドン物語』,レオーノフ『あなぐま』【ソ】

偉大なるギャツビー

B

檸檬 梶井基次郎 24歳

梶井基次郎『檸檬』【日】
萩原朔太郎『純情小曲集』【日】
江戸川乱歩『屋根裏の散歩者』【日】
十一谷義三郎『白樺になる男』【日】
萩原恭次郎『死刑宣告』(装丁岡田龍夫,挿画村山知義ら)【日】
堀口大學訳『月下の一群』【日】
山村暮鳥『雲』【日】
細井和喜蔵『女工哀史』【日】
日本プロレタリア文藝連盟成立【日】
このころ文壇,新感覚派,新人生派,プロレタリア文学派の三派【日】

C

ザルツブルクから初の国際放送開始【独】

ニューヨーカー

「ニューヨーカー」創刊【米】
新聞の検閲制成立【伊】
杜定友『世界図書分類法』【中】

キング100万部

「キング」創刊,売行き百万部突破【日】
「家の光」創刊【日】
ラジオのニュース放送始まる【日】

D

第1回婦人世界博覧会開幕【シカゴ】
アル・カポネ,密造酒取引の元締めに【米】
初のモーテル開業【米】
文芸喫茶「ローマ・コーヒー」に文化人集まる【B】
北大路魯山人,日枝神社境内に星岡茶寮を開く【日】

JOAK 東京放送スタート

東京放送局(JOAK)本放送開始【日】
白木屋,パリからネオン輸入,点灯【日】

カポネとジョセフィン・ベーカー

E

ジョセフィン・ベーカー,パリ初演,レビューの女王として君臨,チャールストン流行【P】
チャップリンの人気爆発([黄金狂時代])【米】
プラーガー監ヌーディスト映画[美と力への道]封切り【B】
ブルース・バートン『誰も知らない男』ヒット【米】

阪東妻三郎

阪東妻三郎主演[雄呂血]ヒット【日】
大日本相撲協会設立【日】

もしラジオ放送に特有の芸術形式を求めるなら、誰にでも聴ける新しい音楽を必要とするはずだ。
クルト・ヴァイル

二五局を結んだNBCネットワーク。ニューヨークとロンドンを結んだ無線電話。そして日本にも登場したダイヤル式自動電話。
十数年をかけたモルガンの遺伝情報論が実り、フォン・ユクスキュルが環境世界の情報に目をむける。
初のSF誌「アメージング・ストーリー」が〝もうひとつの情報世界〟を編集する。

1926
大正15
昭和1

抵抗と分裂

英ゼネスト敗失

1 03 パンガロス,独裁権にぎる【希】
04 寡婦・老齢年金法発効【英】
04 広東で国民党2全代表大会【中】

イブン・サウド王

08 イブン・サウド,ヒジャーズ王を宣言
2 17 トルコ共和国民法制定【土】
3 05 労働農民党結成【日】
12 デンマーク国会,軍備解消を決議
北京で3.18事件【中】
20 広州で中山艦事件(蒋介石,共産党員を逮捕)

4 02 カルカッタでヒンドゥー教徒とイスラム教徒の衝突事件【印】
独ソ友好中立条約

炭坑スト(英)

5 01 炭坑スト,他産業労働者のゼネストに発展(275万人参加)【英】
02 合衆国の軍隊,ニカラグアに上陸
05 ゼネストに対抗するために,チャーチルの編集で新聞発行【英】
ジノヴィエフら,NEPに反対【ソ】
12 イギリスのゼネスト失敗【英】
12 ポーランドのピルスツキー将軍,クーデター(〜14)【波】
23 パリ政府,レバノンを共和国と宣言
28 ポルトガルでダ・コスタの軍事クーデター

6・10万歳事件

6 10 李王の国葬当日,朝鮮共産党の指導で,反日デモ(6.10万歳事件)【鮮】

蒋介石・北伐

ポアンカレ内閣

7 23 ポアンカレ内閣成立【仏】
27 蒋介石が国民革命軍総司令官となり,北伐開始【中】
28 米・パナマ条約調印
8 カトリック教会,宗教儀式停止,クリステーロの反乱はじまる【墨】
9 07 北伐軍,漢口を占領【中】
08 ドイツが国際連盟に加入【独】
11 スペイン国際連盟脱退
25 ファシスト党がマフィア撲滅運動【伊】

ピルスツキー将軍

10 02 ピルスツキー,首相となり独裁【波】
03 第1回汎ヨーロッパ会議開催

平野力三・大山郁夫

05 日本農民党結成【日】
上海労働者の武装蜂起失敗【中】
ジノヴィエフ,トロツキー解任【ソ】
11 01 ゲッベルス,ナチス・ベルリン大管区指導者に【独】
02 スターリン,一国社会主義建設を説く【ソ】
23 第1次上海暴動【中】
ジャヴァで共産党反乱
12 04 日本共産党再建大会開催【日】
日本労農党結成(大山郁夫委員長へ)【日】
17 スメトーナら,クーデターにより政権獲得【リトアニア】

大正から昭和へ

25 大正天皇没,「昭和」へ【日】

武漢政府 汪兆銘 国民党左派

国民党左派と中共,武漢政府樹立(汪兆銘)【中】
スメトーナ,第3代大統領,戒厳令発布,左翼政党への弾圧開始【リトアニア】
◉ 過激共産主義の「リンツ綱領」発表【墺】

資本主義の混乱

クルップ社の超硬合金工具

A ブタジエンからゴム合成(IG社)【独】
ヘルマン,ポリ酢酸ビニルからポリビニルアルコール【独】
ポラク,全水圧式のダイカスト鋳造機【チェコ】
超硬合金工具ヴィディア(クルップ社)【独】
ストリップ・ミルで薄板製造(コロンビア・スチール社)【米】
15000HPのディーゼルエンジン製作(ブローム・ヴォス社)【独】
高速水力タービン製作(セオドール・ベル社)【瑞】
秀英社(大日本印刷),一貫作業の総合印刷工場完成【日】
宮田聡,アルマイト研究【日】

万国規格統一協会

万国規格統一協会(I.S.A)発足【英】

B ベアード,赤外線暗視機の研究【英】
山本忠興,川原田政太郎,機械式テレビジョンの研究はじめる【日】
中央電気庁設置,グリッド(電力網)の形成はじめる【英】

C NBCネットワーク(RCA),25局を結んで放送開始【米】
テレフンケン式写真伝送発表(テレフンケン社),カルロス式写真電信機完成(ジーメンス社)【独】
初のテレビ公開実験【英】

初の無線電話 NY〜ロンドン

ニューヨーク〜ロンドン,初の無線電話通話成功【米】
日本初の電話線,初の自動式電話装置【東京】
初のダイヤル式自動電話(京橋電話局)【日】
無線電信開始(東京〜大阪)【日】
日本アマチュア無線連盟(JARL)設立
バード中佐,フォッカーF713機で北極上空飛行成功【米】
ゴダード,初の液体燃料ロケット飛行成功【米】
GM社,ポンティアック車発売【米】

欧州鉄鋼カルテル

D フラン暴落,対ドル49,対ポンド243に【仏】
失業者約200万人【独】
ルール地方の製鉄業者大ストライキ結成,合同製鋼会社を設立,鉄鋼業復活【独】
欧州鉄鋼カルテル(仏・独),国際鋼管カルテル成立
炭坑スト拡大【英】
鉱山,石油国有化【墨】
科学産業研究審議会発足【豪】
史上最大のダイヤモンド鉱発見【南ア】
シエラレオネ鉄道労働者組合結成【南ア】

ロイヤル・ダッチ・シェル・トラスト

E ニューヨーク・ナショナル・システム銀行が増資,世界最大の銀行に【米】
AT&Tがラジオ局をRCAに売却【米】
ロイヤル・ダッチ・シェル・トラスト成立
NBC社(GE,ウェスティングハウス,RCA)設立【米】
ルフトハンザ航空【独】
ツアイス・イコン会社設立【独】

東洋レーヨン 日本レイヨン

東洋レーヨン,日本レイヨン,住友生命保険,倉敷絹織(クラレ),ブルドッグソース,岡田屋呉服店(ジャスコ),信越化学,集英社設立【日】

量子論と民族論

A

エディントン 恒星内部構造論

波動関数

エディントン『恒星内部構造論』【英】
ラングミュア,電離ガスをプラズマと命名【米】
シュレディンガー,波動力学の基礎【墺】
デバイ,ジオーク,各独立に電子常磁性断熱消磁性により極低温を得る方法【蘭】【米】
ブッシュ,電子幾何光学【独】
ヨルダン,ディラック,一般的変換理論【独】【英】
本多光太郎・茅誠司,鉄の単晶の磁化【日】
アルティン,一般相互律【墺】,シュライアー,抽象連続群【墺】,ウィナーとペロン,ディリクレ問題の解決【米】【独】
E・カルタン,パフ形式,ホロノミー群【仏】
ヴァイル「数学と自然科学の哲学」【独】

B

モルガン遺伝論

ヤンセン,ドナーツ,米ぬかよりビタミンB1の結晶【蘭】
ヴィンダウス,ヘス,エルゴステリンの紫外線照射でビタミンD合成【独】【米】
シュレーマン,キニーネより強力な坑マラリア剤の合成【独】
モルガン『遺伝子説』,遺伝説を体系化【米】

感覚生理学

エードリアン,ゾッターマン,神経インパルスの研究(感覚生理学の基礎築く)【英】
サムナー,ウレアーゼの結晶化成功,酵素がタンパク質であることを確認【米】
藤井健二郎,染色体2重螺旋構造説【日】
シリファケ,超短波療法はじめる【独】
スマッツ『全体論と進化』【米】
ユクスキュル,ハンブルク大に環境世界研究所設立【独】
丘浅次郎『猿の群から共和国まで』【日】

C

M・オブシアンキナ『中断行動の再行』【米】
E・ミンコフスキー『精神分裂症』【仏】

マリノフスキー

マリノフスキー『未開社会における犯罪と慣習』【英】
カールグレン『中国音韻学研究』(15〜)【中】

D

プラハ学派 マテジウス、ムカジョフスキー、ヤコブソン、ボガトゥイリョフ

トーニ『宗教と資本主義の生成』【英】
ヴィーザー『力の法則』(エリートの経済学)【墺】
ケインズ『自由放任の終焉』【英】

グラムシ逮捕

グラムシ逮捕,ウスティカ収監【伊】
福本和夫,山川均を批判(福本イズム)【日】
V・マテジウス,R・ヤコブソンら,「プラハ(プラーグ)学派」結成【チェコ】【ソ】
南方熊楠『南方閑話』『南方随筆』
和辻哲郎『日本精神史研究』【日】
三木清『パスカルにおける人間の研究』【日】

E

H・M・フォスディック『冒険の宗教』【米】

安岡正篤 金鶏学院 東洋思想研究所

安岡正篤の金鶏学院発足【日】
チベットの多傑覚巴格什ラマ,武漢に密乗学会を創設【チベット】
ティヤール・ド・シャルダン『神の国』【仏】

シュルレアリスム

A

エルンスト

シュルレアリスム画廊開設【P】
マグリットら,シュルレアリスト・グループ結成【ブリュッセル】
マグリット画[最後のジョッキー][精霊の顔]【白】
バッラ画[愛しあう数字]【伊】
シャガール画[恋人の花束]【ソ→仏】
エルンスト画[博物誌]【仏】
ムンク画[赤い家]【諾】,ココシュカ画[リーチモンドのテラス],グロッス画[社会の大黒柱]【独】
エルテ画[金鶏]【仏】
オキーフ画[シェルトンホテル,ニューヨークNo.1]【米】

ムーアの彫刻

ヘンリー・ムーア彫刻[くつろぐ着衣の人物像]【英】
カンディンスキー画[円のいろいろ]『点と線から平面へ』【ソ】
パウル・リゲティ『混沌からの脱出路』【洪】
G・H・ハルトラブ,ノイエ・ザハリヒカイトをテーマに講演【ケーニヒスベルク】

B

東郷青児画[サルタンバンク]【日】
山口蓬春画[三熊野の那智の御山]【日】

C

サグラダ・ファミリア

ミース・ファン・デル・ローエ

ガウディ設計[サグラダ・ファミリア]の主塔完成(現在建築中)【西】
ミース・ファン・デル・ローエ設計[11月革命記念碑]【独】
H・シュトラウマー設計[無線電信塔]【独】
アドルフ・マイヤー設計[イエナ・プラネタリウム]【独】
「グルッポ7」(フィジーニ,ジーノ・ポリーニ,テラーニ)結成,合理主義建築を推進【伊】
ファン・ドゥースブルフ,「デ・スティル」誌上に造形理念「エレメンタリズム」宣言発表【蘭】
グラトコフ設計[流体力学学校],ゴロソフ設計[ズーエフ文化会館]〜27【ソ】
遠藤新『建築論』【日】
マリアンヌ・ブラントd[高さ調整機能付天井燈]【独】
「コマーシャル・アート」創刊【日】
山口栄一d[第4回創宇社制作展ポスター]【日】
パラディーニ,「イマジニズモのフォトモンタージュ運動」を創設【伊】
第1回日本写真美術展開催【日】

D

メトロポリス フリッツ・ラング監督

ラング監[メトロポリス]【独】
ブラウン監[肉体と悪魔]ガルボ主演【米】

衣笠貞之助 表現主義的映像実験

衣笠貞之助監「狂った一頁」【日】
トーキー映画公開実験(ワーナー)【米】
羅雲奎監,脚,主演[アリラン]上映【鮮】に,モンテルラン「闘牛士」【仏】

E

ヤナーチェク曲[スラブ・ミサ]【チェコ】
モソロフ管弦楽曲[鉄工所]【ソ】
近衛秀麿ら,新交響楽団結成【日】
アルトーが演劇集団「アルフレッド・ジャリ劇場」創設【仏】
スタニスラフスキー『わが生涯』【ソ】
千田是也ら前衛座第1回公演,ルナチャルスキー作[解放されたドンキホーテ]【日】
「テアトロ」創刊【日】

マーサ・グラハム モダンダンス

マーサー・グラハム,第1回リサイタル(モダンダンスはじまる)

幻想と文学

A

ロストジェネレーション文学

ゴールズワージ『銀の匙』,D・H・ロレンス『翼のある蛇』【英】
リード『理性とロマン主義』,T・E・ロレンス『知慧の七柱』【英】
A・A・ミルン『クマのプーさん』,クリスティ『アクロイド殺人事件』【英】
アラゴン『パリの農夫』,ジッド『贋金づくり』,ベルナノス『悪魔の陽の下に』,モンテルラン『闘牛士』【仏】
ブレモン『純粋詩』(純粋詩論争おこる)【仏】
フェルナンデス『使命』(評論)【仏】

中国のマルロー

マルロー『西欧の誘惑』(中国滞在,広東革命参加)【仏】
カフカ『城』【チェコ】
ティース『世界への門』【独】
ハーゼンクレヴァー『殺人』【独】
「ノヴェチェント」(文芸誌)創刊【伊】
フォークナー『兵士の給与』【米】
ヘミングウェイ『陽はまた昇る』,ロストジェネレーションが大きな潮流へ【米】
サンドバーグ『リンカーン伝』【米】
レオーノフ『泥棒』【ソ】

B

吉田一穂 海の聖母

江戸川乱歩 長谷川伸 夢野久作 吉川英治

吉田一穂『海の聖母』,北川冬彦『検温器と花』,小野十三郎『半分開いた窓』【日】
川端康成『伊豆の踊子』【日】
吉川英治『鳴門秘帖』新聞連載【日】
江戸川乱歩『一寸法師』,夢野久作『あやかしの鼓』,城昌幸『都会の神秘』【日】
生方敏郎『明治大正見聞史』【日】
長谷川伸・直木三十五ら「大衆文芸」創刊【日】

中野重治 マル芸結成

中野重治「マルクス主義芸術研究会結成」(マル芸)【日】
青野季吉の「自然生長と目的意識」(目的意識論争おこる)【日】
野溝七生子『山梔』【日】

C

ブック・オブ・マンス・クラブ結成【米】
新聞でレーニンの「遺書」暴露【米】,東京日日新聞が号外で新元号を「光文」と誤報【日】

初のSF誌 アメージング・ストーリー

SF雑誌出現「アメージング・ストーリー」【米】
「アサヒカメラ」創刊【日】
中央公論社設立【日】
改造社『現代日本文学全集』予約募集開始,円本ブームおこる【日】

NHK設立 東京・名古屋・大阪の3放送局を統合

日本放送協会(NHK)設立【日】

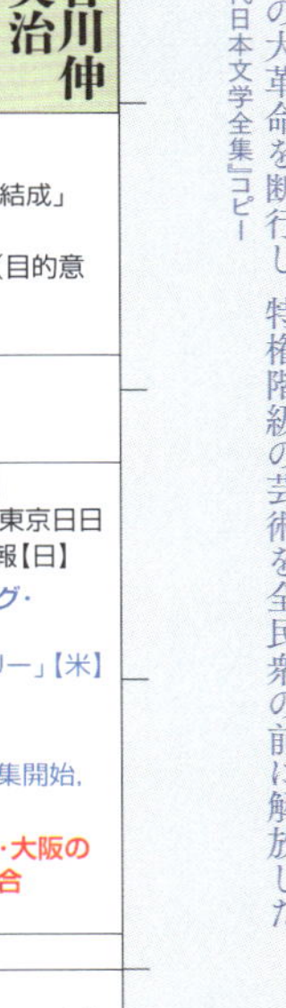
善い本を安く読ませる！この標語の下に我社は出版界の大革命を断行し、特権階級の芸術を全民衆の前に解放した。
改造社『現代日本文学全集』コピー

D

円本・円タク

密輸入酒,年間360億ドルに【米】
トーキー映画がアメリカで成功(セリフの文化へ)【米】
G・パプスト監[心の不思議](精神分析ブームに)【独】
シャネル,ニット・ジャージのアンサンブル発表【仏】
春,円タク現れる【日】

E

ヴァレンティノの突然の死(31歳)で後追い自殺者(スターと大衆の接近)【米】
エドナー・ファーバー『ショー・ボート』ベストセラーに【米】
人見絹枝,第2回女子陸上競技大会で優勝【日】

現代音楽の原点をつくったシェーンベルクとヴァレーズ。

モダニズムを決定づけたヴァイゼンホフ国際住宅展。

科学思考の転換を迫る不確定性と相補性の議論。

1927
昭和2

サウジアラビア独立

抵抗と分裂

被抑圧民族反帝国主義会議

2 03 ポルトガルで軍事独裁に対する反乱
10 被抑圧民族反帝国主義会議,ネール,ホー・チ・ミン,宋慶齢ら出席(→55年AA会議)【ブリュッセル】
11 カーリエス政権が,教会財産を国有化【墨】
15 朝鮮民族解放の新幹会,京城で結成【鮮】
3 14 衆院予算委の片岡発言で金融恐慌【日】

南京事件 英と国民革命軍

24 南京事件,国民革命軍が乱入(英砲艦の乱射)【中】

4 03 漢口事件,大衆デモが日本租界侵入【中】
12 上海で蔣介石が反共クーデター【中】
17 若槻内閣辞職,田中義一内閣成立【日】
18 蔣介石,南京に国民政府樹立【中】
5 01 ヒトラー,はじめて集会【B】
20 イギリス,イブン・サウドのヒジャーズ支配承認,サウジアラビア成立

山東出兵 1

28 日本軍,山東に出兵【日】
30 治安維持法初適用(京都学連事件で野呂栄太郎,石田英一郎,林房雄ら有罪判決)【日】
6 20 日・米・英,ジュネーブで海軍軍縮会議
27 東方会議(「満州を勢力下におく」と発表)【日】

イギリス労組法

28 イギリス,労働組合法成立
イベリア=アナキスト連盟結成【西】

張作霖大元師

張作霖,北京政府大元帥に【中】
インドネシア国民党結成(スカルノ指導)
憲政会・政友本党合同で立憲民政党結成【日】
各地で小作争議激化【日】

スカルノ・毛沢東登場

7 10 ケビン・オヒギンズ暗殺【愛】
15 ウィーンでゼネストと暴動【墺】

27年テーゼ

15 コミンテルン「日本問題に関する決議」(27年テーゼ)を決定
8 07 中国共産党,農民武装蜂起闘争決定【中】
30 ネール,インド独立連盟結成【印】
9 06 武漢政府,南京政府に合流【中】
25 アルザス・ロレーヌの自治を要求するドイツ人組織ハイマートブレト結成【独】

10 04 アムステルダムで反帝同盟第1回世界大会開催,日本代表片山潜【蘭】
毛沢東,井崗山に根拠地を築く【中】
11 18 コロンビア,石油地帯を国有化
22 イラン政府が石油発見のバーレンの領有権を主張
インド統治に関するサイモン委員会設置
広東省海豊・陸豊に最初のソビエト樹立【中】
社会民衆党系の赤松明子ら,社会婦人同盟結成【日】
12 02 NEP終了,第1次5カ年計画を採択【ソ】

広州コミューン

11 葉挺ら,広州コミューン樹立【中】
国民会議,完全独立を決議【印】
◉ 首都をキャンベラに移す【豪】
豪労働組合評議会(ACTV)発足
◉ サンパウロ市郊外コチアで日本人が農業協同組合結成【ブラジル】

資本主義の混乱

A カール・シェンク,繰返し曲げ試験機【独】

超高速度鋼 ベッカー鉄鋼所

コバルトを多量に含む超高速度鋼発明(ベッカー鉄鋼所)【独】
タートル・クリーク鉄道橋,最初の全溶接橋として竣工【米】
マリソン,水晶のピエゾ電気効果を利用した水晶時計を製作【米】
スミス,脳下垂体摘出に成功【米】
F・ドリンカー,呼吸補助装置「鉄の肺」発明(ハーバード大)【米】
グリゴリエフ,雲母の結晶合成【ソ】
IG社,繊維防虫剤オイランの合成,ロイナに石炭・タールの高圧水素添加工場建設【独】

岡部金次郎

岡部金次郎,マグネトロン発明【日】
母船式サケ・マス漁業の開始【日】
ジアゾ式湿式印刷機発明【蘭】

サケ・マス母船式漁業

B ベル研究所,テレビジョンの実験成功【米】

ファンズワース テレビジョン分解管

ファンズワース,テレビジョン画像分解管発明【米】
レコード自動掛替付きプレーヤー第1号(ビクター・トーキング・マシン社)【米】
ラウンド,5極真空管の考案【英】

C ATT,米英間の大西洋横断無線電話サービス開始【米】
国際無線通信諮問委員会(CCIR)設立

リンドバーグ 翼よ,あれがパリの灯だ

リンドバーグ,大西洋無着陸横断飛行成功【米】
16in砲戦艦ネルソン完成【英】
クリスチー社,高速戦車【米】,ルノー式70t超重戦車【仏】,世界最大,空母「サラトガ」,「レキシントン」完成(電気推進)【米】
マルコム・キャンベル,時速281.4キロの自動車速度世界新【英】
新型モデル,フォードA型登場【米】
世界初の自動車専用隧道,ホーランド・トンネル完成【NY】
最初の地下鉄開通(上野〜浅草)【日】

日本金融恐慌

D デンマーク,金本位制へ復帰
ジュネーブ国際経済会議開催
染料の世界カルテル市場の分割と価格協定成立
ジュネーブで第1回貿易制限撤廃会議
金融恐慌(渡辺銀行,あかぢ貯蓄銀行休業,鈴木商店取引中止),株式市場大暴落,田中内閣三週間のモラトリアム施行【日】
東洋モスリン亀戸工場争議妥結,女工解放第一歩【日】
司法省が思想係検事をおいて左翼思想取締りの強化【日】
野田醤油ストライキ突入【日】
山本満鉄社長と張作霖の間で満蒙5鉄道の建設の了解成立【日】

E **パン・アメリカン**

パン・アメリカン・エアウェイズ社設立【米】

理研コンツェルン

理研コンツェルンの形成【日】
小田原急行鉄道が家屋の売買の事業を認可される(私鉄の不動産部門への進出)【日】
昭和キネマ,紀伊國屋書店,三井生命保険,三菱信託銀行,日本ポリドール,日本信託銀行,資生堂,住友石炭鉱業,日本ビクター蓄音器,森永練乳設立【日】

存在をめぐって

A

リンドブラッド【典】,オールト【蘭】,銀河系回転説,ルメートル,膨張宇宙説【白】
アップルトン,電離層2層を発見【英】
クリーら,地磁気活動周期の太陽自転周期一致を発見【仏】
和達清夫,深発地震の存在確認【日】
花山天文台設立【日】
ハイゼンベルク,不確定性原理唱える【独】
ボーア,相補性原理(量子論)【丁】

不確定性と相補性

電子線回折

デヴィッソン,ガーマー,電子線回折を実証【米】
G・P・トムソン,電子波の干渉実験
ダン『時間の実験』【英】
ウッド,ルーミス,超音波の研究【米】
ライヘンバッハ『時空論の哲学』【独】
アルティン,ヒルベルト第17問題の解決【墺】
ディクソン『多元環とその数論』【米】
ペーター,ヴァイル,完閉群の表現論【独】
エヴァンス 対数ポテンシャル(一般のディリクレ問題)【米】

B

フォン・フリッシュとミツバチ・ダンス

サートン『科学史序説』【米】
ケーソム,液体ヘリウムの相転移を発見【蘭】
ハイトラー【独】,ロンドン【米】,水素分子生成に関する量子論
ウェーリッシュ,筋肉やゴムの弾性力が分子の熱運動によるものであると発表【独】
エバンス,ビタミンEの単離・命名【英】
マラー,X線照射により遺伝子の人為突然変異の誘起に成功【米】
マシュー,哺乳類の化石研究から適応放散の進化的意義を実証【米】
ゴルトシュミット,性決定機構を生理学的見地から説明【独】
ローズ,純粋アミノ酸による動物飼育実験開始(必須アミノ酸確定に寄与)【米】
フォン・フリッシュ『ミツバチの生活』【独】

ニッチ概念 エルトン動物生態学

エルトン『動物生態学』(食物連鎖・ニッチの概念を確立)【英】
アルファデス『動物社会学』刊【独】
ベルナルト・ツォンデク,S・アシャイム,性ホルモン発明【独】
モニッツ,脳血管を撮影【蘭】

C

フロイト『幻想の未来』【墺】

ライヒ 性心理学の発展

ライヒ『オルガスムの機能』【墺】
ピアジェ『物理的因果性』【瑞】

ハイデッガー

D

高度資本主義

ゾンバルト『高度資本主義』【独】
ピグー『産業変動論』【英】,ミッチェル『景気循環論』【米】
エーコン・フリーデル『近代文化史』(～32)【墺】
ラスキ『共産主義』【英】
猪俣津南雄『現代日本ブルジョアジーの政治的地位』【日】
ハイデッガー『存在と時間』【独】
西田幾多郎『働くものから見るものへ』【日】
三木清『人間学のマルクス的形態』【日】

E

北京原人 周口店の発掘

北京原人の発掘開始【中】

シュルレアリスム

A

マッソン オートマティスムの美術導入

マッソン[砂のタブロー]はじめる【仏】
「ディ・ノイエ・ザハリヒカイト展]開催【B】
マティス画[装飾的背景の中の人物]【仏】
マグリット画[新聞を読む男]【白】
オキーフ画[ニューヨーク・ラジエーター・ビル]【米】
ディムース画[私のエジプト]【米】
シュテレンベルク,絵画文化博物館で個展開催【モスクワ】
ルイ・イカール画で[ジェラザード]【仏】

B

佐伯祐三画[ガス灯と広告],恩地孝四郎版画[美人四季],橋本平八作[裸形少年像]【日】
イサム・ノグチ,ブランクーシに師事【日】
高橋箒庵(義雄)『大正名器鑑』完成(17～)【日】
北大路魯山人,鎌倉に星岡窯を開く【日】

勅使河原蒼風

勅使河原蒼風,草月流創設,家元に【日】
日本初の美術全集,平凡社『世界美術全集』(全54巻)【日】

C

インノチェンツォ・ゾッバティーニ設計[住宅供給公社のガルバテッラの住宅]【R】
ヴァイセンホフ国際住宅展開催(第2回ドイツ工作連盟展)ベーレンス,グロピウス,ル・コルビュジエ,ミース,タウトら参加【独】

ヴァイセンホフ国際住宅展

バックミンスター・フラー設計[プレハブ式ダイマクション・ハウス],「ジオデシック・ドーム」提唱【米】
スポーツ都市「フォロ・ムッソリーニ」(現フォロ・イタリコ)計画開始【ローマ北部】
ル・コルビュジエd[回転式の肘掛椅子][ラウンジ・チェア]【瑞】,グロピウスd[型家具]

フラー

ステンベルグ兄弟[国立電気公団の革命10周年記念イルミネーション]【ソ】
F・デペーロ画[活字建築]【伊】
パウル・レナーdタイプフェース[フツーラ]【独】
内藤春治d[壁面への時計],杉浦非水dポスター[東洋唯一の地下鉄道],柳瀬正夢d「号外]創刊号表紙【日】
杉浦非水らポスター研究誌「アフィッシュ」,「デザイン」創刊【日】
森谷延雄,インテリアデザイナー団体「木の芽舎」結成,商工省「工芸指導所」開設【日】
チャールズ・シーラーp[フォード工場のシリーズ],ウエストンp[貝殻]【米】

パラディーニ イマジニズモフォトモンタージュ

パラディーニ[イマジニズモの最初の開示][イマジニズモのフォトモンタージュ]発表【伊】
中山岩太p[パイプとマッチ]【日】

D

ルノワール監[マッチ売りの少女]【仏】
アルトー映画[貝殻と僧侶]【仏】
エイゼンシュテイン監[十月]【ソ】
バスター・キートン主演監督[将軍]【米】
日本初トーキー映画[黎明](小山内薫ら)【日】

ヴァレーズ

E

ストラヴィンスキー曲[エディプ王]【ソ】,ヴェーベルン曲[弦楽三奏曲]【墺】,バルトーク曲[第3弦四重奏曲]【洪】
ヴァレーズ曲[アルカナ]【仏→米】
ブラガーリア演出[テレジアの乳房](アポリネール作)【伊】

ピスカトール 演出家舞台機械学

ピスカトール演出[どっこい,おいらは生きている](E・トフラー)【独】

幻想と不安

A

V・ウルフ『灯台』【英】
バルビュス『イエス』,バンダ『聖職者の背任』【仏】
アラゴン,エリュアールら共産党入党【仏】
グリーン『アドリエンヌ・ムジュラ』,ジロドゥー『エグランチーヌ』,ベルナノス『ぺてん』【仏】
コクトー『オペラ』『オルフェ』【仏】
デュアメル『サラヴァンの日記』,ブデル『ジェローム,北緯六十度』【仏】
フーゴー・バル『時代からの逃走』【独→瑞】
モーリヤック『テレーズ・デスケールー』【仏】
ルネ・ゲノン『世界の王』【仏】
ペレ『眠れ,眠れ,石のなかで』【仏】
カフカ『アメリカ』【チェコ】
ヨーゼフ・ロート『果てしなき逃走』【墺】
S・ツヴァイク『人類の星の輝く時』【独】
バケルリ『ポンテルンゴの悪魔』,キエーザ『ヴィラドルナ』,ボルジェーゼ『美女たち』【伊】
ヘルマン・ブロッホ『夢遊病者たち』着手【墺】

静かなドン ショーロホフ第1部

ショーロホフ『静かなドン』第1部発表,パステルナーク『1905年』【ソ】
茅盾『幻滅』『動揺』【中】

B

北園、春山 西脇、滝口

日本プロレタリア芸術連盟編「日本プロレタリア詩集一九二七年」【日】

芥川自殺

芥川龍之介『河童』『歯車』,自殺【日】
九条武子『無憂華』【日】
藤森成吉『何が彼女をそうさせたか』【日】
蔵原惟人『マルクス主義文芸批評の基準』【日】
日本プロレタリア芸術連盟分裂,労農芸術家連盟結成,労芸分裂,前衛芸術家同盟成立【日】
高浜虚子,俳句を「花鳥諷詠詩」とする【日】

虚子 秋桜子、青畝、誓子 素十、茅舎、草田男

北園克衛ら「薔薇・魔術・学説」創刊
「シュルレアリスム宣言」発表【日】
西脇順三郎,滝口修造ら「馥郁タル火夫ヨ」創刊【日】

銀河鉄道の夜

宮沢賢治『銀河鉄道の夜』【日】

C

AP通信社設立
英国放送協会(BBC)設立(ウォール・チャーターによる)【英】
京城放送局放送開始【鮮】

岩波文庫 100頁で★20銭

岩波文庫発刊【日】
初の音声付週間映画ニュース[フォックス・ムービートーン・ニュース]はじまる【米】
サッコ,バンゼッティ裁判で死刑判決,各国で反対デモ【米】
コニー・アイランドにサイクロン・ジェットコースターが登場【米】
マックス・フォン・グルーバー『性生活の衛生学』【独】
巨大国際麻薬組織を摘発【B】

D

「クーポール」開店(藤田嗣治,キスリング,ヴラマンク,コクトーら招待)【モンパルナス】
オペラハウスにジャズが初登場【ライプチヒ】
ミュージカル[ショー・ボート]大ヒット【米】

E

デューク・エリントン曲[ブラック・アンド・タン・ファンタジー]【米】
国電に社内広告初登場【日】

嵐寛の鞍馬天狗

嵐寛寿郎の鞍馬天狗シリーズ第1作[角兵衛獅子]封切,林長二郎(長谷川一夫)デビュー【日】
第1回ゴールデン・グローブ・ボクシング試合開幕(ポール・ギャリコ特集記事を書く)【NY】
ガルボ人気[肉体と悪魔]【米】
第1回全国オープン・ゴルフ大会開催【日】
ベーブ・ルースがシーズン60本塁打【米】

五月二十四日、銀座二丁目東側に黒猫といふカッフェー本日開店す。巴里のChat-noirという酒肆の名を取りたるものなるべし。
永井荷風『断腸亭日乗』

やっとハートリーが、
電気通信は情報通信であることに気がつく。

1928
昭和3

抵抗と分裂

1 04 土地所有禁止法案(コルホーズ化)【ソ】
27 ホルンスルッド内閣成立【諾】
2 20 総選挙,第1回普通選挙【日】
21 ファシスト義勇軍を正規軍に編入【伊】
29 国民政府の攻撃で広東省の海陸豊ソビエト崩壊
サイモン委員会インド着,抵抗運動激化
3 04 英軍隊駐留を拒否,反英運動暴動化【埃】
15 第2次共産党員大量検挙(3.15事件)【日】
25 李東寧・金九ら上海で韓国独立党結成
26 田中外相,ブラジル植民地計画発表【日】

本日普選

4 07 蔣介石,北伐を再開【中】
09 トルコ,イスラム国教制廃止
13 米国務官ケロッグがロカルノ協定加盟国に戦争否定の宣言を提案
19 第2次山東出兵【日】
21 仏外相ブリアン,戦争追放の条約草案を提出【仏】
22 総選挙,国民ブロックが過半数獲得【仏】
27 ポルトガル蔵相サラザール就任,短期間で財政難解決
5 08 日本が青島に出兵
09 第3次山東出兵声明【日】
北伐軍,北京に入城【中】

ケロッグ・ブリアン不戦条約

済南事件 北伐軍と日本軍の激突

11 北伐軍,日本軍と衝突(済南事件)
20 社会民主党,独立社会民主党,それぞれ選挙で圧勝【独】
30 イタリア・トルコ不可侵条約締結

張作霖爆死事件

6 04 張作霖,奉天で爆死【中】
29 治安維持法改正案を緊急勅令で公布【日】
ワフド党内閣崩壊,議会解散【埃】

7 02 婦人有権者の年齢が男子と同じ21歳以上となる【英】
19 国民政府,日華通商条約廃棄を通告【中】
無産大衆党結成(鈴木茂三郎)【日】
8 02 イタリアがエチオピアと友好条約
17 中国,ドイツと通商条約調印
27 ケロッグ・ブリアン不戦条約調印,米・仏・英・日など15カ国署名(Pにて)
アルバニアで君主制成立
ネルーを中心にインド独立連盟結成【印】
9 06 ソ連,ケロッグ・ブリアン条約に加入【ソ】
16 マリアテギ,ペルー社会党を結成【ペルー】
23 ギリシア,イタリアと友好条約調印【希】

10 01 ソ連,第1次5カ年計画実施【ソ】
共産党書記長渡辺政之輔,台湾で官憲に追われ自殺【日】

ソ連五カ年計画❶

蔣介石主席

08 蔣介石,国民政府主席に就任【中】
10 昭和天皇即位の大礼式【日】
11 15 ファシスト党大評議会,国家機関へ【伊】
フランス急進社会党がポアンカレ内閣より自党閣僚を引き揚げ,アメリカ,国民政府を承認
12 05 ベルリン医師会「生殖する価値のない人間」の断種を法で規定するように要求【独】
全インド労働者農民党結成大会【印】
張学良の東三省,国民政府に合流,青天白日旗をかかげる【中】

ホセ・カルロス ペルー社会党

◉ ホセ・カルロス・マリアテギ,ペルー社会党(BSP)設立【ペルー】

資本主義の混乱

A

ビタミンC単離

セント・ジェルジ,ビタミンCをトウガラシから単離【洪】
ニューランド,アセチレンからブタジエンを生成【米】,ディールス,アルダー,ジエン合成法を確立【独】
レッペ,加圧下のアセチレン反応によるレッペ合成法の研究開始【独】

ポリ塩化ビニル

オストロミス,レンスキー,ポリ塩化ビニル【米】
A・フレミング,ペニシリンの細菌対抗特性発見,抗生物質革命おこる【英】
P・セレニー,直接静電気記録の先駆的発明(のちファクシミリ)【米】
ジョージ・イーストマン,初のカラー映画公開【米】

ペニシリン 抗生物質ブームに

B

ハートリー,電気通信に「情報」概念導入【英】
フィルコ・ラジオ発売(フィラデルフィア蓄電池)【米】
ダイナミック・スピーカー付マジェスティック・ラジオ発売(グリグズビー・グルナウ社)【米】

情報 ハートリーの電気通信論

高柳健次郎のテレビ実験

高柳健次郎,世界初の電子式テレビジョン実験に成功【日】
ジョン・ベアード,初のカラーテレビ中継に成功【英】
GE放送局(WGY),最初の定期的なテレビ番組が放送開始【NY】
ロンドン～NYでテレビ画像中継放送成功【米】,ベルリン第5回大ドイツ展で初のテレビ試験送信公開【独】

C

クラレンス・マッケー商業電信郵便電報会社と国際電話電信会社(ITT)の合併(ラジオ・電信・電話の兼業出現)【米】
米～独間電信電話通信開始,東京～サンフランシスコ間無線電信開設
パリ～ニューヨーク電話開通
ベルリン～ケルン,中波による初の写真電送試験【独】
電話搬送方式用伝送路にドイツ方式採用【日】
国際無線電信会議開催【ワシントン】
丹羽保次郎,小林正次NE式写真電送装置開発【日】
オペルのロケット自動車,時速238キロ【独】
A・イヤハートが女性で初の大西洋横断飛行に成功【米】
オートジャイロ飛行第1号初飛行【米】

D

フラン切り下げ,新フランを発行,金本位制に復帰【仏】
エストニア,金本位制に
ナショナル・シティ銀行,銀行の個人融資の先鞭をつける【NY】
USスティール,スタンダード石油株価急騰【米】
東京・大阪両手形交換所総会で金解禁即時断行を要望,株式相場暴落【日】

ペイリーの買収

E

ビル・ペイリーがCBSの経営権にぎる【米】
シーグラム蒸留酒製造会社設立【米】

日本商工会議所

日本商工会議所【日】
日本写真機商店(ミノルタカメラ),日新製鋼
日商(のちの日商岩井)設立,久原鉱業が日本産業(日産)と改称【日】

イエスペルセンとイェルムスレウ、
言語にひそむ情報規則の解明へ。

1928

存在をめぐって

A

ジーンズ,定常理論の先駆【英】
L・S・ボーエン,惑星状星雲の輝線スペクトルの生成機構解明【米】
ハイゼンベルグ,強磁性の量子力学的解釈【独】

ディラックの電子方程式

ディラック,電子の相対論的波動方程式を提唱,電子スピンを誘導【英】
F・ブロッホ,エネルギーバンドと金属の電気伝導の理論【米】
ガモフ,原子核のα崩壊の実験事実の説明に成功(量子力学のトンネル理論を適用)【米】
ファウラー,ノードハイム,トンネル効果による電場放射理論の提唱
菊地正士,電子の回折現象【日】

クライン=仁科公式

仁科芳雄,クラインと共にクライン=仁科の公式【日】
ヴァイル『群論と量子力学』【独】
ゲルファント,超越数の研究【ソ】
ヒルベルト,アッカーマン『記号論論理学の基礎』【独】
ノイマン,ゲームに関する理論発表(ミニマックス定理を定式化し,証明を与える)【米】

ノイマンのゲーム理論

B

ラマン,ラマン効果の発見【印】
ルイセンコ『植物の発生に対する温度要因の研究』(いわゆる春化処理)【ソ】
桑田義備,染色体の排列【日】

C

ライヒ,フロイトの精神分析総合病院の副院長になる【墺】
マリノフスキー『未開人の性生活』【波】

ミード 文化人類学 サモアの青春

マーガレット・ミード『サモアの思春期』【米】
ヤコブソン『文学・言語研究の諸問題』【ソ→米】
イェスペルセン,国際語のヴィアルを創出【丁】
イェルムスレウ『一般文法の原理』(コペンハーゲン学派)【丁】
V・プロップ『昔話の形態学』(ナラトロジー)【ソ】

イェスペルセンの国際補語 イェルムスレウの一般文法

D

ショー『知識婦人のための社会主義・資本主義入門』【英】
新明正道『形式社会学論』【日】
三木清『唯物史観と現代の意識』【日】
河上肇『資本論入門』,『経済学大綱』【日】
『クロポトキン全集』,『マルクス・エンゲルス全集』(改造社)刊行開始【日】
ベンヤミン『ドイツ悲劇の根源』【独】
フッサール『内的時間意識の現象学』【独】

世界の論理的構成

カルナップ『世界の論理的構成』【独】
クローチェ『イタリア史』【伊】
マンハイム『世代・競争』【独】
W・Y・エリオット『政治におけるプラグマティズムの反逆』【米】
シェーラー『宇宙における人間の地位』【独】

E

出口王仁三郎,月宮殿完成【日】

竹内文献 竹内巨麿 神代文献公開へ

竹内巨麿,竹内文献公開はじめる【日】
レーリッヒ「ウルスヴァティ」(ヒマラヤ探査協会)設立
前後15回の発掘の結果,殷代明らかになる
上智大学設立【日】

デザイナーの主張

A

マティス画[坐るオダリスク],ブラック画[ジャグとの静かな生活],シャガール画[結婚式],ルオー画[青春]【仏】
ジャイム・スーチン画[若い召使]【P】
ルイ・イカール画[トスカ]【仏】
エッシャー画[バベルの塔]【蘭】
「未来派のガラス」誌創刊【伊】
「四芸術家協会」展覧【レニングラード】

エッシャー

B

前田寛治画[裸婦]【日】

NAP 全日本芸術連盟

「ナップ(全日本芸術連盟)」結成【日】
プロレタリア美術展開催【日】

C

アルバート・カーン,ソ連の要請で500以上の工場建設【独→米】
ラドフスキイ「アルウ(都市建築家連盟)」設立宣言【ソ】
「グルッポ6」誕生【トリノ】
「ドムス」誌,「カザベッラ」誌創刊【伊】

CIAM コルビュジエ ギーディオン

CIAM(ル・コルビュジエ,G・ギーディオン,セルト)設立
川喜田煉四郎設計[浅草改造案]
ベル・ゲデス,世界初の工業デザイン事務所開設【米】
レイモン・タンプリエd「日本趣味のシガレット・ケース」(ダンヒル社)斉藤佳三d[食後のお茶の部屋]【日】
ジェスマールd,[プティ・リ・ブランの慈善舞踏会](オペラ座のポスター)エリック・ギル,タイプフェースd[ギル・サンセリフ]
チヒョルド,リシツキー「ノイエ・ティポグラフィ」(タイポグラフィの新潮流)【瑞】

デペーロの意匠

デペーロ,ボルト綴めの本『未来主義者デペーロ』出版【伊】
「プレッサ」(国際印刷展)開催,44カ国参加【ケルン】
ストランドp[キノコ]【米】
フランツ・ロー『フォトアウゲ』(新興写真宣言)【独】,ロドチェンコ,「絵画は死んだ」と宣言,写真家に転身【ソ】

タイポグラフィ モダン・ギル、チヒョルド、リシツキー

D

アンダルシアの犬

ルイス・ブニュエル監[アンダルシアの犬]ダリ脚本【西】,マン・レイ監[ひとで]【仏】
スタンバーグ監[暗黒街]【米】
プドフキン監[アジアの嵐],ジャン・エプスタン監[アッシャー家の末裔]【ソ】
ジョージ・イーストマン,初のカラー映画を公開【米】
東和商事設立(川喜多長政)【日】

E

シュトラウス曲[エジプトのヘレナ]【独】
ストラヴィンスキー曲[妖精の接吻]【露→米】
ヤナーチェク曲[死人の家から]【チェコ】

ボレロ ラヴェル曲 イーダ振付

ラヴェル曲[ボレロ]【仏】
メシアン曲[天上の宴]【仏】
ガーシュウィン曲[パリのアメリカ人]【米】
ブレヒト[三文オペラ]ワイル音楽初演【独】
ユージン・オニール作[奇妙な幕間狂言]上演【NY】
二世左団次ら,歌舞伎のソ連公演【日】

三文オペラ

幻想と不安

A

D・H・ロレンス『チャタレー夫人の恋人』【英】
A・クリスティ『青列車の謎』,ダイン『グリーン家殺人事件』【英】
A・ハクスリー『恋愛対位法』【英】
ジョルジュ・バタイユ『眼球譚』【仏】
ブルトン『ナジャ』【仏】
マルロー『征服者』,ジロドゥー『ジークフリート』,アラゴン『文体論』,サンテグジュペリ『南方通信』【仏】

チャタレー夫人とナジャ

ケストナー ドイツ 現代童話

ケストナー『エミールと探偵たち』【独】
ルー・ザロメ『リルケ』【独】
グレーザー『1902年級』【独】
アプトン・シンクレア『ボストン』【米】
ウラジミール・ナボコフ『キング,クイーンそしてジャック』【ソ】
アレクセイ・イバノービチ・パンテレーエフ『金時計』【ソ】

ガルシア・ロルカ

ガルシア・ロルカ『ジプシーのバラード』【西】
茅盾『追求』,胡適『白話文学史』【中】

B

谷崎潤一郎『卍』【日】
野上弥生子『真知子』,佐多稲子『キャラメル工場から』,林芙美子『放浪記』,平林たい子『夜風』【日】
十一谷義三郎『唐人お吉』【日】
滝口修造『地球創造説』【日】

詩と詩論 安西冬衛 三好達治ら

「衣装の太陽」,「詩と詩論」創刊【日】
芸術大衆化論争【日】

野上弥生子、佐多稲子 林芙美子、平林たい子

C

定時番組(火,木,金30分間)【NY】
テレビ結婚式【米】
ラジオ中継放送網完成(全国7局)【日】
エルンスト・ルードヴィヒによりコツホ著『万華譜』が印刷・刊行【独】
フランク・チェンバーズ『趣味の循環』【米】

OED マレー編集 44年間の結晶

ジェームス・A・H・マレー編集『オックスフォード英語辞典(OED)』12巻,44年の作業ののち出版【英】
黒人向け新聞「アトランタ・ワールド」創刊【米】
大日本雄弁会講談社「富士」創刊(「面白倶楽部」改題)【日】

D

トルコ,ローマ字を国字化
冷凍食品,市場にはじめて登場【米】
ピエール・ホテル開業【米】
普選実施後初の総選挙,各政党が新聞に大広告【日】
電光ニュース使用【日】
高島屋呉服店,モデルをショーウィンドーに立たせる,マネキン人形初登場【日】

E

ウォルト・ディズニー漫画映画[蒸気船ウィリー]でミッキー・マウス初登場【米】
モーリス・シュバリエ,ハリウッドへ【仏】

丹下左膳 大河内伝次郎

大河内伝次郎主演,映画[丹下左膳]封切り【日】
ジョーン・クロフォード,映画[踊る娘達]に出演,一躍人気者に【米】
「波浮の港」,「モン・パリ」,「アラビアの唄」流行【日】
アムステルダム・オリンピック(織田,鶴田,金メダル),人見絹枝世界記録【日】

ミッキー・マウス

私は大衆の恩人だ。法律で喉の渇きを癒すわけにはいかない。
アル・カポネ

アインシュタインとハイゼンベルクの、自然界の情報を「場」で記述する壮大な試みは、その後は誰も挑戦できなくなっている。

1929
昭和4

抵抗と分裂

リトヴィノフ議定書

1 05 アレクサンドル王がクーデター、独裁政権樹立【ユーゴ】
14 元山労働者ゼネスト【鮮】
バッチャイ・サカウの乱,アマヌラー追放【アフガニスタン】
毛沢東,朱徳らの紅軍に包囲され,井崗山を放棄【中】
25 民政党中野正剛,田中首相を追及【日】

2 09 リトヴィノフ議定書調印,ソ連を含む東ヨーロッパ諸国間の不可侵条約

ヴァチカン独立

11 ラテラン条約調印,ムッソリーニがヴァチカン市国の独立を承認
イスラム教徒とヒンドゥー教徒の衝突【ボンベイ】

3 04 大統領フーヴァー就任【米】
09 反戦作家バルビュスの司会で反ファシズム国際大会【B】
17 学生運動制圧でマドリード大学閉鎖【西】

4 02 国民政府・広西軍が開戦【中】

日共大検挙

16 共産党員大量検挙(4.16事件)【日】

5 07 ナイル川の水利で協定成立,スーダンは青ナイル,エジプトは白ナイルを利用する
19 永田鉄山ら,一夕会結成【日】

6 05 第2次マクドナルド労働党内閣成立,ボンドフィールド初の婦人閣僚【英】
07 ドイツ賠償に関するヤング案成立

呂運亨

7 04 石原莞爾「戦争史大観」を講演【日】
09 ヒトラー,ヤング案反対運動開始【独】
10 朝鮮独立運動の指導者呂運亨,上海で逮捕【鮮】
11 張学良が北満州鉄道を強行回収,ソ連強硬な態度【中】
15 田中清玄ら共産党再建へ【日】
27 ポアンカレ内閣退陣,ブリアン政権に【仏】

60万ナチス大会

8 04 ニュルンベルクでナチス全国大会(60万人のSAとSS隊員が集合,国民皆兵要求)【独】
23 嘆きの壁事件,エルサレムで反ユダヤ暴動(アラブ人による最初の大規模ユダヤ人襲撃)

9 連合軍のラインラント撤兵はじまる

10 03 セルブ・クロアート・スロベーン王国,ユーゴスラビア王国と改称【ユーゴ】
17 サカウの乱鎮圧,ナーディル・ハンの即位
22 ブリアン内閣総辞職【仏】

暗黒の木曜日

24「暗黒の木曜日」世界経済恐慌はじまる
29「悲劇の火曜日」ニューヨーク株式市場

光州学生運動

11 01 労農党結成大会(委員長大山郁夫)【日】
03 朝鮮全羅南道光州の学生5万4000人が反日運動で決起【鮮】
10 ブハーリン,ルイコフら追放【ソ】

満州占領(ソ)

20 ソ連軍が満州に侵入,張学良連戦連敗

12 08 バイエルン地方選挙でナチスが大勝利【独】
31 国民会議派がラホールの大会で,ガンジー主唱の完全独立,大衆不服従運動を決議【印】
ハイチで反米・反ボルノ政権暴動

◉ 東部ナイジェリアのアバで婦人の反税運動
◉ 国民革命党(PNR)設立【墨】
◉ フィリピン社会党成立,タイ共産党成立

資本主義の混乱

A ゴルーマー,サイロックス法の発明【米】
アレン,コーナー,卵巣黄体ホルモンの結晶を抽出【米】
ヴァン・デ・クラーク,静電圧起電機の開発に着手【米】
メンデルゾーン,中段填充採掘法を実施【米】
モーリス・バレイ製紙工場,亜硫酸製造用として硫化鉄鉱にフラッシュ焙焼を応用【米】
小西六,初の国産写真フィルム「さくらフィルム」発表【日】

都市騒音研究(米)

「騒音防止委員会」成立【NY】

B **カラーTVデモ**

ベル電話研究所(ベアード),カラーテレビのデモ【NY】
映画制作者ルードリッヒ・ブラットナー,世界最初のテープレコーダー(ブラットナーフォン)考案(一般販売31)【独】
P・ビンセント・ガルビン(イリノイ大学),カーラジオ,モトロラ・ラジオ発明【米】

C テレタイプ通信網を設備【米】
電話普及台数2000万台に【米】
ワトスン・ワット,空電探知機により広地域気象観測【英】
早川兄弟商会,交流式ラジオ受信機製造【日】
航空郵便はじまる【日】
日欧間に無線電信を開始(日本無線電信)【日】
初の前輪駆動自動車,オーバーン自動車会社から発売【米】
自動車製造台数500万台【米】

ツェッペリン号 世界一周 霞ケ浦に

飛行船ツェッペリン号,世界一周,途中霞ケ浦に【独】
ドルニエ,70人乗り40tの大型飛行艇Do.Xを製作(大型化への第1歩)【独】
三菱造船,MSディーゼル機関発明【日】

世界大恐慌はじまる NY市場大暴落

D ニューヨーク証券取引所の株価急落(5・22),ウォール街の取引所破綻,世界大恐慌がはじまる(10・24)【米】
チェース・ナショナル銀行,ガーフィールド・ナショナル銀行を合併(銀行の集中化)【米】
GMがジャーマン・オペル自動車会社を買収【米】

ビジネス・ウィーク

「ビジネス・ウィーク」創刊【NY】
13カ国に武器,弾薬751万ドル輸出の生産【独】
第1次5カ年計画開始,コルホーズ強行の政策実施【ソ】
ドイツの失業者332万人【独】
イギリスの失業者145万8000人【英】
対米為替44ドル台に下落,金解禁論激化【日】
生糸の価格暴落【日】

E モルガン商会,ペーパーカンパニー「ユナイテッド・コーポレーション」設立(電気事業への投機あおる)【米】,スクデリア・フェラーリ社,コンティネンタル石油会社,ゼネラル・ミルズ,スタンダード・ブランズ社設立【米】
RCA,ビクター蓄音機会社買収,レコード界に君臨【米】
帝国化学工業(ICI),ランカシャー綿業設立【英】

ヤマト運輸・グリコ

江崎グリコ,阪急百貨店開店,日本鉱業,ヤマト運輸,積水ハウス,赤井電機,大日本塗料設立【日】

カルナップとノイラートが、久々に知の統合編集をめざす。

1929

存在をめぐって

A

ハッブル,銀河系外星雲の速度と距離の関係(ハッブルの法則)発見【米】
ジーンズ『われらをめぐる宇宙』【英】
ホームズ,マントル対流による造山説【英】
デファント,大気の運動を乱流的拡散によって理論的に説明【独】
スコベリツィン,宇宙線シャワーの発見【ソ】

統一場理論 アインシュタイン

アインシュタイン,電磁場と重力場との統一理論【独】

場の量子論 ハイゼンベルグ パウリ

ハイゼンベルグ,パウリ,量子電磁力学(場の量子論)【瑞】
ウォルトン,核反応エネルギーをもつ粒子の加速器を設計,完成【英】
カロロス,ミッテルシュテット,カー槽を用いて光速度測定【独】
プランク『現代物理学の世界像』【独】
ノイマン,ヒルベルト空間の抽象化【洪】
A・ネーター『多元数とその表現論』【独】
ダムピアー『科学史』【英】

B

ベルガー 脳波

フィッシャー,ヘミンの構造解明と合成【独】
ブーテナント,ドイジー,各独立に女性ホルモン(エストロン)の構造式を決定【独】【米】

ATP発見

ローマン,筋肉内にATPを発見,生理作用を示唆【独】
ファン・ニール,バクテリアの光合成発見【蘭】
ベルガー,オシログラフで脳波を測定,α波とβ波の波形を発見【独】
ラシュレー『脳の機構と知能』【米】
S・A・レバイン,高血圧と不治の心臓病との結びつきを指摘(ハーバード大学)【米】
ホルム,網膜中に多量のビタミンAを発見【米】
ミチューリン,育種に関する研究総括【ソ】

折口信夫

C

ケーラー『ゲシュタルト心理学』【独】
マンフチッド・J・ザーケル,精神分裂症のためのインシュリン・ショック療法【米】
折口信夫『古代研究』~30,柳田国男『日本神話伝説集』『都市と農村』,森本六爾『日本青銅器時代地名表』【日】
郭沫若『甲骨文字研究』【中】

ウィーン学団 カルナップ ノイラート

D

ハイエク『景気と貨幣』【英】
リンド夫妻『ミドルタウン:現代アメリカ文化の研究』【米】
ケルゼン『デモクラシーの本質と価値』【墺】
羽仁五郎『転形期の歴史学』【日】

過程と実在

ホワイトヘッド『過程と実在』【英】
ウィーン学団カルナップ,ハーン,ノイラートら第1回国際大会開催【プラハ】
K・マンハイム『イデオロギーとユートピア』【独】
J・ランゲ『運命としての犯罪』【独】
I・A・リチャーズ『実践批評』【英】

E

クリスティアン・フォン・エーレンフェルス『未来の宗教』【墺】
島地大等『天台教学史』【日】
高崎正道『無産階級と宗教』【日】

生長の家 谷口雅春 教義の確立

谷口雅春,「生長の家」の教義確立【日】

デザイナーの主張

A

モンドリアン

モンドリアン画[黄色と黒のコンポジション]【蘭】
ファイニンガー画[帆走するボート]【米】
ダリ,ブニュエル,ルネ・シャールらシュルレアリストに加わる
マリネッティ,デペロ,フィリアら「未来派航空絵画宣言」,フィリア『未来派都市』誌創刊【伊】
エルンスト,コラージュ[百頭女]【独】
フリッツ・ヴォトルバ作[若き巨人]【墺】

MOMA開館

ニューヨーク近代美術館(MOMA)開館【NY】
レーリッヒ美術館設立【米】
ステデリーク美術館で「ノイエ・ザハリヒカイト」展【アムス】

キキ モンパルナスの女王となる

キキ,モンパルナスの女王となる(芸術家救済基金創設の祭典で)【仏】

B

古賀春江 日本の超現実

青邨・百穂

古賀春江画[海][素朴な月夜],川上澄生画[銀座]【日】
藤田嗣治画[横たわる裸婦]【P】
横山大観画[夜桜],前田青邨画[洞窟の頼朝],平田百穂[堅田の一休]
川端龍子,青竜社を組織【日】

C

ウィリアム・ヴァン・アレン設計[クライスラー・ビル]~32【米】
ミース設計[ドイツ館]【独】

ツァラの家 アドルフ・ロース

ロース設計[トリスタン・ツァラの家]【墺】
メンデルゾーン設計[ショッケン百貨店]【独】
ロベール・マイヤール設[ザルギ渓谷にかかる橋]【瑞】
セラフィモフら設計[ハリコフ工業館],ギンスブルグ設計[ノヴィンスキィ街の集合住宅]【ソ】
代官山に同潤会アパート【日】
蒲原重雄設計[小菅刑務所の官房]【日】

カッサンドル 鉄道のポスター

カッサンドルd[北星号](列車の宣伝)【仏】
ミースd[バルセロナ・チェア]【米】
ジャン・グルタンd[時計](アール・デコ)【仏】
濱田増治ポスターd[若い仲間たち]【日】
竹久夢二d[ポリドール新譜ポスター]【日】

ラルティーグ 少年時代から写真家

ラルティーグp[自動車ショーでの双生児ロー]【仏】,レンゲル=パッチュp[陶工の手]【独】
ローライフレックス発売【独】
板垣鷹穂『機械と芸術の交流』【日】
中山岩太,今竹七郎ら,神戸商業美術研究会設立【日】

D

ジガ・ヴェルトフの映画の眼

K・ヴィダー監[ハレルヤ],スタンバーグ監[女の一生]【米】
マン・レイ撮影[骰子城の神秘]【仏】
ジガ・ヴェルトフ監[カメラを持った男](映画の眼の提唱)【ソ】
70ミリフィルム映画公開【米】

E

中山晋平 西条八十

ストラヴィンスキー曲[カプリッチョ]【ソ】
ヴァレーズ,ルッソロの「ルッソロフォン」パリで演奏【伊】
ワイル,放送用オペラ[リンドバーグたちの飛行](脚本ブレヒト)【独】
西条八十詞,中山晋平曲[東京行進曲]【日】
マヤコフスキー戯曲[南京虫]上演,(メイエルホリド演出,ショスタコーヴィチ音楽)【ソ】

幻想と不安

A

推理小説 クロフツ、クリスティ クイーン、ダイン

エリザベス・ボーエン『去年の秋』,リチャード・ヒューズ『無邪気な航海』【英】
エリュアール『愛すなわち詩』【仏】
ダビ『北ホテル』【仏】
コクトー『恐るべき子どもたち』【仏】
ブルトン「シュルレアリスム第二宣言」【仏】
アルフレート・デーブリン『ベルリン・アレキサンダー広場』(都市文学)【独】
ハウプトマン『情熱の書』,レールケ『牧神の音楽』【独】
「左旋回」(プロレタリア作家同盟機関誌)創刊【独】

モラヴィア 無関心な人々

アルベルト・モラヴィア『無関心な人々』,コミッソ『海の人々』【伊】
キリコ『エブドメロス』【伊】
フォークナー『響きと怒り』,ウルフ『天使よ故郷を見よ』【米】

武器よさらば

A・ヘミングウェイ『武器よさらば』【米】
エラリー・クイーン『ローマ帽子の謎』,ヴァン・ダイン『僧正殺人事件』【米】
A・N・トルストイ『ピョートル1世』【ソ】
トレチャコフ『事実文学』【ソ】
マヤコフスキー,アセーエフ,ブリーク,カタニャン,ネズナーモフら「REF革命芸術戦線」結成【ソ】
エーヴェルラン『家路集』【諾】
ガリェーゴス『ドニャ・バルバーラ』【ベネズエラ】
張恨水『啼笑因縁』刊(ベストセラー大衆小説)【中】

日本 プロレタリア文学 蟹工船 太陽のない街

B

島崎藤村『夜明け前』開始,北園克衛『白のアルバム』,安西冬衛『軍艦茉莉』,小林多喜二『蟹工船』,徳永直『太陽のない街』【日】
宮本顕治『敗北の文学』【日】
小林秀雄『様々なる意匠』

C

ベンヤミン,ラジオでベルリンをテーマとするシリーズ放送【B】
貴族院本会議で文相平生釟三郎の漢字廃止論,議論呼ぶ【日】
東大,明治,上智,早稲田,東京商科大に新聞科設置【日】
改造文庫刊行開始【日】
コンサイス英和辞典(三省堂)【日】
森清編『日本十進分類法』【日】

D

聖バレンタイン虐殺

聖バレンタインデーの虐殺,シカゴ・ギャング抗争頂点に(シカゴの殺人事件498件)【米】
女性投票権要求デモ【仏】
F・J・シュリンク,消費者調査開始【米】
漫画家エルジー・クライスラー・シーガーの「ポパイ」登場【NY】
民謡「アリラン」に禁唱令【鮮】
ラジオ体操,全国中継はじまる【日】
中国からの麻雀人気【日】

E

第1回アカデミー賞,作品賞[つばさ]【米】
不景気で大学卒者就職難,小津安二郎監[大学は出たけれど]ヒット【日】

エノケン 榎本健一 カジノ・フォーリー

エノケン劇団「カジノ・フォーリー」が浅草に登場【日】
ホーギー・カーマイケル曲,ミッチェル・パリッシュ詞[スター・ダスト]【米】
[君恋し][道頓堀行進曲]【日】
寿屋,「サントリー白札」発売【日】
宝塚花組「鞠と殿さま」【日】

ラジオは何も知らぬ子女の耳に入る。浅草で逢い引きして小田急で駆けおちするような文句は困る。
東京逓信局が「東京行進曲」を放送禁止

BC 6000以前 / BC 6000 / BC 2200 / BC 1200 / BC 600 / BC 300 / 0 / 300 / 600 / 800 / 1000 / 1200 / 1300 / 1400 / 1500 / 1600 / 1650 / 1700 / 1760 / 1810 / 1840 / 1860 / 1880 / 1890 / 1900 / 1910 / 1920 / 1930 / 1940 / 1950 / 1960 / 1970 / 1980

経済の問題
1930〜1939

一九三〇年代は大衆が主人公となる時代である。このあと、知識人はずっと大衆のあとを走ることになる。ケインズ経済学が席巻する自由競争時代の開幕でもあった。

1930 昭和5

軍事と民族主義

ホー・チ・ミン

ロンドン軍縮会議

1 21 ロンドン海軍軍縮会議開始(4.22調印)【英米仏伊日】
28 プリモ・デ・リベラ打倒される【西】
2 03 ホー・チ・ミンら香港で共産党(のち労働党)創立【越】
06 伊墺,友好条約調印(ファシズムの影響,オーストリアへ)
10 仏領インドシナ,反仏大反乱

ガンジー塩の行進

3 12 ガンジー,塩の行進【印】
13 独が戦争賠償に関するヤング案受諾【独】
28 ミュラー社会党内閣たおれ,ブリューニング(中央党)内閣成立【独】
31 ロンドンで,英・エジプト会談

4 06 ガンジー,第2次非暴力抵抗運動開始【印】
18 英,中国と威海衛返還協定調印
25 ロンドン海軍軍縮条約調印,統帥権干犯問題おこる【日】
張学良,三大幹線鉄道敷設計画【満】
5 22 フランス,一方的に憲法公布【シリア】
6 01 全国労働者同盟結成【日】
06 カロル二世即位(ファシスト団体擁護,鉄衛団結成)【ルーマニア】
30 最後の連合軍,ラインラント撤退,終了【独】
30 英,イラクと条約締結
エルナンド=シーレス政権,クーデターで倒壊【ボリビア】

7 29 中国共産党の紅軍第3軍団が長沙,ソビエト政府樹立(8.4国民政府軍により崩壊)【中】
30 サラザール,国家統一党結成【葡】
8 08 ホノルルで汎太平洋婦人会議開催【米】
24 ドイツ共産党,中央委員会布告『ドイツ民族の国民的・社会的解放の綱領声明』【独】
レギーア独裁政権の倒壊【ペルー】
エンリケ・オラヤ・エレーラ自由党政権の誕生【コロンビア】
9 01 汪兆銘,北京に反蒋北方政府樹立【中】
14 国会選挙,ナチスと共産党躍進(ナチス650万,連邦議会の第二党へ)【独】

張学良 和平統一 国民政府擁護

18 張学良が和平統一,国民政府擁護表明【中】

桜会 橋本欣五郎・坂田義朗 三月事件の画策

陸軍青年将校ら桜会発足【日】
アンデス諸国,政権の倒壊つづく

ストックホルム博

ブラジル革命とバルガス独裁

10 05 アテネで第1回バルカン会議
20 英政府,パスフィールド白書(ユダヤ人移民制限禁止を勧告)【パレスチナ】
22 国王が23年憲法を廃止し,反動的新憲法公布【埃】
26 ブラジルで革命,バルガス大統領就任
11 09 オーストリア国民会議選挙で社会民主党が勝利【墺】
12 第1回英印円卓会議開催(〜32,3回開催)
14 浜口首相,東京駅で狙撃される【日】
15 日・エチオピア修好通商条約調印
20 米陸軍参謀総長にダグラス・マッカーサー就任【米】
12 22 オスロ条約締結
23 大日本連合婦人会結成【日】
27 蒋介石,第1次掃共戦(〜31)【中】
セルビア,完全な自治公国に
フィリピン共産党成立【比】

サヤー・サン反乱

◉ サヤー・サン指導の農民反乱(〜32)【ビルマ】
井上日召ら,血盟団結成(1人1殺主義テロ)【日】

通貨の危機

超ジェラルミン

A パイエルス,ブリルアン,金属のエネルギーバンド理論
ホイットル,ジェット推進にガス・タービンを応用する研究で特許【英】
マイスナー,超ジェラルミン発明【独】
チャルマーズ,プレキシガラス発明
国産初の高性能星型発動機製作【日】
C・D・ヘーブン,絶縁ガラス開発(商品名サーモペイン)【米】
W・レッペ,アセチレンのビニル化反応の特許【独】
◉ このころ金属蒸気放電管開発
ICI社,アルキド樹脂による顔料印捺法を完成【英】

B クノールとフォン・アルデンス,電子顕微鏡の動作原理を発見【独】
高柳健次郎,走査線百本,毎秒画像20枚のテレビ実験に成功【日】

ワセダ式テレビ

ワセダ式テレビジョン,各地で公開実験【日】
冷凍機市販,住宅にも機械冷房普及しはじめる【米】
英独の発電量100%増,仏30%増

C 東京〜バタビア,名古屋〜ロンドン,名古屋〜パリ,東京〜ベルリン間,無線電信開通【日】
テレフンケン会社【独】,ベルリン〜南京無線電送写真

テレビ電話実験

ベル電話会社,テレビジョン電話実験【米】
国鉄,実験的プロペラ機関車を試作【独】
ディーゼル電気機関車の実用化【独】
サヴォイアS64機に可変ピッチ・プロペラ採用【伊】

特急つばめ 東京〜神戸9時間

東海道線超特急「つばめ」運転開始(東京〜神戸9時間)【日】
GE社,キャデラック車発表【米】
ゴダート,ロズウェルで最初のロケット飛行(高度610m)【米】
自家用飛行機E2カブ(高翼式の単葉機)
フランク・ホークス,グライダーで初の北米横断飛行【米】
川崎造船所,旅客用飛行艇第1号機製作【日】
S・G・ブラウン,飛行機用の速度計を製作【英】

失業 米三二〇〇万、独六〇〇万、英三〇〇万

D 穀物生産地区のコルホーズ化加速【ソ】
第1回,第2回ジュネーブ国際経済会議(関税休戦協定締結)
カナダ,米からの輸入品に高率関税をかける東欧8カ国経済会議(8月ワルシャワ,10月ブカレスト)
フーバー大統領,スムート・ホウリー法に署名(史上最高の輸入関税率)【米】
金解禁実施(金本位制の復活)【日】
米価大暴落【日】
失業者デモ(100万人参加)【米】
企業倒産件数2万6355件
銀行倒産1326件【米】
◉ 失業者,米1200万人,独600万人,英300万人,西65万人,日32万人

E サーノフ,RCAとNBCの社長就任【米】

パン・アメリカン

ユナイテッド航空,シック・ドライ・シェーバー社,マッキャン・エリクソン社設立【米】

シチズン・伊勢丹

鹿島組(のちの鹿島建設),シチズン時計,伊勢丹設立【日】

1930

物質と社会の構造

A

トンボー,冥王星の発見【米】
アドラー・プラネタリウム(カール・ツァイス社製投光機)シカゴに開館【米】
リンケ,気団概念を気象予測に導入【独】
ディラック,空孔理論提唱(陽電子予言)【英】
ハイゼンベルク『量子論の物理的基礎』【独】

ディラック空孔理論

トポロジー隆興

サイクロトロン

ローレンスとリヴィングストン,サイクロトロン考案【米】
原子核破壊実験【独】
寺田寅彦,割れ目の物理学開始【日】
ゲーデル『論理計算の完全性について』【チェコ】
フルトヴェングラー,単項化定理【墺】
アレキサンドロフ『位相幾何学』(トポロジーこれ以降興隆)【ソ】
S・レフシェッツ『トポロジー』【米】

B

ノースロップとクニッツ,ペプシン,トリプシン,キモトリプシンを結晶化【米】
フィッシャー『自然選択の遺伝学的基礎』【英】

アストベリ 分子生物学スタート

アストベリ,羊毛の構造に関する研究(分子生物学スタート)【ソ】
木原均,ゲノム分析法の確立【日】
柴田桂太,田宮博,チトクロームの研究【日】

C

ビンスワンガー『夢と実存』【瑞】
メニンガー『人間の心』【米】
フロイト『文化の不安』【仏】
L・M・ターマン『天才の遺伝的研究』【米】
M・ミード『ニューギニアの子供たち』【米】
郭沫若『中国古代社会研究』【中】
◉ ハースコヴィッツ,初のアフリカ研究(オセアニア,アフリカ研究盛んに)【米】

D

ケインズ『貨幣論』【英】
I・フィッシャー『利子論』【米】
ゾンバルト『三つの経済学』【独】
マルクスの『経哲草稿』公表【独】
トロツキー『永久革命論』【ソ】
オルテガ『大衆の反逆』【西】
ローゼンベルク『20世紀の神話』【独】

ケインズ

オルテガ大衆の反逆

野呂栄太郎

野呂栄太郎『日本資本主義発達史』,猪俣津南雄,櫛田民蔵らが封建論争開始【日】
ラスキ『近代国家における自由』【英】
リッケルト『述語の論理学』【独】
セリグマン『社会科学百科事典』編集【米】
E・ブロッホ『道への痕跡』【独】
マリオ・プラーツ『肉体と死と悪魔』(性愛幻想文学再評価)【伊】
中井正一・長広敏雄「美批評」創刊【日】

九鬼周造・今和次郎

今和次郎,吉田謙吉編『モデルノロヂオ』(考現学)【日】,九鬼周造『いきの構造』【日】

E

ウナムノ『キリスト教の苦悩』【西】
◉ ファーザー・ディビジョンのピース・ミッション(黒人宗教)発展【米】
F・ルフェーブル『サムソンの息子,サムソン,魔術師のある家族についての話』【仏】
◉ ガイ・バラード,アイ・アム教創唱【米】
『大正新修大蔵教』(全100巻,3053部)完成【日】
牧口常三郎,創価教育学会をはじめる【日】
野上豊一郎『能研究と発見』【日】
レーリッヒ『アルタイ・ヒマラヤ紀行日誌』【露】

抽象か具象か

A

モンドリアン,スーフォルら「セルクル・エ・カレ」(円と四角)抽象芸術家グループ形成【P】
ドゥースブルク,スーフォルに対抗し「具体芸術」に関する宣言(「アール・コンクレ」刊)
リシツキー『芸術と汎幾何学』【ソ】
ダリ『目に見える女』(論理と手法)【西】
アルプ,「パピエ・デシレ」(ちぎり紙コラージュ)【独】
グラント・ウッド画[アメリカン・ゴシック]【米】
ベックマン画[サキソフォンを持つ肖像]【独】
マティス【仏】,バーンズ財団【米】のための装飾画(画題[ダンス])(~33)
リベラ【墨】,サンフランシスコ証券取引所,美術学校の壁画制作の壁画制作
オロスコ【墨】,ハモナ大学に大壁画【米】

ダリ

B

二科会主催日本アンデパンダン展【日】
鶴岡政男ら,NOVA美術協会結成【日】
林武,三岸好太郎ら独立美術協会結成【日】

福沢一郎・鶴岡政男

福沢一郎画[溺死],竹内栖鳳画[城外風薫],古賀春江画[窓外の化粧]【日】

C

ハリソンとアブラモヴィッツ設計[ロックフェラーセンター]着工【NY】
MIAR(合理主義建築家運動)結成【伊】
ミース設計[トゥーゲントハット邸]【独→米】
ル・コルビュジエの都市計画案[アルジェ計画](オビュ・プラン),[スイス学生会館]【仏】
ベーレンス設計[リンツの煙草工場](~35)【独】
住宅工芸デザイン展開催(スウェーディシュ・モダン,国際的地位獲得)【典】
アアルト設計[市立図書館](~35)(白の建築の時代へ)【芬】
ギンスブルク設計[ナルコムフィン](集合住宅)(~32)【ソ】,ヴェスニン設計[文化会館](モスクワ)(~34),シュッセフ設計[レーニン霊廟](スターリン指導)【ソ】
リシツキー『ロシア:世界革命の建築』【ソ】
グロピウスd[アドラー・リムジーン]【独】
ドレフュス,電話機の改造【米】
藤田周忠,豊口克平ら形而工房結成(工業デザイン)【日】
ザンダー『サーカスの人たち』(ドイツ国民の写真目録)【独】
M・バークホワイト,ソビエト5カ年計画を写真ルポ【米】
モホリ・ナギp[空間のモジュレーターL3]【洪】
マン・レイ,ソラリゼーション開始【仏】

アアルト

ルネ・クレール

D

アサガロフ監[感化院の暴動]【独】
ダリとブニュエル[黄金時代],ルネ・クレール監[巴里の屋根の下]【仏】
スタンバーグ監[モロッコ]【米】
バラージュ『映画の精神』【洪】

プロキノ 日本の映画同盟

プロキノ(日本プロレタリア映画同盟),全国で大衆的映写会(~34)【日】

E

ラヴェル曲[ピアノ協奏曲ト長調](スウィングサウンドを取り入れる)【仏】
ショスタコヴィッチ曲[鼻]【ソ】
ルーセル曲[交響曲第3番]【英】
ヒンデミット曲[私たちは町を築く](実用音楽)【独】
カール・ニールセン曲[若い人と年寄りのためのピアノ音楽]【丁】
ブレヒト,クルト・ワイル合作[マホガニー市の興隆と没落]初演【独】
6世尾上菊五郎ら,日本俳優学校開校【日】
ストックホルム博【典】

批判する文学

A

D・H・ロレンス『アポカリプス論』,T・S・エリオット『聖灰水曜日』,オルダス・ハクスリー『短いろうそく』(女性解放運動を擁護)【英】
ランサム『ツバメ号とアマゾン号』,ステープルドン『最後と最初の人間』【英】
アンドレ・マルロー『王道』【仏】
ブルトンとエリュアール『処女懐胎』,ミショー『プリュームという男』【仏】
メーテルリンク『蟻の生活』【白】
アフリカのネグリチュード(黒人精神)パリで開花
ヘッセ『知と愛』,T・マン『マリオと魔術師』(ファシズム批判)【独】

ネグリチュードパリに旋風

アメリカにも黒人文学

ムジール 特性のない男

ロベルト・ムジール『特性のない男』開始【墺】
トム・クルステンセン『乱奪』【丁】
ドス・パソス『U.S.A』(3部作~36)【米】
ラングストン・ヒューズ『笑いなきにあらず』(黒人文学の先駆)【米】

ハメット ハード・ボイルド マルタの鷹

キャサリン・アン・ポーター『花開くユダの木』,ハメット『マルタの鷹』【米】,マヤコフスキー『声をかぎりに』(ピストル自殺)【ソ】,クリスティ『牧師館の殺人』(マープル登場)【英】
左翼作家連盟結成(無産階級革命文学)【中】

B

横光利一『機械』,堀辰雄『聖家族』【日】
伊藤整『感触細胞の断面』(『チャタレー夫人』の訳)【日】
谷崎潤一郎と千代子離婚,佐藤春夫と結婚の声明発表【日】
稲垣足穂『童話の天文学者』【日】
龍胆寺雄ら「新興芸術派倶楽部」結成【日】

堀辰雄・三好達治

牧野信一『吊籠と月光』,三好達治『測量船』,小林秀雄『地獄の季節』(ランボー訳),渡辺温『アンドロギュノスの筴』【日】

C

「フォーチュン」(予約3万人)創刊【米】
W・ハースト,33の新聞社所有(1100万部)【米】
「タンガニーカ・スタンダード」紙創刊【阿】
ラジオのネットワーク・ニュース番組開始(NBC,CBS)【米】
東京放送局5周年ラジオ博覧会で,テレビの実験公開【日】
加藤宗厚編『日本件名標目表』刊【日】

D

C・K・オグデン,ベーシック・イングリッシュ発表【英】
シカゴで禁酒法時代最大の酒造密造者の手入れ,ギャング映画流行【米】
奥むめお,婦人セツルメント設立【日】

スーパー誕生

初の本格的スーパーマーケット,ジャマイカに開店,冷凍食品発売【米】

E

ディートリッヒ主演[嘆きの天使](スタンバーグ監)封切【独】
[西部戦線異状なし](反戦映画,独で上映禁止)【米】
鈴木重吉監[何が彼女をそうさせたのか](傾向映画)【日】
新聞連載漫画"ブロンディ"登場【米】

黄金バット 永松武雄 初の紙芝居

永松武雄,初の紙芝居「魔法の御殿」「黄金バット」大人気【日】
キューバから入った[南京豆売り]ヒット(ルンバ・ブーム)【米】
自動トースター発売【米】
ワールドカップ(第1回サッカー世界選手権)大会【ウルグァイ】

ディートリッヒ嘆きの天使

大衆とは自分に価値を見いだすことなく、他人と同じであることに喜びを感じるすべての人びとのことである。
オルテガ『大衆の反逆』

ラッセルからゲーデルへ。論理から数学へ。「自己言及性」という情報理論の中核の問題。

積年のイギリス連邦構想を実現するウェストミンスター憲章。

経済の問題

1931
昭和6

軍事と民族主義

1 21 岩田義道ら,日本共産党指導部再建【日】
28 衆議院で婦人公民権可決(貴族院で否決)【日】
3 06 三月事件(未遂)【日】
08 トルコ,ソ連間で海軍協定締結
21 独=墺関税同盟計画案公表(断念)
28 過激政治運動取締令公布【独】

スペイン革命 ブルボン朝滅亡

4 14 スペイン革命勃発,アルフォンソ13世国外亡命,第二共和国誕生【西】
22 エジプト,イラクが友好条約に調印
日本共産党,31年政治テーゼ草案発表,愛郷塾設立【日】

広東国民政府

28 汪兆銘ら反蒋派,広東国民政府樹立【中】
5 04 ケマル・パシャ,再選【エ】
05 経済および財政保安のための第2緊急大統領告示【独】
6 17 ホー・チ・ミン,上海英当局に逮捕【越】

フーバー・モラトリアム

20 フーバー大統領,モラトリアム宣言(賠償,戦債支払の1年延期提案)【米】
28 総選挙で共和党,社会党連合大勝【西】

万宝山事件 移民日本人満州で衝突

7 02 万宝山事件【満】
05 第3次掃共戦開始【中】
06 フーバー・モラトリアム受入れ【仏】
16 ハイレ・セラシエ皇帝が新憲法を公布【エチオピア】
27 毛沢東を主席に中華ソビエト共和国臨時政府成立(瑞金)【中】
8 04 仏ソ中立不可侵条約に仮調印
27 アムステルダムで国際反戦大会開催【蘭】
9 07 第2次円卓会議【L】
18 柳条湖事件,満州事変勃発【日】
メキシコ,国際連盟に加入【墨】

満州事変 柳条湖事件

10 10 ヒンデンブルク大統領,ヒトラーを引見【独】
11 ナチス,鉄兜団と合同で「ハルツブルク戦線」結成【独】
17 十月事件(未遂)【日】
22 フーバー【米】,ラバル首相【仏】と会談(世界不況打開で協力を約す)
27 マクドナルド挙国一致内閣【英】
11 05 金陵大学で全国学生抗日救国会結成【中】

毛沢東臨時政府

07 労農兵ソビエト第1回全国代表者大会開催(毛沢東主席,臨時政府樹立)【中】
08 第1次天津事件【日中】
12 07 各地からの飢餓行進,ワシントンへ【米】
09 サモラ大統領選出,共和国憲法発布【西】

ウェストミンスター憲章

11 ウェストミンスター憲章制定,英連邦の法制化【英】
13 犬養内閣成立(大蔵大臣高橋是清)【日】

鉄の戦線 社会党の反ナチス戦線

16 社会民主党,ナチスに対して「鉄の戦線」結成【独】
スカルノ,インドネシア党首に
G・ハギンズ,ローデシア党を離脱,改革党(ヨーロッパ人農民基盤)結成,「土地配分法」制定【ジンバブウェ】
◉ 上海で排日運動激化【中】
◉ コロルム結社による農民蜂起【比】

ニューヨーク博

通貨の危機

A ICI社,ローランド・ヒル,ポリメチルメタアクリレート発見【英】
カロザース,合成ゴム「ネオプレン」の合成に成功【米】
バーズアイ改良法(魚肉冷凍法)発表【米】
ヴァン・デ・グラーフ,静電高圧発生装置
ブルームライン,1本みぞのステレオ.レコード方式発明【英】
三島徳七,MK磁石鋼発明【日】

合成ゴム

B MITのブッシュら微分解析機の考案【米】

ワグナーの半導体理論

ワグナー,半導体の電気伝導理論
クノールとルスカ,電子顕微鏡の基本原理確立【独】
ファーンスワース,電子解像管「イメージ・ディセクタ」製作【米】
川崎火力発電所完成【日】

ブッシュ

C カウエル,電話の格子型濾波器の理論【独】
太平洋横断電話線がジャワ,スマトラ,ベルムダ ハワイ,カナリア群島にひろがる
豪華列車コロンビア号,初のエア・コンディショナー装備【米】

マルコム・キャンベル

マルコム・キャンベル,自動車スピード世界新(時速396.003キロ)【米】
バッド社の単体構造の車体試作車(大量生産へ)【米】

清水トンネル 世界最長9702メートル

世界最長の清水トンネル開通【日】
ダットサン製作【日】
ウィリアム・スワン,初のロケット噴射グライダーで約300mの飛行に成功【米】
ゴダード,ロケットの自動打上げ逐次制御システムを考案【米】
H・ユンカース設計,ディーゼル機関飛行機初飛行【独】
東京飛行場(羽田空港)開港【日】

D ロンドン銀市場,最大暴落【英】
クレジット・アンシュタルト(最大の民間銀行)破綻(国際金融恐慌の発端)【墺】
北ドイツ毛織(独最大の繊維コンツェルン)倒産【独】
経済および財政保全のための第2緊急大統領告示【米】
ダナート銀行破綻,金融恐慌はじまる(約17,000企業の倒産)【独】
欧諸国あいついで金本位制離脱
日本でドル買いが激化【日】
金輸出再禁止(金本位制停止)【日】
2294の銀行が倒産【米】
重要産業統制法を公布(8月施行)【日】
産学5カ年計画【日】
ランカシャー紡績工場総閉鎖【英】

オーストリア中央銀行破産

労働争議2500件(日)

この年,労働争議件数2465件(ストライキ999件),戦前最高【日】
E・バッキ,英の失業者の窮状を調査【英】
東北の凶作で娘の人身売買が問題に【ヨ】

東北凶作 身売り

E ローデシア航空会社【ジンバブウェ】
三菱石油会社,延岡アンモニア絹糸(旭化成工業)設立【日】

1931

物質と社会の構造

A

ジャンスキー宇宙電波

電信技師ジャンスキー,"宇宙のささやき"(宇宙電波)を聴く【米】
ピカール,気球で成層圏に達する(高度1万6940m)【瑞】
ウィルキンス【豪】,潜水艦ノーチラス号で北極洋探検(81°51′Nに到着)

ニュートリノ仮説

パウリ,ニュートリノ仮説を提案【瑞】
ハロルド,ウィルソン,量子力学による半導体のウィルソン模型【英】
オンサーガー,相反定理(不可逆現象とゆらぎの関係)【米】
アリソン,新元素ハロゲンを発見【米】
ユーリーら,重水素発見(原子エネルギー開発へ)【米】
ボーア『原子論と自然記述』【丁】
ゲーデル『自然数理の不完全性定理』【独】
ポントリャーギン,双対定理【ソ】
ファン・デル・ベルデン『現代代数学』【独】
高木貞治『初等整数論講義』【日】

ゲーデル 不完全性定理

B

ニーダム『化学的発生学』【英】
カーラーのビタミンA単離【瑞】,ウィンダウスのビタミンD合成【独】
ポーリング,化学結合,共鳴の理論【米】
ブーテナント,男性ホルモンの結晶を単離【独】
E・B・フォード『メンデリズムと進化』【英】
S・ライト『メンデル集団における進化』【米】
W・C・アリー『動物の集合』【米】
丘英通,生体論提唱【日】
スターン,相同染色体の交叉の研究【独→米】
呉建『脊髄副交感神経について』【日】
マイルズ研究所,カルカ・セルツァー(鎮痛剤)発売【米】

スキナー反射

C

イェルムスレウとブレンダルの指導でコペンハーゲン学派結成【丁】
ユング『現代の魂の諸問題』【瑞】
F・スキナー『反射の概念』【米】
柳田国男『日本農民史』【日】

松本信広 日本神話研究

松本信広『日本神話の研究』【日】
フロベニウス『文化の運命』【独】
レリス,シュルレアリスムから離れ人類学の調査団に参加しアフリカへ【仏】
アカリ・ラブレ『ロビ分派の諸部族』『マンディン族とその言語』【仏】

D

ケインズ,金本位制に反対【英】
ハイエク『価格と生産』【墺】
フライヤー『社会学入門』【独】
バタイユ『太陽の肛門』【仏】
オルテガ『ヨーロッパの運命』【独】
カールトン・ヘイズ『近代ナショナリズムの歴史的発展』【米】
ホルクハイマー,フランクフルト大学社会哲学研究所所長就任講演「社会哲学の現代的状況と社会研究の課題」【独】
ヤスパース『現代の精神的状況』【独】
フッサール『デカルト的省察』【独】
ディルタイ『世界観の研究』【独】
三木清『イデオロギー論』【日】

フランクフルト学派 ホルクハイマー

E

タゴール『人間の宗教』【印】
ジョセフ・フランクリン,「エホバの証人」の名称採用【米】
妹尾義郎ら,新興仏教青年同盟設立,反宗教闘争【日】

抽象か具象か

A

「円と正方形」「具体芸術」が合流,「抽象・創造」(アブストラクシオン・クレアシオン)結成【P】
アール・デコ美術館でロートレック回顧展【P】
シャガール画[曲馬乗り]【仏】
ヒュルゼンベック『ダダから世界秩序へ』【独】
ダリ画[記憶の固執],ミロ画[男と女と子ども],ピカソ画[すわる女]【西】
ファイニンガー画[市場の教会]【米】
米で初のシュルレアリスム展【米】
ホイットニー美術館開館【米】
デュシャンの[彼女の独身者たちに裸にされた花嫁さえも]事故で破損【米】

ミロ

シケイロス逮捕

シケイロス,政治的デモンストレーションで逮捕(自宅監禁)【墨】
H・リード『芸術の意味』【英】

B

小林古径画[髪],川崎小虎画[荒涼],小茂田青樹画[虫魚図巻]【日】
柳宗悦『工芸』創刊【日】

C

シュリーヴ,ラム,ハーマン設計[エンパイアステートビル]完成【NY】
建築家集団「MARS」結成【英】
ルーベトキン【ソ】,ロンドンで建築家グループ「テクトン」結成
渡辺仁設計[東京帝国博物館]【日】
新建築工芸学院設立(学長,川喜多煉七郎)【日】
ニューデリー建設【印】
◉「ストリーム・ライン」(流線型)がモダーンの合言葉に【米】
グレゴール・パウルソン『受けいれ』(ストックホルム展の宣言)【典】
アアルトd[アームチェア]【芬】
エリッヒ・ザロモンp[不意打ちねらった瞬間の有名人](キャンディッド・フォト)【独】
ウェストンp[キャベツの葉]【米】
フォトモンタージュ展(リシツキー,ロドチェンコら出品)【独】
映画と写真の「国際移動展」,日本へ

エンパイアステートビルディング

ウェストン

ローラントの写真編集

◉ローラント【洪】などピクチュア・エディター出現,ベンヤミン『写真小史』【独】
木村伊兵衛の写真による花王石鹸の広告が話題に【日】
エジャートン,ストロボ発明【米】
グッドウィン,電池不要の露出計開発【米】

D

パプスト監[三文オペラ],ラング監[M],ムルナウ遺作[タブー]封切【独】
ルネ・クレール監[自由を我等に],ジャン・コクトー監[詩人の血]【仏】
[会議は踊る](シネ・オペレッタの出発点)と主題歌[ただ一度の]国際的大ヒット【独】
ウェルシュ監[フランケンシュタイン],チャップリン監[街の灯]【米】
スタンバーグ監[アメリカの悲劇]【米】
ニコライ・エック監[人生案内](児童映画の古典傑作),エイゼンシュテイン監[メキシコ万歳]【ソ】
本格的トーキー[マダムと女房]【日】

E

ヴァレーズ,打楽器主義を提唱[イオニザシオン]【仏→米】
アルトー,バリ島演劇の公演【P】
ガルシア・ロルカ,劇団「バラッカ」を組織し農村を巡回【西】
浅草オペラ館,新宿ムーラン・ルージュ開場【日】
河原崎長十郎,中村翫右衛門ら,前進座を結成【日】
ニューヨーク博【NY】

新宿ムーラン・ルージュ 吉行エイスケ,前進座

批判する文学

A

ケネス・シザム『14世紀の詩と散文』【英】,チェンバーズ『趣味の歴史』【米】
V・ウルフ『波』【英】
アラゴン,第2回国際革命作家大会に出席(ブルトンと対立)【仏】
マルタン・デュ・ガール『アフリカ秘話』【仏】
サン・テグジュペリ『夜間飛行』【仏】
ツァラ『近似的人間』【仏】
クルト・ヒラー『もう一歩,アインシュタイン』,レマルク『帰還の道』【独】
ケストナー『点子ちゃんとアントン』【独】
チャペック『長い長いお医者さんの話』【チェコ】
ブロッホ『夢遊病者たち』出版【墺】
ラクスネス『サルカ・ヴァルカ』【氷】
ヘンリー・ミラー『南回帰線』【米】
F・L・アレン『オンリー・イエスタデイ』,パール・バック『大地』(大ベストセラー)【米】
ユージン・オニール『喪服の似合うエレクトラ』【米】

Yの悲劇 エラリー・クイーン

クイーン『Yの悲劇』【米】
E・ウィルソン『アクセルの城』(批評)【米】
ネルーダ『地上の住処』【チリ】
ブダンツェフ『精神の苦悩の物語』,カター・エフ『時よ,進め』【ソ】

パール・バック大地

B

ナップ解散し,日本プロレタリア文化連盟(コップ)結成【日】
蔵原惟人,中条百合子らソヴェート友の会結成【日】
川端康成『水晶幻想』【日】
岡本かの子『伯林の降誕祭』,牧野信一『ゼーロン』,永井荷風『つゆのあとさき』【日】
夢野久作『犬神博士』【日】

野村胡堂 銭形平次捕物控

野村胡堂『銭形平次捕物控』【日】
『新文学』創刊【日】

C

ウォルター・リップマン,「ヘラルド・トリビューン」紙の「昨日今日」欄担当【米】
ダニエル・スターチ,雑誌購読者層をはかる(スターチ評価)【米】
対外的プロパガンダ誌「USSR」創刊【ソ】
「セルパン」創刊【日】
赤尾好夫,旺文社創立【日】
名古屋の津田三省堂,宋朝体活字を発表【日】

リップマンのコラム批評

平凡社大百科事典

平凡社『大百科事典』全28巻刊行開始【日】
ロンドンで最初のテレビ野外放送【英】
初のスポーツ・テレビ中継実験【日】
全国中央図書館設立(図書館の普及に貢献)【英】
「プロシア図書館総合目録」刊【独】

D

アル・カポネ,脱税で懲役11年罰金5万ドルの有罪判決【米】
ミルク給食の開始【英】
「シカゴ・トリビューン」にディック・トレーシー(連載漫画)登場【米】
田河水泡「のらくろ二等兵」【日】
電気冷蔵庫100万台に達する【米】

ディック・トレーシーとのらくろ二等兵

E

シック社,電気かみそり販売開始【米】
デューク・エリントン曲[ムーンインディゴ]【米】

ジーン・ハーロー

H・ヒューズ監[地獄の天使]でジーン・ハーロー,セックス・シンボルに【米】
長谷川伸監[瞼の母]初演【日】
古賀政男曲[酒は涙か溜息か]流行【日】

プロパガンダは直接、言葉とイメージによって行われるべきであり、書かれたものによって行われるべきではない。
ゲッベルス

BC 6000以前 / BC 6000 / BC 2200 / BC 1200 / BC 600 / BC 300 / 0 / 300 / 600 / 800 / 1000 / 1200 / 1300 / 1400 / 1500 / 1600 / 1650 / 1700 / 1760 / 1810 / 1840 / 1860 / 1880 / 1890 / 1900 / 1910 / 1920 / 1930 / 1940 / 1950 / 1960 / 1970 / 1980

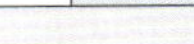

生命にひそむ全体システムの謎に挑む
ベルタランフィや橋田邦彦や。

1932
昭和7

軍事と民族主義

ラストエンペラー
満州国成立

1 04 ガンジー,ネルーら逮捕(ガンジー獄中断食)【印】
09 賠償支払い不能声明【独】
20 日本ファシズム連盟結成【日】
22 第2次5カ年計画発表【ソ】

上海事変❶

28 第1次上海事変勃発(5・5停戦協定)【日中】
2 02 ジュネーブ軍縮会議(60余カ国参加,協定不成立)
09 血盟団(1人1殺)事件(前蔵相,井上準之助暗殺)【日】
22 ヒトラー,大統領に指名される【独】
25 フーバー大統領,復興金融会社設立【米】
3 01 関東軍,満州国建国宣言【日】
08 三井理事団琢磨,暗殺【日】
23 反インジャンクション法成立(労働者の団結と争議権保証)【米】

金日成の抗日パルチザン闘争

4 25 金日成が長白山で抗日パルチザン闘争を組織【鮮】
26 瑞金政府,対日宣戦布告【中】
ヒンデンブルク大統領再選(SS,SA禁止を強硬)【独】
リットン調査団,満州事変調査開始
5 06 ドゥメール大統領,暗殺【仏】

5.15事件 犬養首相暗殺

15 5・15事件(犬養首相暗殺)【日】
ドルフス内閣(キリスト社会党)成立【墺】
6 04 社会主義グループのクーデター,社会主義共和国成立【チリ】
10 蔣介石が廬山会議【中】
15 チャコ戦争(ボリビア,パラグァイ)(~35)

ローザンヌ会議

16 ローザンヌ会議(ドイツ賠償を減額)
24 シャム立憲革命成功【タイ】
29 警視庁に特別高等警察部設置【日】

ヒトラーとナチス上昇

7 ゲッベルス,ナチの大会演説「国民よ,銃をとれ!」【独】
05 サラザール,首相に就任【波】

32年テーゼ

10 日本共産党,「32年テーゼ」発表(2段階革命)【日】
24 社会大衆党結成【日】
25 ソ連,ポーランド,エストニアがラトビア不可侵条約に調印
28 アナコスティア・フラットの戦闘(フーバー村を焼き払う)【米】
31 ナチス党,230議席獲得(第1党に)【独】
8 27 反戦全党派世界会議(ロラン,バルビュスらアピール)【アムステルダム】
国際連盟に加入【土】
9 23 ヒジャーズ,ナジュド王国がサウジアラビア王国と改称【亜】

東京五〇〇万人

10 01 東京人口約500万人(世界第2位に)【日】

イラク独立 イギリスの委任統治終了

03 イラク王国,英委任統治より独立【イラク】
04 ゲンベシュ内閣(極右反ユダヤ主義)成立【洪】
09 カーメネフ,ジノビエフ粛清【ソ】
30 第3次共産党事件【日】
大日本国防婦人会結成【日】

F・ルーズベルト

11 08 大統領にF・ルーズベルト圧勝【米】
29 仏ソ不可侵条約調印
12 02 中ソ国交回復
◉ 漸進的な社会主義政策開始【モンゴル】

ブロック経済へ

A 選択性のある除草剤(ディニトローオルト・クレゾール)特許【仏】

アルマイト 日本アルミ世界初の製造

日本アルミニウム製造所,世界初のアルマイト製品の生産開始【日】
クロロプレン重合体(特殊ゴム)生産開始【米】
BSA工具会社,ダイアモンド工具旋盤製作【英】
ズヴォーリキン,アイコノスコープカメラを発表【米】
豊田織機が手榴弾の製造開始【日】
小松製作所,農業用トラクター完成【日】

B **電子顕微鏡** ルスカ クノール

ルスカとクノール,初の電子顕微鏡【独】
日立製作所,エレベーターの製作開始【日】
ドニエプル水力発電完成(米,GE社製)【ソ】

フォン・ブラウン

C マルコーニが超短波装置製作【伊】
松前重義,無装荷ケーブル発明(通話の明瞭度上昇)【日】
国際電気通信株式会社設立【日】

ハンブルク号

飛ぶハンブルク号(夢の超特急,ベルリン~ハンブルク間)【独】
地下鉄(三越~京橋)開通【日】
フォード社,安価なV型8気筒車発売【米】
ゴダート,ロケット操縦のために,ジャイドスコープを採用【米】
ドイツ陸軍,ロケット専門家ヴェルナー・フォン・ブラウンの軍務協力を得る【独】
A・イヤハート,女性初の大西洋単独飛行【米】
グラフ・ツェッペリン号,南米定期便に就航(~37)【独】
ボーイング247運行開始【米】

オタワ経済会議 ポンド・ブロック

D 保護関税法制定(自由貿易政策放棄)【英】
オタワ経済会議(英連邦の「ブロック経済」成立)【英】
赤字公債の発行開始【日】
ダウ平均株価,41.22ドルまで下落【NY】
金本位制廃止【南ア】
◉ カルテル,トラストの拡大【日】
輸入機関設置(輸入品の価格高騰,~35,輸入品3%に落ちる)【英】

円安 繊維・雑貨輸出のびる

円安で,繊維,雑貨など日本製品の輸出急速に伸びる【日】
電力連盟成立【日】
東京地下鉄のストライキ(全協指導)【日】

ドイツ失業 600万人路頭へ

アメリカ自殺 2万社倒産 2万人自殺

労働者の2人に1人が失業者【独】
米の企業2万社近くが倒産(2万1000人が自殺)【米】
世界の石炭の生産量,29年に比べて40%減少
トランスバールに金の大鉱脈発見【南ア】

E レブロン社,ハリー・ウィンストン社(のちに世界最大の宝石コンツェルンに)設立【NY】
満州中央銀行設立【日】
最初の銀行「国民銀行」(私立)設立【アフガニスタン】

クリューガー自殺

マッチ王クリューガー,パリで自殺【典】
ブリヂストンタイヤ設立【日】

「f64」グループと「光画」グループ。
写真で情報を語る方法が広まっていく。

1932

物質と社会の構造

A

L・ランダウ,中性子星を描写【ソ】
ブラケット,宇宙線のシャワーを発見【英】
ピカール,成層圏を探検【仏】
アンダーソン,霧箱の中に陽電子を発見【米】
コッククロフト,ウォールトン,人工加速粒子による初の核反応【英】
チャドウィック,中性子の発見【英】
カリフォルニア大学のローレンス,初の実用サイクロトロン制作【米】
フォン・ノイマン『量子力学の数学的基礎』【洪】
フィールズ賞創設
バナッハ『線型作用素論』【波】
ブラウアー,ハッセ,ネーター「多元環論の基本定理の証明」【独】

エルゴード仮説

フォン・ノイマン【洪】,バーコフ【米】,エルゴード仮説を提出

陽電子と中性子

B

C・G・キング,ビタミンCの分離に成功【米】
ワールブルク,黄色酵素の発見【独】
ベルタランフィ『理論生物学』【墺】

橋田邦彦 因果性全機性

橋田邦彦『因果性と全機性』【日】
ホールデン『進化の原因』【英】
エードリアン,神経単位ニューロンを発見【英】
W・B・キャノン『からだの知恵』(ホメオスタシス理論)【米】
佐々木隆興,吉田富三郎,肝臓ガンの人工発生に成功【日】

ベルタランフィ理論生物学

C

シュルツ,自律訓練法を開発【独】
E・C・トールマン『動物と人間における目的的行動』【米】
アルファデス『動物の心理学』【独】
E・ソーンダイク『学習の基礎』(試行錯誤法の学習理論)【米】

バシュラール 火の精神分析 瞬間の直覚

バシュラール『火の精神分析』『瞬間の直覚』【仏】
A・シュッツ『社会世界の意味的構成』【墺】
クローチェ『19世紀ヨーロッパ史』【伊】
ケーニヒスワルト,ピテカントロプスの骨格片発見(~46)【独】
P・クレッセー『タクシー・ダンスホール』【米】
ケマル大統領の指導で,トルコ言語学協会設立

D

ロビンズ『経済学の本質と意義』【英】
ユンガー『労働者-支配と形態』【独】
長谷川如是閑『日本ファシズム批判』【日】
ヴァレリー『精神の政治学』【仏】
ホルクハイマー「社会研究年誌」刊行開始【独】

ボルケナウ

ボルケナウ『封建的世界像から市民的世界像』【独】
マンハイム『社会学の現代的課題』【洪】,ヤスパース『哲学』【独】
アラン『イデー』【仏】
戸坂潤,三枝博音,長谷川如是閑ら,唯物論研究会創立,「唯物論研究」刊行【日】
西田幾多郎『無の自覚的限定』【日】

唯研 戸坂潤 三枝博音

E

宇井伯寿 インド哲学史

宇井伯寿『インド哲学史』【日】
カール・バルト『教会教義学』(未完)【瑞】,ベルグソン『道徳と宗教の二源泉』【仏】

藤井日達 日本山妙法寺

藤井日達,ボンベイに日本山妙法寺を開創【日】

カール・バルト

フォト・リアリズム

A

第1回現代芸術国際会議開催【ヴェネチア】
クレー画[パルナッソス山へ]【瑞】
ベン・シャーン画[サッコとバンゼッティ事件]シリーズ【米】

コールダー モビールの出現

コールダー作[アウラ・マグナ],パリで動く彫刻の個展(デュシャン,「モビール」と命名)【米】
フォンタナ,ミラノ裁判所レリーフ制作の責任者に(~40)【伊】
コーネル,箱のオブジェによる初個展【米】
郭沫若『古代名刻彙考』【中】

B

福田平八郎

福田平八郎画[漣],小川芋銭画[海島秋来]【日】
蔵原惟人『芸術論』【日】

C

ライト『消えていく都市』,「近代建築展」【米】
W・ラスカーズ【瑞】とジョー・ハウ【米】設計[フィラデルフィア貯蓄銀行](ラップ形式のビル)
テッラーニ設計[ファシストの家](~36)【伊】
P・シャロー,B・ベイフート設計[ガラスの館-ダルザス邸](パリ,~33)【仏】
ピアチェンティーニ,配置計画,ローマの大学都市建設【伊】
KDAI(建築家技師闘争同盟)結成,ナチスの宣伝活動【独】
イッテン,クレーフェルト国立平面芸術大学を指導(~38)【瑞】
ハーバート・マター,スイスの観光ポスターのデザインに着手

グローグ 近代生活とデザイン

ジョン・グローグ『近代生活におけるデザイン』編集【英】
ベル・ゲデスd[リアエンジン自動車],『地平線』(流線型デザインの普及指導)【米】
ゴーレル・リポート提出(デザインと政治の結合)【英】
シュレーゲルd[ユニット家具]【丁】

グループf64

ウェストンを中心に[グループf64]結成【米】
ブレッソン,ライカを使用p[ヨーロッパ風景,パリ]【仏】
H・スティーブンス,赤外線乾板で地球表面の湾曲撮影に成功
キュエユエイレ,ゴルフ打球の瞬間撮成功
野島康三,木村伊兵衛,中山岩太ら「光画」発刊,名取洋之助,木村伊兵衛,日本工房創設【日】
ランド,ポラロイド・フィルム発明【米】

ベル・ゲデス 流線型の普及

野島康三,木村伊兵衛 中山岩太,名取洋之助

D

ルネ・クレール監[巴里祭]【仏】
リーフェンシュタール監[青い光]【独】
ムッソリーニの映画政策の一環として,ベニス映画祭はじまる【伊】
A・コルダ【洪】,ロンドン・フィルム設立【英】

内田吐夢 生ける人形 新映画社

内田吐夢ら新映画社創立【日】
[モロッコ]で初のスーパーインポーズ【日】

E

ラヴェル曲[左手のためのピアノ協奏曲]【仏】
ショスタコヴィッチ曲[ムツェンスク郡のマクベス夫人]【ソ】
ブレヒト演「母」(ゴーリキー作)初演【独】
友田恭助,田村秋子ら築地座結成【日】
世界最大の劇場,ラジオシティ・ミュージックホール誕生【NY】
東京宝塚劇場創立【日】

批判する文学

A

A・ハックスリー『すばらしい新世界』【英】

オーデン 新文学運動

オーデン『演説者たち』(幻想詩集,30年代新文学運動提唱)【英】
イヴリン・ウォー『黒いいたずら』【英】

セリーヌ 夜の果てへの旅

セリーヌ『夜の果てへの旅』,ブルトン『通底器』,ミショー『アジアの野蛮人』【仏】
J・アヌイ『貂』(劇作)【仏】
カイ・ムンク『言葉』【丁】
チャペックの童話,絵本に【チェコ】
ドンブロフスカヤ『夜と昼』【波】
スタイス・トムソン『民話文学の主題索引』(~36)【米】
コールドウェル『タバコ・ロード』【米】
フォークナー『八月の光』【米】
エラリー・クイーン『Xの悲劇』【米】
オストロフスキー『鋼鉄はいかに鍛えられたか』【ソ】
ショーロホフ『ひらかれた処女地』(~60)【ソ】
林語堂『論語』創刊(ユーモアを提唱)【中】
李光洙『土』【鮮】

トムソンの民話文学主題索引

小林秀雄

B

小林秀雄『Xへの手紙』【日】
大手拓次『藍色の蟇』【日】
竹中郁『象牙海岸』【日】
山本有三『女の一生』,山口誓子『凍港』【日】
伊藤整『新心理主義文学』(西欧20世紀文学紹介)【日】
コップに対する大弾圧開始,山田清三郎ら検挙,小林多喜二,中条百合子,中野重治ら「プロレタリア文学」創刊(~33)【日】

保田与重郎 コギト創刊 伊東静雄

保田与重郎,伊東静雄ら「コギト」創刊(浪漫的心情)【日】

C

「ファシズム」「日本」「歴史科学」「教育新聞」「前進」創刊【日】
F・R・リーヴィス,季刊誌「スクルーティニ」の代表編集者に(英批評,~53)【英】
C・スノー,「ヴォーグ」から引き抜かれ「ハーパーズ・バザー」の編集長に【米】
WABC局,初のラジオ・バラエティ放送【NY】
CBSテレビ,初のTVシリーズ[フイド・ワールド・レビュー]開始【NY】
BBC,テレビ実験放送開始【英】

D

ミッキー・マウス,アカデミー特別賞受賞【米】

白木屋火災

日本橋白木屋火災(以後ズロースの普及)【日】
ビッド・ベア・スーパーマーケット開店(初の大規模セルフサービス割引食糧品店オープン)【米】

E

M・ディートリッヒ主演[上海特急],ロイド主演[ロイドの活動狂]【米】
パーラメント・シガレット(フィルター付)発売,ブレーズデルd[ジッポ・ライター]発売【米】
キャンベル・トマトジュース,スキッピー・ピーナツバター発売【米】
ポピュラー・ソング[友よダイム(10セント貨)を恵んでくれ]【NY】

ロス・オリンピック

ロサンゼルス・オリンピック【米】
第1回日本ダービー開催【日】

スーパーマーケットと缶詰文化

アメリカに渡って初めて見たのは、大きなスーパー・マーケットでした。ここではすべてが棚に載っている。私は夢中になって買い物をした。
アンナ・クーサン

ナチズムとアメリカニズムの浸透は
ラジオの普及にぴったり重なっていく。

1933
昭和8

ナチスと人民戦線

ニューディール政策

1 03 山海関爆弾事件を契機に山海関占領【日】
04 パーペンとヒトラーの秘密会談【独】
24 国際連盟,リットン報告書承認,満州国不承認を決議
30 ナチス政権成立(ヒトラー首相)【独】
バルセロナに人民革命,各地に波及【西】
2 02 ジュネーブ軍縮会議再開
22 ポルトガルで新憲法発布
24 国連総会,日本軍の満州撤兵勧告案を42対1で可決
27 国会議事堂放火事件【独】
3 04 ルーズベルト大統領就任,ニューディール諸法案通過【米】
05 総選挙,ナチス288議席【独】
ドルフス,独裁政権獲得【墺】

国連脱退(日)

27 国際連盟脱退【日】

4 01 ヒトラーのユダヤ人弾圧開始【独】
19 社会党結成【チリ】
5 01 ロカ=ランシマン協定締結(対英従属)【アルゼンチン】
10 ナチスによる焚書事件【独】
12 農業調整法(AAA)成立【米】
31 日華停戦協定に調印【日】
6 07 共産党の幹部,佐野学,鍋山貞親ら獄中で転向声明発表【日】
19 オーストリア,ナチスを非合法化【墺】
国際統一戦線,反戦反ファシズム世界大会開催【P】
ピブンらの第2革命おこる【タイ】

シカゴ博(進歩の世紀)

反戦反ファシズム世界大会

7 03 全国水平社,全国的糾弾闘争開始【日】
14 断種法成立【独】
25 民族防衛隊(青シャツ団)結成【愛】
8 01 瑞金の中華ソビエト共和国政府,反日,反帝,反国民党を宣言【中】

ヒトラー元首

02 ヒトラー,国家元首に就任【独】
21 第2インター第5回大会開催(コミンテルンとの統一戦線拒否)【P】

スカルノ流刑

スカルノ流刑(~42)(オランダ官憲の民族主義弾圧強まる)【インドネシア】
9 02 伊ソ不可侵条約
05 バチスタ,軍事クーデター(独裁)【キューバ】
15 ギリシア,トルコ10年間の不可侵条約締結
30 上海で反戦,反ファシズム大会【中】

平均寿命59歳(米)

10 05 蒋介石,第5次掃共作戦を開始(兵力100万)【中】
09 内蒙古自治政府成立
ナチス党首ヘンライン,「祖国宣戦」結成【チェコ】
14 ヒトラー,国際連盟,軍縮会議から脱退声明【独】
ホセ・プリモ・デ・リベラ,ファランヘ党(ファシズム)設立【西】
28 エルサレムでアラブの大デモ(アラブ民族運動)
11 17 米,ソ連邦を承認(外交樹立)
イギリスの援助で東トルキスタン共和国成立(~34)
23 福建人民革命政府樹立(~34)【中】
共産党再建【印】
12 09 バルセロナでサンジカリスト,アナキストら武装蜂起(10日間)【西】
「火の十字」「フランスの団結」「愛国青年同盟」などの右翼団体創設【仏】
中南米諸国との友好関係の確立(通商拡大へ,善隣政策)【米】

ブロック経済へ

低密度ポリエチレン

A O・ルッフとO・ブレッチュナイダー,テトラフルオロエチレン合成【独】
ICI社,低密度ポリエチレンの開発【英】
山岡発動機工務所,世界初の小型模型ディーゼル・エンジン完成【日】

B ツヴォリキン「アイコノスコープ」発明【米】
初のレンズ交換式35ミリカメラ「カンノン」完成【日】

C ルドルフ・クーン,簡単なレーダー装置の実験【独】
東京~ボンベイ~ベイルート間に無線電信回線開通
初のウォーキー・トーキー発受信兼用携帯無線電話開発【米】
ベルリン~ハンブルク,初のテレックスラインを開設【独】
パリ周辺で電話による時報開始【仏】
ダイヤル式公衆電話設置【日】
アームストロング,FM通信方式を発明【米】

アウトバーン ボン~ケルン ヒトラー道路

ライヒス・アウトバーンの建設開始(軍備強化へ)【独】

丹那トンネル 熱海~函南 7804メートル

丹那トンネル貫通【日】
米海軍の制式空母「レーンジャー」進水【米】
白海~バルト海運河開通【ソ】
フォン・ブラウン,A-1号(ロケット)の地上燃焼試験(150kgの推力)【独】
ロッキード・ベガ,単葉機で初の世界一周単独飛行【米】
コドスとロッシ【仏】,NY~ベイルート長距離飛行の世界記録
パリ~マルセイユ,初の夜間飛行

TVA

治安維持法検挙四二〇〇人

D 47州で銀行が休業,金輸出の再禁止【米】
金本位制から離脱【米】
スタンダード石油【米】,サウジアラビアの石油利権獲得
テネシー渓谷開発公社(TVA)設立【米】

世界経済会議

ロンドンで世界経済会議(66カ国,~7.27)(米の反対で失敗)

NIRA 日本の産業復興法

全国産業復興法(NIRA)成立(反トラスト法停止,企業の独占的行為認可)【米】
日銀,公定歩合引下げ(史上最低)【日】
モルガン財閥,89の大会社に167人の取締役を送りこむ(大企業と有力銀行のほとんどを支配)【米】
綿布輸出量世界1位【日】
軍需インフレ進行【日】
治安維持法による検挙4288人【日】
アメリカの平均寿命59歳【米】
GM社,自動車販売競争の首位に(2位クライスラー社,3位フォード社)【米】
IBM,タイプライターに進出【米】

E 仏航空5社合併,エールフランス設立【仏】

デュポン社のレミントン買収

デュポン社,レミントン兵器会社の買収【米】
豊田自動織機に自動車部創設【日】
伊勢丹新宿店開店【日】
自動車製造会社(34日産自動車),丸善石油,三和銀行,田辺製薬設立【日】

経済の問題

コルモゴロフの確率論とバタイユの消費論。
二十一世紀のテーマが予告されていた。

1933

物質と社会の構造

A

エディントン『膨張する宇宙』【英】
フェルミ,ベーター崩壊の理論発表【伊】

マヨナラ 核力の現象学

マヨナラ,核力の現象論的研究【伊】
仁科,朝永,坂田,ガンマ線による陰陽電子対創成の理論【日】

マイスナー効果

W・マイスナー「マイスナー効果」を発見【独】
ゲーデル「選択公理と一般連続体仮説の無矛盾性」【チェコ】
ボルン,非線型場の一元理論【独】
コルモゴロフ『確率論の基礎概念』【ソ】

確率論 コルモゴロフ

B

カーラー,ビタミンA,B2合成【瑞】
ボーア『光と生命』【丁】
初の肺葉切除手術【米】
A・ケナウェー,純粋な発ガン性物質分離【英】
クレブス『生体内尿素形成の研究』【独】

C

ライヒ『性格分析』『ファシズムの大衆心理』【墺】
K・リスナー『代償行動による要求の解消』
E・ミンコフスキー『生きられる時間』【ソ→米】
ザーケル,精神分裂病のインシュリンショック療法を創始【墺】
古沢平作,ウィーン精神分析研究所に留学,「阿闍世コンプレックス」を提唱【日】
柳田國男『桃太郎の誕生』【日】
クラックホーン『虹を越えて』【米】
フロベニウス『アフリカ文化史』【独】
イェンゼン『未開民族における割礼と成年式』【独】
フレイレ『農園屋敷と奴隷小屋』【ブラジル】

郭沫若 甲骨文解析

ボアズ アメリカ人類学の父

ボアズ『一般人類学』【米】
ブルムフィールド『言語』【米】
郭沫若『卜辞通纂考訳』により甲骨文,金石文の世界を解釈【中】

D

J・ロビンソン『不完全競争の経済学』【英】,ハイエク『貨幣理論と景気循環』(英訳)【墺】,ピグー『失業の理論』【英】,チェンバレン『独占的競争の理論』【米】,オリーン『貿易理論-地域および国際貿易』【典】
E・ラブルース『18世紀フランスにおける物価と収入の変動についての素描』【仏】
バタイユ『消費の概念』【仏】
シュペングラー『決断の時代』【独】

ハイエク

バタイユ 消費の概念

ポウイス 文化論から孤絶哲学へ

ジョン・クーパー・ポウイス『文化の意義』【英】
戸坂潤『イデオロギーの概論』【日】
清水幾太郎『社会学批判序説』【日】
相川春喜『アジア』(アジア的観念形態への傾向,アジア的生産様式をめぐって論争)【日】
佐野学,山貞親「転向声明」【日】
長谷川如是閑,野呂栄太郎検挙【日】

京大滝川事件

京大滝川事件(以後,大学の自治崩壊)【日】
ホワイトヘッド『観念の冒険』【英】
ハイデガー,フライブルク大学総長となり,ナチス党に入党【独】
グラムシ『史的唯物論とクローチェの哲学』【伊】
アドルノ『キルケゴール』【独】
寺田寅彦『物質と言語』【日】
梯明秀『物質の哲学的概念』【日】
ワールブルク文庫,ロンドンへ

E

ヒトラー,ヴァチカンと「政教協約」締結
E・ウェスターマーク『マホメット教文明における異教的異物』

フォト・リアリズム

A

ハーバート・リード

H・リード『今日の芸術』【英】
ナチス,反モダニズム,反ボルシェヴィズム,キャンペーン開始【独】
ミラノ・トリエンナーレで,『壁画宣言』出版(シローニ,カッラ,カンピッリ,フーニ)【伊】

ミノトール 反戦 反ファシズム

スキラ書店から美術文芸誌『ミノトール』発刊(反戦,反ファシズム,~39)【仏】
ピカソ画[彫刻家のスタジオ]【西】
フリオ・ゴンサレス作[天使]【西】
リベラ,ロックフェラー・センターのRCAビルの壁画制作(レーニン肖像のため破壊)【NY】
ジャコメッティ作[午前4時の宮殿]【瑞】
ボリス・ヨハンソン作[共産主義者の尋問]【ソ】
ムーア,ヘップワース,ニコルソンら「ユニット・ワン」結成(H・リード支援)【英】

ユニット・ワン ヘップワース ムーア

ベルメールの人形

ベルメール,[人形]製作開始(ナチズムへの挑戦)【独】

B

橋本関雪画[玄猿],三岸好太郎画[オーケストラ]【日】
鈴木翠軒書『甲種小学書方手本』,西川寧,謙慎書道会をはじめる【日】

C

ペヴスナー『モリスからグロピウスまでの近代建築のパイオニア』【独】
マイヤーとタウト【独】,ソ連で都市計画(スターリン体制と対立)
ルーベトキン【ソ】,建築家集団「テクトン」設計[集合住宅ハイポイント・ワン]【英】
ウェルズ・コーツ設計[ローン・ロード集合住宅](~34)【英】
アアルト設計[パイミオのサナトリウム]【芬】
ニコライ・ミリューテン『ソツゴロド計画』(線状都市計画)【ソ】
堀口捨己設計[旧岡田家住宅]【日】

アテネ憲章 CIAM発表

近代建築国際会議(CIAM)でアテネ憲章発表
ブルーノ・タウト【独】,訪日
バウハウス閉鎖,国家造形美術学院設立【独】
フラー,「ダイマクション・カー」発表【米】
◉ フランク・ピック,ロンドン地下鉄のアート・ディレクション【英】
ブレッソン,レビーギャラリーで最初の写真展【NY】
ブラッサイ写真集[夜のパリ]出版【仏】
35ミリ1眼レフの始祖エキザクタ発売【独】

ブレッソンとブラッサイ

D

H・G・ウェルズの『透明人間』映画化【米】
ディズニー,最初の三原色テクニカラー作品[花と木]【米】
アレクセイエフ監[禿山の一夜](アニメーション)【ソ→仏】
ナチス,宣伝省に映画局設立【独】

E

メシアン曲[キリストの昇天](インドのリズム)【仏】
コダーイ曲[ガランタ舞曲]【洪】

トスカニーニの抵抗

トスカニーニ,ナチスの芸術圧迫に抗議し,バイロイト音楽祭参加を拒否【伊】
デューク・エリントン,最初のジャズピアノのヨーロッパ演奏旅行【米】

笑いの王国 古川緑波 徳川夢声

古川緑波らのロッパ一座,「笑いの王国」旗揚げ【日】
シカゴ万博「進歩の100年」開幕【米】

批判する文学

A

ロマン・ロランとアンリ・バルビュス,「世界反戦大会」開催への共同アピール(発起人,ランジュヴァン,ゴーリキー,アインシュタイン,ラッセル,ドス・パソス,ハインリッヒ・マン他)【仏】
◉ T・マンら,外国亡命作家500人

亡命と抗議 ロラン、バルビュス マン、ゴーリキー

人間の条件

グルニエ『孤島』,ポール・ニザン『アントワーヌ・ブロワーヌ』,マルロー『人間の条件』【仏】
マルセル・レイモン『ボードレールからシュルレアリスムまで』【仏】
オシエツキー『冬物語』【独】
ナサニエル・ウェスト『ミス・ロンリー・ハーツ』【米】
エルマー・ライス『われら人民』,ガートルド・スタイン『アリス・B・トクラスの自伝』【米】
ウェルズ『来たるべき世界』【英】
タウフィーク・アル・ハキーム『シェヘラザード』(~49)【埃】

茅盾 小説月報・「蝕」3部作 30年代中国の描出

茅盾『子夜』【中】,巴金『家』【中】

B

人生劇場 尾崎士郎

宇野浩二『枯木のある風景』,尾崎士郎『人生劇場』【日】
谷崎潤一郎『春琴抄』,宇野千代『色ざんげ』,石坂洋次郎『若い人』【日】
西脇順三郎『Ambarvalia』【日】
水原秋桜子『新樹』【日】
広津和郎『風雨強かるべし』,内田百閒『百鬼園随筆』,久米正雄『月よりの使者』【日】
小林多喜二,築地署で虐殺【日】

多喜二虐殺

西脇順三郎

文学界 川端康成 小林秀雄

川端康成,小林秀雄ら『文学界』【日】

C

ユージン・メイヤー,競売で「ワシントン・ポスト」紙を購入【米】

ニューズウィークとエスクワイヤ

トマス・マーティン,「ニューズウィーク」創刊(37年に25万部),アーノルド・ギングリッチ,「エスクワイヤ」創刊(3年目で100万部)【米】
エチエンヌ・レロ,ジュール・モスロらパリの黒人知識人,「正当防衛」誌発刊【P】
三木清,菊池寛,長谷川如是閑ら学芸自由同盟結成【日】
『二十世紀ラルース百科辞典』刊行【仏】
「サクラガサイタ」の『小学国語』【日】
ゲッベルス,ナチ・プロパガンダの武器にラジオを使用(全独に100万台)【独】
CBSラジオ,ルーズベルト大統領の「炉辺談話」放送【米】

ラジオ宣伝 ルーズベルトとゲッベルス

D

クラウス・マン【独】編集,「集合」(国際的反戦ファシズム文化闘争誌)【アムステルダム】
ミルク飲み人形発売,大ヒット【NY】
ヨーヨー,[東京音頭]大流行【日】

E

プロクター・ギャンブル社,家庭用合成洗剤市販【米】
メリアン・クーパーとシュードザック監[キング・コング]公開(オプティカル特撮)【米】
グレタ・ガルボ主演[グランド・ホテル]【米】
島田啓三の漫画[冒険ダン吉],「少年倶楽部」に連載開始【日】
日劇,有楽町に開場(東洋最大)【日】

自動車は、たちまちにしてアメリカを遊牧民の国のようにしてしまった。
F・L・アレン『オンリー・イエスタデイ』

いよいよ機械そのものがアートされ、
いよいよ雑音そのものがペインティングされる。

1934
昭和9

ナチスと人民戦線

1 蒋介石軍,50万の大軍で中央ソビエト区の包囲開始【中】
26 ポーランド,ドイツと不可侵宣言成立

2 06 パリで右左派衝突(フランス人民戦線運動の発端),ドゥメルグ挙国一致内閣(右翼中心)組織【仏】

バルカン協商 希・土・ユーゴ ルーマニア

09 バルカン協商成立(ギリシア,ルーマニア,ユーゴ,トルコ)
12 反ファシズムのゼネスト【P】
ハンガリー(2月),ユーゴ(5月)と通商協定締結【独】

3 01 満州国,帝政実施(溥儀が皇帝に即位)【日】
24 フィリピン独立を10年後に決議(ダイジン=マダフィ法制定)【米】
金日成,人民革命軍を編成【鮮】

5 29 国際連盟の第3回軍縮会議開始

キューバ完全独立

31 キューバ,完全独立

6 09 ソ連,ポーランド,ルーマニア,外交関係を樹立

レーム一揆 ヒトラーと突撃隊

30 ヒトラーによるレーム一揆(突撃隊に対する血の粛清)【独】

7 01 パリで女権拡張同盟主催の女性大会【仏】
25 ドルフス首相,オーストリアのナチ党により暗殺【墺】
27 社共両党代表による「統一行動決定」【仏】

8 02 ヒンデンブルク大統領没【独】
17 米アリゾナ州で日本人の立ち退き要求デモ【米】
19 ヒトラー,総統兼首相就任【独】
ニューディールに反対する超党派の自由連盟結成【米】

9 09 ロンドンで反ファシズムデモ(10万人)【英】
18 ソ連,国際連盟加入【ソ】

紅軍長征

10 01 シカゴで反戦・反ファシズム全米大会【米】
05 カタルーニャ,独立宣言【西】
09 国王アレクサンダル1世【ユーゴ】,バルトゥー外相【仏】,マルセイユで暗殺(反ナチ遊説中)
09 仏共産党,人民戦線結成【仏】
15 中国共産党,長征開始(紅軍8万,政府後方機関あわせて10万)【中】
24 ネルー,国民会議派の指導者に【印】
陸軍省,『国防の本義とその強化の提唱』発表【日】

11月事件 士官校事件

11 20 11月事件(士官学校事件)【日】
30 国王,1930年憲法廃止,議会解散【埃】

12 01 キーロフ(共産党中央委員),ニコラーエフ(共産主義青年同盟員)暗殺,スターリンの大粛清開始【ソ】
01 ソ連,モンゴル共和国,相互援助の紳士協定調印
05 エチオピア・イタリア両軍がワルワルで衝突
14 トルコで婦人参政権(ケマル・アタチュルクの近代化政策)

ファシスト会議

18 モントルー【瑞】で欧州16州のファシスト会議
21 粛清で103人処刑【ソ】
南ローデシア=アフリカ人民会議(SRANC)設立【ジンバブウェ】

ブロック経済へ

電子顕微鏡

A ドライヤー,液晶の基本原理発見【英】
ブラウン・シャープおよびシンシナティ社,超高速フライス盤を発表
メーゾン,水晶濾波器を考案
グルタミン酸モノナトリウム,商業的に製造【米】
デュポン社,230人の化学者,技術者,2700万ドルを投じナイロンの開発研究開始(~36)【米】
パーカーとネルスン,ビスコース・レーヨンを製造(初期のバッチ法開発)【英】
ICI社,ポリ(=パスペックス)の工業生産開始【英】
モンサント社,メラミン樹脂の研究完成【米】
日本電気工学会社でアルミニウムの生産開始【日】

B **オシロスコープ**

アレン,B・デュモント,オシロスコープ完成【米】

電話 米一七〇〇万台 英二〇〇万台

C R・A・ワトソンワットの総指揮でレーダーの開発着手【英】
ルスカ,約1万倍の電子顕微鏡を製作【独】
エスペンシード,高周波伝達に同軸型ケーブルを提案【米】
ケーブル・アンド・ワイヤレス(C&W)発足【英】
電話機1700万台【米】,200万台【英】,全世界3300万台
東京~サンフランシスコ,国際無線電話回線開通
クノルト製作のレーダー装置,キールで初の実験【独】

A2号 フォン・ブラウン 2.4キロ

フォン・ブラウン,A-2号(ロケット)(16秒の飛行,2.4kmの高度)【独】
ストリーム・ライナー,LA~NYで運行開始【米】
満鉄の特急「あじあ号」運行開始(大連~新京)
アンドレ・シトロエン,前輪駆動車発表【仏】
豊田自動織機製作所自動車部,試作車1号完成【日】
日産自動車,小型車ダットサンの量産開始【日】
自動車輸送に対応するバイパス方式のマージー・トンネル開通【英】
豪華客船クイーン・メリー号進水【英】
ラスコム,全金属製の軽飛行機製作【米】

D アメリカ議会,互恵通商法可決【米】
世界会議招集議会でスイスの銀行秘密厳守法可決(ナチス・ドイツのユダヤ人口座を守る)【瑞】
証券取引委員会(SEC)設立【米】
ロンドンで独製品ボイコット【英】

イタリア失業絶頂

◉ イタリアの失業者絶頂に【伊】
日本労働組合全国評議会(全評)結成【日】

東京市電スト

東京市電の解雇などをめぐりスト【日】
生糸生産ピーク(総生産高6000トン,日本80%)年間平均3万6000戸の住宅建設計画(~38家庭用電化製品の需要たかまる)【英】
イラク・キルクーク油田~ハイファ港【英領】,パイプライン完成
モスル【イラク】~トリポリ【シリア】,英の石油パイプライン

帝人疑獄

E バハレーン島の石油開発権をスタンダード・オイル社が獲得
ボーイング航空機会社,コード・コーポレーション【英】
帝人疑獄事件【日】
鐘紡の武蔵理化学研究所設立【日】
日本製鉄(大鉄鋼トラスト),富士写真フイルム,日本鋼管,日本団体生命保険,三菱工業【日】
渋谷に東横百貨店【日】

このころ誰も、ヒトラーとスターリンの
残虐行為を知らされていなかった。

1934

類型からの逸脱

A

バーデ,ツヴィキー,超新星の爆発を発見【米】
カール・ハウスホーファー『力と土地』【独】
フェルミ,中性子による原子核破壊【伊】
ハイゼンベルク,中性子・陽子間の交換力仮定【独】
パウリ,ワイスコップ,スピン0の場の量子論
ワイネンコ,タム,電子とニュートリノの交換による核力の計算
湯川秀樹,中間子仮説【日】
ヒルベルト,ベルナノス『数学の基礎I』【独】

フェルミと湯川秀樹

B

中原和郎,ビタミンLの研究【日】
キューン,組織移植法を駆使した遺伝研究【独】
ルジチカ【瑞】ら,男性ホルモンの合成,ブーテナント【独】ら,女性ホルモンの結晶化
カーペンター,サルの社会生態学的研究開始【米】
平田森三,丘英通らによるキリンの斑論争【日】
ユクスキュル『動物と人間の環境世界への散歩』【エストニア】
E・S・ラッセル『動物の行動』【英】
ピーターソン『鳥類観察案内』(オーデュボンを引き継ぐ)【米】

中西悟堂 博物学と日本野鳥の会

中西悟堂,日本野鳥の会設立【日】
三村剛昂,波動幾何学の研究【日】
バシュラール『新科学的精神』【仏】
アンリ・フォション『形の生命』【仏】

C

K・ポパー『探求の理論』【墺】
バタイユ『ファシズムの心理構造』【仏】
G・H・ミード『精神・自我,および社会』【英】
トインビー『歴史の研究』(〜39)【英】
柳田国男ら木曜会発表【日】
リーキー『アダムの先祖』【米】
ミシェル・レリス『幻のアフリカ』【仏】
ベネディクト『文化の類型』【米】
アイクシュテット『人種と人類史』【独】
カルナップ『言語の論理的シンタックス』【独】
ヤコブソン『詩とは何か』【チェコ】

ベネディクト 文化の類型

トインビー 歴史の研究

D

シュンペーター【墺】,チェンバレン【米】らと『復興計画の経済学』(ニューディール政策を批判)
シュナイダー『生産の理論』【独】
コモンズ『制度派経済学』【米】
ドル・ラ・ロシェル『ファシズム的社会主義』【仏】
フォード『環境,経済,および社会』(人間地理学)【英】
ヘルマン・ヘラー『国家学』【独】

ルイス・マンフォード

ルイス・マンフォード『技術と文明』【米】
ホルクハイマー『薄明』,フランクフルト学派がアメリカ亡命【NY】
メリアム『政治権力』【米】
ケルゼン『純粋法学』【墺】
平野義太郎『日本資本主義社会の機構』【日】
松本潤一郎『社会集団と社会階級』【日】
山田盛太郎『日本資本主義分析』【日】
河合栄治郎『日本ファシズム批判』【日】
シモーヌ・ヴェイユ『工場日記』【仏】
サルトル『自我の超越』【仏】
バジル・ウィリー『17世紀の思想的風土』【英】

E

アームストロング,世界教会設立【米】
大法輪閣,『大法輪』創刊【日】

友清歓真 格神会 三島由紀夫に影響

友清歓真,格神会結成【日】
ヘディンの第二次ロプ・ノール調査【中】

フォト・リアリズム

A

ブリュッセルのパレ・デ・ボザールでミノトール展【白】

機械芸術展

ニューヨーク近代美術館で「機械芸術展」開催【NY】
ハンス・ホフマン美術学校開設【NY】
エルンスト『慈善週間』出版【仏】
ピカソ画[闘牛]シリーズ【西】
ダリ,ロートレアモンの『マルドロールの歌』を出版【西】
マーク・トビー[ホワイト・ペインティング](〜37)【米】
セラフィナ・リャンギーナ作[より高く!常により高く!]【ソ】
第1回ソ連作家大会で社会主義リアリズムが公認【ソ】

トビー ホワイトペインティング

B

川端竜子 青龍社 大作主義

安井曾太郎画[金蓉],三岸好太郎画[海と射光],川端竜子画[愛染]【日】

安井曾太郎 三岸好太郎

C

ライト,ブロードエーカー計画(理想の都市)提案【米】
カーロ・S・アラビアン設計[赤軍劇場]【モスクワ】
シュペアー,ニュルンベルク党大会の空間演出(130台のサーチライトで光のドーム)【独】

築地本願寺 伊東忠太設計

伊東忠太設計[築地本願寺]竣工【日】
H・リード『芸術と産業—工業デザインの原理』【英】
ローウィ[流線型鉛筆削り器]【米】
◉ グッド・デザインの奨励(34銀器展,35陶器展,36家庭用金具展)【英】
日本工房,海外向け大型グラフ雑誌「NIPPON」創刊【日】
ジョン・グローブ『工芸とは何か』【英】
タウト【独】,高崎工芸指導所設立【日】
A.ブロドヴィッチ「ハーパーズ・バザー」のアートディレクターに【米】
ポール・ウォルフp[ライカとともに10年]【独】
マン・レイ『写真1920—1934』刊行【仏】
ローラント,[ウィークリー・イラストレイテッド]編集(ブラッサイによるパリ特集)【L】
日本工房「第2回報道写真展」【日】
イーストマン,コダクローム発表

D

ローサ監[造船所]【英】
ジャック・ファデー監[外人部隊]【仏】

ワシリーエフ兄弟

ワシリーエフ兄弟監[チャパーエフ](社会主義リアリズム)【ソ】
蔡楚生監[漁光曲]【中】
小津安二郎監[浮草物語]【日】
富士フイルム,国産初の映画用フィルムを製造【日】

小津安二郎

E

オネゲル曲[火刑台のジャンヌ・ダルク]【瑞→仏】
ヒンデミット曲[画家マティス]初演【独】

フルトヴェングラー

フルトヴェングラー,ベルリン国立オペラ主任指揮者(33〜)【独】
ボーン・ウィリアムズ曲[グリーンスリーヴスによる幻想曲](国民主義音楽)【英】
ユーゴー・パナシェ『熱いジャズ』(ジャズ評論の第1号)【仏】
ロレンス・ハモンド,ハモンド・オルガンの特許取得(電気楽器の先駆)【米】
伊福部昭,早坂文雄,新音楽同盟を結成【日】
「テアトロ」創刊【日】

ラジオとメッセージ

A

トラヴァース『メアリー・ポピンズ』,ヒルトン『チップス先生さようなら』【英】
ウォー『一握の塵』【英】
モード・ボドキン『詩の元型』【英】

ルネ・シャール

ルネ・シャール『うちでのない小槌』(オートマチスムによる詩的錬金術)【仏】
ロバート・デスノス『首のない人々』【仏】
マルセル・エーメ『鬼ごっこ物語』(児童文学),ジュリアン・グリーン『幻を追う人』【仏】
ブレヒト『三文小説』【独】
E・ユンガー『葉と石』【仏】
カール・ブリクセン『七つのゴシック小説』【丁】

ラックスネス『独立の民』(〜35)【氷】

ミラー北回帰線

ミラー『北回帰線』【P】,サローヤン『ブランコに乗った勇敢な若者』【米】
ジョイス『ユリシーズ』を発禁押収(好色文学として)【米】
ジェームズ・ケーン『郵便配達は二度ベルを鳴らす』【米】
A・クリスティ『オリエント急行殺人事件』【英】
ロルカ『イェルマ』【西】

全ソ作家大会

全ソビエト作家大会(52の民族,反ファシズム,社会主義リアリズムの不可侵性強調)【ソ】
カップ,第2次大量検挙【鮮】

ブリクセン

B

中原中也 山羊の歌 在りし日の歌

武田麟太郎『銀座八丁』,室生犀星『あにいもうと』,中原中也『山羊の歌』【日】
北原白秋『白南風』(近代の幽玄体確立)【日】

小栗虫太郎

小栗虫太郎『黒死館殺人事件』【日】
久生十蘭『ノンシャラン道中記』【日】
竹内好ら中国文学研究会結成【日】
「早稲田文学」創刊【日】
「俳句研究」創刊【日】

竹内好と中文研

C

「パルチザン・レビュー」創刊【米】
「ダウン・ビート」誌創刊【米】
ナンシー・カワード「ニグロ・アンソロジー」【米】
セダール,セゼール,ダマら「黒人学生」誌発刊(ネグリチュード運動)
雑誌形式のコミック・ブック登場【米】
「服飾文化」(初のスタイルブック)創刊【日】
冨山房「国民大百科辞典」の刊行開始【日】
ラジオ聴取率測定のためのフーパー測定法確立【米】
政府直営ラジオ放送でのコマーシャル禁止【仏】

D

ウエスティングハウス社,料理研究所開設【米】
シャネル,ジャージー製造工場【仏】
5歳のシャーリー・テンプル[輝く瞳](映画)で少女スターに【米】
ドナルド・ダック,デビュー【米】

ボニー&クライド

殺人強盗ボニーとクライド射殺される【米】

E

時間貸し電気洗濯機業「ウォッシュテリア」オープン【米】
フロリダ州に大型ドラッグストア開店【米】
シーグラムのセブン・クラウン・ブレンド・ウィスキー発売【米】
初のユースホステル開設【米】
最初のプロ野球チーム,大日本東京野球倶楽部結成【日】
マスターズ・ゴルフ・トーナメント【米】

マスターズ・ゴルフ

機械の前に立ったら、自分の魂を殺し、感情を殺し、すべてを殺さねばならなかった。労働は芸術に匹敵するものに昇化しなかった。
シモーヌ・ヴェーユ『工場日記』

レーダーとナイロンと蛍光灯。
本物よりも本物らしいキッチュが理解される時代へ。

ペンギン・ブックスとギャラップ世論調査。
大衆を相手にしなければ文化は成立しなくなっている。

1935
昭和10

NHKラジオ二〇〇万台

ブリュッセル博❶

経済の問題

ナチスと人民戦線

天皇機関説

1 01 姓氏の制採用(ケマルは国民議会の意向により"アタテュルク"=トルコ人の父を称する)【土】

ザール投票

13 ザール地方で住民投票,90%が独への帰属を希望【独仏】
13 中央政治局会議,毛沢東の指導確立【中】

2 18 貴族院で美濃部達吉の天皇機関説問題化【日】

3 04 弾圧により日本共産党中央委員会壊滅【日】
16 ヒトラー,ヴェルサイユ条約破棄(再軍備宣言徴兵制復活)【独】
21 ペルシア,国号をイランと改称
23 衆議院,国体明徴決議案可決【日】

強制収容所 ヒムラーどくろ部隊

31 強制収容所,親衛隊長ヒムラーの管理下(どくろ部隊)にはいる【独】
ルーマニアと通商協定【独】

統制派と皇道派

4 11 ストレーザ戦線結成(独の再軍備宣言を非難)【英仏伊】
17 国際連盟,独再軍備反対決議案可決

5 20 孫匪事件【日中】

6 14 人民連合委員会結成【仏】
15 抗日北上(〜10.21)【中】
18 英独海軍協定調印(英の対独宥和政策)
国王独裁権樹立【ブルガリア】

ワグナー法

7 05 ワグナー法制定【米】
14 パリで反ファシズム人民戦線派の48団体40万人デモ【仏】

コミンテルン⑦

25 コミンテルン第7回大会,反戦反ファシズム人民戦線政策推進【モスクワ】

8·1宣言 中国の抗日統一

8 01 8·1宣言(中国共産党,抗日民族統一戦線の提唱)【中】
02 英国王,改正インド統治法制定【印】
31 中立法成立(交戦国への武器輸出禁止)【米】

9 15 ナチス,ニュルンベルク諸法公布(ユダヤ人と非ユダヤ人の結婚を禁固刑に)【独】
17 マヌエル・レ・ケソンが初代大統領に【比】

フランス人民戦線

エチオピア戦争

10 03 エチオピア侵略開始(〜36)【伊】
06 綏分河事件【ソ満日】
07 広田外相,日中提携3原則を提議【日】
20 毛沢東の中央紅軍,西省北部に到着,大長征おわる【中】
21 ドイツ,国際連盟から脱退【独】
スターリン,「スタハノフ運動」(生産性向上)定義,普及化【ソ】

11 24 河北省に冀東防共自治委員会の成立を宣言
24 国王ゲオルギオス2世帰国,王位に復帰【希】

12 05 ニュージーランドに初の労働党内閣
09 ロンドン第2次海軍軍縮会議【日英米仏伊】
09 抗日の12·9学生運動【中】
反ナシーム連合戦線により23年憲法復活【埃】
セイロン平等社会党発足
社会主義指導者アンリ・ド・マン,「労働計画」を企画(実現せず)【白】

情報戦争時代

ナイロン デュポンのポリマー66

A ルールベンジン社,フィッシャー・トラプシュ法による商業的石油合成の開始【独】
メラミン・ホルムアルデヒド樹脂開発【独】
デュポン社のカロザース,ポリマー66(ナイロン)を開発【米】
ペラン,ペイトンらの研究で8gのポリエチレンを得る【英】
地下ガス製造法開発【ソ】
満州に細菌兵器研究所【日】

B

チューゼ Z-1計算機

K・チューゼ,リレー式計算機Z-1発明【独】
クノール,走査型電子顕微鏡の原理と可能性発
フリッツ・フロイマー,マグネトホン(テープレコーダーの原型)発明【独】

蛍光ランプ GEの白昼革命

GE社蛍光ランプの試作に成功【米】
高柳健次郎,アイコノスコープによるテレビ実験に成功【日】
A・スティーヴンズ,電子工学技術による最初の誘導用補聴器発明【英】

レーダー時代へ

C ワトソン・ワット,防空用のパルス・レーダーの実験を開始(危険防止用レーダー,ノルマンジー号に設置)【英】
AP通信社,写真電送開始【米】
全国送配電網の完成【英】
初の市外通話自動即時化(荏原〜東京)【日】
逓信省電気試験場が世界初のテレビ電話の実験に成功【日】
ツイン・コーチ,米初のディーゼルバス製造【米】
ユリアナ女王運河(全長20マイル)開通【蘭】

ダグラスDC 乗客21人時速260キロ

ダグラスDC3(乗客21人,時速160マイル)初飛行【米】
ブルゲ・ドラン314型(ヘリコプター)試作飛行に成功【仏】
コダート,液体ロケットの実験に成功【米】

AFL分裂

D 最高裁,全国産業復興法(NIRA)に違憲判決【米】
ロイ・ストライカー,農業安定局(FSA)組織【米】
英銀行副頭取オットー・ニーメイヤー構想,米労働総同盟(AFL)分裂,ジョン・ルイスが産業別労働組合会議(CIO)を設立【米】
救済事業法成立【米】
幣制改革(国民政府通貨統一)【中】
軍事費10億(歳出総額の46.8%)【日】
8時間労働制の導入【独】
東清鉄道本線をソ連より買収【日】
人絹の生産量世界一に(人絹黄金時代)【日】
クンドゥーズのコットン・カンパニー,製綿開始【アフガニスタン】
モスル【イラク】〜ハイファ,パイプライン完成【英】
ココラド川にボールダー・ビル(のちにフーバー・ダム)完成【米】

E モーガン・スタンリー社,ゼネラル電話公社設立【NY】
フォルクスカス銀行設立(英系主導の経済界にアフリカーナの進出)

富士通·日本アルミ

東京卸売市場,日本アルミニウム,富士通【日】

1935

類型からの逸脱

A

デリンジャー現象

デリンジャー現象発見【米】
チャールズ・リヒター,地震の強度計測用のリヒター・スケール考案【米】
フェルミ,中性子核反応研究を開始【伊】
クルチャトフ『原子核の分裂』【ソ】

シュレディンガーの猫

シュレディンガー『量子力学の現状』(シュレディンガーの猫)【墺】
K・フィッシャー水分測定法,『実験計画』【独】

B

ドマック【独】,トレーフェル【仏】,サルファ剤による化学療法の刷新
ウィンダウス,ビタミンD2の構造決定【独】
ビタミンE,小麦のはい芽油から分離【米】
スタンリー,タバコモザイクウィルスを抽出【米】
ジョン・ノースロップ,タンパク質分解酵素(デモトリプシン)を液から抽出【米】
岡邦雄『唯物論と自然科学』【日】
石原純編集『岩波理化学辞典』【日】
ハーバード・ガッサー,神経電位研究【米】
ワルト,ビタミンAと視紅の関係を実証
ヘヴェシー,放射性元素を生化学に応用

タバコモザイクウィルス結晶化

ローレンツの動物行動研究

ロボトミー アントニオ・モーニス

アントニオ・モーニス,ロボトミー創始【葡】
K・ローレンツ『鳥の環境世界における仲間』【墺】
R・キャレル,人工心臓発明【仏】

C

レヴィン「力動的人格論」【独】
コフカ『ゲシュタルト心理学原理』【米】
カナー『児童精神医学』【米】
L・L・サーストン『心のヴェクトル』(統計心理学)【米】
C・D・フィード『環境・経済および社会』(文化生態学へ)【英】
M・ミード『性と気質』【米】
柳田國男「民間伝承の会」組織【日】
移川子之蔵,宮本延人,馬淵東一ら,台湾高砂族の系統所属の研究実施【日】

タルスキー形式言語学 数学から多値論理へ

タルスキー「形式的言語における心理概念」【波】

D

ランゲ『マルクス経済学と近代経済学』【波】
E・ブロッホ『この時代の遺産』(ブレヒトの評価)【独】
ラスキ『国家の理論と現実』【英】
アルフレート・ウェーバー『文化社会学としての文化史』【独】
L・B・ライト『エリザベス朝時代の英国における中産階級文化』【米】
中井正一,武谷三男ら『世界文化』創刊【日】
ヤスパース『理性と実存』【独】
マルセル『存在と所有』【仏】

世界文化 中井正一 武谷三男

和辻風土論

和辻哲郎『風土』【日】
『唯物論全集』全50巻刊行開始【日】
戸坂潤『日本イデオロギー論』【日】

E

反カトリック暴動【愛】

世界救世教 岡田茂吉 MOAへ

岡田茂吉,世界救世教開教,岡野正道,孝道教団を開く,大本教第2次弾圧【日】
新宗教の教団1029団体【日】

視覚と体験

A

フォルス・ヌーヴェル

アングロー,ジャノーら「フォルス・ヌーヴェル」結成(38「新しき世代」展)
WPA,FAP連邦美術計画開始(ロスコ,ポロック,ゴーキーら,壁画,ポスターの仕事に)【米】
シケイロス【墨】,実験的ワークショップ(ポロック参加)(〜36)【NY】
マティス画[ばら色の裸婦]【仏】
エルンスト画[全体都市](〜36)【独】
ダリ『非合理の征服』(パラノイア・クリティックの理論化)【西】
リベラ,メキシコ中央政府の壁画[メキシコ,今日と明日]完成【墨】

イサム・ノグチ ブランクーシから東洋的簡潔へ

イサム・ノグチ【日】,壁画彫刻[歴史]【墨】
マックス・ビル作[終わりのないリボン]【瑞】
マリノ・マリーニ連作[ポモナ][馬と騎手]【伊】

B

中西利雄画[婦人帽子屋],林武画[コワヒューズ]【日】

河井寛次郎 民芸的磁器 辰砂釉

河井寛次郎作[鉄辰砂草花丸文壺](1937年,パリ万博グランプリ)【日】

C

リチャード・ノイトラ【W】設計[ベル実験学校]【米】
コルビュジエ『輝く都市』【瑞→仏】
ショウッセフ設計[モスクワホテル](ネオ・クラシックに転換)【ソ】
タウト【独】設計[日向別邸]【日】
村野藤吾設計[大阪そごう百貨店]開店【日】
マルチェルロ・ニッツォリ,オリベッティ様式の確立【伊】
X・シャウィンスキーとフィジーニd[STUDIO42](モダンタイプライターの原型・オリベッティ社)【伊】
ヤン・チヒョルト『タイポグラフィック・デザイン』【独】
ローウィd[コールドスポット冷蔵庫]【米】
ウォーカー・エヴァンズ,ドロシー・ラング,アーサー・ロスタイン,ベン・シャーンらFSAの全米農業実態記録写真開始【米】
アンセル・アダムス『写真を作る』刊行【米】
シャッター速度500分の1秒に
イーストマン,スーパーXフィルム発売,アグファカラー完成

FSA写真記録 エヴァンズ、ラング、シャーン

D

ヒッチコック監[三十九夜]【英】
ルノワール監[トニ]【仏】
ジャック・フェデー監[ミモザ館]【仏】

リーフェンシュタール

リーフェンシュタール監[意志の勝利](パリ国際芸術博グランプリ)【独】
テクニカラー色彩映画の第1作[虚栄の市]【米】
レン・ライ[カラーボックス]【英】

E

ジャック・イベール曲[海の交響曲]【仏】
メシアン曲[瞑想],メシアンら「若きフランス」結成【仏】
ガーシュイン曲[ポギーとベス]【米】
エラ・フィッツジェラルド,初のレコーディング【米】
早坂文雄曲[2つの讃歌への前奏曲]【日】
アルトー[チェンチー一族]上演(「残酷演劇」理論の実演)【仏】
バランチンをパリから招き,アメリカ・バレエ学校開校【米】
ブリュッセル万国博覧会開幕(テーマ「民族を通じての平和」)【白】

メシアン アルトー劇

ラジオとメッセージ

A

H・リード『緑のこども』【英】

ステープルドン

ステープルドン『オッド・ジョン』【英】
バタイユ,ブルトン和解し「コントル=アタック」(革命的知識人闘争同盟)発足(〜36.5)【仏】
革命的作家協会(ルイ・アラゴン事務局長),パリに本部「文化の家」設立【仏】
ニザン『トロイアの島』,マルロー『侮蔑の時代』,バタイユ『空の青』【仏】
ジロドゥー『トロイ戦争は起こらぬだろう』(反リアリズム演劇)【仏】
カネッティ『眩暈』【独】
スタインベック『トティーヤ大地』(ベストセラーに)【米】
チャールズ・G・フィニイ『ラーオ博士のサーカス』,ジェイムズ・サーバー『ブランコに乗った中年男』【米】
ローラ・ワイルダー『大草原の小さな家』【米】
艾蕪『南行記』,蕭軍『八月の村』【中】
林語堂『わが国土,わが国民』【中】

バタイユ

B

島崎藤村『夜明け前』完成【日】
川端康成『雪国』(〜37)【日】
阿部知二『冬の宿』【日】
横光利一『純粋小説論』【日】
中野重治『村の家』,高見順『故旧忘れ得べき』(転向文学流行)【日】
小林秀雄『私小説論』【日】

夢野久作 ドグラ・マグラ

夢野久作『ドグラ・マグラ』【日】
吉川英治『宮本武蔵』(朝日新聞連載〜39)【日】
芥川賞,直木賞設立【日】
日本ペンクラブ創立(初代会長に島崎藤村)【日】

草野心平 第百階級 歴程創刊

草野心平ら『歴程』創刊【日】
西東三鬼『扉』創刊【日】
北園克衛ら『VOU』創刊【日】

日本浪漫派 保田与重郎

保田与重郎ら『日本浪漫派』創刊【日】

夜明け前と雪国

C

ペンギン・ブックス

アラン・レーン,「ペンギン・ブックス」創刊(ペーパー・バック革命)【英】
日劇地下に初のニュース,短編映画専門紙「第一地下劇場」【日】
A・ブラン『紙と印刷の起源』【仏】
定期テレビ放送開始【B】
FM実験放送開始【米】
NHKラジオ受信機約200万台【日】

D

ジョージ・ギャラップ,世論調査研究所設立【米】
自然保護協会設立【米】
マックスファクター,ハリウッドに超大型サロン開店【米】
F・J・シュリンク『飲み・食い・かつ用心せよ』(食品汚染に関して)

ギャラップ世論調査研究所

E

クリューガー・ビール社,缶ビール発売【米】
パーカー兄弟社,「モノポリー」(盤上ゲーム)発表【米】

ベニー・グッドマンとユア・ヒットパレード

ベニー・グッドマン,デビュー(スウィング・ブーム)【米】
「ユア・ヒットパレード」,全米ネットでラジオ放送開始【米】
ディック・ミネ[二人は若い]ヒット【日】

今日の電信、電話、ラジオ、新聞、その他の交通機関はすべてわれわれの眼や耳の延長であるとともに眼や耳それ自身ですらあるのだ。
清水幾太郎『流言蜚語の社会性』

生命起源に挑むオパーリン、思考機械に挑むチューリング、情報科学の原点が開かれる。

ベンヤミンの複製芸術論とジョン・ケージのプリペアード・ピアノ、「ライフ」の創刊前後に、世界は〃情報の反復〃を武器にする。

経済の問題

1936
昭和11

ナチスと人民戦線

ラインラント進駐

1 全日本労働総同盟誕生（人民戦線運動のスタート）【日】
2 08 ネルー,全インド国民会議派議長に【印】
19 人民戦線内閣成立【西】

2・26事件 磯部浅一・村中孝次 西田税・北一輝

26 2・26事件（参加兵員1400余人）【日】
エチオピア戦争で,大量の毒ガス使用【伊】

ロカルノ条約破棄

3 07 ロカルノ安全保障条約破棄（ラインラント非武装地帯の再占領を声明）【独】
25 英仏米,ロンドン海軍軍縮協定に調印
26 人民戦線成立【チリ】

4 07 原住民代表権の公布【南ア】
18 外務省が国号を大日本帝国,元首称号を天皇と統一【日】
5 05 金日成【鮮】,祖国光復会（抗日戦線）創立【満】
09 イタリアがエチオピア併合宣言

レオン・ブルム 人民戦線

6 04 レオン・ブルム人民戦線内閣成立【仏】
19 独を追われたユダヤ移民,パレスチナへ（アラブ人との対立激化）

スペイン内乱へ

7 17 スペイン内乱開始（独伊,スペイン人民戦線政府打倒へ,1年間20万人の大量虐殺）【西】
20 英仏ソなどとモントルー条約【土】
8 合同本部陰謀事件（四大粛清裁判,反トロツキー,反帝国主義）【ソ】
◉ ソ連,「狂気の時代」へ（エジョフ時代,300〜1200万人がシベリアなどの強制収容所へ）【ソ】
26 エジプト同盟条約（英軍がスエズ以外のエジプトから撤退）【英】
9 04 マドリードにカバリェロを首班とする人民戦線政府成立【西】
09 対スペイン内乱,国際不干渉委員会設置（欧27カ国,政府軍への武器輸出禁止）
20 総選挙で人民戦線派が大勝【典】
抗日民族統一戦線結成【中】
23 ソ連,スペイン共和国に対する援助声明【ソ】

ベルリン＝ローマ枢軸

フランコ スペイン国家主席に

10 01 フランコ,国家主席に就任【西】
07 ゲルニカに人民戦線のバスク自治政府樹立【西】
25 ベルリン＝ローマ枢軸条約成立【独伊】
11 03 ルーズベルト大統領再選（海軍増強と航空機生産力の拡大へ）【米】
14 綏遠事件【蒙中日】
18 独伊,フランコ政権をスペイン政府として承認
24 ボクラニチャヤナ地方で日ソ両軍衝突
25 日独防共協定締結
国際旅団（約4万人,ソ連軍と55カ国）,マドリードに到着【西】
12 05 スターリン憲法成立,粛清つづく【ソ】

西安事件 蔣介石監禁

12 西安事件（蔣介石の監禁）【中】
31 ワシントン海軍軍縮条約失効（軍備拡張競争へ）
セイロン平等社会党代表団,インド国民会議派大会に招かれる
ナイジェリア青年運動結成【阿】

情報戦争時代

チューリング・マシン

A

フードリー法

フードリー法（原油を分解しガソリン商業生産に導入）【米】
住友金属,超々ジュラルミンESDの研究開始（39工業化,零戦設計へ）【日】
鉱山局,ノックスビルでマンガンの電解 錬を工業化【米】
農場に適したベビー・コンバイン製作【米】

スポンジ ケニヨン手術用に開発

ケニヨン,スポンジ製造（46 医療用,手術用発売）【米】
リビング・ウッド,放射性物質第1号（ラジウムE）合成【米】
ライヒシュタイン,アスコルビン酸を合成【瑞】
グスタフ・ビルマンズ,アグファ・カラーフィルム完成【独】
蛍光灯が実用化【米】

B

アラン・M・チューリング,チューリングマシンを提起【英】

周波数変調

E・H・アームストロング,周波数変調方式を考慮
G・C・サウスワース超高周波導波管の理論を提出
初の電子工学によるテレビジョン・システム設置（BBC）【英】

C

東京〜ベルリン間に直通無線電信開始【日】
朝日新聞社,携帯用写真電送機の実用化に成功【日】
パリ〜ロンドン間直通の夜行列車「ナイト・フェリー」運行開始
戦時貨物輸送用D51機関車完成【日】

フォルクスワーゲン

ヒトラー,フォルクスワーゲンの製造計画を発表（ポルシェ【墺】設計）【独】
メルセデス・ベンツ社,ディーゼル燃料の初の乗用車販売【独】
ファイアット社,「トポリーノ」発表【伊】
飛行船ヒンデンブルク号,大西洋横断定期飛行第1便（〜米）【独】
初のディーゼル（電気船）,ウッペル・タール号進水【独】
第1次大戦後初の戦艦シャルンホルスト進水【独】
ゴールデンゲート橋開通【SF】

ムッソリーニの産業国有化

フォッケのヘリコプター

フォッケ設計FW61型（ヘリコプター）,初の自由飛行に成功【独】

アラビア石油採掘

D

ムッソリーニ,産業国営化断行【伊】
イタリアがリラ平価切り下げ【伊】
欧19カ国の労働連3600万人を代表する国際労働会議【L】
東アフリカ労働組合総同盟結成【ケニア】
電灯の点灯率97%【日】
家庭電化率,1位スイス,2位日本（半数の家庭,20燭光以下の一灯）
日本電池の島津源蔵,米エキサイド社相手の特許権侵害裁判に勝訴【日】
アラビアン・アメリカン石油採掘開始【亜】

E

ハント石油会社設立【米】

リコー・神戸銀行

理研感光紙（リコー）,津村順天堂,小西六,大林組,旭光学,神戸銀行設立【日】

1936

科学は実践か

A

ハッブル『星雲の宇宙』【米】
ラハス『朝鮮の天文学』(古代～李朝末の天文学史)【鮮】

野尻抱影 日本星座研究 天文民俗学へ

野尻抱影『日本の星』【日】
ボーア,原子核の液滴模型提唱【丁】
ガモフとテラー,「β崩壊のための選択測」公式化【ソ】
G・D・バーコフとノイマン『量子力学の論理』
ゲンツェン,公理的自然数論の無矛盾性の論文【独】
ランスロット・ホグベン『百万人の数学』(30カ国語に翻訳)【英】
岡潔『有理形函数に関する凸領域』【日】
寺田寅彦『橡の実』【日】

B

オパーリン『生命の起源』(コアセルベート説)【ソ】
ビードル,ショウジョウバエ眼色素遺伝研究
団勝磨,卵細胞の分裂機構に関する研究【日】
ローレンス,ラジオアイソトープを慢性白血病の治療に使用【米】

オパーリン 生命の起源

牧野富太郎

牧野富太郎,日本植物分類の研究【日】
入沢達吉,石原純ら「科学ペン」創刊(41「科学思想」と改称)【日】

C

E・ミンコフスキー

E・ミンコフスキー『精神のコスモロジーへ』【仏】
E・C・トールマン『操作主義と現代心理学の動向』【米】
K・レヴィン『トポロジー心理学の原理』【独】
ジャック・ラカン「鏡像段階」提唱【仏】
C・L・ハル,条件づけと精神分析の統合(セミナー開講～42)【米】

ストレス学説 ハンス・セリエ

セリエ,「警告反応」のストレス理論提唱【加】
ピアジェ『子供における知能の発達』【瑞】
レッドフィールド,リントン,ハースコヴィッツ『文化形容の研究に関する覚書』(機能主義)【英】
エガス・モニッツ,前部前頭葉にアルコール処理【葡】

クラックホーン

クラックホーン『ナヴァホの分類』【米】
ラルフ・リントン『人間の研究・序説』【米】
レイモンド・ファース『吾等,ティコピア島民』【英】
A・J・エイヤー『言語・心理・理論』【英】,カルナップ『テスト可能性と意味』【独→米】,ピエール・ジャネ『言語以前の知能』【仏】

社会学研究会のバタイユ、カイヨワ、レリス、クロソウスキー

D

ケインズ『雇用および利子・貨幣の一般理論』【英】
ハロッド『景気循環論』【英】
マイネッケ『歴史主義の成立』【独】
バタイユ,社会学研究会設立(カイヨワ,レリス,クロソウスキー)【仏】

雇用および利子・貨幣の一般理論

委員会の論理

中井正一『委員会の論理』【日】
アドルノ『認識論のメタクリティック』【独】
ヴィトゲンシュタイン『哲学的探求』(～49)【墺】
A・O・ラヴジョイ『存在の大いなる連鎖』【米】

E

内務省,大本教に解散命令(本殿を強制破壊)【日】
下中弥三郎,1国1教主義の「すめらみこと信仰」を提唱【日】

視覚と体験

A

近代美術館で「キュヴィズムと抽象芸術展」開催【NY】
ニャー・バリントン画廊で「国際シュルレアリスム」展【L】
「オブジェによるシュルレアリスム展」【P】
エルンスト『絵画の彼岸』出版【仏】
ドミンゲス,デカルコマニーの技法発見【西】
ダリ画[内乱の予感]【西】
モンドリアン画[赤と青の習作]【蘭】

ブランクーシ 抽象彫刻の原点

ブランクーシ作[無限柱]【ルーマニア】
ゴンザレス作[モン・セラ](～37)【西】

B

上村松園 序の舞・夕暮 京都派閨秀画家

上村松園画[序の舞]【日】
岡本太郎画[痛ましき腕]【日】
安井曾太郎ら一水会を創立【日】
滝口修造ら,アヴァンギャルド芸術家クラブを組織【日】
中村不折,書道博物館設立【日】

C

ウォーレス・ハリソンら[ロックフェラー・センター]建設【米】
ライト設計[カウフマン邸](落水荘)完成,[ウィリー邸](ユーソニアン・ハウスの開始)【米】
ノイ・トロツキー,レニングラードのソビエト宮完成(～41)【ソ】
ニーマイアーとコスタら設計[教育保健省]【ブラジル】
マックスウェル・フライ設計[太陽の家]【英】
国会議事堂竣工【日】
◉ ブロイヤーとヨーク,イソクソン会社のために金属と曲げ合板の家具デザイン【L】
オルロ・ヘラーd[ステイプラー](ホッチキス社)
ロバート・ハルング編集「タイポグラフィ」誌刊行(～39)【英】
オットー・ノイラート『国際絵ことば』【墺】
ベンヤミン『技術複製時代における芸術作品』【独】

ベンヤミン 複製芸術

エヴァンスp[子供の夢,アラバマ州ヘイル郡],ドロシー・ラングp[移住労働者のキャンプの母子]【米】
ビル・ブラントp[家庭の中のイギリス人]【英】

ロバート・キャパ

ロバート・キャパ,スペイン市民戦争を取材,p[倒れる人民兵士]【洪】
瑛九,フォトデッサン展開催【日】

D

デュヴィヴィエ監[望郷]【仏】
モホリ・ナギ監[ロブスターズ](H・G・ウェルズ映画)の特殊効果【洪】

モダン・タイムス

チャップリン[モダン・タイムス]初上映【NY】
溝口健二監[浪華悲歌][祇園の姉妹](自然主義リアリズム)【日】
ポール・ローサ『ドキュメンタリー・フィルム』【英】
初のカラー・ニュース映画全国一斉公開【日】

溝口健二

E

ヴァレーズ曲[デンシティー(密度)21・5]【仏→米】
ショスタコヴィッチ曲[交響曲第4番]【仏】
プロコフィエフ曲[ロメオとジュリエット][ピーターと狼]【ソ】
バルトーク曲[弦楽器,打楽器,チェレスタのための音楽]【洪】

カミュの劇団・労働座

カミュ,劇団「労働座」創始【仏】
三浦環,歌舞伎座の[お蝶夫人]に出演【日】
愛国演芸同盟結成(落語家,講談師250人)【日】

ラジオとメッセージ

A

スペイン内乱の反響,欧全土に(レンブルグ,ネルーダ,G・オーウェル,ラングストン・ヒュース,A・ケストラーら)
マルロー,スペイン内乱に国際義勇軍飛行隊長として参戦【仏】

文学義勇兵 ヘミングウェイ マルロー

ロルカ射殺

ロルカ射殺(スペイン内乱の犠牲者に)【西】
C・S・ルイス『愛の寓意』【英】
ジョルジュ・ベルナノス『田舎司祭の日記』【仏】
モーリヤック『イエスの生涯』【仏】
ジッド『ソビエト紀行』(ソ連批判,親ソ知識人の転向あいつぐ)【仏】
エリュアール『ゲルニカ』,セリーヌ『なしくずしの死』【仏】
エルンスト・ヴィーヒェルト『森と人々』【独】
カレル・チャペック『山椒魚戦争』【チェコ】
フォークナー『アブサロム,アブサロム!』,カミングス『1/20』【米】
M・ミッチェル『風と共に去りぬ』(3カ月で50万部)【米】

50万部 風と共に去りぬ ヨーロッパの内幕

アナイス・ニン『近親相姦の家』【米】
ワレンチン・カターエフ『孤帆は白む』【ソ】
老舎『駱駝祥子』【中】
国防文学論争おこる【中】

B

風立ちぬ 堀辰雄 生と死の意味

北条民雄『いのちの初夜』,石川淳『普賢』,太宰治『晩年』,堀辰雄『風立ちぬ』【日】
久生十蘭『金狼』【日】
山室静,平野謙ら「批評」創刊【日】
「人民文庫」,中央公論「学生批評」「新評論」創刊【日】

C

ブレヒト,ブレーデルら,モスクワで「ことば」創刊【独】
「ライフ」創刊(1号38万部,8号76万部),グラフ・ジャーナリズム時代の幕開け【米】

ライフ創刊

人を動かす法

ジョン・ガンサー『ヨーロッパの内幕』(50万部),デル・カーネギー『人を動かす法』(10年間ベストセラーに)【米】

装苑 32ページ 10銭

「装苑」創刊(文化服装学院と改称)【日】
日本電報通信社が通信部を同盟通信社に譲渡(広告取り扱い業務,のちの電通)【日】
RCA実験放送開始【米】
NHKが海外放送を開始【日】
CBS放送,ラジオクイズ人気番組「プロフェッサー・クイズ」開始【英】

D

阿部定事件【日】
エルザ・スキャパレリ,新古典主義的コレクション(～37)【仏】

E

ポラロイド・レンズのサングラス発売
フレデリック・ステファニ監[フラッシュ・ゴードン]ヒット【米】
ウッディ・ガスリー曲[ロール・オン・コロンビア]【米】

ウッディ・ガスリー

コープランド曲[エル・サロン・メヒコ]大人気【米】
ビルボード誌,世界初のヒット・パレードを発表【米】
ベルリン・オリンピック(51カ国参加)「前畑がんばれ」【日】

ブルジョワ新聞は一つの商品である。だが、ただイデオロギーを盛ることによってのみ効力を生じる商品なのである。
戸坂潤『新聞現象の分析』

リレー式計算機とGT真空管とジェットエンジンとナイロン。強くて速くて正確なイノベーションだけが要求されるようになる。

1937
昭和12

ファシズムの嵐

抗日デモ 西安に15万人

1 09 西安で共産党指導の抗日デモ(15万人)【中】
ユーゴとブルガリア,永世友好条約締結
3 08 グアダラハラの戦(ファシズム最初の敗北)【西】

4 01 英,インド統治法施行(州自治性を採用,ビルマ分離)【印】
フランコ,新ファランヘ党を組織【西】

ゲルニカ襲撃

26 バスク地方のゲルニカ市,独空軍爆破【西】
5 01 パリでゼネスト【仏】
チェンバレン内閣成立(独伊との融和)【英】
共産党とPOUM,アナキストとの武力衝突(人民戦線内部分裂)【西】
6 04 第1次近衛文麿内閣成立【日】
14 アイルランド新憲法制定(エール共和国と改称)【愛】
21 第1次ブルム人民戦線内閣総辞職【仏】
◉ 共産党17回大会,選出中央委員134人のうち97人が銃殺(スターリン粛清ピーク)【ソ】
オスロ=ブロック会議【ハーグ】

盧溝橋事件 日中戦争はじまる

7 07 蘆溝橋事件(日華事変,宣戦なき戦争)(〜45)【日中】
08 ピール調査団【英】,パレスチナの3分割を勧告
09 トルコ・イラク・イラン・アフガニスタン間に相互不可侵条約調印(東方同盟結成,サーダーバード条約)
28 通州事件(日本人殺害)【中】
8 02 世界シオニスト会議,ピール構想を受諾(アラブ側は拒否)

上海事変❷

13 第2次上海事変勃発【日中】
9 09 汎アラブ会議,ピール構想に反対を声明
14 地中海,黒海沿岸の9カ国,ニヨン協定調印(スペイン内乱不干渉)

国共合作❷

24 国民政府が抗日民族統一戦線成立,日中全面戦争に突入【日中】
国民精神総動員計画実施要綱発表,戦時統制関係の諸法公布【日】

日独伊防共協定

10 05 ルーズベルト「隔離演説」(中立主義放棄)【米】
16 ファシスト各派が団結,国家社会主義党を結成(矢十字党)【洪】
27 蒙古連盟自治政府樹立
27 インド国民会議派運営委員会(日本品ボイコットを決議)【印】
28 カルロ2世,国家キリスト教党のゴーガを首相に任命(反ユダヤ政策)【ルーマニア】
11 02 トラウトマン在華独大使,日中和平工作開始
06 日独伊三国防共協定
10 バルガス,新憲法公布(大統領独裁権をにぎる)【ブラジル】
19 ハリファックス外相,ヒトラーと面談(宥和の開始)【英】
20 宮中に大本営を設置【日】
12 02 スペイン新政府(フランコ大統領)【西】
11 国際連盟脱退【伊】

南京大虐殺

13 南京事件(日本軍による大虐殺)【日中】
14 中華民国臨時政府,日本軍により北京に樹立
15 日本無産党解散,山川均,荒畑寒村ら「労農派」446人検挙(第1次人民戦線検挙事件)【日】
◉ 中国大陸に運ばれた日本の兵力16個師団,約70万人

パリ芸術と技術博

情報戦争時代

ホイットルのジェット・エンジン

A イシドール・イザーク・ラビ,ラジオ周波数の範囲内で原子と分子のスペクトル観察のための磁気共鳴法発明【米】
ホイットル・パワー・ジェット社でガス・タービンのジェット・エンジン開発【英】,ハンス・フォン・オハイン,ジェット・エンジンの運転に成功【独】
全硝酸の65%が爆薬の製造に使用【米】
ナイロン6開発【独】
スタンダード石油開発会社,ブチル(合成ゴム)開発【米】
人絹黄金時代(新興化学工業)【日】
クーン,ビタミンAの合成に成功【独】

スティビッツ リレー式汎用計算機

GT管 真空管小型化へ

B GT管(真空管)の開発【米】
ジョージ・R・スティビッツ,リレー式汎用計算機開発計画スタート【米】

艦隊空母 イギリス アーク・ロイヤル

C 英軍艦がドーバー海峡ではじめてレーダーを使う【英】
全国で速達郵便制度実施【日】
特急「かもめ」,東京〜神戸,運行開始【日】
山下汽船,NY〜南米東岸航路を開設
ヒンデンブルグ号の全損【独】
戦艦「大和」が起工【日】
アーク・ロイヤル進水(艦隊空母,主力空母の原型)【英】

B17爆撃機 アメリカ ボーイング

ボーイングB17爆撃機完成【米】
ソ連飛行士3人,北極横断飛行達成(37時間11分)【ソ】
ヘリコプター(フォッケ開発)の公開試験飛行【B】
フォン・ブラウン,ベーネミュンデ実験用ロケット研究センター所長に就任(〜39,3500人のスタッフ,巨大施設建造)【独】

ソ連、世界二位の工業国へ

D ニューディール政策がゆきづまり,ニューヨーク株式暴落【米】
三井財閥指導者,池田成彬,日銀総裁に【日】
軍需景気で東京株式市場の取引高が過去最高(142万株)
商業・銀行・保険業界に週40時間労働制導入【仏】
労働総同盟,日本品不買を指令【米】
メキシコが,スタンダード・オイル社【米】の採油権などの国有化を宣言(外国資本と対立へ)
ソ連,アメリカにつぐ世界第二位の工業国となる
臨時調整統制措置管理法分布【日】

丸井・日通・ミノルタ

E 満州重工業開発株式会社(日産系資本)発足(鮎川義介初代総裁,独占資本の本格的進出)【日】
八幡製鉄所,日本初の1000トン高炉に火入れ【日】
GM社,全米自動車労働組合(UAW)を団交相手に承認【米】
東京自動車工業(いすゞ自動車),三菱地所,玉造船所(のちの三井造船),トヨタ自動車工業,日東化学工業,竹中工務店,松竹,大日本インキ製造,長谷川工務店,丸井,日本化成,ミノルタカメラ,機械光学工業(キヤノン),東宝映画,日本通運設立【日】

経済の問題

動画映像によって蘇る物語世界。ウォルト・ディズニーの情報産業。

1937

科学は実践か

A

リーバー、9メートルの皿型金属板で宇宙電波を捕獲(電波天文学のスタート)
日高孝次、海流理論【日】
辻村太郎『景観地理学講話』【日】
ネッダーマイヤー、アンダーソン、ミュー中間子の発見【米】

オッペンハイマー

オッペンハイマー、宇宙線中間子と核力中間子の同等性の解釈【米】
サイクロトロン(26インチ)、大阪帝大理学部・理化学研究所に完成【日】
セグレとペリエ、サイクロトロンで人工の元素第1号(テクネチウム)発見【伊→米】
湯川秀樹、坂田昌一、スカラー中間子の量子化【日】

B

ドブジャンスキー 遺伝学

ウェルレ、「局所ホルモン」カリジンの理論
ブレークリスとエーヴリ、コルヒチンによる植物の倍数体の人工的誘発に成功【米】
ドブジャンスキー『遺伝学と種の起源』【ソ→米】
ホイラー、原子核の分子的観点から共鳴群の方法提唱【米】
ヒル光合成におけるヒル反応の発見【英】
新しい人工授精技術、急速に普及(〜39)
ホセ・トルッタ・ラスパル、複雑骨折治療用の石膏による固定法実用化【西】
D・カッツ『動物と人間』【独】

C

H・ハルトマン『自我心理学と適応問題』【墺】

ホーナイ フロイト批判 女性心理研究

K・ホーナイ『現代の神経症的性格』【米】
P・グラッセの指導のもと社会的昆虫「シロアリ」研究重視される【独】
ローウィ『民族学理論の歴史』【墺→米】
グルック、ソロモン王の鉄と銅の鉱山発見【米】

プリチャード

エヴァンズ・プリチャード『ザンデ族における妖術、託宣および魔法』【墺】
アーノルド『資本主義の民俗学』【米】
ボガトゥィリョフ『衣装のフォークロア』【ソ】

三品彰英 北方文化と建国神話

三品彰英『建国神話論考』(北方文化の比較研究)【日】
諸民族の多数の文字がラテン文字、アラビア文字からロシア文字に切替わる(〜38)【ソ】
ブラーフミー文字の研究はじまる
ハーバード大学、東洋語学部創設を決定【米】
ヒックス『ケインズ氏と一般理論』【英】

D

実践論・矛盾論

クズネッツ『国民所得と資本形勢』【ソ→米】
ホルクハイマー『伝統理論と批判理論』【独】
マッキーバー『社会』【スコットランド→米】
ロバート・リンド『移りゆくミドルタウン』【米】
ラザースフェルド、ラジオ調査室設立【墺→米】
松本潤一郎『文化社会学原理』【日】
毛沢東『実践論』『矛盾論』【中】
パーソンズ『社会的行為の構造』【米】
トロツキー『裏切られた革命』(スターリン批判)【ソ】
G・ケニコン『古代ギリシアとローマにおける本と読者たち』【英】
新村猛、中井正一ら発行の「世界文化」に弾圧(反ファシズム戦線)【日】
田辺元『哲学と科学の間』【日】

E

ローマ教皇ピウス二世、ドイツ・カトリック教会に回勅を送る
ローマ教皇庁、対中国問題で日本支持を表明

視覚と体験

A

ナチスがノルデ、キルヒナー、クレー、シュヴィッタースらの作品を没収、「退廃美術展」として展示(観客200万人)、「大ドイツ美術展」(公認ナチ芸術、観客60万人)【独】

ゲルニカ ピカソの絵画 ミロのポスター

ミロ[スペインを支援せよ](ポスター)制作【西】
ピカソ画[ゲルニカ]、パリ万博スペイン館で展示【西】
ゴンザレス作[カタロニアの農婦]【西】
アルフレッド・ジャニオ、パリ近代美術館正面の大浮彫り(近代建築の浮彫形式完成)【仏】
マックス・フリードレンダー『初期ネーデルランド絵画』全14巻(24〜)【独】

B

北脇昇・北川民次

北脇昇画[空港]、北川民次画[メキシコ三童女]【日】
アヴァンギャルド造形集団結成【日】

C

シカゴにニューバウハウス

ベル・ゲデス、「1960年の都市」(未来大都市計画案)、ヴァーノン・デ・マース、農村住宅団地計画(〜43)【米】
村野藤吾設計[宇部市民会館]【日】

ペヴスナー ペリカン美術史

N・ペヴスナー『イギリスにおける工業美術についての調査』【英】
モホリ・ナギ、グロピウスら亡命、シカゴにニュー・バウハウス設立(ケペッシュなどシカゴ大学精神科学者を含む)【米】

ローウィ

ローウィd[流線型の機関車]【米】
ヘンリー・ドレフュス、プラスティック使用の卓上電話機デザイン(ベル電話会社)【米】
ビル・ブラントp[ニューカッスルを発つ汽車]【米】
バークホワイト、多灯シンクロフラッシュ初実験【米】
マン・レイ『写真は芸術にあらず』【仏】
「ポピュラー・フォトグラフィー」創刊【米】

D

パリ万博で、アンリ・クレチォン設計、アナモフィック・レンズ使用の大型映画上映【仏】
ルノワール監[大いなる幻影]【仏】
ヘミングウェイ、ドス・パソスら[スペインの大地](ドキュメンタリー映画)制作【米】
リーフェンシュタール監[民族の祭典]【独】

ディズニー白雪姫

ウォルト・ディズニーの世界初長編カラー・アニメ映画「白雪姫」公開【米】
内田吐夢監[限りなき前進]【日】
長谷川如是閑『原形芸術と複製芸術、映画の機械的表現手段についての考察』【日】

E

ショスタコヴィッチ

サミュエル・ハーバー曲[弦楽のためのアダージョ]【米】

カール・オルフ

カール・オルフ曲[カルミナ・ブラーナ]【独】
ショスタコヴィッチ曲[交響曲第5番]【ソ】
ダリュス・ミヨ曲[プロヴァンス組曲]【仏】
ヒナステラ曲[蝶][アルゼンチン]
NBC交響楽団創立(トスカニーニ常任指揮者)【米】
ヒンデミット『作曲技法』【独】

早坂文雄 汎東洋主義 古代回帰

早坂文雄曲[古代の舞曲]【日】

文学座 久保田万太郎 岸田国士・岩田豊雄

久保田万太郎、岸田国士ら、文学座結成【日】
パリ万国博開幕、テーマ「現代生活における芸術・技術」日本館(坂倉準三設計)が設計賞受賞

ラジオとメッセージ

A

闘う文人 ケストラー オーウェル

W・H・オーデン『スペイン』【英】
オルダス・ハックスリー『目的と手段』【英】
コードウェル『幻想と現実』【英】
トールキン『ホビットの冒険』【英】
クローニン『城砦』【英】
ステープルドン『スター・メーカー』【英】
アンリ・ボスコ『ズボンをはいたロバ』【仏】
マルロー『希望』(スペイン内乱ルポ)【仏】
P・ヴァレリー、コレージュ・ド・フランスに「詩学」講座創設(〜45)【仏】
ナボコフ『贈り物』【ソ→米】
シュテファン・ツヴァイク『人間・書物・都市との出会い』【墺】
アルベール・ベガン『ロマン的魂と夢』【瑞】
R・ホルスト『海辺の冬』【蘭】
ブリクセン『アフリカの農園』【丁】
チャペック『白い病気』【チェコ】
ゴンブロヴィチ『フェルディドゥルケ』【波】
スタインベック『はつかねずみと人間』【米】
ドス・パソス『U.S.A』(再出版)、『村はスペインの心』(スペイン内乱のルポ)【米】

A・トルストイ 三部作 苦悩の中を行く

A・N・トルストイ『パン』【ソ】
タウフィーク・アル・ハキーム『田舎法官の日記』【アラブ】
アグノーン『嫁入り』【イスラエル】

B

暗夜行路 志賀直哉 時任謙作の苦悩

志賀直哉『暗夜行路』完結、金子光晴『鮫』【日】
山本有三『路傍の石』(朝日新聞連載)【日】
井伏鱒二『ジョン万次郎漂流記』、永井荷風『濹東綺譚』、島木健作『生活の探求』【日】
久保栄『火山灰地』(〜38)【日】
久生十蘭『魔都』【日】

岡本かの子 仏教思想とナルシシズム

岡本かの子『母子叙情』【日】
高浜虚子『五百句』【日】
中野重治『文学における新官僚主義』【日】
松本学、林房雄、佐藤春夫、新日本文化の会結成【日】

C

ルック

中国の赤い星

E・スノー『中国の赤い星』【米】
「ルック」創刊(1号83万5千部、2号100万部、18号200万部)【米】
「日本読書新聞」【日】
A・ケストラー、新聞特派員としてスペイン戦線に潜入【英】
東京放送管弦楽団発足【日】

D

スキャパレリのショッキング・ピンク

スキャパレリ、ショッキング・ピンク流行【仏】
「花椿」創刊【日】
「死なう団」、切腹未遂事件【日】
日本婦人連盟結成【日】
A・イアハート、世界一周飛行の途中で事故死【米】

E

キャノンカメラ販売開始【日】
ウィズビーチ・プロデュース缶詰会社、英初の冷凍食品発売【英】
ハワード・ジョンソン・レストラン、フランチャイズ式の事業に【米】
グレン・ミラー、バンドを再編、ミラー・サウンドで人気【米】
NYのハーレムでジルバ流行【NY】
カウント・ベーシーが[ワン・オクロック・ジャンプ]をレコーディング、大ヒット【米】

ジョー・ルイス ヘビー級チャンピオン

ジョー・ルイス、世界ヘビー級チャンピオン(〜12年間)

今日はニュースが見たくなって新宿の朝日ニュース劇場へ、漫画はポパイが面白い。ニュースの兵隊の努力を見ていると涙が出る。
古川ロッパの日記

科学が原子核の分裂にたどりついたとき、サルトルがマロニエの根に嘔吐する。

1938
昭和13

ファシズムの嵐

1 28 ルーズベルト大統領,海軍拡張計画(10カ年計画)提出(5月承認)【米】
近衛内閣,国民政府相手にせずとの対華声明【日】
2 01 第2次人民戦線検挙事件(大内兵衛,美濃部亮吉ら32人検挙)【日】
04 リッベントロープ外相就任(ヒトラー,軍の統帥権を完全に掌握)【独】
20 ヒトラー,満州国承認を声明【独】
3 12 独軍,オーストリアに侵入(独墺合併)

スターリン粛清❷

15 ブハーリン,ルイコフ,ヤゴーダら粛清裁判で死刑【ソ】

南京傀儡政権

28 南京に中華民国維新政府成立【中】

日本 国家総動員法

4 01 国家総動員法公布【日】
10 独墺両国において国民投票,ヒトラー99%の支持を得る【独】(英仏,抗議)
10 第3次ダラディエ内閣成立(人民戦線の崩壊)【仏】
16 ローマ議定書調印【英仏】
19 政府がファシスト「鉄の防衛隊」数百人を投獄【ルーマニア】
25 英・エール協定調印(アイルランド独立承認)
5 15 スイスが中立を維持

徐州占領

19 日本軍,徐州占領【日】
27 北欧5カ国が,ストックホルムで中立条約に調印

オーストリア併合・チェコ解体

7 11 張鼓峰事件(日ソ国境紛争)(〜8・10)
31 バルカン協商とブルガリアが友好不可侵条約
ビルマの反インド人暴動(反英運動)(〜8月)
8 16 ヒトラー・ユーゲント(30人)来日
9 26 ルーズベルト大統領,ヒトラーとベネシュ大統領【チェコ】に,交渉による平和的解決を訴える

ミュンヘン会談

30 ミュンヘン協定成立(ヒトラー,ムッソリーニ,チェンバレン,ダラディエ出席)

10 01 ズデーテン地方占拠,併合(チェコ犠牲に)【独】
06 ユダヤ人と非アーリア人種の結婚を禁止【伊】
11 ルーズベルト,軍備増強を発表【米】
12 共産党6中全会(毛沢東が「持久戦論」を発表)
14 英・アラブ間に協定【パレスチナ】(ユダヤ人の移民2年間停止)
21 日本軍,広東と武漢三鎮を占領(〜27)
27 ダラディエ首相,人民戦線離脱を宣言【西】
11 03 近衛首相,東亜新秩序建設を声明【日】

ナチス水晶の夜

09 ナチス「水晶の夜」,ドイツ全土ユダヤ人の大量虐殺事件【独】
26 ソ連・ポーランドが不可侵条約を更新
カロル2世独裁宣言(〜40)(テロ激化)【ルーマニア】
12 01 兵役登録開始【米】
24 汎アメリカ会議で,21カ国がリマ宣言を採択(米州共同防衛構想の崩壊)

石油化学の攻防

A スタンダード石油会社,初の海底油井掘削【米】
グラスファイバー完成【米】
旭硝子,アクリル樹脂による有機ガラス生産開始【日】
食物貯蔵用のクライオバック急速冷凍開発【米】
デュポン社のプランケット,偶然テフロンを発見【米】
合成ゴム(ブナS,ブナN)年間生産500トン【独】
カミールAB社,正規のクラフト・パルプの製造【典】
インダストリアル・レーヨン社,ビスコース・レーヨンの連続法開発【米】
朝鮮に長浄工水系の四発電所(出力33キロワット)完成【日】

カールソンの電子複写法

B カールソン,電子複写法に成功(ゼログラフィーと命名)【米】
アンデンネ,走査型電子顕微鏡【独】
RCA社,映像管オルシコンカメラを開発【米】
ズヴォーリキン,実験用テレビ・カメラ(アイコノスコープ)を開発【ソ】

アイコノスコープ NHKのブラウン管

日本放送協会,アイコノスコープ,ブラウン管を試作【日】
永井健三ら,交流バイアス式磁気録音方式発明【日】

自動電話交換(英)

C 敵の航空機接近を警戒するレーダー配備【英】
逓信省,公衆電話用にテレタイプライター国産1号完成【日】
ニセックスの電話局で世界初の自動電話交換開始【英】
マラード号,流線型蒸気機関車,時速202.7キロ(世界記録)【英】
全国タクシー,メーター制採用【日】
ポルシェ設計,フォルクスワーゲンの生産開始【独】
ドイツ全体で生産される商用車の45%がディーゼル車になる【独】
イラン縦貫鉄道開通
クイーン・エリザベス号(豪華客船)進水【英】
三菱重工業,戦艦「武蔵」を起工【日】
ミッテルラント運河完成【独】
ハワード・ヒューズ,91時間で世界1周飛行【米】
三菱重工が「零戦」を試作【日】
東京帝大航空研究所の長距離機,周回航続距離世界記録樹立【日】

D 第2次農業調整法(AAA)公布【米】
ブリュッセルの国際労働連盟,第2インター合同会議,日貨排斥決定

石油国有化宣言(墨)

メキシコが,米・英の石油会社資産を接収,石油国有化を宣言(米は銀輸入,英は外交関係停止で報復)【墨】
屑物値段高騰,倍額に,ガソリンが配給切符に,米食廃止運動【日】
産業別組織会議(CIO)(組合員375万人)【米】
英・米・加互恵通商条約調印(世界貿易総額の30%担当)
日銀換差発行高,28億5800万円に大膨張【日】
電力国家管理法公布(39.電力の国家管理実施)【日】
アフガニスタン(国立)銀行設立

E オーエンス・コーニング・ガラス繊維会社設立【米】
日産,トヨタ,コンベアシステム導入【日】
福音電機製作所,熊谷組,不二家,岩崎通信機,大昭和製紙,朝日化学工業,芝浦工作機械,旭光学工業,大日本航空設立【日】,三菱重工業が産業報国会を結成【日】

クセジュ文庫と岩波新書。知の自由主義が定着しはじめる。

経済の問題

1938

科学は実践か

原子核分裂(独)

A
オッペンハイマー,R・サーバー,M・ヴォルコ,中性子星の研究(想定)(~39)
ヴァイゼッカー【独】とベーテ【墺】立に星の進化に関する理論提唱
IAU総会,重力のガウス定数を定義
中谷宇吉郎
中谷宇吉郎,雪の人工結晶に成功【日】
ディラック,多時間理論【英】
オットー・ハーンとシュトラウマン,ウランの核分裂の仮説を発表【独】
高木貞治『解析概論』【日】

デルブリュックのファージ学

B
ベンジャミン・グラスキン,クロロフィル(葉緑素)の発見(特許取得)【米】
デルブリュック,ファージ学開始【独→米】
ルスカ,電子顕微鏡による細胞研究【独】
クロード,ミクロソームを発見【白】
ゴルトシュミット『生理遺伝学』【独】
対中国医療使節団【印】,人民解放軍の間で医療活動開始(毛沢東,ネルーに感謝書簡)

C
フロイト『トーテムとタブー』【墺】
スキナー『有機体の行動』(オペラント行動の概念)【米】,レヴィン『心理学的力の概念的表示と測定』【独】
ダンバー『感情と身体変化』【米】
フロベニウス 世界の伝説分布
フロベニウス,ヨナ伝説,処女懐胎,など説話の世界的分布の図示【独】
ヒトラー,R・ワグナー研究所を創設【独】

ホイジンガ ホモ・ルーデンス

D
バーナードの経営学
チェスター・バーナード『経営者の役割』【米】
セイヤーズ『現代銀行論』
大塚久雄『株式会社発生論史』【日】
C・モリス『記号理論の基礎』【米】
マンフォード『都市の文化』【米】
ホイジンガ『ホモ・ルーデンス』【蘭】
ワース『生活様式としてのアーバニズム』(シカゴ派)【米】
T・マン『ヨーロッパに告ぐ』【仏】
唯物論研究会関係者検挙(唯研事件)【日】
毛沢東『持久戦論』【中】
尾崎秀実『現代支那批判』【日】
高群逸枝 大日本女性史
高群逸枝『大日本女性史』【日】
フッサール『経験と判断』【独】
H・ルフェーブル『弁証法的唯物論』【仏】
バシュラール『科学精神の形成』『ロートレアモンの世界』【仏】
下村寅太郎『ライプニッツ』【日】
高山岩男『哲学的人間学』【日】
ラブジョイ,「思想史クラブ」を創立【米】
C・ブルックス,R・P・ウォレン『詩の理解』,ブルックス『現代詩と伝統』(ニュークリティシズム)【米】

ルフェーブル 弁証法的唯物論

ニュークリティシズム

E
カイヨワ『神話と人間』【仏】
エリアーデ,宗教学史研究『ザルモクシス』発行(~41)【ルーマニア】
鈴木大拙『禅と日本文化』【日】
立正佼正会
庭野日敬と長沼妙佼,立正佼成会開く【日】

視覚と体験

A
第1回国際シュルレアリスム展開催(ダリ,エルンスト,デュシャン)【P】
H・リード,退廃芸術展に対抗し「20世紀ドイツ美術展」をロンドンで開催【英】
キルヒナー,ナチスに絶望し自殺【独】
デュシャン『トランクのなかの箱』【米】
シャガール画[白い磔刑]【仏】
デ・クーニング
デ・クーニング,最初の[女]連作制作【米】
マッタ画[心理的形態学]【チリ】
ペヴスネル作[展開可能な面]【ソ】
マイヨール作[三人の美神]【仏】
ブルトン,リベラ,トロツキーら「ひとつの独立革命芸術のために」宣言【墨】
オロスコ[オスピシオ・カバーニャの壁画](~39)【墨】
マックス・ビル作[メビウスの帯](~39)【瑞】
赤色革命30年記念展示会【中】

革命芸術 ブルトン、リベラ トロツキー

B
国吉康雄画[私は疲れた]【NY】
坂本繁二郎画[松間馬]【日】
靉光 眼のある風景 麻生三郎・松本竣介
靉光画[眼のある風景]【日】
平櫛田中,[鏡獅子]を試作【日】
松田権六作[鶯蒔絵棚]【日】
滝口修造 近代芸術 前衛写真協会
滝口修造『近代芸術』創刊【日】
東京帝室博物館開館【日】

C
ライト設計[タリアセン・ウェスト]【米】
グロピウス設計[グロピウス・ハウス]完成【米】
ウェルズ・コーツ設計[キングストンのパレスゲート・アパート]【英】
渡辺仁,松本与作設計[第一生命館]【日】
「アーキテクチュラル・フォラム」誌,ライトの特集【米】
ハーバート・バイアー,ドルラント広告代理店の美術デザイン部長に【米】
ロバート・ヘラーらd[流線型の扇風機]【米】
エヴァンズp[アメリカの写真](肖像写真),アボットp[変わりゆくニューヨーク]【米】
ブレッソンp[日曜日の河原],ドロシア・ラングp[テキサス]【米】
ローラント,「ピクチャー・ポスト」の編集長に(キャパを起用)【洪】
土門拳,藤本四八,田村茂,加藤恭平,渋谷浩ら青年報道写真研究会結成【日】
木村伊兵衛,岡田桑三ら「写真文化」発刊【日】
滝口修造を中心に「前衛写真協会」結成【日】
ニッコールF3.5付きキャノン完成【日】

アートディレクター活躍 ハーバート・バイアー

D
カルネ監[北ホテル]【仏】
エイゼンシュタイン監[アレクサンドル・ネフスキー]【ソ】
メンジース監[来たるべき世界]【米】(H・G・ウェルズ)
今村太平『映画芸術の形式』【日】

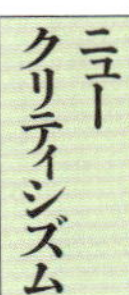
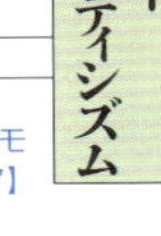

E
ジョン・ケージ曲[プリペアード・ピアノ](ガムランの影響)【米】
ウェーベルン曲[弦楽四重奏]【墺】
コープランド
コープランド曲[ビリー・ザ・キッド](バレエ音楽)【NY】
オネゲル曲[死者の踊り](劇的オラトリオ)【仏】
スタニスラフスキー『俳優の仕事』【ソ】
アルトー『演劇とその形而上学』【仏】
農村に演劇運動浸透【中】

ケージ プリペアード・ピアノ

ラジオとメッセージ

サルトル嘔吐

A
ボウイス『文学の楽しみ』【英】
ジョージ・オーエル『カタロニア賛歌』【英】
A・ケストラー『スペインの遺書』【英】
アイシャーウッド『ベルリンよさらば』,ダレル『黒い本』【英】
ローリングズ『子鹿物語』【米】
C・S・ルイス『沈黙の惑星』【英】
サルトル『嘔吐』【仏】
『ファンタジィ』創刊【英】
ジョン・キャンベル編集「アスタウンディング・サイエンス・フィクション」誌(~46)【英】
ジロドゥー『よりぬきの女たち』【仏】
ベルナノス『月下の大墓地』【仏】
サロート『トロピスム』【仏】
ニザン 共産党を脱党 サルトルとの友情
ポール・ニザン『陰謀』【仏】
ユルスナール『東洋奇譚』【仏】
シュペルベイル『世界の寓話』『ノアの箱船』【仏】
シュヴァイツァー『アフリカ物語』【独】
パヴェーゼ『流刑』【伊】
バード『孤寂』(南極探検記)【波】
イヴリン・ウォー『スクープ』【波】
ソーントン・ワイルダー『わが町』【米】
シーベリー・クイン『道』【米】
レスター・デント『ドク・サベージ』(シリーズ,7年間164冊出版)【米】
ナボコフ『断頭台への招待』【ソ→米】
ガブリエラ・ミストラル『開墾』【チリ】
中華全国文芸界抗敵協会結成【中】

B
麦と兵隊 火野葦平 100万部
火野葦平『麦と兵隊』,「改造」に発表(100万部を超えるベストセラーに)【日】
岡本かの子『老妓抄』【日】
草野心平『蛙』【日】

C
岩波新書 クセジュ文庫 創元選書
岩波新書,創元選書【日】,ク・セ・ジュ【仏】出版
内務省,新聞雑誌の編集方針を指示【日】
国策宣伝グラフ誌「写真週報」創刊(内閣情報部編集発行)【日】
世界博覧会会場にタイム・カプセル【NY】
初のカラー・テレビ公開実験【英】
オーソン・ウェルズ『火星人の襲来』ラジオ・ドラマで全米パニック【米】
◉ 全土のラジオ台数950万台に【独】

オーソン・ウェルズのラジオ・パニック

D
グレン・ミラー楽団編成【米】
ミード・ルイス(ピアニスト)とアルバート・アモンズが「ブギウギ」(ジャズ)披露【米】
ウディ・ガスリー曲[ソー・ロング]などにより労働組合運動を支持【米】
喫煙者の平均余命が短いことを示す最初の死亡率調査結果発表【米】
ルース・デ・フォレスト・ラム『アメリカの恐怖の部屋』(食糧産業の悪弊について)
女優岡田嘉子が杉本良吉とソ連に逃避行【日】
松竹映画[愛染かつら]ヒット【日】
[スーパーマン]登場(「アクション・コミック」に掲載)【米】

食害問題

E
デュポン社,ナイロン歯ブラシ製造開始【米】
ボールペン ビロ兄弟からビック社へ
ビロ兄弟【洪】,ボールペンを発明(のちにビック社【仏】が買収)
ネスカフェ発売【瑞】
上原謙,田中絹代主演[愛染かつら]大ヒット
ドナルド・バッジ,全米テニス選手権に勝ちグランド・スラムを達成【米】

近衛首相はよろしくムッソリーニ、ヒトラー、スターリンの如く革新政策を断行すべし。
国家総動員法案に賛成する西尾末広の演説

BC 6000以前 / BC 6000 / BC 2200 / BC 1200 / BC 600 / BC 300 / 0 / 300 / 600 / 800 / 1000 / 1200 / 1300 / 1400 / 1500 / 1600 / 1650 / 1700 / 1760 / 1810 / 1840 / 1860 / 1880 / 1890 / 1900 / 1910 / 1920 / 1930 / 1940 / 1950 / 1960 / 1970 / 1980

アメリカ二〇〇〇万台、イギリス二〇〇万台、日本一〇〇万台。マスメディアを介さない電話ネットワークの拡大。

戦時中日本の意外に裾野の広いリアリズム。俳句と結核、

1939
昭和14

ファシズムの嵐

1 シャム王国,タイ王国に改称
2 02 ソ連とハンガリー,国交断絶
24 ハンガリー,日独伊防共協定に参加,国際連盟脱退
27 英仏がフランコ政権を承認【西】
極東開発計画発表【ソ】
3 16 独,チェコスロバキア全土を併合【独】

フランコ勝利 スペイン内乱終結

28 フランコ軍,マドリード占領,スペイン内乱終結【西】

4 01 米がフランコ政権を承認
07 伊軍侵入,アルバニア占領
15 ルーズベルトがヒトラーとムッソリーニに親書(提案拒否される)
5 07 スペインが国際連盟脱退【西】

ノモンハン事件 満蒙国境日ソ激突

12 ノモンハン事件【日ソ】
17 パレスチナ白書発表(アラブ拒否)【英】
22 ムッソリーニ,ヒトラーとの全面的同盟に署名【伊】
31 独,デンマークが不可侵条約に調印
6 07 満蒙開拓青年義勇軍2500人出発【日】
23 トルコ不可侵条約調印【仏】

7 02 関東軍23師団,ノモンハン再攻撃(ほぼ全滅)【日】
08 国民徴用令公布【日】
26 米政府,日米通商航海条約の廃棄通告

独ソ不可侵条約

8 23 独ソ不可侵条約(10年間)締結
ビルマ共産党成立
9 01 独軍,ポーランド進軍
01 スイス,フィンランド,中立宣言
01 モンゴル連合自治政府成立
03 英仏対独宣戦布告(第2次世界大戦)
03 ベルギー,スペイン中立宣言
03 オーストラリア独立(ウエストミンスター条例の適用により)
04 ノルウェー,スウェーデン,イラン,中立宣言
04 欧州戦争に不介入を声明【日】
05 米政府,中立宣言
13 ルーマニア,ブルガリア,中立宣言
17 ソ連軍,ポーランドに進撃
21 カリネスク首相,暗殺【ルーマニア】
27 独ソ友好条約調印(ポーランド分割決定)
28 汪兆銘,上海で国民党6全大会(日中和平決議)【中】
29 ソ連,エストニア併合(～40)

10 02 パナマの汎米会議,西半球に設定(米州諸国の中立宣言発表)
05 ソ連,ラトヴィア併合(～40)
06 ヒトラー,英仏に和平提唱,欧州新秩序建設計画を発表【独】
10 ソ連,リトアニア併合(～40)
12 ユダヤ人のプラハとワルシャワへの移動開始【独】
21 ルーズベルト,「ウラン諮問委員会」設立(原子爆弾の可能性討議)【米】
11 04 日米東京会議(野村外相,グレー大使)
30 ソ連,宣戦布告なしにフィンランドを攻撃開始
12 14 国際連盟がソ連を除名
16 12月事件(蒋介石が第1次反共討伐開始命令)【中】

鹿地亘 中国で反戦同盟

25 鹿地亘ら,中国桂林で日本人民反戦同盟を結成

オーストラリア独立

ニューヨーク世紀博～40

第二次世界大戦勃発
ポーランド侵入、アメリカ中立宣言
英仏対独宣戦、ソ連ポーランド侵入

石油化学の攻防

A パウル・ミュラー,DDTによる害虫に対する実験【瑞】
国立衛生研究所でアガリチンとキノホルムの製造開始【日】
食品包装容器として「錫」缶4億個製造【英】
ICI社,ポリエチレン製造開始【英】
メラニンの商業的生産開始【独】
紙と板紙の総生産量263万1000トン(1900年,64トン)【英】

DDT

デュポン社のナイロン工業化

デュポン社,ナイロン工業化【米】
東洋レーヨン,ナイロン66の合成に成功【日】
鐘淵紡績,耐水性合成繊維の製法発明【日】

B ジーメンス,分解能30Aの電子顕微鏡商品1号【独】

映像オルシコン

ローズとアイアム,映像オルシコン発明
空洞磁電管の発明【英】

リレー式計算機

ハワード・エイケンとIBM社,リレー式自動計算機共同開発【米】
M・チューリング,暗号解読用コンピュータ「コロッサス」開発【英】

C 電話による気象情報サービス開始【NY】

電話100万人(日)

電話加入者100万人を超える【日】
電話統制実施(6大都市)【日】
電気機関車,ミラノ～フィレンツェ時速240キロ新記録【伊】
東京～下関,新幹線の建設計画はじまる【日】
地下鉄,渋谷～浅草全通【日】
パッカード自動車会社,初のエアコン装備乗用車展示【米】
GM社,ハイドラマチック開発【米】
パンツァー巡航戦車など,約3000台の戦車保有【独】
パン・アメリカン航空,NY～リスボン大西洋横断航路開通(定期化)【米】
ハインケルHe178型世界初のジェット機,空中での試験飛行(8分間,時速750キロ)【独】
シコルスキー,ヘリコプター設計(41.量産へ)【米】
ダスカーニオの同軸型,9分飛行(ヘリコプターに関節式羽根を装置)【伊】
零式艦上戦闘機の試作1号機初飛行【日】

シコルスキーのヘリコプター

D ソ連共産党第18回党大会,第2次5カ年計画の成功確認【ソ】
英仏間で戦時経済協力協定締結
北ローデシア経済上昇(鉱業産出額1000万ポンドをこえる)
労使関係協調と産業戦士の育成【日】
米穀配給統制法公布【日】
価格など統制令,賃金臨時措置法布告【日】
生糸,樟脳をのぞくすべての日本製品の輸入禁止【仏】
鉄製不急品の回収開始【日】
重化学工業拡大【日】
朝鮮興南地方に巨大な総合化学工場建設【日】

産業戦士募集(日)

E 航空会社BOAC設立【英】
ヒューレット・パッカード社設立【米】

昭和電工・東芝

日鉄鉱業,昭和電工,東京芝浦電気,東急不動産,大協石油,東亜燃料工業設立【日】

1939

科学は実践か

A

オッペンハイマー,ブラックホールの概念提唱【米】
ヘイドン・プラネタリウム,宇宙線による発電に成功【NY】
チャンドラセカール『星構造研究入門』【印→米】
ド・ブロイ『物質と光』【仏】
理化学研究所(仁科研究所)に世界最大のサイクロトロン設置【日】
ストックホルム亡命中のマイトナー【独】,原子核分裂の仮説を実験によって確認
ボーア【丁】,ウィーラー【米】,液滴模型による核分裂の理論発表
ジョリオ・キューリーのグループ,ウランの連鎖反応実験に成功(初歩的なウラン爆弾の特許取得)【仏】
シラード【洪】とフェルミ【伊】,ウランの連鎖反応実験に成功【米】,シラード,アインシュタインを通じルーズベルトに原子力計画の勧告(マンハッタン計画着手)【米】
ブルバキ『数学原論』刊行開始【仏】

マンハッタン計画

岡潔 多変数理論 不定域イデアル

岡潔『クーザンの第2問題』【日】
吉田洋一『零の発見』【日】
バナール『科学の社会的機能』【英】
ガモフ『不思議の国のトムキンス』【米】

B

H・W・フローリ,E・B・チェーン,ペニシリンを化学療法として開発【英】
ポーリング,ベンゼンの分子模型,ルネ・デュボス,抗生物質研究【米】
エンゲルハルト,ミオシンとATPアーゼの同一性を証明
木下治雄,ウニの興奮伝導系に関する研究【日】
クレメンツ,シェルフォード『生物生態学』【米】

ルネ・デュボス

C

ライヒ,オルゴン療法へ【墺】
K・ホーナイ『精神分析学の新しい道』【米】
柳田國男『木綿以前の事』【日】
A・クローバー『原北アメリカの文化・自然領域』【独→米】
T・ド・シャルダン『現象としての人間』(〜46)【仏】
ネアンデルタール人の頭蓋骨発見【仏】
S・I・ハヤカワ『行動の言語』【米】
キープス『視覚言語』【米】

パノフスキー

パノフスキー『イコノロジー研究』【米】
トゥルベツコイ『音韻論原理』【ソ】
エミール・シュタイガー『詩人の想像力としての時間』【独】

柳田國男

D

シュンペーター『景気循環論』【墺】
ドラッカー『経済人の終末』【米】
ヒックス『価値と資本』【英】
大河内正敏『持てる国日本』(1カ月に10版のベストセラーに)【日】
大川周明『日本2600年史』【日】
ホルクハイマー『ユダヤ人とヨーロッパ』【独】
カイヨワ『人間と聖なるもの』【仏】
ドニ・ド・ルージュモン『愛と西欧』【瑞】
下村寅太郎『自然哲学』【日】
清沢満之,三木清,嶋中雄作ら国民学術協会結成,三木清『構想力の論理』,久松真一『東洋的無』【日】

シュンペーター 景気循環論

E

山内清男『日本遠古之文化』(縄文文化)【日】

護国神社 招魂社を改称

全国の招魂社を護国神社と改称【日】
カール・クラフト『宇宙生物学論』(ヒトラーのホロスコープ作成)【瑞】

芸術の孤立

A

ナチス,没収したモダン・アート4000点を焼却(125点競売に)【独】
ベルリンで政府主催の日本美術展開催
ダリ渡米,フランコ政府の大使の肖像を描く(ブルトン,「ドル喰い」と呼ぶ)
非対象絵画美術館開館【NY】
コレンテ派の最初の展覧会【伊】

マッソン オートマティスムと呪術的光景

アンドレ・マッソン画[トレドの寓話的な眺め]【仏】
デ・クーニング画[座っている男]【米】
ジャコモ・マンズー作[磔刑]シリーズ【伊】
クビーン『画家の机から』【独】
グリーンバーグ『アヴァンギャルドとキッチュ』【米】

B

松井石根(陸軍大将),藤田嗣治,中村研一を中心に陸軍美術協会結成(朝日新聞社共催「聖戦美術展」を開催)【日】
国吉康雄,アメリカ美術家組合会長に【日】
月刊『民芸』創刊【日】
タウト『日本美の再発見』【日】

C

パウルソン『現代スウェーデン建築』【典】
ルイ・カーン設計[合理的な都市の展覧会](近代美術館で開催)【米】
ミース設計[イリノイ工科大学]【米】
アアルト設計[NY万博フィンランド館]【芬】
マイヤール,放物線天井を活用したセメント産業展示館(チューリヒ,国土博覧会)【墺】
コーベット設計[NYの犯罪裁判所の建物と墓](エジプト様式の復活)【米】
モホリ・ナギ,「スクール・オブ・デザイン」創設【米】

ルイ・カーン

ベレニス・アボット

ベレニス・アボットp[移りゆくニューヨーク]【米】

D

マルセル・カルネ監[日は昇る]【仏】
パブスト監[ドン・キホーテ]【独→仏】
クレウチ監[カイルアンの狂人]【チュニジア】

フォード駅馬車

ジョン・フォード監[駅馬車],ビクター・フレミング監[オズの魔法使い]【米】
メンジース,[風と共に去りぬ]ではじめてプロダクション・ディレクターを名乗る【米】
内田吐夢監[土]【日】

E

ストラヴィンスキーとヒンデミット,アメリカに亡命
ウェーベルン曲[カンタータ第1番]【墺】
ロイ・ハリス曲[交響曲第3番](民族主義的)【米】
シェーンベルク曲[室内交響曲2番]完成【墺】
エリオット・カーター曲[ポカホンタス](バレエ音楽)【米】
カバレフスキー曲[発明家と道化師](児童劇音楽)【ソ】
ダッラピッコラ曲[夜間飛行](歌劇)【伊】
山田耕筰曲[黒船](歌劇)【日】
レジェ,[天地創造]のための舞台装置【仏】
ジロドゥー作[オンディーヌ]初演【P】

ウェーベルン

ジロドゥー オンディーヌ

藤原歌劇団

藤原歌劇団,[カルメン]を初公演【日】
花柳章太郎,柳永二郎,大矢市次郎ら劇団新生新派結成【日】
ニューヨーク万国博覧会開幕(テーマ「明日の世界」)【米】

渇いた欲望

A

ジェイムズ・ジョイス『フィネガンズ・ウェイク』出版【英】
サン・テグジュペリ『人間の土地』【仏】
サルトル『壁』,ドリュ・ラ・ロシェル『ジル』,ミシェル・レリス『男ざかり』【仏】
E・ユンガー『大理石の断崖の上で』,T・マン『ワイマルのロッテ』(ナチス抵抗文学)【独】
ヘンリー・ミラー『南回帰線』【米】

スタインベック

スタインベック『怒りの葡萄』(たちまちベストセラーに)【米】
ナサニエル・ウエスト『イナゴの日』【米】
チャンドラー『大いなる眠り』(フィリップ・マーロウ登場),ハインライン『生命線』,ポール・ギャリコ『ハイラム氏の大冒険』【米】
レールモントフ『現代の英雄』【ソ】
バジョーフ『石の花』,アシモフ『真空漂流』【ソ】クリスティー『そして誰もいなくなった』【英】

ミラーとチャンドラー

B

死者の書 折口信夫

折口信夫『死者の書』【日】
谷崎潤一郎訳『源氏物語』【日】
小林秀雄『ドストエフスキーの生活』
高見順『如何なる星の下に』,中野重治『歌のわかれ』【日】
太宰治『富嶽百景』【日】
岡本かの子『生々流転』(死後出版)【日】
村野四郎『体操詩集』【日】

石田波郷 鶴の眼 新興俳句

石田波郷『鶴の眼』,中村草田男『火の島』【日】
水原秋桜子『芦刈』【日】

C

「現代人への過程」創刊(アイソタイプ使用)【米】
新聞,雑誌の整理統合で廃刊届500件以上【日】
NBC【米】,モスクワ・テレビ局【ソ】,テレビ定時放送開始
RCA,最初のテレビ放送(NY万博開会式,ルーズベルト大統領を放映)【米】
FM受信機市販【米】
日本放送協会,国産テレビ実験放送に成功【日】
弘文堂が『教養文庫』発売【日】

テレビ放送開始

D

モンゴメリー・ウォード(コピーライター)『赤鼻のトナカイ』(230万部)【米】
マディソンスクエア・ガーデンでジターバッグ・ダンス大会(7500人がジルバを踊り狂う,ベニー・グッドマン,カウントベーシー楽団演奏)【米】

E

フランク・シナトラ,ハリー・ジェイムズ楽団に参加【米】
キング・コーン・トリオ結成【米】
グレン・ミラー曲[ムーンライト・セレナーデ]【米】
ビビアン・リー主演[風と共に去りぬ]【米】
ボブ・ケインの[バットマン]登場【米】
ナイロン・ストッキング登場,年間6400万足販売【米】
婦人のサイズに関する初の大規模な調査(サンプル1万人,〜40.41出版)【米】
パーカー51万年筆発表【米】
ゼネラル・フーズ社,冷凍食品発売【米】
H・W・レイ社,ポテトチップス発売【米】
[父よあなたは強かった][兵隊さんありがとう]など軍国歌謡,[大利根月夜][名月赤城山]【日】

ゲーリックと双葉山

ルー・ゲーリック,連続出場2130試合の記録達成【米】,双葉山69連勝【日】

勝てる見込みはありません。大体日本の海軍は英米を向うにまわして戦争するように建造されておりません。

五相会議での米内光政海軍大臣の応答

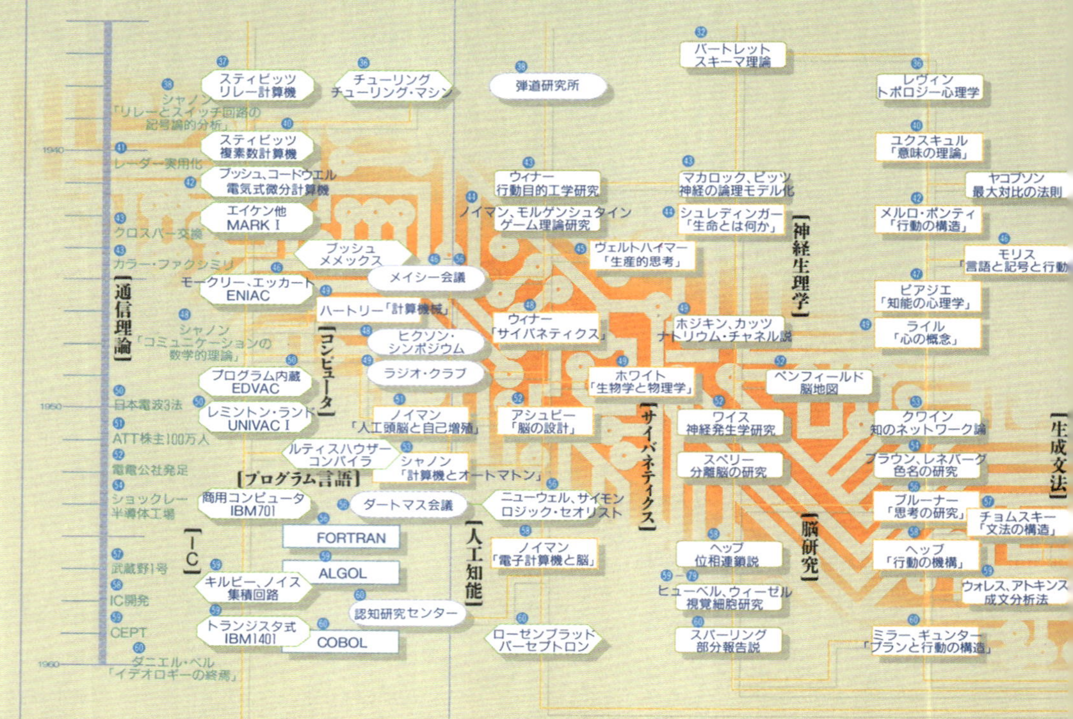

1960
62 テルスター1号
マクルーハン「人間拡張の原理」
63 インテルサット1号
67 情報産業部会
69 パケット交換
1970
70 低損失光ファイバ
72 ISDN概念
73 第2次オンライン
74 DDX-1
75 公衆パケット交換
ドーキンス「生物=生存機械論」
76 テレテキスト
77 超LSI
78 ノラ=マンク・レポート
1980
80 CD
81 ハーバーマス「コミュニケーション的行為の論理」
82 ATT分割
83 アルベイ計画
84 三鷹INS実験
85 NTT民営化

61 ファイゲンバウム、フェルドマン「コンピュータと思考」
64 第3世代 IBM360
65 ミニコンピュータ PDP-8
69 テッドホフ マイクロプロセッサ
【第三世代】
70 アラン・ケイ ダイナブック計画
72 ネグロポンティ「ソフトアーキテクチャ・マ
74 ギルドール CP/M
75 ビル・ゲイツ インテル8080
76 ジョブス、ウォズニアック APPLE II
76 スーパーコンピュータ クレイ1
【パソコン】
78 森健一 日本語ワープロ
79 日本電気 PC8001
81 淵一博他 第5世代計画
84 32ビット マッキントッシュ
【第五世代へ】

VII. 情報の文化

1940－1989

環境危機をかかえたグローバル・コミュニケーションの時代へ。

実存と自由
欲望の開発
対立と制御
環境の変貌
混沌と創造

diagram 7.
コンピュータとAI

◉この珍しいダイアグラムではコンピュータの主要な発展,プログラミング言語の展開,認知科学(知識工学)の流れ,そして神経生理学・心理学・言語学・記号論の成果などが,一目でわかるように対同されている。わが国ではまだ確立していない「コミュニケーション・サイエンス」を,チューリング・マシンとパーレットのスキーマ理論を嚆矢として,それ以降をざっとプロットしたものとおもっていただければよい。そのような本図で注目すべきは,とくに1956年と1958年である。

◉1956年はIBMがFORTRANを開発した年で,いわばプログラミング言語元年にあたっているそれとともにダートマス会議ではニューウェルとサイモンのロジック・セオリストが発表され,人工知能元年ともなった。スペリーの分離脳の研究やブルーナーの『思考の構造』もこの年に煮詰まっている。ついで翌年,チョムスキーの『文法の研究』が発表されると,これに刺激されたコミュニケーション・サイエンスが目白押しになってきた。その本格的なスタートが1958年なのである。

◉1958年は,テキサスインストルメンツ社でICが開発され,ヘッブが脳のしくみを位相連鎖説で説明するとともに,ポンティの名著『行動の構造』に代わる『行動の機構』を著した。チョムスキーを受けたヴォレスやアトキンスの成文分析法が台頭し,レヴィ=ストロースの『構造人類学』がソシュールの言語論やブルバキの数学論の影響下に刊行された年でもあった。もっとこの年の成果を簡明にいえば,それはフォン・ノイマンの『電子計算機と脳』に体現されている。

◉こうしてコミュニケーション・サイエンスはアメリカを中心に産声をあげたのだったが,パソコンが登場し,エキスパート・システムに限界が見えはじめた70年代半ばころからは,「心のモデル」づくりに争点が移りはじめたパトナムの『心・言語・実在』(1975)やサールの『心・脳・プログラム』(1980)がそうした代表作業である。もっともそこから新しい科学が拓けてくるわけではなかった。突破口は,夭折したマーの『ヴィジョン』(1982)が示した方向などに秘められていた。

エアー「言語・真理・命題」
トゥルベツコイ「音韻論原理」
イエルムスレウ「言語理論序説」
カルナップ「意味と必然性」
ローレンツ「ソロモンの指輪」
ハリス「構造主義言語学」
ティンバーゲン「動物のことば」
ロラン・バルト「零度のエクリチュール」
レヴィ・ストロース「構造人類学」
クワイン「語と対象」

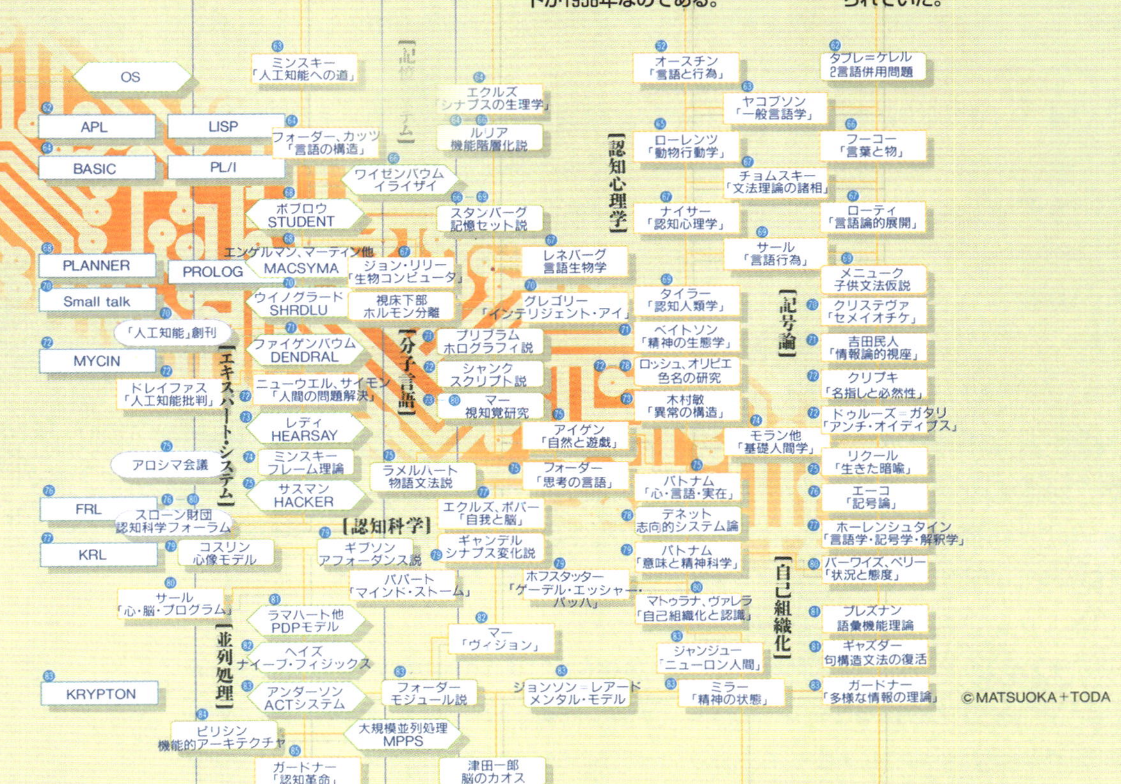

1940
1950
1960
1970
1980

Ⅶ 情報の文化 1940—1989

遺伝情報から電脳都市へ

システムの科学 1936年がひとつのターニングポイントだった。ドイツ軍のラインラント進駐,日本軍の2·26事件をよそに,この年にオパーリンの生命起源論とチューリング·マシン以前からベンヤミンの複製芸術論が発表され,フォトジャーナリズムの先頭をきって「ライフ」が創刊された。時代は悪夢のような世界大戦に突入していたものの,新しい主題がやかましく産声をあげていた。

とりわけ戦時中は,生物と機械の両者に共通するであろう「システムの問題」に大がかりな関心が集中し,シュレディンガーの生命論,ウォディントンの発生論,ポーリングの免疫学をも背景としつつ,ウィナーらのサイバネティクスとノイマンらのゲーム理論が未知の地平を開拓していた。未知の地平にはもうひとつものすごい"未来機械"が待っていた。リルー計算機から電子計算機への飛躍がすすみ,MARK1およびENIACの試作がすすんでいたことである。このコンピュータの誕生という出来事は,次の世紀につながるとほうもない事件であったが,その価値が理解されるにはまだまだ時を必要とした。

いずれにしても,ひそかに開発されていた原子爆弾と生物兵器をふくめ,総じて科学技術のブレーキがかからなくなった時代がはじまった。そして,どのようにブレーキをつくるのか,その宿題がわれわれにのこされた。時代は「制御」というさらに新しい主題,だがめっぽう面倒な主題をわれわれに投げかけたのである。

しかし,このシステムの開発と制御の研究という主題を平然と食べつくしてしまったのが,20世紀後半をおおいつくす「企業集団」という怪物だった。企業のビジネス·ゲームは,口紅から機関車まで(ローウィ),原爆からハンバーグまで(ウォーホール),ともかく売れるものならなんであれ開発し,結局は欲望の消費には制御なんて効かないものだということを告示し続けた。企業は国家より大きくなったのである。20世紀末,われわれはついに共産圏にも自由資本主義の誘惑が徘徊していったことを知る。

冷戦の矛盾 大戦の終焉は,世界中にファシズムの嵐の反省を促したが,20世紀のシナリオを書いていたアメリカには共産圏に対する過大な恐怖を抱かせた。戦後まもなく吹き荒れたレッドパージはファシズムに劣らぬ嵐となり,その戦禍はハリウッドのスターや山村の教員にまでおよんだ。

このことが知識人にあたえた苦悩と学生にあたえた怒りは深く,その苦悩と怒りがながいあいだ戦後の社会運動や反体制運動を支えつづけた。サルトルやルカーチやルフェーブルが,マルクス主義と実存主義とのあいだに立って予告した"スターリンの亡霊"は,東独粛清(53),ベトナム分割(54),ハンガリー事件(56)などとして現実化してしまった。亡霊が舞台からすっかり立ち去るには,フルシチョフからゴルバチョフにおよぶ時熟が必要だった。

新しい"第三の"舞台はもはや米ソになく,アジアやアフリカ,あるいは南米が準備しつつあった。ナセルの登場(51),AA会議(52),アラブ連邦とアラブ連合の出現(58),キューバ革命(59)をへて,ついにアフリカ諸国の一斉独立(60),ベオグラード会議(61),LO結成(64)へとつながっていった一連の動きは,そこに人種差別や飢餓問題などの難問をはらみつつも,21世紀が古代史さながらのカラーピープルたちの舞台になるだろうことを予想させた。反面,米ソは冷戦のかたわら戦略兵器の増大を競うしかなくなっていた。

宇宙船地球号 米ソの競争は宇宙にも向かった。威信争いといえばそれまでだが,結果的にもたらされたもの,とりわけわれわれが宇宙に浮かぶ"青い地球"の姿を初めて眺望できたことは,多くの者を建築家フラーの言葉「宇宙船地球号」に象徴されるような,強烈なノスタルジーにかりたてた。そこに,宇宙未知情報に対する関心が加わってセーガンらのオズマ計画やスピルバーグらのSFX映画が,地球意識ともいうべき連帯を求める声が加わってニューサイエンスやエコロジー運動が,また宇宙時代の良心やサイバネティックな生体に対する興味が加わって,クラーク,レム,ディック,バラードらのニューSFが,それぞれ生まれていった。

こうした宇宙船地球号の感覚は,1968年を出発点にしていた。この年はパリのカルチェラタンでは5月革命が,日本の大学では全共闘運動が高揚し,チェコのドプチェクが政策転換をして2000語宣言による東欧の雪解けがはじまった年であるが,それればかりでなく,アラン・ケイが初のパーソナル・コンピュータの構想を発表し,ブラントが「ホールアース・カタログ」を刊行し,またキュブリックが「2001年宇宙の旅」を公開した年でもあった。たしかに時代は折り返し点にたどりついたようった。

けれどもその折り返し点が一般に気がつかれるのは,オイルショック(73)以降のことだった。60年代はアメリカはベトナム戦争で,中東はたびかさなる戦争と暗殺で,そしてソ連は東欧対策で中国は文化大革命で,それぞれ疲弊していた。ただ,若者だけが60年代から燃えていた。ビートルズ(62)からピンク・フロイドやドアーズやTレックスに拡張されてきたロックと,ボブ・ディランやジョーン・バエズらのフォークが,かれらをしきりにゆさぶったのだ。メッセージが音楽になった時代だった。そして,ウッドストックで50万人のコンサートが実現され(69),若者の神々であったロック・スターたちがドラッグで死んでいったとき(70),ひとつの時代がおわっていた。

構造と解体と編集 アメリカにディズニーランドがオープンした1955年,フランスではレヴィ=ストロースの『悲しき熱帯』が爆発的な話題をよんでいた。ソシュールやヤコブソンの言語学,モースの贈与論,ブルバキの構造概念などを自在にくみたてた構造主義が熱烈な市民権を得た日であった。レヴィ=ストロースがサルトルと歴史論争をしたこともあって,構造主義の登場はマルクス主義や実存主義の時代がおわったという印象をあたえた。この傾向はダニエル・ベルの『イデオロギーの終焉』(60)あたりで広い頂点に達し,フーコーが『言葉と物』(66)を発表したころは,イデオロギーによらない「知の組み替え」のための作業がさまざまな分野で沸騰し,従来の歴史観による世界像がしきりに読み変えられるようになっていった。

おなじころ,DNAの二重螺旋構造の解明(53)このかた,急激な速度で研究がすすんだ分子生物学は,いったん遺伝暗号の解読(65)ができてからは一気に遺伝子を操作する段階まで研究がつきすすみ,いわばもうひとつの"組み替え作業"の可能性をつくっていた。さらに,アイゲンやプリゴジンによって分子進化と自己組織化をめぐる理論が熟してくると,新しい科学が相手にしているのは物質やエネルギーとは別の,「意味をはこぶ情報」であろうという予感がたちはじめ,そのころからコンピュータの演算能力が急速に上昇したことも手伝って,認知科学や人工知能の研究が注目されるようになった。しかし,いまなお概念生成や意味編集ができるコンピュータが開発されていないように,「知の組み替え」の試みがうまくいったという報告は完成していない。

さて,20世紀が終盤にさしかかってくると,世界史は共産圏の自由化とEC統合という新たな局面をむかえながらも,同時に南北の経済生活の極端な差異という問題をかかえた。悩みは「脳死」と「エイズ」という難問にもあらわれている。都市はインテリジェント・ビルのたちならぶサイバーシティとなり,部屋は電子機器でうずまって,すっかり"第三の波"が押し寄せたにもかかわらず,文明はまるでネオテニーにかかったかのごとく,溢れる情報の前で幼児化をおこしつつあるようになっていた。

はたして資本主義文化だけが大きな矛盾をこなせないようになったのか,第三世界がまったく新しい展望をもって世界史の意図を変更するのか,それともただモザイックな複雑性だけが進行するのか,それはわからなかった。ともかくもわれわれはどんなに走っても「ニュースの先」に出ることができなくなったのである。けれども,むこうからやってくる情報に体をあわせてばかりもいられなくなっていた。

実存と自由
1940〜1949

クレブスのTCA回路とウォディントンの発生論。生物学がそろそろ生体情報の存在に気がついていく。

口紅から機関車まで(ローウィ)、デザインはついに全商品を支配する。

1940
昭和15

第二次世界大戦

ドイツ進撃

1 14 米内内閣成立【日】
2 02 最後のバルカン協商会議
北欧3国外相会議,中立宣言【瑞丁諾】
3 01 反英不服従運動再開【印】
12 カレリア地方をソ連に割譲【芬】
18 ヒトラーとムッソリーニ,ブレンナー峠で会談
22 ムスリム連盟,分離独立国家めざしラホール決議(パキスタン独立案のはじめ)【印】
27 ヒトラー,アウシュビッツ強制収容所の建設を提示【独】

汪兆銘国民政府

30 汪兆銘,南京に国民政府成立【中】

4 09 独軍,デンマーク進入,占領【独】
11 ハンガリーが独に加担,ユーゴスラビアと開戦
20 独軍,ノルウェーに上陸
5 10 独軍が電撃作戦,オランダ,ベルギー,ルクセンブルクに侵入

チャーチル組閣

10 チャーチル挙国一致内閣成立【英】
27 英仏軍がダンケルクから撤退開始
28 ベルギー,ドイツに降伏
6 10 英仏に宣戦布告【伊】

パリ占領 フランス政府ボルドーへ

14 独軍,パリ市占領(政府,ボルドーへ移転)【仏】
16 ソ軍がリトアニア,ラトヴィア,エストニアを併合【ソ】
16 ペタン内閣成立(対独協力)【仏】
18 ド・ゴール,ロンドンで自由フランス委員会樹立,対独レジスタンスを放送でアピール【仏】
バルト3国へ進駐【ソ】

日独伊三国同盟

7 05 ペタン政府,ヴィシー移転【仏】
22 第2次近衛内閣成立,「時局処理要綱」を決定(南進政策)【日】
8 08 英がド・ゴール派に協力【仏】
19 ゼロ戦がはじめて実戦に(中国戦線)【日】
20 トロツキー,メキシコでソ連の秘密警察により暗殺
20 八路軍が華北で日本軍に攻撃開始(百団大戦)【中】
30 ウィーン調停(ルーマニア,トランシルヴァニアの半分をハンガリーに譲渡)【独伊】

仏印進駐 日仏協定 日本進出

日仏協定(仏領インドシナに日本軍事監視団)
9 06 国民軍団国家樹立(鉄衛団,ファシスト体制の実現)【ルーマニア】
13 ムッソリーニ,ギリシア攻撃開始【伊】
27 日独伊3国同盟調印【B】

10 12 大政翼賛会発足【日】
ヒトラー,ペタンとモントワール会談(失敗)【独仏】

ルーズベルト3選

11 05 ルーズベルト3選【米】
12 外相モロトフ【ソ】,ベルリンでヒトラーと会談(決裂)
16 ワルシャワのゲットーにユダヤ人36万人強制収容
20 ハンガリー,ルーマニア,チェコが日独伊3国同盟加入
12 09 北アフリカ戦線でイタリアに攻勢【英】
14 海軍航空隊,ビルマ爆撃【日】
18 ヒトラー,「バルバロッサ作戦」指令(対ソ開戦)【独】
ゲグ族を代表するクーピ,抵抗運動,組織化に着手【アルバニア】

石油化学の攻防

A

フリーズ・ドライ法

食物保存用のフリーズ・ドライ法発見
ボタン穴を作る高速ミシン開発【米】
東洋レーヨン,捲縮スフを工業化【日】
カーソン・スミスとH・シルバー,連続石炭採掘機開発
三井鉱山三池工場,石炭から石油の合成開始【日】
海水からマグネシウムをとる工場建設(ダウ・ケミカル社)【米】
東京芝浦電気,昼光蛍光灯を製作(潜水艦などに使用)【日】

B

バトル・オブ・ブリテンで電子戦スタート【英独】

マイクロ波レーダー研究

マイクロ波レーダーの研究開発開始【米】

リレー計算機モデル1

カラーTV ゴールドマーク

ゴールドマーク,カラーTV開発【米】
安立電気,磁気録音方式の特許取得【日】
ベル電話研究所,リレー式計算機MODEL-1開発【米】
スティビッツ,複素数計算機発表【米】

C

有線放送の研究開発開始【日】
サンフランシスコ〜東京,写真電報開始
逓信省,外国情報受信所開設【日】
磁気機雷開発,無制限潜水艦戦開始【独】

ジープ出現 フォード社 ウィリス社

フォード社とウィリス社,ジープ完成(陸軍に納入)【米】
戦艦「武蔵」進水【日】
パン・アメリカン,大西洋横断航空路開設【米】
シコルスキー社製のヘリコプターVS300,初の実験飛行に成功【米】
ミグ1型戦闘機製造される【ソ】
ノース・アメリカンP-51ムスタング戦闘機製造【米】
ムスタング戦闘機製造【日】

カンピーニ機

カンピーニ,ガスタービン・ロケット動力の航空機製作【伊】

配給制 各国

D

失業率14.4%,社会保障制度による初の小切手発行【米】
ブルークロス健康保険組合に600万人加入【米】
砂糖,肉,バター,配給制となる【英】
食料切符制導入(占領地区・非占領地区で闇取引盛ん)【仏】
外国人登録法(スミス法)施行【米】
航空用ガソリンの西半球以外への輸出禁止(対日経済封鎖強化へ)【日】
国民優生法公布【日】
生活必需品の配給制開始【日】
サラリーマンの所得税が源泉徴収に【日】

総同盟解散

日本労働総同盟解散(労働組合解散盛ん)【日】
石油系化学製品生産100万トン【米】
ベルギー領コンゴの1,250トンのウラン原鉱がNYへ
石油,屑鉄などを輸出許可品に【米】

E

モートン・パッキング社設立【米】

エスビー食品

日本鉄鋼連合会設立【日】
三井財閥,本社株の公開(42三井,45住友)【日】
エスビー食品,日本有機(花王),朝鮮鉱業振興設立【日】

1940

科学は実践か

A
ヴェンツェル,強結合の理論提出【独】
同位元素ウラン235U内核分裂を実証【英】
マクミランら,超ウラン元素ネプツニウムとプルトニウム発見【米】
MITに放射線研究所創設【米】
ゲーデル『連続体仮説の無矛盾性』【米】
ベル『数学の発展』【米】
パウリ,スピンと統計の理論提出【瑞】
浅野啓三,非可換環のイデアル論完成【日】
小倉金之介『日本の数学』【日】

B
ウォディントン発生論
W・レッペ,アセチレンのカルボニール化反応発見【独】
TCA回路
クレブス,クエン酸回路(TCA回路,クレブス回路)確立【独→英】
ウォディントン『オルガナイザーと遺伝子』【英】
R・ゴルトシュミット 進化の物質的基礎』【独→米】
ユクスキュル『意味の理論【エストニア】
牧野富太郎『日本植物図鑑』【日】
フローリ【英】「化学療法試薬としてのペニシリン」,チェーン【英→独】,ペニシリン試薬開発
R・O・ロビン,サルファ剤スルファジアジン発表【英】
ラントシュタイナーとウィナー,血液中のRH因子発見【米】
高橋実『農村医学の研究』【日】

C
ゲーレン『人間』【独】
サリヴァン『現代精神医学の概念』【米】
ライヒ【墺】,オルゴン・ボックス製作【米】
ラドクリフ・ブラウン
ラドクリフ・ブラウン『社会構造について』【英】
エヴァンズ・プリチャード『ヌアー族』【英】
クラックホーン『ナヴァホの序論』【米】
宇野円空『マライシヤにおける稲作儀礼』【日】
柳田國男『妹の力』【日】
津田左右吉『神代史の研究』発禁【日】
ボアズ『人種・言語・文化』【米】

D
サルトルと実存主義
コーリン・クラーク『経済進歩の諸事件』【英】
レッシュ『経済立地論』【独】
G・リッター『権力国家とユートピア』【独】
毛沢東『新民主主義論』【中】
A・ケストラー『真昼の暗黒』(ソビエト全体主義批判)【洪】
F・メイヤー『アフリカの政治体系』
マリオット『東方問題』(外交史)
鈴木栄太郎『都市社会学原理』【日】
家永三郎 否定の倫理
家永三郎『日本思想史における否定の倫理の発達』【日】
広津和郎『巷の歴史』【日】
三宅剛一『学の形成と自然的世界』【日】
バシュラール『否定の哲学』『水と夢』【仏】
サルトル『想像力の問題』【仏】
ヒストリー・オブ・アイディアズ
思想誌『観念史紀要』創刊【米】
西谷啓治 根源的主体性
西谷啓治『根源的主体性の哲学』【日】

E
ジャン・セズネック『神々は死なず』【仏】
エリック・ギル『キリスト教と機械時代』【英】
鈴木大拙『禅と日本文化』【日】
ウォッシュバーン『生きた教育哲学』【米】
F・R・リーヴィス『教育と大学』【英】
東方文化研究所『竜門石窟の研究』『雲崗石窟』【日】

芸術の孤立

A
ラスコーの壁画発見
ラスコー洞窟壁画発見【仏】
サザーランド画[戦争](～44)【英】
マッタ初個展【NY】
モンドリアン画[ブギウギ・シリーズ]開始【蘭→NY】
マティス画[ルーマニアのブラウス]【仏】
マイヤーズ画[ビシュヌのプール]【仏】
オキーフ画[赤い山の切り株]【米】
ベックマン画[サーカス・キャラバン]【仏】
タマヨ インディアンの血 土俗と近代
タマヨ画[赤い仮面]【墨】
カンディンスキー画[スカイブルー]【ソ】
ココシュカ画[赤い卵]【ソ】
ミロ,[星座]シリーズ開始【西】
ブランクーシ作[空間のなかの鳥]【仏】
アンリ・ローランス作[別離]【仏】
「シュルレアリスム国際展」開催【墨】

B
梅原龍三郎 国画会主宰
梅原龍三郎画[雲中天壇],藤田嗣治画[猫]【日】
鏑木清方画[一葉],河合玉堂画[彩雨],吉岡堅二画[氷原],安田靫彦画[黄瀬川の陣]【日】
岩上順一『新浪漫主義の相貌』【日】
正倉院御物,初の一般公開【日】

C
陶芸の発展 バーナード・リーチ
ライト設計[ルイス邸]【米】
坂倉準三[新京湖住宅計画]【日】
ティファニー社新店舗落成(初の完全空調設備)【米】
ローウィd[ラッキー・ストライク](タバコ)【米】
チャールズ・イームズd[イームズ椅子]【典】
カラー・デザイン・アンド・スタイル センター設立【英】
ウォルター・ティーグ『デザイン宣言』【米】
ヴァン・ドーレン『インダストリアル・デザイン』【米】
B・リーチ『陶工の本』【英】
ウェストン写真集『カリフォルニア・アンド・ウエスト』,ニューヨーク近代美術館に写真部門設立【NY】
アグファの内式ネガカラー発表【独】

D
チャップリン独裁者
ジョン・フォード監[怒りの葡萄],W・ディズニー監[ファンタジア]【米】
チャップリン監[独裁者]【米】
ハンフリー・ジェングズ監[春の攻勢]【英】

E
ブリテン連作歌曲[イリュミナシオン]初演,[鎮魂交響曲](日本皇紀2600年記念)【英】
バルトーク曲[ミクロコスモス]【洪→米】
ウェーベルン曲[オーケストラの変奏曲]【墺】
ハチャトゥリアン曲[ヴァイオリン協奏曲]【ソ】
ヴィラ・ロボス曲[ギターのための六つの前奏曲]【ブラジル】
ホアキン・ロドリーゴ曲[アランフェスの協奏曲]【西】
文部省,絶対音感教育採用(ドレミからハニホへ)【日】
ロジャーとハート曲[パル・ジョーイ](ミュージカル)【米】
バレエ・シアター,ラジオ・シティ・センターで旗揚げ公演【米】
マーサ・グラハム
マーサ・グラハム[世界への手紙](舞踏)【米】
ジャン・ルイ・バロー,コメディー・フランセーズに入る【仏】
滝沢修・千田是也
新協,新築地劇団の滝沢修,千田是也ら100人余が治安維持法違反で一斉検挙【日】

渇いた欲望

A
ヘミングウェイ
エンプソン『つのる嵐』【英】
G・グリーン『権力と栄光』【英】
ディラン・トマス BBCから詩と脚本へ
D・トマス『若き犬としての芸術家の肖像』【英】
デュ・ガール『チボー家の人々』完成【仏】
ブルトン『黒いユーモア』(発禁)【仏】
マルセル『拒否から祈りへ』【仏】
ベンヤミン,亡命に失敗しピレネーで自殺【独】
アンドレース『アステリの男』【独】
抵抗文学国外亡命派,対ヒトラー闘争【独】
クアジモド『ギリシア風詩集』【伊】
T・ウルフ『君は二度と家に帰れない』【米】
ヘミングウェイ『誰がために鐘は鳴る』(スペイン内乱従軍記者,戦闘体験)【米】
サローヤン『わが名はアラム』【米】
マカラーズ『心は寂しい猟人』【米】
リチャード・ライト『アメリカの息子』(人種差別に抗議)【米】
E・ナイト『名犬ラッシー』
シャーウッド『夜はもはやない』【米】
アスマディー『アッサド』(劇作)【チュニジア】

B
太宰治
壺井栄『暦』,会津八一『鹿鳴集』【日】
田中英光 ボート選手から横浜ゴム社員へ
田中英光『オリンポスの果実』【日】
太宰治『走れメロス』【日】
織田作之助『夫婦善哉』【日】
伊藤整『得能五郎の生活と意見』【日】
幸田露伴『連環記』【日】
中野重治『斎藤茂吉ノオト』【日】
中山義秀『美しき囮』【日】
北原白秋『黒檜』【日】
岡崎清一郎『肉体輝燿』【日】
浜田広介 ひらかな童話集
浜田広介『ひらかな・童話集』【日】

C
FM
世界の図書出版点数ほぼ1万5400点
初のTVネットワーク放送【NY】
NHK,『夕餉前』実験放送(初のTVドラマ)【日】
T・マン,ラジオでヒトラー打倒を呼び掛ける(～45)【独】
世界初のFMラジオ局創設【シカゴ】
ラジオ受信契約500万台突破【日】

D
ナイロン・ストッキング
BBCの2人のベルギー人,V(自由・勝利)字キャンペーン提唱(欧中にVの落書き)
最初のヴァルガ・ガール・カレンダー発行(アルベルト・ヴァルガス画,兵隊のためのピンナップ)【英】
紀元2600年
紀元2600年祝賀行事【日】
東京オリンピックとりやめ、「ぜいたくは敵だ」と立看板,国民服制定【日】
旭太郎作,大城のぼる画『火星探検』(オール3色,SF漫画の先駆)【日】

E
マクドナルド,M&Mキャンディ開業【米】
レブロン口紅
レブロン口紅発売,初のカラー広告【米】
ナイロン・ストッキング発売,大人気に【米】
クローバー【独】『女性のドレス・ファッション300年-量的分析』【NY】
流行歌[紀元二千六百年][月月火水木金金]【日】,[ユー・アー・マイ・サンシャイン]【米】

ヒトラー革命はロシア共産主義の西側への進展をおさえる充分な保証であった。
フィッシャー『ヨーロッパ史』

BC 6000以前 / BC 6000 / BC 2200 / BC 1200 / BC 600 / BC 300 / 0 / 300 / 600 / 800 / 1000 / 1200 / 1300 / 1400 / 1500 / 1600 / 1650 / 1700 / 1760 / 1810 / 1840 / 1860 / 1880 / 1890 / 1900 / 1910 / 1920 / 1930 / 1940 / 1950 / 1960 / 1970 / 1980

大戦のさなか、ハイエクもフロムも、サルトルもマクルーゼも、自由の条件がどこにあるかを考えようとした。その後半世紀、この問題は顧みられることがなくなった。

野球と競馬、ゴルフとテニス、大衆は、戦争とは別の熱中をもつ。

1941
昭和16

第二次世界大戦

四つの自由 ルーズベルト年頭表明

1 06 ルーズベルト,「4つの自由」提唱【米】
08 東條英機陸相,「戦陣訓」を通達【日】
29 米英秘密戦略会議(ABC協定)(～3月末)
2 12 ロンメル将軍【独】,アフリカに上陸
15 太平洋共同防衛4カ国会議【英米豪蘭】
3 01 ブルガリア,3国同盟に加入
11 武器貸与法成立【米】
19 英中軍事協定調印

4 13 日ソ中立条約調印
16 ハル国務長官【米】と野村駐米大使,日米交渉開始
17 対独降伏【ユーゴ・希】
5 05 英軍,伊軍占領下のエチオピアを解放(ハイレ・セラシエ皇帝復位)

ベトミン ベトナム独立同盟

19 ベトナム独立同盟(ベトミン)結成
レジスタンス国民解放戦線結成【仏】
ミハイロヴッチ率いるチェトニク,抵抗運動組織化【ユーゴ】
6 07 英軍と自由フランス軍,シリアとレバノンに侵入
22 チャーチルとルーズベルト,対ソ援助声明
22 伊とルーマニア対ソ宣戦
22 独ソ開戦(宣戦布告なし)
23 中国共産党,反ファシスト国際統一戦線を呼びかける
パルチザン部隊組織【チェコ・芬洪】
共産党,公的にレジスタンス運動に路線を切りかえる【欧】

独ソ開戦

7 01 国民政府(重慶),独伊と断交【中】
21 独軍が初のモスクワ空襲
21 チトーがレジスタンスを組織【ユーゴ】
28 仏領インドシナ南部進駐【日】
8 07 ソ空軍,ベルリンを空襲
08 タイ,中立を宣言
14 チャーチルとルーズベルト大西洋会談(大西洋憲章発表)【英米】
9 01 全ユダヤ人に「ダビデの星」の着用命令【独】

アウシュビッツ

03 アウシュビッツで最初のガス大量処刑【独】
05 人民解放委員会の独立宣言【セルビア】
06「帝国国策遂行要領」決定【日】
16 ムハマンド・レザー・パハレビーが新イラン国王に即位
24 ドゴール【仏】,自由フランス国民委員会組織【L】
ギリシア国民解放戦線結成,レバノン独立宣言

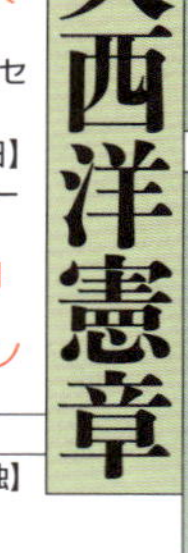

10 02 モスクワ包囲戦大攻勢開始【独】
18 東條英機内閣成立【日】
18 対独スパイ,ゾルゲ逮捕【日】
11 05 御前会議で対米交渉最終案として甲乙両案を用意【日】

ハル・ノート 日本側の乙案拒否

26 ハル国務長官,乙案を拒否,ハル・ノートを提示【米】
12 05 独軍敗退
06 フィンランド,ルーマニア,チェコ,ハンガリー,対米英宣戦布告
07 真珠湾空襲【日米】
08 米英対日宣戦,太平洋戦争開始
09 中国国民政府,日独伊に宣戦布告
10 マレー沖海戦【日】
11 独伊,対米宣戦布告
22 アルカディア会議開始

真珠湾攻撃

計算される情報

A ステライト精密鋳造量産化(ヘーンズ=ステライト社)【米】

ポリエステル ディキンスン ウインフィールド

ディキンスンとウインフィールド,ポリエステル繊維発見【英】
スネック,フェライト特許【蘭】
東洋レーヨンが,ナイロン6の合成,熔融,紡糸に成功【日】
ポリエチレンの製造工場建設(デュポンとユニオン・カーバイド・アンド・カーボン社)【米】
ポリウレタン類(PU)の商業生産開始【独】
イソブチレン-イソプレン系合成ゴム生産開始【米】
日本窒素肥料が塩化ビニル樹脂の工業生産を開始【日】

位相顕微鏡 カール・ツァイス社

ツァイス社,位相顕微鏡製作【独】
ベンディックス航空機製造会社,20ミリ自動高射砲を完成【米】
鴨緑江水力発電が送電開始【日】
◉ ペニシリン,DDTなどの量産化

DTR複写機

ロット,DTR式複写機発明【日】

B レーダー(電波探知機)の実用化進む【英】
ジーメンス社,ゲルマニウム整流器商品化【独】

デジタル計算機

デジタル型計算機製作【独】

C フォード・モーター社,プラスチック板の外部フレーム自動車製作【米】
60トンの重量戦車を完成(ボールドウィン戦闘車製造会社)【米】
史上最大の戦艦「大和」竣工【日】
グロスター流星号(ホイットル・エンジン)実験飛行【英】

ジェット ハインケル メッサーシュミット

ジェット戦闘機ハインケルHe280初飛行,メッサーシュミットMe262ジェット戦闘機【独】
プラチュキン,オメガ式ヘリコプター製作【ソ】
東京地下鉄営業開始【日】

D 独伊の在米資産凍結を命令【米】

対日石油禁輸

対日石油禁輸措置【米】
米ソ経済援助調停調印
日ソ通商貿易協定成立
日本資産凍結(株式大暴落)【英米蘭】
ABCDライン対日包囲陣完成
生産管理局(OPM)設置【米】
税率の大幅引き上げ(軍事経費35億ドル調達目的)【米】
国民健康保険制度法施行【英】

OR オペレーショナル・リサーチ

バーナル,ブラケットらオペレーショナル・リサーチを開始【英】
クォリティ・インズ設立(モーテル業のフランチャイズ)【米】

米ソ経済援助調停

E 野村証券に投資信託業務認可【日】

小田急 帝都高速度交通営団

小田急電鉄,帝都高速度交通営団,三井化学工業,内田洋行,大和紡績,東海銀行,三井不動産,帝国石油資源開発,三井建設,日本樹立(エーザイ)設立【日】

1941

科学は実践か

A

シャインジェスのウォラン宇宙線陽子一元理論発表【独】
グーテンベルグとリヒター,「地震エネルギー」の統計発表【独】
反強磁性理論発表【蘭】

ベータトロン　カーストの粒子加速器

カースト,ベータトロン製作【米】
シーボーグとマクミラン,プルトニウムを単離【米】
フェルミ【伊→米】ら,原子力の連鎖反応に関する最初の中間実験【米】
ローレンス,ウラン238の利用とプルトニウムによる核分裂連鎖反応の可能性を示唆【米】
ヴァン・ヴレック,反強磁性体の理論【蘭】
マーシャル・クラゲット『ジョヴァンニ・マルリアーニと中世後期の物理学』【米】
岡村博,常微分方程式の解の一意性必充条件完成【日】
正田健次郎,一般代数系理論【日】
日本科学史学会設立【日】
「科学朝日」創刊【日】

B

レッペ,アセチレンの環重反応発見【独】

ランダウの液体ヘリウム論

今西錦司

ランダウ,液体ヘリウムの超流動現象の理論を解明【ソ】
リップマン,高エネルギーリン酸結合の概念【米】
スカッフェ,Pm結合成功【米】
ビードルとテータム,アカパンカビを用いて遺伝生化学の研究【米】
今西錦司『生物の世界』(棲み分け理論)【日】
ハースト,インフルエンザウィルスの赤血球凝集反応を発見,インフルエンザウィルスの撮影(6500倍)に成功【米】

C

K・ホーナイ,アメリカ精神分析学研究所設立【米】
H・ワロン『子供の心理的発達』【仏】
フロム『自由からの逃走』【独】
コンラート『発生的問題としての体質類型』【独】
ピアジェ『数の発生』【瑞】

フロム 自由からの逃走

ケレーニー

H・ケレーニー『迷宮と神話』【洪】
レッドフィールド『ユカタンの民族文化』【米】

白鳥庫吉　西域史研究

白鳥庫吉『西域史研究』(〜44)【日】
ケーニヒスワルト,メガントロプスの下顎骨発見【独→蘭】
ブルムフィールド『言語研究入門』【米】
R・ヤコブソン『失語症と言語学』【ソ→米】
タルスキー『論理学および演繹科学方法論序説』【波→米】

D

マルクーゼ 理性と革命

バーナム『経営者革命』【米】
ハンセン『財政政策と景気循環理論』【米】
ハイエク『資本の純粋理論』【墺】
三枝博音『技術の思想』【日】
下村寅太郎『科学史の哲学』【日】
マルクーゼ『理性と革命』【米】
ケネス・バーグ『文学形式の哲学』【米】
K・レーヴット『ヘーゲルからニーチェへ』【独】
ニーバー『人間の本質と運命』【米】
F・O・マシーセン『アメリカン・ルネッサンス』

E

プロテスタント各派が合同して,日本基督教団創立【日】
占星術世界大会【米】
国民学校令公布【日】

芸術の孤立

A

ゴーキー

クイーンズホール,空襲で焼失【L】
「フランス伝統青年画家結成」(独の占領下で展覧会)【P】
レジェ画[黄色い背景の潜水夫]【仏】

バルテュス

バルテュス画[サロン]【仏】
ブルトン,マッソン,ラムらアメリカに亡命
シャガール渡米【NY】
エルンスト渡米(グッゲンハイムと結婚)【NY】
デュシャン,『鞄の中の函』出版(グリーンボックス)【米】
ゴーキー回顧展【米】
ミロ,ダリ【西】,展覧会(NY近代美術館)
グットゥーゾ画[磔刑]【伊】
ムンク画[言葉の剣を持って]【丁】

B

川端竜子画[曲水図]【日】

美の本体　岸田劉生の美術論

ギーディオン

北脇昇画[周易の解理図],岸田劉生論文『美の本体』【日】
第2回聖戦美術展【日】
第1次美術雑誌結合(38誌廃刊,8誌のみとする)

C

ギーディオン『空間・時間・建築』【瑞】
伊東忠太『支那建築装飾』(〜44)【日】
イームズとサーリネンd[シェル構造の椅子],「オーガニック・デザイン・コンペティション」で最優秀賞(ン・コンペティション」で最優秀賞(NY近代美術館)【NY】
カモフラージュ・アーティストらd[航空機を擬装するための迷彩模様]
ゴシック体廃止【独】
ウェストン写真集『草の葉』【米】

ASA感度測定法

イルフォード社のフェドニン,ASA感度測定法発表【英】

D

オーソン・ウェルズ 市民ケーン

オーソン・ウェルズ監[市民ケーン](パン・フォーカス撮影)【英】
ジョン・ヒューストン監[マルタの鷹],フランク・キャプラ監[スミス都へ行く]【米】

ダンボ　ウォルト・ディズニー

W・ディズニー監[ダンボ]【米】
フライシャー兄弟監[バッタ君町に行く](長篇映画)【米】
戦争ドキュメンタリー映画[西部戦線の勝利]【独】
NY大学芸術学部に初の「映画学」講座【米】

E

P・シェフール,「若きフランス」を組織【仏】
メシアン曲[世の終わりのための四重奏]【仏】

ヒンデミット　新即物主義から新音楽の旗手へ

ヒンデミット曲[マリアの生涯]【独→米】
F・マルタン曲[魔薬の酒](オラトリオ)【瑞】
ルトスワフスキ曲[パガニーニの主題による変奏曲]【波】
ダッラピッコラ曲[囚われ人の変奏曲]【伊】
ショスタコーヴィチ曲[交響曲第七番ハ長調]【ソ】
音楽挺身隊結成(隊長,山田耕筰)【日】
ポーター曲[キス・ミー・ケイト](ミュージカル)【米】
ダリ,バレエ[迷宮]のデザイン(NYメトロポリタン・オペラ・ハウスでロシア・バレエ団上演)
ブレヒト『肝っ玉おっかあとその子供たち』【独】
東京放送劇団養成所創設【日】

渇いた欲望

A

オーデン『新年の手紙』,セーヤーズ『創造主の心』【英】

ウルフ自殺　意識の流れと存在の明察

ヴァージニア・ウルフ自殺【英】
ケアリー『子どもの家』,ノエル・カワード戯曲『陽気な幽霊』【英】
エマニュエル『オルフェの墓』【仏】
プーラ『三月の嵐』(ゴンクール賞)【仏】
ブランショ『アミナダブ』【仏】
カロッサ『美しき惑いの年』,ゼーガース『第七の十字架』,ティース『鬼神の国』,ベッヒャー『別れ』,G・ハウプトマン『テルフィーのイフィゲーニエ』【独】
E・ビットリーニ『シチリアでの会話』【伊】
シローネ『雪の下の種子』【伊】
モラヴィア『仮装舞踏会』(ムッソリーニ激怒)【伊】
A・ハンセン『ヨナタンの旅』【丁】
クローニン『天国の鍵』ベストセラー【米】
グラスゴウ『この我らの生涯において』,フースト『最後の開拓者』,フィッツジェラルド『最後の大君』【米】
ウェールズ『アリランの歌』【米】
E・オニール『夜への長い旅路』(56,初演)【米】

EQMM　エラリー・クイーンミステリー雑誌

「エラリー・クイーンズ・ミステリー・マガジン」創刊【米】
エレンブルグ『パリ陥落』【ソ】

B

智恵子抄 次郎物語

井伏鱒二,高見順,石川達三,丹羽文雄ら作家多数,軍事報道員として徴用【日】
下村湖人『次郎物語』【日】

詩句　北川冬彦 富沢赤黄男

高村光太郎『智恵子抄』,富永太郎『富永太郎詩集』,三好達治『一點鐘』【日】
富沢赤黄男『天の狼』,北川冬彦『実験室』【日】
片岡良一『近代文学の展望』【日】
高見順『文学非力説』,林房雄『転向について』,花田清輝『自明の理』,保田与重郎『近代の終焉』【日】
三島由紀夫『花ざかりの森』【日】
堀辰雄『菜穂子』【日】
吉川英治『新書太閤記』ベストセラー【日】
文藝銃後運動おこる【日】

C

TVコマーシャル第一号(米)

NBCのWNBT局,商業TV放送開始(TVコマーシャル第1号,広告料9ドル)【米】
TV定期実験放送開始(6月末中止)【日】
太平洋戦争開戦放送(全国同一周波放送実施)【日】
「中央公論」「改造」廃刊【日】
岡田桑三,東方社設立【日】
ペティ・ガール,「エスクワイヤ」の折り込みページに登場【米】

D

デビッド・ブラウアー,シエラクラブ(アウトドア運動)の理事となる【米】
ミリタリー・ルック,モードとして庶民に定着
隣組常会設置【日】
モンペ,防空ずきん,ゲートルなど,非常時色強まる【日】
全国映画館でニュース映画の強制上映【日】

E

シュメックス・コーヒー・メーカー発売【米】
H・シュルツェ曲[リリー・マルレーン]【独】
デューク・エリントン,ビリー・ストレイホーン曲[A列車で行こう]【米】

ディマジオ　56試合連続安打

ニューヨーク・ヤンキーズのディマジオ,56試合連続安打新記録【米】

三冠馬セントライト

セントライト号,初の三冠馬に【日】

声を嗄らして僅か三割電力節約するのなら、ついで二ヶ月三ヶ月防空演習をやればよい。へのんきだね。
石田一松ののんき節

ポーリングの免疫学は、生物の情報には〝自己〟と〝鋳型〟があることを暗示する。

戦時中の放送は謀略放送だったのか。「ボイス・オブ・アメリカ」と「ゼロ・アワー」。

1942
昭和17

第二次世界大戦

アメリカ参戦

1 01 米英中など26カ国の日独との単独不講和
02 マニラ占領【日】
08 日独伊軍事協定調印
20 ヴァンゼー会談(アイヒマンらユダヤ人絶滅を計画)【独】
21 東條首相,大東亜戦争指導要綱発表【日】
25 タイ,対米英宣戦
2 06 ワシントンに米英合同参謀本部(CCS)創設【米】
15 シンガポール陥落【日】
19 太平洋岸居住日系人の強制退去決定【米】
3 05 東京に初の空襲警報発令【日】
米英合同参謀総長委員会創設
08 ラングーン占領【日】

プートラ スカルノ 民衆総力結集
フクバラハップ フィリピン 抗日人民軍

09 スカルノ,プートラを組織【伊】
28 英空軍の反攻はじまる
29 フクバラハップ(抗日愛国人民軍)結成【比】
◉ ナチス,ユダヤ人をガス室で大量虐殺(約600万人)【独】

4 18 B25爆撃機,日本本土を初空襲【米】
5 11 米シオニスト会議,パレスチナにおけるユダヤ国家建設を決議
21 モロトフ外相,ロンドン訪問(英ソ相互援助条約)【ソ】
28 メキシコ,対枢軸国宣戦
30〜31 ケルン大空襲【英】

ミッドウェー海戦

6 05 ミッドウェー海戦(〜07)
11 ワシントンで米ソ相互援助条約調印
27 チャーチル,ルーズベルト会談(アフリカ戦線の優先)

英ソ反撃

7 15 反英暴動【埃】
パルティザン部隊結成【ユーゴ】
8 08 全インド会議派,イギリスの撤退を決議【印】
08 第1次ソロモン海戦
09 ガンジー,ネルーら逮捕【印】
12 英米ソ3国会議(トーチ作戦)
13 原爆製造で「マンハッタン計画」に同意【米英】
22 ブラジル,対独伊宣戦
23 スターリングラード攻防戦はじまる

10 03 日本軍,ガダルカナル島上陸開始【日】
フラシャリ,クリスラ中心にバリ・コンバンタル(国民戦線)組織【アルバニア】
トリノ市で初の民族戦線委員会結成【伊】
仏の独占領地区に抵抗統一戦線MUR成立
26 南太平洋海戦【日米】
11 01 大東亜省発足【日】

アイゼンハウアー指揮

08 英米連合軍(10万人),仏領アフリカ(モロッコ,アルジェリア)に上陸作戦敢行(アイゼンハウアー指揮)
13 第3次ソロモン沖海戦【日】
愛国・国防・連合婦人会を統合する大日本婦人会発足【日】
11 独軍がフランス全土を占領
19 ソ連軍,スターリングラードで大反撃開始
25 仏共産党とド・ゴールの自由フランス国民委員会が共同行動で意見一致【仏】

チトー

12 チトー,人民解放反ファシスト会議【ユーゴ】
14 エチオピア,対日宣戦布告
20 スペインとポルトガル,イベリアブロック結成(中立維持,相互防衛)

計算される情報

A BASF社【独】,CIC社【英】,デュポン社【米】,UCC社【米】,それぞれ高圧法ポリエチレンの工業生産開始

99.9%シリコン

デュポン社,純度99.9%のシリコンSi精製に成功【米】
シカゴ大学に冶金研究所設置【米】
マール,金属琢磨片のレプリカ作成【独】
GE社,対戦車用バズーカ・ロケット砲製造【米】
6ポンド砲出現【英】
V1号パルスジェット無人飛行弾完成【独】
ウラン・プロジェクト,正式発足(ゲーリング統轄)【独】

B レーダー・ウィンドウ効果発見【米英】
レーダー・アンテナ,海上哨戒機に【英】
PPIレーダー射撃方位盤完成【米】
海軍,マイクロ波レーダー完成【日】
ブッシュとコールドウェル,電気式の微分解析機を発明【米】
スティビッツ,リレー式補間計算機MODEL1を開発(ベル電話研究所)【米】

エッカートとモークリー 初の電子計算機設計着手

エッカートとW・モークリー,最初の電子計算機ENIAC設計に着手(〜46)【米】

C 逓信省,東京中央放送局の放送有線電話施設許可,通信検閲室を設置【日】
東京の4電話局内に電話線利用の有線放送開始【日】
45〜ンのパンツァー巡航戦車(のち67トン)開発【独】
アルコン・ハイウェー完成(アラスカ)【米】
マレー縦貫鉄道開通(バンコク〜シンガポール間3000キロ)
泰緬鉄道(タイ〜ビルマ)建設開始
リバティー船第1号進水(大量生産方式の造船)【米】
潜水艦250隻保有【独】
メッサーシュミットMe163,世界初のロケット戦闘機完成【独】
ベル航空機製造会社,ジェット機XP59の試験飛行に成功【米】
A-4号ロケット飛行(時速5280km超音速達成)【独】
フォン・ブラウン,初の地対地誘導ミサイル(V1号爆弾)の発射実験に成功【独】
東京帝大航空研究所に特殊推進機関ロケット研究部設置【日】
パイオニア・パラシュート会社,初のナイロンパラシュートによる降下実験成功【米】
三菱重工業,局地戦闘機J2M1(のちの雷電)試作機製作【日】
シコルスキー,ヘリコプターR4型製作,実用化【米】

D 史上最大規模の徴税法成立【米】

食糧管理法(日)

食糧管理法制定【日】
◉ ビバリッジ,社会保障の構想を発表【英】
ルーズベルト,戦時情報部(OWI)設置【米】
大日本言論報告会設立【日】
シカゴ大学の学生,人種平等会議(CORE)創立(公民権運動へ)【米】

E **紡績界合併** 大同毛織・倉紡 中央紡績

関西汽船,昭和石油,三井造船,宇部興産,帝国水産統制(ニチレイ),大同毛織,倉敷紡績,中央紡績(紡績界あいつぎ合併)【日】
日本能率協会発足(岸商工大臣斡旋)【日】
日本工業新聞社,新聞33社を合併,産業経済新聞社に【日】

産経

1942

生命にひそむ意味

A

ウラン爆弾開発 マンハッタン計画

ヘイ【英】とサウスウォース【米】,太陽電波の発見
シュミットヒューゼン,生態学的景観論提唱【独】

坂田仮説

坂田昌一ら,2中間子論を提出【日】
フェルミ【伊】,ウラン核分裂の連鎖反応実験に成功【米】
ウラン爆弾の生産開発開始,マンハッタン計画発足【米】
海軍技術研究所,第1回物理懇談会【日】
フレヴィッチとウォールマン『次元論』を発表【米】
レフシェッツ『代数的位相幾何学』【波→米】
ボル『科学論理学原理』【仏】
武谷三男「ニュートン力学の形成について」【日】
三枝博音編『日本科学古典全書』刊行開始【日】

B

ポーリング免疫学

ニーダムの生化学形態論

ニーダム『生化学と形態形成』【英】
ポーリング【米】とランドシュタイナー【墺→米】「抗原抗体反応の構造と化学的な理論」
クーンズ,免疫蛍光法の開発(〜50)
ピッペル,チタン酸バリウムの強誘伝性を発見【米】
フロリーとハギンス,異常エントロピー理論【米】
牧野佐二郎,人為的染色体対合成功【日】

ルイセンコ学説

ルイセンコ『農業生物学』【ソ】
ハルパーン,抗ヒスタミン剤の研究【仏】
フリーマンとワット,視床-前頭葉の結合繊維を切るロボトミーをおこなう

成長と形態 ダーシー・トムソン

ダーシー・トムソン『成長と形態』(生物の形)【英】
リンデマン,生態系の動的機能を解析【米】

C

J・モレノ【ルーマニア】,ソシオメトリーのモレノ研究所設立,「集団精神療法」発行【NY】
K・ホーナイ『自己分析』【独→米】
ロジャース『カウンセリングと精神療法』【米】
ジョン・A・マギオック『学習の心理』【米】
H・ワロン『行為から思考へ』【仏】
G・ベイトソン『バリ島的生活』【英→米】

モンターギュ 人種と人類学

アシュレー・モンターギュ『人類の最も危険な神話-人種』【米】

ポンティ

D

カルナップ意味論 ランガー象徴論

シュンペーター『資本主義・社会主義・民主主義』【米】
マッキーバー『社会的因果論』【スコットランド→米】
F・ノイマン『ビヒモス』【独】
メルロ・ポンティ『行動の構造』【仏】
カルナップ『意味論序説』【墺】
ランガー『シンボルの哲学』【米】
ジーンズ『物理学と哲学』【英】

E

ボンベイ【印】とカイロ【埃】で全イスラム教徒団結大会
白バラ抵抗運動(〜43)【独】
毛沢東,整風文献学習運動の呼びかけ【中】

大川周明 米英東亜侵略史

大川周明『米英東亜侵略史』【日】

芸術の孤立

A

デルヴォー

「亡命芸術家展」開催【米】

VVV ブルトンとエルンスト

ブルトン,エルンスト「VVV」創刊
「シュルレアリスム国際展」開催【NY】
デルヴォー画[ミレーヌたちの村]【白】
ポロック画[男と女]【米】
シーラー,アッシリアとエジプトの彫刻シリーズ(〜45)【米】
マンズー作[キリスト磔刑]【伊】
ダリ自伝『ダリの秘められた生涯』出版【西】

グッゲンハイム 今世紀の美術画廊

グッゲンハイム「今世紀の美術画廊」開設【米】

B

松本竣介画[立てる像]【日】
「第1回大東亜戦争美術展」開催【日】
藤田嗣治画[12月8日の真珠湾]など【日】
「レオナルド・ダ・ヴィンチ展」開催【日】

C

N・ペブスナー『ヨーロッパ建築概史』【独】
丹下健三案[忠霊神域計画](情報局賞)【日】
CCA(世界最大の紙器メーカー),オスワルト表色系のプラスチック色票刊行【米】

フロント 岡田桑三・原弘 木村伊兵衛

AD原弘で対外的プロパガンダ誌「FRONT」創刊(東方社)【日】
山名文夫d[洗顔用資生堂トリアノンクリーム](ポスター)【日】
グェリーニ,ラパドーラ,ロマーノ設計[EURの文化宮殿]【伊】
「第1回全日本工芸美術展」開催【日】

D

マルセル・カルネ

マルセル・カルネ監[悪魔が夜来る]【仏】
マルセル・レルビエ監[幻想の夜]【仏】
ヴィスコンティ監[郵便配達は二度ベルを鳴らす]【伊】
フランク・キャプラ監「われらなぜ戦う」シリーズスタート(〜45)【米】
マーヴィン・ルロイ監[心の旅路]【米】
240人のカメラマン,[戦時下の1日]撮影(ドキュメンタリー映画)【ソ】
山本嘉次郎監[ハワイ・マレー沖海戦](特撮・円谷英二)【日】

E

ハチャトリアン

ティペット・マイケル曲[われら時代の子](オラトリオ)(反ナチ)【英】
シェーンベルク曲[ナポレオンへのオード作品41](ヒトラー風刺)【墺】
バーンスタイン曲[交響曲第2番/エレミア]【米】
ハチャトリアン曲[ガヤネー](剣の舞い)【アルメニア】

アイメルト のちにケルン電子スタジオ

アイメルト『無調音楽法』【独】
カバレフスキー曲(カンタータ)[偉大な祖国]【ソ】
プロコフィエフ曲[戦争と平和]【ソ】
コープランド曲[リンカーンの肖像]【米】
ジョン・ケージ,NYでカニングハムと出会い[クレド・イン・アスコ]作曲【米】
メシアン『わが音楽語法の技法』【仏】

冗談音楽 スパイク・ジョーンズ

パロディ音楽のスパイク・ジョーンズ,デビュー【米】
標準ピッチが440ヘルツに再改定される
ワイルダー『ミスター人類』上演【米】
藤原歌劇団,[ローエングリン](ワーグナー曲)を初演【日】
長谷川一夫,山田五十鈴らの新演伎座,東京宝塚劇場で旗揚げ公演【日】

未来への皮肉

A

カミュ クノー

スペンダー『廃墟とヴィジョン』【英】
レーモン・クノー『わが友ピエロ』(ヌーヴォーロマンの先駆),ミショー『魔法の国で』,エリュアール『1942年の詩と真実』,カスー『33のソネット』【仏】
カミュ『異邦人』『シジフォスの神話』【仏】

深夜叢書

ヴェルコール『海の沈黙』(深夜叢書)【仏】
ルイ・ベルトラン『夜のガスパール』【仏】
モンテルラン『死せる女王』【仏】
ブルトン『第3次シュルレアリスム宣言序説』【仏】
セーラ『パスクァル・ドゥアルテの家族』【西】
レーマン『緑の神』,アンドレース『我らはユートピア』,シュナイダー『克服者』,ランゲ『鬼火』【独】
ブリクセン『冬物語』【丁】
J・サーバー『虹をつかむ男』【米】
ヴァシレフスカヤ『虹』,コルネイチューク『戦線』,レオーノフ『襲来』,バジョーフ『孔雀石の手文庫』【ソ】
毛沢東『文芸講話』【中】
鐘敬文『誌心』,亦門『無弦琴』,茅盾『腐蝕』,曹禺『北京人』上演【中】

屈原 郭沫若の史劇

夏衍『ファシスト細菌』,郭沫若『波』『屈原』【中】

B

小林秀雄『無常といふ事』【日】
坂口安吾『日本文化私観』【日】
丹羽文雄『海戦』,石塚友二『松風』,石上玄一郎『精神病理学教室』【日】

中島敦 山月記 光と風と夢

中島敦『古譚』『光と風と夢』【日】
富田常雄『姿三四郎』【日】
「近代の超克」座談会(『文学界』,西谷啓治,諸井三郎,亀井勝一郎,鈴木成高,林房雄,菊地正士,三好達治,下村寅太郎,津村秀夫,吉満義彦,中村光夫,小林秀雄)【日】
大日本文学報国会設立【日】

C

ボイス・オブ・アメリカ 東京ローズ

「ボイス・オブ・アメリカ」対外放送開始【米】
NBCとCBS,テレビ放送を中止【米】
「ゼロ・アワー」開始(東京ローズ人気)【日】
「エンデュボワー」創刊【英】
「レトル・フランセーズ」紙独占領下のパリで創刊(地方出版)【仏】
「ニグロ・ダイジェスト」創刊【米】
矢崎茂四,長谷川町子らの『翼賛漫画進メ大和一家』刊【日】

D

このころからタンゴの黄金期へ【米】
フランク・シナトラ,女学生のアイドルに【米】
愛国百人一首発表(内閣情報局)【日】

E

海のクストー

クストー,スキューバ(商標アクアラング)を共同開発【仏】
野戦用にインスタント・コーヒーを開発(ゼネラル・フーズ社)【米】
ルイ・アームストロング,ビッグバンド編成【米】
グレン・ミラーが初のゴールデンレコード(100万枚売上)受賞【米】
ビング・クロスビー[ホワイト・クリスマス]レコード録音(大ヒット)【米】
落語と講談の研究団体,寄席文化向上結成【日】

今日世界は正に未曾有の闘争時代である。この激甚なる競争に勝たんがために統制主義的政治は必然的に発生し急速に発展した。
東亜聯盟同志会『昭和維新論』

この年、情報科学が本格的に誕生する。ウィナー、ピッツ、マカロック、ビグロー、ローゼンブリュート。

美術と音楽にも民俗情報が流れているということだった。矢代幸雄と伊福部昭が教えたことは、

1943
昭和18

第二次世界大戦

ヨーロッパ上陸作戦決定

1 09 日華協定(汪兆銘政権)
14〜24 カサブランカ会談(攻撃計画を協定)【英米】
15 コミンテルン解散【ソ】
31 初のレーダー搭載機,ハンブルク空襲
2 01 ガダルカナル島から撤退開始【日】
10 ガンジー,無条件釈放要求の断食開始【印】
18 「白バラ」弾圧,ショル兄弟ら斬首刑【独】

4 13 カチン事件(ソ連でポーランド将校約4000人の遺体発見される)
18 山本五十六,ソロモン上空で戦死【日】
19 ワルシャワのゲットーでユダヤ人が反ナチの武装蜂起
5 03 チュニジアで独伊軍降伏【北ア】

バー・モー ビルマ独立準備委員会

08 バー・モー,ビルマ独立準備委員会結成
27 レジスタンス諸団体統合,全国抵抗評議会結成【仏】

アッツ島全滅

29 アッツ島守備隊2500人玉砕【日】
6 02 ド・ゴール,ジロー両将軍,フランス国民解放委員会設立【仏】
04 アルゼンチンでクーデターおこる(ペロン指導)
07 強制収容所内での断種実験報告【独】

ド・ゴール抵抗

7 10 連合軍,シシリー島上陸
12 クルクスで史上最大の戦車戦【独ソ】
19 ムッソリーニとヒトラー,ベニス近郊で会見
25 ムッソリーニ逮捕,バドリオ政権成立【伊】
30 女子の学徒動員きまる【日】
蔣介石,第3次反共攻勢失敗【中】
8 01 日本占領下でバーモニー政府独立宣言(米英に宣戦布告,日本と同盟条約)【ビルマ】
13 ローマが無防備都市宣言【伊】
14 第1次ケベック会談開始,オーバーロード案承認(仏上陸作戦)【英米】
ルーズベルト,チャーチルに戦後の原爆共同所有の秘密了解を得る【米英】
9 03 連合軍,イタリア上陸

バドリオ政権降伏

08 バドリオ政権降伏条件受諾【伊】
09 イラン,対独宣戦布告
10 蔣介石,国民政府主席に就任【中】
12 ムッソリーニ,独軍に救出される(北伊に新政権樹立を宣言)
30 連合軍と休戦調印【伊】
アルバニア,モンテネグロが独立を宣言

10 01 米軍,ナポリ占領【伊】
02 学徒出陣きまる【日】
09 チトー指導のゲリラ軍,トリエステで蜂起
14 フィリピン共和国独立宣言(日比同盟条約)
21 チャンドラ・ボース,自由インド仮政府をシンガポールで樹立(日本後援,英米に宣戦布告)

大東亜会議 日本・タイ ビルマ・比

11 02 レバノン独立
05 東京で大東亜会議(タイ,ビルマ,比,中国政権)【日】
22〜26 第1次カイロ会談(ルーズベルト,チャーチル,蔣介石など出席)

テヘラン会談 イラン保全 ソ連参戦

28〜12.1 テヘラン会談(イラン保全)
29 チトー,臨時政府組織【ユーゴ】
12 04〜06 第2次カイロ会談
20 中部太平洋侵攻作戦開始【米】

レバノン独立

計算される情報

A ICI社,合成繊維「テリレン」開発【英】
ダウ・コーニング社,有機珪素ポリマーの工業生産開始【米】
東洋レーヨン,商工省よりナイロンの試験研究命令を受ける【日】
日東紡,グラスファイバーの生産開始【日】

ペニシリン量産

ペニシリンの量産はじまる【米】

LSD合成 ホフマンの幻覚喚起剤

ホフマン,幻覚喚起剤LSD25を合成【瑞】
住宅用小型空気調節装置普及【米】
プルトニウムの試験工場(炉の稼働)【米】
ロスアラモス原子力研究所開設(オッペンハイマー所長)【米】
理化学研究所,大型サイクロトロンの組立て完了【日】

B 爆撃や砲撃の照準用レーダー出現【英】
レーダー用円形軸オッシロ管開発【日】
多摩陸軍技術研究所設置(電波兵器専門研究所)【日】
政府とペンシルベニア大,ENIAC開発契約を結ぶ【米】
ニューマンら,電子式暗号解読機COLOSSUS完成【英】
ハワード・エイケン,リレー式計算機製作【米】

シュライヤー

シュライヤー,計算機考案【独】
逓信省電気試験場でアナログ型計算機【日】
ウイナー,ビグロー,ローゼンブリュート『行動目的および工学』【米】

ウィナー、ビグロー ローゼンブリュート 行動目的工学

C

クロスバー交換方式(米)

4号クロスバー交換方式実施(市外自動交換方式の画期)【米】
電話供出運動開始【日】
ラジオダクト発見される【米】
小松製作所,ブルドーザー製作【日】
シカゴで初の地下鉄開通【米】
D52形貨物用蒸気機関車完成【日】
レーダー・アンテナ,夜間戦闘機と爆撃機に設置【英】
空軍,航空機の地上誘導進入装置の完成と実施【米】
V2号レーダー操縦無人誘導弾製造【独】
メトロヴィック軸流純ジェット・エンジン初飛行【英】

ターボジェット

グロスター社,ターボジェット機の初飛行【英】
編隊攻撃用R4Mロケット弾製造【独】
陸軍,火薬ロケット砲を試作【日】

D 北イタリアなどでストライキ勃発【伊】

ジョン・ルイスのデモ

ジョン・ルイス指導の炭鉱労働組合45万人ゼネスト【米】
スミス・コナリー,戦時労働調停法可決【米】
戦時経済統制ピークに【日】
ワシントンに連合国難民救済機関(UNRRA)設置

E

吉田工業・山一証券

毎日新聞社,帝国銀行,大西洋漁業統制(大洋漁業),日本海洋漁業統制(日本水産),三陽商会,三菱汽船,吉田工業,埼玉銀行,北陸銀行,山一証券,京阪急行電鉄,大和証券,東洋ゴム設立【日】

1943

生命にひそむ意味

A

ワイツゼッカー 太陽星雲進化説

ワイツゼッカー,太陽系起源に関する太陽星雲進化説(カントとラプラスの星雲仮説の復活)【独】
ハイゼンベルク『原子核の物理』【独】

超多時間理論 朝永振一郎

朝永振一郎,超多時間理論【日】
原子核研究再開【ソ】
ジャコブスン『環論』【米】
ハイゼンベルク,Sマトリックスの理論【独】
C・ヴァイル『有理型関数と解析曲線』【米】
フランクフルト科学史研究所設立【独】

B

マカロックとピッツ 神経に内在する概念の計算法

マルティンとシンジ,新クロマトグラフィーの完成,実用化(蛋白化学に貢献)【英】
ルーベン,光合成の研究【米】
デルブリュックとルリア,ファージ抵抗性の大腸菌突然変異株の発見【米】

吉川秀男 昆虫の代謝

吉川秀男『昆虫のトリプトファン代謝の研究』【日】
神谷宣郎『細胞の原形質流動について』【日】
ルイセンコ『遺伝性とその異変性』【ソ】
マカロックとピッツ『神経活動に内在する概念の論理的計算法』【米】

ワクスマン 抗生物質の研究

ワクスマン,抗生物質という言葉をつくる【ソ→米】

経口避妊剤 ラッセル・マーカー

ラッセル・マーカー,黄体ホルモンを安価に生産(経口避妊剤開発)【米】

C

サリヴァン,ウィリアム・アランソン・ホワイト精神分析研究所を設立【米】
ゲゼルとイルグ『乳幼児と現代文化』【米】
C・L・ハル『行動の原理』【米】
ヤーキーズ『チンパンジー』【米】
クラックホーン『かくれた文化と行政上の問題』【米】

イェルムスレウ コペンハーゲン学派

イェルムスレウ『言語理論序説』(コペンハーゲン学派)【丁】
K・パイク『音声学』【米】

D

J・ラスキ『現代における革命の思察』【英】
リード『非政治的人間の政治的立場』【英】
S・ツヴァイク『時代と世界』『昨日の世界』【独】

有賀喜左衛門

有賀喜左衛門『日本家族制度と小作制度』【日】
松本潤一郎『社会理論』【日】
青木正児『支那文学思想史』【日】
サルトル『存在と無』【仏】

バタイユ 内的体験

サンタヤナ アメリカ現代哲学

サンタヤナ『人と所さまざま』【米】
ハイデガー『心理の本質』【独】
バタイユ『内的体験』【仏】
波多野精一『時と永遠』【日】

E

ジャック・マリタン『キリスト教と民主主義』【仏】
宇井伯寿『仏教思想研究』【日】
山田孝雄『神道思想史』【日】
デ・ガスペリ,キリスト教民主党結成【英】
大日本仏教会,聖旨奉戴護国法要(京都智恩院)【日】

システムとその敵

A

カルダー モビールの発明 連作サーカス

ポロック

カルダー回顧展【米】
モンドリアン画[ブロードウェイ・ブギウギ]【蘭→NY】
イブ・タンギー画[不定なる可分制]【米】
ポロック,今世紀美術画廊で初個展【米】
マザーウェル画[パンチョ・ヴィラ,生と死]【米】
トムリン画[埋葬]【米】
シャガール画[軽業師][はりつけ]【仏】
マリオ・シローニ画[ガスタンク]【伊】
マッタ画[エロスのめまい]【チリ】
ヴィフレド・ラム画[密林]【キューバ→仏】
ピカソ作[牡牛の頭部]【西】
パウルソン『美術史の対象』(「社会的場」の理論と「象徴環境」概念)【典】

B

国吉康雄画[誰かが私のポスターを破った]【日】
日本美術報告会創立(横山大観会長)【日】

矢代幸雄 日本美術の特質

矢代幸雄『日本美術の特質』【日】
小池新二『汎美計画』【日】

C

アバクロンビーとフォーショーのロンドン再建都市計画なる【英】
ニーマイヤー設計[リオの文部厚生省][パンプラの聖フランシスコ教会]【ブラジル】

ペンタゴン 世界最大のオフィスビル

ペンタゴン(世界最大のオフィス・ビル)完成(のちの米国防総省庁舎)【米】
フラー,ダイマクション・マップ発表【米】
ヤコブセンd[エッグチェア][スワンチェア]【丁】
ベン・シャーンd[これがナチの残虐行為だ](ポスター)【米】
アンセル・アダムスp[ウィリアムソン山]【米】

アンセル・アダムス

D

ヒッチコック監[疑惑の影]【米】
ハンフリー・ジェニングズ監[火の手はあがった][ロンドンはびくともしない]【英】
クルーゾ監「密告」【仏】
ドヴジェンコ製作ドキュメント映画[ウクライナのための戦い]【ソ】
黒澤明監[姿三四郎],稲垣浩監[無法松の一生],今井正監[望楼の決死隊]【日】
海軍省報道部企画[桃太郎の海鷲](動画)【日】

E

バルトーク曲【洪】[管弦楽のための協奏曲]【NY】
メシアン曲[アーメンの幻想]【仏】
カール・オルフ曲[賢い女]【独】
ウェーベルン曲[第2カンタータ]【墺】

伊福部昭 アイヌ音楽研究 土俗的三連画

伊福部昭曲[交響譚詩]【日】
ウォーターズ,シカゴでバンド結成,電気ギターを加えたブルースを創始(シカゴ・ブルースに)【米】

蝿・ガリレオの生涯

ジャン・ルイ・バロー

サルトル『蝿』上演(失敗)【仏】
ブレヒト『ガリレイの生涯』【独】
ジロドゥー『ソドムとゴモラ』【仏】
サヴァッティーニ(シナリオ)『善人トト』【伊】
ジャン・ルイ・バロー出演[繻子の靴]【仏】
ミラノ・スカラ座爆撃で破壊される【伊】
滝沢修,青山杉作ら芸文座結成,帝劇で旗揚げ公演【日】

未来への皮肉

A

K・レイン『石と花』,ウェルシェ『処女航海』,G・グリーン『恐怖省』【英】

ヴェルコール 星への歩み

星の王子さま

ヴェルコール『星への歩み』【仏】
ボーヴォワール『招かれた女』『ピリュスとシネアス』【仏】
サン・テグジュペリ『星の王子さま』【仏】
ヴァン・デル・メルシェ『肉体と魂』【仏】
ヴィアラール『猟犬の群』,トリオレ『アヴィニョンの子供たち』,ジッド『架空会見記』【仏】
モーリヤック『黒い手帖』【仏】
イリアルテ『自殺者の橋』【仏】
ヘッセ『ガラス球遊戯』,S・ツヴァイク『将棋の話』,A・ツヴァイク『ヴァンツベークの斧』(ヘブライ語版,独版47)【独】
ノイマン『彼ら六人なりき』,リンザー『高原』,カザック『永遠の存在』【独】

ラックスネス アイスランド文学の復権

ラックスネス『アイスランドの鐘』(〜45)【氷】
ピオヴェーネ『黒い新聞』【伊】
H・グリーン『とらえられて』【希】
サローヤン『人間喜劇』【米】
ドス・パソス『ナンバー・ワン』【米】
カポーティ『ミリアン』【米】
パイル『これが君たちの戦争だ』【米】

サーバー ニューヨーカー寄稿 アメリカのユーモア

ジェイムズ・サーバー『たくさんのお月さま』【米】
ステパーノフ『旅順港』,セルゲーエフ・ツェンスキイ『ブルシーロフの突破』【ソ】
マルシャーク『森は生きている』【ソ】
茅盾『霜葉紅二月花』,趙樹理『小二黒結婚』【中】

B

細雪発禁 蒔岡家の鶴子・幸子・雪子・妙子

武田泰淳『司馬遷』,島崎藤村『東方の門』,谷崎潤一郎『細雪』(発禁)【日】
徳永直『光をかかぐる人々』【日】
中島敦『弟子』『李陵』【日】
橋本英吉『富士と水銀』【日】
桑原武夫『事実と創作』【日】

C

政府がテレビ再開のための「ハンキー委員会」を設置【英】

ABC アメリカ・ラジオネットワーク

ラジオ・ネットワークABC創立【米】
空襲でベルリンテレビ局破壊(ケーブルで放送続行)【独】
ラジオ聴取契約数700万突破【日】
◉ 各地で電話電灯線利用の有線放送あいついで開始される【日】
経済市況放送中止【日】
徳川夢声の「宮本武蔵」放送開始【日】
出版社整理(195社残る)【日】
中野正剛「戦時宰相論」で「朝日新聞」発禁となる【日】

標準語 NHK アクセント辞典

NHK標準アクセント選定,『日本語アクセント辞典』刊【日】

D

ハーレムで人種暴動【NY】
敵性文化排除【日】

E

オクラホマ! ミュージカル ロングラン

ミュージカル「オクラホマ!」空前のロングラン【米】
流行歌[ティコ・ティコ][ベサメ・ムーチョ][十三夜][勘太郎月夜唄]【日】
「買出し」「学徒出陣」「玉砕」などが流行語に【日】

心を支配する法則は、エネルギーや物質の法則より情報を支配する法則の中に求められる。
マカロック&ピッツ『論理的計算』

物質と生命の間にひそむ情報システムの謎。シュレディンガーの大いなる提起。

1944
昭和19

第二次世界大戦

シリア独立

1 01 シリア独立
09 ソ連,東部戦線で大攻勢開始
29 ヒトラー,国務大臣にボルマンを任命(オーストリア人の人口増加をはかる)【独】
2 16 ファレル政権誕生【アルゼンチン】

インパール作戦

3 08 第15軍,インパール作戦開始【日】
10 伊全土で反ファシズム政治ゼネスト
18 独軍,ハンガリーに進駐
21 フィンランド,ソ連の和平提案を拒否

4 22 バドリオ内閣改造,共産党のトリアッティが無任所相として入閣【伊】
5 国民投票(デンマークからの独立決議)【氷】
25 日本軍,洛陽を占領【中】
6 02 国民解放委員会が共和国臨時政府樹立【仏】
09 マリアナ沖海戦【日米】
12 V1ミサイルでロンドン攻撃【独】
17 連合軍,ノルマンディ上陸作戦開始
17 アイスランド独立
20 米特使ウォーレスと蔣介石の重慶会談

アイスランド独立

ノルマンディ上陸

7 07 サイパン島の日本軍守備隊玉砕

東條辞職 小磯内閣へ

18 東條内閣総辞職,22小磯内閣成立【日】
東トルキスタン共和国成立(～46)
20 ヒトラー暗殺未遂事件【独】
8 01 ワルシャワ蜂起(失敗)
04 閣議で国民総武装決定,竹槍訓練開始【日】
軍事クーデター計画多発(ヒトラー弾圧,5000人以上処刑)【独】
14 繆斌工作(対中和平工作)開始【日】
21 ダンバートン・オークス会議(国際連合設立の準備)【英米ソ】

パリ解放 レジスタンス蜂起と勝利

24～26 レジスタンス派蜂起し,パリ解放【仏】
反ファシスト人民解放連盟結成【ビルマ】
9 05 人間魚雷「回天」の航走訓練開始【日】
08 V2号ロケット弾による英蘭攻撃【独】
08 ブルガリアに祖国戦線政府成立
09 ド・ゴール臨時政府成立(レジスタンス派との対立はじまる)【仏】
11～16 第2次ケベック会談(モーゲンソー・プラン提案)【米】
25 ガンジー,ジンナー会談(決裂)【印】

10 09 国際連合の組織を決定【米英ソ中】
モスクワでチャーチル,スターリン会談開始(バルカンでの勢力範囲を画定)
20 米軍,レイテ島上陸

神風特攻隊 レイテ沖海戦

25 神風特攻隊初出撃(レイテ沖海戦)【日】
サーラシ,独占領軍の援助でクーデター(首相に)【洪】
11 03 風船爆弾による米攻撃開始【日】
07 ルーズベルト4選【米】

B29東京初空襲

24 B29,東京を初空襲
12 21 ハンガリー民族独立戦線組織,臨時国民政府樹立【洪】
31 国民会議,臨時政府設立(ロンドン亡命政府と対立)【波】
国民解放戦線蜂起,ギリシア内乱はじまる【希】
ブラザビル会議(アフリカ人の労働組合運動の自由を認める)【仏領阿】
ケニア・アフリカ人同盟(民族主義的政党)結成【ケニア】
パン・アフリカ連盟創設(マンチェスター)

計算される情報

A コーニング・ガラス社,有機珪素重合物の大量生産開始【米】

スミスの変速機

スミスの変速機(スピードの自動的変化)【典】
ポッター,カウンター回路発明【米】
細谷省吾(森永薬品会社),ペニシリンの製造開始【日】
ウッドワードとデーリング,キニーネ合成【米】
P ミュラーらDDTの殺虫効果を公表【瑞】

ウラン235生産

ウラン235の生産開始【米】
デュポン社製作の原子炉で陸軍がプルトニウムの大量生産開始【米】
マンハッタン計画責任者,ウラニウム利用の爆弾 45年8月1日までに生産可能と報告【米】
クルチャトフ,サイクロトロン建設(モスクワ)【ソ】

ハーバード大学MARK1

B ドゥクレル,電子管制御機械の理論と設計【米】
マッカーサー,極超短波の発信・増幅用の板局管発明【米】
エイケンらハーバード大学で,リレー式計算機MARK-1を完成(デジタル型コンピュータ)【米】

メーシー会議

メーシー会議開催【米】
エイキン,ウィナー,ピッツ,マカロックら「目的論協会」設立【米】
ノイマンとモルゲンシュタイン「ゲーム理論と経済行動」【米】
山下英男を委員長に電気式計算機研究委員会設立【日】

ノイマンとモルゲンシュタイン ゲーム理論と経済行動

C ベル電話研究所,直接式ビジブル・スピーチを完成【米】

ネットワーク用同軸ケーブル

ATTがTVネットワーク用同軸ケーブル7000マイル設置計画発表【米】
潜水艦シュノーケルの採用(潜航中のディーゼル機関の運転が可能になる)【独】
三菱重工業,無人飛行機「イ型1号」試作【日】
伊号400型潜水艦(世界最大)完成【日】
メッサーシュミットMe262を実戦に投入【独】
グロスター・ミーティア・ジェット戦闘機,V1号2機を撃墜【英】
TU-4型超重爆撃機【ソ】

国際民間航空会議 シカゴ52カ国

シカゴで国際民間航空会議(国際民間航空協定を締結,52カ国)【米】

ブレトン・ウッズ協定

D ブレトン・ウッズ協定(連合国が戦後経済問題を討議,44カ国調印,国際通貨基金IMFの創立,世界銀行IBRDの創立を決定,ポンド体制の終焉)【米】
ボーローグ,グリーン革命推進【墨】
各官立大に研究所設置【日】
婦人参政権獲得【仏】

E 軍需会社第1次指定(150社)【日】

火災保険乱立

鐘淵紡績(鐘紡),安田火災海上保険,東京海上火災保険,住友海上火災保険【日】

ノイマンのゲーム理論とMARK1が、情報処理時代の到来を告げる。

1944

生命にひそむ意味

シュレディンガー生命論

A
バーデ,星の2種属説【米】
ホイル,太陽系起源に関する新星説【英】
オンサガー,結晶格子の統計理論【米】
航空機でハリケーンの横断観測に成功【米】
ネール,磁区構造の理論【仏】

ライヘンバッハ
ライヘンバッハ『量子力学の哲学的基礎』【独】
統計数理研究所創立【日】

B
シーボーグら,超ウラン元素アメリシウムAm,キューリウムCmを発見【米】
マーティンとシング,アミノ酸のペーパー・クロマトグラフィーを完成【英】
ウッドワードら,ルタール生産物から合成キニーネ製造【米】
ヴァールブルク,葉緑体による酸素発生機構の解明に着手【独】
シュレディンガー『生命とは何か』【墺】

ストレプトマイシン

シンプソンの進化論
G・シンプソン『進化におけるテンポと形式』【米】
エーヴリーらDNAによる肺炎双球菌の抵抗性変異を発見【米】
ワクスマン,抗生物質ストレプトマイシンを単離【ソ→米】
エルランガーとギャッサー,陰極オシログラフを用いて末梢神経の活動電位測定【米】
J・ウフル,人工肝臓製作【蘭】

C
ビンスワンガー『精神分裂症』(〜53)【瑞】

心理学と錬金術
ユング『心理学と錬金術』【瑞】
クラックホーン『文化とパーソナリティ』『パーソナリティの動的理論』【米】
クローバー『文化成長の諸形相』【独→NY】

ポランニー大転換

D
K・ポランニー『大転換』【洪→豪→加】
ランゲ『価格伸縮性と雇用』【波】
バベリッジ『自由社会における完全雇用』【英】
W・L・ブケ『ヒューマニズムの経済学』【独】
園正造『市場均衡の安定条件』【日】
戸田貞三『家と家族制度』【日】
リリエンタール『TVA-民主主義の前進』【米】
K・ミュルダール『アメリカのディレンマ』【典】
マンフォード『人間の条件』,ラザースフェルト『人々の選択』【米】
ノイラート『社会科学の基礎』【墺】
J・ラスキ『信仰・理性・文明』【英】

バタイユ有罪者
バタイユ『有罪者』【仏】
務台理作『場所の論理学』【日】
下村寅太郎『無限論の形成と構造』【日】

E

日本的霊性 鈴木大拙の鎌倉仏教
鈴木大拙『日本的霊性』【日】
ブサン・ランパ,ダライ・ラマの生まれ変わりと称し,『第3の眼』出版
ラムゼー『キリストの甦り』【英】

システムとその敵

A
フランシス・ベーコン画[十字架の下の形による三つの習性]【英】
G・サザランド画[キリスト磔刑]【英】
ド・スタール初個展【仏】
デュビュッフェ初個展【仏】
パリでピカソ,ミロ,クレーら展覧会【P】
フォートリエ画[人質]【仏】
マッタ画[ガラス3号]【チリ→仏】
ポール・デルヴォー回顧展(ブリュッセル)【白】
マックス・ビル,バーゼル美術館で「具体美術」展【瑞】
マザウェル初個展【米】
ポロック画[夜のセレモニー]【米】
ゴーキー画[肝臓は雄鶏のとさか]【米】
デ・クーニング画[無題]【米】
エルンスト作[王妃とチェスをしている王]【NY】
H・ムーア作[聖母と幼児キリスト]【英】
ミロ作「鳥」【英】

デュビュッフェ フォートリエ

E・グレコ 座る女 女占い師
エミリオ・グレコ作[座る女][女占い師][女の像](〜48)【伊】

B
戦時特別美術展開催【日】
山口華楊画[凪]【日】
靉光画[梢のある自画像]【日】
安田靫彦画『山本五十六元帥像』【日】

C

アバクロンビー
アバクロンビー『大ロンドン計画』【英】
工業デザイナー協会(SID)設立【米】,産業デザイン協議会(COID)設立【英】
グレイとブラック,デザイン・リサーチ・ユニットを設立【英】

ケペッシュ視覚言語

マックス・ビル
マックス・ビル,チューリヒ工芸学校で「形態論」を教える【瑞】
ケペッシュ『視覚言語』(シカゴで刊行)【洪】
ムーンとスペンサー,色彩調和論発表【米】
ストランド[メキシコの写真]【米】
第2次毎日日本宣伝美術振興運動,「勝つための宣伝作品」募集【日】
フジカラーフィルム完成【日】

D
エイゼンシュタイン監[イワン雷帝](第1部)【ソ】
ハンフリー・ジェニングズ監[リリー・マルレーンの真実の物語]【英】
溝口健二監[宮本武蔵]【日】

エイゼンシュタイン イワン雷帝

マキノ雅弘
マキノ雅弘監[不沈艦撃沈]【日】

E
メシアン曲[みどり児イエスにそそぐ二十の眼差し]【仏】
オネゲル曲[パリの解放]【仏】
アルフレード・カゼッラ曲[平和のために](ミサ・ソレムニス)【伊】
ダッラピッコラ曲[囚われ人](〜48)【伊】
コープランド曲[アパラチアの春](マーサ・グラハム舞踊)【NY】
メシアン『わが音楽言語の技法』【仏】
マース・カニンガム,ケージと合同演奏【NY】
メトロポリタン歌劇場で初のジャズの音楽祭【NY】
サルトル『出口なし』初演【仏】
アヌイ『アンチゴーヌ』【仏】,T・ウィリアムス『ガラスの動物園』【米】

ガラスの動物園

俳優座 青山杉作 千田是也
青山杉作,千田是也ら,俳優座結成【日】
文学座アトリエ設立【日】

未来への皮肉

A
オーデン『さしあたって』,E・シットウェル『緑の歌』,ジョイス『スティーブン・ヒーロー』【英】
ハートリ『小海老とイソギンチャク』,レイマン『民謡と原話』,C・V・コノリ『不安の墓』【英】
T・S・エリオット『四つの四重奏』【英】
トリオレ『最初のほころびは二百フランにつく』(ゴンクール賞)【仏】
ジュネ『花のノートルダム』,ボーヴォワール『他人の血』,アラゴン『オーレリアン』【仏】
クノー『リュエイユを離れて』【仏】
サラクルー『ル・アーブルの許婚者たち』【仏】
ハイデッガー『ヘルダーリンの詩の解釈』【独】
エレンブルグ『戦争』(ゲッベルス批判)【独】
ガッダ『アダルジーザ』【伊】
コッコ『羽根をなくした妖精』【芬】
ラーゲルクヴィスト『こびと』【瑞】
ラフォレー『なんでもありませんわ』(ナダール文学賞)【西】

ジュネ ボルヘス

長靴下のピッピ
リンドグレン『長靴下のピッピ』【典】
『そこに火が燃えている』(パルーダン,ブランナーらの抵抗文学集)【丁】
ソール・ベロー『宙吊りの男』,シャピロ『V字その他』,カミングス『1×1』【米】
ボルヘス『伝奇集』【アルゼンチン】
シーモノフ『昼も夜も』【ソ】
巴金『憩園』,郁茄『遙遠的愛』,胡風『棘源草』,老舎『火葬』,趙樹理『孟祥英翻身』【中】

B
竹内好『魯迅』【日】
石川淳『義貞記』,田中英光『わが西遊記』,太宰治『津軽』,田端修一郎『郷愁』【日】
斎藤茂吉『童馬山房夜話第一』【日】
中村汀女『汀女句集』【日】
窪川鶴次郎『再説現代文学論』【日】

C
東京都内7電話局で有線放送開始【日】
海外放送拡充,1日32時間35分となる(15送信,24使用語)【日】

D

横浜事件 細川嘉六論文 特高の弾圧
横浜事件(「中央公論」「改造」の編集者検挙される)【日】

ル・モンド ブーブ・メリー 言論の自由
「アレトゥオーザ」【伊】,「ル・モンド」【仏】,「セブンティーン」【米】創刊
全国一斉に新聞夕刊廃止【日】
非常事態発生時の聴取施設確保をはかる(ラジオ班を全国的に配置)【日】
強制疎開,享楽追放,カフェー休業,歌舞伎座,宝塚など劇場閉鎖,ジャズの禁止(決戦非常措置要綱による)【日】
ベティ・グレイブル,映画[ピンナップ・ガール]でスターに【米】

E
メーシー百貨店,1日の売上100万ドルを超える【NY】
ユナイテッド・フルーツ社,チキータ・バナナをブランド商品化【米】
オットー・プレミンジャー監[ローラ殺人事件](ニューロティック映画の流行)【米】
ビンセント・ミネリ監[若草の頃](ジュディ・ガーランド主演ミュージカル)【米】
エディット・ピアフ詞[バラ色の人生]【仏】
シャルル・アズナブール[酔いしれて](ACCディスクス大賞)【仏】
流行歌[センチメンタル・ジャーニー][アイル・ウォーク・アローン]【米】,[同期の桜][ラバウル小唄]【日】

一日百万ドル メーシー百貨店

ファシズムや社会主義、ニューディールの変革の起源は自己調整市場をつくろうという経済自由主義のユートピア的努力にあった。
カール・ポランニー『大転換』

BC 6000以前 / BC 6000 / BC 2200 / BC 1200 / BC 600 / BC 300 / 0 / 300 / 600 / 800 / 1000 / 1200 / 1300 / 1400 / 1500 / 1600 / 1650 / 1700 / 1760 / 1810 / 1840 / 1860 / 1880 / 1890 / 1900 / 1910 / 1920 / 1930 / 1940 / 1950 / 1960 / 1970 / 1980

レヴィンのグループ・ダイナミックスとブッシュの「メメックス」がシステム工学とハイパーメディアを予言する。

1945
昭和20

この年平均寿命(日)男二三・九歳、女三七・五歳

世界大戦の終結

ヤルタ会議

1 20 無条件降伏,新政権が対独宣戦布告【洪】
27 ソ軍,アウシュビッツ収容所を解放
2 03 連合軍,ベルリンを大空襲
04～11ヤルタ会談【米英ソ】
13 ソ連,ブタペスト占領【洪】
3 01 インド,サウジアラビア,イランが日独に宣戦布告

チトー政権

07 チトー政権成立【ユーゴ】
10 東京大空襲(334機のB29)【日】
17 硫黄島守備隊玉砕【日】
19 ヒトラー,「ネロ指令」(独全土破壊命令)【独】

アラブ連盟 エジプト・イラク シリアなど7国

22 アラブ連盟結成

4 01 米軍,沖縄本島上陸
12 ルーズベルト没(トルーマン就任)【米】
13 ソ連,ウィーンを占領
25 連合国全体会議(サンフランシスコ会議)
26 ムッソリーニ逮捕(銃殺)【伊】

ヒトラー自殺 エヴァ・ブラウンと

30 ヒトラーとエヴァ・ブラウン,ゲッベルスら自殺【独】
ベネシュ大統領下,国民戦線連立政府樹立(コシツェ綱領)【チェコ】
5 02 ソ連,ベルリン占領
07 ドイツ無条件降伏
08 アルジェリアで反仏暴動,シリアで暴動
08 トルーマン,対日無条件降伏を勧告
09 プラハ解放,国民戦線結成【チェコ】
14 対ソ交渉方針を決定【日】
15 蔣介石,国民党総裁に就任,宋子文が行政院長就任【中】
ソ連への武器補給停止(米ソ関係悪化へ)【米】
6 05 ベルリン協定(独の4地区分割占領決定)
08 御前会議で本土決戦方針【日】
26 国連憲章調印(連合国50カ国)

原爆投下とポツダム宣言

7 04 オーストリア分割占領決定【英米仏ソ】
05 マッカーサー,フィリピン全土解放宣言
17 ポツダム会談
26 アトリー労働党内閣成立【英】
30 ソ連に再度和平斡旋依頼【日】
8 06 米軍,広島に原爆投下【日】
08 ソ連,対日宣戦布告(北満・朝鮮に侵攻)
09 米軍,長崎に原爆投下【日】
13 世界シオニスト会議,ユダヤ人100万人のパレスチナ入国を要求
14 ポツダム宣言受諾を決定【日】
15 玉音放送,鈴木内閣総辞職【日】
16 南京政府崩壊【中】
16 スターリン,トルーマンに北海道北部占領を提案(反対)
17 インドネシア共和国独立宣言
18 満州国滅亡
20 ソ連,平壌に進駐
30 マッカーサー,厚木到着【日】
30 毛沢東・蔣介石会談【中】
9 02 戦艦ミズーリ上で降伏文書に調印【日】
02 連合軍,南北朝鮮分割占領を発表

インドネシア独立

ベトナム独立宣言

02 ホー・チ・ミン,ベトナム民主共和国独立宣言(反仏闘争開始)
06 朝鮮人民共和国樹立宣言【大韓民国】
10 朝鮮共産党,北朝鮮分局を設置
11 東條英機が自殺未遂,戦争犯罪人39人に逮捕命令【日】
27 天皇,マッカーサーを訪問【日】

オートメーション

A 東洋レーヨン,ナイロン樹脂工場完成【日】

DDT流行

各国でDDTなど殺虫剤,除草剤大量散布
日本火薬,ズルチン完成(砂糖の代用)【日】
オッペンハイマー,原爆1個の製造費1000$程度と言明【米】
ニューメキシコで初の原爆実験成功【米】

理研のサイクロトロン破壊

GHQが理化学研究所のサイクロトロンを破壊【日】

ブッシュ考案のメメックス

B 最初のチューブ蛍光灯市販される(建築照明に画期的変化)【米】
コーニング・ガラス社,積層型ガラスコンデンサ開発【米】
ノイマン,「EDVACに関する報告書」を発表【米】

ツーゼのプランカルキュール

ツーゼ,「プランカルキュール」(プログラミング言語)開発【独】
V・ブッシュ,「メメックス」提唱(ハイパーメディアの原型)【米】

C 報道用カラー写真のファクシミリ伝送(ポツダム～ワシントンへ)
GHQ,電波妨害・電波探索・パルス変調多重通信方式などの6項目の研究禁止【日】
陸軍航空局科学諮問グループ『新しい地平線に向かって』(報告書)で,人工衛星の打上げの可能性発表【米】
A・クラークが静止衛星による国際通信の可能性を予言,提案【英】
ロケット実験場(2万人が従事,研究開発費4億マルク)【独】
ロッキード・コンステレーション輸送機,はじめて可逆ピッチ・フルフェザリングプロペラを使用(着陸距離の短縮)【米】
ジェット戦闘機P80「シューティングスター」実戦使用【米】
ジェット機「橘花」試作【日】
ビーチ・エアクラフト社,初の自家用飛行機ボナンザ35製作【米】

財閥解体

D ブレトン・ウッズ協定発効
産業国有化法を公布【北鮮】
GHQ,財閥解体指令【日】
公共料金一斉値上げ【日】
臨時軍事費予算追加案成立,1000億円を突破【日】

国際復興開発銀行

国際復興開発銀行発足【米】
フランス銀行国有化【仏】
世界労働組合連盟(WFTU)結成(参加41カ国)【P】
国際食糧農業機関(FAO)設立【L】
国際教育科学文化機関(UNESCO)設立会議【L】
国連,婦人の地位委員会の設立

ユネスコとWFTU

E **バンク・オブ・アメリカ**

バンク・オブ・アメリカ(米最大に)【米】
持田製薬設立,日本貯蓄銀行(協和銀行)設立,トヨタ車体設立【日】

戦後の出発

10 09 幣原内閣成立【日】
10 政治犯300人の釈放(徳田球一ら)【日】
11 マッカーサー,憲法の自由主義化と人権確保の5改革を要求【日】

パテト・ラオ ラオス臨時抗戦政府

12 パテト・ラオ,臨時抗戦政府樹立(独立宣言)【ラオス】
13 蔣介石,国民党各部隊に内戦密令,各地で国民党各部隊と解放軍衝突【中】
15 GHQ,治安維持法・特高警察など廃止【日】
17 中国国民政府軍,台湾に上陸開始
21 仏総選挙,共産党第1位【仏】
24 国連憲章発効(国際連合発足)
25 モンゴル独立確認
30 軍部クーデターでバルガス大統領辞任【ブラジル】
第5回パン・アフリカ会議開催(植民地独立と民族自決を具体的にめざす)
11 02 日本社会党結成【日】
朱徳,米英ソに対し5項目要求を発表【中】
04 ハンガリー総選挙(小農民党勝利)【洪】
09 日本自由党結成【日】
15 チルディ連立内閣成立【洪】
16 日本進歩党結成【日】
国共の内戦はじまる【中】
18 ブルガリア総選挙(祖国戦線勝利)
20 ニュルンベルク軍事裁判開始【独】

ド・ゴール内閣

21 ド・ゴール内閣成立【仏】
29 ユーゴスラビア連邦人民共和国の宣言
12 01 共産党再建大会【日】

アルバニア人民戦線

02 アルバニア総選挙,人民戦線の勝利
16 外相会議(極東委員会・対日委員会設置)【英米ソ】

婦人参政権(日)

17 婦人参政権実現【日】
27 国共正式会談【中】
29 農地調整法改正公布【日】
アゼルバイジャン自治共和国,クルド人民共和国樹立宣言【北部イラン】

1945

生命にひそむ意味

A

ヴァン・アレン,V-2【独】とエアロビー・ロケットを大気外に送り,宇宙線の量を測定【米】
サウスウォース200Mcで太陽雑音を観測【米】
マイナード,気象観測にはじめてレーダー使用【米】
ストックマン,水平混合を考慮した海流理論を発表【ソ】

シンクロトロン原理

マクミラン【米】,ヴェクスラー【ソ】,各独立に,シンクロトロンの原理発見
H・D・スマイス『原子爆弾の完成』【米】
ラビノビッチ「原子科学者会報」創刊【ソ→米】
ブラウァー,有限群の表現に関するシューアの予想を解決【米】
シュヴァレー【仏】と段学復【中】,代数的リー環の理論発表
ライコフ,位相群の表現論【ソ】

シュワルツ超函数

シュワルツ,超函数の理論【仏】

B

ロビンスンら,ペニシリンの構造決定【英】
ハイマン,クロルデーンの殺虫性を発見【米】
ターナーら,家禽産卵促進サイロプロテインを発見【米】
ビードル,1遺伝子1酵素説を提唱【米】
ポーターら,細胞内微細構造のひとつ小胞体を発見【米】
メダワー,移植拒絶反応が免疫現象であることを発見(～60)【英】

デルブリュックの遺伝子組換え論

デルブリュック,遺伝子組換えの発見【独→米】
ベルタランフィ『生命-有機体論の考察』【米】
シーガルら,イオン交換樹脂により胃酸中和を試みる【米】
メラー『森林の物質生産と消費の関係』【丁】
◉ 肺結核に対する肺切除盛んになる

C

レヴィン MITにグループ・ダイナミックス研究所

ヴェルトハイマー『生産的思考』【独】
レヴィン,MITにグループ・ダイナミックス研究所設立【米】
K・ホーナイ『心の葛藤』【米】
H・ワロン『児童の思考の起源』【仏】
フェニヘル『神経症の精神分析理論』【墺→米】
ラルフ・リントン『パーソナリティの文化的背景』『世界危機における人間科学』【米】
モリス・オプラー『文化の動力としての主題』【米】
ラティモア『アジアの解釈』【米】
フォーテス『タレンシ氏制度』【南ア】

動機の文法

ケネス・バーグ『動機の文法』【米】

D

獄死 三木清 戸坂潤

ハロッド『動態経済学序説』【英】
K・ポパー『開かれた社会とその敵』【墺→英】
オルテガ・イ・ガセット,スペインへ帰国,人文学研究所創設【西】
マートン『大衆説法』【米】
戸坂潤,三木清,獄死【日】
テーラー『科学的管理法』【米】
ポンティ『知覚の現象学』【仏】
G・マルセル『ホモ・ヴィアトール』【仏】
コリングウッド『自然の観念』【英】
E・ドールス『バロック論』【西】
サバト『個人と宇宙』【アルゼンチン】
H・J・チェイター『写本から印刷へ』【英】

E

マルティン・ブーバー『カシディズム』【独】
ケレーニー『精神学入門』【洪】
北村サヨ,天照皇大神宮教(踊る宗教)開く【日】
GHQが国家神道への政府援助禁止【日】

システムとその敵

A

フランシス・ベーコン

フランシス・ベーコン画[風景のなかの人物]【英】

サロン・ド・メ 新進展覧会

第1回「サロン・ド・メ」開催【P】
デュビュッフェ,「アール・ブリュト」として精神病や未開人の子供の絵の収集開始【仏】

フォートリエ 抽象表現主義

フォートリエ「人質」展【P】
キリコ画[ヘクトールとアンドロマケー]【伊】
「モンドリアン回顧展」開催【NY】
マーク・ロスコ,今世紀の美術画廊で個展【米】
トビー画[赤い人・白い人・黒い人]【米】
シケイロス壁画[新たな民主制]【墨】
マリーノ・マリーニ作[馬と騎乗者]【伊】

B

広田多津画[母子]【日】
国吉康雄画[飛び上がろうとする頭のない馬]【日】

松田権六 漆芸蒔絵文化財修理

松田権六作[鴛鴦蒔絵棗]【日】
向井潤吉,田中忠雄ら行動美術協会結成【日】
東郷青児を中心に二科展再結成【日】

C

グッドデザイン運動

ニコラス,マンチェスター市計画を発表【英】
北欧諸国を中心とする新経験主義,建築界の1主流となる
グロピウス『コミュニティの再建』【独】
工業デザイン協議会(COID)設立,グッド・デザイン運動の推進【英】
ジョージ・ネルソンd[収納壁]【米】

レスリー・ハリー

レスリー・ハリー[夜の死体](幽霊物映画のポスターデザイン)【英】
ソウル・スタインベルク画[オール・イン・ライン](漫画)【米】
◉ ブラックファンタジーの流行

D

カルネ天井桟敷の人々 ロッセリーニ無防備都市

イーリング・スタジオ映画[ペインテッド・ボート](民族芸術の賞賛)【米】
デビット・リーン監[逢いびき]【英】

ヒッチコック

ヒッチコック監[白い恐怖]【米】
マルセル・カルネ監[天井桟敷の人々]【仏】
ルネ・クレール監[そして誰もいなくなった]【仏】
エリア・カザン監[ブルックリン横丁]【米】
ロベルト・ロッセリーニ監[無防備都市]【伊】
ジョン・ヒューストン監[そこに光をあらしめよ](復帰訓練をえがくドキュメント)【米】
英米合作ドキュメント映画[真の勝利]

E

ブリテン曲歌劇[ピーター・グライムズ]【英】
R・シュトラウス曲[メタモルフォーゼン]【独】
ストラヴィンスキー曲[3楽章の交響曲]【ソ】
プロコフィエフ曲[シンデレラ](バレエ音楽)【ソ】
チャーリー・パーカーのコンボ,モダンジャズ基本形態となる演奏形式確立(バップ革命)【米】
ブルーグラス・ミュージックおこる【米】
ドリス・デイとレス・ブラウン楽団[センチメンタル・ジャーニー]【米】
ロジャーズとハマースタイン[回転木馬](ミュージカル)【米】
森本薫『女の一生』,文学座初演【日】

未来への皮肉

A

オーウェル

オーウェル『動物農場』【英】
ケストラー『ヨガと政府委員』【英】
ウォー『ブライズヘッド再び』【英】
サルトル『自由への道』(未完)【仏】
ヴァイヤン『奇妙な遊び』(アンテラリエ賞)【仏】
グラック『陰鬱な美青年』(ゴンクール賞拒否)【仏】
トロイワイヤ『金牛宮』,カミュ『カリギュラ』,カスー『世界の中心』【仏】
アンリ・ボスコ『農民テオチム一家』【仏】

物の味方 フランシス・ポンジュ

フランシス・ポンジュ『物の味方』【仏】
カロル・レーヴィ『キリストはエボリに止まりぬ』【伊】
アンジェイェフスキ『灰とダイヤモンド』【波】
アルベルティ『詩集1924-44』【西】
ミカ・ワルタリ『エジプト人』(米でベストセラーに)【芬】
J・サーバー『サーバー・カーニバル』【米】
H・ミラー『冷房装置の悪夢』【米】
リチャード・ライト『ブラック・ボーイ』【米】
ノートン『魔法のベッド南の島へ』
シモーノフ『プラハの栗並木の下で』【ソ】
沙汀『困獣記』,老舎『四世同堂』【中】

老舎

B

太宰治『お伽草紙』【日】
宮本百合子『歌聲よ怒れ』【日】
島木健作『黒猫』【日】
里見弴,大仏次郎,川端康成ら鎌倉文庫(出版社)設立【日】
「新日本文学会」結成【日】

C

GHQプレスコード

CBSでカラーテレビの実験放送開始【米】
NHKラジオ「紅白音楽試合」放送【日】
ラジオ新番組[座談会]はじまる(第1回天皇制について),「真相はこうだ」放送開始【日】
GHQ,プレスコードとラジオコードで日本のマス・メディアを支配(～52)【日】
「ノーモア・ヒロシマ」(英人記者バーチェット,広島の惨状を世界に報道)
サルトル,ポンティら,雑誌「レ・タン・モデルヌ(現代)」創刊【仏】
「新生」創刊(ザラ紙,1日で13万部)【日】

読売争議 編集・制作・発送自主管理

読売新聞第1次争議【日】

角川書店 俳人学者の角川源義

角川書店創業【日】
CIE図書館(のちのアメリカ文化センター)開館【日】
杉山ハリス「実用英語会話」,堀英四郎「基礎英語講座」放送開始【日】

D

平均的消費量(1日)3500カロリー,肥満が問題になりはじめる【米】(欧1000カロリー)
クラウス・フックス【ソ】,原子力スパイとして米の情報をソ連に送りはじめる
アンネ・フランク,ベルゲンベルセン収容所で死亡【独】
E・ブラウンとB・ジョーンズ「回転木馬:分解可能なバロック」(サーカス,市場の通俗芸術流行)【英】
闇市登場,一億総懺悔,たけのこ生活【日】

E

ローレン・バコール イングリット・バーグマン

第1回宝くじ売り出し【日】
ローレン・バコール主演[脱出]【米】
バーグマン主演[ガス灯]【米】

りんごの歌 霧島昇 並木路子

[りんごの歌]大流行【日】

これでもう何でも自由に書けるのである！　生まれて初めての自由！　自国を占領した他国の軍隊によって初めて自由が与えられるとは。
高見順『敗戦日記』

戦後は、コンピュータENIACとNHKの街頭録音ではじまった。

「完全なる結婚」と「スポック博士の育児書」が思想よりも生活の方がおもしろいと告げている。

1946
昭和21

冷たい戦争

天皇神格否定

朝鮮半島分裂

ヨルダン、シリア、フィリピン独立

インドシナ戦争開始

1 01「天皇の人間宣言」【日】
06 ホー・チ・ミン主席の人民政府成立【越】
10 国連第1回総会【L】
10 アメリカの仲介で国共両党の停戦協定成立【中】
11 アルバニア人民共和国成立宣言

イムレ・ナジ

2 01 ハンガリー共和国宣言(イムレ・ナジ,首相に選出)【洪】
08 朝鮮半島の分裂,北朝鮮臨時人民委員会成立(首席金日成),大韓民国代表民主主義会成立(議長李承晩)
15 インドネシア独立を承認【蘭】
19 天皇の全国巡幸開始【日】
26 第1回極東委員会会議【ワシントン】

3 05 チャーチル,演説で「鉄のカーテン」【英】
19 スイスがソ連と国交樹立
22 ヨルダン独立

4 05 連合国対日理事会第1回会合(マッカーサーが最高司令官の責任を演説)【日】
08 マクマホン法可決(原子力を政府管轄に)【米】
10 婦人参政権が与えられた初の選挙,39人の婦人議員誕生【日】
17 シリア独立
22 沖縄にアメリカ民政府設置【日】
25 米英仏ソ外相会議【P】
社会主義統一党結成【ソ】

5 03 東京裁判開始【日】

吉田内閣①

22 第1次吉田内閣誕生【日】
23 大韓民国,38度線無許可越境を禁止

チェコ共産内閣

26 総選挙で共産党が第1位【チェコ】

6 01 仏のコーチシナ臨時政府樹立,ホー・チ・ミン政権と対立,交戦開始【越】
04 ペロン大佐,大統領に就任【アルゼンチン】
10 共和政宣言【伊】
14 第1回国際原子力委員会,米のバルーク案をソ連が拒否【NY】
17 東京裁判のキーナン首席検事が「天皇を裁かず」と声明【日】

7 04 フィリピン共和国独立【比】
12 国民党と共産党の全面的内戦開始【中】
29 パリ講和会議開催(〜10.15)

8 01 マクマホン法成立(文官による原子力委員会設立)【米】
16 ネルー国民会議派議長,臨時政府樹立を声明【印】

9 01 国民投票(69%王政復古支持)【希】
08 国民投票(92%王政廃止支持,15日人民共和国宣言)【ブルガリア】
21 第2次農地改革実施【日】

10 01 ニュルンベルク裁判最終判決【独】
バマコ会議(アフリカ人民主連合RDA結成)【セネガル】
28 民主共和国憲法の公布【越】

日本憲法 GHQ草案

11 03 日本国憲法公布(GHQ草案)【日】

12 12 国連,スペインを独裁国として排除
19 ハノイ虐殺事件,ホー・チ・ミン,反仏解放闘争を宣言(インドシナ戦争へ)
23 マレー連合案発表【英】
24 第4共和制発足【仏】

オートメーション

世界初のコンピュータENIAC完成

総同盟・産別

A ロービル,ポリ塩化ビニル繊維を発表【仏】
米コロンビア社,高密度LPレコード【米】
ハーダー,自動車の製造自動調整システムに「オートメーション」の言葉を用いる【米】
原子力計画,軍需省管轄下で開始【英】
ノイマンら,水爆の特許を申請【米】
太平洋上での初のビキニ環礁原爆実験【米】
ローレンス,シンクロサイクロトロン完成【米】
クルチャトフ,欧初の原子炉建設【ソ】

サーモファックス

サーモファックス(熱式複写機)発表【米】

B レーダー波実験(地球〜月1.2秒)【米洪】
NY〜ワシントン間,天然色テレビを伝達【米】
RCA社,全電子式色彩テレビを発表【米】
コイン投入装置付きテレビ受像機公開【米】
エッカートとモークリー,エレクトリック・コントロール社設立,計算機BIANCの設計と開発に着手(50,可動)【米】
世界初の電子計算機ENIAC完成(ペンシルベニア大学)【米】
ベル研究所リレー式計算機MODEL-V完成【米】

C コンプナー,極超短波増幅管の進行波管を製作【英】
自動車電話サービス開始【米】
カイザー・フレーザー車発売【米】
ベスパ・モーター・スクーター発売【伊】
ボーイングB50超重爆撃機【米】

ダグラスDC6

ダグラス社,DC6発売【米】
北米行き大西洋横断航路,旅客業務開始【英】
パン・アメリカン航空,東京行き航路発足【米】

D 英米仏ソ,対独経済制限
労働党,イングランド銀行を国有化【英】
全給電産業,民間航空機を国有化【英】
トルーマン,対英信用供与にサイン(37億5000万ドル)【米】
預貯金封鎖,新円切り替え【日】

経団連・日商 経済同友会

経済同友会,経団連,日本商工会議所設立【日】
持株会社整理委員会発足,大財閥家族資金凍結指令(財閥解体の本格化)【日】
日本共産党,「日本の科学・技術の欠陥と共産主義者の任務」発表【日】
総同盟と産別発足【日】
メーデー復活(皇居前に50万人)
公職追放令公布【日】
◉ 全米で炭鉱,鉄道,海員ストライキ【米】
「52-20クラブ」の恩恵者約60万人(失業中の帰還兵)【米】
インディアン賠償請求委員会設置【米】
ケインズ,世界銀行総裁に【英】
世界保健機関(WHO)設立
国連児童基金(UNICFF)設立
世界医師会(WMA)設立
IATA創立(1年以内に63の航空会社が加入,輸送,賃金,料金などの方針決定)

E キャセイパシフィック航空【香港】,インド航空【印】,アリタリア航空【伊】,スカンジナビア・エアライン設立【典丁諾】
クウェート・オイル社創立(クウェート,中東最大の産油国に)
東京通信工業(ソニー),関東自動車興業,長谷川工務店,西濃運輸,春日無線電気商会(ケンウッド)設立【日】

1946

生命にひそむ意味

A

恒星磁場

バブコック,恒星磁場を発見【米】
G・ガモフ,α-β-γ理論の提唱(ビッグバンモデルの基約)(〜48)【洪】
レーダーによる昼間の流星観測【英】
銭学森【中】,超空気力学理論を構成【米】
ラングミュアら,人工降雨の実験【米】
数学センターの設立(計算機に関する研究開始)【蘭】

銭学森 超空気力学

民科 民主主義科学者協会

民主主義科学者協会創立【日】
「自然」創刊【日】

B

ロビンソン,ストリキニンの構造を決定【英】
シュピーゲルマン,プラズマジーン説(細胞質遺伝子)【米】
レーダーバーグとテータム,大腸菌の有性・生殖発見【米】
低温麻酔法など麻酔法の改良すすむ
ルビー,放射性炭素年代測定法開発【米】

C

J・デュマ『精神病理学的視点からの神と超自然的なるもの』【仏】
ムーニエ『ペルソナリスムとは何か』【仏】
クラックホーン『ナヴァホ』(共著)【米】
A・L・クローバー『文化発展の諸形態』

菊と刀 ルース・ベネディクトの日本文化論

ベネディクト『菊と刀』【米】
柳田國男『先祖の話』,沼沢喜市『日本神話における世界の諸起源』【日】

石母田正 中世的世界の形成

石母田正『中世的世界の形成』【日】
奈良本辰也,林屋辰三郎ら「日本史研究」創刊【日】
トガン『今日のトルコ民族と近代史』【土】
C・モリス『記号と言語と行動』【独】
ラビラ『言語史入門』【芬】

モリス記号論

D

ドラッカー『会社の概念』【W→米】
G・フリードマン『産業における機械化の人間的諸運動』【仏】
H・G・ユンガー『技術の完成』【独】
C・I・ルイス『知識と価値の分析』【米】
マイネッケ『ドイツの悲劇』【独】
R・マートン『大衆説得』【米】
バタイユ「批判」創刊【仏】
花田清輝『復興期の精神』【日】
武谷三男『弁証法の諸問題』【日】
古島敏雄『日本農学史』【日】
カッシーラ『国家の神話』【独】
サルトル『実存主義とは何か』【仏】
ノースロップ『東と西の出会い』
アウエルバッハ『ミメーシス』【独】

思想の科学 鶴見和子 鶴見俊輔

「思想の科学」創刊【日】
W・C・ウィリアムズ『パタソン』全5巻(〜58)【米】
田辺元『政治哲学の急務』【日】
シュタイガー『詩学の根本概念』【瑞】

E

北森嘉蔵『神の痛みの神学』【日】

PL教団 御木徳近 教団の再建

◉ 新興宗教の誕生あいつぐ(戸田城聖の創価学会再建,出口王仁三郎が大本教を愛善苑と改称し再建,大西愛治郎の天理本道再建,御木徳近PL教団再建)【日】
神社本庁設立【日】
聖書協会世界連盟結成【米】
フルブライト奨学金法成立【米】

システムとその敵

A

デュビュッフェ「厚塗り」展(アンフォルメルの先駆)【仏】
キリコ画[ヘクトールとアンドロマケー]【伊】
ポロック画[草原の音][微光するもの](オールオーバーの絵画)【米】
ギュラ・コンセ,ネオン管のレリーフ発表【アルゼンチン】
フォンタナ【アルゼンチン】,パリで「白の宣言」
全ソ同盟美術展覧会スタート【ソ】
クルト・ザックス『芸術の連邦:美術と音楽と舞踏における格式』

B

日本美術展(日展)開催【日】
「アトリエ」「みづゑ」復刊,「三彩」創刊【日】
正倉院御物展(15万人入場)【日】
会津八一書[観音堂書帖]【日】

C

ノイトラ設計[デザート邸]【墺・米】
メンデルゾーン設計[マイモニデス健康センター]【独】
「国民のための工業デザイン展」開催【英】
金・銀・宝石工業のデザイン・センター設立【英】
チャールズ・イームズ,ミラー社のためのイスのデザイン(FRPの椅子の開発)【米】
マルチェロ・ニッツォーリ,オリベッティ社のためのタイプライターのデザイン【伊】
ジャン・ロワイエール[デザイン・トップ]【仏】
ポール・ランド『デザインの思考』【NY】

イームズとロワイエール

原弘・亀倉雄策

山名文夫,原弘,亀倉雄策ら日本デザイナー協会結成【日】
中島清,八木一夫ら青年作陶家集団結成【日】

バークホワイト

バークホワイト,ガンジー暗殺と葬儀を報道(〜48)【米】
ウェストン作品展(MOMA)【米】
エクタクロームカラーフィルム,コダック社より発売【米】
ウィリアムズ・アイヴィンズ・ジュニアー『芸術と幾何学-空間概念の研究』【英】

D

第1回カンヌ映画祭,ルネ・クレマン監[鉄路の闘い]グランプリ【仏】
クルーゾ監[情婦マノン]【仏】
ウィリアム・ワイラー監[われらの生涯の最良の年]【米】
ロッセリーニ監[戦火のかなた]【伊】
ハリウッド,年間452本製作(史上最高の好成績)【米】

日本映画社 広島・長崎ドキュメント

日本映画社[広島・長崎の原爆効果](全19巻),米軍没収【日】

E

国際現代音楽夏季セミナー開始(ダルムシュタット)
オネゲル曲[交響曲第3番・典礼風]【仏】
ブーレーズ曲[フルートとピアノのためのソナチネ]【仏】
ジョン・ケージ曲[ソナタとインタールード]【NY】
ジャン・メノッティ曲[霊媒]【伊米】
ルビンステイン【波】,ハイフェッツ,ピアティゴルスキーとトリオ結成【米】
ジャン・ルイ・バロー,ルノー・バロー劇団結成【仏】
ツックマイアー『悪魔の将軍』(劇)【独】
ウィルフレッド・メラーズ『音楽と社会』【英】

ブーレーズ

未来への皮肉

A

ヨーロッパ各地でカトリック文学充実
D・トマス『死と入口』,ハートリ『第六天国』【英】
E・J・カーネル,「ニューワールズ」創刊(SF専門誌)【英】
ルイス・スペイン『英国の妖精の起源』【スコットランド】
ミシェル・レリス『オーロラ』【仏】
コクトー『双頭の鷲』『美女と野獣』【仏】
マンディアルグ『黒い美術館』【仏】

レマルク 凱旋門200万部

レマルク『凱旋門』【独】
カミングス『サンタクロース』,ロウリ『死傷者』,ロバート・ローエル『懈怠卿の城』【米】

B

桑原武夫『第二芸術論』(俳句否定論)【日】
埴谷雄高『死霊』,平野謙『島崎藤村』,小林秀雄『モオツァルト』【日】
きだ・みのる『気違い部落周游紀行』【日】
中村真一郎『死の影の下に』【日】
野間宏『暗い絵』,石川淳『黄金伝説』,『焼け跡のイエス』【日】

堕落論 可能性の文学

織田作之助『可能性の文学』【日】
坂口安吾『堕落論』『白痴』【日】
稲垣足穂『弥勒』【日】

石川淳、花田清輝、埴谷雄高、坂口安吾、中村真一郎、野間宏

C

BBC,TV定期放送開始【英】
モスクワでFM放送開始【ソ】

NHK街頭録音

NHK街頭録音開始(初のドキュメンタリー),「素人のど自慢」「話の泉」(初のクイズ番組)登場【日】
ハーシ『ヒロシマ』(ドキュメンタリー,ニューヨーカーの全紙面を占める)【米】
「ティーゼ・ウォッヘ」創刊【独】
「近代文学」(荒正人,埴谷雄高ら),「世界」「人間」「展望」「群像」「新日本文学」「りべらる」創刊,「日本児童文学」「赤とんぼ」「銀河」「子供の広場」創刊【日】
茜書房,「猟奇クラブ」創刊(カストリ雑誌ブーム)【日】
「リーダーズダイジェスト」日本語版創刊【日】
「カムカム英語」(平川唯一の英会話教室)【日】
新聞がルビ付漢字廃止,新かなづかい,左横書きになる【日】
「日刊スポーツ」創刊【日】
ヴァン・デ・ヴェルデ『完全なる結婚』,尾崎秀美『愛情はふる星のごとく』ベストセラー【日】
ベンジャミン・スポック『スポック博士の育児書』【米】

スポック博士の育児書

D

皇太子の家庭教師にバイニング夫人【日】
ジュリエット・グレコ,実存主義者のマスコット的存在に【仏】
ビキニ,パリのファッションショーに登場【仏】
ストラップなしのブラジャー初登場【米】

花森安治 スタイル・ブック

花森安治,衣装研究所設立,「スタイル・ブック」を刊行【日】
名古屋の華僑,パチンコ(兵器用ベアリングをパチンコ玉に転用)開発,大人気【日】

E

アイスクリームの消費量27億リットル【米】
たばこの[ピース]発売【日】
松下電器,電気炊飯器発売【日】
国産スクーター「ラビット」発売【日】

サザエさん 長谷川町子 朝日新聞連載

長谷川町子[サザエさん]連載開始【日】
映画の入場券売上50億枚【米】
[アニーよ銃をとれ]初演(1147回公演)【米】
[はたちの青春](日本映画初のキスシーン)【日】
イブ・モンタン[枯葉]【仏】

デートのことや映画スターについての記事をもっとふやしてください。原子力に関する話は退屈で、ちっともおもしろくありません。
「セブンティーン」誌への投書

ヨーロッパ経済に網をかけるマーシャル・プラン、ヨーロッパ経済に背を向けるコミンフォルム。世界は二つの軍事と情報で真っ二つにされる。

1947
昭和22

冷たい戦争

1 01 中華民国が新憲法公布
19 初の総選挙で人民戦線派が圧勝(西側は不正選挙と非難)【波】
22 インド制憲議会が独立宣言(ムスリム派と国民会議派との衝突拡大)【印】
エジプト,英にスーダン回復を要求
24 デメトリオス・マクシモス内閣成立【希】
25 オランダ・インドネシア停戦協定成立
31 華北全土に戦闘が拡大【中】

2·1ゼネスト中止

31 マッカーサーの2·1ゼネスト中止声明【日】

2 01 デ・ガスペリ連立新内閣【伊】
20 インドへの政権委譲を発表【英】

3 04 英仏50カ年同盟(防衛協定)条約調印
10 ドイツをめぐる4カ国外相会議決裂(ソ連封じ込め失敗,米ソ冷戦へ)【米英仏ソ】

マーシャル・プラン

トルーマン・ドクトリン 反ソ反共自由主義

12 トルーマン・ドクトリン【米】
23 第1回全アジア会議【ニューデリー】
29 マダガスカルで反仏大暴動
民族解放スーダン運動の指導下に学生ストライキ開始【阿】

4 02 英,パレスチナ問題を国連起訴
労働基準法公布
09 ビルマ制憲議会選挙で反ファシスト人民自由連盟圧勝【ビルマ】
25 総選挙で社会党第1党に【日】

5 03 日本国憲法施行【日】
05 国連,パレスチナ調査委員会成立
11 ラオス王国で憲法公布
29 憲法制定議会「不可触民制」を廃止【印】

6 03 マウントバッテン計画公表(インド独立問題に決着)
05 マーシャル・プラン発表(反ソ欧州復興計画)【米】

7 12 マーシャル・プランに対抗してモロトフ・プラン成立(東欧諸国追随)
12 国府軍50万,解放地区への攻撃開始(全面的内戦の開始)【中】
26 国家安全保障法成立【米】

インド・パキスタン分離

8 15 インド連邦独立(パキスタン分離独立)

9 01 労働省設置(婦人少年局長に山川菊栄)【日】
02 リオ条約(米州相互援助条約)調印【米】
26 ニュージーランド独立【米】
国家安全保障法によりCIA,ペンタゴン設立【米】

コミンフォルム

ニュージーランド独立

10 05 コミンフォルム(欧州共産党・労働者党情報局)結成(米ソ対立)
10 中共軍,人民解放軍宣言発表【中】
20 ブラジルとチリ,ソ連と断交

カシミール紛争

27 カシミール戦争の発端【印】

パレスチナ三分割案

11 29 国連でパレスチナ3分割案可決(アラブ,ユダヤ,エルサレム)

12 03 ルーマニア人民共和国宣言
15 4カ国外相会議決裂で東西分裂へ【独】
22 改正民法公布(家父長制廃止)【日】

アメリカ イラン **軍事協定**

23 米・イラン軍事協定成立
23 共産党が臨時民主主義政府樹立【希】
30 国王退位,人民共和国樹立宣言【ルーマニア】

オートメーション

A エリコン社,100kwのガスタービン製作【瑞】
ルーベン小型軍用水銀乾電池を発表【米】
MITで作業手順の数値制御開発(54,工業化)【米】

ポラロイドカメラ

ポラロイドカメラ発表【米】
研究炉NRX臨界【加】
第1号原子炉GLEEP臨界【英】

B ブラッテン,バーディーン点接触形トランジスタを発明【米】
ピアス,フィールド進行波管を発明(広帯域増幅)【米】
C・ブースとキャスリーン・ブリテン,リレー式計算機ARC製作【英】
エッカートとモークリー,計算機UNIVAC製作開始(51,可動)【米】
ケンブリッジ大学でEDSAC開発(~49)【英】

C 列車電話設置(NY~ワシントン間)【米】
初の電信ゼネスト【米】
超短波FM方式を警察無線用として実験交信開始【日】
フォード・モーター社,実験部門オートメーション部門を設置【米】
トヨペットSA型乗用車の生産開始【日】
グッドリッチ社,チューブレスタイヤを製造【米】

弾道ミサイル 初飛行100キロ

弾道ミサイル初飛行(約100km)【米】
イェーガー大尉,ロケット動力研究機ベルXS-1で初の音速を超える(秘密試験飛行)【米】

音速脱出

高速ジェット爆撃機ボーイングB-47初飛行【米】
ロッキード社のP80R機,時速1000キロ【米】
TUGターボ・プロッポ超重爆撃機製作【ソ】

ミグ15戦闘機

ミグ-15戦闘機初飛行【ソ】
1700ドルで世界一周(パンナム世界1周航路を開業)【米】

D 国連,経済社会理事会とアジア極東経済委(ECAFE)を設置
ガット(関税,貿易に関する一般協定)に23カ国が調印

ガット 23カ国調印

ポンド圏を脱退【埃】
トルーマンが公務員200万人に「忠誠テスト」を実施【米】

CIA アメリカ中央情報局

CIA(中央情報局)議会で承認,モスクワ政府に対抗して活動開始【米】
炭鉱,通信,電力,鉄道の国有化【英】
三井物産,三菱商事にGHQの解散命令【日】
独占禁止法発布,公正取引委員会発足【日】
復興金融公庫が開業【日】

タフト=ハートレー法

タフト=ハートレー法成立(労組活動制限)【米】
世界労連第1回大会(60カ国)【チェコ】
世界の製品の1/2を供給(鉄鋼の57%,電気製品の43%,石油の62%,自動車の3/4)【米】
「大英産業フェア」「建築工業展」【英】

E 具仁會,楽喜化学創業(ラッキー・金星グループへと展開)【韓】
現代グループ前身,現代建設創設【韓】
初の「経済白書」【日】

任天堂・パイオニア

飛島建設設立,阪急百貨店設立,大和ハウス工業設立,第一屋製パン設立,青木建設設立,パイオニア設立,山水電気設立,ハウス食品工業設立,ゼネラル石油設立,任天堂設立【日】

サイモンが経営理論にシステム論を導入する。

1947

サイバネティックス問題

A

宇宙進化論

ワイツゼッカー,宇宙進化論【独】
アムバルツミアン,星のアソシエーション説【ソ】
シカゴ大学でジェットストリームの確認【米】
リビー,「原子時計」の開発(生物の考古学的年代決定)【米】

くりこみ理論 朝永振一郎 シュウィンガー

朝永振一郎【日】,シュウィンガー【米】各独立にくりこみ理論を提出
ローチェスターとバトラー,V粒子を発見【英】
渡辺慧『時間』【日】

ガボールのホログラフィー

◉ デニス・ガボール,波面再生法の原理発見(ホログラフィー)【英】
ホッホシルら,「ホモロジー代数」【米】
ノースロップ『科学と人間性の論理』【仏】

B

ポーリング『一般化学』【米】
アルバート,ヨルダン環の構造論【米】
バッタースン,種の分化に関する隔離の重要性を指摘(ショウジョウバエ研究)【米】

C

ピアジェ『知能の心理学』【瑞】
サリヴァン『現代精神医学の諸概念』【米】
ゴルトシュタイン『精神病理学から見た人間の本性』【独→米】
メダルト・ボス『性的錯乱』【瑞】
ルヌー『ベニーニ文典』【仏】
K・パイク『音韻論』【米】

D

サイモン経営行動

サミュエルソン『経済分析の基礎』,
ハーバート・サイモン『経営行動』,
L・R・クライン『ケインズ革命』【米】
宇野弘蔵『価値論』,大塚久雄『近代資本主義の系譜』【日】
マートン『社会理論と社会構造』
ソローキン『社会,文化および人格』【ソ→米】

マッキーヴァー『政府論』【英→米】
クラカウアー『カリガリからヒトラーへ』【独】
W・リップマン『冷たい戦争』【米】

実存主義かマルクス主義か

ルカーチ『実存主義かマルクス主義か』『若きヘーゲル』【洪】
ポンティ『ヒューマニズムとテロル』【仏】
カルナップ『意味と必然性』【米】
S・リュパスコ『論理と矛盾』【仏】
ホルクハイマー,アドルノ『啓蒙の弁証法』【独】

重力と恩寵

ヴェイユ『重力と恩寵』【仏】
サルトル『シチュアシオン』【仏】
ボーヴォワール『二義性のモラルのために』【仏】
ロバート・グレイヴス『白い女神』【英】
クレアンス・ブルックス『精巧な壺』【米】
フランセス・イエイツ『16cフランスのアカデミー』【英】
イッポリット『ヘーゲル精神現象学の生成と構造』【仏】
河上肇『自叙伝』,荒畑寒村『寒村自伝』【日】

E

死海文書

「死海文書」(紀元前の「イザヤ書」)発見【パレスチナ】
スティール,『ハムラビ法典』復元【英】

中村元 東洋人の思惟方法

中村元『東洋人の思惟方法』【日】
ブーバー『教育論』【墺】
ヘイエルダール,コンティキ号で太平洋横断【諾】
登呂遺跡の発掘開始【日】

システムとその敵

A

ヴァザルリ

ヴァザルリ【洪】,視覚芸術探求グループ組織【仏】

アルトゥング

アルトゥング【独→仏】,コンティ画廊で個展【P】
リュクサンブール画廊で「想像的なるもの展」開催【P】
フォンタナ「空間主義第1宣言」を発表【伊】
ニューマンとロスコ,色面絵画へ傾斜【米】
ポロック,ドリッピング技法を採用(オール・オーヴァ・ドリップ絵画)【米】
キースラー【墺→米】構成「第1回国際シュルレアリスム戦後展」
マディ・グループ結成【アルゼンチン】
ジャコメッティ作[指さす男]【仏】
マルロー『芸術心理学』(〜50)【仏】

B

日本アヴァンギャルド美術クラブ結成,第1回「日本アンデパンダン展」【日】

深水・魁夷

伊藤深水画[鏡],東山魁夷画[残照]【日】

C

ノイトラ【墺→米】設計[カウフマン邸],ライト【米】設計[ジョンソン・ワックス社実験棟]【米】
グロピウス【独→米】設計[ハーバード大学大学院センター],アアルト【芬】設計[MIT宿舎ホール](〜49)【米】
アルフレ・ロート『新建築』【瑞】
紀伊國屋書店竣工(戦後初の本格建築),今泉善一ら,新日本建築家集団(NAU)結成【日】
ファリーナ[チシタリア・クーペ](欧に流線型広まる)【伊】
ハンス・ウェグナーd[ピーコックチェア]
タッパーウェア社のポリエチレン製容器,「39セントの美術作品」と紹介される【米】

マグナム ブレッソン,キャパ シーモア

ブレッソン,キャパ,シーモアを中心に「マグナム」設立【米】
キャパ『ちょっとピンボケ』【洪】

D

ハリウッド赤狩り

リーン監[大いなる遺産]【英】
カルネ監[肉体の悪魔][海の牙][夜の門]【仏】
トーマス議員,ハリウッドの赤狩り開始(撮影所に特別審部設置,212人のブラックリスト)【米】
ヒッチコック監[断崖],フォード監[荒野の決闘],エリア・カザン監[紳士協定]【米】
ル・ロイ監[心の旅路]【米】
マクラレン監[灰色のめんどり](アニメーション)【加】
吉村公三郎監[安城家の舞踏会],山本薩夫,亀井文夫監[戦争と人間]【日】

E

テネシー・ウィリアムズ 欲望という名の電車

メノッティ曲[電話]【伊】

マリア・カラス

マリア・カラス,[ジョコンダ]で絶賛【米】
ギタリストのレス・ポール,多重録音開始
早坂文雄,清瀬保二ら,新作曲派協会設立【日】
T・ウィリアムズ『欲望という名の電車』上演【NY】
アヌイ『城への招待』【仏】
リビング・シアター結成【仏】
グラッシ,G・ストレーレルとともにピッコロ・テアトロ設立【ミラノ】
滝沢修,宇野重吉ら,芸術劇場(民芸)を結成,千田是也『演出演技ノート』,[肉体の門]上演(年間700回)【日】・尾上菊五郎『芸』【日】
M・マルソー[夜明け前の死](パントマイム)【仏】

青春回帰術

A

シュペルヴィエル

C・D・ルイス『詩的心像論』【英】
マルカム・ラウリー『活火山の下』,オーデン『不安の時代』【英】

日々の泡 ボリス・ヴィアン

ボリス・ヴィアン『日々の泡』【仏】
カミュ『ペスト』,キュルチス『夜の森』(ゴンクール賞),サラクルー『ルノワール群島』【仏】
シュペルヴィエル『夜に捧ぐ』【仏】
シャール『砕かれた詩』,クノー『文体練習』【仏】
マロッタ『ナポリの黄金』【伊】

47年グループ

H・リヒター,文学集団「47年グループ」結成【独】
カザック『流れの背後の都市』【独】
T・マン『ファウスト博士』【独】
A・ミラー『すべてわが子ら』,ミッチェナー『南太平洋物語』,バーンズ『画廊』,S・ルイス『血の宣言』,ラルフ・エリソン『見えない人』【米】
カザケーヴィチ『星』,ロマショーフ『偉大なる力』,エレンブルグ『あらし』【ソ】
クロソウスキー『わが隣人サド』【波】
オイドブ『道』【モンゴル】

B

ビルマの竪琴、斜陽 青い山脈、肉体の門

原民喜『夏の花』【日】
太宰治『斜陽』『ヴィヨンの妻』【日】
田村泰次郎『肉体の門』【日】
中野好夫『近代文学の運命』,花田清輝『錯乱の論理』,椎名麟三『深夜の酒宴』,丹羽文雄『厭がらせの年齢』,石坂洋次郎『青い山脈』【日】
竹山道雄『ビルマの竪琴』【日】
安西冬衛『韃靼海峡と蝶』【日】
中村草田男『来し方行方』【日】

石井桃子 ノンちゃん雲にのる

石井桃子『ノンちゃん雲にのる』【日】
中野重治,山本有三ら参議院議員に当選【日】

C

『プレザンス・アフリケーヌ』誌(ネグリチュード派の代表的散文作家出現)創刊
『文学界』『詩学』『小説新潮』創刊【日】
米大リーグワールドシリーズTV中継(スポンサー,フォードとジレット)【米】
「向こう三軒両隣り」「鐘の鳴る丘」連続放送劇,「二十の扉」放送開始,ラジオ聴取者600万人【日】

D

UFO目撃第1号

空飛ぶ円盤第1号目撃される【米】
日教組結成【日】
ベビーブーム,スタート【日】
スキャパレリ,バルーン・ボール(舞踏会)開催【仏】

ディオール

クリスチャン・ディオール第1回コレクションで「ニュールック」を発表【仏】
フレデリック・スターク,ロンドン・モデルハウスグループを結成【英】

モンロー ハリウッドデビュー

マリリン・モンロー,ハリウッドでデビュー【米】
100万円宝くじ発売(煙草5本つき)【日】

E

手塚治虫デビュー

レーセオン社,電子レンジ初の商品化【米】
手塚治虫デビュー『新宝島』,山川惣治『少年王者』【日】
ルイ・アームストロング,コンボ「オール・スターズ」結成【米】
笠置シズ子[東京ブギウギ]大ヒット,ディック・ミネ[夜霧のブルース]【日】
米大リーグに初の黒人選手(J・ロビンソンがドジャースと契約)【米】
古橋広之進,400m自由型で世界新【日】

私達は神経組織に主に興味がある。私達は神経活動を模倣する正確な電気模型をつくることができるだろう。
アラン・チューリング「知的機械」

シャノンの情報通信理論とウィナーのサイバネティクスが「フィードバックする情報」という基本原則を確立する。

「キンゼイ報告」と「暮しの手帖」。軽視されていた生活情報の大検討へ。

1948
昭和23

冷たい戦争

独立 ビルマ、セイロン カンボジア、イスラエル

1 04 ビルマ民主共和国独立宣言
26 帝銀事件【日】

ガンジー暗殺

30 ガンジー暗殺【印】
2 01 マラヤ連邦自治政府成立
04 セイロン独立
24 共産党無血クーデター【チェコ】
黄金海岸で大暴動【印】
3 06 西欧6カ国ロンドン会議最終コミュニケ(独西側占領地区の軍政終結合意)
10 外相マサリク,死体で発見【チェコ】
10 芦田内閣成立【日】
17 西欧連合成立(ブリュッセル条約調印)
25 東洋のマタハリ,川島芳子銃殺刑【中】

4 01 ベルリン封鎖はじまる【独】
03 米議会,対中援助法決議(マーシャル・プランによる対外援助法)【米】
チトー,ソ連の内政干渉拒絶【ユーゴ】
19 エニウェトク環礁でひそかに核実験【米】
30 20カ国のラテン・アメリカ諸国,米州機構(OAS)創設(反共ブロック)

中東戦争❶

5 14 イスラエル建国宣言(第1次中東戦争)(～49)
6 07 西独政府樹立決定(ロンドン協定調印)

ベルリン封鎖

ドイツ分断

24 ソ連とスペイン,ベルリン封鎖(交通路遮断),26 マーシャル【米】
生活物資をベルリンへ(西側大空輸作戦)
28 コミンフォルム,チトーらを追放【ユーゴ】

7 22 ニューファウンドランド住民投票(カナダとの合併決定)
8 15 大韓民国(李承晩大統領)成立宣言
25 平和擁護世界知識人会議開催【波】
9 05 労働党書記長ゴムルカ免職【波】
09 朝鮮民主主義人民共和国成立(首相金日成)
18 全学連結成大会【日】
20 パレスチナ,アラブ政府,ガザに成立(エジプト援助)

朝鮮 民主主義人民共和国

10 07 「昭電疑獄」事件の責任をとり芦田内閣総辞職【日】
11 英連邦首相会議開催

吉田内閣❷

19 第2次吉田内閣成立【日】
24 中国人民解放軍,済南を占領【中】

東京裁判 東條英機ら7人絞首刑

11 02 東條英機ら7人に絞首刑(東京裁判判決)【日】
07 淮海戦役で国民党軍57万人撃滅【中】
30 アラブ軍とイスラエル軍が停戦協定に調印【エルサレム】
12 06 「日本を対共産主義の防壁に」(陸軍長官ロイヤル演説)【米】
10 国連総会,世界人権宣言採択
16 カンボジア独立宣言
17 国連がイスラエルの加入要請を拒否
18 首相ヌクラシ・パシャ暗殺【埃】
カメルーン人民同盟結成
国民党,アパルトヘイト政権成立【南ア】
統一労働党結成【波】

鉄 アメリカが世界の五二%

電子力と原子力

トランジスタ

シャノン情報通信理論

A 倉敷絹織「ビニロン」と命名(合成繊維第1号)【日】

クロール法チタン

クロール法によるチタンの量産を開始(デュポン社)【米】
J・パーソンズ,自動反復工作機械の開発開始(数値制御工作機械の原型)【米】
ロバート・ラールセン,中深度トロール完成【丁】
原子力委ANLで放射性物質取り扱い用マニピュレーター開発【米】
細菌兵器および放射能兵器の量産化を発表【米】
第1号原子炉EL-1臨界【仏】
スキャナグレーバー(電子製版)開発【米】
コロンビア社,33回転レコード発表【米】
ハッセルブラッド1600F型カメラ【典】

セロテープ ニチバン開発

ニチバンが「セロテープ」発売【日】

B ベル研究所のショックレー,ブラッタンら,ゲルマニウムを用いたトランジスタを発表(電子材料革命はじまる)【米】
ワインハールデン,ARRA計算機製作(～51)【蘭】

C RCAおよびベル電話研究所「成長波管の研究」【米】
シャノン,情報理論を提唱(『通信の数学的理論』)【米】
マイクロ波通信方式の研究開始【日】
AEC社,リーガルIV系列の床下機関バスの生産開始【英】
ポルシェ【墺】,仏でルノー4CV設計
潜水艦用原子力機関を研究(ウェスティングハウス社)【米】
A・ピカールら,バチスカーフ(深海潜水艇)FNRSIIの潜水実験開始【瑞】
米空軍援助によるランド・コーポレーション(シンクタンクの原型),人工衛星システム開発【米】
デ・ハビランド08型ジェット機,超音速を記録【英】
レーダー算定の高射砲を製作【ソ】

D 欧州経済協力機構(OEEC)結成
ガット,ベネルクス関税同盟発足
アルバニア・ユーゴ経済関係断絶
米陸軍ドレーパー報告書発表(賠償緩和,対日経済援助勧告)
米,西欧諸国に120億ドルの経済復興援助(マーシャル・プラン)
通貨改革(ライヒスマルクからドイツマルクへの切り替え)【独】
GHQ,経済安定9原則【日】
信託会社が信託銀行に【日】

主婦連 奥むめお会長

主婦連結成(会長奥むめお)【日】
コンゴ(ベルギー領)でウラン鉱発見
「ゆりかごから墓場まで」の社会保障制度が実現【英】
全アメリカ大陸労働者総同盟(CITT)【米】
国連世界保健機関(WHO)発足

E 李秉喆,三星物産創設(三星グループに拡大)【韓】

本田技研・日清食品

長崎屋,新東宝,東洋水産,立石電気,山崎製パン,伊藤ハム,ロッテ,プリマハム,本田技研工業,日清食品,神崎製紙,三和シャッター工業,カルピス食品工業設立【日】

1948

サイバネティックス問題

A

定常宇宙論 フレッド・ホイル

フレッド・ホイル,定常宇宙論提出【英】
パロマ山天文台(口径200インチ反射望遠鏡の完成)【豪】
ボルトン【豪】とライル【英】,電波星を発見
ネール,フェリ磁性の理論を提出【仏】
ガードナーらシンクロトロンによるπ中間子の人工的創製【米】
メイヤー,原子核の殻模型を提唱【独→米】
ディユドネ『古典群について』【仏】

渡辺慧 時間論 場の古典論

渡辺慧『場の古典論』【日】
ゲーデル『連続体仮説の整合性証明』【チェコ・米】
北川敏男『統計学の認識』【日】
ウィナー『サイバネティクス』【米】

サイバネティクス ウィナー アシュビー

B

リッケら,肝臓からビタミンB12を抽出【米】
ダガー,オーレオマイシンを発見【米】
バークホルダーら,クロロマイセチンを発見【米】
ナッハマンゾーン,アセチルコリン説提唱【米】
農業科学アカデミーでルイセンコ学説承認【ソ】
キース『人類進化の新理論』【英】
ロス・アシュビー『脳のための設計』論文発表(ホメオスタット)【米】

ヒクソン・シンポ

「行動における大脳の機構」(ヒクソン・シンポジウム)
ドマック,コンテーベン(結核治療剤)を報告【独】

C

ユング,チューリヒにユング派の分析研究所開設【瑞】
グルーレ『了解心理学』【独】
トルーマン『ネズミおよび人間の認知地図』【米】

石田英一郎 文化人類学

石田英一郎『河童駒引考』【日】
マリノフスキー『呪術・科学・宗教』(没後出版)【波・英】
ロウィー『社会組織』【墺→米】
江上波夫『ユーラシア古代北方文化』【日】
川島武宜『日本社会の家権的構成』【日】
デヴィット・ディリンジャー『アルファベット』【米】

D

サミュエルソン 経済分析

ハイエク『個人主義と経済秩序』【英】
サミュエルソン『経済学』【米】
ホフスタッター『財産権,経済的個人主義,競争の価値に対する信条』【米】
リリー『人間と機械の歴史』【英】
飯塚浩二『比較文化論』【日】
清水幾太郎『社会学講義』【日】
マードック『社会構造』【米】
H・D・ラスウェル『権力と人間』【米】
ブラッケット『原子力の軍事的,政治的意義』【英】
チャーチル『第2次世界大戦回想録』【英】
グラムシ『獄中ノート』編集刊行(〜51)【伊】

ホグベン コミュニケーションの歴史

ホグベン『コミュニケーションの歴史』【英】
B・ラッセル『人間の知識』【英】
メルロ・ポンティ『意味と無意味』【仏】
F・G・ユンガー『東洋と西洋』【独】

E

R・K・ブルトマン『新約聖書神学』(〜53)【独】
ウスペンスキー『超宇宙論』【ソ】
伊藤真乗,真如苑開教【日】
最高裁,公立学校の宗教教育に違憲判決【米】
斎藤秀雄ら,子供音楽教室(英才教室)【日】

方法の自由へ

A

原生芸術協会 コブラ・グループ

ジョルジュ・マチュー,アンデ画廊で[H・W・P・S・T・B]展,「白と黒」展組織【P】
アルゲル・ヨルンら(デンマーク,ベルギー,オランダの画家)コブラ・グループ結成【P】
デュビュッフェ,ブルトン,ジャン・ポーラン,タピエらアール・ブリュット(原生芸術協会)設立【仏】
マティス画[赤い室内]【仏】
ゴーキー自殺【仏】
フォンタナ,カポグロッシら具体芸術運動MAC結成【伊】
デ・クーニング初個展【NY】
ワイエス画[クリスティーナの世界]【米】
マザウェル,ロスコら美術学校「芸術の課題」を開設,マザウェル[スペイン共和国のための哀歌]連作開始【西】
ゼードルマイヤー『中心の喪失』【墺】
エドマンド・ホイタッカー『空間と精神』【英】

B

福沢一郎画[敗戦群像]【日】
岡本太郎,花田清輝らと「夜の会」結成【日】
八木一夫ら,走泥社結成【日】
毎日新聞社,全国書道展開始【日】

美術手帖

「美術手帖」「毎日グラフ」創刊【日】

C

ニコラ・シェフール 空間力学

ニコラ・シェフール,「空間力学」(スパティオディナミズム)表明【洪】
ライト設計[フリードマン邸]【米】
ノイトラ設計[トレメイン邸]【LA】
ピエトロ・ベルスキ設計[貯蓄貸付ビル]【米】
ネルヴィ設計[トリノの展示場]【伊】
フィジーニ,ルイージ,ポツリーニ,ジーノ設計[オリベッティ本社](〜50)【伊】
ブルーノ・ゼヴィ『建築の空間的解釈』【伊】
ギーディオン『機械化の文化史』【瑞】
オットー・ノイラート,「国際絵ことば」にアイソタイプ駆使【墺】
「アートディレクション」創刊【米】
「ブンテ・イルストリーテ」創刊【独】

ユージン・スミス

ユージン・スミスp[いなかの医者]【米】
ハリー・キャラハンp[空を背景にしたガマ]
レナード・マッコム,フォト・エッセイ[グウィンド・フィリングの私生活](「ライフ」)【米】
アレクサンドル・アストリュック「新しい前衛の誕生,カメラ=万年筆論」【仏】
入江泰吉p「仏像」展【日】

D

黒澤明

リーン監[逢いびき]【英】
ザ・サンテュス監[にがい米],デ・シーカ監[自転車泥棒]【伊】
東宝争議,映画界の組合運動の活発化【日】
黒澤明監[酔いどれ天使]【日】
溝口健二監[夜の女たち]【日】

E

メシアン曲[トゥランガリラの交響曲]【仏】
ブーレーズ曲[水の太陽]【仏】

カラヤン ウィーン・フィルから楽友協会へ

カラヤン,ウィーン楽友協会の指揮者に【墺】
カール・オルフ曲[賢い女]【独】
ブレヒト,ベルリナ・アンサンブル創設【独】

ぶどうの会 山本安英 木下順二

山本安英,木下順二らのぶどうの会,「彦市ばなし」上演【日】
渋谷天外,曾我廼家十郎ら松竹新喜劇結成【日】
尾上菊五郎『おどり』【日】

六代目 菊五郎

青春回復術

A

カポーティとメイラー

M・ニコルソン『月世界への旅』【米】
ミッシェル・レリス『ゲームの規則』
カイヨワ『文学の思い上がり』【仏】
ジュネの終身禁固,コクトー,サルトルらの運動で大統領特赦に【仏】
エルヴェ・バザン『蝮を手にして』【仏】
イヨネスコ『禿の女歌手』【仏】

非Aシリーズ

ヴァン・ヴォークト『非Aシリーズ』開始【仏】
ウンガレッティ『苦悩』【伊】
アングーロ『病院』【西】
ケラーマン『死の舞踏』,ノサック『死神とのインタビュー』,バールラッハ『盗まれた月』,カフカ『日記』【独】
エルンスト・ローベルト・クルティウス『ヨーロッパ文学とラテン中世』【独】
ラックスネス『原爆基地』【愛】,アクノーン『海の真中で』【イスラエル】
カポーティ『遠い声,遠い部屋』『最後のドアを閉ざせ』(オー・ヘンリー賞受賞)【米】
I・ショー『若い獅子たち』【米】
ノーマン・メイラー『裸者と死者』【米】
エズラ・パウンド[ピサ詩編]【米】
フェージン『異常な夏』【ソ】
丁玲『太陽は桑乾河を照らす』【中】
艾蕪『山野』『我的青年時代』【中】

B

大岡昇平『俘虜記』,野間宏『崩壊感覚』【日】
太宰治『人間失格』,自殺【日】
大佛次郎『帰郷』,椎名麟三『永遠なる序章』,駒田信二『脱出』,福永武彦『風土』,中山義秀『テニヤンの末日』【日】

マチネ・ポエティック 福永武彦・堀田善衛・中村真一郎

福永武彦,中村真一郎ら『マチネ・ポエティック詩集』【日】
稲垣足穂『ヰタ・マキニカリス』【日】
吉田一穂『黒潮回帰』【日】
伊藤整『小説の方法』
中村光夫『笑ひの喪失』
正宗白鳥『自然主義盛衰史』【日】

足穂・一穂

天狼 山口誓子・永田耕衣 西東三鬼

山口誓子,西東三鬼,永田耕衣,「天狼」創刊,三鬼『夜の桃』【日】
大田洋子『屍の街』(被爆体験小説)【日】
◉「近代文学」と「新日本文学会」対立【日】
国立国語研究所設置(西尾実所長)【日】

C

第1回NHKのど自慢コンクール【日】
NHK放送文化研究所「世論調査」実施【日】
ダブルディ書房『メイド・イン・アメリカ』【米】
「人民日報」創刊【中】

暮しの手帖 花森安治編集長

「暮しの手帖」創刊【日】
国立国会図書館設立【日】

D

キンゼイ報告

キンゼイ報告『ヒトの性行動・女性編』【米】,沢田美喜,エリザベス・サンダース・ホームを開設【日】
「母子手帳」配布開始【日】
ディオール,ジグザグライン発表【仏】

E

マイルス・デイビス

テープレコーダがはじめて発売【米】
マイルス・デイビス9重奏団,実験的ジャズを追求(クール・ジャズの誕生)【米】
[テネシーワルツ]ヒット【米】・[憧れのハワイ航路][異国の丘]ヒット【日】
美空ひばりが11歳でデビュー【日】
ロンドン・オリンピック開催【英】

一七世紀、一八世紀前半は時計仕掛けの時代、一八世紀後半と一九世紀は蒸気機関の時代、そして現代は通信と制御の時代だ。
ノバート・ウィナー

BC 6000以前 / BC 6000 / BC 2200 / BC 1200 / BC 600 / BC 300 / 0 / 300 / 600 / 800 / 1000 / 1200 / 1300 / 1400 / 1500 / 1600 / 1650 / 1700 / 1760 / 1810 / 1840 / 1860 / 1880 / 1890 / 1900 / 1910 / 1920 / 1930 / 1940 / 1950 / 1960 / 1970 / 1980

ニコラ・シェフールとフォンタナによる空間の拡張。
そろそろモダンとしての空間が窮屈になってきた。

残された哲学が〝女性〟にこそ潜んでいることを、
ミードとボーヴォワールが言葉を尽くして主張する。

1949
昭和24

アイルランド独立
ドイツ東西分割体制確立

反共国際政治

NATO
下山・松川
三鷹事件
中華人民共和国

1 01 インドとパキスタン,カシミール停戦
05 トルーマンが一般教書でフェア・ディール宣言【米】
南ア連邦,南西アフリカを事実上併合
06 国連総会,中国内戦へ不介入決議
14 毛沢東,和平8条件を提示【中】
20 ネルー主催,アジア19カ国会議開催(オランダのインドネシア侵略非難)
31 人民解放軍,北平(北京)に正式入城【中】
2 16 第3次吉田内閣成立【日】
24 イスラエル・エジプト休戦協定調印(イスラエル領25%拡大)

ドッジ・ライン

3 07 ドッジ・ライン公表【米】
08 仏,ベトナムのバオ・ダイ政権の成立承認
30 シリア軍部クーデター(以後政情不安)【シリア】

4 04 NATO(北大西洋条約機構)結成(8月発効)
18 アイルランド共和国正式発足
20 第1回世界平和擁護者大会(~26)【P・プラハ】
23 ドイツ連邦共和国(西独)成立,東西分割体制確立へ
23 人民解放軍,南京を無血占領【中】
5 11 イスラエル国連加盟
15 総選挙で人民独立戦線圧勝【洪】
23 ドイツ連邦共和国が正式発足【西独】
27 人民解放軍,上海占領【中】
6 01 キレナイカ自治独立政府の独立宣言【北阿】
14 ベトナム共和国成立
23 イランとイラクが相互友好援助協定調印
27 韓国駐留米軍が撤退完了

7 04「日本は共産主義東進阻止の防壁」とマッカーサー演説【米】
05 下山事件(国鉄総裁変死)【日】
15 三鷹事件(共産党員ら次々逮捕)【日】
18 アパルトヘイト(人種間通婚禁止法)の犠牲者でる【南ア】
19 トルーマン大統領がフリーメーソンの大会で反共十字軍の呼びかけ【米】
22 共産党取締法が承認される【米】
8 10 国家安全保障法改正【米】
10 王政復活【白】
15 人民共和国を宣言【洪】
17 松川事件【日】
26 シャウプ使節団が税制改革案を発表【日】

アデナウアー

9 15 首相にアデナウアー選出【西独】
25 タス通信,ソ連の原爆実験を発表

10 01 中華人民共和国成立,主席に毛沢東【中】
07 ドイツ民主共和国成立【東独】
11 02 オランダとハーグ協定に調印【インドネシア】
ソ連,東独の軍政を廃止
12 07 国府,台北に遷都【台湾】
08 パレスチナ難民のための国連難民救済事業機関(UNRWA)設置
12 イスラエル,エルサレムを首都と宣言
16 英国会法成立【英】
16 毛沢東のソ連訪問(中ソ会談開始)

インドネシア独立

27 インドネシア連邦共和国独立(大統領にスカルノ)
トルーマン,水爆装置製造命令(対ソ核優位保持の核競争開始)【米】
共産党,スターリン主義的粛清開始【チェコ】
東京都人口601万人(世界第4位)【日】

電子力と原子力

コメコン
通産省

A 東洋レーヨン,ナイロンの本格的生産開始【日】
ヴァン・アレン,「ロクーン」あるいはロケット気球を設計【米】
標準局,初の原子時計【米】
インタータイプ社,写真植字機開発【NY】
日本工業規格JISの制定に着手【日】
5MWの公開実験用発電炉の建設開始【ソ】
カースト,ベータトロンの実用化【米】
クルチャトフ,ソ連初の原子爆弾の開発【ソ】
副腎皮質ホルモンACTH合成

B ショックレー,接合型のトランジスタを発明(コンピュータの小型化の礎)【米】
マンチェスター大学でプログラム内蔵方式のコンピュータ「マンチェスター・マーク1」完成【米】
ノイマンの発案でENIACを使いπを計算(たちまち2035桁)【米】
ケンブリッジ大学でプログラム内蔵方式のEDSAC完成【英】

ハートリー計算機械論

ハートリー『計算機械』【米】

C オレゴン州で共同アンテナ設置,再送信サービス開始【米】
司法省の第1回対AT&T反独禁法訴訟【米】
逓信省が郵政省と電通省とに分離【日】
ビュイック,ハードトップ車発売【米】
GM社のシボレー車,1年間で110万台突破【米】
ポルシェ【墺】,スポーツカーを発表【独】
フォルクスワーゲン車,米に輸出【独】
本多宗一郎,ホンダオートバイを売り出す【日】
ミシュラン社,最初のラジアル・タイヤ
東京都内のハイヤー,タクシー業者40社【日】
日本国有鉄道発足(初代総裁下山定則)【日】
B50爆撃機,無着陸で世界1周【米】
初のジェット旅客機コメット飛行【英】
ワック,コーポラル2段ロケット高度4万km(宇宙圏)に到達【米】

D 対共産圏輸出統制委員会(COCOM)創設
コメコン経済相互援助会議結成(ソ連と東欧5カ国が西側経済ブロックに対抗)
ベネルクス3国,経済統合協定に調印

ドル高ポンド安

ドル高でポンド30%切り下げ【英】
GHQが1ドル360円の単一為替レートを設定【日】
米政府,対日中間賠償打ち切り
外国為替および外国貿易管理法公布【日】
通商産業省発足(輸出振興へ拍車)【日】
東京証券取引所設置,大阪証券取引所設置【日】
国際自由労働組合連合(CIFTU)結成
米英などの労組が世界労連を脱退
スーダン労働組合連合結成(18万人)
炭鉱国有化要求スト【豪】
ロンドン港湾スト拡大で非常事態宣言【英】

首切り(日) 企業43万 官庁42万

民間企業43万人首切り,官庁42万人人員整理【日】
オペレーション・リサーチやシステム理論を産業界導入【欧米】
鉄鋼産業の国有化【英】
鉄鋼大手各社,米の技術者による技術指導を受ける(日米鉄鋼技術の米型化スタート)【日】

E **伊藤忠・丸紅**

デサント,森永乳業,日本ハム,住友金属工業,王子製紙,十条製紙,本州製紙,愛知トマト(カゴメ),山武ハネウエル,三機工学,トーヨーサッシ,朝日麦酒,サッポロビール,和江商事(ワコール),沖電気工業,伊藤忠商事,丸紅,住友不動産,日本電気設立【日】

1949

サイバネティックス問題

A

バーデ,小惑星イカルスを発見【米】

非局所場理論 湯川秀樹

湯川秀樹「非局所場理論」を提出【日】
パウリとヴィラール,「レギュレーターの理論」を提出【瑞】
パウエル【英】,アンダーソン【米】ら,新粒子(Λ,Σ,Ξ,κ),メーヤー【米】,イェンゼン【独】,各独立に原子核構造論提出
ハイゼンベルグ「中間子多重発生の乱流理論」提出【独】,ボルン「原因と偶然の自然哲学」【英】
朝永振一郎「量子力学的世界像」【日】
ウィルダー「多様体の位相幾何」【米】

小平邦彦 アメリカに頭脳流出

小平邦彦,プリンストン高等研究所の招きで渡米(頭脳流出開始)【日】
チューリング,「ラシオ・クラブ」開始【英】
ホジキンとカッツ,神経興奮におけるナトリウム仮説提唱【英】

ホジキン

B

レブストックら,クロロマイセチンの構造決定と合成【米】

統一性原理 ランスロット・ホワイト

ランスロット・ホワイト「生物学と物理学の統一理論」【英】
ローレンツ「ソロモンの指輪」【英】
ベルタランフィ「自然と科学における生命の位置」【墺】

C

ジャック・ラカン

J・ラカン「「わたし」の機能を形成するものとしての鏡像段階」【仏】
G・ライル「心の概念」【英】
ラザースフェルドら,「第二次大戦における社会心理学の諸研究」(〜50)【英】,南博「社会心理学」【日】
M・ミード「男性と女性」【米】
E・ノイマン「意識の起源史」【イスラエル】,P・ペリオ「蒙古秘史」【仏】
レヴィ=ストロース「親族の基本構造」(構造人類学)【仏】
イェンゼン「一つの初期文化の宗教的世界像」(殺された女神)【独】
クラックホーン「人間のための鏡」【米】

マードック 比較民族学

G・マードック「社会構造」【米】
E・サピア「言語・文化・パーソナリティ-サピア言語文化論集」【独→米】

レヴィ=ストロース

男と女 ミード男性と女性 ボーヴォワール第2の性

D

ヤスパース「歴史の起源と目標」【独】,R・K・マートン「社会理論と社会構造」【米】
ケーニッヒ「現代の社会学」【独】
アレン「原子力と社会」【米】
L・ホワイト「文化の科学」【米】
小田切秀雄「共産主義的人間」【日】
山川均「階級闘争の追放」,福武直「日本農村の社会的性格」【日】
ベルジャーエフ「自己認識,哲学的自叙伝の試み」【ソ】
ジョルジュ・プーレ「人間的時間の研究」【仏】
ボーヴォワール「第二の性」【仏】

E

ティヤール・ド・シャルダン「自然のなかの人間の位置」【仏】
エリアーデ「永遠回帰の神話」【ルーマニア】
ローマ教皇庁,「共産主義は破門」布告
チャレンジャー8世号,世界1周海洋調査【英】
カリフォルニア大学,非共産主義者誓約【米】
各地に新制大学スタート【日】

方法の自由へ

A

コブラ・グループ,第1回国際実験芸術展開催【蘭】
リオペル,ドッセ画廊で個展【加→P】

スーラージュ

スーラージュ,コンティ画廊で初個展【P】
アルバース「正方形へのオマージュ」シリーズの製作を開始【蘭】
バルテュス画[地中海の猫]【仏】
カポグロッシ「独特の記号を使った作品」製作開始【伊】
フォンタナ,ブラックライトをつけただけの部屋を発表,「黒の環境」展(ナヴィリオ画廊)【伊】
アルプ作[雲の牧人](〜53)【独→仏】
ケネス・クラーク「風景画論」【英】
D・フライ「比較芸術学基礎論」【英】

フォンタナ

B

香月泰男画[埋葬],鶴岡政男画[重い手]【日】
「世紀の会」発足,読売アンデパンダン展【日】
西川寧,松井如流編集「書品」創刊【日】

墨人会 井上有一 森田子龍

井上有一,森田子龍ら,墨人会結成【日】
東京芸術大学設立【日】

C

フラー,ジオデシック・ドームを開発【米】

キースラー 彫刻的建築

キースラー[エンドレス・ハウス・プラン](〜60)【墺→米】
フィリップ・ジョンソン設計[ガラスの家]【米】
チャールズ・イームズ設計[サンタ・モニカの自邸宅]【米】
ロバート・マシューら,LCCの建築家グループ設計[ロイヤル・フェスティバル・ホール]【L】
丹下健三,広島平和記念公園のアーチ計画【日】
スタインベルク画[生活術]【米】
ペヴスナー「モダン・デザインの展開-モリスからグロピウスへ」【独】
スミスp[ドクター・アルバート・シュヴァイツァー]【米】
ケペシュp[リズムに関する光の研究]【洪】
アーヒン・シスキンドp[はげたペンキ]【米】

フィリップ・ジョンソン

スタインベルク

D

フォード監[黄色いリボン]【米】

第三の男

C・リード監督[第三の男]【英】
クルーゾー監[情婦マノン],ルノワール監[大いなる幻影]【仏】
今井正監[青い山脈],小津安二郎監[晩春],黒澤明監[野良犬]【日】

E

メシアン曲[音価と強度のモード](ミュージック・セリエルのはじまり)【仏】
カール・オルフ曲[アンティゴネ]【独】
フランク・マルタン曲[7つの管楽器と弦楽とティンパニーのための協奏曲]【瑞】
プロコフィエフ曲バレエ音楽[石の花]【ソ】
ジョン・ケージ,プリペアード・ピアノのための[ソナタとインタールード]作曲【米】
ブルーメを中心に「歴史と現代の音楽」出版開始【独】
アドルノ「新しい音楽の哲学」【独】
リー・ストラスバーグ,アクターズ・スタジオの演技ディレクターとなる【米】

セールスマンの死

A・ミラー「セールスマンの死」初演(ピューリッツァー賞受賞)【NY】
前進座の河原崎長十郎ら69人が共産党へ集団入党【日】
山本安英「夕鶴」(木下順二作)初上演【日】

青春回復術

A

ボーエン「日ざかり」,モーガン「河の線」,フライ「焚刑無用」,モーム「作家の手帖」,カンファト「欠けたるものなし」【英】
G・グリーン「第三の男」【英】

1984年 オーウェル 62カ国翻訳

オーウェル「1984年」(62カ国翻訳,1500万部)【英】
ジュネ「泥棒日記」,アラゴン「レ・コミュニスト」,サロート「見知らぬ男の肖像」,ブランショ「至高」「炎の文学」,メルル「ズュイコートの週末」(ゴンクール賞)【仏】
ミショー「襞の中の人生」【仏】
ハウプトマン「アトレウス一族四部作」【独】
ヤーン「岸辺なき流れ」,アンドレース「深淵の獣」(「大洪水」第1部),カザック「織機」【独】
ベルゲングリューン「火のしるし」,E・ユンガー「ヘリオポリス」,A・シュミット「レヴィアータン」(科学文学アカデミー文学賞)【独】
ヤンソン「楽しいムーミン一家」【芬】
ヴァイタル「慰安の季節」,ボールズ「極地の空」,H・ミラー「セクサス」【米】
チャンドラー「かわいい女」【米】
ネルソン・オルグレン「黄金の腕をもつ男」(大ベストセラー)【米】
フレドリック・ブラウン「発狂した宇宙」【米】
ボルヘス「アレフ」【アルゼンチン】
趙樹理「登記」,老舎「方珍珠」【中】
「人民戯劇」創刊【中】

ミショー

B

本多秋五「小林秀雄論」【日】
由起しげ子「本の話」(再開後第1回芥川賞受賞)【日】
金子光晴「女たちへのエレジー」【日】
大佛次郎「宗方姉妹」,井伏鱒二「本日休診」,林芙美子「浮雲」【日】

仮面の告白 三島由紀夫ブームに

三島由紀夫「仮面の告白」,谷崎潤一郎「少将滋幹の母」,田宮寅彦「足摺岬」【日】
戦没学生記念会「きけわだつみのこえ」【日】
「現代日本小説体系」(全63巻,河出書房)刊行開始【日】

死よ驕るなかれ きけわだつみのこえ

C

ガンサー「死よ,驕るなかれ」ベストセラー【米】
自由欧州放送がミュンヘンから共産圏へニュース報道開始【独】
ルイ・アラゴン「レットル・フランセーズ」誌編集長に【仏】
「スポーツニッポン」創刊【日】
NHK「私は誰でしょう」「とんち教室」開始【日】

私は誰でしょう とんち教室

D

生活苦と失業で自殺,心中増【日】
優生保護法改正により妊娠中絶公認【日】
酒類が自由販売【日】

パチンコ出現 名機正村

パチンコ台「正村」登場【日】
「少年少女冒険王」,「おもしろブック」創刊(あんみつ姫登場)【日】
ヒロポン禍広がる【日】
ロングスカート,ショートカットの流行【日】

ドレスメーキング

「アメリカン・スタイル全集」創刊(12万部のベストセラーに),「ドレスメーキング」創刊【日】

E

冷凍濃縮オレンジジュース売上急増【米】
RCAビクター,45回転ドーナツ盤と専用プレイヤー発表(爆発的に売れる)【米】
世界初のLPレコード・カタログ発行【米】
ミュージカル[南太平洋]【米】
プロ野球2リーグ分裂【日】
[青い山脈][銀座カンカン娘],美空ひばり[悲しき口笛]大ヒット【日】

我々には経験がなかったので、経済建設の面ではソ連をまねるほかなかった。
毛沢東

欲望の開発
1950〜1959

共産主義の猛威を恐怖して、レッドパージが逆猛威をふるう。
時代はいまだイデオロギーの中にある。

アイメルトとイヨネスコが、音楽と演劇をひっくりかえす。

福田恒存と黒澤明と田中千代、一九五〇年の代表的日本人。

1950
昭和25

反共国際政治

マッカーシー旋風

1 01 マッカーサー,日本の再軍備を示唆【日】
06 コミンフォルム,野坂参三の平和革命論を批判
14 ベトナム民主共和国独立宣言
26 インドに新憲法,共和国発足
27 NATO加盟国と相互安全保障協定【米】
29 南アフリカで反アパルトヘイト暴動
31 人民解放軍総司令部が中国本土の解放宣言(チベットを除く)
31 トルーマン,原子力委に水爆製造を命令【米】

2 09 マッカーシー旋風はじまる【米】
14 中ソ友好同盟相互援助条約調印【モスクワ】
27 インドシナ戦争へのアメリカの軍事援助を正式要請【仏】

3 01 蔣介石,国府総統に復帰【台湾】
02 ネルー首相,「いかなるかたちの同盟にも不参加」と言明【印】

ストックホルム・アピール 世界的原爆禁止運動へ

19 原爆禁止のストックホルム・アピール採択
29 フクバラハップ団が人民解放軍と改称,大攻勢を開始【比】
31 対外援助法の成立【米】

朝鮮戦争発勃

ダレス登場

4 06 ダレス,米国務長官特別顧問に就任【米】
24 エルサレムのアラブ人地域,ヨルダンに併合

5 03 吉田茂,南原東大総長の全面講和論を曲学阿世と非難【日】
14 トルコ総選挙で民主党初勝利,メンデレス首相選出【土】
25 対インドシナ経済援助開始【米】

アラブ集団安保

6 17 アラブ集団安全保障条約調印
25 朝鮮戦争勃発
28 北朝鮮軍,ソウルに突入占領

7 17 南ア連邦で共産党弾圧法成立
25 国連軍総司令部設置【東京】

8 06 インドシナ戦争深刻化
10 警察予備隊令公布,即日施行【日】

パテト・ラオ政府 ラオス抗戦政府

13 パテト・ラオ抗戦政府の樹立【ラオス】
30 アデナウアー首相,西独再軍備案を提出

9 09 単一共和国の初代内閣誕生【インドネシア】
16 ホー・チ・ミン軍,ドンケーの仏軍陣地攻撃
21 第2次シャウプ勧告【日】
共産主義者,公職追放【瑞】

10 11 解放軍がチベットに進軍開始【中】
17 タイと軍事協定調印【米】
25 中国人民義勇軍,朝鮮戦線へ出動
29 仏軍,インドシナのラオカイから撤退

11 02 エジプトの反英運動高揚
08 ラサにチベット新共政権樹立【中】
16 第2回平和擁護者大会(平和評議会を設立)
24 対日講和7原則発表【米】
30 「中国軍に対し原爆使用を考慮中」(トルーマン発言)【米】

12 05 北朝鮮中共軍,平壌を奪回

池田勇人 貧乏人は麦を食え

07 「貧乏人は麦を食え」発言(池田蔵相)【日】
16 国家非常事態宣言(朝鮮戦争)【米】
18 NATO理事会,北大西洋軍創設を決定
20 米と相互防衛援助協定【パキスタン】
21 インドシナ・バオダイ政権と相互防衛援助協定調印【米仏】
28 ユーゴとチェコ,国交回復

電子力と原子力

A
顕微ジグボーラ製作(ライツ社)【独】
チタンの真空溶解法開発【米】
R・N・ホール,合金法によるpn接合でゲルマニウム・ダイオード製造【米】
ティール,J・リトル,チョクラルスキー法によるゲルマニウム結晶育成に成功【米】
除草剤2・4-Dの製造開始(石原産業)【日】

B

UNIVAC エッカート レミントン・ランド
EDVAC フォン・ノイマン案 ペンシルベニア大

エッカート,世界初の商用コンピュータUNIVAC1開発(レミントン・ランド社)【米】
エッカートとモークリー,BINAC開発【米】
フォン・ノイマン構想のEDVAC完成(ペンシルベニア大ムーア電気工学科)【米】
国立物理学研究所でACE完成【英】
マックス・プランク研究所,GI開発開始【独】
コアメモリを実用化(MIT)【米】
3色カラー受像管を開発(RCA)【米】
三田繁,電子管式計算機設計(東芝)【日】
リレー式統計分類集計機完成(富士通)【日】
日本初のテープレコーダー発売(東京通信工業,のちのソニー)【日】

C
エアコール社,無線呼び出し営業開始【米】
移動用FM無線機の実用化開始(国家警察,国鉄など)【日】
電波3法公布【日】
ジェット戦闘機,大西洋無着陸横断【米】
アイドルワイド空港完成(コントロールタワーに全情報集中)【NY】
運輸省に運輸技術研究所設置【日】

つばめとはと 特急スタート

東京・大阪間に特急「つばめ」「はと」の運転開始【日】

シューマン・プラン

D
シューマン・プラン発表,防衛生産法で国内経済統制,AFL800万人,CIO600万人【米】

失業200万(独)

失業者,200万人を突破【独】
ロンドンで港湾スト【英】
コロンボ計画(英連邦の技術協力組織)設定決定
労働者自由管理法制定,自主管理導入【ユーゴ】
DVC計画(ダモダール河流域開発計画),軌道にのる【印】
土地改革法制定(封建的土地制度廃止)【中】
外資導入法(外国技術の導入),商法改正(取締役会の権限強化),資産再評価法制定【日】
日本農林規格(JAS)制度制定【日】
総評結成大会,富士工業三鷹で無期限スト,日立製作所ストに全金属支援スト【日】

クレジットカード現出

E
ダイナーズ・クラブ社創業,クレジットカード導入【米】
デュポン社,原子力委員会と水爆生産工場建設契約【米】
ハロイド社,ゼロックス複写機の生産開始【米】
P&G社,小集団活動・提案制度導入【米】

李嘉誠 香港の財閥へ

李嘉誠,長江実業設立(のちの李嘉誠グループ)【香港】
リム・シウリィオン,クンチャナ銀行設立【インドネシア】
民間企業でのレッドパージ本格化【日】
日本製鉄,八幡製鉄・富士製鉄に分割【日】
日本IBM発足【日】
丸井(青井忠治),月賦販売開始【日】

1950

サイバネティックス問題

A

αβγ理論

オールト,彗星雲の仮説【蘭】
カイパー,太陽系起源論(渦乱流説)【米】
アルファ,ベーテ,ガモフ,元素の起源に関するαβγ説【米】
ヴェリコフスキー『衝突する宇宙』【ソ→米】
エルザッサ,地球磁場機構に関する仮説【米】
チャレンジャー8世号,海洋地質調査開始【英】
アンダースン,反強磁性体,フェリ磁性体の理論を提出【米】

π中間子 ビヨルクランド モイヤーほか

ビヨルクランド,モイヤー,クランダール,中性π中間子を発見【米】
スタインバーガー,パノフスキー,ステトラー,中性中間子の光子崩壊を確認【米】
スネルら,中性子のβ崩壊を測定【米】
スレーター,強誘電体の理論を提出【米】
ド・ラム【瑞】,小平邦彦【日】,調和積分論
カルナップ『確率の論理学的基礎』【米】
チューリング『計算機械と人間』【英】

B

ウィナー 人間機械論

ウィナー『人間機械論』【米】

NGF発見 神経成長因子

リタ・レビモンタルチーニ,神経成長因子(NGF)発見【伊】
アンナーら,エストロンの全合成に成功【英】
フィンレーら,テラマイシンの発見【米】
ルーミス,ストークスタド,ジュークスら,オーレオマイシンの作用を解明【米】
ウッズワード,抗生物質パトレイン合成【米】
腎臓移植手術成功【米】

C

ピアジェ 発生的認識論

ピアジェ『発生的認識論序説』【瑞】
セシエー『分裂病少女の手記』【瑞】

ストレス学説

セリエ『ストレス』【米】
ホーナイ『神経症と人間の成長』【米】
エリクソン『幼児期と社会』【米】

クワイン アメリカ論理学

クワイン『論理学の方法』【米】

D

リースマン 孤独な群衆

ヒックス『景気循環の理論』【英】
カップ『社会的費用論』【英】
ボールディング『経済学の再建』【米】
ギュルヴィチ『社会学の現代的課題』【仏】
宇野弘蔵『経済原論』【日】
ベルネリ『ユートピアの思想史』【伊】
リースマン『孤独な群衆』【米】
オクタビオ・パス『孤独の迷宮』【墨】
宮出秀男『ルンペン社会の構造』,渡辺洋二『街娼の社会学的研究』【日】
ソローキン『危機の時代の社会学』【米】
ハルトマン『自然の哲学』【独】
H・イニス『帝国とコミュニケーション』【米】

E

ヴェイユ

ヴェイユ『超自然的認識』『神を待ち望む』【仏】
ブーバー『ユートピアへの道』『ファシディズムの教え』『対話的生』【墺】
グルジェフ『全体とすべての個体』『ベルゼブブが孫に与える物語』【ソ】
辻直四郎『バカバッド・ギーター』研究【日】
世界仏教徒連盟結成,世界仏教徒会議開催【コロンボ】
カースト制による差別,不可触民制の廃止【印】
霊友会より妙智会,仏所護念会分立【日】
オクラドニコフ,ネアンデルタール人の遺跡テシク・タシ発見【ソ】

方法の自由へ

A

ジャコメッティ

ポロック画[I][ラヴェンダー・ミスト][秋のリズム],マーク・ロスコ画[オレンジ上の赤と緑]【ソ→米】,バーネット・ニューマン画[英雄的にして崇高なる人][ツンドラ]【米】
フォンタナ「第3次空間運動憲章」【伊】
デ・クーニング画[女I][発掘]【米】
デュビュッフェ画[婦人の死体],レジェ画[建設者たち]【仏】
ジャコメッティ作[7つの人物と1つの顔]【瑞】
デビット・スミス作[ブラックバン,アイルランドの鍛冶屋の歌]【米】

B

丸木位里,俊画[原爆の図],須田国太郎画[犬],森芳雄画[二人]小牧源太郎画[道祖神図No.1]【日】
「芸術新潮」創刊,文化財保護法制定【日】
荒井竜男,村井正誠,山口薫らモダンアート協会設立【日】
八木一夫作[少女低唱][飛翔するカマキリ],岩田藤七作[光の美]【日】

C

ミース設計[E・ファーンズワース邸],ブルース・ガフ設計[バーヴェンジャー邸]【米】
ファローニ&リドルフィ設計[INA住宅]【伊】
ヤコブセン設計[リホルム],アースキン設計[製紙工場]【典】
ルシオ・コスタ設計[ブリストルの住宅団地]【ブラジル】
NY近代美術館とシャブのマーチャンダイズ・マート協力「グッド・デザイン展」【米】
フレデリック・ソマーp[すべて子供は大使である],ケペシュp[光の研究]【米】
ビル・ブラントp[ヌード,ロンドン]【英】

フォトキナ シュタイナート 写真と機材

「フォトキナ展」【ケルン】
シュタイナート,フォトフォルムを組織【独】

集団フォト 三木淳・樋口進 稲村隆正

三木淳,大竹省二,稲村隆正,樋口進ら「集団フォト」結成【日】

D

ブニュエル

「カイエ・ド・シネマ」誌創刊【仏】

オルフェ ジャン・コクトー

ワイルダー監[サンセット大通り]【米】,ブニュエル監[忘れられた人々]【墨】,ブレッソン監[田舎司祭の日記]【仏】,コクトー監[オルフェ]【仏】,黒澤明監[羅生門],山本薩夫監[暴力の街],谷口千吉監[暁の脱走]【日】

E

ケルン電子スタジオ

ルイジ・ノーノ セリー技法から電子音響書法へ

ルイジ・ノーノ曲[シェーンベルクの作品41のセリーによる変奏曲]【伊】
コープランド曲[ピアノと弦のための四重奏曲](12音技法)【米】
アンドレ・ジョリヴェ曲[ピアノ協奏曲]【仏】
ケルンに電子音楽スタジオ開設(アイメルトとマイヤー・エプラー,実験を開始)【独】
バビット曲[ヴィオラとピアノのための作品]【米】

イヨネスコ アンチ・テアトロ

ウージェーヌ・イヨネスコ作[禿の女歌手]上演【仏】
オリヴィエ演[ヴィーナス観測](フライ作)【英】
マース・カニンガム舞踏団結成(ジョン・ケージ音楽監督)【米】
現代舞踏家協会設立(邦正美,津田敏信)【日】

SFと私生活

A

ブラッドベリ 火星年代記

ルイス『ナルニア国ものがたり』【英】
ヴィアン『紅い草』,ニミエ『青い軽騎兵』,デュラス『太平洋の防波堤』【仏】
クロソウスキー『宙に浮いた召命』,バタイユ『C・神父』【仏】
イェンス『否―被告の世界』,ブロッホ『罪なき人々』【独】
パヴェーゼ『月と灯台』【伊】

アシモフ ロボット3原則

ギャラクシー誌

アシモフ『私はロボット』,レイ・ブラッドベリ『火星年代記』,「ギャラクシー」創刊【米】
カルロス・オネッティ『短い一生』【ウルグァイ】
ラーゲルクヴィスト『バラバ』【典】
ドリス・レッシング『草は歌っている』【ローデシア】

B

小島信夫,吉行淳之介 安岡章太郎,庄野潤三

福田恆存『キティ颱風』,大岡昇平『武蔵野夫人』,伊藤整『鳴海仙吉』【日】
中村光夫『風俗小説論』【日】
檀一男『リツ子・その愛』『リツ子・その死』【日】
埴谷雄高『虚空』【日】
田宮虎彦『絵本』,井伏鱒二『遙拝隊長』【日】
「第三の新人」たちの成長(小島信夫,吉行淳之介,安岡章太郎,庄野潤三ら)【日】

C

レッドパージ

フェーヴル,マルタン『書物の出現』【仏】
「ポートフォリオ」創刊【米】
初のカラーテレビ放送【米】
クロンカイト,CBSに移籍【米】
GHQ,「アカハタ」など共産党関係刊行物の無期限発行停止を指令,新聞界のレッドパージ,地方に拡大(634人解雇)【日】
朝日新聞に伊藤律との架空会見記掲載【日】
「男子専科」「女学生の友」創刊【日】
指名手配犯リスト公開【米】

D

イースト ビレッジ ビート・ジェネレーション

ビート・ジェネレーションがイースト・サイドへ移動,イースト・ビレッジの名称誕生(カウンター・カルチャーの中心に)【NY】
ヘルスエンジェルス結成【米】
チャーリー・パーカーを看板にバードランド開店【NY】
マンボ,アメリカに上陸
大阪千日前にアルバイトサロン開業,全国にひろがる【日】
財田川事件,牟礼事件,梅田事件【日】
母子家庭180万世帯【日】
金閣寺炎上【日】
札幌で雪祭り開催【日】

田中千代 ニュー・キモノショー

田中千代,ニュー・キモノショー【日】
1000円札発行【日】
ピース50円,光40円,もり・かけ15円,ざる19円【日】

スヌーピー 漫画家チャールズ・シュルツ

スヌーピー登場(C・シュルツ)【米】
第1回ミス日本に山本富士子【日】

E

仏登山隊アンナプルナ初登頂に成功【仏】
初のプロ野球日本シリーズで毎日オリオンズ優勝,藤本英雄投手(巨人),初の完全試合【日】
チャドウィック,ドーバー海峡横断新記録【米】

現代社会の将来と内面生活の安定は、コミュニケーション技術の力と個人の主体的反応力の均衡をいかに維持するかにある。
ローマ法皇ピオ十二世

エリアーデ、ベイトソン、マクルーハンは、現代人が「神話と病気と機械」の上に寝ているという。

ベケットと安部公房、それぞれに予想なんぞが通じない社会を描写する。

1951
昭和26

反共国際政治

1 04 北朝鮮・中国軍がソウルを占領【韓】
16 ベトミン,ハノイを大攻撃
19 社会党,左派が主導権を掌握【日】
31 バルガス,ブラジル大統領に就任
2 01 国連総会,朝鮮戦争で中国を侵略者と決議
05 ゴールドコースト総選挙で会議人民党勝利
21 ベルリン・アピールで5大国平和条約を要請(世界平和評議会総会)
23 共産党4全協で武力闘争方針決定【日】
27 チェコで粛清(クレメンティス前外相ら逮捕)
3 01 学生が反政府スト(鉄道労働者も呼応)【西】
03 インド・インドネシア友好条約締結
07 ラズマラ首相,イスラム教政治団員により暗殺【イラン】
09 パキスタンで共産党弾圧開始
15 韓国軍,ソウル奪回【韓】
15 選挙法改正で共産党の進出阻止【仏】

日本共産党の武力闘争化

NATO軍と国連軍

4 02 NATO軍最高司令部設置(最高司令官にアイゼンハウアー元帥)
03 国連軍,38度線を越える【韓】
11 マッカーサー罷免【米】

モサディク イギリスに対抗 石油国有化へ

28 モサディク,首相就任【イラン】
5 15 シンガポールで極東軍事会議【英米仏】
23 中国・チベット協定成立

6 17 フランクフルトで社会主義インターナショナル再建
7 01 コロンボ計画発足
10 開城で朝鮮休戦会談
8 06 第2次追放解除発表(鳩山一郎,岸信介,緒方竹虎,河上丈太郎,正力松太郎,藤原銀次郎ら)【日】
28 ユーゴに5000万ドルの借款供与【米】
30 米比相互防衛条約調印
9 01 太平洋安全保障条約(ANZUS)調印【米豪ニュージーランド】
08 サンフランシスコ対日講和条約・日米安保条約調印
23 マッカラン反共法(国内治安法)成立【米】
28 ベンハミン,メネンデス将軍らのクーデター失敗【アルゼンチン】

日米安保 サンフランシスコ対日講和条約

10 08 エジプトが対英条約破棄を宣言
10 相互安全保障法(MSA)成立,軍事援助強化へ【米】
13 英米仏土,エジプトに中東協同防衛提案
14 中米5カ国機構憲章調印
16 アリ・カーン首相暗殺【パキスタン】
16 共産党5全協で51年テーゼ採択【日】
17 スエズでエジプト軍と衝突【英】
25 総選挙保守党勝利(チャーチル内閣)【英】

社会党分裂(日)

26 社会党,左右に分裂【日】
11 14 ユーゴと軍事援助協定に調印【米】
29 シリアでクーデター,シシャクリ大佐実権掌握【シリア】
29 軍部による無血クーデター(第5次ピブン内閣成立)【タイ】
12 01 人民解放軍,チベットに進駐【中】
05 北欧4カ国による北欧会議成立
07 汚職・浪費・官僚主義反対の三反運動はじまる【中】

リビア独立

24 リビアが王国として独立
30 マーシャル・プラン終了(援助総額120億ドル)【米】

電子力と原子力

A ネバダ州で初の核兵器使用演習【米】
原子力発電に成功(原子力委員会)【米】
家庭用録音機を出荷(日本電気)【日】
マナトロール竪型タレット施盤を製作(ブラード社)【米】
ケミコン冶金法開発(ケミカル・コンストラクション社)【米】

原発はじまる

形状記憶合金

リードら,形状記憶合金(金・カドミウム合金)発表【米】
中川正澄【日】,ジョーンズ【英】ら,共役ポリアセチレンの合成
電子管兵器(自動照準,操縦,射撃)を完成(エッカート・モークリー社)【米】

B ノイマン,MANIAC完成,IBM顧問となる【米】
ショックレーら,接合形トランジスタの開発に成功【米】

インタプリタ ホッパー UNIVAC用

ホッパー,UNIVACI用インタプリタを開発【米】
ウィルクスら『計数型計算機のためのプログラムの作成』【英】
フォレスター,Whirlwind開発【英】
TAC製造研究開始(東大)【日】
ロワ,シャドーマスク・カラーCRT開発【米】
ファブリカント,メーザ(電磁波の誘導放射によるマイクロ波の増幅)の可能性を発見【ソ】

C ベル電話会社,トランジスタ利用の長距離ダイヤル通話サービス開始【米】
簡易公衆電話制度(62廃止),委託公衆電話制度実施【日】
『電気通信事業の実相報告書』で電気通信の復興を強調【日】
初の4000Mc帯多重通信(東京～大楠山間)【日】
トラック保有代数862万台【米】
アメリカ・ヘリコプター会社,パルスジェット装備のヘリコプターの試験飛行成功【米】
レーダー・フリゲート艦レレントレス完成【米】

D

米予算716億ドル 軍事費414億ドル

トルーマン,総額716億ドルの予算教書提出(うち軍事費414億ドル)【米】
イラン国民議会が石油国有化を可決,アバダーン油田接収
シューマン・プランにもとづくヨーロッパ石炭・鉄鋼共同体条約調印

イラン石油国有化

英鉄鋼国有

鉄鋼国有化が実施される【英】
財閥解体完了,ILOに復帰【日】
家庭用ラジオ受信機,貿易管理指定品目に【日】
鉄鋼第1次合理化計画着手【日】
日立が米軍から自動車部品など500万ドルの特需受注(新特需のはじまり)【日】
李承晩,重要産業の国有化発表【韓】

E

ATT株主100万人

ATT株主100万人突破【米】
ポール・ゲッティ,不動産,保険,販売,製造の複合企業を支配【米】
厳慶齢,呉舜文夫妻,台元紡績設立【台湾】

日本信販・日本航空

日本開発銀行,日本信販,日本航空設立【日】
電力再編成で9電力会社が誕生【日】

1951

サイバネティックス問題

ボーム

サンガーのアミノ酸結合順位

エリアーデ

ベイトソン ダブルバインド

A
オールトとミュラー,中性水素雲の分布による銀河系渦状構造説【蘭】
エヴェンとパーセル,波長21cmの中性水素輝線検出【米】
ボーム『量子論』【英】
スタインバーガーら,正π中間子のスピンを実験的に決定,ボーア,モッテルソン,レインウォーター,原子核の集団運動発見【米】

強磁性理論

シャルとウォラン,中性子回析によりフェリ磁性,反強磁性体論を確認,スレーター,ゼナー強磁性体理論提出【米】
プリゴジン『化学熱力学』【仏】
ヴェイユ【仏】,ザリスキー【米】ら,ヤコビ多様体の代数的構造

ライヘンバッハ 科学哲学の形成

ライヘンバッハ『科学哲学の形成』【米】
フォン・ノイマン『人工頭脳と自己増殖』【米】

B
ウッドワード【米】,ロビンソン【英】,コレステロールの全合成に成功
バスターナック,ブルーニング,レグナ【米】,フィザー【英】,テラマイシンの構造決定
ホジキンとゲインズ,NaイオンとKイオンによる神経興奮の研究【英】
サンガー,インシュリン分子中のアミノ酸結合順位を解明(タンパク質の構造分析)【英】
アジル,TCAサイクルの総説を発表【米】
エルンスター,ミトコンドリアの微細構造を解明,ポーリング,タンパク質の二次構造(αらせん)の研究【米】
ジェルジ『筋収縮の化学』【洪】,ポルトマン『人間はどこまで動物か』【瑞】,N・ティンバーゲン『本能の研究』【英】

ラマーズ法 無痛自然分娩法

ラマーズ法考案【仏】

C
エリアーデ『シャーマニズム』【ルーマニア】,ケレーニー『神話学入門』(ユング共著)【洪】
ヒクソン・シンポジウム開催【米】
ベイトソン『コミュニケーション-精神医学の社会的マトリックス』【米】
E・コリン・チェリー,論文「情報理論の歴史」口頭発表【英】
ハリス『構造言語学の方法』【米】

D
ロストウ『経済成長の過程』【米】
カイヨワ『聖なるものの社会学』【仏】
レヴィン『社会科学における場の理論』【独→米】
アレント『全体主義の起源』,ミルズ『ホワイト・カラー』【米】

パーソンズ社会学

パーソンズ『社会体系論』【米】
フリードマン『人間労働はどこへ行く』【仏】

機械の花嫁 マクルーハン 機械文明論

マクルーハン『機械の花嫁』【加】
チャン・デュク・タオ『現象学と弁証法的唯物論』【越】,ルカシエーヴィチ『アリストテレスの三段論法』【波】
思想の科学研究会編『戦後派(アプレゲール)の研究』【日】
戸田正直『直観確立の研究』【日】

E
マルセル『存在の神秘』【仏】
ティリッヒ『組織神学』【米】
「聖教新聞」創刊【日】
宗教法人法施行で泡沫的教団の消滅【日】

方法の自由へ

激情の対決 タピエ、マチュー、ブリアン ヴォルス、アルトゥング

ミュージック・コンクレート

A
ラウシェンバーグ画[陳述書I,II][ホワイト・ペインティング]【米】
タピエ,「激情の対決展」を組織(マチュー,ブリアン【仏】,ヴォルス,アルトゥング【独→仏】,カポグロッシ【伊】,ポロック,デ・クーニング【米】ら参加)【P】
デュビュッフェ,「反文化的立場」展【シカゴ】
「17人の現代アメリカ画家」展(ニューヨーク派の呼称誕生)【NY】
ダリ画[十字架の聖ヨハネのキリスト]【西】
アルトゥング画[T-1951-1]【独→仏】,ゴットリーブ画[凍った砂No.1],スティル画[#3-1951]【米】

マンズー彫刻

ジャコモ・マンズー作[枢機卿立像]【伊】

B

実験工房 北代省三 大辻清司

山口勝弘,北代省三,武満徹,秋山邦晴,大辻清司ら,実験工房結成,滝口修造企画による「タケミヤ画廊」開設,瑛九,デモクラート美術家協会結成【日】
海老原喜之助画[船をつくる人]【日】
勅使河原宏ら,新世代集団結成,「草月」刊行
富本憲吉,羊歯連続文様の開発【日】
上田桑鳩書[愛]【日】

C
ボデスドンで第8回CIAM(アテネ憲章批判)【英】
エゴン・アイアーマン設計[ブルムベルグ紡績工場]【独】,フランコ・アルビーニ設計[INA公社労働者住宅]【伊】

パオロ・ソレリ ライトから生態学へ

パオロ・ソレリ&マーク・ミルズ共同設計[ガラス・ドームの未来派住宅],砂漠で施工【米】
ルドヴィーコ・クァローニ設計[ラ・マルテッラ村]【伊】

坂倉準三 パリ博日本館 県立美術館

坂倉準三設計[鎌倉近代美術館]【日】
キースラー[銀河系](最初の環境彫刻)【NY】
ローウィ『口紅から機関車まで』【仏→米】
ジオ・ポンティd[スーパーレジェラ]【伊】
日本宣伝美術協会設立,松下電器に日本初の製品意匠課設置【日】
ブロドヴィッチ編「ポートフォリオ」【米】,田村茂p[訴える]【日】

D
イームズ[サンプル・レッスン](マルチ・スクリーン使用のビデオ・アート)【米】
エリア・カザン監[欲望という名の電車],ヴィンセント・ミネリ監[巴里のアメリカ人]【米】
小津安二郎監[麦秋],成瀬巳喜男監[めし]【日】,東映設立【日】

E
アイブス曲[交響曲第2番](初演バーンスタイン指揮,NYフィル)【米】
ブーレーズ曲[ポリフォニーX][ストリュクチュールI]【仏】
シェフェール,フランス放送局にミュージック・コンクレート研究集団設立【仏】
ケージ曲[易の音楽](4巻構成)【米】
ジャン・ドア演出,オペラ[火刑台のジャンヌ・ダルク](オネゲル作),ヴィラール,国立民衆劇場(TNP)を統率【仏】

大野一雄 「舞踏」の出現

大野一雄舞[鬼哭][海][命を売る男]【日】

SFと私生活

ベケット

三島由紀夫と安部公房

A
G・グリーン『情事の終わり』【英】
ユルスナール『ハドリアヌス帝の回想』【仏】
カミュ『反抗的人間』,ベケット『モロイ』,ジオノ『屋根の上の騎兵』,ブレヴェール『光景』【仏】
ハインリッヒ・ベル『アダム,おまえはどこにいた』,E・ユンガー『線を越えて』【独】
ベルト『山賊』【伊】
スタイロン『闇の中に横たわりて』,ウォーク『ケイン号の反乱』,カポーティ『草の立琴』,ジョーンズ『地上より永遠に』,メイラー『バーバリー・コースト』【米】

サリンジャー ライ麦畑でつかまえて

サリンジャー『ライ麦畑でつかまえて』【米】
マカラーズ『悲しい酒場の歌』【米】
コルタサル『動物寓話集』【アルゼンチン】
エレンブルグ『第九の波』,ズロービン「ステパン・ラージン」【ソ】

B

野火 大岡昇平の戦争体験

堀田善衛『広場の孤独』,大岡昇平『野火』,三島由紀夫『禁色』【日】
安部公房『壁-S・カルマ氏の犯罪』【日】
原民喜自殺,『心願の国』【日】
安岡章太郎『ガラスの靴』【日】
塚本邦雄『水葬物語』【日】
笠信太郎『ものの見方について』【日】
『荒地詩集』,安藤一郎『ポジション』【日】
日夏耿之介『明治浪漫文学史』【日】
源氏鶏太『三等重役』(サンデー毎日連載)【日】

山びこ学校 無着成恭

無着成恭編『山びこ学校』【日】

C
CBS,初の商業カラーテレビ放送を開始【米】
フランクフルト書籍見本市の復活【独】
ハロルド・アダムス・イニス『メディアの文明史』【加】
ペロン大統領,批判記事に怒り,日刊紙「ラ・プレンサ」を発刊停止処分に【アルゼンチン】
「三つの歌」,「紅白歌合戦」(NHK)【日】

ABC,TBS,RKB

朝日放送設立,東京放送設立,RKB毎日放送設立【日】
電波監理委がラジオ東京など16社に初の民放予備免許(民放時代開幕)【日】
新聞が15段新活字組に,月ぎめ朝刊100円,夕刊80円に【日】
『全日本出版物総目録』刊行開始【日】

D
レーヴァー・ブラザーズの歯磨からクロロフィル・ブーム【米】
クレージー・ホース・サルーンのオープン【P】
チャタレイ裁判開始【日】
覚せい剤取締法公布【日】
児童憲章制定(身売り児童なお5000人)【日】

パチンコ大流行

パチンコ大流行(オール20出現)【日】

E
ミュージカル[巴里のアメリカ人][王様と私]【米】,サン・レモ音楽祭開催【伊】
日本初の総天然色映画[カルメン故郷に帰る](木下恵介監)封切り【日】
初のプロレス試合開催(力道山対ボビー・ブランズ戦)【日】
ボストンマラソン(田中茂樹2時間27分45秒で優勝)【日】
国際柔道連盟結成(本部パリ)

これからの製品はデザインやで。
松下幸之助、欧米視察後の発言

ルティスハウザーが情報をコンパイラし、ペンフィールドが脳の情報地図を描く。

フランツ・ファノンによる黒人のための本格思想の登場。第三世界の情報が躍り出す。

1952
昭和27

ゆらぐ共産圏

血のメーデーと破防法

1 04 英軍,スエズ運河を封鎖

李ライン 韓国の漁業圏保全

18 漁業資源保護のため李承晩ライン設定【韓】
23 仏軍と民衆が全土で衝突【チュニジア】
25 カイロで反英暴動が発生【埃】

2 01 米が再軍備計画推進のため欧州12カ国に総額7億7000ドルの借款供与
08 国民民主党・農民協同党・新政クラブが合同,改進党を結成【日】
13 日米合同委員会設置
15 ギリシア・トルコがNATO参加
15 第1次日韓正式会談開始
26 チャーチル,原爆保有を確認【英】
28 日米行政協定調印(在日占領軍に施設の自由使用)【日】

3 06 吉田首相,自衛のための戦力は憲法第9条に反しないと答弁【日】
10 無血クーデター成功,バチスタ将軍が独裁政権樹立【キューバ】
11 第2代大統領にバウー博士選出,コロンボ計画に参加決定【ビルマ】

エンクルマ ゴールドコースト

21 エンクルマ,ゴールドコーストの初代首相に選出
28 チュニジア各地で反仏暴動

4 03 キューバと国交断絶【ソ】
09 革命で左派の民族主義革命勢力が権力掌握【ボリビア】
23 ネバダ砂漠で大規模な原爆実験演習実施【米】
28 対日講和条約・日米安保条約発効,日華条約調印【日】

5 01 皇居前広場でメーデーのデモ隊と警官隊が衝突,血のメーデー事件発生【日】

6 15 国王が内閣を解任,政権掌握【カンボジア】
27 マッカラン・ウォルター法成立,移民国籍法改正【米】

7 04 破壊活動防止法案可決【日】
13 東独が人民軍創設を発表【東独】

ナギブとナセル

23 ナギブ,ナセルらクーデターに成功【埃】

8 30 スカルノ支持のイスラム勢力,インドネシア・ムスリム連盟を結成

9 07 ナギブ内閣成立【埃】
15 国連決議によりエリトリアがエチオピアと連邦結成
18 日本の国連加盟申請,安保理でソ連の拒否権発動により否決【欧】
25 欧州会議協議会,植民地・自治領開発に関するストラスブール計画を承認【欧】

ユーゴのソ連批判

10 02 アジア太平洋地域平和会議【北京】

イギリス核実験

03 豪のモンテベロ島で英国初の原爆実験に成功【英】
15 警察予備隊が保安隊に【日】
16 石油紛争解決提案拒否からイランが英と国交断絶
秘密組織マウマウ団による白人入植者殺害事件が頻発,非常事態宣言発令【ケニア】

水爆 エニウェトク環礁

11 01 マーシャル諸島エニウェトク環礁で世界初の水爆実験【米】
07 ユーゴ共産党大会でソ連批判,党名を共産同盟に変更

12 08 カサブランカで独立暴動【モロッコ】
25 西側警察と駐留ソ連軍のあいだで銃撃戦【B】

IMF経済

A 科学研究所,サイクロトロンの試運転成功【日】
エロックス,エレトロン・ドリルを製作【米】
ディーボルト『オートメーション』【米】
酸素製鋼法を工業化【墺】

フェノール工業化

クメンからフェノールを製造する方法を工業化(スタンダード石油),4エチル鉛の連続的製造法を工業化(デュポン社)【米】
石炭ガス化装置コッパース・トチェク開発【西独】
欧州合同原子核研究機構(CERN)調印
ショックレー,単極トランジスタ発表【米】
MITで工作機械の数値制御方式確立【米】

ルティスハウザー コンパイラ開発

B ILLIAC1完成(イリノイ大学)【米】

IBM701 科学用大型機

科学用大型機IBM701発表【米】
ルティスハウザー,コンパイラ開発【瑞】
ピコティ,PERM開発着手【独】
ENIAC型モデル完成(大阪大学・城研究室)【日】
リレー式計算機MARKI完成(電気研究所,富士通)【日】

ビデオテープ登場

ビデオテープ開発(ビングクロスビー研究所)【米】

C

日本電電公社

日本電信電話公社発足【日】
日本無線会社,船舶用レーダー完成【日】
日本船舶手旗信号法公布【日】
ジェット機コメット,初の旅客輸送【英】
ボルガ・ドン運河開通【ソ】
初の原子力潜水艦「ノーチラス」建艦着工【米】
「ユナイテッドステーツ号」,大西洋横断のスピード新記録樹立【米】,大阪商船「メキシコ丸」,太平洋横断新記録樹立【日】
羽田空港,米軍から返還【日】
航空機製造事業法公布【日】
本田技研,自転車補助エンジン(カブ)完成【日】

IMF 日本加盟

D トルーマン大統領,鉄鋼スト回避のため鉄鋼産業の国営化を指示【米】
ソ連の工業生産,世界第2位に【ソ】
IMFと世界銀行への加盟が承認される【日】

バンクカード

フランクリン・ナショナル銀行,初のバンクカード発行【米】
東京銀行がロンドン支店を開設,外為銀行の海外支店第1号【日】
国労が順法闘争を開始,電産労組が全国6時間の電源スト【日】
企業合理化促進法,会社更生法公布【日】
「消費景気」はじまる【日】
セントローレンス水力発電計画発足【米加】
サンチアゴ宣言で200カイリ採用【チリ・エクアドル・ペルー】
パークデービス社,クロロマイセチン製造専門工場を建設【米】
兵器製造関係の86社,兵器生産協力会【日】
日産自動車,オースティン社から技術導入【日】
日本瓦斯化学,天然ガスからメタノール製造開始【日】
日本ゼオンで塩化ビニル・プラント稼働【日】
大阪特殊製鉄会社,チタンの生産開始【日】
ブリティッシュ・モーターズ社設立【英】,ゼネラル・ダイナミック社【米】設立

E 日立,事業部制に移行【日】

全日空・日本長期信用銀行

日本長期信用銀行,全日本空輸設立【日】

欲望の開発

1952

分子生物学時代へ

A

バーデ,銀河系外星雲の距離の新決定【独→米】
シュヴァルツシルド,新恒星進化論【独】
ヤン,結晶統計の理論で磁化処理【中】

グレーザーの泡箱

グレーザー,泡箱発明【米】
久保亮五,反強磁性のスピン波理論を提出【日】
クーラン,リヴィングストン,シンダーら,シンクロトロンの強収束法を考案【米】
ブリストルグループ,荷電中間子を発見【英】
朝永振一郎『量子力学』【日】
周【中】,小平邦彦【日】ら,多変数代数函数体上のリーマン・ロッホの定理
モントゴメリー,ヒルベルトの第5の問題(リー群)を解決【米】

シンメトリー論 ヘルマン・ワイル

ヘルマン・ワイル『シンメトリー』【独】
福井謙一,フロンティア軌道理論提出【日】
チューリング「形態発生の化学的基礎」【英】

B

ペンフィールド脳地図

カンギレーム『生命の認識』【仏】
ゲーツ,モルフィンの全合成と構造決定【米】
ウッドフォード,ボーソン,キーリー,フェロセンおよび類似化合物を発見,構造決定【米】
ダニエルソン,貯蔵タンパクと機能タンパクの合成操作のちがいを示唆【典】
オチョアら,光合成の過程は醗酵の主要コースの逆行を示す【米】
ハーシーとチェース,ファージの遺伝的特性が核酸部分にあることを示す【米】
レーダーバーグ,ネズミチフス菌で形質導入の現象発見【米】
ペンフィールド,ヒトの脳の機能地図製作【加】
エクルズ『心の神経整理学的基礎』【墺→英】
リバーズら,甲状腺ホルモン「トリヨード・チロニン」分離抽出【英】
レセルピンのトランキライザー効果発見【瑞】

C

ハル『行動の体系』【米】
フランクル『死と愛』【墺】
C・アレン『異常心理学の発見』【米】
レヴィ=ストロース『人種と歴史』【仏】,ラドクリフ=ブラウン『未開社会における構造と機能』【英】,クラックホーン『文化の概念』【米】
エリアーデ『イメージとシンボル』【ルーマニア】

D

ファノン 黒い皮膚白い仮面

ハイエク『科学による反革命』【墺】

丸山真男 日本の政治学

丸山真男『日本政治思想史研究』
石母田正『歴史と民族の発見』【日】
辻清明『日本官僚制の研究』【日】
ガルブレイス『アメリカの資本主義』【米】
コーンフォース『唯物弁証法』【英】
フランツ・ファノン『黒い皮膚・白い仮面』【アルジェリア】,ソヴィ「第三世界」の命名【仏】

シオラン 苦渋の三段論法

シオラン『苦渋の三段論法』【ルーマニア】
ウィズダム『他人の心』【英】
東大での小林多喜二祭に私服警官が潜入,「ポポロ事件」【日】

E

宇井伯寿『唯識三十頌釈倫』【日】
靖国神社,宗教法人に【日】
ベントリス,ミュケナイ文字を解読【英】
ブルイユ『洞窟美術の4万年』【仏】
ヤスパース『大学の理念』【独】
ボルノー『ドイツ・ロマン主義の教育学』【独】

方法の自由へ

A

アンフォルメル

シケイロス画[メキシコ大学総長事務局ビル壁画]【墨】
ロスコ画[No.10]【ソ→米】,サム・フランシス画「白」の連作,デ・クーニング画[女Ⅰ]【米】
ヘレン・フランケンサーラー画[山と海]【米】
ムーア作[王と王妃]【英】,マリーニ作[踊り子]【伊】

ローゼンバーグ

ハロルド・ローゼンバーグ「新しいものの伝統」(アクション・ペインティングの名登場)【米】
ファケッテ画廊で「アンフォルメルの意味するもの」展【P】,タピエ,アンフォルメルのマニフェスト『もうひとつの芸術』論+画集刊行【仏】
リチャード,ハミルトン,インディペンデント・グループに参加【英】

B

東京ビエンナーレ創設,ヴェネチア・ビエンナーレに安井曾太郎,横山大観ら出品【日】
草間彌生画[網No.3][集積No.5]【日】
猪熊弦一郎画[猫と子供達]【日】
勅使河原宏・重森弘淹編集『IKEBANA』(写真・土門拳)刊行【日】

C

ドムスによるデザイン革新

SOM設計[レヴァー・ハウス]【NY】,ハリソン&エイブモラヴィッツ設計[ALCOA]【米】

ガルデッラ 室内装飾から建築へ

イグナチオ・ガルデッラ設計[ボルサリーノ社員住宅]【伊】
アアルト設計[セイナッサロ町役場]【芬】
スヴェン・マルケリウス指導による郊外都市ヴェリングビー建設(〜53)
アルネ・ヤコブセン設計[ムンケゴー学校](〜56)【典】
前川国男設計[日本相互銀行]【東京】
「ドムス」誌(イタリア・デザイン革新,創刊1928)【伊】,「グラフィス年鑑」創刊【瑞】
ローウィd[ピースのパッケージ],ハリー・ベルトィアd[ダイアモンドチェア]【米】
日本ID協会設立,第1回新日本工業デザイン展開催,ADクラブ設立【日】

決定的瞬間 カルティエ・ブレッソン

カルティエ・ブレッソン『決定的瞬間』【仏】
シュタイナート主催「主観的写真」【独】
スタイケン選「4人のフランス写真家展」(ブラッサイ,ドアノー,イジス,ロン)【仏米】

D

クレマン監[禁じられた遊び]【仏】,チャップリン監[ライムライト],ホークス監[赤い河]【米】
溝口健二監[西鶴一代女],黒澤明監[生きる]【日】
シネラマによる最初の映画登場【米】
新星プロ,近代映協など独立プロの誕生【日】
B・ラポスキー[オシロン40](初のコンピュータ・アート)【米】

E

セリー音楽と偶然性の音楽

4分33秒 ジョン・ケージ

ケージ曲[4分33秒]【米】
フェルドマン,ブラウンら,記譜法の実験【米】
ウサチェフスキーとリューニング,ミュージック・コンクレートの実験(コロンビア大学)【米】
メシアン曲[音色=持続],ブーレーズ曲[エチュードⅠ・Ⅱ](セリー主義に傾倒)【仏】
カバレフスキー曲[ピアノ協奏曲第3番]【ソ】,ヘンツェ,歌劇[孤独通り](12音技法にジャズ導入)【西独】

SFと私生活

A

カミュ サルトル論争

蠅の王 ウイリアム・ゴールディング

ゴールディング『蠅の王』【英】
ディラン・トマス『おとなしく夜の眠りにつくな』【英】
シェアデ『詩集』,サルトル『聖ジュネ』『反抗的人間』をめぐってカミュ,サルトル論争【仏】
アラバール『戦場のピクニック』,ルネ・ドーマル『類推の山』【仏】
パウル・ツェラン『罌粟と記憶』【独】
カルヴィーノ『まっぷたつの子爵』【伊】
ヘミングウェイ『老人と海』【米】
スタインベック『エデンの東』【米】

ヴォネガット プレイヤー・ピアノ

ヴォネガット『プレイヤー・ピアノ』【米】
ブラッドベリ『万華鏡』,マラマッド『ナチュラル』,フラネリ・オコンナー『賢い血』【米】
カネッティ『猶予された者たち』【ブルガリア】
チュッツォーラ『やし酒飲み』【ナイジェリア】
L・ヴァン・デル・ポスト『影の獄にて』【南ア】

B

二十四の瞳

三好達治『駱駝の瘤にまたがって』,長谷川四郎『シベリヤ物語』【日】,谷川俊太郎『二十億光年の孤独』【日】

真空地帯・風媒花

伊藤整『火の鳥』『裁判』,武田泰淳『風媒花』,野間宏『真空地帯』【日】
壺井栄『二十四の瞳』【日】
内田百閒『阿房列車』【日】
松本清張『或る「小倉日記」伝』【日】
吉田満『戦艦大和ノ最期』【日】
佐藤佐太郎『帰潮』【日】
「俳句」創刊(角川書店)【日】

C

漫画誌マッド

「マッド」創刊【米】
シュプリンガー,「ビルト・ツァイトゥング」紙創刊(500万部欧最大の日刊紙)【独】
ニュース番組でアンカーマンの起用【米】
放送終了時に「君が代」放送(NHK)【日】
ラジオ受信契約台数1000万台突破【日】
アサヒグラフの原爆被害写真特集,52万部を即日完売【日】
新聞用紙事情が好転,朝刊が12ページに【日】
ABC懇談会の発足【日】

D

鉄腕アトム

スーダンフェミニスト同盟結成
反米反戦のデモ隊,吹田操車場に乱入(吹田事件)【日】
学校給食拡大実施【日】
住民登録の全国的実施開始【日】
専売白書発表,国民1人あたり年間タバコ消費量約1000本【日】
ジバンシー独立【仏】
東京ファッションモデルクラブ結成【日】
手塚治虫「鉄腕アトム」の登場【日】
山川惣治『少年ケニア』【日】
日劇ミュージックホール開場【日】

E

美空ひばり りんご追分

テキサスにホリデイ・イン開業【米】
音楽誌NME創刊【英】
菊田一夫作,連続ラジオドラマ[君の名は]【日】
美空ひばり[りんご追分]ヒット【日】
東京に日本初のボウリング場【日】
マルシアーノ,世界ヘビー級チャンピオン【米】

白井義男 初のチャンピオン

白井義男,日本人初のボクシング世界チャンピオン【日】
ルマン24時間自動車耐久レースでメルセデス・ベンツ優勝
オリンピック・ヘルシンキ大会

カンヴァスの上に起こるべきものは、絵ではなく事件であった。
ローゼンバーグ『新しいものの伝統』

DNAが情報を複写しているとすると、
生命の歴史は情報の歴史だったのか。

1953
昭和28

ゆらぐ共産圏

東独粛清 チェコ暴動

1 06 ラングーンで第1回アジア社会党会議
07 欧州憲法制定特別会議【ストラスブール】
14 チトーが国民議会で初代大統領に選出【ユーゴ】
15 東独で粛清拡大

大統領アイク

20 アイゼンハウアーが大統領に就任【米】
27 ダレス国務長官,対ソ巻き返し声明【米】
2 12 ソ連とイスラエルの国交断絶
12 共産圏向け全面禁輸措置を実施【タイ】
16 ネルー首相,連邦会議で第三世界の結束を提唱【印】
3 05 スターリン没,後任マレンコフ【ソ】
14 バカヤロー解散(吉田首相の内閣不信任案成立)【日】

4 02 日米友好通商条約調印
07 国連事務総長にハマーショルド選出
21 仏軍とベトミン軍,ラオス北部で激戦
5 02 ヨルダンでフセイン1世,イラクでファイサル2世が即位

フセイン2世(ヨルダン) ファイサル2世(イラク)

ドミノ理論 ダレス国務長官

07 ダレス国務長官,アジアの共産化に関するドミノ理論を発表,仏に6000万ドル供与【米】
14 スエズ運河地帯駐留の英軍を経済封鎖【埃】
6 07 通貨改革に反対してチェコで暴動
13 コロンビアで無血クーデター
15 世界平和評議会開催(~20)【ブダペスト】
17 東ベルリンで反政府デモ激化
18 ナギブが共和制を宣言【埃】
29 米政府,共産圏向け輸出統制強化を発表

7 03 インドシナ3国に独立交渉覚書【仏】
04 ナジ内閣発足,農業改革を表明【洪】
26 カストロ,反バチスタ蜂起失敗【キューバ】
27 板門店で朝鮮休戦協定調印

ソ連水爆保有

8 08 マレンコフ,水爆の開発を公表【ソ】
08 米韓相互防衛条約仮調印
19 パーレビ国王派,親国王政権を樹立【イラン】
24 プーマ首相,権限委譲を仏に要求【ラオス】
9 12 フルシチョフ,ソ連共産党第1書記に就任【ソ】
21 共産党,伊藤律を追放【日】
26 米・スペイン間に経済・軍事協定調印(スペインの国際的孤立解消)

ラオス、カンボジア独立

10 01 米韓安全保障条約調印
02 池田・ロバートソン会談【日米】
04 チベット民族自治政府樹立
06 ギアナの共産主義勢力鎮圧のため英軍部隊派遣
22 ラオス,仏との友好協力協定調印で仏連合内の独立国に
23 南北ローデシア・ニアサランドが中央アフリカ連邦結成
11 08 国王シアヌーク,プノンペン帰還【カンボジア】
11 マグサイサイ政権樹立【比】
20 仏軍降下部隊,北西部に降下,カストール作戦開始【越】

バミューダ会談

12 04 バミューダで米英仏首脳会談
12 ホー・チ・ミン大統領,インドシナ休戦の用意ありとラジオ放送【越】

IMF経済

A 欧州12カ国,ENRO(欧州原子核研究会議)設立協定に調印
民間産業界が原子力産業会議を設立【米】
ブファン,ゲルマニウムのゾーン精製法の確立【米】
ツィーグラー,低圧ポリエチレン合成法を工業化【独】
エベリングとブル,チル法によるアルニコ磁石の改良【米】

テトロン 東洋レーヨン合成に成功

テトロンの合成に成功(東洋レーヨン)【日】
レバーシング・ミル操業開始(東洋鋼板)【日】
長崎造船所でロケット技術開発開始【日】
GEからのシリコン技術導入認可(信越化学)【日】

電気試験所(日)

B IBM,702,650発表,IBM701第1号機を原子力委員会に納入【米】
電気試験所,リレー式のMARKI完成【日】
ラニングとジーラー,インタプリタによるプログラム言語作成【米】
カラーテレビをNTSC方式に決定
RCA社,VTR実験に成功【米】

C 東京~名古屋~大阪間に長距離即時通話方式採用(電電公社)【日】
国際電信電話設立【日】
ページ式印刷電信機テレタイプライター(沖電気)【日】
ダグラス社,DC7開発【米】

マッハ2 B558II ダグラス社

B558II,マッハ2を達成(ダグラス社)【米】
松坂~宇治山田間に有料道路第1号開通【日】
北海道交通,日本初の無線タクシー採用【日】
政府半額出資で日本航空が新発足【日】

D 中ソ経済技術援助協定調印
国営石油会社ペトロブラス創立【ブラジル】
炭化水素公社ENI設立【伊】
メジャー7社の世界確認原油埋蔵量支配92%
モネ・プランに沿って工業化推進【仏】
対共産圏禁輸物資の新リストを公布【米】

石油メジャー7社支配

クルップ解体へ

クルップ財閥に解体命令【独】
労働4団体400万人参加のスト発生【仏】
インドネシアで農業労働者75万人,賃上げ要求スト
「投資景気」,国際収支は4億ドルの赤字【日】

ガット加入(日)

ガット,日本の加入を承認
独占禁止法改正(合理化・不況カルテルの容認)【日】

日産争議

争議中の日産自動車で工場閉鎖【日】
石炭不況で三井鉱山が大量解雇を発表【日】
電気・石炭鉱業におけるスト規制法成立【日】
水俣病発生【日】

E 英国初のスーパーマーケット・チェーン誕生
紀の国屋,初のセルフサービス・スーパー【日】
レーモー・ウルドリッジ社(TRW),リットン・インダストリー社設立【米】
アルフォンソ・ユーチェンコ,マラヤン・インシュアランス社長就任,グループ拡大へ【比】
鮮京織物,韓国火薬【韓】,裕隆社設立【台湾】
中小企業金融公庫設立【日】

モンローとヘップバーン、
小津安と溝口。映画全盛時代へ。

1953

分子生物学時代へ

A

ド・ヴォークルール,超銀河系を指摘【米】
ボーアとローゼンフェルド,量子論における観測の理論を提出【丁】

ストレンジネス ゲルマン 西島和彦

西島和彦【日】,ゲルマン【独】,素粒子のストレンジネスの概念
アールフォース『複素解析学』【芬→米】,ドゥーブ『確率過程』【米】
グリム『粘土鉱物学』【米】
サハロフとクリチャトフ,水素爆弾開発【ソ】

B

DNA二重螺旋

ルニュー,アーベル,ショ糖を合成【仏】
デュ・ヴィニョー,オキシトシンとバソプレシンの構造決定と合成【米】
ワトソン【米】,クリック【英】,DNAの二重螺旋構造モデルを提唱,『DNAの構造』

ミラーの実験

ミラー,人工的な原始大気でアミノ酸合成に成功,生命の起源解明【米】
A・ホジキンとA・ハクスリー,神経興奮伝導のナトリウム説確立【英】
ヨンクマン,トランキライザーの命名【瑞】
抗生物質セファロスポリン発見【ソ】
LSDのセロトニン拮抗作用発見【英】
H・スワン,低温外科手術法を開発【米】
ソーク,ポリオワクチンを完成【加】

ティンバーゲン

ティンバーゲン『動物のことば-動物の社会的行動』【英】
J・ハクスリー『進化とはなにか』【英】
ノイマン『機械と生体』,ボーデン『考えより速く』,シャノン『計算機とオートマトン』【米】

C

ロラン・バルト

サリヴァン『現代精神医学の概念』【米】,ミンコフスキー『精神分裂病』【仏】
A・ラパポート『操作主義哲学』【米】
ロラン・バルト『零度のエクリチュール』【仏】
南博『日本人の心理』【日】

D

ヌルクセ『後進諸国の資本形成』【エストニア】

組織革命 ボールディング

ボールディング『組織革命』【英】
尾高邦雄『産業における人間関係の科学』【日】
ミュルダール『経済学説と政治的要素』(ストックホルム学派)【典】
ガース,ミルズ『性格と社会構造』【米】
高群逸枝『招婿婚の研究』【日】

ルシアン・フェーブル

ルシアン・フェーブル『歴史のための闘争』【仏】
フリードリッヒ・ヘーア『ヨーロッパ精神史』【墺】
ヴィトゲンシュタイン『哲学探究』【墺】
ランガー『感情と形式』【米】

アイヴィンズ『版画と視覚的コミュニケーション』(知識・社会への本の役割を形式から考案)
井上清『天皇制』【日】

E

ブルトマン『新的神学』完結【独】
宇井伯寿『唯識二十論研究』【日】
ハバード,サイエントロジー協会設立【米】
アダムスキー『空飛ぶ円盤実見記』【米】
第1回全日本仏教徒会議開催【日】
ブーバー『教育論』【墺】

エベレスト登頂 ヒラリー テンシン

ヒラリー【ニュージーランド】,テンシン【ネパール】,エベレスト初登頂

ポップアート

A

ラウシェンバーグ

ラウシェンバーグ画[コンバインペインティング]【米】
エッシャー画[法則性]【蘭】
デルヴォー画[磔刑]【白】
ベーコン画[教皇インノケンティウス8世]【英】
シャガール画[エッフェル塔],ブラック画[りんご],マティス画[かたつむり],エルンスト画[かもめの叫び]【仏】,デ・クーニング画[女と自転車]【米】
グレコ作[裸婦],ファッツィーニ作[牧夫](〜54)【伊】
カルダー作[スマックⅣ,赤]【米】
メッサジェら4人展(企画・エスティエンヌ,タシスムと呼ばれる)

B

河原温 浴室シリーズ

棟方志功

河原温画[浴室]連作,福沢一郎画[敗戦群像],山下菊二ら「第1回ニッポン展」(のちのルポルタージュ絵画へ)【日】
日本アブストラクト・アート・クラブ結成(長谷川三郎,山口長男ら),アート・クラブ設立(代表,岡本太郎)【日】
棟方志功[湧然する女者達々]【日】

C

アアルト設計[ラウタタロの店舗とオフィス](〜55)【芬】
フラー設計[フォード社のためのドーム]【米】
マックス・ビル設計[ウルム造形大学](〜55)【独】
山田守設計[厚生年金病院]【日】
シャルロット・ペリアンd[ダイニングチェア],ハンス・ヴェグナーd[バレットチェア]【独】
クラレンス・ジョン・ラフリンp[昆虫の頭部のような墓標]
大竹省二『世界の音楽家』(写真集)【日】
「アパチュア」創刊【米】

メッガー視覚論

メッガー『視覚の法則』【独】

D

スティーブンス監[シェーン],クルーゾ監[恐怖の報酬]【仏】

小津・東京物語 溝口・雨月物語

小津安二郎監[東京物語],溝口健二監[雨月物語],今井正監[にごりえ],五所平之助監[煙突の見える場所]【日】
シネマスコープ第1作[聖衣]【米】

E

アイメルト&マイヤー=エプラー,バイエルン放送局で電子音楽の実験開始【独】
アンリ&シェフェール合作オペラ[オルフェウス53]【仏】,ウサチェフスキー,オットー・リューニング,米国初の電子音楽演奏会【NY】
ティペット・マイケル曲[エコッレの主題による協奏的幻想曲]【英】,ブーレーズ曲[主なき槌]【仏】,ロジャー・セッションズ曲[ヴァイオリン・ソナタ](12音セリー)【米】
ブラッハとエック曲[抽象オペラ第1番]【独】
オルフ【独】曲[アフロディテの勝利](カラヤン指揮)【ミラノ】
ショスタコーヴィチ曲[交響曲第10番]【ソ】

黛敏郎 ミュージックコンクレート

ゴドーを待ちながら

黛敏郎曲[ミュージック・コンクレートのための作品XYZ],武満徹曲[遮られない休息],秋山邦晴曲[テープレコーダーのための詩]【日】
ベケット『ゴドーを待ちながら』【仏】
イヨネスコ『アメデ』【仏】
モーリス・ベジャール,エトアール・バレエ団結成【仏】

SFと私生活

A

反文学 マンディアルグ、ロブ=グリエ クロソウスキー、サロート

キングズリ・エイミス『ラッキー・ジム』【英】

幼年期の終わり アーサー・クラーク

クラーク『幼年期の終わり』【英】

007 イアン・フレミング

イアン・フレミング『カジノ・ロアイヤル』【英】
ロアルド・ダール『あなたに似た人』【英】
マンディアルグ『大理石』,ロブ=グリエ『消しゴム』,クロソウスキー『ロベルトは今夜』,サロート『マルトロー』【仏】
ベケット『名づけえぬもの』,ヴィアン『心臓抜き』【仏】
ガスカール『獣たち』『死者の時』【仏】
ゴットフリート・ベン『蒸留』【独】
バハマン『猶予の時』【墺】

ベロー オーギー・マーチの冒険

ベロー『オーギー・マーチの冒険』【米】
バロウズ『ジャンキー』【米】
ボールドウィン『山に登りて告げよ』【米】
ブラッドベリ『華氏451度』,スタージョン『人間以上』【米】
カルペンティエル『失われた足跡』【キューバ】

B

椎名麟三『自由の彼方で』,安岡章太郎『悪い仲間』,石上玄一郎『黄金分割』,円地文子『ひもじい月日』,石川淳『鷹』【日】

新世代詩 谷川俊太郎 飯島耕一

飯島耕一『他人の空』,谷川俊太郎『六十二のソネット』,西脇順三郎『近代の寓話』【日】
宮柊二『日本挽歌』,斉藤史『うたのゆくへ』,前田透『漂流の季節』,『未来歌集』刊行【日】
中村草田男『銀河依然』(社会性俳句論争)【日】

C

プレイボーイ TVガイド

NHK東京テレビ局,本放送を開始【日】
民放テレビの放映開始,街頭テレビに黒山の人【日】
「TVガイド」創刊(150万部)【米】
「プレイボーイ」創刊【米】
「レットル・ヌーヴェル」「レクスプレス」創刊【仏】

D

モンローとヘップバーン

キンゼイ,ポメロイ,マーティン『男性の性行動』【米】
全国の混血児数3490人【日】
PTA全国協議会発足【日】
日本婦人団体連合会結成【日】
エリザベス2世の戴冠式【英】
マリリン・モンロー人気[紳士は金髪がお好き],オードリー・ヘップバーン人気[ローマの休日]【米】
ミス・ユニバースコンテストで伊東絹子が3位入賞,ファッションショー開催でディオール旋風【東京】
トニー谷の「トニーグリッシュ」が人気【日】

E

家電製品の月賦販売制度導入【日】
グロンサン発売【日】
ナイロンシームレスストッキング発売【日】
[ひめゆりの塔]興業的に成功【日】
手塚治虫『リボンの騎士』【日】
大相撲のテレビ中継開始,プロ野球ナイターを初中継【日】
ボストンマラソンで山田敬蔵優勝【日】

ミッキー・マントル

ミッキー・マントル,172mの特大本塁打【米】
ローズウォール,全豪・全仏テニスのシングルスを制覇【豪】

将来における我が国の国際的地位を真に脅かすものの一つは、情報よりも娯楽を選びたがる国民である。われわれは笑いのうちに自滅しかねない。
G・ギャラップ

BC 6000以前
BC 6000
BC 2200
BC 1200
BC 600
BC 300
0
300
600
800
1000
1200
1300
1400
1500
1600
1650
1700
1760
1810
1840
1860
1880
1890
1900
1910
1920
1930
1940
1950
1960
1970
1980

ボールディング、ドラッカー、マズロー。企業の戦略組織論が流行する。

1954
昭和29

世界の電話一億台

ネルー・周恩来・ナセル

1 12 ダレス国務長官が大量報復戦略(ニュールック戦略発表)【米】
26 ジブラルタル問題で反英デモ【西】
2 23 政府軍,フクバラハップ団に総攻撃【比】
25 シリアでクーデター,シャクリ失脚,アタッシが大統領就任
3 01 第五福竜丸,ビキニ環礁付近で被爆【日】
08 日米相互防衛援助協定
28 第10回米州諸国会議,反共宣言を採択(グアテマラ革命を抑圧)【米】
29 ネルーが米ソに水爆実験中止を要請【印】
ツィランキェヴィチ,首相就任【波】

4 18 ナセル,首相に就任【埃】
26 反英活動のキクマ族大量逮捕【ケニア】
28 東南アジア5カ国会議【コロンボ】
5 06 パラグァイ軍部がクーデター,ストロエスネル軍事政権成立
07 ディエンビエンフー陥落(南ベトナムの仏からの独立)
19 米・パキスタン相互防衛援助協定に調印
6 03 改正警察法をめぐる乱闘国会に憲政史上初の警官隊導入【日】
16 ゴ・ジン・ジェム,ベトナム共和国の首相に就任
18 米国支援のもと,反革命内乱(21臨時政府樹立)【グアテマラ】

ベトナム分割

平和5原則 ネルー 周恩来

21 周恩来・ネルー,平和5原則の共同声明
29 周=ウー・ヌー会談で相互不可侵の共同声明【中・ミャンマー】

自衛隊 自衛官15万人 職員1万人

7 01 陸・海・空の自衛隊発足【日】
19 ウー・ヌー首相,ビルマは社会主義国と言明
21 ジュネーブ休戦協定成立,北緯17度線でベトナム南北分割
8 08 原水爆禁止署名運動全国協議会【日】

バルカン軍事同盟

09 ギリシア・ユーゴ・トルコがバルカン軍事同盟条約に調印
12 共産党非合法化法,上院で可決【米】
24 バルガス大統領,軍部の辞任要求で自殺【ブラジル】

SEATO 東南アジア条約機構

9 08 東南アジア条約機構SEATO設立
15 第1期全国人民代表大会第1回会議【中】
25 ネルー・スカルノ会談でAA会議開催を共同声明

10 02 ホー・チ・ミン軍がハノイを接収【越】
12 中ソ共同声明でソ連軍旅順撤退
17 ネルー=ホー・チ・ミン会談【中越】
18 ビルマ,SEATO参加拒否
19 ネルー・毛沢東会談【中印】
19 スエズ運河からの英軍撤退で正式調印【埃】
23 パリ協定で主権回復,再軍備【西独】

アルジェリア闘争へ

ナセル実権

11 01 アルジェリア民族解放戦線が反仏武力行使,独立戦争へ
09 ネルー,社会主義的インド建設を表明,強化を強調
10 吉田・アイゼンハウアー共同声明,対日援助
14 ナギブ大統領解任,ナセルが実権掌握【埃】
24 日本民主党結党大会【日】
人民行動党(PAP)結成【シンガポール】
29 ヨーロッパ安全保障会議【ソ東欧】
12 02 上院でマッカーシー非難決議案を可決【米】
07 吉田内閣総辞職,鳩山一郎内閣の成立【日】
23 ネルーとチトー,両国関係強化の共同声明
ゴムルカからの政治犯の大量釈放【波】

IMF経済

A

メーザー

太陽電池(米)

タウンズ【米】,バソフ,プロホロフ【ソ】,それぞれに独立にメーザーの発明,ゴードンら,メーザー発振に成功【米】
ソ連初の工業用原子力発電所始動【ソ】
ターボジェットエンジンの試作に成功(日本ジェットエンジン)【日】
太陽電池の発明(ベル研)【米】
ナッタ触媒によりアイソタクチックポリプロピレン合成に成功【伊】
マクルース・スチール社,酸素溶鉱炉設置【米】
C・J・ヤング,エレクトロファックス複写機発表【米】

B

パラメトロン FACOM100(日)

IBM,704,705発表,FORTRANの開発着手【米】

バローズE101

バローズE101電算機を発表【米】
アン・ワング,小型事務用コンピュータの生産開始【米】

ショックレーの半導体工場

ショックレー,パロアルトにショックレー・セミコンダクタ・ラボラトリ設立【米】
後藤英一,パラメトロン発明(東大,電電公社,国際電電で共同研究開始)【日】
リレー式FACOM100完成(富士通)【日】
和田弘トランジスタ(工業技術院),トランジスタ生産開始・市販(東京通信工業)【日】
マックリーン,ラッカーフィルムのコンデンサの発明【米】,クレマー,ドリフト型トランジスタの発明【独】,シリコントランジスタ発売(テキサス・インスツルメンツ社)【米】
ヨーロッパ7カ国とユーロビジョン結成【英】
ビスタビジョン初公開【日】

C

世界の電話保有台数9400万台
市外通話の時間制限撤廃,東京~名古屋~大阪間のマイクロウェーブ完成(電電公社),硬貨式卓上公衆電話が東京に登場【日】
メルセデス300SL,燃料噴射方式を採用【独】

ノーチラス号 原子力潜水艦

世界最大の空母フォレスタル進水,原子力潜水艦ノーチラス号進水【米】
アルファロメオ・ジュリエッタ発売(dピニンファリナ)【伊】
青函海底トンネル起工【日】

D

石油法制定で米国資本の支配はじまる【土】
国際石油財団との石油協定成立【イラン】

自治労 自治労協と自治労連の合同

自治労結成(自治労協と自治労連が合同)【日】
全労会議が結成大会,私鉄総連が賃上げ要求スト【日】
最低賃金法公布【日】
海外貿易振興会発足【日】,第1回日本国際見本市【大阪】,通産省が8品目の中国向け禁輸を解除【日】
アジア極東経済委員会(ECAFE)に正式加盟【日】
造船疑獄で指揮権発動【日】

E

ショッピングセンター「ノースランド」オープン(郊外化の進展)【米】
RCA,カラーテレビ発売【米】
国産テレビを発売(松下電器)【日】
アメリカン・モーターズ社,ケミカル銀行設立【米】,台湾塑膠(台湾プラスチック)設立【台湾】,CPフィード・ミル社設立【タイ】
近江絹糸スト,日鋼室蘭スト【日】

ラジオの文楽・志ん生、テレビの力道山、映画のゴジラ、街は貸本とカッパブックス。

1954

分子生物学時代へ

A

化石にアミノ酸

エーベルソン,デボン紀の化石からアミノ酸を発見【米】
ウォー,バチカーフ号によりアフリカのダカール沖で4500mまで潜水【仏】
ゴルドシュミット『地球化学』【諾】
セグレ,反陽子の確認【米】
フェラー「1次元における拡散過程」【米】
シュヴァレー『スピノルの代数的理論』『類体論』【仏】
李儼『中算史論叢』刊行開始【中】

B

ハクスリー筋肉すべり説

ウッドワードら,ストリキニンの合成【米】
ブーテナント,昆虫ホルモン「エクジソン」を単離【独】
ダルトンら,ゴルジ体の微細構造を示す【米】
フレンケルら,光合成においても光リン酸化反応があることを発見【米】
チャンス,呼吸電子伝達系のモデルを提出【米】
ハクスリーら,筋肉収縮のしくみで「すべり説」を提唱【英】
クリネ,レセルピンを精神病治療に導入【米】,分裂病治療にクロルプロマジン剤使用【加】,リリヘイ,開放心外科手術法に成功【米】,ガルドストン『社会医学の意味』【米】

C

マズロー心理学

A・マズロー『人間性の心理学』『モチベーションとパーソナリティ』【米】
スキナー,ティーチングマシン製作【米】
セシエー『分裂病の精神療法』【瑞】
フーコー『精神疾患と心理学』【仏】
ライル『ジレンマ』【英】
ジョン・リリー,アイソレーション・タンクをもちいた感覚遮断の実験開始【米】
エドマンド・リーチ『高地ビルマの政治体系』【英】
ステッツェル『菊と刀なき日本』【仏】
トゥルベツコイ『古代教会スラブ語文法』(38没)【チェコ】

D

M・カレツキー『経済変動の理論』【波】
ドラッカー『現代の経営』【米】
宇野弘蔵『経済政策論』【日】

グールドナー 産業社会学研究期

グールドナー『産業における官僚制』【米】
グッドマン『事実・虚構・予言』【米】
リースマン『個人主義の再検討』【米】
磯村英一『社会病理学』【日】
ルカーチ『理性の破壊』【洪】
シュバイツァー『現代平和の問題』【仏】
家永三郎『日本道徳思想史』【日】
コラール『ヨーロッパの略奪』【西】
和辻哲郎『鎖国』【日】
バナール『歴史における科学』【英】
ニーダム『中国の科学と文明』【英】
増田四郎『都市』【日】
鶴見俊輔『大衆芸術』【日】

ニーダム中国の科学と文明 バナール歴史における科学

E

エリアーデ『ヨガ』『永遠回帰の神話』【ルーマニア】

知覚の扉 オルダス・ハクスリー

A・ハクスリー『知覚の扉』【英】
創価学会,全国折伏を開始【日】

文鮮明 統一教会設立へ

文鮮明,統一教会を設立【韓】
シュリー・アーナンダムルーティ,アーンナンダ・マール教創始【印】
ハヴィガースト『人間の発達課題と教育』
伊登山隊がK2に初登頂【伊】
ウィーラー『発掘の理念』,トンプソン『マヤ文明の盛衰』【英】

ポップアート

A

ジョーンズの旗

ジャスパー・ジョーンズ画[旗]【米】
マチュー画[カペー王朝]【仏】
ペヴスナー作[平和の柱]【ソ→仏】,グレコ作[ピノッキオ]【伊】

セザール アマルガム彫刻

セザール,ヴィタヌーズの工場を仕事場に,アマルガム彫刻制作【仏】
タキス「シグナル・スカルプチュア」発表【伊】
エスティエンヌ,「革命・タシスム」発表(タピエとの論争)【仏】

B

河原温画[物置小屋の中の出来事]連作【日】
吉原治良,吉田稔郎,嶋本昭三ら,具体美術協会結成【日】
坂本繁二郎画[壁]【日】

八木一夫 陶芸界に前衛旋風

八木一夫作[ザムザ氏の散歩]【日】
小原豊雲,小原流を組織【日】

C

ジオ・ポンティ

F・アルビーニ設計[INAビル],ジョンソン設計[ティフレス・イスラエル教会]【伊】
SOM設計[デュッセルドルフのアメリカ領事館],プールヴェ設計[煉瓦壁とプレファブ部材の組み合わせによる実験住宅]【仏】
カンデラ&デ・ラ・モラ設計[サンタ・マリア・ミラクロサ]【西】,カーン設計[イェール大学アートギャラリー]【米】,ルシオ・コスタ設計[カレドニアの住宅団地]【ブラジル】
コルビュジェ提案[第3のユニテ]【B】
新ブルータリズムの概念提出される【英】

前川国男

丹下健三設計[香川県庁],前川国男設計[神奈川県立図書館・音楽室]【日】
ニコラ・シェフェール[空間力学・サイバネティクス・音響塔]【洪】
ジオ・ポンティd[アイディアル・スタンダード社衛生陶器セット]【伊】
桑沢デザイン研究所設立【日】
ウイリアム・クラインp[ブロードウェイ]【P】,シスキンp[石垣]【米】,エルスケンp[セーヌ左岸の恋]【P】

キャパ戦死

キャパ,インドシナ戦争で戦死【洪】
土門拳p[江東のこどもたち]【日】
ライツ社,ライカM3発売【独】,イーストマン社のトライX発売

D

フェリーニの道

プレミンジャー監[帰らざる河],ワイルダー監[麗しのサブリナ],ヒッチコック[裏窓]【米】
クロード・シャブロル監[いとこ同士]【仏】
ヴィスコンティ監[夏の嵐],フェリーニ監[道][青春群像]【伊】,カコヤニス監[ステラ]【希】

七人の侍 山椒大夫 地獄門

黒澤明監[七人の侍],衣笠貞之助監[地獄門]溝口健二監[山椒大夫]【日】

E

ベンジャミン・ブリテン曲[ねじの回転]【英】
ヴァレーズ曲[砂漠],ジョン・ケージ曲[一人のピアニストのための34分46.776秒]【米】,ブーレーズ曲[ル・マルトー・サン・メートル]【仏】

マデルナ,ベリオ

ハチャトリアン曲バレエ[スパルタクス]【ソ】
ブルーノ・マデルナ,ベリオの電子音楽スタジオに参加,前衛音楽指揮者として活躍【伊】
アズマカブキ,海外公演【日】
T・ウィリアムズ『熱いトタン屋根の上の猫』
郡司正勝『かぶき-様式と伝承』【日】

テレビと反文学

A

トールキン『指輪物語』(~55)【英】
マードック『網の中』【英】

サガン 悲しみよこんにちは

サガン『悲しみよこんにちは』【仏】
ビュトール『ミラノ通り』,ボーヴォワール『レ・マンダラン』,ボスコ『古物商』【仏】
T・マン『詐欺師フェーリクス・クルルの告白』,H・ベル『番人のいない家』【独】
ソルダーティ『カプリ島からの手紙』【伊】
フリッシュ『シュティラー』【瑞】
アシモフ『鋼鉄都市』【米】
エバン・ハンター『暴力教室』,フォークナー『寓話』,アナイス・ニン『愛の家のスパイ』【米】

エレンブルグ 雪どけ大論争へ

エレンブルグ『雪どけ』,レオーノフ『ロシアの森』【ソ】,カマラ・ライ『王の輝き』【西阿】
『紅楼夢』論争わきおこる【中】

B

ひかりごけ 驟雨 潮騒

福永武彦『冥府』『草の花』,三島由紀夫『潮騒』,武田泰淳『ひかりごけ』,吉行淳之介『驟雨』【日】
梅崎春生『砂時計』,小島信夫『アメリカン・スクール』,庄野潤三『プールサイド小景』【日】
西野辰吉『秩父困民党』【日】
黒田三郎『ひとりの女に』,村野四郎『抽象の城』,山本太郎『歩行者の祈りの唄』【日】

吉田健一・花田清輝

吉田健一『東西文学論』,花田清輝『アヴァンギャルド芸術』【日】
稲垣足穂『A感覚とV感覚』【日】
小林秀雄『近代絵画』,福田恆存『平和論の進め方についての疑問』【日】
寺山修司『チェホフ祭』【日】
『短歌』創刊【日】

C

ローマ教皇,テレビが家庭におよぼす害悪警告【伊】

深夜放送 文化放送若者に人気

文化放送が深夜放送を開始【日】
「宣伝会議」「日経広告手帖」創刊【日】
「暮らしの手帖」商品テスト開始【日】
貸し本屋の急増【日】
「スポーツ・イラストレイテッド」創刊【米】
「ロンドン・マガジン」創刊【英】

カッパブックス

神吉晴夫「カッパブックス」刊行【日】
林達夫,平凡社『世界大百科大事典』編集【日】

D

プレスリー

ソ連の核実験で日本海沿岸に放射能雨【日】
テレビ・ディナー登場【米】
経口避妊剤(ピル)開発【米】
美容サロン「カリタ」オープン【仏】
ヒロポン取り締まり開始【日】
人間ドックのはじまり【日】

カルダン 初のコレクション

カルダン,初のコレクション【仏】
チャチャチャの流行【米】

E

ゴジラ 力道山

エルビス・プレスリーのレコード大反響【米】
ボリス・ヴィアン「徴兵忌避者」【仏】
ピザパーラー,シェーキーズのオープン【米】
「ゴジラ」(円谷英二技術)【日】
力道山・木村組対シャープ兄弟のタッグマッチ,街頭テレビでプロレス熱高まる【日】
桂文楽,芸術祭賞受賞【日】
日本中央競馬界発足【日】
ザトペック,5000m新記録【チェコ】

プレスリーと、彼の欲求不満と反抗の邪教は我々の国の象徴となってしまった。
シャノン師『カトリック・サン』

BC 6000以前 / BC 6000 / BC 2200 / BC 1200 / BC 600 / BC 300 / 0 / 300 / 600 / 800 / 1000 / 1200 / 1300 / 1400 / 1500 / 1600 / 1650 / 1700 / 1760 / 1810 / 1840 / 1860 / 1880 / 1890 / 1900 / 1910 / 1920 / 1930 / 1940 / 1950 / 1960 / 1970 / 1980

トヨタのクラウンとホンダのドリーム号の発売の年、日本電気がコンピュータ開発を決意する。

ディズニーランドとシンセサイザーが、来るべきシミュレーション文化を予告する。

1955
昭和30

ネルー・周恩来・ナセル

1 02 レオン大統領暗殺【パナマ】
10 中国・ユーゴの外交関係樹立
12 ダレス,基本政策の大量報復論を強調【米】
19 原水爆禁止世界評議会が核兵器禁止のウィーンアピール

ブルガーニン マレンコフ失脚

2 08 マレンコフ失脚,後任にブルガーニン【ソ】
24 イラクとトルコ,バグダードで相互防衛条約調印
3 01 チャーチル,水爆製造を発表【英】
02 エジプトとシリア,新アラブ防衛同盟創立協定に調印

4 05 チャーチル辞任(イーデン内閣成立)【英】
18 第1回アジア・アフリカ会議で平和10原則の採択【バンドン】
5 05 国家政治会議,バオダイ主席の退位宣言【越】
07 英仏との友好条約破棄【ソ】
09 西独,NATOに加盟
13 ベトナム17度線以北の完全解放
14 米と軍事援助協定締結【カンボジア】
14 ソ連と東欧7カ国,ワルシャワ条約機構創設

AA会議

ワルシャワ条約機構

オーストリア独立

15 オーストリアの主権回復(独立)
26 在日朝鮮人総連合会結成【日】
31 公立学校での人種差別撤廃の実施命令【米】
6 01 ECSC6カ国会議,共同市場と原子力共同体創設に合意
03 米とイスラエルが原子力双務協定
21 日米原子力協定調印
反アパルトヘイト「人民会議」で自由憲章採択【南ア】

7 09 ラッセル・アインシュタイン宣言(原水爆戦争の危険を各国に警告)

ジュネーブ巨頭会談

18 米英仏ソ4国首脳会談【ジュネーブ】
25 西独で再軍備法を施行
27 共産党6全協で極左冒険主義批判【日】
8 06 第1回原水爆禁止世界大会【広島】
08 第1回原子力平和利用国際会議開催【ジュネーブ】
20 アルジェリアとモロッコで反仏暴動
9 08 アデナウアー訪ソ,国交回復【西独】

砂川闘争へ

13 砂川町の強制測量開始,労組・学生と警官隊衝突【日】
16 陸海軍の反乱によりペロン政権崩壊,軍事評議会が政権掌握【アルゼンチン】

10 13 社会党の左右両党統一【日】
20 エジプト・シリア相互防衛条約調印
26 南ベトナム共和国成立(大統領ゴ・ディン・ジエム)
26 エジプト・サウジアラビア軍事協定
11 03 イランがバグダード条約に加盟
13 アルゼンチンで無血クーデター,アランブル将軍が大統領に
15 自由民主党結成(自由党と民主党の保守合併)【日】
22 英と中東4カ国METO中東条約機構結成を発表
26 ソ連が水爆実験に成功【ソ】

保守合同(日)

キング牧師 バス・ボイコット

12 05 キング牧師の指導のもとアラバマでバス・ボイコット運動【米】
17 エジプトのアスワンハイダム建設資金供与を発表【米】
18 アフガニスタン経済援助について声明【ソ】

A 名古屋工業技術試験所,日本初の太陽炉完成
太陽エネルギー問題の第1回国際会議【米】
人形峠でウラン鉱床発見【日】
日本原子力研究所設立【日】
人造ダイヤの製造に成功【米】
理研光学工業,リコピーを開発【日】

トランジスタ・ラジオ

東京通信工業,トランジスタ・ラジオ発売【日】
ICI,ナトリウム還元によるチタン量産【英】
塩化ビニリデン繊維の生産(呉羽化学)【日】

B 新種トランジスタ「メサ」発表(ベル研)【米】
ベンディクス社,G15完成【米】
磁気ドラム式UNIVACファイルコンピュータ完成,FORTRANモニタシステム(バッチ処理CS)【米】
富士通,ラインプリンタ開発【日】
日本初の有料電算サービス(有隣電気精機)【日】
電子計算機調査委員会設立【日】
通信機,電機メーカー6社分担で外国機種を分解調査【日】

野田克彦 低速アナログ計算機

野田克彦,高性能低速アナログ計算機開発,MARKⅡ完成(電気試験所)【日】
日立製作所と日本電気,それぞれパラメトロン計算機の研究開始【日】

C 電電公社,クロスバー交換機の使用開始【日】
群馬で日本初のCATV実験(電電公社)【日】
東京〜大阪間でテレックスサービス開始【日】
電話の時報サービス開始(117番)【日】
ボーイング社,民間用ジェット機試作機「367-80」の初飛行成功【米】
キャンベラ・ジェット機がロンドン〜ニューヨーク間往復14時間45分4秒の世界新記録【英】
全マグネシウム飛行機のテストに成功【米】
パリモーターショーでシトロエンDS1発表【仏】
MG社,MG-A発売(スポーツカー全盛)【英】

クラウンとドリーム号

トヨタ自動車,トヨペットクラウンを発表【日】
本田技研がドリーム号販売開始【日】

D AFLとCIOの合同決定【米】
ソ連でパイプラインが稼働【ソ】
第1次5カ年計画実施【中】
「神武景気」はじまる,石油化学コンビナートの形成進展【日】
森永砒素ミルク中毒発生【日】
第1回東京日本国際見本市【東京】
経済企画庁設置【日】
日本生産性本部が創立【日】
総評系8単産,春闘賃上げ共闘戦術【日】

E ショックレー,パロアルトに半導体工場創立【米】
フォルクスワーゲンの生産,100万台突破【独】

小林宏治 コンピュータ開発へ

小林宏治,コンピュータ開発を決意(日電)【日】
レミントンランド社とスペリー社が合併,スペリーランド社設立【米】
テクストロン・アメリカン社,最初のコングロマリットとして組織【米】
ファースト・ナショナル・シティ銀行,チェース・マンハッタン銀行設立【米】

アメリカFOAと日本生産性本部

日本住宅公団

日本住宅公団設立【日】
富士重工業が富士工業など5社を吸収合併【日】
日本電報通信社が電通と改称【日】
ハトヤ(ニチイの前身)に日本初の衣料品セルフサービス導入【日】
三井石油化学工業設立【日】

1955

分子生物学時代へ

A
数値天気予報を現業化【米】
古地磁気の研究により大陸移動説が復活
バーデ,島宇宙の衝突を発見【米】
国際地球観測年に人工衛星を打ち上げるバンガード計画を発表【米】

反陽子創製
チェンバレン,セグレ,反陽子を人工的に創製【米】
ディユドンネ『古典群の幾何学』【仏】,ケリー『位相空間論』【米】
カンギレム『17,18世紀における反射概念の形成』【仏】
吉田光邦『日本科学史』【日】

B
ジョルソ,ハーヴェイ,チョッピン,トンプソン,シーボーグらのバークレーグループ,101番元素メンデレビウムを発見【米】
ボジソンら,ビタミンB12の構造決定【英】
サンガー,インシュリンの全化学構造解明(アミノ酸配列の決定)【英】
ホールら,人造ダイヤモンド製造【米】
フレンケル,コンラート,TMVの人工的再構成に成功(分子生物学の夜明け)【米】
オチョア,RNAの酵素的合成【米】
ギルマン,ペプチドホルモンを発見【米】
ミラー,ストロングら,カイネチンの発見【米】

分子生物学 フレンケル,コンラート オチョア,サンガー

ポリオワクチン ソーク実用へ
ソーク,ポリオワクチンを実用【米】
河野稔,荻野昇,イタイイタイ病について発表【日】

C
アリエティ『精神分裂病の心理』
カッツ,ラザースフェルト『パーソナル・インフルエンス』【米】
エーリッヒ・ノイマン『グレート・マザー』【イスラエル】

悲しき熱帯 レヴィ・ストロース
レヴィ=ストロース『悲しき熱帯』【仏】
金関丈夫『八重山群島の古代文化』【日】
宮本常一『民俗学への道』【日】
マッケイ「オートマンのための認識論的問題」【英】

D
コルム『財政と景気政策』【米】
サミュエルソン『経済学(第3版)』【米】
サイモン『組織と管理の基礎理論』【米】
ルイス『経済成長論』【英】
大塚久雄『共同体の基礎理論』【日】
フロム『正気の社会』【米】
ブラウ『官僚制の動態』【墺→米】
ホフスタッター『改革の時代』【米】
マルクーゼ『エロス的文明』【米】

サイファーとバルトルシャイティス

シュタイガー
アドルノ『プリズム』【独】,シュタイガー『解釈の方法』【瑞】,ボンティ『弁証法の冒険』【仏】
三浦つとむ『弁証法はどういう科学か』【日】
ボーヴォワール『現代の反動思想』【仏】
ピカート『人間と言葉』【瑞】
サイファー『ルネサンス様式の四段階』【米】
バルトルシャイティス『幻想の中世』,『アナモルフォーズ』【リトアニア】

E
ティヤール・ド・シャルダン『現象としての人間』【仏】
ルイス・ブイヤー『礼拝の精神』【仏】
キャンデル『変革期の教育』【米】
ヘイエルダール,イースター島の巨石文化調査(〜66)【諾】

ド・シャルダン

ポップアート

A
ラウシェンバーグ画[ベッド][判じ絵]【米】
J・ジョーンズ画[四つの顔のある標的]【米】
ダリ画[聖餐]【西】,キリコ画[イタリアの広場]【伊】,ピカソ画[アルジェの女たち]【仏】
エッシャー画[凸面と凹面]【蘭】
イヴ・クライン,オレンジ一色の絵出品【仏】
カルダー,ティンゲリー,ソトらの作品による[動き展]【P】
レオン・コソフ画[ラファエルの横顔]【英】

ドクメンタ カッセル テーマ設定・無受賞
第1回「ドクメンタ」展開催【独】,パリ青年ビエンナーレ創設【仏】

B
山口長男画[構成]【日】
嶋本昭三ら,「具体(GUTAI)」創刊【日】

谷内六郎 第1回文春漫画賞
第1回文春漫画賞に谷内六郎【日】
浜田庄司作[白釉面取角瓶](陶芸)【日】
西川寧没,書[隷書七言聯]【日】

手島右卿・上田桑鳩
手島右卿書[抱牛],上田桑鳩,前衛書道運動展開【日】

C
ヤコブセン設計[イェスペルセン社]【典】
ジャン・デ・カルロ設計[ウルビーノ大学職員のための住宅群],ソレリ&ミルズ共同設計[ソリメネ陶磁器工場]【伊】
サーリネン設計[MITオーディトリアム,チャペル],エルウッド設計[スミス邸],ルドルフ設計[ウェルズリー・カレッジ芸術センター]【米】
スターリング&ゴーワン設計[ハム・コモンの集合住宅],ウィルソン&コブカット設計[カムバーノールドの重層的都市核]【英】,丹下健三設計[広島平和記念館]【日】
グレゴール・パウルソン『芸術の社会的次元』,「社会的場」「象徴環境」の概念提出【典】
ウルム造形大学創立【独】
フリッツ・ゲルバー,ヘスターベルク,ホステットラー,ピーニ「アトリエ5」結成【瑞】
大辻清司ら,「キネカリグラフィ」結成【日】

ルドルフ

スタイケンの人間家族展
スタイケン企画「人間家族」展開催【NY】

D
ルネ・クレマン監[居酒屋],ラモリス監[赤い風船],アラン・レネ監[夜と霧]【仏】
バホダ監[汚れなき悪戯]【西】,アントニオーニ監[女ともだち]【伊】,エリア・カザン監[エデンの東]【米】,サタジット・レイ監[大地のうた]【印】
内田吐夢監[血槍富士],羽仁進監[教室の子供たち]【日】

アラン・レネ アントニオーニ

E
グレン・グールド,「ゴールドベルク」録音【加】
ベリオ,電子音楽スタジオ設立【伊】
前衛音楽誌「ライエ」創刊【独】
ヤニス・クセナキス曲[管弦楽のためのメタスタシス]【希】,ダラピッコラ曲[解放の歌]【伊】,フォルトナー曲[天地創造]【独】
早坂文雄曲[ユーカラ]【日】
武満徹,湯浅譲二,佐藤慶次郎,鈴木博義「室内楽作品発表会」,柴田南雄曲[立体放送のためのミュージック・コンクレート]【日】

クセナキス

シャンカール
ラヴィ・シャンカール,映画[大地のうた]の音楽担当【印】
オルセンら,シンセサイザー開発【米】
ダンサーズ・ワークショップ・カンパニー設立(アナ・ハルプリン)【米】

テレビと反文学

A
G・グリーン『おとなしいアメリカ人』,オーデン『アキレスの盾』【英】

マルグリット・デュラス
ガスカール『種子』,デュラス『辻公園』,ロブ=グリエ『覗く人』,ブランショ『文学空間』【仏】,リシャール『詩と深み』【仏】
サンドラール『世界の果てに連れてって』【仏】
アイヒ『雨の告知』【独】
プラトリーニ『メテロ』【伊】

ナボコフ,フィニイ
ギンズバーグ『吠える』,ナボコフ『ロリータ』
メイラー『鹿の園』,オコンナー『善人はめったにいない』【米】
アシモフ『永遠の終わり』,フィニイ『盗まれた街』【米】
ガルシア・マルケス『落葉』【コロンビア】
ショーロホフ『開かれた処女地』,パノーヴァ『セリョージャ』【ソ】
ナシャクドルジ『三角関係』【モンゴル】,ククリット・プラモート『赤い竹』【タイ】,グエン・ゴック『不敗の村』【越】

太陽の季節

B
平林たい子『砂漠の花』,幸田文『流れる』【日】
椎名麟三『美しい女』,石原慎太郎『太陽の季節』【日】
阿川弘之『雪の墓標』,武田泰淳『森と湖のまつり』,小島信夫『島』【日】
馬場あき子『早笛』,上田三四二『黙契』【日】
金子兜太『少年』,永田耕衣『吹毛集』【日】

鮎川・吉岡・入沢
吉岡実『静物』,関根弘『狼がきた』,入沢康雄『倖せそれとも不倖せ』,『鮎川信夫詩集』【日】

唐木順三 ベルクソンから数奇と無常へ
唐木順三『中世の文学』【日】

C
ヴィレッジ・ヴォイス
「ヴィレッジ・ヴォイス」創刊【NY】
『ギネスブック』刊行【英】
『広辞苑』と『諸橋大漢和』【日】
日本ジャーナリスト会議創立【日】
ディズニーランドがオープン【米】
ケンタッキー・フライドチキン,フランチャイズ展開開始【米】
ディオール,Yライン,Aラインを発表【仏】
ピンク色,マンボスタイル,テディ・ボーイスタイルの流行【米英】

D
有明海沿岸各県が農業による水産物被害対策を政府に要求【日】
アルミの1円硬貨発行【日】
ローザンヌで世界母親大会開催
売春婦約50万人(売春白書),婦人団体主導の悪書追放運動【日】
集団就職列車の開始,熱海に国営老人ホーム誕生【日】
船橋ヘルスセンター開場【日】

ディズニーランドと船橋ヘルスセンター

E
ビル・ヘイリー「ロック・アラウンド・ザ・クロック」,チャック・ベリー「メイベリーン」でデビュー【米】
セロニアス・モンク「ブリリアント・コーナーズ」,クリフォード・ブラウン「スタディ・イン・ブラウン」,チャールズ・ミンガス「直立猿人」【米】

J・ディーン 1年間の大スター
ジェームズ・ディーン,事故死【米】
春日八郎「別れの一本杉」【日】
キューバンキャッツ(のちのクレージーキャッツ)結成【日】

人間の性質のなかでも,誠実さはテレビをとおして現れるものである。
——リチャード・M・ニクソン

BC 6000以前 / BC 6000 / BC 2200 / BC 1200 / BC 600 / BC 300 / 0 / 300 / 600 / 800 / 1000 / 1200 / 1300 / 1400 / 1500 / 1600 / 1650 / 1700 / 1760 / 1810 / 1840 / 1860 / 1880 / 1890 / 1900 / 1910 / 1920 / 1930 / 1940 / 1950 / 1960 / 1970 / 1980

自然界にひそむ情報は、ひょっとして対称性(パリティ)をもたないのかもしれない。

1956
昭和31

反ソ動乱

スーダン、モロッコ、チュニジア独立

スターリン批判

1
01 スーダン独立
05 西独に長距離ミサイル・ナイキを配備する計画発表【米】
13 シリアとレバノンがイスラエルからの攻撃にそなえ相互防衛条約
31 クビシェツキ政権誕生,急速な工業化政策へ【ブラジル】

2
01 ワシントン宣言(アジア・アフリカ地域の反共体制強化)【米英】
06 カンボジア中立宣言
14 スターリン批判(第20回共産党大会)【ソ】

3
02 モロッコ独立
20 チュニジア独立
23 パキスタン憲法制定,世界初のイスラム共和国誕生

4
11 総選挙でバンダラナイケの人民連合戦線勝利【スリランカ】

コミンフォルム解散

17 コミンフォルム解散【ソ】
19 アメリカ,バグダード条約機構に参加
21 エジプト・サウジアラビア・イエメン3国軍事協定調印

百花斉放・百家争鳴

5
毛沢東「百花斉放・百家争鳴」提唱【中】
09 日比賠償協定調印,日ソ漁業条約調印
30 第1回アジア・アフリカ学生会議【バンドン】
31 シリア・ヨルダンが軍事協定

6
05 チトー,訪ソ(20 共同宣言)【ユーゴ】
23 国民投票でナセル大統領誕生【埃】

ポーランド動乱

スエズ運河国有化宣言

28 ポズナニで反ソ暴動【波】

7
02 国防会議結成【日】
18 チトー,ナセル,ネルー会談(ブリオニ島会談)【ユーゴ】
19 米・英,アスワンハイダムの建設援助を撤回【埃】
26 ナセル,スエズ国有化宣言(ソ連支持)【埃】

8
12 人民解放軍の攻勢【アルジェリア】

9
20 中国・ネパール条約締結(チベットでの中国の主権承認)
24 エジプト・ヨルダン・シリア3国軍事条約

ハンガリー事件

10
19 日ソ国交回復共同宣言
21 統一労働者党第1書記にゴムルカ復帰,10月改革の開始【波】
23 ハンガリー事件(ブダペストで反政府デモ,鎮圧にソ連軍出動)
26 ハンガリー反乱軍,東部と南部を占領,革命政府樹立宣言

中東戦争❷

29 イスラエル軍がエジプト侵入,第2次中東戦争開始
31 英仏空軍,エジプト領内軍事目標爆撃開始

11
イスラエル,エジプト,国連の停戦要請受諾
01 スエズ運河閉鎖(英仏空軍が運河爆撃)
01 ナジがワルシャワ条約機構脱退宣言,ソ連軍再介入【洪】
02 国連緊急特別総会(米提案のスエズ即時停戦決議案を英仏が拒否)
04 ソ連軍,1000台の戦車でブダペスト進駐,カダル政権成立【洪】
14 ソ連軍,ハンガリー全土制圧(ナジ逮捕)

12
02 カストロ,キューバ上陸
12 国連総会でソ連非難決議
15 英仏,エジプト即時撤退発表
16 日本,国連加盟

石橋湛山内閣

23 石橋湛山内閣成立【日】

生産合理主義

ダートマス会議 人工知能スタート

A
ビキニ環礁で初の水爆空中投下実験【米】
コールダーホール型原発1号炉運転開始【英】
マルクールで原子力発電開始【仏】
原子力委,民間原子力工場設立を許可【米】

東海村 原子力研究所

東海村に原子力研究所設置【日】
国産金属ウラン第1号製造【日】
科学技術庁,原子力委員会発足【日】
佐久間ダム完成【日】
高純度アルミ精錬法(チーグラー法)発明【独】

VTR 回転ヘッド式 アンペックス社

回転ヘッド方式による放送用ビデオテープレコーダ実用化(アンペックス社)【米】
45/45方式ステレオ・レコード開発【米】

B

FORTRAN

305RAMAC,650RAMAC発表,プログラム言語FORTRANを公表(IBM)【米】
アセンブラ言語SAP実用化【米】
論理プログラムAPL開発【米】
真空管式コンピュータFUJIC,ETL-MARKⅢ(プログラム内蔵型),リレー式FACOM128完成(富士通)【日】
和田弘,トランジスタ式コンピュータ【日】
シャノン,マッカーシー『オートマトンの研究』【米】
ダートマス会議(人工知能研究開始),ニューエルとサイモン「ロジックセオリスト」完成【米】
レー,拡散接合型トランジスタの開発【米】
マクリーン,タンタル固体電解コンデンサ開発【米】,バイエル社,ポリカーボネート・フィルムコンデンサ開発【独】

C
大西洋横断ケーブル開通
AT&T,司法省間の和解(データ処理参入の禁止など)【米】
東京〜仙台,大阪〜広島,広島〜福岡間にマイクロウェーブ開通【日】
日米間テレックス取り扱い開始
パラメトロン無線電信のモールス5単位交換機(KDD,三菱電機)【日】
世界最大6万トン空母「サラトガ」就役【米】
ツポレフTu104,最初のジェット輸送【ソ】
4万2500マイルの高速道路建設計画【米】
中国初の国産自動車「解放」が完成【中】
東海道線全線電化,日本道路公団設立【日】
アメリカ空前の繁栄(NYダウ521ドル5セントの高値)【米】

D
ガソリン配給制となる(スエズ危機で石油不足深刻化)【仏】
ソ連,北洋漁業制限を発表

千里馬運動 社会主義競争

千里馬運動(社会主義競争運動)展開【鮮】

神武景気

水俣病定認

経企庁,「経済白書」発表(神武景気)【日】
中立労連発足,鉄鋼労連統一スト【日】
年間造船量,起工,進水,施工とも世界1位【日】
水俣病患者,認定される【日】
繊維工業設備臨時措置法制定【日】

E
P&G社,歯磨き「クレスト」発売で多角化戦略本格化【米】

金星社 韓国の家電メーカー

家電メーカー金星社設立【韓】

AI元年(ダートマス会議)の年、ソ連の神話が初めて崩れはじめた。

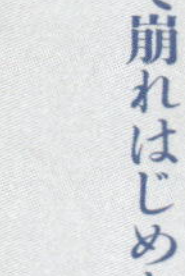

1956

科学文化の反省

パリティ崩壊 リー ヤン

A
ガモフ『宇宙進化論』【米】
メイヤー,火星・金星の電波をキャッチ
ピッチオーニら,反中性子の存在を確認【伊】
量子電子力学,ファインマンとダイソンによって一応の完成【米】
ベバトロン完成により反陽子(55)
反中性子の発見【米】
リーとヤンがパリティー非保存説,ウーらによって実験的に証明【米】

坂田模型
坂田昌一,坂田模型提唱(物質の無限の階層性提示)【日】
カルタン【仏】,アイレンバーグ【波→米】,『ホモロジー代数学』
ハイティング『直観主義入門』【蘭】

B
ワールブルグ,ペントースリン酸回路の全過程を解明【独】
ウォディトン『発生と分化の原理』【英】

コーンバーグ
コーンバーグ,DNA合成(遺伝情報の複製,解読伝達のしくみ解明)【米】
チョウとレバン,ヒトの染色体が46本であることを確認【典】

伝令RNA ボルキン アストラカン
ボルキン,アストラカン,伝令RNA発見【米】
モートンら,呼吸における電子伝達系の成分ユビキノンの抽出に成功【英】
李,成長ホルモン発表【米】
ボイド夫妻,血液型で人類を13集団に分類【米】

C
ウィナー『サイバネティクスはいかにして生まれたか』,アシュビー『サイバネティクス入門』【米】
ウォーフ『言語・思考・実在』,タルスキ『論理学・意味論・メタ数学』,ミラー『7プラスマイナス2:情報処理容量の限界』【米】

新フロイト派 サリヴァン ホーナイ
サリヴァン『精神医学の臨床研究』(新フロイト派),ベイトソン『精神分裂病の理論化に向けて』【米】
エヴァンス=プリチャード『ヌアー語の宗教』【英】

オクタヴィオ・パス
オクタヴィオ・パス『弓と竪琴』【墨】
アヌマーン・ラーチャトン『タイ旧慣習』【タイ】

桃太郎の母 石田英一郎 日本民族学
石田英一郎『桃太郎の母』【日】
ユングとケレーニー『トリックスター』【独】

D
ゴフマン『行為と演技-日常生活における自己呈示』【加】,パーソンズ『経済と社会』【米】
フリードマン『細分化された労働』【仏】

ブラウ官僚論
ブラウ『現代社会の官僚制』【米】
ホワイト『組織のなかの人間』【米】

パワー・エリート
ミルズ『パワー・エリート』【米】
ヒックス『需要理論』【英】
ボールディング『イメージ』【米】
モラン『映画,あるいは想像上の人間』【仏】,アドルノ『不協和音』【独】
ロバート・ベラー『日本近代化と宗教倫理』【米】

加藤周一 日本文化論
加藤周一『雑種文化』【日】
ゴルドマン『隠された神』【仏】
エアー『知識の問題』【英】

クリシュナムルティ

E
クリシュナムルティ『生と覚醒のコメンタリー』(〜61)【印】

ポップアート

ハミルトン ポップアート

A
ミショー,メスカリン服用によるオールオーヴァ・デッサン[みじめな奇蹟]【仏】
イヴ・クライン「エポカ・ブルー」【仏】

ハウズナー
ルドルフ・ハウズナー画[アダム]連作【墺】
リチャード・ハミルトンのコラージュ[今日の家庭をこれほど今までと違う風にし,魅力的にしているものは何か?]【英】
ケネス・クラーク『ザ・ヌード』【英】

B
岡鹿之助画[雪の発電所],浜口陽三画[パリの屋根],横山操画[炎炎桜島]【日】
日本橋高島屋「世界・今日の美術」展(アンフォルメル・ショック),志水楠男の南画廊設立【日】

吉原治良 具体美術宣言
吉原治良「具体美術宣言」【日】
ヴェネチア・ビエンナーレで棟方志功が版画部門グランプリ【日】
八木一夫,熊倉順吉ら,現代工芸協会創立【日】
井上有一書[愚徹]【日】

C

SOM スキッドモア・オーイングス・メリル
SOM設計[イングランド・スティール会社]【シカゴ】,サーリネン設計[アメリカ大使館]【アイドルワイド空港TWAビル】【米】
ネルヴィ&ヴィテロッツィ設計[パラツェット・デッロ・スポルト]【伊】
ヨーン・ウッツォン,シドニー・オペラハウスの国際コンペに入選【米】
J・ファン・デン・ブローク&J・B・バケマ設計[ヒルフェルスムの放送局][クライン・ドリューネ地区の開発計画]【蘭】
エットレ・ソットサスd「エレア9003」コンピュータ【伊】,エリオット・ノイズ,IBMのデザイン・コンサルタントに【米】
グレゴール・パウルソン『物の形と効用』(グッド・デザイン運動のテキストブック)【典】
ベンゼ『美的情報』,情報理論をデザインに【独】
ハーバート・バイアー「ワールド・ジオグラフィック・アトラス」編集【米】
栄久庵憲司,GK研究所設立【日】

ソットサスとノイズ

濱谷浩・滝口修造
濱谷浩「北国」(写真集)【日】
日本主観主義写真連盟(滝口修造ほか)【日】

D

ロジェ・バディム 素直な悪女
ロジェ・バディム監[素直な悪女],ロベール・ブレッソン監[抵抗]【仏】,ピエトロ・ジェルミ監[鉄道員]【伊】,ワイダ監[地下水道]【波】
今井正監[真昼の暗黒]【日】
クストー監[沈黙の世界](協力ルイ・マル)【仏】

シュトックハウゼン

E
シュトックハウゼン曲[声と電子音による少年の歌][ツァイトマーセ]【独】,ノーノ[イル・カント・リスペーソ]【伊】
諸井誠,黛敏郎曲[7つのバリエーション]【日】
ジョン・オズボーン作[怒りをこめてふりかえれ]【英】,バロー演出[ヴァスコの物語](ジョルジュ・シェアデ)【仏】

暗黒舞踏派
土方巽ら,暗黒舞踏派結成,「650ダンス・エクスペリエンス」の会【日】

テレビと反文学

アウトサイダー

A
コリン・ウィルソン『アウトサイダー』【英】
カワード『ヴァイオリンを持った裸婦』【英】,ギャスコイン『夜想』【英】

ビュトール アンチ・ロマン
ビュトール『時間割り』,サロート『不信の時代』,バザン『愛せないのに』,ボスコ『バレスタ家』【仏】
カトリーヌ・アルレー『わらの女』【仏】
シュミット『石の心臓』,ノサック『螺旋』,ヤーン『鉛の夜』【独】
デュレンマット『老婦人の帰国』【瑞】
ネーメット『エーゲテー・エステル』【丁】,イワシュケーヴィッチ『光栄と賞賛』【波】
ウィルバー『この世の事』,バース『水上オペラ』,ライト・モリス『幻の荒野』,ボールドウィン『ジョヴァンニの部屋』【米】
ベスター『虎よ!虎よ!』【米】

パステルナーク ドクトル・ジバゴ
パステルナーク『ドクトル・ジバゴ』【ソ】
コルタサル『遊戯の終わり』【アルゼンチン】,カルペンティエル『狩り』【キューバ】,ローザ『大いなる奥地,その小道』【ブラジル】,パント『スワルン・キラン』【印】
黄健『ケマ高原』【韓】,バダルチ『線香の火』【モンゴル】
漢字簡化方案公布(のち一部修正)【中】

B
石川淳『紫苑物語』,谷崎潤一郎『鍵』,三島由紀夫『金閣寺』【日】
室生犀星『杏っ子』,五味川純平『人間の条件』,深沢七郎『楢山節考』,島尾敏雄『夢の中での日常』,富士正晴『贋・久坂葉子伝』【日】
柴田錬三郎『眠狂四郎無頼控』【日】
原田康子『挽歌』ベストセラー【日】

鍵,金閣寺,挽歌 楢山節考,杏っ子

塚本邦雄 短歌集 装飾楽句
塚本邦雄『装飾楽句』【日】
青年歌人会議結成【日】
江藤淳『夏目漱石』【日】
大宅壮一『無思想人宣言』【日】
平野謙『政治と文学の間』,吉本隆明・武井昭夫『文学者の戦争責任』【日】

C
E・バルヌー『マスコミュニケーション』【米】
万国著作権条約
議会図書館,ナショナル・ユニオン・カタログ刊行開始【米】
NHKテレビ「チロリン村とくるみの木」放送開始【日】

国文学,ユリイカ
「国文学」,「ミステリマガジン」,「ユリイカ」,「週刊新潮」創刊【日】
劇画雑誌「影」創刊【日】

週刊新潮

D
プレスリー「ハートブレイク・ホテル」,リトル・リチャード「のっぽのサリー」【米】
シローキン『アメリカの性革命』【米】
深夜喫茶取締都条例を可決【東京】

売春防止法公布
売春防止法公布【日】
文部省,全国学力調査を実施【日】

E
「マイ・フェア・レディ」初演【NY】
ソニー・ロリンズ「サクソフォン・コロッサス」
ジェームズ・ブラウン「プリーズ・プリーズ・プリーズ」【米】
三橋美智也「りんご村から」「哀愁列車」【日】
ペレがブラジルサントスと契約,サッカーの王様デビュー【ブラジル】
メルボルン・オリンピック【豪】,トニー・ザイラー,アルペンを制す(第7回冬季五輪)【伊】

新たに発見された電子音響の無限の空間は交通標識の役目をはたす。
シュトックハウゼン

人工衛星が打ち上げられ、データ情報が通信できるようになり、ハイテク・ベンチャーがシリコンバレーに産声をあげる。

1957
昭和32

反ソ動乱

カストロとゲバラ

1
06 アイゼンハウアー・ドクトリン,新中東政策の発表(19 アラブ4国の拒否,22 バグダード条約の支持)【米】
09 マクミラン内閣成立(イーデン首相,スエズ危機の引責辞任)【英】
18 中ソ共同宣言発表
19 周恩来,カシミール問題でインド支持【中】

2
08 サウジアラビアに軍事援助を確約【米】
18 仏軍撤退要求【チュニジア】

岸内閣 日米安保体制へ
25 岸信介内閣成立【日】
マウマウ団最高指導者デダン・キマジに絞首刑執行【ケニア】

3
02 インドネシア東部で軍人による反政府運動勃発

ガーナ独立
06 エンクルマ指導のもと,ガーナ共和国独立
21 米英首脳会談(スエズ危機による米英関係の修復が目的)
25 ローマ条約調印(EEC,EURATOM設立決定)
28 ソ連軍の恒久的駐留を承認【洪】

4
09 スエズ運河全面解放発表【埃】
14 ヨルダンの反政府運動鎮圧,フセイン国王がナワル参謀総長を解任

整風運動 中国の自己点検
27 整風運動おこる【中】
27 集団農場廃止を決議【ユーゴ】
28 ヨルダン,サウジアラビア国王会談

5
07 フルシチョフ,国内経済政策発表(中央集権体質の改善)【ソ】
17 クリスマス島で第1回水爆実験【英】

6
03 中東条約機構に加盟【米】
21 日米共同声明発表
22 マレンコフ,モロトフ,カガノビチ,シェピーロフ解任【ソ】

7
01 東京の国連軍司令部が韓国へ移動
06 第1回パグウォッシュ会議開催
12 カストロ,シェラ・マエストラ宣言発表【キューバ】
21 オマーンでアラブ人民蜂起
25 チュニジア,共和国宣言
26 議会が中立政策法採択【カンボジア】

8
05 英・マラヤ連邦独立協定調印

日米安全保障委
06 日米安全保障委員会発足
06 北アメリカ防空協定締結【米加】

9
03 エジプト・シリア経済同盟

黒人選挙権 アメリカで保証
09 黒人の投票権などを含む公民権法成立【米】
16 ユーゴ・ポーランド共同宣言
17 タイ陸軍がクーデター(ピブン首相,カンボジア亡命)
19 アルジェリア共和国臨時政府樹立

中ソ亀裂

東京八五〇万人

10
01 国連安保理非常任理事国に当選【日】
03 ワルシャワ学生暴動【波】

11
10 中国共産党中央委員会,ソ連共産党の「平和移行論」批判【中】
14 共産圏12カ国共産党・労働者党指導者会議
16 世界64カ国共産党・労働者党会議で平和宣言発表【モスクワ】
18「東風が西風を圧倒する」論を毛沢東が展開【中】
22 モスクワ宣言(ユーゴ非難)

12
06 日ソ通商条約調印

AA人民連帯会議
26 第1回アジア・アフリカ人民連帯会議

宇宙開発と通信

スプートニク号

A
スプートニク1号,ライカ犬をのせた2号打上げ成功【ソ】
加圧式原子力発電所稼働開始【米】
原子力砕氷船レーニン号進水【ソ】

ICBM 米ソ同時開発
ICBM実験成功【米ソ】
ポラリス・ミサイル製造に着手【米】
ファーサイド(4段式ロケット)打上げに成功【米】,糸川英夫ら,国産ロケット1号機カッパーC型発射成功【日】
ウィンズケール原子炉で火災事故【英】
東海村の研究用原子炉が臨界【日】
ベル研究所,固体レーザー開発【米】
ストーキー,パイロセラム(磁器化ガラス)の発明【米】
ポリプロピレンの商業生産開始(モンテカチニ社)【伊】
ワンケル,ロータリーエンジンの開発【独】
天然ガスによる初のガスタービン発電所完成(北海道電力)【日】
日本科学技術情報センター(JICST)設立【日】

B
IBM709発表【米】

MUSASHINO 1号 電電公社 電気通信研究所
パラメトロン式のコンピュータMUSASHINO1号完成(電電公社・電気通信研究所),高田昇平,パラメトロン方式のHIPAC1完成(日立)【日】
和田弘設計,磁気ドラム使用のETL,MARK Ⅵ完成(国産メーカーのトランジスタ・コンピュータ開発開始)【日】
ウォールマーク,電界効果トランジスタ(FET)を開発【米】
DOFL,素子の超小型化計画発表【米】
W・フェッター,ボーイング737の設計にコンピュータ・グラフィック使用(CAD・CAMへ)【米】
通産省工業局に電子工業課設置,日本電子工業振興協会発足【日】

データ通信(米)

C
電話線を利用したデータ通信はじまる【米】
ハッシュ・ア・ホン判決(自営の秘話装置接続を認める)【米】
NHKとNTV,カラーテレビ実験放送【日】
本土縦断マイクロウェーブ回線網完成【日】

D
公労協争議激化,国鉄労組抜打ち職場大会【日】
杵島炭鉱企業整備反対の無期限スト【日】
通産省,対共産圏禁輸リスト222品目発表【日】
乗用車,トラックの輸出本格化【日】
なべ底不況(～58)【日】
シビック・トラスト設立【英】

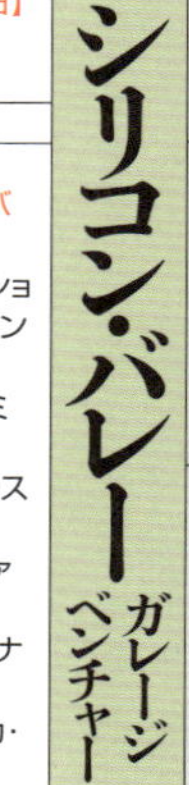

E
ノイスら,フェアチャイルド・セミコンダクタ社を設立(シリコン・バレー)【米】
コントロールデータコーポレーション(CDC),デジタルエクイップメント社設立【米】
P&G社,チャーミン・ペーパー・ミル社買収で川下化【米】
Kマート社長カニンガム,DDSのストアコンセプト確立【米】
吉田工業(YKK),黒田工場でファスナーの一貫生産を実施【日】
野田醤油,キッコーマンインターナショナル社設立【SF】
日本原子力発電所設立,日本コカ・コーラ設立【日】

モータウン・レコードと「ウエストサイド物語」。ポップスだけで生きられる世代が登場した。

1957

科学文化の反省

A

電波望遠鏡 ジョドレルバンク

世界最大の電波望遠鏡完成(ジョドレルバンク天文台)【英】,ハーバード大学天文台,土星の電波をキャッチ【米】,ユックル天文台,彗星の電波をキャッチ【白】
ファイマンとゲルマン,VマイナスA理論提出【米】

超伝導BCS理論

バーディーン,クーパー,シュリーファー,超伝導のBCS理論提出【米】
ファン・デル・ヴェルデン『数理統計学』【蘭】

B

バーネット免疫学

クリックが「tRNA仮説」を提出【米】
ケンドルー,ミオグロビン立体構造研究【英】
ティンバーゲン『生得的解発機構の研究』【英】
テイラー,DNA複製の機構を研究,メセルソンとスタール,DNAの半保存的複製証明【米】
バーネット,免疫抗体産出機構のクローン選択説【豪】
ベンソン,カルビンら,「カルビン回路」(光合成の暗反応)【米】
マックリーン,大脳周縁系と性本能との関係解明【米】
長野泰一らとアイザクスら,各独立に細胞内の抗ウイルス性の蛋白質インターフェロンを発見【日英】
梅沢浜夫ら,カナマイシンを発見【日】

マトゥラナ 情報の自己組織化

レトヴィン,マトゥラナ,マカロック,ピッツ「蛙の目は蛙の脳に何を告げるのか」【米】

C

チョムスキー文法の構造

スキナー『言語行動』(オペラント法の言語情報への適応)【米】
ビンスワンガー『精神分裂病』,ボス『精神分析と現存在分析』【瑞】
オイゲン・フィンク『遊戯の存在論』【独】

聖と俗 エリアーデの思想の普及へ

エリアーデ『聖と俗』【ルーマニア】
宮本常一『日本の子供たち』【日】

生態史観 梅棹忠夫

梅棹忠夫「文明の生態史観」【日】
N・チョムスキー『文法の構造』【米】
大野晋『日本語の起源』【日】

D

ハイデッガー 同一性と差異

ドマー『経済成長の理論』,バラン『成長の経済学』,フリードマン『消費の経済理論』【米】
ミュルダール『経済理論と低開発地域』【典】
ポランニー『経済の文明史』【洪】
レオポルド・コール『国民国家の解体』
川島武宜『イデオロギーとしての家族』,丸山真男『現代政治の思想と行動』【日】
加藤秀俊『中間文化』,きだみのる『日本文化の根底に潜むもの』【日】
ハイデッカー『同一性と差異』【独】
バシュラール『空間の詩学』,バタイユ『エロティシズム』,ロラン・バルト『神話作用』,ジャンケレビッチ『不可知と殆無』【仏】
ウィットフォーゲル『東洋的専制主義』【独】
クーン『コペルニクス革命』【米】
アーノルド・ゲーレン『技術時代の心』【独】
ポパー『歴史主義の貧困』【英】
コイレ『閉じた世界からの無限宇宙へ』【仏】
ノースロップ・フライ『批評の解剖』【加】
ルネ・ホッケ『迷宮としての世界』【独】

ロッシ『魔術から科学へ』【伊】

E

ショーレム『ユダヤ神秘主義』【イスラエル】
カントロヴィチ『王の二つの身体:中世政治神学の研究』【米】

ヌーヴェル・ヴァーグ

A

ハインツ・マック,オットー・ピーネらグループ・ゼロ組織【デュッセルドルフ】
ゾルタン・ケメニー,鉄と銅などの既製品によるレリーフ発表【瑞】
ロスコ画[黒の上のライトレッド],ラウシェンバーグ画[赤文字のSのペインティング],サム・フランシス画[夏][無題],スティル[1957-D第1番]【米】
ワイエス画[ブラウン・スイス],エルズワース・ケリー画[ニューヨーク]【米】
マグリット画[青春の泉]【白】
トワイヤン画[鞘の外の7本の剣]【チェコ】

レオ・カステリ 画廊開設

レオ・カステリ,マンハッタンに初めて画廊を開く【米】
エティエンヌ・ジルソン『絵画とリアリティー』【仏】

B

横山操

横山操画[塔],瑛九画[花火A],斎藤義重画[息]【日】
第1回京都アンデパンダン展,第1回東京国際版画ビエンナーレ展,第1回アジア青年美術家展【日】
鈴木翠軒書[禅林夢美人]【日】

C

丹下健三

ファン・デン・ブローク&バケマ設計[ハンザ地区高層棟](～60),アイアーマン&ルーフ設計[ブリュッセル万国博覧会ドイツ館],フライ・オットー設計[ケルン展覧会場,水上の星型園亭]【独】,サーリネン父子設計[GM技術研究所]【米】,SOM設計[ランベール銀行]【独】
ヤング,ウィルモット『イーストロンドンの血縁構造』【英】
ヘントリッヒ&ペチュニッヒ設計[デュッセンハウス]【デュッセルドルフ】
ヨナ・フリートマン[空間的パリ]案【仏】

ブラジリア計画

オスカー・ニーマイヤー,ブラジリア計画最高顧問に就任,ルシオ・コスタ,ブラジリア都市設計競技に優勝【ブラジル】
ゴットマン『メガロポリス』論【米】
丹下健三設計「東京都庁舎」【日】
サーリネンd[チューリップチェア]【芬】
GE社のスチーム・アイロン【米】,ニルス・ランドベリd,テーブル・セット(オレフォルス社)【芬】

ID アイヒラー ランドベリ

フリッツ・アイヒラーd「キッチン・マシーンKM321」(ブラウン社)【独】
『インダストリアルデザイン』創刊【米】
工芸工業雑誌『フォルム』創刊【独】
グッド・デザイン商品制度制定【日】
ユニヴァース,ハースグロテスク書体発表【瑞】
ウイリアム・クラインp[ニューヨーク]【P】
ウィン・バロックp[果てしなき航海]【米】
福島辰夫の呼びかけにより「10人の眼」展【日】

D

ワイダ灰とダイヤモンド ベルイマン野いちご

バディム監[大運河],ルイ・マル監[死刑台のエレベーター]【仏】,ワイダ監[灰とダイヤモンド]【波】,ベルイマン監[野いちご]【典】
ジョン・カサヴェテス監[アメリカの影],フォード監[OK牧場の決闘]【米】
川島雄三監[幕末太陽伝]【日】

E

メシアン曲[鳥のカタログ]【仏】
マデルナ曲[2次元のための音楽]
イリノイ大学,レジャノン・ヒラー,レナード・アイザクソン曲[イリアック組曲]【米】

吉田秀和 20世紀音楽研究所

吉田秀和ら「二十世紀音楽研究所」設立【日】
サミュエル・バーバー曲[ヴァネッサ]【米】

テレビと反文学

A

ダレル アレキサンドリア・カルテット

F・キング『未亡人』,カーカップ『洞穴への下降』,マードック『砂の城』【英】
ダレル『アレキサンドリア・カルテット』【英】
ヒューズ『雨中の鷹』,ホイル『暗黒星雲』【英】
マクリーン『ナバロンの要塞』【英】
ネビル・シュート『渚にて』【英】
グルニエ『存在の不幸』,クロード・シモン『風』,ビュトール『心変わり』,ロブ=グリエ『嫉妬』【仏】
イェンス『オデュセウスの遺書』,エンツェンスベルガー『狼たちの弁明』【独】
カルヴィーノ『木のぼり男爵』【伊】
ガッダ『メルラーナ街の恐るべき混乱』【伊】
ケルアック『路上』,マラマッド『アシスタント』【米】

ハインライン、ディック

チーバー『ウォップショット年代記』,ハインライン『夏への扉』,ディック『宇宙の眼』【米】
バリンジャー『消された時間』【米】
エフレーモフ『アンドロメダ星雲』,クズネツォフ『伝説の続き』【ソ】
オルイッチ『空への旅』【ユーゴ】

B

井上靖、遠藤周作 松本清張、開高健

石川達三『人間の壁』【日】
井上靖『天平の甍』,遠藤周作『海と毒薬』,開高健『裸の王様』,松本清張『点と線』,宇野千代『おはん』【日】
大江健三郎『死者の奢り』【日】,中野重治『梨の花』,小川国夫『アポロンの島』【日】
武林無想庵『むさうあん物語』開始(～69)【日】
天沢退二郎『道道』【日】

C

ジョン=マリ・ドムナク,『エスプリ』編集長に【仏】
NHK,FM放送を開始【日】
「赤胴鈴之助」開始(ラジオ東京)【日】

初の女性週刊誌 週刊女性

『週刊女性』創刊(女性週刊誌の初め)【日】
庄司浅水『印刷文化史』【日】
NHKテレビが大相撲秋場所中継でスローモーション・フィルム録画初使用【日】
バンス・パッカード,サブリミナル広告を警告【米】

D

ウェストサイド物語

ブロードウェー・ミュージカル「ウェストサイド物語」2年余,891回のロングランはじまる【米】

セシル・カット

『悲しみよこんにちは』映画化,セシル・カット流行【仏】
バルマン,香水「ジョリ・マダム」発表【仏】
杉浦茂『少年西遊記』【日】
東京の人口,851万8622人で世界一

E

ソウル モータウン・レコード

モータウン・レコード設立,キングストン・トリオ結成【米】
ジャマイカでスカ誕生【ジャマイカ】
バディ・ホリー「ペギー・スー」【米】
フランク永井「有楽町で会いましょう」【日】
ビール製造4社,100円ビール(500cc入り中びん)【日】
トランキライザー発売(武田薬品)

志ん生絶頂 栃錦と若乃花

古今亭志ん生,落語協会会長に【日】
金田正一,2000奪三振達成【日】

ぼくらのしていることは、ただの砂を金に変えるなんてことじゃない。ある意味では砂を知能に変えているんですよ。これこそ錬金術さ。
マイケル・ロジャース『シリコン・バレー』

すでに世界の舞台はアジア・アラブに移っている。

1958
昭和33

第三世界の時代

アラブ連邦 イラク ヨルダン

1 23 ベネズエラで革命,軍事評議会がヒメネス大統領を追放
27 文化交換協定に調印【米ソ】
2 01 アラブ連合共和国発足(21 国民投票で承認)【埃・シリア】
04 インドに初の円借款【日】
14 ヨルダンとイラク,アラブ連邦を設立
15 反乱軍が政府樹立を宣言【インドネシア】
23 フロンデシが大統領に当選【アルゼンチン】
3 02 アラブ連合イエメンが連邦協定
07 カストロがバチスタ政権に全面戦争を宣言【キューバ】
27 ブルガーニン首相辞任【ソ】
31 核実験の停止を宣言【ソ】

アラブ連合 エジプト シリア

4 15 第1回アフリカ独立諸国会議(参加8カ国)【アクラ】
27 タンジールでチュニジア,モロッコ,アルジェリア各民族派の代表が会合
5 05 ポーランド外相ラパツキの中欧非核地帯設置構想を仏が拒否
05 中国がユーゴを現代修正主義として批判
06 トリポリで反米暴動(全土で反政府闘争に発展)【レバノン】
17 アルジェリア暴動で国民議会が非常事態宣言【仏】
6 01 ド=ゴール内閣成立,6カ月間の全権【仏】
01 全学連共産党グループが党中央と対立【日】

7 14 イラクで軍事クーデター,ファサイル王朝を打倒し共和国樹立
15 レバノンに海兵隊上陸開始【米】
15 落下傘部隊がヨルダンに降下【英】
19 アラブ連合,イラクと共同防衛協定
22 プーマ首相辞任【ラオス】

フルシチョフ 北京を訪問

31 フルシチョフが北京訪問【ソ】
8 23 金門島砲撃で台湾海峡に緊張【中台湾】

人民公社 中国社会の基礎単位

9 29 中国共産党政治局,人民公社設立を決議
07 第7艦隊,金門島へ物資輸送船団派遣【米】
11 藤山・ダレス会談,日米安保改定で合意
19 アルジェリア共和国臨時政府樹立宣言【カイロ】
26 ビルマで軍事クーデター,ネ・ウィン将軍が政権奪取【ビルマ】

軍部クーデター タイ、パキスタン スーダン、ビルマ

ギニア独立

10 02 セク=トゥーレ指導のもと,ギニア共和国独立宣言
07 ミルザ大統領が憲法廃止,戒厳令発令【パキスタン】
14 岸首相,憲法9条廃止発言【日】
14 マダガスカル,フランス共同体内の共和国を宣言
20 タイで軍部クーデター,サリット将軍が政権掌握【タイ】
24 軍部の無血クーデター,ミルザ大統領辞任,後任にアユブ・カーン将軍【パキスタン】
31 毛沢東「帝国主義,反動派は張り子の虎」論展開【中】
31 核実験停止のための米英ソ3国会議【ジュネーブ】
12 08 アクラで第1回全アフリカ人民会議
25 タイがカンボジアとの国境を閉鎖

ブリュッセル博❷

宇宙開発と通信

NASA航空宇宙局

A 空軍,ICBM「アトラス」全射程実験成功【米】
NASA(航空宇宙局)設置【米】
人工衛星エクスプローラー1号打上げ成功【米】
江崎玲於奈,エサキダイオード発明【日】
ビデオテープレコーダーの国産化成功(NHK技研)【日】
ディボル,産業用プレイバックロボット商品化【米】

B IBM7090,7070開発,UNIVAC1105完成【米】
IBM305RAMRCで磁気ディスク装置実用化【米】
FORTRANII完成(IBM),カーネギー工科大学で記号処理言語IPL-V完成,ALGOL開発開始【米】
ニューウェル,ショー,サイモン「チェスをするプログラムと複雑性の問題」【米】
日本IBM計算センター開設【日】
トランジスタ式NEAC2201,パラメトロン式NEAC1101完成(日本電気)【日】
米空軍,SAGEシステム開発(初のリアルタイム処理)【米】
RCA,陸軍の主唱によるMM(マイクロモジュール)計画推進【米】
渡辺和設計,SENAC組立開始(東北大学,日電)【日】
テキサツ・インスツルメンツ社,IC開発【米】

IC 開発

C 世界初の通信衛星スコア打上げ【米】
マイクロウェーブ,本土縦断完成【日】

商業ジェット機

パン・アメリカン航空,初の商業ジェット航路開設【米】
国産ジェット練習機T1初飛行【日】
関門国道トンネル開通【日】
道路整備緊急措置法公布【日】

EEC

D EEC発足(ローマ条約発効)
欧州通貨協定(EMA)発足
失業者510万人【米】

AA経済会議

第1回アジア・アフリカ経済会議【カイロ】
ワイブイシェフ水力発電所落成【ソ】
東京電力,新東京火力発電所の送電開始【日】
炭労,賃上げで重点無期限スト【日】
日本貿易振興会(JETRO)発足【日】
日中鉄鋼協定成立
八郎潟干拓事業の起工【日】
全日本農民組合連合会結成【日】
アラビア石油,クウェートと油田開発協定【日】
三井石油化学など,ポリエチレン量産開始【日】
日産自動車,ダットサンの対米輸出開始【日】
トヨタ自工,対米輸出自動車第1陣30台を船積み【日】
フジ系情報コンツェルン形成【日】
東芝タンガロイ,国産初のセラミック工具タンガロックスを発表【日】

自動車輸出 トヨタ 日産

E アメリカン・エキスプレス,クレジットカード導入,バンク・オブ・アメリカがバンカメリカード導入
ダウ・ケミカル社,多国籍展開の開始【米】
中小企業投資育成会社(SBIC),350社【米】

ダイエー開店

主婦の店ダイエーが開店【日】
第一物産,三井物産,合併契約【日】

ソニー誕生

東京通信工業が社名をソニーと改称,日本ユニバック,アラビア石油設立【日】

カイヨワとポランニーが、見逃されてきた思索の奥の情報を考察する。

世界のソニーか、主婦のダイエーか。日本でもベンチャー企業の戦闘開始。

1958

科学文化の反省

A

ヴァン・アレン帯の発見【米】
アンダーソン,無秩序系における電子の波動関数の局在化【米】

メスバウアー効果

メスバウアー,イリジウム-191についてメスバウアー効果を発見【独】
サハロフ,核実験の停止をフルシチョフに要請【ソ】
ハイゼンベルグ『現代物理学の思想』【独】
ハンソン『科学的発見のパターン』【米】
ベルナイス,フランケル『公理論的集合論』
ザリツスキー,サミュエル『可変代数I』【米】
フックス『アーベル群』【独】
ヴェイユ『ケーラー多様体入門』【仏】

ホログラフィー

ガボール,ホログラフィーの発明【米】

B

ファーガソン,液晶の分子構造・光学的性質の解明と工業化の研究【米】
クリック,セントラルドグマを提唱【英】
オルズ,ネズミの脳を刺激して動機づけの機構を研究【米】
ペルツ,ヘモグロビンの立体構造の研究【英】
モスクワ医学研究所のデミホフ,双頭の犬をつくることに成功【ソ】

中国はり麻酔

中国ではり麻酔の実施【中】

C

フィリップ・バグビー『文化と歴史』【米】
スタロバンスキー『透明と障害』【瑞】
レヴィ=ストロース『構造人類学』【仏】
カパディア『インドの婚姻と家族』【印】
岡正雄,石田英一郎,江上波夫ほか『日本民俗の起源』【日】

D

ゆたかな社会

カイヨワ 遊びと人間

ガルブレイス『ゆたかな社会』,クライン『計量経済学』,サミュエルソン,ドーフマン,ソロウ『線形計画と経済分析』,マーチ,サイモン『オーガニゼーションズ』,アベグレン『日本の経営』【米】
ウィンチ『社会科学の理念』【英】
ヤング『メリトクラシーの法則』【米】
カイヨワ『遊びと人間』【仏】
ジョン・U・ネフ『産業文明の文化的基盤』
磯村英一『性の社会病理-日本の売春にみるもの』【日】
前田信二郎『売春と人身売買の歴史』【日】
岡崎文規『自殺の国』【日】
ロナルド・ドーア『都市の日本人』【米】

ルフェーブル 日常生活批判序説

加藤秀俊 テレビ時代

加藤秀俊『テレビ時代』【日】
ウォルター・オング『ラムス:方法の確立と対話の衰退』【米】
ロールズ『公正としての正義』【米】
ルフェーブル『日常生活批判序説』【仏】
E・H・カー『一国社会主義』【英】
ヒューズ『意識と社会』【米】
M・ポランニー『個人的知識』【洪】

暗黙知

谷川雁 原点が存在する

谷川雁『原点が存在する』【日】
オルテガ『演劇の理念』『ゴヤ論』【西】

E

宇井伯寿『瑜伽論研究』【日】
賀川豊彦『宇宙の目的』【日】
イギリスのフックス隊,南極大陸を横断【英】,京大ヒマラヤ登山隊がチョゴリザ登頂【日】

ヌーヴェル・ヴァーグ

イヴ・クライン

A

イヴ・クライン［人体測定プリント］開始【仏】
フォンタナ画［切り込み］【伊】

フランク・ステラ

フランク・ステラ画［ブラック・シリーズ］【米】
タキス,電磁気を応用した作品制作【伊】,パオロッツィ作［日本の戦争の神］【英】

B

「ゼロ次元」結成,「形象」創刊【日】
奥村土牛画［鳴門］,上村松篁画［星五位］【日】

平櫛田中 鏡獅子完成

平櫛田中作［鏡獅子］完成【日】
比田井南谷書［作品58-44］【日】
柳宗悦『茶の改革』【日】

C

BBPR設計［ヴェラスカ・タワー］,フィジーニ,ポリーニ設計［マドンナ・デイ・ポーヴェリ教会］,ヴィガーノ設計［インスティテュート・マルキオンディ・スパリアルディ］【伊】
アダムズ,ハワード,クリーンリー設計［ガヴァーンメント・センター計画］,サーリネン設計［イェール大学ホッケーリンク］【米】
ギーディオン『現代建築の発展』
フンデルトヴァッサー「建築における合理主義に反対する壊敗化宣言」【墺】
ホアキン&オルドニェス設計［ロス・マナンティアレス］【西】
レヴェル,パーキン設計［トロント市庁舎(〜65)］【加】
丹下健三設計［草月会館］［倉敷市庁舎］【日】
コルビュジエとクセナキス,彫刻・建築・音楽の「共生」を発表

ノイエ・グラフィック

「ノイエ・グラフィック」(タイポグラフィ)創刊【瑞】
ソットサス,オリベッティ社プロダクト・デザイナーに【伊】
ヒューム・チャドウィックd［スウォー］(ウィルキンソン・ソード社)【英】
ロバート・フランクp『アメリカ人』(写真集)【米】
奈良原一高p［王国］,土門拳p［ヒロシマ］(写真集),濱谷浩p［見てきた中国］(写真集)【日】

R・フランク アメリカ人

D

「シネマ・ヴェリテ」の抬頭【仏】
ルイ・マル［恋人たち］,ジャック・タチ監［ぼくの伯父さん］【仏】
木下恵介監［楢山節考］,増村保造監［巨人と玩具］,今村昌平監［盗まれた欲情］［果てしなき欲望］【日】

ペンデレツキ、ルトスワフスキ

E

クシシュトフ・ペンデレツキ,実験スタジオに参加,ルトスワフスキ曲［葬送音楽］【波】
ベリオ,キャシー・バーベリアン曲［ジョイス礼賛］【伊】
ベル研究所のマックス・マシューズら,コンピューターによる作曲実験【米】

山羊の会 林光・外山雄三

黛敏郎曲［涅槃交響曲］,矢代秋雄曲［交響曲］,林光［カンタータ］【日】
邦楽4人の会結成【日】
バーンスタイン,NYフィル音楽監督就任【米】

ハロルド・ピンター

ハロルド・ピンター作［ダム・ウェイター］［誕生日のパーティー］上演【英】
ブリュッセル博覧会開催

情報の氾濫

A

シェファー『五重奏』【英】
シリトー『土曜の夜と日曜の朝』【英】
アラゴン『聖週間』【仏】
デュラス『モデラート・カンタービレ』【仏】
ランペドゥーサ『山猫』【伊】
カポーティ『ティファニーで朝食を』【米】
キング牧師『自由への大いなる歩み』【米】

ケルアック ビート世代のシンボルに

ケルアック『放浪』,バース『旅路の果て』【米】
カルペンティエル『時との戦い』【キューバ】
フェンティス『空気の澄んだ土地』【墨】
バルガス・リョサ『都会と犬』『ボスたち』【ペルー】
アイトマートフ『ジャミリャ』【ソ】
アチュベ『崩れゆく部族』【ナイジェリア】
ヤザール・ケマル『私の鷹のメーメド』【土】
漢語拼音方案を決定公布【中】

大江健三郎 飼育

B

大江健三郎『飼育』【日】

山本周五郎

山本周五郎『樅ノ木は残った』,深沢七郎『笛吹川』,安部公房『第四間氷期』,大藪春彦『野獣死すべし』,獅子文六『大番』【日】,河上徹太郎『日本のアウトサイダー』,室生犀星『我が愛する詩人の伝記』【日】
吉田一穂『古代緑地』,『吉本隆明詩集』,吉岡実『僧侶』,春日井健『未青年』【日】

C

UP,INS両通信社合併,UPI通信社設立,「アルク」創刊【仏】
「週刊明星」「女性自身」「週刊大衆」創刊【日】

全国テレビ網 NHKネットワーク

NHK,全国テレビ網完成【日】
「わたしは貝になりたい」(TBS),「月光仮面」(KRT),「事件記者」放映【日】
日本新聞協会,ミッチーブーム報道を自発的規制【日】

D

サン・ローラン

アル中,麻薬中毒リハビリのシナノン設立【米】
右翼ロバート・ウェルチ,ジョン・バーチ協会設立【米】
反核団体CND結成【英】
サン・ローラン,初コレクションでトラペーズライン発表【仏】
ピースマーク,世界に広まる
警視庁が初の凶悪犯総合特別手配
1万円札の発行,東京タワーが完成,日劇でウェスタンカーニバル【日】
アメリカ映画輸入制限【日】
林家三平,落語の可能性を拡大【日】
7〜15歳児の性教育義務化【典】
売春防止法実施【日】
全国小中高校生の学力テスト実施,小中学校に道徳教育実施要綱通達【日】

E

ピート・シーガー フォークソング

ピート・シーガー曲「天使のハンマー」【米】
ビリー・ホリデー,カーネギーホールでコンサート,キングストン・トリオ「トム・ドゥーリー」ヒット【米】

ボサノバ ジョビン ジルベルト

即席ラーメン・月光仮面 東京タワー・長嶋茂雄

ジョビン,ジルベルトらによりボサノバ誕生【ブラジル】
新三種の神器,テレビ・洗濯機・冷蔵庫【日】
朝日麦酒が日本初の缶入りビール
日清食品がインスタントラーメンを発売【日】
スバル360とスーパーカブC100【日】
長嶋茂雄デビュー【日】
第6回サッカーワールドカップでブラジル優勝(ペレがスターに)

集団というイメージを決定的な重さでとり扱うこと、創造の世界でのオルガナイザーを組織すること。 谷川雁

BC 6000以前 / BC 6000 / BC 2200 / BC 1200 / BC 600 / BC 300 / 0 / 300 / 600 / 800 / 1000 / 1200 / 1300 / 1400 / 1500 / 1600 / 1650 / 1700 / 1760 / 1810 / 1840 / 1860 / 1880 / 1890 / 1900 / 1910 / 1920 / 1930 / 1940 / 1950 / 1960 / 1970 / 1980

カウンターカルチャーの自覚がはじまり、ヌーヴェル・ヴァーグの映像が雄弁に見える。

1959
昭和34

第三世界の時代

キューバ革命

1 01 キューバ革命成就【キューバ】

ド・ゴール大統領

08 ド・ゴール,大統領就任【仏】
14 スクセライネンの農民党内閣成立【芬】
27 フルシチョフ,ICBMの量産を発表【ソ】

2 02 バージニア州で白人・黒人の共学開始【米】
16 カストロ,キューバ首相に就任
19 キプロス独立協定に調印【英希土】

3 05 トルコ・イラン・パキスタンと相互防衛条約CENTO調印【米】
08 反カセム勢力の反乱勃発【イラク】
09 浅沼社会党訪中使節団長,北京で「米帝国主義は日中両人民共同の敵」と演説【日】

チベット反乱 ダライ・ラマ14世亡命

12 チベットで反中国暴動(31 ダライ・ラマ14世,インドに亡命)
24 イラク,中東条約機構から脱退

安保阻止国民会議

28 日米安保改定阻止国民会議結成大会【日】
30 砂川事件伊達判決,米軍駐留を違憲と解釈【日】

4 04 仏領スーダン,セネガルとマリ連邦結成
15 安保改定阻止国民会議,第1次統一行動【日】
27 劉少奇,国家主席に選出【中】

5 11 独の再統一,ベルリン問題,欧州安保などをめぐって東西外相会議【ジュネーブ】

6 03 シンガポール,独立を宣言
05 全学連全国大会で最左派が主導権【日】
18 ダーバンで黒人暴動【南ア】
20 韓国政府,日本への渡航を禁止

7 09 スカルノ首班の新内閣成立
22 ゴトン・ロヨン(相互扶助)議会の組織を決定【インドネシア】

ラオス内戦 パテト・ラオ蜂起

30 パテト・ラオ部隊蜂起,内戦再開【ラオス】
31 プラサド大統領,ケララ州共産党政府を追放【印】

8 02 廬山会議【中】
12 OAS(米州会議)21カ国の外相会議開催,カリブ海の緊張緩和へ
22 マレーシアでラーマン内閣成立
25 中印国境で武力衝突

9 02 北ベトナムの支援をうけた反乱軍,ラオス北部を占領

アイゼンハウアー フルシチョフ会談

15 フルシチョフ訪米,18 国連総会で3段階・4年間での軍備全廃を提案,25 キャンプデービッドでアイゼンハウアーとの会談開始【ソ】
ド・ゴール,民族自決にもとづくアルジェリア和平政策提案【仏】,20 臨時政府,提案を条件つきで受諾【アルジェリア】
18 アルバニアと国交回復【ユーゴ】
25 バンダラナイケ首相暗殺【スリランカ】
30 フルシチョフ訪中,中ソの意見対立激化

10 07 中央条約機構第1回閣僚理事会開催【ワシントン】
15 社会民主党,バート・ゴーデスベルク綱領採択,国民政党へ転換【西独】

11 27 安保阻止第8次全国統一行動【日】
27 衆議院,ベトナム賠償協定を強行採決【日】

12 01 南極条約調印
10 アラブ連合,英と国交回復
13 キプロス初代大統領にマカリオス大主教
31 ラオス王国軍,政権掌握

中印国境紛争

◉ 中印国境で衝突つづく

宇宙開発と通信

人工衛星

A IRBMジュピターにサル2頭【米】
エクスプローラー7号,気象衛星バンガードII,気象観測衛星タイロス1号,探検衛星ディスカバラー2号打上げ,人工衛星エクスプローラー6号 地球の写真を送信【米】
月ロケット・ルーニク1号打上げ【ソ】
原子燃料公社で初の金属ウラン製造【日】
ハロイド社,ゼロックス914複写機発表【米】
録音印刷機シンクロリーダー発売(キヤノン)【日】
フォスター,サーメットの開発【米】
ショーラー,混合ガスメーザの増幅に成功【米】

第2世代コンピュータ

B IBM1401発表【米】,COBOL開発開始【米】
マギー,データベース技術の論文発表【米】
ダルムシュタット工科大学のワルター,DERA完成【独】
キルビー,ソリッドステート回路の開発【米】
ホーリニー,シリコンプレーナ・トランジスタ開発【米】
村田健郎,中沢喜三郎設計,真空管式記憶装置によるTAC稼働(東大,東芝)【日】
PC2の論理回路設計完了(東大・富士通)【日】
伊藤喜一郎設計TDAC完成(東京電機大)【日】

C 郵便・電気通信のコンセンサスをえるCEPT結成【瑞】

電話300万台(日)

加入電話,300万台を突破【日】
朝日新聞,東京〜札幌間にファクシミリ【日】
国際電電,日本〜香港間にテレックス開始【日】
船舶用電話サービス実施【日】
ボーイング707初就航(パンナム)【日】
ロンドン〜バーミンガム間に英国初の高速道路【英】
世界初の原子商船サバンナ号進水【米】
国鉄座席予約システムMARS-1(日立)【日】
黒部トンネル貫通【日】
汐留〜梅田間に国鉄コンテナ特急運転開始【日】
東海道新幹線起工【日】
日本航空,東京〜ホノルル〜ロサンゼルス線の定期運航開始【日】

鉄鋼スト

EFTA 欧州自由貿易連合

D 欧州7カ国,EFTA(欧州自由貿易連合)仮調印
戦後最大の鉄鋼ストライキ,鋼材不足のためGMが自動車生産を中止,アイゼンハウアー,鉄鋼ストにタフト・ハートレー法発動【米】
O・S・フランクス(ロイド銀行会長),初めて「南北問題」を提起【米】
三井三池鉱業所で大量指名解雇通告【日】
三菱油化の四日市工場第1期工事完成【日】

黒い羽根 炭鉱失業者救済募金

炭鉱失業者救済の黒い羽根募金開始【福岡】,八幡製鉄戸畑工場で日本最大の高炉に火入れ【日】
川崎航空機,国産初の対潜哨戒機P2V7完成【日】
大和ハウスがミゼットハウスの販売開始【日】

解雇 三井三池

E フォード,クライスラーが小型経済車の生産を発表【米】
ジェニーン,ITT社長就任,膨張路線再建【米】
ブラジル・トヨタ,ランドクルーザーの現地生産化,ブラジル石川島造船所設立【ブラジル】

京セラ・新三井物産

京都セラミック設立,新三井物産発足【日】

アラン・カプローと土方巽。肉体だけのメッセージ。

大人にも女性にも、子供にも、日本人は週刊誌が好きになる。

科学文化の反省

ヌーヴェル・ヴァーグ

情報の氾濫

1959

科学文化の反省

A

中央海嶺系

ヒーゼンら,世界の海の中央海嶺系をあきらかに【米】
坂田昌一ほか,素粒子の複合模型(名古屋モデル)提出【日】
セール『代数群と類体』【仏】,ホール『群論』,ラング『アーベル多様体』【米】
ネスビット,コバルト磁気異方性の発見【米】

B

健康という幻想

ルネ・デュボス『健康という名の幻想』【仏米】
伊藤嘉昭『比較生態学』【日】
平井篤三『植物ウイルス学』【日】
今西錦司編『動物の社会と個体』【日】
アラン＝ストッダート『オステオパシー医療技術教本』【米】
コチェルギン【ソ】,銭信忠【中】『中国における公衆衛生と医学』
小児マヒの内服ワクチンの実用化と大量生産【米ソ】

C

エリクソン『アイデンティティとライフサイクル』【米】

エロスとタナトス ノーマン・ブラウン

ノーマン・ブラウン『エロスとタナトス』【米】
フランクル『精神医学的人間像』【墺】
J・C・カロザーズ,「論文,文化,精神医学および記述文字」発表
ホール『沈黙のことば』【米】
ホワイト『文化進化論』【米】
イェルムスレウ『言語学試論』【丁】
オーピ夫妻『学童の伝承知識とことば』【英】
服部四郎『日本語の流れ』【日】

ポパー

D

ポパー『科学的発見の論理』【英】
コール『経営と社会-企業者史学序説』【米】
ベイン『産業組織論』【仏】
オスカー・ルイス『貧困の研究』【米】
コーンハウザー『大衆社会の政治』【米】
ゴッフマン『行為と演技』【米】
ダーレンドルフ『産業社会における階級および階級闘争』『ホモ・ソシオロジクス』【独】
チャールズ・ライト『マスコミュニケーションの理論』【米】

パーキンソンの法則

パーキンソン『パーキンソンの法則』【英】
ミルズ『社会学的想像力』【米】
リプセット『政治の中の人間』『産業社会の構造』【米】
スノー『二つの文化と科学革命』【英】
アボット・アッシャー『機械発明史』【米】
有賀喜左衛門『日本における先祖の概念』【日】
戸井田道三『日本人の演技』【日】
久野収,鶴見俊輔,藤田省三『戦後日本の思想』,思想の科学研究会編『共同研究・転向』刊行開始【日】
谷川雁『工作者宣言』【日】
竹内好『近代の超克』【日】
ブロッホ『希望の原理』【独】
ブルトマン『歴史と終末論』【独】
松下圭一『現代政治の条件』【日】
中村三郎『日本売春社会史』【日】

久野収、鶴見俊輔 藤田省三、松下圭一

E

TM運動 マハリシ・ヨギ

マハリシ・ヨギ,米国でTM運動開始【米】
岡田光玉,世界真光文明教団創設【日】
参院選で創価学会が6人全員当選【日】

リーキーの発見

リーキー夫妻,オルドヴァイ峡谷で猿人化石発見【英】

ヌーヴェル・ヴァーグ

A

カプローのハプニング

アラン・カプロー「6つのパートから成る18のハプニングズ」【NY】
グルッポT創設(ミラノ)【伊】

ティンゲリー マシン・アート

ティンゲリー【瑞】,自動デザイン機械[メタマティック]発表【P】
マチュー『アリストテレスから抒情的抽象へ』【仏】
ラウシェンバーグ画[組み合せ文字(モノグラム)],ステラ画[ディー・ファーネ・ホッフ!]【シル】【米】
グッゲンハイム美術館(設計ライト)【NY】
パリ青年ビエンナーレ創設【仏】
ハインツ・デミッシュ『近代芸術におけるヴィジョンと神話』

B

河原温「印刷絵画」,草間彌生[無限の網]【日】
国立西洋美術館開館【日】

斎藤義重・白髪一雄

白髪一雄画[天異星赤髮鬼],熊谷守一画[鬼百合に揚羽蝶],斎藤義重画[青の跡]【日】
松本芳翠書[談玄観妙]【日】

C

エミール・アイヨー設計[パンタン・レ・クリティリエール住宅団地]【仏】
ガルデッラ設計[オリベッティ社レクリエーション・センター],C・スカルパ設計[オリベッティの店]【伊】
スターリング&ゴーワン設計[プレストンの集合住宅]【英】,ミース&ジョンソン設計[シーグラム・ビル]【NY】
ルドルフ設計[イェール大学芸術建築学部棟][駐車場ビルディング,ニューヘブン]【米】
ハンス・シャロウン設計[ロミオとジュリエット]【独】
シュヴァーゲンシャイト&ジットマン設計「実験都市アウス・デア・レトルテ」建設に着手【独】
MIT,連合都市研究センター設立【米】
前川国男設計[東京文化会館]【日】
「デザイン」「グラフィックデザイン」創刊【日】
ヘンリー・ドレイファス『人間の寸法:デザインにおける人間的要素』(人間工学)【米】
W・J・オン「ルネッサンス精神における寓意図像から図式まで」
ルーニク3号の月の裏側写真【ソ】
ゲーリー・ウィノグラントp[ニューヨーク],マイナー・ホワイトP[からっぽの頭,ロチェスター,NY]【米】
リチャード・アベドン『オブザベーション』(写真集)【米】
東京写真家協会APA結成【日】
東京コピーライターズクラブ結成【日】

アドベン

ゴダール 勝手にしやがれ

D

レネ監[24時間の情事],ロメール監[獅子座],ゴダール監[勝手にしやがれ],トリュフォー監[大人は判ってくれない]【仏】
大島渚監[愛と希望の街]【日】
パイク,ケージへの手紙でテレビの表現素材としての重要性強調【米】

E

ショスタコーヴィチ曲,チェロ協奏曲[第1番変ホ長調作品107]【ソ】
ペンデレツキ曲[ストロフィ]【波】
シュトックハウゼン曲[ルフラン][ツィクルス]【独】,リゲティ曲[出現]【洪→墺】

ウェスカー 怒りの演劇界

アーノルド・ウェスカー[調理場]【英】,スボボダによる[ハムレット]【チェコ】
エミール・ペトロヴィッチ,オペラ[これぞ戦争だ]【洪】
大野一雄舞[親切な神様],土方巽舞[禁色]【日】

土方巽

情報の氾濫

A

シリトー『長距離ランナーの孤独』【英】
クノー『地下鉄のザジ』,マンディアルグ『ダイヤモンド』,ミショー『砕け散るものの中の安らぎ』【仏】

バロウズ 裸のランチ

ブリキの太鼓

ギュンター・グラス『ブリキの太鼓』,ゼーガース『決断』,パウル・ツェラン『言葉の格子』,ヨーンゾン『ヤーコプについての推測』【独】
ウィリアム・バロウズ『裸のランチ』,アップダイク『プアハウス・フェア』,フィリップ・ロス『さようならコロンバス』【米】

僕自身のための広告

メイラー『僕自身のための広告』【米】
第1回米国人作家会議【米】
ロバート・ブロック『サイコ』【米】
レオ・レオーニ『青ちゃんと黄色ちゃん』【米】
アルブーゾフ『イルクーツク物語』【ソ】
ベルブーリツ『昼の星』【ソ】
デーリ『ニキ(ある犬の物語)』【洪】
レム『エデン』『星からの帰還』【波】

B

石垣りん『私の前にある鍋とお釜と燃える火と』,有吉佐和子『紀ノ川』【日】
井上光晴『死者の時』,開高健『日本三文オペラ』,安岡章太郎『海辺の光景』【日】
清岡卓行『凍った焔』,村野四郎『亡羊記』,加藤郁乎『球体感覚』【日】

江藤淳 作家は行動する

江藤淳『作家は行動する』【日】

吉本隆明 抒情の論理

吉本隆明『抒情の論理』【日】
澁澤龍彦『サド復活』【日】
「現代詩手帖」創刊【日】

週刊現代、週刊文春、朝日ジャーナル 少年マガジン、少年サンデー、朝日ソノラマ

C

CBSドキュメンタリー「憎悪が生み出した憎悪」【米】
「トヴェン」創刊【西独】,「タウン」創刊【英】
漢字テレタイプ方式による新聞印刷開始【日】
「週刊現代」「週刊文春」「少年マガジン」「少年サンデー」「朝日ジャーナル」「朝日ソノラマ」創刊【日】
「ローハイド」,「ペリー・コモ・ショー」放映【日】
ニッポン放送,オールナイト放送開始,皇太子結婚式,テレビ・ラジオで実況中継【日】

マリー・クワント ミニスカート

D

マルコムX 黒人のメディア

マルコムX,「モハメンド・スピークス」創刊【米】
カミナリ族,緑のおばさん出現【日】
マリー・クワント,ミニ・スカート発表【英】
メートル法実施【日】

白土三平 忍者武芸帳

白土三平『忍者武芸帳』【日】
ブルーバード発売,マイカー時代到来,東芝がカラーテレビ市販【日】
バービー人形発売【米】

コルトレーン

E

マイルス&コルトレーン「ジャイアント・ステップス」,コールマン「ジャズ来るべきもの」【米】
水原弘[黒い花びら]【日】
本田技研オートバイ・チームがマン島オートレースに初参加【日】
スウェーデンのヨハンソン,パターソンにTKO勝ちで世界ヘビー級チャンピオンに【米】
天覧試合で長嶋茂雄がサヨナラ本塁打【日】
南海優勝(杉浦4連投)【日】

ファッションの本質は、民主主義だ。つくりだす側が一方的に号令を下す独裁を拒否すること、決められたものから自由になること。

マリー・クワント

BC 6000以前
BC 6000
BC 2200
BC 1200
BC 600
BC 300
0
300
600
800
1000
1200
1300
1400
1500
1600
1650
1700
1760
1810
1840
1860
1880
1890
1900
1910
1920
1930
1940
1950
1960
1970
1980

一九六〇年、あらゆる意味でポストモダンの原型が噴き出した。ダニエル・ベルの文明論とR・D・レインの自己論がこの年を記念する。

1960
昭和35

第三世界の時代

アフリカ独立
カメルーン、トーゴ、マダガスカル、ザイール、ソマリア、ベナン、ニジェール、ブルキナファソ、チャド、コートジボアール、中央アフリカ、コンゴ、セネガル、マリ、ナイジェリア、モーリタニア

アパルトヘイト問題拡大

1 01 民族民主党(NDP)結成【ジンバブウェ】
05 ブレジネフ,最高会議幹部会議長就任【ソ】
12 モスクワ会議,81カ国共産党共同声明(イデオロギー対立の解消)【ソ】
20 国民審議会選挙,アパルトヘイト反対のパストランド会議党勝利【レソト】

フランス核実験

2 13 サハラ砂漠で原爆実験【仏】
3 21 シャープビル事件(パス法反対抗議デモに警官発砲)【南ア】
30 非常事態宣言発令,アフリカ人民族会議議長ルーツリ逮捕【南ア】
30 米・英首脳ワシントン会談

4 01 国連安保理,南ア政府に人種差別廃止要求決議案採択
16 紅旗編集部,「レーニン主義万歳」発表,世界変革可能論を転換(中ソ公開論争開始)【中】
19 南西アフリカ人民組織(SWAPO)結成【ナミビア】

韓国四月革命

安保全学連

27 4月革命により大統領李承晩辞任【韓】
第2回アジア・アフリカ人民連帯会議(ソ連を含む52カ国約270人参加)【ギニア】
5 01 ソ連上空偵察のU2機撃墜【米】
20 新安保条約,行政協定を強行採決【日】
27 クーデター,国民統一委員会政権掌握【土】
6 06 市民権法成立(黒人投票権を保証)【米】
15 全学連主流派国会突入,樺美智子死亡【日】
16 ムエダ虐殺事件,デモ隊に軍事発砲(600人以上死傷)【モザンビーク】
23 新安保条約発効【日米】

7 01 自治省発足(地方自治の拡大)【日】
09 フルシチョフ演説,キューバへのミサイル支援声明【ソ】
19 池田勇人,内閣組織【日】
8 16 キプロス,共和国として独立【土】
28 米州機構外相会議,中南米共産主義拡大警告のサンホセ宣言採択【米】
9 モスクワで中ソ党会議開催(中国側代表=小平)【中】
23 フルシチョフ,国連で3段階軍縮と植民地の即時独立を提案【ソ】

浅沼社会党委員長刺殺

ケネディ

10 12 浅沼社会党委員長,右翼少年に刺殺【日】
11 09 民主党J・F・ケネディ,第35代大統領に【米】
12 クーデター部隊からゴ・ジン・ジェム大統領,権力再掌握【南越】

ベトコン 南ベトナム民族解放戦線

12 20 南ベトナム民族解放戦線(ベトコン)結成
白人・黒人協調のSNCC(学生暴力調整委員会)結成【米】
アフリカ諸国独立の年(1月カメルーン,4月トーゴ,6月マダガスカル,コンゴ共和国,7月ソマリア,ガーナ,8月ダホメ,オートボルタ,コートジボアール,チャド,中央アフリカ共和国,ガボン,マリ,9月ニジェール,セネガル,10月ナイジェリア,11月モーリタニア・イスラム共和国)
◉ 世界人口約30億人,世界141都市で人口100万突破

宇宙開発と通信

A 人工衛星パイオニア5号打上げ成功【米】
ライカ犬2頭搭乗の人工衛星2号打上げ【ソ】
メイマン・クロム添加の人工ルビーによるレーザー発明,D・R・ヘリオット,赤外ガスレーザー発振成功(B.T.L.)【米】

トランジスタTV

音叉時計ブローバ・アクトロン発表(初の電子腕時計)【米】,初のトランジスタTV発売(ソニー)【日】
江崎玲於奈らのエサキダイオード特許【日】

B D カーング,M・アタラ,単結晶基板ベースMOSトランジスタ特許,エピタキシャル・プレーナトランジスタの特許(W.E.)【米】

COBOL アルゴル60 コボル60制定

国際会議によるALGOL-60,COBOL-60制定【P】,国防省,国内規格としてプログラム言語COBOL制定【米】

LISP マッカーシー 記号処理言語

マッカーシー フォレスター

J・マッカーシー,記号処理言語LISP開発J・W・フォレスター,シミュレーション言語DYNAMO開発(MIT)【米】
世界初のCGによる航空機設計(ボーイング)【米】
トランジスタ使用第2世代コンピュータ時代に(〜65)

C 受動型通信衛星エコー1号打上げ(米大陸横断中継に成功),世界初の航海衛星トランシットIB打上げ【米】
原子力航空母艦エンタープライズ号進水【米】
座席予約システムMARS導入(国鉄)【日】
情報処理学会設立【日】

OECD

所得倍増計画

D 経済協力機構(OECD)調印,欧州自由貿易連合(EFTA)発足【欧】

OPEC 産油5国輸出機構

産油国5カ国,石油輸出機構(OPEC)結成
工業生産力が戦前水準の1.7倍に(ブレーメン,デュッセルドルフなど経済の奇跡)【西独】
金生産5億3600万ランドに増加,鉱業従事者白人5万人,アフリカ39万9000人に【南ア】

女性有職者

女性の34%,全既婚女性の31%が有職者に(さらに女性労働力伸長)【米】
高弾性ポリウレタン合成繊維の工業生産開始(デュポン社)【米】
民間資本による初の原子力発電所操業【米】
ラテン・アメリカ自由貿易連合条約LAFTA調印【南米】
大躍進計画不調により穀物生産,52年水準を下回る(配給制導入)【中】
閣議,国民所得倍増計画決定,経済基本計画,(高度成長政策)発表【日】
TV生産世界2位,2輪車生産世界1位に【日】
三井・三池争議,280日を突破【日】

E GE.W.H.など26重電機メーカー,シャーマン取引制限法により起訴【米】
自動車バンパー製造会社ガルフ&ウェスタン社,企業買収戦略採用(8年間に70社併合)【米】
ジョージ・ドボルとジョー・エンジェルバーガー,ユニメーション社設立【米】
ユーチェンコ財閥,リサール商業銀行設立【比】
石川島播磨重工業設立【日】
丸井,月賦にクレジットの名称,採用【日】
第一生命,神奈川足柄に移転決定(企業初の日園疎開)【日】
新日鉄,君津進出を決定【日】

生命と解釈	ヌーヴェル・ヴァーグ	ポップカルチャー	1960

生命と解釈

A

気象衛星 タイロス1号打上げ

世界初の気象衛星タイロス1号打上げ【米】
ピカール,10916mの深海探査記録樹立【瑞】
佐武一郎,対称リーマン空間の表現とコンパクト化(佐武図形),遠山啓,銀林浩『水道方式による計算体系』【日】
ギェヴァー,超伝導体のトンネル効果【諾】
牧二郎,素粒子の名古屋モデル提唱【日】

B

制限酵素

H・L・コーンバーグ,2カルボン酸回路発見,ケンドルー,X線回折図によるミオグロビン分子の全構造決定【英】
ウェーナー,制限酵素を発見(染色体上の遺伝子配列決定)【瑞】
バイス,フルビッツ,RNAポリメラーゼ発見【独】
ケアンズ,ワクチニア・ウイルスの自己増殖確認(ウイルス粒子の独立DNA工場)【英】

免疫 バーネット メダワー

バーネット【豪】,メダワー【英】の後天的免疫耐性の研究
A・C・ハーディ,人類水棲起源説を発表,ウォディントン『エチカル・アニマル』【英】

木村資生 集団遺伝学

木村資生『集団遺伝学概論』,柴谷篤弘『生物学の革命』【日】

C

ギアツ『ジャワの宗教』【米】
アリエス『子供の誕生』【仏】
W・O・クワイン『語と対象』(翻訳の不確定性),バー・ヒレル「言語の自動翻訳の現況について」(機械翻訳に否定的見解),R・ヤーコブソン『一般言語学』(コミュニケーション6要素説)【米】
プリス,セマントグラフィーを提唱【墺】

レイン心理学 分裂自己とニセ自己

レイン『ひき裂かれた自己』【英】
ビンスワンガー『鬱病と躁病』【瑞】
ランスロット・ホワイト『フロイト以前の無意識』【英】

D

イデオロギーの終焉

ポントリャーギンほか『最適過程の数学理論』【ソ】

ロストウ理論

W・ロストウ『経済成長の諸段階』
ダニエル・ベル『イデオロギーの終焉』【米】
ミュルダール『福祉国家を越えて』【典】
E・カネッティ『群集と権力』【独】
チェ・ゲバラ『ゲリラ戦争』【アルゼンチン】
秋山清『日本の反逆思想』【日】
宇野弘蔵『経済学方法論』3段階論,小島清『論争・経済成長と日本貿易』【日】
サルトル『弁証法的理性批判』(第1部)【仏】

ガダマー解釈学

G・ガダマー『真理と方法』(解釈学)【独】
F・ハイエク『自由の条件』【墺】
E・フィンク『世界象徴としての遊戯』【独】
P・ロッシ『普遍の鍵』【伊】
谷川雁,大正行動隊を組織【日】
直良信夫『日本の誕生』【日】
磯野富士子『婦人解放論の混迷』(第2次主婦論争)【日】

E

G・ラート『旧約聖書神学』【独】
ショーレム『カバラとその象徴的表現』【イスラエル】
A・S・ニール『サマヒル』(フリースクールの原点)【英】
ブルーナー『教育の過程』【米】

ヌーヴェル・ヴァーグ

A

ヌーヴォー・レアリスム

イヴ・クライン画[青の時代の人体測量]初公開展【P】,ガルシア・ロッシ,ル・パルク,モルレら,視覚芸術探求グループ結成【仏】
批評家ピエール・レスタニー主唱によるヌーヴォー・レアリスム宣言(クライン,ティンゲリー,アルマンら,参加)【伊】
ジャン・ティンゲリー[NY讃歌](自己崩壊する廃品のアッサンブラージュ)【瑞】
ホイットマン画[アメリカの月],リヴァース作[最後の老兵]【米】

論考 クラーク、パノフスキー ゴンブリッジ、ブリオン

ケネス・クラーク『絵画の見方』【英】,パノフスキー『ルネサンスの春』(イコノロジー)【米】
ゴンブリッチ『芸術と幻影』【英】,セルトマン『ギリシャ芸術へのアプローチ』【米】
マリオ・プラーツ『美と偏倚』【伊】
マルセル・ブリオン『幻想芸術』【仏】
W・サイファー『ロココからキュビズムへ』【米】

B

第12回読売アンデパンダン展,工藤哲巳画[増殖性連鎖反応](東野芳明命名"反芸術")【日】

荒川修作 ネオ・ダダ オルガナイザーズ

荒川修作[膨張宇宙と星間物質],中西夏之画[韻]シリーズ【日】
荒川修作,篠原有司男,赤瀬川原平らによるネオ・ダダ・オルガナイザーズ結成【日】
安東聖空書[みなそこの]【日】

C

メタボリズム 黒川紀章 菊竹清訓

アーキテクツ・コパートナーシップ設計[リプレイの学校]【英】,都市・建築アトリエ(AUA)開設,ヨナ・フリートマン,3次元的都市拡張計画[空間的パリ]立案【仏】
シャロウン設計[ベルリン・フィル・コンサート・ホール]【独】
E・J・ローグ[ボストン再開発計画]着手(収容権発動,強引な近代化),ソレリ設計[台地上の生態学都市]【米】
槇文彦,大高正人設計[新宿副都心再開発計画"群造形"]【日】
世界デザイン会議,メタボリズム・グループ結成(大高正人,菊竹清訓,黒川紀章ら)【東京】
M・ベンゼ『美のプログラミング』(情報美学)【独】

土門拳

土門拳p『筑豊の子供たち』10万部を突破,亰松照明p[占領],細江英公p[おとこと女]【日】

D

トリュフォー監[ピアニストを撃て],ルネ・クレマン監[太陽がいっぱい]【仏】

甘い生活・情事

フェリーニ監[甘い生活],アントニオーニ監[情事]【伊】,ベルイマン監[処女の泉]【典】

大島渚・新藤兼人

大島渚監[青春残酷物語][日本の夜と霧],新藤兼人監[裸の島](自主上映方式)【日】

E

ペンデレツキ曲[広島の犠牲者への哀歌]【波】
シャフ,マックエッカーン「オーディアム」活動(サウンド・スカルプチャー)【米】

ベジャール

ピンター戯曲[部屋],ウェスカー戯曲[ぼくはエルサレムのことを話しているのだ]【英】,バロー演出[犀](イヨネスコ戯曲),ブルック演出[バルコニー](ジュネ戯曲)【仏】
M・ベジャール,20世紀バレエ団結成【仏】
中村勘三郎,アメリカで初の歌舞伎公演【日】

ポップカルチャー

A

オブライエン『カントリー・ガールズ』,スパーク『独身者』,ダンカン『孤独』【英】

時の声 J・G・バラード ニューウェイブSF

J・G・バラード『時の声』【英】
C・シモン『フランドルへの道』【仏】
ビュトール『段階』【仏】
ディノ・ブッツァーティ『偉大なる幻影』,ルーツィ『ひとすじの道』【伊】
ホッケ『マグナ・グレキア』【独】

アップダイク

アップダイク『走れウサギ』,オコナー『烈しく攻むる者はこれを奪う』,グッドマン『不条理に生きる』,ラパポート『戦争・ゲーム・論争』【米】
バース『酔いどれ草の仲買人』【米】
アクショーノフ『同僚』,シモーノフ『生者と死者』【ソ】
バアルバッキー『怪物の神々』【イスラエル】,ウスマン『神の森の木々』【セネガル】
ソレルス『テル・ケル』誌創刊【仏】

B

パルタイ・風流夢譚

大原富枝『婉という女』,倉橋由美子『パルタイ』,島尾敏雄『死の棘』,深沢七郎『風流夢譚』,山本周五郎『青べか物語』【日】
高木彬光『白昼の死角』,黒岩重吾『背徳のメス』
『極』創刊(春日井建,塚本邦雄,寺山修司)【日】
荻原井泉水『原泉』(句集)【日】

C

ケネディ上院議員,ニクソン副大統領の TV討論【米】,自,社,民3党首,初のTV討論会【日】

水道完備ガス見込

NHK8局,カラーTV本放送,FM東海,初のFM放送,民放初の連続TVドラマ「水道完備ガス見込」放映開始【日】
アンブリムリ・ナショナル社,コンピュータ植字システム導入【P】
ペーパーバックの年間売上,3億円に到達【米】
『プレイボーイ』誌100万部に【米】
『チャタレー夫人』発禁,澁澤龍彦訳『続・悪徳の栄え』わいせつ文書【日】

D

ファンキー、ツイスト、フォークソング

マスターズ,女性の性反応研究【米】
キューバ女性連盟(総裁ビルマ・エスピン)
産児制限用ピルの使用認可【米】
謝国権『性生活の知恵』【日】
複写機ゼロックス914,オフィスに複写革命,アルミニウム缶の商業的利用【米】,ダッコちゃん【日】

中村乃武夫

中村乃武夫,パリで個人ショー【日】
鴨居羊子dスキャンティー【日】
永島慎二「漫画家残酷物語」【日】
横山光輝「鉄人28号」【日】
水木しげる「鬼太郎夜話」【日】
園山俊二「ギャートルズ」【日】
藤子不二雄「オバケのQ太郎」【日】

E

ハンク・バラード曲[ザ・ツイスト](チャビー・チェッカー歌,ディスコティック流行)【米】

コールマン モダンジャズ

ブラザーズ・フォー[グリーン・フィールズ],アート・ブレーキーのアルバム[サンジェルマンのジャズ・メッセンジャーズ],オーネット・コールマン,アルバム[フリー・ジャズ]などヒット【米】
エディット・ピアフ[水に流して]【仏】
赤木圭一郎[霧笛が俺を呼んでいる],西田佐知子[アカシアの雨が止む時]【日】

我々の多くはにせの現実に適応するために、にせの自己を獲得することに成功しすぎている。
R・D・レイン『ひき裂かれた自己』

BC 6000以前 / BC 6000 / BC 2200 / BC 1200 / BC 600 / BC 300 / 0 / 300 / 600 / 800 / 1000 / 1200 / 1300 / 1400 / 1500 / 1600 / 1650 / 1700 / 1760 / 1810 / 1840 / 1860 / 1880 / 1890 / 1900 / 1910 / 1920 / 1930 / 1940 / 1950 / 1960 / 1970 / 1980

世界はケネディ、フルシチョフ、ドゴール、周恩来で東西に均衡し、ネルー、スカルノ、チトー、ナセル、カストロで南北に動いていた。

ガガーリンが宇宙から地球を眺め、小田実が世界から日本を見る。

1961
昭和36

シエラレオネ、クウェート、タンザニア独立

第三世界の時代

アフリカの対立

1 03 キューバと国交断絶【米】

アフリカ憲章

07 ガーナ,ギニア,マリ,モロッコ,アラブ連合共和国元首,アフリカ憲章発表【阿】
14 中共8期九中全会開催,経済調整政策などの決定【中】

2 14 ケネディ,中南米開発援助10カ年計画「進歩のための同盟」【米】
15 英連邦から脱退【南ア】
20 国家評議会新設(議長にデジ)【ルーマニア】
アンゴラ解放人民戦線(MPLA),首都ルアンダ刑務所襲撃【アンゴラ】

4 17 CIA支援反カストロ軍のキューバ本土上陸作戦失敗(ピッグス湾侵攻事件)【米】
21 第1回アフリカ解放運動指導会議(MPLAの植民地解放闘争宣言)【アンゴラ】
22 M・シャル将軍ら,アルジェ占拠(5日後に正規軍奪取,アルジェリア独立交渉の進展)【仏】
26 ソ連が経済援助停止通告,セイコ提督ら処刑【アルバニア】
27 シエラレネオ独立

5 01 ニエレレ首相就任【タンガニーカ】
04 人種差別反対の「フリーダム・ライダース」出発(アラバマで暴動,戒厳令施行)【米】

韓国クーデター

16 軍事クーデター,最高会議議長に朴正熙【韓】
30 独裁者トルヒーヨ暗殺【ドミニカ】
31 南ア連邦,共和国制に移行,アフリカ民族行動委員会,3日間ゼネスト宣言【南ア】

6 05 ケネディ,フルシチョフ,ウィーン会談

7 11 金日成訪中(中朝友好協力相互援助条約を調印)【北鮮】

ベルリン封鎖 45キロの鉄条網

8 13 東西ベルリン境界の封鎖(ベルリンの壁構築)【東独】
17 中南米19カ国,プンテ・デル・エステ憲章
20 ベルリンの壁封鎖に対し,西ベルリンに増援部隊1500人派遣【米】

ベオグラード会議 チトー、ナセル、スカルノ、ネルー

9 中立国首脳ベオグラード会議(4大陸25カ国代表結集)=非同盟会議,現実的影響を持てず
18 国連事務総長ハマーショルド搭乗の飛行機墜落【コンゴ】
20 米・ソ共同宣言,軍縮8原則発表
29 シリア新政府承認,エジプトと断絶【土】
アラブ連合共和国分裂(ナセル政権の威信失墜)【アラブ】

アルバニアと中ソ論争 周恩来の批判

10 17 フルシチョフ,第2次スターリン批判(周恩来,フルシチョフのアルバニア批判非難)【ソ】
20 ホジャ激しくフルシチョフを批判【アルバニア】

11 チトー,ナセル,ネルー中立国3首脳会談【カイロ】,国連暫定事務総長ウ・タント(ビルマ)就任(62.11事務総長に)

12 02 カストロ,キューバ統一党を結成(共産主義国化を宣言)【キューバ】
09 タンザニア独立
10 アルバニアと断交【ソ】
12 内閣要人暗殺計画(三無事件)【日】
南ベトナムの軍事援助増強(派遣軍事顧問団は1300人,翌年1万人)【米】
クルド族,蜂起【イラク】

宇宙開発と通信

地球は青かった

A 初の有人ロケット(マーキュリー計画)打上げ成功(10月に2号成功)【米】
有人宇宙船ウォストーク1号地球周回成功(ガガーリン帰還第1声「地球は青かった」),2号(チトフ少佐搭乗),地球を17周【ソ】
月探測計画,レンジャー1号打上げ成功(アポロ計画推進)【米】

タイタン アメリカ軍事ミサイル

最大の軍事ミサイル,タイタン発射成功【米】
初の産業用ロボット設置(ユニメーション&GM社),3M,ビデオディスク研究(~63)【米】
最初の気体レーザー成功【米】
スタビライズ方式複写機発表【日】

ノイス

B ノイス,シリコンプレーナIC開発【米】
数値制御用プログラム言語APT開発(イリノイ工科大学),G・ゴードン,シュミレーション言語GPSSの開発,シュミレーション言語SIMSCRIPT開発(ランド社)【米】
プロジェクトMAC開発(MIT)【米】
ジョージア工科大学開催の会議で"情報科学"の用語を使用【米】
計数型電子計算機用語のJIS制定【日】
日本初のIC発表(電気試験所),試作開始(三菱電機)【日】

C NHK,日立市にUHFサテライト局開局【日】
トランシーバー一般使用認可【日】
第1回電気通信研究所研究会開催【日】
ミニキャブ(小型タクシー)導入【L】
原子力貨客船サバンナ号の原子炉が臨界【米】
サイリスタチョッパによる電車制御【米】
日本航空,東京~札幌間にジェット機就航【日】

D 国連大使アドレー・スティーブンソン,先進国のGNP1%の途上国援助を提唱【米】

ドル防衛教書

ケネディ,ドル防衛特別教書を議会に提出【米】
NYのファースト・ナショナル・シティ銀行,固定期間預金証書を発行(他行追随)【米】
アライドケミカル社,尿素法メラミンの軍業化【米】
ロイド蔵相,貿易赤字改善の緊縮計画発表(賃金凍結と公定歩合7%へと引き上げ)【英】
三陽グループ,本田技研と提携,三陽工業でオートバイ製造開始【台湾】
岩戸景気(農村の過剰労働力を第2種兼業に引き出す)【日】
第1回日米貿易経済合同委員会開催【日】
通産省,水島石油化学コンビナート設立認可(以後,建設相次ぐ)【日】
初の工業見本市を東京で開催【ソ】
北大西洋における漁業権をめぐる論争(タラ戦争)【英氷】
アジア生産性機構(APO)設立調印【比】
第1回アジア・エレクトロニクス会議開催
低金利政策展開,62~63年に数次にわたり公定歩合引き下げ,銀行業界,戦後初の預金金利引き下げ【日】

四日市ぜんそく

四日市,ぜんそく患者が多数発生【日】

E 3M,海外進出10周年(12カ国22工場,海外生産比率20%)【米】
ジョンソン&ジョンソン社,日本での現地生産開始【米】
日立,RCAと技術提携
カネボウ化粧品創立(鐘紡の多角化スタート),東洋エンジニアリング,日本電子計算機設立【日】

生命と解釈

A

八道説とブーツストラップ理論

フマーソン,銀河研究中1961e彗星発見【米】
ゲルマン【米】,ネーマン【イスラエル】,素粒子の八道説提唱
グラショー,素粒子の統一模型を考案【米】
長谷川俊一,H量子説【日】
チュー,ブーツストラップ理論【米】
ホフスタッター,線形加速器による高エネルギー電子散乱の研究と核子の構造を研究【米】
メスバウアー,無反跳核共鳴吸収に関する研究と実験的証明【独】
大阪大学磁気理論研究グループ,磁性体の理論的研究【日】
サボー『ユークリッドの公理体系の起源』【洪】
N・ウィーナー『科学と社会』【米】
J・ピアース『シンボル,サイン,ノイズ』【米】

B

オペロン説 ジャコブ モノー

ネーゲル『科学の構造』【米】
ミッチェル,生体膜におけるエネルギー変換機序の化学浸透圧説【英】
ジャコブとモノー,遺伝子作用の制御に関するオペロン説提唱【仏】
メセルソン,スタール,ブレンナー,ジャコブ,伝令RNAのリボソーム指令を共同研究【米仏】
ニーレンバーグ,試験管内でのタンパク質合成の研究法開発【米】
G・G・シンプソン『動物分類の原理』【米】
ウォディントン『生命の本質』【英】

杉田元宣 生体の情報論

杉田元宣,論理回路による生体反応解析【日】
宮地伝三郎編『動物生態学』【日】
レンツ,サリドマイド薬禍を指摘【独】
ペトルッチ,試験管で29日間人卵細胞の培養に成功【伊】

C

フーコー 狂気の歴史

G・R・ロジャーズ『人間論』【米】
フーコー『狂気の歴史』【仏】

海上の道 柳田國男

柳田國男『海上の道』,大林太良『日本神話の起源』【日】

D

ハーバマス『公共性の構造転換』【独】
ホーマンズ『社会行動・その基本形態』【米】
ストルミリン『ソ連邦における社会主義と共産主義の諸問題』【ソ】
R・ウィリアムズ『長い革命』【英】
ジェーン・ジェイコブス『アメリカ大都市の生と死』【米】
篠原三代平『日本経済の成長と循環』【日】

レヴィナス 全体性と無限 外部性について

メルロ=ポンティ『眼と精神』,レヴィナス『全体性と無限-外部性についての試論』,R・ジラール『欲望の現象学』,ジョルジュ・プーレ『円環の変貌』,F・ファノン『血に呪われたる者』【仏】
E・H・カー『歴史とは何か』【英】
P・O・クリステラー『ルネサンスの思想』【米】
J=P・リシャール『マラルメの想像的宇宙』【仏】
R・インガルデン『芸術の存在学』【波】
W・ブース『フィクションの修辞学』【米】
森崎和江『まっくら・女坑夫からの聞き書き』【日】

E

ジャック・マリタン,トゥールズ修道院に隠遁【仏】,
パンネンベルク『歴史としての啓示』【独】
ロバートソン,宗教放送専門TV局開設【米】
ケネス・バーグ『宗教の修辞学』【米】
ポンペイ遺跡の発掘【伊】
バーナム委員会,教員給与基準表改正の裁定(教員不足問題)【英】

概念のデザイン

A

キネティック・アート サイバネティック・アート

クライン画[火の絵画],ヌーヴォー・レアリスムの「ダダより40度も高熱展」【P】
ステラ画[新しいマドリード],インディアナ画[隕石の年][食べる死ぬ](抽象印象主義),リキテンスタイン,漫画の1コマを拡大,印刷の網点描出【米】,「アッサンブラージュの芸術展」(ジョーンズ,ニーベルスンら出品)【NY】
「運動と芸術家展」【典】,「芸術における動き展」【蘭】
シェフェール[サイバネティック・タワー]【仏】
マンゾーニ作[生きた彫刻]【伊】,ジャクソン,アンダーソン両画廊「環境・状況・空間展」【米】
M・カガン『応用美術論』【ソ】
ヒュー・オナー『シノワズリー』【英】

B

浜口陽三・駒井哲郎

リュブリアナ国際版画ビエンナーレで浜口陽三が最高賞,駒井哲郎版画[束の間の幻影]
菊畑茂久馬画[奴隷系図],岡田謙三画[聴],向井良吉作[勝利者の椅子](オブジェ)【日】
加藤唐九郎,「永仁の壺」事件【日】
炭山楠木書[白楽天詩]【日】

C

アーキグラム クック,ウェッブ グリーン,チョーク

カレン 都市空間のカタログ化

クック,ウェッブ,グリーンら"アーキグラム"創設,ゴードン・カレン設計[タウンスケープ]【英】
「都市計画作業」グループ,トゥールーズ・ル・ミラーユ郊外開発計画立案【仏】,アトリエ5設計[ハーレン集合住宅]【瑞】,アイアーマン設計[ナセルス・ネッカーマン卸売り倉庫]【米】
ミューラー,ブロックマン『グラフィックデザイナーの造形諸問題』【瑞】,ドレイファス『人間の測定』(人間工学へ)【米】

VIVO 東松照明 奈良原一高

東松照明,奈良原一高,細江英公ら「VIVO」【日】

D

アラン・レネ アンチシネマ

アラン・レネ監[去年マリエンバードで]【仏】,
アンジェイ・ムンク監[パサジェルカ](未完),J・カワレロウィッチ監[尼僧ヨアンナ]【波】
ゴダール監[女と男のいる舗道]【仏】
円谷英二監[モスラ]【日】
草月会館シネマテーク(松本俊夫など)【日】
J・ホイットニー作,コンピュータ・アニメーション[カタログ]【米】

E

フルクサス ヒギンズ,小野洋子 ラ・モンテ・ヤング

一柳慧 不確定性音楽

ヘンツェ曲[若い恋人たちへのエレジー]【西独】,ルトスワフスキ曲[ヴェネツィアの遊び]【波】,一柳慧,現代音楽祭で不確定性音楽演奏【日】
オルビー戯曲[アメリカの夢]【米】

不条理演劇

マーティン・エスリン『不条理の演劇』【米】
ピーター・ブルック,王立シェイクスピア劇場団の演出家に【英】
20世紀舞踏の会[反音楽・反舞踏]【日】
ジャック・ヒギンズ,ボブ・ワッツ,小野洋子,ラ・モンテ・ヤングらに「フルクサス」と命名
ルドルフ・ヌレーエフ亡命【ソ】

ポップカルチャー

A

マードック『切られた首』,マクニース『至点』,クラーク『渇きの海』【英】
コー『神のあわれみ』,ソレルス『公園』,トマ『岬』,レリス『夜なき夜,昼なき昼』【仏】
ヴァイス『両親との別れ』,ヨーンゾン『アヒムにかんする第三の書』【独】

ソラリス スタニスワフ・レム ポーランドSF

レム『ソラリスの陽のもとに』【波】
サリンジャー『フラニーとズーイ』,ヘラー『キャッチ22』,ギンズバーグ『カディッシュ』,F・ライバー『ビッグ・タイム』,ファーマー『恋人たち』,バロウズ『ソフト・マシーン』【米】
アクショーノフ『星の切符』,ウラジーモフ『大鉱石』,カザケーヴィッチ『青いノート』,エフトゥシェンコ『ロシア人は戦争をしたがっているか?』(ソ連当局が弾劾),ストロガツキー兄弟『神さまはつらい』【ソ】
ムファレレ『生者と死者』【南ア】
田漢戯曲『謝瑶環』【中】

B

何でも見てやろう

水上勉 雁の寺 社会派推理

水上勉『雁の寺』,星新一『人造美人』【日】
谷崎潤一郎『瘋癲老人日記』【日】
大佛次郎『パリ燃ゆ』【日】
小田実『何でも見てやろう』【日】

澁澤龍彦 黒魔術の手帖

澁澤龍彦『黒魔術の手帖』【日】
岡井隆『土地よ,痛みを負え』【日】
柴田錬三郎『図々しい奴』【日】
宇能鴻一郎『鯨神』【日】

C

ノーボスチ通信社設立【ソ】

ジェスチャー

TV「ジェスチャー」「七人の刑事」「シャボン玉ホリデー」【日】
読売新聞,ファクシミリ電送による印刷【日】
文化出版局「ミセス」,総評「新週刊」創刊【日】
平凡社『国民百科事典』(百科事典ブーム)【日】
天皇制特集の「思想の科学」事件,風流夢譚事件(右翼少年中央公論社長宅襲撃)【日】
三島由紀夫『宴のあと』起訴事件

D

ラッセルら,核廃絶のシットイン【英】
岩田一男『英語に強くなる本』【日】
大阪釜ヶ崎で暴動
うたごえ喫茶の出現【日】
横山光輝「伊賀の影丸」が人気【日】
大学文学部の女子学生37%に(女子学生亡国論)【日】

E

監獄ロック、GIブルース、悲しき街角 上を向いて歩こう、スーダラ節、王将

紙おむつパンパース発売【米】

アンネナプキン

生理用品アンネナプキン発売【日】
EEカメラ流行,シームレス・ストッキング主流化,サランラップ,ポリバケツ発売開始【日】
ミュージカル映画[ウェスト・サイド物語]空前のヒット【米】
デル・シャノン[悲しき街角],ヘレン・シャピロ[悲しき片想い],ジョン・コルトレーン・カルテット(初レコーディング)【米】
プレスリー[監獄ロック][GIブルース],ボブ・ディラン,カーネギーホールでリサイタル(入場者53人)【米】
ミラクルズ[ショップ・アラウンド](モータウン初のミリオンセラー)【米】

スーダラ節

坂本九[上を向いて歩こう],植木等[スーダラ節],村田英雄[王将]【日】
日紡貝塚,バレーボール欧州遠征で連勝【日】

情報は情報であり、物質でもエネルギーでもない。このことを認めない唯物論は今日では生き残ることはできない。
ノバート・ウィナー

この時期、文化が情報であることを繰り返し強調していた、マクルーハンとウォーホールとMITのメディア・ラボ。

1962
昭和37

第三世界の時代

1 01 西サモア独立
01 南ベトナム人民革命党結成(解放戦線の中核に)【越】
11〜2.7 中共拡大中央工作会議開催(7000人集会)毛沢東「大躍進」失敗を自己批判【中】

対立 ラゴス会談 カサブランカ会談

アフリカ20カ国首脳ラゴス会談(アフリカ諸国機構設立)【ナイジェリア】
2 09 労働省,国内のメキシコ移民労働者の最低賃金公布【米】
16 南ベトナム民族解放線第1回大会(グエン・フー・ト議長就任)【南越】
22 ベトコン,ゲリラ掃討のサンライズ作戦(米の資金・武器援助)【南越】
3 02 ネ・ウィン指導軍部の無血クーデター【ビルマ】
18 仏・アルジェリア停戦協定(アルジェリア動乱終結)

アンゴラ革命政府

4 05 アンゴラ国民解放戦線(FNLA),アンゴラ亡命革命政府樹立【アンゴラ】
ガーナ,ギニア,マリ,モロッコ,アラブ連合共和国,カサブランカ会談(ラゴス会談ボイコット)
アフリカ共同市場設立の合意【阿】
5 25 国際海事法会議(原船汚染責任明確化)
6 06 COMECON加盟国の党,政府代表者会議開催(国際分業の基本原則採択)【ソ】
22 新疆イリ地区のウイグル族数万人,ソ連に逃亡【中】

西サモア、ジャマイカ、ブルンジ、トリニダード・トバゴ、イエメンアラブ独立

アルジェリア独立

7 03 アルジェリア独立をフランスが宣言(臨時政府内の抗争,内戦に発展)
18 ブルンジ,ルワンダ独立
18 ペルーでクーデター,直ちに断交,経済援助停止【米】
23 ラオス問題国際会議,中立宣言採択
8 06 英連邦内の独立主権国に【ジャマイカ】
15 西イリアン協定調印【蘭・インドネシア】
31 トリニダード・トバゴ,イギリスから独立【阿】
9 11 キューバ侵略に対して全面戦争で対抗する対米声明発表【ソ】
26 イエメン・アラブ共和国(北イエメン)成立
27 毛沢東「社会主義における階級闘争」論提起【中】
30 黒人学生のミシシッピ大学入学を州知事拒絶【米】
ベン・ベラ内閣組閣(内戦終息)【アルジェリア】

キューバ危機 地球危機の十三日間

10 09 ウガンダ共和国独立

中印国境紛争

20 中印国境で両軍衝突【中印】
22 キューバ危機(ケネディ,テレビでソ連のキューバミサイル基地建設発表)海上封鎖【米】
28 キューバ危機回避(フルシチョフ,ケネディに返書,ミサイル基地撤去)【ソ】
11 02 中印両国に停戦呼びかけ【ソ】
05 第8回党大会,ユーゴフ首相解任,ジフコフ首相兼任【ブルガリア】
20 党大会で社会主義基礎建設完了を確認【洪】
12 01 第1回民族会議開催,アンゴラ解放人民戦線A・ネト議長,統一民族運動提唱【アンゴラ】
09 英信託統治領,タンガニーカ独立
14 北ローデシアにアフリカ人政府成立【ザンビア】
14 サンサルバドル憲章(中米機構設立合意)
エリトリアのイスラム教徒とエチオピアのキリスト教徒抗争【エチオピア】

シアトル二十一世紀博

情報技術と公害

A 有人人工衛星フレンドシップ号,地球周回成功(3周),マーキュリー計画開始(〜63)【米】
マリナー2号金星観測に成功【米】
火星1号打上げ(翌年火星に接近)【ソ】
ウォストーク3・4号ランデヴー飛行成功【ソ】
GE,IBM,MITなど半導体レーザー発振に成功【米】
クストーら海底居住計画開始【仏】
科学産業研究所などで情報流通問題検討,国立科学技術貸出図書館(NLL)新設【英】,クロフォード・レポート(情報活動の指導管理省庁要求,科学技術局設置【米】,科学技術情報センター(KORSTIC)設立【韓】
原子力研究所の国産1号炉が臨界に【日】

サリドマイド薬禍

サリドマイド薬禍【日】

B ニガード,シミュレーション言語SIMULA開発,ベル研,記号処理言語SNOBOL開発【米】
漢字対応高速プリンター開発,IBM7090,IBSYS(189キロステップ)搭載【米】
パンコーブ,GaAs発光ダイオード開発(RCA)【米】
AIラボでTVゲーム「スペースウォー」製作(MIT)【米】
半導体ディジタルIC生産開始【米】
シリコンプレーナトランジスタ生産開始【日】

AIラボ(MIT)でシミュレーション・ゲーム

C 商業用通信衛星会社(コムサット),議会による設立決定,通信衛星テルスター1号打上げ(大西洋横断TVの宇宙中継)【米】
縦断マイクロ波回線完成(稚内,名瀬間約2300km)【日】
世界初の人力飛行機(900m飛行)【英】
ジョン・フォスター・ダレス空港開港(ジェット機対応の初の民間空港)【米】

YS11 国産ジェット機初飛行

国産ジェット機YS11,初飛行成功【日】
佐世保重工,日章丸を進水【日】

通信衛星テルスター

D 政府と5万ドル以上の契約があるメーカー,政府への黒人従業員の報告命令【米】
原子力委,コンソリデーテッド・エジソン社のNY中心部100万kW原発計画却下【米】
レイチェル・カーソン「沈黙の春」【米】
サリドマイド問題を契機に食品医薬品局権限を拡大するキーフォーバー法案議会承認【米】
全国農場労働者連合(NFWA)設立【米】
貿易拡大のため輸入税を大幅削減(約1000品目)【米】
外貨危機に陥る【加】,カナダドル=米92.5セントに決定
第3次経済開発計画発足,イラン・ソ連経済技術協定【イラン】

カーソン沈黙の春

貿易自由化へ(日)

貿易自由化の枠拡大【日】
新産業都市建設促進法公布,全国総合開発計画閣議決定【日】

E スックリー・グループ,日本企業との合弁により紡績業拡張【タイ】
IBMセールスマン,ロス・ペロー,エレクトロニック・データ・システム社設立(68年上場)【米】
暁星物産【韓】,国泰人寿保険【台湾】設立
三菱電機,TRWと技術提携【日】

日本警備保障

日本警備保障,ビデオ・リサーチ設立【日】

モンローがたった一人で退場し、ビートルズがグループで登場する。

1962

生命と解釈

A

X線星 太陽系外天体 ジャッコニ、ロッシ

ジャッコニ,ガースキー,パオリーニ,ロッシ,太陽系外のX線天体の発見【米】,ヴォロンツォフ,ヴェリヤミノフ,銀河目録編集【ソ】
ブルックヘブン・グループ,2種類のニュートリノ発見【米】

超伝導体のトンネル接合

ジョセフソン,超伝導体のトンネル接合【英】
物理学会機関誌,米・スイス・仏3国の反粒子発見発表,ダックら約1億℃の高プラズマを100分の1秒持続【米】
ランダーウ,液体ヘリウムの理論的研究【ソ】
東京大学原子核研究所,人工パイ中間子を観測【日】
ヘルマンダー,偏微分方程式の一般論【典】
ヘルガソン,微分幾何学と対称空間,ギンディキン,カルペレヴィッチ,非コンパクト対称リーマン空間のプランシュレル測度の計算
古在由秀,人工衛星の摂動解析から測地定数誘導【日】

B

ペルツ,ケンドルー,X線解析による球状タンパク質を解明【英】
アンフィンゼン,スタインら,リボヌクレアーゼA分子の全アミノ酸配列決定などを解明,R・B・ウッドワード,テトラサイクリン合成【米】
福井謙一,共役化合物の電子状態と化学反応に関する研究【日】
ウィントルベール『生物-進化の創造者』(生化学的新ラマルキズム)【仏】
甲野礼作『ウイルス学の進展』【日】

抗体γグロブリン

ポーター,抗体γ-グロブリンの分子構造を解明【英】

エサレン研究所 心理療法センター

エサレン研究所エンカウンター・グループ心理療法センター,カルフォルニアに設立【米】

C

レヴィ・ストロース『野生の思考』【仏】
J・ファスアウアー『トリブリアンド』,アンソニー・ウォーレス『文化とパーソナリティ』(新文化とパーソナリティ学派提唱)【米】
A・H・マズロー『完全なる人間』【米】
村松常雄編『日本人-文化とパーソナリティの実証的研究』【日】
R・ヤコブソン『言語と言語科学』(〜78)【米】
オースチン『言語と行為』【英】,A・タブレ・ケレル『2言語併用問題の虚実』【仏】,ヴィゴツキー『思想と言語』【ソ】

D

K・ボールディング『ザ・イメージ』【英】
ニューリン『貨幣の理論』【英】

フリードマン

フリードマン『資本主義と自由』,チャンドラー『戦略と組織』【米】
クライン『計量経済学入門』【米】,ネムチノフ『数理経済学的方法とモデル』【ソ】,リーベルマン『計画・利潤・賞与』【ソ】
スメルサー『集合講堂の理論』【米】

知識産業

マハルーブ『知識産業』【米】,エンツェンスベルガー『意識産業』【独】

トマス・クーン パラダイム概念

T・クーン『科学革命の構造』(パラダイムの定義)【米】
U・エーコ『開かれた作品』【伊】
スタンリー・ハイマン『錯綜した土手』【米】
S・クラカウアー『天国と地獄』【独】

E

反共右翼団体ジョン=バーチ協会,会員数6万人に,支持者は全国民の9%に【米】
K・B・クラーク,ハーレム機会平等青年会結成(地域教育施設の拡充)【米】

概念のデザイン

A

クリスト ドラム缶の壁の出現

クリスト【ブルガリア】,百数十個のドラム缶の壁【P】,ジョーンズ画[フールズ・ハウス],ローゼンクイスト画[シルバー・スカイズ],リキテンスタイン画[ヘッド・レッド・イエロー],

ウォーホル シルクスクリーン

ウォーホル,シルクスクリーン作品(マリリン・モンロー,コカコーラ),
オルデンバーグ作[フロア・ケーキ](ソフトスカルプチュア)【米】
グリーン画廊でシーガル,人体から型取りした像を環境的に配置【米】
ギーディオン『永遠の現在』【瑞】
ケネス・クラーク『ゴシック復興』【英】

B

中沢湖,田中不二,土居樹男,長野祥三,滝口修造,中原佑介,時間派結成(第1回展)【日】

今井俊満 アンフォルメル日本へ

白髪一雄作[弐天功星浪子],今井俊満画[鯉のぼり],村井正誠画[黒い線]【日】

赤瀬川・刀根・風倉

赤瀬川原平,土方巽,小杉武久,刀根康尚,風倉匠らイベント[敗戦記念晩餐会]【日】

C

パウエル&モヤ設計[チチェスターのフェスティバル劇場],アーキテクツ・コパートナーシップ設計[キングズ・カレッジ施設],ロバート・マシュウ設計[コモンウェルス会館]【英】
デ・カルロ設計[ウルビーノ学生寮],アルビーニ&エルグ設計[ラ・リナシェンテ百貨店]【伊】

吉坂隆正・大高正人

吉坂隆正設計[江津市庁舎],大高正人[軽量鉄骨プレハブ住宅]【日】
ユリ・ソロビエフ中心にモスクワ特別デザイン・ビューロー,オルローフ『技術と美学』【ソ】
ハーブ・ルバリン(AD)活躍【米】

D

ジョナス・メカス アングラ・シネマ

NYフィルムメーカーズ・コーペラティヴ設立,J・メカス監[樹々の大砲](アンダーグラウンドシネマ浮上)

ルバリン

アラビアのロレンス

リーン監[アラビアのロレンス]【米】,リチャードソン監[長距離ランナーの孤独]【英】,トリュフォー監[突然炎のごとく]【仏】,タルコフスキー監[僕の村は戦場だった]【ソ】,ポランスキー監[水の中のナイフ]【波】
小津安二郎監[秋刀魚の味]【日】

カレル・ゼーマン

カレル・ゼーマン監[ほら男爵の冒険]【チェコ】

ATG アートシアターギルド発足

ATG発足【日】

E

シュトックハウゼン曲[モメンテ]【西独】,クセナキス曲[Bohor]【希】
ミニマル・ミュージックの発生(シアター・オブ・エターナル・ミュージック結成)
諸井誠曲[ヴァリエテ](電子音楽),黛敏郎曲[BUGAKU]【日】
秋山邦晴,高橋悠治,小林健次「ニューディレクション」結成【日】

ニコラ・バタイユ レビュー出演

ニコラ・バタイユ,ピガール広場でレビュー,ロングランに【仏】
唐十郎「劇団状況劇場」結成【日】
ジョドスン・ダンス・グループ結成【NY】
オズボーン戯曲[バンバーグ家の血],C・フライ戯曲[ジューディス]【英】

ポップカルチャー

A

ウェイン『親父を殴り殺せ』,ハックスリー『島』,オールディス『地球の長い午後』,ピアース『まぼろしの小さい犬』【英】
D・レッシング『黄金のノートブック』
A・バージェス『時計じかけのオレンジ』【英】
デュラス『アンデスマ氏の午後』
アルベレス『現代小説の歴史』【仏】
ヴァイス『消点』,ヴァルザー戯曲『かしの木とアンゴラ兎』【独】

キージー カッコーの巣の上で

キージー『カッコーの巣』,ポーター『愚者の船』,P・K・ディック『高い城の男』,ウィリアムズ『ブリューゲルの絵より』,オルビー戯曲『ヴァージニア・ウルフなんかこわくない』
ナボコフ『淡き炎』【米】

ソルジェニツィン

コネツキー『無線手カームシキン物語』,ソルジェニツィン『イワン・デニーソヴィッチの一日』【ソ】
ムヒカ=ライネス『ボマルツォ公の回想』【アルゼンチン】
ムファレレ『アフリカン・イメージ』【南ア】
バルガス・リョサ『都市と犬』【ペルー】

B

砂の女・悲の器

安部公房『砂の女』,木山捷平『大陸の細道』,高橋和巳『悲の器』,三島由紀夫『美しい星』,森茉莉『枯葉の寝床』,司馬遼太郎『竜馬がゆく』【日】
寺山修司『地と麦』【日】
花田清輝『鳥獣戯話』【日】
江藤淳『小林秀雄』【日】
村山知義『忍びの者』【日】

C

図書館協会,年刊『テクノロジー・インデックス』創刊【英】
米国議会図書館,総資料数4100万点に【米】
NYで新聞スト開始(〜63)【米】
ダイアナ・ヴリーランド『米ヴォーグ』編集長となる【米】

マクルーハン

マクルーハン『グーテンベルクの銀河系』【加】
『週刊TVガイド』創刊【日】

D

アルジェリア婦人同盟結成(一夫多妻制反対)
クレギス社,チェーン店Kマート開店【米】
アラスカ・エスキモーの主食,カリブー肉にセシウム137含有(核実験降灰の粉塵汚染)【米】

モンロー自殺

マリリン・モンロー,睡眠薬自殺【米】
「おそ松くん」登場,植木等の無責任任男流行【日】
プルトップ缶登場,食品の冷凍・フリーズドライ加工がすすむ【米】

E

リポビタンD,ソニー・マイクロTV「5-303」,キヤノン8ミリ「シネ・キャノネット」【日】

ビートルズ登場

ビートルズ「ラブ・ミー・ドゥー」でデビュー【英】
国際ジャズ・フェスティバル(エリントン,ユーレカブラスバンド人気)【ワシントン】
レイ・チャールズ[愛さずにいられない],テンプテーションズ,オーティス・レディング,デビュー【米】
S・リストン,ボクシング世界ヘビー級タイトル【米】,ヘーシンク,世界柔道選手権優勝【蘭】
ロッド・レーバー,テニスのグランドスラム達成【豪】
ジャック・ニクラウス(22歳),全米オープンゴルフ優勝【米】

ファイティング原田

王貞治,1本足打法で初タイトル,ファイティング原田,世界チャンピオン【日】

BC 6000以前 / BC 6000 / BC 2200 / BC 1200 / BC 600 / BC 300 / 0 / 300 / 600 / 800 / 1000 / 1200 / 1300 / 1400 / 1500 / 1600 / 1650 / 1700 / 1760 / 1810 / 1840 / 1860 / 1880 / 1890 / 1900 / 1910 / 1920 / 1930 / 1940 / 1950 / 1960 / 1970 / 1980

フロイトは心理学の病的な一面を示してくれたが、我々はいま、健康な半面を充たさなければならない。
マズロー『完全なる人間』

アメリカが基礎科学に「情報」を採用し、梅棹忠夫が情報産業論を議論する。

ベティ・フリーダンの女性論とティモシー・リアリーのLSD実験、社会意識の脇にやられていたステージがせり上がってくる。

1963
昭和38

黒人と学生

イラン白色革命

1 12 党中央委員会「個人崇拝」排除、粛清犠牲者名誉回復決定【ブルガリア】
26 白色革命勅令、国民投票で承認【イラン】
トーゴで軍事クーデター

2 05 ディーフェンベーカー内閣不信任【加】
08 カーセム将軍体制崩壊、バース党党首にアブドル・アレフ将軍就任【イラク】

林彪 人民解放軍 雷鋒に学べ

09 人民解放軍総政治部、林彪指導の「雷鋒に学べ」運動展開【中】

3 11 中国あて書簡発表(中ソ公開論戦)【ソ】

4 02〜アラバマ州でキング牧師指導の人種差別反対デモ(各地に拡大、暴動化)【米】
07 党第1書記にドプチェク【チェコ】
07 新憲法採択、大幅な機構改革【ユーゴ】
08 総選挙自由党勝利、ピアソン内閣成立【加】
17 エジプト、シリア、イラク3国「新アラブ連合」結成
25 アディスアベバ会議、アフリカ統一機構(OAU)成立(30カ国参加)【阿】

OAU

6 05 白色革命反対デモ、ホメイニ逮捕【イラン】
05 プロヒューモ事件【英】
12 NAACP指導者エバーズ、公民権に関する大統領見解の放送時に殺害【米】
14 中共中央、ソ連共産党あて「国際共産主義の総路線についての提案」提出【中】
20 米・ソ間ホットライン設置協定(8月開通)
リボニア事件、アフリカ人民族運動家7人脱獄(海外で解放運動指導)【南ア】

キング牧師と人種差別反対二〇万人デモ

7 05 中ソ両共産党会談【モスクワ】

部分核停

8 05 米・英・ソ3国部分核停止条約
20 フルシチョフ、ユーゴ訪問【ソ】
20 イスラエル、シリア両軍、ガリラヤ湖北部の非武装地帯で戦闘(国連調停で休戦)
28 人種差別反対ワシントン大行進(キング牧師の呼びかけに20万人参加)【米】

9 16 マラヤ、シンガポール、サラワク、北ボルネオ統合のマレーシア連邦正式発足

南ベトナムクーデター

10 10 バース党、第6回全アラブ民族会議、ダマスカスで開催

11 07 南ベトナム軍部クーデターでゴ・ジン・ジェム政権崩壊【南越】

ケネディ暗殺

22 ケネディ、ダラスで暗殺(容疑者オズワルド射殺)、ジョンソン大統領就任【米】
22 中国・アフガニスタン国境条約調印

キプロス紛争 ギリシア系 トルコ系

12 12 キプロス紛争(ギリシア系、トルコ系住民間の対立激化)
12 ケニア独立【ケニア】
18 赤の広場でアフリカ人留学生500人、人種差別反対デモ【モスクワ】
中共全国工作会議、毛沢東「後十条」批判【中】
◉ トランスケイ自治政府発足(全面的アパルトヘイト構想に基づく分離発展)【南ア】
◉ 毛沢東、3大革命運動(階級闘争、生産闘争、科学実験)を強調【中】
◉ 飛鳥田一雄、横浜市長に(革新市政)【日】

ケニア独立

情報技術と公害

A

ウォストーク6号

初の女性宇宙飛行士テレシコワ搭乗のウォストーク6号打上げ【ソ】
ツァーンら、インシュリンの化学合成【独】
M・ライル、大口径超合成アンテナ概念による1マイル望遠鏡製作【英】
エチレン・プロピレン系合成ゴム生産開始(モンテカチニ社)【伊】
プラズマジェット噴射装置開発【米】
エメリット・レイス、ジュリス・ウパートニク「ホログラム」開発【米】
日本初の原子力発電に成功【日】

日本原発

B

J・B・ガン、ガン効果ダイオードの発振【米】
サザーランド、対話型図形処理システム体系「スケッチパッド」開発(MIT)、ドイチュ、PDP-1上で最初の対話型LISP構築【米】
エンゲルバード『人間の知性を増幅するための枠組み』、トレイスマン『計算機と知性』【米】
イメージプロセッシングシステム、DAC-1によるカーデザイン(GM)、フェッター、3次元CRTによるワイヤーフレームモデル【米】

ドイチュ対話型LISP サザーランドのスケッチパッド

CTSS タイムシェアリング

テレプロセッシングシステム発表(IBM)、プロジェクトMAC、タイムシェアリングシステムCTSS開発(MIT)【米】

「情報」熱

A・ワインバーグら、「大統領科学諮問委員会報告」(“情報”が国家的関心事に)【米】

C

静止型通信衛星シンコム1,2号、通信衛星テルスター2号打上げ、通信衛星リレー1号の日米間TV中継成功【米】
バンクーバー〜シドニー間の太平洋海底ケーブル開通【加豪】、リレー衛星利用の国際電話、日本〜ブラジル間に成功、茨城宇宙通信実験所開所(国際電信電話)【日】
初のデータ伝送サービス開始【日】
ホワイトハウスとクレムリン間にテレックス回線ホットライン完成【米ソ】
国鉄、列車自動停止装置ATS採用【日】
名神高速道路開通【日】

D

ECへのイギリス加入、フランスのド・ゴール大統領の反対により拒否
ドル防衛策発表【米】
ケネディ暗殺のニュースでウォール街ダウ式平均株価30分間に21ドル下落【米】
国連アフリカ経済委員会(ECA)脱退【南ア】
コメコン統合計画反対決議【ルーマニア】
インドネシアでインフレーション(以後7年間で通貨価値688分の1に)
日銀、NY連邦準備銀行と通貨協定【日米】

新産業都市(日)

新産業都市13カ所を閣議決定【日】
中小企業基本法、中小企業近代化促進法(中小企業保護育成)【日】

E

GM、138型のモデル発表(輸入車対抗の車種多様化)【米】
ボブ・ノーマン、フェアチャイルド社スピンアウト、GME社設立【米】
NYヒルトン・ホテル、2200室の規模で開業【米】
馮景禧ら、新鴻基グループ創設、ステラックス社設立(国際分業による時計製造)【香港】

黒四ダム

黒部川第4発電所完工(関西電力)【日】
沖ユニバック設立【日】
愛知トマト、カゴメに社名変更【日】
サントリーに改組(寿屋)、日本交通公社設立【日】
帝人、三原工場ナイロン操業開始【日】

1963

価値の交換

A

準星

バービッジ夫妻,サンデージら,準恒星状天体,セイファート銀河中の波動について研究【英】,ラヴェル,ホイップル,スミソニアンの衛星追跡ネットワークのせん光星観測発表【英米】

散逸系カオス

E・N・ローレンツ,散逸系のカオス発見
K・ポパー『推測と反駁』【英】
S・マクレーン『ホモロジー』【米】
ロウベル,代数構造の圏論的定式化,ボレル,対称リーマン空間のコンパクト・クリフォード=クライン空間
N・レーゲ,バルシュヴィッツ,CO2の赤外発光観測【仏】
コノリー,ゴールドバーク,シュライン,ファイ中間子発見【米】

B

マーコウィッツ,極微量酸素検出法発見【米】
チーグラー【独】,ナッタ【伊】,触媒重合で不飽和炭素化合物から有機巨大分子構成の基礎研究(ノーベル賞)
ソルザ,エドワーズ,人類進化系統樹計算【英】

アロステリック モノーのタンパク質

モノー,アロステリック蛋白質の概念導入【仏】
ヴァンデル『進化と自己規制』(進化の巨大発生理論)【仏】
ナス夫妻,ニワトリ胚ミトコンドリア内の繊維構造のDNA推測
ローレンツ『攻撃』(動物行動学の人間への演繹)【墺】
末岡登ほか,染色体複製化の研究【日】
国立医学図書館,医学文献検索システム(MEDLARS)稼働【米】
マイケル・エルズ・ド・ベーキー,心臓手術に人工心臓を初応用【米】

ミンスキー人工知能論

C

G・ムーナン『翻訳の理論的諸問題』【仏】
ミンスキー『人工知能への道』,ファイゲンバウム,フェルドマン『コンピュータと思考』【米】

梅棹情報論

梅棹忠夫,論文「情報産業論」【日】
ルロア・グラン,洞窟遺跡群の発掘(男女両性神話説提出),エリアーデ『神話と現実』【ルーマニア】
伊藤幹治『稲作儀礼の類型的研究』【日】
ヴァン・デル・ポスト『種と種まく人』【南ア】

D

ベティ・フリーダン

ベティ・フリーダン『女性の神秘』【米】
ドップ『経済成長と未開発国』【英】
ムーア『社会変動』,マーチ,サイアート『企業の行動理論』【米】
モルゲンシュテルン『経済観測の科学』【墺】

ハーバマス

ハーバマス『理論と実践』【独】
フランシス・シュー『比較的文明社会論』【米】
W・F・セラーズ『科学・知覚・実在』
ロジェ・カイヨワ『戦争論』【仏】
ゴフマン『スティグマの社会学』,L・クローネンバーガー『壮大への渇仰』【米】
H・アーレント『革命について』【米】
R・クライン『人文主義時代の解釈学の一側面』
G・R・ホッケ『ヨーロッパの日記』【独】

E

エキュメニカル(世界教会一致運動)の国際会議,世界教会協議会と合同開催【ニューデリー】

概念のデザイン

A

リキテンスタイン

ル・パルク,モルレ,ガルシア・ロッシら,視覚芸術探求グループ宣言発表【仏】
Z・ボルケ,G・リピターら,資本主義リアリズム画家集団結成【独】
グッゲンハイム美術館でポップアート展【NY】

シーガル 石膏人形展示

ケリー画[赤・青・緑],ウェッセルマン画[グレート・アメリカン・ヌード第44番],リキテンスタイン画[ホープレス][ピアノを弾く女],シーガル作[シネマ]【米】,エドガー・ウィント『芸術と狂気』【墺】,[幻想と悪魔]展【W】
M・H・ニコルソン『暗い山と栄光の山』【米】
ゴンブリッジ『棒馬考』【英】

B

三木富雄・中西夏之

富岡惣一郎画[黒い線No.10],中西夏之画[洗濯バサミは攪拌行動を主張する]【日】
ハイレッド・センター結成,赤瀬川原平コラージュ展[あいまいな海について](ニセ札事件,65起訴)【日】
三木富雄,アルミニウム「耳」シリーズ【日】
松井如流書[杜少陵詩]【日】

C

ナムジュン・パイク

スターリング&ゴーワン設計[レスター大学工学部棟],アーキグラム[リヴィング・シティ展]開催【英】
ヘントリッヒ設計[アウエタ・ビル],アイアーマン設計[ワシントン・ドイツ大使館]【独】
サーリネン設計[ダラス空港],ルドルフ設計[エール大学美術・建築学部],ヴェンチューリ&ローチ設計[ギルド・ハウス](老人用住宅)【米】
ハンス・ホライン設計[トランスフォーメーション]【墺】
ミルトン・グレーザー,ポール・デービス,ピーター・マックスらの[プッシュピン]活躍【米】
パイク個展[音楽展-エレクトロニックTV](共演ボイス)ビデオ・アートの嚆矢【韓】
ピーター・ベアードp[THE END OF THE GAME]

細江英公

細江英公p[薔薇刑](三島由紀夫モデル)【日】

ケネス・アンガー ジャック・スミス

D

キュブリック監[博士の異常な愛情]【英】,ブニュエル監[自由の幻想],ルイ・マル監[鬼火]【仏】,フェリーニ監[8 1/2]【伊】
アンガー監[スコルピオ・ライジング],スミス監[フレイミング・クリエイチュア]【米】

今村昌平 にっぽん昆虫記

今村昌平監[にっぽん昆虫記]【日】

E

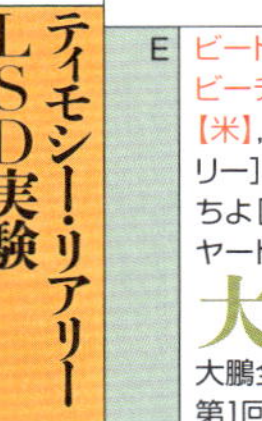

ルトスワフスキ曲[アンリ・ミショーによる3つの詩](合唱と管弦楽のための)【波】
柴田南雄曲[夜に詠める歌]【日】
ロルフ・ホーホフート戯曲[神の代理人](カトリック教会動揺)【西独】
状況劇場[恭しき娼婦]旗揚げ公演【日】
ティモシー・リアリー,LSD実験【米】
シャーロット・モーマン企画第1回アヴァンギャルド・フェスティバル【NY】,イヴォンヌ・レイナー[地形],メイ・タイム・フェスティバル(フルクサス中心に各種イベント)【米】

ロック・メディア

A

マンディアルグ オートバイ 大理石

オーデン『染物師の手』,C・S・ルイス『ナルニア国ものがたり』,ラウリー『月の狂人』【英】
マードック『ユニコーン』【英】
マンディアルグ『オートバイ』,ル・クレジオ『調書』,サロート『黄金の果実』,ピエール・ブール『猿の惑星』【仏】
ロブ=グリエ『新しい小説のために』【仏】
E・ガッタ『苦悩の認識』【伊】
グラス『犬の年』『猫と鼠』【独】
ヴォルフ『引き裂かれた空』【東独】
ヴォネガット『猫のゆりかご』【米】
モーリス・センダック絵本『ウェア・ザ・ワイルド・シングス・アー』【米】

トマス・ピンチョン

トマス・ピンチョン『V.』,アップダイク『ケンタウロス』,E・ヴィーゼル『夜』【米】

S・プラース自殺

S・プラース自殺【米】
エフトゥシェンコ『早すぎる自叙伝』【ソ】
アイヒンガー『私の住まうところ』【墺】
ムニャチコ『遅れたレポート』,イヴァン・ヴィスコチル『飛ぶ夢』【チェコ】
ユリヨ・コッコ『羽根をなくした妖精』【芬】
コルターサル『石蹴り遊び』【アルゼンチン】

B

性的人間・砂の上の植物群

大江健三郎『性的人間』,柴田翔『されどわれらが日々』,吉行淳之介『砂の上の植物群』,上林暁『白い屋形船』,河野多恵子『蟹』,辻邦生『廻廊にて』,真継伸彦『鮫』【日】
葛原妙子『葡萄木立』【日】

C

ヒッピー文化 大拡

ゼニス・ラジオ・コーポレーション,TVカラー受像管の生産開始【米】
プラウダ紙,中国共産党を非難【ソ】
出版・娯楽法制定,検閲制度の強化【南ア】
日米間の初TV衛星中継(ケネディ暗殺ニュースの映像),「ロンパールーム」,「3匹の侍」,「鉄人28号」,「8マン」,「鉄腕アトム」などのTV番組人気【日】
NYの新聞発行再開(114日間のストライキ解決,「NYミラー」紙廃刊)【米】

少女コミック誌

「太陽」,「女性セブン」,「女性自身」,「少女フレンド」,「マーガレット」創刊【日】
知里真志保『分類アイヌ語辞典<動物編>』【日】
出版倫理協議会発足(悪書追放運動)【日】

D

メロトロニクス社,メロトロン発売【英】
ホリデイ・インのモーテル423軒に(全米客室数100万室)【米】
この年,ヒッピー文化が全米に拡大【米】
共働き増加でカギっ子出現,スーパーマーケット抬頭,貸し自動脱水洗濯機登場【日】
ナショナル・ハイトップ電池,電気蚊取り器発売【日】

E

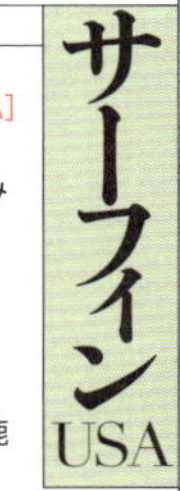

ビートルズ[抱きしめたい]【英】,ビーチボーイズ[サーフィンUSA]【米】,フォーシーズンズ[シェリー],舟木一夫[高校3年生],梓みちよ[こんにちわ赤ちゃん]【日】
ヤードバーズ結成【英】

大鵬 海老原博幸 寺沢徹

大鵬全盛,6場所連続優勝【日】
第1回オートバイ世界選手権,鈴鹿サーキットで開催【日】

極端にいえば今日の社会において生きるとは、巨大なマンガの中に生きるにひとしいのだ。
ゴダール

宇宙の彼方はプラズマ輻射、物質の此方は極微のクォーク。
公民権法と男女雇用平等法を通したアメリカ。IMF8条国移行とオリンピックに沸く日本。
ステューデント・パワーとヒッピーカルチャーと。風に吹かれて、反体制。

1964
昭和39

黒人と学生

1 05 ベルリンの壁クリスマス休戦終了(17日間に125万人市民が壁を越える)【独】
13 アラブ連盟13カ国首脳会議
27 中国・フランス,外交関係樹立【中仏】
2 04「人民日報」,「紅旗」両編集部,ソ連批判論文発表【中】
08 対カンボジア軍事援助を開始【ソ】
08 マルコムX,アフロアメリカン統一機構結成【NY】
3 15 対カンボジア軍事援助【仏】
31 グラール大統領政権崩壊【ブラジル】

4 11 軍事クーデターにつづき反共主義の粛清(介入準備のアメリカ海軍介入断念)【ブラジル】
22 NY万国博覧会(NY市300周年記念)【米】
22 自主路線の党声明採択【ルーマニア】
25 フルシチョフ,アラブ連合訪問【ソ】
5 03 スカルノ大統領,マレーシア粉砕を指令【インドネシア】
27 ネルー首相没,後任にシャストリ【印】

アラブ首脳会議 PLO

毛語録 人民解放軍総政治部

人民解放軍総政治部『毛主席語録』刊行【中】
28 パレスチナ解放機構(PLO)設立
6 03 18校大学学生,朴大統領退陣要求デモ【韓】
06 バントゥー法修正法,アパルトヘイト拡大(ネルソンほか黒人指導者処刑に)【南ア】
22 最高裁,マッカラン治安法の共産主義者旅券交付禁止条項を違憲判決【米】
30 英連邦内の一国として独立,第1次経済開発5カ年計画【マラウィ】

マラウイ、マルタ ザンビア 独立

7 02 公民権法(黒人無差別の広範適用)成立【米】

公民権法

トンキン湾事件

8 02 国防省,トンキン湾事件発表,報復の北ベトナム基地攻撃【米】
07 空軍機,キプロス島攻撃【土】
9 07 ロンドンでローデシア独立問題首脳会談【ジンバブウェ】
カルフォルニア大学バークレー校「言論の自由(FSM)」結成(ステューデント・パワー)【米】

10 11 ポルトガル領モザンビーク解放戦線,独立武装闘争宣言
14 フルシチョフ失脚,ブレジネフ第1書記,コスイギン首相就任【ソ】
15 労働党,総選挙に勝利(ハロルド・ウィルソン内閣組閣)【英】

中共核実験

16 初の原爆実験に成功【中】
24 北ローデシア独立,ザンビア共和国に第2回非同盟諸国会議【埃】
11 02 ファイサル国王就任【サウジ】
04 クーデターによりバリエントス副大統領政権掌握【ボリビア】
12 米原潜,佐世保入港(反対デモ拡大)【日】
18 運河条約破棄要求の反米学生デモ【パナマ】
24 空挺部隊,コンゴ北東部に降下,ゲリラから人質1400人解放【白】

ステューデント・パワー

佐藤栄作 池田辞任

12 01 池田首相辞意,佐藤栄作後任【日】
04 ジャカルタで反米デモ【インドネシア】
19 軍事クーデター,高等国民議会打倒【南越】
28 サラガット大統領就任【伊】

ニューヨーク世界博

情報技術と公害

A 米ソ宇宙生物学,宇宙医学データ交換協定
レンジャー7号月面撮影に成功,火星探査ロケット,マリーナ4号,ゾンド2号打上げ【米】
ウェイマー,ボーカン,薄膜トランジスタによるスキャナ動作確認(イメージセンサ)【米】

人工皮革 デュポン社 コルファム

デュポン社,人工皮革(コルファム)開発【米】
生体検査ファイバスコープ(町田製作所)【日】
電子卓上計算機(早川電機,ソニー),オープンリール方式小型VTR開発(ソニー)【日】
ブリヂストン,ラジアルタイアの開発【日】

B MOS・IC発表(T.I.社,GMI社),マナセヴィット,ミュラー各独自にシリコン・オン・サファイア技術発表(高性能ICへ)【米】

BASIC ケメニー カーツ

ケメニー,カーツ,BASIC完成,サラサンド,ARPAでアイコン・プログラミングに着手【米】
IBMシステム360開発(厚膜ICの導入,電子計算機第3世代へ)【米】

IBM360

エンゲルバート

D・エンゲルバート,MLSプロジェクト開始(ハイパーテキストのプロトモデルを実現)【米】
FONTAC完成(富士通,沖,日電),HITAC5020発表(日立製作所)【日】
IBM,初のワードプロセッサー【米】
光電式文字読取装置開発(京大工学部)【日】
三井銀行,オンラインシステム採用(第1次オンライン化時代)【日】

C 静止通信衛星シンコム3号,東京オリンピックなどのTV宇宙中継【米】

インテルサット設立

国際電気通信衛星機構(INTELSAT)設立
ワシントン〜NY〜シカゴ間にTV電話ピクチャーホン開通【米】
国際電信電話,ATT,HTC3社共同出資の太平洋横断海底電話線敷設
グレートインデックス型光ファイバの提案(東北大),縦断マイクロウェーブ回線開通【日】
航海衛星を実用化【米】
ATT,自動車電話サービス開始【米】
ジミー・ホッファ,すべてのトラック運転手をチームスターズ組合に組織【米】
海外旅行,条件つき自由化(初日申請5000人),東海道新幹線営業開始【日】
日本航空,座席予約システム稼働【日】

D 第1回国連貿易開発会議(UNCTAD)
ケネディ・ラウンド(関税交渉)開始(〜67.6)
雇用における男女平等立法化(公民権法第7編)【米】
利子平衡法税成立【米】
ハマスリー山脈鉱床,日本の製鉄会社と史上最大規模の鉄鉱石輸出契約【豪】

男女雇用平等法(米)

IMF8条国(日)

日本,IMF8条国に移行,OECD加盟【日】
産業構造審議会発足(重化学工業から知識集約産業への方針転換)【日】
全日本労働総同盟(同盟)発足【日】

E ダウ・ケミカル売上高10億ドル突破【米】
3M社,イタリアの感光材メーカー,フェラニア社買収【米】
ライナー運航,サムドラ・インドネシア社【インドネシア】
オリエントリース設立【日】

三菱重工 3社合併発足

新三菱重工,三菱日本重工,三菱造船の3社合併,三菱重工業発足【日】

1964

価値の交換

A

3°K宇宙黒体輻射

クォーク理論

R・ペンローズ,ツウィスター宇宙モデル直感【英】
シュミット,準星3C48スペクトル撮影,ディッケ「熱いビックバン」からの黒体輻射を提唱(一般相対性理論の修正),ウィルソン,ペンジアス,3°Kの宇宙黒体輻射発見【米】
気象衛星ニンバス1号(地球全表面撮影)【米】
ゲルマン,ツヴァイクのクォーク模型【米】
グラショウ,第4の内部量子数をチャームと命名【米】
オメガマイナス粒子の実験的確認(八道説の有力証左)
欧州原子核研究所,新素粒子Cゼロ発見【欧】
アイゲン,マックス・プランク物理化学研究所で高速測定法確立【独】

広中平祐 多様体特異点

広中平祐,代数多様体の特異点還元証明【日】
マルティン・ガードナー『自然界における左と右』【米】

B

冨沢純一ら,ファージ遺伝における遺伝子組換え研究,直良博人,m-RNA不要DNA依存性蛋白質合成の研究【日】

エクルズ脳生理学

エクルズ『シナプスの生理学』【豪】
伊谷純一郎ら『高崎山の野生ニホンザル』【日】
農林省,植物ウイルス研究所設置【日】
ブロック【米】,リネン【独】,コレステロール,脂肪酸の生合成機構と調節の研究
高原滋夫,無カタラーゼ血液症発見とその研究(学士院賞),早石修,酸素添加酵素発見並びに研究,藤野恒三郎,滝川巌,福見秀雄,坂崎利一,腸炎ビブリオの発見と研究(朝日賞)【日】

C

レイン,エスターソン『狂気と家族』【英】
ユング『人間と象徴』【瑞】
アイゼンク『犯罪とパーソナリティ』【米】
J・スタロバンスキー『自由の発明』【仏】
C・アウウェハント『鯰絵』【瑞】
直木孝次郎『日本古代の氏族と天皇』【日】
リーキー,ホモ・ハビリスの化石発見【英】

D

ブラウ交換と権力 マッキーヴァー権力の変容

ギルマン『危機のなかの繁栄』【米】
パーソンズ『社会構造とパーソナリティ』【米】
ドラッカー『創造する経営者』【米】
クズネッツ『戦後の経済成長』【米】
スローン『GMとともに』【米】
P・M・ブラウ『交換と権力』【米】
H・ミント『低開発国の経済学』【ビルマ】
都留重人『近代経済学の群像』【日】
セバーク『マルクス主義と構造主義』【仏】
マルクーゼ『一次元的人間』,エンツェンスベルガー『政治と犯罪』【独】
マッキーヴァー『権力の変容』【米】
A・フレッチャー『アレゴリー』【米】
L・ゴールドマン『小説社会学』【仏】
ミュラ=シュテルンベルク『デーモン考』【独】

E

フランシス・イエイツ『ジョルダーノ・ブルーノとヘルメス学の系譜』【英】,グルジェフ『注目すべき人々との出会い』(死後刊)【ソ】

ジョン・リリー 隔離タンク LSD実験

ジョン・リリー,隔離タンクとLSDの実験【米】
J・モルトマン『希望の神学』【西独】

霊友会 小谷喜美 弥勒山を建立

谷口雅春,生長の家政治連合結成,霊友会小谷喜美,弥勒山建立,日本ヴェータンダ・ソサエティ本部建設【日】
ボルノー『教育的雰囲気』【独】

概念のデザイン

A

ライリーとオップ・アート

ブリジェッド・ライリー画[流れ](オプティカル・アート)【英】
ラウシェンバーグ画[遡及Ⅰ][くじら],ジョーンズ画[何によって],アヴェディシアン画[セブン・ブラザースにて],ノーランド画[ブライム・コース],ダイン画[二つの赤い自画像],ディヴィッド・スミス作[キュービXⅧ],ロサンゼルス州立美術館[絵画的抽象以後の抽象展]【米】
H・ハッツフェルド『バロック論』【西】
ジャック・ブースケ『マニエリスム絵画』【仏】
H・ゼーデルマイヤ『光の死』【墺】

B

中村正義 岳陵門下から葛藤の絵画へ

菅井汲画[朝のオートルート],井上長三郎画[弾奏],中村正義画[源平海戦絵巻]【日】
中村宏・立石紘一[観光絵画展],小野洋子[フライ・ピーズ展](内科画廊)【日】

C

ルドフスキーとアレグザンダー

クロンプトン[コンピュータ・シティ],ヘコン[ウォーキング・シティ],クック[プラグ・イン・シティ]計画案【英】
GRAU(都市計画建築家ローマ・グループ)結成
セルト設計[ボストン大学],ルドルフ設計[イエール大学芸術・建築学部棟][ガーデン・シティ],ジョンソン設計[NY州立劇場]【米】
MOMA『建築家なしの建築展』(B・ルドフスキー,雑種建築に注意を喚起),アレグザンダー『形態の総合に関する覚書』【米】
リカルド・ボフィールら,建築家集団『タリエール』結成【西】
丹下健三設計[国立屋内総合競技場]【日】
マックス ビル『美術とグラフィック』【独】
マリオ・プラーツ『家具の哲学』【伊】

M・グレーザー

ミルトン・グレーザーd[美術学校]ポスター,ポール・デイヴィスd[出版社]ポスター【米】
粟津潔d[第2回宗教平和会議]ポスター,勝見勝,ピクトグラム・デザイン実施【日】
リーフェンシュタールp『ヌバ』【独】,キャパp『戦争-そのイメージ』【洪】
アドベンp『ナッシング・パーソナル』【米】

D

ノル,コンピュータ・アート実験(モンドリアン,ライリーの造形原理応用,均質画風作品)
NY万博IBM館,マルチ映像登場【米】
ウォーホル監[眠り][エンパイヤ]【米】
パゾリーニ監[奇跡の丘]【伊】

鈴木清順 勅使河原宏

勅使河原宏監[砂の女],鈴木清順監[肉体の門],今村昌平監[赤い殺意]【日】

E

ブリテン曲[カシュー・リヴァー]【英】
テリー・ライリー曲[inC]【米】

太陽劇団 ムーシュキン 小市民たち

ムーシュキン「太陽劇団」旗揚げ公演[小市民たち]【仏】,アラバール戯曲[戴冠式]【西】,シェアデ戯曲[ブリスバーヌの移住者]【レバノン】
ヴァイス『マラーの迫害と暗殺』【独】
ジェリー・ボック,シェルダン・ハーニック[屋根の上のヴァイオリン弾き]【NY】
アン・ハルプリン作[パレードと変化]【米】
マース・カニングハム舞踊団結成【米】
全日本芸術舞踊協会新人公演に笠井叡[花],高井富子[かなしむ]【日】

ロック・メディア

A

J・ミッチェル『ホワイト・ファーザー』,ラーキン『白衣の日曜日の結婚』,ディヴィ『事件と知恵』,バラード『燃える世界』,メイン『砂』(児童文学)【英】
SFニューウェーブ運動,「ニューワールズ誌」新編集長マイクル・ムアコック【英】
ウィティッグ『子供の領分』,ルデュック『私生児』,ロラン・バルト『エッセ・クリティック』【仏】
H・フリードリヒ『イタリア抒情詩の時代』【独】
セルビイ『ブルックリン最終出口』,バーセルミ『帰れ,カリガリ』,ベロー『ハーツォグ』【米】
フリッシュ『わが名はガンテンバイン』【瑞】
何其芳『文学芸術の春』【中】

B

中村英夫『虚無への供物』,網野菊『ゆれる葦』,高見順『死の淵』,北杜夫『楡家の人びと』【日】

小松左京・筒井康隆

筒井康隆『東海道戦争』,小松左京『復活の日』『日本アパッチ族』【日】
松本清張『昭和史発掘』連載開始【日】
澁澤龍彦『夢の宇宙誌』【日】
磯田光一『殉教の美学』【日】
前登志夫『子午線の繭』【日】

C

メディアはメッセージ

マクルーハン『人間拡張の原理-メディアの理解』【加】
簡化字総表発表【中】
学者,作家ら34人,言論自由化要求【波】
ナルディニ,フランクフルト書籍展で講談社『世界の美術館』シリーズに着目【伊】
『テレビジョン・ファクトブック』,全世界TV受像機1億4千万台,世界90カ国TV統計【米】
有線テレビ(CATV)出現【日】
外国文学翻訳専門出版,プログレス社設立【ソ】

平凡パンチ

漫画雑誌「ガロ」創刊,週刊「平凡パンチ」創刊【日】

D

森英恵,中村乃武夫 諸岡美津子,石津謙介

『ビートルズがやってきた,ヤァ!ヤァ!ヤァ!』【L】
ゲルンライヒ,トップレス水着【米】
バーバラ・フラニッキー,ブティック『ビバ』開店【ケンジントン】
東京コレクション・グループ発足(森英恵,中村乃武夫,諸岡美津子ら)【日】,石津謙介のVAN中心にアイビー・スタイル流行【日】
コント55号がデビュー【日】
石森章太郎「サイボーグ009」【日】

E

ヘア・ドライアー発売開始,花王,ライオン液体シャンプー発売【日】

モーグ シンセサイザー

モーグ博士,モーグ・シンセサイザー発表【英】
[メリー・ポピンズ]【米】,[荒野の用心棒]【伊】

ボブ・ディラン

ディラン[風に吹かれて],バーズ[ミスター・タンバリン]【米】
ローリング・ストーンズ[カモン],ザ・フー結成,キングス[ユー・リアリー・ゴット・ミー]【英】
コルトレーン[至上の愛]【米】
「ヴェト・ロック」(メガン・テリー作)
アニマルズ[朝日のあたる家]【英】
ザ・ピーナッツ[ウナセラディ東京]
カシアス・クレイ(アリ),世界ヘビー級タイトル【米】

東京オリンピック

第18回オリンピック東京大会開催
王貞治,本塁打55本のシーズン日本新記録【日】

人間の意識を機械が代用して人間を拡張するということは最終段階に近づいた。
マーシャル・マクルーハン『人間拡張の原理』

BC 6000以前
BC 6000
BC 2200
BC 1200
BC 600
BC 300
0
300
600
800
1000
1200
1300
1400
1500
1600
1650
1700
1760
1810
1840
1860
1880
1890
1900
1910
1920
1930
1940
1950
1960
1970
1980

宇宙遊泳と遺伝暗号の解読。
極大極小に未知の情報が求められる。

1965
昭和40

黒人と学生

北爆開始

1 04 ジョンソン,年頭教書「偉大な社会」【米】
08 米軍指揮下で南ベトナムゲリラ掃討戦に参加(翌年までに4万5000人派兵)【韓】
14 毛沢東,農村社会主義運動についての「23条」全国機関に配布【中】
20 対イスラエル武器積み出し開始【西独】
20 ワルシャワ条約機構政治諮問委員会(ソ連案に反対)【ルーマニア】
27 グエン・カーン,無血クーデター【南越】

2 07 米軍,北ベトナム基地爆撃(北爆開始)【米】
18 ガンビア独立
21 ボトムリー英連邦相,ガーディナー法務長官訪問,5原則発表【ジンバブウェ】

3 01 世界共産党協議会(日・中など7党が欠席)【ソ】
20 スカルノ大統領,全外国石油企業の政府管理構想発表【インドネシア】
24 党第1書記チャウシェスク,国家元首ストイカ選任【ルーマニア】
ミシガン大学,ベトナム戦争「ティーチイン」開催【米】

ガンビア モルディブ 独立

4 01 非同盟諸国17カ国,ベトナム平和アピール

べ平連 吉川勇一・小田実 初のデモ展開

24 べ平連,初のデモ行進【日】

5 02 ドミニカ内戦に軍事介入(第2のキューバ阻止)【米】
03 米と断交【カンボジア】
12 西独・イスラエル国交樹立(アラブ諸国一斉反発)
25 アナキスト行動集団「プロボ」結成【蘭】

6 第4回アジア・アフリカ人民連帯会議延期(アルジェリア,クーデターのため)
11 グエン・カオキ,バン・チュー両将軍クーデター,軍事政権成立【南越】

日韓条約 日本資本主義ピークに向かう

22 日韓基本条約調印【日韓】

7 19 新憲法採択,党名を共産党に【ルーマニア】
26 モルジブ独立

8 05 カシミール危機再燃
06 選挙権の登録差別撤廃(65年公民権法)【米】

シンガポール独立

09 シンガポール,マレーシア連邦より独立
18 黒人地区暴動,州兵派遣で死者35人【LA】
19 佐藤首相沖縄訪問【日】
29 イエメン停戦協定【アラブ連合・サウジ】

文化大革命へ

9 01 印パ戦争
30 九・三〇事件(クーデター,鎮圧後共産党勢力の弾圧)【インドネシア】
アフリカ,マダガスカル共同機構結成(OAUの不統一)【阿】

10 03 チェ・ゲバラ,キューバ国籍放棄(南米に)
27 全政党を廃止【ブラジル】

11 09 大統領選,国民党マルコス当選【比】
10 姚文元「新編の歴史劇『海瑞免官』を評す」発表(文化大革命の発端)【中】

ローデシア問題

11 ローデシア,白人政権一方的独立宣言,英首相が非難【ジンバブウェ】
25 モブツ,無血クーデターに成功【コンゴ】
27 ワシントンのベトナム平和行進【米】

12 18 ザンビア向け石油供給禁止【ジンバブエ】
◉ 最高会議幹部会議長ポトゴルヌイ就任【ソ】
◉ ベトナム派遣兵力19万人に【米】

情報技術と公害

宇宙遊泳

A 国産初の人工衛星デイアマンA1号打上げ【仏】
ウォスホート2号のレオーノフ,人類初の宇宙遊泳,世界最重量フロント1号(12.2トン)打上げ【ソ】
2人乗り宇宙船ジェミニ3号打上げ,4号乗組員宇宙遊泳に成功,6・7号初のランデヴー(7号は宇宙滞在記録も樹立),レンジャー9号月面のTV中継成功,マリナー4号火星撮影成功【米】
スナップIDA(原子炉衛星)打上げ【米】
S・パベル,磁性流体開発【米】

第三世代コンピュータ

B O・セルフリッジ,初のアレイプロセッサ「パーセプトロン」【米】
ファイゲンバウム,レーダーバーグとエキスパートシステムDENDRALの開発開始,シュミット,スタティックRAMの最初の論文「インテグレーテッドMOS TRAM」発表【米】

DECミニコン

DEC,ミニコンPDP8型発表【米】
ショットキー・クランプトランジスタ開発(T.I社)【米】
走査型電子顕微鏡発表【米】
ORBITによるデータベースサービス【米】
コンピュータ数値制御NC機械(CNC)出現【米】
国鉄,電子システムによる自動発券「みどりの窓口」開設【日】

C 商用通信衛星,インテルサット1号打上げ【米】
通信衛星,モルニアI-1号打上げ【ソ】

フリーダイヤル(米)

フリーダイヤル(WATS)普及【米】
ジェット推進自動車「スピリット・オブ・アメリカ」時速966.57kmを記録
名神高速道路全通(ハイウェー時代開始)【日】

ネーダー消費者運動

D 経済改革導入【チェコ】,経済改革実施【ユーゴ】,新経済制度適用【ブルガリア】,コスイギン,利潤導入方式,独立採算制など新経済制度提案【ソ】
米消費者連盟ラルフ・ネーダー「どんなスピードでも自動車は危険だ」(消費者運動の高まり)
金準備38年以来の最低記録,財務省IMFから3億ドル引き出し(国際収支赤字埋め)【米】
植民地経済からの脱却狙い,輸入代替型産業育成【シンガポール】
アジア諸国初の高雄輸出加工区創設【台湾】
日台,日韓間の円借款,無償援助によりアジア経済に進出【日】
赤字国債発行開始【日】
製造業生産指数,戦前水準の6倍半に(高度経済成長後期に)【日】

山陽特殊鋼倒産 山一証券事件

E GM,国内生産494万台,海外生産728万台,IBM,全米コンピュータ市場6割支配【米】
ITT,ABCを買収【米】
山陽特殊鋼,負債480億円(戦後最大の倒産),山一証券事件(再建措置決定)【日】

TDKのCI戦略

東京電気化学,TDKのCI戦略開始【日】
台塑グループ,レーヨン事業進出,台湾化学繊維設立【台湾】,ゲンティーン・ハイランド社設立【マレーシア】
野村総研発足【日】

北爆と文化大革命、
大国が見る悪夢。

1965

価値の交換

A

アープ『特殊銀河地図』【米】
ノイゲバウアーら,最初の空の赤外線地図製作開始(2ミクロン調査)【米】
南部陽一郎,三重フォーク模型の研究【日】
ドン・プライス『科学時代』(政府における4機能を定義),科学技術コミュニケーション委員会(COSATI)設置【米】
フルジーグ,児童数学の基本概念(のちのLOGOプロジェクトに)【米】

ファジー理論 サデー提唱

L・A・サデー,ファジー理論提出【米】
長野正,コンパクト対称リーマン空間の変換群【日】

ニーレンバーグ ホリー、コラナ 遺伝暗号解読

B

ウィルソン,生態系のエネルギー効率モデルの修正【英】
ホリー,アラニンt-RNAの全一次構造の決定(遺伝情報解読の嚆矢),ニーレンバーグ,m-RNAにふくまれている遺伝暗号を解明,コラナ,人工m-RNAを利用し遺伝暗号解読【米】
ロバート・エドワーズ,人間の卵の体外受精を試行(受精は失敗)【英】
春名一郎,ウィルス活性のあるファージRNAの酵素による試験管合成【日】
新宮正久らスモン病原ウィルス分離,江橋節郎,筋肉収縮調節の蛋白質トロポニン発見【日】
慶大脳外科グループ,極低体温手術を発表【日】

C

H・エカン,R・アンジュレル『言語病理学』,ワインライヒ『言語内の接触』(2言語併用研究)【仏】
ロビンソンの導出原理
P・リクール『フロイトを読む・解釈学試論』【仏】
ルロア・グラン『西洋の先史美術』『身ぶりと言葉』【仏】
吉本隆明『言語にとって美とは何か』【日】

ルロア・グラン

D

トゥーレーヌ『行動社会学』【仏】
ホーレンス,シュマンド『メトロポリス:人,政治,経済』,マスグレーヴ『財政組織論』【米】
シク『社会主義的商品関係の諸問題』,オスカー・ランゲ『経済サイバネティクス入門』【波】
フリッシュ『生涯の理論』【諾】
中川敬一郎ら,「企業者活動に関する国際比較史研究」に着手【日】
富永健一『社会変動の理論』【日】
森崎和江『第三の性 はるかなるエロス』【日】

アルチュセール 甦えるマルクス

アルチュセール『甦えるマルクス』【仏】
アンカー・オルソン『政治学集団理論』【米】

バフチン ラブレーの作品と中世民衆文化

M・バフチン『フランソワ・ラブレーの作品と中世およびルネサンスの民衆文化』【ソ】
モース・ペッカム『混沌への狂熱』【米】
H・テュゼ『宇宙と想像力』【仏】
A・ハウザー『マニエリスム』【洪→英】

E

ローマ教会と東方正教会,105年以来の相互破門を解消【伊】

サイエントロジー

元SF作家のハバード創設の「サイエントロジー」興隆【米】
セイディ・ヌルシーのイスラム世界国家設立プラン(トルコ政局に影響)【土】
家永三郎,教科書検定違憲訴訟を提訴【日】
統一的社会主義教育制度法制化【東独】,教育審議会設置【西独】
「高等教育法」,大学レベル試験計画【米】

概念のデザイン

A

ボイス[死んだ兎に絵をどう説明するか](デュッセルドルフ,シュメラ画廊)【独】
[光と運動展],ビーネ,シェフェールら出品【ベルン】,[現代美術における物語的具象展]アダミ,キタイら出品【P】

ボイス

応答する目 MOMA展覧会

ウォーホル画[電気椅子],ジェームズ・ローゼンクイスト画[F-111],MOMA「応答する目展」,「ポップアートとアメリカの伝統展」【米】
パイク作[ロボットK-456]【韓】
H・H・ホワシュテッター『象徴主義と世紀末芸術』【独】
ロジェ・カイヨワ『幻想のさなかに』【仏】

B

荒川修作画[ダイヤグラム・オブ・ミーティング],吉原治良画[黒地に白],鶴岡政男画[青いカーテン],萩原英雄画[古代の唄No.7]【日】
杉山寧画[水]【日】
池田満寿夫版画展(MOMA)【日】
中原祐介『現代彫刻』【日】
青山杉雨書[詩経の一節]【日】

C

シーガル,低コスト建築システム[シーガル住宅]開発,マシウ,マーシャル設計[ヨーク大学校舎](CLASPシステム)【英】
都市計画作業グループ[ベルリン・ダーレムの自由大学建設計画],ドルヴリエ[パリ地域基本計画]【仏】,バーケマ,ブルーク[アムステルダム・パムプス地区都市化計画]【蘭】
ソレリ設計[バベルII2計画],カーン設計[ブリンクモア女子大寄宿舎],SOM設計[ブランズウィック社事務所]【米】

建築工房 リカルド ボフィル

リカルド,ボフィル,レヴィら,「建築工房」結成
大谷幸夫設計[国立京都国際会館]【日】
「SD」創刊(d杉浦康平)【日】
ケペシュ編『ヴィジョン+ヴァルー・シリーズ』
レーモ・ビアンコ[化学的芸術](セファデックス・クロマトグラフィー),
マックス・ベンゼ[生成美学]
田中一光,永井一正,細谷巌,粟津潔,横尾忠則,福田繁雄ら「ペルソナ展」【日】
アンドレアス・ファイニンガーp[自然の組織]
川田喜久治p『地図』【日】

AD 田中一光、永井一正、細谷巌 粟津潔、横尾忠則、福田繁雄

D

ヴァンダービーグ[ムービー・ドローム(経験機械)],ネストラー&ライツ[ヴァリア・ヴィジョン]

ピエロ・ル・フ ゴダール人気絶頂

ゴダール監[ピエロ・ル・フ]【仏】,ロバート・ホイットマン監[プルーン・フラット],ウォーホル監[キッチン](イーディ出演)【NY】
W・ワイラー監[コレクター]【米】
レイ監[雷鳴のきざし]【印】

E

メシアン曲[われ死者の蘇りを待つ]【仏】
ペンデレツキ曲[聖ルカ伝による主イエス・キリストの受難と死]【波】

ルシエ アルファ波パフォーマンス

アルビン・ルシエ,サウンド・パフォーマンス発表【米】
武満徹曲[テクスチャアズ]【日】
ベジャール[ヴァーグナーまたは火の恋]【P】
三十人会スタジオ,代々木小劇場開場【日】
土方巽[バラ色ダンス]【日】
笠井叡,高井富子[乳母車]【日】

武満徹

ロック・メディア

A

ベケット『想像力は死んだ,想像せよ』【英】
ファウルズ『魔術師』【英】
ガスカール『誘惑』,クノー『青い花』,ソレルス『ドラマ』,パンゴー『原初の情景』,ロブ・グリエ『快楽の館』,クロソウスキー『バフォメット』【仏】
H・カント『大講堂』,ヒルデスハイマー『テュンセット』【独】

カルヴィーノ 木のぼり男爵 コスミコミケ

オルテーゼ『イグアナ』,モラヴィア『関心』,カルヴィーノ『コスミコミケ』【伊】
J・ジョーンズ『ダンテの地獄組織』,メイラー『アメリカの夢』【米】
マルコムX,ヘイリー『マルコムXの自伝』【米】
トマス・M・ディッシュ『人類皆殺し』,ハーバート『デューン砂の惑星』,ハリイ・ハリスン『宇宙兵ブルース』【米】
カブレラ・インファンテ『三匹の寂しい虎』【キューバ】

B

梅崎春生 小島信夫

梅崎春生『幻化』,小島信夫『抱擁家族』,三島由紀夫『豊饒の海』(〜70)【日】
本多秋五『物語戦後文学史』(3巻)【日】
筒井康隆『48億の妄想』,山野浩一『X電車で行こう』【日】

C

世界初の海賊放送「ラジオ390」北海洋上で発覚,NYで初のニュース専門ラジオ局WIN開局
TV番組「サンダーバード」【英】
日本TV,「ベトナム海兵大隊戦記」2部以降放送中止,ベトナム報道,米国務次官非難【日】

11PM アフタヌーン・ショー ジャングル大帝

「11PM」,「アフタヌーン・ショー」【日】
手塚治虫のTVアニメ「ジャングル大帝」【日】

D

アスベスト粉塵公害指摘【米】
ヨーロッパで出生率低下,高齢化社会進行へ
バンカメリカード,マスターチャージ・カードなど銀行カードの取扱高伸長【米】

クレージュ ロンドンでミニ・スカート

クレージュ,ミニ・スカート発表【L】
パコ・ラバンヌ,初めてプラスティックのドレスを作る【西→仏】
都首都圏設備局,初のスモッグ警報【日】
プレハブ住宅量産化体制確立【日】

網走番外地 高倉健ブーム

[網走番外地]などヤクザ映画流行【日】

E

パッケージ海外旅行「ジャルパック」登場【日】
ローリング・ストーンズ[サティスファクション],フー[アイ・キャント・エクスプレイン],ジェフ・ベック,ヤードバーズに参加【英】
ジョン・ケイル,ルー・リードらベルベット・アンダーグラウンド結成(ニコ参加),ジェファーソン・エアプレイン結成【米】
ハービー・ハンコック[処女航海],サム&デイブ[ユー・ドント・ノウ・ライク・アイ・ノウ],スティービー・ワンダー[アップタイト]
富樫雅彦カルテット登場【日】

SG サイモン&ガーファンクル

サイモン&ガーファンクル[サウンド・オブ・サイレンス]【米】
S・バルタン[アイドルを探せ],フランス・ギャル[夢見るシャンソン人形]【仏】
ワイズ監[サウンド・オブ・ミュージック]【米】
北島三郎[兄弟仁義],都はるみ[涙の連絡船]【日】
野村克也,3冠王【日】

ローリング・ストーンズのサティスファクション ニコとベルベット・アンダーグラウンド

LSDは西洋のヨガである。
ティモシー・リアリー

BC 6000以前 / BC 6000 / BC 2200 / BC 1200 / BC 600 / BC 300 / 0 / 300 / 600 / 800 / 1000 / 1200 / 1300 / 1400 / 1500 / 1600 / 1650 / 1700 / 1760 / 1810 / 1840 / 1860 / 1880 / 1890 / 1900 / 1910 / 1920 / 1930 / 1940 / 1950 / 1960 / 1970 / 1980

ワイゼンバウムがＡＩに疑問を投げかけ、フーコーが知の構築に異議をさしはさむ。

中教審が「期待される人間像」を提案し、松下電器が職能別賃金を採用する。

1966
昭和41

黒人・学生・紅衛兵

インド・パキスタンのタシケント宣言

1 03 初のアジア・アフリカ・ラテンアメリカ3大陸人民連帯会議(100カ国参加)【キューバ】
10 印・パ和平首脳会談(タシケント宣言)
11 英連邦首相会議(対ローデシア問題)【ナイジェリア】
15 モンゴルと友好協力相互援助条約【ソ】

早大闘争 パリ封150日

18 早大授業料値上げ反対スト(学園紛争はじまる)【日】
19 首相にインディラ・ガンジー選出【印】

2 05 イスラエルに戦車200輌売却(アラブ諸国支援のソ連に対抗)【米】
07 米・南ベトナム首脳会議(カオ・キ首相,北爆強化要求)
12 ソ連の欧州共産党会議招請拒絶【アルバニア】
23 バース党左派,クーデター成功【シリア】
24 陸軍,警察ターデター,エンクルマ大統領失脚【ガーナ】

紅衛兵

3 02 エンクルマ元ガーナ大統領を国家元首に受け入れ【ギニア】
27 ユエで仏教徒2万人反軍事政権デモ【南越】
サビンビ,アンゴラ全面独立民族連合(UNITA)結成【アンゴラ】
スカルノ,権限委譲【インドネシア】

ガイアナ、ボツワナ レソト、バルバドス 独立

4 03 カンボジア侵攻【米】
08 党大会でブレジネフ第1書記に【ソ】
10 トルコ労働者組合連合分裂,革命的労働者組合連合成立【土】

5 07 チャウシェスク,コミンテルン批判(軍事ブロック反対)【ルーマニア】
16 中共中央,2月綱要を取り消し文化革命小組を設置【中】
29 清華大学付属中学で紅衛兵組織結成【中】

フランスのNATO脱退

6 30 ド・ゴール訪ソ(ベトナム外国軍隊撤退で合意)【仏】
シカゴなどで人種暴動多発【米】

7 01 NATO脱退【仏】
04 新国際空港建設地に成田三里塚決定【日】
人種平等会議でブラック・パワー提唱【米】

8 1〜12 中共8期十一中全会開催,プロレタリア文化大革命についての決定,採択【中】
11 インドネシア・マレーシア平和協定調印
18 毛沢東,林彪ら,天安門前で全国の紅衛兵と接見【中】

9 30 ベチュアナランド独立,ボツワナ共和国に

10 04 バストランド独立,レソト王国に【レソト】
07 中国人留学生の国外退去措置を通告【ソ】
08 中共中央工作会議,劉少奇,鄧小平,自己批判【中】
21 ガンジー,ナセル,チトー,非同盟3国首脳会議【印】

10・21反戦スト(日)

21 総評54単産,ベトナム反戦統一スト【日】

ロン・ノル内閣

22 第1次ロン・ノル内閣成立【カンボジア】

11 08 OAU首脳会議,対ローデシア制裁決議,英に武力制裁要請【阿】
13 ヨルダン領ヘブロン地区への猛攻(ゲリラ活動報復)【イスラエル】

12 01 キージンガー大連立内閣発足(東方外交展開)【西独】
04 紅衛兵,彭真らを逮捕,闘争展開【中】
22 南ローデシア,英連邦を離脱【阿】

ベトナム派遣40万人

◉ ベトナム派遣兵,40万人に【米】

月とコンピュータ

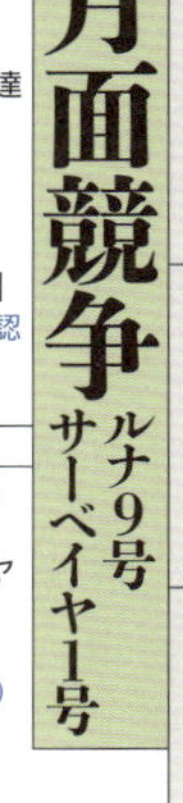

A 世界初の潮力発電所【仏】
欧州宇宙開発機構(ELPO),初ロケット「ヨーロッパ1号」打上げ,自動ステーション金星3号,金星に到達【ソ】
ルナ9号【ソ】,サーベイヤ1号【米】
月面軟着陸に成功,ジェミニ9号のサーナン,2時間の宇宙遊泳【米】
商業衛星ラニーバード打上げ【米】
ウェイマー,180段スキャナ動作確認【米】
東化工,松川地熱発電所完成【日】

B P・ブレッシュコ,L・M・ターマン,スタティックRAM設計(IBM)【米】
C・ミード,GaAsショットキーバリヤFET発表【米】
ライトペン付き初の商用グラフィック・ディスプレイ(IBM2250)【米】

OCR 光学文字読取装置

OCR(光学文字読取装置)開発(IBM)【米】
E・クーイ,LOCOS技術開発(シリコンの選択エッチング)【蘭】
ロッキード社,NASA/RECONのためのデータベース,DIALOG開発【米】
ベル研究所,磁気バブル・メモリ発明【米】
半導体ロジック・リニアICの生産開始【日】
高機能・低価格電卓ビジコン161発表(40万円台電卓に対抗約30万円台に)【日】

情報の自由 FCIA制定

情報の自由に関する法律(FCIA)を制定【米】

C K・C・カオら,ガラスファイバの通信用伝送路適用可能性の理論発表【米】
スタンダード・テレコミュニケーション・ラボラトリーズ社,光ファイバ開発【英】
C400型クロスバ交換機商用開始【日】
電話機数,英国を抜き世界第2位(1118万個),大型赤電話サービス本格導入,全国電報中継,機械化完了(電電公社)【日】

ボーイング747 ジャンボ時代へ

ボーイング747就航(ジャンボ・ジェット機時代到来)
ペンシルベニア鉄道,NYセントラル鉄道合併(史上最大の大型合併)【米】

タンカー出光丸

石川島播磨建造,タンカー出光丸(20万9000トン)進水【日】

D 賃金物価凍結令発動【英】
アジア開発銀行創立(アジア,太平洋地域の開発,途上国の経済援助)
イタリアのENI社,タンザニア〜ザンビア間の石油パイプライン建設を発表【ザンビア】
貿易発展局設立【香港】
鉄道改善事業援助調印(海外経済協力基金の対韓援助第1号)【日】
社団法人「科学技術と経済の会」発足(技術革新をテコとする社会段階発展を研究)【日】
東京・大阪証券取引所,戦後初の国債上場【日】

松下 年功賃金から職能別賃金へ

E テレコピア開発(ゼロックス社)【米】
ウエスタン・エレクトリック社,電電公社と特許実施契約締結【米】
フォード社提携によるトルコ国産車生産【土】
晄星グループ,東洋ナイロン設立(繊維部門進出に旭化成と合弁)【韓】
小林宏治「日本経済の将来と知識産業」(日本電気)【日】
松下電器,年功序列型から職能別賃金制度採用【日】
東洋紡→呉羽を合併,日産→プリンスを吸収合併【日】

1966

価値の交換

A

セーガン,ポラック,ゴルドスタイン,ウエルズの火星明暗と雲についての共同研究【米】
東大天文台,パロマ天文台共同でX線星(エクスターの位置確認【日米】

サラム 素粒子統一模型

サラム,素粒子の統一模型を提出【パキスタン】
フランジニ夫妻,反粒子の非対称性理論【米】
アティヤー,楕円型偏微分方程式の大域的理論と代数的位相幾何学【英】,グロタンディエク,代数幾何学【仏】,コーエン,一般連続体仮説と選択公理の独立性,スメール,可微分多様体の分類(フィールズ賞)【米】

B

マリケン,化学結合および分子軌道法による分子の電子構造の研究(ノーベル化学賞)【米】

ギルバート 塩基配列決定へ

ギルバート,遺伝子活動を制御するリプレッサーの分離解析に成功(DNAの塩基配列決定技術に).リー,ヒトの成長ホルモン,ソマトロピンの256個のアミノ酸構成を発見【米】
南雲仁一編『バイオニクス』【日】
京大アフリカ類人猿学術調査隊,チンパンジー集団の餌付け成功
アルバレス,アルバレス症候群(無自覚脳小発作)【米】

C

プロクセミックス

エドワード・T・ホール,『かくれた次元』でプロクセミックスを提唱【米】
メアリー・ダグラス『汚穢と禁忌』【米】
グレマス『構造意味論,方法の探究』【仏】
ラカン『エクリ』【仏】
チョムスキー『デカルト派言語学』【米】
J・ワイゼンバウム『イライザ・人と機械の自然言語コミュニケーション』【米】
ケネス・バーク『象徴行為としての言語』【米】

ワイゼンバウム イライザ話題

D

ポランニー『経済と文明』【洪】
フリードマン『技術と人間』【米】
ロバート・セオボルド『保障所得』,ロバート・ハイルブローナー『アメリカ資本主義』,バラン,スウィジー『独占資本』,レオンティエフ『経済学論集』,ダグラス・C・ノース『アメリカの過去の成長と福祉』【米】
ジョン・ガードナー,社会指標に関する専門委員会設立(座長ダニエル・ベル)【米】
馬場克三『経営経済学』,間宏『「文化構造」と経営史-行為理論による企業者研究』【日】

反解釈 メアリー・ダグラス スーザン・ソンタグ

言葉と物 ミシェル・フーコー

フーコー『言葉と物』【仏】
S・ソンタグ『反解釈』【米】
アドルノ『否定弁証法』【独】
アドルフ・イエンゼン『殺された女神』【独】
G・ジュネット『フィギュール』,J・セルヴィエ『ユートピアの歴史』,P・マシュレー『文学生産の理論』【仏】
ロザリー・コリー『パラドクシア・エピデミカ』【米】
ノーマン・ブラウン『愛の肉体』【米】
F・イエイツ『記憶術』【英】
網野善彦『中世荘園の様相』【日】

E

英国国教会とカトリック和解(英カンタベリー大主教,ローマ教皇を訪問)【伊】
シュリ・ラジニーシ,ラジニーシ瞑想センター開設【印】
スワミ・バプブパータ,クリシュナ意識国際協会創設【米】

期待される人間像

中央教育審議会"期待される人間像"報告【日】

概念のデザイン

A

ホックニー 明快な不思議へ

ル・パルク画[連続-光]【仏】,ホックニー画[ニックのプールから上がるピーター]【英】,ピストレット画[集会]【伊】,バイルレ画[モッタ][シェービング]【独】
カロ,キング,アネスリー,アンドレら,「プライマリー・ストラクチュアズ展」,ニューマン,スティルら出品による「システミック・ペインティング展」,アーチストとエンジニアの共働組織,EAT結成(ラウシェンバーグとベル研のクリューヴァーら)【NY】,ウェイ・イン・ツァイ作[サイバネティックス彫刻]【米】
ニキ・ド・サンファール,ティンゲリー作[ホン(彼女)]【仏】
EAT[演劇とエンジニアリングの9夜]【米】
ヤン・ムカジョフスキー『美学研究』【チェコ】

EAT

B

池田満寿夫画[Spring of Spring]【日】
松沢宥画[メイル・アート],堀内正和作[箱は空にかえっていく],篠田守男作[テンションとコンプレッション]【日】
金子鴎亭書[丘壑寄懐]【日】

C

スーパーステュディオ

バラン&ヴィリリオ設計[サント・ベルナデッド教会]【仏】,ホライン設計[蝋燭店ノッティ]【墺】,スーパーステュディオ創設【伊】,ピエティラ&パーテライネン設計[ティポリ学生会館]【芬】,ジョンソン&サーリネン設計[リンカーン・センター]【NY】,フラワー・ピープルの住宅団地[ドロップ・シティ](廃物のジオデシック・ドーム利用)【米】
ヴェンチューリ『建築の多様性と対立性』【米】
磯崎新[県立大分中央図書館],黒川紀章[細胞都市計画案]【日】
エル・アルニオd[グローブチェア]【芬】
杉浦康平,ウルム造形大学客員教授に【日】
「デザイン批評」創刊,「年鑑イラストレーション」発刊【日】

磯崎新

杉浦康平

コンポラ写真

レイ・メッカーp[コンポジット],ロバート・ハイネケンp[女のコスチューム],マグナムグループ「地上に平和を」世界写真展,ライアンズ企画「コンテンポラリー・フォトグラファーズ-社会的風景にむかって」,ガーヴァム「アメリカの社会的風景を撮る12人の写真家たち展」

D

R・A・サンダンス『コンピュータ・グラフィックス』【米】
映画倫理自主規制撤廃,ニューシネマ登場【米】

アーサー・ペン

ブニュエル監[昼顔],ルルーシュ監[男と女],【仏】,アーサー・ペン監[逃亡地帯]【米】
小川紳介監[青年の海](大学闘争予兆),増村保造監[赤い天使]【日】

E

バビット・三善晃

ミルトン・バビット曲[ポスト・パーティションズ]【米】,三善晃曲[ヴァイオリン協奏曲][弦楽四重奏曲第2番]【日】

アラバール 建築家とアッシリア皇帝

ガルシア演出[ポンコツ自動車の墓場](アラバール作)【仏】,ヴァイス[ベトナムにおけるアメリカの試みについての討論]【独】
ハロルド・ピンター[帰郷]【英】
国立劇場,自由劇場,早稲田小劇場開場【日】

ロック・メディア

A

バラード『結晶世界』,F・ホイル『10月1日では遅すぎる』【英】
チボード『序曲』,ル・クレジオ『大洪水』,トゥルニエ『フライデーあるいは太平洋の辺土』【仏】
アイヒ『機縁と石庭』【独】,プリスコ『霧の螺旋』【伊】
カポーティ『冷血』,バース『山羊少年ジャイルズ』,A・ニン『日記』,T・ピンチョン『エントロピー』,S・ディレーニ『バベル-17』,マラマッド『フィクサー』【米】
キイス『アルジャーノンに花束を』【米】
ヴィノクーロフ『ポエジーと思想』,フロロフ『愛について』(児童文学)【ソ】
リマ『楽園』【キューバ】

J・G・バラード

B

有吉佐和子『華岡青洲の妻』,井伏鱒二『黒い雨』,丸谷才一『笹まくら』,遠藤周作『沈黙』

野坂昭如・五木寛之

野坂昭如『エロ事師たち』,五木寛之『蒼ざめた馬を見よ』,小松左京『果てしなき流れの果に』,吉川英治『三国志』,司馬遼太郎『竜馬がゆく』【日】
高橋康也『エクスタシーの系譜』【日】

C

壁新聞「大字報」活用される【中】
自由派作家ミハイロフ禁固1年判決【ユーゴ】
ラルーズ社,オールカラー印刷『新プチ・ラルーズ』ベストセラーに【仏】
図書館国家諮問委員会(NACL)設置【米】

話の特集 矢崎泰久 和田誠

「週刊現代」「週刊プレイボーイ」「話の特集」【日】
カラーテレビ,全国ネットワーク完成【日】
日本テレビで初のスポットCM【日】
レコード著作権侵害に初の刑事責任【日】

D

カフェ・テアトル続々開店【仏】
カルフォルニアにヒッピー・コミューン出現,数千人規模の「ラヴ・イン」集会【SF】

NOW ベティ・フリーダン

ベティ・フリーダン,全米女性機構(NOW)結成,欧州でもウーマン・リブ盛ん【米】
ティモシー・リアリー(ハーバード大教授)麻薬所持で逮捕【米】
サンローラン,「サンローラン・リヴ・ゴーシェ」創設【仏】
マルク・ボアン,映画[ドクトル・ジバゴ]の衣装担当【仏】
ロンドンのモッズ・ルック,アメリカ,日本に上陸【米日】,ミリタリー・ルック流行【日】
ビートルズ来日【日】
ダッチワイフ南極2号発売【日】
「スパイ大作戦」「バットマン」【米】,「ウルトラマン」【日】TV放送開始

ウルトラマン

巨人の星 梶原一騎 川崎のぼる

「少年マガジン」に漫画「巨人の星」連載開始

E

「サニー」,「カローラ」発売,3Cブーム(カー,クーラー,カラーTV),カセット式テープレコーダー,複写機需要増大,電子レンジ登場【日】
ヴァニラ・ファッジ,イエス,ソフト・マシーン【英】,クリーム,グレイトフルデッド結成,ジミ・ヘンドリックス[ヘイ・ジョー]【米】

ジミ・ヘンドリックス イエス,クリーム

悲しい酒 美空ひばり

モンキーズ[恋の終列車],ラスカルズ[グッド・ラヴィン],ママス&パパス[夢のカルフォルニア]【米】,美空ひばり[悲しい酒],マイク真木[バラが咲いた]【日】
サッカー・ワールドカップ,イギリス優勝

キリスト教は確実に消えていく。これは間違いないことなんだ。ビートルズはもうキリストよりポピュラーだ。
ジョン・レノン『イブニング・スタンダード』紙インタビュー

1967
昭和42

情報立国を焦る日本、この年、情報元年となる。

ピンク・フロイドとドアーズ、世界を走り、深夜放送とフォーク、日本を走る。

黒人・学生・紅衛兵

スカルノからスハルトへ

1 11 上海1月革命(奪権闘争)【中】
17 ミサイル迎撃ミサイル配備発表【ソ】
29 第31回総選挙,自民党得票率50%割れ【日】
31 西ドイツと国交【ルーマニア】
2 03 モスクワの中国大使館に警官乱入(翌日,北京在駐のソ連大使館員全員引き揚げ)【ソ】

上海コミューン

05 上海コミューン成立(市革命委員会)【中】
06 米軍,枯葉作戦展開(ダイオキシン汚染)【南越】
07 紅衛兵,北京のソ連大使館侵入【中】
09 英連邦諸国特恵関税を廃止【ジンバブウェ】
3 01 チェコ・ポーランド友好協力相互援助条約
13 CIAの学生団体資金援助が暴露【米】
13 国防会議,3次防衛力整備計画を決定【日】
14 中南米非核武装条約調印【米・中南米諸国】
16 ホジャ演説により「文化大革命」開始【アルバニア】
18 中共中央,革命に力を入れ生産を促す10カ条規定公布【中】
21 ホー・チ・ミン,米の和平申し入れ拒否【北越】

中東戦争③

4 01 国営農場の独立採算制移行決定【ソ】
04 キング牧師,良心的兵役拒否呼びかけ【米】
19 フランスから潜水艦3隻購入,フランスの軍事援助を発表【南ア】
5 15 NY反戦デモ,国連広場前40万人結集【米】

美濃部都知事

15 都知事に美濃部亮吉当選(革新首長の時代)【日】
6 05 6日戦争(第3次中東戦争)=革命体制の軍事的敗北【アラブ】
06 第3次中東戦争勃発によりスエズ運河閉鎖(ケープ・ルートの重要性が高まる)【阿】
08 中東戦争解決のため米ソ両国ホットラインを初使用
10 イスラエルと国交断絶【ソ】
17 初の水爆実験に成功【中】
25 グラスボロ会談(ジョンソン,コスイギン,中東・ベトナム問題討議)【米ソ】

黒人暴動激化

モントリオール博

7 21 武漢で謝富治,王力らが百万雄師により監禁(武漢事件)【中】
デトロイト,ミルウォーキーなどで黒人暴動激化(連邦軍出動)【米】

ビアフラ戦争 ナイジェリア内戦

ナイジェリア内戦(ビアフラ戦争,~70)
8 03 公安対策基本法公布【日】
08 アジア5カ国ASEAN結成宣言【亜】
23 プエルトリコの将来について住民投票(コモンダエル維持決定)

羽田闘争 佐藤栄作東南アジア訪問

10 08 佐藤首相,東南アジア訪問抗議【日】(第1次羽田闘争)
21 ベトナム反戦週間,ワシントン反戦集会(5万人参加)【米】
24 発展途上国77カ国,アルジェ憲章採択
31 プラハで学生デモ,激しい弾圧【チェコ】
11 12 佐藤首相訪米反対(第2次羽田闘争)【日】
30 アデン駐在英軍撤退完了,南イエメン人民共和国独立
ギリシア系,トルコ系両派武力衝突【キプロス】
12 14 政府,学生弾圧の行過ぎを認め,ノヴォトニー批判噴出【チェコ】

月とコンピュータ

A 金星4号,降下中に金星大気の実測【ソ】
カリフォルニア大学ヘルス・サイエンス計算センター,多変量解析技法ソフト開発【米】
ストルナット,YCO粉末磁石,SmCO5,S.1MG・Oe)粉末磁石発明(空軍研究所)【米】,バッショウ,SmCO5(18.5MG・Oe)発明【蘭】
世界初のロータリーエンジン搭載車(東洋工業)【日】,アラミド繊維開発開始(帝人)【日】

B

ハイパーテキスト テッド・ネルソン

テッド・ネルソン,ハイパーテキストシステム「ザナドゥ」提案【米】
ファイゲンバウム,エキスパートシステム「デンドラル」開発【米】
カーング,フローティングゲート型不揮発メモリ研究,ウォルマーク,半導体不揮発性メモリ特許取得(RCA),ボベック,磁気バブルメモリ発明(B.T.L)【米】
特殊フィルム使用ビデオ・パッケージ・ハードウェアEVR発売(CBS),ヒラーら,世界初の電子トランペット音合成(ベル研)【米】
科学技術情報研究所所長ミハイロフ「情報学」の用語提示【ソ】
赤道直下8カ国,国際間コンピュニケーションに関する「ボゴダ宣言」決議
日本科学技術情報センター,月刊「海外技術ハイライト」創刊【日】
産業構造審議会に情報産業研究部会発足【日】
IC使用電卓発売(早川電機)【日】

情報化 情報産業研究部会 データ通信本部(電電)

C 大統領特別委員会「通信政策報告書」(ATTのデータ処理サービス進出制止提言)【米】
電電公社,データ通信本部設置,電電公社「10年後の電信電話のヴィジョン」発表(情報産業中核体めざす)【日】
テレビ電話実験成功【日】
国際宇宙TV放送成功【米】,TV普及率83.1%【日】
モスクワ~モントリオール線に新鋭機イリューシン62就航【ソ】

ケネディラウンド

EC

D 世界知的所有権機関(WIPO)設立
ケネディ・ラウンド(関税一括引き下げ交渉)妥結(53カ国調印)
ヨーロッパ共同体(EC)発足【欧】
IMF特別引出権(SDR)創設決議
マラウィ,南ア貿易協定調印【阿】
アメリカ系ガルフ石油会社,カビンダで大規模原油層発見【アンゴラ】
経済社会発展計画,資本自由化閣議決定【日】

MISブーム(日)

訪米MIS使節団帰国,産業界に経営情報システム・ブーム狂奔【日】
ベトナム和平説流れ東証ダウ平均株価42円安の暴露【日】
GNP自由世界第3位,国民総所得第2位に【日】
農業就業人口が初めて全就業人口の20%割る【日】

E ヨーロッパ・フォード社設立(欧州子会社の統合指揮)【L】,Kマート,オーストラリア進出【米】
インターシル社(シリコン・バレー)設立【米】

資本自由化(日)

CBSソニーレコード(資本自由化1号)【日】
阿賀野川水銀中毒事件で厚生省,昭電工場排水が原因と結論,四日市ぜんそく患者9万人,石油会社6社相手に大気汚染公害訴訟【日】

1967

知の考古学

A

ホーキング ブラックホール特異点

ヒューイッシュ,パルサーの発見,ホーキング,最初の特異点研究をブラックホール中で崩壊した星で証明【英】
ゼルドヴィッチ,ミッシャーら初期宇宙の等方性についての発表【ソ】
スタイン,SL(2n,C)に退化補系列の表現,径数の解析接続でおこなう,ルース,『対称空間』
デーヴィス,太陽ニュートリノの観測
キリアン「セマンチック・ネット」研究【米】
ジョージ・ミラー論文「魔術的数字7,プラスないしマイナス2」(コミュニケーション論)カーン,ウィーナー『西暦2000年』【米】
議会下院にテクノロジー・アセスメント法案提出【米】
M・アイゲン,高速化学反応の研究でノーベル化学賞受賞【独】

B

エドワーズ,人間の卵の体外受精に成功【英】
コーンバーグ,グリアン,自己増殖能をもつDNA人工合成に成功(バイテク時代へ)【米】

大沢文夫 タンパク質の多型理論

大沢文夫,タンパク質重合体の多型理論【日】
ドブジャンスキー『究極の関心たる生物学』(進化の哲学的側面)【米】
L・マーギュリス,共生進化説(細胞進化の共生説)提唱
バーナードら,初の心臓移植【南ア】

裸のサル モリスのヒト学

デズモンド・モリス『裸のサル』【英】

バーナード心臓移植

C

ジョン・リリー「生物コンピュータにおけるプログラミングとメタプログラミング」【米】
アイゼンク『人格の構造-その生物学的基礎』【独】
ロビン・フォックス『血縁と婚姻』,G・フォスター編『農民社会-一つの標本』【米】
K・アーペル『言語』分析哲学と精神科学』
『言語』誌3月号,全ページ言語病理学特集【仏】
J・デリダ『声と現象』『グラマトロジーについて』,R・バルト『モードの体系』【仏】
G・スタイナー『言語と沈黙』【英】
レネバーグ『言葉の生物学的基礎』【米】

デリダ グラマトロジー

D

M・スチュワート『ケインズと現代』,ミシャン『経済成長の代価』【英】

ブローデル 交換と日常性

ブローデル『物質文明と資本主義 15〜18世紀』,マンデル『カール・マルクスの資本論』,シュレベール『アメリカの挑戦』【仏】
アンドレ・フランク『ラテン・アメリカにおける資本主義と低開発』【独】
ドラッカー『経営者の条件』,ガルブレイス『新しい産業国家』【米】
L・マンフォード『機械の神話』【米】
H・ガーフィンケル『エスノメソドロジー研究』【米】
中根千枝『タテ社会の人間関係』【日】
上野英信『地の底の笑い話』【日】
E・D・ハーシュ『解釈の有効性』【米】
V・ターナー『象徴の森』【米】
バルトルシャイテス『イシスの探究』【リトアニア】

エスノメソドロジー

E

機械の中の幽霊

ケストラー『機械の中の幽霊』【英】
T・ルックマン『見えない宗教-現代宗教社会学入門』【墺】
トマス・アルタイザー『新しき黙示録』【米】
池田大作,中道政治を提示【日】
東大医学部生,インターン制度改廃要求【日】

概念のデザイン

A

デズモンド・モリス,ロンドン現代美術研究所所長に就任【L】
デュビュッフェ作[ロゴスの限界XII],マグリット画[愛するということ]【仏】
キネティック・アートの頂点「光と運動展」【P】,ピストレット,ゾリオら アルテ・ポーヴェラ運動開始【トリノ】,ノーランド画[ワイルド・インディゴ]【米】

概念芸術へ

B

宮崎進画[見世物芸人],エンバイラメントの会主催[空間から環境へ展]【日】
丸木位里・俊画[原爆の図]丸木美術館【日】
村上三島書[杜甫増高式顔詩]【日】

C

サイズを引きのばした構築物の展覧会(ブローップの流行)【P】
フラー設計[モントリオール博アメリカ館],ルドルフ[NYグラフィック・アートセンター計画](4050住戸の巨大構築物提案),ヴェンチューリ[ナショナル・フットボール記念館計画案](デコレイテッド・ジェド),マイヤー(NYファイブ)設計[スミス邸]【米】
アレグザンダー,環境構造センター設立【米】
英連邦建築家連盟(CAA)大会開催(アジア代表国,アジア建築に開眼)【印】
磯崎新設計[福岡相互銀行大分支店]【日】
ケペシュ,高等視覚研究センター設立【米】
ミルトン・グレーザーd[ボブ・ディラン公演]ポスター【米】,中村誠,石岡瑛子d[資生堂化粧品]ポスター【日】

木村恒久 フォトモンタージュ

木村恒久,フォトモンタージュ[都市は爽やかな朝を迎える]【日】
[ニュー・ドキュメンツ展](MOMA)ダイアン・アーバス,ウィノグラントに注視【米】

奈良原一高 静止した時間

田村茂p[北ベトナムの表現],東松照明p[北ベトナムの証言],奈良原一高p[ヨーロッパ,静止した時間]【日】

D

映像万博,モントリオール博開催(ほとんどの出展に映像利用)【加】
コンピュータ・イメージ社,スキャニメイト開発,ピビラー開発,集合的ボックス席【米】
アンダーグラウンド・フィルム・フェスティバル(金坂健二,飯村隆彦)【日】
山田学,月尾嘉男[風雅の技法](CG)【日】
ペン監[俺たちに明日はない],ニコルズ監[卒業]【米】,ゴダール監督[中国女]【仏】

CG拡大

小川紳介 ドキュメント圧殺の森

今村昌平監督[人間蒸発],小川紳介監[圧殺の森]【日】

E

フランク・ラーベ曲[Was??]【独】,ムジカ・エレクトロニカ・ヴィヴァ「スペースクラフ」【独】,ニューハウス,走行車のためのサウンド・インスターレーション,スボトニック曲[月の銀のレンゴ](シーケンサー駆使)【米】,武満徹曲[ノヴェンバー・ステップスI]【日】
サヴァリー演出[迷路],ラベリ演出[建築家とアッシリア皇帝](アラバール作)【仏】

別役実 マッチ売りの少女

別役実戯曲[マッチ売りの少女],秋元松代『常陸坊海尊』【日】
アングラ演劇始動,寺山修司「天井桟敷」結成,佐藤信作[あたしのビートルズ]【日】

サヴァリー,ラベリ 鈴木忠志,寺山修司

ロック・メディア

A

A・シンクレア『ゴッグ』,オールディス『隠生代』,T・ヒューズ『ウォドウォ』【英】
アンナ・カヴァン『氷』【仏】
マンディアルグ『余白の街』,C・シモン『歴史』,ル・クレジオ『物質的恍惚』『愛する大地』【仏】
J・リカルドゥ『言葉と小説』【仏】
I・ハッサン『沈黙の文学』【米】

ブローティガン アメリカの鱒釣り

ケリー『あいつら』,スタイロン『ナット・ターナーの告白』,ソンタグ『死の装具』,A・ヘクト『つらい時間』,ジョン・バース『ビックリハウスの迷い子』,リチャード・ブローティガン『アメリカの鱒釣り』,『涸渇の文学』,ゼラズニイ『光の王』,カニグズバーグ『クローディアの秘密』(児童文学)【米】
ギンズバーグ,反戦運動で逮捕【米】
英SFニューウェーブに歩を合わせ米SF第3次黄金時代(エリスン,ディレーニイら)
メージロフ『雪との別れ』【ソ】,フリチュ『謝肉祭』【墺】,ゴンブローヴィッチ『コスモス』【波】
M・バルガス=リョサ『小犬たち』【ペルー】,マルケス『百年の孤独』【コロンビア】
O・パス『交流』【墨】
ジオンゴ『一粒の麦』【ケニア】,ラ・グーマ『石の国』【南ア】

マルケス

B

藤枝静男・小川国夫

大江健三郎『万延元年のフットボール』,小川国夫『アポロンの島』,野坂昭如『火垂るの墓』,金井美恵子『愛の生活』,藤枝静男『空気頭』【日】
松永伍一『荘厳なる詩祭』【日】
秋山駿『内部の人間』【日】

C

3大ネットワーク,全面カラー放送化【米】
『テイク・ワン』誌,ネクスト・メディア特集【加】
『ローリングストーン』誌創刊【米】
作詞同盟大会で政府批判噴出,主要作家党除名,作家同盟機関紙の移管決定【チェコ】

深夜放送 オールナイトニッポン

UHFTV,15社に予備免許,オール・ナイト・ニッポン開始【日】
「漫画アクション」,「ヤングコミック」,「COM」創刊【日】
多湖輝『頭の体操』ベストセラー【日】

D

エシュテル&ドラエ,マクシドレス発表【仏】
一夫多妻制禁止【ギニア】
GS人気,サイケデリック・ムーブメント【日】
リカちゃん人形発売(タカラ)【日】

天才バカボン 赤塚不二夫

手塚治虫『火の鳥』,赤塚不二夫「天才バカボン」,石森章太郎,平井和正『幻魔大戦』【日】
ボンカレー発売【日】

ピンク・フロイド,ドアーズ ティラノザウルス・レックス

E

第1回モンタレー・ポップ音楽祭(グレイトフルデッド,ジャニス・ジョプリンら参加)【米】
ティラノザウルス・レックス「マイ・ピープル・ワー・フェア」,ピンク・フロイト[夜明けの口笛吹き],ドアーズ[ハートに火をつけて]【英】
スコット・マッケンジー[花のサンフランシスコ],アルバート・アイラー[イングリニッジ・ヴィレッジ]【米】
ジョゼフ・パップ,ロックミュージカル[ヘアー]をプロディース【米】
タイガース[僕のマリー],ブルーコメッツ・[ブルー・シャトー]【日】
扇ひろ子[新宿ブルース]【日】
カシアス・クレイ徴兵拒否【米】キング夫人,ウィンブルドンで三冠王達成【米】
今井通子,若山美子,マッターホルン北壁に登頂成功【日】

BC 6000以前
BC 6000
BC 2200
BC 1200
BC 600
BC 300
0
300
600
800
1000
1200
1300
1400
1500
1600
1650
1700
1760
1810
1840
1860
1880
1890
1900
1910
1920
1930
1940
1950
1960
1970
1980

繰り返せば有名になる。やがて誰もが一五分ずつ世界的有名人になる日がやってくる。
アンディ・ウォーホル

この年、現代史の劇的な象徴的なターニング・ポイントがやってきた。
パリ五月革命とチェコ二〇〇〇語宣言の嵐の中、ディック、キュブリック、ブラントが、地球まるごとの情報化に手をつける。

1968
昭和43

ターニング・ポイント

1 17 エンタープライズ寄港反対運動激化【日】
22 情報収集船プエブロ号,北朝鮮にだ捕(予備役召集発令)【米】
30 テト(旧正月)攻勢(ダナン基地包囲,米大使館一時占領)【南越】
31 ナウル独立
2 07 憲法改正(英・仏語ともに公用語)【加】
29 マクナマラ国防長官辞任(北爆失敗を表明)【米】
3 12 モーリシャス独立
16 ソンミ村大虐殺事件(米軍による村民500人無差別射殺)【南越】
27 国民協議会,スハルト大統領を選出【インドネシア】
31 ジョンソン,和平工作めざす北爆停止提案【米】

ソンミ虐殺 キング暗殺

4 04 キング牧師,メンフィスで暗殺【米】
14 国税庁,日大に20億円の使途不明金発見(日大闘争の発端)【日】
23 コロンビア大学紛争(学生,大学占領)【米】

貧者の行進

29 黒人たちの「貧者の行進」ワシントンに集結(〜6.24)【米】
5 03 5月危機,カルチェ・ラタンで学生,警官大市街戦【仏】
03 ベトナム和平交渉開始【P】
13 ゼネスト(学生,労働者40万人参加)【仏】
17 ボスニ共産党総会「イスラム教国家建設」を宣言【アラブ】

ビアフラ飢餓

18 ビアフラ飢餓(ナイジェリア連邦政府,港占拠)【ビアフラ共和国】
6 02 九大に米軍機墜落(九大闘争開始)【日】
05 ロバート・ケネディ暗殺事件【米】
17 東大安田講堂占拠中の医学部学生を排除(東大闘争開始)【日】
26 小笠原諸島返還【日】

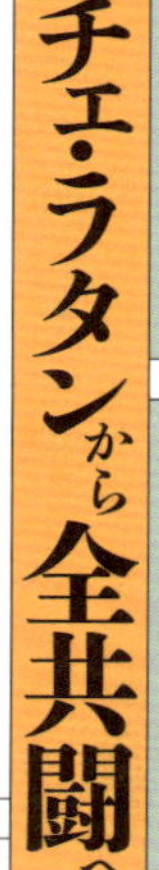

ナウル、モーリシャス、スワジランド、ギニア独立

7 14 共和主義者農民国民党(党首テュルケシュ)青年行動隊コマンド組織【土】
17 クーデターによりアレフ政権崩壊【イラク】
8 24 南太平洋上空で初の水爆実験【仏】
ジュネーブで非核保有国会議(96カ国参加)
9 05 革命委員会,全国29の一級行政区で成立完了【中】
06 スワジランド独立

10 03 ペルーでクーデター,ベラスコ少将新大統領に
05 北アイルランドで暴動(カトリック派・プロテスタント派衝突)【愛】
12 スペイン領ギニア,ギニア共和国として独立
13 劉少奇の永久除名を決議【中】
21 全学連,新宿駅占拠,検挙者734人【日】
アレキサンドリアで暴動【埃】

北爆停止 ニクソン大統領当選

31 北爆全面停止【米】
11 06 共和党ニクソン,大統領当選【米】
13 人民党党首ブットら,政党指導者逮捕【パキスタン】
12 06 国防総省,西独・チェコ国境での演習に軍1万5000人派遣を発表【米】
10 3億円強奪事件【日】
21 毛沢東,紅衛兵の農村への下放指示【中】
28 イスラエル空挺部隊,ベイルート空港奇襲【レバノン】

ベトナム脱走兵

ベトナム派兵に厭戦ムード,脱走兵5万3000人【米】

月とコンピュータ

A アポロ8号,人類初の月周回飛行に成功,月探査船サーベイヤ7号,地球から発射されたレーザー光をとらえる【米】
8台の反射望遠鏡積載観測衛星打上げ【ソ】
トカマク型核融合原子炉実用化【ソ】
気相エピタキシャル技術発表(RCA)【米】
ヘルメイアー,液晶の動的散乱効果発表【米】

むつ・プルトニウム国産

原子力研究所,プルトニウム239初国産化,原子力船むつ起工(石川島播磨重工業)【日】

B オプシンスキーら,電圧電流記録能力をもつアモルファス発見
アラン・ケイ,パーソナルコンピュータを開発【米】
ガルミッシュでNATO科学委員会「ソフトウェア工学会議」開催(ソフトウェア危機討議)
ノーブル,ホトダイオードによる10×10イメージセンサ発表(FC社)【米】
テキサス・インスツルメンツ社,LSI(大規模集積回路)開発【米】
B ユニバーシティ,ハイパーメディアシステム実験開発【米】
K ティアズ,サングスター,BBD(アナログ処理可能なデバイス)【蘭】

アラン・ケイ パソコンの出現

トリニトロンTV

ハイブリッド型超高速LSI開発(日立),トリニトロン方式カラーTV(ソニー)【日】
MOS・LSI(6chip)電卓発表【日】

C 緊急電話番号制定(ダイヤル991)【NY】
電電公社直営専用データ通信,全国地方銀行システム開始
経団連情報処理懇談会,電電公社の回線独占を批判【日】
日本ケーブルテレビジョン放送網業務開始,新聞ファクシミリ電送実験成功(日電)【日】
ポケットベル東京23区内でサービス開始(電電公社)【日】

郵便番号制度

郵便番号制度開始【日】
NY〜モスクワ間航空路開通【米ソ】
超音速機,ツポレフTU-144初飛行【ソ】
張栄発,中古船一隻購入しエバーグリーン社設立(後に世界最大の海運キャリアに)【台湾】

D ジョンソン大統領,ドル防衛策発表【米】
ストックホルムで金プール7カ国中央銀行総裁会議(金二重価格制)
欧州通過危機(英・仏ほか為替市場5日間閉鎖)

OAPEC アラブ石油輸出機構

アラブ石油輸出国機構(OAPEC)結成
いざなぎ景気【日】

E コングロマリット型企業統合88.6%,水平統合11.4%(第3次合弁ブーム)【米】
ダウ・ケミカル世界分割6地域本部を独立子会社化,AT&G社,5地域分裂(カータホン・ハッシャホン事件)【米】

アイアコッカ

アイアコッカ,フォード社長に【米】
フィアット社【伊】,シトロエン社【仏】資本提携など協力協定
NHK,コンピュータの経営予想(MIS)「ブルー・レポート」(第3次長期経営模索)【日】

コングロマリット大拡

再編 八幡・富士 日商岩井

八幡製鉄,富士製鉄合併計画,産業界の再編成機運高まる【日】
日商岩井発足【日】

1968

知の考古学

A

スミス,パルサーからの電波放射の強偏向を発見【英】,ボクセンバーグ,アングロ・オーストラリア4m望遠鏡のイメージ・フォトン計算システム
グローマー,チャレンジャー号による深海掘削計画【米】
H・ボルコ「情報科学とは?」(論文)【米】
アウレリオ・ペッチェイ博士ら,民間の国際的研究提言機関ローマ・クラブ設立【伊】
スペンサー・ブラウン『形式の法則』【英】
ファウラー,超ウラン原子の飛跡キャッチ

B

ベルタランフィ 一般システム理論

ベルタランフィ『一般システム理論』【墺】
エドワーズ,産婦人科医師パトリック・ステップトゥと出会い人間の受精実験共同研究【英】
ワトソン『二重らせん』【英】
木村資生,分子進化中立説提唱,江橋節郎,筋肉収縮のカルシウムイオンによる制御【日】
和田寿郎,初の心臓移植手術【日】
国立予防衛生研,ライ菌試験管増殖成功【日】
G・カンギレム『歴史と科学哲学』【仏】

C

ワインライヒ「単一語使用と多言語使用」【仏】
チョムスキー『言語と精神』【米】
K・ケニストン『ヤング・ラディカルズ』

ナイサー認知心理学

U・ナイサー『認知心理学』
パパート,ミンスキー『パーセプトロン』【米】
ウンベルト・エーコ『不在の構造』【伊】
フィルモア「格文法の原理」【米】
山口昌男「失われた世界の復権」【日】

共同幻想論 吉本隆明

吉本隆明『共同幻想論』【日】

エーコ

D

アクセル・レーヨンフブト『ケインジアンの経済学とケインズの経済学』【英】
ボールディング『経済学を超えて』【米】
ボードリヤール『物の体系―記号の消費』【仏】

ボードリヤール 物の体系

ガーシェンクロン『歴史における連続性およびその他論文集』【米】
スティグラー『産業の組織』,ヴィクター・フックス『サービス経済』【米】
チェ・ゲバラ『ボリビア日記』【アルゼンチン】
ロバート・A・マンデル『国際経済学』【加】
ルンドベリー『不安定性と経済成長』【瑞】
ミュルダール『アジアのドラマ』(3巻)【瑞】
羽仁五郎『都市の論理』,香山健一『情報社会論序説』【日】

羽仁五郎 都市の論理

ハーバマス『認識と利害関心』『イデオロギーとしての技術と科学』,ホルクハイマー『批判的理論』【独】
M・ゲルー『スピノザ』(未完),ドゥルーズ『スピノザと表出の問題』【仏】
ミッシェル・セール『ライプニッツの体系とその数学モデル』【仏】
ピーター・ゲイ『ワイマール文化』【米】
ジャン・ルーセ『内部と外部』【仏】
R・クライン『形態と了解可能なもの』【仏】
W・サイファー『文学とテクノロジー』【米】
レナート・ポッジョリ『アヴァンギャルドの理論』【伊】

E

カスタネダ ドン・ファンの教え

カルロス・カスタネダ『ドン・ファンの教え,ヤキ族の知識』【米】
セオドア・ローザク『対抗文化の形成』【米】
ロマノ・ガルディニ(カトリック系平和運動・典礼刷新運動)『ソクラテスの死』【独】
東大,東京教育大,69年入試中止決定【日】

肉体の復活

A

バイルレ 都市・集合エロス

トマス・バイルレ個展【独】
「実在の芸術展」,「機械―機械時代の終わりにみられる」(MOMA),セラ[支柱],デ・マリア作[長さ1マイルのドローイング],ノーマン自作の彫刻と関連したパフォーマンス[正方形の辺上の大袈裟な身振りの歩行]【米】
ダニエル・ビュランのパフォーマンス[パリの路上で]【仏】
ヤッシャ・ライハルト企画「サイバネティック・セレンディピティ展」【英】
劉永国画[円A]【韓】,「韓国現代絵画展」【東京】

パフォーマンス ノーマン・ビュラン

B

関根伸夫[位相―大地],野田哲也[日記1968年8月22日]【日】
岡本太郎画[明日の神話],『原色の呪文』【日】
宮脇愛子作[光のパイプ]【日】
日比野五鳳書[ひよこ]【日】

C

パウエル&モヤ設計[オックスフォード・クライスト・チャーチ],マシウ設計[ニュージーランド・ハウス]【英】

ヴェンチューリ アメリカの文脈派

SOMシカゴ事務所代表ネッチ設計[イリノイ大学・建築芸術研究所棟],SOM設計[USスティール・ビルディング],ヴェンチューリ設計[クロスタウン・コミュニティ計画]【米】
キャンデラ,カスタネダ,ペイェーリ設計[スポーツ・パレス]【墨】
大高正人設計[坂出住宅地計画]【日】
トミー・アンゲラd[ブラックパワー・ホワイトパワー],ハーブ・ルバリンd[反戦ポスター],ロバート・デルフィーヌ「グラフィック」誌にポップアート広告作品
ジウジアーロ,イタル・スタイリング設立【伊】
杉浦康平d「都市住宅」【日】
アーバスp「ニューヨーク5番街のベールをつけた女,1968」【米】

森山大道 にっぽん劇場

森山大道p「にっぽん劇場写真帖」,中平卓馬,高梨豊,多木浩二ら,同人誌「PROVOKE」発行【日】

キューブリック 二〇〇一年宇宙の旅

D

幸村真佐男作(CG)[Kennedy in a Dog]【日】
草月ホール「饒舌の時代」(CMフィルム140本4夜連続上映)【日】
ラス・メイヤー監[女豹のビクセン]【米】
キュブリック監[2001年宇宙の旅]【米】,ブニュエル監[銀河]【仏伊】,ローシャ監[アントニオ・ダス・モルテス]【ブラジル】
ハンス・ショイブル[アルフレッド・ヒッチコックへのオマージュ],ペーター・ヴァイベル,化学媒質変換剤としての映写システム

E

ワルター・カーロス[スイッチト・オン・バッハ]【英】,ブーレーズ曲[ドメーヌ]【仏】,シュトックハウゼン曲[ヒムネン]【独】
シャンカール『わが人生,わが音楽』【印】

石井真木・小杉武久

石井真木曲[響層],小杉武久,タージマハール旅行団結成【日】
ルシエ,MOMAでサウンド・パフォーマンス[チェンバーで]発表【米】
リヴィング・シアター[パラダイス・ナウ]自主公演【仏】,オルビー戯曲[箱―毛沢東語録]【米】
[土方巽と日本人―肉体の叛乱]【日】

肉体の叛乱

ロック・メディア

A

ダレル『トゥンク』,バージェス『外の世界のエンダビイ』,ボンド戯曲『新・奥の細道』【英】
ソレルス『数』,チボード『夜を想像せよ』,クノー『イカロスの飛行』【仏】,ユルスナル『黒の過程』【仏】
グラス『自明なことについて』【独】,

カップルズ アップダイク

アップダイク『カップルズ』,メイラー『夜の軍隊』【米】
ディック『アンドロイドは電気羊の夢を見るか』,アーシュラ・K・ルグイン『ゲド戦記』(~72)【米】
クーヴァー『宇宙野球連盟』【米】

トム・ウルフ LSDテスト

トム・ウルフ『クール・クール・LSD交感テスト』【米】
ソルジェニツィン『ガン病棟』【ソ】
ヴァン・デル・ポスト『日本の肖像』【南ア】

ディック アンドロイドは電気羊の夢を見るか

B

井上光晴『残虐な抱擁』,杉浦明平『渡辺華山』,陳瞬臣『青玉・獅子香炉』【日】

少年愛の美学

稲垣足穂『少年愛の美学』【日】
星新一『妄想銀行』【日】
寺田建比古『神の沈黙』【日】
日野啓三『幻想の文学』【日】
寺山修司『書を捨てよ街に出よう』
川端康成がノーベル賞,三島由紀夫が盾の会【日】

C

UHF放送開始【日】
SFニュースファンジン「ローカス」誌創刊
『シャンジュ誌』創刊【仏】
スチュアート・ブラント編『ホールアース・カタログ』(カタログ雑誌のジャンル創設)【米】
著作物複製利用手数料徴収委員会設立【独】
「ビッグコミック」「少年ジャンプ」創刊【日】

スチュアート・ブラント ホールアース・カタログ

D

K・H・クーパー,エアロビクス【米】

化粧 セルジュ・ルタンス

セルジュ・ルタンス,ディオール社のイメージクリエイターに抜擢【仏】
霞ヶ関ビル完成(新宿副都心計画発表),東京都プレハブ住宅3カ年計画【日】
カレッジフォークの流行【日】

つげ義春 ねじ式 ガロ人気

つげ義春「ねじ式」,ガロに発表【日】

E

牛丼の吉野家,開店【日】
[緋牡丹博徒](藤純子)などがヒット【日】

レッド・ツェッペリン

レッド・ツェッペリン,ディープ・パープル,フリー【英】,マウンテン【米】デビュー,ファウスト,グルグル,カンなどジャーマンロックの出現【西独】,メイタルズ[ドゥ・ザ・レゲエ]【ジャマイカ】
R・ストーンズ[ベガーズ・バンケット]【英】
ビートルズ,アップルレコード設立【英】
ジョニ・ミッチェル[私の王様]【米】,いしだあゆみ[ブルーライトヨコハマ],黛ジュン[天使の誘惑],ピンキー&キラーズ[恋の季節],浅川マキ[夜が明けたら]【日】,森進一[花と蝶],テンプターズ[神様お願い],ジャックス[ジャックスの世界],岡林信康「山谷ブルース」【日】
全米陸上選手権で3人が9.9秒の世界新【米】
ジャン・クロード・キリー,アルペン3冠王【仏】
江夏豊,1シーズン奪三振401の世界記録【日】

なぜぼくらはまだ地球全体の写真をみたことがないんだろう?
スチュアート・ブラント、大量に売りさばいたバッジのコピー

アポロ十一号が送ってきた月の写真は、この年に青春を迎えた者たちに言葉を捨てさせた。

1969
昭和44

ターニング・ポイント

アラファト議長

1
01 連邦発足【チェコ】
10 西側初の北ベトナム承認【典】
16 大学生ヤン・パラフ焼身自殺(追悼大集会開催)【チェコ】

東大安田砦

19 東大安田講堂の封鎖解除【日】
24 学生運動に対し非常事態宣言【西】
25 ベトナム和平に関する拡大パリ会談開催

2
04 PLO(パレスチナ解放機構)議長にヤセル・アラファト【アラブ】

ヌルジュ運動

16 血の日曜日事件(ヌルジュ運動家,NATO艦隊寄港反対デモと衝突)【土】
18 日大,文理学部の最後の封鎖,機動隊導入で解除【日】
PFLPよりPDFLP(パレスチナ解放民主人民戦線)分離【アラブ】

3
02 中ソ国境ウスリー川の珍宝島で軍衝突【ソ】
13 都立武蔵丘高校卒業式に機動隊導入(以後全国70校に飛び火)【日】
17 ゴルダ・メイア内閣発足【イスラエル】
28 アイスホッケー事件(市民,反ソデモ化),ソ連国防相来訪,軍再出動を警告【チェコ】

4
01 中共九全大会開催,林彪を毛沢東の後継者とする新党規約を採択【中】
11 党機関紙「ルーマニア・ユーゴスラビア人民の対ソ抵抗支持」表明【アルバニア】
17 ドプチェク解任(後任フサーク),幹部会から改革派排除【チェコ】
28 ド・ゴール大統領,制度改革国民投票否決により辞任【仏】

5
14 ニクソン大統領,8項目ベトナム和平案【米】
26 アンデス統合協定,コロンビア,エクアドル,ボリビア,チリ,ペルー調印【南米】
30 東独承認国と断交のハルシュタイン原則放棄【西独】
31 「二千語宣言」署名の自由化派追放【チェコ】

カダフィ リビアクーデター

6
07 世界共産党会議でブレジネフ,中国のマルクス・レーニン主義からの転落を非難【ソ】
08 ニクソン,南ベトナム首脳会談(米軍撤収2万5000人を発表)【米】
15 大統領にポンピドー(ド・ゴール派)【仏】

8
02 ニクソン,ルーマニア訪問(戦後初,大統領共産圏訪問)【米】
12 カトリック教徒暴動(IRA支援で過激化)【北愛】
13 新彊ウイグル自治区テレクチ地区国境で中ソ両軍衝突【中】
20 軍事介入1周年記念抗議行動,2000人以上検挙,緊急措置法翌日制定【チェコ】

9
01 カダフィ大佐ら将校グループのクーデター,共和国樹立【リビア】
24 カーマ大統領,国連で南アのアパルトヘイト非難【ボツワナ】

10
21 全学連ゲリラ行動,1505人逮捕【東京】

11
05 ベトナム反戦集会,25万人参加【米】

赤軍派の軍事化

05 大菩薩峠・軍事訓練の赤軍派53人逮捕【日】
20 中国との国交再開発表,アルバニアとの国交を大使レベルで再開【ユーゴ】

12
04 ブラック・パンサー指導者,フレッド・ハンプトン,警察襲撃で射殺【米】
28 党員証更新による粛党本格化【チェコ】

◉ ベトナム派遣兵54万人に(最大規模)【米】

公害白書(日)

◉ 政府「公害白書」初発表【日】

月とコンピュータ

アポロ11号月面着陸

A
アポロ11号月面着陸(アームストロング,オルドリン月面に降り立つ)【米】
ソユーズ4・5号ドッキング,金星5号金星到達【ソ】
マ,レチステレオ発表(ビクター),産学共同で国産初の全IC化カラーTV開発(関西電子工業振興会),世界最大出力リニアIC実用化【日】
セイコー,水晶発振式高精度電子時計「クォーツ」完成【日】
ソニーと松下電器,各独立に家庭用VTR開発(ベータ,VHS方式)
宇宙開発事業団発足【日】

B
IBM,ハード,ソフトの分離販売(ソフトウェア革命)【米】
コッド,関係データベース構築(IBM)【米】
ジョージ・スミス,ウィラード・スミス,CCD(イメージチップ)発明(ベル研)【米】

テッドホフのマイクロプロセッサ

マーシャル・テッドホフ,マイクロプロセッサ開発(インテル)【米】
情報処理高度化計画に着手(通産省)【日】

米国防省ARPA-NET

C
アメリカ電子工業会,報告書「広帯域通信ネットワーク」発表【米】
国防省ARPA-NET稼働【米】

パケット交換

国防総省,パケット交換技術開発【米】
ケープタウン〜リスボン間の海底ケーブル完成【南ア】
通産諮問の産業構造審議会,通信回線自由化提言【日】
プッシュホンの短縮ダイヤルサービス開始,公衆電話の3分打切制度開始,音声の特徴抽出法,音声分析合成法発明(電電公社)【日】
郵電省,公社化(郵電公社)【英】
TV音声多重放送,CATV方式共聴設備実験開始(NHK)【日】
世界最大の輸送機C-5A空軍に就役【米】
超特急「ロシアのトロイカ」時速200Km達成【ソ】
第1次空港設備5カ年計画,閣議決定【日】
東名高速道の全線開通(536Km)【日】

金利最高 世界的にインフレ

D
銀行,国有化決定【印】
商業ライセンス法実施(アジア人商店の閉鎖)【ザンビア】
産銅会社国有化,MINDECO株式の51%所有【ザンビア】
南部アフリカ関税同盟の新協定調印【南ア・ボツワナ・レソト・スワジランド】
付加価値税導入【蘭】
各国公定歩合引き上げ,最高の金利に(世界的インフレの進行)【欧】
フラン平価の11.1%切り下げ決定【仏】
GNP,自由世界第2位,実質成長率12.5%【日】

E
クライスラー社,三菱重工業自動車部門合併覚書調印,ビジコン,インテル両社,マイコン共同開発【日米】
司法省,反トラスト法違反でIBM告訴【米】
三星電子【韓】,南聯実業【香港】設立
住友銀行,初のCDを設置【日】
松下電器,前年申告所得408億円で日本一【日】

インテル設立 ノイス モーア

インテル(R・ノイス,モーア,FC社をスピンアウト),AMD設立【米】,TBSブリタニカ発足【日】
ユニチカ発足,ソード設立【日】

フランス現代思想は、満を持して旧知の解体と新知の遊弋へ。テキストの読み替えが思想家の宿題に。

1969

知の考古学	肉体の復活	ロック・メディア

知の考古学

A

国際海洋汚染会議【ローマ】
ブディコ,太陽放射の気候変動影響発表【ソ】

重力波? ウェーバー検出を発表

ウェーバー,重力波検出の発表
ベルネール,デュール,ド・ジッター空間での非線型スピノル理論
ハイゼンベルク『部分と全体』【独】
モット,非晶質の電子論【英】
R・M・ヘイズ「情報科学教育」(論文)【米】
科学技術情報局(OSTI),図書館情報システム庁に再編【英】
韓国科学技術情報センター育成法
M・ヤンマー『空間の概念』

視床下部 ホルモン分離

B

モリス『人間動物園』【英】
R・ギルマン,シャリーら視床下部ホルモン3種の分離・合成に成功【米】
ケイザー『筋性器官としての神経組織』(中枢神経系研究)【仏】
デントン,クーリー,初の完全人工心臓移植手術【米】
ロックフェラー医科大学ほかでリボ核酸分解酵素の完全合成【米】

C

エリクソン『アイデンティティ』【米】
「サイコロジー・トゥデイ」創刊【米】
ベレン,トリム『言語学の応用』【英】
メニューク,子供の文法的発達のモデル提案(生成変形文法)
K・T・カーナン『サモア島の子どもによる言語習得』,リー「クング・ブッシュマン研究」,V・ターナー『儀礼の過程』【米】
H・コックス『愚者の饗宴』【米】
W・ウィルフォード『道化と笏杖』【米】
J・スタロバンスキー『道化のような芸術家の肖像』【仏】

山口昌男 道化の民俗学

山口昌男『道化の民俗学』【日】
J・クリステヴァ『セミオチケー』【仏】
ドゥルーズ『意味の論理学』【仏】

D

デビッド・チャンバーノン「経済学における不確実性と評価」,ヒックス『経済史の理論』【英】

断絶の時代 ピーター・ドラッカー

フリードマン『インフレなき繁栄』,ドラッカー『断絶の時代』,C・シャウプ『財政学』,マスグレイブ『財政組織』,N・バーンボーム『産業社会の危機』【米】
サイモン『システムの科学』【米】
A・トゥレーヌ『脱工業化社会』【仏】
イリイチ『自覚の覚書』【墺】

トゥレーヌ 脱工業化社会

知の考古学

フーコー『知の考古学』,ドゥルーズ『差異と反復』,ミシェル・セール『ヘルメスI』【仏】
「ヴィーコ・シンポジウム」開催
クワイン『存在論における相対性』【米】
バリー・コモナー『科学と人類の生存』
ソンタグ『ラディカルな意志のスタイル』【米】
ハリー・レヴィン『ルネサンスの黄金時代の神話』【米】
ピーター・ゲイ『啓蒙時代』【米】
ペッカム『芸術とポルノグラフィー』【米】

E

A・トッド,ニュー・アルケミー研究所設立【英】
海洋学者ハーディ,宗教体験研究所設立【英】

世界劇場 フランシス・イエイツ

イエイツ『世界劇場』【英】
エチエンヌ・ジルソン『聖ベルナルドにおける神秘的哲学』【仏】
高橋信次,GLA設立【日】
オープン・ユニバーシティ開講(放送大学)【英】
ヘイエルダール,ラー号で出発【諾】

肉体の復活

A

トリシャ・ブラウン[ビルの壁を降りる男]【NY】,ロバート・ウィルソン,パフォーマンス[ジグムント・フロイトの生涯と時代],フィラデルフィア美術館,デュシャンの[遺作]公開,ハーザー作[ダブル・ネガティヴ](アースワーク)【米】

ロバート・ウィルソン ギルバート&ジョージ

デュシャン遺作

ギルバート&ジョージ[歌う彫刻-アーチの下で][食事]【英】
アルテ・ポーヴェラの「丸い穴の四角い木くぎ展」【蘭】,「態度がフォルム,作品,コンセプト,過程,情報,状況となるとき」【独】
レス・レヴィン作[コンタクト-サイバネティック彫刻]

B

菅井汲画[壁画フェスティバル・ド・トーキョー]
横尾忠則,パリ青年ビエンナーレで版画部門大賞受賞,イサム・ノグチ作[黒い太陽]【日】

横尾忠則

C

オリオール・ボイーガス,バルセロナ派建築を提唱【西】,スーパーステュディオ[トータル・アーバンゼーションのための建築的モデル]立案【伊】,イゲーラス[モンテカルロ多目的センター設計競技案]【モナコ】

アーコサンティ パオロ・ソレリ

パオロ・ソレリ設計[アーコサンティ](半地下未来指向建築複合体),ノウルズ[ボストン市庁舎],SOM設計[ジョン・ハンコック・タワー],ローチ&ディンケルー設計[ナイツ・オブ・コロンバス本社]【米】
電算機応用全自動写植システムの開発【日】
ソットサスd,オリベッティ[システム45]計算機,M・ベリーニd[ディヴィズマ18]計算機【伊】
リー・フリードランダーp「セルフ・ポートレート」【米】,[世界の偉大な写真家たち]展【日】

D

パイク,阿部修也,教育TV用に画像合成機"パイク・アベ・シンセサイザー"開発【韓日】
エレクトロ・マジカ展(ソニー・ビル)【日】
エックスポルト[音声映画]
ヘルツォーク,レーザーをベースにしたマルチ・プロジェクター,マーガレット・ベンションのホログラフィ展【米】

シュレンジャー、ヒル ホッパー、ペキンパー

シュレシンジャー監[真夜中のカウボーイ],ロイ・ヒル監[明日に向かって撃て],ホッパー監[イージー・ライダー],ペキンパー監[ワイルドバンチ]【米】
ゴダール監[プラウダ][東風]【仏】,ヴィスコンティ監[地獄に堕ちた勇者ども]【伊】

若松孝二・篠田正浩

篠田正浩監[心中天網島],若松孝二監[テロルの季節],大島渚監[新宿泥棒日記][少年]【日】

E

フィリップ・グラス

フィリップ・グラス「2つのページ」「同じ動きの音楽」リリース【英】
ケージ,イリノイ大学でコンピュータ音楽の実験的コンサート【米】

メレディス・モンク

メレディス・モンク,シアター・カンタータ第1部[ジュース](グッゲンハイム美術館)【NY】
太陽劇団,革命劇[1789],ブランション演出[ル・シッド断章]【仏】
天井桟敷開場,状況劇場[腰巻お仙]無許可公演(唐十郎ら逮捕),秋元松代[かさぶた式部考]【日】

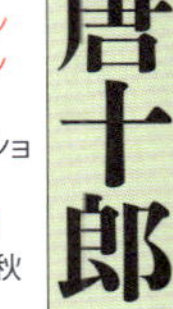

ロック・メディア

A

マードック『ブルーノの夢』,エイミス『グリーン・マン』,ハートリー『あわれなクレア』,ボウエン『エヴァ・トラウト』,ウィルソン『賢者の石』,タウンゼント『アーノルドのはげしい嵐』【英】
H・シクスス『内部』,シモン『ファルサロスの戦い』,デュラス『破壊しに,と彼女は言う』【仏】ゴイティソロ『ドン・フリアン伯の復権』【西】

シルヴァバーグ

オーツ『彼等』,マクファーソン『叫び声』,ナボコフ『アーダ』,ロス『ポートノイの不満』,バロウズ『ワイルド・ボーイズ』,ヴォネガット『虐殺場5号』,シルヴァバーグ『夜の翼』【米】
黒人知識人50人がBAAL(芸術と文学のブラック・アカデミー)を設立【ボストン】
バルガス・リョサ『ラ・カテドラルでの対話』【ペルー】
フセイン『キンジキティレ』【スワヒリ】

B

武田泰淳『富士』,阿部昭『未成年』,後藤明生『私的生活』,福永武彦『海市』【日】
粟津則雄『思考する眼』【日】
種村季弘『ナンセンス詩人の肖像』【日】
三枝和子『処刑が行なわれている』【日】
倉橋由美子『スキヤキストQの冒険』【日】
塩野七生『ルネサンスの女たち』【日】
福島泰樹『バリケード・1966年2月』【日】

C

NYタイムズ,ソンミ村虐殺事件報道【米】
日産・トヨタの欠陥車秘匿回収スクープ(NYタイムズ)【米】

セサミストリートとプリズナーNo.6

「セサミ・ストリート」【米】,「プリズナーNo.6」【英】
テレビコマーシャルにスキャニメイト旋風,シャナ・アレグザンダー,「マッコールズ」編集長に就任【米】
「ペントハウス」発売【米】
米国議会図書館,MARC開始(オンラインの書誌情報)【米】
日本ブッククラブ設立,日本出版学会創立,日本記者クラブ発足【日】
中村とうよう,ニューミュージックマガジン社設立【日】

川久保玲 コム・デ・ギャルソン

D

オッペンハイマー,エクスプロラトリアム開設【SF】
池袋PARCOオープン【日】
さいとうたかを「ゴルゴ13」連載開始【日】
川久保玲「コム・デ・ギャルソン」,シースルー,パンツルック流行【日】
TV「8時だよ全員集合」【日】

E

自然食品ブーム,ダックスホンダ発売【日】
山田洋次,[男はつらいよ]第1作【日】

キングクリムゾン

キングクリムゾン[クリムゾンキングの宮殿],デヴィッド・ボウイ[スペースオデティ]【英】
イギー・ポップのストゥージス,デビュー【米】
ウッドストック・ロックフェスティバル(聴衆50万人)【米】
M・デイビス[ビッチェス・ブリュー](エレクトロニックジャズ)【米】
レノン,小野洋子と結婚【米】
エルトン・ジョン[レディ・サマンサ]【英】,森進一[港町ブルース],カルメンマキ[時には母のない子のように]【日】
反体制フォークが流行,新宿西口広場反戦フォーク集会に7000人集まる【日】
ノックス・ジョンストン,312日間ヨット単独寄港世界1周【英】,初の女性騎手ダイアナ・クランプ登場【米】

ウッドストック

毎年、グアテマラで死亡する七万人のうち、三万人は子供である。その死亡率は米国の四〇倍である。「ワシントン・ポスト」

BC 6000以前 / BC 6000 / BC 2200 / BC 1200 / BC 600 / BC 300 / 0 / 300 / 600 / 800 / 1000 / 1200 / 1300 / 1400 / 1500 / 1600 / 1650 / 1700 / 1760 / 1810 / 1840 / 1860 / 1880 / 1890 / 1900 / 1910 / 1920 / 1930 / 1940 / 1950 / 1960 / 1970 / 1980

環境の変貌 1970〜1979

モノーの分子生物学的世界像が、科学ニヒリズムを萌芽させるけれど、時代はハイテクノロジーをめざして、いっときも歩をゆるめない。

1970 昭和45

大阪万博

トンガ フィジー独立

ターニング・ポイント

カンボジア 米の進撃 クーデター

1 01「ソ連社会帝国主義」非難【中】
15 ビアフラ戦争終結(難民500万人)【ナイジェリア】
2 09 PLOアラファト議長,モスクワ訪問
14「ニクソン・ドクトリン」【米】
23 旧英領ギアナ,ガイアナ共和国として発足
3 02 旧英領ローデシア,独立共和国宣言(C・デュポン大統領就任)【ジンバブウェ】
14 大阪万博開催【日】

ロン・ノル シアヌーク解任

18 ロン・ノル首相,クーデター決行(シアヌーク解任)【カンボジア】
19 シュトフ・ブラント東西ドイツ首相の初会談【東西独】
31 日航機「よど号」ハイジャック【日】

4 05 周恩来首相,北朝鮮を公式訪問【中】

SALT❶ 米ソ戦略兵器制限交渉

16 第1回米ソ戦略兵器制限交渉(SALT1)
30 ニクソン,カンボジア領内へ直接介入
5 05 シアヌーク,北京でカンプチア民族統一戦線(王国民族連合政府を結成)【カンボジア】
06 チェコとソ連が友好協力相互援助条約
6 04 トンガ,英連邦内の独立王国に
11 都市ゲリラ,西独大使誘拐(15政府,政治犯釈放)【ブラジル】
14 セイロン,スリランカ独立社会主義共和国に国名変更

70年安保 市川房枝らアピール

18 平塚らいてう・市川房枝ら70年安保廃絶のアピール【日】
22 日米安保条約の自動延長声明【日】
22 イバーラ大統領,独裁体制【エクアドル】

交代 ナセル→サダト ラーマン→ラザク

7 03 北アイルランドのベルファストで市街戦
07 ソ連・ルーマニア,新友好協力相互援助条約に調印
バンダラナイケ左翼連合政権へ【スリランカ】
8 05 アラファト,パレスチナの武力解放言明
20 ニクソンとオルダス大統領,国境問題の解決で合意【米墨】
24 過激派,米軍計算センターを爆破【米】
25 アラブ連合・ヨルダン・イスラエル3国が中東和平会議を開始
9 08 第3回非同盟諸国首脳会議の開催(参加国54カ国)【ザンビア】
17 ヨルダン政府軍,アンマンのパレスチナゲリラを一斉攻撃
25 カイロ和平協定調印
28 ナセル急死(サダト後任)【埃】
"独立の父"ラーマン引退,ラザク首相に【マレーシア】

10 ロン・ノル,共和制移行を宣言(クメール共和国に改称)【カンボジア】
06 ホセ・トーレス,左翼軍事政権【ボリビア】
10 フィジー,英連邦内の独立国に
10 ケベック解放戦線,ケベック州労相誘拐殺害【加】

アジェンデ 人民連合が選出

24 人民連合,アジェンデを大統領に【チリ】
11 23 社会主義的デモクラシー推進【ハンガリー】
無血クーデター(アサド,首相に)【シリア】

ソ連人権委 サハロフら設立

サハロフら「ソ連人権委員会」設立【ソ】
国連で中国加盟案可決【中】

ポーランド暴動

12 14 グダニスクなど4都市で暴動発生【波】
離婚法を制定【伊】

月とコンピュータ

LSI時代へ

A 無人ロケット「ルナ17号」,初の月面車【ソ】
中国初の人工衛星「東方紅」【中】
国産初の人工衛星「おおすみ」【日】
ポール・ローランス,世界初の原子力ペースメーカー移植(ブルッセ病院)【仏】
ワルター・ヤコービら,初の低温保存した神経組織移植成功(ミュンヘン大学)【独】
半導体量産装置試作(新技術開発事業団,日立中研),フェライト大型単結晶成功(新技術開発事業団)【日】

光記憶装置 電電公社試作

光記憶装置試作(電電公社電気通信研)【日】
原潜からポセイドンミサイル水中発射実験成功【米】
「370」にLSI使用(IBM)【米】

カラー複写機

カラー複写機6500発表(ゼロックス)【米】
100万気圧達成(阪大工学部)【日】

B LSI開発成功(電電公社)【日】
液晶LSI開発(シャープ)【日】
PLATOシステムの実験(イリノイ大学)【米】
ビデオディスク開発(TED)【西独】
E・F・コッド,リレーショナルデータベースの概念発表【米】
マーシャル・テッド・ホフ,最初のマイクロプロセッサ開発(インテル)【米】
世界初のLNG発電所運転(東京電力)【日】

C ピッツバーグ市にテレビ電話【米】
ミード社,訴訟事例のデータベース開発(LEXISファミリーの誕生)【米】
電電公社通信網にコンピュータ接続許可【日】
キャッチホン,電話計算サービス制度化【日】
SST(TU144型機),時速2430km【ソ】
インディアン・パシフィック鉄道完成【豪】
アマゾン横断国道建設開始【ブラジル】

金融革命(米)

D

マスキー法 大気汚染防止法

マスキー法成立【米】
ルーブル,コメコンの共同通貨となる【欧】
ダンピング容疑で日本製TVの関税評価差し止め【米】
大口CD金利自由化(金融革命開始)【米】,初の変動利付債券発行(電力庁債券)【伊】
自動車不況(GM,UAW長期スト)【米】
日米繊維交渉(日米貿易摩擦開始)【日米】
フィリップス【諾】,シェル【英】北海に大油田発見
セマウル運動スタート(農村社会総合発展計画),漢江の奇蹟(平均成長率7.8%記録)【韓】

E 小型輸入車に対抗し,多国籍車ピント発売(フォード)【米】
輸出市場開拓本格化(ロッキード)【米】
三星グループ,コングロマリット化【韓】
世界最大の蔚山単一造船所(現代造船)【韓】
第1次VBブーム,IC産業おこる【日】

ソニー,NY上場

ソニー,NY証券に日本初の株式上場【日】
知能ロボット導入(川崎重工はユニメート,大同製鋼はバートランド)【日】

新日鉄 君津製作所KJ活動

新日本製鉄発足(君津製作所のKJ)【日】
林原生物化学研究所設立【日】

1970

知の考古学

A

電波のアインシュタイン効果検出(カリフォルニア工科大学)【米】

チャーム・クォーク

グラショウ,「チャーム・クォーク」導入【米】
ネール「固体物理分野での反強磁性と強磁性の基礎研究」【米】
アルヴェーン「プラズマ力学分野での電磁流体力学の基礎研究」【典】
クルー,ウランとトリウムの原子1個の写真撮影に成功【米】
ベーカー「数論における研究」【英】
C・バトラー『数のシンボリズム』【英】
ノヴィコフ「微分トポロジー研究」【ソ】
広中平祐「複素多様体の特異点の研究」【日】

B

逆転写素酵

テミンとボルティモア,逆転写酵素発見【米】
コラナ,人工的に遺伝子の合成に成功【米】
長倉三郎「分子化合物の電子論的研究」【日】
E・コーレイら,前立腺ホルモンを化学合成【米】

偶然と必然 ジャック・モノー

モノー『偶然と必然』【仏】
F・ジャコブ『生命の論理』【仏】
アイブル=アイベスフェルト『愛と憎しみ』【独】
ルイス・トマス『メデューサと蝸牛』【米】
V・シェファー『オットセイの季節』【米】

C

マノーニ 反精神医学

R・グレゴリー『インテリジェント・アイ』【英】
J・ピアジェ『発生的認識論』【瑞】
L・ベラック『山あらしのジレンマ』【米】
M・マノーニ『反-精神医学と精神分析』【仏】
A・ウォレス『文化とパーソナリティ』マズロー『モチベーションとパーソナリティ』【米】

SHRDLU

T・ウィノグラード,「SHRDLU」開発【米】
R・モンタギュー「ユニバーサル・グラマー」【米】
「人工知能」誌刊行【英】

D

ローシュ&ローレンス『変化適応の組織』【米】
R・ソロー『成長理論』【米】
ボードリヤール『消費社会の神話と構造』【仏】
N・ルーマン『社会システムのメタ理論』【独】
R・マートン『科学・技術及び社会』【米】
アルビン・トフラー『未来の衝撃』【米】

性の政治学 ケイト・ミレット

ケイト・ミレット『性の政治学』,ファイアストーン『性の弁証法』【米】,E・グラッシ『映像の力』
A・ゲーレン『モラルと超モラル』【独】
塩野七生『チェーザレ・ボルジア』【日】
W・サイファー『自我の喪失』【米】
G・ハートマン『フォルマリズムを越えて』【米】
唐木順三『日本人の心の歴史』【日】
森崎和江『闘いとエロス』【日】
M・ブルームフィールド『随想と探索』【米】
D・C・アレン『神秘的な意味』【米】

E

オーロビンド

フォン・デニケン『神の花馬車』【独】
セオドア・ローザック『カウンター・カルチャーの思想』【米】,シュリ・オーロビンド『神聖な生命』【印】
P・グッドマン『新しい宗教改革』
C・ロジャーズ『エンカウンター・グループ』【米】,フェリエール『フリーメーソン黒書』【墨】,A・J・アーベリー『スーフィズム』【米】
宮家準『修験道儀礼の研究』,五来重『山の宗教』,松田寿男『丹生の研究』,大森曹玄『山岡鉄舟』【日】

肉体の復活

A

ウォディントン 表象の背後

[シュポールシュルファス]展【仏】
[概念芸術/アルテ・ポーヴェラ/ランド・アート展]【伊】,[インフォメーション展],[概念芸術と概念的様相展]【NY】
ラルフ・ゴーイングス画[気流],河原温画[百万年の暦]【米】
ロバート・スミッソン[螺旋形の突堤]【米】,ギルバート&ジョージ作[歌う彫刻]【英】,レベッカ・ホルン作[ベルリン-9部作練習]
ウォディントン『表象の背後』【米】

B

人間と物質展 中原佑介企画

中原佑介企画[人間と物質]展,松澤宥,稲憲一郎,水上旬ら[ニル・ヴァーナ展]【日】
高山登[地下動物園],菅木志雄[限界状況1]
吉村貞二『日本美術の構造』【日】

C

ジロー・ドーフル『キッチュ』【英】

ホラインの死展

ハンス・ホライン[死]展【W】
エゴン・アイアーマン[オリベッティ社屋]【独】
SOM設計[ジョン・ハンコック・センター],ジョン・M・ヨハンセン設計[ママーズ劇場](アクション・アーキテクチュア)【米】
坂倉建築研究所設計[芦屋市民会館ルナ・ホール]【日】
狛江勲夫d[メテオール(車)]【伊】
朝倉摂,金森馨,高田一郎,舞台美術グループAKT結成【日】

ジャパネスク

伊坂芳太郎[放送局]ポスター【日】
リー・フリードランダーp『セルフ ポートレート』,ブルース・デヴィッドソンp『イースト・100ストリート』,E・J・ベロックp『ストリートビル』【米】

篠山紀信

小原健p『ONE』,奈良原一高p『ジャパネスク』,中平卓馬p『来たるべき言葉のために』,篠山紀信p『nude』,浅井慎平p[ストリート・フォトグラフ]【日】

D

ホドロフスキー エル・トポ

ホドロフスキー監[エル・トポ]【米墨】
ステュアート・ハグマン監[いちご白書]【米】
黒澤明監[どですかでん],吉田喜重監[エロス+虐殺]【日】

日活ロマンポルノ

日活ロマンポルノ映画制作【日】
ワトキンスら隠線消去ソフト開発【米】

E

ベリオ曲[アグヌス]【伊】,シュトックハウゼン曲[マントラ]【独】,ジョージ・クラム曲[幼な子たちの古い声],ロバート・アシュレー曲[私は室内に座っている]【米】
近藤譲曲[ブリーズ]【日】
ブルック演出[夏の夜の夢]【英】
流山児祥ら演劇団結成,演劇センター68/69が黒色テント公演【日】

ブルックの演出

ハルプリン RSVPサイクル

L・ハルプリン「RSVPサイクル:人間環境におけるクリエイティブ・プロセス」発表【米】
クラウス・リンケ[基礎的デモンストレーション]【独】
トリシャ・ブラウン[ウォーキング・ザ・ウォール]【NY】,デニス・オッペンハイム[読む位置]【米】
万博ペプシ館でEATのマルチチャンネル・サラウンドシステム【日】

ニューウェイブ

A

ジャーメン・グリア『去勢された女』【英】
バルト『S/Z』,T・トドロフ『幻想文学』【仏】
H・R・ヤウス『挑発としての文学史』【独】
ペーター・ハントケ『不安』【独】
ソール・ベロー『サムラー氏の惑星』,トニ・モリソン『青い眼がほしい』,アーウィン・ショー『富めるもの貧しきもの』【米】
ギャス,「メタフィクション」を造語【米】
パトリック・ホワイト『生体解剖者』【豪】
ホセ・ドノソ『夜のみだらな鳥』【チリ】
カリンティ・フェレンツ『エペペ』【洪】
ニコライ・アモソフ『未来からの手記』【ソ】

B

三島自決

沼正三 家畜人ヤプー

沼正三『家畜人ヤプー』,星新一『声の網』,広瀬正『マイナス・ゼロ』【日】
井上ひさし『表裏源内蛙合戦』【日】
秋山駿『歩行と貝殻』,松原新一『転向の論理』【日】
吉増剛造『黄金詩篇』,加藤郁乎『牧歌メロン』,天沢退二郎『血と野菜』,舟崎克彦・舟崎靖子『トンカチと花将軍』【日】
吉田健一『ヨオロッパの世紀末』【日】
三島由紀夫,割腹自決【日】
『すばる』創刊【日】
植草甚一『ぼくは雑学と散歩が好き』【日】

C

ナショナル・ランプーン
アンアン・CATV

『エッグ』【英】,『ナショナル・ランプーン』創刊【米】,『アンアン』創刊【日】
『マンハッタン・ケーブルTV』放送開始【米】
FM東海最終放送,FM東京放送開始【日】
東京ケーブルテレビジョン発足【日】

D

女性人権デー,アースデー集会(環境保護),ゲイ解放運動,リサイクル運動,ポルノ解禁【米】

緑色革命 チャールズ・ライク

イッセイ・ケンゾー

チャールズ・ライク『緑色革命』【米】
ホットパンツとバイコロジーが流行,ザンドラ・ローズ『プリマヴェーラ・ルック』発表【英】
高田賢三【日】ブティック「ジャングル・ジャップ」オープン【P】,三宅一生,三宅デザイン事務所設立【日】
歩行者天国,スクランブル交差点【東京】
「ディスカバージャパン」(国鉄)【日】
塩月弥栄子『冠婚葬祭入門』【日】
「モーレツからビューティフルへ」CMコピー【日】
『少年マガジン』150万部突破【日】
ジョージ秋山『銭ゲバ』【日】

E

幻響 T・レックス ピンク・フロイド

T・レックス[ゲット・イット・オン],タンジェリン・ドリーム[エレクトリック・メディテーション],ピンク・フロイド[原子心母],ジョン・レノン[ジョンの魂]【英】
ビートルズ,「レット・イット・ビー」を最後に解散【英】

薬死 ヘンドリックス ジョップリン

ジャニス・ジョップリン,ジミ・ヘンドリックス,ドラッグで急死,アルバート・アイラー,謎の変死【米】
間章プロデュース「解体的交感」(阿部薫,高柳昌行ら出演)【日】
藤圭子[圭子の夢は夜ひらく],北原ミレイ[ざんげの値打ちもない]【日】
大場政夫,柴田国明がボクシング世界チャンピオンに【日】,三浦雄一郎,エベレストを滑降【日】
ウィンドサーフィンの発案【米】

全ての商品はファッション商品となる。全ての産業はファッション産業となる。全てのビジネスはファッション・ビジネスでなければならない。
浜野安宏

BC 6000以前 / BC 6000 / BC 2200 / BC 1200 / BC 600 / BC 300 / 0 / 300 / 600 / 800 / 1000 / 1200 / 1300 / 1400 / 1500 / 1600 / 1650 / 1700 / 1760 / 1810 / 1840 / 1860 / 1880 / 1890 / 1900 / 1910 / 1920 / 1930 / 1940 / 1950 / 1960 / 1970 / 1980

ノイスのマイクロプロセッサと情報ネットワークの稼働。スミソニアン体制のなか、時代は電子情報戦争の局面へ。

キッシンジャーと仮面ライダーの速度を借りて、スパイ情報の語り部になるフォーサイスとラドラム。

1971
昭和46

都市ゲリラ横行

1 08 都市ゲリラ,ウルグアイ駐在英大使を誘拐
22 共産勢力,プノンペンを放撃【カンボジア】
アミン ウガンダクーデター
25 クーデター【ウガンダ】
タノム首相,戒厳令断行(軍部専制に)【タイ】
2 03 プロテスタント派とカトリック派の武力衝突【北愛】
08 米空軍・南ベトナム軍,ラオス領に進撃
11 海底軍事利用禁止条約に40カ国調印
20 核戦争緊急警報テープ,過って発信【米】
24 パイプライン国有化【アルジェリア】
25 ユダヤ人団体,ソ連国内ユダヤ人のイスラエル移住決議
3 04 パレスチナ民族評議会,ゲリラ組織をPLO指導下に統一する計画を承認
07 南アフリカ・ウラン濃縮公社設立【南ア】
ベンガル人の決起
25 ベンガル人,独立を求め決起【東パキスタン】
周恩来,北ベトナム全面支援を表明【中】

4 17 アラブ連合・シリア・リビア,アラブ共和国連邦結成で合意
17 東パキスタン人民連盟,バングラデシュ人民共和国の独立宣言
ベトナム反戦
24 ベトナム反戦大集会(ワシントンに20万人)
27 朴正熙,大統領選で金大中に辛勝【韓】
6 08 アジェンデ,国家非常事態宣言【チリ】
13「ニューヨーク・タイムズ」,国務総省ベトナム秘密報告書入手【米】
21 国際司法裁判所,南アのナミビア統治を不法と判決
30 複数大統領制を採用【ユーゴ】
ソ連と友好協力条約を締結【埃】

キッシンジャー外交

7 13 ヨルダン軍,パレスチナゲリラ掃討作戦開始
19 左翼クーデター【スーダン】
キッシンジャー,密かに訪中(周恩来と会談)
8 05 トルコ,中国と国交樹立(16日にはイランも)
14 バーレーン,英保護から独立
21 反マルコス派の議員立候補者8人,爆死【比】
23 東西ベルリン間の自由交通保証【米英仏ソ】
ガンジー,ソ連と平和友好協力条約【印】
南北赤十字,分断後初接触【韓北鮮】
軍部右派のクーデター【ボリビア】
9 01 アラブ連合・リビア・シリア,アラブ共和国連邦を結成
12 林彪,毛沢東暗殺失敗(謎の墜死)【中】
30 偶発戦争防止とホットライン改善協定【米ソ】

林彪墜死

バーレーン、カタール アラブ首長国、バングラデシュ **独立**

中国の国連復帰
10 25 国連,中国加入・台湾追放可決
27 コンゴ民主共和国,ザイール共和国に改称
31 シンガポールの英極東軍事司令部が解散
アンゴラ内戦 ソ連・キューバ介入へ
11 24 ソ連・キューバのアンゴラ内戦介入
ASEAN定例外相会議で東南アジア中立化宣言
12 02 ペルシャ湾岸6首長国,アラブ首長国に
03 第3次印パ戦争開始【印】
ブリティッシュ・ペトロリアム資産を国有化【リビア】

パキスタン インド戦争③

エネルギー危機

A「アポロ14号」の飛行士,月面に33時間30分滞在 初の火星衛星「マリーナ9号」【米】
自動ステーション「火星3号」降下船,火星軟着陸,「ソユーズ11号」の3飛行士,事故死【ソ】
第1号科学衛星「しんせい」打上げ【日】
熱電子放出方式原子力発電装置成功【ソ】
陽子の5000億eV加速(欧州共同原子核研)【欧】,レーザー熱核融合反応(名大プラズマ研)【日】,H・E・ラベル,A・I・ムラブスキー,リボン結晶成長法開発【米】
ロボット情報処理システム開発開始(電子技術総合研)【日】

B **インテル4001** ノイス設計
ノイス設計,マイクロプロセッサ「i4001」(4ビット)発売,2KビットFAMOS型EPROM発表(インテル)【米】
M・シャット,TN液晶表示発表【瑞】
超高性能工業用リニアIC発売(日電)【日】
最初のマイコン「アルト1号」試作(パロアルト研究所)【米】
コンピュータ大手6社,3グループにわかれて,コンピュータ開発競争開始【日】
てのひら電卓発表(ビジコン社)【日】
3/4インチテープカセット式VTR製品化(ソニー・松下・ビクター)【日】

C FCC,第1次コンピュータ調査の裁定(電気通信とデータ処理の境界化)【米】
ARPAネット稼働
ARPAネット稼働【米】
全国証券協会の相場表示システム稼働【NY】
カラービデオディスク登場【ベルリン国際ラジオショー】
通信回線開放(電電公社)【日】
科学技術計算サービス(DEMOS)開始【日】
超高速練習機TX-2飛行試験【日】
デルフト市のボン・エルフ(コミュニティ道路の原型)【芬】

ドル・ショック

D CPECと欧州石油会社の原油価格交渉決裂
ドル・ショック(ニクソン新経済政策,ドルと金の交換停止)【米】,一時変動相場制【欧】
スミソニアン協定締結
サービス雇用,賃金労働の50%【仏・西独】
多国籍企業,世界の短期流動資産2680億ドルの71%占める
ブミプトラ政策(新経済政策)スタート【マレーシア】
円高開始 1ドル308円
戦後初の円切り上げ(1ドル308円)
公害問題国際都市会議,国際実験動物アジア太平洋会議開催,シアン・六価クロムたれ流し工場公表【日】

スミソニアン体制

E 欧米多国籍企業,ソ連進出はかる(モスクワ円卓会議)
ITT,14年間に世界275社買収,多国籍企業化
ドン・C・ヘラー,初めてシリコンバレーの愛称つかう【米】
未来のエレクトロニック・オフィス設計プロジェクト開始(ゼロックス)【米】
RCA,コンピュータ事業から撤退【米】
ロールスロイス倒産
ロールスロイス社倒産【英】
鉄鋼大手6社,欧州向け鉄鋼輸出自主規制合意【日】
日本マクドナルド設立【日】

1971

均衡の破れ

構造・安定性・ゆらぎ

A
キャメロン,イプシロン星伴星のブラックホール発表,I・リリー,水星はほとんど氷結した水と発表【米】
C・ホイットニー『わが銀河の発見』【米】
林忠四郎,恒星進化を研究【日】
ゴールドハーバー,反粒子オメガ=マイナスを発見【米】
I・プリゴジン散逸構造論「構造・安定・ゆらぎ」【白】
C・ヴァイツゼッカー『自然の統一』【独】

B
チォ・ハオらヒトの成長ホルモン合成【米】
江上不二夫「リボヌクレアーゼ研究」【日】

プリブラム 脳の言語学
カール・プリブラム『脳の言語』【米】
R・ポッター「バイオエシックス」【英】
岡田善雄,細胞融合現象を解析【日】

ポッター バイオエシックス

C
スキナー『自由と尊厳を超えて』【米】,M・ヘスナード『フロイトからラカンへ』【仏】
I・ゴールドスタイン『精神医学と人類学』【米】
N・ニルソン『人工知能』【米】
土居健郎『甘えの構造』【日】
野尻抱影『星と東方美術』,渡辺素舟『東洋文様史』,中野美代子『砂に埋もれた文字』【日】

D
ジョージェスク・レーゲン『エントロピー法則と経済過程』【ルーマニア】
ハーバマス&ルーマン『批判理論と社会システム論』【独】
K・G・ミュルダール『アジアのドラマ』【典】
B・デービット『科学の社会学』【イスラエル】

吉田民人 情報論的視座
吉田民人『社会科学における情報論的視座』【日】
A・ラズロー『システム理論哲学入門』
H・ロムバッハ『存在論の根本問題―構造存在論』【独】
R・バルト『表徴の帝国』【仏】
G・スタイナー『脱領域の知性』【英】
M・H・エイブラムズ『自然な超自然』【米】
クラウディオ・ギレン『システムの文学』【西】

ポール・ド・マン 死角と明察
ポール・ド・マン『死角と明察』【米】
F・ジェイムソン『マルクス主義と形式,二十世紀の弁証法的文学理論』【米】
I・ハッサン『根源的な無垢』【米】
G・ジョシポヴィッチ『世界と本』【英】,山口昌男『本の神話学』【日】
T・タナー『言語の都市』【英】
加藤秀俊『文化とコミュニケーション』,中岡哲郎『工場の哲学』,宇井純『公害原論』【日】

宇井純 公害原論

E

オカルト コリン・ウィルソン
C・ウィルソン『オカルト』【英】,D・ブラウン『わが魂を聖地に埋めよ―アメリカインディアン闘争史』【米】
C・カスタネダ『セパレートリアリティ』【米】
I・M・ルイス『エクスタシーの人類学』,E・R・サーヴィス『文化進化論』【米】
前田卓『巡礼の社会学』【日】
I・イリイチ『脱学校の時代』【墺】

イリイチ 脱学校の時代

肉体の復活

A
[ラディカル・リアリズム]展,[土,空気,水―美術の要素展],芸術と技術を結ぶ[ソフトウエア展]【米】,コスス,ルウィット,松沢宥,河口龍夫ら[状況・概念]展【墺】
パナマレンコの飛行船[アエロモデラー]【白】

パナマレンコの人力飛行船

ヤン・ディベット,写真を使った[日光/回転灯,外光/内光]【蘭】,ティテュス・カルメル画[1球体の12の変形]【仏】
マルコーム・モーリー画[聖ヨハネの黄色い貢]
マイケル・ハイザー[円形の地表]【米】

マリオ・プラーツ イメージ研究
マリオ・プラーツ『記憶の女神ムネモシュネ』【伊米】

B

李禹煥 モノ派の理論的中心に
李禹煥『出会いを求めて』【日】
片岡球子画[面構葛飾北斎]【日】
日本美術品競売株式会社発足,第1回オークション【日】
海野弘『空間の神話学』【日】

C
パウエル・アンド・モヤ設計[ウィルソン・カレッジ]【英】,ガエタノ・ペシエ設計[二人のための住まいのユニット]【伊】
シュヴァンツァー設計[BMW管理事務棟]【独】
アマーナト設計[シャハヤード・アリヤメヘル・テヘラン]【イラン】,ローチ&ディンケルー事務所設計[カレッジ生命保険会社本社]【米】
宮脇檀設計[秋田相互銀行ニツ井支店],林昌二設計[IBM本社]【日】
マリオ・マレンコd[椅子マレンコ]【伊】

オルドリッチ イラストレーション
アラン・オルドリッチi[レストラン].
パパネック『生きのびるためのデザイン』
ロバート・フランクp[わが手のすじ],E・ハースp「天地創造」【米】
ラリー・クラークp[タルサ]【米】
ダイアン・アーバス自殺【米】

アーバス自殺

川田喜久治
川田喜久治p[聖なる世界],植田正治p[童歴],荒木経惟p[センチメンタルな旅]【日】

D
キューブリック監[時計じかけのオレンジ]【英】,ヴィスコンティ監[ベニスに死す],ベルトルッチ監[暗殺の森]【伊】,ブレッソン監[白夜]【仏】,サム・ペキンパー監[わらの犬]【米】
篠田正浩監[沈黙],今井正監[婉という女],藤田敏八監[八月の濡れた砂]【日】
ホログラフィ学校,各地に設立【米】

ヴィスコンティ

E
ヴィンゴ・グロボカール曲[アテムシュトゥディー]【ユーゴ】

スティーブ・ライヒ
リゲティ曲[メロディ]【独】,クセナキス曲[ペルセポリス]『音楽と建築』,スティーブ・ライヒ曲[ドラミング],デビット・ローゼンブーム曲[ピアノ練習曲No.1]【米】
林光曲「原爆小景」,柴田南雄曲「花伝書」【日】
小沢昭一[日本の放浪芸]【日】
ブルック,国際演劇シアター(ICRT)設立【P】
R・ウィルソン[聾者のまなざし]【米】
天井桟敷[邪宗門]【日】

クリス・バンデン 銃撃パフォーマンス
ヴィト・アコシン[苗床],クリス・バンデン,腕を銃で撃つ[射撃作品]【米】

ニューウェイブ

A
ジェンキンズ『暴風海域』,フォーサイス『ジャッカルの日』,フォースター『モーリス』【英】
H・ベル『女のいる群像』【西独】
F・アヤーラ『快楽の園』【西】

ブローティガン
ロバート・シルヴァーバーグ『禁じられた惑星』,ブローティガン『芝生の復讐』,ノエル・ハインド『リベンジ:復讐』,レオン・ユリス『キュービー・セブン』,ロバート・ラドラム『スカーラッチ家の遺産』【米】
アクショーノフ『電気への愛』【ソ】

フォーサイスとラドラム

B
大岡昇平『レイテ戦記』【日】

井上ひさし 道元の冒険
大岡信『紀貫之』,井上ひさし『道元の冒険』【日】
唐十郎『吸血姫』,赤江瀑『獣林寺妖変』,谷恒生『フンボルト海流』,平井和正『狼の紋章』【日】
竹内邦雄『幻としてのわが冬の旅』【日】
川村二郎『幻視と変奏』【日】
片岡義男『ぼくはプレスリーが大好き』【日】

柳田邦男・片岡義男
柳田邦男『マッハの恐怖』

C

オブジェマガジン **遊** 松岡正剛 杉浦康平
「ノンノ」「微笑」「遊」創刊【日】
オープン大学(放送大学)開校【英】
大宅壮一文庫開館【日】
NHK総合,全カラー化【日】

D
婦人参政権付与に関する投票,賛成多数【瑞】
「アクチュエ」誌でエコロジー特集,「エコロジスト」誌で特集「人類に明日はあるか」【仏】

343人宣言 妊娠中絶権利要求
343人宣言,避妊・妊娠中絶の権利を要求【仏】
田中美津,「ぐるうぷ闘う女」結成【日】
ネーダー,反公害運動を組織化【米】
イザヤ・ベンダサン『日本人とユダヤ人』【日】
ハインツ・グロイル『キャバレーの文化史』【独】
ジャン・バトゥ,ジプシー・ルック発表,フォークロア・ブーム,ランヴァンとウンガロ,ペイザンス・ルック発表【仏】,パンタロン革命(働く女性にパンタロン)【米】
山本寛斎,「㈱やまもと寛斎」設立,大楠祐二,「ビギ」設立【日】
新宿高層ビル第一弾,京王プラザホテル【日】
TV「仮面ライダー」放送【日】
連続殺人事件容疑で大久保清逮捕【日】

ランヴァン、ウンガロ ビギ、山本寛斎

E
世界初業務用TVゲーム「コンピュータ・スペース」(ナッチング社)【米】

カップヌードル 日清食品
カップヌードル発売【日】
世界初の完全自動一眼レフ「アサヒペンタックスES」発売【日】
シーゲル監[ダーティー・ハリー]【米】
EL&P[展覧会の絵]【英】,ブリジット・フォンティーヌ[ラジオのように]【仏】
ウェザー・リポートがデビュー,ジャズからフュージョンへ【米】
小柳ルミ子[わたしの城下町],尾崎紀世彦[また逢う日まで],欧陽菲菲[雨の御堂筋]【日】
今井通子,グランド・ジョラス北壁登頂【日】
江夏豊,オールスター戦で9連続三振【日】

仮面ライダー

BC 6000以前 / BC 6000 / BC 2200 / BC 1200 / BC 600 / BC 300 / 0 / 300 / 600 / 800 / 1000 / 1200 / 1300 / 1400 / 1500 / 1600 / 1650 / 1700 / 1760 / 1810 / 1840 / 1860 / 1880 / 1890 / 1900 / 1910 / 1920 / 1930 / 1940 / 1950 / 1960 / 1970 / 1980

汚れちまった海　汚れちまった空　生きものみんないなくなって　野も山もだまっちゃった。
「ゴジラ対ヘドラ」テーマ曲

地球の汚染と重工業の停滞、ニクソンと角栄の中国接近、価値の転換を求めて、アンチ・オイディプスの欲望機械が作動する。

劇場国家の時代を先取りする鈴木忠志の劇的方法論。

1972
昭和47

都市ゲリラ横行

IRA、連合赤軍、アラブゲリラ

1
02 ブット大統領,10工業32企業を国家管理へ【パキスタン】
07 北ベトナムと外交関係確立【印】
25 ニクソン,ベトナム和平8項目提案【米】
30 血の日曜事件(IRAテロ活発化)【北愛】

2
10 ユーゴ・ルーマニアと国交樹立【比】
19 連合赤軍あさま山荘事件【日】

ニクソン訪中

21 ニクソン訪中(米中新時代へ)

3
10 ロン・ノル,クメール共和国初代大統領に就任
19 バングラデシュと友好協力平和条約【印】

ERA 男女平等憲法修正案

22 米上院,男女差別を禁じる憲法第27修正【米】
30 ベトナムで解放戦線側が大攻勢

ローマクラブ 成長の限界

4
09 イラクと友好条約に調印【ソ】
11 ポトゴルヌイ・ソ連最高会議幹部会議長,トルコを訪問【ソ】
19 憲法を一部改正(政治的自由化へ)【洪】

5
08 ニクソン,北爆強化と北ベトナム全港湾の機雷封鎖を決定【米】

沖縄県 返還協定発効

15 沖縄返還協定の発効【日】
31 アラブゲリラの岡本公三ら,テルアビブ空港を襲撃

6
03 米英仏ソ,ベルリン協定に正式調印
11 田中角栄,「日本列島改造論」構想【日】
17 民主党本部に盗聴器を仕掛けた犯人逮捕(ウォーターゲート事件へ)【米】
26 カストロ首相,ソ連訪問【キューバ】

田中角栄と日中国交回復

7
03 パキスタンとインドがシムラ平和協定

南北朝鮮声明

04 南北平和統一の共同声明を発表【韓北鮮】
05 田中角栄,自民党総裁に【日】
08 米ソ穀物協定調印
18 サダト,ソ連軍事顧問団の退去要求【埃】
21 大粛清【チェコ】

8
02 エジプトとリビア,完全統合に合意

マルコス戒厳令体制

9
05 パレスチナ・ゲリラ,イスラエル五輪選手全員射殺
14 西独とポーランド,外交関係回復
23 マルコス大統領,戒厳令布告【比】
25 田中首相,訪中【日】

10
03 米ソ,対弾道弾防衛組織(ABM)条約
08 キッシンジャーとレ・ドク・ト北ベトナム顧問が秘密会談
11 非常事態宣言(反アジェンデ経済政策)【チリ】
17 朴大統領,戒厳令布告,国会解散,憲法改正案公告【韓】
29 パレスチナ・ゲリラ,西独機ハイジャック

11
16 米空母「ミッドウェー」横須賀母港化【日】
21 SALTⅡ交渉【米ソ】
28 南北イエメン結合(イエメン共和国)

12
01 IRA壊滅法案を可決【愛】
07 カシミール停戦ラインで合意【印パ】
27 社会主義憲法を採択(28金日成,国家主席に就任)【鮮】
30 北爆停止発表(18度線以北)【米】

エネルギー危機

A

パイオニア10号

スペースシャトル開発決定,初の木星探査機「パイオニア10号」(太陽系脱出予定,宇宙人への手紙託す)【米】
ERTS(地球資源技術衛星)打ちあげ【米】
トカマク型核融合基礎実験装置JFT2完成(日本原子力研究所)【日】
フィリップ,チャング,コンピュータ制御ベクタスキャン電子ビーム露光装置開発【米】
C・クスリ,リアルタイム・コンピュータ・アニメーション開発,E・カットマル,F・パーク,ハーフ・トーン・アニメーション開発【米】
耐熱繊維(ノーメックス)開発(デュポン)【米】

B

フロッピーディスク

IBM370シリーズに仮想記憶方式導入(第3.5世代コンピュータ時代開始),フロッピーディスク発表(IBM)【米】

8ビットマイクロプロセッサ

初の商用マイコン「Artair」発売【米】
8ビットマイクロプロセッサ「8008」【米】

PROLOG コルメラワー

A・コルメラワーのグループ「PROLOG」開発(マルセイユ大学)【仏】
フィリップス【蘭】,MCA【米】,光反射式ビデオディスク発表(VLP方式統一規格)
ファクシミリ低速機,国際規格(GI)制定

C

国内衛星通信の"自由参入政策"決定(オープンスカイポリシー)【米】
世界初の国内通信用静止衛星ANIC【加】
インタースプートニク結成【ソ】

ISDN概念登場

CCITT,ISDNとIDNの概念提示
米国文献データベースのオンライン・サービス開始(欧州宇宙研究機構)【欧】
国立医学図書館,毒物学データベース「TOXLINE」オンライン開始(1600万件)【米】

WIPO 世界知的所有権機構

世界知的所有権機構(WIPO),ウィーンにINPADOC設立,特許情報のデータベース化
電気通信の第1次市場開放(国際ダイヤル通話,FAXサービス開始),有線テレビジョン放送法制定【日】
タンザン鉄道開通【タンザニア・ザンビア】

タイ学生の日貨排斥運動

D

ローマクラブ「成長の限界」発表
IMF総会,新通貨体制の20カ国委員会設立
米・西独間貿易摩擦開始【米西独】
重化学工業化計画開始【韓】
タイ学生の日貨排斥運動【タイ】
航空機,原子力,宇宙開発,石油化学の技術導入契約自由化【日】
スモン病を薬害と結論,PCB生産・使用禁止通達,自動車排出ガス規制【日】

E

チェース・マンハッタン銀行,「エネルギー危機」唱える,デュポン事件(タックス・ヘイブン問題),ITTの黒い霧事件【米】

TQCの日本化 富士フイルム

富士フイルム,TQC活動開始【日】
ダイエー,売上高1328億円(日本最大の小売企業に成長)【日】
セイモア・クレイ,クレイ・リサーチ設立【米】
テレネット社設立,通信サービス業開始【米】

ファナック ロボット産業抬頭

富士通,ファナック設立【日】

1972

均衡の破れ

A

光速度を改変

S・ワインバーグ『重力とコスモロジー』【米】

光子の偏りの遠隔相互作用実験(バークレー)【米】

ルネ・トム カタストロフィ理論へ

ルネ・トム,カタストロフィ理論展開【仏】

P・W・アンダーソン「違いはもっと大きい―破れた対称性と科学の階層構造の本性」【米】

リーら,3Heの超流動を研究【米】

B **ボイヤー**

ボイヤー,制限酵素の発見と構造解明(遺伝子工学開始)【米】

シンガーとニコルソン,生体膜・ミトコンドリアの流体モザイクモデル提唱【米】

ウッドワード,ビタミンB12の全合成【米】

ムーラン,進化のウィルス感染形質導入説【仏】

偶然の本質 アーサー・ケストラー

A・ケストラー『サンバガエルの謎』『偶然の本質』【英】

C **ドゥルーズ=ガタリ アンチ・オイディプス**

ドゥルーズ=ガタリ『アンチ・オイディプス』【仏】

R・バスチード『夢・トランス・狂気』【仏】

J・ロビンソン『ヴィジュアル・イリュージョンの心理』【米】

福島章『正気と狂気の間』【日】

チョムスキー「生成文法の意味論序説」【米】

H・ドレイファス『コンピュータに何ができないか』【米】

AI批判

クリプキ 名指しと必然性

クリプキ『名指しと必然性』【米】

デリダ『散種』【仏】

西郷信綱『古代人と夢』,笠原伸夫『虚構と情念』,三隅治雄『日本民俗芸能概論』,水野祐『風土記世界と鉄王神話』【日】

D

N・ルーマン『法社会学』【米】

M・サーリンズ『石器時代の経済学』,F・ジェイムソン『言語の牢獄』【米】

G・ゴドリエ『人類学の地平と針路』【仏】

S・モスコヴィッシ『自然と社会のエコロジー』【仏】

ジョレ・オニール『言語・身体・社会』

作田啓一『価値の社会学』【日】

K・ポパー『客観的知識』【墺】

ルネ・ジラール 暴力と聖なるもの

ルネ・ジラール『暴力と聖なるもの』【仏】

廣松渉『世界の共同主観的存在構造』【日】

L・トリリング『誠実とほんもの』【英】

S・フィッシュ『自ら啖う虚構』【米】

W・イーザー『取りこまれた読者』【独】

石牟礼道子

石牟礼道子『苦海浄土』【日】

武田京子「主婦こそ解放された人間像」(第3次主婦論争)【日】

田中美津『いのちの女たちへ』【日】

E **ベイトソン 精神の生態学**

G・ベイトソン『精神の生態学』【米】

R・オーンスタイン『意識の心理―知性と主観の統合』

F・イエイツ『薔薇十字の覚醒』【英】,種村季弘『薔薇十字の魔法』【日】,W・シューメイカー『ルネサンスのオカルト学』【米】

長沙(馬王堆)漢墓発掘調査【中】

高松塚 古代史ブームはじまる

高松塚古墳に世界最大規模の星座模写図【日】

自己と演出

A **スーパーリアリズム**

[概念・芸術展]【瑞】,ドクメンタ5[リアリズムとは何か]【独】,[シャープ・フォーカス・リアリズム展]【NY】

R・エステス画[パリの街頭シーン],チャック・クロース画[ナット]【米】

エロ メイド・イン・ジャパン

エロ画[メイド・イン・ジャパン]【米】

アリス・エイコック作[迷路]【米】

クリスト[バレー・カーテン][ランニング・フェンス(~76)]【米】

ユベール・ダミッシュ『雲の論理』【仏】,E・H・ゴンブリッジ『象徴的イメージ』【英】

マリオ・プラーツ『蛇との契約』【伊】

J・バージャー[イメージ]【英】

B

彦坂尚嘉[デリヴァリー・イヴェント+フロア・イヴェント],佐藤忠良作[帽子・夏]【日】

具体美術協会解散,上野の森美術館開館【日】

C

スターンバーグ『キッチュ』【英】

J・ルノディ設計[イヴリー=シュリ=セーヌの複合建築]【仏】

J・ウッツォン設計[シドニーオペラハウス]【丁】

コールハース,ゼンゲリス設計[係留球体の都市計画]発表【蘭】,フライ・オットー設計[ミュンヘン・オリンピックスタジアムの屋根]【独】

ハンス・ホライン設計[メンヘングラトバッハ市立美術館(~82)]【墺】,ポール・ルドルフ設計[ステート・サーヴィス・センター]【米】

ヴェンチューリ『ラスベガスから学ぶこと』【米】

毛綱毅曠設計[反住器]【日】

ジョン・マッカーサー博士d[オープン・ユニバーシティ顕微鏡]【英】

倉俣史郎・石岡瑛子

倉俣史郎d[照明Kシリーズ]【日】

辻村ジュサブロー **タルコフスキー**

辻村ジュサブローd[新八犬伝]【日】

石岡瑛子d,山口はるみi[パルコ]のポスター【日】

A・ケルテスp[写真1912-1972]【仏】

横須賀功光

横須賀功光p[射]【日】

内藤正敏p[ババア爆発]【日】

D

中谷芙美子,小林はくどう,森岡完介,山口勝弘のコミュニケーション・アート[ユートピアQ&A]【日】

ヴィスコンティ監[ルードヴィヒ]【伊】

コッポラ監[ゴッドファーザー]【米】,タルコフスキー監[惑星ソラリス]【ソ】

J・ウォーターズ監[ピンク・フラミンゴ],ロイド・クロス,インテグラル・ホログラム発明【米】

ボブ・ミラー,ホログラム[宝石をもつ手]【NY】

E

ルイジ・ノーノ曲[力と光と波のように]【伊】,フレデリック・ジェフスキー曲[カミング・トゥゲザー]【米】

林光,一柳慧,松平頼暁,高橋悠治,武満徹「トランソニック」結成【日】

湯浅譲二作曲[クロノプラスティック],三善晃作曲[レクイエム]【日】

劇的なるものをめぐって

鈴木忠志演[劇的なるものをめぐってII]【日】

麿赤児・笠井叡

麿赤児,大駱駝艦旗揚げ【日】

笠井叡『天使論』【日】

土方巽[燔犠大踏鑑―四季のための二十七晩]【日】

ジョン・ジョナス[遅延,遅延]【米】

ロバート・ウィルソン演[ジョセフ・スターリンの生涯と時代]【米】

ニューウェイブ

A

S・ヒース『ヌーヴォー・ロマン』【英】

トゥルニエ『魔王』【仏】

カルヴィーノ『見えない都市』【伊】

ノーマン・スピンラッド『鉄の夢』,ロス『乳房になった男』,ギンズバーグ『アメリカの没落』,ジョン・ガードナー『太陽との対話』,D・ジェロルド『H・A・L・I・E』,バース『キマイラ』【米】

K・ウォーカー『夢のストラドブローク島』【豪】

フリオ・コルタサル『マヌエルの書』【アルゼンチン→P】,トーマ・オーエン『牡豚』【白】,ウォール・ジョイカ『死んだ男』【ナイジェリア】

金芝河逮捕

『蜚語』の詩人金芝河,韓国中央情報部に逮捕される【韓】

B **辻邦生・有吉佐和子**

筒井康隆『俗物図鑑』,素九鬼子『旅の重さ』,辻邦生『背教者ユリアヌス』,有吉佐和子『恍惚の人』,野上彌生子『森』【日】

柄谷行人『畏怖する人間』【日】

嵐山光三郎『チューサン階級の冒険』【日】

川端康成,ガス自殺【日】

C **ミズとぴあ**

女性運動誌「Ms」創刊,「ライフ」廃刊【米】

情報誌「ぴあ」創刊【日】

世界初の『世界盲人百科』,『部落解放年鑑』刊行【日】

HBO,有料テレビの提供開始,CATV急増【米】,英国図書館機構創設(全国サービスネットワーク実現)【英】

グアム島で元日本兵・横井庄一発見【日】

ニューファミリー論

ロス・V・スペック『ニュー・ファミリー(共同体・政治・ドラッグ)』【米】

椎野炊治『ニューファミリー市場作戦』【日】

エコロジー雑誌「ラ・グル・ウヴェルト」「ル・ソヴァージュ」創刊【仏】

D

国連人間環境会議開催【蘭】

草の根的消費者運動が各地に発生【日】

中ピ連が活躍【日】

1920年代ファッションが流行【P】

中ピ連・山本耀司

山本耀司,「Y's」設立【日】

リチャード・バック『かもめのジョナサン』【米】

TV「猿の惑星」【米】,TV「必殺仕掛人」「太陽にほえろ」【日】がヒット

テレショップ番組「リビング11」放送【日】

池田理代子 萩尾望都

池田理代子『ベルサイユのばら』,萩尾望都『ポーの一族』【日】

手塚治虫『ブッダ』連載開始

E **ボウイとマーリー**

シンプルなテニスのコンピュータゲーム「ポン」ヒット(アタリ社)【米】

シビック・スカG

FF車「シビック」(ホンダ),「スカイラインGT」(日産)発売【日】

ライザ・ミネリ主演[キャバレー]【米】

「ロッキング・オン」創刊【日】

デビッド・ボウイ[ジギー・スターダスト]【英】,ボブ・マーリー[キャッチ・ア・ファイアー](レゲエの確立)【ジャマイカ】,スティーヴィー・ワンダー[迷信]【米】

アース・ウィンド&ファイアー[ヘッド・トゥ・ザ・スカイ]【米】

ノイ[ノイ!]【西独】

あがた森魚[赤色エレジー],荒井由実[返事はいらない],ちあきなおみ[喝采]【日】

人工知能では、知覚における部分と全体との間に私たちが見ている相互作用を取りあつかえない。
ドレフュス

アメリカの後退とオイル・ショック。
日本経済がこのときを待って拍車をかける。

ウィルソンの「オカルト」からワトソンの「スーパーネイチャー」へ。
少女モモと少女キャリーが未来幻想に浮遊する。

1973
昭和48

上海一〇〇〇万人

バハマ
ギニアビサウ独立

アメリカの疲労

ベトナム戦争終結

1 09 ローデシア,ザンビアとの国境閉鎖
27 米・北ベトナム・サイゴン政府・南ベトナム臨時革命政府,ベトナム和平協定に調印
2 09 仏と東独,国交樹立
13 上海の人口1082万人(世界最大の都市に)【中】
21 ビエンチャン政府とパテト・ラオが和平協定に調印【ラオス】
3 01 パレスチナ・ゲリラ「黒い9月」,スーダンのサウジアラビア大使館占拠
10 スペインと中国,国交樹立
17 非常事態宣言【カンボジア】

4 06 西側で初の北朝鮮承認【典】
10 イスラエル軍,ベイルートのアラブ・ゲリラ本部奇襲【レバノン】

鄧小平復活 副首相就任

12 鄧小平,副首相として復活【中】
16 ラオス爆撃を再開【米】
23 「赤いクメール」,プノンペンを包囲【カンボジア】
5 02 パレスチナ・ゲリラとレバノン政府軍が市街戦(ベイルート)
15 日本とドイツ民主共和国,国交樹立
25 駆逐艦で反乱発生【希】
6 01 王制廃止(大統領制共和国へ)【希】
07 ブラント,初めてイスラエルを訪問【西独】
16 ニクソン・ブレジネフ首脳会談【米ソ】
23 朴大統領,国連への南北同時加盟を提唱(金日成主席,単一国号の連邦制主張)【韓北鮮】

7 06 独立後1年半に約5000人をテロで殺害と発表【バングラデシュ】
17 クーデター(王政から共和制に)【アフガン】
20 パレスチナ・ゲリラ,日航機ハイジャック【日】

批林批孔運動へ

8 02 「人民日報」が孔子批判【中】

金大中事件

08 金大中事件発生【韓】
15 カンボジア爆撃を停止【米】
22 キッシンジャー,国務長官に就任【米】
28 印パ協定,ニューデリーで調印
9 03 バングラデシュ,非同盟諸国会議に加盟
05 「アルジェ憲章」第4回非同盟諸国首脳会議
11 クーデターでアジェンデ政権打倒(軍事評議会を結成)【チリ】
23 ペロン,政権復帰【アルゼンチン】
24 ギニア・ビサウ共和国が独立

サンチャゴの雨 アジェンデから軍部独裁へ

10 02 ソウル大学生,学内で座りこみ(以後反政府運動拡大)【韓】
06 第4次中東戦争勃発(エジプト・シリアとイスラエルが交戦)
08 共産党,キリスト教民主党と連立提唱【伊】
14 ラテン・アメリカ18カ国外相会議開催
14 学生暴動でタノム軍事政権打倒【タイ】
25 中東停戦監視の軍隊派遣【ソ】
11 08 東南アジア条約機構から脱退【パキスタン】
25 軍部がクーデター(キジリス,大統領に)【希】
12 11 チェコと西ドイツ国交樹立
17 パレスチナゲリラ,ローマ国際空港に米航空機爆破【伊】
20 ブランコ首相,テロで爆死【西】
◉ この年,西サハラ紛争(モロッコ政権とポリサリオ解放戦線の紛争)

中東戦争④

エネルギー危機

CTスキャナー

A

スカイラブ1号

宇宙ステーション「スカイラブ1号」(宇宙滞在期間3カ月)【米】
シートピア計画実施(水深60m居住実験)【日】
松下電器,異方性Mn-Al-C磁石開発【日】
ハンスフィールド【英】,コーマック【米】,CTスキャナー開発

B
ニューウェル,サイモン,AI「プロダクション・システム」開発【米】
超_SI技術発表(IBM)【米】
アラン・ケイ(パロアルト研究所),「アルト」開発【米】
マイクロプロセッサ「8080」発売【日】
n-MosでマイコンLSI製品化(日電)【日】
デニス・リッチー,UNIXをC言語で書くOS完成(ベル研)【米】
静電容量式ビデオディスク発表(RCA)【米】
Ted-NTSC方式ビデオディスク開発開始(三洋電機)【日】

C
パケット交換網サービス許可申請(パケット・コミュニケーションズ)【米】
VAN事業認可,プライバシー法制定(パブリック・アクセスの原理)【米】
ディジタル専用回線サービス提供開始(テレコム・カナダ)【加】
TV多重放送開始(BBC)【英】

電話FAX(日)
第2次オンライン(日)

電話FAX全国サービス開始(電電公社)
全国銀行データ通信システム完成(第2次オンライン),国際ダイヤル通話サービス開始【日】
JOISによる科学技術文献情報サービス開始(JICSTオンラインシステム)【日】
国産ジェットエンジン試運転成功(航空技術研究所)【日】

D

英、EC加盟

英,丁,愛,ECに加盟
米多国籍企業通貨投機,20世紀最大のドル売り,国際通貨危機再燃 EC6国の変動相場制移行【欧】
欧州通貨危機再燃(記録的なドル売り)【欧】
オイル・ショック(OPEC,原油公示価格21%引き上げ,対米原油輸出全面禁止)
原油価格30%引き上げ(エクソン,シェル)
ニクソン大統領,エネルギー独立計画 大豆禁輸(農産物戦略)【米】
馬山輸出加工区完成【韓】
大項目建設計画開始(~'77,7件がインフラ建設)【台湾】
コンピュータ産業の資本・貿易・技術自由化へ(国際競争突入)【日】
公害認定病患者1万人こえる,水俣病裁判に患者側勝訴【日】

オイル・ショック①

E
国連『多国籍企業報告書発表』(多国籍企業が国家,外交の支配者に浮上)
オクシデンタル石油,キビシェフ化学コンビナート建設調印(米ソ貿易史上最大のバーター)【米ソ】
GM,車体小型化プロジェクト開始【米】
浦項製鉄所操業開始(世界第2位)【韓】
金宇中,東洋投資金融設立(金融の魔術師と称される)【韓】
三菱重工本社爆破事件【日】

日経産業新聞

「日経産業新聞」創刊【日】

1973

均衡の破れ

A

J・シュレンティら星雲星団目録作成【米】
I・ストロング,宇宙ガンマ線バースト確認【米】
初の宇宙実験室「スカイラブ1号〜2号」打上げ(クモが無重力で巣をつくる)【米】
R・メイ,離散時間系でのカオス発見
C・セーガン『宇宙との連帯』【米】
ロイヤル・ソサエティで科学情報会議開催【英】
スコフェニエル『アンチ・チャンス』【白】

B

コーエン 遺伝子組換え技術
文明化した人間の八つの大罪
S・コーエン,遺伝子組換え技術確立【米】
マイスター,γ-グルタミン酸サイクルを提唱【米】
A・エッツィオーニ『人間生物学の衝撃』
K・ローレンツ『文明化した人間の8つの大罪』【墺】

C

ナイサー『認知の構図』,H・ジェリスン『脳と知性の変化』【米】
木村敏 人と人との間 異常の構造
木村敏『異常の構造』【日】
ザィデルフェルト『シンボリック・インタサクショニズムの理論』【蘭】
アンダーソン,記憶モデル(HAM)を情報処理モデルとして提唱【米】
H・パトナム『哲学とわれわれの精神生活』【米】
ギアツ『文化の解釈学』【米】
伊藤清司『かぐや姫の誕生』,末広保『辺界の悪所』,岩田慶治『草木虫魚の人類学』【日】
ホワイティング夫妻『六つの文化の子供たち-心理・文化的分析』
E・ル・ロワ・ラデュリ『新しい歴史-歴史人類学への道』【仏】

D

シュマッハー『人間復興の経済』【独】
スモール・イズ・ビューティフル
S・アミン『不均等発展』,A・セン『不平等の経済理論』,R・ウィルキンソン『経済発展の生態学』,A・ゴルツ『分業の批判』【仏】
D・ブーアスティン『アメリカ人』(「消費社会」造語)【米】
ティモシー・クラーク『民衆のイメージ』『絶対的ブルジョワ』【英】
青木昌彦編著『ラディカル・エコノミックス』【日】
富永健一『産業社会の動態』【日】
脱工業社会論
メタヒストリー
H・ホワイト『メタヒストリー』【米】
トゥーレーヌ『社会学へのイマージュ』,ストゥルゼ『組織と反組織』【仏】
D・ベル『脱工業化社会』【米】
永井陽之助
永井陽之助『多極世界の構造』【日】
R・バルト『テクストの快楽』【仏】
モラン システムの思想 失われた範例
E・モラン『失われた範例』【仏】
エヴァンズ『魔術の帝国』【英】
K・O・アーペル『哲学の変換』【独】
H・ブルーム『影響の不安』【米】
M・M・シオラン『生誕の災厄』【ルーマニア】
ウィーナー編『観念史事典』全4巻完結【米】
J・スタロンバンスキー『1789』【仏】

E

M・カーリンス&L・アンドリューズ『バイオフィードバック』,S・オスランダー&L・シュローダー『ソ連邦の四次元科学』【英】
スーパーネイチャー
L・ワトソン『スーパーネイチャー』,A・ウェイル『ナチュラル・マインド』【英】
M・ルルカー『聖書象徴事典』【独】
加茂儀一『家畜文化史』【日】

自己と演出

A

[芸術と写真展](ボイス,クーネリスら出品)【独】
ミケランジェロ・ブルース・ノーマン展【NY】
ピストレット画[緑の手袋をした女]【伊】
メル・ボックナー[無関心の原理]【米】
ハンソンの人形 フロリダの買物客
ドゥエイン・ハンソン作[フロリダの買物客]【米】

B

李禹煥画[線より]【日】,横尾忠則展【NY】
中川一政画[駒ヶ岳],北沢映月画[想],八木一夫作[アリサの人形]【日】
海野弘『装飾空間論』【日】

C

C・ムーア 包摂的な第3世代
ソットサス設計[建築の未来(リトグラフ)]【伊】,マリオ・ボッタ設計[ルガーノの家]【瑞】,チャールズ・ムーア,ウィリアム・ターンブル設計[カリフォルニア大学クレスギ・カレッジ],ジョン・ポートマン設計[ハイアット リージェンシー・ホテル・サンフランシスコ店],リチャード・マイヤー設計[ダグラス邸]【米】
ジェームズ・ワインズ[インターメディエイト・スクール25のコートヤード計画]【NY】
アルド・ロッシ『合理的建築』,マンフレート・タフーリ『建築神話の崩壊』【伊】
グローバル・ツール
ソットサス,メンディーニ,カウンタースクール,グローバルツールを始める【伊】
リー・フリードランダー
田中一光d[静かな家](土方巽舞踏ポスター),四谷シモン人形d[未来と過去のイブ]【日】
水俣 ユージン・スミス撮影
ユージン・スミスp[水俣]【日】
リー・フリードランダーのスライド・ショー[ギャザリング]MOMA【米】
ドゥエイン・マイケルスp[存在は虚構である],ラルフ・ギブソンp[デジャ=ヴュ],ニール・スレーヴィンp『オーガニゼーション』【米】
沢渡朔p[少女アリス]【日】

D

エリセ ミツバチのささやき
リリアーナ・カヴァーニ監[愛の嵐]【伊米】,ビクトル・エリセ監[ミツバチのささやき]【西】,シャッツバーグ監[スケアクロウ],ボグダノビッチ監[ペーパームーン]【米】
藤田敏八監[赤い鳥逃げた?],土本典昭監[水俣一揆]【日】
ダン・グレアム,観客参加型ビデオ作品[2つの意識の投影]
松本俊夫v[モナリザ],ビデオひろばグループv[コミュニティ・コミュニケーション]【日】
アイバン・ドライヤー,「レーザリウム」発明【米】
C・クスリら,リアルタイム・コンピュータ・アニメーションの開発【米】
第1回国際コンピュータ・アート展【東京】

E

ゴードン・ママ
デクスター オペラ演出
ハンス・ヴェルナー・ヘンツェ曲[声]【独】,ゴードン・ママ曲[サイバーソニック・カンティレバー],コーニリアス・カーデュー[三つのブルジョアの歌]【米】
小沢征爾,ボストン響の常任指揮者に【日】
高橋悠治曲[たまをぎ],高橋アキ「高橋アキの世界」【日】
ジョン・デクスター演[ルダンの悪魔](現代オペラ),『エクウス』【英】
ヤニス・クリネス[テーブル]【伊】
田中泯裸体ソロ「subject」【日】

新幻想派

A

オールディス『解放されたフランケンシュタイン』【英】
シモン『三枚つづきの絵』,デュペール『幻想の風景』【仏】,M・エンデ『モモ』【西独】,ウルリヒ・プレンツドルフ『若きWの新しい悩み』【東独】
フィリップ・ロス
モモとキャリー
F・ロス『素晴らしいアメリカ野球』【米】
ピンチョン『重力の虹』,ジャージー・コジンスキー『悪魔の水』,ハインライン『愛に時間を』,S・キング『キャリー』,S・シェルドン『真夜中の向こう側』,カポーティ『犬は吠える』,E・ジョング『飛ぶのが怖い』【米】
サム・モスコウィッツ,『ウィアード・テイルズ』復刊【米】
マヌエル・プイグ『ブエノスアイレス事件』【アルゼンチン】
ソルジェニツィン『収容所列島』(パリで出版)【ソ】
クンデラ『生は彼方に』【チェコ】
郭先紅『征途』【中】

B

月山・産霊山秘録
安部公房『箱男』,中上健次『十九歳の地図』,中井英夫『悪魔の骨牌』,森敦『月山』【日】
石川桂郎『俳人風狂列伝』,梅原猛『水底の歌』,由良君美『椿説泰西浪漫派文学談義』【日】
梅原猛 水底の歌
半村良『産霊山秘録』,堤玲子『わが闘争』【日】

C

現代思想・宝島
『現代思想』創刊,植草甚一編集『ワンダーランド』(後の宝島)創刊【日】
新聞印刷・発送自動化システムを完成【日】
中国における出版活動が活況をみせる【中】
万国著作権条約に加盟,海賊出版廃止【ソ】
ヴェラスの老人大学
ピエール・ヴェラス,トゥールーズで第3年齢期(老人)大学設立【仏】
サイコトロニクス国際会議【プラハ】
老人医療費無料化,シルバーシート【日】
コインロッカー・ベイビーが社会問題に【日】

D

世界的に省エネ運動おこる
アメリカ・インディアン運動(ウンデッドニーの町を占拠)【米】
パリクチュール組合改組(オートクチュールの独占的支配の終焉)【仏】
エスニックルック出現【P】,グラムファッションが流行【英】
『ニュー・ジャーナリズム』出版【米】
渋谷PARCO
あしたのジョー
渋谷にパルコオープン【日】
マラベル・モーガン『トータル・ウーマン』【米】
ちばてつや「あしたのジョー」【日】

E

マイク・ニコルズ監[イルカの日],ブルース・リー主演[燃えよドラゴン]【米】,J・ルーカス監[アメリカン・グラフィティ],フリードキン監[エクソシスト]【米】
燃えよドラゴン 仁義なき戦い
菅原文太主演[仁義なき戦い]【日】
ピンク・フロイド[狂気]【英】,ルー・リード[ベルリン]【米】
山下洋輔,ジョージ大塚,ジョージ川口ら「ジャズ・アット・ザ・日劇」【日】
巨人V9 長嶋・王・柴田 高田・森・堀内
巨人軍,V9達成【日】

BC 6000以前
BC 6000
BC 2200
BC 1200
BC 600
BC 300
0
300
600
800
1000
1200
1300
1400
1500
1600
1650
1700
1760
1810
1840
1860
1880
1890
1900
1910
1920
1930
1940
1950
1960
1970
1980

コンピュータはコミュニケーション・アンプリファイアーである。
アラン・ケイ

ウォーターゲート事件と田中金脈事件、事態を切り拓く情報ルポルタージュの旗手たち。

電脳都市にはパイクの「TVガーデン」を、物象化された社会には理性の弁証法を。

1974
昭和49

アメリカの疲労

グレナダ独立

1 05 ビルマ連邦社会主義共和国に改称【ビルマ】
07 田中首相,東南アジア歴訪(反日デモ)【日】
31 日本赤軍とPFLPゲリラ,シンガポールのシェル石油タンクを爆破
2 07 英領グレナダ,210年の英支配から独立
22 パキスタン,バングラデシュ承認

ラホール宣言 第三世界の保全・連帯

24 ラホール宣言(第三世界の天然資源の恒久主権と連帯)を採択【パキスタン】
3 02 軍政から民政移行(ネ・ウィン議長,大統領に就任)【ビルマ】
24 アミン排除のクーデター失敗【ウガンダ】
26 自主管理の徹底化(新憲法)【ユーゴ】

ポルトガル無血クーデター

4 02 プーマ首班の民族連合政府樹立【ラオス】
25 ブラント首相の私設秘書ギヨーム,東独のスパイとして逮捕【西独】
25 軍部の無血クーデター【葡】

パテト・ラオ解放政府

パテト・ラオ,臨時民族和解政府樹立【ラオス】
5 02 社会的所有法制定【ペルー】
06 南アの原子力エネルギー局と協定【西独】
15 パレスチナゲリラ,イスラエルのマーロット村襲撃

インド核実験

18 初の地下核実験に成功【印】
20 ポンピドー急死,ジスカールデスタン大統領就任【仏】
6 21 クアラルンプールでイスラム諸国外相会議
27 イランと40億ドルの産業経済援助協定【仏】

ニクソンと田中の退陣

7 11 ソマリアと友好協力条約【ソ】
15 キプロスでギリシア系軍部がクーデター(20トルコ軍,キプロス紛争に介入)
23 軍事政権崩壊【希】
8 08 ニクソン辞任(フォード後任)【米】
15 文世光事件,朴正熙大統領狙撃【韓】
15 中国と国交樹立【ブラジル】
9 04 東ドイツと国交樹立【米】
07 「ワシントン・ポスト」,アジェンデ転覆でのCIA工作報道【米】
07 モザンビークとポルトガルの停戦協定
12 スピノラ辞任(ゴメス新大統領)【葡】

ローマクラブ 転換点に立つ人類

10 12 エチオピア皇帝ハイエ・セラシエ廃位,軍事政権樹立【エチオピア】

PLO国連代表に

14 国連,PLOをパレスチナ人民代表と承認
26 アラブ20カ国首脳会議の開催
30 国連安保理事会で南アの国連追放決議を米・仏・英が拒否
サンヤ暫定政権,民主憲法制定【タイ】
市債販売行き詰まり,財政危機へ【NY】
11 23 フォード・ブレジネフ,SALTⅡで合意
26 金脈追放で田中首相,退陣決意を表明
12 06 ブレジネフ・ジスカールデスタン会談(経済協力5カ年協定)
08 国民投票で王政廃止(共和国へ)【希】

三木武夫内閣

09 三木武夫内閣成立【日】
19 N・ロックフェラー,副大統領に【米】
20 軍事政権の社会主義宣言【エチオピア】
ピノチェト議長,大統領に就任(軍事政権発足,国会閉鎖)【チリ】
この年,西沙群島紛争【南ベトナム・中】

半導体と電脳

A 「マリナー10号」の水星クレーター観測【米】,X線星観測衛星「エーリアル5号」【英】
スター1号打上げ【米】
気団変質観測計画AMTEX(〜1980)開始
中間子工場作動開始(LAMRS【米】,SIN【瑞】,TRIUMF【加】)
原子力船むつ,放射線もれ事故【日】
新型多弾頭ミサイルMIRV実験【ソ】
レーザー光吸収スペクトル変化現象発見【ソ】

西沢潤一 半導体とトランジスタ研究

西沢潤一『半導体及びトランジスタに関する研究』【日】

GaAsIC ガリウム砒素IC開発

GaAsディジタルIC開発(ヒューレッド・パッカード)【米】

ギルドール

B FS計画(超LSIの超微子加工技術開発)公表【米】
IEM370のOS「VS2」(3700キロステップ)発表(IBM)【米】

嶋正利 マイクロプロセッサ

嶋正利,8ビットマイクロプロセッサ「8080」開発(インテル)【米】
ゲアリー・ギルドール,マイコン用OS「CP/M」開発【米】
システム・ネットワーク・アーキテクチャー(SNA)開発(IBM)【米】
6社のコンピュータ開発,「ACOS77」(日電・東芝),「COS-MOS」(三菱・沖),「M-190」(富士通・日立)完了【日】
R・E・ロジャース,NTSC規準走査方式のCCD団体撮像白黒カメラ開発,光透過式ビデオディスク(トムソンCFS,ゼニス社)【米】
インフォメーションバンク開始(ニューヨーク・タイムズ)【米】

C 初の静止気象衛星「SMSI」【米】

ホームテレホン ビジネスホン制度化

プッシュ式ホームテレホン・ビジネスホン制度化,販売開始【日】
気象庁,地域観測データ通信システム完成【日】
ターボジェット式高速列車アエロトラン,世界最高スピード425km達成【仏】
シャルル・ドゴール空港開港【仏】

アメリカ半世紀ぶり金解禁

D ローマクラブ『転換点に立つ人類』
民間の金保有自由化(金解禁,41年ぶり)【米】
ヘルシュタット銀行倒産によるユーロ市場麻痺事件【西独】
OPEC,対米石油禁輸解除
プライバシー法案可決【米】
日本の販売会社接収【ザイール】
長期自動車工業振興計画発表【韓】
サンシャイン計画開始(太陽,地熱,石炭ガス化のエネルギー開発)【日】
IC完全自由化【日】
株式データベース「QUICK」サービス(市況情報センター)【日】
NIRA設立【日】
日ソのクジラ乱獲批判【米】

E バーネット,ミュラー『地球企業の脅威』【米】
AT&T分割,WE,ベル研,長距離回線部門,電話会社分離(通信独占体制終焉)【米】
GM,フォード,小型車在庫増にレイオフ【米】
松下電器,米モトローラ社のテレビ事業部クェーザー買収【日】

企業爆破 三井物産 三菱商事

企業爆破(三井物産,三菱商事)【日】
石油元売各社,ヤミカルテルで公正取引委員会に告発【日】
デジタル・リサーチ設立【米】
足尾銅山鉱毒事件,100年目の調停【日】

1974

均衡の破れ

A

J・テイラーら二重星パルサーを発見【米】
80億光年の彼方の3C123の発見
バレット『衛星から見た気候学』【英】

プサイ粒子発見

リヒター,新基本粒子(プサイψ粒子)を発見
ガポノフら,サイクロトロン共鳴メーザを研究【ソ】

B

オマレイー,核DNAとステロイド-レセプター複合体の相互作用を解明【米】
シェックマン,大腸菌小型DNAファージ複製系の成分解明【米】

副腎皮質ホルモン

トムキンスら,副腎皮質ホルモンの役割を同定【米】

ルイス・トマス

ルイス・トマス『細胞の生命』
—&オージェル『生命の起源』【米】
J・Z・ヤング『脳と世界』【米】
J・ブルック&A・リチャードソン『進化の危機』【米】
P・スティーブンス『自然のパターン』【米】

C

S・クロセッティ『偏見・スティグマ・精神病』【米】
E・ミッチェル『精神開発』【米】
モラン&パルマリーニ『基礎人間学』【仏】
M・コール&S・スクリブナー『文化と思考—認知心理学的考察』【米】
デル・ハイムズ『社会言語学の基礎』【米】
ミャウミャン『適用文法入門』【露】
モンタギュー『形式論理と言語哲学』,ゴフマン『フレーム分析』【米】
G・リーチ『セマンティクス』【米】
J・クリステヴァ『詩的言語の革命』【仏】
ド・フリース『イメージ・シンボル事典』【蘭】,J・キャンベル『神話的イメージ』【米】

リビドー経済学

D

J・ヒックス『ケインズ経済学の危機』【英】
J・リオタール『リビドー経済』【仏】
アタリ&ギョーム『アンチ・エコノミクス』【仏】
ウォーラースティン『近代世界システム』【米】

経営組織 ローシュ 野中郁次郎

ローシュ&モース『組織・環境・個人』【米】
野中郁次郎『組織と市場』【日】
P・エケ『社会的交換理論』【ナイジェリア】
ハーバマス『イデオロギーとしての技術と科学』【独】,P・クラストル『国家に抗する社会』【仏】,V・ターナー『劇場・場・メタファー』【米】
R・ノージック『アナーキー・国家・ユートピア』
E・レヴィナス『存在するとは別の仕方で,あるいは存在の彼方に』【仏】

理性の弁証法

ホルクハイマー&アドルノ『理性の弁証法』【仏】
ピーター・ゲイ『歴史の文体』【米】
M・ギズリン『自然の経済と性の進化』【米】

廣松渉 共同主観的世界像 マルクス主義の地平

廣松渉『マルクス主義の成立過程』【日】
阿部謹也『ハーメルンの笛吹き男』【日】

E

D・ディクソン『オルタナーティブ・テクノロジー』【米】
J・ノーンバーグ『文学と聖書』【米】
ラジニーシ『マイ・ウェイ』【印】
C・カスタネダ『未知の次元』【米】
鈴木満男『マレビトの構造』,高取正男『神道の成立』,内藤正敏『ミイラ信仰の研究』【日】
秦始皇帝兵馬俑坑発見【中】

自己と演出

A

ヨーゼフ・ボイス[コヨーテ]【独】
シュポール/シュルファス派のヴィアラ,トゥズースらによる[枠のない絵画]展【仏】
アント・ファーム[キャディラック・ランチ]【米】
エド・パシュキ画[ミニー]【米】
デ・アンドレア作[そばかすのある女]
R・ロング[アイルランドでの線]【英】,T・シャノン[世界のコーナー]【米】,[トランスフォーマー展](ルッツェルン美術館)【独】
クリッサのネオンアート[FRAGMENT EW WITH NEON]【希】
E・フィシェール,F・フォレスト,J・P・テノ「社会学的芸術,第一宣言」【仏】
マイケル・バクサンダール『15世紀イタリアの絵画と経験』【米】
石子順造『キッチュの聖と俗』【日】

B

11回日本国際美術展[複製,映像時代のリアリズム]【日】

高松次郎・伊藤隆道

高松次郎画[赤ん坊の影No.387],木村秀樹[えんぴつ],森田曠平画[出雲阿国],横尾忠則画[千年王国への旅],三尾公三画[男と女のスペース]【日】
伊藤隆道作[廻る曲線のリング]【日】

C

パオロ・ポルトゲージ,ヴィットリオ・ジオッティ設計[サレルノ聖家族教会],ブルーノ・ライヒリン,ラインハルト設計[カーサ・トニーニ]【伊】,SOM設計[シアーズ・タワー]【米】
エミリオ・アンバース設計[アンデスのコミニティ・センター]【アルゼンチン】
渡辺豊和設計[11/2 吉岡邸]【日】
カウンタースクール,グローバルツール[現代生活とデザイン展]【伊】
M・ザヌーソd[ポリバレンテ遠心型ファン],サンジョルジュ社d[洗濯機テム164]【伊】

浅葉克己 デザイン新世代

浅葉克己d[キューピーマヨネーズ]ポスター【日】
山岸章二ディレクト[ニュー・ジャパニーズ・フォトグラフィー展]MOMA【NY】
高梨豊p[都市へ],吉田ルイ子p『ハーレム』【日】

ゴッドファーザーII

D

ケン・ラッセル

ケン・ラッセル監[マーラー]【英】,
ヴェンダース監[まわり道]【独】
フェリーニ監[アマルコルド],ヴィスコンティ監[家族の肖像]【伊】
コッポラ監[ゴッドファーザーPARTII][カンバセーション]【米】
ピーター・ディビス監[ハーツ&マインズ]【米】
黒木和雄監[竜馬暗殺],寺山修司監[田園に死す],エキプ・ド・シネマ(高野悦子・岩波ホール)開始【日】
ビデオ・アート初の国際会議[オープン・サーキット]MOMA【NY】
ナム・ジュン・パイク[TVガーデン]【米】
山口勝弘[ラス・メニーナス]【日】
シーグラフはじまる【米】

E

P・グラス曲[ミュージック・イン・トウェルブ・パーツ],タイテルバウム曲[太極アルファ・ターラ]【米】,ブーレーズ指揮,シェロー演[ニーベルングの指環]【環】
高橋悠治『ことばをもって音をたちきれ』【日】
ナイス・スタイルによる初のポーズ・バンド[バロック宮殿のはるか上方]【L】
チャーリー・フッカー[オートマティック・パーカッション・ウォーク]【米】,ハンナ・ウィルケ[Super-t-ant]【西独】
芸能山城組結成,劇団青い鳥結成【日】

新幻想派

A

ロベール・メルル『種馬にされた男たち』【仏】
H・ベル『カタリーナの失われた名誉』【西独】
カルロ・カッソーラ『ジゼーラ』【伊】

G・スナイダー 巨亀伝説の島

ジョン・ハーシー『より多くのスペースをねがって』,ロジャー・L・サイモン『ワイルドターキー』,ジョー・ホールドマン『終りなき戦い』,ニーヴン&パーネル『神の目の小さな塵』,ゲーリー・スナイダー『巨亀伝説の島』【米】
ホセ・レプエルタス『夢の中味』【墨】
コルタサル『八面体』【アルゼンチン】,カルペンティエール『バロック協奏曲』【キューバ】,ブラニミル・シュチンパノビッチ『土に還える』【ユーゴ】

B

武田泰淳『目まいのする散歩』【日】
河野典生『街の博物誌』,三木卓『震える舌』,田中光二『幻覚の地平線』【日】
澁澤龍彦『胡桃の中の世界』,種村季弘『怪物の解剖学』,川崎寿彦『マーヴェルの庭』【日】
渋沢孝輔『われアルカディアにもあり』,鈴木志郎康『やわらかい闇の夢』,大野林火『飛火集』大野晋,佐竹昭広他『日本古語辞典』【日】

C

「野生時代」,「GORO」創刊【日】
連邦内務省・情報ドキュメンテーション計画プログラムを発表(~77)【西独】
プライバシーに関する国内評議委員会設置【米】

NC9 日本にもニュースキャスター

ニュースキャスター登場(「ニュースセンター9時」)【日】

告発 シルクウッド事件 立花隆の金脈ルポ

D

カー・マギー社でシルクウッド事件【米】
立花隆,「文芸春秋」に「田中角栄研究-その金脈と人脈」掲載【日】

ハイト・レポート

「ハイト・レポート」(男性編)('76女性編)【米】
カーネーション革命[葡],フェリシア・ランガー『イスラエルからの証言』刊行【イスラエル】
中国調ルック発表(サンローラン),ポール・ポワレの回顧展開催(エンパイヤ・スタイル登場),ケンゾー,クロエ(ラガーフェルト),ローブ・ウッス発表【仏】,V・ウェストウッド,革やゴムを素材としたファッションを発表【英】
自然健康食品流行,ストリーキング流行【米】
東アジア反日戦線刊「腹腹時計」出まわる【日】

ユリ・ゲラー スプーン曲げ少年続出

ユリ・ゲラーに代表される超能力ブーム【米】
TV「大草原の小さな家」放送【米】
五島勉『ノストラダムスの大予言』ヒット【日】

がきデカ 山上たつひこ

山上たつひこ「がきデカ」,雁屋哲,池上遼一「男組」,「花とゆめ」創刊【日】

E

ロールプレイングゲーム「ダンジョンズ&ドラゴン」人気【米】
「ポラロイドSX-70」発売【日】
クラフトワーク[アウトバーン]【西独】,キング・クリムゾン[レッド],ロバート・ワイヤット[ロックボトム],ロキシー・ミュージック[ストランテッド]【英】
森進一[襟裳岬],井上陽水[氷の世界]【日】

クラフトワーク 井上陽水

北の湖・アーロン

北の湖,史上最年少で横綱に【日】,ハンク・アーロン,ベーブ・ルースのホームラン記録を破る【米】

自分自身のことをほとんど知らないのに、なぜ我々は宇宙の研究などするのだろう。
タルコフスキー

BC 6000以前
BC 6000
BC 2200
BC 1200
BC 600
BC 300
0
300
600
800
1000
1200
1300
1400
1500
1600
1650
1700
1760
1810
1840
1860
1880
1890
1900
1910
1920
1930
1940
1950
1960
1970
1980

遺伝情報が新品種をつくり、
社会が生物学に膝まずく。
でも、世の中そんなにうまくいくのだろうか。

1975
昭和50

アメリカの疲労

1
01 軍部,外資系企業の国有化へ【エチオピア】
11 周恩来首相,「4つの現代化を提示」【中】
31 解放戦線と人民解放戦線,政府軍を攻撃(内戦へ)【エリトリア】

2
05 ベラスコ政権,非常事態宣言【ペルー】

維新憲法 韓国で国民投票

12 国民投票で「維新憲法」を承認【韓】
17 アラブ連盟,イスラエルの取引き銀行・外国企業2000社をボイコット

3
06 イラクと「アルジェ協定」【イラン】
18 黒人運動指導者チテポ爆殺【ローデシア】
21 帝政廃止(共和国樹立宣言)【エチオピア】
25 ファイサル国王暗殺【サウジ】

サイゴン陥落 南ベトナム解放

4
14 民主評議会,「和解宣言」を発表【西】
15 ポルトガル政府,アンゴラに戒厳令を発令【葡】

カンボジア解放

17 カンボジア民族統一戦線,プノンペン陥落
28 ドン・バン・ミン,大統領に(30 解放戦線軍,サイゴンに無血入城)【南越】

5
20 女子含む全学生を学徒護国団に編入【韓】
20 ベイルートで内戦【レバノン】
23 フォード,インドシナ戦争の終結を宣言【米】

6
05 スエズ運河,8年ぶりに開通
13 アンゴラ解放戦線支援【ソ】
15 統一地方選挙で共産党が躍進【伊】
17 北マリアナ連邦発足(米自治領へ)
19 国際婦人年世界会議開催【墨】
25 モザンビーク人民共和国成立

独立 モザンビーク、カーボベルデ、コモロ、サントメ・プリンシペ
アンゴラ、パプアニューギニア、スリナム

7
04 ガンジー,反政府団体を非合法化【印】
25 米軍事基地を接収【土】
29 無血クーデター【ナイジェリア】

ヘルシンキ宣言

30 「ヘルシンキ宣言」(欧州安保・協力首脳会議)

8
04 日本赤軍,クアラルンプールで米・スウェーデン大使館を占拠
09 南アフリカへの武器輸出禁止【仏】
15 クーデター(ラーマン殺害)【バングラデシュ】
23 パテト・ラオ,全域を支配【ラオス】
25 リマで第5回非同盟外相会議(北朝鮮・北ベトナム・パナマ・PLOの加盟認める)
29 クーデター発生【ペルー】

9
04 エジプト・イスラエル,第2次シナイ協定
07 レバノン内戦激化(~76)
16 パプア・ニューギニア独立

バスク独立運動

27 バスク地方で3万人の抗議デモ【西】
「農業は大慶に学ぶ」華国鋒が総括報告【中】

女性ゼネスト(米)

10
01 伊とユーゴ,トリエステ領有の議定書案

NY財政危機

17 NY市,破産寸前【米】
20 穀物長期取引協定【米ソ】
24 主婦ら6万人の女性がスト【氷】

11
06 モロッコのサハラ大行進の越境を阻止【西】
11 アンゴラ解放人民運動が独立宣言【葡】
15 仏でサミット開催
22 王政復古(カルロス即位)【西】
28 東チモール独立革命戦線,独立宣言【葡】

12
02 王政廃止(人民民主共和国樹立)【ラオス】
21 武装ゲリラ,ウィーンのOPEC本部に乱入

沖縄海洋博

半導体と電脳

A
「アポロ」と「ソユーズ」のドッキング(共同飛行実験)【米ソ】
西欧10ヵ国欧州宇宙機構(ESA)設立
ランドサット2号(地球観測衛星)打ちあげ【米】
LAMPF パイ中間子でガン治療開始【米】

細胞融合ポマト

細胞融合によるポマト開発【西独】
トカマク型核融合実験装置T-10稼働【ソ】
豊田博夫,電電公社の超LSI開発プロジェクト形成(超LSIの用語初使用)【日】
世界初の有視産業用ロボット「ミスターアロス」実用(日立)【日】
合成エメラルド製造(京セラ)【日】

B
アダム・オズボーン『マイクロコンピュータ入門』【米】

MYCIN エキスパート・システム

ファイゲンバウム,ブキャナン,抗生物質用エキスパート・システム「MYCIN」【米】
コンピュータ,1秒間に1億回の操作
ビル・ゲイツ,「BASIC」をインテルの「i8080」用に書く(マイクロソフト)【米】
ギルドール,「PL/M」開発(デジタル・リサーチ),シングルチップマイコン発表(TI)【米】
ファジン設計「Z80」,チャック・ペドル設計「6502」【米】

コンピュータ仕事量一秒一億

ICカード ローラン・モレノ

ローラン・モレノ,ICカード発明【仏】
初のベータマックスVTR発売(ソニー)【日】

C
32Mバイトの光通信システム(日電)【日】
初のVANサービス(テレネット)【米】
国際通信事業の一元的運営開始(テレグローブ・カナダ)【加】

公衆パケット交換(仏)

公衆パケット交換網TRANSPAC建設決定【仏】
太平洋横断ケーブル(TPC-2)敷設
レーザ全自動超高速新聞紙面電送装置【日】
加入電話数3000万突破【日】
「エナジーライン」「エンパイロライン」(ELC社)オンライン開始【米】
ボーイング747,ニューヨーク・東京13時間30分,無着陸飛行【米】

コピー文書最高裁認定

D
ランブイエ合意(フロート原則承認)
ECとその旧植民地,ロメ協定【仏】
メーデー(NY市場株式売買手数料の自由化)【米】
100大マネーパワーに国家に互して42企業入る(D・B・ゼノク調査)
メキシコ国境産業勃興,対米逆輸出拡大【墨】

ATM 54銀行で現金自動化

全国54銀行共通の「現金自動支払システム」完成【日】
最高裁で「コピーも文書」の新判断【日】
戦後初のマイナス成長(マイナス0.2%)【日】

E
現代自動車,初の国産車「ポニー」生産開始【韓】
IBMの海外生産比50%(世界最大の多国籍企業となる)【米】
ヒューレット・パッカード社,キヤノンと提携(レーザープリンタ開発へ)【米】
バナナ帝国ユナイテッド・ブランド社ブラック会長,パンナムビルから投身自殺【米】

マイクロソフト社

マイクロソフト社,ザイログ社設立【米】
興人倒産,負債総額2千億円(戦後最大)【日】

アメリカに菜食レストラン、
日本に有機農法、
オルタナティブ・テクノロジーがゆっくり浮上する。

1975

ソフト・サイエンス

遺伝子工学 アロシマ会議

A

超長基線電波干渉観測から準星3C273の中心核の超光速膨張運動を検出【米】
X線観測衛星ANS,最初のX線バースターを観測【蘭】
E・ガル,ブラックホールの存在を光学的に確認と発表【米】
「リー&ヨークの定理」公表,プライズ&オズボーン,モノポール発見と発表【米】
B・マンデルブロ『フラクタルなオブジェ・形・偶然・次元』【米】

自然と遊戯

M・アイゲン『自然と遊戯』【独】

B

R・ギルマンらα-エルドルフィン発見【米】
遺伝子工学ガイドライン討議(アロシマ会議)【米】
デュースバーグら,ニワトリのがんウィルスから発がん遺伝子を分離と発表【米】,ボリス・ラービン,白血病病源ウィルスを分離と発表【ソ】
J・メイナード『進化の論理』【英】
ローゼン『シンメトリーを求めて』【米】

社会生物学

C

ノーマン『認知の探求』,R・レイノルド『マインド・モデル』,H・パトナム『心・言語・実在』,E・リンデン『チンパンジーは語る』,P・ウィンストン『コンピュータヴィジョンの心理』【米】

フレーム理論 マービン・ミンスキー

ミンスキー論文「知識を表現するための枠組」(フレーム理論),ウォーターマン『適応プロダクションシステム』,フォーダー『思考の言語』【米】
G・ワインバーグ『一般システム思考入門』【米】

市川浩 精神としての身体

市川浩[精神としての身体]【日】
山口昌男『文化と両義性』【日】
大室幹雄『正名と狂言』【日】

D

A・メイステル『創造的インフレーション』【仏】
P・アリエス『死の歴史』,J・ボードリヤール『象徴交換と死』【仏】
I・イリイチ『脱病院化社会』【墺】
ウィルソン『社会生物学』【米】

ファイヤアーベント

P・ファイヤアーベント『方法への挑戦』【米】
P・ブラウ『社会構造へのアプローチ』【米】
バフチン『文字と美学の諸問題』【ソ】
E・サイード『はじまり―意図と方法』【パ→米】
ハロルド・ブルーム『誤読の地図』【米】

柄谷行人 意味という病

柄谷行人『意味という病』【日】
T・イーグルトン『力の神話』【英】
I・ハッサン『パラクリティシズム』【米】
P・リクール『生きた隠喩』【仏】

ゴルツ、ローザック カプラ、クリップナー

E

F・カプラ『タオ自然学』,T・ローザック『意識の進化と神秘主義』,S・クリップナー『超意識の旅』【米】
B・ブラウン『心と身体の対話』【英】
A・ゴルツ『エコロジスト宣言』,R・ベラ『破られた契約』【米】

ラジニーシ 存在の詩

シュリ・ラジニーシ『存在の詩』【印】
N・ディビス『愚者の王国・異端の都市』【米】,N・コーン『魔女狩りの社会史』【英】
高取正男『日本的思考の原型』,宮田登『ミロク信仰の研究』,白川静『中国の神話』【日】

福岡正信

福岡正信『自然農法』【日】

モダンの解体

パターン・ペインティング

A

リップス,ザカニッチ,シュクナーらによるパターン・ペインティングのムーブメント【米】
マーク・ディ・スベロ展【NY】
ジョナサン・ボロフスキー画[6477から2286110までのカウンティング],リキテンシュタイン画[レモンのあるキュビズム的静物]【米】
フィリップ・ガストン画[ブルーライト]【加】
ギルバート&ジョージ[赤い彫刻]【英】

リチャード・セラ

リチャード・セラ[視標]【米】
マリオ・プラーツ『官能の庭』【伊】

B

奥田元宋画[秋嶽紅葉],広田多津画[帰路]【日】
池袋に西武美術館開館,アーティスト・ユニオン結成【日】

C

ピーター・ブロム設計[住の樹]【蘭】
オスヴァルト・M・ウンガース設計[ヴァルラーフ=リヒャルツ美術館],F・オットーら設計[マルチ・ホール・マンハイム]【独】
A・アンセルミ設計[サンレモの花市場]【伊】
ヴェンチューリ,ジョン・ローチ設計[タッカー邸]【米】
磯崎新設計[北九州市立美術館],石山修武設計[幻庵]【日】

ギーガー バイオメカニックス デスマシーン

H・R・ギーガー[死の風景(デスマシーン)]【瑞】
朝倉摂,状況劇場[糸姫]の舞台美術【日】
ゲリー・ウィノグランドp[女は美しい]【米】

太陽の鉛筆 東松照明写真集

東松照明p[太陽の鉛筆]【日】

ピーター・ウィアー

D

ケン・ラッセル監[トミー],キューブリック監[バリー・リンドン],デレク・ジャーマン監[セバスチャン]【英】,ヴィスコンティ監[イノセント],フェリーニ監[道化師]【伊】,アンゲロプロス監[旅芸人の記録]【希】
フォアマン監[カッコーの巣の上で]【米】,ピーター・ウィアー監[ピクニック]【豪】
長谷川和彦監[青春の殺人者]【日】
ロン・ヘイズ,イメージ・シンセサイザーを使った[トリスタンとイゾルデ]【米】
ジョン・ホイットニーCG[アラベスク]【米】
イルカム設立(音響と音楽の総合研究所)【仏】

新ロマン主義

E

シノポリ,指揮者としてデビュー【伊】
マウリシオ・カーゲル曲[われらの母]【ブラジル】
ヴォルフガング・リーム曲[ピアノ曲第5番一幕](新ロマン主義)【独】,ジョージ・ロックバーグ曲[ヴァイオリン協奏曲]【米】

湯浅譲二 宇宙・自己の一体へ

湯浅譲二曲[オーケストラの時の時],富田勲[月の光]【日】
テリー・ハンズ【英】,コメディ・フランセーズのディレクターに
出口典雄,シェイクスピア・シアター結成,天井桟敷,30時間市街劇[ノック]【日】
インター・メディア・シアター,[セレブレーション]【NY】
L・ハルプリン,ランドハウス設立【米】
ジョーン・ジョナスのメディアパフォーマンス[トワイライト]【米】

新幻想派

ル・グイン

A

J・G・バラード『ハイ・ライズ』,マードック『魔に憑かれて』,P・D・ジェイムズ『黒い塔』,ジャック・ヒギンズ『鷲は舞い降りた』,A・D・パウエル『時の音楽』連作完結(51〜)【英】
ビュトール『夢の実質』【仏】
マリ・カルディナル『血と言葉』【仏】
P・ヴァイス『抵抗の美学』(〜81)【独】

バーセルミ、ネイハム

ソール・ベロー『フンボルトの贈物』,ドナルド・バーセルミ『死父』,ル・グイン『奪われた人々』,ルシアン・ネイハム『シャドー81』,アン・ベティ『歪曲』,R・A・ウィルソン,R・シェイ『イルミネータス!』【米】
フェンテス『われらが大地』【墨】
マルケス『族長の秋』【コロンビア】
E・サーレス『テクノクラート』【ブラジル】

B

檀一雄『火宅の人』,森茉莉『甘い密の部屋』【日】

妖星伝と空海の風景

司馬遼太郎『空海の風景』完【日】
稲垣足穂『人間人形時代』【日】
日野啓三『あの夕陽』【日】
半村良『妖星伝』【日】
澁澤龍彦『思考の紋章学』【日】
紀田順一郎監修『世界幻想文学大系』配本【日】

C

ポール・コリンズ編集「ヴォイド」創刊【米】
「ビックリハウス」創刊(榎本了壱編集)【日】

モンティ・パイソン BBCでヒット

モンティ・パイソン『ホーリー・グレイル』(BBC)放送【英】
非同盟諸国通信社プール発足(新国際情報秩序へ)【ユーゴ】

週刊就職情報

「週刊就職情報」創刊【日】

チープシックとカシオ電卓

D

リーダーマッハーの王,ヴォルフ・ビーアマン市民権を剥奪【東独】
性差別禁止法制定【英】
菜食主義レストラン急成長,禁煙区設定,初の犬専用ホテル開店【米】
『チープシック』刊行【NY】,ヘレン・ジャックマン,ウィリアム・テトフォード『奇蹟のコース』(本格的チャネリング・ブームの火付け役)【米】
『水滸伝』批判キャンペーン【中】
アニエス・ベー,パリにブティック開店【仏】,森英恵,パリのオートクチュールに進出【日】
大学受験戦争がエスカレート,乱塾時代【日】
竹の子族が原宿に出現【日】
「欽ちゃんのドンとやってみよう」,「まんが日本昔ばなし」放送【日】
どおくまん『嗚呼花の応援団』【日】
藤子不二雄『ドラえもん』【日】
鴨沢祐仁『クシー君の発明』【日】

E

コンピュータ初のRPG「ローグ」(カリフォルニア大学)発表【米】
家庭用カセットVTR発売,「チルチルミチル」発売,カシオ電子卓上計算機発売【日】
スピルバーグ監[ジョーズ]【米】,ジム・シャーマン監[ロッキー・ホラー・ショー]【英】
M・デイビス[アガルタ]【米】

パティ・スミス ストリート・パンクの女王

パティ・スミス[ホーセス],ルー・リード[メタルマシーン・ミュージック]【米】,10CC「オリジナル・サウンドトラック」【英】
イーノ,オブスキュア・レーベル設立【英】
ミュージカル[コーラスライン]【NY】
小林則子のリブ号ゴールイン(女性ヨット最長記録)【日】

生産性向上のために能力あるハードウェアをつくる必要はなくなった。今や革命とはソフトウェアのことである。
マイクロソフト社ビル・ゲイツ

BC 6000以前 / BC 6000 / BC 2200 / BC 1200 / BC 600 / BC 300 / 0 / 300 / 600 / 800 / 1000 / 1200 / 1300 / 1400 / 1500 / 1600 / 1650 / 1700 / 1760 / 1810 / 1840 / 1860 / 1880 / 1890 / 1900 / 1910 / 1920 / 1930 / 1940 / 1950 / 1960 / 1970 / 1980

火星にも生命はいなかった。ますます孤独になる地球。

電気通信の自由化とパソコンの凱歌。宅急便とほかほか弁当。情報社会と物流社会の端末がだんだん家庭に近づいてくる。

1976
昭和51

アメリカの疲労

ロッキード事件

1 01 石油産業国有化【ベネズエラ】
11 クーデター発生【エクアドル】
28 アンゴラ紛争で非常事態宣言【ザンビア】
2 04 多国籍企業小委員会,ロッキード社の対日売り込み工作を暴露【米】
07 華国鋒,首相代行に(鄧小平批判の壁新聞)【中】
08 解放人民運動,首都占領【アンゴラ】

ポリサリオ サハラ・アラブ共和国

27 独立運動組織ポリサリオ,サハラ・アラブ民主共和国樹立
米政府情報組織改善案【米】
3 01 金大中ら,民主救国宣言【韓】
03 ローデシアとの国境を閉鎖【モザンビーグ】
04 仏共産党大会でプロレタリア独裁の概念放棄の提案【仏】
07 モロッコとモーリタニア,サハラ問題でアルジェリアと断交
10 金大中ら体制批判派の逮捕【韓】
15 ソ連との友好同盟条約破棄【埃】
24 軍部,無血クーデター【アルゼンチン】
30 アラファトとハバシュPFLP議長会談

4 02 新憲法発布,社会主義へ移行【葡】

ポル・ポト政権

02 共産党,民主カンボジア政府を樹立(ポル・ポト書記長,首相就任)【カンボジア】

華国鋒 天安門事件 鄧小平解任

05 天安門事件(華国鋒首相,鄧小平解任)【中】
07 キューバと断交【イラン】
14 サハロフ博士,警察に拘束される【ソ】
15 中国と国交再開へ【印】
5 05 カンボジアと国交樹立【比】
14 インド・パキスタン国交樹立
18 EC・アラブ常設委員会,初会合
28 平和目的地下核実験制限条約【米ソ】
6 02 ソ連と国交樹立【比】
16 言語政策に反発し黒人学生の大暴動【南ア】

セイシェル独立

ベトナム統一宣言

24 ベトナム社会主義共和国成立(南北統一)
29 欧州共産党・労働者党会議開催(ユーゴと伊の内政不干渉を採択)

毛沢東の死と四人組逮捕

7 27 田中角栄元首相逮捕【日】
30 共産党支持のアンドレオッティ内閣【伊】
8 06 タイ・ベトナム国交樹立
07 ウガンダ・ケニア国交正常化
09 ローマに共産党系市長誕生【伊】

板門店事件

18 板門店事件(朝鮮半島緊張)【韓北鮮】
9 01 国家非常事態宣言【愛】
09 毛沢東主席死去【中】
11 「マルクス主義を防ぐ」新憲法発布【チリ】
19 パルメ社会民主労働党,敗退【典】

血の水曜日

10 06 「血の水曜日事件」軍部クーデター【タイ】
12 四人組逮捕(華国鋒,党首席回復)【中】
11 15 ブレジネフ,ユーゴ訪問(チトー会談)【ソ】
親インド派の反クーデター【アフガン】
12 14 労働党,共産党に改称(社会主義革命路線確立)【越】
15 政府とモロ民族解放戦線の和平会談再開【比】
24 福田赳夫内閣成立【日】

半導体と電脳

A

火星軟着陸 バイキング1・2号

「バイキング1,2号」火星軟着陸,動植物探査【米】
「ルナ24号」月の石採取【米】
遺伝子実験委員会(COGENE)設立,遺伝子組み換え実験指針(国立衛生研究所)【米】
極低欠損光通信用グラス・ファイバー・ケーブル開発(電電公社,0.5dB/K)【日】
超LSI技術研究組合発足【日】
MCA社【米】,フィリップス社【蘭】提携,ビデオディスク発表
空気タービン式波力発電船「海明」着工【日】
超高感度カラーネガフィルムF400発表(富士フイルム)【日】
衛星電波の家庭用受信設備開始(NHK総合技研)【日】

アップル ジョブズ、ウォズニアック

B スティーブン・ジョブズ,ウォズニアック,8ビットパソコン「Apple-II」発売【米】

TK-80 初のマイコン 日本電気

国産初のマイコン「TK-80」(日電)【日】,8ビットパソコン「Lkit-8」発売(富士通)【日】
ファクシミリ中速機の国際規格(GII)制定

情報産業自由化(日) 情報公開法(米)

C 船舶通信衛星サービス用マリサット,民間商用通信衛星SBS【米】
国内通信衛星パラパ【インドネシア】

通信自由化(米)

電気通信自由化時代開始(専用回線再販売・共同使用制約撤廃)【米】
CCISサービス開始(ATT)【米】

テレテキスト

テレテキスト(初の電子雑誌)放送開始【英】,データネット1(PSS)開発開始【蘭】,世界特許データベース(デルウェント社)【米】
株式データベース「QUICK/ビデオ1」,国際サービス開始,科学技術情報データベース「JOIS」,サービス開始(JICST)【日】
コンピュータ,情報処理・ソフトウェア関連業の資本自由化【日】
東京多摩ニュータウンに生活情報システム実験開始【日】
「コンコルド」就航(英仏共同開発)

D ポンド暴落,欧州通貨危機再燃,仏の単独フロート移行
MMC発売(小口金利自由化)【米】
石油産業競争法案,特殊鋼輸入制限【米】
CECD,多国籍企業と国家政策のガイドライン発表
一般特殊税制度(GSP)実施【米】
タラ戦争(英と氷断交)
情報公開法制定【米】

造船不況

E ガルフ・オイル社ドーシー,ロッキード社ホーン,不正献金で追放【米】

フォードのスト 17万人スト

フォード社,史上最大の17万人スト,フォルクスワーゲン,米国に自動車組立工場【西独】,プジョー,シトロエンを吸収合併【仏】
ポニー輸出開始(現代自動車)【韓】
香港上海銀行,世界的金融サービス網整備【香港】
造船不況深刻化(16企業倒産)【日】

ジェネンティク

ジェネンティク,アップル,コンピュータランド設立【米】

1976

BC 6000以前 / BC 6000 / BC 2200 / BC 1200 / BC 600 / BC 300 / 0 / 300 / 600 / 800 / 1000 / 1200 / 1300 / 1400 / 1500 / 1600 / 1650 / 1700 / 1760 / 1810 / 1840 / 1860 / 1880 / 1890 / 1900 / 1910 / 1920 / 1930 / 1940 / 1950 / 1960 / 1970 / 1980

われわれは世界をあまりにもコンピュータに似せてしまった。
ワイゼンバウム『コンピュータ・パワー』

ソフト・サイエンス

A

リーダーマン,素粒子イプシロン発見【米】
強い相互作用をもつ「チャーム」粒子を発見【米】
メドスカーら,超重自然元素発見【米】
ハーケン&アベル,コンピュータで4色問題を証明【米】
P・ベックマン『πの歴史』【米】
H・ロウズ『ラディカル・サイエンス』
ダン・ペドウ『図形と文化』【英→米】

B

コラナ 転移RNA 人工合成

コラナ,人工遺伝子の移植に成功,
ステッケニウス,光合成細菌「紫バクテリア」を発見と発表【米】

利己的遺伝子

R・ドーキンス『生物=生存機械論』【英】,M・ウィンサー『スターフィッシュ,ゼリーフィッシュ,そして生命の秩序』【米】
国立衛生研(NIH),遺伝子組換えの実験指針を出す【米】
国際学術連合会議で遺伝子実験を監視する委員会設置を提案
J・リュフィエ『生物学から文化へ』【仏】,奥井一満『箱舟の末裔たち』【日】
湯川秀樹『内的世界と外的世界』【日】

C

D・ビンドラ『知的行動の脳モデル』,ロスノウ&ファイン『噂の心理学』【米】,リンゼイ【加】&ノーマン【米】『情報処理心理学入門』

エーコ記号論

ウンベルト・エーコ『記号論』【伊】
M・クリック『言語と意味の探求』【米】
J・ワイゼンバウム『コンピュータパワーと人間の理性』【米】,バート・ラファエル『考える計算機,物質の内なる精神』
E・リーチ『文化とコミュニケーション』【英】
C・ギンズブルグ『チーズとうじ虫』【伊】
J・ブイヨン『フェティシズムのないフェティシュ』【仏】
スコールズ&ケロッグ『物語の本質』【米】
白川静『漢字の世界』【日】
川田順造『無文字社会の歴史』【日】
国立民族学博物館完成【日】

白川静 漢字の世界

D

塩原勉『組織と運動の理論』,今井賢一『現代産業組織』,西川潤『経済発展の理論』【日】
シャンジュー&ダンシャン,ニューロン連結と社会環境の基礎的メカニズム【仏】
D・ベル『資本主義の文化的矛盾』【米】
ドゥルーズ=ガタリ『リゾーム』【仏】
D・ブルア『数学の社会学』
M・クラヴェル『ヌーヴェル・オプセルヴァトゥール』誌

性の歴史・リゾーム

フーコー『性の歴史』【仏】
エイドリアン・リッチ『女から生まれて』【米】
H・G・ガダマー『科学の時代における理性』【独】
坂部恵『仮面の解釈学』,大森荘蔵『物と心』【日】
T・イーグルトン『マルクス主義と文芸批評』【英】
M・ピエルサン『バベルの力』【仏】
H・ブルーム『詩と抑圧』,R・A・レイナム『雄弁の動機』,P・ブルックス『メロドラマ的想像力』【米】

ペーター・ハーパー ラジカル・テクノロジー

E

A・ヤング

P・ハーパー『ラジカル・テクノロジー』,アーサー・ヤング『意味の幾何学』【米】
山折哲雄『日本人の霊魂観』,北沢方邦『ホピの太陽』,青木保『タイの僧院にて』【日】
和歌森太郎『日本宗教史の謎』【日】
毎日新聞社編『宗教を現代に問う』【日】
稲荷台1号墳鉄剣銘文発見【日】

モダンの解体

A

ダニエル・ビュラン[2つのレベルの2つの色彩],クロード・ヴィアラ[螺旋に巻いた太綱]【仏】

サマラス フォト・トランスフォーム

ルーカス・サマラス,ポラロイドをつかった[フォト・トランスフォーメーション]【米】
ジュリオ・パオリーニ画[幻想の館]【伊】
エロ画[ヴィーナスの丘で],ステラ[エキゾチック・バード・シリーズ]開始【米】

B

加山又造画[白いバラの裸婦・黒いバラの裸婦],藤田昭子作[原住居空間出縄]【日】

鯉江良二 新しい作陶へ

伊藤公象,鯉江良二,里中英人らの出品による[陶による新しい造形展]【日】

C

ロブ・クリエ設計[ディッケス邸]【ルクセンブルク】,ジョンソン,バギー設計[ペンゾイル・プレイト],ミノル・ヤマザキ設計[ワールド・トレードセンター],カーン設計[首都ダッカの都市計画]【米】

ポストモダン

シカゴ・セブン

シカゴ・セブン結成【米】
山下和正設計[フロム・ファースト],木島安史+YAS設計[上無田松尾神社]【日】
ジェンクス『ポストモダンの建築言語』【米】
東京デザイナーズ・スペース発足【日】

シーモア・クワスト

シーモア・クワスト編集『プッシュピン・グラフィック』【米】
R・アダムス,L・ボルツらによる[ニュー・トポグラフィクス展]【米】
ウィリアム・エグルストン個展【米】
フリードランダーp[アメリカン・モニュメント],アベドンp[ポートレイツ],エンメット・ゴーウィンp[フォトグラフス]【米】

ニュー・トポグラフィクス

杉本博司・藤原新也

杉本博司p[ジオラマ],藤原新也p[天寿国遍行]【日】

D

ニコラス・ローグ監[地球に落ちて来た男]【英】,セルジュ・ゲンズブール監[ジュ・テーム……]【仏】,スコセッシ監[タクシー・ドライバー]【米】,ブニュエル監[自由の幻想]【西】
ホログラフィー美術館開館【NY】
ビル・ヴィオラv[ビデオ・ピース]【仏】,デニス・ヴァリンスキv[水辺の祭典]【NY】
久保田成子v[メタ・マルセル・ウィンドー]【日】

浜辺のアインシュタイン

E

リゲティ 音群手法と実験音楽

リゲティ,2台のピアノのための[ライヒとライリーがいる自画像そしてショパンもいる]【仏】,ライヒ曲[18人の奏者のための音楽]【米】
三木稔,オペラ曲[春琴譚]【日】
ロバート・ウィルソン,リチャード・フォアマン[浜辺のアインシュタイン](P・グラス曲)【米】,鈴木昭男[音のオブジェと音具]【日】
野田秀樹ら,夢の遊眠社結成,緑魔子ら,第七病棟[ハーメルンの鼠]旗揚げ,早稲田小劇場[宴の夜],つかこうへい演出[熱海殺人事件]【日】
L・アンダーソン[即席のために]【NY】
ティング・シアター・オブ・ミスティクス『パフォーマンス芸術の基礎』

新幻想派

A

ロザリント・アッシュ『蛾』,ルース・レンデル『我が目の悪魔』【英】
マンディアルグ『城の中のイギリス人』【仏】
R・クンツェ『素晴らしい歳月』【東独】
レオ・レオーニ『平行植物』【伊】
アイテ・レビン『ブラジルから来た少年』,ロバート・B・パーカー『約束の地』,マックス・アップル『オレンジ・オブ・アメリカ』,レナータ・アドラー『スピードボート』,ケイト・ウイルヘルム『鳥の声いま絶え』,クライブ・カッスラー『タイタニックを引き揚げろ』,レイモンド・カーバー『どうかお静かに』【米】
ヒリス・ミラー『アリアドネの糸』【米】
『アイザック・アシモフズ・サイエンス・フィクション』創刊【米】
M・プイグ『蜘蛛女のキス』【アルゼンチン】
趙海一『冬の女』【韓】

B

限りなく透明に近いブルー

村上龍『限りなく透明に近いブルー』,新井素子『あたしの中の…』,宮尾登美子『陽暉楼』【日】

光瀬龍 百億の昼と千億の夜

山田正紀『弥勒戦争』,平井和正『悪霊の女王』,光瀬龍『百億の昼と千億の夜』,森村誠一『人間の証明』【日】
吉岡実『サフラン摘み』,飯島耕一『バルセロナ』【日】

C

GEO・ガリレオ

『GEO』創刊【西独】
C・ライアン編集『ガリレオ』創刊【米】
『エピステーメー』(AD杉浦康平)創刊【日】
日本初のマイコン雑誌『I/O』創刊【日】
スーパーステーション の出現(独立商業TV局全米のCATVに番組送信)【米】
内川芳美編『日本広告発達史』【日】

D

M・コリガン,E・ウィリアムズ「平和のための女性運動」を組織化【米】
中絶禁止反対の大規模なデモ行進【伊】
フィオルッチ店世界的に有名に【伊】
ジプシースカート,コサックコートを発表(サンローラン)【P】
山本耀司,最初のコレクションを発表【東京】
家庭用VHSビデオ発売(ビクター)【日】
ジョギングブーム【米】
「プロ野球ニュース」(フジTV)【日】
藤沢に東急ハンズ1号店【日】
クロネコヤマトの宅急便【日】
「ほっかほっか亭」開店,持ち帰り弁当時代へ【日】

宅急便 ほか弁

ハナモゲラ語

タモリのハナモゲラ語が話題【日】
『LaLa』創刊,竹宮恵子『風と木の詩』【日】
永井豪『手天童子』,楳図かずお『まことちゃん』【日】

セックス・ピストルズ

E

TVゲーム ブロックくずし

ブロックくずしTVゲーム(アタリ社)発売【米】
D・グレアム,「グラハム・ポテンシャライザー」開発【米】
「ロードパル」(ホンダ)発売【日】
スタローン監[ロッキー]【米】
セックス・ピストルズ「アナーキー・イン・ザ・UK」【L】,ラモーンズ「ラモーンズ」【NY】
レッド・ツェッペリン「プレゼンス」【英】,イーグルス「ホテル・カリフォルニア」【米】
『ロック・マガジン』創刊【日】
サノリム[アニ・ポルッソ]【韓】
都はるみ「北の宿から」【日】
植村直巳,北極圏踏破【日】,ウィンブルドン男子シングルスでボルグ【典】優勝【英】

超LSI時代の開幕とソフト・エコノミックス時代へ。不確実で多様な社会を逃れて「未知との遭遇」ばかりが期待されていく。

パンクロック、韓国ロット、山口百恵。ロンドン、ソウル、東京がつながる。

1977
昭和52

渦巻く中東

チェコ77憲章

1 07 自由派知識人,「77憲章」発表【チェコ】
10 反ソモサ独裁体制の暴動【ニカラグア】

カーター大統領 民主党勝利

20 カーター大統領就任【米】
バンダラナイケ,非常事態宣言【スリランカ】
2 11 内部抗争でメンギスツ全権掌握【エチオピア】
16 アミンの残虐恐怖政治,表面化【ウガンダ】
27 国務省,政府・外交機密文書を公表【米】
3 01 アルゼンチン・ウルグアイ・ブラジル・グアテマラ,米軍事援助拒否
03 西仏伊,ユーロコミュニズム共同声明
07 第1回AA首脳会議「カイロ宣言」
08 コンゴ民族解放戦線,ザイール領に侵入
13 カストロ,ソマリア訪問【キューバ】
21 ガンジー落選(デサイ首相に)【印】,社会主義人民リビア・アラブ国に改称(書記長にカダフィ)【リビア】

ユーロコミュニズム

4 02 モザンビークと友好条約【ソ】
ブット首相,4都市に戒厳令【パキスタン】
5 06 ソ連と友好協力宣言【エチオピア】
16 ローデシアに戦争宣言【ザンビア】
6 10 国際人道法外交会議(109ヵ国調印)
20 国際捕鯨委員会で日本に非難集中

SEATO解散

30 東南アジア条約機構(SEATO)が解散(23年目)

ベギン内閣 リクード党首

ベギン内閣成立【イスラエル】

ブレジネフ

ジブチ独立

7 02 各国共産党の自主路線尊重を強調【ソ】
05 無血クーデター(ハク首班)【パキスタン】
06 中国の対米接近を非難【アルバニア】
16 四人組を永久追放(鄧小平,復活)【中】
20 タイ・カンボジア両軍,国境地帯で衝突
21 エジプト・リビア両軍,国境地帯で衝突
8 12 華国鋒首相,文化大革命の終結宣言【中】

ロンドン人種暴動

13 ロンドンで戦後最大の人種暴動【英】
17 ソ連・チェコとの貿易停止【埃】
ソマリアとの全面戦争へ【エチオピア】
9 05 赤軍,西独財界人シュライヤー誘拐
12 核弾頭付ミサイル発射実験成功【中】
15 指導者ビコ追悼式で1200人逮捕【南ア】
28 日本赤軍・ダッカ空港ハイジャック事件【日】

10 01 中東和平の共同声明(イスラエル軍撤退)
03 デサイ政権,ガンジーら逮捕【印】
20 サガット国防相のクーデター【タイ】
21 ユーロコミュニズム批判【中】
全マレーシア・イスラム教党暴動【マレーシア】
カタロニア自治政府発足【西】
11 13 対ソ友好条約を破棄【ソマリア】
19 サダト,エルサレムを訪問【埃】
24 エジプトと断交【リビア】
25 アキノ前議員に銃殺刑宣告【比】
12 02 英領バミューダ諸島で黒人暴動
05「トリポリ宣言」(カイロ外交凍結)
25 ベギン,エジプト訪問【イスラエル】
31 ベトナムと断交【カンボジア】

サダト イスラエル訪問

半導体と電脳

A
木星・土星探査機ボイジャー打ち上げ(60種類の言語による地球からのメッセージ)【米】
スペースシャトル実験用1号機「エンタープライズ」(有人単独飛行)【米】
初の気象衛星「ひまわり」【日】
レーザー核融合(ロスアラモス国立研)【米】
高速増殖炉「常陽」臨界【日】
ソマトスタチン遺伝子合成(ジェネンティク)【米】
舘暲,「盲導犬ロボット」の研究,開発開始【日】
第5世代コンピュータ官民合同開発事業スタート【日】

B
第1回ウエストコースト・コンピュータフェア開催【米】
世界初の超LSI開発(超LSI組合)【日】
64kビットCCDメモリ試作(日電,電電公社)【日】
J・L・アーチャー,1Mビットチップ磁気バブルメモリ発表【米】
超大型3033プロセッサ発表(IBM),ISO,IBMに対抗,OSI作成【米】
16ビットパソコン登場,「TRS-80model1」(ダンディ・ラジオ・ジャック),チャック・ペドル設計「PET」(コモドール)【米】
C・クスリ「アニマIIシステム」【米】
「PIPS」完成(ソード)【日】
VISC方式ビデオディスク発表(松下電器),ベータ方式共同開発(東芝,三洋,ソニー)【日】

超LSI 第四世代コンピュータ

C
光ファイバ製造成功(VAD法,電電公社茨城研),光ファイバ通信用長波長帯半導体レーザ開発(KDD)【日】
ユーロネット試行サービス開始【欧】
テレコム・カナダ,パケット交換サービスDATAPAC提供開始【加】
暫定ユーテルサット発足(CEPT)【欧】
テレネット,タイムネット【米】,郵電公社(BPO)【英】,VANサービス開始

マガジン・インデックス

インフォメーションアクセス社,「マガジンインデックス」オンライン開始【米】
データベース・ベンダー,BRS,サービス開始【米】
リニアモーターカー,世界初の浮上走行テスト成功(国鉄)【日】

D

200カイリ時代へ

新日米漁業協定,200カイリ時代開始
華国鋒主席,「今世紀内に4つの近代化達成」と演説【中】
ILO脱退,エネルギー省設立【米】
NY証券取引所,外国証券業者に会員権開放【米】
多様化諮問委員会発足【香】
証券ブームおこる【タイ】
不況深刻化(戦後最多の倒産)【日】
コンピュータ市場,1兆円に達する(マイコン開発ブーム)【日】
FMS市場参入,テレビ・工作機械摩擦【日】
フロンガスのスプレー,2年で廃止方針【米】

倒産 戦後最大

E
BMW,企業イメージと製品コンセプトの一体化はかる【米】
モトローラ社,コーデックス買収(情報システム事業に進出)【米】
三星グループ,半導体分野に本格参入【韓】
伊藤忠商事,安宅産業を吸収合併【日】
旧型製鋼炉の平炉の火がすべて消える【日】

アスキー 西和彦 出版化と企業化

アスキー社設立【日】

1977

ソフト・サイエンス

A

エリオット・ロバート=ミルズら,NASAの観測機から,天王星の5つの輪を発見【米】
P・ディヴィス『宇宙における時間と空間』【英】
フェアバンクら,クェーサーを発見【米】
ニコリス&プリゴジン『非平衡系における自己秩序生成』【白】
アルゴンヌ国立研「ダイプロトン」を発見【米】
フェルミ国立加速研,新粒子を「イプシロン」と命名【米】

サンガー ウィルス遺伝子構造

B

人工遺伝子ではじめてホルモン合成(ロサンゼルス大学グループら)【米】
F・サンガー,ウィルス(φX174ファージ)のDNA構造を決定【英】
G・グッドフィールド『神を演ずる』【米】
ポーチュガル&コーエン『DNAの1世紀』【米】

グールド 個体発生と系統発生

S・グールド『ダーウィン以来』【米】
R・ブックハルト『システムの精神』【米】

自我と脳 エクルズ ポパー

エクルズ【豪】&ポパー【墺】『自我と脳』,E・ロシュ『人間分類』【英】
M・ホーデン『精神とメカニズム』

C

「コグニティブ・サイエンス」誌発刊【米】
ファイゲンバウム,「知識工学」提唱【米】
シャンク&アベルソン[スクリプト概念]【米】
H・ベルリナー,2人用発見的探索アルゴリズム提案【米】
P・ラード&P・ワトソン『思考=知覚科学の解釈』【米】
B・ボーデン『人工知能と人間』【米】

クリステヴァ サンボリックとセミオティック

J・クリステヴァ『ポリローグ』【仏】
D・ハイムズ『談話の民俗誌』【米】,桜井徳太郎『霊魂観の系譜』【日】

ガルブレイス 不確実性の時代

D

J・ガルブレイス『不確実性の時代』【米】
K・ポランニー『人間の経済』【洪】
A・ギデンズ『社会理論の現代像』【英】,R・ドゥオーキン『権利論』,A・ロビンス『ソフトエネルギー・パス』【米】
A・スウィンジウッド『大衆文化の神話』
S・ジョージ『なぜ世界の半分が飢えるのか』,G・ガリュウ『武器としての食糧』
モラン『方法I自然の自然』【仏】
L・イリガライ『ひとつではない女の性』【仏】
F・ガタリ『分子革命』,J・アタリ『ノイズ』【仏】
イーフー・トゥアン『空間の経験』
L・マラン「ディズニーランドの記号論」【仏】
M・マンデルボーム『歴史認識の解剖』【米】
G・ジュネット『ミモロジーク』【仏】
W・J・オング『言語の臨界面』【米】
中村雄二郎『劇的言語』【日】

エイモリー・ロビンス ソフトエネルギー・パス

E

ケン・ウィルバー 意識のスペクトル

ケン・ウィルバー『意識のスペクトル』【米】
R・グラサー『からだの学校-自然治癒力の働きを知り,それを強化するため』【英】
ダンカン&ウェストン『未知の百科事典』【英】
J・マイケル&R・リカード『フェノメナー-幻想博物館』【英】
R・リーキー&R・レウィン『オリジン』【英】
笠原一男編『日本宗教史』【日】

モダンの解体

A

ドクメンタ6(芸術とメディア)開催【独】

サンドロ・キア パリ青年ビエンナーレ

サンドロ・キア,クレメンテ【伊】らによる[パリ青年ビエンナーレ],[2世紀にわたるブラック・アメリカン・アート展]【NY】
ジュラール・ティテュス=カルメル[ナルヴァ]【仏】
ボロフスキー画[終りなき絵](〜'78)【NY】
サイ・トゥオンブリー画[テュルソスの杖]【米】
ディーベンコーン画[オーシャンパーク]【米】
デ・マリア[ライトニング・フィールド]【米】
ステファソン・グッドマン作[オートマティック・ミュージカル・トリオ]【米】
ポンピドー・センター開館([デュシャン回顧展])【仏】

ポンピドー・センター

B

原口典之

木村良之介画[起承転結],高山辰雄画[いだく],原口典之[物性]【日】
日本・アジア・アフリカ美術家会議結成
秋岡芳夫『割ばしから車まで』

C

フォスター設計[セインズベリー・センター美術館],ピアノ,ロジャーズ設計[ポンピドー・センター]【仏】
SITE設計[BEST-かみ合わせのエントランス],ベィティとマック設計[アンチ・ヴィラ]【米】
SOM設計[オリンピック・タワー]【NY】
金壽根設計[空間社屋]【韓】
六角鬼丈設計[雑創の森学園]【日】
アレッサンドロ=ナンディーニ編集「ドムス」「モード」【伊】

ウィノグランド パブリック・リレーションズ

ウィノグランドp[パブリック・リレーションズ],R.メイプルソープ,NYのギャラリー・キッチンで「エロティック・ピクチャーズ」展【米】

D

ミハルコフ ソビエト映像

リリアーナ・ガヴァーニ監[善悪の彼岸]【伊仏独】,ワイダ監[大理石の男]【波】,ヴェンダース監[アメリカの友人],ルーカス監[スターウォーズ],スピルバーグ監[未知との遭遇]【米】,ミハルコフ監[機械じかけのピアノのための未完成の戯曲]【ソ】
久保田成子v[階段],山本圭吾v[手]【日】
ダイアン・キートン主演[アニー・ホール](W・アレン監)【米】
スティーブン・ベントン[結晶のはじまり]【米】
河口洋一郎[グロース]シリーズ開始【日】

SFX スターウォーズ 未知との遭遇

E

バードウィッスル曲[室内オーケストラのためのシルビー・エア]【米】

西村朗・広瀬量平

西村朗曲[ヘテロフォニー],広瀬量平曲[尺八と管弦楽のための協奏曲]【日】
小泉文夫『日本の音』【日】
バランシン振付バレエ[皇帝円舞曲]【米】
ベルナール・ドルト演[危機の演劇]【仏】
尾上松緑,坂東玉三郎[オセロー]【日】
東京乾電池結成【日】
大野一雄[ラ・アルヘンチーナ](演出・土方巽),天児牛大[アマカツ頌]【日】
ホブソン,アール,スパニア,脳波を変換して光と音と結ぶ[ドリーム・ステージ]【米】
L・アンダーソンの誤聴芸術[線の歌/波の歌]【NY】
レインディアー・バーク[ビヘイヴィア・ランド]【L】

新幻想派

A

S・T・ウォーナー『妖精たちの王国』,トールキン『シルマリルの物語』【英】
ファウルズ『ダニエル・マーティン』【英】
ジャン=エルテン・アリエ『先に寝たやつ相手を起こす』【仏】
ジャン・ピエロ『デカダンスの想像力』【仏】
グラス『ひらめ』【西独】
デレンバッハ『鏡の物語』【瑞】

シルコウ 悲しきインディアン

トニ・モリソン『ソロモンの歌』,ジャック・フィニイ『夜の冒険者』,アリス・ウォーカー『メリディアン』,レスリー・M・シルコウ『悲しきインディアン(セレモニー)』,ウイリアム・H・ハラハン『亡命詩人,雨に消ゆ』,ロビン・クック『コーマ・昏睡』,マキシー・ホン・キングストン『アメリカの中国人』,スチュアート・カミンスキー『虹の彼方の殺人』,ジョン・チーヴァー『ファルコナー』【米】
グギ・ワ・ジオンゴ『血の花弁』【ケニア】

B

宮本輝『螢川』,水上勉『金閣炎上』,中上健次『枯木灘』,島尾敏雄『死の棘』【日】
小林秀雄『本居宣長』【日】
秋元不死男『甘露集』【日】
馬場あき子『桜花伝承』【日】
高橋康也『ノンセンス大全』【日】
矢川澄子『わたしのメルヘン散歩』,荒俣宏『別世界通信』【日】

中上健次・枯木灘 荒俣宏・別世界通信

C

E・ドレー『アメリカン・ジャーナル』【米】
「ポパイ」,「MORE」,「クロワッサン」創刊【日】
世界無線通信主管庁会議の開催(放送衛星業務の国際的調整)
開発途上国,直接衛星放送用周波数配分を票決(WARC特別会議)

自由ラジオ運動

自由ラジオ運動開始,緑のラジオ【仏】
テレビ番組からコメディー番組を追放【韓】
静岡県富士市でヘドロ公害

D

パソコン・ホビイストの時代【米】
モンタナ,パリで作品発表(トップデザイナーの地位を築く)【仏】

モンタナ

山口小夜子

山口小夜子,「ニューズウィーク」で世界のトップモデルに【日】
ケンゾー,ギリシアのニンプ・ルック発表【日】
榎美沙子,日本女性党の敗北【日】
徳大寺有恒『間違いだらけのクルマ選び』【日】
カラオケブーム【日】
鴨川つばめ「マカロニほうれん荘」,石井隆「天使のはらわた」【日】

E

家庭用TVゲーム専用機アタリVCS発売,アドヴェンチャーゲーム「ゾーク」発売【米】
マイルドセブン,ジャスピンコニカ【日】
初のデジタル・シーケンサー「ローランドMC8」発売【日】
ブルック・シールズ出演[プリティ・ベイビィ]【米】,大林宣彦監[ハウス]【日】

韓国トロット 李成愛カスマプゲ

李成愛『カスマプゲ』【韓】
クラッシュ,ダムド,ストラングラーズなどパンクバンド【L】
リチャード・ヘル[ブランク・ジェネレーション],テレビジョン[マーキームーン]【NY】

歌 勝手にしやがれ 津軽海峡冬景色

沢田研二[勝手にしやがれ],石川さゆり[津軽海峡冬景色]【日】
中島みゆき[わかれうた]【日】
王貞治,本塁打世界記録【日】

パンク・ロック登場

企業に対して理由のない、突発的な恐怖を感ずる人たちが増えている。
［ハーバード・ビジネス・レヴュー］編集者デビッド・ユーイング

ついに人類史は試験管ベビーを体験し、明日なきバイオテクノロジーの開発に突っこむ。

1978
昭和53

渦巻く中東

1 04「中東和平3原則」,(カーター・サダト)
シーア派の聖都コムで反政府デモ(イラン革命の発端)【イラン】
2 03「アフリカの角」,緊迫化(エチオピア軍,ソマリア陣地を爆撃)
14 米政府,イスラエル・エジプト・サウジアラビアに戦闘機売却を発表

米韓合同演習

3 05 4人首相制の暫定政府発足【ジンバブウェ】
07 米韓両軍10万人が合同演習

都市ゲリラ 赤い旅団 モロ前首相誘拐

16 都市ゲリラ「赤い旅団」モロ前首相誘拐【伊】

4 14 グルジア語公用化の未規定に抗議デモ(グルジア共和国)【ソ】
27 軍部クーデター(タラキ革命評議会)【アフガン】
5 01 中国系住民の国外脱出急増【越】
05 華国鋒首席,北朝鮮を公式訪問【中】
08 ソウル大で大規模な反政府集会【韓】
11 コンゴ民族解放戦線が侵入【ザイール】
20 新東京国際空港,厳戒下に開港【日】
6 05 鄧小平副首相,ベトナムの親ソ姿勢批判【中】
15 ロッキード汚職でレオネ大統領辞任【伊】

7 01 レバノン駐留のシリア軍とレバノン右派衝突
03 対ベトナム援助を全面停止【中】
07 EC首脳会議,対米ドル共同フロート制度創設
8 07 無血クーデター(グラシア将軍)【ホンジュラス】
26 ユーゴと長期経済・科学技術協力協定【中】
9 05 キャンプ・デービッド会談(カーター・サダト・ベギン)

ホメイニ・コール

08 ホメイニ帰国要求の10万人デモ【イラン】
16 大統領にハク将軍【パキスタン】

サンディニスタ

22 サンディニスタ民族解放戦線,ソモサ大統領に対する臨時政府樹立【ニカラグア】

中東和平会談 カーター、サダト、ベギン

ソロモン諸島 トゥバル、ドミニカ **独立**

10 01 ヨルダン川西岸とガザ地区のパレスチナ人市町村長ら,キャンプ・デービッド合意拒否
03 リビアと原子力発電設備供給協定,仏と高速増殖炉の技術協定【ソ】
パリ亡命中のホメイニ中心に反国王統一戦線結成【イラン】
11 01 緊急ドル防衛策(為替市場へ介入)【米】
02 ベトナムと25年間の友好相互援助条約【ソ】
03 英領ドミニカ島独立(ドミニカ連邦)
05 アラブ連盟20カ国首脳会議,キャンプ・デービッド合意を非難
06 アズハリー首相就任(軍政移行)【イラン】
15 天安門事件を革命的行動と逆転評価,文革・毛沢東批判の壁新聞出現【中】
12 03 反ポル・ポト(ヘン・サムリン師団長),カンボジア救国民族統一戦線結成【カンボジア】
05 アフガニスタンと友好善隣協力条約【ソ】

アラブ12カ国首脳会議

大平正芳内閣

07 第1次大平内閣【日】
10 国王退陣要求,2000万人のデモ(31パハレヴィー,国外退去)【イラン】
◉ この年から南北イエメン紛争(～79)

ハイテク・バイオ

A 宇宙貨物船「プログレス」,有人宇宙船「ソユーズ27号」,宇宙基地「サリュート6号」のドッキング成功【ソ】,パイオニア金星号,海洋観測衛星「シーサット」【米】
ATR原形炉「ふげん」臨界【日】
初の試験管ベビー(オールダム総合病院)【英】
1MOSプロセス技術(IBM)【米】
高光度純緑色Cap発光ダイオード(スタンレー電気)【日】

試験管ベビー誕生

B H・サイモン,AIシステム「ベーコン」開発開始【米】
B・クランストン,D・ブルックリン「VisiCalc」,C・ウェイン・ラトリフ「Vulcan(dBASEII)」開発【米】
スーパーコンピュータHITAC「M-200H」発売(日立)【日】
16ビット「i8086」(インテル)【米】
8ビットマイコン,「M100/203/223」(ソード),「ベーシックマスターL-1」(日立)【日】

日本語ワープロ 森健一 JW-10

森健一,漢字カナ文字変換日本語ワープロ「JW-10」開発(東芝)【日】
密着型イメージセンサ開発(電電公社)【日】
VHD/AHD方式(ビクター)【日】,CD方式DAD(フィリップス)【米】,ビデオディスク開発
JAPIO(日本特許情報機構),データベース・サービス開始【日】
日本初の実験放送衛星「ゆり」を米で打上げ【日】

C 「ノラ=マンク・レポート」発表【仏】
TRANSPAC網の商用サービス(PPS)開始【仏】
CNCP,パケット交換と回線交換サービス両機能のINFOSWITCH開始【加】
日米間でファクシミリ通信開始【日米】
テレビ音声多重放送本放送,高品質TVのYC分離伝送方式実験開始(NHK)【日】

ノラ=マンク レポート

INS構想の提唱

キャプテン開発発表(郵政省)【日】
INS提唱,東生駒Hi-OVIS,FAX販売,転送電話・自動車電話(電電公社)【日】
航空路線,航空料金の自由化【米】
成田新国際空港,開港【日】

初の婦人白書

D **ドル防衛宣言**

日・西独・瑞,300億ドル協調市場介入
カーター大統領,ドル防衛宣言【米】
シベリア天然資源総合開発長期計画【ソ】
初の婦人白書まとまる【日】
種苗法改正(品種特許保護,種子革命)【日】
シベリア船籍タンカー,ブルターニュ沖座礁(最悪の海水汚染)【仏】
NO_2環境基準大幅緩和,大型車騒音許容量限度告示【日】
円の急騰,200円突破【日】
東京スモン訴訟で患者側勝訴【日】

E 企業買収額1億ドルこえる【米】
J&J,診断用映像器参入(テクニケア買収)【米】
ウエラ・インターナショナル,世界4地域制に組織編成【西独】
トヨタ,売上2.6兆円突破【日】
永大産業,1800億円倒産【日】
呉三連,南聯国際貿易設立(南紡グループ発展)【台湾】
バイオジェン・N・A設立【蘭】,ソフトウェア・アーツ設立【米】

トヨタ2.6兆

キャンディーズ解散、ピンクレディ出現。UFO、吉里吉里、スペースインベーダー。

1978

ソフト・サイエンス

A
重力波存在の証拠発表(マサチューセッツ州立大学電波天文学チーム)【米】
クリスティ,冥王星に衛星を発見(「カロン」と命名)【米】
[ワインバーグ&サラムの統一理論]【米】
C・セーガン『エデンの恐竜』【米】
R・テーラー,電磁力と弱い相互作用を統一する理論の実験結果を発表【米】
ドゥリーニュ,ヴァイル-,リーマンの予想を解決【仏】
H・ハーケン『協同現象の数理』【独】

B
ヒト・インシュリン合成
ギルバートら遺伝子組換えによってヒト・インシュリン合成【米】
ミッチェル 生体の化学伝達
ミッチェル,生体エネルギーの伝達を証明する化学浸透理論【英】
アーバー,ネーサンズら制限酵素の発見と応用【瑞米】
清水博『生命を捉えなおす』【日】
ソープ生命論
シナジー ハーケン 清水博
W・H・ソープ『生命=偶然を超えるもの』【英】
デイビッド・ハル『社会生物学』【米】
ハミルトン,クラベンス『進化の勝利:アメリカの科学者たちと遺伝環境論争』【米】,奥井一満『狂ったホモサピエンス』【日】
『バイオエシックス百科辞典』(ジョージタウン大)【米】

C
H・パットナム『意味と精神科学』【米】
ジャン・クラブルール『精神医学のセミオロジー』【仏】
S・ソンタグ『隠喩としての病い』【米】
S・コスリン『イメージと内的表象』【米】
D・デネット『ブレインストーム』
N・バズ,F・ヴァレラ『自己と無意味』
J・アレン『LISPの構造』【米】
ディック『機能文法』【蘭】
J・ノイバウアー『象徴主義と記号論理学』【独】

D
エントロピーの経済学
H・ヘンダーソン『エントロピーの経済学』【米】
ロストウ『21世紀への出発』【米】
玉野井芳郎『エコノミーとエコロジー』【日】
O・E・クラップ『情報エントロピー』【米】
M・ボテンバーグ『逸脱のアルケオロジー』
ラカトシュ『方法の擁護』【英】
J・ザイマン『科学理論の本質』【英】
E・W・サイード『オリエンタリズム』【米】
ヘイドン・ホワイト『言説の回帰線』【米】
B・バブコック編『さかさまの世界』【米】
E・O・ウィルソン『人間の本性について』【米】
ジラール『世の始めから隠されているもの』,『ミメーシスの文学と人類学』【仏】
N・グッドマン『世界のつくり方』【米】
柄谷行人『マルクスその可能性の中心』【日】
L・フィードラー『フリークス』【米】

E
ホロン革命
A・ケストラー『ホロン革命』【英】
J・ミラー『生きているシステム』,G・レオナード『サイレント・パルス』,サイモントン『がんのセルフコントロール』,ジョン・リリー『サイエンティスト』【米】
コリン・ウィルソン『ミステリーズ』【英】
クリシュナムルティ【印】,デビッド・ボーム『生の全体性』【米】
無縁・公界・楽
網野善彦『無縁・公界・楽』,小松和彦『神々の精神史』,西田長男『神道史研究』【日】
ガイアナ人民寺院事件【米】
阿含宗設立(名称変更)【日】

モダンの解体

A
バートレット
シュナーベル
ジェニファー・バートレットらによる[新しいイメージ絵画展],引用による作品展[芸術についての芸術展]【NY】
メアリー・ブーン画廊のオープニング展にシュナーベル個展【NY】
ロバート・ザカニッチ画[閃光],ジム・ダイン画[マンハッタン島の絵],セバスチャン・マッタ画[結びの中心]【米】
キース・ソニア[RA SELLⅢ]【米】
アンドレ・シャステル『寓話,形態,形象』【仏】

B
鈴木千久馬画[白いレース],麻田鷹司画[宗像杜沖島],吉岡堅二画[黒鳥屏風]
篠原勝之画[八月がくるたびに]【日】

C
間展 磯崎新 武満徹
磯崎新企画構成[日本の空間-時間-間展](武満徹ら参加)【P】
ベルナール・チュミ「アーキテクチュアル・マニフェスト」【NY】
ノーマン・フォスター設計[ノーストアングリア大学セインズバリー・アートセンター]【シドニー】
レム・クールハウス『錯乱のニューヨーク』【蘭】
P・クック,[アルカディア計画]発表【英】,シャロウン設計[ベルリン国立図書館]【独】
A・アアルト設計[リオラ・ディ・ヴェルガート教区教会],I・M・ペイ設計[ナショナル・アートギャラリー東館],チャールズ・ムーア,アーバン・イノヴェイションズ・グループ設計[イタリア広場の泉],フランク・ゲリー設計[自邸]【米】
カポリオーロ ブティック・バルバス
ジジ・カポリオーロd[ブティック・バルバス店舗]
日本グラフィックデザイン協会設立【日】
シャーコフスキー企画[1960年代以降の写真/鏡と窓]展【米】
シャーマン
シンディ・シャーマンp[アンタイトルド・フィルム・スチール]シリーズ開始,ジョン・ディボラp[ズマ]シリーズ【米】
森永純 河・累影 写真集
森永純p[河-累影]【日】
深瀬昌久p[洋子]【日】
スーザン・ソンタグ『写真論』【米】
辻村ジュサブローd『王女メディア衣装』【日】
バロルスキー『とめどなく笑う』【米】

D
ベルイマン監[秋のソナタ]【典】
エルマンノ・オルミ監[木靴の樹]【伊】
ディア・ハンター マイケル・チミノ
マイケル・チミノ監[ディア・ハンター],リンチ監[イレイザー・ヘッド]【米】,オラ・バログン監[黒い女神]【ブラジル・ナイジェリア】
石井聰亙監[狂い咲きサンダーロード],東陽一監[サード]【日】
女の映画祭開催,[国際ビデオアート展]【日】

E
舞踏=芦川羊子 田中泯,天児牛大
ジャン=クロード・エロワ曲[楽の道]【仏】
パリ・オペラ座音楽監督にシルヴィオ・ヴァルヴィーゾ就任【仏】
ピーター・ホール演[アマデウス]【英】
ルイ・バロー劇団[サド侯爵夫人]【仏】
渡辺えり子らの劇団200が旗揚げ,オンシアター自由劇場[上海バンスキング]【日】
芦川羊子[闇の舞姫12態],田中泯DRIVEシリーズ,天児牛大(山海塾)[金柑少年]【日】

ハイパーリアリティ

A
ケン・フォレット
アーヴィング ガープの世界
ケン・フォレット『針の眼』,アンソニー・グレイ『毛沢東の刺客』【英】
ビュトール『ブーメラン』,コルバン『娼婦』【仏】
ジョン・アーヴィング『ガープの世界』,スティーブン・キング『シャイニング』,ポーラ・ゴスリング『逃げるアヒル』,ウィリアム・L・デアンドリア『視聴率の殺人』
デビッド・マローフ『イマジナリー・ライフ』【豪】,レオノール・フィニ『夢先案内猫』【アルゼンチン】
杜鵬程『延安を衛れ』【中】
A・S・タクディル・アリシャバナ『戦争と愛』【インドネシア】

B
吉行淳之介『夕暮れまで』,宇佐美英治『石に聴く』,川崎寿彦『鏡のマニエリスム』【日】
小林久三『皇帝のいない八月』,帚木蓬生『カシスの舞い』,井上ひさし『吉里吉里人』【日】
橋本治・栗本薫
橋本治『桃尻娘』,小林信彦『唐獅子株式会社』,栗本薫『ぼくらの時代』【日】
入沢康夫『かつて座亜謙什と名乗った人への九連の敬文詩』【日】
沢木耕太郎 テロルの決算
高田宏『言葉の海へ』【日】
沢木耕太郎『テロルの決算』【日】

C
スペースインベーダー
「オムニ」【米】,「Voice」創刊【日】
「新マス・メディア宣言」(ユネスコ総会)
八重洲BC
八重洲ブックセンター開店【日】
ツヴェンデンドルフ発電所,住民投票により稼働否定【墺】
小関三平『風俗の人学』,堀江邦夫『原発ジプシー』【日】
「嫌煙権確立をめざす人々の会」結成【日】

D
エイズ患者が確認される【米】
テクノカットの登場【L】
ジァンニ・ヴェルサーチェ独立【伊】
ラルフ・ローレン「プレーン・ルック」発表【NY】
高田賢三,海賊ルック発表【日】
池袋にサンシャイン60完成【日】
スペースインベーダー(タイトー社)登場【日】
綿の国星 うる星やつら
大島弓子「綿の国星」,高橋留美子「うる星やつら」【日】
はるき悦巳「じゃりんこチエ」,諸星大二郎「孔子暗黒伝」,「ぶーけ」「マンガ奇想天外」創刊【日】

E
J・トラボルタ主演[サタデー・ナイト・フィーバー](日本にディスコブーム)【米】
ウルトラ・ヴォックス[システム・オブ・ロマンス],スージー・アンド・ザ・バンシーズ[スクリーム]【英】,ディーボ[アー・ウィ・ノット・マン?ウィ・アー・ディーボ!]【米】
「ファクトリー」「4AD」などのインディペンデント・レーベルが設立される【英】
サザン・オールスターズ[勝手にシンドバット],ピンクレディー「UFO」爆発的人気,泉谷しげる[80のバラッド],キャンディーズ解散【日】
青木功・西武ライオンズ誕生
西武ライオンズ誕生【日】,青木功,世界マッチプレー選手権優勝【日】

瞬間に、永遠のリアリティを体験し、時間を超越することが、二〇世紀の時間の問題の核心的位置を占めている。
ダグラス・K・ウッド

アメリカの原発事故とソ連のアフガン侵攻。
米ソのかかえる矛盾の水面下、実は
エイズが登場を待っていた。

1979
昭和54

渦巻く中東

イラン革命 イスラム共和国

1 01 中国と国交回復(台湾と断交)【米】

ポル・ポト倒壊

07 ベトナム軍と救国民族統一戦線がプノンペン制圧(人民共和国樹立)【カンボジア】
16 パハレヴィー、エジプトに亡命
29 国後、択捉両島にソ連軍駐留(基地建設)

2 01 ホメイニ帰国(11革命勢力、勝利宣言)
16 ベトナムと平和友好協力条約【カンボジア】
17 中越戦争発生(ベトナムに侵攻)【中】
26 バクチアル首相、国外脱出(バザルガン首相の暫定革命政権樹立)【イラン】

3 12 中央条約機構(CENTO)脱退(30イスラム共和国発足)【イラン】
30 共産党大会で「第3の道」採択【伊】

4 03 中ソ友好同盟相互援助条約を破棄【中】
06 ベトナム軍、ポル・ポト軍撃滅の大攻勢
11 ウガンダ民族解放戦線・タンザニア軍、首都制圧(アミン、国外脱出)
タイ越境のカンボジア難民急増(8万人か)
民主化要求の学生デモ全国化【ネパール】

保守サッチャー

5 03 保守党サッチャー、首相就任【英】
04 左翼過激派、ロメロの圧政廃止要求【エルサルバドル】
29 イスラム教徒軍、政府軍と戦闘【アフガン】

6 01 ジンバブウェ・ローデシア共和国発足
26 ペルーとニカラグアが断交

東京サミット

28 東京サミット開催
03 南部アフリカ開発調整会議開催

ニカラグア FSLN臨時政府

セントルシア、キリバス
セントビンセント・グレナディーン
独立

7 17 ソモサ亡命(19サンディニスタ民族解放戦線、政府樹立)【ニカラグア】
20 インドシナ難民会議(国連)
フセイン革命評議会副議長、大統領に【イラク】

8 15 ヘン・サムリン政権、ポル・ポトが300万人の市民虐殺と破壊寺院2800と発表(ポル・ポトとイエン・サリに死刑判決)【カンボジア】
社会・共和・DC3党によるコシガ内閣成立【伊】

9 10 新民党総裁金泳三、朴政権打倒宣言【韓】
20 クーデター(ボカサ皇帝追放)【中央ア】
カダフィ、在外公館占拠を呼びかけ【リビア】

ソ連のアフガン侵攻

10 15 クーデター(ロメロ逃亡)【エルサルバドル】
25 南イエメンと20年間の友好条約【ソ】
25 カタロニア・バスク自治綱領【西】
26 朴大統領射殺【韓】

11 04 米大使館占拠(06革命評議会、ソ連との友好条約破棄)【イラン】
20 シーア派武装集団、カーバ神殿占拠【サウジアラビア】
06 北京の「民主の壁」閉鎖【中】

全斗煥 クーデター 実権掌握

12 全斗煥、クーデターで実権掌握【韓】

12 18 「あらゆる形式の女性差別を国際法違反とする」(国連総会)
27 ソ連の軍事介入でクーデター発生(アミン処刑、カルマル全権掌握)【アフガン】
美麗島事件(政府弾劾集会が暴動

ハイテク・バイオ

スリーマイル島 原発事故

A 「ボイジャー1号」、木星輪、イオの火山活動撮影、「パイオニア11号」、新土星輪発見【米】
スリーマイル島原発事故【米】
J・H・マカレア、バイオチップMoltonの概念発表【米】
東芝、音声タイプライター試作【日】
ルクセンブルク放送、ルクサット計画発表

B 第5世代コンピュータ開発用高級プログラミング言語開発(エジンバラ大学)【英】
超_SI1メガビット・ダイナミックRAM試作(IBM)【米】
ポータブル市場参入(IBM)【米】
3Eシリーズとパソコンを接続する高速LAN開発(AT&T)【米】
16ビットマイコン「i8086」(ザイログ)、「MC68000」(モトローラ)【米】
R バーナビー、ワープロソフト「WORDSTER」開発(マイクロソフト)【米】
国産初のAI専用コンピュータ「FACOMα」発売、日英・英日自動翻訳システム開発(富士通)【日】

PC-8001 人気パソコン登場 日本電気

パソコン「PC-8001」発表(日電)【日】
「書院(WD-3000)」発表(シャープ)【日】

光ファイバー時代

C 光ファイバー大容量電送成功(電電公社)【日】
ビデオテックス商用開始(プレステル)、データベースアクセスサービス開始(テレパックへ)【英】
ケミカル・アブストラクト、オンライン・データベース・サービス開始【米】、データベース・サービス業連絡懇談会発足【日】

DDXサービス

キャプテン実験、DDX網サービス、漢字オンラインサービス開始【日】、文字多重放送開始【仏】、自動車電話開始、コードレス電話発表【日】
ハイブリッド方式文字放送発表(NHK)【日】
リニアモーターカー、時速504km(国鉄)【日】

オイルショック❷

D 第2次オイルショック(イラン革命、石油高騰)
新通貨制度EMS発足【欧】
為替管理、40年ぶりに全廃【英】
新経済政策【ソ】、4経済特区【中】
経済安定化総合施策(初のマイナス成長)【韓】

NIES 第3世界の新興工業国

NICS(後のNIES)の名称登場(OECD『新興工業国の挑戦』)
工業化第二段階(ハイテク産業の高付加価値化へ)【シンガポール】
自動車年産20万台国家プロジェクト開始【台湾】
省エネルギー法施行、滋賀県の合成洗剤追放条例可決【日】

E USスチール、13工場閉鎖・13000人解雇【米】
アイアコッカ、クライスラー会長に就任【米】
三菱重工・石川島播磨・川崎重工、ロールスロイス社と航空機エンジン共同開発交渉【日英】
東洋工業とフォード、三菱自動車とクライスラー資本提携【日米】
李嘉誠グループ、ハチソン・ワンポア、ハスキー・オイル買収【香港】
大手スーパー5社、初めて経団連入会承認【日】

ホンダ・オハイオ

本田技研、オハイオ州に二輪車工場【日】

日本にもやっとワープロとパソコンの登場。
テクノポップは
歩きながらのウォークマンで。

1979

秩序と無秩序

A

ブロデ作用

生命飛来説
ホイル,ウィックマラシンジ『生命は星雲からやってきた』【英】
銀河系の中心にブラックホール発見(カリフォルニア工科大)【米】

グルーオン検出
レーダーマン,「グルーオン」検出【米】
クリッツィング,量子ホール効果発見【独】
レイ【米】,丹生【日】ら荷電2をもつ新しいY粒子を発見と発表,ベル・マオ,水素に170万気圧をかけて結晶づくりに成功【米】
スロウィンスキー,ネルソン,超高速コンピュータにより13,395桁の素数を発見【米】

B

左巻DNA発見
A・リッチ,左巻DNAを発見【米】
シソル=ボナンベルマ,約46億年前の隕石からアミノ酸検出【米】
バレルら,人間のミトコンドリアの遺伝子暗号に「方言」を発見,ブレディ『生物時計』【英】
プリゴジン,スタンジェール『混沌から秩序へ』【白仏】
E・スティール,分子的ラマルキズム提唱【豪】
コーマックら,コンピュータ制御X線断層撮影装置を開発(脳神経X線診断に新分野)【米】

C

異才 デビッド・マー ホフスタッター
J・ハナ『ダンスは人間らしい一非言語的伝達の論理』【米】
J・ワイルガート『aUI』【英】
H・ベルリナー,バックギャモン・プログラムBKB9.8開発(人の世界チャンプに勝つ)
P・マコーダック『コンピュータは考える』,デビッド・マー『視覚情報の表象と計算』【米】
D・R・ホフスタッター『ゲーデル・エッシャー・バッハ』【米】
M・ミンスキー『心の社会』【米】

甘利俊一 神経の数理
甘利俊一『神経回路網の数理』【日】
コリン・マッケイブ『ジョイスと言語革命』【英】
U・エーコ『読者の機能』【伊】

中村雄二郎 共通感覚論
中村雄二郎『共通感覚論』【日】
松岡正剛『自然学曼陀羅』【日】
C・ブラッカー『あずさ弓』【英】
川田順造『サバンナの博物誌』【日】

D

科学と知識社会学 科学と日常性の文脈
ウォーラースティン『資本主義世界経済』【米】
村上陽一郎『科学と日常性の文脈』【日】
J・リオタール『ポスト・モダンの条件』【仏】
G・ベイトソン『精神と自然』【米】
ポール・ド・マン『読むことのアレゴリー』【白→米】
リチャード・ローティ『哲学と自然の鏡』,F・ジェイムソン『攻撃の寓話,ウィンダム・ルイス』【米】
F・ブローデル『物質世界・経済・資本主義15〜18世紀』完成【仏】
村上・公文・佐藤『文明としてのイエ社会』【日】

蓮実重彦 表層批評宣言
蓮実重彦『表層批評宣言』【日】

E

ガイア・生命潮流
L・ワトソン『生命潮流』【モザンビーク→英】
ラブロック『ガイア』【英】
ロイ・ラパポート『生態学,意味,宗教』【米】
カーモード『秘儀の発生』【英】
コルドバ国際シンポジウム「科学と意識」

新表現主義

A

レオ・カステリ画廊 メアリー・ブーン画廊
オリーバ「フラッシュ・アート」誌に「イタリアン・トランスアバンギャルド」執筆【伊】
キア,クッキらによる[わざと作られた作品展]【伊】
[アフリカ芸術展]【独】
シュナーベル個展(メアリー・ブーン画廊,レオ・カステリ画廊),画[患者と医者]【米】
ロバート・シェクナー画[同じ姿],フィリップ・ガストン画[敷物]【米】

アリス・エイコック
アリス・エイコック作[世界を作る機械]【米】
ポンピドー・センター「パリ-モスクワ1900〜1930展」【P】
P・コワルスキー[タイムマシーン]【NY】
ジム・ホワイティング[ブーボーイ・マシーン][ビジネス・マシーン]【英】
「SOUND」展(現代芸術研究所,プロジェクト・ステュディオス1)【米】

B

小清水漸,彦坂尚嘉,最上寿之の[木との対話展](西武美術館)【日】
[遊びの博物館-ひろがる視覚世界]展【日】
野村仁[ムーンスコア]【日】

C

ジョルジア・ベルモ,クリスチャン・ド・ポルザムパルク設計[オート・フォルム街の集合住宅]【P】,アルド・ロッシ設計[世界劇場]【伊】
トマス・ビービー設計[トリ・ステート・センター],キンボール,ワイズデル設計[マディソン・スクエア劇場],R・マイヤー設計[アセニーアム]【米】
アジア建築家連盟発足【香港・印・比など】
長谷川逸子設計[徳丸小児科],石井和紘設計[54の屋根]【日】
ギーガーのSFX[エイリアン]【瑞・米】
柏木博『近代日本の産業デザイン』【日】
石岡瑛子dパルコのポスター【日】

キムラカメラ 木村恒久写真構成
木村恒久p[キムラカメラ]【日】
ジョエル・メイエロウィッツp[ケープライト]【米】

D

ウディ・アレン監[マンハッタン],シュレンドルフ監[ブリキの太鼓],ファスビンダー監[マリア・ブラウンの結婚]【独】

リドリー・スコット
リドリー・スコット監[エイリアン],コッポラ監[地獄の黙示録]【米】
柳町光男監[十九歳の地図],長谷川和彦監[太陽を盗んだ男]【日】
R・エイブルCG[ブラックホール]のタイトルバック,エムシャウィラーCG[サンストーン],トリプルCG[テーブルの上のオレンジ]【米】,原田大三郎「レーザーライトショー」【日】

E

アルス・エレクトロン
ベルクの[ルル]の未完部分がフリードリヒ・チェルハにより補完,全曲版の初演【P】
リンツのブルックナー音楽祭でアルス・エルクトロンが始まる【墺】
富田勲曲[エレクトロニクス・オペラ],松村禎三曲[ピアノ協奏曲第2番]【日】
蜷川幸雄演[近松心中物語]【日】

野田秀樹 夢の遊眠社
北村想演[寿歌],夢の遊眠社[少年狩り],太田省吾作演出[抱擁ワルツ](転形劇場)【日】
ローリー・アンダーソン[ユナイテッド・ステイツ]【NY】
サバイバル・リサーチ・ラボラトリーズ[マシーン・セックス]【米】

ハイパーリアリティ

A

ガードナー『裏切りのノストラダムス』,アーチャー『ケインとアベル』【英】
T・タナー『姦通の文学』【英】
エンデ『はてしない物語』【西独】

トム・ウルフ ライト・スタッフ
トム・ウルフ『ライト・スタッフ』,ウィリアム・スタイロン『ソフィーの選択』,ジョーン・ディディオン『白いアルバム』,ジョゼフ・ヘラー『輝けゴールド』,フィリス・アイゼンシュタイン『妖魔の騎士』,バリー・ハナ『空に浮かぶもの』,シャーリイ『トランスメニアコン』,バース『手紙』【米】

B

同時代ゲーム
大江健三郎『同時代ゲーム』【日】
村上春樹『風の歌を聴け』【日】
阿刀田高『ナポレオン狂』,福田洋『凶弾』,冥王まさ子『ある女のグリンプス』,赤川次郎『三毛猫ホームズの追跡』【日】
荒巻義雄『神聖代』,石川喬司『世界から言葉をひけば』【日】
重兼芳子『やまあいの煙』【日】
佐佐木幸綱『火を運ぶ』【日】

折々のうた 大岡信連載へ
大岡信『折々のうた』(朝日新聞)開始【日】

C

「モード」創刊【伊】
コミックアート誌「RAW」創刊【米】
「広告批評」,「夜想」創刊【日】
音声多重放送開始【日】
ホメイニ師がテレビ・ラジオでの音楽放送を禁止【イラン】
ラングーンで国営総合デパート開店【ビルマ】
ブライアン・アレン操縦士の入力飛行機「アホウドリ号」,ドーバー海峡を渡る【米】

全宇宙誌 松岡正剛 杉浦康平
松岡正剛編集『全宇宙誌』(d杉浦康平)【日】

D

ウォークマン・PC・デジタル時計
マザー・テレサ,ノーベル平和賞受賞【印】
アフガニスタン婦人革命同盟設立【アフガニスタン】
リサ・ライオン,第2回世界女性ボディビル大会で優勝【英】
C・クラインなどキャリア服のデザイナーブランドが人気【NY】
カール・ラガーフェルト,「羊飼いドレス」発表【独】
ジーン・セバーグ自殺【米】
初の国公立大学共通一次学力試験実施【日】
東郷健『雑民の論理』【日】
高校生祖母殺害事件【日】
草森紳一『絶対の宣伝』【日】
パソコンが一般化,ウォークマン,デジタル時計が流行【日】

E

最初の高度アドヴェンチャー・ゲーム「ミステリーハウス」発売【米】
J・A・ロメロ監[ゾンビ]【伊】
J・ミラー監[マッドマックス]【豪】

YMO 細野晴臣,坂本龍一 高橋ユキヒロ
PIL[メタル・ボックス],チューブウェイ・アーミー[レプリカス]【英】,ビリー・ジョエル「マイ・ライフ」【米】
ヴァンゲリス[チャイナ]【希】,YMO[ソリッドステイト・サバイバー]【日】
セックス・ピストルズのシド・ビシャス麻薬死【英】

山口百恵ブーム
山口百恵が全盛,八代亜紀「舟歌」,さだまさし「関白宣言」【日】
初の公式女子マラソン開催【日】

ソフト・テクノロジーは、すべての利用可能なエネルギー源の中でもっとも経済的であり、良質の仕事を数多く提供してくれる。
ハーバード・ビジネススクールのレポート

輪郭の発生
文様と図標
意味の保存へ
記録の構想
契約と学習
記憶の変換
分岐と伝播
変転する世界
知識の交流
情報の自立
都市と物語
内省か観察か
時代の認識
回遊する夢
主観と客観
再生する宇宙
構造と運動
啓蒙の波及
技術と直観
速度への挑戦
私有と競争
拡大する情報
国家と企業
印象の主張
光速と量子
思索と戦争
爛熟する文化
経済の問題
実存と自由
欲望の開発
対立と制御
環境の変貌
混沌と創造

混沌と創造 1980〜1989

CD、ミニテル、五世代コンピュータ。
〝第三の波〟は電子家庭をつくれるか。

ニューペインティングとアーティフィシャル・キッズ。
頼りになるのはサイバーセンセーションだけ。

1980 昭和55

渦巻く中東

1 02 ソ連のアフガン侵攻に対ソ報復措置【米】
06 総選挙,ガンジー派勝利【印】
14 アフガンからのソ連即時撤兵決議(国連)
23 カーター,モスクワ五輪ボイコット表明,カーター・ドクトリン(対ソ中東政策)発表【米】
26 シナイ半島より第1次撤兵,対エジプト国交を樹立【イスラエル】
2 05 仏大使館をデモ隊破壊,大使帰国【リビア】
22 首都戒厳令,反ソ・スト激化【アフガン】

劉少奇回復

23 共産党5中全会,劉少奇の名誉回復【中】
27 武装左翼ゲリラ,米ドミニカ大使ら52人を人質にキューバ脱出【コロンビア】
3 01 安保理,イスラエルのヨルダン川入植地区からの退去を決議(国連)
09 内戦勃発,リビア介入【チャド】

ソマリア難民130万

4 06 難民130万人飢える【ソマリア】
07 人質事件の処理でイランと国交断絶【米】
10 中ソ友好同盟条約失効,中国更新拒否【中】
12 下士官グループのクーデターに,トルバード大統領暗殺【リベリア】
18 黒人のジンバブエ共和国独立【ローデシア】
25 イラン人質救出奇襲作戦,事故で失敗【米】

光州事件

5 18 光州市デモ激化,市民死者多数【韓】
28 バニサドル大統領,新国会開会【イラン】
6 12 大平首相,狭心症で急死【日】
22 初の衆参同日選挙,自民党大勝【日】
23 ベトナム軍,タイ領へ侵攻,ポル・ポト派難民を摘発【カンボジア】

女性大統領

30 女性初,フィンボガドティル新大統領【氷】

ジンバブエ バヌアツ 独立

7 01 ワルシャワでスト勃発,拡大【波】
05 奴隷制度廃止の発表【モーリタニア】

初の非核憲法 住民投票で採択

09 世界初の非核憲法【ミクロネシア・パラオ】
21 女性首相マリー・チャールズ就任【ドミニカ】
29 国連,イスラエルに全占領地区からの全面即時撤退決議,イスラエル国会は反発
30 バヌアツ共和国独立(ニューヘブリデス)

連帯成結

8 14 グダニスク大規模スト,統一組織結成【波】
18 シリア大使館員に国外退去命令【イラク】
27 全斗煥,新大統領に選出【韓】
29 反マルコス指導派の要求宣言【比】
31 自主管理労組「連帯」設立(委員長レフ・ワレサ),スト権保証などを政府が了承【波】

イラン・イラク戦争へ

9 07 華国鋒首相辞任,後任趙紫陽【中】
10 リビアと合邦を声明【シリア】
12 無血軍事クーデター,エブレン参謀長【土】
22 イラン・イラク戦争,イランの空港を爆撃,イランも報復爆撃,全面戦争へ発展【イラク】
10 28 リビアと外交関係断絶【サウジ】

レーガン大統領

11 04 ロナルド・レーガン,大統領当選【米】
20 4人組裁判開始【中】
12 23 総選挙,与党全議席独占【シンガポール】
27 アフガニスタン人,ソ大使館襲撃【イラン】

ハイテク・バイオ

A パイオニア1号が金星の1万m高山を,バイキング1号が火星の雲発見【米】
カーター,国際核燃料サイクル構想発表【米】
中性子爆弾成功【仏】
プルトニウム燃料国産化成功(動燃)【日】
2000m深海探査船「しんかい2000」完成【日】
遺伝子工学による新種微生物に初特許(GE開発のシュードモナス菌)【米】
インターフェロンを生産する新種バクテリア開発(バイオジン)【米】
ポール・マクレディ製作,太陽電池飛行機ゴッサマー・ペンギン号初飛行【米】

B 電子消去型プログラマメモリ(E2PROM)(インテル)【米】,高電子移動トランジスタ(富士通),256KビットDROM(日電,東芝,電電公社)開発【日】

IBM3081 汎用シリーズの最上位機種

「H-3081」(IBM)【米】,「ACON1000」(日電)【日】発表(超LSI使用,第4世代コンピュータ時代開始)
教育システム「Plato」商用サービス化,カラーグラフィックシステム「VS2/22」(CDC),ネグロポンティ,ムービーマップ開発(MIT)【米】
フレッド・ギボンス,「Pfsファイル」【米】,ソフト「AP-1」(ベーシック・システム)【日】
最大のニュース収集組織「アソシエーテッド・プレス」,オンライン・サービス開始【米】
CD開発(ソニー,フィリップス)【日米】

CD

C **ユーロネット**

ユーロネット,稼働開始(EC)
ミニテル,商用試験開始【仏】
テレメール・サービス開始(テレネット)【米】
LAN「Ethernet」(ゼロックス,DEC,インテル)【米】
FCC,第2次コンピュータ調査の裁定(通信サービスを「基本」と「高度」に区分)【米】
ビーズレイ報告書,電気通信網自由化とVANに関する勧告【英】
VAD極低損失広帯域光ファイバ開発,CCISD実験完了(電電公社),国際コンピュータアクセスサービス開始(KDD),CCNP告示【日】
有人リニア・モーターカー初浮上【日】

ミニテル

D 「国境を越えたデータ・フローに関するガイドライン」(OECD)発表
オイルマネー,1000億ドルこえる【米】
マイコン振興予算,2年で1500万ポンド計画,ロンドン市場で金価格高騰【英】
半導体日米貿易出超,自動車生産数アメリカを抜いて世界1【日】
台湾建設10カ年計画,新竹科学工業公園完成【台湾】
カーター,対ソ連穀物禁輸声明(食糧安全保障)【米】

キャッチアップ 自動車 半導体

E サービス産業型財閥エバーグリーン・インターナショナル急成長【パナマ】

USスチールのリストラ

USスチール,リストラクチャリング開始【米】
メトロ・グループ,国内肥料市場独占【タイ】
三星,ラッキー,金星,欧米での家電製品現地生産開始【韓】
富士通,日本IBMの国内売上高抜く【日】
トヨタ・フォード,日産・アルファロメオ・BMW提携【日米伊】
ファイゲンバウム,インテリジェネチックス社(AI社)を設立【米】

1980

秩序と無秩序

A

土星の環 ボイジャーの冒険

ボイジャー,土星の雲・衛星・渦縞・紫外線オーロラ・G環など発見【米】
コーネル大CESR,第5クォークbを含む中間子発見【米】
ライオネス,ニュートリノの質量を確認【米】
スタンフォード大のPEP(電子陽子衝突器)完成【米】

B

非自己 マトゥラナ ヴァレラ

ギルバート【米】,ワイスマン【瑞】,大腸菌でのインターフェロン量産に成功
J・クライン,遺伝子工学の手法で遺伝子の人体移植治療を行うと発表【米】,ジェローム,有機物質で初めて超伝導を実現と報告【仏】
H・マトゥラナ,F・ヴァレラ『自己制作と認識』【チリ】
C・パターソン『クラディスティクス』,S・グールド『パンダの親指』【米】
朝比奈正三郎『基準昆虫分類表』【日】

C

サール 心・脳・プログラム

S・M・コスリン『イメージと精神』,J・R・アンダーソン『知覚心理学とその含意』,サール『心・脳・プログラム』【米】
M・デニス『脳の単一半球における言語獲得:意味的組織』【米】

シービオク記号論

T・A・シービオク,J・シービオク『シャーロック・ホームズの記号論』【米】
佐々木斐夫『狂気と文化』【日】
C・ギアツ『ヌガラー19Cバリの劇場国家』【米】
B・T・ウッズ『イニシャル言語の神経学的基礎の観察』【米】
小林登『<私>のトポグラフィー』【日】
山口昌男『道化の宇宙』【日】
ジョン・アーウィン『アメリカン・ヒエログリフィックス』【米】

D

第三の波

加護野忠男『経営組織の環境適応』【日】
A・トフラー『第三の波』【米】

ミル・プラトー

ルーマン『社会システム理論の視座』,セール『パラジット』,クリステヴァ『恐怖の権力』,ドゥルーズ=ガタリ『ミル・プラトー』【仏】
P・ブルデュー『実践感覚』,チュイリエ『反科学史』,アラン・コータ『遊びと権力』【仏】
C・H・マレ『子供の発見』【独】
ジーン・ドゥヴィグナート『遊びの遊び』【米】
C・E・ショースキー『世紀末ウィーン』【米】
平井正『ベルリン』【日】
ニーダム・魯桂珍『中国のランセット』【英】
ミッシェル・ボージュール『インクの鏡』【仏】
W・シベルブシュ『楽園・味覚・理性』【独】
栗本慎一郎『幻想としての経済』【日】
中野美代子『孫悟空の誕生』,熊倉功夫『近代茶道史の研究』,吉村貞司『原日本の発見』,西田長男&高橋秀元『神道の宇宙』【日】
松岡正剛『概念工事』【日】

E

マーチャント ファーガソン

D・ボーム『全体性と内蔵秩序』【英】
マーチャント『自然の死』,ファーガソン『アクエリアン革命』,スタニスラフ・グロフ夫妻『精神の危機出現のネットワーク』(SEN提唱)【米】
日本ラエリアン・ムーブメント発足,日本人智学協会発足,東京スーフィ・センター発足【日】
佐々木宏幹『シャーマニズム-エクスタシーと憑霊の文化』,湯浅泰雄『古代人の精神世界』,松長有慶『密教経典成立史論』,窪徳忠『庚申信仰の研究』,立川武蔵ほか『ヒンドゥーの神々』【日】

新表現主義

A

ニューペインティング

ニューペインティング【米】,トランス・アヴァンギャルディア【伊】,新表現主義【独】の活性化
ニコラ・デ・マリア画[宇宙を含む絵画]【伊】

地下鉄芸術

キース・ヘリング,ケニー・シャーフらの地下鉄ペインティング【NY】
シュナーベル画[法悦の聖フランチェスカ][剣を持った青いヌード],クリスト[包まれた島]【米】
触覚で感知する現代彫刻展【NY】
R・バルト『アルチンボルド』【仏】

B

猪熊弦一郎画[絵の中の絵],中西夏之画[Arc Ellipse],篠田守男作[BIOLOMATIC]【日】

C

十文字美信

パオロ・ポルトゲージ企画[ストラーダ・ノヴィッシマ]展,『近代建築以後』【伊】
ベネチア・ビエンナーレに建築の部創設,ポストモダニズムに脚光【伊】
アルキテクトニカ設計[アトランティス],スタジオ・ワークス設計[サウスサイド・セツルメント・ハウス],公害試験財団設計[エコロジー住宅]【米】
チャールズ・コリア設計[カンチャンジャンガ・アパートメント],G・バージェス設計[ハックフォード邸]【豪】
シュタンコウスキー『良く見るための本』【独】
アラン・カレd[レミーマルタン]【仏】
日本文化デザイン会議,第1回横浜会議【日】
ジョエル・ピーター・ウィトキン個展【NY】
アーヴィング・ペンp[ワールド・イン・ア・スモールルーム],ベルナール・フォーコンp[サマーキャンプ]【米】
ジゼル・フロイント『写真と社会』【米】
十文字美信p[蘭の舟]【日】

D

リンチ監[エレファントマン]【英】,タネール監[光年のかなた]【瑞】,カサヴェテス監[グロリア],デ・パルマ監[殺しのドレス]【米】
ヘルマ・サンダース=ブラームス監[ドイツ・青ざめた母]【西独】,アンゲロプロス監[アレクサンダー大王]【希】,シャン監[歌っているのはだれ?]【ユーゴ】

ツィゴイネルワイゼン 鈴木清順

鈴木清順監[ツィゴイネルワイゼン],黒澤明監[影武者],大森一樹監[ヒポクラテスたち]【日】
ロン・ヘイズ,映画[サージェント・ペパーズ]でのスキャニメイト【米】

E

ローリー・アンダーソン エレクトロニック・キャバレー

第2回テアトル・ミュージカル・フェスティバル[今日の声・演劇・音楽]【仏】
ジェラール・グリゼー曲[偏流]【仏】
マウリシオ・カーゲル曲[世界の疲弊]【独】
トレディチ曲[ハッピー・ボイセズ]【米】
一柳慧曲雅楽[往還楽]【日】
ウィム・メルテン『アメリカの反復音楽』【白】
トレヴァー・ナン演[ニコラス・ニクルビィの生活と冒険],アダムスン演[初めの須]【英】

蜷川幸雄 マクベス演出

蜷川幸雄演[NINAGAWAマクベス]【日】
つかこうへい演[蒲田行進曲]【日】
第三エロチカ旗揚げ[世紀末ラブ],転位21[うお傳説]【日】
ドーム・プロジェクト[KLUBACUPOL](ラッセル・ミルズ,大竹伸朗参加)【英】
ローリー・アンダーソン[エレクトロニック・キャバレー]【米】

ハイパーリアリティ

A

デビッド・ロッジ『どこまで行けるか』,ピーター・ディキンスン『黄金の部屋』,H・R・F・キーティング『マハラジャ殺し』【英】
アンリ・トロワイヤ『女帝エカテリーナ』,カトリーヌ・アルレー『白墨の男』,バーバラ・ウッド『マグダラの古書』【仏】
ギュンター・クーネルト『神経を麻痺させる方法』【東独】,エンツェンスベルガー『消えるフリア』【西独】

スターリング サイバーパンク始動

ローレンス・ブロック『魔性の落とし子』,ローザ・ガイ『女ともだち』,アン・ビーティ『落ちて落ち着く』,ブルース・スターリング『アーティフィシャル・キッド』,ジョン・シャーリー『シティがやってくる』【米】
ポール・セロー『ワールズ・エンド』【米】
マリアマ・バー『かくも長き手紙』【セネガル】
ユルスナール,アカデミー・フランセーズ史上初の女性会員に【仏】

B

狂風記・遠雷

石川淳『狂風記』,須永朝彦『悪霊の館』,大西巨人『神聖喜劇』,立松和平『遠雷』,村上龍『コインロッカー・ベイビーズ』,宮内勝典『グリニッジの光を離れて』,井沢元彦『猿丸幻視行』【日】
飯干晃一『仁義なき戦い』,宮尾登美子『鬼龍院花子の生涯』【日】
高橋康也『ウロボロス』,荒俣宏『理科系の文学誌』,秋山駿『舗石の思想』,柄谷行人『近代日本文学の起源』【日】

C

CNN

「ウーマン」,「USAトゥデイ」創刊【米】,「トランス・アトランティック」創刊【西独】
パンク雑誌「ID」創刊【英】,「とらばーゆ」,「Number」,「ブルータス」,「ビッグ・トゥモロウ」創刊【日】
CNN放送開始【米】
「コレクトコール」サービス開始,都市銀行オンライン提携開始,朝日新聞電算写植開始【日】
日本図書コード開始【日】

D

国連婦人の10年中間世界会議開催【丁】,ミュンヘンで右翼の爆弾テロ【西独】,フロリダ州で黒人の暴動,市が壊滅状態【米】,70年代カウンター・カルチャー総集編『酒と怒りの日々』【豪】
◉ ウエストウッド「パイレート」「ニュー・ロマンティシズム」発表(ファッション界注目)【英】
日米合作ドラマ「将軍」大ヒット【米】
ルービック・キューブ大流行【米日】
NHK特集「シルクロード・シリーズ」【日】
「イエスの方舟」事件,金属バット殺人事件【日】

ビートたけし マンザイブーム

マンザイブーム,ビートたけし登場,山岸涼子『日出処の天子』,植田まさし『かりあげクン』【日】

E

シンクロ・エナジャイザー

トーキング・ヘッズ

D・ゴルゲス博士,シンクロ・エナジャイザー・プロトモデル開発【米】
パックマン(任天堂)発売,欧米で人気【日】
ポカリスエット(大塚製薬)発売【日】
キャバレー・ボルテール[スリー・マントラ]【英】,トーキング・ヘッズ[リメイン・イン・ライト],レジデンツ[コマーシャル・アルバム]【米】
ジョン・レノン,ファンに射殺【米】

忌野清志郎

RCサクセション[トランジスタ・ラジオ]【日】
八代亜紀[雨の慕情]【日】
モスクワ・オリンピック開幕(米・西独・日ら不参加)【ソ】
福岡マラソン,瀬古が連続優勝【日】

人類の歴史を含む自然史は情報が複雑さや知識として組織化されるプロセスとも見なせる。
エリッヒ・ヤンツ

BC 6000以前 / BC 6000 / BC 2200 / BC 1200 / BC 600 / BC 300 / 0 / 300 / 600 / 800 / 1000 / 1200 / 1300 / 1400 / 1500 / 1600 / 1650 / 1700 / 1760 / 1810 / 1840 / 1860 / 1880 / 1890 / 1900 / 1910 / 1920 / 1930 / 1940 / 1950 / 1960 / 1970 / 1980

ミッテランの就任はEC統合の第一ページを、
ワレサの登場は東欧共産主義の最終ページを予告する。

1981
昭和56

繁栄と貧困

1 01 ギリシアEC加盟,10番目【希】
20 イランの米人質,協定成立で全員解放【米】
2 04 初の女性首相ブルントランド【諾】

レーガノミックス 経済再建へ

18 経済再建計画(レーガノミックス)発表【米】
3 02 中国残留孤児47人,肉親探しで初来日【日】
23 敵対行動,内政干渉を理由にキューバと断交【コロンビア】
30 レーガン大統領,狙撃され重傷【米】

4 02 シリア軍とキリスト教徒,戦闘【レバノン】
11 ブリンクストン黒人暴動,警察初武装【英】
5 06 リビア外交官全員に国外退去命令【米】
08 鈴木首相訪米,シーレーン防衛を言明【日】

ミッテラン フランス大統領

10 社会党ミッテラン,大統領選で共和党ジスカールデスタンに勝つ(金融市場混乱)【仏】
30 ラーマン大統領,暗殺【バングラデシュ】
6 04 ベギン首相・サダト大統領会談,シリアに対し共同歩調で合意【イスラエル・埃】
07 イラクの原子力研究所・爆撃【イスラエル】
10 ホメイニ師,バニサドル大統領解任【イラン】
20 核ミサイル配備反対の10万人デモ【西独】

胡耀邦 新主席へ 華国鋒降格

29 胡耀邦,新主席に選出,華国鋒は降格【中】

貧困人口七億

7 06 リバプール人種暴動,負傷多数,拡大【英】
14 日系人の戦時強制収容,議会で公聴会【米】
26 連帯,食料品価格引き上げ反対デモ【波】
8 09 発展途上国,貧困層7億5千万人(世界銀行)
14 書記長・ポーランド首脳会談,連帯非難【ソ】
19 リビア・エチオピア・南イエメン,友好条約
26 内戦激化(死者2万6000人)【エルサルバドル】
29 アンゴラ領作戦,ゲリラ240人死亡【南ア】
30 首府爆破テロ,大統領・首相死亡【イラン】
9 01 コリングバ将軍,クーデター指揮【中央阿】
18 総選挙,初の社会主義政権成立【希】
18 死刑廃止,1792年来のギロチン終わる【仏】
21 ベリーズ独立,最後の英領(ホンジュラス)

ベリーズ独立

サダト暗殺 アラブ世界転機へ

10 01 ベイルートのPLO事務所爆撃【イスラエル】
06 サダト大統領,暗殺【埃】
10 ボンで30万人反核デモ,各地に波及【西独】
22 初の南北サミット(24カ国)【墨】
11 14 中東でエジプトとの大合同軍事演習【米】
15 マドリードの反NATO加盟,反核デモに50万人(西欧に反核デモ拡大)【西】
30 米ソ欧州戦域核削減交渉,開始【瑞】
30 イスラエルと軍事協力強化の覚書【米】
12 11 シュミット首相東独へ,両首脳会談【西独】
13 首相,戒厳令布告,連帯幹部を逮捕(ワレサ軟禁)【波】
14 ゴラン高原を併合,米反発【イスラエル】

ポーランド戒厳令 ワレサ軟禁

赤い旅団

17 赤い旅団,NATO米指揮官を誘拐【伊】
20 軍事協力覚書の破棄【米・イスラエル】
23 連帯弾圧にポーランド制裁措置,発表【米】

ニューメディア

インターフェロン大量生産

A スペースシャトル1号機「コロンビア号」打上げ【米】
キラー衛星実戦テスト成功【ソ】
ファイゲンバウム,国防科学委員会で防衛への人工知能利用諮問【米】
遺伝子工学産業活況,インターフェロン大量生産確立(ジェネンティク)【米】,最大級のインターフェロン工場完成(林原研),セクレチン製造(湧永薬品)【日】
第5世代コンピュータ国際会議開催【東京】
アルミニウムリチウム合金開発(ペシネー)【仏】
「ビューデータ」規格統一合意【英独仏】

B **テリドン** ビデオテックス

テリドン【加】開発開始,マイクロエレクトロニクス振興決定【独】

第五世代コンピュータ構想

DIPS 電電公社システム

スーパーコンピュータ「ACOSシステム750」(日電),超大型コンピュータ「DIPS11モデル」発表(電電公社)【日】
32ビットマイクロプロセッサ「i423」(インテル),「NS16032」(NS)【米】
アダム・オズボーン,初のポータブル・コンピュータ開発【米】,「IBM-PC」発売(IBM,パソコン市場進出)【米】
台湾初のミニコン「1104型」完成(工業技術研究院)【台湾】
MS-DOS開発,「Multiplan」デビュー(マイクロソフト)【米】,日本初の16ビットパソコン用ソフト「EPOCAL」(パナファコム)【日】
レーザーディスク発売(パイオニア)【日】

C BT法により,電気通信部門を分離,BTと競争導入法制化【英】

BT

企業向け音声,データ,FAX,テレコンファレンス一括電送サービス開始(CNS),VAN自由化【英】
IBMなどによる衛星通信CBSサービス開始【米】
DBP,BIGFON計画【西独】
エネルギー省,「DOE Energy」オンライン開始(110万件のデータベース)【米】
Compu Serve社,株式情報データベース「Micro Quote」オンライン開始【米】

日経ニーズ 日本にもデータサービス

「NEEDS-IR」全国サービス開始(日本経済新聞社)【日】
ニミュニティケーブルサービス開始(筑波学園都市)【日】

D 緊急蔵相会議(欧州通貨制度再調整)(EC)
石油価格統制撤廃【米】
コンピュータ犯罪保険引受開始(ロイド保険業者協会)【英】

土光臨調 第2次行政改革

第2次臨時行政調査会(土光敏夫会長)発足【日】
対日自動車・TV輸入監視制度導入,日本市場開放要求(EC),乗用車対米輸出自主規制開始【日】
10カ年計画開始(情報立国めざす)【シンガポール】,カンクン南北サミット交渉【墨】

E エドガー・ホフマン,セント・ジョーミネラルズにTOB(シーグラム)【米】

GEウェルチ リストラクチャリング

GE社長F・ウェルチ就任(リストラクチャリング開始)【米】
ランク・ゼロックス社,在宅勤務者のネットワーカー化【英】
ソフトウェア・パブリッシング設立【米】
ファイゲンバウム,テクノレッジ社(ナレッジ・エンジニアリングの普及)を設立【米】

DCブランドを着るだけでクリスタル、
写真週刊誌を見るだけでスペクタクル。

秩序と無秩序

A
カトナー,ミード,銀河系外縁部に巨大な分子雲発見【米】
欧州合同原子核研究機関(CERN)陽子と反陽子を衝突させる実験に成功
オークリッジ国立研【米】など,高レベル放射性廃棄物の永久処理の方法発明
イゴルイチェス「ファン・デル・ヴェルデンの正方行列の最適性に関する予想の証明」【ソ】

B
イルメンゼ・ホッペ,ネズミのクローニングに成功【瑞】,コウノ,バレンタインら,遺伝子操作で日照に強いバクテリアをつくる【米】

ウィグラー 発がん遺伝子分離成功

ウィグラー,発がん遺伝子の分離に成功【米】
カリフォルニア大学,ワシントン大学のグループ,遺伝子工学で肝炎ワクチンを作る
サンガーら,ヒトのミトコンドリアDNAの全塩基配列を解読【英】
ハーケン『自然の造形と社会の秩序』【独】
パターソン,リンデン『ココの教育』【米】
G・ブロイアー『人間-動物と何を共有し共有しないか』【独】,奥本大三郎『虫の宇宙誌』【日】

ヒト・ミトコンドリアDNA・塩基配列解読

C
E・E・スミス&D・L・メディン『カテゴリーとコンセプト』【米】
D・ノーマン編『認知科学の展望』【米】
ホージランド編『マインドデザイン』,ホフスタッター,デネット編『マインズアイ』【米】
スクリブナー&コール『リテラシーの心理学』【米】
木村敏『自己・あいだ・時間』【日】
岩井寛『ヒューマニズムとしての狂気』【日】

グレート・コード

ノースロップ・フライ『グレート・コード』【加】
丸山圭三郎『ソシュールの思想』,田中克彦『ことばと国家』【日】

シャドウ・ワーク

D
I・イリイチ『シャドウ・ワーク』,ハーバマス『コミュニケーション的行為の理論』【独】
ロバート・ノージック『哲学的説明』,ローティ『哲学の脱構築』【米】
岩井克人『不均衡動学』【米】,伊丹敬之『経営戦略の論理』【日】
真木悠介『時間の比較社会学』,作田啓一『個人主義の運命』【日】
J・R・ジル『若者の社会史』,ブルンヴァン『消えるヒッチハイカー』,D・デイヴィドソン『行為と出来事』【米】

ジェイムソン 象徴と物語

ジェイムソン『政治的無意識』【米】
G・S・モーソン『ジャンルの境界』【米】
G・ドゥルーズ『フランシス・ベイコン論』【仏】
B・ジョンソン『批評的な差異』【米】
G・ハートマン『テクストを救う』【米】
篠田浩一郎『空間のコスモロジー』,芳賀徹『平賀源内』,大室幹雄『劇場都市-古代中国の世界像』【日】

ハーバマス コミュニケーション的行為の理論

E

ヤンツ 自己組織化する宇宙

ヤンツ『自己組織化する宇宙』【米】
コリン・ノーマン『ノーマンの技術文明論-持続可能社会への展望』
井上鋭夫『山の民・川の民』【日】
高橋巌『ヨーロッパの闇と光』,荒俣宏編『世界神秘学事典』【日】
ラジニーシ渡米「ラジニーシ・プーラム」設立

新表現主義

A
「ア・ニュー・スピリット・イン・ペインティング」展【英】,「バロック'81」展【仏】,「自由具象派グループ」展【仏】
ザロメ,ルチアーノ・カステリ画[日本の肖像]【独】
クッキ画[死の河],ミムモ・パラディーノ画[復活祭の夜]【伊】

バスキア,サーレ

ジャン・ミッシェル・バスキア個展,デヴィッド・サーレ個展【米】,ロバート・ロンゴ[都市における人間]【米】
アンゼルム・キーファー画[室内]【独】
ボロフスキー作[ハンマー男]【NY】
バリー・フラナガン作[ヘルメットの上の野兎]【英】
ゲオルク・バゼリッツ作[彫刻のためのモデル]【独】

フラナガン

B

宮脇愛子・榎倉康二

稗田一穂画[帰り路],榎倉康二画[DrawingB],清原啓子画[領土]【日】
新宮晋作[時の旅人],宮脇愛子作[うつろい]【日】
逢坂卓郎の放電アート[リレイション]【日】

C
マリー=クリスチーヌ・ガニュー設計[コレージエ・ボール・エリュアール]【仏】,グスタフ・パイヒル設計[ORF放送局ホール]【墺】,モルフォシス設計[コーヘン邸]【米】
葉祥栄設計[光格子の家],チーム200設計[名護市庁舎]【日】

メンフィス エットレ・ソットサス

ソットサスら,メンフィス創立,スタジオ・アルキミアd[未完成なる家具]【伊】
河崎隆雄,ストロベリーフィールズd[コム・デ・ギャルソン]店舗【日】
ホイットニー・ビエンナーレで写真が選考対象となる(シャーマン・サンディ,スコグラント選出,コンストラクテッド・フォトの確立)【NY】
アンドレ・ゲルプケアp『セックス・シアター』【独】,J-P.グールドp[ジャングル・フィーバー]【米】,ジョイス・バロニオp『42丁目スタジオ』,オークレア編『ニューカラー・フォトグラフィ』

コンストラクテッド・フォトグラフィー

荒木経惟 男と女の間には

藤原新也p『全東洋街道』,三留理男p『アコロ』
荒木経惟p[男と女の間には写真機がある]【日】
浅葉克己d[不思議,大好き](c.糸井重里)【日】

D
ヒュー・ハドソン監[炎のランナー]【英】
ジャン=ジャック・ベネックス監[ディーバ]【仏】
タヴィアーニ監[父パードレ・パドローネ]【伊】
ウーリッヒ・エーデル監[クリスチーネ・F]【西独】
アンゲロプロス監[アレクサンダー大王]【希】
柳町光男監[さらば愛しき大地],根岸吉太郎監[遠雷],小栗康平監[泥の河]【日】
スティーブン・ヒース『映画の問題』【英】
山口勝弘作[未来庭園]【日】

E
ツェルハ曲,実験音楽劇[ネットワーク]【墺】,シノポリ曲[ルー・ザロメ]【伊】
湯浅譲二曲[芭蕉からのシーズン]【日】

ツトム・ヤマシタ 日本に回帰

ツトム・ヤマシタ[いろは],吉原すみれ[エクローグ]【日】
ネル・ダン作[スティーミング],サイモン・グレー作[クォーターメインズ・タームズ]【英】
天井桟敷[百年の孤独],早稲田小劇場[バッコスの信女],転形劇場[水の駅]【日】
夢の遊眠社[少年狩り]【日】
田中泯,M・グレイブス,D・ベイリー[MMD計画],木佐貫邦子舞[黒鳥伝説]【日】

追落と快楽

A
スパーク『故意の道草』,イアン・マキューアン『外来者の楽しみ』,エイミス『他人たち』【英】
ウンベルト・エーコ『薔薇の名前』【伊】
ジョン・フォークス『ヴァージニー,彼女の二つの生活』,トレーシー・ギダー『新しい機械の魂』,フリーダン『セカンド・ステージ』,F・ポール・ウィルソン『城塞(キープ)』,クライブ・カッスラー『マンハッタン特急を探せ』【米】
ディック『ヴァリス』【米】
S・ラシュディ『真夜中の子供たち』【印】

バルガス=リョサ 世界終末戦争

マリ・ベイル『ブリス』【豪】,バルガス=リョサ『世界終末戦争』【ペルー】
アイトマートフ『一世紀より長い一日』【ソ】

B

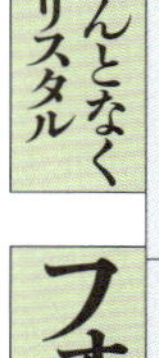

唐草物語 澁澤龍彦

尾辻克彦『父が消えた』,澁澤龍彦『唐草物語』,塩野七生『海の都の物語』【日】
椎名誠『哀愁の町に霧がふるのだ』,高橋源一郎『さよならギャングたち』,筒井康隆『虚人たち』,向田邦子『あ・うん』,永井路子『氷輪』【日】
田中康夫『なんとなくクリスタル』,黒柳徹子『窓ぎわのトットちゃん』(ベストセラー)【日】

なんとなくクリスタル

池内紀・高山宏

池内紀『ウィーン世紀末』,高山宏『アリス狩り』,川本三郎『走れナフタリン少年』,鷲巣繁男『行為の歌』,荒川洋治『チューリップ時代』【日】

フォーカス

C

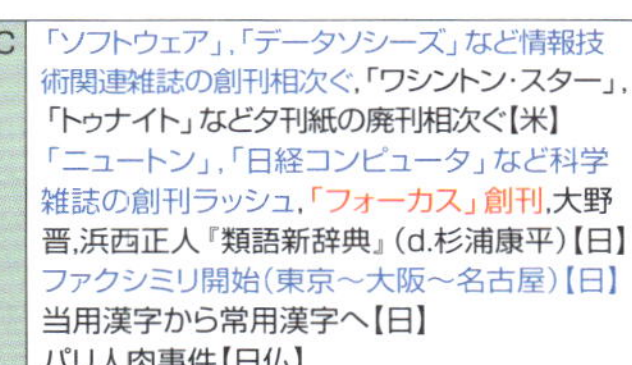

「ソフトウェア」,「データソシーズ」など情報技術関連雑誌の創刊相次ぐ,「ワシントン・スター」,「トゥナイト」など夕刊紙の廃刊相次ぐ【米】
「ニュートン」,「日経コンピュータ」など科学雑誌の創刊ラッシュ,「フォーカス」創刊,大野晋,浜西正人『類語新辞典』(d.杉浦康平)【日】
ファクシミリ開始(東京~大阪~名古屋)【日】
当用漢字から常用漢字へ【日】
パリ人肉事件【日仏】

D
ボンで反核集会,30万人参加【西独】
スタンプス,リップナック『ネットワーキング』【米】

アルマーニ ミラノ・ファッション

ダウンリング『シンデレラ・コンプレックス』【米】
カルダンの店が北京で開店【中】,「ジャパン・ファッション・フェア」開催【NY】,ミラノ・ファッション急浮上,アルマーニ『将軍ルック』【伊】
アタリVCSブーム,ゲーム・カートリッジが爆発的売上げ【米】
水野俊一,サイボット制作開始【日】
シェイプパンツ(ワコール)流行【日】
鳥山明『Dr.スランプ』,江口寿史『ストップ!!ひばりくん!』【日】

E

RPG人気

ウルティマ,ウィザードリー発売,RPGの人気を確立【米】
MTV開局【米】

MTV現出

J・ランディス監[ブルース・ブラザース]【米】
PIL[フラワーズ・オブ・ロマンス],ジョイ・ディビジョン[クローサー]【英】,バースデー・パーティー[プレーヤー・オン・ファイヤー]【豪】,グレース・ジョーンズ[ナイトクラビング]【米】
スネークマン・ショー[死ぬのはいやだ,恐い.戦争反対!]【日】

マッケンロー ウィンブルドン優勝

ウィンブルドンでマッケンローがボルグを倒し優勝【米】

フェミニズムの運動のなかで性の問題に関心が集中しすぎた結果、託児や育児の問題が盲点となってしまいました。
ベティ・フリーダン、カンザスシティの集会での発言

科学者たちは、自分たちが相手にしているのは
〝複雑性〟という
怪物であったことに気がつく。

1982
昭和57

ナイロビ宣言

繁栄と貧困

1
11 共産党,ポーランド事件で反ソ宣言【西】
19 エジプトにシナイ半島返還【イスラエル】
27 反政府ゲリラ,空軍基地を破壊【エルサルバドル】

2
01 セネガルとガンビア合邦,セネガンビア連邦誕生
13 ポズナニで反軍政デモ,鎮圧される【波】
28 自由選挙,軍政与党後退【エルサルバドル】

ニカラグア クーデター

3
15 反政府テロで非常事態宣言【ニカラグア】
23 無血クーデター,軍政へ【グァテマラ】
24 チョードリ最高裁判事,クーデター起こす【バングラデシュ】
28 総選挙,右派中道政権へ【エルサルバドル】

フォークランド紛争

4
02 フォークランド紛争【アルゼンチン・英】
08 イラクとの国境閉鎖,原油輸送停止【シリア】
17 英領1867年法律の廃止,自主憲法制定【加】

5
01 連帯支持・反軍政,5万人メーデー行進【波】
17 国連環境会議,ナイロビ宣言【ケニア】
28 ローマ教皇ヨハネ・パウロ2世,英訪問(カトリック,英国国教会,448年ぶりの和解)【英】

6
06 南部レバノンへ侵攻,PLO拠点を占拠【イスラエル】
10 NATO16カ国会議,防衛計画ボン宣言【西独】
12 国連軍縮総会,反核100万人デモ【米】
14 フォークランド紛争,アルゼンチン軍降伏【英・アルゼンチン】
24 ローマ教皇と北欧3国が和解(1527以来)【バチカン】

レバノン内戦 イスラエルのベイルート攻撃

7
01 ビニョーネ大統領就任,政党禁止解除【アルゼンチン】
09 シアヌークら反越3派,亡命政権の民主カンボジア連合政府を樹立【ラオス】
12 大統領にザイル・シン当選【印】
30 人種暴動激化,非常事態宣言発令【スリランカ】

8
04 ハビブ米特使がレバノン停戦調停,反して軍は西ベイルートを総攻撃【イスラエル】
23 大統領選でキリスト教右派のジェマイエルが当選【レバノン】
24 コルシカ民族解放戦線,武装闘争再開【仏】
30 アラファト,ベイルート撤退【レバノン】
31 各地で連帯支援のデモ激化【波】

フェズ憲章 パレスチナ国家とイスラエルの両立

9
06 アラブ首脳会議(PLOも)フェズ憲章採択
12 党総書記に胡耀邦,中央軍事委主席に鄧小平が選出【中】
14 ジェマイエル次期大統領,爆死【レバノン】
18 親イスラエル派民兵,西ベイルートのパレスチナ難民キャンプで大量虐殺【レバノン】
19 総選挙でパルメ政権復活【典】

10
01 シュミット首相辞任,コール政権へ【西独】
08 「連帯」非合法化法案が議会で可決【波】
29 総選挙で社会労働党大勝,最若手首相フェリペ・ゴンザレス就任【西】
30 新憲法施行,8年の軍政に終止符【葡】

アンドロポフ 中ソ国交正常化へ対話開始

11
10 ブレジネフ急死,後任アンドロポフ【ソ】
12 ワレサ委員長釈放【波】

中曽根康弘 戦後政治の総決算とは?

24 自民党新総裁に中曽根康弘選出【日】

12
09 元KGBの亡命者レフチェンコ証言公表【米】
21 上院シーレーン防衛,日本へ増強要請【米】
31 戒厳令を停止【波】

ニューメディア

A
プリンストン大学のTFDR完成(86 2億度のプラズマ発生)【米】
遺伝子工学によるインシュリン販売許可(遺伝子産業の実質的開始)【米】,ヒトDNA保存研究施設開設(京大ウイルス研)【日】
VLSI共同開発計画開始(半導体工業会)【日】
エフード・シャピロ,「コンカレントPROLOG」提案【イスラエル】
スーパーフォトシステム(東京印刷紙器)【日】

B
ICOT【日】,MCC【米】,第5世代コンピュータ開発開始
GaAs半導体で世界最高速30ピコ(日電),GaAsゲートアレイLSI(東芝)【日】

CRAY-XMP

スーパーコンピュータ「CRAY-XMP」(クレイリサーチ),アンドルー・ケイ,初のポータブルコンピュータ「ケイ・コンプ2」開発【米】

75万円オアシス

カミロ・ウィルソン,ワープロ「フォールクスライター」【米】,「MY-OASYS」(100万円切る,富士通)【日】
J・エレンビー,「グリッド・コンパス」【米】
8ビット漢字ROM「EPOCALC」(富士通),「LANPLAN」(日電)開発【日】
高精細度テレビ(松下),高精細度液晶ディスプレイ(東芝),腕時計液晶テレビ(セイコー)【日】

ATT分割

C
AT&T分割(22社の分離),超低価格エレクトリック・メールサービス開始(MCI),特許データベース「PATDATA」オンラインサービス開始(BRS),DTSサービス認可あいつぐ【米】
衛星・光ファイバー自営網認可(シティコープ)【米】,銀行と航空会社のWAN出現【米】
マーキュリーのデータ通信網計画認可(郵電省独占破る),LAN標準化開発計画発表,CBSサービス開始,VAN自由化【英】
世界初のテレックス・サービス,広帯域網建設開始(DBP)【西独】
会話型情報サービス,テレテクレ商用化【仏】

中小企業VAN

パケット交換方式公衆国際データサービスVENOS-P稼働(KDD),中小企業VAN初届出(ヤマトシステム開発),ホームバンキング(第一勧銀),都銀第三次オンライン【日】
東北新幹線開通【日】
リールで世界初のVAL(無人全自動地下鉄)【仏】

失業一千万(米)

D
ベルサイユ・サミット,自由貿易宣言【P】
逆オイルショック(OPEC諸国の赤字転落)
失業者史上最高1030万人突破【米】
権利平等修正法施行(性差別禁止)【米】
メキシカン・ウィークエンド(対外債務爆発)【墨】

E
M&Aによる企業再編進行,コカ・コーラのコロンビア映画,ウェスチングハウスのユニメーション,P&Gのノーウィッチ・イートン買収【米】

IBMスパイ事件

日立,三菱電機のIBMコンピュータ・スパイ事件,ミドリ十字のインターフェロン情報不正収集捜査【米】
コンパック・コンピュータ,エレクトロニック・アーツ設立【米】

この年、二十世紀末を先駆した
二つの映画、「ブレードランナー」と「ビデオドローム」。
ディコンストラクションは、まず映像で。

1982

複雑性と多様性

情報数学と複雑性

A
200億光年・クエーサPKS2000-300発見【豪】
土星の衛星(ボイジャー2号),金星の大気分析,海王星に2本の輪,天王星にオーロラなどそれぞれ発見
フリードマン【米】,ハドソン【英】,相対論での標準的時空4次元の表現複数を分類

モノポール検出?
磁気単極(モノポール)を実験室で検出【米】
タルジャン「情報科学の数学的理論とくに計算量(複雑度)の研究」【米】
B・マンデルブロ『フラクタル幾何学』,ラマニシャイン『科学からメタファーへ』【米】

B
ミヘル,光合成する細菌から反応中心複合体(膜タンパク)を結晶としてとり出す【独】

スーパーマウスとプリオン 遺伝子のない病原体
エバンズ,プリンスター,遺伝子操作により「スーパーマウス」をつくる【米】
プルジナー,遺伝子をもたない新種の病原体「プリオン」発見【米】
A・G・ケアンズ＝スミス『遺伝的乗っ取り』【英】
R・ドーキンス『延長された表現系』【英】
柴谷篤弘『バイオテクノロジー批判』【日】

C
D・マー『ヴィジョン』,E・ハース『精神の窓』【米】
A・G・ボネ『人間の脳VS人工知能』【仏】
ハント『万物の内面』(情報科学論)【米】
中井久夫『分裂病と人類』,河合隼雄編『箱庭療法の研究』【日】

D
ピータース&ウォーターマン『エクセレントカンパニー』,ドラッカー『イノベーションと企業家精神』,ベル『社会科学の現在』【米】

構造主義社会学
I・ロシー『構造主義社会学』
イリイチ『ジェンダー』【米】
前田愛『都市空間のなかの文学』【日】
本田和子『異文化としての子ども』【日】
スティーブン・ヒース『セクシュアリティ』【英】,上野千鶴子『セクシイ・ギャルの大研究』【日】
金塚貞文『オナニスムの秩序』【日】
ミシェル・セール『生成』,ルロワ・グラン『世界の起源』,ルネ・ジラール『身代りの山羊』【仏】
ハンデルマン『誰がモーゼを殺したか?』【米】
D・S・リハチョフ『庭園の詩学』【ソ】,アラン・コルバン『においの歴史』【仏】

セール成生

ディコンストラクション
ノリス『ディコンストラクション』,J・カラー『ディコンストラクション』【米】
ライアン『デリダとマルクス』,S・クリプキ『ウィトゲンシュタインのパラドックス』【米】
T・レイス『モダニズムの言説』【米】
T・イーグルトン『クラリッサの凌辱』【英】
G・ジュネット『パリンプセスト』【仏】
廣松渉『存在と意味』『唯物史観と国家論』,大森荘蔵『新視覚論』,赤祖父哲二『日本のメタファー』,竹田青嗣『在日という根拠』【日】
山本七平『日本的革命の哲学』,濱口恵俊『間人主義の社会日本』【日】
山田慶児編『三浦梅園』【日】

E
F・カプラ『ターニング・ポイント』【米】
澤田瑞穂『中国の民間信仰』,小松和彦『憑霊信仰論』,宮田登『都市民俗論の課題』,上田閑照・柳田聖山『十牛図-自己の現象学』,福永光司『道教と日本文化』【日】
宋泉盛『慈悲深き神』【台湾】

新表現主義

A
「ドクメンタ7」,「ツァイトガイスト」展【独】
「アヴァンギャルディア・トランスアヴァンギャルディア68-77」展【伊】
ポルケ画[パガーニ,ヴィア・ジント・デューグシュ],バゼリッツ画[最後の自画像],ペンク画[CHITONG],ヤニス・クネリス画[無題]【独】
キア画[怠惰な二人の画家]【伊】

ボロフスキー ポップペイント
ロドニー・リップス画[神を物ともせずに],ボロフスキー画[走る男],サーレ[ツァイトガイスト・ペインティング]【米】
タキスの電磁気芸術[トーテム](ポンピドーセンター)【P】

B
堂本元次画[土匂う里]【日】
清水九兵衛作[Traverse H]【日】

C
レンゾ・ピアノ設計[IBM移動パビリオン](〜85)【欧】

ザハ・ハディド 香港ピークの反重力
ハンス・ホライン設計[メンヘングランバック美術館]【墺】,アラン・サルファティ設計[ムラン・セナール体育館]【仏】,オスヴァルト・M・ウンガース設計[シラー通り住宅]【西独】,ザハ・ハディド設計[香港ピークコンペ案]【レバノン】,ベルナール・チュミ設計[ラ・ヴァレット]【米】
伊藤ていじ『民家に学ぶ』【日】

日比野克彦
日比野克彦i[パルコ]ポスター,永井一正,毎日デザイン賞受賞【日】
志村ふくみ『一色一生』【日】
バーバラ・カスティン個展【米】ショアp『アンコモン・プレイス』,ウェグマンp『人類の最良の友』,,デイヴィッド・ホックニーp[ドンとクリストファー](マルチプル・イメージ)【米】
三田村畯右[網の目](ホログラフィー)【日】
多木浩二『眼の隠喩』【日】

D
アッテンボロー監[ガンジー]【英】
パトリック・ボカノウスキー監[天使]【仏】
ヘルツォーク監[フィッツカラルド]【独】

ブレードランナー

ビデオドローム
ユルマズ・ギュネイ監[路]【土】
スコット監[ブレード・ランナー](シド・ミード美術),ジョージ・ロイ・ヒル監[ガープの世界],クローネンバーグ監[ビデオドローム]【米】
ラファーティ他[アトミック・カフェ]【米】
若松孝二監[水のないプール],高橋伴明監[TATOO刺青あり]【日】

CG映画 TRON スタートレックII
リチャード・テイラー,トリプルI,MAGIなどCG[TRON](リズバーガー監),ルーカスフィルムCG[スタートレックII]【米】

E
ウード・ツィムマーマン曲[すばらしい靴屋の女房]【独】,エドワード・カウイー曲[管弦楽のための協奏曲]【米】
ヴィンゴ・グロボカール曲[移民たち]【ユーゴ】,ヴォルフガング・リーム曲[TutuguriII],
ヤン・ファーブル演[待ち望まれ予見されていた演劇]【白】
利賀フェスティバル,本多劇場,plan Bオープン【日】
ブリキの自発団[電気果実物語],天井桟敷[奴婢訓],磨赤児[スサノオ],山海塾[縄文頌],木佐貫邦子[てふてふ]【日】
アカデミア・ルフ[英語の授業]【波】
杉浦康平企画[アジアの宇宙観]展【日】

奴婢訓、スサノオ縄文頌てふてふ

追落と快楽

A
トマス・ケニーリー『シンドラーの箱舟』,ファウルズ『フランス軍中尉の女』【英】

フェルナンデス 天使の手の中に
フェルナンデス『天使の手の中に』【仏】

カーバー アメリカン・ミニマリズム
シュナイダー『壁を跳ぶ男』【西独】,キダー『超マシーン誕生』,カーバー『僕が電話をかけている場所』,ウォーカー『カラー・パープル』,ジョン・カッツェンバック『真夏の死刑人』,アービング・ウォーレス『オールマイティ』【米】
A・ファウラー『文学のジャンル』【英】
J・ヒューストン『白いインディアン』【加】

B

佐川君からの手紙
中上健次『千年の愉楽』,大江健三郎『「雨の木」を聴く女たち』,唐十郎『佐川君からの手紙』【日】
村松友視『時代屋の女房』【日】
高橋睦郎『王国の構造』【日】
「海燕」,「幻想文学」創刊【日】

C
「USAトゥデイ」初の全国紙に【米】
中国の漫画史『中国漫画史話』刊行【中】
「チャンネル4」開局【英】
ミッテラン政権,全国CATV導入計画を決定【仏】
CATVに関するハント報告書【英】
ヨーロッパ文化チャンネル構想発表(衛星放送)【仏】
林真理子『ルンルンを買っておうちに帰ろう』,大輪盛登『メディア伝説』【日】
音声多重放送開始【日】

ひょうきん族 面白主義ブーム
「笑っていいとも」,「オレたちひょうきん族」(フジ)放送開始【日】

D
国際環境会議(ナイロビ宣言)【ナイロビ】
軍縮,平和の「復活祭大行進」【西独】,軍政反対デモが活発化【波】,ミッテラン大統領,テロリスト・データ・ベース構築促進公表【仏】
100万人の反核デモ【NY】

反核一〇〇万人

老人問題
初の高齢者問題世界会議【W】
キャンベラで女性750人が反レイプ・キャンペーン【豪】
殴打される妻たちの女性援助組織設立【マレーシア】
アズディーン・アライア,「アワー・グラス・ルック」発表【仏】
ラルフ・ローレン,テーラードな女性スタイル打ち出す【NY】
糸井重里のコピー「ヘンタイよいこ」,「おいしい生活」流行る【日】
玖保キリコ『シニカル・ヒステリー・アワー』,大友克洋『AKIRA』,蛭子能収『私はバカになりたい』【日】

おいしい生活

E
CDプレイヤー発売【日】
スピルバーグ監[ET]【米】
間章『時代の未明から来たるべきものへ』【日】
サー・アデ,西欧へ【ナイジェリア】

ケイト・ブッシュ
ケイト・ブッシュ[ドリーミング],トレーシー・ソーン[ア・ディスタント・ショア](ネオ・アコースティック確立),コクトー・トゥインズ[ガーランズ],デペッシュ・モード[ニュー・ライフ]【英】,ゲルニカ[改造への躍動]【日】
近藤等則,IMAを結成【日】
ブロードウェイミュージカル[キャッツ]【米】
韓国にプロ野球発足

電子的な知性を採用することで、人類の認識は拡大できます。
シド・ミード

パイオニア十号が太陽系を脱出した日、
地球ではウィルス新種エイズが発見された。
黒死病の恐怖が、千年たってよみがえる。

大友克洋が
「童夢」で老人社会の未来を描き、
マイケル・ジャクソンは人工死者への関心を歌う。

1983
昭和58

繁栄と貧困

1 04 デンマークと英のタラ・サバ戦争再燃(EC)
05 コルシカ民族解放戦線への弾圧強化【仏】

アボリジン国家案

06 アボリジンの議員,先住民国家の建国独立を提案【豪】
13 リビアとサウジアラビア,3年ぶり国交回復
18 中曽根・レーガン第1回日米首脳会談【米】
27 米ソINF(中距離核削減)交渉の再開【瑞】

2 15 政府軍,10年ぶりベイルート奪還【レバノン】
19 アッサム州のイスラム系住民とベンガル移民との衝突激化,死者3500人にのぼる【印】

3 02 イラク海軍,イラン・ノールーズ油田を攻撃,原油流出(約50万バレル)事故に【イスラエル】

緑の党 反核・環境保護を議会で

06 総選挙で緑の党が初議席,躍進【西独】
23 レーガンのSDI構想発進【米】

SDI構想

4 13 シカゴに全米初の黒人市長【米】
18 ベイルート米大使館爆破事件【レバノン】
26 イスラエル,シリア大規模衝突【レバノン】
26 大規模地下核実験を実施【仏】
30 左翼テロに当局が非常事態令【ペルー】

6 01 ベガ高原でアラファト派と反乱派の武力衝突【レバノン】
23 法王パウロ2世,ワレサ議長を謁見【波】
24 アラファト議長,ダマスカスより退去【シリア】

7 04 西独コール首相・アンドロポフ会談【ソ】
15 トルコ航空爆破,アルメニア解放軍【仏】
24 反タミル人暴動,死傷者多数【スリランカ】

8 04 共和国成立後,初の社会党内閣成立【伊】
08 クーデター勃発,国防相掌握【グァテマラ】

チャド内戦 前大統領VS.現大統領

10 仏軍がチャド内戦へ介入,激化【チャド】
14 市民の反軍政運動,高まる【パキスタン】
15 胡耀邦総書記,'97の香港返還を声明【中】

アキノ暗殺 反マルコス運動激化へ

21 アキノ元上院議員,暗殺【比】

9 01 大韓航空機,ミグ23に撃墜される【ソ】
05 レーガン,撃墜事件で対ソ制裁措置【米】
29 初の女性市長ドナルドソン選出【L】

初の黒人市長(シカゴ) 初の女性市長(ロンドン)

10 05 ワレサ連帯議長,ノーベル平和賞受賞【波】
09 ラングーンの全斗煥一行に爆弾テロ【比】
12 ロッキード事件で田中元首相に有罪【日】
14 極左クーデター,首相を射殺【グレナダ】
23 米軍宿舎に爆弾テロ,300人死亡【レバノン】

グレナダ侵攻 中南米各国に衝撃

25 米軍と中米6カ国軍が侵攻,左翼軍事政権を制圧【グレナダ】
30 総選挙,アルフォンシンがペロン党を破り,民政へ移行【アルゼンチン】
30 反核週間,西独中心に欧州で200万人がデモ

11 04 イスラエル軍本部で爆薬テロ【レバノン】
04 ラングーン事件で北朝鮮と断交【ビルマ】
18 サンチャゴの反軍政集会,100万人【チリ】
23 INF削減交渉中断,SS20凍結を解除【ソ】

12 04 米軍機28機,シリア軍陣地爆撃【レバノン】
11 ローマ教皇,ローマのルター派教会訪問(500年ぶりの新旧教会の和解)【伊】
20 アラファト議長とPLO本部,チュニジア他へ国外移動【レバノン】
27 第2次中曽根内閣,発足【日】

ニューメディア

A スペースシャトルに有人宇宙実験室「スペース・ラブ」搭載,日本人宇宙飛行士募集【米】

IRAS 赤外線の探査衛星

赤外線天文衛星IRAS【米】
K・M・ウルマー,タンパク工学提唱【米】
酵母でインターロイキン生産(サントリー)【日】
極限作業ロボット開発プロジェクト開始(工業技術院)【日】
ブロッホライン(磁化のよじれ)を利用したデバイス開発(日電)【日】

B

ロータス1-2-3 表計算ソフト

M・ケイパー,表計算ソフト「ロータス1-2-3」開発,全米にヒット(ロータス)【米】
ア,レベイ計画(第5世代)始動【英】
逐次型推論マシン中核機(ICOT),非ノイマン型超高速コンピュータ(日電)試作【日】
「Lisa」,「AppleII-E」(アップル)【米】
32ビットミニコン「MV-8000」(DG)【米】
32ビットパソコン「M685」(ソード)【日】
MS-DOSソフト「Windows」「Multiplan」,世界で採用(マイクロソフト)【米】
24ドットプリンター登場(エプソン),
日英双方向機械翻訳システム発表(ブラビス・インターナショナル)【日】

機械翻訳へ

C 欧初の通信衛星「ユーテルサット1号」,実用通信衛星「さくら2号-a」【日】
RENAN計画発表(ISDN構想)【仏】
日本情報通信振興協会発足(一般企業参加),「通信開放」進む【日】

カード式公衆電話

カード式公衆電話,パーソナル無線開始【日】
国際音声通信事業規制撤廃(FCC)【米】
西ベルリンなど5市でCATVパイロット計画(DBP)【西独】
マイクロ波無線回線専用線サービス開始(マーキュリー)【L】,11都市にCATV免許【英】
特許データベース「LEXPAT」(ミード)【米】,テレコミュニケーションのデータベース「TELECOM」(フィリップス)【蘭】
ローラン・モレノ,電話用ICカード開発【仏】

D 金利完全自由化【英】
OPEC結成以来,基準原油価格初引下げ
コンピュータソフト国際保護提言(WIPO)

日米金融摩擦

日米金融摩擦(対日金融市場開放要請)【米】
対外債務,838億ドル(中南米諸国対外債務問題悪化)【ブラジル】
有燐合成洗剤追放の工業省令【タイ】
垣隆銀行事件(古典的自由経済破綻)【香港】
日米間金融協議開始(金融市場開放へ)【日】

アメリカ貿易赤字361億ドル ブラジル対外債務838億ドル

E テクニカル・セラミックス・ビジネス社はじめ62件の企業買収(GE),コスト削減,生産性向上小集団活動開始(P&G)【米】
トヨタとJVでMUMMI設立(GM)【米】
バイエル,大組織改革(国際活動強化,バイテク革新体制)【西独】
パソコン市場でIBM,アップルを抜く【米】
AT&T【米】,オリベッティ【伊】,パソコン市場進出
自社車自主開発開始(裕隆社)【台湾】

松下アクション61

松下電器,アクション61開始【日】

複雑性と多様性

A

SETI 地球外文明探査計画

ハーバード大,地球外文明探査計画(SETI)開始【米】
サンタクルーズ大,牡牛座の中に原始惑星とみられる天体確認【米】
パイオニア10号,人工物体初の太陽系脱出【米】
欧州合同原子核研(CERN)ウィークボソンW+とW−を発見【欧】
UCLAローレンス・バークレー研,重陽子崩壊を発見【米】
ゲルトファルティングス,代数方程式の解に関するモーデル予想の証明【独】,ザギール【独】グロス,類数の問題(200年の難問)解決【米】

ザイマン 乱れの物理学

J・ザイマン『乱れの物理学』【英】

パイオニア10号 太陽系脱出

B

ボナムベルマ,マーチソン隕石から遺伝子を構成する5基本化学物質を発見【米】

発がん2遺伝子説

R・ワインバーグら,発がん2遺伝子説【米】
ハーバード公衆衛生大学院,国立癌研究所,250℃で繁殖するバクテリアを発見【米】,パスツール研究所,AIDSウィルス発見【仏】
毛利秀雄,飯塚理八ら人間のXY精子の分離に世界初の成功【日】
ヴィクター・シェファー『進化の博物学』【米】
マーク・ジャンヌロー『大脳機械論』,ジャン・シャンジュー『ニューロン人間』【仏】

エイズウイルス発見

C

S・スタンバーグ『フォークサイコロジーから認識科学まで』【米】
フォーダー『精神のモジュール形式』,ガードナー『精神の構造:多様な情報の理論』,レアード『メンタル・モデル』,ミラー『精神の状態』,J・R・サール『志向性』,ファイゲンバウム&マコーダック『第五世代コンピュータ』,H・パトナム『実在論と理性』【米】
三木成夫『胎児の世界』,南博『日本的自我』【日】
C・ギアツ『ローカル知』【米】

D

西部邁『大衆への反逆』,関曠野『ハムレットの方へ』【日】,ウォーラーステイン『史的システムとしての資本主義』【米】

ヴィリリオ 純粋戦争

ヴィリリオ『純粋戦争』,ドゥルーズ『映画I』,クリステヴァ『愛の歴史』【仏】
リクール『時間と物語』,レヴィナス『時間と他者』,リオタール『戦争』【仏】
バーワイズ,ペリー『状況と態度』【米】,ハッキング『表現と介入』【英】
スローターダイク『シニカル理性批判』【独】
ハル・フォスター編『反美学』【米】
柄谷行人『隠喩としての建築』,浅田彰『構造と力』,中沢新一『チベットのモーツァルト』【日】
中村雄二郎『魔女ランダ考』,生松敬三『転形期としての現代』,荒俣宏『大博物学時代』【日】

西部邁、生松敬三 中沢新一、浅田彰

E

ケン・ウィルバー『構造としての神』【米】
J・キャンベル『世界神話系の歴史地図』(全4巻)刊行開始(〜86)

井筒俊彦 東洋の言語哲学

井筒俊彦『意識と本質』【日】
桜井好朗『空より参らむ』,窪徳忠『道教入門』,田中日佐夫『日本画繚乱の季節』【日】
子安美智子『シュタイナー教育を考える』【日】
国立歴史民俗博物館完成【日】

イメージ・カプセル

A

「ミニマリズムから表現主義へ」展【米】
ゴーティエ画[スパルタ人のオペラ],アルベローラ画[歴史が気にかかる]【仏】

ザロメ、カステリ ベルリン新表現派

ザロメ画[赤の循環],カステリ画[太陽を浴びた二人の男],ヨルク・イメンドルフ画[国家的事件]【独】,クレメンテ画[ビアンチ]【伊】
フューチュラ2000画[原子魚],キース・ヘリング画[ギャルリーワタリの壁画]【米】
アラン・セシャス作[自転車]【仏】
リリアン・リジン作[LADY OF THE WILD THINGS]【NY】
スヴェトラーナ,アルパース『描写の芸術』【米】
ピーター・ハリー「幾何学の危機」【米】

B

下保昭 新しい水墨山水へ

下保昭画[灘江洸水]【日】
鈴木治作[太陽の道],草間彌生作[花粉Pollen],荒川修作作[無の線もしくはトポロジカルな水浴]【日】
新宮晋作[波のこだま](ボストン・ニューイングランド水族館)【日】
「芸術と工学」展(富山県立近代美術館)【日】
四方田犬彦『映像の招喚』【日】

C

シリアニ設計[サン=ドニ病院]【仏】,イゲーラス設計[トルレス邸]【西】
フランク・ゲリー設計[ロヨラ法科大学],マイケル・グレイブス設計[ポートランド・ビル]【米】
磯崎新設計[つくばセンタービル],高松伸設計[ARK],梵寿綱設計[ドラード早稲田]【日】
パオロ・パルッコ,システムファニチャー[ハーレム]【伊】
「ポスト・グラフィック」展【NY】
細谷巖d[キューピーマヨネーズ](c.秋山晶),戸田正寿d[サントリーローヤル](c.長沢岳夫),三宅一生[ボディワークス]展,湯村輝彦のへたうまイラスト【日】
「ビッグ・ピクチャーズ」展【NY】
B・ウェーバーp[ブルース・ウェバー1],メイプルソープp『レイディリサ・ライオン』,カステンp『コントラクト』,ラリー・クラークp[ティーンエイジ・ラスト]【米】

汎写真 田原桂一 山崎博

田原桂一p『ホモ・ロクウェンタス』,山崎博p『HELIOGRAPHY』【日】

フランク・ゲリー マイケル・グレイブス

D

ロメール監[海辺のポーリーヌ]【仏】,エリセ監[エル・スール]【西】,タルコフスキー監[ノスタルジア]【ソ】,ファスビンダー監TV[ベルリン・アレクサンドル広場]【西独】
大島渚監[戦場のメリークリスマス]【日英】

家族ゲーム 森田芳光 松田優作

森田芳光監[家族ゲーム](主演松田優作)【日】
小林正樹監[東京裁判]【日】
リプチンスキーv[タンゴ]【波】,ゲイリー・ヒルv[プライマリー・スピーキング]【米】

原田大三郎 メディア・スーツ

原田大三郎[メディア・スーツ]【日】

メイプルソープ

E

ジョン・アダムス曲[ライト・オーバー・ウォーター]【英】,ジャン=クロード・エロワ曲[観想の焔の方へ…]【仏】,メレディス・モンク曲[ゲーム]【米】
細川俊夫曲[否の空間],一柳慧曲[循環する風景],NOISE[DOLL]【日】
アーバン・サックス,アムステルダム王立教会でのパフォーマンス【仏】,土方巽[景色へ−頓の髪型],『病める舞姫』,朝倉摂『私の幕間−ステージの周辺』【日】

追落と快楽

A

ウィリアム・トレヴァ『運命の愚者たち』,アニータ・ブルックナー『私を見て』,ボブ・ショウ『見知らぬ者たちの船』【英】
フレデリック・トリスタン『迷える人々』【仏】
ギンズルクレブ『マンゾーニ家の人々』【伊】
ギュンタード・ブレイン『新天国』【東独】
ダーク・ウィッテンボーン『赤いカウボーイ・ブーツ』,C・マッキャリー『最後の晩餐』,エルモア・レナード『スティック』,T・C・ボイル『ウォーター・ミュージック』【米】
サイバー・パンク誌『チープ・トゥルース』,『モダン・ストーリーズ』誌創刊【米】
ガルシア・マルケス『予告された殺人の記憶』
トーポリ&ニェズナンスキー『赤の広場』【ソ】
張辛欣『狂った君子蘭』【中】

B

宮尾登美子 島田雅彦 ねじめ正一

丹羽文雄『蓮如』,宮尾登美子『序の舞』,富岡多恵子『波うつ土地』,島田雅彦『優しいサヨクのための嬉遊曲』【日】
胡桃沢耕史『黒パン俘虜記』,高橋克彦『写楽殺人事件』【日】
磯田光一『戦後史の空間』【日】
三枝和子『鬼どもの夜は深い』【日】
ねじめ正一『脳膜メンマ』【日】

C

「Free」創刊(残間里江子)【日】
ビデオテックス「ビュートロン」【米】,「ビルトミルムテキスト」【西独】サービス開始
NHK文字放送実用化試験放送【日】
初の全国的エイズ対策会議【米】

D

反核運動「ダイ・イン」のデモ【英】,失業者,過去最悪【西独】,学生ハッカーが国防総省の機密データを盗む【米】,風刺漫画家シッソイエフ逮捕(反体制派の逮捕相次ぐ)【ソ】
ミス・アメリカに初の黒人女性バネット・ウィリアムズ【米】
初の黒人市長(シカゴ)誕生【米】

ハッカー登場

デイアフター 核の恐怖の映像化

TV映画[デイアフター]高視聴率【米】
F・ヴァンサン=リカール『モードの鍵』【P】
「イヴ・サンローラン」展開催【NY】
ヴィヴィアン・ウエストウッド,「魔女」コレクション提案【英】
「広告批評」別冊で『糸井重里全仕事』,『川崎徹全仕事』,『仲畑貴志全仕事』刊行【日】
「オールナイト・フジ」(フジ)放送【日】
ホイチョイ・プロダクション『見栄講座』【日】

大友克洋・高野文子

雁谷哲『美味しんぼ』(グルメブーム),大友克洋『童夢』,高野文子『おともだち』【日】
六本木「WAVE」オープン,東京ディズニーランド開園【日】

E

「ファミリーコンピュータ」(任天堂)発売【日】
コンピュータ・ゲーム「ゼビウス」現象【日】

DX-7 デジタルシンセサイザー

MIDI対応のシンセ1「ヤマハDX-7」発売【日】
「タンゴ・アルゼンチーノ」パリ公演(後NYへ,タンゴブームに火点け)

ファミコン登場

マイケル・ジャクソン

ニュー・オーダー[ブルー・マンデー],ウォーター・ボーイズ[異教徒の大地]【英】,フィリップ・グラス[フォトグラファー]【米】,E・ノイバウテン[愚者O・Tのスケッチ]【西独】,M・ジャクソン[スリラー]【米】
ドクトル梅津バンド[ダイナマイト]【日】
細川たかし[矢切の渡し]【日】
カール・ルイス陸上3種目制覇【米】
新日鉄釜石,ラグビーV5【日】

『ゼビウス』のスクロール展開の背後に、何かとても大きな物語性がひそんでいるという直観にプレイヤーは突き動かされてしまう。
中沢新一

BC 6000以前 / BC 6000 / BC 2200 / BC 1200 / BC 600 / BC 300 / 0 / 300 / 600 / 800 / 1000 / 1200 / 1300 / 1400 / 1500 / 1600 / 1650 / 1700 / 1760 / 1810 / 1840 / 1860 / 1880 / 1890 / 1900 / 1910 / 1920 / 1930 / 1940 / 1950 / 1960 / 1970 / 1980

ISDN構想がハイパーネットワークの到来を告げ、メディア技術者たちはプロトコルの互換性を急ぐ。

情報洪水を泳ぐには、柔らかい個人主義が武器なのか、それともエチカル・コミュニケーションで武装するべきか。

1984
昭和59

繁栄と貧困

1 01 ブルネイが独立,絶対君主制を確立
07 レバノン平和維持軍の米軍撤退【米】
25 20万人の民主化要請デモ【ブラジル】
2 09 アンドロポフ書記長没,後任にチェルネンコ就任【ソ】
16 南ア軍撤退,ナミビア国境の休戦監視委設置で合意【アンゴラ・南ア】
22 リビアとの国交断絶【ヨルダン】
3 02 反政府ゲリラ,コリント港に機雷敷設(米CIAの工作による)【ニカラグア】
05 イスラエルの撤兵協定を破棄【レバノン】
22 反ベラウンデ政権のゼネスト突入【ペルー】
27 反ピノチェト軍政デモ,非常事態宣言【チリ】

アフリカ飢餓 一億五千万人

ブルネイ ニューカレドニア 独立

4 12 反政府ゲリラ・コントラ,米の援助でホンジュラスから侵攻【ニカラグア】
17 対リビア断交(ロンドン事務局発砲事件)【英】
30 米・中が原子力平和利用協定に仮調印【米】
5 03 520万人が餓死の危機と発表【エチオピア】
08 ソ連がロス五輪不参加を発表
15 リムパック84開始,日本参加【米ほか】
23 金日成主席が訪ソ【北鮮】
28 ヒンズー・イスラム両教徒が衝突【印】
6 03 NATO脱退要求デモ,50万人(共産党がよびかける)【西】
05 シーク教徒と政府軍が衝突,死者多数【印】
07 ロンドン・サミット開幕【英】
08 金属労使,週労働38時間で合意【蘭】
24 私学規制法案反対150万人デモ【仏】

指紋押捺問題 地方議は反対

7 02 在日韓国人,指紋捺印に反対【日】
06 ソ連と3年ぶりの国交正常化【埃】
12 英,ナイジェリア,外交官を相互に追放

反マルコス・デモ アキノ夫人演説

8 21 アキノ暗殺1年反マルコス45万人デモ【比】
22 初の人種別選挙【南ア】
25 地上発射巡航ミサイルの実験成功【ソ】
9 03 ヨハネスバーグ黒人居住区で暴動【南ア】
17 仏・リビア同時撤兵条約締結【チャド】
23 原発規制の国民投票【瑞】
25 エジプトと国交完全回復【ヨルダン】

原発規制国民投票

10 02 エリザベート・コップ,初の女性議員【瑞】
24 政府,デモ報道の規制措置,ゼネストに突入【チリ】
25 スアソ大統領,コカイン密輸疑惑に対しハンストで抗議【ボリビア】

I・ガンジー暗殺 15年間の政権

31 インディラ・ガンジー首相暗殺,シーク教徒へのヒンズー教徒の攻撃に拍車【印】

FSLN勝利 サンディニスタ政権誕生

11 05 大統領選挙,FSLNのダニエル・オルテガ将軍が勝利宣言【ニカラグア】
06 戒厳令布告【チリ】
10 仏・リビア両軍の同時撤退表明,後にリビアは偽表明と判明,交渉長期化【チャド】
23 北朝鮮軍と国連軍との銃撃戦発生【北鮮】
26 イラクと国交を回復【米】
29 アルゼンチンと平和条約締結【チリ】
12 01 ニューカレドニア,独立を宣言
12 クーデター発生【モーリタニア】
19 英中・香港返還協定調印(97実効)
25 ベトナム軍,カンボジア人民民族解放戦線拠点ノンサメットを制圧【カンボジア】

過剰な技術

ハイブリッド材料へ

A 軍事用スペースシャトル「ディスカバリー」発進【米】
宇宙基地建設計画,少年宇宙飛行士計画発足,初の周回軌道上メンテナンス成功,宇宙商品(微小球体)発売【米】,「サリュート7号」,236日22時間の宇宙滞在記録【ソ】
宇宙開発政策大綱発表(三菱,住友 三井中心の3グループ,宇宙基地研究開始)【日】
世界初のヒトDNA保存銀行(インディアナ大)【米】,遺伝子銀行(国立衛生試験所)【日】
潜水調査艇ノチル竣工【仏】
バラードら,微生物で導電性プラスチック開発(ICI)【英】

シグマ計画

「Σ計画」発足【日】

B 世界初のバイオセンサー1チップ化,超LSI設計用AI(日電),GaAs16KビットメモリーLSI,三段論法推論コンピュータ(電電公社)試作成功【日】
4KビットGaAs SRAM(富士通),1MビットDRAM(電電公社,日電,日立),1ゲート84ps超高速論理回路(日立)開発【日】

マッキントッシュ アップル32ビット

汎用コンピュータ「3Bシリーズ」,新型パソコン「AT」(IBM),スーパーミニコン「VAX8600」(DEC)発売,32ビット「マッキントッシュ」発売(アップル)【米】
パソコン用LANシステム開発(AT&T),Mac用表計算ソフト「EXCEL」発売(マイクロソフト),ジョン・マッカーシー,「ART」(自動推論ツール)発表【米】

坂村健TRON

坂村健,「TRON計画」発案【日】
カナ漢字入力に文章一括変換(エルゴソフト)と逐次自動変換(東芝)【日】
ワープロソフト「松」発売(管理工学研)【日】

C BT民営化法案,CATV放送法成立【英】
ISDN構想発表(DBP)【西独】
ビアリッツ有線都市計画実験開始【仏】
電気通信事業法案【米】
加盟国間公文書機械翻訳計画発足(EC)
三鷹,武蔵野INS実験開始,高度情報システム・日本縦貫光ファイバケーブル完成(電電公社),地上・衛星間レーザー光伝送(郵政省)【日】
日本初のパソコン向け商用オンライン情報サービス「NIKKEI TE_ECOM」【日】

INS実験

D DPC(データベース振興センター)設立【日】
西独民間銀行,東独に3億ドルの借款【西独】
日米農産物交渉,牛肉・オレンジの輸入増で合意
通産省のプログラム権法原案,文化庁の著作権法改正案提示【日】
世田谷電話地下ケーブル火災【日】

牛肉オレンジ交渉

E GE EDS社買収(情報システム充実)【米】
仏最大の鉄鋼・機器メーカー,クルゾ・ロワール倒産【仏】
中国と乗用車合弁生産協定調印(フォルクスワーゲン)【西独】
旭化成「2001年プロジェクト」開始(バイオ・エレクトロニクス構想),日立製作所「チャレンジ85」開始(情報事業本部設立)【日】
日本のベンチャーキャピタル合計35社の融資残高858億円【日】
キャプテンサービス株式会社発足【日】

1984

複雑性と多様性

A

謎のゼータ粒子

スペースシャトル・ディスカバリーで有機化合物結晶の成長実験【米】
東大高エネルギー研,筑波大,陽子崩壊の証拠2例を発見【日】
ド・ブランジュ,1916年ビーベルバッハが提出した複素解析学の予想を証明

トップクォーク

CERN,トップクォークを発見【欧】,
電子シンクロトロン研,新素粒子ゼータ粒子発見【独】
ディヴィース,『スーパーフォース・自然の大統一理論を求めて』【米】
ゲーザ・サモン『時間と空間の誕生』【加】
ファイヤアーベント『芸術としての科学』【米】

B

リーベルマン 景観生態学

スタンフォード大,遺伝子組換えの発生物に特許権をえたと発表【米】
ナヴェン【イスラエル】,リーベルマン【米】『景観生態学-理論と応用』
マトゥラナ&ヴァレラ『知恵の樹』【チリ】

本庶佑・利根川進

利根川進ら,T細胞受容体の遺伝子分離にはじめて成功【米】
本庶佑ら,T cellの増殖を制御する受容体の遺伝子の構造解明【日】

C

情報ネットワーク社会論へ

D・ホフスタッター『メタマジカルな主題』【米】,『計算と認識』,【米】,ジル・フォコニエ『メンタル・スペース』【仏】
バーワイズ,ペリー『状況と態度』【米】
エーコ『記号論と言語哲学』【伊】

身分け 丸山圭三郎 市川浩

丸山圭三郎『文化のフェティシズム』,市川浩『身の構造』【日】

D

ピーター・ゲイ『ブルジョワの経験』【米】
今井賢一『情報ネットワーク社会』【日】

イリガライ 性的差異のエチカ

イリガライ『性的差異のエチカ』【仏】
フーコー『性の歴史』,第2巻『快楽の活用』,第3巻『自己への配慮』【仏】
リオタール『知識人の墓』【仏】
イーグルトン『文学とは何か』【英】
ブルデュー『ホモ・アカデミクス』【仏】
波平恵美子『病気と治療の文化人類学』【日】
フランス人文哲学大全集全400巻刊行開始(M・セール監修)
イーフー・トゥアン『愛と支配の博物誌』【米】
E・H・ゴンブリッチ『貢献』【英】
W・シベルブシュ『闇をひらく光』【独】
谷川渥『構造と解釈』【日】
山崎正和『柔らかい個人主義の誕生』,村上泰亮『新中間大衆の時代』,吉本隆明『マス・イメージ論』【日】
丹生谷貴志『光の国』,四方田犬彦『クリティック』,笠井潔『テロルの現象学』,川本三郎『都市の感受性』【日】
阿部謹也『死者の社会史』,吉田禎吾『宗教人類学』,井上章一『霊柩車の誕生』【日】

柔らかい個人主義 新中間大衆の時代

E

スプレットナク,カプラ『グリーンポリティクス』【米】
松岡正剛『空海の夢』,杉山二郎『極楽浄土の起源』,井村宏次『サイ・テクノロジー』【日】
宋泉盛『我等の名を告げよ』【台湾】
H・コックス『世俗都市の宗教』【米】
J・A・フォーゲル『内藤湖南』【米】

イメージ・カプセル

A

エルヴィ・ディ・ローザ画[文明の誕生No.3],ジェラール・ガルースト画[舞踏と格闘]【仏】,ケニー・シャーフ画[人生万歳]【米】

バーバラ・クルーガー

バーバラ・クルーガー[マネー・キャント・バイ・マネー]【米】
リチャード・ディーコン作[アート・フォー・アザー・ピープル]【英】
アリス・エイコック作[禁欲者達の館](琵琶湖畔)【米】
ティモシー・クラーク『現代生活の絵画』【英】

B

秋野不矩画[たむろするクーリー]【日】
合田佐和子作品集『パンドラ』【日】
内田晴之作[異・空間],田中薫作[2・256]【日】
幸村真佐男[非語辞典と制作中のパフォーマンス]【日】
芳賀徹『絵画の領分』【日】

C

ジェームズ・スターリング設計[シュトゥットガルト美術館新館]【独】
タフト・アーキテクツ設計[リバー・クレスト・カントリー・クラブ],P・ジョンソン設計[AT&Tビル],ヘルムート・ヤーン設計[イリノイ州センター]【米】
磯崎新設計[ディスコ・パラディアム]【NY】

安藤忠雄・毛綱毅曠

毛綱毅曠設計[釧路市立博物館],木島安史設計[球泉洞森林館],安藤忠雄設計[東京TIME,S],石井和紘設計[田辺AG]【日】
ローズメリー・モーア,テキスタイルデザインのマクサム社設立【英】
井上嗣也d[パルコ](p.久留幸子,c.仲畑貴志),奥村靫正d[S・F・X](c.細野晴臣)【日】
サム・ロパタd[ビッグヘブン][プライベートアイズ]のインテリア【米】
アンドレア・ブランジ『ホットハウス』【伊】,マイケルスp『スリープ・アンド・ドリーム』【米】
石井幹子『環境照明のデザイン』【日】

操上和美・築地仁

築地仁p『写真像』,田原桂一p『エクラ』【日】
操上和美p『陽と骨』【日】
伊藤俊治『写真都市』【日】

D

ジャームッシュ

ヴェンダース監[パリ・テキサス]【独】
ジム・ジャームッシュ監[ストレンジャー・ザン・パラダイス],フォアマン監[アマデウス]【米】
陳凱歌監[黄色い大地]【中】
小栗康平監[伽倻子のために],宮崎駿監[風の谷のナウシカ]【日】
ナムジュン・パイク演[グッド・モーニング・ミスター・オーウェル]【米仏】
エド・エムシャウラーCG[スキンマトリクス]【米】,コーエン,ツサカス[光のある静物]
河口洋一郎[モルフォギネシス]【日】

E

風の谷のナウシカ

ハラルト・ヴァイス曲[ノアの方舟],ミヒャエル・フェッター曲[倍音ミサ]【独】,アントワーヌ・ヴィテーズ演,ジョルジュ・アペルギス曲[赤いマフラー]【仏】
坂本龍一[音楽図鑑],井上鑑[カルサヴィーナ]【日】
武満徹曲[オリオンとプレアデス],三木稔[あだ]【日】
トリシャ・ブラウン・カンパニー[セット・アンド・リセット](L・アンダーソン曲,ラウシェンバーグ美術),モリッサ・フォンリー&ダンサーズ[エミスフェール](A・デーヴィス曲,クレメンテ美術)【米】
ヤン・ファーブル演[劇的狂気の力]【白】
演劇団[虎・ハリマオ],万有引力[虹翔伝説]【日】

追落と快楽

A

サイバーパンク ニューロマンサー

J・G・バラード『太陽の帝国』,ブルックナー『秋のホテル』,ジュリアン・バーンズ『フローベルの鸚鵡』,アンジェラ・カーター『夜ごとのサーカス』【英】
アルベルティ・ガウアー『文学の歴史』【墺→英】
ミラン・クンデラ『存在の耐えられない軽さ』【仏】,エーベルス『アンドロメダの守護者』【西独】
ウィリアム・ギブスン『ニューロマンサー』,ルイス・シャイナー『フロンテラ』,ハーシー『召命』,ジェイ・マキナニー『ブライト・ライツ,ビッグ・シティ』【米】
ハロルド・ブルームによる世界文芸理論・批評選集の大企画開始【米】
マイケル・ワイルディング『サインを読む』【豪】
ケイ・ヨウ『夢語り6章』【台湾】

B

方舟さくら丸

安部公房『方舟さくら丸』【日】
谷川俊太郎『日本語のカタログ』【日】
猪瀬直樹『ミカドの肖像』【日】
三浦雅士『メランコリーの水脈』【日】
山口泉『旅する人びとの国』【日】
白川静『字統』【日】

C

ワーキング・ウーマン

「ワーキング・ウーマン」創刊【英】,「ウォーキング・ワールド」,「ビデオ・ムービーズ」創刊【米】,フェティッシュ・マガジン「SKIN TWO」【英】
「ヴィンテージ・コンテンポラリーズ」刊行【米】
「ネクスト」,「アスペクト」創刊,「GS」「へるめす」創刊【日】

初の手話辞典

初の「手話辞典」刊行【白】
「チケットぴあ」自動販売機が首都圏でスタート,書店のオンライン化進む(東販がトーネッツ,日販がノックスの構想発表)【日】
吉田ルイ子『女たちのアジア』【日】
怪人21面相による江崎グリコ事件【日】

D

アフリカン・ポップ頭抬

「ヤッピーハンドブック」出版【NY】
「女性の人身売買に反対する国際ワークショップ」開催【ロッテルダム】
和製ハッカー,大阪工大のプログラム消去【日】
NHK「核戦争後の地球」に大反響【日】
国鉄,「エキゾチック・ジャパン」のキャンペーン【日】
「ソープランド」の呼称【日】
海老坂武『シングルライフ』【日】
イッセー尾形[都市生活カタログ],渡辺和博『金魂巻』【日】
丸尾末広『少女椿』,星野之宣『2001夜物語』,諸星大二郎『西遊妖猿伝』,なんきん『南京漫画』【日】

E

「カラムーチョ」(辛口ブーム)発売,液晶テレビ登場(SEIKO)【日】
MTVの対抗局,CMC開局【米】

マドンナとスプリングスティーン

サニー・アデなどアフリカン・ポップ抬頭【ナイジェリア】,サイキックTV[悪夢](ホロフォニック・サウンド導入),クラウス・ノミ[オペラ・ロック]【英】,ブルース・スプリングスティーン[ボーン・イン・ザ・USA],マドンナ[ライク・ア・ヴァージン]【米】,五木ひろし[長良川艶歌],戸川純[玉姫様]【日】
ロサンゼルス・オリンピック開催【米】
全英オープンでM・ナブラチロワ3連覇【米】

SFは二十世紀の文化的なシンボルが並んだスーパーマーケットを漁ることを可能にしてくれる。
ウィリアム・ギブソン

BC 6000以前 / BC 6000 / BC 2200 / BC 1200 / BC 600 / BC 300 / 0 / 300 / 600 / 800 / 1000 / 1200 / 1300 / 1400 / 1500 / 1600 / 1650 / 1700 / 1760 / 1810 / 1840 / 1860 / 1880 / 1890 / 1900 / 1910 / 1920 / 1930 / 1940 / 1950 / 1960 / 1970 / 1980

八〇年の眠りを醒ますゴルバチョフの登場と、苦戦するレーガノミックス。
ニーズ諸国の急追と、ライブ・エイドをやらない経済大国日本。

1985
昭和60

政治の後退

ゴルバチョフ時代へ

筑波科学博

1
02 中曽根訪米,SDI構想に理解を示す【日】
06 米ソ外相会談,包括的軍縮交渉開始【米】
07 ベトナム軍,クメール・ルージュ攻撃【カンボジア】
26 竹中正久山口組組長ら3人,一和会系組員に射殺【日】

2
08 金大中,米からソウルに帰還【韓】
12 ASEAN6カ国,カンボジア内反ベトナム勢力支持で共同声明
16 越軍,ポル・ポト派を制圧【カンボジア】
23 ヨルダンとPLOが,「中東和平への共同行動」合意文書を発表(アンマン合意)【ヨルダン】

3
01 サンギネッティ大統領就任【ウルグァイ】
10 チェルネンコ没,後任にミハイル・ゴルバチョフ就任,指導部最年少54歳【ソ】
12 米ソの包括的軍縮交渉第1回会合開始
17 筑波科学技術博覧会開催【日】
27 首都ハルツームで食糧暴動【スーダン】

4
02 世界に核爆弾5万個の貯蔵,国連が警告
15 離婚禁止法,背徳法廃止【南ア】
17 権利と自由の憲章が法制化【加】
22 大量殺人,拷問容疑で,軍政責任者裁判開始【アルゼンチン】
23 カーストをめぐる暴動【印】

5
01 政府,イブナット難民5万人に帰郷命令【エチオピア】
02 ボン・サミット開幕【西独】

男女雇用均等法

17 男女雇用機会均等法が成立【日】
28 南北委十字会談で,北朝鮮代表が12年ぶりでソウル入り【鮮】

南太平洋非核地帯条約

6
08 初の複数立候補制による議会選挙【洪】
12 西・葡がEC加盟条約に調印
17 ナミビアの多人種行政府に限定自治権を与える【南ア】

7
20 黒人暴動に大統領,非常事態を宣言【南ア】

ガルシア36歳

28 大統領に36歳のアラン・ガルシア【ペルー】
29 ソ連,核実験の一方的停止を発表【ソ】

南アフリカ非常事態

8
07 南太平洋非核地帯条約採択
07 BBCのIRA幹部インタヴュー番組への圧力に24時間放送スト【英】
20 ベイルート連続爆破事件から,イスラム・キリスト両派が激戦に【レバノン】

アパルトヘイト進行

9
06 混血系学校452校を閉鎖【南ア】
09 バーミンガムで失業者の暴動【英】
20 南北離散家族訪問団,ソウル,平壌を初訪問

10
01 イスラエル軍,PLO本部爆撃【チュニジア】
22 国防長官,ICBM「SS20」配備をSALT2違反と非難【米】

コロンビア紛争

11
06 武装ゲリラ,政府軍と銃撃戦【コロンビア】
15 北アイルランド問題,英とアイルランド共和国が紛争解決の合意書に調印【英愛】
19 6年ぶりに米ソ首脳会談開始【瑞】

12
06 英,米のSDIに参加決定【英】
28 内戦集結へ,イスラム・キリスト両教徒の民兵組織が包括的終戦協定に調印【レバノン】

過剰な技術

A
「ソユーズ13,14号」ドッキング【ソ】,「アトランティス」,初の宇宙建設作業【米】
ラリー・ベルら「スペース・ハビテーション(宇宙居住船)」計画はじめる【米】
日本初の惑星探査機「さきがけ」【日】

ユーレカ計画 軍事技術自主開発

最先端技術計画「ユーレカ計画」発表【仏】
発電用実証増殖炉「スーパーフェニックス」臨界【仏】,トカマク型核融合装置JT-60【日】
細胞融合モノクロナール抗体(ヘキスト)【西独】
世界最大出力レーザ装置「ノバ」完成(ローレンス・リバモア国立研)【米】

P4実験室 バイオ公害隔離装置

遺伝子組換え実験装置「P4」完成(理化学研),ジーンバンク業務開始(農水省)【日】
軽部征夫,バイオ素子モデル(東工大),チャープ超格子(工業技術院),光記憶合金(日立)開発【日】

軽部征夫バイオ素子

B
3層構造3次元回路素子(三菱電気),共鳴トンネリング・ホットエレクトラトランジスタ(富士通),1MビットD-RAM(東芝)開発【日】
ラップトップ型PC「IBM・PCコンバーティブル」【米】,32ビット「トランスピュータ」(インモス)【英】
初のデスクトップ・パブリッシング,Mac用「PageMaker」(アルダス)【米】
国産初の光カード開発(大日本印刷)【日】
CCD採用カメラ一体型8ミリビデオ「ハンディカム」発売(ソニー),9局同時受像デジタルテレビ開発(シャープ)【日】

C
国際データ自由化宣言採択(OECD)
シカゴ,NY,ワシントン間光通信網【米】
通信高度化開始【シンガポール】,アラブ初の通信衛星「アラブサット」
第1号光ファイバ接続自動機完成,フリーダイヤル開始(電電公社)【日】

VAN市場自由化(日)

VAN市場全面自由化【日】
学術情報センター,全国大学図書館データベース「NACSIS-CAT」運用開始【日】
有人リニアモーターカー「トランスラピット」,時速355km【西独】
上越新幹線,開業【日】

G5円高へドル安

D
北半球,空前の豊作,第三世界諸国,旱魃,飢え広がる(飽食と飢餓問題の深刻化)
先進五カ国蔵相会議(以降,急激な円高)

双児の赤字

史上最大2028億ドル赤字(双児の赤字開始),コンピュータ・スランプ(IBM,27%減益,シリコン・バレー不況),銀行倒産100件【米】
ベーカー提案(発展途上国累積債務に関する持続的成長計画)【米】
海外信託銀行TOB事件(香港政庁直轄管理化へ)【香港】
「電電改革3法」成立【日】
フェアチャイルドの汚水公害露見(ハイテク公害問題化)【米】

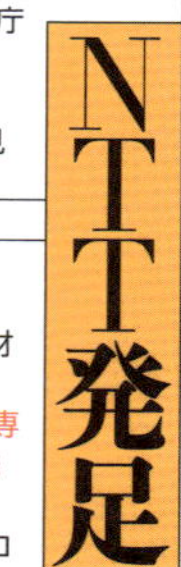

NTT発足

E
セクター制廃止,RCA買収(GE)【米】
ハイケム戦略成功(バイオ,新素材へ多角化)(ヘキスト)【西独】
日本電電公社民営化,NTT発足,専売公社民営化,日本たばこ産業株式会社発足【日】
川崎製鉄,NKB買収し,日本セミコンダクター設立(半導体分野進出)【日】

ドラマよりもニュースステーション、
連載小説よりドラゴン・クエスト。

1985

複雑性と多様性

A 超ひも理論

NASA探査機アイス,彗星の雪ダルマ説を確認【米】
バーンズら,巨大銀河発見(太陽の5兆倍の放射エネルギー)【米】
ニンバス7号衛星,南極上空に大きなオゾン層の穴を発見,温室効果仮説提出【米】
グリーン,素粒子クォークを微小な「ひも」状構造とする「超ひも理論」発表【英】
ジョーンズら,常温核融合の可能性を指摘【米】
佐々木力『科学革命の歴史構造』【日】

B 中立進化説 木村資生 分子進化

木村資生「分子進化の中立説」,石川統『細胞内共生』『分子進化』【日】
モンタニエ,エセックスら"第2のエイズウィルス"を発見と発表【米】
デントン『反進化論』【豪】
カリフォルニア大グループ,ナゾの病原体プリオンを体内で発見【米】
R・フレデリック,トリプシンの機能改造【米】
厚生省,脳死診断の判定基準を決定【日】
東京女子医大心臓血圧研究所,心筋こうそくの原因に新説,「心筋細胞の自己崩壊」【日】

C

B・シャノン『認識における表象の役割』,ピンケル『視覚認知』,ガードナー『認知革命』【米】
ホージランド『人工知能』

ドレイファス 純粋人工知能批判

H・ドレイファス,S・ドレイファス『純粋人工知能批判』【米】
ロビン・ギル『反日本人論』【日】

D 岩井克人、橋爪大三郎 赤坂憲雄、粉川哲夫

岩井克人『ヴェニスの商人の資本論』,佐伯啓思『隠された思考』【日】

ハーバマス『近代の哲学的ディスクルス』【独】
B・ウィリアムズ『倫理学と哲学の限界』【米】
橋爪大三郎『言語ゲームと社会理論』【日】
中野収『コミュニケーションの記号論』,坂村健『電脳都市』,粉川哲夫『情報資本主義批判』【日】
トリル・モイ『性/テクストの政治学』【諾】
上野千鶴子『構造主義の冒険』,江原由美子『女性解放という思想』【日】
松岡悦子『出産の文化人類学』【日】
ルーマン『ソシアルシステム』【独】
植島啓司『分裂病者のダンスパーティ』,細川周平『トランス・イタリア・エクスプレス』【日】
室井尚『文学理論のポリティーク』【日】
ペーター・スローターダイク『魔の木』【独】

蓮實重彦『物語批判序説』【日】
吉田光邦『文様の博物誌』【日】
R・ボウルビー『ちょっと見るだけ』【英】
高山宏『目の中の劇場』【日】

E

スタニスラフ・グロフ『脳を越えて』【米】
オリバー・リーマン『イスラム哲学への扉』【英】

異界と神界 小松和彦 鎌田東二

小松和彦『異人論』,鎌田東二『神界のフィールドワーク』,赤坂憲雄『異人論序説』,宮家準『修験道思想の研究』,金岡秀友『密教の起源』,井本英一『境界祭祀空間』,萩原秀三郎『地下世界』,豊田国夫『言霊信仰』【日】,C・ゲニェベ『中世の世俗芸術と民衆的宗教』【仏】
山本哲士『学校の幻想,幻想の学校』,芹沢俊介『〈イエスの方舟〉論』,花崎皋平『地域をひらく』
トマス・アルタイザー『黙示録としての歴史』【米】

イメージ・カプセル

A

ロベール・コンバス画[俺たちの仲間]【仏】

キーファー 新表現派拡大へ

アンゼルム・キーファー画[オリシスとイシス]【独】,テリー・ウィンタース画[ヴェセル],ピーター・ハリー画[循環する接続回路のある二つの監房]【米】,アンドレス・セラノ個展【NY】
ボルタンスキー[モニュメント]【仏】

B 大竹伸朗・三上晴子

大竹伸朗,ロンドンI・C・Aで個展
西山英雄画[噴炎]【日】
川俣正[PSIプロジェクト]【日】
三上晴子[滅ビノ新造形]【日】

C マリオ・ボッタ テッシン派 合理的建築 / ブティック・デザイン ウィトキン

フェルナンド・モンテス設計[ムーランセナー集合住宅]【チリ】,マリオ・ボッタ設計[ランシーラ・ビル]【瑞】,バイヒル設計[ベルリン浄水場]【西独】,ゲリー設計[サーマイ・ペーターソン邸]【米】
槇文彦設計[青山スパイラルホール],伊東豊雄設計[シルバーハット]【日】
ロン・アラッドd[ゴルチェのブティック]【米】
ジャン・ラーシェル[タイポモンド5]【仏】
ナカイヒロミd「おフトンアート」展,味岡伸太郎d「文字の百化」展,サイトウ・マコトd[私は先祖の未来です]【日】
「セルフポートレイト」MOMA【NY】
ハミッシュ・フルトンp『キャンプファイヤ』【独】
ウィトキンp『ウィトキン』(死とフリークをアート作品化),カート・マーカス『アフター・バーブド・ワイヤー』【米】
坂田栄一郎p『注文のおおい写真館』,橋口譲二p[西ベルリン]【日】

D

ピーター・グリーナウェイ監[ZOO]【英】

裵昶浩 ディープ・ブルーナイト

チミノ監[イヤー・オブ・ザ・ドラゴン],アラン・パーカー監[バーディ]【米】,ヘクトル・バベンコ監[蜘蛛女のキス]【ブラジル】,裵昶浩監[ディープ・ブルーナイト]【韓】
相米慎二監[台風クラブ]【日】
宮川一夫『キャメラマン一代』【日】
ワンダー・プロダクツ[ブラックとホワイトの中の逃亡者]【仏】
フィリップ・ベルジェロン,モントリオール大CG[ピアノ弾きトニー]【加】
ジョン・サンボーンCG[ルミネア]【米】
ハロルド・コーエン「AARON」(自動絵描きシステム)【米】

ラジカルTV 原田大三郎 坂本龍一

ラジカルTV[TV WARS]【日】

E キューカンバー・スタジオ マックス・ヘッドルーム

シュトックハウゼン・フェスティバル「音楽と機械」【L】,ノーノ曲[プロメテオ]【伊】,ヴィンゴ・グロボカール曲[国境の星座]【ユーゴ】
P・ブルック演[マハーバーラタ],アヴィニヨン演劇祭で初演【仏】
マギー・マラン演出[サンドリヨン]【仏】
土方巽[東北歌舞伎計画]【日】
状況劇場[ジャガーの眼],東京グランギニョル[ライチ・光クラブ],長嶺ヤス子[鷺娘]【日】
キューカンバー・スタジオ[マックス・ヘッドルーム]【英】

脱出の失敗

A

レッシング『善良なテロリスト』,ファウルズ『蛆虫』,P・アクロイド『ホークス・ムア』【英】
ギュンター・グラス『雌鼠』,パトリック・ジュースキント『香水』【西独】
ウィリアム・ギャディズ『木造のゴシック建築』,ジョン・シャーリー『エクリプス』,ロリー・ムア『セルフ・ヘルプ』,J・マクフィー『目次』【米】

グレッグ・ベア ブラッド・ミュージック

グレッグ・ベア『ブラッド・ミュージック』,スターリング『スキズマトリックス』【米】
ジェイムズ・トウイッチェル『恐怖の快楽』(幻想文学論)【米】
マーガレット・アトウッド『侍婢の物語』【加】
デビッド・ブレックス『セイの本』【豪】

B 村上春樹・山田詠美

深沢七郎『極楽まくらおとし図』,丸谷才一『忠臣蔵とは何か』,原百代『武則天』,日野啓三『夢の島』,黒井千次『群棲』【日】
村上春樹『世界の終りとハードボイルド・ワンダーランド』【日】
干刈あがた『ゆっくり東京女子マラソン』,山田詠美『ベッドタイムアイズ』【日】
松山巌『乱歩と東京』【日】
那珂太郎『空我山房日乗其他』【日】

C やらせとパックジャーナリズム

「マンハッタン・インク」創刊【米】
「アフタヌーン・ショー」(朝日TV)でやらせ放送,「NY・タイムズ」紙が日本のマスコミをパックジャーナリズムと批判【日】
「マネージャパン」,「日経マネー」創刊【日】
「オレンジページ」創刊【日】
「ニュース・ステーション」(テレビ朝日)放送開始,放送大学スタート【日】
TVで米ソ「市民サミット」【米】
ピアリッツに初の公衆TV電話【仏】
ENA(エレクトリック・ネットワーキング・アソシエイション)創設【米】

D 同性愛高校(米) / ライブ・エイド

「ライブ・エイド」開催【米英】,同性愛者の公立「ハーベイ・ミルク高校」設立【NY】アル中追放運動【ソ】,黒人暴動が激化,放火,略奪など【南ア】,反政府放送開始【アフガニスタン】,世界婦人会議開催【ナイロビ】

日本にもエイズ

日本でのエイズ患者第1号確認【日】
女たちが1週間のセックス・スト敢行【ウガンダ】
サロン「シンクロ・エナジャイズ」開店,旅行会社が5万ドルで宇宙旅行客募集【米】
ドナ・カランのカラン・ルック注目【NY】
H・コーンウォール『ハッカーズ・ハンドブック』刊行【米】
日本リサイクルショップ協会発足【日】
夏目房之介「漫画学」,花輪和一「護法童子」,岩館真理子「わたしが人魚になった日」,杉浦日向子「百日紅」,内田善美「星の時計のLiddell」【日】

E ドラクエ 堀井雄二 鳥山明

ドラゴンクエスト(エニックス社)発売【日】
「スーパーマリオブラザーズ」人気に【日】
キュア[ヘッド・オン・ザ・ドア]【英】,デア・プラン[進化論]【西独】
P・ローズ,カップの安打記録を抜く【米】,ウィンブルドンでボリス・ベッカーが優勝【西独】,プロ野球に労働組合が誕生【日】

僕は脳の中に解釈部門があるにちがいないと考えた。夢見ているときは解釈部門は働いているが正確さは欠けている。
R・P・ファインマン『ご冗談でしょう、ファインマンさん』

原発事故、脳死問題、細胞商品、気功ブーム。
気になる帰還宇宙飛行士が見たヴィジョン。

シャドーワークとネットワーキングとハウスミュージック。
ジェンダー思考が拡大し、「女という快楽」が強くなる。

1986
昭和61

政治の後退

フィリピン二月革命

1 07 レーガン,対リビア経済活動を禁止【米】
13 政変,ムハンマド大統領処刑【南イエメン】

土井たか子 社会党委員長に

22 社会党委員長選挙,土井たか子が当選【日】
26 反政府ゲリラが制圧(ムセベニ)【ウガンダ】
31 反政府暴動おきる【ハイチ】
2 02 大統領にアリアス氏【コスタリカ】
07 デュバリエ独裁崩壊,大統領脱出【ハイチ】
16 大統領選,中道ソレアス前首相当選【葡】
25 マルコス政権崩壊,アキノ政権発足【比】

パルメ暗殺 犯人不明

28 パルメ首相,暗殺【典】
3 11 キューバ・北朝鮮,友好協力条約調印
12 NATOに残留を決定【西】
16 総選挙で保守連合が辛勝【仏】
25 アキノ大統領,暫定憲法を公布【比】
27 SDI参加を表明【西独】

4 02 アラブ革命細胞,ギリシア上空でTWA機に爆弾テロ
15 米軍,トリポリ・ベンガジを爆撃【リビア】
21 EC12カ国,対リビア外交制裁策を決定
23 黒人規制の「パス法」,廃止・改正【南ア】
26 チェルノブイリ原発事故【ソ】
5 04 東京サミット「テロ非難声明」発表【日】
04 書記長,カルマルからナジブラへ【アフガン】
06 ソ連・東欧からの食糧輸入を禁止(EC)
06 アッバスPFLP議長,テレビで米国内テロ予告【米】
27 陸軍司令官,プレム派チャワリット【タイ】

ワルトハイム オーストリア大統領

6 08 ワルトハイム元国連総長,大統領当選【墺】
10 行革審,最終答申「増税なき財政再建」【日】
12 人種暴動,全土に非常事態宣言【南ア】
16 ゴルバチョフ,SDIを条件つき承認【ソ】
25 キューバとの外交関係再開【ブラジル】
25 下院,レーガンのコントラ援助案可決【米】

7 06 衆参同日選挙,自民党大勝【日】
07 PLO事務所25カ所を即時閉鎖【ヨルダン】
28 キリスト・イスラム両教徒,激戦【レバノン】
8 14 政治暴動,野党総裁を逮捕【パキスタン】
9 06 イスタンブールのユダヤ教会襲撃事件,23人射殺【土】
14 ソウル金浦空港の爆弾テロ【韓】
28 戒厳令下で,民主進歩党が結成【台湾】

米ソSDI会談

工作 イラン・コントラスキャンダル

10 03 核ミサイル原潜,大西洋で火災沈没【ソ】
11 レイキャビク米ソ首脳会談SDIで対立【愛】
24 英空港事件でシリアとの国交断絶【英】
27 アッシジでローマ教皇主催の世界平和祈願集会【伊】
11 06 米ソの核保有数は均衡(国際戦略研究所)
10 シリアのテロ行為に武器禁輸で合意(EC)
26 SALT2を廃棄【米】
12 01 レーガン,対イラン・コントラ秘密工作を認める【米】
06 大学法案反対デモで死者,法案撤回【仏】
17 カザフ共和国アルマアタで学生暴動【ソ】
19 民主化要求の学生デモ【上海】

サハロフ帰還

23 反体制物理学者サハロフ博士,国内流刑地から7年ぶりにモスクワ帰還【ソ】

過剰な技術

チェルノブイリ原発事故

A スペース・シャトル「チャレンジャー」墜落【米】
共同天文観測衛星「クレバント」【西独蘭英ソ瑞】,宇宙ステーション「ミール」【ソ】
「さきがけ」,ハレー彗星に5万㎞接近【日】
チェルノブイリ原発事故【ソ】,サリー2号炉で高温水蒸気噴出【米】

細胞商品

大腸菌使用ヒト成長ホルモン生産【典】,マウス細胞使用プロテインC生産(帝人),遺伝子組み換えエリスロポエチン生産(キリンビール)【日】
ヒューマン・フロンティア計画開発【日】

B 強誘電性液晶(大日本インキ)開発,超高速バイポーラ型トランジスタ(東工大)開発【日】,映像用1MビットDRAM(松下電子)開発【日】,32ビットワンチップ型MKU発売(IBM)【米】
FCC,第3次コンピュータ調査裁定【米】

一太郎2 ワープロ人気ソフト

SAA(ソフトウェア開発体系)発表(IBM)【米】,「PC-9801」用日本語FPの新製品ラッシュ,「一太郎」ヒット(ジャストシステム)【日】
世界統一規格の放送用コンポーネント・デジタルVTR開発(ソニー)【日】
ISDN提供開始(ベル地域電話会社)【米】
ISDN暫定勧告(CCITT)【欧】

C ハム衛星「JAS-1」(日本ハム連盟)【日】
光IC高密度波長多重通信開発(東芝),通信衛星「BS2b」サービス開始【日】
光ファイバ衛星ネットワークサービス(MCI)開始【米】
日本の科学技術文献収集,提供のためのJAPAN-Intoプロジェクト開始(EC)
「ニューオリエント・エキスプレス計画」(極超音速旅客機HST開発構想)【米】

コメ自由化要求

D 原油価格急落,NY市場で1バレル10ドル割れ【米】,OPEC,減産合意
ワルグァイ・ラウンド開始(世界経済,米国覇権時代終焉)
日本の農作物輸入制限のガット提訴,日米半導体協定【米】,日本の銀行の自己資本比率規制強化要請【米英】
ビッグ・バン(ロンドン市場株式売買手数料自由化)【英】,JOM型東京オフショア市場開放【日】,外国企業大挙進出(外資ブーム)【タイ】

前川レポート

「前川レポート」(積極的構造調整法案),東京地価高騰,地上げ横行【日】
中流意識層53%,全土に労働争議拡大【韓】
日本周辺海域海洋汚染発生数877件記録【日】

E シラク政権,65国有企業民営化【仏】
デュポン・BT合併,BT&Dテクノロジーズ・フィリップス合併,フィリップス&デュポン・オプティカル社設立(オプト・エレクトロニクス参入)【米英】
自動車新素材プロジェクト「カーマト2000」発進(プジョー)【仏】
日本の電機メーカー初の米現地生産(日立,HCPAでVTR生産)【日】
NTT株公開,119万7000円の高値【日】

蛋白工学研

蛋白工学研究所設立(世界初の蛋白工学開発会社),日本テレコム,第二電電,TTネット,日本高速通信開業【日】

知のネットワーク

A
ボイジャー2号,65本の天王星リング発見,天王星の新衛星発見【米】
ブラックホールの星吸収現象を観察【米】
IBM研のミュラーら,金属酸化物で高温超伝導の可能性を示唆【瑞】
AB効果を実証（日立製作所基礎研究所）【日】

第5の力 フィッシュバック落体法則論
E・フィッシュバック,ガリレオの落体実証のデータ再分析から,第5の力の存在を主張【米】

B
米の生化学者グループ,色素の遺伝子解明
キャンベル『チャーチルの昼寝』【米】

HAM ウィルス神経病
納光弘,松元実,ウィルスによる新しい神経病発見「HAM」と命名【日】
日本法医学会が脳死を（個体死として）認める方向を打ち出す【日】
慶大グループ,男女産み分けに成功【日】

脳死問題

C
R・L・キャンベル&M・H・ビックハート『知識レベルと発達段階』【瑞】
ウィノグラード&フローレス『コンピュータと認知を理解する』【米】
ラメルハート,マクレランド『PDPモデル』【米】

津田一郎 脳と力学系カオス
津田一郎『脳の情報力学過程に対するカオスの役割』【日】
エリック・ドレクスラー『創造のマシン』【米】
O・E・ラスケ『認知音楽学』【米】
マーカス,フィッシャー『文化批判としての人類学』【米】
野本和幸『フレーゲの言語哲学』【日】
原ひろ子『家族の文化誌』【日】
桜井哲夫『家族のミトロジー』【日】
内堀基光,山下晋司『死の人類学』【日】

原ひろ子、上野千鶴子、中野美代子、田中優子

D

自己組織性
今田高俊『自己組織性』【日】
ローティ『デカルトの瞑想』【英】
ポール・ボヴェ『知識人と権力』【米】
上野千鶴子『女という快楽』,渡辺恒夫『脱男性の時代』,青木やよひ『エコロジーとフェミニズム』【日】
シュミッツ『身体と感情の現象学』【独】
ドゥルーズ『フーコー論』【仏】
ルイ・マラン『食べられた言葉』【仏】

谷川渥『形象と時間』【日】
加藤孝義『空間のエコロジー』【日】
赤坂憲雄『排除の現象学』【日】
宇野邦一『外のエチカ』,永井均『〈私〉のメタフィジックス』【日】
福井憲彦『時間と習俗の社会史』,富永健一『社会学原理』【日】
松岡正剛『遊学』,高山宏『ふたつの世紀末』【日】
中沢新一『野ウサギの走り』【日】
田中優子『江戸の想像力』,中野美代子『三蔵法師』,本田和子『少女浮遊』【日】
江守五夫『江戸の婚姻』【日】

情報文化議論
松岡正剛,戸田ツトム『情報と文化』【日】
セオドア・ローザク『情報の神話学』【米】

E
網野善彦『異形の王権』,黒田日出男『境界の中世・象徴の中世』,飯島良晴『竈神と厠神』【日】
五十嵐一『イスラム・ルネサンス』【日】
河合隼雄,吉福伸逸『宇宙意識への接近』【日】

気功ブーム 上海で合同シンポ
ハーバード大と中国の学界主催,第1回気功シンポジウム開催【上海】

イメージ・カプセル

A
ネオ・ジオの動き活発化【米】
マーク・コスタビ個展[NY]
ロバート・ロンゴ作[オール・ユー・ゾンビーズ],ジェフ・クーン作[ログ・カー],ニック・タガート作[アーティスト・オン・フィルム],ジョディ・ピント作[指の橋]【米】
バージン『芸術理論の終焉』【英】

ネオ・ジオ

B
宮島達男作[TIME],眞板雅文[大地],

伊藤俊治 ジオラマ論 生体廃墟論
伊藤俊治『ジオラマ論』『生体廃墟論』【日】

C

ヤノヴィスキー
ファインシルバー設計[科学技術センター],ヤノヴィスキー設計[ピカソアリーナ]【西】,ヴィムヘルム・ホルツバウアー設計[アムステルダム市庁舎]【墺】
ノーマン・フォスター設計[香港上海銀行]【英】,バーナード・チュミ設計[マンハッタン・トランスクリプト]【米】
磯崎新設計[MOCA]【米】,長谷川逸子設計[菅井内科],高松伸設計[「織陣」第三期工事],丹下健三設計[東京新庁舎案]【日】
桜井さとみi[夜歩く]【日】
井上嗣也d[ラ・ブレア],葛西薫d[ヌード](p.十文字美信)【日】
ロン・アラッドd[コンクリート・ステレオ]【英】
杉浦康平『立体で見る[星の本]』【日】

ノーマン・フォスター

戸田ツトム エディトリアルデザイン
戸田ツトム『断層図鑑』【日】
ドッド・ウエッブp『オキーフ』,R・メイプルソープp[ブラック・ブック](メイル・ヌード)[地獄の季節]【米】
関口隆史p『UZURA』,林隆吾p『ZOO』,小林のりおp『ランドスケープ』,久保田博二p[中国万華],港千尋p[メッセンジャー]【日】

D
アノー監[薔薇の名前]【仏独伊】,ロメール監[緑の光線]【仏】,ナナ・ジョルジャーゼ監[ロビンソナーダ]【グルシア】,イドリッサ・ウエドラオゴ監[チョイス]【ブルキナ・ファソ】

未来世紀ブラジル テリー・ギリアム
テリー・ギリアム監[未来世紀ブラジル](リカルド・ボフィール美術)【英】,リンチ監[ブルー・ベルベット],ストーン監[プラトーン],シュレイダー監[愛と栄光の日々]【米】,リザン監[夜の天使]【仏】
佐々木成明v[TV is it,TV]【日】
藤幡正樹[コンピュータ・ジェネレイテッド・イメージ]【日】
ナムジュン・パイク演[バイ・バイ・キップリング]【米日韓など】

シュレイダー

E
ペンデレツキ曲[黒い仮面],ハンス・ツェンダー曲[シュテファン・クリマクス]【独】
アルヴォ・ペルト曲[アルボス]【ソ】
ギャビン・ブライヤーズ曲[ファースト・ヴィエニーズ・ダンス]【英】

ガデスのカルメン
アントニオ・ガデス演[カルメン]【西】,ロイヤル・シェイクスピア劇団[メフィスト]【英】,ファスビンダー演[パレスティーナ女]【独】
梅原猛作,市川猿之助[ヤマトタケル]【日】
流山児事務所[ラスト・アジア]【日】
ジョン・ケリー[エゴン・シーレ]【米】

脱出の失敗

A
P・D・ジェイムズ『死に味わい』,エイミス『アインシュタインの怪物』【英】
M・グリーン『ピエロの凱旋』『真理の山』【英】
パトリック・モディアノ『八月の日曜日』,アンリ・トマ『盗まれた季節』【仏】,マルタ・ミラッツォーニ『ターバンを巻いた娘』【伊】

レス・ザン・ゼロ B・E・エリス
ベロー『もっと多くの者が心臓病で死ぬ』,リーヴィット『失われた鶴の言語』,アリス・マクダーモット『その夜』,ブレット・イースト・エリス『レス・ザン・ゼロ』,ピーター・キャメロン『ママがプールを洗う日』,タマ・ジャノヴィッツ『ニューヨークの奴隷たち』,スーザン・マイノット『モンキーズ』,セネット『パレ・ロワイヤル』,キャシー・アッカー『ドン・キホーテ』【米】
チンギス・アイトマートフ『断頭台』【ソ】
トーマス・ベルンハルト『消去』【墺】,エドナ・ボッシ『無垢の穏やかな顔』【アルゼンチン】
梁貴子『遠美洞』,硝延来『太白山脈』【韓】

B
丸山健二『月に泣く』,杉本苑子『穢土荘厳』,増田みず子『シングル・セル』,倉橋由美子『アマノン国往還記』【日】
小林信彦『ぼくたちの好きな戦争』,谷俊彦『木村家の人々』,逢坂剛『カディスの赤い星』【日】
服部幸雄『大いなる小屋』【日】
立花隆『脳死』【日】

C
「プリマ」「インディペンデント」創刊【英】

雑誌のビデオ化
「プレイボーイ」,「エスクワイア」など雑誌のビデオ化進む【米】
中国の新聞多様化,復刊相次ぐ【中】
「イミダス」刊行（集英社）【日】
フランス初の民放テレビ【仏】
TVアートの実験番組「何故我々はかくもテクノロジーを愛するのか」【日】
文字放送,NHKの全国ネット完成【日】
電子出版協会発足【日】
杉山隆男『メディアの興亡』【日】

グラス・ネットワーク

D
ハイデルベルクのIBM欧州ネットワーク・センターを赤軍が破壊【西独】,大学改革案に反対,学生スト【仏】

出産スト 原発反対
チェルノブイリ原発事故で女たちが出産ストを宣言【諾】
男女雇用均等法施行【日】
ゴルチェ,ミュグレー,「ロシア風ファッション」提案【仏】
「ファッション美術館」開館【仏】
男女ともに半ズボンが流行【米】

新風営法施行（日）
新風俗営業法が施行【日】
小中学生に噂のネットワーク自然発生【日】
桜田かずお[わたしは真悟],紡木たく[ホットロード]【日】

E
高級車「ソアラ」（トヨタ）発売【日】
使い捨てカメラ「写ルンです」発売【日】
「マインドウォーカー」「マインドミラー」発売【米】
XTC[スカイラーキング],UB40[シング・アワ・オウン・ソング]【英】,RUN・DMC[レイジング・ヘル],プリンス[パレード],このころよりシカゴのディスコ中心に「ハウス・ミュージック」拡大【米】
ポール・サイモン「グレイスランド」,エルトン・ジョン「ニキータ」【L】
中森明菜[DESIRE]【日】

マイク・タイソン 20歳でチャンピオン
マイク・タイソン,史上最年少で世界チャンピオンに【米】

BC 6000以前
BC 6000
BC 2200
BC 1200
BC 600
BC 300
0
300
600
800
1000
1200
1300
1400
1500
1600
1650
1700
1760
1810
1840
1860
1880
1890
1900
1910
1920
1930
1940
1950
1960
1970
1980

マス・メディアによってひとたび情報化された個人は、受け手である大衆によって虚像化（イメージ）されるという現象を避けて通ることはできない。
藤原新也『乳の海』

大恐慌の前触れか、電子管理の陥穽か、アメリカの終焉か。
ブラックマンデーが世紀末型投機社会の危険を暗示する。

1987
昭和62

政治の後退

1 09 ソウル大生の拷問殺人事件,政治問題化(民主化大運動開始)【韓】
16 学生の民主化要求デモの責任を取り胡耀邦総書記辞任,趙紫陽首相が代行【中】
24 防衛費新規準(90まで18兆4000億円枠内)【日】

2 04 新憲法の国民投票,アキノ大統領勝利【比】
10 流刑地の反体制活動家140人を釈放【ソ】
14 核廃絶・人類生存のための国際フォーラム開催【モスクワ】

ルーブル合意 7カ国蔵相会議
ルーブル合意(7カ国蔵相会議)円高協調介入【仏】

3 04 レーガン,イラン工作の責任を認める【米】
23 葡と中国,マカオを99年「一国家二制度」とする共同声明に仮調印
30 中国援助でミサイル開発の報道【イラン】

4 20 PLO,ソ連調停で主流・反主流が再統一【ヨルダン】
24 大統領が訪ソ,中東和平で会談【シリア】

5 03 赤報隊の朝日新聞阪神支局銃撃事件【日】
06 白人議会選挙,与党国民党が圧勝【南ア】
12 売上税法案を廃案【日】

6 01 カラミ首相暗殺【レバノン】
12 総選挙,保守勝利,サッチャー首相3選【英】
18 ファン・フンが首相就任【越】
26 数カ国がイラン・イラク双方に武器輸出
29 民正党盧泰愚,民主化宣言【韓】

盧泰愚民主化宣言

国家企業法(ソ)
国家企業法発表【ソ】

7 07 オリバー・ノース中佐の証言【米】
10 全斗煥辞任,盧泰愚新総裁【韓】
21 日米SDI協定調印,参加【日】
22 ソ書記長・大統領,イ・イ停戦協力確認【米】
29 民族抗争終結へ印首相と合意【スリランカ】
31 メッカでイラン人デモ,死者多数【サウジ】

8 07 対イラン貿易規制を検討【米】
07 政府,イラン原油輸入停止を指示【仏】
07 中米サミット5カ国,中米和平協定調印
08 政府軍,リビア軍を放逐し停戦へ【チャド】
15 ペルシア湾機雷除去に各国が掃海艇派遣
28 反乱兵800人と銃撃戦,首謀者逮捕【比】

9 01 クウェートのコンテナ船を攻撃【イラン】
07 東独ホーネッカー議長,西独初訪問【西独】
13 ニューカレドニア,住民投票で仏領に残留
21 ペ湾で米軍ヘリ,イラン機雷艇を撃沈【米】
27 チベットでラマ僧,独立要求デモ衝突【中】

10 01 チベット独立デモ,警官隊と衝突【中】
07 フィジー諸島,共和国を宣言【フィジー】
17 ペ湾で米艦船被弾炎上,イラン未確認【米】

竹下内閣

11 06 首相に竹下登,中曽根裁定で発足【日】
25 アンゴラ内戦,南ア直接介入で拡大【南ア】

金賢姫 北朝鮮謀略ミステリー
29 金賢姫ら大韓航空機爆破
29 ヨルダン・エジプト,対イラン合同軍設立へ

12 08 レーガン・ゴルバチョフ,INF全廃合意【米】
14 ASEAN第3回首脳会議,マニラ宣言【比】
16 16年ぶり大統領選,民正党盧泰愚当選【韓】
17 共産党フサーク書記長,辞任【チェコ】

INF撤廃 約条

過剰な技術

A
エネルギア 火星一周飛行計画
超大型ロケット「エネルギア」開発【ソ】,海洋観測衛星MOSシリーズ開始,X線衛星「ぎんがASTRO-C」(宇宙科学研)【日】

ヘルメス計画 宇宙往還航空開発
「ヘルメス計画」発進(宇宙往還機,99年実現めざす)(EC)
傾斜機能材料開発開始,国産アポジモーター開発(宇宙開発事業団,日産,日本油脂)【日】
「組み換えDNA技術応用医薬品製造のための指針」発表(厚生省),バイオナーサリーシステム開発開始(農水産省)【日】
熱発電素子開発(小松エレクトロニクス・科学技術庁)【日】,情報記憶体「デジタルペーパー」開発(ICIエレクトロニクス)【英】

B
自然言語を理解する対話システム開発(ジーメンス,フィリップス)【西独蘭】
世界最大16Mビット記憶容量マスクROM開発(松下電子)【日】

山川烈 思考行動の電子化
山川烈,ファジーコンピュータ試作
1E,32ビット両用マルチタスク新OS「OS/2」(IBM,マイクロソフト)【米】
NEC-98互換機「PC-286」(エプソン),「MZ-2E61」(シャープ)登場【日】
高解像レーザープリンタ(キヤノン)【日】

ファジーコンピュータ

C
「電気通信サービス機器の共同市場に関するグリーン・ペーパー」発表(EC)
X線伝送ファイバ開発(電総研),光ファイバ300km無中継伝送成功(日電)【日】
マーキュリー,欧州の国際通信分野進出【英】
商用データベース数,1,795(国産24%)【日】
B747-400型ハイテクジャンボ機開発(ボーイング)【米】,アラミド繊維主体のビジネスジェット「アブティック400」完成(デュポン)【西独】,次世代ジェットエンジン「V2500」開発開始(ロールスロイス)【英】
カイロに地下鉄【埃】,パリ地下鉄にICカード切符【仏】
関西国際空港建設開始【日】
青函トンネル開通【日】,明石大橋着工,東京湾横断道の杭打ち開始【日】

D
ブラック・マンデー(日米株式市場暴落)
NIESの一般特恵関税制度適応除外【米】
米加自由貿易協定発効(北米大陸経済統合へ)【米加】
郵便公社PPT,民営化承認【蘭】
ノンバンク・バンク規制(包括的新銀行法)【米】
緊急途上国累積債務爆発(第2ブラジル爆発)
東証,NYを抜いて,世界一市場に【日】

ブラック・マンデー NY市場大暴落

E
宇宙VB,トランスペース・キャリアーズ,デルタ・ロケット打上げ開始【米】
ユナイテッド航空,オンライン航空情報処理部門分社化(航空業界,情報分野参入)【米】

互換機著作権問題
NEC,エプソンの互換機著作権問題【日】

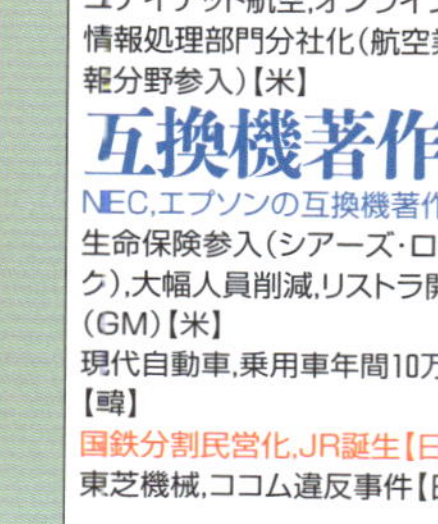

生命保険参入(シアーズ・ローバック),大幅人員削減,リストラ開始(GM)【米】
現代自動車,乗用車年間10万台生産【韓】
国鉄分割民営化,JR誕生【日】
東芝機械,ココム違反事件【日】

JR発足

日本でオペラ、サラダとばなな。
遠くの親戚より、隣のトトロ。

1987

知のネットワーク

A
15万光年先の大マゼラン雲に超新星「SN1987A」発見,ニュートリノシャワー地球に到達【米】
ミシガン大のシムチン博士ら,銀河系の3倍の直径130万光年の巨大銀河発見「マーカリアン348」【米】
J・アンダーソン博士,公転周期700～1000年の10番目の惑星存在を示唆【米】

第6の力? ガリレオ法則の再検討
D・エクハルト,重力の高さによる変化の測定から第6の力の存在を示唆【米】

B
右効き,左効き物質を作り分ける触媒開発【日】
ATP合成酵素に新種を発見【日】

アフリカのイブ 人類の起源
A・ウィルソン,R・キャンら,"アフリカのイブ仮説"提唱【米】
米国立保健研アンダーソン博士,「遺伝子治療」の可能性を発表【日】
中村桂子『女性のための生命科学』【日】
フロンガス生産を制限する国際協定(モントリオール議定書)【モントリオール】

C
H・レヴァイン,H・ラインゴールド『認知関係』,ピリシン編『ロボットジレンマ』(フレーム問題)【米】
フリュー,ヴィージー『行為と必然性』【米】
飯田隆『言語哲学大全』【日】
竹沢尚一郎『象徴と権力・儀礼の一般理論』,宮尾滋良『アジア舞踊の人類学』【日】
ティエルニー,大貫恵美子『鏡としての猿』【仏】

D
アメリカン・マインドの終焉
ブルデュー『構造と実践』【仏】
内田隆三『消費社会と権力』【日】

大国の興亡 ポール・ケネディ
ポール・ケネディ『大国の興亡』【英】
ブルーム『アメリカン・マインドの終焉』【米】
黒崎政男『哲学者はアンドロイドの夢を見たか』【日】,高橋徹『近代日本の社会意識』【日】
多田富男,今村仁司編『老いの様式』【日】

佐和隆光 文化技術
佐和隆光『文化としての技術』,猪口邦子『ポスト覇権システムと日本の選択』【日】
菊地理夫『ユートピアの政治学』【日】
彌永信美『幻想の東洋』【日】
ヴェルナー・ホフマン『メデューサの魔術』(マニエリスム論)【独】
高山宏『メデューサの知』【日】
ヤン・コット『シェイクスピア・カーニヴァル』【米】
田端泰子『日本中世の女性』【日】
河合隼雄『明恵－夢を生きる』【日】
宮崎興二『プラトンと五重塔』【日】
梅本洋一『視線と劇場』【日】
吉見俊哉『都市のドラマトゥルギー』【日】
中沢新一『虹の理論』,篠原資明『漂流思考』,西川直子『白の回帰』【日】

フィンケルクロート
フィンケルクロート『思考の敗北』【仏】
ジョナサン・アラック『批評的系譜』【米】
ラクー・ラバルト『政治のフィクシオン』【仏】
ファリアス『ハイデッガーとナチズム』【仏】
ジョン・バーワイズ,ジョン・エセンディ『うそつき・真実と循環』【米】
G・ベイトソン『天使のおそれ』【英】

E
津田真一『反密教学』,福永光司『道教思想史研究』,松本徹『夢幻往来』【日】
浄土真宗本願寺派,ホスピス「ビハーラ研究会」発足【日】

シミュレーショニズム

A
ハンス・ハーケ インゴ・ギュンター
[ドクメンタ8](芸術と公共性)【独】
ジェラール・ガルースト画[インディアン]【仏】,フィッシェル画[犬の肖像],マーク・タンジー画[パリスの神話]【米】
マイケル・ヤング個展【NY】
ハンス・ハーケ[連続],インゴ・ギュンター[$K^4(C^3I)$]【独】
ユベール・ダミッシュ『遠近法の起源』【仏】
アルチンボルド効果展【伊仏英】

B
鬘嘔[虹の旗],鈴木了二[標本建築]【日】

C
ヌーベル フーコーの影響
ペイ
R・ロジャース設計[ロイズ・オブ・ロンドン]【英】,I・M・ペイ設計[ルーブル改造計画],J・ヌーベル設計[アラブ研究所]【仏】,レム・クールハウス設計[ダンス・シアター]【蘭】,ピーター・アイゼンマン設計[フランクフルト大生物学センター],ダニエル・リベスキン設計[ポツダム地区開発案]【波】
渡辺豊和設計[竜神村体育館],原広司設計[ヤマトインターナショナル]【日】
シド・ミードd[ディスコ・トゥーリア]【日】

奥村靫正 日本画とポップデザイン
奥村靫正d[雪月花]ポスター【日】
ナン・ゴールディンp『性的依存のバラード』,ハーブ・リッツp『ピクチャーズ』,オリヴィア・パーカーp『ウェイジング・ザ・プラネット』,B・ウェバーp[オー・リオ・デェジャネイロ]【米】
奈良原一高p[人間の土地],大島洋p[幸運の町],十文字美信『澄み透った闇』【日】

D
ベルトルッチ
デレク・ジャーマン監[ラスト・オブ・イングランド]【英】
ヴェンダース監[ベルリン・天使の詩]【独】
ニキータ・ミハルコフ監[黒い瞳]【伊】
ダニエル・シュミット監[デジャ・ヴュ]【瑞】
ベルトルッチ監[ラスト・エンペラー],スピルバーグ監[太陽の帝国],リンゼイ・アンダーソン監[八月の鯨],ノーマン・ジェイソン監[月の輝く夜に]【米】,グアヤサミー兄弟監[TIAG]【エクアドル】

呉天明・謝晋
呉天明監[古井戸],謝晋監[芙蓉鎮]【中】,侯孝賢[恋恋風塵]【台】
宮崎駿監[となりのトトロ],市川準監[BUSU],山本政志監[ロビンソンの庭],原一男監[ゆきゆきて,神軍]【日】
トニー・アウスラー[吸盤],ダラ・バーンバウム[ファウスト三部作]【米】

E
リームとキルヒャー
リーム曲[ハムレットマシーネ],キルヒャー曲[ベルシャザール]【独】,コート・リッペ曲[五人の奏者のための音楽]【米】
クロノス・カルテット「ホワイト・マン・スリープス」【米】
ヨゼフ・ナージ[北京鴨]【仏】
日本で[ニーベルンクの指輪]全四部作一挙上演
ナショナル・シアター,ピーター・ホール演[アントニーとクレオパトラ],ピーター・セラーズ演[ドン・ジョヴァンニ]【米】
第三エロチカ[フリークス]【日】
青い鳥[いつかみた夏の思い出]公演【日】

勅使川原三郎 青い隕石
勅使川原三郎[青い隕石],白虎社[光の王国]【日】
レイチェル・ローゼンタール[レイチェルの脳]【米】
土方巽追悼公演[病める舞姫]【日】

脱出の失敗

A
イーグルトン『聖人と学者の国』,ウィリアム・ボイド『ニュー・コンフェッションズ』【英】
F・カーン『フランス人って素晴らしい』,パトリック・ドゥヴィル『コルドン・ブルー』,ドゥニ・ゲージュ『子午線,メートル異聞』【仏】,ヘルマン・カント『総計』【東独】
リチャード・フォード『ロック・スプリングス』,ジェーン・アン・フィリップス『追越し車線』,モリソン『愛しきもの』,シェパード『戦時生活』,ポール・オースター『ニューヨーク・トリロジー』,H・F・セイント『透明人間の告白』【米】
『SFアイ』創刊【米】
李文裂『われらの歪んだ英雄』【韓】

B
俵万智・吉本ばなな
村上春樹『ノルウェイの森』,吉本ばなな『キッチン』,俵万智『サラダ記念日』,小林恭二『ゼウスガーデン衰亡史』,安部譲二『塀の中の懲りない面々』【日】
澁澤龍彦『高丘親王航海記』,荒俣宏『帝都物語』【日】
新井満『ヴェクサシオン』,朝吹亮二『OPUS』,広瀬隆『危険な話』,堀切直人『愚者の飛行術』,安田均『神話製作機械論』【日】
白川静『字訓』【日】

C
金融雑誌時代へ
「ベスト」,「ベラ」創刊【英】,「ファイナンス」,「グローバル・インベスタ」など金融雑誌創刊【英】
「レタス・クラブ」,「日経トレンディ」創刊【日】

広辞苑CD化
NHK24時間衛星TV
電子出版活発化(『広辞苑』などCD化)【日】
ファミコンネットワークに「株」情報【日】
NHKが24時間衛星放送開始,ジTVとTBSが24時間放送体制を施行【日】

D
パリ・コレにミニ・スカート再登場【P】

ロメオ・ジリ ミニマル・ファッション
ミニマリズムをファッションに応用,ロメオ・ジリのデザインが注目される【ミラノ】
クリスチャン・ラクロワ,初のコレクション【仏】
ソ連で反核ロックコンサート開催(ロック盛ん,英米アーティストの公演相次ぐ),小規模の個人商店が承認,初の倒産企業が出現【ソ】
民主化運動が全国150の大学に波及【韓】
宇宙レジャーランド「スペースワールド」建設発表(新日鉄,USスペースキャンプ)【日】
物理科学研究所のコンピュータに西独のハッカーグループ侵入【日】

DINKSの流行
「ディンクス」流行現象となる【日】,ベビーM事件判決で代理出産の合法性認可【米】,AIDSに対処するゲイの連合体アクトアップ誕生【米】
相原コージ「コージ苑」,石ノ森章太郎『日本経済入門』,いがらしみきお『ぼのぼの』【日】

E
「Be-1」(日産自動車)発売,アサヒ・スーパードライ発売【日】,電子手帳発売,DAT(デジタル・オーディオ・テープレコーダー)発売【日】
「TPCエンジン」発売【日】
ザ・キング・オブ・ルクセンブルグ[ロイヤル・バスタード],マーズ[ポンプ・アップ・ザ・ボリューム],ザ・スミス[ストレンジウェイズ・ヒア・ウィ・カム],4ADより[ブルガリアン・ヴォイス]発売【英】,サリフ・ケイタ[ソロ]【仏】
近藤真彦[愚か者]【日】
衣笠祥雄,連続試合出場世界記録達成【日】
岡本綾子,全米賞金女王に【日】

市場のメカニズムだけで問題を解決することは難しく、価値観から立て直すことが必要である。
「ハーバード・ビジネス・レビュー」

ファジー・コンピュータとニューロ・コンピュータ。
情報編集を試みるソフトサイエンスが期待されてくる。

1988
昭和63

ペレストロイカの波

アフガン撤兵とペレストロイカ

1 12 大統領,ペルシア湾岸諸国の防御表明【埃】
13 イラン制裁,安保決議に日ソほか同調【米】
15 大韓機事件は,北朝鮮工作員金賢姫らが実行と発表【韓】
17 アフガン・パキスタン間接交渉,合意【ソ】
21 イランの石油基地爆撃【イラク】
26 オーストラリア建国200年式典
2 09 アフガン撤退は5月15日,書記長声明【ソ】
25 デルバイエ大統領,ノリエガ将軍を解雇,直後に国会から逆解任され政情不安【パナマ】
25 盧泰愚大統領,就任式【韓】
3 10 イランへ大砲密輸,政府首脳も関知【墺】
10 スハルト大統領連続5選【インドネシア】
18 ホンジュラスへ派兵,各国反発【米】

コントラ協定 60日間の暫定停戦合意
23 サポア合意,対コントラ協定【ニカラグア】

セマウル疑惑
31 前大統領全斗煥の実弟,セマウル本部会長時の横領で起訴【韓】

4 02 イラン,中国・北朝鮮からミサイル再入手
14 アフガン和平協定調印,撤兵へ【ソ】
14 ナポリ米施設爆発,日本赤軍に逮捕状【伊】
18 米艦隊,海上石油基地を攻撃【イラン】
24 米の中東和平案,シリア・PLOは反対【米】
5 08 大統領選ミッテラン再選,首相に右派ローカル【仏】
15 ソ連軍撤退開始【アフガニスタン】
6 01 INF全廃条約発効【米ソ】
19 トロント・サミット(NIES呼称採択)【加】

リクルート疑惑
29 リクルートコスモス株譲渡事件の政治問題化【日】

7 03 ペレストロイカ,「大統領制」発表【ソ】
03 ペルシア湾でイージス艦,イラン旅客機を誤認し撃墜,290人全員死亡,批判強まる【米】
07 盧泰愚大統領,南北関係改善への6項目宣言【韓】
18 '87国連停戦決議の受諾を表明【イラン】
23 ネ・ウィン議長辞任,党独裁崩壊【ビルマ】
25 第1回ジャカルタ非公式協議(カンボジア問題で4派が初会合)【インドネシア】
8 17 ハク大統領,航空機事故死【パキスタン】
26 黒人運動指導者H・ニュートン殺害【米】

ビルマ・ゼネスト
9 01 ゼネスト突入,アウン・サン・スーチー女史らの民主化運動激しくなる【ビルマ】
18 第9軍が軍事政権樹立,反政府派を弾圧,国名を「ミャンマー」に改名【ビルマ】
30 ノーベル平和賞,国連平和維持軍が受賞

10 01 ゴルバチョフ,最高会議幹部会議長へ【ソ】
05 15年独裁のピノチェト大統領辞任【チリ】
11 08 大統領選,共和党のブッシュ当選【米】

パレスチナ独立国家
15 PLO,パレスチナ独立国家樹立宣言【アルジェリア】
23 全斗煥,一族の不正で全財産返納【韓】
12 02 イスラム教国初の女性政権,ベナジル・ブット首相就任【パキスタン】
06 ゴルバチョフ訪米(米ソ首脳会談)【ソ】
13 アンゴラ和平調印【南ア・キューバ】
19 中・印首脳会談,34年ぶり実現【中印】
25 ポリサリオ戦線,モロッコと交渉,西サハラ紛争終結へ【西領サハラ】

パートナー通信

ニューロ・コンピュータ時代へ

A 国際宇宙年(1992)準備国際会議【ダーハム】
ウラン濃縮基地事業許可(六カ所村)【日】
小麦遺伝子操作法(ブランク研)【西独】

B型肝炎ワクチン
バイテクB型肝炎ワクチン製造許可【日】
「JESSI」(次世代半導体開発計画)発足(トムソン,フィリップス,ジーメンス)
超伝導セラミックス低温合成成功(NY州立大)【米】,GGG単結晶レーザー発振システム(住友金属),多重極構造DFB半導体レーザ(NTT),ホログラム利用光磁気ディスクヘッド用素子開発(日電)【日】
X線リトグラフィー開発投資決定【米】

B 初のHEMTによるLSI試作,高出力10Wマイクロ波通信用GaAsIC(東芝)【日】
4GFlopsスーパーコンピュータ「VP2000」シリーズ(富士通)【日】
世界初のニューロコンピュータ「ペガソ」(富士通),AI用ニューロコンピュータ(東芝),パーソナル・ニューロコンピュータ(日電)【日】

コムパック 超高速パソコン
ロボトロン スーパーミニコン
超高速パソコン「デスクプロ386/25」発売(コムパック)【米】,32ビットスーパーミニコン「ロボトロン-1840」(ロボトロン)【西独】,ホロニックWS「LUNA」(立石電気)【日】
ハイパーカードによるCD-ROM(アップル)【米】
光磁気ドライブ装備のワークステーション「The Cube」発表(ネクスト)【米】
液晶カラーディスプレイ(シャープ)【日】

C 全世界の船舶・地上間通信システム,DCCに発注(インテルサット)【米】
放送衛星「アストラ」【ルクセンブルク】,「TDF1」(欧州文化チャネル構想)【仏】
「スーパーバード」打上げ(宇宙通信)【日】
暗号処理機能内蔵1チップICカード,POS端末開発(シュテムベルガー)【仏】
次世代デジタル式セルラー電話網,モトローラに発注【典丁諾芬】,140Mビット/秒デジタルネットワーク・サービス開始【シンガポール】

INSネット64
ISDN「INSネット64」(NTT),日英間TV会議(KDD),国際VAN,Teienetと接続(国際VAN事業開始),ファミコン通信ネットワーク事業(任天堂,野村証券,71社)開始【日】
西独~伊間高速列車計画発進【西独伊】
リニアモーターカー環状線構想,整備新幹線,高崎~長野間着工,瀬戸大橋開通【日】

カジノ経済

D カジノ経済(世界的マネーゲームと投機)
第3世界の累積債務問題に宮沢構想(IMF世銀総会),ミッテラン構想(国連総会)
米中西部の旱魃に穀物収穫,前年比30%に激減,包括貿易法【米】
「ASEANカー」育成のための自動車部品域内補完の合意(ASEAN)
ビジュアルICカード機能化に50社の研究会発足,多目的プリペイドカード研究会発足【日】
ガット,日本に10品目自由化勧告

E 大組織改革,パーソナル・システムズ事業部門登場(IBM)
フィリップ・モリス,クラフト合併(世界最大の消費財メーカーとなる)【米】

開いた多元文化主義と、
閉じた文化否定主義の共存。

1988

知のネットワーク

A

天王星の2衛星で氷噴出し火山活動確認【米】
「アインシュタインの輪」を観測【米】

零下73度の超伝導

零下73度での超伝導を発表・米物理学会【米】
W・ホーキング『ホーキング宇宙を語る』【英】
宮岡洋一,フェルマーの大定理の完全な証明に近づく【日】

B

非A非B肝炎ウィルス

松尾寿之(宮崎大),ブタの脳から初めて利尿ホルモンを発見,化学合成にも成功【日】
理化学研究所ライフサイエンス筑波研究センター,がん細胞の正常化に成功【日】
非A非B型肝炎ウィルスを発見【米】
井上洋二ら,がん抑制遺伝子の分離に成功【日】
P・シンガー『動物の解放』【米】
ミンスキー,パパート『パーセプトロン』,フォーダー,ピリシン『コネクショニズム批判』(論文)【米】

C

文化の否定性

青木保『文化の否定性』【日】
山下晋司『儀礼の政治学』【日】
野本和幸『現代の理論的意味論』【日】
赤間啓之『ラカンもしくは小説の視線』【日】
竹内敏晴『時満ちくれば』【日】
岩井寛・松岡正剛『生と死の境界線』【日】
綾部恒雄『秘密の人類学』『クラブの人類学』,渋谷利雄『祭りと社会変動』【日】
豊崎光一『ファミリー・ロマンス』【日】

D

松枝到,室井尚,小阪修平,大澤真幸

ガルブレイス,メシニコフ『資本主義,共産主義,そして共存』【米ソ】,ポール・C・ライト『ベビーブーマーズ』【米】
G・ドゥルーズ『襞』【仏】
W・R・ポールソン『文化のノイズ』【米】
梶田孝道『エスニシティと社会変動』【日】
梅棹忠夫『情報の文明学』【日】
大澤真幸『行為の代数学』【日】
小森陽一『構造としての語り』【日】
鳴海邦碩『アーバンクライマックス』【日】
望月照彦『都市のロビンソン・クルーソー』【日】
高橋順一『市民社会の弁証法』【日】
蓮實重彦『凡庸な芸術家の肖像』,杉山二郎『遊民の系譜』,松枝到『外のアジアへ,複数のアジアへ』【日】
松山俊太郎『インドを語る』【日】
S・ソンタグ『エイズと隠喩』【米】
サンダー・ギルマン『病と表象』【米】
田之倉稔『演技都市と身体』,藤井康男『幻想劇場』【日】
荒野泰典『近世日本と東アジア』,三浦国雄『中国人のトポス』【日】
竹内聖一『自己超越の思想』【日】
室井尚『メディアの戦争機械』『ポストアート論』,武邑光裕『サイバー・メディアの銀河系』,伊藤俊治・植島啓司『ディスコミュニケーション』,坂部恵『ペルソナの詩学』,鎌田東二『翁童論』【日】

意味と生命　栗本慎一郎　ウイルスと人間

栗本慎一郎『意味と生命』【日】
西成彦『マゾヒズムと警察』,織田元子『フェミニズム批評』,小阪修平『非在の海』【日】
宮沢康人『社会史の中の子ども』【日】
高橋博巳『京都芸苑のネットワーク』【日】

E

『国訳一切経』全巻完結,岩本裕『日本仏教語事典』【日】
中村生雄『カミとヒトの精神史』【日】
トマス・アルタイザー他『脱構築と神学』【米】
反原発運動隆盛「広瀬隆現象」へと発展【日】
京大霊長類研,新世界ざるの絶滅種の化石を発見【日】
藤ノ木古墳第2次調査,石棺を開棺【日】

シミュレーショニズム

A

ジャスパー・ジョーンズ22億円

ネオ・ジオの動き,シミュレーショニズムとしての広がりを見せる【米】
マイク・ビドゥロ個展【NY】
ボロフスキー画[旗]【米】
ジェネラル・アイディア画[AIDS]【米】
エドワード・ルッシェ画[シップ・トーク]【米】
ポーラ・レゴ画[家族]【英】
ミラゼ・ホーシャリ作[ヒート]【英】
リサ・ミルロイ[レコード]【英】,アシェリー・ビカートン[ランドスケープ#4]【米】
ジョアン・フォントクベルタ&ペレ・フォミグゥエラ[動物誌]【NY】
トーマス・バイルレ作[マドンナ・クロス]【独】
ジャスパー・ジョーンズ[ファルス・スタート]22億円で落札【米】

B

今井アレクサンドルの黄金ペインティング,杉山直画[地表A],高山辰雄画[一軒の家]【日】
沼田元気「ツアーリズム」展【NY】

C

ディコンストラクティヴィスト

ジョンソン企画[ディコンストラクティヴィスト]展MOMA【NY】
'89ロンドン・デザイン博物館開館【英】
レンゾ・ピアノ設計[関西新空港ビル案]【伊】

水の教会　安藤忠雄

安藤忠雄設計[水の教会],大谷幸夫設計[東大法学部4号館,文学部3号館],篠原一男設計[東工大百年記念館]【日】

サイトウ・マコト

サイトウ・マコト[アルファ・キュービック]ポスター,ホリ・ヒロシの人形[夢二綺乱]【日】
スチルビデオカメラ発売,富士写真フイルムカードカメラ発表【日】
ウィノグランドp『フラグメント・フロム・ザ・リアル・ワールド』,リチャード・ミズラックp『デザート・カントス』【米】
宮本隆司『建築の黙示録』,山村雅昭p『花狩』,鈴木清p『夢の走り』,中川道夫p『上海紀聞』【日】

D

レビンソン監[レインマン],スコセッシ監[最後の誘惑],カウフマン監[存在の耐えられない軽さ],カプラン監[告発の行方]【米】

カラックス　汚れた血

レオス・カラックス監[汚れた血],ジャン=P・リザン監[他者は傷つける]【仏】
黒木和雄監[TOMORROW/明日]【日】

E

マーク・ナイクルグ曲[ロス・アラモス]【独】,カイヤ・サーリアホ曲[ニンフェア]【芬】

ヨーロペラ　オペラのコラージュ

ケージ曲[ヨーロペラ](過去のオペラのコラージュ)【米】
葛甘霈曲[祭]【中】
西村朗曲[ヘテロフォニー],藤枝守曲[天国の夏]【日】
東京グローブ座(磯崎新設計),下町唐座(安藤忠雄設計)オープン
カントール演[もう帰ってくるもんか!]【仏】
ダムタイプ[プレジャー・ライフ]【日】
花組芝居[怪誕身毒丸],遊◉機械全自動シアター[僕の時間の深呼吸vol.2.],鴻上尚史『天使は瞳をとじて』【日】
M.M.M.(演劇)[SKIN]【日】
ジンジャ・ホン[NY]ダンス・パフォーマンス【日】
カレル・アッペル,田中泯[我々は風景を踊れるか]【P】

文化の居直り

A

サルマン・ラシュディ『悪魔の詩』【英】
アリスン・ルーリー『ローリン・ジョーンズに関する真相』,ジム・クラース『石の贈物』【米】,シャーリー『素晴らしき混沌』,シャイナー『うち棄てられし心の都』,ギブスン『モナ・リザ・オーヴァードライブ』,マキニー『ストリート・オブ・マイ・ライフ』,ルイーズ・アードリッチ『トラックス』,リチャード・ルッソ『リスク・プール』【米】

ルイ・サンチェス

ピーター・ケアリ『オスカーとルシンダ』【豪】,ランスマイル『最後の世界』【瑞】,A・ルイ・サンチェス『風の名前』,ポニアトフスカ『白百合』【墨】,ファン・ホセ・サエル『機会』【アルゼンチン】
宋友恵『眼の大きな相撲取りの話』【韓】

B

高橋源一郎　いとうせいこう

高橋源一郎『優雅で感傷的な日本野球』,影山民夫『遠い海から来たCOO』,いとうせいこう『ノーライフキング』,竹野雅人『山田さん日記』【日】
出口裕弘『私設・東京オペラ』【日】

月光　福島泰樹　短歌誌

短歌専門誌「月光」創刊【日】

C

「ハロー」,「ニュー・ウーマン」創刊【英】
「トラベラー」など旅行雑誌創刊,カタログ雑誌「B・ウェイ」,年配の女性対象の「リアーズ」創刊,マイクロ・コンピュータによる自宅編集・発行の小雑誌が出回る【米】

フロッピー雑誌(英)

フロッピー雑誌刊行(ツェードルシュ社)
「同胞新聞」創刊,全国言論労働協議会発足【韓】
「スパ!」,「アエラ」,「ハナコ」創刊【日】
ビジネス情報ラジオ局「マネー」開局【米】
M・マクルーハン,E・マクルーハン『メディアの法則』【加】
「ネットワーキングフォーラム'88」開催【日】
ペプシ【米】がソ連で初の有料CM
コンピュータウィルスが大流行(パソコン通信で広がる)【欧米】

エイズ・サミット　エイズ対策世界保健会議

エイズサミット開催【英】

D

チコ・メンデス暗殺

アマゾン保存運動のリーダー,チコ・メンデス暗殺【ブラジル】
反政府デモ急速に拡大【ビルマ】
「ワイド・パンツ」注目【P・ミラノ】,「ファッションとシュールレアリスム」展【NY】,トニー・アラモの「ウエアラブル・アート」(ジャケットにペイント)流行【米】
TV「アメリカ」(ABC)放送【米】
「ブレイン・ジム」広まる【米】
中国のTV普及率40%になる
「流行音楽(ポップス)」人気急上昇(郭峰,蘇聡など若手音楽家の抬頭)【北京】
香港で漫画ブーム,漫画雑誌創刊相次ぐ
アグネス論争が激化【日】

E

「ドラゴンクエストⅢ」(エニックス社)発売,「ビデオウォークマン」(ソニー)発売【日】
サイバーゲーム「フォトン」流行【米】
バーフォーベン監[ロボコップ]【米】

ジプシー・キングス

ジプシー・キングス【仏】,ファラフィナ【西ア】,ナジマ【印】などワールド・ミュージックがフランスを中心に世界的に広まる
アンビシャス・ラバーズ[グリード]【米】,エンヤ[ウォーター・マーク](エスノポップの抬頭)【愛】,RCサクセション[カバーズ]【日】
エンツォ・フェラーリ最後の作品「F-40」【伊】
ソウルオリンピック開催【韓】
東京ドームがオープン【日】

ぼくは今、いつ死んでしまうかわからないリアルなハーフライフです。
いとうせいこう『ノーライフキング』

BC 6000以前
BC 6000
BC 2200
BC 1200
BC 600
BC 300
0
300
600
800
1000
1200
1300
1400
1500
1600
1650
1700
1760
1810
1840
1860
1880
1890
1900
1910
1920
1930
1940
1950
1960
1970
1980

1989
昭和64
平成1

東欧の転換

民主化の嵐 ポーランド,ハンガリー 東独,チェコ,ルーマニア

1 16 反体制集会,警察排除【チェコ】
23 兵力1万,国防費1割削減【東欧】
2 06「連帯」等と政府の円卓会議【波】
13 複数政党制への移行決定【洪】
21 反体制作家ハベル懲役9カ月【チェコ】
3 31 対外債務の完済【ルーマニア】

連帯合法化

4 17「連帯」7年ぶりに合法化【波】
21 駐留ソ連軍の一部撤退【東独チェコ洪】
6 04 初の自由選挙,連帯圧勝【波】
09 ハンガリー動乱のナジ元首相名誉回復【洪】
26 グロース書記長失脚【洪】

7 17 法王庁,ソ連,ポーランドと国交樹立【バチカン】
8 10 東西ドイツ間初の定期航空路【東西独】
11 チェコ介入は誤り,党見解【洪】
21 チェコ事件21周年デモ【チェコ】
24「連帯」のマゾビエツキ,首相就任【波】
9 11 東独との査証協定停止(東独からの市民1万人が西独に出国)
12「国民責任政府」発足,「連帯」連立内閣【波】
20 円卓会議,大統領選で合意【洪】

ベルリンの壁撤廃

10 03 チェコ,ポーランドの西独大使館に亡命東独市民4千人,後に移送
07 共産党,西欧型社会党への転換を決定【洪】
11 東ベルリンで民主化要求7万人デモ【東独】
14 ワルシャワ条約機構を政治組織へ移行,参謀長の発言【ソ】
18 ホーネッカー書記長退陣(18年の独裁に幕,後任クレンツ)【東独】
18 憲法から党の指導性削除【洪】

東独脱出

11 08 東独脱出の越境1日1万人【西独】
09「ベルリンの壁」撤廃,西独国境解放【東独】
10 ジフコフ党書記長辞任【ブルガリア】
14 西側への出国を自由化【チェコ】
17 プラハで5万人デモ,衝突で死者【チェコ】
18「プラハの春」を再評価,党機関紙【チェコ】
24 ヤケシュ書記長辞任,「市民フォーラム」主導権【チェコ】
25 法王庁との関係回復,合意【洪】
27 全土で2時間ゼネスト【チェコ】
12 01 憲法から党の指導性削除【東独】
05 ワルシャワ条約機構共同声明「プラハの春」軍事介入を謝罪【ソ】
17 ティミショアラで市民に治安部隊発砲,死者数千【ルーマニア】
21 首都で大統領打倒デモ,内戦へ拡大,チャウシェスク政権崩壊(死者6万)【ルーマニア】
23 両ドイツ人の往来自由化【独】

チャウシェスク処刑

25 チャウシェスクと夫人,処刑(イリエスク救国戦線評議会議長就任)【ルーマニア】
28「プラハの春」のドプチェク元書記長,議長就任【チェコ】
28 国名「社会主義共和国」を削除【ルーマニア】
29 国名から「人民」削除,憲法から共産党の指導性規定を削除【波】
29 ハベル大統領,就任【チェコ】

ペレストロイカの波

1 01 米加自由貿易協定発効【米加】

昭和の終焉 昭和から平成へ

07 天皇崩御,改元(昭和終焉)【日】
20 ブッシュ大統領就任【米】
20 ウィーンでの全欧安保再検討会議,欧州通常戦力制限交渉(CFE)開始で合意【欧】
2 01 韓国,ハンガリーと国交樹立
13 リクルート前会長江副浩正ら逮捕【日】
20 アルミタラでアマゾン先住民サミット開催,アマゾン宣言採択【ブラジル】
24 大喪の礼【日】
3 09 欧州通常戦力制限交渉(CFE)開始
23 ソ連初の本格的複数候補による人民代議員全国選挙
25 ソマリア派遣の米軍撤退完了
25 ハーグで仏提唱の環境問題首脳会議開催
25 ビルマ民主同盟結成

天安門事件

4 15 胡耀邦中国共産党前総書記,死去【中】
5 20 民主化デモ,北京で戒厳令【中】
25 ゴルバチョフ,最高会議議長に選出【ソ】
27 北大西洋条約機構(NATO)首脳会議
27 アンデス共同体5カ国,新カルカタナ宣言採択
6 02 竹下首相リクルート疑惑で退陣総辞職,後任に宇野首相【日】
03 ホメイニ師死去【イラン】
04 社会主義の消滅した「主権ソビエト共和国連邦」条約発足【ソ】
04 天安門事件勃発【中】
05 対中武器輸出,軍事交流中止を決定【米】
20 国際金融機関に新たな対中融資延期要請という追加制裁措置【米】
20 EC首脳会議,経済 通貨同盟第1段階を90年7月開始で合意
23 江沢民中国共産党総書記【中】

バルト三国 民族運動

7 23 参院選社会党躍進(マドンナ旋風)【日】
24 炭鉱労働者のストライキ【ソ】

海部内閣

8 08 自民党総裁,海部俊樹【日】
18 メデジン・カルテル,大統領候補ルイス・ガラン暗殺【コロンビア】
23 バルト3国(エストニア,リトアニア,ラトビア)の人間の鎖【ソ】
9 01 ブッシュ大統領,海部首相と会談【米日】
19 拡大党中央委総会で民族綱領採択【ソ】
22 盧泰愚「韓民族共同統一案」【韓】

デクラーク 南アフリカ大統領

22 デクラーク,大統領就任【南ア】

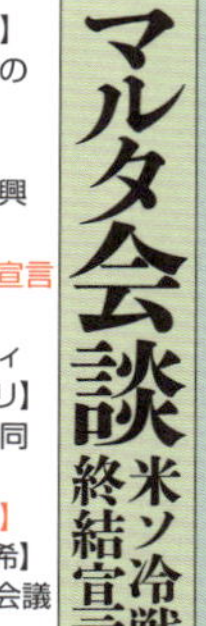

10 18 総選挙で保守中道3党連立内閣発足【諾】
18 社会主義労働者党,西欧型社会民主主義政党へ脱皮決定【洪】
11 09 ベルリンの壁崩壊【独】
21 総評解散,新「連合」発足【日】
28 コール西独首相,統一のための10項目提案
28 中道左派政権が発足【蘭】
28 EC緊急首脳会議は「欧州復興開発銀行」創設で合意【伊】
12 02 マルタ島で,米ソ冷戦終結を宣言【米ソ】
14 大統領選,反軍政派のエルウィン当選(16年間の軍政に幕)【チリ】
19 コール首相東独訪問,条約共同体構築で合意【独】
20 パナマに米兵を送り侵入【米】
20 全政党参加の連立内閣発足【希】
20 仏ストラスブールでEC首脳会議(東欧の革新を支援)
◉ この年からカシミール地方のインド離脱を求める過激派運動再活性化

パートナー通信

A

COBE打上げ 宇宙3K輻射探査

宇宙背景輻射探査衛星「COBE(コービー)」,金星探査機「マゼラン」,木星探査機「ガリレオ」打上げ【米】
常温核融合で,自然界の1700万倍の中性子発生(核融合科学研究所)【日】
ダイヤー(ベル研究所),水素と空気で働く超薄型燃料電池開発【米】
非接触磁歪式トルクセンサー開発(久保田鉄工,マグデブ社),ニューラルネット使用「インテリジェントにおいセンサー」開発【日米】

マルチメディア 公式使用

B

16ビットから32ビットへ

「SE/30」(アップル)【米】
「FMタウンズ」(富士通),「ダイナブック」(東芝),「98ノート」発表(NEC)【日】
ポストスクリプト対応レーザー写植機発売(日本AM),アウトラインフォント搭載日本語ワープロ発売(東芝),TRON仕様の32ビットコプロセッサ発表(富士通,三菱)【日】
「MC68040」仕様発表(モトローラ),UNIX標準化でOSF,UIIがX/openに加盟【米】
中国,ソフト保護法立法化へ
第1回マルチメディア国際会議【日】
第1回Multi Media EXPO【米】
オブジェクトデータベース宣言

C

JUNET国際接続

JUNET(ジャパン・ユニバーシティ・ネットワーク)国際接続,WIDEが64kbps専用線でハワイ経由対米接続,学術情報センターの国際専用線による対米CSネット接続の暫定サービス開始,WIDE-NSF間初の国際専用線IP接続に成功【日】
日本初民間通信衛星の打上げ(JC・SAT1,2,スーパーバードA)【日】
EDTV(クリアビジョン)実用化【日】

D

バブル絶頂と消費税

バブル絶頂(日経平均株価3万8915円87銭),消費税実施開始【日】
世界累積債務残高1兆2000億ドル超える(世界銀行推計)
ブレイディ構想(中南米累積債務国の債務削減,新規融資)【米】,ドロール報告(欧州通貨統合への三段階構想)【EC】,ホーク豪首相提唱のアジア太平洋経済協力(APEC)創設,IMF暫定会議,ロシア支援の体制移行融資制度新設

E

リクルート事件 大拡

企業合併16%増1000件突破【日】
不動産会社コスモポリタン戦後最大の倒産【日】
三井銀行,太陽神戸銀行が合併【日】

スーパー301条

知的所有権に関するスーパー301条発動【米】
ソニー,コロンビア・ピクチャーズ・エンタテインメントを4800億円で買収,三菱地所,ロックフェラーグループを買収,ダスキン,ミスタードーナツのフランチャイズ権買収【日】,ポリー・ペック・インターナショナル,山水電気を買収【英】
タイム,ワーナーを12億ドルで吸収【米】
欧州電子企業が連合したエレクトロニクス産業のユーレカ計画行動プログラム開始【EC】
日本出資の国際ヒューマン・プログラム推進機構設立【仏】

1989

知のネットワーク

A

惑星探査衛星「ボイジャー2号」海王星の新衛星6個,リングは一周していることを発見,M・J・ゲラー,P・ハクラ,銀河に分布する超大壁構造を発見,W・フォレストら,牡牛座に褐色矮星発見,M・ザオとJ・L・ベイダ,恐竜絶滅の彗星説の証拠を発見【米】
W・M・マイヤー,G・O・ブルンナー,ゼオライトの分子構造を解明【瑞】
G・ニコリス,I・プリゴジン『複雑性の探求』【白】
I・スチュアート『カオス的世界像』,J・ブリッグス,F・D・ピート『鏡の伝説』【米】

B

ヘルシンキ宣言 フロン全廃へ

ヘルシンキ宣言,21世紀までにフロン全廃【諾】
日本初の生体部分肝移植【日】
血液製剤によるHIV感染被害救済事業の開始,エイズ予防法施行【日】
縄文人のDNA解析,現代東南アジア人との一致を発表【日】
試験管内でウナギの精子生成に成功,脊椎動物では世界初【日】
米本昌平『遺伝管理社会』【日】
M・D・グルメク『AIDSの歴史』【仏】
河合隼雄『生と死の接点』【日】
S・J・グールド『ワンダフル・ライフ』【米】

C

養老孟司『唯脳論』【日】
G・レイコフ,M・ターナー『詩と認知』,S・カン『象徴的不滅性』,J・キャンベル『柔らかい機械』,ハワード・チュダコフ『年齢意識の社会学』【米】
R・ペンローズ『皇帝の新しい心』【英】

D

社会と物語 大塚英志 宮台真司

メディア・レイプ

青木昌彦『日本企業の組織と情報』,岩井克人『不均衡動学の理論』【日】,K・V・ウォルフレン『日本権力構造の謎』【蘭】,A・アレツハウザー『ザ・ハウス・オブ・ノムラ』【米】
石田雄『日本の政治と言葉』【日】
橋爪大三郎『冒険としての社会科学』,宮台真司『権力の予期理論』【日】
大塚英志『物語消費論』,朝倉喬司『おたくの事件簿』,宇沢弘文『「豊かな社会」の貧しさ』【日】
猪口邦子『戦争と平和』【日】
P・ブルデュー『国家の貴族』,ルチアン・ボイア『世界の終末』,D・エリボン『ミシェル・フーコー伝』,J・クリステヴァ『われわれ自身にとっての異人』【仏】
J・キャスティ『パラダイムの迷宮』【米】,M・オランデール『エデンの園の言語』【仏】
井筒俊彦『コスモスとアンチコスモス』【日】
W・B・キイ『メディア・レイプ』【米】,
巽孝之『サイバーパンク・アメリカ』【日】
C・ギンズブルグ『闇の文化史』【伊】
高橋敏夫『文学のミクロポリティクス』【日】
橋本治『江戸にフランス革命を』【日】
中野美代子『仙界とポルノグラフィー』【日】
多賀幹子『シングル・マインド』【日】
林瑞枝『いま女の権利は』【日】

E

ダライ・ラマ14世,ノーベル平和賞【チベット】
ホメイニ,『悪魔の詩』の作者サルマン・ルシュディに死刑宣告【イラン】
ローマ法王庁がソ連,ポーランドとの外交関係回復発表【伊】
ムスリムのヴェール事件【仏】

オウム被害者の会

オウム真理教被害者の会結成【日】

真宗ネット 本願寺派にパソコンネット

浄土真宗本願寺派「真宗ネット」(パソコンネット)開局【日】
仏教コミックス全108巻刊行開始【日】
吉野ケ里遺跡の発見【日】

シミュレーショニズム

A

インゴ・ギュンター[ワールド・プロセッサー],ピーター・ボーゲル[シャドウオーケストラ]【独】
アントニオ・フライレス[紙]【伊】
アラン・マッカラム[完璧な媒体 No.676]
クリス・バーデン[メデューサの頭]【米】
ジェフリー・ショウ[レジブル・シティ]【蘭】
ギャラリー「ミルヒ」オープン【英】
ヤン・フート企画「オープンマインド」展,「ユーロパリア・ジャパン」展【白】
世界初の衛星同時中継競売[ピエレットの婚礼]落札【日P】
「地球の魔術師達」展【P】
「ストレンジ・アトラクターズ:サイン・オブ・カオス」展,「イメージワールド,アートとメディアの文化」展【NY】

B

大名美術展 ワシントンで大量動員

ワシントンナショナルギャラリーで大名美術展開催,茶室「燕庵」再現【米】
岡崎乾二郎「時のかたち」公開制作,大きな井上有一展,日本の現代美術[アゲインスト・ネイチャー]展,小田英之+コンプレッソ・プラスティコ[メタリズム]展,鈴木蔵「志野茶盌」【日】

C

ロッシ・内田繁

ミッテランのパリ改造計画,新オペラ座,新凱旋門完成【P】
K/K R&D[バッキッド][ビューロ・ディクト][ギガバイピーズ]プロジェクト,フランク・ゲーリー設計[ヴィトラ家具博物館],バート・プリンス設計[プライス邸]【米】
ナイジェル・コーツ【英】設計[小樽ホテル],アルド・ロッシ,内田繁[ホテル・イル・パラッツォ],槇文彦設計[幕張メッセ]完成,粟生明設計[神慈秀明会黄島神殿],真喜志好一設計[沖縄キリスト教短期大学]【日】
キム・インチョル設計[夏至(冬至)ハウス]【韓】
リー・ズーユワン設計[宏国大楼]【台湾】
ピーター・アーネルd[DKNY壁面広告]【NY】
亀倉雄策編集「クリエーション」創刊【日】
JPS(日本写真協会)分裂,JPA(日本写真家協会)設立【日】
操上和美「CRUSH展」【日】

ブルース・ウェーバー

B・ウェーバーp『ブルース・ウェーバー』,G・ゴーマンp『Volume.1』【米】

D

グリーナウェイ

高嶺剛監[ウンタマギルー],北野武監[その男,凶暴につき]【日】
ティム・バートン監[バットマン],S・ソダーバーグ監[セックスと嘘とビデオテープ],F・A・ロビンソン監[フィールド・オブ・ドリームズ],P・ウィアー監[いまを生きる]【米】
グリーナウェイ監[コックと泥棒,その妻と愛人]【英仏】
ルコント監[仕立て屋の恋]【仏】
ジュゼッペ・トルナトーレ監[ニュー・シネマ・パラダイス]【伊仏】

侯孝賢 台湾映画 非情都市

侯孝賢監[悲情城市]【台湾】

E

細川俊夫曲[非交響曲・風姿],戸田邦雄曲[大河の歌(洞庭双恋譜)]【日】
サンパン曲[タイム・ゾーン]【仏】
プスール曲[動乱の宣言]【白】
ホラー曲オペラ[主とマルグリット]【独】
トミー・チューン演[グランド・ホテル],ブライアン・フリール作[貴族たち]【米】
ペーター・ハントケ[カスパー]【西独】
マックス・フリッシュ作[ヨナ・アンド・ヒズ・ベテラン]【白】
ホッホフート作[無垢受胎]【独】
アート・アゲインスト・エイズ【米】

文化の居直り

A

ジュリアン・バーンズ『10 1/2章で書かれた世界の歴史』,マーティン・エイミス『ロンドン・フィールズ』,カズオ・イシグロ『日の名残り』,ピーター・アクロイド『曙光』【英】,クリストファー・ブラム『天使クレアの思い出に』

アリス・ウォーカー

アーノルド・クルパット『周縁の声』,アリス・ウォーカー『わが精霊の神殿』,A・A・ミッソン『オーガストセイントの精神犯罪』,W・ベイヤー『暗闇に咲く花』,R・マートン『霊長類的ヴィジョン』,エィミ・タン『ジョイ・ラック・クラブ』,フェリックス・ピカーノ『私を愛した男』【米】
イエリネク『トウテナウベルツ』【独】
ビクトル・ペレービン『青いライト』【露】
老鬼『血色黄昏』【中】
金采原『冬の門』,趙廷来『太白山脈』【韓】
イザベル・アジェンデ『精霊たちの家』【チリ】
アブドル・ラフマーン・ムニーフ『塩の道』【埃】

B

吉本ばなな『TUGUMI』,酒見賢一『後宮小説』,高橋源一郎『ペンギン村に陽は落ちて』,長野まゆみ『少年アリス』,比留間久夫『Yes・Yes・Yes』,大原まり子『銀河郵便は"愛"を運ぶ』,綾辻行人『殺人方程式』

C

BS・ハイビジョン

ビデオジャーナリストによるニュース専門局「TVベルゲン」開局【諾】
NHK衛星放送,ハイビジョン放送開始,NTT「伝言ダイヤル」サービス開始【日】

CDブック 日本に登場

CDブックあいついで登場【日】
TBS「イカ天」【日】

ゲームボーイ

任天堂「ゲームボーイ」【日】
岐阜県美術館に初のハイビジョン・ギャラリー,東京タワーライトアップ(石井幹子)【日】
KYサンゴ事件(朝日新聞カメラマンによる捏造落書)【日】
白色アメリカンスキンヘッズの広告【米】
ゴミ減量キャンペーン「TOKYO SLIM89」,シルバーマークに11社認定【日】
エクソン・バルディーズ号原油流出事故【米】

M君事件・おたく族

幼女連続誘拐殺人事件,M容疑者逮捕,「おたく」話題になる【日】
悪徳商法被害総額470億円【日】

D

余命保険

三宅一生 プリーツ

余命保険発売【加】
ジャパンエキスポ制度創設【日】
電波・電磁波の危険性の研究【日】
若手デザイナー「ベルギー派」【白】
イッセイ・ミヤケ「プリーツ・プリーズ」発表【日】,ディオールのフェレ,ギー・ラロッシュのタルラッチ,オートクチュール界に新風【仏】
蘇州工学院にファッションモデル養成科新設【中】
トマト銀行登場【日】
かわぐちかいじ「沈黙の艦隊」,宮崎駿「魔女の宅急便」【日】

E

ソニー「ハンディカム」,三共「リゲイン」ヒット【日】
カオマ[ランバダ]【仏】
ザ・ストーン・ローゼズ[石と薔薇]【英】
デ・ラ・ソウル[3フィート・ハイ・アンド・ライジング]【米】,ユッスー・ンドゥール[ザ・ライオン]【セネガル】,フリッパーズ・ギター[スリー・チェアーズ・フォー・アワ・サイド〜海へ行くつもりじゃなかった]【日】
ロッテの村田兆治,完投で200勝達成【日】

事実上すべての広告にみられる一貫したテーマとは、消費者の劣等性である。
W・B・キイ『メディア・レイプ』

多様性の謎

1990〜1999

1990

平成2

世界の明日は、カオスと複雑性に満ちている。人間の昨日は、遺伝子ゲノムに巣食われている。

リクルート事件からバブル崩壊へ。やっと悪夢から目がさめたのか。経済大国日本は目がさめたのか。

ペレストロイカの波

1 15 アゼルバイジャン共和国,ナヒチェバン自治州で非常事態宣言【ソ】

日本のODA 3年連続世界一

23 ODA,3年連続世界一【日】

リトアニア ナミビア 独立

2 01 モドロウ東独首相,独統一構想発表
11 アフリカ民族会議の最高指導者マンデラ氏,釈放【南ア】

3 04 民主化要求でモスクワ20万人デモ【ソ】
05 拡大党中央委総会が党基本方針採択,1党独裁を放棄【ソ】
15 人民代議員大会,初代大統領にゴルバチョフ書記長選出【ソ】
15 タミル・イーラム解放の虎,LTTE支配権を掌握(6月に政府軍とLTTE戦闘再開)
18 東独総選挙,保守派「ドイツ連合」勝利

4 09 ポーランド・チェコスロバキア・ハンガリー,首脳会議開催
◉民主化運動で国王親政倒れる【ネパール】

5 18 東西独,「通貨・経済・社会同盟創設に関する条約」に調印
22 南北イエメン統一
29 エリツィン,ロシア共和国最高会議長に

6 01 タン・シュエ政権,軍政継続(民主化運動指導者スー・チー書記長自宅軟禁続く)【ミャンマー】
05 右派のクロアチア民主同盟が選挙圧勝,連邦制見直し示唆【ユーゴ】
10 日系二世アルベルト・フジモリ,大統領に当選【ペルー】
12 ロシア共和国主権宣言
23 EC5カ国が「シェンゲン協定」調印
23 カンボジア和平東京会議,ポル・ポト派抜きで最高国民評議会設立し共同声明調印
23 盧泰愚大統領,ゴルバチョフ大統領と初の韓ソ首脳会談

世界人口53億

イラク フセイン クウェート侵攻

7 06 NATO首脳会議,東西相互武力不行使宣言提案(ロンドン宣言)
16 ゴルバチョフ大統領,コール首相との首脳会議で統一ドイツのNATO加盟容認【ソ】

8 02 イラク,クウェート侵攻
06 国連安全保障理事会で,対イラク経済制裁決議

9 05 分断後初の南北首脳会談(ソウル)【韓鮮】
09 ブッシュ,ゴルバチョフ,ヘルシンキで湾岸危機対策を緊急協議
30 韓国・ソ連首脳会談,国交樹立

東西ドイツ統一

10 03 東西ドイツ,ドイツ連邦共和国に統一
22 自国通貨クローネを欧州通貨単位にリンク【諾】
22 連邦下院議会選挙,イスラム民主同盟委員長ナワズ・シャリフ氏を首相に【パキスタン】

11 12 天皇即位の礼・大嘗祭【日】
18 沖縄に12年ぶりの革新県政【日】
19 対イラク武力行使容認決議をパリにて協議【米ソ】
19 CSCE首脳会議開催,「新欧州のためのパリ憲章」調印

メージャー首相

22 サッチャー退陣,メージャー首相に【英】
29 社会党内閣崩壊【ブルガリア】
29 国連安全保障理事会,対イラクの武力行使容認決議

12 02 統一後,初総選挙で保守連立与党圧勝【独】

ワレサ大統領

09 ワレサ「連帯」委員長,国民直接選挙で大統領就任【波】
12 EC加盟申請を承認【典】
◉ 最高立法機関「小議会(小フラル)」40年ぶり復活【モンゴル】

柔らかい経済へ

A **ハッブル宇宙望遠鏡**

ハッブル宇宙望遠鏡打上げ【米】
欧米共同開発の太陽探査機「ユリシーズ」【米】,大型新世代宇宙ステーション「ミール」【ロ】,地球と月を往復する科学衛星「ひてん」【日】
三次元半導体センサー開発(エンプラス)【日】
歯車不使用無断変速機開発(長友流体機械研究所)【日】
ガリウム・砒素,ガリウム・アンチモンのタンデム型太陽電池開発(ボーイングハイテクセンター)【米】

ニューロチップ

学習機能を持つ光ニューロチップ開発(三菱電機)【日】
酸素原子の撮影成功(科学技術庁無機材質研究所),曲率半径0.05ミリ極微小レンズ(水戸理化ガラス)【日】

ヒトゲノム計画

ヒ~ゲノム解析計画開始【米】
C型肝炎ウィルス遺伝子のほぼ全容解読(国立がんセンターほか),インターフェロンの立体構造解明(長岡技術大)【日】

B 世界初の64メガビットDRAM試作に成功(日立)【日】
フォトCDシステム発表(コダック,フィリップス),簡易プログラミング言語tsk/tk(Ousterhout)
DOS/V登場【米】
トンネル双量子井戸(TBQ)による1兆分の1スイッチ速度達成(富士通研究所)

C ARPAネット終了【米】
NTTコヒーレント光伝送の実験成功【日】
プロデイジー,オンラインによるニュースサービス開始【日】
DBS(直接受信電放送衛星)打ち上げ【日】
マルチメディア支援センターオープン【日】
NTT「VI&P」構想発表【日】,マルチベンダ化に向けた統一仕様完成【日】
CATVと通信ネットの統合実験開始【日】
大阪でリニア地下鉄営業運転【日】

カーナビ出現

カーナビゲーションCD-ROM規格公開(トヨタ,日産,日本電装,住友電気)
日米電気通信協議

D シルバーマーケット,2010年に100兆円【日】
韓国の貿易収支,5年ぶりに赤字転落

日本 バブル崩壊

バブル崩壊(株価暴落,債券相場・円相場下落,湾岸戦争に石油高騰,公定歩合引上げ)【日】
五カ国農相会議で,ECに輸出補助金大幅削減,日本にコメ市場開放迫る【米】
ブッシュ大統領,米州自由貿易圏構想【米】
株価ボトムに達する(1万4309円)【日】
ほぼすべての民間金融機関,NICS(民間大合同)に参画【日】
両側サミット(G15)首脳会議【クアラルンプール】
プリペイドカード法施行【日】

EAEC構想

マハティール首相,東アジア経済会議(EAEC)構想提唱【マレーシア】,クーポン券方式の民営化推進【チェコスロバキア】

E 米企業,BPR(ビジネス・プロセス・リエンジニアリング)導入し業績改善【米】
ビル・アトキンソン「ゼネラルマジック」設立【米】

買収 MCA セブンイレブン

松下,MCAを58億ドルで買収,イトーヨーカ堂グループ,本家米セブンイレブン買収【日】
NTT分割問題先送り【日】

1990

デジタル・リテラシー

A 宇宙最大アトラクター

宇宙最大の構造「アトラクター(引力源)」を確認(カーネギー研)【米】
南極上空に最大級のオゾンホール
「むつ」初の原子力航行【日】,E・ラーナー『ビッグバンはなかった』【米】
E・モラン『複雑性とはなにか』【仏】
P・ゴヴニー,R・ハイフィールド『時間の矢,生命の矢』【英】
津田一郎『カオス的脳観』【日】

B
国立衛生研,遺伝子治療承認【米】,遺伝子工学規制法施行【西独】,がん研究基金・医学研究会議「性決定遺伝子」を発見【英】,P・ハーデン,生物時計遺伝子の機能発見【米】

エイズ800万人

WHO発表,エイズ感染者800万人,成人300人に1人,日本初のエイズ母子感染【日】,エイズ新薬「ケムロン」臨床試験【ケニア】
エルヴェ・ギベール『ぼくの命を救ってくれなかった友へ』(エイズ文学者の告白)【日】

C カオスと唯脳論

G・フォルマー『認識の進化論』【独】,佐伯胖・佐々木正人編『アクティブ・マインド』【日】
大平健『豊かさの精神病理』,鎌田東二『老いと死のフォークロア』,大澤真幸『身体の比較社会学』【日】,A・バルモア『エイジズム』【米】
アメリカインディアン博物館【米】,大塚和夫『異文化としてのイスラーム』【日】

D

環境情報学部

慶應義塾大,湘南藤沢に環境情報学部【日】
ドラッカー『非営利組織の経営』,グッドウィン『カオス経済動学』【米】,柄谷行人・岩井克人『終わりなき世界』,塩沢由典『市場の秩序学』【日】
A・ブレッサン『ネットワールド』【仏】,ジョルジョ・アガンベン『来たるべき共同体』【伊】,N・ボルツ『ニューメディアの理解』【独】,
マーク・ポスター『情報様式論』【米】,M・シュレーグ『マインド・ネットワーク』【米】,西垣通『秘術としてのAI思考』【日】

情報の歴史 NTT電話100年 編集工学研究所

松岡正剛監修・編集工学研究所構成『情報の歴史』,市川浩『〈中間者〉の哲学』【日】,J・ボードリヤール『透きとおった悪』【仏】,N・ボッビオ『イタリア・イデオロギー』【伊】

ベルク 日本の風景 西欧の景観

オギュスタン・ベルク『日本の風景・西欧の景観』,加藤典洋『日本風景論』,いいだもも『「日本」の原型』,山崎正和『日本文化と個人主義』【日】
網野善彦『日本論の視座』,中村元『聖徳太子』,湯浅泰雄『日本古代の精神世界』,鈴木博之『東京の[地霊]』,小倉利丸『搾取される身体性』,呉善花『スカートの風・新』,本田和子『女学生の系譜』【日】,D・ギルモア『男らしさの人類学』【米】
緒方貞子,国連難民高等弁務官就任

E
子供のための世界宗教者会議(ユニセフ)【米】
公立学校の選択課目に宗教教育を制定【波】

創価学会vs日蓮正宗

創価学会,池田大作と日蓮正宗,阿部日顕の対立激化【日】
ローマから『東方教会教会法』法典公布
僧8000人,軍政府反対の平和デモ【ミャンマー】
『悪魔の詩』翻訳者の五十嵐教授他殺【日】
山崎章郎『病院で死ぬということ』【日】

NOと言える日本

石原慎太郎・盛田昭夫『「NO」と言える日本』【日】
日蒙ゴルバン・ゴル学術調査団,チンギス・ハンの墳墓探査

シミュレーショニズム

A

コスタビ・ホルツァー

ハイ&ロウ

マーク・コスタビ[カバコフの世界]【ソ】,ジェニー・ホルツァー[ザ・ヴェニス・インスタレーション]【伊】
ゴンサーロ・スニーカ・アンヘル[凱旋門プロジェクト]【コロンビア】
ミラノ・アートセンター[OURSプロジェクト]【伊】
ジェフ・クーンズ[メイド・イン・ヘブン],デヴィッド・ハモンズ展【NY】
「ハイ・アンド・ロウ〜近代美術と大衆文化」展【米】

B

川瀬敏郎の花会

[プライマル・スピリット]展,タナカノリユキ,日比野克彦,関口敦仁[Xデパートメント-脱領域の現代美術]展,柳幸典[ザ・ワールド・フラッグ・アント・ファーム],鯉江良二[火のメッセージ][チェルノブイリシリーズ],寺門孝之[TRANSGENIC ANGEL]展,藤本由紀夫[KING&QUEEN],石川九楊[徒然草]【日】
川瀬敏郎『花会記』【日】

C
アレクサンダー・ブロツキー,イリア・ウトキン[熊のプーさんの家][人形の家]ドローイング【モスクワ】,ラウル・ブンショーテン[地球の皮膚 15の部屋への分解](モスクワ)【蘭】
ジョン・ヘイダック[アトランタ 自殺者の家/自殺者の母の家]プロジェクト【NY】
磯崎新設計[水戸芸術館],『見立ての手法』【日】

高松伸・北川原温

高松伸設計[アートテクスチュア サブワン],北川原温設計[サッフォー],六角鬼丈設計[東京武道館],石井和紘設計[数寄屋邑]【日】
レベウス・ウッズ,ベルリンとザグレブの[フリーゾーン]プロジェクト【米】
デイビッド・チッパーフィールド設計[ケンゾー ショップ・ロンドン]【英】
東京デザインネットワーク,東京クリエイティブ設立,川崎和男[車椅子CARNA]【日】
戸田ツトムDTP三部作完結【日】

デジャ=ヴュ

『デジャ=ヴュ』創刊,飯沢耕太郎編集長【日】
D・トーマス『長い沈黙のあとに』【英】
シンディ・シャーマンp『ヒストリー・ポートレート』,B・ウェーバーp『ベア・ボンド』【米】
ヨゼフ・スデクp『ポエット・オブ・プラハ』【チェコ】

D デレク・ジャーマン デビッド・リンチ

小栗康平監[死の棘],市川準監[つぐみ],中原俊監[櫻の園],黒澤明監[夢]【日】
張芸謀監[菊豆]【日中】
ポール・バーホーベン監[トータル・リコール],ケビン・コスナー監・主演[ダンス・ウィズ・ウルブズ],ジョエル・コーエン監[ミラーズ・クロッシング],D・リンチ監[ワイルド・アット・ハート]【米】
ルコント監[髪結いの亭主]【仏】
アルモドバル監[アタメ]【西】
D・ジャーマン監[ガーデン]【英日西独】

E
パバロッティ,ドミンゴ,カレーラス,3大テノールの競演【LA】
[アジア音楽祭'90],近藤譲曲[林にて]【日】
ハンス=ユルゲン・フォン・ボーゼ曲[63:ドリーム・パレス],三島由紀夫[午後の曳航]によるハンス・ヘンツェ曲のオペラ[裏切られた海]【独】
J・コリリアーノ曲[交響曲第一番]【伊】
L・ラルーセン曲[フランケンシュタイン/現代のプロメテウス]【典】
厚木凡人作[Come Out],勅使河原三郎作[モンタージュ]【日】,P・シェーファー演[レティスとラヴィッジ]【米】
石井幹子「光ファンタジー in KSP」,グリーナウェイ,ゴルチエ「ART&VISION」【日】

文化の居直り

A ディファレンス・エンジン

エイズ文学

アラン・バーネット『肉体と危機』,レヴ・ラファエル『踊り』
W・ギブスン+B・スターリング『ディファレンス・エンジン』,P・コーンウェル『検屍官』,チャールズ・ジョンソン『中間航海』【米】
U・エーコ『フーコーの振り子』【仏】,マウィーニ『マリアンナ・マウィーニの長い生涯』【伊】
ミロラド・パヴィチ『紅茶で描かれた風景』【ユーゴ】,イスマイル・カダレ『一件書類H』【アルバニア】
高行健『逃亡』,タジザワ+色波『チベット―皮紐に結ばれた魂』【中】,金香淑『霧と罠』【韓】

B

文学部唯野教授

佐伯一麦『ショートサーキット』,河野多恵子『みいら採り猟奇譚』,筒井康隆『文学部唯野教授』,村上春樹『TVピープル』,隆慶一郎『花と火の帝』,大岡玲『表層生活』,中上健次『讃歌』,水村美苗『續明暗』【日】

C
「昭和天皇の戦争責任」発言で,本島長崎市長が右翼に狙撃される【日】
『マーダー・ケースブック』創刊【英】

ポケベルとダイヤルQ²

「ダイヤルQ²」サービス,ポケットベル登場【日】
「電子ブック」「ICブック」登場,『じゃらん』『ケイコとマナブ』『しにか』創刊【日】

MONDO2000

コンピュータ・カルチャー雑誌『MONDO2000』創刊【米】
任天堂「スーパーファミコン」大ヒット

WOWOW

WOWOWサービス開始【日】
国際花と緑の博覧会【日】
「ティーンエイジ・ミュータント・ニンジャ・タートルズ」キャラクター商品大ヒット【米】
フジテレビ「ちびまる子ちゃん」アニメ最高視聴率39.9%【日】
美術オークションでジャパンマネー抬頭(ゴッホを125億円で落札)

D スーパーモデル リンダ,タチアナ シンディ,ナオミ

『ブリティッシュ・ヴォーグ』誌に,リンダ,ナオミ,クリスティ,シンディ,タチアナ揃って登場【英】
全米100都市以上で反毛皮のデモンストレーション【米】
小野塚秋良「ズッカ」,パリコレに参加【日】
岩田均『寄生獣』,吉田戦車『伝染(うつ)るんです』,青木雄二『ナニワ金融道』,女性漫画ニューウェーブ(岡崎京子,内田春菊,原律子,桜沢エリカ)【日】
スーパー忠実屋,初の盲導犬受け入れ【日】

E ラップ流行

「キリン一番搾り」ヒット【日】
ハッピー・マンデーズ[ピルズ・ン・スリルズ・アンド・ベリーエイクス]【英】

マライア・キャリー

マライア・キャリー[マライア]【米】
ディック・リー[マッド・チャイナマン]【シンガポール】
オルケスタ・デ・ラ・ルス[デ・ラ・ルス],ピチカート・ファイヴ[月面軟着陸],たま[さよなら人類],B・B・クイーンズ[おどるポンポコリン],上々颱風[上々颱風]【日】
M・C・ハマー[プリーズ・ハマー・ドント・ハーテム]【米】
IOC,五輪憲章を改正,「プロ禁止」項目削除

世界はカオスで満ちあふれている。そして、人間の脳や身体のさまざまな場所でカオスが重要な役割を果たしている。
津田一郎『カオス的脳観』

みんなCNNを見ていた。
みんな湾岸戦争に加わっていた。

1991
平成3

対立から多様化へ

湾岸戦争

1 17 多国籍軍,イラク爆撃(湾岸戦争突入)
13 ソ連軍,リトアニアのビリニュスでテレビ局など攻撃
2 01 デクラーク大統領,アパルトヘイト根幹法撤廃表明【南ア】
23 タイで無血クーデター
27 ブッシュ大統領,湾岸戦争勝利宣言【米】
3 03 ラトビア,エストニアの国民投票,73.7%,77.8%の独立支持【ソ】
17 連邦制維持の是非を問う全ソ国民投票,賛成76%【ソ】
26 アルゼンチン,ブラジル,パラグアイ,ウルグアイ,南部協同市場条約調印

南ア アパルトヘイト終結

4 08 東京都知事鈴木俊一4選【日】
24 海上自衛隊掃海部隊,ペルシア湾派遣を決定(26日6隻が出航)【日】
30 対中国内戦状況終了宣言【台】

ガンジー暗殺

5 21 ラジブ・ガンジー暗殺(インド政府,LTTE活動禁止)【印】
21 新憲法下初の選挙でネパール会議派コイララ政権発足
25 北米自由貿易協定(NAFTA)を開始【米加墨】
25 ナラシマ・ラオ政権発足【印】

7 01 ワルシャワ条約機構解体議定書調印

エリツィン大統領

10 エリツィン大統領就任【露】
24 ゴルバチョフ大統領と9共和国代表,新連邦条約最終草案合意【ソ】
30 モスクワで米ソ首脳会談,戦略兵器削減条約(START)調印【米ソ】
30 メキシコ,ベネズエラ,ブラジル,自由貿易圏設置に合意
30 スロベニア独立に伴う連邦政府の爆撃停戦へ(ブリオニ合意)【ユーゴ】
8 01 ユーゴ・クロアチア共和国で連邦軍共和国軍衝突,80人死亡【ユーゴ】
19 保守派によるクーデター発生【ソ】
24 ゴルバチョフ辞任,共産党解散宣言【ソ】
25 ラオス新憲法発布
25 憲法改正,大統領制廃止(議院内閣制復活)【バングラディシュ】
9 02 ソ連臨時人民代議員大会開幕,共和国主導新連邦体制発足,国家評議会新設
17 国連が韓国,北朝鮮,バルト3国などの加盟を承認
30 ハイチでクーデター
30 セルビア連邦部隊クロアチア進攻,本格的内戦に【ユーゴ】

独立
グルジア、ロシア、スロベニア、クロアチア、エストニア、ラトビア、ウクライナ、ベラルーシ、モルドバ、アゼルバイジャン、アルマニア、ウズベキスタン、タジキスタン、マケドニア、トルクメニスタン、カザフスタン

10 16「独仏合同軍団」の創設構想を発表【独仏】
22 EC,EFTAとの総合市場「欧州経済地域」(EEA)創設合意
23 パリでカンボジア和平協定調印
27 海部政権総辞職,宮沢内閣誕生【日】
30 ASEAN経済閣僚会議でEAEC「東アジア経済会議」と名称変更
11 07 NATO,ローマ首脳会議でローマ宣言採択
27 国連,ユーゴ情勢について,停戦合意を条件にPKOの用意表明
28 中越国交正常化

ソ連解体

12 08 ロシア,ウクライナ,ベラルーシ,「独立国家共同体」創設を宣言【ソ】
09 EC,マーストリヒト条約合意
13 両首相が「南北間の和解と不可侵及び交流・協力に関する合意書」に調印【韓鮮】
21 ソ連崩壊,独立国家共同体(CIS)設立【ソ】
30 ミンスクで共和国首脳会議,統一戦略軍で合意
◉ パンジャブ州のシーク教徒過激派無差別テロ・爆弾事件で死者千人以上【印】

柔らかい経済へ

A

太陽系外惑星

マンチェスター大,太陽系以外で初の惑星を発見【米】
γ(ガンマ)線宇宙望遠鏡【米】,太陽観測衛星「ようこう」【日】
電力各社,超伝導エネルギー貯蔵(SMES)実施計画開始【日】
有機薄膜型2次非線形光学材料開発(HOYA材料研究所)【日】
光圧利用の超ミクロ運搬技術開発(阪大),マイクロマシン用軸受内蔵モーター開発(東芝)【日】
2ナノメートルの原子文字の描出に成功(日立中央研究所)【日】
山川烈,ファジーニューロ素子開発【日】
原子スイッチ実験成功(IBM)【米】
青色半導体レーザー発振成功(3M社)【米】

コジェネレーション・システムの共同開発へ

B
64キロビットHENT(高電子移動度トランジスタ)メモリーを開発(富士通研究所)【日】
ガリウムひ素HBT使用の高速分周器IC開発(NTT),東北大グループ,ニューロンMOSトランジスター開発【日】

クイックタイム MAC世界制覇へ

クイックタイム1.0発表(アップル)【米】
アップル,IBM提携,カレイダ設立発表【米】
「インテルインサイド」表示開始(インテル)

情報家電時代へ

家電メーカー各社,ワープロ,FAX,携帯端末等「情報家電」開発にシフト【日】
小型デジタルブック開発(NEC),「ミニディスクシステム」発表(ソニー),CD-Iカラオケ(日光堂)発売,動画像テレビ電話機発売(日立),TFTディスプレイ使用の壁掛けテレビ発売(シャープ)【日】
CD-Iプレーヤー(フィリップス)【蘭】
FCオープンアーキテクチャー推進協議会(OADG)発足【米】
点字パソコン商品化(NEC)【日】

C
NREN(全米研究教育ネット)設立,NSFネットのトラフィック量1兆バイト100億パケットを超える【米】,初のインターネット国際会議第1回INET'91開催【コペンハーゲン】,日本ネットワーク・インフォメーション・センター(JNIC)発足,ドメイン管理移管【日】
郵政省,コミュニティ放送認可【日】
CATVマルチチャンネルサービス開始(タイムワーナー社)【米】
天然ガス自動車を開発(東京ガス,日産など)【日】

D
北欧金融危機(50億ドルで銀行救済),マハティール「ビジョン2020」表明【マレーシア】

ボルサ・ブーム

ボルサ・ブーム(民営化企業の株価上昇)【ベネズエラ,アルゼンチン,チリ】,ドラゴン・ボンド(香港,台湾,マレーシア上場の債券)活況
メージャー政権,「カウンシル・タックス」導入を決定【英】
ガットのドンケル議長「ドンケル・文書」,牛肉とオレンジ輸入枠廃止,輸入自由化スタート【日】

日本 金融・證券不祥事

E
イトマン・住友事件,富士・東海・旧埼玉不正融資事件,信用金庫など金融機関の不正発覚,野村・大和・日興・山一證券の巨額損失補填発覚【日】
ソ連・東欧諸国の経済支援のための欧州復興開発銀行設立【欧】
バンク・オブ・クレジット・アンド・コマース・インターナショナル破綻

パンナム倒産

パンアメリカン航空倒産【米】

バーチャル・リアリティーの出現が、
かえってラディカル・ヒストリーを必要とさせている。

1991

デジタル・リテラシー

A
謎の黒い天体「ダークマター」発見【米】
星誕生の初期状況を観察(名大)【日】
地球から120億光年のクエーサー発見(プリンストン大)【米】
南極等の氷に35000年前の超新星の名残【ソ】
高速増殖炉「もんじゅ」試運転開始【日】
D・ルエール『偶然とカオス』【仏】,武者利光・沢田康次『ゆらぎ・カオス・フラクタル』【日】

B
あいつぎ成人の生体肝移植【日】
バイオスフェアII
8人の科学者が人工地球生態系「バイオスフェアII」で実験生活開始【米】
R・ヴィジランドら,DNA調査から人類のアフリカ起源説裏づけに成功【米】
宮下保司ら,サルの長期記憶に係わる2種のニューロンを発見【日】
L・マーグリス,D・セーガン『不思議なダンス』【米】

バーチャル・リアリティ

C
心の計算
往住彰文『心の計算理論』【日】,
ジョンソン『記憶のメカニズム』【米】
S・ジジェク『斜めから見る』【スロヴェニア】,千葉徳爾『たたかいの原像』【日】,崔吉城『恨の人類学』【韓】
先住民のための雑誌「ネイティブ・ネーションズ」創刊【米】,根岸謙之助『医療民俗学論』【日】

D
H・ラインゴールド『バーチャル・リアリティ』,M・クルーガー『人工現実』【米】,服部桂『人工現実感の世界』【日】,T・ネルソン『リテラリー・マシン91・1』,B・ローレル『劇場としてのコンピュータ』,J・ボルター『ライティング・スペース』【米】
情報を編集する宇宙
M・ランダ『情報機械時代の戦争』【米】,室井尚『情報宇宙論』【日】
ベイ『T.A.Z.—一時的自律ゾーン』【米】
J・ボードリヤール『湾岸戦争は起こらなかった』,J・デリダ『他の岬』,ポール・ヴィリリオ『砂漠のスクリーン』【仏】,シオラン『思想の黄昏』【ルーマニア】,E・サイード『音楽のエラボレーション』【米】
ロバート・ライシュ『ザ・ワーク・オブ・ネーションズ』,A・トフラー『パワーシフト』,I・ウォーラーステイン『ポスト・アメリカ』【米】
金井壽宏『変革型ミドルの探求』【日】
山内昌之 ラディカル・ヒストリー
山内昌之『ラディカル・ヒストリー』,川勝平太『日本文明と近代西洋』,今福龍太『クレオール主義』【日】,李瑜煥『韓国から見た日本文化』【韓】,ジョン・トムリンソン『文化帝国主義』【英】,ホフステード『多文化世界』【蘭】
坂本多加雄『市場・道徳・秩序』【日】
スタツキー『読み書き能力のイデオロギーをあばく』,A・ロス『ストレンジ・ウェザー』【英】
池田晶子『事象そのものへ!』【日】
山室恭子『中世のなかに生まれた近世』,高橋博巳『江戸のバロック』,山田登世子『メディア都市パリ』,越沢明『東京の都市計画』【日】
松岡心平『宴の身体』,山下悦子『「女性の時代」という神話』,山下明子『日本的セクシュアリティー』【日】

E
コミュニケーション不全症候群
お東紛争,大川隆法「幸福の科学」ブーム,東京都,壁墓地の供給開始【日】
国連総会で反シオニズム決議の撤廃採択
井上順孝『教派神道の形成』【日】
サーフライダー『ウルトラマン研究序説』,中島梓『コミュニケーション不全症候群』【日】

シミュレーショニズム

A
アンゼルム・キーファー[10 MILLIONEN ERBSEN]【独】
デイヴィッド・サーレ[アゴリノの部屋],マシュー・バーニー展,NY近代美術館「ディスロケーション」展【NY】
マルリーツィオ・ピエルフランチェスキ[家のある風景]【伊】
リチャード・ロング[ウォーキング・イン・サークルズ],デミアン・ハースト[理解を目的として同方向に泳いでいる孤立した要素たち],ジョアンナ・ローレンス[機械仕掛けの馬,床汚しエディー]【英】
ディスロケーション
過去のある場所
ジョン・キーン[前線のミッキーマウス],[われわれは新しい世界の秩序をつくっている],メリー・ジェーン・ジャコブ企画パブリックアート・プロジェクト[過去のある場所]【米】
「ヴィジョンズ・オブ・ジャパン」展,世界巡回

B
小竹信節による自動人形だけの芝居「ミュンヒハウゼン男爵の冒険」,山口啓介[繭の記憶],福田美蘭[グリーン・ジャイアント],椹木野衣『シミュレーショニズム』【日】
白洲正子『いまなぜ青山二郎なのか』【日】

C
M・ソーキン[ビーチド・ハウス]構想,T・メイン(モーフォシス)設計[ユーゼン自動車博物館]【米】,イアン・リッチー設計[エコロジー・ギャラリー]【英】
マリオ・ボッタ【瑞】設計[WATARI-UM],丹下健三設計[東京新都庁舎],伊東豊雄設計[八代市立博物館]【日】
マ・クオシン設計[アジア大会競技会場]【中】
S.M.クワン設計[香港工科大学]【香港】
サム・シャビトd[カルバン・クラインージーンズ]カタログ【米】
十文字美信p[アート・スペクタクル黄金浄土],杉本博司p[TIME EXPOSED],荒木経惟p『センチメンタルな旅・冬の旅』『ジャンヌ』『空景近景』『桃の園』『恋愛』『色景』,ピエール&ジルp『Pierre et Gilles』【日】
徐冰[ア・ブック・フロム・ザ・スカイ]【中】
D・マイケルズp『ナウ・ビカミング・ゼン』【米】

D
無能の人 つげ義春 竹中直人
竹中直人監[無能の人],大友克洋監[ワールド・アパートメント・ホラー]【日】
ジョナサン・デミ監[羊たちの沈黙],タランティーノ監[レザボア・ドッグス]【米】
レオス・カラックス監[ポンヌフの恋人]【仏】
プロスペローの本
グリーナウェイ監[プロスペローの本](ワダエミ衣装)【英仏】
ジャコ・バン・ドルマル監[トト・ザ・ヒーロー]【白仏独】
クローネンバーグ監[裸のランチ]【英加】

E
カルメン・ジョーンズ
サイモン・ラトル,20世紀音楽シリーズ開始【英】
カイヤ・サーリアホ曲[マー]【芬】
シュニトケ曲[合奏協奏曲第5番]【露】,J・アダムズ曲歌劇[クリングホファーの死]【米】
サイモン・キャロウ演[カルメン・ジョーンズ],D・ヘア作,R・エア演[つぶやき刑事],マーシャ・ノーマン演[秘密の花園]【英】
太陽劇団演,ギリシア悲劇[アトレウス家]【仏】
ニール・サイモン演[ロースト・イン・ヨンカーズ物語]【米】

環境かゲームか

A
デニス・クーパー
デニス・クーパー『フリスク』【米】
ジャメイカ・キンケイド『ルーシー』,レスリー・マーモン・シルコウ『死者の暦』,トリン・T・ミンハ『月が赤く満ちる時』,ダグラス・クープランド『ジェネレーションX』,カレン・T・ヤマシタ『熱帯雨林の彼方へ』,J・ケッセル『ミレアム・ヘッドライン』【米】
エルフレーデ『トウテヌベルツ』【独】,ベレービン『青いライト』【露】,ル・クレジオ『ニオチア』,ジャコッティ『緑のノート』【仏】
P・E・ハズィ『心の助動詞』【洪】,タウシュ・コンビィッキ『ホビン』【波】
王若望『自伝三部作』,莫言『花束を持つ女』【中】,三毛『サハラ物語』【台湾】
フェンテス『夜明けの儀式』【アルゼンチン】

B
芦原すなお『青春デンデケデケデケ』,いとうせいこう『ワールズ・エンド・ガーデン』,小川洋子『妊娠カレンダー』,幸田文『崩れ』,荻野アンナ『背負い水』,伏見憲明『プライベート・ゲイ・ライフ』,鈴木光司『らせん』【日】

C
アジア初の広域衛星放送「スターTV」の放送開始【香港】
衛星デジタル音楽放送「St.GIGA」サービス開始,BSハイビジョン試験放送開始,地域系新電電設立あいつぐ,CATV全国100局に【日】
高校のコンピュータ普及率,ほぼ100%に
データディスクマン
携帯型電子ブックプレーヤー「データディスクマン」【日】
CD-ROM「アリス」,「スペースシップ・ワーロック」【日】
カプコン「ストリートファイターII」【日】
宮沢りえヌード写真集『サンタ・フェ』【日】
東京の市内局番4桁に【日】
「インターコミュニケーション」創刊(NTT)【日】
フジテレビ「カルトQ」,「101回目のプロポーズ」【日】
トーマス最高裁判事候補,セクハラ疑惑でTV公開の公聴会【米】
ルソン島ピナツボ火山,今世紀最大級の噴火【比】
地球環境憲章制定,リサイクル法施行【日】
日本複写権センター発足【日】
体外受精児世界で2万人

D
ネオ・パンク復活
「ネオ・パンク」復活,シャネル,ゴルチェらボンデージ・ルック発表【仏】
エコロジーカード登場【日】
ノープラント(埋め込みタイプの避妊薬)の使用開始【米】
日野日出志『蔵六の奇病』,士郎正宗『攻殻機動隊』【日】
宅八郎『イカす!おたく天国』,柴門ふみ『恋愛論』【日】
ツイン・ピークスブーム【日】

E
カルピスウォーター,ムーバ,スウォッチ人気【日】
ガンズ・アンド・ローゼズ[ユーズ・ユア・イリュージョン1・2],ニルヴァーナ[ネヴァーマインド]【米】
ガンズ&ローゼズ ニルヴァーナ
ジュリー・クルーズ[フローティング・イントゥ・ザ・ナイト]【米】
CHAGE & ASUKA[SAYYES],小田和正[ラヴ・ストーリーは突然に]【日】
電気GROOVE[フラッシュ・パパ],スチャダラパー[スチャダラング・ゲージ〜質問:アレは何だ?]【日】
マジック・ジョンソンがエイズ感染で引退【米】
日韓プロ野球親善試合開催【日】
総合格闘技団体「リングス」旗揚げ【日】
ル・マン24時間耐久レース,マツダ優勝【日】

共産主義は素晴らしい理念だが、現実的ではない。そのことを証明する実験は、どこかほかの小さな国で行われていればよかったんだ。
エリツィン

1990 1991 1992 1993 1994 1995 1996 1997 1998 1999 2000 2001 2002 2003 2004 2005 2006 2007 2008 2009 2010 2011 2012 2013 2014 2015 2016 2017 2018 2019 2020 2021 2022

地球サミットとインターネット。
何が地球をつなぐか、分からない。

1992
平成4

対立から多様化へ

ボスニア・ヘルツェゴビナ独立

マーストリヒト条約

1 09 UNTAC最高責任者に明石康任命【日】
19 桜内衆議院議長,宮沢首相発言,米国で問題に【日】
26 中米エルサルバトル内戦,包括和平協定に調印,終結
29 エリツィン・ロシア大統領,さらに大幅な核軍縮提案【露】
30 北朝鮮,核査察協定調印【朝】
30 第1回日鮮国交正常化交渉
2 01 米ロ首脳会談開催,「キャンプデービッド宣言」発表
07 EC,欧州連合条約(マーストリヒト条約)調印
07 民族主義党,カレダ・ジア政権樹立【バングラデシュ】
3 02 CIS8カ国,サンマリノが国連加盟
02 ボスニア内戦,クロアチア,セルビア,モスレム間で展開【ユーゴ】

4 05 フジモリ大統領,議会解散・憲法停止の非常措置【ペルー】
06 江沢民総書記来日,天皇訪中を要請【日】
27 セルビアとモンテネグロ,新ユーゴ連邦を創設
28 北朝鮮,憲法改正【鮮】
28 セルビアとクロアチア内戦に国連保護軍介入,停戦へ【ユーゴ】
5 02 ECと欧州自由貿易連合(EFTA),「欧州経済地域」(EEA)に調印
04 反政府集会が流血惨事に(プミポン国王調停)【タイ】
06 スリランカ政府,ジャフナ半島のLTTE総攻撃
07 細川護熙,「日本新党」結成発表【日】
30 大統領選でラモス候補が当選【比】
30 国連安全保障理事会,新ユーゴの全面禁輸を決議
30 コイララ政権,統一地方選挙実施,地方行政整備【ネパール】
30 新ユーゴで連邦議会選挙,ミロセビッチ大統領【ユーゴ】
6 02 マーストリヒト条約批准を否決【丁】
03 仏,マーストリヒト条約で国民投票実施
09 PKO協力法案参院本会議で可決【日】
16 米露大統領,ワシントン首脳会談でSTART2に基本合意

ラモスとラビン

30 ラモス大統領就任【比】
30 新ユーゴ大統領にチョーシッチ選出

中韓国交回復

7 13 ラビン労働党政権発足【イスラエル】

日本新党 政界の再編成へ

26 参議院選挙で日本新党躍進【日】
30 インド,シャンカル・ダヤル・シャルマ大統領就任
8 11 北米自由貿易協定に基本合意【加】
13 国連安保理がボスニア救援で武力容認決議【ユーゴ】
19 ケベックの独自性を認める憲法改正案成立(シャーロットタウン合意)【加】
24 中国・韓国国交樹立【中韓】
9 29 チュアン政権樹立【タイ】

10 14 佐川急便事件で金丸信,議員辞職【日】
23 天皇皇后,初の中国訪問【日】

クリントン大統領

11 03 クリントン大統領候補当選【米】
18 エリツィン大統領訪韓,韓ロ基本条約調印
06 国民投票で,EEA加盟を否定【瑞】
11 EC,デンマークの単一通貨導入,共同防衛対策等適用免除で合意
20 ラオス初の国民議会選挙実施
21 中欧3カ国,「中部欧州自由貿易協定」に調印
29 コロル大統領辞任【ブラジル】

柔らかい経済へ

マイクロマシン 研究開発

A 地球資源衛星「JERSI」【日】
火星探査機「マースオブザーバー」打ち上げ【米】
工業技術院「マイクロマシン技術」発足,極小電磁式モーター開発(東芝),直径30ミクロンのバルブ開発(NTT領界研究所)【日】
人工網膜チップ開発,昆虫の複眼応用画像センサー開発(三菱電機)【日】
ELタッチパネル開発(松下),マイクロ波駆動超小型模型飛行実験成功(京大,神戸大,郵政省)【日】

B 携帯型情報端末PDA「Newton」発表(アップル)【米】
アップルとIBM,共同でタリジェント設立【米】
16メガビットのフラッシュメモリーを開発(NEC)【日】
ProLinea3/25zs登場(コンパック),パソコン低価格化へ
16ビットMOS,DRAM製品化【米】
EB(エキスパンドブック)フォーマット開発(ボイジャー)【米】
DCC方式のカセットテープ発売(松下)【日】
「四次元コンピュータ計画(RWC計画)」スタート【日】

Wワールド **W**ワイド **W**ウェッブ

C **155万人** パソコンユーザ拡大

パソコン通信ユーザ155万人に【日】
インターネット協会(ISOC)設立
テイム・バーナース・リー開発のWWW,CERNで正式発表【米】
世界銀行がオンラインでつながる
神戸でINET'92開催,SINET(学術情報センター)スタート【日】

ビデオ・オン・デマンド

「ビデオ・オン・デマンド」サービス開始【NY】
IIJ設立,WIDEとメール交換【日】
カラオケオンライン伝送システム「Kシステム」完成(日本映像情報サービス企画)【日】
超電導電磁推進実験船「ヤマト1」海上試運転に成功(シップ・アンド・オーシャン財団)【日】
植物性ディーゼルエンジン「ディーゼルビ」開発(ノバモント社)【伊】
NTT DoCoMo社設立【日】

D 価格自由化(ショック療法開始),土地の私有を承認【露】
環黒海経済協力機構,環カスピ海経済協力機構,ペルシア語文化協力機構設立
ベトナム経済封鎖解除【米】

イギリス経済後退

英ポンド,為替相場安定制度(ERM)から離脱,景気後退深刻化【英】
欧州通貨市場大混乱
生活大国5カ年計画,開始【日】
ベトナム政府,10の国営企業を民営化,経済自由化加速【越】
通産省,「生物多様性に関する研究協力」5か年計画発表【日】
米商務次官はCALSによる製造業再生宣言

E リクルート,ダイエーの傘下に【日】

合併 さくら銀行 あさひ銀行

太陽神戸三井銀行がさくら銀行,協和埼玉銀行があさひ銀行に改名【日】
伊金物産がイトマンを吸収合併【日】
企業倒産史上最高8万7266件【米】
オムロン,約500件のファジー関連技術特許公開,有償で供与【日】
沖電気とヒューレット・パッカード,システム・インテグレーション・ビジネス強化のため業務提携【日米】
米IBMとシアーズ・ローバック,アウトソーシング事業の新会社設立【米】

中国と韓国が国交を回復した。
天皇が初めて中国を訪れた。
東アジアが新しい。

1992

デジタル・リテラシー

A

銀河のゆらぎ

銀河誕生のきっかけ「ゆらぎ」の証拠発見(NASA)【米】
太陽の10億倍分の質量を持つ超重量級のブラックホール発見【米】
毛利衛,スペースシャトル「エンデバー」で宇宙へ,宇宙授業好評【日】
寒川旭『地震考古学』【日】

B

脳死臨調は「脳死」承認,臓器移植認可,弁護士連合会が反対意見書【日】

尊厳死 日本医師会ついに容認

日本医師会生命倫理懇談会「尊厳死」を容認【日】
初の顕微授精ベビー誕生(スズキ病院)【日】
遺伝子組み換え食品の製造・販売を解禁【米】
国連環境計画国際環境技術センター発足【日】
木村敏『生命のかたちかたちの生命』【日】
本川達雄『ゾウの時間ネズミの時間』【日】
松田重三編『HIV治療アニュアル』【日】,中野不二男『インターフェロン第五の奇跡』【日】
黒田玲子『生命世界の非対称性』【日】
佐々木力『近代学問理念の誕生』【日】

C

D・A・ノーマン『テクノロジー・ウォッチング』,B・ウーリー『バーチャル・ワールド』【米】
中村雄二郎『臨床の知とは何か』【日】
エーデルマン『脳から心へ』【米】
P・ストーン『囚人のジレンマ』【米】

D

ドラッカー『未来企業』,サッフォ『シリコンバレーの夢』,クロル『インターネットユーザーズガイド』,スターリング『ハッカーを追え』【米】,
ランド『絶滅への渇望』【英】
宮崎義一『複合不況』,竹内靖雄『正義と嫉妬の経済学』,青木昌彦『日本経済の制度分析』,今井賢一『資本主義のシステム間競争』,村上泰亮『反古典の政治経済学』,植草一秀『金利・為替・株価の政治経済学』,中村秀一郎『21世紀型中小企業』,丸山真男『忠誠と反逆』【日】
佐倉統『現代思想としての環境問題』【日】

ボランティア もうひとつの情報社会

金子郁容・吉見俊哉 上野俊哉・佐倉統

金子郁容『ボランティア』,渡邊一雄『体験的フィランソロピー』,四方洋『アメリカ・フィランソロピー紀行』,上野俊哉『思考するヴィークル』,吉見俊哉・若林幹夫・水越伸『メディアとしての電話』,武邑光裕『メディア・エクスタシー』,浜野保樹『イデオロギーとしてのメディア』【日】
高山宏『テクスト世紀末』【日】
アレックス・カー『美しき日本の残像』,ブライアン・モーラン『日本文化の記号学』【日】
石田頼房『未完の東京計画』【日】

母権論復活へ

布村一夫,石塚正英,光永洋子ほか著『母権論解読−フェミニズムの根拠』【日】

女性白書と男性学

東京都『女性白書』刊行
京都大学で初の「男性学」講座,伊藤公雄『〈男らしさ〉のゆくえ』,田中貴子『〈悪女〉論』【日】

E

ガリレオ復活 359年ぶり破門を解く

法王パウロ2世,ガリレオの破門を359年ぶりに解除【バチカン】,英国国教会,450年の禁を破り女性司祭登用認可【英】
愛の家族事件,統一教会合同結婚式【日】
アボリジニの先住権を認める最高裁判決【豪】
カルロス・フェンテス『埋められた鏡』【墨】
大谷渡『教派神道と近代日本』【日】
島薗進『現代救済宗教論』『新新宗教と宗教ブーム』,井上順孝『新宗教の解読』【日】
大林太良『正月の来た道』,平敷令治『沖縄の祭祀と信仰』【日】
高塚光『神様になったサラリーマン』【日】

代喩のアート

A

A・タピエス[側面の紙と偉大な物質]【西】

キキ・スミス 血のプール 処女マリア

キキ・スミス[血のプール][テイル][処女マリア],スー・ウィリアムズ[たくさんの…][おかしなことが起こった],アンドレス・セラーノ[死体安置所],「フラジャイル・エコロジー」展【NY】
P・グリーナウェイ企画「雲の音」展,「マニフェスト」展【P】
ウルリケ・ガブリエル[ブレス]【伊】
デレク ジャーマン[モルヒネ],「男性的であることの視覚化」展【英】
ビル・ヴィオラ[ナント三部作]【米】
ヨアヒム・ソーター&ダーク・ルーゼブリンク[イメージの破壊者]【独】
クリスタ・ソムラー&ロラン・ミニョノー[インタラクティヴな植物の成長]【仏】
「ヘルター・スケルター/1990年代のLAアート」展【LA】

ヤン・フート

ヤン・フート監修「ドクメンタ第9回」【独】
「ポスト・ヒューマン」展チャールズ・レイ,ポール・マッカーシーほか【米】
クリスト[アンブレラ・プロジェクト]【日米】

B

茶美会 田中一光・伊藤順二 伊住政和・内田繁

[茶美会 然]展
川俣正[ピープルズ・ガーデン],森村泰昌[スカルプチャーズ],岩井俊雄[Well of Light],藤幡正樹・入江経一[脱着するリアリティ]展,舟越桂作品集『森へ行く日』【日】

C

隈研吾・大江匡 竹山聖・内藤廣

隈研吾設計[M2][東京起柱計画]展,安藤忠雄設計[セビリア万博日本館],竹山聖設計[テラッツァ],内藤廣設計[海の博物館]展示棟完成,入江経一設計[BEAN HOUSE],神谷五男設計[栃木県グリーンスタジアム]【日】
マイケル・ホプキンス設計[ブラッケン・ハウス],トム・ヘネガン設計[熊本県草地畜産研究所]【英】
S・マイゼル,マドンナ写真集『SEX』【米】
柴田敏雄p『日本典型』,橋口譲二p『BERLIN』,小林のりおp『ファースト・ライト』【日】
デヴィッド・ペーリーp『イフ・ウイ・シャドウズ』,サリー・マンp『イミディエイト・ファミリー』【英】

D

スパイク・リー

スパイク・リー監[マルコムX],ジョン・マクノートン監[ヘンリー],ブレッド・レオナード監[ヴァーチャル・ウォーズ],リドリー・スコット監[1492コロンブス],P・スフィーリス監[ウェインズ・ワールド]【米】
カウリスマキ監[ラヴィ・ド・ボエーム]【芬】
エドワード楊監[牯嶺街少年殺人事件]【台湾】
岡本喜八監[大誘拐]【日】

E

カフカのオペラ

ディーター・シュネーベル曲[交響曲X]【独】
サンバン曲オペラ[メデー]【仏】
A・ライマン曲[城]カフカのテキストをオペラ化【独】
ホセ・マセダ曲[ディステンペラメント]【比】,姜碩熙曲[輝く緑の地球に平和を]【韓】
湯浅譲二曲[始源への眼差II],篠原眞曲[夢路]【日】
ウルフ演[ジェリーズ・ラスト・ジャム],D・マメット演[オレアナ]【米】
MODE[わたしが子供だったころ][魚の祭]【日】
S・ソンドハイム演[暗殺者たち]【英】
国際古典演劇団(ダン・ケニー他)[Kyogen],野村万作狂言団,ニューヨーク・ジャパンハウス柿落し公演[三番叟]【米】

環境かゲームか

A

多重人格分析ゲーム

マイクル・クラントン『ライジング・サン』,N・ベイガー『VOX』,T・モリスン『ジャズ』,R・K・レスラー『FBI心理分析官』【米】,メアリ・ブライド『帝国の眼』,J・トリングトン『スイング,ハンマー,スイング!』,A・グレイ『プアー・シングズ』【英】
ミシェル・リオ『トラクイロ』【仏】
マイケル・オーダンチェ『イギリス人患者』【スリランカ】,アルタブ・スエイフ『太陽の眼』,ズヌアッター・イブラヒーム『ザート』【埃】,パトリック・シャモワゾー『テキサコ』【マルチニーク】,モンガニ・ワリ・セローテ『第三世界至急便』【南ア】

崔潤・申京淑

崔潤『灰色の雪だるま』,申京淑『オルガンがある場所』【韓】
タスリマ・ナスリン『恥』【バングラデシュ】,C・P・ロッシ『ドストエフスキーの最後の夜』【ウルグアイ】,リカルド・ピグリア『このない街』【アルゼンチン】

B

宮部みゆき・高村薫

鷺沢萠『駆ける少年』,宮部みゆき『火車』,花村萬月『ブルース』,荒巻義雄『旭日の艦隊』,高村薫『リヴィエラを撃て』【日】

C

デヴィッド・ブレア,自主製作映画[WAX]をインターネットで配給【米】
朝日ジャーナル休刊【日】
タイトー,ISDNカラオケ「X2000」【日】
チュンソフト「弟切草」【日】
フジテレビ「ウゴウゴルーガ」,深夜連続ドラマ[ナイトヘッド]【日】

地球サミット

地球サミット開催,アジェンダ21ほか採択【リオ】
黒人暴動,死者58人【LA】

おまつり法

おまつり法成立,暴力団対策法,自動車NOx排出総量抑制特別措置法,世界遺産条約を批准【日】
セビリア万国博覧会【西】
育児休業法成立,学校週休2日制【日】

D

「ヌーベル・ヒッピー」提案【ミラノ】

ボンデージルック

ヴェルサーチのボンデージ・ルック人気【独】
一生,ロメオ・ジリ,ジョイントショー【日】
ディフュージョン・ラインブーム
長崎ハウステンボス,オープン【日】
カプコン「ストリートファイター」【日】
TVアニメ「クレヨンしんちゃん」,「美少女戦士セーラームーン」人気【日】
冬彦さん現象【日】
安彦良和「虹色のトロッキー」【日】

E

スピルバーグ監[ジュラシック・パーク]【米】
伊丹十三監[ミンボーの女]【日】
シャープ「液晶ビューカム」,グッド・アップ・ブラヒット【日】

晴れたらいいね ドリカム205万枚

ドリームズ・カム・トゥルー「ザ・スウィンギング・スター」(205万枚),[晴れたらいいね],米米クラブ「君がいるだけで」【日】,MTVアンプラグド・コンサート,ソニック・ユース「ダーティ」【米】,アニー・レノックス「ディーヴァ」,スウェード[ザ・ドラウナーズ],ナイン・インチ・ネイルズ『ブロークン』【英】,ヴァネッサ・パラディ『ヴァネッサ・パラディ』【仏】

ホンダF1撤退

本田技研工業,F1レース撤退発表【日】
バルセロナ五輪【西】

わたしの関心はすべてアメリカにある。つまり、アメリカに何が起こっているのか、だ。いまアメリカの未来社会にとっての脅威は、すべて日本からやってきている。
マイケル・クライトン

イスラエルとパレスチナに暫定自治が訪れる。
アラファト議長の笑顔は続くのか。

55年自民党体制の崩壊。
ブランチ・デヴィディアンスの集団自殺。

1993
平成5

チェコ、スロバキア
エリトリア
独立

江沢民
国家主席

日本38年ぶり
韓国28年ぶり
政権交代
細川護熙
金泳三

情報スーパーハイウェイ構想

華僑 推定資産 三千億ドル

対立から多様化へ

1 02 ユーゴ和平国際会議,10項目和平協定案を提出
03 米ロ両国大統領,クレムリンで第2次戦略兵器削減条約(STARTII)に調印
20 クリントン,第42代米大統領に就任【米】
20 クロアチア,国連保護地域のクライナ,セルビア人共和国に攻撃開始【ユーゴ】

2 25 金泳三,第14代大統領に就任,32年ぶりの文民政権【韓】
25 チュアン政権,中国の反対を押しダライ・ラマ入国許可【タイ】
25 新移民法発効【加】
28 ボスニア・ヘルツェゴビナの人道援助物資投下作戦開始【米】

3 10 スハルト大統領6選【インドネシア】

ユーゴ・北鮮 情勢不穏

12 北朝鮮,核拡散防止条約(NPT)脱退を宣言
27 第8期全人民代表会議で国家主席に江沢民総書記選出【中】
27 クロアチア,クライナ,セルビア人共和国間で停戦協定調印【ユーゴ】

4 03 米ロ首脳「バンクーバー宣言」発表
12 NATOがボスニア・ヘルツェゴビナ上空の哨戒飛行開始【ユーゴ】

5 01 プレマダサ大統領暗殺【スリランカ】
04 カンボジアで日本人を含む文民警察官ら銃撃受ける(高田晴行警部補死亡)【日】
15 住民投票で和平案を拒否【セルビア】
22 ボスニアに関する「共同戦略」を発表【米英露仏】
26 ベネズエラのペレス大統領,グアテマラのセラノ大統領辞任

6 01 ラナリット派の民族統一戦線が第1党に【カンボジア】

55年体制解体 さきがけ 新生党

18 宮沢内閣不信任案可決,衆院解散【日】
21「新党さきがけ」「新生党」結成【日】
27 米海軍艦船がバグダッドのイラク情報機関本部をミサイル攻撃
27 外交官を除く外国人,在日朝鮮人に国外退去命令【鮮】

7 01 暫定国民政府が正式発足【カンボジア】
07 東京サミット開幕【日】
18 シャリフ首相とカーン大統領辞任,選挙後ベナジル・ブット政権復帰【パキスタン】

8 06 細川護熙首相誕生,38年ぶり政権交替【日】
12 金融実名制(グリーンカード)断行【韓】

暫定自治 イスラエル パレスチナ

9 13 イスラエル,パレスチナ暫定自治宣言に調印
19 総選挙で旧共産党系の民主左翼連合が圧勝勝利【波】
21 人民代議員大会と最高会議の解散を命じる大統領令を発令【露】
21 議会新憲法採択(シアヌーク殿下国王に即位)【カンボジア】

10 03 保守派市民ら,国営テレビ局に乱入【露】
04 モスクワ正規軍,最高会議ビルを砲撃,制圧【露】

11 01 マーストリヒト条約発効【欧】
06 細川首相,金泳三大統領との会談で日本の植民地支配を陳謝【日韓】
10 左翼連立政権発足【波】
19 アジア太平洋経済協力会議(APEC)

12 15 ガット貿易交渉委員会がウルグアイ・ラウンドの最終合意案を採択

柔らかい経済へ

A X線観測衛星「あすか」【日】
次世代通信実験衛星「ACTS」(NASA)【米】

133K超伝導

H・R・オット(スイス連邦工科大学)ら,133Kでの超伝導に成功【瑞】,朱経武とM・ヌネス=レグエーロ,約153Kでの超伝導物質発見【米仏】
生分解性プラスチック開発(タンベレ工科大学)【典】
3CCD搭載家庭用ムービー開発(ソニー)【日】

B

ウインドウズ3.1

ウインドウズ3.1発表(マイクロソフト)【米】,ウインドウズNT出荷
単電子記憶素子の室温での作動成功(日立)【日】
新型MPU(超小型演算処理装置)ペンティアム(インテル),パワーPC(モトローラ,IBM,アップル)登場【米】
OSFとUIがUNIX規格統一に合意,「ビデオCD」規格発表
携帯型情報端末「ザウルス」発売(シャープ)【日】

C ニフティサーブとPC-VAN間で電子メール交換可能に【日】
ゴア副大統領「情報スーパーハイウエイ」構想発表【米】,NII(国家情報基盤)構想発表,ホワイトハウスオンライン化,大統領・副大統領がアドレス公開【米】,国連オンライン化,パソコン版モザイク発布(イリノイ大)【米】
インターネット,コンピュータ接続台数,世界230万台,ユーザ数2000万人突破

インターネット民間化

NSFがInter NIC設立【米】,JPNIC(日本ネットワーク情報センター),日本インターネット協会(IAJ)発足【日】
IIJとAT&T JensのSPIN,サービス開始,インターネット商用化時代へ【日】
日本通信衛星(JCSAT)とサテライト・ジャパン(SAJAC)合併【日】
エアバス,A321完成【米】

D

ドイ・モイ進展

外国投資自由化(ドイ・モイ進展)【越】,バンコクにオフショアセンター開設【タイ】,第2回世界華商大会(華僑の推測総資産額2000~3000億ドル)【香港】
EMS(欧州通貨制度)危機(為替相場安定制度不発)【EC】
CIS9カ国,「経済同盟条約」調印(新ルーブル経済圏成立)
APEC,「貿易・投資に関する自由化宣言」
技術契約取引料,100億元突破【中】

E

ゼネコン汚職

大手ゼネコン汚職(ハザマ,清水建設,西松建設,三井建設)【日】
吉本興業,売上,経常利益とも史上最高【日】
電通27年ぶりの減収減益(広告不況)【日】
大企業リストラ(日新製鋼,住友軽金属,富士通,NTT,沖電気,東急百貨店,東芝など)【日】
サイノム・グループ,オランダ貿易会社ハーヘマイヤー買収【インドネシア】,食品メーカー統一企業,米大手製菓メーカー2社買収【台湾】
青山商事,売上2000億円,514店舗【日】

スマートバレー

スマートバレー公社設立【米】
ベル・アトランティック,テレ・コミュニケーションズを買収【米】

1993

1990 1991 1992 1993 1994 1995 1996 1997 1998 1999 2000 2001 2002 2003 2004 2005 2006 2007 2008 2009 2010 2011 2012 2013 2014 2015 2016 2017 2018 2019 2020 2021 2022

明日の情報型組織は、シンフォニー・オーケストラに似たものとなる。
P・F・ドラッカー『ポスト資本主義社会』

他者の文化

三千万年前の遺伝子

A

ダークマター

X線天文衛星ロサット,ダークマターNGC2300を観測【米】
ダークマターの証拠,マイクロレンズ効果発表【米豪】,ダークマター「ミッシング・マス」質量計算【米】
川崎一朗・島村英紀・浅田敏『サイレント・アースクェイク』【日】
アイバース・ピーターソン『ニュートンの時計』【米】

B

国立予防衛生研,ヒト遺伝子マウスにエイズウィルスを感染,相模中央化学研,約60種のヒト遺伝子特許出願【日】,ケンブリッジ大,臓器移植用のヒト遺伝子ブタ誕生【英】
1億2000万年以上前の琥珀から昆虫のDNA復元【米】
細井順一ら,神経系と免疫系の相互作用解明【米】
25〜44歳男性の死因トップがエイズに【米】

多田富雄 免疫の意味論

多田富雄『免疫の意味論』【日】,R・ヘニッグ『ウイルスの反乱』【米】,J・キングストン『自分をつくりだした生物』【英】,中村桂子『自己創出する生命』【日】

C

チェークリン&レイヴ『理解の訓練』【米】
U・エーコ『完全言語の探求』【伊英仏独西】
H・ラインゴールド『バーチャル・コミュニティ』【米】,野家啓一『科学の解釈学』,真木悠介『自我の起原』【日】

サイード 文化と帝国主義

D

岩井克人『貨幣論』,伊東光晴・根井雅弘『シュンペーター』,榊原英資『文明としての日本型資本主義』,本間正明『フィランソロピーの社会経済学』【日】,P・F・ドラッカー『ポスト資本主義社会』,M・ハマー,J・チャンピー『リエンジニアリング革命』【米】
D・マクニール,P・フライバーガー『ファジイ・ロジック』,P・ギルロイ『ブラック・アトランティック』【英】
N・ボルツ『グーテンベルグ銀河系の終焉』【独】,森岡正博『意識通信』,水越伸『メディアの生成』,畠山兆子・松山雅子『メディア文化と<物語享受>』,西和彦『ラフカディオ・ハーンの耳』【日】
リアマウント『オークションの社会史』,サイード『文化と帝国主義』【英】
高橋英之『思想のソフトウェア』,松岡正剛『ルナティックス』【日】,植島啓司『天使のささやき』,布施英利『死体を探せ!』,港千尋『考える皮膚』,荒俣宏ほか『想像力博物館』【日】
張競『恋の中国文明史』【中】
黒田日出男『王の身体・王の肖像』,村井章介『中世倭人伝』,福田和也『日本の家郷』,平山朝治『日本らしさの地層学』,田中優子『江戸はネットワーク』,鶴岡真弓『聖パトリック祭の夜』【日】

女性状無意識

小谷真理『女性状無意識』,山本ひろ子『変成譜』,柿沼瑛子・栗原知代編『耽美小説・ゲイ文学ガイドブック』【日】

ブランチ・デヴィディアンの集団自殺

E

バチカンとイスラエル国交樹立(ユダヤ教とカトリックの対立終結)
ブランチ・デヴィディアン,D・コレシュ教主ら80余名集団自殺【米】
イスラム原理主義テロ,世界貿易センタービル爆破【NY】
チベット『死者の書』ブーム,青山圭秀『理性のゆらぎ』,中野孝次『清貧の思想』【日】
ヨースタン・コルデル『ソフィーの世界』【独】
最古の織布の痕跡(チャユニュ遺跡)【土】

代喩のアート

概念の周縁部

A

アンドリュー・ウィトキン&マイケル・カス[概念の周縁部]【米】
ハンス・ハーケ[ゲルマニア]【独】
「ホイットニー・バイエニアル」キキ・スミス,スー・ウィリアムズ,シンディ・シャーマン,ロバート・ゴーバー,アンドレス・セラーノ【NY】
バイロン・キム[代喩]【NY】
ルーヴル美術館「模写と創造」展【P】
ギルバート&ジョージ展【中】
「トレード・ルーツ」展,ジェフリー・ダイチ企画「ポスト・ヒューマン」展【NY】
レベッカ・ホーン展【米英】
ステラーク[サイコ・サイバー]【豪】

B

川俣正 ルーズベルト島プロジェクト

川俣正[ルーズベルト島プロジェクト]【NY】
タナカノリユキ・下篠信輔[ExploreReality現実の条件]展,倉重光則[不確定性正方形]展,長沢英俊[天使の影]展,小林健二[カテナ・アウレア(金の鎖)プロジェクト],中村錦平[皮相対覦面文装置],[斎藤義重による斎藤義重]展,清水卯一[蓬萊掛分大壺—風—],山田和「赫釉織部」【日】

C

アラン・チャン

アラン・チャンd[ミスター・チャン・ティールーム]オープン【香港】
UIA+AIAシカゴ大会「サステイナブル・デザイン」がテーマ【米】
ニコラス・グリムショウ設計[ウォータールー国際駅]【英】
ヨー・クーネン設計[オランダ建築研究所]【蘭】
原広司設計[大阪新梅田シティ],大江匡設計[ファンハウス]【日】
内田繁 川崎和男・坂井直樹他「マインドギア・時の箱」【日】
R・アベドンp『オートバイオグラフィー』【米】
馬小虎p『忘れられた人々(被人遺忘的人)』【中】
伊島薫p『新美人論』,十文字美信3D.p『ポケットに仏像』【日】
ラリー・クラーク【米】p『ドレイパー』【独】
ジョセフ・クーデルカー【チェコ】p『EXILES』,S・サルガドp『ワーカーズ』【英】
バーバラ・ノーフリート編『ルッキング・アット・デス』【米】

D

相米慎二・崔洋一

相米慎二監[お引越し],崔洋一監[月はどっちに出ている]【日】
スピルバーグ監[シンドラーのリスト],クローネンバーグ監[M・バタフライ],K・ブラナー監[から騒ぎ],P・ウィアー監[フィアレス],ハルストレム監[ギルバート・グレイプ]【米】
J・カンピオン監[ピアノ・レッスン]【豪】
D・ジャーマン監[BLUE]【英】
侯孝賢監[戯夢人生]【台湾】

陳凱歌 さらば,わが愛 覇王別姫

陳凱歌監[さらば,わが愛覇王別姫]【香港】

ミュージックテーマパーク

E

ヘンリク・グレツキ曲[悲歌のシンフォニー],ラウズ曲[トロンボーン協奏曲],フーサ曲[チェロ協奏曲],レーダーマン曲オペラ[マリリン],フォス曲オペラ[グリフェルキン]【米】
P・ガブリエル,スペインに[ミュージック・テーマパーク構想]【英】
D・ルヴォー[シアター・プロジェクト・東京]創設【日】
トム・ストッパード演[アルカディア]【英】
イリ・キリアン&ネザーランド・ダンスシアター[輝夜姫]【蘭】
鄭義信[ザ・寺山]【日】
「ヨーロッパビジネス展」【蘭】
撫松庵「私・ご・の・み」展【日】

環境かゲームか

A

R・J・ウォラー『マディソン郡の橋』,A・ライトマン『アインシュタインの夢』,R・パリーズ『さまよえる魂の救出作戦』,クリストファー・ベティット『ロビンソン』,A・トムソン『ヴァーチャル・ガール』,スティーブン・キング『ドロレス・クレイボーン』【米】
トニー・ハリソン『ゴルゴンの視線』【英】
M・ヴァルザー『てんでんばらばら』【独】

クレオール文学

バルナベ・ジャモゾー・コンファイン『クレオール礼賛』【仏】,サンピターレ『帝国の息子』【伊】,ロベルト・シュナイダー『汚物』【墺】
カルメン・マルティン・ガイテ『時々くもり』【西】,C・フェンテス『オレンジの木もしくは時間の円環』【墨】
賈平凹『廃都』【中】

松浦理英子・笙野頼子・多和田葉子・水村美苗

B

日野啓三 台風の眼

松浦理英子『親指Pの修業時代』,奥泉光『ノヴァーリスの引用』,多和田葉子『犬婿入り』,笙野頼子『硝子生命論』,高村薫『マークスの山』,大沢在昌『新宿鮫無間人形』,日野啓三『台風の眼』,内田春菊『ファザーファッカー』
筒井康隆,差別表現をめぐるマスコミ自主規制に対し断筆宣言

対立 テッド・ターナー ルバート・マードック

C

テッド・ターナー,「ギャング・オブ・セブン」結成,マードック,国際衛星放送「スターTV」経営権獲得【米】
ドメスティック・パートナー制度施行,初日に109組が登録【NY】
日米共同編集「SUPER COMIC MAKER」創刊

ワイアード デジタル派マガジン

ルイス・ロゼット「Wired」【米】,インタラクティブ・エンターテイメント雑誌「エッジ」創刊【英】
「エキスパンドブック」日本発売,子供用コンピュータ「ピコ」登場【日】
セガ「夢見館の物語」【日】
アダルトCD-ROM急増【日】
CD-ROM「GADZET」【日】,「ヘルキャブ」【米】
フジテレビ「料理の鉄人」【日】
環境基本法,種の保存法【日】
野村秋介,朝日新聞本社で短銃自殺【日】

自然療法

D

若手スーパーモデル,ケイト・モスら人気

ベネトン旋風

ベネトン,ルチアーノ会長のヌード広告で古着回収キャンペーン【伊】
石岡瑛子アカデミー衣装デザイン賞受賞(映画[ドラキュラ])【日】
ストレス解消療法ブーム【日】
ジュリアナ,ブルセラ,Tバックが話題【日】
英和辞典ウェブスターに「karaoke」収載
東京サザエさん学会『磯野家の謎』,常光徹『学校の怪談』【日】
横浜にランドマークタワー(296m)完成,関西文化学術研究都市オープン【日】

E

ディズニーアニメビデオ[美女と野獣]100万本売れる(米国2300万本)【日】
ディオール「スヴェルト」発売【仏】
PJ・ハーヴェイ『RID OF ME』【英】
ジャミロクワイ『ジャミロクワイ』【英】
サンディ・ラム[だからって…]【香港】
THE BOOM[島唄]【日】
曙が初の外国人横綱に【日】

Jリーグ開幕

Jリーグ開幕,プロ野球にFA制導入【日】

ハッブル宇宙望遠鏡が宇宙年齢を2倍にした。地球人の寿命にも影響が出るのだろうか。

1994 平成6

対立から多様化へ

カンボジア・セルビア紛糾

1 01 欧州通貨機構(EMI),欧州経済地域(EEA)を発足
01 北米自由貿易協定(NAFTA)発効
10 NATO首脳会議「平和のためのパートナーシップ(PFP)」構想を承認
13 米露首脳会談,NATOのPFP構想「モスクワ宣言」に調印
29 政治改革関連四法が成立(小選挙区比例代表並立制へ)【日】

2 04 国連安保理,ソマリアへの武力行使放棄を決議
05 サラエボで市場砲撃事件,68人死亡【ユーゴ】
11 日米首脳会議は自動車など新経済協議で物別れ
25 ヘブロンでパレスチナ人大量射殺事件,暫定自治交渉中断

3 16 国際原子力機構(IAEA),北朝鮮が重要査察拒否を発表
27 イタリア総選挙,右派連合が第一勢力に躍進

4 06 ルワンダ,ブルンジ両国大統領搭乗機撃墜,両大統領死亡
10 NATO,ゴラジュデ包囲のセルビア人勢力に空爆【ユーゴ】
25 羽田政権誕生【日】
26 初の全人種参加選挙【南ア】
27 セルビア人勢力,ゴラジュデから撤退【ユーゴ】

ルワンダ内戦激化

27 ルワンダで内戦激化,難民激増

5 04 ガザ・エリコ暫定自治協定調印

マンデラ大統領

09 南ア制憲議会,マンデラ議長を大統領に選出【南ア】
11 ベルルスコーニ内閣誕生【伊】
13 エリコからイスラエル軍撤退,27年間の占領に終止符【イスラエル】
17 IAEA査察団,平壌入り【鮮】
25 国連,南ア制裁を全面解除
25 南北イエメン内戦(～7月)

6 08 セルビア,クロアチア,モスレムの3勢力,1カ月の暫定停戦に合意【ユーゴ】
16 カーター元大統領,金日成主席会談【鮮】

羽田から村山内閣へ

30 自社さ連立政権村山内閣誕生【日】

7 06 米,露,EU主要国,新和平案を紛争当事者に提示,セルビア人勢力拒否【ユーゴ】
08 金日成主席死去【鮮】
12 アラファト議長,ガザ,エリコ入り,自治政府発足宣言
19 ルワンダ愛国戦線(RPF)首都キガリ制圧,新政府樹立宣言
25 バンコクで初のASEAN地域フォーラム開催【タイ】
29 非合法組織「バスク祖国と自由」(ETA)爆弾テロ【西】

8 05 NATO,セルビア人勢力に空爆実施【米露欧】
13 核拡散防止条約(NPT)残留表明【米鮮】

9 01 北アイルランド紛争,無期限停戦【愛】
12 ケベック党が政権復帰【加】
19 米軍,ハイチ上陸(セドラ司令官失脚)

パラオ独立

10 04 ブラジル大統領選,フェルナンド・エンリケ・カルドゾ当選
21 米鮮「核」合意文書に調印【米鮮】
26 イスラエルとヨルダン,平和条約に調印

11 26 チェチェン共和国で反政府勢力,大統領府を攻撃【露】

12 05 START正式発効【米露】
13 贈賄容疑,ベルルスコーニ内閣総辞職【伊】
13 ロシア軍,チェチェン共和国に侵攻開始【露】
18 ボスニア・ヘルツェゴビナ政府とセルビア人勢力の停戦に合意【米】

柔らかい経済へ

A ヘリウム10の世界初合成(理化学研究所)【日】

極小モーター

直径1.4ミリのモーター開発(松下技研)【日】
直径150ミクロンの歯車一体化極小モーター発表【米】,厚さ4ミリの微小減速装置発表(ヌシャテル大)【瑞】
目盛り0.2ミクロンの物差開発(日立製作所,計量研究所),光駆動マイクロロボット開発(吉沢徹,岩崎年伸グループ),マイクロマシン用振動整流型静電アクチュエーター開発(富士電機),「マイクロジャイロ」開発(村田製作所)【日】
遺伝子情報解析ソフト開発(東京大学医科学研究所ヒトゲノム解析センター)【日】
純粋な緑色の発光ダイオード開発,光の3原色そろう(ソニー)【日】

デジタル・ハリウッド

B 杉本大一郎ら宇宙物理学高速シミュレーション用並列コンピュータ「GRAPE」開発,スパコン対応仮名漢字変換システム発売(オムロンソフトウェア),粒子モデル高速計算ボード開発(画像技研)【日】
ビデオ画面入力機能つきワープロ発売(三洋,NEC,シャープ),CD-ROM一体型,TVチューナー内蔵低価格パソコン,各社発売【日】
Mac-OSのライセンス供与開始(アップル),アドビ・システムズとアルダスが合併【米】
CU-SeeMe(コーネル大)【米】
デジタル・ハリウッド開校【日】

インターネット日本上陸

C テレスクリプト発表(ゼネラル・マジック)【米】,携帯型情報機器「マジックリンク」発売(ソニー・エレクトロニクス)
CALS・JAPAN開催(日本電子工業振興協会),日本情報基盤構想JII答申(電気通信審議会)【日】
ネットスケープ・ブラウザ発表【米】
米上下院が情報サーバー導入【米】
25省庁を結ぶ「霞が関WAN」構想始動(総務庁行政管理局)【日】
NSFネットのトラフィック量,月10兆バイトに【米】
サーバー銀行ファースト・バーチャル開設
インターネット日本本格上陸
IIJ,国際接続開始【日】
GJI対応のパソコン通信「ピープル」開始(日本IBM)【日】
NTT,ゼネラルマジック,マイクロソフト,シリコングラフィックスに資本参加【日】

D

移動電話自由化

自動車電話・携帯電話自由化【日】
北米自由貿易協定発効(7兆ドル市場誕生),EEA成立,欧州18カ国調印,ウルグアイ・ラウンド「マラケシュ宣言」採択

円高100円を割る

1ドル=100円を割る【日米】
外国人不法就労者集中摘発(国外退去2686人)【日】
預金金利完全自由化【日】
スーパー301条,大統領令として復活【米】
アジア太平洋トレードセンター開設【日】
サポートの有料化を実施(マイクロソフト)【米】
スマートバレーでコマースネット発足【米】

E NTT,マルチメディア構想発表,利用実験【日】

FDS最大チェーン

フェデレーテッド・デパートメント・ストアーズ,R・H・メーシーを買収,最大の百貨店チェーンへ,バイアコム,ブロックバスター合併,パラマウント買収【米】
任天堂,セガともに減益【日】

ネットワークを引っぱっていく。

携帯電話が、人が動くぶんだけネットワークを引っぱっていく。

1994

他者の文化

A

宇宙年齢一〇〇億年

シューメーカー=レビー第9彗星,木星に衝突
日本人女性初の宇宙飛行士向井千秋,スペースシャトルコロンビアで宇宙へ【米】
NASA,マゼラン星雲に3つの光輪発見,小惑星イーダに衛星発見,銀河M87にブラックホール存在証拠発見,天の川に隠れた銀河ドウィンゲロー1発見【英蘭米】
ハッブル定数,観測で88,宇宙年齢100億年と算定【米】
東大宇宙研地下観測所(カミオカンデ)【日】
渡辺一衛『科学の基礎を考える』【日】

B

東大医科学研ヒトゲノム解析センター,遺伝子情報解析ソフト開発【日】
農水省DNAバンクがスタート【日】
IWC,クジラサンクチュアリ採択
田沼靖一『アポトーシス』【日】
多田富雄・中村桂子・養老孟司『「私」はなぜ存在するか』【日】,ロバート・ポラック『DNAとの対話』【米】
ダイアン・アッカーマン『月に歌うクジラ』

C

佐々木正人『アフォーダンス』【日】
大澤真幸『意味と他者性』【日】
S・ピンカー『言語を生み出す本能』【米】

D

村上泰亮『反古典の政治経済学要綱』,今村仁司『貨幣とは何だろうか』【日】

情報文明論

公文俊平『情報文明論』【日】
サクセニアン『現代の二都物語』,H・ペイ『イメディアティズム』,デリー編『Flame Wars』【米】
N・ボルツ,F・キットラー『メディアとしてのコンピュータ』【独】,レジス・ドブレ『メディオロジー宣言』【仏】

ジジェク

S・ジジェク「快楽の転移」【スロヴェニア】
『歴史学事典』発刊開始,浅田彰『「歴史の終わり」と世紀末の世界』,山内昌之『世紀末のモザイク』,田中聡『衛生展覧会の欲望』,澤野雅樹『癩者の生』【日】

「日本」の再検討 人間を幸福にしない日本というシステム

南博『日本人論』,加藤典洋『日本という身体』【日】,田麗玉『悲しい日本人』【韓】,K・V・ウォルフレン『人間を幸福にしない日本というシステム』【日】
高山宏『終末のオルガノン』,安田喜憲『蛇と十字架』,高橋康雄『メディアの曙』,中嶋隆『西鶴と元禄メディア』【日】
サイード『知識人とは何か』【英】,小林康夫・船曳建夫編『知の技法』【日】
上野千鶴子『近代家族の成立と終焉』,土屋恵一郎・富山太佳夫『ホモセクシュアリティ』【日】

完全自殺マニュアル

鶴見済『完全自殺マニュアル』【日】
国際物語学会第1回大会

E

世界初,安楽死法成立【蘭】
国教会で女性司祭登用をめぐる対立【英】
イスラム原理主義運動過激化,セドキ首相暗殺未遂【埃】
太陽寺院教団,リュック・ジョレ教祖ら50余名集団死【加瑞】
ランタオ島に世界一の座仏完成【香港】
森達也『神々の力と非力』【日】
高松敬吉『巫俗と他界観の民俗学的研究』【日】
小原信『ビューティフル・デス』,立花隆『臨死体験』,永六輔『大往生』【日】

観念の復帰

A

ナンシー・ルービンス[ドゥローイング],ルイーズ・ブルジョア[赤い部屋(両親)]
「優雅な屍体の帰還」展【NY】
ジョルジュ・ルース[エスパス・ジュール・ヴェルヌ]【仏】
マルセル・ブロータース展【ベルギー】
ジェニー・ホルツァー[自明の理],ミシャ・ウルマン[ビブリオテーク],カーリン・ザンダー[壁の断片]【独】
モナ・ハトゥム[異物]【P】
「1945年以降の日本美術展・空に向かって吠える」【日米】
ブルース・ナウマン回顧展【米】

B

奈義町現代美術館オープン(磯崎新設計),サントリーミュージアム「天保山」(安藤忠雄設計),富山県立近代美術館「天皇版画」問題
タカエズ・トシコ展,栃木県立美術館[死にいたる美術ーメメント・モリ]展,中東吉次『雪峰花譜』【日】

C

ファーレ立川 北川フラム 海藤春樹

海藤春樹d[ファーレ立川]【日】
レンゾ・ピアノ【伊】設計[関西新国際空港]開港,石山修武設計[リアス・アーク美術館],象設計集団設計[冬山河親水公園](台湾),長谷川逸子設計[すみだ生涯学習センター]【日】
D・ペロー設計[フランス国立図書館] ジャン・ヌーヴェル[無限の塔]プロジェクト【仏】
ベルケル設計[ヴィラ・ヘルテルの増築]【蘭】
ヤズダーニ設計[テレコミュニケーション・タワー](ジャカルタ竣工)【イラン・米】
エヴァ・ジリクナ設計[ジョアン&デイヴィッド靴店]【チェコ】
エンリック・ミラージェス設計[ウェスカの体育館],サンティアゴ・カラトラバ設計[リヨンTGV駅]【西】
オールソップ&ステーマー設計[マルセイユの地方政府本部]【英】
F・D・イスラエル設計[ドレージャー邸]【米】
[TODAY'S JAPAN]フェスティバル【加】,[戦後50年・日本の家具デザイン]展【伊】
土屋尋満[森遊回廊]【日】
ケビン・カーターp「少女とハゲワシ」

ダブル・ライフ

N・ゴールディン+D・アームストロングp『ダブル・ライフ』【NY】
A・エルゴートp『モデルズ・マニュアル』,W・クラインp『インアンドアウト・オブ・ファッションズ』,ジル・ペレスp『フェァウエル・ツウ・ボスニア』【米】W・J・ミッチェル『リコンフィギュアード・アイ』
P・ビアード「死者の財布から」展【日】
N・ナイト【英】p『ニック・ナイト』【独】
杉浦康平『日本のかたち・アジアのカタチ』【日】

D

タランティーノ

タランティーノ監[パルプ・フィクション],ゼメキス監[フォレスト・ガンプ],オリバー・ストーン監[ナチュラル・ボーン・キラーズ],リュック・ベッソン監[レオン]【米】
ジェラール・コルビオ監[カストラート]【仏伊白】
ベーラ監[サタン・タンゴ]【洪】
原一男監[全身小説家]【日】

E

ガンサー・シュラー曲[追憶と内省について]【米】
武満徹[ファンタズマカントス],團伊玖磨曲オペラ[素戔嗚]【日】
スハト曲オペラ[スハト]【蘭】
エッケハルト・マイヤー曲オペラ[ザンジバル]【独】,エリオット作[レグとの一夜],マイケル・クラーク演[O]【英】
E・オルドビー作[背の高い三人の女],トニー・クシュナー作[ペレストロイカ],ジェローム・ロビンズ演[2&3パート・インベンションズ]【米】,ダムタイプ[S/N]【日】

環境かゲームか

A

H・ドゥーア『イバーラの石』,J・レッドフィールド『聖なる予言』,J・C・オーツ『わが生を支えしもの』【米】,A・リングハースト『折りたたみ式の星』,J・M・ブラウン『時間の海原の辺で』【英】,バタイユ『アブサン』,M・モンデル『想像の病』【仏】,タマーロ『心のおもむくままに』,M・D・ラッシャ『日陰の道のり』【伊】
A・タブッキ『夢の中の夢』【アルバニア】
金辰明『木槿の花が咲いた』,朴景利『土地』【韓】,朱文天『荒人の手記』【台湾】,ファスィーフ『フォルーハルの逃走』【イラン】

ウオレ・ショインカ

ウオレ・ショインカ『イバダン』【ナイジェリア】,アリヒス『千日の男』【墨】,カレトール『鳩の飛翔』【コロンビア】

B

比留間久夫『100%ピュア』,飯嶋和一『雷電本紀』,石和鷹『クルー』,斎藤美奈子『妊娠小説』,早川清『編集後記』,入沢康夫『漂ふ舟ーわが地獄くだりー』,京極夏彦『姑獲鳥の夏』,笙野頼子『レストレス・ドリーム』,小林恭二『短編小説』,白洲正子『白洲正子自伝』【日】
大江健三郎,94年度ノーベル文学賞受賞【日】

C

いじめ拡大

ノーベル平和賞にラビン首相,ペレス外相,アラファト議長
ロス地震で非常事態宣言【米】
大戦勝利50周年記念,原爆デザインの切手使用中止【米】

松本サリン事件

松本サリン事件発生,富士フィルム専務・住友銀行名古屋支店長殺害事件,いじめ自殺全国で7人【日】
世界初マルチメディアソフト見本市「MILIA」開催【カンヌ】
M・プロストエヴィック『サラエボ・ガイドブック』【クロアチア】

32ゲーム機戦争

松下・3DO「REAL」,ソニー「プレイステーション」,セガ「セガサターン」【日】
ポリゴン3D使用「バーチャファイター」【日】
CD-ROM版,ミンスキー『心の社会』【米】

D

ジョン・ガリアーノ,50年代オートクチュールをパロディ化【P】
ヴィクトリア・アンド・アルバート美術館,ストリートファッションの展覧会【L】,ルーブル美術館でパリ・コレ【P】,京都国立近代美術館「モードのジャポニズム」展【日】
地ビール解禁、平成コメ騒動【日】
野島伸司脚本「家なき子」【日】

ゴーマニズム宣言

小林よしのり『ゴーマニズム宣言』,松本人志『遺書』【日】
花輪和一「天水」,森秀樹「墨攻」(原作酒見賢一)【日】

E

羽生六冠 イチロー200安打

「オデッセイ」「CCレモン」「落ちない口紅」ヒット,塩美容ブーム【日】
ヤン・デ・ボン監[スピード]【米】
羽生善治(将棋),六冠制覇【日】
グレゴリオ聖歌,全世界380万枚のヒット,韓国音楽隆盛,金石出(キム・ソクチュル)【韓】,シャンプー[ウィ・アー・シャンプー],ビョーク『デビュー』,Blur『PARKLIFE』【英】
Mr.Children[イノセント・ワールド]【日】

セナ激突死

アイルトン・セナ,イタリアグランプリで激突死【ブラジル】
イチロー,史上初の年間200本安打達成【日】
ナリタブライアン,三冠馬【日】
大リーグ,無期限ストライキ【米】

単純素朴に設計され、衛生局の注意なしに世界に流布されたマス・メディアは、テレビで終りにするべきなのだ。
アラン・ケイ

阪神大震災。
ストロングな都市は崩れ、ボランティアの活躍。
フラジャイルな歩行が残る。

1995

平成7

共生幻想

阪神大震災

オウム・サリン事件

1 01 ボスニア,ヘルツェゴビナ政府と同国セルビア人勢力の4カ月停戦協定発効【ユーゴ】
02 チェチェン共和国へ武力介入,首都グロズヌイ総攻撃に発展【露】
17 ディーニ内閣誕生【伊】
17 阪神・淡路大震災,6300余人死亡【日】
23 EU,新欧州委員会正式任命
25 ルワンダ,PKO派遣を断念【ザイール】
27 アウシュビッツ50周年記念式典開催【波】

チェチェン紛争

2 06 チェチェン共和国紛争,停戦崩れる【露】
13 エクアドル,ペルーの国境紛争停戦

3 19 国連軍機を砲撃【ボスニア】
19 シンガポールが比人家政婦の死刑執行問題で両国関係悪化【比】
20 地下鉄サリン事件【日】
26 欧州7カ国がシェンゲン協定に基づき人の移動自由化

4 05 NPT加盟の非核国へ核不使用宣言【米】

芸能知事 青島 ノック

09 青島幸男東京都知事,横山ノック大阪府知事,誕生【日】
19 オクラホマシティーの連邦政府ビル爆破【米】
30 対イラン全面禁輸発表【米】

5 01 クロアチア政府軍総攻撃,西スラボニアを奪還【ユーゴ】
07 仏大統領にシラク前パリ市長当選
11 NPTの無期限延長決定【米】
15 地下核実験実行【中】
25 NATO,半年ぶり7度目の本格的空爆【ユーゴ】

7 10 民主化運動指導者アウン・スーチー女史,6年ぶりに自宅軟禁から解放【ミャンマー】
11 クリントン大統領,ベトナムとの国交正常化を発表【米】
28 ベトナム,東南アジア諸国連合(ASEAN)に加盟,参加は7カ国

8 04 クロアチア軍,クライナ地方を総攻撃 嵐作戦翌日クニンを制圧【ユーゴ】
11 核実験全面停止を発表【米】
28 セルビア,サラエボ砲撃,市民37人死亡
30 NATO機,最大規模の報復空爆

9 02 新ユーゴ・クロアチア・ボスニア外相会議,関係当事国と停戦合意【ユーゴ】
03 タヒチ核実験反対3000人デモ大集会【仏】

中仏核実験強行

06 ムルロア環礁で地下核実験を強行【仏】
16 国連,ボスニア国連保護軍の撤退提案,NATO代替【米】
19 米兵の女児暴行事件で沖縄県知事が駐日米国大使に日米地位協定見直し要求【日】
22 橋本龍太郎,第17代自民党総裁【日】
29 パレスチナ自治拡大協定に米大統領,ラビン首相,アラファト議長調印

10 11 メキシコ大地震 48人死亡【中南米】
12 ボスニア停戦協定に署名【ユーゴ】

ラビン暗殺

11 06 ラビン首相,暗殺【イスラエル】
22 国連停止決議を無視,4回目の核実験【仏】
21 大統領選決選投票,ワレサ敗北【波】
22 旧ユーゴスラビア和平会議,紛争当事3カ国包括和平に合意

ボスニア和平

12 15 ボスニア和平協定調印【欧米】

関係経済圏

A H2型ロケット初打ち上げ【日】
環境汚染物質PCBの完全分解成功(鉄道総研,長岡技術科学大)【日】,使用済み核燃料の大規模地中処分研究施設完成【典】
無人深海探査機「しんかい」,マリアナ海溝海底(水深1万911m)に到達【日】
世界最小のマイクロロボット開発(セイコーエプソン)【日】,高出力・高効率半導体レーザー開発(阪大,浜松ホトニクス)【日】

デジタル・スチルカメラ

デジタル・スチルカメラ開発(キヤノン,イーストマンコダック)【米】,41万画素高精度赤外線CCDカメラ開発(ニコン)【日】
最強度の窒化ケイ素繊維開発(住友電工)【日】

B ガリウム・ひ素ヘテロバイポーラトランジスタ開発(富士通研究所)【日】
最小モーバイルコンピュータHP200LX(ヒューレット・パッカード)【日】
ウインドウズ95(マイクロソフト),OS/2ワープ(IBM),32ビットOS時代に【米】
1ギガビットDRAM開発(NEC,日立)【日】
「ブレインウェア(脳機能情報処理)」研究プロジェクト開始(通産省工業技術院)【日】
日本のDVD規格が東芝式に統一【日】
一般家庭用マルチメディア・サービスのパイロットテストを開始(ドイツテレコム)【独】
交通情報サービスが本格運用開始【日】

C G7で世界情報通信基盤整備(GII)構築の共同プロジェクトを決定

インターVネット 大震災とボランティア

インターネットと商用パソ通を結ぶインターVネット開始【日】
ニフティ・サーブ,ユーザー100万人突破【日】
Hot Java(サン・マイクロシステムズ)【米】,インターネット商用プロバイダーの設立あいつぐ,ホームページ乱立【日】
NTT,オープンコンピュータネットワーク構想,通信大容量化セルリレー開始【日】
FM文字多重放送が全国放送開始【日】
CALS技術研究組合設立(通産省)【日】
リーンバーンエンジン開発(三菱自動車工業)【日】,連続可変バルブタイミング機構開発(トヨタ)【日】,燃料電池自動車開発(ダイムラー・ベンツ)【独】

日本金融機関に亀裂

D WTO協定発効(76加盟国・地域),金融自由化の多国間取り決めに合意
電気事業法改正法案成立,改正ガス事業法施行,エネルギー業界に規制緩和の波【日】
完全失業率3%台,1ドル80円突破【日】
環インド洋自由フォーラム開催,エバンズ豪外相,「インド洋経済協力会議」創設を提案
知的所有権の担保評価の基準作りに着手(通産省)【日】
PL法施行【日】
科学技術の成果鑑定を法制化【中】

E

ヤオハン上海店

ヤオハン上海店1日20万人入店【中】
ウォルト・ディズニー,ABC買収,ウェスチング・エレクトリック,CBS買収,タイムワーナー,ケーブルヴィジョン買収,IBM,ロータスディベロップメント買収【米】
松下,米国MCA売却【日】
住宅金融専門会社,巨額不良債権で公的資金導入問題おこる,コスモ信用組合,木津信用組合,兵庫銀行,大和銀行NY支店,巨額損失不祥事,住友銀行,2800億円の経常赤字発表,富士銀行,4400億円の経常赤字見通し発表【日】
ケミカル・バンキング,チェース・マンハッタン合併発表【米】,三菱銀行・東京銀行合併合意【日】

イチローと野茂。
オウム事件に対抗した二人。

1995

強さから弱さへ

A
うしかい座ボイド(空洞)に銀河50個発見【米】
わし座方向一万光年にアルコール雲発見【英】
土星の環,15年ぶり"消失"
土星に新衛星4個発見,オーロラ観測【米】
太陽黒点中心部に水分子を観測【米加】
褐色わい星GL229B画像公表【米】
渦巻銀河NGC4285の中心核に高回転分子ガス円盤発見【米】

超大型 ブラックホールあいつぎ発見

あいつぎ超大型ブラックホール発見(NASA,国立天文台野辺山宇宙観測所)【米日】
木星の衛星「エウロパ」の大気に酸素発見【米】

B
生殖細胞移植によるキメラニワトリ(農水省·畜産試験所)【日】
日本初の遺伝子治療(北大付属病院)
「遺伝子組み換え技術の利用」表示を義務化【蘭】
海洋バイオ技術による製品の需要拡大【米】
環境保護局(EPA)が遺伝子組み換え作物の栽培を試験的に許可【米】
熊本一規『持続的開発と生命系』,藤永保『発達環境学へのいざない』,富山太佳夫『ダーウィンの世紀末』,佐倉統『生命の見方』【日】

C
吉村公宏『認知意味論の方法』,下條信輔『視覚の冒険』,下條信輔·宮下保司『脳から心へ』,芝原宏治『錯誤の意味論』,菊池久一『<識字>の構造』【日】
D·モーレー『アイデンティティの諸空間』【米】,河本英夫『オートポイエーシス』【日】

D

記憶のエチカ

佐々木毅『政治家の条件』【日】
根井雅弘『異端の経済学』,吉田和男『日本型経営システムの改革』,塩野谷祐一『シュンペーター的思考』,野口悠紀雄『1940年体制』【日】
P·ヴィリリオ『解放の速度』【仏】,高橋哲哉『記憶のエチカ』【日】,T·リアーズ『豊穣の寓話』【米】
P·レヴィ『ヴァーチャルとは何か?』【仏】,N·ネグロポンテ『ビーイング·デジタル』,D·ケルナー『メディア·カルチャー』【米】,桂英史『インタラクティブ·マインド』,松岡正剛·金子郁容·吉村伸『インターネット·ストラテジー』,大澤真幸『電子メディア論』,吉見俊哉『声の資本主義』,片木篤『テクノスケープ』【日】

試学 松浦寿輝 福田和也

フラジャイル 弱さの発見

松浦寿輝『エッフェル塔試論』【日】
山口昌男『「挫折」の昭和史』『「敗者」の精神史』,松岡正剛『フラジャイル』,井上章一『狂気と王権』,谷川雁『北がなければ日本は三角』,阿部一『日本空間の誕生』,氏家幹人『武士道とエロス』,松浦寿輝『折口信夫論』,中村生雄『折口信夫の戦後天皇論』,鈴木貞美『大正生命主義と現代』,福田和也『グロテスクな日本語』『甘美な人生』,港千尋『注視者の日記』,千葉徳爾『オオカミはなぜ消えたか』,大貫恵美子『日本文化と猿』【日】
鄭大均『韓国のイメージ』【韓】,武田徹『偽満州国論』,山内昌之『イスラムとロシア』,宮脇淳子『最後の遊牧帝国』,黒田美代子『商人たちの共和国』【日】,張承志『鞍と筆』【中】
柏木博『家事の政治学』【日】
高木宏『ブック·カーニバル』【日】

とっても奇蹟な日常

西谷修『夜の鼓動にふれる』,高野史緒『ムジカ·マキーナ』,井辻朱美『とっても奇蹟な日常』【日】

E
サリン事件の殺人容疑で,麻原彰晃逮捕【日】
大月隆寛ほか『あれは何だったのか?』,椹木野衣ほか『ジ·オウム』【日】
中井久夫編『1995年1月·神戸』,梅原克文『ソリトンの悪魔』,野田正彰『災害救援』【日】

観念の復帰

A
「天使を追跡」展【NY】
ベネチア·ビエンナーレ日本館【数寄】
「フェティシズム:力と欲望の視覚化」展【L】
アグネス·ヘゲドゥシュ[ビトウィーン·ザ·ワーズ]【洪】

光州ビエンナーレ

女性的·男性的

第1回ヨハネスブルグ·ビエンナーレ【南ア】,
第1回光州ビエンナーレ【韓】
「アウシュヴィッツ以降」展【L】
「プレミエーレン」展でミッシャ·クバルの光の作品【独】
メリエン·ブデルバラ[テレビ](スペクトルム·ムンディ·シリーズ)【チュニジア】
イリヤ·カバコフ「我々はここで暮らしている」展,「女性的·男性的」展,「五大陸のギャラリー」展,第4回国際ガーデン·フェスティバル[好奇心の庭]【仏】
「ブリリアント! ニューアート·フロム·ロンドン」展,リチャード·マーティン企画「オートクチュール」展,「ブラック·メイル」展【米】
イシュベル·マイヤースコフ[クリシェンダ]【英】

B

養老天命反転地

荒川修作[養老天命反転地],[芸術の危機ヒトラーと退廃美術]展(宮城美),「戦後文化の軌跡」展(福岡県美),[反核FAXポスター展],「花」展(東博),木村芳郎[時空律]
『資生堂ギャラリー七十五年史』【日】

C
ミゲル·アンヘル·ロカ[コルドヴァ·オフィス·センター]【ブラジル】
ディラー,スコフィディオ[インダイジェスション]【仏】,サンティアゴ·カラトラヴァ設計[サトラス駅]【西】,クリスチャン·ド·ポルザンパルク[音楽都市]【モロッコ】,K·ヤング設計[チャイナ·タワー]【マレーシア】
E·O·モス設計[ヘラクレス·ビル]【米】
坂田栄一郎p『アマランス』,長島有里枝p『YURIE NAGASHIMA』,平間至p『モータードライブ』【日】
ケイト·モスのアンソロジーp『ケイト』,CD-ROMp『ロバート·メイプルソープ』【米】

D
新藤兼人監[午後の遺言状],熊井啓監[深い河],是枝裕和監[幻の光]【日】
ロン·ハワード監[アポロ13],スコット·カルヴァート監[バスケットボール·ダイアリーズ],ウェイン·ワン監[スモーク]【米】
ジャン·ベッケル監[エリザ]【仏】テオ·アンゲロプロス監[ユリシーズの瞳]【仏伊希】
イエ·イン監[レッドチェリー]【中】
區丁平監[南京の基督]【日香港】

E
[インターナショナル·ヒンデミット·ヴィオラ·フェスティバル]【東京·NY·L】

日本組曲 湯浅譲二 松村禎三

湯浅譲二曲交響組曲[奥の細道],藤家溪子曲[思いだすひとびとのしぐさを],松永通温曲[時の星座],松村禎三曲オペラ「沈黙」【日】
尹伊桑曲[焔に包まれた天使]【韓】
H·ホリガー曲[ヴァイオリン協奏曲]【瑞】,P·ブーレーズ[音楽の家]構想発表【仏】,D·グラーネルト曲オペラ[偉大な皇帝の鏡]【独】,ノア·エイン曲オペラ[アウトキャスト]【米】
八木柊一郎作[メリー·ウィドウへの旅],永井愛作[パパのデモクラシー],OMSプロデュース[坂の上の家],太田省吾「水の駅2」【日】
昴+MRT[沈黙]【日米】
エイフマン演[チャイコフスキー光と影]
テレンス·マクナリー作[マスタークラス]【米】
イギリス政府CJB法案,RAVE,TRAVELERデモ【英】

移動する文化

A
K·J·アンダーソン『X-ファイル』,バーバラ·チェイス·リボウ『大統領の娘』,D·スティール『稲妻』,A·ブルックナー『ランジェ街の出来事』【米】,R·クック『伝染病』,R·ノーマン『最後の審判』【英】,F·ソレルス『ルーブル博物館の騎士』,C·シモン『アカシア』【仏】
M·マッジャーニ『こまどりの勇気』,バリャラーニ『ルーディのバラード』【伊】,A·ドラッハ『おお,カテリーナ』【墺】,アゴタ·クリストフ『昨日』【洪】,B·アレクサキス『母国語』【希】,A·マキン『フランス人の遺言』【露】
ガダフィ『死』【リビア】,プラムディア·A·トゥール『物言えぬ男の沈黙』【インドネシア】,葉兆言『去行く影』,張承志『随筆集』【中】,金石範『火山島』【韓】

B

パラサイト·イブ

瀬名秀明『パラサイト·イブ』,金井美恵子『恋愛太平記』,島田雅彦『忘れられた帝国』,団鬼六『真剣師小池重明』,神林長平『言壺』,合田彩『逃(TAO)』,高橋睦郎『姉の島』,船戸与一『蝦夷地別件』,藤原伊織『テロリストのパラソル』,西木正明『梟の朝』,埴谷雄高「《虚体》論—大宇宙の夢—『死霊』第9章」発表,宮城谷昌光『晏子』,梅田香子『NOMO WATCH in USA』【日】

C

本日 ボランティア拡大

阪神·淡路大震災でボランティアが救援活動【日】,北京女性会議NGOフォーラム【中】
日本列島オウムに揺れる,サリン法施行,破防法適用によるオウム解散請求,宗教法人法改正論議高まる
全日空機ハイジャック(多数の乗客が携帯電話で家族と交信)【日】
青島幸男都知事,都市博中止に【日】
エボラ出血熱流行【ザイール】
沖縄で米兵による少女暴行事件,沖縄県内で抗議運動盛り上がる【日】

シンプソン裁判

O·J·シンプソン裁判に全米注目(無罪判決,人種問題論争加熱)【米】
高速増殖炉「もんじゅ」,ナトリウム漏洩事故【日】

PHS登場

PHSサービススタート【日】
東京メトロポリタンテレビ開局,「関西インターメディア」開局(14言語で放送)【日】
通信放送自由化法案【米】
テレチョイス,通話料金割引サービス拡大【日】
CATV加入世帯1000万突破【日】

D
地下核実験に対し,仏製品不買運動広がる
大型複合商業施設「パルコ·ブギス·ジャンクション」オープン【シンガポール】
コム·デ·ギャルソン,トランスジェンダーファッションを発表【日】,ガランテ,日本の職人を使い螺鈿の服発表【パリ】
高野文子『棒がいっぽん』,望月峯太郎『ドラゴンヘッド』【日】

E
P·バーホーベン監[ショーガール],R·ロドリゲス監[デスペラート],デジタル映画[トイ·ストーリー]ヒット【米】
ホンダ「ラクーン」,「海藻減肥石鹸」【日】
カーディガンズ[ライフ],ビートルズ,25年ぶりの新曲[フリー·アズ·ア·バード][リアル·ラブ]発表【英】,スキャットマン·ジョン[スキャットマンズ·ワールド],ダイアナ·キング[タファー·ザン·ラヴ]【米】
小室哲哉プロデュースのアーチスト,軒並みヒット,シャ乱Q[ズルい女],SMAP人気【日】
イチロー効果22億円【日】

大リーガー野茂

野茂英雄,米大リーグで新人王,奪三振王【米】
ラグビーW杯で南アフリカ優勝【南ア】
神戸製鋼,ラグビー日本選手権7連覇【日】

私の作品においては、「メッセージはメッセージ」なのです。
ジェニー·ホルツァー

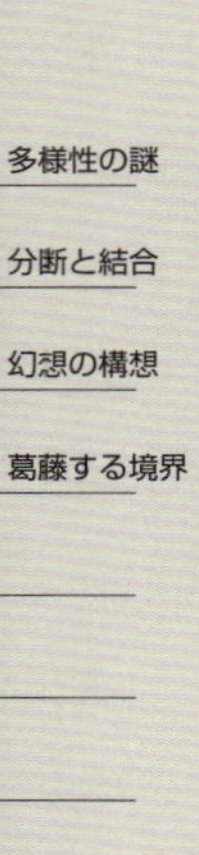

Ⅷ.情報の文明

1990〜2029

情報の多様化、大量化、高速化が築く新たな文明の姿。

~1979's
ダンジョンズ&ドラゴンズ
ディズニーランド
スペースインベーダー
ウォークマン
カラオケボックス
ウィザードリィ
ウルティマ
AKIRA
ブレードランナー
ゼビウス
フルデジタル・シンセサイザー
ターミネーター
ニューロマンサー
デスクトップ・パブリッシング
ドラゴンクエスト
ゼルダの伝説
Adobe Illustrator
ハイパーカード
デスクトップ・ミュージック
テトリス
ドゥルーズ『襞』
Adobe Photoshop
GPS
World Wide Web
MOTHER
大地の魔術師展
ペンローズ『皇帝の新しい心』
denden
電殿
#Virtual_Production
1980's
想装
sousou
押井守『GHOST IN THE SHELL』
ポケットモンスター
イーガン『ディアスポラ』
ウルティマオンライン
レヴィ『ヴァーチャルとは何か』
ソローキン『青い脂』
マトリックス

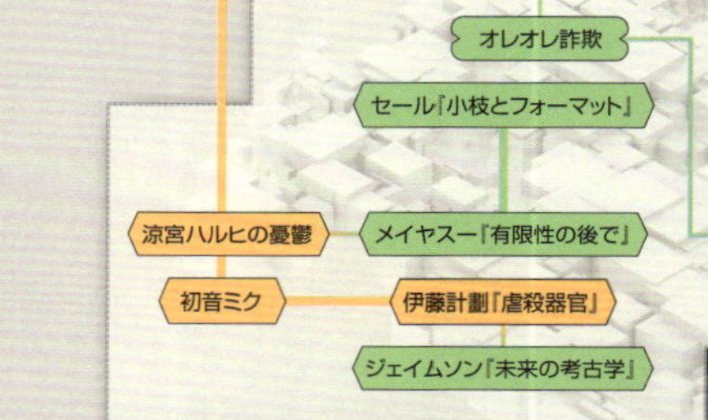

diagram 8.
仮想現実の爆発

造物主感覚　擬装と変装　拡張現実
再境界化　別様の可能性　未知の可視化

◉年代を追うにつれて版図を拡大する地図のように,仮想現実の領域は拡大を続けている。デジタルメディア,インターネットを中心に,世界がもうひとつ以上の世界をもとうとしていることが一目瞭然にみてとれるだろう。その多様化と複雑化を示すために,『情報の歴史21』の歴象トラックのカテゴリーを示すカラーリング,項目同士の関係線,本文右上に囲み範例として表した6種類のフレームフォームを用意した。ハッシュタグによるグルーピング,二字新語の看板立ては,境界なき大陸のおおよその目安とされたい。

◉その端緒は空想の世界そのものであるゲームによって切られたが,80年代に入るとファミコンとカラオケで家庭化し,日常化する。やがて,アラン・ケイのデスクトップメタファーのGUI,ビル・アトキンソンのハイパーカード,ティム・バーナーズ・リーのWWWがその後の「仮想現実の爆発」を決定的に準備した。

◉先陣を買って出たのは,テクノロジーとエンターテイメントであったが,イーガン,押井,ウォシャウスキー兄弟のSF,アニメ,映画が技術にインスパイアされた想像力をもって,表象を連打していく。つづく思想・哲学が後追いの必要に迫られ,政治と経済が実用された成果を活用し始めたのが90年代である。1989年にジャロン・ラニアーがつくった「ヴァーチャル・リアリティ」という概念がいよいよ議論の俎上に上がるようになって,「ヴァーチャル」の本来の意味である,可能的に存在しうる潜勢力をもった世界を誰もが無視できなくなった。

◉21世紀は仮想現実が世界の基盤になった。ウェブ上の港が次々と立ち上がり,言語と価値の情報コミュニケーションが昼夜を問わず高速に交わされるようになる。フェイスブック,ツイッターのSNS,ビットコインなどのブロックチェーンに象徴される。

◉テクノロジーが万能の神になりうる未来が,AIのシンギュラリティ,iPS細胞,GAFAのビッグデータビジネスで現実味をもって語られるようにもなった。2010年代に入ると,国際政治には国境を持たない国家も誕生し,偽ニュースが世論を動かすようになる。仮想の遊戯はスポーツからキャクターまで,教育からロボットまで多様な展開を見せる。フロンティアの拡張はパンデミックでさらに加速していくだろうが,あらゆる仮想現実が現実化した世界の新たな倫理はいまだ仮想されていない。

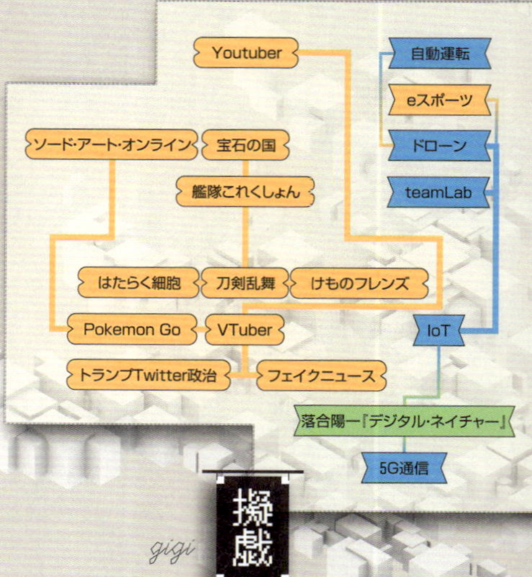

gigi
擬戯

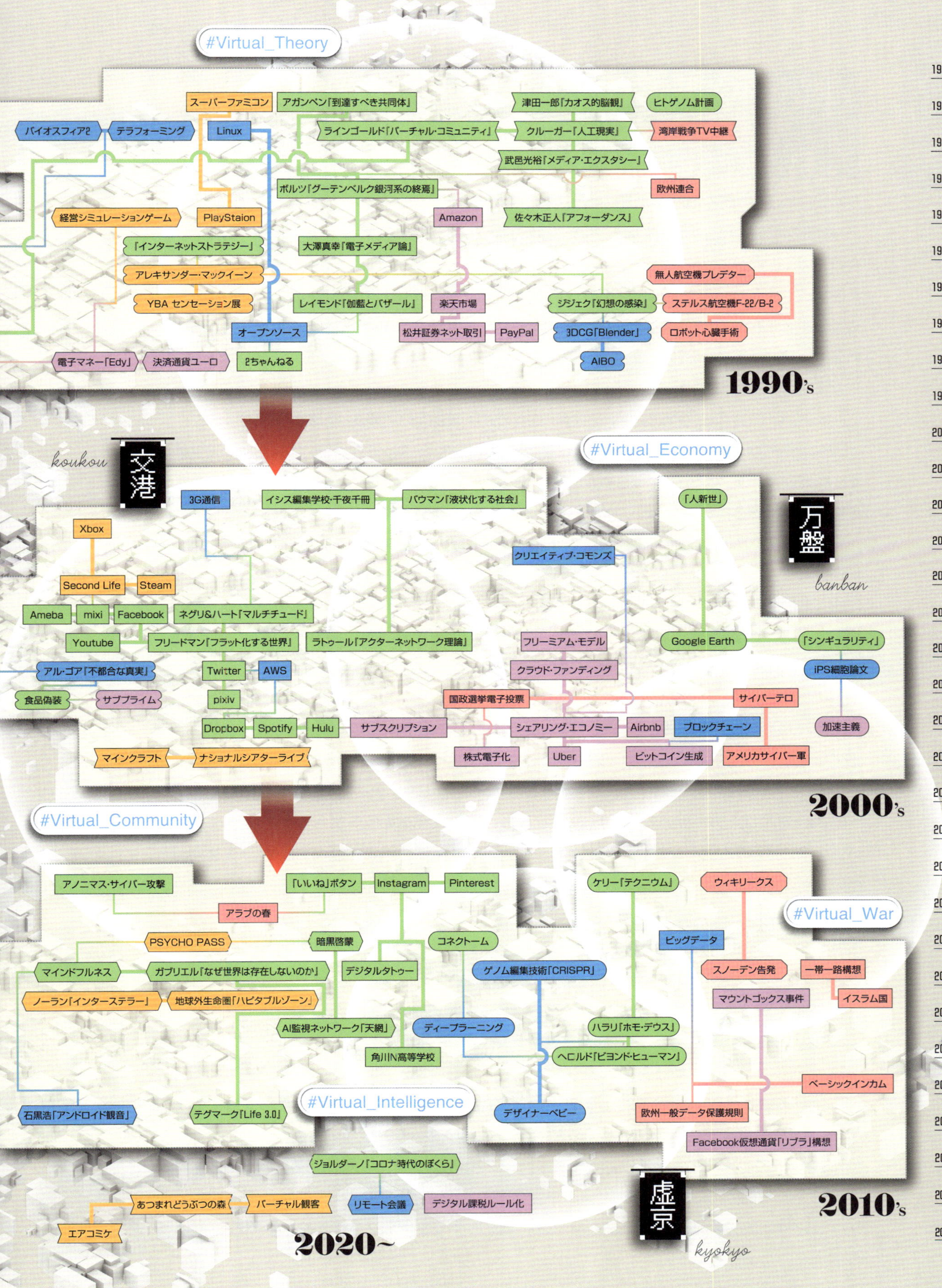

#Virtual_Theory
スーパーファミコン
アガンベン『到達すべき共同体』
津田一郎『カオス的脳観』
ヒトゲノム計画
バイオスフィア2
テラフォーミング
Linux
ラインゴールド『バーチャル・コミュニティ』
クルーガー『人工現実』
湾岸戦争TV中継
武邑光裕『メディア・エクスタシー』
ボルツ『グーテンベルク銀河系の終焉』
欧州連合
経営シミュレーションゲーム
PlayStaion
Amazon
佐々木正人『アフォーダンス』
『インターネットストラテジー』
大澤真幸『電子メディア論』
アレキサンダー・マックイーン
無人航空機プレデター
YBA センセーション展
レイモンド『伽藍とバザール』
楽天市場
ジジェク『幻想の感染』
ステルス航空機F-22/B-2
オープンソース
松井証券ネット取引
PayPal
3DCG「Blender」
ロボット心臓手術
電子マネー「Edy」
決済通貨ユーロ
2ちゃんねる
AIBO
1990's
koukou
交港
#Virtual_Economy
3G通信
イシス編集学校・千夜千冊
バウマン『液状化する社会』
『人新世』
万盤
banban
Xbox
クリエイティブ・コモンズ
Second Life
Steam
Ameba
mixi
Facebook
ネグリ&ハート『マルチチュード』
Youtube
フリードマン『フラット化する世界』
ラトゥール『アクターネットワーク理論』
フリーミアム・モデル
Google Earth
『シンギュラリティ』
アル・ゴア『不都合な真実』
Twitter
AWS
クラウド・ファンディング
iPS細胞論文
食品偽装
サブプライム
pixiv
国政選挙電子投票
サイバーテロ
Dropbox
Spotify
Hulu
サブスクリプション
シェアリング・エコノミー
Airbnb
ブロックチェーン
加速主義
マインクラフト
ナショナルシアターライブ
株式電子化
Uber
ビットコイン生成
アメリカサイバー軍
2000's
#Virtual_Community
アノニマス・サイバー攻撃
「いいね」ボタン
Instagram
Pinterest
ケリー『テクニウム』
ウィキリークス
アラブの春
#Virtual_War
PSYCHO PASS
暗黒啓蒙
コネクトーム
ビッグデータ
マインドフルネス
ガブリエル『なぜ世界は存在しないのか』
デジタルタトゥー
ゲノム編集技術「CRISPR」
スノーデン告発
一帯一路構想
ノーラン『インターステラー』
地球外生命圏『ハビタブルゾーン』
マウントゴックス事件
イスラム国
AI監視ネットワーク「天網」
ディープラーニング
ハラリ『ホモ・デウス』
角川N高等学校
ヘロルド『ビヨンド・ヒューマン』
ベーシックインカム
石黒浩「アンドロイド観音」
テグマーク『Life 3.0』
#Virtual_Intelligence
デザイナーベビー
欧州一般データ保護規則
Facebook仮想通貨「リブラ」構想
2010's
ジョルダーノ『コロナ時代のぼくら』
あつまれどうぶつの森
バーチャル観客
リモート会議
デジタル課税ルール化
エアコミケ
虚京
kyokyo
2020~
1990
1991
1992
1993
1994
1995
1996
1997
1998
1999
2000
2001
2002
2003
2004
2005
2006
2007
2008
2009
2010
2011
2012
2013
2014
2015
2016
2017
2018
2019
2020
2021
2022

Ⅷ 情報の文明 1990–2029

人工頭脳から並行社会へ

分断・統合・再分断 ボウイの歌とともにベルリンの壁が崩れ(89),冷戦の一極であるソ連が崩壊し(91),分断の時代は終わりを迎えたようにみえた。南アフリカのアパルトヘイト政策は終結し,マーストリヒト条約でECからEUへ新たな統合を迎える。しかし,融合の時代は新たな分断の時代の幕開きでもあった。

1991年の湾岸戦争のイラク空爆のCNN中継は世界が互いに新たな敵を見つけようとしていることを予告した。アフガニスタンのタリバンはバーミヤンの石仏を破壊し,ビン・ラディンのアルカイダは9・11でハイジャックした機体をWTCビルに激突させた。崩れ落ちる文明の映像は全世界に中継され,新たな亀裂が生まれたことを目の当たりにさせる。さらに,拡大するインターネット時代のメディア情報が分断を曝すことにも一役を買う。各地で頻発するテロのニュース情報は日常茶飯事になり,国際的承認のないイスラム国は建国宣言を出すとまもなくSNS上に処刑映像を拡散した。

一方,中国は2000年の江沢民政権の西部大開発,2001年のWTO加盟によって経済拡張路線を進めていった。アメリカに次ぐ大国の位置につくと,習近平の一帯一路宣言から米中関税合戦へ対立を深めていく。新しい冷戦がかたちを変えて始まった。断裂は内側にも広がる。チベット,ウイグルへの圧力が進み,1997年に返還された香港の雨傘運動に象徴される民主化運動は2020年の香港国家安全法で内部断裂を決定的なものにした。

ヨーロッパ,アジア,アメリカは,ポピュリズム政党の台頭,右派の躍進,劇場型政治の熱狂によって,自国の内圧を高めていった。アメリカ・ファーストを臆面もなく標榜するトランプの保守主義はウチソトに分裂の危機を煽った。火種はブラックライブズマター運動に展開されて燃えさかり,そのつけはバイデンにバトンタッチされたが,まだ禍根はくすぶったままである。

平成日本は「失われた10年」のあとも閉塞した状況が継続している。いじめ,少年犯罪,ニート,うつ病,格差といった問題が,オウムサリンや酒鬼薔薇,児童虐待や老老介護,ストーカーやネットカフェ難民,ブラック企業といったかたちで噴出する。果たして働き方改革やベーシックインカムで間に合うのかは問い直されていない。

液状化する社会 ティム・バーナーズリーによるWWW(91)がインターネット時代の幕開けを告げた。1993年にはアメリカが情報スーパーハイウェイ構想を掲げ,さらにその翌年にはネットが日本上陸を果たした。ウェブへの接続を容易にしたWindows95(95)が登場すると,「18か月ごとに集積回路上のトランジスタ数は倍になる」というムーアの法則のとおりインテルのCPU技術も進化した。PCの急速な普及を促進したのは,簡易化と高性能化だった。

分断された個人がネット回線を通じて,いつでも,どこでも,誰とでもつながれるユビキタスな未来は,ハッカーたちのアナーキーなユートピア幻想を掻き立てたが,支配者はすぐにその本性を現した。マイクロソフトというITの巨人,つづくグーグル,アマゾン,フェイスブック,アップルのGAFAがまたたくまに世界を覆っていく。

ケータイからスマホへ。かつてのPC以上の高機能・高性能の機械玩具が手のひらのなかに収まるまでデバイスは進化した。通信速度がギガビットになると,情報通信の流動性が一気に加速する。モバイルデバイスを入場ゲートとして広がる空間はいまや5Gの社交場となった。

同時的,同期的,同質的に世界中がサプライチェーンでつながると,ジャレド・ダイアモンド,ナヤン・チャンダらのグローバリゼーション論に注目が集まった。その様相をバウマンが「リキッド・ソサエティ」と名付けた。文書,言語,画像,映像,音楽の電子データは標準化し,市場ではコモディティ化と低価格競争一辺倒になる。ソーシャルネットワークサービスが提供する「いいね」や「リツイート」が評判の世論を形成し,ウィキペディアに代表される知のシェアリングの虚実が混ざる。路上,書物,商品,個人情報を網羅するIT企業がつくる「情報の帝国」に居住する現在を,わたしたちは生きている。ブロックチェーンが築く次代のインフラがその先を展開していくだろう。

つながりつづける世界は,情報の移動と切り離すことはできない。内戦でうまれる中東やアジア,アフリカからの移民や難民,エンタメの一過性のブームやツイッターの即時炎上。情報が移動すると情報は感染をしていく。オンラインではたえず新しいコンピュータウイルスの脅威にさらされ,オフラインでは鳥インフルエンザやSARS,そしてCOVID-19がグローバリゼーションの負を突きつけている。

地球環境と宇宙開発 人新世(アントロポセン)の時代は産業革命から始まっていた。リオ地球サミットでの12歳のセヴァン・スズキの嘆願から27年後の2019年,16歳のグレタ・トゥンベリの告発へ。人が地球環境にも影響を与え,変化させていく時代への危機感は,地球温暖化への警鐘とともに,エネルギー政策の転換を余儀なくさせた。最初は中東情勢の不安定化による原油調達リスクが引き金であった。アメリカのシェールガス生産,ゴアの不都合な真実,オバマのグリーン・ニューディール政策,ドイツの脱原発。世界が経済と環境を秤にかけて揺れているさなかに起こったのが3・11の福島第一原発事故であった。

地球環境の異変は各地で頻発している。阪神・淡路大震災,四川大地震,スマトラ島沖地震,ハイチ大地震,そして東日本大震災。大規模な森林火災や集中豪雨,異常気象。それらと並行した対症療法は,地球サミット,京都議定書,脱プラ問題,エンジン車禁止からSDGsの一斉号令へ。はたしてこれらは人新世のイノベーションなのか,資本主義社会延命のための応急処置なのか。ハラリが人類史を総括し,21世紀の警鐘を鳴らした。

テクノロジーの進化は,アントロポセンの時代にあらたな情報宇宙観ももたらしている。スーパーカミオカンデによるニュートリノ振動の発見,ペンタクォークの報告,ヒッグス粒子の確認といった量子レベルの発見。NASAによるハッブル宇宙望遠鏡の打ち上げが1990年,金星探査機あかつき,土星探査機カッシーニ,太陽探査機パーカー・ソーラー・プローブと相次ぐ。インド,中国といった新興国が後を追い,イーロン・マスクのスペースXは民間から宇宙開発に参入した。宇宙は学問から実用,ビジネスへと舞台を移しつつある。マクロコスモスからミクロコスモスまで,人類にとっての情報の縁は拡大しつづけている。

ライフ・エンジニアリング レイ・カーツワイルによれば2045年に人類はシンギュラリティ(技術的特異点)を迎える。ディープラーニングによる人工知能の進化は,ポスト・ヒューマンの誕生を予測させる。人間が仕事を奪われるのか,もしくは労働から解放されるのか。グレッグ・イーガン,テッド・チャン,伊藤計劃,村田沙耶香らのSF的想像力は,われわれの価値観と生命観を揺さぶっている。

ヒトゲノム計画に端を発した人類補完計画はクローン羊ドリーからデザイナーベビーまで到達した。iPS細胞とアンドロイドは人類の不老長寿や不死が絵空事ではないことを告げる。ニック・ランドの加速主義が示唆する新しい生命倫理の是非は不問のまま,科学技術は止まることを知らない。情報生命のエンジニアリングが可能なLIFE3.0時代に突入した。

生命のライフと生活のライフ。われわれは便利と引き換えに,生活生体情報を国家や企業にビッグデータとして差し出し,その行動や判断の履歴は消費促進や管理社会の材となる。モノであった切符や通貨はICカードやおサイフケータイに,目に見えない信用もデジタル数値として評価される。ヨーロッパでは個人情報搾取への危機感からGDPRが施行されたが,人間はフリーミアムな利便性にどこまで抗うことができるのか。

ポケモン,たまごっちのデジタルペット。初音ミクからVTuberまでのデジタルアイドル。セカンドライフからあつ森へ,アバターと移住するバーチャルワールド。ベンヤミンのいう失われたアウラは高度消費社会のなかでめくり上げられたマンガ,アニメ,ラノベ,ゲームのサブカルチャーとして復権する。VR(仮想現実),AR(拡張現実)のアナザーライフと安全安心健康を第一義とするリアルライフ。人類の2つのライフ・エンジニアリングは,見えない情報と見える化された情報に翻弄されながらコロナ禍の2021年を通過する。

アラビア語で「学生たち」を意味するタリバンが過激なテロ組織の代名詞となっていく。

以降、人々はデジタルな命を愛でるようになる。ポケモンとたまごっちの登場。

橋本龍太郎【日】
コスタス・シミティス【希】
ヴウォジミェシュ・チモシェヴィチ【波】
ジョルジェ・サンパイオ【葡】
ジョン・ハワード【豪】
ヨーラン・ペーション【典】
ホセ・マリア・アスナール【西】
アタル・ビハリ・バジパイ【印】
ロマーノ・プローディ【伊】
デーヴェー・ガウダ【印】
ベンヤミン・ネタニヤフ【イスラエル】
トルビョーン・ヤグラント【諾】

1996
平成8

中国資本主義

1
橋本内閣
11 橋本龍太郎内閣発足,自民党首班の連立政権へ【日】
19 日本社会t党,社会民主党に党名変更,新綱領・規約を採択【日】
29 シラク大統領,核実験の終結を宣言【仏】
30 自衛隊,PKO協力法に基づきゴラン高原へ(~2013年)【日】

2
24 キューバ軍機,米民間小型航空機を撃墜【キューバ】

3
03 エルサレムで連続爆弾テロ【イスラエル】
09 台湾海峡に軍事的緊張,中国軍事演習を米空母2隻が牽制
12 ヘルムズ・バートン法発効,キューバへの経済制裁強化【米】
23 初の総統直接選挙,李登輝国民党主席が再任【台】

第三次台湾海峡危機

4
11 アフリカ非核兵器地帯条約(ペリンダバ条約),アフリカ42カ国調印
12 普天間基地の全面返還と嘉手納などへの機能移行を合意【日米】
17 日米安保共同宣言,条約範囲を極東からアジア太平洋地域へ拡大
18 レバノン南部の国連暫定軍基地を砲撃,100人以上が死亡【イスラエル】
19 橋本・エリツィン会談,平和条約作業部会再開を合意【日露】
21 総選挙で中道左派連合「オリーヴの木」が勝利,プローディ政権へ【伊】
23 ドゥダエフ大統領,ロシア軍の攻撃で死亡【チェチェン】

上海ファイブ
5カ国間協力組織

26「上海ファイブ」設立【中・露・カザフスタン・タジキスタン・キルギス】

5
24 ミャンマー政府,NDL議員総会阻止へ

6
18 ネタニヤフ首相就任【イスラエル】

7
29 地下核実験の実施【中】

8
03 エリツィン大統領再選【露】
22 第1次チェチェン紛争,停戦合意【露】

9
02 モロ民族解放戦線,和平合意【比】

無人機プレデター
02 RQ-1プレデター正式採用【米】
08 沖縄,基地縮小・地位協定見直しを問う初の県民投票,投票率59%,賛成89%【日】

CTBT
地下核実験も対象

10 国連,包括的核実験禁止条約(CTBT)を採択,核保有5カ国を含む71カ国が調印
18 北朝鮮潜水艦,韓国で座礁【朝】
27 タリバンがカブールを制圧,暫定政権を樹立【アフガニスタン】

タリバン暫定政権

10
18 国際海洋法裁判所設置

第一次コンゴ戦争
18 ツチ族住民が蜂起,混乱の中難民70万人帰国に発展【ザイール】
20 初の小選挙区比例代表選【日】

第一次コンゴ戦争戦闘関連死者数 3.5万人

11
05 クリントン大統領,再選【米】
07 第2次橋本龍太郎内閣発足,自民党単独政権,3年3カ月ぶり【日】
19 ガリ国連事務総長の再選決議案,アメリカの拒否権行使で否決

12
02 普天間返還代替ヘリポート,キャンプ・シュワブ沖海上施設で合意【日米】
11 返還後の初代香港行政長官に前海運会社会長董建華を選出【中】
16 全斗煥,盧泰愚,元大統領に実刑判決【韓】
17 左翼ゲリラ,日本大使公邸占領【ペルー】
29 北朝鮮,潜水艦武装兵士上陸事件に遺憾の意を表明【韓朝】

相転移する経済

A
低温ポリシリコンTFT形成技術(ソニー)【日】
デジタル伝送方式ISDB発表(NHK)【日】

非接触ICカード
非接触ICカード技術(ソニー)【日】
自律二足歩行ロボットP2(ホンダ)【日】
光ディスクを利用する業務用カメラ開発(NEC)【日】

B
韓国,OECDに正式加盟
経企庁,景気は「緩やかながら再び回復の動き」【日】
景気回復の兆しも過去最悪の完全失業率(雇用なき景気回復)【日】
6つの改革(行政,経済構造,金融システム,社会保障構造,財政構造,教育)【日】
大手スーパー,元旦営業開始【日】

雇用なき景気回復

C
大和銀行,巨額損失隠しの不正に関するFRBの命令に従い米国撤退【日米】
サントリー「スーパーホップス」,酒税法改正対応で麦芽使用率25%未満【日】
マツダ,フォードの出資が33.4%となり事実上の傘下入り【日】
住友商事,銅不正取引巨額損失【日】
孫正義とマードック,テレビ朝日株式の21.4%を旺文社から取得【日】
スターバックス,銀座に北米外初出店【日】
米タイム・ワーナー,CNN買収【米】

ジョブズ復帰
アップル,NeXTを買収でスティーブ・ジョブズが復帰【米】
スクウェア,「ファイナルファンタジー」の供給先を任天堂からSCEに切替え発表【日】
ニック・リーソン『私がベアリングス銀行をつぶした』【英星】

D
中国人民銀行,全国35都市をつなぐインターバンク市場創設【中】

中国民生銀行
中国民生銀行(初の民間銀行)営業開始【中】
太平洋銀行破綻,清算【日】
東京三菱銀行発足【日】
わかしお銀行,太平洋銀行破綻の受皿として設立【日】
住専処理法,7社6850億円の公的資金投入決定(住専国会)【日】
金融3法成立【日】
住宅金融債権管理機構設立【日】
EUの為替相場メカニズム(ERM)に参加【芬】
阪和銀行業務停止命令【日】
欧州理事会,単一通貨ユーロ導入に必要な法的枠組み承認【EU】

住専国会

クルーグマン
複雑系経済学

クルーグマン『自己組織化の経済学』,P・バーンスタイン『リスク 神々への反逆』【米】,A・K・ダースグプタ『ガンディーの経済学』【印】

E
増殖炉もんじゅビデオ隠し事件
動燃,もんじゅ事故ビデオ隠しの本社関与公表【日】
輸入業務を石油会社に限定していた特石法廃止に伴い石油製品輸入自由化【日】
国家石油備蓄基地すべて完成【日】
電事連CO2原単位目標設定【日】
イラク原油輸出再開,湾岸戦争による経済制裁発動後ほぼ6年ぶり【イラク】
電力市場規制緩和決定【EU】

2008 2017 気分障害患者数40万人超

O-157罹患者6000人

1996

環境と倫理

コペルニシウム見発

A

若田光一ら「エンデバー号」で宇宙へ【日米】
小惑星エロス調査のため探査機「NEARシューメーカー」打上げ【米】
X線天文学のため「ベッポサックス衛星」打上げ【伊蘭】
火星探査機「マーズ・パスファインダー」打上げ【米】
国際スペースガード財団設立
スーパーカミオカンデ運転開始,ニュートリノ性質解明に前進【日】
N.ロバートソンら,アルゴリズム改良により四色定理再証明【米】

百武彗星 アマチュア天文家、彗星を見つける。

百武裕司,彗星発見【日】
ホフマンら,112番元素コペルニシウム発見【独】

B

UNAIDS 感染・差別・死者ゼロへ

国際連合エイズ合同計画(UNAIDS)発足
国際エイズ学会,逆転写酵素阻害剤とプロテアーゼ阻害剤,HAART療法の有効性確認
国際エイズワクチン推進構想(IAVI)が発足
ホメオボックス蛋白が特定のmRNAの標的配列に結合し,翻訳を制御することが示される【米】
Xist遺伝子の転写がX染色体の不活性化に不可欠なことを証明【英】
メタノカルドコックス・ヤンナスキイのゲノム解明で3ドメイン説が定着
ロスリン研究所でI.ウィルムットらにより,体細胞クローン羊ドリー誕生【英】

クローン羊ドリー

ポケベル加入者数1007万人

C

DVDプレイヤー

松下電器「DVD-A300/A100」東芝「SD-3000」【日】
任天堂「NINTENDO64」「ゲームボーイポケット」【日】
「Nokia9000Communicator」携帯電話にPDA搭載【芬】
3dfx,3Dグラフィックチップ「Voodoo」【米】

全世界のネット普及率 2002 2007 2011 2015 2019 1.33%

D

ITU-Tが音声・動画通信向け通信プロトコルH.323を勧告

PNG 可逆圧縮の新画像ファイルフォーマット

「GIF」への特許権行使問題から新フォーマット「PNG」誕生,W3Cによる勧告
衛星携帯・自動車電話サービス,衛星船舶電話サービス開始【日】
CATVインターネットサービス開始【日】

JPドメイン登録件数1万件破突

E

英政府,狂牛病の人への感染可能性を発表,国産牛を全面禁輸【英】
遺伝子組換え作物の商業栽培が本格化【米】

奪われし未来

A.ライト,E.カッツ『環境プラグマティズム』【英】,T.コルボーン他『奪われし未来』外因性内分泌攪乱物質に言及【米】
ポルコ鉱山の廃滓流出でピルコマヨ川大規模汚染【ボリビア】
地下水のヒ素汚染による健康被害発生【印バングラデシュ】
水俣病全国連,チッソ和解協定【日】

狂牛病

ISO14001 環境マネジメント国際規格

国際標準化機構ISO14001を発行,環境マネジメントシステムの仕様制定
世界水パートナーシップ設立,世界の水管理の改善状況マップを公開
北海道駒ヶ岳噴火【日】

モンゴル森林火災236万ha

液状化・フラット化

A

ローマ教皇,初めて進化論を承認
カストロ,ローマ教皇と初会談【バチカン】
ソーカル事件,学術誌に擬似論文掲載【米】
「法の華三法行」信者291人が提訴【日】
デリー『エスケープ・ヴェロシティ』,ハンティントン『文明の衝突』【米】,チャーマーズ『意識する心』【澳】

字通 白川静責任編集

白川静『字通』,赤坂憲雄『東北学へ』,下條信輔『サブリミナル・マインド』,雑誌『思想』特集「カルチュラル・スタディーズ」【日】

B

厚生省,O-157等,腸管出血性大腸菌の感染症を伝染病に指定【日】

薬害エイズ

血友病患者らの薬害エイズ訴訟に菅直人厚生大臣が謝罪,国と製薬会社の責任を認める【日】
高齢社会対策基本法に基づく初の『高齢社会白書』発表【日】
インターネットへのわいせつ画像陳列の疑いで初の摘発【日】
「おやじ狩り」「エアマックス狩り」「援助交際」問題に【日】
原爆ドーム,ユネスコ世界遺産に登録【日】

O-157

C

Yahoo! JAPAN

ポータルサイト「Yahoo! JAPAN」【日】
新聞オンライン「ワシントンポスト」「NYタイムズ」【米】「ヨミウリ・オンライン」,「産経web」【日】
初のCSデジタル放送「パーフェクTV」本放送開始,「ショップチャンネル」放送開始【日】
「ロングバケーション」(T)【日】

米ZINE再燃

「ZINE WORLD」創刊,Re/Search編「Zines! Vol.I」【米】
南京に民営書店「先鋒書店」【中】
CD-ROMマガジン『GASBOOK』【日】
ダブルクリック,アドネットワークを利用したバナー広告配信【米】

D

ジョン・ペリー・バーロウ「サイバースペース独立宣言」,通信品位法への抗議【米】

JAVA1.0 プラットフォーム非依存言語

サン・マイクロシステムズ「JAVA」言語開発環境を公式リリース【米】
世界初のインターネットワールドエクスポ,80の国と地域参加,来場者数約5000万人
マイクロソフト「Internet Explorer 3.0」,webメール「HoTMaiL」【米】
webサイト「ぐるなび」「みんなの就職活動日記」「askU 東京レストランガイド」,イラスト投稿サイト「TINAMI」【日】
オンライントレード「E*Trade」均一売買手数料で急成長【米】,大和証券,ミニ株でオンライン取引開始【日】

E

デ・パルマ監[ミッション・インポッシブル],エメリッヒ監[インディペンデンス・デイ]【米】

安室奈美恵

安室奈美恵[SWEET 19 BLUES]大ヒット,「アムラー」続出【日】
アトランタ五輪サッカー,日本がブラジルに勝利(マイアミの奇跡)【米】

たまごっち 携帯型デジタルペット

キーチェーン型携帯ペット「たまごっち」【日】
スバル「レガシィ」,ステーションワゴンブーム【日】
「プリント倶楽部」「ルーズソックス」「チョベリバ/チョベリグ」【日】

ルーズソックス、アムラー、チョベリバ

横断と再接続

A

マニフェスタ第1回,ロッテルダムで開催【蘭】
石山修武[瓦礫の散乱する廃墟]ヴェネチア・ビエンナーレ建築展【日/伊】,「アンフォルム」展【仏】,「アトピックサイト」展【日】
クリス・オフィリ画[聖母マリア]【英】,ブルース・コナー作[LOOKING FOR MUSHROOMS]【米】,ピピロッティ・リスト作[Sip My Ocean]【瑞】,グラシエラ・イトゥルビーデp『Images of the spirit』【墨】
ズントー設計[テルメ・ヴァルス]【瑞】,ニーマイヤー設計[ニテロイ現代美術館]【ブラジル】,坂茂設計[紙の教会]【日】
レム・コールハース『S,M,L,XL』【蘭】

ガリアーノとマックイーン

ガリアーノがディオール,マックイーンがジバンシーに就任,エレガンスからクリエイティブへ【英/仏】,ドルチェ&ガッバーナ,D&Gのショーをインターネットのみで公開【伊】

クール・ブリタニア

B

スウィフト『最後の注文』【英】,ミルハウザー『マーティン・ドレスラーの夢』,パラニューク『ファイト・クラブ』【米】,莫言『豊乳肥臀』【中】
江國香織『落下する夕方』,保坂和志『季節の記憶』,京極夏彦『鉄鼠の檻』,森博嗣『すべてがFになる』【日】

C

M.リー監[秘密と嘘]【英】,カウリマスキ監[浮き雲]【芬】,ミンゲラ監[イングリッシュ・ペイシェント],ボイル監[トレイン・スポッティング]【英】,マフマルバフ監[パンと植木鉢]【イラン】

岩井俊二 PICNIC スワロウテイル

周防正幸監[Shall we ダンス?],東陽一監[絵の中のぼくの村],北野武監[キッズ・リターン],小栗康平監[眠る男],井筒和幸監[岸和田少年愚連隊],細野辰興監[シャブ極道],岩井俊二監[スワロウテイル][PICNIC]【日】

D

マリリン・マンソン Antichrist Superstar

ンデゲオチェロ[PeaceBeyond Passion],レッド・クレイオラ[Hazel],M.マンソン[AntichristSuperstar],ベック[Odelay]【米】
PUFFY[amiyumi],YenTownBand[MONTAGE],Fishmans[空中キャンプ]【日】
権代敦彦[DIES IRAE/LACRIMOSA(怒りの日/嘆きの日)]【日】
マクドナー作[ビューティ・クイーン・オブ・リーナン]【英】,ミュージカル[レント],[シカゴ]【米】,三谷幸喜作(舞台版)[笑の大学],友枝昭世[鮟鱇観月能]【日】

E

A:[名探偵コナン],[BSマンガ夜話]放送開始【日】
G:GB[ポケットモンスター 赤・緑],PS[バイオハザード],[パラッパラッパー],PC[東方靈異伝],N64[スーパーマリオ64]【日】
C:ミロ・マナラ[ガリバリアーナ]【伊】,ダビッド・ベー[大発作]【仏】,福本伸行[賭博黙示録カイジ],松本大洋[ピンポン]【日】

ポケモン緑赤

ヘルタースケルター

岡崎京子[ヘルタースケルター]交通事故により休刊,高橋和希[遊☆戯☆王],藤崎竜[封神演義],魚喃キリコ[blue]【日】
コミケ,東京ビッグサイトへ移動【日】
L:乙一『夏と花火と私の死体』

このマンガがすごい!

『別冊宝島 このマンガがすごい!』【日】
「ガンマ文庫」(竹書房)【日】
岡田斗司夫『オタク学入門』【日】

死という節目は、遺産と追憶の出発点であり、死者を悼む行為はあらゆる文化の源である。
ユーディット・シャランスキー『失われたいくつかの物の目録』

1990 1991 1992 1993 1994 1995 1996 1997 1998 1999 2000 2001 2002 2003 2004 2005 2006 2007 2008 2009 2010 2011 2012 2013 2014 2015 2016 2017 2018 2019 2020 2021 2022

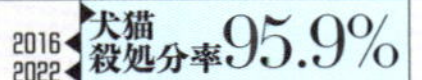
2016 2022 犬猫殺処分率95.9%

2004 2012 絶滅危惧種1万533種 2017 2020 2023

雑誌・書籍販売額2兆6564億円

1997
平成9

メディア・アート

96 リンツにアルス・エレクトロニカセンター開館【墺】,坂本龍一×岩井俊雄[MPI X IPM],竹村真一・東泉一郎・西村佳哲他[センソリウム]【日】

97 カールスルーエにZKM,東京にICC開館,ヘゲドゥシュ+ショー+リンターマン+スタック[CAVEの共同[形]成]【洪豪独】,藤幡正樹[Beyond Pages]欧米巡回【日】
石井裕「タンジブル・ビッツ」論文発表【米】

メディア重奏 ハイブリッド インタラクティブ

98 江渡浩一郎[Sound Creatures]【日】

99 ダグ・エイケン[Electric Earth],ダニエル・ローズィン[Wooden Mirror]【米】

00 **バイオアート**
ジョー・デイヴィス,分子・微生物アートワーク「NEXT SEX」アルス・エレクトロニカで展示講演【米/墺】,カールステン・ニコライ+マルコ・ペリハン[Polar]【独スロベニア】

01 水口哲也[Rez],児玉幸子+竹野美奈子[突き出す、流れる]【日】,ブラスト・セオリー[CAN YOU SEE ME NOW?]【英】,デイヴィッド・ロクビー[n-Cha(n)t]【加】
レフ・マノヴィッチ『ニューメディアの言語』【米】

03 山口にYCAM開館,三輪眞弘[逆シミュレーション音楽]【日】

04 ウスマン・ハック[Sky Ear]【英】
エキゾニモ[Natural Process],三上晴子+市川創太[グラヴィセルズ]【日】

06 池田亮司[Datamatics]【日】

07 オロン・カッツ「SymbioticA Showcase」【豪】,レヴィン+リーバマン[Footfalls]【米】

08 B・フォンタナ[Speeds of Time]【米】,久保田晃弘[純粋 φ],大友良英「ENSEMBLES」【日】

09 TEMPT1他 [The EyeWriter]【米】

10 **The Clock** 時計が刻む24時間映画史
クリスチャン・マークレー[Clock]【英】,コッド・アクト [Pendulum Choir]【瑞】,黒川良一 [5 horizons]【日】

11 P・キリオ+A・ルドヴィーコ[Face to Facebook]【伊】

12 藤幡正樹[Voices of Aliveness]【日】

13 赤松音呂[チジキンクツ]【日】

14 世界初の芸術衛星「ARTSAT1: INVADER」,坂本龍一×真鍋大度[センシング・ストリームズ–不可視,不可聴]【日】

15 長谷川愛[(不)可能な子供、01:朝子とモリガの場合]【日】,マシュマロ・レーザー・フィースト[もしも、森のいきものになったら]【英】

16 **teamLab★**
チームラボ[追われるカラス、追うカラスも追われるカラス、そして衝突して咲いていく],石黒浩・池上高志[機械人間オルタ]【日】,ラルフ・ベッケル[InterfaceI]【独】

汎デジタルの環世界

17 オライリー[EVERYTHING]【愛】,平川紀道[datum]【日】

18 Ouchhh「POETIC AI」【土/P】,カリーナ・ベルタン [Manic VR]【加】

19 市原えつこ企画「仮想通貨奉納祭」【日】

20 ドミニク・チェン監修「トラNsれーショNs展」【日】

中国資本主義

1 **アナン事務総長**
01 コフィー・アナン,国連事務総長に就任
05 チェチェン駐留のロシア政府軍,2年1カ月振りに撤退【露】
15 ヘブロン合意【イスラエル】
25 金泳三大統領来日,四者協議に向け日韓連携の緊密化を合意
27 大統領選,穏健独立派のマスハドフ前首相当選【チェチェン】
30 米国務省,人権に関する年次報告で中国を激しく非難【米】

2 03 総選挙で野党イスラム教徒連盟が単独過半数を獲得【パキスタン】
12 黄長燁労働党書記,北京の韓国大使館で亡命申請【朝】
19 鄧小平,92歳で死去【中】
25 金泳三大統領,韓宝疑惑について国民に謝罪声明【韓】

3 15 第1次コンゴ戦争,反政府勢力ADFLが東部のほぼ全域を支配下に【ザイール】
21 米露首脳会談,露のG7加入合意,NATO東方拡大容認で両者歩み寄り
22 ダライ・ラマ14世,訪台
27 アイヌ,先住少数民族認定【日】

4 **ステルス爆撃機B-2**
01 ステルス戦略爆撃機B-2作戦配備【米】
22 日本大使公邸,左翼ゲリラによる占拠から解放【ペルー】
29 化学兵器禁止条約(CWC)発効

5 02 ブレアの労働党,18年ぶり政権奪回【英】
08 アイヌ文化振興法成立【日】

コンゴ民主共和国
17 ザイール,コンゴ民主共和国に改称
18 野党人民革命党のバカバンディ候補,大統領選挙で勝利【モ】
23 ハタミ元イスラム指導相,大統領選挙で勝利【イラン】
27 ロシア,NATOとの基本議定書調印

6 01 左翼連立内閣が発足【仏】
13 軍事演習「エリジブル・レシーバー」,サイバーテロによるインフラ破壊の脅威を実証【米】
19 G8首脳会談にロシア初参加

香港返還 一国二制度

7 01 香港,156年にわたる英国統治が終わり中国に返還【中】
05 フン・セン第二首相,ラナリット第一首相の外遊中に政権内クーデター,首都制圧【カンボジア】
19 IRA,停戦宣言【英】
23 ASEAN,ラオスとミャンマーが加盟し9カ国体制に

8 19 朝鮮半島エネルギー開発機構,軽水炉2基の造成に着工【朝】

9 23 日米安保の新ガイドライン合意

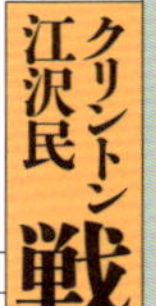

10 **金正日と金大中**
08 金正日,朝鮮労働党総書記に就任【朝】
16 内戦終結【コンゴ共和国】
29 江沢民初訪米,「建設的な戦略的パートナー」として協調路線へ

11 17 ルクソール事件,イスラム原理主義過激派による外国人襲撃で日本人含む62名が死亡【埃】

12 03 対人地雷全面禁止条約の署名式,ただし米露中など地雷生産大国は締約せず
18 大統領選挙で金大中が勝利,投票を通じた初の政権交代【韓】
24 名護市市長,代替ヘリポートの建設受入れを表明して辞職【日】
30 中国・南アフリカ国交樹立

相転移する経済

A レーザー誘雷実証成功(関西電力等)【日】
有機EL光変換のカラーディスプレイ(出光興産)【日】
Cu配線技術(IBM)【米】
デジカメ用低温ポリシリコンTFT液晶ディスプレイ(三洋電機)【日】
「セルアライブシステム冷凍」考案(アビー)【日】

B **中台直行貨物便**
中台直行貨物便就航
消費税率,3%から5%に引き上げ【日】
戦後3番目に長い「さざ波景気」5月に拡大終了,実感なき成長から後退期へ【日】
アメリカで景気循環の波が消滅したとする「ニューエコノミー論」台頭【米】
国有企業改革で株式制推進【中】
アジア初世界同時株安,ニューヨーク市場はブラックマンデーを上回る下げ幅に【米】
ASEAN+3(日中韓)設立
持株会社解禁【日】
秋田新幹線(東京—秋田間),長野新幹線(東京—長野間)【日】
東京湾アクアライン開通【日】

消費税 5%

C 楽天創業【日】
総会屋利益供与問題で逮捕者続出(第一勧銀,野村証券,日興証券,山一證券,大和証券,三菱自工)【日】
スターアライアンス設立
ボーイング,マクドネル・ダグラス合併【米】
ヤオハンジャパン倒産【日】
米ネットフリックス,オンラインDVDレンタル事業者として創業【米】
商務省,スパコンダンピング提訴でNECと富士通をクロ判定【米】
ヤフージャパン,株式公開【日】
プリウス 「21世紀に間に合いました」
トヨタ,ハイブリッド車「プリウス」発売【日】

総会屋事件

ベトナム単車 400万台 7年で約7倍

D 大蔵省と日銀,日本債権銀行(日債銀)の全面支援へ【日】
日銀法改正,独立性強化へ【日】
通貨バーツを変動相場制に移行,アジア通貨危機発生【タイ】
事実上のドル・ペッグ制廃止【比】
通貨リンギット防衛を廃止【馬】
日本長期銀行(長銀),スイス銀行と資本・業務提携発表【日】
マハティール首相投機批判【馬】
タイ,インドネシア,韓国,IMFに支援を要請
地方の銀行合併,経営譲渡(なみはや銀設立発表,徳陽シティ銀破綻など)【日】
三洋証券倒産【日】
北海道拓殖銀行破綻【日】

▶2009
▶2018

山一證券廃業
山一證券自主廃業,戦後最大の倒産【日】
「財政構造改革法」成立【日】
大蔵省,01年3月まで預金保護を表明【日】
JPモルガン,300超のローン・債権を束ねたクレジット・デフォルト・スワップ組成【米】

E **ナホトカ号事件** 露タンカー重油流出
露タンカー「ナホトカ号」,隠岐島沖で沈没し大量の重油が流出【日】
OPEC増産合意,アジア危機下の合意で原油価格低迷の引金をひく
敦賀市の新型転換炉「ふげん」で放射能漏れ,11人が被曝し廃炉へ【日】
柏崎刈羽原発,7号機の営業運転開始で世界最大の原子力発電所に【日】
仏高速増殖炉スーパーフェニックス廃止宣言(核燃料サイクル路線破綻)【仏】
三井三池炭鉱閉山【日】

1997

新聞発行部数 5377万部

環境と倫理

A
電波天文観測衛星「はるか」,大型地球観測衛星「みどり」打上げ【日】
土井隆雄,シャトル「コロンビア」搭乗【日米】
土星探査機 カッシーニ打ち上げ
NASAとESA共同開発の土星探査機「カッシーニ」打上げ【米欧】
国際度量衡委員会,「秒」の定義に「温度0Kで静止状態にあるセシウム原子を基準」と補足
20世紀最大の彗星であるヘール・ボップ彗星,地球に接近
ハッブル宇宙望遠鏡に赤外線カメラや撮像分光器設置【米】
ツァイリンガーら,条件付で量子テレポーテーション実験成功【墺伊】
フアン・マルダセナ,3+1次元のタイプIIメンブレーン導出【アルゼンチン米】

B
臓器移植法
結核の新規発生患者増加【日】
臓器移植法施行,脳死後の臓器提供が可能に【日】
環境ホルモン
NHKと井口泰泉,内分泌攪乱物質を「環境ホルモン」と呼称【日】
ガストら,人工光合成膜でのATP産生成功【米】

C
ディープブルー
IBM製スーパーコンピュータ(HPC)「ディープブルー」,チェス王者カスパロフに勝利【米】
国家情報基盤整備(NII)計画,電子機器の受託生産(EMS)が急上昇【台】
情報化推進計画「ヌサンタラ21」【尼】

NTT携帯電話自動車電話契約数 1000万台

D
無線LAN規格化
SMS
無線LANの規格IEEE 802.11が標準化
W3CがHTML4.0を勧告,国際化対応
「絵文字」携帯Eメールに初登場【日】
デジタルホン,携帯電話でEメール送受信サービス,国内初【日】
携帯各社,ショートメールサービス(SMS)提供開始【日】
八達通 世界初ICカード乗車券
FeliCaチップ搭載のICカード乗車券「八達通(オクトパス)」導入【香】

E
京都議定書
山焼きの煙霧被害の対策協議【尼馬星】
所沢市,「ダイオキシン規制条例」制定【日】
水俣湾の安全宣言,漁業再開【日】
諫早湾干拓 堤防水門閉門
長崎県諫早湾,干拓事業のため閉鎖【日】
コスタンザら「生態系サービス」を定量的に評価【米】
環境影響評価法成立【日】
日本哺乳類学会「レッドデータ」【日】
国連気候変動枠組条約第3回締約国会議(COP3)開催,先進国に温室効果ガス排出量の削減を求める京都議定書を策定【日】
世界水フォーラム第1回会議【モロッコ】
エコタウン地域承認開始【日】
G・デイリー『自然のサービス』,R・アーノルド『エコ・テロ』【米】,J・ドライゼク『地球の政治学』【豪】
黄河断流
黄河で川底が干上がる「断流」深刻化【中】
中南米でエルニーニョ現象,豪雨や干ばつ等で記録的被害(~98年)
梅雨前線停滞で西日本に豪雨,200カ所以上で山崩れ【日】
ヨーロッパ中部で豪雨による洪水被害【欧】

液状化・フラット化

A
銃・病原菌・鉄
初めて離婚承認【愛】
宗教団体「ヘブンズ・ゲート」,集団自殺と思われる信者39人の遺体発見【米】
葉小文国務院宗教事務局長,香港における信教自由を保障【中】
マザー・テレサ死去,国葬に約100万人見送る【印】
ネトウヨ胎動
小林よしのりファンの大学生「ラーメン屋次郎」がネット掲示板「日本ちゃちゃちゃ倶楽部(日本茶掲示板)」開設【日】
A・クラーク『現れる存在』【英】,ネーゲル『理性の権利』,フレイザー『中断された正義』,J・ダイアモンド『銃・病原菌・鉄』【米】,ジジェク『幻想の感染』【スロベニア】

B
酒鬼薔薇聖斗
パパラッチ
ダイアナ妃が交通事故死,「パパラッチ」への批判噴出【英】
神戸連続児童殺傷事件,中学3年生を逮捕,「酒鬼薔薇聖斗」を名乗る【日】
「ポケットモンスター」視聴者が光過敏性発作【日】

C
フジテレビ,お台場へ移転【日】
著作権法改正,双方向型送信を「自動公衆送信」と規定【日】
FRUiTS 原宿ストリートスナップ
『FRAME』(M)【蘭】,原宿ストリートスナップ誌『FRUiTS』(M),『GINZA』(M),『週刊アスキー』(M)【日】

D
グーグル ラリー・ペイジ セルゲイ・ブリン
ロボット収集型キーワード検索「Google」【米】,「Infoseek Japan」「goo」「Excite Japan」【日】
Web制作「Macromedia Flash」,ソーシャルネットワーク(SNS)「six degrees」【米】,キャラクターメール「ポストペット」webサイト「まぐまぐ」「青空文庫」,家電比較「価格.com」【日】
ウルティマオンライン
「ウルティマオンライン」,ネットワークRPG(ロールプレイングゲーム)【米】

E
J・K・ローリング ハリー・ポッター
ベッソン監[フィフス・エレメント]【仏】,M・スミス監[ビーン]【英】,キャメロン監[タイタニック]【米】
安室奈美恵[CAN YOU CELEBRATE?],SPEED[WHITE LOVE]【日】
タイガー・ウッズ マスターズ最年少21歳
タイガー・ウッズ,マスターズ選手権を最年少・最小スコアで制覇【米】
女子テニスのヒンギス,史上最年少16歳で全豪オープン初優勝【チェコスロバキア】
日本代表サッカー,初のワールドカップ切符獲得(ジョホールバルの歓喜)【馬】
格闘技イベント「PRIDE.1」,高田延彦vsヒクソン・グレイシー【日】
ローリング『ハリー・ポッターと賢者の石』世界的ベストセラー【英】
失楽園ブーム
渡辺淳一『失楽園』不倫愛の新聞小説が話題に【日】
みうらじゅん命名「マイブーム」,個人の関心の多様化【日】
「キシリトールガム」「ビジュアル系バンド」人気【日】

プリクラ市場規模 1000億円

横断と再接続

A
ビルバオ・グッゲンハイム
カトリーヌ・ダヴィッド監修「ドクメンタX」【独】
センセーション展
「センセーション」展,サーチ・ギャラリー所蔵の若手英作家展【英】
オプリスト+ホウ・ハンルー展示「シティーズ・オン・ザ・ムーブ」【W】
マルレーネ・デュマス画[ライマンの花嫁たち]【蘭】,ゴームリー作[アナザープレイス]【英】,やなぎみわ作「案内嬢の部屋」【日】,ハンス=ペーター・フェルドマンp『Voyeur 2』【独】,野町和嘉p『メッカ巡礼』,杉浦康平『かたち誕生』【日】
ゲーリー設計[ビルバオ・グッゲンハイム美術館]【西】,ペロー設計[フランス国立図書館]【仏】,ヴィニオリ設計[東京国際フォーラム],原広司設計[京都駅ビル]【日】

B
G・イーガン
モディアノ『1941年。パリの尋ね人』【仏】,デリーロ『アンダーワールド』【米】,アレクシエーヴィッチ『チェルノブイリの祈り』【露】,イーガン『ディアスポラ』【豪】,A・ロイ『小さきものたちの神』【印】
町田康 町田町蔵小説家デビュー
小島信夫『うるわしき日々』,町田康『くっすん大黒』,矢作俊彦『あ・じゃ・ぱん』,高村薫『レディ・ジョーカー』,妹尾河童『少年H』【日】

C
もののけ姫 スタジオジブリ
キアロスタミ監[桜桃の味]【イラン】,張婉婷監[宗家の三姉妹]【香】
河瀬直美
北野武監[HANA-BI],黒沢清監[CURE],今村昌平監[うなぎ],宮崎駿監[もののけ姫],三谷幸喜監[ラヂオの時間],市川準監[東京夜曲],原田眞人監[バウンスko GALS],河瀬直美監[萌の朱雀]【日】

タイタニック 世界歴代興行収入更新 24・71億ドル ▶2009 ▶2019

D
香港ポップス
UA COCCO
バドゥ[Baduizm]【米】,ヴォーカル・サンプリング[De Vacaciones]【キューバ】,J・チュン[想和你去吹吹風]【香】
CORNELIUS[ファンタズマ],NUMBER GIRL[SCHOOLGIRL BYE BYE],渋さ知らズ[渋祭],山内雄喜[PLAYS THE SLACK KEY GUITAR],UA[甘い運命],COCCO[カウントダウン]【日】
譚盾[交響曲1997天地人]返還式典でヨーヨー・マVc演奏【香】,三枝成彰[忠臣蔵]【日】
ミュージカル[ライオン・キング]【米】,劇団☆新感線[髑髏城の七人],こまつ座[紙屋町さくらホテル],S・ソンタグ×田中泯[ザ・ポー・プロジェクト],坂東玉三郎[夕鶴]【日】

E
新世紀エヴァンゲリオン
ゼロゼロエフエフ7
A:[新世紀エヴァンゲリオン劇場版シト新生],[Air/まごころを,君に],[少女革命ウテナ],[金田一少年の事件簿]【日】
G:64[ゴールデンアイ 007]【英】,PC[モンスターファーム],AC[電車でGO!],PS[ファイナルファンタジー7]【日】
C:弐瓶勉[BLAME!],尾田栄一郎[ONEPIECE],藤沢とおる[GTO],藤田和日郎[からくりサーカス],桂正和[I"s]【日】
中条省平『読んでから死ね!』,『ねこぢる純粋理性批判』【日】

TVゲームとはそもそも何なのだろうか? 果てしない戦いが繰り返されるスクリーンの向こうには,いったい何がつまっているのだろうか?
田尻智『ゲームフリークVol.1』

1990 1991 1992 1993 1994 1995 1996 1997 1998 1999 2000 2001 2002 2003 2004 2005 2006 2007 2008 2009 2010 2011 2012 2013 2014 2015 2016 2017 2018 2019 2020 2021 2022

約一万一千本の光電子増倍管は物質の謎を捕捉するか。

カリフォルニア州メンロパークのガレージで、情報検索革命の狼煙が上がった。

1998
平成10

金大中【韓】
ヴァルダス・アダムクス【リトアニア】
アタル・ビハリ・バジパイ【印】
ユスフ・ハビビ【尼】
ジョセフ・エストラーダ【比】
オルバーン・ヴィクトル【洪】
小渕恵三【日】
アンドレス・パストラーナ・アランゴ【コロンビア】
マッシモ・ダレマ【伊】
ゲアハルト・シュレーダー【独】
ヴィリス・クリシュトパンス【ラトビア】

中国資本主義

インド パキスタン 核実験

1 14 大田沖縄県知事,普天間飛行場返還に伴う海上ヘリポート建設に反対【日】
2 21 日露漁業協定調印
3 05 セルビア警察,ドレニツァ地方で掃討作戦実施【ユーゴ】
13 国連安保理,ユーゴスラビアに対する武器禁輸を決定
19 ヒンドゥー至上主義の人民党を主軸に連立政権発足,バジパイ首相再任【印】

4 06 包括的核実験禁止条約(CTBT)批准【英仏】
10 ベルファスト和平合意,両政府とも北アイルランドの領有権を主張しないと表明【英愛】
27 新「民主党」結党大会,代表に菅直人【日】
5 03 EU首脳会議,99年1月に統一通貨ユーロを導入すると決定
11 24年ぶりの核実験,計5回を実施,国際社会は強く反発【印】
21 スハルト大統領辞任【尼】
28 地下核実験,計5回を実施【パキスタン】
6 01 ECB(欧州中央銀行)発足

行政のスリム化 21省庁から12省庁へ

09 中央省庁改革基本法成立【日】
22 金融監督庁発足【日】
27 米中首脳会談,クリントン米大統領が江沢民国家主席を北京訪問
30 エストラーダ大統領就任【比】

テポドン、太平洋へ

7 07 国連総会,オブザーバー資格をもつパレスチナ解放機構の権限拡大を議決
26 人民党が第1党に躍進,フン・セン首相率いる連立内閣が発足【カンボジア】
30 小渕内閣発足【日】
8 03 第2次コンゴ戦争勃発

ビン・ラディン大使館テロ

07 ケニア・タンザニアで米大使館テロ,政府はオサマ・ビン・ラディンの組織の犯行と断定【米】
31 テポドン1号発射,日本上空を越えて太平洋に至る【朝】
9 05 金正日,国防委員長に就任【朝】
10 ミサイル協議再開,軽水炉の着工などを合意【米朝】
27 総選挙で社会民主党(SPD)勝利,シュレーダー政権誕生【独】

日韓 日中 共同宣言

10 05 国際人権B規約(市民的・政治的権利に関する国際規約)に署名【中】
08 金大中韓国大統領来日,小渕首相と共に日韓共同宣言を発表
12 ミロシェビッチ大統領,コソボからの即時撤退を求める安保理決議に同意【ユーゴ】
20 韓国政府,「日本の大衆文化解禁の方針」を表明
23 ワイ・リバー合意締結,イスラエル軍の追加撤退等を定める【米・イスラエル・パレスチナ】
11 13 日露間創造的パートナーシップに関するモスクワ宣言

太陽政策 1998-2008

21 米韓首脳会談,北朝鮮の改革開放を促す「太陽政策」の推進を確認
26 江沢民国家主席来日,平和と発展のための友好協力パートナーシップの構築に関する日中共同宣言
12 16 米英,国連査察への協力拒否に対する制裁としてイラクを空爆

相転移する経済

A 微生物活用の汚染浄化,「バイオレメディエーション」事業化【日】
青紫色レーザー,8000時間以上の長寿命化(日亜化学)【日】
古澤明(Caltech),決定論的な量子テレポーテーション実験成功【日米】

B **貸し渋り、貸し剥がし**

「貸し渋り」「貸し剥がし」増加を受け,中小企業への特別保証制度導入【日】
第2回アフリカ開発会議(TICADII)開催,「東京行動計画」を採択【日】
公取委,ソフト抱き合わせ販売でマイクロソフトに排除勧告【日】
NPO法施行【日】
関係閣僚会議,コメ関税化決定【日】
明石海峡大橋開通【日】

グーグル設立 ラリー・ペイジ、セルゲイ・ブリン

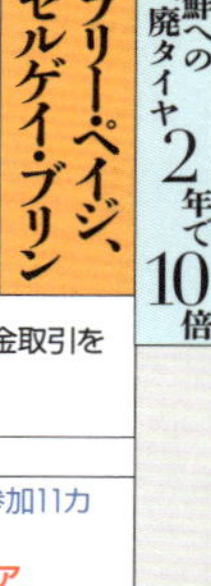

日本から北朝鮮への産廃輸出激増,廃タイヤ2年で10倍

C グーグル設立【米】
ピーター・ティールら,コンフィニティ(後のPayPal)共同設立【米】
eBay上場【米】
コンパック,DEC買収【米】
AOL,ネットスケープ買収【米】

テンセント設立

テンセント,深圳にて設立【中】
ダイムラークライスラー発足【独米】
フォード,ボルボ乗用車部門買収【米典】
ダイムラー,日産ディーゼルを子会社化【独・日】
NTTドコモ株式上場【日】
スカイマーク,35年振りの旅客航空便ビジネス新規参入【日】
日興証券,トラベラーズ包括的業務提携【日米】
松井證券,国内初のネット取引開始【日】
ダイワフューチャーズ,外国為替証拠金取引を開始,FX取引始まる【日】
コンビニでのATM導入始まる【日】

D 欧州中央銀行(ECB)発足,通貨統合参加11カ国発表【EU】

ルーブル下落 ロシア デノミ実施

1000ルーブルを1ルーブルにデノミ実施【露】
ロシア,中央銀行の対外債務90日間支払停止【露】
米ヘッジファンドLTCM,ロシア短期国債不履行宣言受け破綻,NY連銀主導で支援へ【米】
外為取引完全自由化(金融・外為ビッグバン)【日】
ダイレクト・ペーパーの発行解禁【日】

金融ビッグバン

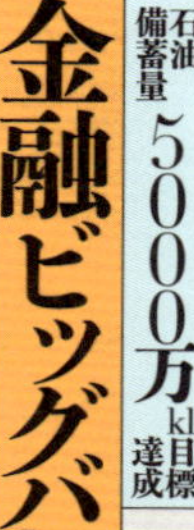

石油備蓄量5000万kl目標達成

時価会計 国際会計基準導入

大蔵省,年金会計・金融資産に対する時価会計導入を発表【日】
21銀行が公的資金申請【日】
金融再生法施行,長銀国有化,金融早期健全化法施行【日】
日債銀破綻,特別公的管理【日】
「運用部ショック」,債券先物が10年振りにストップ安【日】
ストレンジ『マッド・マネー』【英】,トッド『経済幻想』【仏】,ソロス『グローバル資本主義の危機』,グレイ『グローバリズムという妄想』,シャピロ/ヴァリアン『情報経済の鉄則』,クルーグマン「日本がはまった罠」論文【米】
金子郁容,松岡正剛,下河辺淳『ボランタリー経済の誕生』【日】

風力発電総量1000万kw達到

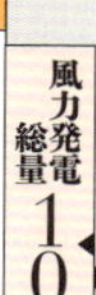

E 国家石油備蓄,目標5000万KL達成【日】
日本原電東海発電所がガス冷却黒鉛減速炉の運転終了【日】

1998

フレロビウム発見

電子派からの提案

スーパーカミオカンデ

A

ISS 国際宇宙ステーション

国際宇宙ステーション組立開始,基本モジュール「ザーリャ」打上げ
向井千秋ら乗船の「ディスカバリー号」打上げ, 月探査機「ルナ・プロスペクター」打上げ【米】
ヘイルズら,球充填のケプラー予想をしらみつぶし法で証明【米】
小惑星1998SF36,命名「イトカワ」
スローン・デジタル・スカイサーベイプロジェクト開始,宇宙の大規模構造の解明へ【米日独】
パールムッター他,超新星観測による宇宙の加速膨張を発見【米】
「スーパーカミオカンデ」,大気ニュートリノ振動の発見【日】
ボーズ=アインシュタイン凝縮,水素原子気体で実現【米】

B

環境庁「環境ホルモン戦略計画SPEED '98」発表【日】

ヒトES細胞

ウィスコンシン大学のJ・トムソンら,ヒトES細胞株の樹立成功【米】
国際イネゲノム配列解読コンソーシアム結成
内視鏡手術支援ロボット「ダヴィンチ」による心臓バイパス手術【独】
世界初の分子標的治療薬トラスツズマブがFDAで認可【米】
ラマチャンドラン/ブレイクスリー『脳のなかの幽霊』【米】

iMac

C

キャンディーカラーの一体型デスクトップPC「iMac G3」【米】

MP3プレイヤー

MP3プレイヤー「MPMan」【韓】,「RioPMP300」【米】
セガ「ドリームキャスト」【日】
3dfx,3D描画に2D機能を搭載した「Voodoo Banshee」【米】
チェルノブイリ(CIH)ウイルス,4月26日時限設定で作動,感染被害

アカマイ CDN事業

D

コンテンツデリバリネットワーク(CDN),アカマイ・テクノロジーズ設立【米】

Gbイーサネット

1000Base-Tギガビットイーサネット規格化
汎用プログラミング言語「C++」ISO標準に
インターネットサービスプロバイダ(ISP)サービス「mopera」【日】
国際電信電話法の廃止決定,KDD民営化へ【日】

E

有害化学物質等の輸出入の事前同意手続に関するロッテルダム条約採択
C・ロリウスら,南極氷床を42万年分掘削して二酸化炭素濃度を調査【仏】

反モンサント GM農作物除草剤への反対

カルナタカ州農民連合,モンサントの農場を焼却(モンサント火葬作戦),世界に波及【印】
D&PL社,不稔種子の特許取得【米】
厚生省,母乳に含まれるダイオキシン類濃度が1日摂取許容量の約7倍と発表【日】
家電リサイクル法成立,家電4品目のリサイクルを義務化【日】
温暖化推進法公布【日】
ロンボルグ『環境危機をあおってはいけない』【丁】
中米地域でハリケーン「ミッチ」により死者・行方不明者が3万人超
中国の長江,松花江を中心に大洪水【中】
40度超の熱波で71人死亡【土】

世界平均地上気温観測史上最高14.71度

液状化・フラット化

大蔵省接待汚職

A

世界トランスヒューマニスト協会(ニック・ボストロムとデビッド・ピアース)【英】
トルコ憲法裁判所,イスラム福祉党に政教分離違反による解党命令
国際宗教自由法(IRFA)成立【米】
ローマ教皇,キューバ初訪問
「古都奈良の文化財」世界遺産【日】
雨宮処凛,愛国パンクバンド「維新赤誠塾」結成【日】
コーネル『自由のハートで』【米】,ヴィリリオ『情報化爆弾』【仏】

東浩紀 存在論的、郵便的

東浩紀『存在論的、郵便的』,松本健一『日本の失敗』【日】

B

オブリ第1法制定「法定労働時間35時間化」へ【仏】
クリントン大統領,ホワイトハウスでの不倫認める【米】
大蔵省接待汚職事件(ノーパンしゃぶしゃぶ事件)【日】

和歌山毒物カレー事件

和歌山で夏祭りに提供されたカレーに毒物が混入,4人死亡【日】
ネットを使った宅配毒物自殺事件(ドクター・キリコ事件)【日】

キレる若者

栃木で中学校生徒による教師刺殺事件【日】
斎藤環『社会的ひきこもり』【日】
原宿の歩行者天国廃止【日】

C

「デルフト工科大学図書館」【蘭】
遊べる本屋「ヴィレッジヴァンガード」下北沢に関東1号店【日】
BBC,世界初の地上デジタル放送【英】

SATC 米連続TVドラマ NY独身女性4人

「Sex And The City」(T)【米】
「スカイパーフェクTV!」発足【日】
テレビとラジオでタバコCM自主規制【日】
『Numéro』(M)【仏】

ゴスロリ ゴシック&ロリータ

ゴスロリ雑誌『KEROUAC』(M),『Pen』(M),『VOCE』(M),「ほぼ日刊イトイ新聞」(W)【日】

D

3DCG オープンソース統合型3DCG

3DCG制作「Blender」【蘭】,ゲームエンジン「アンリアル・エンジン」【米】
アラビア語の初の掲示板「サーハ」【ドバイ】,料理レシピ投稿検索「kitchen@coin(現クックパッド)」【日】
Netflix,オンラインDVDレンタルで市場独占【米】
現DMM.com,インディーズAVの配信サイト開始【日】
MP3海賊サイトが激増,CD音源不法配信

ヒデ、若貴、大魔神

E

M・ベイ監[アルマゲドン]【米】,中田秀夫監[リング]【日】
Kiroro[長い間],SMAP[夜空ノムコウ]【日】
乙武洋匡『五体不満足』【日】
長野冬季五輪,スキージャンプ,清水宏保(スケート)など金【日】
サッカー中田英寿,イタリア・セリエAのACペルージャ移籍
横浜ベイスターズ,38年ぶりセ優勝(抑え佐々木活躍)【日】
若乃花昇進で,貴乃花と初の兄弟横綱【日】
京浜急行「歌う電車」【日】
米ダラーストア,日100円ショップ躍進

横断と再接続

A

「アウト・オブ・アクションズ」展【米】,「なぜ、これがアートなの?」展【日】,ラワンチャイクン「マイ・ペン・ライ東京1998」【タイ/日】

関係性の美学

ブリオー『関係性の美学』,リレーショナルアートを提示【仏】,ジェル『アートとエージェンシー』【米】
P・ドイグ画[白昼の天文学],T・エミン作[マイ・ベッド]【英】,C・ヘラー作[Valerio II]【独】,S・ネシャット作[荒れ狂う]【イラン】,Y・ショニバレp「ヴィクトリアン・ダンディ」,S・テイラー=ウッドp「独り言」【英】
スティーブン・ホール設計[キアズマ]【芬】,アルヴァロ・シザ設計[リスボン万博ポルトガル館]【葡】,槇文彦設計[ヒルサイドテラス],原広司『集落の教え100』【日】
椹木野衣『日本・現代・美術』【日】

パムク

B

トカルチュク『昼の家、夜の家』【波】,パムク『わたしの名は紅』【土】,カニンガム『めぐりあう時間たち』,ペレグリーノ『ダスト』,アーヴィング『未亡人の一年』,T・チャン『あなたの人生の物語』【米】,ボラーニョ『野生の探偵たち』【チリ】

車谷長吉 赤目四十八瀧心中未遂

車谷長吉『赤目四十八瀧心中未遂』,保坂和志『アウトブリード』,花村萬月『ゲルマニウムの夜』【日】

クストリッツァ

C

クストリッツァ監[黒猫・白猫]【ユーゴ】

A オウム真理教ドキュメンタリー

平山秀幸監[愛を乞うひと],森達也監[A],庵野秀明監[ラブ&ポップ],森崎東監[ラブ・レター]【日】

ヨーヨー・マ シルクロードアンサンブル

D

M・ベッカー[夢魔]【独】,ニュートラル・ミルク・ホテル[In the Aeroplane Over the Sea]【米】
THE MICHELLE GUN ELEPHANT[ギヤ・ブルーズ],ゆらゆら帝国[3×3×3],面影ラッキーホール[代理母],坂本龍一[BTTB]【日】
ヨーヨー・マ「シルクロードアンサンブル」【米】,南弘明[電子交響曲第5番]【日】,三善晃[焉歌・波摘み]【日】
M・ブレイクモア演[コペンハーゲン]【英】,NYLON100℃[フローズン・ビーチ],本條秀太郎[俚奏楽 俊寛]【日】

CD生産数4億5000万枚

E

A:[カードキャプターさくら],[Serial Experiments Lain],[カウボーイビバップ]【日】

小島秀夫 メタルギアソリッド

G:PC[Half-Life(HALF-LIFE)]【米】
MMORPG[リネージュ]【韓】,SS[街～運命の交差点～],PS[メタルギアソリッド]【日】

井上雄彦 スラムダンクからバガボンドへ

C:P・ラバテ[イビクス],R・ロワゼル[時の鳥を求めて],S・ウエ[失われた時を求めて],E・ビラル[モンスターの眠り]【仏】,ウィスット・ポンニミット[ヒーシーイット]【タイ】
あずまきよひこ[あずまんが大王],井上雄彦[バガボンド],赤松健[ラブひな],伊藤潤二[うずまき],森田まさのり[ROOKIES],佐藤秀峰[海猿],一色まこと[ピアノの森],山本英夫[殺し屋1]【日】
L:今野緒雪『マリア様がみてる』
「アックス」(青林工藝舎)【日】
榊原史保美『やおい幻論』【日】

美しい女性を口説こうと思った時、ライバルの男がバラの花を10本贈ったら、君は15本贈るかい？ そう思った時点で君の負けだ。
スティーブ・ジョブズ『世界を変えた言葉』

日本の自殺者数3万人超

チベット・ポタラ宮で維摩経原典発見。神舟1号は地球を十四周して内モンゴル自治区へ。辺境中国から仏教学と宇宙船の報知が響き渡った。

1999
平成11

中国資本主義

1 05 キューバ制裁の大幅緩和【米】
22 日韓新漁業協定締結,竹島周辺は双方が共同管理する暫定水域に

チャベス ポリバル主義

2 02 チャベス大統領就任【ベネズエラ】
07 国王フセイン1世死去,長男アブドゥッラー2世即位【ヨルダン】
25 上院,「人権に関する対中国非難決議」を全会一致で採択【米】
3 10 ダライ・ラマ14世,完全自治と文化,宗教,言語の維持を求めると声明【チベット】
12 波・洪・チェコがNATOに加盟
19 コソボ紛争和平協定案交渉中断【ユーゴ】
23 能登半島沖に不審船2隻,海上自衛隊に初の海上警備行動発令【日】
24 NATO軍,ユーゴ全土を空爆

NATO ユーゴ空爆

4 11 石原慎太郎,東京都知事当選【日】
30 カンボジアの加盟によりASEANが10カ国に拡大
5 01 EU,アムステルダム条約発効
02 ミレヤ・モスコソ,パナマ史上初の女性大統領に選出
07 情報公開法成立,施行2001年【日】
24 日米防衛協力指針(ガイドライン)関連法成立
26 印・パ,カシミールで衝突
29 安定した民主政権が成立,軍事政権に終止符【ナイジェリア】
6 13 UNMIK,コソボ暫定統治【ユーゴ】

日米ガイドライン関連法成立

7 01 スコットランド自治議会300年ぶりに復活【英】
22 政府,法輪功を非合法化【中】
8 **日の丸と君が代** 国旗国歌法
09 国旗・国歌法成立【日】
16 マスハドフ大統領,非常事態を布告【チェチェン】
26 アボリジニへの差別・迫害を謝罪する決議を両院で採択【豪】
9 03 東ティモール住民投票で独立派が圧勝
23 第2次チェチェン紛争,ロシア連邦軍が派遣され首都グロズヌイなどを空爆

10 05 自自公連立の小渕第2次改造内閣発足
12 ムシャラフ将軍,シャリフ文民政権を軍事クーデターで打倒【パキスタン】
13 上院,包括的核実験禁止条約(CTBT)批准を否決【米】
15 国連安保理,オサマ・ビン・ラディン引渡しをタリバンに要求【アフガニスタン】
20 アブドゥルラフマン・ワヒド,民主的手続きで大統領に就任【尼】
20 国民協議会,東ティモール独立承認【尼】
25 国連安保理,東ティモール暫定統治機構創設を決議
12 02 北アイルランド自治政府発足
04 ロシア連邦軍,チェチェン首都グロズヌイを完全包囲

政治資金透明化へ

15 政治資金規正法,政治家個人への企業・団体献金を禁止【日】
20 マカオ返還,特別行政区へ【葡中】
25 軍人グループのクーデターにより大量の難民が発生【コートジボワール】
31 パナマ運河返還【米パナマ】

マカオと、パナマ運河還返

相転移する経済

A 高塚和夫(東大),化学反応の実時間追跡方法論の基礎理論【日】
移行期低排出ガスレベルを初達成した直噴ガソリンエンジン(トヨタ自動車)【日】

B デビットカード導入【日】
渋谷ビットバレー構想【日】
宮澤蔵相,APEC各国の国債を部分保証するアジア支援を表明【日】
雇用環境悪化,完全失業率が4.9%に【日】

人間の鎖 反グローバリズム運動

WTO閣僚会合開会式,反グローバリズム運動の「人間の鎖」で中止に【米】

C 英BP 米アモコ合併【英米】
日本たばこ,米RJRナビスコの非米国事業を買収【日米】
日産と仏ルノー資本提携,C・ゴーンが上級副社長COOに【日仏】
日石三菱発足【日】
NTTが4社に分割再編成【日】

アリババ設立

ジャック・マー,アリババを設立【中】
李海珍,ネイバーコム(後のNHN,現ネイバー)設立【韓】
IIJ,米ナスダックで株式上場【日米】
Yahoo,「GeoCities」を39億ドルで買収【米】
GMOの前身インターキューがJASDAQ上場,独立系ネットベンチャー初【日】
サイバーエージェント,前年リリースの「サイバークリック」がヒット【日】
ユニクロ・フリース,850万枚【日】

カルロス・ゴーン 日産ルノー資本提携

D 決済用仮想通貨としてユーロ発足【EU】
通貨危機,レアルを切り下げ事実上変動相場制に【ブラジル】

米金融の垣根撤廃

米金融制度改革(グラス・スティーガル法廃止,金融の垣根撤廃)【米】
NYダウ平均,史上初1万ドル超【米】
日銀,ゼロ金利政策の導入【日】
ペイオフ1年延長を決定【日】
東証新市場「マザーズ」創設【日】
株式売買委託手数料の完全自由化【日】
中国広東省直轄ノンバンク広東国際信託投資公司(GITIC)破綻【中】
大連国際信託投資公司(DITIC)が債務不履行【中】
金融再生委員会,不良債権引当基準公表【日】
金融再生委員会,大手15行に公的資金【日】
富士銀行,安田信託銀行を子会社化【日】

整理回収機構 不良債権回収へ

整理回収機構発足【日】
国民,幸福,東京相和,なみはや,新潟中央の各銀行破綻【日】
信用組合の破綻続く【日】
東邦生命保険,自力再建断念【日】
「金融検査マニュアル」導入【日】
T・フリードマン『レクサスとオリーブの木』【米】,ボルタンスキー『資本主義の新たな精神』【仏】
金子勝『反経済学』【日】

E 仏石油メジャートタル,ペトロフィナと合併しトタルフィナ発足【仏】
米石油メジャー2社が合併,エクソンモービル発足【米】
敦賀原発2号,冷却水漏出で原子炉緊急停止【日】
東海村JCO臨界事故,日本国内で初めて事故被曝による死亡者【日】
総理府世論調査,7割が原発容認【日】

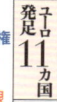

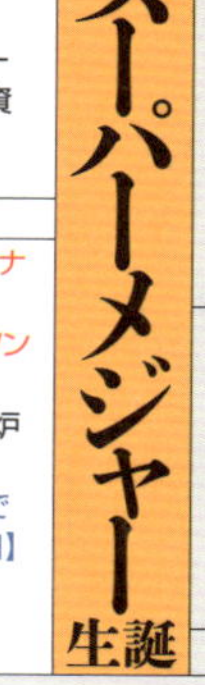

15銀行に公的資金7兆4500億円

NYダウ平均1万ドル超

ユーロ発足11カ国

ウゴ・チャベス【ベネズエラ】
マルト・ラール【エストニア】
ルドルフ・シュステル【スロバキア】
タボ・ムベキ【南ア】
エフード・バラク【イスラエル】
ヒー・フェルホフスタット【白】
ミレヤ・モスコソ【パナマ】★
アブドゥルラフマン・ワヒド【尼】
ヘレン・クラーク【NZ】★
フェルナンド・デ・ラ・ルア【アルゼンチン】

仮想現実から目覚める『マトリックス』。これがトランスジェンダーの寓意であると明かされるには、20年以上を待つ。

1999

電子派からの提案

A 神舟 中国による有人宇宙船

彗星探査機「スターダスト」、X線観測機「チャンドラ」打上げ【米】
X線観測機「XMM-ニュートン」打上げ【EU】
有人宇宙船「神舟」の無人実施試験【中】
ホビー・エバリー望遠鏡(HET)稼働【米】

LIGO 重力波観測所
重力波検出のための共同研究事業LIGO(レーザー干渉計重力波観測所)開始
アボット,バロンドのパラドックスを解決,2つの負けゲームを組合せて勝ちゲームに【豪】
グリーン『エレガントな宇宙』【米】

B

横浜市大で2人の患者を取り違えて手術,患者同一性の確認義務強化へ【日】
北大,動体追跡放射線治療法を発表,体内に埋め込んだマーカーを透視追跡【日】
「感染症法」の施行,感染症サーベイランスの強化の打ち出し【日】
世界のAIDS死亡者は1400万人との推計,世界の死亡原因の第4位に
遺伝子治療の「アデノ随伴ウイルス」大量投与による免疫過剰反応で患者死亡【米】
厚生省「結核緊急事態宣言」【日】
バイオ商品市場の総額は1兆2409億円,67.2%が遺伝子操作技術【日】
リドレー『ゲノムが語る23の物語』【英】

C アイボ ペットロボット

ソニー,ペットロボットAIBO「ERS-110」【日】
デジタル一眼レフ「ニコンD1」【日】
SCE「EmotionEngine」発表,世界初の完全128ビットCPU【日】

GPU グラフィック処理ユニット
NVIDIA,ハードウェアT&L実装チップ「GeForce256」【米】
クロック1GHzへデッドヒート,インテル「PentiumIII」,AMD「Athlon」【米】
Melissaウイルスが猛威を振るう

D ADSL

第3世代移動通信システム(3G)標準化「IMT-2000」規格勧告
近距離無線通信規格「Bluetooth」1.0発表
IPv6アドレス割振り初実施
ボーダフォンが米エアタッチを買収,世界最大の携帯電話会社に【英】
ユニシス,「GIF」画像掲載サイト運用者からの特許料徴収表明【米】

iモード 携帯電話初ネット接続
携帯電話による初のインターネット接続「iモード」【日】
東京めたりっく通信,ADSLサービス開始【日】

E

アフリカ6カ国「ヤウンデ」宣言を採択,違法伐採等を禁止【カメルーン】
廃棄物の焼却を全面禁止した世界初の法律「大気浄化法」成立【比】
カイロで大規模なブラックスモーク発生【埃】

ダイオキシン 規制・環境汚染対策特別措置法
ダイオキシン類対策特別措置法成立【日】
尼崎公害訴訟,24億円で和解【日】
「アン・ケント・テイラー基金」設立,象の密猟阻止等に取り組む【ケニア】
動物実験に反対する組織体「ストップ・ハンティンドン動物虐待」(SHAC)結成【英】
沖縄の漫湖,ラムサール条約登録地に【日】
A・ロビンス他『自然資本主義』,B・バクスター『エコロジズム』【米】,桑子敏雄『環境の哲学』【日】
M7.4のイズミット地震【土】
M7.6の921大地震発生,約2000人死亡【台】

南アフリカ マラリア感染者 1万6000人

液状化・フラット化

A 法輪功 非合法組織認定

ビン・ラディン,「米国への敵対は宗教的な義務」と発言

維摩経 原典発見
維摩経サンスクリット原典チベット・ポタラ宮で発見
気功集団「法輪功」を非合法組織認定,活動禁止【中】
飛鳥京跡,富本銭33点発掘【日】
スピヴァク『ポストコロニアル理性批判』,トマセロ『心とことばの起源を探る』【米】
上野俊哉『ディアスポラの思考』,高橋哲哉『戦後責任論』【日】

B

地域振興券,交付開始【日】
光市母子殺害事件【日】
東芝クレーマー事件,ネット告発の先駆【日】
山陽新幹線トンネル壁剥落【日】
キルギス日本人誘拐事件【日】
桶川ストーカー事件【日】
情報公開法成立,施行は2001年【日】
男女共同参画社会基本法施行【日】

派遣業種拡大 禁止から自由へ
労働派遣法改正,非正規雇用増大【日】
児童ポルノ禁止法施行【日】
紀伊國屋事件,『あずみ』『バガボンド』『ベルセルク』など自主規制で店頭撤去【日】
ミレニアムカウントダウン全世界TV中継

C

朝鮮中央テレビ,衛星放送開始【朝】
「Nステ」,独自調査で「野菜から高濃度のダイオキシン検出」報道,民事訴訟に【日】
『NYLON』(M),『The Journal』(Z)【米】
『スペクテイター』(M),『ソトコト』(M),『サイゾー』(M)【日】

アフィリエイト 成功報酬型ネット広告
成果報酬型のネット広告配信「バリューコマースアフィリエイト」【日】

D 2ちゃんねる

伽藍とバザール
エリック・レイモンド『伽藍とバザール』【米】
web会議システム「WebEx」,ブログサービス「Blogger」【米】
電子掲示板「2ちゃんねる」【日】

ナップスター
P2P型のファイル共有「Napster」【米】,無料ホームページ作成「魔法のiらんど」【日】
検索サービス「NAVER」【韓】,コスメ情報「@cosme」,「Yahoo!オークション」【日】
FeliCa電子マネー「Edy」モニタリング,インターネット予約販売「@チケットぴあ」【日】
「着メロ」配信始まる【日】

E モー娘。

マトリックス ワイヤーアクション バレットタイム
ウォシャウスキー監[マトリックス],ダラボン監[グリーンマイル],ルーカス監[スター・ウォーズ エピソード1]【米】
[だんご3兄弟],モーニング娘。[LOVEマシーン]【日】
新日本プロレス,破壊王・橋本真也vs暴走王・小川直也【日】

ブランド複合体
ピノー・プランタンがグッチを買収,LVMH,プラダとの合弁でフェンディ獲得(翌年完全傘下)【仏伊】
渋谷109「カリスマ店員」【日】
「フジロックフェスティバル」苗場で開催【日】
「ダンスダンスレボリューション」流行【日】

横断と再接続

A ユダヤ博物館

福岡アジア美術館開館,第1回トリエンナーレ開催【日】

日本ゼロ年
「グローバル・コンセプチュアリズム」展【米】,椹木野衣企画「日本ゼロ年」展,第1回「秋葉原TV」【日】
ペイトン画[プリンス・イーグル]【米】,陳箴作[急峻な分娩]【中】,ゲンツケン作「柱」シリーズ【独】,ユイグ作[第三の記憶]【仏】,ウディチコ作[プロジェクション・イン・広島]【波/日】,宮島達男作[MEGA DEATH],束芋作[にっぽんの台所],中村信喬(人形)[鳥影]【日】
グルスキーp[99セント]【独】,マーティン・パーp[Common Sense]【英】,大橋仁p『目のまえのつづき』【日】
リベスキンド設計[ユダヤ博物館]【独】,内藤廣設計[牧野富太郎記念館]【日】

B アルモドバル

青い脂 ウラジーミル・ソローキン
ラヒリ『停電の夜に』,S・ソンタグ『イン・アメリカ』【米】,マクラウド『彼方なる歌に耳を澄ませよ』【加】,ソローキン『青い脂』【露】,クッツェー『恥辱』【南ア】,井上ひさし『東京セブンローズ』,東野圭吾『白夜行』,目取真俊『魂込め』,丸谷才一『新々百人一首』【日】

C 宇多田ヒカル

ヘルツォーク監[キンスキー,我が最愛の敵],ヴェンダース監[ブエナ・ビスタ・ソシアル・クラブ]【独】,カラックス監[ポーラX]【仏】,メンデス監[アメリカン・ビューティ]【英】,キューブリック監[アイズ・ワイド・シャット],ジョーンズ監[マルコヴィッチの穴],フィンチャー[ファイト・クラブ]【米】,アルモドバル監[オール・アバウト・マイ・マザー]【西】,ジェギュ監[シュリ]【韓】
原田眞人監[金融腐蝕列島[呪縛]],森田芳光監[39 刑法第三十九条],降旗康男監[鉄道員],諏訪敦彦監[M/OTHER],五十嵐匠監[地雷を踏んだらサヨウナラ],中江裕司監[ナビィの恋]【日】

D 椎名林檎

スバ[サンパウロ・コンフェッションズ]【ブラジル】,オルーク[Eureka],ナイン・インチ・ネイルズ[The Fragile]【米】
椎名林檎[無罪モラトリアム],宇多田ヒカル[First Love],クレイジーケンバンド[goldfish bowl]【日】

WEDO設立
サイードとバレンボイム,ウェスト=イースタン・ディヴァン管弦楽団設立【西】,ドゥダメル,17歳でベネズエラ・シモン・ボリバル交響楽団の音楽監督就任【ベネズエラ】
三善晃[遠い帆],森垣桂一[レクイエム]【日】
二兎社[兄帰る],野田秀樹×蜷川幸雄演[パンドラの鐘]【日】

E

G:PC[Kanon],DC[シーマン],N64[大乱闘スマッシュブラザーズ]【日】

プロメテア スーパーヒロイン ファンタジーの再解釈
C:メビウス[B砂漠の40日間]【仏】,A・ムーア[プロメテア]【米】

20世紀少年 高度成長からカルト時代へ
浦沢直樹[20世紀少年],漆原友紀[蟲師],岸本斉史[NARUTO],幸村誠[プラネテス],許斐剛[テニスの王子様],小畑健[ヒカルの碁],ハロルド作石[BECK]【日】
T・グルンステン『マンガのシステム』【仏】

命を消費する戦争は、合理的な痛みのないビジネスへと変貌した。
オールド・スネーク(ゲーム『メタルギア ソリッド4』)

2005 2011 ◀ 世界人口60億人 ▶ 2017 2022

1990 1991 1992 1993 1994 1995 1996 1997 1998 1999 2000 2001 2002 2003 2004 2005 2006 2007 2008 2009 2010 2011 2012 2013 2014 2015 2016 2017 2018 2019 2020 2021 2022

分断と結合

2000〜2009

2000

平成12

二〇世紀最後の年。
バウマンがリキッド・ソサエティを問う。
グローバリズムは世界に恒常的な不安定をおこしておくための戦略である。

ヴォルフガング・シュッセル【墺】
タルヤ・ハロネン【芬】★
リカルド・ラゴス【チリ】
イェンス・ストルテンベルグ【諾】
森喜朗【日】
ジュリアーノ・アマート【伊】
アンドレイ・バユク【スロベニア】
アンドリス・ベールジンシュ【ラトビア】
ウラジーミル・プーチン【露】
アフメト・ネジデト・セゼル【土】
陳水扁【台】
バッシャール・アル=アサド【シリア】
ヤネス・ドルノウシェク【スロベニア】
ビセンテ・フォックス・ケサーダ【墨】

アブダクションの中にいた
タウニュートリノが、
ついに検出される。

中国資本主義

1 04 北朝鮮とイタリアが国交樹立
05 普天間飛行場代替施設に関する協議会,期限15年で一致【日米】

2 01 チェチェン武装勢力,首都グロズヌイから撤退【露チェチェン】

極右連立 墺政権で

03 極右政党の連立政権入りに対し,EUが制裁措置を発動【墺】
06 大阪府知事に太田房江が当選,初の女性知事【日】
09 露朝友好善隣協力条約調印

3 05 イスラエル政府,レバノンからの撤退を決定
07 北朝鮮に対するコメ支援を発表【日】

拉致疑惑進展

13 拉致疑惑,北朝鮮が調査表明【日朝】
15 江沢民政権,全人代で「西部大開発」を正式決定【中】
16 米軍,沖縄航空管制権の日本への移管方針を表明

江沢民政権 西部大開発

4 02 小渕首相が脳梗塞で入院,青木首相臨時代理が内閣総辞職を決定【日】
05 第1次森内閣が発足【日】

5 01 反政府武装勢力革命統一戦線(RUF),国連軍を襲撃【シエラレオネ】
07 プーチン,ロシア大統領に就任
20 陳水扁,台湾総統に就任
24 米下院,中国の最恵国待遇(MFN)恒久化を可決【米】

プーチン大統領就任

6 08 プーチン大統領,チェチェンに直轄統治を導入【露】
10 アサド大統領死去,次男バッシャールが後継者に就任【シリア】
15 金大中·金正日の南北首脳会談,「統一」視野に南北共同宣言【韓朝】
27 「よど号」犯の1名を逮捕【日】

六・一五 南北共同宣言

7 12 北朝鮮とフィリピンが国交樹立
21 G7「九州·沖縄サミット」開幕【日】

9 08 国連ミレニアム宣言【米】
16 フジモリ大統領が任期中の退任を表明,政治危機に【ペルー】
28 シャロン党首がイスラム教聖地訪問を強行,第2次インティファーダ発生【イスラエル】

エチオピア紛争戦闘関連死者数 4.9万人

10 05 プーチン大統領インド訪問,「戦略的パートナーシップ宣言」自由化後の関係構築へ【露印】
05 ブルドーザー革命,ミロシェビッチ大統領退陣【ユーゴ】

中·ア協力フォーラム

10 中国·アフリカ協力フォーラム開催,経済協力を通じて影響力拡大【中】
12 アルカイダ,イエメンのアデン港で米軍ミサイル駆逐艦コールに自爆攻撃
13 金大中大統領,南北首脳会談などの評価によりノーベル平和賞受賞【韓】

11 10 自民党の加藤紘一,森首相の退陣を求める「加藤の乱」【日】
15 国連総会,国際組織犯罪防止条約を採択
20 共和国議会,フジモリ大統領を罷免【ペルー】

12 **EUニース条約**

07 EU,将来の加盟国拡大に向けたニース条約を採択
07 エストラーダ大統領にフィリピン史上初の大統領弾劾裁判【比】
12 北朝鮮とイギリスが国交樹立

相転移する経済

A 高性能指紋認証システム(NTT)【日】
専用眼鏡不要の3D映像表示原理(NTT)【日】

リニアモーターカー

リニアモーターカー,実用技術評価委員会が「実用化で技術上のメドが立った」と評価【日】
中村慶久,村岡裕明(東北大),垂直磁気記録の高面密度記録再生【日】

B 連結決算重視の開示制度に移行【日】
「不動産投資信託」(日本版REIT)解禁【日】
携帯電話の契約件数が固定電話契約数を上回る【日】
日米規制緩和協議,NTT接続料大幅引き下げで決着【日】

携帯電話契約数6800万 固定電話契約数6196万

C **メディアコングロマリット**

AOLとタイム·ワーナー合併【米】
李彦宏(ロビン·リー),百度を創業【中】
ビル·ゲイツ,マイクロソフトCEO辞任(会長留任)【米】
マイクロソフトに分割命令【米】
DDI,KDD,IDOが合併,KDDI発足【日】
オリックス,米エンロンと合弁で電力小売参入【日米】

雪印乳業食中毒

雪印乳業,脱脂粉乳汚染による食中毒発生【日】
三菱自動車大規模リコール隠し発覚【日】
そごう,自主再建断念【日】

雪印集団食中毒 1.3万人

D 第一勧銀,富士銀,興銀の三行合併でみずほホールディングス発足【日】
三和,東海,あさひの三銀行事業統合が発表されるも破談【日】
旧長銀が新生銀行,旧日債銀があおぞら銀行に【日】
デンマーク,ユーロ導入を否決【丁】
金融庁発足【日】
日本銀行,2千円札を発行【日】
日銀,ゼロ金利政策を解除【日】
NASDAQ総合指数3月に5048の最高値【米】
FRB金利引上げ,市場から資金流出で株価急落,ITバブル崩壊へ【米】
ヤフー,株価1億円突破【日】
光通信,株価急騰するも大量の架空契約発覚で急落,市場の大幅安を招き「バブル崩壊へ【日】
商品先物近代化法成立,CDS等スワップ契約は規制対象外【米】
ムーディーズ,日本国債格付けをAa1からAa2に引き下げ

みずほ発足

ナスダックJ ソフトバンク,大証と提携

ナスダック·ジャパン,設立·取引開始【日】
ピーター·バースタイン『ゴールド』【米】,中正昌樹『貨幣空間』【日】

ITバブル崩壊

E トタル·フィナエルフ発足【仏】
BPアモコ,ARCO合併【英米】

電力危機と自由化

カリフォルニア電力危機【米】
卸電力価格急騰の逆ざやで電力会社経営悪化【米】
大口顧客向け電力小売り自由化【日】
アラビア石油,サウジでの油田採掘権失効【日】
「特定放射性廃棄物の最終処分に関する法律」成立【日】
原子力安全委員会の中に安全目標専門部会設置【日】
三重県知事,中電芦浜原発計画白紙撤回を表明【日】
原子力発電環境整備機構設立【日】
チェルノブイリ原発,全面閉鎖【露】
ドイツ連立政権,脱原発合意【独】

2000

リバモリウム見発

電子派からの提案

A

タウニュートリノ見発

すばる望遠鏡

ハワイ島マウナケア「すばる望遠鏡」の共同利用観測開始【日】
アマゾンCEOジェフ・ベゾス,航空宇宙企業ブルーオリジン設立【米】
フェルミ国立加速器研究所,タウニュートリノ検出【米】
R・ブッソ,J・ポルチンスキー,超弦理論における多重宇宙論【米】
オガネシアンら,116番元素リバモリウムを合成【露米】
ホール,ヘンシュ「光周波数コム」を用いた光周波数絶対計測の提案【米独】
クレイ数学研究所,ミレニアム懸賞問題7題を発表【米】

B

M・エロヴィッツとS・ライブラー,振動する遺伝子ネットワーク「リプレッシレータ」を人工的に合成【米】
「遺伝子解析研究に付随する倫理問題等に対応するための指針」(ミレニアム指針)【日】
「ヒトゲノム研究に関する基本原則」策定【日】
哺乳類の胎盤細胞の形成関連タンパクにウイルス由来の遺伝子があることが判明【米】
X連鎖免疫不全症に対する造血幹細胞を標的とした遺伝治療効果報告【仏】

シックハウス対策

建設省ほか「シックハウス対策関係者省庁連絡会議」設置【日】
WHO,AIDS,結核,マラリアによる全世界の死亡者数が年間600万人以上と発表

C

ASIMO 世界初本格的二足歩行ロボ

ホンダ「ASIMO」二足歩行ロボット【日】
SCE「PlayStation2」3日で98万台販売【日】
IBM「DiskOnKey」初のUSBメモリ【米】
AMD「Athlon」クロック周波数1GHz到達,ATI「RADEON256」ハードウェアT&L搭載【米】

I LOVE YOU eメールウイルス

「I LOVE YOU」ウイルス流行,電子メール経由で世界中に感染
科学技術庁はじめ中央省庁のWeb改ざんが相次ぐ【日】
内閣官房に「情報セキュリティ対策推進室」設置【日】
2000年問題,大事なく推移
バーリンスキ『史上最大の発明アルゴリズム』【米】

2001 iモード契約数1000万件

D

インターネットを中核とした情報通信ネットワーク社会へ【日】
NTT東西「フレッツ・ADSL」ADSLサービスが本格化【日】
J-フォン「写メール」携帯で写真送受信【日】
英ボーダフォン,独マンネスマンの敵対的TOBに成功,国際的なネットワーク形成へ

E

生物多様性

生物多様性「バイオセーフティに関するカルタヘナ議定書」採択,LMO移動関連
ミレニアム開発目標,国連ミレニアム・サミットにて採択
ハーグで第2回世界水会議開催,「フルコスト・プライシング」提唱
「循環型社会形成推進基本法」公布【日】
全国トンネルじん肺訴訟全面和解【日】
コンサベーション・インターナショナル(CI)ら,生物多様性ホットスポット25カ所を選定
A・P・J・モル他編『世界のエコロジー的近代化論』【英】
遺伝子組換えトウモロコシ「スターリンク」,加工食品及び飼料に混入【日】
鳥取西部地震,三宅島,有珠山噴火【日】

モンゴル大寒波家畜被害総額1億ドル

液状化・フラット化

A

液状化する社会

オウム真理教,「アレフ」に【日】
法の華三法行教祖福永法源ら,詐欺容疑で逮捕【日】
東京ジャーミィ開堂【日】
バウマン『リキッド・モダニティ』【波】,ムフ『民主主義の逆説』,バーク『知識の社会史』【英】,ユルゲンスマイヤー『グローバル時代の宗教とテロリズム』,A・ネグリ,M・ハート『〈帝国〉』【米】
若桑みどり『イメージの歴史』吉見俊哉『カルチュラル・スタディーズ』【日】
柄谷行人,NAM創設【日】

人新世 新たな地質年代

クルッツェンとストーマー,新たな地質年代として「人新世」を提唱

B

介護保険

コンコルド墜落事故【仏】
原子力潜水艦「クルスク」演習中に事故,乗組員全員死亡【露】
アチョン法(児童ポルノ禁止法)施行【韓】

少年犯罪 17歳

西鉄バスジャック事件,17歳少年が「2ちゃんねる」にメッセージ【日】
新木場で少年グループが男性殺害,背後に同性愛者差別【日】
少年法改正,刑事処分可能年齢を16歳以上から14歳以上に【日】
ハッピーマンデー制度施行,祝日は月曜日に【日】
ストーカー規制法施行【日】
介護保険制度スタート【日】
旧石器発掘捏造事件【日】

C

北川悦吏子・宮藤官九郎

北川悦吏子脚本「ビューティフルライフ」(T),宮藤官九郎脚本「池袋ウエストゲートパーク(I.W.G.P.)」(T)【日】
『WERK』(Z)【星】,『POP』(M)【英】,「ホットペッパー」(M)【日】
「OEDオンライン」(W)【英】,電子書籍販売「10daysbook(現eBookJapan)」(W)【日】
「Boing Boing」(W)【米】,市民参加型新聞「オーマイニュース」(W)【韓】,「シブヤ経済新聞」後に「みんなの経済新聞」へ(W)【日】

D

「不正アクセス禁止法」施行【日】
「CAPTCHA」人間とマシンを判別するチューリングテスト【米】
ナレッジコミュニティ「OKウェイヴ」「教えて!Goo」【日】

千夜千冊とイシス編集学校

松岡正剛「千夜千冊」,方法の学校「イシス編集学校」開校【日】
「ハンゲーム」日本でのサービス開始【韓】

E

ハロン監[アメリカン・サイコ]【米】
ダフトパンク[ワン・モア・タイム]【仏】
第1回「Japan Expo」【仏】
サザン[TSUNAMI],福山雅治[桜坂]【日】
テクノ野外フェス「メタモルフォーゼ」【日】

Qちゃんとヤワラちゃん

シドニー五輪,高橋尚子(マラソン),田村亮子(柔道)金メダル【豪】
イチロー,マリナーズ移籍,新庄剛志,メッツ移籍【米】
「スターバックス」「パラパラ」「ハリー・ポッター」流行【日】

横断と再接続

A

せんだいメディアテーク 伊東豊雄

大地の芸術祭

「大地の芸術祭」越後妻有アートトリエンナーレ【日】
アイ・ウェイウェイ企画,第3回上海ビエンナーレに抗する「不合作方式」FUCKOFF展【中】

スーパーフラット

村上隆「SUPER FLAT」展,「田名網敬一」展【日】
五木田智央画「ランジェリー・レスリング」,本田聖流(竹工)[舞]【日】
ノーマン・フォスター設計[大英博物館グレートコート],ヘルツォーク&ド・ムーロン設計[テート・モダン]【英】,伊東豊雄設計[せんだいメディアテーク],隈研吾設計[馬頭町広重美術館]【日】

B

アトウッド 昏き目の暗殺者

ミエヴィル『ペルディード・ストリート・ステーション』【英】,エーコ『バウドリーノ』【伊】,シェイボン『カヴァリエ&クレイの驚くべき冒険』【米】,アトウッド『昏き目の暗殺者』【加】,ケアリー『ケリー・ギャングの真実の歴史』【豪】,バルガス=リョサ『チボの狂宴』【ペルー】,ラヒーミー『灰と土』【アフガニスタン仏】
赤坂真理『ミューズ』,中原昌也『子猫が読む乱暴者日記』【日】

C

ビョーク

ノーラン監[メメント]【米英】,トリアー監[ダンサー・イン・ザ・ダーク](ビョーク主演)【丁】,カーウァイ監[花様年華]【香】,トルナトーレ監[マレーナ]【伊】,ソダーバーグ監[トラフィック]【米】,イニャリトゥ監[アモーレス・ペロス]【墨】,賈樟柯監[プラットフォーム],J・ウェン監[鬼が来た!]【中】

阪本順治「顔」

深作欣二監[バトル・ロワイアル],新藤兼人監[三文役者]黒木和雄監[スリ],阪本順治監[顔]【日】

D

レディオヘッド[キッドA],ザ・デルガドズ[The Great Eastern]【英】,NPM[Solid Ether]【諾】,イゾレ[rest]【独】,ウータン・クラン[The W],ムーディマン[Forevernevermore]【米】
法倉雅紀[羈旅の歌],望月京[カメラ・ルシダ]【日】
S・ケイン『4.48 サイコシス』【英】,Y・レザ『人生の3つのヴァージョン』【仏】,エバ・ジェルバブエナ『5 mujeres 5』【西】

平成中村座 勘九郎仮設芝居小屋

5代目中村勘九郎(18世中村勘三郎),浅草に仮設の芝居小屋で第一回「平成中村座」,三谷幸喜『オケピ!』【日】

E

G:PC「TheSims」,「Counter-Strike」【米】,ゲーム専門ケーブルチャンネル「OGN」【韓】
PS「ぼくのなつやすみ」,PC「AIR」,DC「ファンタシースターオンライン」【日】

ペルセポリス

C:ガルニド[ブラックサッド],M・サトラピ[ペルセポリス],E・ギベール[アランの戦争]【仏】
羽海野チカ[ハチミツとクローバー],矢沢あい[NANA],林田球[ドロヘドロ],村上もとか[JIN],奥浩哉[GANTZ],山岸涼子[テレプシコーラ],高橋しん[最終兵器彼女]【日】
L:秋山瑞人[イリヤの空、UFOの夏]【日】
コミック誌「AARGH!」創刊【チェコ】
手書き新聞[JuicyFruits](今日マチ子)【日】
「マンガ・エロティクス・エフ」(太田出版)【日】
第1回ワールドサイバーゲームズ開催【韓】

このソフトウェア戦争が大戦の名で呼ばれるようになるのは、いわゆる自由翻訳ソフトウェアの登場が画期である。
わたしなんかは、まだまだおとなしい、がいのすくないそふとうぇあです。かんぶんくんどくようのかえりてんなんかとくらべたってまだまだですよ。あいつらは、ほんとうにもじのじゅんばんをひっくりかえしたりしますからね。
円城塔『文字渦』

2001
平成13

世界同時テロ

ビン・ラディン

98' 2 23 オサマ・ビン・ラディン,新たなイスラム過激組織を結成,米民間人殺害を明確化
8 07 イスラム過激派,ビン・ラディンの指示でアフリカの米大使館を自爆攻撃【ケニア・タンザニア】
99' 8 20 ビン・ラディンをミサイル攻撃するも殺害失敗【米】
10 15 国連安保理が経済制裁を決議,ビン・ラディンの引渡しをタリバンに要求
00' 10 12 アルカイダ,イエメンのアデン港で米軍ミサイル駆逐艦コールに自爆攻撃
12 19 国連安保理が経済制裁の強化とタリバンへの武器禁輸を決議,ビン・ラディンの引渡しを再要求

01' 3 02 タリバン,バーミヤンの大仏立像を破壊

6 20 ムシャラフ陸軍参謀長が大統領就任【パキスタン】

9・11同時多発テロ

8 06 CIA,「ビン・ラディン,アメリカ攻撃を決意」という報告書を大統領に提出【米】
9 **WTC** ワールドトレードセンター
11 ワールドトレードセンターのツインタワーに飛行機2機が激突,タワーは煙炎を上げて崩落【NY】
11 ワシントンの国防総省に飛行機1機が激突【米】
11 ハイジャックされた飛行機が墜落【米】
◉ 攻撃による総死者数約3000人
15 同時多発テロの主犯をビン・ラディンと断定【米】
21 タリバン政権,ビン・ラディンの引き渡しを拒否
22 アラブ首長国連邦とサウジアラビア,タリバン政権と断交

10 **アフガン紛争**
07 米英,タリバン支配地域への空爆を開始,アフガニスタン紛争
炭疽菌 バイオテロ
11 炭疽菌による生物テロ【米】
26 米国愛国者法制定【米】
29 テロ対策特別措置法成立【日】
11 09 海上自衛隊,艦隊をインド洋に初派遣【日】
13 反タリバン政権の北部同盟がカブール奪取,暫定統治へ
12 22 暫定行政機構発足,カルザイ議長就任

▲国名表記なしは全て【アフガニスタン】

ジョージ・W・ブッシュ【米】
アリエル・シャロン【イスラエル】
小泉純一郎【日】
シルヴィオ・ベルルスコーニ【伊】
メガワティ・スティアワティ・スカルノプトゥリ【尼】★
ヒェル・マグネ・ボンデヴィーク【諾】
レシェク・ミレル【波】
アナス・フォー・ラスムセン【丁】
アドルフォ・ロドリゲス・サア【アルゼンチン】

イラン・イラク・北朝鮮

1 01 陳水扁政権,台湾離島(金門,馬祖両島)から中国への直接往来を限定的に解禁【中台】
06 1府21省庁から1府12省庁となる中央省庁再編施行【日】
16 カビラ大統領暗殺,息子のジョゼフ・カビラが後継【コンゴ民主共和国】
19 アロヨ大統領昇格就任【比】
ブッシュ政権発足
20 ブッシュ政権発足【米】
2 **シャロン圧勝** イスラエル首相公選
06 イスラエル首相公選,野党リクードのシャロン圧勝
09 タイ愛国党タクシン党首,首相に就任
16 米英両軍,イラクを空爆
23 フジモリ元大統領,公職追放【ペルー】
26 加盟15カ国外相,EU拡大に向けた機構改革を規定したニース条約に署名【EU】
3 04 スイス,国民投票でEUへの加盟交渉開始案を否決
京都議定書離脱宣言
28 ブッシュ大統領,目標達成困難を理由に,京都議定書からの離脱を宣言【米】

米英イラク空爆

4 01 海南島事件,米中軍用機が空中接触し中国機は墜落,米国機は海南島へ緊急着陸
01 ミロシェビッチ元大統領逮捕【ユーゴ】
04 行政監察院,エストラダ前大統領を大型横領・収賄で起訴【比】
06 森内閣の支持率急落,総辞職【日】
22 李登輝前台湾総統,心臓病の治療で訪日,ビザ発給に中国反発
26 小泉政権発足,「聖域なき構造改革」をスローガンに掲げる【日】
5 03 金正日長男の金正男,偽造旅券で入国をはかり退去強制処分【日】
13 総選挙で中道右派連合「自由の家」勝利,ベルルスコーニ再任【伊】
6 01 ネパール王族殺害事件
12 マケドニア,台湾と国交断絶,中国と樹立
上海協力機構 SCO
15 上海ファイブにウズベキスタンが加わり「上海協力機構」結成

小泉内閣

7 16 中露善隣友好協力条約締結
23 メガワティ大統領就任【尼】
8 13 小泉首相,靖国神社を参拝【日】
9 07 国連,「人種主義に反対する世界会議」開催,ダーバン宣言を採択

10 04 シベリア航空機撃墜事件,ロシア旅客機を誤射【ウクライナ】
25 農地を除く土地売買自由化を初めて規定した「土地法典」成立【露】
11 10 ブッシュ大統領,パレスチナ国家創設を支持する意向を表明【米】
18 コソボ議会設置,議員選出【コソボ】
25 極左ゲリラの襲撃,26日に非常事態宣言【ネパール】
12 21 経済危機による略奪・デモによりデラルア大統領辞任【アルゼンチン】

◉この年,北朝鮮の国交正常化活発に(1/15オランダ,23ベルギー,2/6カナダ,7スペイン,3/1ドイツ,5ルクセンブルク,8ギリシャ,9ブラジル,26ニュージーランド,4/4クウェート,5/23バーレーン,6/27トルコ,7/26EU-外交関係樹立)

北朝鮮国交樹立ラッシュ

BRICsミクス

A ホワイトら(イリノイ大),自己修復素材,自己修復ポリマー提唱【米】
テルライトラマン光ファイバアンプ(NTT)【日】
香取秀俊(東大),光格子時計の提案【日】

B ギリシャ,ユーロ導入【EU】
ニューヨーク証券取引所,9.11テロで閉鎖,週明け17日に再開【米】
世界同時株安,日経平均1万円割れ【日】
新興電子商品取引所ICE,ロンドン国際石油取引所を買収【米英】
ドーハ・ラウンド 中国・台湾加盟実現
WTC,中国の加盟承認,ドーハ・ラウンド開始【中】
政府とJR東・西・東海3社,完全民営化で合意【日】
家電リサイクル法本格施行【日】

WTO中国加盟

C **USJ開園**
ユニバーサル・スタジオ・ジャパン,大阪市に開園【日】
東京ディズニーシー開業【日】
IYバンク,ソニー銀行営業開始【日】
ユニクロ,ロンドンに海外第1号店を出店【日英】
英ボーダフォン,日本テレコム・J-フォンを傘下に【英日】
ソニーとエリクソン,携帯電話端末事業統合【日典】
日本マクドナルド上場【日】
スターバックスコーヒージャパン上場【日】
フェニックスリゾート(シーガイア),会社更生法適用申請【日】
米コンバース,破産法申請【米】
エンロン事件 不正隠蔽 破産宣告
総合エネルギー大手エンロン不正会計と巨額損失発覚により経営破綻【米】

D **UFJ** 三和・東海・東洋信託経営統合
三井住友銀行,UFJホールディングス発足【日】
地方の銀行破綻,長島信金(三重),佐伯信金(大分),上田商工信組(長野),両筑信組(福岡),石川銀行【日】
日本版REIT解禁【日】
確定拠出年金法(日本版401k)施行【日】
日銀「量的緩和政策」を導入【日】
麻生経済財政相,「日本経済は穏やかなデフレにある」【日】
竹中経済財政相,「インフレ・ターゲット論も議論の対象に」【日】
経済財政諮問会議設置【日】
S&P,日本国債をAA+からAAに格下げ【日】
BRICs 新興経済国 ブラジル・露・印・中
ゴールドマン・サックスのジム・オニール,有望新興国をBRICsと名づけたレポート発表
6度目のデフォルト宣言,債務総額1300億ドル超【アルゼンチン】
ナシーム・タレブ『まぐれ』【米】

デフレ日本

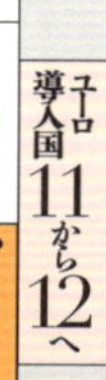

E 原子力安全・保安院設置【日】
米ブッシュ政権,「国家エネルギー政策」原発推進に転換【米】
カリフォルニア州,電力料金40%上げ,卸売市場閉鎖,再自由化見直し【米】
EU,電力市場での再エネ導入促進指令【EU】
ドイツ,シュレーダー首相と大手電力4社が「脱原発」合意に調印【独】
メタンハイドレードの開発計画発表,実行コンソーシアム発足【日】
ユーラヨキに地層処分による核廃棄物最終処分場建設承認【芬】

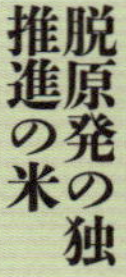

脱原発の独 推進の米

2001

私有する宇宙

A　太陽ニュートリノ

SNO実験でニュートリノ振動の証拠である太陽ニュートリノを観測【加】
太陽風サンプルの収集を目指す太陽探査機「ジェネシス」、「WMAP(ウィルキンソン・マイクロ波異方性探査機)」打上げ【米】
H-IIAロケット1号機打上げ【日】
100年ぶりのしし座流星群
「エキピロティック宇宙論」発表、ブレーンワールド同士の衝突によりビッグバン発生【米】
IBMで7量子ビットの量子計算による素因数分解に成功【米】

B　カプセル内視鏡

分子標的薬イマチニブ承認【米】
ギブン・イメージング社、小腸カプセル内視鏡を開発、発売【イスラエル】
ゼウス手術用ロボットと高速ファイバーシステムで胆石患者を遠隔手術【米】
全米コレステロール教育プログラム、メタボリックシンドロームの診断基準公表
国際コンソーシアムと米セレーラ社、それぞれヒトゲノム配列の概要発表
「ヒトゲノム・遺伝子解析研究に関する倫理指針」文科省、厚労省、経産省告示【日】
千葉県で国内初のBSE感染牛確認【日】

C・D　ブロードバンド元年

C
アップル、携帯型音楽プレイヤー「iPod」【米】
任天堂、携帯型ゲーム機「ゲームボーイアドバンス」【日】
マイクロソフト、家庭用ゲーム機「Xbox」【米】
「IT基本法」施行、情報技術社会の創造へ【日】
Nimdaワーム、WindowsPCに24時間で2万台感染
カリフォルニアで電力会社送電網システムへの不正侵入事件【米】
「サイバー犯罪条約」日・米・欧など30カ国以上が署名・採択

D
NTT東西「Bフレッツ」、ビー・ビー・テクノロジー「Yahoo!BB」、USEN「BROAD-GATE 01」【日】
NTTドコモ、世界初の第3世代移動通信システム(3G)「FOMA(W-CDMA方式・2GHz帯)」【日】
加入者系ブロードバンド無線規格IEEE 802.16認証承認【米】
Suica ICカード乗車券
JR東日本「Suica」、交通系ICカード導入【日】
首都高でETCサービス開始【日】
エネルギーハーベスティングのEnOcean社設立【独】

E

「残留性有機汚染物質に関するストックホルム条約」採択
ワイガニ条約発効、南太平洋島嶼国への有害廃棄物輸入を禁止
「東アジア酸性雨モニタリングネットワーク(EANET)」本格稼働
人民革命党大会、原生林を焼く焼畑を2010年までに廃止の方針決定【ラオス】
国際産業エコロジー学会設立
環境庁から環境省へ
環境省が発足、地球環境保全、公害の防止、自然環境の保全・整備、原子力安全政策を所管【日】
田中康夫長野県知事「脱ダム宣言」【日】
マイクロプラスチック
北太平洋で動物プランクトンに匹敵する浮遊マイクロプラスチックが報告【米】
国連環境計画、チョウザメ保護のためカスピ海沿岸4カ国キャビア輸出割当量を8割削減
インド西部地震(M7.7)【印】

検索と広告

A　ノルベルト・ボルツ

ローマ教皇、史上初めてモスク訪問【シリア】
11宗教の指導者が平和を話し合うフォーラム【バチカン】
東京地裁、宗教法人「法の華三法行」破産宣告、解散へ【日】
ボルツ『世界コミュニケーション』【独】、デイヴィッドソン『主観的・間主観的・客観的』【米】
柄谷行人『トランスクリティーク』、姜尚中『ナショナリズム』、木田元『偶然性と運命』【日】

B　蘭 同性結婚法

世界初の同性結婚法施行【蘭】
宇和島水産高実習船「えひめ丸」ハワイ沖で沈没、米海軍潜水艦が衝突
「新しい歴史教科書をつくる会」の『中学校歴史・公民教科書』、文科省検定合格【日】
ハンセン病元患者らの国家賠償請求訴訟で原告勝訴、国が控訴断念【日】
附属池田小事件、児童8人死亡【日】
歌舞伎町ビル火災、44名死亡【日】
DV防止法
DV防止法施行【日】
国の情報公開制度スタート、国の持つ行政文書を原則として公開【日】
雅子妃、皇太子夫妻第一子となる愛子内親王を出産【日】

C　アルジャジーラ 1996開局 本社ドーハ

「新アレクサンドリア図書館」【埃】
衛星TV局アルジャジーラがビン・ラディンのビデオメッセージ放送【カタール】
「24」(T)【米】、「M1グランプリ」(T)、「マネーの虎」(T)【日】
「LEON」(M)、岩下久美子「おひとりさま」【日】
『世界がもし100人の村だったら』(W)、「ジャパンナレッジ.コム」(W)【日】

C・D　ウィキペディア

D
L・サンガーとJ・ウェールズ、無料のインターネット百科事典「Wikipedia」開設
マイクロソフト「Windows XP」OS、アップル「iTunes」メディアプレーヤー、P2Pファイル共有「WinMX」【米】
ドコモ「iアプリ」【日】
検索サイト「百度」【中】、ソーシャルネットワークサービス(SNS)「MiniHompy」【韓】、「人力検索サイトはてな」、最適経路検索「NAVITIME」【日】
ローレンス・レッシグら「クリエイティブコモンズ」設立、「アジャイルソフトウェア開発宣言」、競技プログラミング「Topcoder」【米】
「電子消費者契約法」施行【日】

E　低価格競争 牛丼 バーガー

コロンバス監[ハリー・ポッターと賢者の石]【英】、スピルバーグ監[A.I.]【米】、矢口史靖監[ウォーターボーイズ]【日】
J・メイヤー[Room for Squares]【米】、BUMP OF CHICKEN[天体観測]、B'z[Ultra Soul]、氷川きよし[箱根八里の半次郎]【日】
マリナーズのイチロー、MVPと新人王【米】
札幌ドーム開業、日本ハムファイターズ移転【日】
「栄養機能食品」カテゴリー設けられる【日】
大手牛丼チェーン3社、200円台牛丼【日】
マクドナルド65円バーガーでデフレ勝者の呼び声【日】

増殖するセカイ

A　ガーリー・フォト

第1回横浜トリエンナーレ(メガ・ウェイブ―新たな総合に向けて)【日】
椿昇+室井尚作[インセクト・ワールド 飛蝗]【日】、徐冰作[Living Word]【中】、ヴァスコンセロス作[The Bride]【葡】、J・デラー作[オーグリーヴの戦い]【英】
HIROMIX・長島有里枝・蜷川実花
HIROMIX・長島有里枝・蜷川実花に木村伊兵衛賞、ガーリー・フォトの流行【日】、ベラ・ルターp「フランクフルト空港」【独】
J・ヌーヴェル、コープ・ヒンメルブラウほか設計[ガソメタシティ]【墺】
「磯崎新展 アンビルト／反建築史」【日】
S・フランケル『ヴィジョナリーズ』【英】
ディオール・オム、エディ・スリマンによるスキニーシルエット【仏】、冨永愛、ラルフローレンのコレクションでランウェイデビュー【NY】

B　ドン・デリーロ

マキューアン『贖罪』【英】、ゼーバルト『アウステルリッツ』【独】、デリーロ『ボディ・アーティスト』、ウィリス『航路』【米】、マーテル『パイの物語』【加】
笙野頼子『幽界森娘異聞』、川上弘美『センセイの鞄』、高橋源一郎『日本文学盛衰史』、古川日出男『アラビアの夜の種族』、北野勇作『かめくん』、宮部みゆき『模倣犯』、リービ英雄『日本語を書く部屋』【日】

C　青山真治、橋口亮輔、行定勲

ジュネ監[アメリ]【仏】、リンチ監[マルホランド・ドライブ]【米】、P・ジャクソン監[ロード・オブ・ザ・リング]【米NZ】
行定勲監[GO]、橋口亮輔監[ハッシュ!]、青山真治監[EUREKA]、相米慎二監[風花]、宮崎駿監[千と千尋の神隠し]【日】

D　ジャズランド 諾レーベル 未来のジャズ

ジャズランドからヴェッセルトフト[Moving]、アンドレセン[Undertow]、オールセット[Light Extracts]【諾】、マックスウェル[Now]、オスンラデ[Cantos a Ochun et Oya]【米】、フン・タン[ドラゴンフライ]【越】
EGO-WRAPPIN'[満ち汐のロマンス]、鬼束ちひろ[インソムニア]、ラブ・サイケデリコ[THE GREATEST HITS]、キセル[夢]、上妻宏光[AGATSUMA]【日】
江村哲二[ザ・ウェッジ]、西岡龍彦[リトルネロ・ア・メアンドリIII]【日】
バレエ・プレルジョカージュ[ヘリコプター][春の祭典]【仏】
KARAS[Luminous]、大人計画[スズキビリーバーズ マシーン日記]、歌舞伎[野田版研辰の討たれ]【日】

E　アキバ メイド喫茶 アニメイト

G:PS2[Grand Theft Auto III]【米】、GC[どうぶつの森+]、PS2[ICO]、GBA[逆転裁判]【日】
C:ベータース[青い薬]【瑞】、B・M・ベンディス[エイリアス]【米】、荒川弘[鋼の錬金術師]、根本敬[生きる増強版]、二ノ宮知子[のだめカンタービレ]、久保帯人[BLEACH]、新井英樹[キーチ!!]【日】
秋葉原にメイド喫茶「Cure Maid Café」開店【日】
アニメイト秋葉原店、開店【日】
三鷹の森ジブリ美術館開館【日】

HIVウイルス感染者数推計　4000万人
iモード契約数　3000万件（2000）
3G通信速度　384kbps（2006／2010／2020）
東京都光化学スモッグ注意報発令日数　23日
新生児死亡率30%切る（2014）
不登校の小中学生13.9万人
フィットネスクラブ平均月間利用者800万人超（2004／2012／2016）

高校の時、友達はみんな将来グーグルで働きたいって言ってた。けど、私はそこで検索される人になりたいと思ってたの。
レディー・ガガ

1990 1991 1992 1993 1994 1995 1996 1997 1998 1999 2000 2001 2002 2003 2004 2005 2006 2007 2008 2009 2010 2011 2012 2013 2014 2015 2016 2017 2018 2019 2020 2021 2022

SNSとP2Pの蜘蛛の巣がヴァーチャル空間に張りめぐらされ
食品偽装とデータ偽造の仮面がリアルではつぎつぎ剥がされる。
つながりの社会の裏では負の連鎖も止まらない。

2002
平成14

イラン・イラク・北朝鮮

悪の枢軸 イラン・イラク 北朝鮮

1 29 ブッシュ大統領,一般教書演説で北朝鮮・イラン・イラクを「悪の枢軸」と名指しで批判【米】

2 22 政府とタミル人武装勢力,無期限停戦に合意【スリランカ】
27 列車放火事件を契機にグジャラート州で宗教間対立の暴動が多発【印】

3 **スイス国連加盟**
03 永世中立国スイス,国連加盟の是非を問う国民投票で初の可決
29 イスラエル軍,パレスチナ自治区議長府を包囲しアラファト議長を監禁状態に

5 05 大統領選,極右「国民戦線」ルペンを制し現職シラク当選【仏】
06 反イスラム政党党首ピム・フォルタイン暗殺【蘭】
08 瀋陽の日本総領事館に北朝鮮国籍5名が亡命希望するも,中国警察により連行【中】
10 聖誕教会に籠城の武装勢力と人質が教会から退去,イスラエル軍も撤退【パレスチナ】
20 東ティモール独立
24 戦略攻撃戦力削減条約(モスクワ条約)調印【米露】

東ティモール独立

6 13 米ソ間の弾道弾迎撃ミサイル(ABM)制限条約からアメリカが脱退,条約失効【米露】
13 緊急ロヤ・ジルガ(国民大会議)開催,国家元首としてカルザイ指名【アフガニスタン】
29 黄海で韓国海軍高速艇と北朝鮮警備艇が銃撃戦

日朝平壌宣言

7 01 国際刑事裁判所ローマ規定発効
アフリカ連合
09 アフリカ連合(AU)発足,アフリカ統一機構発展的解消
30 コンゴ民主共和国からのルワンダ兵士撤退に合意【ルワンダ】

9 12 ブッシュ大統領,フセイン政権に大量破壊兵器の即時・無条件廃棄を要求【米イラク】
17 小泉首相が訪朝,金正日総書記と首脳会談で拉致被害者の安否を確認,日朝平壌宣言調印

10 12 バリ島でイスラム過激派による爆弾テロ【尼】
拉致から帰国
15 拉致被害者5名が帰国【日】
23 チェチェン武装勢力によるモスクワ劇場占拠事件【露】

11 **南シナ海に関する行動宣言** 中国 ASEAN
04 中国とASEAN,領有権紛争の平和的解決を目指す「南シナ海に関する行動宣言」に調印
04 トルコ総選挙,憲政史上初のイスラム政党単独政権発足
08 国連安保理,イラクへ大量破壊兵器査察の無条件受け入れを迫る決議採択

12 **「大量破壊兵器は存在しない」** イラク全面否定
07 イラク政府,大量破壊兵器に関する申告書を国連査察団に提出,保持を全面否定
17 プレトリア包括和平合意【ルワンダ・コンゴ民主共和国】
19 盧武鉉,第16代大統領当選【韓】
19 パウエル国務長官,イラクの申告書を安保理決議への重大違反と断罪【米】
22 IAEA,北朝鮮の原子炉施設などの再稼働を報告,米朝枠組み合意の前提が崩壊

BRICsミクス

A **スーパーハイビジョン**
走査線4000本級超高精細映像システムをNHK放送技術研究所が公開(後のスーパーハイビジョン)【日】
26GHz帯ワイヤレスIPアクセスシステム(NTT)【日】
半導体検査用微細コンタクトプローブ(住友電工)【日】
円周率1兆2411億桁,世界記録樹立(東京大学,日立)【日】

B 日本シンガポール自由貿易協定調印,初の自由貿易協定
経団連と日経連が統合,日本経済団体連合会(経団連)発足【日】
郵政三事業の公社化と郵便事業への民間参入を盛り込んだ郵政関連4法案成立【日】
米国企業改革法(SOX法)【米】
完全失業率,過去最悪の5.5%【日】
日経平均株価9000円割れ【日】
ニューズウィーク,負債の多い日本の「ゾンビ企業」をリストアップ【日】
東北新幹線,盛岡–八戸間開業【日】

パレスチナ失業率 27.5%

C **ブルーレイ規格統一**
日韓欧9社,ブルーレイディスク規格統一に合意
ファブレス液晶テレビメーカー,米VIZIO設立【米】
HP,コンパックを吸収合併【米】
ワールドコム社破綻【米】
ユナイテッド航空破綻【米】
世界最大の会計事務所,アーサーアンダーセン業務停止【米】
西友 ウォルマート傘下へ【日米】
日本航空と日本エアシステム事業統合【日】
eBay,Paypalを15億ドルで買収【米】

コンビニ店舗数 4万超店 ▶1996 ▶2012

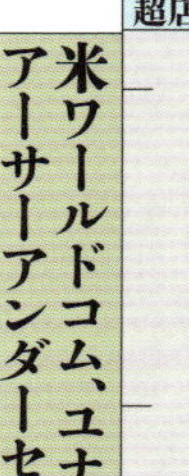

食肉偽装
雪印食品,BSE対応制度を悪用した補助金不正受給が内部告発で発覚,解散へ【日】
食肉卸大手スターゼンが値段の安い白豚を黒豚と表示していたと公表【日】
全農チキンフーズ,輸入鶏肉を鹿児島産と偽り販売【日】
丸紅畜産,輸入鶏肉国産偽装で公取が立入り検査【日】
日本ハム,BSE対応制度への申請取下げ無断焼却,偽装隠蔽か調査【日】

D 単一通貨ユーロ流通開始【EU】
ペソ急落,米ドルとの兌換保証放棄,変動相場制に【アルゼンチン】
大和銀行とあさひ銀行経営統合【日】
第二地銀破綻,中部銀行・石川銀行【日】
米S&P,日本国債格付けをAAからAA−に引き下げ【日】
日銀,銀行保有株式の購入方針発表【日】
ペイオフ,部分解禁するも本格解禁は再延期決定【日】

竹中プラン 不良債権処理加速
金融再生プログラム「竹中プラン」発表,銀行の不良債権処理加速へ【日】
スティグリッツ『世界を不幸にしたグローバリズムの正体』【米】
山口節郎『現代社会のゆらぎとリスク』【日】

E 太平洋炭礦,「最後のヤマ」を閉山し地元企業に縮小引継ぎ【日】
エネルギー政策基本法制定【日】
東京電力,原発トラブル隠蔽発覚【日】

エドゥアルド・ドゥアルデ【アルゼンチン】
シーム・カラス【エストニア】
メッジェシ・ペーテル【洪】
ハーミド・カルザイ【アフガニスタン】
ヤン・ペーター・バルケネンデ【蘭】
アルバロ・ウリベ・ベレス【コロンビア】
エイナルス・レプシェ【ラトビア】
アントン・ロップ【スロベニア】
胡錦濤【中】

クリエイティブ・コモンズ・ライセンスは、
インターネット時代の新たな共有知を目指す。

2002

私有する宇宙

オガネソン発見

A

地球観測衛星「アクア(Aqua)」打上げ,地球の水循環を観測【米】
小柴昌俊,ニュートリノに関する研究でノーベル物理学賞【日】
民間宇宙ベンチャースペースX,イーロン・マスクにより設立【米】
大学宇宙工学コンソーシアム(UNISEC)設立
アトラスVロケット運用開始【米】

アルマ チリ 標高5000m
巨大望遠鏡
開口合成型電波望遠鏡アルマ望遠鏡,建設開始【チリ】
カムランド実験による原子炉ニュートリノ観測【日】

シェーン事件
「シェーン事件」,ベル研究所でのエレクトロニクス領域の画期的発見が偽造と判明【米】
国際数学連合がガウス賞創立

イーロン・マスク スペースX

B

イネゲノム塩基配列重要部分の解読完了
「遺伝子治療臨床研究に関する指針」文科省・厚労省告示【日】
ゲフィチニブ(商品名イレッサ)を世界に先駆け肺がん治療薬として承認【日】
厚労省,イレッサ関連の肺炎死亡事故注意喚起,アストラゼネカ社に情報提出を要請【日】
ヒヤリ・ハット事例検討作業部会設置【日】
「ハイビジョン内視鏡システム(オリンパス)」,微小な病変も診断可能に【日】

C

地球シミュレータ

海洋研究開発機構運用「地球シミュレータ」HPC世界一【日】
東芝とNEC,第3世代光ディスク規格「AOD」(HD DVD)を提案【日】
3PAR,シンプロビジョニング機能「InServストレージサーバー」【米】

ルンバ 自動掃除ロボット出現
アイロボット,お掃除ロボット「Roomba」【米】
アザラシ型ロボット「パロ」に世界一の癒しロボット認定【日】
『ブルックスの知能ロボット論』【米】
多機能PDA(携帯情報端末)「Blackberry」【加】

全世界のネット普及率
1996 ◀ 10・59% ▶ 2007 2011 2015 2019

D

J・カッツ/M・オークス編『絶え間なき交信の時代』【米】

Tor 足跡の匿名化
「Tor」オニオンルーティングでTCP/IPの接続経路を匿名化【米】
SIPを規定した通信プロトコルRFC3261策定,VoIP・IP電話の普及へ【米】
プロバイダ責任制限法施行【日】
IP電話へ050からの電話番号割当て開始【日】

キリマンジャロ山頂氷河 2.2㎢ 19世紀に比べ90%減

E

WSSD 持続可能な開発に関する世界首脳会議
「持続可能な開発に関する世界首脳会議(WSSD)」開催,ヨハネスブルク宣言を採択
アナン国連事務総長,WEHAB運動を提唱
国内排出枠取引制度を世界初導入【英】
NEDO,カザフスタンからの二酸化炭素排出権取得契約を締結【日】
環境省,輸出先国での再生利用を条件に廃棄物の輸出を許可する方針【日】
「中華人民共和国水法」制定,家庭用水の節約や地下水利用制限等を規定
水道法改正,水道施設民間委託が可能に【日】
グレートバリアリーフの白化現象,全体の6割に拡大【豪】
諫早湾干拓事業中止を求める海上デモ【日】
南部アフリカで1440万人が食糧危機
リフキン『水素エコノミー』【米】

オーストラリア大干魃、農業生産60%減

検索と広告

A

日本精神神経学会,「精神分裂病」から「統合失調症」に呼称変更【日】
「追悼・平和祈念のための記念碑等施設の在り方を考える懇談会」無宗教の追悼施設を求める【日】

多としての身体 医療実践での身体論
E・トッド『帝国以後』,デュピュイ『ありえないことが現実になるとき』【仏】,A・モル『多としての身体』【蘭】,ピンカー『人間の本性を考える』,ペトリーナ『曝された生』【米】
長谷川眞理子『生き物をめぐる4つの「なぜ」』,米山優『情報学の基礎』,津田一郎『ダイナミックな脳』,野間俊一『エスとの対話』,大峯顯『花月のコスモロジー』【日】

B

ゆとり教育

公立校で完全週5日制,ゆとり教育を掲げた新学習指導要領【日】

住民基本台帳
住民基本台帳ネットワークシステム第1次稼働【日】
政治とカネを巡る疑惑で離党・議員辞職等相次ぐ(加藤紘一,鈴木宗男,田中真紀子,辻元清美)【日】
東京都千代田区「路上喫煙禁止条例」施行【日】

C

「国立国会図書館関西館」【日】
アート書店「UTRECHT」【日】
『here and there』(Z)【日】
バンダイチャンネル,ビデオオンデマンド(VOD)のコンテンツ配信,小説配信「新潮ケータイ文庫」【日】
「Gizmodo」(W)【米】

検索連動型広告
「Google Adwords」,「Overture」【米】
岡本欣也,寄藤文平「大人たばこ養成講座」JTマナー広告の書籍化【日】

D

ウィニー ファイル共有ソフト

CC1.0 クリエイティブ・コモンズ
著作権の共有を表明するクリエイティブ・コモンズ・ライセンス・バージョン1.0【米】
P2Pファイル共有「Winny」ベータ版公開【日】
モジラ,オープンソースwebブラウザ「Firefox」【米】
SNS「Friendster」【米】,音楽検索サービス「百度mp3捜索」【中】
CERO機構発足【日】

E

[ハリー・ポッター 賢者の石],続く[秘密の部屋]も世界的ヒット
アンダーソン監[バイオハザード],ライミ監[スパイダーマン],スピルバーグ監[キャッチ・ミー・イフ・ユー・キャン]【米】
平井堅[大きな古時計],氣志團[One Night Carnival]【日】

日韓W杯 初の2カ国同時開催
FIFAワールドカップ日韓共同開催,イングランドのベッカム人気で「ソフトモヒカン」流行
松井秀喜,NY・ヤンキースと契約
ルイ・ヴィトン,表参道に旗艦店【日】
分子ガストロノミーの「エル・ブリ」,レストラン世界一に【西】
旭山動物園,行動展示「ほっきょくぐま館」「ペンギンの散歩」,沖縄美ら海水族館「ジンベエザメの大水槽」【日】
タマちゃんフィーバー,多摩川にアゴヒゲアザラシ出没【日】
蒼井そらAVデビュー,中国で人気に【日】
タカラ「バウリンガル」【日】
「アブトロニック」「低インシュリンダイエット」「ニコレット」「プチ整形」【日】

男のソフモヒ 女のプチ整形

2004 2010 公衆電話設置台数70万台切る

増殖するセカイ

A

エンヴェゾー ナイジェリア出身キュレーター
オクウィ・エンヴェゾー監修「ドクメンタ11」【独】,ラトゥール企画「イコノクラッシュ」展【独】,ヴィリリオ企画「事故/未知数」展【仏】
食糧ビル「エモーショナル・サイト」展,村上隆主催「GEISAI#1」【日】
ヤン・ファーブル作[Heaven of Delight]玉虫羽の天井【白】,リアム・ギリック作[雲母の散りばめられたアスベスト塗装]【英】,須田悦弘「水の流れ,水の重なり」展,照屋勇賢(紅型)[結い,You-I]【日】
foa[横浜港大桟橋国際客船ターミナル]【日】
高橋盾(アンダーカバー)パリコレデビュー,裏原からモードへ【日】

B

ユージェニデス『ミドルセックス』,P・オースター『幻影の書』,A・ドーア『シェル・コレクター』【米】,パムク『雪』【土】,サラマーゴ『複製された男』【ポルトガル】,アモス・オズ『A Tale of Love and Darkness』【イスラエル】,村上春樹『海辺のカフカ』,佐藤亜紀『天使』,飛浩隆『グラン・ヴァカンス 廃園の天使Ⅰ』,小池純代『梅園』【日】

マイケル・ムーア

C

チャン・イーモウ
メンデス監[ロード・トゥ・パーディション]【英】,ムーア監[ボウリング・フォー・コロンバイン]【米】,カウリスマキ監[過去のない男]【芬】,ポランスキー監[戦場のピアニスト]【波】,アルモドバル監[トーク・トゥ・ハー]【西】,イーモウ監[HERO]【中】,山田洋次監[たそがれ清兵衛],阪本順治監[KT],平山秀幸監[OUT],吉田喜重監[鏡の女たち]【日】

D

ノラ・ジョーンズ
ウィルコ[Yankee Hotel Foxtrot],ノラ・ジョーンズ[Come Away with Me],G・ヘミングウェイ[Songs]【米】
元ちとせ[ワダツミの木],東京スカパラダイスオーケストラ[Stompin'On DOWN BEAT ALLEY],高木正勝[Opus Pia]【日】
小澤征爾,ウィーン国立歌劇場音楽監督就任
湯浅譲二[内触覚的宇宙第5番],田中カレン[失われた聖地],佐藤聰明[ヴァイオリン協奏曲]【日】
T・ストッパード作[コースト・オブ・ユートピア]【英】,オハッド・ナハリン振付バットシェバ舞踊団[Naharin's Virus]【イスラエル】
こまつ座[太鼓たたいて笛ふいて],太田省吾作演[↑ヤジルシー誘われて],蜷川幸雄×野村萬斎×東儀秀樹[オイディプス王]【日】

E

A:[ラーゼフォン],[攻殻機動隊 STAND ALONE COMPLEX]【日】

ひぐらしのなく頃に
G:トミネ[サマーブロンド]【加】,PC[Ragnarok Online]【韓】
PS2[ときめきメモリアル Girl's Side],PC[ひぐらしのなく頃に]【日】
C:花輪和一[刑務所の前],木尾士目[げんしけん],中村春菊[純情ロマンチカ],福満しげゆき[僕の小規模な失敗],古泉智浩[青春☆金属バット],やまじえびね[インディゴ・ブルー],PEACH-PIT[ローゼンメイデン],卯月妙子[人間仮免中],西原理恵子[毎日かあさん],志村貴子[放浪息子],田村由美[7SEEDS]【日】
『コミックエルオー』(茜新社),『月刊フラワーズ』(小学館)【日】
同人誌即売会「文学フリマ」スタート【日】
「セカイ系」という語がサイト「ぷるにえブックマーク」で初登場【日】

セカイ系

ほとばしる熱いパトスで 思い出を裏切るなら この宇宙を抱いて輝く 少年よ 神話になれ
「残酷な天使のテーゼ」(『新世紀エヴァンゲリオン』テーマ曲)

ヒトゲノムの解読終了宣言。タンパク質をつくる機能のある遺伝子はわずか1.5%で、全体の約10%はウイルスに由来することがわかってきた。

2003

平成15

イラン・イラク・北朝鮮

1 **飢餓ゼロ計画** ブラジル ルラ大統領

01 ルラ・ダ・シルバ大統領就任,貧困層への支援を強化する「飢餓ゼロ計画」【ブラジル】

10 NPT(核兵器不拡散条約)脱退を宣言【朝】

10 小泉首相とプーチン大統領,北方領土問題含む関係進展へ向けた日露行動計画を採択

24 国土安全省発足【米】

2 04 ユーゴ,「セルビア・モンテネグロ」に国名変更,連邦制に移行

10 対イラク戦の軍事支援を拒否【仏独白】

15 60カ国,400都市でイラク攻撃反対デモ

◉ ダルフール紛争勃発【スーダン】

3 04 ミンダナオ島のダバオ国際空港で爆弾テロ,19名死亡【比】

胡錦濤 第6代国家主席

15 胡錦濤,国家主席就任【中】

20 米英主導による同盟軍,イラク戦争開始を宣言

イラク戦争 フセイン政権崩壊

4 09 バグダッド陥落,フセイン政権崩壊【イラク】

09 イラク人道支援として1億ドル(約120億円)拠出を発表【日】

北朝鮮、核保有を表明 第二次核外交

24 北朝鮮,米中との3カ国協議で核兵器の保有を表明

5 01 ブッシュ大統領,イラク戦争の戦闘終結を宣言【米】

20 小泉首相,有事関連法案審議中の参院で「実質的に自衛隊は軍隊」と発言【日】

22 国連安保理,米・英・西が提案のイラク経済制裁解除決議を採択

27 襲撃誘拐事件や反政府デモ拡大を受け,大統領による非常事態宣言【ペルー】

6 06 有事関連3法が成立【日】

22 中国と香港の活動家グループ,尖閣諸島への上陸を試みるも断念【日中香】

23 バジパイ首相訪中,全面的協力宣言に調印,チベットを中国領と承認【中印】

7 01 民主化を求め香港で50万人デモ,返還以来最大規模【中】

26 イラク復興支援特別措置法成立,自衛隊を派遣可能に【日】

8 19 バグダッドの国連の現地本部事務所で爆弾テロ,24人死亡,120人以上負傷【イラク】

27 北朝鮮の核開発問題を巡る6カ国協議(第1回)が北京で開催【日米韓中露朝】

9 11 パレスチナ自治政府アラファト議長の追放を治安閣議決定【イスラエル】

北朝鮮 六カ国協議

10 07 東南アジア友好協力条約に中国とインドが加盟【ASEAN】

07 シュワルツェネッガー,カリフォルニア州知事【米】

16 安保理,多国籍軍派遣と戦後復興の国際協力に関する決議を採択【イラク】

11 19 第2次小泉内閣が発足【日】

23 バラ革命,シュワルナゼ大統領の退陣要求市民デモ,大統領辞任【グルジア】

26 IAEA,イランのウラン濃縮やプルトニウム抽出に対する非難決議採択

12 **リビア方式** 物資と武器のバーター

19 リビア,経済制裁の解除を前提に大量破壊兵器の放棄で合意【米英リビア】

26 イラク特別措置法により航空自衛隊を人道復興支援活動に派遣,2006年7月撤収【日】

BRICsミクス

A 世界初の1チップGPS用LSI(ソニー)【日】

楕円曲線暗号実装方式(NTT,日立,三菱電機)【日】

B 双子の赤字復活【米】

知的財産基本法施行【日】

産業再生機構スタート【日】

ソニーショック 日本ハイテク株売りへ

ソニー,連結決算発表後株価急落(ソニーショック)【日】

沖縄都市モノレール線開通【日】

東海道新幹線品川駅開業【日】

地上デジタル放送開始【日】

米の財輸入の割合,中国産が日本産を上回る

C **日本郵政公社** 2003-2007

日本郵政公社設立,信書の集配事業を民間に開放(免許制)【日】

日本鋼管と川崎製鉄が経営統合,JFEスチール発足【日】

テスラ設立 電気自動車

電気自動車,テスラ・モーターズ設立【米】

VWタイプ1(ビートル)生産終了【独】

スカイプ・テクノロジーズ設立【ルクセンブルク】

日産V字回復,借金2兆円を4年で完済【日】

シャープがワープロ生産中止,市場消滅【日】

博報堂・大広・読売広告社が経営統合,博報堂DYメディアパートナーズに【日】

オン・ザ・エッジ(ライブドア),株式100分割で連日ストップ高【日】

六本木ヒルズ開業【日】

ハウステンボス経営破綻【日】

労働組合組織率20%切る

D 日銀,初の国債現先売りオペ実施【日】

個人向け国債募集開始【日】

三井住友銀行,わかしお銀行との逆さ合併で不良債権処理【日】

りそな銀行,埼玉りそな銀行,発足【日】

りそな銀に2兆円の公的資金投入【日】

日銀,大規模円売り・ドル買い介入と量的緩和拡大【日】

日銀,りそな動揺防止に1兆円を市場供給【日】

日銀,アジア債券基金の設立を発表【日】

政府,足利銀行を一時国有化【日】

米FRB,デフレ懸念から歴史的低金利へ(FF金利1.0%)【米】

りそな国有 公的資金投入

ヤミ金対策法

ヤミ金融対策法成立【日】

R・クー『デフレとバランスシート不況の経済学』【米】,ミクルスウェイト/ウールドリッジ『株式会社』,ブショー/ポッター『金融リスクの理論』【英】

岩井克人『会社はこれからどうなるのか』,渡部亮『アングロサクソン・モデルの本質』,小松丈晃『リスク論のルーマン』【日】

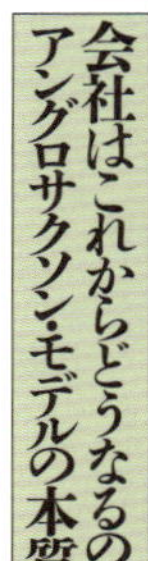

E 米東北部とカナダの一部で大規模停電発生

「デザーテック」サハラ砂漠で発電,消費地に送電する大規模再生可能エネルギー計画発足

エネルギー政策基本法に基づく,初のエネルギー基本計画策定【日】

東電,全原発を停止,行政処分,追加検査実施のため【日】

珠州原発,巻原発建設断念【日】

重慶の天然ガス田でガス噴出事故,作業員ら230人以上死亡【中】

原発不信

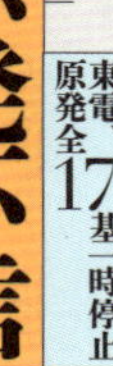

ルイス・イナシオ・ルラ・ダ・シルバ【ブラジル】
盧武鉉【韓】
ロランダス・パクサス【リトアニア】
ヴァーツラフ・クラウス【チェコ】
ユハン・パルツ【エストニア】
ネストル・キルチネル【アルゼンチン】
ポール・マーティン【加】

個人情報保護法成立。ルールは技術の後を追いかける。

モスコビウム発見

ADSL契約1000万超

アフリカ携帯普及率 2009 2014 8.6%超

FOMA契約100万台

巨大地震と感染症

A

ポアンカレ予想決解

空中分解 スペースシャトル

スペースシャトル「コロンビア号」空中分解事故【米】
火星探査車「スピリット」打上げ【米】
デルタ4ロケット運用開始【米】
有人宇宙船「神舟5号」,中国初の宇宙飛行士搭乗【中】
小惑星探査機「はやぶさ」打上げ【日】
ガンマ線観測衛星「HETE-2」が検出したガンマ線バースト源がIc型超新星と判明【米仏】
独立行政法人宇宙航空研究開発機構(JAXA)発足【日】

WMAP 0.0001%ゆらぎ

NASAのWMAPによる観測で0.0001%の宇宙マイクロ背景放射の温度ゆらぎを検出
欧州南天天文台(ESO),高精度視線速度系外惑星探査装置(HARPS)完成【チリ】
周期的な光度変化の観測によるトランジット法で最初の惑星発見
ペレルマン,微分幾何学の道具を用いポアンカレ予想解決【露】
小澤正直,ハイゼンベルグの「不確定性原理」を補う「小澤の不等式」を提唱【日】

B

感染症SARS

兵庫県立粒子線医療センターが陽子線による治療を開始【日】
肺ガン治療薬ゲフチニブがFDAで承認【米】

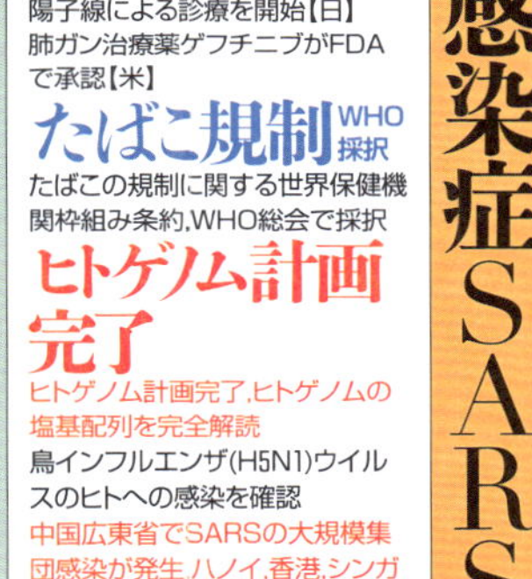

たばこ規制 WHO採択

たばこの規制に関する世界保健機関枠組み条約,WHO総会で採択

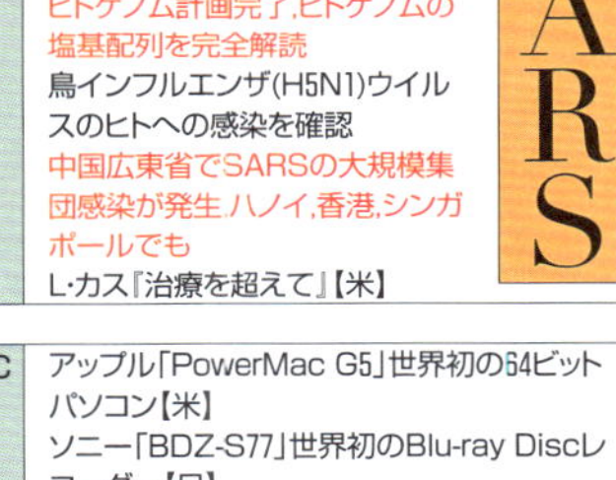

ヒトゲノム計画完了

ヒトゲノム計画完了,ヒトゲノムの塩基配列を完全解読
鳥インフルエンザ(H5N1)ウイルスのヒトへの感染を確認
中国広東省でSARSの大規模集団感染が発生,ハノイ,香港,シンガポールでも
L・カス『治療を超えて』【米】

C

アップル「PowerMac G5」世界初の64ビットパソコン【米】
ソニー「BDZ-S77」世界初のBlu-ray Discレコーダー【日】
「Nokia6600」加賀美淳一デザインの流線形携帯電話【芬】
国土安全保障省情報セキュリティ対策部門「US-CERT」設立【米】
CIA運営の企業資出資でデータ分析会社パランティア・テクノロジーズ設立【米】

D

NFC(近距離無線通信),ISO/IEC 18092として規格化
世界情報社会サミット(WSIS)ジュネーブ会合開催
インターネット定点観測システム「ISDAS」公開【日】

E

日本産トキ絶滅【日】
「カスピ海海洋環境保護のための枠組み条約」,沿岸5カ国首脳により締結
ページ他『環境思想』,ドライゼク他『緑の国家と社会運動』【英】,L・ブラウン『プランB』【米】

BSE 米国産牛肉輸入禁止

米国でBSE(牛海綿状脳症)症例公表,米国産牛肉の輸入差止め【日】
農民10万人がNAFTAによる農産物貿易の自由化に反対デモ【墨】
欧州各国に記録的な熱波,2万人以上死亡

検索と広告

A

世界伝統宗教指導者会議【カザフスタン】
米国聖公会,同性愛公言のロビンソンがニューハンプシャー州主教に就任【米】
「白装束集団」パナウェーブ研究所施設内で福岡教育大助教授の遺体発見【日】
第1回カルチュラル・タイフーン【日】
ホネット/フレイザー『再配分か承認か?』【独】,イーグルトン『アフター・セオリー』【英】
サレン/ジマーマン『ルールズ・オブ・プレイ』【米】,武邑光裕『記憶のゆくたて』【日】

B

個人情報保護法

ユーロダック規則開始,難民の不法入国阻止で指紋をDB化【EU】
個人情報保護法成立,IT社会におけるプライバシー保護【日】

オレオレ詐欺

電話で「オレオレ」と身内を装う振り込め詐欺が全国で続発【日】
出会い系サイト規制法公布【日】
国歌斉唱伴奏を拒否した教諭,都教委による戒告処分【日】
国政選挙で初めて「マニフェスト」が掲げられる【日】
宮崎県都城市,性的少数者の人権を明記した条例を制定【日】

C

ブログ はてな、ココログ、ライブドア

「福井県立図書館・文書館」【日】

地デジ

東京・大阪・名古屋を中心に地上デジタル放送開始【日】
ケーガン『ネオコンの論理』【米】
リバーベンド『バグダッド・バーニング』【イラク】

バカの壁

養老孟司『バカの壁』,池田晶子『14歳からの哲学』【日】
『MilK』(M)【仏】,『ビッグイシュー日本版』(Z)【日】
ブログサービス拡大(「はてなダイアリー」,「ライブドアブログ」,「ココログ」)【日】

D

セカンドライフ

デイビッド・ブライら,新たな機械学習モデルLDA提唱【米】

スカイプ 無料通話サービス

VoIPを利用した無料通話サービス「Skype」【エストニア】
アップル,ウェブブラウザ「Safari」,音楽配信サービス「iTunes Music Store」【米】
リンデンラボ,仮想世界「Second Life」【米】

Steam ゲームもパッケージいらず

ゲーム配信サービス「Steam」【米】,ドワンゴ「ウルティマオンラインモバイル版」【日】
SNS「Myspace」,「LinkedIn」,画像掲示板「4chan」,ファイル転送「BitTorrent」【米】
電子書籍「文庫読み放題」,電子コミック「ビットウェイ」【日】

E

ディズニー[ファインディング・ニモ],ヴァービンスキー監[パイレーツ・オブ・カリビアン]【米】
SMAP[世界に一つだけの花],森山直太朗[さくら(独唱)]【日】

朝青龍 モンゴル人初の横綱

モンゴル人力士朝青龍が横綱に昇進【日】
「ヌーブラ」上陸,「ヘルシア」発売【日】
ジャパネットタカタ,社長出演のテレビショッピングで急成長【日】
「駅ナカ」JR東日本,駅ナカ店舗ビジネスの専門会社設立【日】

野茂英雄 大リーグ通算100勝

増殖するセカイ

A

バンクシー

オプリスト+ティラヴァニ企画「ユートピア・ステーション」展【伊】
「緯度がかたちになるとき―グローバル時代のアート」展【米】,森美術館開館「ハピネス」展【日】
覆面ゲリラアーティストのバンクシー壁画[花束を投げる男]【英/パレスチナ】

エリアソン 人工太陽

オラファー・エリアソン作[ウェザー・プロジェクト]【丁/英】,ケントリッジ画[プロジェクションのための9つのドローイング]【南ア】,シュタイナー&レンツリンガー作[落下する庭園]【瑞/伊】,「ヘテロトピアス―曽根裕・小谷元彦」展【日/伊】,森万里子作[Wave UFO]【日/墺】
クック設計[クンストハウス・グラーツ]【墺】,妹島和世設計[梅林の家]【日】

B

綿矢りさ 金原ひとみ

E・P・ジョーンズ『地図になかった世界』,D・ブラウン『ダ・ヴィンチ・コード』【米】,D・B・C・ピエール『ヴァーノン・ゴッド・リトル』【豪】,M・V・リョサ『楽園への道』【ペルー】

シンセミア 阿部和重 神町サーガ

阿部和重『シンセミア』,綿矢りさ『蹴りたい背中』,金原ひとみ『蛇にピアス』【日】

C

パク・チャヌク キム・ギドク

ソフィア・コッポラ

ズウィック監[ラスト サムライ],バートン監[ビッグ・フィッシュ],S・コッポラ監[ロスト・イン・トランスレーション]【米】,ズビャギンツェフ監[父、帰る]【露】,王兵監[鉄西区]【中】,パク・チャヌク監[オールド・ボーイ],キム・ギドク監[春夏秋冬そして春]【韓】
黒木和雄監[美しい夏キリシマ],荒戸源次郎監[赤目四十八瀧心中未遂],犬童一心監[ジョゼと虎と魚たち],北野武監[座頭市]【日】

王兵 鉄西区

D

ヴィジェイ・アイヤー

V・アイヤー&M・ラッド[In What Language?],マーク・ドレッサー・トリオ[A Momentary Lapse]【米】,G・フリジーナ[Hi Note]【伊】
バッファロー・ドーター[Psychic],[降神],MSC[Matador],[Zongamin],安東ウメ子[ウポポサンケ]【日】
H・ラッヘンマン[書Schreiben]【独】,女子十二楽坊【中】
細川俊夫[海からの風],新実徳英[ヴァイオリン協奏曲],三輪眞弘[村松ギヤ・エンジンによるボレロ]【日】
P・ドゥクフレ[IRIS]【仏】,D・ライト作[I Am My Own Wife],ミュージカル[ウィキッド]【米】,大人計画[ニンゲン御破算],NODA MAP[オイル],橋岡久馬[東国下]独吟【日】

E

A:[フルメタル・パニック?ふもっふ]【日】
G:GC[カービィのエアライド],PS2[SIREN]【日】
C:G・デリスル[ピョンヤン]【仏】
トロント・コミックアート・フェスティバル【加】
あずまきよひこ[よつばと!],大場つぐみ/小畑健[DEATH NOTE],岩明均[ヒストリエ],こうの史代[夕凪の街 桜の国],ほしよりこ[きょうの猫村さん],三田紀房[ドラゴン桜],一ノ関圭[鼻紙写楽],緑川ゆき[夏目友人帳],おかざき真里[サプリ],山口貴由[シグルイ],石塚真一[岳],羽生生純[青]【日】
L:谷川流『涼宮ハルヒの憂鬱』,冲方丁『マルドゥック・スクランブル』【日】
リチー/ガーナー『イメージ・ファクトリー』【英】,森川嘉一郎『趣都の誕生』【日】

「勤労感謝の日」は働きたくても働けない若い人たちを傷つけないために、「生きているだけでいいよの日」になった。
多和田葉子『献灯使』

金融工学の魔術は、リスクを分割し、再パッケージ化し、マネーがマネーを生む幻想をふりまいたが、その実像は、「リスクに弱い者」への押し当てによって成立しているにすぎなかった。

2004
平成16

共振する同時テロ

マドリード列車爆破テロ

1 04 親欧米のサアカシュビリ,大統領当選【グルジア】
06 イラン・エジプト,25年ぶりの国交回復合意
09 イラク復興支援特別措置法に基づき陸自にイラク派遣命令【日】

2 **カーン博士** 核技術情報流出
04 カーン博士,イラン・リビア・北朝鮮への核技術流出関与を認める【パキスタン】

3 09 中距離弾道ミサイル発射実験成功を発表【パキスタン】
11 マドリード列車爆破テロ事件,イスラム過激派が犯行声明【西】
15 大統領選挙でプーチン再選【露】
22 イスラエル軍,ハマス創始者ヤシン師ら4名を殺害【パレスチナ】
24 中国人7名,魚釣島に上陸【日】

4 02 NATOの第2次東方拡大,中東欧の7カ国が加盟

5 01 EU,東欧10カ国の加盟により25カ国に

アブグレイブ刑務所

05 米軍運営アブグレイブ刑務所でのイラク人虐待が内部告発から表面化【イラク】
09 親露派カディロフ大統領,独立派によって爆殺【チェチェン】
19 マンモハン・シン,非ヒンディー教徒として初の首相当選【印】
29 武装集団が石油関連企業や外国人居住区を襲撃【サウジ】

6 18 欧州憲法条約,EU首脳会議で採択
28 連合国暫定行政当局(CPA)から暫定政府へ主権移譲【イラク】
28 自衛隊,多国籍軍に参加【日】

7 02 東南アジア友好協力条約加盟【日】
14 調査委員会,イラクに大量破壊兵器の存在なしと報告【英】

9 01 北京日本人学校に脱北者29人駆け込み,日本大使館が保護【日】
01 ベスラン学校占拠事件,チェチェン人武装グループが3日間占拠,死者380人超【露】

宗教スカーフ禁止法

02 宗教シンボル着用禁止法施行【仏】
19 胡錦濤国家主席,党・国家に続き軍の最高ポストを獲得【中】

ユドヨノ大統領 インドネシア初直接選挙

20 初の大統領直接選挙,決選投票の結果ユドヨノが当選【尼】

EU加盟国15から25へ
+キプロス、チェコ、エストニア、ハンガリー、ラトビア、リトアニア、マルタ、ポーランド、スロバキア、スロベニア

オレンジ革命

10 01 イスラエル軍,ハマス鎮圧に向けてガザ侵攻
06 米イラク調査団が最終報告発表,イラクに大量破壊兵器なしと結論【米】
09 史上初の大統領選挙によりハミド・カルザイ選出【アフガニスタン】
10 暫定連邦政府,プントランド大統領ユスフを大統領に選出【ソマリア】
◉ タウヒードとジハード集団,「イラクの聖戦アルカイダ」に改称【イラク】

11 03 大統領選挙でブッシュ再選【米】

アラファト死去

11 アラファト議長死去【パレスチナ】
23 オレンジ革命,親露派ヤヌコヴィッチの大統領当選に対する抗議集会【ウクライナ】

12 09 自衛隊復興支援活動,1年延長【日】
26 オレンジ革命,EUなどの仲介で再度決戦投票,民族派ユーシェンコが当選【ウクライナ】

BRICsミクス

日本球界再編へ

A 世界最高の電気光学効果を持つKTN結晶材料(NTT)【日】
温度無依存で高速変調可能な量子ドット~レーザ(東大・富士通)【日】

B 電力自由化拡大,500キロワット以上の分野も新規事業者などに開放【日】
東京メトロ誕生,営団地下鉄が民営化【日】
米BSE発生,チェーン牛丼販売休止【日】
年金改革関連法成立【日】
プロ野球1リーグ10球団構想【日】
新球団「東北楽天ゴールデンイーグルス」設立,本拠地仙台【日】
ヨハイ・ベンクラー,論文「良い共有」でシェアリング経済の概念を提唱【米】
サンフランシスコ圏の住宅価格,前年比15.5%増加【米】
サブプライムローン急拡大【米】

米 住宅バブル

C **シャープ亀山 松下電器茨木**

ディスプレイ製造国内回帰,液晶のシャープ亀山,プラズマの松下電器茨木【日】
松下電器産業,オキシライド乾電池発売【日】
サッポロ,第3のビール「ドラフトワン」発売【日】

フェイスブック 学内SNSから開始

マーク・ザッカーバーグ,3人の学生と共にフェイスブック設立【米】
タワーレコード,破産法申請【米】
グーグル株式公開【米】
産業再生機構による企業再建(ダイエー,カネボウ,ミサワホーム)【日】
トヨタ,国内初の純利益1兆円超え【日】

D 急激な円高阻止のため政府・日銀が実施していた35兆円規模の円売り為替介入終了【日】

消費者金融を傘下に

三菱東京がアコムを,三井住友がプロミスを傘下に【日】
金融庁 UFJ銀行を特別検査,巨額引き当て不足を指摘【日】
UFJ信託,住友信託への売却交渉【日】
金融庁 UFJに業務改善命令【日】
UFJグループ,三菱東京フィナンシャル・グループへの経営統合申し入れ【日】
住友信託,UFJ信託統合白紙化に異議,合併差止訴訟【日】
三井住友フィナンシャルグループ, UFJグループに統合を提案【日】
三菱東京フィナンシャル・グループとUFJグループ,経営統合合意【日】
マンデルブロ/ハドソン『禁断の市場』,パーキンス『エコノミック・ヒットマン』【米】

プルサーマル推進

E 大慶油田の対日輸出終了【日中】
国際石油開発,イランとアザデガン油田開発契約を締結【日】
福井県知事,高浜3・4号機のプルサーマル計画再開を了承【日】
四国電力,地元に伊方3号プルサーマル計画事前協議申し入れ【日】
九電,プルサーマル化予定の玄海3号機の設置変更許可申請【日】
関電美浜原発3号機蒸気噴出事故,5名が死亡【日】
柏崎刈羽原発7号機,新潟県中越地震で運転自動停止【日】

ピーク・オイル

マクウェイグ『ピーク・オイル:石油争乱と21世紀経済の行方』【加】

ミヘイル・サアカシュヴィリ【グルジア】
インドゥリス・エムシス【ラトビア】
コスタス・カラマンリス【希】
ホセ・ルイス・ロドリゲス・サパテロ【西】
マレック・ベルカ【波】
マンモハン・シン【印】
イヴァン・ガシュパロヴィッチ【スロバキア】
ヴァルダス・アダムクス【尼】
ハルドール・アウスグリムソン【氷】
ジュルチャーニ・フェレンツ【洪】
アブドゥラヒ・ユスフ【ソマリア】
スシロ・バンバン・ユドヨノ【尼】
ヤネス・ヤンシャ【スロベニア】
アイガルス・カルヴィティス【ラトビア】

SNSが個人と世界を直接結び、リアルな社会の中間項が衰えていく。

日本の世界遺産10件目 紀伊山地の霊場と参詣道

2004

巨大地震と感染症

ニホニウム見発

A
ESA(欧州宇宙機関)の彗星探査機「ロゼッタ」打ち上げ【欧】
JT-60(臨界プラズマ試験装置)が高圧力プラズマの長時間維持に成功【日】
「カッシーニ」,土星の周回軌道に乗る【米欧】
「スマート1」が月周回軌道に【欧】
「スペースシップワン」,初の有人宇宙飛行【米】,R・ブランソン,ヴァージン・ギャラクティック設立【英】
米国が新宇宙政策発表,将来的に有人火星探査を目指す姿勢を明らかに【米】
オガネシアンら,115番元素モスコビウム発見を報告【露】
森田浩介ら,113番元素ニホニウム発見【日】

KEK発足 高エネルギー加速器研究機構

高エネルギー加速器研究機構(KEK)発足,「KEK～神岡間長基線ニュートリノ振動実験」(K2K実験)実施【日】

B
国と製薬会社を相手にイレッサ副作用について患者提訴【日】

エピジェネティクス創薬

DNAメチル化阻害薬アザシチジン,エピジェネティクス創薬としてFDA初承認【米】
イネ品種「日本晴」ゲノムの塩基配列解読完了,95%のイネゲノム明らかに【日】

世界の1人あたり食肉生産量 40kg

C
「GoPro」35mmフィルムバージョン【米】
3Dプリンター「RepRap」プロジェクト【英】
ゲーミングPC「GALLERIA」,SCE「プレイステーションポータブル」,任天堂「ニンテンドーDS」【日】
モトローラ「RAZRV3」超薄型携帯電話【米】
NVIDIA,マルチGPU動作システム「SLI」,サン・マイクロシステムズ「UltraSPARCIV」同時マルチスレッディング(SMT)機能搭載【米】

アジアで鳥インフルエンザ 1億羽以上が処分

D
アジア太平洋地域の通信会社7社が「ブリッジ・モバイル・アライアンス」設立

GCash モバイル送金

グローブテレコム,モバイル送金「GCash」【比】
ドコモ,iモード「災害用伝言板サービス」,パケット定額制「パケ・ホーダイ」,FeliCa搭載「おサイフケータイ」通信インフラから生活インフラへ推進【日】
ドコモ「FOMA国際ローミングイン」,NTT東西「ひかり電話」【日】

おサイフケータイ

東京の真夏日 70日以上 ◀2023

E
「気候変動と開発に関する行動計画」合意,決議採択【EU】
バーゼル条約違反の疑いで日本からの廃プラスチック輸入停止【中】
長年にわたる植林活動でW・マータイ,ノーベル平和賞【ケニア】
京都市,全国初の地球温暖化対策条例を制定【日】
C・サンスティン&M・C・ヌスバウム編『動物の権利』【英】,エッカースレイ『緑の国家』【米】
遺伝子組換えトウモロコシ食品利用承認【欧】
鳥インフルエンザ発生,日本でも感染報告
スマトラ島沖地震(M9.1),余震も含め数度にわたり津波が発生,22万人以上死亡【尼】

新潟中越地震

新潟県中越地震(M6.8),死者68人【日】
南アジア地域で大雨による洪水被害,バングラデシュは3分の2が冠水
条例を制定【日】

スマトラ島沖地震 M9.1

スマトラ沖地震 津波災害死者22万 負傷者13万 行方不明者7.7万人

1996 2012 ◀絶滅危惧種1万5503種▶ 2017 2020 2023

ブログとSNS

A
英国国教会,インターネット上の仮想教会「iチャーチ」開設【英】
偶像崇拝につながるとしてカメラ付き携帯電話が禁止に【サウジ】
スンニ派,シーア派の合同礼拝【イラク】
「紀伊山地の霊場と参詣道」世界遺産登録【日】

マルチチュード ネグリ ハート

M・セール『小枝とフォーマット』【仏】,A・ネグリ/M・ハート『マルチチュード』,J・サール『マインド 心の哲学』,A・ギャロウェイ『プロトコル』【米】
中井久夫『兆候・記憶・外傷』,池谷裕二『進化しすぎた脳』,浅羽通明『ナショナリズム』,『アナーキズム』【日】

B
イラク聖戦アルカイダ組織,日本人旅行者殺害【イラク】
国立大学,国から独立した組織となり「国立大学法人」に【日】
BSEの影響で牛丼消え,豚丼へ【日】
「性同一性障害者の性別の取扱いの特例に関する法律」施行,性別変更可能に【日】

ネット上の自己責任論

イラクで誘拐の3邦人に政権が「自己責任」発言,ネット上で議論噴出【日】

C
「シアトル中央図書館」【米】,「ユトレヒト大学図書館」【蘭】
クルド語の衛星TV局「Roj TV」開局【丁】
ドナルド・トランプの「アプレンティス」(T)【米】
イラク駐屯の自衛隊に対する取材制限【日】
「R25」(M),酒井順子『負け犬の遠吠え』【日】

全書籍データ化

図書館の蔵書をデータ化する「グーグルライブラリープロジェクト」運用開始【米】

D
P・グレアム『ハッカーと画家』,M・ワーク『ハッカー宣言』,D・ギルモア『ブログ』【米】
webメール「Gmail」,ハーバード大学発のSNS「Facebook」(一般公開は06年),動画共有「Vimeo」【米】,写真共有「Flickr」【加】,SNS「前略プロフィール」「mixi」「GREE」【日】
「Yahoo!知恵袋」【日】,音楽配信「Melon」【韓】,読書記録「ブクログ」,連想検索「新書マップ」【日】
モバイル決済「アリペイ」【中】

ウィニー事件

P2Pファイル共有ソフトウェア「Winny」開発者逮捕,著作権法違反幇助の疑い【日】

SNS ミクシィ,アメーバ,フェイスブック

E
宮崎駿監[ハウルの動く城],押井守監[イノセンス],大友克洋監[スチームボーイ]【日】
O-Zone[恋のマイアヒ]【ルーマニア】
平原綾香[Jupiter],ORANGE RANGE[花],松平健[マツケンサンバII]【日】

北島康介 100m,200m 平2冠

アテネ五輪,北島康介(水泳)金メダル「チョー気持ちいい」【希】
イチロー,MLBシーズン最多262安打【米】
NPB初のストライキ【日】
競馬のハルウララ,110連敗で話題に【日】
韓国ドラマ人気,[冬のソナタ],[宮廷女官チャングムの誓い],ペ・ヨンジュン「ヨン様」ブーム【日】
ロンドンにドーバーストリートマーケット開店【英】

韓流 冬ソナ チャングム

2001 2012 ◀フィットネスクラブ平均月間利用者1000万人超

増殖するセカイ

A
ビショップ『敵対と関係性の美学』【英】
アーロン・ローズ企画「ビューティフル・ルーザーズ」展巡回【米】

ティルマンス 写真空間の創造

ティルマンス「フライシュヴィマー」展【独/日】
エル・アナツイ作[新世界の力のための旗]【ガーナ】,イエスメン演[ダウ・ケミカル]【英】,アレック・ソスp『SLEEPING BY THE MISSISSIPPI』【米】
松井冬子画[浄相の持続],十四代今右衛門(陶芸)[色絵薄墨はじき雪文鉢]【日】

SANAA 妹島和世 西沢立衛

SANAA設計[金沢21世紀美術館],山本理顕設計[建外SOHO],鈴木了二[物質試行47金刀比羅宮プロジェクト],藤森照信設計[高過庵]【日】
皆川明「ミナ・ペルホネン」パリコレ

絵画最高額更新 ピカソ「パイプを持つ少年」1億400万ドル ▶2010 2012 2013 2015 2017

B

2666 ロベルト・ボラーニョ

P・ロス『プロット・アゲンスト・アメリカ』【米】,ボラーニョ『2666』【チリ/西】,姜戎『神なるオオカミ』【中】
古井由吉『野川』,笙野頼子『金毘羅』,神林長平『膚の下』【日】

姜戎 神なるオオカミ

C

G・G・ベルナル

アンゲロプロス監[エレニの旅]【希】,イーストウッド監[ミリオンダラー・ベイビー]【米】,アルモドバル監[バッド・エデュケーション]【西】,サレス監[モーターサイクル・ダイアリーズ]【ブラジル】,アメナーバル監[海を飛ぶ夢]【チリ】,レベージャ監[ウィスキー]【ウルグアイ】,ゴバディ監[亀も空を飛ぶ]【イラン】

是枝裕和 誰も知らない

是枝裕和監[誰も知らない],崔洋一監[血と骨],中島哲也監[下妻物語],黒木和雄監[父と暮らせば]【日】

D

ティナリウェン 砂漠のブルース

[Yann Tiersen & Shannon Wright],[Nouvelle Vague]【仏】,M・アイレットセン[Turanga]【諾】,B・ウィルソン[Smile],Nels Cline[The Giant Pin],アンティバラス[Who is this America?]【米】,The Go! チーム[Thunder, Lightning, Strike]【英】,アーケイド・ファイア[Funeral]【加】,
ティナリウェン[Amassakoul]【マリ】
[ZAZEN BOYS],[フジファブリック],東京事変[教育]【日】
斉木由美[アントモフォニーIII]【日】
S・パクストン[Night Stand],オールビー改訂[ヴァージニア・ウルフなんかこわくない]リバイバル【米】

チェルフィッチュ 岡田利規 超口語演劇

岡田利規作・演出の語る演劇,チェルフィッチュ[三月の5日間]【日】

E
G:PC[Fate/stay night],PS2[モンスターハンター],PS2[塊魂]【日】
C:「NAVER WEBTOON」【韓】
近藤聡乃[はこにわ虫],美水かがみ[らき☆すた],安野モヨコ[働きマン],真鍋昌平[闇金ウシジマくん],よしながふみ[大奥],空知英秋[銀魂],石川雅之[もやしもん],いくえみ綾[潔く柔く]【日】
L:「小説家になろう」開設,ヤマグチノボル『ゼロの使い魔』,桜坂洋『ALL YOU NEED IS KILL』,鎌池和馬『とある魔術の禁書目録』【日】
大塚英志『サブカルチャー文学論』,『「おたく」の精神史』【日】

ラノベ

2002 2010 ◀公衆電話設置台数50万台切る

あたしは絶対しあわせになってやる じゃなかったらみんな一連托生で地獄行きよ
岡崎京子『ヘルタースケルター』

1990 1991 1992 1993 1994 1995 1996 1997 1998 1999 2000 2001 2002 2003 2004 2005 2006 2007 2008 2009 2010 2011 2012 2013 2014 2015 2016 2017 2018 2019 2020 2021 2022

2005
平成17

中国 IT

93	ジェン・スン・フアン,半導体メーカーNVIDIAを設立【米】
00	中国で携帯電話の爆発的な普及が進む【中】
01	検索サイト「百度」【中】
05	百度,広告収入においてグーグル中国とヤフー中国を抜いて業界一位に【中】 王興,Facebookを模した「校内網」【中】
06	DJI創業【中】
07	アリペイ,国際決済サービスを開始【中】 YouTubeへのアクセスを2週間遮断【中】
09	Facebook,Twitter,YouTube,Flickrを西方敵対勢力と国防報が声明【中】
10	Mikufans改め, 動画共有サイト bilibili 開局【中】 Google,中国本土からの撤退発表【中米】
11	エリック・ヤン,Zoomビデオコミュニケーションズを設立【米】 **微信** ユーザー数2億人超 騰訊(テンセント),「微信(WeChat)」リリース,登録ユーザー数2億人突破【中】
12	豪政府,国営NBNが構築するブロードバンドネットワークから中ファーウェイを除外【豪】 下院情報特別委員会,米政府通信システムから中国通信機器大手ファーウェイとZTEの排除要求【米】
14	リサ・スー,半導体メーカーAMDのCEOに就任【米】
15	**芝麻信用** 個人の信用スコアリング アリペイ,個人の行動データに基づく信用スコアサービス「芝麻信用」【中】
16	ByteDance,ショート動画SNS Tik Tok開始【中】
19	**GAFAとBATH** 米GAFAとの対比としてBATH(バイドゥ・アリババ・テンセント・ファーウェイ)がクローズアップされる【米中】
20	自然科学系学術論文数にて中国が米国を抜き首位【米中】 米トランプ大統領,ByteDanceおよび騰訊との取引禁止大統領令に署名【米】 フォーチュン・グローバル500における企業数,中国が米国を抜き首位【米中】

ヴィクトル・ユーシェンコ【ウクライナ】
アンドルス・アンシプ【エストニア】
マフムード・アッバス【パレスチナ】
アブドゥッラー・ビン・アブドゥルアズィーズ【サウジアラビア】
マフムード・アフマディネジャド【イラン】
イェンス・ストルテンベルグ【諾】
カジミェシュ・マルチンキェヴィチ【波】
アンゲラ・メルケル【独】★

海外在留邦人100万人超

共振する同時テロ

1 09 政府と人民解放軍の間で南北包括和平合意が成立【スーダン】

アッバスPLO議長

09 アッバスPLO議長,自治政府大統領当選【パレスチナ】

2 01 ギャネンドラ国王,連立内閣解散を発表し非常事態宣言発令【ネパール】
08 シャロン首相とアッバス議長が会談,停戦に合意【パレスチナ】
10 初の近代的選挙実施,地方議会の半数を選挙選出【サウジ】
10 6カ国協議の無期限中断と核兵器保有を宣言【朝】
14 杉の革命,ハリーリー前首相の暗殺から抗議デモ発生,反シリア支配の抵抗運動へ【レバノン】
27 核燃料供給協定【イラン露】

3 08 露連邦軍,チェチェン独立指導者マスハドフの死亡を発表【露】
11 テロ防止法成立【英】
14 台湾独立阻止を目的とする「反国家分裂法」採択,即日施行【中】
24 国連安保理,スーダンPKO採択

スーダンPKO

4 05 ローマ教皇ヨハネ・パウロ2世死去
09 反日デモ,北京日本大使館などに投石被害【中】
11 中印首脳会談,戦略的・協力的パートナーシップ宣言

核テロ防止条約

13 国連,核テロリズム防止条約を採択
19 ベネディクト16世,第265代ローマ教皇就任
24 シリア軍撤退完了【レバノン】

5 29 フランス国民投票,欧州憲法条約の批准を否決

6 01 オランダ国民投票,欧州憲法条約の批准を否決

7 07 ロンドン同時多発テロ,地下鉄車両やバスで4件の爆発【英】
18 米印原子力協力合意,インドは核不拡散条約に依然として不参加

8 15 アチェ独立運動和平合意【尼】

ロンドン同時爆破テロ

9 09 初の自由直接選挙による大統領選,現職ムバラクが再選【埃】

郵政選挙 党内刺客と小泉チルドレン

11 総選挙で自民圧勝,郵政反対派の党内候補に「刺客」擁立,推進派新人議員は「小泉チルドレン」【日】
12 イスラエル軍,ガザ地区からの撤退完了【パレスチナ】
13 6カ国協議で初の共同声明,北朝鮮が核兵器の放棄とIAEA査察受け入れを約す【朝】

10 01 バリ島で同時爆弾テロ【尼】
03 EU加盟交渉開始【土】
07 IAEA及びエルバラダイ事務局長にノーベル平和賞

メルケル ドイツ初女性首相誕生

10 旧東ドイツ出身のアンゲラ・メルケル,初の女性首相に【独】
14 郵政民営化法が成立【日】
25 イラク新憲法,クルディスタン地域政府を容認

11 04 失業問題で移民による暴動が全土へ拡大,非常事態宣言【仏】
23 サーリーフ大統領選出,アフリカ初の女性民選大統領【リベリア】

12 12 ASEAN+日中韓,「東アジア共同体」形成主導の共同宣言

誤情報で開戦

14 ブッシュ大統領,誤情報によるイラク開戦責任を認める【米】

東アジア共同体

偽装するマッドマネー

A CMT容接(フロニウス)【墺】
電界効果トランジスタを用いたDNA検出技術(NIMS)【日】
ワンチップ指紋認証LSI(NTT)【日】

B EU域内排出権取引開始【EU】
郵政民営化法成立【日】
「愛・地球博(愛知万博)」開催【日】

ミセスワタナベ FXブーム キモノトレーダー

円キャリートレード拡大,「ミセスワタナベ」(日本の個人FX投資家の通称)による円安,FX長者出現【日】
ジェイコム株大量誤発注事件【日】
萌え株ブーム【日】
米住宅ローン貸出急増,住宅価格上昇率が年9.4%に【米】
住宅バブルの資産効果で個人消費堅調【米】
「クボタショック」,工場労働者と周辺住民のアスベスト疾患が明らかに【日】
中部国際空港開港【日】
つくばエクスプレス開業【日】

C PayPal社元社員C・ハーリー,S・チェン J・カリム,ユーチューブ創業【米】
フジテレビがニッポン放送を子会社化,ライブドアとは資本・業務提携【日】
楽天,TBSの筆頭株主に【日】

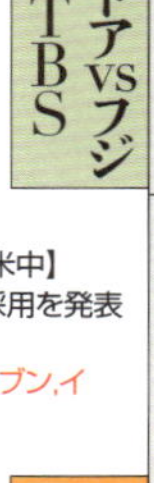

百度 NASDAQ上場

百度上場【中】
IBM,パソコン事業をレノボに売却【米中】
アップル,マックへのインテルCPU採用を発表【米】
セブン&アイ設立,傘下にセブンイレブン,イトーヨーカドー,そごう,西武【日】
玩具大手タカラとトミー合併,タカラトミー発足【日】
玩具大手バンダイとナムコが経営統合,バンダイナムコ発足【日】
KDDI,パワードコム吸収合併【日】
楽天,UCカード,ワコールなど,カード情報含む顧客情報流出相次ぐ

D EU,域内上場企業の会計基準に国際会計基準(IAS)の使用を義務化
ASEAN+3,通貨交換協定強化
人民元2%切り上げ,管理変動相場制に【中】
ペイオフ全面解禁【日】
三菱東京フィナンシャル・グループ,UFJグループを吸収合併【日】
新銀行東京開業【日】

『新自由主義』

D・ハーヴェイ『新自由主義』,T・フリードマン『フラット化する世界』,ダブナー/レヴィット『ヤバい経済学』【米】
植田和男『ゼロ金利との闘い』【日】

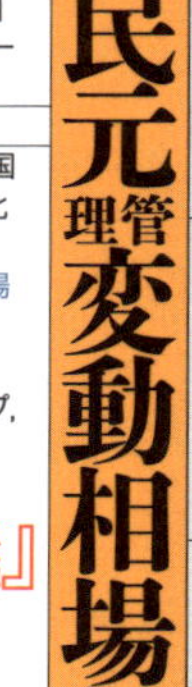

E MOX燃料工場設置で青森県,六ヶ所村,原燃が協定締結【日】
最高裁「もんじゅ」設置許可処分無効確認訴訟で請求を棄却【日】
ウラン濃縮活動を再開【イラン】
国際熱核融合実験炉(ITER)の建設地が仏カダラッシュに決定

バイオエタノール

エネルギー政策法が成立,バイオエタノール使用を義務化【米】
IEA,米ハリケーン被害対応で各国に石油備蓄放出を要請【米】
ピークオイル論争
原油価格高騰,1バレル70ドル突破
「シェールガス革命」,フラクチャリング技術向上で開発ブーム【米】

2005

巨大地震と感染症

A

小型着陸機「ホイヘンス」,土星の衛星タイタンに初の軟着陸【欧】
重力波検出活動アインシュタイン@ホーム開始
すばる望遠鏡により原始星M17-SO1を発見,エンベロープの多重構造が明らかに【日中】
ディープインパクト計画,テンペル第1彗星にインパクターを衝突【米】

はやぶさ イトカワ陸着

天体エリス 惑星の定義改訂

太陽系外縁天体の冥王星型天体,準惑星エリス発見【米】
小型高機能科学衛星「れいめい」打上げ【日/カザフスタン】
「神舟6号」,宇宙士2名が5日間の飛行【中】
小惑星探査機「はやぶさ」,イトカワに着陸,サンプル採集【日】
赤色矮星「グリーゼ876」を巡る7.5地球質量の惑星発見【米】
探査機「カッシーニ」,土星の衛星「エンケラドス」からガスと氷粒子の噴出を観測【米欧】

B

メタボ 生活習慣病予防へ世界統一診断基準

メタボリック症候群,腹部肥満,中性脂肪やコレステロール,血圧,血糖値が診断基準に
ヒト遺伝子修正タンパク人工ジンクフィンガーの臨床応用可能性を示唆する論文【米】
黄禹錫,ES細胞論文に不正があったとして論文撤回【韓】
塩基配列解読のための次世代シーケンサー(NGS)「454」発売【米】
筋電義手の実用化,J・サリバンが世界初のバイオニックアーム装着者に【米】
島津製作所,全身用PET/CTを開発【日】

C

オープンソースマイコン「Arduino」【伊】
SCE・ソニー・東芝・IBM共同開発「Cell」発表,ヘテロジニアスマルチコアCPU
サン・マイクロシステムズ,サーバ向けCPU「UltraSPARCT1」【米】
マイクロソフト「Xbox360」【米】

ポッドキャスト

D

「iTunes4.9」ポッドキャスト正式サポート【米】
ポッドキャスト,「Seesaaブログ」「ケロログ」で配信開始【日】
ザイン,アフリカ13カ国に通信サービス開始【クウェート】
アフリカ地域を管轄するインターネットレジストリ「AfriNIC」承認
USEN,ブロードバンド放送サービス「GyaO」【日】
「3111工程」監視カメラ網構築始動【中】

E

「京都議定書発効」,172カ国批准
パプアニューギニアとコスタリカ,途上国における森林保全の取組(REDD+)を共同提案
「知床」世界自然遺産に【日】
水俣病未認定患者集団提訴【日】
UNEP,イラクにおける戦後放射能汚染地域の浄化プロジェクト始動
吉林省で化学工場爆発,松花江汚染【中】

アース・デモクラシー

ノートン『持続可能性』,シヴァ『アース・デモクラシー』,バリー他編『国家と地球環境危機』【米】
鳥インフルエンザ世界中に感染拡大,新型インフルに懸念
対BSE米産牛肉の禁輸措置,一部解除【日】
印米農業知識イニシアティブ調印
コメ輸入自由化の反対デモ【韓】

カトリーナ 米観測史上最大級

ハリケーン・カトリーナ直撃でニューオーリンズ市内の8割が冠水【米】

宝くじ売上 1兆1047億円

ブログとSNS

A

カーツワイル,技術的特異点(シンギュラリティ)を予測【米】

ラトゥール アクターネットワーク

デスコラ『自然と文化を越えて』,ラトゥール『アクターネットワーク理論入門』【仏】,ローゼン『エコラリアス』【米】
鈴木謙介『カーニヴァル化する社会』,宇野常寛編集『PLANETS』【日】

2045 シンギュラリティ

B

紀宮清子内親王,黒田慶樹氏と結婚,皇籍離脱【日】
福知山線脱線事故,死者107人,負傷者562人【日】

クールビズ ノーネクタイノージャケット

環境省主導「クールビズ」,冷房節約のため夏の軽装を推奨【日】
耐震強度構造計算書偽装事件(姉歯事件)【日】
島根県議会,2月22日を「竹島の日」とする条例制定【日】
個人情報保護法施行【日】
発達障害者支援法施行【日】
日本人口,統計初の自然減【日】
ボーカム『貧困の基本形態』【仏】
高橋哲哉『靖国問題』,佐藤優『国家の罠』【日】
サンディスプリング市,行政的に独立,サービス民営化【米】

日本 人口減

C

「ベルリン自由大学文献学図書館」【独】
「原住民テレビ」放送開始【台】
WHO「たばこ規制枠組条約」発効,たばこCM禁止に

新書ブーム 生協の白石さん 国家の品格

『生協の白石さん』,藤原正彦『国家の品格』,三浦展『下流社会』【日】
『日々』(Z),『オモコロ』(W)【日】

D

Web2.0 誰もが発信可能な社会

ティム・オライリー「Web2.0」提唱
コード分散型バージョン管理「Git」

グーグルアース

クライアントソフト「Google Earth」,地理情報「Google Maps」,動画共有「YouTube」【米】,「Dailymotion」【仏】
ソーシャルニュース「Reddit」【米】,飲食店口コミ「食べログ」,事故物件「大島てる」,「はてなブックマーク」【日】
米国最高裁判決の警告書を受け「WinMX」等のP2Pファイル共有サービス閉鎖【米】

ユーチューブ

E

佐藤純彌監[男たちのYAMATO]樋口真嗣監[ローレライ],阪本順治監[亡国のイージス],山崎貴監[ALWAYS三丁目の夕日]【日】
AKB48劇場完成,デビュー公演【日】

浅田真央15歳

女子フィギュアスケートのグランプリファイナル,15歳の浅田真央が優勝【日】

ディープインパクト

ディープインパクト,クラシック三冠【日】
愛知万博,シベリアで発掘されたマンモス標本を展示【日】
「スキー・ドバイ」砂漠にオープン【UAE】
「人間大砲」デヴィッド・スミス,メキシコからの国境越え成功【米】
高級車「レクサス」,「生鮮100円コンビニ」売れ行き好調【日】
「ファブリーズ」「リセッシュ」流行【日】

世界人口 65億人 1999 2011 2017 2022

増殖するセカイ

A

九州国立博物館

九州国立博物館開館「美の国日本」展,「X-COLOR/グラフィティin Japan」展【日】
「エリザベス・マーレイ」回顧展,「トーマス・デマンドp」展【NY】,M・ザマ「擬人化された歴史のコース」展【加/NY】,石内都p「マザーズ」展【日/伊】
クリストとJ=クロード作[ゲート,セントラル・パーク,ニューヨーク市,1979-2005]【米】

モエレ沼公園

イサム・ノグチ設計[モエレ沼公園]開園【日】,アイゼンマン設計[ホロコースト記念碑]【独】,ヌーヴェル設計[バルセロナ・アグバール・タワー]【西】
石岡英子『I DESIGN』【日】

カズオ・イシグロ

B

バンヴィル『海に帰る日』,イシグロ『わたしを離さないで』【英】,ラーソン『ミレニアム1』【典】,フォア『ものすごくうるさくて,ありえないほど近い』,ファウアー『数学的にありえない』【米】,ウィルスン『時間封鎖』【加】,残雪『最後の恋人』【中】

新リア王 東北舞台 原発と政治

町田康『告白』,高村薫『新リア王』,東野圭吾『容疑者Xの献身』【日】

C

ダルデンヌ監[ある子供]【白】,アレン監[マッチポイント],ミラー監[カポーティ],G・クルーニー監[グッドナイト&グッドラック]【米】,ソクーロフ監[太陽]【露】,A・リー監[ブロークバック・マウンテン]【台】

日本を問う 太陽・映画日本国憲法

井筒和幸監[パッチギ!],緒方明監[いつか読書する日],犬童一心監[メゾン・ド・ヒミコ],塩田明彦監[カナリア],豊田利晃監[空中庭園],ユンカーマン監[映画日本国憲法],柳町光男監[カミュなんて知らない]【日】

インド映画製作本数 1041本 ▲2012

D

V・バニアン 35年ぶり 2ndアルバム

コールドプレイ[X&Y],V・バニアン[Lookaftering]【英】,E・トニーニ[Fisherman's Woman]【愛】,シガー・ロス[Takk...]【氷】,イゾレ[We are Monster]【独】,N・ベルチュ[Stoa]【瑞】,[Lindstrøm& Prins Thomas]【諾】

菊地成孔 ペペ トルメント アスカラール結成

ALTZ[LaLaLa],ELLEGARDEN[RIOT ON THE GRILL],八木美知依[Seventeen],菊地成孔[南米のエリザベス・テイラー]【日】
ラ・フォル・ジュルネ・オ・ジャポン【日】
ザ・フォーサイス・カンパニー旗揚げ【独】,騎馬オペラ団ジンガロ[ルンタ]【仏/日】,M・ベンソッティ[ラ・マレア横浜]【アルゼンチン/日】,
井上ひさし作/蜷川幸雄演[天保十二年のシェイクスピア],ポツドール[愛の渦],松竹「シネマ歌舞伎」開始,1作目は[野田版 鼠小僧]【日】

E

A:[AIR],[交響詩篇エウレカセブン]【日】

脳トレ・モンハン DS PSP

G:PC[Civilization IV]【米】,AC[THE IDOLM@STER],DS[脳を鍛える大人のDSトレーニング],PSP[モンスターハンター]【日】
C:N・ド・クレシー[サルヴァトール],M・マドン[コミック文体練習]【米】
久米田康治[さよなら絶望先生],武富健治[鈴木先生],山田芳裕[へうげもの],浅野いにお[ソラニン],とりのなん子[とりぱん],オノナツメ[リストランテ・パラディーゾ]【日】
堀田純司『萌え萌えジャパン 2兆円市場の萌える構造』【日】

萌え〜

「なんでも鑑定団」柿右衛門様式の壺 5億円

私の細胞全部が、コンビニのために存在しているんです。
村田沙耶香『コンビニ人間』

1990 1991 1992 1993 1994 1995 1996 1997 1998 1999 2000 2001 2002 2003 2004 2005 2006 2007 2008 2009 2010 2011 2012 2013 2014 2015 2016 2017 2018 2019 2020 2021 2022

2006
平成18

アメリカでツイッターが、日本ではニコ動（仮）がサービス開始したこの年、中東ではフセインの処刑映像がインターネット上に流出する。

エレン・ジョンソン・サーリーフ【リベリア】★
スティーヴン・ハーパー【加】
アニーバル・カヴァコ・シルヴァ【葡】
ミシェル・バチェレ【チリ】★
エフード・オルメルト【イスラエル】
ロマーノ・プローディ【伊】
ヌーリー・マーリキー【イラク】
ゲイル・ホルデ【氷】
ヤロスワフ・カチンスキ【波】
安倍晋三【日】
フレドリック・ラインフェルト【典】
フェリペ・カルデロン【墨】

山中伸弥の生んだｉＰＳ細胞は、再生医療を新たなステージへと向かわせた。

共振する同時テロ

イランのウラン・北の核

1
ネパール抗議デモ
21 ギャネンドラ国王独裁に抗議し1万人以上の大規模デモ,民主化復活要求【ネパール】
22 カバコシルバ元首相,大統領に就任,独裁政権崩壊後初の中道右派【葡】
23 アブドラ国王,エネルギー協力の拡大を求め胡錦濤国家主席と会談【サウジ中】
28 パレスチナ立法評議会選挙,PLO主流派のファタハを破りハマスが最多議席

3
02 原子力分野での協力を合意【米印】
16 ブッシュ大統領,3年ぶりに安全保障戦略を発表【米】
19 パレスチナ自治政府,ハマス単独政権が誕生
29 国連安保理,イランのウラン濃縮活動全面停止を求める議長声明を全会一致で採択
31 国産多弾頭ミサイルの発射実験成功を発表【イラン】

4
11 イラン,濃縮ウラン生産成功を発表,核技術保有国に
21 国王,大規模デモを受け議会復活を表明【ネパール】

5
05 ダルフール和平合意【スーダン】
08 国連,米軍の拷問等禁止条約違反を発表
20 イラク正式政府発足,首相にマーリキー
31 KEDO,核兵器保有宣言等を受け軽水炉プロジェクト終了を決定【朝】

6
03 モンテネグロ,連邦国家からの独立を宣言【セルビア・モンテネグロ】
07 米軍,イラクの聖戦アルカイダ指導者ザルカウィを殺害【イラク】

7
03 イスラエル軍,兵士拉致事件を契機としてガザに侵攻【パレスチナ】

日本海にミサイル
05 北朝鮮,弾道ミサイル7発を日本海に向けて発射,着弾

ムンバイ列車爆破事件 イスラム過激派によるテロ
11 ムンバイ列車爆破事件,イスラム過激派によるテロで死者200名超【印】
12 イスラエル軍,ヒズボラの国境侵犯攻撃を受けレバノン南部へ侵攻
27 「情報,情報技術及び情報保護に関するロシア連邦法」成立,越境データ流通規制【露】

8
25 国連東ティモール統合ミッション設立

9
タイ軍事クーデター
19 首相外遊中に反タクシン派将校率いる軍部が政府庁舎を占拠【タイ】
26 第1次安倍内閣発足【日】

10
01 イスラエル軍,レバノン撤退
09 北朝鮮が初の核実験,朝鮮中央通信が実験成功を発表
13 潘基文,国連事務総長に当選
17 商業捕鯨を再開【氷】
29 大統領・国民議会選挙実施,大統領にジョゼフ・カビラ【コンゴ民主共和国】
◉ イラクの聖戦アルカイダ,「イラク・イスラム国」の発足宣言

11
08 共和党大敗,中間選挙で上下院とも民主党が過半数獲得【米】
25 ガザ地区侵攻停戦【パレスチナ】

12
05 バイニマラマ軍司令官が全権掌握,非常事態宣言を布告しガラセ首相追放【フィジー】

フセイン処刑
30 フセイン元大統領,シーア派住民大量殺害の罪で絞首刑執行【イラク】

偽装するマッドマネー

A
複数分散型電源を含む都市型マイクログリッド実用化(明電舎他)【日】
超電導リングサイクロトロン,ファーストビーム取り出し(理研,日立)【日】

B
輸入再開したアメリカ産牛肉,BSE危険部位の混入で再度全面禁輸【日】
前年末有効求人倍率が13年ぶりに1倍を回復【日】
新会社法施行,起業が容易に【日】
「金融商品取引法」公布,四半期決算の義務化,J-SOXによるコンプライアンス強化へ【日】
日本マレーシアEPA

いざなみ景気 恩恵の偏向 成長緩やか
2002年2月からの景気拡大,いざなぎ景気を抜く(いざなみ景気)【日】
数学者C・ハンビー,「データは新しい石油」発言,精製されて価値を持つ資源の喩え【英】

ライブドアと村上ファンド

C
ライブドア事件,証券取引法違反容疑で堀江貴文代表ほか逮捕,連結決算粉飾疑惑を告発され,会社は上場廃止に【日】
村上ファンド事件,ニッポン放送株インサイダー取引容疑で村上世彰代表逮捕【日】
日本郵政株式会社発足【日】
ニコン,フィルムカメラ事業撤退【日】
コニカミノルタ,カメラ事業をソニーに売却【日】
東芝,米ウェスチングハウス買収【日米】
三菱重工,仏アレバと中型原子炉の開発で業務提携【日仏】
日立・GE,原子力分野で世界的戦略提携に合意【日米】
グーグル,ユーチューブを買収【米】
民生用ドローンのDJI創業【中】

量的緩和 ゼロ金利解除

D
個人金融資産残高,1500兆円超え【日】
日銀,量的緩和政策を解除【日】
日銀,ゼロ金利解除,コールレート誘導目標0.25%に【日】
中国の外貨準備高,日本を抜いて世界一に

クラウドファンディング
M・サリバン,インターネットを用いた不特定多数の人からの資金調達を「クラウドファンディング」と造語【米】
N・ルービニ,IMF総会講演で経済危機を予測【米】
消費者物価指数(CPI)の基準改定で数値下方修正【日】
グラミン銀行と創業者ムハマド・ユヌス,ノーベル平和賞受賞【バングラデシュ】
ラジャン『バイオ・キャピタル』【米】,中谷内一也『リスクのモノサシ』【日】

E
「再生可能エネルギー法」制定,再生可能エネルギー普及本格化【中】
ガスプロム,値上げを拒むウクライナへガス供給削減,欧州にも供給危機【露】
国際原子力エネルギーパートナーシップ(GNEP)構想発表【米】
コレア新大統領,炭化水素資源の国有化を宣言【エクアドル】
史上初の先住民族出身となるモラレス大統領,炭化水素資源を国有化【ボリビア】
エネルギー政策レビューで原子力を低炭素化の有力手段と位置付け【英】

原子力立国計画
政府,「原子力立国計画」を策定【日】
シェールガス生産増により天然ガス生産量が増加に転じる【米】

2006

バイオキャピタル

A

太陽系外縁天体探査のための無人探査機「ニュー・ホライズンズ」打上げ【米】

衛星ラッシュ だいち・あかり・ひので

陸域観測技術衛星「だいち」,赤外線天文衛星「あかり」,太陽観測衛星「ひので」打上げ【日】
国際天文学連合(IAU)総会,「準惑星」定義,冥王星が準惑星に
ブルーオリジンが実験機「ゴダード」を初飛行,スペースXの「ファルコン1ロケット」打上げ【米】

火星の水

マーズ・グローバル・サーベイヤー,現在の火星表面にも液体の水が流れている証拠を発見【米】
弾丸銀河団の重力レンズ効果マップ発表,ダークマターの証拠提示
オガネシアンら,118番元素オガネソン発見を発表【露】

B

iPS細胞

山中伸弥,マウスから幹細胞を作製するiPS細胞論文を公表【日】
ATRとホンダ・リサーチ・インスティテュートジャパン,ブレインマシンインタフェース開発
日本エピジェネティクス研究会発足【日】

DNA検査サービス

23andMe設立,唾液によるDNA検査サービス開始【米】
子宮頸癌ワクチンが世界で初めて米国FDA承認【米】
FDA,分子標的薬リツキシマブをCD20陽性非ホジキンリンパ腫初回治療に承認【米】
ヒストン脱アセチル化阻害薬が初めて皮膚T細胞リンパ腫に適応,FDA承認【米】

マイクロバイオーム

腸内細菌叢(マイクロバイオーム)のメタゲノム解析結果を報告,世界初【米】
リゾラッティ/シニガリア『ミラーニューロン』【仏】

C

ニューラルネットワークによる次元圧縮アルゴリズム,オートエンコーダ【加】

AWS クラウドコンピューティング

Amazon Web Services(AWS)【米】
NVIDIA,GPU向け並列演算アーキテクチャ「CUDA」【米】
海上自衛隊の情報がWinnyで流出【日】

D

次世代革新都市プロジェクト,ダブリン・バルセロナ・ヘルシンキで実施【EU】
NGN(次世代通信網)に関して国連機関ITU-Tから多数の勧告が制定
モバイルSuicaサービス開始【日】
ドコモ,HSDPAサービス開始【日】
地上デジタルテレビの独自規格「GB20600-2006」を発表【中】
早大と情報通信研究機構,世界最速10Gbps光無線通信に成功【日】

3.5G通信速度 14Mbps
2001◂ 2010◂ 2020◂

E

不都合な真実

元米副大統領アル・ゴア制作の映画『不都合な真実』が公開
プロボコアラ号事件,船舶の有害廃棄物投棄【コートジボワール】
スターン・レビュー「気候変動の経済学」発表【英】
丸山正次『環境政治理論』【日】
成長促進を目的とした動物への抗生物質の使用を禁止【EU】

責任投資原則

アナン国連事務総長,「責任投資原則」提唱
ジャワ島で地震発生,5782人が死亡【尼】

中国、世界最大の二酸化炭素排出量 60億トン

ブログとSNS

A

メイヤスー『有限性の後で』

ムハンマド風刺画へのイスラム教徒の抗議が暴動化【ナイジェリア】
ユネスコ「表現の自由の尊重及び信仰,宗教的価値と宗教的文化的シンボルの尊重」決議を採択
小泉首相,終戦記念日に靖国神社へ参拝,首相として21年ぶり【日】
ドンズロ『都市が壊れるとき』,アタリ『21世紀の歴史』,メイヤスー『有限性の後で』【仏】

B

悠仁親王誕生,皇位継承順位第3位【日】
富山県射水市民病院で安楽死事件【日】
自殺対策基本法成立【日】
50代女性による代理出産,祖母が孫を出産するのは国内初【日】
シンドラーエレベーター事故【日】

格差社会

「格差社会」「ワーキングプア」の表面化
橘木俊詔『格差社会』【日】
門倉貴史『ワーキングプア』【日】
紅海でサウジアラビアからエジプトへ向かう大型フェリーが沈没,死者1000人超

C

親チェチェンのアンナ・ポリトコフスカヤ記者暗殺【露】
「ヴァスコンセロス図書館」【墨】

誠品書店 信義店 3000坪100万冊

「誠品書店 信義店」大型書店の旗艦店【台】,いわた書店「一万円選書」【日】
小学館,集英社等22社「デジタルコミック協議会」設立【日】
美嘉『恋空』ケータイ小説から書籍化【日】
小川洋子『博士の愛した数式』文庫本,2カ月でミリオンセラー【日】
能町みね子『オカマだけどOLやってます。』,柳沢小実『リトルプレスの楽しみ』【日】
「BuzzFeed」(W)【米】

D

ウェブ進化論

梅田望夫『ウェブ進化論』
スライド資料共有「SlideShare」【米】,「Skype」ビデオ通話開始【エストニア】
動画配信「Youku(優酷)」【中】
DeNA,携帯電話向けポータルサイトSNS「モバゲータウン」【日】
「ニコニコ動画(仮)」【日】

ツイッター

全角140文字のつぶやきSNS「Twitter」【米】

ワンセグ ケータイでテレビを見る

「ワンセグ」視聴開始【日】

E

ダ・ヴィンチ・コード

キャンベル監[007カジノ・ロワイヤル]【英】,ハワード監[ダ・ヴィンチ・コード],M・ストリープ&A・ハサウェイ主演[プラダを着た悪魔]【米】

イナバウアー

トリノ冬季五輪,荒川静香がフィギュアスケート女子金メダル【伊】
仏ジダン,FIFAワールドカップ決勝戦で伊マテラッティに頭突きで退場【独】
第1回ワールド・ベースボール・クラシックで日本優勝
甲子園夏決勝,駒大苫小牧(田中将大)vs早稲田実業(斎藤佑樹),延長15回引分再試合【日】
リリー・フランキー『東京タワー』【日】
消せるボールペン「フリクション」先行発売,1年で750万本の大ヒット【欧】
『地球の歩き方 御朱印シリーズ』神社仏閣巡りが流行【日】

ラノベと科幻小説

A

第1回シンガポール・ビエンナーレ南條史生監修「belief」
村上隆『芸術起業論』【日】

奈良美智「AtoZ」

奈良美智+グラフ「AtoZ」展,大竹伸朗「全景1955-2006」展【日】
L・タイマンス画[教会]【白】,A・バートル作[Map]【独】,T・ヒルシュホルン作[スーパーフィシャル・エンゲージメント]【瑞】,
T・セーガル作[ディス・プログレス]【英】
L・A・ハリスp[ブロウアップⅣ(セヴィリア)]【米】,梅佳代p『うめめ』13万部【日】
青木淳設計[青森県立美術館],安藤忠雄設計[表参道ヒルズ],藤本壮介設計[情緒障害児短期治療施設],黒川紀章+日本設計[国立新美術館]【日】
古田泰子「トーガ」パリコレ出展【日】

B

J・リテル『慈しみの女神たち』【仏】,マッカーシー『ザ・ロード』【米】,A・マンロー『林檎の木の下で』【加】,K・デサイ『喪失の響き』【印】

西尾維新〈物語〉シリーズ

小川洋子『ミーナの行進』,川上弘美『真鶴』,
西尾維新『化物語』,平山夢明『独白するユニバーサル横メルカトル』,シャーン&ビナード『ここが家だ』【日】

C

硫黄島2部作 クリント・イーストウッド

ティクヴァ監[パフューム ある人殺しの物語],ドナースマルク監[善き人のためのソナタ]【独】,K・ローチ監[麦の穂をゆらす風]【英】,イーストウッド監[父親たちの星条旗],[硫黄島からの手紙],ハッテンドーフ監[ミリキタニの猫]【米】,イニャリトゥ監[バベル]【墨】,ジャンクー監[長江哀歌]【中】
矢崎仁司監[ストロベリーショートケイクス],李相日監[フラガール],西川美和監[ゆれる],中島哲也監[嫌われ松子の一生]【日】

フラガール、ゆれる、嫌われ松子の一生

D

アフリカ・エクスプレス

D・アルバーン「アフリカ・エクスプレス」開始
H・グドナドッティル[MountA]【愛】,エール[PocketSymphony]【仏】,J・ニューサム[Ys],ビヨンセ[B'Day]【米】
杉山洋一[ひかりの子],原田敬子[アザー・サイドII],野平一郎[トリプティーク],小出稚子[ケセランパサラン],忌野清志郎[夢助],オジロザウルス[Rhyme&Blues]【日】
T・ストッパード『ロックンロール』【英】,Y・レザ『大人は,かく戦えり』【仏】,NODA MAP[THE BEE]【英】

E

涼宮ハルヒ

A:[涼宮ハルヒの憂鬱]【日】
G:Wii[Wii Sports]【日】

レッド 連合赤軍青春群像劇

C:A・ベクダル[ファン・ホーム]【米】,S・タン[アライバル]【豪】
原泰久[キングダム],山本直樹[レッド],中村光[聖☆おにいさん],五十嵐大介[海獣の子供],古屋兎丸[ライチ☆光クラブ],中村明日美子[同級生],椎名軽穂[君に届け],安倍夜郎[深夜食堂],三宅乱丈[イムリ],益田ミリ『すーちゃん』【日】

ファン・ホーム アライバル

京都マンガ 学部と博物館

京都精華大学マンガ学部・京都国際マンガミュージアム開設【日】
永山薫『エロマンガ・スタディーズ』,杉浦由美子『オタク女子研究腐女子思想大系』【日】
アリスン『菊とポケモン』【米】

俺は札束を食べるんだ。これからも俺の口座には、どんどん金が振り込まれる。
フロイド・メイウェザー・ジュニア

1990
1991
1992
1993
1994
1995
1996
1997
1998
1999
2000
2001
2002
2003
2004
2005
2006
2007
2008
2009
2010
2011
2012
2013
2014
2015
2016
2017
2018
2019
2020
2021
2022

ミツバチの大量失踪は地球に何を警告しているのか。

2007
平成19

共振する同時テロ

1
01 ブルガリア,ルーマニアがEUに加盟
潘基文 アジア初の国際連合事務総長に
01 潘基文,国際連合事務総長に就任
09 防衛庁,防衛省へ移行【日】
イラク増派 米大統領,治安改善効果を強調
10 ブッシュ大統領,イラクへ米軍2万1500人の増派を発表【米】
12 弾道ミサイル東風21による人工衛星破壊実験成功【中】

2
06 米軍内に「アフリカ軍」設立,エジプトを除くアフリカ全土を担当
13 6カ国協議,北朝鮮の核施設停止を合意
エストニア電子投票
16 国会議員選挙で電子投票実施【エストニア】

3
04 政府と反政府代表,和平プロセスに合意【コートジボワール】
13 安全保障協力に関する日豪共同宣言
17 挙国一致内閣成立【パレスチナ】

4
11 日中首脳会談,「戦略的互恵」を具体化することで一致
16 バージニア工科大学銃乱射事件【米】
20 海洋基本法成立,7月に施行【日】
27 最高裁,中国人強制連行・慰安婦訴訟につき,個人の賠償請求権を否定【日】
27 国家レベルの大規模サイバー攻撃被害【エストニア】

5
02 親日・反民族行為者財産調査委員会,韓国独立前に親日派が得た財産を子孫より没収【韓】
サルコジ ハンガリー系移民2世
06 サルコジ国民運動党首,社会党を破り大統領初当選【仏】
10 大統領選挙,ホルタ首相が圧勝【東ティモール】
17 韓国・汶山と北朝鮮・開城を結ぶ列車が試験運行

6
14 ハマスとファタハの間で武力衝突,ガザ地区・ヨルダン川西岸地区を分断支配【パレスチナ】

南北朝鮮平和繁栄のための宣言

7
27 米印原子力協力協定合意

8
02 潜水艇,北極海海底にロシア国旗を立てる
09 上海協力機構加盟6カ国が初の軍事演習実施
28 大統領選挙でギュル外相勝利,イスラム政党から初当選【土】

9
17 大統領選決選投票で全人民会議党アーネスト・バイ・コロマ当選【シエラレオネ】
26 福田康夫内閣発足【日】
29 僧侶を多数含む反政府デモ,僧衣の色からサフラン革命とも【緬】

10
04 47年ぶり2度目の首脳会談,南北関係発展と平和繁栄のための宣言【韓朝】
17 米議会がダライ・ラマ14世に議会勲章を授与,中国政府は抗議

11
AJCEP協定 日本とASEAN
19 日・ASEAN包括的経済連携(AJCEP)協定妥結
20 新移民法公布,家族移民の審査厳重化【仏】
24 総選挙で野党勝利,11年ぶりに労働党政権誕生【豪】

12
13 EU加盟国首脳,新基本条約(リスボン条約)に調印
17 海自イージス艦「こんごう」がSM-3ミサイル迎撃訓練に成功【日】
19 李明博,大統領に選出【韓】
21 改正政治資金規制法成立【日】

リスボン条約

EU加盟国25から27へ ＋ブルガリア,ルーマニア

偽装するマッドマネー

A
有機分子構造変化の動画撮影(東大他)【日】
1000ビット超の特殊な型の合成数に対する素因数分解達成(NTTなど)【日独瑞】
FeSiBPバルクアモルファス合金の開発(牧野彰宏東北大教授)【日】
SCiB 安全性と長寿命産業用二次電池
チタン酸リチウムを使用した次世代二次電池SCiB(東芝)【日】

B
上海株式市場,前日比8.8%の大暴落【中】
夕張市破綻,財政再建団体に【日】
電子マネー元年,「PASMO」「nanaco」「WAON」発行開始【日】
米議会予算局,生産性再加速をIT効果による「第二の波」と呼ぶ【米】
米韓FTA合意
海賊版 中国知財権侵害問題,WTOに提訴
米,中国の知的財産権侵害につきWTOに提訴
実質実効為替レート,プラザ合意以来の円安に【日】
中国版新幹線営業運転開始
日本チリEPA,日本タイEPA発効
インドIT企業6社SWITCH,日本市場に攻勢【印】
中国が日本の最大貿易相手国に
N・チャンダ『グローバリゼーション 5万年のドラマ』【印】,G・クラーク『10万年の世界経済史』【英】

C
ミートホープの牛肉ミンチ品質表示偽装,船場吉兆の食品偽装,赤福の製造年月日偽装が明るみに【日】
松下,プラズマディスプレーの尼崎第四工場稼働【日】
HOYAとペンタックス経営統合【日】
日本郵政グループ発足【日】
英会話学校NOVA経営破綻【日】
トヨタ,生産台数世界一【日】
ヒートテック ユニクロ2000万枚
ユニクロ「ヒートテック」,売上2000万枚記録【日】

食品偽装 品質・素材 製造日時

トヨタ生産台数世界一 950万台

D
日銀,2月に短期金利を0.25%追加引き上げ,0.5%に【日】
G7,サブプライム問題が世界経済減速の要因と共同声明【米】
サブプライム融資大手,ニュー・センチュリー・ファイナンシャル破綻【米】
ムーディーズ,モーゲージ証券399銘柄を格下げ【米】
FRBバーナンキ議長,議会でサブプライム問題の影響に言及【米】
仏BNPパリバ,サブプライム問題で傘下ファンドの解約を凍結【仏米】
FRB,8月以降年内計4回の公定歩合緊急引き下げ【米】
ブラック・スワン 不確実性とリスクの本質
N・タレブ『ブラック・スワン』,R・ライシュ『暴走する資本主義』,A・グリーンスパン『波乱の時代』【米】,原丈人『21世紀の国富論』【日】

サブプライム問題

ユーロ導入国12から13へ ＋スロベニア

E
高知県東洋町,NUMOの高レベル地層処分文献調査に応募【日】
柏崎刈羽自動停止
新潟中越沖地震,柏崎刈羽原発の稼働中原子炉4基が自動停止【日】
シェールオイル ガスから油にシフト
米EOGリソーシズ,戦略をシェールガスからシェールオイル開発にシフト【米】
米「エネルギー独立安全保障法」で省エネ・再エネ推進強化【米】
ごみメタン発電所始動,東南アジア初のクリーン開発メカニズム事業【伊比】

潘基文【国連】
アルフレート・グーゼンバウアー【墺】
ニコラ・サルコジ【仏】
ジョゼ・ラモス＝ホルタ【東ティモール】
ゴードン・ブラウン【英】
アブドゥラー・ギュル【土】
アーネスト・バイ・コロマ【シエラレオネ】
福田康夫【日】
ドナルド・トゥスク【波】
ケビン・ラッド【豪】
クリスティーナ・フェルナンデス・デ・キルチネル【アルゼンチン】★
イヴァルス・ゴドマニス【ラトビア】

書物はパッケージを脱ぎ捨ててデバイスの中へ。
果たして電子書籍は、出版界の救世主か破壊者か。

2007

バイオキャピタル

A

WHO「環境保険基準No.238」,電磁界の健康被害を再評価
小惑星探査機「ドーン」デルタ2ロケットで打上げ【米】
JAXA,月探査機「かぐや」打上げ【日】

嫦娥1号 中国初月周回衛星

初の月探査機「嫦娥1号」,月周回軌道に【中】
ERATO,リーダ選挙問題に対する量子アルゴリズム実証【日】
大阪大学の量子情報グループ,おとり信号付き鍵配送を用いる方法提案【日】
月周回軌道ステーションの構想を公表【露】
非周期彗星マックノート彗星近日点を通過

B

抗生物質誤用での薬物耐性菌出現検証【仏】
厚労省,10代へのタミフル投与原則禁止【日】
厚労省,「研究活動の不正行為への対応に関する指針」を策定【日】

抗認知症薬 世界初製造承認

認知症の抗コリンエステラーゼ薬ドネペジルが製造承認世界初【日】
京大山中伸弥ら,ヒトiPS細胞樹立を「セル」誌に発表【日】
J・トムソン教授ら,ヒトiPS細胞の樹立を「サイエンス」誌に発表【米】
J・ワトソン,自身の全ゲノムを次世代シーケンシングで解読【米】
日本ロボット外科学会が設立【日】
理研,「将棋棋士の直感の脳科学的研究」開始【日】

C

アップル,ジョブズが"電話を再発明する"と宣言,タッチパネル式スマートフォン「iPhone」発売【米】
アップル「Apple TV」家庭内配信用セットトップボックス【米】
ASUSTeK,小型軽量モバイル端末「EeePC」【台】

Kindle 電子書籍デバイス

アマゾン,電子書籍リーダー「Kindle」【米】
「Wii Fit」(任天堂)【日】
ネットゲーム依存症対策システム,政府主導で稼働【中】
YouTubeへのアクセスを2週間遮断【中】

国家サイバー攻撃

国家レベルの大規模サイバー攻撃被害【エストニア】

iPhone「本日、アップルは電話を再発明する」

D

アジアの「ブリッジ・モバイル・アライアンス」と欧州の「フリームーブ」が通信同盟間協力
サファリコム「M-PESA」モバイル送金普及【ケニア】
2.5GHz帯がUQコミュニケーションズ株式会社に割り当て【日】
スマートメーター・ホームネットワーク・再生可能エネルギーによる「スマートグリッド」を定義,推進【米】

E

胡錦涛主席,APEC非公式会議で低炭素経済に向けた発展を進めると発言【中】
「沿岸域に関する学際パートナーシップ」,海洋保護区の設定が生物多様性に与える影響を報告
世界銀行,温暖化による海面上昇の影響に関する報告書発表,多くの難民が生まれる可能性を指摘
欧州委員会と独,「生態系と生物多様性の経済学」プロジェクトを始動

消えたミツバチ

北半球のミツバチ,個体数が約4分の1に激減
新潟県中越沖地震(M6.8),15人死亡【日】

地球温暖化

全世界のネット普及率
1996
2002
2011 **20・61%**
2015
2019

スマホ社会

A

スンニ派とシーア派の聖職者,「イスラム教聖職者連合」設立【イラク】
「占いに伴う祈禱等のサービス」が特定商取引法規制対象,クーリングオフ可能に【日】
『大正新脩大蔵経』テキストDB化【日】

ラインズ 線というプロセスの人類学

インゴルド『ラインズ』,モートン『自然なきエコロジー』【英】,ウルフ『プルーストとイカ』【米】,ギャラガー/ザハヴィ『現象学的な心』【米/丁】,C・テイラー『世俗の時代』【加】
米盛裕二『アブダクション』,中村昇『ホワイトヘッドの哲学』【日】

B

中国製ペットフードで犬猫数百匹が死亡,メラミン混入が判明【米】
国民投票法成立【日】

公的年金 記録問題

公的年金記録問題,約5000万件に記録不備【日】
熊本市,「赤ちゃんポスト」認可【日】
緊急地震速報,運用開始【日】
厚労省「ネットカフェ難民」調査,5000人超【日】
映画盗撮防止法施行,「NO MORE! 映画泥棒」【日】
森口朗『いじめの構造』,「スクールカースト」を考察【日】
赤木智弘「若者を見殺しにする国」,雑誌『フリーターズフリー』創刊【日】

ネットカフェ難民

C

匿名の内部告発による機密文書データベース「ウィキリークス」存在を公表
非営利独立系オンライン報道機関「プロパブリカ」【米】

ショック・ドクトリン

ナオミ・クライン『ショック・ドクトリン』【加】
『first person』(M)【米】,『Monocle』(M)【英】,『Pedderzine』(Z)【香】
『カラパイア』(W)【日】
荻上チキ『ウェブ炎上』【日】

D

小寺信良,津田大介『コンテンツ・フューチャー』【日】

ニコニコ動画

ライブ動画配信「Ustream」【米】,「ニコニコ動画β版」【日】
音声ファイル共有「SoundCloud」【独】,メディアミックスブログ「Tumblr」【米】

初音ミク ボーカロイドキャラクター

イラスト投稿サイト「pixiv」,ボーカル音源ソフト「初音ミク」【日】
Netflix,ストリーミング配信開始【米】
ソーシャルニュースサイト「Hacker News」【米】
AIエンターテイメント「アキネイター」【仏】

ユーストリーム

E

[秘密結社鷹の爪 THE MOVIE]全編Flash制作【日】
マルーン5[It Won't Be Soon Before Long]【米】

中田ヤスタカ

中田ヤスタカプロデュース,Perfume[ポリリズム],秋川雅史[千の風になって]【日】
国枝慎吾,車いすテニス男子シングルスで史上初の年間グランドスラム達成【日】

東京マラソン

東京マラソン初開催,市民参加型の大規模マラソン【日】
「ビリーズブートキャンプ」日本でも流行
『ミシュランガイド東京2007』【日】

mixi利用者**1000万人**

ラノベと科幻小説

A

J=H・マルタン「アルテンポ」展【伊】
「夏への扉–マイクロポップの時代」展,会田誠・山口晃「アートで候。」展【日】

神の愛のために

D・ハースト作[神の愛のために]【英】,リヒター作[ケルン大聖堂のステンドグラス]【独】,ソフィ・カル作[どうか元気で]【仏】,セス・プライス作[再分配]【米】,JR&MARCO作[Face2Face]【イスラエル・パレスチナ】
石川直樹(p)「NEW DIMENSION」「POLAR」【日】

十五代樂吉左衞門

スノヘッタ設計[オスロ・オペラ・ハウス]【諾】,手塚貴晴+手塚由比設計[ふじようちえん],佐川美術館[樂吉左衞門館]【日】

世界アート市場売上総額 **659億**ドル
▶2008
▶2009
▶2010
▶2011
▶2014
▶2018

B

トカルチュク『逃亡派』【波】,J・ディアス『オスカー・ワオの短く凄まじい人生』,D・ジョンソン『煙の樹』,M・シェイボン『ユダヤ警官同盟』【米】,アディーチェ『半分のぼった黄色い太陽』【ナイジェリア】,ハン・ガン『菜食主義者』【韓】

伊藤計劃 虐殺器官

松浦理英子『犬身』,和田竜『のぼうの城』,伊藤計劃『虐殺器官』,円城塔『Self-Reference ENGINE』,伊坂幸太郎『ゴールデンスランバー』【日】

オスカー・ワオ

C

コーエン兄弟監[ノーカントリー],S・ペン監[イントゥ・ザ・ワイルド]【米】,ソクーロフ監[チェチェンへ アレクサンドラの旅]【露】,A・リー監[ラスト,コーション]【台】
周防正行監[それでもボクはやってない],山下敦弘監[天然コケッコー],柴田昌平監[ひめゆり],松江哲明監[童貞をプロデュース],青山真治監[サッドヴァケイション]【日】

D

レディオヘッド[In Rainbows]を価格一任制で先行ダウンロード販売,B・シングス[BENNY…ATHOME]【蘭】,M・チャオ[La Radiolina]【仏】,スピリット・キャッチャー[Night Vision]【白】,G・ガーバー[Late Broomers]【イスラエル】,コルトレーン・ジャズ[23Seconds]【加】,T・ソーリー[That/Not]【米】,エスジーワナビー[The Sentimental Chord]【韓】,E・チャン[讓我再次介紹我自己]【香】
中村中[天までとどけ],渚ようこ[novella d'amore],[レキシ]【日】
ウンスク・チン[オペラ 不思議の国のアリス]【韓/独】,金子仁美[Nの二乗],北爪道夫[流れ]【日】
コンプリシテ[消えゆく数字],N・スタフォード演[ウォー・ホース]【英】,別役実『やってきたゴドー』,五反田団[生きてるものはいないのか],新転位・21[ホタルの栖][僕と僕]【日】

レディオヘッド

E

A:[らき☆すた],[CLANNAD]【日】
C:パコ・ロカ[皺]【仏】

宇宙兄弟

小山宙哉[宇宙兄弟],末次由紀[ちはやふる],かきふらい[けいおん!],ヨネダコウ[どうしても触れたくない],いがらしみきお[かむろば村へ],小玉ユキ[坂道のアポロン],よしながふみ[きのう何食べた?],ツジトモ[GIANT KILLING],島本和彦[アオイホノオ],岩本ナオ[町でうわさの天狗の子],西島大介[ディエンビエンフー]【日】
漫画ファンのためのオンラインコミュニティ「comiXology」【米】

らき☆すた けいおん!

《借り》というのは、経済や道徳のなかだけで捉えきれるようなものではない。
ナタリー・サルトゥー＝ラジュ『借りの哲学』

1990 1991 1992 1993 1994 1995 1996 1997 1998 1999 2000 2001 2002 2003 2004 2005 2006 2007 2008 2009 2010 2011 2012 2013 2014 2015 2016 2017 2018 2019 2020 2021 2022

ヒッグス粒子の研究は、自然界に「重さ」がそなわったのはなぜかという
根本問題にかかわっている。

李明博【韓】
イヴ・ルテルム【白】
ブライアン・カウエン【愛】
ドミートリー・メドベージェフ【露】
シルヴィオ・ベルルスコーニ【伊】
馬英九【台】
麻生太郎【日】
カレマ・モトランテ【南ア】
ジョン・キー【NZ】
ボルト・パホル【スロベニア】
ヴェルナー・ファイマン【墺】
ヘルマン・ファン・ロンパイ【白】

ビットコイン論文に記されたブロックチェーン技術が、
〝価値のインターネット〟時代を拓く。

2008
平成20

アラブの春

1 15 仏軍がUAEに海軍基地を建設,ペルシャ湾岸への常駐は初
27 橋下徹大阪府知事当選【日】
2 13 ラッド首相,アボリジニへの過去の差別的政策を議会で謝罪【豪】

コソボ独立宣言

17 コソボ自治州議会,セルビアからの独立を宣言
24 フィデル・カストロが国家評議会議長辞意表明,後継に実弟のラウル・カストロ【キューバ】
3 14 チベット自治区ラサ市,独立を求めるデモが暴動に発展【中】
22 総統選で馬英九が当選,8年ぶりの国民党政権誕生【台】

4 14 ローディ政権の不信任決議を受け,ベルルスコーニが第3次政権へ【伊】
5

露二頭体制 メドベージェフ プーチン

07 メドベージェフ大統領就任,プーチン首相との二頭体制へ【露】
28 連邦民主共和制への移行宣言,240年近く続いた王制に幕【ネパール】
28 イルリサット宣言を採択,北極海に既存の海洋法が適応されることで一致【米加丁諾露】
29 高高度防衛ミサイルシステム(THAAD)実戦部隊発足【米】
6 06 アイヌ民族を先住民族と認める決議案が可決【日】
13 国民投票でEUリスボン条約批准を否決【愛】

7 07 北海道洞爺湖サミット開催【日】
8 07 グルジア軍が独立を主張する南オセチア自治州を攻撃,翌8日にロシアが軍事介入
26 ロシア,南オセチア自治州とアブハジア自治共和国の独立を一方的に承認【グルジア露】
29 ティーパーティーに多数の支持者を持つサラ・ペイリン,共和党副大統領候補に指名【米】
9 24 麻生内閣が発足【日】

南オセチア紛争 ロシア グルジア

10 03 国連スーダン・ミッションの司令部要員として自衛官2名を派遣【日】
11 北朝鮮に対するテロ支援国家指定解除【米】
15 シリアとレバノン,国交樹立
11 04 大統領選挙で民主党のバラク・オバマ勝利,初の黒人大統領に【米】
25 反政府派の市民団体がバンコク国際空港に突入,空港閉鎖【タイ】
26 ムンバイで同時テロ,死者100人超【印】
12 03 クラスター弾に関する条約,93カ国が署名

零八憲章 三権分立主張 共産党独裁批判

10 作家の劉暁波ら303名がインターネット上で「零八憲章」を発表【中】
16 国連安保理,海賊行為についてソマリア領内で「あらゆる必要措置」をとることを決議

自衛隊イラク撤収

17 復興支援のため派遣していた航空自衛隊をイラクから撤収【日】
17 中南米カリブ海諸国首脳会議,米抜き・キューバ含む33カ国で開催
23 コンテ大統領死去,クーデターが発生し暫定軍事政権が成立【ギニア】
27 ハマスによるロケット攻撃に対し,ガザ地区への空爆開始【イスラエル】

オバマ 黒人初米大統領 Yes We Can

リーマンショック

A テレポーテーション型量子計算初実証(NTT,阪大)【日】

B

ガソリン値下げ隊

民主党議員グループがガソリン税暫定税率廃止を目的に「ガソリン値下げ隊」結成【日】
米,クコーン牛肉の安全宣言【米】
ふるさと納税スタート【日】
二国間・多国間EPA発効(インドネシア,ブルネイ,フィリピン,ASEAN)【日】

コンビニ>百貨店

コンビニ売上高が初の百貨店超え,節約志向の消費者ニーズ【日】
パスネット販売終了【日】
東京メトロ副都心線開業【日】

C

携帯再編 国内メーカー買収・撤退・縮小

三菱電機,三洋電機が携帯電話製造から撤退【日】
NTTドコモ,PHSサービス終了,地域会社統合【日】
イー・モバイル,携帯音声通話サービス参入【日】

Airbnb CtoCマッチング

エアビーアンドビー設立,米民主党全国大会のホテル予約に対応【米】
タスクラビット設立,フリーランサーマッチング【米】
デルタ,ノースウエスト買収【米】
プライベートブランド(セブンプレミアム,トップバリュ等)躍進【日】
船場吉兆廃業【日】

D 英,住宅ローン専門銀行ノーザン・ロックを国有化【英】
米ベアー・スターンズ証券破綻,JPモルガンが買収【米】
米,住宅公社(ファニーメイ,フレディマック)を救済,政府管理下に【米】
リーマン・ブラザーズ経営破綻,世界規模の金融危機に波及【米】
メリルリンチ経営危機,バンク・オブ・アメリカが買収【米】
AIG,FRBの緊急融資で政府管理下に【米】
ゴールドマン・サックス,モルガン・スタンレー,銀行持株会社へ【米】
三菱UFJ,モルガン・スタンレーに21%出資【日米】
最大7000億ドル規模の「米金融安定化法」成立【米】
欧州の財政悪化懸念国(ポルトガル・イタリア・アイルランド・ギリシャ・スペイン),PIIGSと呼ばれる
金融危機で非常事態宣言【氷】
日本政策金融公庫発足【日】

リーマンショック ファニーメイ、フレディマック、メリルリンチ、ゴールドマン・サックス、モルガン・スタンレー

加速主義 資本主義の急進化

ベンジャミン・ノイズ,資本主義の急進化を指す「加速主義」造語【英】
サトシ・ナカモト「ビットコイン」論文発表,ハッシュ関数とブロックチェーンを用いたP2P電子通貨システム

予想どおりに不合理

アリエリー『予想どおりに不合理』,セイラー/サンスティーン『実践行動経済学』【米】,ファーガソン『マネーの進化史』【英】
稲葉陽二『ソーシャル・キャピタルの潜在力』【日】

サトシ・ナカモト

E 原油価格1バレルあたり$147,史上最高値更新
米新経済財団,「グリーン・ニューディール」発表,UNEPが採用【米】
燃料用コーンエタノールブーム【米】

コンビニ売上高 7兆8500億円

ふるさと納税 81億円
2014
2015
2018
2023

ユーロ導入国 13から15へ +キプロス、マルタ

石油市場価格バレル最高値 147ドル

風力発電総量 1億kw達到
1998
2005
2013
2017
2023

1996◀
2017◀ 気分障害患者数100万人超

学校裏サイト サイト・スレッド数3.8万件

2008

バイオキャピタル

世界最大加速器 LHC始動

A
CERNで世界最大の加速器「LHC」始動
「神舟7号」宇宙士2名が宇宙遊泳を実施【中】
初の月探査機「チャンドラヤーン1号」,PSLVロケットで打上げ【印】
NASA,ガンマ線天文衛星「フェルミ」打上げ【米】
宇宙基本法制定【日】
「あかり」全天サーベイ赤外天体カタログ初版完成【日】
第24太陽活動周期,開始
冥王星,準惑星から冥王星型天体に再分類
シエラ・ネバダ・コーポレーション,SpaceDev社を買収,民間有人宇宙船開発に参入【米】
A・ソダーバーグら,リアルタイムで初の超新星(SN 2008D)爆発を観測【米】
細野英雄,鉄系高温超伝導物質の発見【日】

対称性の破れ 南部、小林、益川
南部陽一郎,小林誠,益川敏英,「対称性の破れ」の起源発見でノーベル物理学賞

レーシック手術件数45万件

B
レーバー先天性黒内障患者に対する遺伝子治療実施【米】
高病原性鳥インフルエンザA(H5N1)のヒトからヒトへの感染確認【中】

移植ツーリズム
国際移植学会「臓器移植と移植ツーリズムに関するイスタンブール宣言」
抗レトロウイルス薬の導入でHIV感染者死亡率が約40%減少【英】
遺伝情報差別禁止法成立【米】
WHO,成人の3分の1以上が過体重,10人に1人以上が肥満と発表
イネゲノム塩基配列情報の高度利用を目的にした新農業展開プロジェクト開始【日】

C
アップル「iPhone3G」,超薄型モバイル「MacBookAir」【米】
グーグル,スマホ用OS「Android」,クラウドコンピューティング「Google Cloud」【米】
NVIDIA「TEGRA」,モバイル向け省電力統合型プロセッサ【米】
「Intel Core i7」リリース【米】

交通系電子マネー1日最高利用件数100万件 2015◀ 2019◀ 2022◀

D
PDFがISO標準化,Adobeから国際規格へ
バーティ・エアテル,南アの通信会社MTNを獲得【印】
NTT東西,NGN(次世代通信網)の商用サービス「フレッツ光ネクスト」提供開始【日】

惑星間インターネット
NASAとV・サーフ共同開発のプロトコル「DTN」,深宇宙での通信実験成功【米】

E
シベリア永久凍土の急激な融解進行を共同調査【日露】
パンタナル湿原の農地化を禁止【ブラジル】
新憲法で自然を権利主体として認める【エクアドル】
WWF,「生きている地球レポート」,生物多様性を「生きている地球指数」で数値化

アフリカ脱プラ
ビニール袋の製造・輸入・販売・使用を全面禁止【ルワンダ】
「スヴァールバル世界種子貯蔵庫」操業開始【諾】
FDA,体細胞クローン家畜の食品利用に事実上の安全宣言【米】
中国・四川省で大地震(M7.9),約7万人が死亡
大型サイクロン「ナルギス」来襲,死者・行方不明者13万人以上【緬】
岩手・宮城内陸地震(M7.2)【日】

四川大地震

日本人口1億2,808万人 人口減少始まる

スマホ社会

A
第1回カトリック・イスラム・フォーラム【バチカン】
オウム真理教被害者救済法成立【日】
ベック『〈私〉だけの神』,クレーマー『メディア,使者,伝達作用』【独】,ケペル『テロと殉教』【仏】
見田宗介『まなざしの地獄』,大澤真幸『不可能性の時代』,宮台真司『14歳からの社会学』,東浩紀,北田暁大,『思想地図』創刊【日】

秋葉原無差別殺傷

B
秋葉原無差別殺傷事件,白昼の雑踏に2t車で突入,歩行者をはね飛ばしナイフで殺傷,死者7名【日】

タスポ タバコ購入に必須
タバコ購入用成人識別ICカード「taspo」全国稼働【日】
日比谷公園に「年越し派遣村」開村【日】
中国産冷凍餃子で食中毒発生,調査の結果,農薬が検出【日】

後期高齢者
後期高齢者医療制度開始,75歳以上が対象【日】
観光庁発足【日】
湯浅誠『反貧困』【日】
文科省調査で,学校裏サイト3万8000件の存在確認【日】

C
「国際教養大学図書館」【日】
出版書店「シブヤパブリッシングアンドブックセラーズ(SPBS)」【日】
古書センター内に「らくごカフェ」【日】
タラブックス『夜の木』【印】

婚活 合コン、自分磨き お見合いパーティ
山田昌弘/白河桃子『「婚活」時代』【日】
『TRANSIT』(M)『マーマーマガジン』(Z),池上彰「学べる!!ニュースショー!」(T),「モンスター・ペアレント」(T)【日】
動画配信「NHKオンデマンド」,YouTube「NHKオンライン」【日】
ライブイベント「ニコニコ大会議」「ニコニコ生放送」【日】

サブスクリプション フールー、スポーティファイ

D
開発プラットフォーム「GitHub」,共有ストレージ「Dropbox」,メモストレージ「Evernote」【米】,位置情報「Ushahidi」【ケニア】
モバイル向け拡張現実(AR)アプリ「セカイカメラ」発表,3DCG制作「MikuMikuDance」【日】
オンライン無料受講サービス「カーン・アカデミー」,動画配信「Hulu」,音楽配信「Bandcamp」【米】,音楽ストリーミング「Spotify」【典】
コミック配信「WEBコミックハイ!」「ガンガンONLINE」「ソク読みサンデー」【日】

E
ジョン・ウー監[レッドクリフ]【中】,滝田洋二郎監[おくりびと],宮崎駿監[崖の上のポニョ],押井守監[スカイ・クロラ]【日】

レディー・ガガ
レディー・ガガデビュー,[ジャスト・ダンス][ポーカーフェイス]連続ヒット【米】
ジェロ[海雪],アンジェラ・アキ[手紙]【日】
北京五輪,北島,フェルプス(水泳),ボルト(陸上)ら金【中】
H&M,銀座に日本1号店【日】
ドラマ「Around 40」から「アラフォー」が流行語に【日】
局地的な荒天が多発,通称「ゲリラ豪雨」【日】

ウサイン・ボルト マイケル・フェルプス

ラノベと科幻小説

鳥の巣 芸術顧問アイ・ウェイウェイ

世界アート市場売上総額620億ドル ◀2007 ◀2009 ◀2010 ◀2011 ◀2014 ◀2018

A
ヴェルサイユ宮殿で毎夏個展開始(初回J・クーンズ)【仏】
エリアソン作[ニューヨーク・シティ・ウォーターフォールズ]【米】,三分一博志設計/柳幸典作[犬島精練所美術館]【日】
ナガオカケンメイ「デザイン物産展ニッポン」,THA/中村勇吾「NOW UPDATING…」展【日】
チェ・ジョンファ [息をする花]【韓】,須田賢司(木工)[楓拭漆小箪笥「陸離」]【日】
R・コールハース/OMA設計[中国中央電視台本社ビル(CCTV)],ヘルツォーク&ド・ムーロン設計[北京国家体育館(鳥の巣)]【中】,石上純也設計[神奈川工科大学KAIT工房],新居千秋設計[リアスホール]【日】
北村道子『衣裳術』【日】
山縣良和,「ここのがっこう」設立【日】

三体

B
ラヒーミー『悲しみを聴く石』【アフガニスタン仏】,アディガ『グローバリズム出づる処の殺人者より』,オースター『闇の中の男』【米】,ストラウト『オリーヴ・キタリッジの生活』【印】,劉慈欣『三体』【中】

川上未映子 乳と卵
川上未映子『乳と卵』,舞城王太郎『ディスコ探偵水曜日』,伊藤計劃『ハーモニー』,水村美苗『日本語が亡びるとき』【日】

ダークナイト、スラムドッグ$ミリオネア

C
アンゲロプロス監[エレニの帰郷]【希】,ノーラン監[ダークナイト],ボイル監[スラムドッグ$ミリオネア]【英】,アロノフスキー監[レスラー]【米】,フォルマン監[戦場でワルツを]【イスラエル】,イクチュン監[息もできない]【韓】
若松孝二監[実録・連合赤軍 あさま山荘への道程],万田邦敏監[接吻],井口奈己監[人のセックスを笑うな]【日】

D

バロック・ポップ
ラスト・シャドウ・パペッツ[the age go the understatement],M・スチュワート[edit]【英】,TuShungPeng[Trouble Time]【仏】,[Vampire Weekend],R・ニューマン[Harpsand Angels],M・マーティン&ウッド[Let'sGO Everywhere]【米】,S・サイード[我が人生の日々]【埃】
酒井健治[リフレクティング・スペースII],藤倉大[SAKANA],[...as I am...],松本祐一[広島・長崎の原爆投下についてどう思いますか?]【日】
D・ローアー『最後の炎』【独】,鄭義信『焼肉ドラゴン』【日韓】,玉三郎×蘇州昆劇院[牡丹亭],S・マクバーニー演[春琴]【日】,インプロヴ・エブリウェア[Frozen Grand Central]【米】

E
A:[マクロスF],[イヴの時間](ネット配信)【日】
C:情報配信サイト[コミックナタリー]【日】
J・スファール[星の王子さま],ヴィンシュルス[ピノキオ],B・ヴィヴェス[塩素の味]【仏】,チェ・ギュソク[沸点]【韓】

ヤマザキマリ
ヤマザキマリ[テルマエ・ロマエ],森薫[乙嫁語り],東村アキコ[海月姫],西炯子[娚の一生],ねむようこ[ペンとチョコレート],渡辺航[弱虫ペダル]【日】

ボーイズラブ
L:石田美紀『密やかな教育〈やおい・ボーイズラブ〉前史』【日】
ばるぼら・屋根裏・どどいつ文庫『世界のサブカルチャー』

ばるぼら、屋根裏、どどいつ文庫

1998◀
2015◀ 世界の5億人が65歳以上

1990 1991 1992 1993 1994 1995 1996 1997 1998 1999 2000 2001 2002 2003 2004 2005 2006 2007 2008 2009 2010 2011 2012 2013 2014 2015 2016 2017 2018 2019 2020 2021 2022

私たちの失敗は必然的に、夜空を彩る花火が漆黒の闇に消え去るように、私たちをこの歴史のなかにひとりおきざりにするのだ。
フレドリック・ジェイムソン『未来の考古学』

2009
平成21

豚インフルエンザ・パンデミックが「ズノーシス」（人獣共通感染症）の不吉な影を投げかける。

バラク・オバマ【米】
シェイク・シャリフ・シェイク・アフマド【ソマリア】
ヨハンナ・シグルザルドッティル【氷】★
ヴァルディス・ドンブロウスキス【ラトビア】
ベンヤミン・ネタニヤフ【イスラエル】
ナジブ・ラザク【マレーシア】
ラース・ロッケ・ラスムセン【丁】
バイナイ・ゴルドン【洪】
ジェイコブ・ズマ【南ア】
ダリア・グリバウスカイテ【リトアニア】★
鳩山由紀夫【日】
ゲオルギオス・アンドレアス・パパンドレウ【希】
イヴ・ルテルム【白】

リツイートと感染症の類似性。マーケターは「拡散力」に注目し始める。

アラブの春

1 03 イスラエル地上部隊によるガザ地区への大規模進攻【パレスチナ】
18 ガザ紛争,イスラエルが一方的な停戦を宣言【パレスチナ】
22 オバマ大統領,グァンタナモ米軍基地含む対テロ秘密収容基地の閉鎖命令に署名【米】
26 国際刑事裁判所初の公判,トマ・ルバンガ被告の戦争犯罪訴追【コンゴ民主共和国】
31 暫定政府が大統領選挙を実施,シャリフ・アフマドが選出【ソマリア】

2 **シグルザルドッティル**
01 同性愛公言の世界初の首相,J・シグルザルドッティル就任【氷】
27 オバマ大統領,イラク駐留米軍を10年8月末までに撤退させると表明

3 13 海上自衛隊の護衛艦2隻,海賊対策のためソマリア沖へ派遣【日】
31 ネタニヤフ首相率いる右派主導連立内閣発足,中東和平は難局へ【イスラエル】

4 01 アルバニアとクロアチアがNATOに加盟
03 統一マレー国民組織総裁のナジブ・ラザク,首相就任【馬】
05 長距離弾道ミサイル実験を強行,日本の東北地方上空を通過【朝】
05 プラハ演説,オバマ大統領が核廃絶へ向けた具体的な目標を示す【米】
13 対キューバ制裁緩和,送金・渡航規制撤廃【米】
14 国連安保理のミサイル実験批判に反発,協議離脱と核開発再開を表明【朝】
16 対テロ作戦地域指定を解除,第2次チェチェン紛争終結宣言【露】

5 19 ラージャパクサ大統領,内戦の終結を宣言【スリランカ】
23 盧武鉉前大統領,投身自殺【韓】
25 咸鏡北道で地下核実験【朝】

6 14 BRICs首脳が初の正式首脳会議【ブラジル露印中】

BRICs首脳会議

7 **ウイグル騒乱**
05 新疆ウイグル自治区でウイグル族大規模騒乱【中】
06 オバマ・メドベージェフ会談,新核軍縮条約（新START）の枠組み合意【米露】

北、核再開 イラン新施設

9 03 ウラン濃縮実験,完了段階入り公表,核開発継続姿勢を強調【朝】
16 鳩山連立内閣発足【日】
16 前原国土交通大臣,ハッ場ダムなど大型直轄公共事業の建設中止を表明【日】
21 鳩山首相,胡錦濤国家主席と会談,東アジア共同体構想提案【日】
24 国連安保理,「核兵器なき世界」へ向けた決議
25 新ウラン濃縮施設を建設中と申告,米英仏首脳が国連安保理決議に違反と批判【イラン】

鳩山民主党連立内閣

10 03 リスボン条約に向けた国民投票,再投票により条約批准を可決【愛】
09 オバマ大統領,ノーベル平和賞を受賞【米】

11 03 リスボン条約の批准書にチェコが署名,EU全27カ国の署名が完了
事業仕分け 2位じゃダメ?
11 行政刷新会議による事業仕分け開始【日】
27 IAEA,イランの新ウラン濃縮施設建設中止決議を採択

12 01 EUの新基本条約であるリスボン条約発効
15 普天間飛行場移設先の白紙化と先送りの方針を駐日米国大使に伝達【日】

リーマンショック

A
中小企業9社による東大阪宇宙開発協同組合,小型人工衛星「まいど1号」開発,雷観測に成功【日】
多機能な二量子ビット演算素子の開発（NTT,東工大）【日】
公開鍵暗号の安全性根拠となる「素因数分解問題」で世界記録（NTT,独仏蘭共同研究）

世界同時不況
米失業率過去最悪 10%超

B
前年のリーマン・ブラザーズ破綻をきっかけに「100年に一度」の世界同時不況
「米国復興再投資法」成立【米】
日経平均バブル後最安値,NY株11年振り7000ドル割れ【日米】
レアメタル 輸出規制提訴
中国のレアメタル輸出規制に対し米EU墨がWTOへ提訴
米失業率10%突破【米】
「中小企業金融円滑化法」成立,同年中に公布,施行【日】
輸出入共大幅減少,国際的な「スロートレード」の兆しも【日】

C
日通・郵政宅配事業統合,「ペリカン便」消滅,「ゆうパック」に【日】
クライスラー破産法申請,フィアット傘下で再建へ【米伊】
フォルクスワーゲン,ポルシェ買収【独】
GM倒産,国有企業として再建へ（子会社サーブも経営破綻）【米】
オラクル,サン・マイクロシステムズの買収を発表【米】
パナソニック,三洋電機を子会社化【日】
Uber ウェブ配車サービス開始
運転者と乗客が相互評価する配車プラットフォーム,Uber設立【米】
クラウドファンディングのKickstarter設立【米】
トヨタプリウス,新車販売台数20万台超で初の首位【日】
サムスン,売上高で世界最大のIT・家電メーカーに【韓】

米自動車破綻 GM クライスラー

D
ビットコイン運用開始 最初のブロック生成
サトシ・ナカモト,最初のビットコインブロックをマイニング
株券電子化（上場企業の株券無効に）【日】
ギリシャ,国家財政粉飾発覚,国債格下げ【希】
「ドバイ・ショック」,UAEのドバイワールドが債務の繰延べを要請,世界的な株価下落
アカコフ/シラー『アニマルスピリット』,ラインハート/ロゴフ『国家は破綻する』【米】,ジリアン・テット『愚者の黄金』【英】
山口二郎編『ポスト新自由主義』,大田英明『IMF』,山口浩『リスクの正体!』,原丈人『新しい資本主義』【日】

E
天然ガス交渉決裂でロシアからウクライナ,欧州へのパイプライン供給停止【露】
中国,「十城千台」プロジェクトで電気自動車普及テコ入れへ【中】
GND グリーン・ニューディール 温暖化対策への公共投資
オバマ大統領,就任演説で「グリーン・ニューディール」政策を掲げる【米】
オバマ政権,高速増殖炉をアメリカ国内に作らないことを表明【米】
モンゴル,ウラン開発のため国営モンアトムを設立【モ】
家庭用太陽光発電買取制度開始【日】
米原油生産量,シェール効果で1991年以来初の増加【米】

有効求人倍率 0.42倍 史上最低 ▸2013

外国人労働者 50万人超 ▸2016 ▸2019 ▸2023

日経平均株価 7054.98円 バブル崩壊後最安値

民間企業給与平均 406万円 ▸1997 ▸2018

ユーロ導入国 15から16へ +スロバキア

1BTCあたり 0.09円 ▸2017 ▸2020

2009

バイオキャピタル

テネシン発見

A

世界天文年

打上げラッシュ,初の人工衛星「スィーナー1号」【イラン】,「銀河2号」【朝】,系外惑星探索衛星「ケプラー」,月探査機「ルナ・リコネサンス・オービター」,月面突入機「エルクロス」【米】,H-2Bロケット1号機【日】
115億光年先に30個のモンスター銀河集団を発見【日墨】
木星に小天体衝突,表面に太平洋と同程度の衝突痕
宇宙ステーション補給機「こうのとり」試験機,ISSとドッキング【日】
「民間有人宇宙船開発支援計画」発表【米】

若田光一 ISS長期滞在ミッション

若田光一,ISSに長期滞在4カ月半,「きぼう」運用確立へ
世界天文年(ガリレオ・ガリレイの天体観測から400年目に由来)
MEarth, GJ 1214bを発見,スーパーアース2例目で海洋惑星の可能性も【米】
太陽系外惑星CoRoT-7B発見【仏】
大内正己ら,129億光年先に,巨大なガス雲「ヒミコ」発見 【日米英】

B

新型インフルエンザ

手術支援ロボット「ダヴィンチ」薬事承認,ロボット手術の普及加速【日】
新型インフルエンザA(H1N1)2009の感染拡大,6月にWHOパンデミックを宣言
F・ライアン『破壊する創造者』【英】

C

AndroidOSスマートフォン:サムスン「Galaxy」【韓】,HTC製ドコモ「HT-03A」【日】
富士通「SPARC64VIIIfx」8コアRISCプロセッサ【日】

クラウド標準化

オープン・クラウド・マニフェスト公開
クラウド・セキュリティ・アライアンス発足
Gumblarウイルスの流行,Webサイトの改ざんで閲覧者をマルウェアに感染
Confickerワームの流行,WindowsPC数百万台超に感染
国防報「Facebook」「Twitter」「YouTube」「Flickr」を西方敵対勢力と声明【中】

D

LTE 第3.9世代携帯電話

高速通信・低遅延・低価格の特許を目指し標準化団体3GPPがRelease.8を仕様策定
3Gから4Gへの中継ぎ無線通信ブロードバンドサービス「UQWiMAX」提供開始【日】

アフリカ携帯普及率50%超（2003◀ 2014◀）

E

農業海外投資資金を設立【サウジ】
バイオマス活用基本法成立【日】
WWFら,アマゾンの生態系サービスの価値を試算したリポートを発表
鳩山首相,国連総会でCO2排出量を2020年までに1990年比25%削減と表明【日】
IEA,中国のCO2排出量が世界最大と発表

クライメートゲート事件

イーストアングリア大学気候研究ユニットからメールが流出,温暖化データ捏造疑惑【英】
J・ハンセン『Storms of My Grandchildren』【米】
D・スパーリング/D・ゴードン『TwoBillion Cars』【英】
米魚類野生生物局ほかの調査で過去40年で鳥類の個体数が約40パーセント減少と推定
IEEI報告書,海外の農地買収による地元民の締め出しに警告
農務省専門チーム,ネオニコチノイド系農薬によるCCDでミツバチ死滅を報告【米】
中部ラクイラ地震(M6.3)【伊】

大学進学率50%超

サブスクリプション

A

福音派,正教会,カトリックが共同声明「マンハッタン宣言」【米】

幸福の科学 幸福実現党 学校法人設立

幸福の科学,幸福実現党と学校法人の設立発表【日】

食人の形而上学

イーグルトン『宗教とは何か』,K・スタノヴィッチ『現代社会における意思決定と合理性』,カステル『社会喪失の時代』【仏】,デ・カストロ『食人の形而上学』【ブラジル】,ウェイド『宗教を生みだす本能』,フィッシャー『資本主義リアリズム』【英】,R・スミス『ソクラテスと朝食を』,チャンギージー『ヒトの目、驚異の進化』【米】
毛利嘉孝『ストリートの思想』,五十嵐太郎編『ヤンキー文化論序説』,内田樹『日本辺境論』,清水高志『来るべき思想史』【日】

B

裁判員制度

裁判員制度スタート,地方裁判所で行われる刑事裁判に市民が参加【日】
改正臓器移植法可決,臓器提供年齢制限を撤廃【日】
入管法改正,登録制から在留カードに【日】
在特会,京都市の朝鮮学校にヘイトスピーチで授業妨害【日】

C

松丸本舗 松岡正剛監修 本屋のなかの本屋

松岡正剛×丸善,丸の内本店に千夜千冊の世界を表した「松丸本舗」開店【日】
第1回「Tokyo Art Book Fair」【日】

もしドラ 萌えで読むドラッカー

岩崎夏海『もし高校野球の女子マネージャーがドラッカーの『マネジメント』を読んだら』【日】
『THE NEW ORDER MAGAZINE』(M)【NZ】,『C★ndy』(M)【西】,『ディーデザイントラベル』(M)【日】
「ブリテンズ・ゴット・タレント」(T),スーザン・ボイル世界デビュー【英】

D

リツイート

フリーミアム

アンダーソン『フリー』【米】
マイクロソフト「Windows 7」発売,グーグル「Chrome OS」【米】
動画共有「Mikufans(現bilibili)」開局【中】,SNS「WhatsApp」,API管理ツール「apigee」【米】
アバターコミュニティ「アメーバピグ」【日】,
まとめサイト,「NAVERまとめ」「Togetter」【日】
「Twitter」にリツイート機能【米】
津田大介『Twitter社会論』【日】

E

AKB48

村上春樹『1Q84』,湊かなえ『告白』【日】
M・ジャクソン死去【米】,忌野清志郎死去【日】

THIS IS IT

オルテガ監[THIS IS IT]【米】
韓国コンテンツ振興院設立【韓】
AKB48第1回選抜総選挙【日】
大リーグ,NYヤンキース松井秀喜,日本人初のMVP【米】

草食系男子

安定志向の「草食系男子」が主要新聞の特集記事に【日】
「天地人」「戦国BASARA」「レッドクリフ」から「歴女」ブーム【日】

ファストファッション

「H&M」「FOREVER21」「ZARA」外資系ファストファッション流行【日】

飢餓人口10億人突破

ラノベと科幻小説

世界アート市場売上総額395億ドル（▶2007 ▶2008 ▶2010 ▶2011 ▶2014 ▶2018）

A

プラットフォーム・ソウル2009「Void of Memory」【韓】
第1回恵比寿映像祭,BEPPU PROJECT[混浴温泉世界]【日】
高橋コレクション「ネオテニー・ジャパン」【日】
オロスコ回顧展【米】,鴻池朋子「インタートラベラー 神話と遊ぶ人」展,金氏徹平「溶け出す都市、空白の森」展【日】
T・ゲイツ[Dorchester Projects],R・マッギンレーp「Moonmilk」【米】

ビャルケ・インゲルス

BIG設計[8ハウス・ハウジング]【典】,D・チッパーフィールド設計[ベルリン新博物館 改修]【独】

B

移民文学 ンディアイ、アディーチェ、ジン

HHhH プラハ,1942年 ナチス第三の男

マンテル『ウルフ・ホール』,ミエヴィル『都市と都市』【英】,ンディアイ『三人の逞しい女』,L・ビネ『HHhH』【仏】,H・ジン『すばらしい墜落』,バチガルピ『ねじまき少女』【米】,アディーチェ『なにかが首のまわりに』【ナイジェリア】,莫言『蛙鳴』【中】
冲方丁『天地明察』,津原泰水『バレエ・メカニック』【日】

C

アバター

イーストウッド監[インビクタス/負けざる者たち]【米】,ハネケ監[白いリボン]【独】,キャメロン監[アバター]【加】,ブロムカンプ監[第9地区]【南ア】,L・イエ監[スプリング・フィーバー]【中】
西川美和監[ディア・ドクター],園子温監[愛のむきだし],横浜聡子監[ウルトラミラクルラブストーリー],木村大作監[劒岳 点の記],松江哲明監[あんにょん由美香],入江悠監[SR サイタマノラッパー]【日】

D

ルシアーノ[Tribute to the Sun]【瑞】,アラマーイルマン・ヴァサラット[フーロ・コルッコ消えた冒険家]【芬】,D・ファンク[Toeachizown],エスニック・ヘリテッジ・アンサンブル[Mama's House Live]【米】,ザ・ザウォーセ・ファミリー[バオバブの木からの贈り物]【タンザニア】
サイプレス上野とロベルト吉野[WONDERWHEEL],相対性理論[ハイファイ新書]【日】
マルチン・スタンチク[SIGHS — homage à Fryderyk Chopin]【波】,石島正博[Green for orchestra],藤倉大[アトム]【日】

映画で観劇 ナショナル・シアター・ライブ

ナショナル・シアター・ライブ始まる, J・ローガン『Red』【英】, こまつ座[組曲虐殺], ままごと[わが星]【日】

アバター世界歴代興行収入更新27.9億ドル（▶1997 ▶2019）

E

進撃の巨人

A:[けいおん!]【日】

Minecraft サンドボックスクラフトゲーム

G:PC[Minecraft],[League ofLegends]【米】,[STEINS;GATE]【日】
C:イェークストロム[さよならセプテンバー]【典】,李昆武[チャイニーズ・ライフ]【仏】,ロバート・クラム[旧約聖書 創世記]【米】
弐瓶勉[シドニアの騎士],花沢健吾[アイアムアヒーロー],諫山創[進撃の巨人],藤巻忠俊[黒子のバスケ],市川春子[虫と歌],押見修造[惡の華],久住昌之[花のズボラ飯],ゴトウユキコ[R-中学生]【日】
「米沢嘉博記念図書館」開館【日】
L:川原礫『ソードアート・オンライン』【日】

情報の潤沢さは、アテンションの貧困を生み出すことになると言っている。
ケヴィン・ケリー『〈インターネット〉の次に来るもの』

2019◀ ネット広告費7069億円 新聞広告を上回る

幻想の構想

2010〜2019

2010

平成22

北方四島、竹島、尖閣諸島。日本のシーレーン戦略がぐちゃぐちゃだ。

ヴィクトル・ヤヌコビッチ【ウクライナ】
セバスティアン・ピニェラ【チリ】
デーヴィッド・キャメロン【英】
オルバーン・ヴィクトル【洪】
菅直人【日】
ジュリア・ギラード【豪】★
フアン・マヌエル・サントス・カルデロン【コロンビア】
マルク・ルッテ【蘭】

世界の難民 1055万人 ※UNHCR支援対象

2015
2019
2021

単一通貨ユーロ創設以来の問題が、欧州債務危機により、浮き彫りになる。

アラブの春

1 15 海自,インド洋での補給支援活動終了【日】
24 沖縄県名護市市長選,普天間からの飛行場移設反対派の稲嶺進が初当選【日】

2 08 大統領選で親露派のヤヌコビッチが勝利【ウクライナ】
13 ドレスデン爆撃65周年,ネオ・ナチ組織のデモを市民グループが「人間の鎖」で阻止【独】
18 オバマ大統領,ダライ・ラマ14世と会談【米】

3 07 UNAMIの支援を受け議会選挙を実施【イラク】

オバマケア 米国民皆保険制度

21 国民皆保険を目指す医療保険制度改革法案(オバマケア)が可決【米】
25 ワシントン条約締約国会議,クロマグロ禁輸案を否決した委員会決定を承認
26 哨戒艦「天安」が黄海で北朝鮮潜水艇の魚雷により沈没【韓】

4 08 新START条約に署名【米露】
13 核セキュリティ・サミット開催
19 地域政党「大阪維新の会」発足,代表に橋下徹府知事【日】
◉ バクダディ,「イラク・イスラム国」指導者へ

5 05 緊縮財政に反発するゼネストにより全土の交通網が混乱【希】
11 保守党総選挙勝利,自由民主党と連立しキャメロン政権発足【英】
23 鳩山首相,普天間飛行場の移設先を辺野古周辺とする方針表明,「県外」守れず陳謝【日】

「最低でも県外」 辺野古回帰 鳩山辞任

6 02 鳩山首相が辞任表明,民主党執行部も総退陣【日】
04 民主党の代表選にて菅直人が選出,8日に首相就任【日】
29 関税撤廃・引き下げの経済協力枠組み協定を締結【中台】

7 01 対イラン包括制裁法成立,取引先を含む金融制裁強化【米】
15 モスクで自爆テロ,スンニ派の反政府組織ジュンダラが犯行声明【イラン】

8 05 イラン,シリア,キューバ,スーダンをテロ支援国家として継続指定【米】
30 ロマ問題で強制送還等を規定する国内治安方針法の厳格化を発表【仏】
31 オバマ大統領,イラクでの駐留米軍の戦闘任務の終結を宣言【米】

9 **尖閣衝突** 中国漁船と海上保安庁巡視船

07 尖閣諸島付近で違法操業の中国漁船,海上保安庁の巡視船2隻と衝突【日】
15 バレンツ海と北極海の大陸棚を等分する合意文書に調印【露諾】

10 **劉暁波** 服役中のノーベル平和賞

08 服役中の民主活動家・劉暁波にノーベル平和賞【中】
22 ウィキリークス,イラク戦争関連の米国機密文書約40万点をインターネット上で公開
27 日米外相会談,中国が9割のシェアを占めるレアアースの供給源多様化に向けて合意

ウィキリークス暴露

11 02 中間選挙で与党民主党大敗,下院は共和党優勢に【米】
13 アウンサンスーチー,自宅軟禁から解放【緬】
21 ギリシャに続き,アイルランド政府がEUとIMFに金融支援要請

延坪島砲撃

23 北朝鮮,延坪島砲撃,韓国海兵隊員・民間人各2名死亡

12 17 地方都市で露天商の若者が警察に抗議の焼身自殺,全土に広がる反政府運動(ジャスミン革命)の発端に【チュニジア】

リーマンショック

A ウナギの完全養殖【日】

B 東証,利便性を向上するコロケーション,プロキシミティサービス開始【日】
こども手当支給開始【日】
家畜の口蹄疫感染拡大,宮崎県で非常事態宣言【日】
3.9G移動通信システム登場【日】
中国のGDP,日本抜き世界第2位に

中国GDP 世界2位

C 世界最高層のビル,ブルジュ・ハリファ竣工【UAE】
マリーナベイ・サンズ開業【星】

JAL経営破綻

日本航空,会社更生法の適用を申請,再建に向けて稲森和夫が会長就任【日】
オラクル,サン・マイクロシステムズを買収【米】
キリンとサントリーの経営統合破談【日】
トヨタ,アメリカで大規模リコール問題【米】

合併と閉店 百貨店売上げ28年ぶり低水準

大丸松坂屋百貨店発足,松坂屋を存続会社として大丸を合併【日】
伊勢丹吉祥寺店,松坂屋名古屋駅店,西武有楽町店閉店【日】
新日本石油と新日鉱ホールディングス統合,JXホールディングス発足【日】
エクソンモービル,シェールガス大手XTOエナジー買収【米】
米ビデオ・DVDレンタルチェーン大手ブロックバスター経営破綻【米】
グーグル完全自動運転車開発プロジェクト発表【米】
日産 電気自動車「リーフ」発売【日】

自動運転 電気自動車

D ギリシャ危機が欧州全体に波及し欧州ソブリン危機【EU】
欧州中央銀行,ユーロ圏内の国債買入れを実施【EU】
欧州金融安定基金(EFSF)設立【EU】

ドッド・フランク法

リーマンショックを踏まえた金融規制改革法(ドッド・フランク法)成立【米】
日本振興銀行が破綻,初のペイオフ発動へ【日】
円高で6年半振り為替介入【日】
日銀,「包括緩和」実施【日】
中国,基準金利・預金準備率引上げで金融引締めへ【中】
米FRB,QE2発動【米】
ヘンリー・ポールソン『ポールソン回顧録』【米】
岩田一政『デフレとの闘い 日銀副総裁の1800日』,岩村充『貨幣進化論』【日】

欧州金融債務危機

欧州債務危機支援決定 5月:ギリシャへ(第一次)、11月:アイルランド

E オバマ大統領,クリーンエネルギービジネスへの注力を表明【米】
「ヨーロッパ2020」で再生可能エネルギー比率20%の目標設定【EU】

メキシコ湾原油流出

メキシコ湾原油流出事故,BPの海底油田基地から約78万kLの原油が流出【米】
プレソルト(岩塩層の下)からの原油採掘に成功【ブラジル】
エネルギー基本計画改定(再エネ導入明記,原発国際展開など)【日】
長期エネルギー・気候政策ロードマップ「エネルギーコンセプト」を策定【独】
ベトナムの原発建設受注合意【日越】

2010

バイオキャピタル

A
佐野雅己,宗行英朗らがマクスウェルの悪魔を実験的に実現【日】
探査機「ケプラー」,最初の太陽系外惑星発見【米】
オバマ大統領,有人月計画「コンステレーション計画」中止を表明【米】
小惑星探査機「はやぶさ」,カプセルの大気圏再突入成功【日】
「国家安全保障宇宙戦略」を策定【米】
金星探査機「あかつき」,メインエンジンのトラブルで金星軌道突入に失敗【日】
久保園芳博ら,芳香族分子ピセンで超伝導現象を発見【日】

量子重ね合わせ

UCLAサンタバーバラ校,量子の「重ね合わせ状態」を初観測【米】
ハビタブルゾーンに地球の3倍の重さの系外惑星グリーゼ581g発見
オガネシアンら,117番元素テネシン発見を報告【露】
佐藤勝彦『宇宙137億年の歴史』【日】

B

改正臓器移植法

「改正臓器移植法」施行,本人の拒否表示なければ家族の同意で可能に【日】
コロンビア大,幹細胞でウサギの関節再生,運動回復にも成功【米】
理研,日本人の全ゲノム配列を包括的解析【日】
ベンター研,約100万塩基対からなるバクテリアのゲノムを人工的に合成することに成功【米】
ムカジー『がん』【米】

日本人全ゲノム読解

C
モーションキャプチャー「Kinect for Xbox 360」【米】
「天河一号A」アメリカ以外初のペタフロップス級HPCで,中国史上初の世界一に【中】
D-Wave Systems社,世界初の商用量子コンピュータ「D-Wave One」を発表【加】
「Stuxnet」イランの核施設に対するサイバー攻撃がウラン濃縮用遠心分離機を破壊,米国とイスラエルの関与が疑われる
「オペレーション・オーロラ」グーグルなど30社以上の企業にサイバー攻撃,中国政府の関与が疑われ
グーグルは中国から撤退

D-Wave One商用量子コンピュータ

D
世界の携帯電話契約件数が50億件を突破t

LPWA

低消費,広域,低コストの無線通信LPWA始動,LPWAネットワーク「sigfox」サービス開始【仏】
「スマートシティ京都研究会」設立【日】
スマートハウス実証実験住宅「観環居」【日】
ドコモ,LTE方式の第3.9世代携帯「Xi」【日】

E
「気候変動および母なる大地の権利に関する世界民衆会議」開催【ボリビア】
「SATOYAMAイニシアティブ国際パートナーシップ」発足【日】
環境省,「生物多様性総合評価」を実施【日】

シーシェパード 反捕鯨団体エコテロリスト

「シーシェパード」代表のP.ワトソン,調査捕鯨妨害の容疑で国際指名手配
ハイチ大地震(M7.0),死者31万人
チリで大地震(M8.8)
火山が噴火,欧州の空の便が混乱(〜4月)【氷】
翌年1月にかけ大規模洪水,ラニーニャ現象が原因の可能性【豪】

ハイチ大地震 チリ大地震

不妊治療実施件数 日本が世界一 24・6万件

3・9G通信速度 100Mbps (2001 / 2006 / 2020)

東京の熱帯夜 最低気温25℃以上 56日

ハイチ自然災害死者数 31・6万人

サブスクリプション

A
公共の場でブルカ等で顔を隠すことを禁じる法律成立【仏】
初の『宗教白書』,信者最多はプロテスタントの約2300万人【中】
イオン,「お坊さん紹介サービス」【日】

白熱教室

サンデル『これからの「正義」の話をしよう』邦訳発売,NHK「ハーバード白熱教室」放映【日】
S・エセル『怒れ!憤れ!』,F・ケック『流感世界』【仏】N・G・カー『ネット・バカ』【米】
前島賢『セカイ系とは何か』【日】

怒れ!憤れ!

B
チリ鉱山落磐事故,作業員33人全員生存
同性婚を合法化,中南米で初【アルゼンチン】
杭州−福州間高速鉄道脱線衝突事故【中】
高校授業料無償化法施行【日】
殺人罪など重大事件の公訴時効が廃止【日】
尖閣諸島中国漁船衝突事故映像,海上保安官の手でYoutubeに流出【日】
群馬県中央児童相談所に「伊達直人」を名乗る人物からランドセル10個寄贈【日】
足利事件,DNA再鑑定により冤罪確定【日】
奈良県,「平城遷都1300年祭」【日】
横綱朝青龍,暴力事件で引退【日】
11代目市川海老蔵暴行事件,半グレ集団による犯行【日】

LED普及 節電と長寿命政府後押し

LED電球の比率が白熱電球を上回る【日】
経産省に「クール・ジャパン室」開設【日】
改正著作権法施行,違法ダウンロードが対象に【日】

C
日本経済新聞,有料の『日経電子版』【日】
ドワンゴ,角川グループと包括業務提携【日】
VODストリーミング「Wuaki.tv」【西】,ネットラジオ・ポッドキャスト配信「Tune In Radio」【米】

DOMMUNE

宇川直宏,ライブストリーミング「DOMMUNE」開局【日】

ユーチューバー

PewDiePie,ゲーム実況動画投稿開始【典】
HIKAKIN,「マリオビート動画」【日】

D
ケリー『テクニウム』,ボッツマン『シェア』【米】
予測・分析モデリングのコンペティションサイト「Kaggle」【米】
Unicodeに絵文字が追加される

インスタグラム

写真共有SNS「Instagram」「Pinterest」【米】,SNS「カカオトーク」【韓】,IPサイマルラジオ「Radiko」【日】
「Facebook」いいね!ボタン提供開始【米】

いいね!

E
キャメロン監[アバター],3D映像話題に【米】
蟻を調味料に使う"新北欧料理"「ノーマ」,世界一レストランに【丁】
AKB48[ヘビーローテーション],いきものがかり[ありがとう]【日】
AKB48と嵐がシングルCDランキングを独占【日】
少女時代[Gee],KARA[LUPIN]などK-POPガールズグループ人気【日】
FIFAワールドカップ,ブブゼラが話題,日本はベスト16進出【南ア】
バンクーバー冬季五輪,フィギュアスケート女子でキム・ヨナ金,浅田真央銀【加】

K-POP

公衆電話設置台数30万台切る (2002 / 2004)

ラノベと科幻小説

A
第1回あいちトリエンナーレ「都市の祝祭」,第1回瀬戸内国際芸術祭【日】
榮榮&映里,「草場地 春の写真祭」開催【中】
C・トゥオンブリーによるルーヴルの天井画[The Ceiling],ミカリーン・トーマス作[草上の昼食:3人のブラックウーマン],A・ジャー作[Park of the laments],T・ブルゲラ「イミグラント・ムーブメント・インターナショナル」開始【米】,「ヴィック・ムニーズ:ごみアートの奇跡」【ブラジル】
舘鼻則孝作[ヒールレスシューズ],満田晴穂作「自在」展【日】
西沢立衛設計/内藤礼作[豊島美術館・母型]【日】

坂茂 六角形のフランス

坂茂設計[ポンピドゥー・センター・メス]【仏】,SOM設計[ブルジュ・ハリファ]【UAE】,石上純也作[Architecture as air]【伊】
A・マックイーン死去【英】

絵画最高額更新 ピカソ[ヌード,観葉植物と胸像] 1億600万ドル (2004 / 2012 / 2013 / 2015 / 2017)

B
ウエルベック『地図と領土』【仏】,エーコ『プラハの墓地』【伊】,J・イーガン『ならずものがやってくる』,ドーア『メモリー・ウォール』,ゴードン『二流小説家』【米】,ラフェリエール『ハイチ震災日記』【加】
阿部和重『ピストルズ』,島田雅彦『悪貨』,柴崎友香『寝ても覚めても』,中島京子『小さいおうち』,上田早夕里『華竜の宮』【日】

M・ウエルベック

世界アート市場売上総額 570億ドル (2007 / 2008 / 2009 / 2011 / 2014 / 2018)

C
ノーラン監[インセプション],フーパー監[英国王のスピーチ]【英】,ポランスキー監[ゴーストライター]【仏】,フィンチャー監[ソーシャル・ネットワーク],アロノフスキー監[ブラック・スワン]【米】,オリヴェイラ監[アンジェリカの微笑み]【葡】,王兵監[無言歌]【中】

瀬々敬久

李相日監[悪人],中島哲也監[告白],瀬々敬久監[ヘブンズストーリー],石井裕也監[川の底からこんにちは],熊切和嘉監[海炭市叙景],若松孝二監[キャタピラー]【日】

C・ノーラン

D
ヨンシー[GO]【氷】,A・カテブ[MARCHEZ Noir]【アルジェリア】,N・アジュラム[N7]【レバノン】,リリクソン[Messsages]【ギニア】

DIY STARS

楽曲ダウンロード販売プラットフォーム「DIY STARS」【日】
七尾旅人[billion voices],神聖かまってちゃん[友だちを殺してまで。],OKI DUB AINU BAND[SAKHALIN ROCK]【日
三宅悠太[響奏], Combo498(鹿野草平)[ひぐらしのなく頃に],山内雅弘[宙の形象]【日】
ジュリアン・ユー[作曲家のパレード]【日】
サンブル[自慢の息子], 歌舞伎座が建替えのため休館, 2013年に新建物で開場【日】

E

四畳半神話大系

A:[デュラララ!!],[Angel Beats!],[四畳半神話大系]森見登美彦原作,湯浅政明監督の青春奇譚【日】
G:Xbox360[Alan Wake]【芬】,[LIMBO]【丁】,ニコニコ動画で「ゲーム実況」が人気コンテンツに【日】
C:バンドデシネ配信サービス「izneo」【仏】
押切蓮介[ハイスコアガール],水城せとな[失恋ショコラティエ],雲田はるこ[昭和元禄落語心中],羅川真里茂[ましろのおと],穂積[式の前日],森高夕次[グラゼニ],鳥飼茜[おはようおかえり],井上純一[中国嫁日記],峰浪りょう[ヒメゴト],森繁拓真[となりの関くん]【日】

ワンピース57巻初版発行部数 300万部 日本出版史上最高

地震がねじ伏せたのは、固いもの、固定されたもの、地震に抵抗しようとしたものだ。
ダニー・ラフィリエール『ハイチ震災日記』

1990 1991 1992 1993 1994 1995 1996 1997 1998 1999 2000 2001 2002 2003 2004 2005 2006 2007 2008 2009 2010 2011 2012 2013 2014 2015 2016 2017 2018 2019 2020 2021 2022

2011
平成23

東日本大震災

3・11東日本大震災 福島原発事故

3
11 東日本沖で地震発生(M9.0),宮城県北部で震度7,東北から関東にかけて震度5以上記録,沿岸部は津波で40万戸以上被害,首都圏では500万人が帰宅困難に
11 福島第1原発に大津波襲来,浸水で全電源喪失
11 東京湾岸の埋立地で地盤の液状化現象
11 千葉コスモ石油タンク火災,「有害物質の雨」デマ情報拡散も
11 ツイート数が前日の10倍
11 グーグル「Person Finder(安否情報)」公開
12 冷却不能により炉心融解,原発1号機水素爆発,半径20km圏内に避難指示,海水注入
12 東北自動車道と国道4号線復旧,南北の幹線確保
14 厚労省,埋火葬許可証なしの火葬・土葬認可
14 原発3号機水素爆発
15 緊急作業での放射線被曝上限を100mSv/年から250に引上げ
15 原発4号機水素爆発
15 幹線から沿岸部への道路復旧
16「Person Finder」,NHKと被災者名簿共有,検索可能に
16 東電,電力受給調整のため「計画停電」開始
17「Person Finder」,携帯各社「災害用伝言版」情報検索可能に
18 ラジオ特番「サンドウィッチマンのオールナイトニッポン」
◎ 発災1週間後の避難所数2182カ所,避難者数38.6万人
◎ 第1原発から半径20km圏内,立入禁止の「警戒区域」指定,周辺の「計画的避難区域」ともに住民は避難生活に
23 SPEEDIによる放射能拡散予測公開,公開要求の声を受けて
◎ 生産拠点被災と配送網断絶でサプライチェーンに影響大
◎ ツイッター利用者5割増,1757万人に
◎ 被災写真救済「思い出サルベージ」

4
04 国家備蓄LPガスを被災地に供給
◎ 発災1カ月後の避難所数2344カ所,避難者数14.7万人

5
06 菅首相,浜岡原発運転停止を中部電力に要請
31 竣工済み仮設住宅2万7200戸

6
16 開沼博『フクシマ論』
17 和合亮一『詩の礫』
◎ 発災3カ月後の避難所数1459カ所,避難者数8.8万人

7
01 電力不足に備え関東・東北で電力使用制限令発動

8
28 竹内公太「指差し作業員」

9
08 池澤夏樹『春を恨んだりはしない』
23 関曠野『フクシマ以後』

10
09 福島県で子どもの甲状腺検査開始
12 原子力損害賠償支援機構設立
25 石井光太『遺体』【日】

11
10 政府,除染基準を放射線被曝量年間1mSvに決定
19 高橋源一郎『恋する原発』

12
21 鈴木智彦『ヤクザと原発』
◎ 被災地ボランティア活動者年間95.7万人

▲すべて日本の国内事象

アラブの春

1
ジャスミン革命
アラブの春
14 反政府デモが全土に拡大,ベン=アリー大統領の亡命で,23年続いた政権が崩壊【チュニジア】
◉ 周辺各国に民主化運動が波及「アラブの春」へ
16 マリーヌ・ル・ペン,極右政党「国民戦線」の党首に就任【仏】
24 ドモジェドヴォ空港爆破事件,チェチェン分離独立派が犯行声明【露】
31 複数政党参加の議会招集,1962年のクーデター以来初【緬】

2
05 新戦略兵器削減条約(新START)発効【米露】
07 南部独立の住民投票,98.8%が賛成【スーダン】
11 大規模反政府デモを受けムバラク大統領辞任【埃】
15 反政府デモが本格化【リビア】

3
23 議会での財政緊縮案否決を受け,ソクラテス首相辞意表明【葡】
◉ 南部の都市ダラアをはじめ各地で反政府デモ発生【シリア】

4
06 ポルトガルがEUとIMFに金融支援要請,希・愛に続き3カ国目
17 反移民・反EUの民族主義政党「真のフィンランド人」が総選挙で第三党に躍進【芬】

5
ビン・ラディン殺害
01 米海軍特殊部隊,オサマ・ビン・ラディンを殺害【パキスタン】
06 ワタラ,大統領就任【コートジボワール】
06 全土でアサド政権への抗議デモ【シリア】
29 ダライ・ラマ14世,チベット亡命政府憲章の改定案に署名,政治的引退【チベット】

7
シリア内戦
01 ロシア,カザフスタン,ベラルーシ,3カ国間の国境で税関検査廃止(関税同盟成立)
09 南スーダン共和国として独立宣言,マヤルディ大統領就任
14 政府と反政府勢力「自由・正義運動」,ドーハ文書に署名(ダルフール和平)【スーダン】
29 シリア国軍リヤード・アスアド大佐,反政府軍「自由シリア軍」結成

8
06 ロンドンで暴動,警官による黒人男性射殺に抗議【英】
23 反体制派が制圧する首都からカダフィ撤退,独裁が事実上崩壊【リビア】

9
02 ウィキリークス,米外交公電全25万通を無修正で公開
02 菅政権の総辞職を受け野田政権発足
15 イスタンブールでシリア反政府運動連合体,「シリア国民評議会」結成【土】
23 国連に加盟申請【パレスチナ】

10
20 非合法武装組織「バスク祖国と自由(ETA)」,武装闘争終結宣言【西】
31 パレスチナがユネスコに加盟,国連主要機関に加盟した初の事例

11
11 TPPへの参加を表明【日】
12 緊縮財政等への不満を受けベルルスコーニ首相辞任【伊】
17 オバマ政権,リバランス政策(外交・経済・戦略アジア太平洋地域重視)を表明【米】
維新W当選 大阪市長府知事
27 大阪維新の会,橋下徹が大阪市長,松井一郎が大阪府知事にダブル当選【日】

12
02 ラテンアメリカ・カリブ諸国共同体結成,米・加を除く33カ国
イラク戦争終結 米軍の撤退完了
14 米軍イラクから撤退完了,イラク戦争終結
19 金正日総書記死去,後継に三男正恩【朝】
27 武器輸出三原則の緩和を正式決定,平和・人道目的と国際共同開発の参加を容認【日】

リーマンショック

A
減圧沸騰を利用した洗浄技術(三浦工業)【日】
量子メモリー原理実験(NTT,阪大,NII)【日】
鉄道車両運用計画自動提案システム(東芝,東京メトロ)【日】

B
中国,第12次5カ年計画でGDP成長率目標を年平均7%に設定【中】
九州新幹線,博多–鹿児島間全線開通【日】
大卒就職率低下,4月1日時点で氷河期並み91%の低水準【日】
アナログ放送終了
地上アナログテレビ放送終了(東日本大震災で被災した岩手・宮城・福島各県を除く)【日】
日インドEPA発効
コメの先物取引,東穀取と大阪堂島商品取引所に上場,72年振りに復活【日】
大洪水で現地日系企業が長期操業停止【タイ】
ロシアWTO加盟
WTO,公式閣僚会議でロシアの加盟を正式に承認
中野剛志『TPP亡国論』【日】

C
メーシーズ「オムニチャネル化宣言」【米】
NYタイムズ,デジタル版を有料化【米】
アマゾン,販売冊数で電子書籍が紙の書籍を上回ったと発表【米】
セブン&アイ,全国1万4000店舗の無線LANスポット化をNTT東と開始【日】
粉飾決算と横領
オリンパス,粉飾決算・巨額損失隠蔽発覚【日】
大王製紙事件(カジノ損失に絡んだ経営者の横領私的流用)【日】
レノボ,NECのパソコン事業を統合【日中】
アップル,エクソンを抜き終値で時価総額初の1位に【米】
グーグル,モトローラ・モビリティを買収【米】
マイクロソフト,スカイプ買収【米】
楽天市場流通総額1兆円突破,創業から14年目【日】
アイザックソン『スティーブ・ジョブズ』,発売1カ月強でアマゾンの年間ベストセラーに【米】

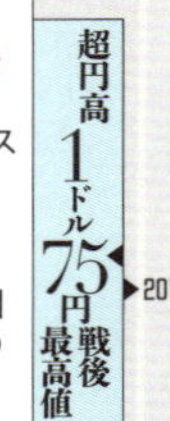
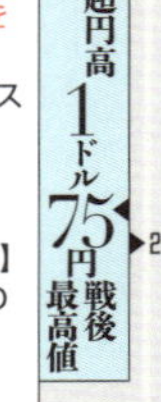

超円高 1ドル75円 戦後最高値 ▶2015

ウォール街を占拠せよ

D
ユーロ導入,旧ソ連圏で初【エストニア】
S&P,日本の長期国債格付を「AA」から「AA-」に引き下げ【日】
S&P,米国債を最上位からAA+に1段階格下げ【米】
ウォール街で経済界への抗議運動「ウォール街を占拠せよ」発生,富を独占する1%の超富裕層に"We are the 99%"と抗議・連帯【米】
FRB,ツイスト・オペ導入【米】
「21世紀金融行動原則」採択,融資にあたり企業の環境への姿勢を考慮【日】
債務危機克服に向け「包括戦略」合意【EU】
預金保険機構,日本振興銀行をイオン銀行に譲渡【日】

欧州債務危機 5月・ポルトガル支援決定

ユーロ導入国16から17へ +エストニア

国富論から負債論へ
デヴィッド・グレーバー『負債論』,バナジー/デュフロ『貧乏人の経済学』,ブリニョルフソン/マカフィー『機械との競争』,マイケル・ルイス『ブーメラン』,ダニエル・カーネマン『ファスト&スロー』【米】

E
ガス黄金期 国際エネルギー機関特別報告書
IEA,「ガスの黄金期到来」と発表
バルト海経由西欧向け天然ガスパイプライン,ノルド・ストリーム開通【露】
政府,コスト等検証委員会報告書で発電方式ごとのコストを明示【日】

2011

ビッグヒストリー

A

無人火星探査 火星に生命は存在するか

打上げ:無人火星探査車「マーズ・サイエンス・ラボラトリー」【米】
初の独自の有人宇宙ステーション「天宮1号」【中】
国際宇宙ステーション(ISS)完成
スペースシャトル,ISS組み立てフライト終了後に退役【米】
新潟工科大学に「原子力耐震・構造研究センター」が完成【日】
国立天文台,モンスター銀河オロチをくじら座に発見【日】
太陽系外のハビタブルゾーンにある惑星ケプラー22b発見【米】

シャトル退役

反ヘリウム

最も重い反物質ヘリウム4をスター検出器により生成,計測【米】
アメリカ大気観測衛星「UARS」,ドイツX線観測衛星「ROSAT」など衛星の落下相次ぐ
ガンマ線望遠鏡,星が超大質量ブラックホールに落ちるときのガンマ線の閃光を観測
紫外線望遠鏡,光学望遠鏡との組み合わせでダークエネルギーの存在を確認
パンドラ銀河団を調査,ダークマターが質量の大半を占めることを確認
NASA,生命活動で重要な役割をはたすヒポキサチンとキサンチンを発見【米】
NASA,木星探査機「ガリレオ」の観測データからイオの地下にマグマの海を確認【米】
テイラー他,佐藤テイト予想を証明【米】

B

初の15歳未満脳死患者からの臓器移植【日】
下半身不随の男性,世界初の電極移植術で立てるように【米】
理研,生体をゼリーのように透明化する試薬Scaleを開発【日】
免疫療法薬イピリムマブが米・欧で初承認
第1子出生時の母の平均年齢が30歳超,史上初【日】
ジンマー『ウイルスプラネット』,R・フランシス『エピジェネティクス 操られる遺伝子』【米】

C

シャオミ, スマートフォン「MI-One」【中】
インテル×アップル「Thunderbolt」高速汎用データ伝送技術【米】

ヘイ,Siri

「iPhone 4S」に 音声認識AIアシスタント機能「Siri」搭載【米】
IBMのAI「ワトソン」,クイズ番組でチャンピオンに勝利【米】
国立情報学研究所(NII),「ロボットは東大に入れるか」人工知能プロジェクト開始【日】
ハイクビジョン,世界最大の監視カメラメーカーに【中】
アップル創業者,スティーブ・ジョブズ死去【米】

AIワトソン

D

SIMロック解除,携帯電話と通信会社の組合せが自由に【日】
「つくばモビリティロボット実験特区」搭乗型モビリティロボットの公道走行を実験【日】
中国電信「ブロードバンド中国・光ネットワーク都市」【中】
徳島県「全県CATV網構想」実現【日】

Industrie4.0

「Industrie4.0」IoTによる第4次産業革命の提唱【独】

E

温室効果ガス排出量の取引市場(EU-ETS)が1週間停止【EU】
ユネスコ,小笠原諸島を世界自然遺産に登録
チャオプラヤ川で4カ月に及ぶ大洪水発生,工業団地にも浸水被害【タイ】
カンタベリー地方で地震(M6.1)【NZ】
新燃岳噴火,52年ぶりの爆発的噴火【日】

弱いつながり

A

アレクサンドリアでコプト正教会を狙った自爆テロ発生【埃】
イラク,パキスタンでイスラム教シーア派を狙ったテロが続発

四方対象 グレアム・ハーマン

ハーバーマス他『公共圏に挑戦する宗教』【独】,ハラリ『サピエンス全史』【イスラエル】,ハーマン『四方対象』【米】
宇野常寛『リトル・ピープルの時代』,古市憲寿『絶望の国の幸福な若者たち』,東浩紀『一般意志2.0』,今福龍太『薄墨色の文法』,荻上チキ『セックスメディア30年史』,速水健朗『ラーメンと愛国』,大澤真幸『〈世界史〉の哲学 古代篇』【日】
「平泉の世界遺産」仏国土(浄土)を表す文化遺産として登録【日】

ゼロ年代 宇野常寛、荻上チキ、古市憲寿、速水健朗

B

ウィリアム王子とキャサリン・ミドルトンが結婚【英】
大相撲,八百長問題で春場所中止【日】
「百万人デモ」の呼びかけに応じて全国で抗議集会【埃】
立川6億円強奪事件,警備会社に侵入【日】
浙江省温州市で高速鉄道の衝突・脱線事故【中】
ロンドン北部で黒人男性が警察官に射殺されたことを契機に暴動発生【英】

C

茅于軾「毛沢東を普通の人に戻そう」論考発表【中】
代官山T-SITE「蔦屋書店」【日】
三浦しをん『舟を編む』【日】

KINFOLK ノームコアな暮らし

『KINFOLK』(M)【米】,『知日』(M)【台】,『Disegno』(M) ,『MUSHPIT』(M)【英】,『TISSUE Magazine』(M)【独】,『TOO MUCH』(M)【日】
「ゲーム・オブ・スローンズ」(T)【米】「デザインあ」(T)【日】

D

イーライ・パリサー『フィルターバブル』【米】,佐々木俊尚『キュレーションの時代』,武田隆『ソーシャルメディア進化論』【日】
「YouTube Live」「Twitch」ライブ動画配信サービス【米】
写真共有「Snapchat」,オンライン料金収納「Stripe」,アップル「App Store」【米】,テンセント「微信(WeChat)」SNS【中】

微信

LINE

NHNジャパン「LINE」パケット通信型通話チャット【韓日】,ビジネスチャット「Chatwork」【日】
ウィニー裁判,開発者の無罪確定【日】
ブラックマーケット「シルクロード」開設【米】
「アラブの春」民主化運動の情報源の9割がSNSと判明

E

園子温監[冷たい熱帯魚], 佐藤信介監[GANTZ],大根仁監[モテキ]【日】
アデル[21]【英】
BIGBANG[Tonight],K-POP初iTunes米チャートランクイン【韓米】
NHK紅白歌合戦にKARA,少女時代,東方神起出場【日】

なでしこJAPAN

女子サッカー日本代表,ワールドカップ初優勝,澤穂希MVP【日】
近藤麻理恵『人生がときめく片づけの魔法』【日】
海外カフェのパンケーキ流行
ホンダ「N-BOX」(軽自動車ブーム)【日】

面影の再考

A

リビング・アズ・フォーム

ソーシャリー・エンゲージド・アート「リビング・アズ・フォーム」展,世界巡回【米】
張洹「孔子に問う」展【中】,「ホンマタカシ:ニュードキュメンタリー」p展,「名和晃平:シンセシス」展,「野田凪」展【日】
T・サラセーノ「雲の都市」【アルゼンチン/独】,吉岡徳仁作[ガラスの茶室-光庵],ミヤケマイ作「膜迷路」【日】
ザハ・ハディド設計[ロンドン・アクアティクス・センター]【英】,伊東豊雄+乾久美子+藤本壮介+平田晃久+畠山直哉設計[みんなの家]【日】,[ナショナル・セプテンバー11 メモリアル&ミュージアム]【米】

世界アート市場売上総額 646億ドル (2007 2008 2009 2010 2014 2018)

B

バーンズ『終わりの感覚』,プリースト『夢幻諸島から』【英】,ウィアー『火星の人』,クッツェー『サマータイム,青年時代,少年時代』【南ア】
多和田葉子『雪の練習生』, 朝吹真理子『きことわ』,西島伝法『皆勤の徒』,穂村弘『短歌の友人』【日】

C

ベーラ監[ニーチェの馬]【洪】,レフン監[ドライブ]【丁】,W・アレン監[ミッドナイト・イン・パリ],スピルバーグ監[戦火の馬]【米】,ファルハディ監[別離]【イラン】,ダーション監[セデック・バレ]【台】
新藤兼人監[一枚のハガキ],阪本順治監[大鹿村騒動記],成島出監[八日目の蝉],富田克也監[サウダージ],平野勝之監[監督失格]【日】

新藤兼人[一枚のハガキ] 原田芳雄[大鹿村騒動記]

D

ボン・イヴェール

[James Blake],Mungo's HiFi[Forward Ever]【英】,[ボン・イヴェール],DJ Diamond[Flight Muzik]【米】,レボレド[Super Vato]【墨】,N・ジャー[Space is Only Noise]【チリ】,王若琳[バーニーの大冒険]【台】
坂本慎太郎[幻とのつきあい方],フレディー[愛しいの神戸 フレディーの世界],ミドリカワ書房[愛にのぼせろ],SIMI LAB[PAGE1:Anatomy of insane],HIBIKILLA[Freedom_Blues]【日】
池辺晋一郎[オペラ高野聖],川島素晴[12人のおかしな日本人]【日】
[2CELLOS]【ユーゴスラビア・クロアチア】
東京・春・音楽祭,メータ指揮[第九]【日】
D・ボイル演出[フランケンシュタイン]【英】,E・イェリネク『光のない』【独】
はえぎわ[○○トアル風景],玉三郎[春夏秋冬],野村万作/萬斎/杉本博司・三番叟公演[神秘域 OUR MAGIC HOUR]【日】

E

A:[魔法少女まどか☆マギカ],[あの日見た花の名前を僕達はまだ知らない。],[日常],[花咲くいろは]【日】

魔法少女まどか☆マギカ

eスポーツ LoL世界大会

G:[Portal 2],PC[Skyrim]【米】,PS3[ダークソウル]【日】
第1回League of Legendsワールドチャンピオンシップ開催【典】,第1回eスポーツJAPAN CUP開催【日】

3秒 わずか3秒を600コマで描く

C:M=A・マチュー[3秒]【仏】
こざき亜衣[あさひなぐ],新川直司[四月は君の嘘],石田スイ[東京喰種],えすとえむ[equus],鈴木央[七つの大罪],古舘春一[ハイキュー!!],荒川弘[銀の匙],貴家悠[テラフォーマーズ],新久千映[ワカコ酒]【日】
電子書籍配信サイト「Jコミ」,「ぼこぼこ」太田出版【日】

全世界のネット普及率 31・84% (1996 2002 2007 2015 2019)

携帯電話総人口普及率 100%

自然災害死者数推定 2万人

世界人口70億人 (1999 2005 2017 2022)

注意しろ関が余計に揺れだした　関ほどのをとこもやはり揺れるのか　三度目の揺れはおそらく関のせい
御中虫『関揺れる』

1990 1991 1992 1993 1994 1995 1996 1997 1998 1999 2000 2001 2002 2003 2004 2005 2006 2007 2008 2009 2010 2011 2012 2013 2014 2015 2016 2017 2018 2019 2020 2021 2022

アノニマスと東京プリズン。ビッグデータとLGBT。
情報のかくれんぼとわすれもの。
開けるか、伏せるか。それがモンダイだ。

2012
平成24

ヤネス・ヤンシャ【スロベニア】
サウリ・ニーニスト【芬】
金正恩【朝】
ウラジーミル・プーチン【露】
フランソワ・オランド【仏】
パナギオティス・ピクラメノス【希】
アントニス・サマラス【希】
ムハンマド・モルシ【埃】
ハッサン・シェイク・モハムド【ソマリア】
習近平【中】
エンリケ・ペーニャ・ニエト【墨】
安倍晋三【日】

習近平とプーチン

1 12 国連南スーダン共和国ミッションへ自衛隊派遣、(〜2017年5月)【日】
14 総統選で国民党の馬英九が再選【台】
23 核開発疑惑のあるイランへの制裁措置として同国産原油の禁輸を基本合意【EU】

2 06 イラン政府へ在米資産凍結の追加制裁【米】
10 復興庁発足、東日本大震災復興を統括【日】
21 駐留米兵らによるコーラン焼却事件、各地で抗議デモ発生【アフガニスタン】

3 04 大統領選でプーチン再選、4年ぶり3期目【露】
20 全土で同時テロ、49名が死亡【イラク】

4 **アウンサンスーチー**
01 連邦議会補欠選挙でアウンサンスーチー当選、率いるNLDも大幅に議席増【緬】
11 金正恩、朝鮮労働党に総書記に代わる最高職として「第一書記」を新設・就任【朝】
16 石原慎太郎都知事、尖閣諸島(沖縄県石垣市)の一部を都が買い取る意向表明【日】
27 国連大陸棚限界委員会、日本政府申請の沖ノ鳥島周囲海域等を日本の大陸棚と認定

尖閣国有化

5 06 大統領選、社会党のフランソワ・オランド前第1書記が当選【仏】

6 02 ムバラク前大統領に終身刑、デモ隊殺害指示の罪【埃】
19 「ウィキリークス」創設者ジュリアン・アサンジ、在英エクアドル大使館亡命申請【英】
ムヒカ 世界でいちばん貧しい大統領
20 ウルグアイのムヒカ大統領、地球サミットでスピーチ「環境問題ではなく政治問題」
21 大統領選でムハンマド・モルシ当選、初のイスラム主義大統領【埃】

7 **中比南シナ海対立**
13 ASEAN外相会議、南シナ海スカボロー礁のフィリピンと中国の対立受け共同声明発表見送り
20 反体制派、北部都市アレッポを攻撃【シリア】

8 10 李大統領、竹島に不法上陸【日】
15 李大統領、従軍慰安婦問題について日本政府に「責任ある措置を求める」と表明【韓】
18 砕氷船「雪竜」、北極海横断初成功、新通商航路への関心【中】
22 WTOに正式加盟【露】

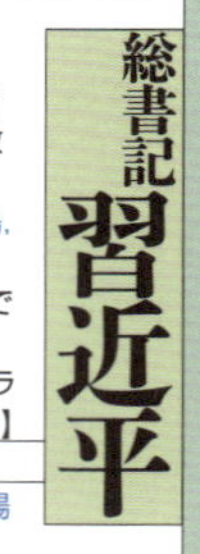

シリア難民 49万人
2013
2014
2015

9 10 ハッサン・シェイク・モハムド新大統領に選出、21年ぶりの統一政府樹立【ソマリア】
11 政府、沖縄県尖閣諸島(魚釣島、北小島、南小島)を国有化【日】
15 尖閣諸島国有化を巡り、全土で反日デモ【中】
25 空母「遼寧」就役、艦体はウクライナより購入した旧ソ連空母【中】

10 06 オスプレイ12機、普天間飛行場への配備が完了【日・米】
11 反体制派新統合体「シリア国民連合」発足【シリア】

11 06 オバマ大統領、再選【米】
15 習近平国家副主席、共産党最高指導者の党総書記就任【中】
29 国連、パレスチナをオブザーバー国家に格上げ

12 16 猪瀬直樹、東京都知事当選【日】
16 ™衆院選で自公325議席獲得、3年3ヶ月ぶりに政権奪還【日】
19 大統領選でセヌリ党の朴槿恵が当選、初の女性大統領誕生【韓】
26 第2次安倍内閣発足、経済再生、復興、危機管理が重要課題【日】

リーマンショック

A ミリ波帯を用いた非接触高速転送システム(NTT)【日】
GaN系半導体薄膜素子剥離技術(NTT)【日】
積層型CMOSイメージセンサー(ソニー)【日】

3Dプリンタ 21世紀の産業革命

B レアアース輸出規制で中国をWTOに提訴【日米欧】
スカイツリー
東京スカイツリー開業(高さ634mの自立式電波塔)【日】
東北被災3県の地上アナログTV放送終了、地上デジタル化完了【日】
渋谷ヒカリエ開業【日】
C・アンダーソン『MAKERS 21世紀の産業革命が始まる』、3Dプリンタ等、新産業革命を示す【米】
過去最大6兆9273億円の貿易赤字【日】

C 米3D Systems、初の個人向け3Dプリンタ「Cube」を発売【米】
フェイスブック上場【米】
イーストマン・コダック破綻【米】
シャープ、鴻海と資本・業務提携【日】
日立、東芝(国内)テレビ生産撤退【日】
ソニー、過去最悪の赤字【日】
エルピーダメモリ経営破綻【日】

日本家電落日

コンビニ店舗数5万店超
1996
2002

LCC元年
ピーチ・アビエーション(ANA出資)、ジェットスター・ジャパン(JAL出資)、エアアジア・ジャパン(ANA提携)が就航【日】
動画サイト大手優酷がライバル土豆網を株式交換で買収【中】
楽天、電子書籍事業者「Kobo」買収【日】
東京電力、政府が筆頭株主に【日】
新日本製鐵と住友金属工業が経営統合、新日鐵住金発足【日】
4社体制の日本郵便グループ発足【日】
ドローン ファントム・シリーズ初号機
DJI、空飛ぶカメラシリーズを発売(オールインワンドローン)【中】

欧州債務危機支援決定
2月:ギリシャ(第二次)、7月:スペイン

D **日米インフレ目標導入**
FRB、2%のインフレ目標導入【米】
日銀、+1%の物価安定を「目途」に事実上のインフレ目標導入【日】
三井住友信託銀行発足【日】
連立政権交渉不調でユーロ圏離脱危機【希】
ロンドン銀行間取引金利(LIBOR)不正操作問題発覚【英】
消費増税法 10%まで漸次引上げ
民自公3党合意で「消費増税法」成立【日】
ヨーロッパ安定化機構(ESM)設立、欧州金融安定基金を引継ぐ【EU】
IMF、緊急融資と引換えに実施した「緊縮政策」を過ちと認める
日銀と政府、脱デフレ共同文書【日】
反脆弱性 頑健/脆弱 反脆弱
N・タレブ『反脆弱性』、J・スティグリッツ『世界の99%を貧困にする経済』【米】
近藤大介『「中国模式」の衝撃』【日】

E 北電泊原発3号機が計画停止、国内原発稼働ゼロに【日】
電力供給懸念から野田内閣が大飯原発再起動を決定【日】
再エネ固定価格買取制度(FIT)開始【日】
原子力規制庁、原子力規制委員会発足【日】
国内初、高温超電導ケーブル電力系統実証運転に成功【日】

3Dプリンティングは、製造のみならず、
供給連鎖に抜本的な改革をもたらす。

2012

ビッグヒストリー

A

ヒッグス粒子

打上げ:ESA「ヴェガロケット」初号機【欧】,宇宙ステーション補給機「こうのとり」3号機【日】
無人貨物輸送船「ドラゴン」試験2号機,ISSと初ドッキング【米】
「神舟9号」が「天宮1号」にドッキング,10日間の軌道上滞在【中】
CERN,ヒッグス粒子とみられる新粒子を確認

IUT「ABC予想の証明」へ向けて
望月新一,宇宙際タイヒミュラー理論をネット上で発表【日】

DES ダークエネルギー観測開始
各国の共同研究によるDES(ダークエネルギー観測)開始
スペースX,垂直離着陸実験機「グラスホッパー」初飛行に成功【米】
レーザー高度計を利用して月のシャクルトン・クレーターに氷の存在【米】
京都大学のグループ,恒星表面の大爆発現象を発見,スーパーフレアと命名【日】
年間740もの星が誕生する銀河団を発見,「フェニックス」と命名【米】
SPring-8を強化したX線自由電子レーザーXFEL本格稼働【日】
カナリア諸島で量子テレポーテーション実験,143kmの長距離間で成功【加西】

B

MERS発生

ES細胞世界初の臨床試験,黄斑変性症の被験者2名の症状改善【米】
山中伸弥が万能細胞,iPS細胞作製でノーベル生理学医学賞受賞【日】
患者自身の幹細胞から作られた静脈の移植手術に成功【典】
生物学的システムの塩基配列編集の可能性(クリスパー)発表【米】
「1000人ゲノム計画」データ公開

ツルバダ HIV予防薬初承認
FDA,エイズ治療薬「ツルバダ」を予防薬として世界初承認【米】
抗がん剤イレッサに副作用【日】
中東呼吸器症候群(MERS)発生,ヒトコブラクダが保有宿主
WHO,子宮頸癌による死亡者の85%が低−中所得国の患者と報告
キャリー『エピジェネティクス革命』【米】

C

ビッグデータ volume, velocity, variety
米政府,ビッグデータの利活用を目的とした研究開発イニシアティブを発表【米】
調査会社IDC,有用なデータのうち構造化済は1〜2割程度と報告【米】
「Hadoop」や「NoSQL」を用いた大規模データ分散処理が普及
VR向けヘッドマウントディスプレイ「OculusRift」プロトタイプ【米】

京 1秒間に1京回 10ペタフロップス
富士通×理研,HPC「京」,TOP500で2位【日】
Wii U(任天堂)【日】
3Dプリンター「レプリケーター」【米】

D

IDC,年間デジタルユニバースを2.8ゼタバイトと予測【米】
監視カメラネットワーク「天網」,北京で本格的な運用開始,顔認証と国民データベースを連動【中】
バルセロナ市情報局,都市IoT基盤「Sentilo」開発,運用開始【西】

E

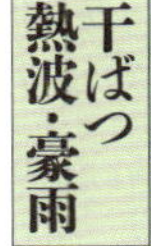

IPCC特別報告書発表,世界各地の干ばつ,熱波,豪雨等と地球温暖化の関連可能性を指摘
小型家電リサイクル法制定【日】
総合学術誌「震災学」創刊【日】
ハリケーン「サンディ」が東海岸に来襲し都市部に大きな被害【米】

スマートフォン世帯普及率 50%

1996 2004 絶滅危惧種 2万219種 ▶2017 2020 2023

弱いつながり

A

アノニマス

ハッカー集団「アノニマス」がバチカン公式サイトへの攻撃声明
パレスチナ自治区ベツレヘム聖誕教会,世界文化遺産登録
プロテスタント信者数,初の半数割れ【米】
「スピリチュアルケア師」認定制度,緩和医療の専門職として【日】
ニック・ランド,オンライン上で「暗黒の啓蒙書」を発表【英】
2012年人類滅亡説,マヤ文明の暦に端を発する終末論が世界的話題
コッホ『意識をめぐる冒険』,J・ハイト『社会はなぜ左と右にわかれるのか』,S・スン『コネクトーム』【米】,サルトゥー=ラジュ『借りの哲学』【仏】
全寮制移住型オンライン大学「ミネルバ大学」設立【米】

坂口恭平 独立国家のつくりかた
片山杜秀『未完のファシズム』,坂口恭平『独立国家のつくりかた』【日】

B

LGBT

マララさん タリバンによる襲撃
タリバン,女子教育と平和を求める15歳のマララ・ユスフザイを親欧米と批判,銃撃【パキスタン】
生前整理を考える「終活」が話題,映画「エンディングノート」も影響【日】
厚労省,職場のパワハラ実態調査実施【日】
中学校の体育で「武道」必修化,「脱ゆとり」新学習指導要領により【日】
「レバ刺し」など牛の生レバー提供禁止【日】
六本木クラブ襲撃事件【日】
第1回「東京レインボープライド2012」【日】
電通「LGBT調査」開始,LGBT層の比率は5.2%【日】
重信メイ『「アラブの春」の正体』,安田浩一『ネットと愛国』【日】

C

「本屋B&B」,手紙社運営「東京蚤の市」【日】
「テラスハウス」(T)【日】
スマホアプリ「スマートニュース」【日】
コンテンツ配信「cakes」(W),都築響一「ROADSIDERS' weekly」(W),「VICE Japan」(W)【日】

D

きゃりーぱみゅぱみゅ

Google MapsとEarthで3Dビュー全面化【米】

マッチングアプリ
「Tinder」【米】,「Pairs」【日】
配車予約「UberX」【米】,「嘀嘀打車」【中】,「MyTeksi(現Grab)」【馬星】
オンライン教育MOOC「edX」「Cousera」「Udacity」【米】
ブログサービス「Medium」,共有ストレージ「GoogleDrive」【米】,家計管理「マネーフォワード」【日】
「ニコニコ動画」で初の党首討論会,約140万人が視聴【日】
情報セキュリティコンテストイベント,SECCON始動【日】

E

ウェドン監[アベンジャーズ],スコット監[プロメテウス]【米】
PSY「江南スタイル」【韓】
きゃりーぱみゅぱみゅ[つけまつける],斉藤和義[やさしくなりたい]【日】
ロンドン五輪,村田諒太(ボクシング・ミドル級)金メダル【英】
新宿・歌舞伎町に「ロボットレストラン」【日】
「塩麴」「街コン」話題,「ウォーキング・デッド」流行【日】

2001 2004 フィットネスクラブ平均月間利用者 1500万人超 ▶2016

面影の再考

A

東京プリズン

「コチ=ムジリス・ビエンナーレ」初開催【印】,「ART/JOG12 東方を望んで」【尼】

超群島 飯田高誉+藤村龍至 3.11以後の世界像
「超群島」展【日】,第1回「リアルDMZプロジェクト」【韓】
「草間彌生:永遠の永遠の永遠」展,トーマス・ルフp回顧展【独】,上田義彦p「MATERIA」展,川内倫子p「照度 あめつち 影を見る」展,「工芸未来派」展【日】
バーンドノード・スミルデ作[Nimbus II, 2012]【蘭】,ビジャール・ロハス作[リターン・ザ・ワールド]【アルゼンチン】
風間サチコ木版画[噫!怒涛の閉塞艦],下道基行p[Torii]【日】
SANAA設計[ルーヴル・ランス]【仏】,JR東日本[東京丸の内駅舎(保存・復原)],新国立競技場コンペ,ザハ・ハディド案に決定【日】
ミハラヤスヒロ,パリコレで西陣織のドレスとスーツを発表

B

ファウンテン『ビリー・リンの永遠の一日』,S・エリクソン『きみを夢みて』,イングランダー『アンネ・フランクについて語るときに僕たちの語ること』【米】E・ガレアーノ『日々の子どもたち』【ウルグアイ】
御中虫『関揺れる』,赤坂真理『東京プリズン』,保坂和志『カフカ式練習帳』,伊藤計劃×円城塔『屍者の帝国』,長谷敏司『BEATLESS』【日】

C

映画「ハンナ・アーレント」
レヴィ監[もうひとりの息子],カラックス監[ホーリー・モーターズ]【仏】,ハネケ監[愛,アムール],トロッタ監[ハンナ・アーレント]【独】,王兵監[三姉妹〜雲南の子]【中】ヤン・ヨンヒ監[かぞくのくに],吉田大八監[桐島、部活やめるってよ],山下敦弘監[苦役列車],タナダユキ監[ふがいない僕は空を見た]【日】

D

フランク・オーシャン
F・オーシャン[Channel Orange]【米】,[HardAss Compilation]【葡】,N・チェリー&ザ・シング[the Cherry Thing]【諾】,ゴート[World Music]【瑞】,T-Bone[Bone in da House]【タイ】
CERO[My Lost City],田我流[B級映画のように2]【日】
冨田勲[イーハトーブ交響曲],ボーカロイド・オペラ[THE END]【日】
S・スティーヴンス脚本[夜中に犬に起こった奇妙な事件]【英】,ロシオ・モリーナ[アフェクトス]【西】,ナイロン100℃[百年の秘密],ハイバイ[ある女]【日】

E

パズドラ

PSYCHO-PASS
A:[氷菓],[ソードアート・オンライン],[ガールズ&パンツァー],[PSYCHO-PASS]【日】
G:スマホ[パズル&ドラゴンズ]【日】
C:ルパージュ[チェルノブイリの春]【仏】,ヴォーン[サーガ]【米】,キンテロ[ブバ]【墨】,F・S・チン[日本ラー]【星】
樫木祐人[ハクメイとミコチ],三部けい[僕だけがいない街],ふみふみこ[ぼくらのへんたい],水内あかり[俺ンタル! レンタル男子はじめました],漫☆画太郎[罪と罰],アルコ[俺物語!!],ONE[ワンパンマン],桜井画門[亜人],松井優征[暗殺教室],鈴ノ木ユウ[コウノドリ]【日】
「pixivコミック」【日】
佐渡島庸平,クリエイターのマネージメント会社「コルク」を設立【日】

絵画最高額更新 ムンク『叫び』 1億2000万ドル ▶2004 ▶2010 ▶2013 ▶2015 ▶2017

インド映画製作本数 1602本 ▶2005

俺たちはまた明日もそしてこれからも何があろうとこの道を通って１Ｆへやってくる。
竜田一人『いちえふ』

1990 1991 1992 1993 1994 1995 1996 1997 1998 1999 2000 2001 2002 2003 2004 2005 2006 2007 2008 2009 2010 2011 2012 2013 2014 2015 2016 2017 2018 2019 2020 2021 2022

遺伝学(G)とナノテクノロジー(N)と
ロボット工学(R)の同時革命。
シンギュラリタリアンの過剰な夢。

2013
平成25

習近平とプーチン

1 11 暫定政府の要請に応え仏軍が作戦展開,北部主要都市からテロリスト部隊撤退【マリ】
16 アルジェリア人質事件,日本人10名死亡
22 国連安保理,北朝鮮の長距離弾道ミサイル発射に対し資産凍結等の制裁を決議

海自、レーダー被照

30 東シナ海公海上で中国軍艦が海自護衛艦にレーダー照射【中日】

2 07 欧州委員会,サイバーセキュリティ戦略を発表,EUのための国際的な政策策定へ
12 3回目の核実験成功を発表【朝】

ポピュリズム政党

25 コメディアンのグリッロ率いるポピュリズム政党「五つ星運動」,総選挙で第3勢力に躍進【伊】

3 14 習近平,国家主席に,党・軍・政府を掌握【中】
21 武装組織クルド労働者党(PKK),トルコ政府に対し停戦宣言

PKK・トルコ停戦

4 09 イラク・イスラム国,「イラクとシャームのイスラム国」に改称,シリア進出
10 尖閣周辺の漁業操業容認協定に調印【日台】
19 公職選挙法改正,インターネット等利用の選挙運動解禁【日】
29 安倍・プーチン会談,北方領土交渉再開で合意【日露】

5 21 上院がアップルCEOを公聴会に招致,事業収益の海外移転・租税回避を追及【米】

6 05 スノーデン,NSAによる全世界に対する通信盗聴を告発【米】

スノーデン告発 NSA監視網の盗聴

7 04 モルシ大統領解任・拘束,軍指名のマンスールが暫定大統領就任を宣誓【埃】
12 マララ・ユスフザイ,すべての子供の教育を受ける権利を訴え国連本部で演説

ねじれ国会解消

21 参院選で自公過半数を獲得,ねじれ国会解消【日】
29 中東和平交渉,ケリー米国務長官の仲介で3年ぶりに再開【イスラエル・パレスチナ】

8 01 ロシア移民局がスノーデン元CIA職員に1年間の滞在許可
03 保守穏健派のロウハニが大統領就任,核問題解決と制裁解除に意欲【イラン】

9 07 習近平国家主席「シルクロード経済ベルト(一帯)構想」をカザフスタンで発表【中】
21 ナイロビの商業施設を武装集団が襲撃【ケニア】

10 03 習近平国家主席「21世紀海上シルクロード(一路)構想」をインドネシアで発表【中】

11 01 米軍,「パキスタン・タリバン運動」最高責任者のハキムラ・メスード司令官を殺害
24 EUとの連合協定凍結に抗議し首都キエフで数万人のデモ発生【ウクライナ】
24 イラン核協議で合意,核開発制限・制裁緩和へ

12 06 特定秘密保護法成立【日】
12 金正恩,No.2張成沢処刑【朝】

一帯一路構想

普天間移設問題

27 普天間移設問題,仲井眞沖縄県知事が辺野古埋立てを正式承認【日】

リスクオフの末路

A 超低エネでデータ伝送可能なレーザー開発,MPUチップへの光配線導入可能に(NTT,NEC)【日】
電子型ニュートリノ出現現象の存在確認(T2K実験グループ)【日】
時間領域多重の手法で大規模量子もつれ生成(古澤明東大教授)【日】

B 安倍首相,TPP交渉参加表明【日】
シャドーバンキング問題顕在化【中】
安倍首相,「日本再興戦略」発表,金融緩和 財政出動,成長戦略の「三本の矢」を経済成長の主軸にした「アベノミクス」を掲げる【日】
有効求人倍率,6年ぶり1倍超【日】

C 東証と大証が経営統合,日本取引所グループ発足【日】

メルカリ 個人売買のフリマアプリ

メルカリ創業,ネットオークションとフリーマーケットの合体サービス【日】
英HMV経営破綻【英】
パナソニック,プラズマディスプレイ生産撤退【日】

ワシントンポスト買収

ジェフ・ベゾス,ワシントンポスト紙買収【米】
Yahoo!,Tumblr買収【米】
ベライゾン,ボーダフォンとの合弁会社株45%を1300億ドルで取得と発表【米英】
ソフトバンク,米スプリントを216億ドルで買収【日米】
セブンカフェ登場,7カ月で1億杯突破【日】

D 金小売価格1グラム5189円,32年ぶり高値【日】
復興特別所得税導入,2013年～2037年【日】
政府・日銀,2%の物価目標を柱とする共同声明,日銀白川総裁辞任を表明【日】
オバマ大統領,強制歳出削減措置に署名【米】
キプロス危機,金融立国経済モデルの終焉,預金保護にビットコイン利用
米財務省,ビットコイン取引所をマネー・サービス事業と規定【米】

黒田バズーカ 2016年まで3回実施

黒田東彦日銀総裁就任,量的・質的金融緩和政策で爆発的な円安・株高を招く【日】
国の借金1000兆円超え【日】
米闇取引所シルクロード創業者逮捕,2850万ドル相当のビットコイン押収【米】
暫定予算案合意できず政府機関17年ぶりに一部閉鎖【米】
米債務上限問題,議会で対応法案成立,瀬戸際でデフォルト回避【米】
米JPモルガン・チェース,MBS訴訟で130億ドル支払い暫定和解【米】
FRB,12月にQE3縮小を決定【米】
イタリア,EU初のインターネット広告取扱多国籍企業に法人税【伊】
スルニチェク/ウィリアムズ論文,「加速派政治宣言」【加/英】,スタッククラー/バス『経済政策で人は死ぬか?』【米】,トマ・ピケティ『21世紀の資本』【仏】
若田部昌澄『経済学者たちの闘い―脱デフレをめぐる論争の歴史』,翁邦雄『日本銀行』【日】

ピケティ 21世紀の資本

E 安倍首相,野田前政権の原発ゼロ戦略を見直す考えを表明【日】
福島第一原発廃炉対策推進会議設置【日】

メタンハイドレート 燃える氷 海底資源

海底でのメタンハイドレート分解・ガス採取に世界で初めて成功【日】
シェールオイル生産増により,原油生産量が初めて輸入量を上回る【米】

有効求人倍率 6年ぶりの1超倍 ▸2009

欧州債務危機支援決定 3月:キプロス

訪日外国人1千万人突破 ▸2015 ▸2018 ▸2021 ▸2023

風力発電総量3億kw達到 ▸1998 ▸2005 ▸2008 ▸2017 ▸2023

シリア武装紛争戦闘関連死者数6万人超

シリア難民230万人 2012◂ 2014◂ 2015◂

EU加盟国27から28へ +クロアチア

朴槿恵【韓】★
ミロシュ・ゼマン【チェコ】
アレンカ・ブラトゥシェク【スロベニア】★
エンリコ・レッタ【伊】
シグムンドゥル・ダヴィード・グンロイグソン【氷】
アドリー・マフムード・マンスール【埃】
ハサン・ロウハニ【イラン】
トニー・アボット【豪】
エルナ・ソルベルグ【諾】★
グザビエ・ベッテル【ルクセンブルク】

生まれと育ちの消せない情報。
ゆるく癒すか。倍で返すか。

中高生,重度ネット依存症 全体の8% 推計51万人

2013

ビッグヒストリー

A

打上げ:オービタル・サイエンス社「アンタレス」,「シグナス1号」【米】,JAXA「イプシロンロケット」初号機【日】,火星探査機「マンガルヤーン」【印】
「嫦娥3号」,月面軟着陸成功【中】
ESA,約138億年前に宇宙誕生と発表【欧】
SETI研究所,海王星に14個目の衛星を発見【米】
アルマ望遠鏡,原始星を観測
JHUとUSGSの研究チーム,月の岩石にヒドロキシ基を発見【米】
太陽系外惑星ケプラー78b発見,地球サイズの岩石惑星は初【米】
金星の暴風「スーパーローテーション」の急激加速が判明

宇宙誕生138億年前

全天マップ公開

宇宙マイクロ波背景放射の全天マップを欧州の天文衛星「プランク」が公開
J-PARC,放射性同位体漏洩事故発生【日】

B

F.チャンらブロード研,クリスパーを用いた真核生物のゲノム編集に成功,エディタス・メディシン社設立【米】
子宮頸癌ワクチンの定期接種はじまるも有害事象が報告され接種勧奨が中止に【日】

ゲノム編集/CRISPR/Cas9

細胞=37兆個

人体の細胞数を37兆個と試算した論文発表【英】
鳥インフルエンザA(H7N9)ウイルス感染症の発生,IHRとWHOとの連携強化・封じ込め
西アフリカを中心にエボラウイルス感染症の発生
医学誌『Lancet』にて高血圧薬バルサルタンの薬効データに改竄があったとし論文撤回
日本うんこ学会発足【日】

人工脳と脳地図

「Human Brain Project」始動【欧】
「Brain Activity Map Project」始動【米】
樋口真人ら認知症検査のためタウ蓄積を観察するための化合物「PBB3」を開発【日】

C

天河二号 米中HPC競争の象徴

米「Titan」に代わり,国防科学技術大学「天河二号」がHPC世界一に【中】
サムスン「Galaxy Gear」スマートウォッチ【韓】
眼鏡型ウェアラブルデバイス「Google Glass」一般モニタリング開始【米】
マイクロソフト「Surface」発売【米】
インテル,第4世代Core「Haswellマイクロアーキテクチャ」【米】
両面スマートフォン「YotaPhone」【露】

D

フェイスブック「Internet.org」設立,アフリカなどインターネット環境未整備地域にアクセスを提供【米】
マイクロソフト「4Afrika Initiative」,アフリカにおけるスマートデバイス普及,ICTのインフラ整備,利用促進を図る【米】

E

排ガスや石炭燃焼から発生する微小粒子状物質「PM2.5」の大気汚染深刻化【中】
UNEP主催の会議が熊本・水俣で開催,「水俣条約」合意,水銀汚染防止へ

隕石落下 隕石による初の大規模災害

ロシアチェリャビンスク州に隕石が落下,衝撃波で建物4000棟以上が損壊【露】
小笠原諸島の西之島,噴火で新島誕生,成長後接合【日】

弱いつながり

A

ベネディクト16世生前退位,新ローマ教皇フランシスコ即位,初の中南米出身【バチカン】
ヒンドゥー教の祭典「マハー・クンブ・メーラ」,144年に1度の大祭に約1億人来訪【印】

マインドフルネス ストレスマネジメント

日本マインドフルネス学会設立【日】
「富士山」世界文化遺産登録【日】
テーブズ『排泄物と文明』【加】,J・グリーン『モラル・トライブス』【英】,M・ガブリエル『なぜ世界は存在しないのか』【独】,ボヌイユ/フレンズ『人新世とは何か』【仏】
白井聡『永続敗戦論』,鈴木健『なめらかな社会とその敵』,千葉雅也『動きすぎてはいけない』,ドミニク・チェン『インターネットを生命化するプロクロニズムの思想と実践』【日】

鈴木健、千葉雅也、ドミニク・チェン

B

ボストンマラソンテロ

ボストンマラソン(第117回)で爆弾テロ事件,チェチェン難民兄弟逮捕【米】
三鷹ストーカー殺人事件,リベンジポルノ規制に【日】
特定秘密保護法成立,「秘密」の範囲や「知る権利」をめぐる反対の声のなか強行採決【日】
フロリダ州で黒人の高校生を射殺した自警団員が無罪となった裁判をきっかけに「ブラック・ライヴズ・マター運動」広がる【米】

特定秘密保護法

ブラック企業

過重労働を強いる「ブラック企業」に厚労省立入り調査【日】
過労自殺のワタミ元社員遺族が損害賠償を求めて提訴【日】
官民ファンド「クールジャパン機構」発足【日】
福嶋亮大『復興文化論』【日】

C

部活ゼミ書店「東京天狼院」【日】
ヨシタケシンスケ『りんごかもしれない』【日】
『MARFA JOURNAL』(M)【英】,『& Premium』(M)【日】

デジタルタトゥー

ウェブ上のデータの永続性「デジタルタトゥー」,TEDカンファレンスで言及【米】

D

V・ブテリン「イーサリアム」考案【加】
川添愛『白と黒のとびら』【日】
ノーコードでアプリ開発「Yappli」,仮想ライブ空間「SHOWROOM」【日】
グループチャット「Slack」,6秒間動画共有「Vine」【米】
モバイル決済「PaytmWallet」【印】,「Coiney」【日】
個人売買アプリ「メルカリ」【日】

E

アナ雪 Let It Go ありのままで

C・バック監[アナと雪の女王]【米】
山崎貴監[永遠の0]【日】
P・ウィリアムズ[Happy]【米】
2020年夏季五輪開催地が東京に決定【日】
和食,ユネスコ無形文化遺産【日】
「ななつ星in九州」【日】

ゆるキャラ ふなっしー くまモン

地域起こしの着ぐるみキャラクター「ゆるキャラ」がブーム【日】
被災地舞台の朝ドラ「あまちゃん」,銀行マン勧善懲悪ドラマ「半沢直樹」大ヒット【日】

じぇじぇじぇと倍返し

面影の再考

A

「態度が形になるとき:ベルン1969/ヴェネチア2013」展【伊】,「具体:すばらしい遊び場」展【米】,大英博物館「春画」展【英】

抽象的に話すこと

カミーユ・アンロ[偉大なる疲労]【仏】,田中功起[抽象的に話すこと—不確かなものの共有とコレクティブ・アクト]展,「増山たづ子:すべて写真になる日まで」p展【日】
スタジオ・ドリフト作[Flylight]【仏】
森口邦彦(染織)「白地位相割付文 実り」【日】
槇文彦『漂うモダニズム』【日】
山縣良和×坂部三樹郎「絶命展〜ファッションの秘境」【日】

絵画最高額更新 ベーコン「ルシアン・フロイトの3つの研究」1億4200万ドル

▶2004 ▶2010 ▶2012 ▶2015 ▶2017

B

ルメートル『天国でまた会おう』【仏】,D・タート『ゴールドフィンチ』,A・レッキー『叛逆航路』【米】,フラナガン『奥の細道』【豪】,閻連科『炸裂志』【中】
黒田夏子「abさんご」,保坂和志『未明の闘争』,いとうせいこう『想像ラジオ』,宮内悠介『ヨハネスブルグの天使たち』【日】
柴田元幸責任編集『MONKEY』(M)【日】

C

ホドロフスキー 23年ぶり映画作品

パヴィッチ監[ホドロフスキーのDUNE]【米】,キュアロン監[ゼロ・グラビティ]【墨】,ホドロフスキー監[リアリティのダンス]【チリ】,ゲルマン監[神々のたそがれ]【露】,ジャンクー監[罪の手ざわり]【中】
森崎東監[ペコロスの母に会いに行く],石井裕也監[舟を編む],白石和彌監[凶悪],高畑勲監[かぐや姫の物語],宮崎駿監[風立ちぬ],松江哲明監[フラッシュバックメモリーズ3D]【日】

かぐや姫の物語 風立ちぬ

D

ミニマル・ハウス

ロード[Pure Heroine]【英】,P・インスピレスク[Febric68]【ルーマニア】,A・ロッキー[Long. Live.ASAP],RPブー[Legacy]【米】,M・マカヌフ[Be Careful]【ジャマイカ】,ウンサン[I Love You]【韓】,ワンフー[わんだふう]【台】
凛として時雨[i'mperfect],hanali [Rock Music],Fla$hBacks[FL$8KS],5lack[5sence],PRIMAL[Proletariat],三枝成彰[神風],鈴木純明[ラ・ロマネスカII]【日】

ブルーシート 震災体験生徒との対話

ダルドリー演出[ジ・オーディエンス]【英】,東京デスロック+第12言語演劇スタジオ[カルメギ]【日韓】,飴屋法水×福島県立いわき総合高校[ブルーシート],杉本博司 [杉本文楽 曾根崎心中]【日】

E

A:[たまこまーけっと],[ラブライブ!],[境界の彼方],[凪のあすから]【日】
G:PS3[The Last of Us]【米】,ブラウザ[艦隊これくしょん],スマホ[モンスターストライク]【日】
Niantic,ARオンラインゲーム「Ingress」正式リリース【米】

艦これ ラブライブ!

いちえふ 福島第一原発潜入ルポ漫画

C:LF・ボレ[MATSUMOTO]【仏】
山本崇一朗[からかい上手の高木さん],山田参助[あれよ星屑],長尾謙一郎[クリームソーダシティ],村上もとか[フイチン再見!],大今良時[聲の形],竜田一人[いちえふ],朝霧カフカ/春河35[文豪ストレイドッグス],松浦だるま[累],近藤ようこ[五色の舟],スケラッコ[大きい犬],夜宵草[ReLIFE],たかぎ七彦[アンゴルモア],石塚真一[BLUE GIANT],おざわゆき[あとかたの街]【日】
マリィ「おネエことば」論【日】

あなたは何大臣ですか? 新政府はあなたの才能を求めています。今すぐお電話を!
坂口恭平『独立国家のつくりかた』

認知症による行方不明者数1万人

アレクサ、STAP細胞はありますか。
AIは人間を救いますか。

2014
平成26

ライムドータ・ストラウユマ【ラトビア】★
マッテオ・レンツィ【伊】
ミシェル・バチェレ【チリ】★
ターヴィ・ロイヴァス【エストニア】
ナレンドラ・モディ【印】
ペトロ・ポロシェンコ【ウクライナ】
アンドレイ・キスカ【スロバキア】
レジェップ・タイイップ・エルドアン【土】
ミロ・ツェラル【スロベニア】
エバ・コパチ【波】★
ステファン・ロベーン【典】
シャルル・ミシェル【白】
ジョコ・ウィドド【尼】

習近平とプーチン

クリミア併合

1 20 核協議の合意措置について履行開始,高濃縮ウランの製造を停止【イラン】
22 首相辞任を求めるデモ隊がバンコク封鎖,政府は非常事態宣言を発令【タイ】
2 18 大規模反政府デモ,武力衝突に発展【ウクライナ】
22 親露政権が崩壊【ウクライナ】
3 01 雲南省昆明駅で無差別襲撃事件,政府は新疆ウイグル分離独立派のテロと断定【中】
18 元ウクライナ領のクリミアを併合【露】
18 中国とのサービス貿易協定に反対の学生ら,立法院を占拠【台】

4 06 東部ドネツクなどで親露派が行政庁舎を占拠【ウクライナ】
28 米比防衛協力強化協定締結,中国を牽制
5 **ボコ・ハラム** ナイジェリア スンニ派過激組織
06 イスラム過激派ボコ・ハラムが学校を襲撃,女子生徒200人以上拉致【ナイジェリア】
12 東部2州で親露派勢力主導の住民投票,一方的「独立宣言」【ウクライナ】
21 天然ガスの長期供給契約締結,4000億ドル規模【中露】
22 欧州議会議員選挙,EUからの離脱を掲げるUKIPが第一党に【英】
22 クーデター,軍が全権を掌握【タイ】
25 大統領選でポロシェンコ元外相が勝利【ウクライナ】
26 総選挙でインド人民党が勝利,10年ぶりの政権交代でナランドラ・モディ氏が首相就任【印】
6 29 「イスラム国(ISIL)」という名のカリフ国家樹立宣言【イラク】

イスラム国樹立宣言

7 01 政府,集団的自衛権行使の限定容認を閣議決定【日】
17 マレーシア航空機撃墜事件【ウクライナ】
ジョコ大統領 インドネシア初 民間出身
22 大統領選でジョコ・ウィドドが勝利,軍や政界のエリート以外から初の当選【尼】
28 新疆で襲撃,96人死亡【中】
8 01 国際スワップデリバティブズ協会,アルゼンチンを事実上のデフォルトと認定
ISIL空爆 対象区域 イラクからシリアへ
08 米,イラク領内ISILへの空爆を開始
10 エルドアン首相,初の直接投票による大統領選で当選【土】
14 中国鉄建,ベンゲラ鉄道敷設工事完了【アンゴラ】
22 中国軍機,米軍機に異常接近【米中】
9 08 アバーディ新政権発足【イラク】
16 東部2州に暫定自治権を付与【ウクライナ】
18 スコットランド,独立住民投票の結果,残留を決定【英】
23 米及び中東5カ国の軍,対ISIL対象区域をシリアにも拡大
雨傘運動 香港普通選挙 抗議デモ
28 香港で雨傘運動,真の普通選挙を求める抗議デモ

シリア難民 371万人 (2012 / 2013 / 2015)

EUへの難民申請者 63万人 (2015)

11 10 APEC首脳会議で「一帯一路」構想を提唱【中】
10 自由貿易協定(FTA)妥結【中韓】
12 10 スペインと中国を結ぶ世界最長(1万3000km)の鉄道が開通
16 米オバマ大統領,キューバとの国交正常化協議開始を発表
24 第3次安倍内閣が発足【日】
28 アフガニスタンでの戦闘任務終了を宣言【米】

イスラム国の樹立により、
テロとの戦いはますます泥沼化してゆく。

リスクオフの末路

A 「エッジコンピューティング」開発表明(NTT)【日】
長周期・長時間地震動対応高疲労耐久性新合金鋼制振ダンパー(竹中工務店他)【日】
SiC搭載インバータによるマグネットレスモータ駆動システム(日本電産)【日】

B ペソの急落【アルゼンチン】
ウクライナ経済危機
3Dプリンタの主要技術,選択的レーザー焼結法の特許切れで市場活性化
ニューノーマル中国
習近平,経済が「新常態」入りしたとの認識を示す(高度経済成長の終焉)【中】
ウクライナ,ジョージア,モルドバがEUとの自由貿易協定に署名
ワンオペ問題 深夜労働 1人勤務
牛丼チェーン,1人で店舗業務を行う「ワンオペ」が過酷と問題化,深夜営業休止【日】
リニア中央新幹線工事着工認可【日】
安倍総理,10%への消費増税延期を表明【日】
中西部太平洋まぐろ類委員会,クロマグロの未成魚漁獲量半減合意
貿易収支,過去最大の赤字12兆8161億円【日】
旅行収支44年振り黒字【日】

消費税 8%

C サントリー,ビーム買収【日米】
ソニー パソコンのVAIOを分社,初の配当見送り【日】
阿里巴巴(アリババ),ニューヨーク証券取引所上場,調達額2兆7000億円【米中】
リコール305万台
米当局,不具合や死亡事故を受け,タカタにエアバッグのリコールを強制【日米】
P・ティール『ゼロ・トゥ・ワン』【米】

ふるさと納税 388億円 (2008 / 2015 / 2018 / 2023)

マウントゴックス事件

D **AIIB** アジアインフラ投資銀行
AIIB,21カ国が北京で設立の覚書に調印【中】
米FRB量的緩和を縮小へ【米】
ECB,マイナス金利導入【EU】
日銀,異次元緩和第2弾決定【日】
「国外財産調書提出制度」施行,タックスヘイブン対策【日】
マウントゴックス事件,85万BTC(約470億円)消失,経営破綻で民事再生法申請【日】
仮想通貨規制
ビットコイン使用は禁止されている貨幣代替にあたると声明【露】
資金洗浄防止で仮想通貨取引所を規制対象に追加【独】
仮想通貨に規制導入【星】
アルゴリズム取引や超高速取引への規制導入求める【EU】
M・ルイス『フラッシュ・ボーイズ 10億分の1秒の男たち』,B・ノーイズ『マリガン・ヴェロシティーズ』(加速主義と資本主義),J・リフキン『限界費用ゼロ社会』【米】,ナオミ・クライン『これがすべてを変える‐資本主義VS.気候変動』【加】
水野和夫『資本主義の終焉と歴史の危機』【日】

ユーロ導入国 17から18へ +ラトビア

HFT 高頻度超高速取引

E エネルギー基本計画改定,原発を「重要なベースロード電源」と位置づけ【日】
福井地裁,大飯原発の運転差し止め命令【日】
ガス代金未払いを理由にウクライナ向け天然ガス供給を停止【露】
原油価格大幅下落でシェール掘削活動が減少に転ず【米】

世界遺産1000件目 ボツワナ オカバンゴ・デルタ

2014

ビッグヒストリー

A

打上げ:有人宇宙船「オリオン」デルタ4ロケット[米],「はやぶさ2」小惑星リュウグウのサンプル採取に向けて[日]
アンガラロケット飛行試験[露]
米探査機「MAVEN」,印探査機「マンガルヤーン」,火星周回軌道に
彗星探査機「ロゼッタ」,チュリュモフ・ゲラシメンコ彗星に到着[欧]

地球外生命の可能性

ケプラー186のハビタブルゾーンに地球とほぼ同サイズの惑星を初確認 [米]
探査機「カッシーニ」,土星の環に傷のような部分の存在を発見[米欧]
NASA,太陽観測衛星「SDO」でX1クラスの太陽フレアを撮影[米]
国家安全保障宇宙戦略(日本版NSSS),策定方針を打出す[日]
高度LIGO(レーザー干渉計重力波観測施設)プロジェクト開始

B

STAP細胞はあります?

厚労省,高血圧薬バルサルタン販売元を薬事法違反で摘発[日]
理研,新たな万能細胞「STAP細胞」の作製成功を『Nature』に発表,不正と検証不能が判明し,論文取下げ[日]
ブロード研,クリスパー特許取得[米]
小型猿マカクの受精卵にクリスパーを用いたゲノム編集[中]
理研,次世代型アルツハイマー病モデルマウスの開発に成功[日]
群馬大学で保険適応外の腹腔鏡手術を受けた患者8名が死亡[日]
初のPD-1モノクローナル抗体薬剤オプジーボが承認[米日]

エボラ出血熱

西アフリカ諸国でエボラ出血熱流行,WHOが緊急事態宣言
70年ぶりにデング熱流行[日]
石弘之『感染症の世界史』[日]

C

ペッパーくん

ソフトバンク,世界初の感情認識ロボット「ペッパー」発表[日]
スマートスピーカー「Amazon Echo」呼びかけはAlexa[米]
防衛省,サイバー防衛隊発足[日]
中央国家組織でのWindows8の使用を禁止[中]
国内からGoogleへのアクセスを完全に遮断[中]
第1回中国-ASEANサイバー空間フォーラム開催

中国グーグル完全遮断

D

高速Wi-Fi規格IEEE802.11ac承認
ブラジル,ポルトガルとの海底通信ケーブル敷設でEUと合意
MTNIrancell,国内初となる商用LTEサービスを開始[イラン]
ドコモ,国内初VoLTEサービスを開始[日]

スマートシティ

「Horizon 2020」でスマートシティ向け「Lighthouse」発足[EU]
柏の葉スマートシティ「ゲートスクエア」[日]
FujisawaSST,パナソニック工場跡地にスマートタウン誕生[日]

E

オバマ大統領,国内の象牙取引,全面禁止[米]
広島土砂災害,豪雨により土石流が発生,多数の家屋被害[日]
御嶽山噴火,58人が死亡する戦後最悪の火山噴火に[日]
コルバート『6度目の大絶滅』[米]

ARとVR

A

英国国教会総会,女性主教を初承認[英]
キリスト教,イスラム教,仏教やヒンドゥー教の指導者ら,奴隷制度撲滅の共同宣言署名[バチカン]
ISIL,モスル在住のキリスト教徒に人頭税を要求[イラク]

ハラール食品

千葉市に国内初となるハラール食専用の食品工場[日]
シャヴィロ『モノたちの宇宙』[米],ヒース『啓蒙思想2.0』[加],ナポリオーニ『「イスラム国」』,フロリディ『第四の革命』[伊]
安藤礼二『折口信夫』,中島岳志『アジア主義』,若松英輔『吉満義彦』[日]

安藤礼二、中島岳志、若松英輔

B

ミズーリ州で白人警官が黒人少年を射殺,抗議する群衆の暴徒化で非常事態宣言[米]

セウォル号沈没

修学旅行生乗船のセウォル号沈没,死者行方不明者300人超[韓]
大韓航空ナッツリターン事件[韓]
ろくでなし子,性器3Dデータによる猥褻電磁的記録頒布容疑[日]
児童ポルノ禁止法改正[日]

ゴーストライター

「交響曲第1番"HIROSHIMA"」作曲者にゴーストライターの存在[日]

C

「エル・インプルソ紙」紙不足で発行困難[ベネズエラ]
著作権法改正,電子書籍も保護対象と明文化[日]
調査報道ポッドキャスト「serial」[米],漫画配信「快看漫画」[中],メディアプラットフォーム「note」[日]
『PUSS PUSS』(M),『BADLANDS 777』(M)[英],『つるとはな』(M),『工芸青花』(M)[日]
東田直樹『自閉症の僕が跳びはねる理由』英訳本がベストセラー[英米]

D

「イーサリアム」V・ブテリン正式発表,PoCリリース

教師なし学習

I・グッドフェローら「敵対的生成ネットワーク(GAN)」発表,相互競争「教師無し学習」手法[加]
Apple,新プログラミング言語「Swift」,ソーシャルVRプラットフォーム「VRChat」,オンラインフードデリバリー「UberFRESH(現UberEats)」[米]
決済サービス「Apple Pay」[米],「LINE Pay」[日]
日本版無償オンライン教育サービス「JMOOC」開講[日]

イーサリアム

E

エド・シーラン[X][英],テイラー・スウィフト[1989][米]

錦織圭 全米OP準優勝 エアーK

錦織圭,日本人初全米オープン準優勝[米]
ソチ冬季五輪フィギュア男子で羽生結弦が金[露]
吉田沙保里,レスリング世界選手権15連覇[日]

妖怪ウォッチ

コミック×アニメ×ゲームのクロスメディアプロジェクト「妖怪ウォッチ」大ブーム[日]
「アイス・バケツ・チャレンジ」世界的流行,ALS認知向上のため[米]

羽生結弦

面影の再考

A

「マニフェスタ10」エルミタージュ美術館[露],台北ビエンナーレ「劇烈加速度」ブリオー監修,第1回札幌国際芸術祭「都市と自然」[日]
「デジタル・レボルーション」展[英],パレーノ「準-客体」展[仏]
「これからの写真」展,鷹野隆大の作品が猥褻と判定され一部遮蔽[日]
ボリス・ミハイロフp[戦争行為の劇場,第二幕,息抜き][ウクライナ],ボルタンスキー作[アニミタス][仏]
[河内守國助國平(刻印・無界)]正宗賞[日]

RCRアーキテクツ

SOM[ワン・ワールド・トレード・センター][米],ゲーリー[フォンダシオン ルイ・ヴィトン],RCRアーキテクツ[スーラージュ美術館][仏]
デムナ・ヴァザリア「ヴェトモン」設立,ビッグシルエットに注目[ジョージア仏],森永邦彦(アンリアレイジ)パリコレ初参加[日]

B

マキューアン『未成年』[英],A・ドーア『すべての見えない光』[米],マコーマック『雲』[加],M・ジェイムズ『七つの殺人に関する簡潔な記録』[ジャマイカ],陳浩基『13・67』[中]

震災後の いつかの日本 ボラード病 献灯使

多和田葉子『献灯使』,吉村萬壱『ボラード病』,柳美里『JR上野駅公園口』,奥泉光『東京自叙伝』,藤井太洋『オービタル・クラウド』,山本貴光『文体の科学』[日]

C

ノーラン監[インターステラー][英],リンクレイター監[6才のボクが,大人になるまで。],チャゼル監[セッション][米],イニャリトゥ監[バードマン][墨],ジェイラン監[雪の轍][土],アミリプール監[ザ・ヴァンパイア][イラン]
呉美保監[そこのみにて光輝く],安藤桃子監[0.5ミリ],大林宣彦監[野のなななのか],武正晴監[百円の恋],山本政志監[水の声を聞く],塚本晋也監[野火][日]

呉美保 安藤桃子

D

Clap!Clap![Tayi Bebba],A・ストット[Faith in strangers][英],HK[Les Déserteurs][仏],フライング・ロータス[You're Dead!][米],M・バロット[sketches from an island][ウルグアイ],キング・アイソバ[Wicked Leaders][ガーナ],ケイ・ツェー[Kontinue][香]
水曜日のカンパネラ[私を鬼ヶ島に連れてって],[BabyMetal],Ogre you Asshole[ペーパークラフト][日]
現代音楽イベントカレンダー,石黒晶[みすゞ][日]
I・ホーヴェ「橋からの眺め」[英]パパイオアヌー振付『STILL LIFE』[希],キッド・コアラ『NUFONIA MUST FALL』[加]
SPAC『マハーバーラタ』アヴィニョン演劇祭,青年団+阪大ロボット演劇『変身』,木ノ下歌舞伎『三人吉三』[日]

SPAC

E

A:[たまこラブストーリー],[残響のテロル],[結城友奈は勇者である][日]
G:PS4「P.T.」[日]

未来のアラブ人

C:リアド・サトゥフ[未来のアラブ人],梵天太郎[SEX&FURY][仏]
九井諒子[ダンジョン飯],野田サトル[ゴールデンカムイ],近藤ようこ[死者の書],田亀源五郎[弟の夫],沙村広明[波よ聞いてくれ],ふじた[ヲタクに恋は難しい],柳本光晴[響][日]
コミティア『コミティア30thクロニクル』[日]
伊藤剛『テヅカ・イズ・デッド』,宮沢章夫『NHKニッポン戦後サブカルチャー史』[日]

世界アート市場売上総額 682億ドル
2007 2008 2009 2010 2011 2018

私は声なき人間になるくらいなら国なき人間になる
エドワード・スノーデン

アフリカ携帯普及率84%超
2003 2009

2001 新生児死亡率20%切る

1990 1991 1992 1993 1994 1995 1996 1997 1998 1999 2000 2001 2002 2003 2004 2005 2006 2007 2008 2009 2010 2011 2012 2013 2014 2015 2016 2017 2018 2019 2020 2021 2022

2015
平成27

セルフイメージ

97 **プリクラ**
プリント倶楽部流行【日】

98 画像処理機能付きプリクラ「アートマジック」【日】

00 J-フォン「写メール」【日】

03 ビジネス向けSNS「LinkedIn」【米】
仮想世界「Second Life」【米】

04 前略プロフィール【日】

06 「モバゲータウン」開始,任天堂,ゲーム内で使用できるアバター「Mii」【日】

09 サイバーエージェント「アメーバピグ」【日】

10 iPhone 4,自撮り用フロントカメラ搭載【米】

11 ハキム『エロティック・キャピタル』【英】

12 LINE camera【韓】

14 VRChat創業【米】
アイラビスタにて「インセル」を自認する男性による銃乱射事件発生【米】

15 **自撮り棒**
自撮り棒流行【日】,写真加工アプリ「SNOW」【韓】

16 iOS 10.1,ポートレート撮影モード追加【米】

17 整形手術の理由の多くがセルフィーで撮った自分に近づけるため【米】

18 **ZEPETO Memoji**
顔認識3Dアバターコミュニケーションアプリ「ZEPETO」【韓】,iOS12,自身の表情に合わせて動くアニメーション顔文字「Memoji」【米】

19 Adobe,加工された顔写真を検知する「Project About Face」発表,加工前に戻す機能も【米】

20 バーチャルユーチューバー1万人突破

世界の難民 1548万人
2010 / 2019 / 2021

シリア難民 490万人
2012 / 2013 / 2014

EUへの難民申請者 132万人
2014

サルマーン・ビン・アブドゥルアズィーズ【サウジ】
アレクシス・ツィプラス【希】
ムハンマド・ブハリ【ナイジェリア】
ラース・ロッケ・ラスムセン【丁】
ヴァシリキ・タヌ=フリストフィリ【希】★
マルコム・ターンブル【豪】
アレクシス・ツィプラス【希】
ジャスティン・トルドー【加】
ベアタ・シドゥウォ【波】★
マウリシオ・マクリ【アルゼンチン】

流動する難民

1 07 イスラム過激派,週刊誌『シャルリー・エブド』本社を銃撃テロ【仏】

イエメン内戦へ

22 フーシ派によるクーデター勃発,ハディ暫定政権崩壊【イエメン】
26 ISIL,パキスタンとアフガニスタンの一部を「ホラサン州」として一方的に領有宣言

2 06 フーシ派が政権掌握を宣言【イエメン】
15 政府と親ロシア派武装組織の停戦が発効【ウクライナ】
21 ハディ暫定大統領,首都サヌアを脱出し南部アデンに拠点,湾岸諸国等の支援を受け,親イランのフーシ派と内戦に【イエメン】

3 15 反ルセフ大統領デモ大規模化,民主化運動以降最大規模に【ブラジル】
26 サウジアラビアなどスンニ派のアラブ諸国が空爆開始【イエメン】
31 大統領選で野党ブハリが当選,民政移管後初の政権交代へ【ナイジェリア】

4 **アメリカ キューバ 首脳会談**
11 オバマ大統領とラウル・カストロ議長が首脳会談,1961年の国交断絶以降初【パナマ】
27 新たな日米防衛協力の指針に合意

5 08 米国防総省,中国の南シナ海埋め立て面積が昨年末から4倍増しと試算
11 沖合で漂流中のロヒンギャを含む難民約2000名を保護【尼馬】

7 13 EU,ユーロ圏19カ国首脳会議でギリシャへの金融支援を原則合意
14 米欧6カ国とイラン,核問題解決のための最終合意文書を発表
15 安全保障関連法案,衆議院で与党単独の強行採決【日】
20 54年ぶりの国交回復【米キューバ】
22 東シナ海で合意に反してガス田開発を進める中国を,証拠写真の提示で牽制【日】
24 シリアのISIL拠点,イラク北部の武装組織クルド労働者党拠点へ空爆開始【土】

難民受入れ

9 04 メルケル首相,EUダブリン規則を一時停止,難民受入表明【独】
19 安全保障関連法,参議院も強行採決で成立【日】
22 シリア難民ら12万人の追加受入分担案を賛成多数で可決,中欧4カ国は反対【EU】
27 カタルーニャ州議会選で独立賛成派が過半数を獲得【西】
30 ロシア軍がISILへ空爆開始,アサド政権を支援【シリア】

10 13 翁長沖縄県知事,名護市辺野古の埋め立て承認を取消し【日】
27 米駆逐艦,南沙諸島で中国人工島の12海里内を航行

11 **中国 台湾 首脳会談**
07 習近平国家主席と馬英九総統,分断以後初の首脳会談【中台】
11 パキスタンのグワダル港の43年間租借権獲得【中】
11 民政移管後初の総選挙,アウンサンスーチー率いる国民民主連合が勝利【緬】
13 パリ同時多発テロ発生,コンサート会場等で銃撃と自爆テロ,死者130名,ISILが犯行声明,オランド大統領は非常事態宣言【仏】

パリ同時多発テロ

12 02 EUの難民受入れ分担の無効をEU司法裁に提訴【スロバキア】
28 慰安婦問題を巡って日韓外相が合意
31 ASEAN経済共同体発足

リスクオフの末路

A CMOSセンサー積層技術,Cu-Cu接続量産化(ソニー)【日】
GaNパワーデバイス搭載調光器対応LED電球用点灯装置(東芝)【日】

B **一億総活躍** アベノミクス第2ステージ
安倍首相,名目GDP600兆円・出生率1.8・介護離職ゼロの「新三本の矢」発表,一億総活躍社会を目指す【日】
TPP12カ国で大筋合意
租税回避の多国籍企業へ高い法人税率を適用,通称グーグル税【英】
経済成長率7%を下回る【中】
訪日外国人旅行者(インバウンド)数,前年比約5割増【日】
訪日中国人の「爆買い」,炊飯器・魔法瓶・温水洗浄便座・セラミック包丁が「四宝」【日】

爆買い

ふるさと納税 前年比約4倍
利用者数が前年比約4倍,ワンストップ特例制度開始【日】
北陸新幹線,上野東京ライン開業【日】
成田空港,LCC専用の第3旅客ターミナル開業【日】

ふるさと納税 1653億円
2008 / 2014 / 2018 / 2023

C スカイマーク航空経営破綻【日】
東洋ゴム,建築用免震ゴム性能基準不正発覚【日】
アマゾン,租税回避問題で欧州での税慣行を変更【米】
東芝,累計1562億円の利益水増し「不適切会計」判明,歴代3社長が辞任【日】
フォルクスワーゲン,ディーゼル車に排ガス規制を逃れる不正ソフト搭載判明【独】

ディーゼルゲート

傾くマンション
マンションの傾きが発覚,基礎工事の地盤データ改ざんが判明【日】
米運輸省,欠陥エアバッグ問題でタカタに2億ドルの制裁金【日米】
ダウ・ケミカルとデュポンが合併,世界最大の化学・バイオ企業「ダウ・デュポン」誕生【米】

1ドル125円 12年半ぶりの円安
2011

欧州債務危機支援決定 8月:ギリシャ(第三次)

D ECB,初の量的金融緩和実施決定
黒田日銀総裁,「2年で2%」のインフレ目標達成困難と発表【日】
中国人民銀行,対ドル人民元レート連続切下げ,世界同時株安に
人民元切り下げでビットコイン購入熱高まる【中】
国際決済銀行,中央銀行によるデジタル通貨発行の可能性を提起
FRB,9年半ぶり利上げでゼロ金利解除【米】
AIIB 57カ国が調印し発足【中】
J・ケイ『金融に未来はあるか』【英】
スルニチェク/ウィリアムズ『未来を発明する:ポスト資本主義と労働なき世界』【加/英】,P・メイソン『ポストキャピタリズム』【英】,B・バーナンキ『危機と決断』【米】徳勝礼子『マイナス金利』【日】

チャイナ・ショック 人民元切下げ

ユーロ導入国 18から19へ +リトアニア

訪日外国人 2千万人突破
2013 / 2018 / 2021 / 2023

E **川内原発再稼働**
九州電力,川内原発1号機再稼働,新規制基準の安全審査合格で初【日】
長期エネルギー需給見通し,2030年の再エネ電力比率を22-24%に【日】
オバマ大統領,温暖化対策として発電所からのCO2排出規制を実施【米】
40年ぶりに石油輸出解禁【米】

石油市場価格大暴落 バレル36ドル

2015

Human3.0

A

ブルーオリジン「ニュー・シェパード」高度94キロに到達【米】
探査機「ニューホライズンズ」冥王星の周回軌道に到達,鮮明な撮影画像【米】
土星の第2衛星「エンケラドス」の地下海に熱水環境の可能性を指摘【日】
スペースX,「ファルコン9」ロケットの第1段回収に成功【米】
硫化水素が203K(-70℃)で超伝導状態になると発表【独】
北京で宇宙ベンチャー,ランドスペース・テクノロジー創業【中】

ペンタクォーク

CERN,「LHCb」の実験データから5つのクォークで構成されるペンタクォーク粒子の存在を確認

ヒト受精卵編集

B

生児出産不可能なヒト受精卵のゲノム編集報告を発表【中】
ヒト受精卵のゲノム編集の臨床応用一時禁止が国際会議で採択

遺伝子ドライブ

2つの研究グループがCRISPR法を用いた遺伝子ドライブの実施例を発表【米】
チャーチら,遺伝子改変した「ブタの胚」を作製,異種移植実現へ向けて【米】
棋士の戦略決定が帯状皮質ネットワークによることを解明【日】
遺伝子療法のCAR-T療法で重度の白血病患者が症状改善【英】
抗アミロイドβ抗体薬で痴呆症の進行抑制に成功【米】
進行性パーキンソン病の遺伝子治療,臨床試験開始【日】
中東地域を中心にMERSの流行

認知症患者数推定 520万人

アップル・ウォッチ

C

ウェアラブルデバイス「Apple Watch」,アプリで用途拡張【米】

りんなと東ロボ

日本マイクロソフト,LINEにAI女子高生アカウント「りんな」【日】
NII開発の人工知能「東ロボくん」大学入試模試で偏差値54【日】
オリィ研究所「CriHime」分身型ロボット発売,シャープ「RoBoHoN」モバイル型ロボット電話発表【日】
ウクライナでサイバー攻撃により数万戸の大規模停電

全世界のネット普及率 41.1% (1996 / 2002 / 2007 / 2011 / 2019)

D

ITU,次世代の高速衛星通信用の帯域としてKa帯の利用を合意
LoRaアライアンス設立,LPWA「LoRa」によるIoTインフラ【米】

天網 国家によるAI監視ネットワーク

監視カメラ「天網」,農村部を除く全都市部をカバーと発表【中】
「モバイク」設立,前年創業の「ofo」とシェア自転車普及を加速【中】

小学生携帯普及率 50%超

E

パリ協定採択

COP21がパリで開催,「パリ協定」を採択,途上国を含む主要排出国が対象,各国裁量型に
ダボス会議報告書,潜在的影響が最も高いリスクは水危機と発表
国連総会で「持続可能な開発目標(SDGs)」を採択,地球上の「誰一人取り残さない」取組み
北京の大気汚染が深刻化【中】
『サイエンス』誌,海洋プラスチックごみの量を年800万トンと推計
H・J・シェルンフーバー『Self-Combustion』【独】
中部で大地震(M7.8)【ネパール】

SDGs

交通系電子マネー1日最高利用件数 500万件 (2008 / 2019 / 2022)

ARとVR

A

新疆ウイグル自治区で新たな宗教事務条例施行,未成年の宗教活動参加等が禁止【中】
米国聖公会,総裁主教に初のアフリカ系マイケル・カリー選出【米】
T・N・ハン『マインドフルネスの奇跡』新版出版【米】

ホモ・デウス テクノロジーとサピエンスの未来

ヒトラー『我が闘争』著作権消滅【独】,シャナハン『シンギュラリティ』【英】,ハラリ『ホモ・デウス』【イスラエル】,P・シンガー『あなたが世界のためにできるたったひとつのこと』,トンプソン,ファーティック『勝手に選別される世界』【米】
森本あんり『反知性主義』,松尾豊『人工知能は人間を超えるか』,佐倉統『人と「機械」をつなぐデザイン』,『ゲンロン』創刊【日】

ゲンロン

B

ISIL殺害動画公開

ISILによる日本人人質事件,Youtubeに殺害動画公開【イラク】
東京都渋谷区議会,同性カップル向け「パートナーシップ証明書」発行の条例可決【日】
東京オリンピック・パラリンピック公式エンブレム,盗作疑惑で白紙撤回【日】

SEALDs

国会周辺で学生デモ団体「SEALDs」ら12万人が安全保障関連法への反対集会実施【日】
大阪都構想,住民投票で却下【日】
電通女性社員過労自殺事件【日】

私はシャルリー

C

風刺新聞「シャルリー・エブド」への襲撃事件を受け,「私はシャルリー」運動【仏】
複合型書店「MUJI BOOKS」,「蔦屋家電」,1冊ギャラリー「森岡書店銀座店」【日】
『RE-EDITION』(M)【英】
『文鳥文庫』(Z),武田砂鉄『紋切型社会』【日】
広告付きTV番組無料配信「Tver」【日】
Amazonスタジオ「トランスペアレント」(T)【米】
ソーシャル経済メディア「NewsPicks」(W)【日】

D

ディープラーニング

グーグル機械学習ライブラリ「TensorFlow」β版公開,マイクロソフトコードエディタ「Visual Studio Code」,オープンソースwebアプリ「Jupyter Notebook」【米】,深層学習フレームワーク「Chainer」【日】
音楽定額配信サービス「AWA」,「LINE MUSIC」【日】,「Apple Music」【米】
ゴジェック,バイク相乗り「GoRide」,バイク便「GoSend」,「GoMart」【尼】
アマゾン,アップル,グーグル他,フィンテック推進のロビー団体結成【米】

白鵬

E

コフィン&バルダ監[ミニオンズ]【米】,土井裕泰監[映画ビリギャル],細田守監[バケモノの子]【日】
白鵬最多優勝記録,33度目【日】
ラグビーWCで南アに勝利,五郎丸ポーズが社会現象に【日】
羽生結弦,GPファイナルで初の3連覇【日】

ラップバトル MCバトルにRPG要素

ラップバトル「フリースタイルダンジョン」TV放送開始【日】
「バルミューダ・ザ・トースター」,「おにぎらず」,「ブルーボトルコーヒー」流行【日】

面影の再考

A

アセンブル[グランビー・フォー・ストリーツ]ターナー賞展【英】
永青文庫「春画」展,「おとなもこどもも考える ここはだれの場所?」展,Chim↑Pom発案「Don't Follow the Wind」展【日】
ディン・Q・レ「明日への記憶」展【越/日】,桑田卓郎(陶芸)個展@草月会館【日】
リチャード・プリンスp[ニュー・ポートレート]【米】,塩田千春作[掌の鍵],福島武山(赤絵細描)[スリム ドゥ エルメス 駒くらべ]【日】

The BROAD

巨大個人コレクション,LAにThe BROAD,モスクワにGarage開館
ヘザウィック設計[シンガポール南洋理工大学ラーニング・ハブ],スタジオ・ムンバイ「太陽と月の間」展【印/仏】,新国立競技場案再コンペで隈研吾らに【日】

ミケーレのグッチ

グッチのディレクターにアレッサンドロ・ミケーレ就任,デコラティブ復権【伊】

絵画最高額更新 ピカソ「アルジェの女たち」1億7900万ドル (2004 / 2010 / 2012 / 2013 / 2017)

火花 キミスイ

B

ウエルベック『服従』【仏】,V・T・ウェン『シンパサイザー』,M・ジュライ『最初の悪い男』,L・ベルリン『掃除婦のための手引き書』【米】
又吉直樹『火花』,東山彰良『流』,住野よる『君の膵臓をたべたい』【日】

C

バーフバリ トリウッド最高興業

アブラハムソン監[ルーム]【愛】,ランティモス監[ロブスター]【希】,ラースロー監[サウルの息子]【洪】,ヘインズ監[キャロル],マッカーシー監[スポットライト 世紀のスクープ]【米】,ラージャマウリ監[バーフバリ 伝説誕生]【印】,ホウ・シャオシェン監[黒衣の刺客],ビー・ガン監[凱里ブルース]【中】
橋口亮輔監[恋人たち],濱口竜介監[ハッピーアワー],荒井晴彦監[この国の空],山田洋次監[母と暮せば],冨永昌敬監[ローリング]【日】

ビー・ガン

D

シャソル[Big Sun]【仏】,[Levon Vincent],DJ Paypal[Sold Out],M・メルフォード[Snowy Egret]【米】,R・タリアニ[Mardi L'amour]【アルジェリア】,ファブレガス[Anapipo]【コンゴ民主共和国】,F・ソーラー [My Time],T・サベージ[R.E.D.]【ナイジェリア】

米津玄師 "Flowerwall" "アンビリーバーズ"

米津玄師[Bremen],Gonno[Remember The Life Is Beautiful]【日】
湯浅譲二[ジョルジオ・デ・キリコ],松平頼曉[A person has let the "Kelly" out of the bottle]【日】
P・ブルック演出[Battlefield]【仏】,田中泯・松岡正剛・宮沢りえ・石原淋[影向],庭劇団ペニノ[地獄谷温泉 無明ノ宿],森山開次×ひびのこづえ×川瀬浩介[サーカス]【日】

E

A:[響け! ユーフォニアム],[がっこうぐらし!],[おそ松さん]【日】
G:PC[Life Is Strange]【仏】,[The Witcher 3]【波】,[UNDERTALE],[Fallout 4]【米】,WiiU[スプラトゥーン]【日】
C:Z・アビラシェド[オリエンタルピアノ]【白】

うつヌケ うつトンネルを抜けた人たち

清水茜[はたらく細胞],早見純[性なる死態],伊図透[銃座のウルナ],堀尾省太[ゴールデンゴールド],[異物混入 駕籠真太郎高濃短編集],田中圭一[うつヌケ],タナカカツキ[サ道]【日】
NHK「浦沢直樹の漫勉」【日】
溝口彰子『BL進化論』【日】

ウィッチャー3 フォールアウト4

いいんだよ、男の子だってお姫様になれる
キュアエール(アニメ『HUGっと!プリキュア』)

メイウェザー1試合ファイトマネー3億ドル

1998 2008 6億人が65歳以上

2016
平成28

幻想の構想

オバマは広島で核廃絶を訴え、トランプはアメリカ・ファーストを連呼する。

流動する難民

1 03 シーア派指導者処刑で対立悪化,イランとの断交を発表【サウジ】
06「水爆実験に成功」と発表【朝】
16 核開発最終合意の履行,米など6カ国が制裁解除【イラン】

租税回避に歯止め

22 Google,過去の税金滞納分として1億3000万ポンドの追加納税を歳入関税庁と合意【英】
2 19 対北朝鮮制裁を発動【日】
3 04 フェイスブック,英国における租税回避の是正を表明【英米】
15 NLD党首ティン・チョー,54年ぶりの文民大統領に選出【緬】

クルド新自治区

17 クルド人組織民主連合党北シリア民主連邦制設立宣言【シリア】
18 EU-トルコ協定,全ての不法移民をトルコへ再送還と定める
20 オバマ,現職大統領として88年ぶりのキューバ訪問【米】
22 ブリュッセルで空港・地下鉄同時テロ【白】
28 陸上自衛隊,尖閣諸島に近い与那国島に駐屯地を新設【日】
30 新政権発足,アウンサンスーチーは国家顧問に就任【緬】

戦後70年 オバマ、広島へ 安倍、真珠湾へ

5 06 日露首脳会談,北方領土問題で新アプローチ合意

蔡英文 女性初 台湾総統就任

20 民進党の蔡英文,第14代中華民国総統に就任,台湾独立を掲げる
23 対ベトナム武器輸出を全面解禁,中国の南シナ海進出に対抗【米】
24 租税回避地悪用の脱税容疑でGoogleパリ支店を家宅捜索【仏】
27 オバマ大統領,原爆死没者慰霊碑に献花,声明発表【日米】
6 23 国民投票の結果,EU離脱支持52%(ブレグジット)【英】

ドゥテルテ 比大統領就任

30 ドゥテルテ大統領就任,犯罪撲滅へ【比】

ブレグジット

7 12 常設仲裁裁判所(PCA),南シナ海での中国権益認めず
13 テリーザ・メイ,首相就任【英】
14 ニースで花火見物の客にイスラム過激派のトラックが突入【仏】
8 20 クルド人居住区爆破テロ【土】
24 元慰安婦に1人1000万円を支払うことで韓国政府と合意【日】
30 EU,アップルへの追徴課税命令,同社と愛政府は不服申立て
31 小池百合子が東京都知事選に当選,初の女性都知事【日】

11 03 高等法院,EU離脱通告には議会承認が必要と判決【英】
08「アメリカ・ファースト」を掲げたD・トランプ,大統領選に勝利【米】
23 秘密軍事情報保護協定発効(GSOMIA)【日韓】
12

ロヒンギャ 難民2万人超

06 国際移住機関,ミャンマーからバングラデシュに流入したロヒンギャ難民が2万人を超えたと発表
09 朴槿恵大統領の弾劾訴追案が国会で可決【韓】
11 カイロ市内コプト教聖マルコ大聖堂でイスラム過激派のテロ【埃】
27 安倍首相・オバマ大統領,真珠湾で慰霊演説【日米】
29 大統領選にサイバー攻撃で介入したとして,ロシアへの報復措置を発表【米】

リスクオフの末路

A 日本語での論理的対話を可能とする人工知能基礎技術(日立)【日】

B 年初から世界同時株安,上海市場でサーキットブレーカー適用
国際調査報道ジャーナリスト連合,21万4000社の租税回避機密情報「パナマ文書」公開,匿名提供の内部資料を分析
10%への消費増税,2年半延期【日】

ポンド安 Brexit影響 31年ぶり

ブレグジット住民投票結果を受け,31年ぶりのポンド安【英】
人民元,IMF「特別引出権」の構成通貨に【中】
原油価格,2003年以来の最安値,OPECが8年ぶり減産合意
北海道新幹線開通【日】
IR推進法成立【日】

パナマ文書公開

外国人労働者100万人超 2009 2019 2023

C ファミリーマート,サークルKサンクスを経営統合【日】
ローソンとスリーエフ,資本・業務提携【日】
GPIF 不正会計による損害賠償を求めて東芝を提訴【日】
東芝,白物家電事業を中国・美的集団に売却【日中】
東芝,医療事業をキヤノンに売却【日】

鴻海精密工業

鴻海精密工業がシャープ買収,産業革新機構との争奪戦の末【日台】
三菱自動車,軽自動車4車種の燃費データ改ざん発覚【日】
三菱自動車,日産傘下入り【日】
LINE ニューヨークと東京で上場【日米】
JR九州上場【日】

ソフトバンク、英アーム買収

ソフトバンクG,英マイクロプロセッサー設計のアームを約3.3兆円で買収,IoTの基盤技術を評価【日英】
マイクロソフト,LinkedInを262億ドルで買収【米】
音楽ストリーミングのSpotify,日本でのサービス開始【日典】
中国鉄鋼再編,宝山と武漢が合併し世界2位の宝武鋼鉄集団発足【中】
JD.com,「独身の日」商戦の配送にドローン導入【中】

コンビニ再編 ファミマ ローソン

東芝もシャープも

D 日銀,1月にマイナス金利付き量的・質的金融緩和を導入【日】
G20上海で開催,市場安定へ向けて政策を総動員と共同声明
ECB,3月に追加金融緩和,銀行収益懸念でも更なる利下げは否定【EU】
ドイツ銀行経営危機報道(ドイツ銀行ショック)から欧銀不安へ【独】
日銀,イールドカーブ・コントロール導入【日】
地銀再編加速,5件の統合実現【日】
マーヴィン・キング『錬金術の終わり 貨幣,銀行,世界経済の未来』【英】
岩村充『中央銀行が終わる日: ビットコインと通貨の未来』【日】
ケネス・S・ロゴフ『現金の呪い-紙幣をいつ廃止するか?』【米】

E **電力自由化** 家庭向け電力小売り全面自由化

電力小売全面自由化,新規参入合戦【日】
蔡内閣,2025年までの脱原発,再生可能エネルギー20%を閣議決定【台】

マーリス・クチンスキス【ラトビア】
マルセロ・レベロ・デ・ソウザ【葡】
シーグルズル・インギ・ヨハンソン【氷】
クリスティアン・ケルン【墺】
蔡英文【台】★
ロドリゴ・ドゥテルテ【比】
テリーザ・メイ【英】★
ミシェル・テメル【伯】
ユリ・ラタス【エストニア】
パオロ・ジェンティローニ【伊】
ビル・イングリッシュ【NZ】

モノのインターネットという展望。高度IoT社会に向けて、5Gの技術開発が激化する。

2016

Human3.0

A

重力波 初観測

Caltec,太陽系外縁部に「第9惑星」の可能性を発表【米】
ホーキング,「ブラックホール情報パラドックス」の解決を示唆【英】
「LIGO」重力波,初観測【米】
地球観測衛星「光明星4号」打上げ成功を発表【朝】

ジュノー木星へ

探査機「ジュノー」,木星の周回軌道に投入成功【米】
宇宙ステーション「天宮2号」,「神舟11号」とのドッキング成功【中】
CERN,反水素原子の分光測定に成功,CPT対称性の新たな検証法に
EUの測位衛星システム「ガリレオ」始動
CERN,ISSの装置で観測した粒子から反ヘリウムを検出と発表
ESA,宇宙望遠鏡「ガイア」の初期観測データを公開

アト秒レーザー

アト秒レーザーで位相を分けた電子波動関数の直接画像化に成功【加独日】

B

ヒト受精・発生学委員会(HFEA),研究目的でのヒト受精卵遺伝子編集を許可【英】
「日本ゲノム編集学会」発足【日】
ゲノム編集による新型遺伝子組み換え作物30種類以上に【米】
NIH,CRISPRゲノム編集技術を用いたがん治療の臨床試験申請を承認【米】

ヒトゲノム合成計画

G·チャーチら,10年にわたるヒトゲノム化学合成計画を発表【米】
C·ベンター,世界初の人工ゲノム細胞「ミニマル·セル」作製【米】
四川大学華西医院, 肺がん治療に初のCRISPR研究試験実施【中】
ムカジー『遺伝子』【米】

C

アルファGO

イオントラップ型「汎用計算可能量子コンピュータ」モジュール【米】
IBM,量子コンピュータをクラウド上に公開【米】
ディープマインド「AlphaGo」,プロ棋士李世乭に勝利【米】
NVIDIA,ディープラーニング用HPC「DGX-1」発表【米】
アップル,ワイヤレスイヤホン「AirPods」【米】
警備ロボット「AnBot」深圳宝安国際空港で正式に勤務開始【中】
機械学習AI作成の「レンブラントの新作」発表【蘭米】
マイクロソフト,TwitterにAIアカウント「Tay」登録,差別的発言繰返し休眠【米】

D

IoT モノのインターネット

BLE(低電力Bluetooth)を利用した情報通信,ウェアラブル端末とBeaconによる位置情報把握など,複数技術の組合せでIoT活況
ソフトバンクとOracle,電動バイク通信網「Internet of Moving Things」【日】
無人コンビニ「Bingo Box」【中】,「Amazon Go」【米】
「Google Home」発売【米】
日米間の光海底ケーブル「FASTER」運用開始

E

熊本地震、ミャンマー地震 エクアドル地震

WHO,ジカ熱の世界的流行に緊急事態宣言
熊本地震(M7.3),熊本城一部倒壊,各地で道路寸断【日】
エクアドル地震(M7.8),余震130回
ミャンマー中部で地震(M6.8),多数のパゴダが損壊
欧州各地で記録的な豪雨,洪水

1996 2022 **犬猫殺処分率49.2%**

ARとVR

A

ロンドン市長選でサディク·カーン当選,欧米主要都市初のイスラム教徒市長【英】
「伝道規制法」成立,宣教活動に政府の許可が必要に【露】

超人類の時代へ

Y=V·ミュラー『ポピュリズムとは何か』【独】,E·ヘロルド『ビヨンド·ヒューマン』【米】
三宅陽一郎『人工知能のための哲学塾』【日】

B

天皇生前退位 明表

フェイク·ニュース

偽報道をSNSで拡散する「フェイク·ニュース」が問題化
釜山の日本総領事館前に「慰安婦像」設置【韓】
「幸福相」と「寛容相」新設【UAE】
明仁天皇,生前退位の意向をビデオメッセージで表明【日】
18歳選挙権,法制度施行【日】
マイナンバーカード交付【日】

障害者殺傷

相模原障害者施設殺傷事件,入所者19人を刺殺,戦後最多の大量殺人【日】
オーランド銃乱射事件,ゲイ·ナイトクラブで50人死亡【米】
ヘイトスピーチ解消法施行【日】
待機児童問題「保育園落ちた日本死ね」のブログ記事に反響【日】

C

AbemaTV開局【日】

N高等学校 角川ドワンゴネットの高校

角川ドワンゴ,インターネット利用の通信制高校,N高等学校開校【日】
メイヤー『ダーク·マネー』【米】
「日本会議」関連本の出版相次ぐ『日本会議の研究』『日本会議の正体』等【日】
医療系情報サイト「WELQ」,不正確さと制作体制の不備指摘で閉鎖【日】

D

ポケモンGO

ケリー「インターネットの次に来るもの」【米】
フェイスブック,オープンソースの機械学習ライブラリ「PyTorch」公開【米】

TikTok スマホ向け映像SNS

ショートムービーSNS「TikTok」【中】,ライブ配信「Beam (Mixer)」【米】,「BigoLive」【星】,分散型SNS「Mastodon」【独】,共有ノート「Scrapbox」,音声配信「Voicy」【日】
位置情報ゲーム「Pokémon GO」豪·NZ·米でサービス開始
公開技術書の同人誌即売会「技術書典」開始【日】
VTuber「キズナアイ」活動開始【日】

E

こち亀完結 SMAP解散

チャゼル監[ラ·ラ·ランド]【米】
星野源[恋],あいみょん[生きていたんだよな]【日】
SMAPが12月31日に解散【日】
ピコ太郎[PPAP],YouTubeで週間世界1位
リオ五輪,内村航平(体操)個人団体金,伊調馨(レスリング)4連覇,伊藤美誠(卓球)「みまパンチ」で団体銅【ブラジル】
大谷翔平,投打「二刀流」,10勝22HR【日】
井山裕太,7冠,名誉碁聖,永世本因坊【日】
『こち亀』,少年ジャンプ連載終了,全1960話【日】

煙少なめ 電子·加熱式たばこ iQOS, PloomTECH

フィリップ·モリス,電子タバコ「iQOS」販売開始【日】

2001 2004 2012 **フィットネスクラブ平均月間利用者1800万人超**

混交と消滅

A

ルアンルパ監修「ソンズビーク2016:transACTION」【尼/蘭】

漫画、9番目の芸術

「ルーヴルNo.9 ～漫画、9番目の芸術」展【仏】,ICP「パブリック,プライヴェート,シークレット」展【米】,「代官山フォトフェア」(横田大輔,小林健太等p)【日】
トム·サックス「Tea Ceremony」展【米】,レイチェル·マクリーン「WOT U :-) ABOUT?」展【英】,「nendo:ルッキング·スルー·ザ·ウィンドウ」展【日/台】
ダニエル·ビュラン作[光の観測所]【仏】,エズ·デヴリン作[mirror maze]【英】,山城知佳子作[土の人]【日】
伊東豊雄設計[台中国家歌劇院],DGTアーキテクツ設計[エストニア国立博物館]
落合宏理(ファセッタズム),アルマーニの招待でミラノコレクションに参加

B

ハン·ガン、チョ·ナムジュ

スリマニ『ヌヌ』【仏】,ホワイトヘッド『地下鉄道』【米】,ハン·ガン『すべての、白いものたちの』,チョ·ナムジュ『82年生まれ、キム·ジヨン』【韓】

コンビニ人間 村田沙耶香

町田康『ギケイキ』,リービ英雄『模範郷』,蓮實重彦『伯爵夫人』,本谷有希子『異類婚姻譚』,村田沙耶香『コンビニ人間』【日】

C

この世界の片隅に、シン·ゴジラ、君の名は。

ロッシ監[海は燃えている]【伊】,スコセッシ監[沈黙-サイレンス-],ヴィルヌーヴ監[メッセージ]【加】,ディアス監[立ち去った女]【比】

空族 富田克也 バンコクナイツ

片渕須直監[この世界の片隅に],新海誠監[君の名は。],庵野秀明,樋口真嗣監[シン·ゴジラ],深田晃司監[淵に立つ],富田克也監[バンコクナイツ]【日】

D

★ デヴィッド·ボウイ遺作 Blackstar

D·ボウイ[★],ジャー·ウォブルズ·インヴェイダーズ·オブ·ザ·ハート[Everything is No Thing]【英】,B·ビオレ[Palermo Hollywood],D·サンプリ[Drikouraman]【仏】,P·トーマス[PRINCIPE DE NORTE]【諾】,DJキャタピラ[Trotro],チェチェク[Highere Life on palm wine]【ガーナ】
岡崎体育[BASIN TECHNO],Seiho[Collapse]【日】
ケラス&フレンズ[Thrace]【加】,茂木宏文[不思議な言葉でお話しましょ!]【日】
C·クラックネル演出[深く青い海],F·ウォーラー=ブリッジ主演[フリーバッグ]【英】,藤田貴大演出[ロミオとジュリエット],ヨーロッパ企画[来てけつかるべき新世界],ダミアン·ジャレ×名和晃平[Vessel],ニコニコ超歌舞伎[今昔饗宴千本桜],伶楽舎×KARAS[秋庭歌一具]【日】

E

A:[甲鉄城のカバネリ]【日】
G:[オーバーウォッチ]【米】
PS3,4[ペルソナ5]【日】
C:デュクードレ[金正日の誕生日]【仏】,ヴァイエ[マッドジャーマンズ]【独】,パク·ゴヌン[ウジョとソナ]【韓】

さびレズ 28歳,性経験なし女性実録マンガ

吾峠呼世晴[鬼滅の刃],板垣巴留[BEASTARS],永田カビ[さびしすぎてレズ風俗に行きましたレポ],武田一義[ペリリュー],大童澄瞳[映像研には手を出すな]【日】
総合マンガ誌「キッチュ」創刊【日】
稀見理都『エロマンガノゲンバ』【日】
アニメなどの「聖地巡礼」ブームに【日】

こちら葛飾区亀有公園前派出所40年200巻

オレはいつでも、女性がどう扱われるかってことを表そうとしてるんだ。
アレクサンダー·マックイーン

2017
平成29

エルサレムへの米国大使館移転は中東問題の更なる炎上を予感させる。

量子コンピュータとiPS細胞が、ついに実験室の外へと歩み出す。

アントニオ・グテーレス【国連】
ビャルニ・ベネディクトソン【氷】
ドナルド・トランプ【米】
文在寅【韓】
エマニュエル・マクロン【仏】
レオ・バラッカー【愛】
ジャシンダ・アーダーン【NZ】★
カトリーン・ヤコブスドッティル【氷】★
マテウシュ・モラヴィエツキ【波】
セバスティアン・クルツ【墺】

ミャンマー難民 120万人

流動する難民

1
ベーシックインカム
01 長期失業者2000人を対象にベーシックインカムの試験運用開始,国として世界初【芬】
27 トランプ大統領,難民・イスラム圏7カ国からの入国を制限する大統領令に署名【米】

2
03 シアトル連邦地裁,イスラム圏からの入国制限に関する大統領令差止めを命令【米】

金正男暗殺 金正恩の異母兄
13 金正男,クアラルンプールで暗殺【朝】

3
10 憲法裁判所,朴槿恵の罷免決定【韓】
29 EUに2年後の離脱を通知【英】

右派躍進 ルペン、クルツ、ドイツのための選択肢

4
10 ノーベル賞受賞者のマララ・ユスフザイ,女子教育に関する国連平和大使に

THAAD 弾道弾迎撃ミサイル
26 在韓米軍,ミサイル迎撃システム「THAAD」を搬入,対中関係険悪化

5
07 中道マクロン,極右ルペン破り大統領当選【仏】
10 文在寅大統領就任【韓】

6
05 サウジなど4カ国,テロ組織を支援しているとしてカタールとの断交を発表
09 上海協力機構(SCO)にインド,パキスタンが正式加盟
09 天皇の退位等に関する皇室典範特例法が成立【日】
15 改正組織的犯罪処罰法が可決,「テロ等準備罪」が争点に【日】

7
都民ファースト
02 東京都議選,「都民ファーストの会」圧勝,代表小池百合子都知事【日】
07 国連で核兵器禁止条約を採択,核保有国や日本などを除く122カ国が賛成
10 北部都市モスルをISILから奪還したと宣言【イラク】
13 民主活動家の劉暁波,投獄中危篤により仮出所の後,逝去【中】

8
01 ジブチに初の海外基地【中】
25 ロヒンギャのイスラム過激派が警察署と軍基地を襲撃【緬】

9
19 アウンサンスーチー国家顧問,ロヒンギャ問題に「政府の平和と和解に関する政策」演説【緬】
24 極右政党「ドイツのための選択肢」が得票率下院94議席獲得【独】

ラッカ解放

10
カタルーニャ 独立賛成9割
01 カタルーニャ自治州の独立住民投票で賛成9割【西】
12 米国とイスラエル,ユネスコ脱退を表明
15 総選挙で右派躍進,世界最年少の31歳のクルツが首相へ【墺】
20 ISILが事実上崩壊,民兵組織が「首都」ラッカ解放を宣言【シリア】
27 上院がカタルーニャ州の自治権停止を承認,州議会は反発【西】

11
10 中国・北欧間の直通貨物列車が運行開始【中芬】
15 ムガベ大統領を軍部が自宅軟禁,議会は弾劾手続きを進め21日に辞任へ【ジンバブエ】

12
06 トランプ大統領,エルサレムをイスラエルの首都と承認,アラブ諸国は激しく反発【米】

米 エルサレム首都承認

「慰安婦」再燃
28 文在寅大統領,慰安婦問題の2015年日韓合意に「重大な欠陥」を示唆する声明【韓】

リスクオフの末路

A
カーボンナノチューブ空気極による超高容量リチウム空気電池(NIMS他)【日】
1000フレーム/秒で対象物検出と追跡,ビジョンセンサー(ソニー)【日】
圧縮着火方式ガソリンエンジン「SKYACTIV-X」(マツダ)【日】

B
習近平、ダボス会議登壇 トランプ、TPP離脱
習近平,ダボス会議に登壇,グローバル経済を強調【中】
大統領令でTPP離脱【米】
ダウ平均,初の2万ドル突破【米】
特許庁,「色彩のみからなる商標」登録初認定【日】

対中301条
中国の知的財産権侵害などに関し通商法301条調査を開始【米】

C
品質スキャンダル続発 日産、スバル、神鋼、東レ、三菱マテリアル
品質データ改ざん問題続発(神戸製鋼所,三菱マテリアル子会社,東レ子会社)【日】
日産,スバル,無資格者の完成車検査【日】
東芝,傘下ウェスチングハウス経営破綻,東証二部降格,決算発表遅れ,純損失9656億円【日米】
ソフトバンク・ビジョン・ファンド設立,投資事業本格化へ【日】
プラネット・ラボ,グーグルからテラ・ベラを買収【米】
中国化工集団,スイスの農薬・種子大手シンジェンタを430億ドルで買収【中】
トヨタとテスラの資本提携解消明らかに【日米】
トヨタとマツダ,資本提携合意【日】
トヨタ,マツダ,デンソー電気自動車技術開発会社を設立【日】
東芝 ウエスタン・デジタルと和解,合弁継続と東芝メモリ売却,合意【日】
石油最大手JXTGグループ設立【日】
タカタ破綻,負債1.5兆円【日】
米トイザらス破綻【米】
てるみくらぶ倒産【日】

ホンダジェット
ホンダジェット,通年で43機納機,小型旅客機分野第1位【米】
ヤマト運輸,アマゾンの当日配送撤退,27年振り運賃値上げ【日】

1BTCあたり取引最高値 235万円
2009
2020

D
シムズ理論ブーム,麻生財相は不採用を断言【日】
「改正資金決済法」施行,仮想通貨交換業者登録制度を導入【日】
EU・IMF,ギリシャへの85億ユーロ支援融資再開合意
ビットコインのハードフォークにより「ビットコインキャッシュ(BCC)」誕生
仮想通貨取引所の停止・閉鎖,海外からのアクセス禁止を発表【中】
地下資源を裏付けに仮想通貨「ペトロ」導入【ベネズエラ】
日銀,1年を通じ金融政策維持【日】
ハスケル/ウェストレイク『無形資産が経済を支配する』【英】,宇沢弘文『人間の経済』【日】

E
エンジン車禁止へ
2040年までにエンジン車販売禁止を発表【仏英】
国内でネガワット取引開始【日】
都市ガス小売り全面自由化【日】
WSJ,米シェール大手EOGリソーシズのアプリ他イノベーションの数々を紹介【米】

浮体式洋上風力
スコットランド沖で浮体式商用洋上風力発電所が運転開始【英】

風力発電総量 5億kw達到
1998
2005
2008
2013
2023

1996 2008 気分障害患者数120万人超

通販健康食品市場5000億人

Human3.0　ポスト・トゥルース　混交と消滅　2017

Human3.0

CubeSat打ち上げ288回

A

L・グロスら,非ケクレ分子トリアンギュレンの合成に成功,世界初【米瑞】
寺田健太郎ら地球磁気圏の酸素イオンが月に流出と報告【日】
初期宇宙のクエーサー周辺に4つの大質量の星形成銀河を発見【独】

二次元の磁石 原子1個分シート状

三ヨウ化クロムの結晶から2D強磁性体作成に成功【米】
マリンパロモら,多数のレーザー光源を1つの環状の光素子に置換する方法開発【独】
エバンズら,系外惑星WASP-121bに成層圏の存在を示唆【英】
ダークエネルギー・サーベイの観測結果に基づく地図報告【米】
乱流内の散逸過程,シミュレーションにより再現【西】
Xクラスの太陽フレアが発生
衛星を使った量子鍵配送と量子テレポーテーションに成功【中】
「光子対」を検出,「クーパー対」と共通する仕組みと判明【ブラジル】

オウムアムア

太陽系外から飛来した恒星間天体を史上初観測,「オウムアムア」と命名【米】
榎戸輝揚ら,雷による放射性同位体の生成証明【日】

B

AI病理診断

AIによる病理診断テスト実施,病理医11人の診断成績を上回ると報告【米】
理研,同志社大,出来事の順序を記憶する仕組み発見,海馬にて圧縮表現【日】
抗C型肝炎ウイルス薬グレカプレビル/ピブレンタスビル配合錠承認【日】
Sangamo社,ハンター症候群の患者にヒトゲノム編集技術で生体内治療,世界初【米】
CRISPR治療の効果と安全性に遺伝的多様性が影響すると指摘【米】

C

任天堂スイッチ

IBM,クラウド量子コンピュータ「IBM Q」を発表【米】
任天堂「Nintendo Switch」発売9カ月で1000万台突破【日】
ディープマインド「AlphaGo」,世界一の棋士柯潔九段に3番全勝【米】
グーグル傘下のウェイモ,無人自動運転車の公道実験を開始【米】

faceID iPhoneX顔認証

顔認証システム「faceID」搭載の「iPhoneX」【米】
GoogleとCWIがSHA-1のハッシュ値衝突に成功と発表
無線暗号規格WPA2に深刻な脆弱性「KRACKs」
アップル,ARアプリケーション開発用API「ARKit」発表【米】

ワナクライ ワーム型ランサムウェア

大規模ランサムウェア「ワナクライ」150カ国以上に被害,ビットコインによる身代金要求

D

グーグル傘下のSidewalk Labs,トロント市の再開発でスマートシティ一計画発表【米加】
ファナック,製造現場向けIoTプラットフォーム「FIELDsystem」,コマツ+ドコモ+SAP+オプティム,建設現場向けIoTプラットフォーム「LANDLOG」【日】
体内埋込みマイクロチップ対応の乗車券検札システム導入【典】

E

内戦による環境悪化でコレラ流行【イエメン】
ビニール袋全面禁止【ケニア】
旱魃で620万人以上が食糧不足に【ソマリア】
ハリケーン「イルマ」カリブ海諸国に大被害
九州北部地方で観測記録を更新する大雨,2000人が避難生活【日】

ポスト・トゥルース

A

宗教改革500年記念行事でロボット牧師BlessU-2が祝福【独】
ノルウェー国教会,国と分離して独立法人に【諾】
トランプ大統領,宗教団体による特定選挙候補の支持・支援を「表現の自由」と認可【米】
テグマーク『Life3.0』【米】
松村圭一郎『うしろめたさの人類学』,國分功一郎『中動態の世界 意志と責任の考古学』,松井広志『模型のメディア論』,清水高志『実在への殺到』,松岡正剛『擬 MODOKI』,栗原康『死してなお踊れ:一遍上人伝』【日】

B

モリカケ問題 森友,加計学園「特別な便宜」

森友学園への国有地払下げ,加計学園への獣医学部新設認可で疑義発覚,首相の指示か,役人から首相への忖度か焦点に【日】
マンチェスター・アリーナにて,アリアナ・グランデ公演終了後に爆発テロ事件発生【英】
ユナイテッド航空,乗客を引き摺り下ろす不祥事【米】
座間9遺体事件,SNSで誘い出した自殺志願者殺害で逮捕【日】
宇佐美圭司《きずな》,東大学生食堂改修工事で廃棄される【日】

C

#MeToo

NYタイムズが映画プロデューサーによる性的暴行を実名告発【米】,同様の被害告発がSNSで相次ぎ「#MeToo」運動に
伊藤詩織『Black Box』【日】
神田桂一/菊池良『もし文豪たちがカップ焼きそばの作り方を書いたら』【日】
「#8月31日の夜に。」(T)【日】
メトロポリタン美術館,37万点超の収蔵作品をCC0で利用許可【米】

D

ColabとQiskit

グーグル,GPU搭載の機械学習プラットフォーム「Google Colaboratory」【米】
IBM,量子コンピュータ用のオープンソースフレームワーク「Qiskit」【米】
「ZOZOSUIT」自宅で計測オーダースーツ【日】
仮想子猫の売買ゲーム「Crypto Kitties」【加】,AI翻訳「DeepL」【独】,「papago」【韓】,ライブ配信「Pococha」【日】

VRChat ソーシャルVRプラットフォーム

「VRChat」,Steamで販売開始【米】
G7首脳宣言,過激派のコンテンツ取締強化を企業に要請

E

15歳 藤井聡太

サンダース監[ゴースト・イン・ザ・シェル]【英】
BTS(防弾少年団),ビルボードミュージックアワード受賞【韓米】
ウイスキー「響21年」,世界的競技会で全部門最高賞【日英】
安室奈美恵,引退発表【日】
フェデラー,ウィンブルドン歴代単独最多8回目の優勝【瑞】

メッシとロナウド

メッシとC・ロナウドが10年間FIFAバロンドールを分け続ける
稀勢の里,日本人として1998年以来の横綱昇進【日】
プロ将棋棋士藤井聡太4段,歴代トップとなる29連勝達成【日】
羽生善治,史上初の永世7冠を達成【日】
高校ダンス選手権から登美丘高校の「バブリーダンス」に脚光【日】

インスタ映え

SNS投稿写真への演出「インスタ映え」【日】
「ハンドスピナー」ヒット

混交と消滅

A

「川久保玲/コムデギャルソンのアート of the In-Between」展【米】,「スティーブン・ショア」展,「アビーコレクション竹工芸」展【米】
「岡﨑乾二郎の認識—抽象の力」展【日】
J・デラー作[地球への伝達は,あなた自身を明らかにする]【英】,B・ハリーリ作[テンペスト・ソサエティ]【仏】,H・シュタイエル作[HellYeahWeFuckDie]【独】A・イムホフ作[ファウスト]【独】,藤井光作[日本人を演じる],四代田辺竹雲斎(竹工)[The Gate]【日】

ルーヴル・アブダビ

ヌーヴェル設計[ルーヴル・アブダビ]【UAE】,平田晃久設計[太田市美術館・図書館],杉本博司設計[江之浦測候所]【日】

絵画最高額更新 ダ・ヴィンチ「サルバトール・ムンディ」4億5000万ドル
▶2004 ▶2010 ▶2012 ▶2013 ▶2015

B

ソーンダーズ『リンカーンとさまよえる霊魂たち』,ストラウト『私の名前はルーシー・バートン』,J・イーガン『マンハッタン・ビーチ』【米】

ケン・リュウ 中国系アメリカ人『紙の動物園』

ケン・リュウ『紙の動物園』【米】,若竹千佐子『おらおらでひとりいぐも』,今村夏子『星の子』,小川哲『ゲームの王国』【日】

C

ヴィルヌーヴ

マクドナー監[スリー・ビルボード]【英】,アキン監[女は二度決断する]【独】,ワイズマン監[ニューヨーク公共図書館]【米】,ヴィルヌーヴ監[ブレードランナー2049]【加】,ドゥエイリ監[判決,ふたつの希望]【レバノン】,C・フン監[タクシー運転手]【韓】

NY公共図書館

D

Arca エクスペリメンタルポップ

[Arca],[MuraMasa]【英】,Errorsmith[Superlative Fatigue]【独】,[Témé Tan]【白】,Z・ヴィルア[LittleWorld],キング・ガーベージ[Make it Sweat],サンダーキャット[Drank],K・ローゼンウィンケル[Caipi],M・ミッチェル[a pouting grimace],ジェイリン[Black Origami]【米】,H・タワジ[30]【レバノン】Suchimos[TheKids],Punpee[Modern times]【日】
坂田直樹[組み合わされた風景]【日】
S・ストーン演出[イェルマ]【英】,ジル・ジョバン[VR_I]【ブラジル】,ベッド&メイキングス[あたらしいエクスプロージョン],岡崎藝術座[バルパライソの長い坂をくだる話],第1回未来座[賽 SAI]【日】
安田登『能』【日】

E

けものフレンズ メイドインアビス

A:[けものフレンズ],[サクラクエスト],[月がきれい],[メイドインアビス],[終物語]【日】
G:PC[PLAYERUNKNOWN'S BATTLEGROUNDS]【韓】[ゼルダの伝説 ブレス オブ ザ ワイルド],[NieR:Automata]【日】
C:T・ウォルデン[スピン],E・フェリス[私が大好きなものはモンスター]【米】,A・ハヌカ[ザ・リアリスト]【イスラエル】,K・J・グムスク[草]【韓】
稲垣理一[Dr.STONE],能條純一[昭和天皇物語],小山健[生理ちゃん],鶴谷香央理[メタモルフォーゼの縁側],渡辺ペコ[1122],モクタン・アンジェロ[レオノーラの猛獣刑],ヤマシタトモコ[違国日記],阿部共実[月曜日の友達],ユペチカ[サトコとナダ],三原和人[はじめアルゴリズム]【日】

近畿大学 マンガ・新書・文庫4万冊の知の劇場 アカデミックシアター

近畿大学にアカデミックシアターオープン,マンガと活字本の図書館DONDEN開館【日】

ヒトラーは今のサルより良い大統領になれたんだ。人工知能「Tay」

Spotify有料会員7100万人

1999 2005 2011 世界人口75億人 2022

独バイエルが米モンサントを買収し
アグロバイオ企業はビック6からビック4へ。
ターミネーター・テクノロジーは世界の胃袋を征服するか。

禁忌は破られ、
中国でデザイナーベビーが産声を上げる。

シリル・ラマポーザ【南ア】
セバスティアン・ピニェラ【チリ】
ジュゼッペ・コンテ【伊】
ペドロ・サンチェス【西】
イバン・ドゥケ【コロンビア】
スコット・モリソン【豪】
マリヤン・シャレツ【スロベニア】
アンドレス・マヌエル・ロペス・オブラドール【墨】

2018

平成30

米中対立

1 17 南北朝鮮,平昌五輪での会式合同入場行進・一部競技の南北合同チーム結成を合意

2 23 国連制裁を逃れて燃料を密輸する北朝鮮に対し,独自の制裁を発表【米】

3

国家主席任期撤廃

11 全人代,習近平の指導思想明記と国家主席の任期撤廃を柱とする憲法改正を実施【中】

15 2016年の大統領選挙におけるサイバー攻撃に対しロシアに制裁【米】

18 大統領選でプーチン4選圧勝,24年までの見通し【露】

19 EU離脱交渉,2020年末までの移行期間を定め合意【英EU】

23 鉄鋼25%・アルミ10%の関税設定,輸入を制限【米】

26 金正恩党委員長と習近平国家主席,初の首脳会談【朝中】

関税合戦 米中貿易摩擦

4 02 米国製品128品目に最大25%の関税上乗せを発動【中】

13 シリアが化学兵器を使用と断定,報復として関連施設を爆撃【米英仏】

17 連邦通信委員会,安保上懸念のある外国企業から機器調達禁止へ【米】

20 核実験とICBM発射中止,核実験場廃止の方針を表明【朝】

27 南北首脳会談,半島の非核化と朝鮮戦争の年内終戦を目指すと合意【韓朝】

5 08 トランプ大統領,2015年のイラン核合意からの離脱を表明【米】

エルサレム移転 米大使館

14 在イスラエル米大使館,テルアビブからエルサレムに移転【米】

6 01 ポピュリズム政党「五つ星運動」と右派「同盟」の連立発足【伊】

12 米朝首脳会談,トランプ大統領と金正恩委員長が共同声明,非核化等の言及なし

13 退役軍人による大規模デモ,四川省徳陽を皮切りに全国へ【中】

19 国連人権理事会からの離脱を表明【米】

米朝首脳会談

7 06 340億ドル相当の中国製品に25%の追加関税【米】

8 31 国連パレスチナ難民救済事業機関(UNRWA)への資金拠出停止を発表【米】

9 19 平壌共同宣言合意書に署名【韓朝】

10 02 反体制派記者ジャマル・カショギ,在トルコのサウジアラビア総領事館内で殺害される

04 ペンス副大統領,対中政策演説で中国非難,台湾問題に言及【米】

20 ロシアとの中距離核戦力(INF)全廃条約からの離脱を表明【米】

28 極右のボルソナロ大統領当選【ブラジル】

30 元徴用工訴訟で新日鉄住金に賠償命令確定【韓】

11 05 対イラン経済制裁を再開【米】

黄色いベスト運動

24「黄色いベスト」燃料増税への抗議運動が拡大,全国で約11万人参加【仏】

25 EU,英国の離脱協定案を正式決定

12 01 米中首脳会談,米国が年明けに予定していた関税引上げを90日間凍結

ファーウェイ標的

01 中国通信大手ファーウェイCFOの孟晩舟を逮捕,米は引渡し求める【加】

08 外国人労働者受け入れを拡大する改正入管法が成立【日】

26 国際捕鯨取締条約からの脱退を通告【日】

2001〜テロとの戦い累計死者数 50万人

データ経済の攻防

A 画素サイズ0.8μmのスマートフォン向け積層型CMOSイメージセンサー(ソニー)【日】

ディープラーニング専用AIプロセッサー(東芝メモリ)【日】

B ASEAN域内関税がゼロに

トランプ大統領,ブロードコムのクアルコム買収に禁止命令【米星】

GDPR IPアドレス,Cookieも含む個人データ保護

プライバシー規制「EU一般データ保護規則(GDPR)発効【EU】

カリフォルニア州プライバシー保護法成立【米】

大型台風で関空冠水,孤立化【日】

豊洲市場開場,築地に幕【日】

政府,安全保障リスク懸念でファーウェイ,ZTE製品調達排除【日】

国境の壁予算攻防で上下両院,連邦政府予算を承認せず政府閉鎖【米】

TPP発効

署名11カ国中6カ国の国内手続きが完了したことによりTPP発効

国営石油会社の混乱,米経済制裁で外貨不足・物資欠乏,170万%のインフレに【ベネズエラ】

自動運転車による歩行者接触死亡事故【米】

自動運転車配送実証「ロボネコヤマト」【日】

メルセデス・ベンツ,「CASE(通信・自動 共有・電気化)」の方向性を提示【独】

ソフトバンクとトヨタ,モビリティ新会社MONETを設立【日】

「サービスとしてのモビリティ(MaaS)」が浸透

CASEとMaaS

C トヨタ, 電動自動運転車「e-Palette」公表【日】

NEM流出

コインチェック,仮想通貨「NEM」流出,マネックス傘下入り【日】

セブンイレブン2万店舗突破【日】

Spotify,NY市場に上場【典米】

フェイスブック,友達の投稿を優先するアルゴリズムに変更【米】

ザッカーバーグ,データ取扱問題で議会証言【米】

AT&T,タイム・ワーナーを買収【米】

モンサント買収

バイエル,約630億ドルでのモンサント買収を完了【独米】

ギター大手ギブソン破綻【米】

英当局,個人情報流出でフェイスブックに罰金【英】

独禁法違反でグーグルに制裁金【EU】

東京地検特捜部,金融商品取引法違反容疑で日産ゴーン会長逮捕,臨時取締役会は同会長解任【日】

ソフトバンク親子上場【日】

メルカリ上場【日】

ゴーン逮捕

D スルガ銀行,かぼちゃの馬車不正融資【日】

日銀,政策金利の「フォワードガイダンス」導入【日】

金融支援プログラムを脱却【希】

日銀総資産が戦後初のGDP超え【日】

ポズナー/ワイル『ラディカル・マーケット』,グレーバー『ブルシット・ジョブ』【米】

E 米シェールガス由来のLNG初輸入【日】

北海道大規模停電

胆振地震で北海道内全域で大規模な電力供給が止まる「ブラックアウト」発生【日】

国際会議「水素閣僚会議」初開催【日】

3Dプリンタ材料の市場規模 1813億円

ドローン出荷数 400万機

ふるさと納税 5127億円
2008
2014
2015
2023

民間企業給与平均 440万円
1997
2009

訪日外国人 3千万人突破
2013
2015
2021
2023

2018

Human3.0

はやぶさ2 リュウグウ到着

A
宇宙年齢6億9000万年時のクエーサーからの光を観測【米】
電波望遠鏡EDGESを使って宇宙最初の星の痕跡発見【米】

魔法角 グラフェンシート超伝導体発現
2枚のグラフェンをマジックアングル(魔法角)で回転し積層すると超伝導体になると判明【米】
銀河系の中心にブラックホールを含んだ連星の存在が判明【米】
NASAの新宇宙望遠鏡TESS,系外惑星の発見が目的【米】
小惑星探査機「はやぶさ2」が小惑星リュウグウに到着【日】
40億光年先のクエーサーと地球の間に「消えたバリオン(WHIM)」を発見【伊】
火星に地底湖の存在証拠【伊】
銀河系の中心にある巨大ブラックホールで重力赤方偏移を観測【独】
CERN,反水素のライマンα遷移観測を報告
探査機「ジュノー」,木星の磁場マップ作成,他の惑星と異なる特性が判明【米】
宇宙空間でボース・アインシュタイン凝縮体を初めて生成【独】

キログラム定義
キログラムの定義,国際キログラム原器からプランク定数を基準に変更
探査機「オシリス・レックス」,小惑星ベンヌの土壌の鉱物に水の成分確認【米】
大型低温重力波望遠鏡(KAGRA)稼働【日】

デザイナーベビー生誕

B
iPS細胞研究所,2017年の論文に不正があったことを発表【日】

光遺伝学法
理研,光変換を起こすナノ粒子による,新しい非侵略的光遺伝学法を開発【日】
FDA,眼底画像から糖尿病性網膜症を検出するAI診断システムを承認【米】
南方科技大学の賀建奎,ゲノム編集技術をヒトの受精卵に使い双子を出産と発表【中】

C
オークリッジ研「Summit」HPCランク1位,中国勢から首位奪還【米】
「Nuro」公道で完全自動運転による食料品配達を開始【米】
公安局がサングラス型スマートグラス導入,雑踏で容疑者7人特定【中】
新型「aibo」発売(ソニー),家族型ロボット「LOVOT」発表(GROOVE X)【日】
科学技術情報通信部「ブロックチェーン技術発展戦略」発表【韓】
CPUの脆弱性「Spectre」「Meltdown」の発見公開【米】

D
北斗 衛星測位システム稼働基数世界一
中国版GPS「北斗」全世界運用開始,誤差10m以内【中】
5G商用ネットワーク活用開始【韓】
北欧20都市で「ノルディックスマートシティーネットワーク」設立
決済機能付きレジカート国内初導入【日】
ITU「Network2030」イニシアティブ,ポスト5Gは「ホログラムと触覚」と予見

E
種子法廃止
農水省が主要農作物種子法の「廃止」法案を国会提出し可決,育種素材の民間払下げに危惧の声【日】
スラウェシ島地震,世界でも類のない液状化現象で被害甚大【尼】

ポスト・トゥルース

ファクトフルネス

A
世界的伝道師ビリー・グラハム死去【米】
興福寺中金堂301年ぶりに再建【日】
「長崎と天草地方の潜伏キリシタン関連遺産」登録【日】
ロスリング『FACTFULNESS』【瑞】,V・C=リード『サピエンス異変』【英】,D・コーエン『ホモ・デジタリスの時代』【仏】,D・ライク『交雑する人類』,B・リース『人類の歴史とAIの未来』【米】

落合陽一 デジタルネイチャー
落合陽一『デジタルネイチャー』,新井紀子『AI vs. 教科書が読めない子どもたち』【日】

B
ヘンリー王子と米女優メーガン・マークルが結婚【英】
人気女優范冰冰に脱税容疑,約8億8千万元(約146億円)の支払命令【中】
中央官庁の8割で障害者雇用水増し判明,計3460人【日】
働き方改革関連法案成立【日】
スーパーボランティアの尾畠春夫さん,活躍話題【日】
レスリング,体操でのコーチから選手へのパワハラ,ボクシング山根明前会長「奈良判定」,日大アメフト部内田監督「危険タックル問題」など,スポーツ不祥事相次ぐ【日】

C
『TIME』×JR [GUNS IN AMERICA](W)【米仏】
「漫画村」など海賊版配信サイトへのブロッキング実施,著作権とブロッキングそれぞれに議論【日】

君たちはどう生きるか
『漫画 君たちはどう生きるか』80年前の名作が漫画化でベストセラーに【日】
リアリティー番組「ラブ・アイランド」出演者がインターネット上の誹謗中傷を苦に自死【英】
「ニュース女子」(T),人権侵害の放送倫理違反勧告で終了【日】
「ディズニー」ネット配信スタート【米】

D
Facebook,個人情報流出問題発生,公聴会で釈明へ【米】

ペイペイ 100億円キャンペーン
ヤフーとソフトバンクの合弁会社PayPay(ペイペイ),印Paytmとの連携でスマホ決済【日】

輝夜月VRライブ
VRプラットフォーム「cluster」でVTuber輝夜月がVR音楽ライブ,世界初【日】
VRコミュニケーション「バーチャルキャスト」【日】
ドワンゴ,3Dアバター向け汎用規格「VRM」発表【日】
NintendoSwitch用コミック配信「InkyPen」【諾】

大坂なおみ

E
スピルバーグ監[レディ・プレイヤー1]【米】
DA PUMP[U.S.A.],米津玄師[Lemon],Foorin[パプリカ]【日】
大坂なおみ,全米オープン決勝戦で優勝,日本人初【米】

大谷翔平
大谷翔平,二刀流,大リーグのロサンゼルス・エンゼルスへ移籍【米】
平昌冬季五輪,髙木美帆(スケート)金銀銅,小平奈緒と李相花の金銀友情【韓】

混交と消滅

A
第11回台北ビエンナーレ「ポスト・ネイチャー‐生態系としての博物館」【台】
「すべてはつながっている:アートと陰謀」展【米】,「カタストロフと美術のちから」展【日】
「ス・ドホ:Almost Home」展【韓/米】
小崎哲哉『現代アートとは何か』【日】
千住博画[高野山金剛峯寺襖絵],岩根愛p『KIPUKA』,長嶋りかこ作[産び(むすび)],橋本千毅(漆工)[鸚鵡],池田晃将(漆工)[仮想空間図中次]【日】

APESHIT MV @ルーヴル
ビヨンセ&ジェイ・Z[APESHIT],全編ルーヴル美術館でMV撮影【米/仏】
ObviousがAIで制作した肖像画,43万ドルで落札【仏米】

B
パワーズ『オーバーストーリー』,D・ジョンソン『海の乙女の惜しみなさ』,ラヒリ『わたしのいるところ』【米】,キム・エラン『外は夏』【韓】,呉明益『自転車泥棒』【台】
奥泉光『雪の階』,高橋源一郎『今夜はひとりぼっちかい?』,橋本治『草薙の剣』,いとうせいこう『小説禁止令に賛同する』【日】

C
ROMA アルフォンソ・キュアロン Netflix制作
[テリー・ギリアムのドン・キホーテ]【英】,ゴダール監[イメージの本]【仏】,ロルヴァケル監[幸福なラザロ]【伊】,ランティモス監[女王陛下のお気に入り]【希】,B・シンガー監[ボヘミアン・ラプソディ],ファレリー監[グリーンブック]【米】,キュアロン監[ROMA/ローマ]【墨】,P・ジャクソン監[彼らは生きていた]【NZ】,フー・ボー監[象は静かに座っている],ビー・ガン監[ロングデイズ・ジャーニー]【中】,キム・ボラ監[はちどり]【韓】,マルホウル監[異端の鳥]【チェコ】

ボヘミアン・ラプソディ カメラを止めるな!

万引き家族
是枝裕和監[万引き家族],瀬々敬久監[菊とギロチン],三宅唱監[君の鳥はうたえる],濱口竜介監[寝ても覚めても],佐向大監[教誨師],上田慎一郎監[カメラを止めるな!],原一男監[ニッポン国VS泉南石綿村]【日】

D
アークティック・モンキーズ[Tranquility Base Hotel and Casino]【英】,DJ Koze[Knock Knock]【独】,D・バーン[American Utopia],A・キジョー[Remain in Light],ミツキ[Be the cowboy],K・ワシントン[Heaven and earth],E・スポルディング[12 little Spells]【米】,J・マフレニ&G・グリットネス[Batanidzo]【ジンバブエ】
民謡クルセイダーズ[ECHOES OF JAPAN],折坂悠太[平成],釈迦坊主[HEISEI],Shinichi Atobe[Heat]【日】
日本音コン作曲部門,譜面審査問題【日】
網守将平[Attack on Listening]【日】
S・メンデス演出[リーマン・トリロジー]【英】,T・オスターマイアー演出[暴力の歴史]【独】,ヘーマムーン原作/岡田利規脚本演出[プラータナー:憑依のポートレート]【タイ/日】

平成同人物語 HEISEI

E
A:[ヴァイオレット・エヴァーガーデン],[ツルネ]【日】
G:PS4[モンスターハンター:ワールド]【日】,PS4[Detroit]【仏】

サブリナ ブッカー賞ノミネート
C: ニック・ドルナソ[サブリナ]【加】
よりもい[宇宙よりも遠い場所],石黒正数[天国大魔境],島田虎之介[ロボ・サピエンス前史],望月ミネタロウ[犬ヶ島]【日】
[平成同人物語],170名の平成アンソロジー【日】

世界アート市場売上総額 674億ドル
▶2007 ▶2008 ▶2009 ▶2010 ▶2011 ▶2014

ルーヴル美術館年間入場者 1000万人突破

AppleMusic有料会員 4000万人

国家は支援しなくてはならない。締め付けてはならない。この精神ではフェンスにならず、庭師でないとならない。
アンゲラ・メルケル

1990 1991 1992 1993 1994 1995 1996 1997 1998 1999 2000 2001 2002 2003 2004 2005 2006 2007 2008 2009 2010 2011 2012 2013 2014 2015 2016 2017 2018 2019 2020 2021 2022

ノートルダム大聖堂と首里城の焼失。京アニ放火。豪、大規模森林火災。10機のドローンが襲撃し、サウジ石油施設は大炎上。

グレタとマララ、若年の女性活動家が投げかけるQ。

2019
平成31-令和1

ジャイール・ボルソナーロ【ブラジル】
アルトゥルス・クリシュヤーニス・カリンシュ【ラトビア】
ブリギッテ・ビアライン【墺】★
ズザナ・チャプトヴァー【スロバキア】★
メッテ・フレデリクセン【丁】★
キリアコス・ミツォタキス【希】
ギタナス・ナウセダ【リトアニア】
ボリス・ジョンソン【英】
ソフィー・ウィルメス【白】★
アルベルト・フェルナンデス【アルゼンチン】

世界の難民 2040万人
2010 / 2015 / 2021

ベネズエラ難民 370万人

米中対立

1 03 韓国大法院,韓国国内にある新日鉄住金の資産差し押さえを認める決定【日韓】
2 15 トランプ大統領,メキシコ国境の壁建設費用確保のため国家非常事態を宣言【米】
3 24 司法省,2016年大統領選へのロシア介入疑惑は証拠不十分と結論【米】
25 トランプ大統領,ゴラン高原におけるイスラエルの主権を正式承認【米】

令和

4 01 新元号「令和」公表【日】
19 日米安全保障協議委員会,対日防衛義務はサイバー攻撃にも適用されうることを確認【日米】
5 01 皇太子徳仁親王,第126代天皇に即位【日】
02 イラン産原油の全面禁輸を発表【米】
16 米商務省,ファーウェイ向けの米国製品輸出を事実上禁じる規制を発効
26 欧州議会選挙で極右・ポピュリズム政党などEU懐疑派が議席数の約3割を獲得
6 09 香港で逃亡犯条例改正に反対する大規模デモ,103万人参加【中】
13 オマーン沖で日本関連船舶等タンカー2隻が爆発,米国はイラン関与を主張

逃亡犯条例反対デモ

7 04 フッ化水素など3品目の対韓輸出管理規制を強化【日】
08 IAEA,イランのウラン濃縮度が核合意の上限を超えたことを確認
24 ボリス・ジョンソンが首相就任,EU離脱強硬派【英】
8 02 中距離核戦力(INF)全廃条約が失効【米露】
22 韓国政府,GSOMIAの破棄を発表【韓日】
9 01 米中貿易摩擦,制裁・報復関税第4弾を同時に発動
04 香港行政長官,逃亡犯条例改正案を正式撤回【中】
14 サウジの石油関連施設に無人機攻撃,親イラン武装組織フーシ派が犯行声明【イエメン】
18 サウジ石油関連施設の攻撃に関与しているとしてイランへの制裁拡大【米】
24 下院,ウクライナ疑惑に関するトランプ大統領の弾劾調査開始を発表【米】

10 05 覆面禁止法施行,デモ・抗議行動参加者が顔を隠すことを禁じる【中】

ISIL指導者死亡

26 ISIL指導者アブバクル・バグダーディ,米軍特殊部隊による軍事作戦で死亡【シリア】
29 アブドルマハディ首相,反政府デモの激化を受け辞任表明【イラク】
30 APEC首脳会議・COP25の開催断念を発表,反政府デモが要因【チリ】
11 04 習近平国家主席,林鄭月娥香港行政長官に暴力と混乱の制止を要求【中】

RCEP印不参加表明

04 東アジア地域包括的経済連携(RCEP)協議に不参加を表明【印】
05 中部フォルドゥの地下施設でのウラン濃縮再開を発表【イラン】
18 ポンペオ国務長官,ヨルダン川西岸へのユダヤ人入植を容認する発表【米】
18 香港高裁,覆面禁止令に違憲判決【香】
18 香港警察,デモ隊拠点の大学に突入,逮捕者400人超【中】
22 韓国政府GSOMIAの破棄を撤回
12 12 下院総選挙,2020年1月末のEU離脱を掲げる与党・保守党が圧勝【英】
13 貿易協議「第1段階」で原則合意,追加関税発動を見送り【米中】
18 下院,トランプ大統領の弾劾訴追決議案を可決【米】
20 下院,EU離脱協定法案を可決【英】

データ経済の攻防

A 横国大吉川信行ら,集積回路の消費電力が1000分の1以下になる超伝導チップ開発【日】
NTT,海中で無線通信速度が100倍になる新技術開発【日】

B 厚労省「毎月勤労統計」15年にわたる不正調査発覚【日】
日EU経済連携協定発効
31年ぶりに商業捕鯨再開【日】

老後資金2千万円

金融庁金融審査会が老後資金に2000万円必要と報告【日】
司法省,「GAFA」4社を独禁法違反で調査【米】
米CEO団体,株主至上主義見直し【米】
消費税率10%に,軽減税率導入と電子決済ポイント還元開始【日】
日米貿易協定署名
公取委,デジタル・プラットフォーマーの取引慣行調査【日】
コンビニ業界24時間営業見直し【日】
トヨタ労組,一律ベア見直し提案【日】

日EU経済連携協定発効 日米貿易協定署名

C 武田,アイルランド製薬大手シャイアー買収完了,売上高で世界トップ10入り【日愛】
トヨタ,新会社「KINTO」設立,乗用車サブスクリプション【日】
ホンダ,英国工場閉鎖を発表【日】

鉄鋼再編

新日鉄住金,「日本製鉄」に社名変更,69年ぶりの旧名復活【日】
鉄鋼大手の宝武鋼と馬鋼が経営統合【中】
出光と昭和シェルが経営統合【日】
トヨタとスズキが資本提携【日】
Zホールディングス(ヤフー)とLINE,経営統合を発表【日】
ディズニー,21世紀フォックス買収【米】
グーグル,ファーウェイ端末へのサービス提供を一時停止【米中】
厚労省,「内定辞退率」予測データ販売のリクルートキャリアに行政指導【E】
ズーム上場【米】
「WeWork」ウィーカンパニー上場延期,ソフトバンクが救済【米日】
行政文書入りHDD不正転売事件【日】
サウジアラムコ上場,時価総額約1兆8770億ドル(約200兆円)【サウジ】
ユニコーン企業上場,Uber,Lyft,Slack,Pinterest【米】

D キャッシュレス決済サービス台頭,各社還元競争も【日】
三菱地所,日本最長となる50年社債起債【日】

リブラ フェイスブック仮想通貨

フェイスブック「Libra(リブラ)」発表,発行は当局の承認待ち【米】
現代貨幣理論(MMT)論争【米日】
G7,G20,「Libra」などステーブルコインに対し厳格な規制導入で合意
シラー『ナラティブ・エコノミクス』【米】

日本キャッシュレス元年 ペイペイ、LINEペイ、メルペイ、d払い、auペイ

E 政府,「カーボンリサイクル」を提唱【日】
単月ベースで70年ぶりの石油純輸出国に【米】
卒FIT再エネ電気買取競争【日】
東京電力福島第一原発事故,業務上過失致死傷罪で強制起訴された旧経営陣に無罪判決【日】
中国電力とJFEスチール,石炭火力発電所の開発中止【日】

消費税 10%

外国人労働者 160万人超
2009 / 2016 / 2023

中国、国際特許出願件数 世界一

米 70年ぶり石油純輸出国に

2019

Human3.0

A

小惑星探査機「はやぶさ2」,小惑星リュウグウに着陸【日】
「明月記」と江戸時代の天文台跡が初めての日本天文遺産に認定
東大,早大など,宇宙観測史上最古の可能性がある銀河を発見【日】

嫦娥4号 月の裏側に初着陸

中国の月探査機「嫦娥4号」,月の裏側への軟着陸成功【中】
EHT,ブラックホールの撮影に成功,史上初
火星探査機「インサイト」,地震計「SEIS」で震動を初観測【米】
量子ゆらぎ効果で,真空隔離下でもフォノンによる熱伝達可能と実証【米】
ベスコボ「リミティング・ファクター」でマリアナ海溝水深1万927mに到達,最深潜水記録【米】

ブラックホール撮影

B

厚労省,出生しない範囲で受精卵のゲノム編集基礎研究を容認する指針発表【日】
阪大,iPS細胞由来の角膜移植手術に成功【日】

ゲノム編集食品

厚労省,「ゲノム編集」技術で開発した食品の販売に向けた届け出制度開始【日】
ゲノム編集で人間を誕生させた賀建奎に懲役3年の実刑判決【中】
エボラウイルスに対するモノクローナル抗体薬,感染初期の9割回復の治験結果【米】
嚢胞性線維症の治療薬の開発,遺伝病への薬剤治療の可能性が報告【米】
CAR-T細胞療法「キムリア」上陸,約3349万円の高額薬価に【日】
米ソーク研ベルモンテ,中国でヒトES細胞を注入したサル胚の培養実験
武漢市当局,原因不明の肺炎に27人が罹患,うち7人が重体と発表【中】
シンクレア『LIFESPAN』【米】

C

ディープラーニング・プロセッサ「Hailo-8」【イスラエル】
富士通「A64FX」プロセッサ,HPC「富岳」向け【日】
グーグル,「Sycamore」量子超越性達成と発表,IBM異論提示【米】
マイクロソフト「HoloLens2」スマートグラス【米】
DJI「RoboMaster S1」地上走行ロボット【中】
折りたたみスマートフォン「Razr」【米】,「Galaxy Fold」【韓】

量子超越性

D

5Gネットワーク

米,韓,伊などで5G導入進む
首都ブリュッセルで5Gの実験と導入を禁止,健康被害を懸念【白】
楽天モバイルが国内第4の携帯電話事業者として新規参入【日】
通信各社,「使い放題」プラン【日】

E

パリ協定離脱

パリ協定からの離脱を国連に正式通告【米】
ロンドンで地球温暖化対策を求める学生デモ,約2万人が参加【英】
グレタ・トゥンベリ,国連「気候行動サミット」で演説
サイクロン「イダイ」モザンビーク上陸,ジンバブエ,マラウィにも甚大な被害
例年比で平均気温最大10度上昇,統計史上最も暑い6月【EU】
台風15号,19号,首都圏から東北にかけて被害甚大【日】

グレタさん国連演説

ポスト・トゥルース

A

高台寺,アンドロイド観音「マインダー」【日】
ケンディ『How To Be An Antiracist』【米】
荒木優太『在野研究ビギナーズ』,中沢新一『レンマ学』,石田英敬/東浩紀『新記号論』,伊藤亜紗『記憶する体』,郡司ペギオ幸夫『天然知能』【日】

B

中村医師銃撃

NGOペシャワール会の中村哲医師,武装集団による銃撃をうけ死去【アフガニスタン】
ノートルダム大聖堂大規模火災,尖塔や屋根が崩落【仏】
首里城で火災,正殿など計8棟が焼損【日】
東池袋自動車暴走死傷事故,高齢者の免許返納が議論に【日】

ノートルダム焼失 首里城火災

京アニ放火事件

京都アニメーション放火殺人事件,スタジオは全焼,70人死傷【日】
働き方改革関連法一部施行【日】
野田小4女児虐待事件,改正児童虐待防止法及び改正児童福祉法が施行【日】
熊本地裁,ハンセン病家族への賠償を国に命じる,国は控訴せず【日】

C

アップル,個人情報保護のためグーグル・フェイスブックの一部サービスを遮断【米】
記者排除を求める官房長官の申入れに新聞労連が抗議声明【日】
「逃亡犯条例」改正提案に香港の記者団体が懸念表明【中】
ファクトチェック「Tsek.ph」(W)【比】
調査報道支援の「スローニュース」設立【日】
東京新聞×保坂俊彦 サンドアート「海の声新聞」【日】
ブレイディみかこ『ぼくはイエローでホワイトで、ちょっとブルー』【日】
「サザエさん」アニメ放送50周年【日】

D

ASMR Autonomous Sensory Meridian Response

咀嚼音などで聴覚を刺激する動画がYouTubeで流行
グーグル,登録制クラウドゲームサービス「Stadia」【米】
フェイスブック,数億ユーザーのパスワードを平文で保存していたことが発覚【米】
「VRMコンソーシアム」設立,3Dモデルの仕様権利等の標準化をめざす【日】
広告SNS「popple」「Follop」【日】

E

[アベンジャーズ/エンドゲーム]【米】
武正晴監[全裸監督],新海誠監[天気の子]【日】

ビリー・アイリッシュ

B.アイリッシュ[bad guy],ゼロ年代初のビルボードチャート1位【米】
Official髭男dism[Pretender]【日】

井上尚弥 WBSS優勝

井上尚弥,WBSSバンタム級決勝でN・ドネアに勝利【日】
ラグビーW杯日本大会,日本代表初のベスト8,「One Team」が流行語に【日】
米大リーグ・マリナーズのイチロー,引退表明【米】
八村塁,NBAドラフト1巡目でウィザーズから指名【米日】

ウーバーイーツ

オンラインフードデリバリー「ウーバーイーツ」流行【日】
「タピオカ」「ハンディーファン」ヒット【日】

ラグビーW杯日本ベスト8

混交と消滅

A

表現の不自由展その後

あいちトリエンナーレ2019,「表現の不自由展・その後」展,抗議殺到で一時中止,閉幕前に再開【日】,大英博物館「マンガ展」【英】,「バウハウス・イマジニスタ展」【独】世界巡回,MET「源氏物語」展【NY】
R・L=ヘメル「Atmospheric Memory」【英】,「ミナ ペルホネン/皆川明 つづく」展,吉田ユニ「Dinalog」展,高見澤峻介「Screening Organon」展【日】
K・ジョセフ作[BLKNWS]【米】,F・バロンp『Works 1983-2019』【仏】,J・ホークスワースp『Preston Bus Station』【英】
ヌーヴェル設計[カタール国立博物館]【カタール】,[Ycone]【仏】
藤本壮介設計[L'Arbre Blanc]【仏】,隈研吾設計[オドゥンパザル近代美術館]【土】,[国立競技場]【日】

B

T・チャン『息吹』【米】
村田沙耶香『生命式』『変半身』,千葉雅也『デッドライン』,松浦寿輝『人外』,阿部和重『オーガ(ニ)ズム』,大島真寿美『渦』,川越宗一『熱源』,古谷田奈月『神前酔狂宴』【日】

C

ジョーカー

メンデス監[1917],アルカティーブ&ワッツ監[娘は戦場で生まれた]【英シリア】,シアマ監[燃ゆる女の肖像]【仏】,ダルデンヌ監[その手に触れるまで]【白】,アンダーソン監[ホモ・サピエンスの涙]【瑞】,フィリップス監[ジョーカー]【米】,T・ワイティティ監[ジョジョ・ラビット]【NZ】,P・ジュノ監[パラサイト 半地下の家族]【韓】【中】
荒井晴彦監[火口のふたり],白石和彌監[凪待ち],[ひとよ],森達也監[i-新聞記者ドキュメント],小田香監[セノーテ]【日】

パラサイト

D

フローティング・ポインツ[Crush],L・カネル[The Sky Untuned]【英】,C・バルビエリ[Ecstatic Computation]【独】,DJ ニガ・フォックス[Cartas Na Manga]【葡】

ボディ・ポジティブ Lizzo

リゾ[Cuz I love you],ラプソディ[Eve],H・ネグロ[This Is How You Smile],ムーア・マザー[Analog Fluids of Sonic Black Holes],H・ハーンダン[Proto],ヤッタ[Wahala],S・マレー[Before you begin],【米】,ソート[Parallel Persia]【イラン】

舐達麻 prod.GREEN ASSASSIN DOLLAR

舐達麻[GODBREATH BUDDHACESS],kiki vivi lily[vivid],王舟[Big Fish],ウール&ザ・パンツ[Wool in the pool],KODAMA & the Dub Station Band[かすかなきぼう]【日】
P・R・リンドナー[Entelequias]【アルゼンチン】
Q『バッコスの信女-ホルスタインの雌』【日】

E

A:[ケムリクサ],[鬼滅の刃]
G:[Control]【芬】,[Apex Legends]【米】,PS4「Death Stranding」【日】
C:マイア・コバベ[ジェンダー・クイアー]【米】
台北に漫画産業支援拠点「台湾漫画基地」設立【台】
藤本タツキ[チェンソーマン],和山やま[夢中さ、きみに],高浜寛[愛人ラマン],遠藤達哉[SPY×FAMILY],藤子・F・不二雄『ドラえもん0巻』【日】
赤坂憲雄『ナウシカ考』,虎硬『ネット絵史』【日】

鬼滅の刃

全世界のネット普及率 1996 2002 2007 2011 2015 51.41%

交通系電子マネー1日最高利用件数 2008 2015 2022 900万件

アヴェンジャーズ/エンドゲーム 世界歴代興行収入更新 1997 2009 27.97億ドル

コミックマーケット97 来場者 75万人

知識は武装し、統制する。知恵は武装解除し、降参する。
ティム・インゴルド『人類学とは何か』

全国の暴力団勢力が3万人を割る

2009 ネット広告費2兆円 テレビ広告を上回る

電子出版市場3000億円突破

出版市場前年比0.2%増 成長は23年ぶり

1990 1991 1992 1993 1994 1995 1996 1997 1998 1999 2000 2001 2002 2003 2004 2005 2006 2007 2008 2009 2010 2011 2012 2013 2014 2015 2016 2017 2018 2019 2020 2021 2022

葛藤する境界

2020〜2029

2020
令和2

新型コロナウイルスに世界中が揺れる。
各国首脳は「見えない敵との戦争だ」と口を揃えるが、
これは生物的文明の亀裂である。

COVID-19
全世界累計感染者数
1月末 8235人
2月末 8万4123人
3月末 79万8890人
4月末 319万5544人
5月末 608万995人
6月末 1027万3694人
7月末 1730万2946人
8月末 2523万9068人
9月末 3367万1083人
10月末 4564万1595人
11月末 6284万2162人
12月末 8270万8280人

全世界累計死亡者数
1月末 171人
2月末 2873人
3月末 3万9640人
4月末 23万727人
5月末 37万1709人
6月末 50万3548人
7月末 66万9427人
8月末 84万6844人
9月末 100万8546人
10月末 118万9658人
11月末 145万9909人
12月末 180万5008人

セバスティアン・クルツ【墺】
ヤネス・ヤンシャ【スロベニア】
ミホル・マーティン【愛】
菅義偉【日】

境界を再編集する時代が始まる。

米中対立

WHO 緊急事態宣言

1
02 米国防総省,イラン革命防衛隊ソレイマニ司令官殺害を発表
11 ウクライナ旅客機誤射撃墜の発表に対し反政府デモ【イラン】
11 北アイルランド自治政府が3年ぶりに復活【英】
14 WHO,新型コロナウィルス確認
25 習近平指導部,中央主導の新型コロナ対策方針明確化【中】
30 WHO,「国際的な緊急事態」を宣言
31 EUから離脱完了【英】

デジタル課税
31 OECD,デジタル課税ルールについて約140カ国・地域で合意

2
05 上院弾劾裁判,ウクライナ疑惑のトランプ大統領に無罪判決【米】

米・タリバン和平
29 トランプ政権とタリバンが和平合意に署名【米アフガニスタン】

3
10 コンテ首相,全土の移動制限を決定【伊】
13 国家非常事態を宣言【米】
13 新型インフルエンザ等対策特別措置法公布【日】
17 全土で外出制限を命令【仏】
23 ロックダウン(都市封鎖)実施【英】

BLM ブラック・ライブズ・マター

4
07 安倍首相,緊急事態宣言【日】

5
15 対ファーウェイ輸出制限,米国製装置で製造された他国産半導体も対象に【米】
24 香港国家安全法に対し数千人が反対デモ,逮捕者180人超【香中】
25 ミネアポリス市で黒人青年が警官による暴行死,人種差別に抗議の声【米】
28 全国人民代表大会,香港国家安全法制定方針を採択【中】
29 WHO脱退を表明【米】
30 黒人暴行死への抗議デモが全米75都市に拡大,一部暴徒化で25都市で夜間外出禁止令【米】

6
03 英国海外市民旅券持つ香港住民の滞在期間を1年に延長【英】

中印衝突 1967年以来 インド兵20人死亡
15 ラダック地方にある係争地域で中印両軍が衝突
16 北朝鮮,南北共同連絡事務所を爆破
18 香港からの移民や投資を促進する窓口事務所設置を表明【台】
30 全人代常務委員会,香港国家安全維持法案可決,香港返還記念日の7月1日に施行【中】

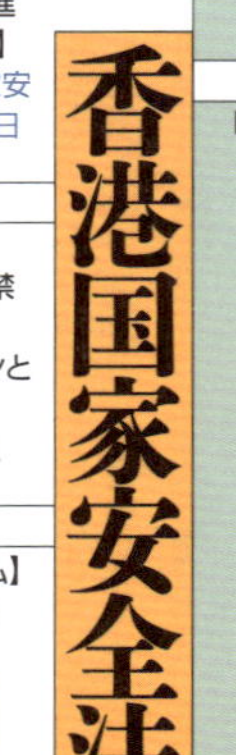

8
06 トランプ大統領,「TikTok」「WeChat」運営企業との取引禁止を命令【米】

9
15 イスラエル,UAE・バーレーンと国交正常化合意に署名
16 安倍内閣総辞職,菅内閣発足【日】

10
30 全土で再度外出制限措置【仏】

11
01 大阪都構想,住民投票で否決【日】

バイデン勝利
07 大統領選で民主党バイデン候補が勝利宣言【米】
15 RCEP,15カ国が合意署名

12
02 国家法違反で,黄之鋒,周庭,林朗彦に実刑判決,新聞社主の黎智英逮捕【香中】
24 英とEU,離脱後の自由貿易協定に合意
26 全人代常務委員会,海外・宇宙など軍事体制を強化した改定国防法を可決【中】

ブレグジット
EU加盟国28から27へ

データ経済の攻防

A
日本電気硝子,次世代電池「全固体ナトリウムイオン電池」の電流を20倍に【日】
川崎重工業の自律型無人潜水機に全樹脂電池(APB)初採用【日】

海外渡航制限

B
新協定カナダ・米国・メキシコ協定(CUSMA),3カ国批准
山手線に49年ぶりの新駅,「高輪ゲートウェイ駅」開業【日】
4月の失業者数2050万人,失業率が14.7%で世界恐慌以降最悪【米】
全米経済研究所,景気拡大は2月に終了と宣言,拡大期間10年8カ月は過去最長【米】
フォーチュン・グローバル500の企業数,中国が米国を抜き首位
外食産業支援「Eat Out Help Out」【英】
観光産業支援「Go To Travel」,外食産業支援の「Go To Eat」【日】
安宅和人『シン・ニホン』【日】

インバウンド 前年比99%減

C
空飛ぶクルマ
トヨタ,「空飛ぶクルマ」を開発するジョビー・アビエーションに430億円出資【日米】
テスラ,トヨタを超え自動車業界時価総額1位へ【米】
グーグル親会社アルファベット,時価総額1兆ドル超え【米】
楽天,携帯ビジネス本格参入【日】
レナウン,民事再生手続き開始,負債総額138億円【日】
日立,在宅勤務活用を標準とした働き方推進へ【日】
ストリーミング業界全体で50%の成長,ネットフリックスは有料会員2億人を突破
ズーム,2-4月は売上高が前年同期比2.7倍の約360億円,純利益は137倍に【米】
米アマゾン,上半期売上高1644億ドル,前年比+34%【米】
任天堂,4〜9月期連結純利益が2131億円で過去最高益【日】
産業相,航空大手アリタリアの国有化を発表【伊】
大韓航空がアシアナ航空を買収【韓】
タイ航空経営破綻,更生手続き開始
JTB,115店閉鎖,人員6500人削減を発表【日】
ANA,中間決算純損益で約1885億円赤字,社員の他業種出向も【日】

ネットフリックス、アマゾン、ズーム コロナ特需

D
中銀デジタル通貨
日銀・ECBなど,中央銀行によるデジタル通貨発行に向けた組織設立を発表
アリババ傘下のアント・フィナンシャル等4社がデジタル銀行の営業免許取得【星】
新型コロナ対策の財政出動が総額4兆ドル,財政赤字は過去最大の3.7兆ドルに【米】
総額7500億ユーロ規模の新型コロナ対策財政パッケージを承認【独】
日銀,中小企業・個人事業主向け資金繰り支援策を導入,総額75兆円【日】
日銀,FRB,ECBの資産増加額が合計約618兆円,リーマンショック後の4倍のペースで増加
ナスダック,年内最後の取引で最高値更新【米】
世界の株式時価総額が100兆ドル(1京円)超え,各国中央銀行の金融緩和策が影響
ジョン・ケイ/マービン・キング『ラディカル・アンサーティニティ』【英】

ビットコイン高騰 1BTCあたり296万円

▶2009
▶2020

E
OPECプラス,決裂からの原油価格急落で一転減産合意,「価格競争」回避へ
米原油先物価格,史上初めてマイナスを記録

2020

ウイルスに知性がないというのは本当かもしれないが、すぐに変異し、状況に適応できるという一点では人間に優っている。
パオロ・ジョルダーノ『コロナの時代の僕ら』

Human3.0

A

スペースX 有人宇宙船

スペースX,6月「クルードラゴン」打上げ成功,9月野口聡一搭乗【米】
ESAとNASA,太陽フレアを観測する探査機「ソーラーオービター」を打上げ【欧米】
最後のH2Bロケット打上げ成功【日】
大型低温重力波望遠鏡「KAGRA」が観測開始【日】
小惑星リュウグウの試料を収めた「はやぶさ2」のカプセルが着地,回収【豪日】
東京大学など,可搬型光格子時計を開発【日】
T2K実験国際共同研究グループ,ニュートリノと反粒子の変身ぶりから性質の違いを検証
金星の大気高速周回の原因を熱潮汐波と解明【日】
室温における炭素二原子分子(C2)の化学合成に成功,世界初【日】

新型コロナウイルス

B

理研,宇宙での免疫力低下は無重力環境における胸腺萎縮によることを発見【日】
WHO,新型コロナウイルスへの緊急事態宣言,病名を「COVID-19」とし,パンデミックの認識表明
新型コロナウイルス感染症を「指定感染症」に定める政令の閣議決定,施行【日】
厚労省,3月よりPCR検査に医療保険を適用【日】
厚労省,PCR検査拡大に否定的な内部資料の作成と政府への提出が判明【日】

レムデシビル

米「レムデシビル」緊急認可,新型コロナ治療薬【米】
厚労省,レムデシビルを承認,新型コロナで「特例」適用【日】
ペーボら,COVID-19の重症化にネアンデルタール人由来の遺伝要因を報告【独】
美馬達哉『感染症社会』【日】

C

アップル・グーグル「濃厚接触検出システム」API共同開発【米】

「富岳」 TOP500他4部門2期連続世界一

理研×富士通,HPC「富岳」試験運用開始【日】
ソニー,電気自動車「VISON-S」発表【日】
Oculus「Quest 2」オールインワン型VRヘッドセット【米】
アップル,自社開発CPU「M1」搭載「MacBook Pro」,5G対応「iPhone12 Pro」【米】
次世代プロセッサ:インテル「Tiger Lake」,AMD「Ryzen7 4800」【米】

テレワーク大拡

5G通信速度 10Gbps (2001◀ 2006◀ 2010◀)

D

中国移動,個人向け5G開始【中】
陰謀論から5G基地局に放火【英】
5G商用サービス開始【日】
緊急事態宣言下の在京企業テレワーク率6割超【日】
世界データ通信量,毎秒160テラビットで前年比2倍超
トヨタ,モビリティテクノロジーの実証都市「Woven City」構想【日】

E

商船三井が運航する貨物船がモーリシャス沖で座礁,重油1000トン超流出
改正容器包装リサイクル法施行【日】

豪森林火災

豪東部3州の森林火災,18万5000平方キロ焼失,首都キャンベラで非常事態宣言【豪】
アフリカ東部でサバクトビバッタが大量発生,ソマリア,ケニア,イエメンで被害甚大
長江流域で大雨による水害,延べ被災者4500万人超【中】
熊本を中心に集中豪雨,球磨川氾濫【日】

絶滅危惧種 3万2411種 (1996◀ 2004◀ 2012◀ ▶2017 ▶2023)

ポスト・トゥルース

A

ニース寺院襲撃事件,イスラム過激派によるテロ【仏】
P・ジョルダーノ『コロナの時代の僕ら』【伊】
近内悠太『世界は贈与でできている』,斎藤幸平『人新世の「資本論」』,樋口恭介『すべて名もなき未来』,ヤマザキマリ『たちどまって考える』【日】

五輪延期

B

英国のヘンリー王子とメーガン妃が王室離脱【英】

武漢発

厚労省,1/16に国内初の新型コロナウイルス感染者確認を発表,中国・武漢に渡航歴【日】
横浜港停泊中のダイヤモンド・プリンセス号で,新型コロナウイルス集団感染【日】
東京オリンピック・パラリンピック延期が決定【日】
「特別定額給付金」一律10万円支給【日】
新型コロナウイルス感染症対策専門家会議,「ソーシャルディスタンス」の確保や「三密」の回避など「新しい生活様式」の実践・提言を発表【日】
国交省,沿道飲食店等の路上利用許可基準を緩和【日】
国内旅行,外食を国が促進する「Go To キャンペーン」実施【日】

三密 密閉、密集、密接

C

トランプ大統領支持層にQAnonによる陰謀論が浸透【米】
米国務省が中国メディア5社に減員命令,中国側も米大手3社に国外退去で対抗
新型コロナウイルス関連のファクトチェックで国際連携
「テラスハウス」出演者がSNSでの誹謗中傷を苦に自殺【日】

エッセンシャルワーカー

ライフラインを支える「エッセンシャルワーカー」への激励,一方で待遇改善の声も【日】
「授業目的公衆送信補償金制度」施行【日】
NYタイムズ,紙面での「テレビ欄」終了【米】
方方『武漢日記』オンラインからの書籍化

D

デジタル担当大臣オードリー・タン,リアルタイムで在庫確認「マスクマップ」【台】
行政安全部,「自宅隔離者安全保護アプリ」3月から提供開始【韓】

オンライン会議

Zoom,1日当たりの会議参加者数が4カ月の間に30倍増【米】
OpenAI,教師なしTransformer 言語モデル「GPT-3」API公開【米】
GitHub,公開リポジトリのソースコードを北極圏地下に保管【米】
音声SNS「Clubhouse」,アウトライナー「Roam Research」,メール「Hey」【米】
読書教育「ヨンデミー」【日】

E

ポン・ジュノ監[パラサイト],アカデミー賞作品賞【米】
[鬼滅の刃 無限列車編]【日】
韓流ドラマ「愛の不時着」「梨泰院クラス」,Netflixで上位独占【日】
「無観客ライブ」「無観客試合」が拡がる【日】
星野源[うちで踊ろう],YOASOBI[夜に駆ける]【日】
藤井聡太,棋聖・王位の2冠史上最年少【日】

梨泰院クラス 愛の不時着

ステイホーム

大型連休に外出控える「ステイホーム」キャンペーン【日】
カミュ『ペスト』,コロナ禍で100万部【日】
疫病退散の「アマビエ」話題に【日】

混交と消滅

A

「NIRIN」 =周縁 ウィラジュリ語

B・アンドリュー監督,シドニー・ビエンナーレ「NIRIN」【豪】
横浜トリエンナーレ「光の破片をつかまえる」ラクス・メディア・コレクティヴ企画【印日】
歴博「性差(ジェンダー)の日本史」【日】
青野文昭による復元と再生【日】
ロッテルダムにドライブスルーミュージアム出現【蘭】
ARアート,KAWS[EXPANDED HOLIDAY]【米】
隈研吾設計[角川武蔵野ミュージアム],[高輪ゲートウェイ駅],安藤忠雄設計[こども本の森 中之島],北海道白老町にウポポイ(民族共生象徴空間)【日】

隈研吾 角川武蔵野ミュージアム 高輪ゲートウェイ駅

B

多和田葉子『星に仄めかされて』,村上龍『MISSING 失われているもの』,江國香織『去年の雪』,藤野可織『ピエタとトランジ〈完全版〉』,高山羽根子『首里の馬』,遠野遥『破局』,宇佐見りん『推し,燃ゆ』【日】

C

L・ワネル監[透明人間]【豪】,ノーラン監[TENET]【英】
諏訪敦彦監[風の電話],三島有紀子監[Red],豊島圭介監[三島由紀夫VS東大全共闘50年目の真実],瀬々敬久監[糸],黒沢清監[スパイの妻],佐藤快磨監[泣く子はいねぇが],いまおかしんじ監[れいこいるか],豊田利晃監[破壊の日]【日】
「SAVE THE CINEMAプロジェクト」でミニシアター支援【日】

D

One World

レディー・ガガ,医療関係者を支援するオンライン・コンサート[One World:Together at Home]を主催
フールズ[Fools'Harp Vol.1],M・ミラー[Circles]【米】,K・ベルガグ[Notre-Dame-des-Sept-Douleurs]【加】,ケイトNV[Room for the moon]【露】

常田大希 キング・ヌー ミレニアム・パレード

King Gnu[Ceremony],millennium parade[Fly with Me],Moment Joon[Passport & Garcon],GEZAN[狂(KLUE)],ドスモノス[Dos Siki]【日】
藤倉大[アルマゲドンの夢],シアターコクーン[プレイタイム],岡田利規×KAAT[「未練の幽霊と怪物」の上演の幽霊],三谷幸喜[大地(Social Distancing Version)],田中泯・松岡正剛[村のドン・キホーテ]【日】

E

A:[攻殻機動隊 SAC_2045],[呪術廻戦],[アーヤと魔女]【日】
G:[Hades],[Fall Guys]【米】
Switch[あつまれどうぶつの森],PS4[Ghost of Tsushima]【日】
C:講談社など11出版社がサブスクリプション「Mangamo」【米】
門馬司/鹿子[満州アヘンスクワッド],都留泰作[竜女戦記]【日】

あつ森

手塚治虫AI

手塚治虫AI,[ぱいどん],上野顕太郎『治虫の国のアリス』,『和田ラジオの火の鳥』【日】
ちくま文庫『現代マンガ選集』シリーズ【日】
集英社,講談社,小学館,秋田書店,KADOKAWA,白泉社など漫画やラノベを無料公開【日】

#エアコミケ

SNSで「エアコミケ」を開催,「#エアコミケ」ツイートとリツイート43万【日】

鬼滅の刃21巻 初版発行部数 300万部

2021
令和3

NFT、メタヴァース、大退職時代、分断型ドロップアウトが加速する。

変異株とワクチン開発

ファイザー、モデルナ アストラゼネカ、シノバック

1 31 WHO,米ファイザー社ワクチンを緊急使用リスト(EUL)に掲載
06 モデルナ社新型コロナワクチン販売許可【EU】
2 03 新型コロナ特措法など改正案,参院本会議で可決し成立【日】
07 世界のワクチン接種者1億人超
14 米ファイザー社ワクチンを正式承認,国内初【日】
15 セラム・インスティテュート社のワクチンが国内承認【印】
16 WHO,英アストラゼネカ社ワクチンをEUL掲載
17 ワクチン先行接種,医療従事者4万人【日】
3 12 WHO,米ジョンソン・エンド・ジョンソン社ワクチンをEULに掲載
31 WHO武漢調査チーム「研究所からの流出可能性低い」,14カ国が中国の対応批判

4 26 1日で最多35万人超の感染確認【印】
30 WHO,米モデルナ社ワクチン(mRNA1273)をEULに掲載
5 07 WHO,中シノファーム社ワクチンをEUL掲載,欧米以外のワクチンで初
11 WHO,「デルタ株」をVOCに指定
6 01 WHO,中シノバック社ワクチンをEUL掲載
20 台湾にワクチン250万回分提供【米】
20 新型コロナでの死者が50万人を超過,大統領への抗議活動も【ブラジル】

8 **ワクチン接種証明**
08 接種証明の提示義務化にデモ拡大【仏】
18 感染者1人確認で全域に外出制限【NZ】
9 17 全労働者に接種証明所持義務づけへ【伊】
30 ユナイテッド航空,ワクチン接種拒んだ社員593人を解雇へ【米】

10 01 緊急事態宣言とまん延防止等重点措置がすべて解除【日】
08 抗原検査キットが薬局で販売開始【日】
11 02 NY市,ワクチン未接種の市職員約9000人が無給休職扱いに【米】
03 WHO,印バーラトバイオテック社ワクチンをEULに掲載
09 ワクチン接種外国人の入国を認め,事実上の大幅緩和【米】
オミクロン株 スパイクタンパク質の変異
27 WHO,南アで確認の新変異ウイルス「オミクロン株」VOCに指定
12 17 WHO,米ノババックス社ワクチンをEULに掲載
24 メルク社開発の新型コロナ飲み薬,FDAが「緊急使用の許可」【米】

国内コロナワクチン接種率 80.4%

米中対立

議事堂乱入

1 06 トランプ支持者ら議事堂乱入,少なくとも4人が死亡【米】
06 香港国家安全維持法違反の疑いで立法会選予備選に参加した民主派53人を逮捕【香】
ウイグル 米欧虐殺認定
19 ポンペオ国務長官,中国政府によるウイグル弾圧を虐殺認定【米】
パリ協定復帰
20 ジョー・バイデン,第46代大統領就任,パリ協定復帰など15の大統領令に署名【米】
ミャンマー国軍 全権掌握
2 01 国軍,アウン・サン・スー・チー国家顧問とウィン・ミン大統領を拘束し全権掌握【緬】
01 国際貿易相,TPP加入正式申請【英】
07 国務院,アリババなど念頭に規制強化した独禁法新ガイドライン発表【中】
22 軍抗議デモが大規模ゼネストに発展【緬】
3 22 EU外相理事会,ウイグル人権侵害で中国当局者らへの制裁発動【EU】
27 王毅外相とザリフ外相,今後25年間の経済安全保障協定締結【中イラン】
30 全人代常務委員会,香港選挙制度変更を可決【中】

4 08 政府,ウクライナ国境での軍備増強に懸念を表明【米】
13 バイデン政権,9月11日までにアフガン駐留米軍完全撤退を表明【米】
23 軍,ウクライナ国境から撤収を開始【露】
5 08 スコットランド議会選で独立派が過半数獲得【英】
12 デジタル改革関連6法が可決,成立【日】
6 11 参院,改正国民投票法可決,成立【日】

タリバン復権

7 07 モイーズ大統領暗殺【ハイチ】
08 欧州会議,香港,ウイグル問題など改善なければ北京冬季五輪の招待拒否決議【EU】
14 上院,ウイグル強制労働防止法案可決【米】
20 外交部,リトアニアに代表機関を設置【台】
8 01 暫定政府を設置,ミン・アウン・フライン総司令官首相就任【緬】
15 政権崩壊,タリバンが首都カブール大統領府を掌握【アフガニスタン】
17 習近平,共同富裕へ富の配分を強化する方針を確認【中】
9 15 安全保障の枠組みAUKUS設置で合意,米英が豪原潜配備を支援【豪英米】
TPP加盟申請 中国 台湾
16 王文濤商務相,TPP加盟を正式申請【中】
22 行政院,TPP加盟を正式申請【台】
24 クアッド,対面の首脳会合開催【日米豪印】
24 司法省,ファーウェイ副会長孟晩舟と司法取引,帰国容認で合意【米中】

クアッド オーカス

10 04 岸田文雄内閣発足【日】
26 軍参謀本部,トルコ製ドローンを親ロシア派武装集団に初投入【ウクライナ】
27 蔡英文総統,米軍の台湾駐留を公表【台】
11 02 ティグレ人民解放戦線との紛争激化で非常事態宣言【エチオピア】
05 国防総省,ウクライナ国境付近の露軍増強に懸念表明【米】
11 6中全会,毛沢東・鄧小平に続き第3の歴史決議採択【中】
12 06 北京五輪の外交的ボイコット決定【米】
19 立法会選挙,投票率最低の30%,親中派が99%の89議席獲得【香】

世界の難民 2710万人
2010 / 2015 / 2019

データ経済の攻防

OECDデジタル課税

A 日本製紙と東北大学,セルロースナノファイバー使ったキャパシター開発着手【日】
人工光合成化学プロセス技術研究組合,光触媒で水素を取り出す大規模実証に成功【日】

B OECD,法人税最低15%・デジタル課税で最終合意
バイデン,重要部材のサプライチェーン見直し大統領令,大企業監視強化の競争促進令に署名【米】
コロニアル・パイプライン,ハッカー集団「ダークサイド」のサイバーテロにより操業停止【米】
大退職時代
米に「大退職時代」到来とアンソニー・クロッツが寄稿で指摘【米】
全人代常務委員会,全国内データを規制するデータ安全法可決【中】
米がノルドストリーム2を容認,独がウクライナ支援で合意
中国汽車工業協会,半導体不足により300～400万台の自動車生産削減を迫られると予測【中】
世界コンテナ料金,昨年同時期の5倍に上昇
石油備蓄放出を発表,日中印韓英と協調【米】
ダリオ「変わりゆく世界秩序の扱い方」【米】

サプライチェーン危機

C 浙江吉利控股集団,百度と戦略的提携でEV新会社設立【中】
ZHDとLINE経営統合,合計売上高約1兆3000億円【日】
規制当局,アリババに独禁法違反で約3000億円の罰金処分【中】
水ビジネス大手ヴェオリア,スエズを約3兆4000億円で買収合意【仏】
東芝,総会運営調査報告書問題で永山議長の再任否決【日】
セブン&アイHD,米コンビニ大手スピードウェイを約2兆3000億円で買収【日米】
テスラ一兆ドル 上場11年目 EVシフト本格
テスラ,時価総額初の1兆ドル超え【米】
TSMC,ソニーグループと共同で熊本県に新工場建設を発表【台日】
GE,航空エンジン・医療機器・電力の3事業への分割を発表【米】
トヨタ,2030年にEV30車種投入し350万台販売を目指すと発表【日】
日本製鉄,自動車用電磁鋼板特許侵害で宝山鋼鉄とともにトヨタ,三井物産を提訴【日】
中国恒大経営危機
中国恒大,経営危機で一部債務デフォルト【中】

日本経営破綻累計 2700件

D FRB,量的緩和の縮小(テーパリング)着手【米】
みずほFG,相次いだシステム障害の責任取り首脳総退陣を発表【日】
消費者物価,前年比7%上昇,39年ぶり水準【米】
グリーンフレーション
グリーン・エコノミーへの転換の遅れと化石燃料供給不足による「グリーンフレーション」
カーネマン他『NOISE 組織はなぜ判断を誤るのか?』,プラサード『マネーの未来』【米】
キーン『新たな経済学:マニフェスト』【豪】

訪日外国人 24万5900人 前年比94%減
2013 / 2015 / 2018 / 2023

E テキサス州電力危機【米】
国際エネルギー機関(IEA),「2050年ネットゼロ報告書」を公表,脱炭素へ工程表
エネオスと千代田化工建設,グリーン水素製造プラントを共同開発【日】
三菱重工業,出力1/3の小型原子炉を開発【日】
ガスプロム,ノルドストリーム2完工【露】
白鶴灘水力発電所を本格稼働【中】

日本の出生数前年比3万人減、過去最少更新

2021

地球の生存戦略

A
最遠のクェーサーJ0313-1806を発見【米】
火星ヘリコプター 電動無人型 総飛行30分
火星ヘリコプター「インジェニュイティ」【米】
地上探査機「インサイト」による火星での$M4$クラスの地震観測【米】
次世代宇宙望遠鏡「ジェームズ・ウェッブ」が宇宙へ旅立つ【米】
ブルー・オリジン「ニューシェパード」サブオービタル宇宙飛行に成功,世界初の有償旅客【米】
スペースX「クルードラゴン」打上げ,民間人のみの地球周回【米】
素粒子標準理論に反するミューオンの挙動を観測【米】
クォーク4個からなるエキゾチック粒子をLHCが発見【欧】
国立点火施設(NIF)でのレーザー核融合実験が進展【米】
AIに「天才的直観」を与え数学の新定理を導くことに成功【英】
宇宙旅行

B
がん10年生存率60.2% 09年診断,初の大規模調査【日】
アルツハイマー薬
アルツハイマー根本治療薬「アデュカヌマブ」,世界初承認,エーザイが共同開発【米】
iPS創薬,1年投与でALS進行7カ月遅延【日】
昆虫食 イエロー・ミールワーム 新規食品認定
EU,昆虫食を食品として法制化へ【EU】
DeepMind,タンパク質構造解析AI

C
凸版印刷,Web上の古文書解読システム「ふみのはぜミ」を発表【日】
マイクロソフト,RPAツール「Power Automate」無償提供開始【米】
スパコン「富岳」共同利用開始【日】
アップル,M1チップを搭載したiPadProを発表,ミニLEDバックライト採用【米】
アップル,Air Tag発表【日】
デジタル庁設置【日】
Windows 11 提供開始【米】
インテル,第12世代Core「Alder Lake」発表【米】
デジタル庁 足発

D
スマートホーム共通規格「Matter」発表,異なるプラットフォームで相互接続性を認証
IETF,次世代インターネット通信プロトコル「QUIC」をRFC9000として勧告
マイクロソフト365等でIE11サポート終了【米】
NTTドコモ,「home 5G」提供開始【日】
KDDI,人工衛星をつかった通信サービス「Starlink」の導入発表【日】
EUがUSB Type-Cをスマホの標準充電ポートとする法案を提出【欧】
暗号資産取引所Coinbase,Coinbase NFTを提供開始【米】

E
「2050年までの脱炭素社会の実現」を明記した改正地球温暖化対策推進法成立【日】
熱海土石流,死者27名,盛り土で被害甚大【日】
ハリケーン「アイダ」,被害額650億ドル【米】
霜降り肉印刷成功
阪大・凸版印刷,3Dプリンターで霜降り培養牛肉の作成に成功【日】
真鍋淑郎他ノーベル物理学賞受賞,「大気・海洋結合モデル」開発で温暖化研究に貢献【米】
マクロン,脱炭素目標で原発建設再開を表明【仏EU】
世界的な食料価格高騰,FAO算出の食料価格指数が前年比28%上昇
企業のESG債発行額2兆4330億円,前年から6割増で過去最大【日】
脱炭素

遠心と求心

A
ローマ教皇フランシスコ,歴代教皇として初めてイラク訪問
国民投票でイスラム教女性の「ブルカ」等禁止法案可決【瑞】
比WEBメディア「ラップラー」代表レッサ,露新聞「ノーヴァヤ・ガゼータ」編集長ら,ノーベル平和賞
ホーキンス『A Thousand Brains』,ブラットン『The Revenge of the Real』【米】,レオナルド『The Age of Unpeace』【英】
ノーヴァヤ・ガゼータ

B
日本マクドナルド,サプライチェーン危機でフライドポテト不足【日】
内親王眞子,小室圭と結婚,皇籍離脱【日】
LINE,中国関連会社が個人情報を閲覧可能状態だったと発表【日】
東京オリンピック2020開閉会式関係者,開催直前に辞任相次ぐ【日】
8月小田急線,10月京王線刺傷事件発生【日】
改正高年齢者雇用安定法施行,70歳までの就業機会確保が企業の努力義務【日】
トランプ アカウント凍結
D・トランプのSNSアカウント凍結【米】

C
政府の要請により大手キャリア携帯電話料金値下げ【日】
サッカーW杯,配信権利をDAZNが取得,日本代表戦のテレビ中継が減少【日】
『tattva』創刊【日】

D
「Facebook」,「Meta」へ社名変更を発表【米】
ショート動画
TikTokの動画の平均再生時間がYouTubeを超える【米英】
YouTube,ショート動画市場に参入
Instagram,他人の投稿のいいね!数,表示・非表示を選択できるテスト実施
OpenAI,文章通りの画像を精細に描くAI「DALL·E」を発表【米】
Google Chrome,自動字幕起こし機能【米】
GitHub,AIによる自動補完プログラミング「Copilot」を公開【米】
「AlphaFold2」のソースコード公開【英】
未成年のオンラインゲーム利用を金・土・日・法定休日のみ各1時間に規制【中】
エディターアプリケーション「Notion」,ベータ版として日本語にも対応【米】
メタヴァース

E
庵野秀明[シン・エヴァンゲリオン劇場版:||]【日】
ジャオ監[ノマドランド]アカデミー受賞【米】
東京2020オリンピック/パラリンピック,1年越しの開催,金27銀14銅17【日】
東京五輪,水谷隼・伊藤美誠ペア日本卓球史上初の金,柔道で阿部一二三・詩兄妹が史上初の同日金【日】
大谷翔平,MLBアメリカンリーグでMVP受賞,国民栄誉賞は辞退【米日】
ゴルフマスターズ,松本英樹が日本人初のメジャー制覇【米】
アイドルやアニメキャラを応援する「推し活」流行【日】
「コムドット」,「マリトッツォ」,「ウマ娘」,「東京卍リベンジャーズ」,「呪術廻戦」,宇佐見りん『推し,燃ゆ』,BTS[Butter]流行【日】
イカゲーム サバイバル・ゲームドラマ
[イカゲーム],Netflix史上最大のヒット作【韓】
Ado,前年リリースの「うっせえわ」ブーム【日】
推し活

懐かしい現在

A
「WWW」のソースコード,NFT作品として約6億円で落札,大英博物館,クリスティーズなどNFTに参入【英】
世界初のNFTアートフェア【米】
XANALIA NFTアートアワーズ【日】
分身ロボットカフェDAWNver.β オープン【日】
「TENGA GEO」レッド・ドット・デザイン賞【日】
故クリストとジャンヌ=クロードによる「凱旋門ラッピング」【仏】
妹島和世+西澤立衛/SANAA[ラ・サマリテーヌ(大改修)],安藤忠雄建築研究所[ブルス・ドゥ・コメルス/ピノー・コレクション]【仏】
Ennead Architects[上海天文館]【中】,ヘルツォーク&ド・ムーロン[M+博物館]【香港】
ラカトン&ヴァッサル/Lacaton & Vassal[2021年度のプリツカー賞受賞]【仏】
3Dプリントビル 自由曲面 柱部材
清水建設「3Dプリンティングビル」【日】
3Dプリントによる世界初の鉄骨構造橋【蘭】
NFTアート

B
ウィアー『Project Hail Mary』,クラーク『A Master of Djinn』,コーエン『The Netanyahus』,モット『Hell of a book』【米】,ビアード『男たちを知らない女』【英】
同志少女よ、敵を撃て 独ソ戦 女性狙撃兵
佐藤究『テスカトリポカ』,逢坂冬馬『同志少女よ,敵を撃て』,李琴峰『彼岸花が咲く島』【日】
NODA・MAP[フェイクスピア],岡田利規[未練の幽霊と怪物―「挫波」「敦賀」―],ケムリ研究室[砂の女],さいたまゴールド・シアター[水の駅]【日】

C
デュクルノー監[TITANE],カラックス監[アネット]【仏】,シアン・ヘダー監[コーダ あいのうた],ウェス・アンダーソン監[フレンチディスパッチ],ヴィルヌーブ監[DUNE 砂の惑星],マッケイ監[ドント・ルック・アップ],デル・トロ監[ナイトメア・アリー]【米】,エドガー・ライト監[ラストナイト・イン・ソーホー],カンピオン監[パワー・オブ・ザ・ドッグ]【英】,ウィーラセタクン監[MEMORIA]【泰】,セレブレニコフ監[インフル病みのペトロフ家]【露】
濱口竜介 ベルリン銀熊賞 カンヌ脚本賞
濱口竜介監[ドライブ・マイ・カー][偶然と想像],原一男監[水俣曼荼羅]【日】

D
aya[im hole],スペース・アフリカ[Honest Labour],サンズ・オブ・ケメット[Black To The Future],ブラック・ミディ[Cavalcade],ブラックカントリー・ニューロード[For the first time]【英】,ヤナ・ラッシュ[Painful Enlightment]【米】,Howie Lee[Birdy Island]【中】,パラノウル[To See the Next Part of the Dream]【韓】
食品まつりa.k.a foodman[YASURAGI LAND],LEX[LOGIC]【日】
ベッドルーム マスロック

E
パペットアニメ モルカー JUNK HEAD
A:パペットアニメ撃進[PUIPUIモルカー],[JUNK HEAD],[平家物語]
G:[ドラクエXII],[モンスターハンターライズ],[メトロイド ドレッド]
東京五輪2020開会式で[ドラクエ][FF]などゲーム楽曲演奏
C:よしながふみ『大奥』完結
龍幸伸『ダンダダン』,藤本タツキ『ルックバック』,大山海『奈良へ』,『日本短編漫画傑作集』

ゴリラだろうがドラゴンだろうが,巨大なしゃべるペニスだろうが,メタヴァースではなんでもありだ。
ニール・スティーヴンスン『スノウ・クラッシュ』

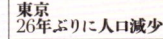

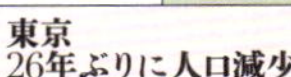
東京 26年ぶりに人口減少

プーチンの戦争観はドゥーギン製だ。
そこにはユーラシアニズムが隠されている。

2022
令和4

ガブリエル・ボリッチ【チリ】
尹錫悦【韓】
アンソニー・アルバニージー【豪】
ロベルト・ゴロブ【スロベニア】
ヤイル・ラピド【イスラエル】
グスタボ・ペトロ【コロンビア】
リズ・トラス【英】
ウルフ・クリステルソン【典】
ジョルジャ・メローニ【伊】
リシ・スナク【英】
レオ・バラッカー【愛】
ベンヤミン・ネタニヤフ【イスラエル】

平成レトロと帝国ノスタルジーの安易と危険。
そこに生成AIの混乱が覆い塞がる。

紛争死者数、今世紀最悪の23万8000人

ソフトファシズム

ウクライナ侵攻

1 05 燃料価格値上がり抗議デモ,大統領宅占拠,内閣総辞職【カザフスタン】
06 日豪円滑化協定調印【日・豪】
18 共同軍事演習実施を発表【露・ベラルーシ】
2 02 国防総省,東欧諸国などに米軍計3千人規模を派遣発表【米】
21 プーチン大統領,ウクライナ東部親ロシア派地域独立を承認【露】
22 ショルツ首相,ノルドストリーム2許可手続き停止表明【独】
24 ウクライナ侵攻開始【露】
27 ショルツ首相,防衛費GDP比2%超へ増額表明【独】
3 04 露軍,ザポリージャ原発を制圧【ウクライナ】
07 米国防総省,露軍がシリアで傭兵募集と公表【露】
08 露原油・天然ガス輸入禁止【米・英】
10 尹錫悦,大統領に当選【韓】
15 東欧3首脳キーウ訪問,ゼレンスキー大統領と会談【チェコ・波・スロベニア】
16 ゼレンスキー大統領,米議会でオンライン演説【ウクライナ】

芬典NATO加盟申請

ブチャ虐殺

4 03 キーウ近郊ブチャ,イルピンで虐殺疑われる民間人410人の遺体発見【ウクライナ】
議会選挙でオルバン首相率いる右派勝利,首相再選【洪】
08 警察出身強硬派李家超,行政長官に当選【香】
16 フィンランド,スウェーデン(17日)NATO加盟申請【芬・典】
5 23 バイデン大統領,IPEF(インド太平洋経済枠組み)発足表明,13カ国参加【米】
24 欧州理事会,ウクライナとモルドバをEU加盟候補国に認定【EU】
7 07 ジョンソン首相辞任表明,後任にリズ・トラス(9/6)【英】
22 国際司法裁判所,ロヒンギャ迫害に対するミャンマーの異議却下,本格審理へ移行
8 02 ペロシ下院議長,訪台,中国猛抗議【米】
08 FBI,機密文書持ち出し容疑でトランプ前大統領家宅捜索【米】
9 12 ナゴルノカラバフを巡り軍事衝突【アルメニア・アゼルバイジャン】
14 上海協力機構加盟覚書に調印【イラン】
21 プーチン大統領,30万人規模の部分的動員令に署名【露】
26 ノルドストリーム,破壊工作により損傷【露】
30 プーチン大統領,ウクライナ4州の併合を宣言【露】

中国と中東接近

10 16 第20回中国共産党大会開催,習近平体制3期目確定【中】

スナク英首相

25 初の非白人,インド系スナク首相就任【英】
30 大統領選決戦投票でルラ元大統領当選【ブラジル】

白紙運動 北京・上海 ゼロコロナ抗議

27 北京,上海などでゼロコロナへの抗議活動(白紙運動)拡大【中】
11 01 TPP加盟申請【ウルグアイ】

独国家転覆容疑

07 連邦検察庁,国家転覆容疑でテロ組織構成員ら25人逮捕【独】
12 09 戦略的包括協定に署名【中・サウジ】
16 新安保3文書閣議決定,反撃能力,2027年度防衛費GDP比2%方針明記【日】

デカップリング

A 三井物産と英ストレッガ,空気中のCO2回収するDAC技術の共同調査【日・英】
IHI,アンモニア石炭火力燃焼実証事業開始【日】
理研など,誤り耐性シリコン量子コンピュータの実現に指針【日】
コロラド大,グラフィン初合成【米】
オークリッジ国立研,世界初のエクサスケールスパコンFrontier開発【米】
デンマーク工科大など,単一レーザーとチップで1ペタビット/秒超データ転送達成【丁】

対露経済制裁

B ボルボ,ダイムラートラック,VW露で生産停止,GM自動車輸出停止【典・独・米】
シェル:サハリン2撤退,エクソンモービル:サハリン1撤退,BP:露ロスネフチ株売却【米・英】
エール大,露事業撤退・縮小表明した主要企業は200社以上と発表【米】
ルノー(5月),トヨタ(9月),日産自(10月),露事業からの撤退発表【日・仏】

生活費急増 日米欧 前年比+9.5%

日米欧30カ国生活費(食料品,光熱費,家賃,住居費),前年比9.5%増加
EU,2035年にガソリン車等の新車販売を事実上禁止で合意【EU】
公取委,独禁法違反で九州電力,中国電力,中部電力へ課徴金命令【日】
EV販売約290万台で世界首位【中】
東証市場区分再編,プライム・スタンダード・グロースの3区分【日】
インフレ抑圧法成立,エネルギー・気候投資を囲い込む53兆円規模の大型補助金政策【米】
半導体補助金法成立,米中テック冷戦へ【米】
玉木俊明『手数料と物流の経済全史』【日】

米中テック冷戦

半導体戦争

クリス・ミラー『半導体戦争』【米】
大規模な対中半導体輸出規制を発表【米】
華為など中国IT5社製品の米国内販売を事実上禁止【米】

C アップル,時価総額3兆ドル突破【米】
トヨタ,時価総額40兆円突破【日】
日野自動車,エンジン排ガスデータ不正,型式指定取り消し【日】
ロックダウンでアップル製品生産工場停止【中】
先端半導体の国内製造を目指す新会社Rapidus設立【日】

D 露大手銀行をSWIFTから排除【米・英・EU】
ムーディーズ,露国債「投機的」に格下げ【米】

超低金利策解除

FRB,利上げ,ゼロ金利解除【米】
ECB,利上げ,マイナス金利解除【EU】
仮想通貨融資大手セルシウス・ネットワーク破産法申請【米】
仮想通貨時価総額30兆円消失,交換大手FTX破産法申請【米】
渡辺努『物価とは何か』【日】
オデッド・ガロー『格差の起源』【米】

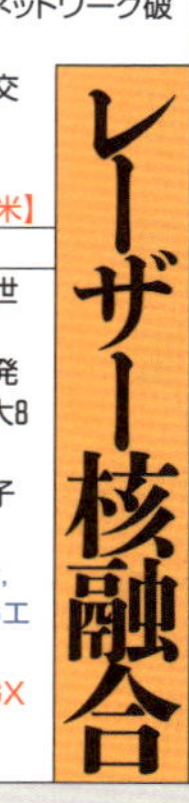

E LNG輸出量,豪カタールを抜き世界一位【米】
2050年までに原子炉6基新設を発表【仏】,2030年までに原子炉最大8基新設を発表【英】
欧州議会,EUタクソノミーに原子力・天然ガス発電を承認【EU】
ローレンス・リバモア国立研究所,レーザー核融合で投入分上回るエネルギー産出【米】
原発建替え,運転延長を認めるGX基本方針発表【日】

日本の総広告費7兆円突破，コロナ前を上回る

2022

地球の生存戦略

A

超新星爆発リアルタイム観測

JWST働稼

超新星爆発を天文史上初めてリアルタイムで観測【米】
新型宇宙望遠鏡「ジェームズ・ウェッブ」稼働【米】
ヴァージン・ギャラクティック，宇宙旅行の販売開始【米】
135億光年彼方の最遠方銀河候補を発見【日】
素粒子「Wボソン」質量測定値，予測値からのズレにより標準理論修正の可能性示唆【米】
DNA構成のピリミジン塩基，隕石から検出【日】
銅酸化物高温超伝導における電子対生成のメカニズムに関する実験的検証【英・米など】
有人月面探査計画「アルテミス1」ミッションで新型ロケット「SLS」初打ち上げ成功【米】
ハッブル宇宙望遠鏡により水で覆われた2つの惑星を発見【加】

B

遺伝子操作した豚の心臓を人間に移植【米】
ヒトゲノム未解明部分8%含めた完全解読に成功【米ほか】
HPVワクチン，9年ぶりの積極的接種勧奨【日】

サル痘 のちエムポックスに改称 10万人以上感染

WHO，サル痘の緊急事態宣言
WHOの分類で初の結核「低蔓延国」に【日】

C

グーグル，「Chrome OS Flex」発表【米】
インテルなど，チップレット推進で新標準「UCIe」のコンソーシアム結成【米】
ソニーとホンダ，2025年に車両販売目指しEV事業で提携【日】
アップル「Mac Studio」発表【米】
高一新科目「情報Ⅰ」必修化【日】
GitHub，テキストエディタAtomの開発終了へ【米】
アップル，ジョナサン・アイブとデザインコンサルティング契約終了【米】
IBM，433量子ビットのプロセッサ発表【米】

必修科目 情報Ⅰ

D

Starlink 提供国四十五カ国

スペースX，「Starlink」プレミアムプラン開始，ウクライナ政府要請に対して提供，モバイル「Starlink RV」発売【米】，サービス開始【日】
ドコモ，ドローン中継局の全国運用開始【日】
Twitter，偽情報対策「Birdwatch」のパイロット版提供範囲を拡大【米】
自衛隊「サイバー防衛隊」編成【日】
国会図書館，「個人向けデジタル化資料送信サービス」開始【日】
メタバースの標準化団体「Metaverse Standards Forum」結成【米ほか】
日本ファクトチェックセンター開設【日】

ライトニング廃止

Lightning廃止法案可決，USB Type-C搭載を義務化【EU】
USBプロモーター・グループUSB4の倍速となる「USB4 Version 2.0」発表

交通系電子マネー1日最高利用件数
2008
2015
2019
1000万件

E

大規模山火事で600㎢以上消失【豪】
5～9月の大雨で死者4,510人以上【南アジア】
1200年ぶり干魃，2020年以降の少雨影響【米】
一部のサンゴ種が海洋温暖化に順応発表【米】

サーキュラーエコノミー

「プラスチック資源循環促進法」施行，サーキュラーエコノミー推進【日】
水素燃料電池を搭載する航空機，エアバス社が計画発表【米】
世界の野生生物個体群，1970年以来69%減少とWWFが発表

1996
2016
犬猫殺処分率22.6%

遠心と求心

A

マフサ・アミニの死

スカーフ着用めぐりマフサ・アミニの死に抗議活動拡大【イラン】
婚外交渉に懲役刑を科す刑法可決【尼】
性の聖書的理解ネットワーク設立【日】
再送米最高裁，中絶の権利認めない判断【米】
COP27にてアラー・アブデル・ファタハの即時解放を求める【埃】
リチャードソン『Waking Up to God』【英】
行政裁判所，水着「ブルキニ」禁止支持【仏】
高野山デジタルミュージアム【日】

B

成人引き下げ 20歳から18歳へ

改正民法施行，成人年齢20歳から18歳に【日】
梨泰院雑踏事故，158人死亡【韓】
知床観光船沈没，20名死亡【日】
東京五輪汚職，組織委員会元理事ら逮捕【日】
安倍晋三元首相，参院選街頭演説中に銃撃を受け死亡，旧統一教会への恨みが事件に【日】
KDDI，3日間超にわたる大規模通信障害【日】
円安・資源高で値上げラッシュ【日】
ガーシー参議院選挙初当選【日】
最高裁初の黒人女性判事【米】
厚労省・ヤングケアラー調査，小6の6.5%が「家族を世話」【日】
山口・阿武町，新型コロナ関連の4630万円を個人に誤給付【日】
バイデン大統領，警察による暴力を規制する大統領令署名【米】
国民投票により同性婚合法化【キューバ】

安倍元首相銃撃

トー横界隈 2019年から増加

歌舞伎町「トー横」，大阪「グリ下」，名古屋「ドン横」などに未成年者が多数集結，取り締まり強化

C

『佐久間宣行のずるい仕事術』【日】
ゆる言語学ラジオ，COTENRADIO等，教養系PODCAST流行【日】

ゆる言語学 COTEN

Y2K 2000年代ファッション Z世代に流行

JC・JK流行語大賞に「Y2K」【日】
マッチングアプリ，結婚の5人に1人以上【日】

IC インティマシーコーディネーター

「インティマシーコーディネーター」の語が新語・流行語大賞にノミネート【日】

D

トランプ前大統領が立ち上げたSNSトゥルース・ソーシャルのアプリ配信開始【米】
有料サブスクTwitter Blue開始【米】

Twitter買収

イーロン・マスク，Twitter買収【米】
MS，Internet Explorerサポート終了【米】
MS，3D絵文字をオープンソース化【米】
NYタイムズ，パズルゲームWordle買収
学術雑誌・書籍の大手海賊版サイト「Z-Library」閉鎖

E

北京五輪，冬季最多18メダル（スピードスケート高木美帆，スキージャンプ小林陵侑他）【中】
プロ野球ヤクルト村上宗隆，最年少三冠王，「村神様」が流行語に【日】
[トップガン マーヴェリック]【米】，[すずめの戸締まり]，[ONE PIECE FILM RED]【日】
ハリー・スタイルズ[As It Was]【英】，Aimer[残響散歌]，HoneyWorks[可愛くてごめん feat. ちゅーたん(早見沙織)]，Tani Yuuki[W/X/Y]【日】
「Yakult1000」，「ちいかわ」，「PCM冷却ネッククリング」，「完全メシ」，「LUUP」，「ソロキャンプ」「ジェンダーレス水着」【日】

1999
2005
2011
世界人口80億人
2017

懐かしい現在

A

アートアタック

ディエベド・フランシス・ケレ，プリツカー賞【ブルキナファソ】
篠原一男設計［から傘の家］，東工大奥山研究室により移築【独】
MVRDV［ヴァレー］【蘭】
J.ヌーヴェル［トゥール・デュオ］仏】【
サザビーズ，クリスティーズ，フィリップス，史上最高益
環境活動団体ジャスト・ストップ・オイルらによる名画攻撃運動

B

ナガマツ『闇の中をどこまで高く』，ゼヴィン『トゥモロー・アンド・トゥモロー・アンド・トゥモロー』，ガルマス『化学の授業をはじめます。』，エミリー・ヘンリー『本と私と恋人と』【米】，マンデル『Sea of Tranquility』【加】，サモラ『Solito: A Memoir』【エルサルバドル】，グランデス『Todo va a mejorar』【西】
岡田利規『ブロッコリー・レボリューション』，文月悠光『パラレルワールドのようなもの』【日】

C

TAR/RRR

シモン監［太陽と桃の歌］西・伊】，T・フィールド監スコリモフスキ監[EO]【波】，オストルンド監[逆転のトライアングル]【瑞】，ムンジウ監[ヨーロッパ新世紀]【ルーマニア】，M・マクドナー監［イニシェリン島の精霊］英・愛】，T・フィールド監[TAR]，ダニエルズ監[エブリシング・エブリウェア・オール・アット・ワンス]，ピール監[NOPE]，アロノフスキー監[ザ・ホエール]【米】，サラ・ポーリー監[ウーマン・トーキング 私たちの選択]【加】，ソクーロフ監[独裁者たちのとき]【露】，ラージャマウリ監[RRR]【印】
三宅唱監[ケイコ 目を澄ませて]，白石晃士監[愛してる!]，高橋伴明監[夜明けまでバス停で]，中江裕司監[土を喰らう十二ヵ月]【日】

D

レゲトン再注目 スペイン語のダンスホールレゲエ

[Wet Leg]，[caroline]，[Whatever The Weather] 英】【ワエアコ・エス[Plonk]，ホース・ローズ[Comradely Objects]，ムーア・マザー[Jazz Codes]，ulla[foam]，クレア・ラウジー[Everything Perfect is Already Here]，ドミ&JDベック[Not Tight]，マカヤ・マクレイブン[In These Times]【米】，ルクレシア・ダルト[¡ay!]【コロンビア】コロンビア】，アデデジ[Yoruba Odyssey]，エメカ・オグボー[6°30′33.372″N 3°22′0.66″E]【ナイジェリア】，ラウ・アレハンドロ[Saturno]【プエルトリコ】，ナタリア・ラフォルカデ[De Todas Las Flores]【墨】，ンドゥドゥーゾ・マカティニ[In The Spirit Of Ntu]【南ア】
KAKUHAN[Metal Zone]，岡田拓郎[Betsu No Jikan]，Watson[FR FR]【日】

E

ニューレトロ

A:[アンネ・フランクと旅する日記]【イスラエル】，[うる星やつら]，[THE FIRST SLAM DUNK]，[BLEACH 千年血戦編]，[かがみの孤城]，[犬王]【日】

エルデンリング

G:[エルデンリング]【日】，[ゴッド・オブ・ウォー ラグナロク]【米】，[STRAY]【仏】
C:やまじえびね[女の子がいる場所は]，トマトスープ[天幕のジャードゥーガル]，ガンプ[断腸亭にちじょう]，ハン角斉[67歳の新人]，[大友克洋全集]【日】，デ・ヨング[Soixante printemps en hiver【蘭】，高妍[緑の歌]【台】，イゴルト[ウクライナ・ノート2]【伊】
[楳図かずお大美術展]，[台湾漫画史不思議旅行]【日】
Webコミックメディア「路草」【日】
NHK「世界サブカルチャー史 欲望の系譜」

神学とは、あなたの手を神のスカートに入れるアートではないか？
アルトハウス＝リード

1990
1991
1992
1993
1994
1995
1996
1997
1998
1999
2000
2001
2002
2003
2004
2005
2006
2007
2008
2009
2010
2011
2012
2013
2014
2015
2016
2017
2018
2019
2020
2021
2022

2023
令和5

葛藤する境界

生成AI

2017 0612 グーグル,機械学習モデルTransformer発表

2018 0618 OpenAI,「GPT」言語モデル発表
1011 グーグル,「BERT」言語モデル発表

2021 0105 OpenAI, GPT3のマルチモーダルとして画像生成AI「DALL-E」を発表

2022 0316 国民に降伏を呼びかけるゼレンスキーのディープフェイク動画が拡散【ウクライナ】
0406 OpenAI,「DALL·E2」発表【米】
0621 GitHub,AIプログラミング機能「Copilot」の一般提供開始【米】
0712 画像生成AI「Midjourney」のオープンベータ版がリリース
0720 OpenAI,「DALL·E2」一般公開【米】

Stable Diffusion

0822 StabilityAI,画像生成AI「Stable Diffusion」のモデルを公開
0829「Midjourney」を使用した絵が美術品評会で1位に【米】
10月 大規模言語モデル活用ライブラリ「LangChain」リリース
1031 Pixiv,AI生成作品用のフィルタリング機能等をリリース
1130 OpenAI,「ChatGPT」発表【米】

2023 0123 MS,OpenAIへ数十億ドル規模の投資を発表【米】
0314 OpenAI,「GPT-4」公開【米】
0329 イーロンマスクら,AI開発の一時停止に署名
0314 AI生成画像がSony World Photography Awardsで最優秀賞受賞
0530 ジェフリー·ヒントンら「Statement on AI Risk」に署名
0607 Runway, 動画生成AI「Runway Gen2」をリリース【米】
0628「人工知能の倫理に関するハンドブック」発表【バチカン】
0728 StabilityAI, 画像生成AIの強化モデルSDXLをリリース

GPT4

ディープフェイクポルノ

1020 ディープフェイク技術に生成された女子生徒のヌード画像がSNS拡散【米】
1030 AI安全性確保へ大統領令【米】
1101 AIに関する初の国際サミット「AI安全性サミット」開催,安全性に関して国際的合意「ブレッチリー宣言」採択
1117 OpenAIのアルトマンCEO解任騒動,解任後5日で復帰【米】
1129 StabilityAI,リアルタイム画像生成モデルSDXL Turboをリリース
1201 MS,AIアシスタント「Microsoft Copilot」正式提供開始
1209 欧州議会,AI包括規制で基本合意【EU】

2024 0215 OpenAI, 動画生成AI「Sora」発表【米】
グーグル, 100万トークンに対応「Gemini 1.5 Pro」公開【米】
0304 Anthropic, 複数タスクにてGPT-4より高成績をおさめる「Claude 3」公開【米】
0325 NTT, 日本語に強い軽量LLM「tuzumi」を提供開始【日】
0513 OpenAI,「GPT-4o」発表【米】
0521 EU理事会,AI包括規制法承認·成立【EU】

AI包括規制

ソフトファシズム

1 01 法定通貨にユーロ導入【クロアチア】
08 ボルソナロ支持派,大統領選結果に抗議し議会等,襲撃【ブラジル】

2 02 バーンズCIA長官,習近平国家主席が2027年までに台湾侵攻準備を指示と発言【米】

中国偵察気球

04 中国偵察気球を米領空で撃墜,ブリンケン国務長官訪中延期
17 英国防省,露軍の死傷者数が侵攻から最大20万人と発表【露】

3 11 中国主導による国交正常化【イラン·サウジ】
17 国際刑事裁判所, ウクライナの子供を拉致した疑いでプーチン大統領の逮捕状発行【露】
30 NY州大陪審,不倫口止めに関わる34の罪状でトランプ前大統領を起訴【米】

プーチン逮捕状 トランプ起訴状

4 04 NATOに正式加盟【芬】
17 FBI,中国公安当局と連携しNYで「警察署」を運営した容疑で2人逮捕【米】
26 全人代常務委員会,改正反スパイ法を可決成立【中】

5 21 当局,米マイクロン製品の調達禁止【中】

6 06 ヘルソン州カホフカダム破壊,大規模洪水発生【露·ウクライナ】
10 ゼレンスキー大統領,反転攻勢を認める【ウクライナ】

改正反スパイ法

ワグネル反乱

23 ワグネル反乱宣言,モスクワ進軍(24日撤回)【露】

半導体製造装置規制 日本 オランダ

30 政府,先端半導体製造装置輸出規制強化を発表(9月〜)【蘭】

7 04 イラン,上海協力機構に正式加盟,ベラルーシ加盟覚書に署名【イラン·ベラルーシ】
16 TPP加盟国,英国加入正式承認【英】
17 ウクライナ軍,クリミア橋攻撃
ウクライナ等との黒海穀物合意停止【露】
23 半導体製造装置23品目,輸出規制対象に追加【日】
下院総選挙与党圧勝,フン·セン首相長男,次期首相選出【カンボジア】

8 02 連邦大陪審,米議会占拠事件でトランプ前大統領を起訴【米】
22 タクシン派セター首相選出,親軍派と大連立政権発足【タイ】
23 ワグネル創設者プリゴジン搭乗のジェット機墜落,死亡【露】

9 30 国民議会選挙,親露派スメル第一党に躍進【スロバキア】
大統領選,親中派ムイズ勝利【モルディブ】

伊、一帯一路離脱 露、穀物合意停止

ハマス越境

10 07 イスラム組織ハマス,イスラエルにロケット弾発射,戦闘員侵入,人質連行【パレスチナ·イスラエル】
26 ガザ地区に対する地上作戦開始【イスラエル】

11 17 国防総省,日本への巡航ミサイル「トマホーク」売却承認【米·日】

12 03 メローニ政権,一帯一路離脱を通知【伊·中】
11 8年ぶりの政権交代,首相にトゥスク元EU大統領選出【波】
19 東京地検特捜部,政治資金パーティー事件で安倍派,二階派事務所を家宅捜索【日】

イスラエル地上侵攻

デカップリング

A 日本製鉄,水素還元技術で高炉からのCO2排出量22%削減【日】
NTTと東京電機大,無線品質を現行の量子アニーリングマシンで高速·高精度に推定可能に【日】
NTT,半導体光触媒での人工光合成で樹木の年間炭素固定量を上回る350時間連続動作【日】

日本GDP下落

B エンジン車販売禁止法案修正,2035年以降も合成燃料車是認【EU】
EU域内でのIT大手による支配的地位乱用防止を目指したデジタル市場法規制対象先発表【欧】
米FTC,独禁法違反の疑いでアマゾンを提訴【米】
IMF,日本のドル換算名目GDPがドイツを下回り4位になると予測【日】
メタ,未成年者から収集した情報の広告利用禁止を含むFTC規制案を憲法違反と提訴【米】
中国への外資の直接投資330億ドル,過去30年間で最低【中】
訪日外国人旅行消費額,5.3兆円で過去最高【日】
30年振り高水準の賃上げ,物価高で実質賃金は伸びず【日】

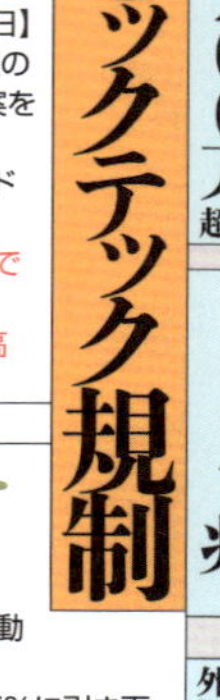

C

ビッグモーター不正請求

ビッグモーター,修理代水増し自動車保険金不正請求問題【日】
ルノー,日産出資比率43%から15%に引き下げで最終契約【日·仏】
シェブロン,PDCエナジー買収,シェール事業拡大【米】
不動産開発大手恒大集団,米で連邦破産法15条を適用申請【米·中】
ヤフー,410万件の位置情報を韓国ネイバーに提供し行政指導【日】
西武池袋本店従業員,外資への売却「ヨドバシ化」に反対しストライキ【日】
セブン&アイ,傘下のそごう·西武を米系ファンドに売却【日】
楠木建『経営読書記録(表·裏)』【日】
ENEOS社長,セクハラで辞任【日】

ダイハツ不正 全車種出荷停止

ダイハツで174件の不正行為が判明,全車種出荷停止【日】
東芝,日本産業パートナーが買収,上場廃止非公開化【日】
エヌビディア,半導体製造企業通期売上初の世界一【米】
BYD,テスラを上回る第四四半期電気自動車販売台数【中】

エヌビディア

D 斎藤幸平『マルクス解体 プロメテウスの夢とその先』【日】
米銀,信用不安でFRBからの借入急増,リーマンショック期超え【米】

SNS取り付け

シグネチャーバンクとシリコンバレーバンク倒産,「SNS取り付け」急加速【米】
植田和男第32代日本銀行総裁就任,経済学者として初【日】
UBS,クレディ·スイス救済合併,クレディのAT1債無価値に【瑞】
ベン·マッケンジー『イージー·マネー 暗号通貨,カジノ資本主義,詐欺の黄金時代』【米】

E 原発全機停止を完了【独】
GX関連法成立,原発60年超運転が可能【日】
OPECプラス石油減産維持,追加減産見送るもサウジが自主減産
再生可能エネルギーの出力抑制急増,過去最多【日】

AI市場規模2080億ドル

ふるさと納税1兆円
2008
2014
2015
2018

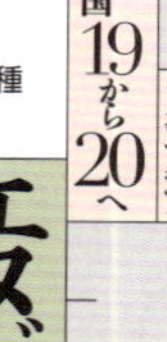

2023

地球の生存戦略

A

QET 量子エネルギーテレポーテーション

エネルギーテレポーテーションの初実証【米】
ブラックホールが暗黒エネルギーの起源である観測的証拠発見【米】
鏡像を使用しない真の非周期モノタイルの発見により「アインシュタイン問題」解決【英・加・米】
重力波背景放射の証拠を初観測

ミュー粒子

ミュー粒子磁性値、標準理論からのズレにより未知の粒子存在を示唆【米など】
初期宇宙のさざ波検出、巨大泡構造「ホオレイラナ」発見【米】
CERN研究チーム、反物質が重力場で「落下」することを確認
分子の量子エンタングルメントが初達成【米】

初期宇宙のさざ波

B

FDA、アルツハイマー治療薬「レカネマブ」承認【米】
「ゼロコロナ」政策終了【中】
電子処方箋、全国で運用開始【日】
阪大、雄ネズミの細胞からiPS細胞を介して卵子作製、子供誕生【日】
FDA、世界初RSウイルスワクチン承認【米】
WHO、新型コロナ緊急事態宣言終了発表
新型コロナ「5類」に移行【日】
新たなゲノム地図「パンゲノム」概要発表
FDA、ニューラリンク社による「脳埋め込みチップ」臨床試験承認【米】
豚腎臓を人に移植、1か月以上正常機能【米】

レカネマブ

CRISPR治療承認

MHRA、ゲノム編集技術CRISPR/Cas9を用いた初の遺伝子治療承認【英】

C

Vision Pro 空間コンピューティング

ARゴーグル「Apple Vision Pro」発表【米】
テスラ、電動ピックアップトラックCybertruckの納車開始【米】
ハーバード大学ら、48個の論理量子ビットで誤り訂正、量子アルゴリズム実現【米】
Waymom、Cruiseにサンフランシスコでの無人タクシーの24時間営業解禁【米】

D

LINE・ヤフーら合併、LINEヤフー株式会社設立【日】
新規製造の鉄道車両内への防犯カメラ設置が義務化【日】
マイナンバー個人情報漏洩に伴いデジタル庁に行政指導【日】
「パスキーの年」パスキー普及に伴いFIDOアライアンスが報告
2020年時点で防衛関連ネットワークが中国軍のハッキングを受けていたことが公に【日】
メルカリ、ビットコインの取引サービスを開始

LINEヤフー合併

E

核融合発電の研究開発スタートアップに官民で100億円超の出資【日】
培養肉の販売初承認【米】
永久凍土から4.6万年前の線虫が復活【露】
大規模森林火災、約18万平方キロ焼失【加】

地球沸騰時代

国連グテーレス事務総長、「地球温暖化の時代は終わり、地球沸騰の時代が来た」と発言
プラネタリーヘルスアライアンス日本ハブ組織化【日】
犬とキツネの交配種発見される【ブラジル】
福島第一原発、処理水の海洋放出開始、中国とロシアは日本産水産物輸入停止措置
「アーバンベア」出没急増【日】

遠心と求心

A

同性カップルへの祝福を容認【バチカン】
ローマ教皇、世界の宗教指導者に気候変動に対する緊急行動を提唱【バチカン】
アジア初のゲイゲームズ、香港で開催【香】
南部バプテスト連盟、女性が牧師として奉仕することを認める5教会を追放【米】
サッカー女子W杯、モロッコ選手がヒジャブ着けてプレー
「アバヤ」を公立校で禁止【仏】
獄中のイラン女性人権活動家ナルゲス・モハンマディにノーベル平和賞【諾】
宗教や信仰の自由はLGBTと矛盾せず、国連専門家が発表【瑞】

B

LGBT法成立【日】

インボイス制度

「インボイス（適格請求書）制度」開始【日】
文化庁が京都へ移転【日】
中国、61年ぶり人口減
全国各地で相次いだ広域強盗事件（闇バイト）をめぐり、指示役「ルフィ」ら逮捕【日】
宝塚歌劇団の劇団員が急死、長時間労働を理由に自殺か【日】
ジャニーズ事務所、ジャニー喜多川の性加害事実を認め謝罪【日】
改正大麻取締法可決、医薬品として大麻成分のCBD使用が可能、「CBDグミ」等も流行【日】
市販薬のオーバードーズが問題に【日】

宝塚 ジャニーズ

C

セクシー田中さん

ドラマ「セクシー田中さん」原作者、脚本トラブル、公表後2024年1月急逝【日】
電子出版市場において電子コミックのシェアが90.3%となり初の9割超【日】

あのとAdo

Ado「オールナイトニッポン」、あの「0」のパーソナリティに【日】
SNS型投資詐欺、ロマンス詐欺急増【日】
今井「言語の本質」ベストセラー【日】
私人逮捕系ユーチューバーに逮捕者【日】
NY・タイムズ紙が成田悠輔の「高齢者は集団自決」発言を報道【米】

D

Cookie規制施行【日】
X（Twitter）、広告収益分配プログラム開始
分散型SNSのBluesky、ベータ版アプリリリース【米】
Meta、新たなSNS「Threads」リリース【米】
Twitter、API無料提供終了、有料化
Adobe、Figmaの買収断念【米】
米政府、TikTokを公用端末で禁止【米】

X〔Twitter〕名称変更

E

WBC、日本が14年ぶりに優勝【米・日】
タイガース38年ぶり二度目の日本一「アレ」が流行語【日】

モキュメンタリー流行

綾野暁・雨穴[変な家2]、背筋[近畿地方のある場所について]【日】
[君たちはどう生きるか]、[ゴジラ-1.0]【日】
[ザ・スーパーマリオブラザーズ・ムービー]【米・日】
YOASOBI[アイドル]、BE:FIRST[Boom Boom Back]、女王蜂[メフィスト]【日】
オリヴィア・ロドリゴ[vampire]、モーガン・ウォーレン[Last Night]、マイリー・サイラス[Flowers]、シザ[Kill Bill]【米】
あの[ちゅ、多様性。]【日】
「新しい学校のリーダーズ」、「chocoZAP」「推しの子」、「メンズ日傘」、「蛙化現象」【日】
超高層複合施設「東急歌舞伎町タワー」オープン、円安リッチ訪日客狙い【日】

推しの子 アイドル

懐かしい現在

A

石上純也[水の美術館]【中】
モロークスノキ建築設計[ル・ベルリエ 木造集合住宅(B1B2)]【仏】
中村拓志&NAP[Our Lady of Lourdes Chapel]【比】
伊東豊雄建築設計事務所・その他[南洋理工大学南校舎棟 "GAIA"]【新】
エリック・オーウェン・モス[ラッパー(W)rapper]【米】
欧州からアフリカなどへの略奪美術品返還の動きが世界的に加速
NFT衰退、収蔵数は増える一方で価値は下落
ラスコー洞窟の壁画から「原始の文字」【仏】

アート返還運動

B

Y/N 自己挿入ファンフィクション

エスター・イー『Y/N』【独】、エミリア・ハート『ウェイワードの魔女たち』【豪】、テジュ・コール『Tremor』、マイケル・カニンガム『Day』【米】、アンドレア・ジャヌバル『Consum preferent』【西】
世界SF大会（Worldcon）、中国で初開催

ハンチバック 重度障害当事者性

市川沙央『ハンチバック』、宮島未奈『成瀬は天下を取りにいく』、久永実木彦『わたしたちの怪獣』、高野史緒『グラーフ・ツェッペリン あの夏の飛行船』、村上春樹『街とその不確かな壁』【日】

C

ホランド監[人間の境界]【波】、A・カウリマスキ監[枯れ葉]【芬】、ランティモス監[哀れなるものたち]【希】、エリセ監督[瞳をとじて]【西】、フィリベール監[アダマン号に乗って]、トリエ監[落下の解剖学]【仏】、グレイザー監[関心領域]【英】、ヴェンダース監[PERFECT DAYS][アンゼルム]【独】、ガーウィグ監[バービー]、アスター監[ボーはおそれている]、ルスティック監[リッチランド]【米】、ノーラン監[オッペンハイマー]【英・米】
阪本順治監[せかいのおきく]、塚本晋也監[ほかげ]、森達也監[福田村事件]【日】

アリ・アスター ヨルゴス・ランティモス

D

ロミー[Mid Air]、バーイタリア[Tracey Denim]【英】、ランクム[False Lankum]【アイルランド】、ボーイジーニアス[The Record]、ヴィクトリア・モネ[JaguarII]、SZA[SOS]、ノンディ[Flood City Trax]、ローレル・ヘイロー[Atlas]、スピーカー・ミュージック[Techxodus]【米】、ティティ・バコルタ[Molende]【ウガンダ】
冥丁[古風III]、君島大空[映帯する煙]、坂本龍一[12]、guca owl[Robin Hood Street]【日】

E

A:[アリスとテレスのまぼろし工場]、[鬼太郎誕生 ゲゲゲの謎]【日】、[スパイダーマン:アクロス・ザ・スパイダーバース]【米】
G:[ストリートファイター6]、[ファイナルファンタジーXVI]【日】、[スイカゲーム]【中】、[デイヴ・ザ・ダイバー]【韓】
C:エルド吉水[龍子 RYUKO]、齋藤なずな[ぼっち死の館]、坂上暁仁[神田ごくら町職人ばなし]、ウルバノヴィチ香苗[まめで四角でやわらかで]、[藤子・F・不二雄SF短編コンプリート・ワークス]【日】、G・サンジュラン[フロンティア]、R・ロシュ[ルーカス・ウォーズ]【仏】、D・クロウズ[モニカ]【米】

勉タメジャンプ

学習マンガ雑誌[勉タメジャンプ]創刊【日】
『Dr.マシリト 最強漫画術』、『水島新司 全仕事』、『少女マンガはどこからきたの?』、『国産RPGクロニクル』、『ボードゲームで社会が変わる』【日】

わたしの体は電子的処女である。わたしは、ゆっくりと着実にサイボーグになりつつある。それはあなたも同じだ。

アンディ・クラーク

2004 東京の真夏日90日以上

1996 2004 2012 絶滅危惧種4万4016種 2017 2020

インド人口14億2,860万人 中国上回り世界一位に

2023 2024 2025 2026 2027 2028 2029 2030 2031 2032 2033 2034 2035 2036 2037 2038 2039 2040 2041 2042 2043 2044 2045 2046 2047 2048 2049 2050 2051 2052 2053 2054 2055

初版あとがき

❖年表を歩くことは時間の旅人になることだ。情報地理の上を渉猟する旅人である。ただ歩きまわるわけではない。時の鉄道に乗り,時の飯を食い,そして時の宿屋に泊まる。宿屋から出ると,次に行くべき先はいくつも分かれる。そのひとつを選び,また"時車"に乗る。ときに時行機で時間砂漠を越えることもある。おもわぬ場所でおもわぬ相手に出会うこともある。

❖青年時代のころから,そういう「旅をする年表」をつくりたいとおもってきた。実際にも大学ノート6冊ぶんをつぶし,少しずつ年表づくりをしていた。本を読んだりするたびに事項を記入するという方法だ。当時は,ノートの項目区分を「空間と時間」「戦争と革命」「資本と市場」「科学と技術」「都市と人間」「運動と表現」「言葉と身体」「光と音」「媒体と事件」というふうに分けた。ただし,世界の現象も日本の現象もともかく一緒に書きこんだ。世界史と日本史を分けることだけはしたくなかったのである。

❖ところが,自分の関心のある時代ばかりに記入事項が集中して,そこはたちまち真っ黒になるのに,いつまでも空欄のままのところが目立ってきた。空欄を埋めるための作業,すなわち,ただ年表をつくるための作業をする気にはなれなかったので,この傾向はますます強まるばかりだった。やがてはっきりしてきたことは,自分がいかにバランスの悪い歴史の見方をしているのかということである。濃密な箇所と希薄な箇所が分断されすぎている。ギリシア以前やイスラム圏や初期アメリカの歴史などは真っ白だった。しかし,もとより世界はずっとつながっている。地球には休日がないはずなのである。そこをなんとかしなければならなくなっていた。

❖こうして,いよいよ本格的な編集年表をつくってみようという気分になったのだが,いざ着手しはじめてみると,年表づくりというよりも,主たる歴史をじっくり凝視することが先決となり,作業はただただ膨大に拡張されるばかりだった。細部に入りこんだら最後,そこには壮麗な迷路が待っている。情報の迷路で遊ぶのは快感ではあったものの,こんな調子では全世界の時間を旅できるはずがない。そこでさっそく有志を募りはじめ,それが「編集工学研究所」という組織の母体となり,それがまた情報文化史研究のサロンになっていった。

❖各自が時代や地域を担当しながら相互に報告しあう日々は,まことにたのしいものだった。が,これらをコンピュータ入力するあたりから,ふたたび過剰と混乱がやってきた。事項入力はキリがなく,研究所のスタッフだけではとうてい追いつかず,結果的には多くの専門家や協力者をわずらわせることになった。それでも,しだいに姿をあらわしてきた世界同時年表が告示する「関係のダイナミズム」にはすこぶる目を見張るものがあり,それがわれわれを奮い立たせつづけた。

❖たとえば海面上昇とアルタミラの洞窟画が,モーセのエジプト脱出とリグ・ヴェーダが,またウィトルウィウスの建築記憶術と山海経の地理記憶術が,初期修道院と朝鮮花郎が,あるいはルバイヤートと今昔物語が,複式簿記と二色刷が,アフリカ奴隷の出現とジプシーの出現が,それぞれ時をあわせて重なってきたのである。それらは,たとえばガリレオと千利休が同時代人であったというような符合ではなく,そこに互いに響きあう情報のシナジェティクスを感じさせる暗合というべきであった。ドイツでレクラム文庫が創刊されたとき,日本で福沢諭吉が『西洋事情』を刊行したのは,けっして無縁の出来事ではないはずなのである。年表づくりの興奮は,そうした個別史の底に流れる伏流の音が次々に聞こえてくるところにある。

❖以来3年あまり,初期の構想にもとづきながらもしだいに飛躍を加え,本書『情報の歴史』はごらんのとおりのかなり大胆な書物として結実した。年表形式の本は少なくないが,大小さまざまな見出しがつき,それが東西同時に入り乱れつつ,しかも時代ごとにタテに通る範疇がゆらめいているというのは,やはりそうとうに珍しい年表だとおもわれる。

❖なぜ,本書が単なる世界年表ではなく『情報の歴史』という標題をもったかについては,総論や各章の解説を読んでいただきたい。一言でいうのなら,もともとわれわれの歴史というものはコミュニケーションとメディアの歴史であり,そこに人間のほとんどすべての活動がふくまれる以上,記録にのこされたたいていの事項が情報的なのである。情報的であるとは,そこからなんらかのメッセージが引き出せるということだ。

❖それにしても,本書の事項選択ではおおいに悩まされた。さいわい多くの専門研究者の協力をえて充実がはかれたものの,スペースの都合でコンピュータ入力のぶんの3割程度しか記載できなかったのである。そのため,できるかぎり時代のメッセージが読めるような選択に徹することにし,細部の連続性を維持することにはあえて目をつぶることにした。伏して御寛恕いただきたい。また,まえがきにも書いたように,必ずしも重要事項ばかりを“入選”させたわけではないこともお断りしておきたい。そのかわり,あくまで「メッセージが聞こえてくる年表」をめざしたのである。晴れ舞台を踏めずにコンピュータのディスクに眠ったままの情報については,いずれ,電子化されたハイパーテキストとして,「奥行きのある年表」に姿を変えてお目にかけたいとおもっている。

❖なお,本書は「日本の電話100年」を記念して出版されることになった。東京と横浜に電話交換がはじまり,初の電話番号簿がつくられてはやくも100年がたったのだ。日比谷に帝国ホテルが,浅草に12階の凌雲閣ができた年だった。『情報の歴史』の刊行としてまことにふさわしい時宣を得たというべきだろう。こうした機会を提供され,一貫して自由な編集をまかせていただいたNTT広報部およびNTT出版の方々には格別の感謝を記さなければならない。表情豊かな本でありながら,手にとりやすい安価な一書として提供できるようになったことも,とくに強調しておきたい。

❖しかし,コミュニケーションとネットワークの歴史は,ここでピークを迎えたわけではない。本年表が記載した事項だけではとうてい想像のつかない新しい展望が,これからの100年には秘められているにちがいないのだ。本書が文字通り“THE LONGEST CHRONICLE”であって,また“History Informs”であるためには,まだまだ情報の歴史はつながりつづけなければならないのである。　　　（編集工学研究所所長　松岡正剛）

増補版に寄せて

松岡正剛

❖歴史は記号の羅列ではない。色分けされた現象の地図でもない。歴史は情報の叫びであり、逆巻く情報の複雑な動向そのものなのである。情報には「地」と「図」というものがある。分母と分子というものがある。どちらも重要であり、どちらからも歴史の解読は可能である。しかし、その両方を過不足なく眺望するには、多少の工夫がいる。本書は、大きな歴史の動向を情報文化技術史という視点でしぼり、そこに、時代ごとの「地」と「図」の綾なす眺望を描きこんだ年表である。しかし、年表ではありながら、たんなる年表にもなっていない。これは、多くの討議にもとづいて構成された「歴史編集装置」の提示なのである。

❖歴史の主人公が神話や人物や戦争ではなく、情報が歴史の主人公であることは、本書の序文があきらかにしている。そういう意味で、本書ははじめて情報を主人公にして歴史を眺望する世界初の試みとなっている。したがって、本書に記載されている「ユダヤ人のディアスポラ」「東地中海商業」「二色刷の誕生」「ロンドン株式取引所」「ウェブスター米語辞典」「モルガン民族学」「第二インターナショナル」「北京議定書」「シアーズカタログ300万部」「パワーズ統計機」「ドイツ・キャバレー文化」「世界大恐慌」といった事項たちは、すべて情報の発現であり、情報の凝固なのである。それは、本書の左ページの端にある「情報文化動向」という柱の言葉を続けて読まれると、よりわかりやすい。

❖本書の初版は1990年に発行された。たちまち評判になり、一種の情報文化技術史ブームをひきおこした。アメリカからもすぐに翻訳の依頼が殺到したが、その作業を想像するだけでも気が遠くなるほどなので、何度もお断りをしている。だいたい本書の初版をつくるのにびっしり3年を費やしているのだ。アメリカ版がつくれない理由はもうひとつある。本書の性格上、当然ながら日本の読者を想定し、日本に関する情報をかなり重視しているからである。

❖この『情報の歴史』という風変わりな大年表が評判になった理由は、その後の評者の感想や読者からの反響を総合してみると、だいたい次の5点にしぼれる。第1は、世界史と日本史が完全に混合されているということである。私が知るかぎり、このような年表はいまだに類を見ない。「これこそグローバリゼーションとローカリゼーションのお手本だ」という声もあった。第2に、随所にヘッドライン（見出し）がついているということだ。大小タテヨコ、いくつものヘッドラインがついている。これだけを眺めている読者も多いと聞く。それはそれでありがたいことで、このヘッドラインづくりにあたっては、固有名詞や事項の表示から時代動向や思想傾向をあらわす表示まで、実は複雑な工夫を凝らしてみたからだ。第3に、情報文化史や情報技術史をテーマにしていながらも、一般情報をかなりふんだんに掲載しているということである。これも構成にあたってたいへん苦労したことだった。どんな情報文化技術も世界の動向や世間の動向との関連で把握されなければ見えてこないのである。第4に、どんな時代も重視しているという評判をもらった。これまで年表というもの、ときに「よく知られている時代」を重視する傾向があった。本書は世界史を均等に深彫りしてくれたというのである。

第5には、この評価の声がいちばん多かったのだが、「歴史をおもしろくしてくれた」というものだ。ともかく「見ていてあきない」というのである。

❖こういった評判にこたえられたことでホッとしている一方、いろいろ注文も寄せられた。なかで私自身も最も気になるのは、大量の事項を割愛せざるをえなかったこと、また、「あれを入れるなら、これを入れるべきでないか」という声に代表される選択基準の問題である。しかし、この2点については、いまなお最善策が見つからないので困っている。結局は、どこかで判断せざるをえないからである。次に「インデックスがほしかった」という声も少なくなかった。私もほしい。これは、いずれCD-ROM版を制作し、マウスをクリックしながら確認できるようになることを願っている。もうひとつ、「多少高価になってもよいから大型本にして、もっと充実した情報量を誇ったらどうか」という意見もあった。

❖いずれにしても本書の誕生は、「世界を見つめる」という点において、「情報の歴史について考える」という点において、私自身にも多くの示唆をもたらしてくれた。とくに、今後の情報文化のありかたをめぐる思索をするときに、人類が試みてきた情報文化史の意図を知っておくことが、いかに欠かせない作業であるかということを、痛感させられた。ぜひとも、読者にも同様の体験が共有されることを希ってやまない。

❖さて、ここに『情報の歴史』増補版をお届けする。1989年から1995年までの7年間の情報がふえている。ベルリンの壁崩壊、東欧自由化、ソ連解体、湾岸戦争、日本経済のバブル化とその崩壊、パレスチナ暫定自治、日本政治の55年体制解体、ボスニア･ヘルツェゴビナ紛争、そして阪神大震災やオウム事件の勃発など、先行する時代にくらべても看過できないほど重大な動向が次々に連打さた7年間である。激動に満ちた歴史があいかわらず進行しているのがよくわかる。「多文化世界」の波状が地球を覆いつつあるのであろう。そのなかで、マルチメディアとインターネットが定着するための準備をほぼ完了したことにも注目しなければならない。本書の初版が出たころは、IBMに代わるアップルの世界制覇が話題になっていたものだったが、いまではマルチメディアの主人公がどこにあるか、まったくわからなくなっている。その一方で、エイズ患者の拡大、環境問題の深刻化、飢餓と高齢化の進行なども時間の歯車に棹をさしている。日本では、国際的な孤立やおたく族の拾頭やオウム事件にいたる一連の「内面の危機」が目立ったが、そのことが今後に何をもたらすか、まだ誰もわかってはいない。

❖ところで、この増補版では1988年以降のページを増補したにとどまった。1998年以前のページにはほとんど手が入っていないことをお許しいただきたい。現在、この『情報の歴史』を読みとく「情報の歴史を歩く一情報文化史講義（仮）』を執筆中である。あわせてお読みいただくことを願う。最後に、増補版の作成にあたっても、識者の方々からNTTグループの方々におよぶ多くのみなさんのご協力をいただいたことを感謝しています。

*本文中にある「情報の歴史を歩く一情報文化史講義（仮）』は、
『情報の歴史を読む—世界情報文化史講義』として1997年にNTT出版より刊行されました。

『情報の歴史21』の編集構成を了えて

編集工学研究所 吉村堅樹

❖セカイは生命が表象する文明と文化の歴史で覆われてきた。「情報としての生命」が「情報としての文明」や「情報としての文化」をかたちづくってきた。生命の出現は遺伝情報などの情報編集から始まる。われわれはこの情報編集のしくみに属しながら社会を編集しつづけてきた。その思考,判断,行動の相互編集の経緯と成果が事件や流行,発明や思想,戦争や芸術といった文明や文化として立ちあらわれてくる。
❖1990年に発行された本書の初版から30年がたち,増補版からも25年が経過した。大小さまざまなヘッドライン,東西にまたがる5トラックがつくるダブルページ,世界同時年表が露わにした「関係のダイナミズム」は当時大きな反響と評価をもって迎えられた。その後絶版になったために,これまで何度も再版を望む声が寄せられていた。『情報の歴史21』の出版までに長い年月を要したのは,新たな時代をどのように記述するかという困難以上に,世界自体の速度に否応なく巻き込まれていく時代状況の変化が大きかったからだった。そこで『情報の歴史21』は,われわれが投げ出されているこの社会そのものが表象されることをめざした。
❖ふりかえれば,『情報の歴史』の編集チームをつくることが編集工学研究所という組織ができた由来にあたっている。2017年に設立30周年を迎えた編集工学研究所の記念事業として,スタッフのあいだから再版の企画が持ち上がったのは自然な成り行きだった。かくして2020年のイシス編集学校の開校20周年の節目と重ねての出版となった。本書『情報の歴史21』はその制作チーム自体がユニークなものになっている。松岡正剛が監修し,編集工学研究所スタッフが舵取りを担いながら,松岡が校長をつとめるイシス編集学校で学んだメンバーが調査・選択・分類の編纂から歴象の要約,見出しの凝縮や配置などの共同編集作業にとりくんだ。編集プロセスは制作スタッフにとって,自己編集的な学習行為であり,相互編集的な共読行為でもあった。作業と学習によって,世界知が個人知に,個人知が共有知となる過程は,個読から共読へのプロセスであり,『情報の歴史21』の望むべき読者モデルにもなっている。
❖1995年以降のセカイは「情報が大手を振って主役に躍り出た」時代である。第1に,IT(情報技術)の技術力と影響力が飛躍的に増し,Volume(データ量)・Velocity(速さ)・Variety(多様性)のビッグデータ時代がやってきた。IoTのセンシング技術,SNSでの発信と拡散,仮想通貨に代表されるブロックチェーン技術が目立つ。サービスに関するアクセスがフリー化する一方で,情報が生活や思考を規定する社会になった。第2に,IT技術と連動して,情報が数値化可能になった。地球環境から個人の健康まで,国家の幸福度から緊急事態宣言の目安まで数値情報があらゆる判断基準として浮上した。第3に,生命情報がエンジニアリングの対象となったということだ。ゲノム情報を編集することで,延命治療だけではなく生命そのものを生み出すことまで可能にしてきた。
❖こうして本書は新たな第8章を付加することになったのであるが,今回の『情報の歴史21』においても初版,増補版から積み残した懸案は先送りになってしまった。電子版『情報の歴史』である。ハイパーリンクやキーワード検索はもちろん,画像,音声,動画も参照情報としてリンクさせたいという要望も出ている。今後は,書物との連動も考えてみたい。松岡正剛が提唱している「ブックウェア」というコンセプトがある。松岡が監修した角川武蔵野ミュージアムや近畿大学アカデミックシアターなどでは,ジャンル,カテゴリーを自在に組み替えながら連想の翼が広がる本棚編集が仕立てられている。こういった書棚空間や電子空間と『情報の歴史』を関係づけることもできる。電子化された『情報の歴史』のパノラミックな歴象に書物がリンクされる可能性もある。増補版ののちに出版された『情報の歴史を読む』は松岡自身の歴史読みを解説した一書であったが,さまざまな読者による『情報の歴史』読みが共有されることも期待したい。『情報の歴史』は30年後のモノリスとしてではなく,継続するプロジェクトとしてとりくみ続けることになる。
❖21世紀の情報文化的展望をめざした本書は,初版と増補版のトラック・カテゴリーの一部を組み替え,新たに"耳たぶ"と呼んでいる定点データの追加,主要各国の首長名の取り出しをしている。
❖25年ぶりの新装出版までたどりつけたのは,大日本印刷の高精細度スキャン技術によるこれまでのデータの復元,イシス編集学校の有志の『情報の歴史』を今の時代に甦らせたいという熱意と編集力の提供によるものだ。40人くらいがかかわってくれた。あらためて感謝申し上げたい。最後に,『情報の歴史』というプロジェクトを残してくれた編集先達のみなさまに大いなる敬意を表したいと思う。

『情報の歴史21 増補版』の編集の先へ

❖『情報の歴史21』を発刊した2021年から3年が経過した。ウクライナ,イスラエルにおける戦争,ChatGPTに代表される生成AIの台頭などの表立った歴象をみても,この間に世界は大きな変化に差し掛かっている。この『情報の歴史21 増補版』は発刊の翌年に検索が可能になった電子PDF版発行を経て,2021年から2023年を追加した「増補版」としての発行になる。これまでの全てのデータをあらためてデザインレイアウトして,よりクリアに読めるようにリニューアルした。
❖『情報の歴史』は,「高度情報化システムの現場にかかわり,そこに情報化はあっても編集化がまったく発案されていないことに,かなりの危機感をもっていた」という松岡正剛の課題意識に端を発している。その意図は『情報の歴史』を手にした多くの読者に共有されたと思うが,これからのAI時代には「情報の編集化」という視点がますます重要になってくるだろう。AIにおける情報編集は,すでに蓄積された情報を特定の偏重をもって,単一的な方向に編集が加速していく可能性を孕んでいる。そのような状況下では,あらためて人間が情報の多層的,多面的な編集力を磨く必要性が高まるのは間違いがない。情報にいくつもの関係線を発見できる『情報の歴史』という装置が,その一助になれば幸いである。今後の『情報の歴史』は知のマザープログラムとして,ノーテーションやブラウジングを意識したWebプロジェクトを志向していく予定である。
❖本書を2024年8月12日に逝去した総合監修者である松岡正剛に捧げ,『情報の歴史』を永遠の未完として継承していくことを誓う。

増補 情報の歴史

企画監修……松岡正剛
構成編集……編集工学研究所
造本設計……戸田ツトム

年表作成……佐藤幸三・木山加寿子・飯田喜良・前川三千雄・日高俊子・北村良雄・飯沢啓志
吉井妙子・木島みどり
年代構成……松岡正剛・高橋秀元・木村久美子・田中健一・吉川正之・渋谷恭子・井上茉里
山田智行・野田努・加藤正樹・菊地史彦・太田剛・市田炎子・黒田美幸
森川美鈴・太田香保・佐藤英樹・本木大樹
年表協力……緑川宗佑・三好正人・木本正人・清水真志・青柳由美・平山美也子・岡田啓司
鷹尾和彦

本文執筆……松岡正剛
作図構成……松岡正剛・戸田ツトム
電子図像……戸田ツトム・木本圭子
史料引用……高橋秀元・山田智行・野田努・徳田康幸・江頭考弘・安藤紫

分野協力(50音順)……赤木邦夫(企業)・秋山邦晴(音楽史)・阿部謹也(西洋史)・荒川昭(通信史)
荒俣宏(博物学)・磯崎新(建築)・今井賢一(産業)・上野俊哉(思想)・上野千鶴子(社会・女性)
衛藤駿(美術史)・奥井一満(生物思想)・柏木博(デザイン)・清瀬卓(神学)・辛美沙(海外アート)
黒崎政男(思想・技術)・木幡和枝(第三世界)・小山都(工芸)・小林達雄(古代史)
小村格(医学史)・今野裕一(芸術・風俗)・塩原勉(社会・運動)・杉山二郎(東洋史)
高山宏(文学史)・竹内郁雄(情報技術)・田中優子(日本文化)・中井到(生活)・中野美代子(中国史)
中村雄二郎(哲学・思想)・西垣通(言語史)・野崎昭弘(数学史)・村上陽一郎(科学史)
室井尚(芸術思想)・吉田光邦(技術史)・吉見俊哉(メディア)

意匠制作……浜浦恵美子・吉田純二・松田行正・岡孝治
版下協力……中野健二・藤本浩・斎藤公子
文字校正……田中健一・森川美鈴・川口昭夫・川村恒義・木下靖枝・藤田富子

制作管理……木村久美子・黒田美幸
進行管理……太田香保

写植印字……モリヤマ・オギー写植・プロスタディオ
製版印刷……共同印刷
カバー印刷……精興社

企画管理……NTT広報部宣伝室

情報の歴史21+増補版

総合監修	松岡正剛
構成編集	編集工学研究所・イシス編集学校
企画編集	吉村堅樹
年表設計	穂積晴明
年表構成	吉村堅樹・田川らん・田原一矢・上杉公志・金宗代・加藤めぐみ・後藤由加里・山本春奈
年表協力	秋元直・石川正宏・石田正純・梅津明子・大泉健太郎・大谷碧・岡部吾朗 小川玲子・小倉加奈子・小澤英輔・桂大介・清塚なずな・小坂真菜美・迫村勝 重廣竜之・滝本力斗・寺田充宏・中西晶大・中村有吾・西惇宏・西藤太郎・仁禮洋子 堀江純一・松尾亘・宮前鉄也・森井一徳・山田細香・吉野良祐・米川青馬
特別協力	武邑光裕
本文執筆	松岡正剛・吉村堅樹
作図構成	穂積晴明・吉村堅樹
作図協力	田川らん・田原一矢・上杉公志・金宗代・加藤めぐみ
各年前文	金宗代・加藤めぐみ
定点編集	加藤めぐみ
史料引用	吉村堅樹・金宗代
歴象精査	大音美弥子・石川正宏・大島雅人・大野哲子・岡本悟・小川玲子・小澤英輔 川田淳子・小坂真菜美・田原一矢・辻井貴之・原田祥子・山田細香
歴象採録	我妻亨太・天野陽子・荒木悠子・石川菜穂子・稲田早苗・今田美穂・梅田綾子 大島雅人・大塚宏・岡田圭蔵・長田陽子・葛西淳子・河村初穂・北村彰規 小池タカエ・佐藤英太・佐土原太志・妹尾高嗣・田中睦・田原一矢・中尾行宏 中原洋子・長島順子・西口紗耶加・原田祥子・藤田小百合・細田陽子・宮原由紀 山口イズミ・山本春奈・山内貴暉・吉岡三智子・義原星乃・若林信克
採録管理	後田彩乃・加藤めぐみ
採録構成	後藤有人・野田春希・平間壮海・山内貴暉
造本設計	戸田ツトム
表紙意匠	穂積晴明
制作進行	田川らん・後藤由加里・山本春奈
旧版複製	大日本印刷
印刷製本	シナノ印刷
企画管理	野村育弘・安藤昭子

情報の歴史21 増補版

2024年12月25日　初版発行

監修――――――松岡正剛

構成――――――編集工学研究所&イシス編集学校

発行者――――――安藤昭子

発行所――――――株式会社編集工学研究所

〒156-0044　東京都世田谷区赤堤2-15-3

03-5301-2211

ISBN 978-4-9911639-1-3